AF617962

KRÖNERS TASCHENAUSGABE BAND 464

# WÖRTERBUCH DER SYMBOLIK

Unter Mitarbeit zahlreicher Fachwissenschaftler
herausgegeben von
MANFRED LURKER

Fünfte, durchgesehene und erweiterte Auflage

ALFRED KRÖNER VERLAG STUTTGART

Wörterbuch der Symbolik / in Verbindung mit zahlreichen
Fachwissenschaftlern hrsg. von Manfred Lurker.
Stuttgart : Kröner, 1991.
(Kröners Taschenausgabe; Bd. 464)
ISBN 3-520-46405-5


Druck von Friedrich Pustet Regensburg, Graphischer Großbetrieb

INHALT

# VORWORT

Nachdem in den letzten Jahrzehnten zahlreiche Werke über einzelne Themen aus dem Bereich der Symbolik erschienen sind, sei jetzt der Versuch einer lexikalischen Zusammenfassung gewagt – nicht in der Meinung, bereits alles Wissenswerte erfaßt zu haben, aber aus der Überzeugung heraus, daß es besser ist, das kleinste Licht anzuzünden, als sich über Dunkelheit zu beklagen.

Das vorliegende Wörterbuch soll über die für die Symbolik wichtigen Wissenschaften, Kulturen, Religionen, Geistesströmungen und Begriffe Auskunft geben, ebenso in einer exemplarischen Auswahl über Denker, Dichter und Künstler, in deren Werken das Symbolische eine besondere Rolle spielt. Schließlich sind auch die wichtigen Symbolfelder (Auferstehung, Fruchtbarkeit, Herrschaft, Leben, Triumph usw.) und Symbolträger (wie Götter, mythologische Gestalten, Heilige, Personifikationen) berücksichtigt. Daß die Symbolik nicht nur den Zugang zum Verständnis vergangener Zeiten eröffnet, sondern auch höchst gegenwartsbezogen ist, dafür zeugen Artikel wie z. B. über Ideologie, Kinderzeichnung, politische Symbole, Psychedelik, Soziologie, Werbung oder über Salvador Dali, Ernst Jünger, Carl Orff.

Auf die Aufnahme eigener Artikel über die einzelnen Symbole (wie Adler, Baum, Dreieck, Edelsteine, Farben usw.) wurde bewußt verzichtet, um den Rahmen dieses Wörterbuches nicht zu sprengen. Wenn sich trotzdem Artikel über »Mondsymbolik« oder »Sonnensymbolik« finden, dann kommen diese weniger als Symbolelement, sondern als Symbolfeld zur Darstellung, d. h. die Fragestellung ist weniger darauf gerichtet, was Mond und Sonne symbolisieren, als vielmehr, durch was sie selbst symbolisiert werden. Die innerhalb der einzelnen Artikel vorkommenden Symbole, Attribute und Motive erscheinen in Kapitälchendruck.

Die Aufteilung eines so vielschichtigen Stoffes auf eine Vielzahl von Mitarbeitern bringt es mit sich, daß nicht alle Artikel in Darstellung, Auffassung und »Symboldichte« gleich sind. Von einer gewaltsamen »Harmonisierung« haben wir abgesehen, da dies dem tatsächlichen Stand der Symbolforschung mit ihren verschiedenen Lehrmeinungen und Methoden nicht entsprechen würde. Zahlreiche Artikel sind der erstmalige Versuch einer Materialzusammenstellung unter dem speziellen Aspekt des Symbolischen und finden sich so in keinem anderen lexikalischen Werk; ja, die Ausarbeitung mancher Stichwörter ist als regelrechter Forschungsbeitrag zu werten. Trotz aller Bemühungen kann bei der die verschiedensten menschlichen Kulturbereiche umgreifenden Spannweite der Symbolik niemand bei einem einbändigen Wörterbuch Vollständigkeit erwarten. Es ist jedoch vorgesehen, späteren Auflagen weitere Artikel einzugliedern und neue Forschungsergebnisse zu berücksichtigen; Verlag und Herausgeber sind für entsprechende Anregungen dankbar.

Wer sich selbst schon ernsthaft mit Symbolik beschäftigt hat, weiß um die Schwierigkeiten bei der Herausgabe vorliegenden Wörterbuches, bei dem es sich um ein interdisziplinäres Arbeitsvorhaben par excellence handelt und das in seiner Art ohne Vorläufer ist. Dazu kommt, daß der das Werk zusammenhaltende Oberbegriff »Symbol« nicht nur von den einzelnen Wissenschaften verschieden ausgelegt wird, sondern daß ihm auch von den Mitarbeitern oft verschiedenes »Gewicht« beigemessen wird. So können z. B. bei einem Artikel über einen Dichter oder Philosophen mehr der Gleichnis-Charakter und die Symbolbedeutung eines Gesamtwerkes oder aber die in diesem vorkommenden Einzelsymbole stärker hervorgehoben sein. Auch soll nicht verschwiegen werden, daß zahlreiche Fachgelehrte etwas zurückhaltend im »Umgang« mit dem Symbolbegriff sind, der ja schon oft verzerrt und mißbraucht wurde. Umso größer ist unsere Genugtuung darüber, daß trotz verschiedener methodologischer Ansatzpunkte die meisten Mitarbeiter das Wesen des Symbols in seinem Sinnbildcharakter erkennen, d. h. daß durch die äußere Gestalt die unsichtbare Idee ins Bewußtsein gerufen wird. Die Benutzer des Wörterbuches sollten als »Einstieg« zunächst einmal den Artikel »Symbol« lesen.

Zum Schluß möchte ich es nicht versäumen, allen herzlich zu danken, die mit Rat und Tat bei der Ausführung zur Seite gestanden sind. Dies gilt an erster Stelle den zahlreichen Mitarbeitern, die ihre Sachkenntnis bereitwillig den einschränkenden Erfordernissen eines Nachschlagewerkes zur Verfügung gestellt haben. Dank sei auch ausgesprochen Herrn Prof. Dr. Wolfgang Harms (Hamburg) für freundliche Empfehlung kompetenter Mitarbeiter, Herrn Prof. Dr. Bernard W. Pohoryles (New York) für die Übersetzung englischer Texte und ganz besonders Herrn Prof. Dr. Matthias Vereno (Salzburg) für die ergänzende Durchsicht des Stichwortverzeichnisses und Herrn Prof. Dr. Franz Vonessen (Freiburg i. Br.) für die in vielen Jahren in freundschaftlichem Gespräch empfangenen Anregungen. Nicht zuletzt sei auch den Herren des Verlages, vor allem dem der Symbolik so aufgeschlossenen Herrn Arno Klemm, für ihre Mühen aufrichtig gedankt.

Frühjahr 1979

Manfred Lurker

## VORWORT ZUR ZWEITEN AUFLAGE

Die große Resonanz, die das Wörterbuch der Symbolik in weiten Kreisen gefunden hat, ermutigt Verlag und Herausgeber zu einer wesentlichen Erweiterung, die sicher den Wünschen zahlreicher Benutzer entgegenkommen wird. So wurden rund 250 Stichwort-Artikel zu allen wichtigen Einzelsymbolen neu aufgenommen, d. h. es finden sich jetzt auch solche Artikel wie Adler, Ähre, Altar, Apfel, Auge usw. bis Zahlen, Zepter, Zirkel, Zypresse. Zusammen mit den zahlreichen Querverweisen auf das in bisherigen Artikeln bereits aufgespeicherte »Material« zu den einzelnen Symbolen vermittelt das nunmehr vorliegende Nachschlagewerk vielfältige Informationen zu dem Gesamtbereich der Symbolik.
Fast alle neuen Artikel sind wieder mit weiterführenden Literaturangaben versehen, wie überhaupt die bibliographischen Hinweise durch wichtige Neuerscheinungen ergänzt wurden. Sicher wird auch in der neuen Auflage das eine oder andere Stichwort vermißt werden, vor allem bei der exemplarischen Auswahl der Denker, Dichter, Künstler, doch müssen bei dem beschränkten Umfang eines einbändigen Wörterbuches irgendwo die Grenzen gezogen werden. Wie das Werk erkennen läßt, waren wir bemüht, sie nicht zu eng zu ziehen.

Frühjahr 1983 Manfred Lurker

## VORWORT ZUR FÜNFTEN AUFLAGE

Die stets wachsende Beliebtheit dieses einzigartigen Nachschlagewerks hat bereits nach zwölf Jahren eine fünfte Auflage notwendig werden lassen, die Manfred Lurker wiederum von der Warte eines lebenslangen Forschers in gewohnter Zuverlässigkeit vorbereitet hat. Großer Wert wurde auf die Ergänzung der Literaturangaben gelegt. Rund 50 neue Stichwörter wurden für die Neuauflage bearbeitet, darunter so umfassende wie Kirchengebäude, Religion, Stadt, ferner aus der Symbolwelt der Naturkunde die Namen verschiedener Pflanzen, Tiere und Metalle sowie die einer Reihe von Musikinstrumenten.
Das Erscheinen dieser Neuauflage hat Manfred Lurker nicht mehr erlebt. Das Wörterbuch der Symbolik soll in seinem Sinne fortgeführt werden. Eventuelle Anregungen und Vorschläge zur Verbesserung oder Ergänzung bitten wir an den Verlag zu richten.

Frühjahr 1991 Alfred Kröner Verlag

## VERZEICHNIS DER MITARBEITER UND IHRER NAMENSABKÜRZUNGEN

Prof. Dr. Jan *Assmann* [JA]; Ägyptologisches Institut, Universität Heidelberg

Prof. Dr. Johannes Baptist *Bauer* [JBB]; Institut für Dogmengeschichte und ökumenische Theologie, Universität Graz

Prof. Dr. Josef *Bauer* [JB]; Orientalisches Seminar, Universität Würzburg

Dr. Bettina *Bäumer* [BB]; Indologisches Institut, Universität Wien

Prof. Dr. Hans *Biedermann* [Bi]; Graz/Institutum Canarium Hallein

Prof. Dr. Ernst *Burgstaller* [EBg]; Universität Linz

Dr. Heinrich *Busch* S.V.D. [Bu]; Monumenta Serica Institut, St. Augustin

Prof. Dr. Igor *Caruso* [IAC]; Psychologisches Institut, Universität Salzburg

Privatdoz. Dr. Eva *Dargyay* [Da]; Institut für Indologie, Universität München

Dr. Günter *Dietz* [Di]; Heidelberg/Gesellschaft für wissenschaftliche Symbolforschung Köln

Dr. Armand *Duchâteau* [Du]; Museum für Völkerkunde, Wien

Hans *Ferkinghoff* [Fe]; Duisburg

Prof. Dr. Peter *Fingesten* [Fi]; Art and Music Department, Pace University New York

Dr. Edith *Frank-Rieser* [EFR]; Psychologisches Institut, Universität Salzburg

Dr. Marie-Louise *von Franz* [MLF]; C. G. Jung-Institut Zürich

Dr. Elisabeth *Frenzel* [Fr]; Berlin

Prof. Dr. Kurt *Goldammer* [Go]; Religionswissenschaftliches Seminar, Universität Marburg

Dr. Reinildis *Hartmann* [Ha]; Herten/Arbeitsstelle für mittelalterliche Bedeutungsforschung, Universität Münster

Prof. Dr. Horst *Helle* [He]; Institut für Soziologie, Universität München

Dr. Johannes *Hemleben* [Hem]; Hamburg/Tübingen

Prof. Dr. Kurt *Hommel* [KH]; Berlin/früher Sangyo Universität Kyoto (Japan)

Prof. Dr. Edith *Hörandner* [EH]; Institut für Volkskunde, Universität Graz

Prof. Dr. Otto *Huth* [Hu]; Universitätsbibliothek Tübingen

Univ.-Doz. Dr. Assen *Ignatow* [Ign]; Université de Louvain (Belgien)

Dr. Edith *Jachimowicz* [EJa]; Institut für Sprachwissenschaft, Universität Salzburg

Prof. Dr. Hermann *Jung* [Jg]; Staatliche Hochschule für Musik, Heidelberg-Mannheim

Prof. Dr. Erika *Kanduth* [EK]; Institut für romanische Philologie, Universität Wien

Prof. Dr. Fritz Peter *Kirsch* [FPK]; Institut für romanische Philologie, Universität Wien

Prof. Dr. Johannes *Kleinstück* [JK]; Seminar für englische Sprache und Kultur, Universität Hamburg

Dr. Ernst W. *Klimowsky* [Kly]; Israel Numismatic Society, Tel Aviv

Prof. Dr. Hermann *Kulke* [Ku]; Utkal University Bhubaneswar, Orissa (Indien)

Dr. Siegfried *Lehmann* [LM]; Gießen/Gesellschaft für wissenschaftliche Symbolforschung Köln

Dr. Siegfried *Loewe* [Loe]; Institut für romanische Philologie, Universität Wien

Manfred *Lurker* [Lr]; Bühl/Gesellschaft für wissenschaftliche Symbolforschung Köln

Prof. Dr. Karl J. *Narr* [KJN]; Seminar für Ur- und Frühgeschichte, Universität Münster

Prof. Dr. Hermann *Pongs* [HP]; Gerlingen/früher Universität Göttingen

Dr. Dr. Ernst Thomas *Reimbold* [Rd]; Gesellschaft für wissenschaftliche Symbolforschung Köln

Prof. Dr. Hellmut *Rosenfeld* [Ro]; Universität München

Prof. DDr. Ekkart *Sauser* [Sr]; Theologische Fakultät Trier

Dr. Michael *Schilling* [MSch]; Hamburg

Prof. Dr. Dr. Heinrich *Schipperges* [Schi]; Institut für Geschichte der Medizin, Universität Heidelberg

Prof. Dr. Georgi *Schischkoff* [GSch]; Universität Salzburg

Dr. Helmut *Schneider* [Schn]; Hegel-Archiv, Universität Bochum

Dr. Theophora *Schneider* OSB [ThS]; Abtei Herstelle

Prof. Dr. Dietrich *Seckel* [DS]; Universität Heidelberg

Dr. Hans-Jörg *Spitz* [Sp]; Germanistisches Institut, Universität Münster

Prof. Dr. Otto-Wilhelm *von Vacano* [OWvV]; Archäologische Sammlung, Universität Tübingen

Dr. Thea *Vignau-Wilberg* [ThVW]; München / früher Schweizerisches Institut für Kunstwissenschaft Zürich

Dr. Barbara *Völker-Hezel* [BVH]; Germanistisches Institut, Universität Münster

Prof. Dr. Rainer *Volp* [Vo]; Universität Marburg und Berlin

Dr. Andreas *Wang* [AW]; Germanisches Seminar, Universität Hamburg

Dr. Hedwig *Wingler* [Wr]; Berlin/früher Universität Graz

Mit [*] gekennzeichnete Artikel sind von der Redaktion ausgearbeitet.

# NACHSCHLAGEWERKE ZUR SYMBOLIK

Aziza, Cl./Cl. Olivieri/R. Sctrick, Dictionnaire des symboles et des thèmes littéraires, Paris 1978

Bauer, W./I. Dümotz/S. Golowin/H. Röttgen, (Bild-)Lexikon der Symbole, Wiesbaden 1980

Beigbeder, O., Lexique des symboles, Paris 1969

v. Below, S. (u. a.), Symbollexikon, Gütersloh 1986

Les Bénédictines (de Saint Louis du Temple, Paris), Dictionnaire du symbolisme, Paris 1934

Biedermann, H., Knaurs Lexikon der Symbole, München 1989

Cairo, G., Dizionario ragionato dei simboli, Bologna 1967

Chevalier, J./A. Gheerbrant, Dictionnaire des symboles, Paris $^{2}$1982

Cirlot, J. E., Diccionario de simbolos, Barcelona $^{2}$1969; englische Ausgabe, London 1962

Cooper, J. C. An illustrated encyclopedia of traditional symbols, London/New York 1978

Corblet, J., Vocabulaires des symboles et des attributs employés dans l'iconographie chrétienne, Paris 1877

Daubuz, Ch., Symbolical dictionary, London 1842

Doucet, Fr. W., Taschenlexikon der Sexualsymbole, München 1971

Droulers, E., Dictionnaire des attributs, allégories, emblèmes et symboles, Turnhout 1950

Eberhard, W., Lexikon der chinesischen Symbole, Düsseldorf 1982

Garnier, Fr., Le langage de l'image au moyen âge. Signification et symbolique, Paris 1982

Hall, J./K. Clark, Dictionary of subjects and symbols in art, London 1979

Heinz-Mohr, G., Lexikon der Symbole. Bilder und Zeichen der christlichen Kunst, Düsseldorf $^{6}$1981

Herder Lexikon Symbolik. Bearbeitet von M. Oesterreicher-Mollwo. Freiburg i. Br. $^{7}$1985

Jobes, G., Dictionary of mythology, folklore and symbols, 2 Bände, New York 1961

Lanoë-Villon, G., Le livre des symboles. Dictionnaire de symbolique et de mythologie, 6 Bände, Paris 1927ff.

Liebmann, P. S., Kleines Handwörterbuch der christlichen Symbolik. Hilfsbüchlein zum Verständnis der wichtigsten Sinnbilder der Hl. Schrift, im Dogma und im Kultus, Leipzig 1892

Lurker, M., Lexikon der Götter und Symbole der alten Ägypter. Bern/München $^{4}$1987; englische Ausgabe 1980

Lurker, M., Wörterbuch biblischer Bilder und Symbole, München $^{3}$1987; niederländische Ausgabe, Boxtel 1975

Nork, F., Etymologisch-symbolisch-mythologisches Realwörterbuch, 4 Bände, Stuttgart 1843–45

Olderr, St., Symbolism. A Comprehensive Dictionary, Jefferson/North Carolina and London 1986

Pérez Rioja, J. A., Diccionario de simbolos y mitos. Las ciencias y las artes en su expresion figurada, Madrid 1971

Rabbow, A., dtv-Lexikon politischer Symbole, München 1970
Ronchetti, G., Dizionario illustrato dei simboli, Milano 1922
Spitzing, G., Lexikon christlich-byzantinischer Symbole, München 1989
Schneider, W., Lexikon alchemistisch-pharmazeutischer Symbole, Weinheim 1962
Schwenck, K., Die Sinnbilder der alten Völker, Frankfurt a. M. 1851
Tabor, M. E., The saints in art with their attributes and symbols, alphabetically arranged, London 1924
Tervarent, G. de, Attributs et symboles dans l'art profane 1450–1600. Dictionnaire d'un langage perdu, Genève 1958
Urèch, E., Dictionnaire des symboles chrètiens. Neuchâtel 1972; deutsche Ausgabe, Konstanz 1974
Verneiul, M. P., Dictionnaire des symboles, emblèmes et attributs, Paris 1898
Vries, A. de, Dictionary of Symbols and Imagery, Amsterdam–London [2]1976
Wilhelmi, Ch., Handbuch der Symbole in der Kunst des 20. Jahrhunderts, Berlin 1980

# ABKÜRZUNGSVERZEICHNIS

## Abkürzungen der Lexika, Zeitschriften und Reihen

| | |
|---|---|
| AfR | Archiv für Religionswissenschaft |
| BSIM | Bibliographie zur Symbolik, Ikonographie und Mythologie |
| Cah Arch | Cahiers Archéologiques |
| DVjs | Deutsche Vierteljahrsschrift für Literaturwissenschaft und Geistesgeschichte |
| DWB | Grimm, Deutsches Wörterbuch |
| FFC | Folklore Fellows Communications |
| GBA | Gazette des Beaux Arts |
| HdA | Handwörterbuch des deutschen Aberglaubens |
| IPEK | Jahrbuch für prähistorische und ethnographische Kunst |
| JAC | Jahrbuch für Antike und Christentum |
| JLW | Jahrbuch für Liturgiewissenschaft |
| Journ Warb | Journal of the Warburg and Courtauld Institutes |
| KHM | Kinder- u. Hausmärchen (Grimm) |
| KTA | Kröners Taschenausgabe |
| LChrI | Lexikon für christliche Ikonographie, Freiburg |
| LThK | Lexikon für Theologie und Kirche |
| MGG | Musik in Geschichte und Gegenwart |
| PWRE | Pauly-Wissowa, Realencyclopädie der classischen Altertumswissenschaft |
| RAC | Reallexikon für Antike und Christentum |
| RDK | Reallexikon zur deutschen Kunstgeschichte |
| RGG | Religion in Geschichte und Gegenwart |
| SdR | Symbolik der Religionen, hg. von F. Herrmann |
| Stud Gen | Studium Generale |

| | |
|---|---|
| WdM | Wörterbuch der Mythologie, hg. von H. W. Haussig |
| WRJb | Wallraf-Richartz-Jahrbuch |
| ZATW | Zeitschrift für Alttestamentliche Wissenschaft |
| ZKTh | Zeitschrift für katholische Theologie |
| ZFSL | Zeitschrift für französische Sprache und Literatur |

## Abkürzungen der biblischen Bücher

Altes Testament

| | |
|---|---|
| 1 Mos | Genesis |
| 2 Mos | Exodus |
| 3 Mos | Levitikus |
| 4 Mos | Numeri |
| 5 Mos | Deuteronomium |
| Jos | Das Buch Josua |
| Ri | Das Buch der Richter |
| Rut | Das Buch Rut |
| 1 Sam | Das 1. Buch Samuel |
| 2 Sam | Das 2. Buch Samuel |
| 1 Kön | Das 1. Buch der Könige |
| 2 Kön | Das 2. Buch der Könige |
| 1 Chr | Das 1. Buch der Chronik |
| 2 Chr | Das 2. Buch der Chronik |
| Esr | Das Buch Esra |
| Neh | Das Buch Nehemia |
| Tob | Das Buch Tobias |
| Jdt | Das Buch Judit |
| Est | Das Buch Ester |
| 1 Makk | Das 1. Buch der Makkabäer |
| 2 Makk | Das 2. Buch der Makkabäer |
| Ijob | Das Buch Ijob (= Job = Hiob) |
| Ps | Die Psalmen |
| Spr | Das Buch der Sprichwörter (= Die Sprüche Salomos) |
| Koh | Kohelet (= Der Prediger Salomo) |
| Hld | Das Hohelied (= Das Hohelied Salomos) |
| Weish | Das Buch der Weisheit (= Die Weisheit Salomos) |
| Sir | Das Buch Jesus Sirach |
| Jes | Das Buch Jesaja |
| Jer | Das Buch Jeremia |
| Klgl | Die Klagelieder des Jeremia |
| Ez | Das Buch Ezechiel (= Hesekiel) |
| Dan | Das Buch Daniel |
| Hos | Das Buch Hosea |
| Joel | Das Buch Joel |
| Am | Das Buch Amos |
| Jon | Das Buch Jona |

| | |
|---|---|
| Mich | Das Buch Micha |
| Hab | Das Buch Habakuk |
| Hag | Das Buch Haggai |
| Sach | Das Buch Sacharja |
| Mal | Das Buch Maleachi |

Neues Testament

| | |
|---|---|
| Mt | Das Evangelium nach Matthäus |
| Mk | Das Evangelium nach Markus |
| Lk | Das Evangelium nach Lukas |
| Joh | Das Evangelium nach Johannes |
| Apg | Die Apostelgeschichte |
| Röm | Der Brief an die Römer |
| 1 Kor | Der 1. Brief an die Korinther |
| 2 Kor | Der 2. Brief an die Korinther |
| Gal | Der Brief an die Galater |
| Eph | Der Brief an die Epheser |
| Phil | Der Brief an die Philipper |
| Kol | Der Brief an die Kolosser |
| 1 Thess | Der 1. Brief an die Thessalonicher |
| 2 Thess | Der 2. Brief an die Thessalonicher |
| 1 Tim | Der 1. Brief an Timotheus |
| 2 Tim | Der 2. Brief an Timotheus |
| Hebr | Der Brief an die Hebräer |
| Jak | Der Brief des Jakobus |
| 1 Petr | Der 1. Brief des Petrus |
| 2 Petr | Der 2. Brief des Petrus |
| 1 Joh | Der 1. Brief des Johannes |
| 2 Joh | Der 2. Brief des Johannes |
| Offb | Die Offenbarung des Johannes |

## Sonstige Abkürzungen

| | |
|---|---|
| Abh. | Abhandlung |
| ahd. | althochdeutsch |
| AT | Altes Testament |
| bes. | besonders |
| ders. | derselbe |
| dt. | deutsch |
| ebd. | ebenda |
| Einf. | Einführung |
| Fs. | Festschrift |
| Gesch. | Geschichte |
| Ges. W. | Gesammelte Werke |
| H. | Hälfte |
| Hdb. | Handbuch |
| Hdwb. | Handwörterbuch |
| hg. | herausgegeben |
| Hg. | Herausgeber |
| Jb. | Jahrbuch |
| Jh. | Jahrhundert |
| Jt. | Jahrtausend |
| Kupf. | Kupferstich |
| MA | Mittelalter |
| mal. | mittelalterlich |
| mhd. | mittelhochdeutsch |
| Mus. | Museum |
| NT | Neues Testament |
| sog. | sogenannt |
| SB | Sitzungsbericht |
| Suff. | Suffix |
| Wb. | Wörterbuch |
| Zs. | Zeitschrift |
| * | Wurzellaut, sprachl. Ableitung |
| þ | gotisches th |
| > | sprachliche Weiterentwicklung |

Bei Literaturangaben bezeichnen hochgestellte Ziffern vor dem Erscheinungsjahr die Auflage.

**Aal,** langgestreckter Fisch mit schlüpfriger Haut. Als geheimnisvolles Tier wurde ihm im Altertum Langlebigkeit, ja Unsterblichkeit nachgesagt; dem Volksglauben nach sollte er, in Wein genossen, Widerwillen gegen alle Weine erregen. Wegen seiner Ähnlichkeit mit der Schlange ist er mit dieser oft bedeutungsgleich; beide können phallisches Symbol sein, so heute noch in China und Japan. Auf der Salomoneninsel San Cristoval ist der A. ein Bild des Regenbogens; eine Überlieferung der Gilbert-Inseln (Mikronesien) erzählt vom A. Rigi, der den Himmel rund formte. [*]

**Abbild** → Urbild

**Abendmahl.** Die Berichte des NT lassen erkennen, daß das letzte A. Jesu ein Abschiedsmahl war: »Dies tut zu meinem Gedächtnis«, 1. *Kor* 11,23 ff.; dabei wurde die kommende Erlösung durch den Opfertod Jesu vorweggenommen (»das ist mein Leib, der für euch hingegeben wird«) und der neue Bund begründet (»dieser Kelch ist der neue Bund in meinem Blute«). Der Verlauf des letzten A. Jesu schloß sich dem eines jüdischen Festmahles an, bei dessen Beginn in der Regel alle Teilnehmer ein Stück eines Brotfladens als Symbol der Gemeinschaft erhielten. Im Nachvollzug des A. – zunächst als → Brotbrechung begangen (*Apg* 2,42) – verstand sich die christliche Gemeinde als der »Leib Christi«, als der »neue Bund«. Neben die Betonung des → Gedächtnisses an Jesu Tod trat der Gedanke von der hl. Speise und dem durch sie zu erlangenden ewigen Leben (*Joh* 6,50–58). Schon im 2. Jh. wurde das A. zu einer rein kultischen Feier und gewann die Bedeutung eines Opfers, wie es in der katholischen Kirche in der Messe (Feier der → Eucharistie) weiterlebt.

Während Origenes und Tertullian die A.elemente Brot und Wein mehr pneumatisch-spiritualistisch (und damit in einem gewissen Sinn symbolisch) deuteten und in ihnen Figuren und Zeichen des Leibes Christi erblickten, setzte sich im MA immer mehr die realistische Deutung der Transsubstantiationslehre durch, nach der die *res sacrae* der wahre Leib und das wahre Blut Jesu Christi sind. Martin Luther verneinte die Verwandlung der Elemente, bejahte aber – im Gegensatz zu Zwinglis rein symbolischer Deutung – die reale Präsenz Christi im A. Bei Calvin sind Brot und Wein »Zeichen und Zeugnisse« der Gegenwart Christi; dem leiblichen Essen und Trinken beim A. geht parallel das geistige Genießen des Leibes und Blutes Christi, die nicht auf Erden, sondern im Himmel sind. [Lr]

A. Arnold, Der Ursprung des christl. A. im Lichte der neuesten liturgiegesch. Forschung, ²1939; J. Jeremias, Die A.worte Jesu, 1949; K. Goldammer, Kultsymbolik des Protestantismus, 1960 (S. 31–46); Kl. Wessel, A. und Apostelkommunion, 1964; M. Josuttis/G. M. Martin (Hg.), Das hl. Essen. Kulturwissenschaftl. Beiträge z. Verständnis des A., 1980.

**Abwehrmechanismen.** Die A. bezeichnen in der → Psychoanalyse die Abwehrtätigkeit des Ich gegenüber peinlichen Vorstellungen und Triebansprüchen aus dem Es. Die durch die Erziehung tradierten gesellschaftlich-moralischen Ansprüche stellen sich gegen die Triebansprüche und rufen einen Konflikt im Ich hervor, welcher zur Lösung drängt. Mit Hilfe der A. setzt das Ich anstelle dieses peinlichen Konfliktes ein Symbol (Symptom), welches den ursprünglichen Zusammenhang von Triebanspruch und Forderung der Umwelt bzw. des Über-Ichs (als innerpsychischer Anteil der Umwelt) verschleiert und zugleich auf ihn verweist. So symbolisiert z. B. der A. der Projektion die Verlagerung von Konfliktanteilen nach außen als einem anderen zugehörig; die Introjektion die Übernahme fremder Anteile als eigene; die Verkehrung ins Gegenteil lenkt durch Betonung des Gegenteils vom Konflikt ab; die Isolierung hebt den bereits verfälschten Inhalt aus seinen Zusammenhängen heraus; die Sublimierung wählt moralisch akzeptablere Lösungen als Ersatz für die anfangs erstrebten.

Die A. – verschieden in ihrem dynamischen Ablauf – verdeutlichen eine Bewältigung des Konfliktes durch Symbolisierungen, d. h. Ersetzen der bereits aus der bewußten Verarbeitung ausgeschlossenen Konflikte durch individuell und/oder kollektiv gebildete Symbole. So kann z. B. die Angst vor Erröten unter anderem den ursprünglichen Konflikt einer Onanie (Schamröte bei Entdeckung durch Eltern) und der sexuellen Erregung des Genitalbereiches (Spannung, Wärme) symbolisieren; dabei wären z. B. die A. Projektion (äußerer Anlaß der Spannung), Isolierung (aus dem Kontext), Konversion (körperliches Symbol) an der Abwehr der mangelhaft verdrängten Impulse maßgeblich beteiligt. Das entstandene Symptom ist ein verfälschtes Erinnerungssymbol.

Nun sind die A. nicht nur im Dienste der Abwehr zu sehen, sie sind zugleich mehr oder minder transparenter Austausch zwischen Subjekt und Objekt (Welt). In der Kultur- und Religionsbildung schaffen die A. als »Austauschmechanismen« (I. A. Caruso) zahlreiche kollektive Symbole für das Zusammensein der Menschen – Zeremonien, Sitten, Gebräuche, Kunstrichtungen (vgl. → Magie, psychoanalytisch). Sowohl für eine ganze Kultur wie für deren einzelne Träger finden die A. ihre Bedeutung in der Bildung von Wertsystemen zur Abwehr von Unlust und Festigung konfliktarmer Lebensmöglichkeiten, Systeme, welche Symbole für eine mehr oder weniger gesunde oder pathologische Abwehrtätigkeit des Menschen darstellen. Innerhalb dieses kulturellen Aspektes der A. findet das individuelle Symptom (Symbol) seine zeittypische Ausprägung (so z. B. die hysterische Störung als zeittypisch für die Zeit S. Freud's, die narzißtische Störung für die Gegenwart.

[EFR]

I. A. Caruso, Bios, Psyche, Person, 1957; A. Freud, Das Ich und die Abwehrmechanismen, 1964; S. Freud, Studien über Hysterie (Ges. W. I), Vorlesungen zur Einführung in die Psychoanalyse (Ges. W. XI), Totem und Tabu (Ges. W. IX), Jenseits des Lustprinzips (Ges. W. XIII), Das Unbehagen in der Kultur (Ges. W. XIV).

**Abwehrzauber** (griech. *apotrópaion*, lat. *amuletum*, »Kraftspeise« von *amylum* »Kraftmehl«? volksetym. von *amoliri* »abwenden«, bedeutet in der Antike jede magische Abwehr), mit dem man sich gegen Schaden, Krankheit (von erzürnten Göttern oder Dämonen verursacht), Wiedergängern und Dämonen zu schützen sucht, beruht auf → Analogiedenken und → Sympathieglauben. Man hält dem Übel dessen eigenes Bild entgegen, damit es vor seinem Doppelgänger, Rivalen weicht, jedenfalls abgeschreckt wird: goldene Nachbildungen von PESTBEULEN und MÄUSEN (1 *Sam* 6,4f.), eherne SCHLANGE (4 *Mos* 21,6–9) helfen gegen diese Plage wie der SPIEGEL gegen drohende Wolken gestreckt (*Pallad.* 1,35,1; *Geoponica* 1,14,4), dem Basilisken oder einer Zauberin vorgehalten. Apollonios v. Tyana läßt marmorne STÖRCHE aufstellen gegen Störche, die Brunnen vergiften, indem sie Giftschlangen hineinwerfen, vertreibt Skorpione durch ein ehernes SKORPIONbild, das er vergräbt und mit einer Säule beschwert (Gegenbilder: *Telesmata*). Das »AUGEN«bild zur Abwehr des bösen Blicks kann nicht einmal ein Gott wie Marduk entbehren (babyl. Schöpfungsepos *Enuma eliš* IV, 61); es findet sich in zahllosen Abbildungen (Trinkschalen) bis zu den Zierleisten alter Handschriften. MEDUSENHAUPT (Gorgoneion), Tier- u. Dämonenfratzen, Löwenklauen, GREIFE sichern selbst Sakralbauten (antike u. christl.).

Nach Plutarch glaubte man, obszöner Anblick ziehe die Augen auf sich und lenke so von dem bedrohten Gegenstand ab; aber sexuelle Symbole waren nicht anstößig, sondern als Fruchtbarkeitszeichen Träger besonderer Kraft (Orenda): plastische und bildliche Darstellungen des PHALLUS schützen (wie Priap den Garten) Haus, Werkstatt, Stadttor, das Kind, das ihn um den Hals trägt.

Abwehrgesten sind seit der Antike die Gebärde der FEIGE *(fica)* und ihr nachgebildete Amulette (Daumen durch Mittel- u. Zeigefinger der geschlossenen Hand in sexueller Bedeutung), das SPUCKEN, christlich das KREUZ SCHLAGEN, magische Handlungen, die durch den symbolischen Vollzug der Bindung (Knoten), der Destruktion eines Bildes, einer Figur des Gegners dessen Bindung, Vernichtung nach sich ziehen, Zauberspruch (*carmen*, Epode), Beschwörung, Exorzismus, Lachen.

Abwehrmittel sind BLUT (2 *Mos* 12,7.13), WASSER (2 *Mos* 30,20), RAUCH (Tob 6,18; 8,3), das UMKREISEN (z. B. mit dem Pflug den Platz für die Stadtgründung), UMGANG *(circumambulatio)*, TANZ (Waffentänze der Kureten), Gesang und Musik (David 1 *Sam* 14ff.; bei den Opfern stets Flötenspiel, Homer, *Ilias* 18,495), Glokken (2 *Mos* 28,35), jede Art von Lärm. → Amulett [JBB]

E. Ebeling, Apotropaeen (Reallex. Assyriol. 1); L. Blau, Das altjüd. Zauberwesen, 1897/98 (1974); O. Weinreich, Antike Heilungswunder, 1909; A. Jirku, Die Dämonen u. ihre Abwehr im AT, 1912: I. Scheftelowitz, Das Schlingen- u. Netzmotiv im Glauben u. Brauch der Völker, 1912; F. Dölger, Lachen wider den Tod (Pisciculi, Fs. F. J. Dölger) 1939; R. Muth, Träger der Lebenskraft, 1954; A. Lesky, Abwehr u. Verachtung in d. Gebärdensprache (Anz. d. Öst. Akad. d. Wiss., phil.-hist. Kl. 106) 1969; H. Altenmüller, Apotropaikon (Lex. d. Ägyptologie 1) 1975; J. Engemann, Mag. Übelabwehr in d. Spätantike (Jb. f. Ant. u. Christ. 18) 1975.

**Acheiropoieta.** Das an alte Bildüberlieferungen anknüpfende

»nicht von Menschenhand gemachte Bild« hat für den griechischen Osten im Mandylion (Abgarbild) und im Keramidion die berühmtesten Beispiele eines Christusa. Daneben gibt es noch Mariena. (sog. Lukasmadonnen, von bes. menschlicher Hand geschaffen) und vereinzelt Heiligena. Mitentscheidend für die Entstehung ihrer Legenden dürfte die Vorstellung gewesen sein: Wenn Gott selbst (Abgarbild) oder ein berühmter Mensch (Lukas) das Abbild schafft, dann ist dieses sicher dem → Urbild ähnlicher als sonst eines. Die möglichst große Ähnlichkeit gewährleistet aber auch eine möglichst große Vergegenwärtigung des Urbildes im Abbild, also die Ankunft und Präsenz der überirdischen in der irdischen Welt. Die Ostkirche begeht sogar ein eigenes Fest zum Gedächtnis der Übertragung des »nicht von Menschenhand geschaffenen« Bildes unseres Herrn Jesus Christus nach Edessa am 16. August. Im Westen entstanden in der Gotik A. in Form des Sudariums der Veronika, das in St. Peter zu Rom seine Aufstellung fand, mit reichen Ablässen durch Innozenz III. versehen wurde und dadurch im Spätmittelalter oft dargestellt wurde, wie des Grabtuches Christi, das seit 1578 in Turin aufbewahrt wird, dessen älteste sichere Nachrichten aber nur bis ins 14. Jh. zurückreichen. [Sr]

E. v. Dobschütz, Christusbilder (Texte u. Untersuchungen, NF 3), 1899; H. Aurenhammer, Lex. der christl. Ikonographie I, 501; A. Legner, Das Christusbild der gotischen Kunst (LChrI, I) 1968.

**Acht,** als verdoppelte → Vier Zahl des Kosmos. Hauptrichtungen der Windrose. Durch Unterteilung des Achsenkreuzes entsteht das A.speichenrad: buddhistisches Radsymbol, Jahresrad germanischer Völker, Glücksrad der Fortuna im MA (→ Rad). 8-strahlig ist der Stern der Ischtar-Venus. Die Etrusker sprachen von 8 Weltzeitaltern, christliche Gnostiker von 8 Himmelssphären. Der hinduistische Gott Vishnu hat 8 (weltumspannende) Arme. Nach der Götterlehre des ägyptischen Hermopolis herrschten vor der Entstehung der Welt 8 Gottheiten (= personifizierte Urkräfte).

Die A. ist Zahl des glücklichen Anfangs, des Neubeginns. Nach Buddhas Lehre führt ein achtfacher Pfad *(atthangika-magga)* zur Erlösung vom Leiden. 8 Menschen wurden in Noahs Arche gerettet (1 *Mos* 6,18). Am 8. Tag nach der Geburt findet die jüdische Beschneidung statt. Mit dem 8. Tage beginnt eine neue Woche, eine neue Zeit – bei den Kirchenvätern Symbol für den Tag der Auferstehung des Herrn *(resurrectio Domini)* und der Neuschöpfung in der Taufe; die oktogonale Form altchristlicher Baptisterien greift bewußt diese Sinngebung auf. Auch in Mythos, Sage und Märchen spielt die A. eine Rolle (z. B. Sleipnir, das 8-füßige Pferd Odins). [Lr]

Fr. J. Dölger, Das Oktogon u. die Symbolik der A.zahl (Antike u. Christentum 4/1934); W. E. Peuckert (Hdwb. d. Sage, 1. Lief.) 1961.

**Acker.** Die Bearbeitung des A. gehört ganz allgemein zum Vorstellungskomplex der → Fruchtbarkeit und ist Symbol für die Erhaltung des Lebens: → Saat und → Ernte(bräuche). In altägyptischen Totenbuch-Illustrationen sind diese Tätigkeiten Ausdruck der Hoffnung auf ein Weiterleben nach dem Tode. Im Glauben verschiedener Völker findet die hl. Hochzeit auf einem A. statt; nach Homer soll sich die Erdmutter Demeter mit Jasion auf der Kruste dreimal gepflügter Erde vereinigt haben. Die mütterliche Erde spendet nicht nur die Pflanzen, sondern verleiht auch den Menschen Lebenskraft; Hesiod erwähnt einen alten Brauch, nach dem das kleine Kind zu apotropäischem Zweck in die frische A.furche gelegt wurde. Das Fruchtfeld wird von Gottheiten oder Dämonen, den Korngeistern, beschützt, deren Segens- und Wachstumskraft man in der letzten Garbe des A. oder in bestimmten Formen der Früchte einzufangen hofft. Im NT (*Mt* 13,38) wird die Welt mit einem A. verglichen, auf dem sowohl guter Samen (= Kinder des Gottesreiches) keimt als auch Unkraut (= Kinder des Bösen). Der vom Pflug unversehrte A., der ohne Saat Weizen hervorbringt, ist Symbol für die Jungfräulichkeit Marias. → Erde (2. Abschn.) [Lr]

**Adam.** Der Name A. (= Mensch) leitet sich nach 1 *Mos* 2,7 von der *adamah* (= rote Erde) her. Nach 1 *Mos* 1,26ff. (vgl. 5,1f.) ist A. eine männlich-weibliche Zweieinheit (nicht androgyn; erschuf er sie) und in dieser Zweieinheit Bild Gottes. Die Einheit in der Zweiheit kommt zum Ausdruck in dem einen Namen A. Erst nach dem Sündenfall wird A. Eigenname des Mannes, das Weib erhält den Namen → Eva. A. in seiner Zweieinheit wird die Herrschaft über die Erde anvertraut (sie sollen herrschen). Nach 1 *Mos* 2,15 ist dieses Königtum Dienst an der Schöpfung durch Hegen und Pflegen. In der jüdischen Überlieferung ist gemäß antiker Vorstellung A. als KÖNIG der Schöpfung zugleich ihr PRIESTER und Prophet. Auch bringt das Spätjudentum A. in Beziehung zum → Messias, teils in entsprechender, teils in gegensätzlicher Typik: A. wurde im Nisan erschaffen, weil der Messias im Nisan kommt. Beide sind König, Priester und Prophet, beide Lichtwesen. A. verliert sein LICHT, der Messias bringt es zurück. Paulus wendet diese Vorstellung modifiziert auf Christus an: A. ist Typos Christi (*Röm* 5,14), des letzten A., Christus mithin der Antitypos, das Urbild des ersten A. Der erste A. ist lebendige Seele und irdisch, der letzte A. lebenspendendes Pneuma und himmlisch (1 *Kor* 15,44ff.). Durch den ersten A. kamen Sünde und Tod, durch den letzten Gnade und Leben. Nach dem Gesamt der Paulinen ist auch Christus wie der erste A. männlich und weiblich (im Gegensatz zum Messias des Spätjudentums): Christus und die → Ekklesia. Die bei Paulus grundgelegte → Typologie wird in der folgenden Zeit weiter ausgeführt. A. hat die Gestalt Christi, er hat ihn angezogen. »Das Männliche ist der Christus, das Weibliche die Ekklesia« (2. Klemensbrief). In A.s Erschaffung aus jungfräulicher (= nicht bearbeiteter) Erde stellt sich im voraus die Geburt Christi aus der Jungfrau dar. Ein sehr beliebtes Motiv in der Patristik ist der SCHLAF A.s und die Erbauung des Weibes aus seinem Fleisch als prophetisches Vorausbild des im Tode entrückten Christus, aus dessen Seite die Ekklesia gebildet wird.

Die Erlösung und Neuschöpfung A.s durch Christus findet ihren Symbolausdruck in der Vorstellung von Christi Kreuz auf A.s

Grab, auch künstlerisch dargestellt, vor allem im Osten. Davon zeugt auch die A.kapelle am Fuß von Golgotha mit der griechischen Inschrift: »Die Stätte des Schädels ist zum Paradies geworden.« Der A.mythos lebt weiter bis in die Neuzeit. In der Kunst wird vor allem die Erschaffung A.s, sein Schlaf mit der Erbauung des Weibes, der Sündenfall, die Vertreibung aus dem Paradies dargestellt. Das beherrschende Symbol ist meist der Baum in der Mitte. → Urmensch. [ThS]

J. Jeremias, Golgotha und der heilige Felsen (Angelos 2) 1926; O. Kuß, Die A.-Christus-parallele exegetisch u. bibl.-theologisch untersucht, 1930; L. Reygans, A. und Eva (RDK I) 1937; O. Erich, A. – Christus (ebd.); W. Staerk, Die Erlösererwartung in den östl. Religionen; E. Benz, A. Der Mythus v. Urmenschen, 1955, W. Strolz, Vom alten zum neuen A., Urzeitmythos u. Heilsgesch., 1986.

**Adler.** Symbol des Himmels, der Sonne und der göttlichen Herrschaft. Als solares Tier dem Sonnengott von Palmyra geweiht; ein aufsteigender A. repräsentiert den aztekischen Sonnengott Tonatiuh. Bei den Jakuten ist der A. Gebieter der Sonne und das die Natur zu neuem Leben erweckende Wesen, vor allem aber ist er (wie auch bei anderen Völkern Sibiriens und bei nordamerikan. Indianerstämmen) in die Vorstellungen des → Schamanismus eingebunden. Die Ainu verehren ihn als Schöpfer. Himmelsgötter (Baal, Zeus) und → Wettergottheiten haben den A. zum Begleiter.

Nachdem schon im AT Gottes Fürsorge für sein auserwähltes Volk mit einem A. verglichen wird, der seine Jungen auf Flügeln zu ihrem wahren Ziel emporträgt (2 *Mos* 19,4), wird er in frühchristlicher Literatur (→ Patristik) und Kunst (Sarkophage) zu einem Symbol Christi. Die Majestät des göttlichen Wortes wurde auf Kanzeln oft als A. mit ausgebreiteten Flügeln dargestellt (A.pult). In Verbindung mit dem Wort Gottes wie auch in der Interpretation auf Christi Himmelfahrt ist der A. → Evangelistensymbol. Schon im babylonischen Mythos von Etana ist er ein Hinweis auf den Aufstieg zum Himmel. Bei den Römern deutete sein Flug das Emporsteigen der Seele des verstorbenen Kaisers an. Im Christentum ist er eng mit der → Auferstehungssymbolik verbunden, in diesem Sinne bis heute auf Taufbecken. In biblischen Texten ist der A. kaum vom Geier zu unterscheiden (beide griech. *aetos*); wegen seiner Raublust und in Anknüpfung an *Mt* 24,28 wird der Vogel auch als Symbol des seelenraubenden Teufels ausgelegt (bei Kirchenvätern und in der romanischen Kunst). Unter den Todsünden vertritt er den Hochmut.

Seit den Großreichen der Perser und der Diadochen ist der A. (bei antiken Schriftstellern »König der Vögel«) Symbol des imperialen Herrschaftsanspruches, wird als siegverleihender Begleiter Jupiters römisches Feld- und Herrschaftszeichen und findet Eingang in die → Wappen zahlreicher Geschlechter und Länder. → Doppeladler [Lr]

R. Wittkower, Eagle and serpent (Journ Warb 2/1938–39); A. Jucker, Auf den Schwingen des Göttervogels (Jb. d. Bernischen Histor. Museums 1959–60); Th. Schneider, Der Erlöser und die Erlösten im Bilde des A.s (Erbe u. Auftrag 38/1962); L. Wehrhahn-Stauch, Aquila resurrectio (Zs. d. dt. Vereins f. Kunstwiss. 21/1967); E. Korn, A. u. Doppel-A.. Ein Zeichen im Wandel der Gesch., 1976; P. Dinzelbacher, Die mittelalterl. A.symbolik u. Hadewijch (Ons Geestelijk Erf 54/1980); M. Lurker, A. u. Schlange, 1983.

**Adonis.** Wie der Name (phön. *adon*, hebr. *adonai* = Herr), so kamen Mythos und Kult des A. aus dem Orient nach Griechenland. Myrrha (oder Smyrna) eine kleinasiatische Königstochter, deren Mutter sie schöner als → Aphrodite zu sein rühmte, wurde durch diese dafür mit inzestuöser Liebe bestraft: verliebt schlief sie mit ihrem getäuschten Vater. Von dem Erzürnten mit dem Schwerte verfolgt, verwandelte Aphrodite sie in eine MYRRHE, aus der dann nach 10 Monaten A. als Kind hervorkam. Aphrodite vertraute A. heimlich der → Persephone, die ihn aufzog, aber an seiner Schönheit solchen Gefallen fand, daß sie die Rückgabe des A. an Aphrodite verweigerte. Im Streite beider entschied Zeus, daß A. vier Monate bei Aphrodite, vier bei Persephone in der Unterwelt und vier frei bleiben solle. Auf der Jagd wurde A. dann durch einen Eber tödlich verletzt: nach einigen auf Veranlassung der Artemis, wegen Aphroditens Schuld am Tode des Hippolytos, nach anderen durch Apollon, der seinen Sohn Erymantes rächte, den Aphrodite erblinden ließ, weil er sie im Bade nackt gesehen hatte, oder durch den eifersüchtigen Liebhaber der Aphrodite Ares, der sich in einen Eber verwandelte. Die herbeieilende Aphrodite ritzte sich ihre Füße an weißen Rosen, die sich rot färben, indes aus dem Blute des A. ANEMONEN aufsprießen.
Aphrodite begründet die Adonien, ein Trauerfest der Frauen, eine im ganzen Mittelmeerraum prunkhaft begangene Variante des orientalischen Tammuzfestes. In Schalen gepflanzte rasch wachsende und schnell welkende BLUMEN, »Adonisgärtchen«, symbolisierten dabei das Schicksal des Vegetationsgottes, sein Aufblühen und Vergehen, aber auch Wiederkommen in der Natur. [Rd]

P. Lambrechts, Over Grieske en oosterse mysterie godsdiensten: de zng. Adonismysteries, Brüssel 1954; G. Lücken, Kult und Abkunft des A. (Forschg. u. Fortsch. 36/1962); grecs, Paris 1966; G. J. Baudy, A.gärten. Studien zur antiken Samensymbolik, 1986.

**Adventskranz.** Der A. geht auf eine Anregung des evangelischen Theologen J. H. Wichern zurück, der um 1860 einen mit Kerzen besteckten Kronleuchter durch einen Kranz mit Tannenreisig ersetzen ließ. Von Norddeutschland wurde der Brauch erst nach dem 1. Weltkrieg von den süddeutschen Gegenden übernommen. Die vier Kerzen deuten die vier Adventswochen an, zugleich versinnbildlicht ihr nacheinander erfolgendes Anzünden das Herannahen des Weltenlichtes *(lux mundi)* in der dunkelsten Jahreszeit: die Geburt Christi. Ob die Vorstellung einer Lichterkrone – Kronleuchter frühromanischer Dome – ein Vorbild für den A. war, läßt sich nicht nachweisen. Die Verbindung von Kranz und Lichtern in der abnehmenden Jahreszeit findet sich vom A. unabhängig in der Krone der schwedischen Heiligen Luzia (Fest: 13. Dezember). [Lr]

R. Wolfram, A. Kommentar zum Österreich. Volkskunde-Atlas 1, 1959; H. Kirchhoff, Christl. Brauchtum von Advent bis Ostern, 1984.

**Affe.** Nachahmungstrieb, Intelligenz und Hinterlist ließen ihn zum symbolischen Bedeutungsträger werden. In Ägypten dem Mondgott Thot zugehörig, ja ihn verkörpernd, andererseits die aufgehende Sonne anbetend. Die in Indien volkstümlich verehrten A.n sollen nach dem Epos *Rāmāyana* den göttlichen Rāma gegen die Dämonen unterstützt haben; Hanuman ist der A.gott. Im japanischen Volksglauben tritt der Berggott in A.gestalt auf; beim Koshin-Fest sollen 3 A.n über den Menschen Bericht erstatten – sie werden im Sinne eines Abwehrzaubers blind, taub und stumm dargestellt, d. h. sie sehen, sie hören, sie sprechen nichts Böses: im weiteren Sinne Symbol der Weisheit und eines glücklichen Lebens. Bei einigen Sudanvölkern findet sich die A.maske in richterlicher Funktion. Bei → Heraklit ist der A. Symbol menschlicher Unvollkommenheit, im christlichen MA weist er auf verschiedene Laster (z. B. mit Spiegel Vanitassymbol), auf den Sünder (gefesselter A. = Mensch in den Schlingen der Sünde) und auf den Teufel. [Lr]

W. Janson, Apes and ape lore in the Middle Ages and the Renaissance, London 1952; A. Wedemeyer, Das japan. Drei-Affen-Symbol u. der Koshin-Tag (Jb. d. Mus. f. Völkerkunde Leipzig 16/1958); L. Wehrhahn-Stauch, A. (LChrI 1) 1968.

**Agni** → Vedismus

**Agrarkult** entspringt der Vorstellung der Beseeltheit der Natur in allen ihren Erscheinungsformen; Nachklang auch noch in europäischen → Erntebräuchen. Durch vielerlei magische und symbolische Handlungen bemüht sich der Mensch, die Kräfte der Natur, die als → Geister in menschenähnlicher oder gleicher Gestalt gedacht werden, zu seinen Gunsten zu beeinflussen.

Als Beispiele: Für die Kurumba-Stämme (Obervolta) wird die HIRSE als beseeltes Wesen, analog dem Menschenkind in dem magischen Saatvorgang von Mann und Frau gezeugt und enthält wie das Menschenkind von den Ahnen eine Seele. Saat, Kultivation und Ernte entsprechen in ihrem Ablauf vollkommen der Behandlung des Menschenkindes. Das symbolische Gegenstück zum menschlichen Zeugungsakt tritt uns im Vorgang der SAAT und den damit verbundenen Geboten und Verboten entgegen. Beim Vorgang der Saat durch die gemeinsame Arbeit von Mann und Frau wird die physische Befruchtung des Bodens vorgenommen: der Mann schlägt das Loch, die Frau legt den Samen hinein. Bei diesem intimen Akt zwischen Mann und Frau ist die Mutter des Mannes ausgeschaltet. Würde eine Frau diese gemeinsame Arbeit mit ihrem leiblichen Sohn machen, so käme das einem Inzest gleich. Auch einer schwangeren Frau ist es verboten, das Feld zu bearbeiten, da eine schwangere Frau nicht gleichzeitig ein zweites Kind empfangen kann. Auch die gleichzeitige Anfertigung von Fruchtbarkeitskugeln durch die Frau für ein menschliches Kind und ein Hirsekind zeigt, daß die Frau beide Kinder, das Menschenkind und das Hirsekind, mitzeugt.

Westafrikanische Mythen erzählen über ein wundertätiges Tier, das dem Menschen eine Maske gibt, die zu Saat und Ernte getragen werden soll, damit die Fruchtbarkeit der Felder garantiert ist. Bei den Bambara (Westsudan) werden vor Beginn der Regenzeit von jungen Leuten ANTILOPENmasken getragen (Tschiwara). Es tanzen stets eine männliche und eine weibliche Maske zusammen. Sie symbolisieren den mythischen Antilopenbock, der von Gott beauftragt war, den Menschen den

Hirseanbau zu bringen. Sie bewirken die Fruchtbarkeit der Felder. Die Dayak (Borneo) sehen die Reispflanzen als beseelte Wesen. Die Anwesenheit der Reisseelen ist zum Gedeihen der Pflanzen unbedingt notwendig. Zu diesem Zweck werden während der Saatzeit Opfer dargebracht und Geistertänze von jungen Männern aufgeführt, deren Höhepunkt das Einfangen verirrter oder vertriebener Reisseelen bildet. Der Anführer bewegt dazu einen langen hölzernen Hacken, mit dem er die Seelen heranzieht, um sie in die Felder zu bannen, damit die gesäte Frucht wachsen kann. [Du]

T. W. Danzel, Kultur und Relig. des primitiven Menschen, 1924; H. Baumann/Thurnwald/Wesrmann, Völker u. Kulturen Afrikas, 1940; R. Lowie, Primitive Relig., 1948; A. E. Jensen, Mythos und Kult b. Naturvölkern, 1951; F. Herrmann, Die relig.-geist. Welt des Bauerntums in ethnolog. Sicht (Stud. Gen. 11) 1958; F. Herrmann, Symbolik in den Relig. der Naturvölker, 1961; M. Griaule/G. Dieterlen, Le Renard pâle, 1965.

**Agrippa von Nettesheim,** eigentlich Henricus Cornelius Agrippa ab (de) Nettesheym, 1486–1535, vielfach als Schwarzkünstler verrufene faszinierende Persönlichkeit der Renaissance, Philosoph, Historiker, Arzt, Astrologe, stand in den Diensten zahlreicher Herrscher seiner Zeit und erlebte für seine scheinbar widerspruchsvollen Werke Beifall und Anfeindung. Sein Hauptwerk ist das Kompendium *De occulta Philosophia*, vor 1510 in Köln verfaßt, in neueren Ausgaben um ein unechtes IV. Buch (voll von »verunreinigter Magie« nach Peuckert) vermehrt. Das Werk bietet den Versuch einer Synthese von → Magie und Christentum auf dem Boden neuplatonischer Mystik. Magie ist höheres Wissen, das bei rechter Anwendung zur Erkenntnis des göttlichen Urgrundes der Welt führen muß, zur → *quinta essentia* des den Elementen übergeordneten Schöpfers des Alls, und zwar über die Stufen seiner Schöpfung mit Hilfe der sinnvoll durchleuchtenden Erkenntnis emporsteigend. Das Symbol der Stufenordnung des Weltganzen ist der Schlüssel zum Verständnis des monumentalen Werkes dieses »letzten Kompilators der Frührenaissance . . . (es) setzt eine Unmenge von kulturgeschichtlichen Kenntnissen voraus, die teilweise recht abseits von den gewohnten Wegen liegen« (K. A. Nowotny). Das in weiten Kreisen bekannte Werk *De incertitudine et vanitate scientiarum* (1527 u. ö.) ist nach Nowotny als skeptisch-ironisches Satyrspiel auf die scholastische Gelehrsamkeit aufzufassen, stellt jedoch die Philosophie des → Neuplatonismus nicht in Frage. [Bi]

Krit. Ausg. der »Occ. Philosophia« Hg. Karl A. Nowotny, 1967. Dt. Übers. v. »De incertitudine« von F. Mauthner, 1913. F. Warner, Das Gedankengebäude des A. v. N. (Antaios V) 1964.

**Ägypter.** Die gesamte altägyptische Kultur ist religiösen Ursprungs: die Kunst diente weniger ästhetischen Bedürfnissen als vielmehr kultischen und magischen Zwecken, die Kunstwerke erhielten durch die heiligen Schriftzeichen (→ Hieroglyphen) eine rituelle Weihe; im Mittelpunkt der Literatur stand die Darstellung des Mythos und das für die Jenseitsreise des Verstorbenen bestimmte Schrifttum (Pyramidentexte, Sargtexte, → Totenbuch, in weiterem Sinne auch → Unterweltsbücher); die Astronomie entstand aus dem Bedürfnis, für das Ritual unentbehrliche Zeiteinteilungen (Frühaufgang der Sothis, Mondphasen) zu erhalten; die Verwaltung des Staates war durch das Gottkönigtum (→ Herrscher) festgelegt; das Recht wurde vom Schöpfergott selbst gegeben und vom König gewahrt.

Das Zwiefache in Kosmos und Leben wurde dem Ä. weniger unter dem Aspekt des Gegensatzes bewußt als unter dem der Ergänzung (→ Polarität). Der »Parallelismus« von Ober- und Unterägypten spiegelt sich in den beiden Landesgöttinnen (Geiergöttin Nechbet, Schlangengöttin Uto) wie auch in der weißen und der roten KRONE wieder; als Herrscher über beide Länder trug der König die Doppelkrone. Die symbolische Darstellung der Vereinigung der zwei Länder wurde gewöhnlich am Thronsitz der Herrscherstatuen angebracht: im Bild ihrer »Wappenpflanzen« (Oberägypten: BINSE, LILIE oder LOTOS; Unterägypten: PAPYRUS) werden die beiden Länder von → Horus und → Seth um die Hieroglyphe *sma* (= Vereinigung, dargestellt durch eine Luftröhre) zusammengeschlungen.

Trotz der Vielzahl der ägyptischen Götter, die sich in ihren Funktionen und Symbolen oft überschneiden, hat sich bereits in der Frühzeit die abstrakte Vorstellung »Gottheit« herausgebildet und fand in einem PFAHL mit einem SCHILD oder TUCH (?) sichtbaren Ausdruck (Hieroglyphe: *nuter*). Die Namen der Gottheiten erweisen sich manchmal als symbolträchtige Lautgestalten: Amun ist »der Verborgene«, ursprünglich Gott des Windes; Chons ist als Mondgott der »Durchwandler«; die Himmelsgöttin Hathor dürfte als »Haus des Horus« zunächst die Personifikation des königlichen Palastes gewesen sein. Wichtiges Attribut altägyptischer Gottheiten ist ihre Kopfbedeckung (z. B. hat Chons Mondsichel und Mondscheibe, → Isis das Schriftbild für »Thron«), die jedoch zur Identifikation nicht immer ausreicht, da durch das Kontaminieren einzelner Göttergestalten auch ihre Embleme austauschbar sind (Hathor wie auch Isis können ein KUHGEHÖRN MIT SONNENSCHEIBE auf dem Haupt tragen). Ein allgemeines Attribut der Götter ist die LEBENSSCHLEIFE (Hieroglyphe *anch* = Leben), sie ist Symbol der unvergänglichen Lebenskraft und wurde – als Henkelkreuz – von den → Kopten übernommen.

An allen Orten gab es durch Tabu geschützte heilige Tiere, die als Erscheinungsform eines Gottes galten. Das Einzeltier ist irdisches Abbild eines transzendenten Urbildes, dessen theriomorphe Gestalt eine bestimmte Seite göttlicher Wesenheit ausdrückt: der STIER die Zeugungskraft (der Apis galt als »herrliche Seele« des memphitischen Schöpfergottes Ptah), die KUH die Mütterlichkeit (die Himmels- und Muttergöttin Hathor erhielt öfters Kuhgestalt), der LÖWE die Stärke (die Kriegsgöttin Sachmet mit Löwenhaupt). Als König der Lüfte wird der FALKE das heilige Tier des Königs der Götter, → Horus, und auch ein Symbol des göttlichen Königtums. Als solare Tiere gelten besonders SKARABÄUS (Morgensonne), WIDDER (Abendsonne), PAVIAN, der die Sonne mit erhobenen Vorderpfoten begrüßt, und LÖWE (im *Totenbuch*, Kap. 62, mit dem

Sonnengott Re gleichgesetzt). Der URÄUS ist die seit dem Mittleren Reich von den Königen an der Krone getragene StirnSCHLANGE, die alles Böse abwehrt und als feuriges Auge des Re bezeichnet wird. Die heiligen Tiere oder theriomorphen Symbole des Mondgottes Thot sind IBIS und PAVIAN.

Die Kernfrage der ägyptischen Religion kreist um die Entstehung des Lebens und seine Fortdauer über den Tod hinaus. In dem Lauf der Sonne, im Steigen und Fallen des Nils, im Keimen und Absterben der Vegetation bieten sich natürliche Bilder an, die – in religiöser Einkleidung – dem Hoffenden zu Symbolen seines eigenen Lebens und Weiterlebens werden. Der Glaube an das Totenreich im WESTEN ist doppelt begründet, erstens durch den Sonnenuntergang (Symbol des Sterbens) und zweitens durch die westlich des Niltals gelegene Wüste, in der alles Leben erstirbt. Seit der 18. Dynastie wird der Tote in West-Ost-Richtung bestattet, das Haupt liegt nach Westen (= Eingang ins Totenreich), die Augen aber blicken der aufgehenden Sonne entgegen. Hoffnung der alten Ä. war es, auf dem Schiff (Barke) des Sonnengottes (→ Re) durch die Unterwelt einem neuen Leben entgegenzufahren. Auch der Mythos und die Verehrung von → Osiris haben Tod und Auferstehung zum Inhalt.

Als irdischer Sitz der Götter galten die TEMPEL, die zugleich aber auch steinernes Symbol des Kosmos waren: der untere Teil sinnbildet die Erde, aus der Papyrus, Lotos und Palme in Säulenform hervorsprießen; die Decke ist das Himmelsgewölbe und deshalb mit Sternen und göttlichen Vögeln bemalt. OBELISK und PYRAMIDE bieten durch ihre genaue Ausrichtung nach den Himmelsgegenden dem Sonnengott einen Ort, auf dem er sich niederlassen kann – die Pyramide vielleicht als stilisierter »Urhügel« – und stellen so einen Kontakt zwischen Himmel und Erde her, der im Falle der Pyramide, die ja ein Grabmal ist, dem toten König den Aufstieg zum Himmel und die Vereinigung mit der Sonne ermöglichen soll. GRABKAMMER und SARG werden mit Sternen und/oder einem Bild der Himmelsgöttin geschmückt; der Sarg selbst ist der (Nacht-) Himmel, ist die Göttin Nut, aus welcher der Tote – dem Sonnengott gleich – zu neuem Leben geboren wird. [Lr]

S. Schott, Symbol u. Zauber als Grundform altägypt. Denkens (Stud. Gen. 6) 1953; H. Bonnet, Reallex. d. ägypt. Religionsgeschichte, 1952; H. Kees, Der Götterglaube im alten Ägypten, 1956; ders., Totenglaube u. Jenseitsvorstellungen der alten Ä., 1956; W. Wolf, Die Kunst Ägyptens, 1957; R. Clark, Myth and Symbol in Ancient Egypt, London 1959; S. Sauneron/J. Yoyotte, La naissance du monde selon l'Egypte ancienne (Sources orientales I, 17–91), Paris 1959; G. Roeder, Die ägypt. Relig. in Texten u. Bildern, 4 Bde, 1959–1961; Ph. Derchain, Mythes et dieux lunaires en Egypte (Source orientales V, 19–67), Paris 1962; E. Hornung, Die Bedeutung des Tieres im alten Ägypten (Stud. Gen. 20) 1967; E. A. E. Reymond, The mythical origin of the Egyptian temple. Manchester 1969; J. Assmann, Ägypt. Hymnen und Gebete, 1975; K. Martin, Ein Garantsymbol des Lebens (Hildesheimer ägyptol. Beitr. 3) 1977; B. L. Goff, Symbols of Ancient Egypt in the Late Period, Berlin 1980; R. Brier, Zauber u. Magie im alten Ägypten, 1981; W. Westendorf, Symbol, Symbolik (Lex d. Ägyptologie, VI), 1984; J. Assmann, Ägypten. Theologie u. Frömmigkeit einer frühen Hochkultur, 1984; M. Lurker, Lex. der Götter u. Symbole der alten Ä., [4]1987.

**Ahnenkult.** Fast bei allen Völkern hat man das Gesicht des Menschen oder den ganzen Menschen als Erinnerungsbild des Toten nachzubilden versucht. Durch die bildliche Darstellung, glaubte man, könnte die Seele des verstorbenen Ahnen mit seinen lebendigen Nachkommen in Verbindung treten. Die Ahnen selbst würden durch ihre Gemeinschaft im Jenseits mit den Geistern oder Gottheiten zu Heilsvermittlern. Fast überall, wo sich Ahnenverehrung findet (z. B. → Altchina) benutzt man alle verfügbaren symbolischen Medien, um das Wohlwollen der Ahnen zu erlangen und zu bewahren.

Aus den dargestellten Ahnen entwickelten sich oft vielgestaltige MASKEN von verschiedenster Rangordnung, die besonders bei Jugendweihe und Geheimbundfesten auftreten. So nimmt der Ahne manchmal eine symbolische Gestalt an – häufig die eines Vogels, Schmetterlings oder einer Schlange, die als Boten der Verstorbenen gelten (Melanesien). In Neu-Irland sind die VÖGEL Symbole der guten → Geister, die böse Geister in der Gestalt von SCHLANGEN aufspüren und vernichten, bevor sie den Lebenden schaden können. In Afrika und Melanesien sind die MASKEN fast ausschließlich das wichtigste symbolgeladene Ausdrucksmittel des A.es. Der Ahne wählt sich die Maske zu seinem Sitz, in der er lebt, handelt und spricht. Bei den Feiern zur → Initiation stellen die Ahnenmasken oft in pantomimischem Tanz symbolisch das Sterben und Wiederauferstehen dar, oder sie verschlingen die Jünglinge, um sie dann als erwachsene Männer wiederzugebären. In Liberia wird die Ahnenmaske im Gehöft versteckt aufbewahrt, mit Opfern versehen, verehrt und als ein Aufenthaltsort des Geistes eines namentlich bekannten Verstorbenen angesehen.

Kleine Ahnenfigürchen werden gern als Schutzmittel verwendet, um Rat gefragt und sogar kultisch gefüttert. Im Raum der Südsee werden neben Figuren der Urahnen auch Knochen, Schädel und Haarbüschel an speziellen Orten aufbewahrt und bei Festen mit Schmuck und Speiseopfern versehen. Der Knochenschädel wird manchmal (N. Hebriden) mit Ton übermodelliert, um eine möglichst große Ähnlichkeit mit dem Verstorbenen zu erzielen. Auch Musik- und Lärminstrumente – u. a. das SCHWIRRHOLZ (Melanesien) können die Stimme eines Ahnen symbolisieren. Ebenso versinnbildlichen Flöten, Blasinstrumente, Schlitztrommeln und Rasseln den Aufenthalt von Geistern und Ahnen. Vielseitige Bedeutung kommt PFÄHLEN zu (Verbindungsweg zur Geister- und Ahnenwelt). Die figurale Darstellung zeigt den Ahnen meist stehend, in einem Zustand der Ruhe. Die Arme hängen herunter oder sind über die Brust verschränkt. Weibliche Ahnenbilder halten oft die Brüste (Fruchtbarkeitssymbol).

Die wenigen Holzskulpturen der Osterinseln zeigen einen skelettierten Körper mit einem »unverwesten« Kopf. Eine andere Form zeigt den Ahnen in hockender Stellung und oft den Kopf stützend (Hockergräber). Eine spezifische Ausprägung hat der A. in der → Megalithik gefunden. Charakteristische Steinsetzungen (→ Menhire, Dolmen) galten als Aufenthaltsorte der Ahnen. [Du]

B. Ankermann, Totenkult u. Seelengl. bei d. afrik. Völkern (Zs. f. Ethnol.) 1918; E. Vatter, Religiöse Plastik d. Naturvölker, 1926; R·

Heine-Geldern, Die Megalithen S.O. Asiens (Anthropos 23) 1928; K. Th. Preuß, Tod u. Unsterblichk. im Glauben d. Naturvölker, 1930; F. Krause, Maske u. Ahnenfigur (Ethnol. Stud. I/4) 1931; L. Frobenius, Kulturgesch. Afrikas, 1933; H. Baumann, Schöpfung u. Urzeit d. Menschen im Mythus der afrik. Völker, 1936; P. Radin, Road of Live and Death, 1946; H. Nevermann, Götter der Südsee, 1947; G. Eckert, Totenkult u. Lebensglaube im Caucatal, 1948; J. Röder, Pfahl u. Menhir, 1949; A. Jensen, Mythos u. Kult bei den Naturvölkern, 1951; A. Schweeger-Hefel, Holzplastik in Afrika, 1960; Dictionnaire des civilisations africaines, 1968; J. Poirier (Hg.), Ethnologie Générale, 1968.

**Ähre.** In den Vorgängen von → Saat und Ernte erblickte der Mensch eine Analogie zu Leben, Tod und Wiedergeburt. Bei Hiob (*Ijob* 5,26) wird der sterbende Mensch mit einer Garbe verglichen. Hierher gehört auch der volkstümliche Ausdruck vom »Schnitter Tod«, vom »Sensenmann«, der die reife Frucht abmäht. In Ägypten war das aufwachsende Korn Sinnbild des vom Tode auferstehenden Osiris. Als Frucht steht die Ä. in Verbindung mit der Erde und in übertragenem Sinne mit dem Weiblich-Mütterlichen. Ä. oder Ä.büschel sind Attribut der altmesopotamischen Getreidegöttin Aschnan, der altsemitischen Atargatis, der griechischen → Demeter, der römischen Ceres. Auch die *virgo caelestis* (Himmelsjungfrau) dachte man sich mit einer Ä. in der Hand; noch heute heißt der hellste Stern im Sternbild der Jungfrau *Spica*, d. h. Ähre. Konrad von Würzburg bezeichnete Maria als Weizengarbe, denn der Weizen gibt das feinste Mehl für die Hostie. Spätmittelalterliche Darstellungen zeigen die Madonna im Ä.kleid (→ Mariensymbole). Ähren weisen auf das Brot des Lebens und dienen als Verzierung für Kelche, Monstranzen und Altartücher; auf Grabsteinen sind sie → Auferstehungssymbol. Über die Darstellung als solche hinausreichende Bedeutung dürfte auch den Weizenfeldern van → Goghs zukommen. [Lr]

P. Wolter, Gestalt und Sinn der Ä. in antiker Kunst (Die Antike 6/1930); Ph. Rech, Ä. (RAC); E. Richter, Zum Problem der Herkunftsergründung der Ä.kleidmuttergottes (Dt. Gaue 48/1956); A. Walzer, Noch einmal zur Darstellung der Ä.kleidmaria (Beitr. z. schwäb. Kunstgesch. Fs. W. Fleischhauer) 1964.

**Akazie,** strauch- und baumförmige, dornige Pflanze in wärmeren Gebieten, wegen ihres harten und dauerhaften Holzes ein Symbol der Beständigkeit und Unsterblichkeit. Die Israeliten fertigten die Bundeslade, das sichtbare Zeichen von Jahwes Gegenwart, aus A.holz (2 *Mos* 25,10). Nach dem ägyptischen Totenbuch (Kap. 125) wird der Verstorbene von Kindern zur A. geleitet, dem Baum, aus dem nach einer alten Überlieferung die Götter geboren wurden. In Anknüpfung an die Legende vom ermordeten Tempelbaumeister Hiram und dem auf sein Grab gelegten A.zweig wurde diese Pflanze zu einem → freimaurerischen Symbol (z. B. bei Todesanzeigen). Eine fälschliche Gleichsetzung mit der erst seit dem 17. Jh. in Europa bekannten Robinie (Robinia pseudoacacia) ist für die Symbolbedeutung belanglos. [Lr]

E. Naumann, Das Symbol des A.zweiges nach seiner maurerischen, religiösen u. mytholog. Bedeutung (Die St. Andreas-Grade der Großen Landesloge 7/1891).

**Akelei.** Bei den Germanen der Göttermutter Frigga geweiht, in der christlichen Kunst auf Maria hinweisend oder Symbol des Hl.

Geistes (da das A.blütenhonigblatt einer Taube ähnlich) – in letzterer Bedeutung auf dem Portinari-Altar des Hugo van der Goes. Schließlich wurde der Name der Blume der Kabbala-Formel AGLA (einer Lobpreisung nach Ps 89,53) gleichgesetzt; auf dem Genter Altar der Brüder van Eyck sind die A. und die AGLA-Formel zu finden. [Lr]

R. Fritz, Aquilegia, die symbol. Bedeutung der A. (Wallraf-Richartz-Jb. 1952); K. Löber, Pflanzensymbolik d. mittelalterl. Tafelmalerei mit bes. Berücksichtigung der A. (Symbolon N. F. 3/1977).

**Alchemie,** auch Alchimie, Alchymie (vom mittellat. *alchimia*; gr. *chēmeía*, die Lehre von Säften und *chymos*, Saft) wird heute meist nur als »betrügerische« oder »illusionäre Goldmacherkunst« verstanden, ist jedoch zunächst allgemein »Läuterungslehre«. Das Vorhaben des Reinigens, Klärens und Aufhellens dunkler und erdartiger Materien kann metaphorisch mit metallurgischen Operationen in alten Kulturen zusammenhängen, als durch Legierung scheinbar neue Metalle gebildet wurden. Eine Übertragung des Wortbildes im Sinne der Symbolik für »Läuterung des Menschen« ist naheliegend, aber nicht mehr unmittelbar zu erschließen. Die für uns greifbaren Anfänge der A. liegen im religiösen Synkretismus des hellenistischen Ägypten, wo vor allem Alexandrien als »Schmelztiegel« archaischer Kosmologien, antiker Bilderwelt, orientalischer Erlösungslehren, des → Neuplatonismus und der Gnosis wirkte. Der Anteil altägyptischer Weltschöpfungslehren bei der Herausbildung der alchemistischen Nomenklatur und Metaphorik ist bisher noch weitgehend unbearbeitet und hängt von der Erforschung der griech. und koptischen Papyri ab. In späterer Zeit buchstäblich aufgefaßte Symbolbilder der ägyptischen Tempelzentren (von Urmaterie, Läuterung usw.), aus der Schmelzkunst stammend, dürften die Bildsprache der neueren A. beeinflußt und die Zielvorstellungen zur Metallurgie zurückgeführt haben, als das Streben nach Gold im materiellen Sinne in den Vordergrund trat. Dies bedeutet, daß zunächst eine Schmelzkunst-Terminologie metaphorisch für die Veredelung des Menschen, dann die Metaphorik als Wegweiser für eine Metallumwandlung (Transmutation) rückinterpretiert worden wäre. Eine quasi-sittliche Wertung klingt in Ausdrücken wie »edle« und »unedle« Metalle noch heute nach. – Die wichtigste Wurzel der A. ist wohl die Ideenwelt der → Gnosis mit ihrem → Dualismus einer reinen, strahlenden Welt des Geistes und einer unreinen, erdhaften Welt der Materie. Das Streben ging danach, den Anteil an Stofflichkeit durch Vergeistigung sukzessive zu verringern, bzw. das Reich des Geistes auf Kosten der Materie zu mehren. Dies ist nur durch »heißes Bemühen« möglich. Eine Entsprechung (→ Analogie) zwischen dem Wesen des strebenden Alchemisten und dem Substrat seines Strebens, dem bearbeiteten Stoff, wurde als zwingend und ohne Kausalnexus wirksam erlebt, so daß die seit dem MA immer deutlicher verfolgte Idee der Möglichkeit einer Metallumwandlung im Sinne der »Goldsynthese« nicht der inneren Konsequenz entbehrt. → Yeats formuliert in seiner *Rosa alchymica*, daß die Lehre der Alchemisten »keine bloße chemische Phantastik war, sondern ein philosophisches System, das sie auf den Kosmos anwandten, auf die Elemente und selbst auf den Menschen, und daß sie die Erzeugung von Gold aus unedlen Metallen nur als den Teil einer allgemeinen Umwandlung aller Dinge in eine göttliche und unvergängliche Substanz anstrebten.« Für den echten Adepten (Eingeweihten, Wissenden) war die Goldmacherkunst immer nur ein Parergon (Nebenwerk) seines Strebens, während die eigene Läuterung als mühsamer Aufstieg im Vordergrund stand. Die Transmutation der Metalle hing im Sinne der alchemistischen Lehre von einem subtilen und idealen Extrakt ab, dem → Stein der Weisen, der seine edlen Qualitäten jedem Substrat einprägen und z. B. Blei in Gold verwandeln konnte. Er selbst mußte jedoch zuerst aus einer geheimnisvollen Urmaterie (→ *materia prima*) durch langwierige und oft zu Fehlschlägen führende Operationen (den alchemistischen Prozeß) herausgebildet werden. Dieser Weg ist in den Texten oft widersprüchlich geschildert und wurde vorwiegend durch geheime mündliche Unterweisung seitens eines erleuchteten Meisters dem Schüler mitgeteilt, oder er wurde diesem durch intuitive Erleuchtung (göttliche Gnade) klar. In den schriftlich fixierten Texten ist der Prozeß daher nur in Symbolbildern, in allegorischen Umschreibungen, Mehrdeutigkeiten und auch mit offenbar absichtlichen Umreihungen der einzelnen Stufen wiedergegeben, um Unwürdige abzuschrecken und in die Irre zu führen (wohl auch, um das häretische Gedankengut einer eigentlich gnostischen Ideologie nicht zu deutlich zutage treten zu lassen). Dazu paßt, daß vielfach christliche Symbole der geläufigen Ikonographie (Dreifaltigkeit, Auferstehung usw.) zur Illustration von alchemist. Traktaten verwendet wurden, jedoch mit einer von der kirchl. Lehre abweichenden und nur dem Kenner sich erschließenden Sinngebung im Rahmen einer »neo-gnostischen Seelenschmelzkunst«. Ein anderes Motiv für das gewollte Verhüllen von Weg und Ziel dürfte die alte Auffassung gewesen sein, daß die spirituelle Arbeit und Mühe des von der Intuition gesteuerten Spekulierens um den Urgrund und das Ziel von → Makro- und Mikrokosmos in sich selbst im Sinne der verdienstlichen → Allegorese den Sucher vergeistigte und damit auch in der Welt das Reich des Geistes ausbreiten half. Die dem Außenstehenden zunächst als abstrus und wirr erscheinende Welt der → alchemistischen Symbole als Bilder einer vom Menschen gesteuerten und beschleunigten »Metallreifung« von unvollkommenen Stadien bis zum lauteren Gold – die durch den Bergmannsglauben vom »wachsenden Erz« und die Auffassung einer Allbelebtheit der Natur begreiflich wird – entbehrt in diesem Sinne nicht der Logik. Hat die Ideologie der A. auch zunächst vorwiegend religiöse Fundamente, so kommen doch auch quasi-künstlerische (intuitive) und wissenschaftliche Aspekte (durch das Erforschen der Naturprozesse) dazu, um ein sehr komplexes und nach dem Abreißen der mündlichen Tradition nur mehr bruchstückhaft erfaßbares Gesamtbild zu schaffen, das ungeachtet der von verschiedenartigen Ausgangspunkten aus operierenden modernen Forschung auch in unserer Zeit noch in weiten Partien rätselhaft geblieben ist. Vergleichend-religionswissenschaftliche und symbolkundliche Studien erweisen sich hier als ergiebiger als die üblichen chemiegeschichtlichen Untersuchungen. [Bi]

E. O. v. Lippmann, Entstehung u. Ausbreitung der A., 1919–1931; G. F. Hartlaub, Der Stein der Weisen, 1959; E. E. Ploss/H. Rosen-Runge/H. Schipperges/H. Buntz, Alchimia, Ideologie u. Technologie, 1970; L. Gérardin, L'Alchimie, tradition et actualité, Paris 1972; H. Biedermann, Materia Prima, eine Bildersammlung zur Ideengesch. d. A., 1973; S. Klosswoski de Rola, A., 1974; E. Zolla, Le meraviglie della natura. Introduzione all'alchimia, Milano 1975.

**Alchemistische Symbole** illustrieren zahlreiche Bücher besonders des 16. und 17. Jhs., tauchen, dichterisch umschrieben, in den Texten auf und finden heute das Interesse der Psychologie, bes. der Schule von → Jung. Die vielgestaltige Bilderwelt der a. S. wurde somit vorwiegend in einer Zeit ausgebaut, in der sich die Laboratoriumspraxis der → Alchemie von ihrer spekulativen Seite bereits weitgehend getrennt hatte. Sie umschreibt vorwiegend den »alchemistischen Prozeß«, der die → *materia prima* in den → Stein der Weisen umwandelt, wobei der sich sukzessive vergeistigende Stoff in seinen Stadien *(calcinatio, solutio, putrefactio, reductio, sublimatio, coagulatio, fermentatio, lapis)* in verschiedenen Farben erscheint: schwarz, weiß, gelb und rot. Die meisten illustrierten Bücher scheinen in emblematisch verhüllter Form bestimmte, nur bruchstückweise rekonstruierbare chemische Prozesse wiederzugeben, jedoch immer in Verbindung mit Sinnbildern religiös-philosophischer Natur bzw. beide Ebenen vereinigend. Die a. S. sollten nicht eigentlich mehrdeutig, sondern mehrschichtig wirken und auf der Ebene der Laborpraxis, der geistigen Disziplin des Alchemisten und auch im überpersönlichen Bereich auf adäquate Fragen die jeweils richtigen Antworten geben. Da für ihr Verständnis offenbar eine persönliche Unterweisung des Schülers durch den Meister vorausgesetzt wurde und die Bücher nie als echtes Kommunikationsmittel verstanden sein wollten, ist in ihrer Bilderwelt keine allgemein verbindliche und konsequent »lesbare« Abfolge zu suchen. Die wichtigsten, am häufigsten wiederkehrenden a. S. sind, in alphabetischer Reihenfolge genannt: ADLER – meist *mercurius* in flüchtiger Form, wobei mercurius einen der beiden Grundstoffe (→ Rebis) bedeutet, zu welchen nach → Paracelsus das Element *sal* (Stofflichkeit) hinzukam; AUSSAAT – das Hinzufügen eines »Ferments« zu der sich wandelnden Materie, Hoffnung auf neues Leben; BÄUME – pflanzenhaft keimende, sich entwickelnde Stoffe, bes. Metalle; BLUME – die sublimierte Materie (vgl. den Ausdruck »Schwefelblume«); BRAUTGEMACH – das alchemistische Gefäß, in dem die beiden Grundstoffe (→ Rebis) *sulphur* und *mercurius* sich verbinden. EHERNE SCHLANGE am Kreuz – die fixierte Materie (*coagulatio* oder *fixatio*); EI – das verschlossene alchemistische Gefäß oder die → *materia prima* (in der beide Grundkomponenten vorhanden sind), die also keimhaft die künftige Entwicklung in sich trägt; EMBRYO – der in der *materia prima* anlagemäßig vorhandene Beginn der späteren Reifung;

FUCHS – die sich im Zuge der Umwandlung rötende Materie *(rubedo)* im Stadium der Sublimation. Fußloser JÜNGLING – der fix gewordene (erstarrte) *mercurius* (vgl. oben »eherne Schlange«) oder der fruchtlos suchende, ratlose Alchemist. – Geflügelte Wesen (Vögel, Flugdrachen) – volatile (flüchtige) Aggregatzustände. – Grauer WOLF – der zur Läuterung des Goldes dienende Antimon; GREIS mit Sense – Blei, das Element des → Saturnus; HELIOS – Symbol des Sonnenelementes Gold, allgemein alles »hell Strahlende«; KORALLE – die aus dem Urwasser (Meer) geholte, verfestigte *materia prima*; KRÖTE – gelatinöse, »giftige« Materie vor der Verfestigung; LIEBESPAAR – die beiden Grundstoffe *sulphur* und *mercurius* (Adam und Eva, Gabricius und Beia), die verbunden werden sollen (vgl. Brautgemach), weiters jede Bipolarität; MEER – die Matrix der *materia prima*, auch »Salzbrunnen« genannt; MOND, Göttin Luna oder Selene – das Metall Silber, auch die weibliche Seite der Natur; NYMPHE, aus deren Brüsten zwei Quellen entspringen (Doppelbrunnen) – die beiden in der *materia prima* vorhandenen Grundstoffe in flüssiger Form; OUROBOROS, die sich in den Schwanz beißende Schlange – sonst Symbol der Ewigkeit, hier Bild des mercurialischen Drachens in einem oft wiederholten Kreisprozeß (Destillation – Kondensation – Destillation usw.); PELIKAN, der sich die Brust aufreißt – die sich rötende Materie *(rubedo)*, die sich »in ihr eigenes Blut verwandelt«, sonst Sinnbild der selbstlosen Liebe; PFAU – das schillernde Farbenspiel der sich umwandelnden Materie; PHÖNIX – die in der Hitze des Ofens sterbende, auf höherer Ebene neu belebte Materie (sonst allgemein Symbol der Auferstehung); RABE – die sich schwärzende Materie im Stadium der putrefactio *(nigredo)*; SCHWERT – das Scharfe, die Separation Bewirkende, das Feuer; Todessymbole wie Gerippe, Totenkopf, Sarg usw. – das Stadium der Schwärzung *(nigredo)* und *putrefactio*, auch *mortificatio* im Sinne der Verfestigung des mercurialischen Prinzips (vgl. oben eherne Schlange). VERSCHLINGEN eines Wesens durch ein anderes – die Auflösung einer Substanz in einem Lösungsmittel; WEINTRAUBE – ein vegetabilisches Lösungsmittel, *aqua vitae*, auch »Rausch« im weitesten Sinne; WÜRFEL – der Grundstoff *sal* (Stofflichkeit, »Greiflichkeit«); Zwitterwesen → Rebis. Zu diesen Bildern kommen die in der → Astrologie üblichen Personifikationen einzelner Planeten (→ Planetengottheiten), wie hier im Falle von »Greis mit Sense« angedeutet, weiters alchemistisch umgedeutete christlich-ikonographische Bilder (z. B. Trinität – die drei Grundstoffe) und ein großer Fundus von graphischen Symbolzeichen *(signacula)* für Chemikalien, Prozesse, Zeitangaben und Aggregatzustände. [Bi]

C. G. Jung, Psychologie u. A., 1944; M. Neusser – Hromatka, Das kosmische Ei, ein a. S. (Fs. Hans R. Hahnloser), 1961; W. Schneider, Lex. alchemistisch-pharmazeutischer Symbole, 1962; J. Van Lennep, Art et Alchimie, étude de l'iconographie hermétique, Paris–Bruxelles o. J. (1966); I. Schwarz-Winklhofer u. H. Biedermann, Das Buch der Zeichen u. Symbole, 1972; H. Biedermann, Materia Prima, eine Bildersammlung zur Ideengesch. d. Alchemie, 1973.

**Alciatus,** Andreas (1491–1550), Jurist aus Mailand. Sein 1531 in Augsburg erschienenes *Emblema-*

*tum Liber* gilt als frühestes Beispiel eines → Emblembuchs. A. prägte den Begriff des → Emblems für den dreiteiligen Bild-Text-Verbund seiner Epigramme und wurde daher als *Emblematum Pater et Princeps* betrachtet, obwohl sein Emblembegriff noch in mancher Hinsicht von der späteren terminologischen Verwendung abweicht. Das Ansehen, in dem A.s Buch bei seinen Zeitgenossen stand, bezeugen nicht nur seine Verbreitung in über 170 Auflagen, sondern auch die gelehrten Kommentare, mit denen es bereits im 16. Jh. ausgestattet wurde. In der Schrift *De verborum significatione* (Lyon 1530) hatte A. bereits auf den Zusammenhang seiner Embleme mit der → Hieroglyphik hingewiesen. Ein anderer Bereich, aus dem A. Anregungen für sein *Emblematum Liber* erhielt, ist die griechische Epigrammatik; etwa die Hälfte der lateinischen Emblemtexte sind Übersetzungen aus der *Anthologia Graeca.* Nicht zuletzt aber finden sich stoffliche und formale Vorbilder für A. in der mal. Weltallegorese und Bibelexegese. [MSch]

H. Green, Andrea A. and his Books of Emblems, 1872; G. Duplessis, Les Emblèmes d'A., 1884; P. E. Viard, André Alciat, 1926; H. Miedema, The Term ›Emblema‹ in A. (Journ. Warb. 31) 1968.

**Allah,** wörtlich der Gott, Bezeichnung der Muslime für ihren einen Gott. Islam ist strengster Monotheismus, daher das Bestreben der Muslime, die essentielle Alleinigkeit und Einzigartigkeit A.s hervorzuheben. Er ist allein und vollkommen anders als alles Geschaffene, in keiner Weise damit vergleichbar. Daraus erklärt sich auch für den → Islam das Fehlen von Bildern in Bezug auf religiöse Dinge (das allgemeine Bilderverbot wurde hingegen fast mehr mißachtet als beachtet), und überhaupt die Scheu der Muslime, Gott mit Symbolen zu belegen. A. bleibt an sich ein undefinierbares Geheimnis und kann nur bis zu einem gewissen Grad erfaßt werden, und zwar durch Seine WORTE und Seine NAMEN.

Unter den sogenannten »schönsten Namen Allahs« (*Koran* 7,180; 17,110 etc.) versteht man die der Offenbarung und Überlieferung entnommenen göttlichen Attribute, die Aspekte der Gottheit. Selbst zwar strenggenommen undefinierbar ist A. andererseits derjenige, welcher Zeichen gibt, und diese Zeichen sind die geschaffenen Dinge, die Zeugnis geben von A.s Allmacht, Schöpfergewalt und Vorsehung, also für diverse Aspekte der Gottheit. Daher ist es Aufgabe der Gottsucher, die wahre Bedeutung dieser Zeichen im Bereich der Natur zu erkennen. Anthropomorphe Züge A.s jeglicher Art wurden zwar von der Mehrheit der Theologen abgelehnt, den Durchschnittsmuslimen sind sie aber durchaus vertraut, und auch der → Koran enthält Anthropomorphismen in Bezug auf A. Spätere Theologen versuchten schließlich, das Beste daraus zu machen und sie als Metaphern zu interpretieren. Die HAND Gottes bedeutete demnach seine Beschützerfunktion für die gesamte Menschheit, die AUGEN Gottes bezogen sich auf die Intensität seiner Vorsehung und Wachsamkeit, u. ä. (vgl. Fahr al-Dīn Rāzī: Kitāb Asās al-Taqdīs, Cairo 1327, 149). Die islamischen Mystiker beschäftigten sich auf ihre Art mit dem Verhältnis A. – Schöpfung, und in ihrer Bildersprache finden sich auch Symbole dafür. A. wird mit einer SONNE bzw. LICHTquelle verglichen, welche ihre Strahlen aussendet, der THRON Gottes ist ein Zeichen für seine Allmacht und seine Distanziertheit von der Schöpfung (diese beiden sind sogar koranisch belegte Symbole). Vor allem in der mystischen Lyrik erscheint Gott als Urgeliebter. In der Buchstaben- und Zahlensymbolik wird Er mit dem ersten BUCHSTABEN des Alphabets *(alif)* bzw. mit der Zahl EINS identifiziert. Die kunstvoll kalligraphierten KORANVERSE, welche meist das Innere von Moscheen schmücken, sollen symbolisch die Präsenz A.s durch sein Wort ausdrücken. [EJa]

L. Gardet, A., Encyclopedy of Islam²; A. S. Tritton, Muslim Theology, 1947; Gardet/ Anawati, Introduction à la théologie musulmane, 1948.

**Allegorese.** Der Begriff A. bezeichnet die hermeneutisch-interpretative Form der → Allegorie. Das Verfahren, durch A. einen über den festgelegten Wortlaut hinausgehenden Sinn zu erschließen, fand Anwendung bei der Rezeption von Wiedergebrauchsreden (Religionsurkunden, Dichtung), deren Verstehenssituation sich umfassend geändert hatte. In der griechischen Antike entstand eine solche mit dem Aufkommen der vorsokratischen Philosophie, deren neue Denkformen mit der Dichtungs- und Mythentradition in Übereinstimmung zu bringen waren. Die A. der homerischen Epen wurde erstmals von Theagenes von Rhegion (Ende 6. Jh. v. Chr.) geübt, um der Kritik an anstößig empfundenen Götteraussagen zu begegnen. Aus naturphilosophischer Sicht hat Metrodoros von Lampsakos (spätes 4. Jh. v. Chr.) die Hauptgestalten der *Ilias* auf die Erscheinungen der Natur (Sonne, Mond, Erde, Luft) bezogen. Breiter vertreten war die A. von Dichtung und Mythen (hier Hesiods *Theogonie*) in der Stoa (u. a. Cornutus, 1. Jh. n. Chr.).

In der hellenistisch-jüdischen Welt hat → Philon von Alexandrien die physikalisch-kosmologische und ethische A. der Stoa auf die alttestamentlichen Traditionen angewandt. Entsprechend wurde in der römischen Welt Vergils *Aeneis*, die selbst ansatzweise allegorisch konzipiert ist, im 4. und 5. Jh. durch A. gedeutet (Servius, Macrobius, Fulgentius). Das lateinische MA setzte das Verfahren der kommentierten Dichter-A. fort. Die Eigenart der dichterischen Fiktion, die als *fabula* eine verhüllte Wahrheitsaussage (natur- oder moral-)philosophischen Inhalts enthält, wird mit dem Terminus *integumentum* gekennzeichnet. Durch A. gedeutet wurden Vergils *Aeneis* (Bernhardus Silvestris, 12. Jh.) und Ovids *Metamorphosen* (Arnulf v. Orléans, 12. Jh.; Johannes v. Garlandia, *Integumenta Ovidii*, um 1250; 14. Jh.: Petrus Berchorius, *Ovide moralisé*).

Einen eigenen Traditionszweig bildet die A. der Bibel nach der Lehre des mehrfachen Schriftsinns (→ Hermeneutik). Die neue Verstehenssituation gegenüber den jüdisch-alttestamentlichen Traditionen entstand durch den im NT bezeugten Glauben an Christus. Die von → Origenes erstmals systematisch betriebene Schriftexegese ist in einem theologisch-hermeneutischen Entwurf begründet, in dem die A. im Rang einer wissenschaftlichen Methode aus der

Schöpfungsordnung abgeleitet ist und der sich schon früh das aus der Bibel hervorgegangene Auslegungsverfahren der → Typologie verbunden hatte. Über Philon v. Alexandrien und Cornutus hatte Origenes Kenntnis von der heidnisch-antiken A.

Die mal. Theorie der Schrift-A. basiert auf dem Grundsatz, daß die mit dem Wortklang bezeichneten Dinge im Unterschied zur Profanliteratur bedeutungshaltig sind und auf dem Wege über ihre (meist durch den biblischen Kontext näher bestimmten) Eigenschaften auf Dinge einer höheren Realität verweisen. Die Sinnträger mit Deutungsansatz über die jeweiligen Proprietäten gehören verschiedenen Gattungen an (nach Hugo v. St. Viktor, 12. Jh.): Dinge *(res)*, Personen, Zahlen, Orte, Zeiten und Geschehnisse *(gesta)*. Das Verfahren der praktizierten A. zeigt, daß auch Qualitäten (wie Farben) als eigenständige Sinnträger fungieren können (Chr. Meier). Den Übergang von der Wortbedeutung zur Bedeutungswelt der *res significans* entspricht der Schritt vom *sensus litteralis* (= *historia*) zum *sensus spiritualis*, der sich nach inhaltlichen Aspekten in eine allegorische, tropologische und anagogische Bedeutungsdimension auffächern kann. Die heilsgeschichtlich ausgerichtete *allegoria* umfaßt Aussagen über Christus und die Kirche und entspricht im zweigliedrigen typologischen Bezug dem antitypischen Pol der Vollendung. Die *tropologia (= sensus moralis)*, auf das gegenwärtige Leben des einzelnen Menschen bezogen, umfaßt den ganzen Bereich der christlichen Ethik; die *anagogia* ist orientiert an den eschatologischen Zukunftserwartungen. Die Wertung des die Geschichte überliefernden Literalsinnes ist in der Tradition unterschiedlich: er kann als ›tötender Buchstabe‹ und aufzuhebende Hülle (= Deutung von II *Kor* 2,6) oder als tragendes Fundament für das Bauwerk des geistigen Schriftsinns gesehen werden. Mit dem Übergang von der exegetischen Theologie, die die Glaubenslehre der Kirche seit Origenes im Rahmen der Bibelauslegung entfaltete, zur systematischen Theologie der Scholastik wird im 13. Jh. von Thomas von Aquin gefordert, den Spiritualsinn zugunsten des Literalsinnes erheblich einzugrenzen, dem jede vom Autor intendierte figürliche Redeweise zugeordnet wird. Die in der Schriftauslegung durch A. gedeuteten Dinge der Bibel sind in alphabetischer oder systematischer Ordnung in zahlreichen allegorischen Wörterbüchern gesammelt (u. a. Hieronymus Lauretus, *Silva allegoriarum totius Sacrae Scripturae*, 1570, Nachdr. der 10. Ausg. v. 1681: 1971). Die patrist.-mal. A. der Bibel wie auch der Natur bleibt in ihrer Nachwirkung (→ Emblem) bis in das 18. Jh. spürbar (→ Barockdichtung). [Sp]

J. C. Joosen – J. H. Waszink, A. (RAC 1) 1950; F. Buffière, Les mythes d'Homère et la pensée grecque, 1956; J. Pépin, Mythe et allégorie, 1958; J. Chydenius, The theory of Medieval Symbolism, 1960; D. Schmidtke, Geistl. Tierinterpr. in d. dt.sprach. Lit. d. MA. (Diss. FU Berlin) 1968; H. Dörrie, Spätant. Symbolik u. A. (Frühmal. Stud. 3) 1969; H.-J. Spitz, D. Metaphorik d. geist. Schriftsinns, 1972; P. Dronke, Fabula. Explorations into the Uses of Myth in Medieval Platonism, 1974; Chr. Meier, D. Problem d. Qualitätena. (Frühmal. Stud. 8) 1974; E. Jeauneau, Lectio philosophorum, 1973; H. Meyer, D. Zahlena. im MA, 1975; H. Fromm – W. Harms – U. Ruberg (Hg.), Verbum et Signum, 1975 (Reg.); Chr. Meier, Gemma spiritalis. Methode u. Gebrauch d. Edelsteina., 1976; H. Meyer – R.

Suntrup, Z. Lexikon d. Zahlenbedeut. im MA (Frühmal. Stud. 11), 1976; F. Ohly, Schr. zur mal. Bedeutungsforschg., 1977.

**Allegorie.** Das Prinzip einer Verständigung auf zwei Sinnebenen kennzeichnet die A. als Gedankenübertragung. Die generelle Differenz zwischen Ausdrucks- und Inhaltsseite der Wortzeichen ist in der antiken Rhetorik die Grundlage für die formale Bestimmung der A. als Stilfigur: die allegorische Aussage meint etwas anderes, als der eigentliche Wortsinn der Formulierung sagt (*aliud-aliud*-Formel). Bei der Ersetzung des gemeinten Gedankens durch einen anderen gibt es in Bezug auf den Grad der Verständlichkeit verschiedene Abstufungen: der reinen, in sich geschlossenen A. fehlen Hinweise auf das Gemeinte; die vermischte A. besitzt entschlüsselnde Signale. In einer systematisch-historischen Gliederung der A.arten ist die rhetorische A. das Bindeglied zwischen der hermeneutisch-interpretativen A. (→ Allegorese) und der produktiv-schöpferischen A., die von Dichtern in ihren Werken gesetzt werden.
In dem Zeitraum von der Antike bis zum Ende der Barockzeit zeigen sich in Theorie und Praxis mannigfache Wechselwirkungen zwischen den verschiedenen A.arten, bes. zwischen der hermeneutisch-interpretativen A. (= Allegorese) und der expressiven Dichter-A. Hier besteht zwischen den bibelauslegenden Theologen und den Dichtern geistlicher Stoffe aus dem weiteren Umkreis der Bibel und entsprechend zwischen den antike Dichtung durch Allegorese deutenden Philosophen und den antike Stoffe allegor. verarbeitenden Dichtern in der Regel das Verhältnis von Geben und Nehmen. Eine breite Übergangszone zwischen den A.arten theologisch-biblischer und nichtbiblischer Prägung (heidnisch-antike Überlieferung als Gegenstand der Allegorese oder dichterischer A.; A.n in sog. weltlicher Dichtung, etwa Artusroman) ergibt sich aus der gemeinsamen Zielsetzung, eine ethisch-moralische Sinndimension des durch Allegorese ausgelegten oder allegor. gestalteten Textes auf den Rezipienten anzuwenden. Eine Sonderform der produktiven Dichter-A. ist die illustrative Personifikations-A., die sich innerhalb der Handlungsführung einer Dichtung durch Verweis auf eine zweite Sinnebene konstituiert. Durch ihre Verknüpfung im Kontext ist sie breiter angelegt als die einfache → Personifikation. Durch literarische Vermittlung ist die A. auch in der bildenden Kunst zu einer eigenen, bis in das 18. Jh. gültigen Bildgattung geworden.
Den weiter ausgebildeten allegorischen Dichtungen der römischen Spätantike gehen in den mythologisch-histor. Epen der Blütezeit (Vergils *Aeneis*, Lukans *Pharsalia*, Ovids *Metamorphosen*, Statius' *Thebais*) Werke voraus, die bereits ansatzweise im Umkreis von Personifikationen allegor. gestaltet sind. In die europäischen Traditionsreihe allegorischer Dichtungen gehören z. B.: Prudentius, *Psychomachia*, Boethius, *De consolatione Philosophiae*, *Roman de la Rose* (→ Rosenroman); → Dante, *Divina Commedia*, → Petrarca, *Trionfi*; Hadamar von Laber, *Die Jagd* und andere Minnea.n (14. Jh.); → Chaucer, *The House of Fame*, Bunyan, *The Pilgrims Progress*. [Sp]

C. S. Lewis, The allegory of Love, 1936 ([8]1965); J. Held, A. (Reallex. d. dt. Kunstgesch. 1), 1937; H. G. Jantsch, Stud. z. Symbol. in frühmhd. Lit., 1959; C. Andresen, A. (Lex. d. Alten Welt), 1965; H. R. Jauss, Entstehung u. Strukturwandel d. allegor. Dichtung (Grundriß d. roman. Lit.en d. MA 6.1), 1968; W. Blank, D. dt. Minnea., 1970; H. Brinkmann, Verhüllung (›integumentum‹) als literar. Darstellungsform im MA (Miscellanea Mediaevalia 8), 1971; U. Krewitt, Metapher u. trop. Rede in d. Aufass. d. MA, 1971; Chr. Meier, Überlegungen z. gegenwärt. Stand d. A.-Forschg. (Frühmal. Stud. 10), 1976; H. Freytag, Die Theorie der allegor. Schriftdeutung u. A. in dt. Texten bes. des 11. u. 12. Jhs., 1982; B. A. Sørensen, Symbol u. A. (Beiträge zu Symbol, Symbolbegriff u. Symbolforschung, hg. von M. Lurker), 1982.

**Allerheiligen/Allerseelen.** Die Ostkirche kennt schon im 4. Jh. ein Fest aller Märtyrer, der Westen erst seit der Umweihung des Pantheon in Rom auf Maria und die Märtyrer am 12. 5. 609 oder 610 (wohl im Zusammenhang mit dem römischen Totenfest der Lemurien am 16. 5.). Das seit 835 für die Gesamtkirche verbindliche Fest Allerheiligen wird vom Frühjahrstermin auf den 1. 11. verlegt (Berücksichtigung der germanischen und keltischen Totenfeste im Herbst?). 1006 Einführung des Allerseelenfestes als Gebetshilfe für die Armen Seelen *(animae miserae).*

Symbol des Allerheiligen-Festes ist die ANBETUNG DES LAMMES. Die Chöre der → Heiligen, oft durch die Patriarchen und → Propheten sowie Vertreter aller Völkergruppen vermehrt, respräsentieren als *Unio Sanctorum* die ganze Menschheit, die das Lamm als Symbol Christi anbetet – ikonographischer Typ des Allerheiligenbildes; Buchmalerei, *Genter Altar.*

Dem Volksglauben nach dürfen die Seelen um diese Zeit das Fegefeuer verlassen, sich bei ihren Gräbern oder in den Häusern der Lebenden aufhalten und sich durch optische oder akustische Erscheinungen bemerkbar machen. Allgemein werden daher zu A. die Grabstätten geschmückt und TOTENLICHTER angezündet; bei Hausandachten in Süddeutschland und Oberösterreich werden soviele »Seelenlichter« angezündet, als man sich erinnert, daß Menschen aus dem Haus gestorben sind. Häufig erhielten die Seelen Speiseopfer: BROSAMEN, MEHL und SALZ (die 3 »weißen Gaben«) werden in den Wind und ins Herdfeuer gestreut (Elementeopfer) oder (mitunter infolge eigener Stiftungen) Speisen auf die Gräber oder auf den Stubentisch gestellt (rezenter Volksbrauch im südl. Österreich). Unter kirchlichem Einfluß werden die Gaben zur Armenspende, die entweder gleich am Grab ausgeteilt oder zuerst in der Kirche als »Seelennapf«, »Aufsatz«, »Spende« aufgestellt werden (Bayern, Oberpfalz, Südböhmen). Häufig wurden Brote von zum Teil maskierten Kindern, Armen und Burschen unter Heischesprüchen eingesammelt. In Süddeutschland, Österreich und der Ostschweiz wurden dafür bestimmte Gebäcke verteilt (»Seelenlaibl«, »-wecken«, »-migalan«). Im protestantischen Mitteldeutschland verwandelte sich die Seelenspende in die »Reformationsbrötchen«.

Allerheiligen ist der letzte Tag im Kirchenjahr; ihm kommt daher Neujahrscharakter zu. Die mancherorts um diese Zeit üblichen Patengeschenke in Form von aus bestem Weißmehl hergestellten Gebildbroten sind – nicht ohne eine symbol. Anspielung – bei Mädchen und Knaben verschiedener Gestalt: so z. B. »Schiedel«, RINGE, HENNEN bzw. Wecken, HAHN, REITER). Die in die Gebäcke gesteckten Geldstücke gelten als glückbringend. [EBg]

P. Sartori, Allerseelen (HdA II); R. Günther, Der Genter Altar u. d. A.liturgie, 1923; H. Koren, Die Spende. Eine volkskdl. Studie üb. d. Beziehung »Arme Seelen – Arme Leute«, 1954; E. Burgstaller, Brauchtumsgebäcke u. Weihnachtsspeisen, 1957; ders., Österreich. Festtagsgebäck, 1958; ders., Das Allerseelenbrot, 1972.

**Alpha und Omega,** erster und letzter Buchstabe des griech. Alphabets. Symbolische Selbstbezeichnung Gottvaters (*Offb* 1,8) und Christi (*Offb* 22,13) im Hinblick ihrer allumfassenden Herrschaft, die Anfang und Ende einschließt. In frühchristlicher Kunst und Epigraphik in Verbindung mit dem Christusmonogramm oder dem Kreuz ein Symbol für Christus. In der Sepulkralsymbolik können die beiden Buchstaben zum Ausdruck der Auferstehungshoffnung werden. [Lr]

E. Lohmeyer (RAC I) 1950; Fr. Chatillon, Arbiter omnipotens et le symbolisme de l'Alpha et de l'Omega (Revue du Moyen Age Latin 11/1955).

**Altamerikanische Kulturen** als ethnologischer Begriff bezeichnet im engeren Sinne die Hochkulturen (Stadtkulturen) Mittel- und Südamerikas, im weiteren alle Kulturen der Neuen Welt, soweit sie von altweltlichen historischen Einflüssen unberührt sind. In neuerer Zeit ist der Terminus »Hochkultur« umstritten, da im Hinblick auf Amerika das Charakteristikum des Schriftbesitzes für die Stadtkulturen Südamerikas nicht eindeutig erbracht werden konnte – lediglich für die Spätepochen des Inkareiches konnte eine dekorative Bilderschrift wahrscheinlich gemacht werden – und weil auch »primitive« Stämme zum Teil über komplizierte → Weltbild-Schemata verfügen: so etwa südamerikanische Waldlandstämme (Yandonámi) über einen Kosmos mit Himmelspfeiler-BERGEN im Osten und Westen, mit einem in Schichten unterteilten Universum und einem lunar orientierten Mythenkomplex (Becher 1974; → mythische Geographie).

Zu den verbreitetsten altamerikanischen Mythenbildern gehört ein (oft feindliches) Zwillings- oder Brüderpaar, in Nordamerika der Donnervogel, in Mittel- und Südamerika JAGUAR und SCHLANGE als Manifestation übernatürlicher Wesen. Das Streben nach Ordnung in Raum und Zeit beherrschte die a. K. in hohem Maße. Dies wird bes. im mittelamerikanischen Hochkulturgebiet (ethnologisch »Mesoamerika«) deutlich. Durch Schriftdenkmäler sind uns vor allem die Bereiche der Maya (Yucatán mit seinem Hinterland) und das mexikanische Hochland (Wohngebiet der Mixteken, Azteken usw.) erschlossen, wobei die überlieferte Symbolik vorwiegend das priesterliche Weltbild der großen Tempelzentren repräsentiert. Das zeitliche Ordnungsprinzip äußert sich in einem überaus komplizierten System zweier sich überschneidender Kalendereinheiten (mit einem 260tägigen und einem 360 + 5tägigen Zyklus), über deren einzelne Abschnitte Gottheiten regierten: eine »zyklische« Zeitauffassung, deren Daten nach bestimmten Intervallen wiederkehrten und so das Geschehen der mythischen Vorzeit im Sinne einer zu erneuernden Weltordnung bei feierlichen, für unsere Begriffe zum Teil sehr grausamen Opferritualen zu rekapitulieren erlaubten. Im Kalender Altmexikos spielen nicht nur einfache Tagessymbole wie BLUME, HAUS und STEINMESSER eine Rolle, sondern auch abstrakte wie Erdbeben (Drehbewegung), Tod und Wind. Typologisch weiter entwickelt sind jene der Maya, die eine echte Sprachschrift (Silbenschrift) und für astronomische Berechnungen ein Nullsymbol (LEERES MUSCHEL- ODER SCHNECKENGEHÄUSE) kannten. Eine von der altweltlichen freilich sehr verschiedene »→ Astrologie« verlangte nach den kosmischen Zyklen angepaßten Maßnahmen des Menschen, positive, negative und neutrale Tendenzen durch entsprechende Riten zu kompensieren und menschliche Tätigkeiten nach der Regentschaft der übernatürlichen Periodenherren abzustimmen. Der Wunsch nach Harmonisierung artete in Mesoamerika zeitweilig in einen für uns kaum verständlichen Systemzwang aus, unter der Annahme, daß nur exakt und kompromißlos vollzogene Opfer die Gewähr für das Bestehenbleiben der Weltordnung boten: ein archaisches Weltbild, das in dieser Strenge in der Alten Welt nur in sehr weit entfernten Epochen denkbar ist.

In räumlicher Hinsicht manifestiert sich das Ordnungsstreben in KREUZförmigen Weltbild-Schemata, wobei dem Zentrum (der »5. Weltgegend«) ein dominierender Gott oder ein Götterpaar, den 4 Himmelsrichtungen übernatürliche Regenten, Farben, Bäume, Tiere und andere korrespondierende Symbole zugeordnet sind. Eine wichtige Rolle spielt hier ferner eine dualistische Grundauffassung mit ausgeprägten Gegensatzpaaren (z. B. Regen und Mais gegenüber Feuer und Krieg; Gut und Böse; Herr und Herrin; Hell und Dunkel), wobei der → Dualismus oft auch in denselben Personifikationen auftrat (z. B. Sonnengott als licht- und lebenspendendes, aber auch vernichtendes Agens; der Mayagott Itzamná als Herr des Lebens und des Todes: Anders 1963).

Eine wichtige Rolle in der ikonographischen Symbolwelt der Maya und der Hochlandvölker Mexikos spielte die SCHLANGE (zunächst die KLAPPERSCHLANGE), vielfach mit Federn anstelle von Schuppen bekleidet. In der »Federschlange« scheinen sich die Begriffsbilder der fließenden Bewegung, der Erneuerung (Häutung!), des Erdgebundenen und des Luftelementes (Vogelfedern) zu verbinden; der Name Federschlange (Quetzalcóatl bzw. Kukulcan bei den Maya) wird Göttern, Heroen und Priesterfürsten zugeordnet und dann durch Beifügung von bestimmten Geburtsnamen (im Sinne des Kalenders z. B. »9 Wind« oder »1 Rohr«) näher definiert. Ein weiteres Tiersymbol aus den alten Schichten nicht nur Mittel-, sondern auch Südamerikas ist der JAGUAR, der oft in Form menschengestaltiger Mischwesen figuriert und vielleicht plutonische Kräfte (Vulkanismus!) repräsentieren dürfte. Regen- und Windgötter treten in Mesoamerika vielfach nicht als Einzelwesen, sondern als ganze übernatürliche Stämme auf. Nowotny (1976) weist darauf hin, daß es vor allem im »Codes Borgia« Spuren der archaischen Vorstellung gibt, derzufolge Teile des Kosmos anthropomorph oder göttergestaltig aufgefaßt wurden, so etwa der Himmel als Göttin mit ADLERKLAUEN oder die Erde als KRÖTENähnliches DRACHENWESEN. Weiters finden sich hier die »dem Menschen sichtbaren, aber unzugänglichen Bereiche«, die in Mythik und Tempelkult eine große Rolle spielen: jener des Himmels, der Unterwelt und der Welt der mit den Wassern der Tiefe gefüllten Berge. »Diese Bereiche, oder einer von ihnen, sind nach verbreiteten altamerikanischen Anschauungen Wohnorte von Göttern und von verstorbenen Menschen. Aus diesen Bereichen gelangten – in mythischer Urzeit – auch die Menschen an die Erdoberfläche . . . Der Kult stellt eine Brücke zu den Wesen in diesen Bereichen her. Es geht darum, den Willen dieser Wesen mittels Mantik zu erkunden – nicht darum, etwa Naturgesetze zu finden« (Nowotny). Der Tod des Menschen war folgerichtig die Rückkehr in die Urwelten oder aber zu der Sonnenregion und wurde nicht als Vernichtung aufgefaßt, daher auch beim Menschenopfer nicht gefürchtet. Besonders die aztekische Lyrik ist voll von fremdartigen, aber eindrucksvollen Symbolbildern dieser Art.

Ohne auf die Eigenarten einzelner Kulturen spezieller eingehen zu können, läßt sich ein verbindender Grundton des Empfindens in den a. K. feststellen: eine geistig hochstehende, überweltbezogene und »introvertierte« Grundhaltung, wobei in den differenzierteren Gesellschaften ein fast zwangshaftes Streben nach adäquater Ordnung in Raum und Zeit und nach Ausgleich im Sinne einer magischen Harmonisierung in den Vordergrund tritt. In den einfacheren Volksreligionen Altamerikas treten vielfach schamanistisch-ekstatische Vorstellungen auf, verbunden – vor allem in Nordamerika – mit einer verinnerlichten Frömmigkeit als menschliche Grundhaltung dem Weltganzen gegenüber (Religion ist, so ein Chikasaw-Priester, »Musik von jenseits des Lebens«). Hinzu kommt ein ausgeprägtes Streben, die Eigenpersönlichkeit mit den übernatürlichen Kräften und Wesenheiten in Einklang zu setzen. Bei den Indianerstämmen Nordamerikas bildet sich in der neueren Zeit eine Renaissance des Denkens und Fühlens in »altindianischen Ordnungen« heraus, eine Rückbesinnung auf die Eigenwerte der traditionellen Kultur, die dazu führt, daß z. B. Nichtindianer von den alten Kultplätzen, Festtänzen, Ritualobjekten, ja selbst Felsbilderfundstätten ferngehalten werden sollen, um diese nicht durch Unverständnis und Oberflächlichkeit zu profanieren. Auch in Mittel- und Südamerika finden die altamerikanischen Kunstmotive und Symbolzeichen in der neuen Malerei, Dichtung und Architektur eine immer größere Beachtung. [Bi]

F. Anders, Das Pantheon der Maya, 1963; H. Biedermann, Altmexikos heilige Bücher, 1971; W. Müller, Geliebte Erde. Naturfrömmigkeit . . . in Nordamerika, 1972; H. D. Disselhoff, Das Imperium der Inka u. d. indian. Frühkulturen in den Andenländern, 1972; H. Becher, Poré/Perimbo. Einwirkungen d. lunaren Mythologie auf d. Lebensstil von drei Yanonami-Stämmen, 1974; K. A. Nowotny, Kommentar z. Faksimile-Ausg. d. Codex Borgia, 1976; W. Krickeberg, Altmexikan. Kulturen, 1956; Chr. Rätsch (Hg.), Chactun – Die Götter der Maya, 1986; H. Biedermann, Jade, Gold u. Quetzalfedern, 1989.

**Altar,** lat. *altare* von *altus* (hoch) und *ara* (Opfertisch) oder von *arere* (brennen). Der A. ist erhöhte

Opferstätte im Kult der Gottheit, verschiedentlich auch der Toten; schon in der Jungsteinzeit als Steinplatte oder Steinblock mit schalenartigen Vertiefungen. Die Erhöhung ist Symbol für die Erhebung der Opfergabe zu den Himmlischen; in Griechenland wurde den Unterirdischen in einer Grube geopfert (Homer, *Odyssee* XI, 25). Die im semitischen Raum am A. angebrachten Hörner (z. B. *Ez* 43,15) waren Hinweis auf die Gegenwart und Macht Gottes und gewährten dem sie berührenden das Asylrecht. Jeder A. ist für die gläubige Gemeinde eine Art Lebenszentrum, Symbol der Weltmitte. Die Errichtung des indischen Feueraltars galt als rituelle Nachahmung der Weltschöpfung.

In der christlichen Kirche ist der A. der »Tisch des Herrn«, an dem die Eucharistie, die kultische Handlung des Abendmahls stattfindet. Im Orient wurde großenteils die Tischform beibehalten; im Abendland setzt sich seit dem 6. Jh. in Verbindung mit dem Märtyrergrab der feststehende steinerne A. durch. Die wichtigsten Bedeutungen sind 1. Abbild des Abendmahlstisches; 2. Sinnbild des hl. Kreuzes (→ Kathol. Kirche); 3. → Christussymbol; das weiße Altartuch deutet auf das Leichentuch. Die Stufen zum A. verglichen die Kirchenväter mit den zu Gott führenden Tugenden. [Lr]

J. Braun, Der christl. A. I/II, 1924; K. Galling, Der A. i. den Kulturen des alten Orients, 1925; C. G. Yavis, Greek Altars, St. Louis 1949; J. P. Kirsch/Th. Klauser, A. (RAC 1) 1950; A. Weckwerth, Tisch u. A. (Zs. f. Religions- u. Geistesgesch. 15/1963).

**Altchina.** Viele Motive der frühchinesischen Kunst wie die T'ao-t'ieh-Maske oder die ZIKADE und die SCHLANGE (diese beiden wohl Symbole der Lebenserneuerung) dürften symbolische Bedeutung gehabt haben; aber infolge starker Stilisierung sind sie oft schwer zu erkennen, und ihre Deutung ist in Ermangelung erklärender Mythen schwierig und häufig umstritten.

Die chinesische Schrift hat von ihrer Entstehung vom Bild her vielfach starken Symbolcharakter. Schon auf den Orakelinschriften der Shang-Zeit gibt es neben der bildhaften Darstellung von Wortinhalten deiktische (hinweisende) Symbole und die Assoziation von Bildzeichen zum Ausdruck nichtdinglicher Wortinhalte sowie den Gebrauch von Bildzeichen als reinen Lautsymbolen.

Die Vorstellungen der chinesischen Hochkultur von ihrer eigenen Entstehung wurden durch eine Reihe von Kulturheroen geprägt, die relativ spät in der Literatur auftauchen. Zu ihnen gehören P'an Ku, der Architekt des Universums, dargestellt als Riese mit Hammer und Meißel (er entstammt einer nichtchinesischen Mythe); Fu Hsi, der die Menschen das Jagen und Fischen lehrte; Shen Nung, der Erfinder des Ackerbaus; der Gelbe Kaiser, der Fahrzeuge baute und Maße und Gewichte festlegte; Yao und Shun, die die Herrschaft nicht an ihre Söhne, sondern an die tüchtigsten Männer weitergaben; schließlich Yü, der die Große Flut bändigte und die erste Dynastie gründete.

Das auf Familie und Sippe aufgebaute Gesellschafts- und Staatssystem Chinas und seine religiöse Grundlage wurden von Anfang an durch den AHNENTEMPEL symbolisiert. Das Schriftzeichen dafür stellt eine Gottheit in einem Haus dar und bedeutete auch »Ahnenkult« und weiterhin »Ahne« und »Sippe«. Die enge Verbindung der vergöttlichten Ahnen des Herrscherhauses mit dem Obergott Ti oder Shang-ti, die in der Shang-Dynastie herrschte, blieb durch alle Dynastien bestehen. Mit Ti identifizierten die Chou ihre eigene höchste Gottheit, den Himmel, auf dessen Mandat sie und alle folgenden Dynastien ihre Legitimität gründeten. Wohl erst in der spätern Chou-Zeit kam die Vorstellung von Himmel und Erde als »Vater und Mutter der zehntausend Dinge« auf, wodurch die Erde Gegenpol des Himmels und sein kultischer Partner wurde.

Vor allem die späte Chou-, die Han- und die T'ang-Zeit zeichnen sich durch eine Fülle kosmischer Symbole aus. Diese bezeugen das lebendige Bewußtsein von dem geordneten Gang des Kosmos und von der Notwendigkeit, sich diesem einzuordnen, wie auch das Verlangen, ihn magisch zu beeinflussen. Ein rein abstraktes Symbol war das sog. T'AI-CHI-T'U oder die Skizze des Großen Absoluten. Hier war das Absolute, das undifferenzierte Sein, durch einen KREIS dargestellt, der durch eine Kurve in eine dunkle und eine helle Hälfte – Sinnbilder der kosmischen Polarkräfte Yin und Yang – geteilt war. Um den Kreis waren den Himmelsrichtungen entsprechend die Pa Kua oder acht Trigramme eingetragen (→ I Ging). Unter den mehr bildhaften Kosmogrammen waren wohl die auf der Rückseite der sog. TLV-Spiegel der Han-Zeit die kompliziertesten. Inmitten von Sonne, Mond und den Symbolen oder Namen des asiatischen Tierkreises zeigten hier zwei inenanderliegende VIERECKE das Land der Mitte an, das durch vier Tore von den Barbaren getrennt war und durch den KNOPF in der Mitte, der die Weltachse oder das Tor in der Himmelsmitte bedeutete, unmittelbar mit den kosmischen Kräften in Verbindung stand. Zwischen den chines. Haustypen und dem Kosmos sah man mancherlei Ähnlichkeiten und Beziehungen, was sich in der beiderseitigen Namengebung niederschlug. Eine künstliche Nachbildung des Universums stellte das sog. *Ming-t'ang* dar (Näheres → Herrscher). Auch der menschliche LEIB wurde früh als Symbol des Kosmos betrachtet. Nach der Theorie der Spättaoisten wurde der Körper ebenso wie der Makrokosmos von Myriaden von Geistwesen bewohnt.

Nach chinesischem Glauben äußerte sich das Gefallen oder Mißfallen des Himmels an dem Tun der Menschen, vor allem des Herrschers, in günstigen oder unheilvollen Zeichen. Als Ausdruck von Glückwünschen war die Darstellung glückverheißender Zeichen von der Han-Zeit bis etwa ins 6. Jh. weit verbreitet. Später überlebten von diesen Symbolen nur wenige, z. B. die »glückverheißenden Wolken«, der Drache, der Phönix und das Ch'i-lin oder chinesische Einhorn.

Durch den → Buddhismus wurde China mit anthropomorphen Darstellungen göttlicher Wesen und Attribute bekannt. Von der T'ang-Zeit an machten sich im Umgang mit den Symbolen rationalisierende und säkularisierende Tendenzen bemerkbar. Man bevorzugte jetzt wirkliche Wesen und strebte deren naturgetreue Darstellung an. Seitdem waren vor allem Symbole persönlichen Glückes und Erfolges populär, wie die ehelicher Zuneigung und Treue (MANDARINENENTE und andere Vogelpaare), der Fruchtbarkeit (GRANATAPFEL u. a.) oder des erfolgreichen Examens (»der KARPFEN, der durch das Drachentor springt«), vor allem aber des langen Lebens (taoistische Genien, KRANICH, Hirsch, Zypresse usw.). Viele dieser Symbole waren reine Lautrebusse (Yü = FISCH = Überfluß; Fu = FLEDERMAUS = Glück). Diese kamen während der Ming-Zeit auf und führten während der Ch'ing-Zeit zur Aneinanderreihung solcher Symbole zu Glückwunschsprüchen, deren Lösung einigen Scharfsinn erforderte. Viele der alten Symbole waren mit der Zeit zu reinen Glücksemblemen oder Dekorationen geworden. → Ostasien.

[Bu]

F. Lessing, Über die Symbolsprache in der chines. Kunst (Sinica IX–X) 1934–35; Ch. A. S. Williams, Outlines of Chinese Symbolism and Art Motives, 1941, Neudr. 1974; Sch. Cammann, Types of Symbols in Chinese Art (Studies in Chinese Thought, ed A. F. Wright) 1953, Neudr. 1967; ders., The TLV Pattern on Cosmic Mirrors of the Han Dynasty (Journ. Americ. Orient. Soc. 68) 1948; ders., China's Dragon Robes, 1952; R. A. Stein, L'habitat, le monde et le corps humain en Extrême-Orient et en Haute Asie (Journal Asiatque CCXLV) 1957; H. Köster, Symbolik des chines. Universismus, 1958; Tsung-tung Chang, Der Kult der Shang-Dynastie im Spiegel der Orakelinschr., 1970.

**Alter Ego** (lat. = das andere Ich), Bezeichnung des numinosen Doppelgängers;, in der analytischen Psychologie C. G. Jungs entspricht ihm der → Schatten. Zum A. E., nach dem aztekischen *naualli (nahualli)*, »etwas Verborgenes, Verhülltes« auch als Nagualismus bezeichnet, gehört die Idee von einer in Jagdtieren und Jagdgeistern konzentrierten magischen Macht, von Tierhelfern und einzelnen Tieren, mit denen Menschen eine enge, beide verpflichtende Beziehung eingehen und in Lebens- und Schicksalsgemeinschaft alles gemeinsam erleben. Das Bündnis wird geschlossen auf Grund bestimmter innerer und äußerer Erfahrungen, Traumgesichte, Visionen, Idiosynkrasien, Erfahrungen des Jägers usw. Charakteristisch ist die Vorstellung, daß Mensch und A. E. in einen Gleichlauf des Lebens gespannt sind. Daraus resultieren zahlreiche Verhaltensregeln, Gebote und Verbote, die mit vielen symbolischen Darstellungen und Riten angedeutet werden.

Bei den Mossi (Voltagebiet) fungieren vor allem KROKODILE als A. E.: diese sterben gleichzeitig mit dem Menschengenossen und man hört sie weinen, wenn dieser verwundet ist. Die Eigenschaften des A. E. lassen sich auf den Menschen übertragen: so gibt der LEOPARD Stärke, die ZWERGANTILOPE Klugheit. Das A. E. könne seinen Menschen nachts vor Gefahren warnen und der Mensch vermag Bewegungen und Handlungen des ihm zugehörigen Tieres zu beeinflussen. Obwohl das A. E. fast immer Buschtiere sind, kommen auch Pflanzen, Bäume, Felsen und Hügel als A. E. vor. Der Lebensbaum ist vielfach die vegetabilische Entsprechung zum tierischen A. E. So werden oft bei der Geburt oder in wichtigen Lebensabschnitten BÄUME gepflanzt, die mit dem Leben des Menschen, dem sie geweiht sind, dauernd verbunden bleiben. Bei verschiedenen Stämmen Ostafrikas werden bei der Geburt eines Kindes Kulturpflanzen über den abgeschnittenen Nabelschnüren (beliebte Seelenträger) des betreffenden Kindes gesetzt. [Du]

H. Baumann, Afrik. Wild- u. Buschgeister (Zs. f. Ethnol. 70) 1938; G. Antolinez, Figuración del Otro Yo en Nuestra Arte Pre-Hispánico (Rev. Nac. de Cultura, Caracas, 25) 1941; G. Foster, Nagualism in Mexico and Guatemala (Acta Americana, Los Angeles, 2) 1944; J. Haeckel, Schutzgeistsuche u. Jugendweihe im westl. Nordam. (Ethnos 3) 1947; O. Zerries, Wildgeistvorstellungen an Südam. (Anthropos 46) 1951; J. Haeckel, Die Vorstellung vom Zweiten Ich in den amerikan. Hochkulturen (Wiener Beitr. z. Kulturgesch. u. Linguistik 9) 1952; H. Baumann, Das Tier als A. E. in Afrika (Paideuma 5) 1952.

**Altsteinzeit** (ältere Steinzeit) = Paläolithikum: Der Beginn der älteren Steinzeit ist mit den ersten Spuren der Anwesenheit des Menschen festzulegen. Die Schwierigkeiten, auf die eine solche Bestimmung stößt, dürfen hier übergangen werden, weil für den weitaus größten Teil des Paläolithikums (wahrscheinlich mehr als 2 Millionen Jahre) keinerlei Hinweise auf Gegenstände vorliegen, denen mit einiger Wahrscheinlichkeit ein Symbolgehalt zuerkannt werden könnte. (Eine gewisse Ausnahme machen vielleicht die mehrere Jahrhunderttausende alten Funde von Olorgesailie/Ostafrika, wo Zehntausende von Faustkeilen eine größere Fläche »bedecken«, aber jegliche Spur einer Herstellung an diesem Ort fehlt: Sie müssen also von anderswoher dorthin gebracht worden sein, und ein profaner Zweck des Ganzen ist nicht erkennbar.) Inhaltlich wird die ältere Steinzeit von Kulturen auf der wirtschaftlichen Grundlage des Sammelns und Jagens gefüllt. Obwohl solche auch in späteren Zeiten noch vorkommen, wird das Ende des Paläolithikums konventionell mit dem Übergang von der letzten Eiszeit zur sogenannten Nacheiszeit (um 8000 v. Chr.) angesetzt.

Einen wichtigen Einschnitt innerhalb der A. bedeutet der Beginn des Jungpaläolithikums, der in weiten Teilen Europas und einiger benachbarter Gebiete etwa 35 000 Jahre zurückliegt. Die Epoche ist nicht nur charakterisiert durch eine deutliche Verfeinerung der Technik und Verbesserung der Jagdverfahren, sondern vor allem durch das Auftreten der ältesten uns bekannten Werke einer Bildenden Kunst. Dabei handelt es sich zum einen um Zeichnungen und Malereien (»Wandkunst«), überwiegend an abgelegenen Stellen, zum anderen um sogenannte Kleinkunst oder (treffender) Heimkunst *(Home Art)*, die vor allem an Wohn- und Lagerplätzen angetroffen wird und im Gegensatz zu den Höhlenbildern »beweglich« ist *(Art mobilier)*. Ein Symbolgehalt ist den ältesten → Fels- und Höhlenbildern nicht abzusprechen, erst recht aber den schematischen Zeichen zuzubilligen, die bei, zwischen oder auf den »Wandbildern« angebracht sind.

OVALE und DREIECKIGE Zeichen, oft mit einem Mittelstrich werden als Vulven interpretiert und können dann als weibliche Symbole betrachtet werden; inwieweit das jedoch auch für andere Dreiecke, Ovale, »schlüsselförmige« und »klammerförmige« Zeichen gelten soll oder gar für die »dach-« oder »hüttenförmigen« Zeichnungen und solche von Gittern, ist schwer einzusehen. HARPUNENARTIGE Zeichen könnten ein Hinweis auf die Jagdwaffe sein und dem Kreis des Männlichen zugeordnet werden, doch ist die Ausdehnung dieser Interpretation auf Haken, Striche, Punktreihen usw.

schwer verständlich. Insgesamt ist der Versuch, die Zeichen dermaßen als den Ausdruck eines großen männlich-weiblichen Dualismus anzusehen und ihn auch auf die Tierdarstellungen der ältesten → Fels- und Höhlenbilder zu übertragen, kaum mehr als ein interessanter Versuch ohne große Überzeugungskraft.

Kerbschnitte, sich rautenartig überschneidende Striche, Punktreihen, Zickzack- und Fischgrätenmuster und ausgefeiltere geometrisierende Ornamente wie konzentrische Kreise, Bogenlinien und sogar Mäander sind teilweise auf Tierfigürchen angebracht oder auf Gebilden, die man als stark schematisierte vogel- oder menschenartige »Kleinplastiken« ansehen möchte; hinzu kommt, daß einige solcher Muster auf verschiedenste Tierknochen aufgemalt und zusammen mit anderen Knochen ähnlich in Gruben deponiert sind wie flache Knochenstücke mit »geometrischen Mustern«. Das alles spricht zwar für einen Symbolgehalt; aber wir sind nicht in der Lage, diesen näher zu erfassen. Vergleichbar in Gruben niedergelegt oder hineingeworfen sind des öfteren auch Gegenstände der »Kleinkunst«, vereinzelt stark schematisierte → »Idole« oder Platten und Plättchen mit stilistisch und wahrscheinlich auch inhaltlich ähnlich zu wertenden Einritzungen, daneben aber weiteren Figuren und vor allen Dingen Tierbildern, die noch dazu (wie verschiedentlich auch auf Felsplatten angebrachte Reliefs) absichtlich zerbrochen und damit dem weiteren »Gebrauch entzogen wurden«.

Anders als bei »Idolen« in freier Kleinplastik ist der Symbolcharakter fraglich bei der naturalistisch-plastischen Ausgestaltung von »Gebrauchsgegenständen« z. B. von der Form von SPEERSCHLEUDERN, die aber wenigstens großenteils ebenso als irgendwelches Ritualgerät, Würdezeichen oder dergleichen gedient haben dürften wie die ebenfalls vielfach mit feinen und naturnahen Tierschnitzereien »verzierten«, nach ihrer Funktion aber immer noch rätselhaften Lochstäbe (»Kommandostäbe«).

Während die naturnahe Malerei, Zeichnung und Plastik gegen Ende des Paläolithikums ausklingt, treten in einem begrenzten Bereich (»Azilien«) merkwürdige Kiesel mit aufgemalten Zeichen auf, in denen wohl Gegenstände von irgendeinem Symbolgehalt zu sehen sind und die z. B. mit den Tschuringas der Australier verglichen werden. [KJN]

K. J. Narr, Weibl. Symbol-Plastik d. Älteren Steinzeit (Antaios 2) 1960; K. J. Narr (Hg.) Hb. d. Urgeschichte 1. Ältere und mittl. Steinzeit, 1966; P. J. Ucko/A. Rosenfeld, Paleolithic cave art, London 1967; H. Biedermann Bildsymbole der Vorzeit, 1977 (mit weiterer Lit.-ang.).

**Ambivalenz** (lat. »Doppelwertigkeit«). Mit dem zwiefachen Charakter des Numinosen, seiner Güte- und seiner Zornseite, hängt die A. der Gottheiten und ihrer Symbole zusammen. Osiris galt als Unterwelts- und Totengott, aber auch als Herr des Himmels; er war die sinkende ABENDSONNE und die aufgehende MORGENSONNE; er konnte von seinem Bruder Seth getötet werden und war doch unsterblich. Der kanaanäische Totengott Mot war zugleich Gott der Fruchtbarkeit. Von → Apollon, der die Krankheiten schickte, erhoffte man sich Heilung. Jahwe erschafft Licht und Finsternis, bewirkt Heil und Unheil (*Jes* 45,7). Die Symboltiere Christi sind das sanfte Lamm und der gefährliche Löwe. Der vierarmige → Shiva hält in seiner äußersten Rechten eine TROMMEL, deren Pulsschlag die Schöpfung symbolisiert, in der äußersten Linken trägt er den die Welt zerstörenden FEUERbrand. Die meisten Symbole sind mehrdeutig, sie können von einem Bedeutungsextrem ins andere umschlagen, beide Seinspole – Leben und Tod, Gut und Böse – zum Ausdruck bringen. Die ERDE bringt die Menschen hervor und verschlingt sie; bei romanischen PortalLÖWEN (Kathedrale zu Aix-en-Provence) wird der verschlungene Mensch (= Tod) wieder ausgespieen (= Auferstehung). Die SIEBEN ist Zahl der Todsünden, aber auch der Sakramente. In der bibl. Schöpfungsgeschichte und in einigen afrikanischen Mythen bringt die SCHLANGE den Tod, andererseits ist sie Symbol der Heilung und des Lebens (→ Arztsymbole). Das FEUER kann auf das Göttliche hinweisen (so im Parsismus), aber auch auf das Infernalische (in altägypt. Jenseitsvorstellungen); ja innerhalb einer Religion kann es beide Bedeutungen annehmen, zu einem Bild göttlicher Liebe werden (auf Herz-Jesu-Bildern) oder zur peinigenden Höllenstrafe.

[Lr]

**Ambivalenz,** psychoanalytisch von Eugen Bleuler 1911 eingeführter Terminus, um (damals) die angeblich charakteristische Widersprüchlichkeit der Gefühle bei Schizophrenen zu bezeichnen. Heute ist A. ein zentraler Begriff der → Psychoanalyse. Auch der »Normale« lebt mit der A., weil kein Beziehungsobjekt der Welt und auch das eigene Ich nur böse oder nur gut sein können. Die Entwicklung des Menschen bedingt seit seinem uterinen Leben und der Geburt Trennung von frühen Phasen und Unlustgefühlen, an denen der an → Schizophrenie Leidende zerbricht, der »Normale« aber die Lösung der Widersprüche lernt. Die A. begründet auch den Symbolismus in der menschlichen Erkenntnis. Jede Wahrnehmung ist ein Symbol wegen der Begrenztheit und Widersprüchlichkeit der menschlichen Situation, da sie am Objekt und am Subjekt teilnimmt. Es gibt privilegierte Symbole an den Knotenpunkten der menschlichen Beziehungen während der Entwicklung: z. B. die »gute« Mutter und die »böse« Mutter in den Träumen, Vorstellungen usw. Solche Symbole sind zugleich undurchsichtig wie auch transparent; sie erfassen notwendigerweise nur einige wesentliche Aspekte der Wirklichkeit. Das Streben nach Vermeidung der Unlust »kleidet« jedes Objekt der Wahrnehmung entweder als (vorwiegend) lustspendendes oder als Träger der Aggression. Das Symbolische in der Wahrnehmung ist also nie rein idealistisch, auch in der Halluzination des Geisteskranken nicht, sondern es steht als Kryptogramm für die Motivation einerseits, die sich in seiner Geschichte kundtut, und andererseits für einen Sektor der Welt mit besonderer Bedeutung für den Wahrnehmenden. Die Psychoanalyse als Hermeneutik befaßt sich gerade mit der Entzifferung solcher Kryptogramme durch progressive Rückführung der Symbole (z. B. Hexe für

»böse« Mutter, Lustspenderin als »gute« Mutter) in die bewußte Geschichtlichkeit des Patienten: eine durchaus vorsichtige und langwierige gemeinsame Arbeit, die auf Widerstände und kurzschlüssige Übertragungen der Symbolik auf den Analytiker stößt. Durch eine eigene ambivalente Einstellung der Eltern zum Kind (bewußt oder unbewußt) kann die A. in der Beziehung zum Kind eine gefährliche Verschärfung erfahren *(double bind)*. → Geburt (psychoanalytisch). [IAC]

I. A. Caruso, Die Trennung der Liebenden, 1968; E. Bleuler, Die Psychoanalyse Freuds, 1911; L. Bolk, Das Problem der Menschwerdung, 1926; S. Freud, Ges. Werke, [5]1965; H. Graber, Ursprung, Einheit u. Zwiespalt der Seele, 1945; M. Merleau-Ponty, Phänomenologie der Wahrnehmung, 1974.

**Ameise,** schon in der Bibel gerühmt wegen ihrer Emsigkeit (*Spr* 6,6–8) und ihrer Klugheit, mit der sie Vorräte speichert (*Spr* 30,24 f.). Auf römischen Münzen ist sie als Symbol des Fleißes und des damit verbundenen Wohlstandes mit der Ackerbaugöttin Ceres verbunden. Der Physiologus nennt drei Eigenarten der A., darunter die, daß sie am Geruch des Halmes unterscheiden könne, ob es sich um Weizen (Roggen) oder Gerste handelt – und die Folgerung: so soll auch der Christ den Weizen des Glaubens an Christus der Lehre der Häretiker vorziehen. In karelischen (finnischen) Klageliedern werden die »Pfade der Toten« mit den Gängen der A. verglichen. Kosmogonische Bedeutung hat das kleine Tier bei einigen afrikanischen Völkern; nach einer Überlieferung der Dogon (in Mali) vergewaltigte der Schöpfergott die Erde, deren Geschlechtsorgan ein A.haufen war. Der Stammvater des vorderindischen Primitivvolkes der Juang lebte in einem A.hügel. Das chinesische Wort für A. (ma-i) enthält in der zweiten Silbe das Wort für »Tugend« (i) und wurde so zu deren Symbol. In der modernen Malerei findet sich die A. im Werk von → Dali. [Lr]

**Amethyst,** astrologisch dem Planeten Jupiter und als Monatsstein dem April (in einer anderen Reihenfolge dem Februar) zugeordnet. In der Antike Mittel gegen Trunkenheit (griech. *amethysios* = nicht trunken), Gift und Hagel. In der Bibel einer der 12 Grundsteine im Brustschild des Hohepriesters (2 *Mos* 28,19) und der Stadtmauer des himmlischen Jerusalems (*Offb* 21,10). In der christlichen Symbolsprache Sinnbild der Demut. [*]

**Amor** → Eros

**Amulett** (lat. *amuletum* → Abwehrzauber, griech. *phylakterion*, Schutzmittel, Sicherheitsgarantie), was man auf der Brust, um den Hals, am Leib trägt (daher griech. *enkolpion, periamma*) zur dauernden Übelabwehr: die in Bild und Schrift festgehaltenen Gesten und Sprüche des Abwehrzaubers, bes. auch kraftgeladene Stoffe und Figuren, also Edelsteine, Pflanzen, Tierhaare, Knochen, Zähne, Augenbild, Phallus, MUSCHEL (als Bild des *cunnus*). Auch Schmuck (Ringe, Armreif, Möndchen) ist ursprünglich A. Weder das Judentum (Gebetsriemen: *totafot, tehillim*), noch der → Islam, noch das Christentum (Umhängekreuz, Reliquien am Leib getragen) hat trotz theologisch begründeten Gebrauchs den Glauben an die

magische Schutzwirkung und die den A.en innewohnende, recht materiell vorgestellte Macht abgebaut (das beweist die Idee der Berührungsreliquie wie die Stellungnahme der damaligen Theologen, die die Überzeugung des Volkes teilen). Oft stellen Bilder das Gewünschte dar, wie auf den Salomonsiegeln der die Verkörperung des Bösen besiegende Reiter.
KNOTEN als A. bezeichnet die Bindung, Unschädlichmachung des Feindes. Man glaubt, daß geschieht, was man als Homer- oder Bibelvers aufgeschrieben bei sich trägt: »Ihr werdet ihm keinen Knochen zerbrechen« (*Joh* 19,36 auf einem Ring 6. Jh.), »Jesus aber schritt mitten durch sie hindurch« (*LK* 4,40; auf Mailänder Rüstung 1380/90, auf vielen englischen Münzen und Ringen seit Eduard III.). In frühester Zeit schon stehen magische Formeln auf A.en *Sator opera tenet*: »Der Schöpfer bindet die Werke«, Evangelientexte *(deltia euangelia)* die vier Evangelienanfänge (apotropäisch noch heute zu Fronleichnam abgesungen), der Hinweis auf die den Bann der Dämonen brechende Geburt Christi (*Verbum caro factum est*, die griechischen Buchstaben *chi, my, gamma* = Christus von Maria geboren), die Kreuzesinschrift (INRI), das Alphabet, Schwindeformeln: das Zauberwort unter Weglassung immer eines weiteren Buchstabens sooft untereinandergeschrieben, bis es mit einem Buchstaben endet: so soll die Krankheit enden. Hebräische Amulette bilden oft ein Zahlenquadrat, 3 × 3 Buchstaben, die nach allen Seiten die gleiche Summe 15, die Zahl des abgekürzten Gottesnamens, ergeben, wie sich auf gnostischen Gemmen Abraxas (griech. Zahlensumme 365) als HAHNENKÖPFIGES WESEN mit Schlange und Peitsche findet. Je ungewöhnlicher und geheimnisvoller, desto größer die Wirkung: Gottesnamen, Engelnamen, Christusmonogramm werden mit magischen Bildern kombiniert, je mehr auf einmal ausgedrückt wird, desto größer der Schutz (fischegestaltiger PHALLUS mit der *fica* als Schwanz). → Abwehrzauber, Talisman [JBB]

G. Kropatscheck, De amuletorum apud antiquos usu capita duo, 1907; H. Leclercq, A. (Dict. Arch. Chrét. Lit. 1); B. Heller, Enc. Judaica 2 (1928), F. J. Dölger, D. Anhängekreuzchen der hl. Makrina (Ant. u. Christent. 3) 1932; Th. Hopfner, Griech.-ägypt. Offenbarungszauber, 1921; C. Bonner, Studies in magical amulets, chiefly Graeco-Egyptian (University of Michigan Studies, Humanistic Series 49) 1950; F. Eckstein – J. H. Waszink, A. (RAC 1) 1950; H. Bonnet, Reallex. ägypt. Rel.gesch., 1952; G. Roeder, D. ägypt. Relig. in Text und Bild, Bd. 4, 1961; T. Schrire, Hebrew. A., London 1966; H. Thrane u. a., A. (Reallex. d. germ. Altertumskunde 1) 1973; G. J. M. Bartelink, Phylacterium (Mélanges Chr. Mohrmann) Utrecht 1973; C. D. G. Müller, Von Teufel, Mittagsdämon u. A. (Jb. f. Ant. u. Chr. 17) 1974; A. Klasens (Lex. d. Ägyptol. 1) 1975). H. O. Münsterer, A.kreuz u. Kreuz-A. Studien zur religiösen Volkskunde, 1983.

**Analogie** (griech. »richtiges Verhältnis«), bezeichnet in der Philosophie die Entsprechung zweier Verhältnisse bzw. die durch Vergleich festgestellte Ähnlichkeit. In dem Glauben an eine geheimnisvolle → Sympathie zwischen den Kräften und Dingen des Alls wurzelnd, spielt die A. als magisches Prinzip bei Zauberhandlungen und in der → Volksmedizin eine wichtige Rolle; Gleiches soll durch Gleiches bewirkt oder geheilt werden *(similia similibus curantur)*. So sollten z. B. bei dem römischen Fest der Saturnalien (17. 12.) an Freunde geschenkte KERZEN

eine Hilfe für das mit der Dunkelheit ringende Licht sein. Zur magischen Praxis des A.zaubers gehören auch → Amulett und → Talisman. Auf der A. von himmlischem und irdischem Geschehen beruht die → Astrologie. Schon altmesopotamische Keilinschriften lehren, daß einzelne Metalle, Edelsteine und Pflanzen zu bestimmten Gestirnen in wechselseitiger Beziehung stehen. Nach der Stoa ist das Weltall eine belebte Einheit sich gegenseitig beeinflussender Glieder.
Auch in Mythos und Religion findet sich der A.glaube. So werden WEISSE Tiere den Himmelsgöttern zugeordnet, DUNKLE Tiere den Gottheiten der Erdtiefe. Durch A. entstehen ganze Symbolreihen: Himmel – Weiß – Licht – Tag – Leben; Erde (Höhle) – Schwarz – Finsternis – Nacht – Tod. In den Rahmen der A. fällt die Parallelisierung von → Makro- und Mikrokosmos und die Anthropomorphisierung des Göttlichen; das Pantheon der alten Völker ist ein idealisiertes Abbild des menschlichen Daseins. Im Gebet wird der persönlich angesprochene Gott zum Analogon; er wird aus der unvergleichbaren Transzendenz heruntergeholt auf eine vergleichbare, wenn auch erhöhte Ebene – er wird zum Herrscher, Vater oder Freund. Der A.glaube ist ein Mittel, alle Gegensätze im Sein zu überbücken, erkennt man doch im Irdischen das Himmlische, im Menschlichen das Göttliche, im Vergänglichen das Unsterbliche. Hier berühren sich A. und Symbol. Während die A. aber auf äußerlicher Ähnlichkeit beruht, werden im → Symbol innere Zusammenhänge sichtbar; doch sind die beiden Begriffe nicht immer klar zu trennen, ja, die zunächst erkannte A. (Ähnlichkeit) kann bei tieferem Verständnis zum Symbol werden.
In der scholastischen Lehre von der *analogia entis* wird die A. geradezu zum Ausgangspunkt der Symbolisierung. Das vergängliche Sein der Schöpfung gilt als Gleichnis des ewigen Seins Gottes, wobei jedoch Gott zugleich über diesem Gleichnis steht. Auf Grund dieser A. des Seins »ist es also rein theoretisch möglich, daß das Transzendente analog im Endlichen, im sinnlich Wahrnehmbaren dargestellt sein kann, um dennoch Ausdruck und Symbol eben des Transzendenten zu sein« (St. Wisse). Die vor uns liegende Schöpfung weist in ihrem Aufbau und in ihrer Ordnung durch die geschaffenen Entsprechungen auf die nicht mittelbar zugängige Welt der → Urbilder hin. In allen Geschöpfen kann sich das Göttliche offenbaren, das Niederste kann zum Symbol des Höchsten werden. – Der Protestantismus verhält sich der Lehre der *analogia entis* gegenüber überwiegend ablehnend; Karl Barth anerkennt nur eine *analogia fidei* (A. des Glaubens) auf Grund der biblischen Aussagen. Tillich gebraucht die Begriffe A. und Symbol öfters synonym; manchmal scheint bei ihm aber auch die Seinsanalogie die Grundlage des Symbols zu sein.

[Lr]

H. Höffding, Der Begriff der A., 1924; E. Przywara, Analogia entis, 1932, [2]1962; H. Lyttkens, The analogy between God and the world. Upsala 1952; St. Wisse, Das relig. Symbol. Versuch e. Wesensdeutung (124–130, 190–199) 1963; H. Trümpy, Similia similibus (Schweiz. Arch. f. Volkskunde 62) 1966; K.-D. Nörenberg, Analogie Imaginis. Der Symbolbegr. in der Theologie Paul Tillichs, 1966; Chr. Link, Die Welt als Gleichnis, 1976.

**Anchzeichen** (ägyptisch *anch*, »Leben«), einem Tau-Kreuz ähnlich mit oben angesetzter Schleife, ursprünglich vielleicht ein magischer Knoten. Als Hieroglyphe bedeutet das Zeichen Leben, als Symbol auf zahlreichen Bildwerken in der Hand der Götter und des Königs weist es auf das ewige Leben; man spricht deshalb auch von der Lebensschleife. Luft und Wasser können als Lebenselemente durch das A. angedeutet werden. Von den christlich gewordenen Ägyptern, den Kopten, wurde es unter der Bezeichnung Henkelkreuz *(crux ansata)* übernommen, nunmehr im Hinblick auf den am Kreuz (Vertikalbalken) hängenden Christus als Sonne des Heils (die Schleife wird zum Kreis); auf Grabstelen oft zusammen mit den Zeichen Alpha und Omega. Für das Symbol des Lebens findet sich auch die Bezeichnung »Nilschlüssel«, der die Schleusen mit dem lebenspendenden Wasser öffnet, ähnlich wie Christus den Schlüssel zum Haus Davids hat, d. h. daß er mit dem Kreuz den Himmel als Ort ewigen Lebens erschließt. [Lr]

M. Cramer, Das altägypt. Lebenszeichen im christlich-koptischen Ägypten, 1943; H. Bonnet, Lebensschleife (Reallex. der ägypt. Religionsgesch.), 1952; J. Doresse, Des hieroglyphes à la croix (Nederl. Hist.-Archaeolog. Inst. te Istanbul 7/1960); J. Baines, 'Ankh-sign ... (Studien zur Altägpytischen Kultur 3/1975).

**Andreae, Joh. Val.** → Rosenkreuzer

**Androgynität.** Die Einheit von → Männlichem und Weiblichem entspricht einer frühen Stufe mythischen Denkens. Am Ursprung der Dinge gab es noch keine Trennung der Geschlechter. Der bisexuelle Urkosmos zerfällt in die beiden Welteltern, bei den Ägyptern in die Himmelsgöttin Nut und in den Erdgott Geb. Im *Atharva-Veda* (IX 5,20) heißt es, daß das »Ungeborene«, »das sich voneinander trennte«, die Erde als Brust, den Himmel als Rücken habe. Bei den Zuñi (Pueblo-Indianer) hat der bisexuelle Hochgott Awonawilona (»Er-Sie«) den Himmelsvater und die Erdmutter aus zwei Bällen seiner eigenen Haut angefertigt. Nach chines. Überlieferung entstieg der Urriese Panku dem EI-artig vorgestellten Chaos und schuf aus der oberen Eihälfte den Himmel, aus der unteren die Erde.

Die Urgötter tauchen oft als doppelgeschlechtliche Wesen auf, die zeugen und gebären. Die A. ist hier Symbol für die Absolutheit des Schöpfers, der zur Erschaffung der Welt an kein Geschlecht gebunden ist und keines Partners bedarf. Die alten Ägypter kannten mehrere androgyne Gottheiten: Atum erzeugt aus sich heraus die Götter Schu und Tefnut, mit denen aus der primordialen Einheit die Zweiheit der Geschlechter hervortritt; der Nilgott Hapi wird mit Bart und den Brüsten einer alten Amme dargestellt; der memphitische Urgott Ptah (nach Horapollon mannweiblich) hat in Bildern der Spätzeit oft weibliche Brüste. Nach den Brahmanas hat der indische Schöpfergott Prajapati (»der Hervorbringer«) als zweigeschlechtliches Wesen alles aus sich gezeugt. Der bisexuelle → Shiva läßt aus seiner linken Körperseite die Devi, seine ihm gleichende Gattin, hervorkommen; auf indoskythischen Münzen wird Shiva als Hermaphrodit dargestellt. Die babylon. Ischtar ist »Göttin der

Männer und Gottheit der Frauen«; ihre wichtigsten Funktionen sind Krieg und Liebe; im ABENDSTERN erblickte man ihre weibliche, im MORGENSTERN ihre männliche Seite.

Auch die Urmenschen werden manchmal androgyn beschrieben; in gewissem Sinne symbolischer Hinweis auf ihre ursprüngliche Vollkommenheit. In Platons *Symposion* (XIV, XV) berichtet Aristophanes den Mythos ursprünglicher Doppelwesen, die zugleich Mann und Weib waren; aber dann als Strafe für ihren Hochmut gegen die Götter in je zwei Hälften geteilt wurden. Tacitus berichtet von einem Urahn der Germanen namen Twisto, der Name bedeutet »Zwitter«. → Adam dürfte ursprünglich mehr die Bedeutung des geschlechtlich undifferenzierten Menschen gehabt haben als die des Mannes. Auch nach den Mythen der Hawaii-Insulaner und der Massai wurde die erste Frau aus dem Mann erschaffen; dabei ist die RIPPE Symbol für die im Mann enthaltene Weiblichkeit. Der Mystiker Jakob → Böhme meinte, daß Adam ursprünglich weder Mann noch Weib war, »sondern beydes mit beyden Tincturen in der Temperatur«.

Die Gestalt der ans Kreuz geschlagenen heiligen Kümmernis mit Krone und BART weist vielleicht auf Rückstände der Vorstellung von einer bärtigen Muttergottheit in der alten Mittelmeerkultur hin (so nach H. Baumann). Im 20. Jh. läßt Marc Chagall bei seinem Bild »Schwangerschaft« (Amsterdam) die linke Gesichtshälfte der werdenden Mutter in das Profil eines bärtigen Mannes übergehen. [Lr]

J. Winthuis, Das Zweigeschlechterwesen bei den Zentralaustraliern und anderen Völkern, 1928; D. Ludwig, Der Urmensch als Androgyn (Zs. f. Kirchengesch. 58) 1939; L. F. Zotz, Idoles paléolithiques de l'être androgyne (Bulletin de la Société préhistor. franç.) 1951; H. Baumann, Das doppelte Geschlecht. Ethnolog. Stud. zur Bisexualität, 1955; M. Delcourt, Hermaphrodite. Mythes et rites de la bisexualité dans l'antiquité classique, Paris 1958; W. A. Meeks, The image of the androgyne. Some aspects of a symbol in earliest christianity (History of Religions 13) 1974. U. Prinz (Hg.), Androgynie. Katalog Berliner Kunstverein, 1986.

**Anima, Animus.** Mit der Sachbezeichnung Anima versteht C. G. → Jung die weiblichen Komponenten in der Psyche des Mannes, welche in seinen Träumen und Phantasien als symbolische weibliche Personen auftreten. Zuerst mehr als Mutterbild, später als jüngere Frau. Diese symbolisieren gewisse Emotionen und Affekte oder unbewußte religiöse Phantasien. Bei vielen Männern ist das Anima-bild auf äußere Frauen projiziert, obwohl sich auch manche seiner als eines von der äußeren Frau unterscheidbaren Faktors bewußt sind (Rilkes »inneres Mädchen«, Spittelers »Herrin Seele«). Ist sich der Mann dieses Faktors nicht bewußt, so verstärkt, übertreibt und mythologisiert er alle emotionalen Beziehungen; die Anima kann einen Mann empfindlich, launisch, reizbar, eifersüchtig und eitel machen. Sie ist die Spinnerin von Projektionen, die ihn zum Guten oder Bösen ins Leben verwickeln. Wird sie in der zweiten Lebenshälfte nicht bewußt gemacht, bewirkt sie frühzeitige Erstarrung, Stereotypie, Resignation oder sogar Alkoholismus. Die Integration der Anima verleiht dem Mann Gefühlswärme, Menschlichkeit, Flexibilität, ein inneres Offensein für das Irrationale und religiöse Erleben. Identität mit der Anima bewirkt in der Regel Homosexualität.

Die häufigste Darstellung der Anima im religiös-mythologischen Bereich findet sich in den göttlichen Syzygien, wie Yin und Yang (China), Shiva und Shakti (Indien), dem Vater-Mutter der Gnosis. Die Integration der Anima als hilfreicher »Geisterfrau« ist in der teilweise weiblichen Kleidung des Schamanen angedeutet. Die Anima kann destruktiv oder belebend wirken. Im ersten Fall verkörpert sie Gefühlskälte, Ehrgeiz, Ressentiment und ist dargestellt als Giftmädchen, Furie, teuflische Rätselprinzessin (Turandot), Hexe, üble Zauberin (Kirke), Todesgöttin (Ker) oder *pucelle de malaire*, in letzterem als Geistergattin des Schamanen, zauberische Helferin (Athene bei Odysseus), Seelenführerin (Beatrice bei Dante), zu erringende Märchenbraut und Kore der Mysterien. Jung hat das Animabild in vier Stufen aufgeteilt: 1. Eva (im Faust: Gretchen), wo die Anima rein biologisch als die zu befruchtende Frau erscheint, 2. Helena von Troja, der sexuelle Eros auf romantischem und aesthetischem Niveau, 3. Maria als Bild der religiösen Devotion, 4. Sapientia (Weisheit) eine Vergeistigung des Eros schlechthin.

Der Anima entspricht in der Frau der Animus als Bild ihrer unbewußten männlichen Komponenten. Er ist ein Derivat des Vaterbildes und verkörpert unbewußten Geist, der sich in »heiligen« Überzeugungen apriorischer Natur äußert. Wird er auf Äußeres projiziert, so erzeugt er Mißverständnisse durch seinen absoluten Wahrheitsanspruch, der auf Macht und Gerechtigkeit pocht. Verwickelt die Anima den Mann ins Leben, so zieht der Animus die Frau eher weg in ein geistiges »Jenseits«. Daher erscheint er in seiner negativen Form als Mörder (vom Typus: Blaubart) oder als personifizierter Tod, als zauberischer alter Mann oder Vampir, der die Frau frißt oder versklavt. In seiner positiven Gestalt verkörpert er religiöse Sinnerfahrung (der kosmische Hirte in der Passio Perpetuae, Christus bei den Mystikerinnen), Mut, Nachdenklichkeit und Kreativität. Der ersehnte Märchenprinz stellt diesen Faktor dar; für eine Wandlung desselben vom Negativen ins Positive vgl. Grimms »König Drosselbart«.

Beide Gestalten, Animus und Anima, erscheinen im Mythos zuerst oft als verzaubertes Tier (der Animus in: La belle et la bête, die Anima z. B. im Schwanenjungfraumotiv). Dies ist das Resultat einer Verzauberung, das heißt einer Unbewußtheit, infolge welcher diese Figuren eine animalische Getriebenheit darstellen. Eine bewußte Integration von Animus und Anima, das ist eine Differenzierung der Liebesbeziehung zwischen Mann und Frau, hat im Abendland der Minnedienst erstrebt; ebenso die alchemistische Spekulation, in der Mann und Frau und ihr Animus und Anima im Bild eines Heiratsquaternio erscheinen. [MLF]

C. G. Jung, Die Beziehungen zw. dem Ich und dem Unbewußten, 1928; C. G. Jung/K. Kerényi, Das göttl. Mädchen (Albae Vigiliae) 1941; C. G. Jung, Aion, 1951 (darin auch: M.-L. v. Franz, Die Passio Perpetuae) C. G. Jung, Psychologie der Übertragung, Ges. Werke, Bd. 16; E. Jung/M.-L. v. Franz, Die Graalslegende in psycholog. Sicht, 1960; H. v. Beit, Symbolik des Märchens [2]1960; E. Jung, Animus und Anima, 1968.

**Animalismus.** Eine um das Tier als Hauptlebenspartner kreisende Weltsicht vornehmlich in jägerisch-sammlerischen Kulturen mit Auffassung vom Mensch-Tier-Verhältnis als einer realen Wesenseinheit mit Glauben an die Einheitlichkeit alles animalischen Lebens (einschließlich des menschlichen) und die Austauschbarkeit menschlicher und tierischer Seinsformen. Diese Prinzipien bilden die geistige Grundlage einer Fülle von Erscheinungsformen kultisch-religiöser und magischer Art: z. B. Vorstellung vom Tier als Schutzgeist und zweitem Ich (→ Alter Ego), Glauben an eine Wiedergeburt im Tier, an tiergestaltig gedachte oder zwischen menschlicher und tierischer oder auch verschiedenartiger tierischer Erscheinungsform wechselnde oder sie vereinigende höhere Wesen der Art von Wild- und Buschgeistern, von Herren der Tiere (und des Jagdreviers) und der Jäger, von Tieren oder tierhaften Wesen als Gefährten und Gehilfen; bezeichnend ist auch die Versöhnung des erlegten Tieres oder eines entsprechenden tiergestaltigen höheren Wesens nach der Tötung eines Tieres seiner Art, um Schaden abzuwenden und nicht die Rache auf sich zu ziehen; häufig erfolgt auch eine Niederlegung oder »Bestattung« von Körperteilen der erlegten Tiere, zumal der Knochen, um die Wiederbelebung und damit die Erhaltung des Wildes zu sichern. Animalistische Symbolik ist vor allem in Tierpantomimen und manchmal erotischen Tiertänzen sowie zahlreichen anderen Tiervermehrungsriten zu sehen, seltener in bildlicher oder plastischer Darstellung, spielt in dieser Hinsicht aber offensichtlich bei einem Teil der → Fels- und Höhlenbilder oder auch bei → Idolen eine Rolle. [KJN]

H. Baumann, Afrikan. Wild- und Buschgeister (Zs. f. Ethol. 70) 1938; O. Zerries, Wild- u. Buschgeister in Südam., 1954; J. Haekel, Der Herr der Tiere im Glauben der Indianer Mesoam. (Mitteil. d. Mus. f. Völkerkunde Hbg. 25) 1959; A. Hultkrantz (Hg.), The Supernatural Owners of Nature, Uppsala 1961; K. J. Narr, Zum Sinngehalt altsteinzeitl. Höhlenbilder (Symbolon NF 2) 1974.

**Anker,** in der Antike Attribut verschiedener Meeresgottheiten (vor allem Neptuns). Im 3. und anfangs des 4. Jh. verbreitetes christliches Symbol des Glaubens (Verankerung in Gott) und der → Hoffnung auf die himmlische Seligkeit; die oft beigefügten Fische können Hinweis auf die Gläubigen selbst sein oder auf die Erlösung durch Christus (eucharistische Speise). Der A. mit Querbalken unter dem Ring war ein heimliches Zeichen für das Kreuz. Die im MA verschwindende A.symbolik taucht erst im 15. Jh. wieder auf, besonders in Verbindung mit der → Spes und als alleinstehendes Motiv in der Grabmalkunst des 17. bis 19. Jhs. [Lr]

A. Eichler, Der Hoffnungs-A. (Zs. des Dt. Palästina-Vereins 59/1936); RDK 1, 1937; RAC, 1950; Ch. Kennedy, Early Christians and the anchor (The Biblical Archaeologist 38/1975).

**Anthroposophie.** Nach der Definition Rudolf → Steiners ist »Anthroposophie ein Erkenntnisweg, der das Geistige im Menschenwesen zum Geistigen im Weltenall führen möchte.« Eine solche Aufgabe besteht seit Urzeiten. Das über die Erde verbreitete vorchristliche Mysterienwesen diente dem gleichen Ziele. Stets erwies sich die an Raum und Zeit gebundene Sprache als unzureichend, die übersinnlichen Erkenntnisse, welche das Geistige im Weltall dem irdischen Bewußtsein nahebringen sollten, adäquat auszudrücken. So wurden die höheren »okkulten« Wahrheiten stets in die Form von Symbolen gekleidet, um für das diesseitige Bewußtsein assimilierbar zu werden, wenn die gewöhnlichen Worte und Begriffe nicht mehr ausreichten. Gleichzeitig sollten die okkulten Wahrheiten durch die symbolische Einkleidung vor dem Mißbrauch durch Unreifheit und Egoismus geschützt werden. Mit äußerster Strenge wurde darüber gewacht, daß die den eingeweihten Schülern gegebene Mysterien-Symbolik an keine außerhalb der Mysterien stehende Persönlichkeiten weitergegeben wurde. Darum stand auf Mysterien-Verrat die Todesstrafe.

Die vorchristliche Symbolik wurde in der christlichen Aera primär auf zwei Wegen verwandelt und fortgeführt: in der exoterischen Form der christlichen Gottesdienste und später als Esoterik in der → Freimaurerei. Über beides gibt Anthroposophie wesentliche Aufschlüsse. In Vorträgen, welche Rudolf Steiner 1916 unter dem Titel »Gegenwärtiges und Vergangenes im Menschengeiste« in Berlin hielt, hat er sich ausführlich über die Symbolik der Freimaurerei, über »Zeichen, Griff und Wort« geäußert. Die Formel von dem »Erhabenen Baumeister der Welt« erfährt hier ihre Sinndeutung. Ebenso erhalten durch ihn die Grundmotive der »Hirams-Legende«, die Polarität des Kain- und Abel-Mythos' und die Bedeutung der beiden Tempel-SÄULEN: Jakim (Säule der Geburt) und Boas (Säule des Todes) ihre zeitgemäße Aufhellung.

Im Sinne der Anthroposophie wird Symbolik in Zukunft positiv zu bewerten sein, wenn sie objektiv selbstlos zur Verdeutlichung geistiger Aussagen verwandt und auf jedes, die Freiheit des Aufnehmenden einschränkende, Suggestionselement verzichtet wird. In jedem Falle ist es ein Mißbrauch der Symbolik, wenn sie zur Einschläferung des wachen Diesseitsbewußtseins verwandt wird.

Die Anthroposophie spricht von drei Stufen höherer Erkenntnis: Imagination, Inspiration, Intuition. Der Übergang vom intellektuellen Alltagsbewußtsein zur »Imagination« besteht in der Verwandlung der abstrakten Gedanken in Bild-Vorstellungen. Diese vermögen, wenn sie jeglicher Willkür entzogen werden, tiefer die Wirklichkeit zu erfassen, als es dem reinen Verstande möglich ist. Das gilt besonders auch für das Verständnis des Schicksalverlaufes (Karma): »Beispiele in Bildern sind für die Erörterung wichtiger als theoretische Erklärungen, weil sie die geisteswissenschaftliche Betrachtung besser vorbereiten.« Die imaginative Erkenntnis führt notwendig zum Verständnis echter Symbolik und zum Sprechen und Handeln in geisterfüllter Symbolik – wenn sie sachgemäß durch »Inspiration« und »Intuition« vertieft wird. Schüler Rudolf Steiners haben Beiträge zur Entschlüsselung vorchristlicher Mythologien geliefert, so Ernst Uehli, Friedrich Hiebel und Sigismund von Gleich. [Hem]

Rudolf Steiner, Goethe als Vater einer neuen Ästhetik, 1888; Goethes Geistesart in ihrer Offenbarung durch seinen Faust u. durch das Märchen »Von der Schlange u. der Lilie«, 1902; Bilder okkulter Siegel u. Säulen, 1907;

A. – ein Frag. a. d. J. 1910, ersch. 1951; Vier Mysteriendramen; Wahrspruchworte, Richtspruchworte, 1925; Wege zu einem neuen Baustil (Vortr. geh. 1914), 1926; Physiognom. (Karikaturen), 1948; Die Wirklichkeit der höheren Welten. Eine Einf. in sein Werk, 1972. E. Uehli, Nord.-German. Mythologie als Mysteriengesch., 1926; J. Hemleben, Symbole der Schöpfung, 1928; Fr. Hiebel, Die Botschaft von Hellas, 1953.

**Antichrist.** Das deutsche ›A.‹ geht durch Vermittlung des lat. *Antichristus* auf das Griechische zurück mit der Bedeutung Gegen-Christus, Widerchrist; auch das mhd. *Entecrist* ist damit verwandt. Der Gedanke vom A., obschon im AT präfiguriert (Ez. 38; Dan. 2,31–45; 7,7–26 u. 8,23–25) und auch in verschiedenen nichtjüdischen Mythen vorgeprägt, ist spezifisch neutestamentlich (1. *Joh*. 2,18; 4,3; *Offb*. 13 u. a.), danach herrscht die eschatologische Erwartung vor, daß sich zum Ende der Welt der Gegensatz zwischen Christus und seinem Widersacher verschärfen werde. Theologisch wird der A.-Gedanke in der Patristik (Augustinus, Isidor v. Sevilla, Typonius) fixiert; Augustinus begründet die Lehre vom metaphysisch-geschichtlichen Gegensatz zwischen *Civitas diaboli* und *Civitas Dei*, in dem der A. die eschatologische Hauptgestalt wird.

Was die Bibel, die Sybillinischen Schriften, Pseudo-Methodius, Adso v. Montier-en-Der, die als Quellen für das mal. A.-Bild anzusehen sind, über den A. mitteilen, geht in der äußeren Erscheinung seiner Gestalt beträchtlich auseinander. Er erscheint als Corpus von Ketzern und falschen Propheten, als apokalyptisches Tier mit sieben Häuptern, → Leviathan, Gog und Magog und anderen. Aus Prophetie und Offenbarung erwächst die Erwartung der Kirche, daß vor der Wiederkehr Christi (Parusie) ein falscher Messias unter Begleitung von (oft sieben) Zeichen erscheinen werde, um die Christen durch Verführung, Zauberei und Gewalt unter seine Herrschaft zu bringen; er sitzt im Tempel Gottes und nimmt dessen Stelle vorübergehend ein.

Schon seit der → Patristik ist die Vorstellung vom A. eng mit der Erfahrung der Geschichte verbunden. Der A.-Begriff umschreibt im MA nicht ein Modell religiös-erbaulichen Charakters, sondern sowohl als Einzelfigur wie als Kollektiv des *Corpus A.* stets den konkreten Widerpart der Heilsgeschichte. Seit dem Deutschen (mal.) → Symbolismus gilt der A. als Protagonist der Profangeschichte. Die A.-Vorstellungen der Hussiten können als Vorläufer der reformatorischen Ansichten seit Luther verstanden werden, für die das Papsttum als a.-lich gilt. Das erste größere Bilddokument der reformatorischen Polemik ist das 1521 erschienene *Passional Christi und Antichrist* mit Holzschnitten von Lucas Cranach d. Ä.

Als Zeichen bzw. Identifikationen des A. werden die Zahl 666 verstanden, ROM und BABYLON als Heimat des A. (gegenüber Jerusalem als Heimat Christi). Die Bezeichnung A. wird unter anderen auf Herodes, Simon Magus, Nero *(N. redivivus)* sowie auf innere und äußere Feinde der christlichen Kirche, sogar auf amtierende Päpste angewandt. [AW]

W.-E. Peuckert, A. (Bächtold/Stäubli, HdA, 1); H. Preuß, Die Vorstellungen vom A., bei Luther u. in der konfession. Polemik. Ein Beitr. z. Theol. Luthers u. zur Gesch. der christl. Frömmigkeit, 1906; H. D. Rauh, Das Bild des A. im MA: Von Tyconius zum dt. Symbolismus, 1973.

**Antike** → Griechen, Römer

**Antonius** der Große, der Eremit, geb. um 251 in Mittelägypten. Darstellungen des bärtigen Greises seit dem 8. Jh. in der byzantinischen Kunst, seit dem 12. Jh. auch in Westeuropa; im späten MA meist in der Antoniter-Ordenstracht mit T-förmigem Stab oder dem T-förmigen Antonius-Kreuz (Buchstaben T = TAU, von den Kirchenvätern als Zeichen des Kreuzes gedeutet). Seine Attribute sind GLÖCKCHEN (zur Dämonenabwehr, aber auch zur Warnung vor Krankheitsansteckung) und SCHWEIN – ursprünglich Symboltier des Teufels und Anspielung auf die Antoniusversuchungen, dann aber Hinweis auf das Vorrecht der Antonitermönche zur Schweinezucht; A. selbst Patron der Haustiere. Da der Heilige Nothelfer gegen Feuersgefahr ist, werden ihm vereinzelt aus dem Boden schlagende FLAMMEN beigegeben. Der Antoniter-Orden nahm sich vor allem der vom Antoniusfeuer = Ergotismus (Mutterkornvergiftung) Verstümmelten an, diese galten als eine Art Sühneopfer ihrer Zeitgenossen; sie standen unter dem Schutz des A., der mit dem FEUER strafen, aber auch vor ihm schützen konnte. Seit dem 15./16. Jh. ist bes. die Darstellung der Versuchung durch die Dämonen beliebt: dem Heiligen erscheint der Teufel in Gestalt einer oder mehrerer Frauen (so bei Hieronymus Bosch), oder er wird von Ungeheuern mit Zähnen, Krallen, Hörnern verwundet, zu Boden geworfen, an den Haaren gerissen und in die Luft gehoben (Kupferstich von M. Schongauer). [Lr]

G. Korte, A. der Einsiedler in Kult, Kunst und Brauchtum Westfalens, 1952; V. H. Bauer, Die Darstellung des A.-Feuers im Werk des H. Bosch (Marijnissen/Seidel, Bosch), 1972; E. Sauser, A. (LChrI 5) 1973.

**Apfel,** Symbol für Fruchtbarkeit und Leben. Im Besitz der germanischen Göttin Idun, nach griechischem Mythos von den Hesperiden im Garten der Götter bewacht und als Hochzeitsgeschenk für Zeus und Hera dienend. Nach solonischem Gesetz mußte die Braut mit dem Bräutigam einen A. verzehren; bei Artemidoros *(Oneirokritikon)* weist die Frucht auf Liebesglück. Im *Hohenlied* (2,3) wird der Geliebte mit dem A.baum verglichen, dessen Frucht (= Liebe) süß schmeckt. Um Nachkommen zu erhalten, wälzen sich bei den Kirgisen kinderlose Frauen unter einem A.baum. Die Zeugung Wölsungs wurde durch einen von Odin vermittelten A. ermöglicht *(Völsungasaga)*.

Wie so viele Symbole ist auch der A. ambivalent, bringt nicht nur Leben, sondern auch Tod – so im Märchen von Schneewittchen, im griechischen Mythos von Persephone ist es ein → Granatapfel. Auch die verbotenerweise verzehrten Früchte des biblischen Erkenntnisbaumes (1 *Mos* 3,3), seit dem späten MA meist als A.baum dargestellt, brachten den Tod. Der A. wird zur Allusion auf Eva (van → Eyck), zum Symbol der Sünde (z. B. im Maul der Schlange) und des Todes (in moralisierenden Todesdarstellungen), in der Hand der Madonna oder (seit dem 11. Jh.) des Jesuskindes aber auch Hinweis auf die Erlösung von der Sünde und auf das ewige Leben. [Lr]

J. R. Harris, Origin and Meaning of Apple Cults, 1919; H.-G. Leder, Arbor Scientiae. Die Tradition vom paradies. A.baum (Zs. f. Neutestamentl. Wiss. 52/19161); E. Guldan,

Eva u. Maria. Eine Antithese als Bildmotiv (108–116) 1966.

**Aphrodite,** griechische Göttin der Liebe und Schönheit, wahrscheinlich orientalischen Ursprungs, in Rom der altitalischen Göttin → Venus gleichgesetzt. Tochter des Uranos, dessen von Kronos abgetrennte Scham ins Meer fällt, aus dem dann die »Schaumgeborene« entsteigt (*aphrós* = Schaum). Platon unterschied eine A. Urania (himmlische Liebe) von der A. Pandemos (irdische, käufliche Liebe). Die → Ambivalenz zeigt sich auch in den Beiworten der A.: »die Güldene« *(chryse)* und »die Schwarze« *(melaina)*; A.feste wurden häufig in der Nacht gefeiert. Nach babylonischem Vorbild teilten die Griechen der A. – als Venusstern an den Himmel versetzt – den FREITAG zu (man vgl. französ. vendredi, italien. venerdi). In Athen wurde sie unter dem Aspekt der vegetativen Fruchtbarkeit als GARTENgöttin verehrt. Als Meerentstiegene, Göttin der Seefahrt, hieß sie *stella maris* (MEERSTERN); ein röm. Wandgemälde aus Pompeji zeigt sie auf der MUSCHEL, auf Renaissancegemälden ein beliebtes Motiv bei der Geburt der Venus. Attribute der A. waren: Alabastron (FLÄSCHCHEN für Wohlgerüche), TAUBE (Hinweis auf Fruchtbarkeit) und ROSE (Symbol der Liebe). Mythologisch bedeutsam ist ihre Liebe zu → Adonis.

[Lr]

M. Bernhart, A. auf griech. Münzen, 1936; K. Kerényi, Die Mythologie der Griechen, 1956; E. Simon, Die Geburt der A., 1959; H. Herter, Die Ursprünge des A.kultes (Elements orientaux dans la religion ancienne, Colloque de Strasbourg), Paris 1960; G. Grigson, A., Göttin der Liebe, 1978.

**Apokalypse** (griech. Offenbarung), Literaturgattung, in der sich eschatologisch geprägtes Denken ausspricht. Die Apokalyptiker treten an die Stelle der Propheten, die sie für ausgestorben halten (*Bar. syr.* 85,3). Von der Prophetie trennt die Apokalyptik ausgesprochener → Dualismus (zwei grundverschiedene Weltzeiten, Äonen, der kommende, ewige, löst den vorläufigen gegenwärtigen ab), Pessimismus (die Gegenwart ist schlecht, alle Hoffnung gilt der Zukunft, der neuen Erde, dem neuen Himmel, dem neuen Menschen), Determinismus (alles ist von Gott vorherbestimmt, das → Weltende kann berechnet werden; diese Berechnung dient ebenso wie die Periodisierung der Weltzeiten dem Aufweis, daß die »letzte« Zeit angebrochen ist). Formale Stilmittel der A.: Pseudonymität des Verfassers, der unter einem berühmten Namen schreibt, seine Offenbarungen in Auditionen, Visionen, Träumen, Ekstasen (Himmelsreisen) erhält.

Die A. des NT unterscheidet sich von den jüdischen grundlegend. Ihr Verfasser verzichtet auf Pseudonymität und tritt als echter Prophet auf (*Offb* 1,3; 22,7), Zentralgestalt des Geschehens ist Christus, dessen Kreuz und Auferstehung die entscheidenden Heilstatsachen sind. Johannes (nicht mit dem Apostel und Evangelisten Johannes gleichzusetzen!) ist ohne Zweifel eine allbekannte Gestalt von großer Autorität, in Kleinasien zu Hause, hat wahrscheinlich tatsächlich auf der Milet vorgelagerten Insel Patmos, die den Römern als Verbannungsort diente, gegen Ende des 1. Jhs. in völliger Umprägung jüdischer Geschichtsapokalyptik, die A. verfaßt. Die Briefrahmung entspricht nicht der Tradition, sondern der für das Urchristentum bezeichnendsten ältesten Literaturform. Neben den Hymnen, Doxologien, Gebeten weist der gehobene Ton, die Gliederung in drei- oder vierzeiligen Strophen mit der bewußten Nachahmung des Hebräisch der Propheten auf Bestimmung zur gottesdienstlichen Lesung.

Umstritten ist der Aufbau der A. Dabei spielt sicherlich die SIEBENZAHL eine grundlegende Rolle (darf aber nicht in jedem Detail gesucht werden). Motive und Symbole verschiedenartigster Herkunft hat der Verfasser vielfach schon in jüdischer oder christlicher Umprägung vorgefunden und selbst frei verwendet. Der ADLER ist *Offb* 8,3 nicht nur Zeichen, daß es Fraß für ihn geben wird, sondern wird zum Verkünder des Strafgerichts, *Offb* 12,14 verhelfen seine Flügel zur schnellen Flucht (vgl. 2 *Mos* 19,4; 5 *Mos* 32,11; *Jes* 40,31).

ALPHA-OMEGA (*Offb* 1,8; 21,6; 22,13) ist (ihrer Herkunft nach ungeklärte) Gottesprädikation. Die Braut (*Offb* 19,7; 21,9; 23,17) steht für die irdische Gemeinde.

Die BUCHROLLE (*Offb* 5,1) wird als Symbol der Weltherrschaft übergeben, enthält das Schicksal der Welt; wer es entsiegelt, hat dieses Schicksal in der Hand. Chiliasmus: Das Zwischenreich (*Offb* 20,1–6) in dem Christus (und die Apostel) stellvertretend für Gott regieren, währt 1000 Jahre, denn es entspricht dem Schöpfungssabbat, dem 7. Tag, an dem Gott, dessen Tag 1000 Jahren entspricht (*Ps* 90,4), ruhte. Davids SCHLÜSSEL (*Offb* 3,7), Bild göttlicher Macht, erschließt das ewige Leben. DRACHE (*Offb* 12,9) ist Teufelsname. Die ENGEL der 7 Gemeinden sind vielleicht Amtsträger der Gemeinden. ERNTE (*Offb* 14,14–20) ist Gerichtsbild (vgl. *Joel* 4,13). FRÖSCHE (*Offb* 16,3) versinnbilden Lügenpropheten (im Anschluß an die ägyptische Froschplage *Ps* 77,45; 104,30; *Weish* 19,10). GOG UND MAGOG (*Offb* 20,8 aus *Ez* 38f.) sind wegen des Gleichklangs zu einem unverstandenen mythischen Doppelnamen für das feindliche Völkerheer zusammengestellt. Die HEUSCHRECKEN (*Offb* 9,7) gehen auf das Dämonenheer (vgl. Anm. 7,1). Die HOCHZEIT des Messias mit der Gemeinde (*Offb* 19,7) ist von der Ankunft Gottes zu verstehen. Biblisch ist Hochzeit Heilszeit. HÖRNER (*Offb* 17,12), bibl. Machtsymbol, symbolisieren Könige (vgl. *Dan* 7,7.24). JUNGFRÄULICHKEIT (*Offb* 14,4) meint wohl Freiheit vom Götzendienst (biblisch als Hurerei bezeichnet) und steht in Zusammenhang mit der Vorstellung von der Gemeinde, die als Jungfrau auf die Ankunft des Bräutigams vorbereitet wird (vgl. 2 *Kor* 11,2; *Kol* 1,22). LAMM (28 mal) als Christustitel ist von der A. eingeführt: Christus als das Passalamm der Endzeit, hat in seinem Tod die Sünde des Volkes getilgt. Die 7 LEUCHTER (*Offb* 1,12) weisen wohl wie der siebenarmige Leuchter (nach Philo und Flav. Jos.) auf die 7 Planeten und damit auf die kosmische Bedeutung Christi. MORGENSTERN (*Offb* 22,16) ist Christustitel; wer den M. erhält (*Offb* 2,28), erhält die Macht des Christus übertragen. 7 PLAGEN (*Offb* 15,6) erhalten die Schalenengel von einem der vier Lebewesen, die die Schöpfung vertreten, denn die Plagen sind kosmischer Art. 7 POSAUNEN (*Offb* 8,6ff.) geben die Gerichtssignale. Die 4 Reiter (*Offb* 6,2–8) sind mit ihren charakteristischen Attributen an *Ez* 14,21 orientiert. Aus 7 Schalen wird der Zorn Gottes, gedacht wohl als loderndes Feuer (*Ez* 22,31), ausgegossen. Die beiden Tiere (*Offb* 13,14) sind im Anschluß an Dan 7 das röm. Imperium als apokalyptische, bzw. geistig-religiöse Macht. Versiegelung (*Offb* 7,1–8) meint Bezeichnung mit dem Taw als Bußzeichen (vgl. *Ez* 9,4, wohl auch so *Mt* 10,38; 16,24), christologisch vielleicht mit dem Chi für Christus. Das apokalyptische Weib (*Offb* 12) ist Symbol der Christusgemeinde, nicht Mariens, wie es die spätere Deutung will. Zugrunde liegt der verbreitete Mythos vom feindlichen Drachen und der Geburt des Sonnengottes durch eine göttliche Mutter. Die 4 Wesen (*Offb* 4,6f.) aus *Ez* 1 sind noch nicht Sinnbild der vier → Evangelisten (erst nach der Mitte des 2. Jhs. bei Irenaeus *Haer.* 3,11,8), sondern die vier Sternbilder Stier, Löwe, Skorpion, der menschengesichtig dargestellt wird; der Adler, der in der Nähe des Wassermannes steht, ersetzt daher diesen. Sie stehen für den ganzen Tierkreis und für die vier Elemente. Die Zahl 666 (*Offb* 13,18) hat durch Berechnung der Zahlenwerte der Buchstaben eines Namens viele Deutungen gefunden: Nero, Domitian, Nerva. Wenn nach *Offb* 17,10 von feindlich röm. Kaisern zur Zeit des Verfassers der sechste regiert, der siebente noch nicht gekommen ist, aber nur für kurze Zeit kommen wird, kann man an die Zeit zwischen der Aufnahme Trajans in die Mitregentschaft und Nervas Tod (Sommer 97 bis Frühling 98) denken. M. NEPOYA = 40 + 50 + 5 + 100 + 70 + 400 + 1 = 666. Daß Trajans Regierungszeit kurz sein würde, ergab sich aus der apokalyptischen Auffassung, das Römerreich stünde vor dem Ruin. Da die Domitianische Drangsal unter Nerva beendet wurde, konnte der Verfasser auch sagen, daß das »Tier« jetzt nicht »ist«. Mit dieser Überlegung wäre auch die Abfassungszeit der A. festgestellt. [JBB]

P. Volz, Die Eschatologie der jüd. Gem. im ntl. Zeitalter, 1934; H. H. Rowley, Apokalyptik. I. Form u. Bedeutung zur bibl. Zeit, 1965; M. Schmidt, Die jüd. Apokalyptik. Die Gesch. ihrer Erforsch. von den Anf. bis zu den Textfunden von Qumran, 1969; J. Schreiner, Alttestamentl.-jüd. Apokalyptik, 1969; Kommentare: A. Wikenhauser, $^{3}$1959; W. Bousset, $^{6}$1906, Neudr. 1966; J. Behm, $^{5}$1949; E. Lohse, $^{8}$1960; E. Lohmeyer, $^{3}$1970; H. Kraft, 1974. Untersuchungen: F. Boll, Aus der Offb. Johannis, 1914, Nachdr. 1967 (Stoicheia I); J. Freundorfer, Die Apk des Apostels Johannes und die hellenist. Kosmologie u. Anthropol. 1929, (Bibl. Stud. 37/1); K. L. Schmidt, Die Bilderspr. in der Apk (Theol. Zs. 3/1947); E. Stauffer, Christus u. die Cäsaren, $^{4}$1952, (160–209); P. Pringent, Apc XII. Histoire de l'exégèse, Tübingen 1959; F. Nikolasch, Das Lamm als Christussymbol in den Schr. der Väter, 1963; T. Holtz, Die Christologie der Apk des Joh (Texte u. Unters. 85), $^{2}$1971; A. Vögtle, Mythos und Botsch. in Apk 12 (Fs. K. G. Kuhn) 1974; O. Böcher, Die Johannesa. (Ertr. d. Forsch., 41) 1975; Kl. Gamber, Das Geheimnis der sieben Sterne. Zur Symbolik der A., 1987.

**Apollon,** griechischer Gott der Mantik und Musik, wahrscheinlich aus Kleinasien (Lykien) stammend. Sein ambivalentes Wesen zeigt sich in seinen Attributen: die Pfeile seines Bogens bringen Krankheit und Tod (Pestgott), mit der Lyra (Leier) erheitert er die Menschen (Musagetes = Anführer der Musen). Schon früh hat er apotropäische Funktionen: in Gestalt eines Steinpfeilers schützt er Straße und Haus, als Lykeios bewahrt er die Herden vor den Wölfen, als Smintheus vernichtet

er die schädlichen Feldmäuse; später – vor allem auch in Rom – ist er Heilgott, Vater des Asklepios. Als Orakelgott spricht er durch den Mund der von ihm inspirierten Seherin (in Delphi die Pythia) zu den Ratsuchenden.
A. hat besondere Beziehungen zum LORBEERBAUM – er selbst schmückte sich als »Reiner« (Phoibos) mit einem Lorbeerkranz und -zweig –, zur PALME (die bereits bei seiner Geburt seiner Mutter hilfreich war), zur SCHLANGE (Heilsymbol) und zu WOLF und DELPHIN, in die er sich verwandeln konnte und die in symbolischer Weise die zwei Seiten des Gottes (Bedrohung und Rettung) zum Ausdruck bringen. Kurz vor seiner Geburt umkreisten singende SCHWÄNE den Ort, wo seine Mutter in Wehen lag; in einem Gespann von Schwänen entführte er später die schöne Kyrene.
Im homerischen Epos (*Ilias* 1,47) schreitet A. »der Nacht gleich« einher. Erst später wird die LICHTnatur hervorgehoben, so heißt es von seiner Geburt, daß die Fundamente der Insel Delos in GOLD (= Farbe der Sonne) erstrahlten und ein HAHN (= Künder des Tages) anwesend war. Seit dem 6. vorchristl. Jh. ist die Verehrung als Helios (Sonne) nachweisbar. Die Darstellungen A.s, der ja auch Garant der sittl. Ordnung war, beeinflußten das Bild Christi, besonders im 4. Jh. [Lr]

M. Claesen, Le palmier, symbole d'Apollon (Bulletin de l'Institut hist. belge de Rome 19/1938), R. Miller, The origin and original nature of A., Philadelphia 1939; R. Pfeiffer, The Image of the Delian A. (Journal of the Warburg and Courtauld Inst. 15) 1952; B. A. van Groningen, A., Haarlem 1956.

**Apostel.** Typologisch werden die A. den → Propheten gegenübergestellt, oft auch auf deren Schultern (Symbol für das Verankertsein des Neuen Bundes im Alten Bund), so auf dem Taufstein zu Merseburg, um 1180. Auch die 12 STIERE am »ehernen Meer« (1 *Kön* 7,25) wurden von verschiedenen Exegeten (so von Beda Venerabilis) auf die A. bezogen, die in alle vier Weltgegenden ausziehen, um den Völkern das Wasser des Lebens zu bringen. → Petrus und Paulus, die zusammen die Gesamtkirche repräsentieren, erhalten als A.fürsten schon früh die bevorzugten Plätze neben Christus; so ist auch ihre Darstellung rechts und links vom Kirchenportal zu verstehen: Christus ist das Tor zum Himmelreich, die beiden A. sind die Wegbereiter zu ihm. Seit frühchristlicher Zeit werden die A. als Personen dargestellt, vom 5.–13. Jh. aber auch durch Symbole: am häufigsten durch 12 LÄMMER (nach *Lk* 10,3), z. B. in den Mosaiken von S. Maria Maggiore in Rom und S. Apollinare in Classe; bereits Paulinus von Nola (*Ep.* 32,10) erblickt in TAUBEN ein Bild der A., bekannt ist das Kuppelmosaik des Baptisteriums zu Albenga (5. Jh.) mit den 12 das Anagramm Christi umkreisenden Tauben; auch in den 12 LÖWEN an Salomons Thron erblickte man einen Hinweis auf die A. Im byzantinischen Raum wurde die tiersymbolische Darstellung 692 durch die Synode zu Konstantinopel verboten.
Nach der Offenbarung (*Offb* 21,14) hat die Mauer des himmlischen Jerusalems 12 GRUNDSTEINE, auf denen die Namen der 12 A. eingetragen sind. Das symbolfreudige MA erblickte in den die Kirche tragenden SÄULEN die A. und ihre Nachfolger, nachdem

schon im Brief an die Galater (*Gal* 2,9) Jakobus und Johannes als Säulen bezeichnet wurden. Weiter werden die A. mit den 12 TOREN der Himmelsstadt (so bei Augustinus) oder mit den 12 TÜRMEN (Evangeliar zu Niederaltaich, um 1050) verbunden. In der byzantin. Kunst sind die Kreuze oft mit einem großen und zwölf kleinen EDELSTEINEN verziert – Symbol Christi und der A. Durch ihre ZWÖLFZAHL (Symbol der Wiederherstellung der 12 Stämme des Gottesvolkes) werden die A. auch mit den TIERKREISBILDERN und den Monaten in Verbindung gebracht; am Elfenbeinreliquiar aus Fulda (10. Jh.) sind die Zodiakalzeichen über den A.köpfen.

Allen A. gemeinsame Attribute sind KREUZ (als Symbol der Macht), Schriftrolle und Buch. Als individuelle Attribute sind anzuführen: Petrus – SCHLÜSSEL (Übergabe der Schlüsselgewalt, *Mt* 16,13 ff.) und STAB (weil er mit Moses, dem Felsen des AT, verglichen wird); Paulus – SCHWERT (Enthauptung); Andreas – KREUZ mit schräggestellten Balken (Opfertod); Jakobus d. Ältere – PILGERTRACHT mit Hut, Stab und umgehängter Flasche; Johannes (Evangelist) – KELCH mit entfliehender Schlange (in die sich vergifteter Wein verwandelt hat), ADLER (→ Evangelistensymbole); Thomas – WINKELMASS (Handwerkszeug des Baumeisters) und LANZE (Opfertod); Jakobus d. Jüngere – WALKERSTANGE, oft einer Keule ähnlich, ab 14. Jh. als lange Stange mit durchbohrter Platte (Opfertod); Philippus – KREUZ (ab 14. Jh. mit zwei Balken oder T-förmig), seltener ein STEIN (Steinigung am Kreuz); Bartholomäus – MESSER und abgezogene HAUT (Martyrium); Matthäus (Evangelist) – BEUTEL und Zollstab (früherer Beruf als Steuereinnehmer), Schwert oder oft zum Beil verkümmerte HELLEBARDE (Opfertod), geflügelter Mensch (→ Evangelistensymbole); Simon – im 12./13. Jh. Schwert, ab 14. Jh. SÄGE (unterschiedliche legendäre Überlieferung des Martertodes); Judas Thaddäus – KEULE, BEIL oder Steine (je nach überliefertem Martertod). Der Verräter an Jesus, Judas Ischarioth, hat als Attribut den GELDBEUTEL (Judaslohn!), oft rote Haare und GELBES Gewand (Gelb = im MA Farbe der Verfemten), in der Ostkirche und bei Fra Angelico schwarzer Nimbus.

In ihrer Gesamtheit sind die A. lebendiges Symbol des christlichen Glaubens; das Credo (Glaubensbekenntnis, Symbolum Apostolicum) wird unter den Spruchbänder haltenden A.n aufgeteilt; häufig, aber nicht immer in folgender Anordnung: Petrus – *Credo in unum Deum* ...; Andreas – *et in Jesum Christum* ...; Jakobus d. Ä. – *qui conceptus est* ...; Johannes – *passus sub Pontio Pilato* ...; Thomas – *descendit ad inferna* ...; Jakobus d. J. – *ascendit ad coelos* ...; Philippus – *inde venturus* ...; Bartholomäus – *credo in spiritum sanctum*; Matthäus – *sanctam ecclesiam catholicam* ...; Simon – *remissionem peccatorum*; Judas Thaddäus – *carnis resurrectionem*; Matthias – *et vitam aeternam.* [Lr]

F. Gerke, Der Ursprung der Lämmerallegorie in d. altchristl. Plastik (Zs. f. neutestamentl. Wissenschaft 1934), F. M. Godfrey, Christ and the Apostles, London/New York 1957; E. Mâle, Les saints compagnons du Christ, Paris 1958; J. Daniélou, Les douze apôtres et le zodiaque (Vigiliae Christianae 13) 1959; J. B.

Gordon, The Articles of the Creed and the Apostels (Speculum 40) 1965; J. Myslivec, A. (LChrI 1) 1968.

**Apothekennamen.** Neben sachlicher Motivierung – Angabe der geographischen oder lokalen Lage, Benennung nach dem Besitzer oder gerade bei alten Apotheken Übernahme des im späten MA üblichen Hausnamens – kam es auch durch die Evozierung bestimmter Wunsch- und Heilvorstellungen zu den A. Der Bibel oder Legende entnommene Namen (wie Johannes, St. Leonhard) wurden als Sinnträger aufgefaßt und bewußt ausgewählt. Der mit seinem Schwert vor allem Übel schützende Erzengel Michael, der als Seelenwäger den Guten zu einem neuen Leben frei von Krankheit und Tod verhilft, wurde zum ›Engel‹ schlechthin und in dieser Form namengebend für zahlreiche Apotheken (eine der ältesten um 1420 in Augsburg).

Sicher trug die pharmazeutische Verwendung einzelner Teile von Tieren dazu bei, daß diese als A. bes. geeignet erschienen; doch spielten auch religiös-symbolische Vorstellungen eine Rolle, wenn auch im einzelnen nicht immer nachweisbar. Der BÄR – das Trinken seines Blutes sollte die Körperkräfte vermehren, Zähne und Klauen dienten als Amulette und das Bärenfett bis in das letzte Jh. hinein als Grundsubstanz verschiedener Arzneien – ist im ganzen nordeurasischen Raum mit Vegetationskulten verbunden (in Mitteleuropa Korngeist ›Erbsenbär‹) und weist Beziehungen zur Hauptgottheit auf (bei den Germanen werden Odin und der Bär *Jalfadr*, ›Allvater‹, genannt). Die Antike schrieb dem Trinken aus dem Horn des EINHORNS Heilkräfte gegen allerlei Krankheiten und Immunisierung gegen Vergiftung zu. Gerade bei dem Einhorn zeigt sich, daß gewisse Namen bestimmte Assoziationen hervorrufen: durch die Kirchenväter in die christl. Symbolik eingeführt – das von der Schlange vergiftete Wasser wird vom *unicornis* gereinigt und dieses somit zum Symbol für den die Welt von Sünden erlösenden Heiland (→ Physiologus) – wird das Fabeltier zur Hoffnung für die mit Krankheit und Elend Beladenen; in der BRD gibt es nach dem Stand von 1968 immerhin 106 Einhorn-Apotheken. Noch verbreiteter sind die Hirsch-Apotheken; die ältesten unter ihnen dürften auf den Namen des die Offizin aufnehmenden Hauses zurückgehen (so 1268 in Straßburg das Haus »zum güldinen Hirtsen«), dazu gesellte sich jedoch auf Grund symbolischer Vorstellungen noch eine andere Benennungsmotivik. Bis in prähistorische Zeit zurück war der HIRSCH mit dem Gedanken einer Erneuerung des Lebens verknüpft (Hirschgeweihe als Grabbeigabe!). Hirsche äsen vom Lebens- oder Weltenbaum (Edda) oder nehmen aus einer Quelle Lebenswasser zu sich. Als Symbol des Lichtes und des Göttlichen – beide Bedeutungen fallen in der Hirscherscheinung des Jägers Hubertus zusammen – vermag das Tier Übel und Krankheit abzuwehren. In den Alpenländern werden die Klauen als Amulett getragen; Talg, Blut und Horn finden in der Volksmedizin Verwendung. Auch die zahlreichen Löwen-Apotheken dürften nicht nur auf den mal. Hausnamen zurückzuführen sein. Abgesehen von seiner Bedeutung im Alten Orient (Symbol der Stärke und des Königtums) spielt der LÖWE in der christl. Symbolik eine bedeutende Rolle. Das Löwengleichnis im Physiologus, nach dem das von der Löwin tot zur Welt gebrachte Junge von seinem Vater wieder aufgeweckt wird, weitet sich in der mal. Literatur zum österlichen Heilsbild. Löwen als Wasserspeier oder Träger von Taufbecken (Maria Laach) sind als Lebenssymbol zu verstehen. Magische und volksmedizinische Vorstellungen sind hier anzuknüpfen: Löwengalle als Augenheilmittel (Plinius, *Naturalis historia*) oder das in Spiritus destillierte Löwenhirn gegen Pest (Johann Schröder, *Chymische Apotheke*, 1685). Am häufigsten sind die Adler-Apotheken – nach dem Reichsapothekenregister von 1937 insgesamt 729mal. Als Vogel des Lichtes und olympischer Höhen (Begleiter des Zeus) ist der ADLER ein Feind der Finsternis und der Übel und Krankheiten bringenden Dämonen. Der schlangenbekämpfende Adler der antiken Mythologie wurde in Christus wiedererkannt, der die Gläubigen vor Not und endgültigem Tod schützt. Mit seiner Beziehung zu Sonne und Wasser (vgl. im Physiologus!) ist der Adler ein Symbol der Lebenserneuerung und gleichsam Träger himmlischer Medizin.

Mit Ausnahme des Bären haben alle Tiere (als A. weiter beliebt: Greif, Pelikan, Schwan, Storch) einen christologischen Bezug, sind Symbol Christi, der ja als wahrer Apotheker, Arzt und Heiland gilt. Hier kann auch die SONNEN-Apotheke angeführt werden; Christus ist der *sol salutis*, die ›Sonne des Heils‹, die den Menschen von physischer und psychischer Krankheit befreit und die Finsternis des Totenreiches überwindet. Die Bezeichnung ›STERN-Apotheke‹ dürfte sich – falls nicht ursprünglich Hausname – auf Maria, die Fürsprecherin bei Gott, beziehen; zum Stern als Mariensymbol vgl. man den Vesperhymnus *Ave maris stella* und die → Lauretanische Litanei. Das häufige Vorkommen von Marien-Apotheken in kath. Gegenden ist in liturgisch-symbolischer Tradition verankert: Für alle Krüppel und Siechen wird Maria zum *salus infirmorum*, die Jungfrau selbst ist der *puteus aquarium viventium* (*Hoheslied* 4, 12 und 15), die Quelle des Heils. Konrad von Würzburg preist Maria als ›apotheke wunniglich‹, sie ist der Welt Arznei, »die alls unkraut hat ausgereutt« (Heinrich von Laufenberg). [Lr]

H.-D. Schwarz, Symbolik u. Symbole in alten dt. A. (Dt. Apotheker-Ztg. 105), 1965; M. Hagen, Dt. A. (Dt. Apotheker-Ztg. 109), 1969; M. Lurker, Kultur- u. Symbolgeschichtliches z. Verständnis mittelbad. A. (Die Ortenau 54) 1974.

**Apotropäismen** → Abwehrzauber

**Apuleius** von Madaura (Numidien), römischer Schriftsteller im 2. Jh. n. Chr. Sein Hauptwerk ist ein phantastischer Roman in 11 Büchern mit dem Titel *Metamorphoses*, bereits von Augustinus als »Goldener Esel« zitiert. Im Mittelpunkt stehen die abenteuerlichen Erlebnisse des vornehmen Griechen Lucius, der durch Hexerei in einen ESEL (dämonisches, geistersichtiges Tier) verwandelt wird, mit seinen Riesenohren die schrecklichsten Dinge menschlicher Unmenschlichkeiten erfährt, schließlich durch die Göttin Isis erlöst wird und seine menschliche Gestalt zurückerhält. Die Ausführungen des A. sind nicht nur reich an Metaphern, sondern bringen auch wiederholt Symbole, deren Interpretation unter religionsgeschichtlichem und tiefenpsychologischem Aspekt versucht wurde. Wenn der Held der Metamorphosen bekennt, daß er in der Unterwelt die SONNE in funkelnd reinem Glanze (Nachtsonne im Totenreich? Dem Bewußtsein fremdartig erscheinende mystische Erleuchtung?) gesehen und »die Schwelle der Proserpina« (Göttin der Unterwelt) betreten habe, so dürfte dies auf in → Mysterien gewonnene Erfahrungen hinweisen. In dem Roman sind mehrere märchenhafte Novellen eingebettet, am bekanntesten die von Amor und Psyche (→ Eros). In dem LICHT, mit dem das Seelen-Mädchen den schlafenden Gott betrachten wollte, glaubt Bachofen *(Gräbersymbolik)* ein Symbol des sich läuternden erotischen Begehrens zu erkennen. Ob A. – vielleicht unter Einfluß von Platons → Eros-Lehre – das Verhältnis der menschlichen Seele zur himmlischen Liebe allegorisierte, wie man es gerne auslegt, ist nicht gesichert. Das Orakel verkündete Psyches Ehe mit einem Ungeheuer, das über Menschen und Götter Gewalt habe; möglicherweise steckt in dem »Ungeheuer« das Motiv vom Tierbräutigam, der nur unerkannt (in Verwandlung) der Geliebten nahen darf und durch ihre Neugier vertrieben wird. [*]

P. Neuenschwander, Der bildl. Ausdruck des A. Beitrag zur Gesch. d. Metapher, 1913; H. Riefstahl, Der Roman des A., 1938; P. Scazzoso, Le Metamorfosi di Apuleio, Milano 1951; R. Merkelbach, Roman u. Mysterium in d. Antike, 1962; G. Binder/R. Merkelbach (Hg.), Amor u. Psyche, 1968; M.-L. v. Franz, A psychological interpretation of the golden ass of A., New York 1970.

**Archetyp.** Unter A.en versteht C. G. Jung dem Menschen arttypisch angeborene, psychische Verhaltensweisen. Während die Instinkthandlungen der Tiere nur von außen beobachtbar sind, erschließt sich der A. durch Introspektion. Er ist unanschaulich; seine Existenz ist eine vom Beobachter erschlossene. Beobachtbar sind nur seine Auswirkungen, nämlich die Tatsache, daß Menschen aller Zeiten und Völker strukturähnliche, mythische (archetypische) Ritualgesten, sprachliche Bildvorstellungen und Gedanken erzeugen, die emotionsgeladen und faszinierend wirken. Z. B. kennen fast alle Völker Heldenmythen; deren Bilder variieren zwar, aber gewisse Strukturaspekte, wie: übernatürliche Geburt des Helden, sein Überwinden einer finsteren Gegenmacht, Überheblichkeit, tragisches Ende oder (und) Apotheose kehren überall wieder. Die älteste Manifestationsform des A. scheint die symbolische Ritualgeste gewesen zu sein, an die später mythologische und gedankliche Sinndeutungen amplifikatorisch daranwuchsen. So sind die Manifestationen des A. in erster Linie Geste und sprachliches Bild. Durch Tradition und Migration verbreiten und erhalten sich diese Vorstellungen, können aber auch unabhängig immer wieder schöpferisch neu entstehen: im dichterischen Phantasieren, besonders aber im → Traum und in psychischen Einbruchserlebnissen (Spontanvisionen, psychotische Erlebnisse). Die A.en erzeugen das Rohmaterial aller Religionen, welche eine kollektiv und teilweise bewußt weiter ausgeformte Version desselben darstellen. Ihre Aussagen meinen keine Außenweltserlebnisse (Sonne, Vegetation) sondern sind häufig übernatürlich (→ Jungfrauengeburt, Verwandlungsfähigkeit), was wohl die Suprematie des Geistes oder Sinnes über die Materie dartun soll. Außenweltselemente sind jedoch amplifikatorisches Material, durch welches sich der unanschauliche A. in anschauliche Formen kleidet. Weil die A.en funktionell wichtige Organe der Seele sind, bedeutet es eine soziale Katastrophe, wenn ihr Sinngehalt nicht mehr verstanden wird. Dann ist eine Neudeutung erforderlich, die aber nie ein Ersatz des Bildes durch rationale Begriffe sein darf (hier liegt der Unterschied zwischen Jung zu → Levi-Strauss und den Strukturalisten), sondern nur ein umschreibendes Umkreisen des Bildes (Amplifikation) und ein Brückenschlag zum aktuellen seelischen Geschehen. Jede Deutung bleibt darum ein Als-ob. Obwohl es viele A.en zu geben scheint, überschneiden sich ihre Bildbedeutungen (z. B. Sonne – Vater – König – Löwe – Teufel – Mutter – Baum usw.) sodaß man die A.en (wie auch die tierischen Instinkte) nur relativ gegeneinander abgrenzen kann. Jung nennt das die Contamination der A.en. Die Gesamtheit der A.en konstituiert das kollektiv → Unbewußte. Die A.en stehen auch hinter allen umfassenderen wissenschaftlichen Denkmodellen. Destruktiv erscheinen sie in Ideologien und massenpsychotischen Bewegungen. Jung bezeichnet die A.en ferner als psychoid, weil sie sich in den sog. Synchronizitätsphänomenen auch in der materiellen Außenwelt als Ordner manifestieren, was auf eine letzthinige, transzendente Einheitswirklichkeit hinter dem kollektiven Unbewußten und der Materie hinzuweisen scheint. Vom richtigen Umgang mit dem A. hängt unsere seelische Gesundheit ab. Historisch stammt das Wort A. (z. B. *tò archetypon phōs*) aus dem → Neuplatonismus, wo es die letzthinig intelligible Urform (Idee, Urbild) aller irdischen Spezies bedeutet. Zu unterscheiden ist der A.-begriff bei Jung von seiner Verwendung durch → Mircea Eliade; bei letzterem bedeutet A. das *in illo tempore* existierende Ding oder passierte mystische Ereignis, das in religiösen Riten repristiniert wird. [MLF]

C. G. Jung, Die Dynamik des Unbewußten, Ges. Werke Bd. 8; C. G. Jung, Über die A. des kollekt. Unbewußten, Ges. Werke, Bd. 9/I; J. Jacobi, Komplex, A., Symbol in d. Psychologie C. G. Jungs, 1957; Fr. Seifert, R. Seifert-Helwig, Bilder u. Urbilder. Erscheinungsformen des A., 1965; C. G. Jung/M.-L. v. Franz, Der Mensch u. seine Symbole, 1968; E. F. Edinger, Ego and Archetype. Individuation and the Religious Function of the Psyche, Baltimore 1973.

**Architektur** ist vom Menschen gestalteter → Raum. Die ältesten Steinbauten waren GRÄBER in Ägypten, die für »Häuser der Verstorbenen« symbolisch waren. In ihnen »wohnten« königliche Leichen, oftmals in der Gesellschaft von getöteten Gemahlinnen, Dienern und Sklaven und erwarteten ihre Auferstehung. Sogenannte TUMULUSGRÄBER, entweder massiv oder ausgehöhlt, symbolisierten die Mutter Erde und brachten die Konzepte der Geburt und Wiedergeburt zum Ausdruck, da ja diese Kuppelbauten sowohl einem schwangeren Mutterleib wie auch dem Himmel ähnlich waren. Im Kleinasien der Antike nahm man gelegentlich Beerdigungen unter Schilfrohr- oder Zeltbauten vor, worin die Überlebenden weiter wohnten. So ist wohl in der Verbindung der »Häuser für die Verstorbenen« mit den »Häusern für die Lebendigen« der Ursprung für über Gräbern errichteten Schrein- oder Tempelbauten zu ersehen. Die Überlebenden spielten dabei die Rolle der Priester. Diese Analogie der »Totenhäuser« mit denen der Überlebenden kommt in vielen ägyptischen, römischen und christlichen SARKOPHAGEN zum Ausdruck, die Häuser mit Dächern, Säulen und – wie z. B. in Ägypten – Türen imitieren. In katholischen Kirchen lebt diese Tradition noch weiter. Dem kanonischen Gesetz gemäß müssen alle Altäre wenigstens einige Fragmente von Gebeinen eines Märtyrers enthalten. So ist ja die Peterskirche in Rom direkt über einem heidnischen Friedhof errichtet worden, in dem der Heilige angeblich begraben sein sollte.

TEMPELbauten gehen entweder auf tragbare Schreine und Hausbeerdigung (Ägypten), auf heilige Berge mit heiligen Grotten (Babylon und Indien) oder auf heilige Haine (Griechenland) zurück. Die religiöse Baukunst des Abendlandes setzt sich oft aus verschiedenen dieser Elemente zusammen. Die Gebetsnischen in Moscheen z. B. haben ihren Ursprung in den NISCHEN sumerischer Tempel, die für heilige Höhlen symbolisch sind. SÄULEN können heiliges Schilf oder Palmen bedeuten und – als Stützen des Himmels – in kosmologischer Funktion aufscheinen.

Der Vorstellung der alten Völker entsprechend waren alle Tempel, Moscheen, Synagogen und Kirchen symbolischer Hinweis auf das Weltall (→ Kosmos). Das Fundament und die tragenden Mauern bedeuten die Erde, Dächer oder Kuppeln den Himmel. Die DECKEN vieler ägyptischer, römischer und christlicher Sakralbauten sind blaugemalt mit goldenen Sternen, die das Firmament, die Residenz der Götter, darstellen sollen. Oder es sind in ihnen wenigstens die FENSTER so angeordnet, daß sie dem Betrachter Sterne (Hagia Sophia in Istambul) oder die im Zenith stehende Sonne vortäuschen (wie im Pantheon in Rom).

In christlichen Kirchen ist eine Gruppe von DREI Fenstern als ein Symbol für die heilige Dreieinigkeit anzusehen, und eine Gruppe von VIER deutet wohl auf die vier Evangelien hin, weil ja das Licht auch ein Symbol für Gott den Allmächtigen ist. Eine vorzügliche Quelle über die Symbolik des spätmal. Kirchenbaues bietet → Durandus.

Der berühmte römische Baumeister des ersten Jh. n. Chr. Vitruvius war der Meinung, daß die Größenverhältnisse des menschlichen Körpers als Grundlage für die Ausmaße eines Tempels dienen sollten (Buch III, Par. 1). Dieses Konzept lebte während des Zeitalters der ialienischen Renaissance wieder auf. Die meisten kreuzförmigen Basiliken stellen in symbolischer Form einen Idealmenschen dar, nämlich Jesus Christus. In diesem Sinne ist die APSIS für den Kopf symbolisch, das Querschiff für die ausgestreckten Arme, der ALTAR für das Herz, und das Schiff für den Körper und die Bei-

ne. Andererseits beruhen kreisförmig oder auch achteckig gebaute Kirchen auf Platons Deutung des KREISES als ein Symbol der Vollkommenheit und sind deshalb ein Symbol für den Allmächtigen.
Im Zeitalter der Renaissance stellten die Fassaden vieler Villen menschliche Gesichter dar. Die FENSTER waren die Augen und die TÜREN der Mund. In der Antike dagegen waren Türen und Tore ein Symbol für den Übergang vom weltlichen in den heiligen Bereich (z. B. das Propyläentor der Akropolis in Athen). Andere Deutungen erblicken in den Türen Symbole für eine Einweihung, für Krieg und Frieden (Portal des → Janus), für gefährliche Orte, wo böse Geister unter der Schwelle versteckt sein könnten und die deshalb eine junge Braut nicht berühren darf, und endlich für die Jungfräulichkeit der heiligen Madonna. In manchen Kulturen stellen Privathäuser den Vater oder die Mutter dar. In neuerer Zeit hat von kunstwissenschaftlicher Seite → Hans Sedlmayr mit Nachdruck auf den *sensus allegoricus* der A. aufmerksam gemacht. [Fi]

R. Patai, Man and Temple, London 1947; T. Burckhardt, Vom Wesen hl. Kunst, 1955; E. Short, The House of God, London 1955; E. Baldwin-Smith, Architectural Symbolism of Imperial Rome and the Middle Ages, Princeton 1956; G. Bandmann, Mal. A. als Bedeutungsträger, 21959; P. Fingesten, Topographische u. anatomische Aspekte der got. Kathedrale (Antaios 6) 1965; B. Goldman, The Sacred Portal, Detroit 1966; H. G. Evers, Tod, Macht u. Raum als Bereiche der A., 21970; M. Lurker, Symbol, Mythos u. Legende i. d. Kunst, 21974; Ad. Reinle, Zeichensprache d. A. Symbolik, Darstellung u. Brauch i. d. Baukunst, 1976.

**Arieti, S.** → Psychologie

**Artemis** → Herrin der Tiere

**Arzt-Symbole.** Wahrzeichen des griechischen Heilgottes Asklepios war die SCHLANGE, das uralte Symbol des Erdgeistes, die vor allem als bewegliche Natter zum Sinnbild des Lebenswillens und der regenerativen Kräfte wurde. Als Attribut des Asklepios galt insbesondere der SCHLANGENSTAB, wobei der Stab dem heilenden Gott zur Stütze diente, die Schlange aber vermutlich einen Hinweis auf das Urwissen des Arztes um die Gesetze der Natur gab. Sich folgsam um den Stab ringelnd, zeigt die Lebensschlange an, daß sie dem Heilgott dienend zur Verfügung steht. Pausanias berichtet, daß Asklepios im Heiltempel zu Epidauros auf einem Throne saß, in der einen Hand seinen Stab, während er sich mit der anderen auf einen Drachenkopf lehnte; zu den Füßen lag ihm ein Hund. Nach anderen Auslegungen trägt Asklepios einen Bart, weil die Ärzte möglichst alte und erfahrene Leute sein sollen. Er lehnt sich auf einen STAB, weil die Medizin als Stütze des menschlichen Lebens dient; die Schlange weist auf die nötige Scharfsichtigkeit des Arztes hin. Knoten im Stab gelten als Hinweis auf die technischen Schwierigkeiten der Heilkunst. Weitere Tiere, wie der Hahn, bedeuten die Wachsamkeit, der HUND die Treue eines Arztes; RABEN wurden dem Asklepios wegen der Vorausschau dieser Tiere geweiht. Den Lorbeer erhielt der Heilgott als Lohn für den vielfältigen Nutzen seiner Medizin. Im alten Ägypten erscheint die Schlange als Schutzsymbol des Pharao, während der ibisgestaltige Gott Thot zum Schutzpatron der Ärzte wurde; ein eigenes Berufssymbol des Ärztestandes ist nicht bekannt. In den gnostischen Überlieferungen des Hellenismus wurde die goldene SCHLANGE zur erhöhten Schlange, die dem Menschen das Licht des Bewußtseins bringt, wobei im christlichen Raum tiefsinnige Beziehungen zwischen Schlangenbild und Christusbild hergestellt wurden. Die EHERNE SCHLANGE bei 4 Mose 21 diente als Sinnbild des Crucifixus und kommt in beiden Formen noch auf zahlreichen Pesttalern des 16. bis 18. Jh. vor, erstmals dokumentiert auf einer Pestmünze zu Joachimsthal (1525). Als Beigabe zum Heilgott Asklepios werden Stab und Schlange auch als Sinnbild für einen moralischen Dualismus (Verwandtschaft zwischen Lebensprinzip und Korruption) angesehen, wobei die → Ambivalenz im Doppelaspekt von Heilbringendem und Bedrohlichem herausgestellt wurde. Der Schlangenstab des Asklepios, auch ÄSKULAPSTAB genannt, hat auf Zunftemblemen und Ärztewappen im Verlaufe der Neuzeit zahlreiche Modifikationen erfahren.

Weitere Embleme für die Arztsymbolik wurden: die EULE als Vogel der Pallas Athene; der HAHN als Opfer der Genesenden für Asklepios, aber auch als Zeichen der Wachsamkeit; der PELIKAN, der seine Jungen mit seinem Blut speist; der Samariter, der den Verwundeten pflegt, ferner: der PFIRSICH als Panazee, der APFEL als Lebenssymbol. Eine Münze des Collegium Medicum zu Lyon (18. Jh.) zeigt Hahn und Schlange mit der Bedeutung: *Et vigil et prudens.* Als Spitals-Emblem (so am Ospedale Maggiore in Mailand) dient die TAUBE, als Siegel zahlreicher Fakultäten der geflügelte STIER (*Ez* 1,5) in Verbindung mit dem Arzt-Evangelisten Lukas. – Mit dem Humanismus bedienten sich Ärzte zunehmend zahlreicher Allegorien zur Versinnbildung ihres Berufes. So zeigt sich Ulisse Aldovrandi (1522–1605) mit dem MAIGLÖCKCHEN als Herzmittel und dem Lorbeer, wobei das Maiglöckchen *(Convallaria Majalis)* als Sinnbild für die Medikation steht. Als vereinzeltes Symbol der Medizin findet sich auch das EI, ein alchymisches Symbol für die → prima materia, vielleicht auch als hermetisches Gefäß, als *vas mirabile* oder *matrix* zu denken. Als allegorisierte Arztsymbole erscheinen weiterhin zahlreiche Heilquellen und die Heilkräuter des Ouroboros, jener Schlange, die sich in den Schwanz beißt, ferner Harnglas und Salbdose, vereinzelt auch Hygieia mit dem Storch sowie die Arzt- und Apothekenheiligen Kosmas und Damian. Bis in ältere vorderasiatische Kultsysteme zurück reicht das PENTAGRAMM, das schon bei den → Pythagoreern als ein ärztliches Symbol galt und auf verschlungenen gnostischen Überlieferungen des jüdischen, arabischen und lateinischen Mittelalters in die europäische Aufklärung gelangte. Im mittelhochdeutschen Sprachraum finden wir es als Alpkreuz oder Drudenfuß; im 16. u. 17. Jh. wird es zu einem eigenständigen medizinischen Emblem, das im Frontispiz zahlreicher medizinischer und pharmazeutischer Werke erscheint. Als ein Arztsymbol im weiteren Sinne ist nicht zuletzt auch der → Tod mit seinen zahlreichen Personifizierungen in Erscheinung getreten.

[Schi]

Zedler's Universal-Lexikon, 1732; Symbole d. Medizin (Ciba-Zs. 2/1934); Medizinisches in

Numismatik, Heraldik u. Philatelie (Ciba-Zs. 30/1936); E. S. Potter, Serpents in Symbolism, Art and Medicine, 1937; H. Leisegang, Das Mysterium d. Schlange, 1939; L. Edelstein, Asclepius, 1945; S. Strauss, Zur Symbolik d. Schlange, 1948; H. Schadewaldt, Symbole in Medizin u. Pharmazie, 1961; J. Schouten, The Rod and Serpent of Asklepios, Symbol of Medicine, 1967; J. Schouten, The Pentagram as a Medical Symbol, 1968.

**Asche,** Hinweis auf Vergänglichkeit, Trauer → Buße und Läuterung. Im Parsismus erhält der Gläubige beim Besuch des hl. Feuers eine Prise A., die er zum Zeichen der Demut an seine Stirn streicht. Die im mediterranen Raum verbreitete Trauersitte, sich A. aufs Haupt zu streuen, wird auch von Homer bezeugt. Als Ausdruck ihres Bestrebens, das Weltlich-Vergängliche zu überwinden, bedecken indische Yogis ihren Körper mit A. Der von Opfertieren oder menschlichen Leichnamen herrührenden A. wird kathartische und apotropäische Kraft zugeschrieben, vgl. die Reinigung durch die A. der roten Kuh (4 *Mos* 19). Einzelne Berberstämme nehmen statt Wasser A. zur Reinigung vor dem Gebet.
Die weit über das 10. Jh. zurückreichende Weihe der A. erhebt diese zu einem Sakramentale; in der katholischen Kirche wird sie (aus geweihten Palmsonntagszweigen gewonnen) dem Gläubigen aufs Haupt gestreut mit den Worten: »Gedenke Mensch, daß du Staub bist und wieder zum Staub werden wirst«. Das Symbol der Hinfälligkeit alles Kreatürlichen wird zur Hoffnung auf Läuterung und die dadurch herbeigeführte Auferstehung; denn nach dem Wort der Propheten kann der Herr A. in Schmuck wandeln und Trauerkleider in Freudenöl (*Jes* 61,2f.). A. ist geläuterte Materie, aus der der Phönix wiederaufersteht und aus der – nach einer aztekischen Überlieferung – Quetzalcoatl die Menschen erschaffen hat. [Lr]

**Äskulapstab,** Attribut des griechischen Heilgottes Asklepios (lat. Aesculapius) war ein von einer Schlange umwundener Stab. Hinter dem Stab (Zweig) ist der Lebensbaum in einem umfassenden Sinn zu erkennen; die Schlange als Symbol der Wandlung und Erneuerung galt im Altertum als hl. Tier des Asklepios, ja verschiedentlich als seine Inkarnation. Erstmals im 2. Jh. v. Chr. erscheint der Ä. als eigenes Motiv zu Pergamon. In der Neuzeit taucht der isoliert dargestellte Ä. 1571 wieder auf und wird schließlich zum bekannten → Arztsymbol. [Lr]

S. X. Radbill, The Symbolism of the Staff of Aesculapius (Journ. of the A. Einstein Medical Center 10/1962); J. Schouten, The Rod and the serpent of Asklepios, Amsterdam 1967; G. Strohmaier, Zur Herkunft des Ä. (Sammlung Schadewaldt) 1970; J.-P. Bayard, Le Caducée (Médecine de France 1971); K.-H. Hunger, Der Ä. Zur Funktion präsentativer Symbole i. d. Kommunikation, 1978.

**Assyrer** → Babylonier

**Ästhetik** (griech. *aisthesis* = Wahrnehmung, Empfindung), ursprünglich Lehre von der sinnlichen Erkenntnis überhaupt, seit A. G. Baumgarten (*Aesthetica*, 1750–58) Wissenschaft vom Schönen und von der Kunst. Die Frage nach dem metaphysischen Charakter des Schönen beantwortet Platon mit dem Hinweis auf die Teilhabe an einem ewigen → Urbild des Schönen. In christlicher Sicht ist das Schöne – entsprechend der Lehre von der *analogia entis* (→ Analogie) – Widerschein der göttlichen Schönheit und Vollkommenheit.

Die klassisch-romantische Ä. versteht – in Anlehnung an Kants *Kritik der Urteilskraft* – das Schöne im allgemeinen, das Schöne im Kunstwerk im besonderen als symbolische Vergegenwärtigung eines Übersinnlichen im Sinnlichen. Nach → Goethe entsteht ein Symbol, wenn eine Idee in ein Bild verwandelt wird, »so daß die Idee im Bild immer unendlich wirksam und unerreichbar bleibt« (*Maximen und Reflexionen* 1113). Für Schelling ist die Schönheit »das Unendliche, endlich dargestellt« – mit anderen Worten: es ist Symbol. Ähnlich äußert sich auch der englische Kunsttheoretiker John Ruskin (1819–1900), für ihn ist die Schönheit des Kunstwerks »Manifestation des schöpferischen Weltgeistes«. Die Auffassung → Hegels, daß Symbolik künstlerische Vorstufe sei, wurde von Friedrich Theodor Vischer zunächst übernommen (*Ästhetik* 1846–1858), dann aber als »bleibende, im Wesen der Phantasie allgemein menschlich begründete psychisch notwendige Form« anerkannt (*Kritik meiner Ästhetik*, 1866).

Für die Symbolik relevante Richtungen der neueren Ä. sind: die auf die scholastische Begriffswelt zurückgreifende Ä., z. B. von Jacques Maritain (das Schöne ist ein Glanz der Form, die das Wesen nicht vollständig enthüllt, den Menschen aber dem letzten unergründlichen Geheimnis entgegenführt); die existentialistische Ä., vor allem bei Karl Jaspers (nach ihm gibt die Kunst die Möglichkeit, die → Chiffren zu lesen, die uns die Transzendenz ahnen lassen); die sich an die → Semantik anlehnende Ä., besonders in Amerika, Ch. Morris (das Kunstwerk ist ein Komplex von Zeichen und Zeichengruppen). Die vom Marxismus geprägte Ä. des ungarischen Philosophen Lukács kritisiert die Allegorie als hohl, mystisch und idealistisch, betrachtet aber die Symbole als der Wirklichkeit verhaftet und als künstlerisch gültigen Ausdruck. [Lr]

J. Volkelt, Der Symbolbegriff i. d. neuesten Ä., 1876; M. Schlesinger, Gesch. d. Symbols, 1912, Neuaufl. 1967; B. A. Sørensen, Symbolik und Symbolismus in den ästhet. Theorien des 18. Jhs. u. d. dt. Romantik, Kopenhagen 1963; R. Assunto, Die Theorie des Schönen im MA, 1963; M. Jurgensen, Symbol als Idee. Studien zu Goethes Ä., 1968; B. Királyfalvi, The aesthetics of György Lukács, Princeton 1975; M. Titzmann, Strukturwandel der philos. Ä. 1800–1880. Der Symbolbegriff als Paradigma, 1978. G. Pochat, Der Symbolbegriff in der Ä. u. Kunstwissenschaft, 1983.

**Astrologie** als alte makro-mikrokosmische Entsprechungslehre beruht (so Goethe an Schiller, 8. 12. 1798) »auf dem dunklen Gefühl eines ungeheuren Weltganzen«. Zugrunde liegt ihr die Annahme einer lückenlosen Verbundenheit allen Geschehens, auch des weit entfernt ablaufenden. Der Mensch, schreibt → Böhme in seiner *Aurora*, betrachte »die ganze Natur mit allen Kräften, ... dazu die Weite, Tiefe, Höhe, Himmel, Erde und alles, was darinnen ist, und über dem Himmel; (dies) sei der Leib Gottes, und die Kräfte der Sterne sind die Quelladern in dem natürlichen Leib Gottes in dieser Welt.« Hier ist der Kosmos eine belebte Struktur, bei der jedes Teilchen mit allen anderen korrespondiert. Mechanistische Lehren im Sinne eines echten Kausalnexus (etwa mit Hilfe der in neuerer Zeit postulierten Strahlen) haben darin zunächst keinen Platz. Die Kraft der

→ Analogie, des »wie hier, so dort«, wird von sich aus zwingend empfunden. Die A. erweist sich somit als Teilgebiet der → Magie, wenn auch nicht so sehr vom Gesichtspunkt des »autonomen Manipulierens der Natur«. Im Vordergrund steht die Lehre, daß irdisches Geschehen sein Gegenbild in den Bewegungen der Gestirne habe, daß die Kenntnis der astralen Gesetze Rückschlüsse auf die irdischen erlaube und die Extrapolation der Bahnelemente in die Zukunft auch die Prognostikation im irdischen Bereich erlaube. – Dazu kommt das geo- bzw. anthropozentrische Weltbild der Frühkultur, das W. Heisenberg 1973 so charakterisierte: »Im astronomischen Universum ist die Erde ein winziges Staubkörnchen in einem der unzähligen Milchstraßensysteme, für uns aber ist sie wirklich die Mitte der Welt ... Wer könnte behaupten, daß die ›objektive‹ Seite wirklicher wäre als die ›subjektive‹? Wir müssen subtiler denken ...«

Weiters sind in der alten A. die Gestirne nicht tote Körper, sondern Manifestationen, Symbole oder Träger übermenschlicher Wesenheiten (→ Planetengottheiten). Dies wurde vor allem aus den teilweise scheinbar eigenwilligen Bahnen der Planeten geschlossen. Plutarch *(De facie in orbe lunae)* nennt sie »am Himmel sichtbare Götter«. – Eine weitere Grundlage der A. ist die »zyklische Zeit«, in der nach bestimmten Epochen immer gleiche Konstellationen auftreten, die also nicht linear ins Unbekannte fortschreitet. – Die A. wollte nie reine Erkenntniswissenschaft sein, sondern eine auf die Praxis bezogene Kenntnis kosmischer Symbolgesetze. – Erst in römischer Zeit wurde die Frage gestellt, ob die Gestirne Werkzeuge der Götter und Anzeiger ihres Willens oder die Götter selbst seien, ob sie irdisches Geschehen zwingend abbilden oder bloß von der Tendenz her beeinflussen (»geneigt machen«). Spätrömische Astrologen formulierten einen astrologisch determinierten Fatalismus, in dem die vertrauensvolle Hingabe an das kosmische vorgebildete Geschick als Tugend galt *(amor fati)*.

Das alte Lehrsystem, bereits in den Kulturen des Alten Orients in großen Zügen festgelegt, gewann in Spätantika, als andere Lehren sich auflösten, durch die Betonung einer wohlgeordneten Weltstruktur mit unwandelbaren Gesetzen an Bedeutung, ebenso durch ihren quasi-wissenschaftlichen Aufwand an komplizierten Beobachtungen und Berechnungen. Sie ist eine Frühkultur-Ideologie, die bis in die Gegenwart ihre Bedeutung nicht verloren hat. Mit modern-religiösen oder wissenschaftlichen Kategorien ist sie nicht beurteilbar, sondern geht von andersartigen Prinzipien aus. Keineswegs ist sie bloß eine vorwissenschaftlich-irrende Astronomie, ebenso wenig wie die → Alchemie als Vor-Chemie adäquat zu deuten ist. Ihre Grundannahme ist die Lehre der Allverbundenheit mit dem Erlebnis einer machtvollen Analogie zwischen Kosmos und Menschenwelt, wobei jede Ebene Symbol der anderen ist.

Im Hinblick auf graphische Bilder in der A. ist bezeichnend, daß die Planetenzeichen den Metallsymbolen der → Alchemie entsprechen. Diese Sigel werden meist aus Figuren abgeleitet, das des → Mars etwa aus Speer und Schild, das der → Venus aus dem Handspiegel. Eine andere Deutung führt sie auf graphisch vereinfachte Buchstabenkombinationen zurück (Mars auf griech. Thourios, Ths; Venus auf griech. Phosphoros, Phs). Zahlreiche weitere *signacula* (etwa für die Intelligenzen und Dämonen der Sterne, für ihre Urqualitäten, Aspekte usw.) sind in der *Occulta Philosophia* des → Agrippa von Nettesheim enthalten. Das noch heute übliche Sternchen bei Geburtsdaten weist auf die Beachtung hin, die im astrolog. Denken dem Gestirnstand bei der Geburt (der Nativität) beigemessen wurde. → Planetengottheiten [Bi]

H. Gressmann, Die hellenist. Gestirnreligion, in: Beihefte zum AO, 1925; H. A. Strauß, Der astrolog. Gedanke in der dt. Vergangenheit, 1926; F. Boll und C. Bezold, Sternglaube u. Sterndeutung, (Hg. W. Gundel) [3]1926; A. Rosenberg, Zeichen am Himmel, 1949; W. E. Peuckert, A. (Gesch. d. Geheimwiss. 1), 1960; K. A. Nowotny (Hg.), Agrippa ab Nettesheym, De Occulta Philosophia, 1967; H. Biedermann, Handlexikon der mag. Künste, [2]1973; F. Weinreb, Die A. in der jüd. Mystik, 1982; R. Sicuteri, A. u. Mythos, 1983.

**Asymbolie,** Begriff der Psychiatrie für bestimmte (nach Finkelnburg für alle) Formen gestörter Zeichenbildung und Zeichenverständnisses. Die A. ist medizinisch der Apraxie gleichgestellt, der Unfähigkeit, bestimmte Bewegungen auszuführen, die Bedeutung der Dinge richtig zu erkennen und zu verstehen. Ursache ist ein Fehler, eine Erkrankung im Rindenbezirk, dabei fallen die mit verschiedenen zerebralen Rindenstellen verbundenen Kennzeichen – ›Symbole‹ – aus; der Ausfall der Kennzeichen heißt A. Eine solche liegt z. B. vor, wenn plötzlich vorübergehend eine Handlung nicht ausgeführt werden kann, da die hierzu notwendige Vorstellung ausbleibt. [*]

St. Krauss, Über »Handlung und Symbol« als allgemeinpsycholog. Problem und über den klinischen Begriff der A. (XI. Kongreß d. experiment. Psychologie in Wien) 1930.

**Atem.** Eine im Altertum und bei Naturvölkern verbreitete Vorstellung ist, daß der A. Träger der Seele sei. So heißt lat. *spiritus* A., Lufthauch, Lebensluft, Seele; ähnlich griech. *pneuma* Hauch, Wind, Geist. Das indische *atman* ist zunächst der A., das Lebensprinzip, die Seele und schließlich der kosmische Atem, ja der Weltschöpfer. In manchen Überlieferungen wird im Übertragen des A.s ein Zeugungsvorgang erblickt (z. B. in Altmexiko). Indisch-ostasiatisches Denken stellt den männlichen, zeugenden A. dem weiblichen, empfangenden Stoff gegenüber. Luft u. A. sind Symbole des Lebens; von dem ägyptischen Gott Amun heißt es: »Er ist Hauch des Lebens für alle«. Nach Homer entweicht beim Tod die Psyche als A. durch den Mund. Der göttliche Hauch (hebr. *ruach* = Geist, ursprünglich Atem, Wind) ist das belebende und beseelende Prinzip, das am Anfang der Welt über den Wassern schwebte (1 *Mos* 1,2). Nachdem Jahwe den Menschen aus Erde geformt hatte, blies er den Lebensodem in seine Nase (1 *Mos* 2,7). → Wind und A. stehen dem immateriell Geistigen am nächsten (→ Hl. Geist). Der verklärte Jesus wiederholte auf symbolische Weise den Schöpfungs- und Zeugungsakt, indem er am Osterabend seine Jünger anhauchte (*Joh* 20,22). In der katholischen und orthodoxen Kirche findet sich im Taufritus ein dreimaliges Anhauchen *(exsufflatio)* des Täuflings in exorzistischer Bedeutung. Die koptische Kirche kennt die dreimalige Anhauchung bei der Firmung, wobei der Priester die Worte spricht: »... Und in seinem Namen empfange den Hl. Geist«. [Lr]

G. Verbeke, L'evolution de la doctrine du pneuma, 1945; R. W. Fischer, Das Heil des Atmens (Antaios 2/1960); Ph. Rech, Indbild des Kosmos (II, 9–49) 1966; F. Herrmann, Der A. in Symbolik u. Lebensübung (A.schulung als Element d. Psychotherapie, hg. v. L. Heyer-Grote) 1970.

**Atra(m)chasis-Mythos.** Der akkadische A.-M. schildert Schöpfung und Urgeschichte der Menschheit. – Nach dem Aufruhr der 7 Igigu-Götter, denen die höheren Anunnaku-Götter die drükkende Last der Arbeit für ihrer aller Unterhalt aufgebürdet hatten, wird auf Rat des → Enki von der → Muttergottheit der Mensch aus Lehm vermischt mit dem Fleisch und Blut einer getöteten Gottheit geschaffen, um künftig für das Wohl der Götter zu sorgen. Die Menschheit vermehrt sich rasch und belästigt durch ihr lautes Treiben den Gott → Enlil so sehr, daß er ihre Ausrottung durch eine FLUT beschließt. Enki warnt seinen Schützling A. vor der Gefahr und heißt ihn, ein Schiff zu bauen, um die Tiere des Feldes und die Vögel des Himmels an Bord zu nehmen. So entrinnt A. mit den Seinen der Katastrophe. – Der Sintflutbericht des A.-M. stimmt weitgehend mit dem des → Gilgamesch-Epos und der → Genesis überein. [JB]

W. G. Lambert/A. R. Millard, A. The Babylonian Story of the Flood, 1969; A. D. Kilmer, The Mesopotamian Concept of Overpopulation a. Its Solution as Reflected in the Mythology (Orientalia, N.S. 41, 1972 mit Lit.); W. v. Soden, Der Mensch bescheidet sich nicht (Symbolae biblicae et mesopotamicae F. M. Th. de Liagre Böhl dedicatae) 1973.

**Attribut.** In der bildenden Kunst das einer Person beigegebene, sie von anderen Personen unterscheidende Zeichen. Die Vielheit antiker Gottheiten führte dazu, sie durch A. zu charakterisieren, z. B. durch einen Gegenstand (KEULE des Herakles, DREIZACK des Poseidon), eine Pflanze (ÄHRE der Demeter, WEINREBE des Dionysos), ein Tier (SCHLANGE des Asklepios, EULE der Athene). Den Griechen war das A. nicht nur äußeres Erkennungsmerkmal, sondern drückte etwas vom Wesen der Gottheit aus.
Seit dem 11. Jh. wurden im Bereiche der lateinischen Kirche den verschiedenen → Heiligen bestimmte A. zugeordnet. 1. Generelle A. weisen auf einen bestimmten Stand: PALME der Märtyrer, SCHLEIER der Jungfrau, MITRA der Bischöfe. 2. Individuelle A. erfassen den Heiligen als Einzelwesen: TURM, in dem Barbara in Gewahrsam gehalten wurde; KÜBEL (EIMER) mit Wasser zum Löschen des Feuers bei Florian; DREI GOLDENE KUGELN, die Nikolaus drei armen Mädchen zugeworfen hat; weitere Beispiele → Apostel. 3. Symbolische A. nehmen sinnbildlich auf Eigenschaften Bezug: ANKER für die Standhaftigkeit im Glauben (bei Papst Clemens I., Johannes Nepomuk); flammendes HERZ für die Liebe zu Gott (Augustinus, Philippus Neri), LILIE für Keuschheit (Franz Xaver, Katharina von Siena), TOTENKOPF für Weltentsagung oder Buße aus Erkenntnis der Vergänglichkeit und Nichtigkeit aller irdischen Freuden (Hieronymus, Maria Magdalena).

Mit Humanismus und Renaissance gingen zahlreiche A. auch in die profane Kunst ein, besonders zur Kennzeichnung antiker Götter und der zahlreichen → Personifikationen (wie z. B. → Monate, fünf → Sinne). Dabei ist die Polyvalenz der einzelnen Motive zu beachten; so kann der ADLER A. Jupiters, des Kaisers, des Gesichtes (Sinnesorgan), des Gedankenfluges und des Hochmutes sein; die AUGENBINDE ist A. Amors, der Fortuna, der Avaritia (Geiz) und der Justitia. Andererseits kann eine bestimmte Personifikation durch verschiedene A. charakterisiert werden, → Vanitas. [Lr]

F. Saxl, Antike Götter i. d. Spätrenaiss. (Stud. d. Bibl. Warburg VIII) 1927; J. Braun, Tracht u. A. d. Heiligen in d. dt. Kunst, 1943; R. L. P. Milburn, Saints and their Emblems in English Churches, London 1949; H. Roeder, Saints and their Attributes, New York–Toronto 1955; G. de Tervarent, Attributs et symboles dans l'art profane 1450–1600, 2 Bde. Genève 1958, 1964; O. Wimmer, Die A. d. Heiligen, 1964.

**Auferstehungssymbolik.** Eine Art Auferstehungsglaube findet sich in allen Religionen. Ausdruck dieses Glaubens sind vor allem bei den außerbiblischen Völkern die Astral- und Vegetationsmythen von sterbenden und auferstehenden Göttern und die auf ihnen aufruhenden → Mysterien: Tammuz (→ Dumuzi) im Alten Orient, → Osiris in Ägypten, Kore in Eleusis, → Adonis im hellenistischen Kulturkreis, Attis in Phrygien. Diese Götter stehen zu einer Göttin in Beziehung, durch deren Höllenfahrt sie ins Leben zurückgerufen werden: → Ischtar, → Isis, → Demeter, → Aphrodite, Kybele. Denn die Auferstehung ist nur das eine Antlitz des Geschehens, dessen anderes der Tod ist (→ Todessymbolik).

Das große jahreszeitliche Symbol ist der → FRÜHLING mit seinem aufsteigenden Licht und der emporschießenden Saat. Als ältestes Astralsymbol gilt der MOND, der in seinen verschiedenen Phasen Sterben und Auferstehen vorlebt: als Dunkelmond ist er gestorben, als Neumond ersteht er nach drei Tagen (→ Mondsymbolik). Ähnliches gilt von der SONNE mit ihrem täglichen Aufgang im Osten und ihrem zunehmenden Glanz nach der Wintersonnenwende (→ Sonnensymbolik). Das verbreitetste Agrarsymbol ist die ÄHRE, in der das Korn aus dem Tod zu neuem Leben erstanden ist. In Eleusis wurde auf dem Höhepunkt der Mysterien »eine im Schweigen gemähte Ähre« gezeigt als Symbol der erstandenen Kore und des Lebens, das die Mysten nach dem Tod erwartete.

Die TIERE, in denen die Auferstehung symbolisch geschaut wird, sind auffallenderweise sämtlich sonnenverwandt. Der ADLER ist der Gottesvogel, nach Homer mit Zeus zur gleichen Zeit geboren. Von Sonnenaufgang kommend, läßt er sich in die Niederungen der Sterblichen hinab, um sich sofort wieder in das Lichtreich der Götter emporzuschwingen. Nach dem → Physiologos brennt er im Alter seine erblindeten Augen und seine schwachen Flügel in der Sonne aus, läßt sich in einen JUNGBRUNNEN hinab, taucht dreimal unter und steigt in jugendlicher Kraft und Schönheit wieder zur Sonne empor. Nach einer anderen Version wetzt der alte Adler seinen zusammengewachsenen Schnabel an einem Felsen, so daß er aus neuer Nahrung wieder jugendliche Kraft gewinnt. Die A. des LÖWEN, in dem die Sonne glüht, beruht teilweise auf seiner als unbezwinglich geltenden Herrschermacht. Im Mithraskult symbolisiert er den *sol invictus* (→ Mithras). Die Symbolik knüpft weiterhin an zwei alte Überlieferungen an: nach der einen schläft der Löwe mit offenen Augen, nach der anderen haucht oder brüllt er die Löwenjungen, die fast leblos geboren werden, am 3. Tag an, so daß sie zum Leben erstehen. Der PFAU, auch sonnenverwandt, gilt im Altertum als unverweslich, und so wurde er Symbol der Unsterblichkeit. Bekanntes Symbol der Auferstehung ist der sagenhafte PHÖNIX, der sein Nest von der Sonne entzünden und sich darin verbrennen läßt, um aus der Asche neu zu erstehen. Beim SCHMETTERLING liegt die A. im Umwandlungsprozeß von der Raupe zu der wie leblos daliegenden Puppe und von ihr zum Schmetterling, der sich zum Licht erhebt. Der SKARABÄUS, ein Blatthornkäfer, der aus dem im Dung begrabenen Ei herausschlüpft, symbolisiert bei den alten → Ägyptern das Leben aus dem Tod. Der WIDDER, (LAMM) ist in der Antike schon als Sternbild Symbol neu erstehenden Lebens, weil die Sonne im Frühling in diesem Zeichen stand; als Opfertier wird er bei Frühlingsfesten der Gottheit mit unversehrtem Skelett dargeboten, wobei das unversehrte Skelett nach archaischer Vorstellung Garant der Wiederbelebung des Opfertieres ist.

Fast die gesamte außerchristliche A. kommt aus ihrer eigenen Wesensnatur heraus in Christus (→ Christussymbole) und in den → Mysterien der Kirche zu ihrer letztgültigen Erfüllung. In der → Patristik gilt zuweilen noch der FISCH, der die Todeswasser durchschwimmt, als Symbol des auferstandenen Christus. Vor allem stellt sich die Auferstehung noch in verschiedenen Kreuzformen symbolisch dar. Die Symbolik des SWASTISKA-Kreuzes, das es mit der Sonne zu tun hat, reicht schon in die sumerische Zeit zurück. Die Symbolaussage ist besonders kräftig im TAU, Zeichen der alles beherrschenden Sonnenkraft, als letzter Buchstabe im hebräischen Alphabet Zeichen der Vollendung, Symbol der vom Tod Bewahrten. Das HENKEL- oder LEBENSKREUZ, eine altägyptische Hieroglyphe *(anch)*, die »Leben« bedeutet, gilt als Symbol des neuen Lebens aus Christi Auferstehung. Der Sieg über den Tod kommt im TRIUMPH- oder GEMMENKREUZ zum Ausdruck, ebenso in dem zum LEBENSBAUM stilisierten Kreuz. Im Schrifttum und in der Kunst der patristischen Zeit bis zum Mittelalter finden sich nicht wenige, bes. alttestamentliche Auferstehungssymbole: Jona, der vom Fisch verschlungen und nach drei Tagen wieder ausgespieen wird, oft in Baptisterien und auf Taufbecken dargestellt; → Noah, der auf schwachem Holz die Todeswasser der Sintflut durchfuhr; Isaak, den Abraham als Lebenden zurückempfing; → Mose, der aus dem Wasser Herausgezogene; Israel in seinem Durchzug durch das Schilfmeer und den Jordan; die Drei Jünglinge, die dem Feuertod entgingen; Daniel, der vor dem Rachen der Löwen Bewahrte; Susanna, die zur Hinrichtung geführt und durch Daniel vom Tod errettet wird. → Ostern. [ThS]

A. Jeremias, Hdb. d. altoriental. Geisteskultur, 1929; H. Greßmann, Altoriental. Texte u. Bilder zum AT, 2 Bde, 1926/27; Fr. C. Endres, Alte Geheimnisse um Leben u. Tod, 1938; G. Thausing, Der Auferstehungsgedanke in ägypt. religiösen Texten, 1943; dies., Betrachtungen zur altägypt. Auferstehung (Kairos 3) 1965; G. Bertram, Auferstehung des Kultgottes (RAC 1) 1950; C. Hentze, Tod, Auferstehung, Weltordnung. Das Mythische Bild im ältesten China, in den großasiatischen u. zirkumpazifischen Kulturen. 2 Bde, 1955; D. Forstner, Die Welt der Symbole, 1961; U. Steffen, Das Mysterium von Tod u. Auferstehung, 1963; Ph. Rech, Inbild des Kosmos, 2 Bde, 1966; M. Lurker, Symbol, Mythos u. Legende in der Kunst, ²1974.

**Auge,** Fenster zur Welt und zugleich Spiegel der Seele. Sein Glanz und seine Lichtbezogenheit lassen es zu einem beliebten Amulett werden (auch als → Abwehrzauber) und rücken es in den Kreis astraler Symbolik. In Ägypten galten Sonne und Mond als A.n des Himmelsgottes → Horus; die Uräusschlange wurde mit dem feuerspeienden A. des Sonnengottes gleichgesetzt. Im mythischen Kampf zwischen den Vertretern von Licht und Finsternis raubt Seth das Mond-A. (= Schwinden des Mondes?); nach einem hethitischen Mythos werden Herz und A.n des Wettergottes vom Schlangendämon Illujanka geraubt. Bei den Griechen hatte Helios den Beinamen *Panóptes,* d. h. der alles Sehende. Nach der *Snorra Edda* wurden die A.n des getöteten Riesen Thjazi von Odin als Sterne an den Himmel geworfen. Als Träger des himmlischen Lichtes sind die Cherubim der Ezechiel-Vision (*Ez* 10,12) »ringsum mit Augen angefüllt« – es sind die Himmelsaugen der Sterne.

Nicht nur im physischen Sinne sind die A.n des »Leibes Licht« (*Mt* 6,22), »die Lampen des Körpers« (mandäische Texte). Der 3. Grad der Einweihung in die eleusinischen Mysterien hieß *Epopteia* (= Schau); die Israeliten nannten in früherer Zeit ihre Propheten »Seher« (1 *Sam* 9,9). Das A. wird zum Symbol für geistiges Sehen, für Weisheit und Allwissenheit. Der germanische Gott Odin war so begierig nach Wissen, daß er dafür dem Riesen Mimir ein A. hingab. Gottes Augen sind allgegenwärtig und allwissend (vgl. *Hebr* 4,13); so ist auch die Zeus und Shíva zugeschriebene Dreiäugigkeit zu verstehen. Das A. ist ein göttliches Organ, ja Symbol der Gottheit. Des Osiris Name bedeutet »Stätte des Auges«; seine Hieroglyphe ist ein A. über dem Sitz. Die Humanisten verwendeten ein einzelnes A. als Bildzeichen für Gott; in nachreformatorischer Zeit kam das Dreieck mit dem strahlenden A. als Symbol der Dreifaltigkeit in ihrer Allgegenwart und Allwissenheit auf. Eine wichtige Rolle spielt die A.symbolik im Werk von Jakob → Böhme. [Lr]

M. Riemschneider, A.gott u. hl. Hochzeit, 1953; Ph. Derchain, L'oeil, gardien de la justice (Zs. f. ägypt. Sprache u. Altertumskunde 83/1958); W. Deonna, Le symbolisme de l'oeil, Paris 1965; H. v. Einem, Das A., der edelste Sinn (Wallraf-Richartz-Jb. 30/1968); P. Fingesten, The Eye of God (The Eclipse of Symbolism, 37–51), Columbia, S. C. 1970; G. Schleusener-Eichholz, Die Bedeutung des A.s bei J. Böhme (Frühmittelalterl. Studien 6/1972); J. Wiesner, Göttliche A.n (Beiträge zu Gesch., Kultur u. Religion des Alten Orients, hg. v. M. Lurker) 1971; O. Koenig, Urmotiv A. Neuentdeckte Grundzüge menschl. Verhaltens, 1975.

**Augenbinde,** ganz allgemein Symbol des »Nichtsehens: bei Eros durch Liebe verursachte Blindheit, bei der Synagoge Verstocktheit und Verblendung Gott gegenüber, bei Fortuna Willkür in der Zuteilung des Glücks. Ein Bedeutungswandel zum Positiven bei → Justitia. [*]

**Augustinus,** 354 Tagaste (Numidien) – 430 Hippo, durchlief manche Entwicklungsstufen über Manichäismus (→ Manichäer), → Neuplatonismus, bis er durch die Predigten des hl. Ambrosius für Christus gewonnen wurde. 391 Priester- und 394 Bischofsweihe. – A. gilt als der größte Philosoph neuplatonischer Prägung unter den Kirchenvätern (→ Patristik). Es muß aber zwischen dem Philosophen und dem Seelsorger A. unterschieden werden. In seinen philosophischen Schriften herrscht eine begrifflich-abstrakte Sprache vor. Wo er aber als Seelsorger spricht, ist seine Sprache stark bildhaft-symbolisch geprägt. Sein Symbolbegriff ist vom urbildlich-abbildlichen Denken → Platons und Plotins mitbestimmt. Das Symbol beruht nach ihm auf Teilhabe an der sich in ihm abbildlich darstellenden Wirklichkeit. Es verhüllt diese und macht sie zugleich sichtbar. Doch bedeutet das für A. keine Abschwächung der symbolischen Realität. Als Symbolist ist er zugleich Realist.

Die Symbole entnimmt A. sowohl der Schöpfung als auch der Bibel. Die Geschöpfe sind für ihn Symbol, weil sie ihre Wirklichkeit der Teilhabe an ihrem → Urbild Christus verdanken (→ Christussymbole). Die Symbole, die er am häufigsten der Schöpfung entnimmt, sind: Sonne (→ Sonnensymbolik), Mond (→ Mondsymbolik), Wind, Meer, Wasser, Fisch, Erde, Korn, Baum, Vogel (bes. Adler), Löwe. Aus der Bibel wären alle großen Gestalten des AT zu nennen, etwa: Adam, Noe, Isaak, Jakob, → Mose, Josua, → David, Salomon, Daniel sowie Jerusalem mit dem Sionsberg und dem Tempel und seinem ganzen Kult. Nach A. beziehen sich die Symbole nicht unmittelbar auf Gott, sondern auf Christus und sein Heilswerk, auf die gesamte Christuswirklichkeit, die auch die → Ekklesia als LEIB Christi und jeden einzelnen Christen als Glied dieses Leibes mitumfaßt. – Auch die ZAHLENsymbolik ist für A. bedeutsam, vor allem die ACHT als Symbol der Vollendung in Gott, liturgisch dargestellt im SONNTAG; die VIERZIG als Symbol des Lebens in dieser Zeit, liturgisch dargestellt in der QUADRAGESIMA; die FÜNFZIG als Symbol des neuen Aions, liturgisch dargestellt in der PENTEKOSTE. [ThS]

G. Krüger, A., der Mann u. sein Werk, 1930; St. Gilson, Der hl. A., 1930; Fr. Hofmann, Der Kirchenbegriff des hl. A., 1933; E. Hendrikx, Augustins Verhältnis zur Mystik, 1936; Ders., A. (LThK 1) 1957; H. Zimmermann, Auf dem Weg zu A., 1948; F. van d. Meer, A., der Seelsorger, 1951.

**Aureole** → Mandorla

**Ausdruck.** In der deutschen Sprache taucht das Wort A. zuerst bei den Mystikern als *uztruc* auf und weist auf eine neuplatonische Begriffsbildung der Urbild-Abbild-Relation zurück. In der romantischen und idealistischen Ästhetik ist A. ein Grundbegriff für die »endlichen Produkte«, sofern in ihnen das Absolute, Unbedingte gegenwärtig ist.

Der A. steht als Äußerung dem Inneren gegenüber. AUSSEN und Innen sind in einem Spannungsverhältnis zueinander wie Oben und Unten. Indem das sichtbare Äußere auf das unsichtbare Innere weist, es vergegenwärtigt, kann es zum Symbol werden: Maske, Haartracht, Kleidung, Schmuck, Insignien können (sollen) etwas vom Wesen des Menschen ausdrücken. In einem weiteren Sinn

kann man auch Sprache, Musik, bildhaftes Schaffen, aber auch Brauchtum, Recht, Religion als A. menschlichen Seins betrachten. Um die Aufhellung der Zusammenhänge zwischen A. und Bedeutung im Symbol hat sich besonders G. W. Fr. → Hegel bemüht.
Der romantische Naturphilosoph Carl Gustav Carus lieferte mit seiner *Symbolik der menschlichen Gestalt* (1853) wertvolle Anregungen für die Lehre von dem sichtbaren Dasein und Verhalten des Menschen als A. psychischer Zustände und Vorgänge. Nach → Ludwig Klages ist der LEIB »die Erscheinung der Seele, die Seele der Sinn des lebendigen Leibes«.
Die A.spsychologie erforscht den A. in seiner breiten Vielgestaltigkeit als der »sichtbaren« Seite der dahinter stehenden seelischen Zustände. Dabei können verschiedene Phänomene als Symbole verstanden werden, so z. B. das Hüpfen des Kindes als A. seiner Freude, den Kopf hängen lassen als A. der Niedergeschlagenheit. In der A.sdeutung spielt das raumsymbolische Prinzip eine Rolle; der BLICK NACH OBEN kann Freiheit, Sehnsucht nach Höherem, aber auch Träumerei andeuten. Nach Philipp Lersch stellt sich derjenige, der auf einen anderen verächtlich herabsieht, symbolisch höher. Körper- und Handbewegungen (Gesten) können zu ausgerichteten Gebärden von symbolischer Bedeutung werden: Gebetsgestus, geballte Faust (im politischen Bereich), Handschlag (als Rechtssymbol). August Vetter untersucht in seiner Anthropognomik (1949) das Wesen des Menschen einerseits in der Betrachtung der menschlichen Leibesgestalt, andererseits in dem Aufzeigen der Geistesgeschichte als Offenbarungsstätte menschlichen Wesens und faßt beide als komplementäre Teilansichten in einem theologischen Menschenbild zusammen.
Eigene, von der Wissenschaft mit Distanz betrachtete Wege zur Erfassung des A.s gingen Rudolf Kassner und Max Picard. Der Kulturphilosoph Kassner (1873–1959) erstrebte in bildhaften Gleichnissen die physiognomische Deutung des Lebendig-Gestalthaften und bezog dabei nicht nur die geheimen Entsprechungen von Körper und Seele mit ein, sondern auch die von Mensch und Kosmos. Bei Kassner wie bei Picard führt die physiognomische Erkenntnis zum Göttlichen. Nach Picard (1888–1965) ist das, was im Menschen und aus dem Menschen spricht, was er ausdrückt, nicht nur eine Aussage über ihn, sondern über ihn hinaus; er erkennt im MenschenGESICHT »die Spur des Göttlichen im Irdischen« – der Mensch ist das Ebenbild Gottes. [*]

R. Kassner, Die Grundlagen der Physiognomik, 1921; Ph. Lersch, Gesicht u. Seele, 1932; A. Vetter, Natur u. Person. Umriß einer Anthropognomik, 1949; L. Klages, Grundlegung der Wissenschaft vom A., 71950; A. Vetter, A. u. Symbol (Jb. f. Psychologie u. Psychotherapie 3) 1955; K. W. Peukert, Physiognomik heute (Antaios II) 1961; R. Kirchhoff (Hg.), A.spsychologie (Hdb. d. Psychologie), 1965; B. Fichtner, A. (Histor. Wb. d. Philosophie, Bd. I), 1971.

**Avaritia,** (lat.) Habsucht, Geiz. Sie betrifft im Christentum nicht allein die Sucht nach Geld und materiellem Gewinn in jeder Form, sondern meint auch den Versuch, die Gedanken und Werke, die eigentlich auf Gott gerichtet sein sollten, auf sich und weltliche Ziele zu lenken. Weil A. dazu

führt, daß die Menschen in Geld und irdischen Werten ihr Ziel sehen, was als Dienst für den Teufel verstanden wird, gilt A. als Idolatrie. Der A. werden Raub, Ungerechtigkeit etc. vorgeworfen.
Außer im religiösen Bereich ist die A. im politischen eine besondere Sünde, weil sie der Verpflichtung zur Freigebigkeit entgegensteht. Darüber hinaus wird sie als Herrscherlaster angesehen (Lipsius).
Als Exempelfiguren biblischer Art gelten bes. Laban, die Brüder Josephs, Balaam, Simon Magus; als profane Caligula, Commodus oder Pygmalion. Die Personifikation der A. wird dargestellt als eine magere, häßliche Frau mit einem GELDBEUTEL in ihrer rechten Hand, auf den sie den Blick gierig lenkt (Ripa, *Iconologia*, S. 30f.). Auch eine GOLDENE FESSEL findet sich gelegentlich als Attribut (Harsdörffer). Das sie begleitende Tier, das auch selbständig als A. erscheint, ist der WOLF. [AW]

Joseph Lang, Novissima Polyanthea, Frankfurt 1617 (S. 141–151).

**Avatara.** Wörtlich der »Herabstieg« (eines Gottes), bezeichnet im → Hinduismus die verschiedenen tierischen und menschlichen Verkörperungen des Gottes → Vishnu in der Welt. Nach der *Bhagavadgītā* inkarniert sich Vishnu in jeder Weltperiode, um die Guten zu retten und die Bösen zu bestrafen und so die göttliche Ordnung wiederherzustellen. In die verschiedenen Reihen von A.s sind archaische Mythen und lokale Götter- und Heroengestalten eingegangen. Am meisten verbreitet ist ein System von zehn A.s, die eine Art Evolutionsreihe darstellen: der FISCH (Matsya) hat Manu (den Stammvater der Menschheit) aus der Flut gerettet und so den Untergang der Lebewesen verhindert. Die SCHILDKRÖTE (Kūrma) ist ein altes kosmogonisches Symbol. Im Mythos von der Quirlung des Milchozeans, bei der die Götter den Nektar gewinnen, dient sie dem Weltberg Meru, der als Quirlstock benützt wird, als Grundlage. Der dritte A. ist Varāha, der RIESENEBER, der die Erde aus dem Urmeer heraufholt. Er symbolisiert die pflügende und befruchtende Kraft und Vishnus Verbindung mit der Erde. Der MANNLÖWE (Narasimha) kennzeichnet den Übergang von tierischen zu anthropomorphen Gestalten. Er vernichtet einen Dämon, der weder von einem Menschen noch von einem Tier getötet werden konnte. Als ZWERG (Vāmana) erscheint Vishnu, um die Erde von der Tyrannei des Königs Bali zu befreien. Als ihm Bali den Bereich von drei Schritten verspricht, durchschreitet Vishnu die Dreiwelt (symbolisch u. a. für die *coincidentia oppositorum*, Zwerg – Riese). Rama mit dem Beil (Paraśurama) ist eine kriegerische Inkarnation. Die beiden bedeutendsten A.s sind Rāma, Held des Epos Rāmāyana (als Verkörperung des Dharma, der Gerechtigkeit, angesehen) und Krishna, der göttliche HIRTENKNABE. Der Krishna-Mythos besitzt eine reiche, oft esoterisch interpretierte Symbolik, in der erotische und Hirtenmotive eine große Rolle spielen (die LIEBESSPIELE mit den Hirtenmädchen bedeuten das Spiel des Gottes mit den Seelen zu ihrer Befreiung). Als 9. A. wurde Buddha in die vishnuitische Mythologie aufgenommen und der 10. wird am Ende der gegenwärtigen Weltperiode erwartet: Kalkin, der meist auf einem WEISSEN PFERD reitend dargestellt wird (messianisches Symbol). [BB]

Lit.: siehe Vishnu.

**Axt** und **Beil,** letzteres mit breiterer Schneide und kürzerem Stiel, sind in älterer Zeit nicht immer zu unterscheiden. Im vorgeschichtlichen Europa Sinnbild des vom Himmelsgott geschleuderten Blitzes, in dieser Bedeutung auch in den Händen von → Wettergottheiten und dabei mit Hammer und Donnerkeil austauschbar. Ein Relief aus Sendschirli zeigt z. B. den hethitischen Wettergott Teschub mit einer Doppelaxt. Axt und Doppelaxt können mehrdeutig sein (→ kretisch-mykenische Kultur), so ist auch an einen lunaren Bezug zu denken (→ Mondsymbolik). Die Waffe wird zum Machtsymbol und Würdezeichen. Altägyptische Äxte sind durch an ihnen angebrachte Symbole (Greif, Goldfalke, Nilpferdgöttin) als siegbringende Waffen gekennzeichnet. Die an die Wurzel der Bäume gelegte A. (*Mt* 3,10) ist ein Bild für das göttliche Gericht. Ein Beil ohne Stiel ist Attribut des Propheten Elisa, da er ein solches, das im Jordan unterging, auf der Wasseroberfläche schwimmen ließ (2 *Kön* 6,6). Bei den alten Germanen lassen schon bronzezeitliche Darstellungen (z. B. Grab von Kivik, Schweden) auf eine kultische Bedeutung schließen; Zeremonialäxte sind aus der Wikingerzeit bekannt. Ein Zusammenhang zwischen der A. und dem Hammer Thors ist nicht gesichert; andererseits steht aber fest, daß im hl. Olaf mit der A. als Attribut die Thorsverehrung in christlichem Gewande weiterlebt. [Lr]

R. Zeller, Die Doppela. als Kultgerät (Jb. d. Bernischen Histor. Museums, Ethnogr. Abt. Nr. 13/1933); S. Hummel, Der lamaistische Donnerkeil u. die Doppela. der Mittelmeerkultur (Anthropos 48/1953); H. G. Buchholz, Zur Herkunft der kretischen Doppela., 1956; P. Paulsen, A. u. Kreuz in Nord- und Osteuropa, 1956; E. Kühnert-Eggebrecht, Die A. als Waffe u. Werkzeug im alten Ägypten, 1969. H. Jankuhn/H. Beck, A.kult (Reallexikon d. german. Altertumskunde, I), 1973).

**Babylonier** und **Assyrer.** Als die amurritische Landnahme um 2000 v.Chr. Mesopotamien ergriff, gingen die bereits stark akkadisierten → Sumerer im semitischen Volkstum auf. B. und A. bewahrten das kulturelle und geistige Erbe, bereicherten und entwickelten es selbständig weiter. Man verehrte auch weiterhin die Götter der kosmischen Trias, den Himmelsgott Anu, → Enlil und → Enki, jetzt Ea genannt, doch gewannen die Gestirngottheiten Sin, der Mondgott, sein Sohn, der Sonnengott Schamasch, der Wahrer von Recht und Gerechtigkeit und Schützer der Armen, und → Ischtar als Göttin des Venussterns, sowie der → Wettergott Adad erheblich an Bedeutung. Schließlich stieg in Babylonien → Marduk unaufhaltsam zum Nationalgott auf. Ihm stellten die Assyrer Assur, den Gott ihrer gleichnamigen Hauptstadt, entgegen. In seinem Auftrage führten ihre Könige die grausamen Eroberungskriege. Was sich vor allem änderte, war die Auffassung vom Wesen der Gottheit. Eine Steigerung an Macht und Vollkommenheit machte die ungeheuere Zahl sumerischer Götter unglaubwürdig. Man brachte die Tradition mit den neuen Vorstellungen in Einklang, indem man viele der alten Götter als Beinamen, Hypostasen, Ausdruck verschiedener Wesensaspekte, oder, wie in einem Falle, als Körperteile eines der großen Götter ansah. Folgerichtig begegnen an der Wende zum 1. Jt. die ersten monotheistischen Tendenzen, die sich jedoch auch später nicht gegen die Macht der Überlieferung durchsetzen konnten.

Die kosmogonischen Vorstellungen der B. fanden im Mythos *Enuma elisch* Ausdruck. Aus der Mischung der WASSER von Apsu (süßes Grundwasser) und Tiamat (Salzwasser) entstand das erste Götterpaar Lachmu und Lachamu, wahrscheinlich Personifikationen der ersten festen Materie, des SCHLAMMS. Sie brachten ein weiteres Götterpaar Anschar und Kischar hervor, deren Sohn der Himmelsgott Anu ist. Die Geschäftigkeit der nach Anu geborenen jüngeren Götter stört die ursprüngliche Ruhe, und Tiamat beschließt die Vernichtung der Götter. Zu ihrem Beistand schafft sie zahlreiche Ungeheuer, die sie unter den Befehl ihres Gatten Kingu stellt. Nach schwerem Kampf tötet Marduk Tiamat. Er spaltet ihren Leib und formt aus der einen Hälfte den Himmel (die andere bleibt der die Erde umringende Ozean). Darauf weist er den Sternen, Sonne und Mond ihre Plätze und Aufgaben zu. Als die Menschen geschaffen werden sollen, formt sie Ea nach Marduks Plan aus dem BLUTE des zur Strafe getöteten Kingu (→ Atra(m)chasis-Mythos).

Die Menschen wurden geschaffen, um die Götter zu versorgen. Doch die babylonischen Götter forderten von ihren Gläubigen nicht nur Opfer und kultische Preisungen, sie erwarteten auch ein moralisches Verhalten gegenüber den Mitmenschen. Erfüllte jemand alle Forderungen, war ihm sein Schutzgott, den jede babylonische Familie wie die sumerische hatte, zugewandt. Bei großen und kleinen, absichtlichen wie unwissentlichen Verfehlungen verließ ihn der Schutzgott und gab ihn den → Dämonen preis. Das Eingeständnis der Schuld und die Wiedergewinnung des göttlichen Wohlwollens waren dann ebenso wichtig, wie der Exorzismus durch magische Rituale. Alle Vergeltung jedenfalls vollzog sich, da die B. kein wirkliches Weiterleben nach dem Tode erwarteten, im Diesseits. Der Glaube an die Gerechtigkeit göttlichen Handelns führte über das Problem des leidenden Gerechten (vgl. Hiob) und der Theodizee zu demütiger Ergebenheit in die unerforschlichen Ratschlüsse der Gottheit oder der pessimistischen Einsicht, daß alles menschliche Tun bedeutungslos sei.

Die Götter wurden in Tempeln verehrt, von denen allein Babylon über 53 besaß. Die auffälligste Bauform Mesopotamiens war die ZIKKURAT, die STUFENPYRAMIDE mit ihrem Hochtempel. Wie die Namen beweisen, galten sie als Begegnungsstätten zwischen der Erde und den himmlischen Regionen, dem Wohnsitz der Götter. Sie waren die Nachfolger der alten Konkretisierungen der *axis mundi,* des Berges, des Pfahls und des Weltbaums. → Göttersymbole, Orakel. [JB]

A. Falkenstein/W. von Soden, Sumer. u. akkad. Hymnen u. Gebete, 1953; W. G. Lambert, Gott. B. (Reallex. d. Assyriol. 3, 1957–71); W. H. Ph. Römer, Religion of Ancient Mesopotamia (Historia Religionum 1) 1969; J. Laessøe, Babylon u. assyr. Religion (Hdb. d. Religionsgesch. 1) 1971. H. Ringgren, The Symbolism of Mesopotamian Cult

Images (Religious Symbols, ed. H. Biezais), Stockholm 1979; Chr. Daxmüller/M. L. Thomson, Bildzauber im alten Mesopotamien (Anthropos 77/1982); V. Haas, Magie u. Mythen in Babylonien, 1986.

**Bach, Joh. Seb.,** 21.3.1685 Eisenach – 28.7.1750 Leipzig; deutscher Komponist. In der Geschichte der Symbolik (→ Musik) stellt J.S.B. einen Markstein und den die → Barockmusik abschließenden Höhepunkt dar. Die Zusammenschau von sprachlich rhetorischer und theologisch exegetischer Symbolik mit den durch den Rationalismus neu belebten mathematisch spekulativen Zahlenbeziehungen in der Vokal- und Instrumentalmusik ist nach B. in dieser Breite nicht mehr zu finden. Die Voraussetzungen für die Symbolik im Werk bilden einmal die enge Bindung an die lutherische Theologie und deren Bibelexegese. Rund ein Viertel von B.s Bibliothek bestand aus Luthers Werken. Dazu kamen Schriften von Calovius, die großangelegte »Biblische Erklärung« von Olearius u.a. B. hat die im Schrifttum und in der liturgischen Praxis gewonnenen Erkenntnisse bei den Kantaten, den Passionen, aber auch bei choralgebundenen Orgelwerken in die Praxis umgesetzt. Durch die gleichzeitige Handhabung der musikalischen Rhetorik in einer tiefgründigen *ars combinatoria* wurde die Musik zu einem Bestandteil der gottesdienstlichen Handlung, zur Predigt und Bibelauslegung in Tönen. Für die Spätzeit von B.s Wirken wurde sein Eintritt in die von L.Chr. Mizler gegründete »Correspondirende Societät der musicalischen Wissenschaften« bedeutungsvoll. B. lieferte zur Aufnahme zwei zahlensemantisch und -symbolisch ausgeklügelte Kompositionen ab (Orgelvariationen über »Vom Himmel hoch«, Rätselkanon). Ausgehend von den Figuren der musikalischen Oratorie als »Substanz, in der sich Affekt, Nachahmung und indirekte Textbeziehungen materialisieren« (Blume), lassen sich bei B. drei Symbolgrade unterscheiden (nach Schering/Ziebler): Zur »Klangsymbolik« zählen die chromatisch absteigende Linie (Lamentobaß) für den Kreuzestod Christi (h-moll Messe) und der gezielte Einsatz von Instrumenten (FLÖTE/OBOE für Pastoralsphäre, TROMPETE für Herrschaft: Weihnachts-Orat.). Bei der »technologischen Symbolik« sind Stil, Kanon und Fuge zu nennen. Zur Gegenüberstellung des Alten und des Neuen Testaments setzt Bach den polyphonen *stile antico* und den affektbetonten *stile moderno* ein (Kyrie h-moll Messe). Der KANON wird zum Symbol der Nachfolge Christi (Kant. 12), der Gott Vater/Sohn-Beziehung (Credo h-moll Messe) und findet bei der Vorstellung der Gebote Anwendung (Choralvorspiel »Dies sind die heilgen zehn Gebot«). Eine Verbindung zwischen Lamento und Kanon stellt B. im Doppelkanon »sopr'il Soggetto« (1747) her mit dem eigenhändigen Zusatz: »Symbolum/Christus Coronabit Crucigeros«. Auch die FUGE kann durch ihre strenge Formanlage göttliche Gebote symbolisieren (Kant. 68) oder für »Flucht« stehen (Kant. 5). Dazu gehören weiterhin die Tonarten als Aufbau- oder Kontrastprinzip eines Werkes, der Orgelpunkt als Zeichen für Ruhe, der *basso ostinato* für Gleichförmigkeit, aber auch Strenge und Starrheit oder das »Unisono« für Vereinigung der Gläubigen. Smend weist auch der Form des Chiasmus im Aufbau von Einzelsätzen wie in der Gesamtarchitektur symbolische Bedeutung zu (CHI (X) für den Namen Christi und zugleich für das Kreuz in Kant. 56 und im »Symbolum Nicenum« der h-moll Messe). Unter »ideologischer Symbolik« subsumiert Ziebler die verschiedenartige Verwendung des Chorals und die Zahlensymbolik. Gilt der CHORAL bei B. allgemein als das »musikalische Symbol der Kirche« (Smend), so sind die Choralzitate wichtiger Bestandteil der Schriftdeutung (Kant. 106). Neben der Untersuchung von Zahlenproportionen als formale Gestaltungsmittel (Werker) gewann die Bedeutung von ZAHLEN an Interesse (Smend). Sie reicht von Zahlenallegorien (11 Jünger = 11 Einsätze: Matth.-Pass.) über versteckte Zahlensemantik (»biblische« Zahlen wie 3,7,12, für die Evangelien, 10 für Lehre und Verkündigung, Psalmzahlen für deren Inhalt) bis zur Zahlenkabbalistik. Die Verschlüsselung von Namen, Wörtern, Bibeltexten und Psalmversen nach dem Zahlenalphabet wurde noch zu B.s Zeit gelehrt (Schmidt, Werckmeister) und literarisch praktiziert (Picander). Solche Zahlenkabbalistik durchzieht das gesamte Vokal- und Instrumentalwerk, z.B. Bach = 14, J.S. Bach = 41, Christus = 112, Credo = 43. [Jg]

W. Werker, B.-Studien 1.2., 1922/23; A. Schering, B. und das Symbol (B.-Jahrb. 22, 25, 34), 1925/28/37; K. Ziebler, Das Symbol in der Kirchenmusik Joh. Seb. Bachs, 1930; Fr. Blume, Art. B. (Musik in Gesch.u.Gegenw. 1), 1949/51; W. Blankenburg, Die Bedeutung des Kanons in B.s Werk (Bericht Bachtagung 1950), 1951; K. Geiringer, Symbolism in the Music of B., 1956; H. H. Eggebrecht, Über B.s geschichtlichen Ort (DVjs. 31), 1957; Fr. Smend, B.-Studien, 1969; H. H. Eggebrecht, B.s Kunst der Fuge, 1984; G. A. Theill, Beiträge zur Symbolsprache J. S. B., 1983 u. 1985.

**Bachelard,** Gaston, 27.6.1884 Bar-sur-Aube – 16.10.1962 Paris, französischer Philosoph, als Naturwissenschafter und Epistemologe zunächst der Welt des Symbolisch-Mythischen gegenüber kritisch eingestellt, ab 1938 (*La Psychanalyse du feu*) jedoch Hinwendung zu unkonventioneller, für moderne Literaturtheorie und Kritik wegweisender Erforschung der dichterischen Bildersprache. B.'s. Lehre weist Berührungspunkte mit der Tiefenpsychologie auf (vor allem C.G. Jung), deutet *image* jedoch nicht als Symptom von Zwängen, die in der Vergangenheit des Individuums begründet sind, sondern als Synthese von Bewußtem und Unbewußtem im Zeichen schöpferischer Dynamik (*désir,* auf die Zukunft gerichtet). Nährboden der von der kulturellen Tradition geprägten Symbolformen ist für B. das elementarsinnliche Erleben materieller Gegebenheiten wie Erde, Wasser, Feuer, Luft, Haus/Höhle, Vertikalität/Horizontalität usw. (»La matière est l'inconscient de la forme«, *L'Eau et les rêves,* 1941, S. 70). Eine richtig gelenkte dichterische Imagination erschließt die vieldeutige Symbolik des Materiellen in einem Integrationsprozeß (*sublimation*), der auf Harmonisierung von menschlichem Entfaltungsstreben und kosmischem Kräftepsiel abzielt. Kennzeichnend für B. ist daher die Ablehnung einer hinnehmenden Leserhaltung gegenüber »vorgestelltem« Bild, sowie pädagogisch-kulturkritisches Engagement im Sinne der Aufwertung und

Fruchtbarmachung der Phantasie als Gegenstück und Ergänzung des »neuen Geistes« in den Naturwissenschaften. [FPK]

G. Durand, Science objective et conscience symbolique dans l'oeuvre de G.B. (Cah. int. du symbolisme 4) 1964; F. Pire, De l'Imagination poétique dans l'oeuvre de G.B., 1967; M. Mansuy, G.B. et les éléments, 1967; J. Gagey, G.B. ou la conversion à l'imaginaire, 1969; V. Therrien, La Révolution de G. B. en critique littéraire, 1970; J. Naud, Structure et sens du symbole. L'imaginaire chez. B., 1971; G. Sertoli, Le Immagini e la realtà. Saggio su B., 1972

**Bachofen,** Johann Jakob (1815–1887). B. entwarf in seinem Hauptwerk *Das Mutterrecht* (1861) eine Entwicklungsgeschichte der antiken Welt von der Gynaikokratie der Frühzeit bis zum späteren Vaterrecht. Zahlreiche Symbole aus dem mythisch-religiösen, rechtlichen, geschlechtlichen und zivilisatorischen Bereich charakterisieren die einzelnen Entwicklungsstufen. Die Mutterherrschaft auf ihren ersten Stufen, dem der Aphrodite zugehörigen Tellurismus, wird durch den SUMPF und das Sumpfleben mit seinen Pflanzen und Tieren (SCHILF, SCHWAN, GANS, ENTE, STORCH, WASSERREIHER, SCHLANGE, SCHILDKRÖTE, FROSCH, KREBS) symbolisiert. Dem Sumpfleben als einer Durchdringung von Wasser und Erde entspricht im geschlechtlichen Bereich, im Gegensatz zur Ehe, die regellose Geschlechtermischung. Ihr Symbol ist das KREUZ, als Zeichen für die Kreuzung der Geschlechter. Das WASSER bedeutet die männliche, die Erde befruchtende Naturpotenz, häufig durch das PFERD (Tier Poseidons) oder den STIER dargestellt. Auch der HUND wird zum Bild der Erde, die sich jeder Befruchtung freut. Die Überwindung dieser Stufe in der Demeter geweihten Ackerbaukultur zeigt sich an einem Symbolwandel. Die ÄHRE, das SAATKORN, die BIENE sowie im Gegensatz zum bacchischen Wein die keuschen Opfergaben von MILCH, HONIG und WASSER treten nun in den Vordergrund. Das Muttertum betont die LINKE vor der rechten Seite, die NACHT vor dem Tag, die empfangende Erde vor dem befruchtenden Meer, Tod und Grab vor dem Leben. Zum dunklen Mutterschoß gehört die SCHWARZE Farbe, die daher häufig in Verbindung mit Muttergottheiten auftritt. Erde und Mond stehen in besonderer Beziehung zum Weiblichen, während die Sonne das männliche, apollinische Prinzip verkörpert.

Einen sehr breiten Raum in der → Symbolforschung B.s nimmt die dunkle Seite des Muttertums mit Tod und Grab ein. Im *Versuch über die Gräbersymbolik der Alten* (1859) interpretiert er zwei Grabgemälde aus der Villa Pamfilia in Rom, zum einen ein Bild mit drei »Mysterieneiern«, die der Länge nach in eine rote und weiße Hälfte geteilt sind, zum andern ein Bild mit Oknos, dem Seilflechter. Das EI ist Träger einer Fülle von symbolischen Bezügen, vor allem jedoch Symbol von Leben und Tod, Werden und Vergehen im Kreislauf der Natur. Die Mysterieneier verweisen auf die bacchischen Mysterien mit ihrer Verehrung des mütterlichen Urgrunds, dem Dionysos entstammt. Oknos, der seilflechtende Greis, dessen Arbeit ewig vergeblich bleibt, weil eine ESELIN ständig das beim Flechten entstehende Seil frißt, vollzieht im FLECHTEN DES SEILS eine symbolische Handlung, die mit dem Spinnen und Weben der

großen Naturmütter zu vergleichen ist. Das Flechten soll die ewig schaffende und formende Naturkraft darstellen, während das fressende, weibliche Tier die zerstörende Naturkraft andeutet. Weitere Untersuchungen B.s zur Gräbersymbolik finden sich in *Die Unsterblichkeitslehre der orphischen Theologie auf den Grabdenkmälern des Altertums«* (1867) sowie in einer posthumen Abhandlung über römische Grablampen (1890).
Der Symbolbegriff B.s geht auf → F. Creuzer zurück. Das Symbol entsteht vor dem Mythos, der Exegese des Symbols. Der Mythos erläutert in einer Reihe äußerlich verbundener Handlungen, ähnlich dem diskursiven philosophischen Vortrag, sukzessive den Gehalt des Symbols. Die Sprache, deren sich der → Mythos bedienen muß, kann nur erklären und einen Gedanken nach dem andern ausdrücken. Das Symbol dagegen stellt seinen Inhalt mit einem Blick der Seele zur Verfügung und erweckt Ahnungen vom Unendlichen und Unsagbaren. Grundlage aller Symbolik ist für B. die alte orphische Symbolik, deren Interpretation durch Mythen die Kunst in den Gräbern darstellte und so zu neuer Bedeutung brachte. Das »reine Symbol« ohne Hinzutreten eines Mythos sieht B. z.B. im Natursymbol von Oknos dem Seilflechter, an das sich keine mythische Erzählung knüpft. [Schn]

C.A. Bernoulli, Johann Jakob B. u. das Natursymbol. Ein Würdigungsversuch, 1924; Materialien zu B.s »Das Mutterrecht«, Hg. v. H.-J. Heinrichs, 1975.

**Bad,** Stätte der körperlichen und geistigen → Reinigung. Altmesopotam. Mythen sprechen vom B. der Götter; die Antike kennt das rituelle Baden von Götterstatuen. Nach baltischen Überlieferungen versammeln sich die himmlischen Götter in der Himmelsbadestube; in Lettland wurde nach einer Entbindung von den Frauen ein eigenes Fest in der Badestube gefeiert. Die in Nordafrika lebenden Berber badeten in hl. → Brunnen und Quellen, um mit Kindern gesegnet oder von Krankheiten geheilt zu werden. Im Hinduismus mit seinem Glauben an die Heiligkeit der Flüsse und im → Shintoismus spielt das B. eine wichtige Rolle. Mit der Synagoge war früher immer ein B. verbunden. Der gläubige Christ hofft durch das B. der → Taufe von seinen Sünden gereinigt zu werden (*Eph* 5,26). Als Ersatz für das vollständige B. dient die Gesichts-, Hand- oder Fußwaschung. Das B. im Jungbrunnen (durch den *Alexanderroman* in weiteren Kreisen bekannt) greift die alte Symbolik der Verjüngung und Wiedergeburt auf; bekanntes Gemälde von Lucas Cranach d. J. Im Märchen findet sich das Motiv vom B. in der Milch in der Bedeutung eines erlösenden oder verwandelnden Ritus. [Lr]

O. Casel, Die Taufe als Brautbad d. Kirche (JLW5/1925); C. v. Korvin-Krasinski, Das Lebenswasser als Bad u. als Trank (Liturgie u. Mönchtum 1963); G. F. Hartlaub, L. Cranach d. J. Der Jungbrunnen, 1958; K. F. Müller/W. Blankenhorn (Hg.), Der Taufgottesdienst, 1966; H. Stoffer, Die Magie d. Wassers. Eine Tiefepsychologie d. Waschens, Badens u. Schwimmens, 1966.

**Baldachin,** 1. aus kostbarem Stoff angefertigtes tragbares Dach (»Himmel«) als Würdezeichen über dem Haupt orientalischer Herrscher; bei den alten Persern wie auch in hellenistischer Zeit diente der Zelthimmel zur Überdachung des Monarchen (auch auf → Münzen dargestellt). Oft kontaminieren die einzelnen Vorstellungen von Wagen, Thron und Dach; man denke an Jahwes Räderthron, der vom Himmel überwölbt ist (Visionen Daniels und Ezechiels). Im alten China wurde die Welt mit einem von einem B. überdachten Leiterwagen verglichen; der runde B. symbolisierte den Himmel. Der in der katholischen Kirche bei Prozessionen über dem die Monstranz tragenden Priester oder über Bischof/Papst mitgeführte B. erhöht symbolisch die Bedeutung des unter ihm Gehenden bzw. Stehenden. 2. die fest stehende Überdachung des Thrones bei weltlichen und geistlichen Fürsten; in der Freimaurerei öfters über dem Meisterstuhl als Zeichen des Himmels. 3. die säulengetragene Überdachung des Hochaltars (auch Ciborium genannt), eines Grabmals oder – ohne Säulen, nur in der Wand verankert – bei einer Statue. In den Tympana französischer Kathedralen über der thronenden Madonna angebrachte B.e haben manchmal die Form einer mit Türmen versehenen Kuppelkirche, sie sind Hinweis auf das himmlische Jerusalem (so z.B. in Chartres). [Lr]

J. Braun/O. Schmitt, B. (RDK, 1), 1937; A. Alföldi, Die Geschichte des Throntabernakels (La nouvelle Clio 10/1950); ders. Der Throntabernakel (Atlantis XXIV/1952); H. Michaelis, Der Thronbaldachin (Berliner byzantinist. Arbeiten 6/1957); H. Cüppers, Vorformen des Ciboriums (Bonner Jb. 163/1963).

**Bald**(e)**r.** Die verschiedenen etymologischen Ableitungen des Namens B. spiegeln die unterschiedlichen Auffassungen von Herkunft, Wesen und Funktion des nordgerman. Gottes wider. Die Wurzel *bhel* (»weiß, glänzend«) deutet auf einen Lichtgott; manche Forscher wie G. Neckel erblicken in *baldr* das Appelativum »Herr, Fürst« und vergleichen mit altorientalischen Vegetations- und Fruchtbarkeitsgöttern. J. de Vries interpretiert das mythische Geschehen um B. als Initiationsritus. Der finstere, heimtückische Gegenspieler ist Loki, der den blinden Höd(u)r einen Mistelzweig auf B. schießen läßt und ihn so tötet. In B.s Tod kündigt sich der Untergang der Götter (»Ragnarök«) an. Aber die immergrüne Mistel bringt nicht nur den Tod, sondern ist die Pflanze des Lebens, die die Unterwelt zu öffnen vermag. In einer neuen Welt wird B. wieder auferstehen. [Lr]

G. Neckel, Die Überlieferungen vom Gotte B., 1920; J. de Vries, Altgerman. Religionsgesch., 1956–57; A. Kabell, B. u. d. Mistel, Helsinki 1965; K. Schier, B. (Reallex. d. german, Altertumskunde 2) [2]1974.

**Ball.** Wegen seiner an die → Kugel erinnernden Form diente der B. schon bei den alten Völkern als Bild für die Gestirne. Apollonios Rhodios *(Argonautika)* erzählt vom schicksalhaften B.spiel Aphrodites mit Eros. Beda Venerabilis umschreibt die Erde als Ball *(pila)*. Zeremonielle B.spiele mit teils astralsymbolischer (→ Kosmos), teils fruchtbarkeitssymbolischer Bedeutung sind aus Hinterindien, den mesoamerikan. Hochkulturen und dem christlichen MA (→ Spiele) bekannt. Bei Friedrich → Fröbel erscheint der B. als Symbol des Weltalls und der Ganzheit. [Lr]

R. W. Henderson, Ball, bat and bishop. The origin of ball games, New York 1947; W. Krickeberg, Das mittelamerikan. B.spiel (Paideuma 3/1948); H. Rahner, Der spielende

Mensch, 1954; L. G. Löffler, Das zeremonielle B.spiel im Raum Hinterindiens (Paideuma 6/1955).

**Ballett** → Tanztheater

**Bambus** gilt in Ostasien als glückbringende Pflanze, die im Hinblick auf den Menschen ethische Werte (wie edle Gesinnung) zum Ausdruck bringt. Die hängenden Blätter deuten auf das leere Innere (»Herz«), d. h. auf Bescheidenheit; als immergrüne Pflanze ist der B. ein Symbol des Alters. Stilisierte B.blätter (z. B. in der Zen-Malerei) können auf Langlebigkeit, Ruhe und Frieden hinweisen. Wenn in China B. und Pflaume zusammengestellt werden, bedeuten sie Mann und Frau. Der im Feuer mit lautem Knall zerplatzende B. soll die Dämonen vertreiben. [*]

N. Egenter/P. Lang, Sacred symbols of reed and bamboo, Bern 1982; W. Eberhard, B. (Lex. chinesischer Symbole), 1983.

**Bandornament,** bereits in prähistorischer Zeit, z. B. in Form von Spiralbändern in der Bandkeramik des Donauraumes. Die sumerische Ornamentik zeigt neben geometrischen Motiven verschiedenster Art auch Flechtbänder als Begrenzung mythologischer Szenen; eine symbolische Bedeutung (Wasser, Unterwelt?) ist nicht gesichert. Spiralbänder in den Gräbern zu Theben dürften mit der altägyptischen Vorstellung von Tod und Wiedergeburt zusammenhängen. Inwieweit das in der Zeit der germanischen Völkerwanderung auftauchende B., bei Theoderichs Grab zu Ravenna mit Spiralen, rein dekorative oder auch symbolische Bedeutung hat, ist ungeklärt. Im Flechtwerk der langobardischen, karolingischen und romanischen Kunst hat man (im nachhinein ?) ein Symbol des Lebensprozesses erblickt, in speziell christlicher Ausdeutung Leben, Tod und Auferstehung. Mehrstreifige Bänder um Quadrat, Rechteck oder Raute haben die Funktion einer sinnerfüllten Eingrenzung und Abschirmung des heiligen Zentrums: an Weihbrunnen, Altarplatten, als Einrahmung in der irisch-keltischen Buchmalerei. → Kelten (letzter Abschnitt). [Lr]

M. Kus-Nikolajew, Zur Symbolik des altkroatischen Bandgeflechts (Paideuma VII,3/1960); G. Küppers-Sonnenberg, Flechtwerk, Knotenband u. Knotendrache (Carinthia 1/1968); ders./W. Haiden/A. Schulte, Flecht- u. Knotenornamentik, 1972; R. Kutzli, Langobard. Kunst. Die Sprache der Flechtbänder, 1974.

**Bär,** schon in prähistorischer Zeit von kultischer Bedeutung. Nach dem Glauben der Ainu und Giljaken übernimmt die Seele des geopferten B.en eine Mittlerrolle zwischen Menschen und Göttern. Verschiedene Völker haben die Vorstellung, daß sie von einem B.en abstammen; so soll der B. als Stammvater den Wogulen und Ostjaken das Feuer gebracht haben. Als Nachttier und wegen seines Verschwindens während des Winterschlafes wird er zum lunaren Tier (Sibirien, Alaska). In Griechenland hatte die Göttin Artemis besondere Beziehungen zum B.en; in Athen hießen ihre Dienerinnen *arktoi* = Bärinnen. Zähne und Klauen dienten den Germanen als Amulett. Die Bedeutung des Tieres in der Volksmedizin fand einen Niederschlag im → Apothekennamen. Die Kirchenväter deuten den B.en als den Teufel, in diesem Sinne auch in der Plastik des MA; weiter ist er Symbol und Reittier einzelner Laster (besonders der Wollust und des Zornes). Das an sich gutmütige Tier kann aber auch im Gefolge der Heiligen auftreten (Attribut des hl. Gallus) und wegen seiner Stärke zum Wappentier werden (Bern, Berlin). [Lr]

A. I. Hallowell, Bear ceremonialism in the northern hemisphere (American Anthropologist 28/1926); A. Slawik, Zum Problem des B.festes bei den Ainu u. Giljaken (Wien. Beitr. z. Kulturgesch. u. Linguistik 9/1952); K. J. Narr, B.zeremoniell u. Schamanismus in der älteren Steinzeit (Saeculum 10/1959); J. S. Ryan, The bear and the water (Folklore 75/1964); L. Wehrhahn-Stauch, B. (LChrI 1) 1968; K. Ranke, B. (Reallex. d. German. Altertumskunde, 2) 1974. Der Berliner B. Kleine Gesch. eines Stadtsymbols (Berliner Forum 2), 1979.

**Barock** (17. Jh. und beginnendes 18. Jh.), offizieller Stil der Gegenreformation. In der Baukunst scheinen die Kirchen und Paläste aus dem Gefüge ihrer Hüllen in prächtig verzierte, gewellte Flächen und in sich himmelwärts aufschwingende Kuppeln zu bersten. Ihre Dynamik hat den Zweck, das Auge mehr als den Geist zu überwältigen. Die Bauten, beinahe wie Bühnenausstattungen weit ausgedehnt und kraftgeladen, sind Ausdruck einer lebendigen und selbstsicheren Kirche.

Höhepunkt der Architektursymbolik ist die Peterskirche zu Rom: Die DOPPELKOLONNADEN der vorgelagerten Piazza stellen die zwei Arme Christi dar, der die Gläubigen in der Kirche willkommen heißen will. Der KIRCHENBAU selbst ist das Haupt Christi. Der Gesamtgrundplan, von der Basilika gesehen, ähnelt einem gigantischen Schlüssel des Hl. Petrus. Die ovale Piazza wurde gerade ungefähr zehn Jahre nach Keplers Entdeckung der ovalförmigen Laufbahn der Planeten entworfen und besitzt eine kosmische Bedeutung, die noch durch zwei Springbrunnen als Brennpunkte der Ellipse betont wird. Der Gesamtplan ist Symbol für die Allgemeingültigkeit des Dogmas der röm.-kath. Kirche im ganzen Universum. Die Peterskirche in Rom wie auch Santa Maria della Salute in Venedig stellen eine theatralische Machtentfaltung zur Schau und sind Symbol für die Macht und den Triumph des Papsttums.

Die Gemälde und Skulpturen des B. sind sinnlicher Natur; sogar die leidenden Heiligen werden mit einem gewissen erotischen Apell dargestellt. Wenn auch der vitale Grundzug, verbunden mit seiner Freude an oberflächlicher Pracht und Illusionismus, ein tieferes Symbolverständnis oft nicht aufkommen ließ, so lebten doch die christlichen Symbolvorstellungen – besonders in katholischen Ländern – ungebrochen weiter, bereichert durch die Aufnahme der → Embleme in den Bilderschmuck von Kirchen und Schlössern. Der barocke LUSTGARTEN ist auf das Schloß zu zentriert (z.B. Karlsruhe); hier, wo der Fürst thront, ist das Zentrum des absolutistischen Staates, hier scheint die Sonne seiner Gnade auf die Untertanen. Der Belvedere-Garten zu Wien weist in seiner Anlage und in seinen Statuen auf die Dreigliederung des Kosmos: zuoberst im baumlosen Teil ist der Olymp, aus dem sich die Wasser ergießen; im Mittelteil ist mit den Taten des Apollo und des Herkules der Zwischenbereich angedeutet, auf den schließlich im untersten Teil der Bereich der vier Elemente folgt.

Im B. wird die Darstellung kirchlicher Traditionen und Märtyrerszenen besonders gepflegt; die Figuren tauchen in geheimnisvolles Licht gebadet aus einem schattenhaften Hintergrund auf. Die Lichtquellen des B. sind oft Fakkeln oder Kerzen, oder die untergehende Sonne ergießt ihre letzten Strahlen auf isolierte Körperteile der Figuren. Das LICHT, ein Universalsymbol für Gott, wird während dieser Periode nur als Teilbeleuchtung verwendet. Sie beginnt mit einem immer dunkler werdenden Sonnenuntergang und wird allmählich weniger, bis eine flakkernde, blitzartige Beleuchtung erreicht wird, sehr kleine Lichtflecken wie bei Caravaggio oder ein mystisches inneres Licht wie bei Rembrandt. Als künstliche Lichtquellen, sozusagen Symbole für die Wahrheit, erschöpft waren, (man vgl. die Lampe des Diogenes und seine Suche nach der Wahrheit), projizierte Rembrandt das Licht nach innen, und für ihn wurde es für den sprühenden Funken der Seele (*scintilla*) oder für Christus und die Wahrheit im Menschen selbst symbolisch.

Der B.stil des Südens ist ein Sinnbild für die Pracht des Himmels auf Erden, die in leicht verständlichen Begriffen sinnlicher Schönheit ausgedrückt wird; er versucht, den Betrachter mit dramatischen Farben, Licht und Schatten, Komposition und Form zu überwältigen, wobei all diesen Kunstelementen wiederum symbolische Bedeutung zugemessen werden kann. In nördlichen Ländern ging das B. jedoch mehr in einen nach innen gewandten persönlichen Mystizismus über, wie besonders im Werke Rembrandts sichtbar wird. Die Spätformen des B. mündeten schließlich in das → Rokoko ein. [Fi]

W. Weisbach, Der B. als Kunst der Gegenreformation, 1921; W. Mrazek, Ikonologie der barocken Deckenmalerei, 1953; W. Sypher, Four stages of Renaissance style, Garten City, N. Y. 1955; R. Wittkower/I. B. Jaffe, Baroque art: The Jesuit contribution, New York 1972, E. Benz, Symbole der Unio Mystica in der Barock-Mystik (Symbolon NF 1) 1972; A. Pigler, Barockthemen, 3 Bde. Budapest $^{2}$1974; G. M. Lechner (Hg.), Emblemata. Zur barokken Symbolsprache, 1977; A. Blunt, Kunst u. Kultur des B. u. Rokoko, 1980; U. Nefzger, Zum Symbolbegriff i. d. Kunstanschauung des B. (in: Beitr. zu Symbol, Symbolbegr. u. Symbolforsch. hg. v. M. Lurker), 1982.

**Barockdichtung.** Im europäischen Barock erscheint die gesamte Welt als eine Allegorie des *theatrum mundi* zwischen *vanitas* und *ordo*, Fortuna und Gott, exemplarisch dargestellt bei Calderón und Lope de Vega. Mit Hilfe von Allegorie und Emblematik (durch Lexica wie z.B. Andrea Alciatis *Emblematum liber* 1531, Cesare → Ripas *Iconologia* 1593, und anderer → Emblembücher) erstrebt *das Barock*, wie das MA, eine Totalität von Gotteserkenntnis und Weltaufassung, die sich jetzt allerdings als eine sehr dissonate und synkretistische Synthese erweist. Die vielen Berührungspunkte mit der auch als Spielart der → Allegorie zu verstehenden Emblematik, der Devisen- und Impresenkunst, der produktiv mißverstandenen änigmatischen Renaissance-Hieroglyphik und der patristischen und mal. Symbolik (z.B. → Physiologus) bekunden den engen Zusammenhang von (vor-) antiken und christlichen Traditionen der metaphorischen Bildlichkeit und ihrer spirituellen Fundierung, beruhend auf der signifikativen Qualität der Dinge und Worte.

Die vielfach verschlungene Herkunft des sowohl durch Konvention geregelten als auch variablen allegorischen Kanons kennzeichnet gleichermaßen die barocke Allegorie 1.) als Kunstform, als rethorisch- poetische Technik der Versinnlichung des Geistigen, und 2) als Denkform, als Enthüllung des Geistigen im Sinnlichen. Die Allegorie als Form der Veranschaulichung umfaßt: die tropische Gedankenfigur, die in einer Bildebene durchgeführte Metapher, die dem barocken Bedürfnis nach *ornatus,* nach phantastischer mystischer oder schwülstig- grotesker Umschreibung, nach scharfsinniger Verrätselung und Ausdeutung entspricht und zum manieristischen Concetto führen kann (u.a. Bildlichkeit von Fortuna und Vanitas, Schiffahrt, Labyrinth, Kampf, Spiel; von Pflanzen, Tieren, Steinen, Lokalitäten; Metaphorik der Liebesdichtung); ferner den Sonderfall der Allegorie als Gattungsbegriff (im dramatischen Bereich treten bei Trauerspiel und Märtyrerdrama allegorische und andere Gestalten auf, ebenso in didaktischen und parabolischen, Gelegenheits- und Festspielen etc.; im lyrischen Bereich u.a. geistliche und weltliche Bukolik); und schließlich, heutigem Sprachgebrauch am ehesten entsprechend, die ebenfalls als Sonderform der Allegorie zu begreifende → Personifikation, die allegorische Figur mit mehr oder weniger festen Attributen (Fortuna, triumphierender und besiegter Tod, Laster und Tugenden, antike Götter und Heroen). In allem manifestiert sich der Hang zu virtuoser Artistik und festlicher Dekoration, zu bedeutungsvoller, anspielungsreicher Überhöhung oder Vertiefung des alltägl. irdischen Geschehens. Ihre eigentliche Dimension erhält die barocke Allegorie allerdings erst durch die Verbindung mit dem Geist der christl. mittelalterl. → Allegorese, der Textexegese nach dem Prinzip des vierfachen Schriftsinns, die zuerst nur auf die Auslegung der Bibel als der Offenbarung Gottes angewendet, später jedoch auch auf die Dichtung profaner Texte ausgedehnt wurde. Die Praxis der Allegorese im Geist des *sensus duplex* überdauert Luthers Absage an das Allegorisieren sogar im protestantisch belehrenden und erbaulichen Schrifttum. Die bewußte Strukturierung künstlerischer Werke nach dem vierfachen Schriftsinn bezeugen schon Alanus ab Insulis und Dante. Die barocken Poetiken legen geradezu Wert auf die Mehrschichtigkeit des Kunstwerks, da die Dichter als nachahmende Schöpfer und Ausdeuter des Buches der Natur, der zweiten Offenbarung Gottes, gelten. Demzufolge erschließen sich Lyrik oder Schäferspiele, Romane, wie z.B. die Zesens und Grimmelshausens, vor allem aber die Trauerspiele Gryphius' und Lohensteins und anderer Dramatiker in vollem Umfang erst über den *sensus duplex,* der sich zahlen- und bedeutungsmäßig auffächern kann. Magie, Alchemie, Kabbalistik, Astrologie, Theosophie und mystisch-neuplaton. Naturspekulation (Paracelsus) verdichten sich z.B. bei den → Rosenkreuzern (Andreaes *Chymische Hochzeit*) und bei → Böhme, wobei sich allegorische und symbolische Bildlichkeit und Denkweise durchdringen. Daneben ist im Barock aber auch die Tendenz zur Sinnentleerung der Allegorie und der Allegorese und ihr Absinken in bloße Spielerei, vorhanden. → Drama. [BVH]

W. Benjamin, Ursprung d. dt. Trauerspiels,

1928, 1963; E. R. Curtius, Europ. Lit. u. lat. MA, 1948, ²1954; H. Sedlmayr, Kunst u. Wahrheit, 1958, ²1959; Fr. Ohly, Vom geistigen Sinn d. Wortes im MA, -Zs. f. dt. Altertum 1958/59), 1966; G. R. Hocke, Manierismus in d. Lit., 1959; A. Schöne, Emblematik u. Drama im Zeitalter d. B., 1964; D. W. Jöns, D. »Sinnen-Bild«, 1966; M. Windfuhr, Die barocke Bildlichkeit u. ihre Kritiker, 1966; M. Feldges, Grimmelshausens »Landstörzerin Courasche«, Eine Interpretation nach d. Methode d. vierfachen Schriftsinns, 1969; W. Harms, Homo Viator in Bivio, 1970; Kl. Haberkamm, Sensus astrologicus. Zum Verhältnis von Literatur u. Astrologie in Renaissance u. Barock, 1972.

**Barockmusik.** Das musikalische Barock (1600–1750) wird von einer Vielzahl kaum systematisch zu erfassender Zeichensprachen bestimmt. Sie erwuchsen aus der Tradition vergangener Jahrhunderte und bedingen für die Folgezeit neue semantische Konventionen (→ Musik). Die Symbolik stellt innerhalb dieser Zeichengebungen eine entscheidende Kategorie dar, läßt sich jedoch von verwandten Begriffen wie Allegorie, Emblem, Figur, Imitation weder in der Theorie noch in der Praxis sauber trennen.

Die vorbarocke Musik, insbesondere die altniederländische Vokalpolyphonie, hielt noch eine gewisse Balance zwischen den eigengesetzlichen Elementen Klang und Form und einer außermusikalisch beeinflußten Ausdruckshaftigkeit. Zu Beginn des 17. Jh. verlagerte sich das Schwergewicht auf die Bedeutungsseite. Prinzipien der Affektenlehre, der Nachahmung des Denkens in Analogien traten zu einem engen Verhältnis zwischen Text und Musik. Die musikalische Rhetorik mit reichem Figurenschatz wurde direkt von der Sprache abgeleitet und von deutschen Theoretikern (Burmeister, Werckmeister, Heinichen, Mattheson) als Anleitung zur Komposition vertreten. Eine so zur Kunstlehre erhobene »rhetorische Symbolik« (Schering) zeigte sich in wortgebundener Musik (Oper, Oratorium, Kantate, Messe, Choralvorspiel), aber auch in der reinen Instrumentalkomposition (»Klangrede« bei Mattheson). Anfangs in Italien und Frankreich beheimatet, griff sie bald auf Komponisten im deutschen Sprachgebiet über (Lasso, Scheidt, Schütz, Kuhnau, Bach). Bei → H. Schütz ging der Weg von der Deutung einzelner Worte (Madrigalismen) über tonmalerische Elemente zu einer persönlich geprägten Tonsymbolik (Huber). Im Werk → J. S. Bachs verbanden sich »Affektengehalt und Nachahmung mit tieferen Gehalten« (Blume). Neben der musikalischen Oratorie werden auch Stile als Symbol eingesetzt, z.B. als bewußte Kennzeichnung alter (*maniera*) oder neuer (*stile concitato* bei Monteverdi) Mittel. Kanon, Fuge und andere kontrapunktische Formen können ebenso Symbolkraft erhalten wie Tonarten oder bildhafte und malerische Elemente.

Der Symbolreichtum des Spätbarock resultiert aus der Verbindung von rhetorischer und mathematischer Symbolik. Die traditionelle Zahlendeutung wird durch den Ordnungssinn der Aufklärung neu belebt. Sie ist bei J. S. Bach und seinem Umkreis besonders ausgeprägt, während man in der Zahlenkabbalistik eine spezielle Eigenart des Thomaskantors vermutet. So bleibt bei allem Regelwesen, rationaler Erfassung und Verarbeitung in der Symbolik noch Raum für die schöpferische Persönlichkeit. Der hörende Mensch ist nur Teilhaber an die-

sem komplizierten »Symbolgewebe« (Schering). Selbst bei intensivem Studium ist eine vollständige Enträtselung kaum möglich. Die Musik als Ganzes und insbesondere die wortgebundene Musik Bachs gilt als Symbol der Gesetzmäßigkeit in der göttlichen Schöpfung. Sie wird als »Musik der Ordnung zum Gleichnis für die biblische Botschaft« (Blankenburg).
Die Wiederentdeckung der B. und ihrer Symbolik begann mit der Bach-Renaissance zu Beginn des 19. Jh. Auf der Grundlage der großen Bachbiographen Forkel (1802) und Spitta (1873/80) sprach Schweitzer (1908) erstmals von »bildlicher und symbolischer Darstellung«. Schering (1925/36) versuchte eine grundlegende Definition und Systematik des musikalischen Symbolbegriffs und ihre Anwendung auf die Barockmusik (→ Musikwissenschaft), die bis heute weitgehend das wissenschaftliche Schrifttum bestimmen. Dagegen stellte Schmitz (1950) eine »Entleerung« des Symbolbegriffs fest und ließ nur die musikal. Rhetorik und ihre Figurenlehre als sinngebend gelten. [Jg]

J. Mattheson, Der vollkommene Kapellmeister, 1739 (Faks.-Ausg., 1954); A. Schweitzer, J. S. Bach, 1908; R. Wustmann, Tonartensymbolik zu Bachs Zeit (Bach. Jb.) 1911; A. Schering, Musikal. Symbolkunde (Jb. Peters 42), 1936; W. Gurlitt, Musik u. Rhetorik (Helicon 5), 1944; Fr. Blume, Art. Bach (Musik in Gesch. u. Gegenw. 1), 1949/51; A. Schmitz, Die Bildlichkeit der wortgebundenen Musik J. S. Bachs, 1950; W. Blankenburg, J. S. Bach u. die Aufklärung (Bach-Gedenkschrift), 1950; W. S. Huber, Motivsymbolik bei Heinrich Schütz, 1961; R. Dammann, Der Musikbegriff im dt. Barock, 1967. H. Jung, Symbol u. Symbolverständnis in der Musik des Barock (Symbolon 7/1985).

**Bart,** ganz allgemein Symbol der Männlichkeit; das Abschneiden des B.es kann Zeichen der Unfreiheit, des Ehrverlustes und (in psychoanalytischer Deutung) der Entmannung sein. Wenn einem israelitischen Mann gegen seinen Willen der B. abgenommen wurde, galt das als große Schande (2 *Sam* 10, 4 f.). Ein zerzauster B. war bei Juden und Griechen sichtbares Zeichen für Schmerz und Trauer. In der biblischen Umwelt kam das Abschneiden des B.es bzw. die Rasur als eine Art Haaropfer im Sinne der Unterwerfung unter eine Gottheit vor; näher zu untersuchen wären die Gründe für das Verbot des B.tragens für Priester und Klosterleute in der lateinischen Kirche (gestattet dagegen den Kapuzinern und dem Missionsklerus). Bei androgynen Vorstellungen deutet der B. auf die masculine Seite: Hymnus von einer bärtigen Göttin Ischtar, Darstellung einer bärtigen Aphrodite (vgl. auch → Androgynität, letzter Abschnitt). Der B. ist ein Zeichen der Weisheit (Bildnisse antiker Philosophen und Rhetoren) und der Würde; er gehörte – notfalls als künstlicher Ornatbart – zum Erscheinungsbild der Pharaonen; auch Königin Hatschepsut ließ sich auf Statuen und Reliefs mit einem solchen darstellen. [Lr]

**Basilisk** → Fabelwesen

**Baudelaire,** Charles, 9.4.1821 Paris – 31.8.1867 ebda., französischer Dichter, entscheidender Wegbereiter der modernen Lyrik. Die Natur ist für ihn ein »Bilderarsenal«, ein »Wald von Symbolen«, mit deren Hilfe der Dichter die universelle Analogie, die Entsprechung von empirischer Welt und unsichtbarem Kosmos zu vermitteln vermag. In der Doktrin der

*Correspondances* (Einflüsse von Swedenborg, Lavater, Hoffmann, Fourier) manifestiert sich Bs. manichäischer Dualismus zwischen Streben nach dem Ideal und Hingabe an den Satanismus, mit Verherrlichung Satans als dem wahren Weltbeherrscher: »die Erde ist nicht Entsprechung des Himmels, sondern Spiegel der Hölle«. Diese permanente Grundspannung findet ihren dichterischen Ausdruck in weitreichender Metaphorik, Allegorik (»alles wird mir zur Allegorie«) und Symbolik: Finsternis, Angst, Abgrund, Gefängnis, Kälte versinnbildlichen den Spleen, die »Anrufung Satans«; Himmel, Aufschwung, Licht, Azur hingegen das Ideal, die »Anrufung Gottes«. Die FRAU ist für B. Symbol sowohl für das Streben nach dem Paradies (*La Chevelure*) wie für die Animalität (*Les Chats*). Die Kunst, die beständige Suche nach dem Schönen, der Kult des absolut Schönen (Ästhetik Poes) bietet die Möglichkeit zur Überwindung dieser Grundspannung. Gleichzeitig weitet sich die metaphysisch bestimmte Lehre der CORRESPONDANCES zu einer ästhetischen Symboltheorie. B. übernimmt von der Romantik tradiertes Symbol (SCHWAN) für den aus der bürgerlichen Gesellschaft verbannten Dichter (und fügt Albatros hinzu). Daneben hat er als einer der ersten die STADT (Paris) als lyrisches Thema erschlossen: diese wird ihm zu einer Quelle von Symbolen und Allegorien für die Universalität des menschlichen Leides, die Vergänglichkeit, die Todesbedrohung.

Die Lehre von den Correspondances im Sinne der universellen Analogie findet bei B. ihre Ergänzung in der Vorstellung von einer geheimen Verwandtschaft aller Sinne (Synästhesie), wo in einer »finsteren und tiefen Einheit Düfte, Farben und Töne einander antworten« [Loe]

M. A. Ruff, L'Esprit du mal et l'esthétique baudelairienne, 1955; L. J. Austin, L'Univers poétique de B. Symbolisme et symbolique, 1956; H. Friedrich, Die Struktur der modernen Lyrik, [9]1966; G. Michaud, Message poétique du symbolisme, 1966; M. Eigeldinger, La symbolique solaire dans la poésie de B. (RHLF 67) 1967; R. Galand, B. Poétiques et poésie, 1969; L. Schrader, Sinne u. Sinnesverknüpfungen, 1969; K. Reichenberger, Die schöne Unbekannte. Realismus u. Symbolhaftigkeit in den »Fleurs du Mal« (ZFSL 71), 1971; M. Hamburger, Die Dialektik der modernen Lyrik, 1972.

**Bäuerliche Symbolik.** Symbolik der eurasischen Bauernvölker ist eines der menschheitsgeschichtlich bedeutsamsten Ergebnisse aus den geistig noch ungeordneten altsteinzeitlichen Erfahrungen Mensch/Welt. Diese eurasische b.S. unterscheidet sich deutlich vom Erfahrungsschatz, der die Grundlage zur Symbolik der Akker- und Hackfrucht-treibenden Völker Ost- und Südasiens sowie Amerikas, besonders der Afrikas ausmacht. Die Intelligenz der paläolithischen Gesamt-Menschheit paßte sich an biogeographische Veränderungen so an, daß sie Kulturen in erkennbaren Abarten, also stets neue Heimat-Beziehungen schuf und nicht bei einer Einheitskultur blieb. Entscheidend wurde dabei die Abkehr von urtümlicher, magischer Welterfühlung aus der Schau der Seher und damit der Übergang in nüchterne Beobachtung und Auswertung unter dem Scharfblick der Naturwissenschaftler. Dies ist ohne die epochal unerläßliche Zwischenstufe der agrarischen Hochkulturen sowie der benachbarten Bauernkulturen kaum vorstellbar, d.h. 1) sachlich: Planvolle Viehzucht verbunden mit geregelter Ackerwirtschaft brachte die Kenntnis von Naturgestzlichkeiten außerhalb von Willkür und Zufall (jenseits der Magie); und 2) psychisch: Züchten und Zählen (»Zucht und Ordnung«) werden nunmehr anerkannt als Voraussetzung und als Maßstab für alles lebensnotwendige Tun, für friedliches Zusammenleben, für Freiheit menschlichen Daseins bis in noch überschaubare, politische Zusammenschlüsse hinein. 3) folgt daraus: Unter dem arbeitsteilenden Einfluß von Handwerk und Kunst entwickelte sich die Fähigkeit geistigen Abstrahierens, das Religiöse, das Vergöttlichen des Numinosen (später säkularisiert im Herrscher), schließlich Philosophie und Wissenschaft. Das im Früh-Mesolithikum seßhaft werdende Bauerntum, bei dem Viehzüchter zugleich (!) Akkerwirte sind, bewältigte das »In-Symbole-Fassen« seiner Weltschau in wohl zwei Epochen: einmal jungsteinzeitlich durch die Erkenntnis eigenen »Menschentums«, früh symbolisiert, weil Lebens- und Arbeitsbräuche nunmehr neues Gewicht erhalten haben – dann ab Beginn der Metallzeit zunehmend durch die vertiefte Einsicht in Wesen und Wert seiner Mitwelt, weil (a) Ordnung im Lebensraum eines Seßhaften unumstößlich wird, und weil (b) die nun auch menschlich miterlebte, zyklische Zeitlichkeit dazu aufruft, und weil nicht zum mindesten (c) die persönliche wie gemeinsame Erfahrung mit dem Nächsten im Guten wie im Bösen verpflichtet dies zu ordnen. Während fünf Jahrtausenden erwies sich die Kraft dieses symbolischen Ausdruckwillens ungebrochen als schöpferisch gestaltend: auf die Sachwelt der → Volkskunst, auf Sitte und Brauch, im Erzähl- und Liedgut, sogar im Gehabe politischer Rechtsgemeinschaften.

Die Entstehungsursache des urbäuerlichen Weltbildes und seiner Symbolformen läßt sich kurz beschreiben: »Inmitten des ruhenden, irdischen Gesichtskreises, aber über dem Geheimnisdunkel der Welt unter ihm, liegt die bäuerliche Heimstatt mit dem aufragenden Hofbaum, der am Polarstern, dem Weltennagel, im Himmelsgewölbe gipfelt – von dieser seiner »Welt« (→ Heimat) aus lernte der »Urbauer« erfassen, daß zyklische Wiederkehr nicht nur in den Gezeiten des Jahresablaufes um ihn herum Geltung hat, sondern daß sie auch für ihn und das Leben der Seinen gilt«. Indem er dies als ein wohltuend ineinander greifendes, natürliches Gefüge anerkannte und aus alter, numinoser Scheu ein Kosmisches, ein Heiliges auch für sich hineinlegte, so wuchs er über die ältere, magische Weltangst hinaus, ja konnte letztlich wie Friedrich Schiller meinen: »Nehmt die Gottheit auf in euren Willen und sie steigt von ihrem Weltenthron.« Ehrfurcht vor dem Heiligen bildete dann jene Vielfalt und Schönheit der Symbolik aus, wie sie in Volkskunst, Brauch und anderen Lebensäußerungen der bäuerlichen Welt zuhause waren; Magie und Dämonie wurden zu kümmerlichen Überlebseln älterer Zeiten. Erst mit dem berühmten Holzschnitt »Weltbild des Nikolaus von Cues« stößt der Renaissancemensch durch den Horizont dieser altbäuerlich gedeuteten

Daseins-Anschauung hindurch und erhält »Wissenschaft« von bisher ungeahnten Weltsphären. Unter anderen weiteren Erschwernissen beginnt nun das urbäuerliche Weltbild, dessen ethnische Verknüpfungen allumfassend und damit lebensgestaltend waren, schrittweise dem Ende entgegenzugehen. Dafür sprechen Beispiele nordfriesischer Symbolik des 17./18. Jhs. Nach kurzem Aufleben in der Romantik des 19. Jhs. im gesamten westlichen Europa zerstören die industriellen Massengüter Wunsch und Willen nach symbolischer Auszier. Die Nostalgie heute ist zu einer »Wiederbelebung« außerstande, weil sie unschöpferisch parodiert; modernes Designertum verdammt solche Rückbindung an Vergangenes, weil ihre Devise »Reine Sachlichkeit« (mit Normenkontrolle) nur die anonyme Abnehmerschaft »man« kennt, diese von sich aus für sich (!) manipuliert, also nicht »anzusprechen« gewillt ist – das aber ist der Tod der Symbolik bei allen Völkern der Welt. [LM]

S. Lehmann, Stammutter der Leute von Arvor (Germanien 1944); G. Heberer, Evolution der Organismen, 1954 (darin bes.: E. v. Eickstedt, K. Lorenz); A. Gehlen, Urmensch u. Spätkultur, 1964; H. Nemec, Alpenländ. Bauernkunst, 1966; S. Lehmann, Bäuerliche Symbolik (Symbolon VI) 1968; S. Lehmann, Walfischfängerkommandeur Peter Lorenz u. Albr. Dürer's Underweysung (Ethnologia Europaea IV) 1970.

**Baum,** vielfältige, sich gegenseitg überschneidende Symbolbezüge: hl. Stätte, kosmischer B., Lebensb., B. der Weisheit. Dem naturverbundenen Menschen wurden B.e zum Erscheinungsort des Numinosen, zum Wohnort von Göttern und Geistern. B.e, Haine und Wälder waren bevorzugte Kultstätten (z. B. bei den Israeliten, 2 *Kön* 16,4). Der Glaube an die Heiligkeit der B.e erweiterte sich zur Vorstellung, daß sie beseelt seien (in Griechenland die Dryaden = Baumnymphen).

Das Urbild des B.es steht in der Mitte des Alls und verbindet Himmel und Erde, bei den Germanen die Weltesche Yggdrasil, in persischer Überlieferung als gewaltiger, aus dem Ozean aufragender B., im älteren Hinduismus als umgekehrter B. mit den → Wurzeln im Himmel; → Zentrumssymbolik. Die Vorstellung vom Weltenb. findet sich auch im → Lamaismus (auf die Lehre Buddhas hin verengt) und im Traum Nebukadnezars (*Dan* 4,8.17). Die kosmologische Bedeutung des B.es wird schon in altmesopotamischen Darstellungen durch astrale Attribute (Mondsichel, Rosette, Stern) betont. Der 7-armige Leuchter des → Judentums entspricht dem Himmelsb., der die Planeten trägt.

Der blühende, früchtetragende B. wurde zu einem Symbol des Lebens. Ein weit verbreiteter Brauch ist es, bei der Geburt eines Kindes einen B. zu pflanzen; bei Naturvölkern kann der B. (neben dem Tier) zum → Alter Ego werden. Nach den Mythen verschiedener Völker (in Sibirien, Afrika, Australien) soll der erste Mensch aus einem B. hervorgekommen sein; nach germanischer Überlieferung bildeten die Götter den Mann aus einer Esche (Ask), die Frau aus einer Ulme (Embla). Bei den Azteken galt der Yucca-B. als Ursprungsland und als Heimat aller Lebensmittel. Auch die Vorstellungen vom biblischen → Paradies sind untrennbar mit der des

B.es verbunden. Der zwölffache Früchte tragende Lebensb., dessen Blätter zur »Heilung der Völker« dienen, gehört zum eschatologischen Bild des himmlischen Jerusalems (*Offb* 22,2). Ägyptische Darstellungen zeigen, wie die Himmelsgöttin (Hathor, Nut) aus einem B. heraus den Toten Speise und Trank reicht. Immergrüne B.e (wie die → Zypresse) wurden zum Bild der Unsterblichkeit. Zur Lebensbaumsymbolik gehören auch Maibaum (→ Maibräuche) und Christbaum (→ Weihnachten). Dem MA war das Kreuz das wahre Holz des Lebens *(lignum vitae)*, das die göttliche Frucht trägt. Auch Maria wurde als Lebensb. aufgefaßt. Im B. glaubte man die Stimme Gottes zu vernehmen, z. B. die Jahwes 2 *Sam* 5,23 f.; die des Zeus in der Eiche von Dodona. Ein von Xerxes bis auf den Stamm versengter Ölbaum kündete durch einen neuen Sproß den Untergang der Perser an. Buddha empfing unter einem Bodhi-B. die Erleuchtung. Der ägyptische Gott der Schreiber und Ärzte, der weise Thot, wohnt in Paviansgestalt in einer Palme. Früchte, Vögel und Lichter im B. können Mittler der → Weisheit sein. Im Paradies stand neben dem B. des Lebens der der Erkenntnis, dessen verbotenerweise genossenen → Früchte zum Tode führten. In der Alchemie spielt der B. als *arbor philosophica* eine Rolle, er ist dem Mercurius vergleichbar die Vorstufe zum »großen Mysterium«; die erstrebte Vollkommenheit galt als Frucht des unsterblichen B.es *(fructus arboris immortalis)*. Die Tiefenpsychologie erkennt den B. in seinem Bezug zur Mutter und zur seelisch-geistigen Entfaltung (→ Individuation). Schließlich ist der B. auch ein Symbol der → Freiheit. Im Traum können Bäume eine Projektion menschlicher Situationen sein: als grünender oder blühender B. ein Bild der Kraft, der Zuversicht und positiver Entwicklung; als kahler oder verdorrter B. ein Bild von Niedergeschlagenheit, Krankheit, Todesangst oder Todesverlangen. → Birke, Eiche, Linde, Ölbaum, Palme, Pinie, Weidenbaum, Zypresse. [Lr]

U. Holmberg, Der B. des Lebens, 1922; R. Bauerreiß, Arbor vitae. Der Lebensb. u. seine Verwendung in Liturgie, Kunst u. Brauchtum des Abendlandes, 1938; J. Goettmann, L'arbre, l'homme et la croix (Bible et Vie Chrétienne 35/1960; E. O. James, The Tree of Life, Leiden 1966; E. A. S. Butterworth, The Tree at the Navel of the Earth, Berlin 1970; M. Lurker, Der B. im Alten Orient (In memoriam E. Unger, 147–175) 1971; H. Genge, Zum »Lebensb.« in den Keilschriftkulturen (Acta Orientalia 33/1971); J. Jacobi, Der B. als Symbol (Analat. Psychologie 6/1975); M. Lurker, Der B. in Glauben u. Kunst, ²1976; V. Arnold-Döben, Die Symbolik des B.es im Manichäismus (Symbolon N. F. 5/1980). E. Hermsen, Lebensb. symbolik im Alten Ägypten, 1981. G. Höhler, Die Bäume des Lebens. B.symbole in den Kulturen der Menschheit, 1985; H. Hark, Traumbild B., 1986; H. Schweizer (Hg.), »... Bäume braucht man doch«. Das Symbol des B.es zwischen Hoffnung u. Zerstörung, 1986; O. Mazal, Der B. Ein Symbol des Lebens in der Buchmalerei, 1988.

**Bauplastik.** Skulptur als integrierender Bestandteil eines Bauwerkes. Eine frühe Blüte erlebt die B. in der Tempelarchitektur des dorischen Stiles in Griechenland: in den Triglyphen und Metopen, im reliefartigen Fries und im Tympanon, das vielfigurige mythologische Szenen zeigt (Olympia, Zeustempel; Athen, Parthenon). In der röm. Kunst findet die B. eine sinnreiche Anwendung auf Triumphsäulen (Trajan) und Triumphbögen (Titus, Septimius Severus, Konstantin), die die Hel-

dentaten der Kaiser verherrlichen und eine vielfältige Symbolik (→ Triumph) aufweisen.
Im MA sind die ersten Ansätze einer neuen B. um 1100 in Frankreich festzustellen. Formal angeregt von der Kleinkunst wird die Fassade, vor allem das Portal, zum Hauptfeld der Gestaltung. Hauptthemen der Tympanon-Darstellungen sind Christus der Apokalypse (Moissac, Chartres), Christi Himmelfahrt (Toulouse, Mauriac) und das Jüngste Gericht (Beaulieu, Laon, Autun). Auch das ursprünglich orientalische Motiv der von LÖWEN getragenen Säule – vielleicht Symbol des unterworfenen Feindes – finden wir in der roman. B. wieder. Am meisten lebt sich die Phantasie in den Kapitellen aus, die zugleich aber auch Träger echter Symbolvorstellungen sind, so etwa das (nach I. Tetzlaff) mit der Unsterblichkeitsvorstellung verbundene, aus der antiken B. übernommene AKANTHUSBLATT. Mitte des 12. Jh. kommen bedeutende Themen hinzu: der Baum Jesse, der Gnadenstuhl, die Marienkrönung (die KRONE galt schon vorher als Attribut und Sinnbild der Maria), die Inbezugsetzung der Szenen des AT mit denen des NT. Portal und Kapitell werden zum Spiegel des mittelalterl. Weltbildes und des enzyklopädischen Wissens (→ Enzyklopädien). Pflanzen und Tiere werden naturalistisch dargestellt, fremdartige Wesen und unreine Tiere symbolisieren die zum Christentum bekehrten Heiden (Vezelay). Gute Geister und → Dämonen bekämpfen sich (Caen, St.-Etienne). Nicht alle Tiere lassen sich mit Sicherheit symbolisch deuten. Häufig handelt es sich um spielerische Einfälle der Bildhauer. So haben die WASSERSPEIER auf den Kirchendächern oft nur einen apotropäischen Sinn; auch KNOTEN- und FLECHTBANDMOTIVE (Modena, Würzburg) sind so zu verstehen. B. im engeren Sinne bilden die Schlußsteine der Netzgewölbe sowie die immer bizarrer werdenden Formen des gotischen Maßwerks. [ThVW]

E. Mâle, L'Art relig. du XII^e et XIII^e siècle en France, 1924 bzw. 1919; W. v. Blankenburg, Heilige u. dämonische Tiere, 1943; F. u. H. Möbius, Bauornament im MA. Symbol u. Bedeutung, 1974; J. Tetzlaff, Roman. Kapitelle in Frankreich, 1976.

**Becher** → Gefäß

**Beda Venerabilis,** um 672/73–735. Der englische Benediktiner, als Historiker Autor der ersten englischen Kirchengeschichte, als früher Literar- und Naturwissenschaftler Verfasser der *Opera didascalia* über Orthographie, Metrik, Rhetorik, Naturlehre und Zeitrechnung, hat sich in seinen theologischen Schriften die Methode der Väterexegese zu eigen gemacht, sie der eigenen Zeit vermittelt und den Nachfolgern weitergegeben. In einer Fülle von Kommentaren zum AT und NT erprobt er die Methode der Schriftdeutung nach dem vierfachen Sinn des Wortes, die er anläßlich der Deutung des vierbeinigen Schaubrottisches 2 Mos. 25, 23ff. selbst vorstellt als die vom historischen zum allegorischen, tropologischen und anagogischen Wortsinn aufsteigende Auslegung der nach ihren spezifischen Eigenschaften verweisungsfähigen Sinnträger. So entfalten z.B. die Erklärungen zu Stiftshütte und Tempel Salomonis im Ausgang von den mit bedeutungskonstituierenden Proprietäten versehenen

Zahlen und architektonischen Details der Schrift die vielfältigen Möglichkeiten der Architekturallegorese, von kunsthistorischer Valenz für die Erkenntnis der Symbolwerte gebauter mal. Architektur, und suchen über die → Typologie den Bezug auf die neutestamentliche Ecclesia Christi. Für die Methode der → Allegorese wie für Einzeldeutungen zeigt sich B. insbesondere den Kirchenvätern Ambrosius, → Augustinus, Gregor und Hieronymus verpflichtet, die er als die Garanten der *auctoritas ecclesiae* und ihrer Wahrheit zitiert. Die eigene Leistung liegt in selbständiger Auswahl und Weitergabe, in der kritisch vermittelnden Fortführung der Tradition für die Bedürfnisse seiner Zeit. In dem »Wegbereiter der Karolingischen Renaissance« sehen dann die Nachfolger (Alkuin, Hrabanus Maurus) die exegetische Wahrheit gewährleistet. Für die mal. Bedeutungsforschung bedeuten B.s theologische Schriften, wiewohl insgesamt wenig originell, einen an Solidität und thematischer Breite hervorragenden Fundus der patristischen und karolingischen Bibelexegese. [Ha]

Cl. Jenkins, B. as Exegete and Theologian (Essays in Commemoration of the Twelfth Century of his Death, hg, von A. H. Thompson), 1935, Repr. 1969; M. Th. A. Carroll, The Venerable B. His Spiritual Teachings, 1946; F. Ohly, Hohelied-Studien, 1958; A. Willmes, B.s Bibelauslegung (Arch. f. Kulturgeschichte 44), 1962; P. H. Blair, The World of B., 1970; H. Meyer, Die Zahlenallegorese im MA (Münstersche MA-Schriften 25) 1975.

**Bedeutungsforschung.** Die »Wissenschaft von der spirituellen Exegese der geschaffenen Welt« (F. Ohly) nimmt sich der allegorischen Deutung der Schöpfung und der Heilsgeschichte an, wie sie die → Allegorese des MA praktizierte und folgenden Jahrhunderten zur Nachahmung und lebendigen Pflege weitergab. Die mal. Theorie von der spirituellen Bedeutung der geschaffenen Dinge, Zahlen, Gebärden etc., die nach ihren je spezifischen Eigenschaften ihre Transparenz auf einen geistigen Sinn erweisen, bleibt verpflichtend auch für die moderne B. Ihre Aufgaben sind zunächst Nachvollzug und kontinuierliche und geordnete Sammlung von spirituellen Bedeutungen, nicht zuletzt, um sie kontextueller Auswertung von Metaphern, Zeichen und Symbolen in Dicht- und Bildwerken nutzbar zu machen. Gegenwärtig gilt das Bemühen der u.a. durch Interdisziplinarität ausgezeichneten B. vor allem der methodischen Grundlegung, die im Schrifttum zuweilen nur mitklingt und der klärenden und wegweisenden Aufarbeitung bedarf.

Die Erforschung der spirituellen Bedeutungen bezieht sich auf die verschiedenenen Sinnträgergattungen. Neben den *res*, den lebenden und toten Dingen, die nach ihren Eigenschaften verweisungsfähig sind, bilden die Qualitäten (etwa die Farben), ebenfalls durch signifikante Proprietäten ausgezeichnet oder über den Oppositionenbezug aussagekräftig, und die Zahlen, die – wieder aufgrund ihrer hier durch mathematische Qualitäten begründeten Eigenschaften – vor allem in der Architekturallegorese zu Trägern der heilsgeschichtlichen Ordnung werden und dank ihrer tradierten Bedeutung für zahlenmäßig strukturierte mal. Texte Interpretationshilfen erstellen, Schwerpunkte der B.. Gedeutete Personen, Orte, Zeiten und Vorgänge

nicht nur des biblischen Erzählbereichs, sondern auch volkssprachiger Dichtung erweitern das Forschungsfeld. Die signifikante Gebärde, als Rechts- oder liturgische Gebärde von wissenschaftlicher Relevanz, weist hinüber zur → Typologie als der »Lehre von der Bedeutungsbeziehung zwischen in der Zeit getrennten Geschehnissen im Sinn von Praefiguration und Erfüllung« (F. Ohly). Auch der sprach-stilistische Bereich ist Forschungsgebiet, zum einen in der erschließenden Zuwendung an die mal. Etymologie als einer Methode der Sinnfindung wie an die Exegese syntaktischer und stilistischer Spezifika, zum anderen in der Untersuchung sprachlicher Realisierungsmöglichkeiten des Deutungsbezugs.
Die im Sonderforschungsbereich »Mittelalterforschung« in Münster seit 1968 eingerichtete Arbeitstelle für mal. Bedeutungsforschung publiziert über Neueditionen, Wörterbücher und wissenschaftliche Beiträge zu den benannten Forschungsgebieten die aufgefundenen spirituellen Bedeutungen und macht die methodischen Wege vom significans zum significatum, vom Bezeichnenden zum Bezeichneten, bewußt. Darüber hinaus ist hier die theoretische Fundierung der Bedeutungskunde wichtiger Aufgabenbereich. So hat die methodische Grundlegung der Qualitätenallegorese ein neues Untersuchungsgebiet erschlossen und abgesichert, und die differenzierte Bestimmung des Allegoriebegriffs erbrachte mit der Reflexion der Allegoriekonzepte Ansatzpunkte künftiger Forschung. → Metapher und → Emblem werden durch die Bezugsetzung zur Allegorese neu beleuchtet. Indem die B. sich des Verhältnisses von Naturkunde und Allegorese annimt, greift sie über das MA hinaus im Bemühen um die spirituellen Auslegungen des 16. bis 18. Jhs, die aus der Naturbeschreibung neue Möglichkeiten für die Deutung gewannen. Sie befaßt sich schließlich mit dem auf Visualisierung von metaphorischer und allegorischer Bedeutung ausgerichteten Text-Bild-Bezug. [Ha]

F. Ohly, Vom geistigen Sinn des Wortes im MA (Libelli 218 nach ZfdA 89, 1958/59), 1966; F. Ohly, Probleme der mal. Bedeutungsforschung und das Taubenbild des Hugo de Folieto (Frühmal. Studien 2), 1968; Ch. Meier, Das Problem der Qualitätenallegorese (Frühmal. Studien 8), 1974; Ch. Meier, Überlegungen zum gegenwärtigen Stand der Allegorie-Forschung (Frühmal. Studien 10), 1976; F. Ohly, Einleitung zu: Schriften zur mal. B., 1977.

**Bedeutungslehre** → Semantik

**Beethoven,** Ludwig van, 16.12.1770 Bonn – 26.3.1827 Wien. Durch Schenks Aufsatz »Barock bei Beethoven« (1937) wurde erstmals die Übernahme traditionellen Gedankengutes aus der barocken Affektenlehre und Rhetorik (→ Musik, → Musikwissenschaft) in der Wiener Klassik und speziell bei B. deutlich. Chr. G. Neefe machte B. in Bonn mit musikalischer Affektendarstellung bekannt. In Wien lernte er bei Albrechtsberger Kontrapunkt. Die als Autodidakt erworbene Allgemeinbildung, seine kompositorischen Fertigkeiten und Werkkenntnis nahmen auf den Peronalstil entscheidenden Einfluß. Barocke Tonsymbolik findet sich in frühen Bonner Werken, in den Messen und in der Oper *Fidelio*. Das chromatisch absteigende

Quartmotiv steht für Schmerz, Leiden, Tod. In den Skizzen zur *Egmont*-Musik notiert B.: »Der Tod könnte ausgedrückt werden durch eine PAUSE«. Hier wie in *Fidelio* ist die Generalpause Symbol des Todeseintritts. Bei den Instrumenten symbolisiert die POSAUNE das Jüngste Gericht und die göttliche Allmacht (*Missa solemnis*). Die aufsteigende Quarte und rhythmisierte Dreiklangsbrechungen (Trompetensignale) zeigen den alten »All'armi«-Topos (*Fidelio*).
Tonsymbole und musikalische Rhetorik werden bei B. in zunehmendem Maße durch ein freieres, persönlicher geprägtes Vokabular angereichert, das auch in der »autonomen« Instrumentalmusik erkennbar ist. So läßt sich ein schon bei Gluck, Haydn und Mozart vorgeformter Melodietypus feststellen, der als Symbol der Humanität, des empfindenden Menschen eingesetzt wird (*Prometheus-Ballett, 3. Symphonie*). Die Tonart Es-dur gilt als »heldisch« (3. Symphonie *Eroica*), c-moll als »schicksalhaft« (5. Symphonie), F-dur als heiter (6. Symphonie *Pastorale*). In *»Fidelio«* werden nach Schenk »Leitmotive« und »Ideensymbole« (Leonore, Florestan, Don Pizarro) als »gestalthafte Konstanten« eingesetzt. Durch ein »sprechendes« Orchester, das auch das »sichtbare Handeln und Geschehen« ohne textliche Unterstützung mitteilt, ist die Leitmotivtechnik → Wagners vorbereitet. Der neuartige Symbolwert von ethischen Zielsetzungen (Musik zur Besserung der Menschheit, Humanitätsgedanke) wirkt bei B. stets auf das Ganze eines Werkes, auf die Einheit von Gestalt und Gehalt. Der dafür stehende Begriff der »poetischen Idee« und der aus der Geisteshaltung des späteren 19. Jh. entsprungene Entwicklungsgedanke Leiden-Wollen-Überwinden war im Bezug auf B.s Musik mancherlei Fehldeutungen ausgesetzt. Scherings tonsymbolische Systematik (→ Musikwissenschaft), bei → Bach noch ohne Zwang anwendbar, stellte sich hier durch die subjektiv vorgenommene Unterlegung von »esoterischen Programmen« als Irrweg heraus und hat die Integrität musikalischer Symbolforschung geraume Zeit in Frage gestellt. [Jg]

G. v. Keussler, Zur Tonsymbolik in den Messen B.s (Jb. Peters 27), 1920; E. Schenk, Barock bei B. (Fs. Schiedermair), 1937; E. Schenk, Über Tonsymbolik in B.s »Fidelio« (B. Studien), 1970; Th. Antonicek, Humanitätssymbolik im Eroica-Finale (Fs. E. Schenk), 1975.

**Begräbnis → Bestattung**

**Bektaschiya:** Türkischer Derwischorden, als dessen legendärer Gründer Hadschi Bektasch Wali (13. Jh.) angenommen wird. Der Lehre nach Schiiten (→ Schia), obwohl sie sich nach außen hin nicht als solche deklarierten (Osmanen waren Sunniten!). Ideen des → Sufismus mischten sich mit christlichen Elementen, was auch in der Symbolik zum Ausdruck kommt. Charakteristisch für die Tracht dieser Derwische ist neben dem weißen Mantel die weiße Filzmütze mit 4 oder 12 dreieckigen Aufschlägen. Die VIER und die Zwölf spielen in der mystischen Zahlendoktrin eine wichtige Rolle. Erstere steht für die »vier Tore« zur Gnosis bzw. für die entsprechenden Klassen von Menschen beim Erreichen einer bestimmten Stufe der Ekstase. Aber auch als Hauptmärtyrer werden vier angenommen: Ali, Imam Hussain, der Mystiker al-Halladsch und Jesus. Die ZWÖLF steht für die Reihe der schiitischen Imame. 12 Kanten hatten auch die Steinamulette, welche von den Bektaschi um den Hals getragen wurden. Die Asketen unter ihnen, welche zölibatär lebten, trugen außerdem große Ohrringe. Auch die Zahl DREI hatte symbolische Bedeutung: Die Bektaschi nahmen die Trinität Allah – Mohammed – Ali an. Im Kult nahm die Märtyrerverehrung eine bedeutende Stellung ein, da der Märtyrer den gestorbenen und wiedererstandenen »neuen« Menschen verkörperte. Die Initiationsriten beruhen auf dieser Vorstellung. Dem Neuling wurde eine Schlinge um den Hals gelegt, wodurch er zum »Liebenden« *(aschik)* geweiht wurde. Der Klostervorsteher vollzog an ihm eine symbolische Erdrosselung: durch diesen »Tod« konnte er als »neuer« Mensch in den Reihen der Bektaschi wiedererstehen. [EJa]

J. K. Birge, The Bektashi Order of Dervishes, 1937; F. Taeschner, OLZ 42, 1939; G. Schweizer, Die Derwische, 1980; S. Faroqhi, Der Bektaschi-Orden in Anatolien (WZKM Sonderreihe), 1981.

**Berdjajew,** Nikolai, 19.3.1874 Kiew – 23.3.1948 Clamart b. Paris, russischer Philosoph, christlicher Personalist. Im Mittelpunkt seines freien, toleranten, jeglicher Dogmatik fremden und von einer hohen Geistigkeit getragenen Denkens steht die »existentielle Dialektik von Gott und Mensch«. Gott ist absolute Freiheit und Subjektivität, Liebe und Schaffen, er braucht die Hilfe des Menschen, der jedoch von der Welt der Objekte, des Determinismus, der Unfreiheit versklavt und »gefangen« ist. Nur im Wunder der Liebe und des Schaffens kann sich die Erlösung, die Befreiung verwirklichen.

Aus dem fundamentalen Unterschied zwischen der (menschlichen oder göttlichen) Person und der Dingwelt ergibt sich die Erkenntnisrolle des Symbols. Da das Mysterium der Person niemals objektiviert, folglich niemals begrifflich fixiert werden kann, ist es nur symbolisch faßbar. B. selber gebraucht jedoch nur selten Symbole (z.B. BROT als Sinnbild der freien menschlichen Existenz im Gegensatz zum GELD, das die Herrschaft des Inhumanen symbolisiert). Zum Unterschied von diesen existentiellen Symbolen sind die Symbole der sozialen Kommunikation nur ein äußerliches Kohäsionsmittel der objektivierten Institutionen und Gemeinschaften, die die Knechtschaft des Menschen nur verstärken und verschleiern. Im Gegensatz dazu offenbart sich in der existentiellen »Kommunion« die wahre geistige Realität, die durch keine Kommunikationssymbole ersetzt wird. [Ign]

B. Porret, B., Prophète des temps nouveaux, 1951; R. Rößler, Das Weltbild N. Bs., 1956.

**Berg,** er scheint Himmel und Erde zu verbinden, wird zur *axis mundi,* zum Weltberg (→ Zentrumssymbolik): in der indischen Kosmologie drehen sich Sonne, Mond und Sterne um den Weltberg Meru; Atlas als »Säule des Himmels« bei Herodot; dem mittelalterlichen Christentum galt der Kalvarienberg (Golgatha) als Mittelpunkt der Welt. Der hl. B. ist Wohnsitz der Götter: Fuji im →

Shintoismus, Olymp in Hellas, der kanaanäische Baal ist mit dem Zaphon verbunden, auf dem Tempelberg Zion hat Jahwe seinen Wohnsitz. Auch den alten Germanen waren B.e und Hügel heilig und wurden oft einem bestimmten Gott geweiht: Donnersberg in der Pfalz dem Donar, Godesberg (Wodenesberg) bei Bonn dem Wodan. Moses empfing auf dem Sinai die Gesetzestafeln; Mohammed hatte auf dem Dchebl Nur seine Vision; Jesus hielt seine erste Predigt auf einem B. (*Mt* 5,1 ff.). Am Ende der Zeiten wird der Gottesberg höher sein als alle anderen Berge (*Mich* 4,1). Die Götter selbst werden mit den Bergen assoziiert. Der sumerische Enlil hat das Epitheton »Großer Berg« – ein Hinweis auf seine alles überragende Stellung, vielleicht auch auf seine Verbindung mit dem kosmischen Zentrum. Shiva ist »Herr der Berge«. Bei den Hethitern wurden B.e als Götter verehrt. Im Orient wurde der Götterberg zum Vorbild für den Tempel: altmesopotamische Zikkurats, indisch-buddhistische Kultbauten (z. B. Borobudur auf Java). Im MA galt der legendäre Montsalvatsch mit der Gralsburg als irdisches Abbild des Gottesberges. Als *princeps aetherius* hat der Erzengel → Michael seine ihm geweihten Kirchen meist auf B.en oder Hügeln.

Berge partizipieren ganz allgemein an der Symbolik von → Stein und Fels. Der T'ai-B. in Schantung galt im chinesischen Volksglauben als Lebensspender und Richter über die Toten; wer den neunstufigen K'un-lun zu erklimmen vermag, der erlangt Unsterblichkeit. Im Märchen sinnbildet die Besteigung des gläsernen B.es (→ Glas) die Jenseitsreise. Der B. kann Geburtsort (→ Höhle) und Grabstätte sein. Golgatha galt als Grab Adams. Im Kyffhäuser lebt der Sage nach Friedrich Barbarossa weiter. Anzuknüpfen ist die altnordische Redewendung *deyja i fjall* = in den B. sterben. Dante schildert in der *Divina Commedia* das Purgatorium als einen B. der Läuterung. [Lr]

W. Foy, Ind. Kultbauten als Symbole d. Götterberges (Fs. E. Windisch) 1914; E. D. van Buren, Mountain Gods (Orientalia 12/1943); H. G. Quaritch Wales, The Mountain of God, London 1953; O. Huth, Der Glasberg (Symbolon 2/1961); G. Mainberger, B.götter, Gottesberge u. d. Erhabenheitsgefühl (Das Heilige in Licht u. Zwielicht. hg. v. I. Baumer/H. Christoffels/G. Mainberger) 1966; A. Ohler, Der Gottesberg (Mytholog. Elemente im AT, 154–173) 1969; H. Homann/G. Weisgerber, B.kult (Reallex. d. German. Altertumskunde II) 1973 ff. V. Haas, Hethit. B.götter u. hurrit. Steindämonen, 1982; I. W. Mabbett, The Symbolism of Mount Meru (History of Religions 23/1983).

**Bergmann.** Repräsentatives Zeichen der Bergleute und verwandter Berufe waren typische Arbeitsgeräte, meist in gekreuzter (glückbringender ?) Form. Für den Bergbau stehen heute fast überall Schlägel und Eisen (nur in Holland, Belgien und Frankreich zwei gekreuzte Keilhauen), die auch andere Zeichen (z.B. das der Hüttenleute) in zunehmendem Maß ersetzen; neu im Straßenbau (mit zusätzlichem Stampfgerät). Angebracht – wie Glückauf – auf Bauwerken, Knappenfahnen, Glückwunschkarten, auf Todesanzeigen und Grabsteinen (hier oft in nach unten gerichteter Form wie auch am Denkmal für die Opfer des Steirischen Erzberges). Zeichen für »Werktag« in den Fahrplänen. Weitere Bilder bergmännischer Graphik und Emblematik sind u.a. Keilhaue, Grubenlampe und -licht. »Glückauf« (auch »Glück auf«) ist Gruß- und Wunschformel sowie Standeszeichen. Ursprünglich allgemein verwendet (wie auch »Glück zu«), dann auf bergmännischen Bereich eingeschränkt (»Glück zu« abgelehnt, da »zu« Ausdruck des Verschließens). »Auf« zielt sowohl auf »offen, auftun« als auch auf »empor« (Bezug auf glückliche Ausfahrt mit fortschreitendem Tiefbau immer mehr im Vordergrund). Der Gruß – von Anfang an Ausdruck der Zusammengehörigkeit – wurde auch entlehnt sowie in andere Sprachen übertragen und dringt in Wort und Schrift in verwandte Berufsgruppen ein (z.B. Erdöl- und Erdgasbetriebe); auch parallele Neuschöpfungen (»Glück ab« der Flieger). Die weiße (ältere, auch maximilianische) oder schwarze Tracht wird bei festlichen Anlässen getragen. Relikte der ursprünglichen Zweckkleidung sind der Kapuzenleibrock (häufig graphisch verwendet) und das BERG- oder ARSCHLEDER. An langer Stange befestigt war es Zeichen des Aufruhrs, »Abbinden des Leders« bedeutete den Verlust der Ehre. Die Aufnahmebedeutung des sog. »Ledersprungs« (heute auch von den Gießern geübt) tritt mehr und mehr zugunsten einer ehrenden Funktion zurück. [EH]

G. Schreiber, Der Bergbau in Gesch., Ethos und Sakralkultur, Köln u. Opladen 1962; R. Neumann, Lebendigkeit u. Entwicklung des bergmänn. Brauchtums in Österr. in jüngster Zeit (Phil. Diss. Wien) 1971; G. Heilfurth, Glückauf! Gesch., Bedeutung u. Sozialkraft des B.-grußes, Essen 1958; F. Kirnbauer, Schlägel u. Eisen u. andere Symbole der Berg- u. Hüttenleute, Wien 1975 (Leobener Grüne Hefte 156); ders., Der Ledersprung, Wien 1962 (Leobener Grüne Hefte 59).

**Beschneidung** der Vorhaut des männlichen Gliedes wurde durch religiöse oder magische Vorstellungen motiviert, bei Naturvölkern (Mittel- und Südafrika, Indonesien, Ozeanien) im Pubertätsalter im Zusammenhang mit Initiationsriten durchgeführt; hygienische und medizinische Gründe spielten zunächst keine oder nur eine sekundäre Rolle. Bei verschiedenen Stämmen ist der Brauch mit der Vorstellung eines Opfers an ein Fruchtbarkeitsnumen verbunden (zur Sicherung der Zeugungskraft). In der Spätzeit Altägyptens galt die B. als Zeichen ritueller Reinheit und war für die Priester Gebot. Im → Judentum und Islam wird die B. wenige Tage nach der Geburt vollzogen. Das alttestamentliche Zeichen des mit Gott geschlossenen Bundes (1 *Mos* 17,9ff.) wird im NT durch die Taufe abgelöst; wer glaubt und sich taufen läßt, wird »beschnitten durch eine nicht mit Händen vollzogene Beschneidung, durch Ablegen des fleischlichen Leibes in der Beschneidung Christi« (*Kol* 2,11). [Lr]

A. E. Jensen, B. u. Reifezeremonien bei Naturvölkern, 1933; J. Schur, Wesen u. Motive der B. im Lichte alttestamentl. Quellen u. d. Völkerkunde, 1937; F. Stummer, B. (RAC II); B. Bettelheim, Symbolic wounds. Puberty rites, Chicago 1954; J. M. Sasson, Circumcision in the Ancient Near East (Journal of Biblical Literature 85/1966).

**Besen.** Nach antikem Glauben können in ihm dämonische Mächte wirksam werden; Zauberer vermögen ihn in einen wassertragenden Sklaven zu verwandeln – eine Vorstellung, die noch in Goethes Gedicht »Der Zauberlehrling« nachwirkt. Der B. ist vor allem bekannt als Attribut der Hexen, die auf ihm durch die Luft fliegen; ob der B. hierbei die Bedeutung eines Hilfsgeistes hat (ähnlich dem Reittier der Schamanen), als phallisches Symbol oder einfach nur als dämonisches Instrument aufzufassen ist, bleibt umstritten. Osteuropäische Märchen erzählen von dem Hexenweib Baba-Jaga, das in einem eisernen Kessel mit einem feurigen B. durch die Luft fährt. Schon früh dürfte dem B. bei der Reinigung hl. Stätten kultische Bedeutung zugekommen sein. In Altmexiko gab es ein der Erdgöttin geweihtes B.fest, das der Vertreibung von Unheil und Krankheit diente. Das chinesische Pantheon kennt eine Göttin des schönen Wetters, die Wolken und Regen hinwegfegt. Bei verschiedenen Völkern gab es den Brauch, die Seelen der Toten aus dem Haus hinauszukehren (so auch beim griechischen Seelenfest der Anthesterien). Im germanischen Raum gelten Birkenreis und Birkenbesen (am Dach angebracht) als Schutz gegen Gewitter. [Lr]

Fr. Kunze, Der Birkenbesen, ein Symbol des Donar (Internation. Arch. f. Ethnographie 13/1900); E. Fehrle, Der B. im Aberglauben (Hess. Blätter f. Volkskunde 11/1912).

**Bestattung.** Für den Christen ist das Sterben nicht das Ende, sondern der Anfang eines neuen Lebens. Im Tod und in der Auferweckung Christi hat sich Gott als der erwiesen, der den Tod besiegt und neues Leben gibt. Jeder, der in der Taufe mit Christus verbunden wurde, wird genauso vom Tod erweckt wie er. »Wer daher lebt und stirbt im Glauben an diese Verbindung mit dem Herrn, in der Hoffnung auf die Vollendung im Tod und in der Liebe zu Gott und den Menschen, für den ist das Sterben Übergang ins neue Leben.« (Gotteslob, 168)

In der B. wird dieser Glaube zeichenhaft deutlich. Ist die B. mit einer → Eucharistiefeier verbunden, so wird die Beziehung zu Jesu Tod und Auferstehung ganz besonders deutlich. Darum ist das in der katholischen Kirche üblich. Bei der B. selbst ehren wir den LEIB des Verstorbenen und übergeben ihn der Verwesung. Er wird in die Erde gelegt als »Samenkorn für die Auferstehung«. Unser armseliger Leib wird verwandelt in die »Gestalt des verherrlichten Leibes« Jesu Christi (*Phil* 3, 21; vgl. 1 *Kor* 15, 53). Die auch übliche Einäscherung ist im Grunde nur eine verkürzte Verwesung und widerspricht nicht dem christlichen Glauben.

Im Ritus der katholischen Kirche wird nun als erstes Zeichen WEIHWASSER auf den Sarg gesprengt, und der Priester oder Diakon spricht dazu: »Im Wasser und im heiligen Geist wurdest du getauft. Der Herr vollende an dir, was er in der Taufe begonnen hat«. Als zweites Zeichen wird ERDE auf den Sarg geworfen, und das besagt: »Von der Erde bist du genommen, und zur Erde kehrst du zurück. Der Herr aber wird dich auferwecken.« Schließlich wird das Grab mit dem KREUZ bezeichnet: »Das Zeichen unserer Hoffnung, das Kreuz unseres Herrn Jesus Christus, sei aufgerichtet über deinem Grab.«

Auch das fürbittende Gebet der Gemeinde für den Verstorbenen ist lebendiger Ausdruck des Auferstehungsglaubens. [Fe]

Br. Bürki, Im Herrn entschlafen. Eine histor. pastoral-theolog. Studie zur Liturgie des Sterbens u. des Begräbnisses, 1969; Gotteslob, kath. Gebet- u. Gesangbuch für das Bistum Essen, 1975 (S. 162–185).

**Bestiarium** (lat. *bestia* = Tier), Tierbuch. Die mal. Bestiarien gehen auf die Tierbeschreibungen und -deutungen des → *Physiologus* zurück, der durch zahlreiche Übersetzungen (lat. erstmals um 400, angelsächs. 2. H. 8. Jh., ahd. 11./12 Jh.) und Versionen auf Literatur und bildende Kunst (besonders romanische Plastik) eingewirkt hat. Zur archaisch anmutenden Naivität des Physiologus gesellt sich scholastische Gelehrsamkeit. In der Auslegung rückt der Mensch mit seinen Tugenden und Lastern in den Mittelpunkt; sind im Physiologus bestimmte Tiere (AFFE, FUCHS WILDESEL) dem Teufel gleichgesetzt, so werden sie in den Bestiarien zu Symbolen für die diabolische Wirksamkeit im Menschen. Auch werden neue Motive aufgenommen wie z.B. BASILISK (bei den Kirchenvätern Symbol des Todes, bei Honorius Augustodunensis des Teufels), BIENE (der Bienen»könig« = Christus) und SCHWAN (in lat. Bestiarien manchmal mit Fisch = Christus im Schnabel).

Das um 1130 von dem anglonormannischen Geistlichen Ph. de Thaon verfaßte Tierbuch *Bestiaire* enthält symbolische Deutungen von Tieren und Edelsteinen auf die ganze christliche Heilslehre. Der um oder nach 1240 von Richard de Fournival geschriebene *Bestiaire d'amour* überträgt die Deutungen des Physiologus in witzig-allegorisierender Art auf die profane Minne. [Lr]

W. v. Blankenburg, Hl. u. dämon. Tiere, 1943 ([2]1975); A. H. Krappe, The historical background of Physiologus de Thaün's B. (Mod. Language Notes 59) 1944; T. A. White, The Bestiary. A book of beasts, New York 1960; V.-H. Debidour, Le Bestiaire sculptée en France, Paris 1961; C. Clair, Unnatural history, London–New York 1967 (dt. 1969).

**Bibel.** In der B. begegnet Symbolik auf Schritt und Tritt. Schon in den Schöpfungsberichten (→ Genesis) werden Elemente aus den Mythen der Umwelt aufgegriffen, um wesentliche theologische Aussagen über Gott, Welt und Mensch in der Sprache der Zeit zu machen, wie später auch bei der Ausbildung der Feste und der kultischen Institutionen die syro-phönikische und die ägyptische Kultur Pate standen. Die mythisch-symbolische Darstellung von Glaubensinhalten hat in Israel schließlich höchste Entwicklung erfahren, etwa in der Doppeloffenbarung am Sinai (2 *Mos* 19 und 3 *Kön* 9), in der Thronwagenvision Ezechiels (2 *Mos* 1) und in der Vision Daniels vom Alten der Tage (*Dan* 7). Diese Aufnahme mythischer Bilder und ihre Reinterpretation ist auch im NT bis in die → Apokalypse zu beobachten.

Die semitischen Sprachen neigen schon ihrem Wesen nach zu symbolischer Ausdrucksweise, weil sie das Abstraktum so gut wie nicht kennen und sich daher immer wieder des Konkretums bedienen, das dann durch Sinnstreckung abstrakte Bedeutung erhält: *nefesch* GURGEL, Leben, Seele; *af* NASE, Schnauben, Zorn; *jad* HAND und *seroa* ARM stehen für Kraft, Macht; *derek* WEG (Verb: treten), menschliches Verhalten, Herrschaft u.a. Hier gilt in besonderer Weise, daß die Metapher nur die linguistische Oberfläche ist, die Kraft ihrer Zweidimensionalität das Semantische mit dem Vorsemantischen in der Tiefe der menschlichen Erfahrung verbindet (P. Ricoeur). Charakteristisch für die altorientalische Denkform ist überhaupt ein weitreichender Gebrauch von Ideogrammen (Be-

griffszeichen) und Symbolen. Beide bezeichnen eine weiterreichende Größe, die beim Ideogramm künstlich präzisiert ist, dem Symbol aber mehr von Natur zukommt und daher unbestimmter ist. Das Analogiedenken assoziiert auf Grund ähnlicher Bewegung, Farbe, Form, Laut ein je weiteres, tieferes. Roter Himmel weist auf Blut und Kampf, der Einbruch des Feindes ruft den Gedanken an das Chaos am Uranfang wach. Die Symbolik geht sicher oft weiter als wir zunächst annehmen möchten: in *Ps* 137, 9: »Selig, wer deine Kinder packt und am Felsen zerschmettert« sind Babels Kinder wohl genau so symbolisch zu nehmen wie die Mutter Babel, d.h.: »Selig, wer deiner sich stets erneuernden Herrschaft ein Ende bereitet« (Keel). Dem vorhellenischen Denken ist weiter eigen, statt einer Gesamtschau die Zusammenstellung von Aspekten zu liefern (H. Frankfort: *multiplicity of approaches*), so wie die ägyptische Darstellung des Menschen das Gesicht im Profil, das Auge und die Schulter in Vorderansicht, den übrigen Körper und die Beine wieder in Seitenansicht bietet. Die typischen Aspekte sind nacheinander zu lesen, nicht die Gesamtkomposition ist zu betrachten.
Wie in der Ikonographie verschiedene Bilder nebeneinanderstehen (Himmel als feste Decke, als Flügelpaar, als Frau, als Ozean), jeder Aspekt in einem Symbol dargestellt wird, so auch in der biblischen Dichtung. An einer Systematisierung liegt dem Orientalen nicht, er sucht das Dargestellte nicht zu erkennen, sondern zu vergegenwärtigen, in seiner Existenz zu sichern, den, der es vergegenwärtigt, daran teilhaben zu lassen: Feinde als Schemel zu Füßen gelegt (*Ps* 110, 1: Darstellung: H. Haag, Bibellexikon [2]1968, Abb. 96). Das altorientalische (biblische) Denken gilt nicht den Dingen an sich, nicht wissenschaftlicher Neugier, sondern lebt von Engagement und Tendenz. Daher ist es gleichgültig, ob nebeneinanderstehende Aspekte logisch vereinbar sind, da sie nur von verschiedenen Zwecken bestimmte Annäherungen sind. → Apokalypse, Gleichnisse Jesu, Hoheslied, Symbolische Handlungen [JBB]

A. Wünsche, D. Bildersprache des AT, 1906; L. Gulkowitsch, D. Bildung von Abstraktbegriffen i. d. hebr. Sprachgesch., 1931; J. Steinberg, D. Mensch in der Bildersprache des AT, (Diss. Bonn) 1935; E. Fader, Die B. der Evengelien, 1937; W. Straub, D. Bildersprache des Apostels Paulus, 1937; Th. Boman, D. hebr. Denken im Vergleich mit dem griechischen, 1952; A. Stuiber, Bildersprache (RAC 2) 1954; E. L. Ehrlich, D. Kultsymbolik im AT u. im nachbibl. Judentum, 1959; W. Schmidt, Anthropolog. Begriffe im AT (Evangel. Theologie 24/1964); S. M. Grill, Einführung in die Bilder-Sprache des AT, 1968; O. Keel, D. Welt der altoriental. Bildsymbolik u. das AT. Am Beispiel der Psalmen, 1972; ders., Wirkmächtige Siegeszeichen im AT, 1974; J.-E. Ménard (Hg.), Le Symbole, Straßburg 1975 (Th. Chary, Le symbole dans l'AT; P. Prigent, Le symbole dans le NT; P. Ricoeur, Parole et symbole); V. R. Mollenkott, Gott eine Frau. Vergessene Gottesbilder der B., 1985; M. Lurker, Wörterbuch biblischer Bilder u. Symbole, [3]1987.

**Biene,** wegen der straffen Organisation des B.staates schon bei den Sumerern ein Symbol für das Königtum; die prä- und frühdynastischen Herrscher Unterägyptens hatten den Beinamen »Fürst Biene«. Bei Aristoteles ist die B. Symbol für die natürliche Geselligkeit des Menschen, und in der Patristik dient der B.staat als Vorbild für den idealen Staat der Menschen. Imperiales Symbol sind die Gold-

B.n auf Napoleons I. Krönungsmantel und im Wappen der Familie Bonaparte.
Das im Winter im B.stock verborgene und im Frühjahr wieder auftauchende Insekt wird mit dem Gedanken von Tod und Auferstehung verknüpft. Bei den Germanen Seelentier. Die biblische Geschichte von Simson und dem B.schwarm im Löwenkadaver (*Ri* 14,8) wurde später als Sinnbild für die Auferstehung (= Bienen) aus der Todesnacht (= Kadaver) gedeutet. In Dantes *Paradiso* (31. Gesang) werden die im Himmel ankommenden Gläubigen mit B.n verglichen, die zu einer Blume zurückkehren. Schon bei den alten Völkern stand die B. in Verbindung mit → Muttergottheiten. Die antike Vorstellung, daß die B.n ihre Brut nicht zeugen, sondern von den Blüten sammeln (u. a. bei Vergil, *Georgica* 4,161) ließ sie im Christentum zum Symbol der Jungfräulichkeit werden; B. und B.korb sinnbilden die Jungfraumutter Maria, von der »alle Süße kommt« (Konrad von Würzburg). In der kathol. Kirche wird im Exultet (Ostergesang am Karsamstag) die B. gelobt, aus deren Wachs die Osterkerze (= Symbol Christi) hergestellt wird. In der Antike werden die Dichter öfters mit B.n verglichen; aus der gleichen Symbolvorstellung heraus erhalten große Prediger, wie Ambrosius und Bernhard von Clairvaux, einen B.stock als Attribut: ihre Worte vom Gottesreich sind süßer → Honig. [Lr]

H. M. Ransome, The sacred bee in ancient times and folklore, London 1937; W. Deonna, L'abeille et le roi (Revue Belge d'Archéologie et d'Histoire de l'Art 25/1956); C. Poinssot, Les cierges et l'abeille (Cah Arch X/1959); Ph. Rech, Inbild des Kosmos (I, 308–332); J. H. Waszink, B. und Honig als Symbol des Dichters und der Dichtung in der griech. röm. Antike, 1974.

**Bild.** a) **Allgemein.** Bilder sind der Versuch, Seiendes einzufangen, in einem besonderen Aspekt verständlich zu machen. Das Seiende, die Sache, ist der Kontrapunkt zum B., genau so wie dem sachlichen (logischen) Denken das bildhafte (in gewissem Sinn symbolische) gegenübersteht. Jedes B. ist eigentlich ein Abbild, sei es der äußeren, sei es der inneren Welt. Da es einen Sinn hat, eine geistige Einheit ausdrückt, ist es auch Sinn-Bild. Aber nur, wo über seinen Eigen-Sinn hinaus ein anderer, höherer Sinn anschaubar wird – z.B. in der Farbe Rot nicht nur das Blut, sondern auch das Leben – haben wir ein echtes → Symbol. Je nach ihrer Sinn-Dichte sind verschiedene Bilder zu unterscheiden: vom Abbild über das Symbol bis zum → Urbild. Die Realität mythischer und religiöser B.inhalte ist optisch nicht verifizierbar; gerade deshalb kommt ihnen oft Symbolcharakter zu; → Bild Gottes. Auch B.er der seelischen Innenwelt und der Phantasie sind der Welt des äußeren Auges nicht entsprechend; trotzdem wissenschaftliche Bemühungen um den Nachweis ihrer Realität (→ Psychoanalyse). Bei Klages sind B.er die schauend erfaßbaren, wirkenden Bedeutungseinheiten der Dinge, die in unmittelbarem Kontakt mit der Seele stehen. Nach der Tiefenpsychologie ermöglichen B.er aus dem Unbewußten einen Einblick in die Seelenlandschaft, wo das Unaussprechbare beheimatet ist, das sich einst in Mythos, → Märchen und Ritus auszudrücken vermochte, heute z.B. noch im →

Traum und im diagnostischen Material der → Psychotherapie.
Nach dem Glauben der alten Hochkulturen zieht das B. das Wesen und die Kräfte des Abgebildeten an; die B.er tragen selbst Leben in sich. Der altägypt. Bildhauer hieß »der lebendig macht«, seine Tätigkeit wurde mit dem Wort »gebären« bezeichnet; die Grabmalereien dienten dazu, den Toten ihren Bestiz in die Ewigkeit hinein zu verlängern. Mit den jüdischen Propheten und den griech. Philosophen tritt eine kritische Haltung gegenüber der Bildlichkeit ein. Das Verhältnis Platons zum B. ist ein doppeltes: einerseits Aufstieg des Menschen nur durch ein Sichablösen vom Leib und den Sinnen (damit auch vom Auge und den Bildern), andererseits sind die Ideen zugleich Gestaltungen, Formen, B.er; der wirklich Weise vermag in begnadeten Augenblicken die Ideen rein zu erschauen. In der spätantiken Philosophie, besonders im → Neuplatonismus, ist die Natur ein im B. eingefangenes Gleichnis des Transzendenten. Das Christentum drängt immer wieder – trotz gewisser bildablehnender Strömungen – zu einer zutiefst bildhaften und damit symbolischen Weltinterpretation: von der »figurativen« Exegese der Kirchenväter über das in Stein gehauene Credo romanischer Plastik oder den zum Himmel gerichteten Pathos barocker Malerei und Dichtung bis hin zu → Teilhard de Chardins vom Evolutionismus geprägter Vision vom Weltganzen, in der das Zeichen Omega die Symbolkraft Christi ist. → Urbild.

[Lr]

L. Klages, Der Geist als Widersacher der Seele, 1929–1932; G. Siewerth, Wort u. B., 1952; M. Eliade, Images et symboles, Paris, 1952; J. Hempel, Das B. in Bibel u. Gottesdienst, 1957; J. Jacobi, Vom Bilderreich d. Seele, 1969; W. Schrader, Mensch u. B., 1971; O. Bihalji-Merin, B. u. Imagination, 1974; R. Witkower, Idea and Image, London 1978; I. Riedel, Bilder in Therapie, Kunst u. Religion, 1988.

**Bild.** b) **In der Dichtung.** Bild ahd. *bilidi* geht auf ein Wurzelwort zurück, nach Grimms These *billôn* = formare, das Gestaltete, Gemeißelte. Im *Heliand* wird die Kaisermünze mit *bilidi* wiedergegeben, bei Otfrid die Erscheinung Christi. So früh greift das Bilden ins Geistige aus, ins Übersinnliche. Im *Parzival* »got . . . durch uns ze menschen bilde wart« (462, 22). Beim *Bruder Wernher* ist Gott »der werkman, der elliu bilde schepfen kann«. Der Minnesang macht mit dem Wunder der Liebe das schöpferische Bildvermögen bewußt. (»sist mir in den muot gebildet«). Seuses Mystik erfährt zuerst die Macht der »bildlichen rede«.
Solche Wandlungskraft durch die Jahrhunderte bezeugt die Ursprungsbewegung der Seele, die sich im Bilden bildet, bis sie in Kants »Einbildungskraft« ihre höchste Steigerung erfährt. (*Kritik der Urteilskraft* § 46, 49). Was Kant »der angeborenen Gemütslage des Genies« zuspricht, drückt sich im Genie selber aus, bei Goethe 1819: »Es muß die innere produktive Kraft des Künstlers jene Nachbilder, die im Organ, in der Erinnerung, in der Einbildungskraft zurückgebliebenen Idole freiwillig ohne Vorsatz und Wollen lebendig hervortun, sie müssen sich entfalten, wachsen, sich ausdehnen und zusammenziehen, um aus flüchtigen Schemen wahrhaft gegenständlich zu werden. Je größer das Talent, desto entschiede-

ner bildet sich gleich anfangs das zu produzierende Bild« (Weimarer Ausgabe II, 11, 283). Hier stellt sich das Bild als die innere Substanz im Künstler dar; ein Kraftfeld, das zugleich aufschließend und zusammenziehend wirkt, während es handelnd in die Sprache vordringt. Es bleibt dabei offen, wie die »Idole«, Urbilder, Urphänomene bildhaft werden, allen verständlich. Auch die Polarität männlichen und weiblichen Bildens bleibt offen. Wie Goethes Totalität durch ein Jahrhundert an Bildsubstanz verliert, spiegelt Walter Killy *Wandlungen des lyrischen Bildes* (1956) wider. Goethe selber hat den drohenden Zwiespalt zwischen Gemüt und Geist vorausgedacht: als er vor den Nazarenern die Formel prägte 1805: »Gemüt wird über Geist gesetzt«. Da unsere ästhetische Kultur von den Griechen geprägt wurde, dringen → Metapher und → Symbol in die Poetiken ein. So gilt es hier, das Ursprüngliche der Einbildungskraft im B. herauszuarbeiten. Johann Georg Hamann hat 1762 als erster in seiner »Ästhetica in nuce« die Bildsprache für die Sturm- und Drang-Generation erschlossen: »Poesie ist die Muttersprache des menschlichen Geschlechts. Sinne und Leidenschaften reden und verstehen nichts als Bilder . . ., gebildet in den Eingeweiden, in den Nieren der Sache selbst« (200). Jean Paul, *Vorschule der Ästhetik* II, 1804, hat die Einschmelzung der Metapher vorgenommen als »Wundergeburt unseres Schöpfer-Ich«. Goethes Alterswerk wird begleitet von Briefen und Maximen, in denen er seine Symbollehre erarbeitet. So bedarf es stets des Zusammenblicks von B., Metapher, Symbol, um zum Kern zu dringen, zur »Arbeit am Sinn« wie es 1974 artikuliert wurde (P. Ricoeur). Im Kapitel »Bild, Metapher, Symbol, Mythos« ist es besonders sinnfällig 1942 zusammengezogen bei den Amerikanern Warren-Wellek (Theorie der Literatur, dt. 1959).

[HP]

O. Sterzinger, Über die Gründe des Gefallens u. Mißfallens am poetischen B.e, 1913; H. Pongs, Das B. in der Dichtung I–IV, 1927–1973; G. Fricke, Die B.lichkeit bei Gryphius, 1933; O. Asch, B.sprache u. Humor, 1937; K. Westendörpf, Der soziologische Charakter der engl. B.sprache, 1939; C. D. Lewis, The poetic image, London 1947; E. Reisner, Der Dämon u. sein B., 1947; H. Seidler, Die Dichtung, 1959; M. Bernard, Pindars Denken in B.ern, 1962; P. Ricoeur/E. Jüngel, Metaphern, 1974.

**Bild.** c) **In der Psychoanalyse.** Das B. als plastisch gegenständlicher Vorstellungs- oder Denkinhalt wurde im Rahmen der → Psychoanalyse in der Traumarbeit mit Erwachsenen und in der Beobachtung der Entwicklung des Erkennens beim Kind verfolgt. S. Freud beschreibt die Verbildlichung als einen Mechanismus des Traumes, welcher unbewußte oder vorbewußte Wünsche und Impulse in plastische Bilder übersetzt, die den manifesten, erinnerbaren Trauminhalt bilden. Das B. steht für den latenten, ursprünglichen Traumgedanken, der von der Traumzensur nicht in dieser Form zugelassen wurde. In der Deutungsarbeit zum Traum muß das B. wieder in den latenten Traumgedanken rückübersetzt werden. In der gegenwärtigen psychoanalytischen Forschung erhält die Symbolfunktion des B. im Erkenntnisprozeß größere Beachtung. Neben mehr magisch-bildhaften Erkenntnisformen (wie die der frühen Kindheit, in welcher das Kind Abbilder von Objekten erkennen lernt) kann die

Entwicklung des Erkennens bis zu bewußterem, kreativ-bildhaftem Denken verfolgt werden. Diese umfassen allesamt eine typische Fähigkeit des Menschen: die Symbolisierung, welche neben Abbildern von Dingen und Menschen komplizierte Vorstellungsbilder und Begriffe schafft – im Gegensatz zum Tier, das keine Begriffe bilden kann und die Abbilder der Dinge für die Dinge selbst hält. Das menschliche Denken entwickelt sich von einfachen Bildern hin zu immer komplizierteren und bewußteren Formen und Symbolen. [EFR]

S. Freud, Die Traumdeutung (Ges. W. II/III); L. Kubie, Psychoanalyse u. Genie, 1966; J. Piaget, Einführung in die genetische Erkenntnistheorie, 1973; A. Portmann, Biologie u. Geist, 1973.

**Bild Gottes.** Des Menschen tief eingewurzelter Impuls, den unsichtbaren Mächten Form und Gesicht zu geben, führte zum B. G. Vorstufen sind Bäume, Steine und Holzstäbe. Die ältesten griech. Götterbilder waren die hölzernen, unförmigen Xoana; im Tempel zu Paphos ein kegelförmiger Stein als Bild der Astarte. Litauisch *stabas* (›Stab‹, german. Lehnwort) ist die Bezeichnung für Götterbild. Das B.G. wird meistens nicht als substantiell identisch mit der Gottheit verstanden, wenn auch oft – bes. beim einfachen Volk – eine mystische Koinzidenz bis hin zu einer Beseelung durch Gott angenommen wird. Von Osiris heißt es, daß er als Geist kommt; »er sieht seine geheime Gestalt an ihren Platz gemalt, seine Figur auf die Mauer graviert; da tritt er ein in seine geheime Gestalt, läßt sich nieder auf sein Bild«. In den oriental. Religionen (heute noch im → Hinduismus) werden Götterbilder wie lebende Herrscher behandelt: gebadet, gesalbt, mit Speisen versehen. Das Bild ist der Versuch, das Wesen Gottes zu veranschaulichen, es ist Symbol, in dem für den Gläubigen das göttliche Sein transparent wird. Die Vergegenwärtigung der Gottheit bringt auch ihre Verehrung mit sich: Kniefall, Kuß, Anbetung, Darbietung von Opfern.

Die Zusammengehörigkeit von Gott, Welt und Mensch zeigt sich in ausgesprochen symbolischen Darstellungen: Der Hochgott der indianischen Lenape – Kitanowit; er ist überall, ewig, unsichtbar – wird im Bild der Erde mit den vier Kardinalpunkten und dem hl. Zentrum angedeutet. Das ind. Meditationsbild Shri Yantra sinnbildet die Welt, des Gläubigen Herzmitte und Shakti und Shiva als Grundprinzipien des Seins. Kosmische Mächte, Elemente, Pflanzen, Tiere können zu Offenbarungsträgern und damit zu Sinn-Bildern des Göttlichen werden: auf altsemit. Denkmälern die MONDSICHEL als Gottessymbol; im Parsismus das FEUER als Manifestation Ahura Mazdas; im alten Ägypten das einzelne Tier als irdisches Abbild der Gottheit (z.B. ist das KROKODIL nicht Suchos selbst, sondern nur sein ›Ba‹, seine Erscheinungsform). WAFFEN können die göttliche Macht repräsentieren: Speer Pfeil und Bogen werden in Japan als *shintai,* ›Gottes Leib‹, bezeichnet; die Doppelaxt war in der minoischen Kultur wichtigstes Kultsymbol; bei Kriegsgefahr sprach der römische Feldherr im Marsheiligtum vor der Gotteslanze: ›Mars, vigila!‹

Das Verlangen des Menschen, sich mit der Gottheit zu identifieren (*imitatio Dei*), begünstigte den Anthropomorphismus. Das Übermenschliche Gottes kann symbolisch dargestellt werden durch Hypertrophie (Kolossalstatuen antiker Götter und asiatische Buddhafiguren); Vervielfachung einzelner Körperteile: dreiköpfige Götter (z.B. der slaw. Triglav, auch ältere Darstellungen der → Dreifaltigkeit), vierarmige Gottheiten (im Hinduismus und Lamaismus), die vielbrüstige Artemis von Ephesos; besondere Farbe (der altägypt. Amun blau, die hinduist. Kali schwarz-rot). Mythen und Legenden berichten oft von dem übernatürlichen Ursprung der Götterbilder: die Wondjina (Kulturheroen in Australien) drückten ihren ›Schatten‹ auf eine Felswand, Buddha hinterließ seine Fußspur (mit vierspeichigem Rad und Hakenkreuz); das hl. Bild der Athene auf der Akropolis ist aus dem Himmel gefallen; auch das Christentum kennt, »nicht von Händen gemachte Bilder«, → Acheiropoieta.

Die Stellungnahme der einzelnen Religionen zu einer bildlichen Darstellung der Gottheit ist recht unterschiedlich. Die oft große Zurückhaltung der Naturvölker ist weniger auf ein künstlerisches Unvermögen als auf die religiöse Scheu vor den numinosen Mächten zurückzuführen. Die indogerman. und östlichen Religionen neigten in ihrer Frühstufe zur Bildlosigkeit (bei Südgermanen von Tacitus bezeugt); älteste erhaltene Buddhabilder stammen aus Gandhara (hellenistischer Kultureinfluß!). Anikonische Einstellung der jüdischen Religion (2 *Mos* 20, 4) und des Islam (im *Koran* 5. Sure 92 werden die Bilder als »Greuel vom Werk des Satan« bezeichnet). Von heutigen Religionen ist der Hinduismus besonders bilderfreundlich; beim einfachen Volk repräsentieren die Statuen die Gottheit selbst, in der spiritualistischen Deutung sind sie allerdings nur *pratika* (›Antlitz‹, ›Bild‹,) in dem sich das Göttliche offenbart. In der christlich-mal. Kirche erhält der Drang nach dem Bild durch die Inkarnation Christi eine Rechtfertigung: »Wer mich sieht, sieht den Vater« (*Joh.* 14, 9). Bis ins 11./12. Jh. hinein wurde → Gottvater nur symbolisch durch seine schöpferische Hand angedeutet. In der kath. Kirche hat die Verehrung der Bilder sinnbildlichen Charakter, da durch sie die religiöse Huldigung dem Urbild selbst gezollt wird. Die Bedeutung der Bilder ist in einer regelrechten → Bildtheologie verankert. Ernste Bilderkritik durch die reformatorischen Strömungen (Calvin, Zwingli); für Luther dagegen sind die Bilder »weder gut noch böse«. In der orthdodoxen Kirche ist das B.G. – wie auch das der Heiligen – mehr als nur Symbol, die Ikone ist gnadeschaffende Wirklichkeit. → Imago Dei. [Lr]

E. Bevan, Holy images. An inquiry in idololatry and image worship in ancient paganism and in Christianity, 1940; F. Sierksma, Götter, Götzen u. Dämonen, 1959; H. Schrade, D. verborgene Gott. Gottesbild u. Gottesvorstellg. in Israel u. im alten Orient, 1949; W. Schoene/J. Kollwitz/H. v. Campenhausen, D. Gottesbild im Abendland, 1957; E. Sauer, D. Gottesbild – eine Gesch. der Spannung von Vergegenwärtigung u. Erinnerung (Trierer Theolog. Zs. 84) 1975; H.-J. Klimkeit (Hg.), Götterbild in Kunst u. Schrift, 1984.

**Bilderrätsel.** Auch Rebus.Rätsel, das sich mittels abgebildeter Gegenstände = *in rebus* ausdrückt. Bildfremde Elemente werden nur als Behelf eingesetzt. Die Bilder werden in der Bedeutung dessen, was sie darstellen, verwendet (Haus = Haus) oder als ein an eine bestimmte Sprachgemeinschaft gebundenes lautliches Bildzeichen, dessen Bedeutung von Bild unabhängig ist: *Diamante* (ital. Diamant) für *Di, amante* (Sag, Liebstes). Eine frühe Form des B.s gab es in Ägypten, wo neben der normalen Hieroglyphenschrift eine änigmatische Schrift existierte. Griechenland kannte das B. als redendes Bild auf Münzen (Delphin = Delphi). Das Interesse am B. wuchs seit den Kreuzzügen. Das B. ist eine Vorstufe der (Renaissance-) → Hieroglyphik und der Emblematik, die ihrerseits wieder das B. beeinflußten (*Hieroglyphen* von Horapollo, 1505; *Hypnerotomachia Poliphili* von Fr. Colonna, 1499, und *Hieroglyphica* von P. Valerianus, 1556). Von Frankreich, Italien und den Niederlanden aus verbreitete sich das B. auf die Nachbarländer. Im Spätbarock diente es der moralischen Belehrung (Niederlande), als Spiel der höfischen Gesellschaft (Frankreich), als Träger der Satire (England). In der Französischen Revolution wurde es als politisches Kampfmittel eingesetzt. Im 19. Jh. fand das B. große Verbreitung durch die illustrierten Zeitungen. [ThVW]

L. Volkmann, Bilderschriften d. Ren., 1923; C. P. Burger, De Rebus van onze oude rederijkers (Het Boek 14), 1925; A. Marinoni, I Rebus di L. da Vinci, 1954; E.-M. Schenck, Das Bilderrätsel, 1973.

**Bildtheologie.** Die B. erwuchs aus nichtchristlichen und christlichen Voraussetzungen. An der Spitze der nichtchristlichen Einflüsse steht die Vorstellung vom wirklichkeitserfüllten → Bild. Das Gottesbild hat demnach die Aufgabe, nicht zuerst den Gott abzubilden, als ihn vielmehr zu vergegenwärtigen. Dadurch wird das Bild zum Ausdruck von Macht, was wir bes. bei den Ägyptern und den Griechen (*Xoana*) feststellen können. Später übernehmen die Kaiserbilder diese Funktion. Von einer ausgesprochenen B. kann im Zusammenhang mit dem Bilderstreit gesprochen werden, der dazu zwang, die Ikonenfreunde zu einer begründeten positiven Haltung den Bildern gegenüber zu führen. Im Hintergrund der nun aufbrechenden Überlegungen aber steht das Bekenntnis zur Menschwerdung Gottes, das einem Sichtbarwerden des Vaters im Bilde seines Sohnes gleichkommt. Dazu kommt die Bedeutung, die man dem Schauen, vor allem bei den Griechen, beigemessen hat. Dieses Schauen gewinnt im ganzen NT seine Bedeutung, wenn es sich um die Eschatologie handelt, wobei dieses Schauen, zum Unterschied vom AT, bereits in die Gegenwart hereinreicht. Der auferstandene Kyrios wird »gesehen« (1 *Kor* 9, 1, 15,5ff.) und gerade diesen Kyrios hat Johannes in *Joh* 1, 4 und 1 *Joh* 1, 1 vor allem im Auge. – Unter den Bildtheologen (Nicephoros, Theodor v. Studion) erscheinen Sehen und Schauen des Heiles im Bilde im Vergleich zum Hören auf Grund der griechischen Sehfreudigkeit im Vordergrund, und dadurch ist bereits eine Vorstufe geschaffen für das wirklichkeitserfüllte Bild. Der eigentliche Schritt zur Gegenwart des Dargestellten im Bilde und damit zu seiner Verehrung erfolgt in dem Augenblick, wenn auch zunächst unausgesprochen, da das Bild mit dem Evangelium in Vergleich gesetzt wird. Ist nun das Bild, so folgerten die Bildtheologen, ein Evangelium für die Augen, dann gilt für dieses dasselbe wie für die Frohbotschaft, die man hört,d.h. im Bilde wird auch das Heil wie in einem Quasi-Sakrament wirkkräftig, Christus, »der Freudenbote der erwarteten Endzeit« (G. Friedrich) wird auch hier gegenwärtig, denn auch hier im Bilde wird seine Freudenbotschaft in seiner Kraft verkündet, und darum konnte Theodor von Studion sagen: »Beiden (dem Worte und Bild) gebührt dieselbe Ehre und Verehrung«, denn das Bild »führt den Geist der Beschauer sofort und unmittelbar zu den Dingen selbst, so wie wenn sie gegenwärtig wären, und macht ihre Erkenntnis durch den ersten Blick schon und die erste Hinwendung zu einer klaren und vollkommenen«. (L. Koch). Johannes v. Damaskos wurde dann zum eigentlichen Bildtheologen. Diese B. lebt bis heute weiter in den → Ikonen der Ostkirche, während der Westen wohl auch von diesen Gedanken erfüllt war und immer wieder von neuem ist (vgl. die großen romanischen Kruzifixe, die als Kultgegenstände anzusprechen sind oder die zahlreichen »Gnadenbilder« in den Wallfahrtsorten«), aber dennoch im Grunde dieser Konzeption mit einer gewissen Skepsis begegnete, beginnend bei Karl dem Großen bis hin zu der Formulierung des Konzils von Trient, 25. Sitzung, 1563: »Ferner soll man Bilder Christi, der jungfräulichen Gottesmutter und der anderen Heiligen vor allem in den Kirchen haben und beibehalten. Man soll ihnen die schuldige Ehrfurcht und Verehrung erweisen, nicht etwa als ob man glaube, es wohne ihnen etwas Göttliches oder eine Kraft inne, weshalb man sie verehren müsse, oder als ob man sie um etwas bitten könne, oder als ob man eine Zuversicht auf Bilder setze, wie einst die Heiden, die ihre Hoffnung auf Götzenbilder setzten, sondern weil die ihnen erwiesene Ehrfurcht das Urbild meint, das sie darstellen. Wenn wir deshalb Bilder küssen, das Haupt vor ihnen entblößen, hinknien, so beten wir Christus an und verehren die Heiligen, die sie darstellen. ... es soll vor allem auf den Nutzen bildlicher Darstellung der Geheimnisse der Erlösung hingewiesen werden, Sie mahnen das Volk an die Wohltaten Gottes und stellen dem Christenvolk Vorbilder christlichen Lebens vor Augen«. Man könnte also von einer stark, wenn auch nicht ausschließlichen pädagogischen Note der B. des Westens sprechen. Diese pädagogische Sicht, die die Bilder in den Dienst der Verkündigung einbaut (J. A. Jungmann: »Kirchl. Kunst will bekennen, will verkünden, so wie der Gottesdienst selber Bekenntnis und Verkündigung ist«), bedarf aber, weil sie eben doch nur die halbe Wahrheit ist, der Ergänzung durch eine ontologische, vergegenwärtigende Sicht der Bilder, denn nur so nehmen sie am Mysterium teil, wie ja auch der Gottesdienst mehr ist als nur Verkündigung. [Sr]

U. Rapp, Das Mysterienbild, 1952; W. Schöne, J. Kollwitz, H. v. Campenhausen, Das Gottesbild im Abendland, 1952; E. Sauser, Frühchristl. Kunst, 1966; Ders., Kunst u. Priester (ZKTH 96) 1974; Ders., Das Gottesbild – eine Geschichte der Spannung von Vergegenwärtigung u. Erinnerung (TrTHZ 84) 1975; G. Lange, Bild u. Wort, 1969; M. Wichelhaus/A. Stock, B. u. Bilddidaktik. Studien zur relig. Bildwelt, 1981.

**Binden und Lösen.** In Magie und Religion symbolische Handlungsweisen, die bestimmte Kräfte hemmen oder freisetzen sollen. Volksglaube ist es, daß die Lösung von Bändern und Knoten die Geburt wie auch das Sterben erleichtert; rote Bänder sollen in Liebes- und Hochzeitsbräuchen eine bindende Wirkung ausüben. Des Menschen Leben hängt an einem Faden, er ist in Raum und Zeit »verstrickt« und gerät schließlich in die Schlinge des Todes. Gott (Jahwe) selbst ist es, der sein Netz rings um den Menschen wirft (*Ijob* 19,6), er kann binden und lösen – diese Gewalt wurde nach neutestamentlicher Aussage zusammen mit dem → Schlüssel auf den Apostel Petrus übertragen. Schlinge und Netz gehören zu den zaubermächtigen Waffen babylonischer Götter (so bei Marduk); in Indien ist Varuna derjenige, der die schuldig Gewordenen bindet, während man von Indra die Lösung der tödlichen Bande erwartet. Manche buddhistischen Götter (wie Acala) haben zum Zeichen ihrer Gewalt über die Menschen eine Schlinge als Attribut. In der Snorra-Edda (*Gylfaginning* 19) wird Odin »Gott mit der Schnur« bzw. »Fesselgott« genannt, er ist der die Menschen durch seine Gesetze bindende Gott. Bei Plotin (*Enneaden* IV,8) findet sich die Vorstellung der nach ihrem Sündenfall angeketteten Seele, die bei einer Umkehr in Richtung zu den Ideen ihrer Bande wieder ledig wird. Ein bekanntes Motiv der Renaissance-Literatur ist, wie der sündhafte, wollüstige, törichte Mensch sich selbst in die Abhängigkeit begibt und am Narrenseil dem Teufel oder der Frau Venus hinterherläuft. Indem man sich aus der Verstrickung in die niederen Kräfte befreit, kann man sich an höhere Mächte binden; so schildert Tacitus (*Germania,* 39) einen germanischen Brauch, nach dem man nur in Fesseln den heiligen Hain betreten durfte. Der weiße Strick der Franziskaner und Kapuziner ist im besonderen ein Zeichen der Buße, ganz allgemein aber ein Zeichen der Bindung an Gott; die drei gewundenen Knoten symbolisieren die drei Gelübde: Keuschheit, Armut und Gehorsam. → Faden, Kette, Knoten, Ring. [Lr]

I. Scheftelowitz, Das Schlingen- und Netzmotiv im Glauben u. Brauch der Völker, 1912; K. Adam, Zum kanonischen u. außerkanonischen Sprachgebrauch von B. u. L. (Gesammelte Aufsätze), 1936; R. Br. Onians, The origins of Eurpoean thought about the body, the mind, the soul, the world, time and fate, Cambridge 1951 (S. 310ff.); M. Eliade, Ewige Bilder u. Sinnbilder, 1958; ders. Mythes et symboles de la corde (Eranos-Jb. 29/1960); G. Piccaluga, Binding (Encyclopedia of Religion, 2). New York 1987.

**Biologie** → Verhaltensforschung

**Birke,** in Nordeuropa (→ Germanen) auf Himmel und Himmelsgott bezogen, bei Slawen und Germanen auch Sinnbild des Frühlings und der Leben erweckenden Kraft; in einigen Gegenden wird die Braut am Hochzeitstag mit frischem B.reis geschlagen. Sibirische Völker (z. B. Tartaren, Mordwinen) erblicken in der auf einem Hügel oder Berg stehenden B. den Weltbaum. [*]

**Birne.** Der durch hohes Alter sich auszeichnende B.baum ist in China ein Sinnbild für langes Leben. Das chinesische Wort für B. ist etwa gleichbedeutend mit dem Wort für Trennung (beide *li*); B.n können deshalb zum Symbol für Trennung und damit der Trauer werden. Der B.baum galt im christlichen MA wegen seiner makellos weißen Blüten als marianisches Symbol (am Sockel der Marienstatue zu Paris, Notre Dame, nördl. Westportal); in Oberbayern gibt es einen Wallfahrtsort Maria Birnbaum. Im Volksglauben verschiedener Gegenden gilt der B.baum als weiblich; an einer reichen Birnenernte will man erkennen, daß viele Mädchen geboren werden. Mythische Bedeutung hat der B.baum auf dem Walserfeld; wenn er blüht, naht das Weltende, »die letzte Schlacht«.

[Lr]

**Blake,** William, 28.11.1757 London – 12.8.1827 ebda., englischer Dichter, Graphiker und Maler, dessen Denken von Jakob → Böhme, Swedenborg und vom → Neuplatonismus geprägt war. Als Visionär, der mit Geistern verkehrte, interessierte sich B. für das Problem des Sehens: »Ein Narr sieht nicht denselben Baum, den ein Weiser sieht«; die Unschuld sieht die Welt mit anderen Augen als die Erfahrung. Unterschiedliche Weisen des Sehens zeigt der Gedichtzyklus *Songs of Innocence and Experience* (1789/94) mit seiner Kontrastierung von Lamm und Tiger. So inaugurierte B. den philosophischen Perspektivismus, war aber sebst nicht Skeptiker, der sich mit der Feststellung der Relativität bescheidet; er beanspruchte, tiefer zu blicken als seine Mitmenschen; beim Sonnenaufgang sah er nicht eine »runde Scheibe«, sondern »die unzählbare Menge der himmlischen Heerscharen«, die das *Sanctus* singen. Kunst war für ihn Vision dessen, »was ewig, wirklich und unveränderlich da ist« und nicht Abbildung der »Nichtigkeiten von Zeit und Raum«; die *imagination* verstand er als bildendes Schaffen, das er mit der göttlichen Kraft des schöpferischen Logos gleichsetzte. So wurde B. zum Symbolisten, der, ohne sich schon als solcher zu bezeichnen, nachhaltig auf Spätere, vor allem auf W. B. → Yeats wirkte.

Seine Einsichten legte B. in langen, freirhythmischen Dichtungen dar (*Milton,* 1804/8; *Jerusalem,* 1804/20), die, im einzelnen schwer deutbar, die Welt als Gewebe und Schmiedewerk fassen; dabei wird das unmittelbar Gegenwärtige – England, London – ins Mythische transponiert. Leichter zugänglich ist *The Marriage of Heaven and Hell* (ca. 1793), in dem die Gegensätze von Gut und Böse ins dialektische Spiel gebracht und miteinander vertauscht werden. Hier antizipiert B. die Trieblehre Freuds und die Darstellungsweise des Surrealismus; sein Ziel ist die Befreiung von einschränkenden Fesseln und die Erkenntnis der Unendlichkeit in allen Dingen.

[JK]

A. Gilchrist, The Life of W. B., 1942 (zuerst 1863); J. Bronowski, W. B. and the Age of Revolution, 1965; S. F. Damon, A B. Dictionary. The ideas and symbols of W. B., ²1967; D. V. Erdmann: Prophet against Empire, 1969²; K. Raine, B. and Tradition, 1969; W. B. (Ausstellungskatalog der Hamburger Kunsthalle), 1975; M. D. Paley, William B., 1978.

**Blau** weist als Farbe des Himmels und des Meeres auf die Unendlichkeit, auf lichte Höhe und dunkle Tiefe. Die »blaue Blume« (Novalis, *Heinrich von Ofterdingen*) ist Symbol der ins Unendliche gerichteten Sehnsucht. Blau ist Hinweis auf das Göttliche: blauer Bart ägyptischer Götter, blaue Hautfarbe des indischen Krishna, blauer Mantel Wodans (in der *Edda*) und Gottvaters in der christli-

chen Kunst. Mit dem zum Weiß tendierenden B. verbindet sich die Vorstellung der Reinheit: häufig Gewandfarbe der Jungfrau und Gottesmutter Maria.
Blau gilt als symbolischer Hinweis auf Treue (als Blume: Vergißmeinnicht) und Beständigkeit; in mittelhochdeutschen Dichtungen trägt Frau Staete (Personifikation der Stetigkeit, Beständigkeit) ein blaues Gewand. Blau ist aber auch die Farbe der → Trauer, des Unheils (in Traumdeutung und Orakel), der Lüge (»das Blaue vom Himmel reden«) und des Bösen; im *Koran* kennzeichnet B. am Jüngsten Tag die Verbrecher; Mosaiken des MA zeigen manchmal den guten Engel als rote, den bösen Engel als blaue Gestalt. [Lr]

R. Wiebel, Die b. Farbe in ihrer kirchl. u. volkstüml. Bedeutung (Magazin f. Pädagogik 101/1938); E. Kirschbaum, L'angelo rosso e l'angelo turchino (Rivista di Archeologia Cristiana 17/1940); R. Weiß, Dämonenb. u. Himmelsb. Die b. Farbe im volkstüml. Glauben u. Brauch (Du, 1946,Nr. 6); L. Schmidt, Rot u. B. Zur Symbolik eines Farbenpaares (Antaios 4/1962).

**Blei** galt allgemein in der Antike als zauberkräftiges Metall; Flüche wurden auf B.täfelchen gesetzt; auf der Brust getragene B.plättchen *(chartae plumbae)* – wie Kaiser Nero sie trug – sollten zu einer schönen Gesangsstimme verhelfen. Der griechische Held Bellerophon tötet Chimaira, indem er dem Ungeheuer einen B.klumpen in den Rachen wirft, dieser schmilzt im Feueratem und zerstört die Eingeweide. Wegen des hohen spezifischen Gewichts ist das Metall ein Symbol der Schwere im physischen und psychischen Sinn: bleierne Last, bleierne Müdigkeit, die Sünde lastet wie B.; nach dem Kirchenlehrer Gregor d. Gr. deutet das B. auf die Habsucht, die die Seele beherrscht und so niederdrückt, daß sie kein Verlangen mehr nach himmlischen Dingen hat. In antiker alchemistischer Auffassung entspricht B. dem Saturn, der letztlich mit der Sonne (im Metall Gold) in ihrem mittwinterlichen Grab gleichzusetzen ist; astrologisch befindet sich die Sonne im Saturnhaus → Steinbock. Das B. wurde auch »Grab des Osiris« genannt (das alle für die Wiederbelebung des Gottes notwendigen Glieder enthält) und erscheint damit als Wandlungssubstanz (C. G. Jung). In einem z. T. übertragenen Sinne wollte die spätere Alchemie durch »Transmutationen« aus dem dunklen B. das strahlend leuchtende Gold gewinnen; dabei kann dem B. die Bedeutung einer *materia prima* zukommen. Das heute noch zu Neujahr vorkommende B.gießen, bei dem geschmolzenes B. in Wasser geschüttet und die entstehenden Figuren auf künftige Ereignisse gedeutet werden, ist ein alter Orakelbrauch. [Lr]

L. Schmidt, Das B. in seiner volkstümlichen Geltung (Mitteil. des Chem. Forschungsinst. der Industrie Österreichs II/1948); C. G. Jung, Von den Wurzeln des Bewußtseins, 1954; L. Schmidt, Hl. B. in Amuletten, Votiven ... in Europa und im Orient, 1958.

**Blindheit.** In Mythos und Märchen kann das physische Nicht-Sehen Vorbedingung sein für die innere Schau, für die Divination. Der blinde Teiresias erhält von Zeus die Gabe, Künftiges vorauszusehen. Um die höchste Weisheit zu erlangen, hat der germanische Gott Odin ein Auge verpfändet. Wer für die Götter dieser (irdischen) Welt blind ist, der wird im

Himmel Gott schauen; von hier aus sind die Blindenheilungen Jesu zu verstehen (→ Krankheit). Nach Isidor von Sevilla *(Allegoriae)* ist die Blindenheilung Symbol für die Erleuchtung der in geistiger Finsternis und im Todesschatten versunkenen Menschheit. Die Ungläubigen und die Sünder werden mit B. geschlagen; diese ist äußeres Zeichen der inneren Verblendung. Ein bei verschiedenen Personifikationen attributiv verwendetes Symbol der B. ist die → Augenbinde. [Lr]

**Blitz** und **Donner** sind eng mit der Vorstellung vom → Wetter- oder auch Himmelsgott verbunden. Im vor- und frühgeschichtl. Europa war die Axt ein verbreitetes B.symbol; ob das Rad als Attribut einer keltischen Gottheit wirklich auf den (Wagen des) Donnergott(es) hinweist, ist fraglich. Blitzbündel oder Donnerkeil sind Symbole bzw. Attribute altoriental. Gewittergottheiten; der B. diente Marduk als Waffe im Kampf gegen Tiamat. Das Zucken des B.es und das Grollen des D.s galten als mahnendes Zeichen des himmlischen Strafgerichtes. Der blitzeschleudernde Zeus konnte als zorniger, aber auch als befruchtender Gott erscheinen. Der Antike war die Deutung des über die Erde dahinziehenden Gewitters als hl. Hochzeit von Himmel und Erde wohl vertraut, der B. selbst (oft als Lanze bezeichnet) konnte dabei die Rolle eines himmlischen Phallus spielen. Aus der vom göttlichen B.strahl getroffenen Semele kam Dionysos hervor. Die Germanen und auch andere Völker dachten sich den D. durch den über den Himmel rollenden Götterwagen entstanden (→ Donar). Nordamerikan. Indianer glauben den D. durch das Flügelschlagen des »Donnervogels« (Adler) verursacht; auf Zeichnungen der Dakota-Indianer kommt aus dem Schnabel des Vogels der B. hervor.

Im AT sind Epiphanien öfters von B. und D. begleitet (so 2 *Mos* 19,16). Gottes Stimme ist in ihrer Machtfülle einem D. gleich (*Joh* 12,28 f.). Am Tage seiner Wiederkunft wird der Menschensohn über die ganze Welt sichtbar wie ein B. erscheinen (*Luk* 17,24); andererseits kann aber auch Satan »wie ein B. vom Himmel fallen« (*Luk* 10,18). Die Verbindung des B.es mit einer geistigen Kraft hat sich in der Metapher vom »Geistesblitz« (eigentlich der Erleuchtung durch Blitzeinschlag = Fulguration) aus antiker Zeit bis heute erhalten. [Lr]

Fr. M. Schnitger, Der Gewittervogel in Asien (Mitteil. d. Anthropol. Ges. Wien 1941); H. Lommel, B. und D. im Rigveda (Oriens VIII/1955); R. Lefort des Ylouses, La roue, le swastika et la spirale: symboles antiques du tonnerre et de la foudre (Gazette des Beaux Arts 46/1955); A. Rieth, Der B. i. d. bild. Kunst, 1953; W. Speyer, Die Zeugungskraft des himml. Feuers in Antike u. Urchristentum (Antike u. Abendland 24/1978).

**Blok** Alexander, 16.11.1880 St. Petersburg – 7.8.1921 ebd., genialer russischer Dichter, Vertreter und Theoretiker des russischen → Symbolismus. Philosophisch von Platon und → Solowjew mächtig beeinflußt, glaubt B., daß die idealen Urtypen sich im Weltall nur in einer »dispersierten« Form manifestieren, daß sie dennoch unbegreiflicherweise in manchen ihrer irdischen Abspiegelungen zu einer vollkommenen Inkarnation gelangen können.

In seiner Dichtung ist B. stets auf der Suche nach diesen ewigen Wesenheiten, welchen er sich durch symbolische Gestalten von unbeschreiblicher Schönheit annähert. B.s Dichtung kreist um das Bild der »Schönen Dame«, eines Abglanzes der »göttlichen Weiblichkeit«. Das Weiblichkeitssymbol zeichnet sich vor allem durch das Geheimnisvoll – Enigmatische (»Die Unbekannte«) aus, dem sich auch das Bedrohlich-Anziehende, das ästhetisierte Unheimliche (die Symbolmotive der »TrauerFEDERN«, der »schwarzen Federn« der SCHLANGE, z.B. »schlangenartige Haare«, »Schleife wie eine Schlange«) beifügt.

Ein anderer Symbolkomplex bei B. drückt sein Rußland-Erlebnis aus. Die Unbegreiflichkeit von Rußland tritt im Bild der SPHINX auf. Mit einem ungewöhnlichen Gefühlsreichtum schafft B. das Bild der »Szythen«, zu denen er sich in der Antinomie von Bekennen und Distanz verhält. Die Szythen sinnbilden die verheerende Vitalität von Rußland, dessen Barbarei offen zugestanden, aber zugleich leidenschaftlich und herausfordernd bejaht wird.

In der letzten Phase von B.sDichtung rückt die Gestalt von Christus in den Vordergrund. Christus, der in der B.schen Interpretation den Sinn der bolschewist. Revolution verkörpert, schreitet an der Spitze, der »ZWÖLF«, der revolutionären Truppe. In der Gestalt des Erlösers, der in vollem Kontrast zum Geist des Christentums die blutige Revolution leitet, kulminiert die Symbolwelt von B., der sich von dem wütenden Element des primitiven Chaos berauscht fühlt, obwohl von ihm patrizianisch distanziert bleibt. [Ign]

V. Orlov, A. B., Essay über sein Werk (russ.), 1956; B. Solowjew, Der Dichter u. seine Heldentat, Der schöpf. Weg von A. B. (russ.) 1973; F. D. Reeve, Structure and Symbol in B.s »The Twelf« (The Slav. and East Eur. Review) 1960.

**Blume,** neben Farbe und Duft vor allem durch ihre Form ausgezeichnet (Analogien zu Becher, Flamme, Glocke, Herz); Sinnbild des Frühlings, des Wachstums und der Schönheit. Die sich dem Licht öffnende Blüte wird in Verbindung mit Sonne und Weltall gesehen (→ Lotos). Bei den Japanern wird auch den Baumblüten eine besondere Bedeutung zugelegt (→ Shintoismus). In Mythen, Märchen und Legenden können B.n als Seelenträger erscheinen. Aus dem Blut des → Adonis sprossen Anemonen hervor; in der christlichen Symbolsprache deuten Anemonen auf das vergossene Blut der Märtyrer. B.sträuße waren schon im alten Ägypten ein Lebenssymbol und spielten deshalb im Totenkult eine wichtige Rolle. Den B.n der Katakombenmalereien und den B.kränzen oder B.körben auf altchristlichen Epitaphien dürfte Auferstehungshoffnung beizumessen sein.

B.n gehören zur antiken Unterwelt (Asphodeloswiesen in der *Odyssee),* zum buddhistischen Paradies Sukhavati (»viele hundert schöne B.n mit köstlichem Duft«) und zum christlichen Himmelreich. Der Mystiker Heinrich Seuse schreibt von der wonnigen Stadt, die erfüllt ist vom Widerschein roter Rosen, weißer Lilien und allerlei lebender B.n. Noch Ende des 19. Jh. weiß Gerhart Hauptmann von der Seligkeit als wunderschöner Stadt, auf ihren »weißen Straßen sind B.n gestreut«, ihre Türme sind »mit Rosen bekränzt«, und die Himmelskinder schweben »durch Duft und Blumendampf des Paradieses« (*Hanneles Himmelfahrt*). Gott ist die geheimnisvolle B., die in dem gläubigen Menschen erblüht (Angelus Silesius, *Cherubin. Wandersmann* I, 81). Ab dem späten MA werden die verschiedensten B.n auf Christus oder Maria bezogen. So deutet das → Maiglöckchen auf den Heiland, die → Akelei und die → Schlüsselblume auf Maria. Weitere Mariensymbole sind → Lilie, → Nelke, → Rose und → Schwertlilie. Das Veilchen ist die Blume der → Demut; die Malve (= Stockrose) weist auf die Bitte der Vergebung und deren Gewährung. Die aus Amerika eingeführte Passionsblume *(Passiflora)* erhielt ihren Namen aufgrund eines Vergleiches ihrer Blütenteile mit den Marterwerkzeugen Christi; die Blume war das Sinnbild des Pegnitzordens, eines Sprach- und Dichterkreises um G. Ph. Harsdörffer (um 1650). Ebenfalls aus der Neuen Welt stammt die Sonnenblume, die im Inkareich als Zeichen des Sonnengottes höchste Verehrung genoß, im christlichen Kulturraum aber keine symbolische Bedeutung erlangte; erst in der neueren Malerei erhält sie einen autonomen, das Reale übersteigenden Ausdruckswert (bei Emil Nolde und → van Gogh). In der Romantik gewinnt die B.symbolik eine neue Dimension (vgl. → Runge); die »blaue B.« in der Dichtung des Novalis wird selbst zum Symbol dieser Epoche und ihrer Sehnsucht.

»Durch die Blumen sprechen« bedeutet: etwas verhüllt, nur andeutungsweise ausdrücken, im Mittelhochdeutschen: »mit gebluemten worten«. Bei zahlreichen Völkern dienen die B.n als Boten der Gefühle zwischen Liebenden und Freunden (B.sprache). Im Orient heißt der Gedankenaustausch durch B.n *Selam* (arabisch »Gruß«); Beispiele dafür sind die Nelke: »Ich liebe dich heimlich«, weißer Jasmin: »Unsere Liebe wird süß sein«, Pflaumenblüte: »Halte dein Versprechen«, Tulpe: »Ich erkläre dir meine Liebe«. Die japanische Kunst des B.steckens (*Ikebana,* d.h. »lebendige Blumen«) ist ein säkularisiertes B.opfer und entwickelte sich zu einer vom Zen-Geist beeinflußten symbolischen Ausdruckskunst. In China ist »eine Blume« eine Art Metapher für eine schöne Frau, ein »Mädchen wie eine gelbe Blume« ist eine Jungfrau. Als Beispiele ostasiatischer B.symbolik seien → Chrysantheme und Päonie (→ Pfingstrose) genannt. [Lr]

E. Haig, The floral symbolism of the great masters, London 1913; J. Hecker, Das Symbol der blauen B. im Zusammenhang mit der B.symbolik d. Romantik, 1931; E. S. Ferry, Symbolism in flower arrangement, New York 1959; C. Grützmacher, Novalis u. Ph. O. Runge. Drei Zentralmotive u. ihre Bedeutung: B. – Kind – Licht, 1964; A. P. de Mirimonde, Fleurs et fruits du paradis (Oeil 156/ 1967); S. Kakuk, Über die türk. B.sprache (Acta Orientalia Acad. Scientiarum Hungaricae 23/1970); L. Herrigel, Zen in the art of flower arrangement, London 1974.

**Blut** gilt bei zahlreichen Völkern als Sitz der Seele und des Lebens (vgl. 3 *Mos* 17,11). Nach altmesopotamischer Überlieferung ist es das göttliche Element der Menschen, da diese aus dem B. erschlagener (geopferter) Götter erschaffen wurden. Das im ägyptischen *Totenbuch* als »Blut der Isis« bezeichnete, aus einem roten Halbedelstein bestehende Amulett mag ursprünglich »bestimmt gewesen sein, dem Toten sein B. wiederzugeben« (nach H. Bonnet). Um den Toten bzw. ihren Schatten Lebenskraft zuzuführen, ließen die Griechen B. in die Gräber tropfen. Bei den Schilluk versucht man, Kranke durch Besprengen mit Ochsenblut zu heilen. Aus dem Körper austretendes B. ruft Entsetzen hervor, ist Zeichen des Verlustes an Lebenskraft. Die Symbolik von Leben und Tod wird auf die Farbe → Rot und auf den (roten) → Wein übertragen.

Als Lebenselixier ist B. tabuiert und sein Genuß im Judentum und Islam verboten. Die ihm zugeschriebene verbindende Kraft (B.verwandtschaft, B.brüderschaft) wird auch zwischen Mensch und Gott wirksam. Bei den alten Semiten wurde das B. geopferter Tiere auf den Altar gegossen; sühnende, den Bund mit Gott erneuernde und damit Leben sichernde Kraft hatte das an die Türpfosten gestrichene B. des Passahlammes (2 *Mos* 12,7.13). Der altindische Priester spritzte Opferblut an die Tempelwände. Das B. geopferter Menschen (»Edelsteinwasser« genannt) diente bei den Azteken als Nahrung der Götter und damit dem Bestand der Welt. In den Mysterien sollte das B. vor allem → Reinigung bewirken; im Kult der Kybele und des Mithras erhoffte der mit dem B. eines Stiers getaufte Myste von Sünden gereinigt und Gott gleich zu werden, d. h. ewig zu leben *(in aeternum renatus)*. »Ohne B.vergießen gibt es keine Vergebung« (*Hebr* 9,22). Christi B. wird zum Symbol der Erlösung (*Mt* 26,28), in der → Eucharistie der katholischen Kirche in Gestalt von Wein auf dem Altar geopfert. Seit dem späten MA gibt es eine regelrechte Ikonographie des Erlöserblutes (Ecce Homo, der blutende Gekreuzigte, Christus in der Kelter). Das Gegenstück zur katholisch-barocken Passionsmystik und dem volkstümlichen Kult des hl. B.es (z. B. zu Walldürn) findet sich auf protestantischer Seite im pietistischen Schrifttum. [Lr]

F. Rüsche, B., Leben und Seele. Ihr Verhältnis nach Auffassung d. griech. u. hellenist. Antike, 1930; L. Morris, The Biblical Use of the Term »Blood« (Journal of Theological Studies, N. S. 3/1952); G. Spahr, Kreuz u. B. Christi in der Kunst Weingartens, 1963; D. Barthélemy, Du sang à boire (La Vie spirituelle 492/1963); K. Timm, B. u. rote Farbe im Totenkult (Ethnograph.-Archäolog. Zs. 5/1964); W. Brückner, B., hl. (LChrI 1) 1968.

**Bock** (lat. *haedus, hircus*) bezeichnet den Ziegen-B. im Gegensatz zum Schaf-B., dem → Widder; im Sprachgebrauch sind beide nicht immer klar getrennt. Der B. war/ist vor allem Symbol der Fruchtbarkeit, besonders der Zeugungskraft; in Ägypten beteten Frauen zu ihm um Kindersegen; der in Mendes verehrte Widder dürfte in späteren Zeiten durch einen Ziegen-B. ausgetauscht worden sein, die Griechen setzten ihn ihrem B.dämon Pan gleich. Nach antikem Mythenverständis ist mit dem Fell des Ziegenbocks der Geist des Schreckens (»panische Angst«) verbunden. Die lähmend wirkende Schutzwaffe des Zeus, Aigis, hat man vom Wort her als Ziegenfell interpretiert. In Italien waren B. und Ziege den Reichen der Tiefe und des Todes angehörig (nach W. F. Otto). Der Leben und Tod widerspiegelnde Dionysos ist sowohl »Ziegentöter« (Aigobolos) als auch selbst der Gott »im schwarzen Ziegenfell« (Melanaigis) oder einfach das »Böckchen«, er ist Jäger und Gejagter, der das tragische Schicksal des B.es (griech. *tragos*) erleidet. Bei den Germanen gehörte der B. zum Kult und Mythos des Donnergottes Thor; bei altaischen Völkern war er Opfertier der Wettergottheit. Im AT soll der von → Priestern in die Wüste gejagte B. die Sünden Israels auf sich nehmen. In Anknüpfung an *Mt* 25,32f. werden die Böcke zum Symbol des sündigen Menschen (Gregor d. Gr.: *Haedi peccatores significantur*); in der Bauplastik des MA erscheinen sie der → Luxuria zugeordnet; schließlich wird auch der → Teufel zum B. [Lr]

W. F. Otto, Dionysos, 1960; H. M. Kümmel, Ersatzkönig u. Sündenb. (Zs. f. Alttestamentl. Wiss. 80/1968); L. Wehrhahn-Stauch, B. (LChrI 1), 1968; P. Merivale, Pan the Goat-God. His myth in modern times, Cambridge/Mass. 1969.

**Bogumilen,** nach der historisch nicht ganz geklärten Gestalt des Bogumil (d.h. »Gottesfreund«), 10. Jh., benannter Ausläufer christianisierter → Manichäer auf dem Balkan; ihre religiösen Anschauungen fanden in Oberitalien und Frankreich bei der Sekte der Katharer einen Niederschlag, Nach der Bekämpfung der B. durch die byzantinischen Kaiser konnten sie sich bis ins 14./15. Jh. hinein in Bosnien behaupten.

Die Lehre der B. war ein → Dualismus: aus dem göttlichen Urbeginn hatten sich zwei einander bekämpfende Reiche getrennt, das der Söhne des Lichtes und das der Söhne der Finsternis. Die B. glaubten von sich, daß sie nicht im eigentlichen Sinne sterben, sondern daß sie während eines tiefen Schlafes ihr SCHMUTZIGES KLEID, den irdischen Leib, abwerfen und dafür das göttliche Gewand Christi, einen ätherischen Leib, erhalten.

Zahlreiche Grabsteine (*stećci)* in Bosnien haben die Symbole der B. überliefert, für deren Deutung es jedoch nur wenige sichere Anhaltspunkte gibt: die SONNE in Gestalt einer Kugel oder einer Rosette (vielleicht auch eines Kranzes?) kann Hinweis auf Christus sein, aber auch ein »Schiff« für die Seelen oder – nach manichäischer Lehre – für die durch den Tod befreiten Lichtteilchen, die ins Lichtparadies gebracht werden; MONDSICHEL (Tod und Auferstehung, Seelenbarke oder Lichtschiff?); die SPIRALE kann stehen für Entfaltung, Lebensweg, Überwindung des Todes, manchmal wachsen aus den Spiralen WEINREBEN hervor (Christus als mystischer Weinstock oder Auferstehungssymbol); der HAHN könnte Vogel des Bösen sein, aber auch Künder des Lichtes; der lanzenbewehrte REITER dürfte das Böse symbolisieren, den die Seele (= Hirsch) verfolgenden Teufel. Noch ein Beispiel für verschiedene Interpretationen: der HIRSCH sinnbildet nach Soloviev die nach Erlösung (Christus) strebende Menschenseele, nach Thomas die Wiedergeburt, nach Wild die (Geist-)Taufe, die bei den B. das einzige Sakrament war, Kutzli erblickt in dem Motiv der Jagd nach dem Hirsch eine symbolische Anspielung auf die mitleidlose Verfolgung der B. [Lr]

A. V. Soloviev, B.tum u. B.gräber in den südslaw. Ländern, Brüssel 1949; O. Bihalji-Merin/A. Benac, Steine der B., 1964; G. Wild, B. u. Katharer in ihrer Symbolik, 1970; H. Thomas, Sonne, Mond u. Weinstock. Gräbersymbolik der B. (Antaios XII) 1971; R. Kutzli, Die B. Gesch., Kunst, Kultur, 1977

**Böhme** Jakob, 1575–1624 Görlitz. Die Philosophie und Theosophie

B.s bedient sich als Darstellungsmittel zahlreicher Symbole und Metaphern, die überwiegend dem Bereich der Natur entnommen sind und sich häufig mit geometrischen Symbolen verbinden. Eine zentrale Stelle nimmt die AUGENsymbolik mit ihrem Umfeld ein (Schauen, Spiegel, Blick). B. vergleicht den göttlichen Ungrund vor der trinitarischen Differenzierung im Rückgriff auf platonisch-neuplatonische Traditionen mit einem Auge, das zugleich SPIEGEL ist und sich selbst spiegelt. Diese zunächst paradox anmutende Aussage erklärt sich aus der Tradition der Spiegelmetaphysik, wonach das Wesen des Spiegels im Hervorbringen eines Objekts, des Spiegelbildes besteht. Der Spiegel wird als aktiv und produktiv verstanden (Goethe: schaffender Spiegel). Wenn der Wille Gottes im Ungrund das Auge zum Schöpfungsprozeß anregt, entzündet er zuerst das innere Licht im Ungrund, das als erstes Spiegelbild Gottes die Ideenwelt, das Urbild der irdischen Welt hervorbringt. Die wirkliche ›irdische Welt entsteht erst danach als weiteres Spiegelbild der Ideenwelt. Der Vorgang der Spiegelung in Gott bedeutet die Zeugung bzw. Geburt des Sohnes Gottes durch den Vater, die als Selbsterkenntnisvorgang durch den BLICK symbolisiert wird. Die menschliche Seele nennt B. AUGE, da sie Spiegel und Gleichnis des Gottesauges im Ungrund ist. Zeichnerische Darstellungen in alten B.ausgaben zeigen das Auge Gottes entweder naturalistisch oder als KREIS, HALBKREIS und KUGEL, also unter den Symbolen der Vollkommenheit und Ganzheit. Auch der Seele schreibt B. Kugelgestalt zu.

Da B.s Theosophie ganz von dem Anliegen geprägt ist, die Struktur der göttlichen Trinität zu erklären und in allen geschaffenen Dingen aufzuweisen, erklärt sich daraus die Bedeutung der Dreiheitssymbolik. Das DREIECK, Symbol der Trinität, wird mit dem Gottesnamen Jehova verbunden, indem dessen drei Silben, je einer Seite des Dreiecks zugeordnet, Vater, Sohn und Geist charakterisieren. Wenn das Kreuz durch das Ringen der Qualitäten in Rotation gerät, wird es zum KREUZ–RAD, dem Symbol der Dreiheit in der Einheit. Die alchemistischen Mineralsymbole der Trinität, Sal, Sulphur und Merkurius, übernahm B. und deutete sie um. Die LILIE, die in der Alchemie Merkurius versinnbildlichte, gilt B. als Symbol der Wiedergeburt im Heiligen Geiste. Die Zeit vor dem Weltende, die bereits angebrochene siebte henochianische Epoche, heißt dementsprechend güldene Zeit oder Lilienzeit. Herz, Baum, Öl, Wasser, Feuer, Blitz und andere Naturdinge werden in übertragener Bedeutung verwendet: die äußere Welt, die Leiblichkeit Gottes, spiegelt in Raum und Zeit die ewige Natur Gottes. Ansätze zu einer Symbol- und Zeichentheorie findet man in B.s Begriffen von Bild, Figur, Gleichnis, Model, Charakter, signatura rerum (→ Signatur). [Schn]

H. Grunsky, J. B., 1978²; G. Schleusener-Eichholz, Die Bedeutung des Auges bei J. B. (Frühmal. Studien, hg. v. K. Hauck, Bd. 6) 1972; F. Häussermann, Theologia Emblematica. Kabbalistische u. alchemistische Symbolik bei Fr. Chr. Oetinger und deren Analogien bei J. B. (Blätter f. Württemb. Kirchengesch. 68/69, 1968/69).

**Bonaventura** → Symbolismus (mittelalterlicher)

**Bosch,** Hieronymus, niederländischer Maler, hieß eigentlich van Aken, um 1450 Hertogenbosch (Nordbrabant) – 1516 Hertogenbosch. Scharfe Naturbeobachtung mit schrankenloser Phantasie verbunden. Die Hintergründigkeit seiner Bilder läßt sich mit modernem Intellektualismus kaum erfassen und verlangt vor allem Eindringen in die geistigen Grundlagen des ausgehenden MA. Neben den Lehren des offiziellen Christentums sind vor allem Volksglauben und -brauch und esoterische Strömungen in Betracht zu ziehen. In den berühmten Triptychen zeigt sich eine autonome Imagination von einer sonst nie erreichten Faszinationskraft: *Das Jüngste Gericht* (Wien), *Der Heuwagen* (Madrid), *Die Versuchung des hl. Antonius* (Lissabon), *Der Garten der Lüste* (Madrid). B.s Werke sind bei einer gewissen formalen Einseitigkeit von verwirrender Aussagekraft und unterliegen recht unterschiedlichen Interpretationen.

Nach van Puyvelde erklärt sich das Rätselhafte und Unsinnige an B. aus seiner außerordentlichen Phantasie und seinem Sinn für das Komische, nur bei wenigen Motiven ist eine bewußte Symbolisierung anzunehmen (der »BAUMMENSCH« ist Hinweis auf die Vergänglichkeit irdischer Freuden). Für Linfert ist B. primär Realist, dessen rätselhafte Chiffrensprache Glück und Unglück der Welt widergibt; den Begriff Symbol vermeidet er und spricht stattdessen von ›Signal‹ und ›Indiz‹. Dagegen betont Baldass die Symbolhaftigkeit, umgeht aber konkrete Einzeldeutungen; »die Blumen und Früchte des Bösen« gehören zur Bildwelt eines rechtgläubigen Malers, der seinen Mitmenschen die Augen öffnen wollte über ihren Unglauben und ihre Lasterhaftigkeit. Combe versucht des Malers Ideenwelt aus Mystik (besonders Ruysbroek) und Hermetik abzuleiten; in EI, RETORTE, DESTILLIERKOLBEN, MESSER und PFEIL erkennt er alchemisitische Symbole. Bax erblickt in B. einen Tod und Sünde anprangernden Moralisten mit Vorliebe für intellektuelle Spiele (Scherzworte, Sprichwörter, Rätsel werden in Bildern verkleidet) und erotische Symbolik (z.B. KIRSCHE = Sinnbild für weibliches Geschlechtsteil). Nach Tolnay entwarf B., als Vorläufer der Psychoanalyse, Bilder von den verdrängten Trieben; seine Symbole sind Ausdruck des Alptraums der Menschheit; in dem öfters vorkommenden TONDO (Rundbild) erblickt er einen Hinweis auf die Erdkugel. Fraenger, Verfechter der symbolischen Interpretation, spricht von antiklerikalen und häretischen Bildmotiven, die er auf eine Geheimsekte (»Brüder und Schwestern vom freien Geist«) zurückführt, deren Mitglieder in einer den Sündenbegriff leugnenden *ars amandi* Erlösung erhofften; in der Mitteltafel des *Gartens der Lüste* sieht er eine Anhäufung von Fruchtbarkeitssymbolen, die REITTIERE um den kreisrunden Teich sind Verkörperung der Triebe. Wertheim Aymès glaubt an einen Zusammenhang zwischen B. und den → Rosenkreuzern und zieht zahlreiche, oft gewagte Parallelen zu früheren Kulturen; die KUH als »Imagination ätherischer Lebenskräfte« wird mit der ägypt. Hathor und mit tibetischen Göttern zusammengeschaut. Marijnissen bezeichnet die

Symbolik als wesentlichen Bestandteil von B.s Kunst, weist aber – sicher zu Recht – auf die Schwierigkeit ihrer Interpretation; nur wenige Motive sind in ihrer Bedeutung so klar wie FROSCH und KRÖTE (Hinweis auf Teufel und Hölle). [Lr]

D. Bax, Ontcijfering van Jeroen B., 1949; J. Combe, Jérome B., ²1957; Cl. A. Wertheim Aymès, Hieronymus B. Eine Einführung in seine geheime Symbolik, 1957; L. van Puyvelde, Die Welt von B. und Brueghel, 1963; Ch. de Tolnay, Hieronymus B., ²1965; M. Lurker, Das Tier in der Bildwelt d. Hieron. B. (Stud. Gen. 20) 1967; W. Fraenger, Das Tausendjähr. Reich, ²1969; C. Linfert, Hieron. B., 1970; A.-P. de Mirimonde, Le symbolisme musical de Jérôme B. (Gazette des Beaux-Arts 57) 1971; R.-H. Marijnissen/ M. Seidel, B., 1972; J. Chailley, Jérôme B. et ses symboles, Bruxelles 1978; M. Bambeck, Das Sprichwort im Bild. »Der Wald hat Ohren, ...«, 1987.

**Böses** → Gut und Böse

**Botticelli,** Sandro, 1445 Florenz – 17.5.1510 Florenz, italienischer Maler der Frührenaissance, Schüler von Filippo Lippi. Den humanistischen Kreisen in Florenz nahestehend, war B. Meister pagan-mythologischer Darstellungen. In seinem allegorischen Gemälde *Frühling* (um 1477) steht die Venus als Symbol der Humanitas in der Mitte. Die *Geburt der Venus* (1482) wird als Geburt der Schönheit aus der Vereinigung mit der Materie gedeutet. Zu einer allegorischen Auslegung fordern auch andere Werke heraus; so erblickt man in *Pallas Athene bändigt den Kentauren* die Beherrschung der Triebe durch den Verstand. B. schuf aber auch zahlreiche religiöse Werke und richtete sich dabei nach dem Symbolkanon seiner Zeit, so etwa bei Bildern der Madonna – mit dem GRANATAPFEL als Sinnbild des durch Christus neu geschenkten Lebens, mit LILIEN als Hinweis auf die jungfräuliche Mutterschaft oder mit der der Himmelskönigin zugehörigen KRONE. Die letzen Lebensjahre B.s standen im Banne des fanatischen Sittenpredigers Savonarola. [Lr]

J. Seznec, La survivance des dieux antiques. Essai sur le rôle de la tradition mythologique dans l'humanisme et dans l'art de la Renaissance, London 1940; E. H. Gombrich, B.'s mythologies (Journ. Warb. VIII), 1946; A. Chastel, Art et humanisme à Florence au temps de Laurent le Magnifique, Paris 1959; E. H. Gombrich, Symbolic Images, Studies in the Art of the Renaissance, London 1972.

**Brakteaten** (griech. *brachein* = knittern). Münzen, die auf einem besonders dünnen Schrötling einseitig geprägt wurden. Die frühesten B. wurden auf zwei dünnen Silberschrötlingen im 6. Jh. v. Chr. in Italien von achäischen Städten und in Sizilien geprägt. Die nächsten B. sind goldene »einseitige Abdrucke mit hohler Rückseite, meist von wirklichen Münzen etwa 4.–2. Jh. v. Chr.; sie sind z.T. in Gräbern gefunden worden und mögen also in Stellvertretung von Münzen dem Toten mit ins Grab gegeben sein« (Charonsgeld) (A. Suhle). – In der Zeit von 400–600 wurden in Skandinavien Schmuckstücke durch einseitige Pressung oder Prägung von Nachbildungen römischer und byzantinischer Münzen auf Kupfer-, Silber- und Goldschrötlingen hergestellt; viel später wurden auch frei erfundene bildliche Darstellungen mit Runen-Beschriftung und german. → Heilszeichen verwendet. Kaiserbilder der Münzen erscheinen auf den B. umgeformt zum göttlichen Zauberfürsten, unter anderem mit Beigabe eines gefiederten Hilfsgeistes. Die bekannteste Art der B. sind die wohl in Anlehnung an die Schmuckb. im 12. und 13. Jh.

in Deuschland entstandenen »Hohlpfennige« (*hole penninghe, denarii concavi*). Sie waren nur einseitig auf dünnen Silberfolien geprägt und zeigen u.a. Rechtsbräuche (→ Rechtssymbole) und Heiligenlegenden. [Kly]

F. v. Schrötter, Wörterbuch der Münzkunde, 1930; A. Suhle, Mittelalterl. B., 1966; K. Hauck, Goldb. aus Sievern, 1970; G. K. Jenkins, Ancient Greek Coins, London 1972; Ph. Grierson, Numismatics, London 1975.

**Braun,** früher nicht ganz eindeutig festgelegte Farbbezeichnung, von Violett bis Schwarz reichend. Braun ist die Farbe des Erdbodens, hat mütterlichen und tellurischen Charakter und gemahnt »an die dunkle Tiefe der Erde, in welcher Schoß und Grab zugleich, Zeugung und Verwesung sich begegnen« (G. Kranz). In der Dichtung des MA Hinweis auf Verschwiegenheit, im Volkslied auch in erotischer Bedeutung: das braune oder schwarzbraune Mägdelein ist die Geliebte. In Antike und MA war B. Symbol der → Demut. Vgl. weiter auch die braune Farbe in der → Testpsychologie und als → faschistisch-nationalistisches Symbol. [Lr]

G. Kranz, Farbiger Abglanz (71–73), 1957; R. Beitl, Wb. d. dt. Volkskunde, ³1974.

**Brautsymbolik.** Braut ist ursprünglich die Neuvermählte, und demnach hat es B. mit hochzeitlichen Riten (→ Ritus) zu tun. Der einleitende Ritus ist die Brautwerbung, die mit Geschenken an die Braut oder den Brautvater verbunden ist: Brautpreis, Morgengabe, Handgeld als *symbola.* Im Brautschmuck, angetan mit dem Brautkleid, verhüllt mit einem Schleier, auf dem Kopf Kranz oder Krone wird die Braut dem Bräutigam zugeführt. Es entfaltet sich der Hochzeitszug mit brennenden Fackeln und Lampen. Im Brautring empfängt die Braut das Siegel der Treue. Alles vollendet sich mit der Einführung ins Brautgemach nach vorausgegangenem Hochzeitsmahl. Diese B., wie sie sich vor allem im → Hohenlied abzeichnet, ähnlich in *Psalm* 45, findet eine erste Erfüllung im Bund Jahwes mit Israel, die endzeitliche im Bund von Christus und der → Ekklesia. Hier wird die B. noch angereichert durch das bei antiken und primitiven Völkern bekannte Brautbad, durch das die Braut in das Geschlecht des Bräutigams eingeweiht wird. Bedeutsam ist die B. für die Brautmystik. → Hochzeit, Mystik, Verlobung [ThS]

O. Casel, Die Taufe als Brautbad der Kirche (JLW 5), 1925; O. Bramm, Deutsche Brautkränze u. Brautkronen (Zs. f. Volkskunde. NF 2) 1931; H. Kuhaupt, Das Mysterium der Ehe in den Symbolen der Braut, 1953; J. Schmid Heilige Brautschaft (RAC II) 1954; H. Gross/F. Mussner, B. (L Th K 2) 1958.

**Brecht,** Bert, 1898 Augsburg – 1956 Ostberlin. Ein Freundeswort voraus: »Wärme war es, was ihn drängte, sich kalt zu stellen; Menschenliebe, was ihn veranlaßte, den Lieblosen zu spielen. Er versuchte sein Gemüt auf die Höhe seines Geistes zu bringen.« (Günter Anders). Ein Genie des Mitgefühls schließt die Spaltung: Geist, Gemüt, die durchs Jahrhundert geht. Dem entspricht ein Wort Max Högers: »Die Mutter, das einzige Thema, was aus den Stürmen seines Lebens heil und erhaben, ganz dem ersten und reinsten Ich-Du-Verhältnis zwischen Sohn und Mutter in der Kindheit verhaftet, immer wieder hervorging«. Der Tod der Mutter wurde zum Ereignis (1.5.20). Von da ab beginnt B.s Tagebuch (1975). Grundwerte schlagen durch: »Das

Ewige, Einfache«. 1921 entstand das berühmte Selbstgedicht, Huldigung der Mutter: Ich, Berthold Brecht, bin aus den schwarzen Wäldern. Meine Mutter trug mich in die Städte hinein, als ich in ihrem Leibe lag. Und die Kälte der Wälder wird in mir bis zu meinem Absterben sein«. Kosmos-Kälte, Wärme der Schwarzwald-Mutterwelt durchdringen sich im Selbstgefühl. Kosmos-Kälte steht noch Marx im Weg.

Balladischer Rhythmus formt urtümlich die Lyrik, drängt die Erlebnis-Sucht der Zeit zurück, will das Ganze. Bänkelsang, Gebrauchskunst zur Laute, treibt die *Hauspostille* hervor, (1927). Gewaltig bis zum Monströsen ist der *Baal* (1918–26), Urballade, ins Gestische von Szenen transponiert. Eruption des Genies, das alles übertrumpfen will. Das »Produktive« erstickt noch im Massigen des Sexuellen. Noch kommt es nicht zum Symbol (»es fehlte Weisheit«). Durch Dramenexperimente dringt der Unruhgeist über Korschs Lehre zum »Lehrstück«. Die *Maßnahme* 1930 zeigt den Partei-Gewaltakt, der freiwilliges Selbstopfer verlangt. Jeder soll in diesen Sog hinein. Chiffre der Unmenschlichkeit. Noch *Die heilige Johanna der Schlachthöfe*, besessen von der Idee der Armut, ist seelenlos. Erst die »Mutter« (Gorki) wird zum Menschen, zur »Mutter der Revolution«. Krieg- und Stalin-Hitlerpakt dann erschüttern B. so, daß jetzt MUTTERgestalten das Weltbild bestimmen: *Mutter Courage und ihre Kinder. Der gute Mensch von Sezuan. Die Gesichte der Simone Machard. Der kaukasische Kreidekreis;* als Kalendergeschichte *Der Augsburger Kreidekreis.* Die archetypische Mutter in *Zwei Söhne.*

Während B.s Theorie Dialektik und Verfremdung zusammenspannt, brechen im Muttertum Urmächte auf. Kein vernichtenderes Zeitgericht als das *Lied einer deutschen Mutter.* Shakespearesche Bildkraft schließt die zwei Rollen Shen Tes zur Einfachheit der Größe zusammen: die Mutter, der »die Lippe zur Lefze wird«, tritt in die Lichtsprache der Götter als der gute Mensch, der unspaltbare. Jede »Produktion« wird jetzt symboldicht (»Die Produktion ist ihnen nicht geheuer, sie ist das Unvorstellbare«). So wird B. der Mittler zwischen Ost und West. Der Volkston der Lyrik durchdringt die Schulen. Das Galilei-Drama, der »Bibelzertrümmerer«, im Schatten der Atombombe, zwingt zum Ausgleich das Muttermächtige im Gesamtweltbild heran. → Theater. [HP]

M. Höger, Lebensbilder aus d. bayrischen Schwaben, 1961; H. Pongs, Das Bild i. d. Dichtung III–IV, 1969–73; Kl. Schuhmann, Der Lyriker B. B. 1913–1933, 1964; W. Mittenzwei, Gestaltung u. Gestalten, 1965; K. Rülicke, Die Dramaturgie B. B.s, 1966; R. Grimm, B.s Rad der Fortuma (The German Quarterly XLVI) 1973; J. Link, Die Struktur des literar. Symbols. Theoret. Beiträge am Beispiel der späten Lyrik B.s, 1975.

**Bronzezeit.** Als sinnvolle Bezeichnung ist das Wort »Bronzezeit« eigentlich nur in Südwest-, teilweise auch Südasien, Europa und großen Teilen Mittelasiens und Sibiriens anwendbar, nicht aber in anderen Erdgebieten, wo z.B. das vorkolumbische Amerika (trotz vereinzelter Erscheinungen in Südamerika) keine eigentliche B.kennt. Abgesehen von neuerdings sehr früh datierten Bronzen in Thailand (4. Jt.), die fragen lassen, ob mindestens Teile der Bronzekultur im südlichen Asien einen eigenen Ursprung haben und besondere Wege gegangen sind, ist die Legierung von Kupfer und Zinn offensichtlich im Bereich des Vorderen Orients im frühen 3. Jt. erfunden worden und hat von dort im wesentlichen die anderen jungsteinzeitlichen Bereiche in einem zeitlich tief gestaffelten Prozeß erfaßt (z.B. das mittlere Europa nicht vor 1800 v. Chr., eher erheblich später), d.h. sie ist im Grunde eine Errungenschaft bereits »geschichtlicher« Kultur und strahlt in die noch »urgeschichtlichen« Bereiche in solchem Maße aus, daß sie für weite Gebiete als prägend erscheint und für eine entsprechende Periode namengebend wurde. Auch die Ablösung durch die → Eisenzeit erfolgt in Teilbereichen Südwestasiens verhältnismäßig früh und dann ebenfalls zeitlich gestaffelt (→ Kretisch–mykenische Kultur im 12. Jh. v. Chr., Italien um oder nach 1000 v. Chr. mittleres Europa im 8. Jh. v. Chr., nördliches Europa entsprechend später).

Bronzezeitliche → Felsbilder sind großenteils von besonderer Art und nicht mehr so auf die Darstellung des Tierischen konzentriert. Bekannt sind die Felsbilder des Nordens mit Konzentrationen vor allem in Süd- und Mittelschweden, Südnorwegen und Dänemark. Mag immerhin einiges an den Bildern als Wiedergabe profaner Szenen anzusehen sein, ist das doch für andere ausgeschlossen, z.B. für höchst schematische Darstellung von FUßSOHLEN. An Haustieren sind vor allem das Rind als Zugtier vor Wagen und Pflug und das Pferd als Reittier zu erwähnen (das Schwein nirgends sicher nachzuweisen). Menschen kommen in Zusammenhang damit als Reiter und als zumeist ithyphallische PFLÜGER vor, was allein schon auf → Fruchtbarkeitsvorstellungen schließen läßt. Dazu treten Adoranten und (kultisch-rituelle?) Tänzer, nicht zuletzt aber bewaffnete Jäger und Kämpfer. Das weitaus häufigste Motiv indes sind SCHIFFE mit doppeltem Steven, deren oberer häufig in einen Tierkopf ausläuft, nicht selten in einen Vogelkopf. Darstellungen von KREISEN und RADKREUZEN dürfen wohl mit einer Sonnensymbolik in Verbindung gebracht werden, wie sie sich u.a. auch in dem »Sonnenwagen« von Trundholm spiegelt, einem von Pferden gezogenen Wagen mit einer großen, reich verzierten goldenen Scheibe darauf. Kreisförmige Darstellungen erscheinen auch auf und über Schiffen, und wenn eine entsprechende Verzierung der Steven hinzukommt, entsteht das Motiv der »Vogelsonnenbarke«, das sich ebenso wie zahlreiche andere Felsbildmotive auch in »Ornamenten« auf Metallgegenständen wiederfindet. Das Motiv des VOGELWAGENS und der auf einem Vogelwagen stehenden »Gottheit« ist weit bis nach Südosten verbreitet, und die außerordentlich reiche Vogelsymbolik (zumal Vogelprotomen) dürfte insgesamt eher aus südöstlicheren Bereichen der späten B. kommen. – Zu einem großen Teil bronzezeitlich sind auch die Felsbilder des Valcamonica (Oberitalien) mit teilweise erstaunlich lebendigen Darstellungen, z.B. von Menschengestalten, verschiedenartigen Waffen (ebenso wie am Monte Bego nördlich von Monaco) und allerhand Gerät, darunter Pflügen, z.T. mit Pflügern und Zugtieren; dazu kommt aber auch eine Symbolik mit Fuß- und Handbildern, konzentrischen Kreisen und sonstigen geometrischen Zeichen sowie labyrinthartigen Darstellungen. [KJN]

H. Müller-Karpe, Das vorgeschichtl. Europa, 1968; W. Torbrügge, Europäische Vorzeit, 1968; T. Capelle, Kunst u. Kunst-Handwerk im bronzezeitl. Nordeuropa, 1974; E. Anati, Capo di Ponte, 1974; B. Almgren, Die schwedischen Felsbilder der B. u. ihre Deutung, 1980.

**Brot,** als Hauptnahrungsmittel ganz allgemein auch für »Speise«. B. kann »des Menschen Herz stärken« (*Ps* 104,15). Der Bedeutung als Lebensspeise in einem umfassenden, geistig überhöhten Sinn wird das materielle B. gegenübergestellt, von dem allein der Mensch nicht leben kann (5 *Mos* 8,3; *Mt* 4,3 f.). Nach einem altmesopotamischen Mythos besitzt der Himmelsgott An(u) das B. und das Wasser des Lebens. Das auf den Altar gebrachte (geopferte) B. wurde von den ägyptischen Priestern gesegnet und galt dann als heilig; der Tote erhofft sich von den Göttern das B. des Lebens (*Totenbuch,* Kap. 108). Im Kult des Mithras waren Weizenähre und B. Symbole der Verwandlung und neuen Lebens. Im Judentum ist das ungesäuerte B. *(massa, massot)* Symbol des Passahfestes (vgl. 2 *Mos* 23,15). Jesus selbst bezeichnet sich als »das lebendige Brot, das vom Himmel herabkam«; wer von diesem B. ißt, wird leben in Ewigkeit (*Joh* 6,51). Wein und B. vermitteln die *communio,* die Vereinigung, mit Christus (→ Eucharistie); sie stehen auch in der → orthodoxen Kirche im Mittelpunkt der liturgischen Symbolik. Als hl. Speise wird noch heute in manchen Gegenden das B. vor dem Anschneiden mit einem Kreuz bezeichnet. Über bildhafte Formen des B.es → Gebäck. Bei germanischen und slawischen Völkern gelten B. und Salz als glückbringende Gaben, die Gästen und jungen Ehepaaren überreicht werden. Über sich hinausweisenden Charakter hat das B. im Werk verschiedener Dichter (→ Gottfried v. Straßburg, → Berdjajew). [Lr]

A. Feuillet, Les thèmes bibliques majeurs du discours sur le pain de vie (Nouvelle Revue Théologique 82/1960); M. Währen, B. u. Gebäck im Leben und Glauben des alten Ägypten, 1963; Ph. Rech, B. (Inbild des Kosmos II, 485–506) 1966; M. Währen, B. und Gebäck im Leben u. Glauben des alten Orients, 1967; G. Galavaris, Bread and the Liturgy. The Symbolism of the Early Christian and Byzantine Bread Stamps, Madison 1970; L. Scheffczyk, Die Heilszeichen von B. u. Wein. Eucharistie als Mitte christl. Lebens, 1973; Fr. Nießen, Botschaft des B.es, 1985.

**Brotbrechung** (lat. *fractio panis*), findet sich als Bestandteil des → Abendmahls in den christlichen Liturgien des Ostens und Westens. In der byzantinischen Kirche lassen die Begleitworte bei der Brechung des Brotes erkennen, daß sich in diesem das geopferte Lamm offenbart; eine Brotpartikel wird in den Kelch gelegt und so mit dem Wein (= hl. Blut) vereinigt; die B. gilt als Symbol des Todes, die Mischung deutet die Lebendigkeit des Herrenleibes an und ist Zeichen der Auferstehung. Obwohl in der katholischen Kirche durch das Aufkommen kleiner Hostien für die Gläubigen (im 11./12. Jh.) der Brechungsritus seinen ursprünglichen Zweck der Brotteilung verlor, wurde die B. aus allegorisch-symbolischen Gründen beibehalten: Man sah darin zunächst die Verteilung der Gegenwart des einen verklärten Herrn auf die vielen; später trat der Gedanke an die gewaltsame »Zerbrechung« des Herrenleibes am Kreuz in den Vordergrund (G. Podhradsky, Lex. d. Liturgie, 1962). In der lutherisch-brandenburgischen *Confessio Sigismundi,* 1614, wird die B. als »stetwährendes Bildnis« des Todes Christi bezeichnet. [Lr]

L. Haberstroh, Der Ritus der Brechung u. Mischung, Mödling 1937; B. Capelle, Le rite de la fraction dans la Messe Romaine (Revue Bénédictine 53/1941).

**Brücke,** Symbol der Verbindung zwischen zwei getrennten Bereichen; so wird die Milchstraße als Baumstamm, dickes Seil oder B. gedacht, auf der die Seelen die irdische Welt verlassen. Die Vorstellung von einer ins → Jenseits führenden B. ist weit verbreitet. Nach einer alten finnischen Überlieferung führt über den Todesfluß eine B., die nur aus einem dünnen Faden besteht. Die im Islam bekannte B., die wie ein Schwert scharf ist, findet sich ähnlich in der christlischen Literatur des MA; als *pons periculosus* (gefährliche B.) überquert sie den Höllenfluß und führt in den Himmel; nach Chrétien de Troyes ist sie scharf wie ein Rasiermesser. Im alten Rom wurde beim Bau einer B. dem *genius loci* ein Opfer dargebracht, diese Aufgabe oblag dem Pontifex, eine Bezeichnung, die später im übertragenen Sinne vom Papst als »Brückenbauer« zwischen Diesseits und Jenseits übernommen wurde.

In psychoanalytischer Deutung ist die B. ein Sexualsymbol; die an der Jenseitsbrücke auftretenden Gefahren sind Ausdruck der Ängste des Ödipus- und Kastrationskomplexes. In der analytischen Psychologie kann die B. Bewußtsein und Unbewußtes verbinden, Sinnbild des Selbstwerdungs- und Individuationsprozesses sein. [Lr]

J. Jeremias, Zur Überlieferungsgesch. des Agraphon: »Die Welt ist eine B.« (Nachr. d. Akad. d. Wiss., phil-hist. Kl. 1953); L. D. Ettlinger, Virtutum et viviorum adumbracio (Journ Warb 19/1956); E. Th. Reimbold, Die B. als Symbol (Symbolon N. F. 1/1972); P. Dinzelbacher, Die Jenseitsbrücke im christl. MA (Diss. Wien) 1973.

**Brüder, zwei.** Sonderform des mythischen → Zwillingspaares als Märchenmotiv (KHM 60); über den ganzen indogermanischen Raum verbreitet, Parallelen auch darüber hinaus. Altägyptische Variante von prinzipieller Bedeutung für Märchenforschung (Argument für Polygenese; → Märchen). Konstitutiv für diesen Märchentyp sind: Empfängnis durch Genuß magischen Wassers (vgl. Iphimedeia-Sage, Zeus als Goldregen) bzw. eines bes. Fisches (→ Sexualsymbolik; vgl. »Fischer und syne Fru«, KHM 19); gleichzeitig entstehen auf dieselbe Weise (später hilfreiche) Tiere und Bäume, die mit den Brüdern magisch verbunden sind. Es werden auch andere Lebenszeichen gesetzt, um in der Fremde zu erfahren, ob der andere in Gefahr ist (Messer rostet etc.). Erster Bruder ehelicht Prinzessin nach Drachentötung (Berührung mit Aarne Mt. 300 – »Drachentöter«; Verwandtschaft mit Perseus-Andromeda-Sage von Hartland erwogen, von Ranke abgelehnt); vorübergehend Zwist, weil zweiter Bruder bei der Prinzessin geschlafen hat (Verwechslung wegen Ähnlichkeit); er hatte aber blankes SCHWERT dazwischengelegt (altes Keuschheitssymbol, spielt wichtige Rolle in Freundschaftssagen, historisch noch bei Vermählung mit Stellvertreter: Maximilian I. – Maria v. Burgund). Unter wichtigen Motiven auch Rückverwandlung aus Stein mit Hilfe des Wassers (Lebenswasser). [Lr]

K. Ranke, Die zwei Brüder, Helsinki 1934; U. Steffen, Die zwei B., 1986.

**Brunnen** und **Quelle** mit fließendem → Wasser sind Bilder der körperlichen und geistigen Stärkung und Reinigung. Die als heilig und heilkräftig geltenden Q.n wurden auf vielfältige Weise mit Gottheiten in Verbindung gebracht; die Griechen erblickten in ihrem Sprudeln das Wirken numinoser Mächte. Nach german. Mythos fließt unter der Weltesche Yggdrasil die Schicksalsquelle (Urdbrunnen). Antike Sagen berichten, wie eine Gottheit (z. B. Rhea mit einem Stab) eine Q. aus dem Felsen oder Boden schlägt; ähnlich ließ Moses auf göttl. Geheiß das lebensnotwendige Naß aus einem Felsen hervorkommen (2 *Mos* 17,6). In der Nähe oder unterhalb der Mithras-Tempel befand sich eine immerfließende Q., der Opfer dargebracht wurden. Mit der Kaaba zu Mekka, dem islam. Hauptheiligtum, ist ein hl. B. verbunden, aus dem die Pilger trinken und Wasser in ihre Heimat mitnehmen.

Im Atrium frühchristl. Kirchen und in den Kreuzgängen der Klöster dürfte dem B. neben praktischen und liturgischen Zwecken die Symbolbedeutung des Lebensbrunnens zugrunde gelegen haben. Im AT erscheint Gott selbst als »Quell des Lebens« (*Ps* 36,10), ähnlich bei den Mystikern. Der *fons vitae* war eine beliebte Darstellung der Kunst des MA und der Renaissance; manchmal fungiert Christus (Gekreuzigter) oder das Lamm als Brunnenfigur, die das erlösende Naß (hier: Blut) in das Becken strömen läßt. In Anlehnung an das *Hohe Lied* (4,12) ist der *fons signatus*, der versiegelte B., Hinweis auf Marias Jungfräulichkeit. Besonders hinzuweisen ist auf die Bedeutung der B. in → Märchen und Volksglauben. Tod und Leben kündet der B. im → Rosenroman. → Bad. [Lr]

W. v. Reybekiel, Der »Fons vitae« i. d. christl. Kunst (Niederdt. Zs. f. Volkskunde 12/1934); A. Thomas, B. (LChrI, I) 1968; T. Velmans, Quelques versions rares du thème de la fontaine de vie (Cah Arch 19/1969); M. B. Wadell, Fons pietatis, Göteborg 1969; G. Binding, Q.n in Kirchen (Fs. H. Ladendorf) 1971; Fr. Muthmann, Mutter u. Q., 1975; A. Rapp, Der Jungbrunnen i. Literatur u. bild. Kunst des MA, 1976.

**Buch, Buchrolle.** Die altoriental. Menschen hatten ein besonderes Verhältnis zu → Schrift u. Buch; eine vertraute Vorstellung war ihnen die von himmlischen Schicksalstafeln, auf ihnen sind die Geschicke der Irdischen aufgeschrieben. Die Bibel kennt das »Buch des Lebens«, in dem die Auserwählten verzeichnet sind (2 *Mos* 32,32 f.; *Offb* 3,5). Das apokalyptische B. mit den 7 Siegeln ist Symbol geheimen, göttlichen Wissens. Das Verzehren der Buchrolle sinnbildet die völlige Aufnahme der Offenbarungen Gottes (*Ez* 2,8 f.; *Offb* 10,8 ff.).

Nach einer altind. Überlieferung ist der *Rigveda* aus Brahman ausgehaucht worden. Der *Koran* soll schon vor seiner historischen Aufschreibung im Himmel präexistent gewesen sein. Das hl. B. der Sikh *(Granth)* wird im Tempel zu Amritsar auf seidenem Kissen als der lebendige Sahib (Herr) verehrt. Die während des Gottesdienstes aus dem Schrein genommene

*Tora*-Rolle wird von den Juden mit dem Zipfel ihres Gebetsmantels berührt und dieser dann geküßt. Altkirchlicher Brauch war es, bei Abhaltung eines Konzils das *Evangelium* als Symbol Christi auf den Thron zu legen. Weil das hl. B. mit geheimnisvoller Kraft geladen ist, legt der Schwörende die Hand darauf. Das B. ist Attribut Christi, der Apostel, der Evangelisten und einiger Heiliger (→ Katharina). [Lr]

Th. Michels, Christus mit der B.rolle (Oriens Christianus III 7/1932); L. Koep, Das himml. B. in Antike u. Christentum, 1952.

**Buchstaben** → Schrift, → Sprache

**Buddha,** in der Frühzeit (2. Jh. v. bis ca. 100 n. Chr.) an Monumenten in Bhârhut, Sâncî usw. durch nicht-personale, anikonische Symbole vertreten, weil das Wesen des ins Nirvâna Eingegangenen als unvorstellbar und undarstellbar galt. Bilderverbot daher unnötig, Bilderstreit (auch später noch) gegenstandslos. Die Symbole stehen in enger Verbindung mit den Szenen der B.-Vita. Seine persönliche Anwesenheit deuten am klarsten die FUSSSPUREN an; heilsgeschichtlich entscheidende Ereignisse: Erleuchtung durch den Bodhi-BAUM (auch mit Thron), Predigen der Lehre durch das RAD (oft auf Säule), Eingehen ins Nirvâna durch das Reliquienmonument des STÛPA symbolisiert. Bald werden die Symbole aus dem biographischen Kontext isoliert und zur Bezeichnung der religiösen Grundideen der Erleuchtung, der Lehre, des Nirvâna verwendet. Zugleich teils kosmologische, teils imperiale Bedeutungsschicht: B. als Weltherrscher (*cakravartin*), BAUM als Weltachse, STÛPA als Weltmodell usw. Die Symbole können auch zu einem imaginären B.-Leib kombiniert werden: Fußspuren , Thron, Pfeiler und Rad (als Haupt). Dies beruht schon auf einer Universalisierung des B. als Personifikation der Wahren Wirklichkeit, der »B.natur« oder des »B.wesens« (*buddhatâ*) und entspricht der für das Mahâyâna grundlegenden Auffassung eines apersonalen, ahistorischen All-B., dessen Wesen sich in unzähligen Einzel-B.s u.a. heiligen Wesen (z.B. Bodhisattvas) bis herab zum kleinsten Ding manifestiert, da zwischen B.wesen und Erscheinungswelt, Nirvâna und Samsâra »Nichtzweiheit« besteht. Zwischen der Symbolisierung der Person des B. und des durch ihn repräsentierten »B.wesens« ist oft nicht scharf zu unterscheiden.

Die anikonischen Symbole für B. und B.wesen bleiben z.T. in der späteren Geschichte und in allen Gebieten des → Buddhismus weiterhin neben dem personalen B.-bild gültig; Rad und Stûpa vor allem bleiben zentrale Symbole (letzterer in Ostasien zur Pagode transformiert). Andere Symbole werden nun aus dem → Hinduismus übernommen; sie bezeichnen meist die höchste Weisheit und die alldurchdringende Kraft der Erkenntnis (z.B. der VAJRA, ursprünglich Donnerkeil des Indra). Daneben treten abstrakte Symbole auf; teils geometrische: das DREIECK für den All-B. Vairocana (für ihn kann auch der Stûpa eintreten) und als »Siegel der Weisheit aller B.s«, der KREIS für die allumfassend-absolute Vollkommenheit des B.wesens, des Nirvâna usw. (bisweilen in der Form des Vollmonds); teils Worte und Schriftzeichen: die Wesensessenz enthaltende »Keime« (*bîja*), die durch indische, sog. SIDDHAM-ZEICHEN repräsentiert werden und den hl. Worten und Formeln (*mantra, dhâranî*) entsprechen, oder chinesisch-japanische Schriftzeichen, bes. im → Zen-Buddhismus (WU = Nicht usw.). Dort kann sogar in jedem zufälligen Gegenstand oder Naturwesen der B. und das B.wesen in unmittelbarer Schau erfaßt werden, sodaß der Symbolbezug zwischen Zeichen und Bedeutung sich aufhebt.

Schon in der anikonischen Periode begann der B. allmählich als menschliche Person dargestellt zu werden, und zwar stets in der schlichten, schmucklosen MÖNCHSGESTALT: die Ursprünge des B.bildes liegen besonders in Mathurâ und im Gandhâragebiet (seit ca. 100 n. Chr.) Zunächst stehen Symbol und Bild nebeneinander (z.B. in Amarâvatî), bis von ca. 200 an das Bild dominiert. Gab es vorher Symbole für den B., so treten nun Symbole an seiner Gestalt auf: nach den Texten zeigt sein Körper 32 große und 80 kleine Merkmale (*lakshana*), die ihn als Idealperson und geistlichen Weltherrscher (analog zum *cakravartin)* charakterisieren. An den B.bildern können nur wenige davon erscheinen, besonders der *ushnîsha* (Erhöhung auf dem Scheitel) und die *ûrnâ* (strahlender Punkt, ursprünglich Haarlocke, zwischen den Brauen) als Zeichen der Erleuchtung. Attribute tragen B.-figuren nicht, mit Ausnahme des Krankheit heilenden Bhaishajyaguru (MEDIZINDOSE), und oft sind die einzelnen B.s ikonographisch nicht klar zu unterscheiden (Alleinheit des B.wesens). Jeder B. kann bestimmte *mudrâs* (symbol. Handgesten) für Meditation, Lehre, Gnadenerweisung usw. ausführen. Ein Sonderfall ist der mit fürstlichem Schmuck (KRONE usw.) ausgestattete sog. B. paré als All-B. Vairocana, als Weltherrscher und Herr eines jenseitigen Reiches der Glorie.

Trotz der personalen Darstellung bleibt aber die Gestalt des B. jedem Realismus und jeder porträthaften Individualisierung enthoben, sodaß schon früh sein Bild selber wiederum zum Symbol wird (B. als Symbol): zu einem personhaften, in die Sphäre der Anschauung projizierten Zeichen für das letztlich unerfaßbare B.wesen in seiner höchsten Erleuchtung und im Heilsstande des Nirvâna. Doch behält auch in späten Phasen des Buddhismus das anikonische Symbolzeichen gegenüber der ikonischen Darstellung einen höheren Rang, weil es dem unanschaulichen Wahren Wesen, Nirvâna usw. näher kommt als das durch die Erscheinungswelt getrübte Bild. Zwischen Bild und Nichtbild (Symbol) besteht im Buddhismus zu allen Zeiten ein dialektisches Verhältnis. [DS]

W. Cohn, B. i. d. Kunst d. Ostens, 1925; A. K. Coomaraswamy, The Origin of the B. Image (Art Bull. 9), 1926/27, Neudruck als Buch 1972; P. Mus, Le B. paré (Bull. Ecole Française d'Extrême-Orient 28), 1928; A. K. Coomaraswamy, Elements of Buddhist Iconography, 1935, [2]1972; A. de Silva Vigier: The Life of the B., Illustr. with Works of Asian Art, 1955; W. Kirfel, Symbolik d. Buddhismus, 1959 (Bildband dazugeplant); D. Seckel, Kunst d. Buddhismus, 1962, [2]1964; B. Rowland, The Evolution of the B. Image, 1963; D. Seckel, Jenseits d. Bildes: Anikonische Symbolik i. d. buddh. Kunst (Abh. Heidelberger Akad. d. Wiss.), 1976; D. L. Snellgrove (Hg.), The image of the B., Warminster, 1977

**Buddhismus.** Jede buddhistische Gestalt, soweit sie nicht historische Person ist, verkörpert eine bestimmte religiöse Idee, ist also ein genau definiertes personales Symbol. Als Erkennungzeichen dienen gewisse Merkmale: die *lakshanas* des → Buddha, darunter *ushnîsha* und *ûrnâ,* sowie die schmucklose Mönchsgestalt, bei den Bodhisattvas u.a. heiligen Wesen gewisse Körpermerkmale, reiche Kleidung, fürstlicher Schmuck, verschiedene Attribute, Körperstellungen und Handgesten (*mudrâ,* s.u.). Unter den Attributen gibt es spezifisch buddhistische (wie den Stûpa), ferner solche, die aus der vorbuddh.-indischen oder aus den regionalen Traditionen (z.B. Chinas) stammen und oft allgemeine Glückssymbole sind. Waffen (bes. das SCHWERT) symbolisieren die Macht der Wahrheit und der Erkenntnis, die die Hauptfeinde der Erlösung: Verblendung und Lebensgier, besiegt. Viele Gestalten formen mit einer oder beiden Händen symbolische GESTEN (*mudrâ*); die wichtigsten sind die der Meditation, der Schutz- und Gnadengewährung, der Lehre oder Predigt, der Verehrung.

Tiere erscheinen als Begleiter oder Träger mancher Gestalten und sagen etwas über ihr Wesen und ihre Funktion aus. z.B. deuten LÖWEN das Herrschertum und die weltüberwindende Kraft des Buddha und seiner Lehre an, der ELEFANT die Weisheit des Bodhisattva Samantabhadra; oder bestimmte Tiere gehören zu heilsgeschichtlichen Ereignissen wie die GAZELLEN zur Ersten Predigt bei Benares. Attribute und Symbolzeichen können auch für sich allein die betreffende Gestalt oder Szene repräsentieren: das RAD mit Gazellen die Erste Predigt oder die Buddhalehre als solche, ein von einem Drachen umringeltes SCHWERT den Vidyârâja (Erkenntniskönig) Acala und seine Weisheitsmacht; der STÛPA, als Reliquienmal mit dem heiligen Leib des Buddha »identisch«, kann ihn unmittelbar vertreten.

Unter den Pflanzen steht an erster Stelle die LOTUSBLÜTE als Symbol für die durch den Schlamm der Erscheinungswelt (*samsâra*) und der Verblendung im innersten Grunde nicht befleckte, durch Erleuchtung realisierbare Wesensnatur aller Dinge und jedes Menschen, zugleich aber ein nach allen Richtungen sich entfaltendes Weltsymbol mit dem Stengel als Axis Mundi; aus beiden Gründen ist sie Thron des Buddha u.a. heiliger Gestalten und Zentrum des Mandala.

Jede Gestalt hat ihre symbolischen Farben; sie wie alle anderen Zeichen, Merkmale, Attribute usw. waren streng festgelegt und in Regel- und Musterbüchern überliefert. Das GOLD (das nie als Goldgrund erscheint) hat ontologischen Sinn, vor allem als unwandelbare, durch die Farbenvielfalt der Samsârawelt nicht getrübte, »absolute« Wesensfarbe des Buddha; daneben hat es kultische Funktion als Element der sakralen Pracht und des numinosen Schmucks des Tempels und der Kultstatuen, der sowohl den überempirischen Glanz der »Buddha-Welt« vergegenwärtigt wie auch fromme Weihgabe und damit geistiger »Schmuck« des Gläubigen ist.

Symbolische ZAHLEN spielen eine Rolle bei den Gestaltgruppen (5 Buddhas: im Zentrum und den 4 Richtungen; 8 Große Bodhisattvas; 4 weltbeschützende Götter; 12 Elementargötter, u.a.), bei der

Mehrköpfigkeit und Mehrarmigkeit mancher Gestalten (Avalokiteshvara: 11 Köpfe, 6 oder »1000« Arme), welche die Allweisheit und gnadenvolle Aktivität symbolisieren; nicht zuletzt bei der auch im Hinduismus gültigen Ikonometrie, d.h. den nach dem religiösen Rang (und nicht nach Schönheitsregeln) bestimmmten Proportionen, wobei das Grundmaß die Hand- bzw. Fingerbreite der betreffenden Gestalt selber, also variabel ist. Drei zugespitzte PERLEN oder eine Art Dreizack bedeuten die »Drei Schätze« (*triratna*), d.h. den Buddha, seine Lehre und seine Gemeinde. Die einzelne SPITZPERLE (*cintâmani*) ist ein wunscherfüllendes Juwel und erscheint oft als Attribut. Eine häufig begegnende Symbolgruppe sind die Acht Kostbarkeiten, die u. a. auf den Sohlen des Buddha erscheinen und vielfach auch als Ornamentmotive verwendet werden (Rad der Lehre, Vajra [s.u.], Trishûla = Triratna, Svastika, Ehrenschirm, Gefäß des Überflusses, Fischpaar, Schneckentrompete) – manche davon erst sekundär mit buddh. Sinn erfüllt.

Die buddhistische Symbolsprache hat – bei ungefähr gleichem Grundbestand – in den verschiedenen buddhistischen Regionen eine vielfältige Ausbildung erfahren. Am einfachsten blieb sie in den Gebieten des Kleinen Fahrzeugs (*hînayâna* oder *theravâda*) in Sri Lanka (Ceylon) und Hinterindien; viel reicher entfaltete sie sich im indischen Kulturkreis und in Zentral- und Ostasien, wo das Große Fahrzeug (*mahâyâna*) herrschte. Besonders hat das Vajrayâna (Diamantfahrzeug), die esoterisch-magische Richtung des Mahâyâna und seiner tibetisch-mongolischen Sonderform, des → Lamaismus, ein kompliziertes, auf scholastischer Spekulation und mystischer Erfahrung beruhendes Symbolsystem geschaffen. Das Repertoire der buddhistischen Symbolik hat historische Schichten, von denen manche, vielleicht die meisten, in vor- und außerbuddh. Bereiche übergreifen. Zu den hinduistischen Symbolzeichen gehört das DRITTE AUGE, das (als wirkliches, senkrecht stehendes Auge) in der buddhistischen Ikonographie nur bei Gestalten aus dem Umkreis des Hindugottes Shiva vorkommt und nicht mit dem eigentlich buddhistischen Symbol der *ûrnâ* (→ Buddha) zu verwechseln ist.

Im Mittelpunkt der Vajrayâna-Symbolik steht der VAJRA, der dieser Richtung des B. den Namen gab. Ursprünglich Donnerkeil, Blitzbündel und Dreizack des Indra, wird er – ein kurzer Stab mit 3, 4 oder 5 klauenartigen Spitzen an beiden Enden – später (bes. in Ostasien) als »Diamant« interpretiert und gilt als Symbol für das Absolute, die Wahre Wirklichkeit und deren Erkenntnis, die unzerstörbar und rein ist wie der Diamant. Während der Vajra die »Diamantwelt« (*vajradhâtu*), den absoluten Aspekt der Welt repräsentiert, steht die GLOCKE (oft mit Vajra-Griff) für die »Mutterschoßwelt« (*garbhadhâtu*), den phänomenalen Aspekt; im Shaktismus, dem hinduistisch inspirierten sexualmagischen Bereich besonders des → Lamaismus, vertritt sie das weibliche Prinzip gegenüber dem phallisch aufgefaßten Vajra. Diese u.a. Symbole erscheinen oft als Attribute heiliger Gestalten und wer-

den auch als Kultgeräte in der überaus komplizierten Liturgie verwendet.
Einen wichtigen Bestandteil der rituellen Handlungen bilden die symbolischen HANDGESTEN (*mudrâ*) des Priesters, durch die eine mystische Identifikation mit den heiligen Gestalten und eine magische Heilswirkung erreicht wird. Zusammen mit der *mudrâ* als körperlichem Akt repräsentiert das sakrale Wort (*mantra*) – bzw. die aus solchen, in der normalen Sprache ungebräuchlichen Wörtern gebildete Formel (*dhâranî*) – sowie das Kultbild (*pratimâ*) als figurales Symbol den dreifachen mystischen Leib einer jeden heiligen Gestalt. Anschaulich dargestellt werden die Wortsymbole in Form der Siddham-Schrift, einer Sonderform der indischen Devanâgarî-Schrift, die nur für diesen sakralen Zweck gebraucht wird und daher keiner Profanierung unterliegt. Mantra-Wort und SIDDHAM–ZEICHEN heißen auch *bîja* (Keim), weil darin das Wahre Wesen, die sakrale Substanz und magische Potenz jeder Gestalt beschlossen liegt. Diese Schriftzeichen können die Bilder vertreten, da beide im Wesen identisch sind; sie haben sogar höheren Rang, weil sie (wie auch geometrische Symbole: Kreis, Dreieck u.a.) der Erscheinungswelt dank ihrer abstrakten Form stärker enthoben sind als jedes noch so sehr vergeistigte Bild.
Da sowohl die Kultsymbole oder Attribute als auch die Siddham-Zeichen für die figuralen Bilder eintreten können, findet man beide im → Mandala oft an Stelle von Figuren. Das MAṄDALA selbst ist gleichfalls ein zentrales Symbol des Mahâyâna und bes. des Vajrayâna, und zwar ein abstrakt-geometrisches, das als mystisches Diagramm die metaphysische Struktur der Welt in ihrem Doppelaspekt, dem phänomenalen und dem absoluten, repräsentiert: den einen im Mandala der Mutterschoßwelt, den anderen in dem der Diamantwelt (s.o.). Beide Aspekte, beide »Welten«, sind ihrem wahren Wesen nach identisch, weil zwischen ihnen »Nichtzweiheit« besteht und beide in der absoluten »Buddhanatur« zusammenfallen. Im Zentrum beider Mandalas thront der All-Buddha Vairocana, dessen Manifestationsformen alle anderen Buddhas sind. Auch ein Kultbau kann in seinem Grundriß und ikonographischen Programm (Statuen und Gemälden) ein Mandala bilden oder in weiterem Sinne ein Welt-Bild sein, dafür z.B. der Borobudur in Java, der sich in seinem Grundriß zunächst auf die Weltrichtungen bezieht, aber vom weltbezogenen Quadrat zum weltenthobenen Kreis übergeht, während sein Aufbau nach dem Emporstieg durch gestufte Terrassen in einem zentralen Stûpa gipfelt. Der STÛPA ursprünglich Grabhügel, Reliquienmal und Nirvâna-Symbol, wird ebenso wie die aus ihm hervorgegangene ostasiatische Pagode und alle anderen Metamorphosen dieses Bautyps in den asiatischen Ländern zum Welt-Symbol, bei dem oft der ZentralPFEILER die Axis Mundi und die Geschosse übereinandergeschichtete Sphären der Erkenntnis bedeuten können. (Auch als Reliquiar und Grabmal sind der Stûpa und seine Derivate weit verbreitet.) Solche Bauten sind aber im Sinn des Buddhismus vielleicht gar nicht als Symbole zu

verstehen, weil sie eigentlich den in der Doktrin konzipierten Weltaufbau »abbilden«. Jeder Tempel ist »Buddha-Reich«, und ein Bau wie die Phönixhalle in Uji (Japan, 11. Jh.) ist nicht nur in seiner Ikonologie, sondern auch in seiner Bauform und gesamten Ausstattung eine irdische Verkörperung des »Reinen Landes« (*sukhâvati*) des Buddha Amitâbha.
Zur Symbolsprache gehören auch formale Prinzipien der buddh. Kunst: u.a. der Bedeutungsmaßstab, bei dem sich die Größe der Figuren einer Gruppe nach ihrem religiösen Rang richtet; die strenge Symmetrie der Komposition um eine Mittelachse und die damit verbundene Frontalität gegenüber dem Beschauer, die – von Ausnahmen abgesehen – ein Eintreten heiliger Gestalten in den Bereich der Phänomenwelt mit ihrer empirischen Räumlichkeit verhindert. → Lamaismus, Zen-Buddhismus [DS]

B. Bhattacharyya, The Indian Buddhist Iconography, 1924, ²1958; A. Getty, The Gods of Northern Buddhism, ²1928; A. K. Coomaraswamy, Elements of Buddhist Iconography, 1935, ²1972; J. Auboyer, Le trône et son symbolisme dans l'Inde ancienne, 1949; O. Viennot, Le culte de l'arbre dans l'Inde ancienne, 1954; R. H. van Gulik, Siddham, 1956; D. Seckel, Buddh. Kunst Ostasiens, 1957; E. Roussselle, Vom Sinn der buddh. Bildwerke, 1958; W. Kirfel, Symbolik des B., 1959 (Bildband in Vorber.); R. Tajima, Les deux grands Mandalas . . ., 1959; E. D. Saunders, Mudrâ, 1960; G. Tucci, The Theory and Practice of the Mandala, 1961; D. Seckel, Kunst des B., 1962, ²1964 (mit Bibliogr.); D. Seckel: Jenseits des Bildes – Anikonische Symbolik in der buddh. Kunst (Abh. Heidelberger Akad. d. Wiss.), 1976; Th. P. van Baaren ed., Iconography of Religions, Leiden (mehrere Bände über B. in Vorbereitung); H. W. Schumann, Buddhist. Bilderwelt. Ein ikonograph. Hdb., 1986.

**Buße.** Die B. zielt auf die Wiederherstellung der durch Sünde gestörten Beziehung zwischen Mensch und Gott. Sie findet sich in verschiedenen, oft symbolhaltigen Formen, so wenn – wie in Mexiko – dem Sünder als B. etwas BLUT (Lebenssaft) abgezapft wird. Überhaupt ist das Blut ein verbreitetes Sühnemittel. Die Gedanken des → Opfers und der → Reinigung werden oft mit der B. verbunden. In Japan dient das »Fest der großen Reinigung« (*Ohoharahi*) einer allgemeinen Sündenvergebung; ähnlich wird im Judentum der »Versöhnungstag« (*Jom Kippur*) gefeiert, in biblischer Zeit wurde an diesem Tag (mit Bußcharakter) ein mit den Sünden des Volkes beladener BOCK (Sündenbock) in die Wüste getrieben. Buße und Umkehr können von äußeren Zeichen begleitet sein. KLEIDERZERREISSEN, im BUSS-SACK schlafen (1 *Kön* 21, 27), FASTEN(*Jon* 3, 5), SCHLAGEN AN DIE BRUST (*Lk* 18, 13). Die Propheten warnten vor einer Veräußerlichung der Buße: »Eure Herzen zerreißt, nicht eure Kleider« (*Joel* 2, 13).
Im christlicher Sicht ist die B. Befreiung von der Verfallenheit an den Fürsten dieser Welt, an die Mächte des Bösen. Die B. wird erstmals bei der → Taufe wirksam, im Wiederholungsfall als Bußsakrament (in der Frühzeit »PLANKE im Schiffbruch« bezeichnet). Das lateinische *poenitentia* ist seit 120 im Sinne von Züchtigung, Strafe gebräuchlich und beeinflußte dementsprechend die mittelalterliche Sühnelehre, während das griechische *metanoia* (= Umkehr, Reue) dem eigentlichen Anliegen der B. mehr entspricht. Das im AT öfters erwähnte BÜSSERKLEID (hebr. *śaq*, griech. *sakkos* = grobes Tuch) – z.B. *Jon* 3, 8 – wurde vom frühen

Christentum übernommen. Nach dem Pontificale Romanum wird jeder, der (als Symbol für seine Bußgesinnung) ein härenes Bußgewand trägt und Gottes Barmherzigkeit anruft, Verzeihung erlangen. Am Beginn der Fastenzeit (Aschermittwoch) werden alle in der (katholischen) Kirche anwesenden Gläubigen mit ASCHE bestreut und dabei die Worte gesprochen: »Gedenke o Mensch, daß du Staub bist und wieder zum Staub zurückkehrst« – eine Erinnerung an die Austreibung der Stammeltern aus dem Paradies und Zeichen der Bereitschaft zur Buße. Als symbolischer Ausdruck der Nichtigkeit des Sünders vor der Größe Gottes galt schon im frühchristlichen Kult das KNIEN; die anfängliche Regel, nur an Tagen mit Bußcharakter kniend zu beten, wurde seit dem MA durchbrochen, da mit dem Knien auch der Gedanke der Anbetung verbunden wurde. [Lr]

W. Schrank, Priester u. Büßer in babylon. Sühneriten, 1908; R. Pettazoni, La confessione dei peccati, 3. Bde. Bologna 1929–36; J. J. M. Timmers, B., Bußsakrament (LChrI, 1) 1968; D. Schmidtke, Geistl. Schiffahrt. Zum Thema des Schiffes der B. (Beiträge z. Gesch. d. dt. Sprache u. Literatur 91, 92) 1969, 1970; E. Dassmann, Sündenvergebung durch Taufe, B. und Martyrerfürbitte, 1973

**Caduceus,** ursprünglich Zauberstab (Wünschelrute?), dann Heroldstab, um den sich symmetrisch zwei Schlangen mit einander zugewandten Köpfen winden. Unter der griechischen Bezeichnung *kerykeion* Attribut des Hermes; ein oft zusätzlich angebrachtes Flügelpaar deutet auf die Schnelligkeit des Götterboten. Auch die jungfräuliche Götterbotin Iris, die vom Olymp herabeilt, um des Zeus Befehle zu übermitteln, wird meist mit Heroldstab dargestellt. Die Römer übernahmen diesen als *caduceus* und verbanden ihn attributiv mit Mercurius (→ Merkur), dem Gott des Handels und Verkehrs; in Renaissance und Barock wurde der C. regelrecht zum Symbol für Handel und Verkehr und – in Verbindung mit zwei Füllhörnern – für den damit einhergehenden Wohlstand.

Nach einer antiken Interpretation hat Mercurius zwei sich bekämpfende Schlangen mit seinem Stab getrennt; der C. ist somit ein Symbol des → Friedens. In der Alchemie versinnbildlicht er die im Gleichgewicht befindlichen Grundstoffe (Sulphur und Mercurius). Mehr spekulativ ist die Deutung des Stabes als Phallus, an dem sich zwei Schlangen paaren – auch hier eine Vereinigung der beiden Gegensätze. Der C. ist nicht mit dem nur von einer Schlange umwundenen → Äskulapstab zu verwechseln. [Lr]

W. Deonna, Emblèmes médicaux. ... Du bâton serpentaire d'Asklepios au caducée d'Hermes (Revue internationale de la Croix Rouge 1933); J.-P. Bayard, Le Caducée (Médecine de France 1971).

**Calvin, Johann** → Protestantismus

**Carbonari** → Geheimbünde

**Caritas,** Gottes- und Nächstenliebe, gilt bereits im Frühchristentum und weit über das MA hinaus als die bedeutendste der drei theologischen Tugenden (nach 1 *Kor* 13, 13); sie wird entsprechend als *radix omnium bonorum* und *mater* bezeichnet. Ihr Gegenpol ist zumeist die Cupiditas bzw. → Luxuria. Nach Augustin ist C. die einzige zulässige Form der Liebe, weil sie sich aktiv auf Gott und den Nächsten richtet, ohne eigennützig zu sein und vor allem ohne sinnliche Begierden zu wecken. Insofern ist C. die Wurzel alles Guten (Augustin) und schließt das Böse prinzipiell aus. C. erhält eine zentrale Rolle in dem antagonistischen Weltbild der beiden *Civitates.* Dort wo die TAUBE als *Ecclesia* (Notker, Hugo v. Folieto) verstanden wird, bedeuten die beiden FLÜGEL den Doppelaspekt von Gottes- und Nächstenliebe. Über die PELIKAN-Deutung im ahd. *Physiologus* auf Christus wird der Pelikan auch auf die C. gedeutet. Als Personifikation erscheint sie seit → Ripa als eine Frauengestalt, die mit einer FLAMME gekrönt ist; sie ist mit einem ROTEN KLEID (Marienfarbe) bekleidet und hat DREI KINDER bei sich, von denen eines in ihrem linken Arm liegt, während die beiden anderen vor bzw. neben ihr auf dem Boden stehen. [AW]

J. Lang, Novissima Polyanthea, Frankfurt 1617 (216–219); M. v. Thadden, Die Ikonographie der C. in der Kunst des Ma. (Diss. Phil. Bonn) 1951; D. Walch, C. Zur Rezeption des mandatum novum in altdt. Texten, 1973.

**Casel,** Odo, 27.9.1886 Koblenz-Lützel – 28.3.1948 Herstelle (Weser). Benediktiner von Maria Laach. Bahnbrecher für eine neue Sicht der Zeichenhaftigkeit der → Sakramente, die er in der sog. Mysterientheologie entfaltete, wobei unter Kultmysterium nicht Geheimnis im Sinne von Lehrgeheimnis, sondern von Gegenwärtigkeit göttlicher Heilstat im sakramentalen Geschehen zu verstehen ist. Wenn also etwa Eucharistie gefeiert wird, werden nicht nur die Wirkungen des Opfers Christi mitgeteilt – es ist die Opfertat Christi selber der reale Inhalt des Ereignisses. – Seine Lehre ist nicht unbestritten geblieben, vor allem über das »Wie« dieser Gegenwärtigkeit herrschen verschiedenen Ansichten. Es gibt hier vor allem drei Lösungsversuche. 1. O. Casel: Sakramental-reale Vergegenwärtigung, nicht bloße moralische Vergegenwärtigung im psychologischen Sinne. 2. G. Söhngen: Gegenwärtigkeit der Heilstat nicht als objektives Geschehen im sakramentalen Akt, sondern in der subjektiven, aber nicht bloß psychologischen Innerlichkeit des Empfängers. 3. M. Schmaus/H. Kuhaupt: Christus steht als der Verklärte mit der ganzen Fülle seines zeitlichen und überzeitlichen Heiles vor dem Vater, daher wird im Sakrament immer das ganze Geschehen gegenwärtig. Auch J. Betz (***Die Eucharistie in der Zeit der griechischen Väter,*** 1955) hat nachgewiesen, daß die griechischen Väter Vertreter einer Mysterientheorie gewesen sind. Insoferne ist C. nicht nur Begründer, sondern ebenso Wiederentdecker der Mysterientheologie. Für die Symbolik von Interesse ist auch seine Auffassung zu den Bildern der → Katakomben. [Sr]

O. Casel, Das Gedächtnis des Herren in der altchristl. Liturgie (Ecclesia Orans 2) 1920; Liturgie als Mysterienfeier (Ecclesia Orans 9), 1923; Das christl. Kultmysterium, ²1935; Das christl. Opfermysterium, 1968. Über O. C. vgl. Th. Schneider, Gottmenschl. Gemeinschaft (O. Casel, Mysterium der Ekklesia) 1961; Th. Schneider, Neu u. alt ist das Mysterium des Pascha. Zu O. C. s Aussagen über das Pascha in Israel (Liturgie u. Mönchtum, H. 36) 1965.

**Cassirer,** Ernst, 28.7.1874 Breslau – 13.4.1945 New York, deutscher

Philosoph, Vertreter der Marburger Schule des Neukantianismus. In seinem klassischen Werk *Philosophie der symbolischen Formen* (3 Bde, 1923–1929) entwickelt C. eine fundamentale philosophische Analyse des Symbolischen und zugleich eine auf dem Symbol basierende Grundlegung der ganzen Erkenntnis. C. deutet wesentlich den überlieferten Symbolbegriff um, indem er von ihm die Dualität von Zeichen und Gezeichnetem, von Symbol und Symbolisiertem entfernt. Das Symbol ist »Sinnerfüllung des Sinnlichen«. Seine Eigenart besteht darin, daß sein Da- und Sosein, sein Unmittelbar-Sinnliches an sich bereits Manifestation eines Sinnes ist. Zwar ist das Symbolische nicht absolut ungegliedert. Die beiden Momente des Symbols sind in ihm von Anfang an gelegt, nicht aber entfaltet. Die analytische Zergliederung kommt erst später, bei dem Übergang vom unmittelbaren Leben zur Reflexion und zum Geistigen zustande. Darin besteht das Spezifikum der symbolischen Relation. Im Unterschied zur Kausal- und Dingverknüpfung kennt sie nicht die Trennung von Wirkendem und Erwirktem, von Vorher und Nachher, sondern sie ist ein sinnerfülltes Ganzes. Nicht nur ist die symbolische Relation kein Sonderfall der ursächlichen oder der dinghaften, sondern die letzteren sind nur auf Grund von ihr möglich. Die symbolische Relation konkretisiert sich als Ausdrucksfunktion (Leib und Seele), Darstellungsfunktion (Wort und Sinn), Bedeutungsfunktion (Zeichen und Bedeutung). Exemplarisch für C. ist die Ausdrucksfunktion, wo eben die Konventionalität des Zeichens fehlt. Der so verstandene Symbolbegriff dient C. als Ausgangspunkt einer Uminterpretation der Geschichte der Philosophie und der Erkenntnis. In ihrem historischen Wandel stellen Philosophie und Physik eine fortschreitende Ausschaltung des Symbolischen zugunsten des Begrifflichen, der Form zugunsten der Kausalität dar. Die Degradierung des Symbolhaften zum bloßen Namen, zum Schein, hinter welchem sich die allein diskursiv erfaßbare Natur der Dinge verbirgt, beginnt schon mit der Geburt der griechischen Philosophie, die sich vom → Mythos loslösen wollte, und setzt in all ihren darauffolgenden Gestalten, gleich ob rationalistisch, sensualistisch oder intuitivistisch, fort. Als Höhepunkt dieser Entwicklung ist das Newton–Galileische physikalische Weltbild zu bezeichnen, bei welchem das Symbolische zur »sekundären«, unwahren Qualität abgestempelt wurde. In der gegenwärtigen Entwicklung der Physik erblickt aber C. eine erfreuliche Rehabilitation des Symbols, indem sie ihren Gegenstandsbereich nicht mehr als unmittelbar gegebene Erfahrungstatsachen, sondern als symbolische Gebilde faßt. Noch deutlicher zeigt sich die Rolle der symbolischen Form als Erkenntnismittel in den Kulturwissenschaften, wo sie eine Orientierungseinheit stiftet. [Ign]

C. H. Hamburg, Symbol and Reality, Studies in the Phil. of E. C., 1970; W. Ettelt, Der Mythos als symbol. Form. Zu E. C.s Mythosinterpretation (Philos. Perspektiven 4) 1972. G. Dorfles, Mythe et metaphore chez C. et Vico (Lettres Nouvelles) 1973.

**Chagall,** Marc, geb. 7.7.1889 bei Witebsk (Weißrußland), russisch-jüdischer Maler und Graphiker, lebt in Vence, Frankreich. Während er in Formvorstellungen und Farbausdruck von seiner unmittelbaren Begegnung mit der französischen Kunst beeinflußt wurde, bleibt seine Thematik der Welt des → Chassidismus und des russischen Märchens verhaftet. Von tiefer Symbolkraft sind schon die in jungen Jahren entstandenen Werke: *Der Tote* (1908) weist in der unnatürlichen Lage der Leiche (auf der Straße), des Geigenspielers (auf dem Dach) und der Vase (aus dem Fenster fallend) auf das Mystisch-Irrationale. *Zu Ehren Apollinaires* (1911?) zeigt Adam und Eva auf dem Rad der Fortuna. Das AUF-DEM-KOPF-STEHEN (bei Menschen, Häusern, Bäumen) kann ein Traumelement sein, aber auch die Verkehrtheit der Welt andeuten.

In verschiedenen immer wiederkehrenden Motiven (Liebespaar, David-Orpheus, fliegender Mensch, später auch Gekreuzigter), man hat sie nicht zu Unrecht »archetypisch« genannt, verbindet der Maler seine individuellen Gefühle und Erlebnisse mit der kosmischen Weite. Eine symbolische Bedeutung von Uhr, Musikinstrumenten, Tieren, Blumenstrauß, Halbmond, Sonnenrad wird nicht allgemein anerkannt. Nach Demisch haben C.s KÜHE etwas mit dem paradiesischen, leidentrückten Zustand zu tun, während der ZIEGENBOCK dem schuldverstrickten, nachparadiesischen Menschen angehört (man vgl. den »Sündenbock«, der nach 3 *Mos* 16 am jüdischen Versöhnungstag eine Rolle spielt); das FISCH-Motiv soll überall dort zu finden sein, wo Zeit und Zeitlosigkeit sich berühren, z.B. beim Übergang von Leben in den Tod. [Lr]

L. Venturi, M. C., Genf 1956; F. Meyer, M. C. Leben u. Werk, 1961; R. McCullen, M. C.s Welt, 1969; H. Demisch, Mythische Motive bei M. C. (Symbolon 7) 1971; I. Riedel, Marc Ch. grüner Christus. Tiefenpsycholog. Interpretation der Fraumünster-Fenster in Zürich, 1985.

**Chamäleon,** in afrikanischen Mythen teils Kulturheros, teils Überbringer von Gottes Botschaft, daß die Menschen ewig leben würden; doch kommt ein anderes Tier (wie Schlange, Eidechse oder Hund) dem langsamen Ch. zuvor und bringt die Botschaft vom Tode. Wegen seines Farbwechsels wurde das Ch. zu einem Sinnbild für falsche, heuchlerische und wankelmütige Menschen, so schon bei Aristoteles und dem hl. Hieronymus. [Lr]

M. Bambeck, Zur Geschichte vom die Farbe wechselnden Ch. (Fabula 25/1984).

**Chassidismus.** Im Gefolge der polnischen Judenpogrome im 18. Jh. erstarkte in der dortigen Judenschaft eine Sekte, in der sich zwei an sich entgegengesetzte Strömungen miteinander verbanden: strikte Erfüllung aller religiösen Lebensvorschriften und eine unter dem Einfluß der → *Kabbalah* bis zur Ekstase gesteigerte Inbrunst der mystischen und freudeerfüllten Beziehung zu Gott und zu den Mitmenschen. Das Weltall ist das lebendige »KLEID Gottes« (»So schaff' ich am sausenden Webstuhl der Zeit und wirke der Gottheit lebendiges Kleid« Goethe, Faust). Die führende Gestalt war Israel ben Elieser Ba'al Schem Tov (ca. 1700–1760) und nach ihm bis in die Gegenwart eine große Reihe von charismatischen Persönlichkeiten (Zaddikim). Solche

Gruppen gab es in beträchtlicher Zahl in Osteuropa, heute noch in den Vereinigten Staaten von Amerika und in Israel.
Der Ch. will »den Gott in dieser niederen, untersten Welt offenbaren, in allen Dingen und zumal in dem Menschen, daß an dem kein Glied und keine Bewegung ist, in der nicht Gottes Kraft verborgen wäre, und keine, mit der er nicht Einungen vollbringen könnte« (Martin Buber nach dem Ba'al Schem Tov). Gerade deshalb soll sich der Chassid bemühen, den göttlichen Funken in seiner Verbindung mit Gott zum Sprühen zu bringen, so daß das »weibliche WASSER« der Schechinah und mit ihm auch das »männliche WASSER« in der kosmischen Harmonie Gottes zusammenfließen. [Kly]

M. Buber, Mein Weg zum Ch., 1918; ders, Der große Magid, 1922; ders., Die chassidischen Bücher, 1927; N. M. Glatzer/L. Strauss, Sendung und Schicksal, 1931; S. Hurwitz, Archetypische Motive in der chassid. Mystik, 1952; G. Scholem, Von der mystischen Gestalt der Gottheit, 1962; G. Wehr, Der C., 1978.

**Chaucer,** Geoffrey, ca. 1340–1400, englischer Dichter. Ch. war Erbe und Bewahrer einer langen und weitgespannten literarischen Tradition, ein »gelehrter Dichter« (*poeta doctus*), der sich in den mal.en Wissenschaften auskannte und das Überlieferte auf seine Weise modifizierte. Wir finden bei ihm das alte Motiv des »Lustorts« (*locus amoenus*), dessen archetypisches Urbild das Irdische Paradies ist: Symbol der Vollkommenheit und ihrer Gefährdung. Es erscheint verschiedentlich als GARTEN, so etwa in *The Parliament of Fowls (Das Parlament der Vögel,* ca. 1381), wo die Göttin → Natura über die Hochzeit der Vögel wacht und vergeblich einen Streit rivalisierender Liebhaber zu schlichten sucht. In *Troilus and Criseyde* (ca. 1385) ist der Garten, ähnlich wie im französischen *Roman de la Rose,* Stätte der Initiation des Helden in die Riten der höfischen Liebe. Die Symbolik der Initiation (Durchgang durch die »enge Pforte«) verknüpft sich mit der des Irdischen Paradieses; in *The House of Fame (Das Haus der Gerüchte,* entstanden nach 1374), das die Bekanntschaft mit → Dantes *Divina Commedia* erkennen läßt, nimmt sie die Form der Himmelsreise an; hier wird Ch. so wie Dante, von einem ADLER zu einem überirdischen Ort getragen, um Belehrung zu empfangen, was jedoch zur unerwarteten Distanzierung vom Erfahrenen und zur kritischen Erkenntnis des eigenen Selbst führt. In *The Nun's Priest's Tale (Erzählung des Nonnenpriesters)* greift Ch. die alte Fabel vom Hahn, der Henne und dem Fuchs auf und reichert sie derartig mit philosophischen Spekulationen an (über das Wesen der Träume, über Schicksal, Vorsehung und freien Willen), daß der HÜHNERHOF zu einer Art komischen Symbols der Welt wird, der HAHN zum Musterbild menschlichen (und männlichen) Irrens. *The Pardoner's Tale (Die Erzählung des Ablaßkrämers),* basierend auf dem traditionellen Thema des todbringenden Schatzes, zeigt die Verblendung des Menschen, der den Tod dort findet, wo er ihn nicht sucht. Beide Erzählungen gehören den *Canterbury Tales* an (ca. 1387, einiges davon wahrscheinlich schon früher), einer bunten Sammlung von Geschichten, die im Rahmen einer Pilgerfahrt nach Canterbury zusammengefaßt werden, so daß das Ganze als symbolische Darstellung des Strebens nach dem Heil verstanden werden kann. [JK]

F. N. Robinson, The Works of G. Ch., 1957 (mit Einleitung u. Kommentar); G. L. Kittredge, Ch. and his Poetry, 1915; J. L. Lowes, The Art of G. Ch., 1930; N. Coghill, The Poet Ch., 1947; D. S. Brewer (ed.), Ch. and Chaucerians, 1966; J. Kleinstück, Mythos u. Symbol in engl. Dichtung, 1964; F.-W. Neumann, Ch. Symbole der Initiation im Troilus Roman, 1977.

**Cherubim,** halb tier-, halb menschengestaltige Mischwesen mit FLÜGELN, wie sie aus Altmesopotamien bekannt sind. Das »Geflügeltsein« bedeutete den alten Völkern eine Wesenserhöhung, eine Zuordnung zu überirdischen Mächten. Im AT sind die Ch. Hüter der sakralen Lebenszentren; sie bewachen den Baum des Lebens und sind in nächster Umgebung Jahwes (1 *Mos* 3, 24; 2 *Mos* 25, 22). Menschengestaltig mit vier Gesichtern und vier Flügeln bilden sie den lebendigen Thronwagen Gottes; sie stehen auf rollenden RÄDERN, deren Felgen mit AUGEN (= Sterne) erfüllt sind (*Ez* 1, 5–21). Nach der Apokalypse haben die Ch. sechs Flügel. In der Kunst des MA werden sie meist mit zwei Flügelpaaren dargestellt im Gegensatz zu den Seraphim (*Jes* 6, 1 ff.) mit drei Flügelpaaren, doch kommt auch Vermischung beider Typen vor.
Die erste bildliche Darstellung der Ezechiel-Vision im *Rabulas-Codex,* 568, zeigt einen TETRAMORPH (Viergestalt) mit zwei Flügelpaaren und den vier Gesichtern; im *Hortus deliciarum* und beim Wormser Dom (Süd-Portal im Giebelfeld) erscheint der Tetramorph als Reittier der Ekklesia – er ist die Symbolfigur der zur Einheit verschmolzenen Evangelien (→ Evangelistensymbole). In der Hierarchie der → Engel nehmen die Ch. die oberste Stelle ein. [Lr]

A. Jacoby, Zur Erklärung der Kerube (AfR 22) 1923–1924; P. Dhorme/L. H. Vincent, Les Chérubins (Revue Biblique 35) 1926; M. Haran, The Ark and the Ch.. Their Symbolic Significance in Biblical Ritual (Israel Exploration Journal 9) 1959.

**Chiffre** (arab. *sifr* = leer, als Zahl Null), ab dem 18. Jh. aus dem Französischen für »Geheimzeichen« übernommen. Bei Hamann (1758) metaphorischer Begriff: »Das Buch der Natur und der Geschichte sind nichts als Chyffern, verborgene Zeichen, die eben den Schlüssel nötig haben, der die heilige Schrift auslegt und die Absicht ihrer Eingebung ist«. Nach Schiller sind die Gesetze der Natur Chiffren, ein »Alphabet, vermittelst dessen alle Geister mit dem vollkommensten Geist und mit sich selbst unterhandeln«. Der Grundgedanke, daß die Natur sich dem Menschen durch Zeichen offenbare, findet sich bereits in der Signaturenlehre des → Paracelsus und Jakob Böhmes und fällt dann in der Romantik (→ Novalis) erneut auf fruchtbaren Boden.
Die Symbole der modernen Dichtung nähern sich insofern der ursprünglichen Bedeutung von Chiffre, als sie mehr im Dunkeln lassen als offenbaren; so umschreibt Ernst → Jünger die Geheimnisfülle der Welt – wenn er nicht gerade die Bilder der Maske oder des Schleiers gebraucht – mit »Chiffre« oder »Hieroglyphe«. Bei Karl Jaspers können außer der Natur auch der Mensch und seine Geschichte, Mythen und Kunstwerke, ja alles, zu »Chiffren« werden, gleichsam zu Symbolen, die einen Blick in die unergründlichen Tiefen des Seins eröffnen und

so zwischen menschlicher Existenz und Transzendenz vermitteln. [Lr]

X. Tilliette, Sinn, Wert u. Grenze der Ch.-Lehre, 1960; W. Land, Zeichen – Symbol – Ch. (Der Deutschunterricht 20/1968); H. Saner, Ch. (Histor. Wb. d. Philosophie. Hg. von J. Ritter, Bd. 1) 1971.

**Chimäre,** feuerspeiendes → Fabelwesen der griech. Mythologie, von dem auf dem Flügelroß Pegasos reitenden Bellerophon getötet. Nach Vergil stand das Ungeheuer am Eingang der Unterwelt. In der christl. Ikonographie kann Bellerophon zu einem Reiterheiligen werden, der das Böse (im Symbol der Ch.) besiegt. In der romanischen Bauplastik wie auch auf Fußbödenmosaiken des 12. Jhs. (z. B. St. Gereon, Köln) kennzeichnet die Ch. die dunklen, dämonischen Mächte. In der Literatur der Romantik und im Werk von Max Ernst erscheint sie als Ausdruck des Triebhaften, Aggressiven, Bedrohlichen, wenn nicht gar als Metamorphose Satans. Schließlich kann die Ch. – wie z. T. schon in der Kunst des Symbolismus – ganz einfach Sinnbild für das Irreale, Phantastische, Traumhafte sein. [Lr]

K. Lehmann-Hartleben, Bellerophon u. d. Reiterheilige (Mitt. d. Dt. Archäolog. Inst., Röm. Abt. 38–39/1923–24); M. Praz, Liebe, Tod u. Teufel. Die schwarze Romantik, 1970; Y. Vadé, Le sphinx et la chimère (Romantisme XV/1977).

**China** → Altchina, Konfuzianismus, Ostasien, Taoismus

**Christentum.** Die Erforschung und Betrachtung christlicher Symbolvorstellungen ist ohne Einbeziehung des Erbes aus → Judentum und »Heidentum« nicht denkbar. Die meisten christlichen Symbole gehen auf die an Bildern und Gleichnissen reiche Sprache der → Bibel zurück. Die alttestamentliche Relation Schöpfer – Schöpfung (bzw. Jahwe – Israel) wurde durch das neutestamentliche Verhältnis Christus – Kirche erweitert.

In bewußter Abgrenzung von der überquellenden Bilderwelt der umliegenden Völker und ihrer religiösen Vorstellungen kannte die christliche Frühzeit nur wenige Symbole im liturgischen Bereich, vor allem → Taufe und → Eucharistie, deren reiche Symbolbezüge (zu Wasser, Brunnen, Ähre, Brot, Kelter, Wein) in der folgenden Zeit auch in Kunst und Dichtung ihren Niederschlag fanden. Alle christlichen Symbole weisen auf Christus und seine Lehre und sind damit im letzten → Christussymbole.

Ursymbol ist der FISCH, eigentlich ein Namenssymbol, das in aller Kürze die christliche Heilsbotschaft zusammenfaßt (→ Heilszeichen) und über *Mt* 14, 17 zugleich sinnbildhaft auf die Eucharistie hinweist. Symbolcharakter hat auch das aus den griechischen Buchstaben CHI und RHO gebildete MONOGRAMM Christi; das Namenszeichen ist der Name selbst, der Name aber bezeichnet das Wesen, repräsentiert die Person. Hauptsymbol ist seit dem 4. Jh. das KREUZ, in dem das geschichtliche Heilsopfer und die Herrschaft des erhöhten Kyrios über die Welt gleichzeitig zum Ausdruck kommen; als Segensgeste ist das Kreuzzeichen bereits seit dem 2. Jh. bekannt. Die ganze mal. Literatur und Kunst zeigt, daß das historische Kreuz soteriologisch weiterwirkt als Zeichen der Heilsgegenwart und eschatologisch als Zeichen der Heilshoffnung.

Nachdem seit dem Mailänder Edikt (313) das Chr. sich frei entfalten konnte, wurden auch Bilder aus der antiken Welt aufgenommen und in christlichem Sinne interpretiert, so z.B. Elemente griechischer und mithraischer Sonnenverehrung (→ Sonne), Christus als → Orpheus, Darstellung der → Seele. Besondere Bedeutung gewann der → *Physiologus*, in dem antike Naturerkenntnis mit der christlichen Glaubens- und Heilslehre verknüpft wurde.

In der Ekklesiologie der Kirchenväter (→ Patristik) wird der Gedanke der Kirche als die Jungfrau-Mutter und als der Heilsvermittlerin ausgebaut: »Die Gebärerin, die den männlichen Logos in den Herzen der Gläubigen gebiert, ist unsere Mutter, die Kirche« (Methodius von Philippi, *Symposion* VIII, 11). In symbolischer Schau fallen Eva, Maria und Ekklesia zusammen. In ihrer Zuordnung auf Christus gehören die → Mariensymbole zu den meistdargestellten der christlichen Kunst. Nach Festlegung des Trinitäts-Dogmas (325 und 381) wurde – besonders seit der Karolingerzeit, 8./9. Jh. – die in Liturgie, Kirchenbau und Brauchtum vorkommende DREIZAHL auf die → Dreifaltigkeit hin interpretiert.

Während das einfache Volk im MA mit den religiösen Symbolen oft eine magische Auffassung verband (Kreuz und Hostie dienten der Dämonenabwehr), wurde das alle Seinsbereiche durchdringende symbolische Denken der Scholastik zu einem Vehikel komplizierter theologischer Spekulation; mit der überreichen Entfaltung der Symbolik in den Werken des mittelalterlichen → Symbolismus wurde zwar die christliche Ikonographie aufs stärkste angeregt, andererseits aber auch die Gefahr heraufbeschworen, daß das Verständnis der Gläubigen für die echten Symbole geringer wird. Die → Mystik mit ihrer verinnerlichten Symbolwelt beeinflußte die religiöse Lyrik wie auch die Andachtsbilder der Gotik. Eine reiche Symbolik entfalteten auch die mal. Sekten (vgl. → Bogumilen).

Die Abspaltung der → orthodoxen Kirche führte in dieser zu keinem Bruch mit der Symboltradition, eher zu einer Erstarrung. Anders bei den reformatorischen Kirchen, die überwiegend die Sinnzeichen der alten (→ katholischen) Kirche als sinnentleerende Wucherungen auffassen; trotzdem bleiben gewisse Symbolvorstellungen erhalten: → protestantische Kultsymbolik. Der aus der evengelischen Kirche hervorkommende Pietismus weist Symbolvorstellungen auf, die bis auf die mittelalterl. Mystik, auf → Paracelsus und Jakob → Böhme zurückgehen.

In der katholischen Kirche dienen in der Neuzeit die Symbole »mehr der Befestigung religiöser Kenntnisse und der Einschärfung sittlicher Pflichten und Ideale, nicht mehr so sehr dem Hinweis auf die entscheidenden Grundlagen christlicher Heilshoffnung« (Jungmann). Die mit der Aufklärung überhandnehmende rationalistische und utilitaristische Denkweise führte allgemein zu einer Verkümmerung des Symbolverständnisses, das erst im 20. Jh. wieder geweckt wurde – katholischerseits vor allem von → Romano Guardini und → Odo Casel, auf protestant. Seite von → Paul Tillich und → Wilhelm Stählin. Die Neubesinnung auf Sinn und Funktion der Symbole läßt aber auch die Grenzen ihrer Verwendung erkennen. → Kopten, Theologie [Lr]

W. Molsdorf, Christl. Symbolik d. mal. Kunst, 1926; E. Bevan, Holy images. In ancient paganism and in Christianity, London 1940; O. Döring, Christl. Symbole, [2]1940; J. J. M. Timmers, Christelijke symboliek en iconografie, Bussum 1947; A. W. Watts, Myth and Ritual in Christianity, London 1954 (dt. 1956); G. Ferguson, Signs and Symbols in Christian Art, New York 1954; H. Rahner, Griech. Mythen in christl. Deutung, 1957; L. Voelkl, Zusammenhänge zwischen d. antiken u. d. frühchristl. Symbolwelt (Das Münster 16) 1963; H. Rahner, Symbole d. Kirche, 1964; Chr. Rietschel, Sinnzeichen des Glaubens, 1965; Ph. Rech, Inbild des Kosmos. Eine Symbolik d. Schöpfung. 2 Bde., 1966; M. Lurker, Wb. biblischer Bilder u. Symbole, 1973. D. de Chapeaurouge, Einführung in die Gesch. der christl. Symbole, 1984.

**Christophorus,** Heiliger, seit dem 5. Jh. nachweisbar in Chalkedon verehrt. Im MA Nothelfer vor einem plötzlichen Tod, in der Folgezeit Patron der Pilger, Schiffer, Fuhrleute und schließlich aller Verkehrsteilnehmer. Ältere Legende erzählt von dem menschenfressenden Reprobus aus dem Volk der Kynokephalen (»Hundsköpfigen«), der durch Taufe den Namen C., menschliche Gestalt und Sprache erhält; stirbt als Märtyrer. Ikonographisch findet sich der HUNDSKÖPFIGE Heilige in der Ostkirche (über ihm oft die gnadebringende WOLKE mit herabregnendem Taufwasser); seine Wurzeln dürften auf antike Überlieferungen zurückgehen.

Im Abendland dominiert seit der Mitte des 12. Jh. der Typ des Riesen, der Christus bzw. (seit Ende des 13. Jh.) das Christuskind trägt, älteste bekannte Plastik in Portugal (Rio Mau), Fresken in Südtirol (Burgkapelle zu Hocheppan). Die lateinische Namensform Christofferus dürfte zu der Legendenbildung Anlaß gegeben haben, daß C. seine Dienste dem stärksten Herrn der Welt – zuerst einem König, dann dem Teufel, schließlich Christus – angeboten, offeriert hat.

Das Motiv des TRAGENS symbolisiert (nach Rosenfeld) den engen geistigen Kontakt zwischen dem Riesen und dem Heiland. Religionsgeschichtliche Parallelen des einen Menschen oder ein Kind über das Wasser tragenden Gottes oder Helden sind für eine Herleitung nicht beweiskräftig: Thor trug den Övandil auf der Schulter, Herakles den Erosknaben, der schakalköpfige Anubis den Horusknaben; der dem Riesen Bali aufsitzende Vishnu wird zur schweren Last. Das FÄHRMANNmotiv wurde (von Szövérffy) in Verbindung gebracht mit dem Rechtsbrauch der Fähre als Asylstätte.

Symbol der göttlichen Berufung ist der grünende STAB des Riesen; ein PALMBAUM ist Hinweis auf den Märtyrertod. Im ausklingenden MA dient ein dürrer Baum oder Ast als Stütze (so bei A. Dürer, Konrad Witz). Das Jesuskind trägt häufig die WELTKUGEL oder einen Reichsapfel als Zeichen seiner Würde in der Hand. Im 16. Jh. ruht die stark vergrößterte Kugel zusammen mit dem Kind (= der Welt immanente Göttlichkeit) auf des Riesen Schulter (Meister von Meßkirch). Das Hinunterdrücken des C. durch das schwerer werdende Kind ist symbolische Anspielung auf die Taufe durch das Untertauchen. Das WASSER kann Hinweis auf die bedrohliche, dämonenbewohnte Umwelt sein

(Jan Mandyn); auch die Vorstellung des das Diesseits vom Jenseits trennenden Stromes kann mitschwingen. Martin Luther hat den Hl. als Allegorie des christlichen Lebensweges gedeutet, spätere Zeit als Symbolfigur des Christus tragenden und bekennenden Menschen. [Lr]

H.-F. Rosenfeld, Der Hl. C., Seine Verehrung u. seine Legende, Helsingfors 1937; J. Szöverffy, Der hl. C. u. sein Kult, Budapest 1943; W. Loeschke, Sanctus C. Canineus (Fs. E. Redslob), 1955; J. Kunstmann, Hol über. Leben, Bild u. Kult des hl. C., 1951; G. Benker, C., Legende Verehrung Symbol, 1975.

**Christus.** Die Zentralaussage der christlichen Offenbarung in Wort und Bild ist »das als Mensch gestaltete Sinnbild Christi ...auf dieses kann und darf nicht in der Bildverkündigung verzichtet werden. Erst von der Menschwerdung aus können auch die nichtmenschlich gestalteten Sinnbilder den Gottmenschen verkünden. So erhabene Aussagen auch die nicht menschlich gestalteten Sinnbilder mitteilen – Gott ist nicht als ein natürliches Lamm oder ein natürlicher Fisch auf die Welt gekommen, sondern als Menschenkind. Wenn die Bildverkündigung im Gottesdienst verzichten wollte auf das mit Wort und Bild menschlich gestaltete Sinnbild, so käme dies einer Leugnung der Menschwerdung Gottes gleich«. (L. Schreyer). Natürlich kann bei dieser Wiedergabe nicht die Göttlichkeit in ihrer geheimnisvollen Verbindung mit der Menschheit aufleuchten. Das durch menschliches Bemühen vor Augen geführte Ereignis »Gott ist in Jesus Christus Mensch geworden« kann im eigentlichen Sinne nur das Menschwerden zum Ausdruck bringen, nicht aber, daß Gott es ist, der Mensch wurde. Auch der Geist vermag dies Eingehen nicht zu erfassen und kann sich immer nur den Menschen vorstellen, in den er den unfaßbaren Begriff »Gott« einsenkt, d.h. mit dem er diesen Begriff zu verbinden versucht. Von daher kommen auch die vielen Christologien in den Schriften des NT, »die allerdings ein und denselben Glauben an Gottes Heilsgabe in Jesus ausdrücken wollen« (P. Schoonenberg). Innerhalb dieses Pluralismus steht immer wieder der Mensch Jesus »in seiner einzigartigen Beziehung zu Gott, in seinem Tun und Lehren (*Apg.* 1, 1), seinem Tod und seiner Verherrlichung« (Schoonenberg) als der Ausgangspunkt. Mit Nikaia (325) ist nun eine Sicht Jesu gegeben, die sich eindeutig von der des NT unterscheidet. Hier wird erst nach den göttlichen Prädikaten von Menschwerden und Menschsein gesprochen – »Nikaia kam zu dieser Umkehrung der Perspektiven, weil die Erörterung über das innergöttliche Verhältnis des Sohnes zum Vater im Mittelpunkt stand und weil schon lange Zeit das christologische Denken den Logos als Ausgangspunkt genommen hatte«. (Schoonenberg). Im Gefolge dieses Ausgangspunktes entstand nun die Frage, wie man die Einheit zwischen »oben« und »unten« wieder finden konnte. Schulen (Alexandriner und Antiochener), Konzilien (Ephesus, Chalkedon) bemühten sich darum. Seit geraumer Zeit setzt eine Kritik an Chalkedon und seiner Sicht Christi als »nicht biblisch, sondern hellenistisch, nicht funktional, sondern ontologisch« ein, wobei es zu Christologien kommt, die über Chalkedon hinausgehen (W. Pannenberg,

K. Rahner, W. Kasper, D. Wiederkehr, P. Schoonenberg). Besonders eindrucksvoll erscheint hier D. Wiederkehrs Formulierung: »Jesus handelt selber in einer inneren Rückbezogenheit auf den ihn sendenden und sich in ihm ereignenden Gott. Auf seine eigene menschliche Präsenz, auf sein eigenes menschliches Handeln und Reden überträgt sich die eschatologische Absolutheit von Gottes Heilszusage und -anspruch«. [Sr]

L Schreyer, Das Christusbild u. die Kunst des 20. Jh., 1960; P. Schoonenberg, Christologische Diskussion heute (Theol. Prakt. Quartalschrift 123) 1975; A. Grillmeier, Mit ihm und in ihm – Christolog. Forschungen u. Perspektiven, 1975; J. Blank, Zur Geschichte des Urchristentums (Una Sancta 30) 1975.

**Christussymbole.** Christus selbst hat sich unter Bildzeichen ausgesprochen, die dem natürlichen Bereiche entnommen sind und bestimmte Wirklichkeiten aussprechen, die im strengen Sinne nur ihm als dem Gottmenschen eigen sind. L. Schreyer meint dazu treffend: »Christus hat sich gleichsam identifiziert mit bestimmten Bildzeichen, und die Seinen haben ihn erkannt in diesen bildnerischen Zeichen, die neben – nicht über – dem Menschenbild Christi zu tiefen Aussagen in der Bildverkündigung wie in der Wortverkündigung der Kirche geworden sind ... alle nichtmenschlichen Sinnbilder Christi bereiten das Menschensinnbild Christi vor, in dem alle nichtmenschlichen Sinnbilder münden und überhöht sind ... und erst das Menschenbild Christi erschließt die nicht menschlichen Sinnbilder Christi. Hierdurch bestimmt sich die Ordnung der Bildverkündigungen zwischen dem Menschensinnbild Christi und den nichtmenschlichen Sinnbildern Christi, den bildlichen Zeichen Christi. Die Bildverkündigungen Christi umkreisen den heiligen Ort, die Stätte, an der die Sakramente gespendet werden und Christus seine Taten, die Sakramente wirkt«. – Christus bezeichnet sich als das Brot des Lebens (*Joh* 6, 35), als den wahren Weinstock (*Joh* 15, 1), als das den Durst löschende Wasser (*Joh* 4, 14), als das Licht der Welt (*Joh* 8, 12), als Eckstein (*Mk* 12, 10–12) und wird von Johannes d. T. als »das Lamm Gottes« (*Joh* 1, 37) angesprochen.

Im Laufe der Zeit erfanden Kirchenväter, Theologen und Künstler weitere christologische Sinnbilder, die dem anorganischen wie organischen Bereich angehören, die als menschliche wie tierische Symbole auftauchen, die nichtbiblischen wie biblischen, nicht ereignishaften wie ereignishaften Charakter tragen, wobei die Grenzen oft schwimmend sind. – Ausgehend von Christi Wort selbst (*Mk* 12, 10–12) wie von der berühmten Stelle im 1 *Petr* 2, 4–8 wurde der Altar, als er nicht mehr nur Gebrauchsgegenstand war, sondern sich zum festen Altar mit Altarweihe entwickelt hatte, zum Symbol Christi selbst bzw. zum Sinnbild des Thrones Gottes und Christi. Die Ehrungen des Altares in der Liturgie durch Altarkuß, seit dem 4. Jh. nachweisbar, und Inzens beziehen sich also auf Christus selbst. L. Schreyer beschreibt diese Symbolik im Hinblick auf eine Erneuerung des Christusbildes in der modernen Kunst: »Der Altar ist intimstes und zugleich öffentlichstes Sinnbild Christi. Es umfaßt und verkündet Krippe, Kreuz und Grab, die Auferstehung und Erlösung und den Thron des Königs der Könige«. Er kann sich dabei auf frühchristliche wie mittelalterliche Typologie und Symbolik berufen: Leo d. Gr.: *Sermo* 59, 5; Honor. Aug., *Sacram.* 10; Rupert v. Deutz, *De div. offic.* V. 30. – Das EVANGELIAR wurde schon sehr bald zu einem hochgeschätzten Symbol Christi. Ihm wurde daher besondere Ehre zuteil, es wurde kostbarst ausgestattet, es lag bei den Konzilien auf einem kostbaren Thron als Sinnbild des unsichtbar anwesenden und das Konzil präsidierenden Christus. In den östlichen Riten durfte und darf es als einziger Gegenstand außer den eucharistischen Geräten auf dem Altar liegen. Durch die Entwicklung des Vollmissale und die steigende Betonung und Verehrung der Realpräsenz Christi in der Eucharistie verlor das Evangeliar als Sinnbild Christi immer mehr an Bedeutung, wenngleich die feierliche Handhabung durch den Diakon im Hochamt noch die ehemalige Christussymbolik erahnen ließ. Durch die vor allem seit dem 2. Vatikanum wieder an Bedeutung gewinnende Sicht des Wortes als Sakrament kehrt langsam die alte Symbolbedeutung wieder zum Evangeliar zurück. Ein weiteres Christussymbol ist unter den Kerzen vor allem die OSTERKERZE, weil sie das liturgische Symbol schlechthin ist für den Auferstandenen. Dies wird an ihr noch verdeutlicht durch das eingefügte Kreuz mit den 5 WEIHRAUCHKÖRNERN als Sinnbild der verklärten Wunden, durch das Alpha und Omega, wie durch die feierliche Inzensierung vor dem Exultet, das seinerseits wieder ein Lobpreis auf Christus ist.

Sehr vielfältig sind die Christussymbole in der Kunst, angefangen von den Tiersymbolen, an deren Spitze der FISCH zu nennen ist, der als Fisch etwa am Angelhaken nicht nur den Gekreuzigten, sondern auch den Auferstandenen symbolisieren kann. (vgl. → Heilszeichen). Das MA hat in dieser Richtung natürlich noch sehr bereichernd bis verwirrend gewirkt (Einhorn, Phönix, Strauß). Man kann auch von ereignishaften Christussymbolen sprechen, so wenn etwa in den → Katakomben Szenen aus dem Alten Bund und dem Neuen Bund auf Christus und seine Erlösertätigkeit hinweisen wollen. Auch die Gestalten vom Guten → Hirten, Lehrer, König, Gekreuzigten, göttlichen Arbeiter, Herrn des himmlischen Gastmahls, Herz-Jesu sind ja nicht nur als personale Wiedergaben des Herrn zu verstehen, vielmehr wird durch sie eine symbolische Aussage oder werden sogar mehrere ineinander übergehende Aussagen gemacht. Solche Bilder sind daher nicht nur Feststellungen, die etwas abschließen, sondern meist auch Anregungen, die neue Gedankengänge eröffnen. Dies läßt sich gerade am Christusbild einer säkularisierten Welt ablesen, wie dies jüngst H. Schade getan hat. Er deckt die religiösen Strukturen an diesem Bilde auf und findet es unter den Phänomenen: »Der klassenlose Mensch und die einsame Masse«, »Das Opfer der Moral«, »Der Mann der Wahrheit und die große Schau«, »Der Meister der Ruinen«, »Der Herr des Kosmos«, »Die Kommunion zwischen Himmel und Erde«. Eines besonderen Hinweises wert erscheint A. Schöpffes Bild des wiederkommenden Herrn in St. Wolfgang, München (1965/66), von Schade

»Demokratische Majestas« genannt, wie J. Schwarzkopfs Passionsbilder.
Das KREUZ ohne den Herrn vermag gerade in der altchristl. Kunst als Zeichen des Parusiechristus zu dienen (S. Apollinare in Classe, Ravenna), während die Stele aus Moselkern, E. 7. Jh., eine einmalige Verbindung darstellt von realistisch-stilisiertem Erlöserchristus am Kreuz und Christussymbol in Form eines kosmologisch zu deutenden Diagonalkreuzes. – Stark symbolisch durchsetzt erscheint das Christusbild in der ostkirchlichen Kunst. Hier kann Symbolik zur Geheimwissenschaft werden, sodaß die hinweisende, symbolische Funktion auf Christus und bestimmte Seiten seines Geheimnisses eben nur bei Eingeweihten wirksam werden kann. → Passion. [Sr]

D. Winzen, Symbols of Christ, New York 1955; V. H. Elbern, Katalog »Imago Christi«, 1958; L. Schreyer, Das Christusbild u. die Kunst des 20. Jhs., 1960; A. Henze, Moderne christl. Plastik, 1962; F. Nikolasch, Das Lamm als Christussymbol in den Schriften der Väter, 1963; E. Sauser, Frühchristl. Kunst, 1966; A. Weckwerth, Der in der weinumrankten Kelter Gekreuzigte (Fs. für A. Thomas) 1967; H. Schade, Gestaltloses Christentum?, 1971.

**Chronos,** Personifikation der → Zeit, wurde in antiker und moderner Spekulation (oder auch Unkenntnis) oft mit Kronos (→ Saturnus) gleichgesetzt, wozu außer der Namensähnlichkeit auch die ihrer Attribute beitrug: C. = Sense, Kronos = Sichel.
C. spielt in kosmogonischen Gedankengängen als »erste Ursache«, als Former des Welteis eine Rolle. Für die hellenistische Zeit ist er Vater des Aion, Weltaltergott in immerwährender Erneuerung. In der Dichtung setzte man ihn als die Macht, die alles sieht und offfenbart, mit → Helios gleich. In der Renaissance erscheint er in den Veritas-Filia-Temporis-Darstellungen, in denen er seine Tochter (die Wahrheit) enthüllt, rettet und in den Himmel erhebt (man vgl. Berninis *Verità*, Rom, Museo Borghese).
In der Kunst des MA noch selten – so etwa als Beweger des Lebensrades an der Kathedrale zu Amiens, 13. Jh. –, finden sich besonders im Barock Darstellungen des C. mit SENSE und STUNDENGLAS (Sinnbildern der Vergänglichkeit), öfters mit FLÜGELN (Hinweis auf das Entschweben, das Nicht-Halten-Können) wie bei Ignaz Günthers Bildwerk (München, Nationalmuseum). Auf barocken Huldigungsbildern findet man ihn gefesselt als stillgehaltene Zeit wiedergegeben. In den oft in nächster Umgebung des »Gottes der Uhren« dargestellten Kindern (PUTTEN, Engel) sieht G. F. Hartlaub »unverstandene Erinnerungen an jenen barbarischen Gott – Kronos –, zu dem notwenig das Kinderfressen gehört«. [Lr]

F. Saxl, Veritas Filia Temporis (Philosophy and history, essays for E. Cassirer, hg. v. R. Klibansky u. H. J. Paton), Oxford 1936; E. Panofsky, Father time (Studies in iconology), New York 1939; G. F. Hartlaub, Das Unerklärliche, 1951; M. P. Nilson, Gesch. d. griech. Religion, [2]1961.

**Chrysantheme.** In altägyptischer Zeit wurden Mumien mit der gelben Marguerite *(Chrysanthemum coronarium)* geschmückt. Fest steht die symbolische Bedeutung in Ostasien. Der Winteraster (japanisch *kiku*) zu Ehren gibt es ein eigenes Fest; seit 797 erscheint sie als Emblem des Tenno; der höchste japanische Orden ist der 1877 gestiftete Chrysanthemumorden.

In China gilt die C. als symbolische Blume des Herbstes, die am besten am 9. Tag des 9. Monats (im alten chines. Kalender) gepflückt werden soll; da die »Neun« *(chiu)* lautgleich mit »lange Zeit« *(chiu)* ist, versinnbildlicht die C. auch eine lange Lebensdauer. [Lr]

W. Eberhard, Lex. chines. Symbole, 1983.

**Claudel,** Paul, 6.8.1868 Villeneuve-sur-Fère – 23.2.1955 Paris, französischer Dichter, einer der Hauptvertreter des *renouveau catholique,* strebt in Dramen und Lyrik nach Synthese des symbolistischen Erbes mit christlichem Engagement. Durch Rimbaud mit dem *surnaturel* konfrontiert, sieht C. sein Anliegen jedoch nicht in der Abkehr vom Dinglichen, sondern in der Fortsetzung der *grande enquête symbolique* des MA (s. Art poétique), die dem menschlichen Heilsstreben den göttlichen Sinn im Irdisch-Konkreten erschließt. Charakteristisch für C.s Werk ist daher die Hereinnahme aller Seinsbereiche, des Geistigen wie des Kreatürlichen; die diese Totalität durchwirkende Symbolik bleibt jedoch nie statisch: C.s Zentralbilder (Baum, Rose, Wasser, Feuer, Erde) sind durchwegs ambivalent, werden durch ironische Reprise »zerstört« oder durch ihr Gegenbild aufgehoben. C. sieht die Welt als im Entstehen begriffenes Werk Gottes, wobei dem Zusammen- und Mitwirken des Menschen und der Schöpfung besondere Bedeutung zukommt. In C.s Theater orientiert sich die Symbolik vor allem nach 3 einander überlagernden Themenkreisen: Individuelles Erlösungsstreben, Geschichtsdeutung, Katholizismus (Bezüge zu Kirche, Bibel, Patristik usw.) Während in C.s Schaffen anfangs die diversen Komponenten abwechselnd dominieren, vereinen sich vor allem in *Le Soulier de Satin* (1923, Uraufführung, 1943) alle Bereiche zu machtvoller Ganzheit. [FPK]

G. Michaud, Message poétique du symbolisme, 1961; A. Vachon, Le Temps et l'espace dans l'oeuvre de P. C., 1965; Géographie poétique de P. C., Ottawa 1966; P. C., Thèmes et images (RLM) 1966; P. C. Les Images dans le Soulier de satin (RLM) 1974.

**Commedia dell'Arte** → Theater

**Creuzer,** Georg Friedrich (1771–1858), Prof. der klassischen Philologie und alten Geschichte war durch sein monumentales Hauptwerk *Symbolik und Mythologie der alten Völker, besonders der Griechen* (1810–12, 3. Aufl. 1836–43), aber auch durch zahlreiche andere einschlägige Arbeiten, einer der bedeutendsten Symbol- und Mythenforscher der 1. Hälfte des 19. Jh. Seine grundlegende, wenn auch nicht völlig neue Idee bestand in der Annahme einer monotheistischen Urreligion, von der alle anderen Religionen abstammen. Mythos und Symbol sind für C. engstens aufeinander bezogen, ebenso Mythos und Kunst. Der Mythos entstand durch die Interpretation von Symbolen (Götterbilder, Orakelzeichen) in der Frühzeit der Geschichte durch weise Priester für ein spracharmes Volk. Zum Wesen des Symbols gehört, daß es eine momentane, sofortige anschauliche Überzeugung (Intuition) vermittelt im Gegensatz zum schrittweise vorgehenden Denken, das in der → Allegorie und im → Mythos einen bildlichen Ausdruck bekommen kann. Im Symbol nimmt ein allgemeiner Begriff (eine Idee), im Bild ein irdisches Gewand an, eine Formulierung, in der sich der platonisch-neuplatonische Hintergrund von C.s Symbolbegriff ausdrückt. Das »mystische Symbol« ist gekennzeichnet durch die Intention, die Vielfalt des Unendlichen, Göttlichen vollständig zum Ausdruck zu bringen. Es muß an dieser Aufgabe jedoch scheitern und bewirkt nur sprachloses Erstaunen ohne Klarheit bis zur Unverständlichkeit und Rätselhaftigkeit des Symbolgehalts. Das »plastische Symbol« dagegen, verwirklicht in der griechischen Skulptur, löst den Konflikt zwischen dem Unendlichen und Endlichen, indem es im Göttersymbol die Schönheit der Form mit der Fülle des Wesens vereinigt. Gegen Creuzers »Symbolismus« wandten sich zahlreiche Kritiker, z.B. Goethe, Voß, Lobeck. Görres, Schelling, → Hegel und Bachofen dagegen ließen sich von C. positiv anregen. [Schn]

Der Kampf um C.s Symbolik. Eine Auswahl von Dokumenten. Eingel. u. hg. v. E. Howald. 1926; G. Wunberg, Die Begriffe »Symbol« u. »Mythos« bei Friedrich C. (Diss. Tübingen) 1958; B. Rupprecht, Plastisches Ideal u. Symbol im Bilderstreit der Goethezeit (Probleme der Kunstwissenschaft. 1. Bd. Kunstgesch. u. Kunsttheorie im 19. Jh., 195–230) 1963.

**Dali,** Salvador (geb. 11. Mai 1904 in Figueras, Spanien) schloß sich gegen 1930 der Bewegung des → Surrealismus in Paris an und wurde 1940 von deren Begründer André Breton aus ihr verwiesen. Dali machte sich die Technik der Renaissancemeister des 16. und 17. Jh. zu eigen, um »Traumphotographien«, phantastische Szenen und Gegenstände in brillianter und illusionistischer Form hervorbringen zu können. In einer unaufhörlichen Folge visueller und symbolischer Überraschungen wandelt Dali eine Gestalt in eine andere um. Seine Schöpfungen bedeuten niemals, was sie darstellen. Demnach symbolisieren weiche schmelzende UHREN nicht die Zerstörung des Begriffes der Zeit, sondern weibliche Geschlechtsorgane. AMEISEN, die gewöhnlich als ein Symbol für Nervosität gelten, sind für Dali ein Symbol für Schamhaar, und die für ihn typischen länglichen Formen, die aus Menschenkörpern auf KRÜCKEN hervorzuwachsen scheinen, bedeuten für ihn entweder Impotenz oder Exkremente. In seinem *Tagebuch eines Genies* erwähnt er, daß seine Kunst eine skatologische und anale Form des Symbolismus zum Ausdruck bringe und daß er an einem Kastrationskomplex leide. All diese Aussprüche muß man aber im Lichte seiner sogenannten »Paranoiakritik« betrachten, einer halluzinatorischen subjektiven Form der Kritik der Welt und der Kunst, durch die er der Wirklichkeit einen üblen Ruf geben und mit der er einen systematischen Verwirrungszustand hervorbringen wollte. Das ist dann die ganze Motivierung seiner Kunst und seiner Lebensweise. Die Wahl seiner Motive ist im größten Ausmaß von → Freud beeinflußt. [Fi]

S. Dali, The Secret Life of Salvador D. 1942; S. Dali, Diary of a Genius, 1965; R. Descharnes, S. D., 1973.

**Dämonen.** Der griechische *daimon* ist eine unbestimmte Personifizierung menschlicher Seelenkräfte oder der Natur, wobei zunächst – wie auch beim römischen *genius* – die Vorstellung vom guten Geist überwog. Die alten Ägypter faßten die D. unter dem Allgemeinbegriff der Götter zusammen, sie galten als wesensverwandt mit den Totengeistern; oft in Tiergestalt (Krokodil, Löwe, vor allem SCHLANGE), Attribute: MESSER, aus dem Munde kommende FEUERFUNKEN, aber auch Zepter und Lebensschleife; viele D. bewachen die Tore der Unterwelt und können selbst den Göttern gefährlich werden; in der Sprache des Kultes verbergen sich die bösen D. hinter dem Namen des → Seth.

Am Anfang des reich entwickelten D.glaubens in Mesopotamien scheinen mächtige Wesen zu stehen, die Gutes wie Böses wirken konnten. So finden wir im Sumerischen als erste Differenzierung dieselbe Bezeichnung mit verschiedenen Adjektiven, z. B. »guter« und »böser Udug«. Schwerer verständlich ist die Erwähnung des »guten Schutzgeistes«, gehören doch der männliche und weibliche Schutzgeist zu den wenigen D., die stets als wohlgesonnen galten. Als geflügelte STIERMENSCHEN flankierten sie die Tore neuassyrischer Paläste. – Weit größer war die Zahl der aus Beschwörungen bekannten, den Menschen alle Übel, bes. Krankheiten zufügenden D. Zu ihnen gehören »die SIEBEN« (akkadisch Sebettu), Kinder des Himmelsgottes Anu, schuldig an der Mondfinsternis. Auch Lamaschtu, die Verkörperung des Kindbettfiebers, ist eine Tochter Anus; sie wird mit Menschenleib, LÖWENKOPF mit Hörnern und Adlerklauen statt Zehen dargestellt; an ihren Brüsten saugen ein Hund und ein Schwein; sie hält SCHLANGEN in den Händen. – Von den gefürchteten Windd. lebte die akkadische Lilitu als Lilit, »Adams erstes Weib«, in der jüdischen Überlieferung nach. Als »Herr der Winddämonen« galt der furchterregende Pazuzu; sein Kopf mit langen Hörnern und fratzenhaften Gesichtszügen sitzt auf dem nackten männlichen Körper; er hat Löwentatzen statt Händen und Adlerklauen an den Füßen, vier Flügel und dazu meist noch einen SKORPIONSCHWANZ. Weiter sind der Krankheitsd. Asag/Asakku, vielerlei Unterweltsd., so die geschlechtslosen Galla, die → Dumuzi verschleppen, und Namtar, der Todesbote, gefürchtet. Von den Totengeistern galten die der Menschen, die eines jähen Todes gestorben waren, die der nicht den Bräuchen gemäß Bestatteten und die keine Totenopfer empfingen, als gefährlich. Ein Mythos berichtet, wie der LÖWENKÖPFIGE Adler Anzu, der durch den Raub der Schicksalstafeln die Weltordnung gefährdete, nach schwerem Kampf vom Gott Ninurta getötet wurde. – Die Bildkunst gibt von einer Fülle bisher nicht (sicher) identifizierter Mischwesen Kenntnis. Aus dem Tepe Gaura des 4. Jt. v. Chr. stammt z. B. ein Stempelsiegel mit dem STEINBOCKsd., der noch im 1. Jt. auf den »Luristan«-Bronzen häufig vorkommt. Die älteste Wiedergabe des in einem Skorpionschwanz endenden Menschen fand sich in den Königsgräbern von Ur. Als Bogenschützen erscheinen SKORPIONMENSCHEN auf den → Kudurru. Nach dem → Gilgamesch-Epos bewachte ein Paar von ihnen den Eingang zum mythischen Maschu-Gebirge. – Seit der Mitte des 3. Jt. begegnet bes. auf Rollsiegeln eine Gestalt mit menschlichem Oberkörper und dem Unterleib und Schwanz eines Stieres, oft fälschlich als Enkidu bezeichnet. Rollsiegel der Akkadzeit zeigen den Sonnengott in einer Barke, deren Steven in einen Menschenleib und -kopf ausläuft; ein Armpaar bewegt ein Ruder oder die Stakstange. Auch ein VOGELMENSCH erscheint oft auf Siegeln dieser Zeit.

Bei den alten Völkern Europas sind die D. zum großen Teil den dunklen Weltaspekt verkörpernde halbgöttliche Wesen wie die Midgardschlange und der Wolf Fenrir (bei den Germanen), die drachenartige oder als altes, behaartes Riesenweib dargestellte Kulshedra (Albaner), der DRACHE Sárkány – ursprünglich ein Wetterd. – und der später zum Teufel avancierte Ördög (Ungarn). Im Volksglauben leben die D. weiter; die Mahre bei den Slawen können theriomorph, aber auch als HAAR oder STROHHALM auftreten. Bes. in der dunklen, kalten Winterszeit machen sich dämonische Wesen bemerkbar.

Nach biblisch-christlicher Vorstellung sind die D. die von Gott abgefallenen Engel, das Gefolge des → Teufels. Sie quälen die Menschen durch Versuchungen (→ Antonius) und durch → Krankheiten. Bei der Heilung eines Besessenen durch Christus (*Mk* 5,1–20) fahren die D. in SCHWEINE (Symboltier der Unreinheit, des Bösen). Schon im AT werden D. erwähnt, z. B. 3 *Mos* 17,7: Verbot, Bocksgeister zu verehren. Die D.darstellungen der christlichen Kunst – angeregt vor allem von den mal. → Enzyklopädien – können realistische Formen (Pflanzen, Tiere, Menschen) oder auch Schöpfungen der Phantasie (→ Fabelwesen) aufweisen. D. hausen am Rande des Gottesreiches, daher an der Außenseite gotischer Kirchen. Die D. kommen von WESTEN (Grenze zwischen Tag und Nacht); bei Kirchen des MA war das Westwerk dem dämonenabwehrenden Erzengel → Michael geweiht. Im Kircheninnern sind Säulenkapitelle bevorzugter Ort der D.; die häufigen BLATTORNAMENTE können Symbol für das Versteck der D. sein. An liturgischen Geräten (Taufbecken, Leuchter, Gießgefäße) sind D.darstellungen Ausdruck für den Sieg über die höllischen Mächte.

Zur Vertreibung der D. bediente man sich seit vorchristlicher Zeit des → Abwehrzaubers, bestimmter → Amulette und des Exorzismus (Teufels- und D.austreibung). Psychologisch können die D. das Produkt der Phantasie, Furcht und körperlicher Disposition des von ihnen Heimgesuchten sein. → Geister [JB/Lr]

E. Castelli, Il demoniaco nell'arte, 1952; H. Schade, D. u. Monstren, 1962; R. Müller-Sternberg, Die D. Wesen u. Wirkung eines Urphänomens, 1964; D. O. Edzard, D., Mischwesen, Sebettu (WdM 1) 1965; R. M. Boehmer, Die Entwicklung d. Glyptik während d. Akkad-Zeit, 1965; A. Rosenberg, Engel u. D., 1967; J. Tondrieu/R. Villeneuve, Dictionnaire du diable et de la démonologie, Verviers 1968; B. Hruška, Der Mythenadler Anzu in Literatur u. Vorstellung d. alten Mesopotamien, 1975; M. Lurker, Lex. der Götter u. Dämonen, 1984.

**Dante Alighieri,** Mai/Juni 1265 Florenz – 13./14. 9. 1321 Ravenna, italienischer Dichter. Die D.-Forschung ist sich bis heute nicht darüber einig, wie die Trennung zwischen dem allegorischen und dem symbolischen Gehalt zu bestimmen ist. Zuletzt faßt Pépin die antike Definition der Allegorie im weiteren Sinne, daß darin der symbolische Ausdrucksraum eingeschlossen ist, so komplex sich das Problem D. auch präsentieren mag. Der Dichter hat selbst das Maß der mehrfachen Deutung für sein Werk bestimmt, indem er im 2. Teil des *Convivio*, dann im Widmungsbrief an Cangrande della Scala den Schlüssel für das Verständnis seines Werkes mit der Erklärung des 4-fachen Schriftsinns mitteilt. Die Lesarten der *Divina Commedia* ergeben sich demnach aus dem wörtlichen, dem allegorischen, moralischen und anagogischen Gehalt. Schon das 1290 entstandene Frühwerk D.s, die *Vita nuova*, vereinigt als stilisierte und kommentierte Liebesautobiographie in Form von Gedichten nach Prägungen des *dolce stil nuovo* die Symbolwerte, die sich später dem großen Epos einfügen. Bindeglied ist, unter der beherrschenden Zahl NEUN, die idealisierte Gestalt der Beatrice (nach ihrem Tod für den Dichter Verkörperung einer transzendenten Sehnsucht).

Die *Divina Commedia* den allegorischen Jenseitsvisionen zuzuordnen, trägt in allen ihren Schichten nicht mehr überschaubare Symbolwerte und -begriffe. Die Spiegelung des menschlichen Daseins in seiner jenseitigen Bestimmung überträgt zahlreiche der sensiblen Welt entstammenden Bilder in die Vorstellungen vom Universum. D. schöpft aus der Tradition: die antike Mythologie, die lateinischen Autoren, die Bibelexegese, das zeitgenössische enzyklopädische Wissen (→ Enzyklopädien) formt sich in seiner dichterischen Welt zu einem Synkretismus der Kultur seiner Zeit. Der Übergang der Mythen und der Mythologien in Geschichtserkenntnisse ist fließend und zeichnet im mal. Verständnis der Realität erst recht den symbolischen Bezugsreichtum ab.

Die Plurivalenz der *Divina Commedia* ergibt sich in der Struktur und in der Gestaltung. Das als Jenseitsreise angelegte Ich-Erlebnis des Dichters wird durch das Thema der vergeistigten Liebe verinnerlicht und vollendet sich als *itinerarium in Deum*, ein Gleichnis des individuellen Strebens nach Erlösung in Gott. Die Struktur basiert auf einem Zahlensystem, bei dem die Zahl DREI vorherrscht, formal bestätigt durch die drei in Terzinen geschriebenen Teile des Inferno, des Purgatorio und des Paradiso, die ihrerseits aus 34 + 33 + 33 Gesängen bestehen – die Sinnfälligkeit der sich ergebenden Summe 100 ist ebenso deutlich. Gehaltlich ist mit der Zahl die Dreifaltigkeit gemeint, der die dreigesichtige Luziferfigur im Schlund des 9. Höllenkreises entgegengesetzt ist. Auf der Strukturebene der *Divina Commedia* kommt der planetarischen Ordnung eine grundlegend symbolisierende Bedeutung zu. D.s *Paradiso* baut sich in den von den PLANETEN beherrschten Gewölben nach strikten Gesetzen und mit verbindenden Zeichen auf. Vom Mondhimmel bis zum Saturnhimmel fügen sich die entsprechenden Gruppen der Seligenscharen, die nach Heiligkeitsgrad und Temperament ihre Zuordnung finden: spiegelnde, transparente Formierungen bestimmen den Mondkreis, bewegte Scharen den Merkur- und Venushimmel, der Lichterkranz steht im Sonnenhimmel, die im Lichterkreuz vereinigten Streiter für das Christentum erscheinen im Mars, der leuchtende ADLER kennzeichnet die Jupitersphäre, die goldene

Leiter führt vom Saturn zum Empyreum empor. Der beherrschende Lichtpunkt im überragenden Zentrum ist Gott. Weitere Bezugswerte, die zeichenhaft den einzelnen Planeten zuzuordnen sind, strukturieren (nach Rabuse) auch die Inferno- und Purgatoriobereiche.

Die Dichtung, in der D. durch die Führung seines Lehrers Virgil und Beatrices zur Selbstfindung und zur Gottesschau gelangt, summiert auch in den Einzelerscheinungen unzählige Symbolverkettungen. Die Raumdimensionen konkretisieren sich in den jenseitigen Vorstellungen, der Wanderungsweg ist Abstieg in den Höllentrichter, mühsamer Aufstieg auf den Läuterungsberg in Kennzeichnung der Reinigungsgrade. Der Landschaftscharakter ist sinntragend und mythisch verankert: der Wald ist Ort der Verirrung, besonders verdüstert im Kreis der in Bäume verwandelten Selbstmörder; der Fluss (Styx im Inferno, Lethe im Purgatorio), die Tore stehen in Funktion schicksalhafter Übergänge, die Mauern bedeuten Eingrenzungen, der *nobile castello* vereinigt im Ausschluß aus dem christlichen Jenseits berühmte Heiden, der Garten als irdisches Paradies ist nach Überlieferungsvorstellungen ausgestattet. Licht und Dunkel, die Witterungserscheinungen (Sturm, Feuer, Eis), die Strahlungsgrade markieren Buß- oder Seligkeitsformen in Versinnbildlichung der menschlichen Laster und Tugenden, nach dem festen Kodex christlicher → Allegorese. Im Bereich der Natur ergreift die Polysemie der *Divina Commedia* traditionelle Tier- und Pflanzensymbole als Verkörperungen menschlicher und institutioneller Eigenschaften in sittlicher Wertung. Schon zu Beginn stellen sich dem Wanderer Leopard, Löwe und Wölfin entgegen, Erlösung verspricht die Ankunft des Veltro (Windhund). In der oft dunklen Sinngebung der Bilder deutet sich die politische Umschreibung an, von D.s wachem Gewissen konstant in die *Divina Commedia* eingeschichtet (vgl. Adler, der vom Greif gezogene Wagen). Die metaphorische Ausschmückung erfaßt die Pflanzenwelt, sublimiert sich in der Zeichnung der himmlischen Rose (Par. XXX). Formen und Farben sind durchgängige Funktionen des poetischen Aufbaus. Die Namenssymbolik bestimmt die Bedeutung des Personalbestandes der *Divina Commedia.* Beispielfiguren in metonymischen Bezügen tragen neben dem Eigenwert allgemeine Verhaltenskennzeichen, wirken als weltliche oder geistliche Typen in einer kompletten hierarchischen Skala und spiegeln ein letztes Gericht. Die Leitfiguren, der Dichter selbst, Virgil, Beatrice machen die höheren Beziehungen geltend. Die allegorischen Verschlüsselungen der *Divina Commedia* bewirken schon ein frühzeitiges Einsetzen der Danteexegese, die in ständig sich erneuernden Bahnen verläuft und in Kombinierung und Interpretation bis heute nicht zum Abschluß gekommen ist.

[EK]

G. Franciosi, Dell'evidenza dantesca studiata nelle metafore, nelle similitudine e ne' simboli, 1872; L. Venturi, Le similitudini dantesche... [2]1889; E. Gilson, D. et la philosophie, 1939; B. Nardi, D. e la cultura medievale, 1942; A. Ruegg, Jenseitsvorstellungen vor D...., 1945; R. Renucci, D. discipale et juge du monde gréco-latin, 1954; H. Gmelin, Die göttl. Komödie, Kommentar, 1954–57; R. Palgen, Werden u. Wesen der Komödie D.s,

1955; U. Leo, Sehen u. Wirklichkeit bei D., 1956; G. Rabuse, Der kosm. Aufbau der Jenseitsreiche D.s, 1958; H. de Lubec, Exégèse médiévale, 1959; E. R. Curtius, Europ. Lit. u. lat. MA, ²1961; M. Hardt, Zu den Bildern der Divina Commedia D.s (Das Bild in der Dichtung), 1966; d.s., Die Zahl in der Div. Comm., 1973; J. Pépin, D. et la tradition de l'allégorie, 1970; Enciclopedia Dantesca (Hg.: U. Bosco), 5 Bde. 1970–76; M. Bambeck, Studien zu D.s »Paradiso«, 1979.

**David,** israelitischer König. Die sich an seine Dynastie knüpfenden messianischen Hoffnungen (2. *Sam* 7) haben die mosaisch-jüdische Religion stark beeinflußt (→ Messias). Sein Sieg über den Riesen Goliath (1. *Sam* 17,31 ff.) galt nach mittelalterlicher Typologie als Präfiguration des Triumphes Christi über den Satan. In der florentinischen Renaissancekunst wurde der Sieger über Goliath zu einer Symbolgestalt politischer Freiheit (Bronzestatue von Donatello).

In der Buchmalerei des frühen MA ist D. als königlicher Sänger und Psalmist im Königsornat dargestellt (Utrechter Psalter, 9. Jh.), ab dem 12. Jh. auch als Monumentalfigur in der Plastik; sein Attribut ist die HARFE, deren Deltaform symbolisch auf die Trinität weist. Darüber hinaus ist die Harfe – seit Cassiodor (etwa 477–570) – ein Hinweis auf die Kreuzigung Christi; D. selbst soll in *Psalm* 22 die Passion angedeutet haben. Vor allem verkörpert D. die Grundidee des gerechten, von Weisheit geleiteten christlichen Königs. Zusammen mit seiner Frau Bathseba ist er Vorbild für das Brautverhältnis zwischen Christus und der Ekklesia; schon bei Augustinus *(Contra Faustum Manichaeum)* ist Bathseba Typos der Kirche und das Bad der Bathseba ein Symbol der Taufe. [Lr]

H. Steger, D. Rex et Propheta, 1961; H. Schade, Zum Bild des tanzenden D. im FrühMA (Stimmen der Zeit 88, Bd. 172) 1962–63; G. Urbanek, Die Gestalt König D.s i. d. dt. dramat. Dichtung (Diss. Wien) 1964; E. Kunoth-Leifels, Bathseba (LChrI 1) 1968; R. L. Wyss, D. (LChrI 1) 1968; H. J. Zingel, König D.s Harfe i. d. abendländ. Kunst, 1968.

**Davidstern** → Hexagramm

**Décadents.** Wohl auf Verlaines Sonett *Langueur* (»Je suis l'Empire à la fin de la décadence«, 1883) zurückgehende Selbstbezeichnung französischer Dichter und Schriftsteller, welche insbes. in den 80er Jahren des 19. Jh. (Einflüsse Schopenhauers, Wagners) aus realitätsfeindlicher Grundposition mit provokatorischer Absicht gegen den zivilisatorischen Fortschrittsglauben eine Gegenwelt der Exquisit-Schönen, aber auch der naturfeinen Künstlichkeit aufbauen. Diese Haltung manifestiert sich in der erzählenden Literatur (→ Huysmans, E. Bourges, J. Lorrain, J. Péladan, C. Mendès u. a.) mit typischen Themen und Motiven: Degeneration, Untergangsvisionen (u. a. durch TOTE STÄDTE symbolisiert), Spiritismus, Okkultismus, Satanismus, sexuelle Perversionen, Hypersensibilität usw., immer gepaart mit extrem ausgeprägtem Ästhetizismus. Auch auf der sprachlichen Ebene wird Künstlichkeit zum ästhetischen Ideal. Kompliziertheit und Reichtum des Vokabulars, Lust an feinster Nuancierung, Ersetzung des eindeutigen und präzisen Ausdrucks durch mehrdeutige, unklare, »noch nie gehörte Wörter« (Gautier) ermöglichen im Bereich der Lyrik die Erfüllung der Forderung nach »Obscurité« und Suggestion, wodurch die Décadence-Lyriker (Verlaine, → Mallarmé, Laforgue,

Maeterlinck, usw.) zu »Symbolisten der ersten Stunde« (Koppen) werden. [Loe]

N. Richard, A l'aube du symbolisme, 1961; G. Michaud, Message poétique du symbolisme, 1966; N. Richard, Le Mouvement décadent, 1968; M. Praz, Liebe, Tod u. Teufel. Die schwarze Romantik, 1970; H. Hinterhäuser, Tote Städte in der Literatur des Fin de siècle (AnS 206), 1970; E. Koppen, Dekadenter Wagnerismus, 1973; Ders., Décadence u. Symbolismus in der franz. u. ital. Literatur (Neues Hdb. d. Literaturwiss., Bd. 18), 1976.

**Delphin,** galt bei den Mittelmeervölkern als den Göttern nahestehendes Tier, besonders dem Meeresgott Poseidon, der Aphrodite Anadyomene (»die Schaumgeborene«) und → Apollon zugehörig. Zahlreiche Sagen (u. a. auch aus der Südsee) berichten, wie der menschenfreundliche D. Schiffbrüchige oder Ausgesetzte gerettet hat (z. B. den griech. Dichter Arion, den hl. Kallistratos). Man erblickte in ihm einen Psychopompos, der auf seinem Rücken die Toten sicher ins Jenseits bringt (in dieser Bedeutung auf römischen und frühchristlichen Grabmälern), gelegentlich auch auf Christus bezogen. In der Ornamentik hat der D. meist nur maritime Bedeutung. [Lr]

M. Rabinovitch, Der D. in Sage u. Mythus der Griechen, 1947; C. C. Richardson, The foundations of Christian symbolism (Religious symbolism, ed. by F. E. Johnson, 1–21), London 1955; P. Somville, Le dauphin dans la religion grecque (Revue de l'histoire des religions 201/1984).

**Demeter.** Der Name der griechischen Göttin ist noch immer nicht ganz geklärt: »Kornmutter« oder »Erdmutter« (Ge Meter). Ihrem Wesen nach ist sie beides, Göttin agrarischer Fruchtbarkeit und → Erdgottheit. In minoische Zeit zurückreichen dürfte der Mythos von ihrer Verbindung mit dem sterblichen Iasion, deren Frucht Plutos, der Gott des Reichtums, war. Attribut der Göttin ist die ÄHRE, die sie Triptolemos gibt, damit er die Menschen den Ackerbau lehre. Ihr Beiname »BIENE« (Melissa) betont die nährende, lebenspendende, mütterliche Funktion.

Charakteristisch für D. ist ihre DREIzahl; so berichtet Aischylos, daß sie in Delphi unter dem Namen »Die Drei« verehrt wurde. Sie ist das junge Mädchen *(kore)*, die Mutter und das alte Weib; als Kore ist sie das grüne Getreide, als Persephone die reife Ähre und als Hekate der geerntete Weizen im Korb. Auch die 3 Phasen des MONDES wollte man schon in ihr erkennen und ihren Namen – rein spekulativ – als *dies meter* = Lichtmutter deuten. Überhaupt vermischen und verwischen sich in D. verschiedene Gestalten; wenn ihr im Homerischen D.hymnos ein GOLDSCHWERT (Chrysaoros) zugesprochen wird, so könnte dieses ungewöhnliche Attribut eine Umschreibung der Mondsichel sein (J. Schwabe).

Der Mythos berichtet, daß Hades die Tochter der D., → Persephone, in die Unterwelt entführt habe; daraufhin zog sich D. in Trauer zurück und ließ keine Saaten mehr wachsen; endlich kam durch Vermittlung des Göttervaters ein Vertrag zustande, nach dem Persephone ein Drittel des Jahres bei Hades, die übrige Zeit im Olymp weilen sollte. Der jahreszeitliche Wohnortwechsel von D.s Tochter symbolisiert die Periodizität vom Aufblühen und Absterben der Natur; als Kore ist sie das Kornmädchen, als Persephone (röm. Proserpina) die Göttin der Unterwelt.

Der Kult der D. kannte als Hauptfest die Thesmophorien, bei dem lebende Ferkel, SCHLANGEN und PINIENZAPFEN (die beiden letzteren als Phallussymbole) in die Höhle der D. geworfen wurden zur Förderung der Fruchtbarkeit der Erde. Der magische Brauch sollte – infolge der Entsprechung von Erdboden und Mutterschoß – auch die Fruchtbarkeit der Frauen fördern. Die zu Ehren der D. in Eleusis abgehaltenen → Mysterien fanden in einem nur den Eingeweihten zugänglichen Kultraum statt. Das streng gehütete *arcanum* ließ nur wenige Einzelheiten bekanntwerden. Sicher ist nur, daß die Riten und Symbole (ungewiß, was im Schrein der D. war: Ähre, Phallus oder Mutterschoß) auf Abstieg und Wiederkehr aus der Unterwelt hingedeutet haben und daß die Mysten hofften, mit Hilfe der D. durch den Tod in ein neues Leben geboren zu werden. [Lr]

Ch. Picard, Die Große Mutter von Kreta bis Eleusis (Eranos-Jb) 1938; C. G. Jung/K. Kerényi, Einführung in d. Wesen der Mythologie. Gottkindmythos. Eulesin. Mysterien, [4]1951; J. Schwabe, Archetyp u. Tierkreis, 1951; G. E. Mylonas, Eleusis and the Eleusinian mysteries, Princeton 1961; K. Goldammer, D. u. Gaia im sog. Homerischen D.-Hymnus (Wort, Religion. Hg. v. H. J. Greschat/H. Jungraithmayr) 1969; N. J. Richardson, The Homeric hymn to D., Oxford 1973; I. Riedel, D.s Suche. Mütter u. Töchter, 1986.

**Demut.** Gesinnung und Haltung des Dienens, im AT steht sie der Gottesfurcht nahe. Das Ausziehen der Schuhe und damit die BARFÜSSIGKEIT kann aus D. und Ehrerbietung geschehen (2 *Mos* 3,5). Die Mitglieder der Barfüßerorden (lat. *discalceati* = Unbeschuhte) gehen aus D. und Askese barfuß oder tragen nur Sandalen, wie z. B. Kapuziner. Bei den Römern wie in der mal. Kirche war BRAUN die Farbe der D.; es ist die Farbe der nackten, noch von keinem Grün bekleideten Erde (*humilitas* und *humus* sind wurzelverwandt) – braune Kutten tragen die Söhne des heiligen Franz von Assissi. Bereits bei den altägyptischen Priestern war das ABSCHNEIDEN DER HAARE ein Zeichen der Unterwerfung unter die göttliche Macht. Ähnlich ist das Schermesser über dem ganzen Körper der Leviten zu verstehen (4 *Mos* 8,7): der Haarverlust ist Ausdruck der D. und Dienstbarkeit Gott gegenüber. Das Ausscheren des Haupthaares (TONSUR) bei Mönchen und in abgeschwächter Form bei Klerikern als Hinweis auf die Lossagung von der Welt kam im 4. Jh. im christlichen Orient auf, von Papst Paul VI. 1972 abgeschafft. Nach dem Kirchenvater Ambrosius ist der ESEL ein Symbol des demütigen Menschen; Christus selbst zog nicht auf einem stolzen Pferd, sondern auf einem bescheidenen Esel in Jerusalem ein. Auf einem Kupferstich von Aldegrever (um 1450) sinnbildet ein LAMM die D. Unter den Pflanzen gilt das VEILCHEN wegen seines verborgenen Duftes und der dunkelvioletten Farbe als Bild der D. – in dieser Bedeutung schon bei Gregor d. Gr. (*Homilien* 5,4) und auf Marienbildern, z. B. Rasenteppich mit Veilchen der »Blauen Madonna« von Stephan Lochner.

Nach der Auffassung des MA ist die D. die Wurzel aller Tugenden. Eine deutsche Miniatur aus dem 13. Jh. läßt aus dem Haupt einer weiblichen Gestalt, der Humilitas, den Stamm des TugendBAUMES entspringen; die Blätter tragen den Namen der einzelnen Tugenden. Bei französischen Kathedralen des 13. Jh. (z. B. Chartres, S-Vorhalle) erhält die Personifikation der D. eine TAUBE als Attribut. Das dem Matthias Farinator zugeschriebene Werk *Lumen animae* (um 1330) beschreibt die Tugenden als Ritter; die Humilitas reitet auf einem PANTHER, ihr Schild trägt zwei Leitern, ihr Helm ist eine BLUME. [Lr]

**Denkmal,** zur Erinnerung an eine Persönlichkeit oder ein historisches Ereignis errichtet. Die frühesten personenbezogenen D.er hängen mit dem Grabkult zusammen (z. B. Pyramiden, Kenotaphe). Alttestamentliche Denkmäler sind u. a. die Gedächtnissteine für den Durchzug durch den Jordan (*Jos* 4) und der STEIN unter der Eiche als Mahnmal für den Bund mit Gott (*Jos* 24,26f.). Die ältesten Zeichen zur Erinnerung an die siegreiche Schlacht sind aus dem *tropaion* (Mal aus aufgeschichteten, erbeuteten Feindwaffen) erwachsen. Besonders beliebt waren LÖWEN-D.er, die sinnbildlich auf den Todesmut der Krieger hinweisen sollten; bekannt das Löwendenkmal für die Gefallenen der Schlacht zu Chaironeia (338 v. Chr.). Die SIEGESSÄULEN römischer Kaiser vergegenwärtigen in ihren spiralig umlaufenden Reliefdarstellungen den Triumph über die Feinde; der Symbolgehalt wird noch verdichtet, wenn – wie bei der Traianssäule – die Asche des Herrschers im Sockel beigesetzt ist.
Das Christentum wandte sich zunächst gegen die Aufstellung von D.ern, in denen man den idolatrischen Ausdruck menschlicher Selbstherrlichkeit erblickte. Die wenigen profanen D.er des MA haben die Bedeutung eines Hoheitszeichens oder eines Rechtssymbols; das REITER-D. auf dem Magdeburger Marktplatz (um 1245) sollte weniger einen bestimmten Herrscher (Otto I. oder Otto II.) darstellen als vielmehr eine Personifikation der königlichen Macht als oberster Quelle des Rechts; der Ort des D.s diente zugleich als Gerichtsstätte. Erst mit der italien. Renaissance begann eine neue Blüte der D.-Kunst, wobei der Gedanke mitspielte, daß der im D. dargestellte Ruhm des Feldherrn, Herrschers, später auch großer Gelehrter und Künstler, sich auf Volk und Staat überträgt. Die D.er Ludwigs XIV. (von der Revolution meistens zerstört) wurden inmitten von Plätzen errichtet und verkörperten den königlichen Absolutismus.
Mit dem Erwachen des Nationalbewußtseins entstand das Bedürfnis, nationale Würde und Unabhängigkeit symbolhaft in D.ern auszudrücken: Hermanns-D. im Teutoburger Wald (1875), Niederwald-D. zur Erinnerung an die deutschen Siege 1870/71 (1883). Bei den Gefallenen-D.ern tritt neben die nationale und militärische Thematik und Symbolik die rein menschliche, besonders in der Gestalt der Mutter. Die über dem Heldentod liegende Glorie kann zu einem Ersatzphänomen für den Glauben an Unsterblichkeit werden. → Rolandsäule [Lr]

A. Riegel, Der moderne D.kultus, sein Wesen u. seine Entstehung, 1903; P. Clemen, Der D.-Begriff u. seine Symbolik, 1933; H. Schrade, Das dt. Nationald., 1934; H. Keller, D. (Reallex. z. dt. Kunstgesch. III) 1954; G. L. Mosse, Die Nationalisierung der Massen. Polit. Symbolik, 1976 (62–90).

**Derwischorden** → Bektaschiya

**Diadem** (von griech. *diadeo*, »herumbinden«). Eine im Nacken zusammengebundene Stirnbinde gehörte bereits bei den Medern zum Königsornat und wurde von den Persern und Alexander d. Gr. als Herrschaftszeichen übernommen. In der röm. Kaiserzeit ist das D. in Form und Symbolbedeutung nicht immer klar vom Lorbeerkranz zu unterscheiden. Seit Konstantin d. Gr. gehört das edelsteingeschmückte D. zu den kaiserlichen Insignien und hat über die byzantinischen Kaiser einen wesentlichen Anteil an der Ausbildung der mittelalterlichen Kronen. [Lr]

H. W. Ritter, D. u. Königsherrschaft, 1965.

**Diamant** (griech. *adamas* = unbezwingbar), Symbol der Reinheit und Unwandelbarkeit, im Buddhismus auch des Absoluten; Buddhas D.thron (*vajrâsana*) ist Symbol der unzerstörbaren, ewigen Wahrheit. Der biblische Gott macht das Herz des Propheten einem D.en gleich, damit er jeder Versuchung widerstehen kann (*Ez* 3,9). Die Härte des Edelsteins läßt den D.en aber auch zum Bild der Verstocktheit und der Sünde werden (*Sach* 7,12; *Jer* 17,1). Im Physiologus und bei verschiedenen Kirchenvätern ist der D. ein Hinweis auf Christus, im MA auch ein Symbol der Treue und der Kühnheit. [Lr]

**Dichtung** → Literatur

**Dionysius Areopagita** führt in die Theologie die systematisch-allegorische Deutung des gesamten christlichen Kultes ein (Gottesdienst, Weihen, kirchliche Stände), wie schon der → Neuplatonismus den heidnischen Mysterienkult allegorisch gedeutet hat. Die Allegorie kennt nach ihm zwei Methoden, eine symbolisch-mystische und eine philosophisch-apodiktische, diese überzeugt, jene »tut« und verbindet mit Gott (*Ep.* 9,1; vgl. die *legomena* und *dromena* der Mysterien). Nach Proklus und D. führt der philosophische Weg zur kataphatischen, der mystisch-allegorische zur apophatischen Theologie: die apophatischen (verneinenden) Aussagen über Gott (unbegreiflich, unendlich) sind exakter als die kataphatischen Bilder und Prädikate Gottes, die hinter der Wirklichkeit Gottes bei weitem zurückbleiben.

Die göttlichen Dinge werden durch typische Symbole dargestellt (Feuer = Gott, göttliche Werte), zu den Bildern zählen auch die »göttlichen Namen«. Sie haben wie alle Darstellungen göttlicher Eigenschaften symbolisch-allegorischen Charakter. Die Sonne als Bild der Macht Gottes erscheint im Anschluß an Proklus bei D. so stark personifiziert, daß er sich dagegen verwahren muß, die Sonne als Gott zu sehen. D. verwendet aus der neuplatonischen Tradition auch die Bilder Haus, Mischkrug, Spiegel, Siegel, Trunkenheit, Schlaf, Kuß, Freude, Lachen. [JBB]

H. Koch, Ps.-D. A. in seinen Beziehungen zum Neuplatonismus u. Mysterienwesen, 1900; R. Roques (RAC 3); ders. (Dict. de Spiritualité 3); P. Scazzoso, Ricerche sulla struttura del linguaggio dello pseudo-dionigi areopagita, Mailand 1967; H. Goltz, Hiera Mesiteia, 1974.

**Dionysos** oder Bakchos, griechischer Gott des Weines und ganz allgemein der Vegetation, mit thrakischen und kleinasiatischen Einzelzügen. Seine Attribute sind Rebzweig, Kantharos (Becher mit geschweiften Henkeln) und der efeu- und weinlaubumwundene, mit einem Pinienzapfen bekrönte

THYRSOSSTAB. REBE und EFEU deuten auf das doppelte Wesen des Gottes, das zwischen »Licht und Dunkel, Wärme und Kühle, Lebensrausch und ernüchterndem Todeshauch« hin- und herschwankt (W. F. Otto). Der PINIENZAPFEN ist Symbol der Fruchtbarkeit und der Auferstehung; möglicherweise erblickte man in ihm auch eine Anspielung auf den PHALLOS, der ja bei dionysischen Prozessionen in hölzerner Gestalt mitgeführt wurde.

In D. gewinnen die zeugenden Kräfte der Natur Gestalt. Als Symbol der animalischen Fruchtbarkeit, der Raserei und Gefährlichkeit wird der STIER zur Erscheinungsform des Gottes. Nach Vorstellungen der Orphik wurde der alte D. in Stiergestalt unter dem Namen Zagreus (ursprünglich vorgriechischer Gott der Unterwelt und der Tiere) von den Titanen zerrissen (wie das Opfertier im D.kult), sein HERZ von Athene gerettet, von Zeus verschluckt und von Semele als junger D. wiedergeboren – Vorstellung des sterbenden und wiederauferstehenden Gottes! Möglicherweise steckt hinter dem Herzen *(kradia)* der aus dem Feigenbaum *(krade)* geschnitzte Phallos (so nach Kerényi), wozu der Mythos paßt, daß Zeus aus des D. Herz ein Getränk bereitete, das – von Semele getrunken – zur Schwangerschaft führte. Als Symbol der Fruchtbarkeit ist auch der ZIEGENBOCK dem D. zugeordnet, der geradezu den Beinamen »im schwarzen Ziegenfell« hat.

Bei verschiedenen kultischen Handlungen (so bei der auf Vasenbildern dargestellten Feier der Weinmischung) war der Gott in Gestalt einer bärtigen MASKE gegenwärtig, die an einer hölzernen Säule hing. Die Maske ist Symbol des Theatergottes; aus Bocksmaskentänzen entwickelte sich die griechische Tragödie (= »Bocksgesang«), die ursprünglich dem Tod des D.BOCKS galt. Die Maske stellt den Gott bei seiner Epiphanie dar und weist auf sein abgründiges Wesen. Das dionysische Totenfest der Anthesterien (im Februar) war von frohem Maskentreiben erfüllt. Während dieses Festes hielt D. auf einem SCHIFFSKARREN in Athen seinen Einzug, was als seine Rückkehr aus der Unterwelt aufgefaßt wurde – der Gott selbst wurde damit zum Sinnbild des im Frühjahr neuerwachenden Lebens.

Im modernen Bildungsbewußtsein ist D. als Gott der Ekstase (sein Beiname Bromios = der Tosende) der Gegenspieler von → Apollon. Das von der Romantik (Schelling) geschaffene und durch Nietzsche und Richard Wagner bekannt gewordene Begriffspaar apollinisch-dionysisch stellt das Maßvolle, Rationale dem Rauschhaften, Irrationalen in Welterlebnis und künstlerischem Gehalt gegenüber. [Lr]

H. Jeanmaire, D. Histoire du culte de Bacchus, Paris 1951; W. F. Otto, D., Mythos und Kult, 1960; R. Merkelbach, Tragödie, Komödie und dionysische Kulte (Antaios 5) 1964; W. Fauth, Zagreus (PWRE 9, A, 2) 1967; K. Kerényi, D. Urbild des unzerstörbaren Lebens, 1976; Fr. W. Hamdorf, D.-Bacchus. Kult u. Wandlungen des Weingottes, 1986.

**Dioskuren.** Zum Bereich des indogermanischen Himmelsgottes gehört auch die SONNE, meist als Scheibe gedacht, die auf einem Wagen mit Zwiegespann über das Himmelsgewölbe gefahren wird. Die tiergestaltigen Zwiegespanntiere werden griechisch *Dióskuroi*, indisch *divōnapātā*, lettisch *dewa* *deli* »Himmelssöhne« genannt. Ihre Tiergestalt (Pferd, Elch, Hirsch) richtet sich nach dem jeweiligen Tiersymbol des Himmelsgottes. Bei den Griechen wurden die D. als *leukṑ pṓlō* »weiße FOHLEN« oder leukíppoi »weißrossig« angerufen, bei den alten Indern als Acvins (abgeleitet von *–acva*, lat. *equus* »PFERD« und entstammen nach Rigveda 7,72,2 der Begattung hengst- und stutengestaltiger Gottheiten), bei den Germanen als Alces bzw. Alhīz »ELCHE«; auf der Vase von Lahse erscheinen sie als am Schwanz zusammengekoppelte HIRSCHE. Kultsymbol der D. bei den Dorern waren zwei Standhölzer verbunden mit zwei Querhölzern, deutlich eine Variante des die Himmelsachse repräsentierenden Kultpfahles des Himmelsgottes, bei den Germanen die, zwei gegeneinanderstehende Geweihe stilisiert darstellende ALHĪZ-(Elch-)HeilsRUNE.

Bei zunehmender Vermenschlichung der Gottesverehrung werden die D. zu WAGENFAHRERN der SONNE, zu Reitern, zu nackten Jünglingen, die ihre Pferde halten und aus Helfern des Himmelsgottes zu Nothelfern der Menschen. Ihre Verbindung mit Astralkult ist sehr jung. Sobald sie als menschliches → Zwillingspaar gesehen wurden und Einzelnamen (z. B. Castor, Pollux) erhielten, wurde gänzliche Umformung ihres Mythos möglich, da nach griechisch-römischer Vorstellung Zwillinge von verschiedenen Vätern (auch Gott/Mensch) abstammen. [Ro]

H. Rosenfeld, Die D. als leukō pṓlō und die Alces-Elchreiter der Vandalen (Rhein. Museum f. Philologie NF 89) 1940; H. Rosenfeld, Die vandalischen Alkes »Elchreiter«, der ostgerman. Hirschkult und die D. (Germ.-Roman. Monatsschrift 28) 1940; E. Krüger, Die gallischen und die german. D. (Trierer Zs. 15/17) 1940/42; H. Naumann, Neue Beiträge zum altgerman. Dioskurenglauben (Bonner Jb. 150) 1942; J. de Vries, Altgerman. Religionsgeschichte Bd. 2, 1957; N. Wagner, Dioskuren, Jungmannschaften und Doppelkönigtum (Zs. f. dt. Philol. 79) 1960; H. Rosenfeld, German. Zwillingsgottkult und indogerman. Himmelsgottglaube, Elch, Hirsch und Pferd in der uranischen Mythologie (Märchen, Mythos, Dichtung) 1963.

**Divina Commedia** → Dante

**Donar (Thor).** Der indogermanische Himmelsgott ist zugleich Gewittergott (Jupiter tonans, hethitischer → Wettergott mit Blitzhammer). Bei Kelten und Germanen spaltet sich als Himmelsgottsohn ein eigener Donnergott ab, keltisch Tanaros, Taranis, germanisch *þunaraz* »Donner«, dessen Baumsymbol die EICHE war, weil sie gern von Blitzen getroffen wird. Solange der Himmelsgott auch Donnergott war, war er auch Eichengott, wie z. B. der litauische Perkunaz »Herr der Eiche«. Christliche Missionare hatten Erfolg, wenn sie ohne Schaden die Donarseiche fällten (so Bonifatius die von Geismar 723). Daß der Donner durch das Rollen des Götterwagens entsteht, mag volkstümliche Vorstellung seit je gewesen sein. Das Hauptkultsymbol, HAMMER oder AXT (ursprünglich aus Feuerstein: *hamer* »Stein«) übernahm D. ebenfalls vom → Himmelsgott. Diese Donnerwaffe ließ D. im Glauben zum überstarken wehrhaften Gott werden, die Abhängigkeit der vegetativen Fruchtbarkeit vom Gewitterregen prädestinierte ihn aber auch zum Gott der Fruchtbarkeit von Pflanze, Tier und Mensch. Thor, der skandinavische D., segnet Ehen mit Hammerschlag ein, was vielleicht in der Eheschließung durch den Schmied von Gretna

Green in England mit Hammerschlag bis in unsere Tage nachlebte. In Altskandinavien gab es Thorhämmer als Amulett; auf Runensteinen erscheint der Thorhammer als → Heilszeichen. Vielleicht lebt in den Kreuzamuletten dieser Donar/Thorhammer nach. Das Nachleben der Donarsymbolik zeigen auch Flurprozessionen mit Wettersegen gegen Blitzgefahr und die Bedeutung des Donnerstages (Übersetzung von *dies Jovis*) als Hochzeitstag, Erntebeginn-, Gerichts-, Dienstanfang-, Heilungstag. In Altskandinavien wurde D. als Thor allmächtiger STREITWAGENFAHRER mit Bocksgespann und Vorkämpfer der Asengötter gegen die (eine vorgermanische Götterschicht repräsentierenden) Riesen. [Ro]

K. Helm, Altgerman. Religionsgeschichte Bd. 2,2, 1953; J. de Vries, Altgerman. Religionsgesch. Bd. 2, 1957; H. Rosenfeld, Kultur u. Religion der Germanen bis 375 n. Chr. (Abriß der Geschichte antiker Randkulturen, 1961); H. R. E. Davidson, Thor's Hammer (Folklore 74/1963).

**Donner** → Blitz

**Doppeladler,** Adler mit zwei Köpfen, erstmals auf sumerischen Rollsiegeln. Bei den Hethitern tritt der D. als Attribut des Berggottes oder einer Schutzgottheit auf. Möglicherweise wurden schon in alter Zeit die beiden Flügel des – den Himmel umspannenden – Adlers mit Sonne (Tag) und Mond (Nacht) in Verbindung gebracht. Die byzantin. Kaiser übernahmen das alte Motiv in Anknüpfung an die Überlieferung, nach der bei der Geburt Alexanders d. Gr. zwei Adler über dem Hause schwebten als Vorzeichen seiner zukünftigen Herrschaft über zwei Erdteile. Kaufleute und Kreuzfahrer brachten den D. nach Europa, wo er unter den Hohenstaufen, zunächst als Münzbild, auftaucht. →Wappen [Lr]

E. Kornemann, zur Gesch. des D. (Byzantin. Zs. XL/1940); E. Korn, Adler u. D. (Der Herold 5/1964); G. Alef, The adoption of the two-headed eagle (Speculum 4/1966); Fr.-H. Hye, Der D. als Symbol für Kaiser und Reich (Mitt. d. Inst. f. österreich. Gesch.forschung 81/1973).

**Dorn.** In der Bibel sind D.en und Disteln ein Symbol für irdische Mühsal und für die von Gott über die sündigen Menschen verhängte Strafe; der Ackerboden wird verflucht und läßt D.en und Gestrüpp/Disteln wachsen (1. *Mos* 3,17f.); die vom rechten Glauben abgekommenen Menschen gleichen selbst dem unfruchtbaren Acker, der nur D.en und Disteln hervorbringt (*Hebr* 6,8). Der brennende D.strauch, an sich ein Bild der sündigen und daher leidenden Menschheit, wird durch die Berührung Gottes zu einem Symbol der Erlösung – in der christlichen Ikonographie bei Themen, die in Verbindung mit der Menschwerdung Christi stehen. Da der D.strauch vom Feuer unversehrt blieb (2. *Mos* 3), wurde er zu einem Symbol der Jungfräulichkeit Marias; in Darstellungen des 15. Jh. erscheint manchmal an Stelle Gottes die Jungfrau Maria mit dem Jesuskind im brennenden D.strauch, so z. B. auf einem Triptychon des Nicolas Froment (Kathedrale zu Aix-en-Provence, 1475). Die Christus aufgesetzte D.enkrone ist ein Passionssymbol, ein Zeichen der Verspottung und schließlich auch ein Signum des Triumphes über alle Leiden dieser Welt. Die antike Sitzfigur des D.ausziehers wurde vom christlichen MA übernommen (u. a.

Bronzegrabplatte des Erzbischofs Friedrich von Wettin, Magdeburger Dom); der D. im Fuß symbolisiert die Strafe für denjenigen, der den Weg der Sünde gegangen ist. [Lr]

E. Vetter, Maria im brennenden D.busch (Das Münster 10/1957); F. Mellinghoff, Zum D.auszieher-Motiv (Fs. Altheim), 1969; D. Forstner, Die Welt der christl. Symbole, [3]1977.

**Drache,** mythisches Mischwesen aus Schlange, Echse, Vogel, manchmal auch Löwe. In seiner Gestalt der Natur widersprechend, galt er den vorderasiatisch-europäischen Völkern als verabscheuungswürdiges, gottfeindliches Tier, in Ostasien dagegen als ehrfurchtgebietendes, glückbringendes Wesen. In China wird das männliche Yang durch den D.n als schöpferische Himmelspotenz repräsentiert, andererseits steht er dem Wasser und damit dem weiblichen Yin nahe; seit der Sung-Zeit bevorzugtes Symbol des Kaisers.
In den Religionen und Mythen des Vorderen Orients und Europas bedeutet der Sieg über den D.n die Überwindung des Chaos, der Finsternis, des Bösen. Der babylonische Gott Marduk besiegt Tiamat, die Personifikation des Urmeeres; in Indien ist Indra der D.töter (Vritrahan); Apollon tötet den D.n Python. Auf irdischer Ebene bezwingen die Helden → Siegfried und Beowulf und der Heilige → Georg das Ungeheuer. Eschatologische Bedeutung hat der apokalyptische D., der von Anfang an das Wirken des Messias zu verhindern versucht und schließlich in den Schwefel- und Feuersee geworfen wird (*Offb* 20,10). Nach mazdaistischer Vorstellung wird der von Ahriman (Verkörperung des Bösen) in der Endzeit losgelassene D. ein Drittel der Menschheit verzehren.
Wie in der Antike so werden auch in früchchristlicher Zeit → Schlange (*serpens*) und Drache (*draco*) oft gleichgesetzt. Erst im FrühMA wird ein fester Bildtyp für den D.n als Verkörperung des Bösen, des Teufels) greifbar: geflügeltes, geschupptes, teils feuerspeiendes Reptil, oft mit Krokodil-, manchmal wolfartigem Kopf. Die in der romanischen Plastik und bei Buchinitialen verwendeten D.motive sinnbilden immer die Niederlage des Bösen. – In Märchen und Sagen fungiert der D. häufig als Schatzhüter oder als Bewacher einer Jungfrau. Im MA kriegerisches Feldzeichen (zur Abwehr der Feinde), fand der D. Eingang in die Heraldik (z. B. Wappen von Wales). [Lr]

M. W. de Visser, The dragon in China and Japan, Amsterdam 1913; B. Renz, Der oriental. Schlangend. Ein Beitr. z. Verständnis der Schlange im bibl. Paradies, 1930; E. D. van Buren, The dragon in Ancient Mesopotamia (Orientalia XV/1946, XVI/1947); A. Rosenberg, Michael u. der D., 1956; Fr. Wild, D.n im Beowulf u. andere D.n (Sitzungsber. d. Österreich. Ak. d. Wiss., Phil.-hist. Kl. 238) 1962; E. Lucchesi Palli, D. (LChrI 1) 1968; S. Giet, La Bête et le Dragon de l'Apocalypse d'après des Images anciennes (Rev. du Moyen Âge latin 21/1969); Fr. Avil, Interprétation symbolique du combat de saint Michel et du dragon, Paris 1971; U. Steffens, D.kampf. Der Mythos vom Bösen, 1984.

**Drama** (griech. *draein* = tun, handeln). Das Urdrama der Menschheit ist im Jagdspiel, in dem sich Mensch und Tier einander gegenüberstehen, zu erkennen. So z. B. bei den Jagdspielen mittelafrikanischer Zwergvölker. Im »Schimpansenjagdspiel« stehen Schimpansendarsteller und Jäger gegenüber; die Jäger bewegen ihre Arme als handhabten sie Pfeil und

Bogen (Symbolbewegungen!), »dazwischen lassen sie ein lautes Pf ertönen, als schlüge die gelöste Bogensehne nach starker Spannung gegen den ledernen Gelenkschutz« (O. Eberle). Alles geschieht ohne kostümliche Andeutung. Im »Elefantenjagdspiel« mimen junge Männer als Jäger Anpirschen, Angriff, Flucht und abermaliges Anpirschen; ihre zugespitzten STÄBE stellen Speere dar; der Elefantendarsteller trägt als Symbol für den Rüssel einen ZWEIG, mit dem er auf die Verfolger einhaut. Das Urdrama endet stets mit dem Sieg des Jägers – Sinnbild für den Sieg des Lebens, des Guten, der Gerechtigkeit. – Beim »Honigsuchspiel« entzündet sich das dramatische Geschehen an dem symbolischen Kampf mit den nicht vorhandenen Bienen; der naive Honigsucher erscheint als Spaßmacher, vor allem, wenn er während des Honigschleckens von den Bienen an den empfindlichsten Körperteilen gestochen wird. Das ist typisches Ein-Mann-Drama, das bis in unsere Zeit fortwirkt und seine Nachfolger in Grock, Karl Valentin, den Rivels, allen Zirkusclowns u. ä. gefunden hat.

Abwandlungen der Urform des D.s spiegeln Leben, Zeit- und Kulturbild aller späteren Epochen wider. Als Chordrama, d. h. aus dem Wechselgesang zwischen Chor- und Einzelstimme, wurde das griechische D. geboren, anfangs vorzugsweise ein Lesedrama. Diese dramatische Dichtung mit den Problemen von tragischem Schicksal, tragischer Schuld und tragischem Menschentum verlangt nach einer eigenen Sprachauffassung. Die tragische Sprache ist eine gebärdenhafte Sprache, realistisch und symbolisch in einem.

Im MA ist die Christusgestalt Mittelpunkt des D.s. Bis ins 10. Jh. reicht die Vorgeschichte der geistlichen Spiele zurück, wo in der Osterfeier die Liturgie zur szenischen Gestaltung führt. Die symbolisch-dramatische Handlung beginnt mit dem am Altar aufgestellten, verhüllten KREUZ, das später enthüllt, nach der Kommunionsmesse am Karfreitag wieder verhüllt und am ALTAR (teils in der Funktion des Grabes Christi) niedergelegt wird. Nachdem das Kreuz bis zur Auferstehungsnacht bewacht worden ist, geschieht seine Wegnahme ohne zeremonielle Handlung, dafür erscheint ein MÖNCH im weißen liturgischen Gewand als Engel, setzt sich neben das Tuch, das vorher das Kreuz bedeckte und nun am Boden liegt. Es folgt der symbolische Gang der 3 Marien (durch 3 Brüder in Kapuze dargestellt) zum Grabe; sie breiten das Tuch nach dem Klerus aus, um zu zeigen, daß Christus auferstanden ist.

Beim *Weihnachtspiel* wird der ALTAR symbolisch zur Krippe. Um die Verkündigung der Engel an die Hirten gruppiert sich im Laufe der Zeit der ganze Weihnachtszyklus bis zur Anbetung der heiligen drei Könige. Frühzeitig wird schon HERODES eingeführt als die symbolische Gestalt des Bösen.

Das bürgerliche Passionsspiel in der Mitte des 14. Jh. wird in weltliche Gebäude und auf Marktplätze verlegt, es bedient sich des dreistöckigen Holzbaues der Mysterienbühne. Da ist der Raum am Boden ein gewaltiges, offenes TIERMAUL mit langen, roten Zähnen (Höllensymbol); darüber ist eine grüne WIESE (= Erde); der 3.

Stock ist der Ort des Glanzes, der GOLD- UND SILBERFARBEN, der freudigen Erlösung (= Himmel). – Dem niederdeutschen *Theophilus*-Spiel kommt hier eine besondere Bedeutung zu, weil es zum ersten Mal den Bund mit dem Teufel, Symbol des Abgesandten Luzifers, Beherrschers der Besessenen, Macht des Bösen, dramatisch gestaltet und damit ein Vorläufer der → Faust-Dichtung ist. Charakteristisch im Typus des geistlichen Spiels sind die Symbolvorstellungen: Verführung zu weltlicher Sünde = Gottferne, irdische Tugend = Gottnähe.

Nicht verwunderlich ist die große Zahl der symbolischen Zeichen und Bezüge in der → Barockdichtung. So ist z. B. für Andreas Gryphius das LICHT Hinweis auf das Göttliche, das DUNKEL entspricht dem Luziferischen, der Wechsel von TAG und NACHT ist sinnbildhaft für die Stellung des Menschen zwischen Gnade und Sünde. In Gryphius' Trauerspiel *Carolus Stuardus* geht Carolus gefaßt, unerschüttert und in königlicher Haltung den Weg zur Hinrichtungsstätte; PFEILER und SÄULEN erscheinen als Symbol der Standhaftigkeit und des vorbildl. Handelns. In Daniel Caspar Lohensteins *Epichatis*-Drama heißt eine Textstelle: »Des STRAUSSES Auge kann die Jungen lebend machen«; der Dichter bezieht sich dabei auf ein Straußenpaar (bei Joachim Camerarius, 1596), das seine Eier anhaucht und so die Jungen zum Leben erweckt. An Stelle des Atems setzt Lohenstein den Blick des Vogels (= Symbol des Boten des göttlichen Schöpfers), der den Jungen das Leben gibt. In Lohensteins Schauspiel *Ibrahim Sultan* ist vom »CROCODIL mit seinem Weinen« die Rede: Symbol der Heuchelei, denn das Krokodil vergießt Tränen, wenn es einen Menschen verschlingt. Der HUND, der den Mond anbellt – ebenfalls in *Ibrahim Sultan* – wird zum Symbol der sinnlosen Wut des vergeblichen Neides. Der SALAMANDER in Joh. Christian Hallmanns Trauerspiel Sophia ist das Symbol des Liebenden, der in den Flammen der Leidenschaft lebt. Im D. des Barock zeigt sich: »Die ganze Natur ist voll von Sinnbildern, der Mensch muß sie nur erkennen, Gott selbst hat seine Geheimnisse auf diese Weise verhüllt« (Jacobus Typotius, *De Hierographica*, 1618). → Theater. [KH]

H. H. Borchert, Das europ. Theater im MA u. in d. Renaissance, 1935; O. Eberle, Cenalora. Leben, Glaube, Tanz u. Theater der Naturvölker, 1954; A. Schöne, Emblematik u. D. im Zeitalter des Barock, 1964; W. Schadewaldt, Antikes D. auf dem Theater heute, 1969.

**Drei,** bedeutet die Überwindung der Entzweiung und drückt in ihrem umfassenden Wesen die Vollkommenheit aus, daher Grundlage verschiedener Systembildungen: theologisch (→ Dreifaltigkeit), kosmologisch (Himmel, Erde, Unterwelt), eschatologisch (Himmel, Fegefeuer, Hölle; → Dante), chronologisch (Vergangenheit, Gegenwart, Zukunft; vgl. auch die 3 Reiche bei → Joachim von Floris), anthropologisch (Körper, Seele, Geist), ethisch (Glaube, Liebe, Hoffnung).

Mit 3 Schritten durchmißt Vishnu die ganze Welt; die Bibel kennt 3 große Völkerfamilien (von Sem, Ham und Japhet abstammend, 1 *Mos* 10,1; des Menschen Schicksal ist mit der D.zahl verknüpft (→ Schicksalskünder).

Wie Jonas 3 Tage und 3 Nächte im Bauch des Fisches war, so Jesus in der Unterwelt (*Jon* 2,1; *Mt* 12,40). Dreifache Anrufungen der Gottheit sollen das Gebet wie auch das Zauberwort wirksamer machen. Auch im Märchen fand »der weit verbreitete Glaube an die tiefere Bedeutung der D.« (Obenauer) ihren Niederschlag: 3 Aufgaben, 3 Prüfungen, 3 Wünsche. Eine besondere Rolle spielt die D. als → freimaurerisches Symbol (3 Lichter, 3 Fenster, 3 Rosen), von → Mozart in der *Zauberflöte* musikalisch verarbeitet. → Zahlen [Lr]

B. Stade, Die D.zahl im AT (Zs. f. Alttestamentl. Wiss. 1906); E. B. Lease, The number three, mysterious, mystic, magic (Classical Philology 14/1919); R. Mehrlein, D. (RAC); J. de Vries, Note sur la valeur religieuse du nombre trois (Ogam 1959); K. J. Obenauer, Das Gesetz der D.zahl (Das Märchen, 81–92) 1959; weitere Literatur → Zahlen

**Dreieck.** In prähistorischer Zeit in Form eines dreieckigen Einschnittes bei weibl. Statuetten an Stelle der Schamgegend. Die Pythagoreer deuteten das D. (formgleich mit dem griech. Buchstaben Delta) ebenfalls als *regio pubica* und von da aus als »Anfang der Entstehung« im kosmischen Sinne. Im Hinduismus ist der Triangel ein Symbol der Yoni (= Vulva) und der Durga als der lebensspendenden Naturkraft. In verschiedenen Systemen der Hermetik steht das mit der Spitze nach oben weisende D. für die männliche Zeugungskraft und das Feuer, das nach unten weisende D. für das weibliche Geschlecht und das Wasser (vgl. auch → Yantra). Im Volksbrauchtum häufig anzutreffendes Schutzzeichen. In der Freimaurerei auf mit der Zahl Drei verbundene Ideenkonstruktionen hindeutend. Triade und D. spielen auch in Hegels Denken eine Rolle.
Bereits die protoelamische Schrift verwendete das D. (ursprünglich Auge?) als Gottesdeterminativ. Im Buddhismus anikonisches Symbol für → Buddha. Für Xenokrates war das gleichseitige D. Symbol der Gottheit, das ungleichseitige für den Menschen, das gleichschenklige für die Dämonen. Als manichäisches Trinitätssymbol von Augustinus abgelehnt, trotzdem auf christl. Grabsteinen und Medaillen angebracht, wurde das D. ab dem 11. Jh. allgemein auf die → Dreifaltigkeit bezogen, so auch bei Jakob → Böhme. Eine über technische Notwendigkeit hinausgehende Bedeutung der Triangulation als architekton. Konstruktionsmittel wird großenteils bejaht, ist aber im einzelnen unsicher. Zwei übereinandergelegte gleichseitige D.e bilden das → Hexagramm. [Lr]

W. Überwasser, Nach rechtem Maß (Jb. d. preuß. Kunsts. 56/1935); G. Stuhlfauth, Das D., die Gesch. eines relig. Symbols, 1937; O. Beigbeder, Le triangle, Paris 1967; R. Teufel (RDK IV); H. Schneider, Zur D.-Symbolik bei Hegel (Hegel-Studien 1972).

**Dreifaltigkeit.** Die Vorstellung von → Gott als dreigegliederter Einheit oder von drei göttlichen Personen, die zusammen eine Einheit bilden, ist nicht auf den Bereich des christlichen Glaubens beschränkt, sondern findet sich in fast allen Religionen. Die trinitarische Symbolwelt ist teilweise kultur- und religionsübergreifend und allgemeines Menschheitsgut. Zur symbolischen Veranschaulichung benutzte man häufig dreigeteilte Figuren oder drei zu einer Einheit zusammengefaßte Einzelsymbole. Im Hinduismus gibt es als Götterdreiheit die Trimurti. Brahma, Vishnu und Shiwa bilden als Schöpfer, Erhalter und Zerstörer von Welt und Leben eine Dreieinheit (als Götterbild mit drei Köpfen dargestellt). Die Ägypter kannten eine Reihe von Göttertriaden, die vor allem seit dem Neuen Reich als Einheit in Dreiheit verstanden wurden, wenn auch mehr als Trinität der Götter denn als Trinität Gottes. Die Triaden hatten meist einen Hauptkultort. In Theben z. B. verehrte man den Gott Amun, seine Gemahlin Mut und ihren Sohn, den Mondgott Chons. Auch Isis, Osiris und Horus bilden eine Familie, die nach einem Bericht bei Plutarch durch die drei Seiten des rechtwinkligen DREIECKS symbolisiert wurde. Von Amun, Re und Ptah heißt es im Leidener Amunhymnus am Ausgang des 14. Jh. v. Chr.: »Drei sind alle Götter: Amun, Re und Ptah, keinen gibt es ihresgleichen. Verborgen ist sein Name als Amun, als Re wird er wahrgenommen, sein Leib ist Ptah.« Auf einem dreieckigen Amulett ägyptischen Ursprungs des 1.–2. Jh. n. Chr. findet sich die trinitarische Formel: »Einer ist Baït, einer ist Hathor, einer Achori, eins ist ihre Kraft. Sei mir gegrüßt, Weltvater, sei mir gegrüßt, dreigestaltiger Gott.«

In Griechenland begegnen uns sowohl zahlreiche Göttertriaden als auch in sich dreigestaltige, DREIKÖPFIGE oder dreiäugige Götter. Hekate, die Unterweltsgöttin, wurde sowohl dreigestaltig als auch dreiköpfig dargestellt, ebenso der Riese Geryon und der Höllenhund Kerberos. Hier zeigen sich auch starke Beziehungen der Trinität zum unterweltlichen und dämonischen Bereich, also eine chthonische Trinität. Das dreifaltige Wesen von Zeus drückt sich einerseits in seinen verschiedenen Verbindungen mit anderen Göttern zu Triaden aus, andererseits in seiner öfter erwähnten und dargestellten DREIÄUGIGKEIT.

Das christliche Dreifaltigkeitsdogma wurde erst im 4. und 5. Jh. auf frühchristl. Grabsteinen in Verbindung mit dem Christusmonogramm symbolisch dargestellt. Das Christusmonogramm kann dabei an der oberen Spitze des Dreiecks stehen oder dem DREIECK eingeschrieben sein. Vielleicht ist das Dreieck aber auch nur ornamental verwendet. Augustinus wandte sich gegen die Symbolisierung der Trinität durch das Dreieck bei den → Manichäern und verhinderte so auf viele Jahrhunderte hinaus das Eindringen des Dreiecks in die christliche Symbolwelt und Kunst. Verhindern konnte er diese Entwicklung auf die Dauer allerdings nicht. Aus dem 11. Jh. stammt eine Miniatur des Regensburger Uta-Evangeliars mit einem goldenen Dreieck, in das die Hand Gottes eingezeichnet ist. Die Deutung des Dreiecks als Trinitätssymbol ist zwar nicht ausdrücklich ausgesprochen, aber doch naheliegend. Ein Hinweis auf die trinitarische Bedeutung dieses Dreiecks ist in der dreifachen Beischrift über Eigenschaften Gottes sowie in den das Dreieck umgebenden drei konzentrischen Kreisen gegeben. Später wurde das Dreieck oft mit dem Auge oder Namen Gottes verbunden dargestellt.

Ein weiteres vielfach variiertes Symbolmotiv für die D. ist der dreifache Ring oder KREIS. Dante verglich die Trinität mit drei verschiedenfarbigen Kreisen von gleichem Umfang. Die ersten beiden, Vater und Sohn, spiegeln sich ineinander, der dritte, der Hl. Geist, erscheint als von Vater und Sohn geschürtes Feuer (*Paradiso*, 33. Gesang, 115 ff.). Der Kreis bzw. Ring, bei dem Anfang und Ende nicht erkennbar sind bzw. ineinander laufen, symbolisiert die ewige Gottheit. Es gibt, neben anderen Varianten, Darstellungen, wo sich die drei Kreise schneiden oder einem großen Kreis drei Kreise eingeschrieben sind oder drei konzentrische Kreise. In der Barockzeit entstanden die sog. D.RINGE. Es handelte sich um eine ringförmig angeordnete dreifache Spirale aus Elfenbein oder Gold, Silber, Messing, Eisen, deren einzelne Windungen sich nicht berührten. Dadurch sollte sowohl die Einheit als auch Verschiedenheit der drei göttlichen Personen dargestellt werden.

Eine Symbolisierung der D. durch eine menschliche Gestalt mit drei Leibern oder DREI KÖPFEN oder einen Kopf mit drei Gesichtern gibt es nicht nur in den heidnischen Religionen (→ Kelten), sondern auch in der christlichen Kunst. Die älteste D.darstellung dieses Typs in Gestalt eines dreiköpfigen Mannes entstand im 8.–9. Jh. als Wandmalerei in einer kleinen Kirche in Abd el Gadir in Nubien. Im Abendland setzen ähnliche Darstellungen und Dreigesichtsbilder erst im 13. und 14. Jh. ein. Aus dem organischen Bereich stammen Symbolisierungen der Trinität als KLEEBLATT, DREI FISCHE, drei Vögel, drei Löwen, drei mit den Ohren zusammengewachsene HASEN.

Etwa zwischen 1680 und 1780 entstanden im niederösterreich. Raum die D.SÄULEN, die sich auch in Süddeutschland, Böhmen und Ungarn verbreiteten. Sie waren als Votivmonumente gegen Pest und Krieg gedacht. Auf einer Säule sind meist Gott Vater, der den Gekreuzigten in seinen Armen hält und der Hl. Geist als Taube dargestellt, der sog. Gnadenstuhl. Bei der seit dem FrühMA auftretenden → Hetoimasia sind die drei göttlichen Personen entweder durch drei Symbole charakterisiert, z. B. der Vater als Hand oder Thron, der Sohn als Lamm, Kreuz oder Evangelienbuch und der → Hl. Geist als Taube, oder durch eine menschliche Gestalt, sei es Vater oder Sohn, mit zwei Symbolen für die beiden anderen Personen, z. B. die Figur Christi mit Hand und Taube. Die typologische Darstellung der D. greift zurück auf Szenen des AT, die in typologischer Exegese als Aussagen über die D. gedeutet wurden. Als solche erscheinen die drei Männer bei Abraham oder die drei Jünglinge im Feuerofen. [Schn]

H. Usener, Dreiheit, 1903, Nachdr. 1966; D. Nielsen, Der dreieinige Gott in religionshistor. Beleuchtung, 1922; P. Sarasin, Helios u. Keraunos oder Gott u. Geist. Zugleich Versuch einer Erklärung der Trias in der vgl. Religionsgesch., 1924; A. Hackel, Die Trinität in der Kunst, 1931; G. Stuhlfauth, Das Dreieck. Die Geschichte eines relig. Symbols, 1937; W. Kirfel, Die dreiköpfige Gottheit, 1948; W. Braunfels, Die hl. D., 1954; H. Schipperges., D., 1954; Reallex. zur dt. Kunstgesch., 4, 1958.

**Drei Könige.** Nach *Mt* 2,1 »kamen die Weisen vom Morgenlande«, – griechisch *magoi*, lateinisch *magi* –, um Jesus anzubeten. MAGIER, altpersisch *magu*, sind ein Stamm oder eine Kaste der Meder mit Priesterfunktion, sodaß Magier im lateinischen Sprachgebrauch schlechthin Priester bedeutet (Apuleius). Schon die An-

tike schrieb ihnen astronomisches und okkultes Wissen, magische Fähigkeiten zu.
Die Evangelienkritik hat die D. K. »mit der ganzen Kindheitsgeschichte Jesu ins Reich der Legende verwiesen, ihre Elemente, der STERN, der die Geburt eines großen Mannes kündet, der Stern als Wegweiser und vollends die Idee der Huldigung sind Gemeingut der vorderorientalisch-synkretistischen Gedankenwelt«. Tertullian (um 200 n. Chr.) läßt die Entwicklung der D.K.-Legende erkennen: er spricht als Erster unter Berufung auf AT-Weissagungen »Könige werden Dir Geschenke zuführen«, »Fürsten aus Ägypten werden kommen«, »Mohrenland wird seine Hände ausstrecken zu Gott«, von den Magiern, die auch Könige waren. Allmählich entsteht die DREIZAHL, nachdem die ältesten Zeugnisse und auch die frühchristl. Kunst 2, 3, 4 und auch 6 Magier kannten, steht sie im 5. Jh. fest; die Namen Caspar, Melchior und Balthasar bilden sich nach einigem Schwanken im 8. Jh. wie auch die Annahme ihrer drei Lebensalter: JÜNGLING, MANN und GREIS, viel später erst die ihrer Repräsentanz der drei damals bekannten → Erdteile –so malt St. Lochner in seiner berühmten Anbetung Caspar noch nicht als Mohr (1435–1445) –. So wird die Huldigung der D. K. zum Sinnbild der umfassenden Heilslehre Jesu, die Lebensalter und Weltteile und in den drei Gaben der D. K. ein vielfältiges, bedeutsames Gedankengut symbolisch umspannt.
Die Geschenke der D. K. werden in den *Gesta Romanorum* als dem König gebührender Weisheitsschatz (GOLD), Opfer und Gebet (WEIHRAUCH) und reinhaltende Kraft der Selbstbeherrschung (MYRRHE) gedeutet; andere Auslegungen erblicken in ihnen symbolische Hinweise auf Jesus: GOLD = König, WEIHRAUCH = Gott, MYRRHE = Arzt, auf Jesu Leiden (MYRRHE), Auferstehung (WEIHRAUCH) und Glorie (GOLD) oder die Elemente.
Die D. K. gehören zu den beliebtesten Gestalten des Volksglaubens: als Weitgereiste sind sie Patrone der Reisenden, der Gasthäuser und des guten Wetters, sowie gegen Gewitterschäden und Hagelschlag, als Könige Patrone der Kartenspieler (besonders Balthasar). Als Magier haben sie eine innige Beziehung zu allen Bereichen der Zauberei und des geheimen Wissens; so werden ihre Initialen C + M + B im Orakel-, im Zwing- und sogar im Waffenzauber verwandt; »D. K. Zettel«, besonders wenn sie mit den Gebeinen der D. K. in Berührung gekommen und durch den Vermerk »attigit« ausgezeichnet waren, übertrugen auf den Träger die Kraft und den Schutz der Heiligen. Als »D. K. Segen« werden die Buchstaben der D. K. alljährlich als Abwehrzauber über die Türen von Haus und Stall geschrieben. Zu ihrer Bedeutung im Volksglauben trug wesentlich bei, daß das Fest der D. K. auf den 6. Januar, den letzten der 12 Tage nach Weihnachten, das Ende der 12 rauhen oder Losnächte fällt, in eine Zeit des Übergangs (→ rites de passage) zwischen dem alten Mond- und Sonnenjahr, in der die alte Ordnung zerbricht, Dämonen abzuwehren und Geister zu beschwören sind, wie Wünsche und Orakel das neue Jahr bestimmen. [Rd]

D. K. (HdA II); U. Monneret de Villard, Le leggende orientali sui magi evangelici, Città del Vaticano 1952; J. Duchesne-Guillemin, Die drei Weisen aus d. Morgenlande (Antaios VII) 1966; A. Weis, D. K. (LChrI 1) 196 ; E. Th. Reimbold, Zur Geschichte der Hl. D. K. (Miszellen) 1977.

**Dreischenkel** → Triquetrum

**Dreizack,** in Mittelmeerländern gabelartiges Fanggerät der Fischer. Attribut Poseidons und Neptuns (→ Meergötter). In Indien unter der Bezeichnung *Trishula* dem Gott Shiva zugehörig und die dreifache Zeit (Vergangenheit, Gegenwart, Zukunft) symbolisierend. Nach Paracelsus verwendeten im MA verschiedene Magier statt eines Zauberstabes einen D. [*]

**Dreizehn,** in Kulturen mit Duodezimalsystem (Kreisteilung, Uhr, alte Maßsysteme) als Unglückszahl empfunden, da sie die vollkommene → Zwölf überschreitet. Den Babyloniern galt sie als Zahl der Unterwelt. Wenn früher in China nach einigen Mondjahren (mit 12 Mondmonaten) ein 13. Monat eingeschaltet werden mußte, gab man diesem den Namen »Herr der Bedrängnis«. Eine christliche Interpretation verweist auf das letzte Abendmahl, bei dem mit Christus zusammen 13 Personen am Tisch saßen; einer davon (Judas Ischarioth) verriet seinen Herrn und starb durch Selbstmord. Nach europäischem Volksglauben bringt die D. Unglück; an der Gästetafel dürfen keine 13 Personen sitzen, im Hotel ist Zimmer 13 unerwünscht, Vorsicht am 13. Monatstag. Im Märchen ist die dreizehnte Fee schuld an Dornröschens Todesschlaf.

In anderen Kulturen hat die D. eine positive Bedeutung. In der etruskischen Götterlehre werden die sechs Götterpaare durch Zuziehung eines 13. Gottes, des Himmelsgottes Tin, zur Einheit. In der Gnosis führt der 13. Aeon zur Vollendung. Die Kabbala erwähnt 13 himmlische Quellen und 13 Tore der Gnade. Der jüdische Knabe wird an seinem 13. Geburtstag religiös mündig *(bar-mizwa)*. Während es bei den Maya 9 Götter der Unterwelt gab, waren es derer im Himmel 13 entsprechend den 13 Himmelsschichten. Sakrale Bedeutung hat die D. auch in Tibet. [Lr]

E. Böklen, Die »Unglückszahl« D. u. ihre mythische Bedeutung, 1913; O. Weinrich, Triskaidekadrische Studien, 1916; R. B. Ekvall, Significance of Thirteen as a Symbolic Number in Tibetan and Mongolian Cultures (Journal of the American Oriental Soc. 79/1959); R. Mehrlein, D. (RAC IV).

**Drudenfuß** → Pentagramm

**Drusen:** Religionsgemeinschaft im Antilibanon, Libanon und Harran. Gegründet im 11. Jh.n. von al-Darzi (Name!), Hamza und al-Ahram. Ursprünglich aus einer schiitischen Sekte (→ Schia) hervorgegangen, kann die drusische Religion jedoch weder dem Islam noch dem Christentum zugerechnet werden. Ihre Grundlage bildet eine Geheimlehre. Nur nach erfolgter Initiation haben die Anhänger Zugang zu den heiligen Büchern und zum Geheimritual. In der Symbolik spielen ein hierarchisches Prinzip, Reinkarnation und Dualismus eine bedeutende Rolle. Die Eins (*al-Bār*), das ist Gott, auch aktive Intelligenz (*al-aql al-fa āl*) genannt. Von hier erfolgt die kosmische Emanation über fünf Ränge (*hudud*). Sowohl für Gott als auch für die fünf Ränge (= Prinzipien) werden Inkarnationen in Gestalt historischer Personen aus der Gründungszeit angenommen: am wichtigsten ist der Fatimidenkalif al-Hākim, welcher als die letzte Inkarnation Gottes, als dessen immanenter Locus (*makām*) gilt, in Verborgenheit lebt und wiederkehren wird (Messianismus). Hamza verkörpert den ersten kosmischen Rang, auch universale Intelligenz (*al- aql al-kullī*) oder der »wahre Adam« genannt. Die »falschen Ränge« repräsentieren die dunkle Seite des Kosmos, ebenfalls verkörpert durch historische Personen. Das eschatologische Drama entwikkelt sich aus dem Konflikt zwischen Hamza und den falschen Lehrern (Licht-Dunkel). Im Geheimritual spielt hierbei die metallene Figur eines KALBES eine Rolle: Es symbolisiert den irdisch-menschlichen Aspekt al-Hākims bzw. die Animalität der falschen Lehrer. [EJa]

S. de Sacy: Exposé de la religion des Druzes, 1838; Ph. K. Hitti: The origins of the Druze people and religion, 1928; J. van Ess: Chiliastische Erwartungen und die Versuchung der Göttlichkeit. Der Kalif al-Hākim, (Abh. d. Heidelberger Ak. d. W.) 1977.

**Dschalaluddin Rumi,** b. Bahā al-Dīn, mit dem Ehrennamen Mevlana, 1207 Balkh (W-Turkestan) – 1273 Konya, einer der bedeutendsten persisch-islamischen mystischen Poeten und Gründer des anatolischen Derwischordens der Mevlevi. Als Knabe kam er mit seiner Familie nach Anatolien und ließ sich schließlich in Konya nieder. Die entscheidende Wende in seinem Leben erfolgte dort durch seine Freundschaft mit dem persischen Mystiker Schams-i Tabrizi. Rumi wurde unter dessen Einfluß zum Sufi und Poeten. Durch seine beiden Hauptwerke, *Diwan-i Schams-i Tabrizi* und *Mathnavi* zieht wie ein roter Faden das Thema der mystischen Liebe, der Vereinigung von Liebendem und Geliebtem, d. h. Gott, als kosmisches Urprinzip. Seine Gedichte, verfaßt in einem poetisch völlig unorthodoxen, leidenschaftlichen Stil, besingen in einer unüberschaubaren Fülle von vor allem dem Bereich der Natur entnommenen Symbolen die Liebessehnsucht aller existierenden Dinge, körperliche und spirituelle, nach ihrem gemeinsamen Ursprung.

Eine wichtige Rolle in Rumi's Symbolik spielen Musik und TANZ, und die »tanzenden Derwische«, wie die Mevlevi im Volksmund genannt werden, geben mit ihrem Ritual *(sama')* eine symbolhafte Darstellung der Grundgedanken ihres Meisters. MUSIK rührt in der menschlichen Seele die Erinnerung an die Harmonie der Sphären wach, welche die Seele im Stadium ihrer Präexistenz gehört hatte. Daher hilft Musik der mit Liebessehnsucht erfüllten Seele beim Aufsteigen zu höheren Sphären und zu Gott. Der klagende Ton der FLÖTE ist in besonderem Maße Ausdruck dieser Sehnsucht nach dem Ursprung: Das Flötenrohr sehnt sich nach jenem Röhricht, aus dem es geschnitten wurde. Der KREISTANZ beinhaltet eine doppelte Symbolik: einerseits versinnbildlicht er die Stadien der Seele des Mystikers auf ihrem Weg zum Aufgehen in Gott, und andererseits die Struktur des Kosmos: im Makrokosmos die Revolution der Planeten um die Sonne und um sich selbst, im Mikrokosmos das Atom, in welchem sich ebenfalls eine »Sonne« und einige um sie kreisende »Planeten« befinden (!). Das Herz, der Sitz des inneren, auf das Spirituelle gerichteten Sinnes, wird durch den SPIEGEL symbolisiert. Seine Oberfläche muß blank poliert sein, um die Strahlen des Göttlichen reflektieren zu können. Diese Reinigung wird als alchemistischer Prozeß aufgefaßt, etwa wie das KUPFERERZ gereinigt werden muß, wobei der Katalysator bei dieser spirituellen Alchemie wiederum die Liebe ist. [EJa]

R. A. Nicholson, The Mystics of Islam, ²1963; ders., Rumi, poet and mystic, 1950; H. Ritter, Maulana Galāl-addīn Rūmī und sein Kreis, in Der Islam XXVI, 1942; ders., Der Reigen der Tanzenden Derwische (Zs. f. vgl. Musikwiss. I) 1933; A. Schimmel, R. Leben u. Werk, 1978.

**Dualismus** ist überall vorhanden, wo zwei höchste Prinzipien oder Wesen in Gegensatz stehen und – im Unterschied zur → Polarität – sich in keiner Einheit zusammenfassen lassen. Zahlreiche Mythen spiegeln einen D. auf göttlicher Ebene wieder: Osiris – Seth, Zeus – Titanen, Asen – Vanen; auch der Kampf zwischen den Mächten des Chaos und denen der kosmischen Ordnung zeigt dualistische Züge (→ Kosmogonie).

Der D. der Pythagoreer diente dazu, die nie verwirklichten Extreme aufzuzeigen, ausgehend von dem Gegensatz zwischen ungeraden und geraden Zahlen mit den ihnen zugeordneten Begriffsreihen RECHTS –männlich – licht und LINKS – weiblich – dunkel. In Anlehnung an orphische Gedanken findet sich bei Platon das Bild vom KÖRPER als Gefängnis der Seele, in Verbindung mit neutestamentl. Vorstellungen von christl. Theologen als Leib-Seele-Gegensatz weitergeführt ebenso wie auch Platons D. von sinnlicher Erfahrung und Denken.

Als typisch dualistische Religion wird der Mazdaismus (→ Parsismus) mit seiner Lehre zweier feindlicher Prinzipien des Guten und des Bösen angeführt, doch ist genau genommen nur das Gute (Ahura Mazda) allgegenwärtig, allmächtig und ewig; ähnlich im → Manichäismus. Die Qumran-Texte kennen einen Kampf der »Söhne des LICHTES« gegen die »Söhne der FINSTERNIS«, die aber beide unter dem Befehl eines Gottes stehen. Im (vorchristlichen) Spätjudentum, bei Paulus und in der Apokalypse finden sich als Kriterien für dualistisches Denken die Gegensatzpaare: Gott – Satan, Licht – Finsternis, Geist – Fleisch (*Röm* 8,4ff.), untere Welt – obere Welt, innerer Mensch – äußerer Mensch, dieser Äon – kommender Äon; doch löst sich die antithetische Denkstruktur in den Aussagen über die Erfüllung des göttl. Heilsplanes auf.

Aus dem im D. vorherrschenden Gedanken der unendlichen Gestuftheit des Göttlichen entsprangen die »symbolisierend-antilogischen Wesen« der Gnosis (Duchesne-Guillemin), wie sie ähnlich noch in der Hierarchie der Engel und ihrer ins Pandämonium eingegangenen Gegenspieler (unter Anführung des aus dem Himmel gestürzten Luzifer) nachwirken.

Der aus der ZweiSCHWERTER-Lehre (*Lk* 22,38) abgeleitete politische D. von weltlicher und geistlicher Macht wurde von Bonifatius VIII. in der Bulle »Unam sanctam« (1302) verworfen. [Lr]

S. Pétrement, Le dualisme dans l'histoire de la philosophie et des religions, Paris 1949; E. Rochedieu, Le dualisme chez Platon, les gnostiques, les manichéens, Paris 1954; U. Bianchi, Il dualismo religioso. Saggio storico ed etnologico, Roma 1958; J. Duchesne-Guillemin/H. Dörrie, D. (RAC IV) 1959; G. E. R.

Lloyd, Right and left in Greek philosophy (Journal of Hellenic Studies 82) 1962.

**Duft** → Wohlgeruch

**Dumuzi** (sumer. »der rechte Sohn«, hebr. und aram. Tammuz). Den Kern dieser Gestalt bildet wahrscheinlich der vergöttlichte Prototyp des guten, von wilden Tieren(?) getöteten Hirten. Weniger glaubhaft ist die Annahme A. Falkensteins, D. sei ein vergöttlichter Herrscher. Mit Inana/→ Ischtar verknüpft, wird er im Mythos zu ihrem Gemahl (→ Hieros gamos), den die Göttin nach ihrer Befreiung aus der Unterwelt den Dämonen als Ersatzperson ausliefert. Mit einer Reihe anderer jugendlicher Götter ist D. ganz oder teilweise gleichgesetzt worden (Ama-uschumgal-ana, Damu, Ningischzida u. a.), so daß er viele seinem Wesen ursprünglich fremde Züge in sich aufgenommen hat. Er wurde zum Vegetationsgott, der während der sommerlichen Dürre in der Unterwelt weilt, in zahlreichen Klageliedern von der göttlichen Mutter, Schwester und Gemahlin betrauert. Seine Wiederkehr wird im Anschwellen der Flüsse beim FRÜHJAHRSHOCHWASSER und im ersten jungen GRÜN freudig begrüßt. D. darf zurückkehren, berichtet der Mythos »Inanas Gang zur Unterwelt«, da ihn seine Schwester Geschtinana, »Weinstock des Himmels«, halbjährlich ablöst. [JB]

A. Falkenstein, Tammūz. (Compte rendu de la 3e Renc. Assyriol. Intern.) 1954; D. O. Edzard, D. (WdM 1) 1965; Th. Jacobsen, Toward the Image of Tammuz, im Buch gleichen Titels, 1970; C. Colpe, Zur mythol. Struktur d. Adonis-, Attis- u. Osiris-Überliefergn. (Alter Orient u. AT 1), 1969; B. Alster, D.'s Dream, 1972.

**Dunkelheit** → Finsternis

**Durandus** (auch Wilhelm Durantis), 1237 bei Béziers –1296 Rom, Bischof von Mende, Kirchenrechtler und Liturgiker, bedeutender Vertreter des mittelalterlichen → Symbolismus. Sein hier anzuführendes Hauptwerk ist das *Rationale divinorum officiorum*, eine – in ihrem theologischen Gehalt umstrittene – Gesamtdarstellung der röm. Liturgie unter symbolisch-allegorischem Aspekt; so z. B. erscheinen PROZESSIONEN als Antitypus des Auszuges der Israeliten aus Ägypten und als Symbol der Wanderung der Kirche zur ewigen Heimat des Himmels. Die große Bedeutung des Werkes für die christlisch-mittelalterliche Kunst wurde erst im 19. Jh. erkannt.

Nach D. ist die KIRCHE in materiellem und in geistigem Sinne zu verstehen: als Gebäude, in dem die göttlichen Geheimnisse gefeiert werden und als Vereinigung der Gläubigen. Aus dieser Zusammenschau wird verständlich, daß die gläubigen Menschen den STEINEN des Gotteshauses entsprechen. D. erblickt in den zubehauenen Quadersteinen die Heiligen und Reinen, die durch die Hand des höchsten BAUMEISTERS (Gott) angeordnet werden; der MÖRTEL veranschaulicht als Bindemittel – die christliche Liebe. Die Vierzahl der KirchenWÄNDE weist auf die Lehre der 4 Evangelisten. Die GLOCKEN gelten als Sinnbild der Prediger des Evangeliums. [Lr]

J. Sauer, Symbolik d. Kirchengebäudes in d. Auffassung des MA, 1924 (Nachdr. 1964).

**Durchkriechen.** Der Durchgang ist zugleich ein Übergang von einem Seinsbereich in einen anderen; er dient der magischen und kultischen → Reinigung. Im alten

Rom mußten die zur Entlassung kommenden Gefangenen unter einem aus 3 Lanzen gebildeten *jugum* durchgehen. Mit dem D. oder Durchziehen soll das Alte abgestreift und die → Wiedergeburt ermöglicht werden, daher in vielen Initiationsbräuchen. Im Volksglauben hoffte man, beim D. eines Brombeerstrauches auf diesen Krankheiten übertragen zu können und so selbst gesund zu werden. [*]

**Dürer,** Albrecht, 21. 5. 1471 Nürnberg – 6. 4. 1528 Nürnberg; Maler und Kupferstecher; Lehrzeit bei seinem Vater und bei Michael Wolgemut. Im ausgehenden MA geboren, unterscheidet sich D. in der Thematik seiner Kunst im großen und ganzen nicht von der vorhergehenden Periode. In seinen Werken findet sich häufig mal. Symbolik. So zeigt das Selbstbildnis von 1494 D. mit der Pflanze Eryngium, deutsch MANNSTREU, vielleicht eine Anspielung auf seine im gleichen Jahr eingegangene Ehe, vielleicht auch Symbol der christlichen Demut. Auf dem Kupferstich *Adam und Eva*, 1504, sind zu Füßen des ersten Menschenpaares ELCH, HASE, KATZE und OCHS zu sehen. Diese Tiere versinnbildlichen die vier → Temperamente Melancholiker, Sanguiniker, Choleriker und Phlegmatiker und beziehen so den Sündenfall auf die gesamte Menschheit. Im MA verwurzelt sind auch D.s Darstellungen von Prodigien, MISSGEBURTEN, die man als mahnendes Gotteszeichen verstand. Im Thema des MA angehörig, in der Form der Renaissance verpflichtet, ist der Kupferstich *Ritter, Tod und Teufel*, 1513: ein völlig neues Motiv, das noch nicht erschöpfend gedeutet werden konnte, aber wohl als gläubiger Christ auf dem Lebensweg, angefochten von den Versuchungen von Welt, Tod und Sünde, gesehen werden muß.

Der Kontakt mit dem Nürnberger Humanisten Willibald Pirckheimer war für D. von wesentlicher Bedeutung. Durch ihn kam er in Verbindung mit der pseudo-ägyptischen → Hieroglyphik, die man in einem Werk von *Horapollo* wiedergefunden zu haben meinte. Pirckheimer hatte das Werk aus dem Griechischen übersetzt; die von D. illustrierte Übersetzung wurde 1514 Kaiser Maximilian I. überreicht. Es sind 14 Hieroglyphen von D. erhalten. Von den Illuminationen des *Gebetbuches* Kaiser Maximilians, ist ein Teil von 50 Seiten von D.s Hand erhalten; die Illumination schließt in ihrer Symbolik größten Teils an die aus dem MA überlieferte christliche Ikonographie an, enthält daneben aber mythologische und hieroglyphische Darstellungen. Das monumentalste, im Auftrag Maximilians entstandene Werk ist die *Ehrenpforte*, 1515, ein Holzschnitt von fast 200 Stökken, angefertigt nach dem Beispiel röm. Triumphbögen und gotischer Wappenwände. Von D. stammen ein Teil des ornamentalen Schmucks und verschiedene religiöse und historische Szenen. Ebenfalls Maximilian zu Ehren arbeitete D. – zusammen mit anderen Künstlern – am Holzschnittwerk des *Triumphzuges*.

Neuartig ist D.s Konzeption der *Melancholia* (→ Temperamente) als grübelnde, sitzende Frauenfigur, die die Kunst der folgenden Zeit stark beeinflußte. [ThVW]

K. Giehlow, Hieroglyphenkunde d. Ren. (Jb. d. kunsthist. Sammlungen d. A. Kh. 32) 1915, S. 1ff.; H. Kauffmann, D.s Nemesis (Fs. Ahlmann) 1951; M. Gräfin Lanckorońska, Die christl.-humanist. Symbolsprache, 1958; K. Haupt, D. Ren.-hierogl. in K. Max. Ehrenpforte (Philobiblion XII) 1968; F. Anzelewsky, A. D., Das malerische Werk, 1971; H. Dornik-Eger, A. D. u. d. Druckgraphik f. Kaiser Max. I., 1971; H. Theising, D.s Ritter, Tod u. Teufel, Sinn u. Bildsinn, 1978.

**Ebenbild Gottes** → Imago Dei

**Eber** → Schwein

**Ecclesia** → Ekklesia

**Edelsteine.** Ihr Leuchten wurde mit dem Strahlen himmlischer Mächte verglichen. Vom babylonischen Mondgott Sin heißt es: »Du gehst hervor in strahlendem Karneol und Lapislazuli«. Den Ägyptern galt der Lapislazuli als hl. Stein, dessen blaue Farbe auf seine himmlische Herkunft deutet. Unter dem biblischen Saphir ist ebenfalls der Lapislazuli zu verstehen, so auch die wie der Himmel glänzenden Saphirplatten unter Jahwes Füßen (2 *Mos* 24,10). Freyas Halsschmuck Brisingamen (*brisa* = Glut) dürfte ein roter Edelstein gewesen sein und das himmlische Feuer (Sonne) symbolisiert haben. Der altmexikan. Feuergott war Xiuhtecutli, d. h. »Herr des Türkises«. Nach mittelalterl. Legende (→ Gralsdichtung) wurde der Abendmahlskelch aus dem E. geschnitten, den Luzifer bei seinem Sturz aus dem Himmel verloren hatte.

Die 12 E. auf dem Brustbild des Hohepriesters (2 *Mos* 28, 17–21) waren Hinweis auf die 12 Stämme Israels. Die jeweils mit einem anderen E. versehenen Grundsteine der Stadtmauer des himmlischen Jerusalems wurden auf die Apostel bezogen (*Offb* 21,14.19f.). In der byzantin. Kunst mit einem großen und 12 kleinen E.n verzierte Kreuze sind Symbol Christi und der Apostel. Hrabanus Maurus legt den E.n folgende Bedeutung zu: Achat = Weltverachtung, Jaspis = Kraft des Glaubens, Karfunkel = die Dunkelheit erleuchtendes Gotteswort, Karneol = Blut der Märtyrer, Saphir = himmlische Hoffnung, Smaragd = Glaubensstärke im Umglück, Topas = glühendes Gebet der Prediger.

Wahrscheinlich schon in babylonischer, nachweisbar seit ptolemäisch-römischer Zeit wurden die E. den Gestirnen zugeordnet. Als Monatssteine werden sie mit den Tierkreiszeichen verbunden und dienen als → Talisman. Die Verbindungen variieren, eine verbreitete Zuordnung ist: März – Hyazinth, April – Amethyst, Mai – Jaspis, Juni – Saphir, Juli – Smaragd, August – Chalcedon, September – Karneol, Oktober – Sardonyx, November – Chrysolith, Dezember – Aquamarin, Januar – Topas, Februar – Chrysopras. Während im Abendland → Amethyst, → Diamant, → Rubin und → Smaragd bedeutungsvoll sind, steht in China der → Jade in besonderem Ansehen. [Lr]

J. Evans, Magical Jewels of the Middle Ages and the Renaissance, Oxford 1922; Ph. Schmidt, E. Ihr Wesen und ihr Wert bei Kulturvölkern, 1948; A. Herrmann (RAC 4) 1959; H. Lüschen, Die Namen der Steine, 1968; B. Arrhenius, Zum symbol. Sinn des Almandin im frühen MA (Frühmittelalterl. Stud. B. 3/1969); Chr. Meier, Gemma Spiritalis. Methode u. Gebrauch der E. allegorese, 1977; U. Engelen, Die E. in der dt. Dichtung des 12. u. 13. Jhs., 1978; G. Friess, E. im MA, 1980; S. Golowin, E. – Kristallpforten der Seele, 1986.

**Efeu** (lat. *hedera*), als immergrüne Pflanze Symbol des Lebens und der Unsterblichkeit. Ob der in der minoischen Kunst (Palast zu Knossos, Haga Triada) oft dargestellte E. schon symbolische oder nur dekorative Bedeutung hatte, ist ungewiß. Eine besondere Rolle spielte er im Kult des → Dionysos (bei den Römern Bacchus), dessen wild dahinstürmenden Begleiterinnen, die Mänaden, waren mit E. bekränzt. Nach einer mythischen Überlieferung hat der E. das Dionysosknäblein während seiner Geburt vor den Blitzflammen geschützt, in denen seine Mutter verbrannte. In hellenistischer Zeit ließen sich des Gottes Anhänger mit dem Zeichen des E.blattes → tatauieren. Als Sinnbild der Freundschaft und Treue überreichten die alten Griechen dem Brautpaar bei der Hochzeit einen E.zweig. In einer Predigt des Augustinus (*Sermo* 304) dient die Hedera als Symbol der Vermählten im Garten der hl. Kirche. Die über den Winter sich entwickelnde Pflanze (Blüte im Herbst, Früchte im Frühjahr), im schattigen Waldboden oder an Felshängen wachsend, erinnert an Nacht und Tod; sie mußte in der Antike von manchen Heiligtümern ferngehalten werden und diente als Grabschmuck, bei letzterem wieder in die Lebenssymbolik überwechselnd (in diesem Sinne vielleicht auch die E.blätter auf frühchristlichen Sarkophagen). [Lr]

E. Simon, E (RAC 4), 1959; W. F. Otto, Dionyos, 1960 (S. 139–142).

**Ei,** Symbol des Ursprungs und des werdenden Lebens. In kosmogonischen Mythen zahlreicher Völker (u. a. bei Griechen, Indern, Japanern, Polynesiern) findet sich die Vorstellung vom Weltei, aus dem die Elemente hervorkamen oder aus dessen zwei Hälften Himmel und Erde entstanden. Nach ägyptischer Überlieferung war der erste Gott (in anderer Version der Sonnengott) aus einem im Sumpfdickicht verborgenen Ei entstanden; darüber hinaus war im Nilland das Ei Symbol für ein Weiterleben nach dem Tode: der innere, mumienumschließende Sarg wurde »Ei« genannt. Auch im antiken Totenkult spielte das Ei eine wichtige Rolle (→ Bachofen). Augustinus (*Sermo* 105,5) deutete das Ei als Symbol der Hoffnung. Besondere Bedeutung wurde dem Straußenei beigelegt (→ Kopten); bei Pseudo Hugo von St. Victor ist es ein Zeichen für Christi Geburt und Auferstehung; an Fürstenhöfen und in deren Schatzkammern galt es als Glückssymbol. Als Hinweis auf die Empfängnis Christi durch den Hl. Geist findet sich das Ei in Marienbildern der italienischen Renaissance. Der Genuß von Eiern im Frühjahr soll – im Glauben des Volkes – besondere Kräfte verleihen. Als Symbol für werdendes und (im Christentum) verheißenes Leben wird das Ei im Osterbrauchtum mit dem Gedanken des Sieges über Tod und Unterwelt verbunden. Gefärbte Eier sind durch Grabfunde bereits für das 10./11. Jh. in der deutsch-polnischen Kontaktzone nachzuweisen. [Lr]

M. P. Nilsson, Das E. im Totenkult der Alten (AfR 11/1908); H. Moser, Osterei u. Ostergebäck (Bayer. Jb. f. Volkskunde 1957); M. L. Lechner, Das Ei im dt. Brauchtum (Arch. f. Schweiz. Volkskunde, Sonderheft) 1957; dies., E. (RDK 4) 1958; R. Wildhaber, Zum Symbolgehalt u. zur Ikonographie des Eies (Dt. Jb. f. Volkskunde 6/1960); R. Turcan,

L'œuf orphique et les quatre éléments (Revue de l'Histoire des Religions CLX/1961); A. B. Hellbom, The creation egg (Ethnos 28/1963); C. Joisten, Folklore de l'oeuf (Arts et Traditions Populaires 13/1965).

**Eiche,** bei vielen indogermanischen Völkern hl. Baum, besonders dem Himmels- und dem Donnergott zugeordnet, bei den Griechen Zeus, bei den Germanen → Donar, bei den Litauern Perkunas. Die Ableitung des litauischen Gottesnamens (wie auch die des slawischen Gewittergottes Perun) von einem Wort für E. (verwandt lat. *quercus*) ist umstritten. Wegen der Härte des Holzes und dem stattlichen Wuchs schon in der Antike Symbol der Stärke und Männlichkeit. Bei den Balten wurde noch im 16. Jh. die E. von den Männern als hl. Baum verehrt, während die Frauen sich der Linde im Gebet zuwandten (WdM 2,425). Auch in der Emblematik ist die E. ein Bild für Kraft und Beharrlichkeit, im 18. Jh. wird sie in Deutschland zum Symbol für Heldentum. E.laub wird dem Sieger von Turnerwettkämpfen verliehen, E.bäume werden zum Gedächtnis der im Krieg Gefallenen gepflanzt. [Lr]

A. Detering, Die Bedeutung der E. seit der Vorzeit, 1939; P. Franke, Das Taubenorakel zu Dodona u. die E. als hl. Baum des Zeus (Mitt. d. Archäol. Inst., Ath. Abt. 71/1958); P. Schoenen/H. M. v. Erffa, (RDK 4) 1958.

**Eid.** Anrufung einer verehrten und gefürchteten Macht/Gottheit zum Zeugen für die Wahrheit einer Aussage. Die höchsten Götter wachten über die Einhaltung des Schwures: bei den Griechen Zeus Horkios, bei den Römern Jupiter Sancus. Zur Bekräftigung des E.es werden machthaltige Objekte berührt: im Christentum Kruzifix, Bibel oder Heiligenreliquie, bei den Mohammedanern der Koran, bei Hinduisten das Wasser des Ganges; die alten Germanen berührten ein Schwert oder einen Ring. Auch symbolträchtige Körperteile spielten eine Rolle. In alttestamentlicher Zeit konnte die Hand unter die Hüfte/Lende gelegt werden (1. *Mos* 24,2); dieser Körperteil ist eine Umschreibung der Geschlechtsregion – ähnlich legte der Römer die Hand auf den Phallus und lieferte damit bei E.bruch seine Nachkommenschaft sinnbildlich der göttlichen Rache aus; man vgl. die Doppelbedeutung des lateinischen Wortes *testis* (»Zeuge«, »Hode«) und des deutschen Wortes »zeugen«. Verbreitet war auch das Schwören auf den Bart, im Islam »beim Bart des Propheten«. Die erhobene Hand bedeutet die Mächte des Himmels als Zeugen anrufen; die aus antikem Abwehrritus entstammenden drei Schwurfinger wurden in christlicher Zeit auf die Dreifaltigkeit hin gedeutet. [Lr]

R. M. Meyer, Schwurgötter (AfR 15/1912); W. H. Vogt, Fluch, E., Götter – altnord. Recht (Zs. f. Rechtsgesch., German. Abt. 57/1937); E. v. Künßberg, Schwurgebärde u. Schwurfingerdeutung, 1941; J. L. Zlotnik, Swearing by a sword, Johannesburg 1948; Ph. Hofmeister, Die christl. E.formen. Eine liturgie- u. rechtsgesch. Untersuchung, 1957; P. Paulsen, Drachenkämpfer, Löwenritter u. d. Heinrichssage, 1966 (ausführlich zu Ring u. E.).

**Eidechse,** wegen ihrer Sonnenliebe mit Licht- und Sonnengöttern in Verbindung gebracht; nach griechischem Mythos war es des Reptils Wunsch, durch die Hand des Lichtgottes Apollon (Sauróktonos = E.töter) zu sterben. Auf Samoa wird das Tier mit dem höchsten Gott identifiziert, bei mehreren australischen Stämmen gilt es als Schöpfer, und auch im Westsudan genießt es göttliche Verehrung. In einer Überlieferung der Pangwe (Bantuvolk) hat Gott den Menschen zuerst als E. aus Ton erschaffen. Bei ostafrikanischen Völkern tritt das schlangengleich sich windende Tier als mythischer Überbringer der Todesbotschaft auf.

Nach dem *Physiologus* erblindet die E. im Alter, kehrt sich dann der Sonne zu und wird wieder sehend. Winterschlaf und regelmäßige Häutung ließen sie zu einem Symbol von Tod und Auferstehung werden, in dieser Bedeutung schon auf antiken Grabsteinen. Nach dem Volksglauben kann die Seele von Verstorbenen in einer E. weiterleben. Als Ausdruck des Lichtsuchenden häufig auf romanischen Leuchtern angebracht. Negative Bedeutung als Teufelstier hat die E. bei Dürers *Ritter, Tod und Teufel* und bei Carpaccios *Georgskampf.* [Lr]

K. Weule, Die E. als Ornament in Afrika (Fs. f. Ad. Bastian) 1896; D. Forstner (Die Welt d. christl. Symbole) [3]1977; L. Strauch, E. (RDK, IV); J. Opelt, E. (RAC, IV).

**Eigentumszeichen.** M. Hofer verdankt einem alten, steirischen Handwerker die Aufzeichnung urtümlichster E. strengbäuerlicher Rangordnung, die dem Bauern das RAD / der Bäuerin den KRAPFENSPIESS / dem 1., 2. Knecht das lateinische I, II / der Brenntlerin das runde MILCHSTÖTZL / ... dem Altbauern das KREUZ eindrucksvoll zuordnet. Eingestempelt ins Brot, eingeritzt und eingekerbt auf Holzgeräte, gepunzt und gehämmert auf Stein und Metall, eingebrannt ins Fell, in Ohren eingenarbt. Weltweit in jeder Technik sind nach Andree die E. auch schon auf altägyptischen Tierreliefs und in den Alpen vorgeschichtlich bekannt.

Wo Verlust oder Diebstahl von Hausrat und Gerät, besonders Werkzeug mühevolles Wieder-Herstellen nötig macht, bekundet der Eigner seine Eigentumserklärung daran mit dem ihm allein zustehenden, unverwechselbaren Zeichen. Das E., »Handgemahl«, wurde mitsamt Haus und Hof, dem ehemals größten Stück beweglicher Habe, rechtmäßig vererbt, vom neuen Eigentümer als »Hausmarke« unverändert übernommen, während die »Angehörigen« nur mit Beistrich/Buchstaben deren Grundform benutzen durften. Geheiligte Unverletzlichkeit von Besitz machte die Hauszeichen sehr früh zum → Rechtssymbol, dessen Gestaltgrundlagen folgerichtig auf 1. Runen, 2. Sinnbilder (Rad, Lebensbaum, Knoten ...) zurückreichen und 3. mit Redenden Zeichen (»Beil« f. Bilsmann/Dithm.) den Übergang zum jüngeren → Wappen und Siegel sowie Spiegelmonogramm (18. Jh.) bilden.

Aus den brauchtümlich – sinnbildhaften Figuren unter markenähnlichen Zusätzen gehen die ältesten Siegel und Wappen des führenden Landschaftsadels hervor; mit Ende des Hochmittelalters aber bleibt Wappenführung mit Sinnzeichen und Sinnbildern Vorrang des Adels – die Bauernschaften und Handwerkerschaften (vornehmlich die Steinmetzen) bewahren weiterhin Hausmarken, Hofmarken und Meistermarken als ihre Rechtsinstitution. Dabei fällt die Sonderbenutzung der sog. ODALS–VIER (der eckig oder kursiv gezogenen, gotischen »Halben

Acht« gleichend) auf: Sie wird von Meistern ausgesprochen zur Kennzeichnung der »Meistermarke« bevorzugt, wie es der berühmte Peter Vischer zu Nürnberg mit der nach oben und unten gesetzten Odals-Vier sogar doppelt tut. → Steinmetzzeichen [LM]

C. G. Homeyer, Die Haus- und Hofmarken, 1870 u. 1890; K. K. A. Ruppel, Die Hausmarken als Symbol der german. Sippe, 1939; H. Horstmann, Hausmarken (Vjbl. d. Trierer Gesellsch. f. nützl. Forschung 1) 1957; H. Spruth, Die Hausmarken. Wesen und Bibliographie (Aktuelle Themen zur Genealogie 4/5 – mit gesamteurop. Nachweisen!) 1960; R. Meldau, Zeichen, Warenzeichen, Marken, 1967.

**Einhorn,** eines der weitestverbreiteten → Fabelwesen der Alten Welt. In China galt das E. (*Ch'i-lin*) als Symbol herrscherlicher Tugenden. In einer indischen Überlieferung wird der Fisch, der Manu vor der Sintflut rettete, auch als E. des Meeres bezeichnet. Nach dem *Bundahish,* einem persischen Religionswerk des 9./10. Jhs., überwindet das E. die Macht des Bösen. Durch ungenaue Übersetzung des hebräischen re'em (Wildbüffel, Wildochse; z.B. 4 *Mos* 23,22) kam das E. in die christliche Glaubenswelt. Origenes vergleicht das eine Horn mit der Weltmacht Christi, der »einem E. gleich die eine Herrschaft über alle Reiche ergreifen wird«. Als Sinnbild der Reinheit und Keuschheit wurde das Tier zu einem → Mariensymbol. Mit seinem Horn reinigt es das von der Schlange vergiftete Wasser (*Physiologus*) und findet Einzug in die Medizin (→ Apothekennamen). In der Heraldik gewöhnlich aufrecht dargestellt; im britischen Wappen repräsentiert es Schottland in Gegenüberstellung zum englischen Löwen. [Lr]

F. Kuntze, Die Jagd des E. in Wort u. Bild (Arch. f. Kulturgesch. 5/1907); O. Shepard, The lore of the unicorn, Boston 1930; J. Boullet, La merveilleuse histoire de la licorne (Aessulape 1959); E. G. Suhr, An interpretation of the unicorn (Folklore 75/1964); A. Vizkelety, E. (LChrI 1) 1968; R. Beer, E. Fabelwelt u. Wirklichkeit, 1972; J. W. Einhorn, Spiritalis Unicornis. Das E. als Bedeutungsträger in Literatur u. Kunst des MA, 1976.

**Einweihung** → Initiation

**Eisen,** eines der vier mythisch bedeutsamen → Metalle; Symbol für Festigkeit und Gewalt, in China für Stärke und Gerechtigkeit. Besonders das vom Himmel kommende meteoritische E. wurde in einen religiösen Zusammenhang gestellt, die Sumerer sprachen vom Himmelsmetall; in den Mythen von Ugarit erscheint der zauberkundige Gott Kotar als Erfinder der E.bearbeitung. An der positiven Bedeutung des E. partizipiert vor allem das Handwerk des → Schmiedes. Schmiedeeiserne volkstümliche Weihegaben (Votive) waren in Bayern und Österreich noch in nachmittelalterlicher Zeit üblich. Die apotropäische Bedeutung zeigt sich, wenn in die Zimmer eines Sterbehauses Stücke aus E. gelegt werden, um den Geist des Toten an der Rückkehr zu hindern. Das E. hat auch einen gefährlichen, unheimlichen Aspekt; es vertreibt nicht nur die Dämonen, diese können sich auch seiner bedienen. Während nach indischer Überlieferung die Götter goldene Gefäße benützen, gebrauchen die Asuras solche aus E. In der absteigenden Reihe der Metalle (→ Weltalter) versinnbildlicht das E. Sünde und Untergang; man vgl. Nebukadnezars Traum von einer hohen Bildsäule mit goldenem Kopf, silberner Brust, einem Bauch aus Erz und Füßen, die teils aus E., teils aus Lehm waren (*Dan* 2). Das E. ist schließlich auch das Metall des Krieges und des Kriegsgottes → Mars. Um die Bannung der unheimlichen Kraft geht es bei dem alttestamentlichen Gebot, beim Bau des Altars keine eisernen Werkzeuge zu verwenden (2 *Mos* 20,25). [Lr]

J. Goldziher, E. als Schutz gegen Dämonen (AfR 10/1907); R. Kriss, Das E.opfer in Brauchtum u. Geschichte, 1957; P. W. Schienerl, E. als Kampfmittel gegen Dämonen (Anthropos 75/1980).

**Eisenzeit.** Als kostbare Substanz wird Eisen bereits um die Mitte des 3. Jt. vereinzelt für Schmuck- und Prunkwaffen verwendet, kommt aber recht eigentlich erst im 14. Jh. v. Chr. in Kleinasien auf. Ähnlich wie die Bronze ist also das Eisen zunächst in einem bereits »historischen« Raum erfunden worden und gewinnt dann darüber hinaus in den »urgeschichtlichen« Gebieten an Bedeutung, die es in gleichem Maße prägend und namengebend erscheinen lassen. Die danach benannte Eisenzeit löst in zeitlicher Staffelung die → Bronzezeit ab, folgt aber in weiten Bereichen (z.B. Afrika) unmittelbar auf ein offenbar sehr spätes Neolithikum. Das Ende der Eisenzeit wird zu lokal verschiedenen Zeitpunkten jeweils dort angesetzt, wo die eigentlich historischen Perioden beginnen, dabei aber über die Grenzen des römischen Reiches hinaus in der Zeit kurz vor oder um Christi Geburt; im nördlicheren Europa hingegen dehnt man den Begriff Eisenzeit aus bis in die Periode der Christianisierung, d.h. bis ins frühe MA. Das kann gelegentlich zu Mißverständnissen und Verwechslungen führen, wenn z.B. für diesen späteren Bereich von »eisenzeitlicher« Religion oder Symbolik die Rede ist oder von den größtenteils in die Zeit nach Christi Geburt gehörenden »eisenzeitlichen« Opfer- und Weihestätten in Mooren usw. Für die symbolreiche E. im engeren Sinne haben die beiden Fundorte Hallstatt (im Salzkammergut) und Latène (am Neuenburger See) namengebende Bedeutung erlangt: Sie bezeichnen zunächst bestimmte Formenkreise eisenzeitlicher Kultur, werden darüber hinaus aber auch als Periodenbegriffe verwendet, wobei Hallstatt den älteren Abschnitt (vom 8. bis ins 5. Jh.), Latène den jüngeren (vom 5. bis ins letzte Jh. v. Chr.) bezeichnet. Im Symbolwesen schließt die Hallstattzeit weitgehend an die späte → Bronzezeit an: Insbesondere findet die Vogelsymbolik eine gewisse Fortsetzung, wird aber (offenbar parallel zum stärkeren Aufkommen reiterischen Wesens) weithin vom Pferd zurückgedrängt, in der Latènezeit hingegen wird die Symbolik eher beherrscht von ganzen Tierfigürchen und zumal menschen- oder tierartigen »Masken«, die auch auf Tracht- und Schmuckbestandteilen (z.B. Fibeln) angebracht sind. [KJN]

G. Kossack, Studien zum Symbolgut der Urnenfelder- und Hallstattzeit Mitteleuropas, 1954; H. Müller-Karpe, Das vorgeschichtl. Europa, 1968; W. Torbrügge, Europ. Vorzeit, 1968.

**Eisvogel** (griech. *halkyon*). Im Altertum war die Vorstellung verbreitet, daß während der Brutzeit eine Schönwetterperiode herrsche; halkyonische Tage sind sturm- und sorgenfreie, glückliche

Tage. Nach griechischer Sage stürzte sich eine Königin Halkyone ins Meer, nachdem ihr Gatte von einer Seereise nicht zurückkehrte; aus Mitleid verwandelte Zeus beide in Eisvögel, die damit zu einem Symbol ehelicher Treue wurden. Auch in China gilt der wegen seiner malachitfarbenen Federn geschätzte Vogel als Sinnbild für ein glückliches Ehepaar. In der Zeit der Kirchenväter wurde die antike Vorstellung von dem am Meer lebenden und zur Winterzeit während sturmfreier Tage brütenden Vogel als Beweis dafür genommen, daß Gott auch für den Menschen alles zum Guten wende. Nach Konrad von Megenberg *(Buch der Natur,* 1350) erneuert sich alljährlich das Federkleid des E., der dadurch zu einem Symbol einer Erneuerung, einer Auferstehung des Menschen wird – in diesem Sinne vorne links im *Paradiesgärtlein* des Oberrheinischen Meisters (um 1400). Das angebliche Brüten um die Zeit der Wintersonnenwende / Weihnachtszeit war im späten MA Symbol der Niederkunft Mariae. In der böhmischen Kunst z. Z. Wenzels IV. ist der E. ein Bild treuer Gattenliebe. [Lr]

J. Krasa, Die Handschriften König Wenzels IV., 1971 (S. 74ff.); W. Harms, Der E. u. die halkyonischen Tage (Verbum et Signum, hg. von H. Fromm, W. Harms, U. Ruberg, Bd. 1), 1975.

**Ekklesia.** Im Profangriechisch meint E. die Volksversammlung einer Stadt. In der Septuaginta ist E. religiös bestimmt: E. ist die zum Gottesdienst versammelte israelitische Gemeinde. Auch im NT bezeichnet E. primär die Zusammenkunft der Christen beim Kult. Hier wird ihre Beziehung zu Christus sichtbar, die sich in Symbolen ausspricht. E. ist der LEIB mit vielen Gliedern, der in Christus sein ursprunggebendes HAUPT hat und durch den er sich zur Fülle entfaltet. Das Leib-Symbol wird durch andere ergänzt, die dem weiblichen Bereich zugeordnet sind. Als die Christus Angetraute ist die E. BRAUT und JUNGFRAU. Sie ist sein WEIB, das durch ihn MUTTER wird. Diese Symbolik wird in der → Patristik reich ausgebaut. Vor allem ist wie bei Paulus die FRAU in ihrer weiblich-empfänglichen und mütterlich-gestaltenden Kraft das große Symbol der E. Im einzelnen wird sie dargestellt durch die ehelich lebende Frau im Gegenüber zu ihrem Mann; durch die JUNGFRAU in ihrer ausschließlich bräutlichen Christusgemeinschaft; durch die (gottgeweihte) WITWE, die auf den Herrn wartet und ihn herbeiruft; durch die DIAKONISSE, die die E. als Gehilfin des Christus abbildet.

Andere Symbole sind dem kreatürlichen Bereich entnommen: die ERDE, die durch den Regen vom Himmel befruchtet wird; der MOND (antik weiblich) als Schwestergestirn der Sonne (antik männlich) im Geschick seiner Phasen sterbend und neu leuchtend vom empfangenen Sonnenlicht; das WASSER in seiner lebengebärenden Kraft; die NACHT als Mutter des Tages. Die Einheit der E. wird symbolisiert durch das BROT aus vielen Körnern, durch den WEIN aus vielen Beeren. Groß ist die Zahl der Symbole aus der Heilsgeschichte. Fast in allen biblischen Frauen stellt sich die E. dar, von → Eva bis zu → Maria. Auch Arche, Zelt, Tempel, Lade, Jerusalem sind beliebte Symbole. Bestimmend ist immer das Weibliche. Im MA tritt im Bild der E. das Weiblich – Empfangende und Mütterlich-Gestaltende zurück und das Herrscherliche hervor; in der Kunst häufig als Pendant der → Synagoge dargestellt. Im 20. Jh. leben die altchristlichen Symbole wieder auf, verlieren aber erneut nach dem Vaticanum II an Aussagekraft. Die Kunst dokumentiert deutlich den Wandel im Kirchenbild. [ThS]

H. Rahner, Mater Ecclesia. 1944; ders., Symbole der Kirche, 1964; A. Mayer, Das Kirchenbild des XIX Jh. u. seine Ablösung (Die Besinnung 3/4) 1948; ders., Das Kirchenbild des späten MA u. seine Beziehungen zur Liturgiegesch. Vom christl. Mysterium, 1951 (274–302); ders., Der Wandel des Kirchenbildes in der abendländ. Kulturgesch., 1957; ders., Das Bild der Kirche. Hauptmotive der E. im Wandel der abendländ. Kunst, 1962; Th. Schneider, Maria als Typus der E. (Liturgie u. Mönchtum 8, 1953); J. Ratzinger, Volk u. Haus Gottes in Augustins Lehre von der Kirche, 1954; Y. Congar, Christus – Maria – Kirche, 1959; H. Urs von Balthasar, Casta Meretrix. Sponsa Verbi, 1960 (S. 203–305); O. Casel, Mysterium der E., 1961.

**Elefant,** in Indien Symbol der Weisheit und Stärke; der Gott der Weisheit, Ganesha, wird mit einem E.haupt dargestellt; der Götterkönig Indra reitet auf ihm. Vier oder acht E.en (mit dem Namen Diggajas) gelten als Hüter der Weltgegenden, als Abhranāgas (Wolken-E.en) sind sie Träger des Universums und finden sich daher in indischer und tibetanischer Architektur als Karyatiden. Symbol Buddhas ist ein weißer E., der – nach einer Legende – im Traum in den Schoß seiner Mutter Māyā eingegangen ist. Bei afrikanischen Völkern ist der E. Symbol des Glücks und des langen Lebens. In der christlichen Ikonographie meist in positiver Bedeutung: Symbol der Keuschheit (*Physiologus*) und der Stärke (eine Säule tragend, bei Bernini einen Obelisken). In den USA → politisches Symbol; in Dänemark höchster Orden in der Bedeutung des E.en als Sinnbild für den weisen Monarchen. [Lr]

G. C. Druce, The E. in Medieval Legend and Art (The Archeological Journal 76/1919); W. S. Heckscher, Bernini's E. and Obelisk (Art Bulletin 29/1947); J. Opelt, E. (RAC IV); I. Hofmann, Zur Kombination von E. u. Wasserschlange (Anthropos 65/1970); L. Börner, Der E. als Sinnbild auf Medaillen (Staatl. Sammlungen, Forsch. u. Ber. 17/1976).

**Elemente,** einfachste Bestandteile, die ursprünglichen Wurzeln (*rhizomata*) aller sichtbaren Dinge, von deren Zusammenfügung oder Trennung das Werden und Vergehen der Körperwelt angenommen wurde. Der → Vorsokratiker Empedokles betrachtete Feuer, Wasser, Luft und Erde als unveränderliche E., während sie für Aristoteles ineinander umwandelbar waren. Daß es vier E. sind, dürfte mit der Symbolik der VIERzahl zusammenhängen, die eine räumliche Ganzheit (= vier Himmelsrichtungen) zum Ausdruck bringt. Der Äther wurde als Himmelsbaustoff betrachtet und galt als → *Quinta essentia.* In dem feinstofflichen, nach oben züngelnden Feuer erblickte man das männlichste E., in der Erde das weiblichste; die Luft galt als überwiegend männlich, das Wasser als überwiegend weiblich. Dem griechischen Arzt Hippokrates wird die Gleichsetzung der E. mit 4 Säften im menschlichen Körper zugeschrieben, nach denen die 4 → Temperamente benannt sind: *sanguis* = Blut (in Konstellation mit der Luft), *melancholia* = schwarze Galle (Erde), *cholera* = gelbe Galle (Feuer), *phlegma* = Schleim (Wasser). Auch mit den TIERKREISZEICHEN wurden die E. verbunden; in der Astrologie unterscheidet man vier Trigone: Feuerzeichen (Widder, Löwe, Schütze), Wasserzeichen (Krebs, Skorpion, Fische), Luftzeichen (Zwillinge, Waage, Wassermann), Erdzeichen (Stier, Jungfrau, Steinbock).

Platon ordnete die E. vier Klassen von Lebewesen zu: den Gestirnen, den Luft-, Wasser- und Landtieren. Unter antikem Einfluß glaubte man bis in die Neuzeit die E. von bestimmten Geistern bewohnt; Paracelsus unterschied 4 Elementargeister: Undinen im Wasser, Gnomen in der Erde, Sylphen in der Luft und Salamander im Feuer. Auf der Rückseite des Mithras-Altars von Dieburg wurden Luft, Wasser und Erde durch die Gottheiten Caelus, Oceanus und Terra angedeutet, das Feuer durch die Hauptszene mit Mithras. Im 12. Jh. treten zu den Personifikationen Symboltiere: das Feuer reitet auf einem LÖWEN, die Luft auf einem ADLER, das Wasser auf einem FISCH, die Erde auf einem STIER. Seit der Renaissance geht die Darstellung der E. immer mehr in die profane Kunst ein (fürstliche Treppenhäuser und Repräsentationsräume, auch Klosterbibliotheken); als Personifikationen dienen die röm. Gottheiten Vulkan (Feuer), Juno (Luft), Neptun (Wasser) und Kybele (Erde).

In China kennt man fünf E. (*wuhsing*); sie werden durch »die fünf Alten« verkörpert, das sind die Elementargeister von Erde, Feuer, Wasser, Holz und Metall, sie haben ihren Wohnort in den fünf Himmelsrichtungen (nach obiger Reihenfolge: Mitte, Süden, Norden, Osten, Westen). Auch im Hinduismus unterscheidet man 5 E., denen 5 Farben zugeordnet sind: Erde = BLAUSCHWARZ, Wasser = WEISS, Feuer = ROT, Wind (Luft) = GELB, Äther = SCHWARZ. Im Glauben der mesoamerikan. Indianer standen die E. in Verbindung mit den → Weltaltern; die Tolteken unterschieden 4 Weltzeiten: Wassersonne (endet durch eine Flut), Erdensonne (durch Erdbeben), Luft- oder Windsonne (durch Sturm), Feuersonne (durch Weltbrand). [Lr]

W. Stammler, Allegor. Studien (DVjs 17) 1939; W. Kirfel, Die 5 Elemente, insbes. Wasser u. Feuer, 1950; M. Munzinger, Le symbolisme des quatre éléments dans le zodiaque (Cahiers astrologiques 23/1960); U. Nilgen, E., vier (LChrI, Bd. 2) 1968.

**Eliade,** Mircea, 9.3.1907 in Bukarest geb., Prof. für Religionswissenschaft in Paris und Chicago. In seinen Werken geht es ihm nicht um Ausweitung schon bestehender Materialsammlungen, sondern um die Zusammenhänge der Kultur mit den geistigen Urformen und um die rituelle Bindung der historischen Lebensordnungen an das Numinose. Schon in seinem ersten Hauptwerk *Le mythe de l'eternel retour* (1949, dt. 1953) wendet er seine ganze Aufmerksamkeit dem Mythos und seiner Symbolsprache zu. Ein eigenes Buch ist den »ewigen Bildern und Sinnbildern« gewidmet: *Images et symboles* (1952, dt. 1958); danach läßt das symbolische Denken die unmittelbare Wirklichkeit »zum Durchbruch kommen«, ohne sie zu mindern oder zu entwerten. Als letzter Bezugspunkt aller religiösen Symbole erscheint das Heilige (*Traité d'histoire des religions,* 1949, dt. *Die Religionen und das Heilige,* 1954); die symbolischen Vorstellungen sind eingebettet in »Symbolsysteme« wie das des Himmels, der Sonne, des Mondes, des Wassers, der Erde, der Vege-

tation, des hl. Raumes und der hl. Zeit.
In zahlreichen Arbeiten E.s wird die Bedeutung der → Zentrumssymbolik herausgestellt. Die spirituelle Interpretation der Mythen und Symbole ist nach E. ein Hauptanliegen der → Religionswissenschaft. Das Wissen und Verstehen um die Religion führt in die Mitte des menschlichen Wesens, zum ganzen Menschen, der mehr ist als nur Bewußtsein und Ratio (*Die Sehnsucht nach dem Ursprung,* 1973). Zusammen mit Ernst Jünger gab E. die deutschsprachige Zeitschrift *Antaios* (1959–1971) heraus, deren Schwerpunkte auf mythologischen, symbolkundlichen und religionswissenschaftl. Abhandlungen lag. Wie sehr E. auf die Religionswissenschaft eingewirkt hat, zeigt der ihm zum 75. Geburtstag zugedachte Sammelband *Sehnsucht nach dem Ursprung* (hg. von H. P. Duerr, 1983). [Lr]

H. H. Penner, Bedeutung u. Probleme d. relig. Symbolik bei Tillich u. E. (Antaios IX) 1968; J. M. Kitagawa/Ch. H. Long, Myths and symbols. Studies in honor of M. E., Chicago 1969; St. J. Reno, E.'s progressional view of hierophanies (Religious Studies VIII) 1972. A. Marino, L'hermeneutique de Mircea E., Paris 1981; U. Berner, Erforschung u. Anwendung relig. Symbole im Doppelwerk Mircea E.s (Symbolon N. F. 6/1982).

**Elster.** Der Antike galt sie als Symbol der Geschwätzigkeit; als die Töchter des Pieros sich in einen Gesangswettstreit mit den Musen einließen, die Götter schmähten und nach ihrer Niederlage schimpften, wurden sie in E.n verwandelt (Ovid, *Metamorphosen*). Die plappernde E. ist ein Symbol der Weiblichkeit; in mittelalterl. Darstellungen der Lebensalter ist sie zusammen mit dem Spiegel Attribut der dreißigjährigen Frau; der englische Dichter Chaucer schreibt, eine junge Frau sei »jolly as a magpie« (*Shipman's Tale*). Wegen des schwarz-weißen Gefieders gilt der Vogel in → Wolfram von Eschenbachs *Parzifal* als Sinnbild des *zwîfels* (Zweifels) bzw. des Menschen, der vor der Entscheidung zwischen dem Bösen und dem Guten steht; in dieser Bedeutung vielleicht auch bei Hieronymus Bosch (*Der verlorene Sohn,* Rotterdam). Einer Legende nach ist die E. schwarz und weiß, weil sie bei der Kreuzigung Christi keine Trauer zeigte. In der christlichen Ikonographie deutet die (diebische) E. meistens auf das Böse, Unheilvolle, Todbringende; bei Jörg Ratgebs *Herrenberger Altar* sitzt der Vogel auf dem Kreuzbalken des linken verdammten Schächers. – In China ist die E. Freudenbringer und Glücksvogel, in der Zweizahl deutet sie auf eheliches Glück. [Lr]

**Emblem.** Die Emblematik hatte ihre größte Bedeutung in der zweiten Hälfte des 16. und im 17. Jh. Ihre Verbreitung geht mit der Aufklärung stark zurück und läßt sich im 19. Jh. nur noch in Einzelfällen nachweisen (J. Arndts *Bücher vom wahren Christentum* sogar noch am Anfang des 20. Jh.s). Ihre Entstehung geht u.a. auf die Beschäftigung der Humanisten mit der → Hieroglyphik und der antiken Epigrammatik (→ Alciatus) und auf die in Italien und Frankreich aufkommende Mode zurück, sich eine aus Motto und Bild zusammengesetzte persönliche Devise zu geben. Die wichtigste Voraussetzung bildet jedoch das mal. allegorische Weltverständnis, das allen Dingen und Geschehnissen aufgrund ihrer

Gottgeschaffenheit über ihre primäre materielle Existenz hinaus auch eine spirituelle Qualität zuschreibt.
Das einzelne E. besteht formal aus einer kurzen Sentenz (Motto, *inscriptio, symbolum*), einem Bild (*pictura, icon*) und einem längeren erklärenden Textteil (*subscriptio*), der oft in Verse gefaßt ist. Der formalen Dreiteiligkeit steht eine inhaltliche Zweiteiligkeit von Darstellung und allegorisierender Ausdeutung gegenüber. Dabei fällt der *pictura* in der Regel die abbildende, der *subscriptio* die auslegende Aufgabe zu, während das Motto nicht selten auf beide Teile beziehbar ist und damit die Ebenen von Bild und Bedeutung verklammert. So kann z.B. das Motto *o subir o bajar* (steigen oder fallen) sowohl auf den abgebildeten PFEIL als auch auf die die Auslegung, die den Aufstieg und Niedergang von Dynastien beinhaltet, bezogen werden (D. de Saavedra Fajardo, *Idea de un Principe politico-Christiano,* 1640). Komplexere E.e können zuweilen dem auslegenden Teil der *subscriptio* einen mit der *pictura* korrespondierenden, den Bildgegenstand beschreibenden Abschnitt voranstellen oder bereits in der Graphik eine Deutung des Hauptgegenstands des Bildes vornehmen. So wird z.B. die Auslegung eines im Vordergrund der Graphik dargestellten PELIKANS schon bildimmanent durch die im Hintergrund abgebildete Kreuzigungsszene bestimmt (G. Rollenhagen, *Selectorum emblematum centuria secunda,* 1613) oder der Bezug einer GEFÄNGNISdarstellung auf das menschliche Leben durch die Aufnahme der Todespersonifikation in den Bildzusammenhang herausgestellt (J. Ammon, *Imitatio Crameriana,* 1647).
Das Ansehen, in dem die Emblematik während des Barock stand, erklärt sich sowohl aus der Beliebtheit bildhaften Sprechens generell im 17. Jh., aus der thematischen Offenheit der E.e und der damit einhergehenden vielseitigen Verwendbarkeit (→ E.buch) als auch aus ihrer Konformität mit verschiedenen Forderungen der zeitgenössischen Poetik (*ut pictura poesis, imitatio naturae, prodesse et delectare*). Es dokumentiert sich nicht nur in der Fülle der publizierten E.bücher und dem Rang ihrer Autoren (u.a. Abraham a S. Clara, Th. de Bèze, J. Callot, A. Gryphius, G. Ph. Harsdörffer, D. Heinsius, J. van den Vondel), sondern auch in der poetologischen Fundierung der Emblematik mit präzisen Vorschriften, die beim Verfassen von E.en zu beachten seien (die emblematische Praxis überschreitet allerdings zumeist den normierten Raum der emblemtheoretischen Regelkunde). Die moderne Barockforschung hat bisher besonders die Beziehungen zu anderen literarischen Gattungen herausgearbeitet (Drama, Lyrik, Roman, Fabel, Predigt); dagegen steht die Untersuchung der außerliterarischen Rezeption der Emblematik (an und in öffentlichen und privaten Gebäuden, als Dekoration von Möbeln, Teppichen, Gläsern, Porzellan usw.) trotz einiger vielversprechender Ansätze noch ganz in den Anfängen. [MSch]

W. Heckscher/K. A. Wirth, Art. ›E., E.buch‹ (RDK 5) 1959; M. Praz, Studies in Seventeenth-Century Imagery, 1964; A. Schöne, Emblematik u. Drama im Zeitalter d. Barock, 1964; D. W. Jöns, Das »Sinnen-Bild«, 1966; A. Henkel/A. Schöne, Eblemata. Handbuch zur Sinnbildkunst, 1967 (Suppl. 1975); B. Tiemann, Fabel u.E., 1974; W. Harms/H. Freytag (Hgg.), Außerliterarische Wirkungen barocker E.bücher, 1975; S. Penkert (Hg.), E. u. Emblematikrezeption, 1978.

**Emblembuch.** Im E. fanden die → Embleme des Humanismus und des Barock ihre hauptsächliche Verbreitung. Das E. hat meist einen einzelnen Verfasser, doch kommen auch Autorenteams vor (Typus mundi, 1627), oder der für die Emblem*picturae* verantwortliche Graphiker überschreitet durch seine schöpferische Eigenleistung die Rolle des nur nachvollziehenden Koproduzenten (so J. Th. de Bry bei den Emblemen Boissards, 1593 und 1596). Der Aufbau des E.s ist weitgehend frei; im allgemeinen wird eine lockere inhaltliche Reihung der Embleme bevorzugt, die innerhalb eines meist weit gefaßten thematischen Rahmens in variierender Perspektive die unterschiedlichen Aspekte des zugrundeliegenden Gebiets hervortreten läßt und somit eine abwechslungsreiche Behandlung des jeweiligen Bereichs garantiert. Von diesem Summationsschema abweichende E.strukturen beruhen vorwiegend auf Schemata, die von außen an die Emblematik herangetragen wurden (Sonn- und Festtagszyklen des Kirchenjahrs in emblematischen Predigtsammlungen; hierarchischer Aufbau der Natur in naturkundlichen und enzyklopädischen Werken). Nur selten weist ein E. eine bewußte Eigenstruktur auf wie die *Schola Cordis* des Benediktiners B. van Haeften (1629), die sich als Lehrgang versteht und den Leser zur christlichen Frömmigkeit erziehen will, indem sie von einfachen zu schwierigen Fragen fortschreitet. Die Emblembücher behandeln nahezu alle Interessengebiete ihrer Zeit. Den breitesten Raum beansprucht jedoch der Bereich der moralischen Unterweisung. Ihm hatte bereits → Alciatus in erster Linie Rechnung getragen, indem er z.B. das CHAMÄLEON auf die Schmeichler bei Hofe oder den schnell verderblichen KÜRBIS auf das flüchtige Glück auslegte. In der Nachfolge des Alciatus verfolgen dann unzählige Autoren das Ziel, mit ihren Emblemen die Menschen zu *Sittlicher Besserung des Lebens* (M. Holtzwart, *Emblematum Tyrocinia*, 1581) zu bewegen. Es sei hier nur auf die Werke von J. Bornitz, J. Camerarius und J. W. Zincgref hingewiesen, die ihrerseits in zahlreichen Auflagen verbreitet und lebhaft rezipert wurden. Einen speziellen Bereich der Ethik bildet die Staatsphilosophie. Aus ihr ist besonders die in viele Sprachen übersetzte *Idea de un Principe politico-Christiano* des Spaniers D. de Saavedra Fajardo zu erwähnen (1640), die sich mit Machiavelli auseinandersetzt und dem spanischen Kronprinzen gewidmet ist. Aus dem weiten Feld der religiösen Emblembücher ragen die *Pia desideria* des Jesuiten H. Hugo (1624) aufgrund ihrer immensen Wirkung hervor, die tief in den protestantischen Raum hineinreichte. Dies E. greift mit seiner Darstellung des *Amor Divinus* auf die beliebten weltlichen Amor-Emblembücher zurück (D. Heinsius, o.J.; O. van Veen, 1608; P. C. Hooft, 1611) und wendet sie im Sinne einer Kontrafaktur ins Geistliche. Daneben erschienen auch primär naturkundlich orientierte Werke, allerdings nicht ohne ihre Gegenstände durch → Allegorese in die spirituelle Dimension der Sinnhaftigkeit der göttlichen Schöpfung einzubinden (O. Scarlattini, *Homo et ejus partes figuratus et symbolicus,* 1695, zuerst ital. 1684). Namentlich die → Alchemie in ihrer doppelten Ausrichtung auf Naturkunde und Moral fand im E. ein geeignetes Ausdrucksmittel (M. Maier, *Atalanta Fugiens,* 1617; D. Stoltzius von Stoltzenberg, *Chymisches Lustgärtlein,* 1624). Das hohe gesellschaftliche Ansehen, in dem die Emblematik stand, machte sie auch für das im 17. Jh. stark anschwellende Personalschrifttum geeignet; die mit Emblemen versehene Trauerschrift für Marianne von Popschitz, die A. Gryphius verfaßte, ist nur ein Beispiel aus diesem weitgehend noch unerforschten Bereich der Literatur.

Das Anwachsen der E.produktion weckte in der zweiten Hälfte des 17. Jh. das Bedürfnis nach enzyklopädischer Zusammenfassung. Es hat sich sowohl in den großen Enzyklopädien von F. Picinelli (*Mundus Symbolicus,* 1681, zuerst ital. 1653) und J. Bosch (*Symbolographia,* 1701) als auch in kleineren Sammelwerken (H. Offelen, *Emblemes anciennes et modernes,* 1695; *Trecenta Emblemata,* 1715) niedergeschlagen, die vornehmlich als Musterbücher für die Bildende Kunst konzipiert sind. [MSch]

M. Praz, Studies in Seventeenth-Century Imagery, 1964; A. Henkel/A. Schöne (Hgg.), Emblemata. Handbuch zur Sinnbildkunst, 1967 (Suppl. 1975); J. Landwehr, Emblem Books of the Low Countries, 1970; J. Landwehr, German Emblem Books, 1972; W. Harms, Mundus imago Dei est. Zum Entstehungsprozeß zweier E. (DVjs 47) 1973; M. Schilling, Imagines Mundi. Metaphorische Darstellungen der Welt in der Emblematik, 1978.

**Eminescu,** Mihai (eig. Mihail Eminovici), 15.1.1850 Ipotesti – 15.6.1889 Bukarest, rumänischer Dichter, bemüht sich als *poeta vates* im Sinne des nationalen Emanzipationsstrebens um Erschaffung einer rumänischen Mythologie. Bedeutender als durch seine historisch-epischen Werke ist E. aber durch Lyrik und kurze Erzählungen in Vers und Prosa, die seine kosmisch-visionäre Inspiration zur Geltung bringen. Als später Vertreter des romantischen Titanismus mit der Verflachung des revolutionären Elans von 1848, sowie mit Materialismus und Determinismus seiner Epoche konfrontiert, betont E. den Antagonismus von irdischem Menschenglück und sternhafter Einsamkeit des Genies. E.s Universum ist jedoch nicht nur von »kalter« Gesetzmäßigkeit, sondern erschließt sich einer Elementarsymbolik auf der Grundlage von rumänischen Kulturtraditionen u. E.s weitgespannten philosophischen Interessen (vor allem Einfluß des deutschen Idealismus und Schopenhauers). Das MEER repräsentiert ewige Ordnungen, eisigen Relativismus zwischen Tod und Wiedergeburt; Zufall und Vereinzelung werden immer wieder durch NÄSSE, REGEN, SCHNEE versinnbildlicht. FEUER und LICHT verweisen auf Einheit, schöpferischen Elan, Revolution. Der ABENDSTERN (Luceafarul) hat als Symbol des Genies an beiden Bereichen Anteil; seine unerfüllte Sehnsucht richtet sich auf den Bereich kompakter Materie am Rande des Abgrundes, von harmonischem Naturleben erfüllte Insel, wo bodenständige Mächte der rumän. Volkskultur (Hochwald, Biene, Höhle/Herd, usw.) das Menschenspiel von Liebe und Tod behüten. [FPK]

R. del Conte, M. E. o dell'assoluto, 1961; A. Guillermou, La Genèse intérieure des poésies d'E., 1963; M. Calinescu, Titanul şi geniul în poezia lui M. E., 1964.

**Empedokles** → Vorsokratiker

**Engel** (griech. *angeloi* = Boten) sind Geistwesen in der Umgebung Gottes. Bereits die altmesopotamische Religion kennt Götterboten; auf assyrischen Reliefs sind teils menschen-, teils vogelköpfige Flügelgenien dargestelllt. Im Awesta werden die 7 »Heiligen Unsterblichen« (*Amesha Spentas*) genannt, die sich um Ahura Mazda scharen (→ Parsismus).

Das AT spricht ganz allgemein von »Engeln« (*mal'akim* = Boten), aber auch von »Söhnen Gottes« (*Hiob* 1, 6), von »Wächtern« (*Dan* 4, 10) und vom »Heer Jahwes« (*Jos* 5, 14). Mit Namen werden die → Erzengel Michael, Gabriel und Raphael genannt. Symbol der Mittlerschaft zwischen Himmel und Erde ist zunächst die LEITER (Jakobs Traum: 1 *Mos* 28, 12), erst später – unter griechischem Einfluß – tritt die Vorstellung von Flügeln auf. Die 3 Abraham besuchenden E. werden in der christlichen Kunst zu Symbolgestalten der Dreifaltigkeit.

Im NT repräsentieren die Boten Gottes die himmlische Welt. Die Kinder haben ihren E. im Himmel (*Mt* 18, 10), jeder Mensch hat seinen E. (*Apg* 12, 15). Das Osterevangelium sagt vom E.: »Seine Gestalt war wie der BLITZ und sein Gewand WEISS wie Schnee« (*Mt* 28, 3). Am meisten spricht die Apokalypse von E.: 4 Windengel; 7 Posaunerengel; 7 E. mit den 7 letzten Plagen; der E. mit einem Stein » so groß wie ein MÜHLSTEIN« (*Offb* 18, 21) ist Symbol des bevorstehenden Unterganges. In den Apokryphen finden auch außerjüdische Vorstellungen Eingang: im äthiop. *Henochbuch* gibt es E. der Gestirne, im *Buch der Jubiläen* 2,2 werden Elementargeister wie FEUER und WIND zu Engeln.

In den ersten christlichen Jahrhunderten werden die E. als ungeflügelte männliche Gestalten dargestellt (Priscilla-Katakombe, 2. H. 3. Jh.), erst seit dem 4. Jh. als geschlechtslose Wesen mit Flügeln und (nicht immer) mit Nimben. Die Vorstellung der Kirchenväter von der Sphärenmusik als Tönen der himmlichen Heerscharen fand in der bildenden Kunst durch musizierende E. ihren Ausdruck. Auf Pseudo-Dionysius geht die Stufung in 9 Engelchöre zurück: E., Erzengel, Fürstentümer, Gewalten, Mächte, Herrschaften, Throne, → Cherubim, Seraphim (später oft geänderte Reihenfolge). Noch bei Augustinus wird den E. entsprechend altjüdischer Tradition ein feiner Astralleib zugedacht oder ein FEUERleib (daraufhin hat man schon die roten Gewänder auf byzantischen Ikonen gedeutet). Herrad von Landsberg faßt die E. als LICHT auf; bei der Kathedrale von Chartres (N-Fassade, Portal des Christophorus-Meisters) sind den E. FACKELN zugeordnet; LEUCHTERtragende E. (Akoluthen) erscheinen öfters bei Christus, Maria oder Heiligen.

Im HochMA sind von besonderer Bedeutung die E.auffassungen bei Hildegard von Bingen und Dante, bei letzterem sind die E. Träger der PLANETEN: auch bei Raffael erscheinen die E. als Planetenträger (Chigi-Kapelle). Beim E.pfeiler zu Straßburg sind die Posaunenengel den Himmelsrichtungen zugeordnet. Die apokryphe Vorstellung, daß ein E. als STERN die drei Weisen des Morgenlandes geleitet habe, fand u.a. in einem Steinrelief zu Notre Dame, Paris (Nordseite der Chorschranke) ihren Niederschlag: der E. trägt den Stern in den Händen.

R. M. Rilke sieht im E. seiner *Elegien* ein »Geschöpf, in dem die Verwandlung des Sichtbaren in Unsichtbares, die wir leisten, schon vollzogen erscheint« (Brief an Witold von Hulewicz). Im Werk Marc Chagalls sind die E. Hinweis auf den Einbruch des Überwirklichen. Die moderne mechanistische Welterklärung mit der Einsicht von Ursache und Wirkung hat zwar den Glauben an die E. erschüttert, nicht aber ihre Symbolbedeutung als Mittler zweier Seinsebenen. [Lr]

W. Osterley, Persian Angelology and Demonology, London 1936; J. Michl. Die E.vorstellung in der Apokalypse des hl. Johannes I, 1937; J. Villette, L'ange dans l'art d'occident, Paris 1940; G. Heidt, Angelology of the Old Testament, Washington 1949; E. Schick, Die Botschaft der E. im NT [3]1949; R. Guardini, Der E. in Dantes göttl. Komödie, [2]1951; E. Peterson, Das Buch von den E.n. Stellung u. Bedeutung im Kultus, [2]1955; R. Hammerstein, Die Musik der E., 1962; H. Schipperges, Die Welt der E. bei Hildegard von Bingen, 1963; A. Rosenberg, E. u. Dämonen, 1967; G. Berefelt, A Study of the Winged Angel, Stockholm 1968; E. de Solms/R. P. L. Bouyer, Anges et démons, textes patristiques, Paris 1972. L Heiser, Die E. im Glauben der Orthodoxie, 1976; H. u. M. Schmidt, Die vergessene Bildersprache christl. Kunst, 1981 (127–192); J. Ströter-Bender, E. Ihre Stimme, ihr Duft, ihr Gewand u. ihr Tanz, 1988.

**Enki.** Der sumerische Gott (akkad. Ea) ist ursprünglich wohl die Personifizierung, später der Herr des unter der Erdoberfläche gedachten Süßwasserozeans (*abzu*), aus dem die Flüsse entspringen. Der Bedeutung des WASSERS in der Magie entsprechend gilt er als Herr der Beschwörungsrituale, wie der Weisheit überhaupt. Der Mythos schildert ihn als Schöpfer von Vegetation und Menschen und Organisator der Erde. Die Annahme triksterhafter Wesenszüge hat sich nicht bestätigt. Die ihm zugeordnete Zahl ist die 40. → Atrachasis-Mythos, Göttersymbole, Sumerer [JB]

D. O. Edzard, E. (WdM 1) 1965; C. Benito, »E. a. Ninmah« a. »E. a. the World Order« (Univ. of Pennsylvania, Ph. Diss.) 1969.

**Enlil.** Der sumerische Gott trennte als »Herr, die ATMOSPHÄRE« das göttliche Paar Himmel und Erde. Unter Zurückdrängung des Himmelsgottes An steigt er zum Götterkönig und Hauptgott Sumers auf. Er bestimmt die »Schicksale« und setzt die Herrscher des Landes ein. Zu seinem häufigsten Epitheton »großer BERG« fehlt uns der erklärende Mythos. – An wird die Zahl 60, ihm die 50 zugeschrieben. → Atrachasis-Mythos, Göttersymbole, Sumerer [JB]

D. O. Edzard, E. (WdM 1) 1965; D. Reismann, Two Neo-Sumerian Royal Hymns (Univ. of Pennsylvania, Ph. Diss.) 1969.

**Ente,** im Mythos nur spärlich belegt (so beim kosmogonischen Tauchmotiv). Einige griechische Terrakotta-Idole archaischen Stils können als entenähnliche Wasservögel erkannt werden; es dürfte sich um eine Art Muttergottheit handeln, die möglicherweise noch in dem treuen Weib des Odysseus, Penelope (*penelops* = Ente) durchscheint. Nach Bachofen (*Versuch über die Gräbersymbolik der Alten*) ruht in Schilf und E. die Idee der tellurischen Zeugung aus den Wassern. In China sind Entenpaare ein Symbol für eheliches Glück. Die E. kann auch zu einem nachtodlichen Leben führen; nach einer Überlieferung haben die Walküren Entengestalt; im Märchen werden Hänsel und

Gretel nach dem Hexenabenteuer von einer weißen E. wieder heimgebracht. Ein ungarischer Mythos kennt eine sich mit dem Himmel drehende Burg, die von einem fest auf der Erde ruhenden Entenfuß getragen wird. Der breite Entenfuß mit dem patschigen Gang sinnbildet die Erdgebundenheit (z. B. bei Dämonen). [Lr]

W. Danckert, Mutter E. (Antaios 5/1964).

**Entgrenzung,** Begriff der politischen Symbolik, der im Gegensatz zu den ihren Machtbereich abgrenzenden → Staatssymbolen auf eine Überwindung der Grenzen und Zollschranken abzielt. Entgrenzende Symbole sind z.B. der Union Jack (bringt die Einheit von Engländern, Schotten und Iren zum Ausdruck; darüber hinaus einigendes Band des Commonwealth), die – besonders gern von der kommunistischen Propaganda benützte – FriedensTAUBE, die dem Propheten Mohammed und damit den islamischen Völkern zugehörige Farbe GRÜN (von der 1945 gegründeten Arabischen Liga zur allgemeinverbindlichen arabischen Farbe erklärt). Die *Bandera de la Raza* (»Farbe der Rasse«) ist ein alle lateinamerikanischen Staaten umfassendes Verbrüderungssymbol (1932 in Montevideo erstmals öffentlich gehißt): die drei KREUZE erinnern an die kreuzgeschmückten Schiffsegel von Kolumbus, die InkaSONNE über dem mittleren Kreuz bezieht auch die indianische Bevölkerung mit ein. Symbol der die fünf Kontinente verbindenden Olympischen Spiele sind die ineinanderverschlungenen Olympischen RINGE in den Farben Blau, Gelb, Schwarz, Grün und Rot, entworfen von Pierre de Coubertin, seit 1920 (in Antwerpen) bei allen Olympiaden in einer eigenen Flagge. Das 1946 offiziell sanktionierte UNO-Symbol besteht aus einer Weltkarte (vom Nordpol her gesehen) mit den Breitengraden als konzentrischen Kreisen; die zwei umrahmenden OLIVENZWEIGE sollen auf die Förderung des Friedens als Hauptzweck der Weltorganisation hindeuten. [*]

A. Rabbow, dtv-Lexikon politischer Symbole, 1970.

**Enzyklopädien.** Unter E. versteht man zunächst die in den Sieben Freien Künsten zusammengefaßte Allgemeinbildung der Antike, dann die zusammenfassende Beschreibung des jeweiligen Wissens einer Zeit, im MA auf den Schriften der Kirchenväter und -lehrer fußend. Vermittler spätantiker und frühchristlicher E. wurde Isidor von Sevilla (7. Jh.) mit seiner 20-bändigen *Etymologiae vel origines,* ihm folgten → Beda Venerabilis und Hrabanus Maurus. Ikonographisch von bes. Bedeutung sind der *Hortus deliciarum* der Herrad von Landsberg und der *Liber floridus* des Lambertus von St. Omer (um 1120); diese Werke sind umfangreiche Bilderkataloge zur christlichen Heilsgeschichte und Wissenschaft und enthalten symbolträchtige Themenkreise wie die Personifikationen der → Jahreszeiten, der → Monate, der Sieben Freien Künste, der → Tugenden und → Laster, Illustrationen zur Schöpfung, zum → Weltgericht, → zur Apokalypse.

Im 12./13. Jh. werden die Motive der christlichen E. in die Momumentalkunst übertragen. Die Kathedrale von Chartres verkörpert in ihren 10000 Figuren das Wissen und den Glauben jener Zeit, wobei der Einfluß des Vinzenz von Beauvais mit seinem *Speculum maius* unübersehbar ist. Im Heilsspiegel (*Speculum humanae salvationis*) und in der Armenbibel (*Biblia pauperum*) spielt die → Typologie eine bes. Rolle. Erbauungsbücher des 15. Jh. tragen oft enzyklopädischen Charakter, bringen antike Gottheiten als Sinnbilder von Tugenden und Lastern, mythologische Darstellungen und allegorische Motive. In der Renaissance finden die E. in den Profanbereich Eingang (Wandteppiche, Bibliotheksräume). Bedeutende nachmittelalterl. E. sind die *Iconologia* des Cesare → Ripa (1591) und der *Mundus symbolicus* des Picinelli (1720) [Lr]

A. Goldschmidt, Frühmittelalterl. illustrierte E. (Vorträge der Bibl. Warburg), 1926; F. Saxl, Illustrated Mediaeval E., London 1957; LChrI 1, 1968.

**Erdbeere,** bereits den Römern bekannt, aber erst im MA von symbolischer Bedeutung. Der Mystiker Heinrich Seuse spricht von der »Speise der Seligen«. In der Volkssage dienen die E.n den Seelen verstorbener Kinder zur Nahrung; nach einer Überlieferung werden die Seelen der Kindlein von Maria zum E.pflücken in das Paradies geführt. Das dreigeteilte Blatt war Symbol der Trinität. In diesem Sinne fand die Pflanze Eingang in die Plastik und Malerei, so beim Kapitell mit Erdbeerblättern, -blüten und -früchten von der Paradiesespforte des Magdeburger Doms (14. Jh.) und beim Oberrheinischen Meister, *Maria in den Erdbeeren* (Solothurn). Eine E.staude mit Früchten ist Attribut der Hl. Dorothea, die der Legende nach vor ihrer Hinrichtung von einem spottenden Jüngling gebeten wurde, ihm Früchte aus dem Garten ihres himmlischen Bräutigams zu schicken. Bei Hieronymus Bosch (*Garten der Lüste,* Madrid) ist die E. ein Symbol der Verlockung und Weltlust. [Lr]

A. v. Perger, Dt. Pflanzensagen, 1864 (S. 165 ff.); L. Behling, Die Pflanze in der mittelalterl. Tafelmalerei, 1957; K. A. Wirth, E. (RDK V), 1967.

**Erde, Erdgottheiten.** Wenn die Vorstellung von der »Mutter Erde« auch nicht so gemeinmenschlich ist, wie A. Dieterich noch dachte, so ist sie doch für die Agrarkulturen und die archaischen Hochkulturen charakteristisch. Die alten Ägypter gehören – neben den Idjo in Nigerien – zu den wenigen Völkern, bei denen die Erde durch einen männlichen Gott (namens Geb) repräsentiert wird; zusammen mit der Himmelsgöttin Nut erzeugt er die Sonne und wird so zum »Vater der Götter«. Sonst gilt die Erde – falls sie nicht unpersönlich und geschlechtslos gedacht wird – als Werkstoff bei der Erschaffung der Welt oder der Menschen. Sie bringt alles Leben hervor, erscheint als die große Gebärerin und Ernährerin und rückt so in den Kreis der → Muttergottheiten; die unerschöpfliche Fruchtbarkeit kommt ihr in einem immerwährenden → *hieros gamos* vom Himmel(sgott).

Höhle, Stein und Berg, Sumpf und Acker sind in *participation mystique* zur Erdmutter erfahren worden. Der lebendige STEIN (*lithos zoon*) und der gebärende FELS (*petra genetrix*) – man denke an die Steingeburtsmythen, z.B. bei Mithras – sind Teilaspekt der mütterlichen Erde. Der syrische Gott Baal wurde »Gatte der Felder« genannt. Bei den Germanen scheint die Namengebung der mythisch personifizierten Erde (Fjörgyn) von der ACKERfurche auszugehen (*Wörterb. d. Mythologie,* II). Der Identifikation der Frau mit der Scholle liegt beider Fruchtbarkeit zugrunde. Als Symbol des ländlichen Segens des irdischen Überflusses war das FÜLLHORN beliebtes Attribut der Gaia. → Demeter ist eigentlich eine Göttin des Ackerbodens; nach einer orphischen Mysterienhymne wohnt sie »in Eleusis heiligen Grotten«. Die HÖHLE ist Eingang und Schoß der Erde. Die oberste Göttin der vorchristlichen Basken war Mari, eine Verkörperung der Erde; als ihr Wohnort galten Höhlen und Schluchten, ihr zugeordnete Tiere waren Stier, Widder und SCHLANGE. Durch das räumliche Beieinanderwohnen steht die Schlange der Erdgöttin besonders nahe. Der Rock der aztekischen Coatlique wird (auf Statuen) von Schlangen gebildet. In christlich-mittelalterlichen Darstellungen wird die Erde durch ein Weib personifiziert, das Tiere (meist ist eine Schlange dabei) an ihrer Brust hält.

Die »Mutter Erde« gilt ganz besonders als → Mutter der Menschen. Bei den Römern war *terrae filius* die sprichwörtliche Benennung des erdentsprossenen Menschen; man denke auch an den etymologischen Zusammenhang von *homo* und *humus,* aber auch von Adam und *adamah* (hebr. Erdstaub, rote Erde); in der Maori-Sprache bedeutet das Wort *whenua* zugleich »Erde« und die »Plazenta«, der große Bedeutung bei der Menschenerzeugung zuerkannt wird (B. Nyberg).

Im Rahmen der Idee einer Entsprechung von → Makro- und Mikrokosmos kann der Himmelsgott auf irdischer Ebene durch den König, die Erdgöttin durch die KÖNIGIN repräsentiert werden – eine Vorstellung, die sich nicht nur beim altägyptischen Herrscherpaar und in Indien (der König als Gemahl der Erde!) nachweisen läßt, sondern auch in mittelalterlich-hermetischen Lehren Eingang fand, wobei dann Himmel und Erde meistens durch Sonne und Mond ausgetauscht wurden. [Lr]

A. Dieterich, Mutter Erde, 1925 (Nachdr. 1967); F. Altheim, Terra mater, 1931; B. Nyberg, Kind u. Erde, 1931; J. Zwernemann, Die Bedeutung von Himmels- u. Erdgott in westafrikan. Religionen (Diss. Mainz) 1954; O. Petterson, Mother Earth. An analysis of Mother Earth concepts according to A. Dieterich, Lund 1967; J. Soustelle, Erd- und Himmelsgötter der altmexikan. Zeit (Antaios X) 1969; M. Hara, The king as a husband of the earth (Etudes Asiatiques 27) 1973; C. v. Korvin-Krasinsky, Himmel u. Erde als Manifestationen des göttl. Urgrundes in der ältesten Mittelmeerkultur (Symbolen NF 2) 1974.

**Erdteile.** In mittelalterlichen Erdkarten sind – entsprechend der Auffassung der Kirchenväter – die damals bekannten drei E. mit den Söhnen → Noahs in Verbindung gesetzt. Später leitete man die Herkunft der Drei Könige aus je einem E. ab; meist wird dabei Caspar als MOHR dargestellt, doch findet sich auch seine Gleichsetzung mit Asien (dann gehört Balthasar zu Afrika und Melchior zu Europa). Der Darstellung der Erde liegt das mittelalterliche → Weltbild der kreisrunden, scheibenförmigen Erde zugrunde; die Erde erscheint als *orbis tripartitus,* als dreigeteilter Kreis, dessen eine Hälfte Asien, die restlichen zwei Viertel Europa und Afrika andeuten.

Einzige aus dem MA bekannte

Personifikationen der E. sind am Fuß eines Leuchters (Hildesheim, Domschatz). Nach der Entdekkung Amerikas werden die nunmehr 4 E. häufig in Personifikationen dargestellt: in kosmischen Programmen, zur Andeutung imperialer Ansprüche oder zur Sichtbarmachung des christl. Missionsgedankens. Die Attribute der E.personifikationen sind nicht einheitlich festgelegt, lediglich Europa hat öfters die gleichen Kennzeichen (KRONE, WAFFEN, BÜCHER und KREUZ). [Lr]

**Erntebräuche.** Wichtige Zeit der Ernte umrahmt von Anfangs- und Abschlußbräuchen. BINDEN und LÖSEN: Nach Mannhardt Rest einer symbolischen Fesselung und Tötung (»Der Herr muß bemähet sein«) des Korngeistes, Vergleich mit Demeterkult. Andere: Ernteopfer, von → Eliade mit vegetationskultischen Hypothesen Mannhardts und Frazers sowie der Wanderungstheorie von Liungman verbunden. Weber-Kellermann: Verteidigung des »Feldrechts« durch die Erntearbeiter (vgl. Wahrung des »Platzrechtes« der Handwerker) mit Qualität eines Rechtsbrauchs. – Erntefest zum Abschluß: Funktion parallel zum Binde- und Lösebrauch, kein Absinken aus höherer Sphäre des Kults.Aufhebung der sonst enormen Standesunterschiede (Tanzpflicht der Gutsherrschaft), Motiv der in sozialer Hinsicht → »verkehrten Welt»; in diesen Zusammenhang gehört auch das »Paar auf dem Ackerfeld« (Symbol der Umkehr sonst fest gesetzter Ordnung).

Frühere Forschung arbeitete den Symbolgehalt der einzelnen Elemente heraus, z.B. Symbolik von (Ernte-)Kranz und (Ernte-)Krone (auch mit Lichtern besteckt – Verbindung zur Lichtsymbolik) u.v. a.m. Die Symbolgehalte (z.B. auch die alte Heiligung des »Letzten« – ERNTEKRANZ aus Ähren der letzten Garbe gewunden) von den Brauchträgern gewußt, empfunden, benutzt; sie banden die Formen von symbolischem Wert in Bräuche ein, denen sie durch Verwendung symbolischer Handlungen (Binden) Rechtscharakter verliehen. [EH]

I. Weber-Kellermann, E. in der ländl. Arbeitswelt des 19. Jh., Marburg 1965.

**Eros,** griechischer Gott der Liebe (lat. Amor), schon früh in dem böotischen Thespiai als Steinfetisch verehrt, in Hesiods *Theogonie* als »schönster aller todlosen Götter« zusammen mit Gaia (Erde) und dem Chaos als urschöpferische Dreiheit allen Geschehens erwähnt. Bei den Orphikern wurde E. zum Kosmogonos, zum Weltschöpfer; in gewissen esoterischen Kreisen (so im Kult der Demeter zu Phlya) galt er als Mysteriengott und Soter (Erlöser). In Platons *Symposion* wird E. – Sohn des Poros (Weg, Mittel) und der Penia (Armut) – als das »Verlangen nach Zeugung im Schönen«, als Drang nach philosophischer Erkenntnis vergeistigt.

Die sich an den Mythos anlehnende Kunst gestaltet E. (jetzt Sohn von Aphrodite und Ares) als Jüngling oder geflügelten Knaben mit PFEIL und BOGEN (= sinnliche Liebe) oder brennender FACKEL (= Liebesglut). Das christliche MA unterschied zwischen dem auf Gottes Seite stehenden Amor und dem diabolischen Cupido, letzterer oft mit AUGENBINDE (= Blindheit) dargestellt. Schon in hellenistischer Zeit erschien E. als verspielt tändelndes Kind, vervielfacht in den Eroten, in der römischen Kunst (pompejanische Wandmalerei, Sarkophage) meist nur dekorative Bedeutung. Späte Nachkömmlinge sind die Putten der Renaissance und des Barock. Die bei → Apuleius (*Metamorphosen* 4, 28 – 6, 24) wiedergegebene Sage von Amors Liebe zu Psyche, der personifizierten Menschenseele, symbolisiert in christlicher Zeit das liebende Verhältnis der Seele zu Christus – so schon bei einem Fresko der Domitilla-Katakombe (1. H., 3. Jh.): BLUMEN bei Psyche = Hinfälligkeit des Lebens, Amors KUSS = Vermittlung der Ewigkeit. [Lr]

K. Kerényi, Der große Daimon des Symposion, Amsterdam 1942; F. Lasserre, La figure d'Eros dans la poésie grecque, Lausanne 1946; A. Greifenhagen, Griech. Eroten, 1957; C. Schneider/A. Rumpf, E. (Eroten) (RAC VI), 1964; G. Binder/R. Merkelbach (Hg.), Amor und Psyche (Wege der Forschung), 1968.

**Erzengel,** sie stehen in der Engelhierarchie über den einfachen → Engeln. Bei Tobias 12, 15 nennt sich Raphael einen der 7 am Throne Gottes stehenden Engel; die Apokalypse (1, 4) kennt sieben Geister vor dem Gottesthron. Auch in apokryphen und patristischen Schriften gibt es vereinzelt sieben E., deren Namen variieren. Das 1516 in der (jetzt zerstörten) Kirche Sette Angeli zu Palermo gefundene Fresko mit 7 E. führte zu einem lokal und zeitlich begrenzten E.kult. Die byzantin. Kunst unterscheidet die E. nur durch ihnen beigefügte Namen und kennzeichnet sie meistens als Herrscher mit Tunika, Loros (Schärpe) und roten Sandalen, oft auch mit dem imperialen GLOBUS. Die abendländische Kunst bemüht sich um eine Differenzierung durch Attribute – auf den wenigen Bildern mit 7 E.: Michael – LANZE: Gabriel – SPIEGEL (von dem er Gottes Befehle abliest); Raphael – BÜCHSE mit Medizin; Uriel – SCHWERT und FLAMME; Sealtiel – betend dargestellt; Barachiel – ROSE als Symbol für Gottes Segen; Jehudiel – KRONE und GEISSEL.
Die Synode von Laodikeia (2. H., 4. Jh.) anerkannte nur Michael, Gabriel und Raphael, doch wurde später in Kunst und Literatur in Anlehnung an die Vierzahl der Evangelisten und der Lebewesen an Gottes Thron (Ezechiel-Vision) auch noch Uriel hinzugenommen. Am bedeutendsten sind Michael und Gabriel. Letzterer trägt als Attribut einen STAB (Hinweis auf sein Botenamt im Dienste Gottes) oder LILIENSTENGEL (bes. als Engel der → Verkündigung); in byzantinischen Darstellungen steht er oft auf einem SCHEMEL (Zeichen der Würde). Im 15. Jh. erscheint Gabriel mit drei oder vier Hunden auf der Einhornjagd als Allegorie auf die Verkündigung. Michael und Gabriel in Thronassistenz bei der Muttergottes deuten auf Anfang und Ende im Heilsgeschehen. Nach altjüdischer Tradition ist Gabriel dem FEUER, Michael dem WASSER zugeordnet; dazu paßt, daß Gabriel in romanischen Doppelchorkirchen der OSTchor (Sonnenaufgang) geweiht war, dem mit dem Tod verknüpften → Michael der WESTchor.
Raphael, dessen hebräischer Name mit »Heil von Gott« übersetzt wird, ist Schutzengel par excellence. Er wird als Pilger mit Wanderstab dargestellt und trägt einen FISCH in der Hand bzw. die BÜCHSE mit der Fischgalle, die die

Blindheit des alten Tobias heilte. Raphael ist Patron der Ärzte. Uriels Name wird als *Lux vel Ignis Dei* ausgelegt und erhält demgemäß FLAMME und LATERNE als Attribut; er wird in der Regel nur mit den anderen E. zusammendargestellt, vereinzelt tritt er in der italien. Malerei als Begleiter des Knaben Johannes in der Wüste auf, möglicherweise ist auch der Engel bei Leonardos Felsgrottenmadonna so zu deuten. [Lr]

P. Perdrizet, L'archange Ouriel (Seminarium Kondakovianum 2) 1928; K. König, Die Ameska Spentas des Avesta u. die E. im AT, 1935; A. Rosenberg, Engel und Dämonen, 1967; G. Lamy-Lassalle, Les Archanges en costume impérial (Synthronon), Paris 1968; E. Lucchesi Palli, E. (LChrI, Bd. 1) 1968.

**Esel,** in Ägypten vor allem typhonisches Tier; eselsköpfige Dämonen bewachen die Tore der Unterwelt. Wegen seiner Geilheit in Indien Symbol der Unkeuschheit. In Hellas gehört der E. zum bacchischen Gefolge, ist Reittier des Dionysos. Die Römer brachten Priapus, dem Gott der Zeugungskraft und Fruchtbarkeit, E.opfer dar; das Tier wurde auch der → Vesta zugeordnet. In der Bibel ambivalent: einerseits ein Bild der Unzucht (*Ez* 23,20), andererseits in der Geschichte von dem Wahrsager Bileam Gott näher stehend als der verblendete Mensch (4 *Mos* 22,23–35). Bei seinem Einzug in Jerusalem reitet Jesus auf einem E., Symbol der Demut. Nach Ambrosius ist der E. ein Hinweis auf den demütigen Menschen. In Anlehnung an *Jesaja* (1,3) werden auf Weihnachtsbildern Ochs und E. dargestellt, ersterer als Opfertier (im Hinblick auf Christi Kreuzigung), letzterer als Lasttier (Christus trägt der Welt Sündenlast); eine andere Deutung erblickt im Ochsen das Judentum, im E. das Heidentum. Das aus der Antike übernommene Motiv des musizierenden E.s (*asinus ad lyram,* E. mit der Leier) diente im MA, besonders in der romanischen Plastik, als Bild der Weltlust. In der christlichen Kunst wurde der E. zum Reittier der Synagoge und der Luxuria. An die Gleichsetzung des E.s mit der Wollust ist die rechtssymbolische Sitte des E.rittes als Strafe für Ehebrecherinnen anzuknüpfen. [Lr]

Beck, Der E. in der Symbolik, insbes. vom Palm-E. (Diöcesan-Arch. v. Schwaben 21/1903); J. Ziegler, Ochs u. E. an der Krippe (Münchener Theol. Zs. 3/1952); I. Opelt, E. (RAC VI); Fr. Millepierres, Synthèse de l'âne (Vie et langage, Juillet 1966); G. Heinz-Mohr, Gott liebt die E., 1972; M. Vogel, Onos Lyra. Der E. mit der Leier, 1973.

**Essen** → Mahl

**Ethnologie** → Völkerkunde

**Etimasis** → Hetoimasia

**Etrusker** (Ende 8.–1. Jh. v. Chr.). Die Anfänge der etruskischen Kultur waren durch orientalische und orientalisierende griechische Einflüsse bestimmt; nachahmend und anverwandelnd blieb sie griechischen Vorbildern verbunden. Dementsprechend wird man auch in ihrer Symbolik alteigenes Gut von übernommenem bzw. erst im Verlauf der Entwicklung geschaffenem zu unterscheiden haben. Besonders bei übernommenen Symbolen stellt sich die Frage nach dem Maß der Bedeutungsgleichheit. Ornamentale Verwendung muß nicht Sinnverlust bedeuten.

Im ganzen ist die Symbolik der E. wenig erforscht. Eine systematische oder gar vergleichende wissenschaftliche Beschreibung ist noch nicht möglich. Außer in den verhältnismäßig wenigen Spezialuntersuchungen finden sich Aussagen zur Symbolik in den Gesamtdarstellungen der e. Kultur oder einzelner ihrer Teilgebiete (Religion, Gräberkunde, Wandmalerei, Schmuck u.a.). Aber ohne vorausgegangene und belegte Aufarbeitung aller im Einzelfall verfügbaren Zeugnisse wird sich über Intuitionen und Vermutungen nicht weit hinauskommen lassen. Als Modellvorstellungen können diese je nach ihrer wissenschaftlichen Substanz für den Fortgang der Symbolkunde von Nutzen sein.

Daß die Forschungslage auf diesem Gebiet so unbefriedigend ist, während sonst in der Etruskologie in den letzten Jahrzehnten große Fortschritte erzielt wurden, ist umso bedauerlicher, als die E.als ein Volk galten, das sich »mehr als alle anderen dem religiösen Leben hingab, weil es in der Kunst, es rituell zu gestalten, Meister war« (Livius). Die religiösen Rituale aber pflegen in den Religionen ein Hauptort für die Verwendung symbolischer Zeichen, Handlungen und Bilder zu sein.

Etruskisch bestimmte Königsgeburtssagen der Römer und Latiner (Servius Tullius, Tarchetius, Caeculus) lassen erkennen, daß unter der Gestalt der HerdFLAMME oder eines FEUERFUNKENS der Genius, die Leben bewirkende göttliche Zeugungskraft, erfahren werden konnte. Der durch ein Nord-Süd gerichtetes Achsenkreuz quadrierte KREIS stand in bestimmten Zusammenhängen (Stadtgründungsritus, Vorzeichendeutung) für die gottgeordnete Welt oder einen Ausschnitt aus ihr; literarisch gut belegt, ist der quadrierte Kreis mit sicherer Symbolbedeutung durch Denkmäler nur spärlich bezeugt. Ob z.B. dem nordetruskischen Kuppelgrab mit quadratischem Grundriß eine symbolische Bedeutung zukam (vgl. den röm. *mundus*), ist ungewiß. Für wahrscheinlich darf man eine solche halten, wo als Mittelachse des Baues ein bis unter den Schlußstein der Kuppel reichender, quadratischer Steinpfeiler errichtet wurde, der ganz ohne architektonische Funktion war (la Montagnola, la Pietrera u.a.).

Hauptsächlich hat es die e. Symbolforschung mit archäologischen Zeugnissen zu tun. Das Fehlen erläuternder Texte setzt hier der Interpretation notwendig Hindernisse entgegen, zumal dem Symbol häufig Mehrwertigkeit eignet. Für den Eingeweihten vermag ein symbolhaltiges Bild anderes auszusagen als für den Fremden.

Die beiden einander heraldisch zugeordneten HIPPOKAMPEN (Seepferde) in den Giebelfeldern bemalter Grabkammern können an dieser Stelle rein ornamental verstanden werden, aber auch als verkürztes Bild der Jenseitsreise der Verstorbenen über das Meer auf Hippokampen und anderem mythischem Seegetier (Tarquinia, Tomba dei Tori). Die gleiche Doppeldeutigkeit hat das als Sokkelbegrenzung bemalter Grabkammerwände oder als Grabstelenumrandung verwendete WELLENORNAMENT (»Laufender Hund«); Fische darüber oder darunter heben gelegentlich die Meeresbedeutung unmißverständlich hervor. Die zu den Insignien der Senatorenwürde zählende *sella curulis* galt den Römern als e. Erbe; tatsächlich finden wir sie und eine spezielle e. Art von

THRONSESSELN seit dem 7. Jh. v. Chr. als Götter- und Würdesitz dargestellt und nachgebildet (Kanopen, Grabkammern von Cerveteri).
Auf den Felsgräberfassaden der Nekropolen im südetrusk. Tuffgebiet sind übergroß festliche Türen darsgestellt, sog. SCHEINTÜREN; mögen sie innerhalb der Grabkammern zunächst eine Scheinfunktion gehabt haben, so gewinnen sie, harmonisch über dem Grabeingang angebracht und auf diesen geradezu hinweisend, symbolische Bedeutung: Grab als Tempelheiligtum, Tür als Übergangssymbol zwischen Diesseits und Jenseits (vgl. die Bedeutung der Türschwelle bei den Römern → Janus).
Unter verschiedenen Gestalten (AKANTHUSKNOSPE, PINIENZAPFEN) erscheint im Grabkult der Phallus als Symbol der Lebenskraft und Lebenserneuerung. Kleinen steinernen PHALLUSSÄULCHEN vor Grabhügeln in Cerveteri je nach der Zahl der in diesen beigesetzten Männer entsprechen kleine STEINHÄUSCHEN als Hinweis auf die weiblichen Beisetzungen. Vergleichbare Unterscheidungen der Grabzeichen nach dem Geschlecht der Beigesetzen gibt es in den Nekropolen von Orvieto.
In den religiösen Vorstellungen der E. hat die dem einzelnen wie den Völkern von den Göttern zugemessene Lebenszeitbegrenzung besondere Bedeutung. Dementsprechend zeigen einige Urnenreliefs aus Volterra (2./1. Jh. v. Chr.) anstelle des üblichen Unterweltsdämons die Darstellung einer SONNENUHR. Wohl die eindrucksvollste e. Symbolgestalt ist der Unterweltsdämon Charun; sein Name ist nicht von dem des griechischen Totenfergen Charon zu trennen, seinem Wesen nach entspricht er aber eher unserem mittelalterlichen »Sensenmann« (Gevatter Tod, Freund Hein). Bei Kampf- und Tötungsszenen dabeistehend und als Totengeleiter trägt der struppige, geiernasige Unhold als Symbol seines Wirkens einen langstieligen DOPPELHAMMER. Um die Wände der Tomba del Cardinale (Tarquinia, 2. Jh. v. Chr.) war ein Zyklus von Charunbildern gemalt, der an christliche Totentanzdarstellungen erinnert. [OWvV]

Fr. Weege, Die Malerei d. E., 1921; C. C. van Essen, La Tomba del Cardinale (Studi Etruschi 2) 1928; Fr. de Ryt, Charun – Démon étrusque de la mort, Rom/Brüssel 1934; O. W. v. Vacano, Die E. – Werden u. geistige Welt, 1955; A. J. Pfiffig, Religio Etrusca, 1975; G. Körte, I rilievi delle urne etrusche, 3, Berlin 1916, 95 f., 99 f. u. 109.

**Etymologie** → Sprache

**Eucharistie.** Sprachlich und sachlich ist E. verwandt mit *charis,* das Gnade, Gnadentat und zugleich Dank für die geschenkte Gabe bedeuten kann. Das Verb *eucharistein* meint, sich als Beschenkten verhalten, bes. der Gottheit gegenüber, indem der Beschenkte die ihm gewährte *charis* in sich Gestalt gewinnen und als Lob und Preis zu dem Geber zurückkehren läßt. Nicht immer verleiblicht sich das Wort der E. In den Hermetischen Schriften ist das E.gebet, gerade weil es frei ist vom Materiellen, das höchste Brandopfer. Ähnlich bei → Philo. Nach Form und Inhalt kennt auch Isreal solche Dankopferliturgien, und das nachexilische Judentum hat diese Form ausgebaut in der *berâkâh,* die aber mehr Lobpreis (Eulogie) als E. im eigentlichen Sinn ist. In den neutestamtlichen Schriften, vor allem bei Paulus, wird E. als Antwort auf die gottgeschenkte *charis* verstanden, die in Christus erschienen ist. In der Offb. verleiblicht sich die E. in Gebärden der Huldigung (4, 9–11; 7, 11) und in der Niederlegung der Kränze (4, 10), Symbol der Rückgabe der empfangenen Gabe (KRANZ ist Symbol eines gottverliehenen Sieges oder einer Weihegnade).

Eine kultische Bedeutung erlangt E. bzw. *eucharistein* in den Abendmahlsberichten. Das E.gebet verbindet sich jetzt mit einem Tun, das an BROT und WEIN als Symbolen des Leibes und Blutes Christi geknüpft ist und sich in diesen konkretisiert. Da LEIB und BLUT im bibl. Verständnis Termini des → Opfers sind, stellt sich im Nebeneinander von Brot und Wein der Opfertod Christi im Symbol dar. Diese Symbolik wird noch unterstrichen durch den Ausdruck »hingegeben« beim Brotwort und »ausgegossen« beim Kelchwort. Das Ganze weist die E. als kultsymbolische Opferhandlung aus, in der Christus sich dem Vater zurückschenkt. Die bibl. Symbolik wird in der nachapostolischen Zeit weiter ausgebaut. Schon bei Justinus heißen nicht nur der Kanon und der Vollzug der Opferhandlung E., sondern auch Brot und Wein, in denen sich die E. symbolisiert, werden so genannt: das eucharistierte BROT, die eucharistierte Speise, Brot der E., KELCH der E. Ähnlich Origenes: »Wir haben ein Symbol der E. gegen Gott, ein BROT, das E. heißt« (C. Cel. VIII 57). Neben Brot und Wein nennt Justinus als Symbol auch schon das WASSER, das dem Wein beigemischt wird. Das Wasser symbolisiert das Volk der Christen, die → Ekklesia, und durch die Mischung von Wein und Wasser wird die Einung der Ekklesia mit Christus symbolisiert und das himmlische Mysterium vollendet (Cyprian). Die Mischung ist Symbol für die E. als Opfer Christi und Opfer der Kirche. Da Brot und Wein Speisen sind, symbolisieren sie die E. als Mahlopfer. Das MAHL wiederum ist Symbol der Einung von Christus und Ekklesia, der Einung von Christus und den Christen und der Einung untereinander. Was die Ekklesia empfängt, ist sie und wird sie, und so sind Brot und Wein Symbol, Mysterienbild der Kirche als LEIB Christi, der vom BLUT Christi durchpulst ist. Diese Symbolik ist besonders reich ausgebildet bei → Augustinus. Die Symbolwirklichkeit der E. als Handlung wird in der → Patristik mit Worten bezeichnet wie → Mysterium, → Gedächtnis des Todes Christi durch die Symbole seines Leibes und Blutes, Typos der Leiden Christi, Typos der Heilstaten, Symbol, Gleichbild, Bild himmlischer Dinge (= Opfertod Christi), Bild der Heilsoikonomie (Belege bei O. Casel).

Die E., die selbst eine Symbolwirklichkeit ist, hat ihrerseits wieder Symbole, in denen sie sich darstellt. Als Opfer, die zugleich auf das Kreuzesopfer hinweisen, erscheint sie in alttestamentlichen Typen: im Lammopfer Abels, der ersten bildhaften Präfiguration des LAMMES, das die Sünde der Welt fortschafft; im Opfer → Noahs, dem Brandopfer auf der gereinigten Erde, über dem sich der REGENBOGEN als Zeichen des Bundes zwischen Gott und Erde wölbt; im Opfer Abrahams, das den Einziggeborenen als Lebenden aus dem Tode erweist; Im Paschaopfer, das durch das Blut des Lammes Israel im Gericht bewahrt und die Befreiung aus dem Sklavendienst bringt; im Bundesopfer am Sinai, das den Blutbund zwischen Gott und Israel stiftet; im Opfer des Melchisedek, der ersten E.; in allen Tempelopfern. Manche dieser Opfer werden in alten Kanongebeten als Präfigurationen der E. genannt. Als MAHL wird die E. vorgebildet im MANNA, dem Brot vom Himmel und der Speise in der Wüste; im Paschamahl als Nachtmahl am Ende der Zeiten und als Mahl des Hinübergangs, des Aufbruchs aus dieser Welt; in der Speise des Elias als Zehrung auf dem Weg zu Gott; in der Hochzeit zu Kana als Hochzeitsmahl von Christus und Ekklesia; in der Brotvermehrung als Brot der E. für die Vielen. In fast allen diesen Symbolbildern wird die E. auch künstlerisch dargestellt. Als Mahl findet sie ihren ikonographischen Ausdruck noch im Korb mit Broten; im FISCH mit Brotkorb (*piscis assus Christus es passus,* der geröstete Fisch ist der geopferte Christus), im KELCHGEFÄSS mit aufsteigenden Weinranken; in der WEINTRAUBE der Kundschafter; in Mahlszenen an einem mit Broten und Fischen gedeckten Tisch. Östliche Kunst stellt in der »Göttlichen Liturgie« die E. als Opferdienst dar, wobei Urbild und Abbild ineinander übergehen. Vom MA an verlagert sich der Schwerpunkt der E. von der Symbolhandlung auf die Gestalten im Sinn der Realpräsenz. Mit der Mysterientheologie tritt wieder die E. als Ganzes in den Blick. [ThS]

O. Casel, Die E.lehre des hl. Justinus Martyr (Katholik 4, 1914, S. 153–176, 243–263, 331–355, 414–436); Ders. Das Mysteriengedächtnis der Meßliturgie im Lichte der Tradition (JLW 6) 1926, S. 209–217; Ders. Neue Zeugnisse für das Kultmysterium (JLW 13), 1935, S. 99–171; Ders. Das christl. Opfermysterium, 1968; J. Betz, Die E. in der Zeit der griech. Väter, Bd. I/1, 1955, Bd. II/1, 1961; M. Schmaus, Aktuelle Fragen zur E., 1960; J. Daniélou, Liturgie u. Bibel, 1963, S. 131–222; Kl. Wessel, Abendmahl u. Apostelkommunion, 1964; Ph. Rech, Inbild des Kosmos, Bd. 2, 1966, S. 395–466 (Wein), S. 467–506 (Brot); V. Warnach, Symbolwirklichkeit d.E. (Conilium 1968, S. 755–765); J. P. de Jong, Die E. als Symbolwirklichkeit, 1969; A. Härdelin, Aquae et vini Mysterium, 1973. Kl. Lankheit, E. (RDK VI) 1973; J. Hermans, Die Feier der E. Erklärung u. spirituelle Erschließung, 1984.

**Eule** (lat. *noctua* von *noctu* = nachts), dem Reich der Finsternis und des Todes zugehörig. In Indien Totenvogel; auch in Arabien und Äthiopien erscheinen die Seelen der Verstorbenen als E.n (WdM I,472, 557). Göttliche Verehrung genoß die E. in Pylos (→ Kretisch-mykenische Kultur). Im deutschen Volksmund u. a. »Leichenhuhn« genannt. Sie gilt als Gespenstertier, Hexenvogel (wiederholt im Werk von Goya) und ist wahrscheinlich auch in der romanischen Bauplastik (z. B. Maria Laach) als dämonisches Tier zu verstehen. In anderen Darstellungen christlichen Inhalts Hinweis auf Unglauben und Laster (besonders Wollust und Trägheit), beim Kreuzigungsthema auf die im Todesschatten Sitzenden, denen der Heiland das Licht bringt. In Griechenland war die E. Pallas Athene, der Göttin aller wissenschaftlichen Betätigung, geweiht, von hier aus Symbol der → Weisheit. Nach Paulinus von Nola (431 gest.) ist sie die auch im Dunkel das Licht der Welt gewahrende Seherin. [Lr]

K. Schottenloher, Die E. im Buchschmuck des 16. Jhs. (Gutenberg-Fs.) 1925; J. Fink, Die E. der Athene Parthenon (Mitt. d. Dt. Archäolog. Inst., Athen. Abt. 71/1958); C. Meillier, La chouchette et Athéna (Revue des Etudes Anciennes 72/1970); Sp. Marinatos, Die E.n-göttin von Pylos (Mitt. des Dt. Archäol. Inst., Athen. Abt. 83/1968); E.-M. Schenck, Hexenvogel – Hexerei. Eine Studie z. Bilde der E. (Raggi 10/1970); R. Laffineur, Le symbolisme de la chouette (L'antiquité classique 50/1981).

**Eva.** Der Name E. (hebr. *Chawwa*), den das Weib der Urschöpfung nach dem Sündenfall empfängt (urspünglich heißt es mit dem Mann zusammen → Adam), bedeutet Leben, Lebenschenkende. Die Septuaginta übersetzt den Namen 1 *Mos* 3, 20 mit *Zoe* (= Leben), 1 *Mos* 4, 1 mit E. Von da aus ist der Name in die Literatur eingegangen. 1 *Mos* 2, 18ff. beschreibt die Hinordnung auf den Mann: E. ist die aus dem Mann Genommene, sein Gegenüber und die ihm gleiche Gehilfin. Durch sie kommt Adam zu Fall. Nach rabbinischer Tradition verliert E. durch die Sünde ihre → Jungfräulichkeit, die SCHLANGE wohnt ihr bei, symbolhafter Ausdruck für die Aufnahme des verführerischen Wortes. Dieses Bild kehrt 1 *Kor* 11, 2ff. wieder. Durch ihre Verbundenheit mit Christus ist die Gemeinde zu Korinth Jungfrau. Paulus fürchtet, daß sie durch die Aufnahme falscher Lehre wie E. ihre Jungfräulichkeit verliert.

Von Justin an entwickelt sich in der Väterzeit eine dreifache Symbolreihe: 1) E.-Maria, meist antithetisch. Die Jungfrau E. empfing das Wort der SCHLANGE und gebar durch ihren Ungehorsam Unheil und Tod; → Maria nahm das Wort des Engels auf und gebar durch ihren Gehorsam Christus als Heil und Leben. 2) E.-Maria von Magdala, auch antithetisch. E. ist Botin des Todes, Maria von Magdala Botin der Auferstehung. 3) E.-Ekklesia. Diese Symbolik läuft der Adam-Christus-Typologie weithin parallel. Die → Ekklesia ist die neue E. des neuen Adam, sein weibliches Gegenüber, die Gehilfin bei seinem Heilswerk, seiner Seite entsprungen während seines Todesschlafes, mit ihm »ein Fleisch« (= der eine neue Mensch). Sie ist die wahre E., die wahre Mutter des Lebens, weil sie in der Taufe Menschen zum Leben in Gott gebiert. [ThS]

H. Koch, Virgo E.-Virgo Maria, 1937; G. de Broglie, L'Eglise, nouvelle Eve, née du Sacré Coeur (Revue Theologique 68) 1946; A. M. Henry, Le mystère de l'homme et de la femme (Vie Spirituelle 80) 1949; J. Huhn, Das Geheimnis der Jungfrau-Mutter Maria nach dem Kirchenvater Ambrosius, 1954 (127–143); A. Müller, Ecclesia-Maria, 1955; S. Esche, Adam u. E. Sündenfall u. Erlösung, 1957; E. Guldan, E. u. Maria. Eine Antithese als Bildmotiv, 1966; Fr. Kobler, E.-Maria (RDK 6) 1973.

**Evangelistensymbole.** Der Ursprung der E. reicht in vorchristliche Zeit zurück. Der babylonische Mythos kennt vier in der gleichen Weise gestaltete Astralgötter: Nergal = Flügellöwe, Marduk = Flügelstier, Nabu = Mensch, Nimurta = Adler; an assyrischen Thronen stellten sie Sinnbilder der göttlichen Macht dar. Die vier Symbolwesen sind Tierkreis-Sternbilder, die jeweils um 90° voneinander getrennt sind; der Mensch entspricht dem Wassermann, das dem Tierkreis nicht angehörende Sternbild des Adlers vertritt das benachbarte Sternbild des Skorpions, der dem abergläubischen Altertum unheimlich war. Für sich isoliert zu sehen, aber doch in einer gewissen Analogie zu den die vier Kardinalpunkte des Himmels bildenden Wesen sind

die Horussöhne Altägyptens, die mit den vier Himmelsrichtungen verbunden wurden (einer anthropomorph, von den drei tierköpfigen einer mit dem Kopf eines Falken).
Der im babylonischen Exil weilende Ezechiel schaute die Herrlichkeit Gottes in den vier menschengestaltigen Lebewesen (→ Cherubim); jedes hatte vier Flügel und vier Gesichter, das eines Menschen, eines Löwen, eines Stieres und eines Adlers (*Ez* 1, 10/11). Fast die gleiche Vision taucht in der → Apokalypse auf, nur daß hier die 4 Symbole jeweils für sich allein mit einem der Lebewesen verbunden sind und diese sechs Flügel haben (*Offb* 4).
Die Kirchenväter Irenäus und Hippolytus beziehen erstmals die vier Wesen der Ezechielvision und der Apokalypse auf die vier Evangelisten. Zunächst schwankt noch die Zuweisung und wird meist mit Inhalt und Charakter der Evangelienanfänge begründet; bei Irenäus ist der Löwe dem Johannes, bei Hippolytus dem Matthäus zugeordnet. Die jetzt gebräuchliche Verteilung findet sich zuerst bei Hieronymus: MENSCH = Matthäus (beginnt mit der Darlegung der menschlichen Abkunft des Herrn), LÖWE = Markus (beginnt mit Johannes dem Täufer, dem »Rufer aus der Wüste«), STIER = Lukas (beginnt mit dem Opfer des Priesters Zacharias), ADLER = Johannes (aus ihm spricht der aus dem Himmel kommende Geist Gottes am mächtigsten). Auch wurde ein Sinnbezug zwischen den vier Wesen und den wichtigsten Heilstatsachen der Evangelien hergestellt: der Mensch weist auf die Menschwerdung, der Stier auf den Opfertod, der Löwe auf die Auferstehung und der Adler auf die Himmelfahrt Christi. Schon im AT und im NT wurden dem Messias häufig die Namen *Homo, Vitulus, Leo* und *Aquila* beigelegt.
Das christliche Altertum faßte die E. u. a. als die 4 ParadiesesFLÜSSE auf, so ist auch ihre Darstellung an den vier Enden des Kreuzes (= Baum des Lebens) zu interpretieren. Auf den mittelalterlichen Majestasbildern gehören die E. zur nächsten Umgebung Christi, sie künden von seiner Herrlichkeit und Wirkungsweise und sind in ihrer Gesamtheit Symbol des Gottessohnes. An Kanzeln und in Kuppelzwickeln des Barock sind die Evangelisten oder ihre Symbole öfters mit den vier Kirchenvätern Augustinus, Ambrosius, Hieronymus und Gregor d. Gr. zusammengestellt, um so im Sinne der Gegenreformation die kirchliche Tradition zu bezeugen. Die orthodoxe Kirche lehnt die Deutung der vier Wesen als E. ab und so sind sie in der byzantin. Kunst nur selten (und dann in westlich beeinflußten Werken) zu finden. [Lr]

Z. Ameisenowa, Animal-headed Gods, Evangelists, Saints (Journ. Warb. 12) 1949; P. Bourguet, Les Symboles des quatre Evangelistes (Revue réformée 10) 1959; R. Crozet, Les quatre Evangelistes et leurs Symboles (Les Cahiers techniques de l'Art 4, 3) 1962; U. Nilgen, Evangelisten u. E. (LChrI 1) 1968; M. Werner, The four Evangelist Symbols Page in the Book of Durrow (Gesta 8, 1) 1969.

**Ewiges Leben, Ewigkeit.** Der Begriff E. bedeutet in vor- und außerchristlicher Religiosität meist eine Steigerung und Erweiterung des Zeitgedankens. Mythische Ausprägung des E. gedankens führt zu den Vorstellungen vom Kreislauf und von der ewigen Wiederkehr der Dinge, kultisch zum Sakraljahr (Festkreis). Im Gegensatz zur profanen → Zeit, die mit dem Tod endet, ist die heilige Zeit die sich in der Welt darbietende E. des Absoluten, des Göttlichen. Mit dem Glauben an ein e. L. sind die Vorstellungen von Unsterblichkeit und → Jenseits verbunden.

Dem Denken der alten Ägypter war eine eschatologische Kosmologie »einer Welt auf Zeit«, weniger adäquat als die Auffassung einer Welt in unendlicher Zeit; der UROBOROS, wie er auf Särgen des Neuen Reiches dargestellt ist, wurde als »Heilssymbol der Auferstehung in der Ewigkeit des kosmischen Lebens« verstanden (Assmann). Das ägyptische Schriftzeichen für E. ist ein RING, der eine gewisse Ähnlichkeit hat mit einer kreisförmigen, in den Endteilen verknoteten Schnur. Im → Gilgamesch-Epos wird versucht, das e. L. durch magische Mittel (KRAUT des Lebens) zu erlangen. Alle antiken → Mysterien (-religionen) verstanden sich als Weg zur Auferstehung und e. L. Trotz nicht unerheblicher Nuancen findet sich auch in den östlichen Religionen der Wunsch nach Unsterblichkeit, im Taoismus ist es eigentlich mehr »ein den Tod umgehen« als ein e. L. Chinesische Unsterblichkeitssymbole sind vor allem JADE, KRANICH (dem man ein Alter von über 1000 Jahren zuschrieb) und PFIRSICH.

Das hebräische *'ôlam* ist zunächst »ferne Zeit« und erhält auf Gott bezogen den Sinn einer alles Bestehen übersteigenden Wirklichkeit. Die jüdische Apokalyptik malt das e. L. in farbigen Bildern: die Gerechten erquicken sich in festlichen Gelagen, sind in himmlische Kleider gehüllt und gleichen den Engeln. Nach dem äthiopischen *Henochbuch* (58, 3) ist das e. L. ein Seinszustand in LICHT. Die *Qumran-Texte* sprechen von einer KRONE der Herrlichkeit und einem Ehrenkleid in ewigem Licht. Im hellenistischen Judentum ist das e. L. nicht an die Auferstehung der Toten gebunden, sondern beginnt mit der Trennung der unsterblichen Seele vom sterblichen Leib. Im NT wird das e.L. mit dem Reich Gottes gleichgesetzt; einzelne Bilder: HOCHZEIT DES LAMMES (*Offb* 19, 6ff.), LEBENSBAUM (*Offb* 22, 2ff.), BROT (*Joh* 6), WASSER (*Joh* 4). Da die Auferstehung zum e. L. führt, so können → Auferstehungs- und E.symbolik ineinander übergehen, z.B. PFAU (Katakomben, frühchristl. Sarkophage), dessen Fleisch nach antikem Volksglauben als unverweslich galt. Im MA deuten die Bilder und Symbole des endzeitlichen → Paradieses auf das e. L. [Lr]

A. K. Coomaraswamy, Time and eternity, Ascona 1947; M. Eliade, Le mythe de l'eternel retour, Paris 1949; E. Jenni, Das Wort 'olam im AT (ZATW 64–65) 1952–1953; J. van der Ploeg, L'immortalité de l'homme d'après les textes de la Mer Morte (Vetus Testamentum 2) 1952; B. R. Sharma, Chakra, the symbol of eternity through the ages (Vishveshvaranand Indological Journal 8) 1970; J. Assmann, Zeit und E. im alten Ägypten, 1975.

**van Eyck,** Hubert (gest. 18.9.1426 Gent) und Jan (ca. 1390 Maaseyck – 7.7.1441 Brügge), niederländische Maler. Hubert ist Urheber des *Genter Altars,* den sein Bruder vollendete. In offener Position hat das Innere des Altars zwei Ebenen. Die obere zeigt Jesus mit erhobener rechter Hand, einer Geste des »Letzten Gerichts«; vor seinen Füßen eine KRONE (Hinweis auf sein Königtum), wohingegen die TIARA und das ZEPTER seine göttliche Majestät andeuten. Rechts von ihm die gekrönte Madonna hat die symbolische Bedeutung der Heiligen Jungfrau als mystische Christusbraut; links sitzt Johannes der Täufer und deutet auf Jesus als Zeugen und Gottesboten. Auf beiden Seiten dieser Mittelgruppe befinden sich Flügel mit singenden Engeln, flankiert von Adam und Eva; daß letztere im OBEREN Bildniveau (das ja den Himmel andeutet) gezeigt werden, ist möglicherweise Hinweis, daß sie jetzt von der Erbsünde reingewaschen sind. In der unteren Bildebene steht auf einem Altar ein OpferLAMM (= Christus), sein in einen Kelch sich ergießendes HerzensBLUT ist Symbol für das Opfer des Gottessohnes. Zwei in Richtung des Lammes Weihrauchbrenner schwingende Engel symbolisieren die ewige Messe. Unten vor dem Altar weist der BRUNNEN des Lebens auf die Paradiesesflüsse und auf die Taufe. Die von den vier Ecken sich der Mitte nähernden Gruppen (links unten: Patriarchen und Propheten, rechts unten: Apostel und Geistlichkeit, links oben: Beichtväter, rechts oben: weibliche Heilige) sind Symbol dafür, daß alle Völker und Stände vom Lamme Gottes angezogen werden.

Jans Unterschrift trägt das Doppelporträt *Giovanni Arnolfini und Jeanne Cenani* (London, Nationalgalerie): Der APFEL auf dem Fensterbrett ist eine Anspielung auf die Urmutter Eva; das Schlafzimmer ist in symbolischer Auslegung heiliger Grund geworden, deswegen mußte Arnolfini – wie Moses – seine Schuhe ablegen; ein HÜNDCHEN neben seiner Frau ist Symbol für die Treue, so wie eine Schnitzerei der Heiligen Anna am Bettpfosten und der daranhängende Staubwedel auf die Häuslichkeit hinweisen. Die einzige KERZE im Messingkronleuchter über Jeannes Kopf ist Symbol für das Licht des Heilands und für seine Gegenwart wie in einer Kirche.

In der *Madonna des Dom Rolin* (Paris, Louvre) verwandelte Jan ein hochgotisches Turmzimmer in ein altromanisches, um Jerusalem und die Jesusepoche symbolisch darzustellen. Die drei BOGENFENSTER bedeuten die heilige Dreieinigkeit. Vielleicht nur aus Zufall (?) ist der sich windende FLUSS für den Pfad symbolisch, der zur Wahrheit führt. Der die zwei Figuren voneinander trennende Kachelboden bildet ein TAUKREUZ, möglicherweise eine bewußte Anspielung auf die Kreuzigung. [Fi]

M. J. Friedländer, Der Genter Altar der Brüder v. E., 1924; H. Beenken, Hubert und Jan v. E., 1941; E. Panofsky, Early Netherlandish painting, 1953; Lotte B. Philipp, The Ghent Altarpiece and the art of Jan v. E., 1971; E. Dhanens, Van E.: The Ghent altarpiece, 1973.

**Fabel** (griech. *ainos* = Lob! *mýthos, lógos, apólogos*, lat. *apologus, fabula, fabella* = Ausdrücke für reden, erzählen): »fiktive Rede, die Wirklichkeit (Wahrheit) abbildet« (Aphtonios), unterscheidet sich nicht grundsätzlich von der Parabel (Gleichnisse Jesu); Einengung auf die Tierfabel ist unzulässige Verkennung ihres Wesens. Wie in den → Gleichnissen Jesu das Gesetz des Achtergewichts herrscht, das wichtigste am Schluß steht, so endet auch die F. meist mit einem epigrammatischen Schluß, einer unerwarteten Pointe, einem Überraschungsmoment, das den Leser zum Nachdenken zwingt. Mitunter hat die F. gleich dem Rätsel einen versteckten Sinn, der erst erraten werden muß und zum Selbstdenken aufruft (Josifović S. 20, Quint. 8,2,18; Arist. *Rhet.* 3,23 p. 1412a).

Ihren »Sitz im Leben« hat die F. in sozialen oder politischen Situationen. Die Jothamf. (*Ri* 9,7ff.) diffamiert z. B. das Königtum. Die Tiere tragen deshalb auch ursprünglich nicht bestimmte menschliche Eigenschaften (habgieriger WOLF, schlauer FUCHS, dummer ESEL), dazu kam es erst durch Entaktualisierung und Entpolitisierung der F., die nur mehr zeitlose Lebensweisheit vermittelt: Erst dem statischen Verständnis der F. entspricht die Einteilung der Fabeltiere in die bekannten Kategorien (Dithmar S. 112).

Im Aufbau folgt die F. gerne einem vierteiligen Schema: Situation, Aktion, Reaktion (beides in Wort oder Handlung), Konsequenz. Eine besondere Art der F. ist die von Babylon aus verbreitete Tenzone, die literarische Form des Agons. Zweck der F. ist zunächst die Unterhaltung, dann auch Belehrung, die durch die »Moral«, das Epimythion unterstrichen wird.

F.n können deshalb didaktischen, pädagogischen, philosophischen (Sokrates bei Plinius *Nat.hist.* 26,82 *fabellarum philosophus*), gnomischen (Übergang in Sprichwörter), rhetorischen, politischen, komisch-satirischen, märchenhaften Charakter annehmen. F.n in figuraler Darstellung dienen wohl einer bestimmten symbolischen Aussage: FUCHS und KRANICH auf einem antiken Grabstein als Hinweis auf den Durst der Toten, christlich auf den durch den Erlöser betrogenen Betrüger (Satan). Darstellung einer unbekannten F.: Hahn kämpft gegen Schildkröte in Aquileja zeigt wohl den Sieg des Lichts, Christi (= HAHN), über die dämonische Macht (SCHILDKRÖTE, *tartaruga*, griech.-lat. *tartaruchos* zur Unterwelt gehörig) über die Häresie (Arianismus). Mal. F.n wie das Begräbnis des Fuchses durch die Hennen, der altgewordene Löwe u. a. intendieren die Aussage, daß am Ende die Guten siegen werden (gegen Fuchs und Wolf, Symbole des Widersachers). [JBB]

G. Heider, Die Roman. Kirche zu Schöngrabern 1855 (199–211); A. Hausrath, F. (PWRE 6,2) 1909; Phaedrus (PWRE 19,2) 1938; W. Wienert, Die Typen der griech.-röm. F., Helsinki 1925; D. Sternberger, Figuren der F., 1950; B. E. Perry, Fable (Stud. Gen. 12) 1959; M. Nøjgaard, La fable antique I/II, Kopenhagen 1964/67; L. Koep, F. (RAC 7) 1966; R. Dithmar, D. F., 1971; L. Kretzenbacher, Heilsverkündigung u. Tierf. (Fs. R. Wildhaber) 1973; J. B. Bauer, Symbolik der F. (ADEVA-Mitteil. 36) 1973; St. Josifović (PWRE Suppl. 14) 1974; E. Brunner-Traut, Altägypt. Tiergeschichte u. F. [4]1974; dies., F. (Lex. d. Ägyptologie 2) 1975.

**Fabelwesen.** Erdichtetes Geschöpf in Menschen- oder Tiergestalt oder in einer Kombination von beiden. Die F. entstammen zum Teil der Welt des AT, ein Teil ist orientalischer, ein Teil griechischer Herkunft. Noch die Naturwissenschaft der Renaissance spricht manchem F. den gleichen Realitätsgrad wie existierenden Lebewesen zu. Diese Naturwissenschaft fußt teilweise auf den großen mal. → Enzyklopädien wie *De universo* von Hrabanus Maurus und *De imagine mundi* von → Honorius Augustodunensis, die ihrerseits auf Isidor von Sevillas *Etymologia* (um 600) basieren. Isidor – aber auch noch die Naturwissenschaft der Renaissance

– schlug in der *Naturalis historia* von Plinius d. Ä. (1. Jh.) nach. Die F., auch diejenigen heidnischer Abstammung, werden im MA und weit darüber hinaus christlich interpretiert. So das EINHORN, ein weißes scheues Pferd-ähnliches Tier mit einem Horn, das nur eine reine Jungfrau zähmen kann (Einhorn im AT: 4 *Mos* 23,22; 5 *Mos* 33,17 u. a.). Das Einhorn wird im sog. *hortus conclusus* dargestellt: in einem umzäumten Garten vor Maria kniend und durch sein Gehabe ihre Unbeflecktheit bezeugend. Das Einhorn hat die Macht, giftige Quellen durch die Berührung mit seinem Horn zu reinigen. Sein Horn (oder was man dafür hielt) wurde gemahlen als Wundermittel verwendet (→ Apothekennamen). Nach dem → Physiologus (der Plinius zitiert) lebt der Vogel PHÖNIX in Indien, alle 500 Jahre macht er sich auf und fliegt zu den Zedern des Libanon und läßt sich auf dem Altar bei lebendigem Leibe verbrennen; nach drei Tagen hat er seine ursprüngliche Gestalt wieder erlangt und fliegt zu seiner alten Stätte zurück. Der Phönix wurde als Symbol Christi und seiner Auferstehung verstanden; diese Bedeutung schwächt sich später zu der allgemeineren der Unvergänglichkeit ab. Biblischen Ursprungs sind der ASPIS und der BASILISK: *Super aspidem et basiliscum ambulabis* (*Ps* 90,13). Dem Psalmvers zufolge wird Christus auf den Köpfen des besiegten Aspis und Basilisken stehend dargestellt. Der Aspis ist ein schlangenartiges Tier, das sich das eine Ohr mit dem Schwanz, das andere mit Erde zustopft, damit es in seiner Verstocktheit verharren kann. Der Basilisk ähnelt, was seinen Oberkörper betrifft, einem Hahn, als Unterkörper hat er einen Schlangenleib. Sein giftiger Atem kann Pflanzen und Vögel töten. Zusammen mit dem DRACHEN versinnbildlichen sie das Böse. Der apokalyptische Drache mit den sieben Köpfen wird manchmal zur Verkörperung der sieben Hauptlaster (Fenster St.-Nizier, Troyes). Auch der → LEVIATHAN (*Jes* 27,1) ist ein schlangenartiges F.; wir treffen es auch in dem *Hortus deliciarum* von Herrad von Landsberg an. Weniger bekannt ist der Vogel CALADRIUS (Chaladrius, Cladrius, Charadrius, Kalander), ebenfalls mal. Symbol für Christus, der durch seinen Blick einen Kranken heilen kann (Honorius Augustodunensis). Ein auch in der Heraldik verbreitetes F. ist der GREIF: halb Adler, halb Löwe. Durch seinen Adlerkopf symbolisiert das Tier die Herrschaft über den Himmel, durch seinen Löwenkörper die über die Erde. Auch der DOPPELADLER kommt hauptsächlich in → Wappen vor und weist dort auf eine Verbindung zum Kaiserreich hin.

Klassisch-griechischer Herkunft ist das geflügelte Pferd PEGASUS, das Bellerophon beritt, als er die Chimära tötete; Pegasus schlug mit seinem Huf die Quelle Hippokrene auf dem Musenberg Helikon. Die CHIMÄRA ist ein F. mit einem aus drei Tieren (und deren Eigenschaften) zusammengesetzten Körper: vorne der eines Löwen, in der Mitte der einer Ziege, hinten der eines Drachen (Homer, *Ilias* VI, 181). Antiken Ursprungs ist die → SIRENE: halb Frau, halb Fisch, die als Sinnbild der Verführung in der christlichen Kunst weiterlebt. Ihr männliches Gegenstück mit der gleichen Bedeutung ist der ZENTAUR: halb Mann, halb Pferd. Auf romanischen Kapitellen symbolisieren Sirenen und Zentauren das Heidentum, das vom Christentum besiegt wurde. HARPYIE und SPHINX sind beide eine Kombination aus einem weiblichen Oberkörper und dem Unterkörper eines Tieres (Vogel bzw. Löwen). Bekannt ist die Sphinx durch den Mythos des → Ödipus, der das Rätsel der Sphinx von Theben zu lösen wußte: wer geht morgens auf vier, mittags auf zwei und abends auf drei Beinen? Antwort: Der Mensch. Neben diesen bekannten F. gibt es in der Dichtung und in der bildenden Kunst F. von verschiedenster Art, wie die Lotosesser (Lotophagen) (Homer, *Odyssee* IX, 84), die einbeinigen Sciapoden (Kathedrale von Sens), die Menschen mit den riesigen Ohren und mit den Hundsköpfen (Kathedrale v. Vézelay). Sie sind oft Bestandteil des krausen Ornaments der romanischen Kapitelle (→ Bauplastik) und versinnbildlichen die fremdartigen Völker der unbekannten Erdteile. → Dämonen. [ThVW]

J. Hubaux u. M. Leroy, Le mythe du phénix dans les litt. greque et latine, 1939; P. Lum, Fabulous Beasts, 1952; W. Ley, Drachen, Riesen, seltsame Tiere von gestern u. heute, 1953; M. W. Robinson, Fictitious beasts, 1961; J. L. Borges/M. Guerrero, Einhorn, Sphinx und Salamander, 1964; H. Mode, Fabeltiere u. Dämonen, 1973.

**Fackel,** ihre Symbolbedeutung hängt mit der dem → Feuer zugeschriebenen reinigenden und dämonenabwehrenden Kraft zusammen. Bei antiken Hochzeitszügen sollte ihre Verwendung die Fortpflanzung des Lebenslichtes auf die Kinder andeuten. Als Attribut von Eros sinnbildet sie die Liebesglut. Eine erhobene und eine gesenkte F. deuten auf Leben und Tod, Aufstieg und Untergang, Frühlings- und Herbstbeginn (→ Mithras). Weiter kann die F. hinweisen auf das Licht ganz allgemein, auch auf das in der Nacht (Attribut der Hekate als Mondgöttin), auf Christus als Licht der Welt (Libysche Sibylle), auf geistige Erleuchtung (antike Mysterien), Freiheit (New Yorker Freiheitsstatue) und Unabhängigkeit (im Wappen von Tansania). Im christl. Kult wurde die F. durch die → Kerze ersetzt. Im Volksbrauch wird dem F.lauf über die Felder eine fruchtbarkeitsfördernde Wirkung zugeschrieben. [*]

**Faden,** Symbol der Bindung und Verbindung. Im *Atharvaveda* wird der Atem ein F. genannt, an den die Wesen angewebt sind, in den *Upanishaden* wird vom Wind als die Welt zusammenhaltenden F. gesprochen. Nach griechischem Mythos ist der Lebens- und Schicksalsfaden mit den Moiren (bei den Römern Parzen) in Beziehung gesetzt; Klotho spinnt ihn, Lachesis erhält ihn, Atropos durchschneidet ihn. Mit Hilfe eines von Ariadne gegebenen F.s (Garnknäuel) findet Theseus den Weg durch das Labyrinth (= Unterwelt). Das bei zahlreichen Völkern bekannte F.spiel, in Europa noch bei Kindern anzutreffen, dürfte ursprünglich »eine tiefere, z. T. magisch-religiöse Bedeutung besessen« haben (W. Hirschberg, *Wb. d. Völkerkunde,* 1965). Garn und F. sind im Zusammenhang mit der Symbolik des → Spinnens und Webens zu sehen. [Lr]

O. Betz, Der Lebens-F. Ein symbol. Motiv in Mythos u. Märchen (Symbolon N.F. 9/1988).

**Fahne.** Seit dem Altertum findet sich die F. als → Feldzeichen, Lehns- oder → Staatssymbol. Im MA war eine rote F. (*vexillum sanguineum* = Blutfahne) Ausdruck der dem Lehnsherrn zustehenden Gerichtsbarkeit über Leben und Tod. Die wehende F. wird in revolutionären Bewegungen zum Sinnbild des Aufbruchs, der Bereitschaft und des Sieges (so auch im nationalsozialistischen Horst-Wessel-Lied: »Unsere Fahne flattert uns voran«). Die in der Kunst dargestellte Kreuzfahne bei Christi Auferstehung ist Ausdruck des Triumphes über den Tod. Jede einzelne F. gilt an sich als gegenständliches Symbol mit zugehörigen Riten (F.weihe, F.eid). Im Sprachgebrauch wird oft zu wenig beachtet, daß im Unterschied zur F. die Flagge nur Zeichencharakter hat und jederzeit auswechselbar ist. Besondere Bedeutung haben Banner und F.n im → Islam. [Lr]

H. Meyer, Kaiserf. u. Blutf. (Zs. f. Rechtsgesch., German. Abt. 53/1933); K. Goldammer, Die hl. F. (Tribus, N. F. 4–5/1954–55); W. Smith, Flags through the ages across the world. Maidenhead 1975, dt. 1975.

**Falke,** ganz allgemein Symbol des Sonnenhaften, Majestätischen, Himmlischen. Im alten Ägypten Erscheinungsbild des Himmelsgottes Horus, hl. Tier des Sonnengottes → Re und Beschützer des Königs (Statue des Chephren, 4. Dyn.); schon in den Pyramidentexten wird die Himmelfahrt des Königs als Flug eines F. dargestellt; in F.gestalt erscheint der Totengott Sokar, und auch der Tote wird in späterer Zeit gelegentlich als F. gedacht. Im *Rigveda* wird die Sonne öfters mit einem F. verglichen; angeblich hat er auch Indra den Lebenstrank (Soma) gebracht. Der F. gilt als mythischer Ahnherr der Inka (Söhne der Sonne!) wie auch – unter dem Namen Turul – des ungarischen Herrscherhauses der Arpaden. Im Mythos australischer Ureinwohner (der Kulin) wurden die ersten Menschen von dem höchsten Wesen namens Bun(d)jil erschaffen. – In zahlreichen Drucker- und Verlegerzeichen der Renaissance symbolisiert der mit einer Haube verhüllte F. die Hoffnung auf das die Dunkelheit durchdringende Licht (Devise: *Post tenebras spero lucem*). [Lr]

J. B. Friedreich, Die Symbolik u. Mythologie der Natur, 1859 (Neudruck 1972); H. Bonnet, F. (Reallex. d. ägypt. Religionsgesch.), 1952; G. de Tervarent, Faucon (Attributs et symboles dans l'art profane 1450–1600), Genève 1958.

**Farben.** Die Symbolik der F. ist sowohl unter dem Aspekt ihrer Verschiedenheit bei einzelnen Kulturen/Völkern zu betrachten als auch im Hinblick auf frappierende Übereinstimmungen, zu deren Erklärung z. T. die physiologische Optik und die F.psychologie herangezogen werden können. Anzuschließen wären hier die Ergebnisse der → Testpsychologie. Farben können erregen, aber auch beruhigen, sie können als kalt (Blau-Grün) oder warm (Rot, Gelb) empfunden werden. Die Farbe ist nichts Zufälliges, sondern etwas Arteigenes; das altägyptische Wort für Farbe bedeutete gleichzeitig »Wesen«. Im deutschen Sprachgebrauch kann »Farbe« gleichbedeutend sein mit »Leben«; bei Ohnmacht und Tod verliert man die Farbe. »Am farbigen Abglanz haben wir das Leben« (Goethe). Bei der Interpretation der F. ist zu beachten, daß sie oft/meistens nicht absolut aufgefaßt werden dürfen, sondern in ihrer Verbindung mit einer Form zu sehen sind, deren Bedeutung sie ergänzen oder bestätigen.

Die F. werden bestimmten Phänomenen zugeordnet, so den Himmelsrichtungen (→ Raum), den Elementen – z. B. Philo von Alexandrien bei den 4 F. des mosaischen Kultes (2 *Mos* 27,16): Weiß (Byssus) = Erde, Rot (Purpur) = Wasser, Blau (Hyazinth) – Luft, Karmesin (Kokkus) = Feuer – und den Planeten wie in Altmesopotamien: Schwarz = Saturn, Dunkelrot = Jupiter, Hellrot = Mars, Gold = Sonne, Weißgelb = Venus, Blau = Merkur, Silber = Mond. Im alten Persien wurden die 3 Klassen durch F. unterschieden: Priester = Weiß, Krieger = Rot oder Bunt, Ackerbauer/Viehzüchter = Dunkelblau. Die Festlegung der liturgischen F. für die Paramente in der kathol. Kirche geht auf Pius V. und Innozenz III. zurück: Weiß an den Festen des Herrn, der Maria und aller Heiligen, die nicht Blutzeugen sind; Rot an Pfingsten mit Oktav und den Festen der Märtyrer; Grün an den gewöhnlichen Sonntagen und Ferialtagen; Violett in der Advents- und Fastenzeit; Schwarz am Karfreitag und bei Totenmessen. Die in Mitteleuropa volkstümliche F.auslegung: Schwarz = Sünde, Tod, Trauer; Weiß = Unschuld, Reinheit, Friede; Rot = Blut, Liebe, Leben; Grün = Leben, Hoffnung; Gelb = Neid; Blau = Treue. Farben können auch der Kennzeichnung von Parteien dienen (→ politische Symbole).

Eine symbolische Bewertung von F. läßt sich bei den meisten Völkern/Kulturen/Religionen nachweisen. In Altägypten entsprach Blau den Göttern, Rot dem Widersacher Seth, Grün dem Leben, Schwarz war die Farbe der Unterwelt wie auch der Wiedergeburt. In der F.symbolik Altmexikos bedeutete Weiß = Dämmerung, Ursprung; Rot = Blut, Feuer, Sonnenlicht; Blau = Türkis, Wasser, Regen. In der buddhistischen Kunst hat die Farbe zwei Hauptfunktionen: eine objektiv-symbolisch-ontologische und eine psychologisch-ästhetische (nach D. Seckel); der Symbolwert einzelner F. ist allerdings weitaus schwieriger festzulegen als in anderen Kulturen; Gold gilt als die »wahre Farbe«. Der symbolische F.dreiklang der Neger besteht (nach E. Leuzinger) aus Schwarz = Erde; Rot = Vitalität und Freude; Weiß = überirdische Mächte, Gefahr und Tod; bei den Sudanvölkern findet sich auch die mohammedanische Ritualfarbe Grün. In der christl.-abendländischen Kunst (→ Malerei) gibt es keinen allgemein verbindlichen F.kanon, wenn auch einzelne Zuordnungen eine gewisse Gültigkeit erlangt haben; so deuten Rot, Blau und Grün zusammen auf die Trinität: Rot = Gottvater, Blau = Christus, Grün = Hl. Geist. Zur F.symbolik einzelner Maler: → van Gogh, Runge, Tintoretto. [Lr]

F. Birren, The Story of Color, from ancient mysticism to modern science, Westport/Conn. 1941; G. Haupt, Die F.symbolik in d. sakralen Kunst des abendländ. MA (Diss.) 1941; O. Lauffer, F.symbolik im dt. Volksbrauch, 1948; E. Katzenstein-Sutro, Symbolwert d. F. im psychischen Geschehen (Schweiz. Zs. f. Psychol. u. ihre Anwendung 10/1951); R. E. van Haersolte, Magie u. Symbol der F., 1952; H. Ludat, F.bezeichnungen in Völkernamen (Saeculum 4/1953);

G. Kranz, Farbiger Abgalnz. Eine Symbolik, 1957; R.-L. Rousseau, Les Couleurs. Contribution à une philosophie naturelle fondée sur l'analogie, Paris 1959; E. Heimendahl, Licht u. F. Ordnung u. Funktion d. Farbenwelt, 1961; R. Gradwohl, Die F. im AT (Beiheft z. Zs. für die alttestamentl. Wiss. 83) 1963; Eranos-Jb. 41/1972, Die Welt d. F. 1974; M. Lurker, Symbol, Mythos u. Legende i. d. Kunst (F.symbolik 140–153) [2]1974. J. Riedel, F. in Religion, Gesellschaft, Kunst u. Psychotherapie, 1983.

**Faschistisch-nationalistische Symbole.** Die → Ideologie der faschistisch-nationalistischen Bewegungen fand in Farb- und Bildsymbolen ihren Niederschlag. Die einheitliche Uniformierung in der Parteifarbe ist Kennzeichen Gleichgesinnter und dient bei Aufmärschen und Parteitagen der optischen Vervielfachung. Durch den Dichter Gabriele d'Annunzio und die Frontkämpfer *(Arditi)* des 1. Weltkrieges inspiriert, wurde dem von Mussolini gegründeten Kampfbund *fasci di combattimento* das Schwarzhemd zum Zeichen ihrer verschworenen Gemeinschaft. Auch die Faschisten in England (British Union of Fascists, seit 1933) und in den Niederlanden (Nederlandsche Nationaal-Socialistische Beweging) trugen Schwarzhemden. Schließlich war SCHWARZ die Uniformfarbe von Hitlers Elitetruppe, der »Schutz-Staffel« (SS). Die düstere, unheilverkündende Farbe war zunächst – wie einst bei den Schwarzen Husaren – Ausdruck der Todesbereitschaft, sollte aber dann den politischen Gegnern den Tod ankünden. Die Hauptfarbe des Nationalsozialismus war seit 1925 das derbe, erdverbundene BRAUN, es war die Uniformfarbe der SA, der Politischen Leiter und der Hitler-Jugend; Hitlers Parteizentrale in München war das »Braune Haus«. In Spanien regte Primo de Rivera 1934 für die Partei der Falangisten die BLAUE Hemdfarbe an. Als Bildsymbol dienten dem Faschismus die *Fasces*, ein Bündel von Stäben oder Ruten, mit einem am äußeren Rande eingesteckten Beil – im alten Rom wurden sie von Liktoren den höchsten Befehlshabern (Diktatoren, Konsuln, Prätoren) als Amts- und Würdezeichen vorangetragen und galten als Symbol für die Herrschaft über Leben und Tod. Die durch ein gemeinsames Band zusammengehaltenen Stäbe wurden als symbolische Aufforderung zu nationaler Geschlossenheit ausgelegt; Mussolini selbst bezeichnete das LIKTORENBÜNDEL als »Symbol der Einheit, der Kraft und der Gerechtigkeit«; 1926 wurden die *Fasces* zum Staatssymbol erhoben. Auch die von Oswald Mosley geführte »British Union of Fascists« führte das Liktorenbündel als Abzeichen.

Das alte → Heilszeichen des HAKENKREUZES erhielt erst um die Wende des 19./20. Jh. eine politische Bedeutung als Symbol einzelner Gruppen der »völkischen« Bewegung mit antisemitischem Akzent in Deutschland und Österreich. Es erschien bes. oft in der für Rassenreinheit eintretenden Wiener Zeitschrift *Ostara* (1905–1931). Guido List, ein Vorkämpfer der blonden Arier, nannte das Hakenkreuz *Fyrfos* und erblickte in ihm ein »Symbol der göttlichen Schöpfertat«. In München führte die 1918 gegründete Thule-Gesellschaft das Hakenkreuz in ihren Abzeichen und Ausweisen, und die Brigade Ehrhardt trug es am Stahlhelm. 1920 wurde es in die nationalsozialistische Parteifahne aufgenommen;

Hitler selbst erblickte in ihm ein Zeichen »des Kampfes für den Sieg des arischen Menschen« (*Mein Kampf*, S. 557). Dieses Siegesbewußtsein sollte auch die SIG-RUNE suggerieren, die auf den Fahnen und Fanfarentüchern des Deutschen Jungvolkes angebracht war und in ihrer Verdoppelung (ᛋᛋ) zum Zeichen der SS wurde.

Unter dem sich an Italien anlehnenden österreichischen Bundeskanzler Dollfuß (1932–1934) wurde das Symbol der faschistischen »Vaterländischen Front«, das KRÜCKENKREUZ, zu einem in die rot-weiß-rote Flagge und in Briefmarken aufgenommenen Staatssymbol.

Die von Ferencz Szálasi geführten ungarischen Faschisten – 1938 zweitstärkste Partei des Landes – nannten sich nach ihrem vor allem auf Armbinden zur Schau gestellten Parteisymbol Pfeilkreuzler. Das in Pfeilspitzen auslaufende griechische Kreuz (PFEILKREUZ, ungar. *Nyilaskereszt*) sollte an die Pfeile der magyarischen Eroberer Ungarns und damit an die einstige Größe des Volkes erinnern.

Das Zeichen der spanischen Falange besteht aus einem JOCH und fünf PFEILEN, ein erstmals von Ferdinand und Isabella (Ysabella) nach ihrer Verheiratung (1469) und damit Vereinigung ihrer Länder (1479) eingeführtes Symbol; die Anfangsbuchstaben von Joch (span. *yugo*) und Pfeile (span. *flechas*) enthielten die Initialen des Königspaares; das Wiederaufgreifen des monarchischen Symbols geschah unter bewußter Berufung auf die Größe Spaniens unter den »katholischen Königen« und war zugleich für die eigenen Parteimitglieder Sinnbild der geforderten Disziplin und Angriffsfreudigkeit. Ursprüngliche Symbolbedeutung ist auch dem sog. Faschistengruß in Italien, Deutschland und Spanien zuzuerkennen. Es handelt sich wahrscheinlich um einen bewußten Rückgriff auf den auf vielen Denkmälern zu findenden Gestus der römischen Kaiser seit dem 3. Jh.: die geöffnet erhobene rechte HAND wendet sich der Sonne zu – Anruf und Herabrufung solarer Kräfte; man vgl. die von Nationalsozialisten zum Gestus gesprochenen Worte »Heil Hitler«. [*]

C. R. Conquergood, The Moral of two German Marks, Montreal 1942; Kl. Vondung, Magie u. Manipulation. Ideolog. Kult u. polit. Religion des Nationalsozialismus, 1971; D. Pélassy, Le signe nazi. L'univers symbolique d'une dictature, Paris 1983.

**Fastnacht.** Wie regional und in ihrer historischen Entwicklung verschieden und vielschichtig auch die F.sbräuche sind, stimmen doch viele mit jenen des Winters überein (→ Nikolaus), die, je weiter die Wiederkehr des Frühlings fortschreitet, eine umso lebhaftere Tendenz zur symbolischen Erweckung und Stärkung der jungen Vegetation und der Fruchtbarkeit erkennen lassen. Dies zeigt bereits u. a. der Name »Vasnacht«, der – älter und weiter verbreitet als F. – etymologisch nicht von mhd. *vasel* = Zuchttier und ahd. *fasal*, angelsächsisch *faesl* = Nachkommenschaft zu trennen ist.

Verständlich, daß diese Festzeit einst bäuerlicher Haupt-Heiratstermin war und viele Bräuche deutlich auf Vegetationsförderung ausgerichtet sind. So sollte man bei den traditionellen Tanzveranstaltungen möglichst lebhaft tanzen und springen, damit die Ernte des neuen Jahres gut ausfällt. Die gleiche Wirkung erwartete man sich vom LÄRMvollen Herumtoben der F.smasken auf den Fluren; daher sagt man z. B. im Oberinntal, daß es keinen Mais (Hauptfrucht des Tales) gibt, wenn die Imster Schemen nicht laufen. Andernorts pflegte man wenigstens die Schellen der Masken auf die Felder zu tragen und zu schütteln, um das Getreide symbolisch aufzuwecken. Auch die Salzburger »Aperschnalzer« wecken mit dem Knallen ihrer Peitschen die Vegetation auf (*aper* – schneefrei). Verschiedene MASKEN zeigen in Kostüm und Auszier den nahenden Frühling an wie die »Bären« (dem Volksglauben nach kommt um diese Zeit der Bär wieder aus seiner Höhle) oder der → »Wilde Mann« oder tragen mit Frühlingssinnbildern wie FROSCH, SCHMETTERLING, SCHNECKE usw. bemalte oder bestickte Kleider (z. B. der alemannische »Hänsele«, Ausseer »Flinserl«). Symbolischer Ausdruck der durch Vorbildzauber wirkenden Bräuche ist auch das Auftreten eines »Brautpaares« (vgl. griech. → *hieros gamos*), sind die auf Fruchtbarkeit abzielenden obszönen Attribute und Reden mancher Masken und das Zuwerfen von Fatschenkinder-Puppen an Frauen und Mädchen, denen die Maskierten Kindersegen wünschen (wie die Pongauer Perchten).

Am ausdrucksvollsten zeigt sich die Beziehung zwischen Brauchtum und Fruchtbarkeitswunsch in gewissen Feuerbräuchen und den Pflug- und Baumumzügen. So beim »Scheibenschlagen« im westlichen Deutschland und in Österreich (frühester Beleg 1090), bei dem der Wurf mit bestimmten Sprüchen begleitet wird, z. B. »Korn in die Wann! (Kornworfelkorb), Schmalz in die Pfann! Pfluag in die Erd! Daß die Scheibn guat außi geaht!« und bei den Umzügen des »Egartmannes« (Egart = bei Dreifelderwirtschaft neu umgebrochenes Feld), bei dem ein Masken-Pfluggespann einen PFLUG, den die Puppe oder Maske des Egartmannes lenkt, um und durch den Ort geführt wird. Es wird begleitet von einem maskierten »Sämann« und bäuerlichen Arbeitern mit Eggen, Rechen, Sense und Drischel (Süd- und Osttirol). Die Tradition bestätigen bronzezeitl. Felsbilder, die deutlich eine sakrale Pflugszene wiedergeben (z. B. Bohuslan, Monte Bego). Verbindungen einer symbolischen, fruchtbarkeitsanregenden Pflugumfahrt mit Förderung menschlicher Fruchtbarkeit lassen die seit 1520 durch Seb. Franck erstmals bezeugten Bräuche erkennen, bei denen die heiratsfähigen Mädchen in den Pflug gespannt werden oder Pflugumfahrten mit gleichzeitiger Darstellung der »Altweibermühle«. Nur Varianten dieser Motive stellen die Umzüge mit geschmückten Baumstämmen (»Blochziehen«) und wahrscheinlich auch die Umfahrten mit auf Rädern durch die Orte gezogenen Schiffen dar (so die Schiffswagen der Nürnberger Schembartläufer). [EBg]

W. Mannhardt, Wald- u. Feldkulte, 1874, Neudr. 1963; P. Sartori, Sitte u. Brauch, III, 1914; C. Clemen, Der Ursprung des Carnevals (Arch. f. Religionswiss.) 1914; HdA (Artikel Fastnacht, Maske); A. Spamer, Dt. F.sbräuche, 1936; A. Dörrer, Tiroler F. innerhalb der alpenländ. Winter- und Vorfrühlingsbräuche, 1949; J. Künzig, Die alemannisch-schwäbische Fasnet, 1950; E. Burgstaller, Ausseer Flinserlfasching (Zs. f. Volkskunde) 1955.

**Faust.** Schon vor → Goethes Gestaltung des F.-Themas wird die

Person des historischen F., eines Halbgelehrten, Abenteurers und Charlatans, zu einer symbolischen Figur: Magie und Spekulation, das mal. Motiv des Teufelsbündnisses (Theophilus, Simon Magus) verbinden sich mit dem pansophischen Erkenntnisstreben des 16. Jh., verkörpert in → Paracelsus, und erfährt vielfache Verwandlungen in Volksbuch und Puppenspiel. Bei Marlowe tritt bereits das Titanische in Erscheinung, und für Lessing ist F. der Inbegriff menschlicher Wahrheitssuche. Nach Goethe treten Einzelaspekte in den Vordergrund, wie Schwermut und Dichtertum; daneben steht die ideologisch-politische Umwertung F.s zum abendländischen, schließlich deutschen f.ischen Menschen der Tat, Goethes vielschichtige, geheimnisvolle Symbolik von Dämonischem und Tragischem, von strebender Entelechie und bildender Liebe pervertierend. Mit Th. Manns *Dr. Faustus* und dessen Problematik von Nietzsche, Musik, gefährdetem Schöpfertum, deutschem Schicksal und deutscher Höllenfahrt erreicht der F.-Stoff einen (vorläufigen?) Endpunkt.

Goethes F. erweist sich gerade durch seine bes. vieldeutige Symbolik als geheime Mitte und wahres »Hauptgeschäft« seines Lebenswerks. Alle wichtigen Symbole gelangen hier zu ihrer letztmöglichen Steigerung und Vollendung, und diese Symbolverflechtung erschließt auch das Symbolgewebe andrer Werke auf neue Weise (Symbolik der Geniezeit, Prometheus und Werther, der frühen Lyrik; Symbolbezüge zu Wilh. Meister, Wahlverwandtschaften, Pandora, Märchen, später Lyrik und Spruchdichtung und der naturwissenschaftlichen Studien).

Goethes Aussagen über das Werk, das als Ganzes immer »inkommensurabel« bleibe, in dem »die Idee wie durch einen Flor durchscheine«, »die innere Zusammengehörigkeit der symbolischen Motive als Organismus der künstlerischen Phantasie« aufzufassen sei und für das er wie auch sonst schon lange das Mittel gewählt habe, »durch einander gegenüber gestellte und sich gleichsam ineinander abspiegelnde Gebilde den geheimeren Sinn dem Aufmerkenden zu offenbaren«, bezeugen den intendierten Symbolcharakter, der zunehmend von Allegorik mitgeprägt wird. Den reichen Symbolzusammenhang, der vor allem in F. II der Geschehensabfolge übergeordnet ist, durchzieht von Anfang bis Ende eine kosmische, religiöse LICHTsymbolik, deren ungleichwertiges Gegenbild Mephisto im Zeichen von Chaos, Verneinung, Dunkel und Schwere ist. Damit korrrespondierend entfaltet sich die polare räumliche Bildlichkeit von unendlich und endlich, oben und unten, sinken und steigen (z. B. F.s Wunsch nach Flügeln, seine Flüge mit Mephisto, das [Ent-]SCHWEBEN von Homunculus, Helena und Euphorion, die Symbolik von Wolke und Schleier, schließlich das Aufwärtsschweben der Engel mit F. als Unsterblichem und das letzte Wort »hinan«). Aus der Überfülle der für Goethe typischen Motive seien lediglich erwähnt REGENBOGEN (»am farbigen Abglanz haben wir das Leben« bildet mit »alles Vergängliche ist nur ein Gleichnis« den Rahmen für F. II), Gold, Höhle, Felsgestein, vor allem aber die Symbolik der Metamorphose und des Schöpferischen in der Natur, Geschichte und Kunst verbindenden Geburt der Helena, dem Urbild göttlich-menschlicher Schönheit, ihrer Wiederholung durch Zauberei, Magie, Vision, Mythos, geistige und elementare Neuzeugung. Zu den »Antezedentien« der »klassisch-romantischen Phantasmagorie« gehören die bes. symbolhaltigen Partien (Hexenküche, Gang zu den Müttern, Entstehung des Homunculus, die gesamte klassische Walpurgisnacht mit den dem Wasser entsteigenden Vorformen Helenas); aus der Vereinigung der »einzigsten Gestalt« mit F., des Antik-Griechischen mit dem mal.-Deutschen, entspringt Euphorion, das unausdeutbare Symbol der Poesie und des Genius (verwandt mit Mignon, dem Knaben Lenker und Homunculus) und ihres irdisch-überirdischen Wesens. [BVH]

Kerényi, K., D. ägäische Fest. Die Meergötterszene in Goethes F. II, 1941; 1950; Emrich, W., D. Symbolik von F. II. Sinn u. Vorformen, 1943; Enders, C., F.-Studien. Müttermythos u. Homunculus-Allegorie in Goethes F. II, 1948; Roos, C., F. u. d. Zikade. D.F.-Symbol (Euphorion 46), 1952; Schadewaldt, W., F. u. Helena (DVjS 30), 1956; Mühlher, R., D. Lebensquell. Bildsymbole in Goethes F. (DVjS 31), 1957; Schmitz, H., Goethes Altersdenken in problemgeschichtl. Zus.hang 1959; Diener, G., F.s Weg zu Helena. Urphänomen u. Archetypus, 1961; Schwerte, H., F. u. d. F.ische, 1962; Keller, W. (Hg.), Aufsätze zu Goethes F. I, 1974.

**Feder,** Symbol der Leichtigkeit, der Überwindung der Erdenschwere und der Himmelszuwendung. Der babylonische Wettergott Adad (in der Keilschrift mit dem Zeichen für »Wind«) trägt einen hohen, von einer F.krone geschmückten Hut. Der ägyptische Gott Amun, der unsichtbar im Lufthauch Wirkende, hat als kennzeichnendes Attribut eine von zwei hohen F.n gekrönte Kappe, und Maat, die Personifikation der Weltordnung, ist an der Straußenfeder auf ihrem Haupt zu erkennen. Wenn bei der Wägung des Herzens die in ihrem Schriftbild der F. verkörperte Wahrheit (wiederum Maat) als Gegengewicht dient, wird die Symbolik besonders deutlich. Bei den Azteken wurde der Sonnengott Tonatiuh gewöhnlich mit einer Krone aus Adlerfedern dargestellt. Der aus den F.n des Prärieadlers bestehende Kopfschmuck nordamerikanischer Indianer ist Symbol der Macht und soll oft auch an die Kriegstaten seines Trägers erinnern. Die F. partizipiert an der Bedeutung des Vogels und kann so zu einem Sinnbild des Geistigen werden. In verschiedenen Märchen spielt die F. eines Wundervogels eine wichtige Rolle, z.B. beim »Vogel Greif« *(KHM)* oder in der Geschichte vom »Vogel mit der goldenen Feder« (*Arabische Märchen,* ges. von E. Littmann). [Lr]

**Fee.** F.n sind die romanische Erscheinungsform der → Schicksalskünder. Name aus lat. *fatum* »Schicksal« (zu *fari* »sprechen«), *tria fata* als Bezeichnung der Parzen belegt (röm. Hausname). Altfranzösisch *faer* (od. *feer*) aus *fatare* »jemanden für ein Schicksal bestimmen«, »verzaubern«, aber auch »mit Zauberkräften begaben«. In der altfranzösischen Dichtung tragen die F. Namen (am bekanntesten Morgue = Morgana). Übernahme des Begriffs in die mhd. Dichtung (Feien). Im 18. Jh. große F.mode (Perrault u. a.), Verbreitung in Deutschland durch emigrierte Hugenotten und Wieland, im Volksglauben aber nicht heimisch geworden (an ihrer Stelle Salige etc.). Im Französischen und Englischen bedeutet *conte de fées* bzw. *fairy tale* Märchen schlechthin. Bezeichnung, DREIZAHL (in altfranzösischer Dichtung zunächst selten) und Funktion der F. weisen auf Zusammenhang mit antiken Schicksalskündern hin. Daneben eigene Züge, die auf keltische Naturkulte zurückgehen können; bes. Schönheit, Geschick, Streben nach Liebe irdischer Männer, die sie dann ins Feenreich oder auf die Insel der Seligen entführen. Jeanne d'Arc wird im Prozeß Glaube an F. vorgeworfen (u. a. Bewirtung der F. anläßlich Kindestaufe). Letzte Spuren: Ausdrücke wie F.quelle etc. Vom Christentum bekämpft (»Die F. sind verschwunden, seit das Angelusläuten erklingt«) oder umgedeutet (provenzalischer Kult der drei Marien). [EH]

R. W. Brednich, Volkserzählungen u. Volksglauben von den Schicksalsfrauen, Helsinki 1964.

**Feldzeichen** sind die einer militärischen Einheit im Felde vorangetragenen Kennzeichen (plastische Figuren, Fahnen, Standarten), die den Soldaten während des Kampfes zur Orientierung dienen. Schon die alten Ägypter hatten für ihre militärischen Abteilungen Standarten, die aus den Figuren heiliger Tiere bestanden. Aus dem AT sind F. der Hebräer bekannt, die weithin sichtbar auf Hügeln und Mauern aufgerichtet wurden (*Jes* 13,2; *Jer* 51,12). In China sind Fahnen als F. seit dem 12. Jh. v. Chr. bezeugt.

Bei den Römern galten die F. – oft in Tiergestalt auf einer Stange oder an deren Querholz befestigtes Tuch *(vexillum)* – als heilig; der Soldat schwor seinen Diensteid vor ihnen. Um 100 v. Chr. führte Marius als gemeinsames F. *(signum)* der Legion den auf einer Stange getragenen silbernen ADLER ein. Mehrere von Caesar (der sich als Julier dem Sternbild des Taurus verbunden fühlte) aufgestellte Legionen hatten den STIER als *signum*. In spätrömischer Zeit setzten die Prätorianer das Bild des Kaisers und Kränze auf die Fahnenstange.

Auch die germanischen Heere der Frühzeit hatten durch Tiersymbole (wie der angriffswütige DRACHE und der dem Kriegsgott geweihte RABE) unterschiedene F. Bei den Galliern besaß jede Truppeneinheit ein F.; bei der Übergabe von Alesia lieferten die Truppen des Vercingetorix 74 solcher *signa* ab; es waren mit einer bronzenen EBERfigur (Symbol der Kampfwut) gekrönte Holzstangen. Das F. sollte seinem Träger und den ihm Zugehörigen Heil, den Feinden Unheil verkünden.

Oft sind religiöse und politische Symbolbedeutung eng miteinander verbunden. Das mit dem CHRISTUSMONOGRAMM versehene F. *(Labarum)* Konstantins d. Gr. wurde nach seinem Sieg am Pons Milvius (312) zur Kaiserstandarte und schließlich zur Reichsstandarte. Heinrich I. und Otto d. Gr. führten im Kampf gegen die Ungarn Fahnen mit dem Bild des hl. → Michael mit sich. Die Republik Genua vertraute sich dem hl. → Georg an und führte als F. den *Standardo Maggiore di San Giorgio*. Im 11./12. Jh. gab es in Italien und Deutschland besondere Fahnenwagen; der *Carrocio* der Stadt Mailand zeigte auf einem

Mast das KREUZ mit einem Christusbild und zwei weiße Fahnen. Später hatten die Fahnen auf den Wagen ein rotes Kreuz auf weißem Grund oder ein weißes Kreuz auf rotem Grund. Die ROTE Fahne findet sich bereits bei der Heerfahne der Germanen und bei der römischen Kriegsfahne und war zunächst auch die Fahnenfarbe Christi als des obersten Kriegsherrn seiner Gläubigen; das Hinzutreten des WEISSEN Kreuzes konnte auf den Heiland als milden Friedensfürsten bezogen werden. Der Sage nach fiel 1219 in der Schlacht bei Reval eine rote Fahne mit weißem Kreuz aus den Wolken und verhalf dem Dänenkönig Waldemar II. zum Sieg (in der Folge dän. Nationalflagge *Danebrog*).

Ein F. der sich im 15./16. Jh. auflehnenden Bauern war der BUNDSCHUH, ein bis über die Knöchel reichender, mit Riemen festgebundener Schuh (im Gegensatz zum Stiefel der Ritter); bereits 1434 war es das Symbol der unterdrückten Landbevölkerung im Bistum Basel. Im nordamerikanischen Unabhängigkeitskrieg scharten sich die Kolonisten zunächst um die *Rattlesnak Flags*; die Fahnen mit den drohend aufgerichteten KLAPPERSCHLANGEN waren → Unabhängigkeitssymbol. Der die Spanier nach 1817 aus Chile vertreibende General San Martin hatte seiner Armee das »Sonnenbanner« als F. gegeben (SONNE = → Freiheitssymbol).

Bis zum 1. Weltkrieg nahmen deutsche Truppenteile ihre Fahnen mit ins Feld, auf Grund der Verluste im modernen Feuerkampf wurden sie ab 1915 aus der Front genommen und in der Heimat aufbewahrt. Aus der engen Bindung der Truppe an ihre FAHNE erwuchs deren Bedeutung als Symbol der militärischen Ehre und Treue; auf seine Fahne leistete der Soldat den Eid. Als Konsequenz aus der Problematik des Fahneneides (so für die Männer des 20. Juli 1944) wird in der Bundeswehr der Eid nicht mehr auf die Fahne geschworen. [Lr]

H. Meyer, Sturmfahne u. Standarte (Zs. f. Rechtsgesch., Germ. Abt. 51) 1931; E. P. Schramm, Herrschaftszeichen u. Staatssymbolik, 3 Bde, 1954–56; P. Paulsen, F. der Normannen (Arch. f. Kulturgesch. 39) 1957; G. Scheibelreiter, Tiernamen u. Wappenwesen 1976 (59–69).

**Fels** → Stein

**Fels- und Höhlenbilder,** erstmals vor etwa 30000 Jahren in der → Altsteinzeit Südwesteuropas, in allen Erdteilen zu irgendwelchen Zeiten vertreten und teilweise noch bis in die Gegenwart lebendig. Weithin bekanntgeworden sind vor allem figürliche Darstellungen, zumal von Tieren und Menschen oder mensch- und tierartigen Wesen; doch stehen daneben – in weit geringerer Zahl – einfache Zeichen ohne vergleichbaren künstlerisch-ästhetischen Wert. Bereits neben den ältesten Höhlenbildern gibt es simple Abklatsche und Negative von HÄNDEN, für deren Sinngehalt sich aber so vielfältige Möglichkeiten anbieten, daß eine Entscheidung nicht möglich ist. Ähnlich früh finden sich Darstellungen von VULVEN und sonstigen Zeichen, die vielleicht teilweise einer weiblichen Symbolik zugeordnet werden können, was jedoch in weiterer Ableitung ebenso wie die Auffassung anderer als »männliche Zeichen« kaum haltbar ist.

Auch den altsteinzeitlichen Bildern von Tieren und Menschen oder mensch-tierhaften Wesen ist sicherlich ein Symbolwert zuzuerkennen; denn daß sie so etwas wie »Kunst um der Kunst willen« gewesen wären, ist trotz ihrer unbezweifelbar hohen künstlerisch-ästhetischen Werte unwahrscheinlich. Dafür spricht u. a., daß die einzelnen Darstellungen oft mehrfach übereinander gemalt oder geritzt wurden. Daß der Sinn dieser Superpositionen eine regelmäßige Zueinanderordnung gewesen wäre, ist nicht sehr wahrscheinlich angesichts des unregelmäßigen Verhältnisses der jeweils überdeckten und überdeckenden Bilder und Bildteile. Fest steht, daß die Häufigkeit der dargestellten Tierarten nicht mit der wirtschaftlichen Bedeutung übereinstimmt, sondern zumindest in sehr vielen Höhlen andere Tierarten bevorzugt dargestellt wurden: sofern dies ganz überwiegend PFERDE und RINDERarten sind, ergibt sich schon daraus eine gewisse statistische Wahrscheinlichkeit für deren Miteinander-Vorkommen in bestimmten Höhlenteilen oder in Überlagerungen. Selbst wenn sich eine große Zweiteilung im Überwiegen dieser Tierarten (und einiger noch diesen zugeordneter) stichhaltig nachweisen ließe, wäre damit noch nichts darüber gesagt, daß sich darin eine Zuordnung zu den zwei geschlechtlichen Sphären spiegele. Diese wird nämlich vornehmlich gewonnen durch die nach dieser Auffassung Geschlechter symbolisierenden Zeichen, wobei nicht nur eine solche Interpretation der Zeichen unsicher ist, sondern auch ihre Verbindung mit einzelnen Tierarten (nach einer Hypothese RIND = weiblich und PFERD = männlich, nach einer anderen umgekehrt.)

Bei den Darstellungen kommt es offensichtlich auf das »Tier an sich« an, und wenn auch menschenartige Darstellungen selten sind, zeigen sie in ihrem durchweg festzustellenden Ineinandergehen mit tierischen Attributen eine Auflösung der uns geläufigen Trennung des Tierischen und des Menschlichen zugunsten einer allgemeinen animalischen Austauschbarkeit. Wir erfassen damit offenbar einen geistigen Hintergrund der F.- u. H. der Altsteinzeit, der grundsätzlich auch heute noch im → Animalismus zu finden ist. Eine solche Weltsicht bildet nicht nur die Grundlage für den → Totemismus, sondern auch für Tierversöhnungsriten (mit besonderer Ausprägung in einem Bärenzeremonial), und ist als eine Schicht im → Schamanismus enthalten, so daß eine Interpretation eines Teils der Bilder als Spiegelung solcher Phänomene ebensowenig einer animalistischen Grundhaltung widersprechen würde wie eine (als Generalerklärung aber sicherlich nicht taugliche) Interpretation durch Fruchtbarkeitsmagie oder → Jagdzauber.

In krassem Gegensatz zu der »frankokantabrischen« Felsbildkunst der älteren Steinzeit stehen die F. in Spanien, meist einfarbige, kleine, lebendige, szenische Darstellungen, an durchweg freiliegenden Wänden. Wiewohl der Inhalt vornehmlich sammlerisch-jägerischer Art ist, dürften die Bilder in der Hauptsache erst der → Jungsteinzeit angehören, sei es, daß Jägergruppen noch neben einer bäuerlichen Bevölkerung lebten, sei es, daß die jägerische

Sphäre aus uns nicht bekannten Gründen in der Kunst eine besondere Rolle spielte.
Die sog. »arktische Felsbildkunst« in Teilen Nordeuropas hingegen läßt sich mit ihrer überwiegenden Darstellung des Tiers an sich, dazu aber auch einfachen Zeichen, eher als die ostspanische der Altsteinzeitkunst Südwesteuropas vergleichen, ohne daß irgendeine Verbindung damit herzustellen wäre. Die Datierung ist teilweise noch sehr umstritten: Die Bilder können jedenfalls nicht vor die → mittlere Steinzeit zurückreichen und dürften zu einem erheblichen Teil sogar jünger sein.
Afrika zeigt einen Reichtum an F.n, der in keinem Verhältnis zur bisherigen wissenschaftlichen Vorlage und Bearbeitung steht. Falls die Verbindung radiokarbondatierter Funde von Plättchen mit Einritzungen auf ein ähnlich hohes Alter der F. in Südafrika schließen läßt, gelangt man mit den Anfängen bis vor die Mitte des 3. Jahrzehntausends zurück; im großen und ganzen dürften die F. Afrikas aber verhältnismäßig jung sein und sind sicher teilweise bis in die Neuzeit hergestellt worden. Gerade bei diesen Bildern, aber auch bei einem Teil der älteren, handelt es sich offenbar um reine Wiedergabe von Geschehnissen; doch wird im übrigen auch der afrikanischen Felsbildkunst zu einem hohen Teil ein Symbolwert zukommen. Lehrreich ist dabei vor allem Südafrika, wo sich ein großer Teil der F. mit Hilfe noch bekannter Mythen und religiöser Vorstellungen entschlüsseln läßt, so bei geflügelten und antilopenköpfigen menschenartigen Gestalten und dazu dem Überwiegen bestimmter Antilopenarten, die in ein Weltbild animalistischer Prägung einzuordnen sind. Für Nordafrika ist besonders hervorzuheben, daß nach einer älteren »Wildtierschicht« vor allen Dingen Darstellungen von Rindern aufkommen, die offenbar einer Viehzucht treibenden Kultur zuzuschreiben sind, ohne daß sich bisher klären ließe, welchen Symbolwert sie besitzen.
F. sind bekannt aus Teilen Südasiens, Indonesiens und von Neuguinea sowie einigen anderen ozeanischen Inselgruppen. Erwähnt seien nur die von West-Neuguinea, in deren Darstellungen vor allem Herren der Tiere und Fische und Ahnengeister gesehen werden. Wie weit F. in Australien zeitlich zurückreichen, ist noch unbestimmt; im Nordwesten scheinen sie wenigstens teilweise unmittelbarer als anderswo Ausdruck totemistischer Weltbetrachtung zu sein. Ansonsten sind des öfteren die großen Traum- und Geistwesen dargestellt, die in Tier- oder Menschengestalt, zuweilen auch mischgestaltig als unerschaffene Urzeit-Heroen, Vorfahren der Menschen und Kulturbringer in besonderem Maße über eine Schöpferkraft verfügen, die teilweise auf die F. übertragen wurde. Ein Teil der Bilder dürfte aber auch in Australien einfache Wiedergabe von Geschehnissen sein.
Wenn die nur indirekt herzustellende Verbindung der Felsmalereien mit bestimmten Wohn- und Lagerplätzen zutrifft, reichen die F. in Patagonien bis in das 9. Jt. v. Chr. zurück und enthalten u. a. Handnegative und Handdarstellungen. Ähnlichen Alters sind möglicherweise Bilder aus Höhlen in Südperu, die u. a. Szenen aus dem jägerischen Leben darstellen.

Ansonsten gibt es F. in Amerika an zahlreichen Stellen, doch hat die Edition als Grundlage einer wirklich verläßlichen Forschung noch kaum eingesetzt. Auf jeden Fall aber zeigen sie einen großen Reichtum und eine Variabilität von isolierenden Tierdarstellungen über szenische Wiedergaben bis zu einfachen schematischen Zeichen und sind teilweise sicherlich recht spät anzusetzen.
Eine nahezu unzulässig generalisierende Zusammenfassung kann feststellen, daß der größte Reichtum an F.- u. H.n sammlerisch-jägerischen Kulturen zuzuschreiben ist und ihr Inhalt zumindest in einem hohen Maße vom Tier oder von jägerischem Wesen bestimmt ist; nach der ganzen Lage der Dinge dürften die Bilder nur in geringem Ausmaß Darstellung von realen Ereignissen sein, vielmehr in der Regel einen Symbolwert besitzen, der weitgehend mit Vorstellungen → animalistischer Art verbunden ist. Gerade das letztere muß aber stark abgewandelt gedacht werden bei F., die von viehzuchttreibenden Völkern stammen. Seltener und von anderer Art ist in der Regel die Felsbildkunst agrarischer Völker, für die hier als Beispiel nur auf F. der → Bronzezeit hingewiesen sei. Symbolische Zeichen spielen schon bei den frühesten F.n eine Rolle, werden aber in späterer Zeit wichtiger: Sie sind zumal in der Kunst von Ackerbauvölkern von besonderer Bedeutung und drängen (Hand in Hand mit einem Überwiegen der Plastik) das in der älteren Steinzeit dominierende Tierbild fast völlig zurück. [KJN]

A. Almgren, Nordische Felszeichnungen als relig. Urkunden, 1934; A. Laming-Emperaire, La signification de l'art rupestre paléolithique, Paris 1962; P. J. Ucko/A. Rosenfeld, Felsbildkunst im Paläolithikum, 1967; E. Holm, F. Südafrikas. Deutung u. Bedeutung, 1969; A. R. Verbrugge, Le symbole de la main dans la préhistoire, Compiégne 1969; A. Leroi-Gourhan, Vorgeschichtl. Kunst, 1973; K. J. Narr, Zum Sinngehalt der altsteinzeitl. Höhlenbilder (Symbolon NF 2) 1974; P. Vinnicombe, People of the Eland, 1976; H. Biedermann, Lex. der Felsbildkunst, 1976; ders., Bildsymbole der Vorzeit, 1977; B. Almgren, Die schwed. F. der Bronzezeit u. ihre Deutung, 1980.

**Fenster,** Verbindung zwischen dem Innen und dem Außen, in der sakralen Architektur in einem übertragenen Sinne zwischen Diesseits und Jenseits. Nach ugaritischem Mythos läßt der Gott Baal durch das F. des himmlischen Palastes seine Stimme erschallen. Das F. (griech. = *phos* = Licht) vermittelt das göttliche Heil. Nach einer jüdischen Sage hat der Herr 365 Himmelsfenster gemacht, d. h. daß er an jedem Tag bei seinem Volke ist. In der → Gotik wird durch das in den dunklen Kirchenraum dringende Sonnenlicht das Verhältnis zwischen Christus und der Ekklesia symbolisiert. Das vergitterte F. *(fenestra cancellata)* im *Hohenlied* (2,9) erfährt in der exegetischen Tradition eine christologische Deutung: die göttliche Natur Christi (Licht) verhüllt sich in der Inkarnation (Gitter). Ein geöffnetes F. kann den Gebetsverkehr mit Gott andeuten (vgl. *Dan* 6,11); 3 F. können auf die Dreifaltigkeit hinweisen (so bei dem Turm als Attribut der hl. Barbara) oder auch → freimaurerisches Symbol sein. Schließlich ist das F. eine Öffnung für den Tod (*Jer* 9,8–9), »Flugloch der Seele« (alter Volksglaube), Hinweis auf das Lebensende (Holzschnitte von Alfred Rethel). [Lr]

C. Gottlieb, The mystical window in paintings of Salvator Mundi (Gazette des Beaux-Arts 1960); dies., A Sienese Annunciation and its Fenestra Cancellata (Gazette des Beaux-Arts 1974); J. A. Schmoll gen. Eisenwerth, F.bilder. Motivketten i. d. europ. Malerei (Beitr. z. Motivkunde des 19. Jhs.) 1970; G. Neuhardt, Das F. als Symbol. Versuch einer Systematik der Aspekte (Symbolon N. F. 4/1978); P. Cowen, Rose windows, London 1979 (dt. 1979); W. Mersmann, Rosenf. u. Himmelskreise, 1982.

**Fetisch** (portug. *feitiço* = Machwerk, Zauber). Dieser Begriff wurde im MA in Portugal für viele Devotionalia, die wie Amulette getragen wurden, gebraucht. In älteren portugiesischen Reiseberichten besonders über Afrika wird F. Ausdruck für alle Gegenstände, die von den Europäern in Beziehung mit sog. »Götzenfiguren« gebracht werden konnten. Die F.e sind meistens Menschen- oder Tierdarstellungen und beziehen ihre magische Kraft durch die von einem Zauberpriester vermittelten magischen Substanzen (Steine, Klauen, Zähne, Haare usw.), die oft in einem geschlossenen Behälter vor dem Bauch oder auf dem Kopf angebracht werden. Im südlichen Zaire werden sie oft mit ROTER Farbe beschmiert (Symbol für Blut, Lebenskraft).
Als Träger von → Macht können die F.e im Abwehr-, Schaden- und Analogiezauber Verwendung finden. Durch symbolische Nachahmung der bezweckten Resultate sollen diese auch stattfinden; so soll Rauch mittels magischer Riten Wolken entstehen lassen, das Besprengen des F.s mit Wasser soll Regen herbeiführen. Bekannt sind aus dem südlichen Zairegebiet mit Nägeln, Eisenstücken oder Pfeilspitzen beschlagene F.e. Das Eintreiben der NÄGEL soll den Feind symbolisch töten; oder man schlägt einen Nagel ein, damit man vor einem Unheil bewahrt bleibt, indem man dadurch den F. an seine Pflicht erinnert; nach Erfüllung der Wünsche wird der Nagel wieder herausgezogen. Spiegelf.e sollen den Medizinmann einen Schuldigen erkennen lassen, oder die Figur fängt den Böswilligen in den SPIEGEL bildlich ein, so daß er der Wirkung ihrer Zauberkraft ausgesetzt ist.
Unter Sexualfetischismus versteht man vor allem das sexuelle Begehren, das nicht dem Partner oder dem Liebesakt gilt, sondern – in symbolischer Art *(pars pro toto)* – auf einen Gegenstand oder Körperteil des Partners gerichtet ist, mit der ursprünglichen Bedeutung des Begriffes F. aber wenig zu tun hat. [Du]

W. Steckel, Der F., 1923; Chr. Garnier/J. Fralon, Le fétichisme en Afrique, 1951; R. Hottot, Teke fetishes (Journ. Roy. Anthropol. Soc. LXXXVI/1956); A. Vorbichler, F. u. Hexerei (Kongo-Overzee XXIII/1957); A. Schweeger-Hefel, Plastik aus Afrika, 1969; W. Hirschberg, Gedanken um einen Spiegelf. (Ethnolog. Zs. Zürich I/1971); F. Damascow, Fetischismus, 1972; J. F. Thiel, Die übermenschl. Wesen bei den Yansi (Anthropos 67/1972); W. Kurth, Über F.e u. Fetischismus (Sexualmedizin 4/1975); H. Palme, Spiegelf.e im Kongoraum u. ihre Beziehung zu christl. Reliquiaren (Wiener Ethnolog. Blätter, Beiheft 5) 1977.

**Feuer,** Symbol lebenschaffender und lebenszerstörender Mächte, bei vielen Völkern als wesenhaft göttlich verehrt. Der sumerische Gibil konnte als Lichtbringer, aber auch als Verursacher der F.brunst erscheinen. Im → Vedismus repräsentiert das F. den Gott Agni. In Griechenland und Rom genossen die Göttinnen des → Herdes und des Herdfeuers großes Ansehen. Der slawische Svarog war F. – und Sonnengott in einem. Der aztekische »Herr des Feuers«,

Xiuhtecutli, hatte als Symbol der züngelnden Flammen einen Schmetterling im Haar und eine F.schlange am Rücken. Im AT hat Jahwe das F. zu seinem Symbol erwählt; in einem brennenden Dornbusch offenbarte er sich Moses (1 *Mos* 3,2), und in Gestalt einer F.säule zog er vor seinem Volke her (2 *Mos* 13,21); als Gott des F.s zeigt er sich in den *Psalmen* (18,9). Auch im *Hebräerbrief* (*12,29*) erscheint Gott im Bild eines verzehrenden F.s. Mechthild von Magdeburg spricht vom »viur« als dem »ewig Got«; ähnlich schauen islamische Mystiker Gott im Bild des F.s.

Auf den himmlischen Ursprung scheint das Emporlodern der Flammen hinzuweisen. Die Sonne ist das Urfeuer, der → Blitz vom Himmel herabgeschleudertes F., zerstörend oder auch befruchtend. Die hl. Lohe gehört den Göttern; ihr Raub (durch → Prometheus) ist Frevel. In Mythen der Jäger- und Hirtenvölker wurde das F. meistens vom Himmel heruntergeholt, im Pflanzertum dagegen findet sich die Herkunft aus dem Erdinnern. Die Sudanvölker führen die Kenntnis des F.s auf den ersten Schmied zurück. Die F.erzeugung mittels zweier Hölzer wird bei afrikan. Völkern und in Indien mit dem Geschlechtsakt in Verbindung gebracht; nach dem *Rigveda* (III. 29,1–3) geht Agni aus der Vereinigung von Vater- und Mutterholz hervor. → Sexualsymbolik. Das F. selbst gilt meistens als männliches → Element.

In Kult und Brauch ist das F. mit verschiedenen symbolischen Vorstellungen verbunden. Die bewegte Flamme ist Symbol des Lebens (Lebenskerze, Lebenslicht); als → Herd-, Stammes- oder Staatsfeuer ist sie Garant für das Leben von Familie und Volk. Hl. Feuer im → Parsismus. In jeder Synagoge brennt vor der Tora eine Lampe, in katholischen Kirchen neben oder vor dem Altar das »ewige Licht«. Verschiedene Bräuche zur Sonnenwende zeigen einen solaren Bezug. Daß oft Jungfrauen das hl. Feuer bewachen (Vestalinnen im alten Rom, Tempelfrauen im Inka-Reich, Häuptlingstöchter bei den Herero), hängt mit der ihm zugeschriebenen Reinheit zusammen. Griech. *pyr* = Feuer und lat. *purus* = rein sind etymologisch verwandt. Wegen seiner reinigenden Kraft ist das F. ein bevorzugtes Sühnemittel; die Opfergabe wird durch Verbrennung aller Schlacken (Unreinheit) entledigt. Für Origenes war das läuternde F. des Weltbrandes ein *sacramentum regenerationis;* in ähnlicher Bedeutung heißt es in der Bibel: Wer gereinigt werden will wie Silber, muß durch das F. des Schmelzers (*Mal* 3,2). → Reinigung. Eschatologische Bedeutung haben feuerspeiende Wesen (ägypt. Sargtexte), Feuerstrom (Mazdaismus), Weltbrand (german. Mythos), Feuer verschiedenster Art (5 *Mos* 32,22; *Offb* 21,8). → Fackel, Ofen. [Lr]

J. G. Frazer, Myths of the origin of fire, London 1930; H. Freudenthal, Das F. in dt. Glauben u. Brauch, 1931; K. Erdmann, Das iran. F.heiligtum, 1941; C. M. Edsman, Ignis Divinus, Lund 1949; E. M. Loeb, Staatsf. u. Vestalinnen (Paideuma 8/1962); J. Morgenstern, The fire upon the altar, Leiden 1963; J.-P. Bayard, La symbolique du feu, Paris 1973; J. Maringer, Das F. in Kult u. Glauben des vorgeschichtl. Menschen (Anthropos 69/1974); H. Aufenanger, Die Herkunft d. F.s im relig. Denken schriftloser Völker (C. Laufer-Gedenkschrift) 1975.

**Ficino,** Marsiglio, lat. Marsilius Ficinus, 19. 10. 1433 Figline b.

Florenz – 1. 10. 1499 Careggi, italienischer Arzt und Philosoph. Von Cosimo de Medici d. Ä. gefördert, ist F. in seiner Zeit der bedeutendste Vertreter der platonischen Akademie in Florenz. Seine Übersetzungen und Kommentare von Werken → Platons und Plotins bilden die Grundlage für den Aufschwung des → Neuplatonismus in der Renaissance. In seinem 1474 erschienenen Hauptwerk, der *Theologia Platonica de immortalitate animorum*, unternimmt F. den Versuch, den antiken Platonismus mit der christlichen Tradition des MA zu verbinden. Die von F. ebenfalls übersetzte Nachricht des Iamblichus, daß Platon und Pythagoras ihre Weisheit von ägyptischen Priestern bezogen hätten, und F.s platonische Erklärung der ägyptischen → Hieroglyphen als Ideogramme verstärken das seit dem Fund des → Horapollo erwachte Interesse an Ägypten und seiner Hieroglyphenschrift und tragen zum Entstehen der humanistischen → Hieroglyphik bei. Als Beispiel für die in den Hieroglyphen enthaltene *sapientia veterum* führt F. aus dem Horapollo das Bild der sich in den Schwanz beißenden SCHLANGE an, das den vielfältigen Begriff der ›Zeit‹ darstelle. [MSch]

W. Dress, Die Mystik des Marsilio F., 1929; A. Chastel, Marsile Ficin et l'art, 1954; L. Dieckmann, Hieroglyphics, 1970; W. Shumaker, The Occult Sciences in the Renaissance, 1972; S. 120ff.; P. O. Kristeller, Die Philosophie des Marsilio F., 1972.

**Fides.** Schon in römischer Zeit ist F. ein Begriff, der ein umfassendes Vertrauensverhältnis zwischen zwei Menschen unterschiedlicher gesellschaftlicher Stellungen umschreibt und damit auch die Grundlage für die zwischen ihnen herrschende Gerechtigkeit legt (Cicero, *De Officiis*). F. ist demnach zweiseitig wirksam und bringt unterschiedliche Bedürfnisse in Übereinstimmung. Dies gilt auch im christlichen Bereich in der Vermittlung zwischen Gott und dem Menschen, der an Gott zuversichtlich glauben soll, ohne eines Beweises zu bedürfen (Augustin). So stellt sich F. als ein bewußter Willensakt dar, der vonseiten Gottes Gnade verspricht, aufseiten des Menschen besonders *Oboediantia*, Gehorsam, verlangt. Exempel dieses Verhältnisses ist Abraham, der damit Exempelfigur der F. wird.

Im System der Tugenden gehört F. in die Gruppe der drei theologischen Tugenden. Personifiziert wird sie als Frau in einem weißen Kleid, das durch einen goldenen Gürtel zusammengehalten wird. Auf dem Haupt oder in der rechten Hand (Ripa, *Iconologia*, S. 150f.) trägt sie ein BRENNENDES HERZ, in der anderen Hand hält sie zumeist einen KELCH und ein KREUZ (auch ein Kruzifixus) oder, seltener, die Tafeln des Gesetzes und die geöffnete Bibel. [AW]

Joseph Lang, Novissima Polyanthea, Frankfurt 1617 (S. 489–495)

**Finger.** Die symbolische Bedeutung der F. zeigt sich besonders bei den mit ihnen gebildeten Handgebärden. Bei Assyrern und Babyloniern findet sich der vorgestreckte Zeigefinger als Adorationsgestus, ebenso auch auf griechischen Denkmälern bis in die hellenistische Epoche hinein. Das Vorstrekken des Mittelfingers dagegen galt in der antiken Zeit als Beschimpfung. Die weisende Geste erhobener F. verbindet sich oft mit der

Segensgebärde: Beim lateinischen Segen sind Daumen, Zeige- und Mittelfinger der erhobenen Hand ausgestreckt, so bei Christus als Lehrer und Gesetzgeber; beim griechischen Segensgestus (auch im *Malerhandbuch vom Berge Athos*) werden der ausgestreckte Zeigefinger und der etwas gekrümmte Mittelfinger als Jota und Sigma des Namens Jesu gedeutet, der mit dem Daumen verbundene Ringfinger und der etwas gekrümmte kleine F. als Chi und Rho des Namens Christos. Ein F. vor dem Mund bedeutet Verschwiegenheit und ist Attribut verschiedener Heiliger (Bruno der Kartäuser, Johannes von Nepomuk). In der Bibel ist der F. Gottes ein Symbol seiner Macht (2. *Mos* 8,15; *Lk* 11,20). Nach astrologischer Tradition ist der Daumen der Venus zugeordnet, der Zeigefinger Jupiter, der Mittelfinger Saturn, der Ringfinger der Sonne und der kleine F. Merkur. [Lr]

J. J. Tikkanen, Studien über den Ausdruck in d. Kunst. Zwei Gebärden mit dem Zeigef., Helsingfors 1913; K. Groß, F. (RAC 7), 1969; ders., Menschenhand u. Gotteshand in Antike u. Christentum, 1985.

**Finsternis,** in altorientalischen Überlieferungen Symbol des Chaotischen, Präformalen, aus dem die Welt erschaffen wurde (→ Kosmogonie). Nach dem *Rigveda* war im Urbeginn »alles gleich einem Meere ohne Licht«; ähnlich heißt es in der Genesis: »Finsternis lag über der Urflut« (1 *Mos,* 1,2). In der F. hausen die den Göttern und Menschen feindlichen Mächte, oft in Tiergestalt (Drache, Schlange) gedacht. Wo kein → Licht ist, gibt es kein Leben, weshalb man sich auch die Welt der Toten in F. gehüllt vorstellte (→ Jenseits). Die äußerste F. ist der Ort der Strafe, »dort wird sein Heulen und Zähneknirschen« (*Mt* 8,12). In Gleichsetzung des Lichtwerdens mit dem Erkenntnisvorgang wurde die F. zum symbolischen Ausdruck der Unwissenheit, so schon bei Parmenides (→ Vorsokratik). In seiner Gegenüberstellung zum Hellen, Lichten wird das Schwarze, Dunkle Symbol für das moralisch Schlechte (→ Gut und Böse); der Teufel ist »Fürst der Finsternis«. In der Verfinsterung von Sonne und Mond erblickte man eine Gefahr für den Bestand der Welt.

Die Dunkelheit wurde aber nicht nur als Bedrohung, sondern auch als Möglichkeit zum Werden aufgefaßt; ein orphischer Hymnus feiert die Nacht als der Götter und Menschen Gebärerin. Gott selbst kann sich im Dunkel offenbaren: »Nachtgesichte« des Propheten Sacharja (*Sach* 1,7–6,8). Im Anschluß an die alttestamentliche Paschanacht (2 *Mos* 12,29) wurde die Nachtwache ein wichtiger Bestandteil der eschatologischen Erwartung: Der himmlische Bräutigam kommt überraschend um Mitternacht (*Mt* 25,6). Da die Auferstehung Christi vor Tagesanbruch geschehen war, wird die Osterliturgie als Nachtfeier begangen. In der Dunkelheit kann sich die Tiefe des Mysteriums eröffnen, darum spricht Novalis von der Nacht als »der Offenbarung fruchtbarer Schoß«. [Lr]

S. Aalen, Die Begriffe »Licht« u. »F.« im AT, Oslo 1951; A. Rosenberg, Michael u. der Drache. Urgestalten von Licht u. F., 1956; Cl. Ramnoux, La nuit et les enfants de la nuit dans la tradition grecque, Paris 1959; H. Ringgren, Light and darkness in ancient Egyptian religion (Liber amicorum. Stud. in honor of C. J. Bleeker) Leiden 1969; E. Th. Reimbold, Die Nacht im Mythos, Kultus, Volksglauben, 1970.

**Firmung.** Mit der F. kommt die Eingliederung in die (kath.) Kirche, die in → Taufe und → Eucharistie begonnen wurde, zum Abschluß. Das zweite vatikanische Konzil sagt: »Durch das Sakrament der F. werden die Getauften vollkommener (als durch die Taufe) mit der Kirche verbunden; sie werden reich ausgestattet durch eine besondere Kraft des Heiligen Geistes, und sie werden strenger verpflichtet, den Glauben als wahre Zeugen Christi in Wort und Tat zu verbreiten und zu verteidigen.« Somit ist F. Bekräftigung *(firmus)* dessen, was in der Taufe bereits grundlegend geschehen ist. In drei Zeichen wird das Sakrament verdeutlicht und gleichzeitig wirksam.
1. die HANDAUFLEGUNG – bedeutet Schutz (z. B. beruhigt die Mutter ihr Kind durch Handauflegung); sie bedeutet etwas in Besitz nehmen; aber auch die Übertragung von Macht und Amt. In der F. bedeutet dieser Gestus, daß der Firmling zu Gott gehört, unter seinem Schutz steht, und ihm der Hl. Geist übertragen wird. 2. BESIEGELUNG mit dem KREUZZEICHEN: Wie ein Siegel eine Urkunde echt macht, so soll der Glaube an Christus, der am Kreuz gestorben ist, das Leben des Firmlings wie ein Siegel sichtbar prägen. 3. SALBUNG mit CHRISAM (heiliges Öl): Wir verwenden Salben und Öle zum Schutz, zur Kräftigung und zur Heilung bei Krankheiten. Im AT war die Salbung der Könige und Propheten Zeichen dafür, daß ihnen für ihr Amt die Kraft Gottes verliehen wurde. Von daher hat Jesus den Titel: Christus, d. h. der Gesalbte. Bei der F. will dieses Zeichen besagen, Gott gibt die Kraft aus dem Glauben zu leben; der Gefirmte soll Christus, dem Gesalbten, ähnlich werden. Der BACKENSTREICH ist im jetzigen Ritus nicht mehr vorgesehen; er war die reduzierte Form einer Umarmung. Heute sagt der Bischof: »Der Friede seit mit dir.« In der protestant. Kirche entspricht der F. die → Konfirmation. [Fe]

A. Benning, Gabe des Geistes. Zur Theologie u. Katechese des Firmsakramentes, 1972; Die Feier d. F. in den kath. Bistümern des dt. Sprachgebietes, 1973.

**Fisch,** kann göttlich oder dämonisch sein, auf Leben oder Tod hinweisen. Schon die alten Ägypter haben F.e einerseits den typhonischen Mächten (Seth) zugesellt, andererseits als dem Osiris und der Hathor zugehörig verehrt. Mythische F.e können in die Gestalt von Seeungeheuern (z. B. Leviathan) überwechseln. Im Märchen *Von dem Fischer un syner Fru* zeigt sich das dämonische Wesen des Butts. Das Verschlungenwerden des Jonas durch einen F. deutet den Abstieg in die Unterwelt an (*Jon* 2). In der Antike wurden F.e den Unterweltsgöttern als Opfer und dem Verstorbenen als Spende dargebracht. Neben Schlange und Vogel können auch F.e zu Seelentieren werden; die Abgrenzung zum Totemtier ist nicht immer klar – so bei geschnitzten Darstellungen ozeanischer Völker. Bei Picinellus (*Mundus Symbolicus,* 1681) erscheinen F.e wegen ihrer Freßgier als ein Bild der Verdammten.
Auf Grund ihrer starken Vermehrung und als »Früchte des Meeres« *(frutti del mare)* sind F.e Fruchtbarkeitssymbol, manchmal auch in phallischer Ausdeutung. Bei den Römern und noch heute in

Nordafrika gelten die Tiere als glückbringend; ihr Zeichen schützt vor dem bösen Blick. Da die F.e im Altertum als eingeschlechtlich galten, fanden sie Eingang in die Symbolik der göttlichen Jungfraumutter und ihres Sohnes, des Heilbringers. Nach altbabylonischer Sage führte der fischgestaltige Oannes, Gott der Weisheit, die Menschen in die Wissenschaften ein. Der F. wurde → Heilszeichen, in der Katakombenmalerei eucharistisches Symbol. Nach Augustinus (*De civitate Dei* XVIII,23) ist Christus der F., weil er im Abgrund der Sterblichkeit wie in tiefen Gewässern lebendig lebt. In Anknüpfung an die Evangelien (*Mt* 4,19) wurde das F.symbol auch auf die durch das Wasser des Lebens getauften Christen bezogen. In der analytischen Psychologie von C. G. Jung ist der F. ein Symbol des Selbst. Das chinesische Wort für Fisch *(yü)* ist gleichlautend mit »Überfluß« *(yü);* so wird das im Wasser schwimmende Tier zu einem Symbol für Reichtum; in der älteren chinesischen Literatur deutet das Vorkommen vieler F.e auf eine reiche Ernte; auf eine gleichsam magische Weise erhofft man sich von dem zu Neujahr verzehrten F. Wohlstand und Überfluß. In Indien ist ein Fischungeheuer namens Makara Symbol des Liebesgottes Kama; der Urmensch Manu wurde durch eine fischgestaltige Inkarnation des Gottes Vishnu aus der großen Flut gerettet. → Aal, Karpfen. [Lr]

R. Eisler, Der F. als Sexualsymbol (Imago 3/1914); F. J. Dölger, Ichthys. Das F.symbol in frühchristl. Zeit, 5. Bde., 1922–28; C. G. Jung, Aion. Beiträge zur Symbolik des Selbst (172–224), 1951; C. Vogel, Le repas sacré au poisson chez les chrétiens (Revue des Sciences Religieuses 1966); J. Engemann, F. (RAC VII) 1968; I. Gamer-Wallert, F.e u. F.kulte im Alten Ägypten, 1970; L. Wehrhan-Stauch, Christl. F.symbolik von den Anfängen bis z. hohen MA (Zs. f. Kunstgesch. 35/1972); J. Maringer, Der F. in Kunst u. Kult der vor- u. frühgesch. Zeit (Anthropos 73/1978); M. Pouplier, Traumbild F., 1986.

**Fledermaus,** in der Bibel bei den unreinen Tieren aufgezählt; von den Römern zwecks Abwehr dämonischer Mächte an den Stall genagelt. Im MA wurde das Nachttier dem Teufel und den Hexen zugeordnet; da es nicht am Tag gesehen wird, diente es als Attribut des (personifizierten) Neides, der ja auch nicht offen zu sehen ist. Todbringende Wesen können F.-Flügel haben: Gemälde im Campo Santo zu Pisa, 14. Jh. Der blutsaugende Vampir des slawischen Volksglaubens ist halb F., halb Mensch. – Das chinesische Wort für F. (*fu*) ist lautgleich mit dem Wort für Glück (*fu*), so wurde das Tier zu einem beliebten Glückssymbol; fünf F.e bedeuten fünffachen Segen: hohes Alter, Reichtum, Gesundheit, Liebe zur Tugend, natürlicher Tod. Auf der Molukkeninsel Ceram sind die mit den Füßen am Hausdach oder an Bäumen hängenden F.e ein Bild für die im Jenseits lebenden Seelen. In der Mythologie der Maya gehören die F.e zu den unheimlichen Bewohnern der Unterwelt (Mitlan). [Lr]

P. Wirz, Über die Bedeutung der F. in Kunst, Religion u. Aberglauben der Völker (Geographica Helvetica 3/1948); A. Steinmann, Die F. in Religion, Brauchtum u. Kunst Indonesiens u. seiner Nachbargebiete (Geographica Helvetica 4/1949).

**Flechtwerk** → Bandornament

**Fliege** → Insekten

**Fliegenpilz** → Pilze

**Flöte.** Eine aus Knochen bestehende Vorform der F. geht vielleicht bis in die Steinzeit zurück; so läßt sich auch das Motiv des aus dem Knochen eines Erschlagenen tönenden Liedes erklären, wie es sich im Märchen »Der singende Knochen« *(KHM)* findet. Auf jeden Fall ist die F. das älteste melodiefähige Holzblasinstrument, dem man magische Wirkung zutraute (Sage vom Rattenfänger von Hameln); bei römischen Opferriten hatte sie eine kathartische Funktion; ausgesprochen symbolische Bedeutung kommt ihr im → Shintoismus zu. Im Hinduismus ist die F. ein Symbol für den Menschen, der durch den Hauch des Schöpfers belebt wird und dann in Harmonie mit ihm erklingt; der flötespielende Krishna, eine Erscheinungsform des Gottes Vishnu, ist ein beliebtes Motiv in der indischen Kunst. In der islamischen Mystik erklärt man den klagenden Ton der F. damit, daß das F.rohr Sehnsucht nach jenem Röhricht hat, aus dem es geschnitten wurde, d. h. nach dem Urgrund in Gott. [Lr]

**Flügel.** In einer Zeit, in der Fliegen mit Hilfe technischer Konstruktion noch nicht möglich war, Symbol der Schwerelosigkeit und der Überwindung des Irdischen. In der altmesopotamischen Kunst bei Stier, Löwe, Pferd sichtbarer Ausdruck für ihre Zuordnung zum Göttlichen; als Attribut der babylonischen Ischtar, der ägäischen Herrin der Tiere oder der griechischen und römischen Siegesgöttin (Nike, Victoria) Hinweis auf die himmlische Herkunft ihrer Gaben (Liebe, Fruchtbarkeit, Sieg). Jahwes Thron ruht auf den → Cherubim. In Ägypten führte die Verbindung der Sonne mit dem Himmelsfalken zur Vorstellung der F.sonne, von Hethitern, Assyrern und Persern übernommen. Die F. sind ein kennzeichnendes Attribut der Götterboten: Merkur (F.schuhe), Engel und in gewissen Darstellungen → Johannes der Täufer.

In Ägypten waren F. ein Symbol des Schutzes; auf Sargdeckeln des Neuen Reiches breitet die Himmelsgöttin Nut schützend ihre F. aus. Der fromme Psalmist sagt zu Gott: »In deiner Schwingen Schatten berge ich mich« (*Ps* 57,2); Jesus bringt das Bild von der Henne, die ihre Küchlein unter den F.n sammelt (*Lk* 13,34). Die Mächte der Vergänglichkeit, des Dämonischen und der Unterwelt sind geflügelt: → Chronos, Fortuna, → Sirenen, Walküren, Tod, Teufel. Die alle Entfernungen überwindende Liebe hat F. (Amor), ebenso → Seele. Oft gebrauchtes poetisches Bild: »Lust und Liebe sind die Fittiche zu großen Taten« (Goethe, *Iphigenie auf Tauris*); »Flügelschlag einer freien Seele« (Herwegh, *Aus den Bergen*). [Lr]

M.-Th. Barrelet, Les déesses armées et ailées (Syria 32/1955); F. C. Fensham, Winged Gods and Goddesses in the Ugarit tables (Oriens antiquus 5/1966); G. Berefelt, A Study of the Winged Angel, Stockholm 1968; H. Kienle, Der Gott auf dem F.rad (Göttinger Orientforschungen) 1975; F. Fritschek, Leben, Seele, Beseelung (Wien. Humanist. Blätter 20/1978 – zur Beseelung durch F.wesen).

**Flußgottheiten.** Der Fluß ist in einem naturmythischen Weltbilde belebter Natur selbst göttlich. Kulte von F. finden sich daher in der ganzen Welt. Wenngleich von den späten Römern gelegentlich das Wasser selbst als heilig bezeichnet wird, so wurde nicht die Naturerscheinung als solche, son-

dern die sich darin manifestierende Gottheit verehrt.
Bei Homer »erzürnt sich der Strom im Herzen« und das vermenschlichte Bild des Skamandros wird noch deutlicher, wenn dann dieser Strom »in Menschengestalt aus der wirbelnden Tiefe ruft« und sogar in die Schlacht eingreift. Wer einen Fluß durchwatet – so schon bei Hesiod – oder ihn gar überquert, verletzt damit den geheiligten Bereich des Flußgottes; er begeht ein Sakrileg, das ein Versöhnungsopfer für den Gott fordert. Xerxes ließ vor der Überschreitung dem Flusse Strymon Pferde opfern, so Caesar dem Rubico.
Als Opfertiere werden außerdem Stiere, Widder und Haare – Achill opfert dem Flusse Spercheios seine *Haare* – genannt, letzteres vielleicht die abgeschwächte Erinnerung an frühe Menschenopfer, wie die Versenkung der Strohpuppen (Argeer) in den Tiber am 15. Mai und was schon frühen Nilopfern (Versenkung einer Adonispuppe) und noch der Versenkung der »simulacres« am 17. 3. im Schlesien des 16. Jh. abzulesen ist. Neben regelmäßigen Opfern sind solche aus Anlaß der Überquerung zu nennnen, für die die Griechen eine eigene Bezeichnung hatten *(diabateria)*. Da jeder Fluß gleichzeitig eine von einem Gott gehütete Grenze ist, kann seine Überschreitung mit Todesgefahr verbunden sein, der Fluß zum Todesfluß werden (Drusus an der Elbe, Krösus am Halys u. a.). Mit der Göttlichkeit des Flusses hängt es auch zusammen, daß für den Bau einer Brücke rituelle Kenntnisse erforderlich sind. Sie bieten eine größere Gewähr für deren Bestand als die Güte der Konstruktion, daher der römische *Pontifex Maximus*.
BADEN und UNTERTAUCHEN im Fluß (persönliches wie das von Götterbildern u. a.) vermittelt durch entsühnende und reinigende Funktion Heil. Die weltweit verbreitete Anschauung – bekannt ist das Bad im Ganges – geht auch aus einem Reisebericht Petrarcas hervor, daß die Kölnerinnen am Johannistag sich im Wasser des Rheins waschen oder nur ihre Hand in den Strom tauchen, was den Sinngehalt der Handlung bestätigt.
F. wurden früh als STIER, SCHLANGE oder in Mischgestalt, dann aber als liegender ALTER MANN mit Bart und Binsenkrone dargestellt, der Ganges u. a. aber als MUTTER Ganga. [Rd]

Ilias XXI, 136, 211, 223; Hesiod, Werke u. Tage, 737; Herodot Hist. VII, 114; Ovid Fasti V, 28. L. Schmidt, Niemandsland (Antaios 8/1967); E. T. Reimbold, Die Brücke als Symbol (Symbolon NF 1/1972); J. Maringer, Flußopfer u. Flußverehrung in vorgesch. Zeit (Germania 52) 1974.

**Fortitudo**, Tapferkeit, ist diejenige der sieben Kardinaltugenden, die den Menschen, insbesondere den Herrscher und Heerführer dazu befähigt, Gefahren zu bestehen. Weil sie besonders auch physischer Kraft bedarf, schlägt sie leicht in Übermut, Roheit etc. um und benötigt folglich ein Regulativ: Besonnenheit bei Cicero, Weisheit dort, wo das Ideal des Heros formuliert wird (Isidor v. Sevilla), Hochherzigkeit bei und nach Alcuin; im MA, z. B. bei Hrabanus Maurus, ist das Regulativ die → Patientia. Dies gilt oft noch bis in die frühe Neuzeit, etwa bei Comenius im *Orbis Sensualium Pictus* (zuerst 1658), wo die Personifikation der F. einen

SCHILD führt, der ausdrücklich als Geduld ausgelegt wird. Zusammen mit der *Sapientia* (→ Weisheit) besonders in der frühen Neuzeit bildet F. eine Formel für eine hervorragende Herrschertugend. Bereits bei Theodulf v. Orléans ist die F. (in *De septem liberalibus artibus*) mit DOLCH, SCHILD und HELM personifiziert. Ripas *Fortezza* trägt neben Helm und Schild, auf dem ein LÖWE im Kampf gegen einen Hund bzw. eine Hyäne abgebildet ist, einen EICHENZWEIG und einen LANZENSCHAFT (*Iconologia*, 1603, S. 165 f.). Der Löwe wird sowohl der F. als Attribut zugeordnet wie er auch selbständig mit der Bedeutung der F. erscheinen kann. Diese Bedeutung tritt zumeist dann auf, wenn die Tradition christlicher Naturkunde, die nach dem → Physiologus den Löwen mit Christus identifiziert, in die Tugendbildlichkeit integriert wird. Eine negative Exempelfigur für die mißbrauchte und in Superbia umschlagende F. ist Goliath. [AW]

Joseph Lang, Novissima Polyanthea, Frankfurt 1617; Cesare Ripa, Iconologie, Rom 1603 (S. 165–166).

**Fortuna,** Göttin des Glücks. F. wird in der Antike und der Renaissance zum Zeichen ihrer Unstete auf einer KUGEL dargestellt. Ihre Flüchtigkeit bezeichnen FLÜGEL und SEGEL, während die AUGENBINDE ihre Willkür anzeigt, mit der sie ihre Gaben aus dem Füllhorn verteilt. Im MA dreht F. ein RAD mit vier Königen, deren Beischriften *regnabo, regno, regnavi* und *sum sine regno* die Abhängigkeit der Menschen vom Wechsel des Glücks darlegen. Die Möglichkeit der Gleichsetzung der vier Radstadien mit den menschlichen → Lebensaltern oder den Jahreszeiten läßt das Glücksrad in Lebensrad und Jahreskreis übergehen; die Wechselbeziehung F.s mit den Mächten → Zeit, Vergänglichkeit und Tod tritt hervor. Von christlicher Seite wurde F. teils negiert (Augustin), teils als Instrument der göttlichen Vorsehung aufgefaßt, weswegen einige Darstellungen sie am Zügel Gottes zeigen. Als Gegenspieler und Heilmittel gegen die Willkür F.s treten u. a. Virtus, Sapientia (→ Weisheit), → Prudentia und Constantia in Erscheinung. [MSch]

A. Doren, F. im MA u. in d. Renaissance (Vorträge d. Bibl. Warburg II, 1), 1924; H. Patch, The Goddess F. in Mediaeval Literature, 1927; W. Sanders, Glück, 1965; F. P. Pikkering, Literatur u. darstellende Kunst im MA, 1966; G. Kirchner, F. in Dichtung u. Emblematik d. Barock, 1970; M. Schilling, Rota Fortunae (Dt. Literatur d. späten MA), 1975.

**Frau** → Männlich-Weiblich, → Mutter

**Freiheit.** Eine religiöse Symbolisierung der F. im politisch-sozialen Sinn findet sich bereits bei den Griechen und Römern. Bei den Griechen war Zeus Eleutherios der Schützer der staatlichen F. Die Perserkriege wurden von den Griechen als Freiheitskriege verstanden. Als der Sieg von Plataä errungen war, errichtete Pausanias auf dem Marktplatz der Stadt »Zeus dem Befreier« zum Dank einen Altar. Zur Erinnerung wurde das Fest der Eleutherien gestiftet, das alle vier Jahre stattfinden sollte. Die Römer verehrten den Gott Liber zusammen mit seiner Schwester Libera und Ceres als chthonische Dreiheit. Liber selbst entsprach dem griechischen Dionysos bzw. dem Bacchus. Die Liberalia, das Fest des Liber und der

Libera, fanden in Rom am 17. März statt.
Ein neuer Aufschwung des F.sempfindens setzte in der Kunst mit dem → Rokoko ein und schuf in der Französischen Revolution neue Symbole. Die F.MÜTZE, ursprünglich die Kopfbedeckung der Phrygier, war bereits im antiken Rom F.symbol. Besonders die Jakobiner trugen sie als ein Symbol, das auch besonders häufig auf Bildern, Münzen und Sigeln abgebildet wurde. Man trug die roten F.mützen auch auf langen Stangen bei Umzügen und Feiern oder steckte sie auf die Spitze der F.sbäume. Der F.SBAUM entstand aus dem Maibaum, um den herum seit ca. 1790 unter Gesang revolutionärer Lieder getanzt wurde. Vor der Französ. Revolution schon war der F.sbaum in Gestalt des *pine tree*, eines FICHTENBAUMS, als F.ssymbol in den amerikanischen Unabhängigkeitskriegen in Gebrauch. Die F. ist durch eine weibliche Figur in der F.sstatue im New Yorker Hafen symbolisiert, die 1885/86 der französische Bildhauer F. A. Bartholdi errichtete, um an den gemeinsamen Kampf der Amerikaner und Franzosen im Unabhängigkeitskrieg zu erinnern. Sie hält die F.SFACKEL in der Hand. F.ssonne, F.sstern und F.sglocke sind weitere häufige F.ssymbole. Von dem französischen Maler Rousseau stammt ein Bild vom F.sengel, von Delacroix das Bild der Liberté als Frau. Der Tell-Mythos in der Schweiz hat eine reiche F.ssymbolik hervorgebracht. → Unabhängigkeitssymbole [Schn]

S. Anderegg, Der F.sbaum. Ein Rechtssymbol im Zeitalter des Rationalismus, 1968; A. Rabbow, dtv-Lexikon politischer Symbole A–Z, 1970; L. Stunzi (Hg.): Tell. Werden u. Wandern eines Mythos, 1973.

**Freimaurerei,** über zahlreiche Länder verbreitete Bewegung mit dem Ziel, ihre Anhänger (Brüder) zum Ideal edlen Menschentums hinzuführen. Die Bezeichnung stammt von den geheimen symbolischen Riten, die auf die Bräuche der mal. Bauhütten zurückgeführt werden; nach anderer Interpretation bezeichnet das englische *freemason* den höher qualifizierten Bauarbeiter, der den *free-stone*, den zum Schmuckstück bestimmten Stein, zu bearbeiten hat.
Die geistesgeschichtliche Einordnung der F. ist wegen der Arkandisziplin nicht gesichert; früher beliebte Herleitungen (von Salomon, antiken Mysterienkulten, Templerorden oder Rosenkreuzern) waren rein spekulativ. Fest steht, daß die erste, 1717 in London gegründete Großloge auf die alte britische Werkmaurerei zurückgeht. Das Cooke-Manuskript (15. Jh.) bezeichnet die *masonry* als ältestes und vornehmstes Handwerk, das von der Geometrie, der angesehensten der sieben freien Künste, abstamme. Auch kann die eine oder andere Wurzel der F. in französische Handwerkergesellenvereinigungen *(les compagnonnages)* und in deutsche mal. Bauhüttenbruderschaften zurückreichen; die geschichtlichen Zusammenhänge sind zwar umstritten, die geistige Anlehnung und Übernahme alter Symbole steht aber außer Zweifel.
1737 wurde die erste deutsche Loge in Hamburg gegründet. Joh. Gottfried Herder sah mit Unbehagen, daß → Alchemie und → Magie in der F. Eingang fanden; er war für eine rationale Mythen- und Symboldeutung; Poesie, Philosophie und Geschichte waren ihm die 3 LICHTER, das hl. DREI-

ECK, das über Nationen und Konfessionen strahlt. Besonders in Frankreich fand eine Verbindung mit der hermetischen Philosophie statt; in der hermetischen Maurerei (z. B. Illuminés d'Avignon, 2. Hälfte des 18. Jh.) gelten die alchimistischen Prozesse der Metallverwandlung symbolisch für die Wandlung des unwissenden, sittlich unreifen Individuums zum geläuterten Menschen. Neben Staatsmännern und Gelehrten zog die F. auch Dichter (Voltaire, Lessing, Goethe) und Musiker in ihren Bann; Mozarts Oper *Die Zauberflöte* ist eigentlich eine Verherrlichung der freimaurerischen Humanitätsidee; das Hauptmotiv der Ouverture soll mit seinem Hämmern die Arbeit am rauhen Stein symbolisieren.

Die F. ist eine Art moderner Mysterienbund mit → Initiation, Verbrüderungsidee, Suchen nach Licht und Glauben an eine geistige Auferstehung im Sinne des Goetheschen »Stirb und Werde«. Als Schutzpatron gilt Johannes der Täufer. Gott wird in der Symbolgestalt des »Allmächtigen Baumeisters aller Welten« (ABaW abgekürzt) verehrt. Die angelsächsische F. vertritt die Lehre, daß die Bruderschaft der Menschen auf die Gotteskindschaft gegründet ist. Die Stätten der rituellen Arbeit heißen TEMPEL (symbolisch für die Auferbauung der eigenen Persönlichkeit) oder BAUHÜTTE, englisch *lodge* (daher »Loge«).

Die gesamte freimaurerische Lehre ist in den 3 symbolischen Graden (auch Johannisgrade genannt) enthalten: Lehrling, Geselle, Meister – in bewußter Anlehnung an die Lebensstufen Jüngling, Mann, Greis bzw. Geburt, Leben, Tod. Die Aufnahme in den Meistergrad ist mit dem Gedanken von Tod und Wiedergeburt verbunden. Noch im 18. Jh. wurden zwecks Vertiefung zusätzlich Hochgrade eingeführt, so vor allem im AuASR = Alter und Angenommener Schottischer Ritus; seine 33 Grade waren ursprünglich alle symbolbezogen, z. B. erinnert der 13. Grad (*Royal Arch* = Königliches Gewölbe) an den Bau eines Idealtempels zum Ruhm des ABaW, der 28. Grad (*Knight of the Sun* = Sonnenritter) ist vom geistigen Licht erleuchtet und hat alle Stadien mystischer und religiöser Zweifel durcheilt. → Freimaurerische Symbole [Lr]

E. Lennhoff/O. Posner, Internationales Freimaurerlex., 1932, Nachdr. 1966; G. Serbanesco, Histoire de la francmaçonnerie universelle, son rituel, son symbolisme. 6 Bände, Paris 1963 ff.; A. Rosenberg, Die Zauberflöte. Geschichte u. Deutung von Mozarts Oper, 1964; E. Brault, Psychanalyse de l'initiation maçonnique, Paris 1965; P. Naudon, Histoire et rituels des Hauts Grades maçonniques, Paris 1966; A. Mellor, Logen, Rituale, Hochgrade. Handbuch der F., 1967; O. Winkelmüller, Les Compagnonnages. Eine Wurzel der F., 1967; P. F. Lobkowicz, Die Legende der Freimaurer, 1971; A. Mellor, Dictionnaire de la franc-maçonnerie et des franc-maçons, Paris 1971; J. Chailly, The Magic Flute. Masonic Opera, London 1972; H. Biedermann, Das verlorene Meisterwort. Bausteine zu einer Kultur- u. Geistesgesch. des Freimaurertums, 1986.

**Freimaurerische Symbole.** Nach der Verfassung der Großloge von England ist die → Freimaurerei ein »System der Sittlichkeit, eingehüllt in Allegorien und erleuchtet durch Sinnbilder«. Grundlage der freimaurerischen Symbolik ist die Arbeit der Handwerker, besonders der Steinmetzen. Zentralsymbol ist der (Salomonische) TEMPEL, dessen Bau die Brüder, in weiterem Sinne alle Menschen, in ihrem geistigen Streben nach Vollendung vereinen soll; es ist der

Tempel der Humanität. Der noch unbearbeitete Stein, der kubische Stein und das Reißbrett gehören zu den drei unbeweglichen Kleinodien, während Winkelmaß, Wasserwaage und Senkblei die beweglichen Kleinodien bilden. Die »drei großen Lichter« bestehen aus Bibel, Winkelmaß und Zirkel. Die »drei kleinen Lichter« werden gebildet von SONNE, MOND und dem Meister vom Stuhl; die beiden Gestirne gelten dabei als Inkarnation der schöpferischen Urkräfte, der Logenvorsitzende (Stuhlmeister) als »Sohn«, der in Anlehnung an den »Logos« das geistige Licht ausstrahlt. Bei der freimaurerischen Arbeit, so bei der Aufnahme eines neuen Mitgliedes oder Erhebung in einen höheren Grad, dient – besonders in mitteleurop. Logen – ein Teppich mit der Darstellung der wichtigeren Symbole als eine Art Lehrtafel; im angelsächsichen Raum erfüllt ein bemaltes Reißbrett den Zweck. F. S. sind: AKAZIENZWEIGE, als Zeichen der Unsterblichkeit oft in das offene Grab gestreut oder auf Freimaurergräber gepflanzt. Die BIBEL hat symbolische Bedeutung, deren Auslegung aber dem einzelnen freigestellt ist (z. B. ethische Verpflichtung, Wahrheit, Gottesoffenbarung); im angelsächsischen Raum liegt sie aufgeschlagen auf dem Altar. Auf die soziale Gemeinschaftsarbeit deuten BIENE und BIENENKORB; sie sind ganz allgemein ein Symbol für die Freimaurerei. Logenabzeichen sind häufig in einem DREIECK eingeschlossen; das Dreieck mit allsehendem Auge ist Symbol der Gottheit. Drei FENSTER – oft auf Teppichen dargestellt – stehen in Zusammenhang mit der Lichtsymbolik der Sonne, die von Osten, Süden und Westen in die Loge scheint. In der Führung des HAMMERS kommt die symbol. Gewalt des Meisters vom Stuhl zum Ausdruck; der Hammer ist zweiköpfig oder hat die Form des Steinmetzschlegels. Die zur freimaurerischen Bekleidung gehörenden HANDSCHUHE sollen anzeigen, daß die Hände bei der Arbeit rein zu bleiben haben; in manchen Systemen erhält der Aufgenommene ein Paar Frauenhandschuhe als »Gruß an die sonst von den Arbeiten der Loge ausgeschlossene Schwester«, d. i. seine Frau. KERZEN sind Symbol des Lichtes und des Lebens, sie stehen auf den drei Säulen. Der Freimaurerbund bezeichnet sich als BruderKETTE, die einzelnen Brüder sind die Kettenglieder; »Kette« ist cin beliebter Logenname; das Bilden der Kette *(mystic chain)* ist in manchen Großlogen ein symbol. Akt des freimaurerischen Rituals, besonders am Ende der Arbeit. In Anlehnung an Jakobs Traum von der Himmelsleiter ist die LEITER ins engl. Ritual eingegangen; ihre drei Hauptsprossen: Glaube, Liebe und Hoffnung. Zu den Werkzeugen des Lehrlings gehört der vierundzwanzigzöllige MASS-STAB als Richtschnur für richtiges Handeln zu jeder Stunde des Tages. Im OSTEN der Loge hat der Stuhlmeister seinen Sitz; der Ort, von dem aus das »maurerische Licht« erstrahlt (= Loge), wird selbst »Osten« oder »Orient« genannt; Grand-Orient bedeutet einfach Großloge. Die Arbeit am REISSBRETT symbolisiert die Arbeit des Meistergrades; im schwedischen System gehört das Reißbrett (mit dem Plan des Allmächtigen Baumeisters aller Welten) schon zur Arbeitstafel des Lehrlingsgrades. Am Johannistage (24. Juni) schmückt der Freimaurer die Loge – oft auch sich selbst – mit drei ROSEN, sie werden als Licht, Liebe und Leben gedeutet; vor allem gilt die Rose als Symbol der Sehnsucht nach einem neuen höheren Leben und wird deshalb dem toten Bruder ins Grab mitgegeben. Zum Freimaurertempel gehören fünf SÄULEN, drei stehen beim Teppich und tragen Lichter (Kerzen) – sie tragen symbolisch den ganzen freimaurerischen Bau: Weisheit, Stärke und Schönheit; die beiden freistehenden oder einen Portikus tragenden Säulen Jachin und Boas gehen auf die Bibel zurück (1 *Kön* 7,15–22) und werden ausgelegt als Sinnbild für die Beständigkeit der freimaurerischen Lehre oder auch als Grundpfeiler der Humanität (Gerechtigkeit und Wohlwollen). Als Symbol der Verschwiegenheit gilt der SCHLÜSSEL; in alten Ritualen wird der Schlüssel als Zunge bezeichnet, die alle Geheimnisse gut verwahrt; im schwedischen System Abzeichen des Meistergrades. Der SCHURZ ist Zeichen der Unschuld (daher meist in weißer Farbe) und Sinnbild der Arbeit. Das SENKBLEI soll auf Geradheit und Wahrhaftigkeit hinweisen. Ein rauher, unbearbeiteter STEIN *(rough ashlar)* ist Symbol der Unvollkommenheit und damit auch des Lehrlings, des neu in den Bund Aufgenommenen; das Behauen des Steines gleicht der Selbsterziehung; der kubische Stein *(perfect ashlar)* entspricht dem Gesellen. Die WASSERWAAGE bedeutet die Gleichheit, die Unterordnung der im Alltag zu beobachtenden Vorrechte unter das reine Menschentum. Als Symbol der Rechtwinkeligkeit, der Gewissenhaftigkeit ist das WINKELMASS ein Würdezeichen des Meisters vom Stuhl. Der ZIRKEL (= allumfassende Menschenliebe) spielt bei der Weihe zum Maurer eine große Rolle: die eine der beiden Spitzen wird im Herzen des Bruders verankert, die andere verbindet ihn mit allen anderen Brüdern. [Lr]

O. Wirth, Le symbolisme hermétique dans ses rapports avec l'alchemie et la franc-maçonnerie, Paris 1909; A. Wolfstieg, Freimaurerische Arbeit u. Symbolik, 1922; Fr. C. Endres, Die Symbolik d. Freimaurers, 1930; R. Ambelain, Scala philosophorum, ou la symbolique des outils dans l'art royal, Paris 1965; J. Tourniac, Symbolisme maçonnique et tradition chrétienne, Paris 1965; M. Aftalion, Symbolisme profane et symbolisme maçonnique, Paris 1969; A. Horn, Solomon's Temple in the Masonic Tradition, London 1972; E. J. Lindner, Die königl. Kunst im Bild. Beiträge zur Ikonographie der Freimaurerei, 1976; W. Kelsch, Die Emblematik d. Barockzeit u. ihr Einfluß auf die Ikonographie der Freimaurer (Quator Coronati Jb. 16/1979).

**Freud,** Sigmund, 6. 5. 1856 Freiberg/Mähren – 23. 9. 1939 London. F. ist jüdischer Herkunft, war in Wien Nervenarzt (Schüler des Psychologen E. Brücke und des Hirnpathologen H. Meynerth). Nach intensiver neurologischer Forschung (bis 1891 über 20 Publikationen auf neurophysiologischen Gebieten) wandte er sich unter dem Einfluß der französischen Psychiatrie (Charcot) und mit Hilfe des Wiener Nervenarztes Josef Breuer der »Seelenzergliederung« (→ Psychoanalyse) zu und entdeckte die Bedeutung verdrängter psychischer Inhalte für die Entstehung neurotischer Erkrankungen. F. ist der systematische Entdecker des → Unbewußten (1900: *Traumdeutung*) und der kindlichen Sexualität. Die Wünsche, welche von den Sexualenergien (→ Libido) erzeugt werden, müssen unter dem Einfluß der Kultur verdrängt werden, wirken aber selbst auch kulturstiftend, aber unter bestimmten Bedingungen (Traumata, Erziehungseinflüsse) auch krankmachend (Neurosen und Psychosen). Die adäquate Therapie ist das langsame Bewußtmachen der verdrängten Inhalte und Affekte, welche pathogen geworden sind. F. ist damit auch der Entdecker der psychoanalytischen → Psychotherapie. (»Wo Es war, soll Ich werden! Und dies ist eine Kulturtätigkeit wie die Trockenlegung der Zuydersee«, F., Studium Ausg. Bd. I, S. 516). F. hat auch wichtige Beiträge zur Erforschung des symbolischen Denkens (→ Sexualsymbolik, → Traumsymbolik) geliefert. Wie Kopernikus, Marx und Darwin relativierte er das bewußte Denken und zeigte, mitten im Positivismus des 19. Jh., daß der Beobachter das Beobachtete beeinflußt und durch Theorie und Praxis den Mitmenschen verändert. [IAC]

S. F.: Aus den Anfängen der Psychoanalyse 1887–1902; Briefe an Wilhelm Fließ, 1962; J. Breuer,/S. F.: Studien über Hysterie, 1970; E. Jones: S. F., 3 Bde., 1960; S. F.: Vorlesungen zur Einf. in die Psychoanalyse u. Neue Folge. Studien-Ausg. Bd. I, 1969; H. Speidel, F.s Symbolbegriff (Psyche 31/1977); A. Schöpf, Sigmund F., 1982.

**Freude.** F. findet ihren Ausdruck in bestimmten Verhaltensweisen und in Symbolfarben. ROT und Weiß sind die Farben der Jugend und Schönheit sowie des festlichen Gestimmtseins und der F. Im kirchlichen Kult Rot an den Festen der Apostel, Evangelisten und anderer Märtyrer (F. als Folge des Sieges), im Profanbereich bei freudigen oder festlichen Anlässen, im Märchen desgleichen. WEISS ist Farbe der christlichen F.nfeste Ostern und Weihnachten. Spitäler hissen eine weiße Fahne, wenn einen Tag lang kein Patient starb, Gefängnisse, wenn niemand einsitzt, Schulen, wenn niemand beim Abitur durchfiel. Zu Laetare und Gaudete wird die Farbe der Bußzeit, Violett, durch Weiß zu Rosa aufgehellt (vgl. rosa Kerze des Adventkranzes). Kirchliche Festf. beendet bzw. unterbricht obligatorisch das Fasten; auch Beten auf Knien wird dann »als Unrecht« angesehen (Tertullian, *De corona militis* 3). Festmähler sind kultisch und profan der F. zugeordnet; in der nordafrikanischen Kirche hießen sie sogar *laetitiae* (Augustinus, Brief 29,2). Wie der Mensch, so zeigt auch die Schöpfung F. (über das Heilsereignis) durch LACHEN und SPRINGEN (Sibyll. Orakel VIII/474f., analog. Vergil, 4. Ekloge, 49–51; im Volksglauben: Am Ostermorgen hüpft die Sonne, tanzt beim Aufgang und macht drei F.nsprünge, leuchtet in den herrlichsten Farben, d. s. die Gewänder der Engel, die vor F. tanzen). Ostergelächter in der Kirche. TANZ ist ein weiterer instinktiver Ausdruck der F., Erfindung der Götter. Das frühe Christentum kannte den Tanz, wegen starker Verbindung mit heidnischen Kulten später tanzfeindliche Haltung (906 Verbot, 1231 unter Androhung der Exkommunikation). Manches hielt sich im Volksbrauch, z. B. Tanz vor der Krippe (16. Jh. Franken), z. T. beim sog. »Kindlwiegen«, bei Hochzeiten in der Kirche (1670 Köln). Heute wieder Tanz im christlichen Gottesdienst, z. B. in Indien (aus einheimischen Kulten übernommen und integriert), in Sekten nie ganz verschwunden (z. B. Shaker). Auch Klingeln und HÄNDEKLAT-

SCHEN aus F. bei kultischem Tanz und Gesang: im frühchristlichen Gottesdienst (Melitianer in Ägypten), im äthiopischen Christentum bis heute. GLOCKENLÄUTEN und SCHIESSEN als freudiger Ausdruck der Ehrung bei kirchlichen Hochfesten (Fronleichnamsprozession, Aufgang der Ostersonne), bei Geburt, Taufe, Verlobung und Hochzeit, bei Ankunft und Verabschiedung. F.nfeuer bei bes. Anlässen (z. B. Primizen), Blumen, Bekränzungen und dergl. als Ausdruck der Hochstimmung wie auch Beflaggung und Schwenken von Fähnchen. – In der Kunst (mal. Hymnenliteratur und bildlichen Darstellung im 15., 16. Jh.) das Thema der 7 F.n Mariens (analog zu den 7 Schmerzen). [EH]

F. J. Dölger, Antike u. Christentum, Bd. 4, 1934 (Nachdr. 1975); L. Schmidt, Fahnen in vielen Farben (Volksglaube u. Volksbrauch, 286–288) 1966; S. Walter, Die weiße Fahne am Schulgebäude (Volkskunde. Fakten u. Analysen) 1945; H. Sachs, Freuden Mariens (LChrI 2) 1970.

**Frey, Dagobert** → Kunstwissenschaft

**Friede.** F.symbolik spiegelt Vielschichtigkeit des F.begriffs, der Paradigma der Differenziertheit ist. F. ist religiös, rechtlich, politisch, ist Heilsgabe, ungebrochene Rechtsordnung, Waffenruhe. – F.formeln: *šālōm, eirene, pax*. Im Orient wünscht man sich zur Begrüßung F. Die alltägliche jüdische Grußformel wird zur liturgischen Formel im frühen Christentum (F. = Heil auf Erden). Sepulkrales »Ruhe in Frieden« (christl. RIP = *requiescat in pace*) bereits alttestamentlich (1 *Mos* 15,15). Potenzierung des Wunsches durch Verbindung von F. und Ruhe. In der Antike häufig Personifikationen von Eirene und Pax. F.symbole daher oft ursprünglich Attribute von Allegorien. Jüdisch *šālōm* nicht personifiziert, spezifisch christlich. F.begriff kein Bildthema; außer Inschriften und Symbolen nur Zustandsbilder: Daniel zwischen Löwen, Tierf. (nach *Jes* 11,6f.) für eschatologisch F. Die sog. Jonasruhe ist Bild für die Ruhe der Toten. Pax-Allegorien in der Barockzeit für die F.herrschaft nach den Türkenkriegen, Pax als Tugend in der symbolischen Einhornjagd des MA → Jagd. – Griechischer Statuentypus der Eirene, römisch-kaiserzeitliche Pax-Darstellungen gehören zum Kreis inhaltlich verwandter Personifikationen abstrakter Begriffe; weibliche Gewandfiguren mit z. T. austauschbaren Attributen. Letztere leben, verselbständigt und mit Symbolwert, teilweise bis heute fort.

F.STAB: *Kerykeion* (Stab, der von zwei Schlangen umwunden ist) bzw. *Caduceus* (Abzeichen der F.unterhändler), Attribut von Eirene/Pax, zeigen friedliche Vermittlung an; Merkur (Merkurstab) auch Beschützer des F. (als Gott der Herolde; Ovid, *met.* XIV 291); Stäbe als F.zeichen auch in Britisch-Ostafrika. F. ZWEIG: *Sagmina* oder *verbenae* (**verbes* = Rute, Zweig) waren später einzelne Pflanzen, darunter Lorbeer und Ölbaum. Der *verbenarius* aus dem Kreis der Fetialen trug die *verbenae* bei F.unterhandlungen. In Fällen von Blutrache wurde der F. manchmal durch Darreichen von GRAS gesucht (Grimm, RA 112, 127). ÖLZWEIG: Attribut der *Pax* (Vergil, *Georg.* 2,425), Sinnbild sieghaften F. (Olympia, Triumphzüge), aber auch des Erbarmens. Auch Sinnbild der Versöh-

nung mit der Gottheit (griech. Kult, Noahs Taube). In der altchristlichen Kunst ist der LORBEER Zeichen des ewigen F., zugleich Siegeszeichen (wie auch Palme; vgl. »Siegeslorbeer, -palme«); hier ist F. Ergebnis des siegreichen Krieges (Ovid, *fasti* 1,711). PALME: War identisch mit Sieg(espreis). Siegespreis für Christen, die den guten Kampf gekämpft haben (2 *Tim* 4,7), nicht nur auf Märtyrergräbern. KRANZ: Griech. *stephanos*, lat. *corona* bedeutet sowohl Kranz als auch Krone; ebenfalls Siegeszeichen (»Siegeskranz«, dem Sieger »gebührt die Krone«), die alte F.bedeutung ist aber hier verblaßt. TAUBE: Heute das F.symbol schlechthin, bes. mit dem Ölzweig. »F.taube« auch im politischen Bereich; Entwurf für F.kongreß 1949 von Picasso. Schon im Altertum Bild der Versöhnung und des F. Grundlage für die christliche Kunst ist 1 *Mos* 8,8–12 (F. als Versöhnung mit Gott). In der altchristlichen Kunst ist die Taube auch Seelensymbol – Sinnbild der Toten, die im F. des Herrn entschlafen sind. Oft mit Ölzweig, Palme, Kranz. Taube mit Zweig war Wappen Pius XII. (setzte Familiennamen Pacelli in Beziehung zu *pace*). FÜLLHORN: Attribut auch der Pax, da F. Voraussetzung für Wohlstand (Seneca, *Med.*62 ff.). Als F.symbol heute unbekannt; → Glückssymbole).
Unter symbolhaften F.handlungen ist der F.KUSS die wichtigste, er besiegelt den F. (Esau – Jakob, David – Absalom), beendet die Blutfehde (Slawen). Kuß ist Ausdruck bes. Gemeinschaft; der allgemeine Grußkuß wird zum christlichen Bruderkuß, verschmolzen im liturgischen Kuß (Gemeinschaftsgedanke sakramental verstanden). F.losigkeit ist auch Trennung von der Gemeinschaft. Schwere F.brecher waren vom Besuch der Kirche ausgeschlossen; der F.kuß des Bischofs war Zeichen der Wiederaufnahme. Ein MAHL zwischen Feinden stellt F. her. Beim F.schluß zwischen Staaten bzw. von Asen und Wanen; Parallelen bei Naturvölkern; Errichtung einer innigen Gemeinschaft. Ehe bedeutet Ende vom Fluch ewiger F.losigkeit. Eheversprechen ließ im MA einen zum Tod verurteilten Verbrecher (auch Friedloser) freigehen.
In der Farbsymbolik ist WEISS Symbol des F. Die weiße Fahne ist internationales F.zeichen (F. als Folge der Niederlage). In Britisch-Ostafrika tragen die bereits erwähnten F.stäbe weiße Straußenfedern; in Kamerun bestreicht man sich zum Zeichen der Unterwerfung mit weißem Kalk. Um das apokalyptische Lamm stehen Leute aller Nationen in weißen Gewändern, Palmen in den Händen (*Offb* 7,9), Bild endzeitlichen F. [EH]

»Friede« in RAC und HdA; »Pax« in PWRE (sowie die dort angegebene Lit.); »Caduceus«, »Ölbaum, -zweig«, »Lorbeer« in PWRE; »Palme«, »Taube« und »Jonas« im LChrI; H. Dittmer, Symbol der Sehnsucht aller. Die Friedenstaube, 1959.

**Friedrich, Caspar David** → Romantik

**Fröbel**, Friedrich, 21. 4. 1782 Oberweißbach/Thür. – 21. 6. 1852 Marienthal b. Liebenstein/Thür., dt. Pädagoge, von Pestalozzi ausgehend, weltanschaulich v. a. von Novalis, Fichte, Schelling beeinflußt, aber auch von Jakob → Böhme (auf den die Symbole von Lilie und Auge zurückgehen dürften). Für F. hat alles, »was uns zunächst als Naturerscheinung umgibt, dann auch alles, was aus dem menschl. Geiste, Gemüte und Leben hervorgeht, sinnbildliche Bedeutung«. Die Welt besteht aus den beiden Bereichen Natur (Außen) und Geist (Innen). Während seiner Göttinger Zeit will F. das Innere der Natur in der mathematischen Figur und Formel fassen und entwickelt dabei eine geometrische Symbolik, dann versucht er mittels der Sprache das Symbolhafte der Welt zu beschreiben, wobei er sich v. a. verschiedener Metaphern aus dem Pflanzenleben bedient. Eines der häufigsten Symbole ist der BAUM (für Welt, Menschheit, Einzelmensch, Mitte der irdischen Erscheinungen, Erkenntnis, Entwicklung, Erziehung); das Kind ist eine Blüte am Lebensbaum der Familie; der WEIHNACHTSBAUM repräsentiert das Christkind, das wiederum Repräsentant für das Göttliche eines jeden Kindes ist. Im Spiel erkennt F. einen hohen Sinn, die ›Spielgaben‹ selbst sind Symbole (der BALL steht für Universum, Erde, Ganzheit, Einheit, Innenwelt). Die von christl. Geist geprägte Symbolwelt findet sich auch in F.s letztem Werk, den *Mutter- und Koseliedern*; das Titelblatt zeigt einen Garten mit einer Mutter und ihren zwei Kindern, die eine LILIE (Unschuld und Frohsinn) pflegen. Die Natur, der Gottes- und der Kindergarten werden in einem gesehen. Symbol für die Geborgenheit ist das vom ZIMMERMANN (Gott) erbaute HAUS: »Den Zimmermann das Kind drum liebt, der ihm den Schutz des Hauses gibt«. [Lr]

M. Bode, F.s Erziehungslehre u. ihre Grundlage (Zs. f. Gesch. d. Erziehg. u. d. Unterrichts 15) 1925; A. Rinke, F.s philos. Entwicklg. unter d. Einfluß d. Romantik, 1935; O. F. Bollnow, D. Pädagogik d. dt. Romantik, o. J. (1952); K. Giel, Fichte u. F., 1959; H. Heiland, D. Symbolwelt F. F.s, 1967.

**Frobenius,** Leo, 29. 6. 1863 Berlin – 9. 8. 1938 Biganzolo, Lago Maggiore, deutscher Ethnologe und Kulturphilosoph. F. untersuchte im Hinblick auf die Kulturkreise die Symbolik der einzelnen vergleichbaren Objekte, so auf den gravierten Felsbildern (Afrika) z. B. das Hörnerschmuckmotiv der Rinderbilder im Zusammenhang mit astraler Symbolik. Mit diesen symbolischen Darstellungen verknüpft F. die Theorie: jeder Periode der Vorstellungsdarstellung ist die andere der Vorstellungsbildung vorangegangen (*Kulturgeschichte Afrikas*, 21). Nach F. wäre der normale Vorgang in der Entwicklung der menschlichen Kultur: eine erste Schicht der »Ergriffenheit« und eine zweite Schicht der Fähigkeit, diese Gebilde auch darzustellen, zu verkörpern, zu realisieren. Der ursprungsnahe Vorstellungsstil (z. B. Felsbilder Fezzan) erweist sich nach F. als ausschließlich symbolisch, der jüngere Stil als »illustrierte Symbolik« (Vorstellungsdarstellung). Dieser Stil entwickelt sich zu der Ergänzung des Sinnbildes (Tier) durch Darstellung der mit ihm verbundenen Vorstellung und seiner symbolischen Bezogenheit. So fühlt der Mensch nur bei schwindender Ergriffenheit sich zu symbolischer Sinndeutung gedrängt. Für F. ergibt sich so die Aufhellung der »Urzeit« durch das Erfassen des am Endpunkt Angetroffenen (u. a. der Symbole).

F. war der Meinung, hinter der Handhabung der einfachsten Waffe spiele sich ein seelischer Vorgang ab, die Kleidung sei Ausdruck geistiger Regung, die Gestalt von Hütte und Haus habe im hohen Sinne symbolische Bedeutung, der Staat sei auch ein Symbol, der sich dem Einfluß unserer utilitaristischen Einstellung oft entzieht. Kulturbildung sei ein seelisches Erzeugen. [Du]

Hauptwerke: Masken u. Geheimbünde Afrikas, 1898; Und Afrika sprach, 3 Bde., 1912f.; Atlantis, Volksmärchen u. Volksdichtungen Afrikas, 12 Bde., 1921–28; Paideuma, Umrisse einer Kultur- u. Seelenlehre, 1921; Atlas Africanus, 1922–30; Erythräa, Länder u. Zeiten des rituellen Königsmordes, 1931; Kulturgesch. Afrikas, 1933.

**Fromm, Erich** → Psychologie

**Frosch**, in Namensgebung und zugelegter Bedeutung von der → Kröte nicht immer klar unterschieden. Der Erde und dem Wasser (in China dem Yin) zugehöriges Tier; in Indien Symbol der Erdenschwere und des an die Erde gebundenen Lebens. Wegen seiner großen Fruchtbarkeit sinnbildete er bei den Ägyptern die Kräfte der Lebensentstehung; die Geburtsgöttin Heket wurde froschköpfig dargestellt; in der Spätzeit erblickte man in dem Amphibium ein Symbol der Wiedergeburt. In den ersten christlichen Jh.en haben koptische Lampen und Amulette die Form eines F.es mit Kreuzzeichen: Ausdruck der Hoffnung auf Auferstehung und ewiges Leben. Im Volksglauben wird das Quaken der F.e als Geschrei der ungeborenen Kinder gedeutet, oder das Tier gilt als Erscheinungsform der armen Seele (im Märchen als verwandelter Prinz).
Der negative Aspekt zeigt sich in der iranischen Mythologie (F. im Gefolge Ahrimans). Bei den Juden galt das Tier als Verköperung dämonischer Mächte, die aber im Dienst Gottes stehen konnten (2 *Mos* 8,1–14; *Offb* 16,13). Die Kirchenväter erblickten im F. dem Teufel und der Häresie zugehörige Wesen. [Lr]

Fr. X. Steinmetzer, Das F.symbol in Offb 16 (Bibl. Zs. 10/1912); W. Deonna, La Femme et la grenouille (Gazette des Beaux arts 1952); H. Wrede, Ägypt. Lichtbräuche bei Geburten. Zur Deutung der F.lampen (JAC 11–12/1968–69).

**Fruchtbarkeit.** Als F.selement bei vielen Völkern gelten vor allem jene Wesen, die die F. des Bodens bewirken oder verhindern können. Symbolische Handlungen, wie das Schlagen von jungen Leuten und Vieh mit frischen, blättertragenden Zweigen (Lebensrute, → Martin), Besprengen der Felder mit lebenspendendem Wasser, phallische F.szeremonien oder Menschenopfer sollen reiche Ernte sichern.
Bei vielen Völkern nimmt die MASKE an den Riten der Felderbestellung teil. Sie sichert die F. der Felder, und, durch mystischen Paralleleffekt, die F. der Frauen. Die Vorstellung von F. verrät sich oft durch ornamentale Einzelheiten wie der Nashornvogel mit dem langen Schnabel, den ausgebreiteten Schwingen und mehreren Frauenbrüsten. Bei den Buschmännern wird während der ersten Menstruationstage als F.sanreger für die Mädchen der Elandbullentanz aufgeführt: zwei alte Männer mit Elandhörnern auf dem Kopf tanzen mit Frauen vor den Mädchen das Werbespiel des ELANDBULLEN. In Obervolta ist die ANTILOPENMASKE besonders mit der F. verbunden; die pointilistische Dekoration der Oberfläche symbolisiert die Sterne, deren Erscheinung Saat und Erntezeit verkünden. Die ZICKZACKLINIEN bedeu-

ten die himmlische Barke, in der der Kulturheros auf die Erde herabstieg. Die Beziehung zwischen Feldbau und Schöpfung verdeutlicht den Zusammenhang zwischen kosmischer Ordnung und der F. der Felder.

Die kultisch-mythische Vertretung der Pflanze durch den Menschen (aus dem Kopf eines Toten sei die Nutzpflanze entstanden oder der Mensch sei aus einer Pflanze hervorgegangen) kennzeichnet das Weltbild vieler Völker. Oft ist das Töten eines Menschen Voraussetzung für die F. Bei den Suque (Melanesien) mußte entsprechend der Gleichsetzung der Frau mit der Pflanze vielfach ein Mädchen den kultischen Tod erleiden. An seiner Stelle wurde oft das SCHWEIN (das Tier der Frau) getötet. Die zerstückelte Leiche wurde der Erde übergeben. In Indonesien wird der blühende REIS als schwangere Frau betrachtet; wenn die Reisähren sich bilden, bringt man ihnen Nahrung hin wie kleinen Kindern.

RÄDER und SCHEIBEN als Sonnensymbole waren oft Mittelpunkt vieler Kulte und Bräuche. Zur → Bronzezeit wurden in Europa Sonnenräder und Scheiben umhergefahren oder getragen als eine Art Vorbildzauber, mit dem man sich einen günstigen Einfluß der Sonne auf das Gedeihen der Früchte sichern wollte. In früheren Zeiten wurde in Deutschland in einer bestimmten Frühlingsnacht ein strohumwickeltes Rad an einem Abhang über die Felder hinuntergerollt und dabei Segenswünsche für das Wachstum der Felder ausgesprochen. Dieser Brauch wurde in Tirol als »Kornaufwecken« bezeichnet. In Lettland war es Brauch, einen ÄHRENKRANZ (Symbol der F.gottheit Jumis) nach der Ernte bis zum nächsten Jahr an die Wand oder an die Decke über den Eßtisch aufzuhängen, damit es nicht am Brot fehle. Neben der Sonne wurde auch dem Mond Einfluß auf die F. zugeschrieben (→ Mondsymbolik).

Bei den frühesten Bodenbauern Vorderasiens kommt der F.sritus des Adonisgärtchens vor: Die rituelle Aussaat von Gerste und Weizen oder anderen Pflanzen in einem Behälter, der nach und zu einer bestimmten Zeit in ein Gewässer geworfen, auf das Feld getragen oder im Hause aufbewahrt wird. Die aus der Antike überlieferte Form der rituellen Aussaat auf einem heiligen Feld ist mit dem Kult der → Demeter verbunden; in den eleusinischen Mysterien wurde die Göttin durch die heilige Ähre symbolisiert. In Mesopotamien steht der Säpflug (Saattrichter) in Verbindung mit der weiblichen F.skraft. In Indien wird der SAATTRICHTER vor der Aussaat in Frauengewänder gekleidet und verehrt. Die Bilahi (Indien) symbolisieren das Rückgrat der weiblichen Gottheit durch einen BAMBUSSTAB, auf dessen Spitze eine eiserne Pflugschar befestigt ist. Die Beziehung des PFLUGES zur weiblichen F. tritt ganz besonders bei den Georgiern und Armeniern hervor. Dort ziehen, bei anhaltender Dürre, Frauen, oft nackt, im Flußbett eine Furche, um Regen zu erhalten. Eine ähnliche Verbindung besteht auch bei den Sioux (N. Amerika), wo die Frau während ihrer Menstruation vor Sonnenaufgang nackt über das Saatfeld geht, um damit dessen F. zu dienen. → Fastnacht [Du]

W. Mannhardt, Wald- u. Feldkulte, 1–2,

1904; C. Capeller, Das Erntefest (Mitt. d. Litauischen litt. Ges. Tilsit 5) 1911; F. Speiser, Die eleusinischen Mysterien als primitive Initiation (Ztschr. f. Ethnol. 60) 1928; C. Hentze, Mythes et symboles lunaires, 1932; G. Jarosch, Erntebrauch u. Erntedank, 1939; A. Riesenfels, F.sriten in Melanesien (Intern. Archiv Ethnogr. 37) 1939; G. Hatt, The Corn Mother in Am. and Indon. (Anthropos 46) 1951; H. Baumann, Das doppelte Geschlecht, 1955; H. Niggemeyer, Ritualjagd u. F.svorstellungen (Ethnologica N.F. II) 1960; F. Herrmann, Symbolik i. d. Religionen der Naturvölker, 1961; E. Lake, The Dance of the spirit of new corn in Cattaro (Folk-Lore 7) 1966; L. Neuland, Jumis die F.sgottheit der alten Letten, 1977.

**Früchte** gehören zu den typischen Attributen der altorientalischen und antiken Muttergöttinnen, deren Sohn selbst »die große Frucht« ist. In Rom war der Feigenbaum der großen Ernährerin Juno heilig; Romulus und Remus wurden unter einem Feigenbaum gesäugt. In Hellas trugen junge Mädchen am Fest des Dionysos getrocknete Feigen als (phallisches) Fruchtbarkeitssymbol. Früchte können Kindersegen andeuten (z. B. → Apfel), ja sogar anthropogonische Bedeutung haben (wie im → Tanztheater der Pygmäen). Bei verschiedenen Negerstämmen ist der Kürbis Symbol der Gebärmutter und des Welteis. Die Mandel galt in der Antike als Symbol der Schwangerschaft und des Kindersegens; in christlicher Deutung ist diese Frucht Sinnbild der Inkarnation Christi und seiner Geburt aus der Jungfrau (unverletzte Schale).

F. sind ganz allgemein Symbol von Fruchtbarkeit und Leben, so auch, ohne daß sich das Volk dessen immer bewußt wäre, im Brauchtum (→ Nikolaus, → Weihnachten). F. können aber auch den Tod bringen. Als F. des biblischen Sündenfalls werden genannt Traube (jüdische Exegeten, *Buch Henoch*), Feige (einzelne *Midrasch*texte, frühchristl. Kunst), → Kirsche, vor allem aber → Apfel (im Lateinischen Wortgleichheit von »Apfel« und »Übel« = *malum*). Bei verschiedenen Darstellungen des SpätMA trägt die *arbor scientiae* (Baum der Erkenntnis) statt der F. Totenköpfe, die *arbor vitae* (Lebensbaum) Hostien. Die Frucht, die Christus der Menschheit reicht, führt zum ewigen Leben; in Malerei und Plastik hält das Jesuskind einen Apfel oder → Granatapfel in der Hand. Christus selbst gilt als die schönste Frucht, die der Himmel (Gottvater) aus der Erde (Maria) hervorkommen ließ. Im geistigen Sinn sind F. die Werke der Menschen (*Mt* 7,16–20). [Lr]

Aigremont, Volkserotik u. Pflanzenwelt, 1908; Ch. Skinner, Myths and legends of Flowers, trees, fruits and plants in all ages in all climes, London 1926; A. P. de Mirimonde, Fleurs et fruits du paradis (Oeil 156/1967); J. E. Rousscup, Fruit in the New Testament (Bibliotheca Sacra 1968); D. Forstner, Die Welt der christl. Symbole, [3]1977 (zu Apfel, Feige, Granatfrucht, Mandel, Nuß, Traube).

**Frühling.** Vor allem im Alten Orient ist der F. eine Art Jahresgedächtnis des Weltbeginns, den er nachbildet. Nach dem Sieg der Sonne im F.säquinoktium taucht die Erde licht- und lebengebärend aus der Wasserflut des Winters auf, so wie die Welt nach Besiegung des Wasserdrachens aus dem Urchaos hervorging (→ Kosmogonie). Eine neue Ära beginnt. Rituell wird der Übergang vom Chaos zum Kosmos aktualisiert unter Rezitation des Schöpfungsmythos und Darbringung von Opfern, meist Erstlinge der Herde und der Ernte. In Israel wird der F.smonat *Nisan* durch Passah mit seinem Lammopfer und den Mazzen zum Jahresanfang.

Der kosmische Neubeginn wird zum Zeichen des heilsgeschichtlichen. Für → Philo ist der *Nisan* Abbild des Uranfangs und Passah → Gedächtnis der Geburt der Welt und der Geburt des Volkes Israel nach dem Sieg Jahwes über den DRACHEN des Urchaos und die Drachenmacht Ägypten. In der Patristik bleibt der F. Abbild des Weltbeginns, zugleich wird er zum Symbol österlichen Lebens. Der Sieg der SONNE über das winterliche Chaos wird zum Symbol des Sieges der Sonne Christus über das Chaos der Sünde und zum Zeichen der Neuschöpfung. Weil Neuschöpfung und Neubeginn in den Wassern der → Taufe geschieht, ist der F. auch ihr Symbol. [ThS]

J. Daniélou, Liturgie u. Bibel, 1963 (S. 290–305); Th. Michels, Das Frühjahrssymbol in österl. Liturgie, Rede u. Dichtung des christl. Altertums (Jb. f. Liturgiewiss. 6) 1926; A. J. Wensinck, The Semitic New Year and the origin of eschatology, 1923.

**Frühlingsbrauchtum** → Maibrauchtum

**Fuchs,** in Mythos und → Fabel Symbol der Schlauheit; im Märchen gehört er zu den sog. »hilfreichen« Tieren. Schon in der sumerischen Überlieferung ist er als listig gekennzeichnet; er verspricht, gegen Belohnung die verschwundene Muttergöttin wieder herbeizuschaffen. Bei den Chimu (S-Amerika) gehörte der F. zum Gefolge des Mondgottes. In Japan ist er mit dem Gott der Reisfelder, Inari, verbunden. Wegen seiner rötlichen Farbe galt er der Antike als Feuergeist; in Rom wurden am Fest der Ceres zur Abwehr des Getreidebrandes Füchse mit brennenden Fackeln an den Schwänzen durch die Feder gejagt. Arglist und Bosheit bestimmen das biblische Bild; im *Hohenlied* (2,15) verwüsten sie den blühenden Weinberg – von den Exegeten des MA als die den wahren Glauben (Weinberg) bedrohenden Häretiker (Füchse) ausgelegt. Im → *Physiologus* verkörpert der F. den Teufel, in dieser Bedeutung auch in Buchmalerei und Bauplastik. In den Träumen wird der F. meist positiv erfahren; er stellt die instinktiv-intuitive Seite des Menschen dar. [Lr]

U. A. Casal, The goblin fox and badger and other witch animals of Japan (Folklore Studies 18/1959); P. Gerlach, F. (LChrI 2) 1970; E. Dietz/J. B. Bauer, F. (JAC 16/1973); I. Riedel, Traumbild F., 1986.

**Füllhorn,** ein mit Blumen oder Früchten gefülltes Horn, ursprünglich der → Ziege Amaltheia gehörend. In der Antike Symbol für Fruchtbarkeit und Überfluß, Attribut der Gottheiten der Erde (Gaia), des Friedens (Eirene), des Reichtums (Plutos) und des Schicksals (Tyche). Seit der Renaissance ist das F. ein bekanntes → Glückssymbol; bei der Darstellung der Jahreszeiten wird es dem Herbst beigegeben. [Lr]

**Fünf** gilt als numinose Zahl bei den Manichäern (5 Söhne des Urmenschen, 5 teuflische Mächte), im Hinduismus (5 hl. Bäume, 5-farbige Fäden in Ritus und Magie, 5-Feuer-Lehre der Upanishaden) und im → Jainismus. Auch im chinesischen Denken spielt die F. *(wu)* eine besondere Rolle: Himmelsrichtungen (neben den 4 uns bekannten noch die Mitte), Elemente (Erde, Feuer, Wasser, Holz, Metall), Tugenden usw. Der Islam kennt 5 Säulen der Frömmigkeit: Bekenntnis, 5-maliges Gebet am Tag, Almosen, Fasten,

Mekka-Wallfahrt. Fünfzackig ist das → Pentagramm. In der pythagoreischen Zahlenspekulation galt die F. als Vereinigung der männlichen Drei mit der weiblichen Zwei und damit als Symbol der Hochzeit; Platon (*Timaios* 31 b, 55 c) spricht von 5 notwendigen Hochzeitsgästen; von kirchlicher Seite wird in diesem Zusammenhang auf die 5 klugen und törichten Jungfrauen (*Mt* 25) verwiesen, die letzteren gaben sich den 5 → Sinnen hin und haben die Ankunft des himmlischen Bräutigams verschlafen. [Lr]

P. Eckhardt, Zur Symbolik der F., 1956; W. Kirfel, Symbolik des Hinduismus u. des Jainismus, 1959 (97ff., 150ff.).

**Fuß,** im alten Orient und in der Antike Symbol der Unterjochung; der Sieger stellte zum Zeichen der völligen Unterwerfung seinen F. auf den Gegner (vgl. *Jos* 10,24). Zur Bekräftigung des endgültigen Sieges wird der Todfeind unter den Füßen zertreten (*Röm* 16,20). Was Gott dem Menschen zu Füßen legt, gibt er ihm zum Eigentum (*Ps* 8,7ff.). Den F. auf ein Stück Land setzen, war Zeichen der Besitzergreifung; lat. *possessio* (= Besitznahme, eigentlich Eroberung) kommt von *pedis sessio* (= Aufsetzung des Fußes). Als Kosmokrator macht Gott den Himmel zu seinem Thron und die Erde zu seiner Füße Schemel (*Jes* 66,1). Schuh und F. sind → Rechtssymbole und spielen auch bei der → Verlobung eine Rolle. In der Heraldik und spätmittelalterlichen Grabplastik weisen gekreuzte Füße oder Beine auf den Kreuzfahrer.
Entblößung der Füße ist Ausdruck der Demut: bei altmesopotamischen Priestern, beim Opfer der Dido (Vergil, *Aeneis*), bei Moses am Berg Sinai (2 *Mos* 3,5), bei Mohammedanern, wenn sie eine Moschee betreten. Barfüßigkeit kann aber auch einen besseren Kontakt zu den chthonischen Mächten, zum Urgrund, ermöglichen und kommt im Zauber und – in abgeschwächter Form als Einschuhigkeit – in Geheimriten vor. Die F.spur Buddhas bezeugt die persönliche Gegenwart des Erleuchteten und ist zugleich Repräsentation des in ihm personifizierten Universums. Vgl. auch die F.abdrücke im → Hinduismus. Im christlichen MA galten F.spuren Gottes als Zeichen seines geheimnisvollen Wirkens *(operum secretorum insignia)*. Die F.abdrücke Christi finden sich in Volksglauben und Ikonographie mit seiner Himmelfahrt verbunden. Bei den Griechen galten die F.abdrücke hl. Frauen als Ort der Fruchtbarkeit. Wie dem → Schuh kann auch dem F. erotisch-sexuelle Bedeutung zukommen. [Lr]

Aigremont, F.- u. Schuhsymbolik u. -Erotik, 1909; J. Nacht, Der F. Eine folkloristische Studie (Jb. f. Volkskunde 1923); H. Bächtold-Stäubli, F. (HdA); W. Weisbach, »Ein F. beschuht, der andere nackt« (Zs. f. schweizer. Kunstgesch. u. Archäol. 4/1942); C. M. Verhoeven, Symboliek van den voet, Assen 1956; Fr. Bizot, La figuration des pieds du Buddha au Cambodge (Etudes Asiatiques 25/1971); W. Speyer, Die Segenskraft des göttl. F.es (Fs. J. H. Waszink), Amsterdam 1973.

**Gans,** in Verbindung mit dem Weltei ein wichtiges Motiv in ägyptischen Schöpfungsmythen; den Urgott Amun selbst dachte man sich in der Erscheinungsform einer G. Fruchtbarkeit und Leben andeutend, wird sie zum hl. Tier der Aphrodite und in Italien zur

Opfergabe für Priapus, den Gott der Zeugungskraft; in der etruskischen Bildkunst erscheint sie als Begleiterin der Geburtsgöttin Thalna. Allgemein in der Antike Symbol der (ehelichen) Liebe und der Wachsamkeit (der Sage nach retteten sie das Kapitol vor der Zerstörung). Bei nordasiatischen Völkern Mittler zwischen Erde und Himmel (→ Schamanismus); in der indischen Mythologie auch als → Schwan auftretend. Die G. als Attribut des hl. Martin (Patron der Gänsezucht) wurzelt in alten Speisebräuchen, ursprünglich vielleicht mit dem Gedanken eines Opfers verbunden. [Lr]

E. A. Armstrong, The symbolism of the swan and the goose (Folklore 55/1944); M. P. Nilsson, Martensgas (Folkminne och folktru 31/1944); J. Ph. Vogel, The goose in Indian literature and art, Leiden 1962.

**Ganzheit.** Der Begriff der G. dient seit der Jh.wende zur Kennzeichnung des ursprünglich unversehrten Zusammenhanges; die G. ist mehr als die Summe ihrer Teile. Bereits in den alten Kulturen war die VIERZAHL ein Hinweis auf die Weltgegenden und damit auf die G. des Kosmos. Die Universalität des ägyptischen Schöpfergottes Chnum zeigt sich in der Vierheit seines Wesens; er ist der Ba (»Seele«) des Re (Himmel), des Schu (Luftraum), des Geb (Erde) und des Osiris (Unterwelt). Die Vier deutet die kosmische G. an: Himmelsrichtungen, Hauptwinde, Jahreszeiten, → Elemente, → Weltalter. In seiner Vollkommenheit faßt der → Urmensch alle Teile des Universums in sich zusammen. Für → Heraklit war der Logos, die Weltvernunft, der symbolische Ausdruck für den Zusammenhang des Weltalls.

Zu den ältesten »Bildern« für die G. gehört das RUNDE in den verschiedenen Aspekten: KUGEL (die Welt als *sphaira* ist ein Ganzes), Tierkreis, SONNENRAD (das die Welt »umläuft«), Kreis, Kranz. Im Märchen und im mal. Staat kann die KRONE diese Bedeutung annehmen – Symbol der Herrschaft und damit der G. und Unteilbarkeit eines Volkes, eines Reiches; der Inhaber der Krone, der König oder Kaiser, ist im wahrsten Sinne des Wortes Integrationsfigur. Ein Symbol der G. ist auch das → MANDALA, Kosmogramm und Psychogramm in einem; die meditative Ineinssetzung mit der Welt führt den Menschen zu sich selbst. C. G. Jung hat darauf hingewiesen, daß dem Mandala ähnliche Figuren sich auch außerhalb der indisch-buddhistischen Kulturen finden, so z.B. in mal. Radfenstern, in Sandmalereien der indianischen Navahos und in Zeichnungen moderner Menschen als spontaner Ausdruck innerer Erfahrungen. Symbole des → Selbst (nach der analytischen Psychologie) sind zugleich Symbole der G.

Die (Wieder-)Erlangung der G., die gleichsam mystische Einung von → Makro- und Mikrokosmos, war das eigentliche Anliegen der → Alchemie. Die Suche nach dem »Stein der Weisen« war die Suche nach der G. Als *lapis philosophorum* galt u.a. der HERMAPHRODIT, in dem die Vereinigung der Gegensätze (von Mann und Frau) erreicht ist und der in Parallele zu Christus gesetzt wurde, in dem Männliches und Weibliches aufgehoben sind, in dem Anfang und Ende, Gott und Mensch zusammenfallen. [Lr]

**Garten** (»umgürtetes Land«), bei den alten Völkern ein Geschenk

Gottes, das → Paradies, Symbol der Ordnung, der Fruchtbarkeit und des Lebens. Da Adam und Eva dem göttlichen Gebot zuwiderhandelten, wurden sie aus dem G. Eden vertrieben. Im G. der Hesperiden steht nach griechischem Mythos der Baum mit den goldenen Früchten. Indische G.anlagen ähneln einem Mandala, sie werden von einem Achsenkreuz (in kosmischer Bedeutung) durchzogen und in 12 Terrassen (entsprechend den 12 Tierkreiszeichen) angelegt, so z. B. der G. beim Tadsch Mahal. Der japanische G. erhielt unter dem Einfluß des Zen-Geistes metaphysischen Charakter, er soll weniger der Erholung als vielmehr der Meditation dienen; die Felsen- und Steinanordnung symbolisiert den bei allem Wandel unwandelbaren Wesenskern der Welt. In der christlichen Kunst des MA kann der G. in Anlehnung an das *Hohelied* (4,12) ein Mariensymbol sein, so beim »Paradiesgärtlein« des Oberrheinischen Meisters um 1410 (Frankfurt a. M., Städel). In der abendländischen Dichtung (→ Chaucer, → Milton, → Rosenroman) erscheint der G. als Ort der körperlichen und seelischen Erquickung, der Lust und der Liebe. Die G.anlage des → Barock ist eine Synthese absolutistischer Staatsvorstellung und kosmologischen Gedankengutes. [Lr]

A. Brock-Utne, Der Gottes-G. Eine vgl. religionsgesch. Studie, Oslo 1936; M. H. Thomson, Le jardin symbolique, Paris 1960; W. Stammler, Der allegor. G. in Wort u. Bild (Schrifttum u. Bildkunst im MA, 106–116) 1962; E. M. Vetter, Das Frankfurter Paradiesgärtlein (Heidelberger Jahrbücher 9/1965; H. Fischer, Der mythische Ursprung des G. (Antaios VII/1966); G. Becker, Le mythe du jardin (Aesculape 1970); Park u. G. im 18. Jh. (Reihe: Beitr. zu Gesch. d. Literatur u. Kunst des 18. Jhs.) 1978; I. Schaarschmidt-Richter, Der japan. G., 1979. M. Beuchert, Die Gärten Chinas, 1983; W. Teichert, Gärten. Paradiesische Kulturen, 1986.

**Gebäcke.** Sowohl die mit Modeln oder Ausstechformen hergestellten G. wie auch die freihändig geformten Gebildbrote waren in alter Zeit mit Glaube und Brauch verbunden und dürften großenteils, wenn heute auch nicht immer nachweisbar, Symbolbedeutung gehabt haben. Die weit verbreitete Sitte, aus Teig Männlein zu backen, erinnert an Kulte, bei denen ein göttlicher Leib in Brotgestalt verzehrt wurde. Tierförmige Gebildbrote sind oft an die Stelle früherer → Opfer getreten. Das Allerseelenbrot (u. a. »Heiligenstriezel«, »Seelenwecken«) erinnert an die Totenspeisung. Manche Gebäcke zeigen in Namen und Form eine Fruchtbarkeitssymbolik. Beim Volk noch heute beliebt sind die G. zu → Weihnachten.

[Lr]

A. Höfler, Weihnachtsgebäcke. Eine vgl. Studie d. german. Gebildbrote, 1905; M. Währen, Schweizer Gebildbrote in Menschen- u. Tiergestalt (Brot u. Gebäck 1957); E. Burgstaller, Österreich. Festtagsgebäck, 1958; G. A. Küppers-Sonnenberg, Knoten u. Zopf (Brot u. Gebäck 1963); H. J. Hansen (Hg.), Kunstgesch. des Backwerks, 1968; E. Burgstaller, Das Allerseelenbrot, 1970; I. Carius, Gebildbrot. Brauchtum im Jahres- u. Lebenslauf, 1982.

**Gebärden,** Ausdrucksbewegungen; in Religion, Magie und Brauchtum oft von eigener Signifikanz, z. B. das »Sich an die Brust schlagen« zum Zeichen der Klage (*Jes* 32,12) oder der Reue (*Lk* 18,13) oder den Fuß auf den Nacken des Besiegten stellen zum Zeichen seiner Unterwerfung (in der Antike üblich). Der Ägypter berührte bei der täglichen Verehrung der Gottheit (im Bild einer

Statue) mit seinem Haupt die Erde; die Israeliten ließen sich beim Betreten der Wohnstatt des Herrn »vor seiner Füße Schemel« hinfallen (*Ps* 132,7). Aus dem persischen Hofzeremoniell wurde von Alexander d. Gr. und dann von den römischen Kaisern die Proskynese übernommen, bei der der Gläubige/Untertan sich vor dem Gott/Monarchen niederwirft und mit der Stirn den Boden berührt (griech. *proskynein* = fußfällig verehren), in der orthodoxen Kirche noch bei der Verehrung des Kreuzes und der Ikonen, in der katholischen Kirche – als Prostration – für den Zelebranten zu Beginn der Karfreitagszeremonien vorgeschrieben. Das Knien und die Kniebeugung *(genuflexio)* sind Ausdruck der Bußgesinnung, der Unterordnung und der Anbetung; in Assyrien kniete selbst der König vor dem Altar. Die G.sprache wurde in abgeschwächter Form von Luther beibehalten (→ Protestantismus). Kultische G. fanden auch in Drama und Tanz Eingang.

Besonders ausdrucksreich sind die Handhaltungen und -bewegungen. Der Handschlag wird zum Ausdruck der Verpflichtung (→ Rechtssymbole), das Darreichen der Hand zum Zeichen des geschlossenen Ehebundes. Eine alte Gebetsgeste ist das Erheben beider Hände – der Betende öffnet sich den Mächten des Himmels. Das seit dem MA übliche Beten mit gefalteten Händen drückt die innere Sammlung aus, die Aufgabe eigener Aktivität und die Hingabe an Gott. Die erhobene Hand des Herrschers und des Redners (ikonographisch beim lehrenden Christus) kann in den Segensgestus übergehen; hier ist das → Kreuzzeichen anzufügen. Die Verhüllung der Hand in Antike, byzantinischem Hofzeremoniell und christlicher Liturgie ist Ausdruck der Ehrfurcht. Im Hinduismus und → Buddhismus sind bestimmte Hand- und Fingerstellungen *(mudrâ)* von magisch-symbolischer Bedeutung. Auch in der politischen Symbolik finden sich G., so die zum Gruß erhobene rechte Hand (→ Faschistisch-nationalistische Symbole) und die geballte Faust (→ Kommunistisch-marxist. Symbole). [Lr]

H. Vorwahl, Die G.sprache des AT, 1932; Th. Ohm, Die Gebets-G. der Völker u. das Christentum, 1948; J. Auboyer, Mudrā et hasta ou le language par geste (Oriental Art 3), London 1950–51; K. Goldammer, Die Formenwelt des Religiösen (353–364), 1960; D. Minati, A study in hand gestures, 1961; L. Röhrich, G., Metapher, Parodie, 1967; K. Gross, Finger/Gesten (RAC VII) 1968; E. Schürer v. Witzleben, Die Segensgeste (Symbolon NF 1/1972); A. D. Kilmer, Symbolic gestures in Akkadian contracts (Journal of the American Oriental Society 95/1974); A. Roeder, Die G. im Drama des MA, 1974; R. Sumtrup, Die Bedeutung der liturg. G. u. Bewegungen in lat. u. dt. Auslegungen des 9.–13. Jhs., 1978.

**Geburt.** Das Wunder neuerstehenden Lebens wird als dem Sterben/Tod gleichgeachtete Tatsache urmenschlichen Erlebens mit dem Wortfeld *bar,* mit »fruchttragen, fruchtbringen am Baum« verbunden und ist bis in gotische und indische Sprachen zurückverfolgbar; noch bis ins 14. Jh. *gebērnde bäume.* KinderBÄUME sind im Erzählgut und auf Backmodeln bekannt. Mythen von der G. aus einem Baum kennen zahlreiche Völker (→ Adonis).

Die Umstände vor und bei der G. (Mutter und Neugebornes betreffend), die Einbeziehung von Vater, Familie, Nachbarschaft, Hebamme, Paten für die wirksame

Aufnahme des Kindes in die Gemeinschaft begleiten uralte, magisch beschworne (Krötenamulett, Gebärrunen) wie rechtssymbolische Weihungen und werden auch volkskünstlerisch (an diesbezüglichem Hausrat, Kleidung, Gebäck) wie durch weitreichende Wortwahl (Urmutter Erde, Kornmutter, weiblichen Felsnamen, Frau Holle, Christgeburtsnacht/Mütternacht, 1. Weihnachtstag/Adam-Eva-Tag) symbolisiert. In volks- und völkerkundl. Wörterbüchern und Abhandlungen wird die Symbolträchtigkeit in fast jedem Beleg offenkundig; Spamer: »Zu keiner Zeit des Lebens tritt der Gedanke an die Einheit von Mensch, Tier und Pflanze so stark zutage ... wie in den Monaten der mütterlichen Schwangerschaft und der Geburt des neuen Erdenbürgers ... Die Fruchtbarkeitsausstrahlung gilt gegenseitig« (Binderin der letzen Garbe; Fruchtessen vom erstmals tragenden Baum). Auch in Bezug auf Kindbetterin, Neugeborenem: Die Kreißende wurde (wie die Sterbende) auf die »Mutter Erde« gelegt; Titel »Frau« oft erst nach dem ersten Kind; Einschnüren des Wickelkindes, Flachsknoten-Püppchen/Drudenknoten an der Wiege; Herkunft der Kinder (Brunnen, Titisee; Fels, Höhle, Steine, Erde; Vögel, Storch u.a. Tiere); besondere Kinderbringer. Sonntag Lätare (fröhlicher Sonntag der Fastenzeit mit Gebildbroten (frz. *pain bénit,* engl. *holy bread*) hat sich zum Muttertag entwickelt. – So auch vonseiten des Vaters, der Verwandten, Nachbarn: Knieaufsetzen/Vom-Erdboden-Aufheben durch den Vater; Freudenmaien der Überbringer der Geburtsnachricht, ähnlich dem Verkündigungsengel bei Maria, Schicksalsbaumpflanzen; Möschenpötte u.a. Geschenke an die Wöchnerin; Namensgebung nach Verwandtschaft, Heiligennamen (»Jed kalb hatn geburtstag awer noch lang keen namensdag«, Rheinland); Vorsegnung, Taufakt (seit Mainzer Konzil 813), in Masuren auf selbstgewebtem Familienteppich (Ryen), auch sonst mit reicher Symbolik; Patenbriefe und -Geschenke; Geburtstagsfeier erst ab 18. Jh. allgemeiner.

Im übertragenen Sinne: »Geburt des Geistes«, auch »Das Land, das mich geboren.« Schließlich stark traditionell im Erzbergbau: Erz wird »geboren« von der »Erzmutter, die der Weltgeist schwängert.« (LM]

Grimm, DWB 4, 1 (gebären, G.); R. Andree, Votive u. Weihegaben d. kath. Volkes in Süddeutschland, 1904; Ad. Spamer, Dt. Volkskunde, 1934; Atlas d. dt. Volkskunde 1938 (Lief. I: Kinderwiege, Kinderbringer; Lief. II: Geburtstag, Namenstag; Lief. IV: Herkunft der Kinder); vgl. Auch Atlas d. Schweiz. Volkskunde; Atlas d. Österreich. Volkskunde; M. Isenburg, Geburt u. Tod i. dt. Volksmärchen, Diss. 1938; R. Beitl, Kinderbaum. Brauchtum u. Glauben um Mutter u. Kind, 1942; M. Leach, Dictionary of Folklore 1949; M. Lurker, Der Baum in Glauben u. Kunst, [2]1976 (zu Baumgeburt u. Geburtsbaum); J. Gélis, Die G. Volksglaube, Rituale u. Praktiken von 1500–1900, 1989.

**Geburt, psychoanalytisch.** In der neueren psychoanalytischen Literatur wird die G. immer mehr als eine Hauptwurzel (Disposition) der → Ambivalenz gesehen. Sie gilt – mehr noch als der Ödipus-Komplex – als Quelle des Widerspruchs und des Konfliktes im menschlichen Leben. D.h. Geburt und Ödipus-Komplex präformieren spätere Konflikt-Strukturen und Arten des Umgangs mit Konflikten. Auch → Freud akzeptierte – mit Einschränkungen – die

Rank'sche Theorie des »Geburtstraumas«. Die G. ist ein Trauma, besonders in unserer Kultur und unserer Gesellschaftsordnung, worin die Trennung von der intrauterinen Geborgenheit besonders verschlimmert wird (Geburt in der Klinik, Separation des Kindes von der Mutter) und die darauffolgende Symbiose Mutter-Kind (»Sozialer Uterus«, A. Portmann) durch Unsicherheit der Mutter beeinträchtigt werden kann.

Als erste »Trennung« ist die G. ein privilegiertes kritisches und prägendes Moment für das Kind. Sie überführt dasselbe in eine qualitativ neue Welt (der Organismus muß selbst die Temperatur, die Sauerstoff- und Nahrungszufuhr regeln). Die Symbole der G. in den Phantasien und Träumen des Erwachsenen sind nicht als »Erinnerungen« an die G. zu verstehen, sondern als Vorstellungen, die das erste entscheidende Erlebnis der Trennung neu beleben (besetzen). Die wirksamsten (unbewußten) Erfahrungen sind besonders geeignet, Symbole zu bilden bzw. später gebildete Symbole mitzuprägen. Die Symbolstrukturen, wie etwa der Kastrationskomplex (Operation, Verstümmelung, Verwundung, Verlust, Impotenz usf.) sind durch die erste, nicht konzeptualisierte Erfahrung der G. stark beeinflußt, da alles Gelebte zu einer Gestaltung drängt. [IAC]

Rank, O.: Das Trauma der Geburt, 1924; Freud, S: Hemmung, Symptom u. Angst (1926); G. W. (1948); Bd. 14, p. 113–205; Graber, G. H.: Gesammelte Schriften I und II, 1975–1976.

**Geburtsorgan.** Von Göttern, → Heilbringern und Heroen berichten die Mythen oft eine außergewöhnliche Geburt. Laotses Mutter ging neun mal neun Jahre mit ihrem Kind schwanger und gebar ihn aus der ACHSELHÖHLE. Buddha kam aus der rechten Seite von Mayas Leib heraus, Hephästos aus der HÜFTE Heras. Nach Überlieferung der ostafrikanischen Nandi kamen die Stammeltern der Menschen aus dem BEIN des Urmenschen hervor. Nach dem Protoevangelium Jacobi wurde Jesus ohne Verletzung des Mutterschoßes geboren.

Die Überlieferung des ägyptischen Heliopolis läßt das Götterpaar Schu (Atem) und Tefnut (Speichel) aus dem MUND des Urgottes Atum hervorgehen. Während der sinnenfreudige Dionysos aus den SCHENKELN des Zeus geboren wird, entsteigt die Göttin der Weisheit, Pallas Athene dem HAUPT des Zeus. Bei Indogermanen, Hamiten, aber auch bei Naturvölkern findet sich das Motiv der KNIEgeburt – öfters lunarmythologisch gedeutet: Hervorgehen des Mondes aus der Mondsichel. Etymologisch aufschlußreich ist die Zusammengehörigkeit von Knie mit lateinisch *genu* (Knie) – *genus* (Geschlecht) *cognoscere* (erkennen, auch in geschlechtlicher Bedeutung!) – *nasci* (geboren werden); griechisch *gony* (Knie) ist wurzelverwandt mit *gonos* (Geschlecht) und *genesis* (Entstehung).

Die schon in prähistorischer Zeit auf Stein und Keramik eingeritzte RAUTE wird als Zeichen des lebenspendenden Mutterschoßes gedeutet und berührt sich darin mit dem RHOMBUSförmigen Vulvasymbol im alten Südarabien und in Altäthiopien und mit der ovalförmigen MANDORLA in ihrer ureigentlichen Bedeutung als »Tor des Lebens« – in speziell christlichem Sinne Symbol der Inkarnation Christi. Bei der Darstellung Christi als Weltenrichter wird die Mandorla zum Symbol der Wiedergeburt. Erscheint Maria in der Mandorla, so deutet dies darauf hin, daß Christus in Maria gezeugt wurde, wie der Mandelkern sich in der unverletzt bleibenden Schale bildet. Symbol des weiblichen Geburtsorgans ist vor allem die MUSCHEL: lateinisch *concha* bedeutet Muschel und Vulva. Bei Botticellis Gemälde »Geburt der Venus« (Florenz) steht die Göttin auf der Muschel. Clemens von Alexandrien (um 200) bezieht die Muschel auf die Menschwerdung des göttlichen Logos. [Lr]

S. Simonyi, Knie und Geburt, Genu und genus (Zs. f. Vgl. Sprachforschung auf d. Gebiet d. indogerman. Sprachen) 1922.

**Gedächtnis.** Nur im religiös-kultischen Bereich hat G. (hebr. *zikkaron,* griech. *anamnesis,* lat. *memoria)* Beziehung zum Symbol. Es bezeichnet eine rituell-symbolische Handlung. In außerbiblischen Religionen ist G. ein erinnerndes Tun an ein mythisches Geschehen, in den biblischen Religionen an ein heilsgeschichtliches Ereignis. So wird etwa das G. der Leiden → Adonis durch symbolische, das Leiden ahmende Riten vollzogen. Das wichtigste G. in Israel ist die jährliche Passahfeier: der Auszug aus Ägypten wird rituell geahmt, damit Gottes Heilshandeln kultsymbolische Gegenwart werde. Das G. des Neuen Bundes ist nach den biblischen Berichten G. des Todes Christi durch die → Eucharistie über BROT und WEIN. In der → Patristik werden sowohl die ganze Handlung der Eucharistie als auch die Elemente Brot und Wein G. der Passion Christi genannt, G. seines Leibes und Blutes. Im allgemeinen bleibt G. auf die Eucharistie beschränkt und ist synonym mit → Mysterium. Vereinzelt wird auch die → Taufe G. genannt, insofern sie Kultsymbol des Todes und der Auferstehung Christi ist. [ThS]

O. Casel, Das Mysterieng. der Meßliturgie im Lichte der Tradition JLW 6, 1926; Ders., Neue Zeugnisse für das Kultmysterium (JLW 13) 1935; Ders. Das christl. Opfermysterium, 1968; J. Schildenberger, Der G.charakter des alt- u. neutestamentl. Pascha (B. Neunheuser, Opfer Christi u. Opfer der Kirche) 1960; P. A. H. Boer, Gedenken u. G. in d. Welt des AT, 1962.

**Gefäß.** Sein Sinn erfüllt sich erst mit seinem Inhalt. In Verbindung mit dem die Erde befruchtenden Wasser ist das G. ein altmesopotamisches → Göttersymbol. Kessel, Krug, Topf und Vase sind mit der weiblichen Symbolik des Enthaltenseins (Schwangerschaft) und des Aus-sich-Entlassens (Geburt) eng verbunden. In einem kleinasiatischen Mythos erscheint Ischtar in Gestalt eines Bechers (*WdM* 1,159). Die ägyptische Himmelsgöttin Nut trägt als Kennzeichen ein kleines kugeliges G. auf dem Haupt; sie selbst ist das bergende G. aller Gestirne, die aus ihrem dunklen Schoß hervorkommen. Aus der Büchse der Pandora kommen Übel und Leiden auf die Erde (Hesiod *Theogonie* 571 ff.). Im *Hohenlied* (7,2) heißt es von der himmlischen Braut: »Dein Schoß ist ein wohlgerundeter Becher«, und Hildegard von Bingen nennt das Weib schlicht *vas viri,* G. des Mannes. Die Jungfrau Maria ist das ehrenvolle G. (*vas honorabile*), in dem die göttliche Frucht heranreift.

Eine (Ver-)wandlung und Lebenserneuerung kann sich in jeder Art von G. vollziehen: im Becher (→ Helios), → Kelch, → Kessel und

Krug (Wunder zu Kana, *Joh* 2,1 ff.); hierher gehört auch das mit dem Wasser des Lebens gefüllte Taufbecken, es ist »der Schoß der Kirche« (*venter Ecclesiae*), aus dem die Menschen in ein neues Leben eingehen. In ritueller Verwendung wird das Wasser des Lebens, der Trank der Unsterblichkeit häufig in einer Schale gereicht; letztere wurde wegen ihrer Form verschiedentlich mit der Mondsichel und dem belebenden Mondtau in Verbindung gebracht. In Altmexiko galt die Mondsichel als Lebenswassergefäß, im *Codex Borgia* zusammen mit einem Kaninchen dargestellt. Bei frühchristlichen Sarkophagen und Epitaphien findet sich öfters ein krugähnliches G., das durch daraus hervorwachsende Ranken und Blätter oder durch trinkende Tiere auf das in ihm enthaltene Lebenswasser weist. Ein beliebtes Heilszeichen hinduistischer Tempel ist die im Relief dargestellte Vase (*kalasha*), die den Unsterblichkeitstrank enthält. Krug und Vase gehören zu den Glückszeichen des → Jainismus.

Das G. kann ein Symbol für des Menschen Leib sein, in dem Gottes Wort aufbewahrt wird; die Gläubigen tragen den Schatz des Evangeliums »in irdenen Gefäßen« (2 *Kor* 4,7). Auf Katakombengrabsteinen deutet eine Amphora auf den Verstorbenen als »G. der Gnade« oder ein vom Hl. Geist erfülltes G. → Kelch, Kessel, Topf. [Lr]

K. v. Spieß, Die Behälter des Unsterblichkeitstrankes (Mitt. d. Anthropol. Ges. Wien 1914); E. Neumann, Die Große Mutter, 1957 (51 ff., 123–146); D. Panofsky/E. Panofsky, Pandora's Box. The changing aspects of a mythical symbol, [2]1965; E. L. Ochsenschlager, The cosmic significance of the Plemochoe (History of Religions 9/1969–70 – zu einem rituellen G. in Eleusis); A. Jaffé, Bilder u. Symbole aus E. T. A. Hoffmanns Märchen »Der goldene Topf«, [2]1978.

**Geheimbünde.** Die Ausdrucksformen des G.wesens reichen von der Gruppe der Jäger und Sammler in der Urgeschichte über die religiös-esoterischen Gruppen und Strömungen der Antike (→ Mysterien, → Gnostik) bis zu den Kulten und Bünden der dritten Welt (Afrika, Melanesien, Nord- und Südamerika). Die G. umfassen meistens einen Teil der erwachsenen Männer, die ihre geheimen Symbole und eine Geheimsprache haben und sich regelmäßig zu sozialen und kultischen Veranstaltungen zusammenfinden. Häufig sind die Mitglieder nach Ordensgraden gestaffelt; die Riten der Graduierung entsprechen den symbolhaltigen Bräuchen bei der → Initiation oder sind eine Weiterbildung derselben. Das Geheimnis der G. liegt im wesentlichen darin, daß sie den wahren Charakter ihrer Vorführungen und Objekte den Nichteingeweihten (besonders den Frauen) gegenüber verbergen. Das strikte Fernhalten der Frauen von Bereichen des Kultes beruht hauptsächlich auf der Meinung von der weiblichen Unreinheit (Menstruation), der Gefährlichkeit bestimmter Gebiete des Transzendenten für die Frau und auf der geschlechtlichen Arbeitsteilung. Verräter der Geheimnisse werden meistens sofort getötet. Bei den Sara (Tschad) erhielten die Mitglieder Tätowierungen und lernten eine Geheimsprache, erhielten Einsicht in die Mythen und lernten mit Gift umgehen. In Guinea und Zentralafrika erscheinen die G.mitglieder mit Masken, sind verhüllt und

sprechen mit Fistelstimme. Die Oro (Yoruba) lassen sich nur hören und lassen symbolische Spuren ihrer Anwesenheit zurück wie z.B. gebrochene Äste.
Die Entstehung der G. wird oft einem → Heilbringer zugeschrieben, der als Weltordner oder Bringer von Kulturgütern auftritt, indem er etwa den Menschen Kulturpflanzen schenkt, Feuer bringt, Gesetze verkündet. So symbolisieren die MASKEN des Poro-Bundes (Liberia) Stammesheroen, die einst geholfen haben, den Poro einzurichten. Nicht selten verfolgen die G. den Zweck einer Reinigung oder Wiederauferstehung. Die Mitglieder des Löwenmenschenbundes der Sara sind als LÖWEN verkleidet, brüllen wie ihr Vorbild (mit Kürbistrompeten), tragen in Löwenprankenform geschnitzte Schuhe, um Spuren vorzutäuschen. Bei den Semale (Ostsudan) »erleben« die Novizen geschlossenen Auges, wie die Verstorbenen vorbeirasen und ihnen mit Leopardenkrallen und Raubvogelschnäbeln tiefe Wunden auf Brust und Rücken beibringen, doch stehen sie symbolisch unter dem Schutz der G.mitglieder, die die Verstorbenen in die Flucht jagen.
In der Neuzeit entstanden in Europa und Nordamerika G., teils religiös motiviert (→Rosenkreuzer), teils mit philanthropischen Bestrebungen (→ Freimaurerei), teils auch mit ausgesprochen politischen Zielen. Der zu Napoleons Zeit gegründete italienische Geheimbund der Carbonari (*carbonaio* = Köhler) war antifranzösisch und antibourbonisch; er hatte mehrere Grade; wichtige Symbole waren KOHLE (= Quelle des Lichtes und der Wärme), FEUER (= Flamme der Freiheit, mit der die Carbonari die Welt erleuchten wollen), OFEN (= gemeinsames Ziel, an dem der Bund arbeitet). Der 1866/67 im Süden der USA gegründete, neger- und judenfeindliche Ku Klux Klan terrorisierte in weißer, furchterregender Kapuzentracht und unter dem Symbol des Flammenkreuzes seine Gegner. [Du]

H. Nevermann, Masken u. G. in Melanesien, 1933; A. Slawik, Kultische G. der Japaner u. Germanen, 1936; W. E. Peuckert, Geheimkulte, 1951; P. E. Joset, Les sociétés secrètes des hommes-léopards en Afrique Noire, 1955; S. Hutin, Histoire mondiale des sociétés secrètes, Paris 1959; A. Wulff, G. in alter u. neuer Zeit, 2 Bde., 1959–1960; E. Schlesier, Die melanes. Geheimkulte, 1958; F. Herrmann, Symbolik in den Religionen der Naturvölker, 1961; K. R. H. Frick, Licht u. Finsternis. Gnostisch-Theosoph. u. freimaurerisch-okkulte Geheimgesellschaften, 1975.

**Geier**, bei den alten Ägyptern das hl. Tier der oberägyptischen Landesgöttin Nechbet und der besonders in Theben verehrten Göttin Mut; in der Spätzeit der altägyptischen Geschichte galt der G. als Verkörperung des weiblichen Prinzips im Gegensatz zum männlich aufgefaßten Käfer. In der Bibel wird kaum zwischen G. und Adler unterschieden; auch im Griechischen heißen beide *aetos*. Als Aasfresser ist der G. ein unreines Tier und erscheint damit in negativer Bedeutung (*Mt* 24,28). Nach altsyrischer Überlieferung steht der Vogel im Dienst der Kriegsgöttin Anat. Im antiken Volksglauben diente das Herz als Amulett zum Schutz vor wilden Tieren wie auch vor dem Zorn der Despoten. Einem althispanischen (keltiberischen) Bestattungsritus entsprach es, die toten Krieger unter freiem Himmel den G.n zum Fraß auszusetzen (*WdM* II, 738 f.); ähnlich wird im Parsismus mit den

Toten verfahren (auf den sog. »Türmen des Schweigens«). Im Physiologus weiß der in den höchsten Gipfeln hausende G. um die Wirksamkeit des Gebärsteins; so kann dem gläubigen Christ der Gebärstein (Jesus Christus) bei der Geburt des Hl. Geistes helfen. Der Kirchenlehrer Origenes erblickte in dem Vogel ein Gleichnis für die Jungfräulichkeit Marias, weil das G.weibchen nach alter Sage vom Ostwind befruchtet wird. Im dt. Sprachraum kann G. ein Deckname für den Teufel sein. [Lr]

H. Bonnet, G (Reallex. d. ägypt. Religionsgesch.), 1952; G. Rühlmann, Der G. auf dem Schlachtfeld. Bemerkungen zu einem altoriental. Machtsymbol (Wiss. Zs. d. Univ. Halle-Wittenberg 14/1965); W. Speyer, G. (RAC 9), 1976.

**Geister,** unkörperliche, personhafte Wesen. Schon im Alten Orient und in der Antike dachte man sich die Glück oder Unglück bringenden G., oft auch als → Dämonen bezeichnet, in einer Mittelstellung zwischen Menschen und Göttern; die Abgrenzung zu letzteren ist nicht immer klar – so bei den Nymphen der griech. Mythologie, die die Naturkräfte in Bäumen(Dryaden), Quellen (Naiaden) und Bergen (Oreaden) repräsentieren. Ähnlich unterscheidet der Volksglauben der Slawen Wald-, Wasser- und Wolkengeister, Vilen genannt (Singular : Vila), die in Gestalt von SCHWAN, PFERD oder WIRBELWIND erscheinen können. Im dt. Volksbrauch lebt der G.glaube noch im Maskenwesen weiter; die MASKEN verkörpern die Numina der Wachstumskraft oder stellen periodisch wiederkehrende Ahnengeister dar. Auch ein mancher nicht mehr verstandene Heilige wurde auf die Stufe von G.n gestellt (→ Nikolaus, → Thomas).

Durch die Vielfalt der G. und ihrer Erscheinungsformen bei den verschiedenen Völkern läßt sich kaum eine Einheit in der symbolischen Deutung aufweisen. Eine weltweite Verbreitung kann bei den Totengeistern festgestellt werden. Ihre Natur ist abhängig von den Auffassungen ihrer unmittelbaren Umgebung und insbesondere von denen ihrer Elemente, die für unvergänglich gehalten werden: Namen, Lebenskraft und Macht. Die gewissenhafte Einhaltung der Toten- und Begräbnisriten bei vielen Stammesvölkern hat das Ziel, sich die Gunst oder wenigstens die Nichteinmischung der Toteng. zu sichern. So stellen bei den Ekoi (Südnigeria) mit der Haut der Verstorbenen überzogene MASKEN, als Aufsatz über dem Maskenkostüm getragen, den Totensitz dar. In Westafrika wird dem Kind oft ein kleines Modell eines STUHLES um den Hals gehängt: Dieses Stühlchen soll dem Schutzgeist (Ahne), wenn er müde ist, als Sitz dienen und ihn so veranlassen, immer beim Kinde zu bleiben. Eine kleine eiserne FUSSFESSEL, dem Kinde um den Hals gehängt, soll den Geist des Kindes festhalten, daß er das Kind nicht verlasse, d.h. damit das Kind nicht sterbe.

Die Herstellung einer Plastik des Verstorbenen aus Lehm oder Holz mit Verwendung von Bestandteilen des Toten (Schädel, Knochen Asche) steht oft in Zusammenhang einer Wirkungssymbolik. Diese soll die Loslösung der Seele oder der G. von der Leiche befördern und so zu einer Entmaterialisierung der damit verbundenen Gedanken verhelfen. Vor allem in

Gegenden mit tropischem Ackerbau gibt es eine Menge lokaler G.wesen, die nur selten freundlich gesinnt sind und daher versöhnt werden müssen. Ihre Abbilder werden meistens mit den Symbolen ihrer Macht geschmückt. Diese G. verleihen den Amuletten und Talismanen die besonderen Kräfte, die den Bauern und seine Ernte zu schützen vermögen. → Agrarkult, Animalismus [Du]

H. Baumann, Afrikan. Wild- u. Busch-G. (Zs. f. Ethnologie 79/1938); P. Radin, Die relig. Erfahrung der Naturvölker, 1951; R. Beitl, Im Sagenwald, 1953 (-über Wesen, Orte u. Zeiten der G.); A. E. Jensen, Mythus u. Kult bei Naturvölkern, 1961; L. Honko, G.glaube in Ingermanland, Helsinki 1962; H. Himmelheber, Die G. u. ihre irdischen Verkörperungen als Grundvorstellungen i. d. Religion der Dan (Baessler-Archiv N. F. XII/1964); W. Forman/C. A. Burland, Götter, G. u. Dämonen, 1973; K. Meuli, Zum Maskenwesen (Ges. Schriften, I) 1975.

**Geiz** → Avaritia

**Gelb,** der Sonne und dem → Gold nahestehende Farbe, in China in der Bedeutung von Glückseligkeit, den Kaisern und den Mönchen zugeordnet. In der Antike dachte man sich Dionysos in einem safrangelben Gewand. Ein sattes G. kündet von Herbst, Reife und Frucht; Sonnenblumen und Weizenfelder im Werk von van → Gogh. In der geistlichen Literatur des MA weist G. auf die »himmlische Freude«, in der weltlichen Dichtung auf die gewährende Minne. Dem Liebhaber von Mädchen geschenkte gelbe Ostereier galten lange als Zeichen der Erhörung. In noch stärkerer Auslegung auf das Sinnliche hin findet sich G. schon bei Griechen und Römern als Dirnenfarbe (gelb gefärbte Haare, gelbe Kleider). Im MA Kennzeichnung der gesellschaftlich Verfemten, der Dirnen, Verräter, Ketzer, Juden (gelber Spitzhut, noch im 20. Jh. unter Hitler gelber Judenstern). In der volkstümlichen Farbensymbolik zeigt G. den Neid an; Nietzsche: »Der böse Blick sengt unsere Felder und Herzen gelb«. [Lr]

**Genesis** = 1. Buch Mose (griech. u. lat. nach dem Inhalt der ersten Kapitel der Bibel: »Schöpfung«) berichet von der Schöpfung der Welt und des ersten Menschenpaares, dessen Sündenfall im Paradies, seinen Söhnen Kain, Abel und Seth, von der Sintflut, vom Turmbau in Babel und bietet die Erzvätergeschichte. Zahlreiche Anklänge an archaische Mythen und Symbole sind dem monotheistischen Weltbild und Heilsglauben dienstbar gemacht: die URFLUT (1 *Mos* 1, 2; *tehom*) erinnert an die babylonische Tiamat, Personifikation der von Marduk gebändigten Chaosmacht, wie 4, 7 die Sünde mit dem Dämonennamen Rabizu verbunden wird. Entmythologisiert ist auch die mythische Vorstellung von einem Gottesgarten (*Ez* 28, 13f.), indem Eden (hebr.: »Wonne«) geographisch geortet wird (1 *Mos* 2, 10–14). Der »LEBENSBAUM« im Paradies steht den Menschen zur Verfügung, während er nach altorientalischer Vorstellung außerhalb der Reichweite der Menschen wächst und nur die Götter davon essen. Der durch Gott verbotene und durch die Schlange empfohlene Genuß der FRUCHT (Apfel, Mandragora, Traube?) des Baumes der Erkenntnis von gut und böse macht die Menschen *elohim* (göttlichen Wesen 1 *Mos* 3, 5) gleich, sie maßen sich selbst an zu entscheiden, was gut und böse ist.

Wie im → Gilgameschepos die SCHLANGE hinterlistig dem Helden das Lebenskraut raubt, trägt sie 1 *Mos* 3 dämonischen Charakter (*Weish* 2, 24; *Joh* 8, 44; *Offb* 12, 9; 20, 2 Leviathan). Da der Name Wesensbedeutung hat, läßt sich aus seiner Etymologie eine Wesensaussage ablesen: Mensch = Adam, weil er von der Erde (*adamah*) genommen ist (1 *Mos* 3, 19). Eva (Leben, Mutter aller Lebendigen 1 *Mos* 3, 20), Babel (*babili* Gottestor) nach *balal,* verwirren als Ort, wo Gott die Sprachen verwirrt hat (1*Mos* 11, 9). Namensänderung zeigt Wesensänderung an (1 *Mos* 17, 5; 32, 29; 35, 10). Reiche Symbolik herrscht in den Träumen (1 *Mos* 28, 12ff.: Himmelsleiter; 1 *Mos* 31, 10; 37, 5ff.; 40, 5ff.), den Riten des Bundes (1 *Mos* 15, 9ff.), eidlicher Versicherungen (1 *Mos* 21, 28ff.: sowahr Abimelech sieben Lämmer erhält, sowahr soll der »Sieben«-Brunnen im Besitz Abrahams bleiben), der Verpflichtung gegenüber den Nachkommen (1 *Mos* 24, 2 »leg deine Hand unter meine *Lende*«, vgl. 47, 29), des Segens (1 *Mos* 48, 14ff.), der Annahme der Nachkommen (1 *Mos* 50, 23). [JBB]

Kommentare: H. Gunkel ³1910 (⁷1966); P. Heinisch 1930; G. v. Rad ⁷1964; H. Junker ⁴1965; Cl. Westermann 1967ff.

Lit.: G. T. Armstrong, Die Genesis in der alten Kirche, 1962; J. B. Bauer, D. biblische Urgesch., ²1964; H. Renckens, Urgesch. u. Heilsgeschichte ³1964; R. de Vaux, Die Patriarchenerzählungen u. die Geschichte, 1965; Cl. Westermann, Erträge d. Forschung 7 (1972) Gen. 1–11.

**Genter Altar** → van Eyck, Brüder

**Geographie, mythische** → mythische Geographie

**Georg, Hl.,** christlicher Soldat, der unter Kaiser Diocletian (303) als Blutzeuge starb. Auf byzantinischen Darstellungen seit dem 9. Jh. als Krieger, in Hoftracht oder als Märtyrer wiedergegeben, in der westlichen Kunst ab dem 12./13. Jh. oft stehend mit SCHWERT und LANZE, manchmal mit PALME als Märtyrerattribut oder in einer Szene seines Martyriums (z.B. aufs Rad geflochten: Maßwerk der Stiftskirche Tübingen; in Bad aus siedendem Blei: Glasfenster der Stadtkirche Eßlingen). Ab dem 11. Jh. wird der hl. G. mit der mythischen Gestalt des Drachentöters verbunden. Als irdisches Abbild des himmlischen → Michaels gehört es zu seiner wesentlichen Aufgabe, die Jungfrau zu schützen; er ist Vorbild und Sinnbild ritterlicher Männlichkeit und wird zum Patron aller Streiter in Christi Namen, der Waffenschmiede, Schützenbruderschaften und Jugendbünde (Pfadfinder!). Auf Gemälden reitet er immer auf einem WEISSEN PFERD – Hinweis für das Streben nach dem Guten, das jedes Verfallensein an die Triebmächte ausschließt; deshalb auch Symbolgestalt des englischen Hosenbandordens. Die *Legenda aurea* erzählt, wie G. als herrlicher Jüngling in weißer Rüstung den Kreuzrittern vor Jerusalem erschienen sei. Bekannte Skulpturen des Drachentöters von Bernt Notke (1489, Stockholm, Nikolaikirche) und Egid Quirin Asam (1721, Weltenburger Hochaltar).

Wegen ihrer beschwörenden Inschriften waren Silbermünzen mit dem Bild des Heiligen (= Georgstaler) als Amulett zum Schutz gegen Hieb und Stich sehr beliebt. Der Georgstag (23.4.) ist Pendant zum Tag des Hl. → Martin und hat im Volksbrauch – besonders in

Südosteuropa – den Charakter eines Frühlingsfestes: der kalte, dunkle, böse Winter ist endgültig besiegt; bei den Slowenen wird der MAIBAUM als »grüner Georg« herumgeführt. [Lr]

B. Aufhauser, Das Drachenwunder des hl. Georg (Byzant. Arch. 5) 1911; A. Krefting, St. Michael und St. Georg in ihren geistesgeschichtl. Beziehungen, 1937; V. Huziak, Zeleni Juraj [Der Grüne Georg], Agram 1957; S. Braunfels-Esche, Sankt Georg. Legende, Verehrung, Symbol, 1976.

**Germanen,** westindogermanische Völkergruppe, die in der Bronzezeit mit den späteren Italikern als Nachbarn im Karpatenraum saßen (gemeinsames Wort für Bronze gegen alle anderen Sprachen) und erst später Nachbarn der Kelten wurden (Eisenwort gemeinsam) und Skandinavien besiedelten. Das veneto-illyrische Gebiet zwischen Weser und Rhein wurde erst um Christi Geburt vollständig germanisiert (aus diesem Gebiet stammt der von den Römern auf die G. angewandte veneto-illyrische Stammesname Germanen »Höhenleute«).

Wie bei allen Indogermanen finden wir bei den G. vaterrechtliche Struktur und Himmelsgottglaube als Grundlage (altind. Dyaus entspricht german. Teiwaz, erhalten in finn. *taivas* »Himmel, Gott« vgl. → Himmelsgötter). Wie auch bei den Kelten war Hauptkultsymbol ein die Himmelsachse repräsentierender HOLZPFAHL (*columna unversalis quasi sustinens omnia*), bei den Sachsen Irminsul genannt, wobei Irnim < *ermenaz* »der Erhabene« (danach die von Tacitus genannte Völkergruppe der Erminiones) Tabuname des Himmelsgottes ist. Weitere Kultsymbole sind die BIRKE, wegen ihrer glänzenden Rinde Hinweis auf den glänzenden Himmel, und, da der Himmelsgott auch Gewittergott war, die so oft vom Blitz getroffene EICHE. Jedoch haben die G. wie die Kelten die Gewittergottfunktion auf einen Himmelsgottsohn übertragen, germanisch → Donar/Thor, keltisch Tanaros »Donner«. Er übernimmt die Eiche als Kultsymbol und auch den Hammer (Feuerstein-Blitzhammer). Als Gewittergott wird Donar/Thor auch Bauerngott (Gewitterregen als Voraussetzung vegetativer Fruchtbarkeit), als wehrhafter Gott Vorbild der Bauernkrieger des Nordens und der Wikinger. Als Numen des regelmäßig Tag und Nacht und im Jahreslauf sich drehenden Himmelsgewölbes war der Himmelsgott auch Gott der Ordnung und damit Rechts- und Thinggott (deshalb Dienstag < Thingsustag) und Gott des Krieges. Die Römer setzten ihn deshalb Mars gleich, Donar aber ihrem Jupiter tonans. Die Sonne wurde als goldene SCHEIBE aufgefaßt, die auf einem Wagen über das Himmelsgewölbe gezogen wird von einem Zwiegespann, tiergestaltigen Himmelsgottsöhnen (→ Dioskuren), die germanisch Alkes »Elche« hießen. Sie wurden vermenschlicht zu jugendlichen Helfergöttern.

Neben diese → Himmelsgötter treten, vor allem bei den Ingwionen (Nordseegermanen) Gottheiten, die auf die Muttergottheit südöstlicher Ackerbaukulturen zurückgehen. Tacitus nennt als solche *terra mater* bei den G. eine Göttin → Nerthus, »Stärke?«, die ein Inselheiligtum hatte und einmal im Jahr, wenn ihre Kraft sich regt (eine Art Barbarazweige?) auf einem von KÜHEN gezogenen

Kultwagen, vertreten durch eine Priesterin oder ein Holzbild, segnend durch das Gebiet ihrer Anhänger zog. Zu jeder → Muttergottheit gehört ein (sterbender und wiedererstehender) Begatter (neben Dāmetēr der *poti Dās* »Gatte der Erde« = Poseidon), der germanisch Ingwaz < **enquos* »Mann als Geschlechtswesen« hieß. Da die G. von Haus aus vaterrechtlich waren, hebt sich allmählich die Bedeutung dieses Begatters Ingwaz, gotisch Ingus, nordisch Ingwi; der männliche Partner wird zum Hauptgott, im Norden als männlicher Njördr (neben einer Schwester und Gattin Njördr von untergeordnetem Rang). Ihre Kinder sind nach der Edda Freyr und Freyja »Herr, Herrin«, Fruchtbarkeitsgötter, die in Geschwisterehe leben. Diese von den G. sekundär übernommene und assimilierte Götterschicht heißt in der Edda Wanen, sprachlich mit lateinisch Venus »Liebesgöttin« verwandt, wie denn das Geschlechtsleben bei ihnen betont wurde. Nach Adam von Bremen († 1085) war Freyr im Tempel von Upsala *cum ingenti priapo,* also als ausgesprochen phallischer Gott dargestellt. Aus der Sage vom Wanenkrieg geht hervor, daß man sich des Eindringens dieser Götterschicht von außen noch bewußt war. Bei Völkern mit vorwiegendem Wanenkult leiteten sich die Könige von Ingwi, Njördr, Freyr ab, fühlten sich als Repräsentanten dieser Götter und als Garanten für Fruchtbarkeit und Frieden ihres Landes. Bei Mißwachs oder Altern wurden sie feierlich geopfert, damit sie regeneriert in neuer Kraft wiederauferstehen konnten.

Die jüngste Glaubensschicht der G. stellt die Wodan/Odin-Religion dar. Der ursprünglich pferdegestaltige Sturm- und Totendämon → Wodan/Odin stieg zum Reitergott der kriegerischen Reitergefolgschaft auf und verdrängte als solcher und Gott des Zaubers den alten Himmelsgott Teiwaz/Tyr aus der obersten Stellung und übernimmt auch seine Gattin Frigg. Für die Hauptträger dieser neuen Religion, die alle miteinander versippten Fürstengeschlechter wird das neue Wort *kuningaz* »der aus edlem Geschlecht, König« (erhalten in finnisch *kuningas*) geprägt.

Als dritte Kultgruppe nennt Tacitus die Istriones (falsche Variante, »Istwaeones«), was veneto-illyrisch ist und »Leute im Heiligtum« bedeutet. In diesem erst seit Christi Geburt germanisierten Gebiet zwischen Weser und Rhein herrscht eine politische Zersplitterung in lauter Kleinadelsherrschaften und eine religiöse Zersplitterung in Lokalkulte von Matres mit lokalem Zusatz wie Mahalinehae, Fahineihiae, Axinginehae, alles dem Wortstamm und der Bildung nach rein veneto-illyrische Namen. Gegenüber den allgemein verehrten G.-Göttern und der zentralen Verehrung der Nerthusgottheit haben wir also lokale Schutzgottheiten, die bei Christianisierung leicht in örtliche Schutzheilige verwandelt werden konnten. [Ro]

K. Helm, Altgerman. Religionsgeschichte, 1913/53; W. Krause, Ziu 1940; K. A. Eckhardt, Wanenkrieg, 1940; K. A. Eckhardt, Ingwi u. die Inweonen, 1940; W. Krause, Ing, 1944; J. de Vries, Altgerman. Religionsgeschichte 1956/57; H. Rosenfeld, Name u. Kult der Istrionen, zugleich Beitrag zu Wodankult und Germanenfrage (Zs. f. dt. Altertum 90, 1960); H. Rosenfeld, Germana vel ad monte u. der Name der Germanen (Beiträge zur

Namenforschung 12, 1961); H. Rosenfeld, Kultur und Religion der Germanen bis 375 n. Chr. (Abriß der Geschichte antiker Randkulturen) 1961; R. L. M. Derolez, Les Dieux et la religion des Germains, Paris 1962 (dt. 1963); H. R. E. Davidson, Scandinavian mythology, London 1969; U. Diederichs (Hg.), German. Götterlehre, 1984.

**Germania,** zu den nationalen → Personifikationen gehörend, deren Entstehung meist in das 18./19. Jh. fällt, wobei auf eine bis in die Antike zurückreichende Tradition der Verkörperung von Erdteilen und Ländern durch eine weibliche Figur zurückgegriffen werden konnte. Schon in der Römerzeit wurde »Germanien« durch eine Frauengestalt repräsentiert, zuerst als Gefangene und Trauernde mit entblößter Schulter, später als Symbol kriegerischer Tugend mit Schild und Speer. Nachdem durch den Humanismus die Länderbeschreibung des Römers Tacitus *(Germania)* in das nationale Blickfeld geriet, wurde die »germanisch frau« in der Literatur und auf Flugblättern zur Personifizierung Deutschlands. Zur Zeit der Befreiungskriege gegen Napoleon repräsentiert die G. die deutschen Tugenden einschließlich des *furor teutonicus*, des wilden Angriffsgeistes (so bei Heinrich von Kleist); zu ihren Attributen gehört jetzt der Siegeskranz aus Eichenlaub. Die »mächtige, eherne Riesin« wird schließlich zur Symbolgestalt des wilhelminischen Reiches. [*]

G. Brunn, G. und die Entstehung des dt. Nationalstaates (Politik der Symbole, Symbole der Politik, hg. von R. Voigt), 1989.

**Geruch** → Wohlgeruch

**Gesellschaft.** In der → Soziologie versteht man unter G. jenes soziale Gebilde, das alle anderen sozialen Gebilde umgreift, ex definitione, also selbst nicht Teil eines umfassenderen sozialen Gebildes sein kann. Sowohl die Angehörigen einer isolierten Eingeborenenkultur als auch das bis an die Grenzen der damals bekannten Welt ausgedehnte Reich des antiken Rom sind Beispiele für eine G.. Unter dem Eindruck globaler Ereignisse und Abhängigkeiten gehen einige Autoren davon aus, daß die gesamte zivilisierte Menschheit der Erde eine einzige Weltg. darstellt.
Von einem sozialen Gebilde kann sinnvoll nur die Rede sein, wenn sich Kriterien für die Unterscheidung zwischen Mitgliedern und Nichtmitgliedern nennen lassen. Auch müssen solche Kriterien erkennbar werden lassen, daß die Mitglieder in ihrem Handeln aufeinander Bezug nehmen, sich in ihrem Tun aneinander orientieren. Das Merkmal, Bewohner einer bestimmten Gegend oder der Erde zu sein, wäre also unzureichend. So stellt sich die Frage, worauf die Wechselbeziehung der Mitglieder einer G. zueinander tatsächlich beruhen kann. Ob Kooperation oder Konflikt, Friede oder Streit herrschen, ist nach überwiegender Meinung der Soziologen kein Anhaltspunk für die Bestimmung der Grenze einer G.; denn auch im Falle des Konflikts orientiert ja die eine Partei ihr Handeln an der anderen. Eine Orientierung am anderen unterbleibt aber, wenn sie entweder nicht beabsichtigt oder nicht möglich ist. Ist sie nicht beabsichtigt, dann wird der andere ausdrücklich als Nichtmitglied oder Nichtmensch definiert und damit einem Tier vergleichbar gemacht, das ja auch der G. nicht angehören kann. Ist Orientierung nicht möglich, dann liegt das an

der Kulturgebundenheit der Symbole, deren Verständnis ohne zureichende Vertrautheit mit der betreffenden → Kultur nicht erreichbar ist. Versuche einer Bestimmung der Grenzen von G. haben angeknüpft bei der geographischen Region, der Abstammung, der Sprache, dem Recht und der Wirtschaft. Solche Versuche führen aber eher zu einer Abgrenzung von Staat als von G.. Entscheidendes Kriterium der Mitgliedschaft in einer G. ist die Teilhabe an der dominanten Wertidee (Religion, Weltanschauung) und damit der Kultur. Dadurch, daß die Mitglieder einer G. in verbaler und non-verbaler → Kommunikation einander ihre Erwartungen und Intentionen mit Hilfe von Symbolen mitteilen, die im Kontext der betreffenden Kultur verstehbar sind, ermöglichen sie es, daß einer sich in seinem Handeln am anderen orientiert. → Sozialstruktur [He]

G. Gundlach et al., Stichwort ›Gesellschaft‹, Staatslex. d. Görresgesellschaft, Bd. 3, [6]1959; E. K. Scheuch, T. Kutsch, Grundbegriffe d. Soziologie, [2]1975.

**Gesten** → Gebärden

**Gewänder,** liturgische. Seit dem 11. Jh. finden sich in der katholischen Kirche beim Anlegen der liturgischen G. Gebete, in denen eine moralisch-symbolische Erklärung zum Ausdruck kommt; danach werden in den G. jene Tugenden angedeutet, die den Priester in seinem Leben auszeichnen sollen. Das den Hals umgebende Schultertuch (Humorale) ist Symbol der Bezähmung der Stimme. Das bis auf die Füße reichende, langärmelige Linnenkleid (Albe von *albus* = weiß) versinnbildlicht in Anlehnung an *Offb* 7,14 die heiligmachende Gnade durch das Blut des Lammes (= Christus). Der die Lenden und in einem gewissen Sinne die Geschlechtsregion umschließende Gürtel (Cingulum) ist Symbol der Keuschheit. Das über alle G. angezogene Meßgewand (Casula, Kasel) erscheint im Ritus der Priesterweihe als Symbol der die Sünden bedeckenden Liebe; in den Ankleidegebeten vor der Messe ist es Hinweis auf das sanfte Joch des Herrn. Die schärpenartige Stola dient – je nach ihrer Tragweise – als Insignie der verschiedenen Weihegrade; das Ankleidegebet deutet sie als Symbol des durch den Sündenfall verlorenen, in Christus aber wieder erlangten Gewandes der heiligmachenden Gnade und der Unsterblichkeit. Bedeutungsfunktion haben auch die bischöflichen G. wie z. B. der nur noch wenig getragene Schulterschmuck, das Rationale.

In der byzantinischen Liturgie wird beim Anlegen des Meßgewandes (Phelonion) gebetet: »Deine Priester kleidest Du, Herr, in das Gewand der Gerechtigkeit«; der Gürtel gilt als Symbol des Schurzes, mit dem sich Christus beim letzten Abendmahl zur Fußwaschung gegürtet hat. Martin Luther hat den kultischen G. keine Bedeutung beigemessen; sie sind in der lutherischen Kirche teils abgeschafft, teils aber auch – wie in Schweden – beibehalten. [*]

J. Braun, Die liturg. Paramente in Gegenwart u. Vergangenheit, 1924; E. Roulin, Linges, insignes et vêtements liturgiques, Paris 1945; E. Trenkle, Liturg. Geräte u. G. der Ostkirche, 1962; M. A. Flüeler, Das sakrale Gewand, 1964; Kl. Honselmann, Das Rationale der Bischöfe, 1975.

**Geweih** → Hirsch

**Giebelschmuck.** In den ahd. Volksgesetzen der Stämme ist der G. neben Tür und Schwelle wichtigster Platz von → Rechtssymbolik. In ahd. Glossen kommt dem spitz zulaufenden, von Dachkanten überragten HAUSGIEBEL besondere Bedeutung zu; Notker nennt ihn *himmelgibele/ summo vertice mundi,* also Himmelsachse! An Bauern- und Bürgerhäusern, auch in Ostdeutschland, ist die Mittelsäule (noch ihr Reststumpf oben!) reichster Schmuckträger. Sie heißt vielerorts »Hausbaum«, holt gleichsam den ehemals in Hausmitte stehenden FIRSTBAUM (vgl. das Ehebett Odysseus' im Eichbaum mitten im Haus) heraus auf die Schauseite des Hauses. Wie im Tympanon antiker Tempel, so verzieren auch unsere Häuser das Giebeldreieck mit Symbolschmuck zum Schutz von Haus und Bewohnern. Daher sind Giebelsäulen, Eckständer, sich kreuzende Windbretter der Dachkanten voll von ausgesägten, geschnitzten, gemalten, in Stein ein- oder herausgemeißelten Sinnbildern, Schutzzeichen und Sinnsprüchen, die Wände mit Backstein- und Kratzputzmustern bedeckt. Hinter der Giebelwand auf dem Hahnenbalken: Pferde- und Stierhäupter, Geißgehörn und Geweih von Wild. Darum das Orakel: Ein Neunsonntagskind, beim Kirchgang zurückblickend, erschaut auf dem Hausgiebel alles Zukünftige, das sich in Jahresfrist ereignet. – Für jede der Hauslandschaften ist die Fülle einer an Giebelwänden und sturmgefährdeten Dachkanten angebrachten Symbolik im Schrifttum festgehalten.

[LM]

M. Heyne, Fünf Bücher dt. Hausaltertümer, 1899–1903; Vbd. d. Arch- u. Ing.Vereine, D. Bauernhaus i. Dt. Reich u. i. s. Grenzgebieten 1906; W. Peßler, D. altsächs. Bh. i. s. geogr. Verbreitung, 1906; B. Hanftmann, Hess. Holzbauten, 1907; Arb.-Kreis f. Hausforschg., Hauskdl. Bibliographie 1961–1970, 1975; R. Wolfram, Die gekreuzten Pferdeköpfe als Giebelzeichen, 1968.

**Gilgamesch-Epos.** Gilgamesch, ein frühgeschichtlicher König der Stadt Uruk (um 2700 v. Chr.) ist der schon weitgehend mythisierte Held von sechs bis jetzt bekannten Epen in sumerischer Sprache aus frühaltbabylonischer Zeit. Aus zweien von ihnen und anderen Quellen entnahm ein altbabylonischer Dichter im 18. Jh. seinen Stoff und schuf daraus ein einheitliches akkadisches G.-E. Ein mittelbabylonisches Fragment aus Megiddo, sowie Übersetzungen derselben Zeit ins Churrische und Hethitische bezeugen die weite Verbreitung und Beliebtheit der Dichtung im Westen. Unsere Kenntnis des Werkes verdanken wir aber zum größten Teil noch immer den Abschriften aus der Assurbanipal-Bibliothek in Ninive (um 650 v. Chr.), die auf eine etwa gegen 1200 v. Chr. entstandene, mit dem Namen Sin-leqe-unnini verbundene Fassung zurückgehen.

Schildert die 1. Hälfte des Epos (Tafel I–VI) G.s Tyrannei in Uruk, die Erschaffung Enkidus und seine Entwicklung vom »Wilden« zum Menschen, die gemeinsamen Abenteuer der beiden Freunde, die Tötung des Riesen Chuwawa, des Zedernwaldwächters, die Beleidigung der Göttin → Ischtar und die Erschlagung des zur Strafe geschickten Himmelsstieres, so verursacht der Tod Enkidus (Tafel VII – VIII) die rastlose Suche des Helden nach dem ewigen Leben (Tafel IX – XI). Sie führt ihn bis an das Ende der Welt, wo er von dem auf eine ferne Insel entrückten Utnapischtim erfährt, wie dieser der Sintflut (→ Atramchasis-Mythos) entkam und von den Göttern das ewige Leben erhielt. Als G. den Schlaf nicht überwinden kann (vgl. das Motiv der Schlaflosigkeit der Götter) und dem Heimkehrenden das mühsam aus der Tiefe des Meeres geholte »Kraut des Lebens« von einer Schlange gestohlen wird – sie frißt es und häutet sich sogleich –, bescheidet er sich in dem Gedanken, daß seine Heldentaten und der Bau der Stadtmauer von Uruk seinen Namen unsterblich machen werden. – In der XII. Tafel, einem unorganischen und wohl wörtlich aus dem Sumerischen übersetzten Anhang, beschreibt der aus der Unterwelt heraufbeschworene Schatten Enkidus die Schicksale der Menschen nach dem Tode. Sie bezeugt die Vorstellung vom »schlimmen Tode« für die Sumerer und Akkader. [JB]

A. Falkenstein/F. M. Th. de Liagre Böhl/H. Otten/P. Calmeyer, G. (Reallex. d. Assyriol. 3) 1957–71; D. O. Edzard, G., G.-E. (WdM 1) 1965; C. J. Gadd, Some Contr. to the G. E. In: Iraq 28, 1966; B. Landsberger, Zur 4. u. 7. Tafel des G.-E. (Revue d'Assyriol. 62) 1968; E. v. Weiher, Ein Fragment d. G.-E. aus Uruk. (Zs. f. Assyriol. 62) 1972. – Übers.: A. Schott/W. v. Soden, Das G.-E., 1958; H. Schmökel, Das G.-E.³, 1974; K. Oberhuber (Hg.), Das G., 1977.

**Glas,** mittelhochdeutsch *glanst,* ursprünglich in der Bedeutung von »glänzend«, »gleißend« und Bezeichnung des Bernsteins. Plinius (*Historia Naturalis* IV,103) berichtet von Bernsteininseln namens Glesiae, die in der Nordsee lagen und einerseits an die altnordischen Glaesisvellir erinnern, an »die glänzenden Gefilde« im paradiesartigen Jenseits, andererseits aber auch an die G.berge europäischer Volksmärchen, die von manchen Forschern (so schon von Jacob Grimm) als Totenberge erkannt wurden. Entsprechend den verschiedenen Farben des Bernsteins (Goldgelb, Silberweiß, Kupferbraun) gibt es die Überlieferung vom dreistufigen G.berg (Kupfer, Silber, Gold), dessen Ersteigung den Weg durch die Himmelssphären (Venus, Mond, Sonne) symbolisiert; die Dreistufigkeit, das kosmische Durchschreiten, kann auch vom G.berg abgetrennt werden: in *Die sieben Raben* (*KHM*) sucht das Mädchen Sonne, Mond und Sterne auf, bevor es den G.berg aufschließen kann. – Das gläserne Meer ist ein der Bibel entnommenes Bild für den lichtdurchfluteten Himmel (*Offb* 4,6). Auf christlichen Schöpfungsbildern hält Gott eine durchsichtige G.kugel als Symbol der zuerst erschaffenen Lichtwelt (so bei einem Fenster im Münster zu Ulm). Ähnlich wie der → Kristall weist ein durchsichtiges G.gefäß auf die Reinheit und Unbeflecktheit der Jungfrau Maria (Grünewald, *Isenheimer Altar*). [Lr]

O. Huth, Der G.berg (Symbolon 2/1961); L. Behling, Ergänzungen in Form u. Symbolik ... des Isenheimer Altars (Zs. f. Kunstwissenschaft 16/1962); M. Riemschneider, G.berg u. Mühlebrett (Symbolon 6/1968).

**Glauben** → Fides

**Gleichnis.** Als eine spezielle Ausformung der generell gegebenen Möglichkeit metaphorischen Sprechens ist das G. eine abgeleitete Redegattung, die sich in der Systematik der antiken Rhetorik als Erweiterung des einfachen bildhaften Vergleichs darstellt. Die Grenze zwischen G. und Vergleich (beides lat. *similitudo*) ist fließend, da der Umfang der sprachlischen Formulierung das ein gewisses Eigenleben entfaltende G. vom Vergleich (meist begrenzt auf Wortgruppe oder Satz) abhebt. Jeweils werden der zu erklärende Sachverhalt und das dafür herangezogene Vergleichsbild nebeneinandergestellt; Bild- und Sachteil werden durch eine Vergleichspartikel (wie ... so) oder ein die Ähnlichkeit anzeigendes Verb verbunden.

Die Inhalte des Vergleichsbildes sind in der Regel allgemein zugänglichen Tatsachen des menschlichen Erfahrungsbereichs entnommen. Die Vorgänge der Bild- und Sachhälfte gehören getrennten Seinsbereichen an, ihre Koppelung führt zu einer Sphärenmischung, bei der das von der Theorie geforderte *tertium comparationis* häufig nicht recht greifbar ist. Gegenüber dem Sachbezug kann der Bildbereich zu einer breiteren Ausgestaltung und Verselbständigung tendieren (›überquellendes Detail‹). In dieser geschlosseneren Großform wird das G. literarisch als ein kommentierendes Ausdrucksmittel verwendet, das in den Erzählvorgang antiker Epen (so bei → Homer) eingebettet ist. In den G.sen der Bibel und in den zu Erzählungen erweiterten → G.sen Jesu tritt stärker die argumentierende Beweisführung im Dienste religiöser Belehrung hervor. Besonders kultiviert wurde die G.rede in der oriental. Erzähltradition (vgl. die G.reden in der Legende *Barlaam und Josaphat*). In der nachantiken europ. Epik ist das breit ausgeführte G. eher spärlich vertreten, das gilt nicht für kürzere zum Vergleich tendierende Formen, die in jegliche Art von rhetorisch überhöhter Rede einfließen können. → Parabel [Sp]

H. Lausberg, Handbuch d. literar. Rhetorik, 1960 (²1973), M. H. McCall, Ancient rhetorical theories of simile and comparision, 1969; U. Krewitt, Metapher u. trop. Rede in d. Auffass. des MA, 1971; F. P. Knapp, Similitudo. Stil- u. Erzählfunktion von Vergleich u. Exempel in d. lat., franz. u. dt. Großepik d. HochMA, Bd. 1, 1975 (mit Lit.).

**Gleichnisse Jesu.** Teile der Predigt Jesu in den Evangelien heißen griech. *parabolé* (entsprechend hebr. *maschál*), lateinisch *similitudo*, »Vergleichung«. Formal den komplizierten rabbinischen Gleichnissen verwandt, haben sie in der hellenistischen Spruchliteratur und Geschichtsschreibung, bei Philo und in der apokalyptischen Literatur kein echtes Analogon. Seit Jülicher unterscheidet man Gleichnisse, Parabeln und Beispielerzählungen. → Gleichnisse sind gegenüber dem einfachen Vergleich ausführlicher gestaltet und allgemein einleuchtend: Die Evidenz der Bildhälfte (Schilderung im Präsens) erläutert die zu klärende Sache, den zu klärenden Sachverhalt. Das SENFKORN ist das kleinste Samenkorn, wenn es aufgeht, wird es größer als alle anderen Gewächse. So geht es mit dem Reich Gottes (*Mk* 4, 30–32; ferner 4, 26–29 der ACKER sichert die Ernte; *Mk* 13, 28f. der sprossende FEIGENBAUM; *Mk* 13, 34 der wachsame TÜRHÜTER; *Mt* 5, 25f. der SCHULDNER; *Mt* 11, 16–19 die spielenden KINDER; *Mt* 13, 33 der SAUERTEIG; *Mt* 13, 44 der SCHATZ im Acker; *Mt* 13, 45f. die Parallele; *Mt* 13, 47–50 das FISCHNETZ; *Mt* 18, 12–14 das VERLORENE SCHAF; *Mt* 24, 43f. der EINBRECHER; *Lk* 14, 7–11 die Plätze beim GASTMAHL; *Lk* 14, 28–32 TURMBAU

UND KRIEGFÜHREN; *Lk* 15, 8–10 die DRACHME; *Lk* 17, 7–10 KNECHTSLOHN; *Thomas Ev. Kopt.* 21 KINDER auf fremdem Boden). Es gibt »zweigipfelige« G.e., bei denen der Ton immer auf dem zweiten Gipfel liegt (vom verlorenen Sohn).

→ Parabeln bieten dagegen nicht Selbstverständliches und auf jeden Fall Einleuchtendes, sondern Schilderung (im Präteritum) einer einmaligen Handlung: Ein SÄMANN ging aufs Feld und als er säete, fiel ein Teil der Körner auf den Weg usw. (*Mk* 4, 3–8, weiteres *Mk* 12, 1–12 d. bösen WINZER; *Mt* 13, 24–30 das UNKRAUT unter dem Weizen; *Mt* 18, 23–35 der unbarmherzige Knecht; *Mt* 20, 1–16 gleicher Lohn für alle; *Mt* 21, 28–32 die ungleichen Söhne; *Mt* 22, 1–10 das große Mahl; *Mt* 22, 11–14 der Gast ohne Festgewand; *Mt* 25, 1–13 die zehn Jungfrauen; *Mt* 25, 14–30 die anvertrauten Gelder; *Lk* 7, 41–43 die beiden Schuldner; *Lk* 11, 5–8 der bittende Freund; *Lk* 16, 6–9 der unfruchtbare FEIGENBAUM; *Lk* 15, 11–32 der verlorene Sohn; *Lk* 16, 1–8 der ungerechte Verwalter; *Lk* 18, 1–8 der ungerechte Richter; *Thomas Ev. kopt.* 8 der große FISCH; 97 der löchrige KRUG; 98 der ATTENTÄTER).

Beispielerzählungen halten dem Hörer den Spiegel vor: *Lk* 10, 30–37 der barmherzige Samariter; *Lk* 12, 16–21 der törichte Reiche; *Lk* 16, 19–31 der Reiche und der Arme; *Lk* 18, 9–14 Pharisärer und Zöllner.

Die Einleitungsformeln der Gl. J. stimmen in ihren beiden Grundformen mit den rabbinischen überein. Sie beginnen entweder mit dem Nominativ, also als reine Erzählung ohne jede Einführungsformel, oder sie fangen mit dem Dativ an im Anschluß an das hebräische und aramäische »le«, das als Breviloquenz für eine ausführliche Einführung steht, die so lauten würde: »Ich erzähle dir ein Gleichnis, womit ist die Sache vergleichbar, sie ist vergleichbar mit ...«. »Vergleichbar mit« darf nicht so aufgefaßt werden, als sei z.B. das Reich Gottes einem König oder einem Kaufmann ähnlich, sondern auf Grund der Inkonzinnität der Einführungsformel muß übersetzt werden: »Mit dem Reich Gottes verhält es sich wie mit ...«. Keine Parallele in den rabbinischen G.en, aber dafür in der kynisch-stoischen Diatribe findet die die G.e. J. oft einleitende stürmische Frage: »Wer unter Euch?« (*Mt* 7, 8; *Lk* 11, 5, 11; 15, 4, 8; 12, 11f.; 17, 7; 18, 12; 24, 25; vgl. Epiktet, *Unterredungen* I, 27, 19). Die Gleichnisse des NT sind keine Allegorien, obwohl sie schon in der Urkirche eine allegorische Deutung erfuhren (vgl. *Mk* 4, 13–20; *Mt* 13, 36–43 und dann die patristische Exegese). Grund dafür war die veränderte Situation, in die die G. da gesprochen werden; sie hatten ihren »Sitz im Leben« in der Verkündigung Jesu und haben einen zweiten Sitz in der kirchlichen Predigt. Die Verwendung von stehenden Metaphern (»König« für »Gott«, »Schuld« für »Sünde«, »Ernte« für »Gericht« u.ä.) verleitet zur allgeorischen Deutung. Sinn der G. J. ist mit immer wieder neuen Bildern in die Mitte seiner Botschaft vorzustoßen: Sie mahnen zur Zuversicht in das Kommen der Gottesherrschaft, zum Vertrauen in Gottes Vaterliebe für Verzweifelte, Hilflose, Sünder, aber

auch allen Ernstes zur Umkehr in der letzten Stunde und handeln von der gelebten Jüngerschaft (*Mt* 13, 44–46; 18, 23–35).
Markus will zwar, wenn er 4, 12 das *Jes*-Wort (6, 9f.) »Damit sie sehen und doch nicht erkennen, hören und doch nicht verstehen« im Sinn seiner Parabeltheorie anführt, sagen, daß die Gleichnisverkündigung der Menge, »denen draußen«, die Wahrheit verbergen und Verstockung verursachen sollte. Aber »ursprünglich dürfte es einer einem Fazit gleichkommenden Rückbesinnung auf das gesamte Wirken Jesu entsprochen haben, die im Hinblick auf den Willen Gottes den Unglauben Israels annimmt« (Gnilka). So sehr nun Jesu Predigt in Gleichnissen von vornherein nie den Zweck der Verdunklung der Wahrheit und ihrer Zurückhaltung hatte, so richtig ist, daß »diese Theorie an einen Wesenszug der orientalischen Gleichnisse anknüpft, wonach das Gleichnis dem gehaltenen Ohr unverständlich bleibt, weil es nur in seiner Bildhälfte verstanden, nicht aber auf die Sache angewendet wird« (Schiller). Ohne Deutung überlieferte G.se bleiben deshalb oft rätselhaft (*Mk* 4, 26–29; Thom. *Ev. kopt.* 97). [JBB]

A. Jülicher, Die Gleichnisreden Jesu, 2 Bde., 1899, Neudr. 1910; patristische Deutung bei L. Fonck, D. Parabeln d. Herrn [4]1927; M. Meinertz, D. Gl. J., [4]1948; W. Michaelis, D. Gl. J., 1956; E. Linneman, Gl. J., 1961; J. Jeremias, D. Gl. J. [8]1970; J. Gnilka, LThK [2]10 (1965), 740f.; G. Schille, Bibl.hist. Handwb. 1962, 578f.; J. B. Bauer, G. J. u. d. Rabbinen, (Theol. prakt. Quartalschr. 119) 1971; H. Weder, Die G. J. als Metaphern, 1978.

**Glocke.** Im alten Judentum und in der Antike wurden Handglöckchen und Schellen in apotropäischer Bedeutung verwendet. Die Kunst, G.n zu gießen, war in China schon im 2. vorchristl. Jahrtausend bekannt und kam erst im 6./7. Jh. n. Chr. nach Europa. In asiatischen Religionen soll der Klang der G. die Götter herbeirufen bzw. besänftigen oder die Dämonen vertreiben; die G. ist Symbol der Verbindung zwischen Himmel und Erde. Im → Buddhismus ist die G. sinnbildlicher Hinweis für den phänomenalen Aspekt der Welt; darüber hinaus soll sie die Botschaft Buddhas verbreiten. Im Christentum sind G.n ein Symbol der Verkündigung des Evangeliums; ihr Klang kann vom einfachen Volk geradezu als »Stimme Gottes« aufgefaßt werden. Den Alphabet-Inschriften auf Glocken des MA ist magische und symbolische Bedeutung zuzuerkennen. Das Angelusläuten katholischer Kirchen (seit dem 14. Jh.) soll an den Lebens- und Leidensweg Jesu erinnern: abends Menschwerdung, mittags Tod, morgens Auferstehung. Schillers *Lied von der Glocke* stellt die Beziehung zum menschlichen Leben her. Sinn der G.: *vivos voco, mortuos plango, fulgura frango*. Beim »Blitze brechen« zeigt sich die ursprünglich apotropäische Bedeutung; auch das Glöcklein als Attribut des Hl. Antonius dient der Abwehr böser Mächte. [Lr]

J. Pesch, Die G. in Gesch., Sage u. Volksglaube, -brauch u. Dichtung, 1918; J. Sauer, Symbolik des Kirchengebäudes, [2]1924 (S. 140–155); E. Erdmann, Die G.sagen, 1931; N. Kyll, Die G. im Wetterglauben u. Wetterbrauch der Trierer Lande (Rhein. Jb. f. Volkskunde 9/1958); K. Köster, Alphabet-Inschriften auf G.n (Studien zur dt. Literatur des MA, hg. von R. Schützeichel u. U. Fellmann), 1979.

**Glück** → Fortuna

**Glückssymbole.** Glück ist das allgemeine (Gesundheit, Reichtum, Erfolg, Frieden) und das besondere Gute (z.B. Bergsegen). Glück ist, wenn alles gut ausgeht (Wortbedeutung ist auch: Ausgang, Schluß), Glück ist Schicksal. So stehen Tyche/Fortuna (bzw. Fors) primär für Schicksal → Schicksalsgottheiten, → Fortuna, das Attribut des STEUERRUDERS definiert sie als Lenkerinnen der Geschicke. Das Attribut des Rades teilt *Tyche* mit *Nemesis.* (Bei uns wurden Personifikationen des Glücks – im Gegensatz zum Russischen – nicht volkstümlich; literarisch im Mittelhochdeutschen (Frau) Saelde, vgl. Grimm, Mythologie, heute Fortuna als sprachliches Bild). Das RAD war das Glückszeichen der Antike; im MA war es weitverbreitete allegorische Darstellung der Unbeständigkeit des Glücks, z.B.als senkrecht sich drehendes Rad, besetzt mit vier Menschen und den Inschriften *»regnabo«, »regno«, »regnavi«, »sum sine regno«.* Statt des Glückrades findet sich auch manchmal die Glücksscheibe, selten die KUGEL (meist ist es die Weltkugel, auf der Fortuna steht). Das Attribut, das zum Zeichen des Glücks wurde, ist das FÜLLHORN. Dieses Horn des Überflusses war aber in der Antike auch Attribut anderer Gottheiten, da viele Spender guter Gaben waren; so auch von Eirene/Pax (→ FRIEDE). Im römischen Bereich ging es auf Copia – nach Horaz Repräsentantin der gesegneten Friedenszeit – über. – Volkstümliche Glückssymbole sind: der vierblättrige KLEE (Vierklee), Glücksklee (wie auch sonst, z.B. beim Hufeisen, bestimmen oder steigern bes. Umstände den Wert, z.B. das Finden; seine vielleicht schon vorchristliche Bedeutung beruht auf seiner Seltenheit und Kreuzform, denn der fünf- oder mehrblättrige Klee gilt kaum als glücksbringend), HUFEISEN (die Glücksbedeutung wahrscheinlich nur positive Wendung des Glaubens an die Abwehrkraft, wobei alle Vorstellungen mitspielen wie von der Kraft des Eisens), FLIEGENPILZ (alemann. »Glücksschwämmli«, auch in Österreich »Schwamm« für Pilz; für die glückbringende Bedeutung sicherlich die rote Farbe – die apotropäische Farbe schlechthin – sowie die phallische Pilzform ausschlaggebend; der »Glückspilz« in übertragenem Sinn ist wahrscheinlich Übersetzung von engl. *mushroom,* d. i. Pilz, aber auch Emporkömmling), SCHORNSTEINFEGER/Rauchfangkehrer (Objekt des Anfangs mit positiver Vorbedeutung; er muß aber in voller Ausrüstung sein und wird graphisch etc. in glückbringender Funktion auch immer so dargestellt. Begegnung mit ihm besonders zu Neujahr erwünscht, was teilweise traditionell begründet ist: wegen des Kassierens der Jahresrechnung zu diesem Termin waren sie die ersten Neujahrsgratulanten), SCHWEIN (ist sogar synonym für Glück: »Der hat Schwein!« Kann im Angang auch unheilverkündend sein, z.B. für Jäger; ursprüngliche Bedeutung scheint aber die positive gewesen zu sein), die DREIZEHN (normalerweise Unglückszahl, allerdings zerfällt die Überzeugung von ihrer Unglücksbedeutung. Bausinger spricht von der »Konträrfaszination«. Bleibt besondere Zahl, die man positiv oder negativ besetzen muß; ein derartiger Wechsel in der Ausdeutung ist nicht neu, heute

aber mehr psychisches Faktum, früher kulturgeschichtlicher Tatbestand, z.B. beim Schwein).
Die Glückssymbolik ist einerseits sehr mit → Allegorie und → Metapher (*Fortuna*, Füllhorn, Rad), andererseits mit dem Glauben an → Amulette und → Talismane verquickt (so werden z.B. die soeben beschriebenen volkstümlichen Glückssymbole in billigem oder edlem Material en miniature nachgemacht und als Anhänger oder in der Geldbörse bei sich getragen). → Volksglaube. – Auch die Farbsymbolik kommt zum Tragen: so hat GELB – sonst von böser Vorbedeutung – in der Farbensprache des alten Minnelebens die Bedeutung minniglichen Glücks. Eine bes. Rolle spielen G. in → Ostasien. [EH]

W. Wackernagel. Das Glücksrad u. die Kugel des Glücks, Kleinere Schr., 1872; K. Weinhold, Glücksrad u. Lebensrad, (Abh. d. Kgl. preuß. Akad. d. Wiss.) 1892; A. Doren, Fortuna im MA u. in der Renaissance, 1924; H. Marzell, Der vierblättrige Klee im Volksaberglauben (Die Scholle. Landsbg. Volkskal.) 1912; Lawrence, The magic of the horseshoe, Bosten & New York 1898; H. Bausinger, Dreizehn (Zauberei u. Frömmigkeit, Volksleben Bd. 13) 1966.

**Gnosis, Gnostik,** religiöse Bewegung der Spätantike (1.–3. Jh. n. Chr.) mit der Annahme einer speziellen religiösen Erkenntnis, *gnosis,* jedoch weder als mystische Schau, noch als rationale Begründung. Ziel ist die Selbsterkenntnis des Menschen und seines göttlichen Ursprungs sowie seine Erlösung durch Rückführung zu diesem Ursprung. Die erhaltenen Schriften – Zitate bei den die G. bekämpfenden christl. Kirchenvätern sowie Textfunde aus neuerer Zeit: Qumran, Nag Hammadi – verwenden jüdische und christliche Offenbarung, griechisch-hellenistische Mystik, iranische Spekulation (→ Manichäismus) und anderes für allegorisch-symbolische Umdeutung zum gnostischen Mythos, meist in Form von Offenbarungen (→ Hermes Trismegistos). Ein → Dualismus von Gott und Welt ist vorherrschend: diesem prinzipiellen Gegensatz dient, ebenso wie seiner Überwindung, eine reiche Symbolik.
Gott ist symbolisiert als GEIST, Pneuma, Licht, Gut, Leben; die Welt als MATERIE, Hyle, Finsternis, Böses, Tod. Der MENSCH als Mikrokosmos symbolisiert den Makrokosmos. Als Symbole der Weltlichkeit stehen dem unnennbaren Gott 7 namentlich genannte halbböse Dämonen mit weltschöpferischer Potenz gegenüber, die Hebdomas, SIEBENHEIT: ursprünglich die – auch als KREISE symbolisierten – 7 Planetengötter, deren oberster, Jaldabaoth, wohl mit Saturn identisch ist (Astralsymbolik mit GESTIRNEN als Gegengöttern) und später zu Demiurgen gräzisiert wurde. Allmählich trat der sakramentale, auf kultisch-symbol. Handlungen beruhende Charakter etwas zurück; Erkenntnis im engeren Sinn wurde vorherrschend (Einfluß des → Neuplatonismus). Die SIEBENHEIT repräsentiert das Schicksal; aus dessen astrologischem Fatalismus soll die Erlösung geschehen. Die Mutter der 7 Dämonen, Barbelos, ist eine gefallene Göttin (Mondgöttin?), sie ist LICHTJUNGFRAU und Mutter zugleich und Brücke zum Symbol der Trias von Vater (Gott), Mutter und Urmensch, *anthropos.* Dieser → Urmensch ist in die Materie gestürzt, aber auch fähig, den Weg in die himmlischen Welten zu finden: Symbol des

Weges aller zur höheren Welt Berufenen. Die eine der zwei Klassen der Menschheit trägt den höheren LICHTFUNKEN in sich, die andere ist ganz der niederen Welt verfallen (Satornil). Im Gegensatz zum christlichen Erlöser, der in der Geschichte wirkt, vollzieht sich die Erlösung der G. im Mythos und am Weltende.

Wie im Christentum gibt es viele symbol. Handlungen (Sakramente) und Formeln (Geheimhaltungspflicht); die TAUFE ist Abwehr der Dämonen; als ÖLSALBUNG durch den himmlischen Wohlgeruch des Öls, als BRANDMARKUNG am Ohr (Karpokratianer), durch WASSER (ein doppeldeutiges Symbol: für Reinigung und für die böse Materie, s. u. Ophiten). Als Reinigungssymbol erinnert die BESCHNEIDUNG an jüdische Überlieferung. Das Sakrament des BRAUTGEMACHS symbolisiert die Vereinigung des Erlösers (Soter) mit der Weisheit (→ Sophia) wie die Vereinigung der Gläubigen mit den Engeln: die Gnostiker sind der SAMEN, den Sophia vom Soter empfing (Valentinianer). Viele Symbole haben mit der Zeugung zu tun: die Seele, auch BRAUT genannt, empfängt den LICHTSAMEN, BRÄUTIGAM. Andere Symbole des Lebens sind der BAUM, das SIEGEL Gottes (sakramentale Versiegelung).

Im *Perlenlied (Thomasakten)* ist die PERLE das Symbol der in die Materie verstrickten Seele, ÄGYPTEN das Symbol des Reiches der Körper, die SCHLANGE ist Herrscher dieser Welt und bewacht die Perle; ein Erlöser steigt aus dem OSTEN (Reich des Vaters = Königs = Gottes) herab, um der Schlange die Perle wegzunehmen. Er streift der Perle das schmutzige Gewand ab und bringt sie dem Vaterkönig in strahlendem LICHTKLEID, welches die Erlösung symbolisiert. Zum großen Problem der dualistischen Grundanschauung wird die MISCHUNG: sie ist Symbolbegriff auch der Sexualität, dergegenüber die G. äußerst ambivalent ist, teils asketisch, teils orgiastisch; Ziel ist Aufhebung der Fortpflanzung. Anders als die Christen glauben die Gnostiker nicht an leibliche Auferstehung. Der Urmensch ist über die geschlechtliche Teilung erhaben, er ist Symbol der Aufhebung der Gegensätze von Weiblich und Männlich in der Lichtwelt.

Ambivalent ist das wichtige Symbol der SCHLANGE. Sie versinnbildlicht die Finsternis und das Feuchte, die Welt nach dem Fall, wird aber auch mit Logos und Jesus gleichgesetzt und trägt so die zu Erkenntnis gelangten »Erwachten« hinaus zum Licht (Valentinianer). In einer anderen Gleichsetzung, nämlich mit dem Teufel, ist sie gezeugt von Jaldabaoth und zeugt selbst mit der Erde »wie mit einer Frau« den WEINSTOCK (Severus; seine Sekte verdammte den Weingenuß und nannte die Frauen und die Sexualität »Werke des Satans«). Die Schlange ist auch Symbol der Erdgötting Eden, einer »doppelleibigen« Macht, die »bis zur Scham eine Jungfrau, unten aber eine Schlange ist«. Mit ihr zeugt der Himmelsgott Elohim die Engel des Paradieses und den Adam (*Buch Baruch*). Eine große Rolle spielt die Schlange (griech. *ophis*) in der Sekte der Ophiten und Ophianer: auf Anstiften der Urmutter, Sophia, verführt sie Adam und Eva und wird mit ihnen von Jaldabaoth, dessen Sohn sie ist, aus dem Paradies vertrieben. Die Schlange ist Symbol der Klugheit im gnostischen Denken, das sich nicht geradlinig, sondern im Kreis bewegt: Ende und Anfang gehören zusammen. Dem Bedürfnis zur Symbolik entsprang eine reiche Zahlen- und Buchstabenspekulation (Jesus gleich A und O, Anfang und Ende, und vieles andere. → Philo), wenngleich der G. keine spontane Symbolbildung eigen war; dennoch läßt sie sich nicht aus einem der gleichzeitigen anderen geistigen Ströme erklären, sondern bildet eine Sinneinheit für sich. Die heute noch am Tigris lebenden → Mandäer sind eine rein gnostische Sekte, deren Riten und Symbole als Zeugnisse dafür gelten, daß nur Wissen und Kult zusammen zur Erlösung führen. → Grenze [Wr]

W. Bousset, G. (PWRE VII, 2) 1912; H. Jonas, G. u. spätantiker Geist, 1. Bd. 1934 ($^{3}$1964), 2. Bd. 1954; H. Leisegang, Die G., $^{4}$1955 (KTA 32); A. Adam, Die Psalmen des Thomas u. das Perlenlied als Zeugnisse vorchristl. G., 1959, A. Wlosok, Lactanz u. die philosophische G. 1960 (Abh. Heidelbg. Ak., Phil. hist. Kl.); W. Foerster (Hg.) u. a., Die G. I, 1969 u. II, 1971; K. Rudolph, Die G. Wesen u. Gesch. einer spätantiken Religion, 1980.

**Goethe,** Johann Wolfgang von, 28.8.1749 Frankfurt a. M. – 22.3.1832 Weimar. Das Zentrum von G.s Weltanschauung, Dichtung und Ästhetik, Naturbetrachtung und Naturwissenschaft, Metaphysik und Ethik bilden seine Auffassung und Gestaltung des Symbolischen. In diesem Brennpunkt vereinigen sich seine vielfältigen Bestrebungen, das »heilig öffentlich Geheimnis« der ‹Gott-Natur« zu ergründen. In Aussagen wie »Alles was geschieht, ist Symbol, und indem es vollkommen sich selbst darstellt, deutet es auf das übrige« oder »Das ist die wahre Symbolik, wo das Besondere das Allgemeine repräsentiert, nicht als Traum und Schatten, sondern als lebendig-augenblickliche Offenbarung des Unerforschlichen« erweist sich das Denken in Bildern der Analogie und Identität, das G. aus vielen Quellen (Platonismus, magische, mystische, alchemistische, pansophische Strömungen, dazu Antike und Naturwissenchaft moderner Art) sich produktiv amalgamiert hat.

Längst sind die Gestalten seines Werks, über dessen ständig an symbol. Transparenz gewinnenden Charakter G. sich des öfteren äußerte, ihrerseits zu Symbolen der Weltliteratur geworden; Werther, Egmont, Iphigenie, Tasso → Faust, Wilhelm Meister samt ihren Räumen, Gegenständen und Verstrickungen. Seine Lyrik mit der von der Genie-Symbolik des Anfangs an (Prometheus, Ganymed, Wanderer, Strom, Sturm, Blitz) sich organisch entwickelnden Bilderwelt (Licht, Farben, Wasser, Pflanzen) und dem hochsymbolischen Gipfel der geheimnisvollen Altersdichtung Faust II gilt bis in die Gegenwart als Musterbeispiel symbolischer Gestaltung. Unter dem gleichen Zeichen stehen seine Naturstudien in ihrer Suche nach Gesetz- und Typushaftigkeit, nach den Prinzipien von Entelechie, Metamorphose, Polarität und Steigerung auf dem Gebiet der Botanik, Zoologie, Osteologie, Geologie, der Witterungs- und Farbenlehre, die wichtige Erkenntnisse über den symbolischen Ausdruckscharakter von Sprache und Dichtung enthalten. Auch hier fordert er »eine

Symbolik wäre aufzustellen« und immer mehr erscheint ihm sein gesamtes Dasein und Wirken als etwas Symbolisches.

Das bewußte Denken über Symbolik beginnt nach dem sinnlich-geistigen Schauen von Antike, südlicher Natur, Licht und Farben, zusammen mit Schiller, mit dem der Freundschaftsbund in der wahrhaft symbolischen Unterhaltung über Idee und Erfahrung, Metamorphose und Urpflanze begonnen hatte. Nicht nur der exemplarische Rang seines symbolischen Werks, sondern genauso seine nicht systematisch zusammengefaßten, sondern an den verschiedensten Stellen ausgesprochenen oder angedeuteten Erkenntnisse über Repräsentanz, Totalität, Einheit und Allheit des Symbols oder über eine »Symbolik, die zugleich sinnliche Darstellung ist und die die Kunst nur auf ihrer höchsten Stufe zu erreichen« vermag, beeinflussen auch heute noch das allgemeine und das wissenschaftliche Verständnis des Symbolischen, wenn auch nicht alle seine Formulierungen so weitreichende Konsequenzen hatten wie seine Abwertung der Allegorie gegenüber der Symbolik, interessanterweise ungeachtet dessen, daß in seiner eigenen (Alters-) Dichtung nicht selten die Grenzen zur Allegorik fließend sind.

Im Nachlaßaufsatz über Symbolik unterscheidet G., aufgrund der Beziehungen zwischen Bild und Gegenstand, Symbole, die physisch-real sind, die in ästhetisch-idealer Art mit dem Gegenstand identisch sind, die einen verwandtschaftlichen, wenn auch nicht notwendigen Bezug haben, und die durch math.-naturwiss. Konvention festgelegten Zeichen; der Akzent liegt dabei auf der nur indirekten Möglichkeit der Bezeichnung, die allerdings gerade eine »vielfache Deutung« ermöglicht. Engstens mit all diesen Vorstellungen verbunden sind G.s Anschauungen über die Idee als »das, was immer zur Erscheinung kommt und daher als Gesetz aller Erscheinungen uns entgegentritt« und als das Wahre, Gottähnliche, das »nicht unmittelbar erscheint« und das wir »aus seinen Manifestationen erraten müssen«, sowie über die Urphänomene, »ideal als das letzte Erkennbare, real als erkannt, symbolisch, weil es alle Fälle begreift, identisch mit allen Fällen«, deren Gewahrwerden als ein »offenbar Geheimnis« von Scheu, Angst, Erstaunen, Schauder begleitet ist. Solche Urphänomene sind z.B. Licht, Urpflanze, Urtier, Metamorphose, Polarität und Steigerung, sittliches Gewissen, schöpferische Tat, Liebe. »Man suche nur nichts hinter den Phänomenen; sie selbst sind die Lehre.«

Bezeichnenderweise kann schon die Betrachtung eines einzelnen Symbols in seiner lebenden Entwicklung Mitte und Zusammenhang seines Schaffens sichtbar machen. So läßt sich der Satz »Das Wahre, mit dem Göttlichen identisch, läßt sich niemals von uns direkt erkennen, wir schauen es nur im Abglanz, im Beispiel, Symbol, in einzelnen und verwandten Erscheinungen, wir werden es gewahr als unbegreifliches Leben und können dem Wunsch nicht entsagen, es dennoch zu begreifen«, auf den Regenbogen als »ein im geistigen Spiegel zusammengezogenes Bild« anwenden. Er wird von G. übernommen als altes Symbol für Versöhnung von

Himmel und Erde, Frieden und Verheißung; als »des bunten Bogens Wechseldauer« und »farbiger Abglanz« verbunden mit dem Urphänomen des LICHTS, dessen »Taten und Leiden«, nämlich den Farben, denen allerdings der Purpur fehlt, »auf dunklen Grund gezogen«, verwandt mit geballtem Wasser, Träne und Perle, erweist er sich als umfassendes Symbol für Natur, Leben, Liebe und Kunst. Der verbergende und enthüllende Doppelcharakter des Symbols zeigt sich auch im Bild von STEIN und HÖHLE, im Elementarssymbol des WASSERS, an der ROSE, dem Symbol des Schönen und Symbol des Symbols, und gewinnt bes. Evidenz am Beispiel der WOLKE, ihrer Systole und Diastole, die sich im Urphänomen des Trüben als dem Entstehungsgrund der Farben berührt mit Nebel, Dunst, Flor und Schleier. Der SCHLEIER aber ist das Urbild des Dichterischen (»der Dichtung Schleier aus der Hand der Wahrheit«), der das Scheinen der Idee, des Wahren und Schönen ermöglicht, und zwar »nur im Widerscheine«, wie auch Wort und Dichtung die Gegenstände »eigentlich nur symbolisch, nur bildlich« ausdrücken und dadurch auf die Gleichnishaftigkeit des Weltgewebes hinweisen. [BVH]

Weinhandl, F., Die Metaphysik G.s., 1932; ²1965; Müller, C., D. geschichtl. Voraussetzungen d. Symbolbegriffs in G.s Kunstanschauung, 1937; Müller, C., D. Symbolbegriff in G.s Kunstanschauung (G.-Jb. 8, 1943); Gray, R. D., G. the Alchemist, 1952; Böckmann, P., G.s nat. wiss. Denken als Bed. d. Symbolik s. Altersdichtung (Literature and Science), 1954; Gilg, A., Wilh. Meisters Wanderjahre u. ihre Symbole, 1954; Trunz, E., D. Vergängl. als Gleichnis in G.s Dichtung (G.-Jb. 16, 1954); Schrimpf, H. J., D. Weltbild d. späten G., 1956; Emrich, W., Protest u. Verheißung, 1960; Sørensen, B. A., Symbol u. Symbolismus in d. ästhet, Theorien d. 18. Jh.s u. d. Romantik, 1963; Schmidt, P., G.s Farbensymbolik, 1965; Loeb, E., D. Symbolik d. Wasserzyklus b. G., 1967; Diener, G., Pandora, Zu G.s Metaphorik, 1968; Jurgensen, M., Symbol als Idee, Stud. zu G.s Ästhetik, 1968; Keller, W., G.s dichterische Bildlichkeit. Eine Grundlegung, 1972; Jaszi, A., Entzweiung u. Vereinigung. G.s symbol. Weltanschauung, 1973; J. Strelka, Esoterik bei G., 1980.

**Van Gogh,** Vincent, 30.3.1853 – 29.7.1890, niederländ. Maler, sublimierte seine tiefe Einsamkeit und seine psychologischen Probleme in zehn kurze Fieberjahre künstlerischer Tätigkeit. Er vergöttlichte die Natur als eine grandios pantheistische Offenbarung Gottes. Er schuf einen persönlichen Farbensymbolismus – GELB für Gott sowie auch für die Liebe, BLAU für die Unendlichkeit, GRÜN und ROT für Leidenschaft und Sinnlichkeit. Goldene SONNEN brennen und wirbeln mit rasender Geschwindigkeit auf Sommerlandschaften als ein Symbol für das Licht Gottes um sich herum. Ganz besonders stehen bei ihm die SONNENBLUMEN sinnbildlich für das himmlische Licht. Die von ihm so oft gemalten WEIZENFELDER deuten auf das tägliche Brot wie auch auf Christus hin, und deshalb erinnern uns seine gemähten Felder an die Kreuzigung. Seine Darstellungen des nächtlichen Himmels erstrecken sich in die Unendlichkeit mit ihren sich ständig drehenden und im Dunklen leuchtenden Sternen, die dem Heiligenschein ähnlich sind. Die Wolken wie auch seine flammengleichen Pinselstriche, sind immer in lebhafter Bewegung, als ob sie von unsichtbaren Körpern angetrieben seien.

Ein Symbol für die Vorahnung seines Todes ist wohl in einigen Gemälden von ZYPRESSEN zu ersehen, denn diese immergrünen Nadelbäume weisen auf das ewige Leben hin und symbolisieren als typische Friedhofsbäume auch den Tod. Seine Bilder leerer STÜHLE, besonders der Stuhl seines Vaters und der von Gauguin, wie auch einige Figuren von Leidtragenden, sind als weitere Symbole für den Tod anzusehen. Auf seinem letzten Gemälde *Weizenfeld mit Krähen* (Auvers, Juli 1890) fliegt ein Krähenflug quer über einen unheilverkündenden dunkelblauen Himmel mit zwei seltsamen ballförmigen Wolken. Das sich im Vordergrund befindliche Weizenfeld schwingt im Winde hin und her und wird von einem schräg dazu laufenden Fußpfad geteilt, der jedoch plötzlich aufhört, bevor er den Horizont erreicht. Dieser FUSSWEG ist wohl ein Symbol für den Pfad des Menschenlebens, der auch plötzlich zu Ende kommt, und die KRÄHEN über dem Feld sind im Volksmund als typische Vorboten des Todes bekannt. Nur ein Paar Tage später erschoß sich van Gogh in einem solchen Feld nicht weit von dem des Gemäldes. Er ist als Urtypus des leidenden und zu seinen Lebzeiten vollständig erfolglosen Künstlers anzusehen, der nur nach seinem Tode als ein Genie und als der Vater des Expressionsismus anerkannt wurde. [Fi]

M. Meier-Graefe, *Vicent van Gogh*, 1922; H. Nagera, *Vincent van Gogh, A Psychological Study*, New York, 1967; A. J. Lubin, *Stranger on the Earth, A Psychological Biography of Vincent van Gogh*, New York, 1972; M. Schapiro, *Vincent van Gogh*, New York, 1950; P. Cabanne, *Van Gogh*, Paris, 1961; K. Badt, Die Farbenlehre von Goghs, 1961.

**Gold**, wegen seiner Seltenheit, Rostfreiheit und seines Glanzes Symbol des himmlischen Lichtes und der Unvergänglichkeit. In der alten Welt wurden die → Metalle den Planeten zugeordnet, das G. galt als sonnenhaft. Das »goldene Zeitalter« (→ Weltalter) ist die Herrschaftszeit des Sonnengottes. Vom Pharao, dem Sohn des Sonnengottes Re, heißt es, er ist »das Goldgebirge, das die ganze Erde überstrahlt«. Der Wagen des vedischen Sonnengottes Savitar erglänzt in reinem G. In der *Antigone* des Sophokles wird die Sonne »das goldende Auge« des Tages genannt, und in Goethes *Faust* II spricht der Astrolog: »Die Sonne selbst, sie ist lauteres Gold«. Den Israeliten war das G. zwar nichts Göttliches, doch konnte in metaphorischer Sprache der Allmächtige zum Goldschatz werden (*Ijob* 22,25). Die ewige Glückseligkeit wird durch die himmlische Stadt »aus lauterem Gold« versinnbildlicht (*Offb* 21,18). Bei den Kirchenvätern ist dieses Edelmetall ein Symbol für das göttliche Königtum, daher auch Geschenk der Weisen aus dem Morgenland (→ Drei Könige). In der Malerei des MA weist der G.grund hinter den Gestalten der Heiligen auf ihre Verklärung und auf die Herrlichkeit Gottes. Im → Buddhismus hat das G. ontologischen Sinn und kultische Funktion. Die G.suche der Alchemisten ist letztendlich das Streben nach Befreiung des Geistes/der Seele von den Schlacken der Materie (→ Stein der Weisen).

Wie die meisten Symbole ist auch das G. ambivalent. Es ist Synonym für Geld und Symbol für irdische und damit vergängliche Schätze. Wer um »das goldene Kalb« tanzt (2 *Mos* 32,4), wendet sich von den eigentlichen Seinswerten ab. Der Glanz des G.es führt zur Verblendung, wird zum Fluch (z. B. in der Nibelungensage) und zum Sündenbock für niedere Begierden. Aus der Traumsymbolik ist das reziproke Verhältnis von G. und Exkrementen bekannt, tiefenpsychologisch gestützt durch eine Symbolik des Besitzens (Geld-Gold-Kot). Die Azteken betrachteten das G. (*teocuitlatl* = Götterkot) als Ausscheidung des Sonnengottes. [Lr]

A. L. Oppenheim, The golden garment of the gods (Journal of Near Eastern Studies 8/1949); Fr. F. E. Daumas, La valeur de l'or dans la pensée égyptienne (Revue de l'Histoire des Religions 149/1956); P. Gascar, L'Or (Encyclopédie essentielle, 23) Paris 1968; S. Averincev, L'or dans la systeme des symboles de la culture protobyzantine (Studi medievali 20/1979); W. Braunfels, Nimbus u. G.grund, 1980.

**Golem.** In der Bibel (138. Psalm, Vers 17) bezieht sich dieses Wort auf den unvollkommenen Menschen. Im Sprachsinne bedeutet es etwa ungeformte Masse, im jerusalemitischen Talmud und im talmudischen Schrifttum den Embryo im Mutterleib oder Adam als Materie, bevor er mit dem göttlichen Geist belebt wurde. Der große Theologe des 12. Jh. Rambam verwendet das Wort Golem für einen Menschen mit unvollkommen oder unharmonisch ausgebildeten Körper- und Geistesgaben.

In der jüdischen Magie, die im Rahmen der → Kabbalah (Sefer Jezirah) entstand, erhielt das Wort »Golem« im 12. Jh. eine neue Bedeutung: ein von Menschenhand geformtes Tier (z.B. eine Kuh) oder ein Mensch, der durch die Zauberwirkung von magischen Worten und heiligen Buchstaben lebendig wurde und die ihm gegebenen Befehle ausführen muß. Die Zeremonie bestand darin, jungfräuliche ERDE zu nehmen und daraus den Golem zu fertigen und auf seine Stirn das Wort »Emet« (Wahrheit) zu schreiben oder den Golem in der Erde zu vergraben, einen tanzartigen Rundgang um den Golem zu zelebrieren und die heiligen Buchstaben nebst dem geheimen Gottesnamen auszusprechen. Dann erwachte der Golem zum Leben. Wurde der RUNDTANZ in umgekehrter Richtung ausgeführt und der erste Buchstabe der Inschrift auf seiner Stirn getilgt, sodaß nur noch der Rest blieb, der im Hebräischen »tot« bedeutet, so erlosch die Lebenskraft des Golem.

Unter den deutschen Juden des 15. Jh. gewann der Glaube an diese magischen Kräfte an Bedeutung und wuchs bis zum 17. Jh. zu allgemeiner Anerkennung, zumal er sich mit der Vorstellung des *homunculus* (Paracelsus, Goethes *Faust* II) verband. Das G.-Motiv taucht im 19./20. Jh. wiederholt in Musik und Literatur auf; in G. Meyrinks gleichnamigem Roman wird der G. zur gespensterhaften Symbolfigur des jüdischen Ghettos. [Kly]

C. Bloch, The G.-Legends of the Ghetto of Prague, 1925; G. Scholem, Die Vorstellung vom G., 1954; ders., On the Kabbalah and its Symbolism, 1965.

**Gotik,** entwickelte sich während des 12. Jh. in Frankreich, ungefähr zur selben Zeit, als die Anbetung der Hl. Jungfrau sich auf das volkstümliche Niveau ausbreitete. Obwohl das Hauptkennzeichen der gotischen Architektur, der SPITZBOGEN, von den Ajantahöhlen in Indien (6. Jh.) und der Ibn

Tulunmoschee in Kairo (8. Jh.) herrührt, sah man seinen emporstrebenden Elan und seine weibliche Anmut als besonders geeignet an, um die neue Form der Anbetung der Madonna zu symbolisieren, die für das spätmal. Zeitalter typisch ist. Viele Kirchen, wie z.B. Notre Dame de Paris, Notre Dame de Chartres und andere, wurden entweder der Madonna zu Ehren errichtet oder aber mit diesem neuen Namen versehen.

Das Kernsymbol jeder gotischen Kathedrale oder Kirche besteht darin, daß das Heilige Jerusalem vom Himmel auf die Erde herniederschwebt, so wie es in *Offb* 21, 1–3 geschildert wird. Während des Weihungsrituals aller Kathdralen und Kirchen wurden diese Zeilen immer vorgelesen. Seit der Zerstörung Jerusalems durch Titus und seine Legionen war jede christliche Kirche für ein geistiges Neues Jerusalem, den Zionsberg und das geheiligte Zentrum symbolisch, um das sich das religiöse Leben der Gläubigen dreht. Die visionäre Eigenschaft des Äußeren der gotischen Kathedrale drückt sich in dem Unebenmaß ihrer Türme, Türmchen und Kriechblumen aus, ohne von ihrer alles überragenden körperlichen Herrschaft über die mal. Stadt zu sprechen, die dem Berg in einer Ebene vergleichbar ist. Die WESTFASSADE ist immer ein Symbol für den Tod, und deshalb findet man oft Szenen über dem Eingangsportal, die das Letzte Gericht darstellen (z.B. in Chartres). Die ROSETTE der Westfassade ist ein Sinnbild für den Sonnenuntergang (*Lk* 23, 44–45), wohingegen das Sanktuarium des östlichen Endes der Kathedrale das Leben bedeutet. Die FENSTER hinter dem Altar symbolisieren den Sonnenaufgang oder den Morgenstern von Jesus (*Offb* 22, 16). Auf den Dachrinnen lauern groteske WASSERSPEIER, von denen die waagrechten dem praktischen Zweck eines Wasserrohres dienen; im Gegensatz dazu können die senkrecht stehenden die Gläubigen nur an eine Versuchung seitens des Teufels erinnern (1 *Petr* 5, 8; 1 *Joh* 5, 19).

Die TÜREN, die in das höhlenartige Schiff führen, sind ein Sinnbild für die Heilige Jungfrau oder für das Tor, durch das kein Mensch gegangen ist (*Ez* 44, 2). Sie sind in das geheimnisvolle Licht der bunten Glasfenster gebadet, deren verschiedene FARBEN für die Edelsteine symbolisch sind, die zum Bau des Heiligen Jerusalem verwendet worden waren (*Offb* 21, 11, 18–21). Alle Fenster einer Kathedrale oder Kirche übermitteln das Licht der wahren Sonne, das Gott gleichzustellen ist (*Joh* 1, 9). Die Verwandlung des Tageslichtes in farbige Lichter bedeutet viel mehr ein geistiges Licht (*claritas*) als das Licht des Tages (*lux*).

Wie auch schon in der vorausgegangenen → Romanik war die Kunst in der Gotik weniger Abbild als vielmehr Sinnbild. Farben und Zahlen, Pflanzen und Tiere hatten ihre eigene Aussagekraft und verbanden sich zu einer Bilder-Sprache, die durch den mittelalterlichen → Symbolismus ein wissenschaftlich-theologisches Fundament erhielt. Trotzdem weisen die Skulpturen eine neue Art Realismus auf, welche die Normalisierung des mittelalterl. Gemeinschaftslebens wiederspiegeln; die Hl. Jungfrau, das Jesuskind und die Engel besitzen zum ersten Mal in der christlichen Kunst ein Lächeln – Ausdruck der Gelöstheit und heiteren Würde des Menschen und zugleich Widerspiegelung himmlischer Seligkeit. Der Ausgang der G. fällt in der Malerei mit ihren Höhepunkten zusammen: die Brüder → van Eyck und Mathias → Grünewald, die beide zugleich in eine neue Zeit weisen. [Fi]

W. Durandus, The Symbolism of Churches and Church Ornaments, London 1906; E. Panofsky, Abbot Suger, Princeton 1948; C. R. Morey, Christian Art (Kapitel IV), New York 1953; J. Baltrusaitis, Le moyen âge fantastique. Antiquités et exotismes dans l'art gothique, Paris 1955; O. v. Simson, The Gothic Cathedral, New York 1956; P. Fingesten, Topographische u. anatomische Aspekte der got. Kathedrale (Antaios VI/1964); W. Molsdorf, Christl. Symbolik i. d. mittelalter. Kunst, Nachdr. 1968; Fr. Garnier, Le langage de l'image au moyen âge. Signification et symbolique, Paris 1982.

**Gott.** In nahezu allen Religionen läßt sich der Glaube an ein höchstes Wesen nachweisen, wenn auch nicht immer im Sinne eines (von Wilhelm Schmidt u.a. vertretenen) Urmonotheismus. Die Wohnung des höchsten Wesen ist der → Himmel; es wird unsichtbar oder als LICHTgestalt gedacht. STERNE, MOND und SONNE gelten häufig als seine Augen und Ohren; in Sturm, Blitz und Donner erblickt man Manifestationen seiner Macht. Das über allem stehende höchste Wesen kann Funktionen eines → Himmelsgottes, eines → Sonnengottes oder eines → Wettergottes annehmen, in ihre Rolle überwechseln oder von ihnen verdrängt werden. Als Abgesandter oder Sohn des höchsten Wesens stellt der (oft mit dem Mond verbundene) → Heilbringer die Verbindung zu den Menschen her.

Die Gott zugedachte Macht und Liebe werden in den menschlichen Sozialbeziehungen entnommenen Bildern anthropomorphisiert. In mutterrechtlichen Kulturen gilt die Magna Mater (→ Muttergottheiten) als Ursprung aller Dinge. In patriarchalen Kulturen wurde das Bild des → Vaters auf Gott übertragen, oft verbunden mit den Herrscherbezeichnungen Häuptling, Herr, König. Auch Vorstellungen der → Androgynität finden sich; so sagt der christliche Neuplatoniker Synesius in seinen Hymnen, daß Gott zugleich Mann und Weib sei – sicher nicht im Sinne eines Hermaphroditismus, sondern als Ausdruck dafür, daß er alle Potenzen in sich vereinigt.

In Gott wird das *Numen* zum *Nomen,* auch wenn es aus Scheu vor dem Übermenschlichen ein umschreibender oder verhüllender (symbolischer) NAME ist. So wurde schon in altägyptischer Zeit der Name des Urgottes Amun als »der Verborgene« gedeutet. Im Namen wird die Gottheit präsent; Jahwe hat sich den Tempel zur Wohnstatt seines Namens ausersehen (5 *Mos* 12, 11). Um das Aussprechen des hl. Namens zu vermeiden, lasen die Juden statt Jahwe »Adonai« (= mein Herr). Nach Plinius (*Naturalis historia* 28, 4, 18) bewahrten die Römer den Namen des höchsten Gottes als tiefstes Geheimnis. Bei den ostafrikanischen Galla trägt der Hochgott einfach den Namen »HIMMEL« (Waka), bei den Feuerlandindianern »der Uralte« (Watauinewa).

Der Glaube an mehrere Götter kann auf verschiedene Weise entstanden sein: durch Personifizierung einer Eigenschaft des höchsten Wesens (→ Hypostase), aus den Vorstellungen des Totemismus, durch Vergöttlichung bestimmter Naturerscheinungen

(Fluß, Wald, Regen, Donner) oder einzelner Lebensbereiche (Musik, Liebe, Ehe, Krankheiten, Berufe) in den Ressortgöttern. Im alten Rom z.B. wandte sich der Kaufmann an Merkur, der Krieger an Mars, der Handwerker an Minerva, der Bauer an Ceres. Im Christentum sind die Heiligen in die Rolle der Ressortgötter eingetreten.
Da der Mensch in allen Naturbereichen, Lebewesen und künstlich angefertigten Dingen eine Beziehung zum Göttlichen erkennen kann (sei es in seiner Abhängigkeit, in seiner scheinbaren Ähnlichkeit oder in seiner gewollten Nachahmung), auch daß kein Seiendes in der ihm eignenden Daseinsart isoliert ist, sondern letztlich auf ein höchstes Sein hinweist, kann alles zum Symbol des göttlichen Urgrundes werden. Gerade weil Gott »hoch über allem Sein« ist (Meister Eckhart), kann er in allem transparent werden. In der metaphorischen Sprache christlicher Mystiker sind Adler, Atem, Bau, Berg, Licht, Sonne, Spiegel, Wüste Bilder für die Gottheit; die gleichen Bilder lassen sich aber auch in anderen Epochen und Religionen nachweisen. → Bild Gottes, Dreifaltigkeit, Göttersymbole, Gottvater [Lr]

W. Schmidt, Der Ursprung der Gottesidee, 12 Bde, 1926–55; A. Bertholet, Götterspaltung u. Göttervereinigung, 1932; H. Usener, Götternamen, ³1948; F. Sierksma, De Mens en zijn Goden, Amsterdam 1959; Fr. Heiler, Erscheinungsformen und Wesen der Religion, 1961; I. Rácz, Der unbekannte Gott, 1969; G. Baudler, Erlösung vom Stiergott. Christl. Gotteserfahrung im Dialog mit Mythen u. Religionen, 1989.

**Göttersymbole, altmesopotamisch.** Als allgemeines Kennzeichen tragen die mesopotamischen Götter, selten vergöttlichte Herrscher, in der Bildkunst seit der Mesilimzeit (um 2600 v. Chr.) die mit einem oder mehreren Paaren von STIERHÖRNERN besetzte KAPPE. Weniger zuverlässige Hinweise sind das Falbel- u. das Faltengewand oder der Thron. In den Händen gehaltene Attribute charakterisieren eine Gruppe (Waffen: kriegerische Götter; GEFÄSS mit zwei hervorquellenden Wasserströmen: → Enki/Ea und seinen Kreis), oder nur einen bestimmten Gott (SÄGE: Sonnengott Utu/Schamasch). Ein der älteren Ikonographie eigener Zug läßt die Attribute den Schultern »entwachsen«. Wir finden Waffen: kriegerische → Ischtar, zwei WASSERSTRÖME oft mit Fischen: Enki/Ea, flammenartige STRAHLEN: Sonnengott, FLAMMEN an Schultern und Beinen: Feuergott Gibil, Köpfe von Schlangendrachen = Muschchusch : Ningischzida, belaubte ZWEIGE, auch am Unterkörper, Gersten- oder Weizenähren, Fruchtkolben: verschiedene Vegetations- u. Getreidegottheiten.
Nicht beliebt waren Veränderungen des Menschenkörpers; Verschmelzungen von Tier- u. Menschenleib blieben fast auf → Dämonen beschränkt. Geflügelt erscheint die kriegerische Ischtar, janusköpfig ist Isimud, der Vezier Enkis, vier Gesichter haben ein Gott und eine Göttin aus Ischtschali. Rollsiegel der Akkadzeit stellen einen Gott dar, dessen Körper in einen Schlagenleib ausläuft. – Götter können auch von Tieren begleitet oder auf ihren Rücken stehend abgebildet sein. Es begegnen uns wirkliche Tiere wie Löwe: Ischtar, Stier: → Wettergötter und Pferd: Schamasch oder Mischwesen wie Schlangen-

drache, Löwendrache mit Vogelschwanz oder gehörnt mit Skorpionschwanz bei verschiedenen Göttern und der ZIEGENFISCH bei Göttern des Enkikreises. Der Capricornus lebte als Tierkreiszeichen des Steinbocks bis ins MA fort.

Eigentl. G. sind zu Beginn des 3. Jt. v. Chr. das SCHILFRINGBÜNDEL der Inana und der Ringträger aus Uruk, sowie die AUGEN- und BRILLENsymbole des Tempels von Tell Brak, ungeklärter Deutung und Zuweisung. Die wichtigste Quelle für G. stellen die → Kudurru. Auf dem kanonbildenden ›Grenzstein‹ des Melischichu vertritt die MONDSICHEL: Mondgott Sin, STERN: Ischtar, SONNENSCHEIBE: Schamasch, zwei Sockel mit HÖRNERKRONE: Anu und Enlil, Ziegenfisch und Sockel mit Widderstab: Ea, Sockel mit Messer und Band (= Uterus?): Ninchursanga, LÖWENDRACHE mit Doppellöwenkeule: Ninurta?, Adlerstab: Nergal, liegender Löwendrache: ?, SCHLANGENDRACHE und Sockel mit Spaten: → Marduk, Schlangendrache und Sockel mit Tontafel und Griffel: Nabu, HUND und Sockel mit weiblicher Büste: Gula, KALB und Sockel mit Blitz: Adad, WIDDER u. Sockel mit Ähre: Schala, LAMPE: Nuska, PFLUG: Ningirsu, schreitender VOGEL: Papsukkal, Vogel auf der Stange: Schuqamuna u. Schumalia, Sockel mit Bündel: ?, Schlange: Seru, SKORPION: Ischchara. Erst gegen Ende des 2. Jt. übernahmen die Assyrer aus Syrien die geflügelte SONNENSCHEIBE Ägyptens als Symbol des Schamasch. Mit dem aus ihr aufragenden Oberkörper eines Bogenschützen wurde sie zum Symbol Assurs, das die Perser wieder zum Ahuramazda-Symbol umgestalteten. → Sumerer, Babylonier u. Assyrer, → Parsismus. [JB]

R. Boehmer, Götterdarstellg.en i. d. Bildkunst (Reallex. d. Assyriologie 3) 1957–71; ders., Hörnerkrone (ebend. 4) 1972–75; ders., Die Entwicklg. d. Glyptik während d. Akkad-Zeit, 1965; U. Seidl/B. Hrouda/J. Krecher, Göttersymbole u. -attribute (Reallex. d. Assyriol. 3) 1957–71; E. Strommenger/M. Hirmer, Fünf Jt.e Mesopotamien, 1962.

**Gottesbild** → Bild Gottes

**Gottesdienst** → Liturgie

**Gottfried v. Straßburg** (um 1200) hat in dem um 1210 Fragment gebliebenen mhd. Versroman *Tristan und Isolde* den keltischen Sagenstoff in der höfischen Fassung des Thomas d'Angleterre in formvollendeter Weise neu gestaltet. Das Thema ist die dämonische Allgewalt der Minne, die Tristan und Isolde schicksalhaft verbindet. Für den Absolutheitsanspruch der auf Leiderfahrung gegründeten Minne erwählt sich G. mit dem esoterischen Kreis der *edelen herzen* ein verständnisinniges Publikum, für das die Dichtung über Leben und Tod der beiden Liebenden heilsam-süßes BROT darstellt. Das in der Dichtung memorierte Minnegeschick wird damit in die Nähe des Altarsakraments gerückt; zugleich wird mit dem Brot als fester Speise das hintergründige, allegorische Deutung erfordernde Geschehen abgehoben von der Anfangsnahrung der MILCH, die als von der Amme gereichte Speise die Grundsätze der höfischen Moralität enthält. Die von G. geschaffenen Erweiterungen der Tristanfabel sind in ihrer Denk- und Erzählstruktur in hohem Maße von der → Allegorese und → Typologie bestimmt. Der die höfische Moral übersteigende Sonderbereich der Tristan-Minne wird in seiner Anfangs- und absoluten Endphase reflektiert durch das (übernommene) Motiv des Minnetranks und die Minnegrottenepisode. Das Wunder der nahrungslosen Minnespeise in der wechselseitigen *ougenweide* wird ergänzt durch die Allegorese der Grottenanlage und des KRISTALLBETTES als Sinnträger idealer Minne. Als Liebender wird Tristan unter dem Zeichen des HIRSCHES wie des EBERS (Marjodo-Traum) dargestellt. Nach der Trennung verbindet die Liebenden das zauberische Feen-Hündchen Petitcreiu: indem Isolde dessen Glöckchen abreißt, verliert es seine Kraft zu leidaufhebender Freude und wird so zum Zeichen leidbejahender Liebe. Das Ritterkleid der Begleiter Tristans wie die beiden Hemden Brangänes, der Dienerin Isoldes, sind mit allegorischer Intention ausgestattet. Im Kampf zwischen Morolt und Tristan kämpfen auf beiden Seiten personifizierte Abstrakta mit. Die Dichterschau ist durchsetzt von hermeneut. Metaphorik für den Bezug zwischen Wort und Sinn. Im Musenanruf stellt G. seine dichterische Konzeption der Tristanfabel als eine typologisch zu verstehende Überwindung antiker Dichtung dar. [Sp]

H.-H. Steinhoff, Bibliogr. zu G. v. S., 1971; G. Weber/W. Hoffmann, G. v. S., [4]1973; A. Wolf (Hg.), G. v. S. (Wege d. Forsch. 320), 1973; spätere Lit. in Ausw.: W. Schröder, D. Hündchen Petitcreiu im Tr. G.s v. S. (Fs. J. Kunz), 1973; C. St. Jäger, The Crown of Virtues in the Cave of G.'s Tr. (Euphor. 67), 1973; A. Wolf, *diu wâre wirtinne – der wâre Elicôn.* (Amsterdamer Beitr. z. älter. Germanistik 6), 1974; J. H. Winkelmann, D. Baummetapher im literar. Exkurs G.s v. S. (ebd. 9), 1974; K. Speckenbach, D. Eber in d. dt. Lit. d. MA.s (Verbum et Signum Bd. 1), 1975; R. Keuchen, Typolog. Strukturen im Tr., 1975; U. Ernst, G. v. S. in komparatist. Sicht (Euphor. 70), 1976.

**Gottvater.** Nach christlicher Lehre ist. G. neben dem Sohn (→ Christus) und dem → Heiligen Geist eine der drei Personen der → Dreifaltigkeit. Doch repräsentiert im Glauben des Volkes und oft auch in der Kunst G. alle drei göttlichen Personen und damit die Einheit Gottes.

Das älteste Symbol G. ist eine die Wolken durchdringende HAND, so schon in Katakombenmalereien und auf frühchristlichen Sarkophagen bei der Opferung Isaaks oder der Berufung des Moses. In Anlehnung an alttestamtl. Texte können vereinzelt auch der brennende DORNBUSCH (2 *Mos* 3, 1–4) und die FEUERSÄULE (2 *Mos* 14, 24) G. andeuten. Aus dem Bewußtsein heraus, daß G. in Christus erschienen sei – Paulus bezeichnete Christus als Bild des unsichtbaren Gottes (*Kol* 1, 15) – wurde G. auch in menschlicher Gestalt wiedergegeben; es war die Gestalt des praeexistenten Christus. In byzantinischen Bildern erscheint G. erstmals ab dem 7./8. Jh. als der »Alte der Tage« (nach *Dan* 7, 9f.) im Bilde seines Sohnes, lediglich durch die weiße Farbe seiner Haare von diesem unterschieden; im Abendland kommt dieser Typus ab dem 13. Jh. auf. Ab dem 14. Jh. wird G. als himmlischer Papst oder Kaiser thronend und mit Zepter und Reichsapfel dargestellt (*Genter Altar*). Lucas Cranach setzt bei seinem Paradies (Wien, Kunsthistor. Museum) das Haupt G. in einen Wolkenkranz. In Renaissance und Barock erscheint der *pater aeternus,* ähnlich dem antiken Himmelsgott Jupiter, besonders

oft auf Decken- und in Kuppelmalereien (Michelangelo, Sixtinische Kapelle).
G. werden z.T. auch verschiedene Symbole zuerkannt, die eigentlich weniger auf ihn als Person, als vielmehr auf das Gottsein als solches bezogen sind: die Zahl eins, da sie unteilbar ist; der Kreis, da er weder Anfang noch Ende besitzt; das Auge als Sinnbild der Allwissenheit. Seit dem 16. Jh. erscheint häufig statt des Brustbildes von G. das Tetragramm, das sind die vier hebräischen Buchstaben des Gottesnamens Jahwe; sie galten als Verhüllung und zugleich als Offenbarung des letztlich unaussprechlichen Wesens Gottes. Gerade im Protestantismus, der die anthropomorphe Darstellung ablehnt, wird die Namensformel geradezu zu einem Symbol der Gottheit. Die Vorstellungen des Töpfers und des Baumeisters (*Deus artifex*) beziehen sich auf die Funktion des → Schöpfers. [Lr]

L. Heilmaier, Die Gottheit in der älteren christl. Kunst, 1920; A. Krücke, Über einige angebl. Darstellungen G. im frühen MA (Marburger Jb. f. Kunstwissenschaft 10/1937); A. Grabar, La représentation de l'intelligible dans l'art byzentin du moyen âge (Actes du VIe Congrès international d'etudes byzantines 1948, II), Paris 1951; A. Krücke, Der Protestantismus und die bildl. Darstellung Gottes (Zs. d. Deutschen Vereins f. Kunstwissenschaft 13) 1959; W. Braunfels, Gott, G. (LChrI, 2), 1970.

**Grab.** Der Schmuck des G.es richtet sich unverwechselbar danach, ob G. (Das Wort – Grube – wird seit ahd. Zeit niemals dafür gebraucht! Grimm DWB IV 1040) noch jene nach altem Recht 7 Fuß lange, in die Erde eingegrabene Vertiefung ist, darin der Leichnam bestattet, mit dem Begräbnis also der Mutter → Erde wieder zurückgegeben wird, ähnlich wie man Neugeborene von der Erde aufhob und Sterbende auf die Erde legte – oder ob man das G. als Ort des Grauens und der stinkenden Geister verteufelte.
Ethnische Eigenheiten offenbaren sich nirgends klarer als im Totenbrauch und an deren symbolträchtigen Gegenständen! Naturvölker häufeln Hügel aus Erde und Steinen, stellen Holzpfähle, Steinsäulen auf, haben Höhlen- und Felsengräber; die alten Hochkulturen bauten tempelartige Kuppelgräber und Pyramiden »nach Maßen ihrer Welt«, mit Theodorichs Grabmal in Ravenna als letztem Beispiel; Römer, Kelten und deren Nachbarn wiesen mit Grabmalen an Fernstraßen und Brücken ihren Toten wie sich selbst den Weg ins Unumgängliche, ins Schattenreich; religiös verankerter Brauch verbietet Juden jegliche Grabpflege, meinend, mit Verwittern der umgestürzten, Namen und Gebete tragenden Grabsteine werde auch die Erinnerung an diesen Toten, der nun in Abrahams Schoß ruhe, zu Staube; Zigeuner rufen am 7. Tage nach dem Begräbnis zum allerletzten Male den Toten bei Namen und vergessen ihn. – Symbolik in der G.pflege geht im europäischen Raum nach Aufgeben des Begräbnisses im eigenen Wohnbereich (Relikt: Grablege von Kaiser, Adel, Bischof im Dom an altheiliger Stelle) zwei unterschiedliche Wege: den altherkommenen, der noch heute auf Friedhöfen nachwirkt, und den zweiten, christianisierten, der durchgreifend mit Friedhofsordnungen den G.schmuck bestimmt. G.schmuck ist Ausstattung und Pflege der G.anlagen, die früher Leichenäkker, Gottesäcker, schweizerisch,

früher auch ober- und mitteldeutsch Rosengarten, heute Kirchhof, Friedhof heißen.

1. Auf bremischen Friedhöfen wurde noch vor einer Generation die G.stätte mit handgroßen Feldsteinen umhegt, mit Rasen, Efeu, Immergrün als ursprünglichem Pflanzenschmuck darin. Alt sind ROSENSTOCK (schon Sophokles' Grab) und andere Totenblumen wie KÖNIGSKERZE, RINGELBLUME NELKE, nicht jedoch stachlige Pflanzen; biedermeierisch sind TRAUERWEIDE und Lebensbaum. Die schlicht geschmiedete SONNENBLUME ohne Namen schmückt bairische Kindergräber; mannslange Re-Bretter (Re = Leiche) im Bairischen Wald ähneln den ostpreußischmasurischen Totenpfählen, deren dikke, zweispannenbreite Bohlen beschriftet, bemalt und mit gedrechselten Knöpfen gekrönt wurden. Zur eindrucksvollsten Grabstein-Symbolik gehören die nordfriesischen Grabplatten mit Schiffen für Fahrensleute und »Lebensbäumchen« für Mütter, wo die ROSEN- und TULPENblüten den Kindersegen der Ehe nachzählbar und im Text nachlesbar versinnbildlichen.

2. Christianisierter G.schmuck beginnt um 1000 n Chr. mit Memoriensteinen römisch-kirchlicher Art, weiterentwickelt zum Sarkophag, erst glatt, dann figürlich, später als Hochgrab. Um 1500 erhalten Stein-Platten und -Kästen Reliefs, auch aus Bronze, mit Darstellung der Toten samt Wappen und Insignien. Prunksucht seit Michelangelos Medicäer-Grabmal, → der Tod (Personifikation) als Skelett seit Barock und seit dem Biedermeier zunehmend »Gefühlssymbolik« – dies alles bestimmt nunmehr den eitlen, allegorischen G.schmuck und bringt die ältere, volkstümliche, sehr reiche Grabsymbolik so völlig zum Verschwinden, daß unsere Art Totenverehrung die Friedhöfe in öde Steinwüsten verwandelt hat, die auf Waldfriedhöfen nur ästhetisch gemildert erscheinen.

[LM]

J. J. Bachofen, Versuch über Gräbersymbolik der Alten, 1859; E. L. Rochholz, Dt. Glaube u. Brauch in heidnischer Vorzeit, 1867; H. Hahne, Totenehre im alten Norden, 1921; Bächtold-Stäubli, HdA, Bd. III, 1930–34; E. Borgward, Die Typen des mittelalterl. Grabmals in Deutschland (Diss. Freiburg) 1935; W. F. Otto, Die Manen od. von der Urformen des Totenglaubens, 1958; A. Hüppi, Kunst u. Kult der Grabstätten, 1968.

**Grabbeigabe** ist Ausdruck echter Furcht vor Toten; Totenfurcht gehört auffallend zum Urerlebnis bei allen Völkern, allen Kulturstufen, auch heute noch in allen Bildungsschichten. Zieht man aus dem epochalen Buch von W. F. Otto »Die Manen« die positive Quintessenz, die der bislang üblichen Wissenschaftsmeinung entgegensteht, so entspricht diesem Urphänomen »Totenfurcht« das kaum anders geartete Phänomen »Ehrfurcht« im Verhalten der Lebenden untereinander: Beiden liegt zugrunde, daß dem anderen Ehre so zuteil werde, wie Natur und Gesetz es für jeden und von jedem einer Gemeinschaft abverlangen. Die Totenbräuche der Völker Europas bestätigen die Auffassung von W. F. Otto eindringlichst durch die Unterscheidung zwischen »Ehrlichem Tod«, der dem Verstorbenen Fortdauer gönnt und ihn darum mit G.n reich ausstattet, und »Entehrendem Tod«, der durch die Strafe des Vierteilens, Räderns, Köpfens, Herzausreißens das »Leben« vernichten soll und durch Verbannen vom Boden der → Heimat sogar aus aller Gemeinschaft ausschließt; damit bleibt der Tote als Vampyr, Nachzehrer, Böser ohne alle G. der Nachlebenden und der ruhelose, gefürchtete Schattengeist! Auswahl und Zahl der G. kennzeichnen Volk und Zeit, so z.B.: TOTENKRONEN auf dem Sarg erfüllten den Unverheiratet-Verstorbenen noch hochzeitliche Ehren; Helm, Degen, Orden gelten heute noch als militärische Ehren; Frauen erhielten Spinnwirtel und Schneller (eine lange Garnrolle auf einem hölzernen Andreaskreuz um vier Spindeln in Rautenstellung aufgewickelt); Kinder mit geweihtem Brot, Milch und Eiern versehen, können mit Rasseln im Grabe spielen. Lieblingsgegenstände, Ringe, Schmuck, kostbare Habe, auch das Gesangbuch (unter dem Kinn) sind noch heute übliche G. [LM]

E. L. Rochholz, Unsterblichkeitsglaube, 1867; Bächtold-Stäubli, HdA, Bd. III, 1931–1934; W. F. Otto, Die Manen od. von den Urformen des Totenglaubens, 1958; M. Zender, Die G. im heutigen dt. Volksbrauch (Zs. f. Volksk. 55) 1959; ders. G. (Atlas d. dt. Volkskunde, N. F. Erläuterungsbd. I).

**Grabsymbolik** → Sepulkralsymbolik

**Gralsdichtung,** im MA Teilbereich der höfischen Epik (Artusromane), in dem seit Ende des 12. Jh. das von geheimnisvollen Objekten motivierte Heilsstreben auserwählter Ritter die rein innerweltliche Minnethematik überlagert. Nährend-belebende Kraft des GRALS (Grundbedeutung von altfranzösisch *graal, greal* »Schüssel« noch in modernen Dialekten) sowie Unfruchtbarkeit und Zerstörung bewirkende BlutLANZE werden von vielen mit keltischem Sagengut in Zusammenhang gebracht. Daneben Erklärungsversuche durch archaische Fruchtbarkeitsmysterien bzw. orientalische Traditionen. Andererseits ist schon seit ersten Texten christliche Perspektive vorhanden, sowohl bei Chrétien de Troyes (Gral als Hostie enthaltendes Gefäß) als auch bei Robert de Boron (AbendmahlsKELCH und Behälter für das von der LonginusLANZE vergossene Blut Christi), wobei umstritten ist, ob es sich um unabhängige christliche Überlieferung handelt oder um Umdeutung heidnischer Elemente im christlichen Sinn (letztere These scheint heute breiteste Zustimmung zu finden). Die vorgegebene Komplexität der Thematik begünstigt das Einströmen z.T. heterodoxer Anschauungen in die G., die mit den französichen Prosaromanen des 13. Jh. und → Wolfram v. Eschenbachs *Parzival* weitere Höhepunkte erreicht.
Das die Gralsuche implizite Vollkommenheitsstreben wird bald auf neuplatonische, bald auf gnotische bzw. joachimitische Einflüsse zurückgeführt, wobei sich am ehesten im Falle Wolframs Bezüge zu den hermetischen Traktaten glaubhaft nachweisen lassen (der Gral ist bei Wolfram ein EDELSTEIN, Bezeichnung *lapsit exillîs* erinnert u.a. an *lapis philosophorum* der Alchemisten). Diese schillernde Vielfalt der Bezüge steht im Dienste der im Artusroman immer wieder erneuerten Bemühung der aristokratisch-ritterlichen Gesellschaft um Entwurf und Erprobung des höfischen Welt- u. Menschenbildes angesichts einer »Endzeit«, die sich so-

wohl im Untergang des Artusreiches der französ. G. als auch im utopischen Schluß des *Parzival* (Harmonie von Orient und Okzident) ankündigt. Bei den modernen Vertretern der G. wird einerseits die Tendenz zum Synkretismus bis zur pantheistischen Totalvision gesteigert und auf eine restaurative Ideologie hin orientiert (R. Wagner), andererseits inspiriert die »Quête« der Gralsritter die moderne Suche nach dem Ich (z.B. J. Gracq, *Le Roi pêcheur*). [FPK]

Lumière du graal, Cah. du Sud 1951; E. Köhler, Ideal u. Wirklichkeit in d. höf. Epik, 1956; Les Romans du graal, Colloque Strasbourg, 1956; E. Jung/M.-L. v. Franz, Die Graalslegende in psychol. Sicht, 1960; L. Pollmann, Chrétien de Troyes und der Conte del Graal, 1965; H./R. Kahane, The Krater and the Grail, 1965; J. Marx, Nouvelles Recherches arthuriennes, 1966; H. J. Wolf, Zu Stand u. Problematik der Graalforschung, RF 78, 1966; K. O. Brogsitter, Artusepik, 1971; J. Frappier, Chrétien de Troyes et le mythe du graal, 1972.

**Granatapfel,** wegen des Samenreichtums und der leuchtend roten Farbe Symbol für Fruchtbarkeit, Liebe und Leben, in China speziell für Kinderreichtum. Attribut vorderasiatischer Vegetationsgötter (Baal, Adonis) und mediterraner Muttergöttinnen (Aphrodite). In Ägypten ab der 18. Dyn. den Toten ins Grab mitgegeben; in koptischer Zeit findet sich der Granatbaum als Symbol der Auferstehung. Im Mythos von → Persephone auf Unterwelt und Liebe hinweisend. In der Bibel als Zeichen eines überirdischen Segens verstanden, der aus dem Bund mit Gott entspringt (G. am Saum des hohepriesterlichen Gewandes, 2 *Mos* 28,33 f.), im *Hohenlied* (4,3.13) mit der Schönheit der Braut verglichen. In Renaissance und Barock als Hinweis auf das ewige Leben in der Hand des Jesuskindes (→ Botticelli). [Lr]

H. Schneider, On the pomegranate (Bulletin of the Metropolitan Museum of Art IV/1945–46); R. Reichelt, Das G.motiv, 1956; F. Muthmann, Der G., Symbol des Lebens in der alten Welt, 1982; J. Engemann, G. (RAC 12), 1983.

**Graphologie.** Nach der in der G. (allerdings nicht allgemein) vertretenen Lehre einer Raumsymbolik soll räumliche Anordnung bestimmter Merkmale Schlüsse auf Ausprägung und Zusammenwirken einzelner Persönlichkeitszüge zulassen. Von besonderer Bedeutung sind dabei die drei Zonen der Schrift: Unter-, Mittel- und Oberzone, die bei symbolischer Betrachtung mit Leib, Seele und Geist in Beziehung gebracht werden: die UNTERE Zone »symbolisiert« danach die leiblichen Triebe (Sexualität, Sinnlichkeit), materielle Interessen, Erdverhaftetheit; die MITTLERE Zone weist auf das persönliche Ich mit den Triebfedern des individuellen Selbstseins und auf das Gemüt; in der OBERZONE kommen die geistigen Triebfedern, das Streben nach Idealen, der »Höhenflug« bis hin zum krankhaften Ehrgeiz zum Ausdruck.

Als Zweig der Lehre vom → Ausdruck wurde die G. von → Klages wissenschaftlich begründet; bei ihm finden sich bereits Gedanken zu einer Symbolik des Oben und Unten, des Links und Rechts im Schriftbild, ebenso auch die Übertragung von »Kopf«, »Herz« und »Leib« auf die drei Schriftzonen. LINKS und RECHTS interpretiert Klages im Sinne von Vergangenheit und Zukunft, auch von Introversion und Extraversion. Hauptvertreter einer Symbolik der Handschrift ist – von einem tiefenpsychologischen Ansatzpunkt ausgehend – Max Pulver; OBEN und UNTEN verbindet er mit Tagesbewußtsein und Unterbewußtsein (jeweils oberhalb oder unterhalb der Zeile); die RECHTS-LINKS-Symbolik erweitert er um die Bezüge Vater (rechts) und Mutter (links). [*]

L. Klages, Handschrift und Charakter, 1917, [26]1968; M. Pulver, Symbolik der Handschrift, [5]1949; Ph. Cayeux, La graphologie pratique, symbolisme de l'espace et des formes, Paris 1949; A. Teillard, Handschriftendeutung auf tiefenpsycholog. Grundlage, [2]1963.

**Greif,** von den → Griechen aus dem Orient übernommenes Mischwesen (Königstier Löwe und Göttervogel Adler), bei eurasiatischen Steppenvölkern (Skythen, Awaren) in solarer Bedeutung. Greife sind Hüter des hl. Feuers (Persien) und des Lebenswassers oder Lebensbaumes (mittelalterliche Kunst). Durch seine Doppelnatur ist der G. Sinnbild Christi (Gott und Mensch), so ist bei Isidor von Sevilla und bei Dante (*Purgatorio* 29,108). An der dem Adler zugelegten Bedeutung partizipierend, ist er Himmelfahrts- und Auferstehungssymbol; die sagenhafte Greifenfahrt Alexanders d. Gr. gen Himmel gilt als Hinweis auf die Hybris (Bildthema der Romanik). Als Ausdruck von Macht und Herrschaft gelangte der G. auch in die Heraldik (Wappen von Pommern, Schildhalter des Landeswappens von Baden-Württemberg). [Lr]

Fr. Wild, Gryps – Gryphon (Österreich. Ak. d. Wiss., Sitz.ber. 241,4) 1963; A. M. Bisi, Il grifone (Studi Semitici 13/1965); E. Hollenbach/G. Jászai, G. (LChrl 2) 1970; H.-H. Reclam, Der Pommersche G. (Pommern, Kunst, Gesch., Volkstum 18/1980); H. Brandenburg, G. (RAC 12), 1983.

**Grenze** (griech. *horos*), sie spielt eine wichtige Rolle vor allem im mythischen System der valentinianischen → Gnosis. Nach dem Bericht des Irenäus in *Adv. Haereses* I über die Gnosis des Ptolemaios, eines Schülers von Valentinos, wollte der letzte entstandene Äon, die Sophia, die Größe des Vaters, des Ursprungs aller Dinge, erkennen. Sie kam dabei in große Gefahr und wäre wohl daran gescheitert, wenn sie nicht auf jene Kraft gestoßen wäre, die das All festigt, sie von der unaussprechlichen Größe des Vaters fernhielt und sie bewog, zu sich selbst, in die Schranken ihres eigenen Wesens zurückzukehren. Sie wurde überzeugt, daß der Vater unfaßbar sei. Die rettende, abhaltende Kraft war der Horos, die G., auch als Stauros (Kreuz), Lytrotes (Erlöser), Karpistes (Fruchtsammler), Horothetes (Grenzsetzer) und Metagogeus (Umwender) bezeichnet. Der Horos heilte die Sophia, indem er das Pathos, die Suche nach dem Vater, von ihr abtrennte. Der Vater hatte den Horos zur Heilung der Sophia eigens aus seinem Sohne hervorgehen lassen.

In der römischen Religion wurden die Grenzsteine (*termini*) als göttliche Wesen verehrt. Zu ihren Ehren feierte man am 23. Februar das Fest der Terminalien. Man nahm an, daß die Grenzgötter den GRENZSTEIN bewohnten, der sie repräsentierte. Auch Opfer wurden ihnen dargebracht. Die Verehrung war nur unter freiem Himmel erlaubt. Man zog um die G.steine, besprengte sie mit Blut und wand Kränze um sie. In der römischen Spätzeit trat Juppiter als Gott der G. in den Vordergrund, Juppiter Terminalis oder Zeus Horios genannt.

Auch in der germanischen Mythologie und im germanischen Rechtsbrauch galten die G.n als heilig. Das Setzen der G.steine ging mit kultischer Feierlichkeit vor sich. Auf der Verletzung der G.n standen schwere Strafen. Die G.n standen unter dem besonderen Schutz von Donar, Wotan und Frau Holle. Geister, Hexen und Teufel hielten sich nach dem Volksglauben besonders gerne in der Nähe der G.n auf. Im Heilzauber bekamen die G.n heilende Macht, indem sie entweder den Krankheitsdämon abwehrten oder das Heilmittel verstärkten. In vielen Kulten und Religionen waren die G.n zwischen dem Heiligen und Profanen besonders hervorgehoben. Dazu gehören z.B. die Granzwächterfiguren vor den Tempeln und Heiligtümern, häufig in Gestalt wilder Tiere. [Schn]

Müller-Bergström, G., Rain, G.stein (HdA 3) 1930/31; E. Marbach, Terminus (PWRE, 2. Reihe, 9. Halbbd.) 1934; A. Kirchgässner, Die mächtigen Zeichen. Ursprünge, Formen u. Gesetze des Kultes, 1959 (336–350); H. Jonas, Gnosis u. spätantiker Geist, 1. Teil, [3]1964 (365–369); R. Haardt, Die Gnosis. Wesen u. Zeugnisse, 1967 (107–124); L. Schmidt, Niemandsland. Die spielhafte Gestaltung des Weges durch das Unbetretbare (Antaios 8) 1967; W. Willeford, Der Narr an d. G. (Antaios 10) 1969; G. Durand, La notion de limite dans la morphologie religieuse et les théophanies de la culture européenne (Eranos-Jb. 49/1980).

**Griechen.** Verschiedene, wenn auch im einzelnen nicht klar abzugrenzende religiöse Vorstellungen und Symbole lassen sich bis in die vorgriechische Zeit nachweisen (→ Kretisch-mykenische Kultur). So führt ein Überlieferungsstrang der Artemis auf die altägäische → Herrin der Tiere. Die Kriegsgöttin Athena war ursprünglich eine minoische Haus- bzw. Palastgöttin, die im Symbol des SCHILDES verehrt wurde (die Stadt Athen wurde wahrscheinlich nach der Göttin benannt, nicht umgekehrt). Die SPITZSÄULE des Apollon Agyieus und die an Wegen und Häusern aufgestellten HERMEN (= mit bärtigem Hermeskopf und Phallus versehene Pfeiler) dürften Überreste eines uralten Stein- und Säulenkultes sein.

In alte Zeit zurück reichen auch gewisse theriomorphe Gottesvorstellungen wie z.B. der kretische Stier (im Mythos vom Raub der Europa). Möglicherweise sind die homerischen Ausdrücke der »kuhäugigen« Hera und der »eulenäugigen« Athena hier anzuschließende Reminiszenzen.

Falsch wäre es jedoch, von jedem tierhaften Attribut auf eine frühere Tiergestalt der Gottheit zu schließen, da in den meisten Fällen das der Gottheit zugeordnete Tier einen Wesenszug repräsentiert: der ADLER den Himmelsgott Zeus, die wegen ihrer Fruchtbarkeit bekannte TAUBE die Liebesgöttin Aphrodite, das REH die Jagdgöttin Artemis. Der in einem Überlieferungsstrang aus (Klein-) Asien stammende → Dionysos konnte die Gestalt des LÖWEN annehmen und erhielt den PANTHER zum Begleiter.

Was für Kulte und Götter die G. bei ihrer Einwanderung als indogermanisches Erbe mitbrachten, läßt sich nach mühseligen philologischen und archäologischen Forschungen umrißhaft erkennen. Sicher gehören dazu der Kult des Herdes und Herdfeuers, die → Dioskuren und der Vater → Zeus, auf den allerdings Einzelzüge eines minoischen Gottes übertragen wurden. Die G. brachten auch das PFERD mit, dessen Assoziationen zu Wasser und Tod in dem roßgestaltigen Poseidon zusammentreffen, der als Gott der Erdtiefe ursprünglich auch Herr der Toten war und erst später die Funktion des → Meergottes übernahm. In der in der Erde wohnenden SCHLANGE erblickte man (wohl schon in minoischer Zeit) die passende Gestalt für die Ahnengeister; VOGEL und – in späterer Zeit – SCHMETTERLING galten als Erscheinungsformen der → Seele.

Die Verehrung von Quellen und Flüssen war der vorgriechischen Bevölkerung wie auch den Hellenen gemeinsam. Das WASSER steht symbolhaft für Weisheit (mantische Kraft der Wasserdämonen; Wasserspiegelzauber) und Verwandlung (Gestaltenwandel des Proteus; Verwandlung des Askalaphos durch Wasserbesprengung in einen Uhu). In Mythos und Volksglauben spielen einzelne Pflanzen eine wichtige Rolle: In den Stengeln der NARTHEXSTAUDE soll → Prometheus das Feuer auf die Erde gebracht haben; die ASPHODELOSpflanze wächst (nach Homer) auf einer Wiese, auf der die Toten wandeln; Pythagoras verbot den Genuß von BOHNEN, weil sich in ihnen die Seelen der Verstorbenen aufhalten können; das Zuwerfen von ÄPFELN galt als Liebeszeichen; die ÄHRE war Symbol der erdentsprossenen Fruchtbarkeit und Attribut der → Demeter. Die Palme von Delos, die Eiche von Dodona und andere Bäume waren *hierós*, aber nicht *theós* (Wilamowitz-Moellendorff).

Die Götter → Homers haben durch ihren Anthropomorphismus der griechischen → Kunst entscheidende Impulse gegeben. Die Körperhaftigkeit der Götter unterscheidet sich von der der Menschen vor allem durch Unsterblichkeit und durch Schönheit. Die Verbindung der Gottheiten mit bestimmten Bereichen der Natur oder des menschlichen Kulturschaffens macht die einzelnen Attribute, die unter Umständen für sich allein auch symbolhaft auf den Gott zurückweisen können, verständlich – so der HAMMER des Schmiedegottes Hephaistos, das Fruchtbarkeit und Segen andeutende FÜLLHORN des Plutos (Gott des Reichtums), das schreckliche Haupt der Gorgo Medusa (*Gorgoneion*) auf dem Brustpanzer (*Ägis*) der Athena. – Der eigentliche Zweck des Tempels war, der im Bild verkörperten Gottheit als Wohnung zu dienen. Einfache Volksschichten werden zu einer Gleichsetzung von Bild und Gottheit geneigt haben, während für die »Wissenden« auch das Waschen, Bekleiden und Herumführen des Götterbildes nur eine Art Versinnbildlichung bedeutete.

Im 8./7. Jh. öffnet sich die griechische Kunst orientalischen Einflüssen. Der ursprünglich altmesopotamische GREIF (assyr. k'rub?) kam über die Hethiter nach Hellas, wo er mit der älteren, in minoischer Zeit aus Ägypten aufgenommenen Form zusammentraf und zum Attribut der Rachegöttin Nemesis wurde. Auch die SPHINX wurde erstmals in kretisch-mykenischer Zeit und dann erneut Ende des 8. Jh. v. Chr. übernommen, in der Kleinkunst rein dekorativ, in der späteren monumentalen Plastik als Wächter von Grab und Tempel, die geflügelte Löwenjungfrau wurde in mythischer Ausprägung zum Unheilsdämon (→ Ödipus). Vorderasiatische Einflüsse (etwa aus Luristan?) glaubt man in der archaischen Vasenmalerei zu erkennen, so in den auffallenden, ursprünglich sicher in symbolischer Bedeutung auf Tier- und Menschenkörpern angebrachten Ornamenten (Rosette, Doppelspirale, Hakenkreuz). Joseph Wiesner hat nachgewiesen, wie das ägyptische Uzat-Auge über die sog. Augenschalen aus Naukratis den Weg in die ostgriechische Keramik (Euphorbos-Teller, British Museum) fand; waren die AUGEN zunächst dem Gott Horus zugehörig, so wurden sie von den G. dem das Übel abwehrenden Phoibos → Apollon zuerkannt. Die mit Darstellungen geschmückten griechischen Vasen dürften zu einem großen Teil nicht profanen Zwecken gedient haben; gerade in der Totenspende kam ihnen eine wichtige Rolle zu, HOCHZEITSbilder am Grabe werden auf die Vorstellung vom Tode als Hochzeit mit den → Unterweltsgöttern zurückgeführt; den die Bildszenen einschließenden ROSETTEN, BLATTZWEIGEN, SPIRALEN und MÄANDERN wird eine »glück- und lebenspendende Bedeutung« in einem »kosmischen Zusammenhang« von »Himmel, Erde und Meer« zuerkannt (Thimme).

Mit den → Vorsokratikern beginnt eine Loslösung vom religiös-mythischen Denken; die Beziehung zwischen Mensch und Göttern tritt zugunsten der zwischen Mensch und Kosmos zurück unter Einbeziehung zahlreicher Analogien und symbolischer Vorstellungen. Im Stil des sophistischen Relativismus gab Prodikos (um 450 v. Chr.) eine rationalistische Deutung des Götterglaubens; danach haben die Menschen der Vorzeit alles für Götter gehalten, was Nutzen bringt, bis schließlich das Wasser als Poseidon, das Feuer als Hephaistos, das Brot als Demeter und der Wein als Dionysos verehrt wurden – die Götter sind danach in gewissem Sinn Symbole von Natur- und Lebenskräften. In → Platons Philosophie steht alles Sinnliche zu den Ideen in einem Verhältnis der Teilhabe; die von den Sinnen wahrnehmbaren Erscheinungen sind nur unvollkommene Widerspiegelung der Ideen. In seiner Sprache verbindet Platon philosophische Begriffe mit dem Symbolgehalt mythischer Wahrheit. Seine Lehre wurde – unter Einbeziehung spätantiken und orientalischen Gedankengutes – im → Neuplatonismus weitergebildet. Dieses letzte große System der griechischen Philosophie wirkte gerade auch mit seinen symbolischen Vorstellungen auf die christliche Theologie und auf hermetische Lehren des MA. [Lr]

E. Stemplinger, Antiker Volksglaube, 1948; U. v. Wilamowitz-Moellendorff, Der Glaube der Hellenen, 2 Bde., ²1955; Br. Snell, Die Entdeckung des Geistes, ³1955; K. Kerényi, Die antike Religion, 1963; K. Schefold, Frühgriech. Sagenbilder, 1964; E. Akurgal, Orient u. Okzident. Die Geburt der griech. Kunst, 1966; J. Thimme, Vom Sinn der Bilder u. Ornamente auf griech. Vasen (Antaios XI) 1970; J. Wiesner, Göttl. Augen (In memoriam E. Unger. Hg. von M. Lurker) 1971; H. Walter, Griech. Götter. Ihr Gestaltwandel, 1971; P. Diel, Le symbolisme dans la mythologie grecque, Paris 1975; H. Wingler, Symbol u. Mythos im Denken der Vorsokratiker (Beiträge zu Symbol, Symbolbegriff u. Symbolforschung, hg. von M. Lurker), 1982.

**Grün,** Farbe des Frühlings und des keimenden Lebens, daher den Vegetationsgöttern zugehörig: Osiris hatte das Epitheton »Der große Grüne«, ähnlich → Dumuzi und im griechischen Mythos Aphrodite (in Athen als Gartengöttin verehrt). Grün ist Symbol der Erwartung, der → Hoffnung, des Auf-dem-Wege-Seins. Ein Grünschnabel, engl. greenhorn, ist ein noch nicht reifer, ein unerfahrener Mensch. In der germanischen Dichtung (so in der *Edda*) findet sich der Topos »grüner Weg«; bei Chaucer ist der Tod »the green path way to life«. In der Alchemie entspricht der »grüne Stein« einem Übergangsstadium auf dem Wege zum Gold. Im Volkslied deutet G. auf die Liebe (»Nach grüner Farb mein Herz verlangt«); die »grüne Seite« ist die Herzseite, mit der man fühlt und liebt. Die von Gott Geliebten, die Auserwählten, gleichen einem »grünen Ölbaum« (*Ps* 52,10); auf Dürers »Allerheiligenbild« (Wien) haben die meisten der in den Himmel aufgenommenen Heiligen grüne Gewandteile oder grüne Palmzweige. Im Islam ist G. die Farbe des Propheten und der paradiesischen Verheißung (grüne Wiesen mit sprudelnden Quellen). In negativer Bedeutung wird G. dem Gift und dem Tod zugeordnet. Der Basilisk hat grüne Augen, deren Blick tötet. Georg Trakl schreibt wiederholt von den »grünen Flecken« und »grünen Löchern« der Verwesung. In Volksglaube und Literatur (J. Gotthelf, Die schwarze Spinne) erscheint der Teufel häufig als »der Grüne«. →Smaragd [Lr]

V. v. Geramb, Grau u. G. (Bayerisch-Südostdt. Hefte f. Volkskunde 14/1941; G. Kranz, Farbiger Abglanz (62–68) 1957.

**Grünewald,** Matthias (alias Mathis Gothardt, Mathis Nithardt), 1470–1475 im Maingebiet – 1528 Halle a. d. Saale, dt. Maler. Sein Hauptwerk ist der *Isenheimer Altar*. Der Tradition gemäß brachte man an Hautkrankheiten leidende Patienten des Antoniushospitals vor diesen Altar, den sie sich an gewissen Feiertagen von außen (Kreuzigungsszene) oder von innen betrachten konnten; im Leiden des Heilands vermochten sie ihr eigenes in vergrößertem Maßstab zu sehen, in seiner Wiederauferstehung schöpften sie Hoffnung. Die auf verschiedenen Altarflügeln dargestellten vier Heiligen haben besondere symbolische Bedeutung: Antonius bot Schutz gegen das Antonsfeuer, Sebastian gegen die Pest, Johannes der Täufer wie auch Johannes der Evangelist schützten vor der Epilepsie.

Der offene Mittelteil des Altars ist ausschließlich Licht, Hoffnung, Schönheit. Der Flügel auf der äußersten Linken enthält die »Verkündigung«; die Hl. Jungfrau kniet neben einem roten VORHANG (symbolisch für Einweihung und Jungfräulichkeit) und erwartet die Botschaft des Erzengels Gabriel, dessen MANTEL von himmlischen Winden bewegt wird und dessen ZEIGEFINGER seiner rechten Hand die Gegenwart Gottes symbolisiert. Der Mittelteil mit seinen 2 Madonnafiguren hat viel Spekulation über seine symbolische Bedeutung angeregt. Zur Linken der großen Madonna mit dem Jesuskindlein in ihren Armen befindet sich eine völlig vergeistigte kleine Madonna mit Flammenkrone und rotgelber Aureole; sie kniet in einem kleinen gotischen Gefüge, möglicherweise Andeutung des Tempels zu Jerusalem oder eines *hortus conclusus*, symbolisch für ihre jungfräuliche Reinheit. G. faßt hier verschiedene Eigenschaften der Madonna zusammen: eine in Sonnenschein gekleidete und eine, die das Jesuskind hält; die eine ist visionär und ewig, die andere körperlich und menschlich. Der Flügel auf der äußersten Rechten stellt den aufer-

standenen Heiland dar; drei RINGE DER AUREOLE, gelb, orange und hellblau, symbolisieren die Dreifaltigkeit.
Letztlich enthüllt der Schrein in seiner dritten, völlig offenen Position die berühmte »Versuchung des Hl. Antonius«; die Dämonen sind für ägyptisch-heidnische Gottheiten symbolisch, die ihn dem Christentum abtrünnig machen wollten (der Heilige lebte ja in einer Höhle in Ägypten).
Das symbolische Programm für den ganzen Altar besteht aus dem Fortschreiten von qualvollem Leiden und vom Tode in der geschlossenen Altarposition zu himmlichem Licht und zur Errettung in der offenen Position. [Fi]

J. Bernhart, Die Symbolik im Menschwerdungsbild des Isenheimer Altars, 1921; Neudr. 1975; H. Feurstein, M. G., 1930; M. Meier, G.. Das Werk des Mathis Gothardt Neidhardt, 1957; M. Lanckorońska, Matthäus Gotthart Neithart, 1963; G. Scheja, Der Isenheimer Altar, 1969; J. Kromer, M. G. Die Schlüsselkompositionen seiner Tafeln, 1978; Fr. Sarvey, G.-Studien zur Realsymbolik des Isenheimer Altars (hg. von H. Möhring), 1983; A. E. Buchdrucker, Anmerkungen zur ... Deutung des Isenheimer Altars (Das Münster 41/1988).

**Gryphius, Andreas** → Drama

**Guardini, Romano,** 17.2.1885 Verona – 1.10.1968 München. Katholischer Religionsphilosoph und Theologe. Als akademischer Lehrer in Breslau, Berlin, Tübingen und München tätig, faszinierte ihn die Existenz von Welt und Mensch, die er in ihrer Vordergründigkeit, aber auch zugleich in ihrer rätselhaften Zeichenhaftigkeit mit großer Behutsamkeit und lebendiger Aufmerksamkeit zu beachten sich immer wieder anschickte. Es reizte ihn förmlich, hinter die Vielfalt der Symbolik des Kosmos wie auch der Tätigkeiten und Zeichen des Menschen zu kommen, diese Symbolik zum Sprechen zu bringen, damit der Mensch in dieser symbolischen Ansprache selbst wiederum zur Rücksprache verlockt werde, in dieser selbst wachse und gerade dadurch das Leben, das in den Zeichen, Symbolen und Formen oft vergessen wird bzw. zu erstarren droht, zur Geltung bringe. So müssen die vielen Dinge der Schöpfung als Worte in Zeichen und Symbolen angesehen werden, »durch die der schaffende Gott seine Sinnfülle in die Endlichkeit hinausspricht; unterwegs, den zu suchen, der sie verstehe und durch sie lobend, dankend, gehorchend mit dem Sprechenden in die Ich-Du-Beziehung des Geschöpfes zum Schöpfen trete.« (*Welt und Person,* 1955, S. 142).
In besonderer Weise galt G.s Interesse den symbolischen Zeichen, Formen und Tätigkeiten, die die Grundelemente der → Liturgie bilden. Sie waren in der Tat vielfach zu konventionellen Formen »verkommen«. Durch ihre Sinndeutung sollten sie wieder zu echten Symbolen werden, durch die nicht das Leben in Christus »gelehrt«, sondern »geschaut«, nicht »erkannt«, sondern »getan« wird. Dieses Grundanliegen stellte er vor allem in seinem kleinen Buch *Von Heiligen Zeichen,* 1. Auflage bereits 1927, vor. In bisher in dieser Kürze und Prägnanz nicht gekannten Art werden die liturgischen Elemente wie Kreuzzeichen, Hand, Knien, Kerze, Weihwasser, Brot und Wein, Altar usw. als heilige Symbole erfaßt. Diese Vorliebe für die Deutung der Symbole hängt auch zusammen mit dem Bestreben, den Menschen »aus den Verwicklungen unseres mo-

dernen Daseins zu diesem Einfachen zurückzuführen und dadurch dessen unausgesprochener Verneinung entgegenzutreten. Diese Aufgabe aber ist unzertrennlich verknüpft mit dem zweiten: nachdenkend die Tiefe des Einfachen zu erschließen« (H. Kuhn). [Sr]

H. Kuhn, R. G., 1962; Interpretation der Welt (Fs. f. R. G. zum 80. Geburtstag, hg. v. H. Kuhn) 1965; Akadem. Feier zum 80. Geburtstag, v. R. G., hg. v. K. Forster, 1965.

**Gürtel.** Bei den alten Persern und Griechen findet sich die Vorstellung eines sternengestickten G.s am Firmament (im *Awesta* die Milchstraße); ähnlich spricht Platon (*Politeia* X,616) vom »Reifband des Himmels, das wie ein Plankengürtel bei Schiffen« seinen ganzen Umfang zusammenhält. Wegen seiner Kreisförmigkeit galt der G. als besonderer Kraftträger: der mit Perlengehängen versehene *schesemet* war in der ägyptischen Frühzeit ein Machtsymbol der Könige; der germanische Gott Thor hatte einen Kraftgürtel *(megingjord),* ähnlich Brunhild in der *Nibelungensage;* David wurde von Jahwe »mit Kraft umgürtet« (*Ps* 18,33). Im Parsismus ist der G. *(kusti)* Symbol der Teilung des Körpers in einen oberen edleren und einen unteren unendleren Teil. Der G. ist auch Hinweis auf geistig-moralische Bindungen: in der Antike für Anstand und Sittlichkeit, beim indischen Guru für die spirituelle Einweihung, in der Bibel Symbol der Bereitschaft (2 *Mos* 12,11; *Lk* 12,35). Schließlich ist der G. Sinnbild für die Beherrschung der Geschlechtskraft (Keuschheit), so bei dem vom Priester während der Messe getragenen *Cingulum.* Bei Indern, Griechen und Römern löste der Bräutigam bei der Hochzeit den G. der Braut; den Dirnen war im MA das Tragen eines G.s untersagt. [Lr]

E. Schuppe, G. u. Orendismus (Oberdt. Zs. f. Volkskunde 2/1928); G. Jungbauer, G. (HdA 3); G. Widengren, Le symbolsime de la ceinture (Iranica antiqua 8/1968); I. Fingerlin, G. des hohen u. späten MA, 1971; W. Speyer, G. (RAC 12), 1983.

**Gut und Böse** erfahren als ethische Begriffe in den einzelnen Religionen verschiedene Auslegung, ja, es gibt Religionen, die ethisch indifferent sind, wie die Mythen der Griechen und der Germanen zeigen (Hermes als Dieb, Thor als Säufer). Trotzdem wird in allen Religionen Gut und Böse unterschieden und nach ihrer Entstehung und Vergeltung gefragt. Die alten Ägypter verbanden die Vorstellung von »gut« mit den menschenfreundlichen Erscheinungen ihrer Umwelt, dem Vegetationsgott Osiris zugehörig; »böse« war das Bedrohliche, Lebensfeindliche im Umkreis des Wüstengottes Seth; »GRÜNE Dinge tun« bedeutete Gutes hervorbringen im Gegensatz zu »ROTEN Dingen«, die auf Böses weisen. Nach dem → Dualismus des Parsismus gibt es von Anfang an einen guten und einen bösen Geist, ähnlich auch in der Lehre der → Manichäer. In den sog. *Clementinischen Homilien* (2. nachchristl. Jh.) werden G. und B. als RECHTE und LINKE Hand Gottes verstanden. Nach altchinesischer Vorstellung ist das Gute, Tugendhafte ein Mittel, in Harmonie mit dem Unendlichen zu treten.

G. und B. erhalten kosmische Dimension; als Begriffspaar werden sie LICHT und FINSTERNIS, Sommer und Winter, Leben und Tod gleichgesetzt. Der Mohammedaner hofft, daß Allah ihn aus den Finsternissen zum Licht und damit zum Leben führt (Sure 2, 258). Die *Bible moralisée* setzt die Trennung von Licht und Finsternis der Scheidung der guten und bösen Engel gleich. Der Ursprung des Todes erscheint mit dem Sündenfall gekoppelt; dabei kann ein Tier als Verführer auftreten: SCHLANGE im biblischen Paradies, COYOTE bei den Maidu in Nordamerika.

Gut ist das Gott Wohlgefällige, wie es sich in der Ausübung der → Tugenden zeigt. Es ist mit dem Bild der → Reinheit verbunden. »In wem Wahrheit und Tugend wohnen, der ist rein« (Buddha). Dem Reinen, Weißen, Schönen und Edlen wird das Befleckte, Schwarze, Häßliche und Gemeine gegenübergestellt. Während Gott in blendendem Licht, absolutem WEISS erstrahlt, ist der Teufel »der SCHWARZE.« Das Gute strebt nach OBEN, himmelwärts (Symbole: Berge, hohe Bäume, Vögel, Wolken, Luft), das Böse bleibt UNTEN, haftet am Irdischen (Abgrund, Sumpf, Dorn- und Schlinggewächse, Kriechtiere). Der Kampf zwischen dem Reich des ADLERS und dem der SCHLANGE, zwischen dem göttlichen Heros (oder Heiligen) und dem Drachen durchzieht in den Mythen zahlreicher Völker die ganze Seinsgeschichte von der Kosmogonie bis zum → Weltgericht. Entsprechend den Evangelien (*Mt* 25, 33) sind die mal. Bilder des Jüngsten Gerichts in eine RECHTE Lebensseite für die Guten und in eine LINKE Todseite für die Bösen geordnet. Aus dem alten christlichen Taufritus geht hervor, daß man sich im WESTEN das Böse, die Dämonen dachte, im OSTEN das Gute, Heilbringende. In puritanisch-asketisch eingestellten Epochen wird der Körper zum Widersacher des Geistes. Im FLEISCH wohnt nichts Gutes (*Röm* 7, 18); Fleischeslust ist Sünde. Von hier aus wird das WEIB zum Symbol des Bösen; im Paradies bringt → Eva Sünde und Tod. In mehreren afrikanischen Mythen hat das Weib zwischen dem Todes- und Lebensbündel zu wählen und erwischt das erstere. Die von Hephaistos erschaffene Pandora bringt in einer Büchse alle Übel auf die Erde. In der mal. Kathedralplastik des 13./14. Jh. wird das böse Prinzip durch Frau Welt oder den Fürsten der Welt dargestellt. In Literatur und Volksglaube erscheint der → Antichrist als Verkörperung des Bösen, während der → Teufel als eigentlicher Verursacher hinter allem steht. Symbole des Bösen sind die den → Lastern, den → Dämonen und dem Teufel zugeordneten Tiere. Sinnbild der Gottesferne und damit des Bösen ist bei den Kirchenvätern das MEER, in dem das Schiff der Kirche mit den Gläubigen (= Guten) zum Hafen der Ewigkeit steuert. Im Werk Meister Bertrams (*Grabower Altar,* um 1380) wird gezeigt, wie nach dem göttlichen Schöpfungsplan der Gegensatz von G. und B. in der Erlösung überwunden wird; bei der Erschaffung des Himmels weist der Creator auf das leidvolle Antlitz des Erlösers, der durch seinen eigenen Tod die Mächte der Negation (des Bösen) besiegt. [Lr]

S. Petrement, Le dualisme dans l'histoire, de la philosophie et des religions, Paris 1946; G. Mensching, G. u. B. im Glauben der Völker, 1950; M. Buber, Bilder von G. und B., 1952; R. Schaerer, La représentation mythique de la chute et du mal (Diogène 11), 1955; W. Stammler, Frau Welt. Eine mal. Allegorie,

1959; V. Maag, Der Antichrist als Symbol des Bösen, 1961; W. Schade, Dämonen u. Monstren. Gestaltungen des Bösen i. d. Kunst des frühen MA, 1962; M. Buber, Bilder von G. u. B., 1986.

**Haar,** gilt auf Grund seines Wachstums als Träger von Lebenskraft, bei den Griechen als Sitz des Lebens. Krieger und Priester ließen sich die H.e nicht schneiden, um im Besitz ihrer körperlichen oder geistigen Kräfte zu bleiben. Simson verlor durch das Abschneiden seiner Locken die Heldenkraft (*Ri* 16,17ff.) Im Märchen von den drei glorreichen Haaren (KHM) offenbart deren Verlust die Ohnmacht des Teufels; die goldene Farbe läßt die frühere Lichtnatur (Luzifer!) erkennen. In anderen Märchen symbolisiert eine goldhaarige Jungfrau die Sonnengöttin; die langen H.e (manchmal als blonder oder goldener Zopf) sind die Sonnenstrahlen. Jemanden »beim Schopfe packen«, ihn beim H. ergreifen, war den Ägyptern Sinnbild der Besiegung und Unterwerfung. Im Zeichen des göttlichen Gerichtes steht das »Schermesser«, mit dem der Herr die H.e der vom Gesetz Abgefallenen abtrennen wird (*Jes* 7,20). Wer der wahren Lehre treu bleibt, dem soll kein H. vom Haupte verloren gehen (*Lk* 21,17f.).
Altorientalische H.trachten (z. B. in Kanaan) hatten spiralförmig endende Zöpfe. Bei den Ägyptern trugen die Knaben eine gelockte H.strähne auf der rechten Seite; auf bildlichen Darstellungen ist sie Kennzeichen des Horuskindes und des königlichen Prinzen. Das lange, ungeschorene H. war bei den Germanen Zeichen der freien Männer und der Jungfrauen. Die hl. Agnes wurde von ihren langen Locken wie ein dichter Mantel vor den lüsternen Blicken verborgen. Das Abschneiden der H.e galt im MA als entehrende Strafe. Andererseits werden die H.e aber auch der Gottheit geopfert als Ausdruck der Buße und der Hingabe: Kopfrasur ägyptischer Priester, Tonsur in christlichen → Ordensgemeinschaften. Wildwachsende H.e können ein Sich-abwenden von der Zivilisation andeuten (z. B. bei Eremiten), aufgelöste H.e Begierde und Neid (→ Invidia). Verschiedentlich ist H.en auch eine erotisch-sexuelle Signifikanz zuzuschreiben, so im Liebeszauber. [Lr]

L. Sommer, Das H. in Religion u. Aberglauben der Griechen (Diss. Münster) 1912; H. Bächtold-Stäubli, H. (HdA 3); G. Trathnigg, Das german. H.opfer u. sein Fortleben (Germanien 1938); Ch. Berg, The unconscious significance of hair, London 1951; V. v. Gonzenbach, Untersuchungen zur Knabenweihe im Isiskult, 1957 (– zur Horuslocke); P. Hershman, Hair, sex and dirt (Man 9/1974); M. Radulescu, Quelques aspects du symbolisme des cheveux (Ethnologica 1982); B. Kötting, H. (RAC Lief. 98), 1984.

**Hahn,** wegen seines feuerroten Kammes und seines morgendlichen Schreis Sonnen- und Lichtsymbol; hl. Tier der japanischen Sonnengöttin Amaterasu und des griechischen Lichtgottes Apollon, Attribut des gallischen Mercurius, im Parsismus als Tagkünder Ahura Mazda geweiht. Bei marokkanischen Berbern durfte sein Fleisch nicht gegessen werden, weil dieses Tier zum Gebet rief.
Schon in der Antike galt der H. (griech. *alektor* von *alexo* = abwehren, verteidigen) als Tier der Tapferkeit; im europäischen Volksglauben wurde seinem Schrei dämonenabwehrende Wir-

kung beigemessen. Auf den Dächern sollte die Nachbildung eines H.s Wächter gegen das ihm symbolisch nahestehende Feuer (im sprachlichen Bild »der rote Hahn«) dienen. Das zwischen Tag und Nacht unterscheidende Tier wurde zum Grenzwächter ins Jenseits (bei den Germanen), im Christentum Symbol der Überwindung des Todesschlafes (auf altchristlichen Grabsteinen und Sarkophagen) und in Anknüpfung an die Petrus-Stelle (*Mt* 26,34) des reuigen Sünders. Der H. auf dem Kirchturm hatte zunächst apotropäische Funktionen (gegen Blitz und Hagel), dann wurde er im christlichen Sinne Symbol der Wachsamkeit und Künder des wahren Lichtes (= Christus).

Das starke Triebleben ließ den Vogel auch zu einem Fruchtbarkeitssymbol werden (in Hochzeits- und Erntebräuchen). Weiter ist er Künder der Zeit (auf Räderuhren), → Arztsymbol, Spiegelbild menschlicher Eigenschaften (so bei → Chaucer), nationale → Personifkation der Franzosen und Attribut des hl. Vitus. [Lr]

S. A. Callisen, The iconography of the cock on the columna (Art Bulletin XXI/1939); L. Arnould de Gremilli, Le coq (Coll. Symboles), Paris 1958; L. Kretzenbacher, Der H. auf dem Kirchturm (Rhein. Jb. f. Volkskunde 9/1958); J. Vichot, La symbolique du coq (Neptunia No 98/1970); P. Gerlach, H. (LChrI 2) 1970.

**Hakenkreuz,** Kreuz mit gleichlangen rechtwinkligen oder bogenförmig abgehakten Balken, als eine Bewegung andeutendes Wirbelmotiv mit Rad und Triskele verwandt. In Indien ist das H. (Sanskrit Swastika = Zeichen des Heils) Sinnbild des ewigen Kreislaufes *(samsara)* und zugleich Symbol Buddhas, der das Samsara überwunden hat; im → Jainismus Symbol der 4 Daseinsstufen. Die Swastika mit rechts herumlaufenden Haken symbolisiert die aufgehende Sonne, den Tag und das Leben; mit links herumlaufenden Haken heißt das Zeichen Sauwastika und deutet auf die absteigende Sonne, die Nacht und den Tod. Das H. findet sich in China-Tibet, in Europa (seit dem Neolithikum), im vorkolumbianischen Amerika und vereinzelt in Afrika und Polynesien. In seiner Bedeutung nicht immer bestimmbar reichen die Interpretationen vom Sonnenrad, Sonnenlauf, sich kreuzenden Blitzen, Thors Hammer und Wirbelsturm bis zum Symbol für Leben, Fruchtbarkeit, Glück und ganz allgemein → Heilszeichen. Bei den Germanen war das H. beliebtes Schmuckmotiv, in Zauberriten auch von apotropäischer Bedeutung. Als *crux gammata* oder Gammadion kommt das H. sporadisch in der christlich-mittelalterlichen Kunst vor. In der 1. Hälfte des 20. Jh. ist es Symbol national-revolutionärer Bewegungen: auf Banknoten der Kerenski-Regierung, als »Baltenkreuz« auf finnischen und lettischen Ordenszeichen, Abzeichen antisemitischer Verbände (→ faschistisch-nationalist. Symbole). [Lr]

P. Sarasin, Über Swastika u. Triquetrum als Symbole d. Sonnenkultes (Verhandl. d. Nat.fosch. Ges. Basel 32/1921); E. Manker, Das H. i. d. majombe-basundischen Flechtbandornamentik (Zs. f. Ethnologie 63/1931); J. Lechler, Vom H., die Gesch. eines Symbols, 1934; E. Fehrle, Das H. (Oberdt. Zs. f. Volkskunde 8/1934); R. Davis, La croix gammée, cette énigme, Paris 1967; J. Maringer, Das Kreuz als Zeichen u. Symbol in der vorchristl. Welt, 1980 (auch zum H.)

**Hammer,** in alteuropäische Zeit zurückreichendes Symbol der

Macht; in der Hand von Wettergottheiten (→ Donar) nach Form und Bedeutung nicht immer von der Axt zu unterscheiden. Auf etruskischen Bildern treibt der Unterweltsherrscher Charun die Toten mit einem H. vor sich her. Die Gallier hatten einen H.gott (Sucellos), »der gut zuschlägt« – in einer positiven Ausdeutung: der die Erde öffnet. Durch die Selbstbezeichnung »H. des Erdkreises« (*malleus orbis,* WdM II, 222) betont der Hunnenherrscher Attila seinen Machtanspruch. Auf nordeuropäischen Grabsteinen dargestellt, sollte der H. vielleicht dem Verstorbenen die Ruhe sichern; in Irland wird er bis ins 20. Jh. in den Sarg gelegt, um damit an die Tür des Fegefeuers zu klopfen. Als Werkzeug des → Schmiedes gehört der H. zur Hephaistos, dem griechischen Gott des Feuers und der Handwerker. Der H. in seiner ursprünglichen Auslegung als Blitz und in seiner Funktion bei der Eheschließung hat fruchtbarkeitssymbolische Bedeutung, die auch noch in christlicher Zeit in der Votivgabe für Kindersegen nachwirkt. Vgl. weiter → freimaurerische Symbole und → kommunist.-marxistische Symbole. [Lr]

E. Jung, H., Schwert u. Speer als Götterbeigaben u. Rechtssinnbilder (Volkwerk 1941); Weiser-Aal, H. (HdA 3); E. Richter, Neues über Votivhämmer (Der Zwiebelturm 6/1951); J. de Vries, Keltische Religion, 1961; H. R. E. Davidson, Thor's Hammer (Folklore 76/1965).

**Hand,** als »ausgreifendes Werkzeug« des Menschen ein Mittler zur Umwelt. Schon die Babylonier glaubten an Zusammenhänge zwischen Handlinien und Planetenbahnen, zwischen Chirologie und Kosmologie. Der ägyptische Urgott Ptah formt mit seinen Händen auf der Töpferscheibe das Weltall. Nach dem Propheten Jesaja (66,1, f.) hat der Herr Himmel und Erde mit seiner H. erschaffen. Ein bekanntes Motiv der Amarna-Kunst (z. Z. des Pharao Echnaton) ist die Sonnenscheibe, deren segenspendenden Strahlen in Händen enden. Zu einer solaren Symbolik gehören auch die gespreizten Hände mit strahlenförmig ausgehenden Fingern bei Felsmalereien und Homers »rosenfingrige« Göttin der Morgenröte. Die Darstellung von Händen auf phönikischen Grabstelen und Votivsteinen dürfte symbolischer Hinweis auf die von Gott erhoffte oder gewährte Hilfe sein. Die H. Gottes kennzeichnet die schöpferische, führende und strafende Macht (z. B. *Ps* 104,28; 2 *Mos* 3,20) und wird von den Kirchenvätern als Symbol des Logos aufgefaßt, mit dessen Hilfe die Welt erschaffen wurde. In der christlichen Kunst ist die *dextera Dei* (rechte H. Gottes) das älteste Symbol Gottvaters .

Die Bedeutung der H.darstellungen prähistorischer Felsmalereien ist unsicher, doch dürften sie als Vertretung einer Person (also *pars pro toto*) stehen und in die religiösen und/oder magischen Praktiken jener Zeit einbezogen sein. Im Mittelmeerraum und Orient sind gewisse H.haltungen (z. B. mit ausgestreckten Fingern) als magisches Abwehrmittel bekannt. Als Symbol der Macht kann die H. auch Hoheitszeichen sein, so in Westafrika in Verbindung mit dem Elefantenrüssel. Heil, Kraft und Segen können mit der H. übertragen werden (vgl. H.auflegung bei → Firmung und → Konfirmation). H. und H.schlag sind → Rechtssymbole. Das Darreichen der Rechten galt schon in der Antike als Zeichen der Übereinstimmung, so auch bei Augustinus: *signum concordiae*. Eine besondere Rolle spielen die Hände in der Sprache der → Gebärden. [Lr]

J. Behm, Die H.auflegung im Urchristentum, 1911; H. u. I. Jursch, H. als Symbol u. Gestalt, 1951; W. Brückner, H. u. Heil (Anzeiger d. German. National-Museums 1965); U. v. Mangoldt, Das große Buch der H., 1967; A. R. Verbrugge, Le Symbole de la main dans le préhistoire, 1969; Cl. Winkler, Die H. Gottes im AT (Bibel u. Leben 10/1969); K. Gross, Götterh. u. Menschenh. im homerischen Epos (Gymnasium 77/1970); H. Adler, H.darstellungen als magische Symbole (Mannus 42/1976); K. Groß, Menschen-H. u. Gottes-H. in Antike und Christentum, 1985.

**Handlungen, symbolische** → symbolische Handlungen

**Handschuh** → Freimaurerische Symbole, → Rechtssymbole

**Harfe,** mit der Leier (griech. *lyra*) verwandtes Saiteninstrument; ihre Töne galten als zauberwirksam und die wilden Tiere besänftigend (→ Orpheus). Der keltische Gott Dagda besitzt eine H., auf der je eine Melodie des Schlafes, des Lachens und des Jammers gespielt werden kann. Im AT drückt das H.spiel Freude, Lob und Dank aus (→ David). Die in der Bibel erwähnten H.arten Kithara und Psalterium sind heute nicht mehr genau zu bestimmen. Während die quadratische Form der H. auf die vier Evangelisten und ihre alle Himmelsrichtungen erreichende Botschaft bezogen wird, gilt die Deltaform als Sinnbild der Trinität. Bei Bernhard von Clairvaux repräsentiert das Holz des Instruments das Kreuz, die Saiten entsprechen Christi Leib; nach Paulinus von Nola (*Poema* XX) wird die ganze Welt von der Melodie der goldenen Christusharfe durchzogen. Die H. und die ihr entlockten Klänge werden zum Symbol der Welterlösung. In der romanischen Plastik und in gotischen Randminiaturen dargestellte musizierende Esel dürften Hinweis auf die weltliche Musik und ihre Vergänglichkeit sein. [Lr]

M. Wegner, Der Esel mit dem Saitenspiel (Cicerone 1/1949); H. Adolf, The Ass and the Harp (Speculum 25/1950); J. J. Zingel, König Davids H. in der abendländ. Kunst, 1968.

**Harmonie/Harmonik.** Das griechische Wort *harmonia* bedeutet ursprünglich Fügung, Verbindung, Klammer (zum Zusammenhalten von Schiffsplanken). Davon läßt sich ein Prinzip der »Fügung« ableiten, der Zusammenhalt voneinander unabhängiger Teile, die in ihrer Bewegung aufeinander bezogen sind oder auch die Vereinigung gegensätzlicher Elemente zu einem geordneten Ganzen. Dieses Prinzip, mitgeprägt durch die dualistische Vorstellung, nach der die Welt durch das Wirken zweier gegensätzlicher Urkräfte entstanden und erhalten wird, ist bei nahezu allen Kulturvölkern der alten Welt bekannt und wird durch Mythen, Allegorien und Symbole erklärt. Eines dieser Symbole ist der in sich geschlossene, nach allen Seiten gerundete Kreis, in dem alle Gegensätze harmonisch verbunden sind (wie im chinesischen Yin-Yang-Zeichen) und der in zahlreichen Kosmogrammen (→ Weltbild) zum symbolischen Ausdruck der kosmischen Harmonie wird. H. als Symbol aus dem Blickwinkel der Musik umfaßt nur einen klei-

nen Ausschnitt aus der Geschichte dieses Universalbegriffes in Wissenschaft und Kunst.
Im griechischen Mythos gilt H. als Tochter des Kriegsgottes Ares und der Liebesgöttin Aphrodite (Mars und Venus im röm. Mythos). Sie wird zur Symbolfigur der Vereinigung zweier Gegensätze. Hatte die griechische Naturphilosophie (Heraklit, Empedokles) das Entstehen und Vergehen im Weltenlauf als harmonisches Wechselspiel, als Mischung und Trennung angesehen, so setzen die → Pythagoreer H. mit mathematischer Proportion gleich. Erst bei Platon und Aristoteles findet H. Eingang in die Ethik (Tugendbegriff), Ästhetik (Schönheitsbegriff) und in die Musik (Zahlengesetzlichkeit, Ethoslehre). Nach Platon ist H. mit Logos und Rhythmik Teildisziplin der *musiké* (Dichtung, Musik, Tanz), deren Gefüge die Staatsordnung zu beeinflussen vermag. Bei den Pythagoreern umfaßt zudem die harmonische Zahlenordnung sowohl die irdischen Verhältnisse (Mikrokosmos) als auch die des gesamten Weltalls (Makrokosmos). »Die harmonische Kraft wohnt allem inne, was seiner Natur nach vollendet ist, und erscheint am deutlichsten in der menschlichen Seele und in den Bewegungen der Gestirne« (Ptolemaios, III 4). In der Sphärenharmonie entsprechen sich abbildhaft das musikalische Tonsystem und die Weltordnung. – Die kosmologische und psychologische Deutung von H. vermittelt Boethius (6. Jh. n. Chr.) in der *musica mundana* und *musica humana* weiter. Das Ordnungsprinzip im Universum und die H. zwischen Leib und Seele gehören mit der *musica instrumentalis* zur Dreigliederung der *ars musica* im Mittelalter. H. wird seit Boethius mit *musica* gleichgesetzt, was durch MA, Renaissance, Barock (»Weltmusik« und »Menschenmusik« bei Mattheson), Klassik und Romantik (J. Paul, Schelling) bis ins 20. Jh. (Busoni, Strawinsky) erhalten bleibt.
Die Patristik gliedert den alten H.begriff in die christliche Schöpfungslehre ein. Die Weltordnung hat ihren Ursprung in Gott. Die *musica coelestis*, das gemeinsame Schöpferlob von Himmelskörpern und Engeln, gilt als Ur- und Vorbild irdischer Musik. Diese christliche Symbolisierung, vermischt mit mystischen und magischen Analogievorstellungen, wirkt im Humanismus und im Barock weiter, u. a. bei M. → Ficino, A. Kircher und R. Fludd. J. Kepler (*Harmonices mundi*, 1619) und M. Mersenne (*Harmonie universelle*, 1636/37) rücken dagegen von der Symbolik des H.begriffs zugunsten mathematischer Zahlen- und Strukturgesetze ab. Für A. Werckmeister (gest. 1706) bleibt die natürliche Welt und ihre Ordnungen ein Vorgeschmack auf die himmlische H., ist Gott ein »harmonisch Wesen«, der himmlische *architectus.* Der ontologische Charakter der H. als Urbeginn und Ursache des Seins gipfelt in der »prästabilierten Harmonie« von Leibniz, einer durch Gott im Schöpfungsakt festgesetzten Weltordnung. Ein mit Leibniz und Werckmeister verwandtes Denken begegnet in der Kunst J. S. → Bachs. Die spätbarocke Ausrichtung der H. auf Theologie und Naturphilosophie und die mathematischen Ordnungskriterien machen nach 1750 ästhetischen Bestimmungen Platz. So sah Wieland »die Wissenschaft

der Harmonie, des Schönen mit der Seele zusammenstimmenden, welche die alten Griechen Musice geheißen haben, und die man jezo die schönen Wissenschaften zu nennen pflegt« (1754). Mit dem 19. Jh. gewinnt abermals die mathematisch-naturwissenschaftl. Richtung der H. die Oberhand für Gestaltungsprinzipien verschiedener Kunstgattungen sowie für philosophische Fragestellungen. Die Neigung zu spekulativen Theorien und symbolischer Deutung im Rückgriff auf die pythagoreische Anschauung kommt durch A. von Thimus (gest. 1878) erneut auf und hat in H. → Kayser einen wichtigen Vertreter harmonikaler Forschung im 20. Jh. gefunden. [Jg]

H. Abert, Die Musikanschauung des MA und ihre Grundlagen, 1905; H. H. Eggebrecht, Bach und Leibniz (Bachtagung Leipzig), 1951; H. Hüschen, Harmonie (Musik in Gesch. u. Gegenw. 5), 1956; W. Blankenburg, Der Harmoniebegriff in der lutherisch-barocken Musikanschauung (Archiv f. Musikwiss. XVI), 1959; R. Hammerstein, Die Musik der Engel, 1962; M. Lurker, Der Kreis als symbolischer Ausdruck der kosmischen Harmonie (Studium Generale 19/1966); C. Dahlhaus, Harmonia (Riemann-Lex., Sachteil) 1967.

**Hase,** in Ägypten Attribut der Gaugöttin Unut, bei den Hethitern der Schutzgottheit für König und Reich zugeordnet. Wegen seiner Fruchtbarkeit Symbol des Lebens, Opfertier der Liebesgöttin Aphrodite; Plinius erwähnt das Essen des H.fleisches zu aphrodisischen Zwecken. Als Nachttier wird der H. zum lunaren Symbol: im chinesischen Märchen sitzt er auf dem Mond und bereitet das Lebenselexier; ähnlich in Mesoamerika, der *Codex Borgia* zeigt den H.n in der mit Lebenswasser gefüllten Mondsichel. Die Kirchenväter verstanden den Klippdachs in *Spr* 30,26 als H.n (in lat. Bibelübersetzungen mit *lepusculus* oder *leporibus* wiedergegeben) und deuten ihn als Symbol der Heiden und Sünder, die ihre Zuflucht beim geistlichen Felsen der Kirche Christi nehmen. In mittelalterlichen Jagdszenen verkörpert der Jäger den Teufel und die H.n werden als verfolgte Seelen interpretiert. Ambrosius verstand den H.n und seine mit der Jahreszeit wechselnde Färbung als Symbol der Auferstehung; der gleiche Gedanke findet sich beim eierlegenden Osterh.n mit der vorchristlichen Fruchtbarkeitssymbolik vereint. Bei Marienbildern ist der H. als Anspielung auf die gesegnete Fruchtbarkeit zu verstehen. Die früher als Dreifaltigkeitssymbol gedeuteten 3 H.n in einem Kreis (z. B Paderborner Dom) werden heute überwiegend lunar oder im Hinblick auf die Schnelligkeit des H.n als Symbol der Zeit verstanden. Das schwächliche, gehetzte Tier wurde im Volksmund zu einem Bild der Furchtsamkeit (»Hasenfuß«). [Lr]

G. Friedrichs, Die 3 mythischen H.n u. ihre Anverwandten an Kirchen (Mannus 18/1926); A. Becker, Osterei u. Osterh., 1937; J. B. Bauer, Lepusculus Domini (Zs. f. Kath. Theologie 79/1957); H. Schnell, Das Maßwerk-Fenster mit 3 H.n des Paderborner Doms (Mainzer Zs. 67–68/1972–73); W. Kemp, H. (LChrI 2) 1970; J. Maringer, Der H. in Kunst u. Mythe des vor- u. frühgesch. Menschen (Zs. f. Religions- u. Geistesgesch. 30/1978); J. B. Bauer, H. (RAC, Lief. 101), 1985.

**Hasel.** Als Symbol der Fruchtbarkeit und des Lebens gab man in Rom einem neuvermählten Ehepaar H.nüsse. Bei den alten Germanen galt der H.strauch als eine Art hl. Pflanze; die Dingstätte wurde durch Einhaselung zu einem sakralen Ort; bemerkenswert sind die in alemannischen Gräbern gefundenen H.stöcke und H.nüsse (Symbol des Weiterlebens ?). Die biegsame, zähe Gerte spielt im Zauber eine wichtige Rolle: bei der Abwehr böser Geister und Hexen und – als Wünschelrute – beim Aufspüren verborgener Schätze. Eine morgens nüchtern gegessene H.nuß sollte den ganzen Tag über vor Vergiftung schützen. In katholischen Gegenden wird dem H.strauch eine blitzabwehrende Funktion zugeschrieben, weil Maria unter ihm Schutz suchte. Die H.gerte dient als Lebensrute und soll Kraft und Gesundheit vermitteln. Vielfältig findet sich der H.strauch in erotischer Bedeutung; er ist der geheimnisumwitterte Ort der Kinderherkunft. »In die Haseln gehen«, das bedeutet sein Liebchen aufsuchen. Sebastian Brants *Narrenschiff* (1494) zeigt ein Mädchen als personifizierte Hoffart vor einer H.hecke; es merkt nicht, daß es auf der Bank des Teufels sitzt, der seine Seele liebt. Im Dienst des Teufels wird die H.gerte – entgegen der schon aufgezeigten apotropäischen Bedeutung – zum Instrument der Hexen. [Lr]

K. Weinhold, Über die Bedeutung des H.strauches im altgermanischen Kultus und Zauberwesen (Zs. des Vereins f. Volkskunde 11/1901); H. Marzell, Die H. im volkstümlichen Kalender- u. Wetterglauben (Dt. Jb. f. Volkskunde 2/1956); H. Schöpf, Zauberkräuter, 1986.

**Hauch, hauchen** → Atem

**Haupt** → Kopf

**Hauptmann,** Gerhart, 18. 11. 1862 Obersalzbrunn/Schlesien – 6. 6. 1946 Agnetendorf/Schlesien, gestaltet sein spannungsvolles Weltbild, beeinflußt von antikem Mythos, Platons Ideen- und Anamnesislehre, Bibel, → Gnosis, → Paracelsus, → Böhme, Goethe, Nietzsche u. a., in einer zunehmend symbolhaltigen Bilderwelt. Die schon im naturalistischen Frühwerk (naturalist. Tetralogie, *Bahnwärter Thiel*, u. a.) angelegten symbolischen Züge steigern sich über die Traum- und Märchensymbolik (*Hanneles Himmelfahrt, Die versunkene Glocke, Und Pippa tanzt*) und die mythische Symbolik (1907 Griechenlandreise, Erfahrung des tragischen, chthonischen Untergrunds des griechischen Mythos; *Der Bogen des Odysseus – Atridentetralogie; Der Ketzer von Soana*) der mittleren Epoche bis zu dem das Surrealistische, Magische, Mystische, Visionär-Traumhafte betonenden Alterswerk mit Elementen gnostischer Spekulation (*Die Insel der Großen Mutter, Till Eulenspiegel, Der Große Traum, Der Dom*, versch. Erzählungen).

Im Zentrum steht dabei die Auffassung des Lebens als Leiden, als Passion und Sehnsucht nach Erlösung und Transzendenz, als metaphysisches »Drama von Licht und Finsternis«. In der Bildung von Mythen und ihrem Analogon, der symbolischen Sprache, findet der Mensch seinen eigentlichen Ausdruck )vom Erstlingswerk *Promethidenlos* bis zur Atridentetralogie). H.s Vorliebe für eine gnostische, griechisch-christliche Mythensynthese (»Mythos, große Heimat«) bezeugt seine Konzeption vom »Urdrama« (im Fragment *Der Dom*) zwischen den beiden feindlichen und leidenden Brüdern Christus und Satanael/Luzifer/Prometheus/Dionysos.

Dem (gnostischen) Dualismus in

Kosmos und Psyche entsprechen die teilweise schon im Frühwerk vorhandenen Symbole von Licht und Dunkel (Feuer, Funke), Höhe und Tiefe, Blut und Meute, Insel, Meer und Schiffahrt (metakosmische Fahrt), die Gestalt der göttlich-menschlichen Jungfrau-Mutter und des Poetés-Demiurgos, die, abgesehen vom Phänomen des »grünen Strahls«, dem Bild für außerweltl. Sein, alle auf alten mythischen und literarischen Traditionen beruhen. [BVH]

R. Mühlher, Dichtung der Krise, 1951; G. Zurtig, Die Lichtsymbolik im Werk G. H.s, 1957; K. S. Guthke, G. H., Weltbild im Werk, 1961; R. Michaelis, Der Schwarze Zeus, G. H.s zweiter Weg, 1962; W. v. d. Will, Voraussetzungen u. Möglichkeiten e. Symbolsprache im Werk G. H.s, 1962; F. A. Voigt, G. H. u. d. Antike, 1965.

**Haus,** als in sich abgeschlossener Bezirk, der dem menschlichen Leben eine Mitte gibt, Symbol des Kosmos. Nach den Stoikern ist die Welt das gemeinsame H. der Götter und Menschen. Der chinesische → Herrscher hatte im »H. des Lichtes« die kosmische Ordnung zu wahren. Schon in vorgeschichtlicher Zeit gab es → häusliche Kulte, und bis in neuere Zeit hinein sind H. und → Herd in von der Zivilisation unberührten Gegenden etwas aus der profanen Umwelt Herausragendes; bei den Basken wird die Wohnstätte in Verbindung gedacht mit der Höhle wie auch mit der Kirche. Das H. ist hl. Mitte, wo der Mensch Gott nahe ist (Herrgottswinkel!). In ältester Zeit wurden Verstorbene oft im H.e beigesetzt; die Römer bezeichneten das Grab als *domus aeterna*. Höhle, H. und Grab sind Symbole des Mütterlichen (→ Männlich-Weiblich). In Anknüpfung an das »H. der Weisheit« (*Spr* 9,1) wird Maria in der Lauretanischen Litanei *domus sapientiae* genannt. Im NT wird die christliche Gemeinde, die Ekklesia, zum H. Gottes (vgl. *Hebr* 3,6). Das in einem übertragenen Sinne von Gott erbaute H. ist Symbol der Geborgenheit (→ Fröbel). Die – magische – Schutzfunktion wird durch den → Giebelschmuck noch unterstrichen. → Architektur. [Lr]

P. Ehrich, Die vorgeschichtl. Totenhäuser u. d. H.gedanke im Bestattungsbrauch (Hamburg. Vor- u. frühgesch. Forschungen aus dem niedersächs. Raum) 1948; J. Hempel, Der Symbolismus von Reich, H. u. Stadt i. d. bibl. Sprache (Wiss. Zs. d. Univ. Greifswald 5/1955–56); C. Hentze, Das H. als Weltort der Seele, 1961; K.-S. Kramer, Das H. als geistiges Kraftfeld im Gefüge der alten Volkskultur (Rhein.-westfäl. Zs. f. Volkskunde 11/1964); H. Kirchhoff, Urbilder des Glaubens (39–72), 1988.

**Häuslicher Kult:** Bereits in der → Altsteinzeit finden sich Hinweise auf kultische Handlungen nicht nur an den Stätten der → Fels- und Höhlenbilder, sondern auch an Wohn- und Lagerstätten, die in einzelnen Fällen mit Anhäufung von symbolhaften Zeichnungen und Figurinen (z. B. Gönnersdorf) und Hinweisen auf → Opfer mehr solchen Tätigkeiten als profanen gedient haben mögen. Zumal in Zeiten der Seßhaftigkeit gibt es neben eigenen Kultbauten immer wieder Hinweise auf häusliche Kulte, z. B. in der präkeramischen befestigten Großsiedlung von Jericho und im 7. und frühen 6. Jt. v. Chr. in Çatal Hüyük (Kleinasien), wo die Kulträume in einer Schicht ein Drittel der Gesamträume des ausgegrabenen Siedlungsteils ausmachen und durch eine weibliche, in geringerem Umfang auch männliche Symbolik und gelegentliche Opferniederlegungen charakterisiert sind. Von hier an ziehen sich solche Beobachtungen in verschiedenen Gegenden durch praktisch alle Perioden der Urgeschichte hindurch, und es ist dabei besonders zu beachten, daß seit der Altsteinzeit die oft sehr zahlreichen Funde von → Idolen vielfach in Wohnbauten konzentriert sind, gelegentlich auch in solcher Form auftreten, daß man an »Hauskulte« im engeren Sinne, d. h. an Schutzfunktionen für das Haus denken darf. [KJN]

**Hegel,** Georg Wilhelm Friedrich (1770–1831). H. hat seine Theorie des Symbols vor allem in seinen »Vorlesungen über die Ästhetik« entwickelt, die erst nach seinem Tode erschienen (3 Bde., hg. v. H. Hotho, Berlin 1835–38 u. ö.). Ausgangspunkt ist die Idee des Schönen, das Ideal, das sich in einem historischen Stufengang zu seiner Vollendung hinbewegt. Das Schöne ist das sinnliche Scheinen der Idee. Dementsprechend gehören zum Wesen des Symbols ein sinnlicher Gegenstand oder ein Bild als Ausdruck und Gestalt einer Bedeutung. Beim bloßen Zeichen besteht nur eine willkürlich hergestellte Verknüpfung von Ausdrucksform und Bedeutung. So haben z. B. die Farben einer Flagge meist nur eine willkürliche Beziehung zu dem bezeichneten Land. Beim Symbol dagegen besteht eine innere, wesentliche Verknüpfung zwischen → Ausdruck und Bedeutung, ohne daß die Bedeutung allerdings immer adäquat und vollständig ausgedrückt würde. Das DREIECK z. B. drückt durch seine drei Seiten und Winkel die Einheit der 3 göttlichen Personen aus, ohne daß dadurch das Wesen der Trinität adäquat dargestellt wäre. Das Symbol steht in der Mitte zwischen dem bloßen Zeichen und dem adäquaten Ausdruck einer Sache im Begriff. In der Entwicklung der Kunst bezeichnet H. die durch das Symbol geprägte orientalische Kunst als die »symbolische Kunstform« im engeren Sinne, also die altpersische, indische und ägyptische Kunst. Sie bildet die unterste Stufe der Kunst, ist »Vorkunst«. Die Idee hat ihren vollkommenen Ausdruck noch nicht gefunden. Höhere Stufen der symbolischen Kunst sind die »Symbolik der Erhabenheit« (pantheistische Dichtung, indisch, mohammedanisch, christlich-hebräische, alttestamentliche Poesie) sowie die »bewußte Symbolik der vergleichenden Kunstform«. Das eigentliche Land der symbolischen Kunst, der in besonderer Weise als Kunstgattung die Architektur zugeordnet wird, sieht H. in Ägypten mit dem »Symbol des Symbols«, der SPHINX. Auch die Mythologie kann im Gegensatz zur rein historischen Behandlung symbolisch gedeutet werden, indem man hinter dem Äußeren der Mythen eine tiefere Bedeutung, d. h. allgemeine Gedanken über die Natur Gottes findet. Diese besonders von F. → Creuzer vertretene Mytheninterpretation griff H. teilweise auf, korrigierte sie jedoch, indem er sie auf die symbolische Kunst als Ausdruck der symbolischen Mythologie auf der untersten Stufe der Entwicklung einschränkte. Das schließt nicht aus, daß auch in der klassischen und romantischen Kunst, den höheren Kunstformen, Symbole vorkommen. Aber sie machen nicht mehr das Wesen dieser Kunstformen aus, da Ausdruck und Bedeutung eine Einheit geworden sind und das Symbol abgelöst haben, bei dem zwischen Ausdruck und Bedeutung noch eine Kluft besteht. Ungeachtet dieser Wertung des Symbols als Vorstufe und der Höherschätzung des Begriffs bediente sich H. dennoch bei der Darstellung seiner eigenen Philosophie zahlreicher Symbole, Bilder und Metaphern. Besonders die geometrischen Symbole von KREIS und DREIECK spielten in seinem Denken eine größere Rolle. [Schn]

G. Lasson, Beiträge zur H.-Forschung, 1909 (43–70: Kreuz u. Rose. Ein Interpretationsversuch); (J. Hoffmeister, H. u. Creuzer (DVjs. 8) 1930; H. Schmitz, H. als Denker der Individualität, 1957; D. Henrich, Die »wahrhafte Schildkröte«. Zu einer Metapher in H.s Schrift »Glauben und Wissen«. (Hegel-Studien, 2) 1963; W. R. Beyer, Das Sinnbild des Kreises im Denken H.s und Lenins, 1971; H. Schneider, Zur Dreiecks-Symbolik bei H. (Hegel-Studien, 8) 1973; ders., Anfänge der Systementwicklung H.s in Jena (Hegel-Studien, 10) 1975; H.-D. Strüning, Die Bildbenützung von Naturerscheinungen i. d. Philosophie (Hegel-Jb. 1976) 1978.

**Heidegger,** Martin, 26. 9. 1889 – 26. 5. 1976, deutscher Philosoph, einer der bedeutendsten Denker unserer Zeit, dessen Werk durch seine Tiefe und Originalität die Gegenwartsphilosophie und viele Geisteswissenschaften entschieden beeinflußt hat. In der ersten Phase seiner philosophischen Entwicklung setzte sich H. u. a. mit → Cassirer auseinander. Cassirers *Philosophie der symbolischen Formen* bietet nach H. einen gewissen Leitfaden zur konkret-ethnologischen Erforschung des mythischen Daseins, bleibt jedoch letzten Endes ontologisch ungenügend und soll durch eine existenzialanalytische Untersuchung ersetzt werden. Im Einklang mit dieser Grundposition entwickelt H. selber keine Symboltheorie, denkt aber in Bestimmungen, welche in der Sicht einer Symboltheorie Symbole genannt werden sollen und in enger Nähe zur Symbolwelt der deutschen Mystik und → Romantik stehen. Manche sind von ihm selbst geschaffen, manche übernimmt er von Angelus Silesius, Hölderlin, → Nietzsche, → Rilke, van Gogh, interpretiert sie aber weitgehend um. Der Vers von Angelus Silesius »Die ROS' ist ohn' Warum; sie blühet, weil sie blühet« drückt nach H. die Grund-losigkeit des Seins aus, das selbst Grund und »Ab-grund« ist. Der Mensch ist seinerseits »Hirt des Seins« und als solcher jeder Herrscherprätention gegenüber dem Seienden entgegengesetzt. Die Gestalt des → HIRTEN veranschaulicht nicht Herabsetzung, sondern höchste Auszeichnung, da der Hirt in der »Nähe des Seins« wohnt. Die Sprache ist »das HAUS des Seins«, der Ort, wo Sein ankommt und »west«. Die gegenwärtige Epoche der Seinsgeschichte, die »dürftige Zeit« einer Seinsvergessenheit, ist die Zeit der »Weltnacht«. Fast als Synonym des Seins gilt in der H.schen Spätphilosophie das »Geviert«, das VIER »Gegenden« – die »Göttlichen« und die »Sterblichen«, den Himmel und die Erde – hat. Soweit das Kunstwerk das Ins-Werk-Setzen der Wahrheit des Seienden und ja die Stimme des Seins selbst ist, entwirft H. eine meisterhafte Analyse des Gemäldes von Van Gogh, das ein Paar BAUERNSCHUHE zeigt. Die Bauernschuhe zeigen das harte Schicksal des Bauern, die Mühsal seiner Schritte, die wortlose Freude des Siegers über die Not, das Beben in der Ankunft der Geburt, das Zittern in der Umdrohung des Todes. Die Bezüge zwischen Erde und Welt, denen zufolge die Erde die Welt »durchragt« und die Welt sich auf die Erde gründet, nehmen ähnlicherweise eine konkrete Gestalt im griech. TEMPEL. Im Tempel kommt auch die ursprüngliche »Unverborgenheit« des Seins, das Sein in der Gestalt der *physis*, zum Ausdruck.

Außer diesen dichterischen Symbolen gebraucht H. sogar graphische. So wird in *Zur Seinsfrage* das Wort Sein kreuzweise durchgestrichen (Sein), was zugleich die Unrichtigkeit jeder absoluten Trennung von Sein und Mensch andeutet und die vier »Gegenden« des »Geviertes« versinnbildlicht. [Ign]

O. Pöggeler, Der Denkweg M. H.s, 1963; F. W. v. Herrmann, Die Selbstinterpretation M. H.s, 1964; R. Guilead, Etre et liberté, 1965; V. Vycinas, Earth and Gods, An introd. to the phil. of M. H., 1961; J. E. Doherty, Sein, Mensch u. Symbol. H. u. die Auseinandersetzung mit dem neukantian. Symbolbegriff, 1972.

**Heilbringer.** Die H. gelten als »übermenschliche Wesen, in denen sich das eigene Selbst des Menschen aufgehöht und vervollkommnet reflektiert« (Ehrenreich). Während der Hochgott als unumschränkter Schöpfer außerhalb seines Werkes steht und seiner innersten Seinsstruktur nach a-mythisch ist, ist die Gestalt des H.s eng mit den Erscheinungen selbst verbunden und im Mythos verankert; alle H. sind daher reich an Symbolen. Schon ihr Eingang in die irdische Welt ist geheimnisvoll, → Jungfrauengeburt.

In den alten Hochkulturen wie auch bei den schriftlosen Völkern tritt der H. als Vermittler von Kulturgütern auf; er bringt das Feuer, schenkt Nahrungspflanzen, lehrt Jagd und Fischfang oder eine religiöse Weisheit. Dabei kann der H. in Tiergestalt auftreten. In Ozeanien gilt die SCHLANGE als Spenderin wichtiger Nahrungsmittel; bei den Nutka (nordamerikan. Indianer) raubte der SPECHT für die Menschen das Feuer; in Ost- und Südafrika findet sich der Mythos vom CHAMÄLEON, das Gott zu den Menschen schickte, um ihnen die Unsterblichkeit zu verkünden. Weit verbreitetes Tiersymbol des H.s ist der FISCH. Der altmesopotam. Kulturheros Oannes war halb Fisch, halb Mensch; den alten Ägyptern galt die Fischart Oxyrhinchos als Osiristier; Vishnu nimmt als H. Fischgestalt an.

Der H. steht zwischen dem Hochgott und den Menschen, er selbst ist göttlicher und menschlicher Natur. Dieser Doppelnatur entsprechend kann er als erster Mensch, als Stammvater, erscheinen. Nach Überlieferung der Uiguren ist der von einer Jungfrau geborene Urmensch auch der H. Zur Symbolisierung der gottmenschlichen Natur des H.s eignet sich besonders der MOND mit seiner hellen und dunklen Phase. Weil der Mond »wächst«, wird ihm die Macht zugeschrieben, auch die Lebewesen, vor allem die Pflanzen, wachsen zu lassen (Spender der Kulturpflanzen). In den Mondphasen wurden Tod und Auferstehung erblickt, die ja gerade für zahlreiche H.gestalten charakteristisch sind. Der ermordete und dann in der Unterwelt herrschende Osiris wurde verschiedentlich als Mondgott interpretiert; seine Zerstückelung in 14 Teile entspricht den 14 Tagen des abnehmenden Mondes. Durch seinen Tod kann der H. zum Heil für die Menschen werden: aus des Osiris Grab wächst die Saat des Lebens; der H. der Ple-Temiar

(Malaya) läßt sich verbrennen, aus seinem Fleisch und Blut entstehen die Nutzpflanzen.
Als Abgesandte Gottes werden die H. zu LICHT-, ja SONNENwesen. Der nordische Balder ist der »Glänzende«, »Leuchtende«. Der Körper des an einem Federseil aus dem Himmel herabgekommenen H.s der Maidu (Kalifornien) strahlt wie die Sonne. Osiris galt als Sonne in ihrer nächtlichen Form. Bei manchen Völkern treten → Zwillinge als H. auf; dabei ist oft der eine Träger der guten (lichten), der andere der bösen (dunklen) Eigenschaften. Bei den südamerikan. Bakairi (Brasilien) hat das H.paar die Namen Keri und Kame, d. h. Sonne und Mond.
Zum Wesen der H. gehört ihr Kampf mit dem göttlichen Widersacher, mit dem Bösen; Osiris (bzw. sein Sohn Horus) gegen Seth, Indra gegen Vrtra, Herakles gegen die neunköpfige Hydra; dadurch werden sie zu Rettern, Erlösern. Einen besonderen Aspekt bilden die Heilgötter; ihr Symboltier ist häufig eine SCHLANGE, so bei den sumerischen Göttern Ningizzida und Ninazu, dem palmyrenischen Schadrapa und dem griech. Asklepios (Äskulap-Natter als → Arzt-Symbol). Ein anderes dem H. zugeordnetes Symbol ist das WASSER: als »Ausfluß, der aus Osiris hervorging«, befreit es aus der Todesstarre; die etruskischen, meist anonymen Heilgottheiten sind mit dem Kult von Quellen und Gewässern verbunden.
Die allgemein menschliche Bilder- und Symbolsprache fand auch in das NT und in die Schriften der Kirchenväter Eingang. Jesus Christus ist Sohn Gottes und der Jungfrau Maria; er wird als zweiter Adam (= Stammvater) bezeichnet. In der Nacht geboren, weist er verschiedene lunare Aspekte auf, er ist vom MOND Geborener (Maria = Mond, daher wiederholt auf der Mondsichel), sein Tod wurde schon mit der abnehmenden Mondsichel in Vergleich gebracht, die nach drei Tagen als neuer Mond wiedererscheint, »aufersteht«. Vor allem ist Christus aber die unbesiegbare SONNE, die allen Menschen als *sol salutis* das Heil bringt. Christus schenkt (sich selbst als) Nahrung → Eucharistie, und wen dürstet, dem gibt er WASSER des Lebens. Der FISCH *(Ichthys)* ist in Bild und Wort Erkennungszeichen seiner Anhänger. Das alttestamentl. Vorbild des gekreuzigten Heilandes ist die eherne SCHLANGE; wer zu ihr aufblickt, wird am Leben bleiben. → Messias [Lr]

P. Ehrenreich, Götter und H. (Zs. f. Ethnologie 38) 1906; A. van Deursen, Der H. Eine ethnolog. Studie über die H. bei d. nordamerikan. Indianern, Den Haag 1931; E. Abegg, Indische H.sagen (Mitteilungen d. Schweizer. Ges. d. Freunde ostasiat. Kultur 1) 1939; R. Guardini, Der H. in Mythos, Offenbarung und Politik, 1945; G. Köck, Die H. Religionsgesch. Voraussetzungen (Ethnos 20) 1955; M. Hermanns, H. und Erlöser der Tibeter (Kairos 6) 1964; G. Lanczkowski, Verborgene H., 1977.

**Heilige.** Ursprünglich Menschen mit geheimnisvoller Kraft, in den Hochreligionen durch Sittlichkeit und frommen Lebenswandel ausgezeichnet. Im Buddhismus ist der H. ein »Vollkommener« *(arhat)*, Erleuchteter; Im Jainismus werden die H. als »Furtenmacher« *(thirtankara)* verehrt, d. h. als solche, die den Übergang über den Strom des Geburtenkreislaufs gefunden haben. Nach islamischem Glauben haben sie zwar (mit Ausnahme Mohammeds und einigen seiner Vorläufer) keinen Anteil an der göttlichen Lichtsubstanz, sind aber Träger einer übernatürlichen, auch nach dem Tode weiterwirkenden Kraft (*Baraka* = Segen); die H.verehrung wird zum Gräberkult: das KENOTAPH repräsentiert den Verstorbenen.

Die christliche H.verehrung entstand aus dem Kult der Märtyrer (→ Allerheiligen), die geradezu als Symbol für Christi Leiden, Sterben und Siegen galten. Im H. gewinnt Christus Gestalt. Überreste von Leibern der H. oder auch von ihnen gehörenden Gegenständen (RELIQUIEN) werden mit dem Glauben an die Auferstehung des Leibes verbunden, unterliegen aber auch der Gefahr magisch-apotropäischer Mißdeutung. Nur ein mit Reliquien ausgestatteter Altar taugt in der katholischen Kirche zur Meßfeier; der ALTAR wird zum Auferstehungsgrab des H. Die Feier des einzelnen H.festes fällt gewöhnlich auf den Todestag als den Tag der »Geburt« für den Himmel.

Vorläufer zu einzelnen H.gestalten wollte man in vorchristlichen Göttern erkennen, → Christophorus im ägypt. Anubis, Hubertus im hethitischen Jagdgott Rundas, → Georg in dem die Andromeda befreienden Perseus, Oswald in dem Asenwalter Odin (beide haben den RABEN als Attribut). Der antike Glaube an die Ressortgötter findet sich auf die christlichen H. übertragen; so wird z. B. Joseph zum Patron der Handwerker (besonders der Zimmerleute) und Magdalena zur H. der gefallenen Mädchen. Jede Kirche erhält ihren Patron, jedes Kind wird durch die Verleihung eines → Namens einem H. anvertraut.

Die verschiedenen H. werden durch bestimmte → Attribute gekennzeichnet. Die in → Legenden enthaltenen Motive entpuppen sich bei näherer Untersuchung oft als echte Symbole, so z. B. ist der 150-jährige SCHLAF der 7 Brüder (Siebenschläfer), z. Z. des Kaisers Decius in einer Höhle eingemauert, Symbol der Nacht (und des Todes), aus der mit dem Wiedererwachen Licht und Leben hervorkommen. Auch in nichtchristlichen Religionen verbreitete Wahrzeichen der Heiligkeit sind WOHLGERUCH (in Altägypten zum Wesen der Götter gehörend; in der christlichen Legende u. a. bei St. Korbinian, St. Stephan) und LICHT. Wenn H. LAMPEN tragen – z. B. Gudula oder Lucia (= die Leuchtende) – dann deutet dies auf ihre innere Erleuchtung. Der NIMBUS (HEILIGENSCHEIN) findet sich bereits bei altpersischen Königen, röm. Kaisern und bei Buddha- und Bodhisattvadarstellungen als Lichtscheibe oder Strahlenkranz. [Lr]

H. Delehaye, Essai sur le culte de saints dans l'antiquité, Bruxelles 1927; E. Ricci, Mille santi nell'arte, Milano 1931; H. Günter, Psychologie der Legende, Studien zu einer wissenschaftl. H.-Geschichte, 1949; E. Dermenghem, Le culte des saints dans l'Islam magrébin, Paris 1954; O. Wimmer, Handb. d. Namen u. H. mit einer Gesch. d. christl. Kalenders ²1959; Th. Klauser, Christl. Märtyrerkult, heidn. Heroenkult u. spätjüd. H.verehrung, 1960; M. Collinet-Guérin, Histoire du nimbe des origines aux temps modernes, Paris 1961; D. Attwater, The Penguin Dictionary of Saints. Harmondsworth-Baltimore 1965; H. L. Keller, Reclams Lex. d. H. u. d. bibl. Gestalten, 1968; W. Braunfels (Hg.), LChrI, Bd. 5–8: Ikonographie d. H., 1973ff.

**Heiligenschein** → Nimbus

**Heiliger Geist,** die Gott zugehörige und von ihm ausgehende Kraft, im Christentum neben → Gottvater und Gottsohn (→ Christus) die dritte göttliche Person.

Der schöpferische Geist Gottes (hebräisch *ruach* – Hauch, Wind) ruft alles Seiende ins Dasein; beim Beginn der Schöpfung »schwebte« er über dem Urwasser (1 *Mos* 1,2). In diesem Schweben ist das Bild des fliegenden Vogels bereits vorweggenommen. Der göttliche Geist ist der lebenerweckende ODEM, HAUCH (1 *Mos* 2,7). Verschiedentlich wurde der Hl. G. als weibliche Gottheit interpretiert, besonders in sektiererischen Kreisen; in den (apokryphen) *Thomasakten* wird er als »Mutter aller Geschöpfe« gerühmt.

Im NT wird der Geist Gottes mit dem WIND verbunden, beim Pfingsterlebnis der Jüngerschar Christi mit einem gewaltigen STURM verglichen (*Apg* 2,2ff.). Das ANHAUCHEN und Blasen im Taufritus ist Symbol der Lebensvermittlung. Wer zum Propheten gesalbt war, galt als vom Geist Gottes erleuchtet (1 *Sam* 16,13); das ÖL (Chrisam) wurde im Frühchristentum zu einem Symbol der Heiligung durch den Geist, dessen Anwesenheit der WOHLDUFT bezeichnen sollte.

Die zwei wichtigsten Symbole des Hl. G. in der Kunst sind dem NT entnommen. Bei Jesu Taufe schwebt er in Gestalt einer TAUBE herab. Die Hl.-G.-Taube findet sich weiter auf Darstellungen der Dreifaltigkeit, der Verkündigung an Maria, der Krönung Mariens, dann auch als eucharistisches Gefäß zur Aufbewahrung für das Allerheiligste. Die über einer Bischofs- oder Papstgestalt dargestellte Taube zeigt die durch den Geist Gottes bewirkte Inspiration oder Weihe an. In Bildern aus der Reformationszeit soll eine Taube über Martin Luther diesen als geisterfüllten Gottesmann legitimieren. Im Hinblick auf das Erscheinen der feurigen Zungen beim Pfingstwunder können kleine FLÄMMCHEN den Hl. G. sinnbilden; ältestes Beispiel: Miniatur der Ausgießung des Hl. G. im *Rabulas-Evangeliar*, 586. In dem *Münchner Periokopenbuch* sprühen aus dem Innern eines Rades 12 FEUERZUNGEN auf die Apostel herab. In der Liturgie ist ROT die Farbe des Hl. G. (zu Pfingsten). In menschl. Gestalt wurde die 3. göttliche Person im Rahmen der → Dreifaltigkeit wiedergegeben; von Papst Benedikt XIV. 1745 abgelehnt. Im 16./17. Jh. galt die durch die Luft zum Tönen gebrachte ORGEL als ein Symbol des Hl. G.

Die sieben Gaben des Hl. G. (vgl. *Jes* 9,5f.: Weisheit, Verstand, Rat, Stärke, Wissen, Frömmigkeit, Furcht Gottes) werden häufig als 7 Tauben, zuweilen auch als 7 LÄMPCHEN dargestellt, beim *Genter Altar* als 7 Wasserstrahlen des himmlischen Brunnens; auch in den Farben des REGENBOGENS glaubte man sie versinnbildlicht.

[Lr]

H. Küches, Der Hl. G. in der Kunst, 1923; S. Hirsch, Die Vorstellung von einem weibl. »Hl. Geist« im NT u. in der älteren christl. Literatur, 1926; F. Sühling, Die Taube als religiöses Symbol im christl. Altertum, 1930; C. K. Barrett, The Holy Spirit and the Gospel tradition, London 1947; L. Schreyer, Bildnis des Hl. G., 1940; P. Seethaler, Die Taube des Hl. G. (Bibel und Leben 4) 1963; W. Jaeger, Gregor von Nyssa's Lehre vom Hl. G., Leiden 1966.

**Heilkräuter.** Die unscheinbaren, heilsamen → Pflanzen sind Symbol von Heil und Leben. Wie im → Gilgamesch-Epos vom »Kraut des Lebens« berichtet wird, so in der ungarischen Sage von einem Zauberkraut, mit dessen Hilfe König Csaba, der Sohn Attilas, seine erschlagenen Krieger wieder zum Leben erweckt. Das von Homer gepriesene Wunderkraut Moly sollte gegen jeden Zauber helfen; in neuplatonischer Symboldeutung entspricht es der *paideia,* der seelischen Erziehung des Menschen aus der Finsternis zum Licht. Die im Altertum schon bekannten H. fanden im christlichen Volksglauben Eingang; so heißt es vom in der Antike geschätzten Beifuß *(Artemisia vulgaris)* im *Hortus Sanitatis* (Mainz, 1485), daß er vor allen Teufelseinflüssen bewahre. Stark riechenden Kräutern schrieb man dämonenabwehrende Kraft zu; die besonders gefährdeten Kinder, Wöchnerinnen und Brautleute sollten deshalb Dill bei sich tragen. Immer wieder tauchen in der gotischen Malerei H. (wie Malve, Salbei, Wegerich) auf als symbolischer Hinweis auf das wahre *pharmakon* (nämlich die christliche Lehre), auf Maria, die »Apotheke wonniglich« (nach Konrad von Würzburg) und auf ihren Sohn, den Heiland. Seit dem 9. Jh. an Mariae Himmelfahrt Segnung eines Kräuterbüschels, der Haus und Stall vor Unheil bewahren soll. [Lr]

H. Marzell, Gesch. u. Volkskunde der dt. Heilpflanzen, 1938; W. Kühn, Grünewalds Isenheimer Altar als Darstellung mittelalterl. H. (Kosmos 44/1948); L. Behling, Die Pflanze in der mittelalterl. Tafelmalerei, 1957; J. Pascher, Die Kräuterweihe am 15. August (Liturg. Jb. 17/1967).

**Heilszeichen,** auf das Heil weisende oder das Heil bewirkende Zeichen, wobei das Heil vom Übernatürlich-Jenseitigen bis in die Sphäre des irdischen und leiblichen Wohlergehens hineinreichen kann. In gewissem Sinne sind auch apotropäische Zeichen hier zu berücksichtigen, da man ihnen ja die Kraft der Unheilabwehr zuschreibt. So kann die – schon in steinzeitlichen Fels- und Höhlenmalereien dargestellte – HAND der Abwehr dienen (im Islam: Hand der Fatima) oder des Himmels Heil vermitteln (christl. MA: Hand Gottes). Bei den Germanen wurden Nachbildungen des HAMMERS (Waffe des Donnergottes → Donar) als Amulett getragen; wenn der Hammer auch bei der Eheschließung eine Rolle spielte, dann nicht nur, um gefährliche Mächte fernzuhalten, sondern um dem jungen Paar Fruchtbarkeit im besonderen und Heil im allgemeinen zu sichern. Eines der ältesten H. ist das PENTAGRAMM, das einerseits alles Böse, Dämonische, Gefahrbringende bannen soll, von dem man andererseits Heilung und Heil erhofft (→ Arztsymbol).

In der religiösen Vorstellung gehören Heil und Leben zusammen. Die H. sind deshalb oft Symbole des → Lebens (vgl. die eherne Schlange, 4 *Mos* 21,7f.) oder der → Auferstehung; noch im 20. Jh. drücken ÄHRE und WEINREBE (die eucharistischen H.) auf Grabsteinen die Hoffnung auf das jenseitige Heil aus. Unter den Tieren sei – exemplarisch – auf den FISCH hingewiesen; in der Antike wurde auch der DELPHIN als solcher aufgefaßt (Sage von Arion). In der Inkarnation eines Fisches soll Vishnu (→ Avatara) den Stammvater des jetzigen Menschengeschlechts aus der Flut gerettet haben. Tertullian (*de baptisma*, cp. 1) nennt Christus den »Großfisch« und rät den Christen, sich dieses Zeichens auch als Schmuck zu bedienen. In dem griech. Wort für Fisch (= *Ichthys*) wurde ein Akrostichon erblickt: *Jesous*

*Christos Hyios Theou Soter* = Jesus Christus, Gottes Sohn, Erretter.
Das antike LABYRINTHmotiv wurde vom Christentum als H. aufgenommen und in Kirchen auf Fußboden, Wand oder Säule angebracht; der vor dem Rachen des Todes errettende Theseus galt als Symbolgestalt Christi. Leben, Auferstehung, Heil erblickt der Christ vor allem im KREUZ, soteriologisch als Zeichen der Heilsgegenwart, eschatologisch als Zeichen der Heilshoffnung; bekannt ist die symbolische Zusammenschau der 4 KREUZARME mit den 4 Wohltaten Christi: des Himmels Eröffnung, der Hölle Zerstörung, der Gnade Mitteilung und der Sünde Vergebung. HAKENKREUZ und RADKREUZ finden sich mit der Vorstellung von Sonne/Sonnenlauf und kosmischem Leben verbunden. In Indien sinnbildet das Hakenkreuz (Swastika) die aufgehende Sonne, den Tag, das Leben; im Buddhismus ist es Symbol für die Überwindung des ewigen Kreislaufes *(samsâra)*. Sonne, Mond und Sterne weisen auf die das Heil gewährenden Mächte des Himmels. Als Urbild des Lebensaufgangs aus dem Tode wird die SONNE zu einem weltweit verbreiteten H. (→ Sonnensymbolik); denen, die den Namen Gottes fürchten, strahlt »die Sonne des Heils« auf (*Mal* 3,20, nach anderer Zählung 4,3). Der MOND ist bei verschiedenen Völkern ein Symbol des → Heilbringers. Der weihnachtliche STERN (in Jesu Geburtsgeschichte) kündet von einem Reich des Friedens und Heils; ähnliche Assoziationen – nur auf das Diesseits übertragen – soll in kommunistischen Ländern der rote Stern auslösen. In Kriegszeiten hatten auch die → Feldzeichen die Bedeutung von H. [Lr]

J. de Vries, Altgerman. Religionsgesch., [2]1957 (zum Hammer-Symbol); H. Ladendorf, Das Labyrinth in Antike und neuerer Zeit (Archäolog. Anzeiger) 1963; E. Dinkler, Signum Crucis, 1967; H. Brandenburg, Christussymbole in frühchristl. Bodenmosaiken (Röm. Quartalschrift 64) 1969; L. Wehrhahn-Stauch, Christl. Fischsymbolik von den Anfängen bis zum hohen MA (Zs. f. Kunstgesch. 35) 1972; L. Scheffczyk, Die H. von Brot und Wein, 1973; J. Jobé (Hg.), Die Sonne. Licht u. Leben, 1975 (mit Beitrag von H. Rahner).

**Heimat.** Der im eurasischen Raum entstandene Begriff »Heimat« umfaßt die gesamte Merk- und Wirkwelt im Sinne Jac. v. Uexkülls 1. als geographischen Tatbestand einer dort in Lebenseinheit handelnden, nomadisch oder dauernd siedelnden Menschengruppe. Die den »urzeitlichen Rollenschauplatz« (Andree) beherrschenden Naturgesetze veranlassen eine Summe von Verhaltensweisen als gemeinsam Gewolltes aller Glieder einer Menschengemeinschaft (Wickberg), in Sitte und Brauch, Sprache und Kunst stets wiederkehrend ausgedrückt. 2. Die Vorgegebenheit des Naturraumes, ehedem unausweichlich, bewirkt bereits früh (got. – *haimôþli* –) tiefgehende Einsichten und entsprechende Handlungen: Die »Merkwürdigkeiten« der Umwelt wurden mythologisiert (Ortsweihe durch Zeichen, Sagen), durch Flurnamengeben (Verschreien vor Ort, beweihräuchern) in die menschliche Lebensordnung einbezogen, als Kraftquelle (*genius loci*) symbolisch geheiligt (Wallfahrtsort) oder in einem magischen Zwischenreich diabolisiert (Höllental).
H. ist bewußt(!)-Vertrautes vom »Ur-Sprung in die Natur« her,

während Unvertrautheit zwischen Mensch und Natur nicht verbindendes *symbolon,* sondern feindliches *diabolon,* geradezu »Teufelskreis« ist, das, was – Elend – (ahd. – *alilant* – in die Fremde verbannt, also heimatlos) besagt. Beheimatetsein verlangt sowohl Sicheingebettetfühlen in die Welt- und Lebensordnung der Geburtsheimat wie zugleich verantwortungsbewußtes, schöpferisches Neu-Ordnen der (zweiten) Heimat. Die objektive Gegebenheit »Heimat« ist demgemäß urwüchsiger Mutterboden aller Gemütsbewegungen einer Schicksalsgemeinschaft in Bezug auf solche Tatsachen und Merkmale. H. wird darum immer ermunternde Ursache für jegliche schöpferische Symbol-Findung, für ehrfurchtsvolle Wertschätzung der Symbol-Kraft und für treue Symbol-Überlieferung bleiben – ganz wie Gottfried Keller es seiner Erzählung *Das Fähnlein der sieben Aufrechten* unterstellt.

Unsere Epoche hat dieses gemeinmenschliche Spannungsverhältnis H. zur flachen Vernunftsbeziehung »Umwelt« neutralisiert, also entmythologisiert. Die Symbolträchtigkeit des sinnverwandten Wortes »Welt« (aus *werelt: -wer, vir-* Mann/Mensch mit Suff. *-elt, alt-,* goth. *-alan-* durch Nahrung gewachsen) ist zwar ähnlich ortsbezogen »Lebensraum« und geschichtsbezogen »(Welt-)Zeitalter«, aber in seinem alten, umfassenderen Wortsinn seit der Aufklärung weit mehr als das spannungsgeladenere Wort H. in Vergessenheit geraten. → Bäuerliche Symbolik [LM]

Grimm, DWB 4, 2 (Sp. 864); W. Wickberg: Bund u. Sitte. (Der Kronacher Bund 1927); L. Thompson: Wissenschaft u. Menschenforschung (Amer. Rdsch. 1946 II, 10, S. 59f.); J. von Uexküll: D. unsterbl. Geist i. d. Natur 1946 – S. Lehmann; Grundbegr. d. Volkskunst (Hess. Blätter f. Vkde 49/50) 1958; Ed. Spranger, D. Bildungswert d. Heimatkunde [3]1952; W. Sperling, Heimatkunde im Verhältnis z. Erdkunde (Geogr. Rdsch. 15) 1963.

**Held.** Das Wort H. gehört zu indogermanisch **kel-*»antreiben« und bezeichnete zunächst nur den Antreiber der Herde auf der Weide. Der Hirt der Urzeit mußte seine Herde gegen menschliche und tierische Räuber heldenhaft und unter Einsatz seines Lebens verteidigen. Deshalb konnte das Wort zur Bezeichnung des mutigen und seiner Aufgabe bewußten Kämpfers werden, während für den sozial sinkenden Berufsstand ein neues Wort **herdjas* »der zur Herde gehörige« = Hirte gebildet wurde. Aus dem Aufgabenbereich der Urzeit erwuchs dem H.en der verallgemeinernde Symbolwert eines Kämpfers für die Ordnung gegen die Mächte des Chaos jeder Art, die sich in Drachen, → Riesen, → Dämonen verkörpern konnten oder einfach in Angreifern, die das eigne Land verwüsten und die Existenz und Kultur bedrohen. Der H. wird zum Heros, zum Schützer des Landes und der Kultur schlechthin. Die Drachenkämpfermythen der Welt und alle Sagen mit Kampf gegen Drachen, Riesen, Dämonen bezeugen die Symbolik des H.en, mag er mythisch gesteigert als Gott der Ordnung den pythischen Drachen erlegen (Apollo) und als Donnergott Thor die Mithgardschlange und Riesen bekämpfen oder als Heldenkönig Dietrich von Bern Riesen und Zwerge besiegen.

Es lag nahe zu fragen, woher dem H.en solche Kräfte zur Selbstaufgabe seiner Person und zum Vorkampf für Kultur und Ordnung erwachsen. Eine Antwort darauf nennt erbbiologisch heldenmütige Ahnen oder mythisch gesteigert einen göttlichen Stammvater. Die Griechen unterschieden *anēr*, den Mann schlechthin mit allen Mannestugenden, den *hērōs*, der kraft göttlicher Abstammung der geborene Schützer der Menschen war und als solcher Kultur und Ordnung dem drohenden Chaos entgegensetzte. Neben solche erbbiologische Begründung des Helden tritt die mythisch-tiefenpsychologische. Der H. macht eine Jenseitsreise und kehrt als Begnadeter zurück. Das, was jeder Initationsbrauch will: daß das Kind nach Mannbarkeitsproben in der das Jenseits symbolisierenden Wildnis ritisch stirbt und als Mann wiederaufersteht, diese Wiedergeburt erfährt auch der auserwählte H. auf höherer Ebene. Der Heros überwindet Tod und Teufel und kehrt aus dem Land ohne Wiederkehr zurück mit der schöpferischen Kraft, seinen Mitmenschen Segen zu bringen. Das → Jenseits kann als Totenland erscheinen, als Land einer besonderen Quelle, aber auch als das Reich einer Jenseitsgöttin, der der H. durch List oder in magischer Flucht sich entzieht. So zeigt Heldenleben, welcher Anstrengungen es bedarf, um bleibende Leistungen für die Gemeinschaftskultur zu erringen und die Kräfte des Chaos und der Unordnung wie auch egoistisches Fürsichseinwollen zurückzudrängen. Alles in allem wird der H., in welcher Form auch immer, Symbolgestalt erkämpfbarer Ordnung und Erfüller der Sehnsucht nach Einheit aller unter dem Fluch der Zerstreuung und natürlich-animalischer Schwere Leidenden. [Ro]

J. Campbell, Der Heros in 1000 Gestalten, 1953; D. Norman, The Hero. Myth, image, symbol., New York 1969; H. Rosenfeld, Heldenballade (Hdb. des Volksliedes 1) 1973; Kl. See (Hg.), Europ. H.endichtung, 1978.

**Helios,** griechischer Sonnengott, fährt täglich in einem von 4 feuerschnaubenden Flügelrossen gezogenen Wagen über den Himmel und kehrt des Nachts in einem goldenen BECHER (Gefäß der Wiedergeburt, der Verjüngung?) zum Lande des Sonnenaufgangs zurück. Die Mondgöttin kann als Gemahlin, Schwester oder Tochter erscheinen. Die Sage erzählt von der Unglücksfahrt des Sonnensohnes Phaeton, der mit dem ihm auf Drängen der Mutter für einen Tag überlassenen Sonnenwagen Himmel und Erde gefährdete, bis Zeus ihn mit dem Blitz erschlug und in den Eridanos stürzte, an dessen Ufer die trauernden Schwestern, die Heliaden, zu PAPPELN wurden und ihre Tränen zu BERNSTEIN erstarrten. In Phaeton wollte man schon den MORGENSTERN erkennen, der in den Strahlen der aufgehenden Sonne verschwindet (Wilamowitz-Moellendorff).

In der Kunst wurde H. oft als Wagenlenker mit STRAHLENKRANZ (Sinnbild der Sonne) auf einem vierspännigen Wagen dargestellt. In Verbindung mit anderen → Sonnengottheiten wurde H. als *sol invictus* zum fast monotheistischen Hauptgott im röm. Weltreich, seine Geburt am 25. Dez. als *solis natalis* gefeiert. Das Frühchristentum wandte das Bild des göttlichen WAGENLENKERS – nunmehr mit Nimbus (so in der Katakombe der Hl. Petrus und Marcellinus, 1. H., 4. Jh.) – durchweg auf Christus an, den wahren Sonnengott; bei Zeno von Verona

(*Tractatus* 8, 2) sind die vier PFERDE in die vier Evangelien umgewandelt. [Lr]

P. Sarasin, H. u. Keraunos oder Gott u. Geist, 1924; K. Kerényi, Vater H. (Eranos-Jb. 10) 1943; U. v. Wilamowitz-Moellendorff, Der Glaube der Hellenen, 1955; K. Schauenburg, H., Archäolog.-mytholog. Studien über den antiken Sonnengott, 1955.

**Henge-Denkmäler.** Bezeichnung für im Prinzip kreisförmige Setzungen von großen Steinen, ersatzweise oft aber auch Holzstämmen, vielleicht dazuzurechnen bestimmte Formen von Erdwerken. Auch die einfacheren Arten (z.B. kreisförmige Setzung von → Menhiren) dürften als Kult- und Versammlungsplätze zu interpretieren sein, kompliziertere und mehrphasige Bauwerke wie das berühmte Stonehenge (Wiltshire), das nach der geographischen Breitenlage die nördlichsten und südlichsten Auf- und Untergänge von Sonne und Mond zur Zeit der Sonnenwenden zu markieren scheint, werden aber wohl darüber hinausgehen: In Stonehenge besteht wahrscheinlich ein Zusammenhang mit Gestirnsymbolik, mit Sonnenwenden und bestimmten Mondaufgängen, doch ist die Anlage (schon wegen der Ungenauigkeiten der Setzungen und des Plans) kaum als eine Art »Observatorium« anzusehen. [KJN]

R. J. C. Atkinson, Stonehenge and Avebury, 1959; vgl. auch Angaben zu »Menhir«.

**Henkelkreuz** → Anchzeichen

**Henne** → Huhn

**Herakles** (lat. Hercules), Sohn des → Zeus und der sterblichen Alkmene. Die wegen des Göttervaters außerehelicher Beziehungen erzürnte Hera schickt zwei SCHLANGEN, die den acht Monate alten H. töten sollen, doch dieser packt die Untiere und erwürgt sie. Julius Schwabe erblickt in den beiden Schlangen die Urkräfte der Schöpfung in Verbindung mit den 12 Feldern des Tierkreises und in dem Lebenslauf des Heros ein »Gleichnis der Sonne«. Die 12 Arbeiten (*dodekathlos*) im Dienste des Königs Eurystheus hat man verschiedentlich als Durchquerung der Zodiakalzeichen gedeutet. Eine Beziehung zur SONNE glaubte man schon im Altertum zu erkennen, wofür auch die Gleichsetzung des H. mit verschiedenen Sonnengöttern spricht, so mit Melkart von Tyrus, der nach Herodot in zwei Säulen verehrt wurde. Zwei Bäume oder SÄULEN waren im Alten Orient (auch Ägypten) Symbol des Sonnenauf- (bzw. -unter) ganges; vielleicht stehen auch die »Säulen des Herakles« im äußersten Westen (Straße von Gibraltar) in einem gedanklichen Zusammenhang. Andererseits kennt das Altertum auch die rationalistische Mythendeutung; so erblickte Palaiphatos (4. Jh. v. Chr.) in der von H. bezwungenen HYDRA nichts anderes als ein mit 50 Hopliten besetztes Kastell dieses Namens; fiel einer von ihnen, so traten zwei andere in die Lücke.

Vor allem erblickte man in H. den Überwinder des Todes. Schon auf römischen Sarkophagen der Kaiserzeit sinnbildet der Sieg über den Höllenhund Kerberos die Jenseitshoffnung. Die Kirchenväter verglichen H., der den Nemeischen Löwen erwürgte, mit dem alttestamentlichen → Simson. Die über den Mythos hinaus idealisierte Gestalt des H. wurde bei Pindar zur Symbolfigur der Tüchtigkeit und Tugendhaftigkeit (*arete*). Der Sophist Prodikos formulierte die bekannte Parabel von H. am Scheidewege: der junge Held meidet den bequemen, verlockenden WEG des Lasters und wählt den mühevollen Pfad der Tugend, der ihn zur Unsterblichkeit führt. In der römischen Kaiserzeit wurde Hercules zum Inbegriff der Tugend, weshalb sich römische Herrscher (so Commodus) mit ihm identifizierten. Im Humanismus wurden die Abenteuer des H. als Taten des Geistes interpretiert; in der neueren Literatur wurde er zum Inbegriff des Übermenschen, so in Schillers Gedicht *Das Ideal und das Leben*. [Lr]

E. Panofsky, H. am Scheidewege u. andere antike Bildstoffe in d. neueren Kunst, 1930; J. Schwabe, Archetyp u. Tierkreis 1951; F. Brommer, H. Die 12 Taten des Helden in antiker Kunst u. Literatur, 1953; M. Simon, Hercule et le Christianisme, Strasbourg 1955; M.-R. Jung, Hercule dans la littérature française du XVIe siècle, Genève 1966; A. J. Pfiffig, H. i. d. Bilderwelt der etrusk. Spiegel, 1980.

**Heraklit** von Ephesos (um 550–480) übergab seine Weisheitssprüche dem Artemis-Tempel. Sein Denken bedient sich antithetischer Formen und symbolischer Bilder. Die Ganzheitssymbole ›Logos‹, ›Feuer‹, ›Krieg‹ und ›Fluß‹ und die Differenzierungssymbole haben bis in die Moderne gewirkt. *Lógos* ist für H. Universalsymbol für den einheitlichen Sinn der Welt: ihre schöpferische Gegensätzlichkeit. Der Logos ist nicht persönlicher Schöpfergott, sondern lenkende »vernünftige« Kraft (*nóos*), die in allem Seienden, auch in der Einzelseele und in der Polis, wirkt und dafür sorgt, daß die Welt im Wechsel der Erscheinungen erhalten bleibt. Die Regulation faßt H. konkreter als Symbol des FEUERS, das als lebendige Grundsubstanz im endlosen Austauschprozeß (B 90) in allem Seienden in die Zustände ›Wasser‹ und ›Erde‹ umschlägt (B 31, 76) und es wieder ins Feurige auflöst. Der Logos ist als ›vernünftiges Feuer‹ (B 64a) wie der Kosmos unentstanden und ewig. Im ›Kampf‹ (*pólemos*) oder ›Streit‹ (*éris*) der Gegensätze erhält sich die Natur (B 80). Auch das momentane Gleichgewicht der Gegenkräfte (Harmonie) ist ein sich auflösendes Spannungsverhältnis (BOGEN und LEIER,, B 51). Das Symbol des FLUSSES verdeutlicht die Konstanz des Wechsels (B 12, 49a). H. liebt dreistufige Antithesenpaare: Der Mensch ist dem Affen gegenüber ein Gott, Gott gegenüber ein Affe (B 82, 83). Der AFFE ist hier Symbol der Unvollkommenheit menschlicher Weisheit. Andere Differenzierungssymbole: ESEL (B 9), KNABE (B 79), SKLAVE (B 53). [Di]

(B = Fragmente der Vorsokratiker Diel's/Kranz)

B. Snell, Die Sprache H.s (Hermes) 1926; E. Roussos, Bibliogr. 1971; E. Kurtz, Interpretationen zu den Logos-Fragmenten H.s, 1971.

**Heraldik** → Wappen

**Herd**, vielen Völkern, besonders den alten Indogermanen, Mittelpunkt des Hauses, Asyl für Schutzsuchende, Symbol der menschlichen Gemeinschaft und der Geborgenheit. Das hl. H.feuer galt als Garant für die Lebenskraft der Familie. Die Griechen hatten eine eigene Göttin des H.es und des H.feuers: Hestia, ebenso die Römer: die mit dem Staatskult verbundene → Vesta. Auf einen

Zusammenhang zwischen H.verehrung und Ahnenkult deutet (nach Jan de Vries) das Löschen des H.feuers beim Tode des Hausherrn in german. Familien, vielleicht auch die Bedeutung des H.es im keltischen Totenkult. Das durch Unachtsamkeit verursachte Verlöschen des H.feuers galt als schlechtes Zeichen. Die Balten sprachen bis in die Neuzeit hinein vom hl. Feuer des H.es. [*]

**Herder, Joh. Gottfr.** → Literaturwissenschaft

**Hermelin** → Wiesel

**Hermeneutik,** *biblische* (griech. *hermeneúein*, ›auslegen‹, ›erklären‹) liefert die Regeln für die Interpretation (= Exegese) der Hl. Schrift. Einteilung: Noematik, Heuristik, Prophoristik, den Sinn der Schrift feststellen, erforschen und darbieten. Man unterscheidet Wortsinn (*sensus literalis* oder *verbalis,* oder *historicus*) und Sachsinn (*sensus realis, typicus, allegoricus, spiritualis, mysticus*). Der Sachsinn wird mittelbar durch den Gegenstand des Wortsinns dargestellt. Während → symbolische Handlungen ganz ausschließlich auf etwas anderes weisen, haben die Typen (Vorbilder *Röm* 15, 14; 1 *Kor* 10, 61; vgl. *Gal* 4, 24; *Hebr* 8, 5; 9, 9) ihren eigenen Zweck, weisen aber zugleich auf Zukünftiges, den Antitypus (1 *Petr* 3, 20f.) aus, → Adam auf Christus, die SINTFLUT auf die Taufe.

Während sich die typologische Auslegung auf göttliche Offenbarung in der Schrift beruft, geht die allegorische willkürlich vor (jedoch → Philon), sucht hinter dem buchstäblichen einen tieferen Sinn, oft weil der Literalsinn ohne Sinn scheint (da Jerusalem nicht an einem Fluß liegt, muß dieser *Ps* 46, 5 etwas anderes bedeuten; ebenso der Berg in der Versuchungsgeschichte, von dem aus man die ganze Welt überblicken kann). Die allegorische Interpretation geht nicht von einem Ereignis, einer Person aus, sondern von einem Wort, das sie auf Grund einer → Analogie, oder durch etymologische Deutung auf etwas anderes bezieht. Rabbinische Technik sucht sogar durch Gematrie (Verbalhornung aus Geometrie) Wörter als gleichbedeutend auszutauschen, deren Buchstaben als Zahlen gelesen die gleiche Summe ergeben oder die Buchstaben eines Wortes als Anfangsbuchstaben von Wörtern zu verstehen, die damit abgekürzt bezeichnet werden, d.h. Notarikon. Mit *sensus consequens* meint man durch logische Schlußfolgerung aus dem Wortsinn gewonnene Einsichten, ein *sensus accomodatus* entsteht durch Beziehung eines Schrifttextes auf etwas vom Autor nicht ins Auge gefaßte (*Ps* 118, 24: »das ist der Tag, den der Herr gemacht hat« auf irgend einen Festtag »angewendet«).

Der mal. Merkvers: *Littera gesta docet, quid credas allegoria / Moralis quid agas, quo tendas anagogia* = »Der Buchstabe lehrt, was geschehen ist, Allegorie, was man glauben, die Moral, was man tun, die Anagogie (wörtlich das *Hochheben, Emporführen*) wonach man streben soll«, zielt auf die wesentlichen Dimensionen des Mysteriums der Schrift: »das Mysterium Christi, vorgezeichnet oder gegenwärtiggesetzt durch die Tatsachen, verinnert in der einzelnen Seele, vollendet in der Glorie.«

(Lubac S. 22). Beispiel: Die GOTTESSTADT ist 1) das historische Jerusalem, 2) die Kirche, 3) die christliche Seele, 4) das himmlische Jerusalem, die ewige Glückseligkeit. Heuristik nennt man die grammatisch-historische Auslegung, über die die modernen literarischen und linguistischen Methoden weit hinausführen. Ob solche Methodik allein schon zum Verstehen führt, ist das hermeneutische Problem, das heute ganz neu aufgegriffen wird. Die *Prophoristik* erörtert die Darstellung des gefundenen Schriftsinnes in Übersetzung, Paraphrase (umschreibende Übersetzung), Glosse, Scholion (Anmerkungen), Kommentar, Katene (Kette = Zusammensetzung von Auszügen aus verschiedenen Schrifterklärern), Homilie (lat. Tractatus, Schriftpredigt). → Allegorese [JBB]

F. Torm, H. d. NT 1930; F. Hilber, Bibl. H. [4]1932; J. Schildenberger, Vom Geheimnis d. Gotteswortes 1950; H. de Lubac, D. geistige Sinn d. Schrift 1952; ders. Exégese médiévale, 4 Bde., Paris 1959/64; G. Ebeling, H. (RGG 3) 1959; E. Fuchs, H. 1963; R. Bultmann, Glauben u. Verstehen, 4 Bde., [5]1964/1965; R. Marlé, D. theol. Problem d. H. 1965; K. Frör, Bibl. H. [3]1967; F. Mußner, Gesch. d. H. von Schleiermacher bis zur Gegenwart, 1970; J. Schreiner, Einführung in d. Methoden d. bibl. Exegese 1971.

**Hermes** → Merkur

**Hermes Trismegistos** Agathodaimon, der dreimalgrößte Hermes, der gute Daimon, spielt in frühen Texten der → Alchemie eine große Rolle. Ihm wurden im Sinne des Bestrebens, die Basisschriften als altehrwürdig zu kennzeichnen (→ Magie), Traktate über Medizin, Geheimwissenschaft, Metallschneidekunst usw. zugeschrieben, die vorwiegend aus der Zeit zwischen 50 v. und 150 n. Chr. stammen. Der Name H. ist wohl eine *interpretatio graeca* des altägyptischen Thoth (Thot, eigentl. Tehuti oder Dehuti), der mit dem Schreibgerät in der Hand nicht nur Herr des Mondes und Personifikation des höheren Priesterwissens (»Rechner der Jahre«) war, sondern auch ähnlich wie Hermes Psychopompos als Helfer der Toten galt. Die dem H. T. zugeschriebene Sammlung synkretistisch-esoterischer Schriften des *Corpus Hermeticum* mit seiner vorwiegend dem → Neuplatonismus entnommenen Symbolik wird nach dem Titel des ersten Traktats meist als *Poimandrés* bezeichnet. Zu ihnen kommen noch weitere nicht im Corpus enthaltene pseudohermetische Schriften, die aus dem MA stammen. Als »Testament des H. T.« wird die legendäre *Tabula smaragdina* bezeichnet, ein besonders in der Alchemie hochgeschätzter Text über »die Kraft der Kräfte, die alles Feine überwindet und in alles Grobe eindringt«. Noch nicht befriedigend untersucht ist die Frage, was an den als »pseudoägyptisch« aufgefaßten Doktrinen u. U. tatsächlich mittelbar auf ägypt. Kosmologie zurückgeht. [Bi]

R. Reitzenstein, Poimandres, 1904; J. Kroll, Die Lehren des H. T., 1914; W. Scott & A. S. Ferguson (ed.), Hermetica, 1924–26; J. F. Ruska, Tabula Smaragdina, [2]1926; A. J. Festugière, La révélation du H. T., 1945–54; H. Idris Bell, Cults and Creeds of Graeco-Roman Egypt, 1957.

**Herrin der Tiere** (griech. *potnia theron*). In Kleinasien und später in Kreta dürfte der Kult der Göttin der wilden Tiere zu suchen sein, die von ihr geschützt und gezähmt werden. Aus ihrem Beinamen *meter oreia* geht hervor, daß sie in

Bergen oder Hügeln wohnte. Dann verliert sich ihre Spur und sie taucht, wohl gemischt mit anderen ursprünglich nichtgriechischen Göttinnen, darunter der Kybele, in der griechischen Mythologie in den verschiedenen Artemis-Variationen wieder auf. So weist z.B. die Artemis Tauropolos (die für die Stiere sorgt) auf die ursprüngliche Potnia Theron, aber auch die spartanische Artemis Orthia im 8. Jh. v. Chr., GEFLÜGELT (d.h. himmlischen und nicht chthonischen Ursprungs) und je eine Hand um den Hals eines Vogels gelegt. Ihre verschiedenartigen Ursprünge führten in der vereinigten Artemis-Figur zu anscheinend unlösbaren Widersprüchen: sie war *Despoina* (Jungfrau), *Soteira* (Erlöserin) und zugleich Geburtshelferin und als ephesische Artemis *polymastos* (VIELBRÜSTIG) als Symbol ihrer Allmutterschaft. Als eine, vielleicht sogar höchste matriarchalische Göttin wurden ihr wohl Männer geopfert – Spuren davon in der Legende von Aktaion, der von ihren Hunden zerrissen und von ihrem Pfeil getötet wird, ebenso in dem von Euripides überlieferten Brauch, daß im Artemis-Heiligtum in Brauron aus einer Schwertwunde eines Mannes Blut tropfen mußte als Symbol für seine Opferung. [Kly]

A. W. Persson, The religion of Greece in prehistoric times, Berkeley 1942; E. Neumann, The Great Mother, New York 1955; E. O. James, The Cult of the Mother Goddess, London 1959; H. J. Rose/C. M. Robertson, Artemis (Oxford Classical Dictionary) Oxford ²1970; H. Walter, Griech. Götter, 1971.

**Herrscher, altägyptisch.** Sein sakraler Charakter ist durch zwei Dogmen bestimmt: 1. das »Inkorporationsdogma«, nach dem jeder König als Verkörperung des Gottes → Horus gilt und 2. das »Sohnschaftsdogma«, das den H. zum Sohn des Sonnengottes → Re erklärt. Die Idee, daß sich im regierenden KÖNIG der (ursprünglich höchste) Gott Horus verkörpert, geht in frühgeschichtliche Zeit zurück und lebt im Horus- und Goldhorusnamen der Königsliteratur sowie in der Bezeichnung als »präsenter Gott« (nṯr nfr) bis zum Ende der pharaonischen Geschichte fort. Da sie dem H. auch in der Götterwelt eine Vorrangstellung zuspricht, sieht man gerne in der Entwicklung der PYRAMIDE ihren symbolischen Ausdruck, die in der 4. Dynastie (um 2600) kulminiert. Wenig später nennen sich die H. »Sohn des Re« und verbinden mit diesem Titel einen im »Königsring« (»Kartusche«) geschriebenen Namen.

Seit der Mitte des 2. Jt. wird der H. auch oft als Bild, als lebendes Bild Gottes bezeichnet und so in eine Symbol-Relation zu der in ihm vergegenwärtigten Gottheit gerückt. Man spricht von ihm als einem Statthalter, vom Gott auf Erden eingesetzt, »um den Menschen Recht zu sprechen und die Götter mit Opfern zufriedenzustellen« (Assmann 1970).

Die Rolle des H.s ist ebenso kosmisch wie politisch bestimmt: er verkörpert und garantiert die Einheit des Landes und die kosmische Harmonie, den Lauf der Sonne und die Nilüberschwemmung. Überwiegend wurde der König nicht selbst als Gott, sondern als Träger götttlicher Kräfte gedacht, die ihm durch Rituale übereignet und bekräftigt werden (Barta) und die in den KRONEN – ihrerseits als Gottheiten verehrt – verkörpert sind. [JA]

H. Frankfort, Kingship and the Gods, 1948;

H. Goedicke, Die Stellung des Königs im Alten Reich (Ägyptol. Abh. 2) 1960; G. Posener, De la divinité du pharaon, 1960; H. Brunner, Die Geburt des Gottkönigs (Ägyptol Abh. 10) 1964; E. Blumenthal, Untersuchungen zum äg. Königtum des Mittl. Reiches (Abh. d. sächs. Ak. d. Wiss. Leipzig 61. 1) 1970; W. Barta, Untersuchungen zur Göttlichkeit des regierenden Königs (Münchner Äg. Studien 32), 1975; J. Assmann, Der König als Sonnenpriester (Abh. d. dt. Archäolog. Inst. Kairo 7) 1970; ders. (Das Vaterbild in Mythos und Geschichte, hg. H. Tellenbach, 29ff.) 1976.

**Herrscher, altorientalisch.** Darstellungen vom Anfang des 3. Jt. v. Chr. zeigen den En von Uruk mit einer im Nacken gebauschten Frisur, DIADEM und Vollbart im knöchellangen (Netz-)Rock. Die Stadtfürsten der frühdynastischen Zeit, z.B. die Ensis von Lagasch werden nur größer als ihre Untertanen abgebildet. Sie sind wie diese kahlköpfig und tragen den Zottenrock. Daneben findet sich auch eine kunstvolle von einem Diadem gehaltene Frisur mit Nackenknoten, die bis in die Zeit der Akkad-Könige weiterlebt. Auf einer Stele folgt Sargon von Akkad ein Diener mit SONNENSCHIRM, diesem Hoheitssymbol begegnet man erst bei neuassyrischen und altpersischen H. wieder. Neusumerische und altbabylonische Stadtfürsten und Könige tragen die Breitrandkappe. Der neuassyrische König ist kenntlich an dem hohen zylindrischen Hut mit dem kegelförmigen Aufsatz und oft an der szepterartigen KEULE in seiner Hand. Zum hethitischen König gehören der gewickelte Mantel, die knapp anliegende Mütze und der Kalamusch genannte lange, unten eingerollte STAB (auch heth. Göttersymbol).

Keilschrifttexte erwähnen eine Reihe von Gegenständen im Zusammenhang mit dem H. Eigentliche Insignien waren davon wohl nur Thron, Krone und Szepter. Oft verleihen die Götter den H. (Hirten-)Stab und NASENSTRICK. Mit dem daraus entwickelten Ring und Stab werden in der Bildkunst aber fast ausschließlich Götter dargestellt. – Für die Probleme um Einsetzung, Selbstverständnis und Vergöttlichung der H. muß auf die Literatur verwiesen werden. → Göttersymbole, Hethiter, Hieros gamos [JB]

D. O. Edzard/G. Szabó/E. Strommenger/W. Nagel, H. (Reallex. d. Assyriol. 4) 1972–75; J. Krecher, Insignien; J. Renger, Inthronisation; R. Caplice/W. Heimpel, Investitur (ebd. 5) 1976; Å. Sjöberg, Die göttl. Abstammung d. sumer.-babylon. H. (Orientalia Suecana 21) 1972; Le palais et la royauté (XIXe Rene. Assyriol. Intern., ed. par P. Garelli, 1974)

**Herrscher, chinesisch.** Das Verhältnis der Herrschenden zum Volk wurde von alters her als das zwischen OBEN und UNTEN oder zwischen dem hohen, aktiven YANG-Element und dem niedrigen, passiven YIN-Element gesehen. Die rituelle Haltung des Herrschenden war deshalb die dem SÜDEN, dem Ort des Yang, zugewandte. Seit den Chou (ca. 1050–256 v. Chr.), die den Himmel als höchste Gottheit verehrten, galt der Zentralherrscher als Sohn des Himmels, der im Auftrag des Himmels die Ordnung auf Erden aufrechtzuerhalten hatte. Dazu war weniger planendes Regieren als Ausstrahlung einer *Te* (»Tugend«) genannten Geisteskraft erfordert, die Harmonie zwischen den Menschen und sogar in der Natur bewirkte. Das Symbol dieses Regierungsstils war der NORDSTERN, der einfach dadurch, daß er seine Stellung in der Mitte

einhält, bewirkt, daß sich alle Sterne um ihn drehen.
Eine Hauptpflicht des Kaisers betraf die Riten, die das Verhältnis der Menschen zueinander und zu den überirdischen Mächten regelten. Dem Kaiser selbst oblagen Zeremonien wie das Opfer an den Himmel und die kaiserlichen Ahnen; dafür, daß sich die Untertanen dem Gang der Jahreszeiten und der Gestirne harmonisch anpassen konnten, sorgte er durch die Veröffentlichung des jährlichen Kalenders. Eine direkte Einflußnahme auf den Kosmos versuchten einige Kaiser seit dem 2. Jh. v. Chr. Sie bauten ein *Ming-t'ang* oder »HAUS des Lichtes« als Abbildung des Kosmos und seiner Phänomene, mit einem Bau mit viereckigem Grundriß und rundem Dach, die Erde und den Himmel darstellend, in der Mitte. Dadurch, daß sich der Himmelssohn in dem der Jahreszeit entsprechenden Raum aufhielt, bewirkte er den geordneten Gang des Kosmos und der irdischen Dinge.
Mindestens seit der späten Chou-Zeit wurde die Stellung des Herrschers im Universum durch einen Satz von zwölf festen Symbolen versinnbildlicht, die ursprünglich nur der Kaiser auf seinen Opfergewändern trug. Eines dieser Embleme, der DRACHE, wurde seit der Sung-Zeit das bevorzugte Symbol des Himmelssohns. [Bu]

S. die Literatur unter »Altchina«; dazu O. Franke, Geschichte des chines. Reiches, Berlin, 1930ff.

**Herrschersymbole** (lat. *signa, insignia,* danach die Insignien). H. sind Zeichen der → Macht des → Herrsches über die von ihm Abhängigen. Sie entsprechen – besonders nach Entstehung der Nationalstaaten – nicht nur dem Verlangen der Herrschenden, ihre Macht und Würde zur Schau zu stellen, sondern auch dem des Volkes, sich mit seiner Geschichte und Kultur identifizieren zu können. So hat 1978 das kommunistische, antimonarchische Ungarn die Rückgabe der (1945 von den Amerikanern in Verwahrung genommenen) Stephanskrone als nationales Ereignis und als symbolische Anerkennung seiner tausendjährigen Geschichte empfunden. Seit alter Zeit sind die wichtigsten H. der Thronsitz, dem Kopf zugeordnete Symbole, in Händen gehaltene Insignien und Gewänder.
Das Sitzen ist die eigentliche Haltung der Gottheit und ihres irdischen Repräsentanten, so bereits auf hethitischen und persischen Reliefwänden. STUHL und THRON sind Symbol der Herrscherwürde. Der von Salomo aus Elfenbein errichtete und mit Gold überzogene Thron (1 *Kön* 10, 18) gehörte eigentlich Jahwe. Die Aschanti (Westafrika) schreiben dem goldenen Königsstuhl außerordentliche Kräfte zu; im römischen Cäsarenkult wurden dem mit Krone und Zepter geschmückten Thron göttliche Ehren erwiesen (man vgl. die → Hetoimasia). Der Apostolische Stuhl (*Sedes Apostolica*) bezeichnet geradezu das Papstamt oder auch den Papst persönlich. Der Besitz von Thron oder Krone wurde zu einem sprachlichen Bild der Herrschaft; auch in Republiken kann der vorgesehene Nachfolger (z.B. in der Parteiführung) als Thronfolger oder Kronprinz bezeichnet werden.
Im alten Orient war die HÖRNER-

KRONE das Insignum zunächst göttlicher, dann auch königlicher Macht; Alexander d. Gr. und Seleukos ließen ihr Bild mit gehörnter Stirne auf Münzen prägen. Bei den Indianern diente ein Kopfputz aus Vogelfedern als Zeichen für Rang und Würde, bei den afrikanischen baLuba ist es eine auf dem Haupt zu tragende MUSCHEL. Die Ägypter erblickten in der KRONE das Auge des Sonnengottes oder auch die den Pharao beschützende Flamme. In der Antike ist der KRANZ (griech. stephanos, lat. corona), Symbol des Wachsens und des Lebens, in Verbindung mit dem DIADEM (Stirnreif) zur Herrscherkrone geworden. Die in der abendländischen Geschichte ursprünglich nur Königen vorbehaltene Blätterkrone wurde durch Überspannung mit einem oder mehreren BÜGELN (Zeichen der Souveränität) zur Kaiserkrone. Die Krone war seit dem MA nicht nur an den Monarchen gebundenes H., sondern repräsentierte darüberhinaus die Idee des Königoder Kaisertums. Als Souveränitätssymbol findet sich die Krone sogar in nichtmonarchischen Staaten, z.B. im Wappen der ältesten Republik Europas: San Marino. – Der (von Dienern) über dem Haupt getragene oder gehaltene SCHIRM dient im ganzen Orient nicht nur als Sonnenschutz, sondern auch als Zeichen von Ansehen und Macht; in diesem Sinne neuerdings auch in Ghana unter Präsident Nkrumah. Schirm und Krone sind wie auch andere H. häufig auf → Münzen dargestellt.

Zu den Insignien afrikanischer Völker gehören u.a. FEUERHÖLZER, mit denen das Feuer für die Zubereitung der Speisen des Herrschers entfacht wird (bei den baLuba), und TROMMELN, von der (in Ostafrika) die Stammesherrscher ihre Autorität ableiten; in Ruanda fungierte der König geradezu als »Diener« der Staatstrommel. In älteste Zeit zurück reicht der STAB als Zeichen der Machtausübung; im alten Ägypten zunächst Hirtenstab, in der Form des Krummstabes (*heka*) hatte er als Schriftzeichen die Bedeutung von »herrschen«. An antiken und byzentinsichen ZEPTERN (griech. *skeptron* = Stab) bedeutet der KNOTEN die Weltkugel (*sphaira*). Letztere wurde verselbständigt zur Insignie des REICHSAPFELS, bekrönt von einem Kreuz als Sinnbild christlicher Weltherrschaft. Die FAHNE, ursprünglich → Feldzeichen, wurde später zum H. der Könige, die sie als Belehnungssymbol verwendeten.

Den Herrschern waren oft bestimmte Farben vorbehalten: ROT in Afrika, GELB in China, PURPUR bei römischen Cäsaren und christlichen Monarchen. Als Weltenherrscher empfing der abendländische Kaiser bei der sakramentalen Kaiserweihe den »HIMMELSMANTEL« mit Sonne, Mond und Sternen (so bei Kaiser Heinrich II., Domschatz zu Bamberg). [Lr]

H. Danthine, L'imagerie des thrônes viedes et des thrônes porteurs des symboles dans le proche Orient ancien (Melanges Dussaud, 2), Paris 1939; Fr. Focke, Szepter u. Krummstab (Festgabe f. Alois Fuchs) 1950; P. E. Schramm. H. u. Staatssymbolik, I–III, 1954–1956; H. Fillitz, Insignien u. Kleinodien des hl. röm. Reiches, 1954; U. Instinsky, Herrscherstuhl u. Kaiserthron, 1955; J. Déer, Byzanz u. die Herrschersymbole des Abendlandes (Byzantin. Zs. 50) 1957; M. Hellmann (Hg.), Corona Regni. Studien über die Krone als Symbol des Staates im späteren MA, 1961; H. Göhring, baLuba. Studien zur Selbstordnung und Herrschaftsstruktur der baLuba, 1970; Fr. Battenberg, Das Hofgerichtssiegel der dt. Kaiser u. Könige 1235–1451, 1979.

**Herz,** gilt seit alters als Sitz der Seele, des Gefühls, des Mutes (schon bei Homer), des Bewußtseins (im Buddhismus) und der Vernunft. Bei den alten Ägyptern bedeutet »herzlos« soviel wie »verstandesarm«. Das wahre Wesen des Menschen liegt nicht in seinem Äußeren, deshalb schaut Gott auf das H. (1 *Sam* 16,7). Schon im altmesopotamischen Mythos kehrt »Furcht vor dem Tode in das Herz« ein und läßt Gilgamesch nach dem Kraut der Unsterblichkeit suchen. Ohne dieses zentrale Organ war den Ägyptern ein Weiterleben nicht denkbar; während bei der Einbalsamierung alle inneren Organe entfernt wurden, blieb das H. an seinem Platz. Auch bei der Wiedergeburt des → Dionysos spielt das H. eine entscheidende Rolle. Nach der von Aristoteles ausgehenden Naturphilosophie steht das H. – in Zusammenschau mit Phallus und Uterus – am Anfang des Lebens und ist Ausgangsort des Blutes wie auch des Samens. Die Mutter »trägt das Kind unter dem Herzen«.

Das H. ist – symbolisch – die Mitte des Menschen und der Welt. Griech. *kardia* (Herz) und lat. *cor* (Herz) und *cardo* (Angelpunkt, Weltachse, Hauptachse) sind wurzelverwandt. Nach ägyptischer Überlieferung hat der Urgott Ptah das Weltall mit seinem H.en erdacht und ihm durch sein Schöpfungswort Gestalt verliehen. In chinesischen Schriften findet sich der Gedanke, daß der Herrscher das H. seines Landes ist. Zeus wird alle Wesen »aus seinem hl. Herzen wieder ins freudenreiche Licht emporbringen« (orphischer Hymnus). Das H. ist der Knoten, durch den Mensch und Gott miteinander verbunden werden. In seinem Innersten kann der Mensch mit Brahman, dem göttlich Absoluten, Kontakt aufnehmen (indischer Glaube). Für Augustinus ist dieser Körperteil das Gefäß der göttlichen Liebe, Zentrum der religiösen Persönlichkeit. Weil das H. Ausgangspunkt allen menschlichen Tuns ist, deshalb will Gott seine Gesetze in die H.en einschreiben (*Hebr* 8,10). Wer gefühllos ist, sich von Gott abwendet, hat ein H. aus Stein (vgl. *Ez* 36,26). Als besondere Form der Christusfrömmigkeit ist unter Einwirkung deutscher Mystiker das Herz-Jesu-Bild entstanden. Seit dem MA ist das H. immer mehr zum Symbol der Liebe geworden, im religiösen wie im profanen Sinne. Attribut zahlreicher Heiliger: Katharina von Siena (H. mit Kreuz), Franz Xaver (H. mit Lilie), Theresia von Avila (von Pfeil durchbohrt), Augustinus und Antonius von Padua (flammendes H.). [Lr]

J. Behm, Kardia (Theolog. Wb. z. NT, 3) 1938; A. Hermann, Das steinharte H. Zur Gesch. einer Metapher (JAC 4/1961); H. Brunner, Das H. im ägypt. Glauben (Das Herz I) 1965; A. Walzer, Das H. im christl. Glauben (Das Herz I) 1965; A. Maxsein, Philosophia cordis, 1966; H. Schrade, Das H. in Kunst u. Gesch. (Das Herz II) 1966; K.-A. Wirth, Relig. H.emblematik (Das Herz II) 1966; Fr. Vonessen, Das H. in der Naturphilosophie (Das Herz III) 1969; W. Michel, H.bestattungen und der H.kult des 17. Jhs. (Arch. f. mittelrhein. Kirchengesch. 23/1971); N. Boyadjian, Le coeur; son histoire, son symbolisme, son iconographie et ses maladies, Antwerpen 1980; G. Zimmermann, Die Bedeutung des Herzens in taoistischen Texten (Asiatische Studien XXXIX/1985).

**Hethiter.** Die in der hethitischen Hauptstadt Chattuscha (dem heutigen Boghazköy) gefundenen Keilschrifttexte der königlichen

Archive bezeugen eine verwirrende Fülle zu verschiedenen Zeiten, von Reichsvölkern und Nachbarn übernommener Gottheiten. Die Verehrung genuin indogermanischer Götter nahm bei den H. nur einen bescheidenen Raum ein. An der Spitze des Pantheons standen altkleinasiatische Gestalten wie der → Wettergott Taru und seine Gemahlin Wuruschemu, die Sonnengöttin von Arinna, mit den Zügen einer göttlichen Richterin. Als ihr Sohn galt der Wettergott der Städte Nerik und Zippalanda. Ein anderer Sohn des Wettergottes ist Telipinu, ein Vegetationsgott. Als er sich verbirgt, vertrocknen Quellen und Bäume, Mensch und Tier begatten sich nicht mehr. Die BIENE sucht und findet ihn. Mit einem magischen Ritual bewegt man ihn zur Rückkehr.
Weitere Aspekte der Sonne verkörperten eine gelegentlich mit Wuruschemu gleichgesetzte Sonnengöttin der Erde (= Unterwelt) und der männliche Ischtanu als Tagessonne. Zu den altkleinasiatischen treten Gottheiten der indogermanischen Luwier und Palaer und der Götterkreis der Stadt Kanesch. In der Großreichszeit (14.–13. Jh. v. Chr.) gewann bes. auf das Königshaus die churrische Religion zunehmenden Einfluß. Ihr entstammen der Wettergott Teschub, die mit der Sonnengöttin von Arinna gleichgesetzte Chepat und Schauschka, die churrische → Ischtar. Das hethitisch-churrische Pantheon ist in zwei nach Geschlecht getrennten Zügen auf den Wänden des Felsheiligtums von Yazilikaya dargestellt. Die auffäligste Wiedergabe findet sich dort in Kammer B: ein Gott, dessen menschlicher Kopf auf einem als SCHWERT gebildeten Leib sitzt. – Die Idee der sich ablösenden Göttergenerationen des churrischen Mythos um Kumarbi beeinflußte noch Hesiods Theogonie. Teils aus Obermesopotamien, teils durch churrische Vermittlung lernten die H. babylonische Gottheiten kennen. Als Garanten werden in einem Bündnisvertrag auch die arischen Götter Indra, Mitra, Varuna und die Nasatyas angerufen.
Der H. sieht sich als Knecht der Götter. Seine wesentliche Aufgabe ist es, im täglichen Tempelkult und bei den großen Festen für den Unterhalt der göttlichen Herren zu sorgen. Ihren Willen offenbaren sie durch Traumerscheinungen, den Mund Besessener und übernatürliche Zeichen. Man befragt sie vor jedem wichtigeren Unternehmen durch ein → Orakel. In Bitt- und Bußgebeten wandte sich der Gläubige an die Gottheit. Er bekennt darin sein Vergehen und erfleht Verzeihung. Daneben dienten magische Praktiken der Abwehr böser Mächte, bes. von Zauberei, und mannigfachen Arten der Reinigung. – Der hethitische König, der auch der oberste Priester ist, trägt den Titel »Meine SONNE« und läßt sich in der Tracht und mit den Emblemen des Sonnengottes abbilden, doch ist er zu Lebzeiten nur der Verwalter des Wettergotttes. Erst im Tode »wird er Gott«. Der Leichnam des verstorbenen Königs wird in einem Totenritual verbrannt, das der Leichenfeier für Patroklos bei Homer gleicht. Während die Totengeister in der Unterwelt verweilen, steigt der des Königs als einziger zu den Himmelsgöttern auf. Den Manen verstorbener Könige wird geopfert. [JB]

A. Goetze, Kleinasien², 1957; H. G. Guterbock, Religion und Kultus d. H. (Neuere H.forschung, hrsg. v. G. Walser) 1964; H. Otten, Die Religionen des alten Kleinasien. (Hdb. d. Orientalistik, 1. Abt., Bd. 8, 1, 1) 1964; E. v. Schuler, Kleinasien. (WdM 1) 1965; G. Steiner, Gott. D. (Reallex d. Assyriol. 3) 1957–71; H. M. Kümmel, Die Religion d. H. (Theologie u. Religionswiss., hg. v. U. Mann) 1973; Das heth. Felsheiligtum Yzilikaya, 1975; V. Haas, Hethit. Berggötter u. hurritische Steindämonen, 1982.

**Hetoimasia.** THRON mit Insignien Christi, dessen Darstellung bereits für die frühchristliche Zeit zu vermerken ist (Sarkophag aus Tusculum; Relief in Berlin-Dahlem-Staatl. Museen; Reliquienkasten aus Pola-Venedig, Museum; Triumphbogenmosaik S. Maria Maggiore, Rom; Lünettenmosaik S. Prisco, Capua Vetere; Baptisterium der Orthodoxen, Ravenna; Baptisterium der Arianer, Ravenna), dessen Fortleben bis ins 13. Jh. in Rom im Zeichen der Apokalypse mit Variationen festzustellen ist, den wir im Dekorationssystem der byzantinischen Kreuzkuppelkirchen wiederfinden, dessen Entwicklung in Form der byzantinischen H. seit der 2. H. des 11. Jh. die Gestalt einer Weltgerichtshetoimasia annimmt und so zu einem Teil der mittel- u. spätbyzantinischen Weltgerichtskomposition wird, um für diesen Bereich nach dem 14. Jh. aus der Kirchenmalerei zu verschwinden. Im Westen außerhalb Roms und seines Einflußbereiches nie recht beheimatet, erscheint dieses Motiv im Barock, den byzantinischen Vorstellungen angelehnt. Im 19. und 20. Jh. hat sich die christliche Kunst mit diesem Thema nicht mehr schöpferisch auseinandergesetzt. Nach den neuesten Forschungen von J. Engemann ist es schwer, eindeutig festzulegen, welche Symbolik mit der jeweiligen Darstellung verbunden ist. Es kann sich handeln um ein »Zustandsbild zeitloser Herrlichkeit Christi«, um ein »Zukunftsbild seiner Wiederkehr zum Gericht«, möglicherweise aber auch um die »allgemeine Bedeutung des Thrones als Sinnbild für Christus«. Nicht übersehen werden darf, daß »mit dieser repräsentativen Funktion . . . die frühchristliche Aufstellung und Darstellung des Thrones Christi in der Nachfolge hellenistischen und kaiserlichen Brauches« steht. (Engeman). [Sr]

Th. v. Bogyay: Thron, Hetoimasia (LChrJ, 4) 1972; J. Engemann: Zu den Apsis-Tituli des Paulinus v. Nola (Jb. f. Antike u. Christ. 17) 1974.

**Heuschrecke,** in großen Schwärmen ganze Landstriche kahlfressend, ist sie biblisches Symbol für Zerstörung und göttliche Heimsuchung (2 *Mos* 10,12–15); in der Apokalypse kommen die Tiere aus dem rauchenden Schacht der Unterwelt hervor (*Offb* 9,1–11); alter Volksglaube erblickt in ihnen die Andeutung von Pest und Krieg. Andererseits kann die sich häutende (in der Symbolsprache: auferstehende) H. auf Christus hinweisen, so bereits bei Gregor d. Gr. *(Moralia)*, in der Malerei bei Giovanni Baronzios Madonna in der Hand des Jesuskindes und bei Albrecht Dürers »Madonna mit der Heuschrecke«. [Lr]

H. Friedmann, The iconography of a Madonna and child by G. Baronzio (GBA 1949); H. Langenberg, Die prophetische Bildsprache der Apokalypse. Erklärung sämtlicher Bilder, 1952.

**Hexagramm,** sechseckiger Stern, steht als »Schild« *(Māgen)* Davids und als »Davidstern« besonders mit dem → Judentum in Verbindung und ist nationales Emblem des Staates Israel. Im MA dienten das H. und auch das Pentagramm als Siegelabdruck zur Geisterabwehr; da Salomon als Herr über alle Dämonen galt, nennen die Araber beide Zeichen »Siegel Salomos«. Sonst gilt das H. (Verschmelzung zweier Dreiecke) als Symbol der Vereinigung zweier Gegensätze: religiös der sichtbaren und der unsichtbaren Welt, in der Alchemie von Feuer und Wasser. [Lr]

H. A. Winckler, Siegel u. Charaktere i. d. muhammedan. Zauberei, 1930; G. Scholem, La curieuse histoire de l'Etoile à six branches (Revue de la Pensée Juive 1950); E. L. Ehrlich, Kultsymbolik im AT u. im nachbibl. Judentum, 1959.

**Hexensymbole.** Der Ausdruck bezeichnet einerseits den Hexen des europäischen Volksglaubens konventionell zugeschriebene Attribute, andererseits (in Prozeßakten) Dinge, die als *indicia magiae* dazu dienten, Verdächtige (bes. Frauen) des Verbrechens der Zauberei und des Teufelspaktes zu überführen. Zur ersten Kategorie gehören, etwa auf Holzschnitten des 16. Jh., eine auf den Schultern der »Hexen« sitzende Dämonengestalt (der Hilfsgeist, *spiritus familiaris*), der auch in Tierform auftreten kann (HUNDE, KATZEN, Phantasiewesen, KRÖTEN; bes. Nachttiere wie EULEN), dann graphische Zeichen der → Magie (z.B. das PENTAGRAMM, gelegentlich Tierköpfigkeit der Hexen selbst als Symbol ihrer Verwandlung in eine »untermenschliche« dämonische Sphäre sowie häufig ihr FLIEGEN auf Ofengabeln, Besen, Böcken als Hinweis auf die vom Teufel verliehene Gabe der Leichtigkeit (Levitation), was an das Flugmotiv im → Schamanismus erinnert. Die NACKTHEIT der Hexen (schon bei Dürer, dann auf Stichen bes. des 18. Jh.) muß keine erotische Bedeutung haben, sondern kann auch die Notwendigkeit andeuten, eine drogenhaltige Emulsion (Hexensalbe) in die Haut einzumassieren, deren Wirkung visionär-halluzinatorische Erlebnisse zur Folge hatte. – H. im Sinne der *indicia magiae* sind Kristalle und Spiegel, Wachsfiguren für den Bildzauber, Knochen, Friedhofserde, → Amulette und → Talismane, vor allem auch Zauberbücher u.a. [Bi]

J. Caro Baroja: Die Hexe u. ihre Welt (La brujy y su mundo), 1967; E.-M. Schenk: Hexenvogel und Hexerei (Raggi 10) 1970; H. Biedermann: Hexen – Auf d. Spuren eines Phänomens, 1974.

**Hieroglyphen.** Das Schriftsystem der alten → Ägypter, das wir mit den Griechen H. nennen, verwendet Bilder als Schriftzeichen. Diese stellen Gegenstände dar, bezeichnen aber nur die Lautgestalt (und zwar nur die Konsonanten) der entsprechenden Wörter; wo die Zeichen ausnahmsweise auch das bezeichnen, was sie darstellen, wird diese »ideographische« Funktion durch ein besonderes Zeichen, einen senkrechten Strich, eigens hervorgehoben. Durch Abstraktion vom Sinn werden sie kombinierbar und auf (konsonantisch) gleichlautende Wörter übertragbar. Die Ökonomie in der Auswahl phonographischer Zeichen geht allerdings auf Kosten der Eindeutigkeit. Daher treten zu diesen Lautzeichen Sinnzeichen hinzu, die keinen Lautwert haben, sondern abstrakte Sinnbezirke bezeichnen. »Phonogramme« und »Semogramme« (oder »Determinative«) bilden die Basis-Funktionen der ägyptischen Schriftzeichen und kennzeichnen die ägyptische

Schrift als eine Kombination von Laut- und Begriffsschrift.
Der Fall des Hieratischen, der von Anfang an neben der hieroglyphischen Monumentalschrift sich entwickelnden Buchkursive, lehrt, daß für ein Funktionieren der Schrift die konkrete Bildhaftigkeit der Zeichen (Ikonizität) entbehrlich ist. Daß die H.schrift trotzdem ihren Bildbezug nie eingebüßt hat zeigt, daß es hier um mehr als die (durch Arbitrarität und Konventionalität gekennzeichnete) Zeichenhaftigkeit geht. Die H. funktionieren als bloße Zeichen, aber darüberhinaus sind sie auch noch Bilder, und in dieser überschüssigen Bildhaftigkeit scheint ihre »Heiligkeit« zu beruhen. Die griechische Terminologie spiegelt den herrschenden Gebrauch wider: die bildhaften H. und das von ihnen abgeleitete und immer wieder in sie zurückführbare »Hieratische« sind religiösen Texten vorbehalten, während alles Profane in der jeden Bildbezugs baren »demotischen« Schrift geschrieben wird. Der ägyptische Terminus für die H. lautet »Gottesworte«, in einer frühen Grabinschrift werden sie als »Götter« bezeichnet. Das Bewußtsein für die Bildlichkeit und damit konkrete Gegenständlichkeit der Schrift geht soweit, daß zuweilen bei Inschriften in der Nähe des Toten gewisse Zeichen vermieden oder verstümmelt werden, damit sie (d.h. das, was sie darstellen) dem Toten nicht gefährlich werden können.
Aus dieser beibehaltenen Bildlichkeit resultiert die grundsätzliche Offenheit des hieroglyphischen Schriftsystems: es konnten ständig neue Zeichen hinzutreten, sowohl auf konventioneller Ebene wie auf der der Geheimschriften. In dem Maße wie in der Kryptographie und dann in der spätäygptischen H.schrift inhaltliche Bezüge gegenüber phonologischen in den Vordergrund treten, wandelt sich das Schriftsystem vom Zeichen zum Symbol und damit in eine Richtung, auf der das antike (→ Horapollo) und humanistische Mißverständnis der H. als einer allegorisch-emblematischen Begriffsschrift aufbauen konnte, → Hieroglyphik [JA]

K. Sethe, Vom Bilde zum Buchstaben. Die Entstehungsgesch. d. Schrift, 1939; S. Schott, H. Untersuchungen zum Ursprung d. Schrift, 1951; A. H. Gardiner, Egyptian Grammar, [3]1957 (6–18, 438–548); H. Brunner, Die altägypt. Schrift (Stud. Gen. 12) 1965; P. Kaplony, Strukturprobleme d. H.schrift (Chronique d'Egypte XLI No. 81) 1966; W. Schenkel, Zur Struktur d. H.schrift (Mitt. d. Dt. Archäolog. Inst. Kairo 27.1) 1971; H. G. Fischer, H. (Lex, d. Ägyptologie II) 1977.

**Hieroglyphik,** humanistische. Das Bemühen der → Renaissance um die Erneuerung der Antike umfaßte auch das ägyptische Altertum mit seinen rätselhaften → Hieroglyphen, in denen man – zumal in neuplatonischen Kreisen – einen gültigen Ausdruck der Weisheit der Alten vermutete. Zu dieser Annahme war man durch verschiedene Erwähnungen bei antiken Autoren (Herodot, Plutarch, Plinius, Ammianus Marcellinus u.a.) und besonders durch den Fund der *Hieroglyphica* des → Horapollo gekommen, in denen man den Schlüssel zum Verständnis der H. gefunden zu haben glaubte. Es setzte eine wissenschaftliche Beschäftigung mit der H. ein, die sowohl theoretische Werke hervorbrachte (M. → Ficino, P. della Mirandola, J. Reuchlin) als auch praktische Konsequenzen zeitigte (Ausgrabungen; Wiederaufstellung von

Obelisken). Besondere Bedeutung gewann die H. durch ihre produktive Aneignung in der Literatur (Fr. Colonna, *Hypnerotomachia Poliphili,* 1499) und der Bildenden Kunst (A. Dürer; L. B. Alberti). Sowohl durch die Vermittlung der Devisen, die als humanistische Spielart des Wappens ihrem Träger als Leitspruch dienten und ihre Motive häufig aus der H. bezogen, als auch auf direktem Weg (z.B. durch die enzyklopädisch angelegten *Hieroglyphica* von P. Valerianus, in denen außer der H. auch biblische, kabbalistische und mal. allegorische Traditionen zusammenflossen) wirkte die H. auf die → Embleme primär des 16., doch auch noch des 17. Jh. [MSch]

K. Giehlow, Die Hieroglyphenkunde des Humanismus (Jb. d. kunsthist. Sammlgn. d. Allerh. Kaiserhauses 32) 1915; L. Volkmann, Bilderschriften d. Renaiss., 1923; H. Rosenfeld, Das dt. Bildgedicht, 1935; E. Iversen, The Myth of Egypt, 1961; L. Dieckmann, Hieroglyphics, 1970.

**Hieros gamos** (griech. »heilige Hochzeit«). Als Urbild jeder Ehe gilt die Vereinigung von Himmel und Erde: Ursprung alles Lebens – im griechischen Mythos auf Zeus und Hera übertragen, im → Shintoismus auf Izanagi und Izanami. In der indischen Mythologie stellen → Shiva und → Shakti die Welteltern dar; der oft als BLITZ verstandene Lingam dringt bei der hl. Hochzeit in die Yoni, den durch eine LOTOSBLUME symbolisierten Schoß der Erde, ein. Die Vorstellung von dem die Erde durch Regen, Tau oder auch Sonnenstrahlen befruchtenden Himmelsgott ist heute noch bei verschiedenen Naturvölkern (z.B. im Sudan) nachweisbar. Von MENHIR und PFAHL weiß man, daß sie verschiedentlich nicht nur als Himmelsstütze, sondern auch als Glied des im H. g. mit der Erde befindlichen Himmelsgottes galten. Als H. g. werden gelegentlich auch andere Götterhochzeiten bezeichnet; aus Babylonien sind die bekanntesten die zwischen Ningirsu und Baba, → Marduk und Sarpanitu und Nabu und Taschmetu.

Auf kultischer Ebene versteht man unter H. g. den Vollzug eines Fruchtbarkeitsritus, dabei repräsentiert der eine Partner den Himmel, der andere die Erde. In Athen gehörte es zu den Pflichten der Frau des *archon basileus,* mit → Dionysos (bzw. seinem irdischen Repräsentanten) den H. g. zu feiern, dieser galt als »unaussprechliche heilige Zeremonie«. Eine Art hl. Hochzeit gab es auch im alten Ägypten, wo der Pharao nicht als Mensch, sondern als Inkarnation von Horus sich mit der Königin vereinigte.

Das mythische Beilager der Göttin Inana (→ Ischtar) mit dem ursprünglich menschlichen (?) → Dumuzi und dessen Nachvollzug durch den König und eine hohe Priesterin der Göttin scheint ein auf Uruk beschränktes Ritual zur Einsetzung des Stadtherrschers gewesen zu sein. Es ist gut bezeugt für die neusumerische, aus Uruk stammende III. Dynastie von Ur und die frühaltbabylonischen Könige von Isin (etwa 2000–1800 v. Chr.). Mit dem Ende der Dynastie von Isin verschwindet das Ritual. Der H. g. legitimierte die Herrschaft. Nach seinem Vollzug verhieß die Göttin dem König in einer »Schicksalsentscheidung« reiche Erträge von Feld und Herden und eine lange Regierung über alle Länder. Ein Zusammenhang mit dem Neujahrsfest oder eine regelmäßige jährliche Wiederholung ist nicht nachweisbar, auch fehlen eindeutige Hinweise auf Feiern dieser Art an anderen Orten Mesopotamiens. → Muttergottheiten [JB/Lr]

A. Klinz, H. g. (Diss. Halle) 1933; E. van Buren, The sacred marriage in early times in Mesopotamia (Orientalia NS 13) 1944; M. Eliade, La Terre-Mère et les hièrogamies cosmiques (Eranos-Jb. XXII) 1953; G. Contenau, Représentations sumériennes de la hièrogamie (Hommages à W. Deonna), Bruxelles 1957; G. Freymuth, Zum H. g. in den antiken Mysterien (Museum Helveticum 21) 1964; J. Renger/J. S. Cooper, Heilige Hochzeit (Reallex. d. Assyriologie 4) 1972 bis 1975; H. Hunger, Die Hl. Hochzeit. Vorgesch. Sexualkulte u. -mythen, 1984; G. Wehr, Hl. Hochzeit, Symbol u. Erfahrung menschl. Reifung, 1986.

**Hildegard von Bingen,** Mystikerin, 1098 auf Gut Bermersheim bei Alzey geb., 1179 auf dem Rupertsberg bei Bingen verstorben. Auf dem Disibodenberg bei Bingen erhält H. Elementarunterricht in der Regula Benedicti, der Liturgik und den Artes liberales. 1136 wird H. zur magistra des Frauenkonvents gewählt. Zwischen 1147 und 1152 gründet sie ein Kloster auf dem Rupertsberg und 1165 ein Filialkloster oberhalb Rüdesheim. 1141 schreibt H. unter dem Eindruck visionärer Erlebnisse und mit Hilfe des Mönches Volmar sowie der Nonne Richardis von Stade ihre Schau von der Schöpfung und Erlösung der Welt (Scivias) nieder. Bereits in dieser Erstschrift begegnet uns nicht nur das symbolisch vertiefte Welt- und Menschenbild, sondern auch ein politisches Dokument, in welchem die Seherin ihre Zeitkritik vorträgt. Unmittelbar damit verknüpft sind vier große Predigtreisen (1160 bis 1170), auf denen H. im Stil der evangelischen Volkspredigt ihr weibisches Zeitalter (tempus muliebre) zur Umkehr aufruft.

Im Mittelpunkt der Opera Hildegardis steht die visionäre Trilogie. Von 1141 bis 1151 schrieb die Seherin am *Liber Scivias* einer Glaubenslehre, die Kosmologie und Anthropologie aufs engste mit der Theologie verknüpft. Zwischen 1158 und 1163 entstand der *Liber vitae meritorum*, Wechselgespräche der → Tugenden und → Laster nach Art der traditionellen Psychomachie. In das Jahrzehnt von 1163 bis 1173 fallen die Kosmosvisionen des *Liber divinorum operum.* Das »Buch der Gotteswerke« wird als H.s zentralste schöpferische Leistung angesehen. In zehn Visionen entfaltet die Seherin eine kosmologisch unterbaute Heilsgeschichte von der Genesis bis zur Apokalypse, wobei die Deutung des Johannes-Prologs die verbindliche Sicht auf den Menschen als die leibhaftige Mitte des Kosmos zeigt. Die Einheit dieser Schöpfungsordnung umfaßt die Welt der Engel ebenso wie Pflanzen und Tiere; sie verknüpft das Sinnenleben mit dem Gnadenwirken und stellt den Menschen mit Leib und Seele, Welt und Kirche, Natur und Gnade in die Verantwortung seiner *operatio.* Den visionären Duktus tragen die zahlreichen Briefe und 75 *Carmina.* Zwischen 1150 und 1160 entstehen die natur- und heilkundlichen Lehrschriften, die als *Physica* und *Causae et curae* ediert wurden, während sie in der handschriftlichen Fassung den Titel *Liber subtilitatum diversarum naturarum creaturarum* tragen. Bei aller Berührung mit frühscholastischen Traditionen und bei aller Bezogenheit zur reichhaltigen Kosmologie des 12. Jh. behauptet H.s Weltbild eine Sonderstellung. Kurz vor dem Einbruch des

»neuen Aristoteles« bleibt diese Bildwelt ganz eingeborgen in die archaisch-sakramentale Lebensordnung des frühchristlichen Abendlandes. [Schi]

Hildegardis Abbatissae Opera omnia; PL 197; M. Ungrund, Die metaphysische Anthropologie der H. v. B. (Beitr. z. Gesch. d. alten Möchtums u. d. Benediktinerordens 20) 1928; Hildegard, Deutsche Gesamtausgabe in 7 BBd., 1954–1972; M. Schrader/A. Führkötter, Die Echtheit des Schrifttums der hl. H. v. B., 1956; H. Schipperges, Die Welt der Engel bei H. v. B., 1963; A. Führkötter, Das Leben der hl. H. v. B., 1968; W. Lauter, Hildegard-Bibliographie, 1970; A. Führkötter, H. v. B., 1972; E. Gössmann, Maß- u. Zahlenangaben bei H. v. B. (Mensura, hg. von A. Zimmermann), 1984.

**Himmel.** Mit dem Begriff des H.s sind astronomische, astrologische, kosmologische und eschatologische Vorstellungen verbunden. Die Gegenüberstellung von OBEN und Unten ist Ausdruck für die räumliche Ordnung; die eigentliche Schöpfung der Welt beginnt mit der Trennung von H. und Erde (→ Kosmogonie). Von oben kommen das lebenerweckende Licht und der befruchtende Regen. Die alten Völker erblickten im Himmelsgewölbe eine mit der Erde sich vermählende Naturkraft, die zur höchsten Gottheit personifiziert wurde (→ Himmelsgottheiten). »Überall wo der H. ist, ist Gott; denn der H. ist Gott« (Sprichwort der Ewe, Sudan).
Andererseits verdinglicht sich der H. wieder, erscheint als HirtenZELT der Welt (altmesopotamisch) oder als SternenMANTEL (altpersisch). Altägyptische H.symbole waren der mit seinen Fittichen die Erde beschützende FALKE (seine Augen sind Sonne und Mond), die HimmelsKUH (ihre Beine = Weltsäulen) und der GötterSCHREIN, bei dessen Türöffnung die Worte gesprochen wurden: »Geöffnet werden die Pforten des Himmels«. Im alten China war die TÖPFERSCHEIBE Symbol für die schaffende Tätigkeit des H.s; ein anderes H.symbol war die sog. PI-SCHEIBE aus Jade, das kreisrunde LOCH ihrer Mitte entspricht dem Tor zum Palast des höchsten H.herrn.
Biblische Bilder des H.s sind das vom Herrn ausgespannte ZELT (*Ps* 104, 2), der Flor eines SCHLEIERS (*Jes* 40, 22), das Blitzen von BergKRISTALL (*Ez* 1, 22), ein GLÄSERNES MEER (*Offb* 4, 6). Während die Erde der Fußschemel Gottes ist, erscheint das Firmament als sein THRON (*Jes* 66, 1; *Mt* 5, 34f.). Durch die Erscheinung der → Engel und des Auferstandenen ragt der an sich unsichtbare H. Gottes in die irdische Wirklichkeit herein. Der H. wird die Wohnung der Erlösten (→ Paradies), deren Namen im H. aufgezeichnet sind (*Lk* 10, 20). Die altorientalische Vorstellung mehrerer H.räume findet sich auch im AT: *schamajim* = Plural von H.; Paulus spricht von einem dritten H. (2. *Kor* 12, 2). Theologische Spekulation glaubte hinter der Sphaira des (sichtbaren) H.s weitere Sphären (*caeli spirituales*), die Engelshierarchien des Dionysius Areopagita.
In der christlichen Ikonographie wird der H. angedeutet durch das GLÄSERNE MEER (teils in kristalliner Struktur, teils nach antikem Vorbild mit Fischen und Seevögeln), das Paradies und das Himmlische Jerusalem und durch die KUGELförmige Gestalt der SPHAIRA, die symbolisch auf Vollkommenheit und Unendlichkeit weist und in Maiestas-Domini-Darstellungen Thron Gottes ist. Schließlich kann die Sphaira auch

Attribut Christi sein oder einfach Gottessymbol – so im Barock als blaue Kugel oder blauer Kreis, manchmal durch Wolken oder ein Dreieck besonders gekennzeichnet. Eine Kurzform der Sphaira ist die meist elliptische MANDORLA, Symbol des von der Transzendenz in die Immanenz hereinragenden Himmels, von daher Attribut der Maiestas Domini. Die auf Weltgerichtsbildern sich findende Darstellung des H.s als eines aufgerollten BUCHES (z.B. Mosaik zu Torcello, 12. Jh.) geht auf die Apokalypse (6, 14) zurück. Auf Sarkophagen und vereinzelt in der Buchmalerei findet sich die Personifizierung des H.s in Gestalt des bärtigen Caelus, der über seinem Haupt ein sich wölbendes TUCH (Schleier) hält. Als H.farben sind zu nennen das Blau des Firmaments, das die himmlische Lichtfülle repräsentierende GOLD, das die kristalline, eisige Beschaffenheit des H.s andeutende SmaragdGRÜN und das auf das himmlische Feuer weisende ROT.
Ein architektonisches Abbild der Sphaira ist die KUPPEL (so schon im antiken Pantheon zu Rom), die nicht nur in ihrer baulichen Form auf das H.gewölbe weist, sondern auch zum Träger von Bildszenen wird, die sich auf die Epiphanie himmlischer Gestalten oder paradiesischer Orte beziehen: Pantokrator, Maiestas Domini, Anbetung des Lammes, Himmlisches Jerusalem. Als Abbreviatur der Sphaira kann der BOGEN gelten, der besonders in der Romanik als Apsis-, Triumph- oder Tympanonbogen Träger himmlischer Erscheinungen ist. Das Kirchenportal gilt in der mal. Architektur als *porta caeli* (H.TOR) und ist Symbol Christi, der sich selbst als *ostium* bezeichnet hat (*Joh* 10,9), durch das allein ein Durchgang von dieser Welt in die des H. möglich ist. Der KIRCHENBAU als Ganzes ist Bild des H., sei es – nach A. Stange – als Thronsaal Gottes (so die konstantinische Basilika) oder als himmlisches Jerusalem (Dom zu Trier). [Lr]

R. Eisler, Weltenmantel u. H.zelt, 1910; K. Lehmann, The Dome of Heaven (The Art Bulletin 27) 1945; A. Stange, Das frühchristl. Kirchengebäude als Bild des H., 1950; H. Bietenhard, Die Vorstellungen über den H. im Urchristentum u. Spätjudentum, 1951; H. Bauer, Der H. im Rokoko. Das Fresko im Kirchenraum des 18. Jh., 1965; R. Hughes, Heaven and Hell in Western Art, London 1968; H. Holländer, H. (LChrI 2) 1970; G. Bandmann, Die vorgotische Kirche als H.stadt (Frühmittelalterl. Studien 6) 1972; M. E. Frazer, Church Doors and the Gates of Paradise (Dumbarton Oaks Papers 27) 1973; C. v. Korvin-Krasinsky, H. u. Erde als Manifestation des göttl. Urgrundes in der ältesten Mittelmeerkultur (Symbolon NF 2) 1974; A. Grabar, L-iconographie du ciel dans l'art chrétien (Cah Arch 30/1982); R. L. Fetz, Die H.symbolik in Menschheitsgesch. u. individueller Entwicklung (Schriften zur Symbolforschung 2), Bern 1985.

**Himmelfahrt.** Der Aufstieg, die Auffahrt des Menschen zum → Himmel ist Hoffnung und Glaube zahlreicher Religionen. In einem umfassenden Sinn gehören dazu:
1. Die H. als Teil ekstatischen Erlebens unter der Voraussetzung eines zweiten Ich, der Seele, die sich zeitweise vom Körper zu trennen vermag (→ Schamanismus). Auch von Mohammed weiß eine Überlieferung, daß er visionär von Jerusalem aus auf einer Leiter bis in den siebten Himmel aufstieg. Legendär ist die H. Alexanders d. Gr., der, bei seinen Eroberungen am Ende der Welt angekommen, mit zwei Greifen zum Himmel aufsteigen wollte, aber durch göttliche Gewalt zur Rückkehr gezwungen wurde; diese Szene gilt als Sinnbild der

Hoffart und sündhafter Neugier und war ein in der Romanik beliebtes Bildthema (z.B. südl. Chorportal im Freiburger Münster).

2. Der endgültige Weggang von der Erde. Dabei kann die Seele des Verstorbenen von einem → Seelengeleiter in das Jenseits gebracht werden oder in Gesalt eines Vogels gen Himmel fliegen. Ausgesprochenes Symbol des Aufstiegs ist die Himmelsleiter. Pyramidentexte sprechen von einer LEITER, auf deren von Göttern gebildeten Sprossen der Tote zum Himmel emporsteigt; den Verstorbenen wurde mitunter die Nachbildung einer Leiter ins Grab mitgegeben. In den Tempeln des Mithras gab es STUFEN oder Leitern, die symbolisch auf den nach dem Tode zurückzulegenden Weg durch die sieben Himmelssphären hinweisen sollten. In Anlehnung an Jakobs Traum von der Himmelsleiter (1 *Mos* 28, 11f.) findet sich diese Vorstellung auch im Christentum. Die karthagische Märtyrerin Perpetua hatte vor ihrem Tode die Vision einer hohen und engen Leiter zum Himmel mit einem Drachen am Fuß und drohenden Lanzen und Schwertern an den Seiten – es war die Vorausahnung ihrer durch das Martyrium herbeigeführten H. Der Aufstieg zum Himmel kann symbolisch auch ermöglicht werden durch BAUM, BERG, SÄULE, TREPPE, KREUZ und Kirche.

3. Die Entrückung, d.h. die wunderbare Versetzung des ganzen Menschen (mit Leib und Seele) in den Himmel. So wurde der sumerische Sintflutheld Ziusudra nach Tilmun in das ewige Leben entrückt. Die *Odyssee* erzählt von der göttlichen Entrückung des Menelaos »zur elysischen Flur«. Das AT berichtet von der H. des Henoch (1 *Mos* 5, 24) und des Elia (2 *Kön* 2, 11), letzterer wurde von einem feurigen Wagen mit feurigen Pferden im Sturmwetter zum Himmel emporgefahren; nach mal. Typologie ist die H. der beiden eine Präfiguration der → H. Christi. [Lr]

W. Bousset, Die H. der Seele (AfR IV) 1901; H. P. Blok, Zur altägypt. Vorstellung der Himmelsleiter (Acta Orientalia) 1927; J. Kroll, Die H. der Seele in der Antike, 1931; Euch. Berbuir, Rituelle Symbole des Aufstiegs zum Himmel (Kairos 4) 1962; A. Grabar, Images de l'Ascension d'Alexandre en Italie et en Russie, Athen 1965; L. Kretzenbacher, Himmelsleiter und Heilige Stiege. Bildgedanke u. Kultmotiv zwischen Byzanz und Abendland (Actes du Ier Congrés internat. des études balkaniques. 2. Archéologie), Sofia 1969

**Himmelfahrt Christi.** Die Verbildlichung nach *Mk* 16, 19; Lk 24, 50–53; *Apg* 1, 9–12, deren erste Zeugen erst aus dem 6. Jh. stammen (Ampulle im Domschatz von Monza, *Rabbulas-Codex* in Florenz), dürfte sicher in frühere Zeit zurückgehen, wobei das Urbild in der Monumentalkunst der Himmelfahrtskirche zu Jerusalem zu finden sein könnte. Damit treffen wir auf den zusammen mit dem syrischen wohl ältesten Himmelfahrtstypus in der östlichen Kunst, den sog. altpalästinensischen Typus. Dieser syro-palästinensische Typ kann »als die eigentliche Hauptquelle fast aller ikonographischen Elemente der östlichen Himmelfahrtsdarstellungen« (H. Gutberlet) angesehen werden, wenngleich vom 9. Jh. ab sich die »Herausformung eines byzantinischen Einheitstypus« (Gutberlet) beobachten läßt. Aber auch von diesem gilt, was Gutberlet über die Eigenart des syro-palästinensischen Typus gesagt hat: »Die

Hinwendung zum Statischen, zum Objektiven, Überirdisch-Erhabenen und Feierlich-Symbolhaften, zum Ewigen in allem Endlichen, zum Dauernden in allem Vergänglichen, zum Seienden in allem Werdenden«. Mit Gutberlet könnte dann noch konkreter formuliert werden: »Für den Osten ist die Himmelfahrt Jesu die machtvolle Offenbarung seiner Gottheit . . . der Auffahrende wird gegeben in seiner übermenschlich zeitentrückten Majestät, von allem Einmalig-Zufälligen weit entfernt«.

Ganz anders begann der Westen dieses Thema zu gestalten. Aus dem 4. Jh. ist uns ein Elfenbeintäfelchen im Nationalmuseum in München erhalten. Darauf herrschen Schreiten, höchste Selbsttätigkeit, menschlich Greifbares und Tastbares vor. Man hat den Eindruck, hier wollte der Künstler die Erhöhung der Menschheit in Christus zeigen. Im Laufe der Geschichte läßt sich allerdings feststellen, wie die östliche immer wieder auf die westliche Auffassung Einfluß nimmt, bis es schließlich auch im Westen zum Typus des frontal in der Mandorla stehenden Christus kommt, womit also auch hier zu verzeichnen ist: »Betonung der Göttlichkeit Christi in der ruhigen Feierlichkeit seiner über Zeit und Raum stehenden Herrscherfülle«. Dennoch: Der Westen versuchte immer wieder, seine typische Himmelfahrtsauffassung mit ins Bild zu bringen, den fernen Himmelfahrtschristus in die Nähe zu rükken, sei es, daß das Motiv der Fußtapfen eingeführt wurde oder Christus sich den Aposteln zuneigte, sei es, daß er in der romanischen Portalplastik eine wichtige Rolle zu spielen begann. – Wichtig für die symbolischen Aussagen dieses Bildes erscheinen, unter anderen, noch zwei: Die ruhige Gestalt Mariens inmitten der unruhigen Apostel und darüber der ruhig thronende Christus, was Maria zu einem Bild der Kirche werden läßt, die bereits am Triumphe Christi teilnimmt sowie die Verbindung von Oster- und Himmelfahrtsgeschehen, etwa auf dem Täfelchen aus München oder auf einem Reliquiar in Ravenna, Erzb. Museum. [Sr]

H. Gutberlet, Die H. Chr. in der bildenden Kunst, 1935; A. A. Schmid, H. Christi (LChrI 2) 1970; G. Lohfink, Die H. Jesu. Untersuchungen zu den H.- und Erhöhungstexten bei Lukas, 1971; J. Engemann, Zu den Apsis-Tituli des Paulinus v. Nola (Jb. f. Antike u. Christentum 17) 1974.

**Himmelsgötter.** Ackerbaukulturen neigen zum Mutterkult, Hirtenvölker zum Himmelsgottglauben, wenn ihnen auch bei Fortschreiten der Zivilisation die Auseinandersetzung mit dem Mutterkult nie erspart bleibt. Auch der Jahwe der Juden war ein auf dem Berge Sinai thronender Himmels- und Gewittergott von Steppenhirten. Auf Grund solcher verwandter Wurzel konnte der vom Naturgott zum Geschichtsgott gewordene israelitisch-christliche Himmelsgott so leicht von den europäischen Völkern übernommen werden. Die Indogermanen, die später von Indien bis Irland die hauptsächlichsten Völker Eurasiens beherrschten, haben als Hirten westrussischer Steppengebiete den Himmel mit allen seinen Erscheinungen (strahlende Bläue, Sonne, Sterne, Blitz und Donner) als göttliche Macht empfunden und in der regelmäßigen Wiederkehr von Tag und Nacht, Sommer und

Winter und Jahreslauf der Gestirne als Ordnungsmacht verehrt. Der Name ist bei allen gleichartig (ind. Dyaus, griech. Zeus < Deus, lat. Jupiter < Dieupater, herm. Teiwas (ahd. Ziu), erhalten in finn. *taivas* »Himmel« und von *dei* »leuchten« abgeleitet. Vor der gewaltigen Himmelsglocke über der Erdebene schrumpfte menschliche Vorstellung zusammen. Das germanische Epitheton *irmin* < *ermanaz* »der Erhabene« ist Tabuname, der noch im Hildebrandlied (ca. 600) als *irmingot obana ab hevane* nachklingt. Die hohe Verehrung kam in Menschenopfern zum Ausdruck.

Ältestes Kultsymbol war ein als Himmelsachse, um die sich der Sternhimmel dreht, gedachter großer PFAHL, bei den Sachsen Irminsul, von Rudolf von Fulda *truncus ligni non parvae magnitudinis in altum erectus sub divo,* also als unter freiem Himmel errichtete Holzsäule bezeichnet und richtig als *columna universalis quasi sustinens omnia* interpretiert. Solch Kultpfahl von ca. 12 m Höhe bildete den Mittelpunkt der Goloring benannten keltischen Kultstätte bei Koblenz. Die hohen keltischen Steinsäulen, die oben den reitenden Jupiter mit Sonnenrad zeigen, sind eine Romanisierung dieses Kultpfahles, der bei Italikern und Urgermanen **maz-dos* hieß (lat. *mālus,* germ. *mast,* erst später auf den neuaufkommenden Segelbaum übertragen), bei den Nordgermanen *ansaz* (nord. *áss*), weshalb bei ihnen die Himmelsgötter mit kultischem U-Stamm **ansuz* (nord. *áss*) »Asen« hießen. Weiteres Kultsymbol für den Himmelsgott als Blitzgott war die EICHE, weil sie oft vom Blitz getroffen wird. Deshalb hieß der litauische Himmelsgott Perkunaz, lettisch Perkuns, altpreußisch Percunis »Eichenherr«, was sprachlich genau, aber unverstanden in nordisch Fjörgynn, Vater des Thor, weiterlebt. Die heiligen Haine des Himmelsgottes (der von Tacitus geschilderte Semnonenhain und die *nemeton*-Stätten im gesamtkeltischen Bereich) bestanden wohl aus Eichen oder aber aus BIRKEN, wegen ihrer glänzenden Rinde anderes Baumsymbol des Himmelsgottes.

Seit alters kam dem Himmelsgott die Bezeichnung »Vater« zu (ind. *Dyauspita,* illyr. *Deipátyros,* griech. *Zeus-patēr,* lat. Jupiter *Dieu-pater,* german. nach Tacitus *initia gentis*), was *pater familias,* Sippenoberhaupt meint, höchste Charge der Urzeit (Tacitus »*regnator omnium deus cetera subjecta atque parentia*«). Aus dem regelmäßigen Himmelsumlauf ergab sich der Aspekt des Rechts und der Volksversammlung (daher »Jupiter thingsus«, nachlebend in Dienstag < Thingsustag) und, da auch Krieg eine Rechtsentscheidung war, der Aspekt des Kriegsgottes. Als Gewittergott trug er HAMMER oder AXT (aus Feuerstein), nur selten den DONNERKEIL, die Tintenfischknochenversteinerung, die als Blitzeinschlag in die Erde galt,als Waffe. Die Kultsymbole Eiche und Hammer gingen, wenn man einen Himmelsgottsohn als eigenen Donnergott abspaltete (kelt. Tanaros, germ. → Donar, Thor »Donner«) auf ihn über. Neben dem gewaltigen Himmelsgott konnte eine Gattin, die meist auch als Schwester gilt, nur unbedeutend bleiben, Garantin der Ehe, soweit sie nicht zur Muttergöttin aufgewertet wurde. Es gibt keinen gemeinsamen Namen für sie: griech. Hēra »Schützende« lat. Juno »Jugendliche«, germ. Frīja, Frigg »Geliebte, Ehegattin« (später Gattin Odins). Freitag (Frījatag) ist mancherorts (besonders in altsächsischem Gebiet) noch beliebt als Hochzeitstag oder Tag zum Fensterln, andernorts wurde er wegen des Karfreitages zum Unglückstag.

Auch die SONNE gehört zum Bereich des Himmelsgottes, wurde aber nicht personifiziert, sondern als über den Himmel rollende goldene Scheibe gesehen, die zur Fortbewegung eines Wagens mit Gespann bedarf. Ihre Gespannzwillinge galten als Söhne des Himmelsgottes (→ Dioskuren) und spiegeln in ihrer Tiergestaltigkeit die wechselnden Tiersymbole des Himmelsgottes wieder (PFERD, ELCH, HIRSCH). [Ro]

M. Löhr, Alttestamentl. Religionsgesch., 1930; M. P. Nilsson, Gesch. der griech. Religion, 1941; F. Cornelius, Indogerman. Religionsgesch., 1942; K. Helm Altgerman. Religionsgesch. Bd 2, 2, 1953; J. de Vries, Altgerman. Religionsgesch., Bd 2, 1957; H. Rosenfeld, Kultur und Religion der Germanen (Abriß der Geschichte antiker Randkulturen), 1961; H. Rosenfeld, German. Zwillingsgottkult und indogerman. Himmelsgottglaube (Märchen, Mythos, Dichtung) 1963.

**Himmelsrichtungen.** Bei der Orientierung im → Raum sind die durch den Sonnenlauf festgelegten H. von besonderer Bedeutung. Im Osten geht die Sonne auf, bringt Licht, Wärme und Leben, daher die Ostung von Kultbauten und Gräbern, die Ausrichtung im Hofzeremoniell Ludwigs XIV. (→ König/Kaiser) und die Bedeutung als → freimaurerisches Symbol. Aus der Antike wurde vom frühen Christentum der Brauch übernommen, sich beim Gebet der aufsteigenden Sonne = Christus zuzuwenden. Der Westen ist die Sonnenuntergangsseite und deutet auf Finsternis, Kälte und Tod. Die alten Ägypter bezeichneten die Toten als »die Westlichen«. Im Westen liegt das Totenreich der Kelten (Avalon) wie auch das Paradies des japanischen Buddhismus. Als Seelengeleiter ist → Merkur (Hermes) mit dem Westen und dem Osten verbunden. Da vom Westen die Dämonen kommen (Grenze zwischen Tag und Nacht), war bei mittelalterlichen Kirchen das Westwerk dem dämonenabwehrenden Michael geweiht. Als Zeichen ihrer Absage an die Mächte des Bösen haben die altchristlichen Täuflinge nach Westen ausgespuckt.

Im finnischen Mythos ist die Welt der Toten im Norden; nach der Vorstellung des Parsismus hausen hier die bösen Dämonen. Im AT (*Sach* 6,1–8), in China und bei den nordamerikanischen Navahos ist Schwarz die Symbolfarbe des Nordens. Bei verschiedenen Völkern findet sich geradezu eine kosmologische Staatsform: die »vier Winkel« des Staates entsprechen den 4 H., so bei den Turkvölkern und in Altirland (die 4 Provinzen). Der hl. Tempelbezirk der Israeliten (2 *Mos* 42,15–20), der Palast der Chasarenherrscher und die Medizinhütte nordamerikanischer Indianer waren genau nach den Weltgegenden ausgerichtet. Die Himmeslrichtungen werden verknüpft mit bestimmten Farben (→ Raum), den 4 Winden, den Paradiesflüssen, den Evagelistensymbolen und den Armen des Kreuzes. [Lr]

Fr. J. Dölger, Sol Salutis. Gebet und Gesang im christl. Altertum. Mit bes. Rücksicht auf die Ostung, 1920; H. Ludat, Farbenbezeichnungen in Völkernamen (Saeculum 4/1953); K. Goldammer, Der Mythus von Ost und West. Eine kultur- u. religionsgesch. Betrachtung, 1962; H. Biedermann, Die »Hunde-Inseln« im Westmeer (Almogaren 3/1972); B. Maurmann, Die H. im Weltbild des MA, 1976.

**Hinduismus.** »H.« ist eine Fremdbezeichnung für eine Vielfalt auf indischem Boden gewachsener religiöser Formen und Systeme (mit Ausnahme der gestifteten Religionen → Buddhismus und → Jainismus), die keine einheitliche Lehre haben. Die wichtigsten hinduistischen Symbole sind kulturelles Gemeingut aller indischen Religionen (z.B. Rad, Lotos, Baum), wenn auch ihre Anwendung und Interpretation verschieden ist.
Die ältesten erhaltenen Symboldarstellungen stammen aus der Induskultur (ca. 2500 v. Chr.) und weisen Züge auf, die auch im späteren H. weiterleben (z.B. Tiersymbole). Eine der wichtigsten Quellen hinduistischer Symbolik ist der Veda (ca. 1200–600 v. Chr., → Vedismus), der in den folgenden Bereichen eine weiterwirkende Symbolik entwickelt hat: 1. im Kult, wobei an die Stelle der im Veda noch nicht bekannten Götterbilder die Symbolik der mit dem Opfer in Beziehung stehenden Orte und Gegenstände tritt; 2. in der sprachlichen Symbolik und Metaphorik (vor allem des *Rigveda*) und 3. in einigen Grundanschauungen, die in Mythologie, mystischer Erfahrung und Spekulation zum Ausdruck kommen.
Die Symbole FEUER (Opferfeuer, Verzehren der Opfergabe) und WASSER (Reinigung, Besprengung) sind nicht nur als Elemente im Kult bedeutsam, sie werden auch personifiziert und als Götter verehrt (Agni, identifiziert mit der Sonne als kosmische Entsprechung und Soma, der Unsterblichkeitstrank). Der Opferplatz (der Veda kennt noch keine Tempel) bedeutet den ganzen Kosmos, und die Feuerplätze bzw. ALTÄRE haben verschiedene Formen wie z.B. die eines Vogels, der den Aufstieg zum Himmel durch das Opfer symbolisiert. Zur Symbolik der Formen kommt auch die sprachliche Symbolik des Sanskrit, die auch Silben und Laute als sakrale Mächte betrachtet. Dies hat zu der großen Bedeutung der hl. SILBE OM geführt, die in den Upanishaden zum Symbol des unaussprechlichen Brahman wurde. Dort heißt es u.a. »die Silbe OM ist der Pfeil, Brahman ist die Zielscheibe«. Ihre drei Bestandteile A-U-M haben zu Meditationen über die Symbolik der DREIZAHL und ihre mystischen Entsprechungen Anlaß gegeben. Im → Tantrismus besitzen Buchstaben und einsilbige Mantras symbolische Bedeutung.
Die theologischen Systeme erklären die Welt als Spiegelbild oder Abbild (*ābhāsa, pratibimba*) des Absoluten, als Manifestation seiner Kraft (→ Shakti) oder auch als Illusion (*māyā*). Im vedischen Mythos vom kosmischen → Urmenschen (Purusha) wird dieses Verhältnis folgendermaßen ausgedrückt (*Rigveda* X, 90): Seine Größe besteht aus vier Vierteln, von denen alle Lebewesen ein Viertel ausmachen, während drei Viertel von ihm unsterblich im Himmel sind. Das eine Viertel ist das »Symbol«, der sichtbare Aspekt der unsichtbaren drei Viertel. Der Purusha ist ein Grundsymbol für den H. geblieben, das im Lauf seiner Entwicklung unter verschiedenen Aspek-

ten gesehen wurde. So wird er in den *Upanishaden* als das spirituelle Prinzip im Menschen betrachtet, als der »daumengroße Seelenmann im Herzen« bzw. als »goldener Purusha im Auge«. Als das All umfassend und zugleich übersteigend wird er in den theistischen Systemen mit dem persönlichen Gott identifiziert. Ein weiteres kosmogonisches Symbol ist das des GOLDENEN KEIMES (*hiranyagarbha*), der aus dem Urwasser entsteht und später mit dem Schöpfergott Brahmā identifiziert wird. Die Welt selbst wird als ein BAUM betrachtet, dessen Wurzeln im Himmel sind. Der Stamm ist die *axis mundi* (Skambha), der den Kosmos stützt und alle Gegensätze zusammenhält. Später wird er durch den Weltenberg Meru ersetzt, das mythische Zentrum der Welt.

Die *Upanishaden* (ab ca. 600 v. Chr.) sind reich an Gleichnissen und Metaphern für das absolute Brahman jenseits aller Namen und Formen und für die Befreiung (*moksha*) aus dem Kreislauf der irdischen Existenz (das RAD ist ein Symbol der Zeit und des *samsāra*, vgl. auch → Buddhismus). Die Symbolik steht immer noch im Zusammenhang mit den mikro-makrokosmischen Korrespondenzen, sie bezieht sich jedoch nicht mehr auf den Kult, sondern auf eine innere Erfahrung. Letztlich zielen die *Upanishaden* auf ein Übersteigen aller Bilder in ihrer apophatischen Aussage »*neti neti*« (das Absolute ist »nicht so, nicht so«).

Der H. der klassischen Zeit (beginnend ca. im 4. Jh. v. Chr.) entwickelt verschiedene religiöse Systeme, die sich auf den einen oder anderen Gott berufen (→ Shiva, → Vishnu). So verschieden deren Mythologie, Kult und Theologie auch sein mag, sie enthalten gerade auch in der Symbolik viel Gemeinsames. Etwa ab dem 2. Jh. v. Chr. finden wir die Verehrung von Götterbildern und -symbolen. Die *mūrti* ist die konkrete Erscheinung des Gottes in sichtbarer Form zum Zweck der Anbetung und Meditation. Sie wird nie als solche mit dem Gott identifiziert, sondern seine Gegenwart muß erst in sie hineingerufen werden und sie kann auch wieder daraus entlassen werden (Prozessionsbilder werden nach dem Fest in einen hl. Fluß geworfen). Vor der Darstellung muß der Gott meditativ geschaut werden (*dhyāna*). Die Götterbilder haben ihre je eigenen Attribute, ihre Träger, die einen Aspekt ihres Wesens symbolisieren (z.B. der STIER für Shiva, die RATTE für Ganesha, der LÖWE für Durga, der PFAU für Skanda, usw.). Die Sitzstellung, Handhaltung (*mudrā*), Schmuck, Waffen usw. haben ihre eigene Bedeutung. Der TEMPEL ist ein genaues Abbild des Kosmos, bzw. des Purusha oder des Weltenberges. Der Grundriß ist ein symbolisches Diagramm (→ Yantra), im Zentrum ist das dunke Allerheiligste, das »Mutterschoßkammer« (*garbhagriha*) genannt wird (Symbol der neuen Geburt). Es enthält entweder das zentrale Götterbild oder ein Symbol wie das Linga (Phallus) für → Shiva.

Die kultische Verehrung (*pūjā*) bedient sich vielfältiger Symbole, um der inneren Hingabe (Bhakti) Ausdruck zu verleihen: Wasser und Feuer (Licht), Blumen, Weihrauch, Glocken, Reis, Milch usw. Die rituellen Handlungen betrachten den Gott als den GAST

(Empfang, Fußwaschung, usw.). Die Pūjā ist nicht nur ein Mittel zur Vereinigung mit dem erwählten Gott (*istadevatā*), sie setzt schon das Bewußtsein voraus, daß »nur Shiva Shiva anbeten kann«. Die Symbolik des Wassers kommt in den Reinigungsriten zum Ausdruck. So werden durch das Bad in einem hl. Fluß alle Sünden getilgt. Die KUH wird als Symbol der Fruchtbarkeit (die mythische Kuh erfüllt alle Wünsche), der Erde und des Mütterlichen verehrt. Die wichtigsten Vegetationssymbole sind der LOTOS (Reinheit, göttliche Geburt usw.) und der ind. FEIGENBAUM (ficus religiosa und *indica*). Besondere Bedeutung kommt den FUSSABDRÜCKEN von Göttern und Heiligen zu, die oft an hl. Stätten zu finden sind oder symbolisch dargestellt werden. Das Wort für »Fuß«, »Fußspur« (*pada*), das auch »Wort« bedeutet, ist eine der ältesten Bezeichnungen für »Symbol«. Die FUSSSPUR bedeutet die Gegenwart und den Herrschaftsbereich des Gottes oder Menschen. Das größte Zeichen der Verehrung ist daher das Berühren der Füße.

Letztlich dient die ganze religiöse Symbolik der geistigen Verwirklichung. In der Meditation und mystischen Erfahrung tauchen dieselben von der Überlieferung geprägten Ursymbole wieder auf, wenn diese auch in einer letzten Stufe überstiegen werden sollen. Da es keine Trennung zwischen Sakral und Profan gibt, sind im ind. Raum alle Bereiche der Kunst von derselben mystischen Symbolik durchdrungen (Musik, Tanz, Architektur usw.). Bis heute leben im H. die alten Symbole weiter, die neben der klassischen Tradition auch noch auf Prähistorisches und auf Primitivreligionen zurückgehen. → Seelenwanderung [BB]

T. A. G. Rao, Elements of Hindu Iconography, 1914–16;H. Zimmer, Mythen u. Symbole in ind. Kunst u. Kultur, 1951; A. K. Coomaraswamy, The Dance of Shiva, 1957; W. Kirfel, Symbolik des Hinduismus u. Jinismus, 1959; F. D. K. Bosch, The Golden Germ. An Introduction to Indian Symbolism, 1960; J. Gonda, Die Religionen Indiens, I–II, 1960 u. 1963; R. Panikkar, Kultmysterium in H. u. Christentum, 1964; S. Kramrisch The Hinde Temple, 2 vols., Neudruck 1976; A. Eschmann, Zeichen u. Bild; zur Symbolik der ind. Volksreligion (Symbolon NF 3) 1977; A. u. P. Keilhauer, Die Bildsprache des H. Die ind. Götterwelt u. ihre Symbolik, 1983; E. Schleberger, Die ind. Götterwelt. Gestalt, Ausdruck u. Sinnbild, 1986.

**Hirsch**, durch das Abwerfen und Wiedernachwachsen des Geweihs ein Sinnbild für den Kreislauf der Natur. Die alten Völker setzten die rote Farbe des abgescheuerten Bastes in Beziehung zum Feuer und zur Sonne. In Altchina war der Geweihträger Symbol der Morgensonne, in skandinavischen Felsbildern (bei Bohuslän) ist er Zugtier des Sonnenwagens. Die solare Bedeutung zeigt sich auch bei dem in Mythen und Märchen überlieferten »goldenen Geweih«. Herakles jagte die herkynische Hindin mit dem Goldgehörn. Im Buddhismus ist ein goldener H. Symbol der Weisheit. Bei den in Kleinasien lebenden Hattiern wurde die Sonnengöttin auf dem Rücken eines H.es dargestellt. In Griechenland war das Tier dem Lichtgott Apollon und der Jagdgöttin Artemis geweiht. Einen Nachklang des alten indogermanischen Mythos vom Schuß auf den Sonnenh. bildet die Legende vom hl. Eustachius (bzw. hl. Hubertus), der bei einem von ihm verfolgten H. zwischen dem Geweih das Kreuz erblickt, »lichter denn die Sonne«.

Die Erneuerung des Geweihs konnte auch mit dem Sprießen der Vegetation zusammengeschaut werden. Gleichstellung des Geweihs mit »Geäst«, franz. *le bois du cerf*. Die *Edda* erzählt von dem H., der vom Laub der Weltesche frißt und von dessen Geweih (Lebens-)Wasser träufelt. Die → Kelten kannten einen Gott mit H.geweih (Cernunnos), bei den Hethitern war der H. dem Jagd- und Glücksgott Rundas zugeordnet. Im Christentum ist er in Anlehnung an *Psalm* 42/43, 2 ein Bild des nach Gott dürstenden Menschen; Buchmalereien des MA zeigen H.e an der *fons vitae* (Taufbrunnen). Im *Physiologus* als Schlangenvertilger ein Symbol Christi, der den Teufel besiegt. Das die Finsternis und den Tod überwindende Christus-Tier wurde zu einem »sprechenden« → Apothekernamen. Eine wichtige, wenn auch im einzelnen nicht festlegbare Rolle spielt der H. bei den → Bogumilen. [Lr]

G. Caudron, Le symbolisme du cerf dans l'Antiquité (Congrés préhistorique de France 15/1956); C. Hentze, Zur H.symbolik auf den ältesten chines. Bronzegefäßen (Fs. H. Hammitzsch) 1971; H. Kolb, Der H., der Schlangen frißt (Mediavalia litteraria. Fs. H. de Boor) 1971; H. v. Sicard, Der wunderbare H. (Acta Ethnographica 20/1971); A. P. Okladnikow, Der H. mit dem Goldenen Geweih, 1972; M. Lurker, Zur Symbolbedeutung von Horn und Geweih (Symbolon N. F. 2/1975); B. Domagalski, Der H. in spätantiker Literatur u. Kunst unter bes. Berücksichtigung der frühchristl. Zeugnisse, 1990.

**Hirt.** Den Hirtenstand als Archetypus in der menschlichen Gesellschaft kennzeichnet ein einfaches, auf sich selbst gestelltes Leben in der Natur und bei den Herden. Bereits in den frühesten Kulturen Vorderasiens und des Orients, in Ägypten, im jüdisch-biblischen Sprachbereich sowie in Indien wird der H. mit der Königstitulatur und mit göttlicher Repräsentation in Verbindung gebracht. Hirtengötter sind z.B. Anubis (Ägypten), Attis (Phrygien), Hermes (Griechenland). König David und die ägyptischen Pharaonen gelten im Hirtenamt als ideale Herrscher. Der H. und Vegetationsgott Tammuz (→ Dumuzi) wirkt als Zentralgestalt auf die späteren Mysterienkulte des Orients.

In der griechischen und römischen Literatur erscheint der H. als Bewohner idyllischer Landschaften und als Vertreter musischer Künste. Den mit Theokrit einsetzenden Literaturtopos des musizierenden Hirten inmitten eines *locus amoenus* überführt → Vergil in die Symbolik Arkadiens, des Wunsch- und Traumlandes von Poesie und Musik. Der Hirtenstand wird stilisiert und mythologisiert. Vergil nimmt den H. als Maske für den Dichter und dessen politische Weltbetrachtung. Auch die Hirtenliebe erhält bukolisch-verklärenden Charakter. Aus der Allegorie der Philanthropia, des Seelengeleiters Hermes, des Schafträgers und weiteren paganen Motiven entwickelt sich in den ersten nachchristlichen Jh. der Bildtypus des guten Hirten. Nach dem biblischen Gleichnis (*Joh* 10, 12) ist Christus der *pastor bonus*, der sich um seine Herde (die Gläubigen) sorgt und zugleich als wertvollstes Tier der Herde geopfert wird (Opferlamm). Die lateinischen Kirchenväter messen den Symbolbeigaben des Christus-Hirten besondere Bedeutung zu: Der HIRTENSTAB ist Zeichen der »heilbringenden Macht des Erziehers« (Clemens), die SYRINX ein Instrument des himmlischen Logos, der rettenden Wahrheit. In der Herrscher- und Erlösergestalt sowie der heidnisch-mythischen Anschauung von der Zauberkraft der Musik verbinden sich Orpheus – David – Christus. Während der H. als bildliche Symbolfigur auf Jahreszeiten-Darstellungen, als Monatsmotiv oder als Sinnbild des Bukolischen und Pastoralen schlechthin weiterlebt, hat seine geistliche Umdeutung zum Prädikanten christlicher Lehre geringere Resonanz. Die musizierenden Weihnachtshirten als Symbol irdischer Freude über die Geburt Christi bleiben als Typus über das MA hinaus erhalten.

Die Renaissance-Dichtung Italiens (Sannazaro, Tasso, Guarini) »entdeckt« zugleich mit Arkadien den Hirtenstand als Zeugen eines verlorengegangenen goldenen Zeitalters und historisiert ihn damit. Eine über ganz Europa ausgedehnte Schäfermode gefällt sich in der Hirtenmaskerade bei Hofe. Hohe Standespersonen geben sich als nach Arkadien versetze H. aus, deren einzige Sorge der Streit um die Liebesfreiheit ist. Bukolische Wiedererweckungsfunktion im Bereich der Künste hat die 1690 in Rom gegründete Akademie »Arcadia«. – In Deutschland gilt neben den religiösen Kontrafakturen des liebenden Hirten bei Friedrich von Spee der H. als »gelehrt«, als Träger einer entsprechenden Gesellschaft und deren Dichtung (z.B. »Pegnitz-Schäfer«), die dadurch ihren eignen Lebenswert zu erhöhen sucht. Auch im 18. Jh. bleibt die ideale Vorstellung des natürlichen Hirtenlebens bestehen, das sich in »sorgloser Muße und musischer Veranlagung« (Mähl) äußert und mit der Realität des beschwerlichen Landlebens und der gekünstelten Hofetikette in direktem Kontrast steht. Im Widerstreit zwischen Natur und Kultur (Rousseau) wird der H. zur Symbolfigur von Natur und Natürlichkeit erhoben. Zu Beginn des 19. Jh. wandelt sich das Hirtenbild in Dichtung und Literaturtheorie von der wehmütigen Rückschau auf ein verlorenes Paradies zum Symbol einer fernen goldenen Zukunft und macht zugleich anderen Motiven und Symbolen wie dem des »edlen Wilden« oder des idealen Inseldaseins (Tahiti) Platz. Im sakral-kirchlichen Bereich hat sich die Symbolfigur des guten Hirten bis heute erhalten und erscheint in den Bezeichnungen Pastor für Seelsorger, Pastoraltheologie, Hirtenmesse oder Hirtenbrief.

Die Musik nimmt sich nach Literatur und Bildkunst als letzte des Hirtenstandes und seiner Symbolik an. Ausgelöst durch die enge Verbindung zwischen Text und → Musik ab dem 16. Jh. bilden sich zunächst in Madrigal, Oper, Kantate, dann auch in der textfreien Instrumentalmusik Tonsymbole heraus, die den H. und seinen Lebenskreis charakterisieren: Bordunquinten (Dudelsack als typisches Instrument), wiegende Melodik, Siciliano-Rhythmus, Instrumentation (Flöte, Oboe) usw. Diese musikalischen Merkmale schließen sich zum topischen Umkreis der Pastorale zusammen und bleiben als Kontinuität und in gattungs- oder zeitbedingten Wandlungen (Weihnachtsmusik, Bachs Hirtenkantaten, Beethovens Pastoralsymphonie) durch die Jahrhunderte erhalten. [Jg]

Th. K. Kempf, Christus, der H., 1942; H. Petriconi, Das neue Arkadien (Antike u. Abendland III), 1948; H.-J. Mähl, Die Idee des goldenen Zeitalters im Werk des Novalis, 1965; M. Vereno, Die Symbolik des H.en (Antaios XII), 1971; M. Lurker, Wb. bibl. Bilder u. Symbole, 1973; H. Jung, Die Pastorale. Studien zur Gesch. eines musikal. Topos (im Druck); W. Schumacher, H. u. »Guter H.«, 1977.

**Hochzeit.** Drei sehr alte, geheiligte Vorgänge bei der Eheschließung sind auseinanderzuhalten: 1) »Hochzeiten« ist bei Natur- wie bei Hochkulturvölkern stets lautstarkes, wenn auch feierliches Verkünden einer Änderung in der persönlichen Lebensführung; es ist das Heraustreten und Verabschieden der Jungmänner und Jungfrauen aus dem Kreis ihrer Familien und Altersgenossen, also das »Freien« aus der Vormundschaft der Familie heraus, eng verbunden mit dem Eingehen in die Pflicht der eigenen Familie. Der neue Lebensabschnitt, insbes. das »Einrichten und Besorgen des gegliederten, geordneten Hausstandes« heißt mit altem Wort »Heirat«. 2) Max Ebert erörtert eingehend im Reallexikon der Vorgeschichte, (V, 247f.), daß H.s-Bräuche weltweit auf die Eheform (Einehe/Vielehe) selten Einfluß nehmen. Für die Rechtsverbindlichkeit zwischen beiden Gatten braucht man das Wort »Ehe«, das schon got. *aivs*, ahd. *êwa* als »ewiger«-Bund, Ordnung, Gesetz bezeugt ist und nach Grimm (*Rechtsaltertertümer*) erst Ende des MA durch die Kirche auf »Ehestand« beschränkt wird. H. ist somit ursprünglich nur »festlicher« Schritt zur Schließung der Ehe. Der Sprachgebrauch unterscheidet also sehr fein Heirat/Ehe/Hochzeit. 3) In der Lebensfolge Geburt/Hochzeit/Tod wird jedes der drei Ereignisse als »Eintritt in ein neues Leben« bezeichnet und durch unterschiedliche, wenn auch sich ähnelnde, symbolische Handlungen und Zeichen bekräftigt. Die Sitte zeigt eindeutig: »Geborene« und »Tote« werden ohne ihr eigenes Zutun, gleichsam als Objekt, »be-feiert« – die »Hochzeiter« indessen »feiern sich selbst«! Ihre Familien und Nachbarschaften bleiben dabei nur Mitfeiernde; alle – vom H.sbitter über die das Fest ausrichtenden Anverwandten bis hin zu den Musikanten und Spaßmachern – leisten dem »Fest des Brautpaares« lediglich Hilfestellung. Die Hochzeiter bedürfen nur darum dieses Beistandes bei Trauung, Heimführung und Beilager, damit ihre »Vermählung« öffentlich-rechtlich vor der Gemeinschaft, eben als »Ehe«, anerkannt werde.

Das Ereignis H. wird von Volk zu Volk verschieden beurteilt; darum wechselt die ausdruckgebende Symbolik im Grundsätzlichen wie im begleitenden Rahmen. 1) Im Grundsätzlichen ausgeprägt in der Braut als Hauptperson. Bei vielen Naturvölkern, in Altassyrien sowie noch im Orientalisch-Mittelmeerischen verlangt patriarchalische Grundhaltung, daß die Frau tiefverschleiert dem Manne zugeführt wird und dann je nach Vermögen des Mannes ihre Stellung als Haus- und Geschlechtsgenossin erhält. Dagegen führt in weiten Teilen Alteuropas nördlich von Alpen und Kaukasus der Hochzeiter noch heute selbst die Braut zu sich heim. Er macht sie durch symbolisches UMSCHREITEN des Herdes, Inbesitznehmen des Stuhles (»Stuhlfest«) und durch Übergabe der Schlüsselgewalt zur Herrin in ihrem Wirkungskreis von Haus und Hof, »seiner eh-

ren teilhaftig«, zu seiner »Hausehre« (Grimm *Rechtsaltertümer* 447).
Dem genau entsprechend mußte die Mutter des einheiratenden Teiles das Heiratsgut auf dem Kammerwagen überbringen, auf dem sie im (ehemals nur dafür hergestellten) »BRAUTSTUHL« wie eine Ahnfrau thronte. Zum Grundsätzlichen bemerkt Grimm (DWB II) noch, das Wort »Braut« gehöre zu den merkwürdigsten Gemeinsamkeiten fast aller westindogermanischen Sprachen und habe wie wenige andere Worte in ihnen hohe Altertümlichkeit bewahrt. So steckt in »Bräutigam« neben dem alten Dativ-i (eigentl.: dem Manne für die Neuvermählte) das Suffix *gam,* das mit got. *guma* Mann, mit lat. *con/cum/homo,* engl. *queen/king,* dt. *gammeln* auf die gleiche Wortwurzel *kan* erzeugen zurückgeht. Damit wird die Braut auch namentlich als die Hauptperson des Hochzeits-, genauer gesagt Brautpaares symbolisiert.
2) Zur Symbolik des ausschmükkenden Rahmens: Beide Hochzeiter stehen zwar auf der Höhe ihres Eigenlebens, zugleich lehrt sie aber der »Umstand« bei ihrer Vermählung, daß auch sie beide als Eheleute nur im natürlich vorgegebenen, ehemals kosmisch begründeten und darum »ewig-heilig« gehaltenen Ordnungsgefüge ihrer in der → Heimat wurzelnden Gemeinschaft leben und wirken können. Vor diesem Hintergrund ist die großartige Symbolik um die H. schon an wenigen Beispielen eindrucksvoll zu zeigen: a) Brautausstattung: Der Vater fällt bereits am Geburtstag der Tocher einen BAUM, um später trockenes Holz für den großen Hausrat zu haben, und pflanzt dafür ihren »Lebensbaum«. Die Mutter sorgt, daß das junge Mädchen »in den Jahren« an ihrer Ausstattung webt und stickt; zu diesen weiblichen Handarbeiten gehören unerläßlich das HOCHZEITSHEMD für den Zukünftigen, die Haube oder Krone der Braut, vor allem auch die mit Namen und uralten Symbolzeichen ausgestickten TOTENLAKEN! – b) Schenkebräuche der Brautleute: Der romantisch nach älterem Vorbild (Minnehuhn und Minnewein am Beilager) geprägte Begriff »Minnegabe« verdeutlicht deren Schenkelust, bei der beider Zwiesprache im sinnbildhaften oder seit Mitte des 18. Jh. auch im allegorischen Schmuck am Selbstgefertigten oder am handwerklichen Meisterstück ausgesprochen wird. – c) Brautwerber/Hochzeitslader: Einen reich geschmückten Brautwerber dazwischenzuschalten, verringert die Peinlichkeit einer Absage auf das Mindestmaß; das gleiche gilt für den Hochzeitslader. Uralte, rechtssymbolische Formen werden abgewandelt: Stab, Brustschild, Hut sowie bestes Pferd und bestes Sattelzeug standen dem Königsboten zu, dem Brautwerber und Hochzeitslader in landesüblicher Form ebenfalls. – d) Feier der Hochzeit/Vermählung: im Parsival u.a. hochmal. Dichtungen ist Eheschließung vor der Brauttür der Kirche oder vor dem Altar in der Kirche noch unbekannt. Das Zusammengeben geschah durch das Familienoberhaupt »im Kreise« der festlich vereinten Angehörigen und Freunde, die das sogen. »Mahl« bildeten, daher das Wort »Vermählung«. Erst als die Kirche beanspruchte, eine Ehe sei nur durch Trauung vor dem Prie-

ster zurecht geschlossen, verlor sich die alte Symbolik, z.B. des BRAUTKRANZES zugunsten des SCHLEIERS (der Bräute Christi), im bäuerlichen Auflehnen dagegen so, daß man den schlichten, alten Dreisproß oder Kranz unter Barock/Rokokoeinfluß zur üppigsten Brautkrone herausputzte! Brustlatz, Gürtel, Schuhe der Braut, das schlichte Sträußchen des Bräutigams sind kärgliche, letzte Überlebsel großartiger, hochzeitlicher Symbolik.
Der Eheschluß wurde und wird noch immer durch ein gemeinsames Mahl mit Festspeisen und Trinksprüchen, durch H.stanz und kurzweilige Spielchen bekräftigt – deren alte, würdevolle Symbolik aber bald durch Unsitten zuschanden kam, genauso wie das einst hoch in Ehren gehaltene Beilager durch obrigkeitliche und puritanische Polizeiverordnungen der Mißachtung verfiel. Wissenschaftlich ist H.s-Symbolik nur selten bearbeitet, obwohl deren Dokumentation tiefe Rückschlüsse auf Symbolik im Grundsatz wie im Einzelfall ermöglicht: → Brautsymbolik, Verlobung [LM]

Grimm, Deutsches Wörterbuch II (Braut, Bräutigam), III (Ehe), IV (Heirat, Hochzeit); Handwörterbuch des dt. Aberglaubens I (Braut, Bräutigam), IV (Hochzeit); J. Grimm, Dt. Rechtsaltertümer, 1899; M. Höfler, Gebildbrote der H., 1911; E. Fehrle, Dt. H.sbräuche, 1937; K. Frölich, Eheschließung d. dt. Frühmittelalters (Hess. Blätter f. Volkskunde 27) 1928; S. Lehmann, Brautstühle – Odalstühle (Germanien 1943); D. Dünninger, Wegsperre u. Lösung. Formen u. Motive eines dörfl. H.sbrauchtums, 1967; B. Deneke, H., 1971; M. Baker, Wedding customs and folklore, Newton Abbot 1977.

**Hochzeit, heilige** → Hieros gamos

**Hoffnung,** zukunftsgerichtete Form der Erwartung eines erwünschten Zustandes. Wo nichts mehr zu hoffen ist, da ist der Tod oder die Vollkommenheit – deshalb die eschatologische Bedeutung der H. in den Hochreligionen. Im AT ist der STAB in der Hand (2 *Mos* 12, 11) nicht nur Symbol der Wanderschaft, sondern auch der H. im Hinblick auf Gottes Verheißung. Noch Angelus Silesius meint: »Hoffnung ist ein fester Stab und Geduld ein Reisekleid, da man mit durch Welt und Grab wandert in die Ewigkeit.« Auf dem irdischen Leidensweg war den Christen der ANKER ein Symbol der H. (vgl. *Hebr* 6, 19), besonders im 3. Jh. auf Gemmen, Ringen, Katakombeninschriften verbreitet. Seit dem späten MA ist der Anker Attribut der → Spes, findet sich aber auch als symbolischer Hinweis für die H. auf ein Weiterleben im Jenseits in der Grabmalkunst. Auch sonst ist die christl. → Sepulkralsymbolik von dieser Endzeiterwartung geprägt worden. Augustinus vergleicht die H. mit einem EI; beide deuten auf einen noch nicht erreichten Zustand hin. In der Renaissance kamen neue Symbole auf: KÄFIG mit die Freiheit ersehnendem Vogel; aus der Asche sich erneuernder PHÖNIX; SPATEN (wer umgräbt, hofft auf die spätere Ernte). In der Volksüberlieferung ist GRÜN die Farbe der H.; in der mal. Gewandsprache sinnbildet es die hoffende Liebe. Mal. Kirchenschriftsteller (Paulinus von Nola, Beda Venerabilis) bezeichnen Grün als Farbe des Paradieses und damit der H. auf Unsterblichkeit. → Spes [Lr]

**Höflichkeitsformen.** Die Soziologie definiert die H. als eine Form symbolischer → Interaktion, d.h.

als Handeln auf der Grundlage allgemein anerkannter Symbole, die jeweils für beide Partner gleichen Bedeutungsinhalt haben. Es ist unmöglich, höflich zu sein, wenn man keine Kenntnis von den festgelegten Gesten und Formeln der jeweiligen sozialen Gruppe hat oder nicht weiß, wann und wie sie anzuwenden sind. Eine bes. strenge und starre Regulierung weist das höfische Zeremoniell (typische Beispiele: Byzanz, Spanien) sowie das aus ihm hervorgegangene diplomatische Protokoll unserer Tage auf. Nicht nur das Wort »Höflichkeit« weist auf die höfische Kultur zurück, tatsächlich haben viele der heute weitgehend verbindlichen Formen dort ihren Ursprung. Das Phänomen selbst findet sich aber in allen Kulturen und Schichten; auch den Naturvölkern spricht man heute die Kenntnis von Höflichkeitsregeln nicht ab.

Vielfach ist die ursprüngliche Bedeutung einzelner H. heute kaum mehr erkennbar bzw. dem sie Ausübenden nicht bewußt. So schwingt z.B. bei der Grußformel »Grüß Gott« heute kaum mehr etwas von dem urspünglich damit gemeinten religiösen Segenswunsch mit, und »Servus« oder »Tschau« (*ciao*, venez. Dialektform von it. *schiavo*) deutet heute keineswegs Ergebenheit an. Dennoch werden die Formeln durch ihre Entfernung vom ursprünglichen Gehalt nicht einfach austauschbar; vielmehr hat jede einen bes. Stellenwert im sozialen Gefüge (so wäre, um beim Beispiel zu bleiben, die Begrüßung eines sozial Höhergestellten mit »Servus« unhöflich). Mitunter finden sich – bes. im Zeremoniell – feine Abstufungen, so etwa die Gesten der Verehrung und Unterwerfung vom Senken des Blicks über das Neigen des Kopfes, Beugen des Nackens, Kauern (Proskynese) bis zum flach Hinlegen (völlige Hingabe und Unterwerfung; heute noch in der Liturgie bei Priesterweihe und Ordensprofeß). Die äußerliche Erfüllung von Regeln der H. impliziert nicht innere Identifikation mit den Inhalten. Dies führt gelegentlich zur Kritik an der Höflichkeit an sich, die mit Unehrlichkeit und Lüge gleichgesetzt und dem idealisierten Bild des »Naturmenschen« entgegengestellt wird (Rousseau spricht von der *Perfidie* der *Politesse*).

[EH]

M. H. Rassem, Über den Sinn der Höflichkeit (Fs. f. O. Höfler, II) 1968; K. Prause, Deutsche Grußformeln in nhd. Zeit, 1930; E. Grohne, Gruß u. Gebärden (Hdb. d. dt. Volkskunde, hg. v. W. Peßler, I); H. Zilliacus, Anredeformen (Jb f. Ant. u. Christent. 7) 1964.

**Hoheitszeichen.** In Antike und MA wurde der »Staat« durch die → Herrschersymbole sichtbar gemacht, diese legitimierten den Herrscher in seiner Regierungsgewalt (→ Reichsinsignien). In der Zeit der Verlagerung der Souveränität vom Monarchen auf das Volk wurden die Herrschaftszeichen von den H. abgelöst, diese sind nunmehr Zeichen staatlicher Gewalt, die sog. → Staatssymbole. Die repräsentierende Funktion der H. zeigt sich darin, daß ihre Verunglimpfung oder Beschädigung als dem Staat zugefügtes Unrecht geahndet wird. [*]

**Hohes Lied,** stammt nicht von Salomon, seiner Sprache nach ist es zwischen 400–200 v. Chr. entstanden, eine lose Folge von Liebesliedern (Trennungsschmerz, Freude der Vereinigung, Beschreibung der Schönheit) mit reicher Bildersprache (Gazelle, Hindin, Granatapfel, Lilie, Mandragora, Myrrhe, Narde, Wein, Zeder). Die zahlreichen Ortsnamen (Engeddi, Kedar, Libanon, Thirza, Jerusalem) weisen vielleicht auf die verschiedenen Gegenden, in denen sie entstanden sind.

Die Aufnahme des Hl in den Kanon der Bibel hängt mit der bildlichen Deutung zusammen. Man verstand es entweder als Ganzes als Parabel (EHE als Bild für den Bund Gottes mit seinem Volk vgl. *Jes* 62, 5), als Allegorie (die in allen Einzelzügen nur Jahwes Liebe zu Israel beschreibt): Die Rabbinen fanden 1, 13 die Bundeslade, 2, 7 den Berg Moria. Die Kirchenväter sehen in dem BRÄUTIGAM und der BRAUT Christus und die Kirche (Hippolyt, Origenes), Christus und die Seele der Gläubigen (Origenes, Tertullian, Gregor v. Nyssa, Theodoret u.v.a.): Im Glauben, in der Taufe, in der Eucharistie vermählt sich die Seele mit dem Schöpfer, mit dem Geist, mit Christus. Im mal. → Symbolismus blüht die marianische Auslegung (Rupert v. Deutz, Honorius Augustodunensis), deren seit der Väterzeit berühmteste Einzelmotive versiegelter BRUNNEN (*fons signatus*) und geschlossener GARTEN (*hortus conclusus* 4, 12) auf Mariens Jungfräulichkeit und Fruchtbarkeit weisen. Eine weitgehend mystisch – aszetische Deutung findet sich bei Bernhard v. Clairvaux, Mechthild v. Magdeburg.

Von den wiederholten modernen Versuchen, die mythisch-kultische Herkunft des Hl zu erweisen, bleibt lediglich die Erkenntnis, daß gegenseitige Beeinflussung von Mythos (»Heilige Hochzeit«) und erotischer Poesie hier wie anderswo stattgefunden hat.

Heute vertreten katholische und evangelische Exegeten die buchstäbliche, naturalistische Deutung: Das Hl besingt ursprünglich die Liebe zwischen Mann und Frau, unterscheidet sich in Stil und Thematik nicht von den Liebesliedern des alten Orients, besonders Ägyptens. Es ist »die Stimme des Bräutigams und der Braut« (*Jer* 7, 34), deren Bestimmung (1 *Mos* 24, 14, *Tob* 6,18) und Auftrag (1 *Mos* 1, 27f.) von Gott ist. Das AT, jeder Prüderie abhold (vgl. *Ez* 16, 25f.), bewertet das Geschlechtsverhältnis ungemein hoch (*Spr* 30, 18f.) und vermag darin ein Abbild der Liebe Gottes zum Menschen zu sehen. [JBB]

J. P. Audet, (Rev. Bibl. 62) 1955; D. Lerch, Zur Geschichte der Auslegung: (Zs. f. Theol. u. Kirche 54) 1957; F. Ohly, Hohelied-Studien, 1958; H. Riedlinger, Die Makellosigkeit der Kirche in den lat. Hl. Kommentaren des MA, 1958; J. Daniélou, Liturgie u. Bibel, 1962; O. Loretz, Zum Problem des Eros im Hl. (Bibl. Zs. 8) 1964; S. Grill, Die Symbolsprache des Hl., Heiligenkreuz 1964; O. Schwencke, Die Glossierung alttestamentl. Bücher in der Lübecker Bibel von 1494, 1967; 115–154. D. v. Burgsdorff, Hl (LChrI, II) 1970; H. P. Müller, Die lyrische Reproduktion des Mythischen im Hl (Zs. f. Theol. u. Kirche 73) 1976; Kommentare: A. Miller, 1927; H. Ringgren, 1958; W. Rudolph, 1962; G. Gerleman, 1963; L. Krinetzki, 1964.

**Höhle,** schon in prähistorischer Zeit von kultischer Bedeutung (→ Fels- u. Höhlenbilder). Als Innenraum der Erde bzw. des → Berges ist die H. mit der Symbolik von Geburt und Tod verbunden. Die Ägypter glaubten, daß das lebenspendende Wasser des Nils aus einer H. hervorkomme. Die dunkle H. ist der mythische Ort des *hieros gamos* (so bei Jupiter und Juno), die Geburtsstätte der Götter (Zeus, Hermes, → Mithras) und Ursprungsort ganzer Völker

(Azteken, Kabylen). Obwohl in der biblischen Geschichte von Christi Geburt keine H. erwähnt wird, findet sie sich in der Kunst der Ostkirche, oft einer Erdspalte ähnlich und damit dem Mutterschoß der Erde, die vom Himmel befruchtet wurde; die Geburtshöhle ist aber auch Ort der Nacht, aus der die Sonne *(sol salutis)* hervorkommt. – H.n sind auch Eingang ins Totenreich. Das Nekropolengebiet des ägypt. Lykopolis hatte den Namen »Öffnung der Höhle«. Künstliche Grab-H.n sind die Katakomben. Das Totenreich der Germanen, Hel, wie auch die christliche Hölle werden als unterirdischer Hohlraum gedacht. Bei Henry → Moore wird die H. zum Ausdruck der Mütterlichkeit in ihrem Leben schenkenden und wieder zurücknehmenden Aspekt. Erd- und Muttergöttinnen wohnen oft in H.n: die griechische Demeter, die baskische Mari, die gallische *virgo paritura* (die Jungfrau, die gebären soll); anzuknüpfen sind Madonnenerscheinungen in Grotten und H.n (z. B. Lourdes).

Bei den Pythagoreern fand die Initiation in einer H. oder unter einer Kuppel statt, deren Wölbung eine Darstellung des Kosmos enthielt. Bei → Platon weist das H.ngleichnis auf die menschliche Erkenntnissituation in einer Welt der bloßen Abbilder und des Scheins. In der barocken Allegorese wird die H. zum Zentrum des Kosmos und zur Wirkungsstätte kosmischer Mächte (z. B. Holzschnitt »Der Magier« von Hendrik Goltzius). Die christliche Apsis und die mohammedanische Gebetsnische (Mihrab) sind in die Architektur übertragene Abbilder der H. [Lr]

Th. Nissen, Zur Deutung des platon. H.gleichnisses (Philologus 45/1936); A. Rosenberg, Michael u. d. Drache (95–159, zu Michaels- u. Kulthöhle) 1956; G. v. d. Osten, Der Blick i. d. Geburtshöhle (Kölner Domblatt 23–24/1964); W. Kemp, Die H. d. Ewigkeit (Zs. f. Kunstgesch. 32/1969); E. Benz, Die hl. H. i. d. alten Christenheit u. i. d. östl.-orth. Kirche (Urbild u. Abbild. Ges. Eranos-Beitr.) 1974; H. Kirchhoff, Urbilder des Glaubens (23–38), 1988.

**Höhlenbilder** → Fels- und Höhlenbilder

**Hölle,** die Stätte der Verdammten in der Unterwelt. Im altägyptischen Jenseitsglauben bedrohen FEUERSTRÖME und feuerspeiende Wesen das Weiterleben nach dem Tode; die verdammten Toten müssen in ewiger Dunkelheit leben. Nach der Lehre des Mazdaismus kommen die bösen Seelen in die »anfanglose FINSTERNIS«, wo sie sich von giftigen Speisen ernähren müssen. Nach indischer Vorstellung sind die Seelen in einem finsteren Verlies den Höllenqualen (Hitze, große Kälte, Folterung) wehrlos ausgesetzt. Der Tartaros der griechischen Mythologie ist von einer dreifachen Mauer und dem Pyriphlegeton (Feuerstrom) umschlossen. Zu den H.vorstellungen können Beobachtungen vulkanischer Erscheinungen beigetragen haben: auf Teneriffa lokalisierte man den Teufel und die H. in dem Vulkan Pico de Teyde. Nach dem *Koran* (Sure 11, 108) kommen die Verdammten ins Feuer und bleiben darin, solange Himmel und Erde bestehen; die in der Folgezeit weiter ausgemalten Bilder der H.strafen wie auch die der Paradiesesfreuden wurden von den islamischen Mystikern und Philosophen sublimiert und als Zustände der Seele erklärt.

Im Christentum wurde die H. zum Symbol für den Strafort der Verdammten, gekennzeichnet durch FINSTERNIS (*Mt* 25, 30) und ewiges FEUER (*Mt* 18, 8). Der nicht sterbende WURM (*Mk* 9, 44) kontaminiert mit der Schlange der Versuchung im Paradies und mit dem apokalyptischen Drachen. Nach Tertullian sind Vulkane Beweise für die Feuerh., die dementsprechend unterirdisch gedacht wird; Ephräm der Syrer glaubt die H. außerhalb der Welt in der äußersten Dunkelheit. Die ersten sicheren H.darstellungen stammen aus dem 8./9. Jh. Karolingische Handschriften (*Stuttgarter Psalter, Utrechtpsalter*) zeigen nackte Sünder in Flammen oder in feuergefüllten Gefäßen, Flügeldämonen, den Höllenfürsten, eine TOTENMASKE (Sinnbild des Hades), den aus antikem Mythos übernommenen H.hund Cerberus. Als Trägerszenen dienen das → Weltgericht, die → Höllenfahrt Christi, Darstellungen aus der → Apokalypse und im 15./16. Jh. die Versuchung des hl. Antonius. Öfters wird der die Verdammten verschlingende Luzifer (→ Teufel) dargestellt, neben ihm der H.kessel (so im *Stundenbuch des Duc de Berry*), seine Behausung erscheint als Höhle oder als BURG (letzteres schon auf Elfenbeintäfelchen des 9. Jh.). Der besonders häufig in der französischen Kathedralplastik dargestellte H.RACHEN – in Anlehnung an den → Leviathan – wurde zum Gegenbild vom das Paradies andeutenden Schoß Abrahams. Für die ostkirchlichen H.darstellungen charakteristisch sind die mit Lanzen bewaffneten Strafengel.

In der christlichen Literatur gehört zu den großartigsten H.schilderungen → Dantes Inferno. Bei Mystikern des 16./17. Jh. (so bei Angelus Silesius) sind Himmel und H. nicht zukünftig, sondern in der Brust eines jeden Menschen gegenwärtig. Zur gleichen Zeit war »NOBISKRUG« – von pseudolateinisch *nobis* für *non* (= nichts) + Krug (= Wirtschaft) – eine volkstümliche Bezeichnung für schlechte Herberge und Sinnbild für die H.; älteste Bildbelege in Buchillustrationen des 15. Jh. [Lr]

J. D. C. Pavry, The Zoroastrian Doctrine of a Future Life, New York 1926; E. Grohne, Die Nobiskrüge, ihr Ursprung und Ihre Bedeutung (Niederdeutsche Zs. f. Volkskunde 6) 1928; W. Vycichl. Der Feuerstrom im Jenseits (Arch. f. äygpt. Archäologie 1) 1938; E. Wüst, Unterwelt (PWRE 9 A/1) 1961; R. Hughes, Heaven and Hell in Western Art. London 1968; E. Hornung, Altägypt. H.vorstellungen (Abh. d. sächs. Ak. d. Wiss., Leipzig, phil.-hist. Kl. 59, 3) 1968.

**Höllenfahrt,** christlich. Dieses Thema taucht in der abendländischen Kunst auf einem Fresko in Müstair (Schweiz), um 800, auf, während die ostchristliche Kunst in der Staurothek Fieschi, spätestens um 700, die Grundelemente dieser Darstellung (Christus, der auf den besiegten Hades tritt; der den Adam beim Handgelenk packt, während Eva akklamiert; im Hintergrund David und Salomon wie die zerbrochenen Hadespforten) aufzuweisen hat. – Wenngleich dieses Bild, auch im Hinblick auf seine Darstellungen innerhalb der Welt des Ostens, meist als »Höllenfahrt« bezeichnet wird, kann, vor allem seit den Forschungen von H.-J. Schulz, nicht mehr von einer »Höllenfahrt« allein in dem vom Künstler beabsichtigten Sinne gesprochen werden. Vielmehr handelt es sich dabei um ein Auferstehungsbild, wie ja die meist vorhandene In-

schrift auf dem Bilde auch auf »Anastasis«, »Auferstehung«, lautet. In diesem Sinne gilt das Wort von Schulz: »Die Anastasis-Ikone ist ... die bedeutendste ikonographische Ausprägung byzantinischer Osterauffassung«, wobei dieser Bildtyp mit dem 8. Jh. seine besondere Verbreitung gefunden hat. Die Berechtigung, Ermöglichung einer solchen Konzeption ergibt sich aus dem Bericht über die Auferstandenen nach *Mt* 27, 52f. Damit wird zum Ausdruck gebracht, daß die durch den Hinabstieg Christi zur Unterwelt (*Ps* 30, 4; 107, 16; 1 *Petr* 3, 19; 4, 6) bewirkte Befreiung eben nicht nur eine Befreiung der Seelen ist, die dann als so befreite Seelen in diese unsere Welt eintreten, sondern eine Befreiung und Auferstehung des ganzen Menschen ist, sodaß diese Höllenfahrt-Anastatis-Ikone zum Sinnbild dafür wird, daß die mit dem auferstandenen Christus selbst in ihrer Ganzheit Auferstandenen in diese unsere Welt eingetreten sind.
Der christologische Ansatz des Neu-Chalkedonismus, der auch für die östliche Osterfrömmigkeit fruchtbar geworden ist, dürfte mit in die Gestaltung der Höllenfahrt-Anastasis-Ikone hereingespielt haben. Gerade im Leuchten des Herrn in der Vorhölle, in seiner Kraft, in seiner Eile wie in seinem Schwung, der seinen Mantel flattern läßt, zeigt sich dieser Einfluß. [Sr]

E. Lucchesi Palli, H. (LChrI, 2) 1970; H. J. Schulz, Die Höllenfahrt als »Anastasis« (Zs. f. kath. Theolgie 81) 1959; R. Lange, Die Auferstehung, 1966.

**Holunder,** bereits in der Antike geschützte Heilpflanze; schon durch das Berühren hoffte man Krankheiten abstreifen zu können. Im germanischen Raum der Holla (Frau Holle) oder Freya, der kinderspendenden Göttin, heilig; deshalb in Dänemark als Geburtsbaum bekannt, den schwangere Frauen umfassen. In der Volkserotik dient der H. als Fruchtbarkeitssymbol; an Fenster oder Tür gesteckte Zweige deuten auf Mädchen von zweifelhaftem Ruf (Thüringen, Nordfrankreich) Im englischen Volksglauben verbindet sich mit ihm einerseits die Vorstellung vom Baum der Kreuzigung, andererseits soll Judas sich an ihm aufgehängt haben. Bei den Friesen wurden Tote unter einem H.strauch beigesetzt; verbreitet war auch der Volksglaube, daß ein am Hause verdorrender H.strauch ein Vorzeichen für den bevorstehenden Tod eines Hausbewohners sei. [Lr]

H. Marzell, H. (HdA IV) 1932; J. Wilde, Kulturgesch. der Kräuter u. Stauden, 1947.

**Homer** galt den Griechen als Symbol des Dichters. Durch den Mund des legendären blinden Sängers, der im Zustand des Enthusiasmos seine Eingebungen empfing, sprach sich nach Auffasssung der Alten göttliche Weisheit aus. Platon kritisiert die Weisheit H.s, da sie ungeprüft und nicht auf die Wahrheit des Guten ausgerichtet sei. Nachdem im MA → Vergil H.s Platz eingenommen hatte, wurde H. wieder in der Neuzeit (vor allem seit der Klassik Goethes und Schillers) als Symbolfigur des genialen (epischen) Dichters anerkannt. In H.s großen Epen fand der Grieche Figuren und Vorgänge, die ihm in ihrer symbolischen Gestaltung Grundstrukturen des Lebens erschlossen und die überzeitliche, oft verdeckte Sinnhaftigkeit des Daseins aufleuchten ließen.

Die *Ilias* stellt am Beispiel Achills die Ergriffenheit durch ein *páthos* und den Zusammenprall der Emotionen als Grundgeschehen des Lebens dar. Achill verkörpert das Ideal der heroischen *areté*. Er entscheidet sich für ein kurzes mit Ruhm verbundenes Leben, um seine Ehre (*timé*) zu wahren und zu mehren. Selbst für Sokrates ist Achill Symbol des großen Menschen, der ohne Todesangst höheren Werten folgt (Pl. Ap. 16; Il. 18, 79ff.). Die *Odyssee* entwickelt den »ethischen« Charakter des Hauptheiden in zwölf Abenteuern und in der stufenweisen Wiedergewinnung der Herrschaft. → Odysseus wurde als der »vielkluge« und »vielduldende« zu einer Symbolgestalt der Weltliteratur. Der symbolische Sinn des Gesamtwerks liegt in einer Neubestimmung des Menschlichen: Der Mensch ist an seinem Schicksal großenteils selbst schuld, er muß lernen, im rechten Augenblick vernunftgemäß zu handeln, Frieden gibt es nur in einer Gesellschaft der Versöhnung und des Maßes.

Außer der Symbolhaftigkeit der Figuren und des Gesamtwerks findet sich bei H. eine Fülle symbolischer Einzelbezüge, die in ihrer Breite und Vielschichtigkeit den eigentlichen Reiz der homerischen Weltsicht ausmachen. Einige Beispiele: 1. Die Götter sind nicht Allegorien, sondern symbolische Erscheinungen höherer Kräfte, die bei allen Geschehnissen im Spiel sein können. Selbst der Sieg Achills über Hektor ist nur ein Werk Athenes. Die Götter passen sich in ihrer Erscheinungsform dem Seelenzustand ihres menschlichen Partners an, um eine Wirkung zu erzielen. Durch das Einwirken der Götter wird ein Vorgang, eine Handlung für den Menschen mehrdimensional und damit aus der Vordergründigkeit in ein transzendierendes Geschehen hineingehoben. 2. Bestimmte Wesenszüge homerischer Gottheiten und Heroen weisen auf alte mythische Grundmuster und archetypische Vorstellungen zurück (z.B. Hermes als Götterbote und → Seelengeleiter, als »der im Licht Erstrahlende« mit dem goldenen Stab, der in den Schlaf (Tod) zu versetzen und aus dem Schlaf wieder aufzuwecken vermag, oder Hera, die als lunare Nachfolgerin der alten Muttergottheit mit Zeus auf dem Ida (statt in der Höhle) das Beilager des → *hierós gámos* vollzieht (Il. 14, 341–351)). 3. Die homerischen Gleichnisse veranschaulichen nicht nur die Atmosphäre durch ein realistisches Bild, sondern lassen in vielen Fällen auch (archetypische) Symbolstrukturen durchschimmern (z.B. das Gleichnis vom glühenden Holzscheit, Od. 5, 488ff., die Symbolik des Lebensfeuers und der Wiedergeburt am Fuß des Lebensbaums; der Vergleich Nausikaas mit Artemis verdeutlicht die ungebrochene jungfräuliche Kraft in der *phýsis*, aus der allein sich Leben erneuert, Od. 6,V102–109). 4. Schicksalssymbolik: Als Hektor zum viertel Mal zu den beiden Quellbrunnen des Skamander, der Feuer- und Eisquelle, kommt, erfüllt sich sein Schicksal. Am Ort der Doppelquelle beginnt und vollendet sich sein Kreis-Lauf (Il. 22, 147 u. 208ff.). Ein sehr eindrucksvolles Symbol für die sich im Kairos erfüllende Gerechtigkeit des Schicksals ist die Schicksalswaage des Zeus, auf deren Schalen die Todeslose gewogen werden (Il. 22, 208–213). 5. Auch bestimmte Zahlen haben symbolischen Charakter: Zwölf Tage (Maß der Vollendung) übt Achill Rache an Hektor, Sonnenheld Odysseus besteht zwölf Abenteuer und schießt seinen Pfeil durch zwölf Äxte. 6. Symbolik der Gebärdensprache in menschlichen Grundsituationen (Hektor und Andromache, Odysseus und Penelope). Viele symbolische Einzelzüge sind noch zu entdecken. Eine systematische Untersuchung steht noch aus. [Di]

R. Hampe, Die Gleichnisse H.s u. d. Bildkunst seiner Zeit, 1952; G. Germain, Homère et la mystique des nombres. Paris 1954; W. Kullmann, Das Wirken der Götter in d. Ilias, 1956; W. Schadewaldt, Von H.s Welt und Werk, [4]1966; I. Gerosa, Dizionario mitologico omerico-virgilliano. Milano 1971; C. Moulton, Similes in Homeric poems, Göttingen 1977.

**Honig,** dem Altertum war seine natürliche Bildung noch unbekannt; Vergil (*Georgica* 4,1) bezeichnet ihn als »Geschenk des tauenden Äthers«, nach altindischer Vorstellung ist er eine Gabe des Himmels, nach der *Edda* tröpfelt der H.tau vom Weltbaum herab. Eine griechische Vorstellung ist, daß die Mondgöttin den H. hervorbringt; Porphyrios nennt daher den Mond »Biene«. Lebenswasser, Tau, H. und Met (vergorenes Getränk aus H. und Wasser) sind austauschbar; das german. Wort »Met« gehört sprachlich zum indischen *madhu* = H. Im griechischen Mythos ist H. Götterspeise, so des Zeusknäbleins. Milch und H. sind sakrale Speise, ja → Kultsymbol, nach altchristlicher Liturgie (bis zum 6. Jh.) wurden sie in einer Mischung im Anschluß an die Taufe dargereicht. Das »Land, wo Milch und Honig fließen« ist das »Gelobte Land« (2 *Mos* 3,8), das Paradies, Schlaraffenland. Dem Genuß von H. wurde die Vermittlung dichterischer und prophetischer Fähigkeit zugeschrieben. Von Pindar wird erzählt, daß ihm → Bienen die »göttliche Gabe« auf die Lippen träufelten. Für die Kirchenväter war es mehr als Zufall, daß sich der Prophet Johannes der Täufer in der Wüste von H. ernährte (*Mt* 3,4). In der Bibel wird die Süße des Gotteswortes mit H. verglichen (*Ps* 119,103), ebenso auch die Weisheit (*Spr* 24,13 ff.). [Lr]

F. Eckstein, H. (Hwb. d. dt. Aberglaubens 4); F. Ch. Fensham, Symbolism of milk and honey (Palestine Exploration Quarterly 98/1966); Ph. Rech, Inbild des Kosmos (II, 236–267) 1966; J. H. Waszink, Biene u. H. als Symbol des Dichters u. der Dichtung in der griech.-röm. Antike, 1974.

**Honorius Augustodunensis.** Die Herkunft des H. blieb ungeklärt; seiner Ausbildung nach kommt er aus dem Schulkreis von Canterbury: Er wirkte als solitarius in Regensburg, wo er um 1150 starb. Erhalten sind 38 Schriften zur Theologie, Pädagogik, Kosmologie und Naturkunde; ein Schriftenverzeichnis findet sich in *De luminaribus ecclesiae* 2, 17 (PL 172, 232 B – 234 A). In seiner Erstlingsschrift *Elucidarium* entwirft H. ein mikrokosmisches Elementenschema, wobei das Knochengerüst der Erde, das Blutsystem dem Wasser, der Atem der Luft und die Körperwärme dem Feuer entsprechen. Den vier Elementen zu vergleichen sind die Säfte, die Körperteile, die Seelenkräfte, die Lebensalter, die Temperamente, die Lebensbedürfnisse. Als eine

enzyklopädische Summe, die Geographie, Astronomie, Meteorologie und eine Chronik umfaßt, ist die *Imago mundi* aufzufassen. Mitten in diesem Weltgemälde, der *formula totius orbis*, steht der Mensch, dem der Schlüssel zur Natur anvertraut ist, die *clavix physicae*. Der Weg des Menschen führt auf einem Pilgerweg über die Wissenschaften zur Heimat, wie in einer weiteren Schrift *De animae exilio et patria* ausgeführt wird.
Welt und Mensch sind durchgehend symbolhaft verschlüsselt und werden allegorisch ausgelegt. Alles Stoffliche geht über die geistige Transformation einer wachsenden Verwandlung dem Göttlichen entgegen. Einen Höhepunkt dieser symbolistischen Schau von Welt und Mensch stellt die Exegese zum *Canticum canticorum* dar; Hauptmotiv ist auch hier die *natura humana*, die sich zur Gottheit wie eine Braut zu ihrem Bräutigam verhält und auf das *Corpus Mysticum* verweist. Die Bedeutung des Gesamtwerkes liegt weniger in seiner Originalität als in seiner allegorischen Vertiefung, in der theologisches, kosmologisches, historisches und naturkundliches Wissen exzerpiert, kompiliert und interpretiert wird. Hierzu dient das traditionelle Schema eines vierfachen (*historice, allegorice, tropologice, anagogice*) Interpretationskanon. Die Quellen sind bei Anselm von Canterbury und Anselm von Laon, bei Wilhelm von Champeaux, vor allem auch bei Augustinus zu suchen; die Naturkunde ist weitgehend abhängig von Johannes Scotus Eriugenas *De divisione naturae*. [Schi]

R. Rocholl, H. A. (Neue Kirch. Zs. 8/1897); J. A. Endres, H. A., 1906; B. Geyer (Hg.), Die patristische u. scholastische Philosophie (Ueberwegs Grundriß d. gesch. d. Phil. II) 1927; H. Schipperges, H. u. d. Naturkunde des 12. Jhs. (Sudhoffs Arch. 42/1958); H. Schipperges, Welt u. Mensch bei H. von Regensburg (Der dt. Apoth. 24/1972).

**Horapollo.** Unter dem Namen des H. läuft ein Werk mit dem Titel *Hieroglyphica*, das vermutlich in der zweiten Hälfte des 5. Jh. n Chr. im kulturellen Umkreis von Alexandria entstanden ist. Es enthält die Erklärung einer aus Bildern bestehenden Geheimschrift. So soll z.B. die Darstellung eines LÖWEN oder eines STORCHS die Bedeutung von Zorn bzw. Elternliebe haben. Das Werk weist verschiedene Bezüge zum → Physiologus auf, der ebenfalls auf alexandrinischem Gedankengut fußt. Die *Hieroglyphica* wurden 1419 auf der griech. Insel Andron entdeckt und nach Florenz gebracht. Dort wurden sie zunächst in Abschriften verbreitet, bis 1505 die erste Drucklegung erfolgte und sich 1517 die erste lateinische Übersetzung anschloß. Die humanistischen Gelehrten sahen in ihnen eine authentische Quelle zur Entzifferung der ägyptischen → Hieroglyphik, in der man aufgrund von Erwähnungen bei verschiedenen antiken Schriftstellern und wegen ihrer vom → Neuplatonismus beeinflußten Auffassung als Ideogramm die tiefste Weisheit der Alten verborgen glaubte. Der Fund der *Hieroglyphica* des H. bestärkte diese Ansicht und förderte in entscheidendem Maße das vielseitige Neuaufleben der – im neuzeitlichen Sinne – mißverstandenen Hieroglyphen in der Renaissance. [MSch]

K. Giehlow, Die Hieroglyphenkunde des Humanismus (Jb. d. kunsthist. Sammlgn. d. Allerh. Kaiserhauses 32) 1915; L. Volkmann, Bilderschriften d. Renaiss., 1923; Fr. Sbordone, Hori Apollinis Hieroglyphica, 1940; G. Boas, The Hieroglyphics of H., 1950; D. W. Jöns, Das »Sinnen-Bild«, 1966.

**Horn,** als gefährliche Waffe des Tieres Symbol physischer Kraft und übermenschlicher Macht, in Altmesopotamien und im syrisch-phönikischen Raum war die Hörnerkrone Kennzeichen der Götter. Von dem altpersischen Siegesgott Verethragna heißt es im *Awesta,* daß sich in seinen Hörnern die göttliche Kraft äußere. Hellenistische Herrscher (Alexander d. Gr., Seleukos) ließen ihr Bild mit gehörnter Stirn auf Münzen prägen. Auch im AT erscheint das H. als Sinnbild der Macht; während der Herr das H. seines Volkes erhöht (*Ps* 148,14), wird das von Moab abgeschlagen (*Jer* 48,25); Gott selbst ist ein H. des Heils (*Ps* 18,3).

An Altären angebracht, sind Hörner Mittler zwischen Mensch und Gott (*Ex* 30,10); auch die → Mondsymbolik spielt herein. Die zwei Hörner konnten zum Sinnbild der aufleuchtenden und wieder erlöschenden Mondsichel werden. Im *Rigveda* (7,55,7) wird der Mond als »Stier mit tausend Hörnern« bezeichnet. Andererseits sind die Hörner von Stier, Büffel, Widder der mythische Aufgangsort der Sonne (z. B. bei nordafrikanischen Felsbildern); ein ägyptischer Mythos erzählt, wie (die Kuhgöttin) Hathor das junge Sonnenkind mit ihren Hörnern zum Himmel emporhob. Die apotropäische Bedeutung des H.blasens (so bei Heimdall) steht in Verbindung mit dem die Finsternis besiegenden Licht. Das H. kann auch auf Erntesegen (Füllhorn) und animalische Fruchtbarkeit hinweisen und findet sich in der → Sexualsymbolik; phallische Bedeutung wahrscheinlich schon bei dem prähistorischen Felsrelief der sog. Venus von Laussel. Zum Horn als Musikinstrument → Posaune. [Lr]

I. Scheftelowitz, Das Hörnermotiv in den Religionen (AfR 15/1912); A. Ohlmarks, Heimdalls H. u. Odins Auge, Lund 1937; J. Avalon, La corne, symbole de l'autorité et de la puissance (Aesculape, mai 1958); M. Lurker, Zur Symbolbedeutung von H. u. Geweih (Symbolon N. F. 2/1975).

**Horus.** Als »göttliches Kind« par excellence wird H. von seiner Mutter → Isis noch nach dem Tode seines zu diesem Zweck vorübergehend auferweckten Vaters → Osiris empfangen und an verborgenem Ort aufgezogen und ist als »Harpokrates« (ägypt. »H., das Kind«) das Urbild aller Schutzbedürftigen, Kinder und Kranker (so bei Amuletten, magischen Stelen, Heilungszaubertexten). H. ist auch der göttliche »Held« als Krieger und Jäger: herangewachsen nimmt er den Kampf mit seinem Onkel/Bruder und Mörder seines Vaters, → Seth, auf um das Erbe des Osiris, den ägyptischen Königsthron (Bruderkampfmotiv). Als Sieger in diesem Kampf schließlich wird H. zum Urbild der ägyptischen Idee des pietätvollen Sohnes, der »für seinen Vater eintritt« (Harendotes), indem er dessen Totenkult besorgt. In den Texten zum Totenritual der Pharaonen spielt der tote König die Rolle des Osiris, der Nachfolger die des H., und die Rolle des Seth, dem die Schuld am Tod des Vaters zugeschoben wird, tragen sündenbockartig diverse Opfertiere und Kultobjekte.

Die »Konstellationen«, in denen sich das Wesen des Gottes H. entfaltet, als Kind der Muttergöttin

Isis, Held im Kampf gegen Seth und Sohn des toten Vaters Osiris, sind einerseits in zahlreichen Ritualen verwurzelt und finden andererseits eine kohärente Form im Osirismythos, der in gewissem Sinne eine ideologische Fundierung des ägyptischen Königstums ist. H. erscheint als der ideale → Herrscher, der göttliche Träger der Königsinsignien. Umgekehrt ist jeder ägyptische König ein inkorporierter H., er führt den H.namen als Titel und wird »H. im Palast« genannt.
Die frühe Gleichsetzung mit dem Sonnengott (vor allem Harachte), das H.-Symbol der geflügelten Sonnenscheibe, die Bezeichnung der Sonne als H.-Auge und die Etymologie seines Namens (»der Ferne, Hohe«) weisen darauf hin, daß H. ursprünglich ein Himmelsgott war. Das Wissen um diese Hochgottrolle geht nie verloren und drückt sich z.B. in dem Versuch aus, ihn als »älteren H.« (Harueris) von »H., Sohn der Isis« (Harsiesis) zu unterscheiden. Das Symbol der FLÜGELSONNE, die auf offiziellen Denkmälern das ägyptische Königtum repräsentiert, zeigt, daß H. auch als kosmischer Gott ein politischer Gott ist, der mit der Idee des pharaonischen Königtums unablösbar verbunden bleibt.
Ähnlich vieldeutig ist das Symbol des »H.-AUGES« als »Zankapfel« im Bruderkampf zwischen H. und Seth, das in der kultischen Dimension die jeweilige Opfergabe darstellt (als Symbol des *restituendum,* des Verlorenen, das zurückgewonnen wird und die zerstörte Ganzheit wiederherstellt), in der politischen Dimension die Krone des ägyptischen Königtums und in der kosmischen Dimension das Licht ( im Gegensatz zu »Sexualität«, für die die »Hoden des Seth« das opponierende Symbol sind), und zwar sowohl als Sonne als auch als Mond. [JA]

H. Kees, H. u. Seth als Götterpaar, 1924; S. A. B. Mercer, H., Royal God of Egypt, Crafton 1942; J. G. Griffiths, The conflict of H. and Seth, Liverpool 1960; W. Barta, Untersuchungen zum Götterkreis der Neunheit (Münchner Ägyptolog. Stud. 28) 1973; J. Assmann (Das Vaterbild in Mythos u. Gesch., hg. von H. Tellenbach, 29–49) 1976.

**Hufeisen,** bis in die germanische und gallo-römische Zeit zurückreichendes Glückszeichen, das an der Symbolbedeutung von Pferd, Eisen und Schmied partizipiert. Das auf Wegen oder Feldern gefundene H. dient als Talisman und wird an Haus-, Stall- und Scheunentüren, im Nordseeraum sogar am Schiffsmast angebracht. Acht bis zehn ornamental zusammengefügte H. bilden in Frankreich den sog. Eligiusstrauß, das Aushängeschild der Schmiede, benannt nach dem Patron der Gold- und Hufschmiede, dem hl. Eligius (St. Loy).

G. Carnat, Das H. in seiner Bedeutung für Kultur und Zivilisation (aus dem Französ.) 1953.

**Hugo,** Victor, 26.2.1802 Besançon – 22.5.1885 Paris, französischer Dichter, veranschaulicht in Dramen, Romanen, epischer Versdichtung, Gedankenlyrik dialektisches Kräftespiel von göttlichen und teuflischen Mächten im Rahmen eines Monotheismus, der universelle Bewegung aus der Finsternis zum Licht (Erlösbarkeit Satans) impliziert (beeinflußt durch Theosophen d. 18., 19. Jh., dt. Romantik, Okkultismus, Aufklärung, utop. Sozialisten). Allegorie als Gestaltungsprinzip: Personen, Tiere, Dinge, Orte, Epochen je nach Rang in der Seinsordnung (Stufenleiter) definiert. Fortschrittsdynamik des Weltbildes begünstigt jedoch Metamorphosen im Sinne der Solidarität aller Seinsbereiche. Entstehung einer persönlichen Mythologie H.s auf der Basis einer reichen, im Konkret-Materiellen verhafteten Metaphorik. Natur als grausame Wildnis, aber auch Werkzeug Gottes: SPINNE (POLYP) verkörpert Ananke, gibt jedoch in der Hand des Schöpfers der SONNE ihre Form (*Légende des siècles* II, 3). Aus der Natur-Wildnis kommen auch H.s Helden: Titanen im Kampf gegen falsche Götter der Gesellschaft, zugleich Sinnbilder des Satans, der sich nach Freiheit und Unschuld sehnt (Erlösungsfunktion des KINDES). Austragung der Konflikte an privilegiertem Ort (symbol. BAUWERK), dessen Struktur universelle Antagonismen und wesenhafte Bezüge zwischen Mensch und Materie versinnbildlicht. Geschehen im Zeichen der Dialektik von Ordnung, Verwandlung, Schöpfung, Zerstörung. Gott selbst ist Bestandteil der Mythologie H.s, zugleich persönlich präsent und abwesend, Katalysator einer Phantasie, die im Streben nach Totalität immer wieder selbstgesetzte Formen und Grenzen durchbricht. [FPK]

J.-B. Barrère, La Fantaisie de V. H., 1949–60; J. Roos, Les Idées philosophiques de V. H., 1958; A. Py, Les Mythes grecs dans la poésie de V. H., 1963; L. Keller, Piranèse et les romantiques francais, 1966; R. B. Grant, The perilous Quest, 1968; P. Albouy, La Création mythologique chez V. H., 1968; J. Gaudon, Le Temps de la contemplation, 1969; C. Villiers, L'Univers métaphysique de V. H., 1970; C. Baudouin, Psychanalyse de V. H., 1972; R. P. Kirsch, Probleme d. Romanstruktur bei V. H., 1973; A. Ubersfeld, Le Roi et le Bouffon, 1974.

**Huhn**, durch sein Gackern und die Art seines Fressens ein beliebtes Orakeltier, so bereits bei den Römern, heute noch bei »naturvölkischen« Pflanzerkulturen. Die weit verbreiteten Opfer besonders schwarzer Hühner sollten den Kontakt zu den Verstorbenen ermöglichen; nach altem chinesischem Volksglauben sollte das Blut schwarzer Hühner bei der Vertreibung von Geistern besonders wirksam sein. In afrikanischen Kulten dient das H. als Seelenführer und spielt bei Initiationsriten für das weibliche Geschlecht eine Rolle. Anthropogonische Bedeutung läßt eine Überlieferung der südchinesischen Lolo erkennen: aus den Eiern eines weißen und eines schwarzen Huhnes kamen die ersten Menschen hervor, getrennt nach guten und bösen. – Das Bild der mütterlichen, Schutz gewährenden Henne ist vielleicht schon in den *Psalmen* (91,4) angedeutet, wenn es heißt, daß der Gläubige unter den Flügeln des Herrn Zuflucht findet. Bekannt ist das Jesuswort, nach dem er die Kinder Jerusalems wie eine Henne ihre Küken unter seinen Flügeln sammeln wollte (*Mt* 23,37); in der Patristik wird dieses Bild auf die Kirche übertragen und in der emblematischen Literatur des 16./17. Jhs. schließlich auch auf den christlichen Fürsten. →Hahn [*]

I. Scheftelowitz, Das stellvertr. H.opfer (AfR 14/1911); S. Killermann, Hahn u. Henne im Neuen Testament (Theol.-prakt. Quartalschrift 94/1941).

**Hund**, in der Antike beliebtes Omentier, bei einigen Naturvölkern (z. B. in Afrika) mythischer Kulturbringer. Weit verbreitet ist der Glaube, daß die als geistersichtig geltenden Tiere den Tod anzukündigen vermögen; das Geheul von H.en wurde/wird z. B. im alten Rom wie auch im mitteleuropäischen Volksglauben als Unglücks- und Todeszeichen gedeutet. Der H. ist ein Tier der Schwelle, steht zwischen Diesseits und Jenseits, ist Wächter an der Unterweltspforte (Kerberos im griechischen, Garm im germanischen Mythos). Die alte Bestattungsform der Leichenaussetzung (u. a. bei Parsen, Tibetern, heute noch bei den Wedda auf Ceylon) ließen den (leichenfressenden) H. zum → Seelengeleiter und zu einem Bild des Todes werden. Nach altindischer Überlieferung hat der Schöpfergott Prajâpati den Tod als den »Fresser« erschaffen; der große Zerstörer Shiva ist »Herr der Hunde«. Die altägyptischen Vorstellungen vom Totengott verschmolzen mit dem Bild vom H. bzw. dem ihm verwandten Schakal (Anubis). Die griechische Göttin Hekate, Herrin des gespenstischen Zwischenreiches, wird von H.en begleitet. Dem Speichel der Tiere schrieb man heilsame Wirkung zu, daher Symbol oder Attribut der babylonischen Heilgöttin Gula und (auf Votivtafeln häufig angebracht) des griechischen Asklepios.

Bei den Kirchenvätern sind die Wunden leckende H.e ein Sinnbild der Prediger, die mit ihrer Zunge (Wort) die Seelen der Sünder berühren; in dieser Bedeutungstradition auch das auf den hl. Dominikus hinweisende Hündlein mit einer Fackel im Maul (Vision der Mutter). Als Symbol der Treue erscheint der H. in antiker und mittelalterlicher Grabplastik und als Attribut der theologischen Tugend Fides (Glauben); in negativer Bedeutung als Reittier der Invidia (Neid). Über die Jagd mit H.en auf das Einhorn → Mariensymbole. [Lr]

W. Koppers, Der H. i. d. Mythologie der zirkumpazif. Völker (Wien. Beitr. z. Kulturgesch. u. Linguistik 1/1930); B. Schlerath, Der H. bei den Indogermanen (Paideuma 6/1954–58); S. Hummel, Der H. i. d. relig. Vorstellungswelt der Tibeter (Paideuma 6/1954–58); M. Leach, God has a dog. Folklore of the dog, New Brunswick, N.J., 1961; B. Frank, Die Rolle des H.es in den afrikan. Kulturen, 1965; M. Lurker, Hund u. Wolf in ihrer Beziehung zum Tode (Antaios 10/1969); M. Lurker, Der H. als Symboltier für den Übergang vom Diesseits in das Jenseits (Zs. f. Religions- u. Geistesgesch. 35/1983); M. Lurker, Dogs (Encyclopedia of Religions 4), New York 1987.

**Hut.** Im MA war der das Haupt bedeckende H. Standesabzeichen der Herrscher (Herzogs- und Kurfürstenhut) und der hohen Geistlichen (Kardinalshut). Auf einer Stange oder Lanze aufgesteckt, war er Symbol der Gewalt des Gerichts- oder Kriegsherrn; man denke an den H. des Landvogts Geßler in Schillers »Wilhelm Tell«. Der Papst verschenkte (in der Christnacht gesegnete) Hüte aus violetter Seide an Feldherren und Fürsten, die sich um den kathol. Glauben verdient gemacht hatten. Bei verschiedenen Volksbräuchen mit Wettkämpfen (besonders zu Pfingsten und zur Kirchweih) erhielt der Sieger als »König« einen H. zum Preis. Herabwürdigendes Zeichen war der den Juden im MA vorgeschriebene gelb gefärbte, spitze H.; in der christlichen Kunst diente der Judenhut vor allem zur Kennzeichnung alttestamentlicher Juden (z. B. Reliefs am Lettner im Dom zu Naumburg). [Lr]

R. Hadwich, Die rechtssymbol. Bedeutung von H. u. Krone, (Diss.) Mainz 1952; G.

Waser, Zur Behandlung des Geßlerhutes (Schweizer Beitr. z. Allgem. Gesch. XIII/ 1955).

**Huysmans,** Joris-Karl, 5.2.1848 Paris – 12.5.1907 ebda., französischer Schriftsteller, schuf mit seinem Roman *A rebours* (1884) das Grundbuch und mit dessen Helden *des Esseintes* den paradigmatischen Helden der literarischen Dekadenz (→ Décadents). Nur die an Stelle der Natur gesetzte Künstlichkeit und bis zum äußersten gesteigerte Überreizung der Sinne vermag den Ästhetizismus des Neurotikers zu befriedigen. Das Mobiliar und die Gegenstände seines mit erlesenem Luxus (als Symbol aristokratischer Überlegenheit des Geistes) ausgestatteten Hauses (Edelsteine, exotische Blumen, Stoffe), aber auch Bücher und Gemälde (v.a. G. Moreau und O. Redon) sind ihrer primären funktionellen Bedeutung entkleidet und dienen neben den synästhetischen Erfahrungen zur Evasion in die künstlichen Paradiese. In der Auseinandersetzung zwischen Gut und Böse erfolgt die lustvolle Hingabe an das Dämonische, welche in der Satanologie von *Là-bas* (1891) kulminiert. Nach seiner Konversion wendet sich H. intensiv der mittelalterlich-christlichen Symbolik zu: »Alles ist Symbol und gewissermaßen ein Spiegel unserer Seele«. Die KATHEDRALE von Chartres (*La Cathédrale,* 1898) wird zum großangelegten Symbol für die im Katholizismus manifeste göttliche Wahrheit, womit H. die katholische Erneuerungsbewegung des 20. Jh. in Frankreich mit einleitet. [Loe]

R. Baldick, La vie de J.-K. H., 1958; M. Praz, Liebe, Tod und Teufel. Die schwarze Romantik, 1970; F. Livi, J.-K. H. A rebours et l'esprit décadent, 1972; R. Hess, H. A rebours (Der franz. Roman vom MA bis zur Gegenwart), 1975; Mélanges Pierre Lambert consacrés à H., 1975.

**Hyäne.** Das vorwiegend von Aas lebende und wegen seiner kreischenden Stimme auffallende Tier hat überwiegend negative Symbolbedeutung. Im alten Rom schrieb man dem H.fell magische Wirkungen zu; am Hoftor aufgehängt, sollte es den Hagel abwehren. In der frühchristlichen Naturkunde (Physiologus) heißt es von der H., daß sie bald männlich, bald weiblich sei; in der moralischen Ausdeutung wird davor gewarnt, es der H. in ihrem schändlichen Tun nachzumachen; der Hinweis auf den Apostelbrief an die *Römer* (1,27) zeigt, daß die Homosexualität gemeint ist. In der Kunst des MA symbolisiert das Tier den Geiz *(avaritia)*, der auch bei der Darstellung des H.hauptes bei dem apokalyptischen Drachen mit seinen sieben, die Todsünden repräsentierenden Köpfen gemeint ist (Glasmalerei zu St. Nizier in Troyes). [*]

**Hypostase,** verselbständigte Eigenschaft Gottes, in weiterem Sinne auch eines religiösen Wertes, der sich zu einer Art selbständigem Wesen entwickeln kann. Eine Vorstufe zur Hypostasierung ist die poetische Personifikation, wie sie z.B. im AT im Hinblick auf die Treue oder den Zorn Gottes zu finden ist. Die göttliche Weisheit sagt von sich selbst: »Mich schuf der Herr als Erstling seines Wirkens« (*Spr* 8, 22); in der Gnosis erscheint die → Sophia teils als weibliches Urprinzip, teils neben

Gott als Mutter des Gottessohnes. In der griechischen Philosophie spielt die göttliche Vernunft bei der Kosmogonie eine Rolle; in der Gnosis wird der Logos (= Wort) zu einer selbständigen Emanation Gottes; im Prolog des Johannes-Evangeliums scheint eine ähnliche Vorstellung anzuklingen: »Im Anfang war das Wort und das Wort war bei Gott und Gott war das Wort«. Auch die geistige Wesenheit kann mehr oder weniger eigenständig auftreten, so der Spenta mainyu, der heilwirkende Geist im Parsismus und in gewisser Hinsicht auch der → Heilige Geist der Dreifaltigkeit; im Symbol der Taube wird der Hl. Geist als eigenes Wesen sichtbar. Die beiden RABEN Odins, zwar nur attributiv gebraucht, deuten schon in ihren Namen Hugin (= Gedanke) und Munin (= Gedächtnis) eine Konkretisierung und Verselbständigung geistiger Eigenschaften des Gottes an. Im alten Ägypten wurde die der Weltordnung zugrundeliegende Wahrheit in der Göttin Maat hypostasiert; das älteste Schriftzeichen und zugleich Symbol von ihr sollte wahrscheinlich die Geradheit des THRONSOCKELS (symbolisch für Urhügel und Weltbeginn) andeuten; nur wenn der Thron gerade, d.h. auf der Wahrheit steht, können Reich und Kosmos exisitieren. Aus der Antike sei nur auf die griech. Gottheiten → Eros und Dike hingewiesen als Hypostasen der göttlichen Liebe und Gerechtigkeit. [Lr]

P. Heinisch, Personifikationen und Hypostasen im AT u. im Alten Orient, 1921; S. N. Bulgakow, La sagesse divine et la théanthropie, 2 Bde., Paris 1934–36; W. Kelber, Die Logoslehre von Heraklit bis Origenes, 1958.

**Iamblichos** → Neuplatonismus

**Ideologie.** Hauptmerkmal der I. ist es, daß sie im Unterschied z. B. zur Wissenschaft partikular-egoistische Interessen sozialer Klassen, Gruppen und Schichten, bzw. deren Werte ausdrückt, sie rechtfertigt, dies jedoch in einer versteckten Form. Ein Werturteil wird für ein Tatsachenurteil ausgegeben. Das Partikular-Egoistische wird als objektive Wahrheit, »Naturgesetz«, Wille Gottes, Telos der Geschichte, allgemein menschlicher Wert oder Manifestation der Interessen der Gemeinschaft verschleiert. I.n sanktionieren entweder die Aufrechterhaltung und die Kohäsion der bestehenden Ordnung (konservative I.n) oder deren Veränderung (revolutionäre I.n). I.n sind vor allem politische, sozial-wirtschaftliche und ethische Lehren.

Aus der doppeldeutigen Natur der I. (Erkenntnisanspruch und legitimativer Wertung) resultiert der ideologisch bedingte Gebrauch von Symbolen. I. beansprucht, objektive Erkenntnis zu sein, zielt aber letzten Endes auf Engagement oder Aktion ab, die durch kühle, wertfreie Begriffe nicht zu erwirken sind. Deswegen soll I. notwendigerweise auf das Sinnbildliche, den Menschen unmittelbar Ansprechende und Beeindruckende rekurrieren. Symbole erweisen sich als besonders geeignet dafür.

Eine total symbolische Sprache kann die I. allerdings nicht verwenden. Das ideologische System vermischt einerseits theoretische Begriffe mit gefühlsmäßigen Bildern, verleiht andererseits eine sekundäre symbolische Bedeutung dem Begrifflichen selbst.

Die erste Prozedur ist in allen politischen I.n anzutreffen. Die jakobinischen Revolutionäre bedienten sich ständig stilisierter Gestalten aus der Geschichte der römischen Republik, deren Tugenden sie dem Bewußtsein des Volkes einprägen wollten. In den Jugendschriften von Marx taucht die Gestalt von → Prometheus als adäquatester sinnlicher Ausdruck der Revolte gegen das Bestehende und der radikalen Umgestaltung der Gesellschaft auf. Das Bild vom BRAND bzw. »erfrischenden STURM« ist ständiges Motiv revolutionärer Agitation (Gorkijs Gedicht *Der Sturmvogel*). Um den ideologischen Imperativ der Treue zu den Massen wirksamer zu machen, gebraucht Stalin die mythologische Gestalt von Antheus (= die bolschewistische Partei), der seine Kräfte aus der Fühlung mit seiner Mutter Gäa (= die Massen) schöpft. Eine noch wichtigere Rolle spielt das Symbol in der nationalsozialistischen Ideologie. Das PHÖNIXbild (Symbol des unbesiegbaren Deutschlands) und der Mythos von Siegfried (Verkörperung des edlen und ritterlichen, aber an fremder List scheiternden nordischen Wesens) sowie andere Gestalten altgermanischer Sagen waren feste Bestandteile dieser I. In allen traditionell-konservativen I.n wird der konzeptionelle Inhalt in der Gestalt des Mutterlandes symbolisch zusammengefaßt.

Aber auch abstrakte Begriffe, die ideologische Systeme gebrauchen, bekommen einen symbolischen Anklang. So symbolisiert im kommunistischen Wortgebrauch der Terminus »Indeterminismus« ein reaktionär-kapitalistisches Verhalten, und in der Nazisprache ist das Wort »liberal« in der Tat ein Äquivalent von »unecht«, »entartet«, ja sogar »jüdisch«.

Die symbolhaften Komponenten der I., die dem Bereich der Vorstellungen angehören, sprachlich ausgedrückt sind und in diesem Sinn dichterischen Symbolen ähneln, sind allerdings nicht zu verwechseln mit den visuell wahrgenommenen Symbolen der politischen Bewegungen, die der Verbreitung ihrer I.n dienen, selbst aber keine Elemente derselben sind. → Faschistisch-nationalistische Symbole, Kommunistische Symbole [Ign]

K. Marx, Die Frühschriften, 1971 (KTA 209); K. Mannheim, I. u. Utopie [3]1957; Th. Geiger, I. u. Wahrheit, 1953; J. Habermas, Hermeneutik u. I.kritik, 1971; E. Lemberg, I. u. Gesellschaft, [2]1974.

**Idole.** In der Prähistorie zumeist Sammelbezeichnung für naturalistische Kleinplastiken oder auch schematische Gebilde wie gelegentlich größere Figuren, von denen man annimmt, daß sie nicht profan (Spielzeug oder dergl.) zu erklären sind. Es liegt auf der Hand, daß diese Unterscheidung schwierig ist, noch schwieriger aber zumeist die Feststellung, ob es sich wirklich um I. im eigentlichen Sinne handelt oder um irgendwelche Symbole, mit denen dem Bewußtsein ein unanschauliches jenseitiges Objekt durch Darstellungswerte sinnlicher Gestalten vergegenwärtigt wird oder die selbst Sitz von deren irdischer Gegenwart sind.

Bereits in der späten → Altsteinzeit treten von Sibirien bis Südwesteuropa kleine Frauenfigürchen auf, teilweise von naturalistisch fettleibiger Art, teilweise stark schematisiert und stilisiert, oft auch solche ohne erkennbare Geschlechtsmerkmale, im Gegensatz zu den gleichzeitigen → Fels- und Höhlenbildern oder an den Wohnstätten. Bei einem Teil der Figurinen ist die »Zone des Gebärens und Ernährens« so stark betont, daß wohl an Fruchtbarkeitsvorstellungen zu denken ist; gleichwohl zeigen ethnographische Analogien, daß eine weibliche Symbolik in jägerischen Kulturen sich daneben mit Konzeptionen verbinden kann, die Züge des → Animalismus tragen (z. B. einer Herrin der Tiere), sowie mit Schutzgeistern, z. B. solchen der Wohnstelle. – Eine unmittelbare Kontinuität von diesen altsteinzeitlichen Plastiken zu jenen aus frühen bodenbautreibenden Kulturen ist nicht aufzuweisen. Hier treten bereits im 7. und 6. Jt. v. Chr. Darstellungen auf, die einen Fruchtbarkeitsgestus zeigen oder auch in Verbindung mit Kindern (z. B. als Gebärende), jedoch daneben und zugleich auch mit Tieren, stehen. Angesichts der großen Zahl, in der solche Figürchen in weiten Bereichen der → Jungsteinzeit vorkommen, wird die Interpretation als I. fragwürdig; zu einem guten Teil mögen sie Exvota und verschiedenen höheren Wesen gewidmet gewesen sein, wie es zum Teil beigegebene oder eng damit verbundene Attribute wie SCHLANGE oder VOGEL zeigen. Die Vielfalt der Darstellungen mit ausgeprägten Aspekten der Fruchtbarkeit ebenso wie eine völlige Schematisierung, die Verbindung mit Tieren wie auch mit dem Bereich der Kulturpflanzen (z. B. in die Tonmasse eingeknetete KÖRNER) weisen auf ein außerordentlich breites Spektrum, innerhalb dessen verschiedenste Vorstellungen ihren Platz haben können und das eine einheitliche Interpretation verbietet.

Rätselhaft ist noch die Bedeutung der bisher nur in zwei oder drei Stücken bekannten männlichen Figuren aus der Altsteinzeit, deren geringe Zahl zwar extrem ist, sich aber damit berührt, daß männliche Figuren auch in den späteren agrarischen Kulturen in der Regel seltener sind als Frauenfiguren. Hier mögen sie sich teilweise verbinden mit einer weiteren männlichen Symbolik (z. B. des STIERS): Das männliche Komplement ist offensichtlich vorhanden, tritt aber zumindest in der Symbolplastik zurück gegenüber dem weiblichen Element.

Tierfigürchen verschiedener Art sind ebenfalls schon in der Altsteinzeit vertreten; doch ist ihre Deutung außerordentlich schwierig und unbestimmt. – Wiederum ist keine Verbindung zu den Tierfiguren der Jungsteinzeit herzustellen. Verhältnismäßig dicht treten in deren agrarischen Kulturen STIER und WIDDER auf, die vielleicht der männlichen Sphäre zugeordnet werden können. In verschiedensten Regionen und Kulturen Europas aber sind auch SCHWEINEfiguren vertreten (in einem Fall ebenso wie bei Frauenfigürchen mit eingedrückten Körnern) und sie mögen (ebenso wie das Schwein beim Opfer) als Komplement oder gar Ersatz mit weiblichen Wesen und wie diese mit Fruchtbarkeit und dem Werden und Vergehen der Kulturpflanzen in Verbindung stehen (deutlich auch z. B. in einer schwangeren Figur mit einer Schweinemaske).

Die Vielfalt der Deutungsmöglichkeiten wird noch durch die

Verschiedenheit der Fundumstände erhöht: »Idole« kommen nicht nur in Kultanlagen vor, sondern auch und besonders häufig an Wohnstätten; Figuren im Grab (eine männliche als bisheriges Unikum schon in der Altsteinzeit) bilden eine Kategorie für sich (besonders häufig in Ägypten) und lassen ebenfalls eine Fülle von Deutungen zu (Diener und Dienerinnen, Ersatzkörper usw.). Außerdem ist in vielen Fällen noch die Möglichkeit in Betracht zu ziehen, daß gar kein kultischer und ritueller Gebrauch vorliegt. [KJN]

Vgl. Literatur zu »Altsteinzeit« und »Jungsteinzeit«. – M. Gimbutas, The Gods and Godesses of Old Europe. 1974; J. P. Ucko, Anthropomorphie Figurines of Predynastic Egypt and Neolithic Crete. 1968.

**Igel,** bei verschiedenen Völkern glückbringendes, (wegen seiner Stacheln ?) sonnenhaftes Wesen; nach einem altiranischen (awestischen) Text tötet er in der Morgenfrühe tausend Geschöpfe, die dem bösen Geist zugehörig sind; in China und Japan Symbol des Reichtums. Im → *Physiologus* spielen zwei Eigenschaften eine Rolle: 1. trägt er mit seinen Stacheln die Trauben aus dem Weinberg, daher wurde er zu einem Symbol des Teufels, der die Gläubigen verführt; 2. greift er die Schlange an und vertilgt sie und kann so zum Christussymbol werden. In den Bestiarien versinnbildlicht der I. verschiedene Laster, vor allem den Geiz (so schon bei Plinius, *Naturalis historia*) und wegen seiner schnell aufgerichteten Stacheln den Zorn. [Lr]

T. H. White, The Bestiary, New York 1960 (S. 93 ff.); P. Gerlach, I. (LChrI 2), 1970.

**I Ging.** Das »Buch der Wandlungen« ist ein Orakel- und Weisheitsbuch, das zu den Klassikern des → Konfuzianismus (7.–2. Jh. v. Chr.) gehört, in seinen alten Teilen aber auch dem Weltbild des Lao-tzu nahesteht. Seinen Kern bilden 64 Hexagramme, Kombinationen aus den Acht Trigrammen, die ihrerseits aus drei übereinandergesetzten ganzen und gebrochenen (»festen« und »weichen«) Linien bestehen. Diese Linien entsprechen den klassischen Polarkräften YIN und YANG, die in Wechselwirkung alle Dinge und ihre Veränderungen hervorrufen; die alten Teile des I Ging reden aber meist von den Gegensätzen als »oben und unten«, »Himmel und Erde«, oder abstrakt von *Ch'ien* (»das Schöpferische«) und *K'un* (»das Empfangende«). Die Trigramme sollen die grundlegenden Wirkweisen der Natur und die diesen entsprechenden Phänomene – das Schöpferische (Himmel), Empfangende (Erde), Erregende (Donner), Stilhalten (Berg), Abgründige (Wasser), Haftende (Feuer), Heitere (See) und Sanfte (Wind) – darstellen. Die 64 Hexagramme sind nach den gleichen Erscheinungen und nach Bedürfnissen und Situationen der Einzelmenschen und des Gemeinschaftslebens benannt. In diesen von den »Weisen der Vorzeit« erdachten »Bildern« sah man die ganze Welt magisch oder sinnbildhaft enthalten. Bei der Deutung unterschied man zwischen Linien in Ruhe und in Bewegung, schrieb bestimmten Linien größere Bedeutung oder besondere Beziehungen zu usw. Auf diese Weise erhielt der Fragesteller aus dem Hexagramm, das er nach bestimmten Methoden gefunden hatte, ein Urteil über seine Situation und die in ihr enthaltenen »Keime« (Tendenzen) und damit die Grundlage für richtiges Handeln. [Bu]

R. Wilhelm, Das Buch der Wandlungen. Aus dem Chines. verdeutscht und erläutert, 1924; H. Wilhelm, Die Wandlung. Acht Vorträge zum I Ging, Peking, 1944.

**Ikone.** Gemaltes Bild Gottes und seiner Heiligen, auch in Form von Relief- und Metallikonen. Vor allem im Bereich Rußlands, Griechenlands und des Balkan. Älteste Beispiele ab dem 6. Jh. im Katharinenkloster auf dem Berge Sinai. Von Anfang an waren diese kleinen, häuslichen Tafelbilder Gegenstände der Verehrung. Lichter wurden davor entzündet, man verbrannte Weihrauch, man küßte, wusch und salbte sie, schließlich begegnete man ihnen in Form der Proskynese (Kniefall). Die bereits aus vorchristlichen und außerchristlichen Vorstellungen stammende, mit den I. als Bildern verbundene Vergegenwärtigungstendenz des Dargestellten im Bilde erfuhr durch solche Praktiken noch eine Intensivierung dahingehend, daß man zu glauben begann, in den Ikonen würden Kräfte zur Heilung wirken, ja, daß sie den Heiligen direkt stellvertreten könnten. Auf diese Weise wurden Christus- und Heiligen-I. zu Christus und den Heiligen selbst, das Abbild wurde mit dem Urbild identifiziert, wobei auch der Personenkreis in etwa deutlich ist, bei dem diese an den heidnischen Götterbildglauben erinnernde Form der I.begegnung üblich wurde: Menschen aus dem Volke, Handwerker, Frauen, Mönche. Es ist auf Grund dieser Genese und der Art der Förderer nicht zu verwundern, daß es zu einem direkten Bilderaberglauben gekommen ist, was wiederum einer der Gründe gewesen ist, daß das byzantinische Reich 726–843 in den sog. Bilderstreit gestürzt wurde. Aus diesem Bilderstreit ging eine durch die Arbeit von Theologen (Theodor v. Studion, Johannes v. Damaskus, Nikephoros) und die Erklärungen von Konzilien (Nikaia II, 787, und Konstantinopel, 843) geläuterte Theologie und Verehrung der I. hervor. Diese läßt sie einerseits zu Bildern werden, die auf die Welt der Verklärung hinweisen (Liturgie zum Sonntag der Orthodoxie: »Denkmal wunderbaren Glanzes«, »In den hl. Bildern schauen wir wie im Widerbild die himmlischen Zelte und jauchzen in heiliger Freude«), andererseits aber in geläuterter Fortführung der ursprünglichen Vergegenwärtigungsvorstellungen von einem tatsächlichen Hereinreichen der himmlischen Herrlichkeit in die Jetztzeit sprechen, etwa im Worte des Johannes von Damaskus: »Denn die Heiligen waren schon bei Lebzeiten voll des Hl. Geistes, und nach ihrem Tode wohnt die Gnade des hl. Geistes unauslöschlich in ihren Seelen, in ihren Leibern in den Gräbern, in ihren Standbildern und ihren hl. Ikonen, nicht der Wesenheit, sondern der Gnade und Wirksamkeit nach«. (Or. 1: PG 94,1249). Das Nicaenum II,787, sagt: »Wie man einen Menschen, den man durch die Malerei darstellt, dadurch nicht unbeseelt macht, sondern im Gegenteil der dargestellte Mensch beseelt bleibt, und das Bild sein Abbild heißt, weil es ihm ähnlich ist, so bekennen wir, wenn wir eine I. machen, den Leib des Herrn als vergottet und sehen in der I. nichts anderes als sein Bild, das die

Ähnlichkeit des Urbildes wiedergibt. Deshalb enthält auch die I. den Namen des Herrn. Denn nur dadurch ist sie in Verbindung mit ihm – und eben deshalb ist sie verehrungswürdig und heilig«. In den Akten des 8. Ökumenischen Konzils zu Konstantinopel 843 wird Evangelium und I. auf dieselbe Bedeutungsstufe gehoben mit den Worten: »Denn wie alle durch das Wort der letzteren – Bücher der Evangelien – zum Heile gelangen, ebenso finden alle ... durch die Bildwirkung der Farben ihren geistlichen Gewinn, und alle sind dazu imstande, die Tiefensprache der Bilder zu verstehen. Wie das Wort durch die Buchstaben, so verkündet die Malerei dasselbe durch die Darstellung der Farben. Wenn also jemand die I. des Heilandes nicht verehrt, dann soll er auch nicht imstande sein, sein Angesicht bei der Parusie zu sehen«. – Diese Sicht wird auch unterstrichen durch ein eigenes I.fest (»Sonntag der Rechtgläubigkeit oder der hl. I.« am 6. Sonntag vor Ostern), wie durch das Fest einzelner Marienikonen in der russischen Liturgie. In der Art der Darstellung lassen sich unterscheiden: Porträthafte I.n (hier Vergegenwärtigungskomponente psychologisch am stärksten), theologisch-spekulative (z. B. »Das heilige Schweigen«), ereignishaft-historische (z. B. Viten-I.). Erst in neuerer Zeit wurden die I.n wieder entdeckt. [Sr]

G. Lange, Bild u. Wort, 1969; E. v. Ivanka etc., Hdb. der Ostkirchenkunde, 1971; L. Ouspensky – W. Lossky, Der Sinn der Ikonen, 1952, W. Felicetti-Liebenfels, Geschichte der byzantin. Ikonenmalerei, 1956; Ders., Geschichte der russ. Ikonenmalerei, 1972.

**Ikonographie,** Zweig der → Kunstwissenschaft, der sich mit der Erforschung, Beschreibung und Deutung der Bildgegenstände befaßt. Zunächst standen nur die antike und die christlich-mal. Kunst im Blickpunkt der Forschung: grundlegend die Arbeiten von M. Didron (*Manuel d'Iconographie chrétienne*, 1845) und F. Piper (*Mythologie der christl. Kunst*, 1847). Je mehr die I. von der Bildbeschreibung zur Bilddeutung vordrang, desto mehr wuchs auch das Interesse am Symbol und dessen Abgrenzung zur → Allegorie. Die I. bemüht sich vor allem um die Erforschung der literarischen Quellen der Bildinhalte; im Hinblick auf die christliche Kunst seien z. B. die → Apokalypse und der → Physiologus genannt. Die Bedeutung der Symbole für die I. findet in den großangelegten Lexika von H. Aurenhammer (1959ff.) und E. Kirschbaum/W. Braunfels (Hrsg., 1968–1976) ihren Niederschlag.
Erst im 20. Jh. erkennt man, daß auch in profanen Darstellungen – z. B. im → Stilleben – über das Sichtbare hinausgehende Inhalte zu finden sind. Die → Motivkunde versucht, in einzelnen Motiven den Schlüssel zum Verständnis einer ganzen Zeit aufzuzeigen. Das Wort I. wird auch für die Beschreibung und Deutung der indischen und ostasiatischen Bilder gebraucht, neuerdings auch für die »Bildwelt« einzelner geistesgeschichtlicher Strömungen – I. der → Alchemie, I. der → Freimaurerei –, bei denen das Symbol(ische) eine besondere Rolle spielt. Für die Erforschung der Kunstwerke in ihren religiösen, ideologischen, aber auch politischen, sozialen und ökonomischen Bedingungen hat sich im Unterschied von der reinen Bildbeschreibung der Be-

griff → Ikonologie eingebürgert. [Lr]

Zur christl. Kunst: K. Künstle, I. d. christl. Kunst, 1926 u. 1928; J. J. M. Timmers, Symboliek en iconografie der christelijke Konst, Roermond 1947; L. Réau, I. de l'Art chrétien, I–III, Paris 1955–1959; G. Schiller, I. d. christl. Kunst, 3 Bnde., 1966ff.; A. Grabar, Christian Iconography. A study of its origins, Washington 1968; E. Sauser, Die Bedeutung des Symbolbegriffs für d. christl. I. (BSIM 5) 1972; H. Sachs/E. Badstübner/H. Neumann, Christl. I. in Stichworten, 1973;
Zur indisch-ostasiat. Kunst: B. Bhattacharya, The Indian Buddhist iconography, London 1924; E. Rousselle, Vom Sinn der buddhist. Bildwerke in China, 1958; T. A. G. Rao, Elements of Hindu iconography, Delhi [2]1968; R. S. Gupte, Iconography of the Hindus, Buddhists and Jains, Bombay 1972; H. Kageyama, The arts of Shintô, New York–Tokyo 1973.

**Ikonologie.** Diese Bezeichnung wurde zum ersten Male von dem italienischen Gelehrten Cesare → Ripa in seinem illustrierten Monumentalwerk *Iconologia* im Jahre 1613 in Rom angewandt. Dieses Werk enthüllt den ideologischen Hintergrund und geht auf die literarischen, religiösen und mythologischen Quellen eines Kunstwerkes ein. Zwar sind mit dem ständigen Fortschritt der Kunstauslegungstheorie alle allegorischen und moralisierenden Auslegungen von Kunstmotiven hauptsächlich als ein Spätrenaissancephänomen anzusehen, aber sie fallen doch alle unter die Rubrik → Ikonographie (beschreibende Kunstgeschichte), ein Feld, in dem man schon seit dem MA tätig war. Der Begriff »Ikonologie« (auslegende und Quellenkunstgeschichte) hingegen fügt ein Kunstwerk in seinen individuellen Kulturhintergrund ein und befaßt sich weder mit Stil noch mit Form, welche als Hauptziele der Ikonographie anzusehen sind. Um den Symbolgehalt eines Kunstwerkes zu enthüllen, muß man mit den symbolischen Bedeutungen eines jeden Kunstwerkes und aller in ihm enthaltenen Motive vollständig vertraut sein. In Botticellis Gemälde »Die Geburt der Venus« z. B. muß man zuerst dem klassischen Mythos nachgehen, dann den Quellen in der Literatur, mit denen der Künstler möglicherweise hätte vertraut sein können, und schließlich muß man versuchen, eine mögliche Absicht seitens des Mäzens zu entdecken, der es mehr als eine neoplatonische Allegorie des 15. Jh. als eine getreue Wiedergabe des ursprünglichen klassischen Mythos bestellt hatte. Ein Kunsthistoriker, der sich mit I. befaßt, benutzt alle verfügbaren Quellen, um ein sogenanntes »Programm« zusammenzustellen, das nicht nur die offenbaren und geheimen Absichten in sich einschließt, sondern ganz besonders auch seinen symbolischen Inhalt. Es gibt auch eine I. der Architektur, die zu einem umfassenden Verständnis des Bauwerks als Sinnträger beitragen will.
Das Warburg-Institut, früher in Hamburg, jetzt als Warburg-Courtauld-Institut in London, hat eine besondere Bedeutung als Herausgeber einer Reihe von Veröffentlichungen auf dem Gebiet der I. [Fi]

E. Panofsky, Studies in Iconology, New York, 1939; R. Hinks, Myth and Allegory in Ancient Art, London, 1939; J. Seznec, The Survival of Pagan Gods, 1952; E. Wind, Pagan Mysteries in the Renaissance, 1958; G. Bandmann, I. der Architektur, [2]1969; E. W. Huber, I. Zur anthropolog. Grundlegung einer kunstwiss. Methode, 1978; E. Kaemmerling (Hg.), Ikonographie u. I. Bildende Kunst als Zeichensystem, 1979.

**Image** → Werbung

**Imago Dei.** In 1 *Mos* 1,26 wird vom Menschen die Gottebenbildlichkeit (imago dei) ausgesagt:

»Wir wollen Menschen machen nach unserem Bild, uns ähnlich.« Das Wort »Bild« meint im AT überwiegend die reale Plastik. »Uns ähnlich« betont die Entsprechung des Bildes mit dem → Urbild. Da die biblische Anthropologie nicht zwischen Geist und Leib trennt, ist in die Gottebenbildlichkeit auch die leibliche Erscheinung des Menschen einbegriffen. Der Mensch ist also wie eine reale Plastik nach dem → Bild Gottes gestaltet. Im Hintergrund dieser Gedanken steht ohne Frage auch die Vorstellung von Gottes Menschengestalt (*Ez* 1,26). Diese I. wird von → Adam an seine Nachkommen weitergegeben (1 *Mos* 5,1–3). Sie macht die Würde des Menschen aus (1 *Mos* 9,6) und sie manifestiert seinen Herrschaftsanspruch in der Welt.
Daß ein Gott einen Menschen nach seinem Bild formt, finden wir in altorientalischen Mythen (babylon. Weltschöpfungslied 1,16). Der altägyptische → Herrscher galt als das auf Erden lebende Abbild Gottes. Als Abbild Gottes kann auch der Kosmos gelten, so Platon (*Tim* 92.c). So wie die irdischen Großkönige überall in ihrem Reich ihr Bild als Zeichen ihrer Herrschaft aufstellen, so ist der Mensch als Abbild Gottes Hoheitszeichen Gottes in der Welt. Für Paulus ist → Christus das Abbild Gottes (2 *Kor* 4,4). Er ist somit der, der den unsichtbaren Gott offenbart. Paulus geht davon aus, daß der Mensch die I. nicht besitzt, sondern er muß erst Abbild Gottes werden, indem er sich bemüht Abbild Christi zu werden (*Röm* 8,29; 1 *Kor* 15,49; 2 *Kor* 3,18). Der Mensch ist also einerseits schon von Natur aus Abbild Gottes und muß es andererseits erst werden, indem er Abbild Christi wird. Diesen Widerspruch löst Irenäus durch die Trennung der Begriffe Imago und Similitudo. Die I. (Bild) kommt dem Menschen natürlich zu; die Similitudo (Ähnlichkeit) ist durch die → Taufe nur dem Christen vermittelt. [Fe]

O. Loretz, Die Gottebenbildlichkeit des Menschen, 1967; P. Schwanz, I. D. als christolog.-anthropolog. Problem in der Gesch. d. Alten Kirche von Paulus bis Clemens von Alexandrien, 1970; B. Ockinga, Die Gottebenbildlichkeit im Alten Ägypten, im Vorderen Orient u. im Alten Testament, 1984.

**Indien** → Hinduismus, Jainismus, Vedismus

**Individuation.** Unter I. versteht → C. G. Jung einen natürlichen, unbewußt verlaufenden Wachstums-, Reifungs- und Entwicklungsprozeß, der sich in jedem Lebewesen abspielt, von der Jugend zur Lebensmitte bis zum Alter. In der Tierwelt und auch bei den Primitiven, wo kein Intellekt sich störnd einmischt, sieht man solche »Prachtexemplare« bzw. im menschlichen Bereich gereifte Gestalten einer vollständigen Schicksals- und Persönlichkeitsentfaltung. 2) I. im engeren Sinn bedeutet die *bewußte* Realisation dieses selben Prozesses. Weil es sich weitgehend um ein Nicht-anders-Können handelt, ist er oft durch das BAUMsymbol, speziell den Lichterbaum oder Baum mit Unsterblichkeitsfrüchten (Kreuzesbaum, Bodhi-baum, Weltbaum, Simon Magus, Märchenmotiv) dargestellt, weil Erleuchtungserlebnisse hineinspielen, sowie gegen das Lebensende ein Gefühl von ewigem Weiterleben. Jung hat den I.-Prozeß in vier Stufen aufgeteilt: a. vorbewußtes Ganzsein in der Kindheit, b. Rea-

lisation des → Schattens, c. Realisation und Integration von → Animus bzw. Anima, d. Erlebnis des → Selbst. Alle großen Religionen enthalten in ihren Symbolen eine Veranschaulichung dieser Hauptaspekte: Initiation mit Sündenbekenntnis (Schattenrealisation), mystische Hochzeit (Animus, Anima), Erringung ewigen Lebens oder (und) Vereinigung mit der Gottheit (Selbst).
Ein Abweichen vom Drang zur I. ist die Hauptursache jeder Neurose. Den Übergang von einer Stufe zur anderen bewirkt die sog. transzendente Funktion, d. i. die symbolerzeugende Funktion der unbewußten Psyche. Das Symbol ist gleichsam die Brücke, über die der Mensch zu einer neuen Lebenseinstellung gelangt (Habentibus symbolum facilis est transitus). Die älteste bekannte Form einer religiösen Darstellung der I. findet sich im → Schamanismus und verwandten Medizinmannlehren (Reinigungszeremonien, Geistergattin oder -Gatte, Apotheose, oder Kontakt mit der Gottheit). Die Bewußtmachung des I.-prozesses beginnt bei der Mehrheit in der zweiten Lebenshälfte und bedeutet (im Gegensatz zur ersten, die mehr biologischen Zwecken dient) Kulturschaffen und Vorbereitung auf den Tod. Gesteuert wird der I.-prozeß anscheinend von einem dem Ich übergeordneten Zentrum, dem Selbst. Die Realisation des letzteren ist das Ziel der meisten östlichen Meditationslehren (→ Yoga, taoistische Meditation, → Zen-Buddhismus), findet sich aber auch als Zielbild bei den westlichen Mystikern im Symbol der Unio mystica, dem Entsinken in den Ungrund oder die Gottesgeburt in der Seele. Es handelt sich um ein Heil- oder Ganzwerden, um Vollständigkeit (aber nicht um Vollkommenheit, da letztere den Schatten ausschließt). Kompensatorisch zum christlichen Vollkommenheitsideal bildet die Alchemie den I.-prozeß in spontan erzeugten Symbolen ab, ebenso die taoistische Alchemie in China, welche die konfuzianische Sozialethik kompensiert. I. erzeugt keinen asozialen Individualismus, weil der I.-prozeß ein objektiveres und umfassenderes Mitmenschsein bewirkt. Deshalb ist eines der häufigsten Zielsymbole eine kosmische Anthroposfigur, wie der Purusha in Indien, Christus, Buddha, der »innere Gefährte« in der islamischen Mystik, Hermes in der Hermetik, Ba-Osiris in Ägypten usw. Die meisten Neurosen werden durch das In-Gangkommen des I.-prozesses geheilt.

[MLF]

C. G. Jung, Psycholog. Typen, Ges. Werke, Bd. 6; ders., Die Beziehungen zwischen dem Ich u. dem Unbewußten, Ges. Werke Bd. 7 (S. 131 ff.); ders., Aion, Ges. Werke Bd. 9/I (S. 203 f., 311 ff.); ders., Psychologie u. Religion, Ges. Werke Bd. 11; ders., Psychologie u. Alchemie, Ges. Werke Bd. 12; ders., Der philos. Baum, Ges. Werke Bd. 13; ders., Mysterium Coniunctionis, Ges. Werke Bd. 14, I, II, III; ders., Psychologie d. Übertragung, Ges. Werke Bd. 16; C. G. Jung/M.-L. v. Franz (Hg.), Der Mensch u. seine Symbole, 1968; M.-L. v. Franz, Die Suche nach dem Selbst. I. im Märchen, 1985.

**Indra,** wichtigster Gott des → Vedismus; er gilt als der »nationale« Gott der nach Indien eingewanderten Arier. Der Kampf gegen den Dämonen Vritra ist das zentrale Motiv der I.-Mythologie. Vritra, früher häufig als Dämon der Trockenheit oder Drache gedeutet, hielt als Weltenschlange die Wasser gefangen, bis ihn I. mit seinem Vajra (DONNERKEIL) zerschmetterte. Der Kampf gegen Vritra ist also nicht nur ein Gewittermythos, sondern ein Weltschöpfungs- oder »Weltordnungsmythos«, der mit der Ausbreitung von Himmel und Erde und ihrer Trennung und dem Sieg über die kosmosfeindlichen Mächte verbunden war. I. ist daher mehr als nur der siegreiche Streiter. Ihm gehörte »Ojas«, die Daseinsenergie. Er war die belebende, kosmische Energie, er schuf die Kühe, gab ihnen Milch und den Frauen Fruchtbarkeit, vertrieb die Finsternis und schuf das Licht. Die Quelle seiner Kraft ist der rituelle Rauschtrank Soma (→ Vedismus), nach dem er immerwährend verlangte.

Gegenüber der zentralen Stellung, die I. als Götterkönig und Vollender der Schöpfung im Vedismus innehatte, verlor er in der nachvedischen Zeit erheblich an Bedeutung, bis er in den Texten des Hinduismus im 1. Jt. n. Chr., zu einem der 8 Wächter der Weltengegenden (Osten) und zum Anführer der göttlichen Truppen absank. Einzig im → Jainismus und Buddhismus bewahrte er noch seine Stellung als König der Götter. Als seine Attribute gelten Donnerkeil, STACHELSTOCK, den er wohl wegen seines Reittieres, den göttlichen weißen Airavata-ELEFANTEN, führte und bisweilen, als Reminiszens seiner früheren königlichen Macht, ein daṇḍa-STAB. [Ku]

A. Hillenbrandt, Indra und Vṛtra (Zs. d. Dt. Morgenländ. Ges., 1896, Bd. 50); J. Gonda, Die Religionen Indiens, Bd. I (Rel. d. Menschh. 11) 1960; V. Moeller, Die Mythologie der vedischen Rel. u. d. Hinduismus (WdM I, 8) 1966; H. P. Schmidt, Bṛhaspati und Indra. Unters. zur vedischen Myth. u. Kulturgesch., 1968; B. Sahai, Iconogr. of Minor Hindu and Buddhist Deities, 1975.

**Initiation** (lat. *initium* = Eintritt). Die Reifefeier (I.) ist bei den meisten Naturvölkern Mittelpunkt religiöser und sozialer Rituale, die vor allem bei Knaben den Sinn hat, sie in die neue Lebenssphäre des Mannes einzuführen. Dieser Übergang wird oft als eine Art → *rite de passage* empfunden, ein symbolischer Übergang vom Tod zur Wiedergeburt. Bei den I.feiern in Kamerun und Südnigeria stellt ein Ahne oft in pantomimischem Tanz das Sterben und Wiederauferstehen dar oder er verschlingt die Jünglinge, um sie dann als erwachsene Männer wiederzugebären. Die manchmal vorkommenden operativen (Beschneidung) und kerygmatischen Handlungen sind von hl. Gesängen, Tänzen, festlichen Aufzügen und symbolischen Mysterienspielen umrahmt.

Bei den meisten I.feiern kann man folgende Wesensbestandteile unterscheiden: die Entführung und Absonderung der Kandidaten; die Hingabe des alten eigenen Ichs, symbolisiert durch EINKLEIDUNG, durch den Verlust des Eigennamens und durch verschiedene Erniedrigungen; die Vernichtung durch Blutungen und Verletzungen; das VERSCHLUNGENWERDEN (durch ein Ungeheuer) und die Wiedergeburt; Aufnahme in das esoterische Kultleben der Männer (→ Geheimbünde). Der neuerreichte Lebensabschnitt wird oft noch verdeutlicht durch das AUSSCHLAGEN DER SCHNEIDEZÄHNE (= das allmähliche Altern wird künstlich vorweggenommen), durch Bemalungen (WEISS als Farbe der Toten und Ahnen, die symbolisch bei den Feiern miteinbezogen werden) und manchmal durch das Bestreichen des Initian-

den mit dem Blute der alten Männer des Stammes. Die I.-feiern der Mädchen, eher selten, stellen meistens nur eine Art Aufklärung und Einführung in die Ehe dar.
Die I. spielt nicht nur bei Naturvölkern eine Rolle, sondern findet sich auch in Hochkulturen als Aufnahme in eine geheime Gesellschaft bzw. Glaubensgemeinschaft. Im Altertum war die I. die Zulassung zu den → Mysterien. Bei der Einweihung in den Kult des → Mithras war – nach den Wandmalereien im Mithräum von S. Maria Capua Vetere zu schließen – der Initiand NACKT (= Abstreifen des alten Menschen) und wurde symbolisch getötet. Die Vorstellungen von Tod und Auferstehung wurden mit dem Lauf der Sonne verbunden (→ Sonnensymbolik). Auch der Gedanke der → Reinigung wird in der I. betont; so sind zahlreiche Einweihungsriten mit WASCHUNGEN verbunden. Die christliche → Taufe ist ein echter I.ritus, der zur Neugeburt führt. Die Aufnahme in den Bund der → Freimaurer zeigt in Symbolik und Ritual einen Rückgriff auf die antiken Mysterien, so in der DUNKLEN KAMMER als Ausgangsort, in der (symbol.) Wanderung des Initianden vom Dunkel zum LICHT (Erleuchtung, Leben) und im Gedanken der Reinheit (kultische Bekleidung mit dem WEISSEN SCHURZ).
Einen – allerdings verblaßten – I.charakter kann die Aufnahme in einen handwerklichen Gesellenstand haben: Gesellentaufen mit derben Aufnahmeriten und Zuteilung eines Gesellennamens. Das Hänseln, ursprünglich Aufnahme in die Gemeinschaft der Hanse, war verbunden mit Prügeln, Begießen mit Wasser, Rasieren mit hölzernen Messern. Bei den Buchdruckern ist das Gautschen ein alter Einweihungsbrauch: der Gehilfe wird »zünftig« (nach Art der Zunft) in ein Faß mit Wasser gesetzt. Die wahrscheinlich zunächst in den Heimatgewässern durchgeführte »Taufe« der Seeleute wurde nach 1750 zur Äquatortaufe. Ein seit dem MA bei Studenten vorkommender, in derben Formen vollzogener Aufnahmebrauch ist die Deposition (*depositio cornuum* = die Hörner abstoßen.

[Du/Lr]

M. Zeller, Die Knabenweihen, 1923; F. Speiser, Die eleusin. Mysterien als primitive I. (Zs. f. Ethnol. 60/1928); ders., Über I. in Australien u. Melanesien (Verh. d. Naturforsch. Ges. 40/1929); Ad. E. Jensen, Beschneidung u. Reifezeremonien bei Naturvölkern, 1933; W. E. Peuckert, Geheimkulte, 1951; H. Henningsen, Crossing the Equator. Sailor's baptism and other i. rites, Copenhagen 1961; F. Hermann, Symbolik in den Religionen der Naturvölker, 1961; C. D. Bleeker (Hg.), I., contributions to the theme . . ., Leiden 1965; J. Cazeneuve, L'ethnologie, 1967; J. Prickett (Hg.), Initiation Rites, Guildford 1978.

**Inkarnation** → Menschwerdung Christi

**Insekten** spielen im Glauben der Völker oft eine wichtige Rolle; ja es gibt sogar Religionen mit eigenen I.gottheiten, so bei den Ägyptern der Käfergott Chepre (→ Skarabäus) und bei den Maya der bienengestaltige Muzen Cab (d. h. »Honigsammler«). Der in der Bibel erwähnte Name des obersten Dämons (*Mt* 12,24–27) und im christlichen MA als Teufel aufgefaßte Beelzebub wurde – etymologisch unrichtig – als »Herr der Fliegen« gedeutet, als solcher erscheint auch Mephisto in Goethes *Faust* II. In der altiranischen Mythologie schlich sich der Leben und Licht bedrohende Ahriman, das Prinzip des Bösen, in Gestalt einer Fliege in die Welt ein; die Leichendämonin Nasu hatte Fliegengestalt. Nach altem finnischem Glauben können die Toten als Fliegen oder Schmetterlinge erscheinen. Der → Schmetterling ist ein weit verbreitetes Seelentier; nach chinesischer Überlieferung kann die tote Frau in solcher Gestalt ihrem Mann erscheinen; in Altmexiko war ein mit Steinmessern gesäumter Schmetterling Symbol der im Kindbett gestorbenen Frauen.

Verschiedene I., wie → Heuschrecke und → Käfer, können ganz allgemein Symbole des Gefährlichen, Heimtückischen, Diabolischen sein. In Dantes Vorhölle (*Inferno* III, 64 ff.) werden die Seelen von I. als Symbolen der kleinen alltäglichen Gemeinheiten geplagt. Bei Hieronymus Bosch (»Heuwagen«, Madrid, Prado) erscheinen die von Gott aus dem Himmel gestürzten aufrührerischen Engel als geflügelte, insektenähnliche Dämonen. Auf Bildern des dem Surrealismus nahestehenden Alfred Kubin treten die I. gleichsam als Boten eines apokalyptischen Untergangs auf. Der → Ameise und der → Biene wird meistens eine positive Bedeutung zuerkannt. [Lr]

K. Knortz, Die I. in Sage, Sitte u. Literatur, 1910; A. Siganos, Les mythologies de l'insecte. Histoire d'une fascination, Paris 1985.

**Insel**, in ihrer idealen runden Form partizipiert sie an der Symbolik des → Kreises. Die indische Allmutter Shakti thront inmitten der goldenen und runden Juweleninsel. Als Symbol der Vollkommenheit ist die I. ein von Sorgen freier Aufenthaltsort im Jenseits; die I.n der Seligen, erstmals bei Hesiod (*Werke und Tage*, 6. Jh. v. Chr.) erwähnt, ist gleichbedeutend mit dem Elysium, wohin auserwählte Helden, ohne den Tod zu erleiden, versetzt werden. Auch bei den Kelten war die Vorstellung vom Totenreich mit einer I. (Avalon)' verbunden; nach der *Vita Merlini* soll König Artus auf die Insula Pomorum entrückt worden sein. Wegen ihrer isolierten, oft schwer zugänglichen Lage werden die I.n oft mit dem Zauberhaften (in Homers *Odyssee* die I. der Kirke) und mit dem Wunderbaren (in der Legende vom hl. Brandanus) verbunden. In der Literatur des MA verschmolz der antike Topos der »Inseln der Seligen« mit der jüdisch-christlichen Überlieferung vom → Paradies zur *insula amoena,* zum *locus amoenus* (»Lustort«), wo die Helden außerhalb der Alltagswelt leben und die Minne unvergänglich ist. Das Leben auf der I. kann aber auch ein Fehlverhalten signalisieren, die Flucht in ein Scheinparadies – so schon in Chretien de Troyes' *Erec* (um 1168) und in → Shakespeares Drama *The Tempest*. Die mit dem Geiste der → Utopie verbundene I. wird in *Gullivers Reisen* von J. Swift (1726) zum Zerrbild: die Zwergeninsel Liliput läßt die menschlichen Verhältnisse in ihrer Nichtigkeit erkennen. Mörikes Phantasieinsel Orplid (im Roman *Maler Nolten*) ist »resignierendes Symbol für das versunkene Reich der klassischen Schönheit« (Brunner). In Träumen kann die Wunschvorstellung der I. auf mangelnden Bezug zur Lebenswirklichkeit hindeuten. [Lr]

H. Freyer, Die polit. I., Gesch. der Utopien von Platon bis zur Gegenwart, 1936; H. Brunner, Die poetische I., I.n u. I.vorstellungen in der dt. Literatur, 1967; E. Frenzel, Motive der

Weltliteratur, 1976 (Inseldasein, 383–401); St. Brandanus – der irische Odysseus, mit Einführung von H. Biedermann, 1980.

**Interaktionismus,** symbolischer. Eine verstehend-handlungstheoretische Methode der → Soziologie und Sozialpsychologie, zwischen 1900 und 1950 an der University of Chicago von C. H. Cooley, G. H. Mead, H. Blumer u. a. entwickelt. Seitdem unter der Bezeichnung ›Theorie der symbolischen Interaktion‹ *(Symbolic Interaction Theory)* als Alternative zu naturwissenschaftlich positivistischen Methoden bei kulturwissenschaftlich arbeitenden Soziologen zunehmend anerkannt. Wichtigste Anwendungsgebiete: Sozialwissenschaftliche Erforschung der Religion, der Familie und der Kunst. T. Shibutani, A. L. Strauss und E. Goffman haben den s. I. wesentlich ausgebaut und seine Tauglichkeit auch für makrosoziologische Untersuchungen der Massengesellschaft und für das Studium von Organisationen (Sterben in Kliniken) und Institutionen *(total institution)* erwiesen. Grundannahmen des s. I.: 1. der Mensch lebt sowohl in einer physischen als auch in einer symbolischen Umwelt. Daher kann sein Handeln sowohl durch physische Stimuli als auch durch Symbole angeregt sein. 2. Individuum und Gesellschaft sind untrennbare und interdependente Größen. 3. Die in der → Gesellschaft zusammenlebenden Individuen sind reflektierende und interagierende Wesen, die im sozialen Miteinander ihre Identität *(self)* erwerben. 4. Das Gewebe der Gesellschaft besteht aus Sinnsystemen, an denen die Menschen als Mitglieder von Bezugsgruppen teilhaben. 5. Die Gesellschaft interagierender Individuen mit einer gemeinsamen Kultur geht dem konkreten Individuum genetisch voraus: *man is not born human.* Erst durch Zuwendung anderer (Sozialisation) kann der einzelne human werden. 6. Symbolische → Kommunikation ist Voraussetzung dafür, daß der Mensch über seine Mitmenschen den Zugang zu Sinn- und Wertsystemen findet und dadurch die Fähigkeit zu selbstbestimmtem Handeln in Freiheit erwirbt. 7. Teilhabe an → Kultur ist Bedingung der Fähigkeit, das Handeln anderer Menschen der gleichen Kultur weitgehend vorherzusehen und zu verstehen. 8. Individuen kann man nicht verstehen, wenn man sie aus den sozialen Situationen herauslöst, an denen sie teilhaben. Entscheidend für das Verstehen ist die Kenntnis der Deutungen, die die beteiligten Individuen selbst jenen Situationen geben. 9. Menschen handeln Dingen gegenüber auf der Grundlage der Bedeutung, die diese Dinge für sie haben. 10. Bedeutungen werden Dingen von Menschen zugeschrieben, die in Interaktion miteinander und mit den Dingen solche Bedeutungen definieren und modifizieren. Der s. I. der Gegenwart vereint in sich Anregungen des Pragmatismus (W. James, J. Dewey), des Behaviorismus (J. B. Watson), des Neukantianismus (H. Rickert, E. Cassirer), der Phänomenologie (E. Husserl, A. Schütz) und der verstehenden Soziologie (G. Simmel, M. Weber). [He]

A. L. Strauss, Mirrors and Masks, 1959; T. Shibutani, Society and Personality, 1961; P. Berger u. T. Luckmann, The Social Construction of Reality, 1966; H. Blumer, Symbolic Interactionism, 1969; H. J. Helle, Soziologie und Symbol, 1969; W. L. Bühl (Hg.), Verstehende Soziologie, 1972; E. Goffman, Frame Analysis, 1974; A. C. Zijderveld, De theorie van het symbolisch interactionisme, 1975; H. J. Helle, Verstehende Soziologie u. Theorie der S.I., 1977.

**Invidia.** Personifizierung des Neides. In der Antike bei → Ovid beschrieben (*Met.* II, 760ff.). Bis zur Renaissance wurde I. fast ausschließlich zusammen mit den anderen Hauptlastern Superbia, Ira, → Avaritia, Gula, → Luxuria und Desidia als Gegensatz zu den 3 göttlichen Tugenden Fides, Spes, Charitas und den 4 Kardinaltugenden Iustitia, Prudentia, Temperantia und Fortitudo dargestellt. Diese Konfrontation fand seit → Prudentius' *Psychomachia*, häufig in der Form eines Kampfes statt. Die Personifizierung einzelner → Laster entwickelte sich erst im 14. Jh. I. erhielt als Attribut: HUND, FLEDERMAUS (Giotto, Padua, Arena-Kapelle), SPERBER, HABICHT, SCHLANGE, SKORPION und DRACHE. Seit der Reniassance wurde I. unter Einfluß Ovids als altes, hageres Weib mit einer SCHLANGE an der nackten Brust oder mit Schlangen zwischen den aufgelösten HAAREN (= böse Gedanken) dargestellt. Sie ißt das eigene Herz (= Neid verzehrt sich selbst). [ThVW]

C. Ripa, Iconologia, 1603; A. Katzenellenbogen, Allegories of the virtues and vices in mediaeval art, 1939; A. Pigler, Neid und Unwissenh. als Widersacher d. Kunst (Acta hist. art. Ac. sc. hung. 1), 1954.

**Iranier** → Parsismus, Zervan

**Iris** → Schwertlilie

**Ischtar** (akkadisch) und die sumerische »Herrin des Himmels«, Inana, in der keilschriftlichen Überlieferung untrennbar miteinander verwoben, ergeben die wichtigste weibliche Gottheit des mesopotamischen Pantheons. Drei Aspekte treten in ihrem Wesen hervor; sie ist die Göttin der Liebe, des Kampfes und des Planeten → Venus. Als Stadtgöttin von Uruk war sie die Partnerin beim → Hieros gamos. Besonders die Könige des semitischen Großreiches von Akkad förderten ihren Kult und die synkretistische Verschmelzung. Erst im Laufe des 2. Jt. wurde sie dem Typ der → Muttergottheit angenähert. Die Griechen setzten sie mit Aphrodite gleich. – In allen größeren Städten verehrt, waren ihre Tempel in Uruk, Assur, Ninive (mit heilkräftiger Statue) und Arbela von besonderer Bedeutung.

Ein in sumerischen wie in akkadischen Versionen überlieferter Mythos schildert das Scheitern von I.s Versuch, Macht über die Unterwelt zu gewinnen. An den 7 Toren des Totenreiches ihrer 7 machtgeladenen SCHMUCKSTÜCKE und KLEIDER beraubt, erleidet sie selbst den Tod. (Das Motiv lebt in der gnostischen Lehre vom Aufstieg der Seele und ihrer sukzessiven Befreiung vom Irdischen weiter.) Als darauf alle Fortpflanzung auf der Erde stillsteht, muß I. durch eine List Eas (→ Enki) befreit werden. Mit dem »Wasser des Lebens« wieder belebt, übergibt die Heimgekehrte ihren Gemahl → Dumuzi den ihr gefolgten Unterweltsdämonen als Ersatz. Der Schluß des akkadischen Mythos ist noch ungedeutet. Die I. zugeordnete Zahl ist die 15 (→ Göttersymbole). [JB]

D. O. Edzard, Inanna, I. (WdM 1) 1965; W. Hallo/J. van Dijk, The Exaltation of Inanna, 1968; A. Falkenstein, Der sumer. und der akkad. Mythos von Inannas Gang zur Unterwelt (Fs. W. Caskel) 1968; J. van Dijk, Les contacts ethniques dans la Mésopotamie...

(Syncretism, hg. v. S. Hartman) 1969; Å. Sjöberg, in-nin šà-gur4-ra (Zs. f. Assyriol. 65) 1975; C. Wilcke/U. Seidl, Inanna/J. (Reallex. d. Assyriol. 5) 1976.

**Isenheimer Altar** → Grünewald

**Isis.** Die Ursprünge dieser berühmtesten Göttin Altägyptens liegen im Dunkel. Das Zeichen des THRONES, mit dem ihr Namen geschrieben wird und das sie meist als Symbol auf dem Kopf trägt, scheint (entgegen älterer Auffassung) eine rein äußerlich-phonetische Bedeutung zu haben. Die ganze Fülle ihres Wesens und ihrer zentralen Bedeutung im religiösen Leben ergeben sich erst aus der Rolle, die sie im Osiris-Mythos spielt. Wenn → Osiris der tote Gott ist, der auf geheimnisvolle und jedem Ägypter zu Vorbild und Verheißung werdende Weise vom Tode geheilt wird, so sind I. und → Horus die Gottheiten, die diese Heilung vollbringen. I. sucht den Leichnam des Geliebten, erweckt ihn mit ihren Klagen und empfängt den Sohn, erzieht das Kind an geheimem Ort, schützt ihn gegen alle Gefahren, sorgt für die Durchsetzung seines Anspruchs vor dem Göttergericht und setzt den Triumphierenden als König ein. Vielfältig ist I. so in zentrale Rituale eingegangen: als Klageweib (Bestattungsritual), Königsmutter (Rituale des Königtums) und zauberkräftige Mutter (Heilungszauber). Als Überwinderin des Todes ist sie die Zauberin schlechthin. Als solche steht sie dem Sonnengott in der Barke bei und fällt den Feind »mit der Zauberkraft ihres Ausspruchs«. Als → Muttergottheit (»Isis die Große, Mutter des Gottes«) tritt sie auch zu anderen Göttern in Beziehung und wird an verschiedenen Kultorten als Mutter des Min (hier in der typisch ägyptischen Doppelfunktion der »Muttergattin«), des Amun, des → Re, des Upuaut u. a. verehrt. Die Prädominanz des Mütterlichen unterscheidet I. von der anderen großen Göttinnengestalt, Hathor, mit der I. andererseits oft gleichgesetzt wird; in ihr steht das Erotische mehr im Vordergrund.

Trotz aller Wesensfülle der Göttin ist es aber noch ein bedeutender Schritt von hier zu der schlechthin allumfassenden Bedeutung, die I. in griechisch-römischer Zeit und weit über Ägyptens Grenzen hinaus erlangt, wie es die »I.-Aretalogien« in griechischer Sprache darstellen (Bergman, Müller). Hier ist I. eine kosmische Gottheit, Lenkerin der Gestirne, Gebieterin der Heimarmene, Königin der Meere und Retterin der Schiffbrüchigen (als solche wurde sie von den Griechen in Alexandria verehrt), eine Heils- und Erlösergottheit, deren über die ganze antike Welt verbreiteten Mysterienkulte mehr hellenistisch-synkretistische als altägyptische Elemente ausweisen. [JA]

D. Müller, Ägypten und die griech. Isis-Aretalogien (Abh. der sächs. Ak. d. Wiss. 53 Heft 1) 1961; M. Münster, Untersuchungen zur Göttin Isis vom Alten Reich bis zum Ende des Neuen Reichs (Münchner Ägyptol. Stud. 11) 1968; J. Bergman, Ich bin Isis, Studien zum memphitischen Hintergrund der griechischen Isis-Aretalogien (Acta Univ. Upsal., hist. Relig. 3) 1968; Fr. Le Corsu, I., mythe et mystères, 1977.

**Islam.** Diese Weltreligion ist nicht nur ein religiöses, sondern auch politisches, soziales, wirtschaftliches und kulturelles System. Islam bedeutet Hingabe, und zwar an Gott. Gemeint ist damit der äußere Akt der Unterwerfung, die Befolgung der göttlichen Vorschriften, welche einerseits das Verhältnis Mensch – Gott, andererseits sämtliche Bereiche des menschlichen Lebens regeln. Die absolute Allmacht und Allgegenwärtigkeit sowie die extreme Transzendenz des Gottes der Muslime haben bewirkt, daß ehrfürchtige Scheu die Grundhaltung des frommen Muslims ist, und religiöse Kulte mit entsprechender Symbolik nur in begrenztem Umfange bestehen.

Die einzige echte Kulthandlung ist das Gebet, d. h. das nach genauen Regeln festgesetzte Rezitieren von Formeln, meist aus dem → Koran, aber auch aus der prophetischen Tradition, zum Preise Gottes und zur Bezeugung der Unterwürfigkeit des gläubigen Menschen. Das Gebet muß im Zustand ritueller Reinheit verrichtet werden, das gilt sowohl für den Betenden als auch für den Gebetsort. Mit der WASCHUNG vor dem Gebet vollzieht der Muslim symbolisch seine rituelle Reinigung, selbst wenn dies mit Sand geschieht, sollte kein Wasser vorhanden sein. Auch das AUSZIEHEN DER SCHUHE vor Betreten des Gebetsortes gehört zu diesem Reinigungsakt. Der Ort, an dem man sich zum Gebet niederwirft, soll sauber und trocken sein. Als äußeres Merkmal dafür dient der GEBETSTEPPICH, den der Muslim zum Gebet ausbreitet. Die gleiche Funktion in größerem Maßstab erfüllt die MOSCHEE. Sie ist ein architektonisches Symbol für den Ort ritueller Reinheit. Einige charakteristische bauliche Merkmale der Moschee haben ebenfalls symbolische Bedeutung, vor allem die GEBETSNISCHE als Orientierungspunkt, welcher die Gebetsrichtung angibt. Es ist die Richtung nach Mekka, dem Ursprungsort des I. und dem symbolischen Mittelpunkt der islamischen Welt. Die Gebetsnische ist daher wie ein Punkt auf einer Kreislinie, der durch den Radius mit dem Mittelpunkt verbunden ist. Das wichtigste dekorative Element im Inneren der Moscheen sind kunstvoll kalligraphierte SCHRIFTBÄNDER, welche Koranverse beinhalten: ein Ausdruck der immerwährenden Gegenwart Gottes durch Sein Wort. Das LICHT, welches durch den Fensterkranz der Kuppel von oben in den Raum einfällt, versinnbildlicht die göttliche Erleuchtung. Daher trägt das Innere der Kuppel auch manchmal ein Schriftband mit dem berühmten ›Lichtvers‹ (*Koran* 24,35). Die Bedeutung des Wortes MINARETT weist auf den symbolischen Charakter dieses Bauelements hin: Lichtort, Leuchtturm.

Zu den religiösen Pflichten des Muslims gehört es, wenigstens einmal im Leben die Pilgerfahrt *(hagg)* nach Mekka zu unternehmen. Die bei diesem Anlaß zu vollziehenden Riten stellen eine Kette symbolischer Handlungen dar, deren Sinn es ist, den Pilger an den heiligen Stätten in die Zeit der Entstehung des I. zurückzuversetzen, an wichtige Ereignisse im Leben des Propheten zu erinnern und somit die Verbundenheit des Einzelnen mit der muslimischen Gemeinde insgesamt, d. h. von den Anfängen des I. an, zu bezeugen.

Die Idee der muslimischen Gemeinde ist ein wichtiges Konzept, und der Eintritt in diese Gemeinde wird durch die BESCHNEIDUNGSZEREMONIE symbolisiert. Als ein Zeichen der Zugehörigkeit galt ursprünglich auch das Tragen des TURBANS, nachdem bereits der Prophet gesagt haben soll: »Der Unterschied zwischen uns und den Ungläubigen sind die Turbane« (Hadith). Die explosionsartige Ausbreitung des islamischen Staates verbunden mit der Eingliederung andersgläubiger Bevölkerungsgruppen und einer zunehmenden Komplexität der Gesellschaftsstruktur ließ bald politische und soziale Probleme in den Vordergrund treten, welche einen Niederschlag u. a. in Kleidervorschriften und politischen Emblemen fanden. Der Turban blieb nach wie vor ein wichtiges Symbol, allerdings in veränderter Funktion. Da er schließlich von allen Männern getragen wurde, diente seine Farbe als Unterscheidungskriterium für die Angehörigen der verschiedenen Religionsgemeinschaften, wobei die Farbvorschriften immer wieder wechselten. Nur GRÜN blieb meistens den Nachfahren des Propheten vorbehalten. Als Zeichen für die verschiedenen Berufe, Stände und Würden dienten Form, Größe, Art der Bindung und Schmuck des Turbans. Meist galt außerdem das Prinzip: je höher die Würde, desto größer der Turban.

Wichtigstes Element der politischen Symbolik im Islam waren die FLAGGEN und BANNER. zusammen mit Trommlern und Trompetern gehörten Bannerträger zum Troß des Herrschers und somit zu den Insignien seiner Macht. Dieser Brauch dürfte auf byzantinischen und sassanidischen Einfluß zurückzuführen sein. Farbsymbolik spielte auch bei den Bannern eine Rolle. 4 Hauptfarben sind dabei festzustellen, welche alle mit Bannern, die der Prophet verwendet haben soll, in Zusammenhang gebracht wurden, an sich aber oft auf präislamische Stammesfarben zurückführbar sind. Die islamischen Dynastien wählten in der Folge eine dieser Farben als offizielles Symbol: z. B. WEISS für die Omajaden, SCHWARZ (Lieblingsstandarte des Propheten) für die Abbasiden, GRÜN für die Fatimiden und Aliden (Schiiten), ROT für die türkischen Seljuken in Westasien.

Das bekannteste Symbol für den Islam ist wohl der HALBMOND. Dieses Zeichen ist nicht islamischer Herkunft und war ursprünglich ein astral-religiöses Symbol. Im Islam begegnen wir ihm lange Zeit nur gelegentlich in der Ornamentik, ohne irgendwelche besondere Signifikanz. Als Wappenzeichen tauchte er zu Ende des MA vereinzelt auf, hatte jedoch keine offizielle Bedeutung, wenigstens nicht im islamischen Raum. Im Abendland allerdings war der Halbmond ab dem 15. Jh. als Symbol der islamischen Welt festgelegt. Erst ab Ende des 18. Jh. wurde er im Osmanischen Reich zum offiziellen Symbol und ist seitdem wichtigstes heraldisches Element auf den nationalen Emblemen der islamischen Staaten. Die alte heidnische Bedeutung dieses Symbols erhielt eine islamische Dimension: deutet doch die Sichel des neuen Mondes das Ende der Fastenzeit an.

Der Dämonenglaube der Muslime, der auch im Koran verankert ist, brachte die Fülle von Amuletten hervor, die zum alltäglichen Habitus dazugehören. Sie sind Symbole jener schützenden Mächte, die dem, welcher sie trägt, vermittelt werden sollen.

Ihre Schutzwirkung richtet sich gegen die Dämonen, den ›Bösen Blick‹. Zu den häufigst getragenen Amuletten gehören die sogenannte ›Hand der Fatima‹ (Tochter Mohammeds), also eine schützende HAND, sowie Spiegelamulette, mit denen die Dämonen durch ihr eigenes Spiegelbild abgewehrt werden. Auch koranische Inschriften finden sich oft auf Amuletten: Hierbei wirkt das Wort Gottes als Schutz und Beistand. Der muslimische ROSENKRANZ ist zwar kein Amulett, gehört aber auch zu den sakralen Gebrauchsgegenständen des Alltags. Er besteht aus 99 Perlen, von denen jede einen der sogen. ›Schönsten Namen‹ Gottes symbolisiert, deren Memorieren segenbringend ist.
Die islamische Kunst, vor allem die für sie typische Ornamentik, ist von stark symbolischem Gehalt. Die Vielfalt der ornamentalen Elemente, welche sich ständig wiederholen, ineinander verschlingen und, aus einem gewissen Abstand betrachtet, dennoch ein harmonisches Ganzes ergeben, ist Ausdruck eines erkenntnistheoretischen Hauptprinzips des Islam: Vielfalt in der essentiellen Einheit.
→ Schia [EJa]

A. v. Kremer: Culturgeschichte des Orients, 1875–77; R. Paret: Die Symbolik des Islam, 1958; F. Rosenthal: Ibn Khaldun, The Muqaddimah, 1958; M. Ellehauge: The symbols of Islam in national flags and arms (Heraldica 1958); R. Kriss/H. Kriss-Heinrich: Volksglaube im Bereich des Islam, 1962; H. C. Becker, Islamstudien, ²1967; A. Mez: Die Renaissance des Islams, ²1968; J. Chr. Bürgel/F. Allemann: Symbolik des Islam (Tafelband), 1975; D. B. Macdonald: The Religious Attitude and Life in Islam, ²1975; A. Khatati/M. Sijekmassi, The Splendour of Islamic Calligraphy, London 1977; J. C. Bürgel, Die Bedeutung der Symbolik im I. (in: Beitr. zu Symbol, Symbolbegriff u. Symbolforsch., hg. v. M. Lurker), 1982.

**Jade** (chin. *yü*), in China der beliebteste Schmuckstein, als Jadeit weiß und grünlich; der ebenfalls als J. bezeichnete Nephrit ist lauchgrün bis grünlichgrau. Im Altertum sollte ein Stück J. im Munde des Toten die Fäulnis verhindern. Ob die alten J.embleme ursprünglich mit einer Form von Sonnenkult verknüpft waren (so nach Laufer), ist nicht gesichert. Mit dem Yang-Prinzip verbunden, wurde das Mineral ganz allgemein zu einem Symbol des Lebens (in vielfältiger Art auch in der Sexualsymbolik) und der Vollkommenheit; die höchste Gottheit in der Volksreligion wird »Jadekaiser« (Yü-huang-ti) genannt. In der Sicht der konfuzianischen Staatsweisheit ist der J. ein Symbol echter Menschlichkeit, der Treue und der Zuverlässigkeit. – Bei den mesoamerikanischen Azteken war der Jadeit der Edelstein (*chalchihuitl*) par excellence; seine Hieroglyphe war Symbol des mit dem Gedanken der Sonnenbelebung verbundenen Menschenopfers. [Lr]

B. Laufer, Jade. A study of Chinese archaeology and religion, Chicago 1912; G. Giesler, Les symboles de jade dans le taoisme (Revue de L'Histoire des Religions 105/1932); S. H. Hansford, Chineses carved jades (The Arts of the East, ed. B. Gray), London 1968.

**Jagd, Jäger.** Im europäischen MA Zentralthema höfischen Lebens; christliche Umdeutung als Verfolgung des Guten durch das Böse. Vorlage für die – oft ambivalente – Jagdsymbolik war der → Physiologus. Jr. verfolgt SCHWEIN: das Gute jagt das Böse; Jr. verfolgt HASEN: Physiologus beschreibt am Beispiel des Hasen, wie sich der Mensch vor dem Teufel schützen kann. (Auch in der Volkserzählung Verbindung von Jr. und Teufel: Jr. sichert sich J.erfolg um Preis seiner Seele: Teufel tritt in Jr. gestalt auf. Dieses und anderes, z.B. die Heilkundigkeit, zeigt Parallelen von Jr. und → Schmied). Widerpart des Bösen ist der HIRSCH (Christussymbol). Hirsch (meist mit Zweig oder Eichel im Äser) und -reiter gehören zu den Hauptmotiven der sog. Volkskunst; Bild für »abgekürzte Jagd« oder Symbol. Motiv häufig auf Modeln, aber auch hirschförmige Gebäcke (zu verschiedenen Anlässen). Süße Kuchen, »Hirsche« genannt (hirschförmig?), für Artemis (als Ersatz von Hirschopfern); Gebäck (einjähriger Hirsch, Spießer) zu den Thesmophorien. Opferung der »Erstlinge« für Diana, Artemis, aber auch für Hubertus (im 9. Jh.). – Im MA war die EINHORNJAGD ein Sinnbild für die jungfräuliche Geburt des Herrn. Um 1400 verbinden sich Verkündigung und Menschwerdung in der Einhornjagd im *hortus conclusus* (wobei Erzengel Gabriel in Jr.gestalt von vier Hunden – Gerechtigkeit, Friede, Barmherzigkeit, Wahrheit – begleitet wird). – Zur Symbolik von Hirsch und Einhorn vgl. auch → Apothekennamen. Die J. ist auch Motiv der Volkserzählung, wo Tierüberwindung (z.B. des Einhorns, vgl. »Das tapfere Schneiderlein«) eine der drei Mutproben des Helden sein kann oder ein Locktier (meist Reh oder Hirsch) den Jr. zu Verfolgungsj. anregt (Locktier ist nach Viergutz Sinnbild eines menschlichen Seelenzustands). Die Hubertus- bzw. Eustachiuserzählung gehört zum Typus der Sagen vom spukenden Jäger; das ältere Motiv der Bestrafung ist durch das der Errettung ersetzt (HIRSCH ist Christus, verdeutlicht durch Kreuz im Geweih). Die Zunft der Jr. kennt u.a. die Aufnahmebräuche der Jr.weihe und Freisprechung (→ Rites de passage). Charakteristika des Jr. sind – neben der Tracht in Grün bzw. Grau/Braun-Grün – noch Horn sowie Beute- und Standesbrauch. (Hut kranzförmig besteckt – 15., 16. Jh. – mehr als Standeszeichen?). »Viel Glück« statt »Weidmannsheil« (oder »Hals- u. Beinbruch«) kann Abbruch der J. zur Folge haben. – HORNsymbolik im Umkreis der J. (Tiere!) sehr stark (von spezieller Hornbedeutung über Trinkhörner bis zum Brauch der sog. Deposition, vgl. dazu »die Hörner abstoßen«). – Die in der Volkskunst häufige Darstellung einer Teilnahme des Wildes am Leichenzug des Jr. wurzelt in der Vorstellung von der → »verkehrten Welt« (vgl. dazu → Trauer). – Zum Vorstellungskreis von J., Jr. gehören ferner u.a. auch Wilderer (Freischütz) sowie Wilder Jr. und Wilde J. [EH]

H. Appuhn, Die J. als Sinnbild i. d. norddeutschen Kunst d. MA, 1964; R. R. Beer, Einhorn, Fabelwelt u. Wirklichkeit, 1972.

**Jagdspiel** → Drama

**Jagdzauber.** Spezielle Erscheinungsform einer → Magie durch Analogiehandlung, bei der vor allem Tierfiguren oder -bilder beschossen oder gestochen werden, um dadurch den Erfolg der Jagd zu sichern. Insgesamt kommt dem J. offensichtlich nicht die Bedeutung zu, die ihm in Weiterführung einer früheren Phase religionsgeschichtlicher Forschung oder Spekulation vom »magischen Zeitalter« häufig noch zugemessen wird; denn vielfach sind beobachtete Handlungen nur vorschnell so interpretiert worden oder zeigen – wo nähere Mitteilungen vorliegen – einen komplexeren Gehalt. Das gilt auch bei den frühen → Fels- und Höhlenmalereien für angeblich beschossene Tiere, bei denen ein Beschießen schon aus physischen Gründen (Enge der Höhlenschläuche usw.) nicht möglich war, oder für Tierbilder, denen Geschosse eingezeichnet sind (teilweise aber auch neben den Tieren stehen), was z.B. auch durch eine einfache Kennzeichnung des Tieres als Jagdwild erklärt werden kann. [KJN]

K. J. Narr. Zum Sinngehalt altsteinzeitl. Höhlenbilder (Symbolon NF 2, 118f.) 1974.

**Jahreszeiten.** Das Jahr wurde in 2 J. (AT, Antike) sowie in 3 J. (Antike, christliche Mystik) unterteilt, seit der Antike jedoch meistens in 4 J.: Frühling, Sommer, Herbst und Winter. Außerdem existierte eine Einteilung in 5 J. (Paris, Notre Dame) und in 6 J. (P. Brueghel d. Ä.). Wie andere Vierergruppen (→ Lebensalter, Abschnitte des Kirchenjahres und der Bibel) sind die 4 J. im MA oft Teil kosmologischer Weltbilddarstellungen, in denen sie zusammen mit den → Monatsbildern und den Tierkreiszeichen die Zeit verkörpern.

Die 4 J. werden seit der frühchristlichen Kunst durch Blumen, Früchte und Tiere symbolisiert (Rom, Katakomben). Diese Darstellungsart mündet im Barock in die personifizierten J.-Bilder von Arcimboldo (Wien) und in das Stilleben (J. Dünz, Bern). Die 4 J. können auch von antiken Göttern verkörpert werden: so der Frühling von Zeus, Hermes, Venus oder Flora, der Sommer von Helios-Apoll oder Ceres, der Herbst von Dionysos-Bacchus, der Winter von Herakles, Hades, Persephone, Vulkan, Boreas oder Aeolus (G. Sciavone, Budapest, Mus.). In der Monumentalplastik, in der Malerei sowie in der Glasmalerei (Lausanne) gibt es außerdem Personifizierungen mit Attributen, die auf die Natur und auf die landwirtschaftliche Tätigkeit der jeweiligen J. hinweisen. Die geläufigsten Attribute sind BLUMEN und junge Tiere für den Frühling, GARBENBÜNDEL, SICHEL und brennende FACKEL für den Sommer, REBE und WEINLAUB, FÜLLHORN mit Früchten für den Herbst, FEUER und totes GEFLÜGEL für den Winter. Aus den personifizierten J.-Bildern entwickeln sich genrehafte Landschaftsszenen, die oft schwer als J.-Bilder zu erkennen sind (Poussin, C. D. Friedrich). [ThVW]

E. v. d. Vossen, De Maandenreeks van P. Bruegel d. O. (Oud Holland 66) 1951; D. S. Rice, The seasons and the labors of the months in Islamic art (Ars orientalis 1), 1954; W. Sauerländer, Die J. Ein Beitrag z. alleg. Landschaft b. spät. Poussin (Münch. Jb. 7) 1956; E. Treuheit, Jahres- u. Tageszeiten in der Malerei (Diss. phil. Leipzig, 1957, msc.); E. Platte, C. D. Friedrich, Die J., (1961); W. M. Hinkle, The cosmic and terrestrial cycles on the Virgin Portal of Notre Dame (Art Bulletin 49) 1967; I. Behrmann, Darstellungen der 4 J. auf Objekten der Volkskunst, 1976.

**Jainismus.** Dem orthodoxen J., neben → Hinduismus und → Buddhismus die dritte große Religion Indiens, ist eine ausgesprochen anikonische Einstellung bis Bilderfeindlichkeit zu eigen. Es ist vermutlich dieser Lehre und dem Einfluß des Hīnayāna-Buddhismus zuzuschreiben, daß der frühe J. statt dessen eine reiche Symbolik entwickelte, die bis in die Gegenwart nahezu unverändert übernommen wurde. Auf einer Āyāgapata (Votivtafel) des 1. Jh. n. Chr. aus Mathura sind zahlreiche Glückszeichen (*māngalas*) wie FISCHE, SPIEGEL, THRON, VOLLER KRUG (*pūrṇaghaṭa*), der vier Blättern gleichende Shrīvatsa und die »Erfolg« verheißende Vardhamāna – VASE abgebildet, sowie das RAD der Lehre (*dharmacakra*) und der weiße Elefant, die beide auch in der Symbolik des Buddhismus von großer Bedeutung sind. Auf einer weiteren Steinplatte dieser Zeit sind ferner ein dem buddhistischen Triratna (»drei Edelsteine«) ähnelndes Symbol abgebildet, sowie ein Svastika (Hakenkreuz). Vor allem der SVASTIKA, der die vier Daseinsstufen versinnbildlicht, in denen die Seele geboren werden kann (oben: als Gott, unten: als Höllenwesen, links: als Tier, rechts: als Mensch), erlangte in der Opferzeremonie des J. eine überaus wichtige Bedeutung.

Spätestens im 1. Jh. n. Chr. existierten im J. zwei weitere bedeutende Glaubenssymbole, die ebenfalls in direkter Beziehung zum Buddhismus stehen. Das Bildnis des sitzenden in Dhyānamudrā meditierenden Religionsstifters Jina und der STŪPA (Sakralbau). In den folgenden Jh.en prägten dann immer mehr Begebenheiten der legendären Lebensgeschichte Jinas (*Jina – caritra*) Symbolik und Kunst des J., bekannt bes. durch die spätmal. Miniaturmalereien aus NW-Indien. Kurz nach der Empfängnis hatte Jinas Brahmanenmutter 14 bzw. 16 glücksverheißende Traumbilder (u.a. je ein weißer Elefant, Stier und Löwe, die Glücksgöttin Shrī in einem Lotosteich, eine weiß leuchtende Mondscheibe und die rot strahlende Sonne, Wasserlilien im klaren Wasser einer goldenen Vase, den Milchozean und ein rauchloses Feuer), die die Geburt eines Weltherrschers (*cakravartin*) oder eines Jinas verkündeten. Auf Befehl des Götterkönigs → Indra vollzog jedoch bald darauf der antilopenköpfige Anführer der göttlichen Fußtruppen eine Translozierung des Embryos. Jina wurde so als Sohn des Königs Siddharta aus der Kshatriya-Kaste in Vaishali im heutigen Gidhar um ca. 549 v. Chr. mit dem Namen Vardhamana (wie das glücksverheißende Symbol, s.o.) geboren. Unter einem Ashoka-Baum legte er Kleider und Schmuck ab und trat in den Mönchsstand ein, indem er sich in fünf Griffen seine Haare ausriß. Er erlangte nach zwölfjähriger Wanderung unter einem Sal-Baum die Allwissenheit und verkündete in den folgenden 30 Jahren die neue Lehre von der Erlösung aus dem Leid des Lebens, bis er 72-jährig als Jina oder Mahāvīra (»großer Held«) verstarb. Seine Lebensgeschichte wurde zum Vorbild der übrigen 23 mythisch-legendären Tīrthamkaras (»Furtbereiter«), deren 24. er selbst gewesen sein soll. In all ihren Lebensgeschichten geht es bes. um die fünf großen Ereignisse: Empfängnis, Geburt, Weltentsagung, Erlangung der Allwissenheit und Eingang in das Nirvāna. Seit dem MA stehen die 24 Tīrthamkaras, die nur durch bestimmte Symbole (*cihna*) oder ihre Begleitfiguren zu unterscheiden sind und entweder im Lotossitz (*padmāsana*) oder stehend und nackt dargestellt werden, im Mittelpunkt der Kunst.

Zu den eigentümlichsten Schöpfungen gehören das → Weltbild

und die Welthistorie des J. Das Weltall wird bes. mit einer FRAUENGESTALT verglichen. Als Weltfrau birgt sie in ihrer Taille die Menschenwelt, unten und oben umgeben von den Unterwelten, bzw. den Wohnungen der Gestirnsgenien und Götter. Im obersten Stockwerk liegt das Reich der Seelen, die aus dem Kreislauf des Daseins (*samsāra*) ausgeschieden sind und die nach unterschiedlichen Lehrmeinungen nur 1/32, bzw. 1/3 der Körpergröße der früheren Existenz besitzen. Die Menschenwelt mit dem runden Zentralkontinent und den ihm umgebenen Ringkontinent werden wie ein Mandala dargestellt.

Große Bedeutung erlangte im J. die Zahlensymbolik, wobei u.a. die FÜNF von bes. Bedeutung ist. Neben den o.g. 5 Hauptereignissen im Leben des Jina, den 5 Griffen, mit denen er sich das Haupthaar ausriß, sind dies u.a. 5 Farben (gold-gelb, rot, weiß, grün und dunkelblau), 5 Rangstufen des Mönchsordens, 5 Laute, die die mystische Silbe »om« ergeben, 5 Grundtatsachen (Regung, Ruhe, Raum, Seelen, Stoffe), 5 Elementarstoffe (Erde, Wasser, Feuer, Wind und Pflanzen), 5 »kleine Gebote« usw. [Ku]

H. von Glasenapp, Der J., 1925, Neudr. 1964; W. Kirfel, Die Religion d. Jainas, 1928 (Bilderatlas zur Rel. gesch., 12); B. Bhattacharya, J. Iconogr., 1939; U. Shah, St. in J. Art, 1955; W. Kirfel, Symbolik d. Hinduismus u. des J., 1959; K. Bruhn, The Jaina-Images of Deogarh, 1969; K. Fischer/J. Jain, Kunst und Religion in Indien, 2500 Jahre J., 1974; V. Moeller, Symbolik d. Hinduismus u. d. J., Tafelb. 1974; J. Jain/E. Fischer, Jaina iconography, Leiden 1978.

**Janus,** bei Ovid »einer der ersten Dinge« (»*res prisca*«), eine alte römische Gottheit, ZWEIGESICHTIG, mit einem jugendlichen und einem bärtigen Antlitz dargestellt, gilt als »Gott der Anfänge«, der Übergänge und des Durchgangs, wie denn *janus* einen überdeckten Durchgang bezeichnet. Der Januar trägt seinen Namen. Dieser mußte im Gebet vor Jupiter und allen anderen Göttern genannt werden; der Priester des J. – immer ein Patrizier – stand als *»rex sacrorum«* nach der alten *ordo sacerdotum* an der ersten Stelle der Priester; an allen Kalenden wurde J. geopfert. Vermutlich war J. eine bedeutende altitalische Gottheit, die als Sonnengott den Jahresablauf regierte und daher mit dem Doppelgesicht von SONNE und MOND ausgezeichnet war. Andere deuten die beiden Gesichter als Vor- und Rückblick in das neue und alte Jahr,als zukünftige und vergangene Zeiten.

J. soll, als Tarpeia die Sabiner verräterisch ins Kapitol einließ, diese vertrieben haben, indem er vor ihnen eine heiße Quelle hochschießen ließ. Sein doppeltüriger Tempel war in Kriegszeiten geöffnet, damit J. jederzeit helfen könne, oder weil J. sich im Kampf befinde. So wurde das feierliche ÖFFNEN und SCHLIESSEN des J.tempels zum Sinnbild für Krieg und Frieden und der SCHLÜSSEL ein Symbol des J. Im übrigen wurde er als ein früher Kulturbringer verehrt, der in Latium Landwirtschaft und Handwerk einführte. [Rd]

O. Huth, J. Ein Beitrag zur altröm. Religionsgesch. 1932; R. Pettazoni, Per l'iconografia di Giano (Studi Etruschi 24) 1955–1956; R. Schilling, J. le dieu introducteur, le dieu des passages (Mélanges d'Archéd. et d'Histoire 72) 1960; J. Gagé, Sur les origines du culte de J. (Revue de l'histoire des religions CXCV/1979).

**Japan** → Nō-Spiel, Ostasien, Shintoismus

**Jaspers, Karl** → Chiffre

**Jenseits,** Stätte des Weiterlebens nach dem Tode, häufig durch einen FLUSS vom Diesseits getrennt: Acheron und Styx bei den Griechen, Gjöll bei den Germanen, bei den Lappen führt der Weg ins Paradies über den »Feuerfluß«. Das Motiv des Todesstroms assoziiert die J.brücke: Cinvat-Brücke im Parsismus, schlüpfriger Baumstamm bei den Menomini-Indianern, BRÜCKE so schmal wie die Schneide eines Schwertes bei islamischen Völkern. Die germanischen Helden ziehen auf der Brücke Bifroest (wohl der Regenbogen) in Walhall ein. In den J.schilderungen werden wiederholt TORE genannt (Altmesopotamien, Ägypten); in der Bibel ist das Tor Symbol für den Eingang in die jenseitige Welt: Tore der Totenwelt (*Jes* 38, 10), Pforten der Hölle (*Mt* 16, 18), Himmelspforte (1 *Mos* 28, 17), Tür des Himmels (*Offb* 4, 1). Altorientalische Vorstellungen vom Himmelswächter gingen auf den mit seinem Schlüssel das Himmelreich öffnenden → Petrus über.
Die Sitte der Erdbestattung trug zu der Vorstellung von der Unterwelt bei, es ist das »Land ohne Heimkehr«, voller FINSTERNIS und Staub (altmesopotamisch), das »Leichenhaus der Erde« (altsyrisch), das finstere Reich des Hades, in dem die Seelen der Verstorbenen ihr wesenloses Schattendasein führen (altgriechisch). Hier ist auch die *scheol* des AT zu erwähnen, ein in Finsternis und Schweigen liegendes Totenreich (z.B. *Ijob* 17, 13ff.). Zu den altägyptischen Vorstellungen → Unterweltsbücher.
Neben der Höhle ist der BRUNNEN Eingang in die Unterwelt, so auf etruskischen Reliefs, bes. aber im Märchen (z.B. Frau Holle). Ein bekanntes Symbol für die Unterwelt ist das LABYRINTH; in christlichen Kirchen des 4. bis 12. Jh. wird das Labyrinth zum Heilszeichen: Theseus als Symbolgestalt Christi überwindet den Minotauros (= Tod). Das verschlingende Tier kann selbst die Unterwelt sinnbilden: FISCH in der Geschichte des Propheten Jona, menschenfressende LÖWEN an romanischen Kirchenportalen (z.B. San Rufino zu Assissi), aufgesperrte JAGUARrachen in der Kunst der altamerikanischen Olmeken und Zapoteken. In verschiedenen Religionen wurde die Unterwelt zum Strafort, → Hölle.
Das auf der Erde gedachte J. ist öfters mit der Vorstellung einer meerumspülten INSEL der Seligen (so bei Griechen, Kelten, Algonkin) und mit der Himmelsrichtung WESTEN (Parallelisierung von Sonnenlauf und Lebensweg!) verbunden. Das Land der Hesperiden mit den goldenen Äpfeln (= Frucht des ewigen Lebens) war ursprünglich J.reich. An einem unzugänglichen Ort der Erde befindet sich der in den liturgischen Totengebeten des Ostchristentums erwähnte »Ort der Erquikkung« (*locus refrigerii*), an dem die Seelen bis zum endgültigen Gericht verweilen.
Das J. über der Erde versetzt die Verstorbenen in den → Himmel; bei verschiedenen Völkern leben sie als Stern weiter (Ägypter, nordamerikanische Indianer, deutscher Aberglaube erblickt in den Sternschnuppen Totenseelen). Das → Paradies ist die Stätte ewiger Glückseligkeit, Lohn für die Guten: es ist der Ort der Väter, wo

gezecht, gesungen und gespielt wird (*Rigveda* X 135), das Land der »anfanglosen Lichter«, in dem der Verstorbene »Frühlingsbutter« erhält (*Avesta, Hadōxt Nask* II 15 u. 18), wo Gerste und Spelt über irdisches Maß gedeihen (ägypt. *Totenbuch* Kap. 109), das »Glücksland« – Sukhāvatī – ohne Finsternis und voll von Edelsteinbäumen und lieblicher Düfte (Mahayana-Buddhismus), es sind die Wonnegärten, wo die Frommen auf Polstern sitzen und trinken können, ohne berauscht zu werden (*Koran*, Sure 52 u. 56). Oft anzutreffendes Paradiessymbol ist der BAUM: der zwölffach Früchte tragende Baum des Lebens in der Apokalypse (*Joh* 22, 2), der Urbaum im hl. Land Khvaniras (*Avesta, Bundahish*), der die verstorbenen Säuglinge ernährende Baum der altmexikanischen Tlaxcalteken. [Lr]

E. Spieß, Entwicklungsgesch. d. Vorstellungen vom Zustand nach dem Tode, 1877, ²1975; H. Siuts, J.motive im dt. Märchen, 1911; J. T. Addison, Life beyond Death in the Beliefs of Mankind, London 1933; D. C. Fox, Labyrinth u. Totenreich, A. Rüegg, Die J.vorstellungen vor Dante, 1945; G. Pfannmüller, Tod, J. u. Unsterblichkeit i. d. Religion, Literatur u. Philosophie d. Griechen u. Römer, 1953; H. Kees. Totenkult u. J.glaube d. Ägypter, ²1956; H. Gundolf, Totenkult u. Jenseitsglaube, 1967; R. Stola, Zu d. J.vorstellungen im Alten Mesopotamien (Kairos XIII) 1971; S. El Saleh, La vie future selon le Coran, Paris 1973; H.-J. Klimkeit (Hg.), Tod u. J. im Glauben der Völker, 1978.

**Jerusalem, himmlisches** → Stadt

**Joachim von Floris** (Fiore), italienischer Theologe, um 1132 – 1202 (Fiore, Calabrien). Er ist der Geschichtsmetaphysiker des mal. → Symbolismus, indem er 3 *status* als Weltalter unterschied: 1. Reich des Vaters, beginnend mit der Schöpfung; es ist die Zeit des FLEISCHES und der LAIEN. 2. Reich des Sohnes, beginnend mit Christi Erlösungsopfer; Zustand zwischen Fleisch und Geist, Zeit der KLERIKER. 3. Reich des Hl. Geistes, im Zuge chiliastischer Vorstellungen wurde der Beginn mit dem 13. Jh. erwartet; Zeit des GEISTES und der MÖNCHE, der *ecclesia spiritualis*. – Die von J. v. F. erstmals geprägte Idee eines Dritten Reiches wurde später in verschiedenen Konzeptionen aufgegriffen (zuletzt wegen seiner propagandistischen Wirkung vom Nationalsozialismus). [*]

E. Benz, Ecclesia spiritualis, 1934; Fr. Foberti, Gioacchino da Fiore e il Gioacchinismo, Padova 1942; H. Grundmann, Neue Studien über J. v. F., 1950; M. Reeves/B. Hirsch-Reich, The figurae of J. of F., Oxford 1972.

**Johannes der Evangelist** → Evangelistensymbole

**Johannes der Täufer.** Prophet und Vorläufer (*Prodromos*) Jesu. Größter Heiliger des Alten und Neuen Bundes. Von Jesus selbst in einer Weise herausgehoben, wie dies sonst nicht in Jesu Reden zu finden ist (*Mt* 11, 7–18; 17, 12f.; 21, 25–32; *Joh* 5, 33–35). In *Joh* 1, 23–27 ist sein Selbstverständnis als eines Rufers in der Wüste und eines Mahners zur Wegbereitung Jesu vermerkt. *Joh* 1, 29–37 erscheint er als der eindringliche Hinweiser auf Jesus. All dies läßt ihn in der Liturgie des Westens (2 Feste im Kirchenjahr) und des Ostens (6 Feste) als »irdischen Engel und himmlischen Mann« (Andreas v. Kreta, E. 7. Jh.) erscheinen. Seine Bedeutung aus seiner Beziehung zu Christus wird auch deutlich in der Feier des irdischen Geburtstages in West und Ost am 24. 6. wie in der seiner Empfängnis am 23. bzw. 24.9. in der Ostkirche. In der

Kunst wird seine Vorbereitungs- und Hinweisfunktion auf Christus umschrieben durch seine Darstellung mit FLÜGELN (*Mk* 1, 2; zum erstenmal nachweisbar um 1296 innerhalb der Ost-Kirche), mit LAMM (auf einer Rundscheibe: Elfenbeinkathedra Ravenna 6. Jh., auf Buch, zu Füßen, oder als Knabe mit ihm spielend), mit KREUZSTAB (als Gemmen- oder Holzkreuz, später oft mit Schriftbandrolle, darauf: »Ecce Agnus Dei«), mit Zeigegestus der Rechten (bereits um 400), mit BUCH (seine Predigt als Erfüllung des Alten Bundes), mit SCHÜSSEL, auf dem das Haupt liegt, mit Kopf in der Hand oder zu Füßen, schließlich mit Christkind auf Hostienteller. Von bes. Interesse die immer wieder zu beobachtende Diskrepanz zwischen dem Kopf des mit Christus sprechenden J. und dem Haupt auf der Schüssel. Die auffallende Ähnlichkeit vieler Häupter auf der Johannesschüssel im östlichen Bereich legt die Vermutung an ein gemeinsames Vorbild nahe. Von der Symbolik der Fürbitte beim Weltenrichter ist getragen sein Auftreten zusammen mit Maria im Deesisbild der Ostkirche. Die stärkste realistische und zugleich symbolische Ausstrahlungskraft zum Thema J. d. T. haben wohl die Johannes-Vita-Ikonen (z.B. aus der Sammlung Sauser, A. 19. Jh.).[Sr]

E. D. Sdrakas, J. d. T. in der Kunst des christl. Ostens, 1943; M. Aronberg Lavin, Giovanni Battista. A Study in Renaissance Religious Symbolism (Art Bulletin 37/1955); H. Arndt/R. Kroos, Zur Ikonographie der J.-Schüssel (Aachener Kunstblätter 38/1969); E. Weis, J. d. T. (LChrI, 7), 1974; Kl. Wessel, J. B. (Lex. d. byzantin. Kunst, 3).

**Judentum, jüdische Religion.** Die j. R. hat wie jede lebendige Bewegung im Laufe ihrer fast viertausend Jahre alten Geschichte wesentliche Wandlungen durchgemacht. Diese Religion begann als Anerkennung eines einzigen unsichtbaren und daher nicht in Menschen- oder Tiergestalt darstellbaren Gottes (Bilderverbot !), dessen jeweilige Epiphanie durch einen Baum oder Stein gekennzeichnet wurde. Seit dieser Zeit hat das gesamte religiöse J. zwei Grundzüge beibehalten: Wer Jude ist, bestimmt sich nach seiner Mutter, und jedes männliche jüdische Kind muß beschnitten werden. Die BESCHNEIDUNG gilt als weihevoller Akt der Aneignung und Übernahme der jüdischen Grundlehren und hat die symbolische Bedeutung eines Zeichens für den Bund, den einst Gott mit Abraham geschlossen hat.

Dem Nomadenstadium der mit diesem Gott verbundenen Stämme entsprachen seine steinernen Zeugnisse, die Bundestafeln, die im Stiftszelt aufbewahrt und bei Wanderungen und Kriegen mit der »Lade Jahwes« als höchstes Heiligtum mitgeführt wurden. Von der LADE erhoffte man sich Segen und Sieg Israels, sie galt als mit göttlicher Macht gefüllt, ja, sie war greifbar nahes Symbol der Gottheit. Mit der Seßhaftigkeit wurden Gott Tempel errichtet und Opfer dargebracht; jedoch waren als Opfertiere und für den menschlichen Genuß solche Tiere ausgeschlossen, die gewissen fremden Göttern, besonders denen der Unterwelt und der Fruchtbarkeit heilig waren. Doch schon zur Zeit von Herodes I. (37–14 v. Chr.) bedeutete J. eine vollständige, das gesamte Dasein des einzelnen und der Gemeinschaft von der Geburt bis zum Tode durchdringende Lebensweise: jeder Gedanke, jede Bewegung, Speise und Kleidung waren genau vorgeschrieben und begrenzt. Damals entstand das strenggläubige J., wie es noch heute besteht und wie es im jüdischen Festkalender seinen bleibenden Niederschlag fand. Der Kerngedanke jüdischer FESTTAGE ist – liturgisch gesprochen – die Erinnerung an die Schöpfung und die Erinnerung an den Auszug aus Ägypten (Soetendorp). Symbol des Passahfestes war bis zur Zeit der Zerstörung des Tempels das PassahLAMM (sichtbare Erinnerung an jene Nacht, in der der Todesengel an den Häusern Israels vorüberging, wenn er das Blut des geschlachteten Lammes auf die Türpfosten gestrichen fand), seither ist es die *massa,* das ungesäuerte BROT (Erinnerung an die große Eile der Kinder Israel, die das Aufgehen des Sauerteiges nicht mehr abwarten konnten).

Erst bei der intensiven Berührung von religiösem J. mit der jeweiligen westlichen Welt, dem späten Hellenismus zu Beginn der heutigen Zeitrechnung (Philon von Alexandrien) und im 19. Jh. entstand die Auffassung, daß das J. ein vom Boden Palästinas unabhängiges religiöses System und Bekenntnis sei. Die Gegenbewegung dazu bildete am Ende des 19. Jhs. der Zionismus, der die Rückkehr des jüdischen Volkes nach Palästina in den Mittelpunkt des Jude-Seins stellte. Der Tempelberg des alten Jerusalem, ZION, wurde – besonders durch Theodor Herzl – zum Symbol(wort) für einen neuen Staat der Juden.

Liberale und reformerische Strömungen innerhalb des J.s führten zu einer Auflockerung in der Befolgung der Gebetsordnung und zu einer annähernden Gleichstellung von Knaben (*Bar-Mitzvah*) und Mädchen (*Bat-Mitzvah*) bei Aufnahme in die Gemeinde mit der Vollendung des 13. Lebensjahres, bei Knaben verbunden mit dem erstmaligen Anlegen der zu dem Morgengebet gehörenden Tefillin (4 Thorastellen, die gemäß 2 *Mos* 13, 9 als Amulette am linken Arm und auf der Stirn des Beters befestigt werden; bei *Mt* 23, 5 als Phylakterien erwähnt) und des zu jedem Gebet erforderlichen Talit (GEBETSMANTEL). Während die Tefillin (GEBETSRIEMEN) eine talismanartige Bedeutung haben, versinnbildlichen der Tallit und die KOPFBEDECKUNG beim Gebet, daß der Beter nicht mit unverhülltem Körper und Kopf sich an Gott wenden solle. Ein weiteres Symbol im jüdischen Alltag ist die MEZUZA, d.h. »Türpfosten« und darüber hinaus das am Türpfosten befestigte Kästchen mit einer kleinen Pergamentrolle, an der Außenseite steht das Wort *schaddaj,* »Allmächtiger«; ursprünglich magisches Schutzsymbol wurde die *mezuza* zum Zeichen des Bundes zwischen dem gläubigen Juden und Gott.

Von jüdischer maßgeblicher Seite ist immer wieder versucht worden, das Wesen des J.s in theologischen Leitsätzen niederzulegen. Der *Talmud* schildert, wie Moses 613 Gebote von Gott erhielt, die dann von König David auf 11, von dem Propheten Jesajah auf 6, von Micha auf 3 und von Habakuk auf eines zurückgeführt wurden. Im 12. Jh. erhöhte Maimonides diese Zahl auf 13; keiner von diesen Versuchen hat jedoch allgemeine und dauernde Geltung erlangt. Die j. R. in ihrer geschichtlichen Entwicklung erschöpft sich aber nicht im Rahmen der Befolgung göttlicher Vertragspflichten; vielmehr hat sie die höchsten Höhen der Menschheitssehnsucht in den Propheten erreicht, in der Idee von Gott als Vater aller Menschen, und sie hat in tiefsten Schichten der religiösen Phantasie und Magie nach der letzten Wahrheit gesucht: in der → Kabbalah und im → Chassidismus. Gerade dabei hat sie persisches, hellenistisches, gnostisches und islamisches Gedankengut aufgenommen und ihrerseits neue Lösungen und Zusammenhänge zutage gefördert.

Der orthodoxe Gottesdienst ist an die Befolgung der 683 Ge- und Verbote gebunden, die das menschliche Leben von der Geburt bis zum Tode regeln. Dabei hielten sich die Sadduzäer nur an das geschriebene Gesetz (den *Pentateuch*), während die Pharisäer das Gesetz im Wege der mündlichen Lehre ausbauten. In dieser Entwicklung spielten zwei fremde Religionen eine bedeutende Rolle; die zeitlich erste und wohl auch wesentliche war die persische: Satan als Widersacher Gottes einerseits und die → Engel als seine Boten andererseits ebenso wie der Auferstehungsgedanke. Die Vorstellung von der Unsterblichkeit der Seele ist wahrscheinlich weniger dem griechischen Glauben zu verdanken als ägypt. und indischen Vorstellungen. Die Qumran-Sekte stellte den persischen Gegensatz von den Mächten des Lichtes und der Finsternis in den Vordergrund (→ Dualismus).

Gerade weil die j. R. die bildliche Darstellung Gottes und das Aussprechen des Gottesnamens ausschloß, vertiefte sie sich in dem Ausdruck des Unaussprechlichen in Bildern der Sprache. »Vom Unendlichen und Ewigen, vom Göttlichen kann der Mensch nur im Gleichnis reden ... auch wenn die Wissenschaft zu ihren letzten Gründen herniedersteigt, bleibt ihr nur dieses Symbolische« (Leo Baeck). Zwei besonders wichtige Symbole der jüd. Religion sind:

a) DER DAVIDSTERN, ursprünglich wohl Sinnbild der Vereinigung des Männlichen mit dem Weiblichen wurde dieses Zeichen zu einem weit verbreiteten Werkzeug der Magie, insbesondere zur Abwehr feindlicher Kräfte. In der jüdischen Religion befindet sich die Bezeichnung als Davidstern im *Talmud* und als Buchtitel in einem Buch aus dem Kreise des Eleazar von Worms aus dem 13. Jh. Erst im 17. Jh. wurde das Hexagramm in Prag als offizielles Symbol für das J. verwendet, von wo aus sich diese Anwendung des »Magen David« nach Böhmen, Mähren und Österreich verbreitete (E. L. Ehrlich). Unter dem Nationalsozialismus wurde der Davidstern als Schandmal mißbraucht.

b) Der 7-armige LEUCHTER (Menorah), heute Hoheitszeichen des Staates Israel, hat als jüd. Symbol die längste Geschichte und den höchsten Rang. Der Ursprung vom altorientalischen LEBENSBAUM her (seinerseits eine der jüd. Bezeichnungen für Gott und seine Lehre) ist kaum zweifelhaft. Als Symbol des J.s erschien die Menorah erstmalig auf einer Münze des Hasmonäerkönigs Antigonus Mattathias (40–37 v. Chr.). Vorher schon war sie Gegenstand von hervorragender Kultbedeutung als Ewiges Licht Gottes im Weltall mit den damals bekannten 7 Planeten. Bei Philo von Alexandrien wird der Symbolgehalt der Menorah als Logos oder göttliche

Weisheit (Sophia) oder die himmlische Mutter (Sarah) gedeutet. Der 8-armige jüdische Channukah-Leuchter ist Symbol des Lichtfestes (Wintersonnenwende). [Kly]

L. Baeck, Das Wesen des J.s, 1921; P. Romanoff, Jewish Symbols on Ancient Jewish Coins, 1944; E. R. Goodenough, Jewish Symbols in the Graeco-Roman Period, vols 1954–1968; E. L. Ehrlich, Die Kultsymbolik im AT und im nachbiblischen J., Textband 1954, Tafelband 1972; W. Wolf, The Menorah as symbol of Judaism (Israel Exploration Journal 12) 1962; J. Soetendorp, Symbolik der jüd. Religion. Sitte und Brauchtum im jüd. Leben, 1963; S. H. Hooke, Middle Eastern Mythology, 1963; O. Keel, Die Welt der altoriental. Bildsymbolik und das AT, 1972; E. W. Klimowsky, On Ancient Palestinian and Other Coins, their Symbolism and Metrology, 1974; S. Ph. De Vries, Jüd. Riten u. Symbole, 1982; J. J. Petuchowski, Feiertage des Herrn. Die Welt der jüd. Feste u. Bräuche, 1984.

**Jung,** Carl, Gustav (1875–1961). Mit Sigmund → Freud und Alfred Adler Begründer der Tiefenpsychologie. Entdecker der sog. Komplexe (emotionsgeladene Vorstellungsbündel), welche sich um ein Kernelement meist archetypischer Natur gruppieren. Aus den Komplexen ist der Ichkomplex im Lauf der Zeit allmählich zusammengewachsen (daher die Lehre von vielen »Seelen« bei den Primitiven, auch den alten Griechen und Römern, *Psychai, Di Manes*). Unbewußt gebliebene Komplexe können das seelische Gleichgewicht stören, doch gehören die Komplexe an sich zur normalen Ökonomie der Psyche und bilden deren Energiezentren. Im Kern aller allgemeinmenschlichen Komplexe (Vater-, Mutter-, Sex-, Macht-, Geldkomplex) steht ein → Archetypus. Über die zugehörigen Affekte besitzen die Komplexe und Archetypen einen physiologischen Aspekt und können psycho-somatische Störungen bewirken. Die sie umgebenden Vorstellungen enthalten z.T. im persönlichen Leben erworbene Bilder, z.T. jedoch allgemeinmenschliche Symbolvorstellungen und Gedanken.

Unter einem Symbol versteht daher J. ein vom Komplex oder Archetypus erzeugtes Bild, welches teils bewußten, teils unbewußten Inhalt hat. Zu unterscheiden wäre davon das Zeichen (z.B. alle Signete) das ebensogut durch einen bewußt formulierten Begriff ersetzt werden kann. In Jung'scher Sicht wären die Traum- und Mythensymbole wie sie S. Freud sieht, nur Zeichen (nämlich sexueller Wünsche). Auch die → Allegorie meint im Prinzip etwas bewußt Formulierbares, enthält aber oft historisch ältere Symbolbezüge. Für J. ist ein Symbol nur echt, wenn es einen noch unbewußten, d.h. nur geahnten, nicht bewußt besser formulierbaren Inhalt meint. Es ist der bestmögliche Ausdruck für essentiell Unbekanntes. Kann sein Inhalt rational formuliert werden, so ist das Symbol tot. Solange es lebt, bleibt es bedeungsschwanger – jedoch nur für einen Betrachter, der annimmt, nicht schon alles davon zu wissen. Bei scheinbar »absurden« mythischen Symbolen (z.B. → Jungfrauengeburt) wird eine solche »symbolische« Betrachtungsweise absolut erforderlich, wenn man das Bild nicht als Unsinn abtun will. Mythische Symbole besitzen eine lebenerzeugende Wirkung; sie sind faszinierend und stimulieren in uns eine kreative amplifikatorische Vorstellungstätigkeit. Je mehr ein Symbol ein vielen Menschen gemeinsames Stück unbewußter Psyche ausdrückt, desto größer ist seine Wirkung. Große Symbole umfassen immer auch archaische, primitive Seelenteile; sie sind rational und irrational, sprechen zur Vernunft und zum Gefühl, und haben eine seelische Gegensätze vereinigende Funktion. Für J. ist daher jeder Mythus »die Offenbarung eines göttlichen Lebens im Menschen«, d.h. er ist Aussage einer objektiven Psyche, über die wir nie hinausgelangen können, »denn alles Begreifen und alles Begriffene ist psychisch«. Der Mensch muß und wird immer *mythologein,* denn es ist für ihn die einzige Art, wie er Sinn formulieren kann.

Der Beitrag S. Freuds und Jungs zur Wissenschaft des Symbols besteht darin, ihr eine empirisch erforschbare naturwissenschaftliche Dimension zugefügt zu haben; der Beitrag Jungs ist es, die Unauflösbarkeit der echten Symbole in rationale Begriffe betont zu haben, und daß für ihn das Symbol ein heilendes und erlösendes Erzeugnis des → Unbewußten, d.h. der innen und außen unbekannten Welt ist. Deutung von Symbolen kann daher für Jung nur ein umkreisendes Weiter-*mythologein* sein um durch das Symbol den belebenden Kontakt mit dem Unbewußten wieder herzustellen oder zu intensivieren. In dieser Gesinnung hat sich J. mit dem Symbolgehalt der Religionen beschäftigt, besonders mit der alchemistischen Symbolik, weil es sich in ihr um eine nicht kodifizierte spontan erlebte Symbolik handelt, die das Christentum kompensiert, weil darin das Weibliche, die Materie, und das Problem des Bösen adäquater berücksichtigt sind. [MLF]

C. G. Jung, Psycholog. Typen, Ges. W. Bd. 6., S. 515ff; Die Archetypen des kollektiven Unbewußten, Ges. W. Bd. 9/1, Zur Psycholgie westl. und östl. Religion, Ges. W. Bd. 11; Psychologie und Alchemie, Ges. W. Bd. 12; Mysterium Conjuctionis, Ges. W. Bd. 14, I u. II., Erinnerungen, Träume, Gedanken, ed. A. Jaffé, 1962; F. Fordham, Eine Einführung i.d. Psychologie C. G. Jungs, 1959; D. Kadinsky, D. Symbolbegriff bei C. G. J. (Analyt. Psychologie 6) 1975; B. Hannah, C. G. Jung. His life and Work. New York 1976; M. Trillhaas, Das Symbol in der Analyt. Psychologie C. G. J. (Symbolon N. F. 9/1988).

**Jünger,** Ernst, 29.3.1895 Heidelberg, stellt die Einheit seines dichterisch-essayistischen Werks durch einen symbolischen Stil her, der sich schon in den 20er Jahren konstituiert und immer mehr mit magischen, surrealistischen und teilweise manieristischen Zügen verbindet. Aussagen wie »Worin liegt das eigentliche Geheimnis der Welt ... Es spricht sich nur durch Symbole aus« kennzeichnen das Zentrum seiner Welt(an)schau(ung), die, geprägt von platonistisch-plotinischem Denken, starke Impulse von Heraklit, → Gnosis, → Goethe, romantischer Geschichts- und Naturphilosophie und → Nietzsche, von Dämonologie und moderner Naturwissenschaft empfangen hat. Der Denker und Gestalter von Sinn-Bildern begreift den Mythos als »zeitlose Wirklichkeit«, denn »Die mythischen Figuren ... sind Symbole, sind Schlüssel zur kosmischen und elementaren Welt«, wozu nach J. auch der Mensch als individuelles wie geschichtliches Wesen gehört. In *Das abenteuerliche Herz, Auf den Marmorklippen, Heliopolis, Besuch auf Godenholm* (die beiden letzteren mit utopischem Aspekt) drückt sich diese Grundauffassung in einer besonderen Fülle symbolischer Bilder aus. »Zum Symbol wird uns das Vergängliche, wenn das Sein durchleuchtet«. Annäherung an die Urbilder, also an die Totalität des Seins, ermöglichen Rausch, → Traum, Tod, sowie Intuition, Kontemplation, Imagination, Vision und der Spiegel der Dichtung. »Das Wort ist König und Zauberer zugleich«, es besitzt sogar als → Chiffre magischen Charakter. Mit »stereoskopischem Blick« und »kombinatorischem Vermögen« bildet der Symbole aufnehmende und schaffende Dichter die hinter den Polaritäten erschaute Harmonie von Kosmos und Existenz in vieldeutig abgewandelten Symbolen zum poetischen Kosmos. Der traditionellen Grundkonstellation von hoch und nieder, hell und dunkel wird eine Symbolik der Laute, Farben, Pflanzen und Tiere (z.B. TIGERLILIE und SCHLANGE) zugeordnet. Weitere immer wiederkehrende Symbole für Leben und Tod sind FEUER und BLUT, JAGD, FAHRT, LABYRINTH, WALDGANG, INSEL, SCHLEIFE, ROLLENDES RAD und UNBEWEGTE ACHSE und als Bild der Vollkommenheit die nahtlose BLAUE KUGEL und die sich in den Schwanz beißende Schlange.

[BVH]

H. L. Arnold, (Hg.), Wandlung u. Wiederkehr, Fs. z. 70. Geb. E. J.s, 1965; G. Kranz, E. J.s symbol. Weltschau, 1968; G. Loose, E. J.. Gestalt u. Werk, 1957; A. Mohler (Hg.), Freundschaftl. Begegnungen (Fs. f. E. J. z. 60. Geb.) 1955.

**Jungfrauengeburt** (griech. *Parthenogenesis*). Die Vorstellung, daß die Zeugung nicht durch den natürlichen Geschlechtsakt, sondern auf übernatürliche Weise erfolgt und damit das Kind von einer Jungfrau geboren wird, (vgl. auch → Geburtsorgan) ist bei zahlreichen Völkern zu finden. Mythen und religiöse Überlieferungen berichten, daß Helden, Propheten, Herrscher und vor allem → Heilbringer übernatürlich empfangen wurden; dabei können die verschiedensten Symbolmotive stellvertretend für die Zeugungsorgane bzw. den männlichen Samen stehen:

Die Mutter von Augustus, Atia, soll im Tempel Apollons von einer SCHLANGE (hl. Tier des Gottes) heimgesucht worden sein. Isis wurde durch den Genuß von TRAUBEN (kosmischer Weinstock = Baum des Lebens) schwanger und gebar Horus. Die durch ein LATTICHblatt schwangere Hera wurde Mutter von Hebe. Quetzalcoatl wurde durch einen grünen EDELSTEIN gezeugt, der seiner Mutter in den Busen fiel. Lao-tse wurde von einer Götterjungfrau (Yü-nin) empfangen, als sich ihr eine winzige LICHTKUGEL (Sonnensubstanz, auch als Sternschnuppe gedeutet) auf den Lippen niederließ. Der Mutter Alexanders d. Gr. fuhr nach einer Version in der Hochzeitsnacht ein BLITZ in den Schoß. Dschingis-Chan führte seinen Stammbaum auf eine Jungfrau zurück, deren Schwangerschaft durch den MOND verursacht worden sein soll. Der Kulturheros der Wogulen (Volk am Ural), Elempi, kam als Sohn der Lüfte (= WIND) in den Schoß seiner Mutter. Zeus nahte der Danae im GOLDREGEN; ihr Sohn wurde Perseus. Der Stammvater der chinesischen Chou-Dynastie, Chih, wurde von seiner Mutter empfangen, als sie in den ZEHENabdruck eines Gottes trat.

Nach anderen Überlieferungen ist der Himmel oder eine Gottheit direkt das zeugende Prinzip. Die Jungfraumutter des Stammvaters der Dinka (Volk am oberen Nil) kam geradenwegs vom Himmel. Die ägyptische Königin wurde von dem Gott Amon-Re in der Gestalt des Königs begattet. Die römische Vestalin Rhea Silvia soll durch den Kriegsgott Mars zur Mutter von Romulus und Remus geworden sein. Nach dogmatisch-apologetischer Erklärung sind die religionsgeschichtl. Beispiele eine Vorausahnung jenes Ereignisses, das sich schließlich im Schoße Marias vollzog und im Nicänischen Glaubensbekenntnis formuliert wurde: *et incarnatus est de spiritu sancto ex Maria virgine.* In der hoch- und spätmittelalterl. Kunst wird bei dem Thema der → Verkündigung die Korrespondenz von himmlischem und irdischem Geschehen durch von Gottvater ausgehende LICHTSTRAHLEN angedeutet, die den Kopf oder speziell das Ohr der Jungfrau treffen, also eine *conceptio per aurem;* in dieser Lichtbahn ist häufig das eigentliche Wirkprinzip – der Hl. Geist – als Taube dargestellt. → Mariensymbole [Lr]

P. Saintyves, Les vierges mères et les naissances miraculeuses, Paris 1908; A. Steinmann, Die Jungfrauengeburt u. d. vgl. Religionsgeschichte, 1919; D. Edwards, The Virgin Birth in history and faith, London 1943; K. Kerényi, Die Jungfrau und Mutter in der griech. Religion, 1952.

**Jungfräulichkeit.** J. im religiösen Sinn, d.h. eheliche Enthaltsamkeit um der Gottheit willen, gibt es schon in außerbiblischen Religionen, wenn meist auch zeitlich begrenzt, etwa als Voraussetzung für die Verbindung mit der kosmischen Allkraft (Indien) oder für den Kraftgewinn enthusiastischer Gottbegegnung und prophetischer Begabung (griech.-röm. Antike mit → Sibyllen u. Vestalinnen). Isreal kennt sie nicht, wohl aber das Spätjudentum. So wird nach → Philon die Seele zur Jungfrau, wenn Gott sich ihr verbindet. Der Ursprung christlicher J. ist Christus; durch die Verbindung mit ihm wird der Mensch jungfräulich, wenigstens angeldhaft jeder in der Taufe. Die gottgeweihte JUNGFRAU ist Symbol dieser verborgenen Wirklichkeit und damit Zeichen der endzeitlichen Vollendung der von Christus erlösten Menschheit. – Diese J. hat in der → Patristik ihr Symbol in der BIENE, die nach antiker Vorstellung jungfräulichen Ursprungs ist und jungfräulich gebiert. – Ferner ist die paradiesische ERDE, die noch von keinem Menschen bearbeitet ist, Symbol der J. Ebenso das GLAS, das das Licht aufnimmt und hindurchläßt, ohne versehrt zu werden. WASSER kann Symbol sein, insofern es, vom Wind befruchtet, jungfräulich gebiert. Unter den Heiligen ist → Katharina von Alexandrien Symbolgestalt der J. → Jungfrauengeburt [ThS]

J. E. Fehrle, Die kultische Keuschheit im Altertum, 1910; L. M. Weber, J. (Lex. f. Theologie u. Kirche. Bd. 5) 1960; L. Legrand, J. nach der Hl. Schrift, 1966; Ph. Rech, Inbild des Kosmos, 2 Bde. 1966,pass.

**Jungsteinzeit** (Jüngere Steinzeit) = Neolithikum: Ursprünglich diente zur Abhebung von der → Altsteinzeit (noch vor der Zwischenschaltung einer → Mittelsteinzeit) das Auftreten von geschliffenen (im Gegensatz zu nur geschlagenen) Steinwerkzeugen, doch wurde schon bald die Töpferei zum entscheidenden äußerlichen Kriterium, während heute prinzipiell das Schwergewicht mehr auf das Aufkommen des Pflanzenanbaus (und in weiten Bereichen auch der Viehzucht) gelegt wird. Schon früh in der J. des

Vorderen Orients tritt das Kupfer auf, das immer mehr an Bedeutung gewinnt, so daß man schließlich von einer »Steinkupferzeit« (Chalkolithikum oder Äneolithikum) spricht, für einige Gebiete sogar von einer »Kupferzeit« als Endphase. Entsprechend diesen Kriterien liegen Anfang und Ende der J. in einzelnen Gebieten sehr verschieden: Im Vorderen Orient beginnt sie punkthaft mindestens so früh wie die Mittelsteinzeit Europas, in anderen Gebieten jedoch erheblich später; ihr Ende wird im vorderasiatischen Bereich und einigen Nachbargebieten schon früh im 3. Jt. mit dem Übergang zur → Bronzezeit angesetzt, während sie anderswo erheblich weiter fortlebt: Zum Teil geht sie ohne Zwischenschaltung einer Bronzezeit unmittelbar in die → Eisenzeit über; doch existieren selbst heute noch Kulturen, die man neolithisch nennen könnte.

In der Kunst und Symbolik spielen → Fels- und Höhlenmalereien und damit verbundene oder selbständig an Felsen angebrachte Zeichen insgesamt eine ziemlich geringe Rolle und haben im Bereich der naturnahen Felsbilder eigentlich nur dort größere Bedeutung, wo das Tier im Mittelpunkt steht, sei es als kräftiges Nachleben des Jägertums, sei es in einer besonderen Hervorhebung der Viehzucht. Indes ist als eigentlich charakteristische Kunstart der J. und wichtiger Symbolträger die Plastik anzusehen (→ Idole); doch spielen auch geometrisierende Zeichen eine große Rolle und sind zweifellos zumeist mehr als reine Ornamentik. Die stärkere Seßhaftigkeit und ein entsprechendes Bauwesen befördern auch die Entstehung eigener Heiligtümer oder → häuslicher Kulte, in denen dann wiederum eine reiche Symbolik Verwendung findet. Erstmals in der J. auftretend, sind für Teilbereiche auch die → Megalithen bezeichnend, reichen aber auch noch in die Bronzezeit hinein. → Symbolkeramik [KJN]

H. Müller-Karpe, Das vorgeschichtl. Europa, 1968; Torbrügge, Europäische Vorzeit, 1968; E. Anati (Hg), Les religions de la préhistoire, Capo di Ponte 1975; K. J. Narr (Hg.), Handbuch der Urgeschichte 2. Jüngere Steinzeit und Steinkupferzeit, 1975.

**Jüngstes Gericht** → Weltgericht

**Jupiter,** Gott der → Römer (griech. Zeus, babylon. = Marduk). Der Planet, der für einen Sonnenumlauf fast 12 Jahre benötigt, wurde in der → Astrologie stark beachtet. Er galt (im Gegensatz etwa zu → Mars) als undynamisch und ruhig. Seine segensreichen Einflüsse wurden im Sinne der Donnergott-Vorstellung mit den regenspendenden Gewittern in Zusammenhang gebracht, die für eine bäuerliche Bevölkerung in südlichen Breiten wichtig waren. Unter all den → Planetengottheiten wirkt J. wie ein patriarchalischer Hausvater, an Macht und wohltätigem Einfluß der Sonne gleichzustellen. Er wurde, schreibt P. Martin von Cochem (1634 bis 1712), zwischen die schädlichen Planeten → Mars und → Saturnus gesetzt, um deren Bosheit durch seine Güte zu mildern, und seine Kraft beeinflusse auch das Wetter klärend und aufhellend. »In den menschen erweckt er lebhaffte geister, und bringt verständigkeit und gravität« (= das joviale, eig. jovialische Wesen). Demgemäß gelten als »Erdenkinder« des J. alle regierenden Persönlichkeiten und hohen Priester, und ihm sind königliche Tiere wie ADLER und PFERD zugeordnet. Die den J. symbolisierenden Edelsteine sind AMETHYST und SAPHIR. In der → Alchemie steht das Jupiter-Zeichen der Astrologie in der Antike oft für die Legierungen MESSING und ELEKTRUM (Elektron), in der neueren Alchemie ab dem MA jedoch immer für ZINN, so daß der Genitiv »jovis« in derartigen Metallbezeichnungen Zinnverbindungen kennzeichnet. Die dem J. zugeordnete Farbe ist PURPUR oder VIOLETT. [Bi]

J. W. Pfaff, Astrologie, 1816.

**Justitia.** Allegorie der Gerechtigkeit. Die Personifizierung der J. als jungfräuliche Gottheit bildete sich in der griechischen Antike heraus. Als Verkörperung der richtenden Dikè wie auch der herrschenden Themis wurde ihr das SCHWERT als Attribut gegeben. Die Römer übernahmen Dikè-Themis als J., hoben ihre Eigenschaft des gerechten Zuteilens (*Aequitas*) hervor und gaben ihr deswegen eine WAAGE als Attribut. Im MA zog J. als eine der 4 Kardinaltugenden in der *Psychomachia* gegen die Laster ins Feld. Giotto gab sie in der Arena-Kapelle in Padua mit KRONE und Waage wieder. Raffaels J. mit Schwert und Waage auf Wolken (Vatikan, Stanza d. Segnatura) wurde für die spätere Gestaltung prägend.

J.-Attribute aus späterer Zeit sind: die alles sehende SONNE, Weltkugel, Löwe, Adler, Vogel Strauß, Faszes, Gesetzesbücher, zwei SCHWERTER (Zeichen himmlischer und irdischer Vergeltung). Die AUGENBINDE wurde anfangs des 16. Jh. zuerst in Deutschland üblich. Ursprünglich als Zeichen der ungerechten Rechtspflege gemeint, symbolisierte sie bald das unparteiische Richten ohne Ansehen der Person. Neben der personifizierten J. gibt es im Barock auch szenische Darstellungen der J. (Rubens, M. de Medici als I.). [ThVW]

E. v. Möller, D. Augenbinde d. I. (Zs. f. Chr. Kunst 18) 1905; G. Frommhold, D. Idee d. Gerechtigkeit in d. bild. Kunst, 1925; U. Lederle-Grieger, Ger.-Darstellg. in dt. u. niederl. Rathäusern, 1937; G. de Tervarent, Veritas und I. triumphant (Journ. Warb. Inst. 7), 1944; U. Häussermann, Ewige Waage, (1962); J. Aptekar, Icons of Iustice, 1969; L. E. van Holk, J., Bild u. Sinnbild im 17. Jh. in den Niederlanden (Forschungen zur Rechtsarchäologie u. rechtl. Volkskunde 3/1981); O. R. Kissel, Die J. Reflexion über ein Symbol u. seine Darstellung i. d. bild. Kunst, 1984.

**Kabbalah** (hebr. Überlieferung). Im Rahmen der jüdischen Religion stellt sie sich seit dem 12. Jh. in ihrem Inhalt als mystisch und in ihrer Form als Geheimlehre dar. Innerhalb des rabbinischen Judentums schufen die Kabbalisten ein System mystischer Symbole für die Geheimnisse Gottes und des Weltalls. Dem Bemühen um die Aufschlüsselung dieser Symbole verdankt die Kabbalah ihren starken Einfluß auf das → Judentum. Die Kabbalisten wurden u. a. die Beherrscher des Wissens; dies klingt (und nicht zufällig) an die → Gnosis/Gnostik an.

Die Wurzeln der Kabbalah liegen einerseits in Palästina bei den Sekten der Essäer und Qumran-Mönche, und im außerpalästinensischen Judentum, in der iranischen Mythologie, der synkretischen Religiosität der späthellenistischen Welt und in der Gnostik. Aus den Trägern der kabbalistischen Tradition setzt sich auch die Sekte der *Chassidim* zusammen (→ Chassidismus).

Nach der biologischen Symbolik des *Sohar* keimt der Ur-Samen im Leib der himmlischen Mutter (»Binah«, die wohl der gnostischen »Sophia« entspricht), die sich im Himmel und auf Erden in der »Gemeinde Israel« (»Knesset Israel«) versinnbildlicht.
Aus der Fülle der kabbalistischen Symbole sind besonders zu erwähnen: Der WAGEN *(merkabah)*, der sich in dem Namen der »Yordei merkabah« (»derer, die zum Wagen herabsteigen«) und in der mystischen Lehre von dem »Ma'asseh merkabah« (»Werk des Wagens«) widerspiegelt. Die Merkabah-Kabbalistik steht der Gnostik besonders nahe. – Der göttliche THRON (*Ez* 1,26): In einer Verbindung mit dem Wagen preisen die Engel in einem Hymnus der Toten-Meer-Rollen »das Bild des Thronwagens«. – Die SEFIROT »Gnade, Kraft, Pracht und Herrschaft« sind die Teile des himmlischen Wagens und zugleich die 4 Füße des göttlichen Throns. – Der JÜNGLING: der Erzengel Michael als der Abgesandte Gottes. – Die 22 BUCHSTABEN des hebräischen Alphabets: ihre Zusammenfügungen machten das Werk der Weltschöpfung möglich. Eine überragende Bedeutung kommt zehn weiteren Buchstaben (Sephirot) zu: Gott, Äther, Wasser, Feuer und sechs Elemente des Raumes. In der magischen Mystik der deutschen Kabbalisten ergab sich daraus die Legende des → Golem. – Der LebensBAUM *(Ez Hachajim, ilan)*, häufig als Symbol der göttlichen Lehre *(Thorah)* angesehen. – Die HAND: Mit ihr geben die Priester *(Kohanim)* ihren Segen; jedem Finger sind bestimmte magische Buchstaben zugeordnet, und beiden Handwurzeln zusammen der Gottesname YHWH. – Die KRONE *(Keter)* als die höchste Ursache des Weltalls, zuweilen auch gleichbedeutend mit dem Unendlichen *(Ein sof)*.

[Kly]

H. Serouya, La Kabbala, ses origines, sa psychologie mystique, sa métaphysique, Paris 1947; G. Scholem, Sefer Assaf, 1953; J. Tischbi, Mischnat Ha-Sohar (hebr.), 2 Bde., 1957; G. Scholem, Zur K. und ihrer Symbolik, 1960; A. Safran, Die K., Gesetz und Mystik in der jüd. Tradition, 1966; L. Schaya, Ursprung und Ziel des Menschen im Lichte der K., 1972.

**Käfer.** Auch die K. konnten zum Symbol werden, da die Menschen früherer Zeiten alle beobachteten Einzelheiten der unscheinbaren Tiere in einen bedeutungsvollen Zusammenhang stellten. In den sieben schwarzen Punkten des Marienkäfers (*Coccinella septempunctata*) erkannte man die hl. und glückbringende Zahl; der K. galt als Lieblingstier der Muttergottes (daher sein Name; in England *ladybird, lady* = Jungfrau Maria), als himmlisches Wesen, das nach französischer Überlieferung die Kinder ins Paradies mitnimmt. Der Maikäfer gilt als Frühlingsbote und als Orakeltier: viele Maikäfer, viele Kartoffeln. Dämonischen Charakter hat der Hirschkäfer, in der Schweiz Donnergugi genannt (Beziehung zum Wetter, Blitz, zum Gott Donar ?); in Bayern gilt das im Wald gefundene Tier als Glückssymbol. In der Dunkelheit und im Unrat lebende K. galten als Satans- und Hexentiere und als Krankheitsbringer; in dem unheimlichen Geräusch des Holzwurms (ein Klopfkäfer) glaubte man ein Todesomen. Besondere Bedeutung erlangte in Ägypten ein Mistkäfer (→ Skarabäus), dessen sichtbare Verhaltensweisen mit dem Lauf der Sonne wie auch mit dem menschlichen Lebensweg verglichen wurden; aus Stein oder Fayence hergestellt diente er als Totenbeigabe. Eine Beziehung zum Mond findet sich bei Horapollo (*Hieroglyphica*, 5. Jh.): der Kantharos (Skarabäus) vergräbt die Mistkugel für 28 Tage in der Erde, d.h. für einen Zeitraum, in dem der Mond die 12 Tierkreiszeichen durchläuft; am 29. Tage treffen sich Sonne und Mond, und aus der ins Wasser geworfenen Dungkugel geht der neue K. hervor. Der hl. Ambrosius interpretierte den Skarabäus auf Christus hin. [Lr]

R. Riegeler, K. (HdA IV), 1932; K. Haiding, Der Marienkäfer in der Volksüberlieferung Niederösterreichs (Zs. f. dt. Volkskunde 1940); Fr. J. Dölger, Christus im Bilde des Skarabäus (Antike u. Christentum, Bd. 2), [2]1974; M. Lurker, Zur Symbolik des K. (Fortkommen. Die Erdbockkäfer und wir. Hg. von R. Stiefel), 1987.

**Kafka,** Franz, 3. 7. 1883 Prag – 3. 6. 1924 Kierling/b. Wien. Seine Dichtungen, die Elemente von → Parabel, (Tier-)Fabel, Rätsel, Legende, Detektivroman, Märchen, Traum (»Darstellung meines traumhaften inneren Lebens«) und Züge des Paradoxen, Magischen, Mythischen, Surrealistischen und ebenso des Realistischen, Banalen aufweisen, stellen wie kaum ein anderes literarisches Werk die Frage nach Deutbarkeit und Ein- oder Vieldeutigkeit, somit auch die Frage nach der Symbolik. »Die Metaphern sind eines von dem vielen, was mich am Schreiben verzweifeln läßt«. Strittig ist, wie alles in der Forschung über das Symbol K., schon die Terminologie: Allegorie, Symbol, Gleichnis, Zeichen, Chiffre, Emblem, Metapher, Sinnbild, Bild(lichkeit). Weitgehend einig ist man sich darin, eine zweite Ebene, eine doppelte Rede, ein Wörtlichnehmen des Bildcharakters der Sprache, also eine irgendwie symbolisch bestimmte Bildlichkeit anzunehmen. Uneinigkeit aber besteht über den Charakter der Symbolik: handelt es sich um transzendierende, auf eine metaphysische Totalität bezogene Symbole oder um solche der Negativität und Entfremdung, um Existenz- oder Funktionalsymbole etc.? Gibt es einen Hintergrund religiöser, mythischer, philosophischer, psychologischer, sozialer, biographischer oder andrer Art, auf den hin man mit allegorisierender Symbolübersetzung die Texte deuten kann oder liegen Kommentar und Exegese allein in der sprachlichen Struktur von Einzel- und Gesamtwerk begründet, womit K.s Dichtungen auf sich selbst verweisende Symbole wären? »Ist Euch nicht so, daß Ihr vor lauter Hitze mit dem wahrhaftigen Namen der Dinge Euch nicht begnügen könnt, davon nicht satt werdet und über sie jetzt in einer einzigen Eile zufällige Namen schüttet?«

Eindeutig jedenfalls drängt sich dem naiven wie dem reflektierenden Leser die Suche nach Sinn und Schlüssel auf, obwohl und weil sie, sich zeigend, sich wieder entziehen (Prototyp: Vor dem Gesetz, Odradek). »Alle diese Gleichnisse wollen eigentlich nur sagen, daß das Unfaßbare unfaßbar ist, und das haben wir gewußt«. In sich wiederholenden und variierenden Bildern vor allem aus den Bereichen von Landschaft, Bauen (Innenräumen), Wetter (Regen, Schnee, Nebel, Kälte), Licht, Luft, Boden, Nahrung, Schmutz,

Krankheit, Verwandlung, Ferne, Weg, Kampf, Spiel, Vater, Kind, dazu in Tiergestalten und leblosen Dingen konkretisiert sich das Unfaßbare von Existenz und Welt, Tod und Leben. [BVH]

F. Martini, D. Wagnis d. Sprache, 1954; N. Fürst, D. offenen Geheimtüren F. K.s, 1956; W. Emrich, F. K., 1958; K. Weinberg, K.s Dichtungen, Travestien d. Mythos, 1963; F. Altenhöfer, D. Traum u. d. Traumstruktur im Werk F. K.s, 1964; D. Hasselblatt, Zauber u. Logik. Eine K.-Studie, 1964; H. Hillmann, Dichtungstheorie u. Dichtungsgestalt, 1964; W. Sokel, F. K., Tragik u. Ironie, 1964; H. Politzer, F. K., d. Künstler, 1965; K.-H. Fingerhut, D. Funktion d. Tierfiguren im Werke F. K.s, 1969; K. W. Schild, Formen d. Verschlüsselung, 1970; B. Beutner, D. Bildsprache F. K.s, 1973; J.-S. Kim, F. K. Darstellung u. Funktion des Raumes in ›Der Prozeß‹ u. ›Schloß‹, 1983.

**Kaiser** → König/Kaiser

**Kalender.** Das Wort stammt aus dem römischen Kult, in dem mit Sakralformel der erste Tag des Monats, damals identisch mit Neumondstag, ausgerufen wurde. Die Wahrung des richtigen K.s gewährleistete die termingerechte Feier der Kultfeste und damit den durch die Kultpraktiken intendierten Erfolg. Die MONATSNAMEN werden Symbol für Ordnung und erfolgreichen Verlauf des Jahres. Die Monate Oktober bis Dezember bezeugen noch heute in ihrem Namen das ursprünglich zehnmonatige Mondjahr. Der schließlich vorangestellte Januar heißt nach → Janus, dem doppelgesichtigen Gott des Torbogens und Jahreslaufs, der Februar, ursprünglich Schlußmonat, nach dem großen Reinigungs- und Sühneopfer zum Jahresschluß, der März nach dem Wetter- und Kriegsgott Mars, der Mai nach dem Wachstumsgott Majus, der Junius nach der jugendlich blühenden Göttin Juno. Karl d. Gr. schuf für die römischen Monatsnamen deutsche, die teils den beiden großen christlichen Festen (Oastarmanoth, Hailagmanoth) Rechnung trugen, teils dem bäuerlichen Rhythmus des Jahres: Winnemanoth = Weidemonat (Mai), Brachmanoth, Hewimanoth = Heumonat, Aranmanoth = Erntemonat (August), Withumanoth = Holzschlagemonat, Windumemanoth = Weinlesemonat.

Mit dem K. wurden seit 100 n. Chr. orientalische Vorstellungen vom Einfluß der Planeten (→ Planetengottheiten) auf Stunde, Tag und Mensch verbunden: die 7-tägige Planetenwoche. Der Planet der Geburtsstunde bestimmt Charakter, Beruf und Schicksal der Menschen, die jetzt als »Planetenkinder« erscheinen. Bei Eindeutschung der Planetentage vermischt sich orientalische → Astrologie mit germanischer Mythologie. Mars wird durch den Rechts- und Thinggott Ziu (schwäb. Ziestag, sonst Dienstag = Thingsus-Tag), Jupiter durch → Donar, Gott des Donners und der Fruchtbarkeit, Merkur durch → Wodan, den Gott der kriegerischen Gefolgschaft und des wilden (Toten-, Ahnen-)Heeres ersetzt, Venus durch Freia als Göttin der Ehe (deshalb Freitag beliebter Hochzeitstag). Die christliche Kirche tilgte in Deutschland die Erinnerung an den im Volksglauben noch lebendigen → Wodan durch »Mittwoch«, setzte für den düsteren Saturn den Sabbattag (Samstag) oder (als Vorabend für den Christus geweihten Sonntag) Sonn[tagvor]abend, im Bayerischen auch noch Wochentage gotisch-griechischer Herkunft wie

Erestag (Arestag), Pfinztag, Pferintag = Freitag.
Bald verliert der Wochentag an Gewicht gegenüber den Heiligenfesten und Heiligentagen. Die Heiligen des Geburts- oder Tauftages werden zu Schirmherren der Menschen; → Heilige werden aber auch zum Patron bestimmter Berufe, Krankheiten und Unfälle. Der Heiligenkalender wird so wichtig, daß er in volkstümlichen Merkversen (»Cisiojanus«) memoriert werden muß. Auch reine Festtage werden zu Segenspatronen, wie die aus Personennamen hervorgegangenen Familiennamen »Ostertag« und »Weihnacht« oder Vornamen wie »Maria Annunciata« und »Petri Kettenfeier« (so der Dichter Rosegger *1843) erweisen.
Der Bauer erwartet vom K. Voraussagen für Witterung und Ernteaussichten. Die »Zwölften«, 12 heilige Tage oder »Rauhnächte« zwischen → Thomastag und → Neujahr, und ihr Wetter deuten ihm analogiehaft voraus auf das Wetter der 12 Monate, und das Wetter an bestimmten symbolträchtigen Heiligentagen gibt Auskunft über zu erwartende Ernteerfolge, Mißernten, aber auch Schicksal und Tod von Königen und hohen Herren. Neujahrstag, Weihnachtstag, Thomastag werden zu Loostagen, an denen die Zukunft, etwa der zukünftige Ehemann, oder auf den Kirchhöfen die Toten des nächsten Jahres erkundet werden können.
Die erst handgeschriebenen, dann gedruckten K. zeigen auch die Mondphasen an, die das Tun der Menschen bestimmen. Sie zeigen an, wann astrologisch günstige Gelegenheit ist zum Aderlassen und Schröpfen, um den Leib von schlechten Säften zu reinigen. Das Wachsen der Haare und Fingernägel, symbolhafter Ausdruck der Lebenskraft und Individualität, muß eigens überwacht werden: der K. zeigt deshalb an, wann der ungefährliche oder günstige Zeitpunkt ist, Haare und Fingernägel zu beschneiden, aber auch günstige Tage für Arzneieinnahme, gestaffelt nach Trank, Pillen, Latwerge, Augenmedizin. Bauern-K. verzichten fast ganz auf Beschriftung und geben die K.heiligen bildhaft wieder (»Mandlkalender«) und alle Anweisungen anderer Art mit anschaulichen Zeichen, um auch Analphabeten das für Witterungsvoraussage und gesundheitliche Einordnung in den Rhythmus des Jahres wichtige Instrument des K. benutzbar zu machen. Andere K. zeigen zur astrologischen Auswertung die vierwöchentlichen Tierkreisperioden an oder den davon unabhängigen Umlauf des Mondes durch die 12 Tierkreissternbilder, wobei durch Beachtung der einzelnen Mondphasen jeweils Perioden von zwei bis drei Tagen entstehen, die nun eine minutiöse Deutung im Sinne der → Astrologie gestatten. [Ro]

A. Pfaff, Aus alten Kalendern, 1947; H. Rosenfeld, Kalender, Einblattkalender, Bauernkalender, und Bauernpraktik (Bayer. Jb. f. Volkskunde) 1962; H. Rosenfeld, Bauernkalender und Mandlkalender als literarisches Phänomen des 16. Jh. u. ihr Verhältnis zur Bauernpraktik (Gutenberg-Jahrbuch) 1963; A. Dresler, Unser Jahresbegleiter, der K. 1–11 (Graphik 23) 1970.

**Kapuze** → Kopfbedeckung

**Karpfen.** Angeblich kann er gegen den Strom schwimmen, daher Symbol des Mutes und der Ausdauer. Wegen seiner Fruchtbarkeit war er in der Antike der Venus heilig. Da im Chinesischen das Wort für K. *(li)* mit »Vorteil« *(li)* gleichlautend ist, so wurde dieser Fisch zu einem Symbol für den Wunsch nach geschäftlichem Vorteil, für ein erfolgreiches Examen und ganz allgemein für Glück. Im mittel- und ostdeutschen Raum ist der K. bevorzugte Speise zu Weihnachten und Neujahr; die durchs Haus gestreuten Schuppen (in Schlesien) sollten Glück bringen, in Berlin dienen sie im Geldbeutel als Talisman. → Fisch [Lr]

E. Grohne, Zur Gesch. des Weihnachtskarpfens (Niederdt. Zs. f. Volkskunde 4/1926); W. Steffens, Der K., 1969.

**Katakomben.** Die christliche Grabkunst in den Katakomben mit Fresken, Sarkophagreliefs und Goldgläsern bietet die ältesten Zeugnisse der christlichen Kunst. Eine Fülle von alt- und neutestamentlichen ereignishaften Bildern läßt zunächst die Frage auftauchen, ob es denn überhaupt möglich sei, bis zu einem einheitlichen Grundgedanken, einer Uridee, vorzustoßen. Hier stehen sich zwei Auffassungen gegenüber. Die eine, vor allem vertreten von Th. Klauser, E. Stommel u. a., die die sog. Bonner Schule in Nachfolge Fr. J. Dölgers bilden, bestreitet diese Möglichkeit und meint, alle Beobachtungen würden dafür sprechen, »daß eine überzeugende Erklärung von Einzelheiten sich nicht unmittelbar aus dem als Grundgedanken proklamierten Begriff ableiten läßt. Es ist viel eher möglich, und auch eher gefordert, die Art und Weise des Aussprechens festzustellen, die für die gesamte altchristliche Kunst verbindlich ist« (E. Stommel). Die andere Auffassung erhielt in O. → Casel ihren Bahnbrecher und wird gegenwärtig vor allem von E. Sauser verfochten. Casel meint im Anbetracht der vielen biblischen Katakombenfresken: »Aus allen Bildern strahlt ihm immer wieder die eine Uridee entgegen: die *Soteria* durch Christus. Deshalb ist der Inhalt der Bilder auch die Ekklesia, die Braut Christi, ihr Kampf, ihre Not, und ihre Verherrlichung. Gerade weil die Bilder von dieser unendlichen Tiefe des Mysteriums künden, können die gleichen Motive immer wiederholt werden. Was als Erzählung oder als moralische Aufforderung bei steter Wiederholung ermüden würde, das bleibt stets lebendig frisch, weil hinter ihm die unerschöpfliche Tiefe des Heilsmysteriums steht«. Trotz aller Fülle aus alt- und neutestamentlichen Bildern gibt es doch so etwas wie einen bestimmten Bildkanon. Es fällt auf, daß die Mehrzahl der Bilder solche Taten Gottes vor Augen führen, in denen die Errettung aus unmittelbarer Todesgefahr oder aus dem Tode selbst offenkundig wird (z. B. Arche Noah, Isaaks Opfer, Daniel, Jonas). Es soll also an erster Stelle die Errettung aus dem Tode bzw. die Auferstehung des Christen gezeigt werden. Eine Begrenzung des Inhalts nur auf den Auferstehungsgedanken allein scheint jedoch dem Aussagereichtum dieser Bilder nicht ganz gerecht zu werden. Vielmehr gilt hier: Diese Bilder sind als direkte oder indirekte Christusbilder ein Preis auf den erhöhten österlichen Christus, darüber hinaus aber sollte die ganze Fülle der Erlösung, der ganze Christus, der natürlich im Auferstandenen gipfelt, sichtbar werden. Nicht ohne Einfluß für die Auswahl bestimmter Bilder dürften auch die sog. pseudocyprianischen Gebete gewesen sein, die dem Typ der Paradigmengebete angehören. neben den ereignishaften Bildern gibt es natürlich auch die Form des nichtereignishaften Bildes als Sinnbild für Christus, etwa den FISCH. Aus dem Rahmen der biblischen ereignishaften Bilder bzw. in diesen nicht absolut sicher einzuordnen sind etwa die zahlreichen MAHLbilder. (vgl. Sakramentskapellen in S. Callisto, Capella Greca der Priscillakatakombe). Von hohem Interesse ist unter den zahlreichen berühmten römischen K. auch die an der Via Latina. Das Nebeneinander von heidnisch-mythologischen und christlichen Bildern in dieser K. muß nicht im Sinne eines fremden Nebeneinander gedeutet werden. Vielmehr könnten die Christen »Symbolfiguren wie Ceres und Proserpina oder Tellus nach Maßgabe ihres Gehaltes an Lebensintensität – als Versinnbildlichungen des Lebens selbst –« (W. N. Schumacher) übernommen haben, so daß sie, zusammen mit den eigentlich biblischen Bildern, dem Ausdruck der *»reparatio vitae«* am Grabe (W. N. Schumacher) zu dienen vermochten.

Neben den christlichen K. gibt es natürlich auch jüdische. Berühmt ist die Torlonia-K. in Rom. Deren Fresken aus dem 2. und 3. Jh. mit dem geöffneten Toraschrein, den jüdischen Kultrequisiten, sowie SONNE, MOND und einem STERN, direkt über der Giebelspitze, haben immer schon auch eschatologische Interpretation erfahren. P. Maser hat dies jüngst in eine Darstellung des eschatologischen Synagogengottesdienstes weitergedeutet, der am »ewigen Sabbat« gehalten wird und damit Anteil gibt an der endzeitlichen Auferstehung der Toten. [Sr]

O. Casel, Älteste christl. Kunst und Christusmysterium (Jb. f. Liturgiewissenschaft 12) (1932). L. Hertling – E. Kirschbaum, Die röm. K. u. ihre Märtyrer, 1950; E. Sauser, Frühchristl. Kunst – Sinnbild u. Glaubensaussage, 1966; W. N. Schumacher, Reparatio Vitae (Röm. Quartalschrift 66) 1971.

**Katharina** von Alexandrien, um 307 (?) unter Kaiser Maxentius als Märtyrerin mit dem Schwert hingerichtet, nachdem Blitz und Donner ein für ihren Tod bestimmtes, mit Messern und Nägeln bestücktes Rad zerstört hatten. Im Ostchristentum seit dem 7. Jh., im Westen seit dem 8. Jh. verehrt. Als jungfräuliche Königstochter (aus Zypern) meist mit KRONE auf dem offenen Haar dargestellt. Ihre Attribute sind ein BUCH – Hinweis auf ihre Gelehrsamkeit; angeblich hat sie 50 Philosophen zum Christentum bekehrt –, RAD und SCHWERT als Hinrichtungswerkzeuge und PALME als Symbol ihres Sieges über den Tod und des Eingangs in das Paradies. Manchmal liegt zu ihren Füßen als gekrönte männliche Figur der überwundene Kaiser Maxentius.

Erst Legenden des 10. Jh. berichten, daß K. im Traum das Jesuskind erschien und ihr einen VerlobungsRING ansteckte; das Thema der mystischen Vermählung wurde in der Renaissance öfters dargestellt (so bei Lucas Cranach d. Ä.). Zu ihrer Funktion als Beschützerin der jungfräulichen Reinheit mag u. a. die etymologische Ausdeutung ihres Namens (K., griech. = die Reine) beigetragen haben. Die Heilige, Patronin der Mädchen und Jungfrauen, ist Symbolgestalt für die Verbindung des Menschen mit Gott, die in der

→ Jungfräulichkeit eine ausgeprägte Form erfahren hat. Auch Ammen verehrten sie, da aus ihrem Körper nach der Enthauptung MILCH statt Blut geflossen sein soll. Im 15./16. Jh. findet man K. häufig in der Reihe der 14 Nothelfer; man erhoffte sich von ihr bes. Heilung bei Kopf- und Zungenleiden. Schließlich ist sie auch Patronin der Universitäten und aller Berufe, die mit einem RAD arbeiten: Wagner, Müller. Die Annahme einer Beziehung K.s zum Wetter (Rad = Sonnenrad; so in der naturmytholog. Deutung von K. Simrock) ist rein spekulativ. [Lr]

T. da Ottone, La leggenda die Santa Caterina, 1940; P. Assion, Die Mirakel der hl. K. v. Al., 1969; P. Assion, K. (LChrI, 7) 1974.

**Katholische Kirche.** Die Symbolgeschichte der k. K. deckt sich im 1. Jt. weitgehend mit der des → Christentums. Die als Gemeinschaftsaufgabe erkannte Gottesverehrung wird notwendigerweise an bestimmte Orte (Offenbarungsstätten, Märtyrergrab, Gotteshaus) und Zeiten gebunden, die in der k. K. als symbolmächtig gedacht werden, d. h. nicht nur als Zeichen auf das Göttliche hinweisend, sondern es auch vergegenwärtigend. Besondere Bedeutung erhielt der erste Tag der Sabbatwoche, der SONNTAG (*dominica* = Herrentag) als Gedenktag an die Auferstehung Christi mit der Feier der → Eucharistie. Dem → Gedächtnis an die Auferstehung dient auch das wichtigste christliche Fest: → OSTERN, letztlich Symbol für den Übergang *(transitus)* des ganzen Christus, nämlich des Hauptes (Christus) und der Glieder (Kirche), vom Tod zum Leben.

Mit dem Ausbau der episkopalen Kirche werden neue Symbole – z. T. aus dem byzantinischen Hofzeremoniell – aufgenommen; Gebärden, Gewändern und Geräten wird eine über ihren Zweck hinausgehende Bedeutung beigemessen; die CATHEDRA (Bischofsstuhl) z. B. ist Sinnbild der richterlichen und lehramtlichen Autorität des Bischofs, der aber wieder nur Typus Christi, d. h. Stellvertreter Christi in seiner Gemeinde ist, der der eigentliche Richter und Lehrer ist (E. Sauser). Beim Einzug des Papstes, dann auch der Bischöfe, wurden Licht und Weihrauch vorangetragen; die den Zelebranten begleitenden Leuchterträger stellten die LEUCHTER mit den brennenden Kerzen neben den Altartisch, seit dem 11. Jh. auf die Mensa – eine Ehrung des Altars selbst und der sich auf ihm vollziehenden Geheimnisse, dann bei den allgemein üblich gewordenen Altarleuchtern auch Symbol des Lichtes (= Christus).

Neben dem Kreuz ist der ALTAR zentrales Symbol der k. K., ja, beide fallen in symbolischer Schau zusammen: *Altare est repraesentativum crucis ipsius* (Thomas von Aquino, *Summa theologiae* 3). Der Altar einigt die Gläubigen, er ist gleichsam ihre sichtbare Mitte, Symbol Christi. Die steinerne Mensa (ALTARPLATTE) weist auf den Stein, den die Bauleute verwarfen und der trotzdem zum Eckstein geworden ist (*Ps* 118,22); die bei der Konsekration in den Altarstein eingemeißelten FÜNF KREUZE entsprechen den fünf Wunden des Erlösers. Eine mystisch-moralische Auslegung – schon in der → Patristik – erblickt im Altar das Herz eines jeden Gläubigen, in dem das Opfer der göttlichen Liebe als ewige Flamme brennt. Das Bewußtsein der Altarsymbolik tritt seit dem 13. Jh. zurück, dafür wird das Auge des Gläubigen mehr auf die den Altar überragende Rückwand (Retabel) mit Malereien und Schnitzereien gelenkt, in denen anhand der Heilsgeschichte (→ Verkündigung, → Kreuzigungsbild, → Weltgericht) die ganze christliche Symbolwelt zur Darstellung kommt.

Die bereits seit frühester Zeit üblichen → Segnungen erfuhren im MA eine beträchtliche Vermehrung; schließlich kann alles gesegnet werden, was nach religiösem Bewußtsein der Mensch »aus Gottes Hand« empfängt. In dem vom Bischof oder Priester gespendeten SEGEN geschieht symbolisch die Zuwendung Gottes. Die seit dem 13. Jh. bekannte FronleichnamsPROZESSION war gedacht »als ein Segen, der vom Leib des Herrn auf die Wohnstätte der Menschen und auf das Wachstum der Natur ausströmen sollte« (Jungmann), dann aber auch als Triumphzug für Christus. Zum Symbolbestand der k. K. gehört auch die Verehrung der → Heiligen, mit besonders reicher Ausgestaltung in Gotik und Barock. In Liturgie, Dichtung und bildender Kunst wird der Heilige, allen voran → Maria, zum Symbolträger, in dem der Glanz der Herrlichkeit Jesu aufstrahlt.

Im 20. Jh., besonders seit dem 2. Vatikan. Konzil (1962–1965), versucht die k. K., sich den modernen Denk-Strömungen zu öffnen, Wucherungen des Heiligenkultes zu beseitigen, die Liturgie zu »demokratisieren« und die Gestalt des Gotteshauses und seiner Ausstattung zu »versachlichen«, um so den Blick der Gläubigen für das Wesentliche frei zu machen. Das führt einerseits zu einem Verzicht auf manche (ohnehin nicht mehr verstandene) Symbole, andererseits aber zu einer Vertiefung des Verständnisses für die grundlegenden Symbolvorstellungen: das KREUZ als Zeichen der leben- und lichtbringenden Herrschaft Christi, die KIRCHE als Leib Christi, der ALTAR als Opfertisch und die → Sakramente mit Brot und Wein, Wasser und Öl als den durch die Schöpfung von Gott gegebenen und wieder zu ihm führenden Symbolen des Heils. [Lr]

J. Braun, Der christl. Altar, 2 Bde., 1924; R. Guardini, Von hl. Zeichen, 1960; J. A. Jungmann, Symbolik d. k. K., 1960; M. D. Philippe, La symbolique de la Messe, Paris 1961; J. Pascher, Das liturgische Jahr, 1964; H. Rahner, Symbole d. Kirche. Die Ekklesiologie d. Väter, 1964; Ph. Rech, Inbild des Kosmos. Eine Symbolik d. Schöpfung, 2 Bde., 1966; E. Sauser, Symbolik d. k. K. (Tafelband) 1966; D. Forstner, Die Welt d. Symbole, [2]1967.

**Katze.** Im Nilland galt die im Deltadickicht wildlebende Rohrkatze wegen ihrer Schlangenfeindschaft als hl. Tier des Sonnengottes, der in Heliopolis als Kater verehrt wurde. Verhältnismäßig spät tritt die K. in domestizierter Form auf: in Ägypten erst gegen Ende des Mittleren Reiches (der Göttin Bastet zugeordnet), auf dem griechischen Festland ab dem 5. vorchristlichen Jh. (deshalb im Mythos keine Rolle spielend). Als Nachttier in einem lunaren Zusammenhang gesehen, gilt die K. vor allem als Symboltier des Weiblichen, sei es im Umkreis der Muttergöttinnen (Freyas Gespann wird von K.n gezogen), als den Hexen nahestehendes Wesen oder in Kinderzeichnungen Mutter und Schwester »charakterisierend«. Negativer Aspekt in der *Snorra-*

*Edda* (Midgardschlange erscheint als K.) und im Volksglauben, so sollen z. B. schwarze K.n Unheil bringen oder ankünden. [Lr]

M. O. Howey, The cat in the mysteries of religion and magic, London 1930; D. Abou-Ghazi, Die K. in Religion u. Leben im alten Ägypten (Altertum 9/1963); R. Laroche, Le chat dans la tradition spirituelle, Paris 1984; S. Golowin, Göttin K. Das magische Tier an unserer Seite, 1989.

**Kayser,** Hans. 1. 4. 1891 Buchau am Federsee (Württemberg) – 14. 4. 1964 Bollingen bei Bern (Schweiz). Deutscher Gelehrter. Nach dem Studium der Musik und Musikwissenschaft und der Promotion in Kunstgeschichte war K. als Herausgeber und z. T. auch als Autor der Reihe »Der Dom. Bücher deutscher Mystik« tätig, Ausgangspunkt für die Wiederbelebung pythagoreischen Gedankengutes und Grundlage für eine vierzigjährige harmonikale Forschungstätigkeit. K. knüpft bei der Lehre der Neupythagoreer (→ Pythagoreer) an, die das Vorherrschen von Zahlengesetzlichkeit im Makrokosmos wie im Mikrokosmos konstatiert, und bezieht Gedanken und Werk von J. Kepler (17. Jh.) und A. von Thimus (19. Jh.) mit ein (→ Harmonik).
K. versteht Harmonik im antiken Sinne als »Fügung«, »Ordnung«, erweitert sie jedoch durch mathematisch-akustische Erkenntnisse und spekulativ-metaphysische Ideen. Die »Tonzahl« (Rückführung eines psychisch erlebbaren Intervalls auf das Zahlenverhältnis der schwingenden Saite), die intervallbildende Fähigkeit des Gehörs und die analoge Ausdehnung von Proportionsgesetzen auf alle Seinsbereiche charakterisiert seine Harmonik. Sie ist auf der Grundlage musikalischer Intervalle und ihrer Proportionen eine Normenlehre für die gesamte Welt des Organischen und Anorganischen. K. deutet damit auch den Bau des menschlichen Körpers und das Verhältnis von Mann und Frau (4:5 = Größenintervall Mann:Frau = Verhältnis zwischen kleiner und großer TERZ = Geschlechtsintervall). K.s harmonikale Symbolik, die u. a. in den Arbeiten seines Schülers R. Haase einen eifrigen Verfechter findet, hat vermutlich das musiktheoretische und kompositorische Schaffen P. Hindemiths angeregt und auch auf die Bachforschung gewirkt (Gurlitt, Serauky). Sie ist in der Musikwissenschaft nicht unumstritten. [Jg]

H. Kayser, Lehrbuch der Harmonik, 1950; W. Serauky, Die neuzeitl. Bachforschung und H. K.s Harmonik (Bach-Jb.) 1949/50; R. Haase, Würdigung und Apologie der Kayserschen Harmonik (Musica 19) 1965; ders., H. K., 1968; H. Kayser, Die Harmonie der Welt (Aufsätze), 1968.

**Kelch,** Becher und Schale sind → Gefäße, die in den alten Kulturen nicht immer klar voneinander zu unterscheiden sind und oft bedeutungsgleich gebraucht werden. Bei den Mythen von der Entstehung des Himmels aus Hirnschale oder Schädel des → Urmenschen liegt eine Opfersymbolik zugrunde; man vgl. die Hirnschale erschlagener Feinde als Trinkgefäß (u. a. in der Alboin-Sage). Das deutsche Wort »Kopf« ist etymologisch verwandt mit angelsächsisch *cuppe* (Becher), italienisch *coppa* (Kelch), provençalisch *coba* (Schädel, Tonne). Der Becher war kennzeichnendes Eigentum verschiedener Götter (→ Helios), bei den alten Finnen hatte er in Verbindung mit dem Wettergott Ukko fruchtbarkeitssymbolische Bedeutung. Schale und K. enthalten den Trank der Unsterblichkeit; nach indischem Mythos trinken die Götter den lebenspendenden Saft Amrita aus der Mondschale. Die in der Bibel in heilsgeschichtlichem Zusammenhang erwähnten Trinkgefäße können Segen, aber auch Verderben bringen. Die sündigen Menschen müssen den K. des göttlichen Zorns trinken (*Jes* 51,17 *Offb* 14,10). Opfer-, Wandlungs- und Lebenssymbolik sind mit Christi Abendmahlskelch (*Mt* 26,27f.) verbunden, der in der Kirche zum K. der → Eucharistie wird. Das Wunder des K.es *(mysterium calicis)* steht auch im Mittelpunkt der → Gralsdichtung. Auf Grabsteinen dargestellt ist der K. bis heute ein Symbol für das ewige Leben. [Lr]

W. Schnyder, Die Darstellung d. eucharist. K.es auf altchristl. Grabschr. Roms (Acht Stud. z. christl. Altertumswiss. und zur Kunstgesch.) 1937; Th. Klauser/S. Grün (RAC II); V. H. Elbern, Der eucharist. K. im frühen MA (Zs. d. dt. Vereins f. Kunstwiss. 17/1963); Ph. Rech, Der K. (Antaios 9/1968).

**Kelten.** Die westkeltische Kultur des Festlandes und der britischen Inseln erhält ihre einzigartige Bedeutung durch Mischung mit vorkeltischen Kulturen. Auf dem Festland werden sie repräsentiert durch eine Priesterkaste (Druiden) mit Eingeweideschau als Zukunftserforschung, durch Enthauptung gefangener Feinde und damit verbunden Schädelkult, in KÖPFEN auf keltischen Rüstungen und Münzen als Heilssymbol, was in Maskenköpfen an christlich-romanischen Bauten nachlebt. Cernunnos (Gott mit Hirschgeweih) mag eine ursprüngliche HIRSCHgestalt des indogermanischen Himmelsgottes als Zwischenphase dokumentieren. Die Reitergestalt mit SONNENRAD anderer Denkmäler wird eine römischer Kunst stärker angepaßte Himmelsgottdarstellung sein, während ein besonderer Donnergott Tanaros oder Taranis wie bei den Germanen → Donar als Hammer- oder Axtgott erscheint. Der vorkeltischen Schicht gehört jedenfalls die DREIKÖPFIGE oder dreigesichtige Gottheit an; aus ihr entwickelt sich das Symbol der christlichen Trinität, andererseits auch (durch Auseinanderflechtung zu drei nebeneinanderstehenden Gestalten) Dreimatronenkult, der im keltisch-germanischen Grenzgebiet als Dreijungfraun-Heiligenkult (Aubet, Wilbet, Borbet u. ä.) nachlebt. Symboltiere für Fruchtbarkeitskult sind die GEHÖRNTE SCHLANGE, der dreihörnige STIER, Kraniche, Bär, Eber, PFERD (STUTE). Letzteres ist eine Frühstufe der Fruchtbarkeitsgöttin Epona (»Pferdeherrin«), die auf besondere Bedeutung der Pferdezucht für den Streitwagen hinweist.

Wenn am Mittelrhein und in Gallien in römischer Zeit keltische Jupitersäulen (Jupiter reitend mit Sonnenrad) errichtet wurden, so ist das Romanisierung der ursprünglichen Verehrung des → Himmelsgottes in der Symbolform einer die Himmelsachse repräsentierenden SÄULE bzw. eines Pfahles wie die von Karl dem Großen 772 zerstörte Irminsul der Sachsen. Die gleiche Urform haben wir bei den Kelten vorauszusetzen, und im Mittelpunkt des sogen. Golorings bei Koblenz, einem keltischen Heiligtum, wurde noch das Loch gefunden, in dem ein solcher ca. 12 m hoher Holzmast errichtet wurde.

Auf den britischen Inseln, besonders in Irland tritt der vaterrechtlichen indogermanischen Kultur der Festlandkelten eine im Kern mutterrechtliche Kultur entgegen, Folge eines starken vorkeltischen Substrats. Es überwiegen hier weibliche Gottheiten, allen voran Morrigan (»Marenkönigin«), die leichenfressende Dämonin des Schlachtfelds und Unglück voraussagende Seherin, die in ihrer schwarzen KRÄHENgestalt (Leichenvogel wie die Raben Odins) auch Bodb (»Kampf«) heißt. Da der Sinn dieses Wortes vergessen war, nannte man nach ihr eine bestimmte Krähenart *bodb*. Morrigan erscheint in der Sage verharmlost als SCHWARZES, verwachsenes Mädchen. In gleicher Gestalt lebt sie im ganzen Mittelalter als Kundry, Kundrîe im Artusroman nach, nun nicht mehr Bote aus dem Totenreich, sondern Bote des imaginären jenseitigen Gralskönigreichs, aber noch mit dem sachlich nicht mehr gerechtfertigten Beiwort la surziere »Zauberin« (noch in Wolframs *Parzival* 312,27). Die Toten fahren auf Booten zu einer düsteren Toteninsel im WESTEN (Sonnenuntergangsmythos). Die Göttin Brigit (»Erhabene«) ist Seherin und Dichter-, Heilkunst-, Schmiedekunstgöttin. In christlicher Zeit wird sie der Jungfrau Maria als Geburtshelferin Marias und Pflegemutter Christi zur Seite gestellt. Ihre Erbschaft im Volksglauben tritt die heilige Äbtissin Brigit von Kildare (433–523) an.

Inselkeltisch ist auch die Vorstellung von den Inseln der Seligen oder dem Land der Frauen, d. h. der Elfen und Feen, irisch Side genannt. Hier finden Sterbliche Heilung und Wunscherfüllung und vergessen die Zeit, aber nach geglückter Flucht finden sie nie mehr zurück. Eine große Rolle spielt im inselkeltischen Mythos auch der ZauberKESSEL, der Reichtum, vitale Fruchtbarkeit, Wiederbelebung und Weisheit bringt. Etwas davon ist (wohl durch von Wikingerfürsten geraubte inselkeltische Frauen) ins Nordgermanische gedrungen, so wenn im *Hymirlied* der Donnergott Thor Hymirs gewaltigen Bierkessel raubt, damit die Götter daraus trinken, oder der Krieger- und Zaubergott Odin ebenfalls von Riesen den Dichtermet stiehlt und (deshalb?) als Erwerber des Lebenswassers gilt.

Fremdartig ist das nordirische PFERDEopfer, wobei der neue König eine weiße STUTE begattet, im Kochwasser der zerstückelten Stute badet und dabei Fleischstücke ißt. Er sollte mit der durch die Stute repräsentierten Gottheit auf jede Weise rituell vereinigt und damit zum Garanten der Fruchtbarkeit werden. In der Ulstersage überwiegt die STIERsymbolik mit Stieropfer, Stierkampf, Rinderraub; die Kriegsgöttin hat KUHgestalt. In der Finnsage des Nordens gibt es stattdessen HIRSCHsymbolik. Der Urmensch hat Hirschgestalt, die Helden erscheinen als brünstiges Hirschrudel, Hirschjagd ist Lebensinhalt. Der Hirsch als Tiersymbol der Gottheit lebt nach in Sagen von einem Heilbrunnen und Schätze weisenden Hirsch und vom verfolgten Hirsch, der seinen Verfolger ins Feenreich zur Liebe mit einer Fee verlockt, festes Motiv in der mittelalterlichen Artusdichtung.

Opferstätten mit HAIN und Gewässer gab es auf gesamtkeltischem Raum von Kleinasien bis England *(nemeton)*. Die Parallele zu dem von Tacitus geschilderten

Semnonenhain weist auf Himmelsgottkult. Auf süddeutschem Raum gibt es zahllose sogen. Viereckschanzen, mit Wall und Graben umgebene Kultstätten, Vorläufer der römisch-keltischen kleinen Tempel in quadratischer Umfriedung. Der ebenfalls mit Wall und Graben umgebene Goloring bei Koblenz hat einen Durchmesser von 190 m; er hat Parallelen auch in Irland. Dokumente der vorkeltischen Kultur sind gewaltige → Menhirs und Steinbautenringe zu Sonnen- und Totenkult in England, allen voran Stonehenge und Avebury (→ Henge-Denkmäler). Aus dieser durch sie repräsentierten vorkeltischen Schicht erwuchs wohl die abstrakte irisch-angelsächsische Buchmalerei, die der christlichen Kunst Europas stärkste Impulse gab. FLECHTBÄNDER, Zickzacklinien, Verschlingungen sind Symbolgestalt helfender und abwehrender Kräfte. In Formen-, Farben-, Zahlensymbolik wird die Gesetzmäßigkeit der Welt dargetan und das KREUZ IM ORNAMENTGEFLECHT wird zum Symbol des Opfers für eine unerlöste Welt. [Ro]

W. Krause, Die K., 1929; W. Krause, Religion der K., 1933; J. Zwicker, Fontes historiae religionis celticae, 1934; J. Weisweiler, Die Stellung der Frau bei den K. u. das Problem des keltischen Mutterrechts, 1939; ders., Vorindogermanische Schichten der irischen Heldensage, 1953; T. G. E. Powell, Die K., 1959; J. de Vries, Keltische Religion, 1961; A. Rees/Br. Rees, Celtic heritage in Ireland and Wales, 1961; J. Filip, Die keltische Zivilisation und ihr Erbe, Prag 1961; J. Wieder, Betrachtungen zur irisch-angelsächsischen Buchmalerei (Bibliothek u. Buch in Geschichte u. Gegenwart) 1976; P. M. Duval, Les Dieux de la Gaule, [2]1976; J. Markale, Die Druiden. Gesellschaft u. Götter der K., 1985.

**Kerykeion** → Caduceus

**Kerze,** erst seit römischer Zeit, vorher → Fackeln und → Lampen. Bei der Wintersonnwendfeier (Saturnalía) schenkte man sich in Rom K.n, um den Kampf des Lichtes gegen die Finsternis zu unterstützen. Vor antiken Götterbildern wurden K.n aufgestellt; an den Gräbern hatten sie apotropäische Bedeutung. Noch heute werden in katholischen Gegenden am Allerseelentag brennende K.n oder Lämpchen auf Gräber gestellt. Schon im 4. Jh. gilt in Jerusalem die Erhellung der Gotteshäuser durch K.n und Ampeln als Ausdruck der Freude. Auch nach Isidor von Sevilla (*Etymologiarum Lib.* VII.xii.29,30) werden während der Messe die Lichter *ad signum laetitiae demonstrandum* – zum Zeichen der Freude – angezündet. Der Symbolgedanke: Christus = Sonne der Gerechtigkeit und Licht der Welt förderte die Verwendung der K. im christlichen Kult; so z. B. Osterkerze → Christussymbole. Die Altark.n müssen zum größeren Teil aus Wachs bestehen als Sinnbild für die Geburt Christi aus der Jungfrau Maria, wie das Wachs von der jungfräulichen Biene bereitet wurde. Auf vielfältige Art ist mit der K. die Lichtsymbolik verbunden: → Taufe, → Verkündigung, ganz allgemein auch Sinnbild des Lebenslichtes (z. B. im Märchen *Der Gevatter Tod*). Als Sterbekerze und noch neben dem Leichnam aufgestellt, weist sie über den Tod hinaus auf die Auferstehung. Schließlich kann die K. Symbol unermüdlicher Wachsamkeit (Arzttum) und geistlichen Lebens (→ Rechtssymbol) sein. [Lr]

E. Wohlhaupter, Die K. im Recht, 1940; A. Lipp/G. Gruber, Die K. als Symbol des Arzttums (Nova Acta Leopoldina) 1959; D. R. Dendy, The use of lights in Christian worship,

London 1959; J. Gage, Fackel K. (RAC VII) 1967; H. u. Th. Finkenstaedt, Stanglsitzerheilige u. Große K.n, 1968.

**Kessel,** in Verbindung mit seinem Inhalt – ähnlich wie der → Topf – ein Symbol der Fülle und des Überflusses. Einen K., von dem keiner ungesättigt fortgeht, besitzt der gute Gott Dagda in der keltischen Überlieferung Irlands. Der K. ist das → Gefäß, in dem die Speise gekocht und das Bier gebraut wird; Kochen und Gären dienen der Verwandlung der ursprünglich ungenießbaren Stoffe, die damit auf eine andere Seinsstufe gehoben werden. Der Zauberkessel findet sich nicht nur bei den → Kelten, sondern auch bei anderen indoeuropäischen Völkern. Im griechischen Mythos läßt Medeia einen in Stücke geschnittenen Widder verjüngt aus dem K. hervorgehen; Pelops wird im hl. Kessel gekocht und gelangt durch die Schicksalsgöttin Klotho zur Erneuerung. Erinnert sei auch an den germanischen Gott Thor, der zwei Böcklein schlachtet und in einem K. als Nahrung kocht; am anderen Morgen berührt er mit seinem Hammer die übrig gebliebenen Knochen, wonach die Tiere wieder lebendig werden. In einem K. wurde aus dem mit Honig gemischten Blut des erschlagenen Kvasir der Rauschtrank (Met) hergestellt, dessen Genuß zum Dichter macht und der im Besitz Odins ist. Der zauberhafte K. steht in einem Bedeutungszusammenhang mit dem Taufbecken, mit der alchemistischen Retorte (Erzeugung des Homunculus) und dem von Hexen verwendeten Gefäß (vgl. Shakespeare, *Macbeth* 4,1.5). Nach einer weiß-russischen Überlieferung fährt das Hexenweib Baba-Jaga in einem eisernen K. durch die Luft. Kosmische Bedeutung liegt vor bei dem »ehernen Meer« des salomonischen Tempels (getragen von 12 nach den Himmelsrichtungen orientierten Rindern, 1 *Kön* 7,25) und bei der Quelle Hwergelmir, dem brodelnden Wasserkessel, aus dem die Flüsse der Welt entspringen (*Edda, Grimnismal* 26). [Lr]

I. Clarus, Der K. der Verwandlung (Symbolon, N. F. 7/1985).

**Kette,** als Amtskette Würdezeichen und → soziales Symbol, so bereits am Brustschild des jüdischen Hohenpriesters (2 *Mos* 28, 22). Ganz allgemein ist die K. Symbol des Verbundenseins (→ freimaurerische Symbole); Glaube und Gebet können mit goldenen K.n verglichen werden, die den Menschen mit Gott verbinden. Platon kennt das Bild von der Lichtkette, die das Weltall festhält. Gefährliche Wesen werden gefesselt (Prometheus) oder angekettet (der überwundene Teufel). Den Heiligen können K.n letztlich nichts anhaben, sie fesseln zwar das Fleisch, nicht aber den Geist; von Petrus berichtet die Vita, wie die K.n von ihm abgefallen sind und er ungehindert an den Wächtern vorbeiging. Bei der libyschen Sibylle weist die zerrissene K. auf die Überwindung des Heidentums. Legendärer Gefangenenbefreier und Nothelfer für Pferde ist der Hl. Leonhard; etliche seiner Kirchen sind mit einer großen K. (oft aus Hufeisen gebildet) als Votivgabe umgeben (z. B. Bad Tölz); die Gürtung und Umkettung von Kultbauten reicht in vorchristliche Zeit zurück und hat über den *ex-voto*-Gedanken hinaus teil an der Symbolik des → Bindens und

Lösens. Die indische Unheilsgöttin Nirrti kettet die Menschen, die sie verderben will. Zu erwähnen sind die K.n des keltischen Ogmios, die man – z. T. wenig überzeugend – auf des Gottes Funktionen als Redner, Stammvater, Totengeleiter oder Schicksalslenker hin zu interpretieren versuchte. [Lr]

A. Lasche, Das Symbol der K., 1876; E. Schnitzler, Die Rektorenkette (Wiss. Zs. d. Univ. Rostock 5/1955–56); A. Ross, Chain symbolism in pagan Celtic religion (Speculum 1959); L. Kretzenbacher, K.kirchen in Bayern u. Österreich (Bayer. Akad. d. Wiss., Phil.-hist. Kl., Abh., N. F.), 1973.

**Kind.** In einigen Mythen wird die Geburt des göttlichen Kindes geheim gehalten, um das K. vor der ihm drohenden Vernichtung zu schützen, so wird Moses in einem Kästchen im Nilwasser versteckt, Zeus in einer Grotte, damit sein Vater Kronos ihn nicht verschlinge, Jesus in einer Krippe, weil Joseph und Maria vor Herodes auf der Flucht nach Ägypten waren, Romulus und Remus, die von ihrem Großvater Amulius ertränkt werden sollten, wurden in einem Körbchen an einer seichten Stelle des Tiber-Flusses ausgesetzt, wo ein Feigenbaum wuchs. – Das göttliche K. tritt in den religiösen oder mythologischen Vordergrund meist zusammen mit dem Kult seiner Mutter,so Isis und → Horus (Harpokrates), Ischtar und Tammuz, Maria und Jesus.

In der neueren westlichen Kultur beginnend mit der griechisch-römischen Antike gewinnt das Kind an Bedeutung in der gesellschaftlichen Verflechtung, in der pädagogischen und philosophischen Behandlung und in der Kunst. Im 4. Jh. v. Chr. läßt Plato im *Phaidon* den Cebes von dem Kinde sprechen, das in jedem von uns lebt; Aristoteles aber sah in den Kindern »unschöne Zwerge«, und in der darstellenden Kunst dieser Zeit werden ihre Körpermaße unrichtig wiedergegeben und ihr Gesichtsausdruck ist unkindlich. Die Wandlung beginnt in der Zeit nach Alexander dem Großen und erreicht ihren Höhepunkt in den ersten Jahrhunderten vor und nach Chr. In großer Zahl wurden da lebenswahre Kinder dargestellt. SÄUGLINGE und KLEINKINDER sind beliebte Symbole der Wiedergeburt auf Grabterrakotten. Die olympischen Götter, ja sogar Zeus, treten nicht mehr in vollem Mannesalter auf, sondern als Kinder. Das Kleinkind Herakles erwürgt die Schlangen der Hera, und der Säugling Dionysos greift nach der Weinrebe, die ihm Hermes oder ein Silen entgegenhält. Jesus sagt: »Lasset die Kindlein zu mir kommen, denn ihrer ist das Himmelreich« (*Mt* 19,5,14). – Eine kulturmorphologische Parallele offenbart sich seit dem europäischen Rokoko-Stil. Vorher, so z. B. bei den niederländischen Malern des 16. Jh., hatte es vereinzelte wahre Kinderbildnisse gegeben, Rembrandts Sohn Titus ist in erschütternd tiefer Einsicht in die kindliche Seele von dem Vater gemalt worden, Murillos Straßenjungen sind echte Kinder, aber erst im 18. Jh. werden Kinderdarstellungen ein beliebter Gegenstand. Die durch antike Eroten angeregten Putten – kleine Knaben mit oder ohne Flügel, meist nackt oder leicht bekleidet – erscheinen erstmals seit der Frührenaissance und übernehmen in religiösen Darstellungen die Aufgaben assistierender Engel. Bei Philipp Otto → Runge wird das Kind zu einem seiner symbolträchtigen Zentralmotive. [Kly]

B. Nyberg, K. u. Erde. Ethnolog. Studien, Helsingfors 1931; C. G. Jung/K. Kerenyi, »Das göttl. Kind« in mytholog. u. psycholog. Bedeutung, 1940; C. G. Jung/C. Kerenyi, Introduction to a science of mythology (The myth of the divine child), 1952; W. Messerer, Kinder ohne Alter. Kinder in der Kunst der Barockzeit, 1962; C. Grützmacher, Novalis und Ph. O. Runge. Die Blume, das K., das Licht, 1964; P. Schwarzenau, Das göttl. K., Der Mythos vom Neubeginn, 1984; W. Bies, Das K. als Symbol in der engl. Romantik (Symbolon N. F. 8/1986).

**Kinderzeichnungen.** Aus der dem Kleinkind physiognomisch erscheinenden Umwelt treten besonders gefühlsbetonte Dinge, Tiere, Menschen hervor und werden überbewertet – der Zugang zur Welt der Fabeltiere und Hexen, der Zwerge und Riesen steht offen. Die typische Anthropomorphisierung tritt meistens mit dem 5. Lebensjahr zurück im Zusammenhang mit der »Entdekkung des Kriteriums der Bewegung als unterscheidendes Merkmal zwischen belebter und unbelebter Welt« (Schenk-Danzinger). Statt die Außenwelt zu vermenschlichen oder zu vergegenständlichen, kann das Kind nunmehr an der erlebten Wirklichkeit partizipieren und das Erlebnis im Symbol festhalten, wobei die Wirklichkeit von Phantasiebildern »überzogen« wird, die gegen das 10./11. Lebensjahr zu immer mehr in den Hintergrund treten.

In den von historischen und kulturellen Einflüssen noch kaum beeinflußten Zeichnungen der Kinder kann der Prozeß ihrer Entwicklung nach außen projiziert werden. Die frühesten Zeichnungen sind KRITZELEIEN, die einem rotierenden Raumgefühl entspringen und alle möglichen Dinge (Mensch, Apfel, Haus, Auto) darstellen können – in gewisser Hinsicht Symbol des ersten Dingbegriffes, der ersten Gegenstandsvorstellung. Bei Kreisornamenten des 3. bis 6./7. Lebensjahres spiegelt das Randornament die kindliche Erfahrungswelt wider (Brüderchen im Kinderwagen, Hund des Nachbarn, Apfelbaum im Garten); das KREISINNERE entspricht dem Binnenraum des Zeichners, es kann frei bleiben (= unbewußtes Verhüllen des eigenen Ich) oder es werden stellvertretende Dinge eingezeichnet: HERZ, ESSBESTECK, BLUME oder BAUM (das Selbst symbolisierende »Lebenspflanze«).

Den tiefenpsychologisch orientierten Entwicklungspsychologen ist es geradezu ein Lehrsatz, daß in den K. Ängste und Hoffnungen, Erlebnisse und Verdrängungen symbolisch zum Ausdruck kommen können. Nach Piaget ist der Symbolismus (auch in Spiel und Traum) eine lebendige, dynamische Sprache, die das Kind braucht, um seine subjektiven Erfahrungen und Gefühle auszudrücken. So kann das Kind in Zeichnungen seine Zuneigung wie auch seine Antipathie Familienmitgliedern gegenüber erkennen lassen, indem es die Gestalten von Vater, Mutter, Bruder usw. »maskiert sowie Zeichen und Symbole benützt, deren es sich selbst nicht bewußt sein mag« (Koppitz). Bilder von Tieren können als Repräsentanten bestimmter Eigenschaften fungieren; für den Vater werden häufig gewählt: LÖWE, ELEFANT, WOLF, HUND, FUCHS; für die Mutter: VOGEL, HUHN, KATZE, KUH. Wenn die Geschlechter vertauscht sind (z. B. die Mutter als Stier oder Hirsch), dann spricht gerade das für den

Eigen- und Symbolwert der Tiere. [Lr]

H. Hetzer, Die symbol. Darstellung i. d. frühen Kindheit, 1926; H. M. Fordham, The life of childhood, London 1940 (dt. 1948); L. Gräser, Familie in Tieren, 1957; J. Piaget, Nachahmung, Spiel u. Traum. Die Entwicklung der Symbolfunktion beim Kinde, 1969; M. Lurker, Von d. Symbolik des Kreises u. ihrer Auswertung durch d. Bildpädagogik (Welt der Schule 23) 1970; E. M. Koppitz, Die Menschendarstellung in K. u. ihre psycholog. Auswertung, 1972; L. Schenk-Danzinger, Entwicklungspsychologie 1972; A. Iten, Die Sonne i. d. K. u. ihre psycholog. Bedeutung, 1974; H. G. Richter, Anfang u. Entwicklung d. zeichner. Symbolik, 1976; O. F. Gmelin, Mama ist ein Elefant. Die Symbolwelt der K., 1978.

**Kirchengebäude.** Ein Grundgedanke der christlichen Architektursymbolik liegt in dem Vergleich des Leibes Christi mit dem Tempel (*Joh* 2,19 ff.). Das K. stellt nach den Kirchenvätern vor allem die Gestalt gewordene Gottheit dar. Augustinus verglich das Allerheiligste (Chor und Apsis) mit der Seele, das Kirchenschiff mit dem Leib und den Altar mit dem Herz; Maximus der Bekenner erblickte in dem K. nicht nur den Leib Christi, sondern zugleich auch das Abbild des Menschen und das der Welt. Zum hl. Ort *(hieros topos)* wird die Kirche durch die → Kirchweihe und damit zu einem Kristallisationspunkt, in dem Mensch, Welt und Gott zusammentreffen. Vgl. auch das K. in der → orthodoxen Kirche.

Seit Kaiser Konstantin sich als *vicarius Christi* betrachtete, konnte die vom römischen Palast abgeleitete Basilika den Thronsaal des göttlichen Herrschers darstellen. Die Erweiterung der Basilika führte zu kreuzförmigen Grundrissen, die schon bald auf das Kreuz Christi und damit auf Tod und Auferstehung bezogen wurden. Während die Zentral- und Kuppelbauten mit ihren kreisförmigen, oktogonalen oder quadratischen Grundrissen auf die hl. Mitte ausgerichtet sind und zum Erlebnis der Einheit allen Seins führen (Grabkirche zu Jerusalem, Hagia Sophia zu Konstantinopel), fordert der Langhausbau in der Basilika und Hallenkirche zum Durchschreiten auf. Der hl. Weg *(via sacra)* führt vom Portal vorbei an den Propheten oder Apostel tragenden oder auch nur versinnbildlichenden Säulen bis hin zum Altar. Die romanische Baukunst versuchte, wenn auch in abgeschwächter Form, den Gedanken der strahlenden Mitte im basilikalen System zu verwirklichen: die Vierung erscheint als Herzraum, oft mit Märtyrergrab (St. Emmeram, Regensburg) oder überwölbender Kuppel (St. Maria im Kapitol, Köln). Für die spätere symbolische Auslegung des K. war u. a. → Durandus wegweisend. Das aus Stein errichtete Gebäude ist Symbol des gläubigen Volkes, der Gesamtkirche, des *corpus Christi mysticum*. Während man das romanische Gotteshaus mehr als die allen bösen Gewalten Trotz bietende Burg Christi auffaßte, erblickte man in der gotischen Kathedrale ein Sinnbild der lichtfunkelnden Himmelsstadt. Eine neue Deutung erhielt das K. im → Barock; es wurde zum himmlischen Festsaal, zum *Salon de Dieu*, bei dem die Deckenfresken den Raum für das Auge des Gläubigen gleichsam ins Unendliche, Jenseitige wachsen ließen. In der evangelisch-lutherischen Kirche findet sich eine auf die im AT von Gott gebotene Stiftshütte bezogene Symboldeutung; die bilderfeindliche Kirche Zwinglis dagegen lehnt eine solche völlig ab. Der Calvinismus betrachtet es sogar als Aberglauben, vom Hause Gottes zu sprechen; die wahren Tempel sind die Christen selbst.

Das K. des 20. Jh. ist allgemein durch eine strenge Versachlichung gekennzeichnet; Kanzel und Nebenaltäre verschwinden; der von »Zierat« (!) befreite Altar steht nicht mehr im Chor, sondern als einfache *mensa* inmitten der Gemeinde. Manche wollen in der Kirche nur noch die »Werkstatt« Gottes erblicken, ein vom *homo faber* errichteter Zweckbau. In den 60er Jahren beginnt nach dem Vorbild von Le Corbusiers Wallfahrtskapelle zu Ronchamp eine Neubesinnung in der wiedergewonnenen Erkenntnis, daß künstlerische Gestalt mehr ist als nur funktionsgerechte Form. [Lr]

J. Sauer, Symbolik des K., [2]1924 (Nachdruck 1964); A. Stange, Das frühchristl. K. als Bild des Himmels, 1950; O. von Simson, The gothic cathedral, London 1956 (dt. 1972); E. Sauser, Symbolik des kathol. K. (J. A. Jungmann, Symbolik der kathol. Kirche), 1960; Kl. Wessel, Symbolik des protestant. K. (K. Goldammer, Kultsymbolik des Protestantismus), 1960; G. Bandmann, Die vorgot. Kirche als Himmelsstadt (Frühchristl. Studien, 6/1972); H. Schnell, Kirchenbau im Wandel (Das Münster 25/1972); P. Hawel, Der spätbarocke Kirchenbau u. seine theolog. Bedeutung, 1987.

**Kirchenväter** → Patristik

**Kirchweihe.** Feierliche Weihe eines Kirchengebäudes ausschließlich für den Kult, vorgenommen durch einen Bischof oder Abt. Die ursprünglichste Form ist die der erstmaligen Meßfeier, wodurch Altar und Gebäude geheiligt wurden (vgl. Eusebius und die von ihm 314 in Tyrus gehaltene K.predigt). Damit wurde nach dem 6. Jh. in Rom und im Abendland immer häufiger die Beisetzung von Märtyrerreliquien verbunden. Auch die Reinigung von Altar und Gebäude durch Weihwasser in Fortführung heidnischen Brauchtums stellte sich ein. Diese Formen bilden den Kern des altröm. K.ritus. Im orientalisch-gallischen Ritus finden sich neben WASCHUNGEN und SALBUNGEN als Symbol für die »Taufe« der Kirche auch Besitzergreifungsriten in Form der Einschreibung des griech. und latein. ALPHABETES auf den aschenbestreuten Fußboden der neuen Kirche. Der heute bestehende, 1961 vereinfachte Ritus, stellt also eine Verbindung von altrömischen mit orientalisch-gallischen Riten dar. – In der Kirche des Westens feiern nicht nur die einzelnen konsekrierten Kirchen ihren je verschiedenen K.tag – meist leider unabhängig vom eigentlichen Tag – an einem allgemeinen »K.sonntag«. Die vier ehrwürdigsten Kirchen Roms werden an ihrem K.tag von der gesamten Kirche mitgefeiert: Lateran (9. November), St. Peter und St. Paul (18. November), S. Maria Maggiore (5. August). Die Liturgie der Ostkirche kennt nur ein Kirchweihfest (13. 9.: Weihe der Anastasisbasilika in Jerusalem).

Nach dem neuen, nachtridentinischen Missale wird die Symbolik der K.feier im Hinblick auf die Kirche aus lebendigen Steinen vor allem in der Präfation intensiviert: KIRCHE ist Bild der Gegenwart Gottes, dort wird das pilgernde Gottesvolk versammelt, um die Gnade der Gemeinschaft mit Gott geschenkt zu bekommen. Hier erbaut sich Gott einen Tempel aus lebendigen Steinen und fügt die von allen Orten zusammengerufenen Kinder in den geheimnisvollen Leib seines Sohnes ein. Hier wird von Gott der Blick auf das himmlische Jerusalem gelenkt und Hoffnung gegeben, dort den Frieden Gottes zu schauen. [Sr]

S. Benz, K. (LTHK 6); H. Edmonds, Enkainia. Gesammelte Arbeiten zum 800j. Weihegedächtnis der Abteikirche Maria Laach, 1956.

**Kirschbaum, Kirsche.** In Ostasien ist die Blüte des K.s Symbol der Reinheit und weist auf die Lebensideale des Rittertums (vgl. auch → Shintoismus). In der christlichen Ikonographie kommt der K. als Baum des biblischen Sündenfalls vor (z. B. im »Paradiesgärtlein«, Frankfurt, Städel). Die Kirschen werden verschiedentlich als erotische Anspielung gedeutet (→ Bosch; auch bei Rokokomalern). »Kirschen brechen« kann auf verbotenen Liebesgenuß hinweisen. In vorweihnachtlicher Zeit (am Barbara- oder Luziatag) geschnittene und dann aufblühende Kirschzweige gelten als Glückssymbol, als Lebensrute und als Hinweis auf baldige Hochzeit. [Lr]

**Klages,** Ludwig, 10. 12. 1872 – 29. 7. 1956 Kilchberg bei Zürich. Philosoph, Neubegründer der wissenschaftlichen → Graphologie und der Wissenschaft vom → Ausdruck. Er bewertete neu die romantische Psychologie und Mythenforschung, entdeckte Carus und → Bachofen und brachte ihre Werke zur Geltung. Sein biozentrisches Weltbild wertet hoch Sprache und mythische Symbolwelt. Sein Interesse wendet sich vor allem dem Weltbild des Pelasgertums zu, d. h. der archaischen Menschheit.
Die Besinnung auf das Wesen des Mütterlichen in allen Bereichen ist sein zentrales Anliegen. Als Urreligion sieht er einen Chthonismus, dem ein ursprünglicher Uranismus polar zugehört. Der tragende Grund ist die mütterliche Erde. Der ganze letzte Teil seines philosophischen Hauptwerkes *Der Geist als Widersacher der Seele* (1929–1932) ist der mythischen Symbolwelt gewidmet und behandelt tiefsinnig einige Elementarsymbole wie Wasser, Feuer, Mond, Sonne, Baum und insbesondere die Gestalt der Magna Mater (→ Muttergottheiten). Von Kl.' Werken ist für die Symbolwissenschaft ferner von großer Bedeutung sein Buch *Vom kosmogonischen Eros* (1922). Es kreist um die Symbolgestalt des Eros Kosmogonos, der nicht einfach mit dem Sexus identisch ist; Kl. unterscheidet hier drei Arten der Ekstase, beschreibt den Totenkult und die Urbilder als Bilder im Nimbus, d. h. in einer leuchtenden Aura. Hier auch definiert Kl. zuerst die Symbole als »Glyphen ekstatisch erschauter Bilder«. [Hu]

K. Leese, Die Mutter als relig. Symbol, 1934; H. Kasdorff, L. Kl., Werk u. Wirkung, 2 Bde., 1969, 1974; H. Kunz, Heidegger u. Kl. Daseinsanalytik u. Metaphysik, 1976.

**Klee,** bei den Kelten Zauberpflanze. Mit einem K.blatt hat der hl. Patrick den Bewohnern Irlands das Geheimnis der Dreifaltigkeit erklärt; der K. ist die irische Nationalpflanze. Dem vierblättrigen K.blatt wurde im mitteleuropäischen Volksglauben Zauberkraft zugeschrieben; noch heute gilt es als → Glückssymbol. [*]

**Kleid, Kleidung.** In früheren Zeiten glaubte man an die Möglichkeit, sich durch ein K. (oder eine Maske) verwandeln zu können. Um die Kraft eines Bären zu erlangen, legte man sich ein Bärenfell um. Das mit Edelsteinen und Gold verzierte Gewand des Herrschers war nicht einfach nur Zeichen seines Amtes, sondern sollte ihn seinen Untertanen gegenüber auch tatsächlich »erhöhen«. Die Bedeutung der liturgischen → Gewänder, die als »hl. Dinge« *(res sacrae)* in der Sakristei aufbewahrt werden, »liegt in der Verhüllung des Menschlichen, im Zurücklassen des Profanen« (Heiler, *Erscheinungsformen u. Wesen d. Religion*).

Das äußere K. spiegelt etwas vom Inneren des Menschen wider: → Buße; → Trauer; Weltabkehr, z. B. das Fell-K. Johannes' des Täufers, die Kutte der Mönche, das Wollgewand islamischer Mystiker (→ Sufismus). Das Ausziehen der K.er kann ein Opfer, ja den Verlust des Lebens andeuten (→ Ischtar). Nach einem Bericht des römischen Schriftstellers Iuvenal übergab der Verehrer der Magna Mater seine Kleider dem Oberpriester, um auf diese Weise seine Sünde loszuwerden. In frühchristlicher Zeit wurden bei der Taufe die alten K.er abgelegt und damit auch der alte, sündige Mensch. Der an Christus Glaubende soll »den neuen Menschen anziehen« (*Eph* 4,24), »Christus anziehen« (*Röm* 13,14), d. h. ihn nicht nur nach außen darstellen, sondern sich innerlich von ihm verwandeln lassen. Die K.er sind ein Bild für die körperliche Hülle der → Seele. Im Märchen von Aschenputtel symbolisieren (nach O. Huth) die 3 K.er »die Verwandlungsstufen der Seele beim Aufstieg in den obersten Himmel«.

Bei Verstorbenen, Verklärten, Engeln sind weiße, oft leuchtende K.er ein Hinweis auf die Überwindung der irdischen Leiblichkeit (vgl. *Offb.* 7,9). Das K., das Gott anhat, ist entstofflicht, ganz Licht (*Ps* 104,2). Die antike Mythologie spricht vom Sternenmantel des Himmels- oder Lichtgottes, ja, das ganze Weltall ist »der Gottheit lebendiges Kleid« (Goethe. *Faust*).

→ Gürtel, Mantel, Schleier [Lr]

P. Ph. Oppenheim, Symbolik u. relig. Wertung des Mönchsk.es im christl. Altertum, 1932; A. L. Oppenheim, The golden garment of the gods (Journal of Near Eastern Studies 8/1949); J. Eichinger, Die menschl. Kleidung u. ihre Symbolik in d. Bibel (Diss. Wien) 1954; H. Straube, Die Tierverkleidung d. afrikan. Naturvölker, 1955; E. Eichmann, Von Kaisergewandung im MA (Hist. Jb. 58/1958); M. A. Flüeler, Das sakrale Gewand, 1964; E. Haulotte, Symbolisme du vêtement dans la Bible, Paris 1966; O. Huth, Sonnen-, Mond- und Sternenkleid (Märchenforsch. u. Tiefenpsychologie, hrsg. v. W. Laiblin) 1969; G. Raudzus, Die Zeichensprache der Kleidung. Untersuchung zur Symbolik des Gewandes in der dt. Epik des MA, 1985.

**Knie** → Geburtsorgan

**Knochen.** Als harte, die Verwesung des Fleisches überdauernde Bestandteile von Tier und Mensch galten die K. bei Jägervölkern als Sitz der Lebenskraft; deshalb die Sitte, die K. eines erlegten Tieres unzerbrochen und vollständig der Erde zurückzugeben, um die Wiederbelebung des Wildes und damit den Fortbestand der Art zu sichern. Hier ist auch an die in der *Edda* erzählte Schlachtung und magische Wiederbelebung von Thors Böcken zu erinnern; der eine Bock lahmt, weil ihm versehentlich ein Schenkel-K. zerbrochen wurde. Beim finnischen Totenkult wurde ein Tier (Kuh oder

Ochse) geschlachtet und verzehrt; dank der sorgfältig aufgehobenen K. sollte der Verstorbene im Jenseits ein neues Tier erhalten (*WdM* 2, 276).

Im Hinblick auf die Wiederbelebung sind auch die alttestamentlichen Stellen zu interpretieren, nach denen keine K. des Passah-Lammes zerbrochen werden dürfen (2 *Mos* 12,46; 4 *Mos* 9,12); im *NT* wird darin eine Vordeutung auf Jesus gesehen, dessen Beine (Gebeine, Knochen) im Gegensatz zu denen seiner Mitgekreuzigten nicht zerschlagen wurden (*Joh* 19,32–36). Im Märchen *Von dem Machandelboom* sammelt das Mädchen alle K. seines ermordeten Bruders und begräbt sie unter dem Baum; da wird es ihm, als ob der Bruder lebe; dessen K. verwandeln sich in einen Vogel, der davonfliegt. Nach altmexikanischer Überlieferung entstanden aus den K. der zerstückelten Göttin Mayahuel die ersten Agavepflanzen. Aus den K. der Hl. Walburga (im Reliquienschrein zu Eichstätt) soll heilkräftiges Öl tropfen. [Lr]

J. Henninger, Zum Verbot des K.zerbrechens bei den Semiten (Studi Orientalistici in onore di G. Levi della Vida, I), Roma 1956; I. Paulson, Die Tier-K. im Jagdritual der nordeurasiat. Völker (Zs. f. Ethnologie 84/1959); J. Henninger, Neuere Forschungen zum Verbot des K.zerbrechens (Studia Ethnographica et Folkloristica in honorem B. Gunda), Debrecen 1971.

**Knoten,** seine verschiedenen Bedeutungsebenen wurzeln in der archaischen Symbolik des Bindens und Lösens. Der K. soll die Gefahr unschädlich machen (Amulett) und die widergöttlichen Mächte binden (K.säulen der Romanik, z. B. Thomaskirche zu Merseburg, um 1200). Im späten MA wird der K. zum Symbol der Ordensgelübde, mit denen sich der Mönch an Gott bindet, z. B. am Gürtel der Franziskaner. Geknotete bunte Bänder schenkte die Braut dem Bräutigam als Zeichen ihrer Liebe und Treue; in Nord- und Osteuropa waren geknotete Strumpfbänder beliebte Minnegaben. Andererseits dachte man sich den K. hinderlich bei der Geburt, beim Sterben und im Kult. In der Umgebung einer Wöchnerin mußten alle K. gelöst werden. Das Gewand des römischen Priesters, des *flamen dialis,* durfte keine K. haben.

Der K. kann auch Symbol des zusammenhaltenden Zentrums sein; die *Upanishaden* sprechen vom K. des Herzens, das ägyptische *Totenbuch* (Kap. 42) vom unbeweglichen K. des Weltenschicksals. Nach Marsiglio Ficino ist der Mensch selbst K. und Band der Welt *(nodus et copula mundi)*. Eine Art Zentrumssymbol ist auch der gordische K.; wer ihn zu lösen vermag, ist Herr über Asien. [Lr]

I. Scheftelowitz, Das Schlingen- u. Netzmotiv im Glauben u. Brauch der Völker, 1912; W. Deonna, Le Noeud Gordien (Revue des Etudes Greques 31/1918); K.-H. Clasen, Die Überwindung des Bösen. Ein Beitrag zur Ikonographie des frühen MA (Fs. W. Worringer, 13–36) 1943; H. Weigert, Magische Bänder u. K. (Fs. für W. Weyres, hrsg. v. J. Hoster u. A. Mann, 21–32 1964; G. A. Küppers-Sonnenberg, Flechtwerk, K.band u. K.drachen (Carinthia 1/1968); U. Zischka, Zur sakralen u. profanen Anwendung des K.motivs, 1977.

**Kommunikation.** K. ist die Bemühung um Herbeiführung von Gemeinsamkeit im Bewußtsein durch den Einsatz von einem oder mehreren Medien, die der sinnlichen Wahrnehmung zugänglich sind. Typen der K. können unterschieden werden nach der Art der beteiligten Subjekte, die Träger von

Individual- oder Kollektivbewußtsein sein können, nach den menschlichen Sinnen, die den eingesetzten Medien entsprechen (Schmuck, Parfüm), nach den Inhalten, die mitgeteilt werden sollen und nach der zeitlichen Erstreckung der K. Die beteiligten Subjekte, die durch K. Gemeinsamkeit im Bewußtsein anstreben, können in einer asymmetrischen Paarbeziehung (Mutter-Kind, Lehrer-Schüler) oder in einer symmetrischen Paarbeziehung (Kollegen, Freunde) stehen. An der K. kann ein der Erfahrung unmittelbar zugängliches (Dirigenten-Orchester) oder ein der Erfahrung nicht unmittelbar zugängliches soziales Gebilde (Regierungschef – Wahlvolk) beteiligt sein, usw. Die Urformen optischer K. sind Lachen und Weinen, die als sichtbarer Ausdruck des Gesichts offenbar angeboren sind und nicht erlernt zu werden brauchen. Alle anderen Gesten scheinen Kultursymbole zu sein, deren Handhabung im Laufe des Lebens erworben wird. Sprache ist ein System akustischer Zeichen. Schrift ist ein System optischer Zeichen, durch das ein System akustischer Zeichen wiedergegeben wird. K. vollzieht sich häufig unter Einsatz mehrerer Medien zugleich. Durch ständige Widersprüche im Inhalt der K. (Kind hört: Komm auf meinen Schoß! Kind sieht: Abweisenden Gesichtsausdruck der Mutter) können psychische Störungen anerzogen werden! Bestimmte Inhalte sind offenbar an bildhafte K. gebunden. Die Reichweite der → Sprache als an das Ohr gerichtetes Medium ist begrenzt, wenn mythische und religiöse Inhalte mitgeteilt werden sollen. Interaktion schließt sehr oft K. ein (→ Interaktionismus). Wenn aber auf einem engen Fußweg zwei Menschen einander nach rechts ausweichen, um nicht zusammenzustoßen, kann das als Interaktion ohne K. bezeichnet werden. Dem steht das Axiom entgegen, nach dem es bei der Begegnung zweier Menschen unmöglich sei, nicht zu kommunizieren, und nach dem das Verhalten Schizophrener als das krankhafte Bemühen gedeutet wird, der K. mit bestimmten Personen auszuweichen. [He]

G. H. Mead, Mind, Self and Society, 1934; E. Goffman, The Presentation of Self in Everyday Life, 1956; S. K. Langer, Philosophie auf neuem Wege, 1965; P. Watzlawick et al., Pragmatics of Human Communication, 1967; J. P. Spiegel, P. Machotka, Messages of the Body, 1974; D. R. Olson, Media and Symbols. The forms of expression, communication and education, Chicago 1974.

**Kommunismus.** Die philosophische Lehre des K. (des Marxismus-Leninismus) ist durch eine schroff negative Stellung zum Symbolischen gekennzeichnet. Der Begründer des K., W. I. Lenin, lehnt in seiner Polemik gegen die »machistisch« orientierten (d. h. unter dem Einfluß von Ernst Mach stehenden) russischen Sozialdemokraten anfangs des 20. Jh. die von ihnen vertretene erkenntnistheoretische »Symboltheorie« und auch die »Hieroglyphentheorie« des russisch-marxistischen Theoretikers G. W. Plechanow als einen schweren Verstoß gegen die marxistische Orthodoxie ab. In beiden Auffassungen erblickt Lenin die Gefahr des »Agnostizismus«. Nähmen wir an, Empfindungen seien Symbole oder »Hieroglyphen« der Wirklichkeit, dann wüßten wir noch nichts über die reale Beschaffenheit der Welt. Diesen Abweichungen stellt Lenin die Widerspiegelungs- (oder: Abbild-)theorie gegenüber. Empfindungen, Wahrnehmungen und selbst Begriffe, Urteile und Schlüsse sind »Abbilder« der »objektiv« existierenden Dinge, d. h. sie zeichnen sich nicht durch die Konventionalität des Symbolhaften aus, sondern sind – im großen und ganzen – »adäquate« Wiedergaben der an sich seienden Welt; um ihren Gegensatz zum bloß Symbolhaften hervorzuheben, gebraucht sogar Lenin Termini wie »Kopien« und »Fotografien«, ohne freilich diese Bezeichnungen wörtlich zu verstehen. – Die extreme Leninsche Position ist in der Entstalinisierungsperiode bis zu einem gewissen Grad abgeschwächt, indem die Kompromißformel gebraucht wird, daß auch Symbole, z. B. mathematische, Bestandteile einer gültigen Erkenntnis sein können, daß sie aber ihrerseits »eigenartige Abbilder« sind.

Ähnlicherweise gehen die kommunistische Ästhetik und Literaturwissenschaft vor. Die bolschewistische Publizistik hat das Auftreten des dichterischen Symbolismus (→ Blok) scharf angegriffen. Die symbolische Dichtung wurde als krasses Dekadenzphänomen stigmatisiert. Nach Ansicht des maßgebenden bolschewistischen Literarkritikers der vorrevolutionären Periode W. W. Worowski drückt der → Symbolismus die Flucht der von der »Geschichte« verurteilten Bourgeoisie vor der Wirklichkeit, ihre krankhaften Untergangsstimmungen aus. Im Symbolismus zeige sich auch die Verzweiflung, die Kapitulation der charakterlosen kleinbürgerlichen »Weggenossen« der Revolution von 1905, die nach der Niederlage der letzten ihr Renegatentum und ihren »Verrat« an den revolutionären Idealen verschleiern und verschönern wollten. Diese Stellungnahme wurde 1946 von dem führenden Kulturpolitiker der stalinistischen Periode A. A. Schdanow in offizielles Dogma verwandelt und zugleich extrem simplifiziert. – Die Bewertung des Symbolismus als »bürgerliche Dekadenz« blieb intakt ein halbes Jahrhundert. In den letzten 20 Jahren macht sich eine vorsichtige Modifikation fühlbar, indem man um eine nuanciertere Einschätzung bemüht ist und, wenn nicht das ästhetische Programm des Symbolismus, so jedenfalls das Talent seiner Repräsentanten und ihre »formale Meisterschaft« von neuem anerkennt.

Die Propaganda und die Agitation des K. sind aber in merkwürdigem Kontrast zu seinen theoretischen Postulaten von einem ausgesprochen symbolischen Geist getragen. Die Publizistik, die Presse, die Radio- u. Fernsehsendungen sowie die mündliche Rede der Leninschen und Stalinschen Periode wurden von scharf polarisierten, z. T. uralten, symbolisch-metaphorischen Wendungen gefärbt. Vor allem prägen Naturphänomene, Tiere und primäre Blutsverwandtschaftsbande die Sprache des Parteijournalisten und -agitators. Die Partei wird ständig als MUTTER bezeichnet, das musterhafte Parteimitglied ist ihr »treuer Sohn«; der Marxismus-Leninismus gilt als »helles LICHT«; die Klassenfeinde, die Sozialdemokraten und die heterodoxen Kommunisten sind »Kräfte der Finsternis« und sogar »Schakale«, »Hyänen«, »Giftschlangen« und »tollwütige Hunde«. Allerdings ist im letzten Viertel-

jahrhundert im sowjetischen Machtbereich diese Symbolik erheblich reduziert, hingegen erfreut sie sich in China nach wie vor einer Blütezeit.
Eine indirektere symbolische Dimension bekommen die Elemente der Doktrin selbst sowie bes. die Personen ihrer Vertreter, Helden und Märtyrer, die stillschweigend mythologisiert werden und das kommunist. *Summum bonum* symbolisieren. → Kommunist. Symbole [Ign]

A. A. Schdanow, Vortrag über die Zeitschriften »Swesda« u. »Leningrad«, 1946 (russ.); W. I. Lenin, Materialismus u. Empiriokritizismus, 1962; A. Michailowa, Symbol, Allegorie, Gleichnis (Kunst u. Literatur. Zs. zur Verbreitung sowjet. Erfahrungen 15) 1967; T. Pawlow, Die Widerspiegelungstheorie, 1973.

**Kommunistisch-marxistische Symbole.** Revolutionäre Bewegungen, die alte Symbole stürzen, schaffen neue. Mit der russischen Oktoberrevolution wurden die Ikonen verbannt, dafür blüht der Kult mit den Bildern der Parteiführer auf. Selbst der Tradition kann man nicht ganz entbehren: der Kreml wird zum → Staatssymbol.
Der STERN – uraltes Sinnbild mit religiöser Bedeutung – wird zum Kampf- und Weltanschauungssymbol mit eschatologischem Charakter. Der fünfzackige rote Stern sinnbildet zunächst die Zentralgewalt des Obersten Sowjets der Russischen Sozialist. Föderativen Sowjetrepublik, später der ganzen Sowjetunion und ging schließlich in die Heraldik zahlreicher kommunistischer Staaten ein. Kommunistische Dichter, wie Johannes R. Becher, preisen den roten Stern als Heilszeichen der klassenlosen Gesellschaft.
Das → Freiheitssymbol der SONNE wird auf Zukunft und Fortschritt hin interpretiert. Im sowjetischen Staatswappen wird der Erdball von der aufgehenden Sonne bestrahlt, diese ist auch das Emblem der »Freien Deutschen Jugend« (FDJ) in der DDR.
ROT ist die Parteifarbe des Kommunismus; es ist die Farbe des Blutes (Kampf), des Feuers (Untergang der bürgerlichen Welt) und der aufgehenden Sonne (neue Zeit). In der *Neuen Rheinischen Zeitung* (1848/1849) machte sich Karl Marx lustig über die Furcht der Bourgeoisie vor der »roten Republik«. Das Banner der sozialistischen Bewegung, die rote Fahne, wurde vom Kommunismus übernommen. Die Kommunisten bezeichnen sich selbst als »Rote« – vgl. »Rote Armee«, »Roter Frontkämpfer-Bund« (nach 1924 in Deutschland), »Rotfront« (im Kampf gegen die Nationalsozialisten), »Rote Jugendinternationale«; Organisationen, Fabriken, Kolchosen, Zeitungen nennen sich *Roter Stern, Rote Fahne* oder *Roter Oktober*. Eine Art Kultstätte ist die mit roten Tüchern und mit Bildern und Büsten von Parteiführern dekorierte »Rote Ecke« (auch »Friedensecke« genannt) in Parteiräumen und Jugendheimen; an Lenins Geburtstag werden hier Blumen und rote Fahnen aufgestellt.
HAMMER und SICHEL sinnbilden das Zusammengehen von Arbeitern und Bauern und sind – nach einem Ausspruch Chruschtschows 1962 – »Symbol friedlicher schöpferischer Arbeit«; seit 1924 im Staatswappen der UdSSR, während der Weimarer Republik in den roten Fahnen der KPD, noch heute Abzeichen mehrerer kommunistischer Parteien. Seit 1953

hat die DDR als Staatsemblem HAMMER und ZIRKEL im ÄHRENKRANZ (seit 1959 auch in der Flagge), wodurch im »Arbeiter- und Bauernstaat« auch die »technische Intelligenz« ihre symbolpublizistische Anerkennung findet.

Symbol der Kampfbereitschaft und – ausdruckspsychologisch – auch Drohgebärde ist die geballte FAUST. Zahlreiche Plakate (besonders zur Zeit der Weimarer Republik) zeigen die Faust der Arbeiterklasse, wie sie ihre Gegner niederschlägt. Der Rote Frontkämpfer-Bund trug zu seinen Uniformen Armbinden mit dem Bild einer roten Faust; auch Thälmann, der Vorsitzende der KPD 1925–1933, zeigte sich öfters mit so einer Armbinde. Der erhobene Arm mit geballter Faust ist als Kommunistengruß bekannt.

Das Parteiabzeichen der SED (Sozialist. Einheitspartei Deutschlands) zeigt zwei verschlungene HÄNDE vor dem Hintergrund einer roten Fahne, es ist Hinweis auf die Vereinigung der SPD mit der KPD (in der DDR). Zwei sich drückende Hände sind seit der Renaissance ein verbreitetes Symbol der Einigkeit und als solches öfters in Emblembüchern dargestellt. [*]

**Konfessionskunde.** Die zur Dogmatik gehörende K. (früher Symbolik genannt) untersucht und vergleicht die christlichen Glaubensbekenntnisse. In der Reformationszeit zur gegenseitigen Abgrenzung entstanden, war sie zunächst mehr Polemik, die vor allem das Irrige und Unzureichende der anderen Konfessionen herausstellen wollte. Untersuchung und Vergleich erstrecken sich vor allem auf die sog. »symbolischen Bücher«, zu denen außer den ökumenischen Symbolen (→ Symbolum) bei den Katholiken das *Tridentinische Symbolum* (von 1564), in der lutherischen Kirche u. a. das *Augsburgische Bekenntnis* (1530), in der anglikanischen Kirche das *Common Prayer Book* (1549) gehören.

Eigentlicher Begründer der Symbolik war der evangelische Kirchenhistoriker Gottlieb Jakob Planck (1751–1833). Auf katholischer Seite wurde Johann Adam Möhlers Symbolik (1834) zu einem Standardwerk. Durch Ferdinand Kattenbusch, der erstmals in größerem Umfang auch die orthodoxe Kirche miteinbezog, wurde die Symbolik zur Konfessionskunde erweitert, die das den einzelnen christlichen Kirchen Charakteristische in Übereinstimmung und Gegensatz zu erfassen versucht. Die in der theologisch-dogmatischen Symbolik zum Ausdruck kommenden verschiedenen Lehren beeinflußten auch Symbolverständnis und Symbolanwendung in Liturgie und Kunst. [*]

F. Kattenbusch, Lehrbuch der vgl. Confessionskunde, 1892; W. Niesel, Das Evangelium und die Kirchen. Ein Lehrbuch der Symbolik, 1953; E. Stakemeier, K. heute, im Anschluß an die Symbolik J. A. Möhlers, 1957; K. Algermissen, [8]1969.

**Konfirmation.** Die K. im → Protestantismus ist eine der röm.-kath. Firmung nur begrenzt vergleichbare kirchliche Handlung (kein »Sakrament«), obwohl ihre Bezeichnung aus dem gleichen lat. Wort (confirmatio = ›Befestigung‹ [im Glauben bzw. in der Taufgnade]) und seiner kirchlichen Verwendung hervorgegangen ist. In der Zeit der Reformatoren erscheinen Formen der Glaubenserforschung und Lehrbefragung als Vorbereitung bzw. Zulassung zum (erstmaligen) Abendmahlsempfang. In Hessen wird eine Konfirmationshandlung schon 1534 in der Ziegenhainer Kirchenordnung vorgesehen. Bereits hier ist die Beziehung zum Abendmahlsgang gegeben und – wie auch sonst in einzelnen Kirchenordnungen des 16. Jhs. – der lehrhaft-katechetische Charakter betont. Die allgemeine Ausbreitung der K. als regelmäßiger Brauch und Ritus fällt, nachdem lange Zeit Vergleichbares in den Reformationskirchen wenig hervorgetreten war, erst in das 17./18. Jh. Pietistische Einflüsse sind daran beteiligt.

Die Symbolik ist gegenüber der kath. → Firmung andersartig und nicht so reichhaltig. Sie ist eine Art von Brücke zwischen Taufe und Abendmahl. Ihre Formen variieren zwischen den einzelnen evangelischen Kirchen. Im 16. Jh. finden sich als wichtige Elemente Fürbittengebet, HANDAUFLEGUNG und Herabrufung des Hl. Geistes auf die Konfirmanden, die sich im wesentlichen bis zur Gegenwart erhalten haben. Dazu kommt das Glaubensbekenntnis und das Konfirmationsgelübde. Ein Votum in Form eines Bibelspruches für den einzelnen oder für kleine Gruppen der Konfirmanden ist ebenfalls üblich, häufig auch ein HANDSCHLAG als Ausdruck einer Verpflichtung. Die Händeauflegung hat zu der volkstümlichen Vorstellung und Bezeichnung einer »Einsegnung« geführt. Die vorausgehende Prüfung (Katechismus- und Bibelexamen nach ein- bis zweijährigem Konfirmandenunterricht), heute oft als »Vorstellung« der Konfirmanden gehandhabt, erinnert an die Bedeutung der Lehre und an eine Art von religiösem Bildungsabschluß (Kinderkatechumenat), der mit der K. in verschiedenen Formen verbundene (meist erste) Abendmahlsgang an die Verleihung des neuen Status der Vollmitgliedschaft in der Kirche. Hier liegt ein kirchenrechtlicher Aspekt, der auch in der Erteilung des Patenrechtes zum Ausdruck kommt, während die früher vorhandene soziale Bedeutung (Abschluß der Schulzeit, Eintritt ins Berufsleben, veränderte Stellung in der bürgerlichen Gemeinde) und damit die Auffassung als einer Art von Lebensweihe zurückgetreten ist. Die Konfirmierten erhalten einen Konfirmationsschein, manchmal auch eine Bibel oder ein anderes Buch. Die Diskussion um das Konfirmations-Alter (im allgemeinen 14 Jahre) und um die Sinngebung der K. ist in Kirche und Theologie im Gange. [Go]

L. Vischer, Die Geschichte der K., 1958; Confirmatio. Forschungen zur Geschichte u. Praxis der K. Hg. von K. Frör., 1959; Zur Geschichte u. Ordnung der K. in den lutherischen Kirchen. Hg. von dems., 1962; W. Nagel, Probleme der K. Histor. Entwicklung u. Vollzug i. d. Praxis, 1959; K. Goldammer, Kultsymbolik des Protestantismus. 1960. – Dass., Tafelband, 1967; H. Schultze, K. heute u. morgen, 1969; Konfirmation. Hg. von H. Nitschke, 1978.

**Konfuzianismus.** Seitdem der K. in China Staatsorthodoxie war (seit ca. 130 v. Chr.), deckte sich die konfuzianische Schule allmählich mit der Klasse der Gelehrten oder Literaten. Symbol dieser Klasse waren die »vier Kostbarkeiten des Studierzimmers«: Tusche, Papier, Schreibpinsel und Tuschestein. Ihre musische Lebensart wurde durch die »vier Zeichen des Gelehrten« (Laute, Schachspiel, Kalligraphie und Malerei) versinnbildlicht. Aus den Literaten wurden immer ausschließlicher die Beamten genommen, besonders seit der T'ang-Zeit, in der das auf die konfuzianischen Klassiker aufgebaute Examenssystem seine volle Ausbildung erfuhr. Damals wurde Konfuzius, bisher der Patron der Literaten, auch Patron der Staatsbeamten. Die Bedeutung der konfuzianischen Lehre als Grundlage von Staat und Gesellschaft wurde durch die in Stein gemeißelten Klassiker, die seit der Han-Zeit vor der Reichsuniversität aufgestellt waren, zum Ausdruck gebracht.

Die konfuzianische Sozialethik wurde von allen Gesellschaftsschichten akzeptiert. Ihre Grundbegriffe waren in Zahlenkategorien wie den »drei Hauptschnüren« (des gesellschaftlichen »Netzes«: Herrscher, Vater und Ehemann), den »fünf menschlichen Beziehungen« (Fürst und Untertan, Vater und Sohn, Ehemann und Frau, älterer und jüngerer Bruder und Freunde) und den »fünf Konstanten« oder Grundtugenden (Humanität, Gerechtigkeit, Anstand, Weisheit und Zuverlässigkeit) allgemein bekannt. Die Regeln der Moral waren in mannigfachen Zeremonien und Bräuchen verkörpert, die das ganze Leben vor allem der gebildeten Schichten beherrschten. Illustrierte Darstellungen von Tugendvorbildern der Vergangenheit wie die bekannten »24 Beispiele der Kindespietät« und Ehrenbögen für verdiente Beamte, pietätvolle Kinder und »keusche« (nicht wiederheiratende) Witwen verherrlichten die Tugend und spornten zur Nacheiferung an.

Für die religiösen Anschauungen der Konfuzianer als einer Gruppe waren die Klassiker und der überlieferte Staatskult maßgebend. Doch erschöpfte sich bei vielen der Kult in einem ethisch gefärbten Ritualismus. Andererseits wurden in konfuzianischen Kreisen auch taoistische und buddhistische Gottheiten verehrt, vor allem solche, die zum Leben oder den Idealen der Literaten in Beziehung standen, wie Wen-ch'ang, der Gott der Literatur, Kuan-ti, Symbol des loyalen Beamten, K'ueihsing, der Verleiher akademischer Grade, der Stadtgott (häufig ein ehemaliger Mandarin) und andere mehr. Im Gegensatz zum → Buddhismus und → Taoismus hatte der K. keine berufsmäßigen Priester oder Mönche. Die Funktionen des Staatskultes wurden vom Kaiser und den Beamten, der Konfuziuskult von Vertretern der Beamten und Literaten ausgeübt. Der Gründer des Konfuzianismus wurde seit der Han-Zeit durch Opfer geehrt. Sie fanden zuerst in den Schulen statt, seit der T'ang-Zeit gab es dafür in allen Städten eigene Tempel mit Statuen des Weisen und bedeutender Vertreter seiner Schule. Dieser Kult unterschied sich wenig von dem in buddhistischen und taoistischen Tempeln geübten. Doch wurden seit 1530 die Statuen in den Konfuziustempeln durch Tablette, wie sie in den Ahnentempeln gebräuchlich waren, ersetzt.

[Bu]

S. Henri Doré, Recherches sur les superstitions en Chine, 18 Bde. (Shanghai, 1911–1938); John Knight Shryock, The Origin and Development of the State Cult of Confucius (New York, 1932); Chinesisches Altertum u. konfuzianische Klassik, hg. von Peter J. Opitz (München, 1968); dazu Literatur → Altchina und → Herrscher, chinesischer; H. Fingarette, Confucius. The Secular as Sacred, New York 1972.

**König/Kaiser.** Stammesfürsten und Könige galten ganz allgemein als mit besonderer → Macht erfüllt; von ihnen dachte man sich das Schicksal des ganzen Volkes abhängig. Die → Herrscher der alten Hochkulturen ließen sich als göttliche oder gottgesandte Wesen verehren; besonders oft wurde das Sohnschaftsverhältnis zur Gottheit betont (in vergeistigtem Sinne auch beim israelitischen König, vgl. *Ps* 2,6–8). Der Kult des verstorbenen römischen Kaisers knüpfte an die Apotheose des toten Cäsar an; mehrere Kaiser – wie Diokletian, der sich selbst *dominus et deus* bezeichnete – ließen sich schon zu Lebzeiten als Gott verehren. In der byzantinischen Zeit wandelte sich die Auffassung vom Gottkaiser in die des Kaisers von Gottes Gnaden, und der Herrscherkult wurde zum Hofzeremoniell.

Die KRÖNUNG war bei allen europäischen Völkern ein sakraler Akt, dessen symbolischer Charakter neben einzelnen bedeutungsträchtigen Zeremonien darin bestand, den bereits vollzogenen Herrschaftsantritt zu bestätigen. Durch ihre Beteiligung an Krönung und Salbung sanktionierte die Kirche die Heiligkeit des Herrschers; in der Kunst wird öfters dargestellt, wie die Krönung durch Christus selbst vollzogen wird (z. B. im *Perikopenbuch* Kaiser Heinrichs II.). Im MA glaubte man, daß der Herrscher beim Krönungsakt übernatürlicher Kräfte teilhaftig werde (so die Gabe der Krankenheilung). Das Bild des christlich-mal. Monarchen war mit dem Abbild oder Gleichnis der universalen (kosmischen) Ordnung, der *Civitas Dei*, verbunden; als typologisches Vorbild diente vor allem → David. Die aus vorchristlicher Zeit übernommenen → Herrschersymbole wurden in christlichem Sinne interpretiert, die KRONE galt als Lehen Christi; vgl. auch → Reichsinsignien.

Die oft mit dem Monarchen verbundene solare Symbolik ist Ausdruck der ihm zuerkannten, das Irdische überragenden Stellung. Der Pharao, der Inkaherrscher und der Tenno (japan. Kaiser) leiteten ihre Herkunft von der Sonnengottheit ab. Die hethitischen Könige führten die Selbstbezeichnung »Meine Sonne«. Der Großkönig des eurasischen Steppenvolkes der Chasaren (7.–9. Jh.) führte die SONNENSCHEIBE als Abzeichen. Cäsarius von Heisterbach (um 1220) verglich den abendländischen Kaiser mit der SONNE, die anderen Herrscher mit den Sternen. Das spanische Hofzeremoniell hatte geradezu kosmische Bedeutung: der Herrscher war die Sonne inmitten eines (entsprechend den Weltgegenden) viergeteilten Reiches. Im barocken *sensus allegoricus* ist der Monarch die Sonne seines Volkes – ein von Ludwig XIV., dem *roi-soleil*, auf seine ganze Hofhaltung übertragener Gedanke: Versailles wurde zum Ruheort des hier in seinen hesperischen Gärten ausruhenden Helios; des Königs Schlafgemach lag im OSTEN, sein Bett war aus GOLD (der Sonne zugeordnetes Metall), sein *Lever* und *Coucher* war im letzten eine Allusion auf den täglichen Auf- und Untergang der Sonne. [Lr]

Fr. Kampers, Vom Werdegang der mal. Kaisermystik, 1924; E. Eichmann, Die Kaiserkrönung im Abendland, 2 Bde., 1942; W. Enszlin, Gottkaiser u. Kaiser von Gottes Gnaden (Sitzungsber. Bayer. Ak. d. Wiss., phil.-hist. Kl., Abt. 6) 1943; Ph. Wolff-Windegg, Die Gekrönten. Sinn u. Sinnbilder des Königtums, 1958; La regalità sacra. The sacral kingship. Contributions of the central theme of the XIIth International Congress for the History of Religions, Leiden 1959; M. de Ferdinandy, Die theatral. Bedeutung des span. Hofzeremoniells (Arch. f. Kulturgesch. 47) 1965; J. Gacé, Basileia. Les Césars, les rois d'Orient et les Mages, Paris 1968; G. Roheim, Animism, Magic and the Divine King, London 1972; H. Hunger (Hrsg.), Das byzantin. Herrscherbild, 1975; A. Wlosok (Hg.), Röm. Kaiserkult, 1978.

**Konrad v. Würzburg** (um 1225–1287). Der bedeutendste Vertreter der nachklassischen mhd. Dichtung wurde nach Jahren als Wanderdichter in Basel ansässig, wo er in der Nachfolge → Gottfrieds v. Straßburg lyrische und epische Werke von hochstilisierter Formkunst schuf: Romane, novellistische Kleinerzählungen (u. a. *Das Herzmäre*), Legenden und allegorische Erzählungen *(Der Welt Lohn, Klage der Kunst)*. K. ist ein »Meister des Bildes«, der die »Erzählung durch Bilder und Metaphern anschaulich und prächtig zu machen« weiß (H. de Boor). Ein Musterbeispiel der geblümten Rede ist die *Goldene Schmiede*, ein Preisgedicht auf Maria. K. versteht sein Herz als SCHMIEDEWERKSTÄTTE: das hier gefertigte Geschmeide des Marienpreises setzt sich aus GOLD und EDELSTEINEN zusammen (= erzählender Lobpreis und spirituelle Auslegung). Durch endlos gereihte Metaphern, Beiworte und Vergleiche aus dem reichen Vorrat der → Mariensymbolik werden die verschiedenen Wesenszüge der Gottesmutter verherrlicht. In den allegorischen Erzählungen stehen → Personifikationen im Mittelpunkt. In *Der Welt Lohn* erscheint ›Frau Welt‹ in Gestalt einer schön gekleideten Dame, deren Rücken sich in fortschreitender Verwesung befindet. In der *Klage der Kunst* beschreibt K. ein Gerichtsverfahren, bei dem die Kunst (aufgrund ihrer künstler. Gestaltungskraft ›Frou Wildekeit‹ genannt) vor der Richterin Gerechtigkeit die Dame ›Milte‹ einer falschen Freigebigkeit gegenüber schlechter Kunst zeiht. [Sp]

H. de Boor, D. dt. Lit. i. späten MA, 3.1, 1962; E. Rast, Vergleich, Gleichnis, Metapher u. Allegorie bei K. v. W., 1963; W. Monecke, Stud. z. epischen Technik K.s v. W. D. Erzählprinzip d. wildekeit, 1968.

**Kopf,** der oberen Weltsphäre, dem Himmel, zugeordnet (→ Oben). Das Haupt-Organ ist Träger des Bewußtseins, des Ich. Die Göttin der Weisheit, Athene, entsprang dem Haupte des Zeus. Das Haupt strahlt das Wesen der Person aus; im *Hohenlied* (5,11) heißt es vom himmlischen Bräutigam: »Sein Haupt ist von gediegenem Gold«. Dreiköpfigkeit bedeutet eine Wesenssteigerung, ein dreifaches Wesen (→ Dreifaltigkeit). Als oberster Körperteil ist der K. der eigentliche Regent des Menschen; Hauptmann und Häuptling stehen über den anderen; als Weltenherrscher ist Christus das »Haupt von jeder Macht und Gewalt« (*Kol* 2,10). Aus Furcht, den Kopf (= Leben) zu verlieren, legten die alten Ägypter einen lebensgroßen Ersatzkopf in das Grab. Die dem K. zugeschriebene orendistische Kraft führte bei Naturvölkern, besonders in Südostasien, Polynesien und Südamerika, zur K.jagd und im christlichen Volksglauben zur Verehrung von K.reliquien einzelner Heiliger. Ein beliebtes ikonographisches Motiv war die »Johannesschüssel«, d. i. das dem Täufer Johannes abgschlagene Haupt auf einer Schüssel (in Anlehnung am *Mt* 14,1–12). Die Darstellung von Märtyrern, die ihr abgetrenntes Haupt in Händen halten, deutet die Hingabe ihres Lebens an Gott an, so bei Dionysius (Denis) von Paris und den Patronen von Zürich, Felix und Regula. Kopflose Geister finden sich in hellenistisch-ägyptischen Zauberpapyri, im europäischen Volksglauben (Gottfried Keller *Grüner Heinrich*) und in der neueren Kunst; sie stehen meistens in einem Bedeutungszusammenhang mit Bedrohung, Spuk, Tod, Unterwelt. [Lr]

K. Preisendanz, Akephalos, der k.lose Gott, 1926; M. Gusinde, Schädelkult (Ciba-Zs. 49/1937); L. Deimel, Leib Christi. Sinn u. Grenzen einer Deutung des innerkirchl. Lebens, 1940 (– zu Haupt); A. E. Jensen, K.jagd, Blitz u. Himmelsvorstellung (Paideuma X/1964); J. P. Reverseau, Pour une étude du thème de la tête coupée dans la littérature et le peinture dans la seconde partie du XIX siècle (Gazette des Beaux-Arts 1972).

**Kopfbedeckung.** Die ursprünglich aus rein praktischen Gründen hervorgegangene Bedeckung des Hauptes konnte schon früh schmückende oder rangerhöhende Funktion annehmen. Ausgesprochene Herrschaftssymbole sind → Diadem und → Krone; der Monarch faßt alle Untertanen unter seinem → Hut zusammen. Bei den alten Ägyptern war die K. ein wichtiges Attribut der Gottheiten; so hatte die Himmelsgöttin Hathor ein Kuhgehörn mit Sonnenscheibe, die oberägyptische Landesgöttin Nechbet eine Geierhaube und der Gott des Wohlgeruchs Nefertem eine Lotosblume auf dem Haupt. Im Hinduismus können K. *(mukuta)* und Haartracht *(dhammilla)* ineinander übergehen; besonders prachtvoll ist die sogenannte Adelskrone, wie sie sich bei Vishnu und den ihm verbundenen Gottheiten findet; Shiva dagegen trägt meist die für Asketen typische Haarkrone, aber mit Edelsteinen und auf der linken Seite mit einer Mondsichel verziert. Feder und Horn können sinnträchtiger Kopfschmuck sein. Die mit Stierhörnern besetzte Kappe war altmesopotamisches → Göttersymbol. Der aus den Federn des Prärieadlers bestehende Kopfschmuck nordamerikanischer Indianer ist Ausdruck der Macht und steht in einer symbolischen Beziehung zur Sonne. Während der Hut früher mehr ein Zeichen der Vornehmen war (man denke auch an den sprichwörtlichen Doktorhut), gehört die Mütze den einfachen Leuten und konnte zum Symbol ihres Aufbegehrens, ihres Willens zur → Freiheit werden. Bei vielen Völkern denkt man sich das Haupt der Dämonen und Geister mit einer Art Kapuze bedeckt; manchmal hat diese die Funktion einer Maske (ja kann eine solche sein), dient der Unkenntlichmachung – oder symbolisiert – etwa bei Initiationsriten – den Tod. Eine unsichtbar machende K. wird den Kobolden zugeschrieben; ebenso hatte der griechische Unterweltsgott Hades eine Tarnkappe. Bei Mönchsorden (so den Kapuzinern!) ist die Kapuze Ausdruck der Abwendung von der Außenwelt, der Konzentration auf die wesentlichen Dinge. Über die K. des Papstes → Tiara. [Lr]

**Kopten** (arab. *qibti* aus griech. *Aigyptioi*), eigentlich alle ägyptisch redenden Einwohner; mit der Islamisierung des Landes behielten nur die Christen die alte Sprache noch länger bei (teilweise bis ins 16. Jh.). Die Herausbildung der koptischen Schriftsprache und Kunst fällt in das 3. Jh. n. Chr. Wenn auch die altägyptische Tradition oft überbewertet wurde, so ist sie doch nicht zu leugnen, so in der starken Ausmalung des Jenseitsglaubens, in der Vorliebe für Amulette und Zaubersprüche, in der Übernahme der altägyptischen LEBENSSCHLEIFE – dem Symbol für (göttliches bzw. von den Göttern verliehenes) Leben – als HENKELKREUZ *(crux ansata)* auf Grabsteinen, in Kirchen, auf Stoffen und in der Kleinkunst, nunmehr Zeichen der lebenspendenden Kraft des Kreuzes Christi. FROSCH und KRÖTE als Auferstehungssymbol auf koptischen Lampen (Vatikanmuseum, Ägypt. Abt.; Kopt. Museum, Kairo) weisen ebenso in vorchristliche Zeit zurück wie die Personifikation des Nilgottes als Symbolfigur des Erntesegens. Infolge synkretistischer Strömungen kann die WEINTRAUBE sowohl dem Osiris als auch dem ihm gleichgesetzten Dionysos oder schließlich Christus zugeordnet werden. Ein beliebtes in der Kunst dargestelltes Motiv aus der griechischen Mythologie ist die Verwandlung Daphnes, letztere galt bei Klemens v. Alexandria als Symbol der Keuschheit. Auf koptischen Grabstellen findet sich oft ein KRANZ mit Kreuz oder Christusmonogramm, es ist die *corona triumphalis*, Symbol der Unsterblichkeit.

Das KIRCHENGEBÄUDE wird als irdischer Himmel und himmlische Erde bezeichnet. Die in der Kirche zwischen Lampen aufgehängten STRAUSSENEIER sinnbilden das Auge Gottes, der über seine Gemeinde wacht, so wie der Strauß über seine Eier. Die LAMPEN, die als symbolischer Hinweis auf Sonne, Mond und Sterne gelten, werden mit OLIVENÖL gespeist, da der Ölbaum der einzige Baum war, den Gott aus der Sintflut rettete. Das Allerheiligste *(Haikal)* wird vom übrigen Kirchenraum durch den sog. »Vorhang«, eine von drei Türen durchbrochene Holzwand, getrennt (Symbolik der Verhüllung!). Die während der Messe öfters die Hand des Priesters bedeckenden Pallen wie auch die PALLA auf der Hand des Kommunizierenden gelten als »hochzeitliches Kleid«, deuten sie doch auf die Vereinigung mit Gott.[Lr]

O. H. E. Burmester, Rites and Ceremonies of the Coptic Church (Eastern Churches Quarterly 7–11) 1947–1956; M. Cramer, Das altägypt. Lebenszeichen im christl. (kopt.) Ägypten, 1955; M. Cramer, Das christl.-kopt. Ägypten einst und heute, 1959; G. Ristow, Das Frosch- u. Krötenmotiv auf kopt. Tonlampen (Forschungen u. Berichte) 1961; E. Hammerschmidt, Kultsymbolik d. kopt. u. d. äthiop. Kirche, 1962; S. Hanna, Who are the Copts, Kairo 1965; E. Hammerschmidt, Symbolik d. oriental. Christentums, 1966; A. Effenberger, Kopt. Kunst, 1975.

**Korallen.** Im Volksglauben gelten sie trotz ihrer organischen Herkunft als Edelsteine und haben dank ihrer roten Farbe apotropäische Bedeutung. In Altägypten wurden sie den Toten zum Schutz in das Grab mitgegeben. Nach antiker Überlieferung sollen sie bitteres Wasser in süßes verwandeln können und vor Unwetter schützen; die Mythologie erblickt in ihnen Blutstropfen des von Perseus abgeschlagenen Hauptes der Medusa. In Italien sind K., besonders bei Kindern und Bräuten, ein beliebter Schmuck mit Amulettcharakter. In der Malerei des 15./16. Jhs. wird das Jesuskind öfters mit K.kette oder -halsband dargestellt; bei M. Grünewald (Isenheimer Altar) spielt es mit einer Gebetsschnur samt K.ast. Die Herkunft aus dem Wasser trug zur Symbolbedeutung in der Alchemie bei: → alchemistische Symbole. [Lr]

E. Grabner, Die K. (Zs. für Volkskunde 65/1969); W. Brückner, K. (LChrI 2/1970).

**Koran,** arabisch *al-Qur'ān*, das heilige Buch des → Islam, welches die göttlichen Offenbarungen enthält, die dem Propheten → Mohammed durch die Vermittlung des Erzengels Gabriel zuteil wurden. Der Text zerfällt in 114 Kapitel *(sūra)* von sehr unterschiedlicher Länge, welche aus Versen (*aya* = Zeichen) bestehen. Inhaltlich umfaßt der K. Grundwahrheiten über Gott, Kosmos und Mensch, Regeln individueller und gesellschaftlicher Moral, Erwähnungen der religiösen Pflichten u. ä. Dargebracht ist dies in Form von lebhaften Erzählungen, Gleichnissen, Geboten und Warnungen. Der Zweck dieser Schrift an sich bedingt ihren Reichtum an Symbolismen: Der Sinn der geoffenbarten Wahrheiten soll den Menschen durch Gleichnisse und Bilder verdeutlicht werden. Viele davon lassen sich relativ leicht interpretieren, bei vielen anderen jedoch ist die Bedeutung verdunkelt, offensichtlich bewußt verdunkelt (3,7), wohl um ihnen den Charakter des Geheimnisvollen zu verleihen.

Die im K. vorkommenden Symbole sind hauptsächlich den Bereichen Natur und Menschenleben entnommen. Sie können im Text in einer oder mehrfacher Bedeutung auftreten. Charakteristisch ist auch eine Personifizierung der Himmelskörper und Naturerscheinungen insofern als sie oft mit Prädikaten lebender Wesen versehen werden (»Der Tag schreitet voran« etc.). Häufig verwendete Symbole sind: das LICHT. Gott wird als Licht bezeichnet, bzw. als Lichtquelle, aber auch der K. selbst ist ein Licht (24,35f.; 7,156). Damit im Zusammenhang stehen die weiteren Bedeutungen: Rechte Leitung, Islam, Führer der Gläubigen (6,122; 57,1 ; 9,32). Die Frommen werden am Tag des Gerichtes »leuchtende Gesichter« haben (80,38). Demgegenüber steht FINSTERNIS als Symbol für Irrtum, Gottlosigkeit, Unglaube bzw. Werke der Ungläubigen, Gefahren (35,20; 13,17; 24,40). SCHATTEN, assoziiert mit angenehmer Kühle, dient als Symbol für Paradies (35,20), im Gegensatz zur HITZE der Hölle, weiters FEUER metonymisch für Idolatrie (40,44). Feuer entzünden bedeutet außerdem Zwietracht säen, Krieg auslösen (5,69). Das Symbol WASSER steht meist in Verbindung mit Leben, Lebensquelle, Sperma (77,20). WASSERMASSEN hingegen bedeuten Verirrung, Unwissenheit, Achtlosigkeit (51,11). Unter LUFTSPIEGELUNG sind die Werke der Ungläubigen zu verstehen (24,39). Auch Farbensymbolik ist vorhanden: SCHWARZ gilt als Farbe der Traurigkeit bzw. der Niedrigkeit, im Gegensatz zu WEISS, welches Freude bzw. Ruhm bedeutet (16,60; 43,16; 3,102). BLAU war als Farbe verachtet und kennzeichnet daher am Jüngsten Tag die Verbrecher (20,102). Naturobjekte mit symbolischer Bedeutung sind u. a. die BERGE, als Fixpunkte, Orientierungspunkte (21,32). STEIN gilt infolge seiner Härte als Symbol für die Herzen der Ungläubigen

(2,69). GEGOSSENES ERZ kommt stets in Verbindung mit Bildern der Qual und des Schreckens vor: Es ist die Nahrung des Sünders, der Trank der Verdammten. Beim Weltuntergang wird der Himmel wie gegossenes Erz sein (44,45; 18,28; 70,8). Der ÖLBAUM repräsentiert die Segnungen Gottes, die er den Menschen spendet (23,20). Die frische Vegetation wird ihrerseits mit einem Symbol belegt, dem des LEBENS, im Gegensatz zu TOD, dem Symbol für Trockenheit und Vegetationslosigkeit. Auf die Menschen bezogen stehen Leben und Tod für Gläubige, Rechtgeleitete bzw. Ungläubige, Verirrte (50,11; 25,49ff.; 27,82; 36,70). Auch dem Tierreich sind Symbole entnommen. So dienen z. B. diverse dem Wortfeld KAMEL angehörende Ausdrücke zur Charakterisierung von Menschengruppen bezüglich ihres Verhaltens zu Verboten und Geboten. Schicksal oder Augur wird manchmal durch den VOGEL versinnbildlicht (7,128; 17,14). Das Symbol FISCH, welches nicht leicht zu interpretieren ist, wird mit Auferstehung in Zusammenhang gebracht. Zu den häufiger auftretenden Symbolen gehört schließlich noch der SCHLEIER in der Bedeutung Hindernis. Verschleierte Herzen bezieht sich auf diejenigen, welche nicht imstande sind zu verstehen. Der KORAN selbst wird als äußeres Zeichen für Mohammads Prophetentum aufgefaßt, aber auch als chiffriertes Buch der Natur. Damit ist er Symbol für das islamische Prinzip der Vielfalt in der Einheit. [EJa]

R. Paret, Der K., 1966; A. J. Arberry, The K. Interpreted, 1955; J. Horovitz, Koranische Untersuchungen, 1926; T. Sabbagh, La métaphore dans le Coran, 1943; I. Lichtenstadter, Origin and Interpretation of some Qur'anic Symbols, Festschr. G. Levi della Vida, 1956; T. O'Shaughnessy, Muhammad's Thoughts on Death, 1969; W. Beltz, Die Mythen des K., 1980.

**Körperteile.** Entsprechend der Vorstellung vom → Menschen als Mikrokosmos ist die vom Weltall als Makroanthropos; noch heute zeugen Wörter wie Bergrücken, Flußarm, Meerbusen von der einstigen Vermenschlichung der Natur. Nach den Mythen zahlreicher Völker sind die Bausteine der Welt aus den K.n des → Urmenschen gebildet worden. Nach gewissen esoterischen Traditionen des Orients (Tantrismus, → Yoga) entspricht die Wirbelsäule der Weltachse. In Ägypten wurde der Djed(pfeiler), das Symbol für Dauer, als Wirbelsäule des Osiris gedeutet. Schon in den *Pyramidentexten* findet sich eine Vergottung der einzelnen Glieder des Verstorbenen (»dein Haupt ist Horus, dein Gesicht Chen-ti-irti« usw.), um so sein Weiterleben zu sichern.

Alle frühen Wissenschaften, wie Astrologie und Alchemie, wurzeln in der Voraussetzung der Welt-Mensch-Identität (→ Makro-Mikrokosmos). Die Medizin der Antike und des MA wußte um das kosmische Eingebettetsein des Menschen, um die Korrespondenz zwischen Himmelskörpern und menschlichem Organismus; die → Krankheiten einzelner K. wurden mit den Planeten in Verbindung gebracht, die Körpersäfte den → Elementen zugeordnet. Von den verschiedenen K.n haben eine besondere Bedeutung → Herz, → Kopf und → Leber als Sitz des Lebens, das Zeugungsorgan (→ Phallus) und das → Geburtsorgan, das → Auge als wichtigstes

Sinnesorgan und → Hand und → Fuß. Im AT galten »Herz und Niere« als Sitz der Empfindungen und Gedanken (*Ps* 7,10; *Jer* 11,20); im alten Indien wurde die Niere als Amulett verwendet; bei australischen Stämmen salbte man sich mit dem Nierenfett getöteter Feinde. Weiter vgl. man die Bedeutung einzelner K. als → Rechtssymbole. [Lr]

F. Ph. Dhorme, L'emploi métaphorique des noms de partis du corps en hébreu et en akkadien (Revue Biblique 31/1922); H. Ranke, Die Vergottung der Glieder des menschl. Körpers bei den Ägyptern (Oriental. Literaturzeitung 27/1924); E. Barheer, Die Eingeweide, Lebens- und Seelekräfte des Leibesinnern im dt. Glauben u. Brauch, 1931; M. P. Hall, The grand symbol of the mysteries, Los Angeles, 1947 (– u. a. Makro-Mikrokosmos, Herz, Wirbelsäule); D. V. Tansley, Subtle body, London 1977; D. Forstner, K., Körpersubstanzen (Die Welt d. christl. Symbole, 331–346) [3]1977.

**Kosmas Indikopleustes.** Die illuminierte, vermutlich in Alexandria entstandene Handschrift »Kosmas des Indienfahrers« stellt eine christliche Kosmographia dar. Das Urexemplar dürfte dem 6. Jh. angehören, die erhaltenen Abschriften sind jünger. Von diesen ist die der Vatikana aus dem 9. Jh. am bedeutsamsten. Von großem symbolischem Wert ist die Vorstellung von der Welt als einer Art RECHTECKIGEN GEBÄUDES. Über allem erscheint Christus, darunter die Erde als Berg, unter diesem die Gewässer der Erde. Beachtenswert ist weiter, daß von Kreisbahnen umschlossene Bilder des Kosmos und der Weltvorstellung mit Heilsbildern vor allem des AT abwechseln. In der zu Tage tretenden hellenistischen Vorstellungsform verbinden sich koptische, syrische und byzantinische Elemente. [Sr]

K. Weitzmann, Die byzant. Buchmalerei des 9. u. 10. Jh., 1935; ders., Illustration in Roll and Codex, 1947; D. T. Rice, Die Kunst im byzant. Zeitalter, 1968; LTHK[2] 6 (Sp. 564f.)

**Kosmogonie** (Entstehung der Welt). Die Frage nach dem Ursprung steht in der Welt der Religionen nicht im Vordergrund des Interesses – sie ist vielmehr ein spätes spekulatives Produkt –, denn dem religiösen Menschen ist einzig seine Beziehung zur Gottheit wesentlich. Wenn sich aber das mythische Denken mit dem Weltbeginn beschäftigt, greift es nicht unmittelbar auf den ersten Anfang zurück, vielmehr wird die Welt in ihrem materiellen Sein als gegeben vorausgesetzt. »Eine Erschaffung aus dem Nichts ist in der alten Welt praktisch unbekannt«. Doch ist der vorhandene Urzustand noch ungeordnet, »Leere«, »Chaos«, »Urflut«, »Urstoff«, »Urmeer«, *»tohu wa bohu«*, ohne irdisches Leben, wohl trächtiger URSCHLAMM, ein Noch-nicht-sein (Ursein) und Finsternis (URNACHT). Dem macht das Erscheinen des Lichts und der Sonne, als eine im Wechsel von Tag und Nacht erfahrene ordnende und Leben weckende Macht ein Ende: so verschmilzt in allen Berichten vom Anfang *(in principio)* Weltentstehung unmittelbar mit dem Prozeß der Lichtwerdung (Cassirer).

Weltentstehung ist »Weltwerden« oder »Weltschöpfung«: entweder geht die kosmische Weltordnung in ruhiger Epiphanie im harmonischen Zusammenwirken ihrer einzelnen vermischten Elemente als ein vegetativ-naturmythisches Geschehen aus der Urnacht = ALLNACHT hervor, die alles in sich birgt und aus sich hervorbringt. Oder die Dunkelheit des ungeordneten Urzustandes bildet nicht den Urgrund einer aus sich selbst entfaltenden kosmischen Ordnung, sondern sie ist jeder Ordnung entgegengesetzt, sich widersetzend, ordnungsfeindlich, Urnacht = Urfinsternis, die durch tätiges Wirken eines → Schöpfers gewaltsam überwunden werden muß, wodurch erst dann und damit die geordnete Welt entsteht, d. h. geschaffen, erschaffen wird.

Weltwerden ist eine Emanation, eine Entlassung aus dem Mutterschoß der Allnacht, ein Naturvorgang: »wie die Spinne die Fäden entläßt, wie die Gewächse aus der Erde entstehen, wie die Funken aus der Flamme hervorstieben, so entsteht hier alles aus dem Vergänglichen« *(Mundaka-Upanishad)*; es ist zugleich ein Akt der Lichtwerdung wie das eindrucksvolle Geschehen des aufgehenden Tages, wenn die Natur aus regungslosem Schlaf und nächtlicher Verborgenheit zum Leben erwacht. So muß sich die Welt »am Anfang« aus der Urnacht = Allnacht erhoben haben, der *genitrix lucis.* Auf diesem Wege begegnen uns Sonnensymbole, wie das kosmogonische Ei, der Lotus, die Flammeninsel oder der Urhügel.

Weltschöpfung überwindet die Urnacht = Urfinsternis durch persönliche göttliche Tat in der gewaltsamen Trennung von Himmel und Erde, Urelternspaltung, Bezwingung des Finsternisdrachens (Marduks Kampf mit Tiamat, Jahwes mit Leviathan), Zerstückelung eines Urriesen, aus dessen Körper die Welt gebildet wird oder die Befreiung des eingeschlossenen Lichts (Kampf Indras mit der Schlange Vritra, Re's mit Apophis): mit dem Sieg des Lichts beginnt im Wechsel von Tag und Nacht die Zeit und die geordnete Welt.

Andere K.n setzen ein geistiges Prinzip als schöpferisches Agens voraus, → Eros (bei Hesiod), Phanes (in der Orphik), Nous (Geist), Pneuma (Lebenshauch), Kama (ind. die Begierde) oder den Wind. Der Anfangszustand, dessen Herkunft nicht interessiert, wird durch Negationen des bestehenden Zustands beschrieben: »als Himmel noch nicht war, als die Erde noch nicht war, als es selbst den Tod nicht gab« (Pyramidentext), »als Erde nicht war, noch Überhimmel, noch der Mond nicht leuchtete, noch die Sonne nicht schien« *(Wessobrunner Gebet)*, als »weder Sein noch Nichtsein« (*Veden*, RV 10,109), ein Noch-nicht-sein. [Rd]

J. G. Frazer, Creation and evolution in primitive cosmogonies, London 1935; L. H. Gray, Cosmogony and cosmology (Encyclop. of Religion and Ethics, IV); W. Staudacher, Die Trennung von Himmel und Erde, 1942; S. Morenz/J. Schubert, Der Gott auf der Blume; eine ägypt. K., 1954; E. Hornung, Nacht u. Finsternis im Weltbild der alt. Ägypter, 1957; La Naissance du Monde (Sources orientales, I) Paris 1959; E. Th. Reimbold, Die Nacht im Mythos und Kultus, Köln 1970; J. Rudhardt, Le Thème de l'Eau primordiale dans la Mythologie Grèque, Bern 1971; U. Mann, Schöpfungsmythen, 1982; M.-L. v. Franz, Schöpfungsmythen, 1990.

**Kosmos.** In die Zeit der Sumerer und Babylonier zurück reicht die Idee, daß die Dinge der oberen und der unteren Welt einander entsprechen: Was auf der Erde existiert, muß im Himmel vorgebildet sein. Zu allen Zeiten ahnte der Mensch die unauflösbaren Beziehungen zwischen → Makro- und Mikrokosmos; man denke an die chinesische Lehre des Entsprechens von Himmel, Erde und

Mensch, an die von den Vorsokratikern über die Mystik bis zu den Romantikern empfundene kosmische → Sympathie und an die von der Scholastik vertretene *analogia entis*, die im vergänglichen Sein der Schöpfung ein Gleichnis des ewigen Seins Gottes erblickte. Die Annahme einer Sympathie und Harmonie von Sternenlauf und Menschenschicksal fand in der → Astrologie ihren Niederschlag; mit Hippokrates beginnt auch die Einbeziehung der → Krankheiten in die kosmologisch verschlüsselte Entsprechungslehre.

Der sichtbaren Zweiteilung des K. in Oben und Unten, in → Himmel und → Erde, entsprechend, kann man die uranischen von den chthonischen Symbolen unterscheiden: Sonne, Mond, Sterne, Blitz, Feuer, Wolken, Wind – Berge, Steine, Metalle, Wasser. Beim → Totemismus werden die beiden Totem-Hälften sehr oft mit der Zweiteilung des K. in Himmel/Sonne und Erde/Mond in Beziehung gesetzt; im Dualsystem der Sioux-Völker wird das Aufeinanderangewiesensein der beiden Gruppen (auch in der Ehe) mit dem schöpferischen Zusammenwirken der kosmischen Hälften verglichen. Hermann Baumann weist darauf hin, daß nicht alle Stammeshälften totemistisch, wohl aber als Ausdruck der »Dualidee aus dem Kreis der Weltelternmythik« zu verstehen sind; die so häufigen »Oben«-»Unten«-Beziehungen der beiden Hälften beziehen sich auf das Himmel-Erde-Paar.

Die Tetrade (VIERZAHL) als beherrschendes kosmologisches Ordnungsprinzip zeigt sich in astralen Vierergruppen wie in den babylonischen Göttern, in deren Sternzeichen der Sonnenstand die einzelnen Jahreszeiten ankündigte (Kardinalpunkte des Zodiak) und von denen eine Entwicklungslinie zu den 4 → Evangelistensymbolen führt. In Altägypten sind die 4 Horussöhne mit den Weltgegenden verbunden. Bei verschiedenen Völkern Asiens und des alten Nordamerika symbolisieren 4 Farben die 4 Himmelsrichtungen, z. B. in China: BLAUER DRACHE = O, ROTER VOGEL = S, WEISSER TIGER = W, SCHWARZE SCHILDKRÖTE = N. Die Vier ist die Zahl der sichtbaren Welt, des Geschöpflichen; in den 4 Himmelsgegenden kommt die räumliche Ordnung des K. zum Ausdruck, in den 4 Jahreszeiten die zeitliche, in den 4 → Elementen die stoffliche. Im mal. Weltbild werden die Himmelsrichtungen in Beziehung gesetzt zu Paradiesesflüssen und architektonischen Teilen der Kirche, zu Evangelisten und Kardinaltugenden, zu Elementen und Körpersäften.

Zur Vorstellung des K. gehört neben dem Begriff des → Raumes auch der der → Zeit. RAD und KREUZ sinnbilden sowohl die räumliche Gliederung des Alls in die 4 Weltgegenden als auch die zeitliche in die 4 Jahreszeiten, die ja durch den scheinbaren Lauf der Sonne entstehen. Bei verschiedenen nordamerikanischen Indianerstämmen ist das Jahr »ein Kreis um die Welt«, die durch die hl. HÜTTE mit 4 TÜREN (= Weltgegenden) symbolisiert wird. Die durch die beiden Sonnenwenden und Äquinoktien viergeteilte Sonnenbahn fand im RADKREUZ (u. a. skandinavische Bronzezeit, donauländisches Neolithikum) ihren bildlichen Ausdruck. Bei der makro-mikrokosmischen Parallelisierung kann das Radkreuz zum Sinnbild des menschlichen Lebensweges mit den Wendepunkten Geburt, Hochzeit, Tod und Wiedergeburt werden. Durch Unterbrechung der Kreislinie und Umwandlung in ein Quadrat entsteht aus dem Radkreuz das HAKENKREUZ (bereits in der mesopotam. Steinkupferzeit und in der alten Induskultur), meistens als Symbol der Sonne, des Sonnenlaufes oder ganz allgemein des kosmischen Kreislaufes gedeutet.

In → Altchina gab es zahlreiche kosmische Symbole, wie überhaupt in → Ostasien alle Lebens- und Seinsbereiche mit dem K. in Beziehung gesetzt werden. Auch in den → altamerikanischen Kulturen finden kosmische Vorstellungen symbolhaften Ausdruck.

Jeder ALTAR, jeder TEMPEL ist ein kosmisches Machtzentrum, in dem die Kommunikation mit allen Seinsebenen möglich ist. So ist es verständlich, daß zu allen Zeiten die Sakralbauten zum K. in Beziehung gesetzt wurden: Stonehenge, wo die ersten Strahlen der Sonne am Tag der größten Erdferne den Altarstein trafen; Abu Simbel (Ägypten), wo an den Äquinoktien die Strahlen der aufgehenden Sonne die Kultbilder im Tempelinnern erfaßten; der Altar christlicher Kirchen wurde meist im Ostteil errichtet. – Der ägyptische Tempel galt als steinernes Symbol des K., der untere Teil sinnbildet die Erde, aus der die Pflanzen (Papyrus-, Lotos- u. Palmstammsäulen) hervorsprießen, die Decke ist das (sternenverzierte) Himmelsgewölbe. Nach Josephus Flavius spiegelt sich im Tempel zu Jerusalem die ganze Welt wider: Hof = Abgrund, Unterwelt; Hauptraum = Erde; Allerheiligstes = Himmel. Die um 800 n. Chr. errichtete buddhistische Tempelanlage des Borobudur (Java) ist ein in die Architektur übertragenes Weltbild: der quadratische Grundbau (= Erde) erhebt sich in 9 Terrassen (gleich dem alle Seinsstufen verbindenden Weltberg) und gipfelt in einer kreisrunden STUPA (= Himmel). Auch der BALLSPIELPLATZ *(tlachti)* der mesoamerikanischen Hochkulturen war Abbild des K.; der KautschukBALL versinnbildlichte die Sonne, die durch das Spiel in ihrem Lauf magisch beeinflußt werden sollte.

Götter und Herrscher erhalten häufig ein Symbol des K. zum Zeichen ihrer Weltherrschaft: RAD- und HAKENKREUZE auf prähistorischen Terrakottafiguren aus dem Balkan; STERNENMANTEL des Mithras und der Pallas Athene; kosmischer REIFEN des tanzenden Shiva; ERDKUGEL als Schemel des thronenden Christus (nach *Jes* 66,1); SCHILD mit Tierkreiszeichen des indischen Kaisers Akbar; RADBROSCHE irischer Könige im frühen MA; REICHSAPFEL abendländischer Monarchen. Besonders hinzuweisen ist auf die mit → Königen und Kaisern verbundene solare Symbolik. → Weltbild, Zentrumssymbolik [Lr]

W. Kirfel Die Kosmographie der Inder, 1920; J. Schwabe, Archetyp u. Tierkreis. Grundlinien einer kosm. Symbolik u. Mythologie, 1951; H. Baumann, Das doppelte Geschlecht, 1955; S. A. B. Mercer, Earliest intellectual man's idea of the cosmos, London 1965; M. Lurker, Der Kreis als symbol. Ausdruck der kosm. Harmonie (Studium Generale 19) 1966; M. Olivetti, Il tempio – simbolo cosmico, Roma 1967; E. Minkowski, Het menselijk aspect van de k., Utrecht 1967; E. Zolla, Die vollkommene Stadt (Antaios X) 1969; J. Y. Lee, Cosmic religion, New York 1973; W. Schmied-Kowarzik, Frühe Sinnbilder des K., 1974; B. Maurmann, Die Himmelsrichtungen im Weltbild des MA, 1976; Br. Kunz, Himmel. Erde. Urflut. Das geheime Weltbild im alten Orient, 1981.

**Kranich,** in Ostasien Symbol langen Lebens und der Unsterblichkeit, in der Antike des kommenden Frühlings und der Lebensfreude. Die roten Kopffedern lassen ihn dem Feuer und der Sonne zugehörig erscheinen. Eine Sage berichtet, daß die K.e während einer Flugpause eine Wache aufstellen, die einen Stein in der Kralle hält, um nicht einzuschlafen. So wurde der Vogel bei Kirchenvätern (z. B. Ambrosius *Hexaemeron*), in Bestiarien und in der Emblematik zum Sinnbild der *vigilantia*, der Wachsamkeit. Die Nachahmung des kreisförmigen Tanzes der K.e (während ihrer Balz) war in archaischer Zeit (in Griechenland, Indien, China) oft Bestandteil von Initiationen und dem damit verbundenen Lebens- und Todesaspekt. [Lr]

H. M. v. Erffa, Grus vigilans. Bemerkungen zur Emblematik (Philobiblon 1/1957); H. Lucas, Der Tanz d. K.e, 1971.

**Krankenölung** → Sakrament

**Krankheit.** Die universelle Betroffenheit eines zwischen Geburt und Tod befristeten Lebens durch das Kranksein erklärt sowohl die symbolische Verschlüsselung des Phänomens als auch die allegorische Auswertung aller Erscheinungsweisen um K. und Hinfälligkeit. Lange glaubte man K.en bedingt durch namhafte → Dämonen, durch den Geist eines Verstorbenen, eines Tieres oder eines Zauberers. Bei den Akkadern treten bestimmte, in der Regel sieben, Dämonen als Vollstrecker des göttlichen Zornes auf. Im alten Ägypten wird K. als Verlust der Ordnung *(maat)* gedeutet, als Abweichen von jener Norm, die in der kosmischen Ebene den Lauf der Gestirne regelt und in der organischen Welt die Vegetation des Jahreskreises bestimmt.
Die Hiobsklage im AT bekennt, daß das Fleisch »um und um wurmischt« geworden ist und benennt damit eine äußere Ursache der K. Im NT treten einzelne K.en in einen Zusammenhang mit persönlichem Verschulden und werden behoben durch innere Umkehr. Der Blinde wird zum Inbegriff der hinfälligen und hilfsbedürftigen Kreatur, dem daher auch bevorzugt das Heil zukommt; die biblische BLINDENHEILUNG wird zu einem christlichen Symbol der Erleuchtung.
Bei → Hildegard von Bingen sind es die Windkräfte im kosmischen System, die unter einem Tierbild (Leopard, Krebs, Hirsch, Wolf, Löwe, Schlange, Bär, Lamm) die Säftemischung im Organismus verändern und so spezifisch K.en auslösen. Diese K.sbilder dienen wiederum als Sinnbild für Störungen im sittlichen Leben und bilden einen Hinweis auf überirdische Gnadenkräfte. Kosmische Kräfte, physiologische Leistungen, krankhafte Entgleisungen, sittliche Verfehlungen, Heilmittel wie Gnadenmittel stehen im MA noch in einem symbolhaft geschlossenen Bezugssystem.
Das volle Spektrum einer kosmologisch verschlüsselten Entsprechungslehre begegnet uns erstmals in der hippokratischen Viersäftelehre (Humoralpathologie). Die 4 Körpersäfte (Blut, Schleim, Galle, Schwarzgalle) stehen über ihre 4 Qualitäten (warm, kalt, feucht, trocken) in einem Verbundsystem zu den 4 → Elementen (Erde, Luft, Wasser, Feuer) und in einem labi-

len Fließgleichgewicht untereinander. Mit der antiken Säftetheorie verbindet sich im späten MA und in der Renaissance die Signaturenlehre (→ Signatur), die an den äußeren Zeichen der Geschöpfe die in der Schöpfung verankerten Sinnbilder für die K.sformen wie auch die jeweils zur Verfügung stehenden Heilmittel augenscheinlich macht. So ersetzt rote Farbe das Blut; GOLDKRAUT oder SAFRAN sollen Gelbsucht heilen. Gegen Impotenz hilft das gefleckte KNABENKRAUT mit seinen knolligen Doppelwurzeln. Stechende Schmerzen erfordern die Heilkraft der DISTELN.

Im Übergang von der Spätscholastik auf die humanistischen Weltkonzepte, ja noch bis in die Zeit der Aufklärung hinein dominieren astrologische K.svorstellungen, die auf altbabylonische Kosmologien zurückgehen. Die Welt der Sterne (12 Himmelshäuser) mit ihren Tierkreis-Symbolen (12 Tierabschnitte) erscheint verschlüsselt in den 12 Körperregionen (→ Makro-Mikrokosmos) und vermittelt ein reiches Bezugsnetz leib-seelischer Entgleisungen. Weltsysteme, K.en und Heilmittel korrespondieren miteinander und stehen in einer durchgehenden → Sympathie. Die ADERLASSMÄNNCHEN der neuzeitlichen Kalendarien lassen unter dem jeweiligen Sternzeichen die krankhafte Körperregion erkennen und geben Hinweise auf die geeignete Stelle zum Blutablassen (Aderlaß). Hier entsprechen mit ihrem jeweiligen Leiden: das Herz der SONNE, das Gehirn dem MOND, die Milz dem SATURN, die Leber dem JUPITER, die Gallenblase dem MARS, die Niere der VENUS, die Lunge dem MERKUR.

Die Benennung der K.en trägt bereits Symbolcharakter und ist ohne ein semantisches Bezugsfeld nicht zu verstehen. Vergleiche mit Naturerscheinungen und Feindeinwirkungen werden sinnbildlich herangezogen, so Strahl und Schlag, Krampf und Stoß, Sucht und Einschuß. Hiob (6,4) klagt, daß »die PFEILE des Allmächtigen« in ihm stecken; in der *Ilias* (I, 43–53) sendet Phoebos Apollon mit seinem Geschoß die tödliche K. In den Frühkulturen spielen TIERE eine dominierende Rolle, so vor allem Würmer, Frösche, Schlangen, Eidechsen. Der Krebs ist zum Zeichen einer unheilbaren K. geworden. Symbolträchtig sind auch die zahlreichen metaphorischen Deutungen: Ulrich von Lichtenstein spricht von der kranken Treue, Wolfram von Eschenbach von kranker Wirtschaft, Reinmar von Zweter vom kranken Reich. In der Reformation beklagt man das »Siechtum der Messe« oder verflucht den »Pape malade«. Johannes Hus beschreibt eine »Anatomia Antichristi« und weiß alle erkrankten Glieder einzeln aufzuzählen. [Schi]

M. Bartels, Die Medicin d. Naturvölker, 1893; M. Höfler, Dt. K.snamen-Buch, 1899; Troels-Lund, Gesundheit u. K. in d. Anschauung alter Zeiten, 1901; A. Spamer, K. u. Tod als Metapher (Niederdt. Zs. f. Volkskunde 17–19) 1939–1941; W. Riese, The Conception of Disease, its History, its Versions and its Nature, 1953; W. Jaeger, Die Heilung der Blinden i. d. Kunst, 1960; D. Goltz, K. u. Sprache (Sudhoffs Archiv 53) 1969; K. E. Rothschuh (Hg.), Was ist K.? Erscheinung, Erklärung, Sinngebung, 1975.

**Krankheit, psychoanalytisch.** K. bezeichnet ein vom (schlecht definierten) Zustand »gesund« abweichendes physisches oder psychisches Verhalten, das mit Leiden verbunden ist. Psychische K. entsteht aus einem Konflikt zwischen Triebregungen (Es-Regungen) und Umwelt-Ansprüchen (in verinnerlichter Form: Über-Ich-Ansprüchen), der nicht zu einer sozial geeigneten und befriedigenden Lösung gelangen konnte. Das Ich des Subjekts entwickelt eine rege Abwehrtätigkeit und versucht durch In-Gang-setzen verschiedener → Abwehrmechanismen die Triebansprüche zu unterdrücken, um den Umweltansprüchen zu entsprechen. Das Krankheitssymptom ist daher das Symbol für den (die) ursprünglichen Konflikt(e) und die darauffolgende Abwehrtätigkeit.

Jeder psychischen Entwicklungsphase ist eine bestimmte Abwehrform adäquat, die bei einem späteren gehäuften Wiederauftreten als Zeichen einer gestörten Entwicklung gilt: als eine Regression (Rückkehr) auf bzw. eine Fixierung (Haften) an einer bestimmten, bereits durchlaufenen Entwicklungsstufe. In der gegenwärtigen Forschung der Psychoanalyse im Bereich der Sozialpsychologie wird die K. als Sozialisationsstörung, die von der Gesellschaft weitertradiert und vermehrt wird, Gegenstand der Frage nach der bestehenden Entfremdung jedes psychischen Vollzugs. Psychische K. – in allen Typen (Hysterie, Zwang, Angstneurose, narzißtischen Störung etc.) und Schweregraden (bis zur Psychose) – symbolisiert die individuelle Konfliktabwehr eines allgemeinen, gesellschaftlichen Konfliktes. [EFR]

S. Freud, Vorlesungen zur Einführung in die Psychoanalyse (Ges. W. XI), Neurosen und Psychosen (Ges. W. XIII), Hemmung, Symptom und Angst (Ges. W. XIV); H. Kohut, Narzißmus, 1973 (Suhrkamp, Frankfurt a. M.); H. Nunberg, Allgemeine Neurosenlehre, 1959 (Huber, Bern); A. Lorenzer, Zur Begründung einer materialistischen Sozialisationstheorie, 1972; G. Groddeck, K. als Symbol, 1983.

**Kranz,** geflochten aus Blättern, Blüten, Efeu, im → Shintoismus aus Schilfgras; in metallischer Ausführung in die Krone übergehend (→ Herrschersymbol). Im alten Ägypten wurden den Toten »Kränze der Rechtfertigung« mitgegeben als Ausdruck der vom Jenseitsgericht erwiesenen Unschuld; bei Griechen und Römern sollte der Totenk. dem Verstorbenen die Ruhe im Grabe sichern. Verdiente Männer erhielten einen K. als Auszeichnung. Ab dem SpätMA diente ein K. aus Rosen als Zeichen huldigender Heiligenverehrung. An der Symbolik des Kreises partizipierend, kann der K. magische Bedeutung haben (Schaden abwehren) oder Symbol sein für Vollkommenheit (Gott als »schmückender K.«, *Jes* 28,5), Gerechtigkeit (2 *Tim* 4,8), ewiges Leben (*Offb* 2,10; → Kopten), Gesetz und Gesetzmäßigkeit (→ Pythagoreer), Jungfräulichkeit (Brautk.), Fruchtbarkeit (Erntek.). Der → Adventskranz mit seinen 4 Kerzen ist Symbol der Vorbereitung und Hoffnung auf das zu Weihnacht kommende Heil. [Lr]

L. Deubner, Die Bedeutung des K.es im klassischen Altertum (AfR 30/1933); K. Baus, Der K. in Antike u. Christentum, 1940; A. J. Brekelmans, Märtyrerk. – eine symbolgesch. Untersuchung im frühchristl. Schrifttum, Rom 1965; H. Laag (LChrI 2) 1970; M. Blech, Studien zum K. bei den Griechen, 1982.

**Kräuter** → Heilkräuter

**Krebs.** Als vorwiegend im Wasser lebendes Tier ist der K. ein Symbol der Urflut; in den kosmogonischen Mythen indischer Primitivvölker holt er vom Grund des Meeres die Erde herauf. In der Antike galt er als Feind der Schlangen. Bis in den neuzeitlichen Volksglauben hinein steht er in einem Bedeutungszusammenhang mit dem Weiblich-Mütterlichen; im MA sollte er zur Beförderung der Empfängnis dienen. Der seinen Panzer wechselnde, sich häutende K. wurde zum Symbol der Auferstehung und damit vereinzelt auch zum symbolischen Hinweis auf Christus (so bei Konrad von Würzburg). Nach griechischer Überlieferung zertrat Herakles einen kleinen, ihn in die Ferse zwickenden K., der dann in Anerkennung seines Todesmutes unter die Sterne versetzt wurde. Bis in die Antike zurück gehen auch die dem Tierkreiszeichen des K. zugeschriebenen Eigenschaften: aquatisch, lunar, mütterlich, sich in sich zurückziehend, anpassungsfähig, unbeständig (wie der Mond in seinen wechselnden Phasen). In der mittelalterlichen Ikonographie erscheint der K. als Symbol der Unbeständigkeit *(inconstantia)*. Nach der aus der Spätantike übernommenen Lehre, daß jedes Tierkreisbild einen bestimmten Körperteil beeinflusse, wird der K. der Brust zugeordnet (dargestellt u. a. im Stundenbuch des Herzogs Berry zu Chantilly, 15. Jh.). [Lr]

**Kreis,** Sinnbild des In-sich-Geschlossenen, Vollkommen, Ewigen. Den alten Völkern war die runde Gestalt ein Hinweis auf die gottgeordnete Welt (→ Etrusker); die kreisrunden Wohnanlagen und Sakralbauten galten als Abbild bzw. Sinnbild des Kosmos (→ Weltbild). Erdnabel und Weltachse assoziieren den Gedanken an die Kreis- oder Kugelgestalt des Alls. Der antike Clipeus (Rundschild) mit dem Bild des Himmels- oder Sonnengottes, später auch des vergöttlichten Kaisers, hatte ursprünglich die Bedeutung der Himmelsscheibe. Ein altchinesisches Himmelssymbol ist eine Scheibe mit einem Loch, das der kosmischen Mitte entspricht. In der Kuppel wird der K. zur Halbkugel erweitert und ist symbol. Anspielung auf das Himmelsgewölbe *(caelum pendens sub caelo)*. Die kreisrunde Scheibe und das → Rad gehören zu den wichtigsten Darstellungsarten der Sonne. Auf Felsbildern der → Bronzezeit sind Radkreuz und K. der solaren Symbolik zuzuordnen. Bekannt ist die geflügelte Sonnenscheibe Altägyptens, die auch zum altmesopotam. → Göttersymbol wurde.

Die Kombination von K. und Quadrat als symbolischer Ausdruck für die Ganzheit des Alls bildet die Grundstruktur der → Mandala genannten Meditationsfiguren mit makro-mikrokosmischer Bedeutung. Im Mandala und in anderen kreisbezogenen Figuren fallen die kosmische Mitte der äußeren Welt und die persönliche Mitte der inneren zusammen (→ Kinderzeichnungen), der K. wird zum Symbol des → Selbst. In der buddhist. Zen-Malerei weist ein leerer oder ganz schwarzer K. auf die Einheit und Vollkommenheit des Seins. Alle zirkulären Formen können zum symbol. Ausdruck von Harmonie, Ganzheit und Vollkommenheit werden, man vgl. den Nimbus christl. Heiliger wie auch den → Buddha zugeordneten K. Die Vorstellung *deus est circulus* reicht von der Orphik über den Neuplatonismus und die christl. Mystik bis zur Romantik. Für Meister Eckhart ist Gott der »reif aller creatûren«. Ring und K. weisen auch auf die → Dreifaltigkeit.

Im Zusammenhang mit dem Sonnenlauf wird die Zeit als Bewegung im Raum erlebt; der K. wird zum Symbol der Zeit (altmexikan. Kalenderscheibe, Rad der Zeit bei den Jaina, Zifferblatt unserer Uhr). Der Lauf der Sonne im Tierkreis erscheint als Weltenuhr. Ohne Anfangs- und Endpunkt wird der K. auch zum Symbol der Ewigkeit; der biblische »Kranz des Lebens« (*Offb* 2,10) ist ein sprachliches Bild für das ewige Leben; im Buddhismus ist das zeitlos-ewige Nirvana »die runde Frucht«.

In der Magie gilt der K. als Apotropaion, daher die schützende Funktion von kreisförmigem Amulett, Gürtel und Ring. In den K. werden die Geister gebannt (Goethe, *Faust*). Schließlich spielt der K. auch bei der Rechtsfindung eine Rolle (Li-Hsing-Tao und Klabund, *Kreidekreis*). Neben Dreieck und Spirale gehört der K. zu den wichtigsten Denkfiguren in der Philosophie (Hegel, Nietzsche). → Umgang, → Zirkel [Lr]

M. Leoffler-Delechaux, Le cercle, un symbol, Genève 1947; L. Hautecoeur, Mystique et architecture symbolisme du cercle et de la coupole, Paris 1954; G. Poulet, Les métamorphoses du cercle, Paris 1961 (dt. 1966); D. Mahnke, Unendl. Spähre u. Allmittelpunkt, 1966; M. Lurker, der K. als symbol. Ausdruck der kosm. Harmonie (Studium Generale 19/1966); W. R. Beyer, Das Sinnbild des K.es im Denken Hegels u. Lenins, 1971; M. Lurker, Der K. als imago mundi (Das Münster 25/1972); M. Lurker, Der K. als Symbol im Denken, Glauben und künstler. Gestalten, 1980.

**Kretisch-mykenische Kultur.** Die eigentlich minoische Kultur auf Kreta (nach dem sagenhaften König Minos) bildete sich mit dem Übergang zur Bronzezeit um die Mitte des 3. Jt., während die Entstehung der mykenischen Kultur (ab 1600 v. Chr.) auf dem griechischen Festland mit den ersten indogermanischen Einwanderern, den Achäern, zusammenfällt und mit der Zerstörung der Burg von Mykene (um 1150 v. Chr.) und dem Übergang zur Eisenzeit endet. Eigentlich sind es zwei völlig verschiedene Kulturkreise, wie die archäologischen Funde beweisen: einerseits die kretische Stadtkultur mit geradezu femininen Zügen, andererseits die nach männlichen Leitbildern von Jagd und Kampf ausgerichtete Kultur von Mykene, zwischen denen es allerdings zahlreiche Verflechtungen politischer, wirtschaftlicher und kultureller Art gab.

Die minoische Religion bietet ein vielfarbiges, in ihren Einzelzügen aber immer noch nicht ganz verständliches Bild. So wird zwar der hl. BAUM von der Forschung anerkannt, aber umstritten ist, ob in ihm die Gottheit selbst, ein Symbol von ihr oder ein Zeichen der Heiligkeit des Ortes zu erkennen ist. Die DOPPELAXT *(labrys)* kann sowohl auf die kultische Verwendung beim Stieropfer weisen als auch symbolische Bedeutung (Götterwaffe, Blitz) haben. SÄULE und PFEILER dürften der Ausdruck für die Stätte sein, die der Gott seiner Erscheinung würdigt. Der Säule zugeordnete Tiere (wie später beim LÖWENtor zu Mykene) sinnbilden die von der Gottheit gebändigten und ihr nun dienstbaren Naturmächte. Die Kreter verehrten eine weibliche Gottheit (Herrin der Berge und Tiere, des Meeres, der unterirdischen

Kräfte), die unter vielen Namen und mit verschiedenen Attributen (Blumen, Löwen, Vögel, Doppelhörner) erscheint; das hl. Tier der in unterirdischen Höhlen verehrten Gottheit war die SCHLANGE. Während mehrere Forscher Stierkult und Stiergott im alten Kreta verneinen und lediglich von Stieropfern sprechen (Nilsson, Matz), wollen andere in dem so häufigen HÖRNERsymbol den Ausdruck eines STIERkultes erblicken, der auch in der griechischen Sage von Minotauros und Europas Raub durch den stiergestaltigen Zeus ein Echo gefunden habe (Hafner). Als hl. Tier (einer Muttergottheit) dürfte die BIENE gegolten haben, deren HONIG als Nahrung dem göttlichen Kinde diente – ein in mykenischer Zeit auf → Zeus übertragenes Motiv.
Mit der Entzifferung der Linear-B-Schrift erhielt man wichtige Aufschlüsse über die mykenische Religion, in der nunmehr die Götter der → Griechen zum Vorschein kommen. Poseidon dürfte der Hauptgott der Achäer gewesen sein, ursprünglich mit chthonischer Bedeutung, Gemahl der Erdmutter → Demeter. Einen hohen Rang hatte auch die Geburtsgöttin Eileithia, der Amphoren mit HONIG dargebracht wurden. Nicht klar abzugrenzen ist der Einfluß der kretischen Religion, von der einzelne Symbole (Löwe, Doppelaxt, Stier) übernommen wurden. An einen vorgriech. Baumkult erinnern die an BÄUMEN aufgehängten Kultbilder der Artemis. Die im Raum von Pylos gefundenen goldenen EULEN bringt Marinatos mit dem hl. Vogel der ersten indogermanischen Einwanderer (den Minyern) in Verbindung, die die Eulengöttin (Lilith!) in Vorderasien kennenlernten und zu ihrer Stammesgottheit machten. [Lr]

Sir A. Evans, The palace of Minos at Knossos, 4 Bde., 1921–1935; M. P. Nilsson, Minoan-Mycenaean religion, ²1950; Fr. Matz, Kreta, Mykene, Troja, 1957; Fr. Matz, Götterverehrung u. Kultbild im minoischen Kreta, 1958; G. Hafner, Kreta u. Hellas, 1968; Sp. Marinatos, Zur Einwanderung der ersten Griechen (In memoriam E. Unger, hg. v. M. Lurker) 1971; Sp. Marinatos, Kreta, Thera u. d. mykenische Hellas, 1973; P. Darcque/J. Cl. Poursat (Hg.), L'iconographie minoenne, Paris 1985.

**Kreuz,** Symbol für die Vereinigung der Gegensätze Himmel und Erde; K.mittelpunkt = kosmisches Zentrum; spekulatives Denken will in ihm auch die *coniunctio* des geistig-männlichen (Vertikale) mit dem materiell-weiblichen Prinzip (Horizontale) erkennen. In der Bedeutung eines kosmischen Zeichens – für die Sonne und ihren Lauf oder für die 4 Himmelsrichtungen – findet es sich als Radkreuz und als → Hakenkreuz schon in vorgeschichtlicher Zeit und als vierarmiges K. in Altmesopotamien und Altamerika. In verschiedenen K.en glaubt man stilisierte Menschenfiguren zu erkennen und deutet sie als Ahnensymbole (Maringer). Über das (nachträglich so benannte) Henkelkreuz → Ägypter. Das griech. und das lat. Wort für K. *(stauros, crux)* bezeichnen zunächst einen Pfahl, an den die zum Tode Verurteilten gebunden wurden; das Kreuzigungsholz und das kosmische K. standen in vorchristlicher Zeit in keinem Gedankenzusammenhang.
Nachdem Paulus im »Wort vom K.« (1 *Kor* 1,18) das ganze Heilsgeschehen zusammenfaßt, wird das Holz des Todes zum → Auferstehungssymbol, zum → Heilszei-

chen, wahrscheinlich zuerst bei der Versiegelung auf den Namen Christi bei der Taufe als → K.zeichen vorkommend. In Syrien an der Ostwand von Privat- und Kulträumen angebrachte Holzk.e deuten auf den vom Osten her erwarteten Herrn (in Anlehnung an »das Zeichen des Menschensohnes«, *Mt* 24,30). Schon in frühchristlicher Zeit erblickte man im Gebetsgestus mit ausgebreiteten Armen das K. Für die Kirchenväter war es ein Zeichen des Sieges (*tropaion,* Trophäe) über die Mächte der Finsternis und des Todes. Die Vierzahl wird als Ausdruck der Universalität des im K. offenbarten und damit auch symbolisierten Heils erkannt. Justinus der Märtyer bezog das K. auf den Lebensbaum der Genesis (1 *Mos* 2,9); kosmologische Interpretation bei Gregor von Nyssa und Augustinus. Eine eigene kosmologische Deutung hatten die → Manichäer. Zur künstlerischen Darstellung Christi am K. kam es erst, nachdem unter Kaiser Theodosius d. Gr. die Kreuzigung als Strafe endgültig abgeschafft wurde und somit keine negativen Assoziationen mehr auslöste. Seit dem 11. Jh. wird ein K. auf den Altar gestellt; seit dem HochMA wird der kreuzförmige Grundriß von Kirchen (Längsschiff und Querschiff) als Abbild des Gekreuzigten gedeutet. Bei den → Feldzeichen wie auch im Volksglauben (Herrgottswinkel, Wegkreuz) werden an das christliche Symbol oft magische Erwartungen geknüpft.

Grundformen der K.darstellungen sind neben dem Tau-K. *(crux commissa)* mit am Querbalken endendem Längsbalken das griechische K. *(crux quadrata)* mit gleichlangen Armen und das lateinische K. *(crux immissa)* mit verlängertem Vertikalbalken. Das schräggestellte K. heißt auch Andreas-K. (Martyrium!). Das Kardinals- oder Patriarchen-K. hat zwei Querbalken, das Papst-K. drei. Beim russischen K. (auch in der byzantinischen Kunst) wird dem K. mit 2 Querbalken noch das Fußbrett (oft in schräger Stellung) hinzugefügt. → Kreuzigungsbild. Zum Henkelkreuz → Anchzeichen. [Lr]

M. Sulzberger, Le symbole de la croix (Byzantion 2/1925); R. Guénon, Le symbolisme de la croix, Paris 1931; E. Dinkler, Zur Gesch. d. K.symbols (Zs. f. Theologie u. Kirche 48/1951); A. Grillmeier, Der Logos am K., 1956; F. J. Dölger, Beitr. z. Gesch. d. K.zeichens (JAC 1–10/1958–1967); G. Rejners, The Terminology of the Holy Cross in Early Literature, Leiden 1965; E. Dinkler, Signum Crucis. Aufs. z. NT u. z. christl. Archäologie, 1967; J. Sieper, Das Mysterium des K.es in der Typologie der alten Kirche (Kyrios 9/1969); I. v. Wedemeyer, Das Zeichen des K.es im alten Peru (Antaois 12/1971); A. Rosenberg, K.meditation; G. W. Benson, The Cross, its History and Symbolism, 1976; J. Maringer, Das K. als Zeichen u. Symbol in der vorchrist. Welt, 1980.

**Kreuzigungsbild.** Das Bild des gekreuzigten Jesus ist schon in der Hl. Schrift Sinnbild von Erlösung des Menschen und Heil. Jesus selbst sagte im Hinblick auf seine Todesart: »Ich aber werde, wenn ich erhöht sein werde von der Erde, alle an mich ziehen« (*Joh* 12,32) und Paulus, der sich vorgenommen »von nichts zu wissen als von Jesus Christus, und zwar dem Gekreuzigten« (1 *Kor* 2,2–3), legt sein ganzes Rühmen ins Kreuz mit den Worten: »Mir sei es ferne, mich anders zu rühmen als im Kreuze unseres Herrn Jesus Christus. Durch ihn ist mir die Welt gekreuzigt und ich bin es für die Welt« (*Gal* 6,14). Während die ersten Kreuzesbilder bis in die Urzeit des Christentums zurückreichen (vgl. Stuckfläche mit der Vertiefung für ein sorgfältig gearbeitetes Holzkreuz in lateinischer Form in der sog. Casa del Bizentenario in Herculaneum, noch vor 79 n. Chr.), taucht das Bild des Gekreuzigten erst in der 1. H. des 5. Jh. auf (Holztüre von S. Sabina in Rom), wobei bereits in diesen Anfängen die Symbolik des Sieges deutlich wird. Dazu tritt die Sinnbildhaftigkeit der altchristlichen Zwei-Naturen-Lehre. Das Kreuzigungsbild zeigt, besonders wenn nach dem Lanzenstich noch die Augen offen sind, den wachen Logos am Kreuz (*Rabulla-Codex*, 6. Jh.; S. Maria Antiqua, Rom, 8. Jh.). Von einzigartiger Symbolkraft im Sinne der kosmischen Dimension des Erlösungstodes erscheint die Stele von Moselkern, E. 7. Jh. (Bonn, Rhein. Landesmuseum). Allmählich kommen die Bilder, da Christus die Augen geschlossen hat und eine Dornenkrone trägt (erstes Beispiel eine Ikone des Sinai, 8. Jh.). In der irisch-angelsächsischen Kunst wie in der karolingisch-ottonischen Periode finden wir den lebendigen, sieghaft-königlichen Typ, während für den Crucifixus des 12. u. 13. Jh. E. Syndicus den Namen »Der königliche Dulder« geprägt hat. So haben wir hier eine Verbindung von Passions- u. Triumphkreuz. Um 1300 treten in Deutschland und Italien die *Crucifixi dolorosi* auf. Um 1400 dringt eine mehr frontale Darstellung des Crucifixus durch, die den Eindruck des Ausgespanntseins erweckt, was wiederum zu symbolischer Deutung anregt. Seit ungefähr 1610 findet sich eine sehr starke Vertikale im Bild, wobei der Blick des Herrn zum Himmel erhoben oder tot sein kann. Bei den Bildern des 17. u. 18. Jh. muß aber die Wendung des Hauptes nach oben nicht immer den noch lebenden, rufenden Christus zeigen; sind die Augen gebrochen, dann soll damit das Ende des Todeskampfes angedeutet werden. Die Moderne nimmt den königlichen Sieger der Spätantike und des frühen MA auf. Es fehlt aber auch nicht an Versuchen, den ganzen Realismus des leidenden und toten Gottesknechtes zu zeigen (J. Adlhardt: St. Peter, Salzburg; L. Gies: Lübeck; G. Richier: Assy; O. Zadkine: Caylus; F. Wotruba: Parsch; H. Ladner: Innsbruck-Arzl). [Sr]

A. Grillmeier, Der Logos am Kreuz, 1956; A. Henze, Moderne christl. Plastik, 1961; E. Syndicus, Christus Dominator, 1964; E. Sauser, Frühchristl. Kunst, 1966; R. Haussherr, Kurzifixus (LChrI, 2) 1970; E. Sauser, Das Bild Christi in Innsbruck, 1971.

**Kreuzzeichen,** durch Handbewegung angedeutetes (»gezeichnetes«) Kreuz; es ist alttestamentlich vorgebildet im (hebräischen Buchstaben) Taw als Erkennungszeichen der Gott wohlgefälligen Menschen (*Ez* 9,4ff). Die Kirchenväter deuteten das Taw, griechisch Tau, als Zeichen des → Kreuzes. Die »Besiegelung« mit dem K. bei verschiedenen Anlässen (z. B. → Firmung), schon von Tertullian erwähnt, wird im MA allgemein üblich: als Segensgestus, zur Dämonenabwehr und als Symbol des Glaubens an das aus dem Kreuz entsprungene Heil. [*]

**Krieg, christlich** → Militia christiana

**Krishna** → Avatara

**Kristall** (griech. *krystallos* »Eis«), Bergkristall, seine symbolische Bedeutung im Hinblick auf das Reine, Geistige, Transzendente ähnelt der des → Diamanten und des → Glases. Die Zinnen der kommenden Gottesstadt werden aus K. sein (*Jes* 54,12). Bei dem Propheten Ezechiel und in der Apokalypse wird das Meer über und vor dem Thron Gottes in seiner Klarheit mit Glas oder K. verglichen. Für den Neuplatoniker Porphyrios ist K. ein Hinweis auf das göttliche Licht. Bei mittelalterlichen Kommentatoren der Genesis, so bei Bonaventura, folgt auf das Firmament mit den 7 Planetenkreisen der kristallene Himmel *(caelum crystallinum)*. Da der K. selbst nicht brennt, aber ein Licht entzündet, wenn der Strahl der Sonne durch ihn fällt, wurde er im christlichen MA zu einem Symbol der Maria und ihrer unbefleckten Empfängnis. Mit einem K. oder dem Halbedelstein Beryll wurde das Osterfeuer entzündet. In Märchen und Sagen dient der K. als Zauberspiegel; andererseits kann eine kristallene Kugel die böse Macht des Zaubers brechen *(Die K.kugel, KHM)*. Das tibetische *Gesar-Epos* kennt einen K.- oder Glasberg in kosmischer Bedeutung. [Lr]

S. Hummel, The Motiv of the Crystal Mountain in the Tibetan Gesar Epic (History of Religions X/1971); J. Zahlten, Creatio mundi. Darstellungen der sechs Schöpfungstage, 1979 (Register); E. Drewermann/I. Neuhaus, Die K.kugel. Grimms Märchen tiefenpsycholog. gedeutet, 1985.

**Krokodil,** im alten Ägypten von ambivalenter Bedeutung, teils Götterfeind und Gefolgstier Seths, teils als Erscheinungsform des Gottes Suchos verehrt. Auf Siegeln der Mohenjodaro- und Harappa-Kultur findet sich das K. – wahrscheinlich als hl. Tier – dargestellt, wie es noch im heutigen Indien in Bädern gehalten wird. Bei Hiob wird das Kriechtier mit → Leviathan gleichgesetzt, von *Ezechiel* (29,1–5 – manchmal mit »Drache« übersetzt) als Symbol für das stolze Ägypten gebraucht. Es sinnbildet das Böse schlechthin: bei Plutarch (*De Iside* 75), im Physiologus und in der christlichen Kunst des MA. Wahrscheinlich im Humanismus kam die Redewendung von den »Krokodilstränen« für eine geheuchelte Beleidsbezeugung auf und fand auch im barocken → Drama Eingang. In Gegenden des Westsudan werden K.e als hl. Tiere in besonderen Sümpfen gehalten und gelten als → Alter Ego. In Ozeanien spielen sie im Initiationsritual eine Rolle; so haben die beiden Griffe der Schlitztrommeln, mit denen Geisterstimmen erzeugt werden, oft die Form von K.köpfen. [Lr]

H. Nevermann, Das K. i. d. Südseekunst (Der Erdball 2/1928); A. Bühler, Kultk. am Korewori, Neuginea (Zs. f. Ethnologie 86/1961); L. Kákosy, Das K. als Symbol der Ewigkeit u. der Zeit (Mitteilungen d. Dt. Archäol. Inst., Abt. Kairo 20/1965).

**Krone,** eines der ältesten → Herrschersymbole; in Verbindung mit Hörnern den altmesopotamischen Göttern zugehörig. Die K. bildet auch den Kopfschmuck mehrerer ägyptischer Gottheiten (Amun, Horus, Osiris); die Doppelkrone der Pharaonen galt als Verkörperung der königlichen Schutzgötter, die in dieser Gestalt über das Wohl von Herrscher und Reich wachten. Die runde Form der Insignie weist auf → Ganzheit, Vollkommenheit und Teilhabe am himmlischen Wesen: Herrscher von Gottes Gnaden! Das Aufset-

zen der K. gehört zur feierlichen Einsetzung eines → Königs/Kaisers. Die dreifache K. des Papstes *(Tiara)* hat 3 Kronreifen: einer ab dem 12. Jh. bezeichnet die weltliche Herrschaft, der zweite (nach 1295) die geistliche Gewalt, der dritte ab dem 14. Jh. – vielleicht – die Gewalt über den Himmel (B. Brinkmann, *Kleines kathol. Kirchenlex.*, 1951).
Nach biblischer Überlieferung stehen gekrönte Personen in Gottes Huld und Gnade (*Ps* 103,4); in Miniaturen des MA kann die K. auf die Gotteskindschaft im → Paradies hinweisen. Wer Gott bis in den Tod treu ist, wird mit der »K. des Lebens« belohnt (*Offb* 2,10). K. und Kranz (beide griech. *stephanos*) gehen in Verwendung und Bedeutung oft ineinander über: die Braut kann beides tragen – nach Johannes Chrysostomus als Symbol des Sieges, weil sie jungfräulich (= unbesiegt) das Brautgemach betritt. Unverheirateten gab man Totenkronen ins Grab mit. → Reichsinsignien [Lr]

O. Lauffer, Jungfernkranz u. Brautk. (Zs. f. Volkskunde 1930); Abubakr, Untersuchungen über die ägypt. K.n, 1937; E. Hartung, Die K. als Symbol der monarch. Herrschaft im ausgehenden MA, 1941; E. R. Goodenough, The Crown of Victory in Judaism (Art Bulletin 28/1946); R. M. Boehmer, Die Entwicklung der Hörnerk. (Berliner Jb. f. Vor- u. Frühgesch. 7/1967); G. J. Kugler, Die Reichsk., 1968; W. Baumgart, Preciosa corona. Zur K.nsymbolik Tizinas u. Shakespeares (Fs. M. de Ferdinandy, 196–204) 1972; weitere Literatur → Herrschersymbole.

**Krönung** → König/Kaiser

**Kröte,** symbolisch in Beziehung gebracht zur Erde (in Altmexiko als krötenähnliches Wesen gedacht), zum Mond (nach chin. Vorstellung sitzt im Mond die dreibeinige Regen-K.) und ganz allgemein zum Weiblich-Mütterlichen (K.opfer bei Frauenleiden, in bayerischen Wallfahrtsorten Gebärmuttervotive in K.form). Bei den alten Ägyptern in apotropäischer Bedeutung auf Gebrauchsgegenständen (Messern, Lampen) angebracht und in der Spätzeit mit der Auferstehungssymbolik des → Frosches verbunden. Im Volksglauben das Haus vor Unglück bewahrender Geist und Schatzhüterin, andererseits Teufels- und Hexentier; in der Kunst des MA der Sünde (Geiz, Wollust) und dem Tod zugehörig, der »Fürst der Welt« (Münster zu Straßburg, Freiburg i. Br.) wird auf seiner Rückseite von Schlangen und K.n angefressen. In der Alchemie ist die K. »der dunkle, aber fruchtbare Bodensatz« (T. Burckhardt) und Symbol der chymischen Hochzeit. [Lr]

R. Kriß, Das Gebärmutter-Votiv, 1929; Cornilleau, Le crapaud, bête fabuleuse et médicale (Aesculape 1940); G. Ristow, Das Frosch- und K.motiv auf kopt. Tonlampen (Staatl. Sammlungen Berlin, Forsch. u. Ber. 3–4/1961); E. Linckenheld, Le crapaud dans les traditions populaire de l'Alsace et de la Lorraine (Cahiers alsaciens d'Archéologie, d'Art et d'Histoire 11/1967); P. Assion, Das K.motiv in Franken (Österreich. Jb. f. Volkskunde 1968); W. Hirschberg, K. = Gebärmutter? (Wiener Ethnohistor. Blätter 19/1980).

**Krug** → Gefäß, → Hölle (letzter Abschnitt)

**Kudurru.** In Babylonien vom 14.–7. Jh. v. Chr. als Lehensurkunden verwendete unregelmäßige Steinstelen, wohl vom Feldgrenzstein abgeleitet. Sie standen im Tempel und trugen außer dem (Keilschrift-)Text der königlichen Landvergabe, von König Melischi-CHU an, kanonische Wiedergabe zahlreicher → Göttersymbole. [JB]

U. Seidl, Die babylon. K.-Reliefs (Baghdader Mittlgn. 4) 1968; R. Borger, Vier Grenzsteinurkunden Merodachbaladans I. v. Babylonien (Archiv f. Orientforschg. 23) 1970; J.-C. Margueron/D. Arnaud, Deux K. de Larsa (Revue d'Assyriologie 66) 1972; F. Reschid/C. Wilcke, Ein ›Grenzstein‹ aus d. ersten (?) Regierungsjahr d. Königs Marduk-sapik-zeri (Zs. f. Assyriologie 65) 1975.

O. Brendel, Symbolik der K. (Mitt. d. dt. archäolog. Inst. 1936); L. Müller, Die K. als Vanitassymbol (Jb. d. Marburger Kunstsamml. 2/1952); P. E. Schramm, Sphaira, Globus, Reichsapfel, 1958; D. Mahnke, Unendl. Späre u. Allmittelpunkt, 1966; P. Gerlach, K. (LChrI, 2) 1970.

**Kugel.** Die K. ist der ins Dreidimensionale übertragene → Kreis und entspricht zum großen Teil dessen Symbolik. Die als vollkommenste Raumform angesehene K. wurde zum Symbol des Universums (→ Vorsokratiker), des die Erde als *sphaera* umschließenden → Himmels und des Urmenschen (→ Platon). Die Vorstellung des Firmaments als K.schale wird in der Architektur auf Kuppel und Halbbogen übertragen. Als Thron Gottvaters oder Christi ist die K. ein Zeichen der Weltherrschaft ebenso wie der in Händen gehaltene Globus, der ab dem 11. Jh. auch Königen und Kaisern als Herrschaftszeichen diente (Reichsapfel). Bei verschiedenen Mystikern wird die *sphaera infinita* zum Bild göttlicher Vollkommenheit und Allgegenwart; auch der Seele wird K.gestalt zugedacht (→ Böhme). Nikolaus von Kues erblickte in der K. ein Bild der Trinität: Gottvater = Zentrum, Gottsohn = Radius, Hl. Geist = Peripherie.

In moralisierender Bedeutung kann die K. zum Hinweis auf die Unsicherheit des irdischen Lebens und auf die Unbeständigkeit des Glücks werden (→ Fortuna). Zu Füßen als Einsiedler dargestellter Heiliger ist die K. ein Symbol für die Überwindung der Welt; so tritt der hl. Bruno der Kartäuser zum Zeichen seiner Weltverachtung mit dem linken Fuß auf den Globus. [Lr]

**Kuh** – und → Stier lassen sich bis in vorgeschichtliche Zeit hinein als Symbole der Fruchtbarkeit nachweisen. Bei den Ägyptern war die K. ein Bild des Himmels, die Himmelsgöttin Hathor wurde in K.gestalt verehrt (meist jedoch anthropomorph dargestellt, auf ihrem Haupte das Rindergehörn mit der Sonnenscheibe). Nach dem *Atharvaveda* (X,10) ist die K. das ganze Universum. In verschiedenen Mythen verbindet sich die zeugende Himmelsgottheit in Stiergestalt mit der kosmischen K.göttin; noch bei den Griechen kann sich Zeus in einen Stier verwandeln, seine Gattin Hera hat das Beiwort »kuhäugig«. Die K. ist die Magna Mater, die alles gebärt und ernährt. Das *Rigveda* (III,38,8) spricht von einer K., »die alles lebendig macht«; bei den Kelten dürfte Damona, »die große Kuh«, die Funktion einer Muttergottheit gehabt haben. Nach der *Edda* waren der Urriese Ymir und die ihn ernährende K. Audhumla die ersten Wesen der Welt. Clemens Alexandrinus (*Stromateis* V,7) bezeichnet das Rind als Symbol der Erde, der Landwirtschaft und der Ernährung. Dem Ursprung und dem Himmel (Jenseits) zugewandt, wurde die K. zu einem Symbol der Hoffnung auf ein Weiterleben: bei den Ägyptern erhielten die Betten, auf denen bei der Totenfeier die Bahre ruhte, die Form eines K.leibes; im Hinduismus ergreift der Sterbende einen

K.schwanz, um sicher über den Todesstrom gebracht zu werden. [Lr]

F. S. Burnell, The holy cow (Folk-Lore 58/1947); H. Bonnet, K. (Reallex. d. ägypt. Rel.-gesch.) 1952; W. F. Resch, Das Rind in den Felsbilddarstellungen Nordafrikas, 1967; E. Hornung, Der ägypt. Mythos von der Himmelskuh, 1982.

**Kult(us),** der äußere Ausdruck der inneren Ehrfurchtshaltung dem Göttlichen gegenüber. Die K.handlungen sind meist an eine bestimmte → Zeit, einen bestimmten → Raum und oft auch an ein die Gottheit darstellendes → Kultbild gebunden. »Viele Worte, Gebärden und bes. komplexe Handlungen können gleichzeitig Symbol des Heiligen selbst sein wie auch Mittel, den Begriff des Heiligen mitzuteilen oder sogar die Gottheit gegenwärtigzusetzen« (*Religionswiss. Wörterbuch*, Fr. König, 1956). Kultische Symbole – wie z. B. die GESETZESLADE *(Aron hakadesch)* im Judentum, der ALTAR in der katholischen Kirche und die KA'ABA im Islam – gelten als wirkmächtig, da in ihnen die Kraft der Gottheit gedacht wird. Das kultische Handeln im Christentum wird (seit dem 15. Jh.) → Liturgie genannt, die einzelnen kultischen Bräuche bezeichnet man als Riten (→ Ritus). In einem weiteren Sinne gehören zum K. auch die religiös motivierten Feste und die → Mysterien. → Kultmusik, Kultsymbol, Opfer [*]

R. Will, Le culte, I–III, 1925, 1929, 1935; A. E. Jensen, Mythos u. Kult bei Naturvölkern, 1951; A. Kirchgässner, Die mächtigen Zeichen. Ursprünge, Formen u. Gesetze des K.es, 1959; E. L. Ehrlich, K.symbolik im AT u. nachbibl. Judentum, 1959; K. Goldammer, K.symbolik des Protestantismus, 1960 (Tafelbd. 1967); A. Hahn, Anthropologie des K.es, 1977.

**Kultbild,** biblisch-christlich. Außer Israel kennen alle außerchristlichen Religionen das K. Wo es in Israel vorkommt, ist es Zeichen seines Abfalls von Jahwe. Der Ursprung des K.es reicht zurück in die prähistorische Zeit (Fels- u. Höhlenbilder). Es bildet die Mitte eines Kultes, weil das Bild identisch ist mit der Gottheit, die es darstellt und oft als vom Himmel herabgefallen gilt. TIERE (Adler, Greif, Löwe, Schlange, Stier), BÄUME (Eiche bei den Germanen), STEINE, konische, obeliskenartige SÄULEN, akonische PFÄHLE, aus denen sich allmählich menschengestaltige Götterbilder entwikkeln, können Sitz der Gottheit sein. – Im Gegensatz zum Judentum gewinnt das K. im Christentum wieder an Bedeutung, weil in Christus das Bild Gottes wahrhaft vom Himmel gekommen ist und in ihm alle Symbole ihren Ursprung und ihre Wirklichkeit haben. Im Unterschied zu den außerchristlichen K.ern sind die christlichen aber nicht Kultobjekt im eigentlichen Sinn. Sie stellen das Christusmysterium dar, das sich im Kult vollzieht. Sie sind weniger K.er als Mysterienbilder. → Christussymbole, → Kultsymbol, → Ikone. [ThS]

V. Müller, K. (PWRE, Suppl. 5) 1931; O. Casel, Älteste christl. Kunst u. Christusmysterium (JLw 12) 1934; Ders., Glaube, Gnosis u. Mysterium (JLw 15) 1941; R. Guardini, K. u. Andachtsbild, 1939; F. Willemsen, Frühe griech. K.er, 1939; U. Rapp, Das Mysterienbild, 1952; H. E. Killy – M. Höpfner, Bild (griech.-röm.) (RAC II) 1954; J. Kollwitz, Bild (christl.). (RAC II) 1954; L. Kretzenbacher, Das verletzte K., 1977 (als abendländ. Legendentypus).

**Kultmusik.** Die außereuropäische Musik, von der Ethnologie als eigenem Wissenschaftszweig erforscht, lebt nicht aus oder in sich selbst, sondern stets in Verbindung mit Außermusikalischem (Zweck, Funktion). Sie erscheint als Teil eines Brauchtums, in das sie mit Symbolen wirkend und die Kulthandlung erhöhend integriert ist. Der Klang als schöpferische Macht schließt sich mit dem Wort, der Maske, dem tanzartigen Bewegungsrausch zu magisch-religiöser Weihe zusammen. Dabei nimmt die Musik durch die menschliche Stimme oder das Instrument einen besonderen Platz im Wirkungskreis des Kultes ein.

Die Symbolsprache der Kultgesänge setzt Kenntnisse der Weltanschauung und der speziellen musikalischen Anwendungsweise auf der jeweiligen Kulturstufe voraus (Bose). Im → Totemismus ahmen die Gesänge Naturgeräusche oder Tierstimmen nach und stehen für die Ahnen des Stammes bzw. für die Familie oder den Sänger selbst. In späteren Hochkulturen (Ägypten, Tibet, Indien u. a.) werden Imitationen zu Tonsymbolen: die von GEIERN und ADLERN zu Blitz und Donner, von FRÖSCHEN zu Regen und Fruchtbarkeit. Naturvölker sowie Unterschichten von Hochkulturen setzen je nach Art der Kulthandlung Stimm- und Klangverfremdung bewußt als magische Symbole ein, bei Totenritualen, Kriegsgesängen, Wetterzauber, Krankenheilung u. ä. Schamanen und Medizinmänner bedienen sich neben Instrumenten und Tänzen auch der Kultlieder, um in ekstatischer Erregung Verbindung mit der Geisterwelt aufzunehmen. Generell gilt im Opferritus die »Spende des Klanges«, das Singen der Sterblichen für die Götter als die »vornehmste Opfergabe« (Schneider). Im Sumerischen bedeutet ein Keilschriftzeichen zugleich »Gesang« und (religiöses) »Fest«.

Bei den kultischen Instrumenten rangiert der Symbolgehalt oftmals vor den melodischen oder spieltechnischen Fähigkeiten. Bestimmte Instrumente werden mit Götterkulten oder festen Riten verbunden. Die TROMPETE gehört zum Totenkult, die FLÖTE als Phallussymbol zu Initiationsriten und magischem Fruchtbarkeitszauber. Das SISTRUM, die heilige Rassel ägyptischer Priester, wird im Opferritual eingesetzt. Trommel, Harfe und Muschel sind ebenfalls Kultinstrumente mit Symbolcharakter. Instrumente aus nichtklingendem Material erhalten ihre Symbolfunktion als Weihegabe oder Grabbeilage. So waren z. B. große Grifflochflöten bei Jahreszeiten-Riten nicht zum Blasen bestimmt, sondern Symbole der Maßgerechtigkeit. Im Babylonischen werden FLÖTE, Maß, Wahrheit, Schönheit in einem Schriftzeichen erfaßt. Gerade über das Instrument, seine äußere Form und klangliche Erscheinungsweise dringen Zahlenmystik, Klangmagie und reichhaltige Symbolik in die Musik ein und wirken in der differenzierten musikalischen Symbolik der abendländischen Tonkunst kontinuierlich weiter (→ Musik). [Jg]

M. Schneider, Die historischen Grundlagen der musikalischen Symbolik (Die Musikforschung IV) 1951; F. Bose, Musikalische Völkerkunde, 1953; H. Hickmann, Ägypten (Musikgesch. in Bildern II, 1) 1961; W. Wiora, Die vier Weltalter der Musik, 1961; P. Collaer, Ozeanien (Musikgesch. in Bildern I, 1), 1965; H. Hickmann/W. Stauder, Orientalische Musik (Hb. d. Orientalistik, I. Abtl. Ergänzungsbd. IV) 1970.

**Kultsymbol.** In allen Religionen ist das Symbol für den → Kult zentral, insofern Kult als rituelle, objektiv gebundene, gemeinschaftsbezogene Handlung gilt, durch die eine einmal gewirkte göttliche Tat gegenwärtig wird, so daß die Kultgemeinde sie mitvollziehen kann. In solchem Kult erlangt das Symbol seine größte Wirklichkeitsdichte: das Ureinst, sei es das mythische der außerbiblischen, sei es das heilsgeschichtliche der biblischen Religionen, fällt mit dem kultischen Heute in eins. – K.e können Dinge, Worte, Handlungen sein. Meist verbinden sich die drei Elemente zur Einheit, so daß aus dem statischen Dingsymbol ein dynamisches Geschehenssymbol wird. Das Dingsymbol, das dem Kosmos oder dem Kulturleben entnommen ist, dient der Kulthandlung gemäß seiner Wesensstruktur; so sind aufgrund der vorgegebenen Struktur viele K.e universal. Sie finden sich in archaischen Kulten wie auch im christlichen. Während sie dort aber mythisch-kosmisch orientiert sind, empfangen sie hier ihre Wirklichkeit durch Christus und sein Heilswerk.

Zu den verbreitetsten K.en gehört das WASSER, das, weil es reinigt, tötet, belebt, in kultischen WASCHUNGEN und BÄDERN Symbol der Reinigung vom Schmutz der Vergangenheit und Durchgang durch den Tod zur Neugeburt ist (→ Taufe). Andere hervorstechende K.e sind: das heilende und stärkende ÖL, das der rituellen SALBUNG dient; das nährende BROT und der berauschende WEIN, die im sakralen MAHL ihre letzte Erfüllung finden; MILCH und HONIG, in der Antike vorzügliche Speisen auch der Götter, die bei der → Initiation (Attis, → Mithras, christl. Altertum) dem Mysten gereicht werden und paradiesischen Überfluß symbolisieren; das KLEID, das bei den Alten schon im täglichen Leben seinen Träger kennzeichnet und im KLEIDERWECHSEL bei Weihen seine stärkste symbolische Aussagekraft erlangt; das verzehrende und wärmende FEUER und das aufstrahlende, alles Dunkel erhellende LICHT, die die Epiphanie des Gottes symbolisieren. – Allen diesen Dingsymbolen verbindet sich das Wort. Bedeutsam ist vor allem die Rezitation des urzeitlichen Geschehens, in außerbiblischen Kulten die Rezitation des → Mythos, in Israel und im Christentum einer heilgeschichtlichen Tat (etwa Rezitation des Exodus beim jüdischen Passah, des Einsetzungsberichtes bei der christl. → Eucharistie).

Symbolische Gesten und Riten (→ Ritus) unterstreichen das Wort. Hier sind besonders zu nennen: HANDAUFLEGUNG, uralte Geste der Kraft- und Lebensübertragung; HAUCHUNG als lebenvermittelndes Symbol; SALBUNG als Zeichen der Erfüllung mit göttlicher Kraft; KUSS als gemeinschaftstiftendes Symbol; Sterbe- und Wiedergeburtsriten bei der Initiation, etwa UNTERTAUCHEN und AUFTAUCHEN, VERHÜLLUNG und ENTHÜLLUNG, ENTKLEIDUNG und BEKLEIDUNG. Weiterhin sind zu erwähnen die verschiedenen Hand-Haltungen, der sakrale Tanz, auch Ort und Zeit der Kulthandlung, sowie der Kultbau in seiner → Architektur und mit seinen gesamten Einrichtungen, etwa Altar, Gefäße, Buch, kultisches Gewand. [ThS]

O. Casel, Altchristl. Kult u. Antike (JLw 3) 1923; Ders., Die Messe als hl. Mysterienhandlung (Mysterium. Gesammelte Arbeiten

Laacher Mönche) 1926; Ders., Das Mysteriengedächtnis im Lichte der Tradition (JLw 6) 1926; Ders., Glaube, Gnosis u. Mysterium (JLw 15) 1939; A. Jeremias, Hdb. der altoriental. Geisteskultur, [2]1929 (bes. 392–409); G. v. d. Leeuw, Phänomenologie der Religion, 1933; Ders., Sakramentales Denken, 1959; G. Söhngen, Symbol u. Wirklichkeit im Kultmysterium, [2]1940; F. Herrmann (Hg.), Symbolik der Religionen Bd. 1–20, 1958–1975; A. Kirchgässner, Die mächtigen Zeichen, 1959; C. v. Korvin-Krasinski, Mikrokosmos u. Makrokosmos in religionsgeschichtl. Sicht, 1960 (bes. 55–194); D. Forstner, Die Welt der Symbole, 1961; J. Dournes, Gott liebt die Heiden, 1965; Ph. Rech, Inbild des Kosmos, 2 Bde., 1966.

**Kultur.** Die → Soziologie betrachtet die Symbole als soziale Schöpfungen und betont den symbol. Charakter der zwischenmenschlichen Beziehungen. Da nur Menschen fähig sind, Symbole zu schaffen, ist alle echte K. symbolischer Art, so vor allem → Sprache und Schrift (z. B. → Hieroglyphen), die beide eigentlich eine »Verschlüsselung der Realität« darstellen (Dorothy Lee). WERKZEUGE und WAFFEN dienen nicht nur dem Gebrauch, sondern können magische oder kultische Bedeutung erlangen oder der sozialen Differenzierung dienen (vgl. auch → Statussymbole). NAHRUNGSMITTEL stillen nicht nur den Hunger, sondern bedeuten auch Armut und Reichtum, Not oder Festlichkeit, hoher oder niederer Stand. In jeder K. ist die soziale Ordnung mit einer großen Zahl von Symbolen verbunden – von den → Höflichkeitsformen und dem symbolträchtigen Brauchtum (z. B. → Hochzeit) bis zur → Rechtssymbolik und dem Geldverkehr (→ Münzen). Sinnbilder sind nicht nur Zeichen einer K.gemeinschaft, sie wirken selbst wieder gemeinschaftsbildend, vor allem im religiösen und politischen Bereich. [Lr]

L. Bryson/L. Finkelstein (Hg.), Symbols and society, New York 1955; D. Lee, Culture and freedom, Englewood Cliffs 1959; J. A. Ponsioen, Symbole im sozialen Leben, 1962.

**Kunst, bildende,** kann ganz allgemein als symbolische Transformation der Welt und als symbolische Form aufgefaßt werden. Im eigentlichen Sinn sind eine Skulptur und ein Gemälde (→ Malerei) nur dann als symbolisch zu bezeichnen, wenn sie mehr bedeuten als was in der gegenständlichen Darstellung unmittelbar gegeben ist. Aber auch die → Architektur kann, was von der Forschung lange nicht gebührend berücksichtigt wurde, zum Bedeutungsträger werden; selbst das → Ornament ist oft mehr als nur Dekor.

Die großen K.epochen lassen sich danach einteilen, ob der Mensch mehr das vor ihm liegende Abbild, die sichtbare Wirklichkeit, oder die vom Augenblick unberührte Grundgestalt, das unsichtbare Wesen der Dinge, im K.werk einfangen wollte. Trotz eines nicht auszuschließenden Symbolgehaltes sind die → Fels- und Höhlenmalereien von Lascaux und Altamira ganz realitätsbezogen, während die K. des Mesolithikums sich einer Entnaturalisierung, Stilisierung und Abstrahierung nähert, deren Höhepunkt in den neolithischen und frühbronzezeitlichen Bauernkulturen erreicht ist – in Südeuropa im 3. Jt., z. B. die Kykladen-Kultur mit ihren → Idolen und einer an Ornamentik (besonders Spiralen) reichen Keramik.

Die wiedererlangte Naturnähe der kretisch-mykenischen K. wurde auf griechischem Boden von dem sog. geometrischen Stil (11.–8. vorchr. Jh.) abgelöst, der einer in

Sinnbildern sich ausdrückenden Vorstellungswelt entsprang; zwischen Mäandern, Zickzacklinien und aneinander gereihten Dreiekken erscheint der Mensch ohne Kleidung und Geschlechtsmerkmale, abstrahiert zur Idee. Dem ständigen Wechsel der Naturerscheinungen wird als Sinnbild einer außerirdischen, aber trotzdem in die sichtbare Welt eingreifenden Ordnung das Ornament gegenübergestellt. In der archaischen K. tritt die menschliche Gestalt in den Vordergrund und wird in der klassischen Epoche (5. Jh.) in abbildlicher Schönheit zum Maß aller Dinge; in den Götterstatuen verdichtet und steigert sich das Menschenbild. Kann man die klassischen Werke als idealisiert und irgendwie zeitlos bezeichnen und damit trotz ihrer Naturtreue zugleich auch als symbolisch – wahrhaft Synthese von *hyle* und *eidos* –, so erscheinen die hellenistischen Skulpturen ganz in den Augenblick hineingestellt; am Pergamon-Altar sind die Götter zu physischen Realitäten geworden; der Verismus wird zum K.ideal und schafft Werke wie der *Dornauszieher*, der *Knabe mit der Gans*, die *Alte Marktfrau*. Der römische Rationalismus ermöglicht nur eine nachahmende Malerei und Plastik und eine »nützliche« Architektur.

In der Spätantike setzt unter dem Einfluß des → Neuplatonismus und des → Christentums eine Abwendung vom Abbild ein; die Spiritualisierung ergreift auch die K., die sich ganz dem Ewigen, Unwandelbaren zuwendet. Hauptanliegen der frühchristlichen K. ist es, »durch Sinn-Bilder das Mysterium der Erlösung Christi und seiner Ekklesia in seiner Transzendentalität dem irdischen Erfassen näherzubringen« (Sauser). Die Figuren der Mosaiken, Miniaturen und → Ikonen sind nicht (abbildlich) gesehen, sondern (sinnbildlich) gedacht. Auf oströmischem Boden kommt es aus Scheu vor der natur- und raumbezogenen Darstellung zu einer Ablehnung der dreidimensionalen »Verkörperung«; bis in die Gegenwart hinein ist die K. der orthodoxen Kirche auf die Malerei beschränkt. Die Buchmalerei der Iren und Angelsachsen entfernt sich – nicht ohne Nachwirkung der germanisch-keltischen Ornamentik – so weit von der Naturform, daß sie oft ungegenständlich wird (*Book of Durrow*, 7. Jh.; *Book of Lindisfarne,* 8. Jh.). Der goldene Bildgrund der mal. Malerei ist Hinweis auf das überirdische, unsichtbare Sein. Galt die frühchristliche Basilika als Thronsaal des göttlichen Königs, so wird später die Kreuzform des Kirchengebäudes als triumphales Zeichen erfaßt, das ebenso auf den Tod Christi wie auf seine Auferstehung hinweist; auch der Gedanke des himmlischen Jerusalem erhält Einfluß auf Architektur und Innenausstattung. In der → Romanik und in der → Gotik wird die ganze Schöpfung zum Heilsgeschehen in Korrespondenz gesetzt: Pflanzen und Tiere, Farben und Zahlen erhalten symbolische Bedeutung.

Mit dem niederländischen Brüderpaar → van Eyck beginnt die Zeit, in der die K.werke wieder mehr Abbilder der sichtbaren Welt sind. Der Grundtenor der K. der → Renaissance, die mittels Perspektive, Raumillusion und Scheinplastizität sich ganz der Naturnachahmung hingibt, kann als sensualistisch bezeichnet werden, wenn auch das Interesse an antiken Mythen und hermetischen Lehren den Zugang zum Symbol nicht verschüttet. Ja, bei den größten Künstlern dieser Zeit wie Matthias → Grünewald und → Michelangelo verschmelzen abbildliche und sinnbildliche Bedeutung zu einer Einheit. Im → Barock lebt die christl. Symbolwelt zwar ungebrochen weiter; der vitale und illusionistische Grundzug ist jedoch einem tieferen Symbolverständnis nicht förderlich. Mit dem spielerischen, säkularisierenden → Rokoko setzt sich die abbildende, repräsentierende, veräußerlichte K. bis zum Ende des 19. Jh. durch, nur unterbrochen von den Gegenströmungen der → Romantik und des → Symbolismus.

Vincent van Gogh und Edvard Munch setzen neue Maßstäbe; die K. des 20. Jh. will über die sichtbare Realität hinausführen zum Bleibenden, Wesentlichen; dabei tritt das Abbild der Natur immer mehr zurück. Georges Braque umschreibt das Ziel mit den Worten: »Wir wollen das Unendliche selber malen«. War in der K. des 19. Jh. die Farbe zu »einem bunten Überzug der Gegenstände« abgesunken (Heinz Demisch), so gewinnt sie mit van → Gogh, Gauguin, Franz → Marc, Emil Nolde einen geradezu autonomen Ausdruckswert. Mit dem Expressionismus tritt auch das Häßliche in die K. ein, weniger als destruktives Zerrbild des Menschen gedacht, vielmehr als dem Symbol nahe Offenbarung einer nicht heilen, nur zu oft verdeckten Welt. Bei James Ensors Karnevalsszenen, bei → Chagalls *Ich und das Dorf* bei Karl Hofers *Lunares,* Heinz Trökes *Barbaropa* und nicht zuletzt wiederholt im Spätwerk von Paul Klee wird die MASKE zum Symbol der Maskenhaftigkeit unseres Daseins; die Masken sollen letztlich demaskieren und damit von der Welt des Subjektiven in die des Objektiven führen. Die *pittura metafisica* des Giorgio de Chirico leitet die K. des → Surrealismus mit ihrer symbolhaften Formensprache ein; in der Plastik ist auf die archetypischen Gestaltungen von → Henry Moore zu verweisen. Die Offenheit für das Symbol zeigt sich in all den Werken, für die das Wort von Paul Klee gilt: »Kunst gibt nicht Sichtbares wieder, sondern macht sichtbar«. [Lr]

J. Mac Donald, Uses of symbolism in Greek art, 1922; 19; A. Roes, Greek geometric art, its symbolism and its origin, Oxford 1933; E. Knipping, Symbol en Allegorie in de beeldende Kunst, Utrecht 1941; P. Godet, Sujet et symbole dans les arts plastiques (Signe et symbole, hg. von J. Delanglade u. a.), Neuchâtel 1946; H. Kühn, Die K. Alt-Europas, 1954; H. Read, Icon and idea. The function of art in the development of human consciousness, Cambridge 1955 (dt. 1961); H. Demisch, Vision u. Mythos in der modernen K., 1959; A. Dempf, Die unsichtbare Bildwelt. Eine Geistesgesch. der K., 1959; W. Hofmann, Grundlagen der modernen K. Eine Einführung in ihre symbol. Formen, 1978 (KTA 355); E. Castelli, Simboli e immagini. Studi di filosofia dell'arte sacra, Roma 1966; E. Sauser, Frühchristl. K. Sinnbild u. Glaubensaussage, 1966; P. Fingesten, The Eclipse of Symbolism, Columbia, 1970; M. Lurker, Symbol, Mythos u. Legende in der K., [2]1974; Chr. Wilhelmi, Hdb. der Symbole in der Kunst des 20. Jhs., 1980; Ph. Seringe, Les symboles. Dans l'art, dans les religions et dans la vie de tous les jours, Paris 1985.

**Kunstwissenschaft.** Die Forschungsinteressen der K. widmen sich dem vom Künstler gestalteten Werk, dessen historischen, soziologischen und psychologischen Bedingtheiten und der Frage nach Funktion und Sinn. Bei dem eigentlichen Begründer der neueren

Archäologie und der vgl. Kunstgeschichte, Johann Joachim Winckelmann (1717–1768) standen Stil und Form im Mittelpunkt seiner Studien. Die Kunsthistoriker des 19. Jh. wußten nur die Kunst zu würdigen, die die Wiedergabe der Natur zu ihrem Ziele hatte. Alois Riegl (*Stilfragen* 1893; *Spätröm. Kunstindustrie* 1901) hat als erster erkannt, daß die Kunst nicht nur die Aufgabe der Naturwiedergabe hat, sondern auch Geistiges darstellen kann.

Erst auf dem Umweg über die → Ästhetik wurde das Kunstwerk nach seinem Sinngehalt befragt und damit das Symbol zum Forschungsgegenstand. Als Kunsthistoriker erfaßte Wilhelm Worringer in seiner Dissertation (*Abstraktion und Einfühlung* 1908) wesentliche Kriterien des Kunstschaffens, die einer Symbolforschung den Weg ebneten. Sich einfühlen bedeutet für den Künstler ein Eingehen in das Vorhandene, er ahmt nach und erstrebt dabei Eindeutigkeit (bis hin zur photographischen Treue), er bleibt am Abbild haften; der abstrahierende Künstler entfernt sich mehr oder weniger von der sichtbaren Wirklichkeit, sein Werk ist vieldeutig, erweckt Vorstellungen (anstatt Wahrnehmungen wiederzugeben), ist in gewissem Sinn Symbol. Tatsächlich bewegt sich die ganze bildende → Kunst zwischen abbildlicher und sinnbildlicher Wiedergabe.

Bei der Betrachtung und Untersuchung des Symbolischen in der Kunst schwingen oft – unbemerkt und ungeprüft – weltanschauliche Bindungen mit. Leicht ist die Gefahr bei unkritischen Autoren gegeben, daß sie sich von ihrer Deutekunst zu unbeweisbaren Behauptungen und allzu voreiligen Analogieschlüssen verleiten lassen.

Bei der kunstwissenschaftlichen Erforschung der Symbole dürfen die heteronomen Impulse nicht ignoriert werden. Der Physiologe Max Verworn (*Ideoplastische Kunst*, 1914) unterschied im Hinblick auf die Vorgeschichte zwischen physioplastischer (naturnachahmender, abbildender) und ideoplastischer (dem menschlichen Geist entsprungener, sinnbildender) Kunst. Recht einseitig auf eine Sexualsymbolik hin ausgerichtet sind die psychoanalytischen Untersuchungen, so etwa von Georg Groddeck (*Unconscious Symbolism in Language and Art*, 1926). Mehr Beachtung verdienen Arbeiten aus der Schule von C. G. → Jung, z. B. Erich Neumann (*Kunst und schöpferisches Unbewußtes* 1954). Weiter sei verwiesen von seiten der Religionsgeschichte auf Gerardus van der Leeuw (*Vom Heiligen in der Kunst*, 1957), von der Theologie her auf Rainer Volp (*Das Kunstwerk als Symbol* 1966), der feststellt, daß nicht nur die frühchristl. und die mittelalterl. Kunst in besonderer Weise »symbolisch« zu nennen sind, sondern daß jede Epoche und jeder Kulturkreis die ihm eigenen Symbole bildet: hier metaphorisch, dort chiffrenartig oder wie etwa in der Renaissance in idealen oder episch ausladenden Bildern.

Andererseits bemühen sich auch Kunstwissenschaftler durch Einbeziehung außerkünstlerischer Gesichtspunkte um eine Erweiterung und Vertiefung des Kunstverständnisses. So etwa wollte Josef Strzygowski *Spuren indogerman. Glaubens in der bildenden*

*Kunst* (1936) nachweisen: neben den Sinnbildern »niederen Grades« (einfache Zeichen und Beigaben) erkennt er in Landschaft und menschlicher Gestalt solche »höheren Grades«, wenn sie zum »Träger seelischen Gehaltes« werden. Aby → Warburg erweitert die K.- zur Kulturwissenschaft; in den Bildern der Frührenaissance und ihrem Rückgriff auf antike Ausdrucksmuster sieht er Belege der universalen und überzeitlichen Struktur einer symbolischen Form. Warburg und seinem Kreis (u.a. Fritz Saxl, Erwin Panofsky, Edgar Wind) ist es zu verdanken, daß die Symbolforschung in die K. Eingang fand; in der von → Panofsky vertretenen »Warburgian Method« der Kunstinterpretation, der → Ikonologie, wird das Kunstwerk auf ein »Anderes« befragt, das im Kunstwerk symbolisiert sein soll. Lottlisa Behling verbindet die kunsthistorisch-ikonographische mit der naturwissenschaftlich-morphologischen Methode, wobei sie auch zur Aufhellung der symbolischen Bedeutung der Pflanzen in mittelalterlicher Tafelmalerei und Kathedralplastik wesentlich beigetragen hat. Den Wechselwirkungen zwischen Kunst und Psychologie spürt Ernst H. Gombrich nach (*Symbolic Images. Studies in the Art of the Renaissance,* 1972) und kommt dabei auch auf die Problematik des Symbolbegriffs zu sprechen; die Bedeutung eines Bildes und seiner Symbolsprache ist noch nicht dadurch erschöpft, daß man es rational diskursiv erklären kann; das Bild ist nie nur an eine Bedeutung gebunden. Nachdrücklich wendet sich Gombrich gegen die Auffassung, Symbole als eine Art von Kode mit einer Eins-zu-eins-Beziehung zwischen Zeichen und Bedeutung aufzufassen, entscheidend für ihre Bedeutung ist, in welchem Kontext sie eingebettet sind. Auch Rudolf Wittkower weist (in *Studies in Communications,* Bd. I, 1955) darauf hin, daß visuelle Symbole in der bildenden Kunst nur interpretiert werden können, wenn man den konventionellen oder konventionalisierten Formenapparat der zugehörigen Kultur oder Epoche kennt; oft muß ein Netz historischer, religiöser, literarischer und philosophischer Beziehungen durchdrungen werden, bevor sich der Sinn erschließen läßt. Bei der von C. G. Jung beeinflußten Kunstkritik und Kunstdidaktik Herbert Reads (*Icon and Idea,* 1955; *The Form of Things Unknown,* 1960) sind Wertbegriff und Symbolform eng miteinander verbunden; wie die Wissenschaft ihre Zeichensprache hat, so hat die Kunst ihre Symbolsprache, die an ein exaktes auf Übereinkunft beruhendes System von Regeln gebunden ist.

Für Dagobert Frey besteht das Symbolische eines Kunstwerks in dem Transzendenten des Sinngehaltes über den bloßen Bildinhalt; der Realität des Bildes entspricht die Irrealität des Sinnes. Kunstwerk und dinglich-sichtbarer Realraum können sich durchdringen – im Stoff (Leinwand, Marmor, Elfenbein), in den das Bild gebannt wird, oder auch im Standort, so z. B. bei der Verklärung Christi in Schwarzrheindorf: die Apostel werden nicht vom gemalten LICHT geblendet, sondern von den durch das Kirchenfenster fallenden Strahlen; dabei gewinnt die bildhafte Erscheinung Christi »die Realität der in den dunklen Ka-

pellenraum einbrechenden Mittagssonne, aber diese wird zugleich durch das (gemalte) Bild Christi als Zeichen umgedeutet in die Realität der göttlichen Epiphanie: das Licht ist Christus«. Für → Hans Sedlmayr ist jedes Sehen schon ein Deuten; mit Nachdruck weist er auf die allegorische und symbolische Bedeutung zum Verständnis der anschaulichen Bildgestalt hin; die Interpretation muß der Tatsache Rechnung tragen, daß das Kunstwerk etwas Einmaliges, Individuelles ist und eine Struktur hat.
Im Hinblick auf die moderne Kunst spricht Peter Fingesten von einer neuen Symbolkategorie, die der sogen. Metasymbole, die ihren Ausdruck in Form und Gestaltlichmachung abstrakter Natur finden, ohne eine andere Bedeutung zu besitzen als ihre eigene visuelle Existenz. Ähnlich wie die Rorschach-Klecksbilder sind die Metasymbole (z. B. Schöpfungen von Kandinsky oder Mondrian) ohne eigentliche Symbolbedeutung und rufen doch vielfältige Beziehungsverbindungen symbolischer Art hervor. Nach Werner Hofmann gibt die symbolische Kunst nicht einen Ausschnitt, sondern eine geistige Totalität; die Wahrnehmung symbolischer Hinweise hängt von der geistigen Einstellung des Betrachters gegenüber der Wirklichkeit und dem Kunstwerk ab; symbolische Formen sind in größere Geschichtsräume zu stellen – so gibt es eine kunstphilosophische Tradition, die das Mittelalter quer durch die Jahrhunderte der Wahrnehmungsillusion mit der modernen Kunst verbindet. → Ikonographie [Lr]

E. H. Gombrich, Symbols and Values (XIII. Symposium of the Conference on Science, Philosophy and Religion) 1954; E. Panofsky, Meaning in the Visual Art, Garden City, N.Y., 1957; H. Sedlmayr, Idee einer krit. Symbolik (Umanesimo e Simbolismo) Padova 1958; K. Badt, Modell und Maler von Jan Vermeer. Probleme d. Interpretation. Eine Streitschr. geg. H. Sedlmayr, 1963; E. Panofsky, Aufsätze zu Grundfragen d. K., 1964; E. H. Gombrich, Vom Wert d. K. für d. Symbolforschung (Probleme d. K., II) 1966; L. Dittmann, Stil, Symbol, Struktur, 1967; L. Behling, Zur Morphologie u. Sinndeutung kunstgesch. Phänomene, 1975; W. Hofmann, Grundlagen der modernen Kunst; eine Einführung in ihre symbol. Formen, 1966; H. Lützeler, Kunsterfahrung u. K., 3 Bde., 1975; D. Frey, Bausteine zu einer Philosophie der Kunst, 1976; P. Fingesten, Die Bedeutung d. Symbolbegriffes in d. mod. Kunst (BSIM 9/1976); E. Kaemmerling (Hg.), Ikonographie u. Ikonologie, 1979; G. Pochat, Der Symbolbegriff in der Ästhetik u. K., 1983.

**Kupfer.** Aus der sumerischen *Weisheitsliteratur* ist ein Streitgespräch zwischen den Personifikationen »Edelmetall und Kupfer« bekannt. Das wichtigste K.vorkommen in der Antike war Zypern (eigentlich »Zypresseninsel«, lat. *cupressus*, daraus Bedeutungsverschiebung zur »Kupferinsel« und daher das Wort »Kupfer«). In antiker Gedankenverbindung wurde das »Erz von Zypern« (lat. *aes cuprum*) zum irdischen Analogon des Planeten Venus, dieser wiederum in Anlehnung an die im Mythos bei Zypern dem Meerschaum entstiegene Aphrodite. In der Lehre von den vier Weltaltern wird das Kupferne Zeitalter oft Bronzenes Zeitalter genannt, also nach der Kupfer-Zinn-Legierung oder auch Erzenes Zeitalter (Erz von lat. *aes*, »Kupfer«). Im Märchen können die drei → Metalle K., Silber, Gold den Weg ins Jenseits (Glasberg, → Glas) andeuten; tiefenpsychologisch verkörpern sie Stufen des seelischen Entwicklungsprozesses. [Lr]

**Kuß.** Der Berührung mit den Lippen lag der Gedanke der Kraftübertragung durch den Atem zugrunde (vgl. die Totenerweckung 2 *Kön* 4,34). Der K. ist Ausdruck der seelischen Hingabe, Zeichen der Liebe, Freundschaft und Verehrung. Das babylonische Wort für »beten« *(suppû)* bedeutete ursprünglich »Kußhand«. Die K.hand wurde besonders den unerreichbaren Gestirnen zugeworfen (z. B. *Ijob* 31,26f.). Im alten Orient galt der K. dem Gewand oder den Füßen des gottgleichen Herrschers, in der Antike der Tempelschwelle und den Götterbildern, bei den Mohammedanern werden noch heute der Koran und der schwarze Stein der Ka'aba geküßt, im orthodoxen Christentum die Ikonen, in der katholischen Kirche die Reliquien. Ganz allgemein ist der K. ein gemeinschaftsstiftendes Symbol, daher die Aufforderung des Paulus: »Grüßet einander mit dem hl. Kuß« (*Röm* 16,16). Das *philema hagion,* der hl. K., ging in das altchristliche Tauf- und Firmungsritual ein. Der Altarkuß während der Meßfeier (seit dem 4. Jh.) wurde dadurch motiviert, daß man im Altar das Symbol Christi erblickte oder den Aufbewahrungsort der Märtyrerreliquien. Der Mund- und Haupthaltung vieler romanischer Plastiken vom Gekreuzigten liegt der Gedanke des K.es durch den Herrn am Kreuze und des Geküßtwerdens durch den Menschen zugrunde. Der K. ist auch Zeichen für Versöhnung. → Frieden. [Lr]

A. Wünsche, Der K. in Bibel, Talmud u. Midrasch, 1911; F. J. Dölger, Der K. im Tauf- und Firmungsritual (Antike u. Christentum 1/1929); F. J. Dölger, Der Altark. (Antike u. Christentum 2/1930); K. M. Hofmann, Philema hagion, 1938; Roman. Christus – Christus am Kreuz, 1970.

**Labyrinth,** irreführendes Wegesystem mit ähnlicher Grundbedeutung wie die → Spirale. Bezeichnung für die – nach dem Mythos – von Dädalos erbaute Behausung des menschenverschlingenden Minotaurus; damit Symbol für den Abstieg in die Unterwelt. Kretische Münzen zeigen das L. als rechteckiges, ineinandergeschachteltes Linienschema. Das Christentum übernahm das antike L.motiv als → Heilszeichen: Fußbodenmuster der Kathedralen zu Reims, Chartres und zu St. Severin zu Köln. Den Weg durch das L. mit dem Finger nachzufahren, galt als Ersatz für die Pilgerfahrt nach Jerusalem. Darüber hinaus ist das L. eine weit zurückreichende magische oder sakrale Tanz- und Spielform, z. T. in Verbindung mit dem Gedanken der rites de passage (so bei Leichenfeiern). [Lr]

K. Kerényi, L.studien, 1950; H. Ladendorf, Das L. in Antike u. neuerer Zeit (Archäolog. Anz. 1963); P. Santarcangeli, Il Libro bei Labirinti, Firenze 1967; E. Mehl, Der Ausweg aus dem L. (Festgabe f. L. Schmidt) 1972; J. Bord, Irrgärten u. L.e, 1976; H. Kern, L.e, Erscheinungsformen u. Deutungen, 1982.

**Lamaismus** (tibetischer Buddhismus). Der Ausdruck L. ist eine von den Europäern geprägte und den Tibetern selbst unverständliche Fremdbezeichnung für die typisch tibetische Form des → Buddhismus, die weite Teile Innerasiens beeinflußte. – Ab dem 7. Jh. n. Chr. wurde der Buddhismus vor allem in seiner indischen, aber auch in der chinesischen Form durch das Patronat der tibetischen Königsdynastie (ca. 600–846 n. Chr.) in Tibet verbreitet, bis er etwa im 15. Jh. seine endgültige Ausgestaltung erfahren hat. Dabei wurde das bis dahin im indischen Buddhismus entwickelte ikonographische System samt allen Symbolen übernommen; weitere Symbole der prä-buddhistischen Religion wurden eingegliedert. Bezeichnend für den tibetischen Buddhismus ist die reiche Verwendung zum Teil sehr archaischer Symbole, die jedoch mit einem differenzierten philosophisch-psychologischen Sinn befrachtet sind, der dem Symbol als solchem nicht abzulesen ist. So kommt der Gelehrsamkeit ein bedeutender Rang zu, wenn die Symbolinhalte bloßgelegt werden sollen. Ja, die äußere Gestalt des Symbols verstellt sogar oft den Sinn, so steht z. B. BLUT als Opfer für die Hingabe der eigenen Leidenschaft.

Das Symbolische kommt im tib. Buddhismus vor allem in der Sakralkunst, im Ritual und in der meditativen Imagination zum Ausdruck. Letztere ist der Kern alles symbolischen Denkens, das die Symbole aufgrund der Schulung in der Überlieferung unmittelbar schaut, aber diese überlieferten Formen auch ergänzen oder abwandeln kann. Den Träumen und Visionen kommen dabei besondere Bedeutung zu. – Die Inhalte der buddhistischen Lehre, die ein sinnvoll gegliedertes Ganzes bilden, werden in Anlehnung an diesen gedanklichen Aufbau auch zu ganzen Symbol-Pattern zusammengestellt: Die »Objekte der Zuflucht« sind dabei an erster Stelle zu nennen. Der tib. Buddh. hat den »drei Kostbarkeiten« (sanskr. *triratna*) des indischen Buddhismus als viertes den Lama vorangestellt, da er der eigentliche, jetzt gegenwärtige Vermittler der Lehre ist; ihm folgt der Buddha als der ursprüngliche Verkünder der Lehre; sodann die Lehre, die zugleich die absolute Wahrheit und der Weg zu ihr ist; und schließlich die Gemeinde der Schüler und Anhänger. Diese vier »Objekte der Zuflucht« werden im Bild des »Baumes der Versammlung« (tib. *tshogs-shing*) zusammengestellt. Aus den URWASSERN, die ungeprägte Leere (sanskr. *śūnyatā*) aller Daseinsphänomene bezeichnend, erhebt sich ein BAUM, in dessen Mitte der eigene Lama thront, im Wesen identisch mit dem Sein des Buddha. Die vier Zweige des Baumes tragen die Buddhas, die kanonischen Schriften und die Schülergemeinde. Da die Anordnung dem organischen Strukturprinzip des Baumes folgt, wird unmittelbar eine innere Abhängigkeit der vier »Objekte der Zuflucht« deutlich. Im Symbol des »Baumes der Versammlung« findet der tibetische Buddhist seine spirituelle Familie, bzw. im engeren Sinn seine Überlieferungskette.

Das Buddha-Prinzip entfaltet sich in einer transzendenten Persönlichkeit auf drei Ebenen als Leib-Person (tib. *sku*), dargestellt als Vajrasattva, den *dharmakāya*, wörtlich »Leib der Wahrheit«, die volle personale Teilhabe am wahren Sein bezeichnend; als Wort (tib. *gsungs*), versinnbildlicht in den »Buddhawelten« (*buddhaksetra*), Strahlungsfeldern des Buddha, angefüllt mit paradiesischen Lehrszenen, die das gemeinsame Genießen der Lehre und letzten Wirklichkeit bezeichnen (*sambhogakāya*); als Geist (tib. *thugs*), vergegenwärtigt im STŪPA, ursprünglich einem Grabtumulus über buddh. Reliquien, deutet er das Hineinragen des Buddha-Prinzips in die diesseitige Endlichkeit (*nirmānakāya*) an. – Eine weitere Trinität prägt die tibet. Sakralkunst: Lama, der spirituelle Lehrer; *Yi-dam* (sanskr. *istadevatā*) als das innere Leitmotiv der spirituellen Entfaltung, symbolisiert in den Personifikationen von anthropomorph gestalteten Gottheiten, oft von schreckerregendem Aussehen; *mKha'-'gro* (sanskr. *ḍākinī*), Momente intuitiver Einsicht, allegorisch dargestellt als weibliche Wesen von teils friedvollem, teils rasendem Äußeren. Das Ritual kann auf der Ebene des Gegenständlichen, Zeichenhaften oder in der geistigen Vorstellung stattfinden. Auf der ersten Ebene werden vielfältige Symbole verwendet: Wasser zur Reinigung, Spiegel zum sog. Einfangen transzendenter Wesenheiten, Lotos, Glocke, Diamantszepter (*vajra,* Tib. *rdo-rje*) als Symbol unzerstörbarer Weisheit. Alle Zeichen können aber auch in Gebärden (*mudrā*) ausgedrückt oder als Laut (*mantra*) entmaterialisiert werden. → Totenbuch, tibetan. [Da]

L. Waddell: The Buddhism of Tibet or Lamaism, 1895; Ch. Bell: The Religion of Tibet, 1931; H. Hoffmann: Die Religionen Tibets, 1956; M. Lalou: Les Religion du Tibet, 1957; H. V. Guenther: Tibetan Buddhism without Mystification, 1966; H. Hoffmann: Symbolik der tibet. Religionen und des Schamanismus, 1967; G. Tucci / W. Heissig: Die Religionen Tibets u. der Mongolei, 1970; E. K. Dargyay: The Rise of Esoteric Buddhism in Tibet, 1977; D. I. Lauf, Eine Ikonographie des tibet. Buddhismus, 1979; Kl. Sagaster (Hg.), Ikonographie u. Symbolik des tibetan. Buddhismus, 1983.

**Lamm,** junges Schaf, in den Religionen der alten Welt eines der beliebtesten Opfertiere; bei Hethitern und Griechen wurde das weiße Lamm dem Sonnengott dargebracht, das schwarze den Göttern der Unterwelt. L.opfer waren besonders im Frühjahr üblich (u. a. bei Indern, Persern, Finnen), wenn das L. des himmlischen Tierkreises, der → Widder, »im Sonnenfeuer gleichsam verbrannte« (Ph. Rech). Das Passah-L. des → Judentums wird in Anlehnung an 2 *Mos* 12,1–14, am ersten Vollmond des Frühlings gefeiert.
Die Gleichsetzung des alttestamentlichen Passah-Lammes mit Christus als Oster-L. wurde bereits von Paulus (1 *Kor* 5,7) vollzogen. Johannes Chrysostomus (*De proclitione Iudae, hom.* 1,4) betrachtet das Passah-L. als Sinnbild der Eucharistie. Im Brauchtum erhält das Osterlämmchen (aus Biskuit) die Kreuzfahne, und im Volksglauben ist noch die solare Bedeutung erhalten, wenn das Oster-L. in der Sonne des Ostermorgens tanzt. Die gläubigen Christen waschen – symbolisch – ihre Kleider »im Blute des Lammes und werden dann von dem L. zu den Quellen des lebendigen Wassers geleitet (*Offb* 7,14–17). Das dem alten Orient vertraute Bild vom → Hirt und seiner Schafherde greift Jesus auf, indem er zu Petrus spricht: »Weide meine Lämmer« (*Joh* 21,15). Das L. ist Attribut von Johannes dem Täufer, der auf das L. Gottes (Agnus Dei) hinwies, weiter von Agnes (in etymologisch unrichtiger Anknüpfung an lat. *agnes* = Lamm) und von der → Patientia. Die Scheidung der Schafe von den Böcken (*Mt* 25,32) ist ein Bild des Weltgerichts, die Anbetung des L.es ein Symbol des → Allerheiligen-Festes. [Lr]

A. George, De l'agneu pascal à l'Agneau de Dieu (Bible et Vie Chrétienne 9/1955); B. Neunheuser, Gedanken zu einer Theologie des L.es (Enkainia. Hg. von H. Emonds) 1956; A.-M. Armand, L'Agneau mystique, Paris 1961; O. Beigbeder, Symbolisme de l'agneau (Zodiaque 51/1962); F. Nikolasch, Das

L. als Christussymbol in den Schriften der Väter, 1963; Ph. Rech, L. (Inbild des Kosmos, I, 241–279), 1966; F. Gryglewicz, Das L. Gottes (New Testament Studies 13/1966–67).

**Lampe,** eng mit der Symbolik des → Lichtes verbunden. In babylonischer Zeit Attribut des Licht- und Feuergottes Nusku; in der Antike als Symbol des Lebens an Grabsäulen aufgehängt oder dem Toten ins Grab mitgegeben. Gott selbst wird im übertragenen Sinn zur Leuchte (2 *Sam* 22,29). Vor dem Allerheiligsten katholischer Kirchen brennt das sog. Ewige Licht als Hinweis auf die Anwesenheit des Herrn. In der Parabel von den klugen und den törichten Jungfrauen (*Mt* 25,1–13) erscheint die L. als Symbol der Wachsamkeit und des Bereitseins. Der Kirchenlehrer Hilarius von Poitiers bezeichnet die L.n als das »strahlende Licht der Seelen, das durch das Taufsakrament aufleuchtet«. Die L. ist Attribut mehrerer → Heiliger. In den Kirchen der → Kopten deuten L.n auf die von Gott an das Firmament gesetzten Lichter. Auf japanischen Friedhöfen und in Tempelanlagen findet sich die der L. entsprechende Laterne (oft in Stein oder Bronze) als Sinnbild des Lichtes und der Erleuchtung. In der modernen Malerei verwendet → Picasso L. und Glühbirne als Symbole. [Lr]

**Landschaft,** alle ihre Elemente (Höhle, Fels, Quelle, Baum, Blume) können zum Erlebnis der außermenschlichen Mächte werden. Der Ort der Hierophanie erweitert sich zur hl. L. Die älteste *consecration de l'espace* (Heiligung des Raumes) findet sich in der mythischen Überlieferung vom → Paradies, meist als üppige Garten-L. beschrieben und dargestellt. Stein, Wasser und Pflanze bilden in ihren vielfältigen Variationen den Dreiklang der hl. L. Während in der abendländischen Kunst die L. erst ab dem 16. Jh. wiedergegeben wird, findet sie sich in der chines. Malerei seit dem Jahre 1000. Das chines. Wort für L. heißt *schan schui,* d.i. Berg und Wasser; das Hohe und das Niedere, das Harte und das Weiche bedeuten in ihrer Vereinigung das Tao; so wird die sichtbare L. zur Offenbarung des unsichtbaren Weltgesetzes. In der westlichen Malerei kann die L. zum Ausdruck menschlicher Seelenstimmung werden (so bei A. Feuerbach, A. Böcklin, van Gogh), wie ja auch jede L. »ihre eigene, besondere Seele« hat (Chr. Morgenstern, *Stufen*). Der englische L.garten wurde von Miltons *Paradise Lost* inspiriert; von Anfang an symbolisch mit der Freiheitsidee verbunden, galt er als Sinnbild eines Elysiums. [Lr]

E. Börsch-Supan, Garten-, L.- u. Paradiesmotive im Innenraum, 1967; P. Piehler, The Visionary Landscape. A study in medieval allegory, Montreal 1971; J. D. Hunt/P. Willis, The genuis of the place. The English landscape garden, London 1975; M. Lurker, Der Baum in Glauben u. Kunst (61–75, zur hl. L.) 1976; G. Roth, L. als Sinnbild. Der sinnbildhafte Charakter von L.elementen der oberdt. Tafelmalerei des 15. Jhs., 1979; L. Ledderose, The Earthly Paradise. Religious Elements in Chinese Landscape Art. Princeton 1983.

**Längenmaß** → Maß

**Lanze** und **Speer** galten als zaubermächtige Waffen, wurden manchmal mit Namen versehen (wie Wodans S. Gungnir) und konnten in Beziehung gesetzt werden zum Sonnenstrahl (z. B. S. des Horus) und zum Phallus (in psychoanalytischer Interpretation oft überbe-

tont). Solare und schöpferisch-phallische Bedeutung hat der S. im Mythos von der Entstehung Japans (→ Shintoismus). Als lebenspendende Macht findet sich der S. bei afrikanischen Stämmen, er soll zahlreiche Nachkommenschaft und gute Ernten sichern; bei den Nuer ist die Waffe ein Symbol der Männlichkeit. In Rom war die L. (*hasta*) Symbol des Kriegsgottes Mars. Bei den Germanen wurde der kultisch verehrte S. als Rechtssymbol in der Mitte des Thingplatzes aufgerichtet.
Der ägyptische Kriegsgott Horus jagt mit dem S. die typhonischen Mächte in Gestalt von Nilpferden. Das Bild eines Reiters, der einem Löwen oder Drachen die L. in den Rachen stößt, symbolisiert den Kampf des Guten gegen das Böse und findet sich im persischen und hellenistisch-römischen Motivschatz, dann von der christlichen Ikonographie übernommen: → hl. Georg. Die personifizierten Tugenden werden im Kampf gegen die Laster mit L.n dargestellt. In Anlehnung an die L. des römischen Soldaten Longinus (*Joh* 19,34) wird in der orthodoxen Kirche eine kleine L. zur Segnung, Öffnung und Teilung des eucharistischen Brotes verwendet. Die L., mit der Christi Seite durchbohrt wurde, spielt eine Rolle in der → Gralsdichtung und wird verschiedentlich mit der hl. L. der Reichskleinodien zusammengestellt. [Lr]

J. Schwietering, Wodans S. (Zs f. dt. Altertum 60/1923); E. E. Evans-Pritchard, Nuer Spear Symbolism (Anthropological Quarterly N. S. 26/1953); A. Alföldi, Hasta – Summa Imperii. The spear as embodiment of sovereignity in Rome (Amer. Journ. of Archaeology 63/1959); A. Bühler, Die hl. L. Ein ikonograph. Beitr. z. Gesch. d. dt. Reichskleinodien (Das Münster 16/1963); E. Neumann, Herrschafts- u. Sexualsymbolik, 1980 (siehe Register).

**Lapislazuli** → Edelsteine

**Laster.** Als L. gelten negative Eigenschaften und/oder Verhaltensweisen von Menschen in ethischer Sicht. In christl. Verständnis sind die L. Ursachen der Sünde und stehen den → Tugenden antithetisch gegenüber. Entsprechend den vier Kardinaltugenden und den drei theologischen Tugenden werden zusammen sieben Haupt- bzw. Todsünden erkannt: Hochmut (*Superbia*), Neid (→ *Invidia*), Zorn (*Ira*), Traurigkeit (*Tristitia*), Geiz (→ *Avaritia*), Gefräßigkeit (*Gula*) und Unkeuschheit (→ *Luxuria*). Von diesen werden, wie umgekehrt auch von den Tugenden, weitere Laster/Sünden abgeleitet (Gregor d. Große, *Moralia in Job;* Hugo v. St. Victor, *Allegoriae in NT*).
Die Meinungen über die Herkunft der L. lassen sich nicht rekonstruieren. Aus der Stoa stammt der gnostische Gedanke, daß sieben Dämonen ihre schlechten Eigenschaften den Menschen einflößen (Auswirkungen noch bei Alanus ab Insulis, *Anticlaudianus*); aus der Bibel sind zahlreiche negative Exempelfiguren bekannt, die mit L. identifiziert werden können. Im 13. Jh. geht man oft davon aus, daß L. überwiegend mißgeleitete Wünsche der Menschen seien. Hier wie auch sonst werden die L. hauptsächlich als Gegensätze zu den Tugenden verstanden und beziehen aus diesem Gegensatz ihre klarsten Bestimmungen inhaltlicher Art. Bildliche Darstellungen stehen in erster Linie mit den Tugend-Laster-Kämpfen in Zusammenhang; hier ist die *Psychomachie* des Prudentius maßgebend. Unabhängig davon hat sich, ausgehend von Clemens v. Alexan-

dria, aufgenommen von Herrad v. Landsberg, eine Zuordnung von L. mit Tieren entwickelt. Personifiziert erscheinen die L. zuerst bei → Prudentius, besonders aber seit der mit der *Psychomachie* verwandten *Etymachie,* eines Teils des *Lumen animae* (ca. 1330). Schematische Darstellungen der L. gibt es in Form von L.-BÄUMEN und als KREISE.

Erst nach dem 14. Jh. entwickeln sich Einzeldarstellungen von L. in der Ikonologie und bildenden Kunst (besonders → C. Ripa); schwertragende Dämonen und ähnliche Ungeheuer mit der Bedeutung der verschiedenen L. finden sich bei Pirckheimer und Hans Baldung Grien. Die Ausbildung einer zusammenfassenden L.-Figur als Frau Welt läßt sich seit Anfang des 15. Jh. nachweisen. [AW]

M. Gothin, Die Todsünden (Arch. f. Rel. wiss. 10) 1907; M. W. Bloomfield, The Seven Deadly Sins. An Introduction to the History of a Religious Concept, with Special Reference to Medieval English Literature, East Lansing, Mich. 1952; W. Stammler, Frau Welt. Eine ma. Allegorie 1959; S. Wenzel, The Seven Deadly Sins: Some Problems of Research (Speculum 43) 1968; M. Evans, L. ( LChrJ 3) 1971.

**Lauretanische Litanei.** Von Petrus Canisius nach Deutschland gebrachte Litanei (Wechselgebet zwischen einem Vorbeter und dem Volke) mit Anrufungen der Mutter Gottes, wie sie im wesentlichen schon im 16. Jh. in Loreto (Italien) gebetet wurde. Die biblischen → Mariensymbole der L. L. finden sich zuerst im späten 15. Jh. in »Tota-pulchra«-Darstellungen nach dem *Hohen Lied* (4,7) und stehen in Verbindung mit dem Kult der Unbefleckten Empfängnis der Maria (*Immaculata conceptio Mariae*). Die biblischen Bilder (= Anrufungen in der L. L.) umgeben Maria, die als Himmelskönigin oder als apokalyptisches Weib dargestellt ist. Die Symbole sind SONNE und MONDSICHEL (*Hld* 6,9), STERN (*stella maris* nach Venantius Fortunatus oder *stella matutina* nach *Sir* 50,6), LILIE (*Hld* 2,1–2), ROSE (*rosa mystica, Sir* 24,18), ZEDER, ZYPRESSE und PALME (nach *Sir* 24,13f.), eingeschlossener GARTEN (*hortus conclusus, Hld* 4,12), TOR mit geöffneten Flügeln (*porta coeli,* 1 *Mos* 28,17), verschlossene PFORTE (*Ez* 44,1–3), TURM (*turris eburnea, Hld,* 7,4; *turris David, Hld* 4,4). BRUNNEN (*fons vitae Ps* 35, 10; *puteus aquarium viventium, Hld* 4,12), von Mauern eingefaßte STADT (*civitas Dei, Ps* 86,3), HAUS (*domus aurea, domus sapientiae, Spr* 9,1), BUNDESLADE (*arca foederis,* 2 *Chron* 5,7). Diese Symbole sollen die einzigartige Reinheit der Jungfrau Maria andeuten, die verschlossene Pforte z. B. schon von Ambrosius so gedeutet. Im Barock ist der Bildtypus der L. L. (Jungfrau mit Symbolen) häufig auf Deckengemälden dargestellt, z. B. Benediktiner-Stiftskirche Lambach, Oberösterreich (1698). [Lr]

L. Lüdicke-Kaute, L. L. (LChrI 3) 1971.

**Lautsymbolik** → Sprache

**Leben.** Im menschlichen L. gibt es 3 große Geheimnisse: Zeugung, Geburt und Tod, deren Zusammenhang im LebensFADEN der Moiren versinnbildlicht wird. Die Organe, denen der Mensch das L. verdankt (Zeugungs- und → Geburtsorgane), sind in einem echten Sinne Symbole des L.s. In den alten Mittelmeerkulturen wie auch in Indien dienten die Abbilder der GENITALIEN als Repräsentanten der zeugenden Weltkräfte, die das L. des Kosmos und auch das des einzelnen bedingen. Als Träger des L. s. (auch Sitz der → Seele) gelten besonders das HERZ (in der Volkskunst oft Wurzel des L.sbaumes), der ATEM (vgl. 1 *Mos* 2,7; vom ägypt. Gott Amun heißt es: »Er ist Hauch des Lebens für alle«) und das BLUT, dessen ROTE Farbe Symbol des L. s., aber auch des Todes ist, da das irdische L. ohne Tod nicht denkbar ist. Die meisten L.ssymbole zeigen diese »Kehrseite«, sind ambivalent wie z. B. die SCHLANGE (in 1 *Mos* 3,1 ff. führt sie zum Tod; als eherne Schlange, 4 *Mos* 21,7f., wird sie zum Zeichen des L. s) oder das WASSER (Sintflut – Taufe). Das Wasser muß nicht nur beim Eingang in die Totenwelt überquert werden (Acheron), sondern kann auch die Seligen laben. Die alte Vorstellung vom JungBRUNNEN wandelt sich in christl. Zeit in die vom L.sbrunnen (*fons vitae*), beim *Genter Altar* der Brüder van Eyck von sakramentaler Christussymbolik durchdrungen.

Bei zahlreichen Völkern ist die L.ssymbolik mit der der → Fruchtbarkeit verknüpft, man denke an das Ei im Oster-, Ernte- und Hochzeitsbrauch. Alles GRÜNENDE, Wachsende und Blühende steht stellvertretend für das L., so vor allem die immergrünen Bäume: PALME, OLIVE, ZYPRESSE. Der von zwei Tieren flankierte (Lebens-)BAUM gehört zu den ältesten Bildmotiven der Menschheit mit einem Traditionsstrang vom alten Orient bis zur europ. Volkskunst. Die biblische *arbor vitae* kann in christl. Schau zum Kreuz werden. Weitere Beispiele zur L.ssymbolik: die goldenen FRÜCHTE im Garten der Hesperiden, die ÄPFEL der german. Göttin Iduna, der GRANATAPFEL in Händen der Madonna oder des Jesuskindes. ÄHREN und TRAUBEN werden zu sinnreichen Hinweisen auf die wahre L.sspeise und den L.strank (→ Eucharistie).

Wie eng die Vorstellungen von Fruchtbarkeit, Glück und Leben miteinander verbunden sind, zeigen die → Maibräuche. Der L.skraft des Baumes glaubt man auch im ZWEIG habhaft zu werden (Barbarazweige!); durch das Schlagen mit der L.SRUTE erhofft man sich Kraft, Gesundheit und Segen. Wenn das Jahr »abnimmt«, künden der von Tannnenreis geflochtene ADVENTSKRANZ und der grüne WEIHNACHTSBAUM in Verbindung mit den Lichtern von neuem L. Nach antikem Sprachgefühl sind LICHT und L. nahezu gleichbedeutend. »Das Licht der Welt erblicken« bedeutet »geboren werden«; weiter: Geburtstagskerze, Lebenslicht im Märchen.

Weitaus schwieriger als die der Natur entnommenen »Bilder« sind die abstrakten Symbole einzuordnen. So hat die altägypt. LEBENSSCHLEIFE (hieroglyphisch *anch* = Leben) zahlreiche spekulative Deutungen erfahren: u. a. Sandalenriemen, Zeichen für die Vereinigung des Männlichen mit dem Weiblichen, am wahrscheinlichsten ist noch die als magischer Knoten. Ob die bereits in prähistor. Zeit (minoisch-mykenische Kultur, nordische Bronzezeit) verbreitete SPIRALE Träger eines bestimmten Sinngehaltes war, ist umstritten; bei Bejahung der Frage denkt man meist an die Symbolbedeutung des Sich-Entfaltens, der Entwicklung, des Lebens; die DOPPELSPIRALE wird dann als

Hinweis auf Leben und Tod bzw. auf Tod und Auferstehung gedeutet (so z. B. bei dem Christus-Relief zu Vézelay, 12. Jh.). Auch im FLECHTBAND (sumerisch, langobardisch, romanisch) hat man ein Symbol des L.s erblickt, im dreistufigen Flechtband in christl. Deutung Leben, Tod und Wiedergeburt. → Ewiges Leben [Lr]

A. Wünsche, Die Sagen vom L.sbaum und L.swasser, 1905; E. E. Goldsmith, Life symbols as related to sex symbolism, London 1924; H. Schrade, Sinnbilder des L.s i. d. dt. Kunst, 1938; S. Kube, Der Schlag mit der L.srute, 1942; M. Cramer, Das altägypt. L.szeichen im christl. Ägypten, 1955; S. Chew, The pilgrimage of life, New Haven 1962; F. Herrmann, Der Atem in Symbolik u. Lebensübung (Atemschulung als Element d. Psychotherapie) 1970; M. Lurker, Mythos, Symbol u. Legende i. d. Kunst (Register!) ²1974; M. Lurker, Der Baum in Glauben u. Kunst, ²1976.

**Lebensalter.** Menschenleben, versinnbildlicht durch die verschiedenen Phasen seiner Entwicklung. Die Aufteilung in 3, 4, 5, 6, 7, 10 oder 12 Stufen stammt größtenteils aus der Antike. Die L. wurden in einer Reihe, in einem Kreis und als Stufenbrücke angeordnet. Der L.-Zyklus zeigt Vertreter der jeweiligen L.-Stufe bei einer charakteristischen Beschäftigung. Die 3 L. wurden häufig von Repräsentanten der drei Generationen verkörpert, können aber auch die → Drei Könige symbolisieren. Die Aufteilung in 4 L. geschah parallel zu der des Jahres in 4 → Jahreszeiten (noch im 19. Jh. bei C. D. Friedrich, Zeichnung Hamburg). Die 4 L. werden ebenfalls mit anderen Vierergruppen (Temperamente, Elemente, → Propheten) in Zusammenhang gebracht. Die 5 und die 6 L. korrespondieren mit den sog. → Weltaltern (Canterbury, Glasfenster). Auch werden die 6 L. mit den Arbeitern im Weinberg (*Mt* 20,1 ff.) verbunden (B. Antelami, Parma, Bapt.). Das Leben ist im Schloß Sargans (Schweiz), bei Hans Baldung und bei D. Chodoviecki in 7 L. aufgeteilt. Seit dem 13. Jh. tritt zuerst in der Spruchdichtung, dann in der bildenden Kunst die Einteilung in 10 L. auf (Banderolenmeister, Kupf.; P. Gengenbach, Drama *Die X Alter dyser Welt,* 1515 in Basel aufgeführt; H. Schäuffelein um 1517, Holzschn.; J. Breu, 1540, Holzschn.). Sie sind manchmal von Tieren begleitet, so in der Annenkirche zu Annaberg für die männlichen L.: KÄLBCHEN, BOCK, WIDDER, LÖWE, FUCHS, WOLF, HUND, KATER, ESEL und der Tod; für die weiblichen L.: WACHTEL, TAUBE, ELSTER, PFAU, HENNE, GANS, KRÄHE, EULE, FLEDERMAUS, der Tod. [ThVW]

F. Boll, D. L. (Neue Jb. f. klass. Altert., Gesch. u. dt. Lit. 16) 1913; P. d'Ancona, L'uomo e le sue opere nelle figurazioni it. del medioevo, 1923; H. v. d. Gabelentz, D. L. u. d. menschl. Leben in Tiergestalt, 1938; S. Barth, Die L.-Darstellungen im 19. und 20. Jh., 1971.

**Lebensbaum** → Baum

**Lebensweg.** Die grundsätzliche Ausrüstung für den Lebensweg erfolgt bereits in frühester Kindheit. Vorchristliche und christliche Tradition weisen hier auffallende Parallelen auf (nur spricht letztere von der ewigen Seligkeit). Das schutzlose Kind wird als »zahnlos«, »schutzgeistlos«, »namenlos«, christlich als »ungetauft« bezeichnet. Bei der Namengebung (Einsetzung des definitiven Subjekts, Grundlage der Individualität) erhält es zum Schutz den Schutzgeist eines seiner Vorfahren (zugleich mit dessen → Namen); durch den christlichen Vornamen wird es dem betr. Schutzheiligen unterstellt. (Das Prinzip, die Kinder nach den Großeltern zu benennen, ist bis heute nicht verschwunden). Das Kind ist damit Mitglied der Stammesgemeinschaft bzw. kirchlichen Gemeinde; für die alte Schutzgruppe mit sozialer Verantwortung steht nunmehr der Pate. Er muß nun das Kind mit dem silbernen Halskreuz (anstelle des früheren Amuletts) ausstatten. – Wie bei allen wichtigen Lebensabschnitten finden wir bereits hier die beiden Ursprungsfunktionen von Übergangsriten und Schutzhandlungen (herausgearbeitet von van Gennep und Samter, wobei Fragen der Chronologie offengelassen sind; die Erklärungen können komplementär sein). Bemerkenswert ist ferner einerseits die Ablöse vorchristlicher durch christliche Traditionen, andererseits der Ersatz letzterer durch entsprechende profane Neuschöpfungen, wobei die symbolischen Elemente in ihrer Bedeutung empfunden, benutzt, umgeprägt werden (vgl. → Erntebrauch). Übergangsriten (→ Rites de passage) werden vollzogen bei → Geburt (Aufnahme in die Sippe durch den Vater), Namengebung (vgl. oben; nichtreligiös heute bei »Kindesweihe« der Freidenker und sozialistischer »Namensgebung« des Ostens), Konfirmation und Firmung, Jugendweihe in ihren verschiedenen Ausprägungen und Jungbürgerfeier (mit feierlichem Gelöbnis und Verpflichtung durch Handschlag).

Der Aufnahme in die Gruppen der Erwachsenen geht eine → Initiation in die Altersklassenverbände der Burschen- und Mädchenschaft voraus (heute Rest- und Ersatzformen). Im studentischen und handwerklichen Leben besonders streng geregelt (Freisprechungsbräuche nehmen z. T. wieder zu, z. B. Gautschen, Ledersprung, wobei Funktionswandel – als Ehrung – zu beobachten ist). Nach → Verlobung und → Hochzeit »Männer- und Weiberbünde« der Verheirateten. Riten treten auch stark in Erscheinung beim Tod. Symbole und Symbolhandlungen für den Übertritt in größter Vielfalt, teilweise Bewahrung durch Umdeutung, häufig Neuschöpfungen.

Abwehr- und Segensriten zum Schutz (Dämonenfurcht) vor allem für die bes. Gefährdeten: Kind, Braut, Wöchnerin, Sterbender. Christliche und nichtchristliche Mittel treten in Funktionsgleichheit auf: Kreuz, Kerze, Weihwasser, Eisen, Licht, Feuer, Lärm. Benutzt in den entscheidenden Situationen bis in die Gegenwart, oft umgedeutet; so z. B. Lärm (ursprünglich Dämonenabwehr) heute fast allgemein als Freudenbezeugung (→ Freude) oder Ehrung aufgefaßt. Eine dritte Gruppe könnte als »Symbolik unabhängiger Elemente« bezeichnet werden; ihre Elemente sind Grundsymbole wie Baum, Kerze, Farbe. Dem Baum im Menschenleben begegnen wir als Geburtsbaum (ihm sind Gesundheit und Wachstum des Kindes verbunden; wird auch »Lebensbaum« genannt; vgl. dazu den Lebens- bzw. Sympathiebaum des Märchens; → Brüder, zwei), heute oft als Zierpflanze, sowie als Baum von Gemeinschaften (Dorflinde); vgl. dazu das Pflanzen von Obstbäumen auf Gemeindegrund durch schulentlassene Kinder.

Abweichungen von der Norm (z. B. Kinderlosigkeit) galten bes. früher als Störungen der festgesetzten Ordnung; der Schaden (an der Gemeinschaft) mußte symbolisch gutgemacht werden (Scheinbräuche wie Totenhochzeit etc.). Auch nicht »selbst verschuldetes Verfehlen« hatte Konsequenzen: die Wöchnerin, eine »vorzeitig Gestorbene« (wie der Selbstmörder) erhielt entweder bes. Beigaben oder wurde nicht in geweihter Erde bestattet. – Zum Gesamtzusammenhang vgl. auch → Lebensalter, bes. auch wegen des Lebensrades (hiezu aber ebf. → Glückssymbole). [EH]

P. Geiger, Deutsches Volkstum in Sitte und Brauch, 1936; A. Vilkuna, Die Ausrüstung des Menschen für seinen Lebensweg, 1959.

**Leber,** sie galt bei verschiedenen Völkern als Sitz der Lebenskraft, der Seele, des Zorns und der Liebe – deshalb noch heute die Redensarten »frisch von der L.« und »eine Laus ist ihm über die L. gelaufen«. Bei den Chinesen galt dieser Körperteil als Sitz des Mutes, weshalb in alter Zeit oft die L. eines hingerichteten Verbrechers gegessen wurde, um sich seinen Mut einzuverleiben. Im Märchen soll das Verspeisen der L. durch die böse Stiefmutter nicht nur eine Gewähr für den Tod Schneewittchens sein, sondern auch der Übertragung von dessen Lebenskraft und Schönheit dienen. Im makro-mikrokosmischen Bezugssystem erhält die L. einen ganz bestimmten Platz: bei den alten Ägyptern wurde sie (über den Horussohn Imset) dem Süden zugeordnet, in der ptolemäischen Astrologie wird sie zusammen mit den Sexualorganen mit dem Planeten Venus in Verbindung gebracht genau so wie im 16. Jh. bei dem holsteinisch-dänischen Gelehrten Heinrich von Rantzau; dagegen kann die immer wieder nachwachsende L. des → Prometheus lunarmythologisch gedeutet werden. Als Sitz des Lebens ist die L. in besonderer Weise mit den Göttern verbunden und diente so der Weissagung bei Babyloniern, Hethitern, Etruskern und Römern. [Lr]

**Legende.** Im Zentrum des vielgestaltigen Gattungsbegriffs steht die christliche Heiligen-L. Sie stellt eine herausragende Episode aus dem Leben eines → Heiligen dar, in der das gnadenhafte Handeln Gottes durch einen Menschen offenbar wird. Aus der Gottnähe des Heiligen leiten sich einzelne, ihn bestätigende Wunder ab. Die L. im engeren Sinne ist kirchliche Gebrauchsliteratur: sie dient dem verehrenden Gedenken eines Heiligen (bes. an seinem Festtag im Kirchenjahr) durch die kultische Gemeinschaft, die ihn als Schutzpatron der ihm geweihten Kirche, als Nothelfer oder als Vorbild, das zur Nachahmung auffordert, im Gebet um Fürbitte bei Gott anruft. Ihrer Intention nach ist die L. Weiteroffenbarung der Gnade Gottes über das biblische Zeugnis hinaus. Als nachbiblische Geschichte erhebt die L. im Sinne der Faktizität Anspruch auf historische Glaubwürdigkeit, auch wenn manche Heilige historisch nicht belegt oder vom Dichter geschaffene Gestalten sind (Hartmann v. Aue, *Gregorius*). Der stoffliche Kern der L. stammt weitgehend aus apokryphen Bibelschriften (die die knappen Angaben zu den bibl. Personen biograph. erweitern), Märtyrerakten, Epitaphien, Lebensbeschreibungen von Einsiedlern, Mönchen, Missionaren und Bischöfen. Die

L.n lassen sich nach folgenden allein oder im Verbund erscheinenden inhaltl. Elementen gliedern: Märtyrer-L. (*passio*), Bekenner-L. (*confessio*), Bekehrungs-L. (*conversio*), Visions-L., Reliquien-L. (*translatio*), Wunder-L. (*miracula*), Jungfrauen-L. (*virgines*), Nothelfer-L., Sünderheiligen-L., Problem-L., Anti-L. (gottferne Personen wie Judas, Pilatus).
Die in die L.handlung einbezogenen Dinge der sichtbaren Welt besitzen vielfach, bes. im Umkreis der Wundermotive (Krankenheilung, Totenerweckung, Grabwunder, Speisewunder, Tiere als Begleiter) eine über sich hinaus auf Übernatürliches hinweisende Signifikanz. Insgesamt hat die Gattung der L. in ihrer Zwischenstellung zwischen Geschichtsschreibung und Dichtung eine weitreichende Wirkung auf die bildende Kunst und die europäische Erzähltradition ausgeübt. [Sp]

H. Rosenfeld, L. 1961 (³1972); darüber hinaus: E. Dorn, D. sündige Heilige in d. Lit. d. MA., 1967; G. Kranz, Die Legende als symbol. Form (Wirkendes Wort 17) 1967; K. Brinker, Formen d. Heiligkeit. Stud. z. Gestalt d. Heiligen in mhd. L.epen, 1968; G. Strunk, Kunst u. Glaube in d. lat. Heiligenl., 1970; R. Schulmeister, Aedificatio u. imitatio, 1971; U. Wyss, Theorie d. mhd. L.epik, 1973; S. Ringler, Zur Gattung L. (Würzburger Prosastud. II), 1975; F. Ohly, D. Verfluchte u. Erwählte. Vom Leben mit der Schuld, 1976.

**Leib** → Mensch

**Leiter** und **Treppe,** ganz allgemein Symbole des Aufstiegs, im besonderen der → Himmelfahrt. Schon die altmesopotamischen Stufenpyramiden galten als eine Stiege zum Himmel. Die Anzahl der Stufen oder Sprossen hat oft symbolische Bedeutung (Zahl der Planeten oder der zu durchquerenden kosmischen Sphären). In Ägypten wurden den Toten öfters L.n und T.n ins Grab mitgegeben; *Pyramidentexte* sprechen von einer L., auf deren von Götterarmen gebildeten Sprossen der Tote zum Himmel emporsteigt. In den Mysterien (z. B. des Mithras) deuten die aufeinanderfolgenden Sprossen eine spirituelle Entwicklung an. Die biblische Jakobsleiter (1 *Mos* 28,11 ff.) wird von der Patristik auf das Kreuz Christi bezogen, durch welches den Menschen der Aufstieg zum Heil ermöglicht wird. Die Darstellung der zur Seligkeit führenden → Tugenden als L. (*klimax*) wurde durch die Schriften von Johannes Klimakos (8. Jh.) angeregt. Verschiedentlich bezeichnete man Zisterzienser- und Karthäuserklöster als Scala Dei, als Treppe zu Gott. Im übertragenen Sinn wird Maria in Andeutung ihrer Mittlerschaft zur »Treppe des Heils« (15.–17. Jh.). Im Gegensatz zur nach oben weisenden L. kann die T. auch ins Abgründige, Unheimliche, Ausweglose führen (so bei Piranesi in den *Carceri*); in den Romanen von Julien Green ist die T. ein immer wiederkehrendes, mit dramatischen Ereignissen verknüpftes Motiv. Die L. ist auch ein → freimaurerisches Symbol. [Lr]

H. P. Blok, Zur altägypt. Vorstellung der Himmelsl. (Acta Orientalia 1927); E. Burgstaller, Die L. als Sinnbild (Oberösterreich. Heimatblätter 2/1948); G. Schmidt, Christus auf der Himmelsstiege (Christl. Kunstblätter 93/1955); M. Eliade, Ewige Bilder u. Sinnbilder (56–62, Symbolik des Aufsteigens) 1958; L. Keller, Piranèse et les romantiques français. Le mythe des escaliers en spirale, Paris 1966; L. Kretzenbacher, »Himmelsl.« u. »Hl. Stiege«. Bildgedanke u. Kultmotiv zw. Byzanz u. d. Abendland (Actes du Ier Congres intern. des études balkan.2) Sofia 1969.

**Leitmotiv** → Wagner, Richard.

**Lenin** → Kommunismus.

**Leopard.** Der gefleckte und der schwarze L. (letzterer als Panther bezeichnet) sind in den Überlieferungen nicht immer klar voneinander zu unterscheiden. In Altkleinasien (Çatal Hüyük) ausgegrabene Statuetten zeigen die auf einem L. sitzende oder sich auf zwei dieser Tiere stützende Muttergöttin, z. T. im Augenblick des Gebärens. Die Großkatze war Symbol der Fruchtbarkeit und des Lebens, im alten Ägypten auch des Weiterlebens nach dem Tode (bis ins Mittlere Reich wurde auf Sargdeckeln ein L. dargestellt). Bei den ostafrikanischen Schilluk wurde der tote Herrscher mit dem Fell eines L. geschmückt. Zu einer Wiedergeburtssymbolik paßt auch, daß das Tier in afrikanischen Mythen mit dem Licht der Morgensonne in Verbindung gebracht wird. In der Antike war der L. Attribut der Muttergöttin Kybele und der Jagdgöttin Artemis und spielte im Kult des Dionysos eine Rolle. Unter Konstantin d. Gr. geprägte Münzen zeigen einen Panther mit gesenktem Kopf (Zeichen des besiegten Heidentums) zu Füßen des Kaisers. Bei Dante (*Inferno* I,31) versinnbildlicht das Tier die Unkeuschheit. Positive Bedeutung haben in der romanischen Kunst Pantherköpfe, aus denen Ranken hervorkommen. Der *Physiologus* berichtet von einem »gesprenkelten« Panther, der ruhig und sanft ist, aber ein Feind des Drachen, nach jeder Mahlzeit drei Tage in seiner Höhle schläft und von dessen Stimme der Wohlgeruch balsamischer Düfte ausgeht – Symbol Christi! [Lr]

H. Bonnet, Panther (Reallex. d. ägypt. Religionsgesch.), 1952; W. von Blankenburg, Hl. u. dämonische Tiere, [2]1975 (Register).

**Leuchter.** Schon in sumerischen Tempeln brannte vor den Götterstatuen geweihtes Öl in Kandelabern. Altorientalische Vorstellungen von einem kosmischen Lichterbaum (mit den 7 Planeten) haben Gestalt und Bedeutung des siebenarmigen L.s im AT beeinflußt; nach Sacharja (4,2–5,10) sind die 7 Lampen des L.s »die sieben Augen des Herrn; sie durchschweifen die ganze Erde«. Die 7 Arme des L.s wurden von den Kirchenvätern als die 7 Gaben des hl. Geistes gedeutet. Die 7 L. der Apokalypse sind »die sieben Gemeinden« (*Offb* 1,12.20) – Bild für die Kirche in ihrer Gesamtheit. Im christlichen Kult weisen L. und → Kerzen auf das (geistige) Licht. Die großen kreisrunden Kronleuchter der Romanik mit ihren 12 Türmchen sinnbilden den Lichterglanz des himmlischen Jerusalems. Von besonderer Bedeutung ist der siebenarmige L. für das → Judentum. [Lr]

J. Haase, Der siebenarmige L. des AT, Gesch. u. Symbolik, 1922; P. Bloch, Siebenarmige L. in christl. Kirchen (Wallraf-Richartz-Jb. 23/1961); A. M. Goldberg, Der siebenarmige L. Zur Entstehung eines jüd. Bekenntnissymbols (Zs. d. Dt. Morgenländ. Ges. 117/1967); L. Yarden, The tree of light. A study of Menorah. Ithaca 1971.

**Leviathan.** Meeresungeheuer, siebenköpfige gewundene SCHLANGE der altkanaanitisch-phönizischen Mythologie. In der Bibel poetische Personifikation der von Gott besiegten Chaosmächte (*Ps* 74, 13 f.; 104, 26; *Hiob* 3, 8; 26, 13), Sinnbild des assyrisch-babylon. Reiches (*Jes* 27,1), das KROKODIL (*Hiob* 40 f.). Gott hat L. am 5. Tag erschaffen und erhält ihn am Leben, damit er einst den Seligen Speise sei (4 *Esr*

6,49ff.; *Baruchapok.* 29,4; *Targum Gen* 1,21; äth. *Henoch* 60). In einer graphischen Darstellung des gnostischen Weltbildes figurieren zehn Kreise, umschlossen von einem großen KREIS, der Seele des Alls, dem L. (Origenes, *Geg. Kelsos* 6,25; vgl. Pistis Sophia 126; Thomasakten 32). Der patristischen Exegese seit Origenes ist L. (auch *cetus*) Symbol für Tod und Teufel, von Christus in seiner Menschwerdung gefangen und besiegt. [JBB]

B. H. Stricker, De groote Zeeslang, Leiden 1953; O. Kaiser, D. myth. Bed. d. Meeres in Ägypten, Ugarit u. Israel, [2]1962 (140–152); P. Volz, Die Eschatologie der jüd. Gem. i. ntl. Zeitalter 1934 (1966); H. L. Strack – P. Billerbeck, Komm. z. NT aus Talmud und Midrasch IV (1156–1163); H. Rahner, Symbole d. Kirche 1964 (290–298).

**Lévi-Strauss,** Claude, geb. 1908 in Brüssel. Prof. der Anthropologie am Collège de France. Die strukturalistische Methode in der Ethnologie ist engstens mit seinem Namen verbunden. Zu den Schwerpunkten seiner Arbeit gehören die Logik der Mythen (*Mythologiques,* Bd. 1, *Le Cru et le Cuit,* 1964; Bd. 2, *Du miel aux cendres,* 1966; Bd. 3 *L'origine des manières de table,* 1968 und die Theorie der primitiven Begriffsbildung (*La pensée sauvage,* 1966).

Der Ansicht L.S. nach sind die Gemeinsamkeiten der menschlichen Natur nur auf der Ebene von Strukturen zu suchen, nicht aber auf der Ebene der äußerlichen Fakten. Die Strukturen seien von zeitloser Gültigkeit. Statt Subjekt der Geschichte sei der Mensch vielmehr Objekt einer ihm unbewußten strukturalen Ordnung. Ähnlich der strukturalen Sprachwissenschaft, versucht L.S. die Sozialordnungen, Mythen, Symbole und Religionsformen auf kleinste Einheiten, auf ihre zu allen Zeiten gleiche Struktur, zurückzuführen → Strukturalismus. Die Ansichten von L.S. darüber, wie menschliche Wesen mit Hilfe von Symbolen kommunizieren können, sind eine Weiterentwicklung von Thesen, die ursprünglich von dieser Sprachwissenschaft und der → Semiotik (Zeichentheorie) herstammen. Das wichtigste Kennzeichen des Menschen ist für L.S., daß er Symbole gebraucht, was kein anderes Geschöpf tut: »Ein Organismus besitzt entweder die Fähigkeit zur Symbolfindung oder er besitzt sie nicht«. Das besondere Kennzeichen symbolischen Denkens sei die Existenz einer gesprochenen Sprache, in der Worte für Dinge stehen, die dadurch bezeichnet werden. Zum Gebrauch der Symbole sei es notwendig, daß man erstens zwischen dem Symbol und der Sprache, die es bezeichnet, unterscheidet und zweitens eine Beziehung zwischen dem Zeichen und der Sache, die es bezeichnet, erkennen kann. Eine Fundgrube zur Aufhellung dieser Beziehungen fand L.S. in der Erforschung der Mythen, da diese die wichtigsten Struktureigenschaften, die sie von Anfang an besaßen, bewahrt haben. Ein Mythos sei ein kollektiver Traum (*Tristes Tropiques,* 1955), der interpretiert werden kann und so eine verborgene Bedeutung enthüllt. [Du]

Y. Simonis, Claude L.S. ou la »passion de l'inceste«. Introduction au struturalisme, 1958; T. Pouillon, Sartre et L.S. (L'Arc 26) 1965; D. Sperber, Le structuralisme en anthropologie, 1968; E. Leach, Claude L.S., 1971; J. B. Fages, Den Strukturalismus verstehen, 1974.

**Libido.** In der psychoanalytischen Terminologie die psychische Repräsentanz des Sexualtriebes; die Triebe selbst sind physiologische Kräfte, die, um psychisch wirksam zu werden, sich als Wünsche, vor allem aber, wegen ihrer Verdrängung oder Abwehr im vorbewußten bzw. bewußten Bereich, sich in symbolischer Form darstellen. Das bewußte und noch mehr das unbewußte psychische Leben ist im hohen Maße mit dieser Symbolik befaßt (→ Traumsymbolik). Entgegen der verbreiteten irrigen Meinung ist für S. Freud die L. nicht die einzige, nicht einmal immer die wichtigste Triebrepräsentanz. Wohl ist die L. ubiquitär in der Psyche, sie entspricht am besten dem platonischen Begtiff des Eros oder z. T. und trotz Polemiken, dem »Lebenstrieb« C. G. Jungs. Sie entspricht der Sexualität nur im breitesten und allgemeinen Sinne eines Wunsches nach Lust; sie ist sehr prägsam und kann auf verschiedene Objekte übertragen werden, sozial hochwertige (Sublimation) oder verpönte (Perversion). Sie ist in hohem Maße ambivalent, ist von anderen Trieben nicht entmischt. Als hauptsächlichen Widerpart der L. stellte sich Freud den aggressiven Selbsterhaltungstrieb vor, später den Destruktionstrieb und schließlich einen mächtigen Todestrieb (→ Tod). Die Symbolproduktion der Libido ist schier unbegrenzt, doch trägt sie immer, je nach Entwicklungsphase, das Zeichen der Mutter, der Geliebten oder des Sterbens. [IAC]

S. Freud, Ges. W., insbes. (1913) – Das Motiv der Kästchenwahl, (Imago, London, 1946), (1916–1917) Vorlesungen z. Einführung in die Psychoanalyse, ebd., 1940.

**Licht** ist in seiner Hindeutung auf das Göttliche, das Immaterielle, das Gute und das Leben einer der religiösen Ursymbole der Menschheit. Das L. entspricht in all seinen Manifestationen – Sonne, Mond, Blitz, Feuer – dem Wesen der Gottheit. Die wichtigsten ägyptischen Götter lassen einen Bezug zu Sonne und L. erkennen. Serapis und Isis wurden als *phos* bezeichnet. Der parsische Ahuramazda ist Schöpfer aller guten Dinge, besonders des L.es. Die Namen der indogerman. Himmelsgötter Dyaus pitar, Zeus, Jupiter sind von *dei* = »leuchten« abzuleiten. Christus bezeichnete sich selbst als »Licht der Welt« (*Joh* 8,12), ein Bild, das in zahlreichen Abwandlungen von den Mystikern gebraucht wird, z. B. Mechthild von Magdeburg: »das ware lieht«. Ziel des Hesychasmus, einer orthodox-mystischen Mönchsbewegung, ist die Schau des »ungeschaffenen Lichtes« der Gottheit, das Christus bei der Verklärung auf dem Berg Tabor umgeben hat. Nach einer Sure des *Koran* (24,35) ist Allah »das Licht des Himmels und der Erde«. Die L.natur ist Eigenschaft aller dem Himmel zugehörigen oder zugewandten Wesen: → Engel, → Heilbringer. Die himmliche Entsprechung des historischen Buddha ist Amitābha = »unendliches Licht«, das auch in dieser Welt der Lebewesen reinigend und beglükkend wirkt. → Mandorla und → Nimbus sind L.erscheinungen, die das Göttliche und das Heilige vor dem Diesseitig-Irdischen abgrenzen.

Die Entstehung der Welt entspricht der Überwindung der Finsternis (→ Kosmogonie); das erste, was Gott sprach, war: »Es werde Licht!« (1 *Mos* 1,3). Den Ägyptern waren Sonne und Mond die Augen des Himmelsgottes; »wenn er die Augen aufschlägt, füllt er das All mit Licht«. Der Kampf zwischen L. und Finsternis, zwischen Chaos und Ordnung, zwischen → Gut und Böse spiegelt sich in zahlreichen Mythen wider: Horus und Seth, Marduk und Tiamat, Baldur und Loki. Nach dem Glauben der → Manichäer sind Welt und Mensch aus einer Vermischung von L. und Finsternis entstanden; die Erlösung besteht in der Wiederbefreiung der L.elemente. Wer die Finsternis überwunden hat, der gehört zu den »Kindern des Lichtes« (*Eph* 5,8). Die Suche nach L. zeichnet den faustischen Menschen aus, dessen Gegenspieler Mephisto ist. Das irdisch-kosmische Wogen zwischen lichter Höhe und dunkler Tiefe bestimmt die symbolische Weltdeutung Carl → Orffs.

Der spirituelle Charakter des L.es zeigt sich darin, daß es Grundlage des Sehens, des Erkennens ist. Die Weisheit »ist ein Abglanz des ewigen Lichtes« (*Weish* 7,26). Parmenides verglich den Weg zur Erkenntnis mit einem Überwechseln von der Finsternis zum L. Die L.metaphysik des → Neuplatonismus wird von Augustinus weitergeführt: »Das Licht Gottes ist das wahre Licht, das den ganzen Menschen erleuchtet« (*Confessiones*). Das MA unterscheidet zwischen der menschlichen Vernunft als *lumen naturalis* und der durch göttliche Offenbarung bewirkten Einsicht (*lumen supranaturalis*). Jeder Mysterienbund glaubt, daß die Eingeweihten »das Licht sehen«, die Außenstehenden aber in Finsternis wandeln. Für die christliche Taufe findet sich auch der Ausdruck »Erleuchtung« (*photismós*).

Der scholastischen L.metaphysik entspricht die L.architektur der Gotik; der Eindruck der Transluzidität wird durch Maßwerk und Glasmalerei betont. Das in den dunklen Kirchenraum dringende Sonnenlicht galt als Sinnbild Christi. Farbe, Glanz und L. sind Wesensmerkmale des barocken Kirchenraumes, während in der Malerei das Widerspiel von L. und Dunkel bemerkenswert ist (→ Barock). Dem L. zugeordnet sind die Farben Weiß, Gold und Silber, unter den Pflanzen Lilie und Lotos, unter den Tieren besonders Adler, Löwe und Hirsch. In Brauch und Kult sind → Fackel, → Kerze, → Lampe und → Leuchter Ausdruck der L.symbolik. [Lr]

R. Bultmann, Zur Gesch. d. L.symbolik (Philologus 97/1948); S. Aalen, Die Begriffe L. u. Finsternis im AT, 1951; M. Meiss, Light as form and symbol in some fifteenth-century paintings (The Art Bulletin 27/1945); W. Schöne, Über das L. i. d. Malerei, 1954; G. Mensching, Die L.symbolik i. d. Religionsgesch. (Stud Gen 10/1957); W. Beierwaltes, Die Metaphysik des L.es i. d. Philos. Plotins (Zs. f. Philos. Forsch. XV/1961); A. Langen, Zur L.symbolik der dt. Romantik (Fs. v. der Leyen) 1963; C. Colpe, L.symbolik im alten Iran u. antiken Judentum (Stud Gen 18/1965); H. Ringgren, Light and darkness in ancient Egyptian religion (Liber amicorum. In honor C. J. Bleeker) Leiden 1969; E. Schümann-Heinke, Die L.symbolik in Faust II (Stud. zu Goethes Alterswerken, hg. v. E. Trunz) 1971; D. Suzuki, Amitabha, The Buddha of infinite light (The Eastern Buddhist. NS IV,1), Kyoto 1971; H. Schnell, Christl. L.symbolik i. d. einzelnen Kunstepochen (Das Münster 1978).

**Lilie,** in ihrer weißen Farbe Symbol des Lichtes, der Reinheit und der Jungfräulichkeit. In Elam hatte die lunare Gottheit den Namen »Liliengott«; bei den Griechen der Hera, bei den Römern der Juno geweiht. Die in der Bibel erwähnte L. (hebr. *schuschan*) ist ein Sam-

melbegriff für verschiedene wildwachsende Feldblumen (neben L. auch Tulpe, Narzisse, Anemone); in der Blumensprache des *Hohenliedes* (2,2) bezeichnet der Bräutigam die von ihm Erwählte als »Lilie unter Dornen«. Als Mariensymbol deutet die L. auf die jungfräuliche Mutterschaft, daher bei Verkündigungsdarstellungen oft in der Hand des Erzengels Gabriel. Aus dem Munde des Weltenrichters hervorkommend, ist die L. Sinnbild der Gnade, der Auserwählung (z.B. bei Hans Memling). Die L. ist auch Attribut der durch Keuschheit ausgezeichneten Heiligen (Jesu Pflegevater Josef, Aloysius). Bei Jakob → Böhme steht die L. im Zusammenhang mit der Wiedergeburt.
Die heraldische L. ist altes Königs- und Fruchtbarkeitssymbol und in mancher Hinsicht ein ikonisches Kürzel der *arbor vitae* (Lebensbaum): der Monarch gewährt/sichert das Leben. Im christlichen MA weist sie – besonders im Wappen der französischen Könige – auf das Patronat der Gottesmutter oder in ihrer Dreigliederung auf die Trinität; die Bezeichnung *fleur de lis* versuchte man von Löys abzuleiten, in welcher Form Ludwig (Louis) XII. seinen Namen schrieb. [Lr]

R. Bauerreis, Arbor vitae, 1938; H. Baron Pinoteau, Les origines de l'héraldique Capétienne (Comunicaciones y conclusiones del III Congreso international de genealogia y heraldica) Madrid 1955; A. Mordini, Die L., ein uraltes Königssymbol (Kairos 1964); M. Pfister-Burkhalter, L. (ChrI 3) 1971; Z. Goldman, Das Symbol der L. (Archiv f. Kulturgesch. 57/1975).

**Linde,** bei Germanen, Balten und Slawen hl. Baum, der im Gegensatz zur → Eiche als weiblich empfunden wird. In der griechischen Sage von Philemon und Baukis wird der Mann in eine Eiche, die Frau in eine L. verwandelt. Bei den Germanen bevorzugter Ort des Things; *sub tilia,* unter der Linde, wurde Recht gesprochen. Der mütterlichen Beschützerin des Lebens, der Göttin Freya, geweiht, wurde die L. zum Treffpunkt der Dorfbewohner und – besonders in Volksliedern – zum Baum der Liebenden. [*]

**Linga(m),** bereits in altindischer Zeit als einfache Steinsäule beschrieben; in diesem Symbol wird allgemein → Shiva in seiner göttlichen Schöpferkraft und männlichen Zeugungskraft verehrt. Gewöhnlich als Säulenstumpf dargestellt, verschiedentlich auch in realistischer Form, repräsentiert das L. doch weitaus mehr als nur den Phallus; zusammen mit seinem Gegenstück → Yoni deutet es auf die Polarität des Seins. Die L.-Säule kann die Bedeutung der Weltachse annehmen, so wenn sie in Kambodscha im mittelalterlichen Khmer-Reich im Stadtzentrum aufgestellt wurde. In spirituellem Sinne ist das L. die »gestaltlose Gestalt« der Schöpfungskraft. Graphisches Zeichen für das L. ist ein mit der Spitze nach oben weisendes Dreieck. [Lr]

H. Zimmer, Mythen u. Symbole in ind. Kunst u. Kultur, 1951; F.D.K. Bosch, The golden Germ. An introduction to Indian symbolism, Den Haag 1960.

**Links** → Rechts und Links

**Literatur.** Symbolisieren ist ein Grundzug des künstlerischen und so auch des literarischen Schaffens. Da Dichtung jedoch weithin dem Prinzip der Abbildlichkeit unterliegt, sind rein oder fast rein sinnbildliche Dichtungen selten. In den meisten Fällen bietet sich das Sinnbildliche der Dichtung so dar, daß innerhalb eines abbildlich gemeinten Textes einzelne Elemente oder ganze Partien erscheinen, die über diese Abbildlichkeit hinausweisen, also zwei Ebenen, der Realitätsebene und der Sinngebungsebene, angehören. Durch mehrere in einer Dichtung wirksame symbolische Handlungsfaktoren und Dingsymbole, die ihrerseits mehrfach auftauchen können, entsteht ein die Dichtung einerseits durchdringendes, andererseits überwölbendes Symbolgeflecht, das die Bedeutung, auf die es verweist, zugleich durch sich selber repräsentiert. Diese Ambivalenz macht das Wesen des literarischen Symbols aus, entzieht es dem Zugriff begrifflich festlegender Deutung und verlangt seiner Erforschung durch die → Literaturwissenschaft eine besondere Methode ab. Auf ihr beruhen auch die Kriterien für die Abgrenzung des Symbols gegen das rein sinnliche → Bild wie gegen die aus ihrer Bedeutsamkeit lebende → Allegorie. Für den Autor ist Symbolschaffung ein Akt künstlerischer Weltbewältigung. Ältere Epochen bezogen ihren Symbolschatz vorwiegend aus der zunächst heidnischen, später christlichen Mythologie und nach der in der Renaissance erfolgenden Wiederbelebung antiker Mythen aus beiden zugleich. Die im bildhaften geradezu schwelgende → Barockdichtung benutzte z. B. bedenkenlos die als Bildungsgut übernommenen antiken Sagengestalten als Symbole für christliche Glaubensinhalte. Außerdem gab und gibt es einen Bestand an Symbolen wie LICHT, FEUER, WASSER oder NEST, deren Sinngehalt sich auf allgemein gültige menschliche Anschauungen gründet. Sie können sich, da auf den gleichen Vorstellungen beruhend, mit den durch die Mythologie geschaffenen Symbolen decken.

Die Tradition mythischer Symbole in der europäischen Literatur verdünnt sich zum Ausgang des 18. Jh. hin wesentlich. Die Säkularisation der Bildung verursachte eine Distanz zu den christlichen Symbolen, und auch die Vorherrschaft der antikischen war durch andere Bildungseinflüsse gebrochen. Die Autoren sahen sich gezwungen, eine neue ›Bedeutsamkeit‹ von Geschehnissen und Dingen zu finden, die zwar natürlich und konkret waren, aber zugleich ein hinter ihnen stehendes Geistiges, Allgemeingültiges repräsentieren konnten. An diesem Wendepunkt steht → Goethe, der sich bewußt eine neue profane Symbolik, vorwiegend in Form von Dingsymbolen wie HÜTTE, GOLD, SCHLEIER, KÄSTCHEN, schuf und diesen Schaffensprozeß auch theoretisch unterbaute; seine Formulierungen zum literarischen Symbol bilden bis heute Angelpunkte für die Definition des Symbolbegriffs in der → Literaturwissenschaft. Symbole dienten ihm dazu, das Göttliche bzw. durch die Natur Offenbarte auszudrücken und das scheinbar Zufällige ins Gültige zu erheben.

Die wieder stark an christliche Symbolik anknüpfende → Romantik folgte der Vorstellung, Dichten sei ›ein ewiges Symbolisieren‹ (A. W. Schlegel), die sich besonders im Werk des → Novalis erfüllte, das der Weltliteratur das die Dichtung symbolisierende Bild der BLAUEN BLUME lieferte. Der dem Prinzip der Abbildlichkeit verpflichtete Realismus verzichtete keineswegs auf Symbole, sondern setzte sie innerhalb des abbildhaft gemeinten Kontextes an kompositorisch wichtigen Stellen ein, um eine dichterische Überhöhung der Realität zu erzielen: Erinnert sei an die oft durch Zitate ausgedrückten symbolischen Verweise im Werk → Raabes und Fontanes, die Symbolmotive in der Lyrik C. F. Meyers, den WAL in Melvilles »Moby Dick«, die symbolischen Bilder der STADT Paris bei Zola. Das Gleiche gilt noch für die symbolischen Elemente bei H. Böll und vor allem bei G. Grass.

Die an die Romantik anknüpfende, gegen den Realismus gerichtete und sich selbst als → Symbolismus bezeichnende Strömung betonte erneut die Notwendigkeit des Symbolisierens, das sich in der Lyrik von → Baudelaire, Mallarmé, Verlaine, Rimbaud, George und → Rilke, im Romanwerk z. B. Prousts und den Dramen Maeterlincks in einem jeweils individuellen Symbolsystem niederschlug. Selbstgefundene, oft bewußt dunkle Symbole wurden zu assoziativen sprachlichen Reizwirkungen genutzt und dienten oft nicht mehr als Verweis auf eine höhere Bedeutungsebene. Zog der Symbolismus das Symbol zur Stützung einer Theorie der *Poésie pure* heran, so verwahrten sich Vertreter des modernen Hermetismus, der surrealistischen und absurden Literatur gegen die Abhängigkeit des durch sie Dargestellten von vorgegebenen Dingen sowie seine Entschlüsselbarkeit. Es deswegen als nicht-symbolisch zu bezeichnen, kann nur auf einer Mißdeutung des Symbolischen beruhen, das auch in älterer Literatur nicht auf schon Bekanntes Bezug zu nehmen braucht und nie auf ein Bedeutungsziel bezogen ist, das intellektuell einholbar wäre.

Ist das Bedeutungsfeld des Symbols in der neueren Literatur an den jeweiligen Autor gebunden, so bestand es in der älteren unabhängig von ihm und konnte so lange Gültigkeit behalten, wie der ihm auf der natürlichen und geschichtlichen Ebene zugeordnete Sinnbezirk verständlich blieb. Das → Theater oder die Puppenbühne als Symbol des menschlichen Aktionsraums haben eine bis in die Antike zurückreichende und bis ins 19. Jh. lebendige Tradition, dagegen ist die Verwendung des Einhorns als Symbol der Keuschheit seit langem unverständlich, die in der politischen Dichtung des Vormärz als Symbol eines Vorkämpfers für Geistesfreiheit lebendige Gestalt Huttens ist heute tot, und Freiligraths ›Deutschland ist Hamlet‹ erweckt nicht mehr die Assoziationen, die damals durch Goethes Hamlet-Interpretation gegeben waren.

Wie Symbole in allen Literaturepochen nachweisbar sind, so auch in allen Literaturgattungen, allerdings mit einer je nach der Gattungsstruktur veränderten Aufgabe und Wirkung. Da das Symbol eine Bedeutung repräsentiert und zugleich auf sie verweist, entlastet es von Abbilds- und Handlungsballast, hat also verkürzende, durch sein wiederholtes Auftauchen außerdem gliedernde und verbindende Wirkung. Diese Funktion zeigt sich, wo Gattungscharakter Verknappung und geschlossene Form verlangt: bei der Lyrik bereits durch die Klangwirkung eines mehrfach eingesetzten

Symbolworts, bei der um die ›unerhörte Begebenheit‹ strukturierten Novelle durch das mehrfache Auftreten einer Symbolfigur an bedeutenden Punkten der Handlung. Das → Drama bevorzugt seinem dialektischen Bau gemäß kontrapunktische Symbole und kann außerdem, wie auch der Roman, ganze symbolische Handlungspartien einbeziehen. [Fr]

Fr. Strich, Das Symbol in der Dichtung, (F. S., Der Dichter und seine Zeit) 1947; W. York Tindall, The Literary Symbol, Bloomington/Ill. 1953; H. Levin, Symbolism and Fiction, Charlottesville/Virg. 1956; H. G. Jantsch, Studien zum Symbolischen in frühmittelhochdeutscher Literatur, 1959. – R. May [Hg.], Symbolism in Religion and Literature, New York 1960. – E. Frenzel, Stoff-, Motiv- und Symbolforschung, 1963, [3]1970. – J. Kleinstück, Mythos und Symbol in engl. Dichtung, 1964. – H. Rehder [Hg.], Literary Symbolism – A Symposium, Austin u. London 1965. – H. G. Gadamer, Die Aktualität des Schönen – Kunst als Spiel, Symbol und Fest, 1977.

**Literaturwissenschaft.** Am Beginn der Erforschung des literarischen Symbols stehen literarästhetische Begriffsklärungen des 18. Jh., das zunächst als Bezeichnung für bildlichen Ausdruck den Terminus → Allegorie bevorzugte, der von dem des Symbols nicht geschieden war, obwohl ›Symbol‹ hauptsächlich im pejorativen Sinn auf ein ›willkürliches‹ Zeichen oder Bild mit abstraktem Sinngehalt angewandt wurde.

Gewicht bekam die Diskussion um Wesen und Wert bildlichen Ausdrucks seit Winckelmanns *Versuch einer Allegorie, besonders für die Kunst* (1766), der zwar für das Gestaltungsmittel des ›Bedeutsamen‹ im Kunstwerk das Wort ›Allegorie‹ gebraucht, aber das gleiche meint, was dann Goethe unter ›Symbol‹ verstand. Für Herder war das Symbolische der Kunst eine Konsequenz aus deren von ihm postulierter Naturhaftigkeit: Da Natur Symbol göttlicher Kräfte ist, muß auch der naturhaft schaffende Künstler symbolisch gestalten. Herder verwandte daher die Bezeichnung ›Natursymbol‹, die dem Sinn nach auch bei K. Ph. Moritz (*Über die Allegorie* 1789, *Über die bildende Nachahmung des Schönen* 1789) eine Rolle spielt. Bei Moritz tauchte erstmalig die Erkenntnis von der → Ambivalenz des Symbols auf, das zwar Zeichen, aber auch ›an sich etwas‹ sei und auf der Mitte zwischen dem rein sinnlichen Bild und der primär aus ihrer Bedeutung lebenden Allegorie stehe, die nun endgültig als kunstfremd angesehen wird.

In seinen Anfängen von Herders Begriff des Natursymbols beeinflußt und mit Moritz einig in der Verurteilung der Allegorie, gelangte → Goethe durch Kant (*Kritik der Urteilskraft* 1790) zur Ansetzung des Begriffs ›Symbol‹ als des Ausdrucks eines Typischen und Repräsentativen in der Kunst. Kants rationalistischer, auf das denkende Subjekt bezogener Symbolbegriff wandelte sich bei Goethe jedoch in einen irrationalistischen, auf das Wesen des symbolischen Gegenstands bezogenen. In *Über die Gegenstände der bildenden Kunst* (1797) vollzog er die genaue Scheidung des Symbols von der Allegorie als einem die Kunstgrenze überschreitenden Gestaltungsmittel; die schon von Moritz festgestellte Mehrwertigkeit des Symbols wurde von Goethe als inkommensurable, unauflösbare Spannung zwischen Sinn und Zeichen definiert.

Auf Herder und Goethe aufbauend, aber über sie hinausgehend

und vor allem die Beziehung zur religiösen Symbolik betonend, entwickelte die → Romantik einen naturmystischen Symbolismus, aus dem sie die Idee einer grundsätzlich symbolischen Kunst ableitete (Novalis, A. W. und F. Schlegel, Tieck), wobei die von Goethe vollzogene terminologische Abgrenzung zur Allegorie wieder verwischt wurde, so daß dieser sich von der romantischen Symbolauffassung distanzierte.
Zu den grundlegenden Klärungen der klassisch-romantischen Zeit traten im Laufe des 19. Jh. Aspekte von seiten der Mythenforschung (G. F. → Creuzer) und zu Beginn des 20. solche von seiten der → Psychoanalyse, deren Bahnbrecher S. Freud zwar das Wesen des Symbols meist auf das eines stellvertretenden Zeichens oder Symptoms reduzierte, die jedoch durch C. G. → Jung und seine Zusammenarbeit mit dem Mythenforscher K. Kerényi wieder zu einem nicht-zeichenhaften Symbolbegriff zurückfand und auf die literarwissenschaftliche Symbolbetrachtung erheblichen Einfluß ausüben konnte.
Sieht man von Ansätzen bei W. Dilthey ab, so ist der zögernde Beginn einer literarwissenschaftlichen Symbolforschung im Zeitpunkt des Übergangs von der geistesgeschichtlichen zur poetologischen Richtung zu suchen: bei Ermatinger, Pongs und Beriger. Der eigentliche Durchbruch auf internationaler Basis erfolgte jedoch erst zwischen 1949 und 1960, als die entscheidenden Arbeiten von W. Emrich, W. Y. Tindall, H. Levin, G. → Bachelard und E. Kahler erschienen. Ein Vergleich der Poetiken J. Petersens und noch W. Kaysers mit denen von Wellek/Warren oder H. Seidler zeigt, einen wie entscheidenden Platz sich die Symbolinterpretation in kurzer Zeit erobert hat. Das Bemühen der neuen Forschung geht darum, über die im wesentlichen biographisch orientierte Untersuchung der Symbole im Werk einzelner Dichter hinaus ihre etwaige Tradition, ihre Struktur und ihre teils erhellende, teils verbergende Funktion zu klären, sich von den Einflüssen der mythologischen und psychoanalytischen Betrachtungsweise zu lösen und eine eigenständige poetologische, dem Wesen des Symbols adäquate, es nicht durch festlegenden Sinngebung vergewaltigende Methode zu entwickeln. [Fr]

E. Ermatinger, Das dichterische Kunstwerk, 1921, $^{3}$1939; L. Beriger, Die literarische Wertung, 1938; H. Pongs, Das Bild in der Dichtung Bd. 2: Voruntersuchungen zum Symbol, 1939, $^{3}$1967. R. Wellek/A. Warren, Theory of Literature, New York 1949; dt.: Theorie d. Literatur, 1959, neu hrsg. Edgar Lohner 1972; – W. Emrich, Symbolinterpretation u. Mythenforschung, (Euph. 47/1953, erneut in: W. E., Protest und Verheißung, 1960); W. York Tindall, The Literary Symbol, Bloomington/Ill. 1956; H. Levin, Symbolism and Fiction. Charlottesville/Virg. 1956; Kenneth Burke, Symbol and Association (Hudson Review 9) 1956–57; – E. Kahler, The Nature of the Symbol (Symbolism in Religion and Literature, hg. Rollo May, New York) 1960; E. Frenzel, Stoff-, Motiv- u. Symbolforschung, 1963, $^{3}$1970; B. A. Sørensen, Symbol u. Symbolismus in den ästhetischen Theorien des 18. Jh. u. der Romantik, Kopenhagen 1963; D. Starr, Über den Begriff des Symbols i. d. dt. Klassik u. Romantik, 1964; G. Kurz, Metapher, Allegorie, Symbol, 1982; P. Kobbe, Symbol (Reallex. d. dt. Literaturgesch., 4), 1984.

**Liturgie.** Das Wort ist dem Profan-Griech. entnommen; dort ist *leiturgia* technischer Terminus für die offizielle Dienstleistung zugunsten des Gemeinwesens. Im weiteren Sinn bezeichnet es Dienst, Dienstleistung allgemein. Kultisch wird es in ähnlicher Bedeutung vereinzelt in spätantiken

→ Mysterien verwandt. In der Septuaginta gewinnt es dann einen eminent kultischen Sinn; es bezeichnet den gesetzlich geordneten Dienst von Priestern und Leviten, vor allem den Opferdienst vor Gott für das Volk (u. a. *4 Mos* 16,9; 18,4.6). In den neutestamentlichen Schriften kommt das Wort mit seinen Ableitungen vor allem im *Hebräerbrief* vor, der die alttestamentliche L. im Opferdienst Christi erfüllt sieht: dort die Typen (→ Typos), hier die typologisierte Wirklichkeit.

In der christlichen Frühzeit wird L. von der Kirche des Ostens in die Kultsprache aufgenommen und dient bis heute zur Bezeichnung der → Eucharistie, die »Göttliche L.« genannt wird. Hier beinhaltet das Wort sowohl den rituell geordneten, sichtbaren Dienst als auch die unsichtbare, göttliche Wirklichkeit, die sich in der sichtbaren Handlung symbolisch darstellt. Die Symbolik nimmt in der »Göttlichen L.« einen breiten Raum ein; bisweilen geht sie ins Allegorische über (→ Allegorie). Kirchenbau und Kirchenausstattung sind in die Symbolik einbezogen.

Die westliche Kirche hat das Wort L. nur zögernd übernommen; erst vom 16. Jh. an wird es gebraucht, und zunächst meint L. auch nur die → Eucharistie. Vom 19. Jh. an wird L. von jedem öffentlichen Gottesdienst gebraucht. Sein Sinn verblaßt. Durch die Mysterientheologie (→ Casel, Odo) gewinnt L. seinen altchristlichen, kultischen Sinn als wirklichkeitserfüllte Symbol-Handlung zurück. In die lateinische Kultsprache selbst hat das Wort nie Eingang gefunden. Das Äquivalent zu L. ist hier *munus*, das vorchristlich ähnlich wie L. technischer Terminus für eine offizielle Dienstleistung ist. In der Sprache der Kirche wird *munus* häufig mit *gerere* verbunden, und in dieser Verbindung bezeichnet es über die Opfergaben hinaus die gesamte Opferhandlung, die »Dienstleistung« Gottes für sein Volk. → Gedächtnis, → Kultsymbol, → Ritus, → Sakramente, → Taufe. [ThS]

A. Baumstark, Vom geschichtl. Werden der L., 1923; O. Casel, Die L. als Mysterienfeier, [5]1923; Ders. *Leitourgia – Munus.* (Oriens Christianus III 7) 1932; J. Tyciak, G. Wunderle, P. Werhun (Hg.), Der christl. Osten, 1939; J. A. Jungmann, Die liturgische Feier. Grundsätzl. u. Geschichtl. über Formgesetze der L., 1939; Ders., Gewordene L. Studien u. Durchblicke, 1941; Ders., L. (n). Sacramentum Mundi 3, 1969 (255–278); D. Barsotti, L. als Mitte, 1961; B. Fischer, L. (LThK 6) 1961; Die Konstitution des 2. Vatikan. Konzils über die hl. L. Lat.-dt. mit einem Kommentar von E. J. Lengeling. Lebendiger Gottesdienst 5/6, 1965; Ders., L. der christl. Frühzeit bis auf Gregor d. Gr., 1967; H. Reifenberg, Fundamental-L. Grundelemente d. christl. Gottesdienstes, 1978; W. Jetter, Symbol u. Ritual. Anthropolog. Elemente im Gottesdienst, 1978; A. Kuhne, Zeichen u. Symbole im Gottesdienst u. Leben, 1981.

**Logik,** Lehre von den formalen Beziehungen zwischen Denkinhalten. Zur analytischen Darstellung des Denkens forderte bereits G. W. Leibniz eine Begriffsschrift, von ihm *characteristica universalis* genannt. Der englische Mathematiker George Boole (1815 bis 1864) wurde der eigentliche Begründer der mathematischen (oder algebraischen) L., im Englischen *symbolic logic.* Ihre Methode ist – im Unterschied zur älteren L. – die Formalisierung, bei der zunächst eine künstliche Symbolsprache gebildet wird. Die (sog.) Symbole sind ganz bestimmte Zeichen, die den einzelnen Ausdrücken zugeordnet werden; sie abstrahieren völlig von dem Empirisch-Erfahrbaren und stehen in keiner Übereinstimmung und in keiner Analogie zu ihm. Die Gedanken Booles wurden von Ch. S. → Peirce weitergeführt. Der Mathematiker Ernst Schröder (*Vorlesungen über die Algebra*, 1890) betont die große Wichtigkeit des Zeichens, das an sich als ein unbedeutendes Ding erscheint; das Zeichen dient als Handhabe, an der die Gedanken gefaßt, wiedergegeben, ausgedrückt werden; erst mit dem Eintritt der bezeichnenden (nach Schröder »symbolisierenden«) Fähigkeit wurde das Menschengeschlecht über die Stufe des Tieres erhoben.

Im Sinne der mathematischen (symbolischen) Logik sind das akustische Sich-Verständigen in einer Sprache und die wissenschaftlichen Zeichensysteme (in der Mathematik, in den Naturwissenschaften) genau so Ausdruck eines diskursiven (begrifflichen) Symbolismus wie die konventionellen Gesten der Taubstummen und die getrommelten Mitteilungen afrikanischer Stämme. Die Erarbeitung der Zeichen/Symbole ist Aufgabe der → Semantik, der Lehre von den Beziehungen zwischen Zeichen und Bezeichnetem. [*]

A. N. Whitehead, Symbolism, its meaning and effect, 1927; R. Carnap, Einführung i. d. symbol. L. mit bes. Berücksichtigung ihrer Anwendungen, 1954; W. E. Beth, Formal methods. An introduction to symbolic logic, Dordrecht 1962; S. K. Langer, Philosophie auf neuem Wege. Das Symbol im Denken, im Ritus u. in der Kunst, 1965; H. Reichenbach, Elements of Symbolic Logic, London 1974.

**Lohenstein, Daniel C.** → Drama

**Lorbeer** (lat. *laurus*), Symbol des Sieges, des → Friedens und (als immergrüne Pflanze) der Unsterblichkeit. Athleten, Künstler und Feldherren wurden in der Antike und auch später mit dem L.kranz ausgezeichnet; in der Renaissance wurde der beste Dichter seiner Zeit zum *poeta laureatus* ernannt (z. B. Ulrich von Hutten). Der L.baum galt als heilbringend und entsühnend, dem → Apollon zugehörig. In frühchristlicher Zeit wurden Verstorbene auf immergrüne L.blätter gelegt. [*]

**Lösen** → Binden

**Lotos,** Name für verschiedene Seerosengewächse; der chaotischen Finsternis und dem göttlichen Licht gleich nahestehend. In Ägypten wurde der aus dem Wasser auftauchende L. zum Sinnbild der aus der Nacht hervorbrechenden Sonne und zum Träger des Sonnengottes; im Totenbuch heißt Re »der goldene Jüngling, der aus dem L. hervorkam.« Zahlreiche Grabmalereien zeigen, wie die Verstorbenen sich an dem Duft der blauen L.blume (*Nymphaea caerulea*) erquicken: symbolischer Ausdruck der Hoffnung auf Wiedergeburt. Der weiße L. (*Nymphaea lotus*) spielte im Isiskult eine Rolle (Symbol der Reinheit?).

Das gemeinsame indische Wort für die verschiedenen L.arten ist *padma*; in Religion, Dichtung und Kunst mit zahlreichen Bedeutungen: Himmel, Himmelsrichtungen (die 8 L.blätter), Sonne (roter, »goldener« L.), Mond (weißer L.), Weltall, Schönheit, Reinheit, Göttlichkeit, Geburt, Wiedergeburt, Nirvana; weiter Beziehungen zu menschlichen Körperzentren (→ Yoga), Nabel (→ Vishnu), Herz, Auge. Die tausendblättrige L.blume sinnbildet die Gesamtheit aller geistigen Offenbarung. Der L. ist das wichtigste Pflanzensymbol im → Buddhismus. [Lr]

W. E. Ward, The lotus symbol; its meaning in Buddhist art and philosophy (Journal of Aesthetics and Art Criticism 11/1952); S. Morenz/J. Schubert, Der Gott auf der Blume, 1954; A. Rosu, »Purnagatha« et le symbolisme du lotus dans l'inde (Arts Asiatique 8/1961); Ph. Derchain, Le lotus, la mandragore et le persea (Chronique d'Egypte 50/1975).

**Löwe,** seine Stärke, sein Gebrüll und seine Mähne lassen ihn als »König der Tiere« erscheinen; aus seinen Augen erstrahlt das Feuer der Sonne in gleichsam animalischer Kraft, In Ägypten galt der L. als Erscheinungsform des Sonnengottes; Horus kann als Gott der Morgensonne (unter dem Namen Harachte) ein L.haupt annehmen. Dem sumerischen Gott Ningirsu, nach einem Hymnus »leuchtend wie die Sonne«, war der löwenköpfige Adler zugeordnet. Im Mithraskult wurde die Sonne durch den L.n symbolisiert. Nur wer selbst löwen(sonnen)haft ist, kann den L.n besiegen (Simson, Herakles). In der Symbolik der Elemente ist das Tier dem Feuer zugeordnet. Dem Lichtreich angehörig, hat der L. apotropäischen Charakter und fungiert als Wächter an Tempeln und Gräbern. Im Buddhismus kündet er von der weltüberwindenden Macht Buddhas.

Das in der altorientalischen Kunst, aber auch noch bei den Steppenvölkern der Skythen und Awaren vorkommende Motiv des Kampfes zwischen einem Löwen und einem anderen Tier kann Ausdruck kosmischer Erscheinungen oder des Ringens zwischen Gut und Böse sein, wobei die Symbolik des L.n ins Negative überwechselt. Als Verkörperung unheilvoller Mächte ist er dem babylon. Pestgott Erra zugehörig. Im AT wird er zu einem Bild des verschlingenden Abgrundes; dem L.n ausgeliefert sein, bedeutet dem Tod ins Antlitz schauen: Daniel in der Löwengrube. Nach ägyptischer Vorstellung hüten zwei L.n den Ein- und Ausgang der Unterwelt. Romanische Doppellöwen, von denen der eine einen Menschen verschlingt, der andere ihn wieder ausspeit (z. B. Kathedrale zu Aix en Provence) sind Ausdruck der uralten Symbolik von Leben, Tod und → Auferstehung. Die Ambivalenz des Tieres zeigt sich darin, daß es sowohl den → Teufel als auch Christus (»Löwe aus dem Stamme Juda«, *Offb* 5,5) symbolisieren kann. Zum Verständnis mittelalterlicher L.figuren sei auf den → *Physiologus* hingewiesen. Im L.n als → Evangelistensymbol fließen kosmologische und christologische Bedeutung zusammen. Durch seinen Angriffsmut ist er Attribut der → Fortitudo; als Fürst aller Tiere (*princeps omnium bestiarium*) wird er dem Herrscher gleichgesetzt, zum Sinnbild imperialer Macht (L.n am Thron) und zum Wappentier. [Lr]

C. de Wit, Le rôle et le sens du lion dans l'Egypte ancienne, Leiden 1957; W. Vollgraff, Le rôle des lions dans la communité mithriaque (Hommages Herrmann) Bruxelles 1960; O. Beigbeder, Symbolisme du lion (Zodiaque 50/1961); H. Baltl, Zur roman. L.symbolik (Zs. des hist. Vereins für die Steiermark 54/1963); M. Lurker, L.n am Münsterportal (Antaios 5/1964); A. Eliez, Le lion et l'homme des origines à nos jours, Paris 1967; M. Zips, Zur L.symbolik (Fs. für O. Höfler) 1968; P. Bloch, L. (LChrI 3) 1971; D. F. McCall, The prevalence of lions. Kings, deities and feline symbolisme in Africa and elsewhere (Paideuma 19–20/1973–74).

**Luft.** In den kosmologischen Vorstellungen eines der 4 → Elemente, in der Astrologie mit den Tierkreiszeichen Zwillinge, Waage und Wassermann verbunden. Die bewegte L. wird als → Wind verehrt. In der ägypt. Mythologie trennt der L.gott Schu Himmel (Nut) und Erde (Geb), ähnlich der sumerische Gott → Enlil. Nach Philon von Byblos schwebte im Urbeginn über dem Chaos eine »dunkle«, windige L., die sich selbst begattete und so die Schöpfung einleitete (WdM I, 309). In der rationalistischen Deutung des Theagenes von Rhegion ist Hera (in Homers *Ilias*) eine Verkörperung der L. → Atem [*]

**Lukas** → Evangelistensymbole

**Lukrez** (um 98–55) verfaßte sein Lehrepos *De rerum natura* in der dichterischen Nachfolge des Empedokles und Ennius. Die Welt, die sich durch Zusammenballungen und Scheidungen von Atomen (*corpora*) im leeren Raum ständig ändert, sieht L. nicht nur wie Demokrit und Epikur materialistisch, sondern auch als sichtbaren Ausdruck der Schöpferkräfte der Natur, deren Schaffen L. in plastischen Bildern festhält. Die Fülle der *materia* steigt aus dem Unendlichen auf und formt sich im Kampf zu Körpern. Die »Erstkörper« (*primordia*) sind die Mittel, mit denen die NATUR alles ordnet.

Dem Ganzheitssymbol der *natura* entspricht die symbolische Gestalt der → Venus, der *alma mater,* die eine schöpferische Friedensordnung herbeiführt, der sich selbst → Mars beugen muß. Nur die Götter führen ein schmerzfreies Leben. Das Wehen der Winde, die Kraft der Ströme, aber auch die Geschichte der Menschheit sind nur Auswirkungen bestimmter Bewegungen der Ursprungskörper (der freie Wille: eine »Abweichung«). Die ordnende Kraft der menschlichen Seele, die *ratio,* lichtet das Dunkel, befreit von Leidenschaft, Todesfurcht und Aberglauben und sorgt für den kulturellen Fortschritt. Epikur wird als die personifizierte *vera ratio* gepriesen. Der Mythos liefert Symbole verfehlten Menschseins: Erfolglose *ambitio* stürzt in Sisyphosqualen (3,995). Das Zueinander sensibler Naturschilderungen und nüchterner Lehre spiegelt das Ringen eines Dichters um Wahrheit. [Di]

K. G. Sallmann, Die Natur bei L., Diss. Köln 1962; D. West, The imagery and poetry of L., Edinburgh 1969.

**Luther, Martin** → Protestantismus

**Luxuria,** Unkeuschheit, ruft die körperlichen Begierden nach sinnlichen Genüssen hervor. Nach patristischer Vorstellung (Augustin) ist L. eine Verkehrung des Geistes, die zu direkter Feindschaft zu Gott und den Tugenden führt, weil sie als Zügellosigkeit des Körpers, als Gift, eine pestartige Krankheit etc. den Menschen daran hindert, Zugang zu Gott zu finden. Im Sinne der christlichen Tugend- und Lastervorstellungen ist die L. eine der 7 Todsünden. Bei Hugo v. St. Victor steht sie an der Spitze des Lasterbaums, deren Wurzel die → *Superbia* ist; ihr entgegengesetzt ist dort die *Castitas*.

Als Personifikation erscheint sie bereits in der *Psychomachie;* dort streitet sie gegen die *Sobrietas* (Mäßigkeit). In der *Etymachie* reitet L. auf einem EBER, sie trägt einen ROSENKRANZ auf dem Kopf bzw. als Helm; auf ihrem Schild befinden sich als Wappenzeichen eine SIRENE und ein BASILISK. Bei

→ Ripa wird die L. als Frau mit allen Merkmalen der Schönheit, Eleganz und Süße geschildert; ihre Bekleidung besteht aus einem BOCKS- oder PANTERFELL (*Iconologia*, S. 294); wenn sie nackt dargestellt ist, werden ihre Geschlechtsteile von Würmern zerfressen. Als Attribute trägt sie eine EULE oder einen SKORPION, gelegentlich auch eine FACKEL. Ihr Reittier, das sich jeweils auch verselbständigen kann und ihre Bedeutung übernimmt, ist der BOCK oder das SCHWEIN, so auch in der *Hieroglyphica* des Valerianus. Exempelfiguren sind Jezabel, die Sodomiter, Sichem und die Tochter der Herodias. [AW]

Joseph Lang, Novissima Plyanthea, Frankfurt 1617, S. 816–823.

**Macht.** Im politischen Bereich sind Symbole der M. die → Hoheitszeichen, im militärischen die → Feldzeichen, im religiösen die auf die Gottheit hinweisenden Bilder und Zeichen. In ihrer legitimierten und institutionalisierten Form entspricht die M. der Herrschaft. Den alten Kulturvölkern war der → Herrscher der von Gott abstammende oder von ihm eingesetzte Träger der M. Bei den Ägyptern galt das königliche Attribut der KEULE als Sitz überirdischer Kräfte, der eigentliche »Herr der Keule« aber war der Königsgott Horus. Infolge seiner göttlichen Abstammung glaubte man den persischen König im Besitz des »Glücksglanzes« *(xvarnah)*, sein Haupt wie ein NIMBUS umstrahlend. In gewissem Sinne sind alle Attribute der Götter Symbole ihrer M., die von Königen und Kaisern nur zu oft usurpiert wurden. In der christlichen Glaubenswelt gilt der → Heilige als Träger besonderer M. (altnord. *heill* = Kraft, Glück). Durch die Berührung hl. Gegenstände oder Personen (auch ihrer Reliquien) erhofft der Gläubige, selbst der Heilskräfte teilhaftig zu werden.

Bei den Naturvölkern ist der Häuptling/Stammeskönig von einer Art überpersönlicher Kraft *(mana)* erfüllt. Medizinmänner, Zauberer, Schamanen sind mit M. geladene Personen, die imstande sind, Gegenstände mit dieser M. zu erfüllen. In Westafrika werden auf Grund dynamistischer Vorstellungen mit Mana bedachte Objekte zum Kraftzentrum und Glücksträger, zum → FETISCH (portug. *feitiço* = Machwerk); bei animistischen Sonderformen werden Geister in die Fetische gebannt, die damit Sitz, Symbol außermenschlicher M. sind. Die einer Gottheit geweihten TIERE gelten als Träger bzw. Symbol göttlicher M.; Löwenfell und GEIERBALG, BÜFFELHORN und ADLERFEDER hatten ursprünglich den Zweck, dem Besitzer die erwünschten Kräfte des Tieres bzw. dessen zugeordneter Gottheit mitzuteilen.

Eines der ältesten M.symbole ist die SÄULE (oder der Pfeiler); sie kündet von Hoheit und M. der Gottheit (war Epiphanie des bildlosen thebanischen Dionysos, des delphischen Apollon), des weltlichen Herrschers (z. B. Siegessäule des röm. Kaisers Trajan) und auch einzelner Städte (niederdeutsche Rolandsäulen als Wahrzeichen der Markt- und Gerichtshoheit). Überhaupt kann die Architektur dem Ausdruck der M. dienen: das Rathaus der reichen Handelsstadt, das Schloß des Landesherrn, aber auch die Kirche als Gotteshaus. [Lr]

**Magie** (sprachl. wurzelverwandt mit ver-mögen und Macht) ist symbolkundlich deshalb belangvoll, weil in ihr ein Denkstil aktiv wird, der ein gleichnishaftes Handeln ohne Kausalmechanismus als wirksam erlebt. Sie ist die praktische Manifestation einer Geisteshaltung, in der ein »wie hier, so dort« als zwingend genug empfunden wird, um nicht nur mit Hilfe der mantischen Disziplinen aus beobachtbaren Details der Umwelt auf größere Korrespondenzen Schlüsse zu ziehen, sondern die auch den Magier selbst in die Lage versetzen soll, aktiv in den Weltlauf einzugreifen und Natur und Übernatur mit Hilfe einer überlieferten Technik zu beeinflussen. Die Frage nach der Art des Funktionierens dieser weitgehend irrationalen Handlungsweisen wird in den Frühkulturen offenbar nie gestellt, sondern es wird vorausgesetzt, daß eine bestimmte Handlung (Vor-Ahmung) eine Nach-Ahmung im weiteren Umkreis des Magiers nach sich zieht: so etwa bei Bildzauber-Riten, die bewirken sollen, daß z. B. Jagdtiere erlegt werden können, wenn ihre Abbilder mit Pfeilen beschossen werden (→ Jagdzauber), oder daß ein Mensch leidet, wenn sein wächsernes Abbild *(simulacrum)* gestochen oder ins Feuer gehalten wird *(invultuatio)*, aufgrund einer nicht näher definierbaren → Sympathie (wörtl. »Mit-Leiden«).
In höheren Kulturen ist die M. vielfach in ein System komplizierter, konventionalisierter Handlungsabläufe einbezogen, die dem an sich akausalen Geschehen einen quasiwissenschaftlichen Charakter verleihen. Dabei ist für die M. jedoch charakteristisch, daß in den Vorschriften ein möglichst präzises Einhalten von als altererbt bezeichneten Regeln gefordert wird und jede Abweichung davon (im Sinne etwa eines Variierens bei wissenschaftlichen Versuchen!) streng verpönt ist: viele magische Formeln fordern wörtlich ein peinlich genaues Befolgen der Vorschriften. Dem an logische Abläufe gewohnten Menschen unserer Zeit sind Denkweisen dieser Art verstandesgemäß kaum nachvollziehbar, obwohl Kinder vielfach an eine Art von »Symbolmagie« glauben. Charakteristisch ist, daß die magischen »Zeichen, Symbole und Worte ... von sich selbst aus die ihnen zukommende Wirksamkeit ausüben, und daß die unaussprechliche Kraft der Götter ... von sich selbst diese ihre Abbilder erkennt und demnach thätig ist« (Harless 1858). Die M. kann durch die ihren Handlungen entspringende Macht selbst übergeordnete Wesenheiten (Dämonen, Engel, Götter) zwingen, dem Willen des Magiers zu entsprechen (Ritualmagie, Theurgie). Daraus folgt, daß in der inneren Grundhaltung des Magiers nicht die persönliche Unterwerfung unter den Willen der Übernatürlichen vorherrscht, sondern der Wunsch, den Weltlauf selbst zu beeinflussen. »Der Magier steht der übernatürlichen Welt freier und selbstherrlicher gegenüber ... er ›greift zur Macht‹. Die Magie ist ... in ihrem eigentlichen Wesen die einfache und unverhüllte Objektivierung des Wunsches in der menschlichen Vorstellung. Sie gelingt dem Menschen dadurch, daß er sich die Macht, die sich in seiner Umwelt manifestiert, un-

terwürfig macht und zu eigenen Zwecken verwendet« (J. de Vries 1957).
Im Prinzip ist die M. daher anders geartet als die Religion, obwohl hier wie dort ein übernatürlicher Bereich als Realität erlebt wird (wobei in der Praxis auch in religiösen Handlungen, z. B. in Opferriten, der Gesichtspunkt konsequenter Wunscherfüllung ohne echte innere Devotionshaltung nicht selten ist). Normalerweise ist die Empfindung des Betenden eine andere als die des Magiers, der Umwelt und Überwelt zu manipulieren sucht. Während der Begriff M. jedoch dennoch im ethischen Sinne wertfrei gebraucht wird, da er vielfach auch im Sinne von »nicht allgemein zugängliches Wissen um Kräfte und Zusammenhänge« ohne spezielle Ausrichtung auf widergöttliche Wesen verstanden wird, versteht die ältere Literatur den verwandten Begriff »Zauberei« als verpönte, verderbte und vom Teufel dominierte Kunst.
Symbolkundlich ist die M. deshalb aufschlußreich, weil in ihr nicht nur eine archaische analogistische Denkstruktur vorherrscht, sondern weil ihr geheimes Wesen auch bewirkte, daß in ihr viele aus älteren kulturgeschichtlichen Epochen überlebende Weltbilder, Glaubensinhalte, Mythen und Zeichen in historisch relativ nahen Zeiten ein verborgenes Fortwirken fanden. Magische Formeln stammen meist aus alten Sprachen, magische Zeichen geben vielfach einen Formbestand aus ur- und frühgeschichtlichen Epochen wieder. Viele Details der M. sind daher »typologisch alt«, obwohl sie zugleich »chronologisch jung« sind. Daß sie im ursprünglichen Sinne nicht verstanden werden, sondern als rätselhaft gelten, trägt nur dazu bei, ihr Ansehen zu verstärken. Vorausgesetzt wird dabei, daß die Welt der M. von histor. Abläufen (»Fortschritt«) unbeeinflußbar ein Wissen aus alten Epochen tradiert, in dem alle Lösungsmöglichkeiten bereits enthalten sind und jede Abweichung davon sich nur als Verfälschung auswirken kann.
Historisch weit zurückliegende Epochen (die Zeiten des Salomo und Moses, der Ägypter usw.) gelten als voll von mag. Geheimnissen, die nur nachvollzogen, aber ihrer Natur nach nicht »verbessert« werden können. Magische Texte sind demnach meist archaisierend abgefaßt und werden den Meistern der Vorzeit zugeschrieben. Erst in neuerer Zeit wird die Frage nach der Wirkweise der M. erhoben und die zwangshafte Automatik gleichnishafter Handlungen nicht mehr allgemein anerkannt, wobei als Erklärung »Strahlungen«, »Magnetismus«, »verborgene Seelenkräfte« herangezogen werden. Unverändert aktuell ist die Esoterik der M., der Hinweis auf die Notwendigkeit, alles in diesen Umkreis Gehörige vor Profanierung durch Skeptiker zu bewahren, die als unwürdig und feindselig den Lehren des Altertums gegenüber aufgefaßt werden. Skeptiker ihrerseits fassen abwertend die verschiedenartigen Elemente der M. unter dem Oberbegriff »Aberglauben« zusammen, der etwa »wahnhaft übertriebenen Glauben, abweichend vom offiziellen Weltbild der Gegenwart« bedeutet. [Bi]

A. v. Harless: Das Buch v. d. ägypt. Mysterien, 1858; J. v. Görres, Die christl. Mystik, 1879–90; C. Kiesewetter, Die Geheimwissenschaften, 1895; F. Byloff, Das Verbrechen der

Zauberei (crimen magiae), 1902; Th. W. Danzel, Magie u. Geheimwissenschaft in ihrer Bedeutung für Kultur u. Kulturgesch., 1924; F. Stemplinger, Antiker Volksglaube, 1948; J. de Vries, Altgerman. Religionsgesch., [2]1956–57; D. P. Walker, Spiritual and Demonic Magic from Ficino to Campanella, 1958; L. Thorndike, A History of Magic and Experimental Science, 1923–58; C. A. Burland, The Magical Arts, 1966; K. R. H. Frick, Die Erleuchteten, 1973; H. Biedermann, Handlexikon der mag. Künste v. d. Spätantike bis zum 19. Jh., [2]1986; Fr. King, Magic, London 1975.

**Magie, psychoanalytisch.** M. bedeutet in der allgemeinen Vorstellung eine übermenschliche Fähigkeit, Einfluß auf fremde Dinge oder Menschen zu nehmen. In der kindlichen Denkentwicklung ist das sogenannte »magische« Denken einer Entwicklungsstufe zugehörig, in welcher dem Objekt – den Eltern – magische Gewalt (z. B. die Erschaffung aller Dinge der Welt) zugeschrieben wird (J. Piaget). Durch Identifikation mit dem Erwachsenen fühlt sich das Kind mit ebensolchen Kräften ausgestattet und glaubt z. B. an eine Allmacht seiner Gedanken und Wünsche. Aus diesen magischen Vorstellungen besteht das anfängliche Weltbild des Menschenkindes, welches Bild in enger Verbindung mit der (wenig bewußten) Bildhaftigkeit und Subjektbezogenheit des Denkens steht. In zahlreichen erwachsenen Denkformen finden sich Reste dieser magischen Vorstellung wieder – in Riten und Bräuchen, die dem Wunsch einer Beschwörung mächtiger Figuren (Götter etc.) durch bestimmte Handlungsabläufe, Bußen usw. entspringen. S. Freud sah in den *Riten* und *Bräuchen* insbesondere primitiver Kulturen psychische Mechanismen, die der Zwangskranke (in stärkerem Ausmaß als andere psychische Störungen) aufweist: Abwehr der Anforderungen von übermächtig erlebten Menschen und der eigenen Triebansprüche durch zwanghaft vollzogene Zauberformeln – eine regressiv wiederbelebte Form des magischen Denkens. [EFR]

S. Freud, Totem u. Tabu (Ges. W. IX), Zwangshandlung u. Religionsübungen (Ges. W. VII); J. Piaget, Le jugement et le raisonnement chez l'enfant, 1963 (Delachaux et Niestle, Neuchâtel); R. de Saussure, Über genetische Psychologie und Psychoanalyse, 1934 (in: Imago XX/3).

**Magna Mater** → Muttergottheiten

**Mahl.** Das gemeinsame Essen hat für die Teilnehmer eine verbindende Wirkung; Gebet und Opfer lassen auch Gott als (unsichtbaren) Tischgenossen erscheinen. Essen und Trinken sind bei den meisten Völkern sichtbares Zeichen eines Vertrages (→ Verlobung). Beim kultischen M. galten die Opfertiere nicht nur als Gabe an die Gottheit, vielmehr erblickte man in ihnen die (Kraft der) Gottheit, die man in sich aufnehmen wollte, um selbst göttlich, d. h. unsterblich, zu werden. Das M. als eine Art Kommunion gehörte zu den Kulten des Attis, Mithras und Sabazios; dabei spielten meist → Brot und → Wein eine besondere Rolle. Im Kult der Atargatis diente der hl. Fisch als Speise (Fleisch der Gottheit). Zu den eleusinischen Mysterien gehörte das Verzehren des aus Mehl, Wasser und Gewürz bestehenden (flüssigen) *Kykeon*; man hoffte daraus göttliches Leben zu empfangen. Durch Einverleibung von Fleisch und Blut der als Inkarnation Gottes geltenden Opfergefangenen meinten die Azteken, der göttlichen Kraft teilhaftig zu werden. Die Aufnahme der Gottheit durch das »Essen« entspricht der ursprünglichsten Art der Integration und ist Gegenbild zum Essen der verbotenen Frucht im Paradies, durch welches der Mensch die Gemeinschaft mit Gott verlor. In einem spirituellen Sinn spricht Jesus von dem Essen seines Fleisches und dem Trinken seines Blutes (*Joh* 6,53); → Eucharistie. Das Bild der Nahrungsaufnahme kann zur »Sichtbarmachung« nichtmaterieller Phänomene dienen; so wird Geistiges »verdaut«. Das Essen der Buchrolle durch Ezechiel (3,1 ff.) oder durch den Apokalyptiker Johannes (*Off* 19,9) deutet die Aufnahme des göttlichen Wortes an. → Abendmahl [Lr]

Fr. Bammel, Das hl. M. im Glauben der Völker. Eine religionsphänomenol. Untersuchung, 1950; J. Alfrink, Biblical background to the Eucharist as sacrificial meal (Irish Theological Quarterly 26/1959); P. Neuenzeit, Das Herrenmahl. Studien zur paulinischen Eucharistieauffassung, 1960; C. Vogel, Le repas sacrée au poisson chez les chrétiens (Revue des sciences religieuses 1966); M. Josuttis/G. M. Martin, Das hl. Essen, 1980.

**Maibräuche** lassen erkennen, wie sehr das Volk den Einzug des Frühlings empfunden hat und ihn noch heute vielfach in pflanzlichen und menschlichen Symbolgestalten darstellt, denen es auch erhebliche Wirkkraft auf das Wohlergehen von Menschen und Fluren zuschreibt. In der Walpurgisnacht (30.4./1.5.) sind nicht nur viele Unholde (wie die → Hexen) unterwegs, sondern öffnet sich dem Volksglauben nach die Fülle des transzendenten »Heiles«, das sich wunderbar anzeigt: unterirdische Schätze steigen hoch und »glühen«, Brunnen geben Wein statt Wasser, Weidenzweige werden zu Wünschelruten, der Maitau macht schön und erhält gesund usw., vor allem entströmt das Heil den neubegrünten Zweigen und Bäumen.

Der MAIBAUM wird als Glücksbringer empfunden: »Gemeinden, die keinen Maibaum aufstellen, haben kein Glück« (Oberösterreich); in der Pfarrei, in der ein Maibaum steht, wird bald eine Braut sein; soweit man ihn sehen kann, bleiben die Häuser vom Blitz verschont und die Fluren vor Hagel und Mäusefraß. Der häufig mit Eiern, bestimmten Gebildbroten, Würsten usw. behängte Baum wird meist mit einer Fahne in den Landesfarben oder in Verchristlichung des Brauches mit einem Kreuz gekrönt, wie denn der Baum selbst auch ab und zu als »Marienbaum« der Gottesmutter geweiht wird. Die Schutz- und Trutzbereitschaft des Baumes und seiner Besitzer wird mitunter durch nach den 4 Weltrichtungen gerichtete Armbrüste mit aufgelegtem Pfeil (Bayern), gekreuzte Schwerter (Kärnten) oder einen aus Blech geschnittenen HAHN als Symbol der Wachsamkeit (Unterinntal) unterstrichen. In Bayern und im westlichen Oberösterreich wird der Stamm als Sprossenbaum ausgestattet und die Sprossen mit den Emblemen der Bauernschaft, der im Ort ansässigen Handwerker und Abbildern der Kirche und des Gemeindegasthauses versehen, so als ob der ganze Ort der Segenskraft der im Maibaum vorgestellten Macht empfohlen werde.

Die Parallelität der Darstellung der Vegetationskraft im Wechselspiel von pflanzlicher und menschlicher Symbolform zeigt sich, wenn im Alpenraum am Stamm des Maibaumes vielfach

bekleidete STROHFIGUREN angebracht werden in der Bedeutung eines »Brautpaares« (»Hänsel und Gretel« genannt), mit Erntegeräten versehen oder in der Stellung des »Fensterlns«, manchmal auch in eindeutig erotischer Stellung. Es sind Repräsentanten der Fruchtbarkeit, wie sie in weiten Teilen Europas auch von Menschen als »Maibraut«, »Maibräutigam«, »Maikönig«, »Queen of the May«, »Lord of the May«, »La Reine« usw. dargestellt werden.
Die symbolische Beziehung zwischen der wiedererwachten Wachstumskraft des Jahres und dem Gefühlsleben der Menschen um diese Zeit macht letztlich auch der im westlichen und mittleren Deutschland verbreitete Brauch vorehelicher Kontaktaufnahme im sogen. »Mailehen« deutlich: in öffentlicher Versteigerung oder Verlosung erhalten die Burschen jeweils eines der Dorfmädchen für ein Jahr zur Betreuung zugewiesen, ohne daß sich daraus immer sexuelle Verbindungen, wohl aber sehr häufig spätere Ehen anbahnen. [EBg]

W. Mannhardt, Wald- u. Feldkulte, 1905, Neudruck 1963; M. Andree-Eysn, Volkskundl. aus dem bayer. österreich. Alpengebiet, 1910; P. Sartori, Maibaum (Hdwb. d. dt. Aberglaubens, V); M. Fossenius, Majgren, Majträd, Majstång, Lund 1951; H. Steininger, Über das Maibaumumschneiden in der Steiermark (Veröffentl. d. Inst. f. Volkskunde d. Univ. Wien) 1966; E. Burgstaller, Maibaum-Stehlen (Atlas von Oberöster., III) 1971; E. Burgstaller, Der Maibaum in Österr. (Österr. Volkskundeatlas, 3) 1968.

**Maiglöckchen** ist ein Attribut Christi und bezeichnet ihn als Heil der Welt (salus mundi); in der Malerei auf Darstellungen der Geburt (meist bei Maria) und des Jüngsten Gerichts (zu Füßen der Seligen). Das M. ist auch → Arztsymbol. [*]

**Makro-Mikrokosmos.** Bis ins Altertum zurück läßt sich die Vorstellung nachweisen, daß die ›kleine Welt‹ des Menschen und die ›große Welt‹ des Universums miteinander in Wechselwirkung stehen. Indogermanische Mythen erzählen, daß die Welt aus den Gliedern des → Urmenschen (Ymir, Purusha), also nach menschlichem Maß geschaffen worden sei. Der Mensch projiziert sich in seine Umwelt und erlebt sich dann selbst als »Maß aller Dinge«. Die Welt erscheint als Makroanthropos, so im → Weltbild des Jainismus. Der vollkommene Mensch (Urmensch, Gottmensch) ist das Spiegelbild der Welt; Christus erscheint als Zusammenfassung des Alls (*Eph* 1,10), er ist personales Symbol, »das die Gesamtheit seiner in Raum und Zeit von Gott zerstreuten Abbilder in sich rekapituliert, d. h. vor- und urbildlich zusammenfaßt« (Korvin-Krasinsky).
Die → Analogie zwischen Mensch und Weltall wurde sowohl von Platon als auch den Stoikern betont. Nach dem Konfuzianismus ist es des Menschen höchste Aufgabe, sein persönliches Tun dem himmlischen anzugleichen und damit die Harmonie zwischen Makro- und Mikrokosmos herzustellen. Dem dient auch die von allen Religionen erstrebte Korrespondenz zwischen den beiden Welten: »Wie im Himmel oben also auch auf Erden«. Die KREISrunde Anlage menschlicher Siedlungen (altiran. Königsresidenzen, älteste röm. Städte, Werftanlage der Häuptlinge bei den Herero, Zeltlager der Sioux) war *imago mundi.*
Dem hellenistischen Zeitalter war es eine geläufige Vorstellung, daß

der Mensch ein Abbild des TIERKREISES sei. Durch das Hineinstellen der menschlichen Gestalt in den Zodiakus (Mithras, Kronos, Aion) ergibt sich die Zuordnung einzelner TIERKREISBILDER zu den Körperteilen, wie sie in der astrologischen Medizin eine Rolle spielt: WIDDER – Kopf, STIER – Hals, ZWILLINGE – Lunge und Arme, KREBSE – weibliche Brüste und Magen, LÖWE – Herz, JUNGFRAU – Darm, WAAGE – Niere und Lenden, SKORPION – Genitalien, SCHÜTZE – Oberschenkel, STEINBOCK – Knie, WASSERMANN – Unterschenkel, FISCHE – Füße. Überhaupt beruht die ganze → Astrologie auf dem Gedanken des M.-M. Dem christlichen MA (z. B. → Hildegard von Bingen) galt der Mensch als eine Welt im kleinen; er hat Anteil an allen 4 ELEMENTEN: Luft – Atem und Geräusch; Feuer – Wärme, Augenglanz und Bewegung; Wasser – Speichel und Blut; Erde – Fleisch und Knochen; die 7 Öffnungen des Kopfes wurden mit den 7 PLANETEN in Verbindung gebracht.

Nach → Agrippa von Nettesheim spiegelt der Mensch in seinen aufeinander abgestimmten Bewegungen die Harmonie des Kosmos wieder. Ein besonderer Anhänger der M.-M.-Idee war → Paracelsus, der u. a. von astralen Bedingungen verschiedener Krankheiten sprach. [Lr]

G. P. Conger, Theories of macrocosms and microcosms in the history of philosophy, New York 1948; A. Olderud, L'idée de macrocosmos et de microcosmos dans le Timée de Platon. Étude de mythologie comparée, Uppsala 1951; K. Strüwe, Formen des Mikrokosmos. Gestalt und Gestaltung einer Bilderwelt, 1955; M.-L. von Franz, Die alchemist. M.-M.-Idee im Lichte der Jungschen Psychologie (Symbolon 1) 1960; C. v. Korvin-Krasinsky, M. u. M. in religionsgeschichtl. Sicht, 1960; M. M. Hare, Microcosm and macrocosm. An approach to the synthesis of the real, New York 1966.

**Malerei.** Ein Gemälde besteht aus 4 Grundelementen, von denen jedes eine symbolische Bedeutung besitzen kann. 1. Das Motiv. Alle Darstellungen mit religiösem Inhalt, in Ost und West, haben in gewissem Sinne eine symbol. Bedeutung, man denke – um nur zwei »Pole« herauszugreifen – an ein Bild des → Zen-Buddhismus oder an eine goldene → Ikone einer Madonna mit Kind, in der sich menschliche und göttliche Liebe überkreuzen, und die von den Gläubigen als ein hl. Objekt angesehen wird, weil die Figuren darin heilig sind. Selbst wenn das Motiv eines Gemäldes nicht symbolisch zu sein scheint, funktioniert es doch auf dem höheren allegorischen Niveau der bewußten wie auch unbewußten Intention des Künstlers. Gegenstände, die uns einfach und alltäglich vorkommen, können in Wirklichkeit mit tiefgründigem Symbolgehalt beladen sein. Ein BAUM mag wohl die Rettung bedeuten (Daphne), die Erleuchtung (Buddha), Kraft, Jugend, Nationalismus (deutsche Eiche) oder auch den Baum des Lebens. Ein SPIEGEL symbolisiert die Wahrheit, die Eitelkeit oder das Auge Gottes, und ein VORHANG kann ein Geheimnis oder eine Einweihung andeuten. Man denke an die zahlreichen → Mariensymbole, die dem modernen Menschen oft nichts mehr sagen, da er den »Schlüssel« zu dieser Symbolsprache verloren hat. Auch die → Stilleben können dem Kundigen mehr »offenbaren« als einem oberflächlichen Betrachter. Während der → Renaissance war es für Mäzene üblich, Gemälde mit Symbolen in Auftrag zu geben, die eine tiefere und andersartige Bedeutung enthielten, eine Bedeutung, die nur ihnen und in klassischer Mythologie belesenen Personen verständlich waren.

2. Der Stil. Die Art und Weise, in der man ägyptische Adlige darstellte, ist in sich selbst symbolisch. Man zeigte sie nicht, wie sie wirklich aussahen, vielmehr deuteten ihre stilisierten → Porträts, ihre flachen zweidimensionalen Körper, ihre steifen Haltungen und ein wenig erhobenen Häupter auf ihre Schattenexistenz zwischen Leben und Tod hin. Diese Haltung steht in starkem Widerspruch zum klassischen Stil Griechenlands, dessen gesunde, nackte und muskulöse Jünglinge dem Leben und dem Tod in gleicher Ruhe entgegensehen. In chinesischen Sunggemälden des 12. Jh. stellt man den Menschen typischerweise als äußerst klein in ungeheuer großen Berglandschaften dar, als ob er mit diesem die Unendlichkeit andeutenden Panorama verschmelzen wolle. Dagegen erscheint der Mensch in der westlichen Kunst gewöhnlich größer, und die Natur funktioniert mehr als eine Kulisse, ein Symbol für des Menschen Oberhand über sie. Stil enthüllt genau so viel von der symbolischen Absicht wie das Motiv, aber auf weit diskretere Weise. Man vergleiche ein Gemälde des → Barock mit einem der nordischen Renaissance; beide mögen als Altarstücke dienen, und beide enthalten vielleicht dieselben hl. Figuren: Im Barockgemälde voll strotzender Formen, oft kraftvoll verzerrt, mit einem dunklen dramatischen Hintergrund, blitzenden Lichtern und sinnlichen Gesichtsausdrücken; in der M. der nordischen Renaissance des 15. Jh. ruhig dasitzend oder stehend, wie schmale, längliche Holzschnitzereien völlig voneinander isoliert, der Hintergrund meist einheitlich hell und die schattenlosen Gesichtsausdrücke klar, heiter und keusch.

3. Von großer symbolischer Bedeutung ist auch die Komposition einer Bildszene. Stockwerkartig in ZONEN aufgeteilte Kompositionen symbolisieren oftmals verschiedene Niveaus der Existenz oder der Erfahrung, wie auch die traditionelle Einteilung in Unterwelt, Erde und Himmel; die unteren Zonen mögen dabei die biologische Existenz andeuten, die höheren dagegen das geistige Leben. Ein Nachdruck auf QUADRAT- und Würfelform bezieht sich auf die Erde (die Unpersönlichkeit in moderner M.), während das DREIECK seit Pythagoras für die Vollkommenheit symbolisch ist. Daraus läßt sich erklären, daß so viele hl. Szenen des Christentums in Dreiecksform komponiert wurden. Das TONDO ist ein weiteres bedeutungsträchtiges Symbol für die Existenz Gottes, für die Ewigkeit und kosmische Harmonie. In einem Gemälde kann der Nachdruck auf das HORIZONTALE für Stabilität und Frieden symbolisch sein, die Betonung des DIAGONALEN bedeutet Dynamik und Unruhe, und die des SENKRECHTEN weist auf übersinnliche Bestrebungen wie z. B. die der Gotik.

4. Das Farbenschema verleiht einem Gemälde nicht nur seinen gefühlsmäßigen, sondern auch einen symbolischen Ton. Farben lassen sich in warme (z. B. Rot, Orange, Braun) und kalte (wie Blau und Grün) einteilen, dabei jede mit besonderer visueller und gefühlsmä-

ßiger Wirkung. Ganz allgemein ist in unserer westlichen Kultur ein DUNKLES Farbenschema für das Geheimnisvolle symbolisch, ein HELLES für Leben und Vitalität. Das Helldunkel (Chiaroscuro) erhöht noch das Plastische der Formen (z. B. bei Masaccio oder Leonardo), aber man kann es auch sehr effektiv dazu benutzen, das Licht der Seele anzudeuten (Rembrandt). WEISS ist Symbol für das Licht Gottes, für Unendlichkeit, Reinheit oder Wahrheit. SCHWARZ dagegen hat eine ewig zurückweichende, raumverzehrende oder nicht verzehrende Bedeutung; der Absicht des Künstlers gemäß kann es auch auf die Unterwelt oder den Tod hinweisen. Jede Farbensymbolik ist kulturbedingt. Im Okzident ist WEISS die Farbe der Freude und Lebensbejahung, während sie in China die Farbe des Trauerns ist. GELB, als Ersatz für das Gold des unbestechlichen Himmelreiches, bedeutet die Sonne, Gott, Intelligenz, aber auch Neid und im MA Gefahr und Pest. GRÜN ist ein Symbol für Wachstum, Leben und Hoffnung, BRAUN ist die Farbe der Erde, und ROT ist seit prähistor. Zeit die bevorzugte Farbe für das Leben. Abgesehen von traditioneller und kulturbedingter Symbolbedeutung bleibt die Farbe der persönlichen Intention des Malers unterworfen. → Kunst [Fi]

Aug. Ebert, Geheimnisse i. den Bildern alter Meister, 1955; D. Hirst, Hidden riches. Traditional symbolism from the Renaissance to Blake, London 1964; M. Lurker, Symbol, Mythos u. Legende i. d. Kunst, [2]1974 (mit weiteren Literaturangaben); Fr. Klauner/G. Heinz, Vom Himmel durch die Welt zur Hölle. Inhalt u. Sinn von Gemälden, 1987.

**Mallarmé**, Stéphane, 18. 3. 1842 Paris – 19. 9. 1898 Valvins bei Fontainebleau, französischer Dichter, bedeutendster Repräsentant und Lehrmeister des → Symbolismus. Huldigt in seiner hermetischen, ontologischen, den Dualismus zwischen realer Außenwelt und Welt des Absoluten reflektierenden Lyrik einer subjektiven, autarken, oft nicht mehr deutbaren Symbolik. Nicht das Benennen, sondern das Suggerieren konstituiert für ihn das Symbol: »Nach und nach wird ein Gegenstand evoziert, um einen Seelenzustand zu zeigen, oder umgekehrt es wird ein Gegenstand gewählt und mit seiner Hilfe ein Seelenzustand in allmählicher Dechiffrierung bloßgelegt«.

Einfache Gegenstände der Alltäglichkeit (Konsole, Lampe, Spiegel, Fächer, Vase) werden durch Entdinglichung und dadurch bewirkte Annäherung an das Nichts ( = absolute Sein) zu Symbolen für das Streben nach dem Absoluten, der reinen Idealität, welche aber nur in der Negativität, dem *Néant*, erfahren werden kann, von wo aus für M. erst die »Schönheit« zu gewinnen ist. FENSTER und SPIEGEL sind hierbei »Symbole für den Durchblick ins Unendliche der Transzendenz« (H. Friedrich). Die als Nicht-Sein begriffene Idealität (in Ms. Symbolsprache: Traum, Ideal, Azur) wird mit statischen Reinheitssymbolen versinnbildlicht: Leere, Unberührtheit, Jungfräulichkeit, Sterilität, daneben Winter, Nacht, Schnee, Gletscher usw.

Ms. Dichtungen thematisieren auch den dichterischen Schaffensprozeß. Ob als SCHWAN (die dichterische Sterilität symbolisierend) oder als Hamlet (in der Spannung zwischen Absolutem und der Welt) oder als FAUN, der nach einer entgleitenden Wirklichkeit greift, immer strebt der Dichter nach Aufhebung der Materialität, um zur *notion pure* vorzudringen. Trotz des absoluten Anspruchs Ms., den *Hasard* (Zufall) als Symbol der Kontingenz, der bloßen Realität zu überwinden, erkennt M. letztlich, daß der dichterische Versuch nur ein Würfelwurf ist, der den *Hasard* nicht aufzuheben vermag: *Un coup de dés jamais n'abolira le hasard.* [Loe]

A. Thibaudet, La Poésie de St. M., 1926; S. Johansen, Le Symbolisme. Etude sur le style des symbolistes français, 1945; J. Gengoux, Le Symbolisme de M., 1950; A. Ayda, Le Drame intérieur de M. ou l'origine des symboles mallarméens, 1955; K. Wais, M., [2]1952; G. Davies, M. et le drame solaire, 1959; J.-P. Richard, L'Univers imaginaire de M., 1962; H. Friedrich, Die Struktur der mod. Lyrik, [9]1966; M. Hamburger, Die Dialektik der mod. Lyrik, 1972.

**Mandäer**, kleine Taufsekte im südlichen Iraq. Sie besitzen eine große Anzahl heiliger Schriften. Ihr synkretistisches gnostisches System ist vielschichtig, ein noch erkennbarer Grundbestand ist recht alt und geht bis in die Zeitwende zurück. Die Vorfahren der M. saßen damals in Palästina. Verbindungslinien führen zum Essenertum und zum Urchristentum. Hochbedeutsam ist ihr Ritual; es ist ein Taufritual, das immer das sakrale Mahl einbezieht und auf Aufstieg und Verklärung abzielt. Für die Erkenntnis der syrisch-palästinensischen → Gnosis können die mandäischen Texte und Überlieferungen Wesentliches beitragen. Die Forschung ist noch im Fluß, vieles noch umstritten.
Zu den esoterischen Schriften der M. gehört die Beschreibung der rituellen Krönung des PRIESTERS, der eine Verkörperung des »verborgenen ersten Adam« ist. Dieser mythische → Urmensch gilt als eine leuchtende Gestalt und ist → Makro- und Mikrokosmos in einem. Das Taufritual vollziehen die M. öfter, eine besonders gesteigerte Form ist die »Totenmesse«. Sie ermöglicht dem Toten den Aufstieg durch die verschiedenen Stationen des Jenseits. [Hu]

E. S. Drower, The Mandaens of Iraq and Iran, 1937, Neudruck 1962; G. Widengren, Die M. (Hdb. d. Orientalistik I, Bd. 8, 2. Abt.) 1961; O. Huth, Das M.problem (Symbolon 3) 1962; K. Rudolph, Die Religion der M. (Die Religionen d. Menschheit, Bd. 20, 2. Teil) 1970; Sv. S. Hartman, Der Mandäismus (Hdb. d. Religionsgesch., Bd. 3) 1975; G. Widengren, Der Mandäismus, 1982.

**Mandala.** Das Wort, das im Sanskrit KREIS bedeutet, entwickelte sich in den letzten Jahrzehnten zu einem allgemeinen Begriff der Religionswissenschaft und Psychologie (u. a. als Symbol der → Ganzheit). – Im folgenden soll aber nur vom M. in dem Sinne gesprochen werden, wie es in den indo-tibetischen Kulturen verwendet wird. Dabei soll gewissermaßen der Idealtyp eines M. vorgestellt werden, von dem es zahlreiche Abwandlungen gibt, deren Symbolik jedoch im wesentlichen immer dieselbe bleibt.
Rein äußerlich ist ein M. daran erkenntlich, daß einem oder mehreren konzentrischen Kreisen ein Quadrat eingeschrieben ist. Im tibetischen Buddhismus, wo das M. uns am besten erhalten ist, wird der äußerste Kreis von einem FEUERRING gebildet. Er bezeichnet das Bewußtsein, in welchem das Unwissen verbrennt, gleichzeitig werden damit alle Hindernisse ausgesperrt. Sodann folgt ein Kreis von *vajras*, Diamanten, die die unerschütterliche Einsicht, die höchste Erleuchtung, identisch mit dem kosmischen Bewußtsein

eines → Buddha, versinnbildlichen. Was innerhalb des Diamant-Kreises ist, ist vom Raum-Zeit-Kontinuum ausgenommen. Der nach innen folgende Lotos-Kreis deutet auf die spirituelle Wiedergeburt hin – der LOTOS als Symbol der Reinheit, der aus dem Sumpf erwächst, selbst aber makellos bleibt. Innerhalb dieses Kreises können die acht LEICHENSTÄTTEN dargestellt sein. Jeder Himmelsrichtung ist eine zugeordnet. Sie bezeichnen acht Bewußtseinszustände: die fünf Sinnesbewußtsein und drei Arten des Bewußtseins oder des Geistigen an sich. Diese acht Bewußtseinszustände schaffen die Welt in ihrem leidhaften, vergänglichen Sinn *(samsāra)*, in den Leichenstätten nur zu augenfällig dokumentiert. Andererseits sind dies Stätten, wo der Yogi nach der höchsten Wahrheit sucht und somit die Wandelwelt als Schein enthüllt und sie in Irrelevanz auflöst.

Das eigentlich Innere des M. ist ein VIERECKIGES GEBÄUDE *(vimāna)*, dessen Außenmauern mit den verschiedensten Glückssymbolen (Lotos, Paradiesbäume mit Krügen voll Nektar, die acht Glückszeichen) geschmückt und von je einem Tor unterbrochen sind. Dieses Gebäude ist Götter- und Königspalast, die »heilige Stadt«, die »Gralsburg«, das innere Sein des Menschen, vom Wandel und Leid der Sinnenwelt unberührt. Formal und im Kult lassen sich diese Vorstellungen mit den vorderorientalischen Stadtkulturen in Verbindung bringen. – Als Brennpunkt des reinen Seins *(tathāgatagarbha* »Buddha-Keim«), im Zentrum des Götterpalastes, ist das Abbild der absoluten Wirklichkeit. Im → Buddhismus ist dies der Buddha, dargestellt in einem seiner vielfältigen Aspekte, sei er schreckerregend oder friedvoll, heroisch-einsam *(ekavīra)* oder geeint mit der höchsten Weisheit *(yuganadha)*, versinnbildlicht als FRAU. Im Hinduismus nimmt → Shiva diese Stelle ein. – In der Meditation visualisiert der Yogi das M., erkennt zunächst, daß es wahrhaftig das All ist und dieses sich in ihm widerspiegelt. Schließlich schaut er die Identität von Kosmos, Buddhas und Selbst. So ist das M. das Hilfsmittel für die große Verwandlung. [Da]

G. Tucci: The Theory and Practice of the M. 1961; R. Goepper, M.-Darstellungen im esoter. Buddhismus Japans (Symbolon NF 1) 1972; C. G. Jung: M. – Bilder aus dem Unbewußten, 1977; J. N. Powell, M.s. The dynamics of Vedic symbolism, The Hague 1981.

**Mandel.** Im Orient blüht der M.baum bereits im Januar, daher die hebräische Bezeichnung *schaqed*, d.h. »der Wachsame«; dem Propheten Jeremia (1,11) erschien der über sein Wort wachende Gott als ein zur Blüte erwachter M.baum. Wie der M.baum unter allen Bäumen als erster blüht, so soll der Stamm Levi durch seinen Dienst an Gott der erste sein: Aarons Stab hatte Blüten getrieben und M.n zur Reife gebracht (4 *Mos* 17,20–23). Bei den Kirchenvätern galt der M.zweig und seine Frucht als Symbol des Priestertums. Die süße Frucht in der harten Schale wurde zu einem Sinnbild der Inkarnation Christi, dessen göttliche Natur in der menschlichen verborgen ist. [*]

**Mandorla,** Mandelglorie, gehört zum Vorstellungskreis der Lichtsymbolik der Gottesgestalt, darüber hinaus aber auch auf die Inkarnation Christi und auf die Jungfräulichkeit Marias hinweisend (→ Geburtsorgan). Während der → Nimbus nur das Haupt umgibt, umrahmt die M. die ganze Figur als mandelförmige Lichthülle. Ist diese kreisrund, spricht man besser von Aureole; sie findet sich bei Christussymbolen (Monogramm, Gotteslamm, Kreuz) und bei Darstellungen der Höllen- und der Himmelfahrt Christi (z. B. Isenheimer Altar zu Colmar, auch in der Ikonenmalerei). In der abendländisch-mittelalterlichen Kunst umgibt die M. vor allem die Maiestas Domini oder Maria mit dem göttlichen Kinde. [Lr]

**Manichäer**, Anhänger des Mani (3. Jh. n. Chr.), breiteten sich von Persien bis Spanien und China aus und beeinflußten u. a. auch die Lehre der → Bogumilen. Die wesentliche Grundlage ihrer Lehre bildet der Lichtmythos, der sich in zahlreichen Metaphern, Bildern und Symbolen ausdrückt. LICHT und Finsternis sind die beiden Grundprinzipien, die das Gute und das Böse (die Materie) symbolisieren. Mani beschreibt im »Buch der Giganten« das Gute auch als BAUM des Lebens, der den Osten, Westen und Norden innehat, während der Baum des Todes als Symbol des Bösen den Süden einnimmt. Die Vorliebe des Manichäismus, abstrakte Ideen in räumliche Anschauung umzusetzen, führte zur Vorstellung der beiden Reiche des Guten und Bösen als Lichtfläche oder Land des Lichts, in das sich von der unteren Südseite her, nach einem Bericht des zeitweiligen Manichäers Augustinus, das Böse wie ein dunkler Keil hineindrängt, um sich mit dem Licht zu vermischen. SONNE und MOND werden als Lichtschiffe bezeichnet, da sie die von der Erde aufsteigenden Lichtpartikel zum Lichtparadies bringen. Bilder aus dem Schiffahrtswesen sind auch sonst nicht selten, z. B. wenn die Seele mit einem SCHIFF auf dem Ozean des Lebens verglichen wird. Ein riesiges kosmisches RAD schöpft wie ein Wasserrad die Lichtpartikel von der Erde durch die Lichtsäule zu den Lichtschiffen empor. Neben dem großen kosmischen Rad wirken Wind, Wasser und Feuer als Räder bei der Befreiung des in der Welt verlorenen Lichts, wodurch die Welt den Charakter einer kosmischen Maschine bekommt. Die ganze Welt erscheint als KREUZ DES LICHTS: der besonders in Bäumen und Pflanzen lokalisierte leidende Teil der Weltseele, der Jesus *patibilis*, stellt in seinem historischen Leiden am hölzernen Kreuzesbaum nur den symbolischen Sonderfall einer allgemeinen kosmischen Kreuzigung des Lichtes dar.

Mehrfache Bedeutung legten die M. dem DREIECKsymbol bei. Augustinus berichtet einerseits, die Sonne sei als Dreieck symbolisiert worden, andererseits sei es ein abzulehnendes Trinitätssymbol der M. gewesen. Die manichäische Kosmologie teilte die Welt in vier Teile ein, indem sich die Erdteile wie zwei Doppeldreiecke gegenüberliegen. Als JUNGFRAU bezeichnete man symbolisch die Seele des »Vaters der Größe«, die Weltseele. Zwölf Jungfrauen entsprachen zwölf Tugenden, die zwölf Lichtjungfrauen den zwölf Tierkreiszeichen. Für die Fünfzahl und die ZWÖLFZAHL bestand eine besondere Vorliebe, so daß man eine symbolische Bedeutung vermuten kann, obwohl diese nicht deutlich ausgesprochen wird. Auch Gruß- und Kultformen der M. konnten symbolische Funktion für mythische Vorgänge annehmen. So z. B. gaben sich die M. zur Begrüßung die RECHTE HAND, da in ihrem Mythos der Lebendige Geist dem Urmenschen die rechte Hand gereicht und ihn daran aus der Finsternis emporgezogen hatte. Es soll zum Ausdruck gebracht werden, daß der M. ebenfalls aus der Finsternis erlöst wurde und auf die RECHTE SEITE gehört, d. h. zur guten und richtigen Seite der manichäischen Kirche, nicht zur Häresie. Der Mensch als Mikrokosmos spiegelt den Makrokosmos.

Augustinus tadelte die M., weil sie das Geistige sinnlich und körperlich ausdrückten und sinnliche Bilder nicht vermieden. Die starke Beziehung zum Bild geht auf Mani selbst zurück, von dem eine besondere Neigung zur Malerei berichtet wird. Er versah seine Bücher teilweise selbst mit Illustrationen zur Veranschaulichung für die Ungebildeten. Bei vielen Einzelzügen des manichäischen Kunstmythos bleibt es eine offene Frage, wie weit an reale Vorgänge und Strukturen gedacht ist und wie weit man Symbolik annehmen kann. Wahrscheinlich ist der manichäische Mythos weitestgehend symbolisch zu verstehen. [Schn]

Ch. R. C. Allberry, Symbole von Tod u. Wiedergeburt im Manichäismus. (Eranos-Jb. 7) 1939; G. J. D. Aalders, Le triangle comme le symbole du soleil chez les Manichéens. (Vigiliae Christianae 14) 1960; Der Manichäismus. Hg. v. G. Widengren, 1977.

**Männerbünde** → Geheimbünde

**Männlich-Weiblich.** Die von allen Völkern erkannte → Polarität des Daseins findet sich auch in der Dualität der Geschlechter. Während die Urzeit häufig mit einem androgynen Gottes- und Menschenbild verknüpft wird (→ Androgynität), ist die Erschaffung und Entfaltung der Welt durch die m.-w.e Grundspannung bedingt. Mit der Erschaffung von HIMMEL und ERDE (oder in bestimmten Mythenkreisen mit ihrer Trennung) treten erstmals die m.e und die w.e Seinskomponente in Erscheinung. Die Vereinigung des m.en Himmels und der w.en Erde (Kopulation durch Tau, Regen, Sonnenstrahlen) ist das Urbild der Ehe und Vorbild des → *hieros gamos.*

In der chines. Tradition wird der Himmel mit dem AKTIVEN, Schöpferischen, Männlichen gleichgesetzt, die Erde mit dem PASSIVEN, Empfangenden, Weiblichen (Symbolik von Yang und Yin). Der Himmel als → Vater und die Erde als → Mutter sind die Eltern der Welt; auch SONNE und MOND können in dieser Funktion auftreten. Bei zahlreichen Völkern gilt die Sonne als m., der Mond als w. In Polynesien ist Maui der Sonnengott, seine Gattin ist die Mondfrau Hina. In der Alchemie ist die Sonne dem Mann, der Mond der Frau zugeordnet; in der christl. Ikonographie läßt sich dieselbe Beziehung bei Christus und Maria nachweisen. Michelangelo personifizierte den TAG durch einen Mann, die NACHT durch eine Frau (Florenz, Grabkapelle der Medici). Das zum Himmel gerichtete FEUER gilt als m.es Element, das der Erde verschwisterte WASSER als w.es.

Im mythischen Denken ist die

Verbindung des Mannes mit Himmel-Sonne-Licht, die der Frau mit Erde-Mond-Dunkel ohne jegliches Werturteil; beide Pole sind gleichwertig und bilden erst in ihrer Vereinigung eine → Ganzheit. Nach altindischer Lehre wird die Welt wie auch der Mensch von dem ROTEN Sonnenstrom und dem WEISSEN Mondstrom durchflutet, d. h. jeder Mensch enthält M.es und W.es zugleich. Beide Farben finden sich auch sonst in der Geschlechtersymbolik; Texte mittelalterl. Philosophen unterscheiden den *vir rubeus* von der *femina alba;* Rot ist die Farbe des m.en Krieges, Weiß die Farbe des w.en Friedens. Ein anderes geschlechtsbezogenes Farbenpaar ist das dem Himmel zugehörige BLAU und das der Erde zugeordnete ROT – bis heute in der Babykleidung Kennzeichen für Knaben und Mädchen.

Bei Aristoteles – in seinen Ausführungen über die Zeugung *(De gen. anim.* I, II, 716a; I, XX, 729a) – ist das M.e die spezifische FORM, das W.e die MATERIE. Spätere Zeit wollte auch in der binären Formel *logos – bios* das Sich-Ausdrücken der den Kosmos durchziehenden geschlechtlichen Grundspannung erkennen. In der Patristik (Tertullian, Augustinus) wird das Verhältnis von GEIST *(spiritus)* und SEELE *(anima)* unter dem Bild der HOCHZEIT aufgefaßt.

Sofern das M.e als Urheber allen Werdens erkannt wird, fällt ihm eine Vorrangstellung zu; als schöpferisches Prinzip ist es das Erste, das Eine, das durch Schöpfung oder Emanation die Welt als Zweites, Anderes hervorgehen läßt. Adam war der erste Mensch, aus dem Eva als das Zweite erschaffen wurde. In der Zahlensymbolik gilt die EINS (und mit ihr alle ungeraden Zahlen) als m., die ZWEI (und die geraden Zahlen) als w. Im I-Ging sind die ungeraden Zahlen und der ungebrochene Strich ( – ) dem Yang zugeordnet, die geraden Zahlen und der geteilte Strich ( -- ) dem Yin. Eine Sexualbedeutung der Zahlen findet sich bei vielen Völkern, von Bachofen bereits für den altägäischen Raum nachgewiesen. Bei den Bambara (Westsudan) ist die DREI Symbol des m.en Geschlechts, die VIER des w.en; die SIEBEN (3+4) stellt den vollkommenen Menschen dar.

Die Symbole des Mannes sind Werkzeuge und Waffen, mit denen er die Welt gestaltet; die der Frau deuten auf eine bewahrende, behütende Aufgabe. Die m.en Symbole (wie Pflug, Hammer, Pfeil, Schwert, Speer) deuten das Bewegliche, Eindringende an; die w.en Symbole (Schale, Kessel, Schiff, Haus) das Bergende, Empfangende. In Altägypten war HAUS zugleich ein Bild für den Mutterschoß; der Name der Göttin Hathor bedeutet »Haus des Horus«. Gefäß, Haus und Grab gehören zur mütterlichen Symbolik der Hohlräume. Die ägypt. Himmelsgöttin Nut galt als in Dunkel gehüllter SARG, aus dem der Tote – gleich dem Sonnengott Re – zu neuem Leben erwacht. Im apokryphen Protoevangelium des Jakobus, bei Origenes und in der byzantin. Kunst wird die Geburt Christi in eine HÖHLE verlegt.

Wie die fruchttragende Erde ein Sinnbild des W.en ist, so auch die PFLANZE. Der Schicksalsverbundenheit zwischen Frau und Pflanze entspricht die zwischen Mann und TIER. Auf der m.en Seite besteht zwischen Töten und Zeugen ein so enger Zusammenhang, daß der Zeugungsvorgang selbst verschiedentlich als Tötung erscheint. »Das Erleiden als Getötet- oder Geraubtwerden ist dagegen w.es Schicksal« (F. Herrmann). Der TOD steht auf der femininen Seite des Seins; die große Gebärerin Erde ist auch die große Verschlingerin. Bei den Azteken war Coatlicue sowohl Erd- als auch Todesgöttin. Die indische Kali, auch Parvati (Bergtochter) genannt, ist nicht nur Lebensspenderin, sondern auch die Zerstörerin. Die oriental. Muttergöttinnen gebären ihre Söhne (Vegetationsgötter), um dann ihren Tod zu beweinen; die gestorbenen Söhne aber sind es, die wieder auferstehen, d. h. sich dem Himmel, dem Licht, dem LEBEN zuwenden. Das große Mysterium von Mann und Frau in ihrer Verbindung mit Leben und Tod fand in den christl. Vesperbildern (schmerzergriffene Maria mit dem toten Sohn auf dem Schoß; Pietà des Michelangelo) seinen ergreifendsten Ausdruck. In gewissen esoterischen Kreisen gilt Christus, der ja auch nach offizieller Lehre mit dem Vater eins ist, nicht nur als Sohn, sondern auch als Vater und Bräutigam der Maria bzw. der symbolisch mit ihr austauschbaren Ekklesia. → Sexualsymbolik [Lr]

M. Mead, Male and Female, 1949; Ph. Lersch, Vom Wesen der Geschlechter, ²1950; F. Herrmann, Zur Beurteilung der Sexualsymbolik bei Naturvölkern (Studium Generale 6) 1953; H. Baumann, Das doppelte Geschlecht. Ethnolog. Studien zur Bisexualität in Ritus u. Mythos, 1955; J. Evola, Metaphysik des Sexus, 1962; U. Pestalozza, L'eternel feminin dans la religion méditerranéenne, Bruxelles 1965; E. Benz, Ist der Geist männlich? Logos – Sophia – Hl. Geist (Antaios 7) 1966; M. Lurker, Symbol. Mythos und Legende in der Kunst, ²1974 (201–210); K. Lüthi, Gottes neue Eva. Wandlungen des Weiblichen, 1978.

**Mantel.** Die Vorstellung von der Natur als einem → Kleid der Gottheit ist bei mehreren alten Völkern nachweisbar; dementsprechend erhielt auch der göttlich verehrte Herrscher einen mit den Gestirnen verzierten M. (→ Herrschersymbole, letzter Abschnitt). Als *virgo caelestis* wird Maria in Verklärungs-, Himmelfahrts- und Krönungsbildern öfters im blauen, goldgestickten Sternenmantel dargestellt. Im MA rechtssymbolische Bedeutung, wenn der Vater das zu adoptierende Kind unter seinen M. nahm; hochgestellte Frauen konnten Verfolgten unter ihrem M. Schutz gewähren – im 12./13. Jh. in Legenden auf Maria übertragen. Die ältesten erhaltenen Darstellungen der Schutzmantelmaria stammen aus dem späten 13. Jh. Das Schutzmantelmotiv findet sich auch bei der hl. Ursula und der hl. Odilia. → Martin [Lr]

R. Eisler, Weltenm. u. Himmelszelt, I–II, 1910; V. Sussmann, Maria mit dem Schutzm. (Marburger Jb. f. Kunstwiss. 5/1929); J. Seibert, Schutzmantelschaft (LChrI 4) 1972.

**Marc,** Franz, 1880 München – gefallen 1916 vor Verdun. Unter Zurückstellung naturalistischer Einzelheiten entwickelte er einen expressionistischen Stil und widmete sich mit geradezu franziskanischer Liebeskraft der Darstellung von Tieren; die mit ihm befreundete Dichterin Lasker-Schüler schreibt: »Er war der, der die Tiere noch reden hörte«. In der Kreatur erblickte M. das Unberührte, Reine und Gute; die Tiere wurden bei ihm zum »Symbol unschuldsvoller Frömmigkeit und schöpfungsnahen Seins« (Paul Vogt). Vor allem Reh und Pferd erscheinen als sinnträchtige Chiffre, als

Symbol geschöpflichen Lebens und Leidens, wobei auch den von der Natur abweichenden Farben eine bestimmte Bedeutung zukommt. An seinen Malerfreund August Macke schrieb M.: »Blau ist das männliche Prinzip, herb und geistig«, das weibliche Prinzip (»sanft, heiter, sinnlich«) erblickte er in Gelb, während Rot »die Materie, brutal und schwer« andeutet. Bei einem der bekanntesten Gemälde, dem *Turm der blauen Pferde* sind die Mondsichel auf dem Tierkörper und der Regenbogen am Horizont Hinweis auf die kosmische Verbundenheit. Die Bedrohung der Tierwelt durch den Menschen wird durch spitzwinklige, an Blitze erinnernde Strahlenbündel ausgedrückt *(Tierschicksale)*. Das an sich reine Tier kann auch zum Vollzugsorgan göttlichen Zorns und damit zu einem Unheilssymbol werden, wie M. bei dem Bild *Wölfe* mit dem Untertitel »Balkankrieg« erkennen läßt. Von apokalyptischer Bildkraft ist *Tirol:* die verkohlten Bäume deuten auf Untergang und Tod; Erde und Himmel scheinen in Trümmer zu sinken; die – von M. nachträglich eingefügte – Madonna auf der Mondsichel ist Zeichen der endzeitlichen Rettung. [Lr]

W. Macke (Hg.), August Macke, F. M., Briefwechsel, 1964; P. Vogt, Gesch. d. dt. Malerei im 20. Jh., 1972; K. Lankheit, Franz M., 1976; Chr. Wilhelmi, Hb. der Symbole in der bild. Kunst des 20. Jh., 1980.

**Märchen.** Grundlegend L. Schmidt: »Die Einordnung einer Volkserzählung als »Märchen« ist im Sinn einer wissenschaftlichen Kennzeichnung einer Erscheinung notwendig, . . . jedoch ist der Begriff in Wirklichkeit mehr als Wortprägung vorhanden denn als definierte Tatsache. Die Welt der Volkserzählung nun ist keine Welt des Zaubers, sondern die einer anderen Wirklichkeit; wir befinden uns in der Welt der Symbole, der kennzeichnenden Bilder, welche ihre Bedeutung in sich tragen.« Im Sinne der idealistischen Philosophie der Zeit (Friedrich Creuzer: der Symbolik des Mythos liegt ein »Gefühl des Unendlichen« in den Anfängen der Menschheit einerseits und das Fehlen eines adäquaten Vokabulars zur Vermittlung dieses Gefühls andererseits zugrunde) war die Phantasie »die eingeborene Kraft des Wiederfindens urbildlicher Strukturen«, und die M. waren ein Niederschlag von »bildhafter Auffassung übersinnlicher Dinge« (J. Grimm). Bereits damals war man überzeugt davon, daß im M. keine beliebige Aneinanderreihung von Bildern vorliegt, sondern daß die Formgebung konsequent ist, der Ablauf mit innerer Gesetzmäßigkeit erfolgt und die Strukturgesetzlichkeit ein bestimmtes Ziel in sich trägt.

Die Symbolik der M. wird nun verschieden aufgefaßt und interpretiert. Einen breiten Raum nahmen in den vergangenen Jahren die psychologischen M.deutungsversuche ein. So stellte man (O. Stumpfe) eine Parallelität zwischen den persönlichen Werdestufen und den Handlungsabläufen der europäischen M. und einer gewissen allmenschlichen Einfachstsymbolik fest; allerdings habe man den Blick z. T. übermäßig auf innerseelische Abläufe gerichtet. Zu diesem Grundbestand an Symbolen gehören: die Tiere (einschl. des Un-Tiers Drache), die Zahlenverhältnisse (3, 7, 12), die großen Naturkräfte (der »Alte im Walde«, die Hexe, der Riese), die Elementarwesen (Zwerg, Elfe, Nixe), die Erdsubstanzen (Metalle und Kristalle), die Zonen des Menschenleibs (Kopf, Fuß, Herz), die Verhaltensweisen (z. B. Dummheit, List), die Wirk- und Seinsräume (Wald, Mühle, Unterwelt) und die Handlungsträger (der Jüngste, der Prinz, die Prinzessin). In der Durchführung sieht das z. B. so aus: Der »DÜMMLING«, der Tumbe, der scheinbare Tor ist der Stille, der Dienende; er kann warten. Später ist er mit viel mehr Wahrnehmungskräften und Kenntnissen gegenwärtig. Er kann sogar, wenn nötig, die Verhaltensweise der List anwenden. LIST ist der uralte Symbolbegriff für die relative Stellung des Menschen zur Natur. Letzterer kann diese List anwenden als Einzelner innerhalb eines Lebens oder im Vollzug der historischen Entwicklung der menschheitlichen Bewußtseinskraft als ganzer. An solchen entscheidenden historischen Übergängen berichten die alten Bildersprachen immer wieder von Symbol-Aktionen der »List«. → Odysseus ist hier die Repräsentanz der äußersten Nervenwachsamkeit des Menschen. Die List ist eine Darstellung der Wachheit des Menschen, rechtens angewendet, wenn sie durch die Überlistung der dumpfen Vegetativkraft der Natur (Riese Polyphem, Riese im »Tapferen Schneiderlein«) hinzielt auf Höheres. Der umfangreichste Versuch psychologischer M.deutung stammt von H. v. Beit, die den »Ort des Magischen« (z. B. Brunnen, Wald), die »Hauptgestalten des Magischen« (der dämon. Vater, die Große Mutter) und die »Suchwanderung« untersucht, wobei sie magisches Reich und Seelenland gleichsetzt und Überlieferungen des Volksglaubens in die Deutung miteinbezieht; z. B.: Der BRUNNEN, oft mit weiblich-mütterl. Qualitäten ausgestattet, deutlich hängen mit ihm Geburtsvorstellungen zusammen. Weitverbreiteter Glaube: Die kleinen Kinder kommen aus einem Brunnen; in Deutschland die »Hollenteiche« oder »Hollenbrunnen«, aus denen der Storch die Kinder holt. Zugleich Eingang zur Welt des Todes und der Nacht.

Leider ermangeln die psychologischen M.deutungen der Evidenz und die einzelnen Versuche widersprechen einander. Nach Röhrich ›nützt die Parallelschaltung von Märchen und Traum mehr dem Psychiater als dem M.‹. Anhand des »besonders kunstvoll gebauten« M. vom »Rumpelstilzchen«, an dem sich die Theorienbildung immer wieder entzündet hat (v. Sydow, Liungman) als »Fallstudie« zeigt Röhrich nun, daß gerade beim »Rumpelstilzchen« als einzigem M. wichtige Einzelelemente durch die Redaktion verändert (in der Urfassung wird Flachs statt Stroh versponnen, das Strohverspinnen als Arbeitstechnik hat es aber gegeben) und neue eingeschoben wurden. Manche Fassungen gehören eher zur Sage als zum M. (Bezug auf ortsansässige Personen, zum aktuellen Volksglauben, kein kunstvoller Aufbau, kein *happy-end*-Schluß bleibt offen etc.); zwei Gattungen gestalten also ein Motiv in unterschiedlicher Weise. Die Erforschung der M.motive muß also bei der genauen Untersuchung der Urfassung und den Varianten über die Gattung hinaus einsetzen. Die Frage der Herkunft – nicht im Sinne der früheren Forschung nach einer »Urheimat« – ist zu stellen: z. B. antike und christliche Motive im deutschen Märchen (Motiv des GORDISCHEN KNOTENS, der keine Allegorie, sondern das Symbol der geglaubten Bindung der Erdachse an das Himmelreich ist; Teufel als Märchenfigur). Eine Interpretation darf nur mit Hilfe aller Möglichkeiten – von der speziellen Erzählforschung über Volkskunde, Religionsgeschichte, Rechtsgeschichte etc. bis zur speziellen Symbolforschung – erfolgen. → Brüder (zwei) [EH]

L. Schmidt, Die Volkserzählung. M., Sage, Legende, Schwank, 1963; O. Stumpfe, Die Symbolsprache der M., 1965; H. v. Beit, Symbolik des M. Versuch einer Deutung., $^{2}$1960 (1. Aufl. 1952; 2. Band mit dem Titel »Gegensatz und Erneuerung im Märchen«, Bern 1956); L. Röhrich, Rumpelstilzchen. Vom Methodenpluralismus in der Erzählforschung (Schweiz. Arch. f. Volkskunde 68/69) 1972/73. H. Dieckmann, M. u. Symbole. Tiefenpsycholog. Deutung, 1977; A. Nitschke, Symbolforschung u. Märchenforschung (in: Beitr. zu Symbol, Symbolbegriff u. Symbolforsch., hg. v. M. Lurker), 1982; W. Scherf, Lexikon der Zaubermärchen, 1982; Weisheit im Märchen, hg. v. Th. Seifert, 1983 ff. (= Buchreihe); M. L. v. Franz, Psycholog. M.interpretation, 1986.

**Marduk**, dessen Namen sich die Sumerer als »KALB des Sonnengottes« zurechtlegten, war der Stadtgott des zunächst unbedeutenden Babylon. Mit dem Aufstieg der Hammurapi-Dynastie entwikkelte er sich zum Nationalgott Babyloniens. Die ihm ursprünglich zueigene Zahl 10 scheint auf seinen → Wettergott-Charakter hinzuweisen, doch wurde er durch seine Gleichsetzung mit dem → Enki-Sohn Asariluchi zum Gott der Beschwörungskunst, Krankenheilung und Weisheit. Der Rechtfertigung diente der Weltschöpfungsmythos Enuma elisch, in dem die Götter M. die höchste Gewalt übertragen und ihm nach seinem erfolgreichen Kampf gegen die Mächte des Chaos (Tiamat und ihre Helfer) als ihrem Retter huldigen. In M.s Haupttempel, Esangila von Babylon, wurde der Mythos am 4. Tage eines jeden Neujahrsfestes rezitiert und so an die Weltschöpfung durch ihn erinnert. Während dieses 11 Tage dauernden Festes scheint auch die Hochzeit M.s mit der Göttin Sarpanitu gefeiert worden zu sein. Ihr Sohn Nabu, dessen Statue aus der Nachbarstadt Borsippa in feierlicher Prozession herangeführt worden war, weilte dann ebenfalls in der Stadt. Er übertraf in der Spätzeit seinen Vater noch an Popularität. – M.s Planet war der → Jupiter. → Göttersymbole, Babylonier u. Assyrer. [JB]

B. Meissner, Babylonien u. Assyrien 2, 1925; D. O. Edzard, M., Schöpfung (WdM 1) 1965; H. E. Hirsch, Enūma eliš. (Kindlers Lit. Lex. im dtv 8), 1974.

**Maria.** Sie ist als Mutter des menschgewordenen Sohnes Gottes in Wahrheit Gottesgebärerin, wie das Konzil von Ephesus (431) sagt. Als solche erscheint sie in ihrer unwiderholbaren Einmaligkeit und Größe unverkennbar herausgestellt aus der Schar des neuen Gottesvolkes und allen Lobes würdig (*Lk* 1, 42; 48). Zugleich jedoch ist sie der Mensch, der, wie wir, im Pilgerstande gelebt hat und das, was wir Glauben, Hoffnung, Gehorchen nennen, in seinem Leben in vollendeter Weise üben konnte, kraft der besonderen göttlichen Gnade. Gerade durch die Übung dieser fundamentalen christlichen Grundhaltungen wird aber ihre durch die physische

Mutterschaft gegebene Einmaligkeit und Unwiederholbarkeit doch wiederum in dem Sinne aufgehoben, daß eben Glauben, Hoffen, Gehorchen auch der anderen Christen Grundhaltungen zu werden vermögen, wenn auch nicht in dem vollkommenen Maße wie bei M. Weil dies aber so ist, wird sie zum Vorbild und zum Sinnbild für die Glaubenden als »*Mater credentium*« (Mutter der Gläubigen), als die »zweite, neue Eva«, wenn es vor allem um den rechten Gehorsam Gott gegenüber geht – kurz, sie wird zum »Typus der Kirche« (Ambrosius v. Mailand). Damit verliert die Gestalt Mariens die nur individuellen, begrenzten Züge. Sie wird überindividuell, weil sie gleichsam weiterwächst in den unzähligen Glaubenden und Gehorchenden, ihre Grenzen beginnen sich »aufzulösen«, denn nicht nur bei ihr gibt es Glauben, Hoffen und Gehorchen.

So entfaltet sich M. im Laufe der Geschichte immer mehr zur symbolischen Gestalt für alle Gläubigen, Hoffenden und Gehorchenden, sie wird zur Verkörperung des erlösten Menschen schlechthin. – So wird auch in den künstlerischen Zeugnissen wie in den Lobpreisungen der Kirchenväter, der Liturgie, der Dichtungen diese Größe Mariens einmal individuell, einmal überindividuell-ekklesiologisch (»Maria und die Kirche«: H. Rahner) gesehen, wobei die Grenzen nicht immer deutlich zu ziehen sind. Im Lobpreis ihrer individuellen Stellung gehen etwa in den byzantinischen Marienhymnen (Hymnus Akathistos) manchmal die Aussagen soweit, daß die Grenze zwischen Christus und M., zwischen Schöpfer und Geschöpf nicht mehr deutlich zu erkennen ist. Diese Verwischung der Grenzen, die eng mit der Eigenart des hymnischen Lobpreises, der eben keine doktrinäre Aussage sein kann und will, zusammenhängt, wird auch immer wieder deutlich in den Werken der Kunst, etwa, wenn M. in der Form der sog. »Majestas Mariae« im Zentrum der Apsiskomposition thront, wenngleich Christus nicht fehlt, sondern frontal auf ihrem Schoße thront. Selbst wenn man hergehen wollte und darauf verweisen würde, daß eben diese thronende M. nicht eine selbständig Thronende ist, sondern im Grunde Dienstfunktion hat an Christus, dem sie als THRON dient, wobei eigentlich er der allein Thronende ist, selbst dann sind rein eindrucksmäßig die Unterschiede zwischen dem göttlichen Sohne und der irdischen Mutter weitgehend aufgehoben und Maria wird nicht so sehr zum Zeichen, das auf Christus verweist, wobei dann deutlich wird, daß ihre Herrlichkeit Rückstrahlung seiner Herrlichkeit ist. Sie wird zum Zeichen, das auf sie selbst zurück verweist. Nicht mehr ist Christus der alleinige Mittelpunkt, bestenfalls teilen sich die beiden, Christus und M., diese Rolle auf.

Schon früh ist M.s Symbolhaftigkeit als neue, zweite → Eva bei den Kirchenschriftstellern, Vätern und in der Kunst anzutreffen. Justin, Irenäus v. Lyon, Tertullian, Hippolyt v. Rom, Zeno v. Verona bilden den literarischen Hintergrund für diesbezügliche künstlerische Zeugnisse, angefangen vom sog. Dogmatischen Sarkophag, nach 312, im Museo Pio-Cristiano, Vatikan. – Zur symbolischen Aussage von M. als der »*Mater cre-*

*dentium*« könnte man etwa die Darstellung der betenden M. *(Maria orans)* rechnen, bes. dann, wenn sie im Kreise der Apostel oder anderer Personen vorkommt und über ihr, in der himmlischen Zone, Christus in der Herrlichkeit erscheint. Der Glaube, der M. in bes. Weise beseelt, läßt sie ihre Hände zum Gebet und zur Fürbitte erheben, wobei gerade hier die Vorstellung von der Verbindung von Himmel und Erde stark mitspielen kann.
In der byzantinisch-ostkirchlichen Kunst wie in Rußland ist die Zahl der M.bilder und ihre verschiedenen Varianten so groß, daß es oft schwer fällt, die Verschiedenheit der damit verbundenen theolog. Aussage umschreiben zu können. Sicher ist in allen M.ikonen das Geheimnis der Menschwerdung ausgesprochen, wobei im Typ der Nikopoia-Hodegetria mehr Christus als der von M. der Welt Vorgewiesene erscheint, während in der Eleousa, vor allem im Typ der Passionsmaria, der sich mehr oder weniger ängstlich an M. anschmiegende Logosknabe gemeint ist. Das Bild der M. über der Brunnenschale (Zoodochos Pege) läßt sie eher zum Symbol von Gnadenvermittlerin werden. In der russischen Ikonenmalerei nehmen seit dem 16. Jh. die symbolischen M.bilder sehr zu, vor allem im Typ: »Maria, nicht verbrennbarer DORNBUSCH«.
In der modernen Plastik läßt sich ein Zurückgehen auf Vorbilder der frühchristlichen und frühmal. Bilderwelt feststellen, vor allem im Typ der thronenden M., wodurch die alte Symbolik vom »Thronsitz des Allerhöchsten« wieder an Aktualität gewinnt. – Bedeutsam erscheint aus der Moderne die »Pieta« von Fr. Koenig in Regina Martyrum, Berlin. Hier fügen sich M. und Jesus zu einem Kreuz zusammen, zu einer unauflöslichen »Kreuzesgemeinschaft«. Schließlich lassen sich Anzeichen einer Neubelebung des Sinnbildes von M. als Bild der Kirche nachweisen. → Verkündigung [Sr]

H. Rahner, M. u. d. Kirche, 1951; E. Guldan, Eva u. M., 1966; E. Sauser, M. im Advent, 1969; W. Braunfels/G. A. Wellen/ H. Hallensleben/ H. Skrobucha/ M. Lechner, M., Marienbild (LChrI, 3) 1971; E. Sauser, Theolog. und kunstgeschichtl. Überlegungen zum Bilde der Gottesmutter (Zeitschr. f. kath. Theologie 93/1971); A. Weis, Die Madonna Platytera, 1985.

**Marienkäfer** → Käfer

**Mariensymbole.** Die meisten M. sind – entsprechend der katholischen Lehre – Hinweis auf die unbefleckt Empfangene, die immerwährende Jungfrau, aus der Christus durch Mitwirkung des Hl. Geistes die menschliche Gestalt angenommen hat und die deshalb Gottesmutter genannt wird. Als Ankündigung oder Vorbild der unbefleckten Empfängnis galten nach mal. → Typologie der brennende DORNBUSCH (*2 Mos* 3,2) – so beim Marienportal der Kathedrale zu Laons, 13. Jh. –, das vom Tau benetzte Vlies (FELL) Gideons (*Ri* 6, 36f.) – z. B. Marienportal der Kathedrale zu Amiens –, der grünende STAB Aarons (*4 Mos* 17,23) – bei Jan van Eycks Triptychon von Ypern, 1440 –, das verschlossene TOR des Heiligtums, das nur der Fürst durchschreiten darf (*Ez* 44, 1–3) – Fresko in Schwarzrheindorf, 12. Jh. Infolge der Interpretation der Braut des Hohenliedes als Maria wurden die darin vorkommenden Bilder zu M., wie sie vor allem in der →

Lauretanischen Litanei gesammelt zu finden sind.
Zu diesen biblischen Motiven kamen durch die Marienmystik des MA neue Symbole dazu. → Konrad von Würzburg besingt Maria als lebendes Paradies vieler edler Blumen, von ihr kam der Mandelkern durch die unversehrte Schale gleich dem Sonnenlicht durch das unversehrte Glas. Stephan Lochner malte die *Muttergottes mit dem* VEILCHEN als Sinnbild der Demut. Als »Rose ohne Dorn« findet sich die PFINGSTROSE auf zahlreichen Madonnenbildern (*Paradiesgärtlein*, Oberrheinischer Meister). Die AKELEI ist Symbol der Mütterlichkeit und erscheint bei Bildern von Christi Geburt; die LILIE deutet auf makellose Reinheit und jungfräuliche Mutterschaft, häufig in Händen des die Empfängnis verkündenden Engels Gabriel. Maria selbst ist die *rosa mystica*, die weiße und die rote Farbe der ROSE wurden als Hinweise auf reines Magdtum und vollkommene Liebe gedeutet. Die Verknüpfung des Rosensymbols mit dem des verschlossenen Gartens (*Hld* 4, 12) führte zu dem Motiv des Rosenhags, seit dem Anfang des 15. Jh. (z. B. Martin Schongauer, Colmar, Martinsmünster). Die Darstellung der Maria in einem mit ÄHREN verzierten Kleid entstand wahrscheinlich im 14. Jh. und bezieht sich auf *Hld* 7,2 bzw. 3; im MA wurde der Leib Mariens mit einem ACKER verglichen, der ohne Saat Getreidehaufen hervorbrachte (so schon bei Jacobus von Sarug, um 500); auch Maria als Sternbild der Virgo (Jungfrau) mit Ähren in der Hand dürfte motivanregend gewesen sein. In liturgischen Texten und in der Bildkunst begegnet auch die Vorstellung von Maria als WEINREBE, deren Sohn Christus die am Kreuz ausgepreßte Edeltraube ist.
Aus der Tierwelt wurden zu Mariensymbolen der »Ave« sprechende PAPAGEI, dessen grünes Gefieder – nach Konrad von Würzburg – vom Regen nicht naß wird; der STRAUSS, der nach dem → Physiologus seine Eier von der Sonne ausbrüten läßt (Chorgestühl zu Berchtesgaden, 14. Jh.); das EINHORN, das sich – ebenfalls nach dem Physiologus – nur fangen läßt, wenn es den Kopf in den Schoß einer Jungfrau legt: Symbol für die Menschwerdung Christi im Schoß der Maria. Die Jagd des Erzengels Gabriel mit 3 oder 4 HUNDEN ( = die theolog. Tugenden Fides, Spes, Caritas; die 4 Tugenden Misericordia, Veritas, Justitia, Pax) auf das zu Maria flüchtende Einhorn ist eine allegorische Darstellung der → Verkündigung. Die nach alter Vorstellung angeblich vom Tau befruchtete MUSCHEL wurde bereits von Klemens von Alexandrien auf die Menschwerdung des göttlichen Logos bezogen und ist – besonders in der italienischen Renaissance – Sinnbild für die göttliche Empfängnis Marias; im 20. Jh. griff Salvador Dali bei seiner *Vierge et enfant* (Basel, Kunsthalle) auf dieses Symbolmotiv zurück.
Manche M. sind nicht nur in der Bibel und im christlichen Glauben verankert, sondern können auf allgemein menschliche Symbolvorstellungen zurückgeführt werden, wie sie bei den alten Mutter- und → Mondgottheiten zu finden sind, z. B. die Ähre als Attribut altsemitischer Göttinnen, der STERNENMANTEL der Aphrodite Uranios (analog bei der Himmels-

königin Maria auf Gemälden des späten MA und der Renaissance), der LÖWE als Tragtier der Kybele (eine antike Parallele der im 14. Jh. verbreiteten plastischen Darstellung der Löwenmadonna). Wie schwer Erklärung und Herleitung im einzelnen sein können, zeigt die sog. »SCHWARZE MADONNA« (z. B. zu Einsiedeln, Tschenstochau), die großenteils von Kerzenruß und Altersdunkelung herrührt, ihre christlich-symbolische Rechtfertigung aus dem *Hld* 1,5 bezieht (»Schwarz bin ich, aber doch schön«), aber auch auf vorchristliche Gestalten in besonderen kultischen oder ikonographischen Situationen zurückgreifen kann, so in der Antike (→ Bachofen). [Lr]

A. Salzer, Die Sinnbilder und Beiworte Mariens in d. dt. Lit. u. latein. Hymnenpoesie d. MA, 1893, [2]1967; A. Pigler, La Vierge aux épis (Gazette des Beaux-Arts) 1932; H. Schnauf, Der brennende Dornbusch. Vom M. bei den Vätern. 1940; E. M. Vetter, Maria am Rosenhag, 1956; J. Stephan, Einige M. des AT in d. äthiop. Liturgie, Civitas Vaticana 1957; M. Levi d'Ancona, The iconography of the immaculate conception in the middle ages and early renaissance, New York 1957; A. Walzer, Noch einmal zur Darstellung der Ährenkleidmaria (Festschr. W. Fleischhauer) 1964; A. Thomas, Maria die Weinrebe (Kurtrierisches Jb. 10) 1970; R. Beer, Einhorn, 1972; H. u. M. Schmidt, Die vergessene Bildersprache christl. Kunst (195–256), 1981.

**Markus** → Evangelistensymbole

**Mars** als Planet, griechisch Ares oder Thourios, bei Plinius Herakles, babylonisch Nergal, galt in der → Astrologie als Inbegriff und kosmisches Symbol des noch heute so genannten »martialischen« Wesens (Angriffslust, Schärfe, Dynamik) wohl wegen der rötlichen, an rostiges Eisen gemahnenden Leuchtfarbe, aber auch wegen der Lichtstärkeschwankungen (bis zum 55fachen!) und seiner scheinbaren Rückläufigkeit, die den Anschein eigenständiger Bewegung erweckt. In der astrologischen Tradition gilt M. als bedrohliches Gestirn (vgl. »Mars regiert die Stunde« in Schillers *Wallenstein*). Seine irdischen Entsprechungen sind unter den Menschen die Gewalttäter, Soldaten und Scharfrichter, unter den Tieren WÖLFE, FÜCHSE und LUCHSE, unter den Vögeln HABICHTE, unter den Fischen HECHTE, unter den Pflanzen DISTELN, NESSELN und der giftige EISENHUT. In der Iatromathematik (der astrolog. Medizin) werden dem M. im menschlichen Körper die GALLE und die männlichen GENITALIEN zugeordnet. In der → Alchemie ist das irdische Gegenbild des M. das Metall EISEN, und seine Verbindungen werden mit dem Genitiv »martis« gekennzeichnet (z. B. *crocus martis* – Eisenrost).

Die positiven Aspekte des M., als Italiker-Gott ein Hüter der Fluren (→ Römer), las der Astrologe aus seiner »feurigen« Qualität. Der Kapuziner P. Martin v. Cochem (1634–1712) schreibt in seinem verbreiteten »Leben Christi«, M. sei erschaffen worden, um alles Gift, das aus dem Einfluß anderer Sterne entstehe, an sich zu ziehen und allzu große Feuchtigkeit der »unteren Welt« durch seine austrocknende Kraft zu mildern. [Bi]

E. Norden, Aus altröm. Priesterbüchern, 1939; W. E. Peuckert, Astrologie (Gesch. d. Geheimwiss. 1), 1960.

**Martin**, Hl., 316–397. Bischof von Tours. Patron der Reiter, Bettler, Schneider, Hirten. In jungen Jahren geht er als römischer Reitersoldat nach Gallien, wo sich vor Amiens die ikonographisch bedeutsame Szene der Mantelteilung mit dem Bettler ereignet. Schon unter den merowingischen Königen wird sein MANTEL Reichsreliquie und in Schlachten als siegverheißend mitgenommen. Das Attribut der GANS wächst ihm aus dem volkstümlichen Mahlbrauch, nicht aus der Vita zu.

M.s Festtag (11. 11.) steht am Anfang der winterlichen Hälfte des Bauernjahres und korrespondiert mit dem Tag des hl. → Georg (23. 4.) als dem Anfang der sommerlichen Jahreshälfte. Aus dieser Zeitstellung datieren die wichtigsten symbolischen Bräuche: »Sperrt« der Georgentag Äcker und Wiesen durch Lärmbräuche vor menschlichen und dämonischen Schäden, öffnet sie Martini in gleicher Weise. Beginnt mit Georgi Weidegang und Almauffahrt des Stallviehs, so sollen diese zu Martini beendet sein. In Tirol, Salzburg, Teilen der Steiermark folgt(e) der feierlichen Heimkehr des geschmückten, mit Glocken behängten Almviehs in der Martininacht die gespenstische Nachahmung dieses Zuges durch die Burschen. In Salzburg verband sich mit dem nächtlichen Geschehen häufig ein öffentliches Rügegericht à la Haberfeldtreiben, bei dem die Teilnehmer mit illuminierten Tierhäuptern maskiert waren. Derartige LICHTMASKEN (wahrscheinlich im Zusammenhang mit dem Tiefstand der Sonne) sind auch für die folgenden Kalendertage charakteristisch (vgl. die brennenden Häupter der Masken zu → Thomas).

Der Schluß der Arbeiten im Freien demonstriert das an der Dreiländerecke von Bayern, Böhmen und Oberösterreich übliche »Wolfablassen«, durch das die Burschen in einem Lärmaufzug kundtun, daß der bis dahin aus den Fluren verbannte WOLF wieder frei sei. Bedeutsam steht an diesem Wintereingang die Verwendung der LEBENSRUTE im Brauchtum der Gemeindehirten, die (bis in das 20. Jh.) am Martinitag mit einer (oder mehreren) Birken- oder Weidenrute(n) in die Höfe kamen, um den (im 17. Jh. von der Kirche mehrfach verbotenen) »Martinisegen« zu sprechen, der in Erinnerung an die exorzistische Tätigkeit des Heiligen »Wolf und Bär den Rüssel bindet« und Glück in Haus und Stall bringt. Mit der vielfach zurückgelassenen RUTE soll im kommenden Frühjahr das Vieh geschlagen werden, um gesund und fruchtbar zu bleiben. [EBg]

C. A. Bernouilli, D. Heiligen d. Merowinger, 1900; C. Clemen, Der Ursprung des M.sfestes (Ztschr. f. Volkskde. 1918); P. Sartori, Sitte u. Brauch, III, 1914; G. Gugitz, Das Jahr u. seine Feste im Volksbrauch Österr., II, 1950; E. Burgstaller, Die brauchtüml. Begehung des M.tages in Österreich (Hess. Bl. f. Volkskunde 1965); E. Grabner, M.isegen und M.igerte in Österr. (Wiss. Arbeiten a. d. Burgenland, 39) 1968; R. Beitl, Wörterbuch der dt. Volkskunde, [3]1974 (KTA 127).

**Maske(n).** Dem von den Höhlenmalereien der Steinzeit bis zum heutigen Karnevalstreiben nachweisbaren M.wesen liegt zunächst der Versuch zugrunde, aus der Welt des Subjektiven in die des Objektiven zu transzendieren, durch die Darstellung bestimmter Wesen sich deren Kräfte anzueignen oder aber das eigene Ich durch Verhüllung, Unkenntlichmachung, Abschreckung vor den bedrohlichen Mächten zu schützen. Der Mensch verbirgt hinter der M. seine Ohnmacht und hofft zugleich, mit ihr über sich selbst hinauszuwachsen. Oft zielt die durch Maskierung erlangte äußere Verwandlung auf eine innere

Wandlung (bei der Initiation und in Geheimbünden).

Ursprünglicher Sinngehalt und Symbolbezüge sind nicht immer eindeutig zu bestimmen. Manchen Fingerzeig gibt hier die Etymologie. Das lat. Wort für M. – *persona* – geht zurück auf den etruskischen Unterweltsdämon Phersu (mit roter Mütze und dunkler M. dargestellt); das Wort für den Dämon bezeichnet auch seine M., die ja wiederum für das hinter ihm stehende Gesicht, für die eigentliche Person, steht. Das mittellat. *masca* kommt vom arabischen *maschara* (Posse) und weist auf die Bedeutung der mimischen Darstellung (→ Theater); man vgl. den Grimassenschneider: althochdeutsch *grima* (Schauspieler) bedeutet im Angelsächsischen »Maske«, im Westgotischen »Grausen« (die Kriegs-M. der Germanen sollten dem Gegner Schrecken einjagen). Das Wort »Larve« ist zu lat. *lares* (Geister) gehörig. Langobardisch *walapauz* (sich maskieren) kommt von *wala* (Erschlagener) und *pauz* (verhüllen); die Maskierten sind demnach vermummte Tote.

Bei Naturvölkern sind theriomorphe M. häufig, da Tiere als → Ahnen, Totems, Dämonen, Fruchtbarkeitsgeister gedacht werden – Vorstellungen, die in abgewandelter Form noch im europ. Brauchtum durchscheinen (→ Fastnacht), z. T. durch die Gestalt eines Heiligen »gebändigt« (→ Nikolaus, → Thomas). In Zentralasien, bei nordamerikan. Indianern und europ. Völkern wird der Streit zwischen Winter und Sommer in Tanz- und Maskenspielen dramatisiert. In der romanischen Platisk kann die M. zum Symbol des Abyssus und des Teufels werden, in der neueren Malerei (Goya, James Ensor, Paul Klee) die M.haftigkeit unseres Daseins bloßlegen. → Dionysos [Lr]

F. Krause, M. u. Ahnenbild (Ethnolog. Studien 1929); K. Meuli, M. (HdA 5) 1933; G. Buraud, Les masques, Paris 1961; A. L. Strauß, Spiegel u. M., die Suche nach Identität, 1968; Antaios 11/1970 (mit Beiträgen von S. Hummel, K. G. Kachler, G. Mehren, K. Meuli, K. W. Peukert); A. Lommel, M., Gesichter d. Menschheit, 1970; K. Kaus, Die M. der Germanen (Mitteil. d. österr. Arbeitsgem. f. Ur- u. Frühgesch. 23/1972); W. Sorel, The other face. The mask in the arts, London 1973; H. H. Jansen/R. Jansen, Tod u. M. (Zs. f. Gerontologie 11/1978).

**Maß.** Vor allem das Längenmaß spielt als gesetzhafte Gliederung eine Rolle im Glauben und Gestalten der Völker. Zählen und Messen bilden eine untrennbare Einheit, bilden die Grundlage einer als heilig aufgefaßten Geometrie, des Wissens um die planmäßige Ordnung und damit um die Harmonie des Kosmos. Gott selbst hat bei der Gründung der Erde die M.e festgesetzt und die Meßschnur ausgespannt (*Ijob* 38,4 f.). Durch das M.nehmen ordnet sich der Mensch in die göttlich gewollte Gesetzmäßigkeit ein. Die Gründungszeremonie ägyptischer Tempel vollzog sich im Dunkel der einbrechenden Nacht; beim Abstecken des Grundrisses war der Blick immer wieder auf den Lauf der Gestirne gerichtet. Der Grundriß indischer Tempel entspricht dem »goldenen Menschen«, dem Urmenschen Purusha, dessen Hände und Füße die vier Ecken eines Quadrates bilden und der letztlich als Makroanthropos auch der Makrokosmos ist. Nach hl. M.en wurde der Tempel zu Jerusalem erbaut, der in patristischer Deutung dem Leib

Christi entspricht. Die Grundmaße der antiken Tempel sind nicht nur von äußeren Normen her zu verstehen, sondern von der geistigen Struktur, dem Nomos. Der Satz des Protagoras, daß der Mensch das M. aller Dinge ist, findet sich in etwa auch in der Architekturlehre des Römers Vitruv, der seinerseits die Bau- und Bildgeometrie des christlichen MA beeinflußt hat. Die Relation von Zahl u. M. kulminierte zu einer zentralen Idee der Renaissancephilosophie; Luca Pacioli (*De divina proportione,* 1509) führte die Proportionen des Menschen, des Alphabets und der Architektur auf das gemeinsame M.verhältnis des goldenen Schnitts zurück.

In den Bereich magischer Vorstellungen gehört das Messen der menschlichen Körperlänge, um Rückschlüsse auf die Gesundheit nehmen zu können; der Kranke hat »sein Maß verloren«. Das Längenmaß Christi – des vollkommenen Menschen – sollte in Form eines amulettartigen Papierstreifens Glück bringen. Das »rechte Maß«, die Mitte zwischen dem Zuviel und dem Zuwenig, erhielt ethische Bedeutung: die *sophrosyne* bei Platon, in mittelhochdeutscher Zeit die ritterliche Tugend der *maze.* M.stab und Reißbrett gehören zu den → freimaurerischen Symbolen. [Lr]

O. Wolff, Der Tempel von Jerusalem u. seine M.e, 1887; A. Jacoby, Hl. Längenmaße (Schweiz. Arch. f. Volkskunde 29/1929); W. Überwasser, Von M. und Macht der alten Kunst, 1933; W. Funk, Das rechte M. bei Albrecht Dürer u. bei den alten Meistern, 1955; E. Wedepohl, Eumetrie. Das Glück der Proportionen. M.grund u. Grundmaß in der Baugeschichte, 1967; Der vermessene Mensch (u. a. Beiträge von S. Braunfels, Chr. Pieske), 1973; A. Zimmermann (Hg.), Mensura. M., Zahl, Zahlensymbolik im MA (Miscellanea Mediaevalia 16, 1. Halbbd./1983); H. Ziegler, Der Mensch als rechte Proportion (Humanismus u. Technik 28/1985).

**Materia Prima,** ein Schlüsselbegriff der → Alchemie, ist der Ausgangsstoff des »alchemistischen Prozesses«, der aus einer noch unausgegorenen Substanz den → »Stein der Weisen« macht. Wer diese offensichtlich symbolisch begründete Theorie in die Laboratoriumspraxis zu übertragen sucht, wie dies im Laufe der Jh.e immer wieder geschah, ist gezwungen, mit den absonderlichsten Stoffen zu experimentieren, auf welche die paradox wirkenden Beschreibungen in den alchemistischen Traktaten zum Teil zutreffen (Blut, »Sternschnuppen«-Gallerte, Eiweiß, Tau, Regenwasser, Sperma, Steinkohle, Fäkalien usw.) und kann den Mißerfolg dem nicht erkannten Ausgangsstoff zuschreiben oder ist gezwungen, die M. P. entgegen der Textaussage nicht als eine Natursubstanz, sondern als bereits vorbearbeitetes Produkt anzusehen. Wahrscheinlicher ist der religionsgeschichtlich basierte Ansatz, den noch unentwickelten Menschen selbst als die wahre M. P. zu interpretieren, in dem der Keim für die Ausprägung des spirituellen Endstadiums bereits anlagemäßig vorhanden ist. Dann wären die pseudo-chemischen Operationen des alchemistischen Prozesses nur Sinnbilder der seelischen »Entschlackung« und verhüllende Metaphern für einen häretischen (gnostischen) Läuterungsvorgang, der aus einer »Materie in statu nascendi« den Geistmenschen macht: eine Doktrin, die »oftmals unter dem Mäntelchen einer praxisnahen und daher unverfänglichen Goldkocherei« (Frick 1973) verborgen wurde, um nicht Anstoß zu erregen. [Bi]

K. R. H. Frick, Die Erleuchteten, 1973; H. Biedermann, M. P., 1973.

**Matthäus** → Evangelistensymbole

**Maus.** Bei den alten Ägyptern war die Spitzmaus ein dem Gott Horus hl. Tier. Im alten Rom galten M.e als glückliches Omen. Der Glaube, daß die Seelen Verstorbener in M.en weiterleben, läßt sich in manchen Märchen und Sagen nachweisen, so in der Sage von Bischof Hatto, der im Mäuseturm bei Bingen von den Nagetieren (= Seelen der von ihm mißhandelten Armen) aufgefressen wurde. Gegen die M.e als eine Art Krankheitsdämon wurde Apollon Smintheus (*sminthos* = Maus) oder im MA die hl. Gertrud angerufen, letztere hat M.e als Attribut (an ihr hinaufkletternd oder auf ihrem Buch sitzend). Wegen ihrer Gefräßigkeit und des dadurch angerichteten Schadens Erscheinungsform des Teufels *(mus diaboli)*, auch als Vollstrecker von Gottes Strafgericht aufgefaßt (1 *Sam* 6,4f.); im 16./17. Jh. auf niederländischen Stilleben Vanitassymbol. In der Legende von Barlaam und Joasaph benagen eine weiße und eine schwarze M. (Tag und Nacht) den Weltbaum. Die M. kann phallisches Symbol sein (sie schlüpft in ihr Loch), aber auch volkssprachliche Bezeichnung für ein liederliches Mädchen. Die von Walt Disney erfundene Micky-M. wurde schon bald zum Talisman. [Lr]

V. Grohmann, Die Bedeutung der M.e in der Mythologie der Indogermanen, 1862; O. Neustatter, Mice in Plague Pictures (Journ. of Walters Art Gall. 4/1941); E. M. Vetter, Die M. auf dem Gebetbuch (Ruperto-Carola 36/1965); E. Brunner-Traut, Spitzmaus u. Ichneumon als Tiere des Sonnengottes, 1965; B. Beckmann, Die M. im MA, 1972.

**Maya** → Altamerikanische Kulturen

**Mazdaismus** → Parsismus

**Meditation.** Das Wort ist vielschichtig. Immer aber geht es um eine Praxis, eine Übung, durch die der Mensch aus der Zerstreuung herausgeholt und in seine Tiefe, den Urgrund, eingesammelt wird. Diese Praxis ist an keinen speziellen Glauben gebunden, und so ist M. ein allgemein verbreitetes Phänomen, wobei jedoch der Glaube des Meditierenden meist Ziel und Weg der M. bestimmt.

Eine unter anderen M.smethoden ist die M. von Symbolen. Sie ist weithin identisch mit der Bildm. (→ Bild), insofern realistische Bilder für die echte M. ausscheiden und zum Symbol stilisierte Bilder am geeignetsten sind. Das Symbol oder Bild soll durch die M. der Tiefe eingebildet werden und den Meditierenden zu einer Seinserfahrung führen, die begriffliches Denken nie vermitteln kann. – Ein Ms.symbol, das Ost und West gemeinsam ist, ist das aus dem indischen Kulturkreis stammende → MANDALA, zusammengefügt aus Kreis, Quadrat und Kreuz. Es gehört der → Zentrumssymbolik an und führt den Meditierenden zur Mitte. – Auch das KREUZ allein ist ein altes, universales M.ssymbol, und zwar das Kreuz in seinen verschiedenen Ausprägungen: Rad-, Henkel-, Tau-, Stern-, Lebenskreuz. Es ist ein uraltes → Heilszeichen, Symbol der Gottheit und des Kosmos, aber auch des Menschen, der in seiner geistig-leiblichen Struktur kreuzförmig gestaltet ist. Als Symbol der Einung kann die Kreuzm. den Menschen aus seiner Isolierung befreien und in die gottgegebene Ordnung hineinbinden. – Auch das LABYRINTH gehört zu den ältesten M.ssymbolen; es ist Weg in den Tod und Weg aus dem Tod ins Leben und deswegen ein beliebtes Initiationssymbol. Überhaupt kann jedes echte Symbol meditiert werden, nicht zuletzt die kosmischen Symbole, die dem Christen zur Christus-M. werden, weil der ganze Kosmos abbildhaft darstellt, was in Christus urbildlich west. – In der Psychotherapie kommt der M. von Traumsymbolen (→ Traum) heilende Kraft zu. → Yantra [ThS]

K. B. Ritter, Über die M. als Mittel zur Menschenbildung, 1947; W. Lindenberg, Die Menschheit betet. Praktiken der M. in der Welt, [3]1958; W. Bitter (Hg.), M. in Religion u. Psychotherapie, o. J.; J. B. Lotz, M. im Alltag, 1963; Ders. Meditieren am NT, 1965; Ders. Kurze Anleitung z. Meditieren, 1973; Ph. Dessauer, M. im christl. Dasein, 1968; Fr. Melzer, Innung, Wege u. Stufen der M., 1968; U. v. Mangoldt (Hg.), Wege der M. Information u. Diskussion, 1970; L. Boros/J. B. Lotz/B. Staehelin, Bewußtseinserweiterung durch M., 1973; G. Ruhbach, M. Versuche, Wege, Erfahrungen, 1975; A. Rosenberg, Die christl. Bildm., 1975; Ders. Kreuzm. Die M. des ganzen Menschen, 1976. I. v. Wedemeyer, Der Pfad der M. im Spiegel einer universalen Kunst, 1977.

**Medizin** → Arztsymbole, Krankheit, Volksmedizin

**Meer.** Das ganze Bedeutungsspektrum entspricht dem des → Wassers und spiegelt sich in dem der → Meergötter wider. Das M. selbst kann zum Bild der Gottheit werden, in das der Mystiker gleich einem Fisch untertaucht. Im Buche *Ijob* (38,16f.) werden des »Ozeans Tiefe« und die »Totenwelt« miteinander verbunden. Nach keltischer und german. Vorstellung geht der Weg in das Totenreich über das Meer. Bereits in frühchristl. Zeit kam das Bild vom Schiff der Kirche im M. der Welt auf. Die Fahrt mit dem Schiff über das M. ist ein beliebtes Symbol für das menschl. Leben mit all seinen Gefährdungen. In der Malerei der → Romantik sinnbildet das M. die unheimliche Gewalt der Natur, ähnlich auch in der Dichtung verschiedener Epochen (→ Shakespeare, → Eminescu). [Lr]

A. Carlsson, Der M.esgrund i. d. neueren Dichtung (DVjs 28/1954); O. Kaiser, Die mythische Bedeutung des M.es in Ägypten, Ras Schamra u. Israel, 1962; H. Rahner, Symbole der Kirche (272–203), 1964; H. J. Geerdts, M.essymbolik in Goethes Schaffen (Stud. z. Lit.gesch. u. Lit.theorie, hg. v. H.-G. Thalheim u. U. Wertheim) 1970.

**Meergötter.** In den altorientalischen Kosmogonien erscheint das MEER als Urstoff, bei den Ägyptern in Nun personifiziert, er ist »der Alte«, »Vater der Götter«, ohne Kult und besondere Symbole. Die chaotische Macht des Urmeeres fand ihren Ausdruck in DRACHEN- und SCHLANGENgestaltigen Wesen, biblisch in → Leviathan, altmesopotamisch in Tiamat, dem weiblichen Meerungeheuer, das von Marduk besiegt und aus dessen Leib die Welt gebildet wurde.
Der Antagonismus zwischen den Herrschern der Höhe und denen der Meerestiefe spiegelt sich wieder im Kampf Jahwes gegen Rahab (*Hiob* 26, 12), Baals gegen den Meergott Jamm, des hammerwerfenden Thor gegen die Midgardschlange (Personifikation des erdumspannenden Ozeans); anzuschließen ist auch die Jagd des himmlischen Horus auf das typhonische KROKODIL, in Ägypten zwar Flußtier, in das AT aber

als Meerungeheuer (Leviathan) übernommen.

Der Ambivalenz des Meeres entsprechend können die M. eine bedrohliche und eine gütige Seite haben, Tod und Leben bringen. Sie sind Hüter reicher, oft verborgener Schätze oder wissen doch den Zugang zu ihnen wie z. B. Nereus, der Herakles den Weg zu dem Garten der Hesperiden zeigt. Die irisch-keltische Überlieferung kennt einen Manannan als »Sohn des Meeres«; ihm gehörten zwei KÜHE, die jederzeit Milch lieferten; den Göttern gab er magische Speisen und verlieh ihnen Unsterblichkeit. Bei den german. Göttern war Njörd dem Meer besonders verbunden; wegen seines Reichtums gepriesen, spendete er den Fischern guten Fang, den Bauern Erntesegen. Dem auf Rhodos verehrten Poseidon Phytalmios wurden SCHWEINE geopfert, die in ihrer agrarischen Natur eine Beziehung des Meer- und hier ganz allgemein Wassergottes zum Wachstum der Saat andeuten. Poseidon galt als Gatte der Demeter, Göttin der Erde und des Ackerbaus.

Allen griech. M. ist die Gabe der Weissagung und der Verwandlungsfähigkeit eigen. Als der Meergreis Proteus sich den drängenden Fragen des Menelaos entziehen wollte, verwandelte er sich – allerdings vergebens – in Löwe, Schlange, Eber, Baum und Wasser. Poseidon selbst nahm STIERgestalt an (Ovid, *Metamorphosen* 6, 115) und erhielt in seiner Eigenschaft als Meergott Stieropfer. Älter – ursprünglich nicht einem Meergott zugehörig – dürfte die Rossgestalt sein; mehrere Quellen sollen durch des Gottes Hufschlag entstanden sein; zu seinen Ehren wurden Pferderennen bei den Isthmischen Spielen veranstaltet. Poseidons Attribute sind FISCH, DELPHIN und vor allem der DREIZACK, Symbol seiner Herrschaft über das Meer, lat. *tridens* = Zähne von Meeresungeheuern, aber auch als Harpune oder als Umgestaltung des Blitzes gedeutet. [Lr]

M. Ninck, Die Bedeutung des Wassers in Kult u. Leben d. Alten, 1921, ²1960; A. Lesky, Thalatta, 1947; F. Schachermeyr, Poseidon u. d. Entstehung d. griech. Götterglaubens, 1950; E. Wüst, Poseidon (PWRE 22, 1) 1953; O. Kaiser, Die myth. Bedeutung d. Meeres in Ägypten, Ras Schamra u. Israel, ²1962; G. Benwell/A. Waugh, Töchter des Meeres (a. d. Engl.), 1962.

**Megalithik.** Im engeren Sinne Denkmäler aus großen Einzelsteinen, zumal aufrecht stehenden Langsteinen ( → Menhir) oder Setzungen solcher Steine zu Reihen und Kreisen und Bau aus großen aufrecht stehenden Tragsteinen (Orthostaten) und waagerecht darüber liegenden Decksteinen, in einem weiteren Sinne auch große Bauwerke in der Technik des falschen Gewölbes, Schicht- und Packbauten, »zyklopisches« Mauerwerk, Pflasterungen und Terrassen, womit der Begriff aber ins Ungreifbare verfließt, erst recht bei Nachahmungen aus Holz und Erdwällen (→ Hengedenkmäler). Die prähistorische Megalithik, die in der Hauptsache aus entsprechenden Grabbauten besteht, nahm offensichtlich ihren Ausgang spätestens im frühen 4. Jt. von Südwesteuropa und hat sich von dort in andere Bereiche, nicht zuletzt Nordeuropa, verbreitet; inwieweit sonstige Megalithgebiete damit in engerem Zusammenhang stehen, muß offenbleiben; doch ist eine Verbindung zu heutigen »Megalithbereichen«, denen gleich charakteristische Bauten zumeist fehlen (Ausnahmen z. B. die Steinkisten Indiens) wegen der großen räumlichen und zeitlichen Lücken nicht anzunehmen.

M. ist offenbar weniger etwas, in dem sich ein bestimmtes Weltbild einer Kultur zu erkennen gibt als vielmehr ein Komplex grandioser Ausgestaltung von Ideen, die an sich verschieden sein können. Dem Grabbau aus großen Steinen wohnt sicherlich ein Zug zum Monumentalen einerseits, zur Dauerhaftigkeit andererseits inne, bei dem es nicht verwundern darf, wenn er sich auf die Verbindung mit vergangenen und zukünftigen Generationen richtet: Archäologische Megalithdenkmäler lassen denn auch im Befund vielfach eine lebendige Verbindung mit den Verstorbenen erkennen, einen Ahnenkult großen Stils, und damit manchmal verknüpft die Einrichtung von sakralen Bezirken, Versammlungsplätzen und gelegentlich megalithischen Kultbauten. [KJN]

G. Daniel, The Megalith Builders of Western Europe. 1958; Saeculum-Weltgeschichte Band. 1. 1965, S. 229ff. (Narr); vgl. auch Angabe zu »Jungsteinzeit«; F. Niel, La civilisation des mégalithes, Paris 1970; H. Biedermann, Wellenkreise. Mysterien um Tod u. Wiedergeburt in den Ritzbildern des Megalithikums, 1977.

**Menhir,** Bezeichnung für aufrecht stehende lange Steine, die in der Regel nicht weiter bearbeitet sind. In lockerer Streuung annähernd weltweit verbreitet, mit ältesten Beispielen anscheinend in Westeuropa, wenn auch nicht so früh wie die übrige dortige → Megalithik, in anderen Erdgebieten sind sie offenbar später, vielfach aber überhaupt sehr schwer zu datieren. Inwieweit es zwischen den einzelnen Vorkommen einen Zusammenhang gibt, ist ebenso ungewiß wie die Frage, ob dahinter eine einigermaßen einheitliche Gedankenwelt steht. Vom Material her kann angenommen werden, daß durch die Errichtung von M.en irgendeiner Sache besondere Dauerhaftigkeit verliehen werden sollte. Insofern können die M.e auch im Gesamtrahmen einer weithin dem Ahnenkult dienenden Megalithik als Symbol oder Sitz von Ahnen ihren Platz finden (besonders vielleicht solche, die Ansätze zu anthropomorpher Skulptierung aufweisen); doch sind auch andere Ansatzpunkte denkbar wie es die des öfteren belegten Funktionen als Schwur- und Vertragsdenkmäler, Thron- und Krönungssteine, dazu auch die Verbindung mit Verdienstfesten nahelegen. M.e stehen nicht immer allein, sondern sind teilweise auch zu großen Reihen (z. B. in Carnac) angeordnet oder zu Kreisen und ähnlichen Gebilden (→ Henge-Denkmäler). [KJN]

J. Röder, Pfahl u. M., 1949; H. Kirchner, Die M.e in Mitteleuropa u. der M.gedanke. 1956; vgl. auch Angaben zu »Megalithik«.

Menorah → Judentum (letzter Abschnitt)

**Mensch.** Bei der Auseinandersetzung mit der Umwelt geht der M. immer von sich selber aus, so daß er sich als »Maß aller Dinge« (Protagoras) und als Mikrokosmos versteht. Die einzelnen → Körperteile finden sich den verschiedensten Bereichen des Alls zugeordnet. Nach taoistischer Symbolik entspricht der runde Kopf dem Himmelsgewölbe, die viereckigen Füße stehen in Analogie zur Erde. Man vgl. auch den menschlichen Körper als Mikrokosmos in der → Yoga-Lehre. Eingespannt in die Polarität des Seins sind die beiden Geschlechter (→ Männlich-Weiblich). In der Vereinigung von Himmel und Erde erkannte man das Urbild der Ehe. Zu den Archetypen, die in Mythen und religiösen Texten ihren Niederschlag fanden, gehören → Vater, → Mutter und → Kind.

Altorientalischen Ursprungs ist der Gedanke einer Gottebenbildlichkeit (→ Imago Dei). Die Kirchenväter verstanden den M.en als Symbol im Hinblick auf Christus (→ Patristik); Lactantius (*Institutum divinae* ii,13) weist auf die Zweiteilung in Seele und Leib, die Himmel und Erde entsprechen. In der Symbolsprache sind Gott, M. und Universum untrennbar miteinander verbunden. So heißt es bei Hildegard von Bingen *(De operatione Dei)*, daß alles Weltwerk Gottes im M.en und durch den M.en zu seiner Blüte komme *(opus per hominem floreat)*; bei → Paracelsus erscheint der M. als Ganzes in trichotomischer Differenzierung und in makro-mikrokosmischer Entsprechung. Entgegen der Leibesfeindlichkeit dualistischer Lehren (Gnosis, Manichäer), bei Gleichstellung von *soma* (Leib) mit *sarx* (Fleisch) zeitweise auch in der Moraltheologie, ist der Leib von eigenem Wert; er bezeichnet die Person unter dem äußeren Aspekt, ist »Tempel des Hl. Geistes« (1 *Kor* 6,19) und wird im Gegensatz zum Fleisch auferstehen (→ Bestattung). In der Eucharistie sind Brot und Wein Symbole für Leib und Blut Christi. Die einzelnen Abschnitte des menschlichen Lebensweges werden in der Kunst durch die → Lebensalter symbolisiert. [Lr]

Th. Lessing, Symbolik d. menschl. Gestalt (Neubearbeitung des Werkes von C. G. Carus) 1925; W. F. Otto, Der ursprüngl. Mythos im Lichte der Sympathie von M. u. Welt (Eranos-Jb. 24/1955); F. Popitz, Die Symbolik des menschl. Leibes. Grundzüge einer ärztl. Anthropologie, 1956; G. B. Ladner, Ad imaginem Dei. The Image of Man in Medieval Art, Latrobe 1965; H. Michel, Philosophie et Phénomenologie du Corps, Paris 1965; O. Beigbeder, L'homme, Paris 1965; H. Schade, Homo caelestis (Stimmen d. Zeit 91/1966); L. Bieler, Theios Aner. Das Bild des »Göttl. M.en« in Spätantike u. Frühchristentum, [2]1967; H. Schipperges, Histor. Aspekte einer Symbolik des Leibes (Antaios 9/1968); G. Groddeck, Der M. als Symbol, [2]1973; Fr. Weinreb, Leiblichkeit als Ausdruck des ewigen Menschen, 1987.

**Mensching, Gustav** → Religionswissenschaft

**Merkur,** Mercurius. (Röm. Gott des Handels und Verkehrs; griech. Hermes, babylon. Nabû.) Als Götterbote hat er FLÜGELSCHUHE und Heroldsstab (mit dem 8-förmig verschlungenen Ende) als Attribute. Mit Mond und Sonne am nächsten verwandt, ist er nicht nur Herr des WESThimmels und führt als Psychopompos die menschlichen Seelen in das Jenseits, sondern bringt auch im OSTEN die Sonne herauf und führt ins Leben ein; Hermes trägt die neugeborenen Götterkinder (so Dionysos) zu ihren Ammen; Nabû hat den Beinamen »Erzeuger der Götter«.

Nach dem flinken Götterboten wurde der schnellste Planet benannt. Der Sonne am nächsten, weiß er um die Geheimnisse der Götter, ist selbst Gott der Weisheit (der ägypt. Thot entspricht ihm; → Hermes Trismegistos), aber auch jener bedenklichen Schlauheit, die ihn zum Schutzherrn der

Kaufleute und Diebe machte. Im Gegensatz zu den »männlichen« Planeten Sonne, Mars und Jupiter und den »weiblichen« Planeten Mond, Venus und Saturn gilt M. als Hermaphrodit; sein astrologisches Zeichen enthält als einziges SONNENSCHEIBE und MONDSICHEL (= sichtbare Vereinigung der Gegensätze). In allem ist er Zwitter, unbeständig, wandelbar.

Als Geist des QUECKSILBERS galt M. in der naturphilosophischen Spekulation des späten MA bald als täuschender Kobold im Symbol des flüchtigen HIRSCHES *(cervus fugitivus)*, bald als hilfreicher Geist *(familiaris)*. Quecksilber = Wandlungssubstanz = → *prima materia* der Alchemie. Die JUNGFRAU stellt die weibliche Seite des *spiritus mercurialis dar*, das EINHORN oder der LÖWE die männliche. Alchemistische Schriften zeigen, wie aus der Vereinigung von Sonne und Mond der *filius hermaphroditus*, M., hervorgeht. In dem komplizierten System kosmischer Entsprechungen wurden dem M. die Edelsteine TOPAS und KARNEOL, die Farbe GELB und von den Körperteilen die LUNGE zugeordnet. Nach Marsilio Ficino ist M. identisch mit dem Prinzip der *ratio* in der Menschenseele. [Lr]

C. G. Jung, Der Geist Mercurius (Eranos-Jb. 1942), 1943; K. Kerényi, Hermes, der Seelenführer, 1944; C. G. Jung, Symbolik des Geistes, 1951; H. A. Strauss, Psychologie u. astrolog. Symbolik, 1953; W. Deonna, Mercure et le scorpion (Latomus XVII) 1958. G. Radke, Die Götter Altitaliens, 1965.

**Messer,** in zahlreichen Überlieferungen ein Symbol bedrohender Mächte (so bei ägyptischen Unterweltsdämonen) und verschiedentlich zu den Jenseitsvorstellungen gehörend. Im germanistischen Totenreich befindet sich der mit M.n und Schwertern gespickte Fluß Slid *(Völuspa* 36); waffentragende Flüsse kennt auch die christliche Visionsliteratur. Den Geräten zum Schneiden wurde apotropäische Bedeutung zuerkannt. Im Buddhismus haben die Gottheiten des schreckenerregenden Aspektes oft ein M. als Attribut (z. B. Ekajatā). Im alten Litauen wurden beim Totenmahl keine M. benützt, da die Geister Angst vor Eisen haben. Ein M. in der Hand alttestamentlicher Gestalten ist Hinweis auf die Beschneidung und damit auf die Zugehörigkeit zum alten Bund, den Jahwe mit seinem auserwählten Volk geschlossen hat. Attribut des hl. Bartholomäus ist ein M., mit dem ihm die Haut vom Leibe gezogen wurde; in einigen Gegenden Europas (so in Finnland) ist der Heilige der Patron des Schlachttages. Im Traum kann ein M. Aggressionstendenz signalisieren, phallisch-sexuelle Bedeutung annehmen (aber seltener als Freud annahm) oder auch chiffrierter Ausdruck dafür sein, daß der Träumer bereit ist, sich durch geistiges Zerteilen, Analysieren, Erkennen einer Situation zu stellen. [Lr]

E. von Künssberg, M.bräuche. Studie zur Rechtsgeschichte u. Volkskunde, 1941; M. Lurker, Lexikon der Götter u. Symbole der alten Ägypter, 1987.

**Messias** (griech., lat. von hebr. *maschiach* der Gesalbte: ursprünglich in Israel der König und der Hohepriester) erwarteter zukünftiger → Heilsbringer, göttliche Mittlergestalt, zukünftiger IdealKÖNIG, ist die stufenweise Konkretisierung der Hoffnung innerhalb der Gottesoffenbarung im

AT nach der Struktur von Verheißung und Erfüllung. Das Königtum in Israel ist so angelegt, daß es das Bild des messianischen Idealkönigs Strich für Strich erstehen läßt, während sich in der altorientalischen Umwelt eine solche Tendenz nicht findet, da der jeweilige Gottkönig allein im Blickpunkt steht. Der königliche Messias entscheidet den Völkerkampf für Gott (*Ps* 2 u. 110) und bringt die göttliche Friedensherrschaft (*Ps* 72). Die → Propheten bauen den Begriff des von Geburt und Herkunft wie durch seine Herrschaftsausübung überirdischen Heilskönigs weiter aus (*Jes* 7, 14; 9, 1–6; 11, 1–5, *Mich* 5, 1 usw.).

In der Zeit des babylonischen Exils fiel der irdische Bezugspunkt dieses Idealkönigs dahin; der Gestalt des leidgeprüften Volkes entspricht eine wieder andere Messiasgestalt, die des GOTTESKNECHTS (*Jes* 42, 1–4; 49, 1–6; 50, 4–9; 52, 13–53, 12), der stellvertretend für alle leidet und ihnen das Heil von Gott zuwendet. Die Züge, die dieser namenlose Knecht trägt, stellen die Forschung vor die Fragen: ist er eine Einzelperson oder Bezeichnung für das Volk Israel? Muß er als eine geschichtliche oder eine endzeitliche Figur gelten? Steht er nicht einem Propheten näher als dem erhofften Messiaskönig? Wie der Gottesknecht eine eigenartige Mittlerstellung zwischen Gott und Mensch einnimmt, unbekannter Herkunft, mit Gottes Geist begabt ist, so auch jene nachexilische in ihrer Herkunft und Bedeutung umstrittene Messiasgestalt des »MENSCHENSOHNES« (*Dan* 7, 13): Die irdischen Weltreiche werden zerschlagen, einer, der aussieht wie der Sohn eines Menschen, wird durch den »Alten der Tage« (Gott) mit ewiger Universalherrschaft betraut. Der fehlende Bezugspunkt irdischer Herrscher wird nun ersetzt durch einen transzendenten, überirdisch inthronisierten Messiaskönig. In dieser dreifachen Ausprägung einer Messiasgestalt kommt die Aufgabe des M. zum Ausdruck, die Gottesherrschaft auf Erden anzumelden und näherzubringen.

Als messianische Stellen gelten der herkömmlichen Exegese bes. noch 1 *Mos* 3, 15 (Protoevangelium: ein Nachkomme der Frau soll der SCHLANGE den Kopf zertreten = Christus dem Satan), *Jes* 7, 14 (von einer JUNGFRAU soll der M. geboren werden), Mich 5, 2 (in Bethlehem), *Mal* 3,1 (während ihm ein Vorläufer den Weg bereitet), *1 Mos* 49, 10 (erscheint er, nachdem das Zepter von Juda gewichen ist), *Dan* 9, 24ff. (69 Jahreswochen »von der Zeit an, da das Wort erging, Jerusalem wieder aufzubauen«). Nach *Ps* 110,4 (*Hebr* 7,1ff.) ist er Priester wie Melchisedech, bringt sein eigenes Leben zum Opfer, geschätzt auf 30 Silberlinge (*Sach* 11,12; *Mt* 27,9), zur Schlachtbank geführt wie ein Lamm tut er seinen Mund nicht auf (*Jes* 53,7), wird an Händen und Füßen durchbohrt (*Ps* 22,17; *Sach* 12,10), mit Galle und Essig getränkt (*Ps* 69,22), verspottet und über sein Gewand wird das Los geworfen (Ps 22,8f. 19). Seine Auferstehung hat man in *Ps* 16,10 angekündigt gefunden (*Apg* 2,25ff.; 13,34ff.). Als SCHMERZENSMANN so entstellt, daß er nicht mehr wie ein Mensch aussieht (*Jes* 53,14) ist er doch schöner als alle Menschen (*Ps* 45,3). Die Qumran-Essener erwarteten zwei

Messiasse, einen priesterlichen aus »Aaron« und einen davidischen Laienmessias aus »Israel«, ersterer hat die Führung in rituellen, letzterer in militärischen Belangen. [JBB]

G. Hoberg, Katechismus d. messian. Weissagungen, 1915; L. Dürr, Urspr. u. Ausbau d. israel.-jüd. Heilandserwartung 1925; H. Greßmann, D. M. 1929; J. Obersteiner, D. Christusbotschaft d. AT. 1947; A. Bentzen, M.-Moses redivivus-Menschensohn, 1948; O. Eissfeldt, Christus I (M.) (RAC 2); G. Widengren, Sakrales Königtum im AT u. Judentum, 1955; S. Mowinckel, He that cometh, Oxford [2]1959; A. Gelin, Messianisme (Dict. Bible Suppl. 5) 1957; A. v. d. Woude, Die messianischen Vorstellungen der Gem. von Qumran, 1957; H. Groß, Der M. im AT (K. Schubert, Bibel u. zeitgem. Glaube 1) 1965; F. Hesse, A. v. d. Woude, in G. Kittel-G. Friedrich, Theol. Wb. z. NT 9, 1972.

**Metalle,** aus dem Erdinnern stammend, wurde ihnen eine geheimnisvolle Kraft zugeschrieben. Das Eisen galt als Schutz gegen Dämonen, im → Hufeisen als glückbringend. Andererseits betrachtete man die orendistische Kraft des Eisens und anderer M. als gefährlich, deshalb das Verbot der Verwendung eiserner Geräte beim Altarbau (2 *Mos* 20,25); in Altägypten durften die kultisch verwendeten Messer nur aus Stein sein. Die Wertung und Reihenfolge der 4 Hauptmetalle (Gold, Silber, Kupfer, Eisen) war den alten Kulturen geläufig und fand in der Lehre von den → Weltaltern einen Niederschlag. Unter Erz (lat. *aes*) ist nach altem Sprachgebrauch gelbes oder rötliches Metall zu verstehen, vor allem Kupfer und Bronze; in der Bibel meist ein Bild der Unbeugsamkeit und der Härte – im guten wie im schlechten Sinn: »die eherne Mauer« (*Jer* 15,20) bedeutet Standhaftigkeit, »eine Stirn von Erz« (*Jes* 48,4) Starrsinn.
In China und Indien glaubte man an eine natürliche Umwandlung der M. in Gold entsprechend dem Streben aller Natur zur Vollkommenheit. Die Annahme einer Transmutation der M., einer Veredelung der Stoffe – und damit verbunden einer Läuterung der Seele –, war der Ausgangspunkt aller → Alchemie. In der hermetischen Überlieferung entspricht Gold der Sonne, Silber dem Mond, Kupfer der Venus, Eisen dem Mars, Blei dem Saturn, Quecksilber dem Merkur und Zinn dem Jupiter. In der Freimaurerei bedeutet der Ausdruck »Metalle ablegen« (bei der Einweihung des Kandidaten auch symbolische Handlung) soviel wie »eigensüchtige Eigenschaften ablegen«. → Eisen, Gold, Kupfer, Silber [Lr]

**Metapher.** Aristoteles (Poetik) hat die Weltformel geprägt: »Metapher ist das Herantragen eines anderen Namens ... gemäß der Analogie«. Das trifft in den Sprechakt selbst, der im geistig übertragenen Sinn einen Namen »herüberträgt«, um eine Sache zu benennen. (Jean Paul nennt das die »verkleinerte Wiederholung eines Beweises«).
Aristoteles zeichnet die Kraft zur M. überraschend aus: »man kann das nicht von andern lernen«; es ist Zeichen der »Wohlbegabung, Ähnliches (im Unähnlichen) zu entdecken.« Hier berührt sich der Grieche mit Kants »angeborner Gemütslage des Genies«. Weil hier der Ursprung: Sprache berührt ist, wird die Sekundärliteratur fast unübersehbar. Der Mensch als Experiment Gottes tritt mit der Sprache in einen Zwiespalt.
Die Ruhe des Weltbilds, auf die

Mimesis gegründet (Darstellung mit allen Mimuskräften H. Koller 1954), spiegelt noch Hermann Paul im M.bereich 1880 (Prinzipien der Sprachgeschichte): »Die M. ist eines der wichtigsten Mittel zur Schöpfung von Benennungen für Vorstellungskomplexe, für die noch keine adäquaten Bezeichnungen existieren. Auch da, wo eine schon bestehende Benennung zur Verfügung steht, treibt oft ein innerer Drang zur Bevorzugung eines metaphorischen Ausdrucks. Die M. ist eben etwas, was mit Notwendigkeit aus der menschlichen Natur fließt, nicht bloß in der Dichtersprache, sondern auch in der volkstümlichen Umgangssprache, die zu Anschaulichkeit und drastischer Charakterisierung neigt.«

Nietzsches Weltskepsis (*Wahrheit u. Lüge*, 1873) entdeckt zwar die M. als »Fundamentaltrieb des Menschen, Sphären zu überspringen«, doch durch »Anthropomorphismus« begrenzt, auf »Lüge und Verstellung« aus im »Kampf um die Existenz«. Erst aber als Sigmund Freud die → »Ambivalenz« (1910 durch Eugen Bleuler vorgeprägt) als Widerstreit des Bewußten und Unbewußten zum Grundbegriff seines Systems ausbaute, griff sein Weltmißtrauen auf die Sprache über. (*Das Tabu u. die Ambivalenz der Gefühlsregungen* 1912). Heinz Werner, *Ursprünge der M.* 1919, zieht aus dem Berührungsverbot des Tabu das »zwiespältige Streben des Verhüllens und Enthüllens zugleich«. Daraus leitet er die M. her, »doppelzüngig und lügenhaft«, immer vom Bewußtsein begleitet: »der Vergleich . . . verzerrt oder verschrumpft das Anschaulich-Gegebene, ist überflüssig oder ungenau«. Damit hat Werner in die Zeit gewirkt. Ortega y Gasset (*Aufgaben unsrer Zeit* 1930): »Der M. allein verdanken wir die Möglichkeit, uns aus dem Staube zu machen. Sie beseitigt einen Gegenstand, indem sie ihn mit einem andern maskiert«! Auf Werner bezieht sich G. R. Hocke im Buch *Manierismus in der Literatur* (1959) im Kapitel »Furcht und Lüge.« Jede Form von Weltangst erzeugt eine Inflation von M. »Furcht weicht in die Lüge aus«, aus »intellektuellem Selbstschutz«. Das trifft auch die Struktur der Lyrik (Hugo Friedrich 1956), wo der »Weitsprung« die Analogie »verflüchtigt oder vernichtet«. Beda Allemann (1968) betrachtet den Dichter als »Lügner im Dienst der Wahrheit«.

Der Irrtum liegt im Anthropomorphismus. Max Scheler bereits formuliert 1923: »Vielmehr ist der Mensch als Mikrokosmos ein Wesen, das, indem es Wirkliches aller Wesensarten des Seienden in sich trägt, auch selber kosmomorph ist.« Über den männlichen und weiblichen Pol kosmomorpher Aneignung von Welt durch Sprache ist *»Das Bild in der Dichtung«* I–IV von Hermann Pongs aufgebaut (1927–73). Das Kosmomorphe bestätigen Paul Ricoeur-E. Jüngel 1974 aus theologischer Betrachtung: »Die Freiheit der Sprache ist bedingt durch das Wechselspiel von Mensch und Welt, in welchem der Mensch sich kosmomorph und die Welt anthropomorph versteht«. So dient jede M. dem Übergang von Sein in Sprache, als Akt eines »Seinsgewinns«. Der Zusammenfall von M. und → Symbol stellt im Kunstwerk sich als Blitz der Wahrheit dar (Pongs). Jean Pauls »Wundergeburt unsres Schöpfer-Ich« hat Hans Lipps (1938) in die »Verbindlichkeit der Sprache« eingesenkt; da dient die M. der »Ersteigerung«, der »Prägnanz«, die nichts als Wahrheit will. Walter Porzig formuliert 1934: »Die M. ist die Kraft, die elementaren Bedeutungsfelder zu sprengen«. Immer geht es um die »Arbeit am Sinn« (Ricoeur). [HP]

C. Stutterheim, Het Metaphoor, 1941; M. Foss, Symbol and metaphor in human experience, Princeton 1949; F. Vonessen, Die ontologische Struktur d. M. (Zs. f. Philosoph. Forschung 13) 1959; H. Lausberg, Hdb. d. literar. Rhetorik, 1960; B. Alleman, Weltgespräch, 1968; U. Krewitt, M. im MA., 1971; W. Shibles, Metaphor. An annotated bibliography and history, 1971; W. Shibles, Essays on metaphor, 1972; P. Ricoeur / E. Jüngel, M., 1974; J. Nieraad, »bildgesegnet und bildverflucht«. Forsch. zur sprachl. Metaphorik, 1977.

**Michael,** dessen hebräischer Name »Wer ist wie Gott« bedeutet, ist nach Daniel (10, 13.21) einer der ersten Himmelsfürsten. So zeigt ihn die frühchristliche und byzantinische Kunst als Ersten der Engel, als *princeps aetherius*; er ist Repräsentant des Himmelreiches, Symbolfigur der Gottzugewandtheit, Pendant zu Luzifer (→ Teufel). Zusammen mit den anderen → Erzengeln wird M. in militärischer Kleidung und Haltung an den Seitenwänden der Triumphbögen frühchristlicher Kirchen als Himmelswächter dargestellt (so in S. Appollinare in Classe, Ravenna).

Nach *Jud* 9 streitet M. mit dem Teufel um den Leib des Moses. Im 9./10. Jh. kommt das Motiv des Drachenkampfes auf; der Erzengel tötet das Symboltier Satans oder steht als Sieger auf ihm; dabei sind die eschatolog. Bezüge nach *Offb* 12,7 und 20,2 unübersehbar. Der streitbare M., Urbild des Männlichen, ist Beschützer des Weiblichen, sei es der Sternenjungfrau, sei es der weiblich gedachten Kirche Christi; öfters ist er auf Gemälden Assistenzfigur der Madonna (als Himmelskönigin). Auf irdischer Ebene fühlen sich Kaiser und Fürsten als seine Mitstreiter für das heilige Reich; der Erzengel selbst wird Schutzpatron des Hl. Röm. Reiches Deutscher Nation.

Seit dem frühen MA wird M. auf Bergen verehrt, bekannte Kultstätten auf dem Monte Gargano (Apulien) und zu Mont St. Michel (Normandie); der Ursprung beider wird in der Legende mit einem Stier verbunden. Im östlichen Christentum ist M. als »Herr des Stieres« bekannt. In SW-Deutschland reichen die Michaelsberge und Michaelsheiligtümer (so im Zabergäu bei Cleebronn) in vorchristliche Zeit zurück.

Als Geleiter der Seelen der Verstorbenen ist M. Patron der Friedhofskapellen. Bei Kirchen ist ihm besonders die Westseite geweiht – es ist die Seite des Sonnenunterganges, der → Dämonen, des Todes. Wenn der Festtag M.s auf den 29.9. fällt (Gedächtnistag der Einweihung der M.kirche zu Rom 493), dann steht er auch hier an der Schwelle zur dunklen, kalten Jahreszeit. Volksbräuche zeigen, daß mit dem M.tag die Sommerzeit zu Ende ist. Ob Zufall oder Astrosophie, daß der M.tag in das Sternbild der Waage gelegt wurde, kann nicht beantwortet werden. Das Attribut der Waage kennzeichnet den Erzengel als Seelenwäger beim → Weltgericht. Er ist *praepositus paradisi*, der die Seligen im Paradies empfängt; andererseits soll er der Engel mit Schwert gewesen sein, der Adam und Eva vertrieb (in der Buchmalerei ab dem 9. Jh.). Immer ist M. Hüter der Schwelle, von hier aus aber auch – so nach Leopold Ziegler – Vollstrecker der im göttl. Schöpfungs- wie Erlösungswort begründeten Einheit. [Lr]

A. M. Renner, Der Erzengel M. in d. Geistes- u. Kunstgesch., 1927; A. Rosenberg, M. u. d. Drache, 1956; L. Kretzenbacher, Die Seelenwaage, 1958; K. Meisen, M. in der volkstüml. Verehrung des Abendlandes (Rhein. Jb. f. Volkskunde 13/14) 1963 J. Michl/Th. Klauser, Engel (RAC V); M. Vereno, Die michaelischen Mysterien im Werk Leopold Zieglers (Kairos X) 1968; L. Küppers, M. 1970; R. Alleau, Enigmes et symboles du Mont Saint-Michel, Paris 1970. J. P. Rohland, Der Erzengel M., Arzt u. Feldherr (Zs. f. Relig.- u. Geistesgesch., Beiheft 19) 1977; M. Martens/A. Vanrie/M. de Waha, Saint Michel et sa symbolique, Bruxelles 1979.

**Michelangelo Buonarotti** (1475 bis 1564) war einer der vielseitigsten und wendigsten Künstler der italienischen → Renaissance und schwankte zwischen Puritanismus und Sinnlichkeit, zwischen Christentum und Neuplatonismus hin und her. Der neuplatonische Philosoph Marsiglio → Ficino und Savonarola mit seinem Mystizismus und Puritanismus trugen wesentlich zu seiner Weltanschauung bei.

Zu den ersten berühmten Standbildern M.s gehört der *Bacchus*. *Bacchus*, der das klassische Motto »In vino veritas« ausdrückt und auf den von den Neuplatonikern der Renaissance gelehrten Doppelallegorismus anspielt, demgemäß Bacchus auf Jesus Christus hindeutet (»ich bin der Weinstock, ihr seid die Zweige«, *Joh* 15,5), dieser aber wiederum auf Bacchus zurückverweist.

Zum Grabmal Julius II. gehört die Figur des *Moses* (jetzt in S. Pietro in Vincoli, Rom). Die aus seinem Haupt hervorspringenden HÖRNER sind symbolischer Hinweis für seine Begegnung mit Gott (→ Moses). Manche Forscher glauben in der Mosesfigur eine Anspielung auf Julius II., der die gespaltete Kirche wieder in das verheißene Land der Einheit zurückführen wollte; andere wieder vermuten ein Geheimsymbol für Martin Luther, der seinerseits versuchte, die Kirche auf ihren Ursprungsstand zurückzuführen. – Die unter den Namen *Sterbender Sklave* und *Gefesselter Sklave* bekannten Figuren (Academia, Florenz), ursprünglich für das Juliusgrab bestimmt, sind Ausdruck für neuplatonische Vorstellungen, nach denen der KÖRPER nur ein Gefängnis der Seele ist (die italien. Titel lauten *prigioneri,* d. h. Gefangene) im Gegensatz zur Anschauung des Christentums vom Körper als Tempel der Seele (1. *Kor* 6,19).

Die Deckengemälde der Sixtinischen Kapelle (Rom) schildern neun epische Szenen aus dem AT; dabei wird das kosmische und menschliche Drama in einer neuplatonischen Auffassung wiedergegeben: In der Szene der Schöpfung Adams schwebt der Allmächtige im Weltraum wie ein Zeus und erschafft den Urmenschen mit ausgestreckter Hand und deutendem Finger, ohne ihn anzurühren (intellektueller Schöpfungsakt); Eva existiert sogar schon vor ihrer Erschaffung, was aus ihrem Auftauchen unter Gottes linkem Arm symbolisch hervorgeht.

Das *Letzte Gericht* (Ostwand hinter dem Altar der Sixtin. Kapelle) zeigt einen zornigen Christus, der die Sünder zur Verdammung bestimmt, während die Madonna sich in großer Furcht unter seine

ausgestreckte rechte Hand duckt. Die Tatsache, daß M. weder eine traditionell vergebende Christusfigur malte, noch eine dogmatische Gottesmutter als Vermittlerin bei ihrem Sohn, mag eine gewisse Sympathie für den Protestantismus oder den Einfluß von Savonarola andeuten. Die Seelen der Verdammten fallen nicht in eine traditionell christliche Hölle, sondern in den mythologischen Fluß Styx, wo der Fährmann Charon schon darauf wartet, die verlorenen Seelen in den Hadesbereich überzusetzen. Deshalb ist die Ostwand ein doppelsinniges Problem symbolischer wie auch theologischer Natur.
Die herrlichen liegenden Figuren des *Tages* und der *Nacht* unter dem Grab von Julius in der Kapelle der Medici (Florenz) sind Darstellungen von Flußgottheiten heidnischer Abstammung und drücken die Geheimnisse von Leben und Tod aus. M.s Originalentwurf für die Figur der Nacht war eine Skizze von Leda mit dem Schwan (Kopie von Ammanati: Uffizien, Florenz). Dieses Motiv war eine neuplatonische Allegorie für die unbefleckte Empfängnis, da ja Zeus die Leda in Gestalt eines Schwanes verführte. In der endgültigen Version ersetzte M. den Schwan durch eine EULE, dem griechischen Symbol für die Weisheit, und verbarg auf diese Weise seine ursprüngliche Absicht.

[Fi]

H. Sedlmayr, M. Versuch über die Ursprünge s. Kunst, 1940; Fr. Hartt, The Meaning of M.s Medici Chapel (Essays in Honor of Georg Swarzenski), Chicago 1951; Ch. de Tolnay, M., 5 vols, Princeton 1969; L. Steinberg, The Metaphors of Love and Birth in M. Pietàs (Studies in Erotic Art, ed. Th. Bowie), New York 1970; L. S. Liebert, M. – a psychoanalytic study of his life and images, New Haven 1983.

**Milch.** Wie in kosmogonischen Mythen die Kuh zum Ursprung gehört, so auch die M.; nach einer indischen Überlieferung war die Welt am Anfang ein M.meer, aus dem durch Drehen der Weltachse Tiere und Menschen hervorkamen. Als erstes Nahrungsmittel des Neugeborenen ist die M. in ihrer Signifikanz dem Lebenswasser verwandt. Altägyptische Reliefs zeigen, wie der König die M. vom Euter der Himmelskuh trinkt, d. h. himmlischer Kräfte teilhaftig wird. Die Gedankenverbindung M.-Himmel zeigt sich auch in dem Wort »Milchstraße« (griech. *galaxis*) und dem dahinter stehenden antiken Mythos von der verspritzten M. der Muttergottheit. In den Attis- und Isismysterien sinnbildet der dem Mysten gereichte M.becher die Neugeburt. In altchristlicher Zeit hatten M. und → Honig die Bedeutung eines Heilmittels der Unsterblichkeit *(phármakon athanasias)*. Im *Hohenlied* (5,1) gehört die M. im Garten des himmlischen Bräutigams zur übernatürlichen Lebensnahrung. Für die auf Gott Vertrauenden werden in der Endzeit »die Hügel fließen von Milch« (*Joel* 4,18). Im 1. *Petrusbrief* ist das Verlangen nach M. gleichbedeutend mit der Sehnsucht nach Heil. In Anlehnung an die Seligpreisung der Brüste Mariens (*Lk* 11,27) wurde die Maria Galaktotrophusa (griech. Milchspenderin, lat. Maria *lactans* = stillende Maria) ein beliebtes ikonographisches Motiv; barocke Darstellungen lassen einen M.strahl aus ihrer Brust auf einen Heiligen fallen.

[Lr]

K. Wyß, Die M. im Kultus d. Griechen u. Römer, 1914; K. Bühler-Oppenheim, M. u. M.tiere im Kult (Ciba-Zs. 7/1957); F. Ch.

Fensham, Symbolism of milk and honey (Palestine Exploration Quarterly 98/1966); Ph. Rech, M. (Inbild des Kosmos II, 268–299) 1966.

**Milchstraße** (griech. *galaxias*). Der breite, helle Sternengürtel um die Himmelskugel hat seinen Namen von der griechischen Mythologie erhalten; nach einer Version drückte Rhea zum Beweis ihrer Mutterschaft aus ihrer Brust die Milch, die in weitem Bogen über den Himmel spritzte; nach einer anderen Überlieferung verschüttete der an Hera saugende Herakles die Milch. Im *Sohar,* dem klassischen Buch der jüdischen Kabbala, wird der glänzende Weg in der Mitte des Firmaments »himmlische Schlange« genannt. Auch die Inder sprechen vom »Schlangenweg« *(naga-vithi)* oder vom »Götterweg« *(sura-vithi)*. Chinesische und japanische Überlieferungen lassen die Vorstellung von einem Fluß erkennen; in der germanischen Mythologie ist es die zum Himmel führende Brücke Bifrost, an deren Ende Heimdall als göttlicher Wächter steht. Bei einigen Naturvölkern gilt die M. als Sitz der Toten; australische Stämme erblicken in ihr den Rauch eines himmlischen Lagerfeuers, neben dem der Schöpfergott sich zur Ruhe gelegt hat. [Lr]

**Militia christiana** (christlicher Krieg). Die spirituelle Deutung des Lebens als einer Form des Kampfes zwischen den Mächten des Guten gegen diejenigen des Bösen gründet sich auf den platonischen Gedanken, daß das Leben des Menschen ein Kampf sei. Diese Vorstellung, im AT in Hiob 7,1 *(militia est vita hominis super terram)* formuliert, findet im NT seine klarste Bestimmung *Eph* 6,10–17, wo die Waffen und Feinde des Christen beschrieben und allegorisch gedeutet werden. Ist die Verwendung des m.ch.-Begriffs im Epheser-Brief noch auf die Apostel bezogen, so weitet sich seine Verwendung, vor allem durch *Tim* 2, 3–4, auf den Priesterstand aus. Im frühen MA gelten vor allem Missionare und Mönche als m.ch. Im MA durch die Kreuzzüge forciert, durch die spekulative Mystik theologisch gestützt, wird die m.ch. am Ende des MA zu einer vorbildlichen Form laienchristlicher Frömmigkeit (Erasmus v. Rotterdam) als auch zu einem Ausdruck höchsten christlichen Heldentums; der m.ch. gilt als *virtus generalis.*
Die Waffen *(cingulum veritatis, lorica iustitiae, calceamentum pacis, scutum fidei, galea salutis, gladius spiritus – verbum Dei),* deren Zahl im MA nur unwesentlich erweitert wird (Lanze; auch das Pferd gelangt im MA zur Bewaffnung des m.ch.), konstituieren den christlichen Ritter als Personifikation der m.ch. Seine Feinde, im Eph.-Brief die Mächte der Finsternis bzw. der Satan, im MA zumeist die monastische Trias *Mundus, Caro* und *Diabolus,* im 16./17. Jh. oft durch *Peccatum* und *Mors* und/oder die spezifischen religiösen Gegner erweitert, machen aus ihm eine geschichtliche und heilsgeschichtliche Gestalt. Die Eigenständigkeit allegorischer Dingauslegung, wie sie die Bibelallegorese, aber auch die mal. Dichtung leistet, weicht in der frühen Neuzeit einer kanonisierten Form, in der die ganze komplexe Bildfigur wie ein Zitat behandelt und in aktuelle Zusammenhänge gestellt werden kann. Gegenüber

dem MA, in dem die Kampf- und Rittermetaphorik deutliche Äquivalente in der Wirklichkeit aufweist, überwiegt im 16./17. Jh. der sinnbildliche Charakter. Die vollständige Verinnerlichung des Kampfes findet ihren sinnbildlichen Ausdruck dort, wo m.ch. und → *Patientia* gleichgesetzt werden. [AW]

A. v. Harnack, Militia Christi. Die christl. Religion u. der Soldatenstand in den ersten 3 Jahrhunderten, 1905, Nachdruck 1963; H. Emonds, Geistlicher Kriegsdienst. Der Topos der militia spiritualis i. d. antiken Philosophie, (A. v. Harnack, Militia Christi, S. 133–162); A. Wang, Der Miles Christianus im 16. u. 17. Jh. u. seine ma. Tradition. Ein Beitrag zum Verhältnis von sprachl. u. graphischer Bildlichkeit (Mikrokosmos, 1), 1975.

**Milton,** John, 1608-1674, englischer Dichter. In seinem Hauptwerk, *Paradise Lost (Das Verlorene Paradies,* 1667 und 74) erzählt M. den Fall des Menschen sowie den ihm vorausgehenden Fall der sündigen Engel in der Form des klassischen Epos. Seine erklärte Absicht ist es, Gott zu rechtfertigen; Mensch und Engel sind frei geschaffen, ihre Sünde besteht im Ungehorsam, den M. als Verdunkelung der Vernunft durch Leidenschaft auffaßt. Die Wiederherstellung der ursprünglichen Ordnung ist Thema des *Paradise Regained (Das Wiedergewonnene Paradies,* 1671): Christus, der vollkommene Mensch erliegt im Gegensatz zu Adam und Eva der Versuchung nicht, da er, stets von Vernunft geleitet, die Lockungen Satans durchschaut.
Die Schilderung des Paradieses im IV. Buch von PL fügt sich in die antike Tradition des *locus amoenus* ein; es ist ein schwer zugänglicher, von der übrigen Welt abgetrennter GARTEN. Doch gab es in ihm, nach M., schon Arbeit, wenn auch leichte, denn es ist die Aufgabe des ersten Menschenpaares, seinen üppigen Reichtum zu pflegen, und es gab auch schon die körperliche Liebe, die in der Ehe erlaubt ist; die Lust dominiert nach dem Fall. So modifiziert M. das alte Symbol, das er selbst durchaus wörtlich versteht; er war Puritaner und streng bibelgläubig. Vielleicht wider seinen Willen gerät ihm SATAN zur interessantesten Gestalt des PL: er ist der unterlegene Rebell, der an seiner Sündhaftigkeit leidet und sich trotzdem der Macht des Höchsten nicht beugt; ein Sinnbild des abgefallenen Geschöpfes, das vergeblich gegen seinen Schöpfer aufbegehrt. M. wurde so zum Gründer des Satanismus, dessen Wirkung bei → Baudelaire, Byron und Dostojewskij zu spüren ist. [JK]

C. S. Lewis, A Preface to PL, 1941; J. I. Cope, The Metaphoric Structure of PL, 1962; B. K. Lewalski, M.'s Brief Epic, 1966; R. M. Frye, M.'s Imagery and the Visual Arts, Princeton 1978.

**Minneallegorie,** Kernstück der weltlichen Allegorik, die sich in d. 2. Hälfte d. 12. Jh. von der auf Bibelexegese gegründeten moralisierenden Dichtung löst. Charakteristisch für diesen Übergang ist z. B. Landri de Wabens altfranzösische Hoheliedparaphrase, die den biblischen Text im Sinne einer esoterischen M. deutet, sowie die erotischen Interpretationen der Tierfiguren des → Physiologus (zunächst nur in einzelnen Trobadorkanzonen, im 13. Jh. als Thema größerer Erzähldichtungen wie Richart de Fornivals *Bestiaire d'amour*)). Meist dienen konventionelle Handlungsschemata dem didaktischen Anliegen: Traum, Spaziergang, Entführung des Liebenden als Einleitungstopoi; Wanderung in ein Minnereich mit zentralem Handlungsort (Garten, Grotte, Stadt, Kloster, Palast, Burg), wo Personifikationen den nach Erfüllung strebenden Helden belehren, unterstützen oder bekämpfen. Formale Einflüsse der spätantiken Epithalamiendichtung (Statius), der Bukolik und der Psychomachia-Tradition verbinden sich in der M. mit Thematik und Geist der nach Autonomie strebenden höfisch-laizistischen Kultur des Hoch-MA (Trobadors, höfischer Roman). Wie H. R. Jauß zeigt, ist gerade in der M. die Tendenz zur Remythisierung der antiken Göttergestalten, die das MA zunächst zu rein »ornamentalen« Personifikationen von → Tugenden und → Lastern erstarren ließ, besonders fühlbar. Die französische M. stellt Amor in den Mittelpunkt, der nicht mehr als Knabe erscheint, sondern als königlicher »Deus d'amour«, während die deutsche M. Attribute der Liebesgottheit meist auf Frau Minne (Venus) vereinigt. Die Herrschaft Amors weist Parallelen zur christlichen Liebesmystik auf, sein Reich ist dem biblischen Paradies nachgebildet oder hat das Gepräge eines vollständigen Weltmodells (z. B. in *De Amore* von Andreas Capellanus). Konflikte werden als Gerichtsverhandlung, Kampf (Sturm auf die Minneburg) oder Jagd (HUNDE verkörpern seelische Kräfte) gestaltet. Von der 2. Hälfte des 13. Jh. an spiegelt sich in der M. auch die Kritik am universalen Geltungsanspruch der höfischen Ideologie (Jean de Meun, Brunetto Latini u. a.). → Rosenroman. [FPK]

C. S. Lewis, The Allegory of Love, 1959; H. R. Jauss, Entstehung u. Strukturwandel der allegor. Dichtung, GRLMA VI/1, 1968; W. Blank, Die dt. M., 1970; D. Ruhe, Le Dieu d'amour avec son paradis, 1974.

**Mischwesen** → Cherubim, → Fabelwesen

**Mistel.** Die auf verschiedenen Laub- und Nadelhölzern schmarotzende Pflanze erscheint bei Vergil als der von der Persephone gebildete magische Zweig, der dem Aeneas die Pforten der Unterwelt öffnet. Den keltischen Priestern (Druiden) galten auf Eichen wachsende M.n als besonders heilig; die Pflanze wurde die »Alles Heilende« genannt und – nach Plinius – im Winter mit goldenen Sicheln geschnitten. In der nordischen Mythologie wird → Balder durch den Wurf eines M.zweiges getötet. Die im Volksglauben verbreiteten Namen »Donnerbesen« und »Hexenbesen« bringen die M. mit dämonischen Mächten in Verbindung; im Stall aufgehängt, soll sie die Pferde vor Mahren schützen (Skandinavien). In Frankreich und England gilt die M. als Glückssymbol, besonders zu Weihnachten und Neujahr: ohne M. kein Glück! (»no mistletoe, no luck«). Nach bretonischem Brauch treten Verlobte unter einen M.busch, um ihrer Verbindung Dauer und Fruchtbarkeit zu sichern. [Lr]

K. v. Tubeuf, Monographie der M., 1923; H. Becker/H. Schmoll gen. Eisenwerth, M. Arzneipflanze. Brauchtum. Kunstmotiv im Jugendstil, 1986.

**Mithra** (latein. Mithras), in der Religion des → Vedismus Mitra = Gott des Vertrages, Hüter der Rechtsordnung; im *Atharvaveda* wird ihm die MORGENSONNE zu-

geordnet. Der iranische M. ist erstmals um 1380 v. Chr. als göttlicher Bürge des Vertrages mit den Hethitern bezeugt; seine Funktion war juristisch-priesterlich, außerdem war er vor allem »eine himmlische Projektion des iranischen Häuptlings und Kriegers« (Widengren), wurde aber von der Lehre Zarathustras (7./6. Jh. v. Chr.) in seiner Bedeutung durch Ahuramazda (→ Parsismus) zeitweise zurückgedrängt.
In hellenistischer Zeit nahm M. in Kleinasien Züge der Licht- und → Sonnengottheiten Helios und Apollon an. Durch römische Soldaten verbreitete sich der M.-Kult bis nach Pannonien und Germanien. In parthischer Zeit war M. mit der SONNE nahezu identisch. Eines der wichtigsten Feste war das seiner Geburt z. Z. der Wintersonnenwende. Die Fels- oder HÖHLENgeburt des Gottes kann in einem symbolischen Zusammenhang gesehen werden mit der aus dem Dunkel der Nacht kommenden Sonne. Die Grotten und unterirdischen Räume (Mithräen) des M.-Kultes hatten kosmische Bedeutung (Höhle = Weltall); das in ihnen aufgestellte Bildwerk zeigt, wie M. den URSTIER tötet, was mit der Entstehung der Welt bzw. der Vegetation (Weizenähren und Weinstock) in Verbindung gebracht wurde; vergebens versuchen SKORPION und SCHLANGE (Tiere Ahrimans) den Samen und das Blut des Opfertieres dem Aufbau der Welt zu entziehen. Die beiden Begleiter des M. mit erhobener und gesenkter FACKEL, Cautes und Cautopates, sinnbilden wahrscheinlich den Frühlings- bzw. Herbstanfang. Das bekannte Altarbild zu Heddernheim (bei Frankfurt a. M.) zeigt auf dem fliegenden Mantel des stiertötenden Gottes einen RABEN, der auch sonst als ihm zugehöriges Tier auftritt.
In den M.-Mysterien bezeichneten der wegweisende Rabe und der solare LÖWE je einen der sieben Weihegrade, die in Zusammenhang mit den sieben Planetensphären stehen, durch die die Seele der Eingeweihten nach ihrer Trennung vom Körper aufsteigen soll. Bei den Einweihungszeremonien spielte das SCHWERT (Reminiszenz an die Funktion des Krieger-Gottes) eine wichtige Rolle: Hinweis auf den Kampf gegen das Böse. Im kultischen Mahl deuteten BROT und WEIN auf die geheimnisvolle Verwandlung des durch M. geopferten Stieres und verknüpften kosmogonischen Mythos mit eschatologischer Hoffnung. [Lr]

F. Cumont, Les mystères de M., 1900 (dt. [3]1923); J. Hertel, Die Sonne u. M. im Awesta, 1927; M. J. Vermaseren, Corpus inscriptionum et monumentorum religionis Mithriacae, 2 Bde., Den Haag, 1956–1960; J. M. Vermaseren, M. de geheimzinnige god, Amsterdam-Brüssel 1959; R. Merkelbach, Die Kosmogonie der M.-Mysterien (Eranos – Jb. XXXIV) 1965; G. Widengren, Die Religionen Irans, 1965; L. A. Campbell, Mithraic iconography and ideology, Leiden 1968; G Ristow, Mithräische Ikonographie (Symbolon NF 3) 1977; M. Clauss, Mithras. Kult u. Mysterien, 1990.

**Mitte** → Zentrumssymbolik

**Mittelalterliche Musik.** Die aus der Antike tradierten Symbolzahlen bleiben bei den Neupythagoreern (→ Pythagoreer) und Neuplatonikern durch die Verknüpfung der Sphärenharmonie und ihrer musikalischen Ordnung mit den christlichen Jenseitsvorstellungen erhalten. Grundlage waren nunmehr nicht numerische Verhältnisse der altgriechischen Musik, sondern Exempla aus der Bibel. Zur Dreizahl als Vollkommenheitssymbol fügt Isidor von Sevilla *vox, flatus* und *pulsus* als konstitutiv für die Musik hinzu. Zur Vierzahl gehören die vier musikalischen Konsonanzen. Die Siebenzahl wird mit der siebensaitigen Lyra und mit den sieben Tönen der Oktave zusammengebracht, die Zahl Zehn schließlich mit den zehn Saiten des Psalteriums.

Musikinstrumente werden nicht nur durch Zahlen zu Symbolträgern. So gilt z. B. das Psalterium als Sinnbild für den Leib Christi, die Form der Kithara als mystisches Zeichen seines Kreuzes. Das mit Tierfell überzogene Tympanum weist auf die Vergänglichkeit des Menschen, die Trompete auf das göttliche Wort. Auch der Grundgedanke, »daß Gott sich des Menschen wie eines musikalischen Instrumentes bedient, um sein Wesen und seine Kraft zu offenbaren« (Abert), findet sich bei den Kirchenvätern, nicht jedoch bei ausgesprochenen Musiktheoretikern. Die Kirchentonarten *(modi)* werden nach antikem Vorbild als Übernahme und Wandlung mit ausführlichen Charakteristika versehen, wobei sich ein grundsätzlicher Unterschied zwischen den Durskalen als Zeichen der Anmut und Lebensfreude und der uneinheitlich gedeuteten Mollskalen anbahnt. Die Intervallehre kennt die Verbindung von Quart und Quint als vollkommenen Einklang, den Tritonus dagegen als den *diabolus in musica.* Ferner wird eine Parallele zwischen den acht Teilen der Rede und den acht Kirchentönen gezogen. Von den weitverbreiteten mal. Musikallegorien sind → Orpheus als der Idealmusiker und seine Gattin Eurydike als Sinnbild für die Geheimnisse der Harmonie zu nennen, die Parallelisierung Orpheus-David-Christus (→ Hirt) oder das auf arabischen Einflüssen basierende Gleichnis des Marchettus vom Wunderbaum der Musik: Zahlenordnungen zeigen seine Äste, Konsonanzen seine Blüten und »süße Harmonien« die aus ihnen sich bildenden Früchte. Die eigentlich klingende Musik, der mal. Choral oder die Gattungen der frühen Mehrstimmigkeit, erlangt allenfalls durch den *cantus firmus* Symbolcharakter. Bestimmend bleibt die Musikanschauung und ihre Verzweigung im Bereich der *artes liberales.* [Jg]

H. Abert, Die Musikanschauung des MA u. ihre Grundlagen, 1905; H. Besseler, Die Musik des MA und d. Renaiss., 1931; G. Reese, Music in the Middle Ages, 1940; H. Steger, Rex David et Propheta, 1961; R. Hammerstein, Die Musik der Engel, 1962; ders., Diabolus in Musica. Studien zur Ikonographie der Musik im MA, 1974.

**Mittelsteinzeit** (mittlere Steinzeit) = Mesolithikum: Der Beginn wird weithin (wie das Ende der → Altsteinzeit) einigermaßen schematisch mit dem Übergang zur sog. Nacheiszeit angesetzt, das Ende jedoch nach einem anderen Gesichtspunkt festgelegt, nämlich dem Auftreten von Kulturen auf agrarischer Grundlage. (Nicht zu verwechseln mit der Mittelsteinzeit in diesem Sinn ist das »Middle Stone Age« Afrikas und Südasiens, das zeitlich etwa dem europäischen Jungpaläolithikum entspricht, der europäischen Mittelsteinzeit und sicherlich auch noch großen Teilen der Jungsteinzeit hingegen in Afrika und Teilen Asiens das »Late Stone Age«).

Das Mesolithikum unterscheidet

sich vom Jungpaläolithikum u. a. dadurch, daß in weiten Teilen Europas die blühende Bildende Kunst und eine damit verbundene oder darin enthaltene Symbolik unserem Blickfeld entschwindet (d. h. keinen materiellen Niederschlag gefunden hat, der die Jahrtausende überdauern konnte, was also noch nicht besagt, daß es dergleichen nicht gegeben habe), während in anderen Gebieten (z. B. Afrika) in dieser Zeit die Felskunst ihre erste Blüte erreicht. Symbolwert könnte auch zumal im Norden Europas auftretenden kleinen Tierfiguren zukommen, erst recht aber gewissen RITZZEICHNUNGEN, vor allen Dingen Wiederholungsmustern, die möglicherweise genealogischen Gehalt besitzen. [KJN]

K. J. Narr (Hg.), Hdb. der Urgeschichte 1. Ältere und mittlere Steinzeit, 1966.

**Mohammed,** Prophet und Gründer des → Islam, um 570 Mekka – 632 Medina. Er gehörte der Sippe der Banū Hašim vom mächtigen Stamme Qurayš an, in dessen Obhut sich die heidnischen Kultstätten in und um Mekka befanden. Das Bewußtsein seiner prophetischen Mission wurde in M. durch Träume und Visionen geweckt. Die erste entscheidende Offenbarung empfing er 610 auf dem Berge Hīra nördlich von Mekka durch den Engel Gabriel, der ihn Gesandter *(rasūl)* Gottes nannte und ihm die ersten Verse der 96. Sure des → *Koran* übermittelte. Diese Offenbarungen setzten sich bis zum Tode M.s fort.

Als letztem der Propheten kommt ihm eine Schlüsselposition zu: M. ist das SIEGEL der Propheten, mit ihm war die göttliche Offenbarung abgeschlossen. In der islamischen gnostischen Literatur wird er schließlich zum Symbol: Er ist dann nicht mehr der Mensch M., sondern eine kosmische Größe, der ›Vollkommene Mensch‹, das universelle rationale Prinzip, der *Logos* schlechthin. Der ganze Kosmos ist in ihm zusammengefaßt (Mikrokosmos), wie ein SPIEGEL reflektiert er in vollkommenster Art die Manifestationen des Göttlichen. [EJa]

T. Andrae, D. Person M.s in Lehre u. Glaube seiner Gem. 1918; ders., M., sein Leben u. sein Glaube, 1932; W. M. Watt, Muhammad at Mekka, 1953; ders., Muhammad at Medina, 1956; L. Massignon, L'homme parfait en Islam (Eranos Jb. 15).

**Mohn,** bei den Griechen Attribut der Erdgöttin Demeter und der Unterweltsgöttin Persephone. M.kapseln erscheinen unter den Symbolen, die auf die Eleusinischen Mysterien hinweisen. In der Antike wurden M. und Schlaf in fast gleicher Bedeutung genannt; der Gott des Schlafes, Hypnos, wurde mit M.stengeln in Händen dargestellt. Die rote M.blume sollte nicht ins Haus mitgenommen werden, da sie Liebesleid bringt. Wenn in seiner Bedeutung auch unbekannt, so taucht der Schlafmohn *(Papaver somniferum)* bei Gerard David *(Taufe Christi,* Brügge) und Hieronymus Bosch *(Garten der Lüste,* Madrid) doch an bedeutsamer Stelle auf. Aus der Folklore weiß man, daß M.samen die Fruchtbarkeit versinnbildlicht; nach der Trauung wurde in verschiedenen mitteleuropäischen Gegenden das Brautpaar mit M.samen überschüttet. [Lr]

**Monatsbilder.** Zyklische Darstellung der 12 M. des Jahres. Die M. der frühchristlichen Zeit basieren auf Kalenderdichtungen der An-

tike (Ovid: *Fasti;* Macrobius: *Saturnalia*) und der Spätantike (Dracontius: *De mensibus*). Die Spätantike gab die M. als Personifizierungen wieder, die in Funktion und Tätigkeit sowohl dem sakralen Raum als auch der Landarbeit entnommen waren (Athen, Hagios Eleutherios; Filocalus, *Chronograph*).
Seit dem frühen MA entstammen die M. fast ausschließlich dem profanen Bereich (Monatsarbeiten). Die M., zuerst Illustration der Kalendarien, wurden vom 12. Jh. an, oft mit anderen Zwölfergruppen kombiniert (Tierkreiszeichen, Apostel, Stunden, 6 kluge und 6 törichte Jungfrauen), in die → Bauplastik inkorporiert, vor allem in Italien (Parma, Cremona, Verona) und Frankreich (Chartres, Paris, Amiens, Reims, Straßburg). Kreisförmig angeordnet können die M. einen Teil einer Fensterrose bilden (Lausanne).
Je nach dem Klima gibt es in verschiedenen Ländern unterschiedliche Darstellungen der M. Immer wiederkehrende Themen sind das BESCHNEIDEN DER BÄUME und der Weinstöcke (Februar oder März), HEUERNTE und SCHAFSCHUR (Juni), GETREIDEERNTE (Juli), DRESCHEN (August), WEINLESE und Keltern (September), SCHWEINEMAST, HOLZSAMMELN (November), SCHLACHTEN, BAKKEN (Dezember). Vom 15. Jh. an entstehen M. mit ausgeprägtem Landschafts- und Genrecharakter (*Stundenbuch* vom Herzog v. Berry, Anf. 15. Jh., Chantilly; H. Wertinger, Bilderfolge, um 1500, Zürich, Kunsthaus). Daneben lebte das M. in allegorischer Gestalt weiter (Ferrara, Pal. Schifanoia, 1470). [ThVW]

V. Kehrein, Die 13 M. d. Jahres im Lichte d. Kulturgesch., 1904; O. Koseleff, Die M. darstellg. d. franz. Plastik d. 12. Jh., 1934; J. C. Webster, The labors of the months in antique and mediaeval art, 1938; E. H. Gombrich, The Sala dei Venti in the Pal. del Tè (Journ. Warb. Inst. 13), 1950; J. Siegmund-Schultze, Die Entwicklung der M.darstellg., (Diss. Berlin 1951); P. d'Ancona, I mesi di Schifanoia in Ferrara, 1954; A. Simon, Jan van de Velde. Die 12 großen M., 1962.

**Mönchtum** → Ordensgemeinschaften

**Mondgottheiten.** In zahlreichen älteren Mythologien ist der Mond männlich; als Stammvater und/oder → Heilbringer kann er mit dem Höchsten Wesen verschmelzen (so bei den Pygmäen). Vom Mutterrecht beeinflußte Kulturen projizieren in den Mond ein weibliches Wesen, die Urmutter oder Jungfraumutter, die einem Sohn (Sonne) oder zweien (Hellmond und Dunkelmond) das Leben schenkt. In einer sich weiter entwickelnden Mythologie kann der Hellmond als Gottessohn solaren Charakter annehmen, der Dunkelmond wird zum irdischen Stammvater, zum Tölpel oder zum göttlichen Widersacher.
Da die Phasen des Mondes ein objektives Zeitmaß sind, wurde der Mondgott zum Gott der Zeiteinteilung. Der ägyptische Thot ist Herr von Zeit, Zahl, Maß und Gesetz; sein Attribut ist oft eine PALMRIPPE, an der die Jahre wie an einem Kerbholz bezeichnet werden. Der babylonische Sin wird häufig mit dem Zahlzeichen 30 (für die Tage des Monats) geschrieben. Die baltischen M. (Meness bei den Letten, Menulis bei den Litauern) haben ihren Namen von der indogermanischen Wurzel *me* = messen (daher auch »Mond«, »Monat«). Mit den

Mondphasen wird die Vorstellung von Tod und Auferstehung verbunden; der Mond ist Aufenthaltsort der Toten (z. B. im Glauben der Althispanier), der Mondgott Herrscher der Totenwelt (Osiris). Auf die 3 Mondphasen weist die verschiedentlich anzutreffende DREIZAHL: die chinesische Mondgöttin Hêng O erscheint in Gestalt einer dreibeinigen KRÖTE; die griechische Hekate *triformis* wird mit 3 Köpfen oder Körpern dargestellt, HUND (Mondtier), FACKEL (Mondlicht) und manchmal MONDSICHEL sind ihre Attribute. Bei zahlreichen M. ist ihre Beziehung zum WASSER unübersehbar: der das Land »befruchtende« Nil wurde als »Ausfluß des Osiris« bezeichnet; nach dem *Rigveda* ist der Mond »in den Wassern«; die griech. Selene galt als Spenderin des Taus; im Glauben der Maori (Polynesien) erlangt der dahinsiechende Leib der Mondgöttin durch ein BAD im Lebenswasser immer wieder neuen Glanz.

Bei den M. findet sich häufig eine Verknüpfung mit dem Schicksal; beispielhaft bei → Osiris, in den 14 Teilen seines zerstückelten Leichnams erblickte man die Zahl der Tage des abnehmenden Mondes; die MONDPHASEN wurden als Hinweis auf des Gottes Sterben und Wiederauferstehen gedeutet. Der altmesopotamische Mondgott hatte das Epitheton »Schicksalsentscheider«. Eliade erblickt in den 3 Moiren, die den Lebensfaden (= Schicksal) spinnen, lunare Gottheiten. Nach Überlieferung der Irokesen sitzt im Mond eine Weberin. Bei den Batak (Sumatra) unterrichtet die Mondgöttin die Mädchen im SPINNEN und WEBEN. Die weibliche Tätigkeit und die Beziehung zum weiblichen Geschlecht (Menstruation – Genitalzyklus – Monatszyklus – Mondzyklus) lassen die Mondgöttinnen zu → Muttergottheiten werden, die verschiedentlich eine SPINDEL zum Attribut haben (z. B. Dea Syria).

Im MA hat die Jungfrau Maria manche Ähnlichkeit mit orientalischen Mondgöttinen: wie – die in später Zeit lunare – Isis gebärt sie die Sonne (Christus), sie kann als Attribut SPINDEL und GARNKNÄUEL erhalten, Kirchenväter nennen sie »Mond der Kirche« oder einfach »Mond« (Luna), in Malerei und Plastik wird sie häufig mit der MONDSICHEL zusammen dargestellt. Bis in die Neuzeit hinein findet sich bei portugiesischen Bauern für den Mond der Ausdruck »Muttergottes«, bei französischen Bauern »Notre Dame«. [Lr]

M. Eliade, Die Religionen u. d. Heilige (180–216), 1954; A. Sjöberg, Der Mondgott Nanna-Suen in der sumer. Überlieferung, Stockholm 1960; Ph. Derchain, Mythes et dieux lunaires en Egypte (Sources orientales V, 19–67), Paris 1962; H.-W. Haussig (Hsg.), Wörterbuch der Mythologie, I–II, 1965, 1973.

**Mondsymbolik.** Der Mond, bisweilen doppelgesichtig als Mann und Frau gesehen, gilt als »Vater der mythischen Motive«, und M. läßt sich bis in die Eiszeit hinein verfolgen. Grundlegend für die Symbolik sind die MONDPHASEN. Sie werden mit dem zyklischen Werden in Verbindung gebracht, über das der Mond gebietet, und sind Symbol für Geburt und Wachstum, Tod und Auferstehung. Da Mondtod Tod zur Neugeburt ist, ist der Mond ein beliebter Grabschmuck und kündet Leben. Seine Macht über das zyklische Werden macht ihn zu einem Fruchtbarkeitssymbol. Dazu ist er Zeitmesser und schicksalsbestimmend: abnehmender Mond und Mondfinsternis sind ungünstige, Neu- und Vollmond günstige Zeiten und deshalb Initiations- und Opferzeiten.

An diese und ähnliche Vorstellungen knüpft die M. an. Ein bevorzugtes Symbol ist das HORN, vorab das STIERHORN, in dem Vorstellungen von animalischer Kraft und überirdischer Ausstrahlung zusammenfließen. Im Hebräischen sind »gehörnt sein« und »strahlen« etymologisch eins, und so gehört *2 Mos* 24,27 zur M.: der »gehörnte« → Mose, wie ihn noch Michangelo auf dem Grabmal Julius II. darstellte, ist zugleich der »strahlende« Mose. Beide Stierhörner zusammen stellen den ab- und zunehmenden Mond dar: »Frucht, die sich selber erzeugt«. Oft werden Hörner an Altären angebracht als Symbole lunarischer Epiphanien. – Aus der Verbindung der Mondsichel mit einem Stil entstand die AXT, oft in der Form der DOPPELAXT, die beide Mondphasen darstellt. Wie das Horn ist sie Ausdruck der Macht. Sie kann auch Symbol der Fruchtbarkeit sein, so auf einer nordischen Felszeichnung, auf der ein Gott die Axt segnend über ein Brautpaar hält.

Sehr eng ist die Beziehung von Mond und FRAU. Das Werden des Kindes im Mutterschoß gilt als identisch mit dem Mondwachstum. Wahrscheinlich birgt die Erzählung von der Erschaffung → Evas aus Adam mondmythologische Motive: im Alten Orient gilt das aus dem schlafenden Dunkelmond hervorgehende Neulicht als SPANNRIPPE. – Fruchtbarkeitssymbol ist noch der TAU, die Milch des Mondes, mit der alles Lebendige genährt wird. – Die Mondphasen werden ferner von SPIRALE und WELLE dargestellt, ebenso von manchen Tieren: von der SCHLANGE, die plötzlich verschwindet und wieder auftaucht, die aus sich selbst regeneriert (sich häutet); von dem sich aufblähenden, im Wasser untertauchenden und wieder auftauchenden FROSCH, vom BÄR, der im Winter verschwindet und im Frühling wieder hervorkommt. – Die Mondflecken werden zuweilen als KANINCHEN, HASE oder HUND gedacht. – Naturvölkern gilt die SPINNE, die ihr Netz webt, als Symbol des Mondes, insofern er die Schicksalsfäden knüpft. – Im Süden, wo die Mondsichel ziemlich flach erscheint, sind BARKE und SCHIFF noch Symbole des Mondes. Sie spielen im Totenkult eine Rolle: der Tote, der sie besteigt, gelangt ins Licht; so auch noch bei den → Manichäern.

In den christlichen Bereich hat die M. kaum Eingang gefunden. Hier beschränkt sich die Symbolik ganz auf den Mond selbst. Das Zentrum dieser Symbolik ist die Konjunktion von Sonne und Dunkelmond, in der → Patristik allgemein Symbol der Einung von Christus und → Ekklesia, durch die auf Erden göttliches Leben geboren wird. → Mondgottheiten.

[ThS]

O. Rühle, Sonne u. Mond im primitiven Mythus, 1925; H. Gressmann, Altoriental. Texte u. Bilder zum AT, 2 Bde., 1926/27; A. Jeremias, Handb. der altoriental. Geisteskultur, 1929; Ders., Das AT im Lichte des Alten Orients, 1930; C. Hentze, Mythes et Symboles lunaires, 1932; H. Rahner, Mysterium Lunae (Ztschr. f. kath. Theol. 63 u. 64) 1939; 1940; Ders., Griech. Mythen in christl. Deutung, 1957 (200–224); E. Neumann, Über den Mond u. das matriarchale Bewußtsein (Eranos-Jb.

XVIII) 1950; M. Eliade, Die Religionen u. das Heilige (180–216) 1954; Ders. Mond (RGG IV) 1960; O. Schilling, Das Myterium Lunae u. die Erschaffung der Frau, 1963; Ph. Rech, Inbild des Kosmos (Bd. 2, 128–170) 1966.

**Monstren** → Fabelwesen

**Moore,** Henry, geb. 30. Juli 1898 in Castleford, England. Nach ursprünglicher Beeinflussung durch verschiedene primitive Stile und auch durch den Kubismus entdeckte Moore die Steine, die von der Sonne gebleichten Knochen und das Treibholz aus dem Bildhaueratelier der Mutter Natur. In diesen nicht an die Zeit gebundenen Formen fand er die Stimme der Natur wieder, die er in seiner Kunst zum Ausdruck bringt. Seine Lieblingsthemen »MUTTER UND KIND« und »Liegende Figur« scheinen nicht der Natur zu entspringen, sondern vielmehr in sie zurückzuwachsen. Mit seinem Meißel ahmt er eine Methode nach, für welche die Wellen, der Wind und der Sand Jahrtausende benötigten. Die beiden vorerwähnten Themen sind Frauenfiguren, die aber so weit über alles Individuelle hinausgehen, daß sie monumentale Symbole weiblicher Schöpfungskraft werden. Moores Bildwerke geben den Anschein von Bergen mit Hügeln, Tälern und Höhlen. In seiner Definition der Bildhauerkunst erklärt er, daß sie etwas von der Energie und der Macht großer Berge enthalten solle. Sogar seine äußerst abstrakten Skulpturen bewahren und symbolisieren deshalb das innerste Wesen ruhender Frauen oder wenigstens das Gefühlsverhältnis zwischen einer Mutter und ihrem Kind.

In seinen seltsamen *Strickfiguren*, worin STRICK oder DRAHT zwei mächtige Formen mit einem dünnen Gazenetz verknüpfen, findet man ein Symbol für die Liebeskraft, die zwischen Mutter und Kind hin und her fließt. Die so oft in seinem Werk zu findenden kleinen und größeren LÖCHER sind ein Symbol für die weibliche Höhle der Mutter Erde. In anderen Worten gesagt dreht er den weiblichen Körper vollständig von innen nach außen um. In seiner rätselhaften *Helmserie* verstecken sich geisterhafte Menschenschatten in hohlen HELMähnlichen Formen, die als Symbol für die Tragödie des Weltkriegs anzusehen sind. Seine berühmten *Luftangriffsobdachzeichnungen* im London des Zweiten Weltkriegs stellen die Untergrundbahn als ins Endlose ausgedehnte HÖHLEN dar, in denen Tausende schlafender Menschenwesen in Leichenhemden im Schutze mütterlicher Gräber Obdach finden. Eine gewisse elementare und nicht an die Zeit gebundene Eigenschaft haftet allen seinen Bildwerken und Zeichnungen an. In seinem Werk stellt M. die Geographie des weiblichen Körpers zur Schau, wie er sich in die weiblichen Umrisse und Höhlen der Erde auflöst. Auf diese Weise schuf er neue Symbole für eine der ältesten Ideen der Menschheit, nämlich die der schöpferischen Kraft der Mutter Erde. [Fi]

J. J. Sweeney, H. M., New York 1946. W. Grohmann, *The Art of H. M.*, 1965. H. Read, *H. M., Life and Work*, 1965. E. Neumann, Die archetypische Welt H. M., 1961.

**Morgenstern,** Bezeichnung des Planeten Venus in seiner morgendlichen Position. Als Künder des neuen Tages Symbol ständiger Erneuerung und des über die Nacht siegenden Lichtes. In Babylonien galt er als männlicher, kriegerischer Doppelgänger der Ischtar, deren weiblicher Aspekt als Abendstern erstrahlt. In der *Offenbarung* des Johannes (22,16) nennt Christus sich selbst »der glänzende Morgenstern«; er ist der wahre Lucifer, »der Lichtbringer«. Gregor d. Gr. greift das Bild besonders im Hinblick auf die Auferstehung wieder auf. Auch Maria kann zum M. *(stella matutina)* werden, indem sie dem Aufgang der Christussonne vorangeht. [Lr]

**Moses,** Gesetzgeber des jüdischen Volkes, Mittler des Gottesbundes am Sinai. In der frühchristlichen Kunst überwiegend als junger, bartloser Mann dargestellt, ab der romanischen Zeit setzt sich der Typ des alten, bärtigen Gesetzgebers durch. Seit dem 12. Jh. auf Grund einer falschen Übersetzung des Urtextes durch die Vulgata mit zwei HÖRNERN anstatt der auf die Erleuchtung hinweisenden STRAHLEN (*2 Mos* 34,29) dargestellt: Statuen von Claus Sluter und Michelangelo; Raffael und Botticelli lassen zwei Strahlenbündel aus der Stirn hervorgehen. Attribute sind die steinernen GESETZESTAFELN (Zeichen des Alten Bundes), ein Stab und die Eherne Schlange. Der mit seinem STAB das Quellwunder bewirkende M. kann zum Sinnbild von Petrus werden: auf zwei Goldgläsern des 4. Jh. steht neben der an den Felsen schlagenden Gestalt der Name Petrus. Auch bei der Darstellung von alttestamentlichen Propheten und neutestamentlichen Aposteln sind M. und Petrus einander zugeordnet.

Zahlreiche Ereignisse aus dem Leben des M. werden durch die → Typologie neutestamentlichen Begebenheiten gegenübergestellt (so beim Klosterneuburger Altar des Nikolaus von Verdun): Berufung vor dem brennenden Dornbusch – Verkündigung an Maria, aber auch Geburt Christi; Feier des Passahmahles – Abendmahl; Flucht vor dem Pharao – Flucht der hl. Familie nach Ägypten; Mannalese – wunderbare Brotvermehrung; Quellwunder – Taufe Jesu; Errichtung der Ehernen Schlange – Erhöhung Christi am Kreuz; Empfang der zehn Gebote – Ausgießung des Hl. Geistes; strahlendes Antlitz des M. am Sinai – Verklärung Christi; Aufstieg auf den Berg Nebo – Himmelfahrt Christi. [Lr]

J. Daniélou, Exodus (RAC VII) 1966; H. Schlosser, M. (LChrI 3) 1971; R. Mellinkoff, The Horned M. in Medieval Art and Thought, Berkeley 1971.

**Motiv, Motivkunde.** Das M. (mittellat. *motivus* = antreibend) erhielt zunächst in der Musik und Malerei des 18. Jh. die Bedeutung von »inhaltlicher Bestandteil« und findet sich bei Goethe (zu Eckermann 18. 1. 1825) auch auf die Literatur übertragen. Das in der Tradition sich konstant erweisende M. kehrt in zeitlich und räumlich getrennten Dichtungen wieder, so ist z. B. ARKADIEN die dichterische Verwirklichung der Vorstellung eines verlorenen glücklichen Urzustandes (des Goldenen Zeitalters), seit Vergils *Bucolica* ein mythisches Land unschuldiger Hirten und Sänger. Hier zeigt sich, daß M.e symbolträchtig sein können; man vgl. das M. »Unbekannte Herkunft« – oft verbunden mit der AUSSETZUNG in einem Fluß: babylonischer König Sargon, indischer Held Karna (nach dem Mahabharata), Moses, Romulus und Remus – oder das

M. des Inseldaseins mit seiner KREISsymbolik und mit den an antike und christliche Jenseitsvorstellungen anknüpfenden Topoi »Selige Insel«, »Toteninsel«, »Insula amoena«, wie sie in der mal. Literatur zu finden sind, aber auch in die Malerei (Böcklin!) Eingang fanden. Literarisches M. und zugleich Symbolfigur ist der → Narr. Während sich die → Ikonographie und die → Ikonologie vor allem der Erforschung des MA, der Renaissance und des Barock zuwenden und damit Themen, die fast durchwegs in Antike und Christentum wurzeln, führt die M.k. über die Schwelle von 1800 und hat es vor allem mit M.en der Profansphäre zu tun: Ruine, Landschaft mit Wanderer, Mönch, Schuh, Zirkus, Harlekin usw. Bei der Erforschung der M.e darf neben der bildkonstituierenden Eigenschaft die semantische nicht übersehen werden; daraus ergibt sich, daß M.e auch die Bedeutung von Symbolen annehmen können. Der BLICK AUS DEM FENSTER kann zum Symbol der Sehnsucht und der Kontemplation werden, und im M. des SCHIFFBRUCHS ist latent die symbolische Vorstellung enthalten vom Meer als Ausdruck der chaotischen, verschlingenden Mächte. [Lr]

Fr. A. Schmitt, Stoff- u. M.gesch. d. dt. Literatur, ²1965; H. Ladendorf, Die M.k. u. d. Malerei d. 19. Jh. (Fs. E. Trautscholdt) 1965; E. Frenzel, Stoff-, M.- u. Symbolforschung ²1966; Beiträge zur M.k., 1970 (u. a. J. A. Schmoll, Fensterbilder. M.ketten in d. europ. Malerei); E. Frenzel, M.e d. Weltliteratur. Ein Lex. dichtungsgesch. Längsschnitte, ³1988 (KTA 301).

**Mozart,** Wolfgang Amadeus, 27. 1. 1756 Salzburg – 5. 12. 1791 Wien. Die Beziehungen M.s zur Symbolik resultieren aus den verschiedensten Faktoren seiner Umwelt: familiäre Bindung, historische Werkkenntnis, Traditionseinfluß, → Freimauerei. In Theorie und Praxis lernte M. die Vielfalt der Kompositionsstile in London, Mailand, Bologna und Mannheim kennen. Über Nachahmung und Auseinandersetzung mit traditionellen Typen und Modellen kam M. zu einem individuellen Stil, der zugleich historische Tiefe einbezieht. Für diese Stilschichtung wie für die Einbringung von Symbolik ist die Begegnung mit dem Barock, insbesondere mit Werken von Bach und Händel durch die Vermittlung des Barons van Swieten in Wien, sowie M.s Eintritt in eine Freimaurerloge 1784 von Bedeutung. Mit der barocken Rhetorik und Affektendarstellung sind die Ansatzpunkte für das Erkennen und den Einsatz von Tonsymbolen in der Klassik vorgegeben. Sie werden bei ihm als Konstanten und Varianten besonders im Opernwerk greifbar.

Aus der Barock-Tradition stammt das Motiv der chromatisch absteigenden Quarte, die bei M. konventionell als Schmerz- und Todessymbol eingesetzt wird *(Don Giovanni)*, aber auch als Ironisierung des alten Opera-seria-Typus (Le nozze di Figaro). In *Figaro* lassen sich nach Schenk Ansätze für die später bei → Wagner ausgebildete Leitmotivtechnik und personenbezogene Themensymbolik feststellen. Bei den Instrumenten symbolisieren POSAUNEN und tiefe FAGOTTE die Welt des Übernatürlichen, das Jenseitige (*Idomeneo*, *Don Giovanni*), aber auch die Feierlichkeit sakraler Szenen (*Zauberflöte*). In *Don Giovanni* ist die ganz dem irdischen Dasein zugewandte Titelfigur mit ihrer klaren

Klanglichkeit im Gegensatz zur Jenseits-Sphäre des Komturs, seiner verschleierten Harmonik und dunklen Klangwelt konzipiert. Tonarten lassen sich nur bedingt semantisch ordnen. G-dur und F-dur werden zumeist den einfachen Personen zugestanden (Landleute in *Figaro, Don Giovanni*). D-MOLL symbolisiert als Zentraltonart in *Don Giovanni* das Unheimliche, das Dämonische, Es-DUR in der *Zauberflöte* die Humanität der Priesterwelt. Im Satzgefüge können auch Archaismen Symbolwert erlangen, so die Rhythmik der franz. Ouvertüre für den Komtur (*Don Giovanni*) der antiquierte Fandango-Tanz für den Despotismus des Grafen (*Figaro*) oder der *stile antico* für die Priester-Sphäre (*Zauberflöte*).

Wie kaum ein anderes Werk M.s lebt die *»Zauberflöte«* vom Symbolgehalt ihres Librettos (E. Schikaneder) und ihrer musikalischen Gestaltung. Als reines Symbolstück zeigt sie den »Konflikt zwischen dem Weiblichen und dem Männlichen« (Chailley), zwischen den Sphären des Tages und der Nacht, zwischen Gut und Böse. In vielfältigen Beziehungen und Brechungen läßt sich im Textbuch wie in der Musik die Symbolwelt der Freimaurer erkennen. Die Zahl DREI hat hierbei einen wichtigen Stellenwert: Weisheit, Stärke, Schönheit als Freimaurer-Ideale; Lehrling, Geselle, Meister als rituelle Einweihungsgrade; Bibel, Winkelmaß und Zirkel als die drei großen »Lichter«; u. a. Dreiergruppierungen in der Oper: Drei Damen und drei Knaben greifen je dreimal in die Handlung ein; drei Prüfungen des Trios Tamino, Pamina, Papageno; drei »mystische« Posaunenakkorde (Ouvertüre, Priesterversammlung); drei Musikinstrumente: Flöte, Glockenspiel, Hirtenpfeife Papagenos; usw. Nach Rosenberg ist die FLÖTE (der Form nach männlich-phallisch, dem Ton nach weiblich) das Klangsymbol für die Vereinigung der gegensätzlichen Geschlechter durch die Kraft der Liebe. Goethes Interesse an der *Zauberflöte* und seine dichterische Fortsetzung in einem »zweiten Teil« mag in diesem Spannungsfeld begründet sein. Ihr Symbolwert war für ihn unbestritten. Es genüge, »daß die Menge der Zuschauer Freude an der Erscheinung habe; dem Eingeweihten wird zugleich der höhere Sinn nicht entgehen, wie es auch bei der Zauberflöte und anderen Dingen der Fall ist« (1827). [Jg]

W. Lüthy, M. u. die Tonartencharakteristik, 1931; H. Georges, Das Klangsymbol des Todes im dramat. Werk M.s. 1937; E. Schenk, Zur Tonsymbolik in M. s »Figaro« (Neues M.-Jb 1), 1941; A. Rosenberg, Die Zauberflöte, 1972; L. M. Kantner, Der Symbolwert von Archaismen untersucht an Opern der Klassik und Romantik (Fs. E. Schenk), 1975.

**Mühle.** Das Mahlen in der M. gehört zu den weiblichen Urmysterien und hatte schon in der Antike erotische Bedeutung; in Sagen des MA findet sich die M. als bevorzugter Ort für Liebesabenteuer. In Rom war die M. mit der Göttin → Vesta verbunden, bei verschiedenen indogermanischen Völkern wurde sie wegen des sich ständig drehenden M.rades zum Symbol der Wiederkehr und des Schicksals: »Gottes Mühlen mahlen langsam« (Friedrich v. Logau). Die alte Vorstellung vom Tod des Korngottes in der M. findet sich in variierter Form auf Christus übertragen; die »mystische M.« ist eine spätmittelalterliche Allegorie der Transsubstantiation. [*]

**Mund,** er steht in Beziehung zum Lebenshauch und zum schöpferischen Wort. Die Veden (hl. Schriften) sollen aus dem M. des schlafenden Brahman hervorgekommen sein. Der M. kann als → Geburtsorgan erscheinen; nach einer altindischen Überlieferung ließ Prajapati aus ihm die Gottheiten hervorgehen, die Menschen dagegen aus seinem Geschlechtsglied und die Dämonen aus seinem After. Der altägyptische Ritus der M.öffnung sollte dem Toten durch einen magischen Akt den Gebrauch seiner Organe (im Jenseits) zurückgeben. Eine sexuelle Symbolbedeutung (M. = Vagina) findet sich bei zahlreichen Völkern wie z.B. bei den Chinesen. Als Organ des Fressens und Verschlingens wird der M. zum Maul, zum Symbol der Zerstörung und des Todes; deshalb besonders hervorgehoben bei der antiken Gorgo, der aztekischen Erdgöttin Coatlicue, der hinduistischen Kali mit ihrer heraushängenden Zunge und in der christlichen Kunst beim Höllenrachen. Bilder des Jüngsten Gerichts zeigen Christus als Weltenrichter; aus seinem M. gehen häufig ein Schwert (Urteilsspruch für die Bösen) und eine Lilie (für die Guten) hervor. Tiefenpsychologisch kann der M. ein Symbol der Kontaktnahme, der Liebe und Zärtlichkeit sein; wenn er bei Kinderzeichnungen, bei Malereien Geisteskranker oder auch in modernen Kunstwerken (z. B. bei Salvador Dali) fehlt, läßt dies Depression, Angst, Impotenz (in einem umfassenden Sinne) erkennen oder ganz einfach die Unfähigkeit, soziale Kontakte einzugehen. [Lr]

F. Dhorme, L'emploi metaphorique des noms de partis du corps en hébreu et en accadien (Revue Biblique 30/1921); J. A. Arbor, Notes on oral symbolism (Psychoanalytic Quarterly 24/1955); S. Bjerke, Remarks on the Egyptian ritual of »Opening the Mouth« and its interpretation (Numen 12/1965).

**Münzen.** In seiner Entstehungszeit bedeutete der Münzstempel weniger eine Garantie für die Qualität oder Quantität des Metalls, sondern war »heiliges Symbol, und darin liegt ursprünglich der Kredit begründet, den die Münze gewinnt« (J. Schacht); der dem heiligen Symbol zugeschriebene Kredit galt allerdings weniger dem Symbol als solchem als vielmehr dem Münzherrn, der sich des heiligen Symbols bediente. Die M. sind einer Gottheit, dem von ihr beschützten Staatsgebilde oder der durch sie repräsentierten Idee (Reichtum, Erntesegen, Wohlstand, Glück, Frieden) zugeordnet, sie sind damit in einem gewissen Sinne echte »Sinnbildträger« (Klimowsky). Man denke z. B. an den für die lydische Münzprägung charakteristischen LÖWEN (Symbol für die Macht des Königs) oder an Bildszenen auf der Rückseite altgriechischer M. mit ihren Natur-, Fruchtbarkeits- und Machtsymbolen (Gestirne, Swastika, Stier, Hahn, Granatapfel, Ähre, Löwe, Doppelaxt, Keule). M. aus Lesbos (um 550–440 v. Chr.) zeigen zwei AUGEN, solche aus Lykien (470–450) ein Auge: Hinweis auf das göttliche Walten.
Manche Motive auf keltischen M. (3.–1. Jh. v. Chr.) bedürfen noch der weiteren Aufhellung, so das häufig in verschiedensten Variationen dargestellte Pferd (oft mit menschlichem oder auch theriomorphem Reiter) und auffallende Zahlengruppierungen (Drei-,

Vier-, Fünf-, Siebengliedrigkeit); andere Motive dürfen leichter zu deuten sein: TRISKELES und TETRASKELES als astrales, im besonderen als solares Symbol, das SCHRÄGKREUZ im Viereck als kosmisches Zeichen (?). Gut Bescheid weiß man über Symbole auf alten jüdischen M. (vor allem 2. vorchr. bis 1. nachchr. Jh.), wie sie fast durchwegs aus dem AT bekannt sind: Siebenarmiger Leuchter, Palmbaum, Tempel, Tempelgeräte, dazu Pentagramm.

Auf römischen M. der Kaiserzeit finden sich häufig die mit Lanze, Schwert und gelegentlich mit Schild, Füllhorn oder Siegeszweig ausgestatteten Virtutes (→ Tugenden); ursprünglich der religiösen Sphäre entstammend, dienten sie als wichtiges politisches Propagandamittel; auf symbolische Weise kündeten sie von den Eigenschaften des Kaisers (z. B. *Clementia* = Milde, *Pax* = Friede, *Uberitas* = Fülle) und der Kaiserin (so *Annona* = gute Jahresernte, *Spes* = Hoffnung auf Geburt des Thronerben).

Auf M. der Kusana-Könige, skytischer Herrscher im 2. Jh. n. Chr., ist eine KEULE Attribut des Königtums und Symbol kosmischer und moralischer Ordnung. SONNENSCHIRM und BALDACHIN lassen sich von antiken bis zu päpstlichen M. der Neuzeit als Sinnbilder der irdischen und der himmlischen Würde nachweisen. Auf achämenidischen M. erscheint der THRON als Herrschaftssymbol, und Jh.e später künden verschiedene Variationen der sassanidischen Königskrone das Xvarnah vom göttlichen »Glücksglanz«.

Zu allen Zeiten finden sich Tierbilder auf M.- ursprünglich Symbol der Gottheit (z. B. EULE für Pallas Athene auf athenischen, HONIGBIENE für Artemis auf ephesischen M.), heute nur noch im Sinne eines Hoheitszeichens (z. B. ADLER auf deutschen, KÄNGURUH auf australischen, SPRINGBOCK auf südafrikanischen M.). In moderner Zeit gelten M. als → Staatssymbole; neben den häufig dargestellten → Wappen können auch pflanzliche Motive (wie ÄHRE, ÖLBAUMZWEIG, EICHENLAUB, LORBEERKRANZ) alte Symbolvorstellungen (im Hinblick auf Fruchtbarkeit, Wohlstand, Dauerhaftigkeit, sieghafter Überlegenheit) assoziativ wachrufen. → Numismatik [Kly/Lr]

A. K. Coomaraswamy, Notes of Indian coins and symbols (Ostasiat. Zs. 4) 1927; P. Romanoff, Jewish symbols on ancient Jewish coins, Philadelphia 1944; M.-Th. Allouche-Le Page, L'art monétaire des royaumes bactriens. Essai d'interprétation de la symbolisme religieuse gréco-orientale, Paris 1956; M. Grant, Roman History from Coins, Cambridge 1958; W. Desmonde, Magic, Myth and Money, New York 1962; M. E. P. König, Keltische Münzbilder (IPEK 21) 1964–65; J. Schacht, Die Totenmaske Gottes. Zur Kulturanthropologie des Geldes, 1967; R. Göbl, Sassanidische Numismatik, 1968; D. Flusser, Gods and Seamonsters on Coins (Bulletin of the National Maritime Museum Haifa 3/1969–1971); E. W. Klimowsky, On Ancient Palestinian and other coins, their symbolism and metrology, Tel-Aviv 1974.

**Muschel.** Wie das Wasser ist auch die M. dem Symbolkreis des Weiblichen zugehörig, was durch die morphologische Ähnlichkeit mit der Vulva noch unterstützt wird. Die Gleichsetzung mit dem weiblichen Genitale war/ist weit verbreitet (u. a. Antike, Altjapan, mitteleuropäische Volksüberlieferung). Wie die → Perle aus der M. hervorkommt, so wurde nach griechischem Mythos Aphrodite aus der M. geboren; in Syrien hatte die Göttin das Epitheton »Perlendame«. Die Kauri-M. wurde in

China dem Yin zugeordnet und hatte die besondere Bedeutung des im Dunkel Weilenden, Verborgenen. In Altmexiko sinnbildete die mit der M. verwandte Schnecke Empfängnis, Schwangerschaft und Geburt (nach Eliade). Die Omaha (N-Amerika) erblickten in der zweischaligen M. die männliche und die weibliche Hälfte des Kosmos, deren Vereinigung das Leben erzeugt. Symbolischer Ausdruck für eine neue Geburt waren die in Altchina den Verstorbenen ins Grab mitgegebenen M.n und Perlen. In frühchristlicher Zeit erscheint die M. als Symbol des Grabes, aus dem der Mensch wieder auferstehen wird, bei den Kirchenvätern als → Mariensymbol. In der barocken Emblematik ist eine M. mit Perle Sinnbild für die Empfängnis göttlicher Gnade.

[Lr]

Aigremont, M. u. Schnecke als Symbol der Vulva einst u. jetzt (Anthropophyteia 1909); G. Engerrand, Etude préliminaire sur les ornaments de coquilles des anciens Mexicains (Revue Anthropologique 27/1917); M. Bratchkova, Die M. in der antiken Kunst (Bulletin de l'Institut archéologique bulgare 12/1938); K. Singer, Cowrie and Baubo in early Japan (Man XI/1940); M. Eliade, Ewige Bilder u. Sinnbilder (161–185) 1958).

**Musik.** Ursprünge musikalischer Symbolik finden sich bei den alten Kulturvölkern in China und Japan, bei den Hebräern und Ägyptern. M. kommt von den Göttern, sie wird als göttliche Sendung verstanden. Töne, Tonarten, musikalische Formen und M.-Instrumente gelten als Bindeglieder zwischen der Harmonie des Alls und der geregelten Ordnung in der Welt, im Staat, in der Gesellschaft sowie im Leben des einzelnen Menschen. In dieser Zusammenschau ist auch die frühe Zahlensymbolik begründet.

Im europäischen Altertum werden Mimesis und Ethos zu prägenden Begriffen. Die altgriechische Bezeichnung *musiké,* jene zur besonderen Lebensfreude geschaffene Verbindung von Vers, Gesang, instrumentaler Begleitung und Tanz, umfaßt Wirklichkeitstreue und Charakterbildung zugleich. In der Ethoslehre sah man eine Kraft, die mittels Zahlenkonstellationen musikalische und seelische Bewegungen in Einklang bringt und somit den menschlichen Charakter zum Guten anleitet. Die dafür geeigneten Mittel sind die Tonarten, die Tonlagen, die rhythmischen Modelle und die M.instrumente. Während DITHYRAMBOS und der AULOS zum Kult des Dionysos gehörten und wegen schädlicher Wirkung von Platon abgelehnt wurden, sind der PÄAN-GESANG und die KITHARA Symbolträger für Apollon. Ausgehend von Übernahmen der griechischen M. und M.anschauung hatte die römische → Kultmusik nach Plinius d.Ä. die Aufgabe, Dämonen und anderes Unheil abzuwehren.

Die → mal. M. und M.theorie bedient sich in der Hauptsache der Zahlen, der Instrumente, der Tonarten und der M.allegorien als Symbolträger, während die eigentlich klingende M. nur bedingt Symbolcharakter erlangt.

Die Ausbreitung der geistlichen und weltlichen Mehrstimmigkeit führt bis in das 17. Jh. hinein zu einer stets zunehmenden strukturellen und zahlenmäßigen Komplizierung von M. Da die Symbole kaum mehr in der Theorie, sondern vorwiegend in der klingenden M. in Erscheinung treten, und die M. ab dem 16. Jh. zur Nachahmung und Textausdeutung fähig wird, bereiten einerseits die Trennung zwischen *imitare le parole* und tatsächlicher Symbolik, andererseits die hypothetischen Untersuchungen innerhalb von Symbolkomplexen selbst Schwierigkeiten. In der Epoche der frankoflämischen M. lassen sich nach Elders folgende Symbole ausmachen: Totenklage, Schmerz und Trauer zeigen sich in einer völlig schwarzen Notation (»Augenmusik«). Die Trinität und die Unendlichkeit Gottes werden durch einen DREISTIMMIGEN KANON und TERNÄRE RHYTHMIK, durch ZIRKELKANON und perfekte Mensur ausgedrückt. Die Beziehung Gott Vater/ Sohn symbolisiert ein ZWEISTIMMIGER KANON. Die Maria zugeschriebene SIEBENZAHL findet in 7-teiligen, 7-stimmigen oder mit sieben *cantus firmi* versehenen Kompositionen Verwendung. Als bedeutendster Symboliker gilt Josquin des Prez. Andere Meister wie Obrecht oder Willaert treiben musikalisch symbolisierende Textdeutung und Zahlenspiele zu esoterischer Höhe (*musica reservata*).

Der Stilwandel um 1600, die Affektenlehre und die in Theorie und Praxis formulierte enge Verbindung zwischen M. und Rhetorik können die Symbolik zwar nicht verdrängen, weisen ihr jedoch einen bestimmten Platz innerhalb der → Barockm. zu. Bei → H. Schütz und am Ende des Barock bei → J. S. Bach werden diese Entsprechungen systematisiert, normiert, mit verschiedenen Graden von Symbolik angereichert und mit individuellem Geist erfüllt.

Die Musik der klassisch-romantischen Epoche wird ohne die Vermittlung von Worten zu einer Universalsprache, die sich der Komponist als Ausdruckssymbol eigenen Erlebens schafft und die von allen verstanden wird (Blume). Die »Idee«, das Ganze einer Komposition und ihre Form, zwischen »absoluter« und programmatischer Musik schwankend, sind die hauptsächlichsten Symbolträger. Der Künstler schafft »mehr Ausdruck der Empfindung als Malerei« (Motto Beethovens zur 6. Symphonie *Pastorale*). Er stellt durch geheimnisvolle Inspiration hervorgerufene Symbolbezüge zwischen dem Darzustellenden und der Darstellung auf, von Goethe als eine »Symbolik fürs Ohr« bezeichnet. Die topischen Eigenschaften der Klangsymbolik, die Charakteristik von Instrumenten und Tonarten, gelegentlich auch Zahlensymbolik bleiben für die Wiener Klassiker J. Haydn, → W. A. Mozart und → L. v. Beethoven relevant. Der symbolhafte Einsatz von historischen Stil- und Gattungsmerkmalen findet sich bei J. Brahms und G. Mahler. Für A. Bruckner wird der Choral und die Choralstimmung zum Symbol christlicher Mystik. Der DREIKLANG bleibt Trinitätsmerkmal, die QUINTE erscheint in der 4., 6. und 7. Symphonie als Spannungssymbol. Die bereits in der deutschen frühromantischen Oper (Webers *Freischütz*) und in der französischen Instrumentalmusik (*ideé fixe* bei Berlioz) angedeutete Leitmotivtechnik baut → R. Wagner in seinen Musikdramen zu einer umfassenden Tonsymbolik aus. Der Impressionismus mit Cl. Debussy und M. Ravel lebt von der Vieldeutigkeit und Umrißlosigkeit seiner Symbole, vielfach in Anlehnung an den literarischen → Symbolismus in Frankreich. Als »gesteigerte Romantik« (Danckert) mag man Debussys spezielle Leitmotivik in *Pelléas et Melisande* verstehen, deren sich auch noch R. Strauss bedient. Der gegenüber Wagner wesentlich geringeren rhythmischen und melodischen Profilierung entsprechen auch Debussys Landschaftsschilderungen als klingende Natursymbole. Die M. des 20. Jh. von der Wiener Schule mit A. Schönberg, A. Berg und A. Webern bis zu den Komponisten der sechziger und siebziger Jahre negiert in zunehmendem Maße Realitätsbeziehungen und Ausdrucksmerkmale, bedient sich jedoch gelegentlich der Symbolik historischer Stile. Mit → C. Orff gewinnt das symbolische M.theater neue Perspektiven. Eine Erneuerung der an Pythagoras anknüpfenden Lehre von der harmonikalen Weltordnung in unserer Zeit versuchte → H. Kayser und sein Schülerkreis. [Jg]

H. Abert, Die Musikanschauung des MA u. ihre Grundlagen, 1905; W. Danckert, Claude Debussy, 1950; E. Lippmann, Symbolism in Music (Musical Quarterly 39), 1953; Fr. Blume, Art. Klassik / Romantik (Musik in Gesch. u. Gegenw. 7/11), 1958/63; H. Zenck, Numerus u. Affectus, 1959; E. A. Lippman, Symbolik (Musik in Gesch. u. Gegenw. 12), 1965; W. Danckert, Tonreich u. Symbolzahl in Hochkulturen u. in der Primitivenwelt, 1966; W. Elders, Studien zur Symbolik i. d. M. der alten Niederländer, 1968; H. Vogt, Neue M. seit 1945, 1972; R. Hammerstein, Diabolus in Musica. Studien zur Ikonographie der M. im MA., 1974; H. Streich, Zur Symbolik der M. (Symbolon N. F. 6/1982); J.-Fr. Kremer, Les formes symboliques de la musique, Paris 1984; H. Jung, Zur Phänomenologie musikal. Symbole, 1984; H. Jung, Zahlen u. Zahlensymbolik in der M. Ein Forschungsbericht (Mnemosyne. Fs. M. Lurker, hg. von W. Bies u. H. Jung), 1988.

**Musikinstrumente** dienten ursprünglich kultischen Zwecken, → Kultmusik; sie sollten Geisterstimmen nachahmen (Schwirrholz, Heultuba und einstimmige Flöte bei Naturvölkern) oder hatten apotropäische Bedeutung (vgl. noch die Lärminstrumente zu Fastnacht und am Polterabend). Das in Afrika beheimatete Sistrum dient im allgemeinen bei Wasser-, Fruchtbarkeits- und Initiationsriten und war in Altägypten das hl. Rasselinstrument der Göttin Hathor. In Altmexiko war der zunächst dem Fruchtbarkeitszauber dienende Rasselstab *(chicahuatzli)* ein Attribut in den Händen von Wasser- und Maisgottheiten. Auch bei anderen Völkern gehören M. zum Wesen der höchsten Gottheiten: der keltisch-irische »Allvater« Dagda spielt die Harfe, und der hinduistische Shiva trägt als Meister der Musik eine Laute *(vina)*. Besondere Bedeutung bei Naturvölkern wie auch in Hochreligionen wird der → Trommel zuerkannt. Obwohl im einzelnen nicht bestimmbar, dürfte auch den Luren der nordischen Bronzezeit eine rituell-symbolische Bedeutung zukommen; bemerkenswert ist ihr paarweises Vorkommen in Bodenfunden (Opfergabe) wie auch der Lurenbläser auf Felsbildern.

Die M. der antiken Kulturen wurden großenteils vom Vorderen Orient übernommen, so auch die von den Griechen Apollon zugeordnete Leier *(lyra)*; deren 7 Saiten sollen nach pythagoräischer Lehre in Nachahmung der 7 Planeten und ihrer Sphärenklänge gebildet sein. Der Aulos, die altgriechische Doppeloboe aus zwei Einzelrohren, wurde wegen seines orgiastischen Charakters dem Dionysoskult zugedacht. Die übermenschliche Macht der Musik zeigt sich bei → Orpheus und seinem Leier- bzw. Harfenspiel. Sicher wurden im Altertum M.

wie Trommel und Trompete zum Abschrecken der Feinde wie auch zur Anstachelung der eigenen Krieger eingesetzt. Der Ton der → Flöte wurde ganz allgemein als Ausdruck der Verzauberung, Sehnsucht oder Klage aufgefaßt; mit einer Doppelflöte als Attribut wurde Euterpe dargestellt, die Muse der lyrischen Poesie.

Nach biblischer Überlieferung wurden die Saiten- und Blasinstrumente von Jubal erfunden, der damit der Stammvater der Musikanten ist (1 *Mos* 4,21). Während die dumpfdröhnende → Posaune aus Tierhorn hergestellt wurde, bestand die hellklingende Trompete aus Metall; beide dienten als eine Art akustischer Verbindung zwischen Jahwe und seinem Volke; der 1. Tag des 7. Monats wurde als Neumondsabbat mit Trompetenblasen gefeiert (4 *Mos* 29,1). Nach Augustinus weist das Horn der Posaunen auf die Beherrschung der Triebe, weil das Horn über das Fleisch emporragt; das gehämmerte Metall der Trompete kündet vom Lob Gottes im Leid. Die Musik und ihre Instrumente hatten sakrale Funktion, so wenn David »unter Liedergesang und dem Spiel von Zithern, Harfen, Pauken, Rasseln und Zimbeln« (d. s. klingende Becken) vor dem Herrn tanzte (2 *Sam* 6,5). Die Heilkraft der Musik zeigt sich in der Geschichte des → Harfe spielenden David, der Saul von einem bösen Geist befreit und damit heilt. Wegen des oft sinnlich-betörenden Charakters kannte die frühchristliche Zeit im Gottesdienst keine Instrumentalmusik; nur die menschliche Stimme war dazu auserwählt, Gottes Lob zu singen; erst ab der Karolingerzeit setzen sich die »begleitenden« Instrumente durch. Die → mittelalterliche Musik greift auf antike Vorstellungen zurück, nach der die Musik auf einer inneren Verwandtschaft mit der kosmischen Harmonie basiert. Die Kirchenväter verstanden die Sphärenmusik als das Tönen der himmlischen Heerscharen, ja die Engel können geradezu als lebendige M. erscheinen. In der Malerei sind musizierende Engel symbolischer Ausdruck der himmlischen Liturgie (Brüder van Eyck, Genter Altar) oder der Übereinstimmung mit Gott, so beim Thema »Thronende Madonna« (Bellini, Madonna Di S. Giobbe, Venedig, Akademie). Bis in die Barockzeit hinein wurden die M. und ihr Zusammenklingen als akustischer Ausdruck der himmlischen Freuden aufgefaßt; als eigentliches Instrument der *musica coelestis* galt die → Orgel. Zur symbolischen Bedeutung einzelner M. in neuerer Zeit: → Bach, Beethoven, Mozart.

In der modernen Malerei tauchen M. wiederholt auf; eine symbolische Bedeutung ist oft naheliegend, im einzelnen aber nur schwer zu bestimmen; bei Max Beckmann sind es vor allem Blasinstrumente wie die Trompete, bei Chagall ist es die Geige. Besonders vorsichtig muß man bei der Psychoanalyse naheliegenden Deutungen sein: Trompete masculin, phallisch; Geige und Gitarre feminin. Das schließt nicht aus, daß die beiden letzteren von ihrer Formgebung her tatsächlich an den weiblichen Körper erinnern. Erotisch-sexuelle Bedeutung zeigt sich bei dem Volkslied »Mein Herz ist eine Fiedel, auf der Dein Bogen spielt«. [Lr]

J. Quasten, Die Leierspielerin auf heidn. u. christl. Sarkophagen (Röm. Quartalschr. f.

christl. Altertumsk. u. f. Kirchengesch. 37/1929); F. Behn, Musikleben im Altertum u. früh. MA, 1954; A. P. de Mirimonde, Remarques sur l'iconographie musicale (Revue de Musicologie 51/1965); E. Winternitz, Musical Instrumente and their symbolism in Western Arts, London 1967; H. J. Zingerl, König Davids Harfe in der abendländ. Kunst, 1968; H. Braun, Musik, M. (LChrI 4 1972; D. Forstner, Die Welt der christl. Symbole (388–395), [3]1977; D. Möller, Untersuchungen zur Symbolik der M. im Narrenschiff des Sebastian Brant, 1982; G. Theill, Beiträge zur Symbolsprache J.S. Bachs, Die Symbolik der M., 1985.

**Musikwissenschaft.** Begriffsbestimmungen von Symbol und Symbolik in der Musik basieren auf einem komplizierten Dreiecksverhältnis zwischen Zeichenhaftigkeit, Bezugsobjekt und Wirkung. Während die allgemeine Symbolik in Zusammenhang mit anderen Künsten und Wissenschaften eine Reihe verwandter Begriffe wie Zeichen, Bild, Emblem, Figur, Metapher, Modell, Typus, Topos umfaßt, setzt eine enger gefaßte Definition die Einbeziehung des Symbols in ein System, ein wiederholtes Vorkommen und die bewußte Realisierung voraus. Für die → Musik bedeutet dies, daß der Komponist »die von ihm beabsichtigte außermusikalische Relation abstrakter Art in einem wahrnehmbaren und nicht zufälligen besonderen Aspekt seiner Komposition erkennbar macht« (Elders). Zu den Erscheinungsformen zählen visuelle (Notation, Ikonographie) und akustische (Lautwahrnehmung, -nachahmung) Symbole. ferner das Symbolfeld Sprache-Musik (Formverwandtschaft, Zahlen- und Bewegungssymbolik, Affekt- und Stimmungstypen) sowie Symbole, bei denen die Verbindung zum Bezugsobjekt durch Assoziation hergestellt wird (Choralstimmung/Orgelklang = religiöse Handlung). Die Wirkungsweise solcher Symbole zeichnet sich dadurch aus, daß sie ihr Objekt nie eindeutig bestimmen kann, sondern auf zusätzliche Hilfsmittel angewiesen ist.

Ein wie auch immer gearteter Zusammenhang zwischen Klangbild und Sinnbedeutung auf Grund von allgemeinen geisteswissenschaftlichen und musikhistorischen Erkenntnissen darf nicht zu einer Ausuferung in der Begrifflichkeit führen. Die sinnvolle Beschränkung des Symbolbegriffs liegt darin, daß er innerhalb einer in sich abgeschlossenen, nach rein musikalischen Gesetzmäßigkeiten gefertigten Komposition eine zusätzliche Dimension anfügt, die durch theoretische und praktische Beschäftigung bewußt gestaltet und nachvollziehbar wird. Eine solche »symbolische Überformung« ist dann zu konstatieren, »wenn Musik über sich selbst hinaus noch etwas bedeuten soll« (Eggebrecht). Die Diskussion um Eindeutigkeit oder Verworrenheit von Symbolen spielt sich im Bereich der Analogiebildungen und außermusikalischen Erscheinungen, der Nachahmungen sowie der vielschichtigen Beziehungen zwischen Literatur, Sprache und Musik ab.

Die Forschung zum Sinn- und Bedeutungsgehalt von Musik und damit auch zu ihrer Symbolfähigkeit erfolgte im 19. Jh. im Anschluß an eine bei A. W. Schlegel und Goethe vorgenommenen Ausweitung des Symbolbegriffs auf den generellen Sinn der Kunst. Nach A. B. Marx und A. W. Ambros beschäftigte sich H. Kretzschmar mit den geistes- und kulturgeschichtlichen Perspektiven von Musik und suchte in einer pädagogisch motivierten Hermeneutik »die Affekte aus den Tönen zu lösen und das Gerippe ihrer Entwicklungen in Worten zu geben«. Sein Schüler A. Schering baute diese inhaltsästhetische Position zu einer »musikalischen Symbolkunde« aus, die es zu tun hat »mit den Sinngehalten der Musik, mit dem, was hinter den Tönen als geistiger Kern und Schöpfungsmotiv steht«. Er unterscheidet zwischen »Gefühlssymbolik« (»wo Töne oder Tongruppen sich als Widerspiel gefühlsmäßiger Zustände oder Abläufe aufdrängen) und »Vorstellungssymbolik« (»die durch Vermittlung des Klangbildes die Vorstellung beschäftigt«). Hatte Schering mit seiner Symbolkunde und der praktischen Anwendung auf die Musik Bachs wichtige Impulse vermittelt, so gehören seine Versuche, eine Reihe von Werken Beethovens mit Hilfe unterschobener literarischer Programme als »gedankliche Stütze für Aufbau und Entwicklung der Komposition« zu erklären, zu den fehlgeschlagenen Bemühungen um die Sinngehalte von Musik.

Die hermeneutischen Ansätze bei Kretzschmar und Schering werden in den Arbeiten zur musikalischen Semiotik und in Verbindung mit der Linguistik fortgeführt. Dabei kann einmal »die semantische Selbstverständlichkeit im Hörbewußtsein des 19. Jh. lebendig erhalten« (Kneif), zum anderen bisher unterbliebene gleichartige Untersuchungen im Umkreis der Schönberg-Schule und in der neuesten Musik angeregt werden. Die musikalische Zeichentheorie im Anschluß an Arbeiten von → Peirce und Morris trennt »Symbole«, die auf Konventionalisierung beruhen, »Ikone«, die eine gewisse Ähnlichkeit zwischen Zeichen und bezeichneter Sache besitzen, und »Signale«, die im Alltagsleben eingesetzt werden.

Während die Kritik an einer Semiotik der Musik bei den »nur peripheren oder allenfalls während bestimmter Epochen typischen, also nicht essentiellen Merkmalen musikal. Gestaltung« (Kneif) einsetzt, schreibt S. K. Langer der gesamten Musik Zeichencharakter zu: Sie symbolisiere Formen und Prozesse des Gefühlslebens. Trotz vielfältiger und intensiver Forschungen fehlt bis heute eine umfassende Systematik und historisch fundierte Typologie zur musikal. Symbolik. [Jg]

H. Kretzschmar, Anregungen zur Förderung musikal. Hermeneutik (Gesamm. Aufsätze über Musik II), 1911; A. Schering, Beethoven u. d. Dichtung, 1936; A. Schering, Das Symbol in der Musik. Mit einem Nachwort von W. Gurlitt, 1941; N.-E. Ringbom, Über die Deutbarkeit der Tonkunst, 1955; E. A. Lippman, Symbolik (MGG 12), 1965; H. H. Eggebrecht, Symbol (Riemann-Lexikon, Sachteil), 1967; W. Elders, Studien zur Symbolik in der Musik der alten Niederländer, 1968; T. Kneif, Musik u. Zeichen (Musica 27), 1973; Beiträge zur musikal. Hermeneutik. Hg. v. C. Dahlhaus (u. a. Aufs. von Braun, Forchert, Kneif, Dahlhaus), 1975; H. Jung, Der Symbolbegriff i. d. M. (in: Beitr. zu Symbol, Symbolbegr. u. Symbolforsch.), 1982.

**Mutter.** Die M. fand der vorgeschichtliche Mensch in seiner Funktion als Jäger in der HÖHLE, die ihm wie dem Säugling Schutz vor Unbilden und Wärme gab. Daher hielt er seine auf Jagd-Magie ausgerichteten Kultzeremonien in (oft schwer zugänglichen) Höhlen ab und gab seinen Vorstellungen künstlerischen Ausdruck in Wandmalereien von erstaunlicher Lebendigkeit (z. B. in den Höhlen von Nordspanien und Südfrankreich – Dordogne). Für den Menschen als Ackerbauer war die → ERDE die M., die, durch Tau und Regen besamt, ihm ihre Frucht gebar. Im jahwistischen Teil der Schöpfungsgeschichte (*1 Mos* 2,7) wird geschildert, daß der erste Mensch aus dem Staube der Erde gebildet wurde. Im alten Rom wurde die Erde als M. (*tellus-mater*) dadurch verehrt, daß das neugeborene Kind auf die nackte Erde gelegt wurde. Seine magische Zauberkraft übte der frühe Mensch aus in Fruchtbarkeitsorgien in den Ackerfurchen und in einem späteren Stadium in feierlichen Umzügen mit dem Bild der Muttergöttin.

Schon im Neolithikum schuf der Mann im Felsbild die M. mit Kind (»Venus von Laussel«). Seit dem 3. Jt. v. Chr. sind Figurinen häufig, bei denen die M. das Kind in ihren Armen hält und es säugt (Alt-Babylon, Zypern, Ägypten, Sardinien, bei den Hethitern, Peru, Kongo). So war die Göttin-Mutter auch die Mutter Gottes (→ Isis und Horus, → Maria und Jesus), oft unter besonderer Betonung der → Jungfrauengeburt. Bei einer Reihe von Stämmen, insbesondere in Afrika, gilt die mutterrechtliche Generationsfolge. Auch nach jüdischer Auffassung wird die Zugehörigkeit eines Kindes zum jüdischen Volk nach der M. bestimmt. Die moderne Mutterschutzgesetzgebung berührt sich hier mit der uralten Nomadentradition, wonach die im rechtlichen Sinne gattenlose M. die einzig sichere und anerkannte Brücke zu ihren Nachkommen bildet.

Im Tode kehrt der Mensch zu seiner M. zurück. In dem steinzeitlichen Jagdstadium dient dieselbe M.leib-HÖHLE auch als Bestattungsplatz; im Ackerbaustadium wurde der mütterliche ERDBODEN zur Grabstätte. Eine Mittelstellung nehmen die aus Erdbestandteilen (Stein oder Ton) gefertigten Grabgefäße ein, welche die Wohnstätte des Lebenden mit der des Toten verbinden (siehe auch → Erdgottheiten).

Der MOND ist das himmlische Gegenstück zur mütterlichen Erde. Mondgottheiten und ihre Kulte hatten daher ihren Ort in Höhlen und sind Todes- und Grabgötter und vielfach gleichzeitig »Personifikationen des gebärenden Muttertums« (Bachofen). Die große M. (*magna mater*) war auch → Herrin der Tiere und Herrin über Tod und Leben, als »Gegensatzaspekt« (Lurker). Im Märchen vertritt die leibliche M. die Stelle der Großen M. (Erde, Natur), deren Symbole u. a. KÜHE und ZIEGEN sind, aber auch der BAUM mit den goldenen Früchten, während die Stiefmutter die große Gegenspielerin ist. Die archetypische Bedeutung der M. fand auch in der modernen Kunst und Dichtung ihren Niederschlag, so in den Plastiken von Henry → Moore und in den Werken von Bert → Brecht. → Muttergottheiten. [Kly]

E. Neumann, The Great Mother, 1955; J. J. Bachofen, M.recht und Urreligion, o. J. (KTA 52); R. Briffault, The Mothers, London 1927; K. Kerényi, Eleusis. Archetypical image of mother and daughter, London 1967; M. Lurker, Symbol Mythos u. Legende in der Kunst, ²1974 (249–256); P. A. H. de Boer, Fatherhood and Motherhood in Israelite and Judean Piety, Leiden 1974; S. Birkhäuser-Oeri, Die M. im Märchen, 1978.

**Muttergottheit(en).** Unter diesem Begriff sind ihrem Ursprunge nach recht verschiedene Gestalten verstanden worden, so die »Große Göttin« (wie W. Helck sie beschrieben hat), dann die »Göttermutter«, die Vorstellung von der

»Mutter Erde«, Schöpferin und Bewahrerin der Menschen und der Vegetation, und schließlich die M. im eigentlichen Sinne, bei der ihr Verhältnis zum Kind ihr Wesen bestimmt.

Bei vor- und frühgeschichtlichen Statuetten hat die NACKTHEIT Symbolwert: Brüste und (der oft als DREIECK dargestellte) Schoß deuten ganze Lebensbezirke an; in der Betonung der Gesäßpartie – so bei der sog. Venus von Willendorf – wollte man schon den »körpersymbolischen« Ausdruck der weiblichen Seßhaftigkeit erkennen (Neumann). Wesensmerkmal des Mütterlichen (→ Mutter) ist neben dem Gebären das Ernähren; das erklärt die Symbolbezüge zur milchgebenden KUH: Hathor als Himmelskuh, Homer spricht von der kuhäugigen Hera, die keltische Göttin Damona ist »die große Kuh«. Vor allem sind die M. die Spenderinnen der Früchte des Lebens: Hathor reicht als BAUMgöttin den Seelen der Toten Nahrung, aus dem sumerischen Lagasch ist eine »Mutter WEINREBE« bekannt; der GRANATAPFEL ist Attribut der kleinasiat. Kubaba und der punischen Tinnit (früher Tanit gelesen).

Die Große Göttin Mesopotamiens ist → Ischtar/Inana. Mit ihr wurde die Pinenkir des elamischen Susa gleichgesetzt, die am Persischen Golf den Namen Kiririscha, »große Göttin« führte, aber »Mutter der Götter« als Epitheton trug. In Altsyrien tritt uns die Große Göttin als Anat und Astarte entgegen, dem Vorbild der griechischen Aphrodite. Göttermutter, auch ein Epitheton der Großen Göttin Kleinasiens, ist in Babylonien vor allem die sumerische Nammu, die »Mutter, die Himmel und Erde geboren hat«, eine Verkörperung des unterirdischen SÜSSWASSERS, bekannt als Mutter → Enkis. Sie schafft mit Ninmach, der »höchsten Herrin«, die Menschen. Das akkadische Äquivalent der Ninmach ist Belet-ili, die »Herrin der Götter«. Zahlreiche lokale Varianten der Ninmach sind uns bekannt, z. B. Dingirmach, die »höchste Göttin« und Nintu(r), deren Namen Th. Jacobsen als »Lady Birth-hut« gedeutet hat; ein Kultbild zeigte sie mit einem Kind auf dem Arm, das an ihrer Brust trinkt. Muttergöttin im engsten Sinne ist die ägyptische → Isis mit dem Horusknaben; Bronzen der römischen Kaiserzeit lassen sie geradezu als Vorgängerin Marias erscheinen.

Als → Herrin der Tiere ist die M. in Phrygien und auf Kreta von LÖWEN flankiert. Eine von LEOPARDEN begleitete Göttin findet sich bereits im 7. Jh. v. Chr. in Tschatal Hüyük (Kleinasien) dargestellt. Im ägyptischen Sais stand die Göttin Neith in Beziehung zum »Haus der Biene« (ihr Tempel?); die BIENE dient der hethischen M. Hannahanna als Bote; → Demeter und die ihr entsprechende röm. Ceres haben einen Bienenstock als Attribut.

Wird die M. als Partnerin/Gattin des Himmelsgottes gedacht, so erscheint sie mit der ERDE verbunden (→ Erdgottheiten). Schon die Sumerer kannten die Vorstellung von der Erdgöttin (Urasch oder Ki), die vom Himmelsgott An geschwängert, Bäume und Pflanzen hervorbringt. Die M. kann selbst »Erde« heißen – bei den Griechen: Gaia, bei den Römern Tellus –, als »Herrin des Gebirges« erscheinen wie die altmesopotamische Ninchursanga, deren Epitheta »Mutter der Götter« und »Mutter aller Kinder« sind, oder einen STEIN zum Kultsymbol haben wie die phrygische Göttermutter Kybele, die auch in Rom als Magna mater Verehrung fand. – Zahlreiche M. sind durch → Ambivalenz ausgezeichnet: Ischtar ist Liebes- und Kriegsgöttin zugleich; die indische Durga ist von goldener Farbe, kann aber auch als Kali, »die Schwarze«, auftreten; die ägyptische Nut ist Himmels- und Totengöttin; auch die sumer. Unterweltsgöttin Ereschkigal wird als M. geschildert, sie liegt mit nacktem Busen und Schoß in Wehen darnieder. → Hieros gamos

[JB/Lr]

R. Briffault, The mothers, 1–3, London 1927; F. Altheim, Terra Mater, 1931; J. Przyluski, La grande déesse, Paris 1950; E. Neumann, Die Große Mutter, [2]1974; E. O. James, The cult of the mother-goddesses, London 1959, D. O. Edzard, M. (WdM 1) 1965; W. Helck, Betrachtungen zur Großen Göttin, 1971; Th. Jacobsen, Notes on Nintur (Orientalia NS 42) 1973.

**Mutterkorn** → Pilze

**Myrte.** Strauch oder niederer Baum mit immergrünen Blättern, in der Antike ein Bild jungfräulicher Anmut und deshalb der Aphrodite heilig. Als Symbol der Liebe und des Brautstandes trugen Juden (ab der Zeit der babylonischen Gefangenschaft) und Griechen einen M.kranz – ein Brauch, der im christlichen MA als heidnisch verboten war, ab dem 16. Jh. aber wieder als Zeichen unberührter Jungfräulichkeit Verbreitung fand, nicht zuletzt in Erinnerung an die tugendreine Königin Ester des AT, deren jüdischer Name Hadassa soviel wie »Myrte« bedeutet. Bei den Römern war die M. ein Symbol der Freude und des Friedens; die aus dem Kampf heimkehrenden Krieger, die ohne Blutvergießen den Sieg errungen hatten, wurden mit dem M.kranz geehrt; bei heiteren Gelagen bekränzte man sich mit M.n. An antike Vorstellungen knüpft Friedrich Schiller (*Das eleusische Fest* V,185): »Und mit einem Kranz von Myrten naht die Götterkönigin«.

[Lr]

W. Braun, Die M. in Sitte und Sage der Völker (Daheim 57/1920–21); G. Tergit, Kaiserkron u. Päonien rot, 1963.

**Mysterien, Mysterium.** Die etymologische Herkunft des Wortes, vorchristlich vorwiegend im Plural gebraucht, ist nicht gesichert. Seinem Ursprung nach ist es ein Kultterminus und bezeichnet Geheimkulte im Gegensatz zu Staatskulten. In den M., wie sie besonders im Hellenismus durch das Zusammenströmen orientalischer und griechischer Religion ausgebildet sind, wird der → Mythos von einem in der Urzeit auf Erden erschienenen Gott, sein Sterben und Auferstehen in dramatischen Riten agiert, um das urzeitliche Geschehen zur kultischen Gegenwart werden zu lassen. Der Vollzug der symbolischen Handlungen soll die Kultgenossen in das Geschick des Gottes einbeziehen und ihnen das Heil vermitteln. Zutritt zu den M. erlangt der Mensch durch die → Initiation.

Meist sind die M.Ausdruck kosmischer Urerfahrungen, und die Kultgötter sind Vegetationsgottheiten: → Demeter und Kore in Eleusis, Kybele und Attis in Samothrake, → Isis und → Osiris in Ägypten. Eine Sonderstellung nehmen die M. des → Dionysos und → Mithra(s) ein. In Verbindung mit den M.kulten bildet sich eine eigene Terminologie heraus, etwa Ausdrücke wie überliefern, ahmen, weihen, eintreten, verbergen, zeigen, enthüllen, schauen, schweigen *(silentium mysticum)* und deren Substantive so wie Symbol, Hierophant, Myste. Durch → Plato findet die M.sprache Eingang in die Philosophie. Ein Bedeutungswandel findet statt. Unter M. werden nicht mehr Kulthandlungen verstanden, sondern geistige Erfahrungen. Eine mystagogische Philosophie wird ausgebildet, die stufenweise zur Vollweihe, der Schau des Göttlichen, führt. Bei → Philo ist diese Philosophie weithin in der Terminologie der M. von Eleusis ausgebaut.

Durch die Septuaginta findet die M.sprache Aufnahme in die in der hellenistischen Zeit entstandenen alttestamentlichen Schriften, vor allem in die Weisheitsbücher, doch nicht in kultischer Bedeutung. Von besonderer Prägnanz ist Mysterium bei *Dan (2,18. 27–30; 4,6.9)*. Es bezeichnet ein von Gott bestimmtes zukünftiges Geschehen, das dem König verhüllt enthüllt wird. In der spätjüdischen Apokalyptik heißen M. Ratschlüsse Gottes, die sich unter verhüllenden Zeichen ankünden, im Himmel schon existent sind, aber erst am Ende der Tage offenbar geschehen. Die M. beinhalten jetzt das Ganze der himmlischen und irdischen Wirklichkeit in ihrer endzeitlichen Vollendung. Diese Bedeutung klingt bei den Synoptikern einmal an (*Mt* 13,11; *Mk* 4,11; *Lk* 8,10). M. ist das Reich Gottes, wie es sich in verhüllenden Zeichen offenbart. Ähnlich *Offb* 10,7. Eine zentrale Stellung hat das Wort, meist im Singular gebraucht, in den Paulinen, deren Sprache allgemein stark von M.vorstellungen geprägt ist. Spätjüdisches und hellenistisches Gedankengut scheinen sich im paulinischen M. zu vereinen. Ähnlich wie in der Apokalyptik bezeichnet M. den Heilsplan Gottes, als Wirklichkeit real existierend in Gott, verborgen vor den Aionen (*Eph* 3,9). Im Gegensatz zur Apokalyptik steht die Offenbarung dieses Mysteriums nicht erst aus. Es ist in → Christus offenbar geworden. Er, der Fleischgewordene, Gekreuzigte und Auferstandene, ist das Mysterium Gottes und als solches die große Antithese zu den hellenistischen M. mit ihrem Mythos vom sterbenden und auferstehenden Gott. Dieses Christus-M. gipfelt in der Einheit von Christus und → Ekklesia und im Innesein Christi in den Getauften.

Dem Christus-M. eingefügt wird der Mensch in der → Taufe, die Paulus noch nicht M. nennt, zu deren Erhellung er sich aber M.ausdrücke bedient. So umfaßt M. bei Paulus die gesamte Christuswirklichkeit, den Gottmenschen selbst, sein Erscheinen auf Erden, sein Kreuz und seine Auferstehung, sein Wort, die Ekklesia als Leib Christi und jedes ihrer Glieder. Auch die widerchristl. Wirklichkeit, die verhüllt in die Geschichte hineinwirkt, wird in den neutestamentlichen Schriften M. genannt (2 *Thess* 2,7; *Offb* 17,5.7). In der nachapostolischen Zeit behält M. seine paulinische Sinnfülle, seine Bedeutung wird sogar noch angereichert. Schon Justinus dehnt M. auf alttestamentliche heilsgeschichtliche Typen aus. In der Folgezeit wird M. sowohl für kreatürliche Wirklichkeiten als auch für alttestamentliche Typen gebraucht, insofern

beide Symbole der Christuswirklichkeit sind, synonym mit Symbol, Bild, Figur, Schatten, teilweise auch mit Allegorie, Gleichnis, Parabel. Auch erhält M. seinen ursprünglich kultischen Sinn zurück. Vor allem mit dem Einströmen der Hellenen in die Kirche werden kirchl. Kulthandlungen, vorab Taufe und Eucharistie M. genannt, weil sie → Kultsymbol des Christusm. sind.
Die lateinischen Väter übernehmen entweder das griechische M. unübersetzt oder geben es mit *sacramentum* (→ Sakrament) wieder in der vollen Bedeutung von M. So unterschiedlich im einzelnen die Bedeutungen von M. sein mögen, so handelt es sich doch immer um eine Symbolwirklichkeit, um eine Offenbarung in Verhüllung, um die Einheit zweier Wirklichkeiten nach dem Urbild des Christus-M. M. bzw. *sacramentum* ist in der → Patristik das gesamte Heilsgeschehen, als Ratschluß in Gott verborgen vor den Aionen, abgebildet in der Schöpfung in Symbolen, verheißen in alttestamentlichen Typen, verwirklicht durch Christus, vor allem durch seinen Tod und seine Auferstehung, kultische Gegenwart im liturgischen Wort und Handeln der Kirche, mystische Wirklichkeit in den Erlösten, auf Erden unter Symbolen verhüllt bis zur eschatologischen Enthüllung. Diese Sinnfülle, die → Schöpfung, Geschichte, Kult und Leben des Christen umfaßt, ist dem Wort eigen bis ins frühe MA. Mit dem Verlust der symbolischen und dem Vordringen der rationalen Denkweise verliert es in der abendländischen Theologie und Frömmigkeit an Bedeutungsfülle, nicht aber in der ostkirchlichen.
In der westlichen Theologie fallen allmählich M. u. Sakrament auseinander. Sakrament zieht den kultischen Sinn an sich, aber meist verengt. M. wird vorwiegend nur noch für die → Eucharistie gebraucht, aber mehr im Sinn von Geheimnis (= eine dem Verstand unzugängliche Wahrheit), wie überhaupt M. mehr und mehr mit dem abstrakten Begriff Geheimnis wiedergegeben wird. Am Beginn der Neuzeit kennt Luther noch das *totum m.* (bzw. *sacramentum*) *Christi,* wie es sich in Schöpfung und Heilsgeschichte abzeichnet, in Christus offenbar wird, aber es fehlt die kultische Bedeutung. Die ursprüngliche Sinnfülle hat M. in der altrömischen Liturgie bewahrt, vor allem in den alten Orationen. In der ersten Hälfte des 20. Jh. gewinnt M. seine altchristliche Sinnfülle zurück in der Mysterientheologie unter Führung von → Odo Casel mit seiner Wende vom rationalen zum symbolischen Denken. [ThS]

O. Casel, Jb. für Liturgiewiss. Bd. 1–15, 1921–1941, siehe Registerbd., 1977; Stichworte M., M.um, sacramentum; Ders. Das christl. Kultm., [4]1960; Ders. Zur Kultsprache des hl. Paulus (ALw 1) 1950; G. Bornkam, m. on, ThWNT IV o. J.; O. Fröbe-Kapteyn (Hg.), Die Mysterien. Eranos-Jb. Bd. XI, 1944; H. Rahner, Griech. Mythen in christl. Deutung, 1957. D. Barsotti, Christi M. und Wort Gottes, 1957; P. Merendino, Paschale Sacramentum. Eine Untersuchung über die Osterkatechese des hl. Athanasius v. Alexandrien, 1965; L. Bouyer, Mensch und Ritus, 1964; W. Stählin, M., 1970. Weitere Literatur siehe C. Schneider, Symbole der Mysterien-Religionen (Ursprung u. Gegenwart des integralen Bewußtseins, hg. H. Kessler), 1976; J. Godwin, Mystery religions in ancient world, London 1981; M. Giebel, Das Geheimnis der M. Antike Kulte in Griechenland, Rom u. Ägypten, 1990.

**Mysterientheologie** → Casel, Odo

**Mystik.** Das Wort leitet sich vom griechischen *mystikós* her, das oft in Verbindung mit → Kultsymbolen gebraucht wird und sich auf den kultischen Umgang mit der Gottheit in den → Mysterien bezieht. In antiken Philosophien, so im → Neuplatonismus, erhält *mystikós* eine intellektuelle Färbung; es bezieht sich auf die Erkenntnis des in Riten und Worten verhüllten Sinnes, und mystische Rede ist die symbolhaft-verhüllende Aussage jener letzten Wirklichkeiten, die nur besonders Berufenen zugänglich sind. Kultischen Sinn hat *mystikós* auch in der → Patristik: mystisch sind Riten und Symbole des kultisch agierten Christusmysteriums. Darüber hinaus wird *mystikós* verwandt, um den verborgen-pneumatischen Sinn der Schrift und die neue, in der → Taufe grundgelegte Christusgemeinschaft zu bezeichnen, das Innesein Christi im Getauften.

Von dieser Grundbedeutung aus hat sich vom MA an das Substantiv M. herausgebildet als Name für eine überrationale, unmittelbare, teils visionäre (→ Vision) Erfahrung des Göttlichen. Dieses religiöse Phänomen selbst ist uralt und reicht hinab bis zu den Naturvölkern, in denen Menschen durch Askese, Tanz, Rauschekstasen die Verbindung mit höheren Mächten suchen. In Hochreligionen ist das Ziel solchen Strebens die Erfahrung der *unio mystica,* der Einung von Mensch und absolutem Sein. Der Weg dazu führt meist über Askese, ethische Reinigung, → Meditation. Das Absolute wird durchaus verschieden verstanden; hier entscheidet jeweils der Glaube des M.ers. Im → Taoismus, → Buddhismus, Brahmanismus, der im → Hinduismus weitergeführt wird, ist die M. monistisch-pantheistisch geprägt, im → Sufismus mehr personalistisch. – Jüdische M. ist ein späteres Phänomen, erkennbar zuerst bei Apokalyptikern; im Neuplatoniker → Philon erreicht sie einen gewissen Höhepunkt. Unter neuen Formen lebt sie im 16. Jh. im → Chassidismus wieder auf.

Christliche M. unterscheidet sich von allen anderen durch den Glauben an Jesus Christus. Ihre Grundlage ist die reale, in der Taufe geschenkte Christusgemeinschaft, und so ist ur- und altchristliche M., sei es die johanneische Logos-M., sei es die paulinische Christus-M., die charismatische, gottgeschenkte, von der Liebe umfaßte Erfahrung der Christusgemeinschaft, das, was altchristlich → Gnosis heißt. Diese M. ist stark kultisch, sakramental und zugleich ekklesiologisch geprägt, selbst dort, wo das neuplatonische Element mitwirkt (→ Origenes, Gregor v. Nyssa, → Augustinus). Der Aufstieg zur Einung wird erstmalig ausführlich dargelegt durch → Dionysius Areopagita, dessen mystische Theologie auf die M.er des MA großen Einfluß hatte (Richard und Hugo v. St. Viktor). Die sakramentale, ekklesiologische Prägung der M. verblaßt, wenigstens bei den westlichen M.ern (Heinr. Seuse, Joh. Tauler, Meister Ekkehart, Mechthild v. Magdeburg, Gertrud v. Helfta u. a.), während die östliche M. diese Prägung nicht verliert. Die Wende kündigt sich etwa bei → Hildegard v. Bingen an, bei der sich Altes mit Neuem verbindet. Im Barock wird das mystische Erlebnis schon psychologisch umschrieben sowohl in der spanischen (Theresa v. Avila, Johannes von Kreuz) und französischen (Franz v. Sales) als auch in der protestantischen M. (→ Jakob Böhme), erst recht in der Folgezeit.

Mystiker aller Zeiten stimmen darin überein, daß das mystische Erlebnis an sich unaussagbar ist. Wo sie es dennoch ins Wort zu bringen versuchen, geschieht es im Bild und Symbol. Allgemein dient eine kosmische Symbolik der Umschreibung. Die gegenwärtige Gottheit wird u. a. erfahren wie Licht, Feuer, Sonne, Stern, Nacht, Wolke; wie ein MEER, in das der M.er gleich einem FISCH untertaucht; wie ein grundloser BRUNNEN, der sich in die Seele verströmt; wie TAU, der die Blüte befruchtet; wie BERG und FELSEN als Wohnung der TAUBE (Seele). Das Unaussagbare wird oft in Paradoxen ausgedrückt wie »leuchtende Finsternis«, »Feuer, flammenlos«. Zu der kosmischen Symbolik kommt die → Brautsymbolik. Schon bei vorchristlichen M.ern, indischen, neuplatonischen u. a., gilt die mystische Einung als geistliche HOCHZEIT: sie wird in Symbolen ehelicher Liebe gedeutet: Bräutigam, Braut, Liebespfeil, Kuß, Umarmung, Brautbett. Die Brautsymbole werden noch ergänzt durch mütterliche: EMPFANGEN des Wortes, SCHWANGERSEIN vom Wort, GEBÄREN des Wortes. Ur- und altchristlich ist diese Brautm. ekklesiologische M. Vom MA an wandelt sie sich in die individuelle Brautm. Die Symbole bleiben dieselben. Eine besondere Rolle spielen → alchemistische Symbole, die sich oft mit planetarischen verbinden, so schon in der hermetischen M.; in der christlichen M. u. a. bei Albert d. Gr., vor allem bei → J. Böhme und seinen Schülern. Der M. er ist geistlicher Alchemist, der in Christus den → Stein der Weisen und in seinem Geist die edle Tinktur in sich trägt, die das wahre Gold erzeugt: die Geburt des neuen Menschen. – Im ganzen ist die Symbolik der M. sehr komplex und schwer durchschaubar. Die M.er greifen fast zu allem in Schöpfung und Leben, um in diesen Zeichen ihre Erfahrung auszusprechen. Dabei wuchert manches ins Allegorische aus. → Hermes Trismegistos, → Kabbala [ThS]

C. Butler, Western Mysticism, $^{2}$1927; E. Underhill, M., 1928; J. W. Hauer, Symbole u. Erfahrungen des Selbst in der indoar. M. (Eranos-Jb. 2) 1934; R. F. Merkel, Die M. im Kulturleben der Völker, 1940; E. Schulz, Das Bild d. Tanzes in d. christl. M., 1941; N. v. Arseniew, Ostkirche u. M., 1943; L. Beirnaert, Le Symbolisme Ascensionel dans la Liturgie et la Mystique Chrétienne (Eranos-Jb. 19) 1950; J. Daniélou, La Colombe et la Ténèbre dans la Mystique Byzantine Ancienne (Eranos-Jb. 13) 1954; A. Wikenhauser, Die Christusm. d. Apostels Paulus, $^{2}$1956; H. Schlötermann, M. in den Religionen d. Völker, 1958; E. v. Ivánka (Hrsg.), Sakramentalm. der Ostkirche, 1958; H. Silberer, Probleme der M. u. ihrer Symbolik, $^{2}$1961; L. A. Govinda, Grundlagen tibet. M. $^{3}$1972; E. Benz, Die ewige Jugend in d. christl. M. von Meister Eckehart bis Schleiermacher (Eranos-Jb. 42) 1975; W. Nigg, Heiml. Weisheit, 1975; G. Walther, Phänomenologie d. M., $^{3}$1976; W. Riehle, Studien zur engl. M., 1977; P. Dinzelbacher, Wb. der M. (KTA 456), 1989.

**Mythische Geographie** stellt nicht bloß eine unentwickelte Vorstufe der empirischen Erdkunde dar, sondern interpretiert den Umkreis des engeren Lebensraumes (der Binnenwelt, »Midgard«) aufgrund anderer, in bestimmten Zusammenhängen als relevanter erscheinenden Voraussetzungen. Dazu gehören vor allem kosmologische und kosmogonische Ideen und Symbolbilder, die mit Hilfe der m. G. in die Vorstellung vom Weltganzen (→ Kosmos) integriert werden sollten, und zwar meist ohne systematische Koordinierung. Erst kompilatorische Versuche aus jüngeren Kulturen, empirische und mythische Geographie aufeinander abzustimmen, ergeben vielfach märchenartige Komplexe, die bei rationaler Betrachtung dazu beitrugen, die Bilder der m. G. als eine vorwissenschaftlich-fehlerhafte Erdkunde zu klassifizieren. Ähnlich aber, wie sich Begriffe wie → Himmel und → Hölle nicht astronomisch fixieren lassen, ohne daß dies über ihre (andersartige) Realität etwas aussagt, lassen sich auch die Elemente der m. G. nicht erdkundlich bewerten. – Verquickt finden sich beide Betrachtungsweisen etwa in der antiken Vorstellung des Elysiums, des Wohnortes der vom Weg in den Hades aufgenommenen Toten, die in den Gefilden der Seligen weiterleben durften. Schon die griechischen Geographen brachten dieses Jenseitsland mit den *makáron nesoi (insulae fortunatae,* identisch mit dem Archipel der Kanaren?) in Verbindung. Das WESTMEER, wo die Sonne zur Ruhe geht, galt offenbar in Alteuropa allgemein als Gegend, wo auch die Totenseelen wohnen, wie z. B. die altirischen Fabel- und Glücksländer zeigen. Andere Bereiche der Toten wurden in tiefe GROTTEN und HÖHLEN verlegt (Hades, Tartaros), deren Eingänge verschiedenartig lokalisiert wurden (beim Kap Tainaron; Hermione; Heraklea; Cumae), wobei oft ein Fluß (Styx, Kokytos, Acheron) dem trennenden Wasser der Binnenweltgrenze gleichgesetzt wurde.

Andere Elemente der antiken m. G. sind die himmelstragenden SÄULEN (»des Herakles«), assoziiert mit dem »*Atlas*-Berg«, der zuerst im peloponnesischen Kyllenegebirge, dann in Nordwestafrika lokalisiert war. Die Duplizität der Säulen scheint von der Vorstellung eines östlichen und eines westlichen Tragepfeilers herzurühren, die eine Himmelsdecke beim Aufgangs- bzw. Untergangspunkt der Sonne stützen. Andersartig ist die kosmologische Vorstellung eines gestuften WeltBERGES (ind. Meru), dessen zentrale Spitze unter dem Himmelspol das Firmament stützt. Hier ordnen sich um die bekannte Binnenwelt vielfach die Zonen der Außenwelt in Form konzentrischer Ringe an, was durch Umdeutung zu Bildern wie dem der ringförmigen Atlantis-Metropole (Platon) geführt haben mag. »Jenseits der sieben Berge« siedelt die Spekulation immer wieder Symbolbilder aus älteren religiös-kosmologischen Epochen an, wodurch deren Kategorien zu solchen der Erdkunde umgedeutet werden. Die Lokalisierungen heiliger Orte und Epiphanien in den Volkssagen wirken vielfach wie Nachklänge einer m. G., auf den heimischen Lebenskreis projiziert.

Manifestationen der m. G. gibt es auch in fremden Kulturen, so z. B. auf tibetischen Kosmogrammen das indische Glücksland Sukhavati oder in altmexikanischen Codices (→ Altamerikan. Kulturen) die Geburtshöhlen »Chicomoztoc« und die mythische Inselheimat der Azteken, das Schilfland Aztlan, das die Insellage der Hauptstadt Tenochtitlan, in die Vergangenheit projiziert, vorwegnahm. → Weltbild. [Bi]

L. Radermacher, Das Jenseits im Mythus der Hellenen, 1903; J. V. Kopp, Das physikal. Weltbild der frühen griech. Dichtung, 1939; W. Staudacher, Die Trennung von Himmel und Erde, 1942; A. Lesky, Thalatta. Der Weg der Griechen zum Meer, 1947; W. Müller, Die hl. Stadt. Roma quadrata, himml. Jerusalem u. die Mythe vom Weltnabel, 1961; O. Keel, Die Welt der altoriental. Bildsymbolik, 1972; H. Biedermann, Die versunkenen Länder. Traditionen, Mythen, Fakten, 1975.

**Mythos.** Grundform menschlichen Erschließens der Wirklichkeit, die sich von Wissenschaft radikal unterscheidet, aber auch nicht Religion und Dichtung bloß gleichzustellen ist. M. ist eine bildliche Sinndeutung der Wirklichkeit, die sie verständlich macht, nicht aber durch wissenschaftliche Begriffe und Theorien, sondern durch Appell an eine imaginäre Welt von göttlichen und halbgöttlichen Wesen, von historisch niemals existierenden Helden, von phantastischen Geschöpfen und Elementen. Die allgemeine Beseelung des Weltalls ist tragendes Prinzip des M. Die mythische Welt ist lebendig und nichts geschieht in ihr kraft abstrakter Prinzipien oder unpersönlicher Gesetzmäßigkeiten. Deshalb erlebt der Mensch durch den Mythos die Wirklichkeit unmittelbar und wird mit ihr vertraut. Die mythische Welt kann auch bedrohend, niemals aber fremd sein.

Das Wort ist das eigentliche Element des M. Der M. ist eine Erzählung, die nur durch die sprachliche Kommunikation und Überlieferung möglich ist. Von der Dichtung unterscheidet sich M. nicht nur dadurch, daß er kollektives Schaffen darstellt, dessen Anfänge im prähistorischen Dunkel liegen (anonym ist auch die Folklore), sondern vor allem dadurch, daß er keine Distanz von dem Dargestellten nimmt. Der unwiederholbare Reiz der Mythen besteht in der Naivität, mit welcher das mythische Bewußtsein an das Erzählte glaubt. Weiter gibt der M. nur phantastisches Geschehen wieder, während in der Dichtung, auch in der Folklore, das Phantastische nur ein Moment ist, nebst welchem eine zwar eingebildete, aber doch wahrscheinliche (Aristoteles) Realität und sogar empirisch wirkliche, obwohl »verarbeitete« Geschehnisse (Epen → Homers) vorkommen. M. ist folglich mit dem Wunderbaren unzertrennlich verbunden.

Im Unterschied zu Kunst und Religion, die auch ewigkeitsbezogene Glaubenssätze oder »zeitlose« Gefühle enthalten, bleibt der M. stets narrativ. M. erzählt von Ereignissen, durch welche der Mensch sich die Herkunft der fundamentalsten Welt- u. Lebensgegebenheiten vergegenwärtigt: die Erschaffung der Welt, der Ursprung der Götter (z. B. Aphrodites Geburt aus dem Meerschaum), der Ursprung der Zivilisation (Raub des FEUERS durch → Prometheus), die Aneignung und die Bewältigung der wilden Natur (Herakles). Jedenfalls beantwortet der M. die Frage, woher die Natur- u. Kulturwelt stammt und verweist auf eine Anfangszeit, die jeder historischen Zeit vorausgeht, auf einen alles stiftenden Prolog zur uns bekannten Geschichte.

Die Verwandtschaft von M. und Symbol ist evident. Nach → Bachofen ist M. »Exegese des Symbols«. Für → Jung sind die archetypischen Symbole das tragende Wesen auch der Mythen. Im M. entfaltet der Symbolinhalt seine Fülle. Die Gewißheit des Symbols wird durch die konstante Wiederholung in verschiedenen Mythen bewährt. Die symbolische Deutung des M. kann jedenfalls auf Schwierigkeiten stoßen. Die symbolische Relation kann so aufgefaßt werden, daß sie einen Unterschied zwischen dem Symbol und dem verborgenen nicht-symbolischen Sinn voraussetzt, welcher im echten mythischen Bewußtsein vollständig fehlt. Gäa symbolisiert nicht die Erde, sondern ist die Erde, Prometheus symbolisiert nicht den schöpferischen Mut des Menschen, sondern ist dieser Mut. Das mythische Bewußtsein trennt nicht Bild von Gedanken, Erlebnis von Reflexion. Sie bilden für dieses ein ungeschiedenes Ganzes. Nach dem Ausgang des mythischen Bewußtseins verwandeln sich aber seine Gestalten und Geschehnisse in Symbole. Das nachmythologische Denken bewahrt das Mythische eben in einem »nur symbolischen« Sinn auf. Die reflektive Zergliederung sprengt das unmittelbare Für – Wahr – Halten der Mythen, distanziert sich innerlich von ihnen und gebraucht sie lediglich als Symbole (Eros als Symbol des vitalen oder geistigen Aufschwungs, Athenes Geburt aus des Zeus' Kopf als Symbol eines plötzlichen Entstehens von etwas in sich Vollendetem oder nur durch das Geistige Erwirktem). In dieser Optik ist das Symbol eher als eine Abschwächung des M. zu deuten. Einer solchen Interpretation kann man entgehen, wenn man im voraus das Symbolhafte breiter definiert und die innere Gegliedertheit von ihm entfernt. → Cassirer.

Obwohl Nährboden von Religion, Philosophie, Dichtung und Geschichtsschreibung gerät der M. in Ungnade bei jeder Differenzierung und Vermittlung der Erkenntnis. Noch der Anfang griechischer Metaphysik führte zur Negation der Wahrheit des M. Für die Aufklärung war der M. Ausdruck von Ignoranz, Angst und Naivität, von der Unreife des menschlichen Geistes. Vor allem kommt Giambattista Vico das Verdienst zu, dieses neuzeitliche Vorurteil in Zweifel zu ziehen. Nach Vico hat der M. seine eigene Wahrheit, die der wissenschaftlich-rationalen nicht unterlegen ist. Der M. ist zwar unwahr im faktischen Sinn, metaphysisch ist er aber wahr. Dank der romantischen Reaktion auf die Aufklärung und die begriffliche Spekulation wurde der M. ins Blickfeld der deutschen Philosophie gerückt, wozu vor allem Schellings Interpretation beigetragen hat. Im 20. Jh. hat die Mythenforschung starke Impulse von der → Psychoanalyse empfangen. Während der einseitige Freudsche Biologismus den M. reduktionistisch vereinfacht, indem er in ihm Ursublimation geschlechtlicher, z. T. inzestuöser Triebe erblickt (→ Ödipus, Elektra), erweitert umgekehrt die analytische Psychologie (→ Jung) den Begriff des → Unbewußten, so daß es auch das Seelische als gleichberechtigte Komponente umfaßt. Dieser Zweig der Psychoanalyse erweist sich als besonders fruchtbar für die Mythen – und Symbolforschung, da Mythen und ihre symbolhaften Grundelemente als totale Urerlebnisse interpretiert werden, die archaischen Gesellschaften Sinnerfüllung verleihen. [Ign]

F. W. J. Schelling, Philosophie d. Mythologie (Werke, 6. Ergänzungsbd.), 1968; J. J. Bachofen, Urreligion u. antike Symbole, 1926; E. Cassirer, Phil. d. symbol. Formen, Bd. 2, Das myth. Denken, 1925; H. Zimmer, Mythen u. Symbole, 1951; W. Schmidbauer, M. u. Psychologie, 1970; Fr. Vonessen, M. u. Wahrheit, [2]1972; H. Volkmann-Schluck, Ist der M. ein

Symbol? (Symbolon NF 1) 1972; G. Schischkoff, Vom platon. M. zum kybern. Logos (Zs. f. Ganzheitsforsch. 21), 1977; H. Blumenberg, Arbeit am M., 1979; Denken u. mythische Bildwelt (Eranos-Jb. 48/1979); M. Detienne, L'invention de la mythologie, Paris 1981; M. Lurker, Zur Symbolsprache des M. (BSIM 18/1985).

**Nabel,** bei Naturvölkern Symbol der Verbindung von Kind und Mutter, von Mensch und Erde; an afrikan. Skulpturen oft besonders betont. Nach einem theogonischen Mythos ist der Gott Brahma aus dem N. Vishnus hervorgegangen. Die meditative Betrachtung des eigenen N.s (im indischen Yoga und bei der orthodox-mystischen Mönchsbewegung des Hesychasmus) dient der Rückbesinnung auf das Lebenszentrum. Als Mittelpunkt der Welt, als N. der Erde galt in Ägypten der mythische Urhügel, im semitischen Bereich der Berg Garizim (*Ri* 9,37), bei den Griechen ein Marmorkegel im Apollontempel zu Delphi (*omphalos* = Nabel), im Römerreich der *umbilicus urbis Romae* auf dem Forum Romanum. Alles Leben kommt aus der hl. Mitte und geht wieder dahin zurück. Grab- und Zentrumsvorstellung werden vom Christentum auf Jerusalem übertragen; seit dem 4. Jh. gilt Golgotha, später in erweitertem Sinne jeder Altar, als *umbilicus terrae*. [Lr]

W. H. Roscher, Omphalos. Eine phil.-archäolog.-volkskundl. Abh. (Abh. d. Kgl. Sächs. Ges. d. Wiss., phil.-hist. Kl. 29) 1913; H. V. Hermann, Omphalos, 1959; W. Müller, Die hl. Stadt. Roma quadrata, himml. Jerusalem u. d. Mythe v. Weltnabel, 1961; E. A. S. Butterworth, The Tree at the Navel of the Earth, Berlin 1970; S. Terrien, The Omphalos Myth and Hebrew Religion (Vetus Testamentum XX/1970).

**Nacht** → Finsternis

**Nachtigall.** Der Name bedeutet »Nachtsängerin« (german. *galan* = singen); ihr lieblicher und doch auch wehmütiger Gesang galt in der Antike als Omen. In Persien war der Vogel ein Sinnbild der Liebe, ebenso bei den provenzalischen Troubadouren und heute noch im mitteleuropäischen Volksglauben; daneben gilt er als Bringer eines sanften, schmerzfreien Todes oder als Seelenvogel. Eine alte Vorstellung ist die von der trauernden N., bei Vergil (*Georgica* 4,511) beklagt sie unter dem Schatten einer Pappel den Tod ihrer Nestlinge. In christlicher Deutung ist die N. ein Symbol der Himmelssehnsucht und findet sich in Literatur und Kunst des MA als Bild der Gott minnenden Seele; z. B. bei Martin Schongauers *Maria im Rosenhag*. [Lr]

W. Roß, Rose u. N. Ein Beitrag zur Metaphorik u. Mystik des MA (Roman. Forschungen 67/1956).

**Nacktheit.** Die im Alltag des »Kulturmenschen« als wider die Norm empfundene N. kann in Religion, Magie und Kunst eine besondere Bedeutung erlangen. In vorgeschichtlicher Zeit dachte man sich die Götter unbekleidet (→ Muttergottheiten). Im alten Orient und in der Antike war sakrale N. bei Gebet, Opfer und Prophetie (z. B. 1 *Sam* 19,23 f.) öfter üblich. Sumerische Priester erscheinen ohne Kleider vor der Gottheit. Die Entblößung gleicht einem schutzlosen Sichausliefern und soll die höheren Mächte freundlich stimmen. N. kann mit dem Gedanken der Askese verbunden sein, so im Jainismus bei den *Digámbara* (d. h. Luftgekleidete). Die alten Mexikaner mußten sich vor der Beichte entkleiden. Das Ablegen der Gewänder in Einweihungsriten (Mithrasmysterien, altchristliche Taufliturgie) sinnbildet das Abstreifen des alten Menschen. In der Mystik wurde die N. zu einem Bild der Läuterung. Barfüßigkeit, unbedeckter Oberkörper usw. können Ersatz für eine ursprüngliche N. sein. Beim Thema des Jüngsten Gerichts (z. B. bei Hans Memling) deuten die hüllenlosen Gestalten auf das metaphysische Ausgezogensein der Geschöpfe vor Gott. In Malerei und Plastik kann der unbekleidete Körper zum Ausdruck abstrakt-allgemeiner Ideen (wie Schönheit, Reinheit, Heldentum) werden. Durch das Lösen von Gürtel und Knoten und das Ablegen der Kleider hoffte der naturverbundene Mensch sich magischer Kräfte bedienen zu können, bes. im Abwehr-, Fruchtbarkeits- und Liebeszauber; vgl. aber auch → Hexensymbole. N. kann auch → Trauer andeuten. [Lr]

J. Heckenbach, De nuditate sacra sacrisque vonculis, 1911; F. Eckstein, Nackt, N. (HdA 6) 1934–1935; K. Clark, The Nude, London 1956 (dt.: Das Nackte in der Kunst, 1958); H. S. Sankala, The nude goddess or shameless woman in western Asia, India and south-eastern Asia (Artibus Asiae 23,2/1959); E. Smallman, Nudity in Biblical Perspective (Christianity Today 13/1969); D. de Chapeaurouge, Aktporträts des 16. Jhs. (Jb. d. Berliner Museen 11/1969 – über N. als Attribut); A. Kuntz, Der bloße Leib. Bibliographie zu N. u. Körperlichkeit, 1985.

**Nagel,** Symbol für das, an dem alles hängt. Nach dem Glauben uralaltaischer Völker dreht sich das Firmament um den feststehenden Himmelsnagel (Polarstern). Ein besonders wichtiger Mann kann im AT als N. am festen Ort bezeichnet werden (*Jes* 22,23). Ein großer N. ist Attribut der etruskischen Schicksalsgöttin Nortia, in deren Tempel das Einschlagen eines Jahresnagels üblich war, sei es, um die Vergehen des abgelaufenen Jahres festzunageln oder die guten Wünsche für das neue Jahr. Mit der Vorstellung von Unheil und Glück hängt auch das Einschlagen der Nägel beim → Fetisch zusammen. Bei Jesu Kreuzigung bedeuten nach dem Kirchenschriftsteller Durandus die 3 Nägel den dreifachen Schmerz: des Körpers, des Geistes, des Herzens. [Lr]

**Namen.** Im Denken der frühen Völker ist der N. wie Bild oder Schatten ein Symbol des Gemeinten und kann seine Stelle vertreten. Ein Sprichwort der alten Ägypter lautete: »Wessen Name ausgesprochen wird, der lebt«; der Ketzerkönig Echnaton sollte nach seinem Tode durch Namensverlust an einem Weiterleben gehindert werden. Bei den altorientalischen Völkern hatten die mit ihrem Träger zu einer unlöslichen Einheit verbundenen Namen meist symbolische Bedeutung, Beispiele aus dem AT: Abraham = Vater von Völkern, Moses = der aus dem Wasser Errettete, David = Liebling. Im Namen offenbart sich auch das Wesen von → Gott.
Wenn bei den Germanen das neugeborene Kind getötet werden konnte, solange es noch keinen N. erhielt, so drückt das sinnfällig aus, daß erst mit der N.gebung Geistiges und Körperliches zur Einheit und aus einem Lebewesen eine Persönlichkeit wird, kurzum: Magie des Namens. Vielfach herrscht die Auffassung, daß mit Benennung nach einem Verstorbenen dieser Tote im Kind wiedergeboren werde (→ Seelenwanderung). Die ältesten Rufnamen waren einstämmig und ihrer

Struktur nach ein Segenswunsch oder Zauberspruch, etwa griechisch Melissa »werde arbeitsam wie eine Biene«, griechisch Alōpēx »werde listig wie ein Fuchs«. In sozial gehobenen Kreisen entsteht schon in indogermanischer Zeit daneben der zweiteilige Rufnamen, z.B. griechisch Dēmo-sthénēs, gallisch Touta-rix, ahd. Diot-rîch »werde mächtig im Volk«. Der Rufname wird Symbol und Unterpfand einer gehobenen Stellung innerhalb seiner Welt. Bei der sozial beschränkten Stellung der Frau im indogermanischen Bereich wurden Frauennamen durch weibliche Endungen aus Männernamen gebildet, während bei den Germanen ein weibliches Grundwort namenbildend ist und oft die Funktion betont, dem Manne durch Zauber zu helfen, etwa Wala-rûn, Sigi-rûn, Frithu-rûn (Zauberin für Kampf, Sieg, Friede). Die N.gebung prädestiniert das Kind zu einer aktiven Gefährtin des Mannes in einer vom Kampf erfüllten Welt.

Die vom Christentum Bekehrten behielten bei der Taufe ihren vorchristlichen Rufnamen, auch findet keine grundsätzliche Änderung in der N.gebung statt. Aber neben vorchristlichen N. kommt allmählich eine neue N.schicht auf, die Benennung nach → Heiligen – nach dem Heiligen des Kalendertages der Geburt oder nach dem Ortsheiligen oder nach einem willkürlich gewählten Heiligen, um das Kind dem besonderen Schutz dieses Heiligen anheimzustellen oder ihm diesen Schutz mit der Magie des N.s zu sichern. Deshalb wird bei mehreren Heiligen gleichen N.s der speziell gemeinte Heilige ausdrücklich oder wenigstens ekliptisch zugefügt, z.B. Johann Baptist, Johann Evangelist, Johann Chrysostomus, Johann vom Kreuz. Das Kind soll wissen, welchen mächtigen Helfer es auf seinem Lebenswege hat.

In der säkularisierten modernen Welt werden von den Eltern oft Romanhelden, Geschichtshelden, Sportler, Künstler, Politiker als N.spatrone gewählt, um auf diese symbolische Weise dem Kinde einen Antrieb zu geben, dem N.spatron nachzueifern. Da wird wie in alter Zeit der Rufname zum Segenswunsch: »Werde wie dieser dein Namenspate!«

Die in Deutschland seit dem Hoch-MA in den Städten als unterscheidende Beinamen aufkommenden Familiennamen entbehren solcher symbolischer Bedeutung. So bleibt Magie und Symbolik auf die Rufnamen beschränkt. Wenn Martin Luther King sein Leben in märtyrerhafter Bewährung vollenden konnte, war es da das Vorbild seines erlauchten N.spatrons oder war es eine geheime magische Kraft? Der N. ist Anruf und Auftrag, dem der einzelne sich entziehen oder dessen stützende Symbolkraft er sich zu eigen machen kann.

Wo die aus Rufnamen gebildeten Kurznamen in den Bereich freundschaftl. Zuneigung oder liebender Hingabe kommen, wird der damit entstandene Kosename sinnlich-tönendes Symbol jener Urkraft, die sich wie die Mutter ihrem Kind dem geliebten Du schützend und alles andere darüber vergessend zuneigt. Die Lippen formen sich gewissermaßen zum Kuß, wenn der Zahnlaut getilgt wird und aus Arnold/Arno ein Anno, aus Bernhard/Berno ein Benno, aus Dietmar ein Diemo, aus Ulfo ein Uffo, aus Hildebrand ein Hibba wird. Der seelische Affekt kann sich auch in Verschärfung der Artikulation oder in Spirantisierung entladen: Odo wird zu Otto, Eberhard zu Ebbo, Hartmann zu Hasse, Wernher zu Wezelo/Wessel. [Ro]

W. Schmidt, Die Bedeutung des N.s in Kult und Aberglauben, 1912; A. Bach, Dt. N.kunde, 3 Bde, 1952/56; H. Rosenfeld, Die Kosen. u. Lockrufe unserer Haustiere u. die Leitrufe unserer Zugtiere (Rhein. Jb. f. Volkskunde 6) 1956; O. Eißfeldt, Gottesn. in Personenn. als Symbole menschl. Qualitäten (Festschr. Walter Baetke) 1966; H. Rosenfeld, Heimerans Vornamenbuch, 1968; H. Rosenfeld, Systematik u. geschichtl. Form- und Bedeutungswandel der idg. Männer- u. Frauen-Rufn. (Fs. f. Henning Kaufmann) 1977.

**Narr.** Tor und N. bedeuten »Unsinniger, Irrsinniger, Verrückter«. Da diese gerichtlich nicht zur Verantwortung gezogen werden konnten, wurden sie durch die Tracht (Narrenkutte, Narrenkappe, Narrenpritsche, Glöckchen) kenntlich gemacht, damit jeder sein Hab und Gut rechtzeitig vor ihnen schützen konnte; bei schlimmeren Anfällen wurden sie mit dem Narrenseil, der heutigen Zwangsjacke vergleichbar, gefesselt. (Nur sekundär wurden Teilnehmer volksbräuchlicher Maskierungen »Narren« genannt, weil sie nach Gewohnheitsrecht für während der Maskierung angerichtete Schäden ebenfalls nicht zur Verantwortung gezogen werden konnten.)

Im 15. Jh. benutzte man das Wort »Narr«, um in satirischer Didaktik alle Zügellosigkeiten als Verrücktheiten zu brandmarken, im Fastnachtspiel etwa die, die sich schrankenloser Buhlerei hingaben oder von Frauen zu den unsinnigsten Torheiten verleiten ließen. Der »Meister der Weibermacht« (ca. 1460) zeigte in einem Kupferstich, daß alle, die Buhlerei betrieben, als N.en und AFFEN am N.enseil der Frau Venus geführt würden, und der Achtnarrenholzschnitt geißelte in kurzen Versen Lügner, Betrüger, Haltlose als Irrsinnige, die sich die ewige Seligkeit versperrten. Sebastian Brant's *Narrenschiff* (1494) nahm die Anregungen solcher Bilderbogen auf (Kapitel 13 zeigt Venus mit dem Narrenseil, andere Kapitel auch Zitate aus dem Achtnarrenblatt) und stellte 110 Verrücktheiten zusammen, die man wie böse Winterdämonen vertreiben und im Schiff abtransportieren solle. Brant hoffte, jeder werde daraus seine eignen Verrückheiten erkennen und sich dementsprechend selbst korrigieren. Mit den ausgezeichneten, wohl vom jungen Dürer stammenden Holzschnitten wurde das Narrenschiff ein publizistischer Großerfolg und rief eine reiche satirische N.enliteratur hervor. Mit der Gestalt des N.en war ein Symbol gefunden, um jedermann seine Sünden und Fehler vor Augen zu führen und ihn zur Besserung aufzurufen. Auch Erasmus von Rotterdam verschmähte nicht, in seinem *Morie Encomion* (1509/11) Aberglauben, Ablaßhandel, Mirakelverehrung, Mißbrauch kirchlicher Ämter, Wollust, Müßigkeit usw. als Verrücktheiten zu geißeln.

Bei Hofe hielt man sich vielfach wirkliche Verrückte, an deren Absonderlichkeiten man seinen rohen Spaß hatte. Vielfach übernahmen dann aber Intelligente die Hofnarrenstelle, mimten nur den N.en, nutzten aber die Narrenfreiheit aus, um dem Fürsten als einzige die Wahrheit zu sagen und mit gesundem Menschenverstand Ratschläge zu erteilen. Das rief in der Literatur einen ganz anderen

Narrentyp hervor: der N., weil unabhängig von Standesvorurteilen, als der eigentlich Weise. Im Lübecker allegorischen Fastnachtspiel *Von der Rechtfertigkeit* (1484, gedruckt 1497) ist der N. der einsichtsvolle Führer der drei Fürstensöhne zu vertiefter Weltsicht. In Grimmelshausen's *Simplizissimus* (1669) wird das als Entwicklung gesehen: der jugendlich-törichte, auch als Hofnarr dienende Held wird nach einem bewegten Leben ein frommer Einsiedler in wahrhaft christlicher Einfachheit. Hieronymus → Bosch zeigt auf dem Mittelbild des Heuwagen-Triptychons den N.en als einzigen »Weisen«, der nicht dem HEU (= Irdisches, Weltlust, Laster) nachjagt. [Ro]

G. Bebermeyer, N.literatur (Reallex. d. dt. Lit.-Gesch. 2), 1965; H. Rosenfeld, Die N.bilderbogen u. S. Brant (Gutenberg-Jb.) 1970; V. Osteneck, N., Tor (LChrI 3) 1971; E. Frenzel, N., der weise (Motive der Weltliteratur) 1976 (KTA 301); H. Rosenfeld, Achtnarrenblatt (Verfasserlex. d. dt. Lit. d. MA 1, 1977).

**Narzisse,** bei den alten Griechen Symbol des Frühlings, des Brautstandes, aber – wegen ihres betäubenden Geruches – auch des Todes; in letzterer Bedeutung wurde sie auf Gräbern gepflanzt; als Unterweltsblume war sie den Erynien geweiht. Nach einem Mythos verzehrte sich der Jüngling Narkissos in seinem eigenen Spiegelbild und wurde, weil er die Liebe der Nymphe Eos zurückwies, zur Strafe in die nach ihm benannte Blume verwandelt. Im Christentum findet eine Sinnumdeutung statt: die N. wird – als neue Seinsstufe nach der *transformatio* – zum Symbol des Sieges über die Selbstliebe und über den Tod; in der Tafelmalerei wird sie selten dargestellt und dann gewöhnlich der Maria zugeordnet (Meister von Flemalle, Rogier van der Weyden). Astrologische Systeme des MA ordneten die Blume dem Planeten → Venus zu. In China wird die N. an Neujahr zum Blühen gebracht und gilt als Glückssymbol. [Lr]

**Nationalistische Symbole** → Faschistisch-nationalist. Symbole

**Natura.** Personifizierung der Natur im weitesten Sinn. In der Antike identisch mit der Erdmutter *(magna mater)*, Physis, Isis, Diana von Ephese und Rhea Kybele, d.h. einerseits mit der gebärenden und schützenden Fruchtbarkeitsgöttin, anderseits mit der alles-unterwerfenden Führerin (10. *Orphische Hymne*). Macrobius (*Saturn.* I, 20) beschreibt N. mit vielen BRÜSTEN. So treffen wir sie auch in der mal. und späteren Kunst am häufigsten an: z.B. auf der Sessellehne der Philosophia in Raffaels Stanza d. Segnatura (Vatikan), bei G. Romano (Mantua, Pal. del Tè) sowie bei J. Brueghel I. und H.de Clerck (Madrid).
In der Literatur des MA wird weniger der Fruchtbarkeitscharakter als die Allmacht der N. hervorgehoben. → Chaucer beschreibt N. im *Parlament der Vögel* thronend auf einem Hügel. Dieses Bild, ursprünglich den *Orphischen Hymnen* entnommen, geht auf den französischen Humanismus des 12. Jh. zurück (Alan von Lille). Auch der Rosenroman sieht N. als Herrscherin und als Vermittlerin zwischen Gott und Menschen. Spensers Beschreibung (*Hymns of Love and Beauty*) knüpft an Chaucer an. N.s Doppelcharakter (nahrungspendend einerseits,

herrschend mit RUTE und PEITSCHE andererseits) zeigt der Holzschnitt in der *Morosophie* von G.de la Perrière, 1553. [ThVW]

H. Thiersch, Artemis Ephesia (Abh. d. Ges. d. Wiss. z. Göttingen. Phil. hist. Kl., 3. F. 12) 1935; G. Freden, Orpheus and the Goddess of Nature, 1958; G. D. Economou, The Goddess N. in mediaeval Literature, 1972.

**Naturvölker.** Bei den sog. N. soll nach F. Herrmann bei dem Begriff Symbol kein Unterschied zwischen »bedeuten« und »sein« gemacht werden. Das Symbol habe bei ihnen noch eine Eigenschaft, die wir gemeinhin nicht mit ihm verbinden: es habe Wirksamkeit. Das Verhältnis des Symbols zur Wirklichkeit ist bei den N. von der Auffassung geprägt, der starke Wunsch werde unbedingt Wirklichkeit, vor allem dann, wenn man das Gewünschte bis in alle Einzelheiten ausdrücke, ausführe oder vormache. Auch nach Preuß deckt sich in den Bräuchen und Mythen der N. Sache bzw. Wort mit der Sinnbedeutung. So wäre die Symbolik bei den N. dann als Ausdruck der kultischen Gemeinschaft in ihren Bräuchen, Jagdspielen (→ Drama), Kultfesten, magischen Beschwörungen und in ihrer Musik (→ Kultmusik) zu bezeichnen.

Die Symbolik der N. zeigt sich vor allem in ihrer Kunst, die meistens als Instrument zur Kontaktnahme mit den übersinnlichen Mächten dient. Unter den meist symbolischen Darstellungen der N. stehen die des → Ahnenkults an erster Stelle. Die Ahnenfigur als Sinnbild des kraftbegabten Stammeshelden oder der Urmutter, Sitz der Stammesseele schlechthin, verbindet die übersinnliche Welt mit den Menschen. Dem Stammelternpaar wird durch Anfertigung einer Skulptur ein Aufenthalt geboten und oft als ein unwirkliches Wesen gestaltet, mit betont GROSSEM KOPF, Zentrum der geistigen Kräfte, oder mit betontem NABEL (Fruchtbarkeitssymbol), der als Lebensschnur das Kind mit der Mutter verband.

Bei den frühesten Jägervölkern herrschte die Meinung, daß die → Geister der Ahnen, nachdem sie den menschlichen Körper verlassen hatten, sich in Steinen, Bäumen, Felsen, Wasserstellen oder Statuen aufhielten und auf die Gelegenheit warteten, in andere Wesen einzudringen. Wo die Jägerkulturen vorwiegend ihre Symbole von der Mutter Natur und ihrem männlichen Gegenstück (einer Art Himmelsgottheit) bezogen, brachte der Übergang zu Ackerbau eine Intensivierung des Glaubens an geheimnisvolle Naturkräfte mit sich. So tritt der madagassische Häuptling bei seiner Thronbesteigung auf einen mit *hassina* (Kraft) geladenen STEIN. Der Melanesier vergräbt neben der Wurzel des Baumes, von dem er reichlichen Ertrag zu bekommen wünscht, *mana*-Steine. Die Papuas legen Ringe aus festem Bast um die Beine, um ihren Sehnen die Festigkeit dieses Umkleidungsstoffes mitzuteilen. Will man, daß die Halme hochwachsen, so springt man hoch oder tanzt auf Stelzen wie in China, und zwar hier in Frauenkleidern, um zugleich den Zusammenhang mit den Frauen als den eigentlichen Trägerinnen der → Fruchtbarkeit zum Ausdruck zu bringen. Will man Regen, so bläst man (bei Indianern) Tabaksrauch oder (in Australien) Flaumfedern in die Luft: so entstehen Wolken, oder es werden Tropfen ausgesprengt

(Tränen), oder es wird Wasser ausgegossen. Feindliche Aspekte der Naturkräfte werden manchmal zu einer Art Dämonen, die als übermächtige Wesen durch rituelle Handlungen besänftigt werden müssen. So können oft unerwünschte → Geister durch ihr eigenes als Amulett getragenes Ebenbild vertrieben werden. Bei vielen afrikanischen Völkern sollen die Masken am Ende der Trauerzeit die Seele veranlassen, die Erde zu beruhigen, damit sie nicht noch andere Seelen von Lebenden zu sich zieht.

Die Tierplastiken fungieren auch als Symbol bestimmter Mächte: Der WIDDER als Himmelsgott; Tiger, Löwe Elefant symbolisieren Stärke; die ANTILOPE die Wehrhaftigkeit; SCHLANGE und EIDECHSE deuten auf blitzartige Schnelligkeit; die SCHILDKRÖTE soll ein hohes Alter herbeiführen. Der AFFE kommt oft als Spaßmacher vor (→ Trickster), bei den Dan (Liberia) und Baule (Elfenbeinküste) ist die Affenmaske Richter über die Seele oder verurteilt Verbrechen. Oft werden bestimmte VÖGEL als Mittler zwischen Diesseits und Jenseits dargestellt, u.a. der Fregattenvogel auf Neuguinea. Die Ursprungsmythen der N. sind vielfach mit Tieren verbunden, die als Retter der Stammeseltern auftraten oder bestimmte Kulturgüter vermittelten. So hat nach den Mythen der Bambara (Mali) in der Urzeit der Kulturheros Faro in Gestalt einer PFERDEANTILOPE die Menschen den Kornanbau gelehrt. In Erinnerung an dieses Ereignis werden jedes Jahr die wichtigsten Abschnitte der Feldbauarbeit, Rodung, Saat, Ernte, durch ein mit männlicher bzw. weiblicher Antilopenmaske bekleidetes Paar rituell eingeleitet. Masken, die einen menschlichen Kopf mit tierischen Zügen oder umgekehrt darstellen, gehen auf die Vorstellung zurück, daß zwischen Mensch und Tier seit der mythischen Urzeit eine verwandtschaftliche Beziehung besteht. Viele Tiermasken von kräftigen Tieren (ELEFANT, BÜFFEL, LEOPARD) symbolisieren den Herrscher, der sich dank seiner magischen Kraft in diese verwandeln kann. Oft werden verschiedene Tiersymbole kombiniert: ein Vogel trägt plötzlich Zähne am Schnabel und wird zum Krokodil; bei den Bambara (Mali) hat die Antilope den Schwanz eines CHAMÄLEONS, Symbol der Unsterblichkeit.

In den Masken überschneiden sich oft viele Bedeutungen mit komplizierter Symbolik. So stellen die Zeichen auf den Masken der Nionisi (Obervolta) die Grundphasen der kosmogonischen Mythen dar und legen den Standplatz der einzelnen in der Hierarchie der Familie fest. Man findet Zeichen für Gott vor und nach dem Schöpfungsakt, für die Erde in ihrer Ausrichtung nach den vier Kardinalpunkten, für die Ahnen (→ Ahnenkult).

Besonders symbolisch ausgeprägt sind die Masken mancher → Geheimbünde. So ist bei den Bambara jedes Detail der Masken der n-domo- und kore-Geheimgesellschaften Symbol für bestimmte weltanschauliche Grundsätze, die dem Initianden vermittelt werden. Masken mit zwei HÖRNERN bedeuten: Mann als Antilope, Mann als Tier, der Dualismus des menschlichen Wesens; die Maske mit drei Hörnern: Darstellung eines Menschen in dem Maße, als er

Geist, Männlichkeit, Antrieb und Wunsch ist ... Eine Maske mit 3 Augenpaaren, weiblichen Brüsten am Aufsatz und mit 10 Zacken stellt den Menschen dar, wie er aus den Händen von Gott hervorgegangen ist. Weiter sind zu nennen die vielen ZEREMONIALGERÄTE, die als Sinnbild der Lebenskraft und der Fruchtbarkeit gelten: Trommeln, Glocken und Rasseln um die Aufmerksamkeit der Geister zu erregen oder die Rachemacht zu vertreiben; Becher und Schalen für Opfergaben oder Giftproben; Wedel, die den Zauberbann beschreiben. Viele Schöpflöffel, Häuptlingsstäbe, Kultmesser und Orakelgeräte sind ebenfalls mit Kraftsymbolen ausgestattet. → Schamanismus, Totemismus [Du]

K. Th. Preuß, Die geistige Kultur d. N., 1923; E. Vatter, Relig. Plastik der N., 1926; K. Beth, Religion u. Magie bei den N., 2. Aufl., 1927; L. Bittremieux, Symbolisme in de Negerkunst (Congo II) 1930; H. Baumann, Schöpfung u. Urzeit im Mythos der afrik. Völker, 1936; J. Gregor, Die Masken d. Erde, 1936; R. H. Lowie, Primitive Religion, 1948; D. Frazer, The Golden Bough, 1949; S. de Ganay, Aspects de mythol. et de symbolisme Bambara (Journ. psych. norm. path. 42) 1949; G. Dieterlen, Essai sur la religion Bambara, 1951; Ad. E. Jensen, Mythos u. Kult bei den Nv. 1952; P. Radin, Gott u. Mensch i. d. primit. Welt, 1953; E. Leuzinger, Kunst der Negervölker, 1959; F. Herrmann, Symbolik i. d. Religionen der N. 1961 (mit Bibliographie); A. Schweeger-Hefel, Die Kunst der Kurumba (Archiv f. Völkerk. 17/18) 1962; A. Delange, Arts et peuples d'Afrique Noire, 1967; A. Schweeger-Hefel, Plastik aus Afrika, 1969; A. Lommel (Hg.), Afrikan. Kunst, 1976; Kl. E. Müller (Hg.), Menschenbilder früher Gesellschaften, 1983.

**Nelke,** von griechischen Naturforschern als »Zeusblume« (*diós anthós,* daher der botanische Name Dianthus) erwähnt. Im MA Mariensymbol. In Anlehnung an die Gewürznelke schrieb man der Blume Heil- und Abwehrkräfte zu. Da Brautpaare die apotropäischen Kräfte besonders nötig haben, wurde die N. in der Renaissance Verlobungssymbol (u. a. auf Bildern von Hans Holbein d. Ä., A. Dürer). Die Form von Blatt und Frucht wurde vom Volk als »Nagel« gedeutet (die Blume daher »Nägelein« genannt) und galt als Hinweis auf die → Passion. In neuerer Zeit ist die N. Symbolblume des 1. Mai. [Lr]

E. Wolffhardt, Beiträge z. Pflanzensymbolik (Zs. f. Kunstwissenschaft 8/1954); I. Bergström, Den symboliska nejlikan, Malmö 1958.

**Nerthus,** germanische Göttin, von deren Kult (in der Gegend Schleswig-Holsteins) der römische Schriftsteller Tacitus (*Germania,* cap. 40) berichtet und die er Mater terra nennt. Ihr Heiligtum soll sich in einem hl. Hain (*castum nemus*) auf einer Insel im Ozean befunden haben. Wenn die Göttin dort anwesend war, ließ der Priester den ihr geweihten und mit einem Tuch verhüllten Wagen von Kühen durch mehrere Orte ziehen. Nach Jan de Vries sind die KÜHE nicht nur als Zugtiere, sondern »religiös zu verstehen«, wobei er an die Bedeutung des Rindes in agrarischen Kulten erinnert. Anschließend an die Umfahrt fand eine rituelle WASCHUNG des Wagens und der Göttin (*numen ipsum*) statt. In der von Tacitus beschriebenen Kulthandlung wird ein → *hieros gamos* vermutet, dem dann die kultische Reinigung folgt. Der Name Nerthus entspricht lautlich dem nordgermanischen Gottesnamen Njörd, beide dürften auf eine ursprünglich doppelgeschlechtliche Fruchtbarkeitsgottheit zurückzuführen sein. [Lr]

G. Dumézil, Njordr, N. et le folklore scandinave des génies de la mer (Revue de l'Histoire des Religions 147) 1955; J. de Vries, Altgerman. Religionsgesch. I, 1956; Die Germania des Tacitus (erl. von R. Much) ³1967.

**Netz,** bei Jagd und Fischfang verwendet, Bild für Einfangen und Festhalten; so hat der polynesische Heros Maui die allzu stürmische Sonne eingefangen und zu ruhigem, geordnetem Lauf am Himmel gezwungen. Nach griechischem Mythos hat der Schmiedegott Hephaistos seine untreue Gattin Aphrodite und ihren Liebhaber in einem unzerreißbaren N. gefangen und dem Gelächter der Götter preisgegeben. Sumerische Könige haben über ihre Feinde »das große Netz des Gottes Enlil geworfen«, und nach babylonischer Überlieferung wurde das N. in Marduks Händen zur furchtbaren Gotteswaffe, in dem sich das Ungeheuer Tiamat verfing. Auch vom alttestamentlichen Jahwe heißt es, daß er über seine Widersacher das N. ausbreitet und sie in seinem Garn gefangenhält (*Ez* 17,20). Das Leben aller Menschen endet in den »Stricken des Todes« und in dem N. des Totenreiches (*Ps* 116,3). Im NT wird das N. im Zusammenhang mit den wunderbaren Fischzügen des Petrus zu einem heilsgeschichtlichen Symbol; das Himmelreich selbst wird mit einem N. verglichen (*Mt* 13,47 f.). Frühchristliche Sarkophage zeigen das »Menschenfischen« der Apostel mit dem N. Das mit kleinen Fischen gefüllte N. kann zu einem Symbol der Kirche werden. [Lr]

I. Scheftelowitz, Das Schlingen- u. Netzmotiv im Glauben u. Brauch der Völker (Religionsgesch. Versuche u. Vorarbeiten 12,2), 1912; J. G. Heinz, Le filet divin (Mémoire de l'Ecole Biblique), Jerusalem 1965; D. M. Miller, The Net of Hephaestus. A study of modern criticism and metaphysical metaphor, The Hague 1971.

**Neujahr.** Sowohl den historischen, an verschiedenen Terminen fixierten Jahresanfängen, – der heutige 1. Januar wurde als solcher erst 1691 von der Kirche festgelegt –, als auch der langen Übergangsphase »zwischen den Jahren« eignen die Merkmale einer eindrucksvollen Schwelle von dem in seinem schicksalhaften Ergebnis bekannten alten zu dem noch alle Geheimnisse der Zukunft in sich bergenden neuen Jahr.

Wie mehrere andere große Feste im Jahreslauf bildet der N.stag mit der vorausgehenden Nacht (Silvester) eine Einheit. Man betont die Mitternachtsstunde des Jahreswechsels durch Läuten, Schießen, Glückwünschen, Springen von Tisch oder Sessel (»ins Neue Jahr hineinspringen«), ißt Glück bringende Speisen (SAUKOPF, weil das Schwein vorwärtswühlt; FISCHE, weil diese vorwärtsschwimmen; quellende Speisen wie ERBSEN und LINSEN, weil sie den Geldbesitz vermehren sollen, meidet aber HÜHNERFLEISCH, weil die Hühner nach hinten scharren) und man schenkt Glück bringende Gegenstände (Hufeisen, »Glückspilz«, Kleeblatt).

Durch → Orakel (Bleigießen, Schuhwerfen, Apfelschalenwerfen, »Glückgreifen«, bei dem unter einem Hut oder Topf verborgene symbolinterpretierte Gegenstände wie KREUZ, RING, KOHLE usw. auf Sorgen, Heirat, Tod im kommenden Jahr hindeuten), sucht man wenigstens Andeutungen über die zukünftigen Geschicke zu erhalten. Im bäuerlichen Bereich erhofft man, etwa aus dem »Zwiebel-Orakel« auf das Wetter in den einzelnen Monaten des Neuen Jahres schließen zu können. Am N.morgen wird der »Angang« beachtet; eine alte Frau, Katzen, Hasen bedeuten Unglück; erste Gratulation durch einen jungen Menschen oder das Sehen eines weißen Pferdes, Rauchfangkehrers usw. läßt auf Glück schließen. Im einstigen deutschen Gebiet des Böhmerwaldes trank man am Morgen mit etwas Alkohol »die Stärke«, zu Mittag »die Gesundheit«, am Abend »die Schöne«.

Die wohl z.T. durch das Christentum nach dem Norden gelangten röm. Kalenderbräuche der N.sgeschenke sind unter dem Einfluß der Reformation weitgehend auf Weihnachten abgewandert. Geblieben sind Patengeschenke, unter denen in Mittel- und Süddeutschland besondere Gebäcksformen dominieren (Brezen, Ringe, Hennendarstellungen für Mädchen; Pferde, Reiter, Hirsche, Hähne, Wecken für Knaben). Als Sinnbilder des Kalendertages bäckt man in mehreren Gebieten Skandinaviens, Deutschlands und Österreichs SPIRALGEBÄCKE (sog. Nijährchen oder »Komm herumchen«, letzteres wohl in Bezug auf die Wiederkehr der Sonne so benannt). In Skandinavien und Norddeutschland verbreitet ist (war) das Werfen oder Überbringen von »Julklapp« und »Werpelrot« (mit Flitter, Bändern, Gebäkken und Früchten geschmückte WEIDENRUTE), die heimlich, wie von Geisterhand, durch einen Türspalt ins Haus geworfen werden. Wie beim Überbringen der Getreidepuppen bei Ernte und Drusch versucht man den Überbringer zu erwischen; er wird ins Haus gebracht, muß allerlei Späße über sich ergehen lassen, wird aber schließlich reich bewirtet. Zum Fruchtbarkeit und Glück bringenden Symbolinstrument der Rute vgl. ihre Verwendung zu → Martin(i) im Hirtenbrauch und zu → Nikolaus (wo sie pädagogisch umfunktioniert wurde); man denke aber auch an Sebastian Brants Anmerkung im Narrenschiff, daß jemand, der zu N. nichts GRÜNES ins Haus bekommen hat, schon glaubt, das kommende Jahr nicht auszuleben.

[EBg]

G. Bilfinger, Unters. über d. Zeitrechnung der alten Germanen, 1901; M. Höfler, N.sgebäcke (Zs. f. öster. Volkskunde( 1903; A. v. Gennep, Les rites de passage, Paris 1909; M. Nilsson, Julklappen, Fataburen, 1916; P. Sartori, Sitte u. Brauch, III, 1914; N. Keyland, Julbröd, Julbockar och Staffanssång, Stockholm 1919; P. Sartori, N. (Hdwb. d. dt. Aberglaubens, VI); L. Weiser, Jul, 1923; E. Burgstaller, Brauchtumsgebäcke u. Weihnachtsspeisen, 1957; W. Mannhardt, Wald- und Feldkulte, 1967 (Neudruck); R. Beitl, Wörterb. d. dt. Volkskunde, [3]1974 (KTA 127).

**Neun**, als potenzierte Drei Inbegriff höchster Vollkommenheit. Bei den altsemitischen Völkern dominiert die Sieben, die N. hat keinen qualitativen Wert; umgekehrt ist es in Altchina (9 Erscheinungsweisen des Tao, Pagode entsprechend den 9 Himmeln), bei den Germanen (9 Welten in der *Völuspa,* Odin hing 9 Nächte am Weltbaum, 9-tägige Fristen im Rechtsbrauch) und bei den Kelten (*Artussage:* 9 Könige, 9 Haushofmeister, 9 Nächte in Gefangenschaft). In Griechenland ist oft ein Wechsel zwischen der Sieben- und der N.zahl zu beobachten: 7 oder 9 Musen, 7- oder 9-saitige Leier Apollons, 7 oder 9 Köpfe der Hydra. In Niederdeutschland bestand das Gründonnerstagsessen aus 9 verschiedenen Kräutern (Neunstärke), die für das kommende Jahr Kraft verleihen sollten. Die altmexikanische Mythologie kennt einen 9-fachen Unterweltsstrom; den 13 Himmeln stehen 9 Unterwelten gegenüber. Ein spekulativ-mystisches Denken läßt die N. auch im Christentum (Jesu starb in der 9. Stunde, 3 mal 3 Engelchöre) und im Islam (99 Namen Allahs, 99 Perlen in der Gebetsschnur) bedeutsam werden. [Lr]

**Neuplatonismus:** philosophisch-spekulative Richtung der ausgehenden Antike, fußend auf der Interpretation → Platons; allegorisch-metaphysische Erneuerung der vorschristl. Religiosität. Begründer: Plotin (Plotinos) (205–270 bei Rom); sein Schüler Porphyrios (um 234 – um 305) gab dessen *Enneaden* heraus; er und sein Schüler Iamblichos (gest. um 330 in Syrien), ferner Iulianos Apostata (331–363, ab 361 Kaiser von Byzanz) und Proklos (412–485 Athen, Leiter der Akademie) sind die bedeutendsten Neuplatoniker nach Plotin.

Der Überwindung des platonischen Dualismus von Urbild (Idee) und Abbild dient ontologisch der Begriff der Emanation (Ausfluß oder Ausstrahlung des Niederen aus dem Höheren) und erkenntnismäßig der Begriff der Teilhabe. Metapher, Allegorie und Symbolik können das Urbild vergegenwärtigen; rationaler Ausdruck (diskursive Erkenntnis) gilt als unzulänglich. Plotin setzt als Urbild das Eine (gleich Gott), die Einheit, an. Das EINE, als Negation der Vielheit, hat symbolische Qualität. Die drei Stufen (Hypostasen) des geistigen Seins sind: Eins, Vernunft, Seele. Nur die Seele ist geistig und materiell zugleich und erzeugt durch den *logos spermatikos* die Körperwelt und die Materie (vierte und fünfte Hypostase). Der Logos ist LICHT, die Materie ist DUNKLES, Böses, Nichtseiendes. Eine reiche Lichtsymbolik (FLIESSEN, GLÄNZEN, STRÖMEN) versinnbildlicht die Emanation; BAUM, QUELLE und SONNE sind Symbole des schwierigen Verhältnisses zwischen dem All (Lebensgrund) und seinen Teilen (Abstufungen). Der KREISMITTELPUNKT (»Vater« von Radius und Peripherie) repräsentiert das göttliche Eine, das die Stufen des Seins produziert; diese geometrische Metapher geht in Lichtsymbolik über: das SONNENLICHT ist Symbol des geistigen Lichts (Urgrundes). Die Finsternis ist nur das sich verlierende Licht: Auflösung des Dualismus im Monismus. Plotin lehnt die Weltverachtung der → Gnosis ab: ihm ist sinnliche Schönheit Symbol der Ideenschönheit. Begriffe der Erotik (berühren, verschmelzen, anfüllen, schwängern, Sehnsucht, Liebe) nähern die symbolische Teilhabe und die sinnliche Vereinigung einander an. Das Seiende wird Symbol des Seins: Götterstatuen, Kultgegenstände, selbst die Hieroglyphen (als Bilder) und Gestalten des Mythos werden zu Konkretionen des Absoluten.

Für Porphyrios vergegenwärtigen die Symbole bestimmte Aspekte des Göttlichen: KRISTALL, MARMOR, ELFENBEIN das göttliche Licht, SCHWARZER STEIN die Unsichtbarkeit Gottes, GOLD seine Reinheit; die KUGEL symbolisiert den Kosmos, der KREIS Zeit und Himmelsbewegung. PYRAMIDEN und OBELISKEN sind analog dem Feuer und den olympischen Göttern, der KEGEL der Sonne, der ZYLINDER der Erde, der PHALLOS der Zeugung und der Saat, das DREIECK der weiblichen Fruchtbarkeit. Die HÖHLE der Nymphen (Homer, *Odyssee* XIII) ist Symbol der Welt, die NYMPHEN sind die Seelen, für deren zeugende Kraft WASSER und HONIG Sinnbilder sind; der OLIVENBAUM für göttliche Macht und Weisheit. Auch bei Proklos wird in allegorischer Deutung die Dichtung (etwa Platons Mythen) zum Spiegel der kosmischen Ordnung; das Symbol repräsentiert die *simpatheia* zwischen den Erscheinungen und dem Urprinzip.

Iamblichos hält den Kult für wesentlich beim »Aufstieg der Seele zum Feuer der Vernunft« (*de mysteriis Aegyptiorum*): große Bedeutung der LICHTsymbolik. Im Kult versinnbildlicht die Erzeugung von Symbolen den Schöpfungsprozeß: Symbole geben das Absolute durch dessen Gegensatz wieder. Bilder und Namen von Göttern sind Symbole, ebenso wie alles im Kult Verwendete: Wasser, Dampf, Feuer, Dreifuß, Sessel, Stab (Verbindung von Philosophie und Okkultismus, große Rolle der Orakel und der Mantik). Iamblichos versteht *symbolon* zweifach: Als Zeichen für göttliche Wirkung (Emanation und Teilhabe) und als Zeichen in profaner Bedeutung (etwa in der Mathematik); beide Symbole vermögen abstrakte Zusammenhänge zu veranschaulichen (*de vita Pythagorica*). Nach ursprünglicher Gegnerschaft zum Christentum wurde der Neuplatonismus ein wichtiges Bindeglied zwischen griechisch-römischer und christlicher Philosophie (→ Augustinus), ein Anreger von Scholastik und Mystik des MA über die Renaissance (G. Bruno, Paracelsus) bis zu Denkern der Neuzeit (Schelling, auch Herder, Jakobi, Goethe, Hegel). [Wr]

H. Dörrie, Zum Ursprung der neuplaton. Hypostasenlehre (Hermes 82), 1954, F. W. Cremer, Die chaldäischen Orakel u. Iamblichs de mysteriis, 1969; P. Crome, Symbol u. Unzulänglichkeit der Sprache: Iamblichos, Plotin, Porphyrios, Proklos, 1970; E. R. Dodds, Die Griechen und das Irrationale, 1970; H. Wingler, Der Symbolbegriff des N. (Beiträge zu Symbol, Symbolbegriff u. Symbolforschung, hg. M. Lurker), 1982.

**Niere** → Körperteile

**Nietzsche,** Friedrich, 15.10.1844 Röcken b. Lützen – 25.8.1900 Weimar, deutscher Dichterphilosoph. Als Denker von kolossalem geistigem Mut hat N. einen ungeheueren Einfluß auf das Bewußtsein des Zeitalters ausgeübt. Für N.s Philosophieren, das sich in einer leidenschaftlich – eruptiven, aphoristisch – poetischen Prophetie ausdrückt, ist das Symbol ein natürliches Element und Medium.

Die Symbolwelt von N. ist scharf polarisiert. In N.s Werk ist formal zwischen überlieferten mythologisch – historischen Gestalten, denen er eine z.T. ganz neue Symbolbedeutung verleiht, und Symbolen im engen Sinn des Wortes zu unterscheiden. Eine negative symbolbeladene historische Figur ist für N. Sokrates, der das Schwache und das Lebenswidrige des Pöbels und zugleich seine logisierende Schläue und List verkörpert. Christus (»Der Gekreuzigte«) soll die unästhetische und entartete Glorifizierung des Leidens, die »Sklavenmoral« versinnbildlichen. Hingegen ist → Dionysos die symbolische Gestalt des triumphierenden, schöpferischen, gesunden, unschuldig – amoralischen, entfesselten Lebens, zu dem der kommende, »jenseits von Gut u. Böse« stehende Übermensch oder Herrenmensch zurückkehren soll. N.s Zukunftvision des Menschen vollendet sich im schockierenden symbolartigen Bild der »blonden Bestie«. Als Erzieher des Übermenschen, der ihm die genesende und erneuernde »fröhliche Wissenschaft« übermittelt, figuriert der mythische altpersische Prophet Zarathustra, eigentlich ein Selbstsymbol.

N.s Werk sprudelt von Symbolen von ungewöhnlicher Pracht. Als Sinnbild des germanischen Daseins bezeichnet N. Dürers Bild vom Ritter, Teufel und Tod, das den heroischen Pessimismus und das hoffnungslos – tapfere »ungefährliche Leben« veranschaulicht. In seiner Einsamkeit wird Zarathustra nur von dem ADLER und der SCHLANGE begleitet. Der Adler versinnbildlicht den Stolz des Einsiedlers, die Schlange seine Klugheit und alle beiden durch das Kreisen und das Ringen die ewige Wiederkehr des Gleichen. Das MEER und das HOCHGEBIRGE sind die natürliche Umgebung des großen Geistes und nur sein Auge kann einen »tanzenden STERN«, d.h. den berauschenden Lebensdrang, sehen. [Ign]

H. Vaihinger, N. als Philosoph, 1902; N. Bertram, N., Versuch einer Mythologie, [5]1921; K. Jaspers, N., Einf. in das Verständnis seines Philosophierens, [3]1950; M. Heidegger, N., 2 Bde., 1960; M. Ackermann, Das Kreissymbol im Werk N.s (Diss. München) 1968.

**Nike** → Victoria

**Nikolaus,** Hl. Bischof von Myra (4. Jh.), Festtag: 6.12. Patron der Schiffer, Gefangenen, Schüler, Bäcker, Müller. Auffallend die DREIZAHL in Legenden (3 gefangene Feldherren, Jungfrauen und Schüler werden errettet) und Attribut (3 GOLDENE KUGELN oder Äpfel, die er 3 armen Mädchen zuwarf, um sie vor dem Verkauf in das Freudenhaus zu retten).

Das Fest des kinderfreundlichen Bischofs kollidiert mit der Hauptzeit der volkstümlichen vorchristlichen Bräuche zur Stärkung der Gesundheit und Lebenskraft von Tier und Mensch und zur Förderung der Vegetation im neuen Jahr und der Masken der (entsprechend der dualistischen Weltauffassung) als freundlich und gefährlich vorgestellten perchtenhaften Glaubensgestalten. Dadurch übernimmt die allmählich als Umzugsgestalt in Brauch kommende Darstellung des Heiligen Motive aus dem volkstümlichen Bereich, gliedert sich aber auch zahlreiche dieser tier- und menschengestaltigen MASKEN nach ihrer Dämonisierung als Begleiter oder Diener an, u.a. ganz in Stroh gehüllte Masken (»Strohschab«, »Erbsenbär«, »Habergeiß«), die aus dem Brauchtum der Rauhnächte (Strohpuppen als Verkörperung des Getreidenumens bei Ernte- und Druschende) bekannt sind. Symbolische Vorstellungen sind mit der meist von einem Begleiter des N. gehandhabten RUTE verbunden, die ursprünglich nicht Strafinstrument, sondern »Lebensrute« war und nicht zu trennen ist von der beim sog. »Frisch- und Gesundschlagen« am Unschuldigen Kindertag (28.12) verwendeten Rute, für deren Schlag sich die Betroffenen als glück- und gesundheitsfördernd bedanken.

In ihrer symbolischen Bedeutung hervorzuheben sind die Geschenke des N., ursprünglich vor allem Gaben von den zuletzt geernteten FRÜCHTEN des Jahres (Nüsse, Äpfel, getrocknete Birnen, Zwetschken), aus denen auch das Leben und Glück fördernde weihnachtliche Kultbrot (→ Weihnachten) hergestellt wird, und verschiedene Gebildbrote, die z.T. den N. und seine Begleiter abbilden, z.T. aber aus männlichen und weiblichen Fruchtbarkeitssymbolen bestehen (Hahn, Henne, Hirsch, Hirschkuh, Pfeife, Tasche usw.). Beachtenswert in ihrem Symbolwert sind unter den frühen N.gaben auch die »Klausenbaum«, »Nikolausgarten« usw. genannten kleinen, aus in Äpfeln steckenden Stäbchen angefertigten Gerüste, die ihre Verwandtschaft mit den berühmten »Weihnachtspyramiden« (Sachsen, Schlesien, Schweiz) nicht verhehlen. Daß die Gestalt des N. als Bringer des »Christbaumes« bereits vor dessen allgemeiner Einführung und Verbreitung auftrat, belegt ein Stich von J. M. Usteri 1799 aus Zürich. [EBg]

K. Meisen, N.kult u. N.brauch im Abendlande, 1931; K. Meuli, Maske (Hdwb. d. dt. Abergl. V) 1932; P. Sartori, N.tag (Hdwb. d. dt. Abergl. VI) 1934; E. Burgstaller, Brauchtumsgebäcke u. Weihnachtsspeisen, 1957; S. Metken, St. N. in Kult u. Volksbrauch, 1960; A. D. de Groot, Saint Nicholas, a psychanalytic study of his history and myth, Den Haag 1965; R. Beitl, Wörterb. d. dt. Volkskunde, $^{3}$1974; L. Heiser, N. von Myra, 1978.

**Nimbus,** in der Antike und in der orientalischen Kunst kreisrunde Fläche oder Strahlenkranz um das Haupt einer Gottheit oder eines Gott nahestehenden Menschen: Antike Sonnengötter, altpersische Könige, römische Kaiser. Bei Darstellungen Buddhas kann im N. die Idee der Lichtscheibe mit der des buddhistischen Radsymbols kontaminieren. Die Aufnahme in die christliche Kunst (im 4. Jh.) wurde begünstigt durch biblische Berichte über Theophanien, in denen Gottes Herrlichkeit mit verschiedenen Lichterscheinungen (inwendiges Feuer, Glanzerz, Sonne) verglichen wird. Zunächst nur Kennzeichnung Christi, wird der N. ab dem 6. Jh. allgemein zum Sinnbild des Auserwähltseins, zum Heiligenschein, zur Ausstrahlung göttlichen Lichtes, das die hl. Personen wie ein Lichtkreis umgibt. Seine »natürliche« Farbe ist wie die der Sonne: Gold; Ersatzfarben sind Gelb und Rot. Im Trecento hat Judas, der Verräter Christi, manchmal einen schwarzen N. (so bei Fra Angelico). Der Kreuznimbus ist Gottvater, Christus und dem Hl. Geist vorbehalten, der dreieckige N. allein Gottvater. Der rechteckige Heiligenschein diente im 8./9. Jh. zur Auszeichnung noch lebender Personen (Päpste, Monarchen). [Lr]

A. Krücke, Der N. u. verwandte Attribute i. d. frühchristl. Kunst, 1905; W. Braunfels, N. u. Goldgrund (Das Münster 3/1950); M. Collinet-Guérin, Histoire du nimbe, Paris 1961; W. Weidlé, N. (LChrI 3)1971.

**Noah** (in der Vulgata: Noe), Gestalt der biblischen Urgeschichte. Seine gottgewollte Rettung hat große Ähnlichkeit mit Utnapischti(m) in der altmesopotamischen Fluterzählung: beide werden von Gott vor der (Sint)Flut gewarnt, Bau der Arche, Aufnahme eines Pärchens jeder Tierart, Strandung der Arche auf einem Berg, Aussendung von Vögeln.

Der frühchristlichen Sepulkralkunst war »Noah iustus« Symbolfigur für den durch seinen Glauben Erretteten, gewöhnlich als jugendlicher Orant (Betender) in der kastenähnlichen Arche dargestellt; die ihm zufliegende TAUBE bringt das Zeichen der *Pax aeterna.* Daneben gibt es den Typ des bärtigen, alten N., der sich später immer mehr durchsetzt. Nach der symbolischen Interpretation von Johannes Chrysostomus ist die ARCHE die Kirche, N. ist Christus und die TAUBE der Hl. Geist – ein Gedanke, der auch bei anderen Theologen zu finden ist. Der wahre N. ist Jesus Christus, der als *architectus Ecclesiae* die Arche der Kirche selbst erbaut; die SINTFLUT wird für die Gerechten zur Taufe. Die Söhne von N. werden zu Repräsentanten der drei (damals bekannten) Erdteile: Sem – Asien, Ham – Afrika, Japhet – Europa. [Lr]

J. Fink, N. der Gerechte in d. frühchristl. Kunst, 1935; H. Rahner, Symbole der Kirche, 1964; J. P. Lewis, A Study of the interpretation of N. and the flood in Jewish and Christian literature, Leiden 1968.

**Nō-Spiel.** Das Wort »Nō« bedeutet soviel wie Kunst oder Fertigkeit, auch Können, Kraft, Begabung. Nō ist altgeheiligtes Bühnenspiel, buddhistisches Mysterienspiel, lyrisches Chordrama: die erste Bühnenkunst der Japaner. Nō ist nicht: volkstümliche Kunst. Schon seit Urzeiten waren den Reisbauern mimetische Tänze und Zeremonien bekannt. Im 10. Jh. wirkte die blühende höfische Kultur sehr befruchtend auf die Weiterentwicklung der tänzerischen und musikalischen Darbietungen bis zu den in der Kamakuro-Zeit (1184–1333) aufkommenden volkstümlichen *Dengaku,* sog. Ernte-Bitt-Tänzen (wörtl. »Reisfeldmusik«), hin; diese führten dann zu aristokratischen Tanzspielen. Gleichzeitig gipfelte das populäre *Sarugaku,* ein von Sprache, die später literarische Elemente enthielt, begleiteter Tanz, der sich zum musikal. Drama entfaltete, im Nō-Spiel. Kanze Seami Motokiyo (1363–1443?) gestaltete das Nō zum dramat. Zeremoniell, zu einer an Symbolik reichen Kunst. Das Zwingend-Strenge des Nō wurde von diesem Gesetzgeber der Nō-Kunst in dessen theoretischen Schriften, »*Der Blumenspiegel*« genannt, mit einer »Silbervase voll gefrorenen Schnees« verglichen, und wie es im Nō keinen Nihilismus gibt, wie sich das Häßliche in das Schöne verwandelt, so wird vom Dämonischen ein Element des Reizvollen gefordert »als lasse man auf einem Felsen Blumen erblühen«.

Man hat die Nō-Schauspieler mit einer schönen Wendung »blühende Statuen« genannt: Ein kaum merkliches HEBEN DES KOPFES kann unbändige Freude, ein kaum merkliches SENKEN tiefe Trauer ausdrücken. Die langsam bis in die Augenhöhe ERHOBENE HAND ist das Zeichen für Weinen. Aber die meisten Symbole des Ausdrucks bestehen aus Fächerbewegungen; so bezeichnet beispielsweise der geöffnete FÄCHER, der das Gesicht bzw. die Maske verdeckt, Schlaf. [KH]

F. Rumpf, Zur Gesch. d. Theaters in Japan, 1930; H. Bohner, Nō, 1956; K. Seami, Die geh. Überlieferung des Nō, übers. von O. Benl, 1961; E. Kusano, Stories behind Nō and Kabuki Plays, 1962; The Jap. Society for the promotion of Science, The Nō Drama I, II, III, 1955–1960; C. Shimazaki, The Nō, 1972.

**Novalis** (eig. Friedrich Leopold v. Hardenberg), 2.5.1772 Gut Oberwiedstett – 25.3.1801 Weißenfels, stellt mit seinem System des »magischen Idealismus« eine Potenzierung der »aus Philosophie und Poesie gemischten« Transzendentalpoesie der → (Früh–) Romantik und damit auch ihrer Symbolik dar. So ist die BLAUE BLUME als Prototyp des romantischen Symbols eines der umfassendsten und am wenigsten zu erschöpfenden Bilder romantischer Poesie. Sein gesamtes, als Fragment die unendliche Denkbewegung der angestrebten Enzyklopädie vollziehendes Werk versucht die universelle Analogie, die Identität von Innen u. Außen, Psyche und Kosmos, die »Wechselrepräsentation des Universums«, die »mystische Sprachlehre«, die Erkenntnis »Die Welt ist ein Universaltropus des Geistes, ein symbolisches Bild desselben« in einer symbolisch-allegorischen Totalität zu verdichten. Magie und Liebe bewirken die Verwandlung des Nicht-Ich ins Ich, gemäß dem Prnzip »Ich = Nicht-Ich – höchster Satz aller Wissenschaft und Kunst«. Nur das ist die echte Tropik, »die die Gesetze der symbolischen Konstruktion der Welt begreift«, also die Symbolisierung, Poetisierung, Romantisierung der Wirklichkeit. Die schöpferische Phantasie offenbart die Urbilder des Lebens, die »Figuren ... jener großen Chiffrenschrift«, (→ Chiffre), und so liegt die Darstellung der progressiven Synthesis von Natur und Geist in Mensch und Universum aller Poesie zugrunde. In Roman und Mythos, in Traumbild und Märchen, diesem »Kanon der Poesie«, kann sich durch die magische Operation der intellektuellen Anschauung die Wiedergeburt des goldenen Zeitalters ereignen.

Bei N. erfahren die Einflüsse der (Natur-)Mystik, Alchemie, Magie, Theosophie (samt dem Glauben an Geisterwelt und Seelenwanderung), die Tendenzen der neuen Physik und Traumlehre und die Transzendentalphilosophie eine bes. intensive und extensive Umsetzung in eine alle Zeiten und Räume aufhebende symbol. Bildlichkeit, durchzogen von allegorischer, emblemat.-kombinator. Metaphorik. Seine Werke sind erfüllt von den Bildern der Wunderschrift der Natur mit Wasser und Vegetation als Symbolen der Verwandlung, des Paradieses und goldenen Zeitalters, des Weges in die Tiefe, nach innen und nach Hause mit Höhle und Bergwerk, mit Nacht, Tod, Schlaf, Traum, Rausch, aber auch mit Bildern des Lichts und mit Vergleichen für den Dichter als den wahren Menschen. Bereits dem Titel nach sind sie zu Symbolen für romantische Poesie geworden: die *Hymnen an die Nacht* in ihrer erotischen Mystik, *Die Lehrlinge zu Sais* in der Einheit von Naturdichtung und Naturlehre, der *Heinrich von Ofterdingen* als mythische Utopie, zugleich Roman und Poetik der progressiven Universalpoesie.

[BVH]

B. A. Sørensen, Symbol u. Symbolismus in d. ästhet. Theorien d. 18. Jh. u. d. dt. Romantik, 1963; W. Vordtriede, N. u. d. franz. Symbolisten, 1963; H. J. Mähl, Die Idee d. gold. Zeitalters im Werk d. N., 1965; K. H. Volkmann-Schluck, N.' Mag. Idealismus (D. dt. Romantik, hrsg. v. Steffen), 1967; A. Nivelle, Frühromant. Dichtungstheorie, 1970; Kl. Ruder, Zur Symboltheorie d. N., 1974.

**Numismatik.** Besondere Bedeutung ist im Rahmen der N. den → Münzen als Sinnbildträgern zuerkannt worden. In der Spätantike, in der man die Bedeutung der in Vergessenheit geratenen Bildersprache auf früheren Münzen zu enträtseln suchte, sprach einer der ersten christlichen Dichter in Spanien, Aurelius Clemens Prudentius (348–410 n. Chr.), von Münzen

als »metallenen Rätseln« (*aenigma nummis inditum* und *argentina aenigmata; Hymn.* II, Vers 96 u. 118).
In der Neuzeit gab begreiflicherweise die Romantik, die hier, wie auf vielen anderen Gebieten, nach den geistesgeschichtlichen Urgründen der Münzprägung und ihrer Symbolik suchte, den Anstoß zur Erforschung numismatischer Symbole. Dies gilt insbesondere von Friedrich → Creuzer und Thomas Burgon, der 1837 in London einen Vortrag über die Motive hielt, welche in der Antike für die Wahl der Bilddarstellungen auf Münzen von Bedeutung waren (*Numismatic Journal* 1837, S. 97–131). Nach ihm war von Anfang bis zu Ende das einzige Motiv dieser Sinnbilder die Religion, und daher sollte der religiöse Gesichtspunkt das einzige und unveränderliche Prinzip sein, welches die Forschung leiten sollte, die sich um die Erklärung dieser Sinnbilder bemühte. Curtius hat dann vor der Preußischen Königlichen Akademie der Wissenschaften im Jahre 1869 diese Auffassung etwas einseitig weitergeführt; er behauptete, die Münzen seien in ihrer Frühzeit von Priestern in den Tempelschatzheiligtümern geprägt und daher mit diesen religiösen Motiven ausgestattet worden. Dieser Auffassung ist am stärksten von Ridgeway widersprochen worden, der 1892 in seinem Buch über den Ursprung der Währung und der Gewichtseinheiten den wirtschaftlichen Beweggrund und wirtschaftliche Motive als allein maßgebend ansehen wollte. Die Diskussion über diese Frage ist heute keineswegs abgeschlossen, und noch auf dem Internationalen Numismatischen Kongreß in Rom 1961 kam man über die Kontroverse als solche nicht hinaus. [Kly]

J. Babelon, La Numismatique Antique, Paris 1949; H. Gebhart, N. u. Geldgesch., 1949; E. W. Klimowsky, On Ancient Palestinian and other Coins, their Symbolism and Metrology, Tel-Aviv 1974; Ph. Grierson, Numismatics, Oxford 1975.

**Nuß** → Hasel, → Walnuß

**Oben – Unten** gehören zu den elementarsten menschlichen Erfahrungen, in ihnen kommt die → Polarität des Seins zum Ausdruck. Oben ist das Reich der Götter (oft im Symbol der Vögel), u. hausen die Dämonen und gottfeindlichen Mächte (im Symbol der Kriechtiere). Von o. kommt der befruchtende Regen, das männliche, zeugende Prinzip; u. ist die weibliche, empfangende Erde. Geist und Materie können wie auch andere Gegensatzpaare in den Geheimwissenschaften durch nach oben und nach unten weisende → Dreiecke angedeutet werden. Das Hohe, Erhabene, Gute strebt zum Himmel (man vgl. das religiöse Motiv der → Himmelfahrt); so ist die Mahnung an die Christen zu verstehen: »Was droben ist, habt im Sinn, nicht was auf Erden!« (*Kol* 3,2). Durch den aufrechten Gang des Menschen erscheint das Haupt und mit ihm der Geist dem Himmel zugeordnet, der Bauch mit den Trieben ist dem Irdischen verhaftet (ähnlich auch die Aussage der → Graphologie). Dem Reich des O. steht die Unterwelt gegenüber. Es ist eine uralte Vorstellung vom Totenreich, daß dessen Bewohner auf dem Kopfe stehen (*Sargtexte, Totenbuch* der

Ägypter); in der romanischen Kunst findet sich öfters das Motiv des auf dem Kopfe stehenden Menschen für Sünder und aus dem Himmel Ausgeschlossene. Im sprachlichen Bild des O. wird die Erhabenheit, die Majestät der Herrschenden (Obrigkeit) gegenüber den Untertanen ausgedrückt (→ Herrscher, chinesisch). In einem Aufstand, einer Erhebung, einer Revolution versuchen die Erniedrigten und Unterlegenen die Oberhand zu gewinnen. [Lr]

**Ochse.** Das kastrierte männliche Rind ist im Gegensatz zum wilden Stier ein Symbol der Geduld, des Leidens und der Passivität; bei → Dürer kennzeichnet er den Phlegmatiker. Nach einer Überlieferung serbischer Zigeuner trägt der O. mit seinen Hörnern die Welt (*WdM* V,794). In der christlichen Kunst spielt er zusammen mit dem Esel im → Weihnachtsbild eine besondere Rolle, obwohl beide im Evangelium nicht erwähnt werden; neben der in der Patristik aufgekommenen allegorischen Deutung (O. = Jude, Esel = Heide) kann auch die Prophetenstelle bei Isaias (1,3) zur Erklärung dienen: »Ein O. kennt seinen Herrn und ein Esel die Krippe seines Herrn«. Nach Gregor von Nazianz liegt zwischen dem O., der an das (jüdische) Gesetz gespannt ist, und dem Esel, der mit der Sünde des (heidnischen) Götzendienstes beladen ist, der von beiden Lasten befreiende Gottessohn. In China ist das zur Bewirtschaftung der Felder verwendete Tier ein Symbol des Frühlings, weil da die Landarbeit wieder beginnt. Im Zen-Buddhismus findet sich der O. als Symbol für das ewige Prinzip des Lebens; eine Reihe von O.bildern stellt die schrittweise Verwirklichung der eigenen wahren Natur dar. Oft nimmt der O. die Bedeutung des → Stiers an, zumal in verschiedenen Sprachen und Kulturen nicht scharf zwischen beiden unterschieden wird; englische Autoren bezeichnen das Symbol des Evangelisten Lukas als »winged ox«, deutsche als »geflügelten Stier«. [Lr]

J. Ziegler, O. u. Esel an der Krippe (Münchener Theol. Zs. 3–4/1952); O. Beigbeder, Le boeuf, Paris 1966; P. Reps (Hg), Ohne Worte – ohne Schweigen. 101 Zen-Geschichten, 1976.

**Odin** → Wodan

**Ödipus** (»Schwellfuß«) aus Theben, von Vater Laios ausgesetzt, in Korinth aufgezogen, tötet auf der Flucht vor dem Orakel (er werde den Vater töten, die Mutter heiraten) unwissend den Vater, befreit Theben von der Rätsel-Sphinx, erhält Königtum und die Hand der Witwe Iokaste. Um die Stadt von der Pest zu erlösen, fahndet er nach dem Mörder des Laios und entlarvt sich selbst als Vatermörder und Mutterschänder. Blind und ausgestoßen, findet er im Hain der Erinyen auf Kolonos bei Athen Asyl und beschließt sein Leben als rettender Heros. Durch diese Gestaltung des Ö.-Mythos als Mysteriendrama in den Tragödien *Oidipus tyrannos* und *Oidipus auf Kolonos* machte Sophokles (ca. 496–405) Ö. zu einer Gestalt der Weltliteratur.

Ö. ist der bedingungslos die Wahrheit suchende, das Leid bis zur Selbstaufgabe bejahende Mensch. Er wird das Werkzeug → Apollons, indem er an Laios die ausgleichende Strafe vollzieht (Laios raubte den Pelopssohn

Chrysippos), durch überlegene Einsicht die »würgende« Macht der SchicksalsSPHINX bricht und die Befleckung der kultischen → Reinheit der Polis durch die Vernichtung der eigenen Frevel-Existenz behebt (SelbstBLENDUNG). So verhilft er der apollinischen Ordnung in der Welt und in sich selbst zum Sieg und macht deutlich, daß ichhaftes Wollen und Meinen sich überhebt (Hybris der Individuation), bis es in blendender Selbsterkenntnis zusammenbricht. Vor dem delphischen Spruch »Erkenne dich selbst!« ist ein Leben jenseits des Scheins Symbol für die verwandelnde Leidenskraft des Menschen, seinen Adel und seine Freiheit. Nur der völlige Einklang mit dem Orakelwillen führt in die Weisheit Apollons, die zugleich die Wahrheit des eleusinischen → Dionysos ist: Der durch Leid geadelte Mensch verhilft als Opferlamm und Partner dem Gott zum Durchbruch. Diese kultische Symbolik manifestiert sich in den dialektischen Antithesen (Macht und Sturz des Ö.) und in den symbolischen Bildern und Begriffen (z.B. Licht-Blindheit, Befleckung-Reinheit). Die Chorlieder verdeutlichen den Weg der Seele zur Selbsterkenntnis.

Im 19. Jh. wurde *König Ö.* als »Schicksalstragödie« mißverstanden. → S. Freud, dessen Version Lévi-Strauss zu den »Quellen« des Ö.-Mythos zählte, entnahm dem *Ö.tyrannos* den Begriff des Ö.-Komplexes. Andere fanden im Ö.-Mythos Spuren des Kampfes zwischen matriarchaler und patriarchaler Ordnung. [Di]

K. Reinhardt, Sophokles, 1947[3]; B. W. Knox, Oedipus at Thebes, London 1957; G. Nebel, Soph. König Ö., 1964; W. Schadewaldt, Soph. König Ö., it 15, 1973; H. Politzer, Hatte Ö. einen Ö.-Komplex?, 1974.

**Odysseus,** einst mythischer Sonnenheld (wohl außergriech. Ursprungs) und Held von Seefahrergeschichten, wurde durch → Homers *Odyssee* zu einem Heros der Weltliteratur, in dem sich griechische Eigenart genuin ausdrückte. O., auf der Heimfahrt von Troja an fremde Küsten verschlagen (12 Abenteuer), trotzt in extremen Bedrohungen und Verführungen allen Gefahren, bis ihn die Phäaken nach Ithaka bringen. Er überwindet in ZWÖLFstufigem Aufstieg die Entehrung als Bettler im eigenen Palast und die Entfremdung nach Jahren der Abwesenheit, tötet die rücksichtslosen »Freier« der ihrem Gatten listig treuen Penelope und tritt von neuem seine Herrschaft an. Er handelt situationsgerecht mit Klugheit und List (*polýmetis*) und hält (auch mit Hilfe Athenes) bis zum Ende »duldend« (*polýtlas*) durch. Trotz aller Leiden und Versuchungen, trotz eigener und fremder Schuld und tragischer Ohnmacht (vor der Skylla) gibt er sein Ziel, die Verwirklichung eines königlichen Lebens, das er nicht zu bereuen braucht, nicht auf.

Vielen »Abenteuern« liegen mythische Grundmuster zugrunde: die GROTTE der Atlastochter Kalypso auf der Mondinsel Ogygia, vergleichbar dem Ort des → Hieros Gamos und der Weltberghöhle, wird zum Ort verstehender Liebe unter dem Gesetz der Moira. Doppelwesen Kirke, Tochter des Sonnengotts und der Meerestiefe, wird nur durch das hermetische Kraut Móly bezwungen. Die kosmische Kraft der → Sirenen-Mischwesen können den wissenden und am Mastbaum »duldenden« O. nicht von seinem Weg abbringen (im MA Symbol für

Christus am Kreuz). Die Unterwelt, in der O. seine Zukunft erfährt (Teiresias), ist von Homer ebenso humanisiert wie die utopische Welt der Phäaken, die den O. im Schlaf über die Schwelle des Todes bringen. Als solarer Held schießt O. am Apollonfest durch alle 12 Äxte (Bogenprobe). Penelope erkennt ihn am Wissen um das Symbol des ÖLBAUM-BETTS (Neugeburt der Liebe an der Wurzel des Lebensbaums). Außerhalb der *Odyssee* finden sich auch negative Züge des O.: in der griech. Tragödie, in Rom (→ Vergil) und im MA (→ Dante: Hybris des ruhelosen, wißbegierigen O.). In der Moderne ist O. wie schon bei Platon (Pol. 620) ein unheroischer Held, ein Alltagsmensch und Pazifist (z.B. bei J. Joyce) oder der ewig Fahrende, der keine Heimkehr findet (z.B. bei Tennyson, Pound, Kasantzakis). [Di]

K. Reinhardt, Tradition u. Geist, 1960; W. Schadewaldt, Von Homers Welt u. Werk, 1965[4]; W.B. Stanford, The Ulysses Theme, Oxford 1968; G. Dietz, Das Bett des O. (Symbolon 7) 1971; G. Dietz, Der Weg des O. – Symbolbezüge in Homers Odyssee (Symbolon, N.F. 9/1988).

**Ofen,** steht im Zusammenhang mit dem → Feuer als einer verwandelnden Kraft. In früher Zeit hatte die Schmiede mit Schmelzofen und Amboß eine fast kultische Bedeutung (→ Schmied). In der Bibel ist der Schmelzofen ein Bild für die Läuterung (*Jes* 48,10); im Buch *Malachias* (3,3.19) wird der Tag des Gerichts mit einem O. und Gott mit dem Feuer des Schmelzens verglichen. Die beiden wichtigsten Gegenstände des Alchemisten waren Schmelzöfen und Retorte, in denen sich die Wandlung vollziehen sollte. Das hermetische Gefäß galt als *matrix,* als Mutterleib, aus dem man die geläuterte, verwandelte Materie zu gewinnen hoffte. Tiefenpsychologisch interpretiert ist die Suche nach dem Gold gleich der Suche nach dem Selbst, der O. wird zum Symbol eines geistigen Läuterungsprozesses und der Selbstfindung. Der Backofen, in dem aus Teig das Brot entsteht, wurde ebenfalls als Wandlungsgefäß empfunden und mit dem Uterus verglichen. Im Alemannischen bedeutet »Der Ofen ist zusammengefallen« soviel wie »Ein Kind ist geboren«. Feuer und O. waren auch Symbole der Carbonari (→ Geheimbünde, letzter Abschn.). [Lr]

Bächtold-Stäubli, Backofen, O. (HdA); C. G. Jung, Psychologie u. Alchemie, 1952; U. Steffen, Feuerprobe des Glaubens. Die drei Männer im Feuerofen, 1969.

**Ohr,** Symbol des Hörens und Gehorchens. Altorientalische Texte lassen die Hoffnung des Menschen erkennen, daß Gott sie hören möge, daß er ihnen sein O. zuwende (wiederholt in den *Psalmen,* z.B. 116,2). Die des öfteren auf ägyptischen Stelen übergroß dargestellten O.en drücken die Bitte um Gebetserhörung aus; die gleiche Bedeutung haben die im altmediterranen Raum an Tempelwänden und Altären dargestellten O.en. Jemand »das O. neigen« – eine schon in der Bibel (*Spr* 22,17) vorkommende Redewendung – bedeutet sich dem Gesprächspartner zu öffnen. In der Antike galt das O. als Sitz des Gedächtnisses; daher die Sitte, Kinder beim O.läppchen zu fassen (zupfen), wenn man sie an etwas erinnern will; anzuschließen ist hier das O. als → Rechtssymbol (6. Abschn.) wie auch die Redensart: sich etwas hinter die O.en schreiben. Im alten katholischen Taufritus berührt der Priester die O.en des Katechumenen (Taufbewerbers) mit dem Wort *Ephpheta* (»tu dich auf«), um so symbolisch den inneren Sinn für das Wort Gottes zu erschließen. Als geistlicher Weltherrscher ist Buddha an 32 Körperzeichen zu erkennen; dazu gehören die langgezogenen O.läppchen (angeblich Symbol der Entsagung). Das akustische Wahrnehmungsorgan ist auch Symbol für das Aufnehmen (Empfangen) der Wahrheit. In der christlichen Ikonographie kann die Verkündigung der Geburt Jesu als *conceptio per aurem* (Empfängnis durch das Ohr) dargestellt werden, indem die von Gottvater ausgehenden Lichtstrahlen auf Marias O. zielen. [Lr]

**Öl,** vor allem das Produkt des → Ölbaums, galt als besondere Kraftsubstanz und als Heilmittel. Der babylonische Arzt hieß *asû,* d.h. Ölkundiger. Das im Alltag schmerzlindernde Öl sollte in der kultischen Salbung über das diesseitige Leben hinausreichende Kräfte verleihen. Zum ägyptischen Totenkult gehörte neben Wasserguß und Räucherung auch die Darbietung von 7 Ölen. Das glänzende Öl feit den Gesalbten vor den Mächten der Finsternis. Königen und Priestern wurde durch Salbung mit Öl die Amtsvollmacht übertragen. Sargon I. von Akkad führte den Beinamen »Gesalbter des Himmelsgottes«. Im Judentum wurden Steine und Gegenstände durch Begießen mit Öl der Gottheit geweiht (1 *Mos* 28,18; 2 *Mos* 40,9). Der zum Propheten Gesalbte wird vom Geist Gottes erleuchtet (z.B. Elischa, 1 *Kön* 19,16). Wer die heilende und heiligende Salbung ausführt, ist in Wahrheit der Heiland, der als »Gesalbter« (hebr. Messias, griech. Christos) selbst heil und heilig ist. Das Öl verleiht geistige Kraft (→ Taufe, → Firmung) und ist symbolischer Hinweis auf die Gnade und ihren Spender, den Hl. Geist. Das Krankenöl (oleum infirmorum) soll die Seele stärken und notfalls auf die letzte Reise vorbereiten; → Sakrament. [Lr]

Ph. Hofmeister, Die hl. Öle in der morgen- u. abendländ. Kirche, 1948; H. Bonnet, Salben (Reallex. d. ägypt. Religionsgesch.) 1952; I. de la Potterie, L'onction du Christ (Nouvelle Revue Théologique 80/1958); E. J. Lengeling, Todesweihe oder Krankensalbung (Liturg. Jb. 21/1971).

**Ölbaum,** in den alten Mittelmeerkulturen hl. Baum. Ein ägyptischer Gott hatte den Namen Cheribakef, d.h. »Der unter seinem Ölbaum«. Wer im AT mit einem Olivenbaum verglichen wird, der steht unter dem Schutz Gottes (*Ps* 52,10). In der Vision des Propheten Sacharja (4,2f., 11–14) bedeuten die beiden Ölbäume »die beiden Gesalbten, die vor dem Herrn der ganzen Erde stehen«. In der Gedankenverbindung Öl und Öllampe wird der Ö. zu einem Bild für das geistige Licht, im Neuplatonismus für die Weisheit Gottes. Bei den Griechen war der Ö. der Athena (Göttin der Weisheit) geweiht; attische Münzen zeigen oft eine Eule im Ö. Wem der Göttervater Zeus in den Olympischen Spielen den Sieg schenkte, der wurde mit einem Olivenzweig gekrönt. Im *Koran* (23,20) ist der Ö. Sinnbild des göttlichen Segens. In Anknüpfung an die Geschichte von Noahs Errettung (1 *Mos* 8,11) und an antike Traditionen werden Ö. und Olivenzweig zum Symbol des → Friedens. [Lr]

**Opfer,** Darbringung einer Gabe an die Gottheit (oder – für die Symbolik nicht so relevant – an die Ahnen) als Hauptäußerungsform des → Kultus. Im Volksglauben entspricht es häufig dem Gedanken des *do ut des* (»ich gebe, damit du gibst«), ist aber darüber hinaus die symbolische Hingabe der eigenen Person mittels der machthaltig gedachten O.gabe, begleitet von der Hoffnung auf Erschließung eines Segensstromes zwischen Gott und Mensch.

In einem tiefsten Sinn wird durch das O. die Welt erneuert oder erlöst (man denke hier an die Bedeutung des O.todes Christi), wie ja auch in zahlreichen Mythen die Welt erst aus dem O. eines Urwesens (→ Urmensch) entstand. Das Wissen »um den mystischen Zusammenhang von Tod und Leben ist wohl eine Hauptwurzel des Opferritus« (Kirchgässner). Aus den zerschnittenen und vergrabenen Leichenteilen des göttlichen Mädchens Hainuwele kamen die ersten Feldfrüchte hervor (Mythos der Insel Ceram). Im Vedismus beruhte das O. auf der Entsprechung zwischen Makro- und Mikrokosmos; beim Roßopfer vollzog die Königin mit dem geschlachteten Tier einen symbol. Beischlaf, um das Gedeihen des Getreides zu sichern. Das O. kann auch durch das Bewußtsein eigener Schuld motiviert sein; z.B. durch das Eindringen in die Machtsphäre der Götter (→ Flußgottheiten).

Verbreitet ist der Brauch eines Primitialopfers. In Ägypten wurde die erste, vom König selbst geschnittene Ähre dem Fruchtbarkeitsgott Min geweiht. Vom neuen Getreide durfte in Israel erst gegessen werden, nachdem Jahwe sein Teil erhalten hatte (3 *Mos* 23, 14). Die Gott dargebrachten Erstlinge – gleich ob Pflanze oder Tier – sind symbol. Ausdruck für die Anerkennung der göttlichen Souveränität; alle Geschöpfe sind eigentlich sein Eigentum. Als »Erstgeborener der Schöpfung« (*Kol* 1, 15. 17) steht Christus stellvertretend für alle Menschen vor Gott, bis hin zu seinem O.tod. Wie in Adam alle sterben, so werden in Christus, dem »Erstling der Entschlafenen«, alle lebendig gemacht (1 *Kor* 15, 20. 22).

Der Gedanke der vom O. ausgehenden Kraftwirkung (nach oben: Ernährung, Stärkung, Besänftigung der Götter; nach unten: Beseitigung von Krankheit, Not, Sünde beim Menschen) wird besonders deutlich beim Menschen-O. Die Völker, die im Altertum durch rituellen Königsmord ihr höchstes Gut opferten (so in Südindien und in Meroe am Nil), erhofften sich dadurch neue Lebenskraft. Die zuckenden Herzen der aztektischen Menschen-O. sollten den weiteren Lauf der Sonne gewährleisten. Als Ersatz für den ganzen Menschen können die Haare geopfert werden (so wurde auch schon – in Verbindung mit dem Gedanken der Demut – die Tonsur in christl. → Ordensgemeinschaften gedeutet). Die Priester der Kybele gaben in der Kastration ihre männliche Kraft an die Muttergöttin hin.

Stellvertretend für das Menschenopfer kann das Tieropfer stehen. Wenn der Opfernde seine Hände auf den Kopf des O.-tieres stemmt (3 *Mos* 1, 4), identifiziert er sich mit diesem; der Tod des Tieres bedeutet entweder das Auslöschen der menschlichen Sünde oder – sinnbildlich – die Übergabe des Menschen an Gott. Das das Menschen-O. ersetzende Tier findet sich als WIDDER in der Geschichte von Isaak (1 *Mos* 22) wie auch im griech. Mythos von Iphigenie. Bei den alten Ägyptern galt das O.tier als symbol. Verkörperung des Gottesfeindes, gewöhnlich mit → Seth gleichgesetzt.

Anstatt der Tiere wurden schließlich theriomorphe Opferkuchen dargebracht, z.B. im Kult der Artemis in HIRSCHform. Inwieweit die verschiedenen, heute noch verbreiteten tierförmigen GEBILDBROTE (wie Pferd oder Hahn) ursprünglich die Bedeutung eines Ersatzopfers hatten, ist ungewiß; in den HÖRNCHEN wollte man schon den Ersatz für Widder- oder Kuhhorn erkennen und damit – *pars pro toto* – für das ganze Tier. Die in Biskuit gebackenen OSTERLÄMMCHEN sind jedenfalls beredter Hinweis auf das *Agnus Dei,* auf den sich opfernden und geopferten Christus.

Eine öfters anzutreffende Vorstellung ist die, daß das Gott dargebrachte O. Gott selbst repräsentiert. Im Kult des → Dionysos war der BOCK sakramentales O.tier, das von den Bacchantinnen zerrissen und roh verzehrt wurde, um die Kraft der Gottheit in sich aufzunehmen. Im alten → Parsismus sind die dem Gott Haoma zugewiesenen Opferteile seine symbolische Entsprechung (*Yasna* 11,4), ja der Gott selbst wird durch das Auspressen der ihn repräsentierenden *haoma*-Pflanze sinnbildlich getötet; zu den O.zeremonien gehört die Herstellung und der Verzehr des hl. BROTES (*darūn*) – im Glauben an die Unsterblichkeit des Gottes und als Hoffnung, selbst der Auferstehung teilhaftig zu werden (Duchesne-Guillemin). In den Mysterien-Religionen wird das MAHL der Opfernden als Tischgemeinschaft mit der Gottheit erlebt. In den Mysterien der Atargatis wurde der ihr geweihte FISCH in dem Glauben verzehrt, daß in ihm das Fleisch (die Kraft) der Göttin enthalten sei.

In einem spirituellen Sinn spricht Jesus von dem Essen seines Fleisches und dem Trinken seines Blutes (*Joh* 6, 53); wer nicht bereit ist, die Gaben Gottes, ja Gott selbst (»das lebendige Brot, das vom Himmel herabkam«, *Joh* 6,51) in sich aufzunehmen, wird dem Tod verfallen sein. Das Geheimnis der → Eucharistie ist mit dem O.gedanken verbunden: BROT und WEIN vermitteln die *communio* mit dem Leib und Blut Christi (1 *Kor* 10, 16). Wie das höchste O. einen Übergang von Tod zum Leben andeutet, ermöglicht, verwirklicht, wird auch in der an Symbolen so reichen Zeit des Opfervollzugs sichtbar: → Ostern.

[Lr]

A. Loisy, Essai historique sur le sacrifice, Paris 1920; R. K. Yerkes, Sacrifices in Greek and Roman religions, 1952; A. Kirchgässner, Die mächtigen Zeichen, 1959 (295–311); Fr. Heiler, Erscheinungsformen u. Wesen d. Religion, 1961 (204–225); J. Duchesne-Guillemin, Symbolik des Parsismus, 1961; R. Rendtorff, Studien z. Gesch. des O.s im alten Isreal, 1967; R. Kilian, Isaaks Opferung, 1970; W. Burkert, Homo Necans. Interpretationen altgriech. O.riten u. Mythen, 1972; M. Biardeau/Ch. Malamoud, Le sacrifice dans l'Inde ancienne, Paris 1976; A. R. W. Green, The role of human sacrifice in the ancient Near East, Missoula 1975.

**Oracula Sibyllina** (Sibyllinen), 14 – angeblich auf die → Sibyllen zurückgehende – Bücher, teils hellenistisch-jüdische, teils christliche

Apologetik und Propaganda, vom 2. Jh. v. bis zum 4. Jh. n. Chr. entstanden. Bilder und Symbole: Vorstellung vom → ANTICHRIST 5, 363–374; 8, 140–150. 176f. BABYLON für Rom (wie 1 *Petr.* 5, 13). HORN als Herrschaftssymbol (wie *Offb* 17, 12). LICHT als Gottessymbol 1, 323b. 8, 457 (vgl. *Protev. Jak.* 19, 2). Die weiße TAUBE ist Gottes Geist 6, 7; 7, 79. Namen: ADAM 8, 24–26 = *A(natolé):* Osten, *D(ýsis):* Westen, *A(rktos):* Norden, *M(esembría):* Süden; gematrisch: 1, 326–329 Zahlensumme der Buchstaben v. griech. Jesus = 888, ähnlich 1, 141–145, wo 1660 wohl *monogenés hyiós Theoú* (eingeborner Sohn Gottes) meint.

Oft steht der Zahlenwert des Anfangsbuchstabens eines Namens für diesen: Rom wird 948 (= Zahlenwert Rom) Jahre nach seiner Gründung untergehen. Zahlen: DREIfaches Zeichen 2, 188; dreifaches Büßen 2, 304; dreimal beten 7, 88; ZWÖLF übrige Körbe von der Brotvermehrung »für die Hoffnung der Völker« 8, 278 (1, 359 aber »für die heilige Jungfrau«). Eschatologische Zeichen: Der PHÖNIX 8, 139; die Herrschaft des APOKALYPT. WEIBES 3, 75f.; 8, 194. 200 (vgl. *Offb* 17, 3–18); Tiere und Elemente geraten außer Rand und Band 2, 6ff., die Weltzeit ist um, die Schöpfungskraft verbraucht, Kinder mit grauen Schläfen werden geboren 2, 155; Steine reden, Blutregen fällt, Staubstürme toben und imaginäre Kämpfe am Himmel 3, 796–805; 5, 344ff., die Erde schwitzt 8, 217; alles vernichtet der FEUERSTROM des Gerichts 3, 54.72. 84–87; 8, 243. Die Vorstellung vom WELTBRAND (Heraklit, Stoa, auch in Qumran) läßt sich noch in dem altbairischen Gedicht *Muspilli* (9. Jh.) und in der Sequenz der Totenmesse, *Dies irae,* nachweisen. [JBB]

H. Jeanmaire, La Sib. et le retour de l'âge d'or, Paris 1939; B. Thompson, Patristic use of S. oracles (The Review of Rel. 16) 1951–52; A. Kurfess (zu B. 1 Philologus 100) 1956; A. Kurfess (zu B. 5: Rhein. Mus. 99) 1956; V. Nikiprowetzky, La troisième Sib., Paris 1970; J. B. Bauer, Die Messias Mutter in den Or. Sib. (Scholia Biblica et Patristica, 151–157) 1972; J. Amir, Homer u. Bibel als Ausdrucksmittel im 3. Sib.buch (Scripta Class. Israelica 1) 1974; A. Caqout, Les enfants aux cheveux blancs (Mélanges H. Ch. Puech, 161–172), Paris 1974; J. J. Collins, The Sib. Or. of Egyptian Judaisme, Missoula, Mont, 1974.

**Orakel.** Die unsichtbaren Götter taten nicht nur in Theophanien, Auditionen, Visionen und Träumen, durch den Mund Besessener oder Omina jederzeit ungefragt und direkt ihren Willen kund, wohl jedes Volk kannte Verfahren, die Götter, vergöttlichte Ahnen oder Totengeister zusätzlich durch künstlich herbeigeführte O. zu befragen oder die Zukunft zu enthüllen. Dem dienten das Sich-in-Ekstase-Versetzen, die Nekyomantie, der Schlaf an heiligen Stätten zur Erlangung eines Traums (Inkubation), sowie zahlreiche andere Praktiken, die sich ebenso bestimmter Tiere wie toter Gegenstände bedienten. Sie waren seit den frühesten Zeiten in Gebrauch und leben bis in die Gegenwart weiter (Bleigießen, Kartenlegen).

In Mesopotamien haben erst die Babylonier die Mantik systematisiert und die Vorzeichenschau zu umfangreichen Werken zusammengefaßt. Man beobachtete astronomische, atmosphärische und terrestrische Vorgänge, die Konstellation der Gestirne, Mißbildungen bei tierischen und

menschlichen Geburten, das Verhalten und den Flug der Vögel, die Bewegungen von Haus- und Wildtieren, bes. Schlangen, aber auch von Insekten und Fischen. Man deutete Träume. Kein wichtigeres Unternehmen, für das man nicht einen glückbringenden Tag wählte, oder über dessen Ausgang man sich nicht durch ein O. Gewißheit verschaffte. Man befragte Los-O., deutete Fluß und Färbung von Öl auf Wasser, vor allem untersuchte man die Windungen der Eingeweide und die Beschaffenheit der Leber, Galle und Nieren von Opferschafen. Das Wasserordal hatte einen festen Platz in der Rechtsprechung.
Die babylonische Mantik beeinflußte die Nachbarvölker in Kleinasien und Syrien und letztlich werden auch die den Römern vermittelte etruskische Leber- und Vogelschau auf orientalische Anregung zurückgehen. Doch weist die Bronzeleber von Piacenza mit ihrer Zuordnung der Leberteile an Himmelsregionen und Götter auf ein gänzlich anderes Deutungssystem. Immerhin kannten auch die Inka eine sicher eigenständige Eingeweideschau. Über O. im mitteleuropäischen Volksbrauch → Neujahr [JB]

B. Meissner, Babylonien u. Assyrien 2, 1925; La Divination en Mésopotamie ancienne et dans les régions voisines. XIVe Renc. Assyriol. Intern. 1966; G. Pettinato, D. Ölwahrsagung bei den Babyloniern, 1966; F. Ellermeier, Prophetie in Mari u. Israel, 1968; E. Leichty, The Omen Series šumma izbu, 1970; A. Kammenhuber, O.praxis, Träume u. Vorzeichenschau bei d. Hethitern, 1976; A. J. Pfiffig, Religio Etrusca, 1975; J. A. Mason, D. alte Peru, 1975; M. Loewe/C. Blacker (Ed.), Divination and oracles, London 1981.

**Ordensgemeinschaften** (christliche). Bei aller Vielfalt der O. im Laufe der Geschichte lassen sich dennoch bestimmte Grundanliegen und Zeichenhaftigkeiten, die allen gemeinsam sind, nachweisen. Man könnte daher von einer bestimmten Grundsymbolik der O. sprechen, die es auszufalten gilt. Entscheidend ist hier die Gestalt Christi; ihr will man nachfolgen – d.h. O. sind Weisen der Nachfolge Christi. Dabei gibt die Ordensregel einen ganz bestimmten Weg an. Die bedeutendsten: Regel des Augustinus, des Benedikt, des Franziskus. Allen gemeinsam ist der Versuch, die »Evangelischen Räte« zu befolgen, jene Ratschläge, die Jesus im Evangelium selbst gibt: Er, »der selbst jungfräulich und arm gelebt (vgl. *Mt* 8, 20; *Lk* 9,58) und durch seinen Gehorsam bis zum Tod am Kreuz (*Phil* 2, 8) die Menschen erlöst und geheiligt hat.« (Vat. II, Dekret Ordensleben, Art. 1.)
Diese Ratschläge sind: 1. EHELOSIGKEIT um des Himmelreiches willen (*Mt* 19, 12). Sie ist Mittel und bekennendes Zeichen, daß der Ehelose sich für Gott und die Menschen frei halten will, erinnert an den Ehebund der Kirche mit Christus (vgl. *Eph* 5, 23–32) und ist Zeichen für die himmlischen Güter (vgl. Vat II, Dekret Ordensleben, Art. 12). 2. ARMUT: Sie ist Versuch, alles um Christi willen aufzugeben (*Mk* 10, 28; *Lk* 6,20). Die Loslösung vom Besitz bringt zum Ausdruck, daß für den Mönch Christus das einzig Notwendige ist (*Lk* 10, 42). Die Botschaft des Evangeliums ist in besonderer Weise eine Botschaft für die Armen und Geringen; der Sinn des menschlichen Lebens hängt nicht am Besitz. »Wo den Gemeinschaften das Zeugnis einer zeitgemäßen Armut gelingt, sind sie ein Appell an alle, ebenfalls an-

spruchlos zu leben und dadurch anderen zu helfen.« (Synodenbeschluß, Orden 3.2.6.) 3. GEHORSAM: Das Leben Jesu war ausgezeichnet durch besonders intensives Hinhorchen auf den Willen des Vaters. Der gehorsame Ordensangehörige verpflichtet sich zu einem Leben, das besonders intensiv auf Gott hinhören will. Der Gehorsam (Hinhören) ist zunächst ein ganz persönliches Hinhören auf Gott selbst. Dieses Hinhören kann und darf im eigentlichen Sinn nicht auf einen anderen abgewälzt werden (z.B. aus Demut) oder ausschließlich von einem anderen (z.B. der Obere) stellvertretend übernommen werden. So wird Gehorsam zunächst zu einem Zeichen höchster persönlicher Aktivität auf Gott hin. Dann bedeutet er aber auch Hinhorchen auf die Zeichen der Zeit in Welt und Kirche, durch die Gott auch spricht. Schließlich spricht Gott auch durch den Oberen und die anderen Mitglieder der Gemeinschaft, und auch darauf will der Ordensmann hinhören.

Die Bereitschaft, Christus nachzufolgen und ihm ganz gehören zu wollen, wird auch in der Kleidung zeichenhaft deutlich. Das ORDENSKLEID ist Zeichen, daß der Mönch Christus angezogen hat (vgl. *Gal* 3, 27; *Röm* 13, 14). Die Bevorzugung eines einfachen Gewandes will Hinweis sein auf die Bereitschaft, arm zu leben wie es Christus verlangt (*Mt* 10, 10). Der SCHLEIER der Ordensfrauen erinnert an die altrömische Gepflogenheit, als Zeichen der Vermählung einer Frau den Schleier zu übergeben, an der man sie als Verheiratete erkannte (*obnubere* = bedecken, als Wort für »verheiraten«.). Die Ordensfrau empfängt den Schleier als Kennzeichen, daß sie Braut Christi sein will. Auch der RING ist ähnlich wie ein Ehering Zeichen der Vermählung mit Christus.

Die TONSUR ist nichts Ordensspezifisches, sondern sie bezeichnete die Aufnahme in den Geistlichen Stand (Kleriker). Sie war Sinnbild der Weltentsagung und Zeichen, Knecht Christi sein zu wollen, da auch in der Antike den Sklaven die Haare beschnitten wurden, während der freie Mann lange Haare trug. Die Tonsur ist heute weggefallen. An ihre Stelle ist die »Aufnahme unter die Kandidaten des Priesteramtes« (Admissio) getreten. [Fe]

II. Vatikan. Konzil, Dekret über die zeitgemäße Erneuerung des Ordenslebens »Perfectae caritatis« (Rahner/Vorgrimmler, Kleines Konzilskompendium), 1966; Gemeinsame Synode der Bistümer in der BRD, Beschluß: Die Orden und andere geistl. Gemeinschaften – Auftrag und Pastorale Dienste Heute, Offizielle Gesamtausgabe I, 1976.

**Orff,** Carl, geb. 10.7.1895 in München, sagt, sein Lebenswerk überblickend: »In allem geht es mir schließlich nicht um musikalische, sondern um geistige Auseinandersetzung«. Der Begriff »Oper« ist bei O. nicht zutreffend, bei ihm ist alles »Spiel« oder »musikalisierte« Tragödie (»*Antigonae*«, »*Ödipus der Tyrann*«, »*Prometheus*«), in denen er an eine symbolische Weltdeutung rührt. Der christl.-kosmische Weltenkampf ist bei O. ein Kampf zwischen LICHT und DUNKEL und findet seine Widerspiegelung im »*Osterspiel*« zwischen den Engeln und dem Teufel als Symbole für das Himmlische und Höllische, im »*Weihnachtsspiel*« zwischen den Engeln (Himmelsmusik, Engelsgesang) und den Wetterhexen (Wetterzauber, Schneesturm), letztere suchen die schwangere Maria auf dem Esel im verschneiten Hochgebirge vom Weg abzubringen, die christliche Liebe und das »unguat und böse« Heidnische symbolisierend, im *»Mond«* zwischen einem »alten Mann, der Petrus heißt und den Himmel in Ordnung hält«, und den Toten in der Grabeswelt, die vorübergehend mit dem von vier Burschen gestohlenen Mond in Aufruhr leben müssen. O. konfrontiert hierbei das kosmische Ordnungsprinzip mit der sich von den Menschen angemaßten Gesetzlosigkeit, im *»Spiel vom Ende der Zeiten«* zwischen Gott und Luzifer und meint damit Rettung und Licht und Höllensturz und Finsternis.

Der spielende Mensch in O.'s Werk symbolisiert das Gleichnis des Lebens. Er hat seinen Standort zwischen Gut und Böse, Gott und Dämon. Wenn auch der Mensch schuldig wird, das Ende ist Rückkehr zu Gott. Gut und Böse symbolisieren die christliche Welt einerseits, die vorchristliche, heidnische Antike andererseits. Im besagten *»Endspiel«* z.B. haben neun → Sibyllen, jene Prototypen welt- und zeitumspannender Schaukraft, unheilvoller Verkündigung und eschatologischer Prophetie, ihre Gegenspieler in neun Anachoreten, den aktiven Dogmatikern und gelehrten Theologen, die in »Sibyllinischen Weissagungen« leidenschaftlich wiedersprechen; hier Symbolgestalten der Prophetie der Weltkatastrophe, da Symbolgestalten von Protest und Exegese, und zwischen ihnen die letzten Menschen. [KH]

A. Liess, Carl O., 1955; W. Zillig, Variationen über neue Musik, 1959; W. Thomas, Carl O. De temporum fine comoedia, 1973.

**Orgel.** Die im 3. Jh. v. Chr. von einem griechischen Mechaniker erfundene O. (zunächst als *hydraulis*, »Wasserorgel«) wurde von dem Kirchenlehrer Tertullian als Symbol für die Mitteilung des heiligen Pneuma gebraucht. Augustinus kennt bereits die mit Blasebalg betriebene O. und erblickt in ihr – ausgehend von ihrem Namen *organum* (»Werkzeug«) – den Antitypus der von David in den alttestamentlichen Gottesdienst eingeführten Musikinstrumente; die Heiligen Gottes werden wie die Pfeifen der O. in lieblicher Harmonie zusammengefaßt. In den christlichen Kirchen wird die O. ab der Karolingerzeit als sakrales Musikinstrument zum Lobpreis Gottes eingesetzt und ab dem 15. Jh. mit der hl. Caecilia, der Schutzpatronin der Musik, in Verbindung gebracht, z. B. beim Genter Altar der Brüder van Eyck. In einer Ode zu Ehren der hl. Caecilia des englischen Dichters Dryden (1687) versinnbildlicht die Klangerscheinung der O. »die heilige Liebe«. Sonst gilt die O., die durch den Luftstrom zum Tönen kommt, als Symbol des Hl. Geistes. [Lr]

**Orientteppiche.** Die meisten orientalischen Teppichprovinzen gehören der islamischen Kultur an. Ihre Motive verkörpern sich in einem von vornherein gegebenen System ornamentaler Komposition, wobei die Übernahme alter Bildtraditionen und eine ständige gegenseitige Durchdringung von Realität und Imagination zu beobachten sind. Bei aller dekorativen Zweckbestimmung der Teppichmuster neigt man heute immer mehr dazu, zahlreichen Motiven eine ursprüngliche Symbolbedeutung zuzuerkennen, auch wenn sich die Teppichhersteller dessen nicht mehr bewußt sind. Daneben auch magische Bedeutung; so z.B. sollen Skorpion und Tarantel auf Teppichen diese Tiere dem Hause fernhalten; die apotropäisch gedachte Fatima-Hand wurde schließlich zu einem Schutzsymbol.

Bis in die Zeit des Sassanidenherrschers Chosrau I. (6. Jh. n. Chr.) zurück gehen die persischen Gartenteppiche; Darstellung des königlichen Jagdparks (*paradeisos*), mit bewußter Zentrumssymbolik und makro-mikrokosmischem Bezug: Fond des Teppichs heißt *torpak* (= Erde), Rand *su* (= Wasser). Der Grabteppich des Schah Abbas II. sollte die Schönheit des Paradieses sinnbilden. Der von der Vier- oder Achtzahl bestimmte Medaillonteppich gleicht einem Kosmogramm. Dem spekulativen Denken des Islam entspricht die Deutung, daß der Grund des Teppichs auf die Ewigkeit, Unendlichkeit hinweist, das ihn belebende Muster auf Zeit und Raum.

An einzelnen Motiven sind hervorzuheben:

Geometrische Motive: S- und Z-Motiv, symbolisiert das Licht und das Göttliche (Kaukasus, Iran). Ralle-Motiv, pfeilähnlich, symbolisiert den göttlichen Schutz (Turkmenistan, auch Iran), Swastika, ganz allgemein Heils- und Glückszeichen, auf chines. Teppichen Hinweis auf Buddhas Herz. Tschang-Motiv, eckiger Knoten, symbolisiert langes Leben(China). Zickzack-Linie, Hinweis auf Wasser und Ewigkeit (besonders Kaukasus und Anatolien).

Pflanzen: Granatapfel, Fruchtbarkeit (Türkei, Ostturkestan). Lebensbaum, oft von Tieren umgeben, volkstümliche Paradiesdarstellung persisch-islam. Tradition. Lotos, hl. Pflanze Buddhas, Unsterblichkeitssymbol (China, Indien). Nelke, bedeutet Glück (Kaukasus, Türkei). Päonie, symbolisiert Zuneigung, Liebe, Glück (China). Zypresse, Symbol des jenseitigen Lebens, so auch auf Grabteppichen, die als Überwurf für Tote dienen (Persien).

Tiere: Drache, in China glückbringendes Symbol. Hund, auf Nomadenteppichen stark stilisiert, auf persischen immer mit Halsband als Treuesymbol. Vögel, in den einzelnen Ländern oft verschiedene Bedeutungen; in China galt der Phönix als wirklicher Vogel, Symbol der Kaiserin und der Brautschaft. Widderhorn, Bedeutung unsicher (Turkmenistan, Kaukasus). Sonstige Motive: Boteh-miri, aus Indien stammend, dann auch in Persien, flammenförmiges Zeichen; auch als geballte Faust mit Finger gedeutet (nach der Sage in Blut getaucht = Petschaft früherer Herrscher). Tschi, kleine Wolke, chines. Unsterblichkeits- und Himmelssymbol, auch auf persischen und kaukasischen Teppichen. Auch einzelnen Farben dürfte ursprünglich Symbolcharakter zugeeignet worden sein: Blau symbolisiert bei den Persern Himmel und Unendlichkeit – so als Grundfarbe oder für die Bordüre. Grün = Farbe des Propheten (und seiner Fahne), daher nur selten auf dem von Füßen betretenen Teppich. Rot = Farbe der Schöpfung, des Lebens, der Freude. [Lr]

R. de Calatchi, O.. Gesch., Ästhetik, Symbolik, 1968; L. Kybalová, O., 1969; H. Klieber, Persien und seine Teppiche, 1973; E. Gans-Ruedin, O. des 19. u. frühen 20. Jh., 1975;

H. A. Lorentz, Chines. Teppiche. Gesch., Ästhetik, Symbolik, 1975.

**Origenes.** (griech. Kirchenschriftsteller, ca. 185– ca. 254). Im Zusammenhang mit seiner Abkehr vom heilsgeschichtlichen Denken steht die fortschreitende allegorische Bibeldeutung des O., die er wie → Philo handhabt: Beispiel: *Joh. Komm.* 32, 20: Johannes im Schoß des Logos (*Joh* 13, 23) und der Logos im Schoß des Vaters (*Joh* 1, 18). Diese Analogie ist das, wodurch die beiden »eins« *(hén)* sind, sie ist das »zusammenfallende« (*to symbolikón*), also Johannes ist symbolisch der Logos. Die Schrift ist so voller Mysterien, daß die Größe der Geheimnisse den Ausleger zu überfordern scheint (*Gen.hom.* 9, 7 u. 10, 5; *Lev.hom.* 3, 8). Über Philo, der nur zwei Schriftbedeutungen annahm, die sich zueinander wie Leib und Seele verhielten, hinausgehend lehrt O. (Hauptstelle: *de princ.* 4, 1–3) einen dreifachen Schriftsinn: den historischen (Fakten, Gesetzeswortlaut), den moralischen *(tropologeîn,* Anwendung auf die Seele, noch nicht notwendig christlich), den mystischen (*anagogé,* bezogen auf Christus, die Kirche, die Glaubensdinge). O. kennt aber auch ein anderes Schema, das nach dem historischen Sinn den mystischen (auf Christus und die Kirche) als zweiten, den geistlichen (auf die einzelne Seele) als dritten zählt. Die Seele in Schema A 2 ist die Seele an sich mit ihren Kräften unabhängig von den christlichen Wahrheiten, die Seele in Schema B 3 aber ist die christliche, die Seele in der Kirche, in der der Logos wohnt und in der sich die in Christus einmal geschehenen Mysterien wiederholen. Dieser geistliche (pneumatische) Sinn wird gelegentlich auch der moralische genannt, wie es O. auf exakte Terminologie nicht ankommt. Letztlich geht auch die spätere vierfache Einteilung (→ Hermeneutik) auf O. zurück, denn im Grund hat die Schrift nur zwei Bedeutungen, die buchstäbliche und die geistliche, in einer Kontinuität und nicht als Gegensatz: Der Geist ist im Buchstaben, wie der Honig in der Wabe (*Is.hom.* 2, 2). O. legt aber nicht nur das AT christlich aus, sondern auch das NT, das nach ihm auf eine noch tiefere absolute Wirklichkeit hinweist. Wie die Zeichen des Alten Bundes im Neuen erfüllt werden, so sind die Inhalte des Neuen Bundes Zeichen einer noch vorausliegenden Wirklichkeit im kommenden Äon. [JBB]

S. Laeuchli, Origen's conception of Symbolon (Anglican Theological Review 33) 1951; R. P. Hanson, Allegory and event. A Study of the sources and significance of Origen's interpretation of scripture. London 1959; J. Danielou, (Dict. de la Bible, Suppl 6) 1960; M. Lettner, Zur Bildersprache des Origenes (Diss. München) 1962; R. Gögler, Zur Theologie des bibl. Wortes bei O., 1963; H. de Lubac, Geist aus der Geschichte. Das Schriftverständnis des O., 1968.

**Ornament** (lat. *ornare:* schmükken), Verzierung. Verzierungsmotiv, auf Architektur (→ Bauplastik) und kunstgewerblichen Gegenständen (→ Orientteppiche), auch in Verbindung mit Malerei (Initialschmuck) und Plastik. Das O. kann Funktion und Gliederung eines Gegenstandes betonen oder negieren. Im ungebundenen O. äußern sich Zeitstil und Zeitgeschmack am deutlichsten. Formal lassen sich geometrisches und naturalistisches O. unterscheiden, letzteres der Flora, Fauna und Menschenwelt (Köpfe,

Masken) entnommen. Es kommen auch Mischformen vor.
In den alten Hochkulturen hatten die O.e neben ihrer Funktion als Schmuckelemente sehr oft die Bedeutung von Sinnträgern. Die ornamentale Verzierung in altägyptischen Gräbern und auf Mumiensärgen weist ausgesprochene Symbole auf: ANCHZEICHEN, vom Christentum als Henkelkreuz übernommen (= Leben); DJEDPFEILER (= Dauer); LOTOSBLUME (= Wiedergeburt). In der griechischen Kunst läßt sich die Entwicklung des O.s in der Vasenmalerei verfolgen; nach dem rein geometrischen O. (KREIS, MÄANDER und andere Ewigkeitssymbole, HAKENKREUZ als Sonnensymbol) entwickeln sich Friese aus Rosetten, Palmen und Ranken. In der Baukunst folgt nach dem strengen dorischen Kapitell und dem Voluten-O. des ionischen Kapitells das Akanthusblatt des korinthischen Kapitells. Die griech. O.e leben in der römischen Kunst und im MA weiter. In Nordeuropa kristallisiert sich in der Völkerwanderungszeit durch Kontakte mit dem Orient ein O. aus stilisierten ineinanderverschlungenen Tierkörpern heraus (illuminierte Handschriften z.B. *Evangeliar von Lindisfarne*, 7. Jh.). Mit der → Bauplastik lebt auch das O. im 11. Jh. auf; vor allem an Portalen und Kapitellen. In der Spätgotik kann ornamentales AST- und LAUBWERK zur Darstellung des Himmels dienen; auch das immer komplizierter werdende Maßwerk spiegelt die Entwicklung des O.s jener Zeit wieder.
In der Renaissance greift man bewußt auf klassische O.-Motive zurück. Die Entdeckung der Grotten in Neros *Domus aurea* hatte eine Welle des Grotesken-O.s zur Folge: Rankenwerk mit menschlichen und tierischen Wesen, Blumen, Früchten, Trophäen (Raffael, Vatikan, Loggien). Dem Rollwerk, einer Nachbildung von Leder- und Beschlagwerk seit der Mitte des 16. Jh., kommt keine symbolische Bedeutung zu. In der Buchgraphik des 20. Jh. gibt es neben dem rein dekorativen O. das symbolische O., das sich dem Inhalt des Textes anpaßt (Eckmann). In der Volkskunst leben alte Symbolmotive ihrer Form nach weiter, so z.B. die minoische DOPPELAXT in der kretischen Weberei oder das LEBENSBAUMmotiv in der niederdeutschen → Stickerei. → Bandornament, Rosette [ThVW]

M. Deri, Das Rollwerk, 1906; P. Jessen, Der O.stich, 1920; J. Evans, Pattern. A Study of o. in Western Europa, 2 Bde., 1931; E. Kühnel, Die Arabeske, 1949; H. Bauer, Die Rocaille, 1962; P. Fortova-Samalova, Das ägypt. O. Prag 1963; M. Braun-Reichenbacher, Das Ast- und Laubwerk, 1966; A. Chadzimichali, Webkunst in Kreta, Ornamentik u. Symbolik, 1974; R. Peesch, Ornamentik der Volkskunst in Europa, 1981; Ph. Lewis, Dictionary of ornament, London 1985.

**Orpheus.** Mythen und Dichtungen um O. sind vielgestaltig. Vor allem wird er als der thrakische Sänger und Leierspieler gezeichnet, der mit seinem Lied wilde Tiere zähmt, Bäume und Steine bewegt und bei seinem Abstieg in die Unterwelt selbst die Unterweltsherrscher bezaubert, so daß sie seine verstorbene Gattin mit ihm zurückkehren lassen. Schon früh wird der Mythos künstlerisch dargestellt. Als Sänger und Harfenspieler erscheint er auch im christlichen Altertum auf Fresken in Katakomben, auf Mosaiken und in der Kleinplastik, mit der HARFE in der Hand, umgeben von

Tieren. Er gilt als Symbol Christi, des wahren O., der durch sein Lied, den Logos, Menschen und Kosmos die Harmonie bringt. Singulär ist das O.kreuz auf einer Gemme mit der Umschrift: O. *backchikós*. Hier ist O. in seiner Unterweltsfahrt Symbol Christi, der im Tode in den Hades hinabsteigt, um die Menschheit als seine BRAUT herauszuführen. Der O.mythos ist durch die Jahrhunderte hindurch in Dichtung und Musik immer wieder aufgegriffen worden. In der modernen Kunst wird gerade der Abstieg in die Unterwelt oft gestaltet, vielleicht tiefenpsychologisch zu verstehen als Abstieg ins Unbewußte. [ThS]

O. Kern, Orpheus. Eine religionsgescht. Untersuchung, 1920; H. Leclercq, Orphée (Dict. d.'Archéologie Chrét. et de Liturgie, 12/2) 1936; W. Roscher, Christus, der neue O. (Neues Abendland 10/1955); K. Heitmann, O. im MA (Archiv f. Kulturgesch. XLV 3/1963).

**Orthodoxe Kirche,** aus der byzantinischen Reichskirche hervorgegangen und die von ihr festgelegten Dogmen anerkennend. Die o. K. besteht aus einzelnen autokephalen Kirchen wie die griechische, serbische, russische. Der orthodoxe Kultus dient der Vergegenwärtigung der Heilsgeschichte und dem Empfang des Heilsgutes.

Das o. K.ngebäude enthält symbolisch die ganze Welt, von – dem in der Kuppel dargestellten – Christus als Pantokrator beherrscht. Die KREUZFORM der Kirche erinnert an das Kreuzesopfer. Das Hauptthema der Symbolik des o. K.ngebäudes wie auch der → Ikone ist einerseits die Erniedrigung des Wortes Gottes (sein Herniedersteigen zu den Menschen) und das erlösende Opfer, andererseits die Verklärung des Menschen und mit ihm der ganzen sichtbaren Welt (Ouspensky). Das Gebäude ist symbolischer Ausdruck dessen, was unmittelbar nicht darstellbar ist, nämlich die Gesamtkirche, der mystische Leib Christi. Der Patriarch Germanos (733 gest.) bezeichnete die KIRCHE als »Himmel auf Erden, darin Gott, der höher ist als der Himmel, wohnt«. In der DREITEILUNG des Kirchenbaues in Narthex (Vorhalle), Schiff und Altarraum sieht Symeon von Thessalonich eine Andeutung der Dreifaltigkeit. Der Altarraum wird vom Kirchenschiff durch die IKONOSTASE (Bilderwand) getrennt, sie ist nach den Kirchenvätern die Grenze zwischen der göttlichen und der menschlichen Welt; die mittlere TÜR, die hl. Pforte, mit Darstellungen der Evangelisten und der Verkündigung Mariä, ist Sinnbild des Eingangs in das Reich Gottes = Altarraum, dessen Mitte der ALTAR ist, »Grab Christi und Stätte seiner Herrlichkeit«. Auf der Wand hinter (über) dem Altar ist die Gottesgebärerin (*Theotokos*) dargestellt.

In der orthodoxen Liturgie wird das Heilsgeschehen von der Inkarnation bis zur Geistsendung in zahlreichen symbolischen Zeichen und Handlungen anschaulich gemacht. In keinem Gottesdienst darf der WEIHRAUCH fehlen, er gilt als Wehen des H. Geistes. Eigentliches Eingangstor in das Mysterienwesen der Kirche ist die → Taufe, von den griechischen Kirchenvätern mit symbolischen Bezeichnungen versehen wie »Lösegeld von der Gefangenschaft«, »Tod der Sünde«, »Wiedergeburt der Seele«, »Aufstieg zum Himmel«. Der Taufbewerber hat die

OberKLEIDER (= den alten Menschen) abgelegt und steht in der Vorhalle der Kirche nach OSTEN (= Gegend des Sonnenaufgangs) gewandt.
In noch stärkerem Maße als in der → katholischen Kirche gilt das eucharistische Mysterium als Zusammenfassung *(recapitulatio)* der ganzen Heilsgeschichte. Obwohl die o. K. keine allgemein verbindliche Lehre über das Altarsakrament besitzt, sind die Wandlung von BROT und WEIN in Leib und Blut Christi (Realpräsenz) und der Charakter eines »unblutigen Opfers« unbestritten. Theodor von Mopsuestia (457 gest.) vergleicht die konsekratorische Kraft der Epiklese (Herabrufen der Kraft Gottes) mit der Auferweckung des Leichnams Christi. Die Symbolsprache des liturgischen Gestus zeigt sich deutlich, wenn der Priester die Worte spricht: »Das ist mein Leib, Das ist mein Blut« und dabei ehrfürchtig die rechte Hand erhebt,während der Diakon auf Brot und Kelch zeigt. Die vom Priester vollzogene BRECHUNG des hl. Brotes ist Symbol des Opfertodes, die Vereinigung eines Teiles mit dem Wein im Kelch (MISCHUNG) ist Hinweis auf die Auferstehung. Die in der katholischen Kirche für Laien übliche Kommunion unter einer Gestalt wird scharf abgelehnt. Das hl. Abendmahl wird von den Kommunikanten STEHEND empfangen, um so ihre Auferstehung mit Christus anzudeuten.
In der o. K. gelten die Feste nicht nur als Gedenkfeiern, sondern sind »geheimnisvolle Handlungen, Christophanien«; das menschliche Leben des Erlösers »wiederholt sich in der Kirche wie ein allgemeines, universelles, grundlegendes, allerschöpfendes Faktum« (Sergej Bulgakow). Höhepunkt des Kirchenjahres ist das Osterfest, das um Mitternacht beginnt. Priester und Diakone ziehen zunächst unter Gesang aus der Kirche, umschreiten diese, nach der Beräucherung der Ikonen stellt sich der zelebrierende Priester mit nach Osten gewandtem Gesicht vor die große, verschlossene Kirchentür und singt dreimal: »Christus ist auferstanden von den Toten . . .«, dreimal vom Chor wiederholt, bis schließlich sich das Tor öffnet und der Priester an der Spitze der Prozession aus dem nächtlichen Dunkel in das hell erleuchtete Gotteshaus einzieht und den hier wartenden Gläubigen zuruft: »Christus ist auferstanden«. Nach altkirchlicher Überlieferung ist jeder SONNTAG ein Abbild des Osterfestes und heißt deshalb in der liturgischen Sprache »Auferstehungstag«. [Lr]

S. Bulgakow, Le ciel sur la terre (Die Ostkirche. Sonderheft der Una Sancta), 1927; E. Hammerschmidt/P. Hauptmann/L. Ouspensky/H. J. Schulz, Symbolik des orthod. u. oriental. Christentums (SdR X), 1962; S. Heitz, Der orthod. Gottesdienst, I: Göttl. Liturgie u. Sakramente, 1967; K.-Chr. Felmy/L. Ouspensky/P. Hauptmann, Symbolik des orthod. Christentums, Tafelband, 1968; R. Bornert, Die Symbolgestalt d. byzantin. Liturgie (Arch. f. Liturgiewiss. 12) 1970; Fr. Heiler, Die Ostkirchen, 1971; C. Kucharek, The Byzantine-Slav Liturgy of St. John Chrysostom, London 1973; J. Tyciak, Theologie in Hymnen. Theolog. Perspektiven d. byzantin. Liturgie, 1973; G. Spitzing, Lex. christl.-byzantinischer Symbole, 1989.

**Osiris** hat als einziger der ägyptischen Götter ein »Schicksal«, das den Kern seines Wesens ausmacht und in dessen Mittelpunkt der Tod steht. Deutlich, wenn auch z.T. erst spät hervortretend, ist die Beziehung zur Natur, und zwar zu zyklischen Phänomenen (Werden und Vergehen) wie die Nilüberschwemmung, das KORN, der MOND. Weiter erscheint O. als der Prototyp des ägyptischen → Herrschers, der schon »gekrönt aus dem Mutterleib hervortrat«. Zu seinem Erscheinungsbild gehören KRONEN (u.a. die *Atef* genannte Kompositkrone) und Insignien (KRUMMSTAB, als Hirtensymbol?, und GEISSEL). All das läßt an → Horus denken, aber während diesen der lebende König verkörpert, verkörpert er O. erst im Tode. Toter König und lebender Nachfolger beziehen sich zusammen auf die Konstellation von O. und Horus im Sinne der Verkörperung und teilen sich in die Herrschaft.

Der O.-Mythos gliedert sich – auf der Basis der ägyptischen Quellen – in folgende Abschnitte: 1. O. liegt erschlagen, ertränkt, zerstükkelt. → Seth ist der Schuldige. Diese Phase wird, im Gegensatz zu Plutarchs Fassung, weniger erzählt als vielmehr vorausgesetzt. 2. Die Suche der → Isis, Vereinigung der Glieder (Einbalsamierung), Beweinung und Verklärung durch Isis und Nephthys, temporäre Wiederbelebung und Empfängnis des Horus (Thema von Totentexten und liturgischen Klageliedern). 3. Aufzucht des Kindes im Sumpfdickicht; auf diese Phase berufen sich u.a. Heilungszaubertexte und apotropäische Stelen. 4. Kampf zwischen Horus und Seth und Triumph des Horus (eine Fülle von Texten aus allen Bereichen der ägypt. Kultur). 5. O. ist als »toter Vater« des im jeweiligen regierenden König verkörperten → Horus in allen seinen Herrschaftsansprüchen voll rehabilitiert (Thema der O.-Hymnen).

Durch diesen Mythos erfährt die Idee und Institution des pharaonischen Königtums eine spezififsche Fundierung und Ausrichtung auf das Jenseits als Herrschaft des Sohnes, der »für seinen Vater eintritt«; zum anderen wird ein Gottesschicksal formuliert, das jedem einzelnen Vorbild, Hoffnung und Wegweisung über die Todesschwelle hinaus ist. Denn vom 3. Jt. an wird der Glaube allgemein, daß jeder Ägypter nach dem Tode durch den Vollzug der Totenriten zu O. wird. So bekräftigt der Mythos von dem gestorbenen und zwar nicht (das muß gegenüber Frazer u.a. energisch betont werden) auferstandenen, aber doch auf geheimnisvolle Weise vom Tode geheilten Gott den Glauben an eine Überwindung des Todes und Unsterblichkeit in »verklärter« Gestalt.

O. ist eine (vielleicht sekundäre) Verbindung von »getötetem Hirten« und Vegetationsgott einerseits und »totem Vater« (und als solcher Urbild und Rolle des toten Königs und Totenherrscher) andererseits. Die »Nahtstelle« bleibt im Mythos der postumen Zeugung des Horus greifbar: O. stirbt als jugendlicher Hirte und wird erst als Toter zum Vater (Helck). Ursprünglich kein kosmischer Gott, ist O. und seine Mythe doch in besonderem Maße kosmischen Ausdeutungen gegenüber offen und wird einerseits auf natürliche Vorgänge des Werdens und Vergehens abgebildet, andererseits als Unterweltsgott und NACHTSONNE in die Kosmologie des Sonnenkults einbezogen. Vom 2. Jt. an wird Abydos Hauptkultort der O.-Verehrung, die dortigen »Mysterien« das wichtigste ägyptische Fest, an dem man auch nach dem Tode teilzunehmen hoffte und zu diesem Zweck symbolische Grabanlagen, Kenotaphe oder Stelen, errichtete. Bei diesen Mysterien handelt es sich (nach Helck) wohl um das Bestattungsritual der archaischen Könige, das auf O. umgedeutet wurde. Vgl. gewisse Ähnlichkeiten mit einem → Heilbringer. [JA]

W. Helck, O. (PWRE, Suppl IX, 469–513) 1962; E. Otto, O. u. Amun, Kult und hl. Stätten, 1966; J. G. Griffiths, The Origins of O. (Münchner Ägyptol. Studien 9) 1966; ders. Plutarch's De Iside et Osiride, 1970; J. Assmann, Ägypt. Hymnen und Gebete, 1975.

**Ostasien.** Da die religiöse Symbolik unter → Altchina, → Buddhismus, → Konfuzianismus, → Shintoismus, → Taoismus, → Zen-Buddhismus behandelt wird, geht es hier um die »profane«, überwiegend die Natursymbolik; deren System entstand in China und wirkte auf Korea und Japan, die nur relativ wenig Eigenes beitrugen. Bes. in China gibt es fast nichts, was nicht Symbolbedeutung hätte; scheinbar bloß dekorative Motive sind meist symbolisch gemeint. Diese Symbolsprache war auch dem Schriftunkundigen verständlich. Hier können wegen der Unzahl von Symbolen nur die wichtigsten Kategorien genannt werden; reiche Anschauung bietet der Dekor des Kunstgewerbes.

Symbolische Bedeutungen können durch folgende Arten von Motiven vermittelt werden: 1. Zahlen(gruppen) und numerische Ordnungsschemata; 2. abstrakte, z.T. geometrische Zeichen (z.B. die Trigramme des → I-Ging und das Kreissymbol für Yin-Yang); 3. kosmische Phänomene (Himmel/Erde, Gestirne, Wolken, auch Landschaft); 4. Tiere (reale und mythische); 5. Pflanzen, bes. Blumen; 6. Produkte menschlichen Tuns (Geräte, Schmuck, Kultobjekte u.a.); 7. Farben; 8. Schriftzeichen. Dies Motivrepertoire erscheint in folg. Sinnbereichen: Die älteste Symbolsprache Chinas, die der sakralen Bronzegefäße der Shang-Dyn. (ca. 1500–1000 v. Chr.) ist trotz ihrer entwickelten Systematik noch fast unverstanden (*t'ao-tieh:* Ungeheuermaske; viele reale und imaginäre Tiere; ZIKADE als »Auferstehungs«-Symbol ?; einige geometr. Motive; keine Pflanzen). Klarer wird das Bild erst seit der Han-Dyn. (206 v.– 220 n. Chr.), auch weil nun Schriftquellen vorliegen. Grob umrissen ergeben sich zwei Hauptbereiche: 1. kosmologische und 2. Glückssymbolik.

1. Der Himmel wird als KREIS, die Erde als QUADRAT aufgefaßt; zu den 4 Richtungen tritt das Zentrum, das auf die Weltachse mit Polarstern als ruhender Mitte bezogen ist (auch 8 Richtungen + Mitte = 9). Diese Raumordnung wird konstituiert und durchströmt vom Kreislauf der Sonne, der Gestirne, der Jahreszeiten, in dem sich die »Wandlungen« (→ I-Ging) vollziehen; ihre Phasen werden durch Strichsymbole (8 Trigramme aus je 3 Linien oder $8 \times 8 = 64$ Hexagramme) vertreten, die nach den Richtungen um das Zentrum geordnet sind. Die Jahreszeiten und Monate werden oft durch Blumen und Tiere symbolisiert, das Yang durch den DRACHEN als schöpferische Himmelspotenz, das Yin durch den TIGER als Erdwesen. Entsprechend stehen in der Landschaft die BERGE für Yang, das WASSER für Yin. Die Richtungen vertreten die 4 mythischen Tiere; blau/grüner DRACHE (Ost), roter

VOGEL (Süd), weißer TIGER (West), schwarze SCHILDKRÖTE mit Schlange (Nord). Neben Raumordnung, Kreislauf und Polarität tritt das System der Entsprechungen; es entsprechen sich in makromikrokosmischer Korrespondenz u.a.: Weltrichtungen, Jahres- und Tageszeiten, Himmelskörper, Elemente (Holz, Feuer, Erde, Metall, Wasser), Farben, Töne, menschliche Organe, Tiergattungen vornehmlich in Fünfergruppen. Ein Weltdiagramm zeigen die sog. TLV-Spiegel der Han-Zeit (→ Altchina); aber auch der Schmuck der kaiserlichen Gewänder des 14.–20. Jh. stellt durch 12 Symbole den Kosmos dar; die Imperialsymbolik des im Weltzentrum thronenden »Himmelssohns« hängt eng mit der kosmologischen zusammen. Drache und »Phönix« (mythischer Sonnenvogel) sind weitere Kaisersymbole; andere Zeichen geben Rangstufen auf den »Mandarin Squares« der Hofgewänder an. Symbol. Zahlen werden, auf den Raum-Zeit-Zyklus bezogen, in »magische Quadrate« geordnet und ergeben ein Welt-Bild. 2. Die dem chin. Lebensgefühl und Sozialdenken gemäßen Glücksideale sind: langes, glückliches Leben, Reichtum, Eheglück, Kindersegen, erfolgreiche Laufbahn, Seelenruhe, Harmonie. Hierfür gibt es zahllose, meist aus der Natur geschöpfte Symbole (→ Altchina). Durch solche werden aber auch ethische Ideale ausgedrückt, z.B. ein edler Charakter durch BAMBUS oder Epidendron. Eine große Rolle spielen gute Omina, bes. für den Staat (Erscheinen des »EINHORNS« oder des »PHÖNIX«, wenn das Reich unter einem guten Herrscher in Harmonie ruht; 5-farbige Glückswolken). Glückbringend sind die ungeraden Yang-ZAHLEN 3,5,7,9 (3 × 3), aber auch 8, z.B. in den »Acht Kostbarkeiten« als Glücksemblemen. Schriftzeichen mit guter Bedeutung verwendet man in dekorativer Stilisierung und oft doppelt oder fünffach (*shou* = langes leben, *fu* = Glück, *chi* = Freude). Charakterisitisch sind die Wortspielsymbole, doch wurden diese erst seit etwa 1600 populär. Viele Symbole haben mehrfache Bedeutung. Manche stammen aus alten mythologischen und historischen Überlieferungen, andere aus der klasssischen Dichtung. Eine historische Wandlung erfolgte teils indem gewisse Symbole zu bestimmten Zeiten auftraten und wieder verschwanden, teils indem ursprünglich religiöse Symbole säkularisiert wurden und nur noch allg. Glücksbedeutung oder dekorativen Wert behielten.

Japan übernahm (wie Korea) große Teile der chinesischen Symbolsprache, trug aber aus seiner Tradition auch Eigenes bei: z.B. Kaiserembleme (CHRYSANTHEME und Paulowniablüte; drei Insignien: Spiegel, Schwert, Juwelen), Götterembleme (SPIEGEL für die Sonnengöttin, TAUBE für den Kriegsgott Hachiman, HIRSCH für die Kasuga-Götter) und Symbole für Lebensideale wie die KIRSCHBLÜTE für das Rittertum. Oft stammen Symbole aus der Quelle der klassischen Dichtung und des Volksglaubens. Stärker als in China scheint bei Naturmotiven das dekorative und poetische Interesse ohne Symbolsinn gewesen zu sein. – Über spezifisch koreanische Symbolik ist bisher kaum etwas bekannt. [DS]

W. P. Yetts, Symbolism in Chinese Art, 1912;

V. F. Weber, Ko-ji Hôten. Dictionnaire ... d'objets d'art Japonais et Chinois, 1922; Neudr. 1965; W. Edmunds, Pointers and Clues to the Subjects of Chin. and Japan. Art, 1934; M. Granet, La pensée chinoise, 1934; (dt. 1963); A. de C. Sowerby, Nature in Chin. Art, 1940; M. W. Hawley, Chinese Art Symbols [Tabelle], 1945; A. Priest, Costumes from the Forbidden City (Metr. Mus. of Art, New York), 1945; H. E. Fernald, Chin. Court Costumes (Royal Ontario Mus., Toronto), 1946; S. C .Nott, Chin. Culture in the Arts ... Meaning of the Emblematic and Symbolic Designs ..., 1946; Sch. Cammann, Chin. Mandarin Squares (Bull Univ. Museum, Philadelphia 17/3), 1953; M. Feddersen, Chin. Kunstgewerbe, $^{2}$1955; M. and F. Alexander, A Handbook of Chin. Art Symbols, 1958; M. Feddersen, Jap. Kunstgewerbe, 1960; M. Porkert, Farbenemblematik in China (Antaios 4), 1962/63; M. Medley, Handbook of Chin. Art, 1964; M. Maeda, Signs and Symbols of Japan, 1975; Fr. Bloomfield, The Book of Chinese Beliefs, London 1983; W. Eberhard, Lex. chines. Symbole, 1983.

**Osten** → Himmelsrichtungen

**Ostern.** Das christliche O. hat eine heidnische und jüdische Wurzel, wobei auch das jüdische O. (bibl. *Passah* oder *Pesach*) in heidnische Vorzeit zurückreicht, mit dem Auszug aus Ägypten aber ein Fest der Heilsgeschichte wurde. Ursprünglich war O. ein heidnisches Frühlingsfest (→ Frühling), wie es fast alle Völker nach dem Frühlingsäquinoktium feiern, bald in Verbindung mit solaren, bald mit lunaren Motiven. Bei den Westgermanen war das Fest (ahd. *ôstarûn*, mhd. *ôsteren*) vielleicht der Frühlingsgöttin *Austrô* (nach Beda *Eostrae*) geweiht, ein Name, der auf *aust* – *ost* hinweist, den Ort des aufgehenden Lichtes. Mit OSTEN hängt wahrscheinlich der Name O. zusammen; er ist jüngeren Datums und hat sich in Deutschland und England (*Eastern*) durchgesetzt; der ältere biblische Name *Pascha* hat sich in niederdeutschen Gegenden mundartlich erhalten.

Als Frühlingsfest war O. bei allen Völkern ein Neujahrsfest, auch das jüdische Passah, und anfänglich war auch das christliche O. Neubeginn des Heilsjahres. Von daher ist die O.symbolik weithin identisch mit Neujahrssymbolik. Schon der Termin deutet das an: Übergang vom winterlichen Dunkel in neues, aufsteigendes Licht und damit in neues Leben. So ist der FRÜHLING mit seinen sämtlichen kosmischen Erscheinungen das größte O.symbol. Die Symbolik ist komplex; sie umfaßt → Todes- und → Auferstehungssymbolik und macht das Überschreiten vom Tod zum Leben sichtbar. Das Christentum hat viele der vorchristlichen Symbole übernommen, sie aber auf den Hinübergang Christi aus dem Aion des Todes in den Aion des Lebens gedeutet. Der Überschritt von dem Tod zum Leben wird dargestellt durch KLEIDERWECHSEL (Ausziehen von alten, Anziehen von neuen Kleidern); durch LÖSCHEN des alten und ENTZÜNDEN neuen FEUERS und LICHTES; durch AUSSCHÜTTEN des vorhandenen und SCHÖPFEN neuen WASSERS (vgl. Ausschütten v. Weih- u. Taufwasser vor O. und Neuweihe in der Osternacht); durch WEGSCHAFFEN des alten Brotteigs und Brotes und dem Mahl mit neuem Brot von einer neuen Ernte. Wahrscheinlich gehören hierher auch das SCHAUKELN, BALL- und KUGELSPIEL als Symbole des Aufstiegs aus dem Untergang. Ein altes Symbol ist das EI, dessen Schale von jungem Leben durchbrochen wird. Zum rituellen O. gehört immer auch das → Opfer (verbunden mit Mahl), oft ein LAMM, vielleicht ein altes Sonnensymbol, vor allem in der Gestalt des WIDDERS. Als Übergang vom Tod zum Leben ist O. die Zeit der → Initiation, weshalb in der alten Kirche die Osternacht die große Taufnacht war (→ Taufe). [ThS]

O. Sartori, O. (Hdwb. des dt. Aberglaubens 6) 1934/35; O. Casel, Art u. Sinn der ältesten christl. Osterfeier (JLw 14) 1938; B. Fischer/J. Wagner (Hg.), Paschatis Sollemnia, 1959; B. Lohse-J. Beckmann, O. (RGG. IV) 1960; B. Fischer, O. (Lex. f. Theol. u. Kirche VII) 1962; P. Merendino, Paschale Sacramentum, 1965; A. Stock/M. Wichelhaus (Hg.), O. in Bildern, Reden, Riten, Geschichten und Gesängen, 1979; H. Kirchhoff, Christl. Brauchtum von Advent bis O., 1984.

**Osterspiele** → Drama

**Otfried** (Otfrid), Weißenburger Mönch, im 3. Viertel des 9. Jh. Verfasser des ersten deutschsprachigen Bibelkommentars. Sein als Endreimdichtung verfaßtes *Evangelienbuch* ist mit allegorischen und moralischen Deutungen versehen, wie sie ihm die auf die Schriftdeutung der Kirchenväter gestützte karolingische Exegese durch den in der Nachfolge → Bedas tätigen Hrabanus Maurus vermittelten. O.s Verdienst ist die Synthese von volkssprachigem Dichtwerk und exegetischem Kommentar, die zu Auswahl, Akzentuierung und versbedingten neuartigen Zusammenfügungen veranlaßte. Genitivmetapher und Vergleich, spirituelle Valenz signalisierende Adjektive (*sconi, suazi*) komprimieren zuweilen die breit ausgeführte → Allegorese der Tradition. Die narrativen Passagen enthalten bei spürbarer Entfernung vom Schrifttext Bedeutungskonstituentien.

Im freien Umgang mit der traditionellen Zahlendeutung sind Versform und Bücherzahl zeichenhaft begründet: So spiegeln die SECHS Versfüße die sechs Lebensalter des Menschen, die sich, verglichen der strikten Beachtung der Versgesetze, in der Befolgung von Gottes Geboten vollenden, während die FÜNFbücherdichtung insgesamt ein Bild der erlösenden Aufhebung der unreinen Sinne in der *quadrata aequalitas* der Evangelien abgibt. Eindringlich gemahnt der *wunta:sunta*-Sinnreim an die innere Bezogenheit von Krankheit und Sünde. Neben der großartig ausgeführten Kreuzesallegorese, die auf der Basis kosmologischer Symbolik die universale Heilswirkung der *figura crucis* zu erkennen gibt, treten besonders die Deutungen der Hochzeit zu Kana (Joh 2) und der Brotvermehrung (Joh 6) hervor, in denen O. zugleich das methodische Verfahren erläutert. Die Verwandlung des Wassers in den Wein wird zum Gleichnis der → typologischen Erfüllung des im AT Präfigurierten, und das *gestum* des Brotbrechens exemplifiziert der erlösungsbedürftigen Menschheit den heilbringenden Vollzug der Allegorese. Im Rückgriff auf Paradiesestopik und -symbolik beschließt O. sein Werk mit dem Ausblick auf die unmittelbarem spirituellen Genießen sich erschließenden Schönheiten des Himmels. [Ha]

X. v. Ertzdorff, Die Hochzeit zu Kana. Zur Bildauslegung O.s (Beiträge Tübingen 86), 1964; W. Haubrichs, Ordo als Form. Strukturstudien zur Zahlenkomposition bei O. v. W. u. in karol. Literatur (Hermaea. Germanist. Forsch. NF 27), 1969; F. Ohly, Geistige Süße bei O. (Typologia Litterarum, FS für M. Wehrli), 1969; U. Ernst, Der Liber evangeliorum O.s v. W. (Kölner Germanist. Studien 11), 1975; R. Hartmann, Die sprachl. Form der Allegorese in O.s v. W. »Evangelienbuch« (Verbum et Signum I), 1975; R. Hartmann, Allegor. Wörterb. zu O.s v. W. Evangeliendichtungen (Münstersche MA-Schriften 26) 1975.

**Ovid.** Publius Ovidius Naso, 43 v. Chr. – 17 n. Chr., gefeierter römischer Dichter. O. raffinierte die Liebesdichtung (Elegie) der Römer zu sprachlicher und psychologischer Vollendung. Die Liebesgedichte repräsentieren Liebeserfahrung schlechthin: Die Geliebte Corinna ist fast eine modellhafte Konstruktion der erotischen Gespielin, keine konkrete Person.

O.s bedeutendes Epos *Metamorphosen* (Verwandlungen, 15000 Hexameter) ist die umfassendste (bis in MA und Neuzeit auf Literatur und Malerei einflußreichste) Darstellung der antiken Mythen: 250 Verwandlungssagen, in chronologisches Gerüst gebracht, über die Weltentstehung aus dem Chaos bis zur Zeit des Augustus. Aber O. vertrat nicht die augustäische Ideologie vom Staat (in der Rom und der Kaiser identifiziert wurden, wie es → Vergil tat, der in seinem Epos *Aeneis* den homerischen Sagenstoff in die augustäische Symbolik übertrug). Für O. sind die Mythen, in denen MENSCHEN sich in Tiere, Bäume, Sterne verwandeln, symbolisch für den ewigen Wandel in der historischen Welt. Der historische Prozeß ist wiederum symbolisiert im kosmischen: C. Julius Caesar verwandelt sich beim Tod in einen Kometen, und das Ende des Epos sieht die Verwandlung des Augustus in einen Gott voraus. Jedoch ist die Natur nicht das ungebrochene Spiegelbild des moralisch-sozialen Lebens. Die MORGENRÖTE, Aurora, kontrastiert geradezu mit der Ziellosigkeit des Seefahrers, dem sie die Sterne raubt, und verdeutlicht den Verlust der Ruhe im Alltag (*Amores* I, 13). Die SONNE enthüllt unbestechlich den Ehebruch von Mars und Venus und symbolisiert die verlorene Ordnung (*Ars amatoria* 2, 613). Die GROTTE (bei Vergil und Horaz voller Symbolik als Dichter- oder Liebesgrotte) ist hingegen bei O. ein gewöhnlicher Aufenthaltsort für Götter und Menschen. Auch die Naturbeschreibungen der Sintflut oder des Weltenbrandes etwa bleiben auf die mythische Handlung bezogen. Hingegen bildet O. Lebens- und Seelenmächte zu symbolischen Gestalten des Hungers, des Gerüchtes (Fama), des Neides (→ Invidia) der tödlichen Rache mit ihrem Gefolge, des Schlafes aus. O. verbindet die Kraft zu konkreten Bildern (manchmal metaphorisch: die INSEL, das einsame MEER) mit der Fähigkeit der Repräsentation der menschlichen Erfahrungswelt in den Mythen (*Metamorphosen, Heroides*), ohne zu verkennen, daß die mythischen Sinnbilder von utopischer Wirklichkeit sind.

[Wr]

B. Otis, O. as an Epic Poet, 1966; K. Büchner, Röm. Literaturgeschichte, 1968; A. M. Betten, Naturbilder in O.s Metamorphosen, o. J. (1968); Ch. P. Segal, Landscape in O.s Metamorphoses (Hermes-Einzelschr., H. 23) 1969; H. Fränkel, O. Ein Dichter zwischen zwei Welten, 1970; K. H. Eller, O. u. der Mythos von der Verwandlung, 1982.

**Palme.** Die Dattelp. galt als Erscheinungsort des Sonnengottes: In Ägypten hl. Baum des Re, in Assyrien Darstellung der geflügelten Sonnenscheibe über der Fächerkrone. Aus einer P. heraus reicht die ägyptische Himmelsgöttin dem Toten oder seinem Seelenvogel Speise und Trank; P.wedel (bzw. -rippen) waren Symbol für langes, ja unendliches Leben und wurden deshalb bei Begräbnisprozessionen mitgetragen. Bei den mit P. geschmückten Wänden und Türflügeln des Allerheiligsten im salomonischen Tempel (1 *Kön* 6,29–35) mag die alte Lebensbaumsymbolik anklingen. Die P. ist ein Bild für den Gerechten (*Ps* 92,13), ihre Zweige sind in der Antike ein Symbol für den Sieg (→ Victoria), auf frühchristlichen Grabsteinen Andeutung des Siegespreises für einen guten Lebenskampf, in der christlichen Ikonographie Attribut der Märtyrer. [Lr]

**Panofsky,** Erwin, 30. 3. 1892 Hannover – 14. 3. 1968 Princeton (N. J.), Kunsthistoriker. In seiner Vorlesungsreihe *Die Perspektive als symbolische Form* (1924–25) bezeichnete er den Aufbau des Kunstwerks als symbolischen Ausdruck der ästhetischen und lebensphilosophischen Einstellung des Künstlers; diese Symbolform erhält in der nachträglichen Analyse des Kunsthistorikers ihre logische Begründung. In der Studie *Zum Problem der Beschreibung und Inhaltsdeutung von Werken der bildenden Kunst* (1932) werden bei der Interpretation von Kunstwerken drei Sinnschichten unterschieden: Phänomensinn auf Grund der vitalen Daseinserfahrung, Bedeutungssinn aus der Sphäre des »bildungsmäßig Hinzugewußten«, Wesenssinn (später *intrinsic meaning* genannt) aus der ungewollten und ungewußten Selbstoffenbarung eines grundsätzlichen Verhaltens zur Welt; der Wesens- oder Dokumentsinn ist als symbolischer Gehalt zu verstehen. Diese Interpretationsmethode bildet die Grundlage der *Studies in Iconology* (1939). Dittmann erblickt das Ziel von Panofskys Ikonologie darin, daß der Interpret hinter den ausgesprochenen, gemeinten Sinn der Inhalte zurückgreift und die vormals unbewußten symbolischen Werte bewußt macht. [Lr]

L. Dittmann, Stil, Symbol, Struktur. Studien zu Kategorien der Kunstgeschichte (zu Panofsky 109–139). 1967; J. Bialostocki, Erwin P. Thinker, Historian, Human Being (Simiolus 4/1970); R. Heidt, Erwin P. – Kunsttheorie u. Einzelwerk, 1977.

**Panther** → Leopard

**Päonie** → Pfingstrose

**Parabel** (von griech. *para ballo* = parallel setzen, nebeneinanderstellen), Abart lehrhafter Dichtung, bei der die Wahrheit durch eine als → Gleichnis zu deutende erdichtete Begebenheit veranschaulicht wird. Die P. enthält nicht nur den ausgeführten Vergleich, sondern enthält auch die Aufforderung, nach einer Bedeutung zu suchen. Die → Gleichnisse Jesu werden oft P.n genannt. Im *Hebräerbrief* (9, 9) findet sich das Wort *parabolé* auch im Sinne von Symbol. Die P. nähert sich der → Allegorie, so z.B. bei Menenius Agrippas P. von der Empörung der GLIEDER gegen den MAGEN, womit die sich gegen Rom auflehnenden Plebejer gemeint waren. Eine moderne P. findet sich in Kafkas *Verwandlung*, in der der Mensch als RIESENKÄFER erwacht und an der Lieblosigkeit der Umwelt eingeht. Nach Hermann Pongs (Lex. d. Weltlit., 1961) kann die P. »aufschließende Symboltiefe« für das Leben gewinnen. [*]

**Paracelsus,** eigentlich Theophrastus von Hohenheim, 1493 Einsiedeln/Schweiz – 1541 Salzburg;

Arzt und Naturforscher. Im Schrifttum der bisherigen Symbolforschung (Handwörterbuch des dt. Aberglaubens, P.-Studien von C. G. Jung, Studienausgabe von Will-Erich Peuckert) sind überwiegend Schriften herangezogen worden, die von der modernen P.-forschung (Sudhoff, Goldammer) als unecht angesehen werden. Für P. wird der Leib des gesunden und kranken Menschen zum Schlüssel, der die Geheimnisse des Ganzen öffnet, die Architektonik des Endokosmos Mensch. Am Leitfaden des Leibes gelangt P. im Labyrinth der stofflichen Differenzierungen zur Erkenntnis des Organismus als eines zweiten Kosmos, eines Unendlichen an Komplexifikation, eines wahren Mesokosmos, den P. nach der Tradition Mikrokosmos nennt.

Das Haus der Heilkunde baut P. auf die »vier Säulen«: die »Philosophia« als eine naturkundlich unterbaute Anthropologie, die »Astronomia« als die Lehre vom Stoffwechsel und von den Umwandlungen der Stoffe, die »Physica« als spezifische »Tugend« des Arztes. Im großen Verwandlungsprozeß aller Stoffe wirkt der »Alchimist«, der mit seinem *opus* die Kunst der Natur aufweist, um sie zu einer Welt der Kultur aufzubereiten. Dieser alchemistische Prozeß wirkt im Makrokosmos als »Vulcanus«, im Organismus als »Archaeus«, um in allen Bereichen die → *prima materia* ad ultimam zu bringen.

Vor diesem theoretischen Hintergrund und mit dem pragmatischen Interesse einer ärztlichen »Wende der Not« erscheint eine symbolträchtige → Signaturenlehre, die eine weitere Welt an sinnbildhaften Verschlüsselungen anbietet; »Die Natur zeichnet ein jegliches Gewächs, so von ihr ausgeht, zu dem, was gut ist«. Es gibt darüber hinaus in der Welt »arkane Signaturen«, Mächte unerklärlicher Symbolik, von Ewigkeit gezeichnet. Das Auge des Naturforschers erkennt im »Licht der Natur« die verschlüsselte Wirklichkeit, wenn es nur »der Figur folget, welche die Natur bezeichnet hat«. Das Zeichen *(signum)* führt uns ins Verborgene, Heimliche, dem man sein Geheimes entreißen muß, um die Dinge »augenscheinlich und greifbar« zu machen. Dies gilt besonders für alles pflanzliche Wachstum, das P. als ein in sich geschlossener, alle sinnlichen wie geistigen Lebensbereiche umgreifender Symbolkomplex dient: Samen, Keim, Knospe, Blüte, Frucht, Welken werden zum Bild für das Werden und Vergehen im Makrokosmos, aber auch zum Symbol für das leibseelische Gedeihen und Verderben im Mikrokosmos. Wie ein Baum reift der Mensch zur Frucht des Lebens; wie ein Baum bildet sich auch die Arznei, mit welcher der Mensch wächst in die »andere Kreatur« zu seiner »Glorifizierung«.

Der Sinn aller sinnlichen Bindung liegt für P. in der leibhaftigen Bildung der Welt. Denn der Mensch ward »in die Gestalt geschaffen, auf daß alle *magnalia naturae* durch ihn sichtiglich geschehen mögen«. Alle natürlichen Mysterien der Schöpfung wollen offenbart werden, »welches ohne den Menschen nit hätt' mögen geschehen. Und Gott will, daß die Dinge sichtbar werden, die unsichtbar sind. Solches soll ihm der Mensch hoch und wohl vornehmen, weil Gott ihn darum geschaffen hat«.

Denn die Schöpfung ist noch nicht zu Ende: Der Mensch wird sie vollenden und bilden zu einer »güldenen Welt«. [Schi]

K. Bittel, P. Leben u. Lebensweisheit in Selbstzeugnissen, 1944; K. Goldammer, P. Sozialeth. u. sozialpolit. Schriften, 1952; E. Kaiser, P. in Selbstzeugnissen u. Bilddokumenten, 1969; K. Goldammer, Pflanze u. pflanzl. Wachstum (Die ganze Welt ein Apotheken, hg. von S. Domandl, 115–131) 1969; J. Hemleben, P. Revolutionär, Arzt u. Christ, 1973; H. Schipperges, P. Der Mensch im Lichte der Natur, 1974; K. Goldammer, P. i. d. dt. Romantik, 1980.

**Paradies,** vom avestischen *pairidaeza* = Umzäunung, von Xenophon zur Bezeichnung der persischen Königsgärten verwendet. Ganz allgemein für die Urzeit und für die Endzeit erträumte Glücksstätte, gekennzeichnet durch Nahrungsfülle, Leidlosigkeit und Gottesnähe. So ein mythischer Ort des Ursprungs war bei den Sumerern Tilmun, beherrscht von → Enki, dem »Herrn der Erde«, dem Spender des Lebenswassers; hierher wurde Ziusudra (der Noah Sumers) entrückt, damit er ewig lebe. Nach iranischem Schöpfungsmythos gleicht die heilige Landschaft der Urzeit einem lichterfüllten, von Wasserkanälen durchzogenen GARTEN. Die Griechen sprachen von einem »goldenen Zeitalter«, in dem die Menschen ohne Krankheit und Alter friedlich leben. Diese Glückseligkeit der Urzeit fand nach zahlreichen Mythen durch eine Schuld oder Verführung der ersten Menschen ihr Ende.

Das irdische Paradies der *Genesis* (1 *Mos* 2, 18–15) ist ein blühender Garten »gegen MORGEN« (= Osten), symbolischer Hinweis für den räumlichen und zeitlichen Anfang. Die 4 P.FLÜSSE deuten auf die vom Lebenswasser durchzogenen Weltgegenden; seit dem 4. Jh. gelten sie (nach Paulinus von Nola) als Hinweis auf die 4 Evangelisten – in dieser Bedeutung z.B. auf dem Deckel des *Codex aureus* von Echternach (10. Jh.). Das Lebenswasser in alle Welt tragend, werden die P.flüsse mit der Taufe in Verbindung gebracht; ihre Personifikationen (stehende oder hockende Männer mit Krügen, aus denen Wasser hervorquillt) dienen als Trägerfiguren von Taufbecken, z.B. im Dom zu Hildesheim. Im Fußbodenmosaik von Aosta sind sie mit Annus und dem Zodiakus verbunden. Die im MA öfters anzutreffende KREISgestalt des P.es (z.B. im *Stundenbuch* des Duc de Berry, frühes 15. Jh.) ist symbol. Ausdruck für das harmonische Eingebettetsein in Gottes Schöpfung.

Die manchmal in Handschriften und ihren Miniaturen den Stammeltern zugeordneten KRONEN (z.B. in der *Millstätter Genesis*, 12. Jh.) sind paradiesisches Attribut und deuten (nach H. Schade) auf den Stand der Gnade. Ein – den Kerubim zugehöriges RAD kann Symbol des verschlossenen P.es sein: zu Elstertrebnitz (12. Jh.) neben dem Baum der Erkenntnis.

Der BAUM der Erkenntnis des Guten und des Bösen – zunächst als Feigenbaum, dann aber (erstmals bei Cyprian aus Gallien) überwiegend als APFELBAUM aufgefaßt – wird durch den Sündenfall zum Baum des Todes. Den Baum des Lebens stellte man sich in christlicher Zeit als Allsamenbaum, ÖLBAUM oder PALME vor; seit dem frühen 5. Jh. ist das Kreuz Christi als *arbor vitae* zu belegen. Der Kirchenlehrer Johannes Damascenus verglich Maria mit der

P.eserde, die den wahren Lebensbaum, nämlich Christus, hervorgebracht hat. Auf Grund der heilsgeschichtl. Interpretation haben mittelalterl. Künstler das Kreuz verschiedentlich als grünen (= lebenden) Palmstamm gemalt. Die Gegenüberstellung des Baumes der Erkenntnis dem des Lebens – oft als DÜRRER und als GRÜNER BAUM – ist gleichbedeutend mit der von Altem Bund und Neuem Bund oder dem irdischen P. mit Sündenfall und dem himmlischen P. mit immerwährender Seligkeit.

Die Motive des urzeitlichen P.es werden in den Visionen der Propheten und Apokalyptiker auf die Endzeit übertragen, verbunden mit der Vorstellung vom himmlischen Jerusalem. Die neutestamentl. Angaben gipfeln in der Aussage, daß die Seligen Gott schauen. In der frühchristlichen Kunst wird der *paradisus caelestis* durch eine blühende GARTENlandschaft mit Palmen und anderen Bäumen angedeutet, auf Sarkophagen in der Kurzform PFAU (= Symbol der Auferstehung), Lebensbaum und TRAUBEN (= Reichtum göttl. Verheißungen, Lebensspeise). Beliebt war auch die Darstellung des Lammes auf dem P.BERG (nach *Offb* 21, 10; = Zion nach *Jes* 8, 18), von dem die P.flüsse ausgehen. Ab dem 11. Jh. wird das Bildmotiv des in Abrahams Schoß ruhenden Lazarus (nach *Lk* 16, 19–31) zur Verkörperung des P.es. In der Kathedralplastik kann eine hieratische Figuration (von Engeln, Propheten, Patriarchen) das P. vergegenwärtigen (z.B. beim Nordportal zu Chartres, 13. Jh.). Weitere P.darstellungen sind das himmlische Jerusalem als STADT mit Mauern und Toren (nach *Offb* 21, 12), in spätgotischer Zeit auch ein prachtvoller Dom oder ein KIRCHENPORTAL (= Paradiestor bei den Bildern des → Weltgerichts) und im 15./16. Jh. der ROSENHAG oder das P.gärtlein in Anlehnung an den *hortus conclusus* als Mariensymbol. In Renaissance und Barock findet der P.garten dank der Neubelebung des antiken Elysiumgedankens auch in die profane Kunst Eingang. →Jenseits [Lr]

Th. Chr. Vriezen, Onderzoek naar de paradijs-voorstelling bij de oude semietische volken, Utrecht 1937; P. A. Février, Les quatres fleuves du P. (Rivista di Archeologia Cristiana 32) 1956; I. Foerst-Crato, Ausblicke ins P., 1958; L. J. Ringbom, Paradisus terrestris. Myt, bild och verklighet, Helsingfors 1958; H. Schade, Das P. und die Imago Dei (Wandlungen des P.ischen u. Utopischen, hrsg. von H. Bauer u. a.) 1966; J. Flemming, Gärten der Ewigkeit (Münster 19) 1966; E. Börsch-Supan, Garten-, Landschafts- u. P.motive im Innenraum, 1967; M. E. Frazer, Church Doors and the Gates of P. (Dumbarton Oaks Papers 27) 1973; R. R. Grimm, Paradisus Coelestis – Paradisus Terrestris, 1977; W. G. Tillmans, La symbolique ancienne du P. (Bijdragen 36/1975).

**Parsismus** bezeichnet die Religion der nach der Islamisierung Irans durch die Araber in die Gegend von Bombay ausgewanderten Perser (Parsi). Es beginnt sich, neben Mazdaismus, die Bezeichnung Zoroastrismus durchzusetzen, die die historischen Vorstufen mitumschließt und die Tatsache berücksichtigt, daß auch in Jesd und Kerman (Iran) bis heute zoroastrische Minderheiten leben.

Der Priesterprophet Zarathustra (graezis. Zoroaster) verkündete seine Offenbarungen wahrscheinlich zu Anfang des 6. Jh. v. Chr. einem vermutlich in West-Turkestan nomadisierenden ostiranischen Volke. Da er Elemente aus dem religiösen Erbe der Iranier aufgreift wie die Begriffe »Wahrheit, Ordnung« und »Falschheit, Lüge«, den Gott Mazda und den → Dualismus, läßt sich der Umfang seiner Reformen nur mühsam erkennen. In der Folge wird seine Verkündigung von alten polytheistischen Vorstellungen überlagert. Unsicher bleibt auch die Zeit der Ausbreitung des Zoroastrismus nach dem Westen. Zwar verehrten die Achämeniden den Gott Ahuramazda (→ Göttersymbole), doch ist umstritten, ob sie auch Anhänger Zarathustras waren. Erst unter den Sasaniden (etwa 224–652 n. Chr.) wurde der Zoroastrismus Staatsreligion. Bei der Organisation der Kirche spielte der Mobad Karter eine entscheidende Rolle. In diese Zeit fallen auch die schriftliche Aufzeichnung der religiösen Überlieferung im Sammelwerk des *Avesta* und die Errichtung zahlreicher Feuerheiligtümer.

Der höchste Gott der Parsen ist Ahuramazda, der »weise Herr«, der Schöpfer aller guten Dinge, besonders des Lichtes. Umgeben ist er von den 6 Ameschaspentas, die seine Befehle ausführen. Es sind Personifikationen abstrakter Begriffe: der »gute Sinn«, die »rechte Ordnung, Wahrheit«, das »ersehnte Reich«, die »gemäße Gesinnung«, die »Wohlfahrt« und die »Unsterblichkeit«. Später wird ihre Zahl um den »Gehorsam« und das »Feuer« auf 8 erweitert. Das FEUER gilt auch als das höchste Wesen in der Gruppe der Yazatas, der »Zuverehrenden«. Seinen verschiedenen Erscheinungsformen sind die Feuertempel geweiht. Hieraus erklärt sich die Fehlbezeichnung »Feueranbeter« durch die Muslime. Von den in sasanidischer Zeit verehrten Göttern Mithra, dem Gott der Verträge, mit Zügen eines Kriegs- und Sonnengottes, Verethragna, dem Gott des Sieges (Symbol: der wilde EBER), Vayu, dem Gott des Windes, Tischtrya, dem Gott des Sirius und Regens (Symbol: ein WEISSER HENGST), Ardvi Sura Anahita, der Göttin der Gewässer und der Venus, und Chvarnah, dem »Glück, Charisma« bes. der Könige (Symbol: der bindengeschmückte WIDDER), ist vor allem noch → Mithra im P. geachtet.

Dem guten Geist und seiner Schöpfung steht der böse Ahriman (= Ahra Mainyu) mit seinen zahlreichen Daivas (= Dämonen) und der Drudsch, der »Lüge«, gegenüber. Zwischen beiden ist hier auf Erden ein heftiger Kampf entbrannt, in dem Ahuramazda schließlich siegen wird. Der Mensch, als Teil der Schöpfung Ahuramazdas gut, soll sich nach freiem Willen für eine Partei entscheiden. Der Gläubige verstärkt durch Gutes denken, reden und tun das Gute, dabei unterstützt ihn sein Fravaschi, ein präexistenter Teil der menschlichen Persönlichkeit, als eine Art Schutzengel. Nach dem Tode geleitet ein schönes Mädchen, Verkörperung der Summe der guten Taten eines Menschen, die Seele des Gerechten über die Tschinvat-BRÜCKE ins Paradies. Der Seele eines Bösen wird die Brücke schmal wie die Schneide eines Messers, vor einem abscheulichen alten Weib, der Verkörperung ihrer bösen Taten, stürzt sie in die Hölle. In einem Zwischenreich werden die geläutert, deren gute und böse Taten sich die Waage halten. Dort bleiben die Seelen bis zur Auferstehung. Am Ende der Tage erscheint der Sauschyant, der die Welt in einem Strom flüssigen METALLS läutert; die Seelen der Gerechten gehen daraus unversehrt hervor, die Bösen werden vernichtet. Zahlreiche symbolische Bezüge knüpfen sich an den hl. GÜRTEL (*Kusti*) und das weiße HEMD (*Sadrah*), die dem 7-jährigen Parsen in einer Einweihungszeremonie angelegt werden. Der Kult des P. umfaßt im übrigen → Opfer(zeremonien) mit dem Hauma-Trank (einer Ephedra-Art), hl. Barsom-Zweigen (heute Messingdrähte) mit dazu gemurmelten Stellen aus dem *Avesta* und Anrufungen der Yazatas und Fravaschis, Reinigungsriten mit Kuhurin und Leichenfeiern. Da die Elemente heilig sind, setzt man die Toten in Dachmas, bekannt als »Türme des Schweigens«, aus. [JB]

H. S. Nyberg, Die Religionen des alten Iran, 1938; W. Eilers, Iran I–III, VII (RGG³ 3) 1959; J. Duchesne-Guillemin, Symbolik d. P., 1961; J. Bauer, Symbolik d. P., Tafelband, 1973; G. Widengren, Die Relig. Irans, 1965; M. Boyce, A History of Zoroastrism 1 (= Hdb. d. Orientalistik, 1. Abt., Bd. 8,1,2,2A) 1975.

**Parteisymbole** → Faschistisch-nationalistische S., Kommunistisch-marxistische S., Politische S.

**Parzival** → Gralsdichtung, → Wolfram v. Eschenbach

**Passion,** Leiden und Sterben Jesu vom Einzug in Jesusalem bis zur Kreuzabnahme. Symbolische Hinweise auf die P. finden sich bereits beim kleinen Jesus: KRIPPE (in der byzantin. Kunst als gemauerter Opferaltar); Kreuznimbus; TRAUBE im Korb oder in der Hand Jesu (weist auf die → Eucharistie und damit auf den Opfertod). In Blatt und Frucht der auf Madonnenbildern öfters dargestellten NELKE (z.B. bei Stephan Lochner) erblickte man die Nägel der Kreuzigung.

Hauptsymbol der P. ist das KREUZ; für die Kirchenväter war es ein *tropaion* (Trophäe), ein Zeichen, daß an diesem Ort (Kalvarienberg, dann aber überall, wo das Kreuz emporragt) der Feind – das Böse, der Teufel, der Tod – überwunden wurde. Als weiteres P.symbol galt die KELTER (*Jes* 63, 3; *Offb* 19, 15): der gekelterte TRAUBENSAFT ist des Erlösers Blut; frühe Darstellungen der Mystischen Kelter im 12. Jh. (Regensburg, St. Emmeran; *Hortus deliciarum*). In Anlehung an Cassiodor (6. Jh.) verbanden verschiedene Dichter, z.B. George Herbert (1632 gest.), die Vorstellung einer KreuzigungsHARFE mit der vom christl. → Orpheus.

Die LEIDENSWERKZEUGE (*arma Christi* = Waffen Chr.) werden als *signa* des wiedererstandenen Christus aufgefaßt und damit als Majestätssymbole des erhöhten Christus, gelten im Volksglauben aber auch als Waffen wider die Sünde und seit dem 13. Jh. als Gegenstände der P.meditation. Auf den sog. P. sarkophagen (4. Jh.) ist die DORNENKRONE als Sinnbild des Leidens durch einen Lorbeerkranz (Zeichen des Sieges) ersetzt. Auf den erhöhten Christus weist die von Kreuz, Lanze, Schwammstab und Dornenkrone umgebene → Hetoimasia hin. Weitere oft dargestellte Leidenswerkzeuge: Geißel, Fesseln, drei Nägel, Hammer, Lanze, Leiter; auch Brett mit 30 Silberlingen, Kanne für die Handwaschung des Pilatus, Schweißtuch der Veronika (*Sudarium*). In der französischen Kathedralplastik werden die Leidenswerkzeuge von Engeln getragen, auch beim Engelspfeiler im Straßburger Münster (um 1230). Ein symbolhaftes Erinnerungsmal ist die P.säule (plastisches Bildwerk der Spätgotik), an der die *arma Christi* befestigt sind und die von einem HAHN (Hinweis auf die Verleugnung des Petrus, *Mt* 26, 34) bekrönt wird; Beispiel im Dom zu Braunschweig.

Die durch Lanzenstich entstandene SEITENWUNDE (*Joh* 19, 34) bezeichnet Justinus (*Dialog* 70, 1) als Felsenhöhle, Ambrosius (*Expl* Ps 1, 33) als wasserspendender geöffneter Fels, Augustinus (*Tract in Io.*) als Pforte des Lebens, aus der die Sakramente der Kirche fließen. Hervorhebung der Seitenwunde in der Bedeutung als *fons vitae* ab dem 6. Jh. (S. Apollinare Nuovo, Ravenna). Christus selbst verglich seinen Leib mit dem Tempel, also mußte – nach dem Wort des Ezechiel (47, 1), daß der Brunnen des Heils aus der RECHTEN Seite des Tempels fließe – die Seitenwunde auf der rechten Körperseite dargestellt werden, obwohl das Herz links liegt. Vereinzelt werden auch die 5 WUNDMALE Christi zu den Leidenswerkzeugen gezählt – im Sinne von Triumphzeichen: durch den Tod zum Sieg!

In der Liturgie dient die P.zeit dem → Gedächtnis des Leidens Christi. Seit dem 13. Jh. werden in den Kirchen die Bilder und Kruzifixe mit einem violetten Tuch verhängt; VIOLETT ist Farbe der Buße, aber auch fürstlicher Trauer (z.B. bei den französ. Königen). Unter Nichtbeachtung der genetischen Zusammenhänge wurde die Messe allegorisiert und als dramatische Darstellung heilsgeschichtlicher Ereignisse (in der P. gipfelnd) gedeutet. Der P.symbolik im weiteren Sinne zugehörig ist auch das OSTERLAMM im Volksbrauchtum, es ist das Schlachtopfer für der Menschheit Sünden, das *Agnus Dei, qui tollis peccata mundi.* Seit dem 15. Jh. entstanden plastische Nachbildungen des Kreuzweges Christi; die einzelnen Bildwerke fordern den Gläubigen auf, die einzelnen Stationen (seit dem 17. Jh. sind es 14) meditierend mitzuerleben; der Kalvarienberg bildet den Abschluß der *via dolorosa.* Im Barock entstand in kathol. Gegenden ein richtiger P.kult, der in der Verehrung des Kreuzes und des Hl. BLUTES (Walldürn, Weingarten) als sinnfälligen Zeichen der Erlösung kulminiert. → Kreuzigungsbild [Lr]

R. Berliner, Arma Chrsti (Münchener Jb. 6) 1955; V. Gurevich, Obervations on the Iconography of the Wound in Christ's Side (Journal of the Warburg Inst. 20) 1957; A. Weckwerth, Christus in der Kelter. Ursprung u. Wandlung eines Bildmotivs (Fs. H. R. Rosemann) 1960; G. Spahr, Kreuz u. Blut Christi in der Kunst Weingartens, 1962; F. P. Pickering, Literatur u. darstellende Kunst im MA, 1966; G. Wagner, Barockzeitl. P.kult in Westfalen, 1967; G. Jászai, Kreuzallegorie (LChrI 2) 1970.

**Patientia** ist die Tugend, die den Menschen befähigt, Leiden, Schmerzen, Unglück in geduldiger Ruhe zu überwinden. Nach Seneca bedeutet die Tugend der P., sich in das Unabwendbare ohne Klagen einzufügen. In christlicher Auffassung überwindet P. die durch den Satan verursachten Nöte und Gefahren. P. ist eine aktiv verstandene Tugend, unter der eher Standhaftigkeit in Trübsal und Tapferkeit im Leiden als ein passives Harren auf Gottes Hilfe verstanden wird. Deshalb können besonders in der Tradition stoischer Vorstellungen *Patientia, Constantia* und → *Fortitudo* zu einer engeren Gruppierung zusammentreten. Bei Hugo

v. St. Victor ist sie der → *Spes* zugeordnet.
In der *Psychomachie* tritt sie als eigenständige Personifikation auf, deren Charakteristikum darin besteht, vor ihrem Feind, *Ira,* eine unbewegliche Haltung einzunehmen. *Ira* kann sich angesichts der unbeweglich stehenden P. nur selbst den Tod geben. Neben der signifikaten Haltung des unbeweglichen Stehens ist das SITZEN als kennzeichnende Haltung der P. angesehen worden, weil die wichtigste Exempelfigur der P., Hiob, als sitzende Gestalt dargestellt wird. Von Hiob überträgt sich das Sitzen auf die Ausgestaltung der Personifikation der P. z.B. bei → Ripa (*Iconologia,* S. 380–381). Sie ist darüber hinaus oft unbekleidet, ihr Körper ist von Schwären bedeckt; zumeist hat die sitzende P. ihre Hände im Gebet zusammengelegt. Als Attribut der P. wird zumeist das LAMM verwendet, das durch die Bibel mit Christus identifiziert wird, gelegentlich findet sich auch, durch eine Kontamination mit Vorstellungen der Passion Christi AMBOSS und HAMMER als Zeichen der P. [AW]

Joseph Lang, Novissima Polyanthea, 1617, S. 1031–1036.

**Patristik.** Mit P. ist das Schrifttum des christlichen Altertums gemeint. Die *Bibliographia Patristica,* die seit 1956 erscheint, setzt als Grenze für den Osten das 8., für den Westen die Mitte des 7. Jh. an. Das Schrifttum dieser Zeit ist durchaus kein einheitliches Gebilde, doch trotz der unterschiedlichen, kulturell, sprachlich und zeitlich bedingten Nuancen ist die P. als Ganzes durch ein ganzheitliches, bildhaft-symbolisches Denken gekennzeichnet. Auch die Väter und Theologen, deren Denken mehr oder weniger platonisch gefärbt ist, verwenden das Symbol im ursprünglichen Sinn als Zweieinheit von Zeichen und Wirklichkeit. Biblisches und außerbiblisches Symboldenken fließen zusammen. Zur Symbolsprache gehören Worte wie *symbolon, eikon, imago, homoioma, similitudo, typos, mimesis, imitatio,* auch *mysterium* und *sacramentum* (→ Symbol, → Bild, Gleichbild, Typos, Ahmung, → Mysterium, → Sakrament).
Eine große Zahl der Symbole ist der → Schöpfung entlehnt. Grundlage dieser kosmischen Symbolik ist der Glaube an Christus als Urgrund und → Urbild jeder Kreatur, die deshalb in geschöpflicher Wirklichkeit sein Mysterium abbildet und gleich ihm Sichtbares und Unsichtbares in sich vereint. Manche außerbiblische, mythische Vorstellungen sind in die kosmische Symbolik aufgenommen worden durch antithetische Umwandlung, indem sie einen christologisch-ekklesiologischen Bezug erhalten. Zentral ist die → Sonnensymbolik. Ihr verwandt ist das LICHT, das → Christus als das wahre Licht der Welt verkündet. Als TAG strahlt Christus aus der NACHT des Todes auf. Als keimträchtige und lebengebärende Kreaturen sind ERDE und WASSER Symbole der christustragenden und christusgebärenden → Ekklesia. Im BAUM mit seiner Frucht (APFEL) bildet sich das Kreuz ab, das den geopferten Christus als Frucht trägt, die zum Leben nährt. Im WEIZENKORN, das sich in der Erde durch ein Sterben zur Ähre entfaltet, prägt sich Christus aus, aus dessen irdisch-sterblichem Leib der Auferste-

hungsleib gleich einer Ähre mit vielen Körnern (= den Erlösten) erwächst. Der WEINSTOCK mit seinen fruchttragenden Reben ist das Symbol der Lebensgemeinschaft von Christus und den Christen. Der ADLER, der nach antiker Vorstellung sonnenverwandt ist, der sich in die Tiefe auf seine Beute stürzt, um sie zur Höhe zu tragen, der sich verjüngt und seine Jungen auf seinen Flügeln trägt, symbolisiert Christus, der aus der Höhe in die Tiefe kam, um mit dem Menschen als Beute zum Himmel emporzusteigen, aus einem sterblichen Menschen verjüngt zu ewiger Jugend.

Überhaupt ist jede Kreatur transparent auf das Christusmysterium. Das vornehmste kreatürliche Symbol ist der MENSCH in seiner zweigeschlechtlichen Ausformung, wobei der MANN Christus als das lebenzeugende HAUPT, die FRAU Christus als LEIB, als Ekklesia abbildet. Neben den kreatürlichen Symbolen stehen die heilsgeschichtlichen, nämlich die alttestamentlichen Typen. Nach patristischem Glauben ist der ganze Alte Bund der Bund der Typen, der → Christussymbole. In ihnen geht sich Christus mit seiner Ekklesia voraus und wirkt angeldhaft das Werk menschlichen Heils. Einige Haupttypen seien hervorgehoben: In → Adam entschläft Christus, und im Weib wird aus ihm die Ekklesia gebildet und ihm zugeführt. In Abel opfert er sich selbst schon als LAMM, und in ihm wird er von seinem Bruder getötet. In → Noah baut er seine Ekklesia als ARCHE, um in ihr die Fluten des Weltenmeeres zu durchsteuern. In Isaak wird er gebunden und ein Lebender aus dem Tode. In ihm nimmt er sich die Ekklesia in der Gestalt der Rachel zum Weib. In → Moses wird er ausgesetzt. In ihm führt er Israel aus der Sklavenschaft Ägyptens, teilt er mit seinem Kreuzesstab das Meer, vermittelt er am Sinai den Blutbund zwischen Gott und dem Volk. Im LAMM wird er an Passah geschlachtet und rettet durch sein Blut das Volk vom Tod. Im MANNA empfängt Israel symbolhaft das BROT vom Himmel, das Christi Fleisch ist. In der EHERNEN SCHLANGE wird ihm das Symbol des Gekreuzigten gegeben, in dem menschl. Sünde und göttl. Erbarmen sich begegnen. In den Propheten wird er verfolgt und getötet.

Da in der Antike das Leben weithin religiös bestimmt und auf einen Ritus bezogen ist, werden auch zwischenmenschliche und kulturelle Gegebenheiten als Symbol erfahren: Ehe, Vater, Mutter, Sohn, Tochter, Bruder, Schwester, König, Reich, Richter, Knecht (Sklave), Magd (Sklavin), Brot, Wein, Öl, Bad, Mahl. Die größte Dichte erlangen die Symbole, sowohl die kreatürlichen als auch die heilsgeschichtlichen, im Kult: WASSER bei der → Taufe; BROT, WEIN, WASSER, MAHL bei der → Eucharistie; ÖL als Symbol der Salbung mit pneumatischem Leben fast bei allen Weihen (→ Firmung, Priesterweihe, Bischofsweihe, Krankensalbung, auch bei der Weihe des Taufwassers, einer Kirche, eines Altars). Was Israel in Typen geschah, erlebt der Christ im Kult in sakramentaler Wirklichkeit. Für das symbolische Denken in der P. ist kennzeichnend, daß Schöpfung und Erlösung, Verheißung und Erfüllung, Heilsgeschichte und Kult als Einheit geschaut werden, so daß kein

Raum für den Dualismus von profan und sakral bleibt. Als Symbol ist alles auf das Sakrale hin offen. [ThS]

O. Casel, Altchristl. Kult u. Antike (JLw 3) 1923; Ders., Das Mysteriengedächtnis der Meßliturgie im Lichte der Tradition (JLw 6) 1926; Ders., Älteste christl. Kunst u. Christusmysterium (JLw 12) 1934; Ders., Neue Zeugnisse für das Kultmysterium (JLw 13) 1935; Ders., Art u. Sinn der ältesten christl. Osterfeier (JLw 14) 1938; Ders., Glaube, Gnosis u. Mysterium (JLw 15) 1941; H. Rahner, Griech. Mythen in christl. Deutung, 1957; J. Blank, Meliton v. Sardes: Vom Passa, 1963; L. Bouyer, Mensch u. Ritus, 1964; P. Merendino, Paschale Sacramentum, 1965; Ph. Rech, Inbild des Kosmos. Eine Symbolik der Schöpfung, 2 Bde, 1966; Th. Schneider, Wesen u. Bedeutung des Symbols in der P. (BSMI 10) 1977.

**Peirce,** Charles Sanders. 10.9.1839 Cambridge (Mass.) – 19.4.1914 Milford (Pa.), amerikan. Philosoph, 1879–84 Dozent für Logik in Baltimore, Begründer der → Semiotik als unabhängige Disziplin. P. unterscheidet 3 grundlegende Arten des → Zeichens: 1. Ikon, es wirkt aufgrund der faktischen Ähnlichkeit zwischen zwei Elementen, z.B. zwischen dem ein Tier repräsentierenden Muster und dem repräsentierten Tier; das Muster ähnelt dem Tier, 2. Index ist ein Zeichen, das durch sein dynamisches Objekt kraft der realen Relation, die es mit ihm unterhält, bestimmt wird; so ist z.B. der Rauch der Index des Feuers, aus dem ersteren folgert man die Existenz des zweiten. 3. Symbol, es hängt nicht von der Ähnlichkeit oder der faktischen Kontiguität ab, sondern wird durch eine konventionelle Regel hergestellt; so wird z.B. das Kreuz oder das Pentagramm zum Symbol, indem es mit einem über das Bild hinausreichenden und dem Betrachter bekannten Bedeutungsinhalt versehen wird. [*]

Collected papers of Ch. S. P., hg. v. P. Weiss/Ch. Hartshorne, 6 Bde., Cambridge 1931 ff.; Transactions to the Ch. S. P. Society, 1965 ff.; D. Greenlee, Peirce's concept of sign, Den Haag 1973; Calvet de Magalhaes, Signe ou Symbole. Introduction à la théorie sémiotique de C. S. Peirce, Louvain-la Neuve 1981.

**Pelikan,** in antiken Texten zwar schon erwähnt, erhält er aber erst durch den Physiologus seine Bedeutung: Vorbild für die Liebe Gottes zu den Menschen und für Christi Opfertod. Angeblich soll der P. sich mit seinem Schnabel die eigene Brust aufreißen und mit dem Blut die Jungen wieder beleben und nähren. Älteste Darstellungen auf Öllämpchen aus Karthago, 3. Jh., (jedoch ohne die Jungen im Nest); im MA besonders beim Kreuzigungsthema: Tympanon des Vorhallenportals am Freiburger Münster, auf italienischen Gemälden des 14./15. Jhs. oft über dem Gekreuzigten nistend. Im 15. Jh. auch in mariologischem Zusammenhang; dabei galt die Gottesmutter als himmlisches Nest, in dem Christus, der P., aufwuchs. Als → alchemistisches Symbol eine Verwandlung andeutend (von Blei zu Gold), wurde der P. in der Freimaurerei Hinweis auf die Opferbereitschaft des Rosenkreuzer-Grades. [Lr]

E. Gewin, Het pelikansymbol. Een bijdragen tot de kennis der middeleeuwsche diersymboliek, Amsterdam 1914; V. E. Graham, The pelican as image and symbol (Revue de Littérature comparée 36/1962); Chr. Gerhardt, Die Metamorphosen des P., 1979; L. Portier, Le Pélican. Histoire d'un symbole, Paris 1984.

**Pentagramm,** fünfzackiger, aus 5 Linien in einem Zug gezogener Stern; in der Antike auch als fünffache Durchdringung des ersten Buchstabens des griech. Alphabets, als Pentalpha, aufgefaßt. In

Übereinstimmung mit der Fünfzahl zunächst Sinnbild für die Harmonie des Kosmos. Das von den Pythagoreern als Zeichen für Gesundheit und Heil verwendete P. wurde zum → Arztsymbol. Im byzantin. Heer diente das auf Schildern angebrachte Pentalpha als eine Art siegbringendes Feldzeichen. Von den Gnostikern häufig auf Abraxasgemmen dargestellt, findet sich das P. in mittelalterl. Hermeneutik und in der Beschwörungsszene von Goethes *Faust* (1. Teil) als Zauberzeichen. In apotropäischer Funktion wurde es im MA an Häusern und Kirchen angebracht (z. B. Turm der Marktkirche zu Hannover, um 1350), zur Krankheitsabwehr auf Votivbildern und bis in die Neuzeit hinein zum Schutz gegen weibliche Nachtgeister (Druden) an Ehebetten, Kinderwiegen und Stalltüren, daher wird das P. auch Drudenfuß genannt. [Lr]

Vl. Bazala, Über das P. in Kroatien (Antaios 1/1960); C. u. L. Hansmann/L. Kriss-Rettenbeck, Amulett u. Talisman, 1966; J. Schouten, The P. as a Medical Symbol, Nieuwkoop 1968; O. Stöber, Drudenfuß-Monographie, 1981.

**Perle,** nach alter orientalischer Überlieferung Frucht der Vereinigung von himmlischem Licht und irdischem Wasser; nach griechischem Mythos fuhr Zeus als Blitz in die → Muschel und zeugte Aphrodite, die im östlichen Mittelmeerraum als göttliche *margarites* (griech. Perle) galt. Mit ihrer Kugelform ist die P. ein Symbol der Vollkommenheit, des Heiligen, so auch im → Buddhismus. Im *Atharvaveda* (IV, 10) sind P. und Muschel allezeit wirkende Heilmittel, mit denen auch Dämonen besiegt werden können. Bei Einweihungsriten indianischer Medizingesellschaften erscheint die P. als Symbol des Lebens. In der → Gnosis ist sie ein Sinnbild der erlösungsbedürftigen, lichtsuchenden Seele. In den Gleichnissen Jesu ein Bild des Himmelreiches (*Mt* 13,45 f.); in der Apokalypse ist jedes der 12 Tore der Himmelsstadt eine P. (*Offb* 21,21). Die Kirchenväter erblickten in der P. die Wunder der Empfängnis und Geburt Christi. [Lr]

H. Usener, Die P. Aus der Gesch. eines Bildes (Vorträge u. Aufsätze, 219–231) 1907; J. Zykan, Drache u. P. (Artibus Asiae VI/1936); W. Müller, Die blaue Hütte. Zum Sinnbild der P. bei nordamerikan. Indianern, 1954; Ph. Rech, P. (Inbild des Kosmos II, 173–206); O. Betz/T. Schramm, P.lied u. Thomas-Evangelium, 1985.

**Persephone** (bei den Römern Proserpina), griechische → Unterweltsgöttin, Tochter von Zeus und Demeter, wurde als Mädchen (»Kore«) beim Narzissenpflücken von ihrem Onkel Hades geraubt. Die unglückliche → Demeter suchte P. Tag und Nacht in der ganzen Welt, bis sie von Helios P.s Schicksal erfuhr. Während Demeters Abwesenheit und Trauer verdorrte alles Wachstum, so daß Zeus seinem Bruder Hades befahl, P. zurückzugeben. Doch war P. die Rückkehr verwehrt, weil sie in der Unterwelt einen GRANATAPFEL gegessen hatte (= Liebesgenuß). So fällte Zeus den Schiedsspruch, daß P. zwei Drittel des Jahres bei Demeter und den Rest im Schattenreich verbringe. Mit Demeter gemeinsam wird P. und ihr Geschick in den eleusinischen Mysterien gefeiert. Der Kore sind ÄHRE, MOHN und NARZISSE, der P. die schwarzen PAPPELN heilig. [Rd]

C. G. Jung/K. Kerényi, Einf. i. d. Wesen der Mythologie. Gottkindmythos. Eleusin. Mysterien, 1954; H. Anton, Der Raub der P.. Literar. Traditionen eines erot. Sinnbildes u. myth. Symbols, 1967.

**Personalisation.** In der Terminologie von Pierre → Teilhard de Chardin ist die P. ein stammesgeschichtliches Phänomen, welches die Entwicklung zur Genese der Vernunft in der menschlichen Person führt: Die Biogenese enthält die Vorzeichen der Noo-Genese. Unabhängig von diesem Sprachgebrauch spricht man auch von einer ontogenetischen, d.h. lebensgeschichtlichen Personalisation. Die Person wird hier als konkretes Individuum verstanden, d.h. als Individuum inmitten seiner wesentlichen gesellschaftlichen Bindungen (Caruso). Es wird damit postuliert, daß der Mensch weder Produkt der Biologie noch der Gesellschaftsform allein ist. Die P. in diesem Sinne bedeutet den zumindest potentiellen Übergang von der Umwelt des Tieres zu der offenen Welt des Menschen. Sie bedeutet weiter, daß die instinktiven Funktionsmuster mehr und mehr durch Symbole im Denken des Menschen ersetzt werden. Statt der Signalsprache kommt er zu einer Symbolsprache, wobei beide Kommunikationsarten sich überschneiden und sich allmählich entwickeln.

Der Gedanke der P. spielt eine große Rolle in der → Psychoanalyse, wie sie im Wiener Arbeitskreis für Tiefenpsychologie verstanden wird. Hinter dem bedeuteten Sinn steht mehr oder minder adäquat der bedeutende. Die gesellschaftlichen Prägungen des kleinen Kindes können hier zu echten existentiellen Mißverständnissen führen, wenn das Bedeutete und das Bedeutende einen gleichsam privaten Sinn hat. »Ich liebe Dich« kann mitunter bedeuten: »Ich will Dich ganz besitzen, Du hast kein Anrecht auf Selbständigkeit, Du mußt mich bestätigen«. Dies ist dann das Phänomen der Doppelbindung, das zu Störungen der psychischen Entwicklung beitragen kann. Die P. ist, so gesehen, weniger eine Ideologie als das Ernstnehmen der personalen Symbole und die Arbeit, die zu deren Transparenz und Verständnis in der psychoanalytischen Bemühung führt. [IAC]

P. Teilhard de Chardin, Der Mensch im Kosmos, [6]1959; P. Wazlawick, Menschl. Kommunikation, 1971; I. A. Caruso, Narzißmus u. Sozialisation, 1976.

**Personifikation.** Als P. bezeichnet man die Darstellung von Begriffen oder Bereichen aus dem Kosmos, der Natur, der Welt, des menschlichen Lebens, des Wissens, der Künste sowie Tätigkeiten als menschliche oder tierische Lebewesen, zumeist unter Einbeziehung signifikanter Attribute. Obgleich es bereits in der Antike P. gegeben hat (Homer *Ilias:* Verblendung, Schlaf, Tod u.ä.; Pindar, Hesiod: Jahreszeiten; Xenophon *Memorabilien:* Herkules am Scheideweg) gewinnt sie besondere Bedeutung im christlichen Kulturkreis.

Die Bibel kennt einzelne P.en (Sapientia *Hiob* 28, *Koh* 8, *Weish* bes. 7, 25 ff.; Logos, *Ps.* 32, 6 etc.) Die Patristik und die christliche Literatur systematisieren die einzelnen P.en und bilden Gruppen, insbesondere der → Tugenden und → Laster (Prudentius, *Psychomachie*) und der sieben freien Künste (Martianus Capella). Ihren Höhepunkt erhält die Technik der Personifizierung mit Cesare → Ripas *Iconologia.* Hiernach werden P.en entsprechend der aristotelischen Einteilung nach vier Prinzipien gebildet: 1. die *Materia* gibt die Grundlage für die Bilder und Attribute (Vorlage); 2. das *Efficiente* leistet den Übergang vom Sinnbildlichen zur Verwirklichung des Sinnbildes; 3. die *Forma* ist die Erfüllung der Anlage durch Ausgestaltung mit Attributen; 4. das *Fine* ist der Zweck, d.h. einen abstrakten Begriff sichtbar zu gestalten. Disposition und Qualität, d.i. äußere Erscheinung, Geschlecht, Lebensalter, Gewandung etc. sind bestimmende Faktoren der Gestaltung wie der durch sie vermittelten Bedeutung. Besonders wichtig für die P. sind die sie charakterisierenden Attribute, die sowohl aus Dingen als auch aus Tieren oder Pflanzen bestehen können (z.B. Iustitia - WAAGE und SCHWERT; Zorn – BÄR; Friede – PALMZWEIG.) Ihr ausschlaggebendes Gewicht als charakterisierende Bedeutungsträger, die z.T. aus der mittelalterl. → Allegorese stammen, obgleich P.en von dieser streng unterschieden werden müssen, zeigen sie, wenn sie von einer P. losgelöst und auf eine andere übertragen werden, wie dies im 17. Jh. öfter der Fall ist. P.en können durch Erfindung und Kombination stets neu konstruiert werden, so etwa noch im 19. Jh. die P. der Telegraphie, der Elektrizität usw. Durch Übertragung von Attributen auf historische Gestalten können diese zu P. mit überzeitlichen und allgemeinen Qualitäten werden. → Personifikationen, nationale [AW]

A. Katzenellenbogen, Allegories of the Virtues and Vices in Medieval Art (Studies of the Warburg Inst., 10), London 1938, Nachdr. 1968; L. Petersen, Zur Gesch. der P. in griech. Dichtung. u. bildender Kunst, 1939; T. B. L. Webster, Personification as a Mode of Greek Thought (Journal of the Warburg and Courtauld Insitutes, 17) 1954;K. Reinhardt, P. u. Allegorie (Vermächtnis der Antike hg. v. C. Becker) 1960; L. Lüdicke-Kaute/ O. Holl, P. (LChrI 3) 1971.

**Personifikationen, nationale** sind typisierte Menschen- oder Tiergestalten, die einzelne Nationen verkörpern, oft auf Grund nationaler Stereotypen von anderen Völkern geprägt, manchmal aber auch aus dem eigenen Volk erwachsen. So wurde seit den Befreiungskriegen die Gestalt des mit einer Zipfelmütze (Schlafmütze) versehenen »deutschen Michel« (nach dem Nationalheiligen Michael) in Druckschriften und Flugblättern dazu benutzt, die politische Trägheit und Einfalt der Deutschen bloßzustellen oder aber das Volk aus seiner Lethargie wachzurütteln. Im Gegensatz zu dieser für Karikaturen besonders geeigneten Gestalt hat die jungfräuliche oder auch mütterliche → Germania repräsentatives Format; einer Walküre ähnlich wird sie mit Schwert und Schild dargestellt, in der wilhelminischen Ära oft auf Denkmälern (Niederwalddenkmal 1883 von Johannes Schilling). Ähnlich idealisiert ist die am Meerstrand sitzende oder auf einem Seepferdgespann über die Wellen fahrende »Britannia« mit Union-Jack, Schild, griechischem Helm und Dreizack (oder Lanze); sie verkörpert Großbritannien als weltbeherrschende Seemacht. Im Ausland bekannter ist der mit Stiefeln und Zylinder bekleidete »John Bull« (nach der Satire von J. Arbuthnot *History of John Bull,* 1712), der in seiner gedrungenen Gestalt Zähigkeit und Widerstandswillen des englischen Volkes zum Ausdruck bringt. Die na-

tionale P. Frankreichs ist »Marianne«, die seit dem Revolutionsjahr 1848 die einfache Frau aus dem Volk verkörpert, die sich für Gleichheit, Freiheit und Brüderlichkeit einsetzt, und die mit der personifizierten »Liberté« (mit Freiheitsmütze) der Revolution von 1789 verschmolz. Die Symbolfigur des alten, weißbärtigen »Uncle Sam« entstand aus der früher üblichen Abkürzung U. S. Am. für United States of America und ist eigentlich die vermenschlichte Darstellung der amerikanischen Nationalflagge.
Die theriomorphen P. sind in der Regel der nationalen Heraldik oder der heimischen Fauna entnommen. Während das austral. KÄNGURUH im eigenen Land als Nationaltier gilt (so auf der Rückseite zahlreicher Münzen), ist der russische BÄR eine nur außerhalb Rußlands gebräuchliche P.; Honoré Daumier karikierte mit ihm den Absolutismus des Zaren Nikolaus I. Der britische LÖWE als P. Großbritannniens wurde von einem der beiden Schildhalter des Wappens (Löwe und Einhorn) übernommen. Der in der Französischen Revolution volkstümlich gewordene gallische HAHN (für Frankreich) ist auf die Doppelbedeutung des lateinischen Wortes *gallus* (Hahn und Gallier) zurückzuführen. Im belgischen Sprachen- und Nationalitätenstreit stehen Hahn (Wallonen) und LÖWE (Flamen) einander gegenüber. Das in Karikaturen dargestellte Nationaltier der USA ist der ADLER, bereits während des Unabhängigkeitskrieges 1776–1783 von den 13 Neuengland-Kolonien zum Wahrzeichen erwählt, seit 1782 nach Kongreßbeschluß Wappentier. [Lr]

C. Rademacher, Wodan – St. Michael – Der dt. Michel, 1934; A. Rabbow, dtv-Lex. polit. Symbole, 1970; M. Agulhon, Marianne au combat. L'imagerie et la symbolique republicaine, Paris 1979.

**Petrarca,** Francesco, 20.7.1304 Arezzo – 18.7.1374 Arquà, ital. Dichter und Humanist. Vor allem die italienische Dichtung P.s, kann als symboltragend angesehen werden. Die Forschung hat bisher nur sporadisch darauf angespielt. P.s sitlisierte Autobiographie, das *Secretum,* ist an den *Confessiones* des Augustinus inspiriert und enthält Bezugsmerkmale, die in die Liebesgedichte der *Rerum vulgarium fragmenta (= Rime = Canzoniere)* und in die Terzinen der allegorischen *Trionfi* übergehen.
Der Symbolraum von P.s Dichtung, der sich über Jh.e der Erscheinung des europäischen Petrarkismus mitteilt, ist aus der Tradition zu verstehen. Die Liebeslyrik P.s wurzelt im Konzept der Troubadourpoesie und des *dolce stil nuovo.* P. steht im Wettbewerb mit → Dante, wenn er seine idealisierte Liebe zu Laura in ähnlicher Verherrlichung wie bei Dantes Beatricefiguration von einem diesseitigen in ein jenseitiges Verhältnis überleitet, oder den existentiellen Weg durch die allegorischen Phasen des zeitlichen im Triumph des Überzeitlichen vollendet. Von Dantes universell geschautem Weltbild realisiert sich in P.s Symbolisierungen und Allegorien nur ein Ausschnitt, auf die Gestalt Lauras konzentriert. An ihr formiert sich die Namenssymbolik, in der elementare Assoziationen des dichterischen Erlebnisses, das sich auf der Verbindungskette der Begriffe Laura-*lauro* (Lorbeer), *oro* (Gold), *aura* auffädelt und in der mythologischen

Reminiszenz Apollo und sein Sonnenzeichen einschließt. Laura, als Entsprechung der nominalen Identifikationen, ist selbst SONNE. Die zweite Leitfigur der P.-Dichtung ist Amor, allegorisiert nach traditionellem Muster, wirkend im Zeichen der sich wandelnden Natur (Frühling), ein Schütze aus dem Hinterhalt, der mit seinen Pfeilen den ungewappneten Dichter trifft.
Die Zahlensymbolik, in der Sammlung von 366 Gedichten auf die Tage des Schaltjahres 1348, des Todesjahres Lauras, anspielend, schließt den Kreis mit dem 6. April, einem Karfreitag, als Beginn und Ende der irdischen Liebe P.s, und untermauert ein Erinnerungsschema, in dem die Zeitmomente ebenfalls als bedrängende Symbole des Lebens und des Todes erscheinen. Die Steigerung zur Transzendenz findet sich in der allegorischen Folge der *Trionfi,* der sukzessiven Überwindung der personifizierten Herrschermächte Amor, Keuschheit, Tod, Ruhm und Zeit durch die Ewigkeit. Das allegorische Modell findet vor allem in der bildenden Kunst starke Nachahmung. P.s Poesie, deren weltlicher Aspekt der Liebesauffassung eindringlicher als die religiöse Motivierung in modernen lyrischen Schemata nachlebt, zeichnet sich durch die unerschöpfliche Metaphorik ab, die das Zusammenwirken seelischer Bewußtseinsinhalte spiegeln. [EK]

F. De Sanctis, Saggio critico sul P. (ed. 1955); L. F. Benedetto, Il Roman de la Rose e la lett. ital., 1910; B. Chiurlo, P., 1925; L. Tonelli, P., 1930; C. Calcaterre, Nella selva del P., 1942; K. Heitmann, Fortuna und Virtus, eine Studie zu P.s Lebensweisheit, 1957; F. Montanari, Studi sul Canzoniere del P., 1958; U. Bosco, F. P., [2]1961; H. Friedrich, Epochen der ital. Lyrik, 1964; A. E. Quaglio, F. P., 1967; R. Amaturo, P., [2]1974.

**Petrus.** Neben Paulus erscheint P. in den Schriften des NT als der profilierteste → Apostel, in seiner Funktion als »Prinzip des Bestandes und der Einheit« (P. Gaechter, *P. u. seine Zeit,* 1958) mit heilsmittlerischer Vollmacht ausgestattet. (*Mt* 16, 19; *Joh* 21, 15 ff.; *Lk* 22, 31). Zugleich aber wird er, unter den Bildern vom »Binden und Lösen«, von der »Schlüsselgewalt«, vom »Hirten«, vom »Felsen der Kirche« zur symbolischen Größe für Stellvertretung Christi und Kirche schlechthin, wobei sich in seiner Person die Kirche Roms bes. und in dieser spezifischen Weise unwiederholbar verdichtet. Darüber hinaus aber wird er zum Repräsentanten der ganzen Kirche, und wenn Augustinus von ihm sagt, er sei *totius ecclesiae figuram gerens* (Ep. 53, 2), dann spricht er darin nur »auf seine Art die allgemeine Überzeugung des christlichen Altertums von dem bes. Verhältnis des P. zur Kirche aus.« (E. Stommel, *Beiträge zur Ikonographie der konstant. Sarkophagplastik,* 1954). So künden die P.szenen auf den Sarkophagen des 4. Jh. »von P. als dem Vicarius Christi und von dem P. semper vivens et praesens in ecclesia« (E. Stommel), während er in der »Dominus-dat-legem« Szene auch Typ der Judenkirche werden kann. (Fr. Nikolasch). Von daher leitet sich seine Bedeutung seit dem frühen MA als bes. Repräsentant von Papsttum, Kirche und NT, er wird zum Himmelpförtner und Burgvogt des Himmels, sein Fest feiert der Westen am 29. Juni und 22. Februar, der Osten am 29. Juni und 16. Januar. Das häufige P.patronat alter dt. Dome findet im Trierer Dom seine bes.

Note darin, daß hier P. als Stellvertreter des Sponsus Christus in einem bräutlichen Verhältnis steht zu Maria, als Symbol für die Kirche, die ihr Patronat im danebenliegenden St. Liebfrauen hat. [Sr]

F. Nikolasch, Zur Deutung der »Dominus-legem-dat«-Szene (Röm. Quartalschrift) 1969; LTHK², 8, 334-347. H. Sachs, E. Badstübner, H. Neumann, Christl. Ikonographie in Stichworten, 1975, S. 274f..

**Pfau,** in Beziehung gesetzt zu Himmel, Sonne und Unsterblichkeit. Attribut des indischen Kriegsgottes Skanda (auch Kumara genannt) und Reittier Buddhas. Sein ausgefächerter Schwanz (Rad) galt als Bild des sternenübersäten Firmaments; im Sanskrit hat der P. den Namen *Sahasrâksha* = der Tausendäugige, und in Ovids *Metamorphosen* heißt es von ihm, daß er auf seinem Schweif die Gestirne trage. Auf Samos galt er als hl. Tier der himmlischen Hera, bei den Römern war er Juno geweiht und galt als Apotheosevogel der Kaiserinnen. Nach antikem Volksglauben soll sein Fleisch unverweslich sein; auch von Augustinus (*Civitas Dei* XXI, 4) erwähnt. In der christlichen Kunst des MA Paradiesvogel (in Gartenlandschaft, auf Palme, paarweise um Kantharos mit Lebenswasser) und Auferstehungssymbol, später aber auch Sinnbild der Eitelkeit und des Hochmuts. [Lr]

H. Lother, Der P. i. d. altchristl. Kirche, 1929; H. Michaelis, Pharmakom Athanasias (Forschungen u. Fortschritte 31/1957); J. Schwabe, Lebenswasser u. P. – zwei Symbole der Wiedergeburt (Symbolon 1/1960); E. Th. Reimbold, Der P. Mythologie u. Symbolik, 1983.

**Pfeil und Bogen,** ganz allgemein Symbol für Krieg und Macht, aber auch für Zeit und Vergänglichkeit. Mit B., Keule und Fangnetz besiegt Marduk das Ungeheuer Tiamat. Zwei sich kreuzende P.e bilden das Kultsymbol der ägyptischen Kriegsgöttin Neith. In Verbindung mit → Wettergottheiten können P.e als Bild des Blitzes gelten; der Blitz schreibt Gottes Allmacht an das Firmament und »läßt die P.e des Gerichts leuchten« (*Sir* 43,13). Der leidgeprüfte Ijob (6,4) klagt, daß des Herrn P.e in ihm stecken. Die Wurfgeschosse Apollons bringen Krankheit und Tod, können aber auch als Sonnenstrahlen aufgefaßt werden; in ähnlicher Bedeutung ist Assur den Bogen spannend in der geflügelten Sonnenscheibe dargestellt. Schließlich kann auch die Liebe ein P. sein, der das Herz trifft, daher gehört dieser zusammen mit B. und Köcher zu Amors Attributen. Die hl. Theresa von Avila hatte eine Vision, in der ein Engel ihr Herz mit dem brennenden P. der Gottesliebe verwundete. In der romanischen Bauplastik sind die bogenschießenden Kentauren als sinnliche, der Fleischeslust verfallene Wesen zu interpretieren. Als → Votivgabe deuten P.e auf glücklich überstandene Gefahren, als → faschistisch-nationalistisches Symbol auf Angriff und Macht. [Lr]

C. G. Seligman, Bow and arrow symbolism (Eurasia 9/1934); W. Stählin, Kreis, P. u. B. als Symbol der Zeit (Symbolon. Hg. v. A. Köberle) 1958; M. Eliade, Symbolism of the arrow (Religion in Antiquity. In Memory of E. R. Goodenough), Leiden 1968.

**Pfeiler** → Säule

**Pferd,** wahrscheinlich schon auf → Fels- und Höhlenbildern in symbolischer Bedeutung. Die alten Völker erblickten das P. in

Verbindung mit dem Licht wie auch mit dem Wasser. Helios fährt mit einem weißen Viergespann über den Himmel. In der vedischen Mythologie heißt es, daß die Morgenröte das weiße P., nämlich die Sonne, führe; an anderer Stelle des *Rigveda* wird die Sonne »Hengst« genannt. Selbst die Könige von Juda errichteten am Eingang zum Tempel des Herrn Rossestatuen zu Ehren der Sonne (2 *Kön* 23,11). Das weiße P. wurde zum Reittier und Symbol der Gottheit: parsischer Regengott Tischtrya, Kalkin (10. → Avatara Vishnus), → Wodan, apokalyptischer Reiter (= Christkönig, *Offb* 19,11ff.). Auch der hl. → Georg als irdischer Streiter für das Gute sitzt auf einem weißen P. Am Giebel angebrachte P.schädel haben apotropäische Bedeutung. Für die Verbindung von P. und Wasser sei auf den griechischen Meeresgott Poseidon hingewiesen, ursprünglich wohl selbst in Roßgestalt gedacht. Das Musenroß Pegasos ist Gewitter-(Regen-)bringer und erschließt durch Hufschlag die Quelle Hippokrene. Im → Shintoismus dienen P.opfer der Herbeiführung des Regens. Wie das Wasser mantische Kraft hat, so auch das P. (im Märchen und Volksglauben).

Bei indogermanischen Völkern war das P. → Seelengeleiter, bei Platon (*Phaidros* 25,34) Symbol der aufsteigenden Seele; auf antiken Grabmälern reitet der Verstorbene ins Jenseits, in frühchristlicher Zeit deuten sepulkrale P.darstellungen auf einen schnellen Lebenslauf zum ewigen Ziel; auch die Hippokampen (Seepferde) in Gräbern können unter diesem Aspekt gesehen werden (→ Etrusker). In negativem Sinn ist das P. Sinnbild der Superbia (Hochmut); bei Hrabanus Maurus kann es »ausschweifende Menschen« (*Luxuriosi homines*), Fleischeslust und den Antichrist bedeuten. In der neueren Malerei schwankende Symbolbedeutung, oft dem Dämonischen und dem Tode nahestehend (so bei Hans Baldung Grien, Alfred Kubin).

[Lr]

L. Malten, Das P. im Totenglauben (Jb. d. dt. archäol. Inst. 29/1914); M. O. Howey, The Horse in Magic and Myth, London 1923; R. Hindringer, Weiheroß u. Roßweihe, 1932; D. Livingstone-Learmonth, The Horse in Art, London/New York 1958; W. Brückner, Roß u. Reiter im Leichenzeremoniell (Rhein. Jb. f. Volkskunde 15–16/1964–65); R. Wolfram, Die gekreuzten P.köpfe als Firstzeichen, 1968; J. Traeger, P. (LChrI 3) 1971.

**Pfingsten.** Auf *Apg* 2, 1-41 ruhend, findet sich die ikonographische Urgestalt der Ausgießung des Hl. Geistes im *Rabbulas-Cod.*, 586 n. Chr. (Florenz), aus dem syro-palästinensischen Raum. So sehr die frühesten Wiedergaben dieses Bildes rein narrativ erscheinen, wäre es dennoch verkehrt, in ihnen nur eine erzählende Wiedergabe des Pfingstgeschehens zu erblicken. Vielmehr ist anzunehmen, daß bereits in den Anfängen dieses Bildes auch sinnbildhafte Aussagen vorhanden sind, d.h., daß einzelne Personen oder Personengruppen symbolische Aussagetendenz besitzen. Dies betrifft zunächst → Maria, die ja im P.bericht nicht ausdrücklich erwähnt wird, wenngleich nach *Apg* 1, 14 sie von Anfang an bei der Urgemeinde war. Daß sie auf den frühesten P.bildern im Zentrum der Apostel steht oder sitzt, ist daher nicht nur aus der Tatsache zu erklären, daß man eben auf Grund ihres Lebens in der Urgemeinde sie auch als anwesend beim P.geschehen dachte. Vielmehr nahm man sie auch als Symbolfigur herein, um in ihr die Kirche an sich zu repräsentieren, über die sich der Geist Christi ausgoß, deren Fundamente die → Apostel sind. (Ampulle von Monza, Bibel von S. Paolo f.l.m.)

Von der ottonischen Zeit an bis zur Mitte des 12. Jh. fehlt Maria fast immer, und zwar in der westlichen wie in der byzantin. Kunst. Von da an wird sie bis in den Barock hinein, aus den Aposteln herausgehoben und als Thronende erhöht, wiederum Zentralteil des P.bildes »daß dies nicht ohne Sinn geschah, ist ... gewiß, und Analogien zu anderen Marienbildern, deren Bedeutung wir genauer kennen, machen es wahrscheinlich, daß eine solche Erhöhung der Gottesmutter am Gründungstag der Kirche hindeuten soll auf die Ebenbildlichkeit von Maria und Ecclesia« (St. Seeliger). Zugleich ist diese dominante Maria aber auch die ganz konkrete Maria, deren Verehrung seit Bernhard v. Clairvaux († 1153) mächtig zunahm.

Als weitere symbolische Gestalt kann → Petrus gelten. In ihm (vgl. bes. überragend in einer Miniatur im Psalterium des Kl. Rheinau, 1227/41, Zürich) als dem Felsen der Kirche (*Mt* 16, 18) und dem großen Prediger (*Apg* 2, 14–36) wird bereits seit frühchristlicher Zeit die Kirche präsent. Völlig abweichend vom biblischen Bericht und darum im eigentlichsten Sinne symbolisch zu deuten ist die Person Christi selbst, der um 1000 mit dem P.bild verbunden wird (vgl. Holztür von Maria am Capitol, Köln). Dadurch wird er nach *Joh* 16, 7 u. 15, 26 als Spender des Geistes gekennzeichnet. Zugleich aber ist damit auch des öfteren die Vorstellung vom Weltenrichter verbunden (vgl. Tympanon der Abteikirche von Vezelay, um 1120). Eine Verbindung mit der Trinität führte etwa seit 1400 zum Trinitäts-Pfingstbild, was als Hinweis auf den ewigen Ratschluß gedeutet werden kann. Das Suchen nach alttestamentlichen Vorbildern für neutestamentliche Ereignisse bewirkte, daß das P.fest mit alttestamentlichen Ereignissen und Personen zusammengeschaut wurde (Klosterneuburger Altar, 1181: Taube mit Ölzweig fliegt zur Arche Noah, Moses am Berge Sinai).

Ein biblisch-ereignishaftes und zugleich symbolisches Bildelement sind die Zuhörer, an die Petrus seine Predigt richtete. Sie sind zunächst streng von den Aposteln geschieden (Bibel von S. Paolo f.l.m.), um in der Barockzeit mit den Aposteln zu einer Einheit zusammenzuwachsen als Glieder der ganzen Kirche (vgl. Kuppelfresko der Basilika von Ottobeuren, 1766). In der P.ikone der Ostkirche findet sich eine Art kollektiver Zusammenfassung dieser *gentes* in der Gestalt des gekrönten Kosmos, der in einem Tuch die 12 Schriftrollen hält als Sinnbild des Lehramtes der Apostel. – Noch zwei symbolische Bildelemente seien erwähnt: Auf einer Miniatur des Cod. um 980, Trier, steht zwischen Aposteln und *gentes* ein achteckiges Gefäß, das das »gemeinsame Leben« anzeigen soll: Sendung des Geistes bewirkt nicht nur Gemeinschaft des Geistes, sondern auch irdische Lebensgemeinschaft. – Es können auch die Zungen des Geistes fehlen. Dann zeigen Bewegung des Körpers,

Offenheit von Blick und Händen wie rote Farbe des Gewandes (vgl. P.ikone, 17. Jh. Sammlung Sauser), das vom Geiste Ergriffensein an. [Sr]

St. Seeliger, Pf., 1958; L. Ouspensky, ... Iconogr. de la Pentecôte (Messager – Exarchat Patr. Russe en Europe Occid, IX, H. 33–34) 1960; St. Seeliger, Pf. (LChrI 3) 1971.

**Pfingstrose, Päonie.** In China gilt sie als »Königin der Blumen« und ist ein Symbol des Reichtums; daneben ist die Päonie auch die Bezeichnung für ein junges, hübsches Mädchen und kann in einem verengten Sinn zum Symbol für das weibliche Genitale werden. In der Antike sollte die Blume vor dem übermütigen und schädlichen Treiben der Faune schützen. Das MA bedient sich des Samens der Pfingstrose als Amulett; in der christlichen Literatur und Malerei findet sich die »Rose ohne Dorn« als Mariensymbol, so beim *Paradiesgärtlein* (Frankfurt, Städelsches Institut). [*]

**Pfirsich,** in China Frucht der Unsterblichkeit und der Göttin Hsiwang-mu zugehörig; bis ins 20. Jh. hinein sollten zu Neujahr vor die Haustür gestellte P.zweige die bösen Geister vertreiben; dem Holz des Baumes wurden apotropäische Kräfte zugeschrieben. In Emblembüchern der Renaissance findet sich der P. mit einem Blatt als Symbol der Wahrheit; nach Cesare Ripa ist die Frucht eine »alte Hieroglyphe« des Herzens, und das Blatt eine solche der Sprache – wenn beide übereinstimmen, wird die Wahrheit gesagt. [*]

B. von Ragué, Ein chin. Kaiserthron. Die Pf.e der Unsterblichkeit, 1982.

**Pflanzen.** Wohlgeruch, Heilkraft, Giftigkeit, Nährwert, Aussehen lassen sie in Glauben und Brauch eine hervorragende Stelle einnehmen. Den alten, mit der Natur eng verbundenen Völkern offenbarten sie außermenschliche, unheimliche Kräfte, denen alles Werden und Vergehen, nicht zuletzt auch das Leben des Menschen selbst, unterworfen schienen. Im Rauschen des → Baumes, im Duft der → Blumen, im Aufkeimen der → Saat, im Reifwerden der → Früchte erahnte man die unsichtbare Gegenwart göttlicher Mächte. Gott selbst kann als Pflanze angesprochen werden, so Marduk als »Lebenskraut«. Den Ägyptern galt die Sykomore als Erscheinungsform der Himmelsgöttin Nut. Verschiedene P. waren in der Antike Attribute bestimmter Gottheiten: Ähre (Demeter), Efeu (Dionysos), Myrte (Aphrodite). Im Mahāyāna-Buddhismus ist Avalokiteshvara »der die Lotosblume in der Hand Haltende« (*Padmapāni*).

In der Bibel erscheint Gott als der erste Gärtner; er »pflanzte« einen → Garten und setzte den Menschen hinein (1 *Mos* 2,8). Den auf ihn Vertrauenden verspricht der Herr, daß er ihnen eine »Pflanzung des Heiles« sprießen lasse (*Ez* 34,29). Im NT sind die P. Symbol der spendenden Lebenstiefe; Pflanzen und Begießen sind Gleichnis für die Tätigkeit der Apostel; letztlich sind alle Menschen »Gottes Ackerfeld« (1 *Kor* 3,9). P. können zum Bild des Menschen werden: Der gute Same sind die Kinder Gottes, das Unkraut sind die Kinder des Bösen (*Mt* 13,38). Hier sei auf die bei vielen Völkern anzutreffende Eigentümlichkeit hingewiesen, Menschliches durch Begriffe aus dem pflanzlichen Leben auszudrükken: Stammbaum, Sprößling, ein Früchtchen, Wuchs, fruchten, verwurzelt sein. Auch → Paracelsus vergleicht wiederholt das menschliche Leben mit dem der P.

Kulturgeschichtlich ist die Frau stärker an die Pflanze gebunden, der Mann mehr an das Tier. Blume und Baum sind in ihrem weiblichen Aspekt mythischer Geburtsort; die Vegetationsgötter sind die sterbenden und wiederauferstehenden Söhne der Magna Mater, der unsterblichen Natur. Das Adonisgärtchen und die Kornmumie des Osiris zeugen von dem Glauben an eine Auferstehung nach dem Tode. nach Maximus von Turin (um 400) ist das »Fleisch des Herrn« zur Osterzeit »einer strahlenden Blüte gleich« aus dem Grabe entsprossen. Das ganze MA hindurch wurde das Wiedererwachen der Vegetation im Frühling bewußt als Gleichnis des österlichen Heiles erlebt. Im Märchen von Aschenputtel wirkt die tote Mutter im Bäumchen auf dem Grabe zum Segen der verwaisten Tochter weiter. In den Legenden weist das Wachsen, Grünen und Blühen unter unnatürlichen Umständen auf die Kraft des Heiligen; so fing ein schon lange verdorrter Baum im Augenblick des Todes der hl. Theresa von Avila wieder zu blühen an. Eine wichtige Quelle für das Verständnis mittelalterlicher P.symbolik ist der *Liber floridus* des Kanonikers Lambertus von St. Omer (um 1120), der die Welt unter dem Bilde der P. darstellt. → Heilkräuter [Lr]

Ch. Skinner, Myths and Legends of Flowers, Trees, Fruits and Plants, London 1926; J. Niessen, Rhein. Volksbotanik, 2 Bde., 1937; L. Behling, Die P. in der mittelalterl. Tafelmalerei, 1957; E. Lehner/J. Lehner, Folklore and symbolism of flowers, plants and trees, New York 1960; J. Dalabert, La flore sculptée des monuments du Moyen Âge en France, Paris 1965; Z. Silberstein, Die P. im AT (Stud Gen 20/1967); C. Runge, Die Bedeutung der P. in der Malerei der Romantik (Stud Gen 20/1967); G. B. Ladner, P.symbolik u. d. Renaissancebegriff (Zu Begriff u. Problem d. Renaissance, hg. v. A. Buck, 336–394), 1969; Sh. M. Gupta, Plant myths and traditions in India, Leiden 1970; M. Lurker, P. (Symbol, Mythos u. Legende in der Kunst, 37–58) [2]1974; Br. Lehane, The power of the plants, Maidenhead 1977. R. E. Schultes/A. Hoffmann, P. der Götter, 1980; H. Schöpf, Zauberkräuter, 1986; Ch. Rätsch, Lex. der Zauberpflanzen aus ethnolog. Sicht, 1988.

**Pflaumenbaum,** in Japan ganz allgemein ein Symbol des Glücks (→ Shintoismus); im Zen-Buddhismus kann die Pflaumenblüte auf das Aufbrechen der Erleuchtung hinweisen. Lao-tse wurde unter einem P. geboren. Die fünf Blütenblätter symbolisieren in China die fünf Glücksgötter; sexualsymbolisch zu werten ist die Bezeichnung »Pflaumenblütendecke« für die Decke des Brautbetts. In psychoanalytischer Traumdeutung wird »Pflaume« öfters als weibliches Sexualsymbol interpretiert, ähnlich wird das Wort im Volksmund gebraucht. In der christlichen Ikonographie ist die Pflaume bedeutungslos, in der Renaissancemalerei nur von dekorativer Signifikanz. [*]

**Pflug.** Die öfters im Moor gefundenen hölzernen P.scharen aus dem vorgeschichtlichen Mittel- und Nordeuropa hatten wahrscheinlich fruchtbarkeitssymbolische Bedeutung. Bei zahlreichen Völkern findet sich die Vorstellung, wie der männliche P. die weibliche Erde befruchtet; hier kann auch an den athenischen

Brauch erinnert werden, die Vollehe auf einem P. zu schließen. In China leitete der Kaiser persönlich das rituelle Pflügen. Nach einer Sage der Skythen fielen einst ein goldener P., ein Joch, eine Streitaxt und ein Becher vom Himmel; wer sich ihrer bemächtigen konnte, wurde Herr über Bauern und Krieger. Bei den alten Balkanvölkern wurde der P.schar apotropäische Bedeutung zugesprochen; ähnlich zu werten ist der aus Deutschland bekannte Volksbrauch des Umpflügens eines Dorfes oder Flurteils, manchmal auch abgeändert in ein Umfahren mit dem P. In der nordischen Mythologie erscheint die Fruchtbarkeitsgöttin Gefjon als Pflügerin. Fruchtbarkeitssymbolische Bedeutung haben die P.bräuche an → Fastnacht (vgl. letzter Abschnitt). Im Gegensatz zum im Kampf geführten Schwert ist der P. ein Symbol des Friedens, so schon in der Bibel (*Jes* 2,4). [Lr]

E. H. Meyer, German. Pflügebräuche (Zs. des Vereins für Volkskunde 14/1904); J. C. Notebaart, Der P. als Kultgerät (Von fremden Völkern u. Kulturen. Fs. H. Plischke), 1955; J. Pätzold, Rituelles Pflügen beim vorgesch. Totenkult (Prähistor. Zs. 38/1960); Fr. Hančar, Der »goldene P.« der skythischen Abstammungslegende in archäolog. Sicht (Studien z. Sprachwissenschaft u. Kulturkunde. Gedenkschr. f. W. Brandenstein), 1968.

**Phallus,** Symbol der Fruchtbarkeit und des Lebens; als Zeichen besonderer Kraft → Abwehrzauber. Die Vorstellung vom hl. P. findet sich durch all die Jahrtausende mit dem Bild des → Vaters verbunden. Das Zeugungsorgan ist der schöpferische Teil der Gottheit, so in den Mythen und Kulten des Osiris (der postum seinen Sohn Horus zeugt), Priapos, → Dionysos, → Shivas und des germanischen Freyr. Einen ausgesprochenen P.kult gab es im frühen Shintoismus.
Schon in der Steinzeit und heute noch bei schriftlosen Völkern dienen P.darstellungen dem Fruchtbarkeitszauber; bei den *liberalia,* einem römischen Fruchtbarkeitsfest, wurde die Nachbildung eines P. öffentlich umhergefahren. Bis ins 18. Jh. wurde unter dem Namen St. Leonhards-Nagel ein P.fetisch durch Oberbayerns Felder getragen. Auf Grund gewisser Analogien finden sich Gleichsetzungen u. a. mit Fisch, Horn, Schlange, Pinienzapfen, Pflug und Blitz. Im antiken Grabkult erscheint der P. als Symbol neu erwachenden Lebens (→ Etrusker). Aufgerichtete Steine in phallischer Bedeutung sind aus Indien bekannt; auch die Menhire hat man verschiedentlich in diesem Sinnzusammenhang interpretiert. Nur zu oft werden einzelne Gegenstände und Bauteile (wie Türme) in der Wahrnehmungsschablone psychoanalytischer → Sexualsymbolik gesehen. [Lr]

H. Herter, De Priapo (Religionsgesch. Versuche u. Vorarbeiten 23) 1932; B. Einerstam, Notes on phallic figures and stones in Scandinavia (Ethnos 21/1956); H. Genge, Sinn u. Bedeutung der Menhire (Ipek 22/1966/69); H. K. Rühmann, Der P.kult in Afrika (Ethnos 32/1967); O. Reutersvärd, The Neo-Classic Temple of Virility and the Buildings with a Phallic Shaped Ground-Plan, Lund 1971; Th. Vanggaard, P., 1971; M. Caza, Gods of Myth and Stone. Phallicism in Japanese Folk Religion, London 1974; E. Monick, P. Sacred Image of the Masculine, Toronto 1987 (dt.: Die Wurzel der Männlichkeit, 1990).

**Philon** von Alexandrien, etwa 25 v. Chr. – 50 n. Chr. Ph.s Symbolbegriff beruht auf der Grundbedeutung von *sýmbolon:* Teile, die ursprünglich eine Einheit gebildet hatten, auf Grund von Merkmalen zusammensetzen, d.i. symbolische Auslegung, die synthetische Technik innerhalb der allegorischen Auslegungswissenschaft. Als logisches Werkzeug dient dabei die → Analogie, als Methode die Diairese, die verschiedenes aussondert, vieles aber als dasselbe zusammenführt. Symbolische Auslegung sucht mit dem Bibelwort noch einen weiteren Begriff, der damit der Idee nach zusammengehört (vgl. Platon *Symposion* 191 D). Ph. definiert die → Allegorie nicht, dafür aber das Symbol: »Die Symbole liegen in den Wörtern für die Dinge, die nur durch das Denken erfaßbar sind« (*De Abrahamo* 119). Symbol besagt für Ph. das zu dem Bereich des Denkens und der Sprache bestehende Verhältnis. Allegorische Auslegung stellt Gleichheit zweier Begriffe auf Grund der zusammenführenden Funktion des Logos fest: Die SCHLANGE von 1 *Mos* 3, 1 ist Symbol der Sinnenlust, weil Schlange und Sinnenlust in der Vielheit der Dinge eine *dyás* bilden, die durch ihren gemeinsamen Logos (= Verhältnis) »vielverflochten und vielgestaltig wie die Bewegung der Schlange ist auch die Sinnenlust« (Gesetzesalleg. 2,74) ein *hén* sind. Von manchen Dingen offenbart die Schrift auch eine entgegengesetzte Wesenheit: die EHERNE SCHLANGE 4 *Mos* 21, 8 ist deshalb Symbol der Selbstbeherrschung, »denn einer kräftigen und festen Wesenheit, der des Erzes wird verglichen der Logos der Selbstbeherrschung, weil er stramm und unerschütterlich ist« (ebd. 81). Gelegentlich stützt Ph. seine symbolische Auslegung noch durch etymologische Ableitung. Oft findet er jedoch die Wesenheit der Dinge unmittelbar in ihrer Etymologie.

Ph. hat sich das platonische Erkenntnissystem angeeignet (7. Brief 342): dessen drei erste Stufen (die Erkenntnismittel) Name *(ónoma)*, Definition *(lógos)*, Abbild *(eídolon)* ersetzt das Bibelwort. Wie die 4. Stufe (Erkenntnis: *epistéme*) zur 5. ihrem Objekt, dem wahrhaft Seienden, so führt bei Ph. die → Allegorese, die die Erkenntnis eben der in der Bibel geoffenbarten Dinge ermittelt, zur Gottesschauung. Während nach platonischer Lehre die menschlichen Erkenntnismittel der Täuschung unterliegen und deshalb sichere Erkenntnis nicht möglich ist, garantiert bei Ph. an deren Stelle das Bibelwort sichere Erkenntnis der menschlichen und göttlichen Dinge. Denn in der → Bibel sind Namen und Dinge dasselbe, da Moses durch Gott die Schau der Dinge erhalten hat und so bei der Namengebung ihre wahre Wesenheit bezeichnen konnte. [JBB]

C. Siegfried, Ph. als Ausleger des AT, 1875; H. Leisegang (PWRE 20); E. Stein, Die allegorische Exegese des Ph. 1929 (Beih. z.ZATW 51); K. Staehle, Die Zahlenmystik bei Ph. 1931; I. Heinemann, Ph.s griech. u. jüd. Bildung. 1932 (1962); H. A. Wolfson, Philo. Cambridge 2 Bde., 1948; G. Delling, Wunder – Allegorie – Mythus bei Ph. (Wiss. Zs. der Univ. Halle, ges.- u. sprachwiss. Reihe, 4) 1956–57; J. Daniélou, Ph. d'Alex., 1958; A. Wlosok, Laktanz u. die philosoph. Gnosis, 1960; J. Pépin, Remarques sur la théorie de l'exegèse allégorique chez Ph. (Ph. d'Alexandrie; Lyon 11–15 Septembre 1966) Paris 1967; U. Früchtel, Die kosmolog. Vorstell. bei Ph. (Arb. z. Gesch. und Lit. d. hellenist. Judentums 2) 1968; I. Christiansen, Die Technik der allegor. Auslegungswissenschaft bei Ph. (Beitr. z. Gesch. d. bibl. Hermeneutik 7) 1969.

**Philosophie** (griech. *philosophia*), Weisheitsliebe, Weisheitskunde. Im vorsokratischen Denken wird das Wort auf theoretisches Wissen, d.h. auf Vorstellungen von dem Hintergrund der Welt be-

schränkt. Sofern der *philosophos* ursprünglich nach *sophia* strebt und damit das Wissen um die göttlichen Ideen meint, denkt er diese zunächst als Symbole und erfährt dabei, daß die Bezeichnung *sophos* nur den Göttern zukommt. In dieser philosophischen Urerfahrung ist *sophia* vom mythischen Weltgefühl und von dem noch ungeformten Umgang mit mythischen Symbolen kaum zu trennen. Selbst erste Grundbegriffe, die zur Erklärung des Weltganzen angenommen wurden, wie Erde, Wasser, Feuer u.a., konnten ihres mythisch-symbolischen Charakters insofern noch lange nicht völlig entkleidet werden, als sie mit Gottheiten und anderen Mächten in Verbindung gebracht wurden, denen sie entstammen. Wenn Thales aus Milet sich mit dem Stoff unmittelbar verknüpfte Kräfte dachte, so geschah das ohne nähere Bestimmung der Zusammenhänge. Vielmehr folgerte er es aus der mythischen Vorstellung, daß alles von Göttern erfüllt sei, weshalb auch alle Dinge belebt und beseelt waren.
Der Symbolcharakter der ursprünglichen philosophischen Vorstellungen verliert sich erst langsam auf dem Wege des griech. Geistes vom → Mythos zum Logos. Diese nach Homer beginnende Entwicklung führt über Hesiod und die späten → Vorsokratiker bis zum Beginn des Systemdenkens bei → Platon und bei Herodots Geschichtsschreibung. Aber selbst die spätere Gliederung der Ph. in Metaphysik (mit Theologie und Ontologie), Physik, Kosmologie, Psychologie, Ethik, Politik u.a. hat das Denken dieser Begriffe und vieler anderer, die sich aus der Artikulation in Unterbereichen ergeben, von symbolhaften Hintergründen und offenen, intuitiv erfahrbaren Akzenten keineswegs befreit. Das gilt sowohl für Urbegriffe wie Sein, Gott, Logos, Welt u.a. wie auch für alle Anfangsgründe neuer Lehren, neuer Systeme, denen meist intuitive Überzeugungen, gelegentlich auch mythische »Eingebungen« vorausgehen. Dazu werden auch heute manche Symbolreste gerechnet, die sich aus klassischen und modernen hermeneutischen Deutungen ergeben.
Es gibt in der modernen Ph. ebenfalls viele offene Grundbegriffe, die zwar dem Aufbau von Systemen dienen, deren philosophische Gehalte nur unvollständig und zwar intuitiv oder »existenziell« erfaßt werden, worüber man sich stillschweigend zu verstehen glaubt. Dazu gehören u.a. die »Wesenheiten« in Husserls Phänomenologie, das »Wertfühlen« bei Max Scheler, die kosmologischen »Bilder« des Ludwig → Klages, das »Sein als Erlebnisinhalt« im »Seinsverständnis« bei Martin → Heidegger, das »Umgreifende« sowie die »Chifferschrift« bei Karl Jaspers (→ Chiffre). Will man den jeweiligen Aufbau einer philosoph. Lehre für logisch konsequent durchdacht halten, so versucht man alle Strukturen, Beziehungen und Folgerungen in solcher Aufbauarbeit mit dem Prädikat »rational« zu charakterisieren und etwas vergröbert auch die ganze Ph. über ihre Fundamente hinaus ebenfalls so zu bezeichnen. Als gäbe es nichts im Gedankenaufbau, das außerhalb des rational Erfaßbaren läge. In der Tat werden viele der Grundbegriffe nur zufriedenstel-

lend geklärt als »eindeutig« gebraucht, obwohl sie das nicht sind, weshalb sie – ähnlich den »dunklen« Fundamentalbegriffen – Symbolcharakter haben und dieser daher größtenteils auch der Ph. als Ganzes zugeschrieben werden muß. → Ästhetik, → Logik. [GSch]

S. K. Langer, Ph. in a new key. A study in the symbolism of reason, rite and art, Cambridge/Mass. 1951; E. Cassirer, Ph. der symbol. Formen II, Das mythische Denken, [2]1953; M. Thiel, Die Symbolik als philosoph. Problem u. philosoph. Aufgabe (Studium Generale 6) 1953; W. Bröcker, Dialektik, Positivismus, Mythologie, 1958; A. Klein, Glaube u. Mythos, 1973; W. Nestle, Vom Mythos zum Logos, [4]1974; G. Schischkoff, Vom platon. Mythos zum kybernetischen Logos (Zs. f. Ganzheitsforschung 21) 1977; H. Rombach, Welt u. Gegenwelt. Die philosoph. Hermetik, 1983.

**Phönix,** → Fabelwesen orientalischer Herkunft. Bei den Ägyptern unter dem Namen Benu (von *uben* = leuchten, aufgehen) dem Sonnengott Re zugehörig, dann auch Erscheinungsform des Osiris. Zunächst in der Gestalt einer Bachstelze, später eines Reihers, galt der Ph. als »Herr der Jubiläen«, was zur Vorstellung seiner Langlebigkeit führte. Auf römischen Münzen mit der Umschrift *aeternitas* sollte er auf die Unvergänglichkeit des Kaiserreiches hinweisen. Vom Christentum als Sinnbild des sich durch den Tod erneuernden Lebens übernommen; in der älteren christlichen Kunst sitzt er, mit Strahlennimbus versehen, als Paradiesvogel auf Palme oder Palmzweig; später wird der aus den Flammen heraus sich erneuernde Vogel dargestellt und in Beziehung zu Christi Opfertod und Auferstehung gesetzt. Im Sinne der Wiedererneuerung auch → alchemistisches Symbol. Den Chinesen galt der Ph. als Glückszeichen (u. a. auf Brautkleidern) und kaiserliches Symbol. [Lr]

J. Hubaux/M. Leroy, Le mythe du Phénix dans la littérature grecque et latine, Lüttich 1939; W. Wolf, Der Vogel Ph. u. der Gral (Studien z. dt. Philologie des MA) 1950; R. van den Broek, The myth of the Phoenix. According to classical and early Christian traditions, Leiden 1972.

**Physiologus** (Naturkundler) Sammlung von einem halben Hundert christologischer und asketischer Allegoresen eines anonymen Autors des 3. Jh., deren Ausgangspunkt die Verhaltensweisen von Tieren (Eigenschaften von Bäumen und Steinen) sind, für die als Gewährsmann und Quelle ein »Ph.« angeführt wird, dessen Name auf das vorliegende Werkchen überging. Beispiel: Drei Verhaltensweisen des LÖWEN: Wittert er einen Jäger, dann verwischt er seine Fährte mit dem Schweif: so hat Christus bei seiner Inkarnation den bösen Mächten seine Gottheit verborgen, um sie zu täuschen (vgl. 1 *Kor* 2, 8, Ignatius, Eph. 19, 1 u.a.). Schläft d. Löwe, bleiben seine Augen offen: so schläft der Herr am Kreuz in seiner Leiblichkeit, seine Gottheit aber wacht zur Rechten des Vaters. Das Löwenjunge wird tot geboren, bis sein Vater am dritten Tag kommt und es durch seinen Anhauch erweckt; so hat Gott Vater unseren Herrn auferweckt (Kap. 1). Die Aussagen des Naturkundlers werden nach Möglichkeit mit Bibelzitaten verbunden (in unserem Beispiel 1 *Mos* 49, 9; *Offb* 5, 5; *Hld* 5, 2; *Apg*. 5, 30f.; 10, 40ff.).
Mitte der geistlichen Lehre des Ph. ist der Sieg über die Konkupiszenz: Ist der Winter vorbei, bringt die Schwalbe den Frühling wieder. Auch die vollkommenen Asketen gedenken des Herrn, sobald der

Winter, d.h. jede Begierde vorbei ist und sinnen ihm nach (beim Stundengebet?) am Morgen (*Ps* 62, 7 Kap. 33). Bei den Wildeseln beißt der Vater jedem männlichen Fohlen die Hoden ab: lobenswert ist die (freiwillige) Enthaltsamkeit (Kap. 9). Der Fuchs, wenn er keine Beute findet, stellt sich tot, die Vögel kommen und wollen sein Fleisch fressen, da springt der Fuchs auf und faßt sie: Des Teufels Fleisch ist Mord, Ehebruch, Geldgier, Wollust (Kap. 15). Wie der Biber sein Zeugungsorgan dem Jäger überläßt, so soll der Asket *(politeutés)* dem Jäger, d.h. dem Teufel überlassen, was sein ist: Unzucht, Ehebruch, Habgier (Kap. 23). Wichtig ist die Feststellung, daß jedes Geschöpf ambivalent, lobenswert und tadelnswert ist (Kap. 3); die Schlange ist *Joh* 3, 14 Typus Christi, obwohl sie unrein und Teufelssymbol ist. Origenes (*Ez. hom.* 11, 3) erklärt schon, daß Tiere in der Schrift *in utroque genere, id est malo ac bono* erscheinen und führt Löwe (1 *Mos* 49, 9; 1 *Petr* 5, 8f.; *Ps* 9/10, 9) und Schlange an (*Joh* 3, 14; *Mt* 10, 16). Origenes hat gegen Kelsos (IV, 87) argumentiert, daß mit den Tieren in *Spr* 30, 24–28 nicht die sichtbaren Tiere gemeint seien, sondern die Menschen, die deren Charakter (*katastasis*, so zu *Ps* 103, 18 Pg 12, 1561 C; vgl. Hippolyt zu *Hld* 2, 15 (armen): die kleinen Füchse sind die Charaktere der Menschen) haben. Origenes hat auch als erster das Bild vom Meer des Lebens geprägt (*Jer. hom.* 18, 5; *Lev.hom.* 7, 7, u.ö. Ph. Kap. 39). Wahrscheinlich liegt dem Ph. die Exegese des → Origenes und seiner Schule zugrunde. Er und Hippolyt erklären auch zuerst das Hohelied allegorisch wie der Ph., während es Klemens von Alexandria nicht einmal zitiert, auch Jak. wird zuerst von Origenes und dem Ph., nicht von Klemens zitiert. Der Ph. kennt schon die Paulusakten (und das Protoevangelium-Jak.). All das spricht gegen einen Ansatz des Ph. noch im 2. Jh. Andererseits ist neben dem Rückgriff auf die antike Naturlehre auch das Nachwirken altägyptischer Mythen und jüdischer außerbiblischer Traditionen (Kap. 43 vom Elephanten: Paradiesesbaum war Mandragora) festzustellen. Der griechische Text des sicher in Ägypten (Alexandrien?) entstandenen Volksbuches ist in vier Rezensionen, die sich untereinander durch Zusätze, Kürzungen und Änderungen unterscheiden, sowie in zahlreichen Übersetzungen erhalten. → Bestiarium [JBB]

M. Wellmann, D. Ph. (Philologus Suppl. 31) 1930; B. E. Perry (PWRE 20, 1) 1941; A. Grillmeier, Der Logos am Kreuz, 1956 (zu: Löwe); H. Rahner, Griech. Mythen in christl. Deutung, 1957 (S. 324ff.); E. Peterson, Frühkirche, Judentum u. Gnosis, 1959 (Spiritualität); U. Treu, Otterngezücht (Zs. f. d. Neutestamentl. Wiss. 50/1959); B. Widmer (Zs. f. Rel. u. Geistesgesch. 15/1963, S. 313ff.; zu Perle); U. Treu, D. Wiesel im Ph. (Wiss. Zs. Rostock 12/1963); M. I. Gerhardt, The antlion and the inkfishes (Vivarium 3/1965); U. Treu, Amos VIII, 14, Schenute u. d. Ph. (Nov. Test. 10/1968); E. Brunner-Traut, Altägypt. Mythen im Ph. (Antaios 10/1969); R. Riedlinger, D. Ph. u. Klemens v. Alex. (Byz. Zs. 66/1973).

**Piaget, Jean** → Psychologie

**Picasso,** Pablo (1881–1973). Trotz seiner epischen Vielseitigkeit und Formerfindungskraft war P. hauptsächlich ein Humanist, der immer das Menschenlos in seinem Werke symbolisierte. Die kaltblauen ergreifenden Themen seines ersten persönlichen Stiles, der

Blauen Periode (1903–1905), sind Symbole für das menschliche Schicksal, für Hunger und Einsamkeit. Seine zweite, die Rosa- oder Zirkusperiode (1905–1906), besitzt denselben Ausdruckszweck, obzwar in einer etwas milderen Form; die Hauptgegenstände dieser Periode, Akrobatenfamilien oder einzelne Jongleure, sind der Tradition gemäß arme und heimatlose Menschen.

P.s hervorragende Meisterwerke in Konzept wie auch in Form sind die *Demoiselles d'Avignon* (1907) und *Guernica* (1937), beide im Museum of Modern Art, New York. In diesen Gemälden kritisiert er die Zerstörung und den völligen Verlust der menschlichen Würde. In den *Demoiselles d'Avignon* finden wir eine Erinnerung an ein Bordell. Die fünf Frauenfiguren auf dem Bild sind alle Dirnen in verschiedenen Phasen des Verfalls und der Afrikanisierung. Das ganze Gemälde ist ein Symbol für die Demütigung des weiblichen Geschlechts, vielleicht auch für die Angst vor Geschlechtskrankheiten, und stellt gleichzeitig einen Angriff auf das Spanien jener Zeit dar.

Das während des spanischen Bürgerkrieges in schwarz, weiß und grau gemalte Bild *Guernica* symbolisiert die Tragödie und Erlösung der Menschheit in Kriegszeit. Es ist der Bühnenausstattung eines Renaissancetheaters ähnlich und stellt verschiedenartige Reaktionen auf die Zerstörung von oben her dar. Von rechts nach links gesehen finden wir die Abbildung eines kraftlosen, brennenden Mannes, in der Falle einer brennenden Stadt. Eine Frau wendet sich der Erlösung zu, dargestellt durch einen ENGEL, der auf die Bühne niederschwebt und eine Petroleum-LAMPE in der Hand hält (Symbol für ewige Wahrheit und göttl. Licht). Das verwundete PFERD symbolisiert die Schändung Spaniens. Oben in der Spitze eines Dreiecks befindet sich eine GLÜHBIRNE innerhalb eines ovalen Lampenschirmes; ihre wimpergleichen Lichtstrahlen bedeuten das Auge Gottes, das alles zu sehen vermag. Ein zerbrochenes Standbild links auf dem Boden stellt die Zerstörung aller Kunst- und Kulturwertbegriffe während des Krieges zur Schau. Ganz links unter einem STIER mit loderndem Schwanz (= brutaler Angriff) ist die Frau mit ihrem toten Kind auf dem Schoß symbolischer Hinweis auf die Pietà. [Fi]

J. Sabartés, P., An Intimate Portrait, 1948; S. V. Marrero, P. and the Bull, 1956; A. Blunt, The Formative Years, 1962; R. Arnheim, P.s ›Guernica‹, 1962; H. L. C. Jaffé, Pablo P., 1964; A. Heimann, P. u. d. Affe (Jb. d. Staatl. Kunstsamml. in Bad.-Württ. 6) 1969.

**Pilze** können wegen ihrer berauschenden Wirkung als Droge zwecks Erzeugung von Halluzinationen verwendet werden; im Schamanismus dient der Fliegenpilz als Narkotikum, so bei Jukagiren und Lappen. Nach Ansicht der ostsibirischen Korjaken kann der im getrockneten Zustand gegessene Fliegenpilz die Zukunft enthüllen. Neuere Forschungen wollen auch in den eleusinischen und orphischen Mysterien Einflüsse von P.n erkennen, dabei wird u. a. an das schon im Altertum bekannte Mutterkorn des Mutterkornpilzes gedacht. Ob die Chinesen halluzinogene P. gekannt und benutzt haben, ist nicht gesichert, wohl aber die Wortverbindungen »Götterpilz«, »Wunderpilz« und »glückbringender

Pilz« zusammen mit der Assoziation »langes Leben«. Nach Wasson soll die geheimnisvolle Soma-Pflanze der vedischen Arier der Fliegenpilz gewesen sein. Im europäischen Volksglauben gehört der Fliegenpilz zu den → Glückssymbolen. [Lr]

R. Heim / R. G. Wasson, Les champignons hallucinogènes du Mexique, Paris 1958; R. G. Wasson, Soma. Divine Mushroom of Immortality, New York 1972.

**Pinie, Pinienzapfen,** In der Antike bezeichnet *pinus* alle zapfentragenden Nadelbäume. Die eigentliche P. und der vielschuppige P.zapfen sind Symbol der Fruchtbarkeit und des Lebens. Der P.zapfen war schon in der assyrischen Kunst ein beliebtes Motiv und findet sich – oft in phallischer (= lebenzeugender) Bedeutung im Kult der → Demeter und des → Dionysos und als Symbol der Lebenserneuerung in etruskischen Gräbern. Orientalischen Ursprungs ist die Krönung von Brunnen mit einem P.zapfen, in der christlichen Kunst im Zusammenhang mit der Symbolik von Lebensbaum und Lebensbrunnen gesehen. Der Kirchenlehrer Ambrosius (*Hexaemeron* III, 16) erblickte in der Fruchtbarkeit der P. ein Sinnbild des sich immer wieder erneuernden Lebens der Natur, das wiederum auf das ewige Leben hinweist. [Lr]

E. Diez, Pinienzapfen (Pro arte antiqua. Fs. für H. Kenner, 1), 1982.

**Planetengottheiten,** kultisch verehrte Personifikationen der Wandelsterne, stehen vielfach an der Wurzel der → Astrologie und spielen auch in Astralmythen eine Rolle. Die Ursache für die Beachtung der Planeten liegt in ihrer freien Bewegung: sie kreisen nicht unabänderlich um den Himmelspol, sondern haben scheinbar einen »freien Willen«, was für den Betrachter des nächtlichen Himmels den Schluß auf höhere kosmische Wesen nahelegt. Unterschiedliche Leuchtkraft und Farbe führten zur Annahme bestimmter Charaktereigenschaften, so z.B. schon in den altorientalischen Kulturen. Von den »7 Planeten« (mit Sonne und Mond) galten ab der Antike als »männlich« Sonne, → Mars und → Jupiter, als »weiblich« Mond, → Venus und erstaunlicherweise auch → Saturn, symbolisch meist als graubärtiger Greis mit Sense und Stundenglas dargestellt (Kronos/Chronos!), → Merkur als hermaphroditisch. Meister Ekkehart (ca. 1260–ca. 1328) nannte Saturn einen Läuterer, Jupiter einen Begünstiger, Mars einen Furchterwecker, die Sonne einen Erleuchter, Venus einen Liebebringer, Merkur einen Gewinner, den Mond einen Läufer. Die → Magie des MA und der Neuzeit kennt (auf spätantiker Basis) an Stelle von P. kosmische Wesenheiten, die in den Planeten wohnen (*intelligentia, daemonium:* so etwa → Agrippa v. Nettesheim). Diese sollten auch durch Evocations-Riten (Theurgie, eigentlich »Götterzwang«) beschworen und zum Gespräch mit dem Magier veranlaßt werden. Eine Wurzel für diese Ideologie liegt wohl in der Gestirnkult-Symbolik der vorislamischen Syrer des Landes Harrān (Carrhae), die sich den Moslimen gegenüber als Sabier (judenchristl. Elkesaiten) bezeichneten, um sich die Toleranz der Kalifen den Offenbarungsreligionen gegenüber zu sichern. Sie waren jedoch Gestirnanbeter, die bei magischen Riten den P. bis in das 9. Jh. hinein Menschenopfer gebracht haben sollen. Nach dem Sieg des Islam wurden planetarische Symbole und Analogielehren der Sabier von den Arabern umgestaltet und z.T. in die → Alchemie der Frühzeit eingebaut, bes. durch den Omajjadenprinzen Châlid ibn-Jazid. Die Auffassung der P. in späteren Epochen ist eher metaphorisch als buchstäblich, sofern nicht Evocationsriten (s.o.) im Spiele waren. – In exotischen und frühen Kulturen wurden von den P. außer Sonne und Mond vorwiegend Venus (Morgen- u. Abendstern) und der rötliche Mars beachtet und in Kulte einbezogen. [Bi]

O. Behrendsen, Die Darstellungen von P. an und in dt. Bauten, 1926; H. A. Strauß, Psychologie und astrolog. Symbolik, 1953.

**Platon,** 428/27 – 349/48 Athen, griechischer Philosoph, Schüler des Sokrates und Lehrer des Aristoteles; mit diesem als Begründer der Metaphysik anzusehen. P. verfaßte – anders als Aristoteles – keine systematischen Schriften, sondern Dialoge: sie waren ihm die einzige literarische Form, in der die dialektische Problematik (Begriffsklärung) dem Ausdruck (erzieherisches Gespräch) entsprach; um 385 Gründung der Akademie als Schule des Philosophierens, P. sagt, er habe seine wesentliche Lehre nie schriftlich mitgeteilt und verwerfe die schriftliche Fixierung, da das Eigentliche nicht diskursiv mitteilbar sei: »die Wörter sind ohnmächtig« (7. Brief).

Die symbolische Rede in Gleichnissen und Mythen erhält (nach den sokratisch-aporetischen Frühdialogen) ab *Gorgias* besondere Bedeutung. Im Liniengleichnis ist die raumzeitliche Welt der Wörter und Gegenstände, der *eidola* (Abbilder), symbolisiert in der Begriffswelt; diese besteht aus den Begriffen und den Ideen, und nur letztere sind »wahrhaft Seiendes«, Wesen (*eidos*), Urbilder. Die SONNE als Quelle des Lichts und Ursache des Sehens ist Symbol für die höchste Idee des Guten, die die Wahrheitserkenntnis ermöglicht *(Staat)*. Im Höhlengleichnis nehmen die Menschen, in der Höhle gefesselt, nur das ECHO und die wandernden SCHATTEN der Dinge wahr (Symbol menschlicher Vergänglichkeit). Die HÖHLE ist Symbol der irdischen Begrenztheit, die Lichtquelle ist ein FEUER, das von der Sonne kommt; die Idee des Guten »erzeugt im Sichtbaren das Licht und die Sonne als Herrin des Lichts, im Begrifflichen aber bringt / die Idee / allein als Herrin die Wahrheit und die Vernunft hervor« *(Staat)*.

P. nahm zwar die logisch-begrifflichen Errungenschaften der Sophistik und des Sokrates auf, er änderte aber den Rationalismus von deren Techne-Können bzw. von dessen Tugendwissen in eine »Glaubensgewißheit« um (vgl. *Phaidon*); sie rückt philosophische Begriffe nahe an die Symbolik mythischer Wahrheiten. Der *Chorismos* (die seins- und erkenntnismäßige Kluft zwischen Abbildern und Ideen, d.h. zwischen Werden und Sein) ist diskursiv nicht überbrückbar. Nur Mythos und Traum nähern sich – in symbolischer Rede – der Wahrheit. »Es ist schwer, die höheren Dinge begreiflich zu machen ohne sinnliches Bild; es ergeht uns wie einem, der im Traum alles gewußt

hat und im Wachen nichts mehr weiß« *(Politikos)*.
Im Mythos von der Weltschöpfung wird Gott als Gründer und Ordner, als Demiurg, zum Symbol der permanenten Bewegung der Welt selbst; der Kosmos ist Abbild eines ewigen Urbildes *(Timaios)*. Konstruktiv-künstlerisch entwirft Platon die Symbolik von Mensch und Kosmos: beide sind analog gestaltet (*Staat, Timaios*). Höhepunkt dieser Symbolik ist der Mythos von den ursprünglichen Menschen, die in Bewegung und kugeliger Gestalt den Gestirnen verwandt waren; den Heutigen ist nur der *Eros* geblieben, das Verlangen, die verlorene Ganzheit in der Vereinigung mit Körper und Seele eines andern wiederherzustellen (KUGEL als Symbol für Ganzheit und Vollendung). Im Bild des RUNDEN decken sich sinnlicher und ethischer Wert des Urzustandes, der auch Idealzustand ist (*Symposion, Phaidros*). Ähnlich in den Jenseitsmythen: während die volkstümlichen Bilder vom Hades nur noch unverbindliche Symbole sind, findet P., bei den → Pythagoreern, die Seelenwanderung als Sinnbild für die Unsterblichkeit der Seele, und zwar regulativ für ethisch-politisches Handeln und für die Erkenntnis: in der *anamnesis*, Wiedererinnerung (*Gorgias, Phaidon, Staat*). Die Seele ist zwar im Körper begraben, aber sie ist selbst zweigeteilt: ihr Affekt zieht nach unten, sterblich, ihr Intellekt nach oben, unsterblich. Die Symbolik ist nicht glatt aufzulösen; bei P. gibt es keinen mystischen Übergang vom Werden zum Sein.
In der ZAHLENsymbolik bedeutet 1 den Ursprung, auch Gott, 2 das grundsätzlich Andere, 3 die Synthesis von Eins und Anders, 4 die Proportion, Vielheit als Harmonie. P. symbolisiert die Ideen durch die Zahlen, es ist jedoch keine Identifikation. Da Denken gleich Unterscheiden ist, wurzelt es zwar in Mathematik, diese aber wird überhöht von der LICHTsymbolik jenes Bereichs, den die Seele auf dem Weg vom Dunkel zum Licht schaut, wobei der Charakter der Schau selbst schwankt zwischen Wirklichkeit und Sinnbild, zwischen Abstraktion und Mythos. [Wr]

W. Moog, Das Naturgefühl bei P. (Arch. f. Gesch. der Philosophie 24) 1911; K. Reinhardt, P. Mythen, 1927; P. Friedländer, P., Band 1 u. 2, [3]1964, Band 3, [2]1960; E. Hoffmann, P. 1961; K. Gaiser, P.s ungeschriebene Lehre, 1963; J. Pieper, Über die platon. Mythen, 1965; E. R. Dodds, Die Griechen und das Irrationale, 1970; G. Krüger, Eros u. Mythos bei P., 1978; G. Dietz, P.s Symposion, Symbolbezüge u. Symbolverständnis (Symbolon, N. F. 4/1978).

**Plotin** → Neuplatonismus

**Polarität,** Verhältnis der Gegensätzlichkeit zweier sich gegenseitig bedingender und ergänzender Prinzipien. Die beiden Pole zeugen von der Einheit des Seins (im Gegensatz zur Weltanschauung des → Dualismus). Zu den elementarsten menschlichen Erfahrungen gehören die Bilder von OBEN und UNTEN. In dieses Begriffspaar wird die Mannigfaltigkeit des ganzen kosmischen und menschlichen Seins eingeordnet: einerseits HIMMEL, Licht, Feuer, Sonne, Tag, Zeugung, Leben, Geist, Bewußtes; andererseits ERDE, Dunkelheit, Wasser, Mond, Nacht, Geburt, Tod, Frau, Gefühl, Unbewußtes. Die Ethisierung der beiden Pole in Gut und Böse fand in den Mythen von dem Bruderzwist (Osiris – Seth, Baal – Moth, Kain – Abel) einen Niederschlag.

Die altchines. Vorstellung von der kosmischen Ordnung wurzelt in dem Gedanken, daß der Urkeim alles Werdens sich in zwei entgegengesetzten und doch zusammengehörigen Wirkungsreihen entfaltete: Ruhe und Bewegung, Nacht und Tag, Erde und Himmel, Frau und Mann, YIN und YANG; die trennende Linie im Yin-Yang-Zeichen bedeutet das Tao, den Urgrund der Welt. Die polare Zweiheit (Dualität) durchzieht auch das ganze altägypt. Denken. Wie auf mythologischer Ebene Osiris und Isis zusammengehören, so auf irdischer Mann und Frau; der Kampf zwischen → Horus (bzw. Osiris) und → Seth entspricht dem Auf- und Abwogen von Licht und Finsternis; wie Ober- und Unterägypten als eigenständige und doch zusammengehörige Teilstaaten (mit eigenen »Wappentieren«: GEIER und SCHLANGE) aufgefaßt wurden, so dachte man sich auch das Totenreich und das Paradies doppelt.

Die mythisch-weltanschauliche Vorstellung von der P. dürfte neben ethnischer Überschichtung zur Teilung in zwei Stammes- oder Dorfhälften mitbeigetragen haben (Zweiklassen- oder Dualsystem) – häufig bei Völkern mit → Totemismus. Auf die beiden gegensätzlichen Hälften (*moities*) werden Gestirne, Himmelsrichtungen, Farben, Pflanzen, Tiere, ja sogar Götter und Heroen symbolisch aufgeteilt. So sind z.B. die Ostjaken in zwei exogame Hälften geteilt: die Por-Leute stehen in Verbindung mit BÄR (Urahn) und Himmelsgott, mit Zeder, Lärche und den Mengk-Waldgeistern; die Mos-Leute mit HASE und Göttin Kaltesch, mit Gans, Birke und den Mis-Waldgeistern.

Der horizontalen Trennung Oben – Unten entspricht die vertikale in RECHTS – LINKS. Die rechte Seite wird (mit wenigen Ausnahmen wie bei der Yin-Yang-Symbolik) mit der dem Himmel zugehörigen Begriffsreihe verknüpft, die linke Seite mit der der Erde. Die alten Ägypter verglichen das rechte Auge mit dem KÖNIG und der Sonne, das linke mit der KÖNIGIN und dem Mond. Die geschlechtlich determinierte Seitensymbolik zeigt sich in der → Rebisfigur der Alchemie nicht weniger deutlich als bei mal. Kreuzigungsbildern (männliche Sonne rechts, weiblicher Mond links vom Kreuz).

Heraklit verstand die P. als ontologische Struktur einer in sich gegensätzlichen Wirklichkeit, die vom einenden Prinzip des Logos zusammengehalten wird. Nach Ovid (*Fasti* IV 787) sind alle Dinge aus entgegengesetzten Prinzipien zusammengesetzt, aus FEUER und WASSER. Die Harmonie aus Gegensätzen ist das Leitmotiv Plotins, sein »stetes Sein und Werden« erscheint bei Goethe als »Stirb und Werde« oft ausgelegt als Abstieg zur Sinnenwelt (Verstrickung im Irdischen) und Aufstieg zum Geistigen (Aufnahme in das leibfreie Reich des Göttlichen). Immer wieder suchten gerade die Dichter nach Bildern für die beiden, die Spannung der Welt bedingenden Pole; so erscheinen z.B. LILIE und SCHLANGE als zentrale Symbole in Goethes »Märchen«, Hoffmanns »Goldenem Topf« und Ernst Jüngers »Marmorklippen«. → Männlich – Weiblich [Lr]

S. Hummel, P. in d. chines. Philosophie, 1949; W. Rauschenberger, Das Weltgesetz der P., 1951; H. Baumann, Das doppelte Geschlecht.

Ethnolog. Studien zur Bisexualität in Ritus u. Mythos, 1955; A. Silva-Tarouca, Die Philosophie der P., 1955; C. G. Jung, Mysterium Coniunctionis. Untersuchung über die Trennung u. Zusammensetzung der seel. Gegensätze in d. Alchemie, 1955–1957; A. W. Watts, The two hands of God. The myths of polarity, New York 1963; M. Lurker, Adler u. Schlange. Von der P. des Daseins (Antaios 5) 1964; G. Goldschmidt, Von der P. in der antiken Alchemie (Antaios 7) 1966; R. Needham (Hrsg.), Right and Left. Essays on Dual Symbolic Classification, Chicago 1973; C. Schneider, Symbole der Mysterien-Religionen als Ausdruck echter P.(Ursprung u. Gegenwart des integralen Bewußtseins. Hg. v. H. Kessler), 1976.

**Politische Symbole.** Seit dem Altertum bedienen sich menschliche Gemeinschaften der p. S. »Noch vor aller Ideologie, die auf das diskursive Denken angewiesen und dem sprachlichen Symbolismus zugeordnet ist, belastet der präsentative Symbolismus von oben und unten, hell und dunkel, innen und außen die sozialen Beziehungen« (H. Pross). Die Symbolik von OBEN und UNTEN (Hoch und Niedrig, Obrigkeit und Untertan) findet in der → Herrschaftssymbolik ihren Ausdruck. Die → Staatssymbole dienen zur Integration nach innen und zur Repräsentation nach außen. Hell und Dunkel (in die ethische Werteskala übertragen Gut und Böse) werden der Symbolpublizistik der Parteien eingeordnet.

Die einzelnen Parteien haben verschiedene Farb- und Bildsymbole. So unterschieden sich im → Islam während des MA einzelne Dynastien durch Leitfarben voneinander. Im 13./14. Jh. entbrannte in Florenz Streit zwischen den Bianchi, den Weißen, zu denen Dante gehörte, und den Neri, den Schwarzen. GRÜN war die nationale Farbe der »grünen Insel« Irland und wurde ab 1690 zur Parteifarbe der nach Unabhängigkeit strebenden Katholiken im Gegensatz zu dem ORANGE der mit England paktierenden Protestanten (Orange = Farbe des Hauses Nassau-Oranien, dem der engl. König Wilhelm III. angehörte). Das aggressive ROT wurde die Farbe der Revolution (Jakobinermütze, Fahne von Meuterern der britischen Flotte 1797, russischer Bürgerkrieg der »Roten« gegen die »Weißen«) und ganz allgemein der sozialistischen Bewegung. Die Zentrumspartei (in Deutschland) griff auf die gelb-weißen Farben der katholischen Kirche zurück (auch in der Flagge des Vatikanstaates). Man vgl. weiter die Bedeutung der Farbe als → kommunistisches Symbol und als → faschistisch-nationalistisches Symbol.

Von den gegenwärtigen deutschen Parteien hat die SPD symbolgeschichtlich die älteste Tradition: neben der bildlosen roten Fahne wurden seit 1863 rote Fahnen mit VERSCHLUNGENEN HÄNDEN (Symbol der Solidarität), Eichenkränzen und Aufschriften (z.B. Freiheit, Gleichheit, Brüderlichkeit) in der Öffentlichkeit gezeigt. In der Weimarer Republik kämpfte die »Eiserne Front« der SPD mit ihrem Emblem der drei parallel gerichteten PFEILE gegen das nationalsozialist. Hakenkreuz. Die nach 1945 wieder aufgekommene ROTE FAHNE – nun mit den Initialen der Partei – ist zeitweise in den symbolpublizistischen Hintergrund getreten, aus Angst, von den bürgerlichen Wählern mit den Kommunisten (den Roten!) identifiziert zu werden. Die CDU hat seit ihrem Parteitag in Hamburg 1953 ein wappenförmiges Parteisymbol, das Ausdruck christlicher Grundhaltung (goldgerändertes schwarzes Kreuz), demokratischer Zielsetzung (Farbendreiklang der Weimarer Republik: Schwarz-Rot-Gold) und nationaler Tradition (goldener Adler) ist; analog ist die Parteiflagge gestaltet. Auch die Freie Demokratische Partei Deutschlands, die FDP, bediente sich eine Zeit lang des nationalen Adlersymbols; quer darüber hinweg sind die Initialen der Partei angebracht (nach dem Parteitag in Bad Ems 1952).

Die populärsten Parteisymbole in den USA sind zwei Tiergestalten. Seit dem in starken Maßen in Pressekarikaturen ausgetragenen Präsidentschaftswahlkampf 1872 gilt als Symbol der Republikaner ein ELEFANT, als Symbol der Demokraten ein ESEL. Die beiden Tiersymbole wurden von dem Deutschamerikaner Thomas Nast zur Kennzeichnung der beiden rivalisierenden Parteien erfunden und von diesen selbst mit humorvollem Stolz akzeptiert und bis heute für publizistische Zwecke (verständlicherweise aber nicht zur Repräsentation) beibehalten.

Zu den politischen Symbolen gehören auch die im 2. Weltkrieg verwendeten Zeichen gegen die deutsche Besatzungsmacht. Am bekanntesten wurde das V-ZEICHEN (von engl. *victory*, franz. *victoire* = Sieg); zunächst von der britischen Rundfunkgesellschaft BBC als akustisches Symbol (Morsezeichen) für die in die besetzten Länder ausgestrahlten Sendungen verwendet, dann ab 1941 vor allem als visuelles Symbol auf Mauern, Zäunen usw. angebracht; das Widerstandssymbol wurde auch zu einer Grußform: ausgespreizter Zeige- und Mittelfinger (Siegesgeste Churchills!). 1940 wurde von General de Gaulle das LOTHRINGER KREUZ (von den zwei Querarmen ist der obere kürzer) zum Zeichen der freien französischen Streitkräfte erklärt; rasch danach übernahm es die französiche Widerstandsbewegung (*Résistance*) im Kampf gegen Hitlerdeutschland; auch das Memorial de la France Combattante, das steinerne Widerstandsdenkmal auf dem Mont Valerien bei Paris, hat die Form des Lothringer Kreuzes. In den Sechziger Jahren wurde das Lothringer Kreuz immer mehr zu einem Abzeichen des Gaullismus.

Symbolbedeutung können in einem erweiterten Sinn auch politische Schlüsselwörter haben (wie Klasse, Rasse, Vaterland, Freiheit, Friede), deren Interpretation zur Verabsolutierung tendiert. Nach H. Pross sind p. S. »keine Begriffe, die sich in der Relation zu anderen ausweisen ließen, sondern vom Glauben an die Organisation getragen, die sie bezeichnen«. Besonders die radikalen Parteien bedienen sich oft pseudoreligiöser Symbole und Rituale: Fanfarenrufe und Trommelwirbel ersetzen das Läuten der Kirchenglocken, die »heilige« Flamme rückt an die Stelle des Altars, der Parteitag wird zur Kultfeier, das Bild des geistigen Vaters der Partei (man denke an Marx, Hitler, Mao Tsetung) wird zum Kultsymbol, und die nationalen Denkmäler werden zu »Weihestätten«. → Entgrenzung, → Freiheit, → Ideologie, → Staatssymbole [Lr]

K. Loewenstein, Betrachtungen über polit. Symbolismus (Fs. Rudolf Laun) 1953; F. M. Cahén, Gefahr der Symbole. Symbolfetischist. Begriffe i. d. Politik (Diplomat. Kurier 7) 1958; M. Edelman. The symbolic uses of politics, Urbana/London 1970; A. Rabbow, dtv-Lexikon p. S., 1970; M. Edelman, Politics as symbolic action, Chicago 1971; H. Pross, Polit. Symbolik. Theorie u. Praxis der öffentl. Kommunikation, 1974; G. L. Mosse, Die Nationalisierung der Massen. Polit. Symbolik u. Massenbewegungen in Deutschland, 1976; Ch. Elder/R. W. Cobb, The Political Use of Symbols, Rockwood 1983; R. Voigt (Hg.), Politik der Symbole. Symbole der Politik, 1989.

**Porträt,** entstanden aus dem Wunsch, die Toten wieder aufleben zu lassen. Aus dem Neolithikum (zirka 5000 v. Chr.) entdeckte man in Jericho einen mit Lehm bedeckten Schädel, der das Fleisch und die Haut vortäuschen sollte, die der Verwesung zum Opfer gefallen waren (Wahrscheinlich frühester Versuch der Porträtkunst, der uns zur Kenntnis gekommen ist). Bildnisse ägyptischer Würdenträger waren weitverbreitet. Sie wurden in ihre Gräber eingemauert und dienten als Ersatzkörper für die Schattenseele Ka, von der man annahm, daß sie um den unten in der Grabkammer beigesetzten mumifizierten Körper herumschwebte. Falls man die Mumie beschädigte oder stahl, nahm die Schattenseele vermutlicherweise ihren Wohnsitz im P. auf. Abbilder der Verstorbenen wurden in Ägypten durch die Zeremonie der sogenannten »Öffnung des Mundes« geweiht und damit als lebendig angesehen. Tempelporträts der Pharaonen dienten sowohl religiösen wie auch politischen Zwecken. Abbilder im Tempel waren gewöhnlich idealisierter und monumentaler ausgeführt, so wie das Volk seine Gottkönige zu sehen wünschte, wohingegen P.s in Gräbern viel naturalistischer waren. Das geweihte Abbild eines verstorbenen Pharaos funktionierte ebenso gut wie das P. eines lebendigen. Wenn man gelegentlich das Volk nicht über das Ableben seines Gottkönigs informierte, diente sein Tempelporträt weiterhin als politischer und religiöser Brennpunkt.

In Mesopotamien ist es das Ziel der P.s, die Macht der Lebendigen, und nicht der Toten, zu symbolisieren. Die typischen weit offenen Glotzaugen der frühesten sumerischen Häupter sind viel zu stilisiert, um das Erkennen individueller Eigenschaften zu ermöglichen. Erst während der akkadischen und babylonischen Periode erscheinen individualisiertere Königsbilder, wie z.B. von Gudea, König von Lagash, oder von Hammurabi, König von Babylon (beide Louvre, Paris).

Das P. der griechischen Klassik ist ein Symbol für Selbstdisziplin, ja sogar für eine stoische Absonderung, (z.B. der berühmte Rennwagenlenker von Delphi, 5. Jh.). In griechischen P.s späterer Zeit spielt das Gesicht eine beträchtliche Rolle und spiegelt die dramatischen Handlungen des Körpers wider. Es kann oft sehr ausdrucksvoll und mit Pathos erfüllt sein, aber es fehlt ihm noch die außerordentliche Einsicht in den persönlichen Charakter, die in der römischen Kunst vorzufinden ist. Das ultrarealistische P. Roms kann man von den Wachsmasken (*imagines*) verstorbener Vorfahren der Etrusker und der Frührepublik herleiten, die man auf den Familienaltar stellte. Römische P.s sind so naturgetreu und besitzen eine so große psychologische Einsicht, daß wir uns beinahe einbilden, die porträtierte Person in Fleisch und Blut vor uns stehen zu sehen. P.s von lebendigen Konsuln, Prokonsuln oder Kaisern sind für die geistige Gegenwart des abwesenden Herrschers symbolisch, wie die zahllosen P.s der Kaiser Augustus und Hadrian beweisen.

In Renaissance und Barock war es nichts Ungewöhnliches, daß die Fürsten von P.malern sich durch Körperhaltung, Gewand und Attribute einzelnen antiken Gottheiten angleichen ließen. Das P. erhielt theomorphe Züge. Beim französichen Königshaus war die Gleichsetzung des Königs mit Jupiter und der Königin mit Juno üblich. Die christomorphen Züge in Dürers bekanntem Selbstbildnis (München, Pinakothek) sind aus einer Forderung nach der *imitatio Dei* heraus entstanden. [Fi]

W. Waetzoldt, Die Kunst des P.s, 1908; H. Furst, Portrait painting. Its nature and function, London 1927; D. de Chapeaurouge, Theomorphe P.s der Neuzeit (DVjS 42) 1968.

**Posaune,** als eintönige Signaltrompete gehört sie zu den ältesten → Musikinstrumenten, hergestellt aus gebogenem Widder(- oder Rinder)horn, hebräisch *schofar* genannt. Sie diente bei den Israeliten zum Ankündigen der Thronbesteigung des Königs (1 *Kön* 1,34–41) und religiöser Feste. Nach einer frommen Überlieferung sollte das Horn an jenen Widder erinnern, den Abraham auf Gottes Geheiß anstelle seines Sohnes Isaak opferte. Bei der Belagerung der Stadt Jericho brachten nach siebenmaligem Umgang die von den Priestern geblasenen P.n die Mauern zum Einsturz (*Jos* 6,6–20). Eschatologische Bedeutung hat es, wenn der Herr in sein Horn stößt (*Sach* 9,15) oder wenn beim Schall der P. die Toten auferweckt werden (1 *Kor* 15,52); das Instrument findet sich daher häufig auf mittelalterlichen Weltgerichtsbildern von Engeln geblasen, so z.B. bei Hans Memling (Danzig, Marienkirche). [Lr]

**Priester.** Religionsgeschichtlich gesprochen ist der P. nicht nur auf Gott hinweisendes Symbol, er ist vielmehr wirkkräftiges Zeichen der Verbindung von Gott und Mensch, Symbol der Mittlerschaft von Diesseits und Jenseits, das zum Ausdruck kommt in der Übermittlung des göttlichen Willens, in der Ausspendung der göttlichen Gnade, in der Erteilung des göttlichen Segens und der Weiterleitung der menschlichen Opfer und Gebete an Gott, im Helfen in leiblichen und geistigen Nöten.

Das P.tum des Alten Bundes läßt dies deutlich werden im Opferdienst im Heiligtum. Von besonders dichter Symbolhaftigkeit erscheint die BLUTSPRENGUNG beim Sündopfer des alttestamentlichen Tempelkults (3 *Mos* 4, 6f.), die einen Höhepunkt am Versöhnungstag erreichte. Der Hohepriester stemmt auch, nachexilischem Ursprung zufolge, am Versöhnungstage beide Hände auf einen BOCK und bekennt alle Sünden Isreals, die auf diese Weise auf dessen Kopf übertragen werden (»Sündenbock«). Dann wird der Bock in die Wüste gesandt (3 *Mos* 16, 20ff.). Diese symbolhafte Handlung ist wiederum Symbol, das auf den stellvertretenden Erlösungstod Christi als des Hohenpriesters des Neuen Bundes hinweist. Weiter sei auf die vom jüdischen P. am Laubhüttenfest am Brandopferaltar vollzogene WASSERSPENDE verwiesen, mit der die mythologische Vorstellung von der Bewässerung des hl. Landes und der ganzen Welt mit fruchtbarem Regen verbunden war. Dazu kam noch die Auffassung, daß diese

Wasserspende ein Symbol sei für das »Schöpfen des Hl. Geistes«. Diese vom P. gesetzten symbolischen Zeichen hat Christus vor Augen, wenn er als P. des Neuen Bundes sich selbst zum Symbol des heilenden Wassers macht. Im Neuen Bund wird Christus allein als der Hohepriester angesprochen (*Hebr.* 5, 10) und die Kirche als Leib Christi in ihrer Gesamtheit als königliche P.schaft (1 *Petr.* 2, 9).

Bereits am Ende des 1. Jh. (*Clemensbrief*) wird bestimmten Männern in der Kirche der Name »Priester« verliehen. Damit soll und darf nicht die Einmaligkeit des priesterl. Seins Jesu Christi und die damit gegebene Symbolhaftigkeit wirkmächtigster Art aufgehoben werden. Die »Priester« bringen vielmehr das Heilswirken Christi in ihrer Mitarbeit in sichtbarer Weise an die Menschen heran, dieses ihr Mitzeichensein umfaßt menschlich-soziales Engagement wie die Setzung der Zeichen von → Sakramenten und Sakramentalien, die in verhüllter Form Begegnung mit Christus und damit Heil schlechthin bedeuten.

Die Ursymbolik von Priester – Christus – Heil wird nun in der → kathol. Kirche entfaltet durch die Symbolhaftigkeit der Gesten, Handlungen (→ Ritus), Kleider und Insignien: Die HANDAUFLEGUNG durch P. und Bischof bedeutet Übertragung von Kraft, Heiligung, Vollmacht, Lösung von Sünde. Das Erheben der priesterl. Hand zu Segen in Form des KREUZZEICHENS sichert Heil und Schutz zu. Damit hängt es auch zusammen, daß die Hände des P.s bei der Weihe gesalbt werden. Die Übergabe der Hl. Schrift, Patene mit Hostie und Kelch mit Wein gefüllt bei der P.weihe verweisen auf die innige Beziehung des P.s zu Christi Wort, zu seiner Kreuzesnachfolge, zum eucharistischen Opfer und Mahl (→ Eucharistie). Das Anziehen der priesterl. GEWÄNDER, symbolisiert ein Anziehen Christi. Bei Bischof und Abt, die in besonderer Weise Christus vergegenwärtigen sollen, machen die sog. Pontifikalien (Mitra, Ring und Stab) diese Christus- und Heilsbeziehung augenfällig: MITRA als »Helm des Heiles«, wobei in früherer symbolischer Ausdeutung ihre beiden Spitzen als Zeichen der beiden Testamente gedeutete wurden; RING = Sinnbild der geistlichen Ehe des Bischofs mit seiner Ortskirche, wobei im MA noch die Bedeutung als Rechts- und Investitursymbol dazu kam; STAB, dessen Krümmung auf die Hirtensorgfalt weist, die vom Bösen ab und zum Guten hinzieht, dessen mittlerer Teil als Stütze die Leitung der Untergebenen ausdrücken soll, während der in Form eines Stachels auslaufende Teil Symbol der sich im Anspornen und Bestrafen auswirkenden Hirtensorge ist. [Fe]

Fr. Heiler, Erscheinungsformen u. Wesen der Religion, 1961 (370–374); J. A. Jungmann/ E. Sauser, Symbolik der kath. Kirche, 1960; V. Labhart, Zur Rechtssymbolik des Bischofsringes, 1963.

**Primel** → Schlüsselblume

**Prometheus,** Titanensohn, griechischer Kulturheros, der den Menschen gegen den Willen des Zeus das im Olymp geraubte FEUER schenkte; in Erinnerung daran feierte man alljährlich in Athen ein Fest, bei dem das neue Feuer vom Altar des P. in einem Fackellauf in die Stadt getragen wurde. Zur Strafe für seine Empörung gegen die Götter wurde P. an einen Felsen des Kaukasus gefesselt, und ein Adler fraß täglich an der immer wieder nachwachsenden Leber, bis Herakles den Vogel des Zeus mit einem Pfeil erlegte und den Unglücklichen von seiner Pein befreite. Nach späterer Überlieferung ist P. der Schöpfer der ersten Menschen.

Der mit P. (»Vorbedacht«, der Vorausdenkende) auftretende Epimetheus (»Nachbedacht«, der nachträglich Erkennende) erinnert an das Märchenmotiv der ungleichen → Brüder. Man wollte schon in ihnen Hellmond und Dunkelmond erkennen (Fr. Cornelius); auch das Nachwachsen der LEBER wurde mit dem MOND in Verbindung gebracht (K. Kerényi).

Über eine Trilogie des Aischylos (nur der Mittelteil ist erhalten) fand der Mythos des sich gegen eine ungerechte Herrschaft auflehnenden, gefesselten und schließlich befreiten P. Eingang in die Weltliteratur – er ist Symbolfigur der unerlösten Menschheit (P. de Ronsard), des sich aufbäumenden Genies (Goethe) und des duldenden Menschen (P. B. Shelley). [Lr]

O. Walzel, P.symbol von Shaftesbury zu Goethe, [2]1932; Fr. Cornelius, Indogerman. Religionsgeschichte, 1942; K. Kerényi, P. Das griech. Mythologem von der menschl. Existenz, 1946; L. Séchan, Le mythe de Prométhée, Paris 1951; K. Reinhardt, P. (Eranos-Jb. XXV) 1956; R. Trousson, Le thème de P. dans la litterature européenne, I–II, Genève 1964, 1965; J. Duchemin, Prométhée. Histoire du mythe, Paris 1974.

**Prophet,** dem ursprünglichen (griech.) Wortsinn nach jemand, der an Stelle der Gottheit zu den Menschen spricht, Offenbarungsorgan Gottes. Prophetische Berufung durch Ekstase und Traumerlebnis (z.B. Nachtgesichte Sacharjas), prophetisches Wirken in der Mantik. Erscheinungen der Prophetie u.a. bei den etruskischen Haruspices, den → Sibyllen, in syrisch-kanaanäischen Baalkulten, im → Schamanismus, bei Zarathustra, Mani, → Mohammed.

Die alttestamentlichen P.en sind Sprecher und Künder (*nābi'*) der Gottheit; ihre Visionen und Auditionen sind voller Bilder und Symbole; so weisen z.B. BECHER (*Jes* 51, 17), ERNTE (*Joel* 4, 10–13), FEUER (*Jes* 66, 15) und SCHWERT (*Ez* 21, 13–22) auf Gottes Zorn und Gericht. Oft fallen Inspiration und persönliches Erleben zusammen – der vom Hl. Geist erleuchtete Hosea erblickte in seiner unglücklichen EHE das Symbol der Beziehungen Jahwes zu Israel. Im Gegensatz zur Kultsymbolik der Priester bedienen sich die P.en ganz des Wortes, dessen Zeichenhaftigkeit und Wirkmacht noch durch → symbolische Handlungen verstärkt werden kann. Diese Gegenüberstellung von P. und Priester geht zurück bis zur Zeit → Moses' und Aarons. Eine Art Fortsetzung der Prophetien sind die apokalyptischen Schriften mit ihrer symbolischen Schau der Geschichte und der Ankündigung vom Weltende, am großartigsten die → Apokalypse des Johannes.

In der christlichen Kunst werden die P.en meist kollektiv dargestellt; auf einem Fenster der Kathedrale zu Chartres stehen die vier Evangelisten auf den vier großen P.en (Jesaia, Jeremia, Ezechiel, Daniel); besonders beliebt die Gegenüberstellung 12 P.en – 12 Apostel in der Portalplastik, die Erfüllung des AT im NT ausdrükkend (*In novo Testamento patet, quod in veteri latet*); beim Nordportal des Baptisteriums zu Parma (1196 begonnen) trägt jeder der 12 P.en ein Medaillon mit dem Brustbild eines Apostels. Die 4 großen P.en wurden mit den 4 TEMPERAMENTEN verbunden (Jesaia = Choleriker, Jeremia = Melancholiker, Ezechiel = Sanguiniker, Daniel = Phlegmatiker), mit den Lebensaltern (Daniel = Jüngling, Jesaia = Mann im Vollbesitz der Kräfte, Ezechiel = an der Stufe des Alters, Jeremia = Greis), mit den 4 römischen Kirchenvätern und mit den Kardinaltugenden. Im SpätMA wurden die P.en als Symbolfiguren der Weisheit und Gerechtigkeit auch in die Figurenprogramme der öffentlichen Profanplastik übernommen: Schöner Brunnen in Nürnberg (14. Jh.), Rathaus zu Bremen (15. Jh.).

Charakteristische Attribute einzelner P.en sind: blühender ZWEIG (= Wurzel Jesse, *Jes* 11, 1) und Säge (Marterinstrument) bei Jesaia, eiserner STAB (= Rute des göttlichen Zorns) bei Jeremia, Tor mit zwei Türmen (= Aufbau des neuen Tempels) bei Ezechiel, viergehörnter WIDDER (= Doppelreich der Meder und Perser, *Dan* 8, 8) oder zwei Löwen (= Löwengrube) bei Daniel, FÜLLHORN (= Ausgießung des Geistes) bei Joel, Hirtenstab und Lamm bei Amos, ein FISCH (Verschlungenwerden und Ausspeien durch den Fisch, *Jon* 2 = Tod und Auferstehung) bei Jona, ein GELDBEUTEL (= Gottes Silber und Gold, *Hag* 2, 8) bei Hagai, ein Engel (= Bote des Herrn, *Mal* 3, 1) bei Maleachi. [Lr]

Fr. Häussermann, Wortempfang und Symbol in d. alttestamentl. Prophetie, 1932; A. Neher, L'essence du prophétisme, Paris 1955; G. Fohrer, Studien zur Alttestamentl. Prophetie, 1967; M. P. Matheney, Interpretation of Hebrew Prophetic Symbolic Act (Encounter 29) 1968.

**Protestantismus.** Die in der protestantischen Kirche und in ihren Liturgien überlieferte Bild- und Zeichensprache ist nicht ohne Zusammenhang mit vorreformatorischen Gottesdienstformen. Zwar zeigt sich im P. der Protest gegen bestimmte spätmittelalterl. Kultformen, aber auch, daß es keine Religion ohne → Kultus gibt und daß das kultische Element der Versinn(bild)lichung in Materie und handelnder Betätigung bedarf. Wenn auch der protestantische Kultus keine wesensnotwendigen symbolischen Beziehungen hat und sich vor allem von der in der katholischen Messe zentralen Opfersymbolik abhebt, so ist der evangelische Gottesdienst mit wenigen Ausnahmen »nie ohne mehr oder weniger bedeutende symbolische Verständigungsformen gewesen« (Goldammer).

Martin Luther hat den liturgischen Symbolcharakter zwar modifiziert, aber nicht grundsätzlich bestritten. Sein Ausdruck für das reale kultische Symbol ist *signum*, dem er ebenso wie dem »Wort« Wirklichkeitscharakter zuerkennt. Johann Calvin erblickt in den → Sakramenten die »sinnlichen Unterpfänder der göttlichen Verheißungen«; sie sind für ihn eine Art Bundeszeichen zwischen Gott und den Erwählten, äußere Symbole für den in den Seelen der Auserwählten wirkenden Gottesgeist. Ulrich Zwingli war gegen jede Art von Kultsymbolik; nur die Verkündigung von Gottes Wort und das Gebet haben Platz im Gottesdienst.

Das Abendmahl dient Zwingli lediglich zum → Gedächtnis; dabei hat das Brot die (nunmehr symbolische) «Bedeutung« des Leibes Christi. Die lutherische Lehre verneint die Verwandlung der Elemente im Abendmahl, behauptet aber im Gegensatz zur rein symbol. Deutung Zwinglis die Realpräsenz Christi, auch die reale Gegenwart seines Leibes. Für Calvin sind Brot und Wein »Zeichen und Zeugnisse« (*signes et tesmoignages*) der – allerdings nicht leiblichen – Gegenwart Christi, der in der »Höhe«, im Himmel, wohnt. Die mal.-katholische Symbolik der Mischung von Wasser und Wein im Offertorium lehnt Luther ab, erblickt aber im REINEN WEIN ein Symbol für die Reinheit der evangelischen Lehre (*Formula Missae*, 1523).

Im Gegensatz zu Zwinglis Angst vor einem Rückfall in einen dinglich-sakralen Aberglauben (der die Bilder wieder als hl. Objekte verehren konnte) und der daraus folgernden Ablehnung einer bildenden Kunst in der Kirche ist für Luther das »Bild« ein offenbarungstheologischer Begriff, haben doch auch die biblischen Autoren Gott nicht in der Abstraktion, sondern anschaulich »mit Worten gemalt«. Bilder und Zeremonien sind im Luthertum Gleichgültigkeiten (*adiaphora*), weder geboten (wie in der → kath. Kirche) noch verboten (wie in der reformierten Kirche). Die GEBÄRDENsymbolik wurde von Luther zum Teil beibehalten, so das Sich-Bekreuzigen bei der trinitarischen Formel »Im Namen des Vaters, des Sohnes und des Hl. Geistes«, ebenso das Knien und Sich-Verbeugen vor dem Altar und vor dem Sakrament.

Die lutherische Orthodoxie erblickt im alttestamentlich-levitischen Zeremoniell eine Abschattung zukünftiger Dinge. Dem Dogmatiker Johann Gerhard (1582–1637) sind Brot, Wein und Wasser unentbehrliche »äußere Symbole« für die beiden Sakramente des Abendmahls und der Taufe. In gewissen Gebieten (wie Sachsen) werden selbst Kerzen, Kniebeugen und Kreuzzeichen als bedeutungsvolle Bestandteile des Kultus betrachtet. In den Abendmahlsliedern dieser Zeit wird besonders die Symbolik der himmlischen Erquickung und der Wohnungsnahme Christi im Menschen betont.

Im 18. Jh. kommt es mit Pietismus und Aufklärung zu einer stärkeren Abwendung von der Kultsymbolik, doch zeigt sich bei dem mit mystischer Innenschau verbundenen Pietismus eine symbolreiche Bildersprache (Jesusminne, Kosmologie, Wiedergeburtsgedanken). Gewisse altüberlieferte Symbolvorstellungen werden beibehalten, so z.B. WEISS als Ausdruck der Reinheit und des Lichtes; die Herrnhuter Brüdergemeine zeigt Weiß bei Trauerfällen, um so ihre Auferstehungsfreude zu bekunden.

Mit dem 19. Jh. beginnt – von der → Theologie Schleiermachers gestützt und im Hinblick auf den Anglikanismus und die traditionsbewußte schwedische Kirche – langsam wieder ein Anknüpfen an lutherisch-orthodoxe, ja teils auch an vorreformatorische Formen der Grab-, Kunst- und Kultsymbolik. Ein Höhepunkt dieser Entwicklung wird mit dem Berneuchener Kreis (→ Wilhelm Stählin) erreicht: In Gleichnis, Kultus und Bau der Gemeinde wird die »Form« gesucht; das Abendmahl gilt als eigentliches

Hauptereignis des gottesdienstlichen Lebens, das »in leiblicher Gestaltung und sinn-bildlicher Darstellung« die Verkündigung des Wortes verwirklichen soll. → Tillich [*]

Das Berneuchener Buch, 1926, Nachdr. 1971; W. Hahn, Gottesdienst u. Opfer Christi, 1951; Fr. Schmidt-Clausing, Zwingli als Liturgiker, 1952; M. P. Halverson, The liturgical revival in Protestantism (Religous Symbolism, ed. by F. E. Johnson) New York/London 1955; H. v. Campenhausen, Zwingli u. Luther zur Bilderfrage (Das Gottesbild im Abendland) ²1959; E. Kohler, Mart. Luther u. der Festbrauch, 1959; K. Goldammer, Kultsymbolik des P., 1960; Fr. Kalb, Grundriß d. Liturgik (des luther. Gottesdienstes) 1965; K. Goldammer, Kultsymbolik des P. Tafelband, 1967; M. Schmidt, Wiedergeburt u. neuer Mensch. Ges. Studien z. Gesch. des Pietismus, 1969; M. Stirm, Die Bilderfrage in der Reformation, 1977.

**Prudentius** (Aurelius P. Clemens), ca. 348 in Spanien (Tarracona?) – ca. 405. P., der eine rhetorische Ausbildung genossen hatte und am Hofe Kaiser Theodosius in Rom tätig gewesen war, gilt als einer der bedeutendsten frühchristlichen Dichter. In seinem Werk gehen antike Stilelemente und Formen mit christlichen Inhalten eine Bindung ein, deren Überzeugungskraft für viele spätere christliche Dichtungen bestimmend gewesen ist. Der in seiner *Psychomachia* episch entfaltete Kampf der personifizierten → Tugenden und → Laster ist von nachhaltiger Wirkung auf die christliche Dichtung des MA geworden. Ausgangspunkt der Dichtung ist der Kampf der Seele mit dem Leib. Dabei ist theologisch die Spannung zwischen Körper und Geist bezeichnet, im praktisch-ethischen Bereich betrifft die Auseinandersetzung vor allem den Kampf des Christen mit den Lastern, die dem Heil entgegenstehen. Schon in der Einleitung wird durch Abrahams Kampf gegen die heidnischen Könige exemplarisch der im Hauptteil dargestellte Kampf zwischen Gut und Böse präfiguriert. Im Hauptteil treten nacheinander Glaube gegen den Götzendienst, Keuschheit gegen Unzucht, Geduld gegen Zorn, Demut gegen Hoffart, Mäßigkeit gegen Unmäßigkeit, Barmherzigkeit gegen Geiz, Eintracht gegen Zwietracht (Häresie) zum Kampfe an. Durch die personifizierende Darstellung erhalten die Tugenden und Laster erstmalig in der christlichen Dichtung konkrete Eigenschaften und Verhaltensweisen, die sie einwandfrei charakterisieren und identifizierbar machen und zugleich auch sinnlich faßbar werden lassen, so daß sie auch bildlich darstellbar geworden sind. [AW]

R. Stettiner, Die ill. P.-Handschr., 1895; H. R. Jauss, Form u. Auffassung der Allegorie in der Tradition der ›Psychomachia‹ (Medium Aevum Vivum, Fs., W. Bulst), 1960; H. J. Jauss (Hg.), La Littérature didactique, allégorique et satirique (Grundriß der roman. Literaturen des MA, VI, 1 u. 2, Kap. 4) 1968; Ch. Gnilka, Studien zur ›Psychomachie‹ des P., 1963; R. Herzog, Die allegor. Dichtkunst des P., 1966.

**Psyche** → Eros

**Psychedelik** (griech. *delosis* = Offenbarung), Bezeichnung für die Lehre vom Zustand gesteigerter Wahrnehmungs- und Erlebnisfähigkeit, hervorgerufen durch Halluzinogene (Psychedelika), in einem weiteren Sinne auch durch → Meditation. Psychedelische Zustände können mit Gesichts-, Gehörs-, Berührungs- und Geschmackshalluzinationen verbunden sein, auch mit dem Gefühl der Schwerelosigkeit und Verlust des Zeitgefühls. Ob eine echte Bewußtseinserweiterung erreicht werden kann, ist nicht eindeutig

zu beantworten; die Übergänge zu der an Bildern und Symbolen so reichen → Vision sind nicht klar abzugrenzen.
Neben berauschenden Mitteln (Wein, Pulque, gegorene Stutenmilch usw.) dienten Halluzinogene (wie Pilzgifte, Opium, Haschisch) in verschiedenen Religionen zur Erlangung der Ekstase und der Gottesschau; inwieweit dies schon für antike Mysterien zutrifft, ist umstritten. Bei den Azteken und einigen anderen Indianerstämmen stand das meskalinhaltige PEYOTE im Mittelpunkt religiöser Zeremonien; bei einigen Stämmen hat es symbolische Bedeutung und wird mit dem Hirsch (Sonnnentier) oder dem Feuergott in Verbindung gebracht. Im Schamanismus subarktischer Gebiete dient der FLIEGENPILZ als Narkotikum, um dem Schamanen den Flug in das Himmelsland zu ermöglichen. Als perkutan wirkendes Halluzinogen kann die Hexensalbe gelten (Extrakte u.a. Stechapfel, Bilsenkraut, Tollkirsche). Die in psychedelischen Zuständen auftretenden symbolhaltigen Bilder stellen sich auch bei der Einnahme des synthetisch gewonnen LSD ein: im Anfangsstadium oft beunruhigende dämonische Gestalten, die allmählich in lichte, beseligende Wesen überwechseln, verbunden mit leuchtenden Farben, dem Gefühl des Fliegens, der Wahrnehmung noch nie gesehener Blumen usw.
Gegen Ende des 18. Jh. bediente sich der englische Dichter S. T. Coleridge (ohne von der Suchtgefahr zu wissen) des phantasieanregenden, ins Reich der Bilder versetzenden Opiums. Die seit der Romantik zunehmenden Strömungen von Lebensekel, Weltschmerz und einem Bewußtsein der Dekadenz (→ Décadents) ließen verschiedene Dichter wie → Baudelaire und Aldous Huxley zu visions- und symbolbildenden Drogen greifen. Seit 1960 gibt es in der Malerei und Plastik, in Film und Happenings Tendenzen, die auf psychedelische, bewußtseinserweiternde Wirkungen gerichtet sind und die zum → Surrealismus Berührungspunkte aufweisen. [Lr]

W. Bragen, The privat sea. LSD and the search for God, Chicago 1967; G. Witschel, Rausch und Rauschgift bei Baudelaire, Huxley, Benn u. Burroughs, 1968; R. E. L. Masters/J. Houston, Psychedelic art, New York 1968; W. Schmidbauer, Halluzinogene in Eleusis? (Antaios X) 1969; S. Golowin, Psychedel. Volkskunde (Antaios XII) 1971; B. Aaronson/H. Osmond (Hg.), Psychedelics. The uses and implications of hallucinogenic drugs, London 1971; M. Josuttis/H. Leuner (Hg.), Religion u. die Droge, 1972; R. C. Zaehner, Drugs, mysticism and makebelieve, London 1972; R. S. de Ropp, Psychedelic drugs (Encyclopedia of Religion, 12). New York 1987.

**Psychoanalyse.** Psychotherapeutische Methode, die im Laufe ihrer Entwicklung seit der Begründung durch Sigmund → Freud am Ende des 19. Jh. allmählich zu einer weit entwickelten Theorie und einer entsprechenden Praxis geworden ist, wobei Theorie und Praxis zugleich Forschung und wechselseitige Bereicherung darstellen. Als erstes Werk der Ps. können wir die *Studien über Hysterie* von J. Breuer und S. Freud annehmen. Allmählich erweiterte sich das Gebiet der P. auf sämtliche psychische Erkrankungen sowie auf psychosomatische Zustände und Prozesse und auch am Rande auf soziale und kulturelle Phänomene. Das Hauptgebiet der psychoanalytischen Therapie ist nach wie vor die Behandlung psychischer Störungen, in denen ungelöste Konflikte als symbolischer Ersatz für

verdrängte psychische Inhalte sich manifestieren. Somit wird verständlich, daß das Symbol und seine Bedeutung in der P. eine ganz hervorragende Rolle spielen.
Das Symbol in der P. ist jenes Gebilde (Träume, krankhafte Symptome, Fehlleistungen, ja überhaupt eigentlich alle Handlungen), worin das Unbewußte, das Verdrängte, durch analoge Bilder im Bewußtsein indirekt vertreten wird. Daher auch die technische Notwendigkeit, durch freie Assoziationen, durch sorgfältige Registrierung aller symbolischen Verkleidungen der Sprache in der psychoanalytischen Sitzung – und durch Überwindung des Widerstandes, welcher das Bewußtwerden abwehrt – zu einer Art Übersetzung des an sich unverständlichen Symbols für die lebensgeschichtliche Sprache des Analysanden zu gelangen. Eine wichtige Bedeutung wird dabei der → Traumsymbolik zugeschrieben. Die P. bietet vor allem sexuelle Interpretationen der Symbole, da verdrängte Inhalte insbesondere das Gebiet der Sexualität zudekken. Im Laufe der späteren Arbeiten wurde der Gedanke hervorgehoben, daß Anteile der Repression in der Kultur im allgemeinen und in der Erziehung des Individuums in unserem Kulturkreis im besonderen vor allem die Unterdrükkung sexueller Wünsche voraussetzen, was zu der Verdrängung derselben und – nach dem Grundsatz der relativen Konstanz psychischer Energie – zur Bildung der Symbole, auch psychopathologischer Symptome, führt. Die Wirksamkeit der Symbole im Leben jedes Menschen – darunter auch pathologischer Symbole, die als Symptome klassifiziert werden – ist empirisch durch die P. erwachsener Individuen und später auch der Kinder belegt.
Spaltungen in der psychonalytischen Bewegung und ihrer verschiedenen Schulen änderten nichts an dieser Bedeutung der Symbole, im Gegenteil, sie unterstrichen die Universalität des symbolischen Ausdrucks. Alphonse Maeder hob die prospektive, auf die Zukunft gerichtete Rolle der Symbole hervor. C. G. → Jung unterstrich die »archetypische«, allgemein-menschliche Bedeutung mancher Symbole und versuchte, diese Bedeutung durch die im Sinne Larmarcks angeborene, im Laufe der Geschichte geprägte Erfahrung der Menschheit zu erklären (der alte Mann, die Mandala, oben und unten, rechts und links, Schatten u.ä.m.). Nach unserer Meinung handelt es sich hierbei viel eher um die imaginativ bereicherten, angeborenen Auslöser, wie sie von Konrad Lorenz beobachtet wurden. Zugleich könnte es sich um die angeborene Bedeutung privilegierter »Gestalten« bei lebendigen Organismen nach A. Portmann handeln. Jedenfalls sehen wir, daß auch die → Verhaltensforschung das anthropologische Denken der P. bereichert. So ist die grundlegende Meinung Freuds über die Symbolhermeneutik im großen und ganzen als gültig und befruchtend zu betrachten. Die von Freud betonte sexuelle Bedeutung behält einen Großteil ihres Wertes, da der Trieb zur Arterhaltung einer der wirksamsten ist und am meisten durch die Gesellschaft manipuliert wird – auch unter der Flagge der Emanzipation der Sexualität. Außerdem geben die Triebe selbst keinen »direkten« psychologi-

schen Inhalt ab, sondern sie rükken vielmehr als Wünsche durch ihre psychische Repräsentanz also ins Feld der P. Die psychischen Phänomene sind aber »überdeterminiert« (Freud) und daher führt fast jede Triebhypothese zu einer mehr oder weniger zufriedenstellenden Deutungsart. Diese Komplexität des Psychismus erklärt die paradoxerweise angeführten Erfolge verschiedener Deutungsarten in verschiedenen psychoanalytisch inspirierten Schulen, ohne daß dadurch die Wissenschaftlichkeit des Modells in Frage gestellt wird.

Es wäre allenfalls ein Irrweg, eine Art Starkatalog der psychoanalytischen Symbolk aufstellen zu wollen, wiewohl bereits Freud bewiesen hatte, daß gewisse privilegierte Assoziationen zumindest in unserer Kultur zu stabilen Sinnzusammenhängen führen können. Sexuelle Objekte und Handlungen werden mit Vorliebe durch Analogien ersetzt. Doch kombinieren sich im allgemeinen die Symbole im Traum sowie andere Symbole unseres Verhaltens und unseres Denkens zu sehr komplizierten und im Grunde individuellen Bedeutungen. Man vergesse außerdem nicht, daß sie nicht immer die verbalisierbare Form annehmen, sondern des öfteren in Form von Symptomen dargeboten werden, die es noch langsam auf indirektem Wege zu dechiffrieren gilt, damit sie in ihrer biographischen Bedeutung begriffen werden können. Daher weisen menschliche Symbole neben der sexuellen Bedeutung auch noch eine mythologische und gesellschaftliche Signifikanz auf. Es kann daher das Symbol der Frau nicht nur für die Imago der Mutter stehen, sondern darüberhinaus mit C. G. Jung die → Anima repräsentieren, d.h., daß gesamtspezifische Beziehungen zur Weiblichkeit innerhalb einer Kultur mit allen ihren geschichtlichen und ökonomischen Faktoren in diesem Symbol sich verdichten.

→ Abwehrmechanismen, Ambivalenz, Personalisation, Sexualsymbolik (psychoanalytisch) [IAC]

S. Freud, Vorlesungen zur Einf. in die P. Ges. W., XI. – Ders.: Neue Folge der Vorlesungen zur Einf. in die P. Ges. W., XV; Paul Ricoeur, Die Interpretation, 1969; J. Laplanche, J.-B. Pontalis, Das Vokabular der P., 1972; H. Nagera, (Hg.) Psychoanalytische Grundbegriffe (Fischer Handbücher 6331) 1976; H. Speidel, Über den Symbolbegriff in der P. (Psyche 32/1978); E. Fromm, P. u. Religion, 1985.

**Psychologie.** Während die ältere P. in Nachwirkung des von Descartes gelehrten Raionalismus sich ausschließlich mit dem bewußten Erleben befaßt hatte, erwachte in der Romantik das Interesse für das → Unbewußte. Der Arzt und Naturforscher Carl Gustav Carus verglich das Seelenleben mit einem Strome, der, an einer Stelle vom Licht des Bewußtseins erhellt, sonst jedoch im Dunkel des Unbewußten hinfließt. In den einzelnen Richtungen der neueren P. gibt es über den Symbolbegriff wie über die psychologische Funktion des Symbols große Unterschiede.

Sigmund Freud und die von ihm ausgehenden, unter dem Begriff der Tiefenpsychologie zusammengefaßten Schulen der → Psychoanalyse, der analytischen P. (→ C. G. Jung) und der Individualpsychologie bemühen sich um die Erforschung des Unbewußten und der aus ihm kommenden Symbole. Die Tiefenpsychologie wendet sich ganz besonders den Symbolen zu, die »unbewußte Wirkinhalte versinnbildlichen«

(Caruso). Sandor Ferenczi (*Bausteine der Psychonanalyse* I, 1927) anerkennt nur solche Symbole als echte, »bei denen das eine Glied der Äquation ins Unbewußte verdrängt ist«. Erich Fromm (*The forgotten language,* 1951), meist als Neo-Freudianer eingestuft, erblickt in den Mythen eine allen Menschen gemeinsame »Symbolsprache«, eine Ausdrucksweise, die innere Erlebnisse ausdrückt,als wären sie äußere Sinneswahrnehmungen. Fromm unterscheidet 3 Arten von Symbolen: konventionelle (eigentlich Zeichen), akzidentielle (durch persönliches Erfahren, Erleben entstanden), universelle (allgemein gültig).

Der Begründer der Individualpsychologie, Alfred Adler, kommt bei seinen Forschungen über die Minderwertigkeit der Organe *(Le tempérament nerveux,* 1955) zu der These, daß im Laufe des Lebens alle Körperteile zu Symbolen der Vergangenheit, Gegenwart oder Zukunft der Persönlichkeit werden. Im Sinne Adlers können Symbole als Ausdruck des den Menschen bestimmenden Strebens nach Macht und Geltung aufgefaßt werden.

Während Freud in Mythen und ethnologischem Material seine in den Träumen gefundenen Symbole bestätigt fand, neigt Carl Gustav → Jung mehr dazu, diese Symbole aus dem mythischen Erleben herzuleiten; dabei unterscheidet er zwei Deutungsstufen: die Subjektstufe, von der aus ein Bezug zur Lebensgeschichte des Einzelmenschen (Träumers) zu suchen ist, und die Objektstufe, die den Gehalt an menschheitsgeschichtlichen Urbildern des »kollektiven Unbewußten« erkennen läßt. Die Kritiker von Jung wie auch die von Freud können die von beiden ausgehenden wichtigen Impulse für die → Symbolforschung nicht ignorieren. Die Schüler Jungs (wie Erich Neumann, Marie-Louise von Franz, Joseph L. Henderson) sind bemüht, in den verschiedenen Kulturäußerungen, in Mythen, Märchen und Träumen die Ausdrucksformen des → Archetypus und ihre Beziehungen zu den einzelnen Symbolen zu ermitteln. Hauptvertreter der Ausdruckskunde war → Klages. Die Lehre vom → Ausdruck als Sinnbild für das Innenleben spielt eine Rolle in Physiognomik und → Graphologie. Die früher so beliebte Handlesekunst (Chirologie) verlor zugunsten der psycholog. Erforschung der Gebärden an Bedeutung, letztere bemüht sich auch um Erhellung von Symbolbezügen (z.B. Handschlag, geballte Faust, Hitlergruß, Gebetsgestus).

Der von der Ausdruckspsychologie vorgetragene Gedanke, daß die Ausdrucksbewegungen symbolische Darstellungen innerer Vorgänge sind, wird von einzelnen Richtungen der → Psychotherapie, besonders der amerikan. Psychiatrie, übernommen; E. A. Weinstein und R. L. Kahn erblikken in jeder Art von menschlichem Ausdruck (auch in Sprache, Kunst, Partnerverhalten) eine symbolische Äußerung. Nach S. Arieti, der sich besonders mit der Erforschung der → Schizophrenie befaßt, ist jede konkrete oder abstrakte Erscheinung, die auf ein Ding oder Konzept hinweist, ein Symbol; er unterscheidet 4 Arten von Symbolen, die sich durch den Grad der Abstraktion des Konkreten, das sie darstellen, und durch das Maß ihrer Allgemeingültigkeit unterscheiden: 1. sich auf etwas Konkretes beziehende Zeichen, die selbst etwas Konkretes sind; 2. prä-verbale, persönliche Bilder; 3. sog. Paläosymbole (bei Primitiven, Schizophrenen, Kindern und im Traum der Gesunden). 4. soziale Symbole zwischenmenschlicher und schöpferischer Aktivitäten.

Im Behaviorismus werden Symbol und Zeichen vor allem im Hinblick auf ihre Signalfunktion untersucht. G. H. Mead bezeichnet Reize, welche Reaktionen auslösen, als Zeichen; jene Reize, die für Reaktionen auslösende Reize stehen (z.B. Worte), als Symbole. Mead ist Begründer der Theorie von der symbolischen → Interaktion und schlägt damit eine Brücke zur → Soziologie.

Die Entwicklung der Symbolfunktion beim Kinde untersucht Jean Piaget (*La formation du symbole chez l'enfant,* 1959); er kommt zu dem Schluß, daß das symbol. Denken eine vorlogische und nicht eine antilogische Form des Denkens konstituiert und ein elementarer Ausdruck der Assimilation ist; entsprechend den egozentrischen Wünschen werden (symbolhaltige) Schemata auf andere Phänomene als Bedeutung übertragen – so in den Fiktionsspielen der Kinder (→ Symbolspiel) und in Träumen, bei denen die Assimilation der Wirklichkeit an das Ego im Vordergrund steht. – Aus psychoanalytischer Sicht befaßt sich Melanie Klein (*Contributions to Psychoanalysis,* 1948) mit der Bedeutung des Symbols für die frühkindliche Entwicklung; nach ihr beginnt die Symbolbildung etwa im Alter von 3 Monaten, wenn dem Säugling der Unterschied zwischen der Mutter und sich selbst bewußt wird; alle Symbole weisen zurück auf die kindliche Haltung zum Mutterleib.

In den Bereich der P. gehören auch die Diagnostiziermethoden (→ Testpsycholoige), die oft gerade wegen ihrer Evokation von Symbolen Anwendung finden, wie überhaupt das Zeichnen und Gestalten aus dem Unbewußten heraus (so z.B. bei → Kinderzeichnungen) für den Psychologen wie auch für den Symbolforscher aufschlußreich ist. [*]

I. A. Caruso, Das Symbol i. d. Tiefenp. (Studium Generale 6) 1953; Fr. Seifert, Tiefenp.. Die Entwicklung der Lehre vom Unbewußten, 1955; S. Arieti, American Handbook of Psychiatry, 1959; J. H. Philips, Psychoanalyse u. Symbolik, 1962; Sh. Kreitler, Symbolschöpfung u. Symbolerfassung. Eine experimentalpsycholog. Untersuchung, 1965; D. Wyss, Die tiefenpsycholog. Schulen von den Anfängen bis zur Gegenwart, 1966; J. Hillman, The Language of Ps. and the Speech of the Soul (Eranos-Jb. XXXVII) 1968; A. Lorenzer, Kritik des psychoanalyt. Symbolbegriffs, 1970; C. F. Graumann (Hg.), Sozialpsychologie, 1972; L. Frey-Rohn, From Freud to Jung. A comparative Study of the Ps. of the Unconscious, New York 1974; M. Grotjahn, Die Sprache des Symbols, 1977; H. Leuner, Grundzüge der tiefenpsycholog. Symbolik (in: Materialien z. Psychoanalyse 4/1978); Zum Symbolbegriff i. d. P. (Materialien zur Psychoanalyse u. analyt. orientierten Psychotherapie 4/1982).

**Psychomachie** → Prudentius

**Psychopompos** → Seelengeleiter

**Psychotherapie,** eines der ältesten Heilungsverfahren (durch »seelische« Hilfe), das in der Begegnung von Arzt und Patient stattfindet und sich im Medium des Gesprächs vollzieht. Jede P. basiert auf philosophischen Voraussetzungen; sie geht aus von einer allgemeinen → Psychologie und hat sich mit dem »Leib-Seele-Problem« auseinanderzusetzen.

Die Bereiche einer »vorwissenschaftlichen« P. gehen zurück bis in die hippokratische Heilkunst. Sie bediente sich der bilderreichen Elementen- und Säftelehre, orientierte sich an der islamischen Diätetik und den scholastischen »Regimina sanitatis« und führte über die romantischen Seelenheilkunden mit ihren verzweigten Schulbildungen unmittelbar in die moderne Tiefenpsychologie. Die Grundlagen der wissenschaftlichen P. verdanken wir der → Psychoanalyse Sigmund Freuds. Über die Bewußtmachung von Verdrängung, Widerstand und Übertragung werden ältere Verfahren der Hypnose kathartisch verwertet und zu einem eigenständigen Heilverfahren ausgebaut. Die Traumdeutung dient dabei als *via regia* ins Reich des Unbewußten, wobei wiederum der Therapeut mit seinem Klienten den verschlüsselten Symbolgehalt seiner Symptome zu deuten und aufzulösen hat. Erzielt wird über die Analyse eine Aktivierung der seelischen Kräfte zum Zwecke einer Integration der Persönlichkeit (Individuationsprozeß). Neben dem → Traum und seinem Symbolreichtum spielen aktive Imagination und künstlerische Phantasie eine entscheidende Rolle im therapeutischen Prozeß.

Bei seinen Neurotikern konnte → Freud über die Verdrängung oder Sublimierung eine ganze Welt an verschiebender oder verdichtender Symbolisierung entdecken. Mit Hilfe einer schwerfälligen und jeweils neu zu deutenden Chiffreschrift drückt sich das → Unbewußte in symbolischen Wendungen aus. Die Psychoanalyse hat uns damit besonders konkret zeigen können, wie sehr der Mensch – im Gegensatz zur Signal-Welt der Tiere – in einer Welt der Symbole lebt, in der das sinnlich Erfahrene über sich selbst hinausweist und zum Sinnbild einer anderen und höheren Wirklichkeit wird. Dem Reichtum neuentdeckter Symbolwelten verdankt die P. nicht zuletzt ihren Einfluß auf die zeitgenössische Literatur und die bildende Kunst (→ Symbolismus).

Den tiefenpsychologischen Schulen (Freud, Adler, → Jung) folgten weitverzweigte Richtungen der Neopsychoanalyse (Schultz-Hencke), einer Personalen Analyse (Binswanger, Frankl, von Gebsattel), der Verhaltenstherapie (Skinner, Eisenck), der Gesprächs-P. (Rogers, Tausch) oder der Gruppentherapie (Balint, Battegay). Die P. stellt sich die Aufgabe, durch das spezifische Verhalten von Patient wie Therapeut eine interpersonelle Situation herbeizuführen, die dem Kranken dazu dient, die unbewußte Kontinuität seines Erlebens und Verhaltens zu erkennen und den symbolhaften Reichtum seiner Bilderwelt zu nutzen.

Drehpunkte der analytischen Behandlung bleiben Übertragung und Widerstand; als zentrales Instrument der therapeutischen Kommunikation dient die Sprache. Sprachzerstörung manifestiert sich als Neurose, wobei der Analytiker versucht, die Sprache und damit auch die Welt der Symbole in ihrem konkreten Lebenszusammenhang wiederherzustellen (Lorenzer). Ziel der Behandlung ist, die unbewußten Wünsche und Ängste des Patienten »konstruktiv und schöpferisch in sein Erleben und Verhalten zu integrieren« (Ammon). Indem P. dem Menschen hilft, seine eigenen

Werte zu verwirklichen, betrifft sie neben den natürlichen Bereichen immer auch seine ästhetische Sphäre und seine religiösen Bezirke und nimmt damit an seiner Welt der Bilder und an einem Reich der Bildung teil. → Schizophrenie [Schi]

S. Freud, Vorl. zur Einf. in d. Psychoanalyse (Ges. Werke XI) 1940; K. Kolle, Ps. Vorl. zur Einf. in d. Wesen u. d. Probleme d. seel. Krankenbehandlung, 1953; W. Kretschmer, Selbsterkenntnis. Willensbildung im ärztl. Raume. Beitr. zu einer synthet. P., 1958; D. Wyss, Die tiefenpsychol. Schulen von den Anf. bis zur Gegenwart, 1966; A. Lorenzer, Sprachzerstörung u. Rekonstruktion, 1970; N. Petrilowitsch (Hg.), Die Sinnfrage i.d. P., 1972; C. M. Barker, Healing in Depth. Ed. by H. I. Bach, London 1972; H. F. Ellenberger, Die Entdeckung des Unbewußten, 2. Bde., 1973; G. Ammon, Was ist psychoanalyt. Therapie? (Nervenarzt 46) 1975.

**Purpur** (griech. *porphyros*), zwischen Rot und Violett liegende Farbtöne. Der echte, von den P.schnecken (*murex*) gewonnene Farbstoff war sehr kostbar und daher geradezu ein Statussymbol der Reichen und Regierenden. Griechische Staatsmänner, persische Herrscher und römische Würdenträger kleideten sich in P. Im späteren Rom war P. den Cäsaren vorbehalten; die höchsten Beamten durften nur Gewänder mit P.streifen (*vestae clavatae*) tragen. Salomons Thron war mit P. gepolstert (*Hld* 3,10); im Buch *Ester* (8,15) ist die Verleihung des P.s gleichbedeutend mit der Übertragung der königlichen Gewalt. Der Jesus zum Spott umgehängte »Purpurmantel« (*Mk* 15,17) dürfte ein gewöhnlicher roter Soldatenmantel gewesen sein, der aber symbolisch zum Herrschergewand – für den »König der Juden« – umgedeutet wurde. Auch im Kult Jahwes spielte P. eine Rolle: Vorhänge für die Stiftshütte, hohepriesterliche Gewänder. In byzantinischen Mosaiken trägt der Kyrios, der Christkönig, oft ein rötlichviolettes Purpurgewand. In der esoterischen Symbolik deutet P. auf das kostbarste Gut, die Weisheit. Der hochrote Kardinalspurpur ist Zeichen der Bereitschaft zum Martyrium (Forstner); bei Sicardus ist diese Farbe ein Passionssymbol. [Lr]

M. Reinhold, History of purple as a status symbol in antiquity, Brüssel 1970; D. Forstner, Die Welt der christl. Symbole, [3]1977 (120–122).

**Purusha** → Hinduismus, Urmensch

**Pyramide** → Ägypter

**Pythagoreer,** Mitglieder der von Pythagoras gegen Ende des 6. Jh. v. Chr. in Unteritalien gegründeten religiösphilosophischen Gemeinschaft. Die Aufnahme unter die P. war mit einer rituellen Seelenreise verbunden, die das persönliche Fortleben im Jenseits gewähren sollte; der Abstieg des Initianden in die Kulthöhle symbolisierte die Himmelfahrt; an der HÖHLENDECKE war das Weltall durch *eikones* (Bilder) dargestellt.

Aus dem Glauben an eine → Seelenwanderung folgte das Verbot des Fleischgenusses, möglicherweise auch des Bohnenessens; bei letzterem Tabu dürften auch andere Vorstellungen mitgespielt haben (die Sau-BOHNE war ein der Antike geläufiges Hoden-Symbol, wurde aber auch mit der Gebärmutter gleichgesetzt). Unter den sog. pythagoreischen Symbolen sind kurze Lehrsprüche zu verstehen, deren Bedeutung nicht ohne weiteres klar ist, so z. B. »Keine Kränze zerrupfen« – d. h. die Gesetze nicht verletzen, denn diese sind die KRÄNZE der Städte. Auf die P. wird auch die Symbolik der ZWEI WEGE (analog der Parabel von → Herakles) zurückgeführt und damit in Zusammenhang die des Buchstabens Y (als Wahl zwischen dem Guten und dem Bösen). Das von den P.n als Heilszeichen verwendete PENTAGRAMM diente späteren Zeiten als → Arztsymbol.

Von bes. Bedeutung wurde des Pythagoras Lehre »Alles ist Zahl«, gewonnen aus verschiedenen Beobachtungen, so daß die musikalischen Harmonien (→ Harmonik) auf einfachen Zahlenverhältnissen beruhen, daß die regelmäßigen Bewegungen der Gestirne sich zahlenmäßig erfassen lassen, daß die Zahlen 3, 4, 5 bei der Konstruktion eines rechtwinkligen Dreiecks in einem bestimmten Verhältnis zueinander stehen. Für die P. war die ZAHL nicht nur Ausdruck, sondern Wesen und Kern der realen Dinge. Die heilige VIERZAHL (*Tetraktys*) gibt die Summe der ersten vier Zahlen (1 + 2 + 3 + 4) = 10 wieder und repräsentiert die Harmonie des Kosmos, die wiederum in bestimmten Tonintervallen ihren Ausdruck finden soll (Sphärenharmonie, Sphärenmusik). Jeder Zahl von 1 bis 10 schrieb man eine bestimmte Eigenschaft des Weltalls zu, ja man erblickte in ihnen göttliche Hypostasen. Die UNGERADEN ZAHLEN galten als männlich und wurden der rechten Seite zugeordnet, die GERADEN ZAHLEN als weiblich und der linken Seite zugehörig.

Die Lehre der P. wirkte auf → Platon (Jenseitsvorstellungen) und auf den → Neuplatonismus (Zahlensymbolik) ein. Nach dem von Platon wiedergegebenen Bericht des P.s Timaios aus Lokri entstehen die Seelen in gleicher Zahl wie die Sterne, die ihnen als Wagen zugeteilt werden (*Timaios* 41 D/E). Seit dem 1. Jh. v. Chr wurden die pythagoreischen Lehren wieder belebt (Neupythagoreer). Die pythagoreische Weltansicht, daß die mathematische Harmonie im ganzen Kosmos wirksam sei, wurde trotz ihrer Widerlegung durch Aristoteles von Cicero und Boethius wieder aufgegriffen und zeigt Nachwirkungen bis zu Johannes Kepler und Hans → Kayser. [Lr]

M Detienne, Héracles, héros pythagoriciens (Revue de l'histoire des Religions 157) 1960; W. Burkert, Weisheit u. Wissenschaft, 1962; C. J. de Vogel, Pythagoras and early Pythagoreanism, 1966; R. Haase, Neue Forschungen über Pythagoras (Antaios VIII) 1967; J. Schwabe, Arithmetische Tetraktys, Lambdoma u. Pythagoras (Antaios VIII) 1967; Fr. Vonessen, Die pythagor. Symbole (Antaios IX) 1968; H. Koller, Die Jenseitsreise – ein pythagor. Ritus (Symbolon 7) 1971.

**Quadrat.** Im Gegensatz zum auf den Himmel bezogenen → Kreis ist das Q. bei verschiedenen Völkern ein Symbol der Erde; in dieser Bedeutung vielleicht schon die konzentrischen Quadrate und Rechtecke auf dem Gewand der Mutter Erde prähistor. Tonstatuetten der Balkanhalbinsel. Nach einem Sanskritwort ist die Erde *caturanta,* vierendig. Im indisch-ostasiatischen Denken entspricht das Viereck der Erde, der Kreis dem Himmel. Auch im christl. MA erscheint neben der Vorstellung von der runden Erdscheibe die als *orbis quadratus*, nachdem schon in der Bibel von den »vier Rändern« (*Ez* 7,2) oder den »vier Enden« der Erde (*Offb* 20,8) ge-

sprochen wird. Nach Augustinus *(De Quant. animae)* ist das Q., bei dem keine Seite bevorzugt wird, ein Sinnbild der Gerechtigkeit.
Ganz allgemein sind Q. und Rechteck Zeichen menschlicher Einteilung, Ordnung, Kultivierung – sie bilden die Grundgestalt der Plätze, die mit Kirche, Rathaus, Markt, Gerichtsstätte das pulsierende Herz der Städte sind. Die römischen Lager und Städte mit den durch das Achsenkreuz (*kardo* und *decumanus*) gebildeten vier *regiones,* den späteren Quartieren (Stadtvierteln) entsprechen der viergeteilten *terra* (Erde) des römischen Weltbildes. Bei den Pythagoreern sinnbildet das Q. das Zusammenwirken der vier Elemente wie auch der vier Göttinnen Aphrodite, Demeter, Hestia und Hera. Wenn das vom Menschen gesetzte Maß zum Maß für den Menschen wird, dann wirken Q. und Rechteck einengend; der österreich. Maler Hundertwasser empfindet die zur architektonischen Regel gewordene Rechtwinkligkeit als umstrickendes Gefängnis. [Lr]

W. Müller, Die hl. Stadt. Roma quadrata, . . ., 1961; B. Bronder, Das Bild d. Schöpfung u. Neuschöpfung der Welt als orbis quadratus (Frühmittelalterl. Studien 6/1972); M. Lurker, Kreis, Q. u. Vierzahl im Weltbild früher Kulturen (Mannus 44/1978; I. Riedel, Formen, 1985 (11–36).

**Quelle** → Brunnen

**Quinta Essentia,** die »Quintessenz«, Ausdruck aus der Kosmologie der Spätantike und des MA, der auch in der Terminologie der → Alchemie eine Rolle spielte. Aus den 4 Urqualitäten der aristotelischen Philosophie (*Stoicheia*) leiten sich die vier → Elemente (Erde, Luft, Wasser, Feuer) ab, wodurch aber das Wesen des Weltganzen noch nicht erschöpft ist: es kommt ein 5. Grundstoff dazu, die q.e., symbolisch meist als »alles durchdringender Äther« bezeichnet, womit jedoch trotz der »halbmateriellen« Definition eine Art von Geistsubstanz oder aber die Materie in höchstmöglicher Verdünnung (»Vergeistigung«) gemeint war: Extrakt und »Subtilität« der Elemente etwa bei → Paracelsus. Von den mal. Alchemisten wurde destillierter Wein (Weinbrand) als *q.e.vini* bezeichnet. [Bi]

**Raabe,** Wilhelm. 1831 Eschershausen – 1910 Braunschweig. Beim *Hungerpastor* (1863), dem volkstümlichsten Werk, geht es um den Hunger der Seele, aufbauend und zerstörend in zwei Gestalten. Einfalt des Gemüts prägt den Helden. Des Vaters Schusterkugel, Böhmes Geist-Feuer, wird zusammenziehendes Symbol. Der Hunger der Seele treibt das Gesamtwerk hervor. So kommt es zur Ausweitung in eine Trilogie. Der Heimkehrer aus Afrika *(Abu Telfan)* findet die Kleinstadtphilister versklavt wie die Neger. Mit dem *Schüdderump* (1869) trifft R. einen Urschrecken: den Pestkarren zwischen Tod und Teufel. Wie der Schüdderump durch Toni Häuslers Schicksal rumpelt, wird eine Wahrheit offenbar: »daß die Kanaille Herr ist und Herr bleibt«. Rahmenkunst wird zur Meisterleistung, die Elegisches, Idyllisches, Satirisches verschmilzt. Schon Überschriften ziehen hier Metapher und Symbol zusammen: *Holunderblüte* (1863), *Des Reiches Krone* (1870).

Das Alterswerk entwickelt die Mittlergestalt des Chronisten mit eigenem Symbolgewicht: einer, ohne inneres Gleichgewicht, sucht Helden, deren Lebensausstrahlung er braucht. Berühmtestes Beispiel: *Stopfkuchen* 1890. Der Dikke, mit dem Spottnamen von der Schule her, unbeweglich auf der roten Schanze, wie das Mammut, das er selber ausgegraben, tritt in solchen Kontrast zum Schulfreund, dem Weitgereisten, daß Komik Humor gebiert. Was dem Chronisten komisch vorkam, wird unversehens mammutträchtig. Dazu gehört es, daß der Herzenshellsichtige einen Mörder zum Schuldbekenntnis bringt. Das Unbewußte tut sich auf vor dem »Boten des Jüngsten Gerichts«. Hier ist das Mammut keine Metapher mehr, es ist in Stopfkuchens Weltgelassenheit Symbol geworden. Das ist die Art, wie die Menschen bei R. »freidurchgehen«. In solcher Art, die einmalig ist, offenbaren sie, was R. den »Zusammenhang der Dinge« nennt. Voll tiefer Symbolik auch das *Odfeld* (1887); hier schließt die archaische Schlachtstätte, das Odinsfeld, Charaktere auf, vom Unbewußten her: der Lebensunnützeste wird der Weiseste, in den Augenblick hinein, wo die Zeit stillsteht. [HP]

Fr. Meyen (Bibliographie) 1955, 1973; H. Pongs, Wilh. R., 1958; Jb. d. R.-Ges. (seit 1960); W. Killy, Wirklichkeit u. Kunstcharakter, 1963 (zum »Odfeld«); H. Ohl, Bild u. Wirklichkeit. Stud. zur Romankunst R.s und Fontanes, 1968; G. Witschel, R.-Integrationen. »Die Innerste«, »Das Odfeld«, »Stopfkuchen«, 1969; G. Höhler, Das Bibelzitat in W. R.s Roman, 1969.

**Rabe,** bei nordwestsibirischen Stämmen (z. B. Tschuktschen), Eskimos und nordamerikanischen Indianern an der Westküste gilt der Vogel als Schöpfergottheit. Nach altpersischem Glauben waren R.n dem Gott des Lichtes und der Sonne heilig; ähnlich standen sie (ursprünglich in weißer Farbe gedacht) bei den Griechen Apollon und Helios nahe. In den Mithrasmysterien kennzeichnete »Rabe« den 1. Einweihungsgrad. Als angeblich besonders klugem Vogel traute man ihm die Fähigkeit der Wahrsagung zu, daher auch → Arztsymbol. Göttliche R.n sollen die Wanderzüge der Kelten geführt haben. Zwei R.n, die Odin alle Neuigkeiten zutragen, erscheinen als → Hypostasen der Gottheit. Bei zahlreichen Völkern Bote Gottes; so versorgt er Elias mit Nahrung (1 *Kön* 17,6), ebenso die heiligen Erasmus und Paulus Eremita. Andererseits ist der R. – ähnlich wie die im Volk oft mit ihm verwechselte Krähe – dem Tod nahestehend, Galgenvogel, Teufelstier und in der christlichen Ikonographie Symbol der Avaritia oder ganz allgemein des sündhaften Menschen. [Lr]

H. Messelken, Die Signifikanz von R. u. Taube in der mittelalterl. Literatur (Diss. Köln), 1965; S. Braunfels, R. (LChrl, 3) 1971; Th. Kaiser (Hg.), R. Eine Sammlung von Mythen u. Geschichten aus Nordamerika u. Sibirien, 1983.

**Rad,** Symbol der Bewegung, des Sonnenweges durch Raum und Zeit und des Lebenslaufes. In der jüngeren Steinzeit und in der → Bronzezeit als Scheibe oder R.kreuz sinnbildlicher Hinweis auf die Sonne bzw. ihren Weg um die Welt (→ Kosmos). 4- oder 8-fache Ringteilungen nordamerikanischer Felsbilder stellen (nach W. Müller) den zeitlichen Weg der Sonne dar (Jahresrad). In Indien weist das R. auf die Wagenfahrt des Sonnengottes (Surya, dessen Tempel zu Konarak durch 8-speichige Räder geschmückt wird) oder auf den Herrscher über die Welt (*Cakravartin* = der das R. rollen läßt); auch Vishnus Sonnennatur wird durch Diskus oder R. symbolisiert. Ein kosmisches R. kennen die → Manichäer. In der christlischen Kunst wird das Kreuz im R. zum Hinweis auf Christus Kosmokrator; die mittlere Fensterrose der Kathedralen wurde *rota* (Rad) genannt, ihre Nabe ist das göttliche Zentrum, um das sich die ganze Welt dreht.

Nicht immer ist die Bedeutung von R. und R.kreuz exakt zu bestimmen, so beim keltischen Gott Taranis (Sonne oder Donner?) oder beim → Wappen von Mainz. Das teilweise bis heute vorkommende Brauchtum des Räderwälzens und Scheibenschlagens wird von der neueren Forschung nicht mehr einseitig solar gedeutet. Eine Gleichsetzung R. – Donner findet sich in den *Psalmen* (77,19). In den 4 Rädern der Ezechiel-Vision (1,15 ff.) erblickten die Kirchenväter die 4 Elemente oder die 4 Jahreszeiten. Im Buddhismus gibt es das Rad der Lehre *(dharma cakra)* und das Lebensrad *(bhava cakra)*, in dem die verschiedenen erlösungsbedürftigen Daseinsformen von den Dämonen bis zu den Göttern abgebildet sind. Die Bewegung, das ständige Auf und Ab läßt das R. zu einem Sinnbild der Vergänglichkeit (auf antiken Gräbern) und zum → Glückssymbol (Attribut der → Fortuna) werden; bei Athanasius Kircher dient es der Wahrsagung *(rota divinatoria)*. Weiter Attribut der hl. → Katharina von Alexandrien. [Lr]

Fr. Röck, Das R. der buddhist. Lehre ein R. der Zeit (Mitt. d. Anthropol. Ges. Wien 1933); Rh. Davids, Zur Gesch. des R.symbols (Eranos-Jb. 1934); M. Riemschneider, R. u. Ring als Symbol der Unterwelt (Symbolon 3/1962); V. Beyer, Rosaces et roues de Fortune (Zs. f. Schweiz. Archäol. u. Kunstgesch. 22/1962); W. E. Begley, Vishnu's Flaming Wheel, New York 1973; W. Müller, Zeit u. Raum in Sprachen u. Kalendern Nordamerikas u. Alteuropa (Anthropos 74/1979); M. Perrot, Le symbolisme de la roue, Paris 1980; M. J. Green, The wheel as a cult symbol in the Romano-Celtic world, Bruxelles 1984.

**Rahner, Hugo**, 3. 5. 1900 Pfullendorf/Baden – 21. 12. 1968 München. Prof. für Alte Kirchengeschichte, Dogmengeschichte und Patrologie an der Universität Innsbruck. Seine wissenschaftlich theologische Arbeit umfaßt drei sehr verschiedene Gebiete: 1) in die Auseinandersetzung mit dem Verhältnis von Kirche und Staat im frühen Christentum (*Abendländische Kirchenfreiheit*, 1943, *Kirche und Staat im frühen Christentum*, 1961), 2) in die Beschäftigung mit Leben und Spiritualität des Ignatius v. Loyola (*Ignatius v. Loyola als Mensch und Theologe*, 1964), in das Ringen um eine Theologie der Verkündigung, 3) in das Ergründen der schier unauslotbaren symbolischen Denkensweisen der Väter und frühchristlichen Schriftsteller. Gerade diese Tätigkeit auf dem patristischen Symbolfeld, die auch seine Sicht und Deutung der Kirchengeschichte stets begleitete (vgl. etwa seine Sicht der Beziehungen von Rom, Byzanz und Moskau als einem Weg vom 1. bis zum 3. Rom in seiner Innsbrucker Rektoratsrede 1949), setzte ein mit der patristischen Textsammlung *Mater Ecclesia* (1944), fand seine Intensivierung in der Aufnahme in den Kreis des »Eranos« in Ascona mit den 1940–1946 gehaltenen religionsgeschichtlichen Vorträgen über das Verhältnis von griechischer Antike und christlichem Glauben, und erreichte schließlich seine Höhepunkte in den Büchern *Der spielende Mensch* (1949), *Griechische Mythen in christlicher Deutung* (1957), *Symbole der Kirche* (1964). [Sr]

**Rahner, Karl,** geb. 5. 3. 1904 Freiburg i. Br., intensivster Anreger der theologischen Wissenschaft im deutschen Sprachraum in der 2. H. des 20. Jh., Prof. an den Universitäten Innsbruck, München, Münster i. W. Für seine Darlegungen zum Feld der theolog. Symbolik sind von Bedeutung seine Auseinandersetzungen in jungen Jahren mit Origenes, den Kirchenvätern und den großen Mystikern des Mittelalters (mitbeeinflußt durch seinen Bruder → Hugo Rahner), wobei vor allem seine bis heute unveröffentlichte Doktordiss. *E latere Christi* – Zur patristischen Auslegung von Joh 19,34, Innsbruck 1936, die deutsche Neubearbeitung des Buches *Aszese und Mystik in der Väterzeit* (von M. Viller), 1939, die Darlegungen zur Symbolik des Herzens Jesu (in: J. Stierli, *Cor Salvatoris*, 1954, S. 166–199) zu nennen sind. In späterer Zeit hat er, ausgehend von dem Prinzip »Gott finden in allen Dingen« und in seiner Auseinandersetzung mit dem Aufweis der Erfahrung der Gnade hingefunden zu den Phänomenen des alltäglichen Lebens, wie Arbeit, Gehen, Sitzen, Sehen, Lachen, Essen, Schlaf. Diese wurden ihm zu Sinnbildern von Höherem und Besserem, denn »das Kleine ist die Verheißung des Großen und die Zeit das Werden der Ewigkeit«. Diesen Satz prägte er in dem für sein Symbolverständnis so wichtigen Büchlein »*Alltägliche Dinge*« (Einsiedeln 1964, [7]1968). Bes. im SCHLAF sieht er eine tiefe Sinnbildlichkeit: »Der Mensch, der Person und Freiheit ist, sich selbst besitzt und steuert, läßt sich im Schlaf los, gibt sich aus seiner Hand, vertraut sich den Mächten seines Daseins an, die er nicht geschaffen hat und die er nicht überschaut. Schlaf ist ein Akt des Vertrauens auf die innere Richtigkeit, Sicherheit und Güte der Welt des Menschen, ein Akt der Arglosigkeit und des Einverständnisses mit dem Unverfügbaren«. (*Alltägliche Dinge*, S. 24f. – vgl. dazu auch: *Geistl. Abendgespräch über den Schlaf, das Gebet und andere Dinge*: Geist u. Leben, 23 [1950] 1, 1–13). – Seine Aussagen über Gott wollen diesen nicht mit einzelnen, ganz bestimmten Vorstellungen der Menschen identifizieren, immer wieder wird nach Angemessenerem gefragt, aber ganz angemessen kann eben hierin nichts sein, sodaß sich hier so etwas wie eine »indirekte Symbolik« im Denken Rahners notwendig macht, denn alles Reden von Gott kann nur Symbol sein, das auf viel Größeres und Anderes hinweist. [Sr]

K. Lehmann: Karl Rahner (H. Vorgrimmler/R. Vander Gucht, Bilanz der Theologie im 20. Jh., S. 143–181) 1970.

**Ratte,** in Süd- und Ostasien glückbringendes Tier. In der indischen Mythologie Reittier *(vahana)* des elefantenköpfigen Gottes der Weisheit, Ganesha. Bei Primitivvölkern Vorderindiens tritt die R. als eine Art Kulturbringer auf, dem die Menschen das Feuer bzw. den Reis verdanken (*WdM,* Bd. V, 698, 726). In einem Tempel in Radschastan wird den Nagetieren täglich ein Getreideopfer dargebracht. Bei den Chinesen gilt die R. als besonders klug, sie wird mit Reichtum in Verbindung gebracht und bildet (astrologisch) das 1. Zeichen des Tierkreises (unserem »Widder« entsprechend). – Im europäischen Volksglauben hat die Vorräte vernichtende und Seuchen übertragende R. negative Symbolbedeutung, sie steht auf der Seite der Dämonen und Hexen und bringt mannigfaches Unglück. Daneben kann sie ähnlich wie die Maus Seelentier sein. Verschieden interpretiert wird die sagenhafte Gestalt des R.fängers von Hameln (R.plage und Rache des Pfeifers für verweigerten Lohn); u. a. wird er auch als verführerischer Seelenfänger gedacht. In neuerer Zeit ist R. ein Schimpfwort; für Baudelaire waren die Tiere Verkörperungen böser Gedanken; Ernst Jünger vergleicht den Pöbel mit dem »Rattenschwarme, der alles zernagen will«. [Lr]

R. Riegler, R. (Hdwb. d. dt. Aberglaubens, Bd. 7), 1935/36; R. Beitl, R.fängersage (Wb. d. dt. Volkskunde), [3]1974; W. Eberhard, Lex. chines. Symbole, 1983.

**Räucherung** → Weihrauch

**Raum.** Für den Menschen der Frühzeit war R. eine mehr oder weniger geordnete Vielheit örtlicher Richtungen, von denen jede mit gefühlsbetonten Empfindungen (im Zusammenhang mit Sonnenauf- und -untergang, meteorolog. Erscheinungen usw.) verbunden war. Für die Antike – bis Aristoteles – war der R. endlich; um ihn herum wurde der mythische R. (die Sphären des Himmels, Region der Götter, das Unvergängliche) gedacht. Im jüdischen Denken diente der Begriff »Raum« *(makôm)* als Gottesname; es war der R. der Schechina, der Herrlichkeitsoffenbarung Gottes auf Erden.

Symbolgeladene Kategorien des R.es sind Oben–Unten, Vorne–Hinten, Rechts–Links, Innen–Außen, wobei dem ersten Wort der Begriffspaare mehr positive, dem zweiten mehr negative Bedeutung zukommt, obwohl beide einander bedingen (→ Polarität). Zur Orientierung im R. dienen die HIMMELSRICHTUNGEN. Im alten Ägypten wurden die Toten, die »Westlichen«, so gebettet, daß sie der im OSTEN aufgehenden Sonne entgegenblicken konnten. Nach christlicher Vorstellung kommt die Sonne des Heils = Christus aus dem Osten, im WESTEN herrschen die Mächte der Finsternis und der Dämomen. Im frühen MA war der Zug der Getauften in ihren weißen Kleidern vom Taufbecken im W der Kirche zum Altar im O ein symbolischer Weg vom Tod zur Auferstehung. Bei verschiedenen Völkern Asiens werden die Himmelsrichtungen durch Farben, manchmal in Verbindung mit Tieren symbolisiert, z. B. in China: BLAUER DRACHE = O, ROTER VOGEL = S, WEISSER TIGER = W, SCHWARZE SCHILDKRÖTE = N. Die Gleichsetzung des Nordens mit der schwarzen Farbe (Nacht, Winter, Unheil, Tod) findet sich auch im Parsismus und im AT (*Sach* 6,1–8).

Alle vom Menschen ausgehende R.gestaltung läßt sich morphologisch auf drei Grundformen und Grundsymbole zurückführen: das in gewissem Sinn dem Punkt entsprechende Mal, der in den Raum ausgreifende Weg und das dreidimensionale Bauwerk. Das nach allen Seiten blickende, festverwurzelte MAL hat kosmische Bedeutung (Obelisk als Heiligtum des Sonnengottes, Irminsul als Weltsäule), ist Gedächtnisstätte (→ Denkmal, Grabmal) oder Zeichen der Macht und des Rechtes (Säule, Roland, zentraler Turm barocker Schlösser). Der WEG kann Symbol des Sonnen-, des Zeiten- oder des Lebenslaufes sein; architektonisch findet sich der Weggedanke in vorgeschichtl. Labyrinthbauten, in der altägypt., auf den Tempel zulaufenden Sphingenallee, in der christlichen Kirche der Weg vom Portal zum Altar. Das (hausartige) BAUWERK grenzt das Innere von der Außenwelt ab; heilige Stätten sind Enklaven in der profanen, gottlosen oder gottfeindlichen Welt. Andererseits greift der kultische Bau über sich hinaus, korrespondiert mit dem Kosmos (→ Architektur); so wurden die altmesopotamischen STUFENPYRAMIDEN *(zikkurat)* als Stiege zum Himmel gedacht, mit der sich die Anschauung der sieben kosmischen Sphären verband. Wie das sichtbare Weltall bei manchen Völkern als Offenbarung der unsichtbaren Gottheit ausgelegt wurde, so ist der »Tempel«, die christl. Kirche, in erweiterter Bedeutung der Leib Gottes, vgl. *Joh* 2,19–21. Mircea → Eliade weist auf die religiöse Erfahrung des heiligen absoluten R.es. Die Relativität des profanen R.es ist letztlich ein Chaos, die von Gott/Göttern geschaffene Welt ist geordneter R., Kosmos (→ Kosmogonie). Heiliger Raum, heiliger Ort ist dort, wo das Heilige/Göttliche sich offenbart (Berge, Bäume, Höhlen, Quellen) oder wo es eine Wohnstätte hat (Kultbau). [Lr]

M. Jammer, Concepts of space, Cambridge 1954, dt.: Das Problem des R.es, 1960; H. Schomerus, Zeit u. R. im christl. Denken, 1959; M. Eliade, Das Heilige u. das Profane, 1957; K. Goldammer, Der Mythus von Ost u. West, 1962; H. Schmitz, System der Philosophie. 3. Bd. Der R., 1967; M. Douglas, Symbolic orders in the use of the space (P. J. Ucko/R. Tringham, Man, settlement and urbanism) London 1972.

**Rauschgift** → Psychedelik

**Raute** (Rhombus), bis in prähistorische Zeit nachweisbar, meistens als Symbol des Weiblich-Mütterlich-Gebärenden gedeutet (→ Geburtsorgan); ob dies auch für die auf Tierköpfen angebrachten Zeichen zutrifft, z. B. bei chinesischen Bronzen der Tschou-Zeit oder bei Schnitzereien auf Celebes, ist nicht ohne weiteres zu bejahen. Der Sinologe Hentze erblickt in der R. ein Symbol der vier Weltgegenden und vergleicht mit dem in der Form ähnlichen Fadenkreuz auf Bali, das im Totenkult die vier Himmelsrichtungen andeutet. Im chinesischen Volksglauben gehört die R. zu den acht Glückssymbolen; als oft ineinander geschobene doppelte R. erscheint sie, auf Mauern und Wänden angebracht, in apotropäischer Bedeutung

Eine autonome Bedeutung dürfte dem auf der Spitze stehenden Viereck in der langobardischen Kunst zukommen, meistens wird es von einem Kreis umschlossen und enthält im Zentrum eine Rosette; Kreis und R. sind gewöhnlich durch Flechtbänder miteinander verbunden. Die R. und die achtförmige Mandorla gehören zu den sinnträchtigen Motiven mittelalterlicher Majestasbilder. In Verbindung mit Quadrat und Kreis findet sich die R. wiederholt bei romanischen Reliefs; ob für die Zeit der Entstehung nur dekorative Funktion oder auch noch symbolische Bedeutung zutrifft, ist umstritten. [Lr]

E. Kühnel, Das R.motiv an romanischen Fassaden in Italien (Festgabe E. Redslob), 1955; C. Hentze, Tod, Auferstehung, Weltordnung, 1955 (S. 164f.); H. B. Meyer, Zur Symbolik frühmittelalterl. Majestasbilder (Das Münster 1961); R. Kutzli, Langobard. Kunst, 1974 (S. 194–198).

**Re.** Ägyptischer Sonnengott, den wir mit den Griechen Re nennen (die Etymologie des Namens ist unbekannt, die Bedeutung ist ursprünglich einfach »Sonne«); er ist verhältnismäßig spät (um 2500) an die Spitze des ägyptischen Pantheons aufgestiegen, als die Könige anfingen, sich »Sohn des Re« zu nennen. Zu dieser Zeit muß der Kult des Re in Heliopolis (biblisch On) beheimatet worden sein; die altheliopolitanischen (?) Gottheiten Atum (»der Vollendete«) und der in Gestalt des SKARABÄUS verehrte Chepre (»der Entstehende«) wurden als Abend- und Morgensonne zu Modalitäten des Re, ebenso wie diesem durch die Verbindung mit Atum und Chepre die Wesenszüge eines Ur- und Schöpfergottes zuwuchsen. Sein voller Name lautete nun Re-Harachte, wobei Harachte (»Horizontischer Horus«) in der Ikonographie des Sonnengottes als FALKENKOPF in Erscheinung tritt, aber wohl nicht einen ehemals selbständigen Gott, sondern eher einen Aspekt und eine Art Titel der Bedeutung »Himmelskönig« darstellt, der ihn seinem Sohn, dem zum König verkörperten irdischen → Horus, gleich- und auch gegenübergestellt.

Das LICHT gilt als Äußerung der alles belebenden Schöpferkraft des Gottes, deren Wirken in der Natur die »Jahreszeitenreliefs« der Sonnenheiligtümer darstellen; zugleich ordnet es die Welt, indem es sie sichtbar und begehbar macht. Die BEWEGUNG des Gottes über den Himmel gibt dem Kosmos seine »solare Achse«, nach der die Tempel und Gräber ausgerichtet sind. Die aus dieser Bewegung hervorgehende Ordnung wird als die Göttin Maat (Weltordnung, Wahrheit) hypostasiert, die folgerichtig als »Tochter«, d. h. Erzeugnis, des Re gilt. Die Bewegung ordnet die Welt, indem sie das Chaos in Gestalt des Finsternisdrachens Apopis (der sie ständig mit Stillstand bedroht) bei Tage und den Tod bei Nacht überwindet. Die Fahrt des Re stellt man sich zu SCHIFF vor, am Tage über den oberen Himmel gerudert, in der Nacht von Schakalen, den Tieren der Wüste und des Totenreiches, durch die Unterwelt getreidelt.

Die Himmelsgöttin Nut gilt als Mutter des Re, die ihn am Morgen gebiert und abends empfängt in einer vaterlosen Selbstzeugung, die zum Kern ägypt. Unsterblichkeitsdenkens gehört und die Himmelsgöttin zur Totengottheit macht; auch der Unterwelts- und Totengott → Osiris tritt in eine vieldeutige Beziehung zum Sonnengott. Die Darstellung dieser Vorstellungen vom Lauf der Sonne bildet das Thema der in großer Zahl überlieferten Sonnenhymnen. [JA]

W. Westendorf, Altägypt. Darst. des Sonnenlaufs auf der abschüssigen Himmelsbahn (Münchner Ägyptolog. Stud. 10) 1966; J. Assmann, Liturg. Lieder an den Sonnengott (Münchner Ägyptolog. Stud. 19) 1969; ders., Der König als Sonnenpriester, 1970; E. Hornung, Ägypt. Unterweltsbücher, 1972; ders., Der Eine und die Vielen, 1971; J. Assmann, Ägypt. Hymnen und Gebete, 1975; E. Hornung, Das Buch der Anbetung des Re im Westen (Aeg. Helv. 2–3/1975–1976).

**Rebis** (von lat. *res bina*, zweifaches Ding). Im Sprachgebrauch der → Alchemie häufige Tarnbezeichnung für die Dualität der → *materia prima*, die noch nicht in die beiden polaren Gegensätze »Männlich und Weiblich« aufgegliedert ist, oder auch (seltener) für den → Stein der Weisen, in dem sie wieder aufgelöst sind. In alten Kupferstichen wird dieses Symbolbild oft durch die Darstellung eines zweigeschlechtlichen und meist auch zweiköpfigen Menschen illustriert, der beide Grundsubstanzen (auch *sulphur* und *mercurius*, das ROTE und das WEISSE oder SONNE und MOND) in einem Körper vereinigt. So entstand der in alchemistischen Bilderzyklen nicht selten dargestellte »Hermaphrodit« oder »Androgyn«, dessen realistische Zeichnung (etwa im *Musaeum Hermeticum*, 1678) als ein monströs wirkender nackter Mensch, mit zwei Köpfen und nebeneinander mit männlichen und weiblichen Genitalien ausgestattet, ein großes Y in der Hand hält: ein abgekürztes Sigel der Dualität aus einer Wurzel. Das Wort R. ist auf der Brust eines ähnlichen, aber bekleideten Doppelmenschen im *Chymischen Lustgärtlein* (1624) zu lesen (Fig. XCVIII), die auf einer GEFLÜGELTEN KUGEL steht – dem »philosophischen Ei«, einem anderen Symbol der materia prima – und, in Vorwegnahme späterer Symbolik der → Freimaurerei, Zirkel und Winkelmaß in Händen hält. [Bi]

H. Biedermann, Materia prima, 1973.

**Rechtssymbole.** Gegenstände oder Handlungen, die ein Rechtsgeschäft oder ein Rechtsverhältnis durch Symbolisierung anschaulich machen sollen und die zur Herbeiführung einer bestimmten Rechtswirkung notwendig sind. Von der bildhaften Rechtssymbolik unterschieden wird der in Sprache und Schrift zum Ausdruck kommende Rechtsformalismus (der Gebrauch bestimmter Wortformeln), beide zusammen führen zu dem »mit Hand und Mund« vollzogenen Rechtsritus – z. B. beim Eid die emporgestreckten Finger der erhobenen rechten Hand in Verbindung mit der gesprochenen Eidesformel. Die Erforschung der deutschen R. beginnt mit Jacob Grimm (1828: *Dt. Rechtsaltertümer*).

Schon im AT gibt es zahlreiche R., so beim Bundesschluß zwischen Mensch (Abraham) und Gott: Zerschneiden und Verteilen von Tieren (1 *Mos* 15,9ff.), BESCHNEIDUNG (1 *Mos* 17,9ff.); bei der Übernahme von Bürgschaften: HANDSCHLAG (*Spr* 17,18); beim Eid: Erheben der rechten Hand (5 *Mos* 22,40) oder beider Hände (*Dan* 12,7), Berührung der HÜFTE, LENDE (1 *Mos* 24,2), die symbolisch das Zeugungsglied repräsentiert und damit den göttlichen Bundespartner (Beschneidung!) als Zeugen anruft; Verzicht auf einen Rechtsanspruch: Ausziehen und Übergabe eines SCHUHS (*Rut* 4,6ff.).

Symbole des älteren römischen Rechts waren *aqua* und *ignis*, die religiös verankert waren; mit WASSER und FEUER wurden die Neuvermählten in ihrem Heim empfangen. Die kriegerische LANZE war Symbol des ursprünglich dem Feinde abgenommenen) Eigentums. Die das Schwert führende HAND war Zeichen der Macht und der Gewalt; HANDAUFLEGUNG konnte Weitergabe der Macht (Amtsübertragung) andeuten. Bei der Eigentumserwerbung *(mancipatio)* schlug der Erwerbende mit einem Stück Erz an die Waage, was einer symbolischen Anbietung des Kaufpreises entsprach. Bei der Zurückforderung von Eigentum *(vindicatio)* wurde von den Parteien zum Schein ein körperlicher STREIT *(pugna imaginaria)* ausgeführt, der schließlich vom Prätor geschlichtet wurde.

In der germanischen und mal. Zeit bezeichnen R. entweder einen Rechtszustand oder einen einzelnen Rechtsakt. Einige Bilderhandschriften des *Sachsenspiegels* (das von Eike von Repkow zuerst lateinisch, dann niederdeutsch geschriebene Rechtsbuch, 1. H. 13. Jh.) zeigen deutlich das symbolhaltige Rechtsbrauchtum. Die R. können in verschiedenen Gruppen zusammengefaßt werden:

Natursymbole. Die Übergabe eines Grundstückes konnte versinnbildlicht werden durch die Darreichung eines HALMES, eines ZWEIGES oder einer ERDSCHOLLE. Neuerworbene Dienstboten glaubte man an das Haus zu binden, indem man sie dreimal um das HERDFEUER führte. Das schmachvolle Tragen von STEINEN war ein R. für Laster und Schande. Ein Geächteter wurde aus der Gemeinschaft von WASSER und FEUER ausgeschlossen (Zuschütten des Brunnens, Löschen des Herdfeuers). Bis in die Antike zurück läßt sich als Strafe für Ehebruch der Ritt auf dem ESEL (Symboltier der Unkeuschheit) nachweisen. Wenn ein Verwandtenmörder zusammen mit einem Hund, einer Katze (als Ersatz für einen Affen), einer Schlange und einem Hahn in den Sack gesteckt und ertränkt wurde, dann galten diese Tiere als Repräsentanten der dunklen unterirdischen Gottheiten, denen der Mörder geopfert wurde.

Körperteile. Der HANDSCHLAG ist – in einigen ländlichen Gegenden bis heute – Zeichen des Kaufabschlusses. Der KUSS kann der Besiegelung des wiederhergestellten Friedens oder der Bekräftigung eines Treuegelöbnisses dienen. Das Zupfen des OHRES (nach antiker Vorstellung Sitz des Gedächtnisses) war Mahnung an die Zeugen, die Rechtshandlung in guter Erinnerung zu behalten. Abschneiden der HAARE galt als schimpfliche Strafe; das lang herabwallende Haar der fränkischen Könige war Zeichen ihrer Würde. Nach der Hochzeit ergriff der Mann die Herrschaft im Haus, indem er seinen FUSS auf den Fuß der Frau setzte.

Das Aufrecken der drei SchwurFINGER wird als Hinweis auf die Dreifaltigkeit gedeutet, kann aber auch auf antiken Abwehrzauber zurückzuführen sein.

Kleidungsstücke. Der HANDSCHUH repräsentiert die Hand und symbolisiert Gewalt und Schutz; in späterer Zeit Hinweis auf das vom König verliehene Markt- und Münzrecht. Der dem Gegner hingeworfene Fehdehandschuh ist Garant, daß man sich zum Zweikampf stellt. Ein HUT auf Stange oder Lanze ist Symbol der Gewalt des Kriegs- oder Gerichtsherrn – man vgl. Geßlers Hut auf der Stange in *Wilhelm Tell*! Beim Zweikampf ist das Ablegen von Gürtel und SCHUH Sinnbild der Übergabe auf Gnade und Ungnade; der vom Fürsten Unterworfene mußte dessen Schuh umhertragen. Der MANTEL ist Schutzsymbol; die Umhüllung mit

dem Mantel bedeutet die Annahme an Kindes Statt.
Gegenstände. Der STAB in der Hand des Boten oder des Richters ist Zeichen der Macht; bei der Verkündung des Todesurteils wurde ein Stab über dem Haupte des Verbrechers zerbrochen und ihm vor die Füße geworfen. Beim großen Kirchenbann wurde der geistliche Tod des Gebannten dadurch versinnbildlicht, daß der bannende Bischof oder Papst eine brennende KERZE (Symbol des geistlichen Lebens) zerbrach und zu Boden warf. Der RINGWECHSEL der Eheleute war Zeichen ihrer unlöslichen Verbindung. Der dreibeinige STUHL ist schon in frühgerman. Zeit Symbol des Besitzes; wollte man jemand das Eigentum nehmen, setzte man ihm den Stuhl vor die Tür. Zum Zeichen der vollzogenen Hinrichtung wurde ein MESSER in den Baum gesteckt. Mit dem HAMMER als Sinnbild der Machtbefugnis wird bei der Versteigerung der Zuschlag erteilt (Auktionshammer). Die Übergabe der SCHLÜSSEL einer eroberten Stadt ist eine symbolische Kapitulationshandlung. Die → Reichsinsignien waren mehr als nur äußerliche Zeichen der Würde; ihr Besitz legitimierte den Herrscher.
Von den rechtssymbolischen Vorstellungen im MA künden noch heute die ROLANDE, überlebensgroße Holz- oder Steinbilder in Norddeutschland (z. B. in Bremen), die Wahrzeichen städtischer Hoheit oder der Markt- und Gerichtsfreiheit waren. Mit der Entwicklung des begrifflichen Rechts im ausgehenden MA verloren die R. und der Formalismus ihre Bedeutung, lediglich auf dem Lande hatten sie ein Weiterleben in den bäuerlichen Weistümern. Rechtssymbol. Vorstellungen fanden auch in verschiedenen → sprichwörtlichen Redensarten einen Niederschlag. [Lr]

K. v. Amira, Der Stab in der german. Rechtssymbolik, 1909; C. Puetzfeld, Dt. Rechtssymbolik, 1936; B. Schwinekörper, Der Handschuh in Recht, Ämterwesen, Brauch u. Volksglauben, 1938; F. Beyerle, Sinnbild u. Bildgewalt im älteren dt. Recht (Zs. f. Rechtsgesch. Germanist. Abt. 58) 1938; E. Wohlhaupter, Die Kerze im Recht, 1940; E. Wohlhaupter, Rechtssymbolik der Germ. (Hdb. d. Symbolforschg. II) 1941; B. Rehfeldt, Begriff u. Wesen d. Rechtssymbolik (Stud. Gen. 6) 1953; V. Huhn, Löwe u. Hund als Symbole des Rechts (Mainfränk. Jb. f. Gesch. u. Kunst VII) 1955; N. Strosetzki, Antike R. (Hermes 86) 1958; A. Szentirmai, Die Rechtssymbolik im geltenden Kirchenrecht (Österr. Arch. f. Kirchenrecht 11) 1960; Fr. Sturm, Symbol. Todesstrafen, 1962; H. P. Stumpf, The political efficary of judicial symbolism (Western Political Quarterly 19) 1966; H. Fischer, Stab u. Schwert als Gegensatzpaar der Rechtssymbolik (Forsch. zur Rechtsarchäologie u. rechtl. Volkskunde 4/1982).

**Rechts und Links,** die Bedeutung der beiden Seiten steht im Zusammenhang mit der Erfahrung der rechten (geschickteren, »richtigen«) und der linken (schwächeren, »linkischen«) Hand, aber auch mit der Orientierung im Raum. Bei ritueller Zuwendung nach dem Süden ist die Licht und Leben verheißende Seite des Sonnenaufgangs zur Linken, die dann die gute Seite ist (Etrusker, Rom vor dem griech. Kultureinfluß, China). Bei der meist üblichen Orientierung nach Osten liegt der Weg der Sonne vom Betrachter aus auf der rechten Seite: das Heil kommt von rechts. Dem homerischen Menschen *(Odyssee)* kündet der rechts fliegende Vogel immer Gutes. Ist Gott zur Rechten, kann man durch nichts erschüttert werden (*Ps* 16,8). In Anlehnung an Ezechiel 47,1 – Wasser des Heils fließt aus der östlichen Rich-

tung (= aus der rechten Seite) des Tempels – wird Christi Seitenwunde auf der rechten Brustseite dargestellt.
Als polare Begriffe werden R. und L. auch zu Bildern für Gut und Böse (→ Weltgericht). In Vergils *Aeneis* führt der rechte Weg zum Elysium, der linke in die Hölle. Nach germanischem Recht stand der Kläger rechts, der Beklagte links des Richters. Die rechte Seite ist dem Licht, die linke der Finsternis zugeordnet (→ Manichäer). Rechts die Sonne, links der Mond: beim Inka-Altar des Sonnentempels zu Cuzco, bei antiken Mithrasdarstellungen, beim Thema der Kreuzigung Christi (→ Polarität). Mit der linken Seite ist mehr das Emotionale (Herzseite!), Irrationale, Unbewußte, Feminine verbunden. In der kathol. Kirche war die linke Seite für die Frauen, die rechte für die Männer. Politisch wurde L. die Seite der Revolution, eben weil sie die Seite der Schwächeren, der Unterdrückten war. In der französ. Nationalversammlung saßen links vom Parlamentspräsidenten die progressiven, revolutionären Kräfte, rechts die konservativen und reaktionären. R. und L. spielen auch in der → Graphologie eine Rolle. [Lr]

G. E. R. Lloyd, Right and Left in Greek Philosophy (Journal of Hellenic Studies 82/1962); V. Fritsch, L. u. R. in Wissenschaft und Leben, 1964; U. Deitmaring, Die Bedeutung von R. u. L. in theolog. u. literar. Texten bis um 1200 (Zs. f. dt. Altertum u. dt.Literatur 98/1969); R. Needham, Right and Left. Essays on Dual Symbolic Classification, Chicago 1973; M. Lurker, Die Symbolbedeutung von R. u. L. u. ihr Niederschlag i. d. abendländ.-christl. Kunst (Symbolon N.F. 5/1980); ders., R. u. L. als Ausdruck eines bipolaren Weltverständnisses (Zs. f. Religions- u. Geistesgesch. 33/1981).

**Redensarten** → Sprichwörtliche Redensarten

**Regen** ist als Voraussetzung für Fruchtbarkeit und Leben mit der Symbolik des → Wassers verbunden. Hält der Wettergott den R. zurück, so treten Dürre und Hungersnot ein. In der hl. Hochzeit des altsyrischen Gottes Baal mag der Gedanke der Befruchtung der Erde durch den lebensspendenden R. mitgespielt haben (WdM 1,261). In der altoriental. Bildsprache sind die R.tropfen das Sperma von Göttern; Indra schüttet den R. herab, ist »Herr des Ackers« und »Stier der Erde«. Das an die atmosphärische Erscheinung gebundene Bild wird beim Propheten Hosea (6,3) spiritualisiert: Gott wird kommen wie R., der den Erdboden tränkt. Die mittelalterl. Literatur spricht vom R. der Gnade, und in einem Adventslied heißt es in Bezug auf Christus: »Tauet Himmel, den Gerechten, Wolken regnet ihn herab«. Volksglauben ist es, daß R. auf den Brautkranz Kindersegen bedeutet. [*]

**Regenbogen.** Symbol der Verbindung zwischen Himmel und Erde, im Shintoismus und in der german. Mythologie (unter dem Namen Bifröst = Zitterweg) als Brücke gedacht, sonst auch als Weg, auf dem die Verstorbenen ins Jenseits gelangen. In Altarabien war der R. des Gewittergottes Quzah Waffe, mit der er seine Hagelpfeile verschoß. Im griech. Mythos wurde er in der menschenfreundlichen Götterbotin Iris personifiziert, bei Ovid (*Metamorph.* 1,270f. 11,589f.) ist er der Göttin Gewand. Bei verschiedenen Völkern in Afrika und Asien wird der R. als Schlange mit bisexueller Eigenart aufgefaßt (→ Se-

xualsymbolik); in Altchina erblickte man in ihm die Verbindung von Yin und Yang.
Nach der Sintflut setzte Gott den R. an das Firmament zum Zeichen seines Bundes mit den Menschen (1 *Mos* 9,12–16). Als Pfand von Gottes Huld und Gnade und als Hinweis auf seine Herrlichkeit gehört der R. zum Throne des Weltenherrschers (*Ez* 1,28; *Offb* 4,3); in der mittelalterl. Kunst in Darstellungen der Maiestas Domini und des Weltgerichts. Die 7 Farben des R.s wurden verschiedentlich als die Gaben des Hl. Geistes interpretiert, die 3 Grundfarben als Symbol der Trinität (so bei Basilius d. Gr.). Das unzerreißbare Band zwischen Schöpfer und Geschöpf wird auch zum Symbol von Maria, vgl. Matthias Grünewalds Stuppacher Madonna. In Dichtung (→ Goethe) und romantischer Malerei erscheint der R. als Zeichen des Friedens und des Heils. [Lr]

J. S. Newberry, The Rainbow Bridge. A Study of Paganism, London; M. Rasänen, R. – Himmelbogen (Studia Orientalia 14/1947); H. Baumann, Das doppelte Geschlecht. Ethnolog. Studien ... (247–249) 1955; S. Rösch, Der R. i. d. Malerei (Stud Gen 13/1960); A. Schimmel, Der R. als Symbol i. d. Religionsgesch. (Religion und Religionen. Fs. f. G. Mensching) 1967.

**Reich.** Der religiöse R.gedanke findet sich bereits im akkadischen »R. der vier Weltteile« mit seinem Gottkönigtum und in Persien, dessen Herrscher als Erlöserkönig galten. Durch die Sublimierung der Vorstellung vom davidischen König als dem von Jahwe auf Zion bestellten Herrscher, dessen Machtbereich die Welt umfaßt (*Ps* 2,6ff.) wird die Vorstellung vom → Messias eingeführt. Im NT gehört die Verkündigung vom nahenden R. Gottes (*Mk* 1,14f.) zu den zentralen Themen der Lehre Jesu. Das R. Gottes ist Bild für die höchste und endgültige Seligkeit. Auch mit der vom *Imperium Romanum* ausgehenden, mehr weltlich betonten R.idee, auf das Hl. Röm. Reich Deutscher Nation übertragen, werden die Erwartungen von Friede und Glück verbunden. Jüdischer Eschatologie entstammt der Chiliasmus, die Lehre vom »Tausendjährigen R.«, das dem Weltende vorhergeht. Die Idee vom 3. Reich erstmals bei → Joachim von Floris. [Lr]

E. Staehelin, Die Verkündigung des R.es Gottes in der Kirche, 1953; A. Dempf, Sacrum Imperium. Gesch.- u. Staatsphilosophie des MA u. der polit. Renaissance, 1929; J. Gray, The kingship of God in the prophets and the psalms (Vetus Testamentum 11/1961); E. Nellmann, Die R.idee in dt. Dichtungen der Salier- u. frühen Stauferzeit, 1963; H. H. Schrey (Hg.), R. Gottes u. Welt. Die Lehre Luthers von den zwei R.en, 1969.

**Reichsinsignien.** Zusammen mit den Reliquien die Reichskleinodien bildend, hatten sie nicht nur große rechtliche Bedeutung (zum legalen Herrschen innerhalb des Hl. Römischen Reiches gehörten auch die R.), sondern waren gerade in Zeiten der Not eindrucksmächtige Symbole von Reichsgewalt. Im 14. und 15. Jh. ging diese politisch-symbolische Bedeutung über in eine religiöse, sie wurden zu einer Art von Reliquien, die auf der Nürnberger »Heiltumsweisung« gezeigt wurden und deren Verehrung mit Ablässen verbunden war. Reichsapfel, Reichskrone, Schwert und Lanze, die wohl mit Recht in einem Entwicklungsgang von den Insignien der römischen Imperatoren her gesehen werden dürfen, sind z. T. als Symbolträger von Triumph und Weltherrschaft anzusehen, während etwa kaiserliche MÄNTEL (Sternenmantel Heinrichs II., Bamberg) zum Sinnbild der Idee des Universums wurden. Bes. erwähnenswert ist hier noch die ReichsKRONE mit den 8 Platten und den 12 Edelsteinen auf der Stirnplatte. Sicher ist mit der Zahl ACHT auf das himmlische Jerusalem angespielt, während die Zahl ZWÖLF als Symbol der 12 Apostel anzusprechen ist. Auch die Nakkenplatte enthält 12 Steine als Hinweis auf die 12 Stämme Israels. Schließlich erinnern die GLÖCKCHEN am Gewand Ottos I. an den Hohenpriester im Alten Bund im Ornat der latein. Herrscher. Das Ende der Verehrung der Insignien liegt im 18. Jh. [Sr]

LChrI, 3 1971; H. Fillitz, Die Insignien u. Kleinodien des Hl. Röm. Reiches, 1954; P. E. Schramm, Sphaira – Globus – Reichsapfel, 1958; R. Staats, Nachfolge Christi i. d. Reichskrone (Symbolon 7/1985).

**Reinheit** bedeutet in der religiösen Sprache das Freisein von kultisch Befleckendem. Bestimmte Speisen, das Geschlechtliche, Krankheit und Tod – in der Machtsphäre besonderer → Dämonen – setzen den Menschen der Unreinheit aus. In den alttestamentlichen Reinheitsgeboten wollte man schon den Grundgedanken erblicken, daß alle Unreinheit einem Entzug von Lebenskraft gleichkomme, wie dies aus einer bestimmten Vorstellung heraus auch für Menstruation und Pollution zutrifft. Nur der Reine darf in der kultischen Handlung und im Opfer Gott gegenübertreten. Eine gewisse Symbolik zeigt sich bereits in der hebräischen Sprache: *thahor* (rein) bedeutet ursprünglich »zum Licht hervorbrechend, lichtglänzend«; *thame* (unrein) ist zunächst »schlammig, schmutzig«. Den verbreiteten rituellen → Reinigungen durch Wasser liegt das Bild von der Sünde als SCHMUTZ zugrunde.

Bereits Hesiod bezog die Idee der R. auf die seelische R., wenn er fordert, daß man rein an Leib und Seele den Göttern das Opfer bringen soll. Um Schuld und Sühne, Befleckung der kultischen R. und ihre Wiederherstellung kreist der Mythos von → Ödipus. Im Christentum wird das Schwergewicht vollends auf die moralische und geistige Dimension der R. verlegt; im NT werden die alten R.svorschriften für nutzlos erklärt, wenn sie nicht Ausdruck der R. des Herzens sind.

Da die WOLLE die Fähigkeit hat, Unreinigkeiten aufzusaugen, wurde ihr im Altertum kathartische Bedeutung beigemessen. In Daniels Vision hatte der Hochbetagte auf dem Thron Haupthaar wie Wolle so rein« (*Dan* 7,9). In den eleusinischen Mysterien wurden dem Mysten Wollfäden um den rechten Handknöchel gebunden. Infolge der Verbindung der weißen Farbe mit (äußerer) Sauberkeit und (innerer) Heiligkeit findet sich WEISS häufig als Symbol der R. und Vollkommenheit. Im alten Ägypten war MILCH wegen ihrer weißen Farbe eine Metapher für R., so daß die Milchlibationen auch den Sinn einer Reinigungszeremonie haben konnten. Die griechischen Priester trugen weiße Gewänder wie auch die Electi der Manichäer. Diejenigen, die aus der apokalyptischen Drangsal in das himmlische Jerusalem eingehen, haben »ihre Kleider weiß gewaschen im Blute des Lammes« (*Offb* 7,13f.). Die weißen Erstkommunionskleider der Mädchen und die weißen HOCH-

ZEITSKLEIDER der Bräute sind Hinweis auf Unschuld und Jungfräulichkeit. In der Malerei der Gotik und der Renaissance ist die weiße LILIE Symbol seelischer R. und daher Attribut mehrerer Heiliger (z. B. Antonius von Padua, Franz Xaver). [Lr]

L. Moulinier, Le pur et l'impur dans la pensée des Grecs, Paris 1952; W. Kornfeld, Reine u. unreine Tiere im AT (Kairos 7) 1965; W. Paschen, Rein u. unrein. Untersuchung zur bibl. Wortgesch., 1970.

**Reinigung.** Ohne → Reinheit ist die Wirksamkeit der kultischen Handlungen in Frage gestellt. Im alten Ägypten mußten die Priester sich immer wieder der rituellen R. unterziehen; im Zusammenhang mit dem BAD des Königs wird vom »Wasser allen Lebens und Heils« gesprochen; der königliche Baderaum befand sich vor dem eigentlichen Tempel und hatte – in zweifellos symbolischer Anspielung – den Namen »Morgenhaus«; auch der Sonnengott Re reinigt sich vor jeder Tagesfahrt im Himmelsozean. Die Pyramidentexte erwähnen häufig ein reinigendes Bad für Verstorbene, wodurch nicht nur äußere R., sondern auch ein neues Leben gewährleistet werden soll.

Bei dem in der altrömischen Religion üblichen R.sopfer *(lustrum)* wurde das der Gottheit bestimmte Opfer(tier) um die zu entsühnenden Personen oder Grundstücke geführt. Möglicherweise hatte auch der Durchmarsch des siegreichen (mit Blut befleckten) Römerheeres durch den TRIUMPHBOGEN ursprünglich den Sinn einer R. Das DURCHSCHREITEN eines Joches, das Durchziehen oder DURCHKRIECHEN eines gespaltenen Baumes, zweier Felsen usw. gehört zu den → rites de passage und ist mit dem Glauben verbunden, alle Unreinheit und Krankheit abstreifen zu können.

Ausgehend von der bildhaften Vorstellung der Sünde als Schmutz wird WASSER zum wichtigsten kultischen R.smittel: Im BAD (Hinduismus, Essener, hellenistischer Isiskult), durch WASCHUNG (in Babylonien und heute noch im → Islam vor jedem Gebet vorgeschrieben), durch BESPRENGUNG (z. B. mit WEIHWASSER beim Betreten der – katholischen – Kirche als Symbol der geistigen R. und darüber hinaus zur Erinnerung an die Taufe). Der einmalige Initiationsritus der → Taufe ist grundlegendes Sakrament im Christentum. Auch der Eingang in eine neue Lebensphase erfordert eine R.; weit verbreitet war die Sitte des Brautbades (*Eph* 5,26 spielt darauf an); über Gesellentaufe und Gautschen → Initiation.

Im Altertum galt das BLUT als besonders wirkungskräftiges Mittel der R.: im AT zur R. des Aussätzigen (3 *Mos* 14, 3ff.), bei den Nordgermanen wurde das Blut auf Götterbilder und Opferteilnehmer gespritzt, in den Attis-Kybele-Mysterien wurde der Myste durch das Blutbad *(taurobolium)* von Sünden gereinigt. In übertragenem Sinne heißt es noch im 1. *Johannesbrief* (1,7): »Das Blut Jesu Christi macht uns rein von aller Sünde«.

Reinigende Kraft wurde auch dem FEUER zugeschrieben; Ovid: »Alles reinigt das fressende Feuer«. Bei der nordischen Sonnwendfeier hat der Sprung über das Feuer ursprünglich die Bedeutung einer symbolischen R. Bei manchen Völkern (so in China) wurden die Teilnehmer an einer (verunreinigenden) Leichenbestattung durch ein Feuer geführt. Die vom Altertum bis in christl. Zeit hineinreichende Sitte der LICHTER bei Totenwache und Totenfeier hat neben der apotropäischen Bedeutung auch die der R. Mit einer GLÜHENDEN KOHLE wurden die Lippen des Propheten Jesaja (6,6f.) gereinigt, seine Schuld gesühnt. Besonderer Wert wird der kultischen R. im → Shintoismus beigemessen. [Lr]

I. Scheftelowitz, Die Sündentilgung durch Wasser (AfR 17) 1914; A. A. King, Holy water. The use of water for ... purificatory purposes in pagan, Jewish and Christian times, London 1926; H. Bonnet, R. (Reallex. d. ägypt. Religionsgesch.) 1952; A. Kirchgässner, Die mächtigen Zeichen, 1959 (524–534); Fr. Heiler, Erscheinungsformen u. Wesen d. Relig., 1961 (185–203).

**Reißzeichen** ist Wortbegriff für nackte »Schilderung« rein formentechnischer Merkmale (wie es in der Heraldik geschieht) der sogen. Symbole, Sinnzeichen und Sinnbilder, also ihr zeichnerischer Aufriß, Grundriß usw., jedoch unter grundsätzlichem Außerachtlassen des möglichen Sinnbezuges, der Deutbarkeit und sonstigen künstlerischen Wechselbeziehungen. → Volkskunst (Schlußabschnitt) [LM]

L. Rochholz, Altdt. Bürgerleben, 1867 (S. 178); S. Lehmann, Grundbegr. der Volkskunst (Hepding-Fs., Hess. Blätter f. Volkskde. 49–50) 1958.

**Religion.** Der »Umgang« des Menschen mit der transzendenten, jenseits aller sinnlichen Wahrnehmung liegenden Macht vollzieht sich normalerweise in sinnlichen Formen. Für den *homo religiosus* ist alles Seiende nur relativ und letztlich in einem Absoluten, einem höchsten Sein, in Gott verankert. Wie die Welt ihrem Urgrund gleicht und ihm doch nicht gleich ist, so repräsentiert sich im Symbol das Urbild, ohne es selbst zu sein. Jedes echte Symbol weist über die geschöpfliche Dimension hinaus und deutet auf eine übergeordnete letzte Realität; vom Menschen selbst hängt es ab, ob er zur Tiefenschau fähig ist oder ob er an der Oberfläche der Erscheinungen haften bleibt. Nicht übersehen werden darf jedoch die Gefahr, daß in den Religionen (in bestimmten Stadien ihrer geschichtlichen Entwicklung) die Bilder selbst verabsolutiert werden, daß es zu einer restlosen Identifizierung des Symbols mit der transzendenten Wirklichkeit kommt (Vergötzung, Idololatrie); das schließt andererseits nicht aus, daß das Symbol selbst als das mit Macht begabte und göttliche Kraft vermittelnde Medium erkannt werden kann – die christliche Kirche spricht vom → Sakrament. Seine größte Wirklichkeitsdichte erlangt das Symbol im Kult (→ Kultsymbol). Wie diffizil der Symbolbegriff gerade auch im Bereich des Religiösen ist, zeigt seine Diskussion in der → Theologie.

An jedem Ort und in jedem Augenblick kann man die Nähe Gottes spüren, wie es ja auch eine bis in die Antike zurückreichende Vorstellung gibt, daß das ganze Weltall der Gottheit Gewand ist. Nach dem (apokryphen) koptischen Philippus-Evangelium kam die Wahrheit nicht nackt in die Welt, sondern in Sinnbildern und Abbildern. Religiöse Symbole sind nicht einfach nur geschichtlich und individuell bedingte Projektionen der Archetypen, d.h. von Dispositionen und Projektionsweisen des Unbewußten (im Sinne von C.G. Jung), sondern sind Ausdruck wahrgenommener

Wirklichkeit; wenn dabei immer wieder »bestimmte Grundmuster auftauchen, die überall wiederkehren, so liegt dies nicht am Wahrnehmungsorgan, sondern an der Struktur des Aufgenommenen« (Baudler). In der symbolischen Weltschau aller Religionen erschließt sich die höhere Bedeutung, die ein Einzelnes über sein Dasein als sinnliche Erscheinung hinaus besitzt; so kann der gläubige Mensch in allen Phänomenen die Fußspuren Gottes *(vestigia dei)* erkennen. Wenn die Religion sich der Symbole bedient, dann hilft sie dem Menschen, seinen Standort in der Welt zu erkennen; schließlich kristallisiert sich alle Symbolik um die Pole des Seins: um Werden und Vergehen, um Licht und Finsternis, um Gut und Böse.

Es ist Aufgabe der → Religionswissenschaft, Wesen und Bedeutung der Symbole in den verschiedenen Religionen zu erforschen. Zahlreiche Materialsammlungen und Problemstellungen gibt es zur Symbolik des → Christentums und des → Judentums, spärlicher zum → Buddhismus, → Hinduismus, → Islam, → Konfuzianismus, → Shintoismus. In der von Ferdinand Herrmann herausgegebenen Reihe Symbolik der Religionen (seit 1958) werden die geschichtliche Entwicklung der Symbolvorstellungen, wichtige Einzelsymbole und die Kultsymbolik der »lebenden« Religionen dargestellt. [Lr]

M. Eliade, Die Religionen u. das Heilige, 1954 (Neuaufl. 1986); A. Kirchgässner, Die mächtigen Zeichen, 1959; St. Wisse, Das religiöse Symbol. Versuch einer Wesensdeutung, 1963; P. Tillich, Das religiöse Symbol (Ges. Werke, V), 1964; Th. Fawcett, The symbolic language of religion. An introductory study, London 1970; M. Eliade, Histoire des croyances et des idées religieuses, Paris 1976f. (dt. 1978f.); J. Heumann, Symbol – Sprache der Religion, 1983; J. Ries (Hg.), Le symbolisme dans le culte des grandes religions, Louvain 1985; G. Becker, Die Ursymbole in den Religionen, 1987; The Encyclopedia of Religion (hg. von M. Eliade, 15 Bde.), New York 1987; G. Baudler, Zum Ursprung der religiösen Symbolik, ... (Mnemosyne, Festschr. f. M. Lurker), 1988; M. Lurker, Die Botschaft der Symbole in Mythen, Kulturen u. Religionen, 1990.

**Religionspädagogik** → Symboldidaktik

**Religionswissenschaft,** in einem weiteren Sinne die empirische, nicht normative Wissenschaft aller sich mit der Religion befassenden Teildisziplinen wie Religionsgeschichte, Religionsphänomenologie, Religionspsychologie, Religionssoziologie. Die religionsgeschichtlichen Ausführungen der Romantik verstanden die einzelnen religiösen Äußerungen als Symbole einer Uroffenbarung (→ Creuzer, Schelling). Die nach 1850 aus der indogermanischen Sprachwissenschaft hervorkommende naturmythologische Schule (z. B. Friedrich Max Müller) und auch die astralmythologische Schule (so Ernst Siecke) erblickten das Wesen des Mythos in der Personifikation lebenspendender oder furchtgebietender Phänomene in Natur und Kosmos; »hinter« den Gottheiten dachte man Sturm, Donner, Blitz, Sonne und Mond. Erst Wilhelm Robertson Smith (*Lectures on the religion of the Semites*, 1884) erkennt die Bedeutung des → Kultes als tragendes Element der Religion und meint, daß seine Ausgestaltung zu einer Fülle religiöser Bilder geführt habe.

Im 20. Jh. erhält die R. wichtige Impulse von Soziologie, Psychologie und Ethnologie. Der französische Soziologe Emile Durkheim (*Les formes élémentaires de la vie religieuses*, 1912) weist – im Hinblick auf australische Naturvölker – auf den numinosen Charakter der sich selbst vergöttlichenden Gesellschaft (den Clan) und erblickt im Totem den symbolischen Ausdruck dafür. Von den Symbolauffassungen der Psychologie ist besonders die von C. G. → Jung für die R. bedeutsam geworden, nach ihm sind die religiösen Symbole geschichtlich und individuell bedingte Projektionen der Archetypen. Was die → Völkerkunde für die Erforschung religiöser Symbole zu leisten vermag, wird aus den Werken von Werner Müller über Kult und → Weltbild der nordamerikanischen Indianer ersichtlich (Über die Kwakiutl 1955, Waldlandindianer 1956, Sioux 1970).

Während bei der Erforschung der vorgeschichtlichen Religionen die prähistorische Archäologie für die Beschaffung und Sichtung der Quellen dienlich ist, übernimmt für die Religionen der Schriftkulturen zum großen Teil die Philologie diese Rolle. Zu Recht weist Martin P. Nilsson (*Geschichte der griech. Religion* I, 1955) darauf hin, daß Bilder ohne Text »nicht nur eine trübe, sondern auch eine verwirrende Erkenntnisquelle für die Religion eines Volkes sind«. Von der klassischen Philologie herkommend und von den Arbeiten des C. G. Jung-Instituts angeregt, strebt Karl Kerényi einen »Humanismus des integralen Menschen« an und bemüht sich dabei um die Einbeziehung von Mythos und Symbol; vorbildlich seine Arbeiten über einzelne antike Gottheiten, die als eine Art Symbolträger erscheinen (Apollon, 1937; Hermes, 1944; Dionysos, 1976).

Die Religionsphänomenologie befaßt sich mit den religiösen Erscheinungsformen, mit ihren Grundphänomenen wie → Opfer, → Mythos, → Ritus, heiliger Ort und heilige Zeit, die ja alle zugleich auch Gegenstand der → Symbolforschung sind. Nach dem ersten bedeutenden Religionsphänomenologen Gerardus van der Leeuw ist das Symbol »ein Teilhaben des Heiligen an seiner aktuellen Gestalt«, d. h. der Gehalt ist von seiner symbolischen Darstellung – wie auch umgekehrt – nicht zu trennen. Friedrich Heiler verteidigt »das sinnliche Element« in der Religion und erblickt in ihm Anreiz und Vehikel der geistigen Gotteserfahrung: *per sensibilia ad invisibilia.* Wenn der religiöse Mensch das sinnliche Element bewußt auf das Göttliche hin interpretiert, dem Bild einen über sich hinausweisenden Sinn zuerkennt, so wird es zum Sinnbild, Symbol. Für den jüd. Religionsphilosophen Martin Buber ist das Symbol ein konkretes Phänomen, das eine Wahrheit enthält; es ist ein »Bündnis, das das Absolute mit dem Konkreten schließt.« Ähnlich erkennt auch Mircea → Eliade in den Symbolen die Manifestation des Göttlichen, sie offenbaren eine heilige oder kosmologische Realität und sind in gewisser Hinsicht »Verlängerung der Hierophanie«. Nach Gustav Mensching ist das Symbol »alles, was zu einer von sich selbst verschiedenen Wirklichkeit in einem sachlich notwendigen Verhältnis der Repräsentation steht, wobei das Repräsentierte je nach Art des Symbols in eine verschiedene Nähe zum Symbol tritt«; als »religiöse Symbolgattungen werden angeführt: sakrales Kunstsymbol, Glaubensbekenntnis (→ Symbolum), Wort als religiöses Symbol und Kultsymbol. Nicht vergessen werden soll, welche Rolle die Tiefenpsychologie C. G. Jungs als Verstehenshorizont religionswissenschaftlicher Aussagen einnehmen kann. Der Indologe und Religionswissenschaftler D.-I. Lauf weist auf die »auffallende Adäquatheit der Begriffe aus der analytischen Psychologie, die uns einen Schlüssel zum Verständnis des östlichen Denkens« bzw. ihrer Religionen zu vermitteln vermag. Aber auch Mythen, Riten und Symbole der Antike oder des Christentums können aus dem gegenseitigen Bezugsrahmen von Religion und Psychologie heraus interpretiert werden. [*]

G. van der Leeuw, Phänomenologie der Religion, 1933; M. Buber, Symbolical and sacramental existence in Judaism (Hasidism, 117ff.), New York 1948; E. O. James, The History, Science and Comparative Study of Religion (Numen 1/1954); F. Ernest Johnson (Hg.), Religious symbolism, New York/London 1955; G. Mensching, Religiöse Ursymbole der Menschheit (Stud Gen 6/1955); K. Goldammer, Die Formenwelt des Religiösen, 1960 (KTA 264); Fr. Heiler, Erscheinungsformen u. Wesen der Religion, 1961; M. Eliade, Betrachtungen über die relig. Symbolik (Antaios 2/1961); G. Mensching, Analyse des Symbolbegriffs (Topos u. Typos, 197–206), 1971; M. Meslin, Pour une science des religions, Paris 1973; D.-I. Lauf, Symbole, 1976; B. Gladigow/H. G. Kippenberg (Hg.), Neue Ansätze in der R., 1983; H. G. Hubbeling/H. G. Kippenberg (Hg.), On symbolic representation of religion (Neue Ztschr. für systemat. Theologie u. Religionsphilosophie 27/1985); M. Stein/R. Moore (Hg.), Jung's Challenge to Contemporary Religion, Wilmette (Ill.) 1987.

**Renaissance.** Die meisten darstellenden Künste dienten allegorischen Zwecken. Manche Wissenselemente wurden durch die Kunst übermittelt, eine Tatsache, die den Humanisten gemäß einer »Einweihung« gleichzustellen war. Die Künstler lernten den → Neuplatonismus durch Philosophen kennen, genau wie der junge Michelangelo bei Marsiglio → Ficino in die Lehre ging. Man bediente sich der Symbole auf eine sehr geschickte Art, um die eigenen Ideen oder die der gebildeten Gönner den »Illuminati« zu übermitteln. So enthält z. B. in der Kathedrale zu Siena der Marmorfußboden (aus dem 15. Jh.) ein Abbild von → Hermes Trismegistos, der legendenhaften Quelle für ägyptisch-hellenistisch-esoterische Weisheit. Die Gelehrten der R. fanden viel Feude an der Verwendung elliptischer Ausdrücke, um durch Symbole diejenigen Konzepte zu verbergen, die sie wirklich ausdrücken wollten. Die Künstler wurden von dieser Mode, tiefer liegende Konzepte durch dekorative Symbole zu verschleiern, beeinflußt, Symbole hatten eine oberflächliche Bedeutung für den gelegentlichen Betrachter, aber eine viel tiefere für die Gebildeten. In vielen Kunstwerken der R. stellen Architektureinzelheiten wie auch Symbole verschleierte Hinweise auf klassische Mythologie und Philosophie dar.

Als Beispiel diene Peruginos *Der Hl. Sebastian* (Louvre, Paris). Er lehnt sich in einer hingegebenen Pose an eine Säule, ohne sich der Pfeile bewußt zu sein, die in seinem Fleisch stecken; sein elegant in die Länge gezogener hellenistischer Körper sowie seine Schönheit erinnern an Apollo, der in vorchristlicher Zeit allerdings auch vor der Pest beschützte. Das war typisch für den »Doppelallegorismus« der R., demgemäß eine christliche Figur eine heidnische andeutete und umgekehrt. So z. B.

auch in Raffaels *Parnass*, der Darstellung einer Gruppe von Dichtern und Musikern (so Dante, Vergil, Homer), in deren Mitte Apollo in der typischen Geste eines christlichen Heiligen himmelwärts schaut; Christus wurde oft mit dem griechischen Gott verglichen, der die Menschheit durch die süße Musik seiner Lehre zur Erlösung führt. In Raffaels Meisterwerk *Die Schule von Athen* finden wir die meisten großen griechischen Philosophen in der imponierenden Umgebung eines idealisierten römischen Bades versammelt; Plato zeigt mit dem Finger nach oben (Idealismus) und Aristoteles nach unten (Realismus); die Wiederaussöhnung dieser beiden Philosophien war ein Unternehmen, das oft von den Neuplatonisten praktiziert wurde. Michelangelos *Doni Tondo* (Florenz, Uffizien) stellt die Hl. Familie dar, wie sie auf dem Gras im Vordergrund kniet; hinter und unter dieser Gruppe steht auf der rechten Seite ein junger Hl. Johannes, der nicht wie gewöhnlich als Band zwischen dem AT und dem NT gezeigt wird, sondern als Band zwischen Christen- und Heidentum, das durch einige nackte griechische Jünglinge auf dem Fundament eines griechischen Tempels repräsentiert wird. Das neuplatonische Konzept des Körpers als Schöpfungsresultat und als äußerlicher Ausdruck der Seele gab Künstlern wie → Botticelli, Leonardo da Vinci, Raffael und → Michelangelo ihre Inspiration. Für sie war körperliche Schönheit der Ausdruck einer seelischen Vollkommenheit. Man definierte die Schönheit als »die Pracht göttlicher Güte«, und man legte sie als Offenbarung einer höheren Welt durch die Theorie einer »Teilnahme« aus. Während seines zweiten Italienaufenthaltes absorbierte sogar → Dürer einige neuplatonische Ideen, die in seinem berühmten Holzschnitt *Melancolia* einen Niederschlag fanden. Der Humanismus der R. bedeutet einen Universalismus in der Philosophie, Synkretismus in der Religion und Eklektizismus in der Auswahl von Kunstmotiven. Allegorien, Symbole und ästhetische Ideale ersetzen Zeremonien und Mysterien früherer Epochen, ja selbst die → Hieroglyphik (humanistische) spielt eine nicht unbedeutende Rolle. Rathäuser und Palastbauten sind Ausdruck einer politischen Symbolik. [Fi]

N. A. Robb, Neo-Platonism in the Italian R., London 1935; E. Panofsky, Studies in iconology. Humanistic themes in the R. New York 1939; G. de Tervarent, Attributs et symboles dans l'art profane 1450–1600, Genève 1958; E. Wind, Pagan mysteries in the R., 1958; A. Chastel, Der Mythos der R., Genève 1969; E. H. Gombrich, Symbolic images. London 1972; St. Moos, Turm u. Bollwerk. Beiträge zu einer polit. Ikonographie, 1974; H. Orgel (Hg.), The R. and the Gods, New York 1976; Symboles de la R., Paris 1976 (Beiträge u. a. von E. H. Gombrich, M. Schapiro, Cr. Giarda); R. Wittkower, Allegorie u. der Wandel der Symbole in Antike u. R., 1983.

**Rhombus** → Raute

**Riesen,** menschengestaltige Wesen von die Norm übersteigender Körpergröße, spielen in fast allen Mythologien und Volkserzählungen (Märchen, Sagen) eine große Rolle. Dabei ist ihre Größe fast immer (nicht durchwegs) mit Begriffen wie »derb, ungeschlacht, feindlich« assoziiert, was den Gedanken nahelegt, daß in symbolhafter Personifikation das Fassungsvermögen übersteigende Phänomene wie Donner und Blitz, Lawinen, Muren, Fluten und ähnliches faßbar gemacht werden sollten. Das mythologische Konzept eines Urriesen, aus dessen Leib von Göttern der Kosmos geformt wurde, mag dabei mitgespielt haben. Vielfach werden den Menschen wohlwollende Götter und Heroen besonders in Eurasien als Gegner und Vernichter der R. geschildert. Bei exotischen schriftlosen Völkern deutet das RIESENMASS hingegen manchmal bloß die »Übermenschlichkeit« in einfachster Bildlichkeit an, ohne die negativen Wertungen der abendländischen Mythen und Mythologeme anklingen zu lassen.

Bei südamerikanischen Waldlandindianern wird bei Kultfeiern durch drogenhaltige Schnupfpulver in den Festteilnehmern das halluzinatorische Erlebnis eigener Riesenhaftigkeit hervorgerufen, wodurch sich die Berauschten selbst als riesenartige Naturdämomen sehen (»makro-optische« Illusionen). Ethnographische Beobachtungen dieser Art sind jedoch sicher nicht zu verallgemeinern. Andere Erklärungsversuche für die Bildung von R.-Sagen sind etwa: Traditionen über reale, bes. großwüchsige Menschengruppen; Reminiszenzen kindlichen Erlebens eigener Kleinheit unter »Großen«; ätiologische Erklärungen für überwältigendes Naturerleben; Nachklänge archaischer Schöpfungsmythen. »Riesen und (→) Zwerge kommen, schon durch ihr Äußeres erkennbar, aus der Ordnung einer anderen Welt; sie sind mit ihren Maßen für unsere Wirklichkeit mindestens fremd, meist sogar bedrohend« (R. Müller-Sternberg, *Die Dämonen*, 1964, S. 136). [Bi]

F. v. d. Leyen, Der gefesselte Unhold, 1908; V. Höttges, Die Sage vom R.spielzeug, 1931; Fr. Mössinger, Der R. im Brauchtum (Oberdt. Zs. f. Volkskde. 11), 1937; R. Meurant, Géants et monstres d'Osier (Bull. de la soc. royale belge d'Anthrop. et de Polyhistorie 71), 1960; L. Röhrich, Sage, [2]1971; L. Motz, Giants and Giantesses. A study in Norse mythology and belief (Amsterdamer Beiträge zur älteren Germanistik 22/1984).

**Rilke,** Rainer Maria, 1875 Prag – 1926 Velmont bei Montreux. Ein »Homo sensitivus«, dessen ganze Dichtung »die Kindheit leisten« will, die ihn mit Verdrängungen bedrückt. Hektische Bilderfülle der Prager Frühzeit. Die verhaßte Militärerziehung schlägt überraschend in die Prosaballade vom Cornet Christoph Rilke um, ein soldatisches In-Schönheit-Sterben. Das Weltthema, das R. bevorstand, sollte die Überwindung Freudscher Ambivalenzen sein, ihm als Mutter- und Vaterkomplex auferlegt. Darauf zielt die unbewußte Symbolarbeit: Widersprüche durch radikale »Umschläge« zu überwinden (Pongs 1930).

Was R. nach Rußland trieb, war Verlangen nach »Urkindheit« (Lou Salomé). Es setzt sich im bildertrunknen *Stundenbuch* eines russischen Mönches um (1905). Die Metapher vom »dunkelnden Grund« soll Gott heranrufen, der »die übergroßen Städte« zurücknimmt in »Wald und Wasser und wachsende Wildnis«. Noch bleibt das Gewaltig-Visionäre unbewältigt lyrisch. »Denn Armut ist ein großer Glanz aus Innen«. Abermals gelingt ein Umschlag: R. sucht → Rodins Plastik in Paris; »toujours travailler!« Die Symbolkraft wird zur Arbeit: »Dinge zu bauen« (*Neue Gedichte* 1906, 1908). Es wird zugleich Wendung zum Licht, zur Antike. Das Sonett *Archaischer Torso Apollos* endet:

»Du mußt dein Leben ändern!« So soll Arbeit am Dinggedicht den Umschlag erzwingen. Ein erster Weg vom *symbolon* als Zusammenfall der Widersprüche. Höhepunkt ist *Buddha in der Glorie*, Sinnbild kosmischen Gleichgewichts. Am Ende aber droht die »Vergespensterung aller Dinge« (Lou Salomé). Im *Requiem* 1909 steht der den Heiland durch die Fluten tragende Christophorus als *symbolon* vor Augen: »Was hast du nicht gewartet, daß die Schwere / ganz unerträglich wird: da schlägt sie um / und ist so schwer, weil sie so echt ist.« Nach der Krise des *Malte* (1910) schließt Kassners Maßstab der Größe Wirkungen deutschen Gemüts auf: Hölderlin, Klopstock, Goethe. So überstürzt den Dichter in Duino Januar 1912 die Erste Elegie: »Wer wenn ich schriee, hörte mich denn aus der Engel Ordnungen?« Es sind Klopstocks Himmel. Die »Fünf Gesänge« August 1914 atmen Hölderlin-Begeisterung: »Endlich ein Gott!« Rilkes Erfühlkraft aber schlägt in Schmerz um, findet Symbolgestalt im Schweißtuch des Schmerzes, das die Züge Christi mit denen des Unbekannten Soldaten verschmilzt (Pongs 1942).

Die 1922 vollendeten zehn Elegien werden zur Weltklage. »Blühn und verdorrn ist uns zugleich bewußt.« Wie ist dem Zwiespalt-Menschen zu helfen? Verkrampft zwischen »Engel und Puppe?« Der Zeitgeist selbst ist »gestaltlos«; ihn kennzeichnet ein »Tun ohne Bild«. Grundwort aller Elegien aber ist: »das Reine«, das jede Elegie aus der Tiefe gliedert: die Kindheit als »reiner Vorgang«; die »reine Bewegung der jungen Toten«; die »reine Dauer der Liebenden«; bis zum »reinen Wort«: »wie selbst das klagende Leid rein zur Gestalt sich entschließt.« Klage schlägt um in Rühmen. Engelsboten des Gerichts werden »zustimmende Engel«. Mit Inspirationsgewalt dringen noch in den Elegienstrom 26 *Sonette an Orpheus* ans Licht: »Ein für alle Mal ist's Orpheus, wenn es singt.« Im Orpheus-Symbol sind alle Ambivalenzen überschwungen. Der ins All verteilte Gott, der Zerrissene, singt alles Chaotische in die Ordnung zurück. Als Gesang gewordenes Symbolon. Als Totengott öffnet Orpheus die Grenzen zum »reinen Bezug«. Er umfaßt Orphisches und Apollinisches. Der »Doppelbereich« fügt Bewußt und Unbewußt zusammen. Sie ergänzen sich im Zugleich der Fülle. »Heil dem Geist, der uns verbinden mag / Denn wir leben wahrhaft in Figuren.« Figur werden wir, einsgefühlt mit Orpheus. Was als Bild in uns aufsteigt, wird Symbol, vom Kosmos mitbewegt. Dennoch bedeutet Orpheus nicht: heile Welt. Der 2. Teil der Sonette (29) bezieht die modernen Spalter ein: »Immer wieder von uns aufgerissen / ist der Gott die Stelle, welche heilt«. Was R. dem Urwiderstreit zu bieten hat, ist »der reine Widerspruch«: »Ist dir Trinken bitter, werde Wein«. Die Kindheitselegie von 1920 (unvollendet) wirft Licht ins Dunkel: »Die Gefahr . . . schlägt in Schutz um, wenn du sie völlig erfühlst!« Die »Großmut der Mütter« steht dahinter auf, bezeugt, wie stark R. mit allen unbewußten Symbolkräften im Archaischen gründet, in dem, was er im Brief »die schauende Unschuld« nannte (26.5.22). Wie seine Spätgedichte (*Nacht* 1924, *Gong* 1925) sich ins

Offene halten, Ausgriff ins Kosmische, bleibt der Hermeneutik aufgegeben. [HP]

L. Salomé, R.buch, 1928; E. C. Mason, Lebensentfaltung u. Symbolik bei R., 1939; L. Salomé, Lebensrückblick 1951; U. Fülleborn, Das Strukturproblem der späten Lyrik R.s, 1960; R. Guardini, R. M. R.s Deutung des Daseins, ²1961; J. Steiner, R.s Duineser Elegien, 1962; B. Allemann, Zeit und Figur beim späten R., 1962; H. Pongs, Bild i. d. Dichtung II, 1967; M. Zahn, Symbolik in R.s Sonetten an Orpheus (Symbolon NF 3) 1977.

**Rind** → Kuh, → Ochse, → Stier

**Ring,** infolge seiner runden Form ohne Anfang und Ende partizipiert er an der dem → Kreis zugelegten Bedeutung. 1. Symbol des Heilen, Heiligen, Göttlichen, bei den alten Ägyptern der Ewigkeit (vgl. auch → Uroboros). Bei den Assyrern und im achämenidischen Persien wurde die Sonne durch einen mit Flügeln versehenen R. dargestellt und mit den Bildern von Assur bzw. Ahura Mazda verbunden. Die nordgermanischen Götterbilder hatten einen goldenen R. am Arm, »wohl ein Zeichen ihrer Heiligkeit« (J. de Vries). In der Mystik, so bei Heinrich Suso, und in der Ikonographie sind 3 R.e ein Hinweis auf die → Dreifaltigkeit. 2. Symbol der Bindung und Verbindung. Hier ist vor allem auf → Verlobung und Ehe hinzuweisen. Bei den katholischen Ordensfrauen ist der R. Symbol und Unterpfand der Vermählung mit Christus, in diesem Sinne Attribut der hl. Agnes und der hl. → Katharina von Alexandrien. Da altem Glauben nach der R. die Seele an den Körper bindet, wurde er dem Toten abgezogen. Die »bindende« Funktion konnte so stark empfunden werden, daß in Orient und Antike Priester bei bestimmten Kulthandlungen keine R.e tragen durften. 3. Ausdruck der Macht, Amts- und Würdezeichen. Die Übergabe des R.es an Joseph durch den Pharao (1 *Mos* 41,42) dokumentiert die Übertragung aller Vollmachten. Bindung an Gott und das von ihm verliehene Amt, Ausdruck der damit verbundenen Macht und Siegel des Glaubens *(signaculum fidei)* ist der seit dem 7. Jh. bezeugte Bischofs-R. 4. Magischer Gegenstand. An Finger, Arm, Hals, Ohr getragen, wird ihm apotropäische Kraft zugedacht, in südlichen Ländern bes. gegen den bösen Blick. Der lydische König Gyges soll einen unsichtbar machenden R. besessen haben. Durch seine Zauberkraft zwingt der R. im Märchen Dämonen und dienstbare Geister und führt zur Verwandlung und zur Wunscherfüllung. [Lr]

A. Stern, Der R. im Märchen, in der Novelle, im Drama, im Recht (Hess. Blätter f. Volkskunde 30/1931); H. R. Hahnloser, Urkunden zur Bedeutung des Türrings (Fs. E. Meyer, 125–146) 1957; M. Mühl, Anulus pronubus. Der Ursprung des röm. Verlobungsringes u. dessen symbol. Bedeutung (Diss. Erlangen 1962); V. Labhart, Zur Rechtssymbolik des Bischofs-R., 1963; O. Holzapfel, Zur Phänomenologie des R.brauchtums (Zs. f. Volkskunde 64/1968); M. Ernould-Gandouet, La bague, bijou symbolique et objet d'art (Jardin des Arts 1970); A. A. Fourlas, Der R. in der Antike u. im Christentum, 1971.

**Ripa, Cesare,** ca. 1560 Perugia – ca. 1620/25 Rom, eigentlich Giovanni Campani, Truchsess des Kardinals Antonio Maria Salviati, später auch des Kardinals Montelparo, Verfasser der *Iconologia.* Ohne spezielle Ausbildung eignet er sich in den Diensten Salviatis, dem er auch seine *Iconologia* gewidmet hat, die Kenntnisse an, die er für seine Enzyklopädie der Personifikationen benötigt. Das

Werk erscheint zuerst Rom 1593, dann 1602; beide Ausgaben sind nicht illustriert. Erst die dritte Ausgabe enthält außer wesentlichen Ergänzungen auch Illustrationen, die z. T. auf d'Arpino zurückgehen; sie erscheint 1603 in Rom. Bis zu R.s Tod sind vier, stets erweiterte Ausgaben erschienen, danach zahlreiche weitere, u. a. die berühmte Hertelsche Ausgabe von 1758–60. Im Laufe des 17. Jh. wird das Werk zu einem Handbuch für *Poeti, Pittori, Scultori et alteri*, wie der Verfasser es gewünscht hatte.

Die *Iconologia*, humanistischem Geist entstammend, doch immer wieder mit mal. → Allegorese durchsetzt, enthält mehrere hundert, lexikalisch geordnete Kapitel über → Personifikationen aus dem Bereich der Natur (Elemente, Planeten, Winde, Nymphen etc.), der Zeit (Monate, Tage, Stunden etc.), des Lebens (Menschen, *vita activa* und *vita contemplativa*, Traum, Tod, Temperamente, Altersstufen, Sinne etc.), der Wissenschaften und Künste, Tugenden und Laster, Moralbegriffe und religiöse Vorstellungen (Ewigkeit, Vollkommenheit etc.) sowie Institutionen (Regierung, Tyrannei, Reformation etc.). Quellen R.s sind mythographische Schriften (Marcianus Capella, Fulgentius), Tugend- u. Lasterschriften (→ Prudentius, Gregor d. Große) und mittelalterliche → Enzyklopädien. [AW]

E. Mandowsky, New York/Hildesheim 1970; E. Mandowsky, Untersuchungen zur Iconologie des C. R., Diss. Hbg. 1974.

**Rippe.** Der in der biblischen Schöpfungsgeschichte erwähnte Körperteil Adams, aus dem Gott das Weib Eva schuf, heißt hebräisch *zela (ṣelá)* und wird mit »Rippe« übersetzt; richtiger ist wohl »Seite« entsprechend anderem Kontext als Seite des Berges, Zeltes, Altars. Nach einer etymologischen Interpretation soll das Wort ursprünglich »Wölbung« bedeutet haben und auf den Mond bezogen worden sein (→ Mondsymbolik, 3. Abschnitt). In volkstümlichen Überlieferungen Osteuropas entstand Eva aus der linken R. Adams. Die Erschaffung der Frau aus der R. des Mannes findet sich auch bei Indianern, einigen afrikanischen Stämmen (u. a. Massai) und in Ozeanien, wobei im einzelnen nachzuprüfen ist, inwieweit die Berührung mit christlichem Gedankengut motivanregend war. Im Alemannischen gibt es den Ausdruck »Ripp« für eine böse Frau – Anspielung auf Eva und ihren Sündenfall. [Lr]

J. L. Seifert, Sinndeutung des Mythos, 1954 (250f.).

**Rites de passage.** Der Terminus wurde 1909 vom französischen Ethnologen Arnold van Gennep geprägt und wird im Deutschen auch mit »Durchgangs-, Übergangsriten« wiedergegeben. Die R.d.p. bezeichnen die strukturellen Analogien der Gebräuche um Geburt, → Initiation, Heirat (→ Verlobung), Tod usw.; ihr gemeinsames Ziel ist die Sicherung des Übergangs einer Person in einen neuen Lebensabschnitt, verbunden mit dem Gedanken der → Reinigung. Den R.d.p. liegt die Auffassung zugrunde, daß der Mensch das Stadium des Todes durchlaufen muß, um in neuer Gestalt wiedergeboren werden zu können. Die verschiedenen Stadien der Riten zeigen überall eine auffallende Ähnlichkeit: Ausschluß der Nichteingeweihten, Absonderung des Kandidaten, Feier eines Festes, Einkleidung und Salbung, Verleihung eines neuen Namens, symbolischer Kampf zwischen den Mächten des Lebens und des Todes usw. Es ist heute unbestritten, daß A. van Gennep mit den R.d.p. einen fundamentalen Aspekt im sozialen Leben aufgezeigt hat. [EH]

A. van Gennep, Les R. d. p., 1909; A. M. Hocart, Social Origins, 1954; U. Bianchi (ed.), Transition Rites. Cosmic, Social and Individual Order, Roma 1986.

**Ritus** (lat. »Brauch«, mit ind. *rta* = Wahrheit, Recht zusammenhängend), im Lauf der Tradition sich eingebürgerter kultischer Brauch; die verschiedenen Riten eines → Kultes bilden das Ritual. In den Religionen der Naturvölker erhält der äußere Lebensablauf durch den zeremoniellen, symbolträchtigen R. einen Sinnbezug. »Sobald das Leben unter den Aspekt der Auseinandersetzung mit den numinosen Mächten und den Glauben an die Möglichkeit der Verbindung mit ihnen vermittels des Körperlichen gestellt ist, wird alles zum R. und gewinnt rituelle Bedeutung« (Kirchgässner): Saat und Ernte, Fest und Spiel, Kriegführung und Rechtsprechung. In Zeiten jahreszeitlicher Übergänge (Neujahr, Sonnenwende, Mondwechsel) oder beim Eintritt in das Leben oder in einen neuen Lebensabschnitt (→ Hochzeit, → Initiation) häufen sich die Riten (→ Rites de passage). Auch in der Magie und in Geheimbünden (→ Freimaurerei) spielen Riten eine wichtige Rolle. In den Mysterien gelten rituelle Symbole als Mittler zwischen dem Suchenden und seinem Ziel. Jeder R. ist eigentlich die *recapitulatio* eines früheren sakralen Geschehens, ist *imitatio*, dient dem → Gedächtnis. In der katholischen – wie auch in der orthodoxen – Kirche ist der R. die durch Tradition und Gesetz geregelte Form der → Liturgie, er ist »juridical reality of the church« (W. W. Basset); seit 1614 regelt das *Rituale Romanum* die vom Priester zu vollziehenden Riten bei der Spendung der → Sakramente, bei Segnungen, Begräbnis und Prozession. [Lr]

S. W. Hooke, The myth and ritual, London 1933; J. Cazeneuve, Les rites et la condition humaine, Paris 1958; A. Kirchgässner, Die mächtigen Zeichen. Urspr., Formen u. Gesetze des Kultes, 1959 (277–292); L. Bouyer, Mensch u. R., 1964; A. Mellor, Logen – Rituale – Hochgrade, 1967; W. W. Basset, The determination of rite, Roma 1967.

**Rodin,** Auguste. 12. 11. 1840 Paris – 17. 11. 1917 Paris. Bildhauer in der besten Renaissancetradition und zugleich Bahnbrecher der modernen Skulptur. R. wurde sehr stark von → Michelangelo beeinflußt. Sein *Adam* und seine *Drei Schatten* verdanken dem *Adam* der Sixtinischen Kapelle sehr viel, und sein erstes sensationserregendes Bildwerk *Das eherne Zeitalter* erinnert uns an Michelangelos *Gefesselten Gefangenen* (Louvre); die oft anatomisch genaue Wiedergabe kann nicht darüber hinwegtäuschen, daß für R. die sichtbare Natur nur der Verbildlichung der unsichtbaren Ideen dient. Er sah in jeder flüchtigen Erscheinung die Spur des ewigen Bildes. Seine *Balzac*-Statue ist ebenso monumental wie sie seherisch ist, nicht aus dem Erlebnis der Sinne, sondern aus den Visionen des Geistes geschaffen. Die *Bürger von Calais* wollen nicht das historische Ereignis aus dem 14. Jh. wiedergeben, sondern sind Symbol für die Einheit von Leben und Leiden des Menschen in allen Zeitaltern.

Die literarische Inspiration für R.s Meisterstück *Die Höllenpforte* beruht auf → Dantes *Göttlicher Komödie*, wenn ihn auch die Ausdrucksmöglichkeiten des menschlichen Körpers mehr interessierten als eine literarische Ausdeutung der Ideen Dantes. Die Höllenpforte gleicht einem Meer, aus dem Figuren auftauchen und in das andere zurücksinken. Sie stellt das Überfließen seiner Einbildungs- und Schöpfungskraft dar. Verschiedene traditionelle Figuren sind leicht zu erkennen, wie z. B. Paolo und Francesca, Ugolino oder Kentauren, Sirenen und Engel, aber meistens stellen sie namenlose Männer und Frauen in zärtlicher Umarmung dar und symbolisieren daher das ewige Ringen und Hoffen der Menschheit. Anstatt wie in Dantes Inferno zu leiden, streben sie nach Licht und Leben. [Fi]

H. Nostitz, R. in Gesprächen und Briefen, 1949; J. Gantner, R. u. Michelangelo, 1953; A. E. Elsen, R.s »Gates of Hell«, New York 1960; A. E. Elsen, R., New York 1963; R. Descharnes/J.-F. Chabrun, A. R., Paris 1967.

**Rolandsäule.** Bildsäule aus Holz oder Stein mit einem in der Regel barhäuptigen Ritter, meist mit Schwert und Schild dargestellt, zurückreichend bis ins 14. Jh., am bekanntesten vor dem Rathaus in Bremen (1494). Wahrscheinlich geht der Name der Säule nicht direkt auf die volkstümliche Heldengestalt z. Z. Karls d. Gr. zurück, sondern wurde erst im nachhinein zugelegt. Allgemein wird die Bedeutung als Rechtssymbol angenommen, sei es im Hinblick auf den Königsfrieden (in Wedel hat das Standbild als einziges Krone und Reichsapfel, stellt also den Herrscher dar), die Gerichtsbarkeit oder das Marktrecht. Möglicherweise hat sich die R. aus dem mit einem Handschuh und Schwert geschmückten Marktkreuz entwickelt, das die Anwesenheit des Königs und das von ihm verliehene Marktrecht versinnbildlichte. [Lr]

Th. Goerlitz, Der Ursprung und die Bedeutung der R.sbilder, 1934; A. D. Gathen, R. als Rechtssymbole, 1960.

**Rokoko** (französ. *rocaille*, ornamentale Steinmetzerei). Ein Stil des 18. Jh., der die Freiheit symbolisiert und oft an scherzhafte Spielerei grenzt. Typische R.gemälde stellen das intime Benehmen des Adels in einem Park oder in einer von der Außenwelt abgeschlossenen Umgebung dar (z. B. Watteau und Fragonard). Oberflächlich gesehen ist er ein eleganter und parfümierter Stil, jedoch enthält er ein neues Konzept der Freiheit des Individuums, die oft in unkonventionellen erotischen Szenen oder in der freien Wahl eines Liebespartners zum Ausdruck kommt. Deshalb ist dieser Stil eine Reaktion auf den vorhergehenden → Barock, der religiöse Themen mit dunklem Hintergrunde betonte.

Für den R.stil ist die Natur und das Tageslicht ausschlaggebend, wie es auch in hellen Pastellfarben gemalte Figuren in natürlicher Bewegung sind, welche die Prädominanz einer säkulären Existenz symbolisieren. Er war bei adeligen Gönnern sehr beliebt, doch sind noch zwei weitere Einflüsse zu erwähnen: erstens die Entdeckung des Durchschnittsmenschen mit seinen allen gemeinsamen Tugenden, wie sie z. B. in Jean-Baptiste Chardins Gemälden zum Ausdruck kommen, die von tugendhaften Bürgern bewohnte Zimmer darstellen, und zweitens eine Deutung des Bauernlebens im sentimentalen Sinn, wie bei J.-B. Greuze. Der R.stil symbolisiert sowohl die Freiheit des Individuums auf dem Gesellschaftsniveau des Adels wie auch die Gefühle und Empfindungen des Bürgerstandes. Dadurch wird er zum Vorboten einer demokratischeren Lebensweise.

Die Architektur des R.zeitalters, die von reichen Gönnern abhängig war, dehnt die räumliche Gestaltung riesiger Paläste auf einen großen Parkhintergrund aus, wie das z. B. auf Versailles, Schönbrunn usw. zutrifft. Ihr Brennpunkt ist auf die Unendlichkeit eingestellt, und das Auge entdeckt einen Horizont nach dem andern innerhalb des sorgfältig angelegten Parkes, der einen jeden dieser Paläste umgibt. Die inneren Räumlichkeiten sind oval oder wellenförmig angelegt und prächtig mit symmetrischen und unsymmetrischen Schnörkeln, Girlanden, Früchten und anderen Verzierungen aus Stuck dekoriert. Gold- und Pastellfarben akzentuieren die weiße Grundfarbe. Das TAGESLICHT spielt eine große Rolle und erklärt den Reichtum an Fenstern und Spiegeln (Zimmermann: Nymphenburg, Spiegelgalerie). Verzierungen oder Deckengemälde, die enorme räumliche Illusionen schaffen (Zimmermann: Die Wies), scheinen oftmals die zu Grunde liegende Baustruktur aufzulösen. Struktur und Verzierung oder Disziplin und Freiheit befinden sich hier im völligen Gleichgewicht, was man aus gewissen Einzelheiten des R.stiles ersehen kann, in denen ein strenges Gitternetzwerk der freiesten Zurschaustellung von Schnörkeln, Muscheln und Fruchtgirlanden zur Stütze dient.

R.darstellungen im Freien symbolisieren das Verständnis für den unbegrenzten Raum; im Inneren des Hauses bedeuten sie beherrschte Freiheit, und in Kirchen weisen illusorische Gemälde auf eine bessere und höhere Welt: die ganze NATUR (Alleen, Grotten, Wasserfälle, Früchte) kann zum Symbol für den in den Himmel transponierten Paradiesesgarten werden. [Fi]

S. F. Kimball, The Creation of the Rococo, 1943; C. Lamb, Die Wies, 1964; H. Bauer, Der Himmel im R. Das Fresko im dt. Kirchenraum des 18. Jh., 1965; H.-R. Hitchcock, German Rococo: The Zimmermann Brothers, Baltimore, Bd., 1968.

**Romanik.** Die romanische Architektur drückt die latente Energie und den Symbolismus barbarischer und orientalischer Kunst aus, die einen erheblichen Einfluß auf gewisse fundamentale römische Kunst- und Bautraditionen ausübten. Ihre typischsten Charakterzüge sind in der kraftstrotzenden Macht ihrer Basiliken zu erblicken, die man als wahre Festungen eines sich ausdehnenden Christentums ansehen kann. Nach dem Untergang des römischen Reiches ist die R. der männlichste Stil des Abendlandes. Trotzdem ist das geheimnisvolle Gefühl, das für romanische Basiliken und Abteikirchen so typisch ist, im wesentlichen unrömisch, obwohl man sich des RUNDBOGENS bediente. Dieses letztere, von babylonischen Ziegelbögen herrührende Element war damals schon ein Symbol für den Himmel, wie das auch für sein mal. Gegenstück, das BOGEN- und RIPPENGEWÖLBE, zutrifft. Das berühmte Janustor des 4. Jh. v. Chr. in Rom wies schon ein vierteiliges Gewölbe auf, allerdings ohne Rippen, und war nicht nur für den Himmel symbolisch, sondern auch für → Janus. Die sog. Comacini-Meister (7.–12. Jh.) stellen das Verbindungsglied zwischen römischen und mal. Bauhütten dar. Sie vervollkommneten das Rippengewölbe und übermittelten die Techniken und den Symbolismus nach dem Norden. Das typische ATRIUM (Vorhof), wie z. B. in S. Ambrogio, Mailand, das auf den ägytpischen Pylontempel zurückgeht, wurde für Katechumenen (ungetaufte Christen) benutzt und ist ein Symbol für den Willen zum Glauben und für die Taufe. Andererseits sind die »Campanile« (GLOCKENTÜRME) für den Gottesberg symbolisch, den der Mensch besteigt, um Ihm zu begegnen, oder von dem Er herabsteigt, um sich seinem Volke zu nähern, wie man das auch von Marduk im mesopotamischen Zikkurat annahm.

Das Innere romanischer Kirchen symbolisiert das Mysterium des Christentums, trotz der Klarheit all seiner Elemente (Säulen, Bogengänge, Gewölbe usw.). Es ist dunkel, geheimnisvoll und niedrig. Verhältnismäßig wenige Fenster spenden spärliches Licht. Der romanische Baustil ist im wesentlichen der Ausdruck einer nordmal. Geistigkeit, die noch immer mit den Problemen des Fleischwerdens, der Gleichwertigkeit von Mensch und Jesusgott, und deshalb von Form und Geist in der Baukunst im Kampf begriffen war. Er ist auch ein Symbol für die männliche Seite des Christentums.

Die romanische Bildhauerkunst mit ihren in die Länge gezogenen Gliedern, außergewöhnlichen Posen und ekstatisch ausdrucksvollen Gesichtszügen drückt das mystische Temperament ihres Zeitalters aus. Man vermied die klassische Schönheit, um das Auge einer höheren, rein geistigen Schönheit entgegenzuführen. Manuskripte wie z. B. das Buch von Kells und der Utrechter Psalter gehen der romanischen Plastik voraus und beeinflussen sie mit ihrer unausgeglichenen Komposition nervöser Linien und im Raum schwebender Figuren. In der Regel ist der Faltenwurf dieser Figuren dünn und graphisch, wohingegen die Körper sich ihrer materiellen Form entledigt zu haben scheinen, um damit für das Eindringen höherer Realitäten in das Alltagsleben symbolisch zu sein, wie ja überhaupt der romanische Stil Ausdruck für überweltliche Ideale ist. Die einzelnen Motive dienen der Verbildlichung der christl. Heilslehre. So etwa findet sich auf Taufsteinen (z. B. Freudenstadt) das WELLENBAND als Hinweis auf das Wasser des Lebens, das LABYRINTH (z. B. in der Kathedrale zu Chartres) sinnbildet den Irrgarten der Welt, aus dem nur Christus befreien kann, und die das Münsterportal flankierenden LÖWEN (z. B. S. Zeno zu Verona) sind Symbol des Übergangs, sei es in den Himmel oder – als menschenfressendes Untier – in das Totenreich. → Bauplastik [Fi]

C. R. Morey, Christian Art (Kapitel III), New York 1935; W. Weisbach, Religiöse Reform u. mal. Kunst, 1945; S. Guyer, Grundlagen mal. abendländ. Baukunst, 1950; M. M. Davy, Essay sur la symbolique romane. XII siècle, Paris 1955; W. Messerer, Roman. Plastik in Frankreich, 1964; M. Lurker, Löwen am Münsterportal (Antaios 5/1964); Y. Christe, Les grandes portails romans, études sur l'iconographie des théophanies romanes, 1969; R. Budde/A. u. H. Hirmer, Dt. roman. Skulptur 1050–1250, 1979.

**Romantik, Dichtung.** Die zentrale Stellung des Symbols in romantischer Philosophie und Kunst beruht auf zwei Voraussetzungen: daß eine Identät von Natur und Geist besteht und beide Sprachen oder Schriften göttlichen Ursprungs sind und daß es eine → Analogie zwischen Mensch und Kosmos (Mikrokosmos – Makroanthropos) gibt. Diese universelle Analogie mit ihrem System von Partizipationen und Konkordanzen kann nur durch die von der produktiven Einbildungskraft, der schöpferischen Phantasie geschaffenen, bzw. wiederentdeckten poetischen Bilder annäherungsweise wiedergegeben werden, bei die Symbolik der Natur als Offenbarung des Unendlichen und Grundlage einer neuen Mythologie im Mittelpunkt steht.
Die Terminologie dieser von den Frühromantikern (→ Novalis; A. W. u. Fr. Schlegel, Schleiermacher, Tieck, Wackenroder) ausgebildeten Anschauung vom Wesen des Symbolischen, die von den Spätromantikern (Arnim, Brentano, Eichendorff, Görres, Hoffmann u. a.) nicht prinzipiell verändert, jedoch weniger pantheistisch denn christlich fundiert, um Dimensionen des Dämonischen, Grotesken erweitert wurde, unterliegt Schwankungen, oft sogar beim gleichen Autor: »Alle Schönheit ist Allegorie«; »Alle Kunst ist symbolisch« – Fr. Schlegel; »Alle Kunst ist allegorisch« – Tieck; »Alle echte Poesie ist daher schon ihrer Natur nach eigentlich symbolisch« – Eichendorff. Neben Symbol und Allegorie werden auch die Bezeichnungen Hieroglyphe, Arabeske, Chiffre, Zeichen, Sinnbild, Figur neben- und gegeneinander verwendet. Eine allerdings nicht allgemeinverbindliche Definition findet sich bei Schelling, für den das Symbolische, nämlich die Identität von Sinn und Bild, die Synthesis aus Schematismus und Allegorie darstellt.
Die Quellen der romantischen Symbolik und Mythologie liegen einmal in der idealistischen Transzendentalphilosophie und deren letzter Konsequenz in Fichtes Gleichung »Ich = Nicht-Ich«, zum andern in der nie ganz unterbrochenen Tradition der neuplatonischen, theosophischen, magisch-alchemistischen, (natur-)-mystischen Strömungen, vermittelt über → Paracelsus, → Böhme, Hamann, Herder, → Goethe, Baader u. a., wodurch auch Elemente der Allegorie, barock-manieristischen Emblematik und Kombinatorik einfließen. Der Symbolbegriff als Grundlage romantischer Naturanschauung und Dichtungstheorie, auf Sympathie/Liebe und Magie/Phantasie als den in Kosmos und Psyche wirkenden Urkräften beruhend, stiftet auch die Verbindung aller Künste und Wissenschaften zu einer Art »progressiver Universalpoesie« (Fr. Schlegel) und führt, über den von der R. intuitiv erkannten Zusammenhang der unbewußt-bewußten Symbolik der Kunstdichtung mit der Welt der archetypischen Bilder in Traum, Alchemie, Mythos, Märchen und Volkspoesie, mit zur Entstehung der modernen Psychologie und

der historisch-komparatistischen Geisteswissenschaften, sowie zu einer neu aufblühenden Naturphilosophie und -erforschung und zur romantischen Landschaftsmalerei.

Eine besondere Stellung im symbolischen Weltganzen hat die wieder in ihrer ursprünglichen Bedeutung erfaßte Poesie inne, und zwar als kosmisches Element, dem eine psychische Urkraft entspricht. Die Hieroglyphenschrift der auf das Göttliche, Absolute hindeutenden Natur findet ihre Korrespondenz in der → Chiffren des Unendlichen herstellenden Poesie und den einzelnen aus ihr hervorgehenden Künsten. Poesie als Dichtung ist die höchste symbolische Kunstform, da in der idealen Sprache die Identität von endlichem Zeichen und unendlichem Sinn immer wieder neu geschaffen wird; Ähnliches gilt für die Musik, der sie im Grenzfall gleichkommt. In diese Richtung deuten Äußerungen wie »Das Höchste kann man, eben weil es unaussprechlich ist, nur allegorisch sagen« (Fr. Schlegel) oder »Das Schöne ist eine symbolische Darstellung des Unendlichen« (A. W. Schlegel) oder die Formulierung von »Dichten als ewiges Symbolisieren« (A. W. Schlegel), wofür weithin synonym auch »Romantisieren« oder »Poetisieren« eintreten kann.

Die großen romantischen Symbole sind in ihrer Progressivität und Universalität Sinnbilder der reflektiert irrationalen Sehnsucht nach Metamorphose und Totalität: NACHT (Schlaf, Traum) und Dunkel wie MORGEN und Licht (Tageszeiten, Gestirne), KIND wie Jungfraumutter; WALD, Garten, Labyrinth, Höhle, Schacht, Wasser (mit Blumen – BLAUE BLUME –, Metallen, Elementargeistern) als Räume des Weges nach innen, der gleichzeitig der Weg in die Ferne oder nach Hause ist (Orient, MA), dementsprechend der Mensch als Einsiedler und Goldgräber wie als Wanderer und Pilger, der Dichter zudem als Seher und Magier (in der Spätr. kommen → Golem, Alraune, Marionette, Automat dazu); schließlich die Symbole der *unio mystica*: der Tod als das romantisierende Prinzip des Lebens, Musik, heilige Hochzeit, Paradies, goldenes Zeitalter, die wiederum Bilder des poetischen Prozesses und seiner Schöpfungen sind – eine genuin romantische Symbolik des Symbols. [BVH]

Br. Markwardt, Gesch. d. dt. Poetik, Bd. III, 1957; I. Strohschneider-Kohrs, D. r. Ironie in Theorie u. Gestaltung, 1960; A. Langen, Zur Lichtsymbolik d. dt. R. (Fs. v. d. Leyen) 1963; B. A. Sørensen, Symbol u. Symbolismus in d. ästhet. Theorien d. 18. Jh. u. d. dt. R., 1963; P. Stöcklein (Hg.), Eichendorff heute, 1966; M. Thalmann, Zeichensprache d. R., 1967; H. Prang (Hg.), Begriffsbestimmung d. R., 1968; H. Steffen (Hg.), D. dt. R., Poetik, Formen u. Motive, 1967; A. Nivelle, Frühr. Dichtungstheorie, 1970; B. A. Sørensen, Texte z. Theorie d. dichter. Bildes im 18. u. frühen 19. Jh., 1972; W. Bies, Symbolauffassungen u. Symbol in der Literatur der engl. R. (BSIM 17/1984).

**Romantik, Malerei** (erste Hälfte des 19. Jh.), sie spiegelt in ihren verschiedenen Ausdrucksformen die Ungebundenheit und Subjektivität des Künstlers wider. Die Proklamation seitens Delacroix des »göttlichen Rechtes der Künstler, ihrer Natur Ausdruck zu geben« lief in den Bereich einer übertriebenen persönlichen Freiheit über (Bohémiens), besonders nachdem die Künstler nach der Französischen Revolution ihre gesicherte Position in der Klassenstruktur verloren hatten. Dichter und Maler dieser Zeit sehnen sich nach der Vergangenheit (im Sinnbild von RUINEN, alter KLÖSTER und mal. BURGEN) oder nach der Zukunft (Wiederkehr des goldenen Zeitalters, des paradiesischen Friedens); sie sind immer auf der Suche nach einem unerreichbaren Ideal. Freiheit und Sehnsucht sind in *Des Knaben Wunderhorn* von Moritz von Schwind symbolhaft verkörpert. NACHT und MOND, WALD und QUELLE gehören zu den symbolträchtigen Bildelementen der Romantiker, deren Werke Gleichnisse und »Schlüssel« sind, die den äußeren sichtbaren Rahmen zu einem Verständnis der inneren Welt bieten.

Die R. hat drei verschiedene Seiten; die des Krankhaften, des Persönlichen, des Natürlichen. Man darf wohl John Henry Füßli, den in England tätigen Schweizer Künstler, als Übergang vom Klassizismus zur R. ansehen. Sein berühmtes Gemälde *Der Albdruck* (eine Version in Frankfurt, Goethemuseum) stellt eine Frau der klassizistischen Periode dar, die auf einem Sofa schläft und träumt, daß ein männlicher INKUBUS ihr auf der Brust sitzt, und daß zu gleicher Zeit eine weiße STUTE mit starrenden Augen durch einen Vorhang in ihr Schlafgemach eindringt. Das Bild ist voller erotischer Symbole, Ausdruck für einen persönlichen psychologischen Zustand; es fällt jedoch in die Kategorie des Krankhaften. Das Gleiche läßt sich für Francisco Goya sagen, den Vorboten der R., der schon in Madrid, lange vor seinem freiwilligen Exil in Frankreich (1824), krankhafte Hexerei-, Schändungs- und Mordszenen gemalt hatte. Es lag ihm vor allem an außergewöhnlicher Gefühlserregung, die er aus Mythologie, Okkultismus und zeitgenössischen Ereignissen herleitete.

Es ist ziemlich charakteristisch, daß das erste offizielle Gemälde der französischen Romantik *Das Floß der Medusa* von Théodore Géricault mit Tod und Erlösung zu tun hat, gestützt auf ein tatsächliches Ereignis. Der Kampf ums Überleben und um Hoffnung und Erlösung wird hier symbolisch durch einen jungen Neger, der eine Fahne schwenkt, als dramatischer Höhepunkt mitten im Bilde dargestellt. Ein Nachfolger Géricaults, Eugène Delacroix, malte einige großartige Gemälde, in denen er das Schicksal der Menschheit in aller Extremität symbolisiert; in seinem Bild *Dante und Virgil in der Hölle* (Louvre, Paris) malt er einen Kahn, der durch das brennende Meer der Hölle dahintreibt, und dessen Insassen zuschauen, wie die Verdammten vergeblich an Bord zu kommen versuchen. Das *Blutbad von Chios* (1824) über den griechischen Befreiungskrieg gegen die Türken ist von Tragödie durchdrungen: Ein Säugling versucht, sich an der toten Mutter Brust zu nähren; einige Bauern warten auf ihre Verschleppung in die Sklaverei, und noch andere stellen ihre Verzweiflung zur Schau. – Die vielen Tiere, die er in ihrem natürlichen Lebensraum Afrika malte, sind nicht nur für ihren Überlebenskampf symbolisch, sondern auch für ihren Adel, mit dem sich der Künstler identifiziert.

Der engl. Maler Turner mit seinem pantheistischen Einblick durchtränkte seine Schneesturm- und Schiffbruchszenen mit einem kosmischen Rhythmus, wo die Wellen bis zum Himmel aufsteigen, und wo die Wolken in grandioser Kraftverschwendung im Ozean explodieren. Das die Schiffe verschlingende, kochende MEER ist ein Symbol für die Überlegenheit der Natur, und der Mensch, kaum mehr als ein winziger Fleck, ist einem hin- und hergeworfenen Spielzeug vergleichbar. Caspar David Friedrich ist ein Spezialist für einsame düstere Wälder und für in geheimnisvolles Mondlicht gebadete Landschaftsbilder. Bei ihm ist die See des arktischen Nordens ein Spiegel unseres eigenen Schicksals. Seefahrende SCHIFFE sind ihm ein Symbol für das Leben, und ihre TAKELAGE deutet auf das Kreuz hin. EICHEN symbolisieren Kraft und Unsterblichkeit (*Die Eiche im Schnee*, zirka 1821, Nationalgalerie Berlin), und TANNENbäume und -wälder bedeuten eine deutsche Wiedererstarkung sowohl im persönlichen wie auch im politischen Sinn. In den Landschaftsbildern von Turner, C. D. Friedrich oder auch Ludwig Richter wird die Göttlichkeit der Natur symbolisch dargestellt – »die Weltseele, die alles durchdringt«. → Ph. O. Runge [Fi]

H. von Einem, C. D. Friedrich, 1938; M. Praz, The Romantic Agony, London 1951; N. Fry (Hg.), Romanticism Reconsidered, New York 1963; C. Runge, Die Bedeutung der Pflanze i. d. Malerei der R. (Stud. Gen. 20) 1967; R. Rosenblum, Modern Painting and the Northern Romantic Tradition, New York 1975.

**Römer.** Die Glaubensvorstellungen der R. sind aus dem Zusammenfließen vorindogermanisch-mediterraner, etruskischer (→ Etrusker) Elemente mit solchen der indogermanischen Italiker und der in Süditalien schon früh ansässigen → Griechen entstanden. Zu den altrömischen Göttern gehörten Jupiter, Mars, → Janus, → Vesta und der Gott des Ackerbaus, nach dem später der Planet → Saturnus seinen Namen erhielt. In alte Zeit zurück reichen die Riten der *fratres Arvales* (Arvalbrüder), einer Priesterschaft der Dea Dia (Saatgottheit?) mit alljährlichen Flurumgängen im Mai *(Ambarvalia)*, Reinigungen, Opfern und hl. Mahlzeiten. Wenn die römischen Bauern der Göttin der Wachstumskraft, Ceres, vor der Ernte ein SCHWEIN und später die ERSTLINGE der Ernte opferten, dann war dies nicht nur eine symbolische Gabe, sondern erlaubte ihnen durch die Aufhebung der Sakralisation das Eigentum der Göttin, ihre Früchte, ohne Schuldgefühl in Besitz zu nehmen.

Dem Licht- und Himmelsgott Jupiter waren alle Vollmondtage heilig; ein FEUERSTEIN konnte ihn – als Jupiter Lapis – repräsentieren; der BLITZSTRAHL galt als seine Waffe. Bei seinem Tempel leistete der in den Krieg ziehende Feldherr Opfer und Gelübde, um nach siegreicher Heimkehr als lebendes Abbild des Jupiter Optimus Maximus im Wagen zum Tempel auf dem kapitolinischen Hügel hinaufzufahren. Nach ihrem Hauptgott benannten die R. den lichtstarken Planeten (→ Jupiter).

Im Tempel des Mars war eine LANZE als Symbol des Kriegsgottes aufgestellt; sein angeblich vom Himmel gefallener, an beiden Seiten ausgeschnittener heiliger SCHILD hing mit elf irdischen Nachahmungen im Amtshaus des Oberpriesters *(pontifex maximus)* und sollte den Bestand des R.reiches garantieren. Dem Kriegsgott heilige Tiere waren WOLF und SPECHT, aber auch zum STIER hatte er – als alter Bauerngott – eine Beziehung. Eine gewisse symbolische Bedeutung dürfte den ältesten → Feldzeichen zugekommen sein. Hier sind auch die Handlungen des Priesterkollegiums der *Fetiales* anzuführen: bei Kriegsausbruch u. a. Schleudern einer Lanze in das Feindgebiet, bei Friedensschluß Opferung eines Schweines mit Hilfe eines Feuersteins unter Anrufung Jupiters, jeden Friedensbrecher mit seinem Blitzstrahl zu erschlagen.

Eine exakte Interpretation römischer Motive und ihrer Symbolik ist sehr diffizil, da bereits in republikanischer Zeit das Wissen über die ursprüngliche, authentische Bedeutung verlorenging; so weiß man z. B. nicht, ob das Schmücken mit Blumen des als heilig gedachten Herdes (an bestimmten Festtagen; nach Cato, *de agricultura* 143,2) dem HERD selbst oder dem ihn behütenden *lar familiaris*, einem Schutzgeist des Hauses, galt. Auf gewisse symbolische Vorstellungen, oft mit magischen verbunden, kann man schließen, wenn die Kleidung der *Flamines* (Priester im Dienste Jupiters) keine Knoten haben durften; wenn an den später mit dem Neujahrsfest zusammengelegten Saturnalien kleine Tonfiguren *(sigillaria)* und KERZEN verschenkt wurden; wenn als Farbe der Opfertiere für die unterirdischen Götter SCHWARZ, für die himmlischen WEISS vorgeschrieben war; wenn bei der entsühnenden und zugleich apotropäischen Reinigung *(lustratio)* die Opfergabe (Opfertier) im KREIS um die zu reinigende Person oder das Grundstück geführt wurde. Eine besondere Rolle spielten Symbole im römischen Rechtsleben (→ Rechtssymbole) und in der Dichtung (→ Ovid, → Vergil).

Die Elemente der römischen Kunst sind fast alle griechisch, aber ihre Synthese ist neu und meist durch einen Symbolsinn der Bilder bestimmt (Schefold); die → Dioskuren sinnbilden die Ewigkeit, die Romulus und Remus säugende WÖLFIN wird zum Symbol der *Roma aeterna.* Die Ornamente haben neben ihrer primär dekorativen Funktion auch eine allegorische oder symbolische; so gehören zwischen den Pfeilern der *Ara Pacis* aufsteigende RANKEN zur Vorstellung des Glücks, das der Frieden des Kaisers verleiht. Auf Grabmonumenten finden sich als Ausdruck der Jenseitshoffnung GIRLANDEN und Unsterblichkeitssymbole, LEITER, BOOT und WAGEN können Bilder für die Jenseitsreise sein.

Bei dem mit Augustus aufkommenden Herrscherkult wird der KAISER zur Symbolfigur für die Einheit des Reiches; sein Bildnis erscheint in Verbindung mit den Personifikationen von Glück, Tapferkeit, Sieg usw. auf den → Münzen. Das Emportragen der zu den Göttern eingehenden Seele ihres Kaisers deuteten die R. dadurch an, daß sie gleichzeitig mit der Verbrennung der Leiche des Herrschers einen ADLER in die Luft hochfliegen ließen. Mit der zunehmenden Verehrung oriental. Gottheiten (→ Isis, → Mithras) finden auch deren Symbole Aufnahme. Um ihre Beziehung zum Sonnengott zum Ausdruck zu bringen, haben mehrere Kaiser (z. B. Aurelian) eine metallene Strahlenkrone getragen. Die Symbolvorstellung von der »unbesiegbaren SONNE« *(sol invictus)* ist eine der wichtigsten, die das frühe

Christentum übernommen hat. [Lr]

W. Kroll, Studien zum Verständnis der röm. Lit., 1924; H. P. L'Orange, Sol invictus imperator. Ein Beitrag zur Apotheose (Symbolae Osloenses 14) 1935; E. Norden, Aus altröm. Priesterbüchern, Lund 1939 (Neudr. 1961); F. Cumont, Recherches sur le symbolisme funéraire des romains, Paris 1946; H. Wagenvoort, Roman dynamism. Studies in ancient Roman thought, language and custom, Oxford 1947; K. Latte, Röm. Religionsgesch., 1960; B. Andrae, Stud. zur röm. Grabkunst, 1963; K. Schefold, Röm. Kunst als relig. Phänomen, 1964; R. Daut, Imago. Unters. zum Bildbegriff der R., 1975; G. Dumézil, Fêtes romaines d'été et d'automne, Paris 1975.

**Rose,** auf Grund ihres Duftes, ihrer Schönheit und ihrer Vergänglichkeit Symbolbezüge zu Liebe, Tod und Paradies. Bei Griechen und Römern der Liebesgöttin (Aphrodite, Venus) zugeordnet. Homer spricht von der »rosenfingrigen« Eos (Morgenröte). R.n dienten zur Bekränzung der Teilnehmer festlicher Trinkgelage und wurden bei den römischen Kaisern zum Ausdruck fürstlichen Prunks. Um die Becher gewundene R.n sollten den Zecher vor einem Ausplaudern im Rausche bewahren. Als Symbol der Verschwiegenheit findet sich die R. in Beichtstühle geschnitzt; *sub rosa* = im Vertrauen sagen. Bis in heutige Zeit ist besonders die rote R. Symbol der Liebe (Blumensprache) und der Sinnlichkeit (z. B. in der Hand → Salomes) und in Dichtung und Volkslied ein Bild für die Geliebte (→ Rosenroman; man vgl. auch Goethes »Röslein auf der Heide«).

Der griechische Lyriker Pindar spricht von rosengeschmückten Wiesen des Jenseits (Elysion). Mit der Darstellung von R.n auf etruskischen Sarkophagen und in griechischen und römischen Gräbern verbinden sich Vorstellungen von Tod und jenseitigem Weiterleben, in diesem Sinne auch in die christliche Sepulkralkunst übernommen. Unter »Rosengarten« wurde in der Sprache des Volkes der Friedhof verstanden. In den Händen der Engel weisen R.n auf das Paradies. Die Gottesmutter thront in Dantes *Paradiso* im Kelch einer weißen Himmelsrose. Als R. »ohne Dorn« (= ohne Sünde) → Mariensymbol; ab dem 14. Jh. ikonographisches Motiv der »Maria im Rosenhag« (St. Lochner, M. Schongauer). In roter Farbe weist die Blume auf die Passion Christi und auf das Blut der Märtyrer; 5 Rosen sinnbilden die Wunden Christi. Als Symbol der Tugend wird seit Leo IX. (1046) alljährlich am Rosensonntag (4. Fastensonntag) vom Papst eine »goldene R.« einer Persönlichkeit (meist Frauen) verliehen. In der Alchemie galt die R. als *flos sapientium,* als Blume der Weisheit und der Weisen, bei den → Rosenkreuzern deutete sie auf Natur und Schöpfung und als → freimaurerisches Symbol auf ein höheres Leben. [Lr]

K. Ranke, R.garten, Recht u. Totenkult, 1951; E. M. Vetter, Maria im R.hag, 1956; P. de Beaumont/J. Lecap, Les Roses (Connaissance des arts 1970); M. J. Schleiden, Die R. Gesch. u. Symbolik in ethnograph. u. kulturhist. Beziehung (1873), Neudr. 1973; R. Schumacher-Wolfgarten, Jesse mit dem R.stock (Röm. Quartalschrift 68/1973); G. C. Scipio, The Symbolic Rose in Dante's »Paradiso« (L'interprete, 42), Ravenna 1984; G. H. Mohr/V. Sommer, Die R. – Entfaltung eines Symbols, 1988.

**Rosenkreuzer** (Rosencreutzer, Fraternitas Rosae Crucis, FRC) ist der Name einer apokryphen mystischen Geheimgesellschaft des 17. Jh., die unter Berufung auf die historisch nicht greifbare Person eines »Ritters Christian Rosencreutz« (angebl. 1378–1484) die Idee einer Generalreformation unter Führung eines »Collegiums der Weisen« im Geiste weltoffenen, von kleinlichem Parteiengezänk unbeeinflußten und im Sinne der Lehre des → Paracelsus verinnerlichten Luthertums vertrat. Die »FRC« bildete sich im Anschluß an die Publikation zweier anonymer Schriften (*Fama Fraternitatis*, 1614, und *Confessio Fraternitatis R. C.*, 1615) heraus und gewann im Anschluß an die ebenfalls anonyme, aber in diesem Fall mit Sicherheit von dem evangelischen Theologen Johann Valentin Andreae (1586–1654) verfaßte Schrift *Chymische Hochzeit Christiani Rosencreutz, Anno 1459* (1616) an Bedeutung. Die Leitidee war die Existenz eines Eliteordens frommer, im Sinne der alchemistischen Symbolik gebildeter Männer, der den Islam, die Scholastik und das Papsttum bekämpfen und ein esoterisch geläutertes evangelisches Christentum zum Siege führen sollte.

Das namensgebende Sinnbild der Bruderschaft ist die Vereinigung von KREUZ und ROSE (zunächst wohl Symbol der Durchdringung der Natur mit Gottesgeist) und tritt im Siegel Luthers auf, das ein aus einem Herzen wachsendes Kreuz im Innern einer Rose zeigt, und ebenso im Wappen des J. V. Andreae (ANDREASKREUZ mit vier Rosen in den Winkeln); es deutet an, daß die Schöpfung (Rose) durch die Erlösungstat Christi geadelt und geläutert wurde: »Des Christen Herz auf Rosen geht / wenn's mitten unterm Kreuze steht«. Was durch die ersten anonymen R.-Schriften in utopischer Form angeregt und durch die *Chymische Hochzeit* weiter ausgebaut wurde, zog bald das begeisterte Interesse vieler an einer echten, jeder starren Orthodoxie abholden »Reformation des Herzens« interessierter Männer auf sich, auch wenn die meisten von ihnen ahnten, daß die »Fama« von dem in einer »Zeitgruft« hinterlassenen Testament des mythischen Ordensgründers Rosencreutz, die bei der Öffnung des Grabes im Jahre 1606 (120 Jahre nach ihrer Erbauung) ihr Geheimnis preisgegeben habe, eine Mystifikation war, die wir heute als »history fiction and fantasy« bezeichnen würden.

Zu den vom R.-Geistesgut beeinflußten Gelehrten gehörten der Alchemist Michael Maier, der englische Mediziner Robert Fludd, Descartes, Comenius und Elias Ashmole. Die Gruppe, obwohl nicht wirklich ordensartig organisiert, pflegte das christlich esoterische Gedankengut, das größtenteils auf Andreae und den (später zum Katholizismus konvertierten) Hellenisten Chr. Besold (1577–1638) zurückgeht, und verteidigten es gegen die Angriffe von Gegnern, die ihm Sektierertum und haltlose Schwärmerei vorwarfen. Andreae selbst leugnete bald die Autorschaft der beiden ersten R.-Schriften, »wohl zu seinem Schutze und in Erkenntnis der Unerfüllbarkeit seines hohen Traumes« (Rosenberg 1957). Erst der 30jährige Krieg lenkte die Aufmerksamkeit von dem Suchen nach Vertretern des geheimnisvollen Bundes ab, der seine Faszination jedoch auch später ausübte. Dies zeigt der im 18. Jh. gegründete »Orden der Gold- und Rosenkreuzer« (Fraternitas Rosae Crucis Aureae, FRCA); in Goethes epischem Fragment *Die Geheim-*

*nisse* (1785) ist von einem entlegenen Kloster die Rede, über dessen Pforte ein von Rosen umschlungenes Kreuz angebracht ist. R.-Gedankengut ist in der → Freimaurerei nachweisbar, ebenso in vielen esoterischen Gruppen verschiedener Ausrichtung, die auch im Geistesleben der Gegenwart noch eine gewisse Rolle spielen. Dies zeigt, daß die in den R.-Schriften vertretenen Ideale des Strebens nach Verinnerlichung und nach Heiligung der Natur, unabhängig von zu engen Schranken der Orthodoxie, einem echten Bedürfnis entsprechen müssen.

[Bi]

D. Hölscher, Andreae, in: Realenzyklopädie f. prot. Theol. Bd. 1, 1896 (Ndr. 1969); H. Hermelink, R., ebd., Bd. 17 (Ndr. 1971); F. Maack, Die vier echten R.-Schriften, 1922; W. E. Peuckert, Die R.; Zur Gesch. einer Ref., 1928; A. Rosenberg, Hg.: J. V. Andreä, Die Chymische Hochzeit, 1957; R. Chr. Zimmermann, Das Weltbild des jungen Goethe (Stud. z. hermet. Lit. des dt. 18. Jh.) 1969; K. R. H. Frick, Die Erleuchteten, 1973; Chr. Mc Intosh, The Rosy Cross Unveiled. The History, Mythology and Rituals of an Occult Order, Wellingborough 1980; K. Hoheisel, Die Symbolik der R.bruderschaft u. ihr Weiterwirken (Symbolon N.F. 6/1982).

**Rosenroman,** Roman de la Rose, epische → Minneallegorie. Der Verfasser des 1. Teils ist Guillaume de Lorris. Das um 1230 unterbrochene Werk findet zwischen 1269–78 die Fortsetzung und den Abschluß durch Jean Chopinel de Meun, der die Dichtung als Liebesspiegel bezeichnet. Der RR schließt an die Tradition von → Prudentius' *Psychomachia*, an die zahlreichen von Ovid inspirierten mal. Liebestraktate (*De Amore* des Andrea Capellanus) und die Auffassungen der höfischen Troubadourdichtung an. Die Symbolgehalte des RR gehen in seine allegorische Konstruktion ein.

Der Dichter erzählt in Ichform von seiner Traumwanderung, die ihn im Frühling in einen durch Mauern umschlossenen GARTEN, den Garten der Lust, führt. Die Hindernisse, die er überwinden muß, erblickt er als Bildfigurationen. Er gerät in die fröhliche Gesellschaft von Oiseuse, Deduiz, Courtoisie und anderen Personifizierungen der Lebensfreude. Der Narzißbrunnen spiegelt ihm in seinem Kristall eine rote ROSENKNOSPE, der der Dichter fortan, von den Pfeilen Amors getroffen, in unbezwinglicher Sehnsucht verfällt. Er begibt sich auf die Suche nach der Rose und wird schließlich in Verzweiflung gestürzt, als die negativen Kräfte (Malosie, Male Bouche u. a.) in einer befestigten Burg die Rose dem Zugriff des Liebenden entziehen. Die Fortsetzung Jean de Meuns durchsetzt sich mit scholastischen Exkursen und gibt den Gestalten der Vernunft, der Natur und ihres Genius das Übergewicht. Das Brechen der Rose am Schluß des Romans wird als Absage an die Konvention der höfischen Minne gewertet.

Das tragende Symbol ist die ROSE, Bild für die Geliebte, Verheißung und Schönheitsfiguration in esoterischer Deutung. Der RR schließt im antiken Sinnbild der Schönheit die christliche Vorstellung der *rosa pudoris* ein: diese Deutung Guillaume de Lorris' verkehrt sich bei Jean de Meun zu einem deutlichen Geschlechtssymbol. Der Weg zur Erringung der Rose, ein Traumerlebnis, führt durch die Symbollandschaft. Der von der Mauer umgebene Garten, ein typischer *locus amoenus*, nur für Auserwählte zugänglich, stimmt in seiner Frühlingserscheinung auf die Liebe ein. Der NARZISSBRUNNEN symbolisiert den Tod, sofern sein Spiegel die Selbstliebe reflektiert, und ist Lebensborn, wenn seine Kristalle das Bild der Geliebten einfangen (Köhler). Die BURG als Gefängnis kennzeichnet die Gegensatzgestaltung, die auch die Allegorien und die Sinngebung des Liebeserlebnisses charakterisieren. Durch die doppelte Deutbarkeit seines widerspruchsvollen Gefüges hat der RR neben seiner starken Nachwirkung bis ins 16. Jh. auch eine hitzige Polemik erfahren. [EK]

E. Langlois, Origines et sources du RR, 1890; G. Cohen, Le RR, 1929; L. Thuasne, Le RR, 1929; G. Paré, Le RR et la scolastique courtoise, 1941; A. M. Gunn, The Mirror of Love . . ., 1952; C. S. Lewis, The Allegory of Love . . ., 1954; E. Köhler, Narcisse, la fontaine d'amour et G. de Lorris, 1963; M. R. Jung, Der RR in der Kritik seit dem 18. Jh. (RF) 1966; R. Tuve, Allegorical Imagery . . ., 1966; J. V. Fleming, The RR . . ., 1969; H. R. Jauss, La littérature didactique, allégorique et satirique (Grundriß der rom. Lit. des MA. VI) 1968–70.

**Rosette** (von franz. »Röschen«), aus einer stilisierten Blüte entwickeltes Ornament, das in vielfältigen Abwandlungen bereits im alten Orient und in der Antike zu finden ist. Bei dem vegetabilen Aspekt dürften u. a. Margerite und Seerose (Lotos), später dann die Rose motivanregend gewesen sein. Entsprechend der Vorstellung, daß Blumen die Sterne der Himmelswiese sind, kann die R. auch einen astralen Aspekt aufweisen. Die stilisierten Blütensterne der alten Kulturen waren mehr als nur raumfüllendes Dekor; sie sind Ausdruck eines Weltbildes, das um die Zusammenhänge der vom Jahreszyklus abhängigen Vegetation und der astralen Bewegungen wußte. Schon in frühsumerischen Rollsiegelbildern finden sich achtstrahlige R.n in Verbindung mit Baum und Vegetationsgott. Ob den in altägyptischen Gräbern häufigen R.n nur dekorative oder auch sinnbildliche Funktion zukommt, ist im einzelnen nicht nachweisbar. Neuerdings denkt man an eine ursprünglich symbolische Bedeutung (Glück, Liebe, Leben) des R.motivs in der antiken Vasenmalerei, vgl. auch → Griechen (vorletzter Abschnitt). Die aus sechs gegeneinanderlaufenden Zirkelschlägen im Radius des Hauptkreises gebildete R. (Kreisbogenblume) ist in den meisten asiatisch-europäischen Kulturen bis in die Volkskunst hinein bekannt und wird verschiedentlich als (nicht näher zu bestimmendes) Welt- und Glückszeichen interpretiert. [Lr]

G. Streng, Das R.-Motiv in der Kunst- und Kulturgesch., 1918; P. Fortová-Sámalová/M. Vilimková, Das ägypt. Ornament, Prag 1963; G. Koch-Harnack, Erotische Symbole. Lotosblüte . . . auf antiken Vasen, 1989 (zur Lotos-R. 24–32).

**Rosmarin.** Die von den Griechen wegen ihrer stark duftenden Blätter *libanotis* (*libanos* »Weihrauch«) genannte Pflanze war schon im Altertum ein Symbol der Liebe und Fruchtbarkeit und diente zu apotropäischen Zwecken. Die Römer verbrannten R. zu Ehren der Götter; nach Horaz wurden die Hausgötter (Laren) mit R.kränzen geschmückt. Im Volksglauben war die immergrüne Pflanze Sinnbild nicht nur der Unsterblichkeit (im Totenbrauchtum), sondern auch des irdischen Lebens; nach einer Überlieferung in Belgien werden die kleinen Kinder aus dem R.strauch in die Welt gebracht. Beliebt waren aus R. gewundene Brautkränze; »R. und Thymian wächst in unserm Garten, Jungfer Ännchen ist die Braut, soll nicht länger warten«. [Lr]

**Rot.** Unter allen → Farben findet man R. am frühesten in symbolischer Bedeutung, oft auch mit magischen Vorstellungen verknüpft. Rote Ockererde auf Leichen gestreut (in prähistor. Zeit) sollte diesen ein Weiterleben sichern; in Hellas wurde über die Toten eine rote Decke gelegt. Rot eingewikkelte Amulette und rote Fäden sollten Dämonen fernhalten. Es ist die Farbe des Lebens, der Leidenschaft und der Liebe: die römische Braut erschien mit dem *flammeum* verhüllt zur Hochzeit; in dem Gespräch *von den sehs varwen* (14. Jh.) kündet R. von der Liebe; noch heute gelten rote Rosen als erotisches Symbol. Über die Geschlechtsbezogenheit der Farben → Männlich-Weiblich. → Purpur und R. symbolisieren Macht bei römischen Feldherrn und Konsuln, beim altpersischen Kriegerstand, bei afrikanischen Stammesherrschern. Kultstätten niederer Dorfgötter in Indien und shintoistische Götterschreine sind meistens rot. Mithras erschien seinen Mysten im roten Mantel. In der christlichen Ikonographie trägt Gottvater als Schöpfer oft ein rotes Obergewand – Zeichen seiner grenzenlosen Macht und Liebe. R. ist auch Ausdruck der → Freude.

Schon im Tierreich hat R. die Signalbedeutung »Gefahr« (→ Verhaltensforschung); beim Menschen Symbol für Blut, Kampf und Tod. In Altägypten war »rotmachen« gleichbedeutend mit »töten«. In der Bibel ist es die Farbe der Sünde und der Sühne; die große Buhlerin Babylon, Sinnbild gottfeindlicher Mächte, war in Purpur und Scharlach gekleidet (*Offb* 17,4); die geröteten Kleider des kelternden Messias (*Jes* 63,1–3) galten später als Hinweis auf den Opfertod Christi. In der german. Didriks-Saga heißt es, daß R. Kampf und Unfriede bedeute. Im MA war die Stempelfarbe beim Todesurteil rot, ebenso die Tracht des Henkers und bis in neuere Zeit der Richtertalar. Schließlich ist R. die Farbe der Revolution und des Kommunismus, wobei die Bedeutung von Tod und Leben ineinander übergehen (→ Kommunistische Symbole). [Lr]

E. Wunderlich, Die Bedeutung der roten Farbe im Kultus der Griechen u. Römer, 1925; H. Fischer, R. u. Weiß als Fahnenfarben (Antaios 4/1962); L. Schmidt, R. u. Blau. Zur Symbolik eines Farbenpaares (Antaios 4/1962); K. Timm, Blut u. rote Farbe im Totenkult (Ethnographisch-Archäologische Zs. 5/1964).

**Rubin,** im antiken Volksglauben sollte er vor Schiffbruch bewahren. Wegen seiner intensiven Farbe partizipiert der Edelstein an der Symbolbedeutung der roten Farbe. Im AT wird er als erster Stein in der zweiten Reihe des hohepriesterlichen Brustschildes erwähnt (2 *Mos* 28,17); die Zinnen der himmlischen Stadt werden aus R. und Beryll gestaltet sein (*Jes* 54,12). Der Unterschied zum Granat wird nicht immer klar erkannt; für beide Edelsteine findet sich die Bezeichnung Karfunkel; dieser soll nach mittelalterlichem Volksglauben seinen Träger unsichtbar machen. Der R. gilt als Ausdruck feuriger Liebe, der Leidenschaft, des Stolzes, aber auch herrscherlicher Würde (in letzterer Bedeutung bei Insignien). Im MA sagte man ihm heilende Wirkung nach. In der Astrologie wird der R. dem Monat Juli und dem Tierkreiszeichen des Löwen zugeordnet. [*]

**Runen** (altnord. *rūn* = Geheimnis, vgl. raunen). German. Schriftzeichen, die anfangs unserer Zeitrechnung auf der Grundlage eines fremden Alphabets (nordetruskisch-lat. Mischalphabet?) u. im Rückgriff auf einzelne vorrunische Sinnzeichen (Radkreuz, Hakenkreuz, Triskele, Leiter) in Gebrauch kamen. Nach einer Überlieferung (*Hávamál* Str. 138–141) hat Odin durch sein Selbstopfer die R. gefunden; aus der *Edda* weiß man, daß die R. oft mit Blut gefärbt wurden, um ihre Kraft zu steigern. Bestimmte R.zeichen dienten als magische Symbole; in der Tyr-Rune glaubte man die ganze Macht des Kriegsgottes Tyr immanent, die Odal-Rune hatte den Bedeutungswert »Erbbesitz«. Das ursprüngliche R.alphabet (nach den ersten 6 Zeichen *futhark* genannt) mit seinen 24 R. galt als Zusammenfassung aller magischen Kräfte; nach de Vries weist die Einteilung in 3 Gruppen zu 8 R. auf die Mondphasen hin. Zusammen mit religiös-magischen Zeichen finden sich die R. häufig auf → Brakteaten. [Lr]

H. Arntz, Hb. d. R.kunde, 1944; J. de Vries, Altgerman. Religionsgesch., 1956 (I, 307ff.); K. Düwel, Einführung i. d. R.kunde, 1968; W. Krause, R., 1970; H. Klingenberg, R.schrift – Schriftgedanken – R.inschriften, 1973.

**Runge,** Philipp Otto, 23. 7. 1777 Wolgast (Pommern) – 2. 12. 1810 Hamburg, Maler der → Romantik. Schüler der Kopenhagener Akademie. In Dresden erschloß ihm die Freundschaft mit dem Dichter Ludwig Tieck die romantische Vorstellungswelt; durch die Schriften von Jakob → Böhme fand er Zugang zur Naturmystik. Alle künstlerischen Gedanken R.s sind religiösen Ursprungs, die Kunst selbst ist ihm eine »symbolische Komposition« (*Hinterlassene Schriften,* 1840, Bd. I, 12), ihre Hauptaufgabe die Darstellung der Natur, in der sich Gott offenbart. In bewußtem Gegensatz zum Klassizismus erstrebt er eine neue, absolute Kunst, in der das Wirken der göttlichen Kräfte versinnbildlicht wird.

R.s wichtigste Motive sind KINDER und BLUMEN, ganz allgemein Sinnbilder für Anfang und Aufstieg, für Unschuld und Schönheit, im einzelnen aber von individueller, an den Künstler gebundener Symbolbedeutung. Seine Liebe zu Pauline Bassenge fand in der *Lehrstunde der Nachtigall* (Hamburg, Kunsthalle) ihren Niederschlag: die als Knabe personifizierte NACHTIGALL ist Amor (der Künstler selbst), die Frau mit den LIBELLENFLÜGELN ist Psyche (Pauline). R.s Hauptwerk sind die *Tageszeiten* (als Zeichnungen 1802; malerische Ausgestaltung unvollendet); die auf den Blüten sitzenden Kindergestalten (Genien) verkörpern den Sinn der Blumen: Die weiße LILIE (beim »Morgen« dominierend) ist Symbol des Lichtes; die am »Mittag« die Lilie umkränzenden KORNBLUMEN deuten auf das unendliche Blau des Himmels; die den »Abend« charakterisierende ROSE weist auf Abendrot und Christi Passion (untere Bildleiste zeigt die Leidenswerkzeuge); bei der

»Nacht« bewachen acht Engel auf MOHNBLUMEN den Schlaf der Menschen. Außer der mit den Blumen verbundenen Farbensymbolik bedeutet dem Künstler GELB die Sehnsucht, ROT die Liebe, BLAU der Glauben und alle drei Grundfarben zusammen die Trinität. [Lr]

C. Grützmacher, Novalis und Ph. O. R. Drei Zentralmotive u. ihre Bedeutungssphäre. Blume – Kind – Licht, 1964; C. Runge, Die Bedeutung der Pflanze i. d. Malerei der Romantik, insbes. bei Ph. O. R. (Stud. Gen. 20) 1967; R. M. Bisanz, German romanticism and Ph. O. R., DeKalb/Ill. 1970; E. Michaud, La sphère des couleurs de Ph. O. R. (Critique 29) 1973; W. Stubbe, Ph. O. R. Bild u. Symbol, 1977; J. Traeger, Ph. O. R. od. die Geburt einer neuen Kunst, 1977; K. Möseneder, Philipp Otto R. u. Jakob Böhme, 1981.

**Rute** → Martin, → Nikolaus

**Saat.** Das Aussäen der Frucht ist bei vielen Völkern mit religiösen Vorstellungen verknüpft (→ Agrarkult). Im Samenkorn sind alle Teile der zukünftigen → Pflanze enthalten, es ist Symbol des werdenden Lebens; bei den afrikanischen Dogon ist es das Pendant zum Fleisch als Symbol des Todes. Da der Samen nur dann keimen kann, wenn die Hülle von innen gesprengt wird (sinnbildlich ein Absterben), so wurde er auch zu einem Bild für die Auferstehung nach dem Tode. Der altägyptische Ritus des Erdhakkens weist auf das Sterben des Osiris hin, der in der Symbolgestalt des Samenkorns in die Erde gesenkt wird, um dann mit der sprießenden S. wieder aufzuerstehen. Im NT ist das Samenkorn Sinnbild des göttlichen Wortes (*Luk* 8,11); die Gläubigen werden »wiedergeboren nicht aus vergänglichem, sondern aus unvergänglichem Samen durch das lebendige Wort Gottes« (1 *Petr* 1,23). [Lr]

E. Lohmeyer, Das Gleichnis von der S. (Dt. Theologie 1943); B. Gerhardson, The Parable of the Sower and its Interpretation (New Testament Studies 14/1967–68); D. Zahan, La viande et la graine, mythologie Dogon, Paris 1969.

**Sakrament,** (lat. *sacramentum* = feierliche Verpflichtung) bei den Kirchenvätern auch im Sinne von → Mysterium. Das S. besiegelt den Bund Gottes mit dem Menschen und findet sich in dieser Grundbedeutung – ohne eigene oder mit anderer Bezeichnung – auch in nichtchristlichen Religionen. Im Kult der indischen Göttin → Shakti werden Fleisch, Wein, Fisch, Honig und Beischlaf sakramental gewertet. Die Bedeutung eines S.es dürfte auch dem nächtlichen rituellen Mahl der → Manichäer zukommen, in dessen Verlauf die »Vollkommenen« den »Lichtsamen« befreien, der in den verzehrten Früchten und Gemüsen enthalten ist. In den Mysterien der syrischen Atargatis diente der heilige FISCH als sakramentale Speise, in der das Fleisch der Göttin selbst enthalten war. Eine Art symbolische Kommunion kannte auch der Kult des → Mithras.
Durch die S.e erfahren die elementaren Dinge wie Wasser, Brot, Wein und Öl eine Verklärung. Die S.e dienen dem personalen Heilsvollzug zeichenhafter Art in dialogischer Korrespondenz zwischen dem göttlichen Spender und dem Menschen als Empfänger. Der Vollzug der S.e bildet den Kern der → Liturgie. – In der katholischen Kirche gründen die S. in Christus, der als Gottmensch selbst Ursymbol und Ursakrament ist. »Das

Wort ist Fleisch geworden« (*Joh* 1,14) bedeutet den Zusammenfall, das Zusammenfügen – *symbolon* – von Ewigkeit und Zeit. S.e sind reale Symbole, die die Gnade einerseits vermitteln, andererseits sichtbar darstellen; seit dem 12. Jh. steht ihre Siebenzahl fest; → Taufe, → Eucharistie, → Firmung, → Buße, Krankenölung, Ehe, Ordination (Weihe für ein geistliches Amt). Die Krankenölung (*extrema unctio* = Letzte Ölung) ist Symbol der gnadenhaft gewirkten Heilung/Stärkung nicht nur des Leibes (*Mk* 6,13), sondern vor allem der Seele (*Jak* 5,14); die SALBUNGEN geschehen an Augen, Ohren, Mund, Händen, evtl. Füßen (in Notfällen nur an der Stirn) entsprechend den vom Bischof bei der Weihe des Krankenöls am Gründonnerstag gesprochenen Worten: »Durch diese hl. Salbung und seine mildreiche Barmherzigkeit verzeihe Dir der Herr, was Du durch Sehen, Hören, Riechen, Schmecken, Reden, Berühren, Gehen gesündigt hast«.

In der → orthodoxen Kirche gelten die S.e als *mysterion*, als gegenwärtige Heilstat Gottes. Die von Christus eingesetzten sakramentalen Zeichen »sind Symbole im höchsten Sinn, denn sie bezeichnen nicht nur, sondern bewirken und beinhalten auch, was sie bezeichnen« (H.-H. Schulz). Die S.e drücken sich in deutenden Symbolen aus und werden durch sie bezeugt, d. h. das S. selbst besteht aus einzelnen symbolischen Handlungen und bedient sich symbolischer Dinge, so z. B. wenn beim Ehe-S. die Neuvermählten dreimal um den Tisch mit Kreuz und Evangelienbuch geführt werden: der dreimalige UMGANG (Kreisform = Symbol der Ewigkeit) deutet auf die unverbrüchliche Treue.

Der → Protestantismus anerkennt nur zwei S.e: Abendmahl und Taufe. Für das Luthertum sind die S.e reale Symbole, *signa et testimonia voluntatis Dei erga nos* (*Augsburgisches Bekenntnis*, Art. 5 und 13). Der jeglichen Kultsymbolismus ablehnende Zwingli bezeichnet zwar die S.e als *symbola* (*Helvetische Confession*, Art. I), versteht darunter aber einfach »Zeichen« ohne reale Beziehung zum Bezeichneten. [*]

J. Pinsk, Die sakramentale Welt, 1938; J. Weisweiler, S. als Symbol u. Teilhabe (Scholastik 27), 1952; P. Niewalda, S.ssymbolik im Joh.ev., 1958; J. Daniélou, Liturgie u. Bibel. Die Symbolik der S.e bei den Kirchenvätern, 1963; K. Goldammer, Kultsymbolik des Protestant., 1960; H.-J. Schulz, Kultsymbolik d. byzantin. Kirche (Symbolik d. orthod. u. oriental. Christentums, hg. von E. Hammerschmidt u. a.), 1962; S. Heitz, Der orthod. Gottesdienst. Göttl. Liturgie u. S.e, 1967; A. Winklhofer, Kirche in den S.en, 1968; H. Klos, Die S. im Joh.ev., 1970; R. Hotz, S. im Wechselspiel zwischen Ost u. West, 1979; L.-M. Chauvet, Du symbolisme au symbole. Essai sur les sacraments, Paris 1979; D. Zadra/A. Schilson, Symbol u. S. (Christl. Glaube in mod. Gesellschaft, Bd. 28), 1982; F. J. Nocke, Wort u. Geste. Zum Verständnis der S.e, 1985.

**Salbung** → Öl

**Salome**, geb. etwa 10 n. Chr., wird, allem historischen und philologischen Wissen zum Trotz, im Gedächtnis der Menschheit stets die »TÄNZERIN« bleiben, die mit ihren verführerischen Reizen den despotisch-lasterhaften König Herodes überlistet hat, damit → Johannes des Täufers Haupt falle. Historisch gesehen, ist Tanz hierbei als Reigen oder als graziöse Einzelbewegung griechisch-römischer Herkunft zu denken; Bauchtänze o. ä. kommen keinesfalls in Frage. Tanz als Kunst kannte das Volk Israel nicht. Da aber naturgemäß die Legende dort einsetzt, wo die Geschichte aufhört, wird aus der Bitte der Buhle Herodias Salomes TANZ: Symbol der Verquickung von Erotik und Grausamkeit, der Wollust in der Grausamkeit, der sündigen Lust, der Überlistung eines habgierigen, genußsüchtigen Herrschers.

Zahlreich sind die Symbole in Verbindung mit S.'s Tanz und Kleidung. So schmückt *Juvencus* im 4. Jh. den Tanz mit einem Symbol der Betörung der Gäste, indem er S. ein Lied zum Tanze singen läßt. – Höchste Steigerung des Tanzes, Kunststücke – Symbol der Erfüllung ihres Wunsches – vollführt die auf den Händen tanzende S. (*hortus deliciarum* der *Herrad von Landsperg*, 12. Jh.; mal. Malerei in der Klosterkirche zu Wienhausen bei Celle; Plastiken aus dem 14. Jh. an der Kathedrale zu Rouen). – Ferner tritt S. mit einer roten »köstlichen ROSE« in der einen Hand, mit einer LILIENBLÜTE in der anderen auf, nicht allein der Verbreitung lieblichen Geruches wegen; hier symbolisiert die Rose S.'s samtene Haut, duftendes Fleisch und blutsüchtige Sinnlichkeit, während mit der Lilie ihre Lilienarme, ihre schönen Körperformen, ihre jugendliche holde Grazie gemeint sind; ehe sie sich tanzend einem Lusttaumel überläßt, überreicht sie die beiden Blumensymbole ihrem Stiefvater.

Als Symbol ihres unheilvollen Giftes, das sich in ihrem ganzen Körper ergoß und sich auf alle Zuschauer übertragen soll, so daß deren Leib und Seele Raserei packt, setzt sich S. in der syrischen Legende eine kostbare goldene SCHLANGE auf den Kopf. Bekleidet ist sie meist mit einem ganz zarten, durchsichtigen Gewand, übersät mit BLUMEN: Ausdruck und Symbol der körperlichen Schönheit. – Als schamlose Tänzerin tritt sie im 19. Jh., halbnackt, später ganz nackt auf. Seit der Frührenaissance (Donatellis Marmorrelief, Museum zu Lille) wissen wir von einem Schleiertanz; S. schwingt den SCHLEIER als erotisches Symbol flatternd mit beiden Händen sieghaft über dem Kopf. – O. Wilde läßt im »Tanz der sieben Schleier« mit seinen bei G. Flaubert erstmals erwähnten Regenbogenfarben des Gewandes alle Schleier fallen. Symbolik der zarten, farbigen, fallenden Umhüllungen: Sehnsucht und sich steigernde Liebkosung. Außerdem war S. für niemand vor O. Wilde das Symbol des Schattens einer weißen Rose in einem silbernen Spiegel. [KH]

R. Secundus, Gesch. d. S. von Cato bis O. Wilde, o. J.; G. Vitaletti, S. nella legenda e nell'arte, 1908; J. Ortega y Gasset, Schema S., 1925; T. Hausamann, Die tanzende S. in der Kunst, 1980.

**Salz,** wegen seiner konservierenden Eigenschaft mit dem Gedanken der Lebenskraft und der Dämonenabwehr verknüpft, deshalb im Geburts- und Hochzeitsbrauchtum und im Totenkult von besonderer Bedeutung. In der Antike war es Sitte, die Neugeborenen mit S. einzureiben; bei den Slawen stellte man Brot, S. und Wein zur Begrüßung der Geburtsfeen an das Bett der Wöchnerin. »Brot und Salz« sind Inbegriff der lebensnotwendigen Nahrung und werden – wie z. B. bei den Griechen – als Zeichen der Gastfreundschaft gereicht. Bei den Mittelmeervölkern war das S. Sinnbild eines Bündnisses, im Judentum erscheint es geradezu als symbolisches Bindemittel zwischen Mensch und Gott (3 *Mos* 2,13). Durch seine reinigende und würzende Kraft wird es zum kultischen Mittel (Besprengung mit S.wasser im Shintoismus) und zum Symbol geistiger Kräfte, so wenn die Apostel das »Salz der Erde« genannt werden (*Mt* 5,13). [*]

J. E. Lathan, The religious symbolism of salt, Paris 1982.

**Saphir** → Edelstein

**Sapientia** → Sophia

**Saturnus,** (griech. Kronos, babylon. Ninurti) gilt in der → Astrologie als ambivalente kosmische Wesenheit. Seine lange Umlaufszeit (29,5) Jahre) wurde als Greisenhaftigkeit gedeutet, seine Position als äußerster (früher bekannter) Planet machte ihn zum »Hüter der Schwelle« zur Fixstern-Sphäre. Kronos – fälschlicherweise mit → Chronos gleichgesetzt – symbolisiert die von Zeus überwundene Frühzeit, die beim altrömischen Fest der Saturnalien in Erinnerung gebracht wurde. Kronos selbst, als dessen kosmische Manifestation der Planet S. galt, war ursprünglich ein Erntegott mit dem Ährenmesser und wurde später mit der SICHEL dargestellt; von Pindar stammt die Vorstellung des Herrschers in den Gefilden der Seligen. Wegen des mythischen Gegensatzes zu Zeus/ → Jupiter gilt S. aber vor allem ab dem MA als ein vorwiegend feindseliges Gestirn, unter dessen Herrschaft Seuchen ausbrechen können.

S. wird in den alten Planetenbüchern meist als stelzfüßiger, sicheltragender Greis mit dem STUNDENGLAS (vermengt mit Chronos!) dargestellt und seine »Qualität« als KALT und TROCKEN beschrieben. Die von S. beherrschten Menschen sollen sich durch Armut oder Geiz kennzeichnen lassen. Der Planet »regiert« rauhrindige Bäume, KREBSE und Nachtvögel und bringt der Seele Melancholie, wenn diese nicht durch Einflüsse des → Jupiter gemildert wird (vgl. Dürers Stich »Melancolia I«, in dem zum Ausgleich das Zahlenquadrat des Jupiters dargestellt ist). Neuere astrologische Werke schreiben dem S. hingegen auch »Mut zur Askese und zur geistigen Klarheit und Einsicht« zu. In der → Alchemie gilt S. als kosmisches Symbol und Gegenbild des Metalles BLEI, das in den metallurgischen Experimenten eine große Rolle spielte. Dem S. entspricht als Edelstein der TÜRKIS. [Bi]

W. E. Peuckert, Astrologie (Gesch. d. Geheimwiss. 1), 1960.

**Säule,** mit Pfahl, Baumstamm und Pfeiler in der Symbolwertigkeit austauschbar. Bei manchen Völkern bedeutet der hl. Mittelpfeiler des mit dem Kosmos gleichgesetzten Hauses die *axis mundi.* Vorstellungen einer kosmischen S. finden sich u. a. bei den alten Germanen (Irminsul der Sachsen) und → Kelten (vgl. auch → Zentrumssymbolik). Nach antiker Überlieferung tragen die S.n des Herakles den Himmel; auch das AT spricht von den S.n des Himmels (*Ijob* 26,11). Die S. kann anthropomorph gedacht werden; oben ist das Kapitell (lat. *capitellum* = Köpfchen); der ägyptische Luftgott Schu ist Himmelsträger, ebenso im griechischen Mythos Atlas. Die keltischen Jupitergigantensäulen sind Sinnbilder der Weltsäule und des Weltbaumes. Mit solarer Symbolik verknüpft waren das S.paar an sumerischen Tempel(= Himmels)toren, die ägyptischen Obelisken (monolithische Steinpfeiler) und wahrscheinlich auch die 2 freistehenden S.n am Tempel Salomons (1 *Kön* 7,15–22); die Namen der letzteren – »Jachin« (Er läßt feststehen) und »Boas« (In ihm ist Kraft) – kennzeichnen sie als Symbol der Standhaftigkeit und Stärke. → Freimaurerische Symbole.

S. und Pfeiler sind Ausdruck von → Macht und Hoheit. In der römischen Kaiserzeit wurden S.n als Staatssymbole aufgestellt; biblisch sind sie als Denkmal für einzelne Herrscher belegt (2 *Sam* 18,8). Im NT erscheinen Apostel als S.n des Glaubens (*Gal* 2,9); das MA erblickte in den die Kirche tragenden S.n die Apostel. Um Gott näher zu sein, lebten in Syrien/Palästina (4.–6. Jh.) einzelne Mönchsasketen auf der Plattforn einer S. (Säulenheilige, Styliten). Die 7 S.n des Hauses der Weisheit (*Spr* 9,1) wurden als Hinweis auf die 7 Sakramente oder die 7 Gaben des Hl. Geistes ausgelegt. In der Architektur des Barock fallen oft verschiedene Bedeutungen zusammen (2 S.n der Karlskirche zu Wien: → Sedlmayr). [Lr]

W. Andrae, Die jon. S. Bauform od. Symbol? 1933; W. Kornfeld, Der Symbolismus der Tempels.n (Zs. f. Alttestamentl. Wiss. 74/1962); J. Schwabe, Die kosmogon. Zwillinge u. das S.npaar im Tempel (Symbolon 6/1968); W. Messerer, S. (LChrI 4) 1972; W. Müller, Die Jupitergigantens.n u. ihre Verwandten, 1975; H. G. Blersch, Die S. im Weltgeviert. Der Aufstieg Simeons, des ersten S.nheiligen, 1978; B. Reudenbach, S. u. Apostel (Frühmittelalterl. Stud. 14/1980).

**Schachspiel.** Das S. entstand Mitte des letzten vorchristlichen Jt.s im Alten Indien als *Chaturanga* (Würfelvierschach). Jede der 4 Parteien hatte König, Kriegselefant, Streitwagen, Reiter und Fußsoldaten; mit welcher Figur vorzurücken war, bestimmte der Würfel. So war das S. neben den gleichzeitigen machiavellistischen Politiklehrbüchern eine mehr praktische Vorübung für König und Adel in Politik und Strategie, zugleich aber ein Meditationsritus beim buddhistischen Vollmondfest. Als eine Lösung vom Ritus und dem zunächst in den Boden eingeritzten heiligen achtgeteilten Spielfeldquadrat und Popularisierung für weitere mobile Kreise können die → Spielkarten mit ihren 4 Farben gelten. Nach Europa kam das S. als Zweischach und reines Denkspiel. Die persische Vermittlung ist durch das Wort *šāh* »König« dokumentiert sowie dadurch, daß die beiden bei der Umbildung zum Zweischach überflüssig werdenden Könige sich zur allmächtigen Gestalt des Vezirs wandeln, neben der der König fast machtlos dasteht. In Europa wurde aus dem hier unbekannten Vezir die Königin.

Im MA war das S. Spiel der fürstlichen und adligen Kreise. Da gern Liebende beim Schachspiel dargestellt wurden, muß es auch als Sinnbild der Antinomie der Liebe gegolten haben, sonst als Sinnbild des Lebens und der Welt. Zahlreiche mal. Schachallegorien versuchten, das S. zur Allegorie des mal. Ständestaates und der Aufgaben der einzelnen Stände zu machen. Ohne diese beliebte, aber wenig überzeugende Allegorisierung blieb das S. als Denkspiel der gehobenen Kreise lebendig. Der ursprüngliche militärisch-strategische Aspekt verallgemeinert sich dabei zum Symbol der Antinomie des Lebens, des Gegeneinanders von Geist und Materie, des Triumphes des Geistes in der Verteidigung des Lebens bis zum letzten Atemzug bei aller Hinfälligkeit und vanitas des kreatürlichen Lebens. [Ro]

A. van der Linde, Gesch. u. Lit. des Sch.s, 2 Bde., 1874; W. Weigand, Das königl. Spiel, 1959; H. Rosenfeld, Die Beziehung der europä. Spielkarten zum Orient und zum Urschach (Arch. für Kulturgesch. 42), 1960; H.-J. Kliewer, Die mal. S.allegorie und die dt. S.zabelbücher in der Nachf. des J. de Cessolis (Diss. Heidelberg) 1966.

**Schaf** → Lamm, → Widder

**Schale** → Kelch

**Schamanismus.** Der Sch. ist eng mit dem früheren Jägertum und den Altpflanzern verbunden und kommt vor allem in Nord- und Südamerika, Vorder- und Hinterindien, sowie Südchina vor. Seinen eigentümlichsten Ausdruck findet er aber bei den altsibirischen Stämmen, den Tungusen, Turkvölkern, Ugriern und Mongolen. Ein Schamane ist ein mit übernatürlichen Kräften ausgestatteter Mensch, der vermöge besonderer seelisch-geistiger Fähigkeiten in enge Verbindung mit der transzendentalen Welt treten kann. Hauptsymbolträger sind Vögel (vor allem der Adler), sowie Donner, Blitz, Regen. Die Verbindung des ADLERS mit dem Gewitter ist äußerst häufig. Der Vogel, der aus den Wolken zur Erde niederschießt, bringt den Blitz, den Donner oder ist es selbst, z. B. der Donnervogel der nordamerik. Indianerstämme. Bei den Jakuten verdankt der Schamane dem Adler sein Leben, bei den Burjaten ist der Adler der erste Schamane selbst. Es spielt bei der Adlermythe das Motiv des kosmischen Eies herein: der Adler brütet die Eier aus, aus denen dann der zum Schamanen Auserwählte geboren wird. Seiner Tätigkeit geht gewöhnlich eine Berufung und ein Läuterungsprozeß voraus. Die Sch.seele wird von den Himmels- bzw. Schicksalsgeistern in den Himmel gebracht, wo sie von einer Tiermutter ernährt wird, oder die Tiermutter begibt sich mit der Seele in die untere Welt und ernährt sie dort.

Bevor der Schamane die Himmelsreisen unternimmt, muß er ein Zerstückelungs- und Wiedergestaltungsritual durchmachen. Der Beginn eines Amtes wird oft durch Weihe (rituelle Waschung) und Überreichung der Ausrüstung, Kleidung, Trommel und Vollzug der Seelenfahrt des Schamanen gekennzeichnet. Die TROMMEL ist unentbehrlich; bei den Bon po (Tibet) wird ihr Schall als die Stimme des Himmelsdrachen aufgefaßt, die bei den Gewittern als Donner rollt. Das Holz für den Rahmen der ersten Schamanentrommel soll vom Weltenbaum genommen sein, dessen Wurzeln in die Unterwelt hinabreichen und dessen Spitze den Himmel berühren. Aus dieser »Himmelsverbindung« leitete sich die Vorstellung ab, daß der Schamane auf seiner Trommel aus dem Holz vom Weltenbaum zum Himmel emporfliegen kann. Das wichtigste Element im Sch. ist die Seelenfahrt des Schamanen. Bei den Altaiern bittet er die Geister, sich in der Trommel zu versammeln, und setzt sich auf eine aus Grasbüscheln nachgebildete GANS. Mit beiden Armen macht er flügelartige Bewegungen, im Trancezustand vermeint er sich tatsächlich in die Lüfte zu erheben und imitiert dabei den Schrei der Gans, die ihm während des Fluges Anweisungen erteilt. Eine besondere Beziehung verbindet den Schamanen mit der kosmischen Mitte, die sowohl als Tor ins Jenseits und als Baum, Achse oder Seil zum Weg durch die kosmischen Schichten wird. [Du]

M. Eliade, Le Chamanisme et les techniques archaïques de l'extase, 1951; D. Schröder, Zur Struktur des Sch. (Anthropos 50) 1955; H. Findeisen, Schamanentum, 1957; V. Diószegi, Problems of Mongolian Shamanism (Acta Ethnogr. Acad. Scient. Hungariae 10) 1961; A. Lommel, Die Welt der frühen Jäger, Medizinmänner, Schamanen, Künstler, 1965; C. M. Edsman (ed.), Studies in Shamanism, 1967; H. Hofmann, Symbolik der tibet. Religionen u. des Sch., 1967 (mit Bibliographie); M. Hermanns, Schamanen, Pseudosch., Erlöser u. Heilbringer, 3 Bde., 1970; J. G. Cambell, Approaches to the Study of Shamanism (Wiener Völkerk. Mitt. XVII/XVIII) 1975/76; H. Findeisen/H. Gehrts, Die Schamanen. Jagdhelfer u. Ratgeber, Seelenfahrer, Künder u. Heiler, 1983; H. Stolz, Schamanen. Ekstase u. Jenseitssymbolik, 1988.

**Schatten** gilt bei Naturvölkern als das zweite Ich oder die eigentliche → Seele des Menschen. Wer den S. verliert, hat seine Seele verloren. In altägyptischen Gräbern findet sich die Darstellung, wie der schwarze S. des Verstorbenen in Begleitung des Seelenvogels das Grab verläßt. Nach der Vorstellung der → Sumerer wie auch der alten Griechen (Homer) führen die Toten in der Unterwelt ein schattenhaftes Dasein. In Pindars Ausspruch »Eines Schattens Traum sind die Menschen« kommt die ganze Vergänglichkeit, ja Nichtigkeit zum Ausdruck; vgl. auch → Platons Höhlengleichnis. Nach Horaz *(Oden)* sind wir Staub und S. *(pulvis et umbra sumus)*.
Eine andere Vorstellung erblickt im S. den Gegensatz zur sengenden Hitze und damit wird er zu einem Symbol des Schutzes. Die Ägypter glaubten, daß auf dem Pharao ein Gottes-S. ruhe und daß hl. Orte unter dem S. ihrer Gottheit lägen. Die Auserwählten des Herrn sind »in seiner schattigen Hand« geborgen (*Jes* 49,2). Im Koran sind S. und Kühle paradiesische Symbole. Die Wunderkraft der Apostel glaubte man auch in ihrem S. wirksam, weshalb man die Kranken auf die Gassen trug und dort auf Betten und Tragbahren legte (*Apg* 5,15). Als dunkler Bruder des Lichtes weist der S. auf die andere, bedrohliche Seite des Seins; doch wurde Jesus geboren, um denen zu leuchten, »die in Finsternis sitzen und im S. des Todes« (*Lk* 1,79). In der Literatur der Romantik wurde besonders das Motiv vom verlorenen S. aufgegriffen (z. B. A. v. Chamisso, *Peter Schlehmil*). → Schatten, tiefenpsychologisch. [Lr]

V. Hölzer, Umbra. Vorstellung u. Symbol im Leben der Römer (Diss. Marburg) 1955; P. W. van der Horst, Peter's shadow. The religio-historical background of acts V. 15 (New Testament Studies 23/1977); G. v. Wilpert, Der verlorene S. Varianten eines literar. Motivs, 1979.

**Schatten** (tiefenpsychologisch). Unter Sch. versteht C. G. → Jung im Gegensatz zum Licht des Bewußtseins die Dunkelheit des persönlichen → Unbewußten, die andere, nicht bewußt gelebte Seite der Persönlichkeit. Er enthält die gleichgeschlechtlichen dunklen Seiten und repräsentiert die am wenigsten entwickelte, inferiore Funktion der vier Bewußtseinsfunktionen, die Jungs Typenlehre zugrunde liegen (Denken, Fühlen, Empfinden, Intuition). Im kollektiven Unbewußten zeigt sich der Sch. als archetypisches »Böses«. Jung dehnt seine Überlegungen über den Sch. auch auf Gott und Christus aus im Rückgriff auf gnostische und alchemistische Lehren. Der Sch. Gottes erscheint, personifiziert, als sein feindlicher Bruder Luzifer oder, verdoppelt, als Leviathan und Behemoth. Der Teufel ist der feindliche Bruder Christi, der ihm in der Endzeit als → Antichrist gegenübertritt. Nach gnostischen Vorstellungen hat Christus den Sch., mit dem er geboren war, von sich abgeschnitten, indem er der Versuchung Satans widerstand. In der biblischen Heilsgeschichte stehen sich die Schattenbrüder Kain und Abel, Jakob und Esau sowie der gute und böse Schächer gegenüber. Die MISTEL, die Baldur tötete, entspricht dem feindlichen Bruder. Ein häufiges Schattensymbol sind SCHLANGE und DRACHE, worin sich noch die im Sch. liegende tierische Seite des Menschen bemerkbar macht. In Träumen von Männern symbolisieren Knaben und Jünglinge oft den infantilen Sch. Der dunkle Bruder oder die dunkle Schwester weisen sich durch ihre Dunkelheit als Sch.symbole aus. [Schn]

M.-L. v. Franz, Shadow and evil in fairytales, 1974 (dt. Übersetzung 1985).

**Schelling,** Friedrich Wilhelm Joseph (1775–1854). Nachdem sich Sch. in seinen ersten philosophischen Versuchen mit dem Mythos auseinandergesetzt hatte, entwickelte er wenige Jahre später im Rahmen einer Philosophie der Kunst seine Theorie des Symbols. Entsprechend den Formen der Einbildungskraft unterschied er die Darstellungsformen der Kunst: schematische, allegorische und symbolische Darstellung. Die beiden ersteren gegensätzlichen Formen bilden durch ihre Synthese die symbolische Form. Das Verhältnis des Allgemeinen zum Besonderen bzw. des Unendlichen zum Endlichen bestimmt jeweils die Art der Darstellung. Im Schematismus, wie ihn Kant verstanden hatte, bedeutet das Allgemeine das Besondere, das durch das Allgemeine angeschaut wird. Das anschauliche Schema steht in der Mitte zwischen Begriff und Gegenstand. Davon zu unterscheiden ist jedoch das Bild, das konkret bestimmt ist als Abbild des Gegenstands, so daß zur völligen Identität mit dem Gegenstand nur die gleiche räumliche Ausdehnung fehlt. In der Allegorie bedeutet das Besondere das Allgemeine, das durch das Besondere angeschaut wird. Die Forderung nach einer absoluten Darstellungsweise in der Kunst verlangt jedoch eine völlige »Indifferenz« von Allgemeinem und Besonderem, so daß nicht nur das Allgemeine das Besondere bedeutet und umgekehrt, sondern das Allgemeine das Besondere ist. Diese Einheit von Sein und Bedeutung ohne Unterschied, die symbolische Darstellungsform, liegt in der poetischen Darstellung der Mythologie vor. Jede Gestalt der Mythologie ist »tautegorisch« sie selbst. Die Götter bedeuten nur das, was sie sind. In der Naturphilosophie entspricht dieser Struktur die organische Ganzheit des Organismus. Goethe und K. Ph. Moritz stehen im Hintergrund dieser autonomen Auffassung des Symbols. Sch. bindet das Symbol also an den Stoff der Kunst, die Mythologie. Das Identitätssystem stellt die begrifflichen Mittel zur Erfassung des Symbols zur Verfügung. Wenn Sch. von

Symbol und Mythologie spricht, denkt er an die griechische Mythologie und an Homer als die exemplarische mythologische Dichtung. Das Symbol steht damit am Anfang der abendländischen Geschichte. Da die Symbolik jedoch die Allegorie in sich schließt, läßt sich das Symbol naturgemäß auch leicht allegorisieren, wie es in der Homerauslegung geschah. Historisch betrachtet hört die Zeit des Symbols und des Mythos mit dem Einsetzen der allegorischen Dichtung z. B. von Amor und Psyche auf. [Schn]

K.-H. Volkmann-Schluck, Ist der Mythos ein Symbol? (Symbolon, NF 1) 1972; M. Titzmann, Strukturwandel der philosophischen Ästhetik 1800–1880. Der Symbolbegriff als Paradigma, 1978; G. Niklewski, Versuch über Symbol und Allegorie (Winckelmann-Moritz-Schelling), 1979.

**Schering, Arnold** → Musikwissenschaft

**Schia:** Gesamtbezeichnung für die Richtlinien des heterodoxen Islam. Darunter zwei am bedeutendsten: die »Zwölferschia« und die »Siebenerschia« (Ismaeliten). Das esoterische Element ist im Schiismus von grundlegender Bedeutung, was die reiche gnostische Literatur einerseits, der Legendenschatz und der Heiligenkult des Volksglaubens andererseits beweisen. Auch in der Symbolik lassen sich diese beiden Bereiche unterscheiden. Auf Überlieferungen im Zusammenhang mit der Familie des Propheten → Mohammed beruhen die wichtigsten volkstümlichen Symbole. Mohammed, Ali, Fatima, Hassan und Hussein sind die »5 Gefährten des Mantels«, oder auch die Arche Noah. Sie und der → Koran werden »die beiden Schätze der Erde« genannt. Im schiitischen Milieu gilt der Löwe als Symbol Alis. Die Hand der Fatima, ein Schutzsymbol, ist als Amulett weit verbreitet. Die Nationalflagge des Iran trägt die Farben grün – weiß – rot: Grün und Weiß sind in der islamischen Heraldik allgemein verbreitet, Rot aber ist die Farbe Alis und der anderen schiitischen Märtyrer.

Eines kompletten Symbolsystems bedient sich die schiitische Gnosis. Es stehen einander stets ein Symbol und ein Symbolisiertes gegenüber. So ist die positive Religion Symbol der innersten Wahrheit, das geoffenbarte Gesetz als Symbol der verborgenen Idee *(scharīyahaqīqa)*. Zu dieser verborgenen Wahrheit gelangt man nur durch spirituelle Exegese, was eine Art Wiedergeburt bedeutet. In der schiitischen Heilslehre kommt dies durch die zyklische Folge der Propheten und Imame zum Ausdruck. Waren die Propheten die Verkünder der göttlichen Offenbarung, so besaßen die Imane die Kenntnis von deren verborgenem Sinn. Das Ende des prophetischen Zyklus bildete gleichzeitig den Anfang des Zyklus der Imame: Mohammed, der letzte Prophet, hat das »Siegel der Prophetie« an Ali, den ersten Imam, übertragen, was dem Aufbrechen des esoterischen Sinns der Offenbarung gleichkommt. Auch die traditionelle Kosmologie wird zu einer spirituellen Hermeneutik in Korrelation gesetzt. Die 7 großen Propheten entsprechen den 7 Planetensphären, die Reihe der 12 Imame den Zeichen der Zodiaksphäre. So wie die Etappen der 7 Plantenbahnen im Zodiakhimmel festgelegt sind, so finden die 7 Perioden der Prophetie im Zyklus der

12 Imame ihre esoterische Verankerung. Bei der Beschäftigung mit dem hl. Buch, dem → Koran, kommt der sonoren Artikulation der Worte eine besondere Bedeutung zu. Ist doch deren natürliche Bedeutung nur Hülle für die innerste, himmlische Bedeutung. Die geheime Natur aller Dinge offenbart sich dem inneren, nicht dem empirischen Sinn, im Klang der göttlichen Worte: Der KLANG ist Symbol des Mysteriums des ursprünglichen Schöpfungsaktes einerseits und des Nachvollzugs der ursprünglichen Verkündigung der Offenbarung andererseits. Nach mystischer Versenkung mit dem Ziel, das Wesen der Göttlichkeit zu erkennen, ist das Streben des schiitischen Gnostikers gerichtet. Das Symbol dafür ist die Ekstase. Diese spielt auch im Leben des gewöhnlichen frommen Gläubigen eine Rolle, was in den Passionsspielen und -festen äußerlich in Erscheinung tritt. Mit den ekstatischen, meist grausamen Selbstzüchtigungen wird das Leiden der Märtyrer nachvollzogen, um die Erinnerung an sie und ihr Vorbild möglichst lebendig zu erhalten. → Bektaschiya [EJa]

R. Kriss/H. Kriss-Heinrich, Volksglaube im Bereich des Islam, 1962; H. Corbin, Histoire de la philosophie islamique, 1964; ders., Épiphanie divine et naissance spirituelle dans la gnose ismaélienne (Eranos-Jb.), 1955; T. Burckhardt, Introduction aux doctrines ésotériques de l'Islam, 1955; H. al-Amin, Islamic Shi'ite Encyclopaedia, 1968–73.

**Schicksalskünder.** Vorstellung von weiblichen Wesen, die meist in DREIZAHL an die Wiege des Neugeborenen treten und ihr Urteil (zugleich Prophezeiung und Wunsch) über dessen Schicksal abgeben, ist weit verbreitet: bei den Griechen Moiren (auch noch im neugriech. Volksglauben), in Rom Parzen, im romanischen Bereich → Feen, im germanischen Nornen (letzte Erscheinungsform: die Schöpferlein im Volksglauben der Gottschee). Im antiken Gallien und Germanien Matres-Matrae-Matronae (wahrscheinl. kelt. Ursprungs), die der Mutter beistehen und Gaben für das Kind bringen. Das Bild des SPINNENS (symbolisch für den Lebensfaden) und die Namen (Klotho, Lachesis und Atropos) nicht ursprünglich. Oft äußert die letzte (aus Kränkung etc.) eine Verwünschung (Dornröschen), ihr Spruch ist ausschlaggebend (wird auf Kopf des Kindes aufgezeichnet oder ins Buch des Schicksals eingetragen). Weithin geübter Brauch ist es, Speisen für die Sch. auf den Tisch zu stellen, um sie günstig zu stimmen. Manchmal erscheinen sie auch im späteren Leben, um Ratschläge zu geben oder sonst beizustehen. Entdämonisierung: In neuzeitlichen Berichten werden die Sch. oft ersetzt durch Zigeunerinnen, Wahrsagerinnen, bes. auch die Hebamme, deren Amt sie schon immer mit Zauber und Weissagung in Berührung brachte. Verchristlichung: Populäre Heiligengestalten oder Gott selbst treten als Sch. auf, Gebet und Wort Gottes erweist sich als den Sch.n überlegen. [EH]

Grimm, Mythologie; R. W. Brednich, Volkserzählungen u. Volksglauben von den Sch., Helsinki 1964.

**Schiff,** in Verbindung mit dem → Meer bereits den alten Völkern ein vertrautes Bild für Reise, Überfahrt und im übertragenen Sinne für das Leben. Erste Darstellungen in Felsbildern des Neolithikums und der → Bronzezeit, mög-

licherweise in kultischer oder mythischer Bedeutung (z. B. »Totenschiffe«). Den Ägyptern war die S.fahrt des Lebens eine vertraute Vorstellung; der Sonnengott selbst muß alltäglich den Himmelsozean überqueren (→ Re). Boote und S.e dienen den Toten zur Überfahrt in das Jenseits (im Glauben der Ägypter, Griechen, Südseevölker); bei Germanen und z. T. bei Slawen gehörte die S.bestattung zum → Totenbrauchtum. Vielleicht hängt auch der S.karren des → Dionysos mit dem Jenseits zusammen, oder es sollte einfach nur den in das Frühjahr fallenden Beginn der S.fahrt andeuten. Eine vielfältige nautische Symbolik findet sich bei den → Manichäern.
Das S. kann Symbol einer politischen oder religiösen Gemeinschaft sein. Das S. des Staates war schon in der Antike (Platon, Cicero) ein oft verwendeter Topos. Der Buddhismus zerfällt – im Ozean der Existenz treibend – in »das große Fahrzeug« *(Mahāyāna)* und in »das kleine Fahrzeug« *(Hinayāna)*. Im Katholizismus gilt die Kirche als »Schiff Petri« (nach *Lk* 5,3 ff.); die Gleichsetzung von S. und Ekklesia erstmals bei Tertullian. Die frühesten christlichen S.darstellungen (auf Grabmälern) symbolisieren die Lebensfahrt des Verstorbenen zum Hafen der Ewigkeit. Zum S. gehört auch der → Anker. Die Malerei und Dichtung greifen immer wieder die Motive der Seefahrt und des S.-bruchs auf in Anspielung an die *navigatio vitae* (→ Romantik, Malerei). Bei Baudelaire, Liliencron und Georg Heym findet sich das Bild des Totenschiffes. [Lr]

W. Gerlach, Staat u. Staats-S. (Gymnasium 48/1937); K. Goldammer, Das S. der Kirche. Ein antiker Symbolbegriff aus d. polit. Metaphorik in eschatolog. u. ekklesiolog. Umdeutung (Theolog. Zs. 6/1950); E. Hilgert, The ship and related symbols in the NT, Assen 1962; H. Rahner, Symbole der Kirche, 1964 (– über S., Mastbaum, Arche); R. Gruenter, Das S. Ein Beitrag zur histor. Metaphorik (Tradition u. Ursprünglichkeit. Hg. v. W. Kohlschmidt u. H. Meyer) 1966; E. Hüttinger, Der S.bruch (Beiträge zur Motivkunde des 19. Jhs., 211–244) 1970.

**Schild,** Zeichen für Unverletzlichkeit und Sicherheit; Attribut der Kriegs- und Schutzgottheiten Neith (bei Ägyptern), Allat (in Palmyra) und Pallas Athene (→ Griechen) wie auch des Mars (→ Römer). Nach einem Sieg über die Philister bezeichnet der dankbare David seinen Gott als S. und Burg (2 *Sam* 22,3). Den S. des Glaubens können die feurigen Pfeile des Bösen nicht durchdringen (*Eph* 6,16). Die Tugenden, besonders die → Fortitudo, haben öfters einen S. als Attribut. In Homers *Ilias* erscheint der S. als Symbol des Kosmos. Die in Byzanz übliche S.erhebung eines neuen Kaisers war mit der Vorstellung vom »Sonnenaufgang« des Herrschers verbunden. [Lr]

B. Feldman, Der S. des Achilleus (Antaios 10/1969); H. Hunger (Hg.), Das byzantin. Herrscherzeremoniell, 1975.

**Schildkröte,** dank ihrer langen Lebensdauer Symbol der Unsterblichkeit – so ist bereits die Sch.form japanischer und südkoreanischer Grabbauten aus vorgeschichtlicher Zeit zu interpretieren. In zahlreichen kosmogonischen Mythen spielt sie eine Rolle, indem sie im Urmeer untertaucht und die Erde heraufholt (südkalifornische Indianer) oder der Erde auf ihrem Rücken erst richtigen Halt gibt (Mongolen). Bei der indischen Schöpfungssage von der Quirlung des Milchozeans dient die Sch. Kurma als Fundament für den pfahlähnlichen Weltberg. In China galt das Kriechtier als Sinnbild von Himmel und Erde, also des ganzen Kosmos; im chinesischen Weltbild repräsentiert es den Norden, das Wasser und den Winter; der sagenhafte Kulturheros Fu-hsi soll beim Betrachten des Rückenpanzers einer Sch. die acht Trigramme zum Wahrsagen entdeckt haben. Nach der Lehre der *Brāhmanas* heißen alle Geschöpfe »Kinder der Schildkröte«, in der man eine Metamorphose des Weltschöpfers Prajapati erblickte. Im Hinduismus ist die Sch. eine Inkarnationsstufe Vishnus (→ Avatara). Wegen ihrer vielen Eier (Fruchtbarkeit) der Aphrodite zugehörig, wegen des abschirmenden Panzers Symbol weiblicher Zucht und Häuslichkeit (so bei Plutarch) und an griechischen Hochzeitsgemächern Hinweis auf geschlechtliche Reinheit. Nach griechischer Mythologie fertigte Hermes aus dem Rükkenpanzer die Leier; tatsächlich diente im Altertum die Schale der Sch. als Resonanzboden des Musikinstruments.

In negativer Ausdeutung kann die Sch. in China ein Hinweis auf Unsittlichkeit sein. Bei den alten Ägyptern galt sie als Feind des Sonnengottes, ähnlich auch in christlicher → Fabel. In der Patristik Symbol niederer Sinnenlust, wird die Sch. ab der Renaissance häufig mit erdgebundener Trägheit und niederziehender Sündenlast assoziiert (z. B. bei der Statuengruppe des Herkules und Antäus von Pollaiuolo, Florenz). [Lr]

B. van de Walle, La tortue dans la religion et la magie egyptienne (La nouvelle Klio 5/1953); J. Maringer, Vorgesch. Grabbauten Ostasiens in Sch.form (Antaios 5/1964); S. Braunfels, Sch. (LChrI 4) 1972; W. Eberhard, Sch. (Lex. chines. Symbole) 1983.

**Schirm,** Symbol des Schutzes und der Herrschaft, schon im alten Orient von Dienern über das Haupt der Würdenträger gehalten. Die Monarchen galten ganz allgemein als Schirmherren ihrer Untertanen. Da der indische Gott Varuna als erster gekrönter König gilt, wird er zuweilen mit einem Schirm als Attribut dargestellt. Noch im 20. Jh. dient der Sch. in Ghana (Westafrika) dem Präsidenten Nkrumah als Symbol, und in Laos bildet ein weißer Elefant unter einem siebenstufigen weißen Sch. das Hoheitszeichen. Der mehrstöckige Sch. ist in Indien und China ein Symbol des mehrfach gegliederten Himmels; das Paradies Vishnus (Vaikuntha) wird durch einen Sch. dargestellt. Als Zeichen von Macht und Heiligkeit wurde der Sch. von der Kirche übernommen, bis er im 13. Jh. vom → Baldachin abgelöst wurde. Die psychoanalytische Traumdeutung erblickt im Sch. ein Phallussymbol. [Lr]

E. W. Klimowski, Sonnenschirm und Baldachin. Zwei himmlische Sinnbilder der irdischen und himmlischen Würde (Schweizer Münzblätter 13–14/1964).

**Schizophrenie** (»Spaltungsirresein«), charakteristische Störung des Ich-Erlebens (»Depersonalisation«), wobei das eigene Ich wie auch die äußere Welt als unwirklich, fremd, verändert erscheinen; »eines der größten Rätsel unserer Zeit« (E. Bleuler). Erst über genauere Analysen von Anlage, Lebensgeschichte, Sozialstatus der Kranken kommt man zum »schizophrenen Prozeß« mit seinen charakteristischen Wahnformen

(Beziehungswahn, Verfolgungswahn, Größenwahn).

Die Bildnerei der Schizophrenen ist als ein besonders getreuer Spiegel der Erkrankung aufgefaßt worden. Überraschende Verwandtschaften zur Kunst der Naturvölker, zu (zeitlosen) → Kinderzeichnungen, zur abstrakten Malerei lassen sich nicht übersehen. Hierbei treten Symbole in Erscheinung, die vielfach der archaischen Schicht des kollektiven → Unbewußten entstammen, wobei die Welt der Pflanzen, der Tiere, des Geschlechtlichen oder auch des Numinosen – jeweils gefärbt durch die Dissoziation der gestörten Phantasie – bevorzugt wird. Archaische Symbolfiguren wie Schlange, Höhle, Brunnen, Baum, Kreis, Spirale werden aufgenommen; das rationale Beziehungsgefüge der Bilder erweist sich dabei vielfach als zu brüchig, um schöpferischer Produktion echten Ausdruck zu verleihen.

Der normale Symbolismus mit seiner partiellen Identifikation von Bild und Objekt dehnt sich auf die Totalität des geistigen Lebens dieser Kranken aus (Gabel, 1948). Für das autistische Denken der Schizophrenen hatte Eugen Bleuler den Ausdruck »dereistisches Denken« geprägt, ein Denken, das die kulturelle Umwelt allenthalben noch mit ursprünglichen Trieben und Affekten verbindet. Dem deformierenden Umbruch im geistigen Ordnungsgefüge entspricht jene »Welt sonderbaren seelischen Daseins« (Jaspers), die sich in verschrobenen Gestaltungen von Monstren, Drachen, Zahlenspielen, Geheimschriften, Wundermaschinen, ferner in Sinnbildern von Tieren, Träumen, Tod oder auch in manieristischen Motiven wie Labyrinth, Spirale, Spiegel, Maske oder abstrusen Landschaften darstellt. Im psychoanalytischen Aspekt wird die Sch. mit archaischen Mythen in Verbindung gebracht und auf ihren Symbolgehalt hin untersucht.

Nach Benedetti ist Sch. eine Krankheit, welche jene differenzierten »Integrationsstätten« des Gehirns stört, wo die »Symbolisationsvorgänge« stattfinden, die sowohl von biologischen Vorgängen des Organismus als auch von seinem ständigen Kontakt mit der Umwelt beeinflußt werden. Daraus ergeben sich Hinweise auf die Therapie: »Der Schizophrene möchte sein, wie er wirklich ist« (M. Bleuler). Er versucht seine innere Widersprüchlichkeit zu überwinden, indem er diese zu verwirklichen sucht und die Welt, die ihn nicht versteht, sich selbst überläßt. Unbekümmert um seine Existenz lebt er alles aus, was in ihm ist. »Sein geistiges Leben rollt in Bildern seines inneren Wesens und in Bildern einer Welt ab, die besser zu seinem Wesen paßt als die wirkliche Welt«. Dabei bewahren selbst schwerkranke Schizophrene ihre gesunden intellektuellen Fähigkeiten und sind auch feinster differenzierter Gefühlsregungen fähig, wie umgekehrt auch im Seelenleben Gesunder durchaus Schizophrenes anzutreffen ist. [Schi]

A. Prinzhorn, Bildnerei d. Geisteskranken, 1922; J. Gabel, Symbolisme et schizophrénie. Contribution au problème philosophique du rationalisme morbide (Schweiz. Zs. f. Psychol. 7) 1948; C. G. Jung, Symbole der Wandlung. Analyse des Vorspiels zu einer Sch., 1952; E. Bleuler, Lehrb. der Psychiatrie, 1955; K. Jaspers, Allgem. Psychopathologie [8]1965; L. Navratil, Sch. u. Kunst, 1965; R. D. Laing, Phänomenologie d. Erfahrung, 1969; G. Benedetti/M. Bleuler/H. Kind/F. Mielke, Entwicklung d. Sch.lehre seit 1941, 1971; M. Bleuler, Die schizophrenen Geistesstörungen im Lichte langjähriger Kranken- u. Familiengesch., 1972; L. Navratil, Über Sch., 1974.

**Schlange,** sie hat eine Vielzahl teils widersprüchlicher Symbolbedeutungen. Der → Erde und den Erdgottheiten zugehörig, ist sie Gegenspieler des himmlischen Vogels; das Motiv des Kampfes zwischen Adler und S. bzw. dem sie vertretenden → Drachen findet sich in zahlreichen Mythen (Germanen, Inder, Burjäten, Azteken). Nach altägyptischer Vorstellung hausen in der Unterwelt feuerspeiende oder mit einem Messer bewaffnete S.n; die Apophis-S. ist Widersacher des Sonnengottes. S.n bedrohen das Leben des kleinen → Herakles und töten Laokoon und seine Söhne. Die S. bringt/verursacht den Tod: in afrikanischen Mythen; im *Gilgameschepos* raubt sie dem Helden das Lebenskraut; in der biblischen Schöpfungsgeschichte (1 *Mos* 3) ist sie ein Bild der Sünde und des durch sie verursachten Todes. In der *Offenbarung* (12,9; 20,2) taucht die Paradieses-S. nochmals auf als großer, roter Drache und als »alte S., die den Namen Teufel und Satan trägt« und den ganzen Erdkreis verführt. In der Kunst des MA Attribut der → Invidia. Im Barock treten Weltkugel und S. zusammen als Symbol der sündigen Welt auf.

Die sich häutende, regenerierende S. scheint dem Mond verwandt, steht in Beziehung zum → Heilbringer und wird zum Hinweis auf wieder gesundendes Leben (daher → Arztsymbol) und auf Unsterblichkeit. Auch als → Sexualsymbol steht das Reptil auf der Seite des Lebens, das sich auf die Ahnen zurückführen läßt, die verschiedentlich in S.gestalt gedacht werden (bei afrikan. Völkern) oder deren Seelen in S. weiterleben (Mittelmeerraum). Die eherne S. des AT ist ein wirkmächtiges Zeichen des Lebens (4 *Mos* 21,7f.), sie wird zum Vorbild des gekreuzigten Heilandes (*Joh* 3,14f.), bei → Philon von Alexandrien Hinweis auf die Selbstbeherrschung. Ein Symbol von Leben und Tod, von Licht und Finsternis ist die S. in der → Gnostik.

Der S. wird eine besondere Beziehung zum Wasser zuerkannt: in der Bibel von negativer Signifikanz (→ Leviathan), in Indien als Personifikation irdischer Gewässer Hüter der Lebensenergie, in Japan als wohltätige, aber auch vernichtende Wassergottheit, in China der Yin-Symbolik verbunden. Kosmische Bedeutung haben die Taghimmel-S. und die Nachthimmel-S. der Azteken, der *draco caelestis* der hellenistischen Astrologie und die erdumspannende Midgard-S. der germanischen Mythologie; nach indischer Überlieferung entspricht die Riesenschlange Ananta dem Ozean. Die S. ist ein in die Urzeit zurückreichendes Wesen: der ägypt. Urgott Amun erscheint als S. Kematef, australische Stämme kennen S.n als Schöpfer der Welt. Schließlich ist die S. auch Symbol der Klugheit (*Mt* 10,16; → Nietzsche) und geheimen Wissens (Schatzhüter!) und Bild einer im Menschen latent vorhandenen psychischen Kraft (→ Yoga). → Uroboros [Lr]

E. Küster, Die S. in der griech. Kunst u. Religion, 1913; A. S. Yahuda, The symbolism and worship of the serpent (Religions 26/1939); H. Leisegang, Das Mysterium der S. (Eranos-Jb. 7/1939); H. Ritter, Die S. in der Religion der Melanesier, 1945; J. L. Henderson/M. Oakes, The wisdom of serpent, New York 1963; D. L. Ehresmann, The brazen serpent (Marsyas 13/1966–67); J. Schouten, The rod and serpent of Asklepios. Symbol of medicine, Amsterdam 1967; Kl.-A. Pretzell, Zur Frage des S.bildes im japan. Altertum (Nachdr. d. Ges. f. Natur- u. Völkerkunde Ostasiens Hamburg 107–108/1970); W. Kemp, S. (LChrI 4) 1972; H. Egli, Das S.symbol, 1982. M. Lurker, Adler u. S. 1983; M. Lurker, Snakes (Encyclopedia of Religion, 13). New York 1987.

**Schlangenstab** → Äskulapstab, Caduceus

**Schleier.** In altorientalische Zeit zurück reicht die Vorstellung eines kosmischen Gewebes. Der Himmel wird von Gott wie ein Flor ausgespannt (*Jes* 40,22); auch im S. der von Zeus in Stiergestalt entführten Europa wollte man das Himmelsgewölbe erkennen (Babelon). Auf frühchristlichen Sarkophagen wird das Firmament vom antiken Himmelsgott Uranos als S. mit erhobenen Händen gehalten. Im indischen Mythos vom S. der Maya ist das Bild der Großen Mutter »als Natur und Frau Welt, als Sophia und Blendwerk Gottes« zu sehen (Vonessen); der S. ist aus 3 verschiedenen Fäden *(gunas)* gewirkt: Glücksstreben, Leidenschaft, Unwissenheit. Schopenhauer bezeichnet mit dem S. der Maya den Illusionscharakter der Welt. Die klassische und romantische Dichtung greift in ihrer Weltdeutung wiederholt auf die uralte Symbolik des Verhüllens und Enthüllens zurück: → Goethe, Schiller *(Das verschleierte Bild zu Sais)*, Novalis (»Schleier der Nacht«, *Hymnen*).
Der das Antlitz verhüllende S. hatte zunächst apotropäische Bedeutung: der Trauer-S. sollte vor Totengeistern, der Braut-S. vor lüsternen Dämonen schützen. Die römischen Vestalinnen trugen als keusche Braut der Gottheit einen weißen S. mit Purpurverbrämung. Paulus betrachtet den S. als Zeichen der Schicklichkeit (1 *Kor* 11,5 ff.), Tertullian spricht von einem »Walle der Schamhaftigkeit«. Bei Nonnen ist der »hl. Schleier« *(velamen sacrum)* Symbol der Weltverachtung und ihrer mystischen Ehe mit Christus (→ Ordensgemeinschaften). [Lr]

A. Jeremias, Der S. von Sumer bis heute, 1931; J. Babelon, Le voile d'Europe (Revue archéologiques XX/1942–43); H.-F. Rosenfeld, Handschuh u. S. Zur Gesch. eines literar. Symbols, Helsinki 1957; H. Haakh, Der S. der Penelope (Gymnasium 66/1959); Fr. Vonessen, Der Mythos vom Weltschleier (Mythische Entwürfe, hrsg. v. Ph. Wolff-Windegg) 1975.

**Schleiermacher, Fr. Dan.** → Theologie

**Schlüssel,** als Bild für Öffnen und Schließen zugleich Ausdruck für die seinem Besitzer verliehene Vollmacht (vgl. *Jes* 22,22). Hekate besaß als Türhüterin den S. zum Hades. Wer die S. zur Unterwelt hat, ist ihr Herr und vermag die Toten zur Auferstehung zu rufen (*Offb* 1,18). In der christlichen Ikonographie begegnet der S. vor allem in der Szene der donatio clavis (S.übergabe) und als Attribut des Petrus; der diesem oft beigegebene übergroße Doppelschlüssel am Kirchenportal (= Himmelstor) weist auf das ihm übertragene Recht zu binden und zu lösen (*Mt* 16,19). Nach einer Legende verwandelte sich der dem hl. Petrus entfallene S. zur S.blume, auch Himmelsschlüssel genannt (in Gerhart Hauptmanns *Hanneles Himmelfahrt* in symbolischer Anspielung). Der S.bund ist Zeichen der Hausfrauenwürde und Attribut der hl. Martha, Patronin der Hausfrauen. In dem gnostischen Werk *Pistis Sophia* dient der S. als sprachliches Bild für die Mysterien, die dem Eingeweihten den Himmel aufschließen. Im Märchen kann der S. den erschwerten Zugang zu Geheimnissen und Schätzen andeuten. → Freimaurerische Symbole. [Lr]

W. Köhler, Die S. des Petrus (AfR 8/1905); J. Ludwig, Die Primatworte Mt 16,18–19 in der altkirchlichen Exegese, 1952; S. B. Ortner, On key symbols (The American Anthropologist 75/1973).

**Schlüsselblume.** Als eine der ersten Blumen (lat. *primula* = die erste) schließt sie den Frühling auf und vertreibt die Melancholie. Nach einem alten deutschen Marienlied ist Maria selbst der Himmelsschlüssel, weil sie durch ihren Sohn Jesus das Himmelstor öffnet; die Blume ist marianisches Symbol. Konrad von Megenberg (*Buch der Natur*, um 1350) schreibt von der »himelsslüzzel« genannten »pluom«, daß sie dem Sünder »mit voller parmherzichait« erscheint und ihm damit den Eintritt in die Welt der Seligen ermöglicht. In gleicher Bedeutung findet sich die Primel in der Malerei des späten MA. Daneben galt die S. auch als Zauberpflanze, als magischer Schlüssel zum Auffinden verborgener Schätze. Im Englischen heißt die Blume *primrose* und ist in verschiedenen Werken Shakespeares (z.B. *King Henry IV*, second part, 6) mit der Vorstellung vom Tod assoziiert. Bei Gerhart Hauptmann ist die Blume »das goldene Schlüsselchen« in *Hanneles Himmelfahrt*. [Lr]

**Schmetterling.** Die Vorstellung von dem S. als Seele findet sich bereits im alten Ägypten, wenn auch die vom Falken mit Menschenkopf verbreiteter war. Für die dem Christentum vertraute Vorstellung diene als Beispiel ein Mosaik in Venedig (S. Marco), bei dem ein S. als Seele dem von Gott erschaffenen Adam zuschwebt. Noch heute gibt es bei verschiedenen Völkern (z.B. den Finnen) den Glauben, daß die Toten bzw. ihre Seelen die Gestalt von Vögeln oder S.en annehmen können; vgl. auch → Seele (4. Abschn.). Während das altgriechische Seelentier als Nachtfalter gedacht wurde, nimmt in hellenistischer Zeit der Tagfalter symbolische Bedeutung an und findet Aufnahme in Aphrodites Gefolge; die von Amors Liebe erfaßte Psyche wird meist mit S.flügeln dargestellt. Das Christentum übernahm das Insekt vor allem als Auferstehungssymbol: die Raupe deutet auf das Leben, die Puppe auf den Tod und der S. auf die Auferstehung – in diesem Sinne in der Grabsymbolik des 18./19. Jh. oft dargestellt. Im Volksglauben kann der S. als Verkörperung der Seele, aber auch als Hexentier oder Krankheitsdämon auftreten. In Altmexiko war der flatternde Falter ein Symbol für die flackernde Flamme und damit Attribut der Feuergottheiten. [Lr]

O. Keller, Die antike Tierwelt, Bd. 2, 1913 (Nachdruck 1963); O. Immisch, Sprachliches zum Seelenschmetterling (Glotta 6/1915); W. Deonna, The crab and the butterfly, a study in animal symbolism (Journ. Warb. 17/1954).

**Schmied.** Der S. kann heilen (u. a. mit Hammer und auf dem Amboß, wo er auch die Menschen – wie das Eisen – härtet) und gehört zu den »Meistern des FEUERS«, das auch heilt und wandelt. Die Schmiede gilt als Altweibermühle. In christlicher Umdeutung heilen Jesus Christus, Petrus, Nikolaus,

Eligius in der Rolle des (Huf)S.es Kranke oder verjüngen Greise im brennenden OFEN oder durch Schmieden auf dem AMBOSS. Jesus erweist sich als eigentlicher »Meister des Feuers«, der S. – schon früher Teufelsbündner – wird zum Teufel. Der S. ist auch Initiationsmeister: zur Rolle des Feuers bei Prüfungen der Initiation vgl. das Volksmärchen; den Initiationsritus des BESCHLAGENS finden wir u. a. im Hochzeitsbrauchtum (Junggeselle – verh. Männer).

Standeszeichen ist der HAMMER, mit dem er auf magische Weise Diebe und Feinde erschlagen kann. Der S.- oder Beschlaghammer ist auch Wurfgegenstand bei Entfernungsvermessung, Grenzziehung und Verfolgung von Missetätern. Der Hammerwurf als Wurfbrauch mit obigen Funktionen stammt wahrscheinlich aus heidnischer Zeit, als der Hammer den Germanen noch heiliges Gerät war. Der Hammer (bzw. Hammerschlag) spielt – wie Zweig oder Stab – nicht nur im Aneignungsritus eine Rolle (vgl. auch Grundsteinlegung, Versteigerungen), sondern auch als Botenzeichen im Rechtsleben (vgl. richterl. Ladezeichen für die Feme); → Verlobung, → Friede. (Wie der Richterstab ist auch der Gerichtshammer Zeichen richterl. Gewalt). Der S. kann auch Ehen schließen (bis fast in die Gegenwart noch in Gretna Green geübt), »wie er Eisen zusammenschmiedet«. Diese Funktion steht sicherlich auch im Zusammenhang mit der Rechtssymbolik der Besitzergreifung (vgl. Rolle des Hammers im altnord. Eheschließungsbrauch). Im mythologischen Bereich sind Hammer und Blitz gleichzusetzen; sowohl der Donnerkeil von Zeus als auch Thors Hammer (ursprüngl. Bezeichnung war »Stein«) wurden von den göttlichen Schmieden verfertigt. – Allgemeiner Brauch sind die »kalten Schläge« des S. auf den Amboß nach Feierabend: er kann mit dem Hammer nicht nur Diebe bannen, sondern er schmiedet durch die Schläge auch die Ketten des gefesselten Satans fester. [EH]

M. Eliade, S. und Alchemisten; »Sch.« bzw. »Hammer« (Reallex. der germ. Altertumskde., Hg. J. Hoops, Reallex. d. indogerm. Altertumskde.); »Sch.« (HdA), »Hammer« (Hdwb. zur dt. Rechtsgesch., I. Bd.) 1971; R. Michels-Gabler, S. u. Musik, 1984.

**Schnecke,** in verschiedenen Kulturen Symbol des weiblichen Genitale; nach antikem Volksglauben beschleunigt die Weinberg-S. die Empfängnis. In Anknüpfung an diese Grundvorstellung wird die S. zum Symbol von Geburt und Wiedergeburt. Bei den alten Berbern wurde den Toten Ocker in S.häusern ins Grab mitgegeben (*WdM* 2, 629), aber auch in karolingischer Zeit diente das Weichtier als Grabbeigabe. Die im Frühling den Deckel sprengende S. ist symbolischer Hinweis auf die Auferstehung: zwölf große S.n tragen das Sebaldusgrab von P. Vischer (Nürnberg). Da nach altem Volksglauben die Nackt-S. ohne Zeugung entsteht, wurde sie zum Symbol der Jungfräulichkeit und findet sich wiederholt auf Marienbildern (Hans Holbein d. Ä., *Lebensbrunnen,* Lissabon). Das in der Bibel als unrein geltende Tier kann in der christlichen Kunst sowohl das Laster der Trägheit *(accedia)* als auch die kluge Vorsicht (*festina lente* = Eile mit Weile) andeuten. Antike Windgötter blasen auf Tritonshörnern;

in buddhistischen Klöstern dient diese Trompeten-S. als Musikinstrument. Bei indianischen Völkern lunare Bedeutung: aztekischer Mondgott Tecciztecatl = »der aus dem Land des Meerschneckengehäuses«; in Peru ist die sich in ihr Haus zurückziehende S. Symbol der Mondgottheit.

[Lr]

Aigremont, Muschel und S. als Symbol der Vulva einst und jetzt (Anthropophyteia 1909); S. Braunfels, S. (LChrI 4), 1972; R. Pinon, La polysemie symbolique de la limace et de l'escargot dans le langage en Occident, Montpellier 1978.

**Schönheit** → Ästhetik

**Schöpfer.** Die Entstehung der Welt (→ Kosmogonie) ist im Glauben der meisten Völker mit einem persönlichen Sch. verbunden. In zahlreichen Mythen erscheint er theriomorph: als RABE bei den Eskimos, als COYOTE bei einigen Indianerstämmen, als SCHLANGE in Melanesien; Brahma holt in EBERgestalt die Erde aus dem Urozean. Auf Grund der schöpferischen Tätigkeit kann man drei Vorstellungsbereiche unterscheiden:

1. Zeugen und Gebären. Der ägyptische Sch.gott Atum zeugt durch Selbstbegattung das erste Götterpaar Schu (Lufthauch) und Tefnut (Feuchtigkeit); die dabei beteiligte HAND galt als Personifikation des in Gott ruhenden weiblichen Elementes. Vom indischen Urwesen Prajapati berichtet eine Überlieferung, daß, nachdem er sich selbst geschwängert hatte, die Dämonen aus seinem AFTER, die Götter aus seinem MUND und die Geschöpfe aus seinem ZEUGUNGSGLIED hervorkamen. Nach japan. Mythos gebar Izanami (Erde) nach ihrer Begattung durch Izanagi (Himmel) die japanischen Inseln und die Götter. In gewissem Sinn ist hier die Entstehung aus dem – vom vogelgestaltigen Gott gelegten – WeltEI anzuschließen (z. B. in sibirischen und indogermanischen Mythen).

2. Handwerkliche Schöpfung. Der ägyptische Chnum mit dem Beinamen »Bildner, der belebt« hat auf der TÖPFERSCHEIBE Welt und Einzelmensch gebildet. Mit Einschränkung kann hier auch Jahwe angeführt werden, der den ersten Menschen aus dem Staub der Ackerscholle bildete (1 *Mos* 2,7); die Erschaffung Adams aus einem Klumpen Lehm zeigt z. B. der *Hortus deliciarum*. Im *Rigveda* ist Twastar (»der Former«) der wohltätige göttliche Werkmeister, der alle Dinge schuf und beim Bau der Welt half. Nach der finnischen Volksdichtung hat der SCHMIED Ilmarinen das Himmelsgewölbe samt den Gestirnen geschaffen. Die afrikanischen Ewe stellen sich die Erschaffung der Welt nach Art eines Hausbaues vor; während der Arbeit ruht sich Gott unter einem Euphorbienbaum aus.

3. Schöpfung als Akt des Geistes. Nach dem Glauben der Maya tauchte auf Hunahpus WORT das Land aus dem Urozean, während nach dem Mythos der Wiyote (Zentralkalifornien) das Höchste Wesen die Erde, das Wasser und den Menschen erschuf, indem er die Hände zusammenlegte und dachte. Bei Platon *(Timaios)* findet sich die Vorstellung vom WeltBAUMEISTER; im NT wird von jener festen Stadt gesprochen, deren »Baumeister und Schöpfer Gott ist« (*Hebr* 11,10). Die einfachste Darstellung des S.s in der abendländischen Kunst ist die se-

gnende HAND Gottes, nicht die werkende. Eigentliches Symbol der → Schöpfung ist Gottes WORT *(verbum Domini)*, das als Logos-Creator, als präexistenter Christus (mit Kreuznimbus) verselbständigt auftreten kann. Attribut des Sch.s ist der die Welt umgrenzende ZIRKEL (*Eadwi-Evangeliar*, 11. Jh.; *Bible moralisée*; bei William Blakes »Der Alte der Tage«). Der Adam ins Leben rufende HAUCH Gottes ist ein Bild für die schöpferischen Kräfte des → Hl. Geistes. Eine Wandmalerei in S. Giovanni a Porta Latina zu Rom (um 1200) zeigt das göttliche Sch.wort als STRAHL (Hauch). [Lr]

M. Leumann, Der indoiran. Bildnergott Twastar (Asiat. Stud.) 1954; J. L. Seifert, Sinndeutung des Mythos, 1954; K. Murakawa, Demiurgos (Historia 6) 1957; La naissance du monde (Sources orientales I), Paris 1959; Y.-M. Congar, Le thème de Dieu-créateur et les explications de l'hexaméron dans la trad. chrétienne (Mélanges de Lubac), Lyon 1963; F. Herrmann, Das Tier als S. (Stud. Gen. 20) 1967; P. Fingesten, Das Handwerk als Schöpfung (Antaios X) 1969; J. van der Meulen, S., Schöpfung (LChrI, 4), 1972.

**Schöpfung.** Grund der S. ist nach biblisch-israelitischem Verständnis ein Sprechen Gottes. Gott nennt das Geschöpf, und sein Wort wird Kreatur. 1 *Mos* 1,1 unterscheidet eine himmlische und eine irdische S., ohne die himmlische näher zu umschreiben. Die irdische S. ist zunächst nur das URMEER. Dieses steht auch am Anfang altorientalischer → Kosmogonien. Im Gegensatz zu den Mythen, in denen das Chaos das Unerschaffen-Vorgegebene ist, ist das biblische Chaos S., wenn auch ungeformte. Aus ihm steigt durch Gottes Odem und Wort der lichte Kosmos empor. Propheten und spätjüdische Schriften verstehen die S. als Verheißung der Erlösung. Sie ist proleptische, in Symbolen entworfene Heilsgeschichte. Die Weisheitsbücher sehen in der (personifizierten) → Weisheit bei Gott den Erstling, Urbeginn und Plan der Sch. (*Spr* 8,22ff.; *Sir* 1,4ff.; *Weish* 6–10). Sie bereiten die neutestamentliche Schau vor, nach der Christus das S.swort, der Erstgeborene aller Kreatur, ihr Urgrund, Haupt und Urbild ist (*Joh* 1,2f.; *Offb* 3,14; 1 *Kor* 8,6; *Kol* 1,15f.; 3,10; *Eph* 1,10; *Hebr* 1,2f.). Was Christus in urbildhafter Wirklichkeit ist, sind die Geschöpfe abbildhaft. Sie sagen sein Mysterium aus wie Licht, Wind, Wasser, Weinstock, Weizenkorn, Acker, Lamm. Diese symbolische Schau der S. bleibt lebendig bis ins Früh-MA.

Von den apostolischen Vätern an wird das ganze Sechstagewerk symbolisch-christologisch als eine Präfiguration des Mysteriums Christus–Ekklesia geschaut (Basilius, Ambrosius u. a.), als eine Fleischwerdung des Wortes in Symbolen (Ephraem). Künstlerisch findet diese Schau in der Romanik ihren Ausdruck. Sie stellt Christus als → Schöpfer dar, meist kreuznimbiert, bisweilen auch mit dem Kreuzesstab in der Hand (S. Marco in Venedig). Vom MA an verblaßt der Glaube an den kosmischen Christus und damit auch die Symbolik der S., die in der Neuzeit zur Natur wird und ihre Transparenz auf das Christusmysterium verliert. Doch nicht ganz. So nennt C. Lapide (17. Jh.) die S. noch ein Präludium der Inkarnation. Mit dem neugeweckten Sinn für das Symbol in der ersten Hälfte des 20. Jh. wird auch die symbolische Struktur der S. wieder entdeckt, vor allem in der Liturgischen Bewegung und im Berneuchener Kreis. Auch in der →

Tiefenpsychologie erlangen Symbole aus der Sch. neue Bedeutung. [ThS]

J. Hemleben, Symbole der S., 1931; E. Dacqué, Die Urgestalt. Der S.smythus neu erzählt, 1940; R. Sattelmair, Die S., 1942; E. Neumann, Ursprungsgesch. des Bewußtseins, 1949, (S. 19–52); C. v. Korvin-Krasinski, Die S. als »Tempel« u. »Reich« des Gottmenschen Christus (Enkainia, hg. v. H. Edmonds), 1956; K. Haim, Welts. u. Weltende (Der evangel. Glaube u. das Denken der Gegenwart 6), 1958; E. Berbuir, S. aus Christi Auferstehung (Lit. u. Mönchtum 20) 1957; Ph. Rech, Inbild des Kosmos. Eine Symbolik der S., 2 Bde., 1966; J. Zahlten, Creatio mundi, 1979.

**Schrift.** In früheren Zeiten bedeutete dem Menschen das Schreiben eine Verdinglichung der Gedanken; das mit dem Aussprechen entfliehende → Wort sollte durch das Bild fixiert werden. Das geschriebene Wort hl. Inhalts galt als Schutz gegen die Mächte der Finsternis. Für die Ägypter waren die → Hieroglyphen »Gottesworte«. In einigen literarischen Zeugnissen der Germanen werden die → Runen als »götterentstammt« bezeichnet. Nach buddhist. Volksglauben ist das geschriebene Gebet, auf einem Tuchstreifen flatternd oder auf der Gebetsmühle gedreht, eine immerwährende Rezitation. Im → Zen-Buddhismus können chin.-jap. Schriftzeichen Hinweis auf den Vorgang der Erleuchtung sein. Eine ausgesprochene Buchstabenmystik findet man in der griech. Zauberliteratur, in der Gnosis, in der → Kabbala und im Islam.

Nach hellenischem Volksglauben sollen die 7 Vokale (des griech. Alphabets) den einzelnen Himmelssphären bzw. den Planeten zugeordnet sein und alle Kräfte des Kosmos zum Ausdruck bringen. Dem Alphabet wurde apotropäische Wirkung beigemessen, deshalb von den Römern häufig auf Ziegeln und Wänden, im christl. MA auf Kirchenglocken angebracht. Die in der Esoterik anzutreffende Vorstellung, daß die Gesamtheit aller 24 Buchstaben die ganze Welt in sich zusammenfaßt, ist in der Kurzform von → Alpha und Omega auch in das NT u. in die christl. Kunst eingegangen. Nach einer rabbin. Auslegung ist das hebräische Wort amat (= Treue) eine Wesensbezeichnung Gottes, weil Aleph der erste u. Taw der letzte Buchstabe des hebräischen Alphabets sind u. somit Gott in seiner ganzen Fülle verschlüsselt darstellen. → Buch [Lr]

Fr. Dornseiff, D. Alphabet in Mystik u. Magie, [2]1925; A. Bertholet, D. Macht d. Schr. in Glauben u. Aberglauben, 1949; H. Jensen, D. Schr. in Vergangenheit u. Gegenwart, [2]1958; A. Schimmel, Schr.symbolik im Islam (Fs. Ernst Kühnel) 1959; R. M. Hoffstein, The English Alphabet. An Inquiry into its Mystical Construction, New York 1975; K. Köster, Alphabet-Inschriften auf Glocken Studien zur dt. Literatur des MA, hg. v. R. Schützeichel u. U. Fellmann), 1979.

**Schriftsinn, mehrfacher** → Allegorese, Hermeneutik, Origenes

**Schuh,** wie der → Fuß Sinnbild des Besitzes und der Macht, Zeichen der Erdverbundenheit, → Rechtssymbol. Nach altnordischem Recht ließ bei einer Adoption der Vater seinen angenommenen Sohn einen S. anlegen. In gewissen Gegenden überreichte der Bräutigam seiner Braut ein Paar S.e zum Zeichen der Verlobung (u. a. von Gregor v. Tours, *De vitis Patrum,* erwähnt). In der spanischen Literatur des MA bedeutet der alte S. das Zeichen ehelicher Treue und Keuschheit, das Anziehen des neuen S.s die Bereitschaft zu sexueller

Verbindung mit dessen Geber. Im Zusammenhang mit einer Fruchtbarkeits- und Sexualsymbolik stehen das S.werfen als Eheorakel, der erotisch bedingte S.fetischismus und die Vorstellung vom S. als weiblichem Pendant zum männlichen (phallischen) Fuß; hier ist – in Verbindung mit dem Gedanken der Unterdrückung durch die Frau – auch die → sprichwörtliche Redensart »unter dem Pantoffel stehen« anzuführen. Die alte Fruchtbarkeitssymbolik zeigt sich noch bei dem am Nikolaustag vor die Tür gestellten S., der mit Äpfeln, Nüssen usw. gefüllt wird.

Zwei Sandalen am Fußende ägyptischer Särge (Ptolemäerzeit) sinnbilden die Jenseitsreise zu Osiris. Im NT können die S.e zu einem Symbol der Bereitschaft werden, das Evangelium in alle Welt hinauszutragen (*Eph* 6,15). Auf Kunstwerken des 16. Jh. wird verschiedentlich ein Mensch mit nur einem S. dargestellt (Hieronymus Bosch, *Der verlorene Sohn;* Urs Graf, *Landsknecht*); die Einschuhigkeit kann auf das Entblößtsein von materiellen Werten hindeuten, aber auch Symbol sein für die Wechselhaftigkeit des Schicksals. Schließlich sind S.e auch Standeszeichen; der Bundschuh wurde zum → Feldzeichen aufständischer Bauern. [Lr]

P. Sartori, Der S. im Volksglauben (Zs. des Vereins f. Volkskunde 4 /1894); Aigremont, Fuß- u. S.symbolik u. Erotik, 1909; Fr. J. Dölger, Das S.ausziehen in der altchristl. Taufliturgie (Antike u. Christentum 5/1936); W. Weisbach, »Ein Fuß beschuht, der andere nackt« (Zs. f. schweizer. Archäologie u. Kunstgesch. N.F. 4/1942); J. R. Burt, A partial iconography of shoes in medieval Spanish literature (Romance Notes XX,2/1979–80).

**Schütz,** Heinrich. (Sagittarius). 14. 10. 1585 Köstritz bei Gera – 6. 11. 1672 Dresden. Das Schaffen von H. Sch., dem bedeutendsten dt. Komponisten vor Bach, umfaßt nahezu ausschließlich geistliche Vokalmusik (weltl. Werke sind verloren bzw. verschollen). Es fällt in die Umbruchszeit der Musikgeschichte zwischen Renaissance und Frühbarock (→ Musik). Auf zwei Italienreisen lernte S. als Schüler G. Gabrielis und bei Monteverdi in Venedig verschiedene Stilrichtungen kennen und bezog sie unter Berücksichtigung der Affektenlehre und der musikalischen Rhetorik (J. Burmeister, J. A. Herbst u. a.) in sein Oeuvre ein. So werden »Schützens Kompositionen selbst das Hauptbuch der *musica poetica* im 17. Jh.« (Eggebrecht). Dazu kommt die enge Bindung an das Luthertum und dessen theologische wie hermeneutische Richtung. Wechselwirkungen zwischen Text und Musik (individuelles Betonen des Textes, Wortausdeutung, Formanlage) zielen auf die Wortverkündigung.

Textbehandlung und Kompositionsweise scheinen sich von Tonmalereien (Madrigalismen) in den frühen Werken zu tonsymbolischen Ansätzen hin zu entwickeln (Huber: Urmotive und ihre Varianten). Nach Eggebrecht ist dabei graduell zwischen »Figura« und »Symbol« zu unterscheiden. Figuren heißen musikalisch-kompositorische Gestalten, die für sich selbst stehen und Abbild sein können. Symbole sind dagegen »Zeichen, die nur als das gelten, was sie bedeuten, nicht aber als das, was sie selber sind«. So umfaßt die verminderte Quarte c'/gis zu »kreuziget« (Auferstehungshistorie, 1623), verbunden mit Kreuzzeichen (♯) und Stimmkreuzungen, zugleich Figürliches und Symbolisches. Dies gilt auch für den Tripeltakt als Figur der Freude (»Die mit Tränen säen«. Geistliche Chormusik, 1684) und als Symbol für die Vollendung im christlichen Glauben (Dreiertakt notiert als *tempus perfectum*). Nur selten lassen sich Symbole im engeren Sinn feststellen (→ Musikwiss.) wie die Verbindung »neues Lied« mit Violintremolo (»Singet dem Herrn ein neues Lied«. Symphoniae sacrae, 1647), ein Symbol für den von Monteverdi »neu« eingeführten *stile concitato*. Im Unterschied zu → Bach geht Sch. meist vom Einzelwort und kaum vom Textscopus aus. Es fehlen bei ihm Namenszeichen, Choralzitate und Zahlensemantik bzw. -kabbalistik. Die musikalisch zu deutende Zahl (4 Evangelisten/4-stimmiger Satz. Auferstehungshistorie, 1623) muß im Text genannt sein. [Jg]

H. J. Moser, H. S., [2]1954; H. H. Eggebrecht, H. S., Musicus poeticus, 1959; W. S. Huber, Motivsymbolik bei H. S., 1961; J. Mittring, Der Dreiertakt, Ausdruck der Freude? (Musik u. Kirche 34), 1964.

**Schwalbe.** Der regelmäßig wiederkehrende Zugvogel ist Frühlingsbote. Im alten Griechenland galt er als Liebling der Aphrodite; in Albanien war der Vogel der »Herrin der Schönheit«, der Liebesgöttin Prenne, geweiht. Die römischen Auguren erblickten in ihm einen Unheilskünder, sonst dagegen erhofft man sich von ihm Glück; in China symbolisiert die am Haus nistende S. Erfolg und Kindersegen, nach mitteleuropäischem Volksglauben wird ein solches Haus vor Blitz und Streit bewahrt. Auf die Beziehung zum Licht deutet eine litauische Sage, nach der das erste Feuer von einer S. aus der Hölle gebracht wurde. Mittelalterlicher Glaube war es, daß der Vogel seinen Jungen durch den Saft des Schöllkrautes (»Schwalbenkraut«!) das Augenlicht gibt – analog dazu hoffte man, daß Gott am Jüngsten Tag die Toten wieder sehend macht. [Lr]

A. v. Vietinghoff-Riesch, Die S., besonders die Rauch-S. in Glaube u. Brauch (Rhein. Jb. f. Volkskunde 4/1953); F. Roth-Bojadzhiev, Studien zur Bedeutung der Vögel i. d. mittelalterl. Tafelmalerei, 1985.

**Schwan** (weißer), als Symbol der Reinheit und des Lichtes hl. Tier → Apollons, bei den Kelten und nordamerikanischen Indianern (Odschibwä) mit der Sonne verbunden. Im Hinduismus sind S. und Gans nicht immer klar unterschieden, so wird Brahmas Begleiter teils als S., teils als Ganter gekennzeichnet; der Vogel ist »die tierische Maske des schöpferischen Prinzips« (H. Zimmer). Im Mythos und Märchen häufige Verwandlungsform; als Jenseitsgestaltung findet sich das Motiv der Schwanenjungfrau in China (2. Jh. v. Chr.), im Völundlied der *Edda* und in orientalischen Märchen. In der Antike Orakeltier; im Volksglauben soll sein Gesang den eigenen Tod künden. Nach einer etymologischen Deutung kann S. mit altindisch svanas = Ton verwandt sein, S. = tönender/singender Vogel. Im SpätMA verschiedentlich Sinnbild Christi im Hinblick auf seine letzten Worte am Kreuz. Im Symbolimus (→ Baudelaire, → Mallarmé) wird der S. zu einem Bild für den Dichter. [Lr]

H. Sanne, Der S. als Giebelschmuck (Die Kunde 5/1937); E. A. Armstrong, The symbolism of the swan and the goose, London 1945;

A. R. Wagner, The swan badge and the swan knight (Archaeologia 97/1959).

**Schwarz,** der → Finsternis zugehörig und an ihrer Symbolik partizipierend. Farbe der Unterweltsherrscher, der ägyptischen Totengötter (Anubis, Chontamenti) wie des Teufels im christlichen Volksglauben; letzterer auch in Gestalt einer schwarzen Katze oder eines schwarzen Bockes. Im Aberglauben bedeuten schwarze Tiere Unheil. Während weiße Gewänder der germanischen Schicksalskünderinnen, der Disir, Glück bringen, lassen schwarze auf den Tod schließen. In der Edda stehen den guten Lichtelben die bösen Schwarzelben *(svartâlfar)* gegenüber. Bekannt sind die zwei Stiefschwestern im Märchen: die eine »weiß und schön wie der Tag«, die andere »schwarz wie die Nacht und häßlich wie die Sünde«. S. bezeichnet das, was das Licht des Tages scheut (z. B. die schwarze Magie), ist Symbol des Bösen (schwarze Seele) – in dieser Abwertung jedoch nicht bei den (dunkelfarbigen) Negern. Wer sich durch eigene Schuld seines strahlendweißen Adels beraubt, dessen Aussehen ist schwärzer als Ruß (*Klg* 4,7f.). Mittelalterliche Kirchenschriftsteller erblickten in S. die Farbe der Weltverachtung (Kleidung von Priestern und Mönchen). Von antiker Zeit bis heute Ausdruck der → Trauer, im 20. Jh. auch der Todesverachtung gewisser politischer Richtungen: serbischer Geheimbund »Schwarze Hand«, italienische Schwarzhemden (→ Faschistische Symbole). [Lr]

F. J. Dölger, Die Sonne der Gerechtigkeit u. der S.e, 1918; G. Radke, Die Bedeutung der weißen u. der s.en Farbe in Kult u. Brauch der Griechen u. Römer, 1936; G. Kranz, Farbiger Abglanz (73–77), 1957.

**Schweigen.** Die bewußte Enthaltung vom Sprechen kann Zeichen sein für Ehrfurcht, für ein Erfülltsein, das keiner sprachlichen Äußerung bedarf, für → Trauer und für Konzentration/Meditation. Durch den Verzicht auf das (oberflächliche) Reden gewinnt der Mensch einen Zugang zur Tiefe, zu den Mächten der anderen Welt. Im Märchen ist das S. oft eine wichtige Vorbedingung für das Gelingen verschiedener Aufgaben (KHM: *Die sechs Schwäne*); das Verletzen des Schweigegebotes kann das Verschwinden der wunderbaren Gaben zur Folge haben. Der gläubige Mensch schweigt vor dem Antlitz Gottes (*Sach* 2,17); im altrömischen Kult galt die Mahnung »hütet die Zungen« *(favete linguis)*. Im hl. S. wird etwas evoziert, was mit sprachlichen Mitteln nicht zu erreichen ist. In der katholischen Kirche verstummt der Sängerchor während der Konsekration; das Hochgebet der Messe (der Kanon) entspricht einem Mysterium und ist deshalb in seinem lauten Vortrag dem Priester vorbehalten; die Gläubigen sprechen/denken still mit und konzentrieren sich auf den Augenblick der Wandlung. Der dem quietistischen Pietismus zuneigende Dichter Tersteegen schreibt: »Am S. werden sie erkannt, die Gott im Herzen tragen«. Bekannt ist der *silent worship,* der schweigende Gottesdienst, der Quäker. In Mönchsorden (Trappisten, Kartäuser) kann das S. der inneren Sammlung und Läuterung der Leidenschaften dienen; der Buddhismus mißt dem S. einen asketischen Sinn bei (Überwindung der Begierden). Nach Lao-tse schweigt der, welcher das Tao kennt, »wer Worte macht, kennt es nicht« (*Tao-te-king* 56). Die auf altägyptischen Darstellungen typische Kindergeste des Fingers am Mund wurde bei Harpokratesbildern von antiken Interpreten als Symbol der Verschwiegenheit gedeutet; das Motiv findet sich im 17./18. Jh. auf »Amour silencieux« übertragen (bekannt die Statue von Falconet). [Lr]

G. Mensching, Das hl. S., 1926; Fr. Heiler, Erscheinungsformen u. Wesen der Religion, 1961 (334–339); Ph. Wolff-Windegg, Symbol u. S. (Symbolon 3/1962); G. Zick, Amor-Harpokrates (Wallraf-Richartz-Jb. 37/1975); U. Ruberg, Beredtes S. in lehrhafter u. erzählender dt. Literatur des MA, 1978.

**Schwein,** wegen seiner zahlreichen Nachkommen schon bei vorgeschichtlichen → Idolen mit dem Gedanken weiblicher Fruchtbarkeit verbunden, in Syrien der Fruchtbarkeitsgöttin Astarte geweiht, bei den alten Ägyptern als Muttersau ein beliebtes Amulett und bis heute – in Verschmelzung mit anderen Bedeutungsgehalten – ein Glückszeichen in Bild und Wort (→ sprichwörtliche Redensarten). Das weibliche S. wie auch der Eber galten als chthonische Tiere: Vishnu holt in Ebergestalt die Erde aus dem Urozean; der griechischen Erdgöttin Demeter wurden Ferkel geopfert; noch in christlicher Zeit ist das S. Attribut der Terra (Personifikation der Erde). Auf den Kanarischen Inseln fungierte das S. als Mittler zu den Ahnen. Die Kampfeslust des Ebers ließ ihn zu einem Symbol des parsischen Kriegsgottes Verethragna, zum Feldzeichen der Gallier und zum Helmschmuck der Germanen werden. Der Eber Gullinbursti ist Reittier des germanischen Fruchtbarkeitsgottes Freyr; in seinen goldenen Borsten wollte man schon die Sonnenstrahlen erkennen.

Das im Schlamm wühlende S. führte auch zu einer negativen Bewertung, bei den Ägyptern Symboltier von Seth, in der Bibel unreines Tier, dessen Fleisch nicht gegessen werden darf (3 *Mos* 11,7) und Sinnbild der Heidenvölker, die Israel, den Weinberg, bedrängen (*Ps* 79,14). Das nach der Schwemme sich wieder im Schlamm wälzende S. (2 *Petr* 2,22) ist Symbol des in seine alten Sünden zurückfallenden Menschen. Nach Artemidoros (→ Traum) deutet der Eber auf Brutalität. In der christlichen Literatur und Kunst wird das »schmutzige Schwein« *(sus sordida)* zum Symbol des befleckten Sünders, zur Verkörperung des Bösen (des Teufels), zum Reittier der Luxuria und der Synagoge. Andererseits haben auch die S.e einen Patron: → Antonius. [Lr]

K. Erdmann, Eberdarstellungen u. Ebersymbolik in Iran (Bonner Jahrbücher 147/1942); R. Wildhaber, Kirke u. die S.e (Schweiz. Archiv f. Volkskunde 47/1951); R. de Vaux, Les sacrifices de porcs en Palestine et dans l'Ancien Orient (Zs. f. Alttestamentl. Wiss., Beiheft 77/1958); F. C. Sillar/R. M. Meyler, The symbolic pig. An anthology of pigs in literature and art, Edinburgh 1961; H. Beck, Das Ebersignum im Germanischen, 1965; S. Braunfels, S. (LChrI 4) 1972; W. Schouwink, Der wilde Eber in Gottes Weinberg, 1985.

**Schwert,** Träger geheimnisvoller Kräfte, in Beziehung gesetzt zu Feuer, Blitz, Sonne, verschiedentlich auch zum sichelförmigen Mond (→ Demeter); im ägyptischen Mythos wird die Mondsichel als Messer gedeutet. Das S. konnte einen Namen erhalten (z. B. Siegfrieds Waffe Balmung) und sogar personifiziert werden

(→ Hethiter). Ein flammendes/lohendes S. verwehrt den Zugang zum Baum des Lebens (1 *Mos* 3,24) oder läßt die Welt in einem Brand untergehen (nach der *Snorra Edda*). Messer und S. sind Waffen ägyptischer Unterweltsdämonen und bilden im germanischen und finnischen Mythos eine Bedrohung der ins Totenreich Abgestiegenen. In der Hand Gottes wird die Waffe zu einem schrecklichen Züchtigungsmittel (*Ez* 6,3); das bei Weltgerichtsbildern aus dem Munde Christi hervorkommende zweischneidige S. ist Symbol des göttlichen Richterspruches, der die Verdammten trifft. In den Mysterien des → Mithras wie auch in der Hand des Erzengels Michael weist das S. auf die Überwindung des Bösen, im Buddhismus symbolisiert es die Macht der Wahrheit und der Erkenntnis. Als Sinnbild der Macht gehört es zu den Reichsinsignien und ist kennzeichnendes Attribut der → Justitia. Das Recht über Leben und Tod hieß bei den Römern *ius gladii,* Recht des S.es. Schließlich kann das S. sowohl Symbol der Keuschheit sein (→ Brüder, zwei) als auch phallische Bedeutung haben (so in psychoanalytischer Interpretation). Zur Zweischwerter-Lehre → Dualismus (letzter Abschnitt). [Lr]

Cl. v. Schwerin, Zur Herkunft des S.symbols (Koschaker-Fs. III) 1939; H. Frederikson, Jahwe als Krieger, Lund 1945; W. Levison, Die mittelalterl. Lehre von den beiden S.ern (Dt. Archiv f. Erforschung des MA 9/1952); F. Wever, Das S. in Mythos u. Handwerk (Arbeitsgem. f. Forschung des Landes Nordrh.-Westf. 1959); E. Cornides, Rose u. S. im päpstl. Zeremoniell, 1967; O. Keel, Wirkmächtige Siegeszeichen im AT, 1974 (u. a. zur Bedeutung des Sichelschwertes).

**Schwertlilie.** Der aus dem Griechischen stammende Name Iris weist auf den Regenbogen, der den Bund Gottes mit den Menschen bedeutet; damit wird die Blume zu einem Symbol der Versöhnung zwischen Gott und den Menschen und findet sich in der Malerei als Mariensymbol, u. a. bei Dürers Aquarell *Madonna mit den vielen Tieren* (Wien, Albertina). Die schwedische Mystikerin Brigitta (1373 gest.) schreibt in ihren Offenbarungen (Buch 3, Kap. 30): »Liebet die Mutter der Barmherzigkeit! Sie ist gleich der Schwertlilie... Wie das Blatt der Schwertlilie hatte auch Maria zwei sehr scharfe Schneiden, nämlich den Schmerz des Herzens über das Leiden ihres Sohnes und die standhafte Abwehr gegen alle List und Gewalt des Teufels«. Bei Hildegard von Bingen wird die *swertula* als Heilpflanze gepriesen. Die S. ist nicht immer klar von der eigentlichen → Lilie unterschieden. [Lr]

**Schwur** → Eid

**Sechs,** bei den Pythagoreern Zahl der Mitte (zwischen der Zwei und der Zehn) und wie die Fünf Zahl der Vereinigung des Männlichen mit dem Weiblichen (3 mal 2). Während die Fünf dem Zeus zugeordnet wurde, glaubte man in der S. eine Affinität zur Göttin Hera; möglicherweise ist das der Grund, daß beide Zahlen als geometrische Gestaltungsgrundlagen antiker Tempel dienten (nach Hertwig). Im → I Ging stellt das Aufeinandertreffen zweier Trigramme (Dreistrichzeichen) zu einem Hexagramm die Beziehung des Himmels mit der Erde dar. In der Esoterik gilt das S.eck (→ Hexagramm) als Symbol der *coniunctio oppositorum* (Zusammenfall der

Gegensätze); im Spiegel der Theosophischen Gesellschaften ist es Zeichen des Makrokosmos und der ineinander verflochtenen Trinitäten des Geistes und der Materie. Nach biblischem Schöpfungsbericht wurde die Welt in 6 Tagen erschaffen (*Hexaemeron* = S.tagewerk). Nach dem Glauben der finnischen Karelier hat der Verstorbene in einer 6-wöchigen Dauer nach dem Tode alle Schritte seines vergangenen Lebens von neuem zu gehen. [Lr]

F. Herrmann, Die S. als bedeutsame Zahl. Ein Beitrag zur Zahlensymbolik (Saeculum 14/1963); O. Hertwig, Über geometr. Gestaltungsgrundlagen von Kultbauten des VI. Jhs. v. Chr. zu Paestum, 1968.

**Sedlmayr,** Hans, geb. 18. 1. 1896 in Hornstein (Burgenland). Bedeutender Vertreter einer die Symbolik einbeziehenden → Kunstwissenschaft, besonders durch seine kritischen Untersuchungen zur modernen Kunst bekannt. Kunst ist ihm harmonische Mitte zwischen dem Geist und den Sinnen *(Zur Revision der Renaissance)*. In Anknüpfung an aristotelisch-thomistische Vorstellungen bemüht sich S. um eine kritische Symbolik, wobei sein Augenmerk vor allem den sog. ontischen Symbolen gilt, die – ähnlich den mythischen Bildern – im Wesen der Dinge und Phänomene selbst gründen im Gegensatz zu den sog. thetischen Symbolen, die unter menschlicher Mitwirkung entstanden *(Idee einer kritischen Symbolik)*.

S.s System der Kunstgeschichte wurzelt in dem Gedanken des Ewigen im Menschenbild. In seiner Ebenbildlichkeit mit dem Göttlichen ist der Mensch die »Mitte« – deshalb auch die besonders hohe Wertung der Renaissance mit deren Einsetzung des nicht (wie in der Gotik) erniedrigten, sondern im Leibe verklärten Christus in der Mitte der Kunst. »Verlust der Mitte« ist eine Art »Hypertrophie der niederen Geistesformen im Menschen auf Kosten der höheren« *(Verlust der Mitte)*. Für S. hat die Architektur neben der formalen, stilistischen *raison d'être* noch eine allegorische Bedeutung. So erkennt er z. B. in den beiden SÄULEN vor der Karlskirche zu Wien einen dreifachen *sensus allegoricus*: 1. Beständigkeit *(constantia)* und Stärke *(fortitudo)* als Tugenden des hl. Karl Borromäus, 2. Säulen des Herkules – Anspielung auf Kaiser Karl VI. als »spanischen Herkules« und auf den Herrschaftsanspruch auf Spanien, 3. Säulen des Salomonischen Tempels – Allusion auf Karl VI. als den »neuen Salomon« *(Allegorie und Architektur)*. Höhepunkt der Architekturbeschreibung ist die der Kathedrale, wobei immer wieder geisteswissenschaftlich weiterführende und die Symbolik erhellende Fragen aufgeworfen werden wie z. B., ob in der komischen Sphäre der Kathedralplastik nicht konkrete Elemente aus der Welt der *fabliaux* nachzuweisen sind. [Lr]

H. Sedlmayr, Verlust der Mitte, 1948; ders., Die Entst. der Kathedrale, 1950; ders., Die Idee e. krit. Symbolik (Umanesimo e simbolismo), 1958; ders., Epochen u. Werke, 2 Bde. (u. a. Zur Revision der Ren. Allegorie u. Architektur) 1960; K. Badt, Modell u. Maler von Jan Vermeer. Eine Streitschr. geg. H. Sedlmayr, 1963; L. Dittmann, Stil, Struktur, Symbol, 1968; Th. Zaunschirm, Systeme d. Kunstgesch. (Diss. Salzburg) 1975.

**Seele.** Ganz allgemein ist die S. das unsichtbare Etwas im Menschen, »das ihn darüber erhebt, nur der in Erscheinung tretende Leib zu sein« (A. Bertholet). Soweit es sich um die Lebenskraft handelt, spricht man von der im Tode zerfallenden oder als Spukgestalt weiterlebenden Organseele (ihr Sitz in Blut, Herz oder Leber) und der ins Jenseits eingehenden Hauchseele (im Atem). Als Abbild ihres Trägers erscheint die S. im Spiegelbild (so auf den Andamanen und auf Neukaledonien) und im SCHATTEN (z. B. bei den kanad. Eskimos; auch im Märchen: Mann, der dem Teufel seine S. verschreibt, indem er ihm seinen Schatten verkauft). Als Außenseele *(external soul)* bezeichnet man die S., die sich von der Leibgebundenheit freimachen und objektivieren kann. Die S. vermag Tiergestalt anzunehmen (BÄR bei den alten Germanen, WOLF bei den Griechen), ja als Doppelgänger (→ Alter Ego) aufzutreten, z. B. im Märchen als Tier, das dem Helden hilft *(Der gestiefelte Kater!)*. Der Glaube der Lösbarkeit der S. vom Körper hängt mit den Erlebnissen von Traum, Ekstase und Tod zusammen und führt zur Vorstellung von der Unsterblichkeit.

Auf den gefahrvollen Wegen ins Jenseits kann von den → S.ngeleitern geholfen werden. Zur Verehrung der S. Verstorbener werden Feste veranstaltet und Tänze Maskierter (= Darstellung der S.) vorgeführt. Verbreitet sind S.nspeisungen: bei den alten Persern und während der griechischen Anthesterien, im slaw. und german. Volksbrauch; Sämereien, auch in Form von Mehlgebackenem (›Allerseelenbrot‹, ›Seelenspitz‹), Apfel und Milch sollen den S.n ihr Weiterleben ermöglichen. Im Sinne animistischer Vorstellungen können Hölzer und Steine (S.nhölzer, S.nsteine in Australien), Menhire und Stelen – und in gewisser Hinsicht jedes Grabdenkmal –, Menschenfiguren (Altägypten) und → Idole (Alteuropa) zu S.nsitzen des Verstorbenen werden.

Schon bei Naturvölkern herrscht der Glaube, daß die S. unmittelbar von der Gottheit stammt, wohin sie auch wieder zurückkehrt. S.n werden zu Sternen (Pyramidentexte); nach iran. Überlieferung gelangen die S.n je nach ihrer Lebensführung bis zu den Sternen, zur Sonne oder zum unendlichen Licht Ahura Mazdas. Nach orphisch-platonischer Lehre wird die S. beim Tode von des Leibes Fesseln befreit und kehrt in die Welt des Lichtes und der Ideen zurück. Die als postmortales Geistprinzip aufgefaßte S. wird in symbolischer Sicht dem Lichten, Himmlischen, Göttlichen zugeordnet, der Körper dagegen der Finsternis, dem Irdischen, Geschöpflichen (→ Dualismus). Die Erkenntnis von der polaren Beschaffenheit der Welt führte bei verschiedenen Völkern (u. a. bei Indianern) zu einer Dichotomie; man vgl. auch Platons Bild vom Zweigespann der S. Zunächst gilt der Körper als Hülle der S.; in der oriental. Mystik kann die S. ihre Körper wie KLEIDER wechseln. »Wenn der Leib immer im Fluß ist und vergeht, . . . die Seele aber das Verbrauchte immer wieder webt« (Platon, *Phaidon* 37). Schließlich kann das – entstofflichte – Lichtkleid zum Bild der S. selbst werden. Das Motiv des HEMDENWECHSELS im Märchen zeigt die Verwandlungsfähigkeit der S. an. ›Hemd‹ kommt von altnord. *hamr*, ›Kleid‹, ›Hülle‹, ›Gestalt‹, ›Seele‹. Neutestamentlich ist die Vorstellung vom »Überkleidet-

werden« mit einem neuen Leib im Himmel (2. *Kor.* 5,2 ff.).
Nach dem Glauben zahlreicher Völker verläßt die S. in Gestalt bestimmter Tiere ihren Leib: MAUS (entzieht sich rasch dem Blick), WURM (kriecht aus dem verwesenden Leichnam hervor), Schlange (streift ihre Haut ab, Unsterblichkeitssymbolik), Vogel u. Schmetterling (fliegen zum Himmel). Größere Tiere wie Krokodil, Löwe, Leopard dürften auf totemistische Vorstellungen zurückzuführen sein. Die Melanesier identifizieren die SCHLANGEN mit ihren Vorfahren; im berberischen Nordafrika ist die Schlange ein S.nsymbol wie sie es auch im kretisch-minoischen Raum war. In die Stirnwand neolithischer Megalithgräber (Mittelmeerraum) wurde ein ›S.nloch‹ gemeißelt, damit der S.nvogel ins Freie fliegen könne. Der altägypt. Begriff ›Ba‹ galt als Träger der unvergänglichen Kräfte; Grabmalereien zeigen die Ba-S. in Vogelgestalt auf den beim Grab gepflanzten Bäumen. Nach japan. Glauben gelangt die S. als VOGEL ins Jenseits. Die griech., etrusk. und röm. Kunst stellen die S. meistens als kleinen, unbekleideten Menschen mit Flügeln dar (Eidolon-Typus). Bei Homer ›zwitschern‹ die S.n. Als S.nvogel der antiken Herrscher galt der Adler (Apotheose der röm. Kaiser!). Seelenvogel auch im Märchen *(Aschenputtel, Von dem Machandelboom)* und in der Legende (Reparata von Cäsarea, Theresia von Avila). In hellenist. Zeit wurden die SCHMETTERLINGE ›Seelen‹ bezeichnet (so auch Aristoteles, *Historia animalium* V, 19,5); noch heute heißt Schmetterling neugriech. *psychari.* Aztek. Texte sprechen von den Toten, die als Schmetterling vom Himmel herabschweben. Slowaken, Kroaten und Serben glauben, daß die S.n die Gestalt eines Falters annehmen können.
Ein verbreitetes Motiv ist das der S.nwägung. Bekannt ist die Darstellung des ägypt. Totengerichts, bei dem der schakalköpfige Gott Anubis das Herz (= Sitz des Gemüts und des Verstandes) gegen die Feder der Wahrheit abwägt. In Tibet sinnbilden weiße und schwarze Steine auf den Waagschalen die guten bzw. die bösen Taten des Verstorbenen. Auch der Antike ist die Psychostasie (S.nwägung) bekannt; so wägt Hermes die S. von Achilles und Patroklos. In diesem Zusammenhang ist die eine WAAGE in der Hand haltende Justitia auf röm. Münzen zu sehen. In der christl. Kunst tritt die Waage – als Symbol der Gerechtigkeit meist in Händen des Erzengels Michael – als Bestandteil des → Weltgerichts erst kurz vor 1000 auf (Mazedonien), im Westen nach 1100 (Mosaikenzyklus von Torcello); häufig ist die personifizierte S. auf der einen Waagschale, in der anderen sitzt ein kleiner Teufel oder es schauen Monstren (= die bösen Taten) hervor; manchmal wohnt die S., neben Michael stehend, dem Akt des Wägens bei (z. B. Kathedrale zu Bourges).
Die S.ndarstellungen der christl. Kunst rezipieren antike Vorbilder: 1. Vogel-Typus, bereits in den Katakomben, oft mit einem Ölzweig im Schnabel (Symbol des Friedens der in Christus Eingegangenen). Symbol der reinen S. ist bes. die Taube. Auf Paradiesesbäumen sitzende Vögel können als S.n gedeutet werden. 2. Eidolon-Typus, im hohen und späten MA bevor-

zugt (z. B. im Genesis-Mosaik zu San Marco, Venedig), in der byzantin. Kunst oft als Kinder in liturgischer Gewandung. 3. Psyche-Typus, weibliche Gestalt mit langem Gewand und Flügeln, so bereits in der Synagoge zu Dura Europos, setzt sich aber erst in der Renaissance durch und wird in der Emblematik geradezu kanonisch. Im Zusammenhang mit diesem Typ steht die Interpretation der Braut des Hohenliedes als gottliebende S. In der christl. Sepulkralkunst (Sarkophage) sinnbilden Eros und Psyche das Verhältnis zwischen Christus und der S. und ihre endgültige Vereinigung. → S.nwanderung. [Lr]

G. Weicker, D. S.nvogel in d. alten Lit. u. Kunst, 1902; A. Nehring, S. u. S.nkult bei Griechen, Italikern u. Germanen, 1917; E. Arbman, Unterss. z. primitiven S.nvorstellung m. bes. Rücksicht auf Indien (Le Monde Oriental 20), 1927; W. Stettner, D. S.nvorstellg. b. den Griechen, 1934; L. Reypens, Ame (Dictionnaire de Spiritualité), 1937; O. A. Erich, Z. Darstellg. d. S. u. d. Geistes in d. christl. Kunst (Fs. A. Goldschmidt), 1935; T. Paulson, Swedish contributions to the study of primitive soul conceptions (Ethnos 19), 1954; L. Kretzenbacher, Die S.n-Waage, 1958; M. Haavio, D. S.nvogel (Studia Fennica VIII), 1959; Ad. E. Jensen, Mythos u. Kult b. Naturvölkern, 1960; S. G. F. Brandon, The weighing of the soul (Kitagawa/Long, Myths and symbols), 1969; E. Burgstaller, Das Allerseelenbrot, 1970; W. Kemp, Seele; Seelengericht (LChrI 4) 1972.

**Seelengeleiter** setzen den Glauben an ein Fortleben nach dem Tode und damit ein → Jenseits voraus, wohin die → Seele des Verstorbenen geleitet wird. Die Ägypter sahen in dem SCHAKALköpfigen Anubis einen Betreuer der Toten, der diese zum Totengericht und zum Wägen der Seele begleitete. Später wurde Anubis dem griechischen S., dem Hermes-Psychopompos, gleichgesetzt und auf abraxäischen Medaillen dem Erzengel Michael, der als »fürstlicher Geleiter der Hinscheidenden« in der Messe zum 8. Mai und 29. September heute noch angerufen wird, die Seele im Gericht zu verteidigen, den die christliche Kunst mit SEELENWAAGE und SCHWERT im letzten Gericht darstellt. Unter den Tieren galten bes. die Caniden als Führer in die Totenwelt. Der HUND als Grabbeigabe – so schon bei Patroklos in der *Ilias*, bei einzelnen afrikanischen Stämmen bis in unser Jh. – ist ebenfalls Geleiter des Toten bzw. seiner Seele. In der *Odyssee* (XXVI, 99ff.) führt Hermes als S. mit goldenem STABE die Seelen der Freier der Penelope ins Jenseits hinab, »sie folgten ihm schwirrend« (Seelenvogel).

Die nordische Mythologie kennt die hoch zu Roß sitzenden Walküren (»Totenwählerinnen«); sie bringen die Gefallenen nach Walhall; ursprünglich waren sie gefiederte Todesdämoninnen, wie die Harpyien (Seelenvogel), aus denen später fürsorglich geleitende Todesengel wurden (Harpyienmonument im brit. Museum). Bei den Indogermanen galt das PFERD als Reittier ins Jenseits; im MA hieß die Totenbahre St. Michaelspferd, ähnlich wie im Neupersischen der Sarg als »hölzernes Pferd« bezeichnet wird. In frühen Bestattungen wurde oft ein Pferd dem Verstorbenen zum Ritt ins Totenland beigegeben.

In Jenseitsmythen wird der S. häufig als FÄHRMANN geschildert: in Mesopotamien überquert »Uršanabi« (akkad.) den Unterweltsfluß Hubur (Gilgameš-Epos Tafel X), oder der Unterweltsfährmann Humut-tabal »Nimmschnell-hinweg«. In Pyramidentexten heißt er »Hintersichschauer«, da er in die verkehrte

Richtung blickt. Bei den Griechen brachte Charon im NACHEN die Abgeschiedenen über den Acheron ins Schattenreich. In der reich ausgestalteten Legende des St. → Christophorus, des Patrons gegen jähen, unversehenen, d. h. des Nothelfers für einen milden und gnädigen Tod, trägt dieser im Dienste Gottes Wanderer über den Fluß; frühchristliche Ikonen bilden ihn hundsköpfig wie Anubis und damit deutlich als S. ab. [Rd]

Bächtold-Stäubli, Christophorus (HdA II), 1929; K. Kerényi, Hermes der Seelenführer, 1944; H. Bonnet, Anubis (Reallex. d. ägypt. Religionsgesch.) 1952; E. Herzog, Psyche u. Tod, 1960; M. Lurker, Hund u. Wolf in ihrer Beziehung zum Tode (Antaios X) 1969; E. Th. Reimbold, Die Nacht 1970 (S. 132ff.).

**Seelenwanderung,** (griech. *metempsychosis*) Glaube, daß die → Seele nach dem Tode des Körpers in ein anderes Wesen (Mensch, Tier, Pflanze) übergehen könne. Die oft angeführten Stellen des ägyptischen → Totenbuches, nach der der Tote sich als »Ei«, »Lotosblüte«, »Phönix« usw. bezeichnet, sind allerdings keine Belege für die S., sondern lediglich symbolischer Ausdruck für die Hoffnung auf Unsterblichkeit. Das »Umherwandern« der Seele im Kreislauf der Existenzen (altind. *samsāra*) ist erstmals in den *Upanishaden* nachweisbar. Eine Wiedergeburt ist möglich als Gott, als Mensch in den verschiedenen Kasten, als Tier, ja sogar als Gras. Die Art der Wiederverkörperung steht in Entsprechung zum sittlichen Handeln, ist in gewissem Sinn symbolisch für die Art der Sünde: wer einen Brahmanen erschlägt, wird nach langen Höllenqualen als HUND oder SCHWEIN wiedergeboren, wer Gold stiehlt, als RATTE. Bis zur Gegenwart ist die Lehre von der S. im Hinduismus geradezu ein Dogma. Im Jainismus wird das Karman als subtile Substanz gedacht, die die Seelen auf ihrer Wanderung von unten nach oben färbt vom dunklen SCHWARZ über GRAU, ROT, GELB bis zum blendenden WEISS; die Seelenfarbe *(leśyā)* ist Ausdruck der erlangten Wesensstufe.
In Griechenland findet sich die Lehre von der S. bei den → Pythagoreern, bei Empedokles (»Ich war bereits einmal Knabe, Mädchen, Pflanze, Vogel und der Flut entstammender, stummer Fisch«), in der Orphik und bei → Platon. Nach der Lehre der Manichäer wandern die Seelen der Nichtmanichäer in ungenießbare Pflanzen oder in Tierleiber. Bei einigen Völkern glaubt man, daß die Seelen der Verstorbenen in ihren Nachkommen wiederkehren können, deshalb der bei den Germanen vorkommende Brauch, einem Neugeborenen den → Namen des Großvaters zu geben. [Lr]

W. Stettner, Die S. bei den Griechen, 1934; W. Ruben, Die Philosophen der Upanishaden, 1947; M. Eliade, Le Mythe de l'eternal retour, Paris 1949 (dt. 1953); Fr. Heiler, Erscheinungsformen u. Wesen der Relig., 1961.

**Segnung.** Als glückbringende Wunschwortformel ein feststehender Begriff der Religionsgeschichte, findet sich S. im AT (1 *Mos* 1,22; 22,17; 27,29ff.; 5 *Mos* 28,12), NT (*Mk* 6,41; 10,16; *Lk* 24,50) und schon in der Urkirche (1 *Kor* 4,12). Wegen tatsächlichen und vermeintlichen Mißbrauches durch die Reformation und Aufklärung bekämpft, hat sie sich bis heute im Leben der Kirche erhalten in den Formen der Personal-, Realkonstitutiven- und invokativen S. Vor allem im Begriff der Sakramentalien (vgl. Liturgiekonstitution des 2. Vaticanums, Art. 59–63) erscheint die S. als »heiliges Zeichen«, mit Wirkung »besonders geistlicher Art«, »kraft der Fürbitte der Kirche«, wodurch die Menschen bereitet werden, »die eigentlichen Wirkungen der → Sakramente aufzunehmen, zugleich wird durch solche Zeichen das Leben in seinen verschiedenen Gegebenheiten geheiligt« (Art. 60). Wenn Heime gesegnet werden, dann erscheinen sie als kraftvolles Symbol »unserer Geborgenheit in Gottes Vaterliebe und als Vorbild der himmlischen Wohnungen« (G. Langgärtner, *Magie oder Gottesdienst:* Heiliger Dienst 29/1975), wenn dies bei Kindergärten geschieht, dann zum wirksamen Hinweis auf Jesu Liebe zu den Kleinen. Eine Segnung einer Ärztepraxis erinnert an Jesus, den göttlichen Arzt, und die Segnung eines Sanitätsfahrzeuges »erweist die Aktualität des Gleichnisses vom barmherzigen Samariter auch in unserer Zeit«. Ebenso ist jede Segnung Lobpreis Gottes, denn »die Fülle der Sakramentalien, ihre weite Ausdehnung über alle Bereiche unseres Lebens, ihre Lebensnähe bewirkt, unser ganzes Leben als Gottesdienst zu verstehen« (Langgärtner). Ebenso sind sie ein Bekenntnis zur Kirche. [Sr]

A. Franz, Die kirchl. Benediktionen im MA, 2 Bde., 1909; G. Langgärtner, Die Sakramentalien, 1974; P. Wollmann, Buch der S., 1974; A. Heinz/H. Rennings, Heute segnen. Werkbuch zum Benediktionale, 1987.

**Selbst.** Diesen Ausdruck (der aus Übersetzungen der *Upanishaden* stammt), verwendet C. G. Jung in seiner Darstellung des Individuationsprozesses. In Indien ist damit der kosmische Gottmensch Atman-Purusha gemeint, der auch im Seeleninnersten des Einzelnen wohnt. Bei Jung bezeichnet das Wort ein empirisch erlebbares, dem Ich übergeordnetes, Seelenzentrum, welches die seelischen Prozesse nach einem Gesamtplan zu steuern scheint. In Träumen und Spontanvisionen manifestiert sich dieser Seelenkern u. a. als → MANDALA (sanskr. Kreis) mit Unterteilungen von meistens Vier und Mehrfachen von Vier. In den östlichen Religionen (bes. Tibet) als meditatives Konzentrationsinstrument gebraucht, erscheint es im Westen in Symbolen der Gottheit (*Deus est sphaera cuius centrum est ubique, circumferentia nusquam* – Gott ist ein Kreis, dessen Mittelpunkt überall, dessen Umfang nirgends ist –). Viergeteilte KREISE (oft als Sonnenrad gedeutet) finden sich schon in steinzeitlichen Zeugnissen. Bei seiner Spontanmanifestation kompensiert das Mandala chaotische Desorientierung und vermittelt ein »aus der inneren Mitte heraus leben«.

Andere Veranschaulichungen des S. sind der KRISTALL, STERN, RAD, KUGEL, SCHLOSS, BLUME, BAUM, KREUZ und bes. Gottmensch-Gestalten, wie Christus, Buddha, der Lichtmensch der Gnosis, der »innere Gefährte« im Sufismus, Vergil bei Dante, der Alte Weise im Märchen usw. Bei Frauen erscheint das S. weiblich personifiziert als Kwan-Yin, Maria, weise alte Frau, Erdmutter (z. B. Frau Holle). Eine weitere Erscheinungsform ist das »göttliche KIND« (Jesusknabe, Hermeskind, Eros, Homunculus), worin hauptsächlich die schöpferische Eigenschaft des S. veranschaulicht ist.

Ein bes. archaisches S.symbol ist der magische STEIN (z. B. Ka'aba). Seine größte Amplifikation hat dieses Symbol in der Alchemie erfahren: im Bild des Lapis, des Steins der Weisen. Letzterer wird bald Christus gleichgesetzt, bald als vollständigeres Symbol des S. an die Stelle Christi gestellt. Er schließt nämlich die Materie und das Böse mit in sich ein. Der Lapis wurde auch als der Auferstehungsleib angesehen, wie der »Diamantleib« in der taoistischen Alchemie. Empirisch lassen sich die spontan erzeugten Bilder des S. nicht von Bildern der Gottheit unterscheiden, christlich ausgedrückt: es erscheint als die der Seele eingeprägte *imago Dei.* Ein weiterer Hauptaspekt des S. ist seine Ordnung schaffende Funktion. Deshalb spielen in den alten → Weltbildern die Mitte plus die vier Himmelsrichtungen als Orientierungspunkte eine zentrale Rolle (z. B. Sandzeichnungen der Navahos). Selbstsymbole sind bereits in Träumen von 3–4jährigen Kindern nachweisbar: vom S. her scheint der Aufbau des bewußten Ich (das strukturmäßig eine Replika des S. zu sein scheint) gesteuert zu werden. Die Realisation des S. ist nicht ohne eine weitgehende Opferung der Ichhaftigkeit zu erreichen (Paulus: Nicht Ich lebe, sondern Christus lebt in mir). Dieses Opfer wird durch die Askeseübungen und Opfer der Religionen angestrebt, oder im Leben auch oft spontan erzwungen in Erlebnissen des Zusammenbruchs des Ich und seiner Heilung durch die Begegnung mit dem Selbst, vgl. z. B. Niklaus von Flüe, Theresa von Avila, oder Buddhas Erleuchtung unter dem Bodhibaum nach dem Schock beim Anblick von Alter, Krankheit und Tod.

[MLF]

C. G. Jung, Zur Empirie des Indiv.-prozesses. Ges. W. Bd. 9/I (S. 174ff., 311ff., 375ff.). Zur Psychol. westl. und östl. Rel., Ges. W. Bd. 11 (S. 278ff., S. 70, 102ff., 375ff., 487ff., 586ff.); Aion, Ges. W. Bd. 9/I; Psych. u. Alchemie, Ges. W. Bd. 12. Einl. z. Geheimnis der goldenen Blüte. Ges. W. Bd. 13. Mysterium Conjunctionis, Ges. W. Bd. 14/I.II, Psych. der Übertragung, Ges. W. Bd. 16; M. Fordham, The Theory of Archetypes as applied to Child Development, 1964; D. Mahnke, Unendl. Sphäre u. Allmittelpunkt, 1966; M. P. König, Die Symbolik des urgesch. Menschen (Symbolon V) 1966; G. Tucci, Geheimnis des Mandala, 1972.

**Semantik** (griech. *sema* = Zeichen), oft im gleichen Sinne wie → Semiotik, der allgemeinen Theorie der Zeichen, verwendet. Enger eingegrenzt – und damit im Unterschied zur Semiotik – versteht man unter S. die Bedeutungslehre, d. i. die Lehre von den Beziehungen zwischen Zeichen und Bezeichnetem. Von S. spricht man vor allem im Hinblick auf die Sprache; Hayakawa definiert S. als das »Studium menschlichen Zusammenlebens mittels der Sprache«. Als Bedeutungslehre spielt die S. eine Rolle in der mathematischen (symbolischen) → Logik und fand Eingang in die Psychologie bei der charakterologischen Deutung von Gestik und Mimik und bei der Interpretation bildhafter Darstellungen. Neuerdings werden semantische Strukturanalysen auch zur Erhellung der »Zeichensprache der Architektur« angewandt, dabei stößt man im funktionellen Zusammenhang der Zeichen neben zweckgebundenen, selbstdarstellenden und brauchtümlichen auch auf echt sinnbildliche Bedeutungen. [*]

S. I. Hayakawa, S. Sprache in Denken u. Handeln. Aus dem Amerikan., 1967; A. Wellek, S.

u. Symbolik (Wirklichkeit der Mitte. Festgabe Aug. Vetter, hg. v. J. Tenzler) 1968; G. Wotika, Unters. zur Struktur der Bedeutung, 1971; M. Wallis, Semantic and symbolic elements in architecture (Semiotica 8) 1973; S. L. Bean, Symbolic and Pragmatic Semantics, 1978.

**Semiotik.** Das Feld verwandter Untersuchungsmethoden, welche Kommunikation als Zeichenprozesse analysieren, nennt man S. In nahezu allen Wissenschaften vorkommend, etabliert sie sich als Methodendisziplin zur Untersuchung der Bedingungen von Mitteilbarkeit und Verstehbarkeit der Symbole (Botschaften). Ihre stärkste Tradition liegt in der antiken Rhetorik, in Augustinus *(De Magistro)*, Leibniz, Schleiermacher, Bolzano, Cassirer u. a. Die mathematische → Logik und analytische Philosophie (Frege, Russel, Wittgenstein, → Peirce), Sprachwissenschaft (De Saussure, Bühler, Hjelmslev, Strukturalisten) sowie die Kommunikationstheorie (Morris, Bense, Klaus) brachten sie wieder zur Anerkennung.

Die S. untersucht jede Sprache (auch Gesten, Bilder, Töne, Architektur usf.) als Zeichensprache, ausgehend vom Gegenüber Code (auf der Basis syntaktischer Gesetze aufgebautes Wahrscheinlichkeitssystem) und Botschaft (sich entwickelnde Vorstellung/Symbolgestalt). Kommunikation soll nicht festgelegt, sondern Mißverhältnisse bzw. Mißverständnisse, die sich immer von selbst ergeben, sollen erkannt und jenseits der Analyse in Lebensprozessen gesucht werden. Die untere Schwelle der S. ist die Grenze zwischen Signal und Sinn, die obere bilden alle kulturellen Phänomene (im Unterschied zur Kybernetik etwa).

Man unterscheidet drei Ebenen: das Verhältnis der Zeichen zur Bedeutung (→ Semantik); das Verhältnis der Zeichen zueinander (Syntaktik) und das Verhältnis der Zeichen zu ihren Benutzern – Produzenten, Rezipienten, Interpreten – *(Pragmatik)*. Die semantische Ebene belegt das besondere Interesse der S. an der Frage, was »Bedeutung haben« heißt: wie sich Bedeutung von Gestalten einstellt und verliert (als Erkenntnisgrundlage, im Wandel epochaler Ausdrucksformen, im praktischen Gebrauch). Die Menge der Funktionsbeziehungen zwischen Zeichengestalt *(Signifikant)* und Zeichenbedeutung *(Signifikat)* faßt man in 3 Einheiten zusammen: *indexalisch* (Einordnen der Zeichen in Raster), *symbolisch* (Zeichen stehen für etwas), *ikonisch* (Zeichen sind ähnlich, analog usf.). Von zahlreichen, besonders syntaktisch wichtigen Funktionen seien genannt: das *Paradigma* (Satzeinheit, die um des gleichbleibenden Sinns willen mit einer andern und doch ähnlichen Einheit getauscht wird) und *Syntagma* (Kombination unterschiedlicher Paradigmen zu gemeinsamem Zeichenkomplex). Ihr in vielen Gebieten erarbeitetes komplexes und zuverlässiges Instrumentarium macht die S. unentbehrlich zur Analyse der Symbole. [Vo]

Ch. W. Morris, Grundl. der Zeichentheorie (1938) 1972; R. Barthes, Mythen des Alltags (1957), 1974; U. Eco: Einf. in die S. (1968), 1972; W. A. Koch, Varia semiotica, 1971; G. Schiwy, Strukturalismus und Zeichensysteme, 1973; A. Eschbach, Zeichen, Text, Bedeutung (Bibl.), 1974; E. Walther, Allgem. Zeichenlehre, 1974; G. Schiwy u. a., Zeichen im Gottesdienst (Bibl.), 1976; R. Volp u. a., Zeichenprozesse (Kunst und Kirche 4) 1976; S. Hervey, Semiotic Perspectives, London 1982; R. Volp, Zeichen, S. in Theologie u. Gottesdienst, 1982.

**Sepulkralsymbolik.** Der Reichtum der S. kann vor allem für die spätere römische Kaiserzeit, für die frühchristliche Zeit wie für die christliche Gegenwartskunst markant herausgestellt werden. – Die wichtigsten Formen aus der späteren Kaiserzeit sind: Ganymeds Entrückung und Aufenthalt im Olymp im Sinne einer Jenseitssymbolik, also nicht rein mythologisch oder dekorativ (z. B. Bekrönung der Igeler Säule b. Trier, unterird. Basilika an der röm. Porta Maggiore), Identifizierung des Verstorbenen mit mythischen Gestalten auf Sarkophagen (Ariadne- u. Endymionsarkophage, Musensarkophage), Einbeziehung des Verstorbenen in den mythischen Bereich durch das Clipeusporträt, wobei maritime und dionysische Wesen als Clipeusträger im Hinblick auf Apotheose- und Heroisierungsgedanken von besonderer Bedeutung sind. Ebenso ist auf die Grabinschriften zu verweisen, die nicht nur die Gemeinschaft mit den Frommen, Halbgöttern und Heroen, in Symbolen und Bildern preisen, sondern auch vom Aufstieg in den Olymp, zur Wohnung des Zeus oder der Götter, von der Versetzung des Toten in den Himmel, in den Äther, in die Luft, zu den Sternen sprechen. Ganz allgemein läßt sich sagen, daß auf den Inschriften »spekulative theologische, philosophische oder astrologische Vorstellungen kaum Niederschlag ... gefunden haben – die große Masse hielt sich an einfache, leicht verständliche und optimistische Mythen und Hoffnungen« (J. Engemann, S. 59). – Die auf Grabstelen häufig anzutreffende TISCHPLATTE, die auch unter den Symbolen auf Denkmälern der antiken Mysterienreligionen vorkommt, ist Sinnbild für das mystische Jenseitsmahl (F. Cumont).

Für die frühchristliche S. kommen vor allem die Darstellungen in den Katakombenmalereien wie auf den Passions-Pascha-Sarkophagen in Betracht. Für das 3. Jh. ist das »früheste und häufigste Bildthema der Sarkophagplastik« die Jonasruhe »als Hoffnungsbild des Verstorbenen« (J. Engemann, a.a.O., S. 70), wobei ein Vergleich der in die Mitte des Sarkophages gesetzten Endymion- oder Ariadnebilder diese Deutung noch verstärkt. Ebenso erscheinen andere Bilder (Arche Noes, die drei Jünglinge im Feuerofen, Daniel in der Löwengrube, Susannatrilogie) als symbolische Bitt- u. Errettungsbilder. Auch die zahlreichen Tauf- u. Mahlbilder, in deren Kompositionszusammenhang im 3. Jh. meist Christus, der Lehrer, vorkommt, sind, zusammen mit dem Christus-Lehrer-Bild, auf Erlangung des Lebens zu deuten (vgl. J. Kollwitz, *Das Christusbild des dritten Jh.*, 1953). Das Vorkommen des Hirtenbildes ist keinesfalls nur realistisch zu deuten. Es kann Symbol sein für ein ruhiges Leben, das man dem Toten nach dem Großstadtlärm wünschte, es kann eine Personifikation der Philantropia sein, wodurch der Tote als »menschenfreundlich« ausgewiesen ist und so Hoffnung und Anspruch auf den Himmel hat. Der → HIRT kann aber auch der Hirte Christus sein, der die Seinen sicher heimträgt (vgl. Beratiosinschrift, Rom). Aus der Fülle der Einzelsymbole sei noch der FISCH erwähnt, der bes. im Cubiculum der Lucinagruft in Verbindung mit den Körben mit Broten

und Becher vielleicht auf Christus als eucharistische Speise und die darin gelegene Hoffnung weisen könnte.
Auf christlichen Friedhöfen der Gegenwart hat das Kreuz oft seine Symbolik als Zeichen des Todes Christi und der darin für uns gelegenen Hoffnung verloren. Dennoch gibt es auch hier Ansätze zu einer Erneuerung, bzw. Schaffung von S. in Form von Zeichen (Kreuz, Kranz, Lamm, Guter Hirte, Palmzweige, Licht, Sonne, Anker, Fisch) oder Bildern der → Auferstehung (Alttestamentliche »Typen« der Auferstehungswirklichkeit: Noe und seine Rettung; Moses, der Wasser aus dem Felsen schlägt, und damit auf Christus, »das Wasser des Lebens«, verweist. Neutestamentliche Totenerweckungen, Auferstehung Jesu. [Sr]

F. Cumont, Recherches sur le symbolisme funeraire des Romains, 1942; A. Stuiber, Refrigerium interim – die Vorstellungen vom Zwischenzustand u. die frühchristl. Grabeskunst (Theophaneia 11) 1957; Th. Filthaut, Zeichen der Auferstehung, 1965; E. Sauser, Frühchristl. Kunst – Sinnbild u. Glaubensaussage, 1966; J. Engemann, Unters. zur S. der späteren röm. Kaiserzeit (Jb. f. Antike und Christentum, Erg.bd. 2) 1973; W. Graf, Grabmalsymbole, 1984.

**Seth.** Der ägyptische Gott S. bezieht aus seiner antagonistischen Konstellation zu → Horus die Züge eines Unholds, gewalttätigen Störenfrieds, der trotzdem nicht zum Prototyp des Bösen vereinseitigt wird, da er im Rahmen der von ihm gestörten Weltordnung seinen unverzichtbaren Platz hat, wie auch seinem Kampf mit Horus schließlich die Versöhnung folgt. S. ist Gott der körperlichen Stärke, Angriffslust und Virilität (aber nicht der männlichen Fruchtbarkeit: er trägt keinerlei väterliche Züge und steht als Wüstengott dem → Osiris als Vegetationsgott gegenüber). Wie Horus im Kampf das Auge verliert, so S. die Hoden, die sein Lebenszentrum und Symbol sind. Beide Wunden werden in der Versöhnung auf wunderbare Weise geheilt. Ein ethischer Dualismus ist dieser Konstellation von haus aus fremd.
Wenn S. trotzdem im Lauf seiner Geschichte als Götterfeind verfemt wird, so hängt das mit Osiris zusammen. Allerdings wurde S. auch die Rolle als Gott der Wüsten und des Auslandes zum Verhängnis, die er unabhängig vom Osirismythos trägt; denn nach Jahrhunderten der Fremdherrschaft wandelte sich die Einstellung des Ägypters zum Ausland, und der als »Meder« beschimpfte S. verkörperte das Objekt dieses Fremdenhasses. Umgekehrt gelangte er in den Blütezeiten ägyptischer Asienpolitik (bes. in der Ramessidenzeit) zu hohen Ehren. Die unbändigen Naturgewalten, die er repräsentiert, Donner und Sturm, konnten fallweise auch in den Dienst des Guten gestellt werden. In der Sonnenmythologie gilt er als Held, der am Bug der Barke den Drachen bekämpft. Das heilige Tier des S. ist zoologisch nicht identifizierbar. Bereits den Ägyptern war es, obwohl sie seine Realität nicht bezweifelten, in natura nicht verfügbar und wurde für die Zwecke des Rituals durch eine Reihe anderer »typhonischer« Tiere ersetzt: Esel, Antilope, Nilpferd, Schwein und Krokodil. [JA]

H. Bonnet, Reallex. d. ägypt. Religionsgesch., 1952; H. te Velde, S., God of Confusion (Probl. d. Ägyptol. 6) 1967; E. Hornung, S. Gesch. u. Bedeutung eines ägypt. Gottes (Symbolon NF 2) 1974. Vgl. ferner die Lit. zu → Horus und Osiris.

**Sexualsymbolik.** Bei den phallischen Riten soll die Frau durch Kontakt mit Penissubstituten fruchtbar gemacht werden: Menhire, Glockenschwengel, Trommelhölzer, Hammer, phallische Votivgaben, Phallophoren von Tänzern. Im semitisch-hamitischen Bereich gab es Schwur und Eid beim PHALLUS, Verehrung des Phallus der Heiligen zur Erlangung von Nachkommenschaft, phallische Bauelemente, Kopfschmuck und Trophäen. Vorstellungen der S. sind auch mit dem Ackerbau verbunden; dabei gilt die → Erde als liegende Frau, die auch rituell begattet werden muß, um sie fruchtbar zu machen: Vollziehen des Geschlechtsaktes auf der ERDE, Eingraben der Saat durch nackt auf den Furchen liegende Männer (Dschegga). Im Demeterkult kommt auch der rituelle Beischlaf in den Ackerfurchen vor. Der PFLUG kann als Phallus dargestellt werden. Bekannt ist auch der athenische Brauch, die Vollehe auf einem Pflug zu schließen wie auch die begrifflichen Übereinstimmungen von »zeugen« und »pflügen«.

Rituell vertritt das HORN verschiedentlich den Penis. Die Mamabolo (Ostafrika) verwendeten das Kuhhorn, um die Mädchen zu deflorieren. In verschiedenen Sprachen wird der Penis als Horn bezeichnet (italien. Diebessprache: *corno* = Penis und Horn). Die SCHLANGE ist sehr oft symbolisch Ausdruck für das Männliche, hat aber auch eine bisexuelle Eigenart, vor allem in Verbindung mit dem REGENBOGEN, der aus einer weiblichen und einer männlichen Schlange bestehen soll (Melanesien, Zaire, Sudan). Als kaum verhüllte Substitute für die eigentlichen Zeugungsstoffe treten Schweiß und Speichel in Verbindung mit der Genitalsphäre; SCHWEISS, weil die ACHSELGRUBE vielfach mythologisch als Geburtsort (also als Vulva) gilt, SPEICHEL wegen der oralerotischen Bedeutung (MUND = Vulva, ZUNGE = Penis, KUSS = Motiv der *vagina dentata*). So tranken unfruchtbare Frauen der transsylvanischen Zigeuner Wasser, in das der Mann hineingespuckt hatte. In Schlesien, Böhmen und Oldenburg trug man einen Apfel solange unter dem Arm, bis er vom Schweiß durchtränkt war, um ihn dann jemandem als Liebeszauber zu geben.

Oft wird das FEUERERZEUGEN mit dem Geschlechtsakt in Verbindung gebracht: der BOHRSTAB gilt als Mann, das BOHRBRETT als Frau, das FEUER als beider Kind. Das Quirlfeuerzeug heißt bei den Pare (Ostafrika) auch die Feuergebärerin. Der sexuelle Feuerbohrer ist über Ostafrika, Madagaskar, Indien, Indonesien und Mexiko verbreitet. Auch in Europa gab es Sitten, die einen Zusammenhang mit diesem sexuellen Bereich aufweisen; so etwa in Serbien, wo ein junges Paar nackt im Dunklen das »lebendige Feuer« durch SÄGEN entzündete. Im Harz mußten Brautleute einen Baumstamm zersägen. Weiter denke man an Riten um das Herdfeuer. → Männlich–Weiblich, Sexualsymbolik (psychoanalytisch) [Du]

E. Havelock, Erotic symbolism, 1906; F. Speiser, Schlange, Phallus u. Feuer in der Mythologie Australiens u. Melanesiens (Verh. d. naturforsch. Ges. Basel XXXVIII/1927); F. Bryk, Neger-Eros, 1928; M. Mead, Sex and temperament in three primitive societies, 1935; F. Herrmann, Zur Beurteilung der S. bei Naturvölkern (Stud. Gen. 6/1953); H. Baumann, Das doppelte Geschlecht, 1955; R. Payne Knight/Th. Wright, Sexual symbolism,

1957; J. Boullet, Symbolisme sexuel, 1961; Lo Duca, Dictionnaire de sexologie, 1962; J. Marcade, Eros Kalos, 1962; L. Sejourne, La simbólico del fuego (Cuadernos Americanos) 1964; H. M. Westropp, Ancient worship, influence of the phallic idea in the religions of antiquity, 1970; F. W. Doucet, Taschenlex. der S., 1971; T. King, Sex and astrology, 1972; M. Caza, Gods of myth and stone, phallicism in Japanese folk religion, 1974; L. Bouilla, El pie y el congrejo en la simbologia sexual (La Estafeta Literaria) 1974.

**Sexualsymbolik, psychoanalytisch.** Dem Menschen kommt (im Gegensatz zum Tier) die Fähigkeit zur Schaffung und zum Umgang mit Symbolen zu. Jede Begegnung des Menschen mit der Welt bringt ein Symbol hervor, welches die subjektive Auffassung und den betroffenen Weltanteil in sich verbindet. Jedes Symbol – das gilt für Sexualsymbole ebenso wie für → Traumsymbole und das neurotische Symptom als Symbol eines psychischen Konfliktes – stellt ein individuelles Verhältnis von Innen- und Außenwelt dar. Nun muß der Mensch nicht immer nach neuen Symbolen für seine Begegnung mit dem Objekt suchen, er findet bereits ein Repertoire überindividuell gebildeter – kultur- und traditionsbedingter – Symbole vor, deren er sich bedienen kann.

S. Freud und seine Nachfolger fanden gerade für den Bereich der Sexualität eine große Anzahl dieser kollektiven Symbole, welche in einer Ähnlichkeitsbeziehung mit Sexualorganen oder sexuellen Vorgängen verknüpft sind: so z. B. lange, hohe Gegenstände, WERKZEUGE als Phallussymbole; hohle, runde Dinge, umschlossene Räume, GEFÄSSE als Symbol des weiblichen Genitale; rhythmische Tätigkeiten und Bewegungsabläufe als Darstellungen des Sexualaktes. Die individuelle Ausprägung des jeweiligen Symbols erfolgt auf dem Boden dieser kollektiven Symbole, die gemäß der individuellen lebensgeschichtlichen Erfahrung mit der Umwelt überformt werden. So wie das sexuelle Tabu unseres Kulturkreises kollektive Symbole für den Umgang mit der Sexualität nahelegt, so wirkt dasselbe Tabu in der persönlichen Entwicklung in Richtung auf eine zunehmende Symbolisierung, die als eine spezifische Ausprägung zu verstehen ist. Das S. verweist auf eine kollektive und individuelle Abwehr im Umgang mit sexuellen Triebregungen, welche mit den Umweltansprüchen in Konflikt geraten sind – entsprechend dem neurotischen Symptom als Symbol des psychischen Konfliktes und seiner Lösungsversuche. Das bedeutet für das Symbol – hier das Sexualsymbol –, daß es einerseits opak ist, d. h. ein Ersatz für den ursprünglichen Bezug, den es verschleiert, und andererseits und zwar gleichzeitig transparent ist, d. h. verweisend auf denselben ursprünglichen Bezug zur Sexualität und dessen Abwehr.

Der symbolische Ausdruck des sexuellen Konfliktes bedeutet eine Abwehr (vgl. → Abwehrmechanismen, → Krankheit) und zugleich einen Austausch zwischen Subjekt und Welt. Das Vorherrschen der Abwehrbedeutung des S. wird umso deutlicher, sobald dieses Symbol ein vom Subjekt verselbständigtes, unbeeinflußtes Dasein führt und das Subjekt auf es reagiert wie auf die Sexualität, für die es steht; das Symbol erstarrt zum Zeichen (A. Lorenzer). Umgekehrt bleibt die Symbolisierung als Erkenntnismodus im Austausch zwischen Subjekt und Welt erhalten durch eine höhere

Bewußtheit über das Symbol; Symbol und Symbolisiertes werden nicht miteinander verwechselt, sondern in ihrem Bezug zueinander erkannt und verwendet. [EFR]

I. A. Caruso, Bios, Psyche, Person, 1959; S. Freud, Vorles. zur Einf. in die Psychoanalyse (Ges. W. XI); A. Lorenzer, Kritik des psychoanalyt. Symbolbegriffs, 1970; ders., Sprachzerstörung und Rekonstruktion, 1970.

**Shakespeare,** William, 1564–1616, englischer Dichter. Bes. die letzten Dramen S.s., *The Winter's Tale (Das Wintermärchen), Cymbeline, The Tempest* (entst. 1610/11) und der vielleicht nicht ganz authentische *Pericles* (publ. 1609) sind in den letzen Jahrzehnten symbolisch ausgelegt worden. Ihre märchenhafte, an Wunderbarem reiche Handlung scheint etwas zu bedeuten, das über den Text hinausweist; die Interpreten suchen den geheimen Sinn zu entschlüsseln. *The Tempest* wird als Mysterienspiel verstanden; Prospero, der Zauberer, als Symbol der Vorsehung, oder auch des Dichters selbst, der seine eigene Kunst meint, wenn er von Magie spricht. Solche Deutungen verlieren sich leicht in Mystifikation oder verflachen zur Allegorese, die das Komplexe auf eine simple Formel reduziert. Am ehesten funktionieren sie beim stark moralisierenden *Pericles,* wie die FAHRT ÜBER DAS MEER als Sinnbild des Lebens aufgefaßt werden kann.

S.s Symbolsprache ist ambivalent. In *Antony and Cleopatra* (ca. 1607) assoziiert sich das vielgestaltige MEER mit Cleopatra, der »Schlange« vom Nil, die der Mondgöttin gleicht und den Tod mit der Unsterblichkeit vereint. – Der STURM ist eins von S.s Grundmotiven. Er zeigt an, daß der Kosmos aus den Fugen zu gehen droht, u. a. in den Tragödien *Julius Caesar* (1599), *Macbeth* (ca. 1601/2), *Lear* (1608); ob aber die Mächte, die den Sturm senden, empört auf irdischen Frevel reagieren, oder ob sie selbst das Unheil wollen, läßt sich nicht ausmachen. Lear, der nach der Ursache des Sturms fragt, wird auf sich selbst verwiesen und gelangt so zur Erkenntnis seiner kreatürlichen Hilflosigkeit, ähnlich wie schon der verbannte Herzog in der Komödie *As You Like It (Wie Es Euch Gefällt,* ca. 1599); ihn erinnert der schneidende Winterwind daran, daß er nur Mensch ist. So wohnt dem Zerstörenden eine heilsame Kraft inne; das Bestehende, scheinbar Gefestigte, wird aufgelöst und zu neuer Gestalt zusammengefügt. Sinnfälliges Anzeichen des Heilen, der kosmischen Harmonie, ist die MUSIK, das Kontrastsymbol zum Sturm, ihm als Ergänzung zugeordnet. Im *Tempest,* der beide Motive kombiniert, erregt Prospero den Sturm durch seine zauberische Kunst, aber sein Vorhaben, Ordnung zu schaffen, gelingt nur teilweise; er ist Herr über die Elemente und Geister, aber nicht über die Menschen. Die INSEL, auf der er mit Miranda, Ariel und Caliban lebt, hat Züge des Irdischen Paradieses; sie liegt fern über dem Meer, ist nur wenigen, und ihnen nur unter besonderen, nicht natürlichen Umständen erreichbar; sie lädt zur Schaffung eines idealen Gemeinwesens ein, aber statt der zu erwartenden Eintracht gibt es auf ihr Gewalt, Unterdrückung und versuchten Aufruhr.

Anklänge an den paradiesischen Urzustand durchziehen das Werk Sh.s., aber stets in ironischer Berechnung. In *As You Like It* findet sich das Motiv des GOLDENEN ZEITALTERS; Schauplatz ist der Wald von Arden, in dessen nur mühsam zugänglichem Innern eine fröhliche Gesellschaft von verbannten Adligen lebt, aber sie sind nicht deswegen edel, weil sie sich dem korrupten Hof entzogen, sondern weil sie die Verfeinerung des Hofes genossen haben. Der »natürliche« Zustand, hier wie in *The Winter's Tale* auch durch die schäferliche Unschuld repräsentiert, ist zugleich besser und schlechter als der kultivierte; es bleibt offen, wo der Mensch eigentlich Mensch ist. Immer freilich ist er der Vergänglichkeit ausgeliefert; die Welt ist Schein, und nicht Wesen; eine BÜHNE, auf der Schauspieler ihre Rolle spielen, um nach kurzem Auftritt zu verschwinden. Die Bühnenmetapher, die aus der Antike überliefert und im 16. u. 17. Jh. zu einer gängigen Formel geronnen war, wird bei Sh. zu einem Symbol der menschlichen Existenz in ihrer Rätselhaftigkeit. Anders als etwa in Calderons *El Gran Teatro del Mundo (Das Große Welttheater,* ca. 1635) steht über dem Spiel der Welt und des Lebens kein göttlicher Spielleiter, der den Sinn des Geschehens erklärt; vielmehr vollzieht es sich, eine vorübergehende Lichterscheinung, vor einem dunklen Hintergrund. (Die wichtigsten Stellen hierzu: *As You Like It,* II, 7, 139ff.; *Macbeth,* V, 4, 24ff.; *Tempest,* IV, 1, 146ff.). Die Menschen sind Traumgestalten, die den nicht kennen, der sie träumend hervorbringt. [JK]

C. Still, Sh.'s Mystery Play, 1921; G. W. Knight, The Wheel of Fire, 1949; ders. The Crown of Life, 1965; P. Edwards, S.'s Romances, S. Survey, 11, 1958; H. Mathews, Character and Symbol in S.'s Plays. 1962; J. Kleinstück, Mythos u. Symbol in engl. Dichtung, 1964; J. Beneke, Metaphorik im Drama (Pericles u. Cymbeline), 1975.

**Shakti.** Im → Hinduismus die als weiblich gedachte göttliche Kraft oder »Energie«, die sich in allen weiblichen Prinzipien manifestiert. Vor ihrer Verkörperung in bestimmten Göttinnen ist sie die immanente schöpferische und geistige Kraft. Sie besitzt die zwiespältige Natur der Großen Mutter, die zeugend und lebenspendend, aber auch grausam und zerstörerisch ist. Ihre primäre Personifizierung ist die Partnerin des Gottes → Shiva als seine dynamische Potenz, wobei Shiva und S. die fundamentale Spannung im Kosmos und im Menschen überhaupt verkörpern. Im Mythos spiegelt sich das philosophische Prinzip des Sāmkhya, daß der männliche Geist (Purusha) völlig passiv, die weibliche Urnatur (Prakriti) aktiv und allein für die Schöpfung verantwortlich ist.

Die S. Shivas nimmt die verschiedensten Formen an, von mütterlichen und gütigen (Umā, Pārvatī, Gaurī) bis hin zu grausamen (Durga, Kālī). Die einfachsten Symbole für Shiva und S. sind LINGA (phallisches Symbol) und YONI (Symbol des Mutterschoßes). Schließlich gehört zu jedem Gott seine S., die seine Attribute und Eigenschaften mit ihm teilt, doch sind diese Göttinnen weit blasser als die S. Shivas. Im S.-Kult finden sich auch abstoßende und brutale Züge (so gehören Leichen, Blut, Totenschädel usw. zur Darstellung der Kālī). Im tantrischen → Yoga wird S. als die im Körper schlummernde Schlangenkraft (Kundalinī) betrachtet, deren Erweckung und Aufsteigen zur höchsten Vereinigung mit dem göttlichen Prinzip führt. [BB]

A. and E. Avalon, Hymns to the Goddess, 1913; J. Woodroffe, Sakti and Sakta, [6]1965; S. K. Das, S. or Divine Power, 1934; D. C. Sircar, The S. Cult and Tara, 1967; Pushpendra Kumar, S. Cult in Ancient India, 1974; N. N. Bhattacharya, History of the Sakta Religion, 1974; L. Silburn, Hymnes aux Kali la roue des énergies divines, 1975.

**Shintoismus.** *Shinto* ist eine sinojapanische Wortbildung und bedeutet »Weg der Götter«. Am Anfang der verehrungswürdigen ersten Gottheiten steht das Urpaar Izanagi: der Reine, Helle, Himmlische und Izanami: das Trübe, die Erde, das Land. Als das Paar mit einem Speer über des Himmels Brücke schritt, schleuderte es ihn mit Sonnenfeuer an der Spitze ins Meer. Das Meer gebar eine Insel, die Insel gebar einen Kaiser. Nun ist der Kaiser der Sohn der Sonnengöttin, und das Volk sind die Kinder des Kaisers und der Sonnengöttin. Der SPEER, Ursache und Symbol für die Entstehung Japans, wird bis heute als etwas Heiliges, als Himmelsspeer verehrt.

Der S. ist eine animistische Religion, in welcher Naturerscheinungen ebenso wie geschichtliche Persönlichkeiten als Träger besonderer Seelenkräfte ins anthropomorph Göttliche erhöht werden. In Naturvorgängen wie Wind und Sturm, Regen und Schnee, Blitz und Donner wirken höhere Wesen mittels ihrer Kraftentfaltung zum Wohl und Wehe der Menschen. Symbol für den Wind z.B. ist der goldene DRACHE, für den Sturm der wilde TIGER. Der Drache brüllt, die Wolken erheben sich, er durchstößt sie, und der Wind steht auf; »der Tiger röhrt und erregt den Sturm« (alter Spruch). – Die Schönheit des Schnees symbolisiert die SCHNEEMAID, die den weißen Zauber bewirkt und alles geheimnisvoll bedeckt.

In Altjapan war das PFERD das Wertvollste nächst dem Menschen, und da es in diesem Reisland ohne viel schüttenden Regen keinen Reis gibt, also auch keine Existenz, zu viel Regen wiederum Unheil und Katastrophen bedingen, kannte man zwei Arten des Regen- bzw. Existenzgebetes und zwei Arten des Regenopfers: Opfer des schwarzen Rosses, Symbol für die Bitte um Regen, und das Opfer des weißen Rosses, Symbol für Bitte um Sonne, d.h. Aufhören des Regens. Die spätere Zeit begnügte sich mit einem gemalten Pferd: »Bild-Pferd« auf Votivtafel, (in Schreinen, Tempeln und Häusern).

Quellen, Brunnen, Flüsse, Seen, Meere, ferner Berge, Gebirge, Vulkane und Felsen galten den Shintoisten als Gottheiten. So ist der BERG Fuji, der »Eine in den Drei Landen« (China, Japan, Korea), ein Wunderberg, Wohnsitz der Götter, Symbol für das Lebenselixier und die Unsterblichkeit. Vom Gipfel dieses Berges aus werden die bösen Geister vertrieben, wird das Land behütet. MEER und INSEL stehen in innigstem Zusammenhang. Meer und Insel: Das ist Japan. Diese Inseln im Wasser (z.B. im Biwa-See) waren Stätten der Liebesvereinigung, Symbol für die Gebärende, daher seit uralters der Liebesgottheit geweiht. Der WASSERFALL bedeutet Wunderborn, Lebenswasser, glückhaftes Symbol für das Heilige Zeitalter. Am Fluß findet die Freilassung von gefangenen Fischen, auch Vögeln und anderen Tieren statt. Das religiöse und ethische Empfinden für die Vernichtung des Lebens im Kriege verlangt irgendeine Sühne. Am Festtage wurden dann Tausende von Fischen in Quellbächen freigelassen, wobei der Gott selbst in der Göttersänfte vom Berg herabgetragen wurde, um die Fische zu segnen – symbol. Handlung zur Förderung des Lebens. Mit Fluß und Flußwasser ist nicht zuletzt die kultische Reinigung, das Reinigungsbad am Reinigungsfest verbunden. Dieses Fest gründet sich auf folgenden Mythos: Zur Zeit als die Göttin Amaterasu ihren Enkel zur Unterwerfung des japanischen Mittellandes von Schilfgefilden herabsandte, seien in diesem ungebärdige Gottheiten wie LEUCHTKÄFER umhergeschwärmt, vom Gott Koto-shironushi aber besänftigt und weggefegt worden. Am Anfang der Feier sei deshalb unerläßlich, durch einen Schilfkranz zu schreiten, dann erst sei es Zeit zum Reinigungsbad im (Kamo-) Flusse und zum Gebet im Schreine. Mit dem aus SCHILFGRAS geflochtenen KRANZ wollte man sich gegen alle Krankheiten des kommenden Winters und sonstige Übel feien, auch Liebeswirren heilen, Liebende einen und symbolische Zusammenführung aller Getrennten. Beim Wasserbad wird das Gemüt frei und fleckenlos. Die Menschen schöpfen Wasser, damit des hohen Wassergottes Gemüt und Sinn sich über sie ergieße. REINIGUNG bzw. Entsühnung symbolisieren ewiges Leben. Wer das Flußwasser schöpft, schöpft »Gottessinn«. Das BAD ist ein Übergossenwerden mit göttlichem Geiste, eine Deutung, die derjenigen der christlichen Taufe sehr ähnelt.

Geisteswesen sahen die Japaner auch in Bäumen. Die KIEFER ist der Lebensbaum des Ostens, uralt und doch immer »junggrün« und frisch-lebendig bleibend, Hinweis auf langes Leben und glückliche Ehe. Neben der Kiefer ist der PFLAUMENBLÜTENBAUM das mächtigste, sinnfälligste und höchste Symbol des Glückes, des Segens, des immerdar gründenden Lebens. Wenn im eisigen Winter alles erstorben scheint,erblüht der Pflaumenbaum und verbreitet köstlichen Duft mit seinen roten oder rötlichen Blüten, Symbol auch für Güte und Größe. Wenn wir von den kaiserzugehörigen Chrysanthemen absehen, ist für die Japaner die KIRSCHBLÜTE das Schönste unter allen Blumen und Blüten. Sie ist völlige Reinheit, leibhaftiges Licht, untadelig und ohne Flecken. Jung stirbt sie rasch dahin, sich opfernd. Aber wie sie den Mann in höchster Jugendblüte zeigt, ist die Kirschblüte im Weiblichen die Maid, die Schönste in Menschengestalt. Die Kirschblüte sinnbildet Reinheit des Leibes und der Seele, Heldentum, Schönheit.

Unter den Tieren bezeugen die Shintoisten besonders dem Kranich, der Schildkröte und dem Reiher religiösen Respekt. KRANICH und REIHER sind edelstes Symbol für helle, himmlische Schönheit und Erhabenheit. Mit ihren schneeweißen Gewändern lassen sie sich aus himmlischen Höhen auf die Erde nieder. Kranich und SCHILDKRÖTE gemeinsam symbolisieren langes Leben: »Zehntausend Jahre lebt die Schildkröte und tausend Zeiten häuft der Kranich auf . . .«.

Götter vermochten sichtbar zu werden auch in Gegenständen, z.B. Spiegeln, Flöten, Bogen. In manchen Schreinen sind Spiegel aufgestellt, denn der SPIEGEL ist das Symbol für die Lauterkeit des göttlichen Sinns, der »alle Dinge widerspiegelt und deren keines für sich behält«. Er tut kein Ding hinzu, er hat kein Herz für sich. Er ist Urquell des Richtigen. Er spiegelt alle Räume und alle Zeiten. Die FLÖTE ist im alten Japan das Inbild des jungen Helden; mit Flötenklang geht er zum Kampfe; sie versinnbildlicht die Sehnsucht nach Liebe, Schönheit und Ferne (nicht nur fernes Land, sondern auch das Goldene Zeitalter). Der Bogenschütze sieht in seinem BOGEN das Wahrzeichen der Ordnung der Welt, des Segens durch Generationen. [KH]

K. Florenz, Die histor. Quellen der Shinto-Religion, 1919; W. Gundert, Japan. Religionsgesch., 1935; G. Kato, What is Shinto?, 1935; Ch. Fujisawa, Bewußte Erneuerung u. Wiederbelebung des S. als d. Lebensphilosophie des japan. Volkes, 1962; H. Kageyama, The Arts of Shintô, New York/Tokyo 1973; M. Maeda, Signs and Symbols of Japan, 1975; H. Zachert, Die Mythologie des Shinto (WdM, 20. Lief.), 1986.

**Shiva.** In die vorarische Industalkultur des 3. und 2. Jt. zurückreichend, hat keiner der Götter Indiens in gleicher Weise prähistorische und tribale Mythen und Symbolik in sich aufgenommen wie S. Die Großartigkeit S.s liegt sowohl in der großen Vielfalt seiner Wesenszüge wie in seiner Fähigkeit, scheinbar widersprüchliche Aspekte wie Askese und orgiastische Sexualität oder Schöpfung und Vernichtung in einer umfassenden Konzeption zu vereinen.

Die verschiedenen Gestalten S.s werden oft nach ihren furchterregenden (*ugra*) und friedfertigen (*saumya*) Aspekten unterschieden. Zu den ersten zählen u.a. die Tötung des Elefantendämons und auch S.s Emanation Bhairava, die Brahmās fünftes Haupt abschlug, während sein friedfertiger Aspekt etwa in den Darstellungen der Hochzeit S.s oder seiner Bettlergestalt zum Ausdruck kommt. Das LINGA (»Zeichen«) ist das phallische Symbol seiner Fruchtbarkeit. Die Existenz der Linga-Symbolik läßt sich bis in die Industalkultur des 3. Jt. zurückverfolgen und wurde im S.ismus mit einer Vielzahl von Mythen verbunden, deren bekannteste jene des »Bildes der Entstehung des Linga« (*Lingodbhavamūrti*) ist: S. tritt aus einem sich zu kosmischer Größe emporwachsenden Linga hervor, um den Göttern → Vishnu und Brahmā seine Überlegenheit zu offenbaren. Eng mit der Fruchtbarkeitssymbolik ist der archaische STIERkult verbunden, von dem S. vor allem den Nandin-Stier als »Reittier« und in seinen zur Tiara geflochtenen Haaren die in eine Mondsichel umgeformten STIERHÖRNER übernahm. Neben der fruchtbarkeitsrituellen Symbolik deutet der Stierkult auch auf S.s *ugra* – Wesen als grausamer Vernichter hin, das mit einer Vielzahl von Symbolen nahezu alle Darstellungen S.s durchdringt: um den Körper gewickelte Schlangen und Halsketten aus Totenköpfen, zertrampelte Menschen unter seinen Füßen.

Als Asket und Yogin mit aschebeschmiertem Leib und einer Halskette von Menschenschädeln meditiert S. in der Bergeinsamkeit des Himalayas, zu der S. als »Herr des BERGES« und Gatte der »Berggeborenen« Pārvatī enge Beziehungen hat. Neben der DREIKÖPFIGKEIT müssen des weiteren seine DREIÄUGIGKEIT und insbesondere seine → Androgynität erwähnt werden. Als Ardhanārīa (»der Herr, der zur Hälfte weiblich ist«) wird in zahlreichen Skulpturen seine linke Körperhälfte als der weibliche Aspekt des Gottes mit einer Brust und weit ausladender Hüfte dargestellt, während die rechte Seite den männlichen Aspekt wiedergibt. Nahezu alle der bisher aufgezählten Aspekte und Symbole vereinigt S. als »Herr des Tanzes« (Natarāja) in sich. Der bekanntste seiner Tänze ist der Ananda Tāndava, der die fünf kosmischen Akte des – vierarmigen – Gottes symbolisiert: Schöpfung und Vernichtung (TROMMEL und FEUER in seinen beiden hinteren Händen), die erhobenene rechte, vordere Hand symbolisiert in der Geste der Schutzgewährung Erhaltung, sein rechtes Standbein, das auf einem die Vergessenheit symbolisierenden zusammengekauerten Menschen steht, kennzeichnet seine, die Menschen fesselnde Macht der Verhüllung, während die linke vordere Hand die auf das linke erhobene Bein zeigt, die Erlösung durch den Gott verkündet. Der Kosmos, die Bühne seines Tanzes, ist durch einen FLAMMENKREIS symbolisiert, der die gesamte Figur umrahmt. Der FRAUENRING am linken Ohr deutet auf S.s Doppelnatur hin während die Flußgöttin Gaṅga in seinem Haupthaar Fruchtbarkeit symbolisiert. [Ku]

W. Kirfel, D. dreiköpfige Gottheit, 1948; ders., Symb. d. Hinduismus und d. Jainismus, 1959; V. S. Agrawala, Siva Mahadeva, 1966; H. Kulke, Cidambaramāhātmya, 1970; W. O'Flaherty, Asceticism and Eroticism in the Myth of Siva, 1973; V. Moeller, Symb. d. Hinduismus u. Jainismus (Tafelband) 1974; St. Kramrisch, The presence of S., Princeton 1981.

**Sibylle,** (griech.-röm. Wort) für weissagende Frau, so zunächst für die in einer Quellgrotte zu Erythrai (Kleinasien) lebende S. namens Hermophile. Ihre Orakel sollen auch nach Cumae (Italien) gekommen sein, was zur Abspaltung einer eigenen cumäischen S. führte, deren in symbolreicher Sprache geschriebene Orakelbücher in Rom Eingang fanden. Verschiedene Länder wollten ihre eigene S. haben, und so stieg ihre Zahl bald auf 10. Vermeintliche Weissagungen der S.n wurden in den → *Oracula Sibyllina* gesammelt.

Für das christliche MA wurde bes. die tiburtinische (in anderer Version die cumäische) S. bedeutsam; sie soll Kaiser Augustus die Ankuft Christi angesagt haben. In Anlehnung an die → Propheten gab es schließlich 12 S.n, denen die Vorausschau einzelner Lebensstationen Christi zugeschrieben wurde, häufig in der Renaissancekunst dargestellt:

Persische S. mit LATERNE in der Hand, Fuß auf einer Schlange (Hinweis auf die Himmelsjungfrau). Libysche S. mit FACKEL (Christus = Licht der Welt) und zerrissener KETTE (zerrissene Bande des Heidentums). Erythräische S. in armseligem Gewand (Vorbild der Asketen), FUSS AUF GLOBUS (Verachtung der heidnischen Weisheit), eine ROSE weist auf die Verkündigung an Maria. Cumäische S. mit BUCH (Hinweis auf die Geburt des Messias). Samische S. auf Schwert tretend (Zeitalter des Friedens), auch mit WIEGE (Maria legt das Kind in die Krippe). Kimmerische S. mit Lorbeerzweig und TRINKHORN (Maria stillt ihr Kind). Europäische S. mit Brief oder SCHWERT in der Hand (bethlehemit. Kindermord). Tiburtinische S. mit ROHRSTOCK

in der Hand (Hinweis auf die Verspottung).
Agrippinische S., jugendliche Mohrin mit FACKEL (Bekehrung der heidn. Erdteile) und GEISSEL (Geißelung). Delphische S. mit Horn und DORNENKRONE (Dornenkrönung). Hellespontische S. mit Blütenzweig oder KREUZ (Kreuzigung). Phrygische S. mit Lampe und Griffel, dazu SIEGESFAHNE (Auferstehung). [Lr]

W. Vöge, Jörg Syrlin d. Ä. u. seine Bildwerke, 1950; A. Weißenhofer, Darstellung der S.n in d. bild. Kunst (Mitt. d. Ges. f. vgl. Kunstforschung Wien 7) 1955; G. Seib, S.n (LChrI 4) 1972; C. de Clercq, Contribution à l'iconographie des Sibylles (Jaarboek Museum voor Schone Kunsten Antwerpen 1979).

**Sichel** und Sense sind Symbole der Ernte, der Zeit und des Todes, daher Attribute des → Saturn, → Chronos und der Personifikation des → Todes. Als Herr über Leben und Tod hält Shiva verschiedentlich Schlinge und Sichel in Händen. In der Bibel ist die Sichel ein Bild für Gottes Endgericht (*Joel* 4,13; *Offb* 14,15). Hammer und Sichel sind → kommunistische Symbole.

**Sieben,** hl. Zahl: 7-tägige Mondphasen; 7 Planeten (einschließlich Sonne und Mond), in späterem spekulativem Denken Summe der himmlischen 3 und der irdischen 4. In Babylonien Zeichen für Ganzheit, Fülle *(kiššatu),* ähnlich bei Augustinus für *universitas, totus, perfectio*; so ist die S. eine Rundzahl, die einfach für »groß«, »viel« oder »alles« eingesetzt wird. Das Kreisen der 7 Planeten ist Ausdruck kosmischer Ordnung, die sich auch in den 7 Tönen, den 7 Farben und in den mit Planetennamen versehenen Wochentagen widerspiegelt. Die indische Religion kennt 7 Weltgegenden und 7 Jahreszeiten. Buddhas wichtigste Lebensstufen sind mit der S. verbunden: 7 Schritte gleich nach der Geburt, 7-mal umwandelt er den Bodhi-Baum usw. In Griechenland war die Zahl dem Apollon heilig, darüber hinaus bildet sie eine Art Superlativ: 7 Weltwunder, 7 Weltweise, 7 Tore Thebens. Nach Hesiod ist der 7. Tag für Aussaat und Schiffahrt glückverheißend. In der → Gnosis repräsentiert diese Zahl das Schicksal, im Märchen ist sie Ausdruck der Totalität: 7 Geißlein, 7 Zwerge, S.meilenstiefel.
In Judentum, Christentum und Islam Zahl der Vollkommenheit: der 7. Tag ist Gott zu weihen (2 *Mos* 20,10), 7 Augen Jahwes deuten auf seine Allwissenschaft (*Sach* 4,10), 7-armiger → Leuchter, 7-fach ist der Glanz der Sonne im messianischen Zeitalter (*Jes* 30,26). Das Vaterunser enthält 7 Bitten; 7 Gaben des Hl. Geistes; 7 Tugenden. Im Islam: 7-maliger Umgang um die Kaaba, 7. Himmel als Ort der letzten Verklärung. Zur Ambivalenz der S.: in der Apokalypse weist sie auf das Göttliche wie auf das Infernalische; Augustinus spricht von der Zahl der Sünde (→ Todsünden) und der Erlösung (7 Sakramente). Nach altem Volksglauben wird der 7. Sohn einer Mutter Werwolf; die »böse Sieben« → sprichwörtliche Redenarten; S. als Krankheitsname (Schweden). [Lr]

W. H. Roscher, Die S.- und Neunzahl in Kultus und Mythos der Griechen, 1904; J. Hehn, S.zahl u. Sabbat bei den Babyloniern u. im AT, 1907 (Nachdr. 1968); G. Nador, Some numeral categories in ancient Rabbinical literature. The numbers 10,7,4 (Acta Orientalia Hungarica 1962); E. Dinkler-v. Schubert, S. (LChrI 4) 1972; D. Varley, Seven, the number of creation, London 1977. Weitere Literatur → Zahlen.

**Sieg** → Triumph, Victoria

**Siegel** (von lat. *sigillum,* Verkleinerungsform von *signum* = Zeichen), repräsentiert den Besitzer von Eigentum bzw. Macht. Die ersten Rollsiegel oder S.zylinder (mit religiösen Themen) hatten die Sumerer. Die ägyptischen S.amulette in Form eines Skarabäus hatten neben der repräsentierenden Bedeutung auch eine apotropäische; außer dem Bild und Schriftzeichen der Pharaonen finden sich häufig Name und Bild (bzw. Symbol) einzelner Gottheiten. Von S.zylindern und Skarabäen angeregt, entstand im ägäischen Raum der Steinschnitt (Glyptik) mit ornamentalen und mythologischen Motiven. In der Bibel findet sich das S. als Symbol der Gottzugehörigkeit; das Versiegeln bedeutet die Unantastbarkeit für andere, so wird die Braut »ein versiegelter Quell« genannt (*Hld* 4,12). Die Versiegelung mit dem Hl. Geist (*Eph* 1,13) bedeutet, daß der Mensch nunmehr Eigentum Gottes ist. Seit dem 2./3. Jh. findet sich der Sprachgebrauch von S. in der Bedeutung »Kreuzzeichen« *(signum crucis).* Die Kirchenväter erblickten in Taufe und Firmung eine Versiegelung; das S. (die *sphragis*) erhielt den Sinn eines unauslöschlichen Merkmals. Das apokalyptische Buch mit 7 Siegeln (*Offb* 5,1) ist Symbol des unerforschlichen Ratschlusses Gottes. Im MA wurde zunächst nur den S.n der geistlichen und weltlichen Fürsten und der geistlichen Korporationen Authentizität zuerkannt. Die päpstliche Bulle (Metallsiegel) zeigt seit dem 11. Jh. auf der Rückseite die Köpfe der Apostelfürsten Petrus und Paulus. Die S.bilder sind oft äußerst aufschlußreich für die damalige Gerichts- und Herrschaftssymbolik. Viele Reichsstädte wie Frankfurt a. M. und Nürnberg durften ihre Reichsunmittelbarkeit durch die Aufnahme des Adlers im S. bekunden. Zur Kennzeichnung der Person, Institution, Stadt dient sehr oft das entsprechende → Wappen; zwischen dem Rand des Wappenschildes und der um das kreisrunde S. herumlaufenden Inschrift dienen ornamentale oder betont symbolische Motive zur Ausfüllung des Leerraumes. – Im Islam wird → Mohammed als S. bezeichnet. Unter dem S. Salomo(n)s versteht man das dämonenabwehrende → Hexagramm. [Lr]

F. J. Dölger, Sphragis, 1911; A. Moortgat, Vorderasiat. Rollsiegel, 1940; E. Dinkler, Signum crucis, 1967 (S. 1–54, 99–117); E. Kittel, S., 1970; W. A. Ward, Studies on Scarab Seals, Warminster 1978; Fr. Battenberg, Das Hofgerichtssiegel der dt. Kaiser u. Könige 1235–1451, 1979.

**Siegfried,** german. Sagenheld im Mittelpunkt des Nibelungenliedes. Innerhalb der Forschung ist der Ursprung der S.gestalt umstritten. Der geschichtl. Verankerung (vor allem in der Merovinger-Zeit) steht die archetypisch-mythische Herleitung gegenüber. Auch in Armin dem Cheruskerfürsten wollte man wiederholt S. erkennen; so versucht O. Höfler die um Siegfried/Sigurd gruppierten HIRSCHsymbole mit dem Namen der Cherusker (altsächsisch *herut* = Hirsch) in Verbindung zu bringen, nachdem schon frühere Autoren in dem von S. getöteten Drachen das sich durch den Teutoburger Wald windende gepanzerte Heer der Römer erblickten. Eine andere Interpretation (von Falk) verlegt verschiedene Abenteuer des Helden in das Reich der

Psyche; der Drachenkampf und der Erwerb des Hortes und der den → Zwergen abgenommenen Tarnkappe sind danach in der Phantasie vollbrachte Jugendtaten, und der Bericht von S.s Fahrt ins Nibelungenland soll die »Schilderung einer Reise in ein Geisterland« sein. Der verschiedentlich mit dem Lichtgott Baldr oder gar mit Odin zusammengestellte makellose Held galt mit erwachendem Nationalbewußtsein als Verkörperung vermeintlich spezifisch germanisch-deutscher Werte. [Lr]

Fr. Panzer, D. Nibelungenlied. Entstehung u. Gestalt, 1955; O. Höfler, S., Arminius u. d. Symbolik, 1961; W. Falk, D. Nibelungenlied in seiner Epoche, 1974; G. Müller, Zur sinnbildl. Repräsentation d. S.gestalt (Stud. Neophil. 47/1975); W. Hoffmann, D. S.bild i. d. Forschung, 1979.

**Signatur,** Kennzeichen, Merkmal. Schon in der griechischen Vasenmalerei war es üblich, daß der Künstler sein Werk signierte, ein Brauch, der seit dem späten MA allgemeine Verbreitung fand, zunächst auf architektonischen Werkstücken (→ Steinmetzzeichen), dann auch in der Malerei. Im 16./17. Jh. bedienten sich die Künstler großenteils verschlüsselter Zeichen, ihrer Monogramme oder symbolischer Darstellungen (Krebs, Eule, Würfel).

Die Naturphilosophie und die Medizin (→ Paracelsus) der beginnenden Neuzeit verstanden unter S. die äußere Gestalt als Wesensausdruck eines Dinges – ein Gedanke, der über Mystik und Neuplatonismus bis in die Antike zurückreicht und im Glauben an die → Sympathie aller Teile des Kosmos wurzelt. Form und Farbe bestimmter Pflanzen, Tierteile oder Mineralien sollen nach der Signaturenlehre erkennen lassen, welche → Krankheiten sie heilen können (z.B. die herzförmigen Blätter der Melisse: Herzbeschwerden; Leberblümchen: Leberleiden). Jakob → Böhme hoffte mittels der Signaturenlehre das Obere im Unteren (in den *signatura rerum*) enträtseln zu können. Oswald Croll schrieb ein Traktat *Von den jnnerlichen Signaturn oder Zeichen aller Dinge* (1608); danach soll man von den Zeichen auf das Bezeichnete schließen, von den Creaturen auf den Schöpfer, denn »alles was hienieden ist, daß ist auch droben, jedoch auf eine bessere vollkommenere und edlere Weise«. [Lr]

H. Zimmer, S.en i. d. Volksmedizin, 1939; A. Spunda, Das Weltbild des Paracelsus, 1941; W.-E. Peuckert, Pansophie 1956.

**Silber.** Das strahlend-weiße → Metall ist ein Bild der Reinheit. In den *Psalmen* (12,7) wird das Wort Gottes mit geläutertem S. verglichen. Beim göttlichen Gericht werden zwei Drittel getilgt, das letzte Drittel aber bringt der Herr ins Feuer und wird es schmelzen, wie man S. schmilzt (*Sach* 13,9). Wie das Gold auf die Sonne und Christus hinweist, so das S. auf den Mond und Maria, deren Mutter Anna (als Mutter des S.s) zur Patronin des Silberbergbaus wurde. Die dem alten Orient und der Antike vertraute lunare Bedeutung findet sich auch in Altmexiko: bei den Azteken galt das S. als Ausscheidung der Mondgottheit. [*]

**Simson** (hebr. »kleine Sonne« oder »Sonnenmann«), in der Vulgata Samson, war ein mit übermenschlichen Kräften ausgestatteter Held im Kampf gegen die

Philister (*Ri* 13ff.). Man wollte in ihm schon solare Züge erkennen, außer seinem Namen auch seinen Tod zwischen den beiden SÄULEN (in diesem Fall als Symbol des Sonnenunterganges gedeutet, ähnlich den im Westen gelegenen Säulen des → Herakles).

Dem MA galt S. als → Typos Christi; wie er den LÖWEN besiegt, so Christus den Teufel; das Ausheben der STADTTORE von Gaza ist ein Vorausbild für die Überwindung der Höllenpforten durch Christus. Die Philister, die S. mit dem Eselskinnbacken erschlägt, stehen stellvertretend für die Häretiker. In der Renaissance- und Barockliteratur wird S.s verhängnisvolle Liebe zu Delila in den Vordergrund gestellt und zum Sinnbild einer Antinomie von männlicher Kraft und weiblicher List, S. selbst zum Symbol des in Sünde verstrickten Mannes. In den Radierungen des modernen Wiener Künstlers Ernst Fuchs wird der biblische Stoff um S. als Sonnenmythos gedeutet. [Lr]

W. Tissot, Samson u. Herkules in den Gestaltungen des Barock (Diss. Greifswald 1930) 1932; W. Kirkconnel, That invincible Samson. The theme of Samsons agonistes in world literature, Toronto 1964; W. A. Bulst, Samson (LChrI, 4) 1972.

**Sinnbild.** Erstmals von G. Ph. Harsdörffer (*Poetischer Trichter,* 1648) für sogenannte »Emblemata« verwendet. Der Zusammenwurf von Sinn und Bild entspricht insofern dem → Emblem, als darin das Bild als *pictura* erscheint, darüber ein auf den Sinn weisendes Sprichwort, darunter die Beschreibung im Wort. Im zur Schau stellenden → Barock wird die Repräsentation zum Wesensmerkmal der Sinnbilder; so kann Gryphius schreiben: »O wahres Sinnen-Bild, o unverfälschter Abriß dieser Welt«. Im 18. Jh. führte der für die Verdeutschung der Fremdwörter eintretende Dichter Karl Wilhelm Ramler das Wort S. für Symbol ein; seither werden beide Audrücke oft synonym gebraucht; das eine gilt einfach als Übersetzung für das andere, so auch bei Jolande Jacobi, die im Sinne C. G. Jungs bei der deutschen Wortzusammensetzung auf die beiden Sphären des erkennenden und formenden Bewußtseins (Sinn) und des aus dem kollektiven Unbewußten aufsteigenden Bildes hinweist (*Komplex, Archetyp, Symbol,* 1957, S. 110).

Im nationalsozialist. Schrifttum wurde der Ausdruck S. bevorzugt. Die an sich berechtigte Besinnung auf die → Heimat und die → bäuerliche Symbolik gerieten in einen weltanschaulichen Sog; BLUT und BODEN wurden zu symbolträchtigen Worten für Rassenreinheit und Bodenständigkeit. Religions- u. Kunstgeschichte und besonders die Volkskunde wurden in den Dienst der S.forschung gestellt. Nach K. Th. Weigel sind S.er »der Ausdruck völkischen Willens und Glaubens«; in Hakenkreuz, Lebensbaum und sogar in der Mandorla (Raute) erkennt er »germanisches Erbgut«. Otto Lauffer charakterisiert diese Art von Forschung »nur zum kleineren Teil mit dem Verstande« gemacht, zum größeren Teil dagegen mit dem »Lebensgefühl«. [Lr]

K. Th. Weigel, Beiträge zur S.forschung, 1943; W. E. Peuckert/O. Lauffer, Volkskunde. Quellen u. Forschungen seit 1930, 1951; A. Seiffert, Funktion u. Hypertrophie des S.es, 1957; D. Jöns, Das Sinnen-Bild. Studien zur allegor. Bildlichkeit bei Gryphius, 1966.

**Sinne, fünf.** Sinnbildliche Darstellung von Gesicht, Gehör, Geschmack, Geruch und Gefühl. Literarisch belegt u.a. bei → Herrad von Landsberg. Bildliche Darstellungen der 5 Sinne sind im MA selten. Im Ms. *Anticlaudianus* von Alan von Lille (Bibl. Verona) werden die 5 S. durch fünf PFERDE mit dem zum jeweiligen Sinn gehörenden Organ symbolisiert. Vom 16. Jh. an erscheinen 5 S.-Darstellungen in den Niederlanden, in Deutschland und in Frankreich (Tapisseriefolge *La Dame à la Licorne,* um 1500, Paris, Musée, Cluny). Personifizierungen treten in den graphischen Zyklen von G. Pencz und H. Cock (nach F. Floris) auf. Häufig werden die 5 S. zu einer Darstellung zusammengezogen (Kupf. von A. Collaert nach A. van Noort). Die 5 S. werden auch durch einzelne, stilllebenhaft angeordnete Objekte symbolisiert; so z.B. durch BÜCHER (Gesicht), MUSIKINSTRUMENTE (Gehör), AFFE (Geschmack), HUND (Geruch) und SCHILDKRÖTE (Gefühl) bei J. Hoefnagel, *Freundschaftsall.,* 1590, Rotterdam. Die 5 S.-Symbole entwickelten sich bei szenischer Wiedergabe besonders in den Niederlanden zu Genredarstellungen, deren ursprüngliche Bedeutung schwer zu erkennen ist (J. Brueghel d. Ä., 1615, Madrid). [ThVW]

H. Kauffmann, Die 5 S. in der niederl. Malerei des 17. Jh. (Kunstgesch. Stud. f. D. Frey), (1943); F. Mütherich, An illustration of the Five Senses in Mediaeval Art (Journ. Warb. Inst. 18) 1955; Chu-tsing Li, The Five Senses in Art (Diss. State Univ. Iowa, Ms., 1955).

**Sirenen.** (griech. *Seirenes*), die »Bestrickenden«. Erstmals in der Odyssee erwähnte Jungfrauen mit VOGELleib, aus Ägypten übernommene, den Keren und Harpyien verwandte Seelenvögel suchten, mit übernatürlichem Wissen und Gesang begabt, vorüberfahrende Seeleute an ihre Insel zu locken und zu töten. Bei der Vorüberfahrt der Argonauten übertönte Orpheus ihren Gesang; → Odysseus schloß den Gefährten die Ohren mit Wachs und ließ sich an den Mast seines Schiffes binden. Darauf stürzten sich die S. ins Meer.

Bei antiken Mythographen bekamen die S., vorher Gespielinnen der → Persephone, FLÜGEL, um die Geraubte zu suchen oder als Strafe für ihre Unachtsamkeit. Die Häßlichkeit sollen sie → Aphrodite verdanken, weil sie Liebesfreuden mißachteten. Schon früh wurden die Tod bringenden S. zu geleitenden Todesengeln, ihre Gesänge zu Himmelsmusik und S. trauernd auf Grabsteinen dargestellt. Von hier führt eine Linie zu den musizierenden Barockengeln und dem Sprichwort, ein dem Tode Entronnener »habe die Engel singen gehört.« Andererseits sah das Christentum in den S. wegen ihres Wissens und ihrer Verführungskunst Sinnbilder der Häresie; später verkörperten S. indes nur noch die Lust der Welt *(saeculi voluptas)*; im MA fischschwänzig abgebildet, oft mit Krone und Szepter (Rothenburg), nähert sich die Symbolik weltlicher Lockung der Frau Welt. [Rd]

C. Picard, Néreides et Sirènes (Annales de l'Ecole des Hautes Etudes de Gand) 1938; Th. Klauser, Das S.abenteuer des Odysseus – ein Motiv der christl. Grabkunst? (Jb. f. Antike und Christentum 6) 1963.

**Skarabäus,** seine den alten Ägyptern geheimnisvolle Entstehung aus der Dungkugel ließ ihn zum Symbol des Urgottes Chepre (d. h. »der aus der Erde Entstandene«) werden. Wie der → Käfer, der »hl.

Pillendreher«, eine Mistkugel vor sich herschiebt, so dachte man sich Chepre die Sonnenkugel über den Himmel hinwegrollend. Der S. war ein beliebtes Amulett und ging in die → Auferstehungssymbolik ein. [*]

H. Bonnet, S. (Reallex. d. ägypt. Religionsgesch.) 1952; E. Brunner-Traut, Der S. (Antaios VI/1965); E. Staehelin, Ägyptens hl. Pillendreher, 1982.

**Skorpion,** mit seinen Krebsscheren und dem giftstachelbewehrten Schwanz Symbol gefährlicher, todbringender Mächte, im Gilgamesch-Epos erscheinen zwei S.menschen als Hüter des Hölleneinganges. Schlange und S. sind Widersacher des Lichtgottes → Mithras. In ägyptischer Frühzeit wurden kleine Figürchen dieses Tieres als Amulett getragen, später galt die in Gestalt eines S.s verehrte Göttin Selkis als Schützerin der Lebenden und Toten. In der Bibel sind S.e ein Bild für die Strafe Gottes (*Sir* 39,30; *Offb* 9,3–5), im MA Symbol der → Synagoge, der Häresie und des Teufels, in der italienischen Malerei des 15. Jhs. mit dem büßenden Hieronymus Hinweis auf das Böse und die Selbstgeißelung. Nach griechischem Mythos tötete der S. den großen Jäger Orion, worauf beide an den Sternenhimmel versetzt wurden. In der astrologischen Medizin steht das Sternbild S. in Korrespondenz zu den Genitalien. In Verbindung mit Merkur kann das Insekt auch Symbol des Überflusses und des Glücks sein. [Lr]

M. Bulard, Le s., symbole du peuple juif, Paris 1935; W. Deonna, Mercure et le s. (Latomus XVII/1958); L. Aurigemma, Le signe zodiacal du s. dans les traditions occidentales, Paris 1976.

**Smaragd,** astrologisch dem Planeten Venus zugeordnet. Antik ist die Vorstellung, daß der S. von kühler Natur sei und seinen Träger keusch mache. Im christlichen MA ist der Edelstein Symbol der Jungfräulichkeit und – wegen seiner grünen Farbe – Hoffnung. Der smaragdgrüne Regenbogen in der Apokalypse (*Offb* 4,3), deutet auf die göttliche Gnade. [*]

**Solowjew,** Wladimir, 28.1.1853 Moskau – 12.8.1900 Uskoje b. Moskau, Philosoph, Theolog und Dichter. Der visionäre Geist von S. wendet sich einer immensen Vielfalt von Fragen zu, kulminiert jedoch in einer mystischen allgemeinen Metaphysik und eschatologisch-theologischen Geschichtsphilosophie. In jedem Bereich, den er zu ergründen versucht, kristallisieren seine Intuitionen zu gewaltigen Symbolen oder symbolartigen Gebilden heraus. Grundprinzip der Wirklichkeit ist der einheitsstiftende Logos, der mit Christus identisch ist und sich in der → Sophia, d.h. in der vollendeten und inkarnierten göttlichen Weisheit (der »Weltseele«, der verwirklichten Idee oder vollkommenen, vergeistigten Materie) aktualisiert. Die Wirklichkeit ist eigentlich diese mystische Ehe von Logos und Sophia. Nach S. ist die Weltgeschichte, deren Telos die Welttheokratie ist, schon innerlich abgeschlossen; was sich noch abspielt, ist nur eine mechanische und tote Wiederholung ihrer schon ausgeschöpften Strukturen. Ihr endgültiger übernatürlicher Ausgang steht jedoch noch bevor. S. malt das eschatologische Bild dieser Vollendung der Geschichte. Dem Antichristen ist es gelungen, die Macht über die Welt zu erobern und sowohl den Papst Petrus II. (= die kathol.

Kirche) als auch den Patriarchen Johannes (= die orthodoxe Kirche) zu ermorden; dazu verlangt er noch, zum Papst ernannt zu werden. In diesem Augenblick erscheint Petrus, der, zornig, mit dem Krummstab nach ihm wirft. [Ign]

F. Skobzova, Die Weltanschauung v. W. S. (russ.), 1929; W. Szylkarsky, S.s Phil. d. All-Einheit, 1935; F. Muckermann, S., Zur Begegnung zw. Rußland u. d. Abendland, 1945; F. Stepun, Myst. Weltschau, 1964.

**Sonnengottheiten.** Zu unterscheiden sind die eigentlichen S., bei denen die Sonne den Gott repräsentiert oder verkörpert (oft ist ihr Name mit dem Wort für Sonne identisch: akkadisch Schamasch, ägyptisch Aton = Gott des »Ketzerkönigs« Echnaton, griech. Helios) von denen, die nur »sonnenhaft« sind, also einen solaren Aspekt haben (so war in Babylonien → Marduk ein Gott der jungen Sonne; die glühende Sonnenhitze des Sommers wurde Nergal zugeschrieben). Schließlich wurde der Sonnenkult auch auf nichtsolare Gottheiten übertragen, so daß diese in einer späteren Zeit selbst als S. erscheinen wie z.B. → Osiris und → Apollon. Selbst der Hochgott kann von der Solarisation ergriffen werden wie umgekehrt die Sonne lediglich als dessen → Hypostase auftreten kann.

Die Attribute und Symbole der S. sind zum großen Teil der allgemeinen → Sonnensymbolik entnommen. Den Ägyptern galt das Sonnengestirn als sichtbarer »Leib« des Himmelsherrn → Re; mittel- und neubabylonische Grenzsteine zeigen die SONNENSCHEIBE als Symbol des Sonnengottes. Hauptattribut des hethitischen Sonnengottes ist eine mit der Kappe verbundene FLÜGELSONNE, während der altindische Surya durch ein RAD symbolisiert wurde (so schmücken 12 große Sonnenräder seinen Tempel zu Konarak). In leuchtendem GOLD (der Farbe der Sonne) erstrahlen der Wagen des vedischen Savitar und der Becher des → Helios; die Ägypter bezeichneten den Sonnengott metaphorisch einfach als »das Gold« oder »der Goldene«. Wie schwierig gewisse Motive zu deuten sind,dafür diene die sog. »SÄGE« in der Hand des altmesopotamischen Sonnengottes Schamasch; man erblickte in ihr u.a. den Himmelsschlüssel (Bruno Meissner), eine Säge zur Entfachung des Sonnenfeuers (E. Ettisch) und eine Säge zur Öffnung der Unterwelt beim Aufstieg des Sonnengottes (A. Moortgat).

Wegen des Nachtlaufes der Sonne und ihres winterlichen »Abstiegs« können einzelne S. auch eine Beziehung zur Unterwelt aufweisen: so macht Schamasch die Toten wieder lebend; der mit Surya oft gleichgesetzte Savitar führt als Psychopompos die Toten in die Gefilde der Gerechten; als Herrscher der Unterwelt vertritt Osiris die Sonne in ihrer nächtlichen Form. Mircea Eliade erblickt auch in dem Attribut der PFERDE (die den Wagen von Surya und den des Helios ziehen) einen chthonischen Aspekt. Gerade die den S. zugeordneten Tiere lassen die divergierenden Bedeutungen hervortreten; so weist beim Horus von Letopolis das ICHNEUMON auf die Lichtseite des Gottes, die unterirdisch lebende SPITZMAUS auf seine Nachtseite. Im ganzen altorientalisch-mediterranen Raum standen Horn- und Geweihtiere in naher Beziehung zu S., man denke nur an den WIDDER des ägyptischen

Amun, an Marduk als STIERKALB oder an die hattische Sonnengöttin Wuruschemu, die auf dem Rücken eines HIRSCHES dargestellt wurde. [Lr]

W. Wili, Die röm. S. und Mithras (Eranos-Jb. 10) 1943; E. Dhorme, Les religions de Babylonie et d'Assyrie, Paris 1945; M. Eliade, Die Religionen und das Heilige, 1954; E. E. Ettisch, Die Säge als Sonnensymbol im Alten Orient (Paideuma VII) 1961; E. Brunner-Traut, Spitzmaus u. Ichneumon als Tiere des Sonnengottes (Nachr. d. Akad. d. Wissensch. in Göttingen. Phil-hist. Kl. 1965, 7); H. R. Davidson, The chariot of the sun (Folklore 80) 1969; H. Seyrig, Antiquités syrienne: Le culte du Soleil (Syria 48) 1971; J. Jobé Mythologie der Sonne (Die Sonne, Licht und Leben) 1975; M. Lurker, Zur Symbolbedeutung von Horn u. Geweih (Symbolon NF 2) 1975; R. David, Cult of the sun. Myth and magic in ancient Egypt, London 1980.

**Sonnensymbolik.** Die S. ist interkontinental und in ihrer Vielfalt kaum überschaubar, zumal die Symbolik des Gestirns und jene der → Sonnengottheiten oft ununterscheidbar ineinandergreifen. Die S. beruht auf Mythen, die an Naturerscheinungen anknüpfen, bes. an die tägliche und jährliche Sonnenbahn. Der abendliche Untergang und der von der Sommersonnenwende an beginnende Abstieg ist Symbol des Todes, des Unheils, des Herabstiegs in den Hades; der morgendliche Aufgang im Osten und der mit der Wintersonnenwende beginnende Aufstieg hat Auferstehungs-Lebens- und Heilscharakter. Vielfach spielt das Verschlingungsmotiv durch ein Drachenungeheuer eine Rolle, das die Sonne von innen her überwindet, so daß sie erneut aufstrahlt. So liegt fast der ganzen S. die Vorstellung zugrunde, daß Sonnentod ein Geburtsvorgang zu neuem Leben ist. Von den alten Völkern haben bes. die → Ägypter eine reiche S.

Mythisch-symbolisch gilt der Sonnenlauf als WAGENFAHRT, als SCHIFFAHRT, als VOGELFLUG, als KUGELROLLEN durch den Sonnengott. Auch ist die Sonne das allsehende AUGE des Himmels. Auf die Wagenfahrt weist das RAD als verbreitetes Symbol hin, oft mit SPEICHENKREUZ, dem Symbol der vier Weltecken, die den Sonnenstand morgens, mittags, abends und mitternächtlich anzeigen. Auch das KREUZ allein gilt als Symbol, bes. das HAKENKREUZ (Swastika) in dem sich der Sonnenlauf darstellt: von rechts nach links die untergehende Sonne, von links nach rechts die aufgehende Sonne. Dem Rad verwandt ist die SCHEIBE, oft mit strahlendem Stern oder geflügelt dargestellt oder auch ohne Kreislinie als ACHTSTRAHLIGER STERN. Da die Sonne wie am Himmel daherfliegend erscheint, sind Vögel ihre Symbole, bes. ADLER und FALKE, die beide auch das Herrscherliche der Sonne symbolisieren. Der sagenhafte PHÖNIX, der, alt geworden, nach Heliopolis fliegt, dort vor dem Sonnenaltar betet, sich verbrennt und sich aus der Asche verjüngt erhebt, ist Symbol der Sonne in ihrer täglichen und jährlichen Verjüngung. Der HAHN gilt als Sonnentier, weil er den Sonnenaufgang anzeigt. Der LÖWE symbolisiert das allsehende Sonnen-Auge, weil er auch im Schlaf seine Augen nicht schließen soll. HIRSCH und PFERD, bes., das weiße Pferd, gehören zur Sonne, weil sie ihren Wagen ziehen. In Ägypten gilt der SKARABÄUS als Symbol der Sonne, weil er die Dungkugel vor sich herschiebt wie der Sonnengott die Sonne.
Schon in Israel findet die S. Aufnahme in die Offenbarungsreli-

gion. So sind die Erzählungen von → Simson (Rich 13–16) und Jona teilweise eingekleidet in sonnensymbolische Bildsprache. Vgl. ferner: 1 *Mos* 15, 12; *Jes* 16, 20, wo aber mehr die Sonne selbst zum Symbol wird. Vom Christentum wird fast die gesamte außerbiblische S. übernommen und auf Christus übertragen, vor allem Kreuz, Adler, Löwe, weil er die wahre Sonne ist, sein Tod und sein Abstieg in die Unterwelt der wahre Sonnenuntergang, seine Grabesruhe die wahre Sonnennachtfahrt, sein Auferstehen der wahre Sonnenaufgang, der den heidnischen Sonnentag, in Altbabylonien der 2. Wochentag, zum 1. Wochentag und zugleich zum wöchentlichen Fest der Christen wandelte. Wahrscheinlich hat sich auch das CHRISTUSMONOGRAMM aus einem vorchristlichen Sonnensymbol, dem Sonnenrad, entwickelt.

Von der S. sind auch zahlreiche Initiationsriten geprägt, so in den → Mysterien der → Isis und des → Mithras. In archaischen Kulten muß der Initiant den Sonnenlauf ahmen, indem er durch ein künstlich hergestelltes Ungeheuer kriecht: sein Einstieg bedeutet Verschlungenwerden von dem Ungeheuer (Symbol des Sonnenuntergangs), sein Ausstieg Neugeburt (Symbol des Sonnenaufgangs). Zu den Riten treten solare Gebärden, so die OSTUNG beim Gebet mit ausgebreiteten Armen, wodurch die Hingabe an die Weite des Sonnenweges hervortritt. Bei den Inkas, den Sonnensöhnen, die von fünf Falken abstammen sollen, spielt der FALKE als Sonnenvogel bei der Initiation eine Rolle.

Etwas von der antiken S. ist auch in die christliche → Taufe eingegangen. Dabei spielt der Westen als Ort des Sonnenuntergangs und der Osten als Ort des Sonnenaufgangs eine bedeutsame Rolle. Nach → Origenes ist der Getaufte ein »Sohn des Sonnenaufgangs« und nach Pseudo-Hippolyt steigt der Täufling »aus der Taufe glänzend wie die Sonne«. Auch die Gebetsostung der alten Christen, die Ostung ihrer Kirchen und Gräber gehört der S. an. → Helios. [THS]

A. Scharf, Ägypt. Sonnenlieder, 1921; F. Boll, Die Sonne im Glauben u. in der Weltansch. der alten Völker, 1922; Fr. J. Dölger, Die Sonne der Gerechtigkeit u. der Schwarze, 1918; Ders. Sol Salutis, 1925; Ders. Antike u. Christentum, Bd. 1–6, 1929–1950, pass.; Th.-W. Danzel, Symbole, Dämonen u. hl. Türme, 1930 (15–43); V. Stegemann, Sonne (HdA 8) 1936/37; O. Fröbe-Kapteyn (Hg.), Alte Sonnenkulte u. Lichtsymbolik in der Gnosis u. im frühen Christentum (Eranos-Jb. 10) 1944; H. Fischer, Die kosmurg. Symbolik der Sonnen-Erd-Stellung (Symbolon 3) 1962; W. Hardy, The sun in art. Sun symbolism from the past to the present, in pagan and Christian and applied art, 1962; J. Daniélou, Liturgie u. Bibel, 1963 (245–264); U. Steffen, Das Mysterium von Tod u. Auferstehung, 1963; Ph. Rech, Inbild des Kosmos, Bd. 2. 1966 (94–127);

**Sonnenwende.** Winter- und Sommers. waren im ursprünglich zweigeteilten Jahr rituell ausgezeichnete Tage. Sie stellten das Mysterium von Tod und Leben dar. Die Winters. trug Leben-Auferstehungs-, die Sommers. Todescharakter. Die Winters. galt wegen des aufsteigenden Lichts als Geburtstag der Sonne und wurde bei manchen Völkern, etwa den Sumerern, als Neujahrsfest gefeiert. In Altbabylonien feierte man in dieser Zeit das Hochzeitsfest von Nigursu und Ba'u, in Ägypten am 6. Januar die Geburt des Aion, in Rom am 25. Dezember des *Natalis Invicti.* Die Germanen hatten ihre Julfeiern. Die Sommers. war wegen des abnehmenden Lichtes ein Toten- und Trauerfest, so im Tammuz-Adonis-Kult. Wahrscheinlich war die Sommers. bei den Germanen dem Balder heilig. Beide Feste waren Feuerfeste und durch eine reiche FEUER- und LICHTsymbolik ausgezeichnet. Die Lebenskraft der → Sonne sollte durch das Feuer gestärkt werden. Bei der Winters. spielten neben Feuerbränden und Fackelzügen brennende KERZEN und AMPELN eine große Rolle. Bei der Sommers. wurden hauptsächlich auf den Bergen FEUER entzündet, brennende RÄDER abgerollt oder brennende SCHEIBEN geworfen, beides Symbol der Sonne. Auch wurde das Nieder- und Aufsteigen der Sonne durch TANZEN, HÜPFEN und SCHAUKELN gemimt. Im Christentum leben die alten Feste weiter in → Weihnachten und Epiphanie als den Geburtstagen der wahren Sonne Christus, ebenso im Fest Johannes des Täufers. Auch hat sich die alte, allgemein verbreitete Feuer- und Lichtsymbolik im Brauchtum und in Kinderspielen bis in die Gegenwart hinein erhalten. [ThS]

K. Holl, D. Ursprung d. Epiphaniefestes. Ges. Aufsätze zur Kirchengesch., 1928; J. G. Frazer, D. Goldene Zweig (933ff., 963ff.) 1928; A. Jeremias, Hdb. d. Altoriental. Geisteskultur, ²1929; P. Sartori, Johannisfeuer (HDA IV) 1931/32; V. Stegmann, S. (HDAE VIII) 1936/37; A. Pfleger, D. Sommersonnenwendrad im Elsaß u. Moselraum (Oberdt. Zs. f. Volkskunde 16/1942); H. Rahner, Griech. Mythen in christl. Deutung, 1945 (172ff.); Fr. Hirsch, D. Sonnenwendbogen. Eine himmelskundige Entdeckung auf Rügen . . ., 1965; W. Müller, »Neue Sonne, neues Licht«. (G. Stephenson [Hrsg.], Leben u. Tod in d. Religionen (335–350) 1980.

**Sophia.** Die Lehre von der S. hat biblische Grundlagen (*Spr* 8, 14; 9, 1–5; *Sir* 1, 1; 24, 11–13; 1 *Kor* 1, 24 u. 30). Im Gefolge haben sich die Kirchenväter der byzantin. Zeit öfter mit der Idee der → Weisheit Gottes befaßt, bis Konstantin d. Gr. die Hagia Sophia Christus in seiner bes. Eigenschaft als göttlicher S. geweiht hat. Daraufhin sind viele Kirchen des oströmischen Reiches im 6. Jh. der S. geweiht worden. Es ist jedoch nicht ganz sicher, wann die Gleichsetzung der göttlichen S. mit Christus, dem Logos erfolgte.

Schon früh hat die Bedeutung der S. »als des alles einenden Elements bei der Erschaffung der Welt« die russischen Christen beschäftigt, wie ja »ein Verlangen nach Durchdringung der Schöpfung mit Göttlichem, nach Erlösung des gesamten Kosmos, nach Verwirklichung des Reiches Christi auf Erden bis in die Gegenwart ein bestimmender Zug des russischen Christentums geblieben « (L. Sertorius) ist.

In Nowgorod und später in der sog. Stroganow-Schule erscheint die S. auf Ikonen, umgeben von Maria und Johannes d.T. Die Idee der göttlichen S. in der Schöpfung taucht in der Orthodoxie Rußlands zum ersten Mal in der religiösen Philosophie auf (→ Solowjew) und wird durch S. Bulgakov zur »Glorie der gegenwärtigen orthodoxen Theologie«, die allein imstande sei »das gewaltige Problem des Kosmos zu stellen« (P. Evdokimov). Ikonographisch von Bedeutung ist ihr Aufscheinen in den Illustrationen der Weisheitsbücher, in Personifikationen wie Allegorien (Maria, Christus, Engel als S.). [Sr]

H. Vorgrimler/R. Vander Gucht, Bilanz der Theol. im 20. Jh., II, 1969; U. Mielke, Sapientia (LChrI 4, 1972); J. Tyciak, Theologie der Anbetung (S. 14) 1976.

**Souveränität** → Herrschersymbole, Hoheitszeichen

**Soziale Symbole.** Im Kontext der verstehend-handlungstheoretischen → Soziologie sind s. S. Kulturobjekte, deren komplexe Sinngehalte sich nach einem dreidimensionalen Deutungsschema interpretieren lassen: 1. Ein Phänomen der physischen Realität ist als Medium der → Kommunikation mit einem Kommunikationsinhalt verbunden, der die physische Realität transzendiert. 2. Im s. S. ist wie in einem Januskopf eine vergangene Handlung, die sich darin objektiviert, mit einer zukünftigen Handlung verbunden, die daran anknüpft. 3. Zwei verschiedene Wissensformen (M. Scheler) sind in dem die physische Realität transzendierenden Kommunikationsinhalt des s. S. zu einem komplexen Sinngehalt verbunden.

Erläuterung: Zu 1: Welche Bedeutung die Amtskette des Dekans einer Fakultät hat, läßt sich aus den materiellen Eigenschaften der Kette allein nicht erschließen. Das Material wird Träger einer Nachricht, die ihm durch soziale Definition zugeschrieben, ihm ›aufdefiniert‹ wird. Die korrekte Deutung setzt die erfolgreiche gedankliche Nachgestaltung dieses Definitionsvorgangs voraus. Zu 2: Die Amtskette symbolisiert die denkwürdigen Leistungen früherer Träger der Kette und enthält die Nachricht an jene, die das s. S. als solches erkennen, ihr eigenes Handeln in die Kontinuität des Handelns der früheren Dekane zu stellen. Zu 3: Während das Zeichen ›Rauchen verboten‹ nur Verhaltensansprüche (Normen) mitteilt, stellt die Amtskette Ansprüche an das Verhalten und die Gesinnung (Werte). Wo immer ein s. S. als solches verstanden wird, werden ihm zugleich Nachrichten aus dem Bereich des Normenwissens und des Wertewissens entnommen. In der AMTSKETTE wird das Wissen um die Werte der akademischen Tradition: Autonomie der Forschung und Lehre, selbstloser Dienst an der Wahrheit, ebenso lebendig wie das Wissen um Normen, Vorschriften und organisatorische Maßnahmen dieser speziellen Fakultät, deren Dekan die Kette trägt. In dem s. S. HAMMER UND SICHEL sind die Wissensform ›Wertewissen‹ als kommunistisches Glaubenssystem und die Wissensform ›Normenwissen‹ als organisatorisch administrative Herrschaft des Sowjetstaats zugleich gegenwärtig.

S. S. haben aufgrund der Dreidimensionalität ihres Kommunikationsinhalts die soziale Wirkung, Mitgliedschaft von Individuen in Bezugsgruppen bewußt zu machen. Kollektive Träger von Wertewissen sind religiöse oder politische Bekenntnisgruppen, an denen der einzelne als Mitglied partizipiert, wenn er das dort zu bekennende Wissen für wahr hält (→ Politische Symbole). Kollektive Träger von Normenwissen sind Organisationen, denen das Individuum insoweit angehört, als es die dort gesetzten Normen in seinem Handeln befolgt. Indem s. S. Zustimmung oder Ablehnung gegenüber ihrem komplexen Sinngehalt bewirken, scheiden sie Mitglieder von Nichtmitgliedern eines Kulturbereichs. Da Normen zu ihrer Legitimation der Bezugnahme auf Werte bedürfen, dienen s. S. außerdem der Legitimation von Normen. Zerfall, Seltenheit oder Fehlen von s. S. in einer bestimmten Epoche können als Symptom einer Krise in Kultur und Gesellschaft verstanden werden. [He]

J. J. Bachofen, Versuch über die Gräbersymbolik der Alten, ²1925; E. Cassirer, Philosophie der symbolischen Formen, 1953–54; T. Shibutani, Reference Groups as Perspectives (American Journal of Sociology, 60) 1955; M. Scheler, Die Wissensformen u. d. Gesellschaft, ²1960; E. Bloch, Atheismus im Christentum, 1968; H. J. Helle, Soziologie u. Symbol, 1969.

**Sozialstruktur.** Der der → Soziologe zugehörige Begriff der S. (S. bezeichnet primär die Struktur einer → Gesellschaft oder eines sozialen Systems) taucht auch in anderen Disziplinen auf. In unserem Zusammenhang relevant ist das Verhältnis zu → Mythos, → Volksglauben und Kontinuität. Eine Geschichte der Mytheninterpretation beginnt mit F. → Creuzer: der Symbolik des Mythos liegt ein »Gefühl des Unendlichen« in den Anfängen der Menschheit einerseits und das Fehlen eines adäquaten Vokabulars andererseits zugrunde; die Auffassung wirkt heute noch nach (→ Märchen). Trotz der »kopernikanischen Wende« Durkheims (Religion ist soziales Phänomen, die Mythen dienen der Legitimation des Status quo) wird nach wie vor (auch von ihm ) die Gesellschaft, ausgehend vom Modell des biologischen Organismus, als ganzheitliches und überindividuelles System betrachtet; von diesem Systemganzen her werden die kulturellen Phänomene beurteilt.
Derzeit neuer Ansatz einer systematischen Theorie der kulturellen Symbole (grunds. orientiert an E. Husserl): symbolische Sinnwelten sind gesellschaftliche Produkte, deren Sinnhaftigkeit nur aus der Entstehungsgeschichte verständlich ist. – Abkehr von der Auffassung der Kontinuität als »übergreifender Lebenseinheit« (bezogen sogar auf Traditionsgruppen); Einschnitt wahrscheinlich so groß wie beim Aufgeben der Theorie von der »Volksseele«. – Die Symbolwelt des Menschen wird unter neuen Aspekten untersucht: der Mensch ist ein *animal symbolicum,* er steht nur durch das Medium eines künstlichen symbol. Systems (dazu gehören linguistische Formen, mythische Symbole, religiöse und soziale Riten) mit der Umwelt in Berührung (E. Cassirer).
Neben der Kommunikationsforschung (→ HÖFLICHKEIT) akzentuieren neuere Untersuchungen vor allem den Entstehungsprozeß. »Der arm man«, die Bauern zur Zeit des deutschen Bauernkrieges 1525, hatten wie der alte Bundschuh die drei immer wiederkehrenden Formkreise von Geheimbund und Verschwörung, Abzeichen, Losung und verschlüsselter Gebärde. Ferner aber schufen sie, aus der Notwendigkeit des Augenblicks, einen symbolischen Akt für den Eid der Bereitschaft mit Leib und Leben. Am Ort der Gerichtsbarkeit (Bauernführer wollte kundtun, daß er Rechtsakt inaugurierte) mußten die Bauern der Reihe nach mit zwei in die Höhe gereckten Fingern (»einen Schwalbenschwanz machen«; Gelübde, wurde einseitig geleistet) durch einen REIFEN (Funktion ist Bindung, gehört in die Gruppe der Ringe etc.) durchkriechen. Der Vorgang war ein mit Hilfe eines Gerätes und einer Geste am Gerichtsort vollzogener Akt tradierter Konspirationssymbolik. Der Antrieb war das Streben nach

sinnbildhaften Zeichen und Vollzügen. (Vgl. auch → Erntebräuche) [EH]

R. Eickelpasch, Mythos u. S., 1973. F. Sieber, Gebärden der Konspiration u. der Unterwerfung bei lokalen Bauernunruhen (Der arm man 1525 S. 341–346) 1975.

**Soziologie.** Als Wissenschaft vom sozialen Handeln des Menschen hat die S. die Aufgabe, die Formen und Vorgänge menschlichen Miteinanders und Gegeneinanders zu erforschen und zu beschreiben. Dabei liegt ihr Arbeitsgebiet zwischen der Paarbeziehung zweier Personen und den großräumigen Sozialvorgängen in der Gesellschaft, an denen Millionen Menschen beteiligt sind. So ist die Vielfalt denkbarer Gegenstände der S. kaum überschaubar. Die Mikro-S. bearbeitet Paarbeziehungen und Kleingruppen (Kirchenchor, Redaktionskollegium, Fußballmannschaft, Familie), die in ihrer Konkretheit beobachtet oder in anderer Weise unmittelbar erfahren werden können. Die Makro-S. sammelt Erkenntnisse über soziale Großgebilde (Kirche, Staat, Partei, Gewerkschaft), die wegen ihrer Größe und Komplexität der Empirie nicht unmittelbar zugänglich sind.

Während die frühe S. dem positivistischen Programm von A. Comte und H. Spencer verpflichtet war und sich methodisch eng an die Naturwissenschaften anlehnte, entstand bald nach 1900 eine kulturwissenschaftliche S., die dem Neukantianismus, der Phänomenologie und der Hermeneutik nahesteht. Dazu gehören vor allem die unter dem Einfluß G. Simmels von M. Weber begründete ›verstehende S.‹ und die gleichzeitig in Chicago im Anschluß an G. H. Mead entwickelte ›Theorie der symbolischen Interaktion‹ (→ Interaktionismus). »Der Umstand, daß ›äußere‹ Zeichen als ›Symbole‹ dienen, ist eine der konstitutiven Voraussetzungen aller ›sozialen‹ Beziehungen.« (M. Weber). Bedingung für die Einbeziehung von Symbolen in die Forschung der S. war die Überwindung des Positivismus, in dem angesichts der Spannung zwischen Wesen und Erscheinung darauf verzichtet wurde, das Wesen der Erkenntnisobjekte zu ergründen. Die verstehende S. suchte gerade nach dem Wesen der Kulturvorgänge als deren Bedeutung oder Sinn, der stets an bestimmte soziale Beziehungen geknüpft ist. Die in solchen Beziehungen stehenden Handelnden betrachten die Kulturvorgänge unter für sie charakteristischen Wertideen (M. Weber) oder Perspektiven (T. Shibutani), auf die bei der verstehenden Sinndeutung Bezug genommen werden muß. Wertideen sind Vorstellungen von einem für wünschenswert und für in der Zukunft realisierbar gehaltenen Zustand menschlichen Miteinanders. Eine bestimmte Wertidee für wahr zu halten, ist Kriterium der Mitgliedschaft in einem bekenntnisorientierten sozialen Großgebilde und Voraussetzung für die Teilhabe an der → Kultur, deren Träger das Großgebilde ist.

Für die Erhaltung und Entfaltung einer Kultur bedeutsame Vorgänge und Bewußtseinsinhalte können zu Symbolen objektiviert werden. Symbole sind wie die Wirklichkeit, in die sie unlösbar verflochten sind, soziale Schöpfungen ( P. Berger, T. Luckmann). Die verstehende S. ist bemüht, im Bereich der Religion, der Familie, der Kunst, der Politik Objektivationen und Institutionalisierungen als Symbole zu bearbeiten, die Vorgänge zu rekonstruieren, durch die ihnen in einem kreativen Akt ihre Sinngehalte verliehen wurden, und durch den Nachvollzug des Vorgangs der Bedeutungsverleihung ein angemessenes Verstehen zu ermöglichen. → Kommunikation, Soziale Symbole [He]

G. Simmel, Probleme der Geschichtsphilosophie, ²1905; S. Landshut, Kritik der S. 1929; A. v. Martin, Ordnung u. Freiheit, 1956; P. Berger, T. Luckmann, The Social Construction of Reality, 1966; M. Weber, Ges. Aufs. zur Wissenschaftslehre, ³1968. M. Truzzi (Hg.), Verstehen: Subjektive Unterstanding in the Social Sciences, 1974; H. J. Helle, Verstehende S. u. Theorie der Symbol. Interaktion, 1977.

**Specht,** altitalisches Orakeltier; der römische Schutzgott der Landwirte, Picus (»Specht«), war ursprünglich vielleicht ein weissagender Waldgeist. Der S. war der hl. Vogel des römischen Gottes Mars, als dessen Diener brachte er Romulus und Remus Nahrung. In Griechenland glaubte man, daß er durch Anzapfen der Eichbäume den Sommerregen ankündet. Bemerkenswert ist die Beziehung zum Feuer, dessen Entstehung oder Herbeischaffung dem S. zu verdanken ist (in der Südsee, bei nordamerikanischen Indianern und in einigen indogermanischen Überlieferungen). Im mitteleuropäischen Raum gilt der S. als Wetterkünder, verschiedentlich auch als Blitzvogel. In der christlichen Ikonographie kann er – im Hinblick auf sein ständiges Klopfen – als Sinnbild des unablässigen Gebetes verstanden werden; darüber hinaus ist er als Vertilger der Würmer (Teufelstiere) ein Christussymbol. [Lr]

**Speer** → Lanze

**Sperling** → Vögel (letzter Abschnitt)

**Spes,** Hoffnung, eine der drei theologischen Tugenden. Im christlichen Tugendverständnis gilt sie als die treibende Kraft (*facultas progrediendi,* Isidor v. Sevilla), Gutes zu tun. Als Tugend mit dem moralischen Anspruch des Vertrauens in Gott nimmt die S. das Kommen des Reiches Gottes voraus, weil es das Heil verspricht, und repräsentiert in dem, der S. hat, Gottes Macht auf Erden. Nach Thomas v. Aquin besteht S. aus vier Qualitäten, dem Guten, dem Streben nach Erhöhung, dem Blick in die Zukunft und dem Wunsch, das Mögliche im irdischen Leben zu tun. Im profanen Sinne ist S. die Kraft, die den Menschen aus seinem Unglück befreit und eine positive Aussicht auf die Zukunft eröffnet (Cicero). Sie stabilisiert damit das menschliche Leben und ermöglicht es dem Menschen, in Hinblick auf die bessere Zukunft die Gegenwart zu überwinden.
Die theologische Tugend der S. wird von → Ripa als eine Frau personifiziert, deren Attribute ein ANKER – Zeichen für den Halt gegen das wandelbare Glück (*Fortuna*) – sowie ein GRANATAPFELZWEIG sind (*Iconologia,* S. 540). Für die profane S. empfiehlt Ripa eine Frauengestalt, die in ihrem Arm ein an ihrer Brust saugendes Kind trägt (*Iconologia,* S. 469f.). [AW]

**Sphinx.** In Ägypten führte die weit zurückreichende Metapher vom König als Löwen zur S.gestalt, bei der das Löwenhaupt durch das des Königs ersetzt ist (S. zu Giseh stellt wahrscheinlich den König Chrephren dar); der S. wurde Symbol königlicher Macht und sank später zum Grab- und Tempelwächter herab; im Neuen Reich wurde der S. mit Widderkopf in Beziehung zum Sonnengott Amon-Re gesetzt. Auf dem Weg über die Phöniker und Hethiter haben die Griechen das → Fabelwesen (jetzt weiblich: die S.) übernommen: Sinnbild für tierische Kraft, gepaart mit menschlichem Geist. Die in der romanischen Bauplastik vorkommenden Sphingen deuten in ihrer Widernatürlichkeit gottfeindliche Mächte an. Die weiblichen Sphingen barocker Schloßanlagen sind symbolischer Ausdruck von Stärke und Weisheit. In der Freimaurerei deutet die Mischgestalt auf die Verhüllung der maurerischen Geheimnisse, in der Malerei des 19. Jhs. auf die Rätselhaftigkeit des Weibes (so bei Gustave Moreau und Franz von Stuck). [Lr]

D. Jalabert, Recherches sur la faune et flore romane – Le s. (Bulletin Monumental 94/1935); U. Schweitzer, Löwe u. S. im alten Ägypten, 1948; E. G. Suhr, The S. (Folklore 81/1970); P. Weil, Le S., mystère et structure de l'homme, Paris 1972; H. Demisch, Die S. Gesch. ihrer Darstellung von den Anfängen bis zur Gegenwart, 1977; J. M. Moret, Oedipe, la S. et les Thèbains. Essai de mythologie iconographique, Genève 1984.

**Spiegel,** seine symbolische Bedeutung wurzelt in dem Glauben an eine Identität des S.bildes mit seinem Urbild. Bereits der Antike war die Vorstellung vertraut, daß die sichtbare Schöpfung ein S. Gottes sei. Im S. spiegelt sich das Sein. Die kreisrunden chinesischen S. der Han-Zeit (206 v. – 220 n. Chr.) lassen auf der Rückseite die symbolische Darstellung des Kosmos erkennen. Besondere Bedeutung kommt den runden oder blütenkelchförmigen Metall-S.n *(kagami)* im → Shintoismus zu; der »achthändige S.« im Heiligtum zu Ise gilt als »Gottesleib« der Sonnengöttin Amaterasu. Solare Bedeutung auch im Märchen und Orakel: wie die Sonne bringt der S. die Wahrheit an den Tag. In der Dichtung (→ Mallarmé) gewährt er einen Blick hinter die Dinge, in der Mystik wird er Symbol für die Offenbarung einer höheren, verborgenen Wirklichkeit; Gott selbst wird zum »S. der Ewigkeit« (Mechthild v. Magdeburg). Ein Höhepunkt mystisch-spekulativer S.symbolik bei → Böhme.

Dem geduldigen und gläubigen Betrachter offenbart der S. mehr als nur die äußere Erscheinung, er zeigt ihm sein inneres Wesen; bei Seneca (*Natur. Quaest.* I 17,4) ist er Symbol der sittlichen Selbstprüfung. Der Mensch muß wie ein glänzender S. eine reine Seele (Herz) haben, um Gott zu schauen (Gregor v. Nyssa) oder ihn widerspiegeln zu können (→ Dschalladin Rumi). Dem 15./16. Jh. galt die Jungfrau Maria als *speculum sine macula.* In seiner Ambivalenz kann der S. zum Symbol der Superbia und der Vanitas werden. Im antiken Volksglauben diente er auch im → Abwehrzauber. [Lr]

A. Langen, Zur Gesch. des S.symbols in der dt. Dichtung (German.-Roman. Monatsschrift 28/1940); G. F. Hartlaub, Zauber des S.s, 1951; H. Schwarz, The mirror in art (Art Quarterly 15/1951); N. Hugedé, La métaphore du miroir dans les Epîtres de Saint Paul aux Corinthiens, Neuchâtel/Paris 1957; O. Casel, Vom S. als Symbol, 1961; H. Grabes, Speculum, Mirror und Looking-Glass. Kontinuität u. Originalität der S.metapher, 1973 (in engl. Literatur); A. Wayman, The mirror as a Buddhist metaphor-simile (History of Religions 13/1974); J. Frappier, Histoire, mythes et symboles, Genève 1976 (Variations sur le thème du miroir, 149–169).

**Spiele.** Die Freude an S.n teilt der Mensch mit den Tieren, mindestens mit den Jungtieren. Im Gegensatz zu durchaus zweckbestimmten Handlungen, die zur Ernährung und Lebenserhaltung notwendig sind, sind S. von haus aus zweckfreie freiwillige Tätigkeiten nach bestimmten Regeln, die in Anspannung und Entspannung Befriedigung und Freude bringen, sei es dem einzelnen, einer Gruppe oder einer größeren Gemeinschaft. Dadurch werden S. Grundlage, Keimzelle und Promoter der Kultur. Zweckfreie S. können sich aber mit gewissen Zwecken und Zielsetzungen verbinden.

An sich ist dem Menschen die Freude an S.n angeboren und beginnt beim Kleinkind mit Genuß am zweckfreien Gebrauch der Muskeln und Glieder, führt zu lustigem Herumspringen und Umhertollen, zu komplizierteren geregelten Bewegungsspielen mit agonalem Charakter, zu zivilisationsgebundenem Nachahmen des Lebens der Erwachsenen und gipfelt in Nachahmung von Riten und Kultspielen, die oft im Kinderspiel noch nachleben, wenn sie bei den Erwachsenen längst vergessen sind (z.B. Osterstiepen, Kindeln, Schmackostern, ein Nachklang vom Schlageritus zur Fruchtbarmachung). Kinderspiele sind über zweckfreie Betätigung hinaus Symbol einer Einordnung der Kinder in Leben, Kultur und Kette der Generationen. Eine ursprüngliche Symbolbedeutung ist noch bei dem Himmel-Hölle-Spiel zu erkennen, bei dem die Kinder einen spiralförmigen Schneckengang auf den Straßenasphalt malen und von außen beginnend in 12 numerierte Felder einteilen und auf einem Bein hüpfend, nach gewissen Regeln, ein Steinchen durch die Felder bis zur Mitte schieben; der SPIRALGANG durch die 12 Felder ist eine mimische Darstellung des Sonnenlaufes.

Bewegungsspiele: Schon bei den Kindern nehmen reine Bewegungspiele oft ausgesprochen agonalen Charakter an. Mit der Freude am Spiel vereint sich die glückhafte Selbstbestätigung durch die agonale Leistung und, soweit es sich um Gruppenspiele handelt, die Bestätigung des Ansehens der Gruppe und ihrer Ehre. Der agonale Instinkt früherer Jt.e wird transformiert zur symbolhaften Bestätigung des menschlichen Wertes unabhängig von beruflicher Stellung und beruflichem Erfolg. Wo solche S. aber auf hochgezüchtete fast professionelle Amateure oder wirkliche Berufssportler (Profis) übergehen, springt diese symbolische Bedeutung auf die Anhänger bestimmter Spieler oder Sportmannschaften (Fans) über, die in demonstrativer Unterstützung ihrer Favoriten durch Beifall und Tadel ihre mittelbare Selbstbestätigung finden.

Kultspiele: Fließend ist die Grenze zwischen reinen S.n und Kults.n. Der Tanz als zweckfreies Spiel und äußerer Ausdruck innerer Bewegtheit geht durch die Jt.e und umfaßt auch den Volkstanz und den modernen Gesellschaftstanz. Anderseits ist der TANZ auch Urform des Kults.s und des sakralen Kultes überhaupt, so daß *praesul* (»Vortänzer«), Titel der altrömischen Marspriester, im MA auf Christus, Papst und Bischöfe übertragen werden konnte. Im Bereich des Sakralen hat der Tanz eine magisch-beschwörende Funktion, die relikthaft noch in manchem Kinderspiel und säkularisiert im künstlerischen Tanz nachlebt. Der magisch-kultische Tanz ist in Reliktgebieten z.B. im Perchtenmaskentanz des Alpengebietes in der nächtlichen Wintereinsamkeit überschneiter Äcker um die Zwölften, durchaus lebendig.

Das Ballspiel wurde schon in der Antike gepflegt. Im MA gab es aber einmal im Jahr (Fastenzeit, Ostern oder Maitag) ein ritisches Frühlingsballspiel der Verheirateten gegen Unverheiratete, wobei sich Bischöfe und Kleriker nicht ausschlossen. Der BALL (oft vergoldet) war dabei Symbol der Sonne und der kultisch-magische Zweck (Stärkung von Sonnenkraft und Fruchtbarkeit) offensichtlich. In Britannien und Irland hatte der mit Sägespänen gefüllte Lederball bis zu 1 m Durchmesser und wurde regelmäßig dem Sonnenlauf entsprechend vom Ost- zum Westtor der Siedlung gespielt: das war der kultische Ursprung des nachmaligen Fußballspieles. Aus der Antike wissen wir von Pferderennen und Wettkämpfen anläßlich Leichenfeiern und bei den Götterkulten in Delphi und Olympia: auch hier war ursprünglich eine kultisch-magische Symbolwirkung beabsichtigt wie beim Frühlingsballspiel. Aus Nachahmungsspielen entwickelten sich Fruchtbarkeitsriten und schließlich die Komödie, aus kultischem Tanz die griechische Tragödie, wobei offen bleibt, ob die kultisch-sakrale Form nicht älter ist als die zweckfreien S.

Unterhaltungsspiele: Eine Hauptstätte für S. waren die Spinnstuben, in denen die Unverheirateten Tanz-, Scherz-, Pfänder-, Rate-, Gesellschaftss. aller Art trieben. Über zweckfreier Freude hinaus dienten sie zugleich der Charaktererforschung und Partnerwahl. In Gaststätte, Haus und Garten trieb man neben Kugelspiel aller Art auch Brettspiele wie Tricktrack und das altehrwürdige → Schachspiel. Solche Zweispiele wurden gern von Partnern verschiedenen Geschlechtes gespielt und bekamen damit symbolhafte Bedeutung für die Antinomie der Liebe.

Glücksspiele: Zu den ältesten S. in aller Welt gehört das → Würfelspiel, ursprünglich zweifellos sakral geheiligt zur Zukunftserforschung wie das Runenorakel, dann in seiner Mischung von Geschicklichkeit und Zufall zugleich das älteste Glücksspiel. Später traten daneben das anspruchsvollere Kartens. (→ Spielkarten) und andere Glücksspiele. Sie sind eigentlich ein Surrogat für urzeitlichen Kampf Mann gegen Mann und symbolisieren Mut, Wagnis, Einsatzbereitschaft und bei Verlust Ergeben in das unentrinnbare Schicksal; deshalb sind noch heute Spielschulden Ehrenschulden. [Ro]

R. Schmekel, Balls. (HdA 1) 1927; B. Kummer, Kinders. (ebda 4) 1931/32; W. Hansen, Volkstanz und S. (Dt. Volkskunde 1) 1934; R. Beitl, Volkss. (Hdb. d. dt. Volkskunde 2) 1935; P. Sartori, S. (HdA 8) 1936/37; W. Brandenstein, Der Ursprung des Fußballspieles (Leibeserziehung in der Kultur, Fs.) 1954; J. Huizinga, Homo ludens, vom Ursprung der Kultur im S., 1956; H. Rosenfeld, Der Name der Telkorn-Singer, seine sprachl. Deutung und die Wortsippe germ. *delg (Beiträge z. Gesch. d. dt. Sprache u. Lit. 80) 1958; T. Roth, S.-Gesellschaftss. aus einem Jt. (Aus dem Antiquariat) 1972; Das S. der Götter u. Menschen (Eranos-Jb. 51/1982); I. Bretherton (ed.), Symbolic Play. The Development of Social Understanding, Orlando 1984.

**Spielkarten** mit ihren vier Farben sind sie wahrscheinlich vom Spielbrett gelöste und popularisierte vierfarbige Steine des ursprünglichen → Schachspieles (*Chataranga*). Persien war wahrscheinlich der Umschlagplatz für ihre Verbreitung nach Fernost und nach dem Mittelmeerraum. Aus persisch *ganjafeh* wurde das arabisch *kanjafah*, wie die S. auf den mameluckischen Prachtexemplaren genannt werden. Wegen des mohammedanischen Bilderverbotes haben die mameluckischen S. keine bildlichen Darstellungen, sondern nur in ornamental stilisierter Zeichnung die Farbzeichen Schwert, Pokal, Polostab, Drachme. Als man ca. 1376 in Italien die S. aus Kairo als *naips* aufnahm, wurden die sog. Figurenkarten mit der Abbildung von König, Obermarschall und Untermarschall versehen, während die Zählkarten fast unverändert das mameluckische Vorbild beibehielten.

Seit der lawinenhaften Verbreitung der S. seit 1377 über ganz Europa wurden die alten FARBZEICHEN in ihrer Symbolbedeutung für verschiedenen Aspekte des Fürsten als Krieger, Gastgeber, Sportler, Belohner von Verdienst nicht mehr verstanden und deshalb auf mancherlei Weise umgebildet und variiert. Auf den künstlerischen S. wurde gern nach Vorbild des Schachspieles eine Königin eingefügt, während die Holzschnittkarten oft mit nackten Frauen, obszönen Darstellungen, Szenen und Tiergestalten einem volkstümlichen Geschmack Rechnung trugen. Mit der SAU auf der geringstwertigen Zählkarte süddt. Spiele knüpften die S. an magische Volksbräuche von Auslosung des Letzten an (eigentlich → Erntebräuche), was zur Aufwertung dieser Karte zur Trumpfkarte führte. In Italien wurde mit dem üblichen Kartenspiel ein eigentlich selbständiges Trumpfspiel (mit Gott, den Gestirnen, Tod, Teufel usw. und den menschlichen Ständen vom Papst bis zu Gaukler und → Narr) zum Tarockspiel kombiniert, so daß damit noch eine kompliziertere und welthaltigere Spielführung entstand. Im Tarockspiel deutet der NARR, der die Nummer 0 trägt, symbolisch den Standort »jenseits allen Begreifens« an; er ist in gewissem Sinne Symbolfigur des aus der menschlichen Gesellschaft Ausgestoßenen.

Schon im orientalischen Raum, dann auch in Europa, wurde um hohe Geldbeträge gespielt, deshalb wurden die S. vielerorts ganz verboten, natürlich vergeblich. Die Kirche verketzerte das Spiel als »des Teufels Gebetbuch« und bekämpfte die Spielwut durch Bußpredigten. Auch daß die S. zum Wahrsagen benutzt oder in magische oder zauberische Bräuche verflochten wurden, war der Kirche nicht angenehm.

Zur Spielleidenschaft trägt neben allgemeiner Freude an abwechslungsreicher Freizeitgestaltung bei, daß das Kartenspiel auch bei geringem Einsatz als Glückspiel einen Nervenkitzel, ja geradezu ein Symbol für wagenden Mannesmut und Selbstbestätigung bietet und damit Entspannung von einem allzu eintönigen Arbeitstag. Auch eine sozial ausgleichende Wirkung bringt es mit sich, wenn die Bilder der Könige achtlos durch die Hände des kleinen Mannes gleiten und von geringeren Karten gestochen werden und wenn das im realen Leben ausbleibende Glück im Freizeittraum gewonnen wird. → Tarock [Ro]

L. Herold, Kartenspiel (Handwb. d. dt. Aberglaubens 4, 1931/32); H. Rosenfeld/E. Kohlmann, Dt. S. aus fünf Jh., 1964; H. Rosenfeld, Die Beziehung der europ. S. zum Orient und Ur-Schach (Archiv f. Kulturesch. 42, 1960); H. Rosenfeld, Vor- und Frühgesch. und Morphogenese von Kartenspiel und Tarock (Archiv f. Kulturgesch. 52, 1970); H. Rosenfeld, Zur Datierbarkeit früher S. in Europa und im Orient (Gutenber-Jb. 1975; R. van Leyden, Die Welt der indischen S., 1981.

**Spinne,** bei verschiedenen Naturvölkern mythisches Urzeitwesen, im Westsudan Heilbringergestalt; nach dem Glauben der Aschanti (an der Goldküste) stammen alle Menschen von einer großen S. ab. Verbreitet ist die Vorstellung vom Seelentier (u. a. im mitteleuropäischen Volksglauben). In nordamerikanischen Überlieferungen kommt die »Spinnenfrau« vom Mond, in einem Mythos der Hopi heiratet sie den Sonnenmann. Das Netz der S. wurde schon mit den Sonnenstrahlen, dem Mondglanz, den Schicksalsfäden und mit dem Schleier Marias (der ihr bei der Himmelfahrt entfiel) in Verbindung gebracht. Tiefenpsychologisch gedeutet ist die im Zentrum ihres Netzes sitzende S. ein Symbol des Selbst »in seinem negativen, beängstigenden Aspekt« (H. v. Beit); in der Bildersprache des Unbewußten ist die S. Ausdruck für »das Umklammernde und Aussaugende der furchtbaren Mutter« (Seifert). Im Taoismus gehört das Tier zu den sog. Fünf Giftwesen. In der Dichtung teils Teufelstier (J. Gotthelf, *Die schwarze Spinne*), teils Schicksalsmacht (Victor → Hugo). [Lr]

R. Riegeler, S.mythus u. S.aberglaube i. d. neueren Erzählungsliteratur (Schweizer. Arch. f. Volkskunde 1925); Fr. Seifert/R. Seifert-Helwig, Bilder u. Urbilder, 1965; H. v. Beit, Symbolik d. Märchens, [3]1967; K. Abraham, Die S. als Traumsymbol (Psychoanalyt. Studien zur Charakterbildung u. a. Schriften) 1969.

**Spinnen** und **Weben;** die mit Muttergöttinnen und z. T. mit → Mondgottheiten in Beziehung gebrachten Tätigkeiten wurden in einem symbolischen Sinn verstanden. In Ägypten war die Urgöttin Neith Schutzherrin der Weberei. Wegen ihrer gleichmäßig drehenden Bewegung galten Spinnrad und Webstuhl als Symbol unabänderlicher Gesetzmäßigkeit, aus ihnen ging der → Faden des Lebens, des Schicksals hervor. Unter dem Bilde des S.s und W.s ist die Tätigkeit der bildenden, formenden Naturkraft dargestellt (Bachofen, *Gräbersymbolik*). Der Antike war die Natur als Gewebe eine vertraute Vorstellung, und Philon nennt diese unsere Welt »das schöne Gewebe Gottes«. Der Gottheit lebendiges Kleid wird »am sausenden Webstuhl der Zeit« geschaffen (Goethe, *Faust*). Nach dem apokryphen Protoevangelium Jacobi war Maria eine der 7 Tempeljungfrauen, die den Purpur für den neuen Tempelvorhang spann; in der byzantinischen Kunst sitzt sie (beim Thema der Verkündigung) manchmal in ihrem Zimmer am Spinnrocken.

[Lr]

E. Gasparini, Die singende Weberin (Antaios 8/1967); S. Heyden, Recent Tapestries, Durham 1972 (mit wichtigem Beitrag zur Symbolik des Spinnens und Webens); Fr. Vonessen, Der Mythos vom Weltschleier (Mythische Entwürfe, hrsg. von Ph. Wolff-Windegg) 1975.

**Spirale,** schon in prähistorischer Zeit auf Felsbildern und Megalithbauten und im Alten Ägypten auf Skarabäen und in Grabmalereien vorkommendes Motiv mit nicht eindeutig bestimmbarem Symbolgehalt. Wahrscheinlich ist ein Bedeutungszusammenhang mit der Vorstellung einer zyklischen Bewegung (Sonne, Mond) bzw. Entwicklung (Werden und Vergehen). S.förmige Steinsetzungen kultischen Zweckes waren die sog. Trojaburgen in Nordeuropa (so bei Wisby auf Gotland); ein solarer Sinngehalt ist wahrscheinlich wie auch bei den spiraligen Gebäcken zu → Neujahr. Als Symbol der Fruchtbarkeit und des sich entfaltenden → Lebens findet sich in frühen Mittelmeerkulturen die S. in der Geschlechtsgegend weiblicher Statuetten. In der christl.-mittelalterl. Kunst erscheint die S. auch in Verbindung mit Christus (Relief zu Vézelay) oder christl. Symbolen (→ Bogumilen). Nach Dante sind die Wege ins Jenseits einer S. vergleichbar. In der modernen Kunst greift Paul Klee wiederholt das Motiv der S. auf. [Lr]

E. Mehl, Trojaspiel u. Trojaburg (PWRE Suppl. 8, 1956); G. Thausing, Das Symbol der S. im alten Ägypten (Wien. Zs. f. d. Kunde d. Morgenlandes 56/1960); Vl. Milojicik, Zur Frage d. Mäander u. d. S. bei der Bandkeramik Mitteleuropas (Jb. d. Röm.-German. Museums Mainz 11/1964); J. Purce, Die S. – Symbol der Seelenreise, 1988.

**Sprache, Sprachwissenschaft.** Die menschliche S. ist ein Gefüge von gegliederten Lautgebilden, die als hörbare Zeichen sinnvoll zum Ausdruck von Gedanken und Gefühlen dienen. Da zwischen dem sprachlichen Zeichen und dem Bezeichneten eine wesensnotwendige Entsprechung besteht, das erstere das letztere darstellt, repräsentiert, kann man im sprachlichen Zeichen auch ein Symbol erblicken. Der Sprecher geht nicht nur von seiner Sinneserfahrung aus, sondern übersteigt diese noch, indem er Zugrundeliegendes enthüllt und in die Ebene der → Kommunikation transponiert. Bei Platon ist die Ausrichtung des Wortes nach den Dingen die Garantie dafür, daß die S. Welt abbilden kann. Nach → Cassirer ist die S. als »geistige Schöpfung« eine »symbolische Form«. Ja, nur weil der Mensch ein Symbolbewußtsein hat, weil er zwei verschiedene Dinge (Lautgebilde und das zu Bezeichnende) auf zwei verschiedenen Seinsebenen geistig miteinander verbinden kann, hat er S.

Daß S. in einem noch engeren Sinn symbolhaltig sein kann, zeigt sich manchmal in »primitiven« S.en, so z.B. wenn es bei den Papuas je nach der Himmelsrichtung vier verschiedene Wörter für »gehen« gibt. Streng genommen ist auch das grammatische Geschlecht eine Symbolisierung, die mythische Tiefenwirkung haben kann, z.B. Sonne und Mond und ihre aus dem zugeordneten Genus resultierende Stellung im kosmologischen Polaritätenschema.

Die heute kaum noch bewußte symbolische Hintergründigkeit der S. kann in verschiedenen Fällen durch die Etymologie aufgedeckt werden. Man denke an die Doppelbedeutung von »zeugen« im geistigen und im körperlichen Sinn: Zeugnis und Zeugung; ähnlich das lateinische *testis* = »Zeuge«, aber auch »Hode«. Nun wird die Eidessymbolik der Israeliten verständlich, die Hand unter die HÜFTE bzw. LENDE (= euphemistischer Ausdruck für die Geschlechtsregion) dessen zu legen, dem man etwas verspricht, zumal das damit umschriebene Zeugungsglied durch seine Beschneidung Gott als höchsten Zeugen miteinbezieht (1 *Mos* 24, 2; 47, 29). Hingewiesen sei auch auf die Zusammenhänge von Knie und Geschlecht (→ Geburtsorgan) oder auf die sprachliche Übereinstimmung von »Mutter« und »Baumstumpf« im Lateinischen *mater*, ebenso kann *matrix* sowohl »Gebärmutter« als auch »Stamm, der Loden treibt« bedeuten – ein unübersehbarer Hinweis auf die in Mythen so oft erwähnte symbolische Verwandtschaft zwischen Baum und Mensch; man denke auch an Ausdrücke und Redewendungen im Deutschen: Sprößling, Stammbaum, der Apfel fällt nicht weit vom Stamm.

Relikte einer ursprünglichen Symbolik in der S. finden sich in → Gleichnis, → Metapher, → Namen, → sprichwörtlichen Redensarten. Auch der Reim ist zu nennen; die Lautverwandtschaft des echten Reimes ist »Symbol einer Bedeutungsverwandtschaft« (Vonessen). Reime kann es eigentlich nur geben, weil die Welt in sich gereimt ist, weil sie ein System ist, in dem alles zu allem paßt, eines auf das andere verweist. Im REIM zeigt sich die innere Zusammengehörigkeit auch scheinbar widersprechender Dinge wie »Brot und Tod«. Die S. des → Mythos, der Religion und der Dichtung bedient sich sinngeladener Bilder und führt zu einer Zusammenschau der Dinge, während die S. der Wissenschaft sich in Begriffen ausdrückt, die Phänomene analysiert und das ganzheitliche Weltbild zertrümmert.

Ein phonetischer Symbolimus wird heute allgemein anerkannt. Hohe, helle Vokale (e, i) werden überwiegend als »klein« klassifiziert, dunke, tiefe Vokale (o, u, a) als »groß«. Wilh. v. Humboldt (*Über die Verschiedenheit des menschl. Sprachbaues,* 1836) unterschied zwischen der einfachen Lautnachahmung (Onomatopöie, z.B. Kuckuck) und der Lautsymbolik; letztere wählt für die zu bezeichnenden Gegenstände LAUTE aus, welche teils an sich, teils in Vergleichung mit anderen für das Ohr einen dem des Gegenstandes auf die Seele ähnlichen Eindruck hervorbringen »wie stehen, stetig, starr den Eindruck des Festen; nicht, nagen, Neid den des fein und scharf Abschneidenden«. Wilh. Ludwig Heyse (*System der Sprachwissenschaft,* 1856) erkannte in den VOKALEN Gemütsbewegungen symbolisierende Klangfarben; im A verkörpern sich Gewißheit, Bewunderung, Staunen. Vor allem die Dichter wissen um die Lautsymbolik, so → Ernst Jünger (*Blätter und Steine,* 1934): A ist Ausdruck des Väterlichen, der Herrschaft und Macht, als Farbe ist Purpur zugehörig; das ebenfalls männliche O weist auf Höhe und Tiefe, Farbe: Gelb; das E ist geschlechtslos, wie die weiße Farbe ist es Sinnbild der Leere, aber auch des Erhabenen; das mütterliche U deutet auf Ursprung und Nacht; das ebenfalls weibliche I weist auf Geschlecht, Leben und Verwesung, ihm entspricht unter den Farben das Tiefrot. Vertreter der (in der Sprachwissenschaft nicht allgemein anerkannten) Universalität des phonetischen Symbolismus weisen darauf hin, daß Angehörige verschiedener Kulturen gleichartige »Synästhesien« haben, so etwa wird zu dem deutschen Wort »glücklich« viel häufiger »weiß« als »schwarz« assoziiert. Im Sinne der Schule Leo Weisgerbers mit ihrer inhaltsbezogenen Sprachbetrachtung deutet die Lautform auf einen allgemeingültigen, überindividuellen geistigen Inhalt hin.

Die in der Linguistik übliche Unterscheidung von Zeichen und Symbol geht auf Ferdinand de Saussure (1857–1913) zurück; danach gibt es immer einen Rest einer natürlichen Verbindung zwischen dem Symbol und dem, was es repräsentiert; das Symbol der Waage steht immer in einem Konnex zur Gerechtigkeit (dem richtigen Wägen). Beim Zeichen dagegen ist die Verbindung, die den Signifikanten mit dem Signifikat vereint, unmotiviert (arbiträr). Symbole sind gleichsam künstliche Zeichen, die auf Konvention beruhen, also ähnlich der Auffassung von → Peirce. Die moderne S.wissenschaft gebraucht allerdings »Symbol« und »Zeichen« nicht einheitlich. → Strukturalismus [*]

A. Wellek, Das Laut-Sinn-Problem u. d. Entwicklungspsychol. d. S. (Phonetica, Suppl 4) 1959; J. Paulus, La fonction symbolique et la langage (Manuels et traités de psychologie et de sciences humaines) Paris 1960; I. K. Taylor/M. M. Taylor, Phonetic symbolism in four unrelated languages (Canadian Journal of Psychology 16) 1962; H. Werner, Symbol formation, New York 1963; S. Ertel/R. Dorst, Expressive Lautsymbolik (Zs. f. experiment. angew. Psychol. 12) 1965; J. Pohl, Symboles et langages, 2 Bde., Paris 1968/69; H. Hörmann, Psychologie der S., 1970; L. Apostel, Symbole et parole (Cahiers internationaux de symbolisme) 1973; A. Mordini, Verità del linguaggio. Roma 1974; F. Vonessen, Zur Metaphysik des Reims (S.en der Lyrik. Fs. f. Hugo Friedrich) 1975; W. Chafe, Bedeutung u. S.struktur, 1976.

**Sprichwörtliche Redensarten** haben als Kern einen verbalen bildhaften Ausdruck; sie sind Überreste einer geistigen und materiellen Kultur, »die in früheren Zeiten einen anderen Sinn und eine andere Funktion gehabt haben als heute« (Röhrich). Manche s. R. reichen bis in frühgeschichtliche Zeiten zurück, weshalb man sich vor Jahrzehnten bei ihrer Aufhellung gerne zu mythologischen Deutungen verleiten ließ (z.B. H. Leßmann), so wollte man »SCHWEIN haben« auf den Eber des Gottes Freyr zurückführen, doch dürfte die Redensart entweder vom Kartenspiel (Sau entspricht dem As) oder vom spätmal. Schützenfest (Schwein als Trostpreis) herstammen; dahinter steckt die Bedeutung des Schweines als → Glückssymbol.

Ursprüngliche Symbolbedeutung haben die mit den Zahlwörtern 3, 7, 9 gebildeten Redensarten gehabt. So läßt sich die »böse SIEBEN« (heute: eine zanksüchtige, böse Frau) zunächst bei einem Kartenspiel Ende des 15. Jh. als Trumpfkarte mit dem Bild des Teufels nachweisen; 1562 veröffentlichte Cyriakus Spangenberg ein Buch *Wider die böse Sieben in Teufels Karnöffelspil;* noch im selben Jh. erschien an Stelle des Teufels ein böses Weib. Möglicherweise ist die böse Sieben eine Kurzform von sieben bösen Weibern (Fr. Seiler). In jedem Fall aber steckt in der Redensart die Symbolzahl Sieben, die möglicherweise mit astrologischen Vorstellungen zusammenhängt; schon die Babylonier kannten eine »böse Sieben«, nämlich die sieben Tierkreiszeichen, die in der Nacht der Sommersonnenwende unsichtbar unter dem Horizont standen.

Manche s. R. sind euphemistische Umschreibungen für tabuierte Ausdrücke, teils mit metaphorischem Charakter (→ Krankheit), teils mit echtem Symbolbezug; Beispiele aus dem Wortbereich »Tod«: den Lebensfaden abschneiden (antik); in Abrahams Schoß eingehen (bibl.); die schwarze KUH hat ihn getreten (schles.) geht auf alte Vorstellungen von der Kuh als Todbringer bzw. vom Tod in Kuhgestalt zurück; das Lebenslicht ausblasen: LICHT, Kerze, Fackel = Symbol des Lebens schon im AT (1. *Kön* 11, 36; 15, 4), Sage von Meleagers Geburt, Grimms Märchen vom »Gevatter Tod«.

Andere Redensarten lassen sich auf alte → Rechtssymbole zurückführen. »Einem Wasser und Feuer verweigern« – ihn des Landes verweisen (schon bei den Römern: *aqua et igni interdicere*). »Unter den Hammer kommen« – HAMMER ist Symbol der Machtbefugnis; in der nordischen Sage weiht Thor mit dem Hammer Verträge. »Eine Sache bemänteln« – MANTEL bedeutet Schutz; Fürsten gaben ihrem Begnadigungsrecht sinnbildlich Ausdruck, indem sie den Schuldbeladenen ihren Mantel umhängten. »Auf keinen grünen Zweig kommen« – eine Erdscholle mit eingestecktem grünen ZWEIG war Symbol des erworbenen Grundstücks; möglicherweise ist der grüne Zweig aber auch ganz einfach nur ein Sinnbild für Wachsen und Gedeihen, womit wiederum die Problematik so mancher Herleitung deutlich wird. »Unter dem Pantoffel stehen« wird meist von dem Rechtsbrauch der Besitzergreifung durch den Schuh abgeleitet, kann aber (nach Röhrich) auch auf der Gleichsetzung des PANTOFFELS mit dem weiblichen Genitale beruhen und damit Sinnbild der Herrschaft der Frau in Liebe und Ehe andeuten; schon die lydische Königin Omphale soll eine SANDALE als Zeichen ihrer Macht über Herakles geführt haben. [Lr]

H. Leßmann, Der dt. Volksmund im Lichte der Sage, 1922; L. Winkler, Dt. Recht im Spiegel der Sprichwörter, 1927; S. Singer, Sprichwörter des MA, 3 Bde., 1944-1947; W. Borchardt/G. Wustmann, Die s. R. im dt. Volksmund. Nach Sinn u. Ursprung erl., [7]1954; D. Narr, Zum Euphemismus in der Volkssprache (Württemberg. Jb. f. Volkskunde 2) 1956; H. Carl, Unsere Haustiere in s. R. (Die Muttersprache) 1962; F. Seiler, Dt. Sprichwörterkunde, [2]1967; P. Mertens, Proverbs and Emblem Literature (Proverbium 15) 1970; L. Röhrich, Lexikon der s. R., 2 Bde., 1973.

**Staatssymbole.** Im MA dienten seit dem 11 Jh. Kreuz und Adler als Symbole des Reiches. In gewissem Sinne sind auch die → Reichsinsignien St., die aber rein auf die monarchische Herrschaft bezogen sind. Mit der Entwicklung der Nationalstaaten waren diese bemüht, ihre Hoheit und Macht sichtbar auszudrücken; vor allem die FLAGGE wurde zum völkerrechtlich geschützen → Hoheitszeichen. Die älteste Nationalflagge haben die Niederländer seit ihrem Sieg über die Spanier (Rot-Weiß-Blau = Geusenflagge 1572). Der britische *Union Jack* ist Symbol für die Vereinigung dreier Völker: 1606 kam zu dem roten Georgskreuz auf weißem Grund (engl.) das weiße schottische Andreaskreuz auf blauem Grund und 1801 noch das rote irische Patrickskreuz auf weißem Grund dazu. Dem Sternenbanner der USA wird bewußt der Sinn eines Freiheitssymbols beigelegt; die 13 rot-weißen Streifen erinnnern an die 13 Gründerkolonien, die die britische Kolonialherrschaft abwarfen. In der Französischen Revolution wurde das weiße Lilienbanner der Bourbonen gegen die republikanische Trikolore (Pariser Stadtfarben Blau und Rot und königliches Weiß) ausgewechselt.

Die deutschen Nationalfarben SCHWARZ-ROT-GOLD entstanden

im Zeitalter der Restauration (1818 Jenaer Burschenschaft im vermeintl. Rückgriff auf die alten dt. Reichsfarben, die es als solche aber nie gab) und erhielten eine freiheitlich-demokratisch-nationale Sinngebung; 1848 von der Bundesversammlung in Frankfurt zu den Farben des Deutschen Bundes erklärt; in den Unruhen der Märztage Symbol der bürgerlichen Revolution. Auf Bismarck gehen die Farben SCHWARZ-WEISS-ROT des 2. deutschen Kaiserreiches zurück in Anlehnung an die seit 1701 in Preußen übliche schwarz-weiße Fahne (vom schwarzen Kreuz auf weißem Schild der deutschen Ordensritter) in Verbindung mit dem Rot-Weiß Kurbrandenburgs bzw. der Hanseaten. In der Weimarer Republik wurden Schwarz-Rot-Gold zu Reichsfarben erklärt, mit der Machtübernahme des Nationalsozialismus wieder Schwarz-Weiß-Rot, ab 1935 galt als Nationalflagge allerdings die überwiegend rote Hakenkreuzfahne. Unter Berufung auf die deutsche Tradition sind die Nationalfarben sowohl der Bundesrepublik Deutschland als auch der Deutschen Demokratischen Republik Schwarz-Rot-Gold.

Andere S., die ein Land repräsentieren, sind → Wappen, Münzbilder (→ Münzen), Amtssiegel, und in einem weiteren Sinne auch das Staatsoberhaupt als völkerrechtlicher Repräsentant (= Symbolfigur). Auf Grund bestimmter Assoziationen können BAUWERKE zum S. werden: Völkerschlachtdenkmal (für Deutschlands Freiheit, 19. Jh.), Brandenburger Tor (für Deutschlands Einheit, nach 1945), Invalidendom (für Frankreichs unvergängliche Größe), Lenin-Mausoleum (für die sowjet. Völkergemeinschaft). Nicht sichtbare S. sind auf Laut und Klang bezogen: Namen (z.B. Bundesrepublik Deutschland), Losungen (*Liberté, Egalité, Fraternité* der Französischen Revolution, »Ein Volk, ein Reich, ein Führer« unter Hitler), NATIONALHYMNEN. Die englische Nationalhymne (*God save the King/Queen*) geht auf das Jahr 1743 zurück; die französische Marseillaise (*Allons, enfants de la patrie*) wurde erstmals 1792 von dem Pionieroffizier Rouget de Lisle in Straßburg gesungen; das 1841 von Hoffmann von Fallersleben gedichtete Deutschlandlied (Melodie der alten österreich. Kaiserhymne von Joseph Haydn) wurde 1922 zur Nationalhymne. [Lr]

O. Neubecker/V. Valentin, Die dt. Farben, 1929; E. P. Schramm, Herrschaftszeichen u. S. Beitr. zu ihrer Gesch. vom 3. bis 16. Jh., 3 Bde., 1954–1956; P. Wentzcke, Die dt. Farben, 1955; F. Thierfelder, Nationalhymnen, Texte u. Melodien, 1961; A. Friedel, Dt. S., Herkunft und Bedeutung der polit. Symbolik in Deutschland, 1968; Wh. Smith, Flags through the ages and across the world, Maidenhead 1975, dt. Luzern 1975; A. Rabbow, Symbole der Bundesrepublik Deutschland und des Landes Hannover, 1980.

**Stab,** er steht in einem Bedeutungszusammenhang mit Zweig und Baum. Motiv des grünenden S.es: Aaron (4 *Mos* 17,16–25), apokryphe Legende von Joseph vor dem Verlöbnis mit Maria, Sage von Tannhäuser, Grimms Märchen *Die drei grünen Zweige*. Ein grünender S. erscheint auch auf einigen Siegeln Kaiser Friedrichs II. Der mit einem Pinienzapfen bekrönte und mit Weinlaub umwundene Thyrsos-S. der Dionysosmysterien und im Kult antiker Muttergottheiten war Symbol der Fruchtbarkeit. Träger der Lebenskraft ist auch der Lilien-S. lango-

bardischer und französischer Könige.
Die ihm zugeschriebene Kraft läßt den S. zu einem wichtigen Zauberrequisit werden: Moses schlägt Wasser aus dem Felsen (2 *Mos* 17,1 ff.), Kirke verwandelt die Gefährten des Odysseus in Tiere (*Odyssee* 10,538), Hermes holt mit seinem Zauber-S. die Seelen aus der Umwelt herauf. In der altchristlichen Kunst wird Christus als den Lazarus mit seinem S. erweckender *Thaumatoûrgos* (Wundertäter) dargestellt. Die Verbindung von S. und Schlange findet sich in Altmesopotamien, bei Asklepios (→ Äskulapstab) und Merkur (→ Caduceus) und in abgewandelter Form im AT (2 *Mos* 7,9).
Als Symbol der Macht und Würde haben die Könige von Zeus ihren Herrscher-S. (*skeptron* = S., → Zepter) erhalten. Auch in Babylonien haben die königlichen Insignien ihr Vorbild in dem S. *(sibir)* Marduks. Der S. des göttlichen Königtums ist »ein Zepter der Gerechtigkeit« (*Ps* 45,7, ähnlich in *Hebr* 1,8). Als Guter Hirte erhält Christus den Hirten-S. *(baculum pastorale)*, von dem sich – ideengeschichtlich – seit dem 5./6. Jh. der Bischofs-S. ableitet. Der S. kann auch ein Zeichen des → Friedens und der → Hoffnung und ein → Rechtssymbol sein. [Lr]

F. de Waele, The magic staff or rod in Graeco-Italian Antiquity, Gent 1927; K. v. Amira, Der S. in der german. Rechtssymbolik (Abh. d. Bayer. Akad. d. Wiss., Phil.-hist. Kl.) 1909; J. M. Ritz, Stock u. S. (Jb. d. Bayer. Landesver. f. Heimatschutz, 1937); P. E. Newberry, The Shepherd's Crook and the so-called »Flail« or »Scourge of Osirsi« (Journ. of Egypt. Archeology 1929); F. Focke, Szepter u. Krummstab (Fs. A. Fuchs, 337–387) 1950; M. v. Bárány-Oberschall, Baculus pastoralis (Zs. f. Kunstwiss. 12/1958); A. Rickert, Der S. Gottes (Antaios 4/1963); J. Schouten, The rod and serpent of Asklepios, Amsterdam 1967; H. Fischer, S. u. Schwert als Gegensatzpaar der Rechtssymbolik (Forschungen zur Rechtsarchäologie u. rechtl. Volkskunde 4/1982).

**Stadt.** Wie der archaische Mensch sein ganzes Tun in Übereinstimmung mit dem Kosmos zu bringen versuchte, so errichtete er auch seine Siedlung in Angleichung der irdischen Struktur an die des Himmels. Der Kreis in Anlehnung an den Horizont und den Zodiak, das Quadrat in Ausrichtung auf die Himmelsgegenden und das Achsenkreuz der Straßen gehören zu den Grundstrukturen alter Städte. Jede St. war der Nabel ihrer eigenen Welt. Babylon galt als *dur-an-ki*, als »Band zwischen Himmel und Erde«. Noch zur Zeit der Kreuzzüge konnte Papst Urban II. rufen: »Jerusalem ist der Nabel der Welt, in der Mitte des Erdkreises gelegen«. Die hl. Mitte des Reiches der Mitte (China) war Peking mit dem Thron des Himmelssohnes, des Kaisers. Die ältesten römischen Siedlungen dürften ringförmig als Abbild der vom Horizont begrenzten Erde angelegt gewesen sein, wofür auch die etymologische Gleichung *urbs* – *orbis* spricht. Das Zentrum der Stadt, gewöhnlich ein sakraler Bau, hatte die Bedeutung von Grab und Wiege; Opfer und Rituale gehörten zur Gründung einer Stadt, die ursprünglich als Eigentum oder als Geschenk der Götter empfunden wurde. Oft zeigten göttliche Boten an, an welcher Stelle die Siedlung gegründet werden sollte, so war es der Überlieferung nach bei dem keltischen Lugdunum (Lyon) ein Rabe und bei dem aztekischen Tenochtitlan ein Adler. Städte können durch göttliche Musik entstehen (Troja aus der Zither Apollons, nach

Kallimachos) oder untergehen (man denke an die Mauern Jerichos).
Im NT erscheint das himmlische Jerusalem als die jungfräuliche Braut des Lammes und ist Gegenbild der nur an weltlichen Dingen hängenden Dirne Babylon. Die Himmelsstadt bedarf weder der Sonne noch des Mondes, »denn die Herrlichkeit Gottes erleuchtet sie«; auch wird sie vom lebendigen Wasser durchströmt (*Offb* 21,3; 22,1). Die St. hat zwölf Grundsteine, auf denen die Namen der zwölf Apostel verzeichnet sind. Es darf nicht verwundern, daß spätere Interpreten die Apostel in eine symbolische Beziehung zu den zwölf Tierkreiszeichen stellten. Gerhart Hauptmann schreibt in *Hanneles Himmelfahrt*: »Die Seligkeit ist eine wunderschöne Stadt, wo Friede und Freude kein Ende mehr hat«. In der mittelalterlichen St. gipfelt die hierarchische Ordnung im Gotteshaus, das Abbild des himmlischen Jerusalem ist und das durch die mathematische Gesetzmäßigkeit seiner Architektur zugleich Symbol des Kosmos ist (→ Kirchengebäude). [Lr]

W. Müller, Die hl. Stadt. Roma quadrata ..., 1961; P. Wheatley, City as Symbol, London 1969; E. Zolla, Die vollkommene Stadt (Antaios X/1969); P. Wheatley, The Pivot of the Four Quarters ... of the Ancient Chinese City, Edinburgh 1971; C. Gouvion/Fr. van de Mert, Le symbolisme des rues et des cités, 1974; H. Borger, Die Stadt als Abbild des himmlischen Jerusalem (Symbolon NF 2/1974); K. J. Schmitz, Die mittelalterl. St. als Bild und Abbild (Theologie u. Glaube 3/1977); B. Brentjes, Die St. des Yima. Weltbilder in der Architektur, 1981.

**Stadtwahrzeichen.** Der Grundbegriff von → Wahrzeichen verengte sich ab 16. Jh. mit stärker werdendem Gesellenwandern der Handwerker auf »Merkwürdigkeiten einer Stadt«. Die Glaubhaftigkeit von Aufenthaltsberichten der Wandergesellen überprüften die »erfahrenen« Meister durch Abfragen jener S.; so mußte man wissen: am Nürnberger Goldenen Brunnen den Goldenen Ring zu drehen, im Lübecker Domchor die am steinernen Rosenstock knabbernde Maus zu sehen, im Magdeburger Dom das Grabmal Kaiser Ottos und seiner Gemahlin mit der Weltscheibe und ihren 19 Kugeln, Roland den Riesen am Rathaus zu Bremen, den goldenen Hahn auf der Frankfurter Mainbrücke (einschl. dem Zungenbrecher), im Augsburger Rathaus die Säule mit dem »weißen Leu im eingewachsenen Marmelstein«, in Avignon das Grabmal der Laura ... alles und jedes S. war nach Herkommen und symbolischem Zusammenhang zu beantworten, wie es G. Keller im Grünen Heinrich berichtet, »wie die Handwerksburschen auf der Wanderschaft sie sich zu überliefern (!) pflegen«. – Der heutige Tourist kennt meist nur die Attraktion, so den Obolos in den Neptunsbrunnen zu Rom, ohne dadurch mit Mythos und Symbolgehalt eines solchen örtlichen Wahrzeichens bekannt zu werden. [LM]

Grimm DWB XIII Sp. 1024f.; R. Wissel, Des alten Handwerks Recht u. Gewohnheit, 1971–74.

**Stählin,** Wilhelm, 24.9.1883 Gunzenhausen – 16.12.1975 Prien am Chiemsee, Theologe, Mitbegründer der kirchlichen Jugendbewegung (1922–32), der ökumenischen Bewegung, des Berneuchner Kreises und der Michaelsbruderschaft. Als Pfarrer, Prof. für Praktische Theologie (Münster) und

Bischof der Evangel.-Luth. Kirche Oldenburg (1944–52) hat S., von P. → Tillich und der Lutherrenaissance der zwanziger Jahre herkommend, eigenwillig und wirksam eine Erneuerung kirchlicher Lebensformen, bes. des Kultus, betrieben. Gleichnis und Symbol sind S. »eine solche Betrachtungsweise, bei welcher zwei verschiedene Bereiche der Wirklichkeit, eine vordergründige und eine hintergründige, zusammengeschaut und eines durch das andere und im anderen gesehen und erkannt wird«. Das Symbolische ist ihm als Erkenntniselement »die entscheidende Dimension, in der sich das Leben abspielt«.

In der altchristlichen Trinitäts- und in der reformatorischen Rechtfertigungslehre fand S. seine wichtigsten theologischen Begründungen. Durch den Aspekt der Schöpfung wird die Diastase von Form und Inhalt, subjektivem und objektivem Bewußtsein in einen geistlichen Realismus überführt; jedes echte Symbol läßt das bloß historische Verständnis des Glaubens überwinden. Andererseits sei zu beachten, daß die Grenze menschlicher Gefährdung, die Selbstrechtfertigung, »quer durch Körper und Seele, quer durch alle Schichten des Menschen ... durch alle Sinneswahrnehmungen ... Bild und Wort« hindurchlaufe. Deshalb warnt S. einerseits davor, die kosmische Symbolik der Orientierung, der Maße und der Proportionen in der kirchlichen Gestaltung zu übergehen, ja er fordert einen Kanon heiliger Zeichen; andererseits rechnet er mit der geschichtlichen und kollektiven Gebundenheit der Symbole und sieht im Ereignischarakter bzw. personalen Gottesbezug die Gestaltkriterien geistlicher Realität. [Vo]

W. Stählin, Vom Sinn des Leibes (1930), [4]1968; ders., Symbolon, Ges. Aufs. 1958; ders. Symbolon II. 1963; ders., Symbolon III, 1973; H. D. Wendland (Hg.), Kosmos und Ekklesia. Fs. (mit Bibl), 1953.

**Statussymbole.** In der → Soziologie bezeichnet der Status den Standort eines Individuums oder einer Gruppe in der unter bestimmten Wertgesichtspunkten entwickelten sozialen Rangordnung. Die sog. S. gelten – oft zu Unrecht – als Ausdruck der erreichten Rangstufe; das Auto ist dann nicht nur Fortbewegungsmittel, sondern »symbolisiert« Einkommen und Prestige. Im politischen Bereich werden die Atomwaffen als eine Art S. angesehen. In Wirklichkeit sind S. keine Symbole, sondern lediglich Merkmal, Zeichen für Besitz, Macht, Rang usw. [*]

P. Lauster, S.. Wie jeder jeden beeindrucken will, 1975.

**Stein,** wegen seiner Härte und oft sonderbaren Form (Götterstein) und Herkunft (Meteorstein) Symbol außerirdischer Mächte und darüber hinaus mit Fruchtbarkeitsvorstellungen (Phallusstein) und Ahnenkult (→ Menhir) verbunden. Verschiedene Mythen erzählen von der Geburt aus einem S. oder Fels (so beim Gott Mithras); nach griech. Sage kam aus den von Deukalion und Pyrrha hinter sich geworfenen S.en ein neues Menschengeschlecht hervor. Der gebärende S. *(petra genetrix)* hängt eng zusammen mit der Vorstellung von der Mutter Erde.

In altsemitischer Zeit galten hl. S.e als Behausung der Gottheit und wurden mit Blut oder Öl eingerie-

ben. Das AT wendet sich gegen den S.kult (*Ez* 20,32), kennt andererseits aber auch den S. als »Gottes Haus« (Beth-El; 1 *Mos* 28,11–19), ja in bildhafter Sprache erscheint Gott selbst als Felsengestein (z. B. *Ps* 31,4). Die ägypt. Stadt Heliopolis besaß einen kegelförmigen S.fetisch (Benben), der als Erscheinungsform des Urgottes verehrt wurde. Ein S. war Kultsymbol der Kybele, und ein Feuerstein repräsentierte den Jupiter Lapis. Der griech. Hermes (etymologisch zu *hermaion* = Steinhaufen) wurde in älterer Zeit in S.anhäufungen und S.pfeilern verehrt.
Wegen der Unverrückbarkeit können S. und Fels zum Symbol der hl. Mitte werden: Marmorkegel als Mittelpunkt der Welt (Delphi), Schwarzer S. der Ka'aba (Mekka), S. im Thron des engl. Königreiches. Der Felsenapostel, Petrus, ist Sinnbild für die Unerschütterlichkeit des wahren Glaubens (*Mt* 16,18). Der von den Menschen verworfene Christus wurde zum Eckstein der Kirche (*Apg* 4,11), die aus den Gläubigen als lebendigen Steinen besteht. Steine können auch Symbol der Verhärtung des Herzens sein (z. B. *Ez* 11,19). In dem bei Christi Auferstehung vom Grab gewälzten S. erblickte man die von der Menschheit genommene Sündenlast. Eine besondere Bedeutung hat der S. in der Alchemie (→ S. der Weisen) und als → freimaurerisches Symbol. → Edelstein. [Lr]

G. Beer, S.verehrung bei den Israeliten. Ein Beitr. z. semit. u. allgem. Rel.gesch., 1921; P. Saintyves, Pierres magiques. Bétyles, hacheamulettes et pierres de foudre (Corpus de Folklore préhistorique II) 1934; M. Eliade, Die Religionen u. d. Heilige (247–270); J. Massingberd Ford, The Jewel of Discernment. A study of stone symbolism (Biblische Zs. 11/1967); H. Genge, Sinn u. Bedeutung der Menhire (Ipek 22/1966–1969); H. G. Evers, Tod, Macht u. Raum als Bereiche d. Architektur (63–70) 1970; K. Bauer, Der S. in Architektur u. Plastik, 1970.

**Steinbock,** in rauhem Gebirgsklima lebende Ziegenart mit großen gebogenen Hörnern. Im vorislamischen Arabien galt der S. als lunares Tier, der südarabische Mondgott Almaqah wurde »Herr der Steinböcke« genannt. Als Tierkreiszeichen hieß der S. im alten Orient zunächst »Ziegenfisch« und erhielt erst in antiker Zeit den heutigen Namen (lat. *capricornus*). In der Astrologie gilt er als saturnisches Zeichen, Sinnbild des am Tiefpunkt (der Sonne) liegenden Feldes; das Metall Blei und die Farbe Schwarz sind ihm zugeordnet. Andererseits kann der S. als Monatszeichen der Winterwende und der Christgeburtszeit auch positive Bedeutung haben. In den Alpenländern gilt das Tier als besonders stolz und ist Symbol männlicher Kraft; Wappentier des Schweizer Kantons Graubünden. [*]

**Stein der Weisen,** in der → Alchemie das erstrebte Endprodukt langwieriger Wandlungsprozesse, oft materiell interpretiert als Substanz, die aus Blei oder Quecksilber Gold macht oder auch in ein Allheilmittel (Panacee, Elixir vitae) umgewandelt werden kann. Ausgangspunkt für diese *ultima materia* ist die ihrerseits in paradoxen Andeutungen umschriebene → *materia prima*. Auch sie wird in den alchemistischen Traktaten oft als S. d. W. bezeichnet, offenbar im Sinne der Auffassung, daß in ihr bereits das Endziel des Prozesses keimhaft vorgegeben sei.

Der Grundgedanke der von vielen Alchemisten buchstäblich genommenen »Goldsynthese« ist es, daß vom GOLD abweichende Unreinheit der Metalle wie auch Krankheit (= Korruption des Körpers) durch die sich ihrer Matrix mitteilende und einprägende Subtilität des S.s d. W. ausgetrieben werde, wodurch sich folgerichtig in Metallen strahlende Sonnenhaftigkeit und im menschlichen Körper Unverderblichkeit ausbreiten müsse. Der ursprüngliche Symbolcharakter dieser Ideologie, erst ab dem MA auch im eigentlich chemischen bzw. chemiatrischen (oder iatrochemischen, d.h. arztchemischen) Sinne verstanden, ist naheliegend: Sonnenferne und Korruptibilität resultieren aus einem Übermaß an Stofflichkeit und Mangel an Geistigkeit. Hierdurch erweist sich die alchemistische Lehre als Ausprägung der → Gnosis. Der eigentliche S. d. W. ist daher der geläuterte und von der Materiewelt unbeeinflußbare Geistmensch, der gewissermaßen durch seine Spiritualität auch seine Umwelt veredelt und vergeistigt wie der Goldmachersage nach das in Wachs gebettete Körnchen des S. d. W. (des »roten Löwen«), das in flüssigem Blei oder in Quecksilber die Umwandlung in lauteres Gold bewirkt: »ein Wunder, dem kein Schatz der Welt gleichkommt«. Die Bezeichnung »Stein« hängt wohl mit dem antiken Glauben an die wundertätige Macht der Edelsteine zusammen, wie sie etwa dem Diamant zugeschrieben wurde. [Bi]

G. F. Hartlaub, Der S. d. W., 1959; J. Van Lennep, Art et Alchimie, o. J. (= 1966); C. A. Burland, The Arts of the Alchemists, 1967; H. Biedermann, Materia Prima. Eine Bildersammlung zur Ideengesch. d. Alchemie, 1973; ders., Handlex. d. mag. Künste, ²1973.

**Steiner**, Rudolf, 27.2.1861 in Kraljevec (damals zu Österreich-Ungarn, heute Jugoslavien) – 30. 3. 1924 Dornach (Schweiz). Ab 1879 vielseitiges Studium (Natur- u. Geisteswissenschaft) in Wien. Als Einundzwanzigjähriger wurde er mit der Herausgabe der naturwissenschaftlichen Schriften Goethes in *Kürschners Nationalliteratur* beauftragt. 1888 hielt er im Wiener Goethe-Verein einen Vortrag: »Goethe als Vater einer neuen Aesthetik«. Goethes symbolisches »Märchen« von der grünen Schlange und der schönen Lilie gab später (1911) den Ausgangspunkt für das erste Mysterien-Drama Steiners. Seine Begründung: »Das künstlerische Bild ist spiritueller als der rationalistische Begriff. Es ist auch lebendig und tötet das Geistige in der Seele nicht, wie es der Intellektualismus tut.«

S. warnt eindringlich davor, Symbolik einzuführen, ohne durch begriffliche Vorarbeit den Boden dafür vorbereitet zu haben. Nach ihm darf in der Gegenwart nur in Symbolen gsprochen und gehandelt werden, wenn zuvor alles getan ist, durch bewußtes Verstehen den Weg zu den Hintergründen des Daseins zu bahnen. Nur dann wird sich Symbolik auch in Zukunft fruchtbar erweisen können. In seinem Frühwerk *Das Christentum als mystische Tatsache* hat S. 1902 einen Beitrag zum Verständnis vor allem des griechischen Mysterienwesens und des Götterglaubens gegeben. 1910 behandelt er in Kristiania ausführlich das Thema: »Die Mission einzelner Volksseelen im Zusammenhange mit der germanisch-nordischen Mythologie«. Es folgen im August 1911 in München

10 Vorträge unter dem Titel: »Weltenwunder, Seelenprüfungen, Geistesoffenbarungen«, durch welche Symbolik und Mystik des alten Griechentums transparent gemacht werden.
Als 1902 die dt. Sektion der Theosophischen Gesellschaft begründet wurde, übernahm S. als Generalsekretär deren Leitung. Als solcher entwickelte er eine ungewöhnlich reiche Vortragstätigkeit, die sich nach und nach über einen großen Teil Europas erstreckte. Die Theosophie von Blavatzki, Olkott und Besant wird von ihm durch Hereinnahme der Grundimpulse des Christemtums völlig verwandelt. Es entsteht die → Anthroposophie mit deren zahlreichen Auswirkungen in Kunst (Eurythmie, Mysterienspiele, Sprachgestaltung) und Wissenschaft (Naturwissenschaft, Medizin und Pädagogik). 1913 wird in Dornach bei Basel das erste Goetheanum errichtet, das in erster Linie für die Aufführung der Mysterienspiele dienen sollte (am Sylvesterabend 1922 einer Brandstiftung zum Opfer gefallen). 1923 Begründung der Freien Hochschule für Geisteswissenschaft in Dornach – eine erste neuzeitliche Mysterienstätte. [Hem]

R. Steiner, Die Geheimwiss. im Umriß, 1909; Über das Wesen der Farbe, 1921; Anthroposoph. Leitsätze, 1924/25; Alte Mythen u. ihre Bedeutung, 1937; Märchendichtungen im Lichte der Geistesforschung, 1942; Zeichen u. Symbole des Weihnachtsfestes 1957; J. Hemleben, R. St. (Bildmonographie), 1963.

**Steinmetzzeichen** im engeren Sinne unterscheiden sich von den ebenfalls auf Bausteinquadern anzutreffenden Versatzmarken und Werkstättenzeichen dadurch, daß sie als persönliche → Signatur des Steinmetzen schon im MA als etwas von der Zunfttradition Geweihtes betrachtet wurden. Einfach strukturiert sind die bei der Freisprechung des Lehrlings verliehenen S., komplizierter und an exponierten Stellen in Sakralbauten angebracht (etwa an Schlußsteinen von Kreuzrippengewölben) die Meisterzeichen, oft in Form von »Sammelsteinen« zu Gruppen aller im Laufe der Zeit an einem Dom arbeitenden Baumeister vereinigt. Formal an bäuerliche Hausmarken (→ Eigentumszeichen) erinnernd, bieten die S. in ihrer klaren Formensprache ein getreues Spiegelbild der Stilperioden, denen sie entstammen. Am häufigsten treten sie in Gotik und Renaissance auf, werden im Barock seltener, verschwinden im Zeitalter der Aufklärung und werden erst im 19. Jh. wieder geführt. Die Klarheit des Konstruktionsprinzips wird darauf zurückgeführt, daß der Tradition nach in geometrischen »Schlüssel-« oder »Mutterzeichen« einzelner Bauhütten bestimmte Linienpartien nachgezogen und dann isoliert verwendet wurden, wobei die Grundstruktur erhalten blieb. Der Kundige mußte über die Symbolik des ihm verliehenen Zeichens Bescheid wissen. Über die Verleihung der einzelnen S. wurde genau Buch geführt, um widerrechtliches Führen durch Zunftfremde zu vermeiden. [Bi]

L. Schwarz, Die dt. Bauhütten des MA u. die Erklärung der S., 1926; I. Schwarz-Winklhofer u. H. Biedermann, Das Buch der Zeichen u. Symbole, 1972.

**Sterne.** In der Mythologie erscheinen S. als antropomorphe oder zoomorphe Wesen und sind eine Versinnbildlichung höherer Mächte. In der babylonischen

Keilschrift ist ein Stern das Ideogramm für *ilu* = Gott. Die altmesopotamische Vorstellung vom Parallelismus zwischen himmlischem und irdischem Geschehen wurde zum Anfang der → Astrologie. Nach ägyptischem Glauben leben in den S.n die Toten weiter; das Hauptsternbild des Südhimmels, Orion, wurde mit dem Totenherrscher Osiris gleichgesetzt. Die Bewegungen der Gestirne in regelmäßigen Bahnen symbolisieren das harmonische Zusammenwirken aller göttlichen Mächte – Grundgedanke der pythagoreischen Lehre von der Sphärenharmonie (Sphärenmusik). Alte Kulttänze, z. T. noch in antiken Tempeln, waren als magisch-symbolische Wiederholung des Laufes der Himmelskörper gedacht.

Zum Zeichen ihrer himmlischen Zugehörigkeit oder ihrer Weltherrschaft tragen Aphrodite Uranios und Mithras wie auch Maria als Himmelskönigin (auf Gemälden des späten MA und der Renaissance) einen Sternenmantel, ebenso auch Kaiser Heinrich II. (Domschatz zu Bamberg). Nach spätjüdischer und z. T. auch christlicher Vorstellung wurde jeder Stern von einem → Engel behütet; ein Stern oder ein Engel zeigt den Hl. Drei Königen (Magier, Sternkundige?) den Weg nach Bethlehem. Die 7 apokalyptischen Sterne sind die 7 Engel der 7 Gemeinden (*Offb* 1,20), die wiederum die Gesamtkirche repräsentieren. Der eigentliche Stern ist Christus, so schon nach der Prophezeiung des Bileam: »Auf geht aus Jakob ein Stern« (4 *Mos* 24,17). In der Offenbarung des Johannes (22,16) bezeichnet sich Christus selbst als »der hellstrahlende Morgenstern«. Der Spanische Wallfahrtsort Compostela *(campus stellae)* hat seinen Namen von einem Stern, der dem Apostel Jakobus d. Ä. den Weg nach Spanien gewiesen hat. Ein Stern ist Mariensymbol, → Lauretanische Litanei. In der altchristlichen Sarkophagplastik sinnbilden S. die ewige Seligkeit. Der uralte Glaube vom Stern als → Heilszeichen läßt ihn auch zu einem → kommunistischen Symbol werden. Schließlich können S. als Synonym für Augen (Himmelsaugen) und für Blumen (Paradiesblumen) stehen und ganz allgemein zum Symbol für das Himmlische und Unerreichbare werden (»nach den Sternen greifen«). → Planetengottheiten, Tierkreis [Lr]

R. Eisler, Weltenmantel u. Himmelszelt, 2 Bde., 1910; H. Gressmann, Die hellenist. Gestirnreligion, 1925; F. Boll/W. Gundel, S.bilder, S.glaube, u. S.symbolik bei Griechen u. Römern, 1937; Th. v. Scheffer, Die Legenden d. S. im Umkreis d. antiken Welt, 1939; F. Cumont, Lux perpetua, 1949; F. Boll, Kleine Schriften zur Sternenkunde des Altertums, Hg. v. V. Stegmann, 1950; E. Zinner, S.glaube und S.forschung, 1953; E. Zehren, Das Testament d. S., 1957; E. Zinner, Neue Forsch. über den S.nmantel Kaiser Heinrichs II., Bamberg 1958; D. Forstner, Die Welt d. christl. Symbole, [3]1977 (Gestirne: 95–106); G. H. Lemke, Sonne, Mond u. S. in der dt. Literatur seit dem MA, 1981.

**Stickerei/Textilschmuck.** Im Lebensbrauchtum verlangen noch heute Säuglinge und Taufkind, Firmling und Brautjungfer, vornehmlich die Braut jeweils eigene Symbolik nach Stichart, Stickmaterial und Farbe wie Rot/Blau/Grün/Goldfaden, in der Gründerzeit Pailletten und ausgestanzte Symbolfiguren. Als Totenpflege noch eigenen Händen oblag, waren Totenlaken (bereits zum Hochzeitsgut gehörig!) voll gestickter Symbolik. Die Gestalt-

überlieferung geschah auf selbstgefertigten Mustertüchern, die mehr als nur Technikenvorlagen sind und auf vorgeschichtliche Totenbräuche hinweisen.
Besonders auf den niederdeutschen, sehr an die Familie gebundenen Stickmustertüchern wurden die vielen LEBENSBÄUMCHEN nicht nur als »florale Vorlagen« für Paradehandtuch, Hemd oder Bettzeug geübt; es gibt in den Elb- und Wesermarschen wie auch in Ost- und Nordfriesland sehr altertümliche Beispiele, die fraglos bis in eddische Überlieferungen zurückgehen: so am strenggegliederten Lebensbaum die vier Hirsche, das Eichhörnchen und der DOPPELKOPFADLER (wohl aus den beiden Odin zugehörigen Raben entstanden) oder auch das eingehegte Paradiesgärtlein. Angewandt bewahrt die Brauttracht der Nordheide zwischen Bremen und Hamburg in der Stickerei auf den Brustlätzen z.B. neben dem Dreisproß aus dem Herzen gegenständig Radkreuze, Sechssterne und sogar rechts- und linksdrehende SVASTIKA (Hakenkreuze), deren Deutung an dieser Stelle dem berühmten Vers von Eduard Mörike entspricht: »Herr, schicke was du willst, ein Liebes oder Leides ...« – Geflochtene, gehäkelte, gestrickte, geklöppelte und filiierte, gewebte und applizierte Muster, in jedem Material: Von der Mütter Hand »gestickte Symbolik« bewahrt ältestes Überlieferungsgut. [LM]

E. Sigerus, Siebenbürg.-sächs. Leinenst. Hermannstadt 1906–1929; E. Schoneweg. D. Leinengew. i. d. Grafsch. Ravensburg, 1923; E. Kornmann, Nadelarbeiten, 1927; S. Lehmann, Niedersächs. Stickmustertücher, 1935; K. Rumpf, Hess. Weißstickerei, 1938; W. Schuchhard, Weibl. Hdw.kunst im MA, 1941; F. Großmann, Zur Gesch. d. Stickmuster (Volkswerk) 1942; H. Kronberger-Frentzen, Dt. Stickmuster von ihren Anf. bis zum Biedermeier, 1942.

**Stiefmütterchen** → Veilchen

**Stieglitz.** Wegen seiner Eigenart, Distelsamen zu fressen, auch Distelfink genannt, im englischen Sprachraum goldfinch (»Goldfink«). Er ist der im MA in Plastik und Malerei am häufigsten dargestellte Vogel. Mehrere Bedeutungen: 1. Schutz vor Krankheit (Distel als Heilpflanze, Distelfink als Heiland); 2. Bitte um Fruchtbarkeit, Raffaels *Madonna mit dem Distelfink* war Hochzeitsgeschenk für einen Freund, bei Hans Burgkmairs *Madonna in der Landschaft* ist neben dem Vogel ein Granatapfel Attribut des Kindes; 3. ganz allgemein Christus (nach Konrad von Megenberg, *Buch der Natur*, 1350); 4. Passion, der St. trägt auf der Stirn die Passionsfarbe Rot, die stachelige Distel sinnbildet Leid und Schmerz; 5. die menschliche Seele, die zu Christus findet – in diesem Sinne vielleicht auch bei Dürers Eremitentafel mit dem Hl. Hieronymus. [Lr]

H. Friedmann, The Symbolic Goldfinch, Washington 1946; G. Roth-Bojadzhiev, Studien zur Bedeutung der Vögel i. d. mittelalterl. Tafelmalerei, 1985.

**Stier,** als der große Befruchter ist er Träger der Lebenskraft und Übermittler des Lebenswassers. Die den Regen spendenden → Wettergottheiten sind mit dem S. verbunden; die Ägypter bezeichneten die für sie so wichtige Nilüberschwemmung »Gabe des Stiers«. Das Tosen des Wassers wurde mit dem Rasen des S.es verglichen; antike Götter der Flüsse (Acheloos) und des Meeres (Poseidon) sind oft tauromoph. In der vedischen Literatur sind S. und → Kuh als androgyne Urwesen ein Bild der Selbstbefruchtung und Urzeugung. Das Reittier → Shivas, der weiße S. Nandin, ist die theriomorphe Manifestation seiner Zeugungskraft. Nach persischer Überlieferung entstand aus dem getöteten Urstier die Welt, nach der Version der Mithrasreligion kam aus seinem Rückenmark das Getreide, aus seinem Blut der Weinstock (der hl. Mysterientrank) hervor. Als Fruchtbarkeits- und Machtsymbol spielte der S. in der → kretisch-mykenischen Kultur eine Rolle. Auch bei den Kelten läßt er sich als religiöses Symbol nachweisen – oft mit 3 Hörnern, auf dem sog. Pariser Altar mit 3 → Kranichen auf Rücken und Kopf. Ungeklärt ist, ob der S.kampf (Tauromachia) auf altmediterrane und altorientalische S.spiele zurückzuführen ist, wie sie von Kreta und der Induskultur belegt sind und denen kultisch-symbolische Bedeutung zugekommen sein dürfte; ein Zusammenhang mit dem althispanischen S.kult ist wahrscheinlich (WdM 2,798–809).

Der S. kann solare wie auch lunare Bedeutung annehmen (→ Horn). Der die Sonnenscheibe auf dem Kopf tragende S. Apis galt den Ägyptern als »herrliche Seele« des Urgottes Ptah, später wurde er auch mit Osiris gleichgesetzt. In Babylonien war der weiße S. das hl. Tier des Marduk, dessen Name als »Kalb des Sonnengottes« aufgefaßt wurde. Im Bild des mächtigen Tieres wurde die Kraft der Gottheit geschaut; der altphönikische El hat den Beinamen »Stier« *(shor)*, der assyrische Bel wurde als »göttlicher Stier« aufgefaßt. Diese Gottesvorstellung führte auch zur Anfertigung des Goldenen Kalbes im AT (2 *Mos* 32,1–6). Die 12 S.e am »ehernen Meer« (1 *Kön* 7,25) wurden von verschiedenen Exegeten auf die 12 Apostel bezogen, die den Völkern aller vier Himmelsrichtungen das Wasser des Lebens bringen. [Lr]

L. Malten, Der S. in Kult u. mythischem Bild (Jb. d. dt. archäol. Inst. 43/1928); H. Demircioglu, Der Gott auf dem S., 1936; E. Otto, Beitr. z. Gesch. der S.kulte in Ägypten, 1938; M. T. Barrelet, Taureaux et symbolique solaire (Revue d'Assyriologie 58/1954); J. R. Conrad, The horn and the sword. The history of the bull as symbol of power and fertility, 1957; J. Defradas, Le symbolisme du taureau (Information littéraire 12/1960); W. F. E. Resch, Das Rind in den Felsenbilddarstellungen Nordafrikas, 1967; J. Hahn, Das »goldene Kalb«. Die Jahwe-Verehrung bei S.bildern in der Gesch. Israels, 1981.

**Stiftshütte** → Zelt

**Stilleben.** Wirkliche Lebensmittel, Saatgut und Waffen wurden schon in prähistorische Gräber hineingelegt, und deshalb stellten gemalte S. Nahrung dar für die Seele oder für den Verstorbenen im Jenseits (so in altägypt. Königsgräbern). Etruskische Gräber enthalten gemalte oder gemeißelte S., denen oft Schilde und Schwerter für die zukünftige Verwendung seitens des Begrabenen beigefügt sind. Im Gegensatz zu den S. der Gräber waren die der Privathäuser nicht geweiht, aber die gamalten Blumen, Pflanzen und Früchte waren als Symbole für die Götter bekannt und dienten nicht nur dekorativen Zwecken, sondern auch als Mahnung an eine göttliche Gegenwart. So waren in Ägypten LOTOSBLUMEN ein Symbol für die Muttergöttin Isis, der PAPYRUS für Toth und der PALMWEDEL für Osiris.

Die den verschiedenen Elementen

der S. anhaftende Symbolik blieb der Antike nicht fremd: WEINLAUB und LORBEERgirlanden erinnern an Dionysos in Griechenland und an Bacchus in Rom. Die OLIVE ist ein Sinnbild für Pallas Athene, Granatäpfel, TURTELTAUBEN und Delphine für Aphrodite oder Venus; Pinienzapfen und PANTHERFELL sind Dionysos zugeordnet, der GEHÖRNTE SCHÄDEL (*bucrania*) Zeus. Die tiefere symbolische Bedeutung der S. hebt sie aus dem Bereich einer bloßen Schmuckverzierung heraus. Manches wurde vom Christentum übernommen, wenn auch umgeformt und in anderem Zusammenhang, so wächst das Kruzifix mit Christus aus einer AKANTHUSpflanze heraus (S. Clemente, Rom, 12. Jh.), ein antikes Symbol für Leben und Wiedergeburt.

In den → Katakomben finden sich S. mit Anker, Taube, Brotlaib, Fisch usw., alles symbolische Hinweise auf die christliche Lehre. Manuskripte des MA und religiöse Gemälde der Frührenaissance enthalten viele Genreelemente dieser Art; kleine S. im Hintergrund oder auf der Seite neben der Heiligenszene bestätigen in etwas verschleierter Weise ihre symbolische Bedeutung. In Gemälden der → Verkündigung finden wir oft im Hintergrund eine gemalte Nische mit WASCHBEKKEN (Sinnbild für die Taufe oder den Neuen Bund) und HANDTUCH (für den jüd. Gebetsmantel und den Alten Bund); die LILIE in der Vase weist auf die Reinheit der Hl. Jungfrau, eine KERZE auf das Licht Gottes. BÜCHER in S. symbolisieren mönchische oder humanistische Gelehrsamkeit, ein STUNDENGLAS erinnert an die Kürze unseres Lebens.

Die dekorative Darstellung von BLUMEN oder OBST (z.B. der holländ. Meister des 17. Jh.) ist zugleich Spiegelbild für den Reichtum und die Schönheit der Erde und kann als ein visuelles Dankfest angesehen werden. Neuzeitliche Gemälde lebloser Gegenstände sind mehr Ausdruck für intellektuelle und ästhetische Interessen, obwohl Cézanne und Picasso auch SCHÄDEL oder *bucrania* gemalt haben, wobei sie sich der antiken Symbolbedeutung völlig bewußt waren. [Fi]

J. Vogelstein, Interieur u. St., 1913; H. Wickmann, Meister des S., 1926; A. Gwynne-Jones, Introduction to stillife, London 1954; Ch. Sterling, Stillife painting from antiquity to the present time, Boston 1959.

**Storch,** in der Antike Sinnbild fürsorgender Liebe der Kinder zu ihren Eltern; nach Aristophanes sollen die flügge gewordenen Störche ihre Eltern ernähren. Bei den Römern war der Vogel Attribut der Pietas (Personifikation der Elternliebe). Als Schlangenfeind wird der S. zum Symbol Christi *(Physiologus)*, als wiederkehrender Zugvogel zum Frühlingsboten und Glücksbringer. Im deutschen Volksmund heißt er »Freund Adebar« (ahd. *ôdebero* von *ôd* = Gabe, Besitz, Wohlstand + *bern* = tragen, bringen). Im Volksglauben hat er Zugang zum Brunnen des Lebens, aus dem er die Kinder (bzw. deren Seelen) bringt. Die in der barocken Kunst manchmal den Wagen der Ceres ziehenden Störche sind ebenfalls Gaben- und Glücksbringer (eine gute Ernte). [Lr]

A. Augustin, »Freund Adebar« (Mannus 44/1978).

**Strauß** (Vogel), seine Federn im alten Libyen Häuptlingszeichen, in Ägypten Kopfschmuck verschiedener Gottheiten (z. B. zwei Federn bei der Atefkrone des Osiris), im Christentum Symbol der Jungfräulichkeit (daher Attribut der hl. Barbara). Nach antiker Auffassung brütet der Vogel seine Eier durch Blick oder Atem aus; nach dem *Physiologus* läßt er sie durch die Sonne ausbrüten – auch noch im barocken → Drama aufgegriffenes Motiv. Der junge S. wird zum Symbol Christi, der durch seinen himmlischen Vater auferweckt wurde. Bei Hrabanus Maurus ist der Vogel, der Flügel hat, aber nicht fliegen kann, ein Bild für den Heuchler, im MA auch ein Bild für die Blindheit der Synagoge, da er angeblich den Kopf in den Sand steckt, um nicht gesehen zu werden. → Ei. [Lr]

**Strukturalismus.** Der Begriff »S.«, eine linguistische Theorie, die die → Sprache als ein strukturiertes Ganzes ansieht, in welchem die einzelnen Glieder durch ihre Beziehungen bestimmt werden, wird meistens nur auf die Sprachwissenschaft und auf diejenigen Humanwissenschaften beschränkt, die sich an diesem linguisitischen Modell orientieren.

Mit »struktural« wird dann auch jede Anordnung, die in den Sprachen und menschlichen Zeichensystemen (Symbole) Bedeutung hervorbringt, bezeichnet. Das »Strukturale« kann nicht unmittelbar wahrgenommen oder erklärt werden. Seinem Wesen kann man nur durch verschiedene Austauschproben näher kommen. Daher das Grundprinzip im S.: Um das Strukturale analysieren zu können, ist es notwendig, es zunächst zu rekonstruieren. Ferdinand de Saussure, Vorläufer und Inspirator der strukturalen Analyse in der → Sprachwissenschaft, stellte sich eine Wissenschaft vor, welche das Leben der Zeichen oder Symbole im Rahmen des sozialen Lebens untersucht, die Semiologie (*semeion* = Zeichen), die »lehren würde, worin die Zeichen bestehen und welche Gesetze sie regieren«. Eine Vorrangstellung in der strukturalen Analyse nimmt der Ethnologe → Lévi-Strauss ein; er glaubt die Saussure'sche Entdeckung des Systemcharakters der Sprache auf alle gesellschaftlichen Bereiche übertragen zu können, da »wir uns sowohl bei der soziologischen wie bei der sprachwissenschaftlichen Untersuchung mitten im Symbolismus bewegen«. Die verschiedenen Denkweisen führt Lévi-Strauss nicht auf die unterschiedliche soziale Situation historischer Subjekte oder auf die funktionalen Bedürfnisse sozialer Systeme zurück; entscheidend ist für ihn das System der Zeichen, nicht die Lage der Individuen oder Gruppen, die sich ihrer bedienen. So darf der Mythos nicht aus den Bedürfnissen einer sozialen Gruppe abgeleitet werden, vielmehr ist das Ziel der strukturalen Analyse eine apriori-Untersuchung aller denkbaren Strukturtypen, die nicht die gesellschaftlichen Symbolsysteme aus einem konkreten Kontext heraus, sondern kontextfreie Derivate vorgesellschaftlicher Strukturen sind. Die strukturale Analyse versucht eine der schwierigsten Probleme in der Mythenforschung zu erforschen: das Problem des »Vergleichs« von verschiedenen Mythen und Varianten ein und derselben mythischen oder erzählerischer Tradition überhaupt. Nach Lévi-Strauss wird dann erst eine systematische Analyse der Mythen und ihrer Symbolik möglich sein, wenn man hinter den verschiedenen Versionen permanente Einheiten und Kombinationen, d.h. Strukturen, aufdeckt. So wäre die Ethnologie als ein Zweig der Semiologie zu betrachten und hätte als wichtigste Aufgabe die Erforschung der logischen Struktur der Bedeutung von Zeichensystemen.

In Bezug auf die Literatur meint der Stukturalist Barthes, daß »die Werke der Literatur immense Sätze seien, die aus der allgemeinen Sprache der Symbole durch eine gewisse Anzahl geordneter Transformationen abgeleitet sind«. Die literarischen Formen und ihre Bedeutungen wären nur aufgrund der linguistischen Regeln des Symbols akzeptabel. »Nicht Bilder, Ideen oder Verse souffliert die mythische Stimme der Muse dem Schriftsteller, sondern die große Logik der Symbole«. [Du]

Siehe auch Bibl. Lévi-Strauss; C. Lévi-Strauss, L'analyse structurale en linguistique et en anthropologie, 1954; ders., Les structures élémentaires de la parenté, 1949; ders., The structural Study of Myth (Journal of Am. Folclore 68) 1955; ders., Anthropologie structurale, 1958; Ch. Bally, A. Sechehaye (Hg.), F. de Saussure, Cours de linguistique générale, 1962; H. W. Scheffler, Structuralism in Anthropology (Yale French Studies 36/37) 1966; R. Barthes, Critique et Vérité, 1966; G. Schiwy, Der französische Str., Mode, Methode, Ideologie, 1968; Str. u. Literaturwiss., (Alternative 11) 1968; H. Gallas, Str. als interpretatives Verfahren, 1972; F. Wahl, Einführung i. d. Str., 1973; G. Schiwy, Str. u. Zeichensysteme, 1973.

**Stupa** (auf Ceylon Dagoba), buddhistischer Sakralbau für die Aufnahme von Reliquien Buddhas und seiner Jünger, später auch reines Kultmal. Der St. ist eines der wichtigsten architektonischen Symbole Asiens, nicht nur Hinweis auf → Buddha und auf die Darstellung des Weges zur Erleuchtung, sondern auch Symbol des Kosmos (u. a. der Zentralpfeiler als axis mundi). [*]

L. A. Govinda, Der St. Psychokosmisches Lebens- u. Todessymbol, 1978; J. Irwin, The St. and the Cosmic Axis, Napoli 1979; A. L. Dallapicola (Hg.), The St. – its religious, historical and architectural significance, Wiesbaden 1980.

**Sufismus:** arabisch *tasawwuf*, die islamische Mystik. Der Name leitet sich vom groben WOLLGEWAND (*suf* = Wolle) der Mystiker und Asketen her. Dieses Kleidungsstück, oft als Flickgewand getragen, galt als Zeichen des Asketen, zum Ausdruck seiner Abgewandtheit von materiellen Gütern. Auch die hohe MÜTZE der Sufis hatte symbolische Bedeutung: Sie versinnbildlichte den Grabstein und sollte somit an die Vergänglichkeit alles Irdischen erinnern. Die Anfänge der islamischen Mystik gehen in das 8. Jh. zurück, als man anfing, über die verborgene Bedeutung der Koranverse nachzudenken, im Bestreben, durch Gnosis Gott näherzukommen. Daraus ergab sich die Notwendigkeit, die sehr oft von Ekstase begleiteten spirituellen Erlebnisse in Worten auszudrükken, um sich dem Kreis der Eingeweihten mitteilen zu können. Auf diese Weise entwickelte sich die Symbolsprache der islamischen Mystik.

Daß der koranische Text so reich an Naturmetaphern ist hat wohl dazu beigetragen, daß auch die Mystik einen Großteil ihrer Symbole dem Bereich der Natur entnommen hat. In den Augen der Sufis deuten überhaupt alle Dinge der physischen Welt auf das Metaphysische, der ganze Kosmos ist ein Komplex von Symbolen, welche das Geheimnis der Göttlichkeit enthalten. Der Gottsucher, und ein solcher ist der Sufi, strebt danach, diese verborgene Bedeutung der kosmischen Zeichen zu erkennen. Um dazu imstande zu sein, muß er sich einer spirituellen Läuterung unterziehen, symbolisiert durch einen Weg mit verschiedenen Stadien und Stationen. Das äußere Zeichen dafür, daß er sein Ziel, nämlich die Nähe Gottes, erreicht hat, ist die Ekstase. Selbst ein Symbol, wurde die Ekstase des Mystikers ihrerseits mit Symbolen belegt: dem Wein- bzw. LiebesRAUSCH. Im ersten Fall kredenzt der göttliche Mundschenk den WEIN, d.h. mystische Erkenntnis, durch welche der Sufi berauscht wird. Die Liebessymbolik beruht auf dem Prinzip der Sehnsucht des Liebenden nach dem Geliebten und nach Vereinigung mit diesem. Im Liebesrausch, der Gottestrunkenheit, erfolgt die Auflösung der Ich-Du-Beziehung. Der Sufi, symbolisiert durch den Liebenden, geht in Gott auf.

[EJa]

F. Meier: Das Problem der Natur im esoter. Monimus des Islams, (Eranos-Jahrb. 14); G. Widengren: Harlekintracht u. Mönchskutte (Orientalia Suecana II) 1953; T. Menzel: Beiträge zur Kenntnis des Derwisch-tağ, (Fs. G. Jakob) 1932; G. Anawati/L. Gardet: Mystique Musulmane, 1961; A. J. Arberry: Sufism, ²1950; T. Burckhardt: An Introduction to Sufi Doctrine, 1976; R. A. Nicholson: The mystics of Islam, ²1975; A. Schimmel: Mystical Dimensions of Islam, 1975; L. Massignon: La Passion de Hallaj, 1922; L. Bakthiar, Sufi. Ausdrucksformen mystischer Suche, 1987.

**Sumerer.** Mit »sumerisch« bezeichnen wir im folgenden die in Keilschrifttexten sumerischer Sprache belegten Phänomene. Einflüsse, die etwa von Substraten oder Nachbarn auf die Vorstellungswelt der S. einwirkten, werden sich kaum je mit hinreichender Sicherheit bestimmen lassen.
In der Mitte des 3. Jt. v. Chr. lebten die S., ein Volk mit agglutinierender Sprache, an den Unterläufen von Euphrat und Tigris. Bereits Mittelbabylonien war in dieser Zeit überwiegend von semitischen Akkadern bewohnt. Dem politischen Zusammenschluß zu rivalisierenden Kleinstaaten entsprachen ebenso viele lokale Götterfamilien, die ihrerseits die in ein Verwandtschaftsverhältnis zueinander gebrachten Hauptgötter ehemals selbständiger Siedlungen in sich vereinten. Daneben gab es schon überregional verehrte Götter. Im Süden war der Kult des → Enki von Eridu verbreitet. Eine noch größere Ausstrahlung hatte Inana von Uruk (→ Ischtar). Lagasch erwies der aufstrebenden Theologie Nippurs seine Reverenz, als es den Hauptgott Ningirsu, der früher als Sohn Enkis galt, mit Ninurta, dem Sohn → Enlils, gleichsetzte und Enlil ein Heiligtum erbaute. Folgerichtig gestand man auch im Reichspantheon der 3. Dynastie von Ur Enlil neben der verblassenden Gestalt des Himmelsgottes An von Uruk-Kulab den höchsten Rang zu. Außer den genannten Göttern gewannen der Mondgott Nanna, der oberste Gott der Hauptstadt des Reiches, und sein Sohn, der Sonnengott Utu, große Bedeutung. Seine Hauptkultorte waren Larsam und Sippar.
Innerhalb des hochkulturellen Polytheismus leben ältere Vorstellungen nach. Der aus dem Denken der Jäger geborene Animalismus zeigt sich in nur teilweise anthropomorphisierten Tiergöttern

(WILDKUH: Sunzi(g), Ninsuna, NATTER: Nirach, MUNGO: Ninkilim, EULE: Ninnina, eine Eulenart: Ninschara), wie in den reichen Tierbildern der Mythen, Epen und Hymnen. Zur selben Schicht gehören der Glaube an Artgeister (belegt durch einen bestimmten FISCH, den Gott einer Fischart, im *Lugalbandaepos*) und Eignergötter (Nansche und die Fische, Nansche und die Vögel), die WELTBAUMvorstellung (konkretisiert als *kischkanu*- und *mes*-Baum von Eridu, *chalub*-Baum im Mythos »Gilgamesch, Enkidu und die Unterwelt«, ›Adler‹-Baum Enkis im *Lugalbandaepos*) und der Schamanismus, der in Mesopotamien nur geringe Spuren hinterlassen hat (z.B. in der Höllenfahrt zweier von Enki geschaffener Wesen im Mythos »Inanas Gang zur Unterwelt«). Nagualismus ist von van Dijk für die S. behauptet worden, Hinweise auf den eigentlichen, den Geschlechtstotemismus finden sich keine. Während Dema-Gottheiten durch van Dijk wohl zu Unrecht den S. zugeschrieben worden sind, ist der Beginn des Körnerfruchtbaus mit einem Mythos von göttlichen Heroen, die das Getreide nach Sumer bringen (Prometheus-Motiv), verknüpft. Das System der unpersönlichen, göttlichen Wirkkräfte (*me*) scheint eine hochkulturelle Neuinterpretation naturvolklicher Mana-Vorstellungen zu sein. Männliche Gottheiten haben die immer noch mächtigen alten → Muttergottheiten überflügelt.

Reich entwickelt war in ihrer lokalen Verschiedenheit die Mythologie. Nach der Auffassung von Nippur trennte Enlil den Himmel von der Erde. Die Menschen durchbrachen sie wie Pflanzen. Enki schuf die Vegetation zuerst in Dilmun (= Bahrein in histor. Zeit). Auf seinen Rat bildeten Nammu und Ninmach die Menschen aus LEHM über dem Apsu. Er bestimmte sie, den Göttern die Sorge um ihren Unterhalt abzunehmen und die Arbeit für den Bau ihrer Tempel zu leisten. Unsterblichkeit verlieh er ihnen nicht. – Im düsteren Reich der Unterweltsgöttin Ereschkigal leben die Toten weiter, als SCHATTEN, angewiesen auf die Opfer ihrer Angehörigen. – Hinweise auf eschatologische Erwartungen haben sich bisher nicht gefunden. → Babylonier u. Assyrer, Göttersymbole. [JB]

J. van Dijk, Gott. A. (Reallex. d. Assyriol. 3) 1957–71; ders., Einige Bemerkungen z. sumer. religionsgesch. Problemen (Orientalist. Lit. ztg. 61) 1967; ders., Sumer. Religion (Hdb. d. Religionsgesch. 1) 1971; W. Heimpel, Tierbilder in d. sumer. Lit., 1968; W. H. Ph. Römer, Religion of Ancient Mesopotamia (Historia Religionum 1) 1969; C. Wilcke, D. Lugalbandaepos, 1969; Th. Jacobsen, Toward the Image of Tammuz, 1970.

**Sünde** → Gut und Böse, Laster, Todsünden

**Superbia,** Hochmut, nach Hugos v. St. Victor Tugendschema die *Radix vitiorum* und damit der *Humilitas* (Demut) entgegengesetzte egozentrische Abwendung von Gott. Nach christlicher Auffassung ist sie zuerst von Luzifer begangen worden, der sich gegen Gott erhoben hatte und zur Strafe in die Hölle verbannt worden ist (Augustin). Insofern bedeutet die S. als Trennung (Verstoßung) von Gott den Anfang aller Sünde. In Augustins Lehre von den beiden *Civitates,* die als eschatologische Gemeinschaften verstanden werden müssen, nimmt der sittliche Antagonismus von *Humilitas* und

S. als Gegensatz von Christus und Satan (→ Antichrist) einen zentralen Ort ein. In der Folge davon wird die S. zum klassischen Merkmal der Antichristvorstellungen, dies besonders unter dem Einschluß eines spirituellen, ethischen Moments. Nach Augustin wird die S.-Auffassung vor allem durch die Lehren Gregors des Großen und Thomas' v. Aquin entfaltet und zur Grundlage des christlichen Moralsystems entwickelt; vom Konzept der Ursünde und der egozentrischen Abwendung von Gott erstreckt sich die S. mit vier Grundhaltungen über vielfache empirische Erscheinungsformen des Selbstwertgefühls bis zu konkreten Erscheinungen des Eigenwillens (Hempel).

Im Kampfgeschehen der *Psychomachie* streitet die S. gegen die *mens humilis,* sie reitet großartig geschmückt auf einem wilden STREITROSS, dessen Sattel aus einem LÖWENFELL besteht, so daß die S. gleichzeitig Pferd- und Löwenreiterin ist; sie kommt im Kampf gegen die *Humilitas* zu Fall und wird von ihr an den Haaren gepackt und enthauptet. Auch → Ripa beschreibt die S. als eine schöne Frau in reicher Kleidung, die auf einem noblen PFERD sitzt und auf ihrer rechten Hand einen PFAU, in ihrer linken einen SPIEGEL trägt, in den sie unablässig blickt.

Zahllos sind die Exempelfiguren; besonders gelten Goliath, Holofernes, Nebuchadnezar, Pharao, Alexander und Nero als solche; Ikarus und in Verbindung damit verschiedene VÖGEL können auch als Verkörperungen der S. verstanden werden. Als Tiere, die auf S. hinweisen, gelten die Raubtiere insgesamt, bes. WÖLFE, PANTHER, HUNDE etc. Im Bereich der Dinge kann der TURMBAU zu Babel auf S. hinweisen. [AW]

Joseph Lang, Novissima Polyanthea, 1617; W. Hempel, Übermuot diu Alte ... Der S.-Gedanke und seine Rolle in der dt. Lit. des MA, 1970.

**Surrealismus,** begann 1924 in Paris mit dem von André Breton verfaßten »Ersten surrealistischen Manifest« als eine literarische Bewegung. Zu ihren Mitgliedern zählten viele visuell orientierte Künstler, wie z.B. Max Ernst, Salvador Dali, Joan Miró, René Magritte, Man Ray, Yves Tanguy und viele andere. André Breton hatte Psychologie studiert und nahm Sigmund Freud wie auch die Dichter des → Symbolismus Lautréamont, Mallarmé und Verlaine als geistige Väter des Surrealismus in Anspruch. Die mit dieser Bewegung verbundenen Künstler wurden von Füßlis berühmtem Gemälde *Der Alpdruck* (→ Romantik, Malerei)) stark beeinflußt, weiter auch von der sogenannten »metaphysischen« Malereibewegung, die von Chirico zirka 1911 in Paris begründet wurde, und auch von gewissen Aspekten des Dadaismus (1916–1922).

Der S. ist zweifellos der symbolistischste Stil des 20. Jh. Trotz seiner großen Betonung des Literarischen ist die Bedeutung seiner Symbolik ebenso schwer auszulegen wie die der Träume. Der Künstler unterwirft seine Assoziationen keinerlei Zensur und läßt sich mehr von seinem → Unbewußten als von seiner Logik leiten. Ein surrealistisches Kunstwerk ist immer zweideutig und kann oftmals verborgene oder erotische Elemente enthalten. Es kehrt unsere Erfahrung der Außenwelt in ihr Gegenteil um und stellt die

Wirklichkeit als Traum und den Traum als Wirklichkeit dar. Gegenstände sind mit einem hohen Grad von Gefühl durchtränkt oder führen sogar ein geheimes Privatleben. Die Wahl der Motive beruht auf Zufall (Max Ernst, Hanns Arp), auf Halluzinationen (→ Salvador Dali) oder auf Verzerrungen, entweder in Größe oder in Perspektive (René Magritte). Diesem Stil wird auch von Elementen der Überraschung, des Rätselhaften und des Unvoraussagbaren sein Gepräge gegeben, besonders als Resultat einer realistischen, ja sogar illusionistischen Darstellung unmöglicher Situationen. In Kunstwerken des Surrealismus findet man alle Gesetze der Natur und der Chronologie zeitweilig aufgehoben. Lange Gestalten befinden sich in geräuschloser Bewegung in Landschaften ohne Luft, die von unsichtbaren Sonnen beleuchtet werden, und werfen lange geheimnisvolle Schatten, die uns ein Gefühl des Unheimlichen zum Bewußtsein bringen. Max Ernst spricht von dieser Methode als »die Vereinigung zweier miteinander unverträglichen Formen der Wirklichkeit, anscheinend ohne einen zweckgemäßen Maßstab anzuwenden«. Deshalb kann diese Methode dann das unvorhergesehene »merveilleux« hervorbringen, das Breton als das Endziel des Surrealismus proklamierte.

[Fi]

W. Fowlie, *Age of Surrealism,* 1960; W. S. Rubin, *Dada, Surrealism and Their Heritage,* 1968; L. R. Lippard, *Surrealists on Art,* 1970; A. Breton, *Surrealism and Painting,* 1972; U. M. Schneede, Malerei des S., 1973; J. H. Matthew, The Imagery of S., 1977.

**Süße.** Das Adjektiv »süß« kennzeichnet nicht nur eine Sinneswahrnehmung des Geschmacks, sondern kann darüber hinaus auch metaphorisch gebraucht werden im Hinblick auf das Angenehme, Liebliche, sei es die Stimme oder der Anblick eines Menschen, Schmeichelei und Verführung, Ruhm und Beute. Ja die Qualität der S. kann auch auf religiös-theologische Begriffe wie Glaube, Seligkeit, Gott übertragen werden. So heißt es im *Psalm* 34,9: »Schmecket und sehet, wie süß der Herr ist«; die von Gott geschenkte S. ist seine Güte, deshalb auch die Übersetzung: »Kostet und schauet, wie gütig der Herr ist.« Für die Kirchenväter und das christliche MA ist die S. Gottes in der Gnade, in der Eucharistie und im mystischen Leben erfahrbar. Alles, was zum Heil führt, kann mit »süß« umschrieben werden; schon in einer Hymne des Venantius Fortunatus (6. Jh.) wird vom *dulce lignum,* dem »süßen Holz« des Kreuzes gesprochen; Christus selbst ist »die süße Last« *(dulce pondus).* In ihrer Funktion als Vermittlerin der göttlichen Gnade wird auch Maria als die »Süße« angerufen; Walther von der Vogelweide nennt sie »vil hôhgeloptiu frowe süeze«. Auf die Bitterkeit irdischen Leidens folgt die S. himmlischer Wonne. Analog dem Gebrauch des Wortes »süß« für die Gottesminne (bei den Mystikern) wird es von den Minnesängern auch für die weltliche Liebe eingesetzt. Im 20. Jh. wird der Ausdruck *dolce vita* (ital., »süßes Leben«) zum Schlagwort für das ungezügelte Leben wohlhabender Müßiggänger.

[Lr]

J. Ziegler, Dulcedo Dei. Ein Beitrag zur Theologie der griech. u. lat. Bibel, 1937; J. Châtillon, Dulcedo (Dictionnaire de spiritualité, 3),

Paris 1957; Fr. Ohly, Süße Nägel der Passion. Ein Beitrag zur theol. Semantik, 1989.

**Swastika** → Hakenkreuz

**Symbol.** Im ursprünglichen Sprachgebrauch war der Sinn des griechischen Wortes *sýmbolon* der eines Erkennungszeichens. Wenn zwei Freunde für längere Zeit oder für immer voneinander schieden, so zerbrachen sie eine Münze, ein Tontäfelchen oder einen Ring; kam nach Jahren jemand von der befreundeten Familie zurück, so konnten die zusammengefügten Teile (*symbállein* = zusammenwerfen, zusammenfügen) bestätigen, daß der Träger des einen Bruchstückes wirklich Anspruch auf die Gastfreundschaft besaß. Das S. ist also ein »Zusammengefügtes«, in dem ein sonst nicht wahrnehmbarer Sinninhalt manifestiert wird. Zunächst »Symbol aus etwas « (die beiden zusammenzufügenden Teile) geht der Sprachgebrauch über zum »Symbol von etwas«; das S. steht stellvertretend für eine geistige Realität (die Freundschaft der Besitzer der Bruchstücke), die an ihm wahrnehmbar wird. Das S. ist sichtbares Zeichen einer unsichtbaren Wirklichkeit.

Schon in der Antike konnten mit *symbola* die verschiedensten Dinge bzeichnet werden, z.B. Verträge in der Rechtskunde, das Losungswort im Kriegswesen und in Mysterienbünden, der zur Weissagung dienende Vogelflug. Bischof Cyprianus von Carthago (Mitte des 3. Jh.) gebraucht das Wort S. erstmals in der Bedeutung von Glaubensbekenntnis (→ Symbolum). Die Stoiker erblickten im S. einen verhüllenden Hinweis auf eine philosophische oder theologische Wahrheit; diese »symbolische« – richtiger: allegorische – Auslegungsweise übernahm Philon von Alexandrien für die Erklärung der Bibel.

Als Zusammengesetztes steht das S. im Schnittpunkt zweier verschiedener Seinsebenen. Gerade durch seinen Schnittpunktcharakter ist es aber nicht nur ein (von einer Ebene auf die andere) hinweisendes Zeichen, sondern es hat auch an beiden teil: im Äußeren offenbart es das Innere, im Körperlichen das Geistige, im Sichtbaren das Unsichtbare. Nach → Goethe (*Maximen und Reflexionen*) ist die wahre Symbolik überall dort, »wo das Besondere das Allgemeine repräsentiert, nicht als Traum und Schatten, sondern als lebendig augenblickliche Offenbarung des Unerforschlichen«. Zwischen dem S. und dem von ihm Repräsentierten besteht ein innnerer Zusammenhang, der auf eine Wesenseinheit hinausläuft. Das Bezeichnete (Signifikat) und das Bezeichnende (Signifikant) lassen sich – im Gegensatz zum willkürlich gesetzten Zeichen – nicht austauschen. Die Erscheinung des S.s ist nicht etwas Zufälliges, sondern gehört letztlich zum Wesen der sich darstellenden Wirklichkeit.

Die in der wissenschaftlichen Literatur im Hinblick auf »Symbol« und »Zeichen« anzutreffende Begriffsverwirrung ist in der Weise zu klären, daß in den anthropologischen Disziplinen der Begriff S. als *signum repraesentativum* (vergegenwärtigendes, teilhabendes Zeichen) vom willkürlich bezeichnenden Zeichen, dem *signum significativum,* zu unterscheiden ist. Nach M. Thiel gehört letzteres zur Vertretungs-Symbolik (das

Zeichen steht stellvertretend für etwas anderes), ersteres zur Transparenz-Symbolik (im S. scheint das Sein durch). Als drittes ist die Real-Symbolik zu nennen, bei der das S. nicht als solches erfaßt, sondern mit dem Symbolisierten als Einheit erlebt, empfunden wird – häufig bei den sog. Naturvölkern anzutreffen, aber auch in Hochkulturen und »höheren« Religionsformen; wenn man auch nicht von einer (fälschlich oft behaupteten) Identität sprechen darf, so können »Bild« und Wirklichkeit doch so ineinander übergehen, daß sie eins zu sein scheinen. – Die hiermit aufgezeigte Abgrenzung zwischen dem willkürlich bezeichnenden Zeichen und dem das Symbolisierte durch → Analogie vergegenwärtigenden (transparent machenden) oder an ihm (an seiner Realität) teilhabenden S. ist für jede weitere → Terminologie grundlegend.

Die dem → Bild und S. nahestehenden *termini* ergeben aneinandergereiht eine Art »Spektralband«, bei dem infolge verschiedener Wertigkeit nicht alle Begriffe gleich viel »Raum« einnehmen und auch ihr Nebeneinander durchaus variabel ist: → Allegorie, → Analogie, → Archetyp, → Chiffre, → Emblem, → Gleichnis, → Metapher, → Motiv, → Typos.

Die Spannung zwischen sinnlicher Anschaulichkeit und geistiger Bedeutung macht das S. zu einem wichtigen Ausdrucksmittel in Philosophie, Religion und Kunst. In der → Philosophie zeigt sich, daß die Grundgegebenheiten von Welt und Leben rational nicht ausschöpfbar sind; im S. jedoch wird die Natur, die materielle Welt transparent auf ihren Existenzgrund hin. Das S. ist Verhüllung und Offenbarung zugleich; deshalb ist die Deutung von S.en oft so schwierig. Bei der Erklärung des Symbolischen, bei der Übertragung in die Sprache der Begriffe, bleibt immer ein unübersetzbarer Rest. Gerade weil das S. auf das Unsichtbare und Unbegreifbare weist und es repräsentiert, läßt es sich nicht mit unserer *ratio* be-greifen. Mircea Eliade hebt als Eigenart des S.s hervor, daß es sich an den ganzen Menschen wendet und nicht nur an seinen Verstand. Das S. ist immer ein Extrakt, ein Auszug aus einer Fülle von Einzelgedanken; es faßt ganze Gedankenreihen in eine sonst unerreichte bildhafte Kürze zusammen. S.e sind keine starren, präzise abzugrenzenden Gebilde, sondern veränderlich und oft mehrdeutig (→ Ambivalenz). → Symbolforschung, Terminologie [Lr]

M. Schlesinger, Gesch. des S.s, 1912 (Nachdr. 1967); W. Müri, Symbolon. Wort- u. Sachgeschichtl. Studie, 1931; J. Delanglade/ H. Schmalenbach/P. Godet/J.-L. Leuba, Signe et symbole, Neuchâtel 1946; M. Thiel, Die Symbolik als philos. Problem u.philos. Aufgabe (Stud Gen 6) 1953; A. Seiffert, Funktion u. Hypertrophie des Sinnbildes, 1957; R. May, The significance of symbols (Symbolism in religion and literature, hg. von R. May), New York 1960; St. Wisse, Das relig. S., Versuch einer Wesensdeutung, 1963; Sh. Kreitler, S.schöpfung u. S.erfassung, 1965; M. Vereno, Der ontolog. u. der gnoseolog. Aspekt religiös. S.e (Akten des XIV. Internat. kongr. f. Philosophie 1968); Fr. Vonessen, Der S.begriff im griech. Denken (BSIM 3) 1970; I. D. Lauf, S.e – Verschiedenheit u. Einheit in östl. u. westl. Kultur, 1976; H. Kessler, Das offenbare Geheimnis. Das S. als Wegweiser in das Unerforschliche, 1977; J. Skorupski, Symbol and theorie, Cambridge, 1977; M. Lurker (Hg.), Beiträge zu S., S.begriff u. S.forschung, 1982.

**Symboldidaktik.** Die didaktische Fragestellung wird im Horizont bestimmter Lehrfächer (Deutsch, bildende Kunst, Religionsunterricht) besonders auf jene Sinngehalte ausgerichtet, in denen dem zu Erziehenden das Symbol als Medium zu einem besseren Verständnis des eigenen Lebens und der ihn umgebenden Welt dienen kann. Eine Bildpädagogik im allgemeinen und eine Symboldidaktik im besonderen vermögen zwar kein Ersatz, wohl aber ein Korrektiv der pluralistischen, technisierten und nur auf das Rationale eingestellten Weltbetrachtung zu sein. Symbolerziehung soll auf den Weg zu einer vertieften Schau der Dinge führen (Knechtle), bei der Befriedung von Konflikten helfen und Spannungen tragbar machen (Biehl). Besonders im Religionsunterricht erwartet man vom wiederentdeckten Symbol neue Impulse, die nicht nur der Verknüpfung von Glaubenserfahrung und moderner Lebenswirklichkeit, sondern auch der Kommunikation verschiedener Menschengruppen zugute kommen sollen. Da neben dem Bild auch die Sprache symbolhaltig ist, kommt dem »narrativen Unterricht« (Halbfas) besondere Bedeutung zu. Der Religionspädagoge muß neben den biblisch-christlichen Symbolen auch die neuen Symbole (manchmal auch Pseudosymbole) der Sub- und Massenkultur berücksichtigen (Heumann). Besonders wichtig ist, daß Symbole nicht gelehrt, sondern erfahrbar gemacht werden, daß sie nicht nur in ihrer archetypischen Verankerung gesehen werden, sondern auch in ihrer jeweiligen gesellschaftlichen Prägung. [Lr]

M. O. Knechtle, Glaubensbelebung durch das Symbol, 1967; M. Lurker, Von der Symbolik des Kreises und ihrer Auswertung durch die Bildpädagogik (Welt der Schule, Ausgabe Grundschule 23/1970); Halbfas, Das dritte Auge. Religionsdidakt. Anstöße, 1982; H. Kirchhoff (Hg.) Ursymbole und ihre Bedeutung für die religiöse Erziehung, 1982; J. Heumann, Symbol – Sprache der Religion, 1983; P. Biehl, Symbol u. Metapher. Auf dem Wege zu einer religionspädagog. Theorie religiöser Sprache (Jb. d. Religionspäd. 1/1984); H. Halbfas, Was heißt »S.«? (Jb. d. Religionspäd. 1/1984); V. Hertle/M. Saller/R. Sauer, Spuren entdecken. Zum Umgang mit Symbolen, 1987; P. Biehl, Symbole geben zu lernen. Einführung in die S., 1989.

**Symbolforschung.** Ansätze einer S. lassen sich bis auf Athanasius Kircher (1602–1680), Prof. für Mathematik und orientalische Sprachen in Würzburg und Rom, zurückführen; als erster sprach er von einer *disciplina symbolica;* die Aufgabe des Symbols erblickte er darin, des Menschen Geist zur Erkenntnis eines Dinges mittels gewisser sinnlicher Ähnlichkeit mit anderen Dingen zu leiten. 1764 trug der Philologe Christian Gottlob Heyne an der Göttinger Akademie seine neue Deutung der Mythen vor, die für ihn Philosopheme des Kosmos waren; da die Menschen sich früher noch nicht der Begriffssprache bedienen konnten, drückten sie ihre Weltanschauung in Bildern aus, so entstand der *sermo symbolicus et mythicus.*

Die nächst wichtigen Impulse zur S. kamen von der Romantik, aus der Friedrich → Creuzer hervorging; sein Wunsch nach Errichtung eines Lehrstuhls für S. ging bis heute noch nicht in Erfüllung. Einige chronologische und philologische Fehler machten es Creuzers Gegnern leicht, die ganze S. lächerlich zu machen, zumal das 19. Jh. sich immer mehr rationalistischen und positivistischen Strömungen hingab. Das bekam auch der Altertumsforscher → Bachofen zu spüren, der zunächst als Sonderling auf falscher Fährte galt; sein *Versuch über die Gräbersymbolik der Alten* (1859) konnte von einer Wissenschaft, die sich auf rein formalikonographische und ästhetische Erklärung der Bildwerke zurückzog, nicht verstanden werden. Die erste Resonanz fand Bachofen mit seinem Gedanken über das Mutterrecht bei den Ethnologen, die ihrerseits in unserem Jh. selbst Wesentliches zur Erforschung symbolischer Vorstellungen beigetragen haben (→ Frobenius). Auch in Frankreich weckte die romantische Bewegung das Interesse an der Erforschung der Symbole, was vor allem der → Ikonographie zugute kam.

Mit Sigmund → Freud verlagerte sich der Schwerpunkt einer wissenschaftlichen S. auf die → Psychologie. Freud und die von ihm ausgehenden Schulen der Tiefenpsychologie suchen die Symbole zunächst nicht in den verschiedenen Kulturerscheinungen, sondern in der menschlichen Psyche. Dabei zeigt sich, daß eine Methode, die ihren Ausgangspunkt in das Individuum legt, nicht ohne Gefahren ist, bes. wenn sie die an seelisch Kranken gewonnenen Einsichten auf »den« Menschen bestimmter Kulturstufen zu übertragen versucht. Trotz dieses Vorbehaltes darf das fruchttragende Bemühen um die Aufhellung der Symbole nicht übersehen werden, man denke hier an die Arbeiten von C. G. → Jung und seiner Schüler, deren Ergebnisse auch in anderen Disziplinen ihren Niederschlag fanden.

Die S. sieht sich der Schwierigkeit gegenüber, daß einerseits das zu untersuchende Material sich einer wissenschaftlichen Definition entzieht (→ Symbol), daß andererseits aber nur durch wissenschaftliche Methoden exakte und zuverlässige Resultate zu erzielen sind. Aus dieser Diskrepanz heraus ergibt sich für die S. die Mahnung, ihre eigenen Grenzen nicht zu verkennen. Hauptaufgaben der S. sind: 1. Sammlung des Materials, 2. Geschichtliche Eingliederung, 3. Aufsuchen der (oft seltsam maskierten) Symbolzusammenhänge, 4. Interpretation, die sich von weltanschaulichen Perspektiven und voreiligen Assoziationen freihalten muß. Eine wirkliche Erforschung der Symbole und ihres geistesgeschichtlichen Hintergrundes fordert zur interdisziplinären Zusammenarbeit heraus, d.h. zur Zusammenschau der in den einzelnen Wissenschaften (→ Kunstwissenschaft, → Literaturwissenschaft, → Musikwissenschaft, → Psychologie, → Religionswissenschaft, → Völkerkunde, → Volkskunde) erzielten Ergebnisse.

Ein Forum interdisziplinärer Zusammenarbeit sind die von Olga Fröbe-Kapteyn 1933 begründeten Eranos-Tagungen in Ascona (zahlreiche symbolbezogene Vorträge in den *Eranos-Jahrbüchern*). Zur Erforschung der Symbole tragen zahlreiche wissenschaftl. Institutionen aus ihrer Sicht bei, so das Warburg-Courtauld-Institut in London (→ Ikonologie), das C. G. Jung-Institut in Zürich; das Centre de Recherche sur l'Imaginaire in Chamberry unter Direktion von Gilbert Durand; die Arbeitsstelle für mittelalterliche → Bedeutungsforschung an der Universität Münster; die von Boris v. Rachewiltz gegründete Ludwig Keimer-Stifung (Basel), deren Vorträge mit archäologisch-ethnologischem Schwerpunkt in Verbindung mit dem Istituto Ticinese di Alti Studi in Lugano durchgeführt werden; das Institutum Canarium in Hallein, dessen vor allem prähistorische und archäologische Vorträge im Jahrbuch *Almogaren* publiziert werden; The Mediaeval Academy of America in Cambridge, Massachusetts (1925 gegr.) mit dem Publikationsorgan *Speculum;* The Renaissance Society of America in New York (1954 gegr.) mit dem Publikationsorgan *Renaissance Quarterly.*

Die erste speziell auf S. ausgerichtete Gesellschaft wurde 1953 von M. Engelson in Genf gegründet und hält als »Société de Symbolisme« Tagungen in Genf, Brüssel und Paris ab; die meisten Vorträge werden in den *Cahiers internationaux de Symbolisme* abgedruckt. In den USA bildete sich die International Society for the Study of Symbols in Verbindung mit dem Psychology Department, Georgia State University, Atlanta (Publikationsorgan: *International Journal of Symbology*). Die ersten deutschsprachigen Symbolikertagungen wurden von Julius Schwabe ab 1955 in Basel organisiert, aus ihnen ging – unter E. Th. Reimbold – 1970 die »Gesellschaft für wissenschaftliche Symbolforschung« (Sitz Köln) hervor; die Vorträge der Tagungen erscheinen in *Symbolon. Jb. für wissenschaftliche Symbolforschung.* In Spanien ist ein Schwerpunkt der S. an der Universität Barcelona/Palma de Mallorca mit dem Publikationsorgan *Traza y Baza. Cuadernos hispanos de simbolologia* (seit 1972). In Salzburg wurde 1974 – unter M. Vereno und M. Rassem – der »Forschungskreis für Symbolik« konstituiert; in Bern 1983 – unter Adam Zweig – die Gesellschaft für Symbolforschung gegründet, deren Symposiumsreferate unter dem Titel *Symbolforschung* veröffentlicht werden. Um die bibliographische Erfassung der symbolkundlichen Publikationen bemüht sich M. Lurker (*Bibliographie zur Symbolkunde,* 1968; weitergeführt als internationales Referateorgan *BSIM*, seit 1968). [*]

M. Schlesinger, Gesch. des Symbols, 1912, Reprint 1967; E. Howald, Der Kampf um Creuzers Symbolik, 1926; W. Schindler, Einf. i. d. S. (Hdb. d. S., hg. von F. Herrmann) 1940; Aug. Closs, Urbild – Abbild – Sinnbild. Studien zur S. (Forsch. u. Fortsch. 34) 1960; A. Berger, Le symbolisme comme méthode de connaissance traditionnelle et la loi d'analogie (Atlantis 33) 1960; E. H. Gombrich, Vom Wert der Kunstwiss. f. d. S. (Probleme d. Kunstwiss., hg. von Hermann Bauer u.a.) 1966; R. Alleau, La science des symboles. Contribution à l'étude des principes et des méthodes de la symbolique générale, Paris 1976; M. Lurker (Hg.), Beiträge zu Symbol, Symbolbegriff u. S., 1982; J. Gaus, Wege, Methoden u. Probleme der S. – ein Diskussionspapier (Symbolon N. F. 8/1986).

**Symbolik.** Zunächst versteht man unter S. die sinnbildliche Darstellung und Bedeutung, so kann man von der S. einer mythischen/literarischen Gestalt oder eines Kunstwerkes sprechen wie auch von der S. einer Epoche, Kultur, Religion oder von → Auferstehungssymbolik, → Lebenssymbolik, → Traumsymbolik, → Zentrumssymbolik. Während das deutsche Wort S. klar von → Symbolismus (als Zeitströmung) unterschieden ist, verschmelzen beide im Englischen, Französischen, Italienischen: *symbolism, symbolisme, simbolismo.*

Zweitens ist S. die Kunde, Lehre, Wissenschaft von den Symbolen, ihrer Entstehung, Bedeutung, Verbreitung und ihrer Einordnung in die einzelnen Symboliken im erstgenannten Sinne; für diese Art von S. findet sich manchmal auch die Bezeichnung Symbolologie. – Drittens wird mit S. die → Konfessionskunde bezeichnet, also die Lehre von den durch die *symbola* (Glaubensbekenntnisse) festgelegten christlichen Konfessionen. [*]

**Symbolische Bücher** → Konfessionskunde

**Symbolische Handlungen** des täglichen Lebens, wie Setzen des Fußes auf den Besiegten (*Jos* 10, 24; *Ps* 110, 1), Abschütteln des Staubs als Ausdruck des sich Distanzierens (*Mk* 6, 11), Wasserausgießen als Bußhandlung (1 *Sam* 7, 6), SALZsäen (»Samen der nicht aufgeht«) auf zerstörte Städte (*Ri* 9, 45), FUSSWASCHUNG als Zeichen dienender Liebe (*Joh* 13, 1–16), ANHAUCHEN zum Zeichen der Kraftübertragung (*Joh* 20, 22), werden überboten durch besondere s.H. der → Propheten. Charakteristika: göttlicher Befehl zur Ausführung einer s.H., Bericht über deren Ausführung, Deutung der s.H. (vgl. *Hos* 3; *Jer* 32; *Ez* 12, 1–11 u.a.). Das stets mitgegebene Deutwort zeigt, daß s.H. Akte intensiver Verkündigung sind und nichts mit aus sich selbst wirkenden magischen Praktiken zu tun haben, aus denen sie sich offenbar herleiten und mit denen sie noch das analoge dreiteilige Schema des Berichts verbindet. Mit der s.H. wurde eine Handlung, die sich in der Zukunft vollziehen wird, nach dem Gesetz der → Analogie imitierend vorweggenommen; s.H. ist die wirkmächtige Ankündigung eines bestimmten zukünftigen Geschehens.

So sind auch Jesu s.H. eingebunden in seine eschatologische Verkündigung: er sammelt einen Jüngerkreis »exemplarisch« für Gesamtisrael, weist mit der Schaffung des Zwölferkreises auf die Wiederherstellung des Zwölfstämmevolkes, hält Mahl mit Zöllnern und Sündern als Tatzeichen seiner allen offenen Güte; messianische Demonstration ist die mehrfach überlieferte Wüstenspeisung; die Jüngeraussendung scheint eine letzte Einladung an Israel vor dem Ende; sein Einzug in Jerusalem setzt zeichenhaft *Zach* 9, 9 in Szene; die Tempelreinigung bereitet das Heiligtum für den Anbruch der Gottesherrschaft. Vor allem Jesu letztes MAHL mit seinen Jüngern wird durch die Deutworte, die im jüdischen Mahlbrauchtum keine Entsprechung haben, als s.H. erwiesen.

Das NT erwähnt noch die s.H. des Propheten Agabus (*Apg* 21,10f.), der Paulus den GÜRTEL abnimmt und sich selbst damit bindet als Hinweis auf die Gefangennahme des Apostels. Auch ägyptische Mönchsväter vollziehen s.H., denen sie die Deutung folgen lassen (Apophthegmata Patrum 245 Cotelier 443C; 496 Cot, 550BC). [JBB]

G. Fohrer, D. s.H. d. Propheten 1953; ders., Studien zur alttest. Prophetie 1967; J. Jeremias, D. Gleichnisse Jesu, [8]1970; (224–226); G. Stählin, (Fs. W. Stählin, 9–22), 1953; H. Schürmann, D. Geheimnis Jesu, 1972 (74–110).

**Symbolismus.** Als Antithese zu aufklärerischen, rationalistischen Strömungen reichen die Wurzeln des S. bis in das ausgehende 18. Jh. zurück. Die Künstler suchten für ihre Werke neue Erlebnisbereiche aus Natur und Geschichte; hierbei gab es – wie auch in der Betonung des Gefühls – zahlreiche Berührungspunkte, ja Überschneidungen mit der → Romantik. Zu den Wegbereitern des S., sowohl in der Dichtung als auch in der Malerei, gehören die Engländer Blake und Rosetti. Der Kampf der Elemente wurde bei William → Blake zum Gleichnis für das Ringen zwischen Gott und Luzifer; die SCHLANGE mit ihren Windungen war ihm Symbol nicht nur für das Böse, sondern auch für die Vernunft, die das Böse ausdenkt. Dante Gabriel Rosetti (1828–1882) entlieh seine Themen der Antike, der Artussage, der Bibel und Dante; die weibliche Schönheit war für ihn das größte Symbol, »durch das seine Seele und seine Sinne von allen Tiefen seines Lebens Besitz ergriffen« (Christoffel) und das er in zahlreichen Gestalten abwandelte (Venus, Maria, Beatrice). In Frankreich malte Gustave Moreau (1826–1898) phantastisch überladene Bilder, in denen er mythologische und religiöse Vorstellungen gestaltete und einen neuen künstlerischen S. anstrebte. Dem Schweizer Maler Arnold Böcklin (1827–1901) wurden die Gestalten der antiken Mythologie zu Sinnbildern der in der Natur wirkenden Elemente; die Farbe hatte für ihn Symbolwert; in einem Gespräch mit Lenbach forderte er, daß in dem Bild eines Mädchens schon die Farbe frühlingshaft sein müsse.

Der eigentliche S. entsteht ab 1885 in bewußter Abhebung von Naturalismus (in der Dichtung) und Impressionsismus (in der Malerei). Den Namen S. verwendet erstmals 1886 Jean Moréas, von dem auch der bezeichnende Gedanke stammt, daß die Gegenstände der äußeren Wirklichkeit nicht um ihrer selbst willen in Erscheinung treten; »sie sind vielmehr nur die wahrnehmbaren Zeichen,die uns zu den uranfänglichen Ideen geleiten sollen« (*Manifeste du Symbolisme*). Die neue Ästhetik findet in verschiedenen Zeitschriften ihren Niederschlag, so ab 1886 *Symboliste*, ab 1890 *L'Image* (mit Texten der → Décadents, Illustrationen u. a. von Maurice Denis), in Deutschland ab 1895 *Pan* (mit Texten von Mallarmé, Hugo von Hofmannsthal und Bildern von Fernand Khnopff und Max Klinger).

Die Dichter des S. erhoben die Schönheit zum alleinigen Wesen und Wert der Kunst, die sie von aller befleckenden Bindung an Realität und Nützlichkeit befreien wollten. Nicht die objektive Wirklichkeit gilt als darstellenswert, sondern das Symbol, in dem Träume, Visionen und Ideen Gestalt gewinnen. Als erster pries → Baudelaire die Bedeutsamkeit der Symbole, gefolgt von Paul Verlaine und → Mallarmé; ihre Poesie ist eine »mystische Form des Ästhetizismus« (Bowra). Ausgewählte Lautfiguren und Klanggebilde verzaubern die Seele, verwandeln die Welt und nähern die Dichtung der Musik. Richard → Wagners Werke wurden zur Offenbarung für die französischen Symbolisten. Ein Meister der Synästhesien war der frühreife Rimbaud (1854–1891), der in seiner Auflehnung gegen jede gebundene Tradition vom S. zum Surrealismus hinüberweist. Seinen eigenen Weg vom Naturalismus zum S. ging → Huysmans.

Die Forderung Verlaines nach suggestiver Musikalität wurde besonders von → Rilke verwirklicht. Noch stärker knüpfte Stefan George (1868–1933) an das *l'art pour l'art* des französischen S. an und übertrug das Ideal der *poésie pure* nach Deutschland; in Ablehnung von allem Profan-Alltäglichen verkündete er seine aristokratisch-esoterische Lebensanschauung in den seit 1890 erscheinenden *Blättern für die Kunst;* seine formstrengen Verse sind voll sinnlicher Bilder: stark duftende Blumen, Edelsteine, Metalle, Vögel. Das siebte von Georges Werken ist *Der siebente Ring,* dessen zentrale Gestalt der zum Gott erhöhte Jüngling Maximin ist, der freiwillig in den Tod geht. Nach 1905 sind S. und Neuromantik nicht immer klar voneinander zu trennen. In diesem Zwischenland wirkt Gerhart→ Hauptmann, soweit er sich nicht dem Naturalismus zuwendet. Hugo von Hofmannsthal (1874–1929) läßt Antike und Legende lebendig werden und greift immer wieder auf sinnträchtige Bilder zurück, z.B. ist der BRUNNEN im *Märchen von der verschleierten Frau* Symbol für den Eingang in die Unterwelt. Mit → Yeats wird die aus dem Mythos schöpfende Seele Irlands wieder wach, während Alexander → Block zum großen Mystiker des vorrevolutionären Rußlands wird. Erbe und Vollender Mallarmés ist Paul Valery (1871–1945), der Verkünder der »Reinheit« des Denkens; sein *Cimetière marin* ist die Synthese von Meeresweite und Grabenge; die *Narzißgedichte* besingen die sich zum reinen Geist reinigende Selbstliebe.

Der Kreis der zum S. gehörenden Maler ist schwieriger abzugrenzen als der der Dichter; manche standen nur zeitweise dem S. nahe, zu dessen literarischen Zirkeln sie freundschaftliche Kontakte hatten; hier wären etwa Paul Gauguin und die Künstlergruppe der Nabis zu nennen, deren Malweise allerdings mehr dekorativ und ästhetisch als symbolistisch zu charakterisieren ist. Der stilistisch dem Impressionismus nahestehende Giovanni Segantini neigt in seinem Alterswerk immer mehr zur Symbolisierung. Die eigentlichen Symbolisten waren oft geniale Außenseiter, Phantasten, deren Werke erst in den letzten zwei Jahrzehnten wieder Beachtung gewinnen. Ihre Motive sind neben mythologischen Themen vor allem kosmische Landschaften, nächtliche Szenen, Traumbilder und Visionen, Tod und Eros, die beiden letzteren oft in unmittelbarer Gegenüberstellung, so z.B. bei dem belgischen Graphiker und Maler Félicien Rops. In England ist William Crane mit seinen Buchillustrationen, Teppichentwürfen und Gemälden (*Die Rosse des Neptun,* München Pinakothek) zu nennen. Die Werke des Leipzigers Max Klinger (1857–1920) weisen eine echte, an Freud erinnernde Symbolik auf. Einer der bedeutendsten Symbolisten war Odilon Redon (1840–1916), dem die schaubare Natur zur Quelle seiner Imaginationen wurde; er selbst erblickte seine Originalität darin, unwahrscheinlichen Wesen nach den Gesetzen der Wahrscheinlichkeit menschliches Leben einzuhauchen.

Der S. übte einen nicht zu unterschätzenden Einfluß sowohl auf den Jugendstil als auch auf den Expressionismus aus. Der bayerische Maler und Bronzeplastiker

Franz von Stuck (1863–1928) schuf – beeinflußt von Böcklin – mystisch-symbolistische Werke, die großenteils in der nach seinen Plänen im Jugendstil ausgestalteten Villa in München Aufstellung fanden. Zwischen S., Jugendstil und Expressionismus ist der Norweger Edvard Munch (1863–1944) einzustufen, während die menschliche Laster und Leidenschaften symbolisierende Spukwelt des Belgiers James Ensor (1860–1949) schon ganz auf den Expressionismus ausgerichtet ist. [Lr]

C. M. Bowra, The heritage of symbolism, London 1943, dt. 1947; U. Christoffel, Malerei u. Poesie. Die symbolist. Kunst des 19. Jh., 1948; J. Chiari, Symbolism from Poe to Mallarmé, London 1956; H. H. Hofstätter, S. u. die Kunst der Jh.wende, 1965; A Balakian, The symbolist movement, New York 1967; A. Mercier, Les sources ésoteriques et occultes de la poésie symboliste 1870–1914, Paris 1969; H. H. Hofstätter, Idealismus u. S., 1971; E. Lucie-Smith, Symbolist art, New York 1972; Ph. Jullian, Der S., 1974; J. Theisen, Die Dichtung des franz. S., 1974; D. L. Anderson/G. S. Maas/D.-M. Savoye, Symbolism, a bibliography of symbolism as an international and multi-disciplinary movement, New York 1975; R. L. Delevoy, Der S. in Wort u. Bild, 1979.

**Symbolismus, mittelalterlicher.** Die bereits in der → Patristik zugrundegelegte Symbolik des christl. MA erfährt z.Z. der Scholastik, besonders im 12./13. Jh., ihre reichste Entfaltung. Als Schrift- und Weltexegese versucht die Scholastik zum Weltsinn und Weltverständnis vorzudringen, sei es auf dem Weg einer symbolischen Schau, die in den *visibilia* die *invisibilia* erkennt, sei es in dem Versuch, das ganze Wissen in einer einzigen kausalen und finalen Weltformel zusammenzufassen (am großartigsten bei Thomas von Aquin). Beide Betrachtungsweisen lassen sich in den → Enzyklopädien nachweisen, z.B. bei Hugo von St. Victor trotz der seiner Zeit vorauseilenden naturwissenschaftlichen Erkenntnisse überwiegend mystisch-symbolisch, im *Speculum maius* des Vinzenz von Beauvais mehr rational-kritisch.

Gerade der von den Scholastikern vertretene Gedanke der *analogia entis* (→ Analogie) gab dem mittelalterl. S. seine theologische und philosophische Berechtigung. In einer Welt symbolischer Zusammenhänge – von Gestirnen und Elementen, Pflanzen und Tieren, Farben und Zahlen – ist Gott als der Urgrund in allen Erscheinungen verborgen gegenwärtig. Das Kleinste und Unscheinbarste kann auf das Höchste hinweisen; alles kann zum Symbol werden. Diese alles durchdringende und beherrschende Weltanschauung bezeichnet man als S. Der christliche S. des MA kann sich in zweierlei Arten äußern: erstens mehr heilsgeschichtlich orientiert in augustinischer Tradition, zweitens kosmisch-hierarchisch nuanciert in Nachfolge der neuplatonisch inspirierten Gedankenwelt des (Pseudo-) Dionysius Areopagita.

Nach Rupert von Deutz (um 1075–1130) ist die Weltgeschichte ein Werk der Trinität; ihre 3 Zeitalter sind den 3 Personen zugeordnet: Gottvater die 7 Schöpfungstage, dem Sohn die 7 Weltalter, dem Hl. Geist die 7 Epochen der Kirchengeschichte. Die von Rupert meisterhaft durchgeführte → Typologie beeinflußte die an Symbolen so reiche Kunst der späten → Romanik, z.B. den Klosterneuburger Altar des Nikolaus von Verdun. Bei der symbolischen Auslegung von Kirchenbau und Gottesdienst wurden vor allem Honorius Augustodunensis und

→ Durandus für Jahrhunderte wegweisend.

Im Gegensatz zu dem in seiner Weltschau sich stark auf Aristoteles stützenden Thomas von Aquin ist sein Zeitgenosse Bonaventura (um 1221–1274) mehr nach Augustinus und Platon ausgerichtet. Ihm ist die ganze Welt Bild und Gleichnis Gottes; das menschliche Denken soll imstande sein, sich auf verschiedenen Stufen – *umbra* (Schatten), *vestigia* (Spuren), *imagines* (Bilder) – zu den göttlichen Ideen zu erheben. Seine von mystischer Frömmigkeit gekennzeichnete Sprache ist reich an Bildern und Sinnbildern; so sind nach ihm Jesu WUNDEN die blutroten Blumen unseres süßen und blühenden Paradieses, über die die Seele wie ein FALTER hinschweben muß, bald an dieser, bald an jener trinkend.

Im ausgehenden MA verliert sich die symbolisierende Denkform immer mehr in rein äußerlicher Gedankenverknüpfung und entartet – besonders beim Verlassen der religiösen Sphäre – zu einem selbst vor Geschmacklosigkeiten nicht zurückschreckenden Spiel der Phantasie. So werden in einem Gedicht von Olivier de la Marche die PANTOFFELN der weiblichen Toilette mit der Demut verglichen, die SCHUHE mit Sorgfalt und Fleiß, die STRÜMPFE mit der Ausdauer, das STRUMPFBAND mit Entschlossenheit, das HEMD mit Ehrbarkeit und der SCHNÜRLEIB mit der Keuschheit. Der Veräußerlichung und Entwertung der Symbole auf der einen Seite steht die Verinnerlichung in der → Mystik gegenüber. [Lr]

M. Grabmann, Die scholast. Methode, 1909–1911 (Nachdr. 1956); E. Beitz, Rupert von Deutz, seine Werke u. d. bild. Kunst, 1930; J. Sauer, Symbolik des Kirchengebäudes u. seiner Ausstattung in d. Auffassung des MA, 1924 (Nachdr. 1964); A. Dempf, Sacrum Imperium, Geschichts- und Staatsphilosophie des MA, 1954; M. M. Davy, Essai sur la symbolique romane, XIIe sicle, Paris 1955; R. W. Southern, Gestaltende Kräfte des MA, 1959; J. Chydenius, The theory of Medieval Symbolism, 1960; A. Zimmermann (Hg.), Der Begriff der Repraesentatio im MA. Stellvertretung, Symbol, Zeichen, Bild, 1971.

**Symbolkanon** → Terminologie

**Symbolkeramik.** Schon früh in der → Jungsteinzeit treten hie und da Gefäße auf, die als Ganzes oder in wesentlichen Teilen (z.B. Füße) tier- oder menschengestaltig sind oder in plastischen Auflagen oder Ritzungen eine entsprechende Symbolik aufweisen: z.B. »Krötendarstellungen« (richtiger wohl schematiserte Menschendarstellungen) auf frühneolithischer Keramik zumal in Südost- und Mitteleuropa; im 3. Jt. von Kleinasien über Südwest- nach Nordeuropa verbreitet das Auftreten einer »Verzierung« mit Hirschfiguren und »Augenornamenten«; in der sogenannten *Channelled Ware* Ornamente wie sie in ähnlicher Form auf einigen → Megalithen vorkommen. [KJN]

**Symbolspiel,** entwicklungspsychologisch. Beim S. »setzt das Symbol die Vorstellung eines abwesenden Objektes voraus, da das Symbol einen Vergleich zwischen einem gegebenen Element und einem vorgestellten Element enthält« (Piaget). Das S. ist durch die Fiktion (das Tun-als-ob) und durch die Verwendung eigentlicher Symbole gekennzeichnet. Mit der Mitte des 2. Lebensjahres setzen die ersten symbolischen Handlungen ein, z.B. das Fiktionsspiel »schlafendes Kind« (geschlossene Augen, Finger im

Mund, obwohl es wach ist). Die symbolische Handlung wird auch auf Tier, Puppe oder Gegenstand übertragen, sie sollen auch so tun, als ob. Eine herumgeschobene Schachtel kann das Automobil symbolisieren.

Später werden für das Kind bemerkenswerte Erlebnisse symbolisch dargestellt; es spielt z. B. den »toten Vogel«. Mit zunehmendem Alter (7, 8, 9 Jahre) geht die symbolische Spielkonstruktion in eine direkte nachahmende Reproduktion der entsprechenden Wirklichkeit über; das Spiel wird allmählich entsymbolisiert und dient der Adaptation an die Wirklichkeit. Nach Anschauung der → Psychoanalyse kommen in symbolischen Spielen oft unerfüllte Wünsche oder unausgesprochene Konflikte zum Ausdruck. Das S. kann in der Kindheit dazu helfen, das gestörte affektive Gleichgewicht wieder herzustellen. [Lr]

J. Piaget, La formation du symbole chez l'enfant, Paris 1959; dt: Nachahmung, Spiel und Traum, 1969.

**Symboltest** → Testpsychologie

**Symbolträger** → Terminologie

**Symbolum,** in der → Theologie eine normative Glaubensformel, die von alters her in Liturgie und Glaubensunterweisung als Zeichen der Einweihung in das Heilsgeheimnis und des Zusammenhangs der christlichen Lehre verwendet wird. Bereits Cyprianus, 248–258 Bischof von Carthago, hat das Wort *symbolon* in der Bedeutung als Glaubensbekenntnis gebraucht. Augustinus erklärt in seinem Traktat *de fide et symbolo* das S. als *regula fidei brevis et grandis, brevis numero verborum, grandis pondere sentiarum.*

Von bes. Bedeutung sind die der katholischen und den Reformationskirchen gemeinsamen drei altkirchlichen Bekenntnisse, die sog. ökumenischen Symbole: Apostolisches S., Taufbekenntnis der römischen Gemeinde bis in das 3. Jh. zurückreichend; Nicaeno-konstantinopolitanisches S. von 325 und 381, Weiterentwicklung des östlichen Taufbekenntnisses; Athanasianisches S. (5.–6. Jh., fälschlich dem Athanasius zugeschrieben), Lehrbekenntnis der Dreifaltigkeit und der Zwei-Naturen-Lehre Christi.

Der Sinn mancher Artikel – wie Jungfrauengeburt, Höllenfahrt, Auferstehung – ist »unbeschadet dogmatischer Gültigkeit nur in mühsamer Interpretation in den Horizont heutigen Daseinsverständisses zu übertragen« (E. Feifel),es sind die Artikel »deren symbolisch-mythologischer Charakter ganz deutlich hervorspringt« (Fr. Heiler). Vielleicht auch deshalb bemüht sich die moderne Theologie seit dem 2. Vatikan. Konzil um »Kurzformeln des Glaubens«, ohne daß dadurch das klassiche Credo ersetzt werden soll. → Konfessionskunde [*]

W. Niesel, Bekenntnisschr. und Kirchenordnungen der nach Gottes Wort reformierten Kirchen, ²1938; J. de Ghellinek, Les recherches sur les origines du symbole des apôtres, Paris ²1949; J. N. D. Kelly, Early Christian baptism and creeds, London 1950, dt. 1972; J. Ratzinger, Einführung in das Christentum. Vorl. über das Apostol. Glaubensbekenntnis, 1968; J. Karmiris/E. v. Ivánka, Repertorium der Symbole und Bekenntnisschriften der griech.-orthodoxen Kirche, 1969; K. Rahner, Reflexionen zur Problematik einer Kurzformel des Glaubens (Schriften zur Theologie IX) 1970.

**Sympathie** (griech.) besagt Wirkungsgemeinschaft, Empfindungsgemeinschaft, wie sie stoische Naturbetrachtung in dem als einzigen großen Organismus verstandenen Kosmos aus den geheimnisvollen Wandlungen der Pflanzen und Lebewesen an den Sommer- und Wintersonnenwenden, aus der Mitbewegung zwischen Gezeiten und Auf- und Untergang des Mondes erschließt: Auf diesem physikalischen Begriff einer alles durchwaltenden, einigenden Kraft hat Poseidonios (ca. 135–51 v. Chr.) eine neue Physik, eine neue Erkenntnistheorie, eine Lehre von der Mantik und eine neue Theorie des Schicksals aufgebaut. Plotin (205–270) lehrt, daß die All-Einheit ein gemeinsames Erleben hat wie ein Lebewesen, wobei eine Fernwirkung besteht, sodaß gleichartige Dinge, obwohl sie durch andersartige Zwischenstücke getrennt sind, infolge ihrer Gleichartigkeit gleiche Einwirkungen erleiden: Keine räumliche Ferne ist so groß, daß die Dinge nicht aufeinander einwirken könnten. Jedes Ding, das dem Bewirkenden gleichartig ist, unterliegt seiner Einwirkung als einer ihm gemäßen, woraus sich auch die Wirkung der → Magie erklärt. Damit waren schon früher beobachtete korrespondierende Vorgänge (eine angeschlagene Saite bringt eine nicht angeschlagene zum Mitklingen; Gähnen bewirkt Gähnen; gegenseitige Beeinflussung von Leib und Seele; schon von Hippokrates erkannte geheimnisvolle Zusammenhänge mancher Körperteile) auch philosophisch erklärt und bestätigt. Man glaubte S.-Wirkungen erzielen zu können: man versetzt einen Teil des Seienden in ein bestimmtes Pathos (Verfassung, Erscheinung) und provoziert dadurch ein analoges an einer anderen Stelle. So soll BINDEN und KNÜPFEN Behinderung bewirken, DURCHBOHREN eines Abbildes des Feindes dessen Tod nach sich ziehen, das Schmelzen der Wachsfigur des Geliebten diesen vor Liebe schmelzen lassen (Theokrit 2,28, Vergil *Hirtenged.* 8, 50). Im breit fortwirkenden S.-Glauben wurzelt vielfach die Symbolik in Traumdeutung, → Volksmedizin, → Signaturenlehre und Zauberei.

[JBB]

Th. Weidlich, D. S. in d. antiken Lit., 1894; E. Stemplinger, S.-glaube und S.-kuren in Altertum u. Neuzeit, 1919; J. Röhr, D. okkulte Kraftbegriff im Altertum (Philol. Suppl. XVII, 1) 1923; E. Stemplinger, Antike u. moderne Volksmedizin, 1925 (40–44); K. Reinhardt, Kosmos u. S., 1926; Th. Hopfner, mageia u. mantike (PWRE XIV); H. Löhr, Abergl. u. Medizin, 1940 (11–27); Th. Hopfner, S. (Bonnet, Reallex. d. ägypt. Rel.gesch.) 1952; E. Grabner, Volksmedizin 1967; H. Biedermann, Medicina Magica, 1972.

**Synagoge,** Personifikation des Alten Bundes und des Judentums im Gegensatz zur → Ekklesia, die den Neuen Bund und das Christentum repräsentiert. Erste Darstellungen in der bildenden Kunst in der Karolingerzeit: zwei weibliche Gestalten neben dem Kreuz, wobei der S. immer die LINKE Seite zugeordnet wird. Vom geistlichen Schauspiel beeinflußt, beginnt die Verächtlichmachung der S. Ab dem 11. Jh. erhält sie eine AUGENBINDE (oder einen Schleier) zum Zeichen ihrer Verstocktheit und Verblendung, die HERABFALLENDE KRONE deutet das Ende ihrer Herrschaft an; ihre LANZE/Fahne ist zerbrochen, und manchmal wird sie noch durch Attribute wie BOCKSKOPF (= Teufelszugehörigkeit), TOTENSCHÄDEL (das von Christus geschenkte Leben verschmähend), JUDENHUT oder SKORPION (nach *Ez* 2, 6 Symbol der abtrünnigen Israeliten) bes. charakterisiert. Wenn sie reitet, dann auf Esel oder Schwein. Das Passionsfenster zu Chartres zeigt die Ekklesia als siegreiche Königin mit Kirche und Lebensbaum, die S. dagegen von einem Teufel mit einem Pfeil für alle Ewigkeit geblendet. [Lr]

W. Seiferth, S. u. Kirche im MA, 1964; Fr. Ohly, S. u. Ecclesia. Typologisches in mal. Dichtung, 1966; W. Greisenegger, Ecclesia u. S. (LChrI, I) 1968.

**Talisman** (über das Arab. aus dem Griech. *télesma* Abwehrzauber) eigentlich → Amulett, heute soviel wie Glücksbringer, Maskottchen (Maskotte, provençal. *masco* Hexe): »T. sind die Büchsen, worin die himmlischen Einflüsse aufbewahrt werden« (Paracelsus). »Bestechungsgeld ist in den Augen des Gebers ein T. (*eben-chen* = Stein der Gunst), wohin er sich wendet, hat er Erfolg« (*Spr* 17,8). Wurzeln, mehr noch Steine galten als krafterfüllt (Apul. apol. 31, Orph. lith. 410), beseelt, atmend (Pariser Zauberpap. PGM 4, 1725), besonders wirksam, wenn Bilder darauf eingraviert sind (Aphrodite) und der Stein konsekriert ist (ebd.). → Analogie und Sympathieglaube begründet die Wirkweise: Wer den Diamant (*adamas* = der Unbezwingliche) besitzt, besitzt auch die unbezwingliche Frau. Der Jaspis zaubert Regen her (Farbe!), der Asphalaktis (Maulwurfstein) hilft dem Schatzgräber. Monatssteine wirken kraft ihrer astrologischen Zuordnung.

Bild und Inschrift erhöhen nicht nur die Effizienz, sondern liefern auch den Anhaltspunkt zur Deutung: Gottesname, Zaubersprüche, Wünsche, im christlichen Bereich christliche (Jesus hilft; N.N. du wirst leben, *crux est mihi vita*). Auch magische Wirkungen von Pflanzen werden abgeleitet von Namen, Form oder volksmedizinischer Anwendung. Glücksbringend sind der Granatapfel, der Lebensbaum, Aphrodisiakum der Alraun. »Sykomorenblatt verhilft zu vielen guten Dingen. Wer grünes Silber besitzt, ist gesund und wird reich« (Spiegelberg, Demot. Pap. zu Berlin S. 29, Taf. 98). Gold, Silber, Zinn, Bronze haben in der Magie gute Bedeutung. Farben sind ebenfalls gefragt: blau (anderswo rot). Stoff, Gestalt, Form, Farbe und endlich Beschriftung wirken zusammen. Schon dem Babylonier sicherte die Nachbildung eines erigierten Penis, oft mit vulva vereint, was er begehrt (Ebeling, Reallex. Assyr. 1, 120f.), wie die Nachbildung eines Mutterleibes in Stein mit darin befindlichem Embryo in Form eines kleinen Steinchens glückliche Geburt garantiert (ebd.). Der ägyptische Zauberer zählt seine T.e auf: »eine Koralle, Blut von der Turteltaube, ein Huf vom Kamel und ein Haar von einem unberührten Rind, Samen des Pan, Feuer vom Sonnenstrahl, Huflattich, Spindelbaum, Knabenliebe, ein Bohrer, eines bläulich schimmernden Weibes Leib mit gespreizten Schenkeln, einer schwarzen Sphinxäffin durchbohrte Scham, das alles ist das Symbol meiner Zauberkraft« (K. Preisendanz, PGM IV 2305). Ein Eisentäfelchen mit dem Iliasvers (10,564) »Sprachs und lenkte den Graben hindurch die stampfenden Rosse« verhilft dem Sklaven zu sicherer Flucht (PGM IV 2145). Lazarusstatuetten als Grabbeigabe sichern Auferweckung zu, wie

PHALLI in heidnischen Gräbern (aber auch in dem eines byzantin. Mönchs) den Glauben an eine Neuzeugung nahelegen. Ein T. mit der Darstellung eines Menschen, der etwas aus einem Brunnen zieht, hilft Schätze auffinden (Enc. d. Islam 2,258).

Auch Devotionalien, Gegenstände der Frömmigkeit, denen Heils- und Segenskraft anhaftet (oft durch Weihe) sind seit der Antike so etwas wie T.: Mitbringsel von Heiligtümern, Statuetten, Wasser, das am Grab eines Heiligen vorbeigeführt, Öl, das durch den Sarkophag mit den Gebeinen eines Märtyrers geleitet wurde, Erde von einem heiligen Grab, aus dem heiligen Land, Feilspäne vom Rost des Laurentius, den Ketten des Petrus, Medaillen, Bildchen, Breferl, Agnus Dei, Rosenkranz. Prudentius (Peristeph. 6,135) nennt Reliquien, wie sie in Kapseln und Kreuzen umgehängt wurden (Enkolpien), *pignus fidele*: Untrügliches Unterpfand (zu erlangen, was der Heilige schon erlangt hat.)

[JBB]

J. Ficker, Amulett (Realenc. prot. Theol. 1); S. Seligmann, D. mag. Heils- und Schutzmittel aus der unbelebten Natur 1927; E. Villiers–A. M. Pachinger, Amulette und T., 1927; Ph. Schmidt, T. u. Zauberwahn 1936; L. Hansmann – L. Kriss-Rettenbeck, Amulett u. T., 1966; Reallex. f. Ant. u. Chr.: Achat, Adlerstein, Alraun, Amethyst, Amulett, Aphrodisiacum, Bernstein, Brandeum, Bulla, Diamant, Devotionalien, Edelsteine, Enkolpion, Erz, Eulogia, Evangelium, Farbe. K. Preisendanz (Hg.), Papyri Graecae magicae, [2]1974; A. u. J. Knuf, Amulette u. T.e. Symbole des magischen Alltags, 1984.

**Tantrismus.** Dieser vom Westen geschaffene Begriff bezeichnet je eine bestimmte Phase im hinduistischen wie im buddhistischen Denken. In beiden Fällen wird sie von Literaturwerken geprägt, die *Tantra* (»Leitfaden«) genannt werden. Formal, und damit auch im Bereich des Zeichenhaften weisen der hinduistische wie der buddhistische T. deutliche Übereinstimmungen auf, von denen einige besonders hervorragen: Die Verwendung archaischer Fruchtbarkeits- und Opfersymbole zur Veranschaulichung der komplexen Psychologie dieser Heilslehre; die scheinbare Verletzung aller menschlichen Konventionen und Normen; die Überzeugung, daß durch Parallelhandlungen im Bereich des Geistig-Psychischen Veränderungen zu bewirken sind.

Die wissenschaftliche Welt sah früher in den *Tantras* Literaturwerke des geistigen Verfalls, ausgelöst durch das Vordringen nicht-arischer Kulturen. So neigte man dazu, vor allem den buddhistischen T. als ein Produkt der Anpassung an den jüngst sich ausbreitenden Shivaismus zu sehen. Inzwischen ist man in der Frage der gegenseitigen Abhängigkeit vorsichtiger geworden. – Nach der einheimischen Überlieferung wurden die buddhistischen *Tantras* von Buddha Shakyamuni verkündet; die hinduistischen *Tantras* sind meist Zwiegespräche zwischen → Shiva und seiner Gemahlin Parvatī und haben damit den Wert einer Offenbarung ähnlich dem Veda.

Der buddhist. T.: Er wird bestimmt von einer alle Lebensbereiche durchziehenden Dualität, die auf den verschiedenen Ebenen und den jeweiligen Bereichen mit zum Teil ganz unterschiedlichen Symbolen bezeichnet wird: Sonne und Mond, Vajra (»Diamantzepter«) und Glocke, Lotos und Juwel, Zauberdolch und Dreieck, männlich und weiblich. Dies alles sind Symbole, die letztlich *upāya*, das von Mitleid bestimmte heilsfördernde Tun, und *prajñā*, die höchste Weisheit, die eins ist mit der absoluten Wirklichkeit *(śūnyatā)*, bezeichnen. Die Vereinigung des scheinbar Gegensätzlichen ist die Aufhebung der Dualität in einer alle Definition übersteigenden Erfahrung der Wirklichkeit. Ihren sinnfälligsten Ausdruck fand dies in den *yuganaddha* (tib. *yab-yum*) -Darstellungen, die allegorische Wesenheiten in sexueller Einigung zeigen.

Archaische Symbole und Symbolträger wurden in das System eingegliedert und mit neuem Sinn erfüllt. Die nachstehende Erklärung eines tibetischen Gelehrten aus dem 19. Jh. zur Symbolik von Yamāntaka, dem Bezwinger des Todesgottes, zeigt dies deutlich: Die neun Gesichter der Gottheit bezeichnen die neun Hauptteile der tantrischen Lehre; die beiden das mittlere Gesicht krönenden STIERHÖRNER bedeuten die konventionelle und die absolute Wahrheit, in deren Doppelbödigkeit sich die Wirklichkeit spiegelt. Damit sind die Grundlagen (tib. *gzhi*) des tantrischen Heilsweges aufgezeigt. Die vierunddreißig Arme sowie seine Gestalt, Rede und sein Geist symbolisieren zusammen die siebenunddreißig Wege zur Verwirklichung des Zieles; die sechzehn Beine versinnbildlichen die sechzehn Aspekte der Leere *(śūnyatā)*; der aufgerichtete PHALLUS bedeutet die höchste Glückseligkeit. Mit diesen Teilen wird der Weg (tib. *lam*) angedeutet. Die folgenden Elemente bezeichnen die »Frucht« (tib. *'bras-bu*), das Ziel: Die sechzehn Lebewesen, auf die Yamāntaka tritt, sind acht Mächte und acht Vollkommenheiten; seine NACKTHEIT ist die Totalität der offenbaren Lehre; die GESTRÄUBTEN HAARE weisen darauf hin, daß das Nirvāna erreicht ist.

Die Zuordnung von Zeichen und Inhalt mag von Tantra zu Tantra, und damit von Gottheit zu Gottheit, variieren, doch das System, daß eine tantrische Gottheit als Allegorie den tantrischen Heilsweg in allen Aspekten versinnbildlicht, bleibt stets erhalten. Das angeführte Beispiel zeigt, daß die Bedeutung der Symbole aus dem Zeichen als solchem nicht mehr zu erschließen ist, daß gelehrte Kommentierung das unmittelbare Verstehen ersetzt, und daß die sexuellen Symbole Asexuelles bezeichnen. Dies läßt sich zumindest für den buddhistischen T. im tibetischen Raum, dort, wo er allein noch über eine ungebrochene lebendige Traditon verfügt, feststellen.

Der menschliche Körper wird als Mikrokosmos betrachtet, der parallel zum Makrokosmos strukturiert ist und mit diesem in einem spirituellen Sinn identisch ist. So entspricht der mittlere Kanal der Lebenskräfte *(prāna)*, der entlang der Wirbelsäule verläuft, dem Weltberg Meru; andererseits wird er in den Liedern der bengalischen Mystiker als Dombī, Mädchen aus niederer Kaste, bezeichnet. Die allegorischen Gottheiten bevölkern Makrokosmos und Mikrokosmos, die beide damit zum → Mandala werden. Das Ziel des buddhistischen T. ist, die Welt der Sinneserfahrung in einem meditativen Innewerden in ihr ursprüngliches Wesen voll Licht und Weisheit zurückzuverwandeln.

Hinduistischer T.: Im Allgemeinen gelten die bisher getroffenen

Aussagen auch hierfür; nur noch einige markante Unterschiede sollen hervorgehoben werden. Das Männliche, vergegenwärtigt in → Shiva, ist hier das letztgültige, in sich ruhende Prinzip. Das Weibliche, versinnbildlicht in Shivas Gemahlin Parvatī, ist die Kraft (→ Shakti) des männlichen Prinzips und ihm in der Regel untergeordnet. Zentrale Symbole sind *liṅga* und *yoni*, PHALLUS und VULVA, die als alldurchdringender Raum und Schoß der Schöpfung verstanden werden. Formal ist im hinduistischen T. die Verflechtung mit prähistorischen Riten, bzw. mit Riten der Dschungelstämme, wie sie heute noch in Teilen Indiens leben, deutlicher als im buddhistischen T. Eine Abgrenzung zwischen archaischen Kulturen und symbolischer Verwendung der zugehörigen Bilder und Zeichen läßt sich gerade im Hinduismus schwer vollziehen. [Da]

J. Woodroffe: The Principles of Tantra, 1914–16; H. Zimmer: Zur Bedeutung des ind. Tantra-Yoga (Eranos-Jb.) 1933; G. Tucci: Some Glosses upon the Guhyasamāja (Melanges Chinois et Bouddhiques) 1934–35; H. v. Glasenapp: T. und Saktismus (Ostasiat. Zs.) N.F. 1936; De, S. K.: The Buddhist Tantric Literature (Sanskrit) of Bengal (New Indian Antiquary) 1938; S. B. Dasgupta: An Introduction to Tantric Buddhism, 1958; L. Silburn: Hymnes de Abhinavagupta, 1970; H. V. Guenther: The Tantric View of Life, 1972; A. Wayman: The Buddhist Tantras, 1973; P. Kvaerne: An Anthology of Buddhist Tantric Songs, 1977; A. Mookerjee/M. Khanna, Die Welt des Tantra in Bild u. Deutung, 1978.

**Tanz** gehört zu den elementaren Lebensäußerungen des Menschen: Bewegung (→ Spiele), → Freude, erotisches Verlangen (→ Salome). In den alten Kulturen wie auch bei den Naturvölkern sehr oft mit magischen und/oder religiösen Vorstellungen verbunden: bei Beschwörung, Krankenheilung, im Fruchtbarkeits- und Regenzauber, im kultischen T. als Form der Gottesbegegnung, die in ekstatisch gesteigertem Bewegungsrhythmus die Vereinigung mit der Gottheit zum Ziel hat (so bei den »tanzenden Derwischen«). Im ägyptischen Totenkult ein Symbol der Auferstehungshoffnung, ähnlich auch im archaischen Griechenland die Nachahmung der tanzähnlichen Bewegungen der → Kraniche. Der T. Shivas symbolisiert den ununterbrochenen Rhythmus im Weltall; im alten China war die T.kunst Ausdruck der kosmischen Harmonie; der griechische Schriftsteller Lukian (2. Jh. n. Chr.) spricht vom T. der Himmelskörper als dem Vorbild für den T. auf Erden. Musik und T. können den Menschen zu Gott führen (→ Dschallaluddin Rumi). In verschiedenen Überlieferungen haben kreisförmige Bewegungen anthropogonische Bedeutung (→ Golem).

In Erinnerung an die um das »Goldene Kalb« aufgeführten Reigen (2 *Mos* 32,5 f., 19) und in Distanzierung von heidnischen Orgien, stand das Frühchristentum dieser Art von Körperbewegung mehr ablehnend gegenüber: »Wo man tanzt, ist der Teufel« (Joh. Chrysostomus); jedoch bezeichnete schon der Kirchenlehrer Hippolyt den Logos als »hl. Vortänzer im Reigen«. Im AT gehört der T. zu den Verheißungen der kommenden Heilszeit (*Jer* 31,4). Die in mittelalterlichen Kathedralen vom Klerus aufgeführten Reigen galten als irdisches Vorspiel für die im Himmel zu erwartenden Freuden. → Tanztheater, → Totentanz [Lr]

G. van der Leeuw, In dem Himmel ist ein T., 1930; R. Foatelli, Les danses religieuses dans le christianisme, Paris 1939; J. Cuisinier, La danse sacrée en Indochine et en Indonésie, Paris 1951; E. L. Backman, Religious Dances in the Christian Church and in Popular Medicine, London 1952; H. Rahner, Der spielende Mensch, 1952 (Das himmlische T.spiel, 59–79); T. Shawn, Religious use of the dance (Religious symbolism, hg. v. E. Johnson, 145–157); W. F. Otto, Menschengestalt u. T., 1956; Th. van Baaren, Selbst die Götter tanzen. Sinn u. Formen des T.es in Kultur u. Religion, 1964; J. G. Jorgensen, The Sun Dance religion, Chicago 1972; M.-G. Wosien, T. im Angesicht der Götter, 1985.

**Tanztheater** ist im Gegensatz zur abstrakten eine darstellende Grundform des Tanzes, die einen mimischen Rollenträger voraussetzt analog dem Schauspieler auf dem Theater; beide interpretieren eine Handlung. T. = Rollentanz = Tanzhandlung. Hierzu bedarf es eines Ensembles, d. h. mindestens zweier sich widerstreitender Gestalten. Der Tanz ist einer der wichtigsten Wege zum → Theater, ihn erkennen wir in seinen frühen Formen noch unverändert bei den Naturvölkern.

Wenn im Geburtstagsspiel der Pygmäen die Männer einen neugeborenen Knaben umtanzen und das Geburtstagslied singen, in dem u. a. die NKULANUSS gepriesen wird, so deutet das auf eine Schöpfungsmythe hin: Gott schuf aus Nkulanüssen den ersten Menschen. Der Symbolgehalt des Liedes setzt den Neugeborenen mit dem ersten Menschen und dadurch mit dem Schöpfer in Beziehung. Nach dem vom Häuptling gesprochenen Gebet und dem HOCHHALTEN des Knaben mit gestreckten Armen (symbol. Weihe an Gott), beginnt das weltliche Fest der Geburtstagsfeier. Männer und Frauen tanzen zum Lärm der Trommeln und Rasseln viele Stunden einen »sehr anstößigen Tanz«, der symbolisch »alle Geschehnisse vor und nach der Geburt wiedergibt« (P. Trilles). – Im Sonnenfest der Pygmäen tanzt der Häuptling singend um das FEUER; plötzlich hält er inne, fällt zu Boden wie ein Baum und singt sehr langsam und leise: »O Sonne! O Sonne!« Der Tänzer mimt symbolisch den Abend, das Ende des Tages, den scheinbaren Tod. – Kraft, Grazie und Gewandtheit wilder Tiere werden von den Schauspieltänzern bei Naturvölkern durch ein lebhaftes Mienen- und Gebärdenspiel pantomimisch und rhythmisch zum Symbol erhöht.

Das T. als urzeitliche Theaterform hat sich in allen Zeiten und Zonen, in volkstümlicher oder künstlerischer Form, und nie ohne Symbolbezug erhalten. Zu einer besonderen Form des T.s hat sich das dreihundert Jahre alte BALLETT entwickelt, in unserer Betrachtung als »getanztes Theater«, »dramatisches Ballett«, zu berücksichtigen. Das Faszinierende hierbei ist das klare, objektive Gefüge des klassischen Bewegungskodex, des Gebärdenkanons; Geheimnisvolles verrät die Spannung aus Ruhe und Bewegung, das Spiel aus Schönheit und Jugend, Kraft und Anmut, tänzerischer Imagination. Symbole über Symbole!

Der C. G. Jung-Schüler G. P. Zacharias weiß symbolisch zu deuten: Im *en dehors*, jener Auswärtsdrehung der Beine, die vom Hüftgelenk ausgeht, »opfert sich der natürliche Mensch, damit der Tänzer geboren werden kann«. Der *aplomb*, das jedem Tänzer in jeder Stellung verleihende Gleichgewicht, das Erreichen vollkommener Körperbeherrschung, ist »die Erscheinung jener hintergründigen Kraft, die sowohl das Leben des Kosmos, wie das Leben des Einzelnen trägt, und dem fluktuierenden Spiel der Gegensätze Sinn und Harmonie verleiht«. Des Ballettänzers Streben geht in die Höhe, in die Luft – ist er nicht Teil eines »Vogelmenschen«? – deshalb die mannigfaltigen Sprungarten (Paul Claudel: »Der SPRUNG ist das Symbol des Sieges des Atems über das Gewicht«). Dieselbe Tendenz lebt im Tanz auf der halben Spitze *(relevé)* und im SPITZENTANZ. »In dem schwerelosen Gleiten und Schweben erfüllt sich eine tiefe Sehnsucht des Menschen. Die Tänzerin scheint wahrhaftig in einen Seelenvogel verwandelt zu sein«. Die Erdverbundenheit des klassisch tanzenden Menschen kommt im *plié*, dem Beugen der Knie, zum Ausdruck. »Die Symbolik des *plié* zeigt sich zunächst deutlich in dem Bestreben, die Füße möglichst an den Boden zu verhaften ... Das *plié* ist der Atem des klassischen Tanzes«. Alles in allem ist für Zacharias der klassische TANZ »eine einzige große Feier des *Mysterium coniunctionis*«.

Wohl nicht zuletzt wegen seiner Symbolkraft bildet → Faust als Pantomime und Ballett ein beliebtes Thema des T.s. Der Ursprung hierzu ist, wie für das Volksschauspiel und Puppenspiel, bei Marlowe und Mountford zu suchen und führt über die Faust-Pantomimen der Kindertheater schließlich bis zu den auf Goethes Faust beruhenden Balletten und Pantomimen. Groteskes, Spektakuläres, Magisches, Phantastisches, Dekoration und Technik mögen sich in diesem Falle als besonders zugkräftig erwiesen haben; man denke an die Symbole der Höllen- und Himmelfahrt, des Teufels und der Engel.

Auch der moderne Ausdruckstanz, der in seine Kunst vielfältige Symbole aus Nah- und Fernost einbezogen hat, hinterläßt zahlreiche Werke für das T. Ihre Schöpfer sind vor allem Rudolf von Laban, Max Terpis und Mary Wigman – jeder Name steht symbolisch für ein Weltall seiner selbst, aus dem Urgefühle geschleudert wurden, tanzend, da es mit Worten nicht gesagt werden kann. [KH]

P. Trilles, Les Pygmées de la forêt équatoriale, 1933; G. Stumme, Faust als Pantomime u. Ballett, 1942; O. Eberle, Cenalora. Leben, Glaube, Tanz u. Theater der Naturvölker, 1954; G. P. Zacharias, Die Symbolik des Klass. Tanzes (Fs. für C. G. Jung) 1955; G. Zacharias, Ballett – Gestalt u. Wesen, 1962.

**Taoismus.** Der philosophische T. sieht im Menschen vornehmlich nicht das Gesellschafts-, sondern das Naturwesen. Erleuchtet ist, wer die Welt vom Standpunkt des *Tao*, des Urgrundes der zehntausend Dinge, betrachtet; sich dem Wirken des Tao zu überlassen und seiner spontanen, selbstlosen und unparteiischen Wirkweise zu folgen ist der Weg zu langem Leben und innerm Frieden. Tao erscheint als Tor, Wurzel, das »geheimnisvolle Weibliche«; die Empfänglichkeit für das Wirken des Tao symbolisieren TAL und LEERES GERÄT; die Vitalität des Werdenden, Weichen, Schwachen, der SÄUGLING; die Überlegenheit des Niedrigen, Nachgiebigen, das WASSER. Die klassischen Symbolfiguren für taoistische Spontaneität und Ungebundenheit wurden die »Sieben Weisen des Bambushains« (um 275 n. Chr.). Taoistische Naturliebe inspirierte die

Naturpoesie, die Landschaftsmalerei u. a.
Magische Vorstellungen und Praktiken, die aus der Mystik der Vereinigung mit dem Tao abgeleitet wurden, beherrschten den religiösen T. Bezeichnend für ihn sind vor allem das Streben nach Unsterblichkeit und die Teufelsbekämpfung. Die Alchemisten versuchten, aus Zinnober und andern Stoffen flüssiges Gold, den Trank der Unsterblichkeit, herzustellen. Damit das Elixier wirkte, mußte mit dem äußern Läuterungsprozeß der Elemente eine innere Läuterung durch Atemübungen, Meditation, rituelle und ethische Vorbereitung u. a. Hand in Hand gehen. – In den bösen Geistern sahen die Taoisten die Yin-Kräfte der Natur am Werk; die gute Yang-Kraft dagegen war z. B. in heilkräftigen Pflanzen und rotgefärbten Dingen verkörpert. Seit der Ming-Zeit wurden die schädlichen Einflüsse in den sog. Fünf Giftwesen (gewöhnlich SPINNE, EIDECHSE, TAUSENDFÜSSLER, SCHLANGE und KRÖTE) zusammengefaßt. Man konnte sie bannen, indem man sie bildlich darstellte, vor allem durch Bilder, auf denen sie vom Himmelsmeister Chang oder vom Geisttiger zertreten wurden. Bei der Abwehr und Austreibung der Dämonen bediente man sich auch Chung K'uei's, des Teufelsschrecks, mancherlei Amulette, des Geisterschwertes, des Spiegels usw.
Dem reichen taoistischen Pantheon gehören die meisten Götter der alten chinesischen Religion und selbst manche buddhistische Gottheiten an. Dem T. eigentümlich sind der Jadekaiser; die Drei Reinen, eine Triade mit Lao-tzu als historischem Glied; der Gott des Kleinen Bären, auch »Große Einheit« und »Herrscher droben im dunklen Himmel« genannt; Wen-ch'ang, der Gott der Literatur; der Gott des Donners, dargestellt als wilder VOGELMENSCH, und die graziöse Göttin des Blitzes; viele Sternbilder und Sterne, und eine große Zahl von Heiligen oder Unsterblichen. Von den letztern sind seit der Ming-Zeit die sog. Acht Genien besonders populär.
Vom → Buddhismus hat der T. wie vieles andere auch die Idee der jenseitigen Vergeltung und eine Vielzahl von Himmeln und Höllen übernommen. Außerdem kennt er als Aufenthalt der Genien zehn große und 36 kleine »himmlische Grotten« und 72 »selige Stätten«, wo Genien herrschen und auf Menschen warten, die das Tao suchen. [Bu]

S. die Arbeiten von Köster, Cammann, Lessing und Williams unter → Altchina; dazu Henri Doré, Recherches sur les superstitions en Chine, 18 Bde., Shanghai, 1911–1938; Wing-tsit Chan, Chinese Terminology (An Encyclopedia of Religion, hg. von Vergilius Ferm, 143–158), New York 1945; J. Blofeld, Das Geheime u. das Erhabene. Mystizismus u. Magie des T., 1974.

**Tarock** (italien. *tarocco,* franz. *tarot*), seit dem 14. Jh. nachweisbare → Spielkarten mit 78 Blättern, davon 22 Atouts (Trumpfkarten), 21 sind numeriert und in vier Farben (Stab, Pokal, Schwert, Münze), eine ist der »Narr«. Den T.karten wird eine in Astrologie, Kabbalah und mittelalterlicher Hermetik verankerte Symbolbedeutung zugeschrieben, die nur den Eingeweihten verständlich sein soll. Der zweifache Gebrauch der Karten – Spiel und Wahrsagung – war immer untrennbar, wobei eine esoterische Ausdeutung sich anbot. Die

22 Karten werden mit den 22 Buchstaben des hebräischen Alphabets verglichen. Die Karte mit der Zahl I zeigt einen Gaukler, in seinem Hut wollte man schon die Form der Lemniskate, des Unendlichkeitszeichens, erblicken. Die Folge der Atoutkarten über die Liebenden (VI), das Glücks- oder Schicksalsrad (X), den Teufel (XV), über Mond (XVIII) und Sonne (XIX), das Gericht (XX) und die Welt (XXI) werden als Lebensweg oder Initiationsstufen interpretiert. Die 22. (unnumerierte) Karte ist der »Narr«, manchmal mit der Ziffer Null gekennzeichnet: Anfang und Ende oder Nabel des Seinsrades? Zusammenfall im Nichts oder Potenz von allem? [Lr]

R. Bernoulli, Die Zahlensymbolik des Tarotsystems (Eranos-Jb. 1934); K. H. Matzak, Tarok, Rota, Tarot. Das Geheimnis der T.karte, 1976; S. Nichols, Jung and Tarot. An archetypal journey, New York 1980; Papus, Tarot der Zigeuner. Der absolute Schlüssel zur Geheimwissenschaft, 1981; K. D. Newman, The Tarot. A myth of male initiation, 1983.

**Tatauieren** (von samoanisch *tatau* = schlagen, zeichnen), in der Umgangssprache Tätowieren, das Anbringen/Einstechen von Mustern oder Zeichnungen in die menschliche Haut; besonders in Polynesien bei Männern in der Bedeutung von Klan- und Rangabzeichen. In Europa wurde das T. im 17. Jh. durch Seeleute erneut bekannt, nachdem eine eigene ältere Tradition bis in vorchristliche Zeit zurückführt, dafür sprechen im Balkan gefundene Plastiken mit Tatauiermustern wie auch antike Berichte, daß verschiedene Stämme der britischen Inseln den Brauch hatten, ihren Körper mit Bildern zu schmücken, daher angeblich der Name der »Picten« (lat. *pictor* = Maler). Das Anbringen von Zeichen auf der Haut war auch dem alten Orient nicht fremd; der Mensch wurde dadurch dem Schutz einer Gottheit unterstellt oder bekannte sich zu ihr: Libyer trugen manchmal das Zeichen der ägyptischen Göttin Neith; im ägyptischen Dionysoskult der Ptolemäerzeit wurde die Weihe an den Gott durch das Einbrennen eines Efeublatt-Musters vollzogen; eine religiöse Brandmarkung gab es in den Kybele-Attis-Mysterien. Nach Lukian von Samosata ließen sich die Verehrer der Atargatis im syrischen Hieropolis an der Handwurzel oder im Nacken ein Stigma anbringen. Im christlichen Altertum gab es die T. mit dem Kreuzzeichen als *manifestatio fidei,* bei den Katholiken Bosniens und der Herzegowina noch bis in die türkische Zeit hinein vorkommend. Im 17./18. Jh. waren bei europäischen Seeleuten christliche Symbole üblich, um nach Schiffbruch/Seetod im Falle einer Bergung als Christenmensch ausgewiesen zu sein. [Lr]

W. D. Hambly, History of Tatooing and its Significance. New York 1927; Fr. J. Dölger, Antike u. Christentum. Kultur- u. religionsgesch. Studien (Bd. 1/1929, S. 66–72, 73–78; Bd. 2/1930, S. 100–106, 107–116, 297–300); D. v. Engelhardt, Das Bild auf d. menschl. Haut, 1972; M. Kunter, Zur Gesch. d. Tatauierung u. Körperbemalung in Europa (Paideuma XVII/1971).

**Tau.** Die in der Nacht vom Himmel herabfallenden und in der frühen Morgensonne glitzernden T.tropfen sind Symbol des Segens und des Lebens. Die Huld des göttlichen Herrschers gleicht dem T. auf den Kräutern (*Spr* 19,12). In der Auslegung auf Christus hin wird eine Stelle bei dem Propheten Jesaja (45,8) in das deutsche Adventslied aufgenommen: »Tauet Himmel, den Gerechten, Wolken regnet ihn herab«. Bei den Griechen galt der T. als Gabe des Mondes; in der dichterischen Sprache konnte der männliche Samen als »hochzeitlicher Tau« umschrieben werden; das Wort für T. *(herse)* diente auch zur Bezeichnung des (aus dem Samen hervorgegangenen) neugeborenen Kindes. Der T. kann vom Weltenbaum oder vom Baum des Lebens heruntertropfen und der Erneuerung des Lebens dienen (so in der Kabbala). Eine früher in China verbreitete Vorstellung erblickte im T. die auf das Volk herabkommende Gnade des Kaisers (des Himmelsherrn). Der vom Himmel stammende T. *(ros coelestis)* ist in der Bildwelt der Alchemie ein Symbol für das Keimen zum Endziel hin, zur Erlangung des Steins der Weisen. [Lr]

A. Wünsche, Die Bildersprache des AT, 1906; D. D. Boedecker, Descent from Heaven. Images of Dew in Greek Poetry and Religion, Chico/California 1984.

**Taube,** ihre zierliche Gestalt, ihr Gurren und ihr Liebesspiel ließen sie zum Symbol der Fruchtbarkeits- und Liebesgöttin werden (Ischtar, Astarte, Aphrodite, Venus); im Hohenlied wird die Braut mit einer Taube verglichen (*Hld* 21,14; 6,9). In Japan gilt sie als Tier des Kriegsgottes Hachiman. Die Inder betrachten die dunkle T. als Unglücks- und Totenvogel (in ähnlicher Bedeutung bis heute noch in Wales).

Im jüdischen Kult Opfertier zur Wiedergutmachung von Sündenschuld (3. *Mos* 12,8; 14,22). Auf den Evangelien (*Mt* 3,16; *Joh* 1,32) beruhend, wurde die T. Symbol des Hl. Geistes und findet sich in diesem Sinne auf Bildern der Verkündigung und des Pfingstwunders. Oft wurde eine T. über der Kanzel dargestellt, weil Gott durch den Hl. Geist Wahrheit und Weisheit lehrt. 7 T.n sinnbilden die 7 Gaben des Hl. Geistes. Als Träger der göttlichen Inspiration erscheint die T. bei den Kirchenvätern (so besonders bei Gregor d. Gr.). In der Bedeutung als Seelenvogel findet sich die T. bei den Goten (unter dem Namen *hraiwa dubo* = Leichentaube), in der mittelalterlichen Kunst (schon in den Katakomben) und in verschiedenen Legenden (z. B. hl. Scholastika, hl. Reparata). Vor allem aber ist die T. Symbol des → Friedens. [Lr]

F. Sühling, Die T. als religiöses Symbol im christl. Altertum, 1930; H. Dittmar, Symbol der Sehnsucht aller. Die Friedenst., 1959; A. Feuillet, Le symbolisme de la colombe dans les récits évangeliques du baptême (Recherches de Science relig. 46/1958); P. Seethaler, Die T. des Hl. Geistes (Bibel u. Leben 4/1963); Ph. Rech (Inbild des Kosmos I, 280–307) 1966.

**Taufe.** Die Symbolik der T. ist unlöslich von jener des WASSERS. Dieses reinigt, tötet und belebt. Es ist »Schöpfungs- und Sintflutwasser . . ., ein Archetyp menschlichen Lebens, wie es durch den Tod geht« (G. v. d. Leeuw). An diese naturgegebene Basis knüpfen sakrale Bäder, Waschungen und Besprengungen an, vorfindlich in allen archaischen Kulten: sie reinigen vom Schmutz des bisherigen und schenken Beginn eines neuen Lebens (→ Reinigung). Im Wasser untertauchen bedeutet freiwilligen Tod, Abstieg ins Totenreich, wo der Kampf mit dem Ungeheuer des Abgrunds zu führen ist. Aufstieg aus dem Wasser symbolisiert den Sieg über den Ur-DRACHEN und Neugeburt. Ausgesprochene T.n gibt es in den → Mysterien des → Attis und → Mithras.

Phänomenologisch den allgemeinen Riten verwandt sind 1. die jüdischen Proselyten-T., durch die Heiden dem Volke Israel eingegliedert werden; 2. die Umkehr-T. des Johannes, die ein Initiationsritus der messianischen Gemeinde ist; 3. die christliche T., die in den Christusleib, die Kirche, einfügt. Nach Paulus ist diese T. Gleichbild *(homoioma, similitudo)* des Todes Christi, ein Sterben und Auferstehen, ein Gekreuzigt- und Begrabenwerden mit Christus im Symbol (*Röm* 6, *Kol* 3,1ff.), ein Ausziehen des alten und ein Anziehen des neuen Menschen, des Christus (*Gal* 3,7; *Kol* 3,9; *Eph* 4,22ff.), das Bad der Wiedergeburt (*Tit* 3,4f.). Nach Johannes ist die T. »Geburt von oben«, Geburt aus Wasser und Pneuma (3,3ff.). Entsprechend diesen bildhaften Aussagen werden die Taufriten ausgestaltet: 1. Ablegen der KLEIDER, Symbol für das Ausziehen des alten Menschen, 2. SALBUNG des ganzen Körpers mit ÖL gleich einem Athleten zur Stärkung für den Kampf mit den bösen Mächten; 3. dreimaliges UNTERTAUCHEN im Wasser, Ahmung des Sterbens und der dreitägigen Grabesruhe Christi; 4. Aufstieg aus dem Wasser, Symbol der Auferstehung und der Neugeburt; 5. Bekleidung mit weißem Gewand, Symbol des neuen Menschen; 6. Übergabe der brennenden KERZE, »Mysterium des Lichtes von oben«, das den Getauften als »Sohn des Sonnenaufgangs« umstrahlt (→ Sonnensymbolik).

Die T. ist GRAB, in dem der alte Mensch begraben wird, sie ist MUTTERSCHOSS, die den neuen Menschen gebiert. Als Abbild der Kreuzest. heißt sie »Mysterium des Holzes im Wasser« (Justin). Sie ist SIEGEL (*sphragis*), weil sie den Täufling zum Eigentum Christi signiert. Sie heißt *sacramentum ogdoadis, sacramentum octavi* (Sakrament der ACHT), weil die T.geburt den Menschen hinübersetzt in den achten Tag, den Tag der Auferstehung. Baptisterien und T.becken haben deshalb oft eine achteckige Form. Symbole der T. aus der Heilsgeschichte sind: das urzeitliche Schöpfungschaos, der Durchzug durchs Rote Meer, Bad der Susanna, Jonas, die Jordant. Jesu. [ThS]

P. de Puniet, Baptême (Dict. d'Archéologie Chrét. et de Liturgie, II 1), 1925; V. Warnach, T. u. Christusgeschehen nach Röm 6 (ALw III 2), 1954; H. Rahner, Griech. Mythen in christl. Deutung, 1957; G. v. d. Leeuw, Sakramental. Denken, 1959; J. Daniélou, Liturgie u. Bibel, 1965; U. Steffen, T. – Ursprung u. Sinn des christl. Einweihungsritus, 1988.

**Teilhard de Chardin,** Joseph Pierre. 1. 5. 1881 bei Clermont-Ferrand – 10. 4. 1955 New York, französischer Naturforscher, Theologe und Philosoph, als Paläontologe und Anthropologe mehrere Forschungsreisen nach China und Afrika. Seine Philosophie einer universalen Evolution – z. T. im Widerspruch zur traditionellen Theologie – erkennt als Endziel aller Entwicklung die geistige Einheit der divergierenden Vielen im Punkt OMEGA, in dem das Bewußtsein aller Ichs zu einem Über-Ich entwickelt ist; in der im Über-Ich geeinten Menschheit erblickt T. d. Ch. den mystischen Leib Christi. Ein aus symbolischer Schau gewonnener Grundgedanke ist, daß »das Endliche ... ins

Unendliche eingesetzt« ist (*Hymne de l'Univers*, 1961). »Kein Ding kann uns durch sein Innerstes beeinflussen, ohne daß in ihm das universale Feuer auf uns ausstrahlt« (*Le Milieu Divin*, 1957). In T. d. Ch.s »synthetischer Struktur der Welt« haben Raum, Wasser, Erde und Licht Symbolwert. → Personalisation [*]

Études Teilhardiennes, seit 1968; A. Fuß, Bemerk. zur Symbolik u. Metaphorik bei T. (Diss. Würzburg) 1969; R. C. Zaehner, Evolution in religion. A study in Sri Aurobindo and Pierre T. d. Ch., Oxford 1971; H. Pongs, Symbolik bei T. d. Ch., 1974.

**Tempel,** ursprünglich eine Kultstätte in freier Natur, besonders in Höhlen und Hainen oder auf Bergen; *templum* = im alten Rom von den Auguren abgegrenzter hl. Ort, vgl. griech. *témenos* = abgeschnittener Bezirk. Unter einem T. versteht man vor allem das in alten Kulturen errichtete »Gotteshaus«, ägyptisch *hat nuter*, hebräisch *bet elohim*. Nach einfachen Übergangsformen (Zelt, Hütte – vgl. das israelitische Wüstenheiligtum 2 *Mos* 26 und 33,7ff.) wurde der T. zur Demonstration der Unvergänglichkeit aus Stein errichtet. Als sakrale → Architektur ist er ein Abbild des → Kosmos und wird mit der *axis mundi* (→ Babylonier) und/oder dem Weltberg (→ Hinduismus) assoziiert. Das Allerheiligste mit dem Kultbild oder dem Symbol der Gottheit ist oft in völligem Dunkel, so bei den alten Ägyptern und beim jüdischen T. (1 *Kön* 8,12); auch die mesoamerikanischen T. waren fensterlos. Im NT wird auf die spirituelle Bedeutung hingewiesen; der eigentliche T. besteht nicht aus irdischen Steinen, sondern aus dem Leib Christi (*Joh* 2,19; *Mk* 14,58); die Wohnung Gottes kann in jedem Gläubigen errichtet werden (1 *Kor* 3,16). Bei Jakob Böhme ist »Christus der wahre T., darein wir gehen müssen«. Der die Menschen vereinende T. ist wichtiges → freimaurerisches Symbol. [Lr]

W. Andrae, Das Gotteshaus u. die Urformen des Bauens im Alten Orient, 1930; H. Wenschkewitz, Die Spiritualisierung der Kultusbegriffe Tempel, Priester und Opfer im NT, 1932; M. Eliade, Centre du monde, temple, maison (Le symbolisme cosmique des monuments religieux) Roma 1957; J. Hani, Le symbolisme du temple chrétien, Paris 1962; R. Hausherr, Templum Salomonis u. Ecclesia Christi (Zs. f. Kunstgesch. 31/1968); E. A. Reymond, The Mythical Origin of the Egyptian Temple, Manchester 1969; A. Horne, King Solomon's Temple in the Masonic Tradition, London 1973; Fr. Teichmann, Der Mensch u. sein T., Ägypten, 1978.

**Temperamente.** Die Physiologie und Psychologie des MA unterteilte die Menschen in 4 T.-Typen: Choleriker, Sanguiniker, Phlegmatiker und Melancholiker. Nach der Lehre von Hippokrates (5. Jh. v. Chr.), die von Galen (2. Jh.) weitergeführt wurde, ist das T. des Menschen durch das Vorherrschen eines bestimmten Körpersaftes (*humor*) bedingt. So herrscht beim Choleriker *Chole* = GELBE GALLE, vor, beim Sanguiniker *Sanguis* = BLUT, beim Phlegmatiker *Phlegma* = SCHLEIM, beim Melancholiker melaina *Chole* = SCHWARZE GALLE. Dieser Auffassung folgte man bis weit über das MA hinaus. Im mal. kosmologischen Weltbild, das Querverbindungen zwischen → Makrokosmos (Universum) und Mikrokosmos (Mensch) herstellt, werden die 4 T. mit den 4 → Elementen in Verbindung gebracht: Choleriker FEUER, Sanguiniker LUFT, Phlegmatiker WASSER und Melancholiker ERDE. Auch die Planeten übten

Einfluß auf das T. des Menschen aus, ebenso die 4 Jahreszeiten, die 4. Hauptwinde und die Himmelsrichtungen (Dürer, Titelblatt zu K. Celtis *Libri Amorum*, 1502).

Den 4 T. werden Tiere und andere Attribute beigegeben, die variieren können:. dem Choleriker LÖWE, ADLER, SCHWERT; dem Sanguiniker AFFE, FALKE; dem Phlegmatiker LAMM, ESEL und GELDBEUTEL; dem Melancholiker BÄR, SCHWAN, WANDERSTOCK – je nachdem welche Eigenschaft des T.s hervorgehoben wird (G. Marchant, *Cal. des Bergers*, 1493; Stundenbuch von Simon Vostre und von Thomas Kherver). Außerdem herrscht in jedem → Lebensalter eine bestimmte Gemütsrichtung vor (*Tetrade*, Cambridge, Gonville & Caius College). Bei Dürer verkörpern die 4 APOSTEL die 4 T. (München, A. Pinakothek). Auch die → Barockmusik stellt die 4 T. einander öfter gegenüber (*L'Allegro* und *Il Pensieroso*). Seit der Renaissance wird in der bildenden Kunst mit Vorliebe die Melancholie in allegorischer Gestalt dargestellt, die laut Aristoteles das T. der Philosophen, Dichter und Staatsmänner ist und zum visionären Schauen befähigt (Dürer, Cranach u. a.). [ThVW]

E. Panofsky u. F. Saxl, Dürers Melancholia I, 1923; E. Panofsky, Zwei Dürerprobleme (Münch. Jb. N.S. 8), 1931; G. Bandmann, Melancholie u. Musik, 1960; R. Klibansky u. a., Saturn and Melancholy, 1964; H. Klotz, J. della Quercias Zyklus der 4 T. am Dom zu Lucca (Jb. Berlin. Mus. 9), 1967; M. L. Shapiro, The four Temperament relief in Budapest (Acta hist. art. Ac. sc. hung. 14), 1968.

**Teppiche** → Orientteppiche

**Terminologie,** Begriffs- und Benennungssystem eines Fachgebietes. Unerläßliche Vorbedingung einer jeden wissenschaftlichen → Symbolforschung ist die bedeutungsmäßige Festlegung der *termini*, zunächst einmal der Begriffe → Symbol und → Zeichen. In den anthropologischen Disziplinen, den Wissenschaften vom Menschen (wie Vor- und Frühgeschichte, Altertumswissenschaft, Orientalistik, Völkerkunde, Volkskunde, Religions-, Literatur- und Kunstwissenschaft, Psychologie) ist das Symbol in der Regel mehr als nur ein willkürlich gesetztes, hinweisendes Zeichen, da es das Symbolisierte selbst vergegenwärtigt oder sogar an ihm teilhat. Von diesem mit Absicht nicht zu eng gefaßten Symbolbegriff (ausführlicher → Symbol) ausgehend, können für die wissenschaftliche Arbeit weitere *termini* festgelegt werden:

Einzelsymbole oder Symbolelemente = kleinste »Teile«, die symbolische Bedeutung haben: Adler, Bad, Christusmonogramm, Dreieck, Fels, Grün usw.

Symbolerscheinung = nach ihrer »Erscheinungsart« in ein symbolkundliches Strukturschema einzuordnende Symbolgruppen, eine Art Oberbegriff zusammengehöriger Einzelsymbole:

1) Kosmische Mächte (Gestirne, atmosphärische Erscheinungen, Elemente, Raum, Zeit). 2) Pflanzen. 3) Tiere. 4) Mensch (Lebensalter, Geschlecht, Körperteile, Gebärden, Seele). 5) Handlung, Geschehen (Fest, Initiation, Opfer, Ritus, Spiel, Tanz, Theater, Totenkult). 6) Gegenstände (Kleidung, Insignien, Schmuck, Waffen, Geräte, Fahrzeuge). 7) Nahrungs- und Genußmittel, pflanzliche Weihestoffe, Gerüche. 8) Bauten. 9) Ton, Sprache, Schrift. 10) Zahlen. 11) Zeichen, geome-

trische Figuren, Ornamente. 12) Farben.

Symbolträger = Personen als Individuum (in Gesellschaft, Geschichte, Religion, Mythos, Dichtung), die primär »Träger« von Einzelsymbolen sind: Dämonen, Götter, Heilige, Helden, Herrscher, Sakralpersonen, auch Personifikationen.

Symbolkomplex = ein aus Einzelteilen zusammengesetztes Symbolganzes in Wort, Bild oder Handlung, also eine Sinneinheit, bei der alle vorkommenden Symbole sinnvoll aufeinander bezogen sind (z. B. Divina Commedia, Isenheimer Altar, Beerdigung).

Symbolfeld = Zusammenfassung der Einzelsymbole nach ihrer symbolischen Bedeutung, z. B. Fruchtbarkeits-, Herrschafts-, Jenseitssymbolik, kosmische Symbolik usw. Ein Einzelsymbol kann mehreren Symbolfeldern angehören.

Symbolkanon = Gesamtheit der in einer Kultur/Religion/Epoche vorkommenden und bedeutungsmäßig festgelegten Einzelsymbole. So hat z. B. der chinesisch-ostasiatische Symbolkanon andere Symbole als der des christlichen Abendlandes, oder gleiche Symbole können verschiedene Bedeutung haben. Auch in sich kann ein Symbolkanon zerfallen, so ist der romanische vom barocken Symbolkanon zu unterscheiden; ersterer kennt z. B. weder das dem Barock vertraute Herz-Jesu-Bild noch das vom Dreieck umrahmte Auge Gottes. [Lr]

M. Lurker, Zur symbolwissenschaftl. T. in den anthropolog. Disziplinen (in: Beiträge zu Symbol, Symbolbegriff u. Symbolforschung, hg. v. M. Lurker), 1982.

**Testpsychologie.** Ohne es zu wissen und zu wollen, sieht der Mensch seine Vorstellungen, Gefühle und Wünsche in die ihn umgebende Welt hinein und nimmt sie damit nicht nur objektiv entsprechend ihrer Realität, sondern auch subjektiv nach Maßgabe seines Innenlebens wahr. Gerade beim schöpferischen Künstler sieht man, wie die Gestaltung der Außenwelt von seinen Projektionen bestimmt wird. Das macht sich die T. zunutze.

Die Idee des Persönlichkeitstests, bei dem auch die tiefenseelischen Motivationen erfaßt werden, stammt von dem Schweizer Psychiater Hermann Rorschach: Deutung von 10 Klecksbildern (1911–1920 entwickelt). Eine von G. A. Roemer entworfene Serie von 12 Testbildern findet unter der Bezeichnung Symboltest Anwendung; die symmetrischen, aber unbestimmbaren Bildformen (›Symbole‹) werden von der Testperson gedeutet, was charakterologische, psychiatrische und psychoanalytische Diagnosen ermöglicht. Zu den Projektionstesten gehört auch der Thematische Apperzeptions-Test (TAT), von Henry Murray entwickelt, mit ursprünglich 20 Testbildern, zu denen eine Geschichte erfunden werden soll.

Für die Symbolik von Bedeutung sind besonders die Gestaltungs- und Spielteste. Beim Sceno-Test (Gerhild von Staabs) dienen Puppenfiguren als Repräsentanten wirklicher Beziehungspersonen, TIERfiguren als Symbole psychodynamisch wirksamer Kräfte; die Mehrdeutigkeit der vom Kind in einer Szene aufzubauenden Figuren erleichtert die Projektion der persönlichen Erlebnisse und Erfahrungen. Dora M. Kalff betrachtet ihr »Sandspiel« als dreidimensionale Darstellung einer psychischen Situation, die dabei auftretenden Symbole geben reiche Interpretationsmöglichkeiten. Im »Test du Village« (H. Arthus) baut die Versuchsperson ein DORF auf, woraus ihre Stellung in der durch das Dorf symbolisierten menschlichen Gesellschaft ersichtlich werden soll. Ähnlich baut sich beim »Welt-Test« (Charlotte Bühler) die Versuchsperson aus Puppen, Bäumen, Häusern und Tieren in symbol. Weise eine ihren inneren Tendenzen entsprechende Welt.

Auf Grund eines langen Studiums der Mythengeschichte kam der Berufsberater Emil Jucker auf die Idee, das Baumzeichnen als psychodiagnostisches Hilfsmittel anzuwenden, das von Karl Koch zu dem bekannten Baumtest ausgebaut wurde. Der von der Versuchsperson gezeichnete BAUM ist Abbild einer inneren Wirklichkeit; die Ausdeutung ist z. T. symbolbezogen. Luitgard Gräser versucht, die Familiensituation im Spiegel der → Kinderzeichnung zu erfassen; bei der Deutung der den einzelnen Familienmitgliedern zugedachten TIERE spielt der aus Mythos, Märchen und Volksglaube überlieferte Symbolcharakter der Tiere eine wichtige Rolle Auch der »Draw-a-Person-Test« (K. Machower) kann Symbolbezüge aufzeigen; die zeichnerische Darstellung eines Menschen kann Ausdruck somatisch-psychischer Bedürfnisse und Konflikte sein.

Ausschließlich auf FARBEN aufgebaut ist der Test von M. Lüscher, bei dem die Testperson angeben soll, welche von den 23 Testfarben ihr am besten und am wenigsten gefallen. Bei dem Farbpyramiden-Test (Max Pfister/Robert Heiß) sind die Deutungen u. a. auch von einer Farbensymbolik bestimmt: ROT = Fähigkeit der unmittelbaren Reizaufnahme und -entladung; ORANGE = Leistungs- und Geltungsstreben; BLAU = Steuerung der Affekte und Beherrschung der Triebe; es nimmt vom 10. Lebensjahr an ständig zu; BRAUN = erdhaft, mütterlich, aber auch Triebsphäre, daher häufig bei pubertierenden Mädchen. [Lr]

G. A. Roemer, Vom Rorschachtest zum Symboltest (Zentralbl. f. Psychotherapie X) 1938; Ch. Bühler/G. Kelley, The World-Test, New York 1942; H. Arthus, Une psychologie virtualiste, le village, test d'activité créatrice, Paris 1949; K. Koch, Der Baumtest, 1954; E. Pfeiffer, Symbolisierungsgeschehen und Projektionssituation (Acta Psychotherapeutica 4) 1956; L. Gräser, Familie in Tieren, 1957; K. W. Schaie/R. Heiss, Color and personality. A manual for the color pyramid test, Bern 1964; H. Hiltmann, Kompendium der psychodiagnost. Tests, [2]1966; D. M. Kalff, Sandspiel, 1966; R. S. McCully, Rorschach Theory and Symbolism, Baltimore 1971.

**Tetramorph** → Cherubim

**Teufel** (griech. *diabolos* = Verwirrer, Verleumder), Personifikation des Bösen, Symbolfigur für die Empörung gegen Gott. Mit Einschränkung vergleichbare Gestalten sind → Seth als Gegenspieler des Osiris, der parsische Ahriman (awestisch *Angra mainyu* = der arge Geist), Mara, der böse Versucher im Buddhismus, und der germanische Loki. Im AT erscheint Satan (hebr. »Widersacher«) als Ankläger in der himmlischen Ratsversammlung, um Gottes Heilsplan zu vereiteln (*Zach* 3,1ff.). Im NT ist der T. der Oberste der bösen Geister (→ Dämonen), »Herr dieser Welt« (*Joh* 12,31), der »des Todes Gewalt innehat« (*Hebr* 2,14). Nach Lukas

(10,18) fällt Satan wie ein Blitz aus dem Himmel; nach dem apokryphen *Buch Henoch* wurde er wegen seines Aufruhrs gegen Gott von → Michael in den Abgrund geschleudert; dem Christentum gilt er – in Anlehnung an die Höllenfahrt des Königs von Babel (*Jes* 14,12) – als gefallener Engel, der einst den Namen Luzifer = Lichtträger hatte.

Die Wiedergabe als tierköpfiges Ungeheuer mit struppigem Haar, aus dem Mund herausragenden Zähnen und PFERDEFUSS oder VOGELKLAUEN kam Ende der Karolingerzeit auf, seit dem 12./13. Jh. auch mit FLEDERMAUSFLÜGELN und HÖRNERN. In der Kathedralplastik des 13./14. Jhs. wurde der T. als »Fürst der Welt« in seinem Doppelaspekt gezeigt: schöne, verführerische Vorderseite, am Rücken jedoch Kröten und Schlangen (Münster zu Basel, Freiburg, Straßburg). Der T. ist der personifizierte Höllenrachen, der aus der Gestalt des → Leviathan zu verstehen ist. Bei Giotto (Arena-Kapelle, Padua) und Hieronymus Bosch (Triptychon »Garten der Lüste«) ist der thronende Satan als Menschenfresser dargestellt. In der Gestalt des → Antichrist verkörpert sich der endzeitliche Aspekt.

Die Symbole für den T. entstammen fast alle dem Tierreich: In SCHLANGENgestalt verführt er die ersten Menschen (1 *Mos* 3,1f.). Nach *Offb* 12,9 wie auch nach patristischer Auslegung ist der DRACHE Sinnbild des T.s und seiner Mächte. Ein beliebtes Motiv auf Fußboden und Teppich war der BASILISK (Schlangen- oder Eidechsenleib mit Hahnenkopf), der vom Fuß der Gläubigen zertreten wird. Seit dem 4. Jh. gibt es das Motiv des auf LÖWEN und Drachen stehenden Christus, so auch am Türpfeiler des Mittelportals der Kathedrale zu Amiens (um 1240). Zum Löwen als T.symbol vgl. man 1. *Petr* 5,8: »Euer Widersacher, der Teufel, geht wie ein brüllender Löwe umher und sucht, wen er verschlingen könne«. Ein gefesselter AFFE bedeutet den überwundenen T. (z. B. *Paradiesgärtlein*, um 1410). Der schon in der Bibel Hinterlist und Bosheit verkörpernde FUCHS ist Satanstier; bei Dürers *Madonna mit den vielen Tieren* ist er angebunden (= besiegt). Überhaupt gilt die ROTE Farbe bei Tieren als Zeichen der Hölle und ihres Beherrschers, so beim EICHHÖRNCHEN (bei den Germanen dem heimtückischen Loki zugeordnet). Mal. Bilder vom Abendmahl zeigen manchmal, wie der T. als kleiner, roter VOGEL dem Judas in den Mund fliegt. Die alttestamentliche Vorstellung vom Sündenbock (3 *Mos* 16,20ff.), der neutestamentliche Vergleich der Verdammten mit BÖCKEN (*Mt* 25,32f.) und die antike Bocksgottheit Pan mündeten in die Bocksfigur des T. ein, wie sie vor allem in Begleitung der → Hexen anzutreffen ist. Als Gegenbild der göttlichen Trinität hat der DREIKÖPFIGE oder dreigesichtige Höllenfürst zu gelten (französ. Miniaturen; Fassadenrelief S. Pietro in Tuscania, nach 1207).

Dem Volksglauben nach hinkt der T. auf einem Fuß, was auf seinen selbstverschuldeten Sturz aus dem Himmel zurückzuführen sei; auch in Goethes *Faust* hinkt Mephisto. Der KUCKUCK als Euphemismus für den T. – »Hol dich der Kuckuck!« – ist seit dem 16. Jh. belegt. Im Volksmund ist der T. der »SCHWARZE«; er ist Herr der

»schwarzen Seelen«, dessen Anhänger in Pervertierung der röm. Meßliturgie die »Schwarze Messe« feiern. [Lr]

O. Erich, Die Darst. des T. in d. christl. Kunst, 1931; R. Schärf, Die Gestalt des Satan (C. G. Jung, Symbolik des Geistes), 1948; L. Ringbom, Diktens »Fru Värld« och »Världens Furste« i Kyrkoportalen (Studier tillägnade Henrik Cornell), Stockholm 1950; R. Villeneuve, Le diable dans l'art, Paris 1957; D. Grivot, Le diable, Paris 1960; H. Daniel, Devils, Monstres and Nightmares, London/New York 1964; G. Zacharias, Satanskult u. Schwarze Messe, 1964; J. Ernst, Die eschatolog. Gegenspieler in den Schriften des NT, 1967; J. Tondrieu/R. Villeneuve, Dictionnaire du diable et de la démonologie, Verviers 1968; J. W. Boyd, Satan and Mara, Christian and Buddhist Symbols of Evil, Leiden 1975; J. B. Russell, The Devil. Perspective of Evil from Antiquity to Primitive Christianity, 1977; K. R. H. Frick, Das Reich Satans, 1982.

**Theater.** In seinen Grundelementen umfaßt es Schauspieler und Zuschauer. Darüber hinaus bedarf es des T.baues mit Bühne, Dekoration, Kostümen und Requisiten. Durch ein Gefühl der Abhängigkeit des Menschen von höheren Wesen kommen im T. aller Epochen und Spielarten die mannigfaltigsten Symbole zum Ausdruck.

Die Urtheater-Bühne der Yáma (Feuerlandindianer) für die Meeresgeisterspiele besteht aus einer erhöht gelegenen Wiesenfläche und einer kegelförmigen Hütte (für Auftritte und Abhänge), deren Innenbemalung aus drei Finger breiten Streifen besteht: der ROTE Streifen symbolisiert die mit Rotalgen bewachsenen Steine am Strand, der WEISSE den Wellenschaum, der SCHWARZE die auf dem steinigen Ufer eng gedrängt sitzenden Miesmuscheln. Der Weg der Meeresgeister führt gewissermaßen vom Meer durch die Hütte auf die Spielfläche. – Im Gegensatz dazu finden die totemistischen Spiele der Aranda (Zentralaustralier) in einer vertieften MULDENBÜHNE statt, (nach Josef Winthuis) das Symbol der Vulva, Eingang in den Schoß der Mutter Erde. Im Regenbogenspiel der Pygmäen ist der REGENBOGEN Hinweis auf den Jagdbogen. In vielen Kultspielen der Yuin (Ostaustralien) wurde der stachelschweinähnliche, im Boden wühlende und aus der Erde emporkommende AMEISENBÄR zum Sinnbild der Auferstehung gewählt.

Die MASKE ist das Symbol der Verwandlung des Menschen in ein anderes Ich, in der Antike dem Theatergott → Dionysos zugehörig. Im MA trugen plastische Masken bestimmte Figuren der Mysterienspiele, z. B. Teufel und Dämonen. In Japan treten die Hauptfiguren des → Nō-Spiels in Masken auf. Bis heute ist die Maske Symbol der Bühnenkunst.

In einigen die Minneallegorien parodistisch verwertenden Fastnachtsspielen tritt eine Rotte Narren auf und setzt dem Publikum seine Narrheit auseinander; »Frau Venus« oder »Frau Minne« führt sie – gebunden an ein NARRENSEIL (Symbol der Kollektiv-Narrheit in der Liebe) – herum. Bekannt ist auch der NARRENPFLUG (Symbol der Prüderie, Zimperlichkeit), vor den sitzengebliebene Jungfern gespannt werden. – In den Spielen des 15. Jh. verspottet das RITTERKOSTÜM die Feigheit und Prahlsucht der Rittergestalt. – Körperliche Abnormität hat symbolischen Bezug: Der häßliche, hinkende BUCKLIGE ähnelt in H. Sachs' Spielen sehr dem Teufel; an Bosheit noch von der Gestalt des häßlichen alten Weibes übertroffen. Der aufgedunsene BAUCH bei

Unholden ist symbolischer Ausdruck maßlosen Fressens und Saufens, Sitz aller Laster und Triebe. In H. Sachs' Ehestreikspiel ist die HOSE das Wahrzeichen der häuslichen Herrschaft.

In der Commedia dell'arte bezeichnen die grünen Querstreifen auf dem weißen Kostüm des Brighella oder Scapino dessen Dienerschaft; die GRÜNE Farbe will auch zum Ausdruck bringen, daß seine Bitternis von der Galle herrührt. Die verschieden großen FLICKLAPPEN in allen Farben beim Kostüm des Arlecchino oder Truffaldino sind Hinweis auf Armut und Phantasie. Der Dottore ist eine Symbolgestalt des gelehrtesten Doktors der ganzen Welt, der alles gelernt und nichts begriffen hat. Das übergroße und deshalb kaum zu brauchende SCHWERT des Capitano ist ironisches Symbolrequisit eines in lauter Illusionen lebenden Menschen, dessen Hauptwaffe sein riesengroßes Maul ist.

In der dt. Klassik, die die Herrschaft des Ideellen über das Reale kennzeichnet, wo Stilisierung und Idealisierung den Bereich des T.s bestimmen, hat der Gebrauch des Requisits entscheidenden Symbolwert. Nur 2 Beispiele aus Goethe-Dramen: Nach der Bekränzung der Hermen in *Torquato Tasso* (I,1) wird durch die später erfolgende KRANZVERLEIHUNG der Prinzessin an Tasso gestisch zum Ausdruck gebracht, daß sie den jungen Dichter mit den großen Vorbildern der Renaissance, Vergil und Ariost, auf eine Stufe stellt. In *Egmont* (V,3) bleibt nach Brakkenburgs Abgang die Bühne einige Zeit unverändert, eine Musik und die noch einige Male aufflammende, dann verlöschende LAMPE symbolisieren Klärchens Tod. In der Armbrustszene in Schillers *Wilhelm Tell* (III,1) wird durch das Lied Walters die ARMBRUST ausdrücklich zum Sinnbild der Freiheit erhoben.

In Büchners *Woyzeck* wird das MESSER zum leitmotivischen, auf die Katastrophe verweisenden Symbol der Eifersucht, des Tötens, des Mordes; ROT ist die Symbolfarbe dieses Schicksalsdramas (Marie: Was der Mond rot aufgeht). Kleist ersetzt Wortlosigkeit durch eine Symbolik des Requisitenspiels; so deutet der LORBEERKRANZ in *Der Prinz von Homburg* des Prinzen Wunsch an, in der kommenden Schlacht zu siegen. Als Symbol der Reinheit und des Schutzwalles, den Rhodope zur Bewahrung ihres Selbst errichtet hat, ist ihr SCHLEIER in Hebbels *Gyges und sein Ring* zu werten; der RING dagegen verkörpert das Prinzip von übermenschlicher Macht.

Richard → Wagner gilt geradezu als Exponent des Symbolismus. Im *Ring des Nibelungen* lassen sich, mythosbedingt, u. a. folgende Hauptrequisiten mit symbolischem Gehalt belegen: RING = Hüter des Besitzes, SPEER = Schützer der Gesetze und der Rechtsherrschaft, SCHWERT = Sinnbild des Vernichtens und Erneuerns. Macht wird durch die Gestalten Wotans samt dessen Burg Walhall und Alberich verkörpert. Das Urbild des betrogenen Ehemanns ist Hunding. Loge personifiziert das Feuer. Was oder wer aber bedeutet letzten Endes im *Tannhäuser* (III,2) der »holde ABENDSTERN«? Ist der Venus-Planet als solcher gemeint, der als hellster und erster aller Sterne die helle Dämmerung durchbricht? Ist es der symbolische Stern der Liebe und Jugend? Oder gar Elisabeth als Sinnbild der reinen, himmlischen Liebe?

Abschließend noch zwei Beispiele aus dem Werk von → Bert Brecht. Der MARKETENDER-WAGEN aus *Mutter Courage und ihre Kinder* ist Gradmesser von Erfolg und Mißerfolg in der Kriegsgeschäftemacherei; der Verfall des Planwagens symbolisiert den Weg in den Abgrund. Den Hymnus, den Herr Puntila in *Herr Puntila und sein Knecht Matti* auf dem aus aufgetürmten Stühlen u. ä. gebildeten Hatelmaberg verzückt auf sein Land singt, wird zum sozialkritischen Symbol für den verlogenen Patriotismus der herrschenden Klasse.

Beinahe jeder Autor hat zur BÜHNE seine eigene, meist symbolverbundene Interpretation (→ Shakespeare). Goethe bezeichnet die Bühne als »Bretter, die die Welt bedeuten«, für Gerhart Hauptmann ist die früheste Bühne »der Kopf des Menschen. Es wurde darin gespielt, lange bevor das erste Theater eröffnet wurde«; Thornton Wilder sieht in ihr einen »metaphysischen Raum«, Wolfgang Schadewaldt betrachtet sie als den »Raum eines echten Geschehens ..., das nicht Allerwelts-Geschehen, sondern Menschen- und Gottesgeschehen ist«. Jürgen Fehling, einer der großen Regisseure des 20. Jh., spricht von einer »Ebene, über die etwas Paradiesisches hinweht«, und Jean Genet bekennt, die Bühne ist »ein dem Tod benachbarter Ort«. → Drama, Tanztheater [KH]

A. Kutscher, Grundriß der T.wissensch., 1954; O. Eberle, Cenalora. Leben, Glaube, Tanz u. T. der Naturvölker, 1954; M. Berthold, Weltgeschichte des T.s, 1968; M. Klostermeyer, Hölle u. Teufel im dt.sprach. T. des MA u. der Renaiss. (Diss., Wien) 1966; H.-G. Schwarz, Das stumme Zeichen, 1974.

**Theologie.** Heute unter dem Stichwort »Symbol« diskutierte Fragen sind so komplex wie ihre theologischen Wurzeln. Wenigstens 3 durchgehende Ebenen sind zu unterscheiden: 1. Symbol als Glaubensbekenntnis; 2. Gleichnis, ikonische Figur u. ä.; 3. Zeichen, die theologisch umfassendste Kategorie. Um Glaubensmanifestationen, im seelsorgerlichen katechetischen und liturgischen Umgang ganz auf ihre Zeit bezogen, religiös zu verpflichten, mußten alle dafür eingesetzten Zeichen in ihrer situationsbedingten Gestalt (Signifikant) und in ihrem unabschließbaren Bedeutungspotential (Signifikat) unterschieden werden. Nicht spekulativer Eintrag, sondern praktischer Umgang erschließt den Sinn (*Lk* 1,1), z. B. in liturg. Handlung (1. *Kor* 11,17ff.), Ethos (*Lk* 7,50) oder Bekenntnis (*Phil* 2,10). Jedes Element öffnet den Zugang zum Ganzen, das nirgendwo vollständig dargestellt ist und doch jedes Zeichen lesbar macht. Ohne dies teilt sich Offenbarung nicht mit. Deshalb reflektiert Theologie zum Gewinn neuer Lebenseinstellung, Weltbilder und Überzeugungen mit seiner Hilfe die in den biblischen Schriften selbst liegenden Interpretationsregeln. Der Begriff des Symbols findet sich am Rande, die erste T. der Zeichen im Joh.evangelium (*Joh* 6,26). → Origenes verweist auf den Zeichencharakter biblischer Ereignisse, Bedingung für das »symbolische«, d. h. geistliche Verstehen (→ Hermeneutik).

Nach → Augustin entwickelt der Mensch ein Universum von Zeichen *(signa)* für die Welt der Dinge *(res)*, Grundlage jeder Erkenntnis. Worte sind Zeichen, nicht alle Zeichen jedoch Worte. Außer dem Gebrauch, der die Wortseele (Bedeutung) offenbart, sind sie *ambigua* oder *ignota*. In persönlicher Glaubensconfessio kann der Logos zum Zeichen aller Zeichen, zum Symbol des Vaters werden, die → Sakramente zu *signa spiritualium*. Hier wie schon bei Cyprian wird als → *symbolum* das (apostol. genannte) Taufbekenntnis bezeichnet (A). Die *traditio symboli* an die Täuflinge und deren *redditio symboli* im Taufgottesdienst haben apologetischen Charakter, liturgisch eingebunden. Im Streit um Autorität und Argumentationskraft »symbolischer« Interpretation kursierender Schriften war zunächst der Kanon des Glaubens (AT, NT) entstanden, dann, im 4. Jh. massenweise, Resolutionen zum Glauben, zunächst noch nicht »Symbole« genannt. Der Prozeß mündete im Beschluß der Orthodoxen Kirche (vorangetrieben durch gesetzgeberische Akte Justinians), die Resolutionen der beiden sog. Ökum. Konzilien, das Nicaeno-Constantinopolitanum (N) *kanòn tẽs písteos* zu bezeichnen, seinerseits mit den Schriften und den Glaubensauseinandersetzungen aller 7 ökum. Konzilien zusammengeordnet. Rufinus (404) nennt das Apostolicum Symbol: Losungswort und Erkennungszeichen, Ambrosius »Fahneneid«, Petrus Chrysologus (gest. 450) einen mit Gott geschlossenen Vertrag. In allen Fällen ist das Glaubensbekenntnis Symbol, weil es das in der Bibel angelegte geistliche Grundverständnis nach innen und außen ermöglicht. Der apologetische Zweck führt zum iuridischen Gebrauch der Symbole, Grundlage für Verfassungen und Beamteneid, Anlaß zur → Konfessionskunde, der sog. Symbolik.

Symbolisch im Sinne von geistlich-religiösem Umgang mit biblischen Schriften hat sich über Bekenntnisse erst sekundär auf Handlungen und Bilder übertragen, bes. im Osten; im Westen über den Neoplatonismus (→ Dionysios Areopagita). Für Calvin ist die äußere Gestalt der Sakramente *symbolum*; sie sind für Luther von Gott gestiftete Zeichen, die dem Glauben dienen, »Marken und Kennzeichen der Kirche«, »Wahrzeichen« für unsre Gewißheit, Siegel seines Bundes. Der Symbolbegriff, durch feste Vorstellungen immer mehr normiert, wird gemieden. Für Schleiermacher sind Sakramente die bestorganisierten »Darstellungen christlichen Glaubens«, sie folgen biblischen Darstellungen und normieren die weitere Reihe von Darstellungen. Organisieren ist der Kosmos des Bewußtseins, Symbolisieren setzt ihn voraus bzw. konstituiert ihn; »für die ursprüngliche Symbolik ist der rechte Ausdruck die menschliche Gestalt, weil das Symbol ein Äußeres ist zu einem Inneren« (*Ethik* 1814/16, ed. Braun II, 639). Symbolische Werte sind gegenüber realen approximativ. Konfessionen und Individuen bilden Symbole, um in Annäherungswerten den »ursprünglichen Ausdruck« ihrer Person darzustellen: in Formeln als Bekenntnisse, in Bildern als Anschauung des von Gott bewirkten Ganzen. Symbole sind »für eine einzelne Periode dasselbe, was der Kanon für das gesamte Christentum« (Enzykl. 1. Aufl.). Schleiermachers Theorie wurde seitdem nicht mehr erreicht, da man in altehrwürdigen oder zeitlosen Motiven (Figuren/Formeln) Recht und Bedeutung von Konfession bzw. Individuum (Geniekult) zu sichern suchte (B. Baader, Nazarener, Symbolisten, C. G. Jung). Im Symbolfideismus (F. Sabatier, E. Ménégoz) galten Begriffe religiösen Erkennens und Lehrmeinungen als dem Gegenstand gegenüber inadäquate Symbole. Die Liturgischen Bewegungen (→ O. Casel, → R. Guardini, → W. Stählin) suchten umgekehrt im Symbolbegriff Verbindlichkeit. → P. Tillich wollte den Kontext permanenter Symbolbildung im Erkennen der Theologie zurückgewinnen, die hermeneutische und Prozeßtheologie (John B. Cobb) postulierte aufgrund der symbol. Organisation jeder bewußten Erfahrung die ständige Neuformulierung von Symbolen. Analytische und semiotische Theologie (→ Semiotik) untersucht in den komplexen Zeichenrelationen von Bewußtsein und Kommunikation die Bedingungen von Bekenntnissen und Bildern im religiösen Gebrauch, ihre Geschichte und ihre Interpretationsregeln. [Vo]

Literaturangaben in theolog. Lexika zu Art. Bekenntnis, Bibel, Bild, Konfession, Kunst, Sakrament, Symbol, Zeichen; F. Schleiermacher, Der christliche Glaube, 1831, § 135,2; R. Volp, Das Kunstwerk als Symbol, 1966; J. Ladriere, Rede der Wissenschaft – Wort des Glaubens (übers.), 1972; C. Chabrol/L. Marin, Erzähl. Semiotik nach Berichten der Bibel (Übers.), 1973; G. Schiwy, Strukturalismus u. Zeichensysteme, 1973; R. Bultmann, Theologie des NT, 71977 (396ff.); R. Volp, Zeichen. Semiotik in T. u. Gottesdienst, 1982; G. Baudler, Einführung in symbolisch-erzählende T., 1982.

**Thomas,** Hl., einer der 12 Apostel, Patron der Zimmerleute und Baumeister (Attribut: WINKELMASS). Sein von der Kirche auf den 21. 12. gelegtes Fest ist (vielleicht) Anspielung auf seine Kleingläubigkeit; er zweifelte am längsten (geistige Dunkelheit!) und erhielt deshalb die längste NACHT des Jahres zugeteilt. T. ist Symbolgestalt für den zweifelnden Menschen, der, dann aber überzeugt, zu den treuesten Anhängern gehört. Durch dieses Datum heften sich an ihn z. T. symbolträchtige Glaubens- und Brauchmotive der Übergangszeit »zwischen den Jahren« (Zwölften), die mit der Vita des Heiligen in keinem Zusammenhang stehen.

Am T.abend beginnen die Rauhnächte, werden die Backvorbereitungen zur Herstellung der weihnachtlichen Kultbrote getroffen, geht der »Sautod« um, mit dem schlimmen Kindern gedroht wird. Aus Norddeutschland gibt es nur wenige Belege zur brauchtümlichen Begehung des T.tages (z. B. »Thamsen«, d. i. Verschleppen aller drehbaren Geräte durch die Burschen, Friesland) im Gegensatz zu Süddeutschland, Österreich und dem ehemals dt. Böhmerwald. Im Innviertel gilt der T.tag als so heilig und gefährlich, daß nicht einmal das Radio aufgedreht werden soll; man betet, »damit man im nächsten Jahr nicht sterben muß«. Die meisten Überlieferungen beziehen sich auf die Zukunftserforschung durch Orakelbräuche wie Baumschütteln, Schuhwerfen usw. und das Auftreten dämonischer Wesen, die in ihrer Ambivalenz oft perchtenhaften Charakter haben. Man beendet frühzeitig die Stallarbeit und verschließt Haus- und Stalltüren, damit der Thomerl nicht den Tod ins Haus bringt, öffnet aber die Scheunentore, damit er dort »einkehrt« und im nächsten Jahr gute Ernte bringt.

Zahlreich sind die Belege dafür, daß – z. T. bis 1930 – die meisten T.-Gestalten auch als MASKEN von den Burschen dargestellt wurden; heute leben sie als Kinderschreck in der Volkserinnerung fort. Für den »T.schädel« kennzeichnend war die monströse Ausführung des riesigen Hauptes (illuminiertes Wasserschaff oder großer Kürbis), aus dem Arme und Beine des Maskierten als kleine Anhängsel hervorschauten. Der Kopf hielt im weitgeöffneten Mund einen »Knödel« (einen Kinderkopf andeutend) oder zwölf »Pfeifen«, im Salzburgischen überwogen Masken mit drei Köpfen und 3, 7 oder 9 Kröpfen (= beleuchtete Kürbisse), die Zahlen stehen wohl mit astronomischen Verhältnissen in Verbindung. Verschiedentlich dachte man sich den T.geist theriomorph: bei einem Orakel (Zweschkenbaum schütteln) »kallt« (bellt) er wie ein Hund. [EBg]

P. Sartori, Sitte u. Brauch, III, 1914; G. Gugitz, Das Jahr u. seine Feste im Volksbrauch Österr., II, 1956; E. Burgstaller, Über einige Gestalten des T.brauchtums (Mitt. d. Anthropolog. Ges. Wien 1965), R. Beitl, Wörterb. d. dt. Volkskunde, 1974 (KTA 127); M. Lechner, T. (LChrI 8) 1976.

**Thor** → Donar

**Thron.** Der Sitzende ist dem Stehenden gegenüber der Herrscher; der T. gehört zu den ältesten → Herrschersymbolen im sakralen und weltlichen Bereich. Nach einer alten Vorstellung aus dem Kreis der »Göttermutter« hat der – weiblich gedachte – T. den König hervorgebracht; (nach W. Helck, WdM 1, S. 367); in → Isis erblicken einzelne Forscher die personifizierte Macht des T.es. Bei den Hethitern galt die Personifikation des T.es als göttliches Wesen. Den Römern war die Symbolik des Sitzens und Thronens schon von den → Etruskern her bekannt. Als Symbol einer unsichtbaren, geistigen Anwesenheit war der »leere T.« dem alten Orient eine vertraute Vorstellung und wurde vom Christentum übernommen: → Hetoimasia. Der salomonische T. (1 *Kön* 10,18) galt dem MA als Vorbild des messianischen Richterstuhles und als Symbol der → Maria, die ja selbst wiederum Christus als T. dient. Nach dem Koran faßt der T. Allahs die Urbilder alles Seienden in sich zusammen, ähnlich heißt es schon im AT, daß der ganze Himmel Gottes T. ist und die Erde seiner Füße Schemel (*Jes* 66,1), und schließlich ist auch die Lotosblume als T. Buddhas ein Symbol des Kosmos. Der T. als Kristallisationspunkt des Alls wird von Königinnen und Kaisern übernommen, die sich als Vertreter der Gottheit fühlen: die den T. des Sassanidenkönigs Chosrau II. bedeckenden Teppiche deuteten auf die 4 Jahreszeiten, der Baldachin auf den Himmel. [Lr]

E. E. Herzfeld, Der T. des Khosro (Jb. d. preuß. Kunstsamml. 41/1910); A. Alföldi, Der T.tabernakel (Atlantis 24/1952); J. Auboyer, Le trône vide dans la trad. indienne (Cah. Arch. 6/1952); A. D. McKenzie, The Virgin Mary as the Throne of Solomon, New York 1965; L. Schmidt, Bank, Stuhl u. T. (Antaios XII/1971); weitere Literatur → Herrschersymbole; M. Metzger, Königsthron u. Gottesthron in Ägypten, im Vorderen Orient u. im AT, 1985.

**Tiara,** ursprünglich altgriechische Bezeichnung der kegelförmigen Kopfbedeckung persischer Könige, seit dem MA für die dreifache Krone des Papstes, auch Triregnum genannt in der Bedeutung der Herrschaft über die drei altbekannten Erdteile Asien, Europa, Afrika; eine andere Interpretation erblickt in der Dreiteilung die leidende, streitende und triumphierende Kirche oder sieht in ihr ein Symbol der Priester-, Hirten- und Lehrgewalt des Papstes. Zunächst trugen die Päpste wie die Bischöfe eine Mitra, die im 12. Jh. mit einem goldenen Reif verziert wurde; Bonifaz VIII., der den Papst als Inhaber der obersten geistlichen und weltlichen Gewalt erklärte, fügte zur Sichtbarmachung dieses Anspruches einen zweiten Reif hinzu; der dritte Reif wird durch den verzierten unteren Rand der T. gebildet. Obwohl Papst Paul VI. 1964 durch die »symbolische« Ablegung zugunsten der Armen auf eine weitere Verwendung der T. verzichtete, gehört sie in Wappen und Flagge des Vatikans weiterhin zu den päpstlichen Insignien. In der christlichen Ikonographie kann die T. auch Kopfschmuck Gottvaters sein in seiner Eigenschaft als Herrscher über Himmel, Erde und Unterwelt. [Lr]

E. Beck, The mitre and t. in Heraldry and ornament (Burlington Magazine 1913); P.E. Schramm, Herrschaftszeichen und Staatssymbolik, Bd. 1, 1954; J. Traeger, T. (LChrI 4), 1972.

**Tiefenpsychologie** → Psychologie

**Tiere,** bei Naturvölkern oft in der Rolle eines → alter ego oder in der Bedeutung eines Totems (→ Totemismus). Ein urtümliches Verwandtschaftsgefühl zwischen Mensch und Tier läßt letzteres zum Träger der → Seele werden. Schon in der Frühzeit galten T. wegen bestimmter Eigenschaften (Schnelligkeit, Flugfähigkeit, Kraft, Fruchtbarkeit, Häutung) als geheimnisvolle Wesen, ja als Verkörperung kosmischer und göttlicher Kräfte. Symbolbedeutung dürfte bereits den Tierdarstellungen auf → Fels- und Höhlenbildern zukommen. Der für die Völker des Altertums und des Orients oft gebrauchte Ausdruck »Tierkult« ist nicht ganz korrekt, da das Tier – von volkstümlichen Glaubensformen abgesehen – in der Regel nicht als Gott selbst, sondern nur als dessen sichtbare Erscheinungsform verehrt wurde (→ Ägypter). Das Tier repräsentiert einen Wesenszug der Gottheit (→ Griechen) und wird zum Symbol für das, was den Menschen übersteigt und überwältigt.

Beim Vorstellungskreis der »reitenden und fahrenden Götter« wird das T. zum »Träger« der Gottheit: der babylonische Wettergott Adad reitet auf einem weißen Stier, Jahwe auf einem Cherub (2 *Sam* 22,11), die indische Göttin Devi auf einem Löwen; der germanische Donar fährt in einem von Böcken gezogenen Wagen. In der Bibel wird die Erscheinungsform Gottes als Tier zwar abgelehnt – das »goldene Kalb« (2 *Mos* 32) ist nur Götzenbild –, nicht aber tierhafte Vergleiche, z. B. der Herr ist »wie ein Löwe« (*Hos* 5,14). Theriomorphe Gottesvorstellungen hinterließen auch im Christentum Spuren: Lamm Gottes, Taube des Hl. Geistes. Dem → Opfer von T.n liegt der Gedanke eines geheimnisvollen Zusammenhangs von Tod und Leben zugrunde; in einem weiteren Sinne kann der Opfernde im Symbol des Tieres sich selbst der Gottheit als Geschenk darbringen, um so von ihr neue Lebenskraft zu erhalten.

Anstelle lebendiger T. können Tierbilder treten: steinerne Löwen als Wächter chinesischer Gräber und hethitischer Tempel, die goldene Schlange in den Sabazios-Mysterien, Adler, Löwe und Bär als Symbole herrscherlicher Macht in der Heraldik. Im → Physiologus wird eine z. T. recht sagenhafte Zoologie mit der christlichen Heilslehre verknüpft. Den Tierfiguren der Romanik und Gotik kommt neben einer dekorativen und apotropäischen Bedeutung sicher auch eine symbolische zu, wenn diese im einzelnen auch nicht immer exakt zu deuten ist; so dienen T. als Symbol oder Attribut der Laster, z. B. Hund = Neid, Bock = Wollust, Bär = Zorn. Während das Tier in der Malerei des 19. Jh. nur ein aus der Natur herausgegriffener Darstellungsgegenstand war, erhält es bei Künstlern des 20. Jh. wieder symbolische Bedeutung (→ Chagall, Franz → Marc).

Nachklänge magischer Tiervorstellungen und eines symbiotischen Lebensgefühls von Mensch und Tier finden sich in Märchen und Volksglauben (hilfreiche T., Verwandlung in T.). Tiere können Leben bringen (Klapperstorch) und Tod ankündigen (Hund, Kauz). Im Volksmund sinnbilden T. menschliche Eigenschaften: Ameise = Fleiß, Lamm = Geduld, Löwe = Mut, Schlange = Falschheit. → Fabelwesen. [Lr]

M. Brion, Les animaux. Une grande thème de l'art, Paris 1955; H. Findeisen, Das Tier als Gott, Dämon u. Ahne, 1956; M. Fontier, Le symbolisme animal, Lyon 1958; W. Pangritz, Das Tier in der Bibel, 1963; W. v. d. Steinen, Altchristl. u. mittelalterl. Tiersymbolik (Symbolon 4/1964); K. Sälzle, Tier u. Mensch, Gottheit u. Dämon, 1965; F. Klingender, Animals in art und thought to the end of the MA, London 1971; K. Berger, Das Tier in der Kunst, 1973; M. Lurker, T. (Symbol, Mythos u. Legende in der Kunst, 59–86) [2]1974; W. v. Blankenburg, Hl. u. dämon. T., [2]1975; H. Gercke, Das Tier in der Kunst unseres Jhs. (Kunstwerk XXXIII/1980); P. W. Schienerl, Tierdarstellungen im Islam; Schmuck- u. Amulettwesen, 1984.

**Tierkreis** (lat. *zodiakus*) ist die Reihe der überwiegend nach Tieren benannten 12 Sternbilder, die von der Sonne in einem Jahr durchlaufen wird. Die Vorstellung vom T. entstand wahrscheinlich in Altmesopotamien (T.bilder wurden zu → Evangelistensymbolen), spielte aber auch in Ägypten (T. von Dendera), China und Altmexiko eine Rolle. Für das Abendland wurde die hellenistische Einteilung maßgeblich. Korrespondenzen glaubte man zwischen den T.zeichen einerseits und den → Edelsteinen und den → Elementen andererseits. Nach der Lehre der Astrologie entsprechen die einzelnen T.zeichen verschiedenen Lebensformen (Widdermensch, Stiermensch usw.) oder werden einzelnen Körperteilen zugeordnet (→ Makro-Mikrokosmos).

Antike Darstellungen zeigen den Sonnengott (z. B. Mithras) oder den Gott der Zeit (Aion) inmitten des Zodiaks, ähnlich ist Christus beim Hauptportal zu Vézelay, 12. Jh., vom T. umgeben. Auf mittelalterlichen Kirchenfußböden wurden die T.zeichen den Monatsbildern zugeordent. Zeno von Verona bezog die T.bilder auf die 12 Apostel. Im Stundenbuch des Herzogs von Berry (15. Jh.) wird die Korrespondenz zu den menschlichen Körperteilen aufgezeigt. In dem »Kranz von zwölf Sternen« der *virgo caelestis* (*Offb* 12,1) hat man einen symbolischen Hinweis auf den T. erblickt. [Lr]

H. Bober, The Zodiacal Miniatures of the Très Riches Heures of the Duke of Berry (Jour. Warb. 11/1948); J. Schwabe, Archetyp u. T., 1951; J. Daniélou, Les douze apôtres et le zodiaque (Vigiliae Christianae 13/1959); M. Munzinger, Le symbolisme des quatre éléments dans le zodiaque (Cahiers astrologiques 23/1960); H. G. Gundel, Der T. i. d. antiken Literatur u. Kunst, 1972; G. Sternberger, Die Bedeutung des T.es auf Mosaikfußböden spätantiker Synagogen (Kairos NF 17/1975); W. Hübner, Zodiacus Christianus. Jüd.-christl. Adaptationen des T.es von der Antike bis zur Gegenwart, 1983.

**Tillich,** Paul (20. 8. 1886 – 22. 10. 1965), deutscher Theologe, Mitbegründer des Kreises »Religiöse Sozialisten« und der Berneuchner Bewegung, 1924 Prof. für Systematische Theologie und Philosophie in Marburg, 1925 für Religions- und Sozialphilosophie TH Dresden/Leipzig, 1929 für Philosophie Frankfurt/M., 1933 emigriert, 1938 Prof. New York, 1955 Harvard; 1962 Friedenspreis des dt. Buchhandels. T.s Denken gilt der Kultur als Gestaltung (Bewußtsein) aus letzter Betroffenheit: »Protest gegen den Willen des Seienden, sich der Bedrohung des Seins-Jenseits zu entziehen« und »darstellender Hinweis auf den Seins-jenseitigen Sinn aller Profanität«. In dieser Dialektik kommt dem Symbolbegriff ontologische Schlüsselstellung zu.

Eine von der Bedeutung grundsätzlich unabhängige Gestalt ist Zeichen zu nennen. Mathematische, logische u. ä. Symbole, die durch Konvention, Gesetz u. a. entstehen und Bedeutung austauschen können, nennt T. »diskursive« Symbole. Davon zu unterscheiden sind die »repräsentativen« Symbole, welche an der Wirklichkeit, die sie repräsentieren, wesentlich teilhaben: Symbole der Dichtung, Bildenden Kunst, Geschichte, Gesellschaft, bes. der Religion. Alle Symbole lassen sich empirisch analysieren oder ontologisch begreifen, um die Intensität ihrer Partizipation d. h. die Wandlung ihrer Kraft zu erkennen. Auch repräsentative Symbole wachsen und sterben.

Merkmale des repräsentativen Symbols sind: »Uneigentlichkeit« (die Empirie transzendierend), »Anschaulichkeit« (an Wirklichkeit partizipierend), soziale »Anerkanntheit« und »Selbstmächtigkeit« (Wirklichkeit erschließend). Was T. 1930 zusätzlich dem religiösen Symbol zuschreibt: »Vertretung des Unanschaubar-Transzendenten«, ist 1962 allgemein 5. Merkmal: die heilende bzw. zerstörende Macht. Denn alle Dinge, Ereignisse, Personen können zum Träger des Heiligen werden (der Mensch als Symbol repräsentiert alle Dimensionen der Wirklichkeit), die Wahl ist historisch bedingt, die Angemessenheit der Gestalt an die Erfahrung hat nichts zu tun mit faktischer Richtigkeit des symbolischen Materials. Das Symbol ist authentisch zum Ursprung, adäquat zur Ausdruckskraft, göttlich oder dämonisch zum letzten Grund des Seins; es wirkt negativ oder positiv immer im Bezug auf das Wesen dessen, auf das es weist und auf den Geist, in dem es verstanden und verwendet wird.

Die universelle Bedeutung religiöser Symbole liegt in der Vermittlung dessen, »was unbedingt angeht«. Das »Sein-selbst« ist unsymbolisch; das Bewußtsein schafft Symbole, auch wenn diese das Sein nicht erfassen, nur Seinsmächtigkeit ausdrücken. Inbegriff der Symbole, in denen Unbedingt-Transzendentes angeschaut, ist → Mythos, konstitutiv für →

Kultur. Auf jenes zeigt alles Fundierende, gebildet am Widerspruch des uneigentlich und eigentlich Gemeinten. Irrtümer in der und gegen die Religion resultieren aus der Vermengung von Symbol und gegenständlicher Sprache. Wissenschaftliches Bewußtsein verhindert durch Kritik die Vergegenständlichung der Symbole, umgekehrt verhindert das religiöse Symbol, daß sich »Bedingtes zur Würde des Unbedingten« erhebt. [Vo]

T. G. Madsen, A Philosophical Examination of T.s Theory of Symbolic Meaning 1959; K. D. Nöremberg, Analogia imaginis. Der Symbolbegriff in der Theol. P. T.s, 1966; R. Volp, Das Kunstwerk als Symbol, 1966 (35–46); W. R. Rowe, Religious Symbols and God, 1968; J. Langer, Paul T.s Gotteslehre im Rahmen seiner Symboltheorie, 1969; U. Reetz, Das Verständnis des Sakramentalen in der Theol. P. T.s auf dem Hintergrund seiner Symboltheorie, 1971; M. v. Kriegstein, Methode der Korrelation und Symbolbegriff P. T.s, 1972; J. Track, Der theolog. Ansatz P. T.s, 1975; J. Dunphy, Paul T. et le symbole religieux, Paris 1977.

**Tintoretto,** d. h. »kleiner Färber«, sein bürgerlicher Name ist Jacopo Robusti, 1518 Venedig – 31. 5. 1594 Venedig. T. gilt als Exponent des als Manierismus bezeichneten Stils: starke Tiefenwirkung, jähe Verkürzungen, unruhige, faszinierende, irrationale Lichtführung, religiöser Mystizismus, malerische Auflockerung. Ein mit den Mysterien des Christentums ringender Heide, der das Natürliche mit dem Übernatürlichen, das Weltliche mit dem Geistlichen, die antike mit der christlichen Welt, der Olymp mit Hades, Paradies mit Hölle, Orient mit Okzident verbindet. Licht und Schatten sowie die Interpretation der »Welt als Purgatorium« (G. Hauptmann) mit ihren Hadeslichtlandschaften bedingen das große Drama seiner Malerei, seines universellen Wesens; da leuchtet eine SCHWARZE SONNE aus dem Hades, die Sonne des dunklen Zeus, nicht des olympischen, d. i. der Kampf ZWISCHEN WEISS UND SCHWARZ und gleicht dem Drama von LICHT UND FINSTERNIS. Die schönsten Farben, hat T. gesagt, sind Schwarz und Weiß. SCHWARZ IST bei T. Liebe zur Nacht, WEISS Liebe zum Licht. T.s Menschen stehen zwischen einer diesseitigen und einer göttlichen Welt, sie gehen über das Irdische weit hinaus. Im Weltbild seiner Alterswerke spielt sich ein kosmisches Geschehen ab, ein urweltliches Drama, wobei das Visionär-Transzendentale immer das eigentliche Wesen der Kunst T.s ist. [KH]

Erich von der Bercken u. August L. Mayer, J. T., 1923; Gerhart Hauptmann, T., 1938; Jean-Paul Sartre, Der Eingeschlossene von Venedig, 1968; Angelo Walther, T., 1973.

**Tod.** Erstaunlicherweise hat der Tod eine relativ geringe Rolle in der → Psychoanalyse gespielt, wenn man von ihrem Begründer S. Freud und von sehr wenigen Schülern absieht. Es scheint, daß der Gedanke an den Tod auch in der Psychoanalyse weitgehend verdrängt wurde. Beeindruckt durch die menschliche Aggressivität auf der einen Seite, durch den Wiederholungszwang – dem das psychische Leben unterliegt – auf der anderen Seite, hat Freud die Existenz eines Todestriebes postuliert, wobei er selbst den Todestrieb als Teil einer »Mythologie« ansieht. Als gesichert können allerdings die Symbole der tiefen Regression in ein pränatales Stadium gelten. Aus dem Kontext mancher Psychoanalysen von triebgestörten Individuen (Borderline-Fälle) wissen wir, daß sie in mehr oder minder transparenten Symbolen den Tod herbeiwünschen – den eigenen Tod oder den Tod anderer. Solche Wünsche nehmen allerdings symbolische Formen des pränatalen Lebens an, weil das Unbewußte keinen Ausdruck für den Tod findet: ERTRINKEN, in eine Höhle flüchten, in einer Flüssigkeit leben usw. sind oftmalig Symbole eines solchen Wunsches. [IAC]

Freud, S., Jenseits des Lustprinzips (Ges. W. XIII, 3–69); Freud, S., Zeitgemäßes über Krieg und Tod (Ges. W. X, 325–355); Biran, S., Melancholie und Todestriebe, 1961; Caruso, I. A., Die Trennung der Liebenden, 1974.

**Tod (Personifikation).** Die Personifikation des T. macht aus einem Versagen der Lebenskräfte eine aktive Gestalt, mit der man sich auseinandersetzen kann, und ermöglicht damit eine seelische Bewältigung des Todeserlebnisses. Bei den Griechen tritt erst in jüngerer Zeit und mehr bei unteren Volksschichten der lebensfeindliche Thanatos, manchmal beritten oder geflügelt, auf, der gnadenlos seine Opfer abwürgt oder erschlägt. Daß der Heros Herakles diesen Mörder in Euripides' Alkestis auf offener Bühne prellt, wirkte gewiß wie eine Erlösung. Wenn die Spätantike in einem schönen JÜNGLING, der die Fakkel löscht, den Tod symbolisiert sah, so war das eine stoische Beschönigung des Todeserlebnisses.

Das Christentum konnte dem Schrecken des Todes nicht ausweichen. Das grammatische Geschlecht des Wortes T. entschied, welches Geschlecht die Personifikation erhielt: bei den romanischen Völkern das weibliche, bei den germanischen das männliche. In der Frühzeit ist es eine bekleidete Figur, später nimmt sie gern LEICHENGESTALT an, nackte Gestalt mit oder ohne Leichentuch. Als Bonifaz VIII. 1300 das Auskochen der Leichen für den Ferntransport verbot, ging man zum Bauchschnitt, Herausnehmen der Eingeweide und Mumifizieren über. Jetzt erscheint auch der T. mit Bauchschnitt und mumifiziert. Als es üblich wird, Tote als reines Skelett darzustellen, wird auch der T. als SKELETT gegeben. Früh wird der T. gern gemäß der Apokalypse (6,8) als REITER mit Schwert dargestellt, um seine Schnelligkeit zu symbolisieren. Er bekommt auch andere Reittiere wie Ochse oder Hirsch, und als Waffe den Speer oder gemäß *Psalm* 7,13 als Jäger Pfeil und Bogen. Im ausgehenden MA wird ihm auch bereits die Feuerbüchse in die Hand gegeben. *Hiob* 5,26 bietet das tröstliche Bild des sterbenden Menschen als einer GARBE. Solange man die Garben mit der Sichel auf halbem Halm schnitt, erhält der Schnitter T. gemäß *Offb* 14,14 eine SICHEL. Als man zur Sense überging, erhält er die SENSE, die nun unerbittlich alles erfaßt, ohne Ansehen der Person. In Frankreich wird der T. gern als TOTENGRÄBER gezeigt, der zum Sterbenden kommt, in Deutschland als SPIELMANN, der die Sterbenden zum gräßlichen Tanz über den Gräbern zwingt (→ Totentanz). Im ostkirchlichen Bereich kennt man weder Mumifizierung noch Skelettierung. Der T. ist schwarzhäutig und oft geflügelt wie der griechische Thanatos. Oft reicht er den Giftbecher, während die Linke mit Geißel oder Krummschwert droht.

Mit der Renaissancezeit wird der T. gern als → Chronos geflügelt mit Stundenglas dargestellt. Holbein läßt jedem den T. in seiner Lebenssphäre, also in vielerlei Gestalt begegnen. Das hat in den folgenden Jh. viel Nachfolge gefunden. Aber auch die mal. Darstellungsweisen werden weitergeführt oder auch abgewandelt. Der Spielmann Tod wird bei Böcklin zum GEIGENSPIELER, der dem Künstler das letzte Lied geigt, und bei Rethel zum Geiger auf den Knochen, der weiter spielt, als die Musiker das von der Pest überraschte Tanzfest fliehen. In »Auch ein Totentanz« (1848) gibt Rethel den T. als Reiter, Agitator, Revolutionär und Triumphator, und nimmt damit mal. und Holbeins Todesbilder auf. So bekommt der T. die verschiedensten Aspekte, Schnelligkeit, Grausamkeit, Bitterkeit, Unverständlichkeit. Aber auch der Aspekt der Reife und der Erlösung fehlt nicht, letzterer z. B. bei Rethels »Der Tod als Freund«, wo er dem alten Türmer sein letztes Stündchen ausläutet. [Ro]

K. Heinemann, Thanatos in Poesie u. Kunst der Griechen, 1913; F.P. Weber, Des Todes Bild, 1923; D. Briesemeister, Bilder des Todes, 1970; H. Rosenfeld, T. (LChrI, 4) 1972; H. Rosenfeld, Der mal. Totentanz, $^{3}$1974; J. Bialostocki, Das Geschlecht des T.es (Mnemosyne. Fs. M. Lurker, hg. von W. Bies u. H. Jung), 1988.

**Todessymbolik.** Die christliche Theologie sieht den Tod in kosmischen Zusammenhängen. Elend, Leid und Tod sind Strafe für die Abwendung des Menschen von seiner eigentlichen Bestimmung zum Guten, also Strafe für Sonderung von Gottes Güte, symbolisiert durch → Adam, der den leiblichen Tod als der Sünde Sold empfing. Hinter dem leiblichen Tod steht drohender, unheimlicher, vernichtender das ewige Gericht (→ Weltgericht), das die ewige Verdammnis der unvergänglichen Seele bringen kann. Sie wird *Offb* 2,11; 21,8 als zweiter Tod bezeichnet. Der Tod ist also für den christlichen Glauben Kernproblem der Weltgeschichte. Die Überwindung des Todes ist die Erlösungstat Christi.
Die christliche Kunst zeigt diese T. auf frühmal. Grabdenkmälern dadurch, daß Christus den Hadesdrachen und den Tod ans Kreuz fesselt. Im *Wormser Sakramentar* (11. Jh.) stößt Christus das Kreuzzepter dem gefesselt zu seinen Füßen liegenden Tod in den Mund. Das *Uta-Evangelistar* (1002) zeigt unter dem Gekreuzigten als Gegenstück zu Vita den Tod (gemäß *Offb* 14,14 durch die SICHEL charakterisiert) als Überwundenen, dem gemäß *Psalm* 107,42 der Mund verbunden bzw. verstopft ist, mit ZERBROCHENEM SPEER, dessen Spitze ihn selbst in die Schläfe trifft. Diese T. meint, daß der Tod des Erlösers Tod und Sünde überwunden hat. Der durch Adam in die Welt gekommene leibliche Tod wird dem Menschen zwar nicht genommen, aber die Macht des ewigen Todes ist gebrochen. In innerer Dialektik wird der Tod Christi zur Garantie für das ewige Leben und analog auch der leibliche Tod des Menschen, sofern dieser durch ein entsprechendes Leben und Verhalten am Erlösungstod Christi anteil genommen hat. So ist in dieser T. Leben an den Tod gebunden oder (mit 1. *Korinth* 15,55) der Tod in den Sieg verschlungen. [Ro]

H. Rosenfeld, Tod (LChrI 4) 1972; H. Rosenfeld, Der mal. Totentanz, Entstehung, Entwicklung, Bedeutung, $^{3}$1974.

**Todsünden.** Für die christliche Theologie sind (im Anschluß an 1.

*Joh* 5,16) T. die Sünden wider den Hl. Geist (Verhärtung im Bösen), die nicht vergeben werden können, sondern den Verlust des Gnadenstandes zur Folge haben. Im Einklang mit Petrus Lombardus werden aber in volkstümlicher Vorstellung die schlimmsten läßlichen Sünden, d. h. die Hauptsünden oder → Laster (Hochmut, Zorn, Neid, Geiz, Unzucht, Völlerei, Trägheit des Herzens) als T. bezeichnet. Was eigentlich sittlich schlechte Verhaltensweisen sind, wurde – wohl beeinflußt vom gnostischen Glauben an 7 Dämonen, die schlechten Einfluß auf die Seele ausüben – zu 7 → Personifikationen, Wesenheiten, die besonders das mönchische Leben bedrohen.

Durch Gregor I. († 604) wird der Lasterbegriff auf den SIEBENER-Kanon festgelegt und verallgemeinert in der ganzen Christenheit verbreitet. Wurden den vier Kardinaltugenden Justitia, Fortitudo, Prudentia, Temperantia die drei, 1. *Kor* 13 genannten theologischen Tugenden Fides, Spes, Caritas zugesellt, und alle als weibliche Personifikationen gesehen, so ergab sich eine Gegenüberstellung von 7 Tugenden und 7 Lastern. Der Gedanke, diese Gestalten ähnlich wie in → Prudentius' *Psychomachia* (ca. 350) kämpfend gegeneinanderzustellen, führte zu einer Abstimmung der Tugenden mit den T. Nun wurde ihr Kampf zur symbolischen Widerspiegelung des Seelenkampfes zwischen Gut und Böse. Seit dem 13. Jh. stellt man ihn sich als ritterlichen Zweikampf mit Ritterwaffen sowie allegorischen Reittieren, Fahnen und Wappen vor, Zorn gegen Geduld, Unzucht gegen Keuschheit, Geiz gegen Mildtätigkeit, Neid gegen Liebe, Hochmut gegen Demut, Völlerei gegen Mäßigkeit, Trägheit gegen Andacht. So wird es mit Wort und Bild in Handschriften, Bildern, Wandteppichen, Bilderbogen und in Wiegendrucken weitergegeben, z. B. in *Materie von den 7 T.*, Augsburg: Bämler 1474, um den Kampf zwischen → Gut und Böse im Menschen bildlich-symbolhaft widerzuspiegeln. [Ro]

H. Rosenfeld, Nord. Schilddichtung u. mal. Wappendichtung (Zs. f. dt. Philol. 61) 1936; M. Evans, Laster (LChrI 3) 1971; M. Evans, Tugenden u. Laster (LChrI 4) 1972.

**Topf,** wie andere → Gefäße ein Symbol des Weiblichen (Leibeshöhle, Gebärmutter), die Topföffnung kann psychoanalytisch als Vagina gedeutet werden; eine sexuelle Signifikanz auch bei der Redensart vom T., der seinen Deckel (= Penis) finden wird. Im Märchen steht der T. in Verbindung mit weisen, alten Frauen und ist als nahrungspendendes Gefäß ein Sinnbild der Fülle (»Der süße Brei«, *KHM*), bei den Hexen dient er zur Zubereitung von Zauber- und Liebestränken. Im Hinblick auf den Creator im Bilde des Töpfers kann der T. auf die aus der Erde (Ton, Lehm) erschaffene Kreatur hinweisen, auf die sterbliche Leibeshülle, die wiederum der Seele als Gefäß dient; in die »irdenen Gefäße« hat Gott den Schatz seiner Wahrheit hineingelegt (2 *Kor* 4,7). [*]

**Totemismus.** Die Symbolik der meisten → Naturvölker wird durch den T. stark beeinflußt. Unter T. (*ototeman*, Ojibwa-Indianer/Kanada = Verwandtschaft, Sippe) versteht man allgemein die Bindung einer Gruppe oder einer

Person zu Tier oder Pflanze, die gewisse Rituale und Tabus mit sich bringt. Im afrikanischen und nordamerikan. Raum werden auch Naturerscheinungen (z. B. Blitz, Donner, Hagel und Regenbogen) zum Totem, die häufig durch Tiere symbolisiert werden. Das Totem ist für die jeweilige Sippe oder den Clan tabu, d. h. es darf nicht gejagt oder getötet werden. Andererseits nimmt man an, daß das Tier die Mitglieder seines Clans nicht angreift. Für den Menschen besteht ein strenges Speisetabu, das nur zu bestimmten Zwecken (wie z. B. rituelles Mahl des Totemtieres zur Stärkung des Clans) aufgehoben wird. Das Totem wird um Hilfe bei Jagd, Krankheiten, Katastrophen und Krieg gebeten.

Um die Zugehörigkeit zu einem gewissen Clan zu zeigen, werden an Stelle des Totemtieres Symbole (z. B. Federn, Krallen, Felle, Flügel) getragen oder in den Behausungen aufgestellt. Bei religiösen Anlässen werden MASKEN und TÄNZE, die die Anwesenheit des Totems symbolisieren sollen, zur Schau getragen. Heiraten, Erbfolgen und Verteilung der Jagdgesellschaften erfolgen nach Totems getrennt; die Exogamie ist in diesen Gruppen Pflicht. Oft sind Totem-Clans innerhalb derselben Dorfgemeinschaft in Totemhälften aufgeteilt, die im scharfen Gegensatz zueinander stehen (→ Polarität), wobei beide Gruppen bestimmten Naturkräften, Himmelskörpern, Weltgegenden, Farben symbolisch zugeordnet werden. In diesem Fall wird ein Teil innerhalb des Clans zum Abbild des Kosmos und der andere vertritt symbolisch einen Teil der Natur.

Einige Stämme in Australien glauben, der Mensch und sein Totem stammen von mythischen Ahnen der Urzeit ab. Die Erscheinung dieser Urheroen kann menschlich, aber auch tierisch und pflanzlich gedacht werden. Sie sind nach ihrem Erdendasein »in« die Erde eingegangen und haben an dieser Stelle ein Bild hinterlassen, z. B. einen FELS, der dann Mittelpunkt kultischer Bräuche wurde. Als Symbol für den Eingang in die Erde kann auch eine WASSERSTELLE angesehen werden, auf deren Grund der Ahne als REGENBOGENSCHLANGE weiterlebt und die Fruchtbarkeit bringt. An diesen Wasserstellen halten sich auch die »Geistkinder« auf, die der Stammesangehörige im Traum trifft und seiner Frau gibt. Sie bringt das Geist-Kind dann als Mensch zur Welt. Damit bekommt das Kind das Totem dieser Wasserstelle. Bei dem sog. Individual-T. ist das intime Lebens- und Schicksalsband zwischen Naturobjekt oder Tier und Mensch so intensiv, daß bei Krankheit oder Tod des einen Partners dasselbe Übel auch den anderen trifft. Diese enge Verbindung ist darauf zurückzuführen, daß bei vielen Völkern die → Seele als ein selbständiges Wesen gilt, das sich im Traum vom Körper löst, große Reisen unternimmt, wobei sich die Seele in irgendein Lebewesen (meistens Tier) verwandeln kann. [Du]

J. G. Frazer, T. and Exogamy, 4 Bde, 1910; F. Boas, The Origin of Totemism (Amer. Anthrop. 18) 1916; M. Besson, Le T., 1929; A. P. Elkin, Studies in Austral. T. (Oceania IV) 1933; ders., Cult. T. and Mythology in N.S. Australia (Oceania V) 1934; Ch. Chuilliat, Le systime totémique, 1936; F. Boas (Hg.), General Anthropology, 1938; J. Haekel, Über Wesen u. Ursprung d. T. (Mitt. d. Anthrop. Ges. Wien 69) 1939; B. Malinowski, Magic,

Science and Religion, 1948; J. Haekel, Zum Individual- u. Geschlechtst. in Australien (Acta Ethnol. et Linguist. 1) 1950; H. Petri, Totem and Taboo in Retrospect (The Nature of Culture) 1952; Cl. Lévy-Strauss, Le totémisme aujourd'hui, 1962.

**Totenbrauchtum.** Ureingewurzeltem Glauben gemäß ist Sterben nur Übergang in einen anderen Zustand. Der Tote lebt in verwandelter Form weiter (lebender Leichnam). T. dient teils dazu, vor feindlicher Wiederkehr zu schützen (Wiedergänger), teils dem Toten ein neues Dasein angenehm zu gestalten, teils, ihm die Reise ins → Jenseits zu erleichtern. Fernöstlichen Völkern, die den Leichnam in der freien Luft den Winden und Raubvögeln überließen, stehen die alten → Ägypter gegenüber, die die Vornehmen durch Einbalsamierung auf ewig zu erhalten suchten. Ursprünglich wurde bei vielen Völkern dem Toten das Haus überlassen. Relikt davon sind die AHNENNISCHEN römischer Häuser sowie HAUSURNEN, in denen auf Wanderung befindliche Völker der Hallstattzeit ersatzweise die Totenasche bewahrten. Hünengräber, Steinkisten und andere Grabbauarten (Pyramiden) ersetzen Hausbestattung durch Totenhäuser.

Mitgabe von Schmuck, Waffen, Speise, Trank zeigt, daß man sich den Toten als weiterlebend dachte; deshalb auch vielfach durch ein Loch regelmäßige Speise- und Trankopfer. Königen und Vornehmen wurden Reitpferd und Gefolge (Menschenopfer) beigegeben, vielfach, in Indien bis ins 19. Jh., auch die Witwe. In Europa baute man in den Zwölften (zw. Thomastag u. Dreikönig) für die wiederkehrenden Toten im Hause Tische mit Speise und Trank auf und noch im 20. Jh. wurden auf christlichen Friedhöfen in den Zwölften Eßwaren auf das Grab gelegt. Erdbestattung und Verbrennung mit Nachbestattung wechselten. Übergang zur Verbrennung konnte bei Völkern, die auf Wanderung gingen, entstehen, konnte auch Schutz vor feindseliger Wiederkehr sein (vgl. Hexenverbrennungen) oder dem Übergang von präanimistischem Totenglauben zum Glauben an Totengeist und Totenjenseits entspringen. Bei den Griechen gab man dem Toten Geld als Fahrlohn für Charon, Fährmann zum Hades, mit und Kuchen für Kerberos, den Unterweltwachhund. PFERDEopfer am Grabe können zum Ritt in das Jenseits gedacht sein (auch als → Seelengeleiter). Schiffsgräber sowie Bestattung auf SCHIFFEN, die der See übergeben wurden, lassen an eine Fahrt zu einem Totenjenseits im Westen hinter dem Ozean denken.

Die christliche Theologie vertritt das Fortleben der → Seele nach dem Tode und die Wiederauferstehung des Leibes in der Endzeit (deshalb Erdbestattung). Mit der Lehre der Fegfeuerqual für ungebüßte Sünden mischt sich Glaube an den lebenden Leichnam, wenn die Toten nächtlich nach der Pfeife des Todes tanzen müssen (→ Totentanz). Der Armseelenglaube zeigt die Toten auf dem Friedhof begierig nach Fürbitte und nachträglichem Ablaß, andrerseits dankbar dafür (Totenhilfe für bedrängte Fürbitter). Die OSTUNG der Gräber drückt die Hoffnung auf Auferstehung analog der Auferstehung Christi symbolisch aus, die Wünsche ewiger Ruhe, die Erwartung eines vor Fegfeuer- und Tanzqual bewahrten Schlafes. Bei

Sammlung der Gebeine aufgelöster Gräber in Beinhäusern (Karnern) werden die Schädel vielfach beschriftet, damit die Seelen sie wiederfinden. Das Brauchtum beim Tode (Ansage des Todes bei den Haustieren und Nachbarn, Meiden von Lärm und Spinnen, Verhängen der Spiegel, Öffnen der Fenster, Leichenhemd, oft das Hochzeitshemd u. a.) bezeugen den Glauben an ein Weiterleben und daß die Seele bis zur Beerdigung im Hause aus- und eingeht. Wenn in bäuerlichen Kreisen etwa dem toten Vater ein nahendes Gewitter angesagt wurde, so im Glauben, daß der Tote besorgt und hilfebereit nahesei. Die Toten wurden auf einem BRETT (Rebrett) aufgebahrt und mit oder ohne Brett der Erde übergeben. Vielfach war es Sitte, das Leichenbrett beschriftet an Wegen aufzustellen, urzeitlichen → Menhiren (Seelensteinen?) vergleichbar. Erst im ausgehenden MA kommt für Wohlhabendere die Sargkiste aus sechs Brettern auf. Leichenfeiern in der Kirche und am Grab mit Fürbittgebeten, Besprengung und Räucherung dienen dem Wunsch nach Totenruhe, Gräber in der Kirche selbst noch besserem Schutz der Totenruhe. Den Toten im Totengeleit die letzte Ehre zu geben, war ungeschriebenes Gesetz für Nachbarn und Freunde und setzt eigentlich den »lebenden Leichnam« voraus. → Grabbeigabe [Ro]

P. Sartori, Die Speisung der Toten, 1913; P. Geiger, Leiche (HdA 5) 1932; P. Geiger, Tote (HdA 8) 1936; C. Schuchhardt, Vorgesch. von Deutschl., [4]1939; M. P. Nilsson, Gesch. d. griech. Relig., 1941; H. Rosenfeld, Der mal. Totentanz, [3]1974.

**Totenbuch, ägyptisch.** In Fortführung einer Sitte, die um 2300 mit den in den Pyramidenkammern der Könige aufgezeichneten Sprüchen zu Beisetzung und Totenkult beginnt *(Pyramidentexte)* und sich in der ersten Hälfte des 2. Jt. in Sprüchen, die man auf die Sarginnenwände schreibt, fortsetzt *(Sargtexte)*, werden von ca. 1500 v. Chr. bis 63 n. Chr. den Toten Papyrusrollen mit ähnlichen Spruchsammlungen ins Grab mitgegeben, die man mit dem dt. Ägyptologen Lepsius (1842) *Totenbücher* nennt. Der ägyptische Titel lautet allerdings »Herausgehen am Tage« und bezieht sich auf den Zweck der Spruchsammlung, dem Toten die Existenzform eines seligen »gerechtfertigten Verklärten« zu ermöglichen, der in Gemeinschaft des Sonnengottes die Unterwelt am Tage verlassen kann. Die Sprüche des T. haben magische Wirksamkeit und tragen Titel, die ihren spezifischen Zweck andeuten, z. B. »Zu verhindern, daß einem das Herz weggenommen wird« (29), »Um die Schlange zu vertreiben« (33), »Sich in einen Falken zu verwandeln« (78), »Die Seelen des Ostens zu kennen« (109) usw. Im Unterschied zu den Sargtexten gehören zu den Sprüchen noch Bilder, sog. »Vignetten«.

Man unterscheidet eine »thebanische« (1500–700) und eine »saitische« (700–0) Rezension. Die älteren T.er der thebanischen Rezension schöpfen aus einem Fundus von 190 Sprüchen, die sie jeweils anders und ohne erkennbares System zusammenstellen. Erst die saitische Rezension etabliert eine kanonische Spruchfolge, auf der auch die moderne Zählung beruht. Den Anfang macht logischerweise eine Spruchgruppe, die sich auf Beisetzung und Grabausstattung bezieht, dann folgen Hymnen an den Sonnengott, wie sie auch in Gräbern am Eingang stehen. Was sich logisch anschließen müßte, das Kennen und Passieren der Unterweltspforten (144–146), die Einführung bei → Osiris, das Wägen des Herzens (30) und das »negative Bekenntnis« (→ Totengericht) vor den Totenrichtern (125), die »Rechtfertigung« (18–20) und dadurch eröffnete Existenzform eines seligen Toten im »Binsengefilde« (110) und in der Sonnenbarke (129–136) findet sich, wie die eingeklammerten »Kapitel«-Nummern andeuten, im Buche verstreut. Verwandte Sprüche sind jedoch zu Gruppen geordnet, so die Herzkapitel (26–30), die Schlangenzaubersprüche (31–40), die Sprüche zur Verwandlung in verschiedene Gestalten (77–88), zum Kennen der »Seelen« heiliger Orte (107–116) und der Jenseitstopographie (143–150). [JA]

R. Lepsius, Das T. der Ägypter, 1842; E. Naville, Das aegyptische T. der XVIII.–XX. Dynastie, 1886; E. A. W. Budge, The Chapters of Coming Forth by Day or The Theban Recension of the Book of the Dead, 1910; K. Sethe, Die Totenlit. der A. Ägypter (SB Berl. Ak. d. Wiss.) 1931; T. G. Allen, The Egyptian Book of the Dead. Documents in the Oriental Institute Museum at the Univ. of Chicago, 1960; P. Barguet, Le livre des morts des anciens Egyptiens, 1967; H. Kees, Pyramidentexte, Sargtexte und T. (Handbuch der Orientalisik, 1. Abt. Bd. 1, dt. 2. Abschn., Lit.) ²1970; D. Dondelinger, Papyrus Ani. Kommentar, 1978.

**Totenbuch, tibetanisches.** Das sog. T. gibt detaillierte Angaben über das, was der Geist des Toten beim Loslösen vom Körper erfährt. Ein Lama liest den Text dem Toten vor, damit dieser sich der religiösen Inhalte, die er zu Lebzeiten bereits verinnerlicht hat, wieder bewußt werde und somit die ihm nun aufsteigenden Visionen zu deuten versteht. – Dieser Text, der im Tibetischen den Titel »Befreiung durch Hören im Zwischenzustand« *(bar-do-thos-grol)* trägt, reicht in seinen Ideen bis in die älteste Schicht der buddhistischen Literatur hinauf, obschon der uns allein in Tibetisch erhaltene Text erst im 14. Jh. n. Chr. seine heutige Form erhielt. Die Vorstellung, daß zwischen dem Tod eines Individuums und seiner Wiedergeburt ein Zwischenzustand (tib. *bar-do*) einzuschieben sei, in dem der Geist des Toten in Gestalt gleißenden Lichtes dem wahren Sein begegnet, läßt sich in der buddhistischen Literatur bis in die ersten Jh. n. Chr. zurückverfolgen, wobei die Autoren dieser Werke sich auf Zitate aus dem Palikanon stützen.

Die Schau, die der Geist des Toten erlebt, beginnt mit dem URLICHT als Symbol der allem zugrundeliegenden Geist-Natur, führt über zur Vision der Pentade der Buddhas, auch Dhyāni-Buddhas genannt, und immer furchterregenderen Erscheinungen, in deren Folge tierköpfige Gestalten präbuddhistischer Prägung auftreten, über ein allegorisches Totengericht bis zur wahnwitzigen Verfolgungsjagd, da der Tote nur noch einen Unterschlupf sucht, um ihn schließlich im Mutterschoß zu finden, womit die Wiedergeburt stattgefunden hat. Alle diese Bilder werden im Text bereits als Zeichen mentaler Vorgänge gedeutet, womit der ganze Text dem Symbolbereich zuzuordnen ist. [Da]

W. Y. Evans-Wentz, The Tibetan Book of the Dead, 1927; G. Tucci, Il libro Tibetano dei morti, 1949 P. Pouche, Das tibet. T. im Rahmen der eschatolog. Lit. (Archiv Orientalni) 1952; F. Fremantle/Chögyam Trungpa, The

Tibetan Book of the Dead, 1975; D. I. Lauf, Geheimlehren Tibet. Totenbücher, 1975; E. Dargyay, Das Tibet. Buch der Toten, 1977.

**Totengericht.** Die altägyptische Idee eines allgemeinen T.s, vor dem sich jeder für sein Leben verantworten muß, läßt sich erst um die Wende zum 3. Jt. nachweisen und ist wohl nicht zu trennen von der Gestalt des Gottes → Osiris, der um die gleiche Zeit zum Totenherrscher wird. Bei diesem Gericht, dem Osiris in Begleitung von 42 Beisitzern vorsitzt, hat der Tote ein Bekenntnis abzulegen, das – entsprechend dem negativen Charakter einer Ethik, die sich in das Verbot (»du sollst nicht...«) kleidet – aus 42 negativen Aussagen besteht: »Ich habe nicht getötet« usw. (das 125. Kapitel des → *Totenbuchs*). Dabei wird das Herz des Toten auf einer großen Standwaage gegen ein Symbol der »Wahrheit« abgewogen und darf weder als zu leicht noch als zu schwer befunden werden. Schlechte Taten senken die Waagschale, daher die Angst, das Herz könnte beim Gericht gegen den Toten zeugen (30. Kap. des *Totenbuchs*). Anubis handhabt die WAAGE, die als das zentrale Symbol dieses entscheidenden Vorgangs gelten kann und Thoth verkündet das Ergebnis. Dem Vorgang wohnt ein Monstrum bei, »vorn Krokodil, in der Mitte ein Löwe, hinten ein Nilpferd«, die »Fresserin«, die die Verdammten verschlingt. Die Freigesprochenen aber werden in den Kreis der »Gelobten« aufgenommen, die den Hofstaat des Totenherrschers und eine Versorgungsgemeinschaft bilden, in deren Kreis sie auch »Brot und Bier« empfangen. Über den biblisch-christlichen Gerichtsgedanken → Weltgericht [JA]

J. Spiegel, Die Idee vom T. in der ägypt. Relig., 1935; Ch. Maystre, Les déclarations d'innocence, 1937; H. Kees, Totenglauben u. Jenseitsvorst. der alten Ägypter, ²1956; J. Yoyotte, Le jugement des morts (Sources Orientales IV) 1961; S. G. F. Brandon, The Judgment of the Dead, New York 1967; R. Grieshammer, Das Jenseitsgericht in den Sargtexten (Ägyptol. Abh. 20) 1970; Chr. Seeber, Untersuchungen zur Darstellung des T.s im Alten Ägypten (Münchn. Ägyptol. Stud. 35) 1976.

**Totentanz.** Der T. ist eigentlich eine Darstellung von halbverwesten Toten mit menschlichen Standesvertretern im Reigentanz, begleitet von Versen. Als besondere Fegfeuerqual stellte man sich in Deutschland vor, die Gestorbenen müßten nächtlich über den Gräbern nach der Pfeife des Todes tanzen, um ihre Sünden abzubüßen. Als die Pestepidemie von 1348 dazu führte, daß Tausende so, wie sie starben, in Massengräbern verscharrt wurden, hatte ein Würzburger Dominikaner die Vision, daß nun Vertreter aller Stände, so unbußfertig aus dem Leben gerissen, zu diesem nächtlichen Friedhofstanz gezwungen würden. Er machte einen Bilderbogen daraus mit einer einleitenden Bußpredigt und halbverwesten Toten, die die menschlichen Standesvertreter von Papst und Kaiser bis zu Bettler und Mutter und Kind zum Tanze auffordern. Die Antworten der Aufgeforderten sind nur ein willenloses Echo und unterstreichen den Zwang. Die Toten handeln als Beauftragte des unter der Predigerkanzel sitzenden Spielmannes → Tod (Personifikation) und wurden später als Repräsentanten des Todes aufgefaßt. Der lateinische T.-Bilderbogen wurde als Anregung für Bußpredigten weiterverbreitet und auch ins Französische und Deutsche umgesetzt. Bei neuen

Pestwellen dienten sie auch als Vorlage für Wandgemälde an Friedhofsmauern und in Kirchen, gewissermaßen als Abwehrmagie gegen den Massentod. Der Text und die Auswahl der Stände wurde bei jeder Verwendung etwas gewandelt. Dem ersten, an die Vernunft appellierenden Dominikanertext wurde z. B. ein franziskanischer Text entgegengesetzt, der die geistlichen und weltlichen Stände sondert, mehr an das Gefühl appelliert und auf Christi Barmherzigkeit verweist.

Vielfach haben mal. Totentanzwandgemälde sich lange erhalten, der Berliner franziskanische T. bis heute. Der Lübecker T. von 1463 wurde 1701 durch neue Bilder mit neuem Text ersetzt (1942 zerstört). Der Baseler T. von 1440, weltbekannt als »Tod von Basel«, fiel 1805 der Spitzhacke zum Opfer. Aber zahllose neue T.bilder wurden bis in unsere Tage gemalt, meist an Holbeins Bildern des Todes orientiert und nicht immer mit Texten. Auch wurden Todesdarstellungen aller Art fälschlich als T. bezeichnet. Im 20. Jh. gab es auch am mal. T. orientierte eindrucksstarke T.-Aufführungen in alten Kirchen. Im ganzen sind alle T.-Darstellungen ergreifende Mahnungen an den Tod und rechtzeitige Buße, aber auch erschütternde Symbole für die Hinfälligkeit aller menschlichen Würde und alles Stolzes vor Tod und Ewigkeit. [Ro]

H. Rosenfeld, Der T. als europ. Phänomen (Arch. f. Kulturgesch. 48) 1966; H. Rosenfeld, T. (LChrI 4) 1972; H. Rosenfeld, Der mal. T., Entstehung, Entwicklung, Bedeutung, 1 [3]1974 (mit Bibl. »Tod u. T. in Dichtung u. Kunst«); R. Hammerstein, Tanz u. Musik des Todes, 1980; G. Kaiser, Der tanzende Tod. Mal. Totentänze, 1983.

**Totenwelt** → Jenseits

**Tränen.** Nach einer altägyptischen Überlieferung sind die Menschen aus den T. des Urgottes Atum entstanden; ein anderer Mythos berichtet, wie der Sonnengott Re weinte und die zu Boden fallenden T. sich in Bienen verwandelten. Aus der griechischen Mythologie sei Eos genannt, die Göttin der Morgenröte; die um ihren toten Sohn Memnon vergossenen T. fielen zur Erde und wurden zu Tautropfen. Den T. kann reinigende, heilende und belebende Kraft zugeschrieben werden. Im Märchen von *Aschenputtel* wird das von T. begossene Haselreis zum schönen Baum. Die aus den Augen kommende Flüssigkeit soll Augenleiden, ja (im Märchen von *Rapunzel*) sogar Blindheit heilen können. Bei den Khond in Vorderindien sollten die T. der beim Meriah-Fest geopferten Menschen Regen bewirken und damit die Fruchtbarkeit fördern. Bei französischen Alchemisten bilden Blut und T. die Tinktur, die einen gewöhnlichen Körper in den Zustand endgültiger Reinheit transformieren kann. In der Barockdichtung findet sich wiederholt der Vergleich der T. mit Perlen (u. a. bei Lohenstein); auch bei Lessing (*Emilia Galotti* IV,7) heißt es: »Perlen bedeuten Tränen«. Das Weinen ist der natürliche Ausdruck der Trauer, der Klage, des Leides; in der Bibel auch Zeichen des gestörten Verhältnisses zu Gott und des Schmerzes über die eigene Unzulänglichkeit (*Luk* 22,62). Am Ende der Zeiten wird der Herr die T. von jeglichem Antlitz abwischen (*Jes* 25,8), d.h. Leid und Tod wird es nicht mehr geben. Nach altem Volksglauben (auch im Märchen, KHM: *Das Totenhemdchen*) wird der Tote von den Lebenden gequält, da sein Hemd naß und schwer wird oder er einen Krug voller T. schleppen muß. Erst wenn Gott seine Hand auf den T.krug legt, hört das Weinen in dieser Welt auf und werden Friede und Seligkeit sein (E. Wiechert, *Totenmesse*). [Lr]

H. von Beit, Symbolik des Märchens. Gegensatz u. Erneuerung im Märchen. 2 Bde., Register-Bd., 1952–1957; K. Meuli, Vom T.krüglein (Ges. Schriften, hg. v. Th. Gelzer, Bd. 1), 1975.

**Traube** → Weinstock

**Trauer.** T. findet Ausdruck in Gesten (Ringen der Hände, Raufen der Haare), Kleidung und Farben. Fast alle T.farben waren ursprünglich Totenfarben und werden stark mit Tod und T. assoziiert (Testpsychologie). Dauer der T.bemalung bzw. -bekleidung (Grund: Identifikation mit dem Toten) häufig – nach Ranke – parallel zur Auffassung von der 30- oder 40-tägigen »Anwesenheit des lebenden Leichnams« (vgl. derartige Zeiten für T.perioden bis heute, z. B. 40-tägige Staatstrauer für Makarios). SCHWARZ, wichtigste T.farbe der Gegenwart, ist auch liturgische T.farbe (Karfreitag, Totenfeier), wurde von Griechen und Römern übernommen (im jüd. Kult unbekannt). BLAU ist gleichwertige T.farbe in China, in der minoischen Kultur; bei uns speziell für Kinder, Ledige, Wöchnerinnen (→ LEBENSWEG; heute noch blauumrandete Partezettel für Kinder) sowie Zeichen der Halbtrauer. WEISS als T.farbe (für unseren Bereich von O. Lauffer heftig bestritten) schon bei Griechen, Römern, Germanen, im europäischen Fürstentum sowie in T.trachten des Volkes (»Hauptklag« häufig auch Schwarz-Weiß); auch im Grabkult (z. B. weißer Flor auf Kindergräbern). ROT als Zeichen der T. u. a. in Italien (Renaissance), im päpstlichen Zeremoniell; die ehemalige rote T.kleidung der Priester nur mehr im griechischen Ritus erhalten. Rote Totenkerzen im Innviertel und in Bayern. VIOLETT als T.farbe nur oberschichtlich und in liturgischer Paramentik (ersetzt z. T. Schwarz). Erklärt Verwendung des AMETHYSTS als T.schmuck (sonst nur schwarze Materialien: Jett, d. i. Gagat, sog. »schwarzer Bernstein, »Lavaschmuck« aus Glas etc.).

Der Übergang zur Normalkleidung erfolgt stufenweise, sog. »Abtrauern«. Manchmal wurden nur einzelne Stücke zu T.zeichen (in T.farbe), z. B. Schürze, Kopftuch, FLOR (stammt aus Ritterzeit). T. bringt auch die Natur sowie die nichtmenschliche Umgebung zum Ausdruck: T.flor für Haustiere, schwarzer Lappen für Bienenstock, nach dem Volksglauben trägt die Sonne bis zur Auferstehung einen schwarzen Flor. T.kleidung steht zwischen den Extremformen der Verhüllung und Nacktheit bzw. Entblößung als Ausdruck der T. – Verhüllung bei den Frauen durch Schürze oder besondere Tücher (Laken, Stuche, Gugel), wobei sich der Schleier bis heute hielt. Die NACKTHEIT begegnet meist in abgeschwächten Formen: Entblößung einzelner Körperteile (Brust), unvollständige Bekleidung (z. B. gelöstes Haar), Zerreißen der Kleider (Juden). Sowohl WACHSENLASSEN als auch ABSCHNEIDEN der HAARE zum Zeichen der T.; Ambivalenz begründet im Wunsch nach Identifikation mit dem Toten, Annäherung an Totenwelt, die eine → verkehrte Welt ist (vgl. auch das verkehrte Aufsetzen des Dreispitzes in der T.zeit) oder im Zusammenhang der Entblößung oder Selbstverstümmelung (vgl. Zerfleischen von Wangen und Brust) zu sehen. Wie Lärm Ausdruck der → Freude, so SCHWEIGEN Zeichen der T.: kein Glockenläuten in Kartagen, Gedenkminuten für Verstorbene, keine Schellen für Tiere. Senken der Fahne beim Begräbnis; auf Halbmast gesetzte oder schwarze Fahnen sind öffentliche (auch internationale) T.zeichen. T.symbole im Umkreis der Sepulkralkultur: in der Antike der Genius von Schlaf und Tod mit gesenkter Fackel, heute ein Engel mit gesenktem Haupt oder eine weibliche Figur mit verhülltem Kopf; vgl. auch → Bergmann [EH]

R. Groß, Urspr. und Wesen der Farbsymbole (Diss. Wien) 1971; H. Kenner, Das Phänomen der verkehrten Welt in der griech.-röm. Antike, 1970; K. Meuli, Zu den T.sitten (Ges. Schriften, II) 1975.

**Trauer.** Die → Psychoanalyse unterscheidet rein heuristisch zwischen »normaler« T. nach Verlust des geliebten Objektes und »pathologischer« T. (Melancholie), deren Objekt internalisiert wurde und nach seinem Verlust unbewußt bleibt. Der Unterschied ist mehr ein pragmatischer: Im ersten Falle gelingt die heilende »Trauerarbeit« spontan, im zweiten in der Regel nur durch schmerzliche endgültige Trennung vom Objekt im Verlauf einer bewußtmachenden Therapie. Die Dispositionen zur Melancholie können in der Art des Geburts-Geschehens und in der Art der Symbiose Mutter-Kind angelegt werden; sie tragen sehr den Charakter der → Ambivalenz. Die T. – auch die normale bis zu einem gewissen Grad – ist ein »Mitsterben« mit dem geliebten Objekt, aber neben Kummer und Kränkung weist sie Züge des schlechten Gewissens (Todeswünsche) und der Aggression und des Hasses auf. Die T., bes. die pathologische, nimmt wahrscheinlich an den Auswirkungen des Todestriebes teil. → Geburt und → Tod treffen sich im Erlebnis der T. und ergeben im psychischen Leben eine reichhaltige, aber schwer deutbare Symbolik: Die Idealisierung der Verstorbenen, der Kult der Ahnen, die Verehrung der Heiligen, der Glaube an ein ewiges Leben und die Erwartung der letzten Dinge (Eschatologie: Tod, Gericht, Vergeltung) sind mächtige Kultursymbole, die zur T. unter psychoanalytischen Aspekten vielfältige Beziehungen haben. [IAC]

Freud, S., T. u. Melancholie, Ges. W.; Caruso, I. A., Die Trennung der Liebenden, 1968; Biran, S., Melancholie u. Todestriebe, 1961.

**Traum** – entsteht ohne ichzentrierte Lenkung und kann daher als eine Erscheinungsform des → Unbewußten aufgefaßt werden. Eigene Persönlichkeitstendenzen können im T. als fremde Personen Gestalt gewinnen, minderwertige T.figuren Ausdruck negativer, vom Wachbewußtsein unterdrückter Seiten sein (→ Schatten). Meist ist das Ich mit seinen Trieben in die Objekte und Partner des T.lebens projiziert. Die geträumten Personen, Sachen und Ereignisse erhalten eine übertragene Bedeutung, werden zum Symbol.
Im Alten Orient galt der T. als eine Offenbarungsform der Götter. Schon die Ägypter hatten T.bü-

cher, nach denen die Träume meistens auf ein analoges Geschehen deuten, z. B. das TRINKEN VON BLUT = Kampf, das SITZEN IM GARTEN = Freude. In der Bibel werden Träume kritisch bewertet und der nichtssagende, oft aus menschlichem Fühlen und Wollen entstandene T. (*Ps* 73,20; *Sir* 34,5) von der göttlichen Offenbarung (z. B. Nachtgesichte des Sacharja) unterschieden. Die Auslegung der von Gott gesandten Träume ist meist nur begnadeten Menschen möglich, so Joseph, der Pharaos T. deutet (1 *Mos* 41).

Aus der Antike blieb das T.buch des Artemidoros von Daldis (*Oneirokritikon*, 2. Jh. n. Chr.) erhalten; seine stark symbolbezogene T.deutung (so stehen ÄPFEL für Liebesglück, PERLEN für Tränen) fand u. a. in der mal.-ritterlichen Literatur ihren Niederschlag: der EBER, bei Artemidoros Hinweis auf einen gewaltigen, rücksichtslosen Gegner, wird zum T.symbol böser, heimtückischer Könige (Ruodlieb, Nibelungenlied). Eine wissenschaftliche Untersuchung der Herkunft einzelner T.motive in der Dichtung muß allerdings immer das gesamte kultur- und geistesgeschichtliche »Spektrum« berücksichtigen; beim Ebersymbol z. B. neben der antiken Tradition (Wildheit, Brutalität) auch die german. (Heldentum) und die christliche Überlieferung (Gier, Unreinheit).

In der Neuzeit wurde die T.deutung erst durch die Romantik neu begründet, vor allem durch G. H. Schuberts *Symbolik des Traumes* (1814), ein Werk, das manche Gedanken von C. G. Jung vorwegnimmt. Nach den Lehren der Tiefenpsychologie ist der T. eine Erscheinungsform des Unbewußten. Während in der Psychoanalyse (→ Traumsymbolik) die Träume in der Regel Darstellungen von Triebregungen des »Es« sind, wurzeln nach → Jung viele T.symbole in den → Archetypen. Träume haben oft eine ausgleichende Funktion, sie kompensieren die Mängel des Träumers; so soll z. B. das T.motiv des FLIEGENS oder FALLENS häufig bei Menschen vorkommen, die eine zu hohe Meinung von sich selbst haben oder die allzu hoch hinaus wollen. Träume demaskieren Hemmungen, Verdrängungen und geheime Wünsche in symbolischen Bildern.

Die T.symbole lassen sich nicht nach einem Schema erklären, sie sind vieldeutig und nicht über die Person des Träumenden hinweg zu verstehen. Das T.bild des VERBRENNENS z. B. ist zunächst ganz allgemein unter dem Aspekt der Symbolik des FEUERS zu betrachten, das zerstörend, aber auch läuternd wirken kann, auf Vergänglichkeit wie auch auf Überwindung aller irdischen, an Raum und Zeit haftenden Schlacken hinweist, Höllen-, Fegefeuer- (also Reinigungs-) und Phönixmotiv zum Ausdruck bringt, für Krieg und Liebe steht.

Die Tiefenpsychologie weist auf gemeinsame Motive in T. und Märchen/Mythos, z. B. Erklimmen des Glasberges, Festhaften an einem magischen Gegenstand (Goldene Gans), ein Sieb mit Wasser füllen (Sisyphos), die unlösbare Frage (Sphinx). Sicher ist es mehr als Zufall, daß gerade die Dichter ihre Träume besonders beachten; T. und Dichtung stammen aus dem gleichen dunklen Mutterschoß des Unbewußten. An Träumen reich (und voller Symbole) sind die Werke von Gottfried Keller und Friedrich Huch, die Tagebücher von Max Dauthendey und → Kafka. Eine Fülle von Bildern, von aus dem Wachtraum entstandener Assoziationen findet sich bei dem Surrealisten Apollinaire; in *L'enchateur pourrissant* z. B. das Verbrennungsmotiv (Todesangst?), zwei ungleiche Tiere paaren sich (Polarität), Gräber schändende AFFEN (Urbild und Zerrbild des Menschen), aus einer einzigen Perle bestehender KOPF IM MEER (Tod und/oder Wiedergeburt aus dem Urwasser?). Nach E. → Jünger erblickt man im T. »für einen Augenblick den wunderbaren Teppich der Welt mit seinen magischen Figuren« *(Blätter und Steine)*; Träume sind nicht sinnlos, sie kommen aus dem Unendlichen, bringen eine Botschaft; so hängt der PRÜFUNGStraum mit dem Tod zusammen, »es ist die wichtige Mahnung in ihm verborgen, daß die Lebensaufgabe, das Lebenspensum noch nicht erfüllt« ist *(Strahlungen)*.

In der christlichen Kunst wird die T.erscheinung als solche öfters durch einen den Schläfer berührenden ENGEL symbolisiert; so beim T. der Hl. Drei Könige auf dem Kapitell zu Autun (12. Jh.). Zu einigen speziellen Traumsymbolen → Baum, Fuchs, Insel, Messer, Wasser, Wüste, Zähne (jeweils am Ende der Artikel).

[Lr]

L. Binswanger, Wandl. i. d. Auffass. u. Deut. des T.es von den Griech. bis zur Gegenw., 1928; E. L. Ehrlich, Der T. im AT, 1953; M. Kissig (Hg.), Dichter erzählen ihre Träume, 1964; Artemidor v. Daldes T.buch (übers. u. hg. v. F. S. Krauss u. M. Kaiser), 1965; G. E. Grunebaum/R. Caillois, The Dreams and Human Societies, Berkeley 1966; A. Arthus, Répertoire des images et symboles oniriques, Genève 1967; J. v. Graevenitz (Hg.), Bedeutung u. Deutung d. T.es in d. Psychotherapie, 1968; F. Vonessen, Symbolik des Weckt. (Symbolon 6) 1968; H. Dieckmann, T. als Sprache d. Seele, 1972; R. Fliess, Symbol, Dream and Psychosis, New York 1973; M. Boss, Der T. u. seine Auslegung, 1974; J. Hillman, Am Anfang war das Bild. Unsere Träume, 1983; M.-L. v. Franz, T. u. Tod, 1984. Buchreihe: Träume als Wegweiser, hg. von H. Hark, V. Karst, I. Riedel, 1986.

**Traumsymbolik.** In Freuds → Psychoanalyse und in ihren verschiedenen Varianten spielt die Interpretation (Deutung) der Symbole eine zentrale theoretische und praktische Rolle. Die im allgemeinen bekannte T. in der Psychoanalyse ist bloß ein Spezialfall dieser Hermeneutik. Seit dem Beginn der Psychoanalyse werden zuerst das Symptom, später manche unwillkürliche Handlungen und ganz besonders die Traumbilder als symbolischer Ersatz für abgewehrte, später verdrängte psychische Inhalte betrachtet (Wünsche, Ängste und andere Triebrepräsentanten, die von der moralischen Person nicht als vorhanden akzeptiert werden). Hiermit ist das Symbol, insbesondere das Traumsymbol, ein Ergebnis einerseits der intrapsychischen Zensur, andererseits der Verdrängung, die im Bewußtsein nur indirekt zu erschließen ist. Die Entschlüsselung der Symbolik im allgemeinen (Wahl des Symptoms und andere Symbole), aber der T. im besonderen, die als *via regia* der Deutung der Psychoanalyse angesehen wird, ist hiermit die bedeutendste Komponente der psychoanalytischen Technik mit dem Ziel, durch die Deutung eine lebendige und flexible Beziehung zu den verschiedenen Symbolen des Lebens zu ermöglichen.

Die T. widerspiegelt und verschleiert zugleich krankmachende Konflikte, die ihrerseits auf ver-

schiedene durchlaufene Phasen der Entwicklung der → Libido hinweisen. Da Freud die Verdrängung frühkindlicher sexueller Erfahrungen und Phantasien als maßgeblich für spätere Störungen annahm, bietet die psychoanalytische Traumdeutung an erster Stelle eine sexuelle Interpretation der Symbole. Eine starre Nomenklatur derselben ist selbstverständlich nicht statthaft. Doch werden in der Psychoanalyse viele geträumte Ereignisse wie SCHWIMMEN, KÄMPFEN, REITEN etc. als Symbole des Geschlechtsaktes angesehen; SPITZE oder LÄNGLICHE GEGENSTÄNDE stellen das männliche Genitale dar, wohingegen HOHLE, weiche, RUNDLICHE GEGENSTÄNDE für weibliche Geschlechtsmerkmale stehen. Theoretisch stellt die Symbolik im Leben des Individuums einen sehr komplizierten Tatbestand dar, die T. nicht ausgenommen. Es ist zu beachten, daß diverse abgetrennte Schulen der Psychoanalyse (z. B. die Individualpsychologie A. Adlers und die Analytische Psychologie → C. G. Jungs) zum Teil eine andere Interpretation benützen als die Psychoanalyse S. Freuds; in diesen Interpretationen spielen die psychischen Entwicklungsphasen eine viel geringere Rolle und sind bei Adler durch Machtsymbole und bei Jung durch kollektive mythologische Bilder weitgehend ersetzt. W. Stekel blieb der Freudschen Traumdeutung im großen und ganzen treu, plädierte jedoch für eine intuitive und rasche Deutung von seiten des Therapeuten.
→ Traum [IAC]

S. Freud, Die Traumdeutung (1900, 1930), Ges. W., II/III, London, Imago, 1942; C. G. Jung, Über psych. Energetik u. d. Wesen der Träume, 1948; Ders., Gestaltungen des Unbewußten, 1950; H. Schultz-Hencke, Lehrbuch der Traumanalyse, 1949; weitere Literaturangaben Traum.

**Treppe** → Leiter

**Trickster.** Überall auf der Welt gibt es viele Variationen auf das Thema des T.s, des listigen Schelms, Personifikation einer heimtückischen Macht, die die Menschen zu unerlaubten Vergnügungen treibt. Bei den Griechen erschien er als »ein Geist einer Daseinsgestaltung, die unter den verschiedensten Bedingungen immer wiederkehrt und neben dem Gewonnenen auch das Zerronnene, neben der Güte auch die Schadenfreude kennt«. (W. F. Otto, *Götter Griechenlands*). Der T. ist nach Radin das Symbol einer archaischen Vergangenheit, wo es noch keine klaren Unterscheidungen zwischen Göttlichem und Nichtgöttlichem gab. Nach C. G. Jung symbolisiert der T. das kosmische Urwesen göttlich-tierischer Natur, einerseits dem Menschen in seinen übermenschlichen Eigenschaften überlegen, andererseits ihm wegen seiner Unvernunft und Unbewußtheit unterlegen; auch dem Tier sei er nicht gewachsen wegen seiner Instinktlosigkeit und Ungeschicktheit.
Die Symbolik des T.s ist mit unberechenbaren Mächten verknüpft, die vollkommen unerwartet auftauchen können: Erdbeben, Sturm, Jagdunfälle. Der T. symboliert daher oft gewisse Widersprüche und Spannungen, ein Wesen also, das sowohl wohltätige als schlechte Wirkungen hervorbringen kann und öfters auch die Gestalt einer göttlichen Dualität annimmt. Nicht selten wird der T. mit Tieren identifiziert: RABE, HASE, WOLF, SPINNE. In Europa kommt der T. in Symbolen wie

dem JOKER beim Kartenspiel vor, als Kobold, der Bauern und Fischer plagt. Bekannt ist auch der FUCHS als Schelm und Betrüger, Hermes als Schelm unter den Göttern; in der Literatur kommt er vor als Simplicius Simplicissimus bei Grimmelshausen, als Till Eulenspiegel bei Ch. de Coster und als Geist Mercurius in den Grimm-Märchen.
Bei den meisten nordamerikanischen Indianerstämmen ist der T. gleichzeitig Schöpfer und Zerstörer, Betrüger und Betrogener, weist neben seinen Funktionen als → Heilbringer auch komische und schelmenhafte Züge auf. Ihre Mythen berichten über den T. als ein Held, der immer hungrig unterwegs ist, keine moralischen Normen kennt, von überbetonter Sexualität ist, andere überlistet oder selbst überlistet wird. Die bekannteste T.-Figur in Afrika ist Eschu bei den Yoruba (Nigeria). Auch er vereinigt in sich positive und negative Eigenschaften; er kann würdevoll wie ein König und einfach wie ein Kind oder Greis sein, Streit zwischen Menschen verursachen und Frieden stiften, Unglück heraufbeschwören oder abwenden. Da sein Wesen in höchstem Maße Zwiespältigkeit symbolisiert, kann der Mensch sich sehr leicht mit ihm identifizieren. [Du]

W. Kristensen, De goddelijke Bedrieger (Mededeelingen Akad. Wetensch., Afd. Lett.) 1928; J. P. B. Josselin de Jong, De oorsprong van de goddelijke Bedrieger (Mededeelingen Akad. der Wetensch., Afd. Lett.) 1929; P. Radin, Religious Experiences of an Am. Indian (Eranos-Jb. XVIII) 1950; H. Tagnaeus, Le Héros civilisateur (Studia Ethnogr. Uppsaliensia II) 1950; A. E. Jensen, Mythos u. Kult bei den Naturvölkern, 1951; P. Radin, Gott u. Mensch in der primitiven Welt, 1953; C. G. Jung/K. Kerényi/P. Radin, Der göttl. Schelm, 1954; P. Radin, The T., 1956; J. White, The Sculpture and Myths of Eshu-Elegba, the Yoruba T. (Africa, XXXII) 1962; J. Wescott, P. Morton Williams, The Symbolism and Ritual Context of the Yoruba Laba Shango (Journ. Royal Anthrop. Inst. XCII/I) 1962; A. Pollak-Eltz, Afro-amerikaanse godsdiensten en culten, 1970; R. D. Pelton, The T. in West Africa, Berkeley 1980.

**Trinität** → Dreifaltigkeit

**Triquetrum** (lat., griechisch Triskele, Dreibein, Dreischenkel), ein Symbol mit drei in gleicher Richtung gebogenen Schenkeln; in vorgeschichtlicher Zeit u. a. auf Spinnwirteln (Troja), in der frühen Antike auf Schalen und Knöpfen (Mykene) oder auf Münzen (Lykien, Sizilien). Im MA findet es sich im Wappen der Könige der Insel Man, heute noch im Stadtwappen von Füssen. Während das vierarmige → Hakenkreuz großenteils solar interpretiert wird, denkt man beim T. an eine lunare Beziehung (3 Mondphasen!). [*]

J. Maringer, Das Triskeles in der vor- u. frühgeschichtl. Kunst (Anthropos 74/1979).

**Triumph,** bei den Römern festlicher Einzug des siegreichen Feldherrn, als höchste Ehrung vom Senat bewilligt. Der Triumphator fuhr als Inkarnation des Jupiter auf einem von vier Schimmeln gezogenen Wagen, geschmückt mit dem LORBEERKRANZ (Symbol des Sieges), der im Jupitertempel niedergelegt wurde. Im T.zug wurden Kriegsgefangene und TROPHÄEN (Siegeszeichen, meist in Gestalt erbeuteter Waffen) mitgeführt. In der Kaiserzeit beanspruchte der Kaiser den T. für sich allein, die siegreichen Feldherren mußten sich mit den T.insignien (Ehrengewänder, Lorbeerkranz, Elfenbeinszepter) begnügen. Zu Ehren des Triumphators konnte auch ein T.BOGEN errichtet werden, dessen Reliefschmuck neben Darstellungen der speziellen Ereignisse Bilder der T.symbolik enthält: → Victoria, segnende Gottheiten, → Feldzeichen, Trophäen. Bei den Griechen galt das TROPAION als Siegesmal, zunächst der Ort, wo der Gegner in die Flucht geschlagen wurde, dann ein mit erbeuteten Feindeswaffen behängter Baum oder Pfahl. Römische Kaiser ließen auf Münzen das Tropaion als Siegessymbol darstellen.

In karolingischer Zeit findet der T.BOGEN Eingang in die christliche Kunst. Ein von Einhard der St. Servatius-Kirche zu Maastricht geschenkter goldener T.bogen (um 820/830) wurde als triumphaler Kreuzfuß verstanden. Romanische Kirchenportale wurden in Anlehnung an antike T.bögen errichtet (so in Saint-Gilles-du-Gard). Innerhalb des Kirchengebäudes wird der hohe Bogen zwischen Laienkirche und Chor T.bogen genannt, der bereits in frühchristlicher Zeit oft mit Darstellungen des Triumphes Christi geschmückt wurde (z. B. im Dom zu Parenzo, 532–543). Seit dem 11. Jh. wurde am T.bogen das T.KREUZ angebracht, schon bei Durandus (*Rationale* I 1, 41) *crux triumphalis* bezeichnet – Symbol des Sieges und T.es Christi über den Tod.

Seit der Zeit Konstantins d. Gr. dringen – z. T. dem hellenistischen Herrscherkult nachgeahmte – Triumphalmotive als Bildzeichen für den Sieg der Kirche in die christliche Kunst ein, so das Labarum (konstantinisches → Feldzeichen) und der Thron. Vor allem aber wird das KREUZ zum *tropaion*. Bereits auf Münzen des Theodosius II. (408–450) erscheint in Victorias Hand statt des Tropaion das Kreuz. Ein später dem Kreuz übergehängtes TUCH dürfte auf den Spottmantel der Passion oder auf das Grabtuch Jesu hinweisen, beide in der Bedeutung als Siegeszeichen, wie ja auch die DORNENKRONE als Siegeskranz gedeutet wurde. Savonarola *(Il Trionfo della Croce)* schildert Christus als Triumphator auf einem Wagen, dessen Räder von Aposteln und Glaubenslehrern vorangetrieben werden; in Anlehnung daran malt Tizian in allegorisierender Form den »Triumph des Glaubens«. [Lr]

P. Michaelis, Die Dornenkrönung als T. Christi (Fs. W. Sas-Zaloziecky) 1956; G. Ch. Picard, Les trophées Romains, Paris 1957; V. H. Elbern, Der allegorische T.zug, 1957; H. S. Versnel, Triumphus, Leiden 1970; R. H. Storch, The Trophy and the Cross (Byzantion 40) 1971.

**Trommel.** Den Naturvölkern dient die T. als Signalinstrument, im Kult und in der Magie. In Ostafrika gilt sie bis in das 20. Jh. hinein als Herrschersymbol; dank ihrer Fellbespannung und Fellumwicklung kann sie auch das theriomorphe Urwesen repräsentieren, von dem der Häuptling oder König die Macht übertragen bekam. Zur Inthronisation des Schillukkönigs gehörte, daß er, von einer Kuhhaut umhüllt, auf einem Leopardenfell lag und die Königs-T. umfaßte. In Ruanda führte der König seine Herrschaftsgewalt auf die große Staatstrommel *(kalinga)* zurück, als deren »Diener« er fungierte. Ausgesprochen magische Funktion haben die T.n bei sibirischen und altnordamerikanischen Völkerschaften und bei den in Nordskandinavien lebenden Lappen; die T. soll die Seelenreise des Schamanen ermöglichen (→ Schamanismus). Vielerorts denkt man sich die Schamanen-T. als Reittier auf der Fahrt ins Jenseits, wobei dann der T.schlegel als Peitsche gilt. In der Hand des hinduistischen Gottes Shiva symbolisiert die T. den Pulsschlag der Schöpfung. Beim Tode Buddhas sollen »die Trommeln der Götter« erdröhnt haben; nach einer anderen Überlieferung rührte Buddha »in dieser blinden Welt die Trommel der Unsterblichkeit«. In China wurde der Klang der T. mit dem Rollen des Donners verglichen; in Peking wurde am Neujahrsfest die »Trommel des großen Friedens« geschlagen. [Lr]

H. Wieschhoff, Die afrikan. T.n und ihre außerafrikanischen Beziehungen, 1933; E. Manker, Die lappische Zauber-T., 2 Bde., Stockholm 1938, 1950; E. Emsheimer, Schamanen-T. und T.baum (Ethnos XI/1946); A. Stolz, Schamanen. Ekstase und Jenseitssymbolik, 1988.

**Trompete** → Musikinstrumente

**Troubadours** → Minneallegorie

**Tugenden.** Als Maßstab religiös-sittlichen und philosophisch-ethischen Verhaltens gelten seit dem Altertum die normativ gesetzten Tugenden. Allgemein sind bereits seit Plato, Aristoteles und der Stoa die vier T. Gerechtigkeit *(Iustitia)*, Tapferkeit *(Fortitudo)*, Klugheit *(Prudentia)* und Mäßigung *(Temperantia)* als Kardinalt., von denen die anderen ethischen T. ihren Ausgang nehmen (Cicero), zusammengefaßt. Neutestamentlich sind die drei theologischen T. Glaube *(Fides)*, Liebe *(Charitas)* und Hoffnung *(Spes)*, die gemeinsam mit den Kardinalt. das mal.-christliche T.-System ausmachen. Im MA kann die → Demut *(Humilitas)* den drei theologischen T. als vierte hinzugefügt werden, um dadurch eine zahlenmäßige Gleichheit der Gruppen zu erhalten. Im monastischen Bereich tritt die Keuschheit *(Castitas)* in den Vordergrund.

Im Umkreis höfisch-ritterlichen Lebens des MA entwickeln sich, basierend auf den Kardinalt. und theologischen T., besondere Herrschert. Eine allgemeine T. *(virtus generalis)*, die die Einzelt. in sich vereinigt, kennt das MA in der Gestalt des *miles christianus* (→ Krieg), die Renaissance in derjenigen des Herkules (→ Herakles). Darüber hinaus können die christlichen Gestalten Gott, Christus, Maria als Verkörperungen aller T. verstanden werden.

Die T. und die Möglichkeiten ihrer bildlichen Darstellung sind vielfältig. Die figürlichen T. gehen z. T. auf antike Darstellungen der Musen, Jahreszeiten, Winde etc. zurück; für ihre Personifizierungen im christlichen MA ist die *Psychomachie* des → Prudentius maßgebend bzw. die von Prudentius beeinflußten Darstellungen (Herrad v. Landsberg, *Hortus Deliciarum*), für das 17. Jh. vor allem → Ripas *Iconologia.* Andere Formen der Darstellung sind die allegorische Auslegung der vier PARADIESESFLÜSSE nach 1 *Mos* 2,11 ff. als T. (Ambrosius, *De Paradiso*), der CHERUB mit sechs Flügeln nach Alanus ab Insulis (dies sehr ähnlich dem T.-Baum wie bei Hugo v. St. Victor; hier ist die Wurzel des T.-BAUMS *Humilitas*); der TURM der Weisheit mit den T. als Säulen sowie die T.-LEITER, deren SPROSSEN als T. gedeutet werden, auf denen der von geistlichen Feinden *(Mundus, Caro, Diabolus)* oder Lastern angegriffene Mensch in den Himmel emporsteigt. [AW]

M. Evans, T. (LChrI 4) 1972; A. Katzenellenbogen, Allegories of the Virtues and Vices in Medieval Art (Studies of the Warburg Institute, 10), London 1938, Nachdr. 1968; S. Mähl, Quadriga Virtutum. Die Kardinalt. in der Geistesgesch. der Karolingerzeit, 1969; R. Tuve, Notes on the Virtues and Vices (Journ. Warb. 26 u. 27) 1963, 1964.

**Tür, Tor.** Symbol der Abgrenzung wie auch des Übergangs zwischen zwei verschiedenen Bereichen. Nach altorientalischer Vorstellung haben Himmel und Unterwelt Tore (→ Jenseits). In den Pyramiden findet sich für den Durchgang von der Vorkammer zur Sargkammer öfters die Bezeichnung »Tor der Nut«, also Himmelstor. Die sog. Scheintür in ägyptischen Gräbern und Totentempeln ist Sinnbild für die Verbindung der Lebenden mit den Verstorbenen; man vgl. auch die Türdarstellungen in den Gräbern der → Etrusker. Die Römer hatten einen eigenen Gott des Durchgangs und des Übergangs: → Janus. Als gefährdete Stelle bedürfen die Türen eines besonderen Schutzes: Fabelwesen, Dämonen, theriomorphe Wächter (Babylonien, Indien, christliches MA), apotropäische Inschriften (Antike), Beschmieren mit Blut (*Ex* 12,13 ff.). In Japan ist das durch zwei senkrechte Holzpfeiler und zwei Querbalken gebildete *Torii* Zugang zum und Symbol für den Shinto-Schrein.
Die eschatologische Bedeutung von T. und Pforte zeigt sich besonders im NT; Jesus selbst sagt von sich: »Ich bin die Tür, wer durch mich hineingeht, wird Heil erfahren« (*Joh* 10,7 ff.). Während die törichten Jungfrauen vor verschlossener T. stehen, werden die klugen Jungfrauen mit dem Bräutigam zur (himmlischen) Hochzeit eingelassen (*Mt* 25,1–12). In der Kirchenarchitektur sinnbildet die Pforte den Eingang in den → Himmel. Die mit den Jubeljahren verbundene Eröffnungsweise und Weihe der »hl. Pforte« *(porta sancta)* der Peterskirche zu Rom ist Symbol des wieder offenstehenden Paradieses. Die häufige Darstellung Marias an T.en nimmt Bezug auf ihre Deutung als *porta coeli,* durch die Gottes Sohn in die Welt trat (patristische Auslegung von *Ez* 14,1 ff.). Die T. kann das ganze Haus, die ganze Stadt repräsentieren; die Tore Zions stehen als *pars pro toto* für die Gottesstadt (*Ps* 87,2). Das Berühren der T. oder die Übergabe ihres → Schlüssels ist symbolischer Akt der Besitzergreifung.

[Lr]

W. H. Hudspeth, The cult of the door (Folk-Lore 33/1922); J. Hertel, Die Himmelstore im Veda u. Awesta, 1924; O. Huth, Die Kulttore der Indogermanen (AfR 34/1937); E. H. Haight, Symbolism of the house door in classical poetry, New York 1950; J. Goettmann, La porte de la vie (Bible et Vie Chrétienne 51/1963); J. Bialostocki, The door of death. Survival of a classical motif in sepulchral art (Jb. d. Hamburger Kunstsammlungen 1973); H. Brunner, Die Rolle von T. u. Tor im alten Ägypten (Symbolon N.F. 6/1982).

**Turm,** zum Himmel aufragend ist er Wegweiser, Verbindung zur oberen Welt. Wer auf der Plattform der altmesopotamischen Stufentürme (*zikkurat,* → Babylonier) ankam, hatte den profanen Bereich durchbrochen. Die Pylone (Tortürme) der ägyptischen Tempel wurden mit zwei Göttinnen verglichen, die den Sonnengott emporheben. Das Wort Minarett kommt vom arab. *manāra,* d. h. Lichtort, Leuchtturm. Auf frühchristlichen Grabsteinen ist der Leuchtturm Sinnbild für den himmlischen Hafen, in barocker

Emblematik Zeichen für richtungsweisendes Leben der Christen. In der → Lauretanischen Litanei wird Maria als T. gepriesen, aus Elfenbein ist er Hinweis auf ihre Jungfräulichkeit. Ein T. mit 3 Fenstern ist Attribut der hl. Barbara in Anspielung auf ihre Gefangenschaft. In den Stürmen der Welt ist Gott »ein kraftvoller T. vor dem Feind« (*Ps* 61,4).

Der Bau des T.s zu Babel, der bis zum Himmel reichen sollte (1 *Mos* 11,1–9), wurde zum Symbol des Hochmuts und der Maßlosigkeit; bezeichnenderweise finden sich auch bei anderen Völkern solche »Turmbau-Mythen«; nach einer afrikanischen Überlieferung sollte mittels eines Holzgerüstes der Mond erreicht werden. Der Drang zur Höhe konnte zum Ausdruck mittelalterlichen Jenseitsstrebens (gotische Kirchen), adligen Stolzes (Donjons = Herrentürme französ. Burgen) oder politischer Macht (italien. Renaissancebauten) werden. Das sprachliche Bild »im Elfenbeinturm sitzen« kennzeichnet eine weltferne, hochmütige Haltung (Henry James, *The ivory tower,* 1917). [Lr]

Th. W. Danzel, Symbole, Dämonen u. hl. Türme, 1930; M. Revesz-Alexander, Der T. als Symbol u. Erlebnis, Den Haag 1953; R. Bergmann, Der elfenbeinerne T. in der dt. Literatur (Zs. f. dt. Altertum u. dt. Literatur 92/1964); U. Schmidt, Treppen der Götter, Zeichen der Macht. Das Buch der Türme, 1970; R. Du Mesnil du Buisson, Le mythe de la tour de Babel (L'Ethnographie N.S. 72/1972).

**Typologie.** Der im NT bezeugte Glaube an Christus hat gegenüber dem Anspruch und der Verbindlichkeit der alttestamentlich-jüdischen Überlieferung eine neue Verstehenssituation geschaffen. Eine der verschiedenen Formen der Bezugnahme des NT auf das AT ist die T., die ihrer Intention nach bis in die Gegenwart geschichtlich wirksam geblieben ist. Ihre entwickelteren, über das Verstehen des AT hinausgehenden Ausprägungen seit der frühen Kirche bis in das 18. Jh. sowie der Umfang des in diesem Zeitraum typologisch gedeuteten Überlieferungsgutes sind gegenwärtig noch nicht voll überschaubar.

Das Deutungsschema der T. setzt die Einheit der Offenbarung Gottes in den Geschehnissen des alten und neuen Bundes voraus und setzt die mit der Unterscheidung von ›alt‹ und ›neu‹ gegebene Dialektik in ein Vorstellungsmodell um, nach dem das Alte vom Neuen her und auf dieses hin konzipiert ist. Diese spezif. Zeitvorstellung hebt die T. ab von anderen Konzeptionen, nach denen das Christusgeschehen als die Erfüllung alter Verheißungen und Weissagungen gesehen wird. Die im NT implizit geübte (*Joh* 3, 19; 4 *Mos* 21,9: Erhöhung Jesu und der ehernen Schlange) und an einigen Stellen explizit mit dem Terminus *typos/figura* (1 *Kor* 10,6.11; *Röm* 5,14; 1 *Petr* 3,12) gekennzeichnete Betrachtungsweise wurde in der frühen Kirche und im MA in unterschiedlich fester Bindung an die in der Denkbewegung verwandte → Allegorese innerhalb der Lehre vom mehrfachen Sinn der Schrift zu einer generellen Auslegungsmethode. Die Grundsätze der T. in Bezug auf Deutungsmethode und Gegenstandsbereich sind nur spärlich durch theoretische Zeugnisse belegt; sie lassen sich z. T. der durch Allegorese biblischer Aussagen erschlossenen Legitimation des typologischen Verfahrens und vor allem den Befunden des typologisch gedeuteten Materials entnehmen. Mit ihrer Tendenz zur allgemeinen Denkform entzieht sich die T. einer genaueren Festlegung durch Regeln. Sie stellt (unter Beachtung der heilsgeschichtl. Zeitenfolge) einen Akt schöpferischer Sinngebung vornehmlich von Vergangenem *(tempus ante legem, sub lege)* aus einer Gegenwart dar, deren Überlegenheit auf der durch Christus herbeigeführten Zeitenwende *(sub gratia)* gründet. Von der auf *imitatio* beruhenden Vergleichung von Personen mit mustergültigen Gestalten der Vergangenheit unterscheidet sich die T. darin, daß das zeitlich frühere Geschehen *(typus, praefiguratio)* als eine unvollkommen vorwegnehmende ›Nachahmung‹ eines späteren Geschehens *(antitypus)* gesehen wird.

Als Deutungsmethode setzt die T. in der Zeit getrennte Geschehnisse, Personen und Institutionen nach dem Prinzip der Entsprechung und vergleichenden Unterscheidung derart in einen Sinnbezug der Steigerung, daß das frühere und spätere Geschehen sich wechselseitig bedeuten: der → Typus ist vom Antitypus geprägt, der Antitypus wird vom Typus geformt. Der Hauptbestand der innerhalb der Bibel zwischen dem AT und NT gefundenen typologischen Beziehungen bezieht sich auf die Stationen des Lebensweges Jesu (Geburt, Kreuzigung, Auferstehung), daneben auf die Gottesmutter Maria, die Apostel und das Jüngste Gericht. Insofern die mit Christus angebrochene Zeit *sub gratia* sich in der Kirche fortsetzt, erstreckt sich der Antitypus zu den alttestamentlichen Typen auch in die nachbiblische Geschichte hinein (christl. Herrscher wie die Kaiser Konstantin und Karl d. Gr. sind Antitypen zu den Königen Salomo und David).

Mit der christlichen Anverwandlung der platonischen Urbild-Abbild-Spekulation in Verbindung mit der noch ausstehenden Verwirklichung des Gottesreiches ließ sich die typologische Denkform transponieren auf die gegenwärtig-irdische Weltzeit der Kirche und ihre zukünftige himmlische Vollendung. In dieser Variante der biblisch-geschichtlichen T., die sich der anagogischen Bedeutungsdimension des vierfachen Schriftsinns zuordnen ließe, kann der Antitypus selbst zum Typus von Kommendem werden. Einen derartig ineinander greifenden typologischen Dreischritt sieht → Honorius Augustodunensis *(Gemma animae)* in der Stufenfolge des liturgischen Gesangs im jüdischen, christlichen und himmlischen Gottesdienst. Wie der Antitypus dem alttestamentlichen Typus der nachbiblischen Geschichte angehören kann, kann auch der Typus zu einem neutestamentlichen Antitypus außerhalb des AT in der Geschichte der heidnisch-vorchristlichen Antike liegen (Sokrates oder → Orpheus präfigurieren Christus). Diese Formen der Ausweitung der T. auf die an die Bibel angrenzenden Geschichtsräume nennt F. Ohly halbbiblische T., wenn ein Pol außerhalb der Bibel liegt; außerbiblische T., wenn heidnisch-antike und nachbiblische Zeit durch das Sinnzentrum in Christus miteinander verbunden werden (epische Dichter in typolog. Verhältnis: Vergil und Juvencus; alle Beispiele nach Ohly).

Das originäre Feld der T. ist die Bibelexegese (→ Hermeneutik).

Hier fungiert sie als geschichtsbezogenes Deutungsprinzip. Für die hiervon abzuhebende Darstellung typologisch gedeuteter Inhalte durch das Mittel der Sprache oder des Bildes wird die T. für den Leser oder Betrachter zu einem Verstehensprinzip, für den Darstellenden im Hinblick auf die Anordnung der Aussageinhalte zu einer Schaffenskategorie. Der Sitz im Leben für die Aktualisierung typologischer Sinnbezüge ist im MA vielfach die → Liturgie. Antitypisch interpretierte Personen der nachbibl. Zeit sind dargestellt in der Heiligenlegende, in verschiedenen Gattungen der Geschichtsschreibung und der ihr nahestehenden Dichtung. Die typologische Bildkunst seit der frühchristlichen Zeit erreicht ihren Höhepunkt in großen Bilderzyklen des hohen und späten MA (Klosterneuburger Altar, Speculum humanae salvationis, Biblia pauperum, Bible moralisée, Pictor in carmine, Concordantia caritatis). [Sp]

L. Goppelt, Typos. Die t.e Deutg. d. AT im Neuen, 1939 (Neudr. 1969); J. Daniélou, Sacramentum futuri, 1950; R. Bultmann, Urspr. u. Sinn d. T. als hermeneut. Methode (Theol. Lit.zeitschr. 75), 1950; G. v. Rad, T.e Ausleg. des AT (Vergegenwärtig., Aufs. z. Ausleg. d. AT), 1955; E. Auerbach, T.e Motive in d. mal. Lit., 1953; H. de Lubac, ›Typologie‹ et ›allegorisme‹ (Recherches de science relig. 34), 1957; J. Barr, Alt u. Neu in d. bibl. Überliefer. (engl. 1966), 1970; K. A. Nowotny, Wandlungen d. T. in d. Frührenaiss. (Miscellanea Mediaevalia 6), 1969; H. Höfer, T. im MA. Zur Übertragbarkeit t.er Interpret. auf welt. Dichtg., 1971; F. Bloch, T. (LChrI 4) 1972; P. Jentzmik, Zu Möglichkeiten u. Grenzen t.er Exegese in mal. Predigt u. Dichtg., 1973; J. A. Galdon, Typology and 17th Lit., 1975; H. Fromm/W. Harms/U. Ruberg (Hg.), Verbum et Signum, 1975 (Reg.); F. Ohly, Halbbibl. u. außerbibl. T. (1975), jetzt: Schriften zur mal. Bedeutungsforsch., 1977.

**Typus/Typos** (griech. *typto* = schlagen), zunächst die Grundform, in der Philosophie seit der Antike die dem Einzelnen zugrunde liegende urbildliche Gestalt. Theologisch ist der T. die über den Literalsinn hinausführende Bewertung von alttestamentlichen Personen und Ereignissen als Urbilder (Typen) neutestamentlicher Erfüllungen. So wird Adam von Paulus (*Röm* 5,12) als T. Christi bezeichnet; in der Geschichte von Jonas erkennt Jesus einen T. seiner eigenen Auferstehung (*Mt* 12,40). Die in die bildende Kunst übertragene → Typologie setzt die Vorstellung einer Heilsgeschichte aus beiden Testamenten voraus, wobei das AT die Ankündigung des NT ist; man vgl. z. B. die Zuordnung von → Propheten und → Aposteln. Typos kann im alltäglichen Sprachgebrauch ganz einfach das Vorbild bezeichnen, dann ist Christus der T. des Lehrers, Priesters, Königs; Prometheus der T. des sich gegen die Götter auflehnenden (Über)Menschen; Siegfried der T. des germanischen Helden schlechthin. [*]

Zur Literatur vgl. → Typologie.

**Uhr.** Schon in vorchristlicher Zeit versuchte der Mensch, die Zeit zu messen; Sonne und Mond waren die ältesten Zeitmesser. Der »Turm der Winde« in Athen (75 v. Chr.) enthielt u. a. eine Wasseruhr, die mit Sternkarte und einem Sonnenmodell verbunden war. Die Zeit wurde als kosmische Größe erlebt, und noch heute verbirgt sich hinter der Zwölfteilung des Zifferblattes unserer Uhren der von der Sonne durchlaufene Tierkreis mit den zwölf Sternbildern. In das Altertum zurück geht auch die Sanduhr, die als *memoria temporis* verwendet wurde, Symbol der unentrinnbar dahinfließenden Zeit, der Vergänglichkeit und des Todes. In Albrecht Dürers Kupferstich »Ritter, Tod und Teufel« gemahnt die Sanduhr an die verrinnende Zeit. Die Sanduhr kann weiterhin ein Symbol der Beständigkeit und der Mäßigkeit sein, Attribut des Büßers Hieronymus. Bei E. A. Poe *(Tales of Mystery and Imagination)* begleitet der Klang einer Pendeluhr die tanzenden Gäste in den Tod. Ernst Jünger vergleicht das Pendel mit der scharfen Sichel des → Chronos. Auf Marc Chagalls Bildern erscheinen Uhren als archetypische Motive; fast meint man, daß ihre Pendelschläge das Hereinbrechen der Ewigkeit andeuten sollen. Vgl. auch die Uhren bei → Dali. [Lr]

H. H. Davis, The horologium and symbolism (The classical world 1956); H. Blumenberg, Paradigmen zu einer Metaphorologie (Archiv f. Begriffsgesch. 6/1960 – u. a. zum Uhrwerk); R. V. Cristaldi, L'orologio di Agostino (Quaderni catanesi di studi classici e medievali VII/ 1985).

**Umgang.** Dem Umgehen, Umtanzen, Umreiten kann apotropäische wie auch kathartische Wirkung zugeschrieben werden. Die durch das Umkreisen errichtete unsichtbare Mauer kann die Funktion eines Schutzwalles oder eines Bannkreises haben. Bei Etruskern und Römern gehörte das Umkreisen des Baugrundes zu den Zeremonien der Stadtgründung. Nach alten germanischen Rechtsbräuchen wurde ein Stück Land durch Umkreisung in Besitz genommen; die isländische Saga-Literatur erwähnt in diesem Zusammenhang ausdrücklich das Umschreiten oder Umreiten in (der glückbringenden) Sonnenrichtung. Ebenso ist in den indisch-buddhistischen Religionen die rechtsläufige *circumambulatio* als glückbringend üblich, während das Umkreisen nach links Unheil bringt. Der sakrale U. dürfte ursprünglich bewußt als Nachahmung der Bewegungen von Sonne und Sternen verstanden worden sein. Im japanischen Mythos spielt das Umwandeln des Himmelspfeilers eine kosmogonische Rolle. Auf der Insel Ceylon umfurchte bei einer Klostergründung der König mit goldenem Pflug den Bezirk. Beim altrömischen Fest der Ackerweihe (Ambarvalien) fand ein dreimalgier Flur-U. statt; hier ist weiter an die Umfahrt eines von Kühen gezogenen Wagens der germanischen Göttin Nerthus zu erinnern und – wenn auch in anderem Bedeutungszusammenhang – an die in katholischen Gegenden mit der Segnung der Fluren verbundenen Prozessionen. Bei dem Umwandeln der Götterbilder und Altäre wollten die Umkreisenden die von der hl. Mitte ausgehenden Segenskraft auf sich übertragen. Zur Pilgerfahrt nach Mekka gehört der siebenmalige U. *(Tawāf)* um die Kaaba. Um sich vor dem Tabu des Toten zu schützen, wurde in Griechenland der Grabhügel umkreist. Zum indischen Bestattungsritus gehört das dreimalige Umschreiten des Scheiterhaufens. Alter böhmischer Brauch ist es, mit einer Kerze dreimal um das Bett des Sterbenden zu gehen. [Lr]

E. Fr. Knuchel, Die Umwandlung in Kult, Magie u. Rechtsbrauch, 1919; O. Fischer, Chuan-Chou. Die Magie der Umkreisung (Artibus Asiae 4/1934); G. Müller, Der Umritt. Seine Stellung im dt. Brauchtum, 1941; G. Schierghofer, Tradition u. Sage beim Umrittsbrauchtum (Bayerisches Jb. f. Volkskunde

1953); N. Naumann, Das Umwandeln des Himmelspfeilers. Ein japan. Mythos, Tokyo 1971.

**Unabhängigkeitssymbole** – meistens auf → Wappen, Flaggen, Münzbildern und Briefmarken angebracht. Im spät-mal. Europa wurde das imperiale Herrschaftssymbol des Adlers von den aufstrebenden Städten in ein U. umgewandelt. Die Reichsstädte brachten den ADLER als Zeichen ihrer Reichsunmittelbarkeit an Türmen und Toren, in Wappen und Siegeln an; noch heute ist der Adler das Wappentier zahlreicher Städte (u. a. Aachen, Genf, Goslar, Lübeck, Nimwegen).
Eigentlich sind alle → Staatssymbole auch Symbole der Unabhängigkeit, der Souveränität. Manchmal sind die zur Darstellung gebrachten Symbole ein bewußter Rückgriff auf eine ruhmvolle Vergangenheit. So wurde das altjüdische Symbol des SIEBENARMIGEN LEUCHTERS *(Menora)* zum Staatsemblem Israels, das Hoheitszeichen der Republik Indien stellt das von Kaiser Açoka (272–237 v. Chr.) zu Sarnath errichtete Löwenkapitell dar, und der eine Schlange tötende Adler auf dem NOPALKAKTUS in Wappen und Flagge Mexikos erinnert an die Gründung des Aztekenreiches und ihrer Hauptstadt Tenochtitlan (d. i. »der Ort, wo der Nopalkaktus auf dem Felsen steht«).
Astrale Symbole (Sonne, Halbmond, Stern) dürften ursprünglich die Bedeutung des himmlischen Schutzes und damit Unabhängigkeit von anderen irdischen Mächten gehabt haben. Der HALBMOND wurde von Sultan Selim I. (1512–1520) zum türkischen Hoheitszeichen erhoben und findet sich heute zusammen mit dem Stern in den Flaggen mehrerer islamischer Staaten (z. B. Pakistan, Tunesien). In Afrika drückt der schwarze STERN den Selbstbehauptungswillen der schwarzen Rasse aus und erscheint in der Nationalflagge von Ghana, der Parteifahne der Bechuanaland People's Party in Südafrika und im Freiheitskampf einiger Guerilla-Organisationen (z. B. der Partido Africano da Independencia da Guiné e Cabo Verde).
Länder, die nach jahrhundertelanger Fremdherrschaft ihre Unabhängigkeit erlangten, drücken diese oft in bestimmten Symbolen aus: das argentinische Wappen (seit 1813) führt die rote FREIHEITSMÜTZE auf brauner Stange; philippinische Aufständische erklärten 1898 die SONNE zu ihrem Emblem, seit 1920 in der Nationalflagge und ausdrücklich als Freiheitssonne bezeichnet; das aus britischer Herrschaft entlassene Tanganjika – heute mit Sansibar vereint: Tansania – hat die FACKEL im Wappen, zusammen mit dem Wort *Uhuru* (d. h. Freiheit) erschien die Fackel auf sämtlichen zum Tag der Unabhängigkeitserklärung herausgegebenen Briefmarken. → Freiheit [Lr]

**Unbewußtes.** In der → Psychoanalyse wird das U. als Ort der verdrängten Triebtendenzen aufgefaßt, es ist das Sammelbecken des Infantilen und Primitiv-Archaischen, aber immer mit dem Individuum verbunden. Die aus dem U. aufsteigende → Traumsymbolik offenbart verborgene, nicht bewußt eingestandene Wünsche, deshalb finden sich (nach S. Freud) in den Träumen so viele Sexualsymbole.

C. G. Jung erblickt im U. die Wurzeln des Bewußtseins und unterscheidet zwischen einem an die Person gebundenen U. und einem kollektiven U., in dem die Urerfahrungen der Menschheit ihren Niederschlag gefunden haben. Strukturelemente des kollektiven U. sind die → Archetypen, die in ihrer urtümlichen Symbolik menschliche Grundsituationen wiedergeben, → Jung weist wiederholt auf den weiblichen Charakter des kollektiven U., das in Traum und Mythos im Archetyp der MUTTER (oder in das Mütterliche anzeigenden Symbolen, z. B. das MEER) erscheint, während der VATER das kollektive Bewußtsein, den traditionellen Geist repräsentiert.

Nicht nur in → Traum, → Märchen und → Mythos äußern sich die Bilder des U., auch in Dichtung und bildender Kunst lassen sie sich nachweisen. Gerade die phantastische Kunst – mit ihren Merkmalen des Absurden, Irrationalen, Abgründigen, Traumhaften – artikuliert und symbolisiert Triebe, Wünsche und Ängste, die sonst die Bewußtseinsschwelle oft kaum überschreiten. Die imaginären Gefängnisse *(Carceri)* des italienischen Kupferstechers Piranesi (1720–1778) erscheinen selbst als eine Art Symbol für das U. Die symbolträchtigen Werke eines → Hieronymus Bosch oder die der → Surrealisten entsprangen weniger dem Verstand und der Erfahrung als vielmehr dem U., dem tiefsten Inneren der Seele. [Lr]

E. Neumann, Ursprungsgesch. d. Bewußtseins, 1949; M. E. Harding, Psychic energy: its source and its transformation, New York 1963; C. G. Jung/M.-L. v. Franz (u. a.), Man and his Symbols, London 1964 (dt. 1968); C. G. Jung, Die Dynamik des U., 1967; J. Jacobi, Vom Bilderreich d. Seele, 1969; H. F. Ellenberger, Die Entdeckung d. U., 1973.

**Unsterblichkeit** → Ewiges Leben

**Unterwelt** → Jenseits

**Unterweltsbücher,** in Text und Bild kommentierte Darstellungen der Unterwelt (→ Jenseits) in den Königsgräbern des ägyptischen »Neuen Reichs« (1500–1000 v. Chr.). Das älteste »Buch« dieser Art, die *Schrift der verborgenen Kammer* (= Sargkammer) oder *Amduat* (ägypt. »Was in der Unterwelt ist« nach dem Titel einer späteren Kurzfassung) gibt in 12 Abteilungen (= 12 Nachtstunden) eine Darstellung der Fahrt des Sonnengottes in Begleitung von 8 Gottheiten durch die Unterwelt, deren Bewohner, Götter und Verklärte, sich bei seinem Nahen beleben und ihn begrüßen.

Nach der Amarnarevolution tritt eine jüngere Komposition daneben; die Nachtstundenbereiche sind durch PFORTEN markiert, die von feuerspeienden Schlangen bewacht sind (daher die Bezeichnung *Pfortenbuch*). Darüberhinaus unterscheidet sich dieses »Buch« in folgenden Punkten vom *Amduat*: 1. die Mannschaft der Barke ist auf 3 Götter reduziert, den Sonnengott und 2 Begleiter, Hu und Sia, deren Namen »Ausspruch« und »Erkenntnis« bedeuten und die hypostasierte Eigenschaften des Sonnengottes darstellen, sodaß er im Grunde allein die Unterwelt durchfährt; 2. die Vielzahl (im ganzen 908!) mit Namen benannter Einzelgötter ist aufgegeben. Statt dessen finden sich Gruppen, deren Bezeichnungen oft eher auf Menschen als auf Götter verweisen; 3. die Einführung einer Szene des → Totengerichts zwischen der 5. und 6. Stunde.

Das etwas jüngere *Höhlenbuch*

teilt die Unterwelt in 6 Abschnitte ein; der Sonnengott durchfährt sie nicht zu Schiff, sondern tritt ihnen schreitend gegenüber. Hier und in dem vierten Buch, der *création du disque solaire* (Piankoff) oder *Buch von der Erde* (Hornung) spielt die Sonne als SCHEIBE eine hervorragende Rolle, worin man gern einen Nachklang der Amarnareligion erblickt.

Die U. sind ebenso wie die *Pyramidentexte* im Alten Reich exklusiv königliche Totentexte. Sie vergegenwärtigen dem toten König die geheimnisvollen Vorgänge, die den Sonnengott (→ Re) bei seinem *descensus ad inferos* zur Wiedergeburt am Morgen führen, und lassen ihn dadurch an ihnen teilhaben im Sinne einer esoterischen Einweihungsliteratur, die nicht für profane Augen bestimmt war. Die U. sind aber mehr als nur königl. Totenliteratur: sie tragen auch die Kennzeichen einer ritualistischen Kosmographie, d. h. einer Kosmographie voller Bezüge auf die rituelle In-Gang-Haltung der beschriebenen kosmischen Vorgänge. [JA]

A. Piankoff/N. Rambova, The Tomb of Ramesses VI (Bollingen Ser. XL. 1) 1954; E. Hornung, Altägypt. Höllenvorst. (Abh. sächs. Ak. d. Wiss. Leipzig 59.3) 1968; ders., Das Amduat. Die Schrift des verborgenen Raumes (Ägypt. Abh. 7 und 13) 1963–1967; H. Altenmüller (in: Handb. d. Oriental. 1. Abt., Bd. 1,1. Lit.) ²1970; E. Hornung, Ägypt. U., 1972.

**Unterweltsgötter.** Im indoeuropäischen Bereich gibt es ursprünglich keine U.; wo sich die Vorstellung eines Totenreichs bildet, wird es im WESTEN, wo die Sonne untergeht, im Dunklen, jenseits des Ozeans gedacht (→ Jenseits). Bei den Griechen verschmilzt diese Totenwelt, zu der Odysseus am Rande des westlichen Ozeans landet, mit einer im Erdinnern liegenden Unterwelt, die von Strömen (Styx, Acheron, Kokytos) umflossen ist, über die Charon die Toten übersetzen muß. Fürst der Unterwelt mit ihren schattenhaften Toten ist Hades, der aber passiv bleibt, reine Personifikation des Totenreichs. Mit dieser Hadesvorstellung der einwandernden Griechen verschmilzt ein bodenständiger Kult von Pluton, dem Gott der Unterwelt und des Reichtums, der in unterirdischen Vorratsräumen gelagerten Getreidevorräte, und → Persephone als Unterweltsherrscherin und Fruchtbarkeitsgöttin, aber auch Abbild der Vegetation. Im Gegensatz zu Hades, Herr im Schattenreich, hatte Pluton Kulte, denn man erhofft von ihm Erntesegen. Ebenso wurde Persephone zusammen mit ihrer Mutter → Demeter in Aussaatkulten verehrt (in Rom Pluto und Proserpina). Dieser Fruchtbarkeitsaspekt gab den U. einen anderen Sinn. Die Unterwelt rückt näher als fruchtbringende Erde und kann auch den Totenglauben wandeln. Im Gegensatz zu den Totenschatten im Hades kommt der Heroenkult auf für besondere Tote, die weiter im Grabe leben und als solche die alten Totenopfer empfangen, vor allem Speiseopfer, die durch ein Loch ins Grab oder in eine Grube geschüttet werden. Man opfert ihnen aber regelmäßig, weil man Hilfe von ihnen erwartet und erhält.

Diese Wandlung der griechischen U. ist verursacht von einer Kultwelle, die vom Südosten nach Nordwesten durch Europa läuft als agrarischer Kult eines Götterpaares, einer → Muttergottheit und einer Sterben und Auferstehen der Vegetation wiederspiegelnden

Gottheit. Bei den Festlandgermanen taucht sie im Kult der → Nerthus auf, bei den Nordgermanen im Kult des Geschwister- und Ehepaares Freyr und Freyja, deren Charakter als U. nicht mehr deutlich wird. Zeitweiliges VERSCHWINDEN (Tod der Vegetation) und Wiederkehr wie bei Persephone findet sich im Nerthuskult wie im Tod von Freyr/Frodi und erinnert an den Tod von Tammuz (→ Dumuzi), Attis, → Adonis. Auch im germanischen Bereich werden die Toten in diesen Fruchtbarkeitskult deutlich einbezogen. Hierher gehört das als Wildes oder Wütendes Heer bezeichnete Totenheer, hierher vor allem die relikthaft bis heute erhaltenen MASKENbräuche. In den Zwölften, der Totenwiederkehrzeit am Jahresende, durfte die junge unverheiratete Mannschaft maskiert die toten Ahnen darstellen und stellvertretend für die Toten im Maskentreiben und Springen auf den Feldern die Fruchtbarkeit hervorrufen. Die für solches Maskentreiben genannten Führerinnen Bercht, Holda usw. sind nicht authentische Namen für die hinter diesem Brauch stehenden U. Eine sehr urtümliche Erscheinungsweise solcher Maskierten mit unterirdischen Gemächern mit Kornvorräten, Hölle genannt, wurde noch 1691 in Livland bei einem Prozeß festgestellt.

Bei den Nordgermanen heißt die Göttin des ursprünglichen Totenreichs Hel; das ist bloße Personifikation des die Toten hehlenden Bereiches. Hel bleibt in den erhaltenen Dichtungen völlig blaß wie Hades. Bei den Festlandgermanen gab es wohl diese Personifikation nicht; denn hier konnte das Wort *hellja* = Hölle zur Bezeichnung der christlichen Unterwelt werden. Zuerst ist die Bezeichnung neutral. Im althochdeutschen Glaubensbekenntnis steigt Christus nach seinem Tod *nidhar zi helliu* d. h. zu den Toten. → Hölle wird dann zum Totenreich der Bösen und Ort körperlicher Qualen. Die Teufel, eigentlich gefallene Engel, avanzieren zu U. Im mittelalterlichen Osterspiel bricht Christus die Pforte der Hölle und führt Adam, Eva und die Altväter aus der Unterwelt in die Überwelt (Paradies), während die Teufel sie schleunigst mit Sündern aufzufüllen suchen. So stoßen hier vorchristliches Totenreich und christliche Höllenvorstellung zusammen. [Ro]

V. Waschnitius, Perht, Holda u. verwandte Gestalten, 1913; K. Meuli, Maske, Maskereien (HdA 5) 1932; O. Höfler, Kult. Geheimbünde d. Germ., Bd. 1, 1934; M. P. Nilsson, Gesch. d. griech. Rel., 1941; J. de Vries, Altgerm. Religionsgesch., [2]1956/57; H. Rosenfeld, Kultur d. Germ. (Abriß d. Gesch. antiker Randkulturen) 1961.

**Urbild.** Nach altorientalischem Glauben ist ein und dieselbe Wirklichkeit im Himmel und auf Erden, oben im Urbild, unten im Abbild gemäß dem Wort: »Was oben ist, ist unten.« Das U. ist nichts von Menschen Erdachtes; es ist eine von der Gottheit in der Urzeit geschaffene Realität. So errichteten die Götter in der Urzeit STÄDTE und TEMPEL als ihre Wohnungen auf dem Himmelsdamm, U.er der irdischen Städte und Tempel. Damit aber auf Erden ein Abbild des U.es werde, muß das U. dem Menschen von einem Gott in seiner Form und seinen Maßen enthüllt werden. Das Abbild ist zugleich auch kosmisch orientiert, Abbild auch des Kosmos.

Diese Vorstellung ist lebendig in Israel, nur ist sie hier dem Offenbarungsglauben eingefügt. Jahwe zeigt Mose und Salomon das himmlische HEILIGTUM, von Urbeginn bei ihm bereitet, damit sie ein irdisches Abbild erstellen können (2 *Mos* 25,8f., 40; *Weish* 9,8). Die jüdische Apokalyptik und die Rabbiner bauen diese Vorstellung weiter aus: »So wie droben, ist es auch auf Erden; denn das Abbild dessen, was droben ist, ist hier auf Erden«. Vor allem gilt das von JERUSALEM, von seinem TEMPEL und dem ganzen SIONSBERG. Im Himmel ist die Stadt urbildlich erbaut, um sich als Genossin jener auf Erden zu gesellen. – Dasselbe urbildlich-abbildliche Denken durchstimmt die neutestamentlichen Schriften, durchgängig im *Hebräerbrief*. Sie enthüllen zugleich das U. der alttestamentlichen Abbilder, nämlich den Christus mit seiner → Ekklesia. Er – dieser Christusleib – ist das nicht von Menschenhand vor aller Zeit als U. erbaute HEILIGTUM, die STADT, deren Bauherr Gott ist. Zu diesem urbildlichen Heiligtum haben nach *Hebr* 10,19–22 die Christen im Kult Zugang, weil das Oben sich dem Unten eint.

In der → Patristik verbindet sich die biblische Vorstellung teilweise mit der Ideenlehre → Platons, aber unter Wahrung des biblischen Realismus. Architektonisch findet die U.-Abbild-Vorstellung bis in die Gotik hinein ihren Ausdruck in der Anlage der Kirchen, die als Abbilder der himmlischen Gottesstadt gelten und zugleich des kosmischen Tempels. Noch heute erlebt der orientalische Christ seine Kirche und seine → Liturgie als Zugang zu den urbildlichen Bereichen. In der römischen Liturgie hat sich die alte Vorstellung erhalten im Bildwort vom »himmlischen ALTAR« des ersten Hochgebetes und in liturgischen Texten von der Kirchweihe (himmlisches JERUSALEM). In der Philosophie erfährt U. eine Abwandlung zum Seelischen hin, so schon bei → Philo, erst recht in der Tiefenpsychologie (→ Archetyp). [ThS]

A. Jeremias, Hdb. der oriental. Geisteskultur, ²1929; Ders., Das AT im Lichte des A. Orients, 1930; A. Hackl, Der Kirchenbau als Symbol (J. Tyciak, G. Wunderle, P. Werhun [Hrsg.], Der christl. Osten) 1939, 245–258; Ders., Gestalt u. Symbolik des morgenländ. Gotteshauses (P. Krüger – J. Tyciak, Morgenländ. Christentum) 1940; J. Daniélou, Le signe du temple, 1942; Y.-M. J. Congar, Das Mysterium des Tempels, o. J., O. Fröbe-Kapteyn (Hg.), Aus der Welt der U.er. Eranos-Jb. XVIII, 1950; H. Bietenhard, Die himml. Welt im Urchristentum u. Spätjudentum, 1951; Fr. J. Schierse, Verheißung u. Heilsvollendung, 1955; J. B. Lotz, Das relig. Geheimnis der Stadt, 1958; M. Eliade, Das Hl. u. das Profane, 1957; Th. Schneider, Bauen als Heilstun (Leb. Zeugnis), 1961; A. Closs, U. – Abbild – Sinnbild. Stud. zur Symbolforschung (Forsch. u. Fortschr.), 1969; F. Mahr, U.er, Bausteine für Meditation, 1975.

**Urmensch.** In der Sprache des Mythos ist der U. vollkommen, eine → Ganzheit, auch in geschlechtlichem Sinne (→ Androgynität). Verschiedentlich wird dem U.en eine KUGELgestalt als Symbol seiner Vollkommenheit zugeschrieben, z. B. in Platons *Symposion*.

Im *Rigveda* wird die Einheit des Universums, seine Harmonie, damit erklärt, daß es durch die Opferung und Zerstückelung des U.en Purusha entstanden sei: HAUPT = Himmel, AUGE = Sonne, ATEM = Wind, FÜSSE = Erde (zu Purusha vgl. auch → Hinduismus). Die Edda (*Grimnirlied* 40) berichtet, wie aus dem Urriesen Ymir die Welt geschaffen wurde: HIRNSCHALE = Himmel, BLUT = Meer, KNOCHEN = Gebirge, FLEISCH = Erde, HAAR = Bäume. Beim Tod des Gayomard (persische Tradition) wurden aus seinem Körper die 7 Metalle (in Korrespondenz zu den 7 Planeten), die Seele wurde zu GOLD; aus seinem Samen wuchs eine Staude mit dem ersten Menschenpaar als Knospen. Auch der U. der chinesischen Überlieferung paßt in das Weltschema des → Makro-Mikrokosmos; Panku wurde aus dem Chaos der 5 Grundelemente geboren, aus seinem verwesenden Körper entstanden alle Dinge: KOPF = Berge, AUGEN = Sonne und Mond, ATEM = Wind, SCHWEISS = Regen, BLUT = Flüsse. Nach dem *Talmud* wurden zur Erschaffung Adams Teile aus aller Welt genommen. Altchristliche Etymologie, bes. aber gnostische Spekulation erblickte im Namen Adam die griechisch aufgefaßten Anfangsbuchstaben der 4 WELTGEGENDEN: *anatolé, dysis, arktos, mesembria.* Bei den Transbaikal-Tungusen erscheint der U. zusammengesetzt aus Eisen vom Osten, Wasser vom Westen, Feuer vom Süden und Erde vom Norden.

Bei zahlreichen Naturvölkern wird der Stammvater zum U.en und verschwimmt sogar mit der Gottheit (z. B. Unkulunkulu bei den Zulu). Mit dem U.en verbunden findet sich auch die Vorstellung des URKÖNIGS. Der iranische U. Xima ist zugleich Kosmoskönig; er ist in einem Feuerpfeiler als ein BLITZ vom Himmel geboren = Symbol seiner göttlichen Herkunft. Als Yima gelogen hatte, verließ ihn das Xvarnah, der »Glücksglanz«. Vor ihrem Sündenfall waren Adam und Eva vom LICHT der Herrlichkeit Gottes umkleidet. Die Eschatologisierung des U.-Themas läßt den ersten Menschen Gayomard zum ersten Auferstandenen in einer neuen Welt werden; man vgl. auch die Bezeichnung Christi als zweiten → Adam. [Lr]

A. Christensen, Les types du premier Homme et du premier Roi dans l'histoire légendaire des Iraniens, I–II, Leiden–Upsala 1917–1934; G. Quispel, Der gnost. Anthropos u. d. jüd. Tradition (Eranos-Jb. 22) 1953; E. Benz, Adam, der Mythus vom U.en, 1955; K. Brandenburger, Adam u. Christus, 1962; Hoang-sy-Quy, Le Mythe indien de l'Homme cosmique (Revue de l'histoire des religions) 1969.

**Uroboros** (griech. *oura = Schweif, boros = verschlingend),* sich in den Schwanz beißende Schlange. Vor allem Symbol der → Ewigkeit: auf altägyptischen Särgen, in der Gnosis, in der Emblematik und in esoterischen Bünden (Freimaurer, Theosophen); auch → alchemistisches Symbol der sich wandelnden Materie. Als U. erscheint der ringförmige Ozean im Mythos westafrikan. Stämme und bei den Germanen (die Midgardschlange als *jörmungard* = Erdumgürterin). Der U. kann auch ein Bild dessen sein, was vor der Schöpfung war, als die Gegensätze noch nicht unterschieden waren, im kosmischen wie im psychischen Sinne ein Symol des Ursprungs. Bei Horapollo (*selecta hieroglyphica,* 1597) wird der die Gegensätze (Sonne und Mond) vereinigende U. als ringförmig gebogener Vogel mit dem Unterkörper einer Schlange dargestellt. [Lr]

K. Preisendanz, Aus der Geschichte des U. (Brauch u. Sinnbild, Fs. E. Fehrle), 1940; W. Kemp, U. (LChrI 4) 1972.

**Urzeit** → Paradies

**Utopie** (griech. *ou topos,* »nicht Ort«, Nirgendland), ein Zustand, den es in Wirklichkeit nicht gibt, der als idealisierte Wunschvorstellung in die Zukunft hineinprojiziert wird. U. ist der »Traum von der wahren und gerechten Lebensordnung« (M. Horkheimer) und findet sich als zeitkritische Denkform bereits in Platons Entwurf eines Idealstaates *(Politeia)* und mit gewissen Einschränkungen auch im Chiliasmus, dem Glauben, daß Christus noch vor der Endzeit ein Tausendjähriges Reich des Friedens errichten werde. Die von zahlreichen Symbolen ausgeschmückte Hoffnung auf eine bessere Zukunft erhielt bei Thomas Morus *Utopia* (1516) Modellcharakter; er verlegte seinen Idealstaat auf eine Insel in der sichelförmigen Gestalt des aufgehenden Mondes. Campanellas von magisch-hermetischer Tradition beeinflußter Sonnenstaat (*Civitas solis,* 1623) wurde Vorbild für den Jesuitenstaat in Paraguay. Während der → Mythos ein Rückgriff auf die archaische Zeit ist (*in illo tempore* nach Mircea Eliade), entspricht die U. einer zukunftsorientierten Illusion; mythisches Denken hat eine zyklische Zeitvorstellung, utopisches Denken eine lineare (nach Molnar). Beiden eigen sind die Bilder und Symbole vom Goldenen Zeitalter (→ Weltalter) und vom → Paradies. Neben dem biblischen Garten Eden wird das antike Arkadien oder schließlich eine exotische Südseeinsel (→ Insel) zur utopischen Landschaft, in der die Menschen in Freiheit und ohne Sünden leben können. Utopische Züge finden sich in der märchenhaften Lügendichtung vom Schlaraffenland, in dem Milch und Honig fließen, aber auch in der Science Fiction-Literatur, deren Symbolsprache (soweit man von einer solchen sprechen kann!) durch die Technik determiniert ist. [Lr]

H. Freyer, Die polit. Insel. Gesch. d. U.n von Platon bis zur Gegenwart, 1936; G. Neeße, Symbol u. U. in der Staatsverfassung (Antaios 1/1960); C. Walsh, From utopia to nightmare, London 1972; W. Kamlah, U., Eschatologie, Geschichtsteleologie, 1969; M. Werner-Fädler, Das Arkadienbild u. der Mythos der gold. Zeit in der französ. Literatur des 17. u. 18. Jhs., 1972; Th. Molnar, Mythos u. U. (Scheidewege 3/1973); M. Winter, Compendium utopiarum. Typologie u. Bibliographie literar. U.n, 1978; Kl. H. Börner, Auf der Suche nach dem irdischen Paradies. Zur Ikonographie der georgr. U., 1984.

**Vanitas,** Eitelkeit, Nichtigkeit, auch Vergänglichkeit. In enger Verbindung zum *contemptus mundi* (Hugo v. St. Victor, Thomas von Kempen) umschreibt der Begriff V. eine negative Einstellung der Welt gegenüber mit dem Ziel, dem Menschen die Nichtigkeit des irdischen Lebens und diesseitiger Werte moralisierend vor Augen zu führen. Schon in der Antike (Homer, *Ilias*) gibt es Topoi, die der eigentlich christlichen V.-Vorstellung ähneln; im AT gilt Hiobs Lebenserfahrung als Exempel der V., vor allem aber Eccl. 1, 2 (*vanitas vanitatum et omnia vanitas*) als Augangspunkt der V.-Vorstellungen. Im NT bezieht sich V. auf die Zeit des irdischen Lebens und damit auf die Trennung in ein heilsgeschichtlich positiv bewertetes Jenseits von einem negativ verstandenen Diesseits sowie auf ein allen Menschen gemeinsames Todesschicksal (damit verwandt: *memento mori*). In der Ablehnung alles Irdischen (Augustinus, Hugo v. St. Victor, Boetius; cluniazensische Reform) liegen die Anfänge der mal. Ver-

gänglichkeitsdichtung (auch *Ars moriendi*).
In der frühen Neuzeit verbindet sich der V.-Gedanke mit der Vorstellung des Narrentums der Welt (Seb. Brant, *Narrenschiff*), was bis zum Ende des 17. Jh. immer wieder aufgegriffen wird. Attribute der V.-Bildlichkeit sind TOTENSCHÄDEL,, Uhr, Stundenglas, entlaubte BÄUME und verblühte Blumen (Tulpe, Rose), Getreideähren, Sense, Kugel SEIFENBLASE (*homo bulla*), erloschene Kerze, Rauch etc. Benachbart sind Gestalten des Todes, der Fortuna, des Kronos (→ Saturnus.). [AW]

F. Bächtiger, V.-Schicksalsdeutung in der dt. Renaissancegraphik (Diss. Müchen) 1970; F. van Ingen, V. u. memento mori in der deutschen Barocklyrik, 1966; G. Gsodam, V. (LChrI 4) 1972.

**Varuna** → Vedismus

**Vater.** In den meisten Mythologien wird die → Mutter mit der Ur-Masse gleichgestellt, aus der eine V.gestalt die gestalteten Weltteile schafft. In der Individualpsychologie tritt erst die Mutter vor der Geburt und in den ersten Lebensjahren des Kindes in den Vordergrund. Der V. ist der allem Übergeordnete: er ist der oberste oder einzige Gott (→ Gottvater), das Oberhaupt der sozialen Gemeinschaft (Familie, Stamm, Staat) wie auch der Glaubensgemeinschaft (Hohepriester, Papst). Die Anrufungen Gottes im Ritual der höchsten jüdischen Feiertage beginnen mit den Worten: »Unser Vater, unser König«; insoweit ist dies Gebet dem »Vater-Unser« vergleichbar. Als Jesus im Hofe Gethsemane in Todesnot war, rief er Gott an: »Mein Vater, ist's möglich, so gehe dieser Kelch von mir«, derselbe Gottvater, den er am Kreuze in der aramäischen Umgangssprache anrief: »Eli, Eli, lama asavtani?« (»Mein Gott, mein Gott, warum hast Du mich verlassen?«).
Außer im Judentum und Islam finden wir meist einen Gott und eine Göttin zugleich an oberster Stelle, aber auch dann liegt die oberste Befehlsgewalt in den Händen der männlichen Gottheit (Uranos, Zeus, Odin, Shiva). Als Augustus sich selbst die höchste Ehrenstellung geben wollte, veranlaßte er die Prägung einer Münze, in der die Steigerung unübertrefflich deutlich wird: »Hohepriester, Vater des Vaterlandes«. Die abendländischen Kirchen gaben ihren Priestern die Bezeichnung »Väter« (*patres*), weil sie in der Seelsorge ihrer Gemeindemitglieder die Aufgabe und Rechte des leitenden V. hatten, bes. mittels der Beichte. Dieselbe Aufgabe erfüllt nach der psychoanalytischen Lehre von S. → Freud das *ego*, aus dem sich – hauptsächlich unter dem Einfluß des V.s – eine geläuterte Ebene (*super-ego*) bildet.
Die sich aus dieser Beziehung ergebende Spannung, zu welcher auch der Kampf um die Entmachtung des V.s gehört, hat in der griechischen Mythologie zu der Sage von Kronos geführt, der seine eigenen Kinder verschlingt; er wird aber von seinem Stiefsohn Zeus gezwungen, diese Kinder wieder von sich zu geben. Der umgekehrte Fall, in dem der V. von seinen Töchtern vernichtet wird: in der biblischen Sage von Lot und seinen Töchtern wird der V. von den Töchtern betrunken gemacht und in diesem Zustand zum Bruch des Inzestverbots verleitet. Zur Wahrung des Inzestverbots wird, besonders in Afrika, jede räumli-

che Annäherung von V. und Tochter strengstens vermieden.
Die moderne Wirtschaft, in der der V. nicht mehr der alleinige Ernährer der Familie ist, hat ihn nicht nur in seinem eigenen Haushalt entthront, sondern auch sein Bild in Staat und Gesellschaft weitgehend verändert. Die Könige und andere Herrscher als Landesväter haben, wenn überhaupt, nur noch dekorative Funktion; fast überall haben sie den von der weiteren Familie, den Staatsbürgern und Gemeindemitgliedern auf Zeit gewählten Präsidenten und Bürgermeistern Platz gemacht: es herrscht die »vaterlose Gesellschaft« (Mitscherlich). Die Symbolik versinnbildlicht den V. als zeugende Kraft im wesentlichen in drei Gestalten: a) als PHALLUSartiges Gebilde: *massebah* im alten Orient, den Lingam in den Shiva-Tempeln in Indien und die MINARETTS in den Moscheen; b) Tiere (STIER, WIDDER vgl. auch → Kinderzeichnungen); c) Menschen, Teile von Menschen oder menschenähnliche Gebilde mit betont dargestelltem Phallus (ithyphallische Satyre bei den Griechen, Hermen bei den Römern, der Gott Bes der alten Ägypter). → Männlich [Kly]

A. Allenby, The father archetype in feminine psychology (Journal of Analytical Psychology I) 1956; E. R. Goodenough, Jewish Symbols in the Graeco-Roman World, insbes. Bd. 5 (1956) und 12 (1965); P. A. H. de Boer, Fatherhood and Motherhood in Israelite and Judean Piety, Leiden 1974; G. Bornkamm/H. G. Gadamer/J. Assmann/W. Lemke/L. Perlitt, Das V.bild in Mythos u. Gesch. 1976; P. Ricoeur, Die V.gestalt. Vom Phantasiebild zum Symbol, 1974; M. Lurker, V.gott – Schöpfergott – Himmelsgott (Symbolon, N.F. 9/1988).

**Vedismus,** Religion der Ende des 2. Jt. v. Chr. nach Indien eingewanderten Arier. Er umfaßt die Perioden der Götterhymnen (bis ca. 10. Jh. v. Chr.), der Opfermystik (bis ca. 8. Jh. v. Chr.) und der philosophischen »Geheimlehren« (bis ca. 6. Jh. v. Chr.), deren jeweils wichtigste Texte die *Veden* (»Wissen«), die *Brahmanas* und die *Upanishaden* sind. Die *Veden* enthalten noch zahlreiche Übereinstimmungen zum altiranischen *Avesta* (z.B. → Yama). Neuere Forschungen zeigen, daß die Götterlehre der *Veden* bereits einen umfassenden Versuch darstellt, das Weltgeschehen mit seinen verschiedenen Mächten in seiner Gesamtheit zu deuten, wobei Götter bisweilen auch mehrere Naturkräfte und ihre kosmischen Funktionen repräsentierten ohne jedoch stets mit ihnen identisch zu sein.
Die hervorragendste Stellung unter den Göttern nahm → Indra ein, der nicht nur ein Gewittergott war, sondern durch seinen Kampf gegen die kosmosfeindlichen Mächte den Schöpfungsprozeß fortführte. Eine wesentliche Rolle spielte hierbei SOMA, ein in den Bergen wachsender ritueller Rauschtrank, der in zahlreichen Hymnen als Lebenselixier (*amritam*) der Götter und Menschen gepriesen wird. Das Pressen des göttlichen Saftes wurde bisweilen mit dem Koitus verglichen, und der durch die Seihe tropfende Saft war Teil eines Regenzaubers. Wie die Feuchtigkeit der Erde, so heißt es im V., steigt auch der Lebenssaft nach der Verbrennung des Toten in die Wolken auf und füllt die Schale des Mondes, die die Götter und Ahnen trinken, bevor er in einem ewigen Kreislauf als Regen wieder zur Erde zurückkehrt. Wichtigster Gott der Brahmanen war Agni, der sowohl das FEUER

wie auch der Gott des Opferfeuers war (vergl. lat. *ignis*). Er befördert die Opfergaben der Menschen zu den Göttern, durch dessen Mund sie essen und trinken. Im *Rigveda* 10, 121 wird Agni sogar als der alleinige Lebensgeist der Götter gepriesen, den die Urgewässer erzeugten, als sie das All als Keim empfingen. An anderer Stelle (10, 91) wiederum heißt es: »Mit ihm gehen gleichzeitig die Bäume und Gewächse schwanger und gebären ihn allezeit«, wenn er aus dem Reibeholz entsteht. In der Beziehung Agnis, der auch »Bulle der Wasser« genannt wird, läßt sich das Urprinzip des männlichen Feuers, das in die weiblichen Wasser eingeht, erkennen.

Eine der tiefsinnigsten Götterkonzeptionen des V. ist Varuna, der in der älteren naturmythologischen Forschung (zusammen mit den Sternen als Späher) als Himmelsgott gedeutet und mit Uranos in Verbindung gebracht wurde. Wie Lüders jedoch aufzeigte, war Varuna im V. der Eidgott, dessen Hauptttätigkeit der Schutz des Rita, der Wahrheit, war. Über Wassereid und Wasserordal war er mit den irdischen Flüssen und Meeren und himmlischen Wassern verbunden, die hinter der sichtbaren Himmelsdecke als gewaltige Wasserflut und Ursprung des Regens gedacht wurden. Der Eid war im V. eine Selbstverfluchung (*śápate* = »er schwört« heißt wörtlich »er verflucht sich«), falls der Sprecher eine Unwahrheit sagt. Das Eidwasser, das damit zum todbringenden »Fluchwasser« werden konnte, hing also letztlich mit dem Totenwasser zusammen (Im Eid beim stygischen Wasser, dürften tatsächlich Parallelen zu Griechenland vorliegen). Eng verbunden mit Varuna war Mitra als Gott des Vertrages, verwandt mit dem iranischen → Mithra. Da Bündnisse vor dem lodernden Feuer geschlossen wurden, galt das Feuer als sein Wohnsitz.

Die Entwicklung vom frühen V. des frühen 1. Jt. v. Chr. bis zur Herausbildung des eigentlichen → Hinduismus im 1. Jt. n. Chr. war bes. von zwei Strömungen geprägt. Zum einen von der steigenden Tendenz zur philosophischen Spekulation, die aus der Opfermystik der *Brahmana-Texte* hervorging und in den Lehren der *Upanishaden* vom Kreislauf des Lebens (→ Seelenwanderung) und der Einheit von Atman (»Selbst«) und Brahman, dem Absoluten, seinen ersten Höhepunkt fand. Zum anderen begünstigte der steigende Einfluß der vorarischen Religionen (→ Shiva, → Shakti) den Aufstieg der großen Götter im Hinduismus, die die verschiedenen Funktionen der zahlreichen Götter des V. übernahmen. Dennoch bleiben die Veden bis heute höchste Autorität des orthodoxen Hinduismus. [Ku]

A. Hillebrandt, Ritual-Lit., vedische Opfer u. Zauber 1897 (Grundriß d. indoar. Philol. u. Altert. kunde, III, 2); H. Oldenberg, D. Rel. d. Veda, $^{2}$1917; Der Rig-Veda, Übers. von K.F. Geldner, 4 Bd, 1951; H. Lüders, Varuna, 1951–59; R. N. Dandekar, Rudra in the Veda (J. Univ. Poona, 1953, S. 94–148); J. Gonda, Die Rel. Indiens I (Veda u. ält. Hind.) 1960; A. A. Macdonell, Vedic Mythology, $^{2}$1963; V. Möller, Die Mythologie der ved. Rel. u. d. Hind. 1966 (Wörterb. der Myth., I, 8); U. Schneider, Der Somaraub des Manu, Mythus und Ritual, 1971; J. Deppert, Rudras Geburt. Syst. Unters. zum Inzest in d. Mythol. der Brahmanas, 1977.

**Veilchen.** In der Antike wurden die Bilder der Hausgötter und der Thyrsosstab des Dionysos mit V. geschmückt; Plinius d. Ä. empfahl

V.kränze gegen Kopfschmerzen und Trunkenheit. Im christlichen MA wurde die Blume zu einem Symbol der → Demut *(flos humilitas)*. Der Bischof Eucherius von Lyon (450 gest.) bezeichnete die ihren Glauben Bekennenden als V. im Gottesgarten der Kirche. Die violette Farbe ließ das V. zu einem Sinnbild der Passion Christi werden. Verwandt ist das Stiefmütterchen (Viola tricolor), dessen drei Farben auf die Trinität hin interpretiert wurden, in dieser Bedeutung z. B. bei Gerard David (*Taufe Christi*, Museum Brügge). Zur Zeit des Humanismus (J. C. Scaliger) und später galt das Stiefmütterchen als Symbol der Schüchternheit junger Mädchen; im Volksmund heißt die Pflanze auch Jesusblümchen oder Christusauge. [Lr]

L. Behling, Die Pflanze in der mittelalterl. Tafelmalerei, 1957; L. Behling, Viola tricolor (Fs. Ladendorf), 1970.

**Venus** als Planet (griech. → Aphrodite oder Kythere, Kythereia, altmesopotamisch → Ischtar) wird oft mit dem »weiblichen« Wesen des Mondes in Verbindung gebracht, vielleicht wegen der in bestimmten Leuchtphasen auftretenden (mit freiem Auge freilich kaum sichtbaren!) Sichelform, mit der auch der Name Aschteroth-Kernaim, gehörnte Astarte, zusammenhängen kann. Auch in fremden Kulturen wird das strahlend helle und auffällige Gestirn viel beachtet und in der Mythologie verankert. In der Alten Welt galt die V. nicht nur als kosmische Manifestation der (röm.) Liebesgöttin, sondern in ihrer Rolle als Morgenstern auch als Lucifer (Lichtträger, griech. Phosphoros). Der Planet regierte die Qualitäten WARM und FEUCHT und die Frauenschönheit, bei ungünstiger Aspektierung auch die Unzucht und die »venerischen« Krankheiten. In den Systemen der → Astrologie wurden dem Planeten »wollüstige und sanftmütige« Tiere wie TAUBEN, KANINCHEN und SCHWÄNE zugeordnet, ebenso die Blumen NARZISSE und HYAZINTHE und unter den Edelsteinen der OPAL und der SMARAGD. P. Martin von Cochem (1634–1712) nennt die V. einen anmutigen und liebreichen Planeten, aus dessen Strahlen alle Schönheit von Menschen, Tieren, Kräutern und Blumen herrühre. In Zedlers Lexikon (1745) heißt es, die V. »formiert fast solche Leute wie der Jupiter, welche aber dem Müssiggange und der Wollust ergeben sind«. In der → Alchemie steht das Symbol der V.( der am Strande Zyperns aus dem Meeresschaum geborenen Göttin) für KUPFER, das »kyprische« Metall. – Die Identität von Morgen- und Abendstern als V. wurde in der Volksastronomie nur selten zur Kenntnis genommen. [Bi]

**Vergänglichkeit** → Vanitas

**Vergil** (P. Vergilius Maro), 70–19 v. Chr., Nationaldichter der → Römer, schuf in seinen Werken *Bucolica, Georgica, Aeneis* eine differenzierte seelische Symbolik, die ihre Dynamik aus der Vielschichtigkeit des Seelischen und der Beziehung zu Natur und Geschichte gewinnt. In den »Hirtengedichten« sind Seligkeit und Bedrohung des Landlebens eingefangen, das in naturgebundener Freiheit der Gegenwart des Mythos am nächsten kommt. Die neue »Goldene Zeit« (*Saturnia regna*) unter dem Zeichen des göttlichen KINDES (*puer;* ecl. 4 als Hinweis auf Augustus verstanden) trägt als Friedensordnung Züge idealer Einfachheit und Reinheit, wie sie im Hirtenleben vorgebildet sind. Die *Georgica,* ein Lehrgedicht über den Landbau in Nachfolge Hesiods, schildert das Leben der Bauern im Rhythmus der Natur und die Erde als Feld harter Mühsal (*labor improbus*) unter Einwirkung der Götter. Die Heimat ist Bündnis-Partnerin der Mutter Erde und saturnisches Land (2, 173) des kommenden goldenen Zeitalters unter dem Friedensfürsten Augustus. Der STAAT DER BIENEN symbolisert die vom göttlichen Geist (*divina mens*) durchwaltete Gemeinschaft.

Größten Symbolreichtum zeigt die *Aeneis,* die (in homer. Tradition) Irrfahrten und Kämpfe des Aeneas bis zur Gründung von Lavinium erzählt. Alle wichtigen Geschehnisse künden sich in Natur- und Seelenstimmungen und in Vorzeichen an. Seelische Zustände und Konflikte erreichen (bes. in den Gleichnissen) Symbolgestalt( z.B. die EICHE im Sturm für Aeneas; 4, 441; der MOND hinter den Wolken für Dido; 6, 454). Unter einem schlimmen Vorzeichen steht der Liebesbund zwischen Dido und Aeneas in der (archetypischen) Höhle (des → Hieros Gamos). Aeneas, tugendhaft (*pietas, humanitas*), aber nicht frei von Schuld (Dido), hat nach dem Willen Jupiters eine hohe Aufgabe zu erfüllen, die er mit-leidend meistert: durch die Verbindung italischer Urkraft und trojanischer Frömmigkeit ein neues Menschentum zu begründen, aus dem die Friedensordnung des Augustus erwächst (das »Ewige Rom«). In der Komposition seiner Werke verwendet V. symbolische Entsprechungen von Handlungskurven (z.B. Dido-Turnus) und harmonische Zahlenproportionen. Im MA wurde V. (an Stelle → Homers) zum Symbol des Dichters. → Dante wählte ihn zum wissenden Begleiter durch Hölle und Fegfeuer. Eliot sah in ihm den Prototyp des Klassikers (1944).

[Di]

K. Büchner, P. Vergilius Maro, 1955; H. Oppermann (Hg.), Wege zu V., 1963; P. Boyance, La religion de Vérgile, Paris 1963; J. Veremans, Eléments symboliques dans la 3e Bucolique de Vérgile (Latomus 104) 1969; V. Pöschl, Die Dichtkunst V.s, ³1977.

**Vergleich** → Analogie, Gleichnis

**Verhaltensforschung, vergleichende** (Ethologie), von Konrad Lorenz begründet. Bindeglied zwischen Tier- und Humanpsychologie. Das sinnvollle Reagieren auf bestimmte Umweltsituationen, das Sich-Einstellen auf ganz bestimmte »Schlüsselreize« (wie Farbe, Größe Bewegung) wird durch einen »angeborenen auslösenden Mechanismus« (abgek. AAM) ermöglicht. So ist der rote Bauch des Stichlingsmännchens im Hochzeitskleid der Auslöser – Schlüsselreiz – für den Kampf mit dem Rivalen. Die angeborenen Verhaltensweisen äußern sich in Symbolhandlungen, die den Artgenossen verständlich sind : bestimmte Vogelarten werben mit einem Ästchen im Schnabel; das Gottesanbeterinnenmännchen (eine Fangheuschrecke) übergibt seinem Weibchen eine Fliege als »Hochzeitsgeschenk«; im Bienenstock symbolisiert der Tanz der Kundschafterbiene Entfernung

und Richtung der Nahrungsquelle. Karl von Frisch glaubt deshalb, daß die Wurzeln menschlicher Symbolik im Tierreich liegen. Otto Koenig bezeichnet »Symbolbildung als durchgehendes Prinzip der Verständigung«; so sind ritualisierte Intentionsbewegungen (d.s. angedeutete, aber nicht ausgeführte Bewegungen) eine Art von Symbol: das Tier zeigt einen Teil für das Ganze, es »teilt« mit. Konrad Lorenz weist darauf hin, daß auch das menschliche Denken sehr stark von angeborenen Formen beeinflußt wird, z.B. wenn die TAUBE als Friedens- und der ADLER als Kriegssymbol gelten, was weniger rationaler Überlegung entspringe als vielmehr dem Eindruck, den die Kopfform der beiden Vogelarten auf uns mache (rundliches, kurzschnäbliges Taubengesicht – eckiges, hakennasiges Adlerprofil).
Nach der vgl. V. lassen sich zahlreiche Fragen nach der Entstehung von Symbolen im Bereich der menschlichen Kultur nur unter Einbeziehung angeborener menschlicher Verhaltensdispositionen beantworten, d.h. jede Primärerklärung endet letztlich im Biologischen. Die Augenattrappen so vieler Tierarten, mit denen Feinde abgelenkt, Beute getäuscht oder Artgenossen beeinflußt werden, können beim Menschen in kultureller Transponierung als Amulett, Symbolmotiv oder Ornament erscheinen. Die Farbe ROT mit ihrer Signalbedeutung bei Säugetieren und Vögeln – am eigenen Leib signalisiert sie Gefahr, am Körper des Beutetieres Jagdglück und Sättigung – wird beim Menschen zum Symbol für Kampf und Tod, aber auch für Leben. Das Genitalpräsentieren männlicher Primaten (Halbaffen und Affen) hat sein menschliches Gegenstück in der Phallussymbolik. Die vom Menschen verwendeten Demuts- und Drohgesten (z.T. mit beigelegter Symbolbedeutung: Händefalten, erhobene Faust) entspringen phylogenetisch älteren Verhaltensweisen. Das Imponiergehabe kann sich in der menschlichen Gesellschaft vielfältig äußern, man denke an Kleidung und Schmuck (beide auch in symbol. Geltung) wie auch an die → Statussymbole. [*]

O. Koenig, Die biolog. Grundl. d. Symbolbegr. (Stud. Gen. 6/1953); K. v. Frisch, Symbolik im Reich der Tiere, 1954; J. Huxley (u.a.), A discussion on ritualization of behavour in animals and man (Philos. Transactions Royal Soc. of London), 1966; K. Lorenz, Über tier. u. menschl. Verhalten, 2 Bde., 1965, 1966; W. Wickler, Stammesgesch. u. Ritualisierung, 1970; O. Koenig, Urmotiv Auge. Neuentdeckte Grundzüge menschl. Verhaltens, 1975.

**Verkehrte Welt.** Der Begriff bezeichnet die Umkehrung geltender Zustände. Das Motiv ist weltweit bekannt und fast das ganze Abendland besitzt dafür einen eigenen Ausdruck (vgl. frz. *le monde bestorné* oder *renversé,* engl. *the world upside down*, ital. *mondo a rovescio;* für die röm. Antike geht *mundus inversus* voraus).
In der Antike bezeichnet die v.W. das Unmögliche (Sprichwort) und die Ausnahmesituation (griech.-röm. Dichtung). Die verkehrte Tierwelt sollte den Betrachter zum Verwundern und Lachen bringen. Hier liegt die orientalische Vorstellung zugrunde, daß das Bessere auch mehr Gewicht hat. Die christliche Kunst übernimmt das Bild für das Jüngste Gericht: der Teufel samt Ballast ist leichter als die zarte fromme Seele. Beim »verkehrten Triumph« kutschiert

ein schwächeres Tier einen Wagen, der von einem stärkeren gezogen wird (eine Maus lenkt einen Hahn bzw. Hähne usw.). Dieses Motiv taucht auf Siegelringsteinen auf und ist auch apotropäisch zu verstehen, weil es als dämonisch empfunden wurde. In der antiken Fabel drückt die v.W. Kritik an sozialen Verhältnissen aus. Die Verkehrung sozialer Positionen (die Herren werden von den Sklaven beherrscht, Wahl eines Ersatzkönigs) kam in extremster Form bei den Sakäen (einem fünftägigen Fest im Juli in Babylon) vor. Der Ersatzkönig mußte jedoch seine geborgte Macht (er durfte sogar mit den Frauen des Königs schlafen) nachher mit dem Tod büßen. Als Inbegriff der Sklavenfreiheit sind die Saturnalien anzusehen (später traten die Kalenden des Januar an ihre Stelle). Alle diese Feste sind nach H. Kenner »Stirb und Werde – Riten« (womit sie → rites de passage meint). Viele dieser Feste sind auch als Ventil revolutionärer Dynamik gepflegt worden (vgl. dazu W. E. Mühlmann, der von einem »festlichen Sozialritus« spricht und ausführt: »In den Schemata der v.W. manifestiert sich ein schlichtes Ausgleichs- und Vergeltungsdenken.« – *Chiliasmus und Nativismus,* 1961). Reste von Verkehrungen haben sich im Volksleben bis heute gehalten; so schlagen z.B. am Unschuldigen Kindertag (28. Dez.) die Kinder die Erwachsenen. Beim Verkehren des Geschlechts, in abgeschwächter Form als Kleidertausch zwischen Männern und Frauen vorkommend, wird der alte rituelle Charakter nicht mehr verstanden. Die Erklärungen als Täuschung der Schadensgeister bzw. als Sympathiezauber sind nicht ausreichend. Auch die Transvestierungen gehören zu den → rites de passage (ein Zustand wird verlassen und ein neuer erreicht). Die Dämonen sollen nicht nur getäuscht, sondern auch nachgeahmt werden. Die geschlechtliche Verkehrung ist nach H. Kenner das markanteste Symbol der verkehrten und damit der jenseitigen Welt, jener Welt, die den Dämonen und Toten gehört und wo das Unmögliche möglich ist. – Gleichnishaft wird das Motiv der v.W. in der Satire angewendet, um Zustände zu geißeln. [EH]

H. Kenner, Das Phänomen der v.W. in der griech.-röm. Antike, 1970.

**Verkündigung an Maria.** Nur in den frühesten künstlerischen Darstellungen des Ereignisses aus *Lk* 1, 26–38 (Katakombenbilder in S. Priscilla u. in S. Pietro e Marcellino, Rom) wird auf den Einbau von oft leicht zu übersehenden Bildelementen verzichtet, die ihrerseits aber das Bild über die bloß erzählende Funktion hinausheben und symbolische Aussagen machen über zentrale Heilsverkündigungen. Diese Bildelemente können im Rahmen der großen Erlösungsgeschichte die Person Mariens als Mitwirkerin am Aufbau des neutestamentlichen Tempels, der Kirche, hervorheben (am Tempelvorhang webend, bereits am Triumphbogen von S. Maria Maggiore, Rom, um 432). Kirche, Haus, Stadt können die Maria des Verkündigungsgeschehens als *civitas regis iustitiae* oder als Pforte des Himmels erscheinen lassen, was wiederum der symbolischen Verdeutlichung des Menschwerdungsgeheimnisses dient. Erscheint schließlich zwi-

schen Gabriel und Maria ein BAUM (westdt. Elfenbeinrelief, 10. Jh.), dann wird dies zum Zeichen dafür, daß → Maria, im Gegensatz zur ersten → Eva, durch ihr »Ja« Christus gleichsam vom Baum des Lebens im Paradiese pflückte und damit nicht dem Verderben, sondern der Erlösung diente.
Auch ARCHITEKTUR und Inneneinrichtung können zu Symbolträgern werden; so erscheint auf einem Altarflügel des sog. Dijoner Altars, 1397, ein RUNDBAU, der geschlossen ist und dunkle Fensteröffnungen hat. An ihn schließt sich eine OFFENE HALLE, durch deren Dach und ein Fenster Lichtstrahlen dringen, die Gott sendet. Rundbau und offene Halle stellen durch ihre symbolische Ausage von Altem und Neuem Bund die Szene in den Zusammenhang der Ablösung des Alten durch das Neue. Maria wird durch diese Symbolik zu einer Größe, in der das alte Israel seinen Höhepunkt erreicht und das neue Gottesvolk seinen gesegneten Beginn macht. Bei der Inneneinrichtung wäre etwa auf die ausgelöschte KERZE, um die sich Rauchschwaden legen, zu verweisen: Durch das Kommen des göttlichen Lichtes wird alles menschliche Licht übertroffen. Die beiden WandLEUCHTER am Kamin können Hinweis sein auf den Alten und Neuen Bund, während der WasserKESSEL den Born des lebendigen Wassers versinnbildet. Ein besonders Kapitel in der Symbolik dieses Bildes stellen die Beispiele mit der Verknüpfung von Verkündigung und Inkarnation dar (älteste bekannte Darstellung: Nowgoroder Ikone, 12. Jh.). Auch findet sich in Ikonen die Verbindung von Vorverkündigung und Verkündigung, wobei die erste symbolisch die Erwartung und Vorbereitung Mariens zum Ausdruck bringt. – Nicht zu übersehen ist auch der Ort der Anbringung dieser Szene zu beiden Seiten des Altares (Gruppe, Mitte 15. Jh., St. Kunibert in Köln): Dem Erscheinen Christi auf dem Altar geht die V. voraus! [Sr]

W. Braunfels, Die V., 1949; E. Guldan, »Et verbum caro factum est« – Die Darstellung der Inkarnation Christi im V.bild (Röm. Quartalschrift 63) 1968; E. Sauser, Die Bedeutung des Symbolbegriffes für die christl. Ikonographie (BSIM 5) 1972.

**Verlobung.** Die frühere Auffassung von der V. als eigentlichem Akt der Eheschließung erklärt die Symbole und Handlungen der Vergangenheit. »Du bist mein, ich bin dein«: Formel der Aneignung und des mündlichen Vertragsabschlusses (V. war Rechtsakt). Schriftliche Verträge wurden gern an heiligen Orten geschlossen, da dann größere Kraft. KUSS (öffentlich in zeremonieller Weise gegeben; vgl. auch Friedenskuß → Friede), Trunk und Mahl gehören zu den ältesten Bekräftigungssymbolen. Beim »Wein- oder Leikauf« (von *lid* = Obstwein, Leit dann zu Lei oder Leu entstellt) wird von allen Beteiligten getrunken. »Was verleitkauft wird, hat Kraft.« (Vgl. auch »Abtrinken des Friedens«). Symbol der geschlossenen Lebensgemeinschaft aber ist das gemeinsame TRINKEN der Verlobten aus einem Glas bzw. das Vermischen des Weins; vielleicht auch Hinweis auf Schließen der Verwandtschaft (vgl. auch Bruderschaftstrinken). Beim Essen aus demselben Teller aber »werden sie einander fremd«; wahrscheinlich Umdeutung aus Nichtverständnis wie z.B. beim Schuh (s.u.). Rechtsgültiges Eheversprechen lag nicht nur im gemeinsamen ESSEN eines Stückes Brot durch die Verlobten vor, sondern auch schon im Anbieten bzw. Zuwerfen von Brot, Obst etc. (»Ich gebe dir's auf die Ehe hin«). V. hieß »Handstreich«, wenn HANDSCHLAG das vorherrschende Symbol war. Dieser, nur Abschwächung des Eides, symbolisiert die durch Schwur vermittelte Aufnahme in die Sippe (vgl. Eidam, *son-in-law*). Der ZWEIG (Stab) ist Zeichen der Aneignung (vgl. Volkslied, Darstellung der Verlobung Mariens), das Zerbrechen des STABES bei der Übergabe der Braut Symbol der Entsippung und des Bruches mit der Gemeinschaft (vgl. auch Hinrichtung). Aneignung bedeutet auch der TRITT AUF DEN FUSS; wie die Hand ist auch der Fuß (bzw. SCHUH) *pars pro toto.* Teilweise auch hier Bedeutungsumkehr: keine Schuhe schenken, »sonst gehen sie auseinander«.

Das Pfand wurde vom Bräutigam an die Braut gegeben; man sprach u.a. von »Handtreu, Wort- oder Wahrzeichen«. Manche sehen im Pfand den Rest eines alten Brautkaufs (bindende Anzahlung), andere ein Rechtsmittel zur Vertragssicherstellung. Unter den Pfändern sind auch solche mit Symbolwert, z.B. Taschentuch, Kopftuch, wie andere Textilien Zeichen der Adoption durch Einkleidung. Zusätzliche Vorstellungen können wirksam sein bei Gabe bzw. Austausch von Bändern, Handschuhen und Schuhen (Schutz durch Kleidertausch zur Unkenntlichmachung, Eigentumsübertragung etc.). Zur Gabe einer Münze oder anlaßbezogenen Medaille als »Haftgeld« vgl. die Bedeutung des Handgeldes (beim Dingen des Gesindes, von Söldnern). Die halbierte Münze als Bestätigung des Vertragsabschlusses hängt zusammen mit dem Teilzettel (*carta partita*) bzw. dem Kerbstock; als Erkennungszeichen auch in der Volkserzählung vorkommend.

Im RING (einer speziellen Form des Handgeldes) wird das Pfand zum Treuesymbol. Späte Entwicklung! Siegelring war bereits bei den Römern Mittel der Beglaubigung. Früher nur ein Ring und nur für die Braut; erst allmählich V.- und Ehering sowie Ringwechsel. Verschiedene Möglichkeiten des Tragens mit verschiedenem Aussagewert (u.a. am sog. »Herzfinger«). Die bes. Ringsymbolik kommt zum Tragen: Ring ist Zeichen der Bindung (daher konnten als Ersatz des Ringwechsels auch die Hände zusammengebunden werden), er wehrt allem Schädlichen und schützt, er ist ohne Ende; sowie zusätzlich die Symbolik des Metalls, eventueller Steine und Verzierungen (s.u.). Verlust oder Bruch des Ringes bedeutet Tod des Verlobten, Treuebruch bedingt Ringbruch. (Wechselwirkung wie zwischen Mensch und seinem Lebensbaum → Lebensweg). Wenn auch ursprünglich kein Ringwechsel, so doch oft Gegengabe der Braut an den Bräutigam; auch kommt es nach der V. zu einem Austausch an Geschenken (ausgedehnt an Verwandte). Beliebt waren z.B. Hemd, Schuhe etc., stellt Aufnahme in die jeweils andere Sippe dar. Unter den Verzierungen der Pfänder und Minnegaben (wozu Gegenstände der künftigen hausfraulichen Tätigkeit wie Mangelbrett, Spinnrocken, aber auch → Stickereien auf Hemd und Taschentuch u.v.a.m. gehören) finden wir Motive, die z.T. aus der Antike übernommen wurden (z.B. die schnäbelnden TAUBEN als Symbol der unverbrüchlichen Treue). Herkunft und Symbolkraft dieser Motive ist jeweils zu untersuchen (vgl. → Volkskunde). [EH]

Hanns Bächtold, Die Gebräuche bei V. und Hochzeit, 1914 (noch immer grundlegend); Liebe u. Hochzeit. Aspekte des Volkslebens in Europa. Zwei gleichnamige Bände, Antwerpen 1975 bzw. Lüttich 1975.

**Vesta,** altrömische Herdgöttin, im Indogermanischen entsprechen die griechischen Hestia und die altirische Brigit. V. ist in Rom mit → Janus verbunden, zusammen mit ihm Ende und Anfang bedeutend. Sie hat nahe Beziehung zum Neujahrsfest mit der Herderneuerung, der Löschung und sakralen Neuentzündung des Herdfeuers. Das zentrale FEUER der Stadt Rom im V.tempel stand ursprünglich in naher Beziehung zum Königshaus und war das Unterpfand des Lebens.

Die Priesterinnen der V., die weißgekleideten Vestalinnen, bewachten das heilige Feuer, das nicht ausgehen durfte. Sie standen in hohem Ansehen und hatten, wie die Mythen ergeben, ursprünglich noch bedeutendere Funktionen. Die Vestalin war auch Ratgeberin und Seherin, wie die delphische Priesterin. V. ist als Göttin des Herdfeuers Symbol der ruhenden Mitte und des Hauses. Das ihr heilige Tier ist der ESEL – wegen seiner phallischen Bedeutung und seiner Beziehung zur MÜHLE. Am Festtag der V. wurden die Esel und die Mühlen bekränzt. [Hu]

Aug. Preuner, Hestia – V., 1864; O. Hutz, V. (AfR, Beiheft 2) 1943; A. Brelich, V. (Albae Vigiliae NF VII) 1949; C. Koch, V. (Religio, 1–16) 1960; H. Hommel, V. und die frühröm. Relig. (Aufstieg u. Niedergang d. röm. Welt, hg. von H. Temporini, 397–420) 1972.

**Victoria** (röm. Siegesgöttin, der griech. Nike entsprechend). Die Griechen glaubten, daß Zeus und Athene den Sieg verleihen, deshalb trugen die Statuen dieser beiden Gottheiten öfters kleine Niken in ihrer Hand; Attribute der geflügelten Göttinnen sind LORBEERKRANZ, PALMZWEIG und BINDE (= Symbole für Sieg und Ruhm). In einem weiteren Sinne war Nike ganz allgemein Göttin des Wettstreites und verkörperte den agonalen Geist.

In Rom galt V. als jungfräuliche Hüterin des Reiches, schon 294 v. Chr. wurde ihr auf dem Palatin ein Tempel erbaut. Ein ihr von Augustus errichteter Altar wurde später zum erbittert umkämpften Symbol des Heidentums. Spätantike Darstellungen zeigen, wie V. dem Sieger einen KRANZ reicht oder den Triumphator krönt. Die verschiedenen Bildtypen der V. – u.a. auf einen SCHILD schreibend, auf dem GLOBUS stehend – werden in der christlichen Kunst auch auf das Bild der (männlichen) Engel übertragen. Nach Augustinus (*De civitate Dei* IV, 17) sendet Gott nicht eine V., sondern einen Engel. Der ursprünglich von der V. benützte römische Rundschild (*clipeus*) nimmt das Bild des Verstorbenen auf, das – in der interpretatio christiana – von zwei Engeln zum Himmel emporgetragen wird. In der Sepulkralkunst symbolisieren die Viktorien den Sieg über den Tod. [Lr]

T. Hölscher, V. Romana. Archäolog. Unters. zur Gesch. und Wesensart der röm. Siegesgöttin, 1967; G. Berefelt, A study of the winged angel, Stockholm 1968; C. Isler-Kerényi,

Nike. Der Typos der laufenden Flügelfrau in archai. Zeit, 1969.

**Vier,** sie repräsentiert unter den bedeutungsvollen → Zahlen die kosmische Ordnung, ist Symbol der → Ganzheit. Man unterscheidet 4 → Himmelsrichtungen, → Weltalter, → Elemente, → Temperamente. Siedlungen wurden viergeteilt (so schon *Roma quadrata*), daher »Stadtviertel«. Nach Cäsar war das Volk der Helvetier in 4 Gaue gegliedert, Attilas Reich galt als das »Land der 4 Winkel« (*tört bulung*), im Spät-MA war das deutsche Reich in Quaternionen eingeteilt (je 4 Herzogtümer, Markgrafschaften, Burggrafschaften usw.). Die alten Hofämter der europäischen Könige waren nach der V.zahl geordnet: Truchseß, Mundschenk, Marschall, Kämmerer. In dieses Grundschema des → Kosmos fügen sich auch die 4 Paradiesesströme, die Evangelistensymbole und die Balkenarme des Kreuzes Christi ein. Der in Raum und Zeit geoffenbarte Name Jahwes ist in konsonantischer Schreibweise (JHWH) ein Tetragramm. In ihrer Symbolbedeutung steht die Vier in engem Zusammenhang mit dem → Quadrat. Die V. und das Geviert werden in → Heideggers Philosophie auf das Sein bezogen. [Lr]

**Vierzehn.** Eine lunare Bedeutung (halber Mondumlauf) dürfte vorliegen, wenn in Babylonien Nergal von 14 anderen Göttern in die Unterwelt geleitet wird. Möglicherweise ist auch die Zerstückelung des Osiris in 14 Teile in diesem Zusammenhang zu sehen. Im Islam spielt die mystische Interpretation der Buchstaben eine wichtige Rolle; den 14 Sonnenbuchstaben stehen 14 Mondbuchstaben gegenüber. Ein dem Mohammed zugelegter Name lautet Taha und weist durch den ihm zugelegten Zahlwert (Vierzehn) darauf hin, daß der Prophet wie der lichte Mond in der dunklen Welt erschien. Die Vierzehn ist auch als Verdoppelung der Sieben von Bedeutung, so bei den in der katholischen Kirche bei besonderen Anlässen angerufenen 14 Nothelfern, denen seit dem 13. Jh. Altäre geweiht wurden. Die Verdoppelung der V. wird spekulativ mit der mikro-makrokosmischen Parallelität in Verbindung gebracht: die Wirbelsäule mit ihren 28 Wirbeln entspricht der Weltsäule wie auch der Zahl der Mondumlaufstage. [Lr]

**Violett.** Als Farbe zwischen Rot und Blau vermag V. das »Ringen des Geistes mit dem Fleisch und die Zerknirschung des Herzens auszudrücken« (G. Kranz) und wird zum symbolischen Ausdruck der Buße (liturgische Farbe der Advents- und der Passionszeit) und der → Trauer. Im Volkslied oft in ähnlicher Bedeutung wie → Blau: Sinnbild der Beständigkeit und der Treue. [*]

**Virtutes** → Tugenden

**Vishnu.** Eine der Hauptgottheiten des → Hinduismus neben → Shiva. Seine wesentlichen Merkmale sind seine alldurchdringende Lichtnatur und seine Verbindung mit der SONNE, mit Leben (*prāna*) und Fruchtbarkeit. Einer der ältesten Mythen ist der von den DREI SCHRITTEN, mit denen V. das Weltall (bzw. Erde, Luftraum und Himmel) durchmessen hat (daher sein Name Trivikrama). Sein höchster Schritt (oder Fußspur) wird schon im Veda als mit Nektar gefüllter Himmel bezeichnet. Er schafft nicht nur den weiten Raum, er stellt auch in seiner Identifizierung mit der *axis mundi* die Stabilität das Kosmos dar. Seine Unendlichkeit wird u.a. dadurch symbolisiert, daß er auf der WeltenSCHLANGE Ananta (= unendlich) im Urwasser liegend dargestellt wird. Zwischen den Weltperioden ruht er im kosmischen Schlaf, darauf entsteht die Welt in Form einer LOTOSBLUME, die aus seinem Nabel wächst und auf der der Schöpfergott Brahmā thront. Seine Farbe ist blau wie Himmel und Wasser. Ebenfalls ein Symbol seiner Alldurchdringung und seiner Sonnennatur ist sein Tragtier, der mythische Vogel Garuda.

V. wird u.a. mit folgenden Emblemen dargestellt: in den vier Händen trägt er KEULE, DISKUS (Symbol der Sonnenscheibe und der Zeit), MUSCHEL (Verbindung mit dem Ozean und Symbol für Urlaut und Lebensatem) und Lotos. Oft wird er nur durch das RAD (*cakra*) symbolisiert. Seine → Shakti ist Lakshmī oder Shrī, die Göttin des Glückes, der Fruchtbarkeit und des Reichtums. Auch ein anikonischer STEIN (Shālagrāma) wird als Symbol V.s verehrt. Seine Anbeter bezeichnen ihre Stirn mit drei senkrechten Linien, die unten zusammenlaufen. In der symbolischen Darstellung der drei Götter Brahmā, V. und Shiva (Trimūrti als dreiköpfige Gestalt) besitzt er die Funktion der Erhaltung der Welt. Zum Heil der Welt inkarniert sich V. in verschiedenen → Avatāras. [BB]

J. Gonda, Aspects of Early Visnuism, 1954; The Vishnu Purana, transl. by H. H. Wilson, 1961; J. Gonda, Visnuism and Sivaism, 1970; K. S. Desai, Iconography of Vishnu, 1973.

**Vision.** Im eigentlichen Sinn ist unter V. ein Offenbarungsempfang durch ein von der Gottheit geschenktes Gesicht zu verstehen, das sich meist auf ein räumlich entferntes oder zukünftiges Geschehen bezieht. Es gibt dieses Phänomen in allen Religionen bis in die Neuzeit. Häufig ist die V. mit einer Audition verbunden. Eine spezielle Art der V. ist die Traumv. (→ Traum), die nach biblischem Verständnis durchaus gottgewirkt sein kann (4 *Mos* 12, 6). Die V. bedeutet für den Visionär oft Sendung; sie läßt ihn die Botschaft seiner Sendung sehen (*Jes* 6; *Jer* 1; *Ez* 1–3; *Am* 7; *Apg* 10, 10–16), außerbiblisch etwa Mohammed und Ramakrischna. Eine entscheidende Stelle nimmt die V. in der Apokalyptik ein (→ Apokalypse).

Die V. kann gegenständlich sein. Meist wird sie aber in eine Bild- oder Symbolsprache eingekleidet (→ Bild, → Symbol). Nicht selten sind die Symbole der mythischen Überlieferung entnommen und mit kosmologischen und astrologischen Elementen vermischt. Paradigmatisch dürfte die Berufungsv. *Ez* 1 sein. Als Ganzes stellt sie eine Art → MANDALA dar; die vier Mischwesen oder Keruben (→ Kerubim) – Löwe, Stier, Adler, Mensch –, später Christus- und → Evangelistensymbole, Repräsentanten der vier Weltecken, bilden mit ihren Flügeln das Quadrat. Sturmwind, Wolke, Feuer, Lichtglanz, Blitz sind Theophaniesymbole, wozu anderswo noch das Erdbeben zählt (*Offb* 16, 26). Die Räder neben den Lebewesen bilden mit diesen zusammen die

*Merkaba,* den THRON-WAGEN Gottes (vgl. *Dan* 9, 7; *Hab* 3, 8) anknüpfend an altbabylonische Vorstellungen. Symbol der Botschaft Gottes ist die BUCHROLLE (*Ez* 2, 8 ff.; *Sach* 5, 1 ff.; *Offb* 5, 1). – Die Zahl der V.ssymbole ist sehr groß; vor allem sind noch zu nennen Wasser, Baum, Pferd, Berg, Stein, Horn, Leiter, Rauch, Meßschnur, Drache, Fackel bzw. Leuchter, die himmlische Stadt und ihr Tempel. Oft stehen die visionären Bilder in unmittelbarer Beziehung zur Umwelt des Visionärs. So symbolisiert der SIEDENDE TOPF (*Jer* 1, 13–16) das nahende Gericht, ähnlich die HEUSCHRECKEN, das FEUER, das BLEILOT, der KORB mit reifen Früchten (*Am* 7 u. 8). – In der nachbiblischen und patristischen Zeit sind vor allem Märtyrer und Mönche Empfänger von V.en, später die Mystiker (→ Mystik), meist mit überlieferter Symbolik. → Hildegard v. Bingen. [ThS]

Fr. Häusermann, Wortempfang u. Symbol in der atl. Prophetie 1932; M. L. v. Franz, Die Passio Perpetuae mit Deutung der V.en, (C. G. Jung, Aion. Unters. z. Symbolgesch.) 1951; E. L. Ehrlich, Der Traum im AT, 1953; K. Rahner, V.en u. Prophetien, 1958; W. Keilbach-V. Maag-A. Strobel, (RGG, VI) 1962; E. Pax, V. (LThK, 10) 1965; G. v. Rad, Theol. des AT II, 1965 (67–78); E. Benz, V. u. Führung in d. christl. Mystik (Eranos-Jb. 31) 1963; Ders. Die V. Erfahrungsformen u. Bilderwelt, 1969; Ders. Die Farbe im Erlebnisbereich der christl. V. (Eranos-Jb. 41) 1974; B. Nolan, The Gothic Visionary Perspective, Princeton 1977.

**Vögel,** über der Menschen Häupter schwebend, gehören sie dem Luft- und Lichtreich an und werden zum Symbol dieser Sphären und der in ihnen wohnend gedachten Götter, Geister und → Seelen. Nach altmesopotamischer Vorstellung tragen die Toten in der Unterwelt wie die V. ein Federkleid; die Ägypter glaubten, daß die Seele als Vogel das Grab verlassen könne. Als Erscheinungsform der Sonne bzw. der Sonnengottheit gelten besonders die Raubvögel (→ Adler, → Falke), aber auch der → Rabe. Dem Licht zugewandt, bekämpfen sie die Mächte der Finsternis; in der indischen Mythologie verfolgt der Vogel Garuda erbarmungslos die Schlangen. Die V. der Sümpfe und Gewässer stehen im Mythos in einem besonderen Zusammenhang mit Geburt und Leben (→ Ente, → Storch), ebenso auch die → Gans. V. sind die Überbringer des Heilstrankes und der Lebensspeise. So soll ein Adler dem kleinen Zeus Nektar gebracht haben und drei Raben (in Grimms Märchen *Die weiße Schlange*) einen goldenen Apfel vom Lebensbaum. Im Bild des Vogels können Tod (→ Eule) und Unsterblichkeit (→ Phönix) symbolisiert werden.

Die Vorstellung vom Vogel auf dem Weltbaum (z. B. Adler auf der Weltesche Yggdrasil) ist als ikonisches Kürzel »Vogel auf der Stange« im alten Orient und in Alteuropa zum Macht- und Herrschaftszeichen geworden. In der christlichen Kunst können V. Hinweis sein auf die Seligen im Paradies (Rankenmuster frühchristlicher Mosaiken), auf die gerettete Seele (Christusknabe spielt mit einem Vogel) oder ganz allgemein auf die Entsündigung der Welt in Anlehnung an 3 *Moses* 14,49–52 (fliegende V. auf Christgeburtsbildern). Neben → Adler, → Hahn, → Pelikan, → Pfau und → Taube spielten in der Literatur und Kunst des späten MA eine besondere Rolle → Eisvogel, → Nachtigall, → Schwalbe, → Specht, → Stieglitz und → Wiedehopf. Erwähnt sei auch der unscheinbare Sperling (Spatz): bei den Griechen war er wegen seiner Vermehrungslust der Liebesgöttin Aphrodite zugeordnet; im apokryphen *Protoevangelium des Jakobus* (2,1–4) klagt Anna angesichts eines Sperlingnestes über ihre eigene Unfruchtbarkeit; im MA wird der Vogel zu einem Bild der Unkeuschheit, die aber der fromme Mensch zu überwinden versucht; bei den Altären des Herrn seine Behausung findend (*Ps* 84,4), sinnbildet er den im Hause Gottes sich heimisch fühlenden Menschen (Bildmotiv des Sperlings in der Hand des Christuskindes).

[Lr]

H. Vetters, Der V. auf der Stange, ein Kultzeichen (Jahreshefte d. österreich. archäolog. Inst. 37/1948); S. Jacquemard, L'oiseau, Paris 1963; K. Spieß, Der V. Bedeutung u. Gestalt in sagtüml. u. bildl. Überlieferung, 1969; A. Röhl, Geflügelte über uns. Der V. in Mythus u. Gesch., 1975; D. Forstner, V. (Die Welt d. christl. Symbole, 219–243) [3]1977; J. Pollard, Birds in Greek life and thought, London 1977; G. Roth-Bojadzhiev, Studien zur Bedeutung der V. in der mittelalterl. Tafelmalerei, 1985.

**Völkerkunde.** Zum Bereich des Symbolischen gehören in völkerkundlicher Sicht: Mythen und Zauberhandlungen, Verwandtschaftssysteme und Heiratsordnungen, → Schamanismus, → Ahnenkult, → Initiationsbräuche, → Fruchtbarkeitsriten. Viele Schöpfungs- und Urzeitmythen bedienen sich symbolischer Bilder als Ausdrucksmittel, um ihre Grundgedanken wiederzugeben.

Besondere Verdienste um das Studium der Symbolik erwarb sich in der V. die kulturhistorische Richtung, so etwa P. W. Schmidt mit seinem Werk *Ursprung der Gottesidee,* 12 Bde. (1926ff.). Einen bedeutenden Beitrag zur Erforschung der Symbolik der → Naturvölker leistete H. Baumann (*Schöpfung und Urzeit des Menschen im Mythos afrikan. Völker,* 1936; *Afrikan. Plastik und sakrales Königtum,* 1969); in seinen Untersuchungen zur Bisexualität (*Das doppelte Geschlecht,* 1955) stellen sich die archaischen Hochkulturen als Kerngebiet von Gottheiten und mythischen Persönlichkeiten mit androgyner Kennzeichnung heraus. Nach H. Trimborn liegt der Symbolgeladenheit vieler Vorgänge bei den Naturvölkern eine unzureichende Unterscheidung von Wirklichkeit, Erinnerungsbild, Wunsch- und Traumbild zugrunde.

In anderen Disziplinen hat man sich des öfteren des V.-materials bedient, um Züge des Symbolischen zu deuten, wobei es auch um Bestätigung oder Erweiterung eigener Vorstellungen ging. So steht in S. → Freuds *Totem und Tabu* (1913) die Symbolik der Naturvölker im Mittelpunkt; für seine Auffassung des Festes stand die Symbolik der Totenmahlzeit verschiedener Naturvölker Pate. Freud gelangte durch Beobachtungen in Spätsituationen völkerkundlicher Phänomene zu verhängnisvollen Trugschlüssen, was zu heftigen Reaktionen seitens der Ethnologen führte (Jensen, Friedrich, W. Schmidt u.a.). Ebensowenig bot das vorhandene ethnologische Material beweiskräftige Anhaltspunkte, um Freud zu der Ansicht kommen zu lassen, daß »im Oidipuskomplex die Anfänge von Religion, Sittlichkeit und Kunst zusammentreffen«. Waren bei Freud die Erscheinungen des Kultes bei Naturvölkern Gegenstand seiner Forschung, so widmeten sich seine Schüler vor allem den Untersuchungen des Mythos.

Viele Anhänger bei den Ethnologen fand die tiefenpsychologische Beurteilung und Deutung von Mythenelementen durch C. G.→ Jung., der auch zur Interpretation individual-psychologischer Probleme in Bezug auf das Symbol viel völkerkundliches Material heranzog. Jung glaubte auf Grund von Vergleichen der Träume seiner Patienten mit Mythen und Märchen der Völker das Vorhandensein von mythenbildenden Strukturelementen (Archetypen) der unbewßten Psyche annehmen zu können. Aber auch er begegnete bei den Ethnologen entschiedener Gegner, die ihm vorhielten, den zentralen Begriff des → Archetypus nicht immer in demselben Sinne zu gebrauchen und daß eine Mythe mehr sei als eine Auseinandersetzung von Einzelbildern oder Archetypen (Jensen, Petri, Haekel, Herrmann).

Die völkerkundliche Symbolinterpretation hat auch viele Impulse von der Existenzphilosophie, vor allem von den Phänomenologen E. Husserl und Max Scheler erhalten. Diese phänomenologische Bewegung fand bedeutenden Widerhall bei der Interpretation der Religionen und führte zu befruchtenden Querverbindungen zwischen V. und → Religionswissenschaft. Für Rudolf Otto, der die Entstehung der Religion auf das Gefühl für das Heilige zurückführt, sind Symbole Objektivationen des »begleitenden dunklen und gefühlten Vorstellungsinhalts«. Die Auffassung der Symbolik von Otto ist eine Reaktion auf die positivistische Betrachtungsweise von Symbol und Mythos als Produkte profan gesehener, noch nicht gezügelter Affekte und reiner Phantasie. Durch die Betonung des Numinosen wurde das irreale Element des Symbols und das religöse Moment in den Mittelpunkt der Forschung gestellt. Unter seinem Einfluß wird das Symbol mehr und mehr als »Repräsentant eines Höheren, Übernatürlichen« angesehen. In diesem Sinne betont auch Mircea → Eliade »die Transparenz der Welt, die das Symbol herstellt« und sich »an das ganze Wesen des Menschen und nicht nur an seinen Verstand wendet«.

Die → Symbolforschung spielte eine bedeutende Rolle in den Arbeiten von J. G. Frazer (*The Golden Bough*, 1890), → Frobenius, W. E. Mühlmann und vor allem bei → Lévi-Strauss und den Strukturalisten. [Du]

R. Otto, Mythos u. Rel. in Wundts Völkerpsychologie (Theolog. Rundschau;) 1910; R. Otto, Das Heilige [16]1927; R. Thurnwald, Symbolismus im Lichte der V. (Zs. f. Ästhetik u. Kunstwiss. 21) 1927; ders. Ethnologie u. Psychoanal. (Kritik der Psychoanal., hg. v. H. Prinzhorn u. K. Mittenzwey) 1928; K. Th. Preuß, Der relig. Gehalt der Mythen, 1933; K. Kerényi, Vom Wesen des Festes (Paideuma 1) 1938; W. Mühlmann, Methodik der V., 1938; W. Schmidt, Spiele, Feste, Festsp. (Paideuma 4) 1939; H. Petri, Tiefenpsychol. u. Ethnol. (Stud. Gen. 3) 1950; A. E. Jensen, Mythos u. Kult bei den Naturvölkern, 1951; F. Herrmann, Symbolik i. d. Relig. der Naturvölker, 1961; W. Mühlmann, Rassen, Ethnien, Kulturen, 1964; J. Haekel, Relig. (Lehrbuch der V., hg. von H. Trimborn) 1971; F. Herrmann, Der Symbolbegriff i. d. Ethnol. (BSIM 6) 1973.

**Volksglaube.** Der V. (bes. früher auch Aberglaube; Begriff enthält aber abwertendes Urteil; Goethe: »Praktisch genommen lassen sich Glaube und Aberglaube nicht unterscheiden.«) äußert sich in riesiger Mannigfaltigkeit. Wahrnehmung und Analyse erfolgt über Objektivationen (als Indikatoren;

H. Gerndt, für kulturelle Prozesse). Vier Gruppen: Vorstellungen, Handlungen, Erzählungen und Darstellungen.
Vorstellungen: Glaube an unpersönliche, bes. wirkungsvolle objektgebundene Kräfte ist »Orendismus« oder Machtglaube. Bestimmte Menschen können über solche Kräfte verfügen, in positiver oder negativer Weise (z.B. die »unreinen« Leute wie Abdecker, Wöchnerin). Auch im Leichnam orendistische Kräfte: unpersönliche Kraft mit dem Körper verbunden; Vorstellung vom »lebenden Leichnam« (animist. Totenvorstellung: pers. Seele, die Körper verläßt); desgleichen in Tieren, Metallen etc. → Amulett, → Talisman und Fetisch sind orendistische Gegenstände, die durch ihre Kraft Glück gewährleisten und Unglück abwehren (s.a. → Glückssymbole). Daneben persönliche mächtige Wesen, die nützen oder schaden können, z.B. Geister usw.; hier auch christliche Heilige einbezogen. Äußerung gegenüber diesen Mächten in Handlungen (Einzelner oder der Gemeinschaft): beim Brauchtum (→ Lebensweg), in der → Volksmedizin, in der Zauberei (→ Abwehrzauber, → Jagdzauber). Zweck: Stärkung der Kraft der übernatürl. Macht (ursprüngl. Sinn der Geschenkopfer; nach Gewährung der Bitte Dankopfer; → Votivgaben; Kränze und Blumen, in Quellen geworfen, sind auch ursprüngliche Opfer); Stärkung der eigenen Kraft; Ausübung eines Zwanges, wodurch man die Erfüllung eines Wunsches notwendig herbeiführt (direkt durch Beschwörung, indirekt durch Analogiehandlung od. -zauber, → Analogie); apotropäischer (Vertreibung und prophylaktisch) und schließlich mantischer Zweck (Handlung hat die Zukunft im Auge). Die gleiche Handlung (z.B. Maskierung, Tanz usw.) kann nun verschiedenen Zwecken dienen; oft auch nur mehr dem Zweck der Belustigung und des Spiels. Mittel dieser Handlungen sind z.B. akustische Mittel wie Lärm, dazu Worte (Gebet und Zauberspruch), Gebärde, Tanz, Hauchen, Kreuzschlagen; auch unter Verwendung von Gegenständen (Stab, Kranz etc.), Verhaltensmaßregeln (kultische Nacktheit etc.) u.v.a.m.
V. äußert sich in Erzählungen, die Bezug auf bes. wirkungsvolle Kräfte haben: christl. (Christus, Heilige, auch Reliquien, Hostien) und nichtchristl. Kräfte (Geister, → Hexen, aber auch Zaubermantel, Zauberschuh, Tarnkappe, Lebenswasser usw.). In der bildenden Kunst gibt es drei Gruppen von Vorstellungen: Bildwerke, die als »heilig«, erfüllt von bes. Kraft gelten (von Heiligen, aber auch Symbole, d.h. krafterfüllte Zeichen), solche, die als Opfer dargebracht werden (vgl. → Votivgaben) und schließlich: nicht das Bild ist die Hauptsache, sondern der dargestellte Gegenstand (Ersatzopfer, Bildzauber). Frage nach der Geschichte früher akzentuiert von den Annahmen einer germanischen Grundschicht als letzter nicht mehr teilbarer Einheit sowie der des Fortbestehens kultureller Schöpfungen mit konstanten Bedeutungsinhalten unabhängig von einem Wechsel der Träger (d.h. der V. überdauert vom german. Altertum bis in die Gegenwart; besonders im Hinblick auf die großen Sinnbilder des volkskundlichen Motivschatzes wirksam geworden). Die Frage der Kontinui-

tät wird also – wie übrigens im gesamten Fachbereich der → Volkskunde – heute neu überdacht. Weitere Neuansätze bieten die sog. »archetypischen Neuschöpfungen« und der im Hinblick auf den V. formulierte Satz vom »Brauch ohne Glauben, aber nicht ohne Sinn« (L. Schmidt). Wieder in den Blickpunkt gerückt ist die geschichtliche Relativität des Verständnisses; das Problem der Beziehung zwischen → Mythos und → Sozialstruktur wird derzeit vom phänomenologischen Standpunkt aus beleuchtet. [EH]

F. Pfister, Der V. (Die dt. Volkskunde, hg. v. A. Spamer, 1. Band) 1934; Kontinuität? Geschichtlichkeit u. Dauer als volkskundl. Problem, hg. von H. Bausinger und W. Brückner, 1969; R. Eickelpasch, Mythos und Sozialstruktur, 1973; H. Fillipetti/J. Trotereau, Zauber, Riten u. Symbole im V., 1979.

**Volkskunde.** Symbole wurden im Rahmen der V. vor allem innerhalb der → Volkskunst erforscht. Ihren Sinn erschloß man aus der Funktion: er reichte vom krafterfüllten, wirkenden Zeichen (daher auch »Kraft–«, »Heilszeichen« genannt) bis zum Zierat ohne Bedeutung. Aus dem Nebeneinander von christlichen Symbolen (z.B. Kreuz) und anderen Sinnbildern wie Pentagramm, Wirbelmotiv usw. schloß man auf Funktionsgleichheit und Gleichwertigkeit dieser »Zeichen verschiedener Religionswelten«. Im Hinblick auf die Deutung vertrat K. v. Spieß die Auffassung von der Volkskunst als Ausdruck einer seit altersher unveränderlich geschlossenen Weltanschauung aus arischer Urzeit, die zutiefst im Mondmythos verwurzelt ist und daher gewissen Zahlengesetzen folgt. Man wandte sich (z.B. A. Haberlandt) gegen diese Methode unhistorischen Sehens insoweit, als man einräumte, daß es neben den Inhalten und Formen, die Jahrtausende überdauert hatten, auch solche gibt, die sich – in archetypischer Weise – immer wieder erneuern; auch sei der → Mythos nicht der einzige Gestaltungsantrieb des Volkskünstlers. Man müsse auch die tatsächlich verfolgbaren Wege und Strömungen der Kunstmotive historisch und stilistisch mitberücksichtigen. Trotz dieser Einwände lag dem nachfolgenden Kontinuitätsdenken wiederum die Annahme einer (german.) Grundschicht als letzter nicht mehr teilbarer Einheit und des Fortbestehens kultureller Schöpfungen mit konstanten Bedeutungsinhalten – unabhängig von einem Wechsel der Trägerschicht – zugrunde, diesmal aber verbunden mit einer Betonung mythischer solarer Elemente.

Im Hinblick auf die Symbole kann fast von einer Rangordnung gesprochen werden; das sog. »echte« Symbol hat teil an der höheren Wirklichkeit, und der religiöse Hintergrund wurde zum Qualitätskriterium für diese Vollform. Aus dieser Sicht sind Wertungen zu verstehen: die zeichenhafte Begleitung einer ausgemachten Handlung, wie sie sehr häufig im Rechtsleben vorkommt (z.B. bei Übergabehandlungen; ERDE – als *pars pro toto* – vom Grundstück wird in die Rocktasche gegeben; Schlüsselübergabe beim Einzug in die Stadt), sei nur Verdeutlichung des Geschehens und nicht »symbolhaft im höheren Sinn«; Rechtshandlungen, die in den Bereich des Religiösen fallen (z.B. Aufrecken der Schwurfinger), aber auch Amtszeichen und

Insignien u. dgl. »erreichen oft den Bereich des echten Symbols«. Postuliert wird auch die ursprüngliche religiöse Sinnerfüllung; im Laufe der Zeit ist dann bei manchen Symbolen das Heraustreten aus der religiösen Sphäre erfolgt; sie wurden profaniert, säkularisiert und sinnentleert. Das frühere Symbol ist nun Begriffs- und Bedeutungszeichen für praktische Mitteilungen, Lautzeichen, Hausmarke, Besitzzeichen, Steinmetzzeichen, schließlich nur noch Schmuck, Zierat, → Ornament. (Es wurde also »unecht«, wenn man konsequent sein will). Verdeutlicht wurde dieser Gedankengang auch am Beispiel der Runen, die in vielen Fällen als Einzelzeichen da waren, bevor man sie in einem Alphabet zu Mitteilungszeichen vereinigte. Ihre Wirkung sollten sie auch beim Werfen der Lose, von dem Tacitus berichtet, erweisen: als echte, krafterfüllte Zeichen sollten sie die Zukunft beeinflussen. Hier zeigt sich aber deutlich die Sinngebung von der augenblicklichen Verwendung her; so kann auch ein- und dasselbe Zeichen bald als Symbol, bald als magisches Zeichen, bald als Mitteilungs- oder Erkennungszeichen und bald auch als Schmuckzeichen ohne weitere Bedeutung verwendet werden. Kurz angedeutet sei dies am Beispiel des RINGES: Er ist Zeichen des Bundes und der Bewährungszeit (→ Verlobung), im magischen Kreis schützt er aber nach innen und wehrt nach außen; daher trägt die Braut in Indien einen Ring auf der Stirn zum Schutz; der Zauberkreis kann aber auch immateriell sein: er wird auch durch Umschreiten hergestellt. Das Symbol weist über sich hinaus, in verschiedener Weise und in verschiedenem Maße, auch ins Transzendente. Anzufechten ist aber eine chronologische Betrachtungsweise, die das echte Symbol als Ausgangsform postuliert, sowie die Konzeption vom Überdauern von (gleicher) Form und (gleichem) Inhalt über Jahrtausende hinweg. Der Realität und dem Wert des Symbols näher kommt eher die Feststellung vom Überdauern der Form trotz des inhaltlichen Wandels (vgl. auch den begrifflichen Wandel: »Friede« heute bedeutet nicht das, was germ. »Friede« meinte und beides ist nicht das, was »Friede« im jüd. Altertum ausdrückte), die verschiedene Bedeutung eines Zeichens im Nebeneinander (und sogar beim Einzelnen, der sich eines Symbols bedient), Verlegung des Akzents auf den Menschen als Urheber der Sinngebung und Anwendung der Zeichen, und schließlich Ausweitung der Symbolforschung auf alle Teilbereiche des Faches; vgl. auch → Märchen, → Erntebrauch, → Hochzeit, → Volksmedizin, sowie für den Bereich der Kommunikationsforschung (symbol. Interaktion) → Sozialstruktur und → Höflichkeit.

Ferner soll die bedeutende Anregung, die A. Walzer gegeben hat, aufgegriffen werden, nämlich die Erforschung der Entwicklungsgeschichte des profanen Motivschatzes. Man erweist der Symbolforschung keinen guten Dienst, wenn man den Begriff zu eng faßt; man sollte daher nicht mehr vom Symbol als letztlich numinosem Zeichen ausgehen. Die im *Wörterbuch der deutschen Volkskunde* von Erich und Beitl gegebene Definition – ›Unter Symbol verstehen wir ein Wort oder Zeichen, einen Gegenstand oder eine Handlung, die über die eigene Wirklichkeit und den alltäglichen Sinn hinausweisen‹ – ist eine sehr brauchbare Arbeitsgrundlage. Sie vermeidet Schwierigkeiten, die sich aus einer antithetischen Auffassung von → Allegorie (eine Schöpfung des klügelnden Verstandes) und Symbol (intuitiv gestaltet) ergeben. Einteilungen, die z.B. Symbol als Oberbegriff – der Brauch und Sinnbild einbegreift – ansetzen oder nur die figuralen Symbole als Sinnbilder bezeichnen, lassen sich letztlich nicht durchhalten. Der Sprachgebrauch ist nicht einheitlich und die Begriffe, zu denen auch noch »Sinnzeichen«, »Bild«, »Zeichen«, »Symbol.« oder »zeichenhafte Handlung« etc. gehören, vieldeutig. Da wir es mit lebendiger Wirklichkeit zu tun haben, ginge eine künstliche Beschränkung am Leben vorbei. [EH]

K. v. Spieß, Marksteine der Volkskunst, 2 Bde., 1937 und 1942; R. Much, Mondmythol. u. Wissensch. (AfR XXXVII. Heft); F. Pfister, Bild u. Sinnbild, (Brauch u. Sinnbild) 1940; F. Herrmann, Brauch u. Sinnbild im Bereich volkskundl.-ethnolog. Fragestellung, ebda.; G. Stuhlfauth, Neuschöpfungen christl. Sinnbilder, ebda.; A. Walzer, Liebeskutsche, Reitersmann, ... Volkstüml. Bilderschatz, 1963.

**Volkskunst.** Der vitale Gebrauch eines Gegenstandes erfolgte nie ohne geistig-verbindliche Anteilnahme und wird darum im Geltungsbereich der V., einer Sonderart innerhalb der Gattung Kunst, stets offener als in anderen Künsten durch urwüchsige Wortwahl und Symbole ausgedrückt. Bei der V. vereinigen sich, schöpferisch einander anregend, die beiden Grundvoraussetzungen → Heimat (Raum und Epoche einer Generation) sowie Ebenmaß (handwerklich-technisches Können) mit dem Dritten, dem Symbol. Dieses ist stets mehr als Nur-Schmuck (Zierat), weil es Gegenstand und Mensch aufeinander bezieht; dieser Bezug führt zu fruchtbarem Reichtum an Formen. Dabei spielen Heimat als Werkstofflieferant und als ausgestaltbare Menschenwelt eine ebenso wichtige Rolle wie das aus uraltem Handwerkswissen und -können entstandene Ebenmaß.

Da nach Jac. von Uexküll alle Gebrauchsgegenstände »kontrapunktisch in unser Leben eingefügte, halblebendige Dinge mit unverkennbarem Stempel des Subjetiv-Lebendigen« sind, so vermittelt die dauerhaft (»verweile Augenblick ...«) auf ihnen angebrachte Symbolik dem Beschenkten, Benutzer, Besitzenden bedeutungsvolle Hinweise auf den Schenkenden (Minnegabe) und den Verfertiger, Künstler (»Schmücken ist eine Arbeit, die von der Arbeit erlöst.« O. Seyffert). Somit überhöht Symbolik den nackten Nutzwert und verleiht volkstümlicher Zweckkunst (sei sie einmalige Korpusarbeit oder wiederholbare, musikal.-tänzer. oder schauspieler. Brauchtums-Äußerung) jene »geniale Größe«, die nach Jacob Burckhardt aller Kunst eignet. V. bevorzugt symbolische Zeichen/Bilder, die z.B. aus brauchtümlicher Kenntnis heute noch verständlich bleiben: Lebensbaum, Dreisproß; Herz, Malkreuz, Raute, Kette; Menschenpaar, heimische Tiere u.ä.; sowie zum Ornament abgesunkene, meist lineare Altsymbole. Weiträumige Beobachtungen bezeugen, daß gute Handwerkstradition, die sich an Werkstoff-Auswahl und -Bearbeitung kundtut, auch Fähigkeit und Kunst symbolischen Ausschmükkens voll miteinschließt, weil der Wert alten Handwerkswissens darin beruht, »ein jeglich ding recht zu thon . . .; denn dein überkommne kunst macht dir ein gut augenmaß« (Albr. Dürer *Aesthet. Exkurs*) sowohl im technisch-sachlichem Bereich wie in der symbolischen Durchgestaltung zwischenmenschlichen Wünschens und Wollens. So gesehen wird symbolischer Schmuck in der V. tatsächlich ein echt-religiöses Inbeziehungsetzen ohne magischen Hintergrund. (→ Bäuerl. Symbolik)

Wegen der immer noch am Anfang stehenden Erforschung der V.-Symbolik ist zweierlei sehr scharf auseinanderzuhalten: a) Beschreibt man ein Zeichen/Bild lediglich nach Form, Sache, stofflicher Beschaffenheit, sollte man das neutrale Siegel → Reißzeichen dafür benutzen; b) beschreibt man jedoch den inneren, die Wechselbeziehungen meinenden Gehalt dieses Reißzeichens, will also »bedeuten«, so soll man die drei dafür üblichen, fast synonymen Wortprägungen Symbol – Sinnzeichen – Sinnbild benutzen. Dabei kann das Siegel »Symbol« den Vorteil des Übergeordnet-Allgemeinen für sich beanspruchen, während begriffseinengend sich »Sinnzeichen« auf abstraktere, meist lineare Formen und »Sinnbild« mehr auf füllige, komplex-anschauliche Formengebung beziehen. Die Begriffstrennung Reißzeichen/Symbol hat von vornherein beim Beschreiben von Spätformen, bei Verzerrung im Kitsch u. dgl. den Gewinn, symbolische Wechselbeziehungen infrage zu stellen oder abzuleugnen. → Stickerei, Waffeleisen [LM]

H. Focillon, (Hg.), Art populaire (Internat. V. kongreß Prag 1928) 1931; O. v. Zaborsky, Urväter-Erbe in dt. V., 1936; H. Kramer, D. Dingbeseelung i. d. germ. Überliefer. (Diss. München) 1940; H. Th .Bossert, V. in Europa, 1941; J. v. Uexküll, Der unsterbl. Geist i. d. Natur, 1947; H. Th. Bossert, Ornamente i. d. V., 1949; S. Lehmann, Grundbegr. d. V. (Hepding-Festschr., Hess. Blätter f. Volksk. 49–50) 1958; S. Lehmann, Bäuerl. Symbolik -Symbolon VI) 1968; Th. Gebhard/J. Hanika, Beharrung u. Wandel d. europ. Volkskultur i. d. Gegenw., 1963; L. Schmidt, V. in Österreich, 1966; K. Beitl, Volksglaube. Zeugnisse religiöser V., 1983.

**Volksmedizin.** Der Terminus V. bezeichnet die Gesamtheit der im Volk lebendigen Krankheitsvorstellungen und Heilverfahren. Dabei ist zwischen Erfahrungsmedizin und der V. im engeren Sinn, der Zaubermedizin, zu unterscheiden. Letztere stellt geheimnisvolle Beziehungen zwischen der Krankheit und der sinnlichen und übersinnlichen Welt her. Auch sind Erfahrungs- und Zaubermedizin vielfach verquickt: die Verwendung tatsächlich wirksamer Substanzen geht mit magischen Erklärungen oft Hand in Hand. Vieles ist aus der Schulmedizin eingeflossen; der Traditionsweg läßt sich über die mal.-frühneuzeitlichen Kräuterbücher und andere Volksbücher (→ Physiologus) bis zu den medizinischen Schriften der Spätantike (Dioskorides, Ps.-Plinius) zurückverfolgen. Dennoch wäre es falsch, die V. einseitig im Sinne »gesunkenen Kulturgutes« zu begreifen; sie muß vielmehr in enger Verbindung mit dem Gesamtkomplex → Volksglauben gesehen werden.

Die Entstehung der Krankheit schreibt die V. dämonischen Mächten zu; daneben auch Vorstellung von Tieren im Menschenleib: Gebärmutter wird als eigenes Wesen in Gestalt einer KRÖTE oder STACHELKUGEL vorgestellt, daher bei Unterleibsschmerzen (auch von Männern) entsprechend geformte → Votivgaben. Mit »WURM« wird nicht nur wirklicher Wurmbefall, sondern alles, was zerfressen aussieht, bezeichnet; in Beschwörungsformeln oft drei farbige Würmer entsprechend den Stadien der Entzündung: ROT – Röte, WEISS – Eiterung, SCHWARZ – Brand. Bei den zahlreichen Namen der Pest spielen Dämonenglaube, Symbolsprache, aber auch Beobachtung des tatsächlichen Geschehens mit: Fliege, roter Hahn (!), blaues Flämmchen etc. Ein Symboldenken im Sinne des Glaubens an die Kraft wirkender Zeichen manifestiert sich in den zentralen Vorstellungen der V., → Sympathie (geheimnisvolle Beziehung und Wirkung versch. Personen und Dinge aufeinander) und → Analogie. Krankmachen kann erfolgen durch Beschreien, aber auch durch Bildzauber. Der Vorbeugung dienen gesprochene oder geschriebene Wörter und Zeichen (Name Gottes etc.), Handlungen, bes. im Jahresbrauchtum (Schlag mit Lebensrute usw.), sowie verschiedener Gegenstände (Schlucken geweihter Palmkätzchen; z.T. genügt Abbild). Religiöse Schutzmittel: Weihwasser, Kreuzzeichen, Rosenkranz, »T« (bes. gegen Pest), aber auch Penta- und Hexagramm. Für die Heilung bes. wichtig ist das auf Analogieglauben basierende Prinzip *similia similibus;* → Analogie kann sprachlich (Steinbrech gegen Blasensteine) oder sachlich sein (Gelbes und Goldfarbenes gegen Gelbsucht). Eine bes. große Rolle spielt der zu- und abnehmende MOND. Umkehrung (Rückzauber): Zurücklesen etc. treibt Krankheit zurück, desgl. Zettel mit Schwindewörtern. Prinzip contraria contrariis: z.B. Mann trägt Frauenhemd (Täuschung der Dämonen spielt mit). Heilung durch List (euphemistische Krankheitsnamen wie Rotschön für Rotlauf), durch Ekel (Essen einer lebenden Maus). Im DURCHKRIECHritus wird Krankheit abgestreift, auf berührten Gegenstand übertragen (daneben auch Deutung als Wiedergeburt). [EH]

»Fieber« im RAC; G. Jungbauer, Dt. V., 1934; M. Bouteillier, Médecine populaire d'hier et d'aujoud'hui, Paris 1966; E. Grabner (Hg.,) V. Probleme u. Forschungsgesch., 1967.

**Vorsokratiker:** die Begründer des philosophischen Denkens in Griechenland (6. und 5. Jh. v. Chr.). Die erste theoretische Frage ist die nach der *arché,* dem Urstoff und Prinzip der Welt; sie wird von den ionischen Naturphilosophen durch konkrete Abstraktionen beantwortet (Thales nennt das Wasser, Anaximandros das stofflich verstandene Unendliche, Anaximenes die Luft). Ebenso hypothetisch, aber zugleich von symbolischer Qualität ist die ZAHL, die für Pythagoras und die → Pythagoreer die Grundlage der kosmischen Analogien und Substanzen darstellt. Hekataios und Xenophanes üben zwar Mythen- und Religionskritik, letzterer greift besonders die damals wichtige Mantik (Zeichen- und Traumdeutung) an. Um aber seinen pantheistischen Kosmos zu veranschaulichen, verwendet Xenophanes selbst das Symbol der KUGEL: das All ist vollkommen, göttlich und kugelförmig. Nach ihm nennt Parmenides die Wahrheit »wohlgerundet«, und auch ihm dient die »wohlgerundete« KUGEL als Symbol der Vollkommenheit und gleichmäßigen Solidität des Seienden. In der Lichtsymbolik des Parmenides sind FINSTERNIS und NACHT die Symbole des Unwissens; das LICHT, besonders das SONNENLICHT, ist Sinnbild des Wissens; der Weg zur Erkenntnis wird als Fahrt auf dem rossebespannten Wagen durchs Tor des Hauses der NACHT nach OSTEN, zur SONNE, symbolisch eingekleidet.

Sind bei Parmenides »Werden und Vergehen ausgelöscht« und ist die KUGEL das Symbol für die Unbewegtheit des Seins, so symbolisiert bei Empedokles die KUGEL den vollkommenen und ursprünglichen Zustand der Welt; ihr Gegenteil ist *Akosmia*, die Unordnung. Empedokles anerkennt die Veränderung von Zuständen, und die ursächlichen Kräfte dafür symbolisiert er als Liebe und Streit, Anziehung und Abstoßung. Die KUGEL versinnbildlicht Vollkommenheit in der Lehre von Leukippos und Demokritos, den Begründern einer monistischen Atomenlehre: die Seele und das Feuer bestehen für sie aus kugelförmigen Atomen, denn diese Form macht der Seele das Eindringen in die von ihr in Bewegung versetzten Lebewesen möglich, die Kugel ist Symbol der Bewegung und des Lebens.

Wie bei → Heraklit, so war für den Sophisten Protagoras der FLUSS ein Sinnbild für die Veränderung und – in aufklärerischer, nicht in skeptischer Absicht – für die Relativität sinnlicher Wahrnehmung. Dem Heraklitschüler Kratylos hingegen schien sogar diese Symbolik zu versagen: in seinem Agnostizismus bezeichnete er es als unmöglich, auch nur »ein einziges Mal« in denselben Fluß zu steigen. Ist die MISCHUNG das Sinnbild des Weltprozesses für Empedokles und Anaxagoras, so besteht für letzteren der Stoff aus unendlich vielen Teilchen, die eine Vernunft, Gott, bewegt; doch Empedokles versinnbildlicht vier Elemente als Urstoffe: ERDE, WASSER, LUFT, FEUER. Entsprechend abstrahierte man vier Qualitäten, in Kontrasten polarisiert und voller symbolischer Assoziationen; heiß, kalt, trocken, naß. HEISS symbolisierte immer etwas Positives: Leben, Freude, und KALT das Negative: Tod und Furcht (Parmenides, Anaxagoras). TROCKEN und NASS sind ambivalent: in Kosmologie und Biologie bedeutet trocken den Tod, naß aber das Leben (Anaximandros u. a.), doch in der Jahreszeitensymbolik ist es umgekehrt: NASS und KALT ist der Winter, der Tod; TROCKEN und HEISS ist der fruchtbare Sommer, das Leben. Neben diesen empirisch begründeten Symboliken gibt es rein spekulative Zuordnungen: war für Parmenides WARM das Weibliche, KALT das Männliche, so galt es für Empedokles und später für Aristoteles gerade umgekehrt: Heiß und FEUER sind Symbole des Männlichen, Kalt und WASSER des Weiblichen. Die Herkunft dieser Symboliken aus vorgefaßten Wertvorstellungen gehört in die Ideologiekritik; der Symbolforschung bleibt die Feststellung, daß hier die Werte des Kosmos und die der Gesellschaft durch Sinnbilder aufeinander bezogen wurden.

[Wr]

H. Fränkel, Dichtung u. Philos. des frühen Griechentums, [2]1962; G. E. R. Lloyd, Hot and Cold, Dry and Wet in Early Greek Thought (Journal of Hellenic Studies 84) 1964; E. R. Dodds, Die Griech. u. das Irrationale, 1970; W. Capelle, Die V., [8]1973 (KTA 119).

**Votivgaben.** Synonym mit dem Begriff V. finden wir in der volkskundlichen und religionswissenschaftlichen Literatur noch folgende Ausdrücke: Votiv, Votivopfer, Opfervotiv, Weihegabe und Weihegeschenk. Am besten gilt also auch hier, was L. Schmidt für das → Märchen festgestellt hat: Der Gattungsbegriff bedeutet im wesentlichen nur eine heuristische Hilfe. In diesem Sinn sei festgestellt: Unter V. sind jene Weihegaben zu vestehen, die in Erfüllung eines Gelübdes (»Verlöbnisses«) der Gottheit oder einem Heiligen dargebracht werden. Das Phänomen begegnet in allen Religionen und Kulturen.

Formen der V. in unserem Bereich sind vor allem Votivbilder und Tafeln mit Aufschrift (»Maria hat geholfen«, »*ex voto*«, »VFGA« für *Votum fecit gratiam accepit* u.a.), Wertgegenstände, plastische Darstellungen aus Holz, Wachs, Eisen, Blech etc., in Einzelfällen auch Kapellen und ganze Kirchen (z.B. Votivkirche in Wien); Ersatz aufwendiger Naturalopfer durch Abbild möglich (*In sacris simulacra pro veris*). Anlaß für V. ist meist Krankheit, Seuche oder sonstige Gefahr, aus der die »verlobte« Person bzw. das Vieh gerettet werden soll oder wurde. Die kranke Person wird auf Bildern im Bett dargestellt oder Gestus weist auf kranken Körperteil hin. Daneben auch isolierte Darstellung der betreffenden Körperteile (vor allem Gliedmaßen, Augen). Bei den plastischen Nachbildungen finden sich auch innere Organe (Lunge etc.); FLAMMENDE HERZEN sind jedoch nicht Organvotive, sondern Symbol der Hingabe. Im Alpenraum gibt es eiserne V. in Tiergestalt zum Schutz für das Vieh, dem hl. Leonhard dargebracht (früher Eisenopfer auch ungeformt oder in Menschengestalt). Seuchen werden durch PFEILE symbolisiert (Antike, MA) 3 Pfeile für die drei Hauptgeißeln Krieg, Hungersnot und Pest. Für einzelne Krankheiten bzw. Körperregionen bestimmte Symbole: WACHSREIFEN, BLUMENKRÄNZE oder KOPFREIFEN aus Eisen für Krankheiten mit Sitz im Kopf, ERASMUSWINDE bzw. KRÖTE (»Bärmuttervotiv«) und STACHELKUGEL (Südtirol) für Bauchregion, MESSER, bei stechenden Schmerzen, SCHLÜSSEL bei schwerer Geburt, HAMMER für eheliche Fruchtbarkeit (vgl. dazu → SCHMIED), LÖFFEL mit Salz bei Zahnschmerzen. Häufig Prinzip der gleichen Länge oder des gleichen Gewichts z.B. bei Votivkerzen in Körperlänge des Bittstellers. Im orthodoxen Kult führte Verbot der plastischen Heiligendarstellung zu Fehlen der Votiv-Plastiken; Griechenland opfert kleine Täfelchen aus Blech mit eingepreßten Darstellungen (z.B. BRAUTKRÄNZE als Bittopfer [um Glück in der Ehe] und als Dankopfer [für erlangte Heirat]), die *Tamma* »Gelöbnis« bzw. *Aphieroma* »Opfergabe« genannt werden. – Der Votant, der sich selbst oder eine andere Person (auch Vieh, Haus etc.) an Gott oder einen Heiligen »verlobt«, d.h. seiner Hife anheimgestellt hat, bringt nun als Ausdruck dieses Gelöbnisses, zur Bitte oder (und) zum Dank seine V. dar. Nach Kriss-Rettenbeck sind die Votivbilder nicht sosehr materielle Dankesgabe als vielmehr Mittel, den erhaltenen Gnadenbeistand vor der Gemeinde kundzutun (Promulgation – Ausdruck wegen der Auffassung als Rechtsverhältnis). [EH]

R. Andree, Votive u. Weihegaben des kathol. Volks in Süddt. 1904; L. Kriss-Rettenbeck, Das Votivbild, 1961; ders., Ex voto. Zeichen, Bild u. Abbild im christl. Votivbrauchtum, 1972; R. Kriss u. H. Kriss-Heinrich, Peregrinatio Neohellenica, 1965; »Votive« im HdA; »Votive, Votivbilder« sowie »Votiv- und Weihegaben« im LThK; »Weihungen« im Kleinen Pauly.

**Waage,** Symbol des Gleichgewichts. Das schon den Altmesopotamiern bekannte zodiakale Sternbild (lat. *Libra*) weist auf das kosmische Ausgeglichensein zwischen den zwei Jahreshälften, aber auch auf den mit der herbstlichen Tag- und Nachtgleiche (21. Sept.) einsetzenden Abstieg der Sonne und damit auf den Hinübergang ins Jenseits. Der Gedanke einer Wägung der → Seele findet sich bei mehreren Völkern der Alten Welt (vgl. ägypt. → Totengericht). Hier ist die Deutung der aramäischen Worte *mene mene tekel u-pharsin:* »gezählt, gewogen und zu leicht gefunden« (*Dan* 5,25–28) anzuschließen. Neben der Seelenwägung durch den Erzengel Michael gehören auch die am Kreuzbalken aufgehängte W. (Handschriften, 15. Jh.) und in einem weiteren Sinne die W. in der Hand Christi als Apotheker (16./15. Jh.) zur Weltgerichtsthematik.
In der Antike war die W. Symbol der Macht (Eroberung Roms durch Brennus!), des Schicksals (→ Homer) und der Gerechtigkeit; auf römischen Münzen hält Justitia eine W. [Lr]

K. L. Skutsch, Libramen aequum. Eine Untersuchung des Wägungsgedankens von der Antike bis in das christl. MA (Antike 12/1936); G. de Tervarent, Balance (Attribute et symboles dans l'art profane 1450–1600) Genève 1958; L. Kretzenbacher, Die Seelenw. Zur religiösen Idee vom Jenseitsgericht, 1958; U. Häussermann, Ewige W., 1962.

**Waffeleisen.** Die langstieligen, viereckigen, runden, ovalen Klemmeisen sind Schmiedearbeit, werden mit Heiligenzierat, Roß und Reiter, Sträußen gestichelt und gepunzt sowie mit Bogen- und Blumengirlanden ausgeschmückt. Sie trugen Namen oder Initialen der Eigner neben der Jahreszahl, weil mit ihnen die begehrten Festgebäcke zu Hochzeit (auch als Lösegeld für das Sperren von Brautwagen!), zu Weihnachten und ganz besonders Neujahr hergestellt wurden; noch bis in die Zeit zwischen den letzten Weltkriegen waren W. wohlgehütete Erbstücke und festtags immer in Gebrauch.
Gute Symbolüberlieferung hat sich auf einigen westfälischen, niedersächsischen und auch bairischen W. erhalten: Als typische Neujahrskucheneisen zeigen sie am Rande zwischen zwei gegenständigen SONNEN aufstrebende BLÄTTERKRÄNZE, dazu im Mittelfeld die blühende TULPE; oder eingerahmt von kleinen Rosettenpunzen den PARADIESBAUM mit SECHSSTERNEN, KREUZEN und RADKREUZEN und andere Sinnzeichen. Im süddeutschen Raum entsprechen ihnen zu gleichen Festzeiten die reichgeschmückten Aniskuchen und Lebzelten, hier wie dort verbunden mit Initialen, Jahreszahl und Glückwunsch. [LM]

W. Bomann, Bäuerl. Hauswesen u. Tagewerk i. Nieders., 1926.

**Waffen** → Axt, → Lanze, → Pfeil, → Schild, → Schwert

**Wagen.** Nach dem Glauben der alten Völker, bereits in der → Bronzezeit, fahren die Götter in einem W. über den Himmel. Das Hinziehen des Sonnengottes (Schamasch, → Helios), das Einherdonnern der → Wettergottheiten und das alljährliche Kommen und Gehen der Vegetationsgötter (Kybele, Attis) wurde als W.fahrt gedacht. Als Gefährt der sumerischen Kriegsgöttin Inanna und des Götterkönigs Enlil galt ein Streit-W. Die in Altmesopotamien vertraute Gotteserscheinung fand mit Ezechiel Eingang in das Judentum: Gott auf einem »fahrbaren Gerät« (*Ez* 43,3), von späteren Autoren Thron-W. genannt und in der jüdischen Mystik (→ Kabbalah) spekulativ ausgebaut. Oft wird das Gefährt nur durch die Kurzform → Rad angedeutet.

Nicht nur im Mythos, auch im Kult spielt der W. (als Göttersitz) eine Rolle, vgl. bei den Germanen → Nerthus. Im Hinduismus wird bei großen Kultfesten (z. B. das W.fest zu Puri) das Bild des Gottes Vishnu in einem Tempel-W. umhergefahren. Der feurige, zum Himmel jagende W. (Elias, Franz von Assisi) ist Symbol des Übergangs in das Jenseits. Bei Kelten, Italikern und Skythen diente der W. als Grabbeigabe (zur Weiterreise des Toten?). In der Antike galt der W.lenker als Bild der Beherrschung, durch die die Pferde (= Triebe, Leidenschaften) gezügelt werden. Indischem Denken entspricht die Vorstellung vom Körper als W. (→ Yoga). [Lr]

G. Prausnitz, Der W. in der Religion, seine Würdigung in der Kunst, 1916; M. Loeffler-Delachaux, Le symbolisme des véhicules cosmiques (Lotos bleu 56/1951); J. Smolian, Vehicula religiosa. W. in Mythos, Ritus, Kultus u. Mysterium (Numen 10/1963); H. R. E. Davidson, The Chariot of the Sun (Folklore 80/1969); M. Civil, Išme-Dagan and Enlil's Chariot (Journal of the American Oriental Soc. 88/1968).

**Wagner,** Richard. 22. 5. 1813 Leipzig – 13. 2. 1883 Venedig. Als Komponist wendet sich W. fast ausschließlich der Oper zu, die er von der *Grand opéra* Frankreichs *(Rienzi)* über die dt. Romantik *(Fliegender Holländer, Tannhäuser)* bis zum vom Mythos beherrschten »Gesamtkunstwerk« *(Der Ring des Nibelungen, Parsifal)* führt. Als Dichter beansprucht W. für die vom historischen Schauspiel abrückenden Ideen und den Sinngehalt seiner Musikdramen literarhistorische Anerkennung. Er beeinflußt damit den → Symbolismus in Deutschland und Frankreich. Die frühe theoretische und praktische Beschäftigung mit Drama, Libretto und Oper führt zu der ihm eigenen Zusammenschau von dichterischem Ausdruck (er schrieb seine Operntexte alle selbst) und musikalischer Empfindung, wozu auch die Regieanweisungen für eine Bühnenaufführung zählen. Dichtung, Musik und Bild sind in W.s Symboldenken nicht zu trennen (→ Theater).

In seiner Schrift *Oper und Drama* (1851) geht W. auf die Leitmotivtechnik ein (Der Begriff stammt von H. v. Wolzogen). Die Leitmotive (W. spricht von »Grundthemen«, »Gefühlswegweiser« durch das Drama u. ä.) zählen zu den Symbolen im engeren Sinn (→ Musikwiss.). Sie sind zunächst nur musikalisch-thematisches Material und gewinnen erst durch die Verknüpfung mit der Dichtung Symbolkraft. Das Leitmotiv kann eine Person ankündigen (Holländer-Motiv), es vermag auch das

Geschehen zu kommentieren, zu analysieren oder psychologisch zu vertiefen (Götterdämmerung: Fluch-Motiv). Das durch diese Symbolisierung bedingte »Sprachvermögen des Orchesters« läßt die Hörer »zu steten Mitwissern des tiefsten Geheimnisses der dichterischen Absicht« werden, macht »uns selbst zum notwendigen Mitschöpfer des Kunstwerkes« (Wagner, 1851). Ansätze zur Leitmotivtechnik lassen sich in Form von Erinnerungsmotiven schon bei → Mozart, → Beethoven, Weber oder in der franz. Oper (Gretry, Méhul) finden. Leitmotive im Wagnerschen Sinne als Keimzellen der Musik sind freilich erst im »Holländer« nachzuweisen (Senta-Ballade, Chor der Matrosen). Den Gipfelpunkt einer dichterisch-musikalischen Verknüpfung von Symbolen erreicht die Ring-Tetralogie. Betrachtet man die Leitmotive bei W. als »ein künstliches Zeichensymstem« (Kolland), so scheint der Einwand der semantischen Sättigung häufig auftretender Motive und die Überforderung des Hörergedächtnisses berechtigt. Die symbolischen Funktionen von Mythos und Musik bleiben davon unberührt. W. betont während der Arbeit am »Ring«, daß ein zu offenes Aufdecken der Absicht das richtige Verständnis störe. »Es gilt im Drama – wie im Kunstwerk überhaupt – nicht durch Darlegung von Absichten, sondern durch Darstellung des Unwillkürlichen zu wirken« (1854).
Auch die traditionellen Tonsymbole (→ Musik) sind im Opernwerk anzutreffen, die Tonartencharakteristik (Meistersinger, Rheingold), die Harmonik (Tristan-Akkord), die Satztechnik (Meistersinger; »alter Stil«), der Klang (Lohengrin: Gralssymbolik) oder die Instrumentenwahl (Ring: BLECHBLÄSER für den Gott Wotan, TROMPETE und Naturklang als Symbol der Macht). Die spezielle Symbolik der Leitmotive greifen nach W. u. a. Humperdinck, Pfitzner, R. Strauss, in abgewandelter Form auch Debussy, Berg und Schönberg auf. Die Leitmotivtechnik als Charakteristikum einer episch-literarischen Form hat Th. Mann unter dem Einfluß Wagnerscher Dichtung und Musik weitergeführt *(Der Tod in Venedig)*. [Jg]

R. Wagner, Die Hauptschriften. Hg. v. E. Bücken, 1956 (KTA 145); H. v. Stein, Dichtung u. Musik im Werk R. W.s, 1962; C. Dahlhaus, R. W.s Musikdr., 1971; H. Kolland, Zur Semantik der Leitmotive in R. W.s Ring des Nibel. (Int.review of the aesthetics and sociology of music 4), 1973; R. Donington, R. W.s »Ring des Nibelungen« u. s. Symbole, 1976.

**Wahrzeichen.** Die doppelspurige Herkunft von W. ist in ältester, ober- wie niederdt. Form mit *wortzeichen* bei Notker belegt, wo Wort wortwörtlich (akustisch) als Zeichen für glaubwürdige *warheit* im Verfahren germanischer Wahrsagung, Losung verstanden ist. Erst ab 12. Jh. auch die Form *wârzeichen/wârtêken* ähnlich dem noch seemännischen Sprachgebrauch »wahrschauen« als Aufmerken auf ein *argumentum, signum, omen*. Höfische Dichtung benutzt W. so. Ab 16. Jh. sind *wârzeichen/wordtêken* nebeneinander in Gebrauch (ob in Oberdtld. infolge zweifelhafter Schreibung?); dann sich stark verengend auf → Stadtwahrzeichen. Heute aus Dialekten verschwunden, außer im Fränkischen, Wetterauischen und Schweizerischen.

In der Bedeutung zunächst wohl nur sichtbares Merkzeichen. Im älteren Gebrauch noch sinnenhaft = umfassend Verständigungs- und Bestätigungszeichen durch Wort, Gebärde, Ton (Signale, Parolen). Dann sich verengend persönliches Merkmal, auch Gottes; wie Symbolum geheimes W. (am vorgewiesenen Ringstück zum passenden Rest) – alles in allem die Sache selbst in Gestalt des überreichten W.s, auch rechtlich (Pfand, Denkzettel). – Die in Grimms DWB sehr eingehend abgehandelten Belege für W. verdienen der sorgfältigen Nachprüfung, ob in dem doppelspurig beginnenden, dann sich zusammenschließenden Wortfeld die im deutschen Sprachgebrauch heimische Glossierung für Symbolum zutagetritt. [LM]

Grimm, Dt. Wörterb. XIII.

**Wald,** in Mythos, Märchen und Volksglauben nicht nur Schauplatz, sondern mit eigener Funktion, nämlich Grenze zu sein zwischen dem Bekannten und der Fremde. Der dunkle, geheimnisvolle W. ist eine Art Niemandsland, das Reich der Geister und der Hexen, ein magischer Raum; in tiefenpsychologischer Sicht ist er eine Darstellung des Unbewußten. Auf einem Baum im W. sitzt viele Jahre *Hans mein Igel,* bis er reif ist, das Königtum zu gewinnen *(KHM).* Parzival wird von seiner Mutter im W. festgehalten, bevor er seinen Weg in die Welt hinausgeht. Wer vom rechten, geraden Lebensweg abkommt, kann sich in einem W. verirren (Dante, *Divina Commedia* I). W., Hain und Baum stehen in engem Bedeutungszusammenhang, sind bildhafter Ausdruck für Natur und Leben, hl. Stätte, wo der Mensch den Göttern besonders nahe sein kann: Eichenhain des Zeus zu Dodona, der Diana geweihter Hain am Nemi-See; bei Germanen und Kelten waren Haine das wichtigste Heiligtum. Bei den Balten dienten bis ins 19. Jh. hinein hl. Wälder und Haine als Versammlungsplätze, an denen auch Opfer dargebracht wurden. Ost- und Südslawen glauben an W.geister, die die wilden Tiere beschützen; bei Russen und Kroaten übernimmt der Hl. Georg diese Funktion. Kunsthistoriker weisen auf den vegetabilen Charakter spätgotischer Gewölbe: die Stützen markieren die Baumstämme, die Rippen bedeuten das Geflecht der Äste; besonders die obersächsisch-böhmischen Hallenkirchen sind »Abbreviaturen des Waldes« (Möbius). Bei dem modernen Künstler Max Ernst wird der W. zur düsteren, wuchernden Wand, hinter der sich eine andere Welt verbirgt. [Lr]

W. Mannhardt, W.- u. Feldkulte, ²1904, 1905; D. Rebholz-Filius, Der W. im dt. Märchen (Diss.), Heidelberg 1945; M. Haavio, Hl. Haine in Ingermanland (FFC), Helsinki 1969; Fr. u. H. Möbius, Bauornamente im Mittelalter, Symbol u. Bedeutung, 1974; J. Ozols, Zur Frage der hl. Wälder im östl. Ostseegebiet (Zs. f. Ostforschung 26/1977).

**Wallfahrt** (Pilgerschaft) ist in zahlreichen Religionen die Reise, die man zu Orten unternimmt, an denen sich die Gottheit vorzugsweise offenbaren soll: Grotten, Quellen, Flüsse (wegen ihrer geheimnisvollen Herkunft), Bäume, Haine, Steine, Berge; aber auch zu Gottesmännern, deren Bildern, Gräbern und Reliquien. In der Antike pilgerte man zu den Gnadenorten (Heilstätten) des Asklepios (Epidaurus, Kos, Pergamon, daher *Offb* 2,12f. »Sitz des Satans«), zu den Auskunftsstätten (Orakeln) des Apollo (Delphi, Delos, Didyma), zum internationalen Heiligtum der vielbrüstigen Fruchtbarkeitsgöttin Artemis in Ephesus, der Schützerin des Lebens und Segenspenderin, wo Traumdeuter, Exorzisten und Magier wirkten, wo man → Amulette erwarb und → Votivgaben hinterlegte.

Israel kennt Wallfahrtsstätten seit der Patriarchenzeit. Jerusalem wurde schließlich nationales Zentralheiligtum, wohin alle männlichen Erwachsenen jährlich dreimal pilgern mußten (2 *Mos* 34,23; 5 *Mos* 16,16). Hierher wird die eschatologische Wallfahrt aller Völker führen (*Jes* 60,3ff.; *Sach* 8,20ff.; *Tob* 13,11; 4 *Esr* 13,13; *Hen* 57; 90,33; *Qumran-Kriegsrolle* 12,13). Das Christentum hat zunächst real (Tempelzerstörung) und noch viel mehr ideell (Anbetung im Geist und in der Wahrheit *Joh* 4,20ff., vgl. *Apg* 6,13f. u. 7,47ff.) mit dem jüdischen Wallfahrtswesen gebrochen. Erst mit dem Aufkommen der Märtyrerverehrung (Ende des 2. Jh.) suchte man deren Gräber auf, z. B. Rom (Petrus und Paulus), Santiago de Compostella (seit dem »10.« Jh.: Grab des Jakobus), dann auch Ephesus (Johannesgrab) und Tours (Grab des hl. Martin). Die Gedächtnisstätten im »Hl. Land« sind vereinzelt schon in vorkonstantinischer Zeit besucht worden, bald immer häufiger von Wallfahrergruppen.

Motive für die W. sind (abgesehen von der Festwallfahrt im Judentum, → Islam, Christentum: »Heiliges Jahr«) Bitte, Dank und Buße. Mirakelbücher bekunden immense Heilungssehnsucht; geübt wurde auch Dämonenaustreibung (bei den zahlreichen Epileptikern und psychisch Kranken); man wollte die Zukunft erfahren, Meineidige entlarven, Nachkommenschaft oder Regen erhalten und nicht zuletzt von Sünde und Schuld frei werden. Üblich war das Schlafen der Pilger im Heiligtum gleich der griechischen Inkubationspraxis. Man ließ → Votivgaben im Heiligtum zurück, etwa Gliedmaßen aus Gold oder Holz zum Dank für Heilung oder um den Heilungswunsch sinnfällig präsent zu halten. Wer Reliquien nicht erwerben konnte, nahm Erinnerungszeichen (Eulogien) nach Hause mit, oft das Öl der Lampen (Pilgerampullen) und das Wachs der Kerzen, die am Märtyrergrab brannten, auch Asche vom Opferaltar oder Wasser der heiligen Quelle, Erde vom Grab Jesu, Feilspäne von den Ketten Petri.

Die Mitnahme der Devotionalien bezeugt den Glauben, daß etwas von der Gnadenkraft des Heiligtums in diesen Andenken verbleibt. Aus demselben Grund gründet man zu Hause »W.sfilialen« (Artemisheiligtümer, Lourdes-Grotten).

Die Pilgerschaft gemahnt an den Weg des Christen, der fremd in der Welt der himmlischen Heimat zustrebt (*Joh* 14,2–6; *Hebr* 10,19ff.; *Phil* 3,20; apokr. Jesuswort: Welt ist eine BRÜCKE).

Kritik an den Auswüchsen des W.swesen übten schon die Propheten (kultische Prostitution, vgl. *Am* 2,7f.; 5,5), häufig auch die Kirchenväter, Gregor von Nyssa (*Brief* 2), Hieronymus (*Brief* 58).

[JBB]

B. Kötting, Peregrinatio religiosa, 1950; Bonnet, W. (Reallex. d. ägypt. Rel.gesch.) 1950; R. Roussel, Les pèlerinages à travers les siècles, Paris 1954; H. Dünninger, Volksglaube u. W., 1954; F. Auerbach, Das Problem der W.feste (Vetus Testamentum 8/1958); B. Kötting, Gregor v. Nyssas W.kritik (Texte u. Unters. 80/1962); N. Brox, D. Glaube als Weg, 1968; W. Harms, Homo viator in bivio (Medium Aevum 21) 1970); A. L. Merrill, Pilgrimage in the Old Testament (Ecumenical Institute, Year-Book, Tantur 1973–74). J. Baumer, W. als Handlungsspiel. Ein Beitrag zum Verständnis relig. Handelns, 1977.

**Walnuß.** In der Bibel wird nur einmal ein Nußgarten erwähnt; es ist der Ort, wo man das Knospen der Palme und das Blühen des Granatapfelbaumes beobachten kann – ein Ort der Fruchtbarkeit, des Lebens und der (mystischen) Liebe (*Hld* 6,11). Die Griechen nannten die W. »Zeus-Eichel«; beim Einsammeln der Früchte feierten die lakedämonischen Jungfrauen zu Ehren der Göttin Artemis ein Nußfest. Vergil überliefert den römischen Brauch, Walnüsse unter die Hochzeitsgäste zu streuen, damit Jupiter der jungen Frau Fruchtbarkeit verleihe. Ob in alten Alemannengräbern gefundene Walnüsse als Unsterblichkeitssymbol zu deuten sind, ist nicht gesichert. Ganz allgemein werden Nüsse mit Fruchtbarkeit und Kindersegen assoziiert; viele Nüsse essen, macht jung und liebeskräftig. In verschiedenen Gegenden (so in der Steiermark) gibt es die Redewendung: »Viele Nüsse – viele Knaben«. Im Volksmund wird die Nuß in Analogie zum weiblichen Genitale gesetzt; in der Jägersprache ist »Nuß« der terminus für das äußere Geschlechtsteil von Wölfin und Füchsin. Nach dem Kirchenvater Augustinus ist die W. ein Bild für den Menschen: die grüne Hülle ist das Fleisch, die harte Schale der Knochen und der süße Kern die Seele; im Hinblick auf Christus weist die Hülle auf den die bittere Passion erleidenden Körper, die Schale auf das Kreuz und der Kern auf die göttliche Natur, die Nahrung (Leben) und durch ihr Öl das Licht spendet. [Lr]

**Wappen,** nach bestimmten Regeln gebildete, farbige Abzeichen, z. Z. der Kreuzzüge im 1. Drittel des 12. Jh. entstanden beim Aufkommen des geschlossenen Helms zur Kennzeichnung des Ritters, insbes. auf dem Schild (*wâpen* genannt). Eine Vorstufe der W. wollte man schon in den → Feldzeichen erkennen. Das militärische Erkennungszeichen erhielt bald persönliche, dynastische und schließlich politische (territoriale) Bedeutung und wurde zum → Staatssymbol.

Die aus geometrischen Elementen (Kreuz, Quadrat, Raute, Sparren, Deichsel u. a.) zusammengesetzten W.bilder werden Heroldsfiguren genannt. Tiere, Pflanzen und »gemeine Figuren« wurden wegen eines bestimmten, heute oft nicht immer mehr erkennbaren Sinngehaltes als W.bilder bevorzugt; so sollten sie z. B. den Namen des W.inhabers veranschaulichen (redendes W.) oder seine Ideale symbolisieren. Ursprünglich sollte jedes W. nur zwei Farben haben, da nach mal. Farbensymbolik BUNTHEIT ein Sinnbild für Unbeständigkeit war.

Wie schwierig die Interpretation alter W. sein kann, zeigt das Mainzer Stadtw. mit seinem RAD (Attribut des Erzbischofs Williges, der Sohn eines Wagnermeisters war – oder Sonnenrad des keltischen Sonnengottes Mogo?). Auf schwedischen Münzen zeigt das W. der Dynastie Wasa eine GARBE (im christl. Sinne), die aus der

Umwandlung des germanisch-heidnischen LEBENSBAUMES im W. der Vorfahren Gustav Wasas (vor 1523) entstand.
Beliebte W.tiere waren neben BÄR (Andeutung wilder Tapferkeit; z. B. im W. von Anhalt) und GREIF (Stärke; z. B. im W. von Pommern) vor allem LÖWE (Herrschaft; z. B. Belgien, Dänemark) und Adler; letzterer seit dem römischen Kaiserreich Symbol des imperialen Herrschaftsanspruches. Kaiser Konrad II. (1024–1039) führte erstmals den ADLER im Thronsiegel; etwa ab 1200 ist der einköpfige schwarze Adler im goldenen Schild dt. Herrscherw. In der Folge galt der einköpfige schwarze Adler als Symbol des dt. Königtums, der unter Friedrich II. aufkommende DOPPELADLER als Herrschaftszeichen des römischen Kaisertums. Von Kaiser Sigismund ab war der Doppeladler Symbol des Hl. Römischen Reiches Deutscher Nation (bis 1806) und wurde dann von dem österreichischen Kaiserreich beibehalten bis zu seiner Auflösung 1918. Der Doppeladler wurde in angeblicher Weiterführung der oströmisch-byzantinischen Tradition auch von den russischen Zaren als W.tier übernommen. Der preußische Staat führte einen schwarzen einköpfigen Adler auf weißem Grund im W., die Weimarer Republik und die Bundesrepublik Deutschland zeigen den schwarzen einköpfigen Adler auf goldgelbem Grund. Den Doppeladler führen auch die kommunistischen Staaten Albanien (byzantin. Erbe) und Polen (seit König Przemysl II. 1290–1296) im W., einköpfige Adler u. a. die USA (seit 1782), Mexiko (auf die aztekische Zeit zurückgehend) und mehrere arabische Republiken (Ägypten seit 1958, Jemen seit 1963, Irak seit 1965).
Die Symbolbedeutung der W. zeigt sich besonders bei den sog. Anspruchsw., die sich auf ein in fremdem Besitz befindliches Gebiet beziehen. So beanspruchte der englische König Eduard III. (1327–1377) nach dem Tode seines Onkels, des französischen Königs Karl IV., 1328 den Thron von Frankreich und vereinigte das französische W. (goldene Lilien auf blauem Feld) mit dem englischen Löwenschild. Das W. des Königreiches Jerusalem wurde nach dem endgültigen Verlust des Hl. Landes (1291) in der Figur des JERUSALEMKREUZES (4 kleine Kreuze in den Winkeln eines großen Krückenkreuzes als Hinweis auf die 5 Wunden Jesu) zunächst von den Königen von Zypern (1304) und dann von den Herzögen von Savoyen (1485) zum Zeichen ihrer symbolischen Besitzrechte im W. geführt. Das W. der Sowjetunion mit HAMMER UND SICHEL auf dem Globus symbolisiert den Anspruch auf Verbreitung der sowjetischen Ideen über die ganze Erde.
Gerade im 19./20. Jh. selbständig gewordene Länder bedienen sich der symbolpublizistischen Wirkung der W. So zeigt das 1829 eingeführte ovale W. von Uruguay 4 Bilder: WAAGE = Ideal der Gerechtigkeit, BERG mit Festung = Stärke des Landes, PFERD = Freiheit, RIND = Quelle des einheimischen Wohlstandes. Das Staatsw. von Südkorea (seit 1948) wird von dem YIN-YANG-ZEICHEN in blau-roter Farbe gebildet und soll den Einklang des Regimes mit den Weltgesetzen symbolisch bekunden. → Unabhängigkeitssymbole [Lr]

P. Gründel, Die W.symbolik. Sinnb. Bed. der W.figuren nach Mythol., Gesch., Trad. u. Wahlspr., 1907; C. U. v. Ulmenstein, Über Urspr. u. Entst. d. W.wesens. Eine rechtsgeschichtl. Unters., 1941; O. Höfler, Zur Herk. der Heraldik (Fs. Hans Sedlmayr) 1962; J. E. Korn, Adler u. Doppeladler, ein Zeichen im Wandel der Gesch. (Der Herold NF 5 ff.) 1963 ff.; R. Viel/F. Cadet de Gassicourt, Les origines symboliques du blason, Paris 1974; G. Scheibelreiter, Tiernamen u. W.wesen, 1976; O. Neubecker, Heraldik. W., ihr Urspr., Sinn u. Wert, 1977; G. Oswald, Lex. der Heraldik, 1984.

**Warburg,** Aby, 13. 6. 1866 Hamburg – 26. 10. 1929 Hamburg. Kunst- und Kulturhistoriker mit zahlreichen Querverbindungen zu Philosophie, Religion und Sozialgeschichte wie auch zur Geschichte der Magie und Astrologie. Kunst ist für ihn der momentane Ausgleich zwischen dem Unbewußten, Naturhaften und dem hellen freien Bewußtsein, dementsprechend ist ihm das Symbol – in Anlehnung an den Ästhetiker Fr. Theod. Vischer – eingespannt zwischen magischer Bannung und rationalem Aufklärungswillen. Ausgehend von Studien zur Florentiner Frührenaissance (*S. Botticellis ›Geburt der Venus‹ und ›Frühling‹*, 1893) kommt er zu einer Art Polaritätstheorie des Symbols, das im Spannungsfeld zwischen Natur und Geist steht. Die vom Künstler geschaffene symbolische Form dient dazu, die animalischen Kräfte zu zügeln und dem Aberglauben entgegenzuwirken. Durch den epochemachenden Vortrag über *Antike Kosmologie in den Monatsdarstellungen des Palazzo Schifanoja zu Ferrara* (1912) wurde Warburg zum »Vater der → Ikonologie« (so Heckscher). Die Auseinandersetzung mit Dürers »Melencolia I« (*Heidnisch-antike Weissagung in Wort und Bild zu Luthers Zeiten*, 1920) zeigt, daß die Symbolfunktion des Kunstwerks sich nicht allein auf direktem, intuitivem Wege erschließen läßt, sondern eines historischen, diskursiven Zuganges bedarf. In seinen letzten Lebensjahren sieht Warburg das Symbolische im Problem einer symbolischen Denkform erweitert, also ähnlich wie bei → Cassirer. → Kunstwissenschaft [Lr]

E. Wind, W.s Begriff der Kulturwissenschaft u. seine Bedeutung für die Ästhetik (Zs. f. Ästhetik u. allgem. Kunstwiss. 25/1931); W. S. Heckscher, The Genesis of Iconology (Stil u. Überlieferung i. d. Kunst des Abendlandes, III), 1967; H. Gombrich, Aby W. An intellectual biography, London 1970 (dt. 1981); M. Jesinghausen-Lauster, Die Suche nach der symbol. Form. Der Kreis um die Kulturwissenschaftl. Bibliothek W., 1985.

**Warenzeichen.** Zeichen eines Gewerbetreibenden zur Identifizierung der von ihm in den Verkehr gebrachten Waren, auch Marke genannt und die damit gezeichneten Waren »Markenartikel«. Die spätmal. W. wurden z. T. aus den Hausmarken (→ Eigentumszeichen) entwickelt. Die Berechtigung zur Kennzeichnung der Waren wurde in besonderen Fällen vom Kaiser erteilt; so erhielt ein Trompetenmacher von Maximilian I. das Privileg, seine Erzeugnisse durch eine KRONE zu kennzeichnen; ein Goldschmied wurde berechtigt, SONNE (bei Goldschmiedearbeiten) und HALBMOND (bei Silberwaren) als W. zu führen.

Jedes gute W. wird in Wort oder Bild oder in beidem eine Verdichtung von dem sein, was es ausdrücken will; beispielhaft sind die Drucker- und Verlegerzeichen (Signete), durch die in sinnfälliger, oft sinnbildlicher Weise ein Buch als Erzeugnis eines bestimmten Druckers/Verlegers gekennzeichnet wird. Besonders reich waren die Signete im 16./17. Jh.; neben religiöser Symbolik und antiker Mythologie fanden auch humanistische Hieroglyphik und Emblematik Eingang. Wenn im W. z. T. auch alte Symbole weiterleben – wie Meldau aufzeigt –, so haben sie als ganzes doch keine echte Symbolfunktion; wer sie – wie Kamekura – als Symbol eines Unternehmens auffaßt, verwischt die Grenze zwischen Symbol und Zeichen. Das wirksame W. ist – nach einer französischen Version – *ultrasymbolique*, es ist vieldeutig und spricht weniger den Verstand als das Gefühl des Käufers an. In Verbindung mit dem Gedanken der Güte (Qualität) spielen W. eine wichtige Rolle in der → Werbung. [*]

Y. Kamekura, Firmen- und W., 1965; H. Grimm, Dt. Buchdruckersignete des 16. Jh., 1965; R. Meldau, Zeichen – W. – Marken, 1967.

**Wasser,** im Neolithikum, in Altägypten und in Altmexiko durch Wellen-, Kamm- oder Zickzack-Muster versinnbildlicht. Wegen seiner Formlosigkeit wird das W. dem Chaos und der Urmaterie gleichgestellt; bei Thales von Milet ist es der Ursprung aller Dinge. Nach ägypt. Mythologie tauchte aus dem Urgewässer (durch den Gott Nun verkörpert) der Urhügel empor; in der ind. Überlieferung trägt es das Weltenei. Im Urbeginn schwebte der Geist Gottes über den Wassern (1 *Mos* 1,2). Das W. wird meistens als weibliches → Element aufgefaßt, in China dem Yin zugeordnet; als die Erde befruchtender → Regen kann es aber auch dem *semen virile* gleichgesetzt werden. Ebenso hat das Eintauchen weibliche, das Besprengen männliche Symbolbedeutung. Eine besondere Beziehung hat das W. zum Mond (→ Mondgottheiten), beide sind Sinnbilder für Leben, Tod und Wiedergeburt. Die Sintflut brachte nicht nur den Untergang, sondern führte → Noahs Arche zu neuem Leben.

Im Paradies wie auch im himml. Jerusalem strömt die *aqua viva;* → Brunnen und Quelle spenden das Lebenswasser. Die Ägypter hofften, daß das W., das als »Ausfluß, der aus Osiris hervorging«, aus der Todesstarre befreit. Die babylon. Göttin Ischtar mußte in die Totenwelt hinabsteigen, um das W. des Lebens zu holen. In der bildhaften Sprache der alttestamentl. Propheten ist Jahwe die Quelle des sprudelnden (= lebendigen) W.s (*Jer* 17,13). Nur wer aus W. und Geist geboren wird, kann eintreten in das Reich Gottes, d. h. in die Ewigkeit (*Joh* 3,5). Das den Schmutz wegspülende W. ist Symbol der → Reinigung, die eine Voraussetzung der Wiedergeburt ist. Die Doppelsymbolik des W.s zeigt sich bei der → Taufe; Paulus spricht im Zusammenhang mit ihr vom Begrabenwerden und Auferstehen (*Röm* 6). Auch die Mohammedaner wissen um die Ambivalenz (→ Koran).

Zahlreiche alte Völker glaubten mit dem W. die Kraft prophetischer Rede, göttl. Inspiration verbunden. Der sumerische Gott → Enki galt als Herr des W.s und der Weisheit. In der Antike spielte das W. hl. Quellen eine wichtige Rolle im Orakelwesen. Die Kastalische Quelle bei Delphi wurde in hellenist. Zeit zu einem Symbol dichterischer Begeisterung. Der german. Riese Mimir (ursprünglich ein Wassergeist?) schöpft aus einer

Quelle sein Wissen um die Geheimnisse der Urzeit. Biblisch ist der Gedanke vom »Wasser der Weisheit« (*Sir* 15,3). – In der Tiefenpsychologie ist das dunkle, unergründliche W. Symbol des Unbewußten; der Zustand des W.s kann das eigene Seelenempfinden andeuten. Goethe: »Seele des Menschen, wie gleichst du dem Wasser!« (*Gesang d. Geister über den Wassern*). Im Traum kann das W. sowohl als schöpferische, lebenspendende, dem Weiblich-Mütterlichen verbundene Kraft erscheinen, aber auch in seiner bedrohlichen, zerstörenden Wirkung erfahren werden. → Meer, → Weihwasser [Lr]

M. Ninck, Die Bedeutung d. W.s im Kult u. Leben d. Alten, 1921; G. Schreiber, Hl. W. in Seegnungen u. Volksbrauch (Zs. f. Volkskunde 44/1939); G. Spaltmann, Das W. i. d. relig. Anschauung d. Völker, 1939; J. Goettmann, Le thème de l'eau dans la Bible (Bible et Vie Chrétienne 1960); H. Stoffer, Die Magie des W.s. Eine Tiefenpsychologie ..., 1966; B. Blume, Lebendiger Quell u. Flut des Todes (Arcadia 1/1966); E. Loeb, Die Symbolik des W.zyklus bei Goethe, 1967; J. Rudhardt, La thème de l'eau primordiale dans la mythologie grecque, Bern 1971; J. Maringer, Grave and water in prehistoric Europe (Journal of Indo-European Stud. 3/1975). R. A. Wild, Water in the cultic worship of Isis and Sarapis, Leiden 1981; K. Anderten, Traumbild W., 1986; B. Blum-Heisenberg, Die Symbolik des W., 1988.

**Weben** → Spinnen

**Weg.** Alles Leben in → Raum und Zeit ist Bewegung, ist ein »Auf-dem-Wege-sein«. Die Ägypter erblickten im Lauf der Sonne das Vorbild für ihren eigenen Lebensweg; in Altchina wurde des Menschen Leben in Korrespondenz gesehen zur kosmischen Ordnung, dem W. von Himmel und Erde, dem Tao. Im AT entspricht der W. dem göttlichen Weltplan wie auch dem Leben der Menschen; beide sind verschieden (*Jes* 55,8) und fallen schließlich bei einem richtigen Lebenswandel doch zusammen (*Ps* 119).

Alle Religionen versuchen, ihren Anhängern den rechten W. zum Heil zu weisen: Buddha lehrte den »achtgliedrigen hl. Pfad«, im alten Indien war *māgra* der Heilsweg, der Sufi bezeichnet den Zugang zur mystischen Schau als »Weg« (*tariqa*). Wer Christus nachfolgt, wird in das Himmelreich eingehen; Jesus selbst sagte von sich: »Ich bin der Weg, die Wahrheit und das Leben« (*Joh* 14,6). Im Kirchenjahr werden die Heilsmysterien von Christi Lebensweg (Geburt, Tod, Auferstehung) immer wieder vergegenwärtigt; die → Wallfahrt soll daran erinnern, daß das Leben nur eine Pilgerfahrt zum Himmel ist.

Die W.kreuzung, der Scheideweg, galt in alter Zeit als Ort der Begegnung mit unheimlichen Mächten (Dämonen, Toten) und mit dem Schicksal; Ödipus tötete seinen Vater an einem Scheideweg. In vielfältiger Form greift die abendländische Literatur das Bild des W.es auf: die auf → Pyhtagoreer und NT (*Mt* 7,13 f.) zurückgehenden zwei Wege; der königliche Mittelweg, die *via regia* (z. B. bei Chaucer, *Canterbury Tales*) oder einfach der Lebensweg, der vom Zeitlichen zum Überzeitlichen führt, (so bei Eliot, *Four Quartets*). [Lr]

O. Becker, Das Bild des W.es u. verwandte Vorstellungen im frühgriech. Denken, 1937; G. Fohrer, Der hl. W., 1939; F. Nötscher, Gottesw.e u. Menschenw.e in der Bibel u. in Qumran, 1958; E. Repa, Der »W.« als Selbstbezeichnung im Urchristentum, Helsinki 1964; K. Weiss, Das Bild des W.es, 1965 (– bei T. S. Eliot); O. Brückl, Betrachtungen über das Bild des W.es i. d. höf. Epik (Acta Germanica 1/1966); W. Harms, Homo viator in bivio. Studien z. Bildlichkeit des W.es, 1970;

H. Grillmeister, Discrecioun. Chaucer und die Via Regia (Stud. z. engl. Literatur, hg. v. J. Kleinstück, Bd. 8) 1972; H. Kuhn, Der W., der sich zu verlaufen droht (Scheidewege 3/1973).

**Weidenbaum.** Die altägyptische Überlieferung kennt die Weide als Nistbaum des Wundervogels Phönix. In der Antike (so bei Plinius, *Naturalis Historia*) galt der Baum als unfruchtbar; die »keusche« Weide wurde zur hl. Pflanze der jungfräulichen Göttin Kore, die als Persephone mit der Unterwelt in Verbindung stand. Homers *Odyssee* (X,510.512) spricht von den Weiden auf dem Weg in das Haus des Hades. In der Patristik (z. B. bei Origenes) und im christl. MA galt der Baum als Symbol der Keuschheit, konnte aber auch als »unfruchtbarer Baum« zum Symbol des Todes werden; in der altfranzös. Literatur finden sich zahlreiche Belege in der Bedeutung von Welttrug und Gottesferne. Der Legende nach soll sich Judas nach seinem Verrat an einem W. erhängt haben. In der Ukraine hieß früher der Palmsonntag »Weidensonntag«; an diesem Tag wurden Frauen u. Mädchen mit geweihten Weidenzweigen auf den Rücken geschlagen (Bedeutung der Lebensrute). Allgemein christlicher Glaube ist, daß am Palmsonntag geweihte Zweige vor Unwetter und bösen Einflüssen schützen. In China sind W. und Weidenzweige ein Symbol des Frühlings und in verschiedenen sprachlichen Wendungen mit erotischen Erwartungen verbunden. [Lr]

H. Rahner, Der Weidenzweig vom Jenseitstor (Griech. Mythen in christl. Deutung), [2]1957; M. Bambeck, W. u. Welt. Ein symboltheolog. Motiv (ZFSL 88/1978).

**Weihe** → Segnung

**Weihegaben** → Votivgaben

**Weihnachten.** Die 354 in der *Depositio episcoporum* erstmals auf den 24. Dezember festgesetzte Geburtstagsfeier Christi begegnete in Germanien der Tradition eines in die Julzeit fallenden Winterfestes (Beda, *De mensibus Anglorum*). Nach Snorri *(Heimskringla)* fand zur gleichen Zeit das zweite gesetzliche Opferfest »til gródrar« statt, nach dem Gulathinggesetz »til árs ok til fridar« (zur Stärkung der Vegetationskräfte bzw. der Ernte und des Friedens). Der zeitliche Zusammenfall mit dem Druschende und seinen Bräuchen und der Abhaltung der Erbbier-Gelage macht die im außerchristlichen Weihnachtsbrauch allgemein zu beobachtende Verbindung von Vorstellungen und Bräuchen aus dem Vegetations- und Totenkult verständlich. Besonders zwei Motive seien herausgehoben, die in dieser Periode des Überganges »zwischen den Jahren« (→ Neujahr) das Streben des Menschen nach sympathetischer Einordnung in den Gesamtkomplex der ihn umgebenden Ökumene, sein Eingehen auf die Kräfte der Vegetation und seinen Versuch, auch die außer seinem Einflußbereich waltenden, ihn bedrohenden Elemente in eine große Friedensgemeinschaft einzubeziehen, erkennen lassen.

a) Weihnachtsgebäcke. Bereits Namen wie *Såkaka* (Saatbrot, -kuchen) in Norwegen/Schweden und *oranice, njeva* (Ackerfeld) oder *gumne* (Tenne) in Slowenien zeigen die von Skandinavien bis in den Balkan reichende geographische Erstreckung der Traditionsbasis und die Symbolhaftigkeit zahlreicher Weihnachtsgebäcke an. Die vielfach auf diesen meist sehr großen Broten angebrachten Teigauflagen mit Sinnbildern pflanzlicher und animalischer Fruchtbarkeit, sowie die Verwendung von Mehl aus allen ortsüblichen Getreidesorten und die einst häufig brauchtümliche Kombination von Ähren aus der letzten Garbe mit den Broten beim Backvorgang verdeutlichen das Bestreben der Hersteller, sich durch den Genuß dieser, schon durch die Backzeit selbst geheiligten Brote dem Gesamtbereich des Lebens und der Fruchtbarkeit einzuordnen. Das gleiche besagt auch der in Süddeutschland, Schweiz und Österreich übliche Zusatz von getrockneten FRÜCHTEN aus der letzten Ernte des Jahres, in denen sich gewissermaßen alle Vegetationskraft konzentriert. Es sind dieselben Früchte, die auch die ältesten und allgemeinsten Gaben der weihnachtlichen brauchtümlichen Gabenbringer (Percht, Goldenes Rössel, → Nikolaus) sind. Die Namen *Störi* (Stärke) in Oberösterreich oder *močni kruh* (das starke Brot) in Slowenien zeigen die diesen Gebäcken zugeschriebene »Kraft«. In die alle Familienmitglieder, manchmal auch Nachbarn und Freunde umfassende Mahlgemeinschaft werden vielfach auch die Haustiere einbezogen, die Teile des Gebäckes oder eigene, aus den Teigresten hergestellte Brote verfüttert bekommen, auf daß sie im kommenden Jahr gesund und fruchtbar bleiben. Die Abfälle der Brotbereitung aber werden gesammelt und auf die nächstgelegenen Felder oder unter die Obstbäume getragen, um sie zu besonders guten Erträgnissen im neuen Jahr anzuregen. Bedeutender Symbolgehalt liegt auch einzelnen figürlichen Weihnachtsgebäcken zugrunde wie z. B. dem als großes WICKELKIND gestalteten burgenländischen »Hausvater« (d. h. Familienoberhaupt). Das Gebäck wird in der Regel vom lebenden »Hausvater« vor dem Mettengang angeschnitten, der Kopf des Brotes in den See oder Brunnen geworfen, damit im nächsten Jahr kein Familienmitglied einen Unfall erleide, und der Rest an alle Hausgenossen verteilt, die diesen andächtig verzehren: das Abbild des uralten Stammvaters also, der alljährlich neugeboren wird und sich durch den Genuß des ihn repräsentierenden Brotes durch Generationen hindurch immer wieder seinen Nachkommen mitteilt.

b) WEIHNACHTS-, CHRISTBAUM. Früheste Belege für geschmückte, in Wohnungen aufgestellte W.bäume reichen nicht über 1600, die der mit Lichtern besteckten überhaupt nur bis 1827 zurück. Aber die Verbote mehrerer herrschaftlicher »Waldordnungen« ab dem 16. Jh., zur W.zeit »Bachlboschen« oder »Meyen« in den Forsten »abzuhauen« und der Brauch, kleine ungeschmückte Bäumchen vor Torsäulen oder Brunnen alpiner Bauernhöfe zu stellen, damit sich das eigens vorbeigetriebene Stallvieh daran reiben könne, um auch im nächsten Jahr gesund und fruchtbar zu bleiben, zeigen eine viel weiter zurückreichende Überlieferung an. Da neben den meist üblichen Nadel- auch Laubbäume und mitunter auch losgelöste ZWEIGE, die im Haus zum Grünen und Blühen gebracht werden, für den W.brauch verwendet werden, wird man den W.baum kaum von den zahlreichen im Jahres- und Lebensbrauch verwendeten Bäumen (Palm-, Mai-, Pfingst-, Sonnwend-, Kirchweih-, Hochzeits-, Geburtsbaum) und den vielen als »Lebensrute« bezeichneten Zweigbräuchen (blühende Barbarazweige, mit Blättern versehene Martiniruten) trennen können und ihn daher den überaus zahlreichen von W. Mannhardt umfassend erforschten Vegetationsbräuchen zuzuordnen haben, durch die sich das Volk symbolhaft die ausstrahlende Kraft der sich nach Urgesetzen immer wieder erneuernden Vegetation in seinen Wohnbereich holt. Ob die erst so spät greifbar werdende Ausstattung des W.baumes mit »Papierrosen« als ein Niederschlag des Mythos von den mitten im Winter blühenden Bäumen und Blumen oder des bekannten Marienmythos ist, läßt sich derzeit ebenso wenig entscheiden wie die Frage nach der Herkunft der LICHTER aus dem Seelenbrauchtum, wie es sich möglicherweise in der neuen Sitte der Christbäume auf Gräbern spiegelt, oder aus dem schönen Bild von Christus als dem aus tiefster Finsternis geborenen Licht der Welt. → Weihnachtsbild [EBg]

M. Höfler, W.gebäcke (Zs. f. österr. Volksk. Suppl. III) 1905; P. Sartori, Sitte u. Brauch, III, 1914; M. Nilsson, Stud. z. Gesch. des W.festes (AfR) 1918; N. Keyland, Julbröd, Julbockar och Staffanssång, Stockholm 1919; F. Eckstein, W.gebäcke (HdA, IX); L. Weiser, Jul, 1923; E. Schneeweis, W.bräuche der Serbokroaten, 1925; O. Lauffer, Der W.baum u. seine Gesch. (Fs. f. W. Melle) 1933; A. Spamer, W. in alter u. neuer Zeit, 1937; O. Huth, Der Lichterbaum, 1940; E. Burgstaller, Brauchtumgsgebäcke u. W.speisen, 1957; Ders., Österr. Festtagsgebäck, 1958; W. Mannhardt, Wald- und Feldkulte, Neudr. 1967; K. Mantel, Gesch. d. W.baumes u. ähnl. weihnachtl. Formen, 1975; I. Weber-Kellermann, das W.fest, eine Kultur- u. Sozialgesch. der W.zeit, 1978.

**Weihnachtsbild.** Die Entstehung des Weihnachtsfestes könnte man als gelungenen Überwindungsversuch christlicher Häresie und heidnischer Symbolik verstehen. Die im Arianismus angezweifelte Gleichwesentlichkeit des Sohnes mit dem Vater regte zweifelsohne das Aufkommen eines eigenen Geburtsfestes dieses Sohnes an, um so seine gottmenschliche Würde zu betonen. Die Wahl des Tages bot wiederum die Gelegenheit, den *natalis solis invicti* im Kult des → Mithra(s) durch die Symbolik von Christus als der wahren »Sonne der Gerechtigkeit« zu ersetzen.

In der Kunst hat dieses, erstmals im römischen Kalender von 354 erwähnte Fest im sog. Bild der Geburt mannigfaltigen Niederschlag gefunden. Drei Größen bestimmen seit frühester Zeit die zu diesem Bilde zusammenwachsenden Elemente: Christus, die heilsbedürftige Menschheit und Welt wie die Gottesmutter Maria. Die Art nun, wie diese Gestalten im Bilde angebracht werden, ja vielleicht sogar mehr oder weniger bewußt weggelassen werden, drückt etwas vom Christus- und Kirchenglauben der entsprechenden Zeitepoche aus. Überblickt man nun die Entwicklung dieses Bildes durch die Jh.e, dann ist Christus immer vorhanden. Auch fehlt nie die erlösungsbedürftige Menschheit, wenn man zunächst bei der frühchristlichen Zeit verharrt. Bereits auf der frühesten, uns erhaltenen Darstellung auf dem Deckel eines Sarkophags in Rom, um 320/25, sind in den symbolischen Gestalten von OCHS und ESEL wie im Hirten die erlösungsbedürftigen Menschen, Juden und Heiden, an der Krippe des Herrn anwesend. Es fehlen aber Maria und Josef. Erst am Ende des 4. Jh. erscheint

Maria unverkennbar und damit ereignet sich dies: Maria wird nicht nur in Verbindung mit dem Volke und der Kirche gesehen, für die der Herr kam, sie wird gleichsam herausgelöst aus dieser Gemeinschaft, ihr gegenübergestellt, da sie ja nicht nur die Größe ist, die eben auch erlösungsbedürftig war – sie ist ebenso der Mensch, durch den Gott kommen wollte, um für die anderen da zu sein, und darum gilt es, diesen Menschen herauszuheben, ihn abzuheben von seiner Umgebung, ihn »vereinzelt« und »besonders« abzubilden. Diese Herausstellung braucht nun nicht ein Zurücktreten des Bildelementes der heilsbedürftigen Menschen zu bedeuten. Es gibt genügend Bilder der mal. und der späteren Kunst bis hinein in unsere Krippenbilder, da durch eine größere oder kleinere Anzahl von Hirten oder eine neugierig teilnehmende Volksmenge (vgl. Wurzacher Altar des H. Multscher, 1437) das »Für Wen« des angekommenen Erlösers nicht vergessen erscheint. Andererseits aber fehlt es auch nicht an Bildern in Ost und West, da Maria als die Verkörperung des »Durch Wen« so herausgestellt wird, daß das »Für Wen« vollkommen in den Hintergrund tritt, bzw. anschauungsmäßig nur für Maria gilt. Solche total individualisierten Geburtsbilder finden wir etwa in der D-Initiale zum Introitus der ersten Christmesse im Graduale der Gisela von Kerssenbrook, um 1300. Auch das byzantinische W. hebt Maria nicht durch die Kline hervor – der BERG, der über der Geburtshöhle emporsteigt, weist ebenfalls auf sie, preisen doch die östlichen Hymnen Maria als den »Berg der Jungfrau«, aus dem ein »junges Kindlein« hervorging. Auch das immer wieder anzutreffende Motiv des Gesprächs Josefs mit einem zottigen Alten weist, falls dieser Jesaja ist, im Zusammenhang mit der Prophetie *Jes* 7,14 auf die Jungfrauengeburt hin. [Sr]

G. Schiller, Ikonogr. d. christl. Kunst, I, 1966; F. Leskoschek, Die Tiere der Krippe (Zs. d. Histor. Vereins für d. Steiermark, Sonderbd. 11/1966); P. Wilhelm, Geb. Christi (LChrI, II) 1970; E. Sauser, Maria im Bilde der Geb. Christi (Korrespondenzbl. d. Canisianums 105/1971).

**Weihrauch.** Bei den Babyloniern gehörte die Weissagung aus dem W. zu den magischen Praktiken. Im ganzen altorientalisch-mediterranen Raum wurden durch das Verbrennen aromatischer Substanzen (Räucherung) die Götter, Herrscher und Toten geehrt; nach Herodot kannten die Babylonier das W.opfer zu Ehren Baals (richtiger Bel, akkadische Götterbezeichnung). Den alten Ägyptern war der W. »Gottesschweiß, der auf die Erde fiel«; der im Totenkult aufziehende Rauch galt als Wegweiser ins Jenseits. Kultische Räucherungen sind heute noch im Buddhismus und im Shintoismus gebräuchlich. Die Maya opferten bei allen Zeremonien ihren Göttern den aus dem Harz des Copalbaumes gewonnenen W.

Das im AT erwähnte Räucherwerk und sein Wohlgeruch waren dem Herrn heilig (*Ex* 30,34–38). Im NT gehört W. zu den kostbaren Geschenken der Weisen aus dem Morgenland (→ Drei Könige, 3. Abschnitt). Das frühe Christentum lehnte die Räucherung (Inzensation) als heidnischen Brauch zunächst ab; der von Tertullian erwähnte W. bei Begräbnissen dürfte apotropäisch zu verstehen sein. Die im 4./5. Jh. aufgekommene liturgische Räucherung gilt in Anlehnung an biblische Texte (*Ps* 140,2; *Offb* 5,8) als Symbol des Gebetes – gleich dem W. dringen die Gebete der Gläubigen aus liebeglühendem Herzen zum Himmel empor und sind Gott ein lieblicher Wohlgeruch. Durch die dem W. vor der Inzensation erteilte Segnung wird er zum Sakramentale, das lustrative (kultisch reinigende) Wirkung hat. [Lr]

R. H. Conolly, The Use of Incense in the Roman Liturgy (Ephemerides Liturgicae 43/1929); M. Haran, The Use of Incenses in the Ancient Israel Ritual (Vetus Testamentum 10/1960); G. Pettinato, Libanomanzia presso i Babilonesi (Rivista degli Studi Orientali 61/1966); D. Forstner, Die Welt der christl. Symbole, [3]1977 (S. 214–218).

**Weihwasser** → Bestattung, → Reinigung

**Wein,** im Glauben verschiedener Völker und Religionen Lebenselexier und Unsterblichkeitstrank. Bei den Ägyptern galt der Vegetationsgott Osiris als »Herr des Weines«. Nach Plinius bezeichneten die Alten den W. als »Blut der Erde«. Aus der symbolischen Gleichsetzung mit dem Blut ergibt sich die Bedeutung für den Totenkult. Als lebenerhaltendes Getränk reicht der ägyptische Keltergott Schesmu dem Toten W. Auf Kreta wurde die Leiche mit heißem W. gewaschen. Der griechische W.gott Dionysos ist die »Verkörperung der im W. unlöslich verschlungenen Todes- und Lebensmacht« (Ph. Rech); in den dionysischen Orgien erhoffte man aus dem Taumel trunkener Lust und aus dem Abgrund des Todes ein Wiedererwachen. Auch im Kult des → Mithras ist der W. mit den Gedanken von Tod und Leben verbunden.

In der Bibel erscheint der W. als Bild der Lebensfreude; Gott selbst gibt den W., der das Herz der Menschen erfreut (*Ps* 104,15). Wein und → Weinstock werden zu messianischen Symbolen (1 *Mos* 49,11; *Mk* 14,25). Beim letzten Abendmahl sagt Jesus während der Kelchübergabe an seine Jünger: »Trinket alle daraus, denn dies ist das Blut des Bundes, das für viele vergossen wird zur Vergebung der Sünden« (*Mt* 26,27f.); → Eucharistie. Schließlich kann der W. zu einem Bild für geistige und geistliche Gaben werden, im AT mit der göttlichen Weisheit verbunden (*Spr* 9,2). Man denke auch an das lateinische Sprichwort: *in vino veritas* = im W. ist Wahrheit. Wer – nach einer persischen Überlieferung – den Trank aus dem Kelch des Helden Jamshid schlürft, dem enthüllt sich das Geheimnis der Dinge. In der durch W.genuß verursachten Ekstase erhofften sich die Mystiker, z. B. im → Sufismus, Gott näher zu sein. Die Heiligen sind – so Angelus Silesius – »von Gottes Gottheit trunken«. [Lr]

K. Kircher, Die sakramentale Bedeutung des W. im Altertum, 1910; V. Zapletatl, Der W. in der Bibel. Kulturgesch. u. exeget. Studie, 1920; E. Huber, Das Trankopfer im Kulte der Völker, 1929; G. Schreiber, Zur Symbolik, Sprache u. Volkskunde des W. (Beiträge z. sprachl. Volksüberlieferung, 208–232) 1953; E. St. Drower, Water into Wine. A Study of Ritual Idiom in the Middle East, London 1956; Ph. Rech, W. (Inbild des Kosmos II, 423–466) 1966; L. Scheffczyk, Die Heilszeichen von Brot u. W. Eucharistie als Mitte christl. Lebens, 1973; K. Christoffel, Kulturgesch. des W., 1981.

**Weinen** → Tränen

**Weinstock** und seine Frucht, die Traube, sind Symbol der Fruchtbarkeit und des Lebens. Nach einem ägyptischen Mythos wurde Isis durch den Genuß von Trauben schwanger und gebar Horus. In Altmesopotamien war die Rebe identisch mit dem »Kraut des Lebens«; das sumerische Schriftzeichen für »Leben« war ursprünglich ein Rebenblatt; auch gab es eine eigene Göttin »Weinrebe des Himmels«, Geschtinanna, deren Beziehungen zur Unterwelt unübersehbar sind. Die Bedeutung eines Göttersymbols dürften die Weinranken in der Kunst des alten Arabien haben. Als Motiv auf antiken Münzen weist die Traube auf den Wohlstand von Städten und die Fruchtbarkeit von Ländern. Rebzweig und Traube gehören zu den Attributen des Vegetationsgottes → Dionysos. Bei den Mandäern ist der »außerhalb der Welten stehende« (kosmische) W. ein Gleichnis für den (himmlischen) Vater alles Lebens. In der → Gnostik wird der W. mit der Teufelsschlange in Verbindung gebracht.

Weinberg und W. sind im AT Bilder für Israel, für das auserwählte Volk (*Jes* 5,7; *Hos* 10.1); die von den Kundschaftern getragene große Taube weist auf die Fülle des Gelobten Landes und den Reichtum göttlicher Verheißung (4 *Mos* 13,23). Im NT bezeichnet sich Christus selbst als *vitis vera*, als den wahren W., seine Jünger als die Reben (*Joh* 15,1.15) – ein Bild, das von der → Patristik weiter ausgebaut wurde. In der Kunst kann der W. zum Lebensbaum werden, die Traube zum Symbol der → Passion und der Hoffnung auf ein glückseliges Jenseits. Auch Maria kann als Weinrebe erscheinen, deren Frucht Christus ist.

[Lr]

J. Pirenne, Le rinceau dans l'evolution de l'art sud-arabe (Syria 34/1957); O. Nußbaum, Die große Traube Christi (JAC 6/1963); H. Jung, Traubenmadonna u. Weinheilige in Kunst u. Volksbrauch, 1964; Ph. Rech, Weinberg, W., Traube, Kelter (Inbild des Kosmos II, 395–423) 1966; A. Thomas, Maria die Weinrebe (Kurtrierisches Jb. 10/1970); E. de Jongh, Grape symbolism in Paintings of the 16th and 17th Centuries (Simiolus 7/1974).

**Weisheit,** den altorientalischen Völkern galt sie als höchstes Vollkommenheitsideal, im letzten Gott zugehörig. Häufig wurde die W. als selbständige Gottheit gedacht: bei den Ägyptern Thot (Patron der Schreiber und Gelehrten), bei den Sumerern → Enki, im Hinduismus der elefantenköpfige Ganesha (ELEFANT = Symbol der W. und Stärke). Die griechische Göttin der W. ist Athena, die – bezeichnenderweise – dem Haupte des Zeus entsprang; das ihr heilige Tier ist die in der Dunkelheit sehende EULE, die seither (neben ihrer negativen, auf Unheil und Tod weisenden Bedeutung) ein Sinnbild der W. ist. Der hl. Paulinus setzt die Eule in Beziehung zu *Psalm* 138,12: »Mir ist die Finsternis nicht finster, die Nacht so helle wie der Tag.«

W., Licht und Leben gehören zusammen. Thot wohnt im »Lebenshaus«; der BAUM der Weisheit (bibl. der Erkenntnis) und der des Lebens stehen in einem unlösbaren Zusammenhang. Früchte des Baumes vermitteln geheimes (oder gar verbotenes) Wissen. Im AT wird die göttliche W. mit der ZEDER verglichen (*Sir* 24,13). Um W. zu erlangen, hing Odin neun Tage an der Weltesche Yggdrasil. Die W. erscheint auch mit dem WASSER verbunden. Enki ist der Herr des (Süßwasser-)Ozeans. In

der germanischen Mythologie ist der Riese Mimir Hüter einer Quelle (Brunnen) und der W. Bis in die Neuzeit hinein glaubt man, aus dem Wasser weissagen zu können (Hydromantik).
Die W. kann sowohl männlich als auch weiblich gedacht werden. Der BART ist Symbol der W. (so auch in einigen Märchen), in der Spätantike geradezu ein Attribut der Philosophen. Der Archetyp des alten Weisen verschmilzt mit → Gottvater. Die W. kann als → Hypostase erscheinen, so die hebräische *chokma* und die griechische *sophia*, die über die gnostische Spekulation bis zur russischen Religionsphilosophie ein Eigenleben führt (→ Sophia). In der christlichen Ikonographie wird die göttliche W. meist als reichgekleidete, gekrönte, nimbierte Frau personifiziert (Sapientia); die oft mit ihr dargestellten sieben SÄULEN können – nach Honorius Augustodunensis – auf die sieben Gaben des Hl. Geistes hinweisen. In der Renaissance erscheint die Divina Sapientia gerüstet wie die röm. Göttin Minerva, auf dem Schild die Geisttaube. [Lr]

J. J. van Dijk, La sagesse suméro-accadienne, Leiden 1935; M.-Th. d'Alverny, La sagesse et ses sept filles (Mélanges Felix Grat I). Paris 1946; H. H. Schmid, Wesen und Gesch. d. W., eine Unters. z. altoriental. u. israelit. W.slit., 1966; J. Bonnet, Les symbols traditionnels de la sagesse. Roanne 1971; U. Mielke, Sapientia (LChrI 4) 1972.

**Weiß,** Farbe des Lichtes und der → Reinheit; griech. *leukos* (= weiß) sprachlich verwandt mit lat. *lux* (= Licht). Antithetisch gegenübergestellt entspricht W. dem Mond, dem Weiblichen und dem → Frieden; Rot der Sonne, dem Männlichen und dem Krieg. Das Strahlende, Lichte kennzeichnet die Götter. Zeus hatte das Epitheton *leukaios*, der Weiße, und verwandelte sich in einen weißen Stier und in einen weißen Schwan. Tiere als Offenbarungsträger der Gottheit sind weiß: Stier des babylon. Adad, Elefant im Hinduismus/Buddhismus, Taube des Hl. Geistes. Der persische Gott Ahura Mazda wurde »der weiße Herr« genannt. In Daniels Vision erscheint Gott mit einem Gewand »weiß wie Schnee« (*Dan* 7,9). Die ohne Sünde sind, werden in weißen Gewändern bei Gott weilen (*Offb* 3,4). Mit weißen Stimmsteinen erklärten die Richter auf dem Areopag zu Athen den Angeklagten für unschuldig, mit schwarzen für schuldig. Die weißen Festkleider der Erstkommunikantinnen und der Bräute bedeuten Unschuld und Jungfräulichkeit. W. ist die Farbe der → Freude, kann aber auch auf das Unheimliche hinweisen, auf Geister und Gespenster, auf die Toten und die Ahnen (so bei zahlreichen Naturvölkern). Bei den Chinesen und bei slawischen Völkern findet sich W. als Ausdruck der → Trauer; auf dem Isenheimer Altar ist Maria ganz in W. gehüllt. [Lr]

J. v. Negelein, Die volkstümliche Bedeutung der w. Farbe (Zs. f. Ethnologie 33/1901); K. Meyer, Die Bedeutung der w. Farbe im Kultus der Griechen u. Römer, 1927; H. Fischer, Rot u. W. als Fahnenfarben (Antaios 4/1962).

**Weizen** → Ähre

**Weltalter.** Die Einteilung der Zeit in W. ist erstmals bei Sumerern und Babyloniern bezeugt; nach Berossos wird ein Weltbrand oder eine Sintflut eintreten, wenn alle Planeten im Tierkreisbild Krebs bzw. Steinbock zusammenkommen. Der kosmischen VIERZAHL

entsprechend ist die Vorstellung von 4 W.n besonders verbreitet; die Antike (Hesiod, Ovid, Vergil) vergleicht sie mit GOLD, SILBER, BRONZE, EISEN (bzw. Ton). Das Goldene Zeitalter, *aureum saeculum*, fällt mit der glücklichen (paradiesischen) Urzeit zusammen; die Verschlechterung der politischen, wirtschaftlichen und sozialen Verhältnisse führt im Eisernen (bzw. Tönernen) Zeitalter zum völligen Verfall. Im AT finden sich ebenfalls die 4 Weltperioden angedeutet, bei *Daniel* 2,32ff. im Traumbild einer Menschensäule mit goldenem Kopf, Brust und Arme aus Silber, Bauch und Oberschenkel aus Erz, Füße aus Eisen und Ton. Im Mithraismus werden die 4 W. mit FEUER, LUFT, WASSER und ERDE zusammengebracht, jedes → Element führt den Untergang der ihm adaequaten Periode herbei ähnlich wie auch bei den mesoamerikan. Tolteken.
Der von → Vergil geäußerte Gedanke einer Wiederkehr des Goldenen Zeitalters wirkte auf spätere Denker und Dichter, im MA verbunden mit der Weiterführung der paradiesischen Urzeit zum endzeitlichen Paradies. Seit der Renaissance wurde das poetische Bild für das Goldene Zeitalter das in die Nähe der Utopie geratene ARKADIEN (zunächst eine griech. Landschaft, in Vergils *Bucolica* als Schöpfung des Hirtengottes Pan gefeiert). – Christlicher Vorstellung entspricht ein linearer Geschichtsverlauf von der Schöpfung bis zum → Weltgericht, trotzdem finden sich auch geschichtsphilosophische Spekulationen symbol. Art wie etwa von den 6 W. entsprechend den 6 Schöpfungstagen oder die nach der Trinität ausgerichtete Dreizahl wie bei → Joachim von Floris.

[Lr]

H. Reynen, Ewiger Frühling und gold. Zeita. (Gymnasium 72) 1965; Fr. Lämmli, Homo Faber: Triumph, Schuld, Verhängnis, 1968 (– über das Eiserne Zeita.); B. Gatz, W., gold. Zeit u. sinnverwandte Vorst., 1967; H. Levin, The Myth of the Golden Age in the Renaissance, Bloomington 1969; R. Stephan, Gold. Zeita. u. Arkadien, 1971; H. Schwabl, W. (PWRE, Suppl. XV) 1978; Kl. Kubusch, Aurea saecula. Mythos u. Gesch., 1986.

**Weltbild.** Das erste W., das der Mensch sich macht, ist anthropozentrisch; er erlebt sich in der Mitte seiner Umwelt und glaubt die Peripherie seiner Oikumene von Dämonen, Fabeltieren, Barbaren bewohnt. Dem heimischen Innen steht das bedrohliche Draußen gegenüber. Nach germanischer Mythologie wohnen die Menschen in Midgard (= Welt der Mitte), während in der »Außenwelt«, in Utgard, die Riesen hausen. Bei dem Versuch der Orientierung wird die Welt als ein Umschließendes erfahren; der Rundhorizont wird zum W. Für die Vorstellung von der harmonisch RUNDEN Gestalt des Kosmos hatten die alten Ägypter die Bezeichnung »Das, was die Sonne umkreist«. Eine aus dem 6. Jh. v. Chr. stammende babylonische Weltkarte (Tontäfelchen, London, British Museum) zeigt die KREISförmige Erde vom Ozean umschlossen.
Überall, wo in den Mythen das Bild einer Weltachse (Weltberg, Weltbaum) oder eines Erdnabels gebraucht wird, liegt der Gedanke an die Kreis- oder Kugelgestalt des → Kosmos zugrunde. Nach altindischem W. breitet sich das All nach 4 Himmelsrichtungen aus, im Zentrum liegt der Weltberg (Himavat bzw. Meru). Nach altgermanischer Überlieferung liegt

das vom Weltmeer umbrandete Midgard im Schutz der Weltesche Yggdrasil. Uralaltaische Völker (Lappen, Samojeden, Kirgisen) und Eskimos glauben, daß eine Art HimmelsNAGEL die Erde mit dem Polarstern verbindet. Im W. der Finnen wird die kreisförmige Erde von der Himmelskuppel überwölbt; die Mitte des Firmaments wird von dem feststehenden »Nagelstern« (= Polarstern) gebildet, um den sich alle anderen Gestirne drehen.

Immer wieder versuchten gläubige Menschen ihren Wohnort dem Bild der Welt nachzubauen. Die Gründung einer neuen Siedlung galt als heiliges Werk und war eine symbolische Nachahmung (Wiederholung) der → Kosmogonie; darum auch die KREISRUNDEN Wohnanlagen bei verschiedensten Völkern, bei den Römern spricht noch die etymologische Gleichung *urbs* (Stadt) – *orbis* (Kreis, Erdkreis) dafür. Die nordamerikanischen Osagen betrachten ihr immer kreisförmig angelegtes Zeltlager als Bild des ganzen Weltalls. Besonders gelten auch die Sakralbauten als Abbild bzw. Sinnbild des → Kosmos.

Zahlreich und in verschiedenen Variationen findet sich das VIERgliedrige Schema als Ausrichtung nach den 4 Weltgegenden. Bei altorientalischen Ton- und Metallschalen befindet sich im Mittelfeld meist ein QUADRAT oder eine SCHEIBE, es ist die Erde oder ihr sakrales Zentrum (Weltberg, Weltbaum, Lebensbrunnen), um das 4 Tiere oder Menschen angeordnet sind oder von dem 4 Kreuzarme ausgehen. Die Kombination der die Welt im Bild einfangenden Figuren Kreis und Quadrat wird im → MANDALA zum symbolischen Ausdruck für die Totalität des Alls; in ihm fallen die persönliche Mitte der inneren Welt und die kosmische Mitte der äußeren zusammen. Dem Mandala ähnliche Bildstrukturen finden sich in globaler Verbreitung (z. B. auf langobardischen Reliefplatten, in gotischen Fensterrosen, in Sandmalereien nordamerikan. Indianer).

Wie der Mensch als Mikrokosmos, so konnte das Weltall als Makroanthropos aufgefaßt werden. Im *Rigveda* wird die Einheit des Alls dadurch erklärt, daß es aus einem einzigen Urwesen, dem → Urmenschen Purusha, entstanden sei. Nach der Lehre des → Jainismus gleicht das Universum einem MENSCHEN, dessen Unterkörper die unterweltlichen Stockwerke bildet, die Hüftgegend die Menschenwelt und der Oberkörper die Etagen des Götterhimmels. Nach der → Kabbala ist Adam Kadmon die erste aus dem Unendlichen hervorgehende Emanation, himmlisches Urbild des Menschen, in sich die 10 Sefiroth (Grundsphären des Seins) enthaltend.

Wer sich selbst im Mittelpunkt der Welt erlebt, für den muß auch die Erde in der Mitte des Alls stehen; das anthropozentrische Weltbild ist zugleich ein geozentrisches, gleich ob man sich die Erde als SCHEIBE (Altägypten, Altmesopotamien, christl. MA) oder QUADRATISCH (alter Parsismus, Altchina, z. T. auch Altindien) vorstellte. So wie im biblischen W. die Erde im Mittelpunkt des Heilsgeschehens stand, so galt sie auch als Zentrum des Kosmos. Die Elemente Wasser, Luft und Feuer glaubte man wie Zwiebelringe um die Erde gelegt; diese wiederum dachte man sich von den Sphären des Mondes, der Planeten, des Tierkreises und schließlich des kristallenen, sternenlosen Himmels umschlossen. Höhepunkte der Vorstellungen einer hierarchischen Gliederung des Kosmos durch die Sphären sind bei → Hildegard von Bingen und in → Dantes *Divina Commedia* zu finden. Die Fensterrose der Kathedrale zu Lausanne ist bildlicher Ausdruck des christlich-mal. W.es: das Zentrum wird von Annus gebildet, dem Jahr als Inbegriff des ganzen Welt- und Lebenslaufes; der *regens temporum* ist eine Widerspiegelung Christi als Kosmokrator. Er ist umgeben von Sonne und Mond, Tag und Nacht, in deren verlängerter Achse die 4 Jahreszeiten folgen, jeweils umgeben von den ihnen zugehörigen Monaten; weiter sind die 4 Kardinalpunkte des Zodiak (Leo, Scorpio, Aquarius, Taurus) angegeben, die Elemente, Paradiesesflüsse und schließlich die 8 Winde. → Kosmas Indikopleustes, mythische Geographie, Zentrumssymbolik [Lr]

H. Liebeschütz, Das allegor. W. der Hildegard v. Bingen, 1930 (Neudr. 1964); E. J. Beer, Die Rose d. Kathedrale v. Lausanne, 1952; W. Müller, Die hl. Stadt, 1961; B. E. Siebs, W., symbol. Zahl u. Verfassung, 1969; H. Holländer, Weltall, W. (LChrI 4) 1972; M. Lurker, Der Kreis als imago mundi (Das Münster 25) 1972; C. Blacker/M. Loewe, Ancient cosmologies, London 1975 (dt. Weltformeln der Frühzeit, 1977); M. Lurker, Kreis, Quadrat und Vierzahl im W. früher Kulturen (Mannus 44) 1978; B. Brentjes, Die Stadt des Yima. W.er in der Architektur, 1981.

**Weltende.** In vielen Religionen wird das W. in symbolträchtigen Bildern beschrieben. Eine altägyptische Vorstellung ist die Rückkehr in den Urzustand; der Ur- und Schöpfergott (Atum) wird dann wieder in seiner ursprünglichen Schlangengestalt in der Urflut untertauchen. Bei der Annahme mehrerer → Weltalter bringt man deren Untergang mit den vier verschiedenen Elementen in Verbindung. Besondere Vorboten des W.s sind u. a. sittlicher Verfall (Nordgermanen), UNFRUCHTBARKEIT bei Tier und Mensch (Berber), die Sonne scheint von Norden (Finnen). Im zarathustrischen Mazdaismus wird das W. durch Katastrophen, ERDBEBEN und KRIEG eingeleitet; in dem Kampf zwischen dem Heer der Dämonen und dem der Erzengel Ahura Mazdas wird auch der DRACHE Azhi Dahaka losgelassen und vernichtet ein Drittel der Menschheit; nach dem Erscheinen des Retters Saoshyant und der Trennung der Gerechten von den Ungerechten ergießt sich in einem gewaltigen FEUERordal ein Strom geschmolzenen Metalls über die Welt; in einem letzten Kampf werden die Mächte des Bösen vernichtet. Die germanische Bezeichnung des W.s ist Ragnarök (»Verhängnis der Götter«): dem dreijährigen strengen FimbulWINTER und dem Erzittern des Weltbaumes Yggdrasil folgt der Endkampf; der Tod der Götter ist das Vorspiel des kosmischen Unterganges – der Wolf Fenrir verschlingt die Sonne, die Erde sinkt ins Meer, die STERNE STÜRZEN vom Himmel, dazu kommt ein Weltbrand.

Die großen eschatologischen Religionen Mazdaismus/Parsismus, Judentum, Christentum und Islam verbinden das W. mit einem reinigenden → Weltgericht, dem dann die Zeit der Gottesherrschaft folgt. Von besonderer Eindringlichkeit sind die Bilder und Symbole in der Offenbarung des Johannes (→ Apokalypse), wenn auch ihre Deutung nicht immer ganz gesichert ist. In den 4 apokalyptischen REITERN (*Offb* 6,1–8) kann man allegorische Personifikationen der durch sie bewirkten Plagen erkennen: Völkerkrieg auf weißem Pferd, Bürgerkrieg auf rotem Pferd, Hunger auf schwarzem Pferd, Tod auf fahlem Pferd. Die einzelnen apokalytpischen Bilder gleichen denen anderer Überlieferungen vom W.: Erdbeben, ein Teil des Meeres wird zu Blut, Verfinsterung der Sonne, Sterne fallen vom Himmel, Hagel und Feuer werden auf die Erde geworfen, dämonische Tiere unter Führung des Drachen.

Im Volksglauben gelten die KOMETEN als böse Vorzeichen auch im Hinblick auf ein bevorstehendes W. Die letzte Schlacht wird oft bei einem DÜRREN BAUM (im Volksmund »Walserbaum«) lokalisiert. [Lr]

A. Olrik, Ragnarök, die Sagen vom Weltuntergang, 1922; R. Reitzenstein, Die nord., pers. und christl. Vorstellungen vom Weltuntergang, 1923; K. Heim, Weltschöpfung u. W., 1952; R. Mayer, Die bibl. Vorst. vom Weltenbrand, 1956; S. Schott, Altägypt. Vorst. vom W. (Analecta Biblica 12) 1959; L. Bonilla, Mitos y creencias sobre el fin del mundo, Madrid 1967; O. Böcher, Die Johannesapokalypse, 1975; G. M. Martin, Weltuntergang. Gefahr u. Sinn apokalypt. Visionen, 1984.

**Weltgericht.** Der Gerichtsgedanke beruht auf dem Glauben an eine Vergeltung für → Gut und Böse. In Altägypten galt Osiris als oberster Totenrichter, unterstützt von 42 Dämonen für die 42 Sünden (→ Totengericht). In der hinduistischen Mythologie ist → Yama der richtende Gott, der mit einer SCHLINGE die Seele aus dem Körper zieht und bindet. Der Mazdaismus kennt ein gewaltiges FEUERordal: ein Strom von geschmolzenem Metall ergießt sich über die Welt – für die Guten wie warme Milch, für die Bösen wie glühendes Metall.

Die meisten Motive der christlichen Weltgerichtsdarstellung lassen sich auf die Bibel zurückführen: der in den Wolken thronende Christus (*Mt* 24,30; *Offb* 20,11); die → Hetoimasia (*Ps* 9,8); die 12 Apostel als Beisitzer des Gerichts (*Mt* 19,28); der REGENBOGEN als Pfand von Gottes Huld und Gnade (*Ez* 1,28; *Offb* 4,3); Posaune blasende Engel (*Mt* 24,31); sich öffnende Gräber (*Ez* 37,12; *Offb* 20,13); die Seelenwägung (*Hiob* 31,6); der Himmel als aufgerolltes BUCH (*Offb* 6,14); die Sünder peinigendes HöllenFEUER (*Offb* 21,8).

Bereits im 5. Jh. findet sich auf Sarkophagen das Motiv des die SCHAFE (Gute) von den BÖCKEN (Böse) trennenden Christus (nach *Mt* 25,32f.); die dabei zutage tretende Seitensymbolik – die Erlösten RECHTS, die Verdammten LINKS – wird für die spätere Kathedralplastik und Tafelmalerei Kompositionsschema. Spätmittelalterl. Maler (wie Hans Memling) lassen aus Christi Mund neben dem richtenden SCHWERT (*Offb* 19,15) die gnadengewährende LILIE hervorkommen. Die NACKTHEIT der menschlichen Gestalten deutet das metaphysische Ausgezogensein der Geschöpfe vor Gott an. Das Motiv, daß Maria ihre BRUST, die den Heiland genährt hat, entblößt, um bei Gott Erbarmen für die sündige Menschheit zu erwecken, findet sich literarisch erstmals bei Arnold von Bonneval (um 1150), in Verbindung mit dem W. in der Malerei des 15.–17. Jh. Bei Kirchen sind die W.bilder meistens an der Westwand angebracht; im WESTEN ist der Übergang vom Diesseits zum → Jenseits. [Lr]

J. Spiegel, Die Idee vom Totengericht in der ägypt. Relig., 1935; G. Troescher, W.bilder in Rathäusern und Gerichtsstätten (WRJb. 11) 1939; A. Cocagnac, Le Jugement dernier dans l'Art, Paris 1955; J. Fournée, Le Jugement dernier, Paris 1964; B. Brenk, W. (LChrI 4) 1972.

**Werbung,** planmäßige Beeinflussung potentieller Käuferschichten, dabei auch Berücksichtigung (tiefen)psychologischer Erkenntnisse der Lehre vom → Unbewußten. Die zur Werbepsychologie gehörende Motivforschung (Martineau, Hanns F. J. Kropff, L. v. Holzschuher) befaßt sich mit den sog. Warenimages, d. s. die bildhaften Vorstellungen, die Menschen von Verkaufsartikeln haben. »Images ragen weit über den zweckmäßigen Gebrauch der Ware hinaus und werden ständig mit dem realen Gegenstand assoziiert« (Senger). Das *image* ist nicht nur die optische Erscheinungsweise, sondern beinhaltet auch Gefühle und Meinungen bewußter und unbewußter Art; es kann den verschiedensten Wunschvorstellungen entsprechen: Besitz, Prestige, Reichtum, Gesundheit, Familienglück, Erholung usw. Durch das ihm zuerkannte *image* kann ein Gegenstand zum sog. → Statussymbol werden.

Wie in anderen Kulturbereichen, so sind auch in der W. die Übergänge zwischen Zeichen und Symbol fließend, wobei das rein Zeichenhafte, das *signum significativum* vorherrscht. Wenn z. B. Coca-Cola als »Symbol für westeuropäische und amerikanische Lebensweise im 2. Drittel des 20. Jh.« ausgegeben wird, so liegt hier nur eine Kennzeichnung vor, kein Symbol. Aber eine geschickte W. versucht, der Ware eine Symbolbedeutung zu »unterstellen«. Das fängt oft schon beim → Warenzeichen oder beim Firmenzeichen an, dem manchmal erst nachträglich ein Sinn unterlegt wird, so z. B. beim Mercedes-STERN: »Ihr guter Stern auf allen Straßen«. Die kommerziellen »Bildsymbole« sind nach MacLuhan »nicht spezialisierte Bruchstücke oder Teilaspekte, sondern geschlossene und auf kleinen Raum gedrängte Leitbilder komplexer Art«. Diese »Leitbilder« können durchaus echte Symbole sein – wie AUGE, HAND, HERZ, QUELLE und MEER, SONNE und HIMMEL –, die auf den Käufer nicht nur als Dekor wirken, sondern in ihm gewisse Symbolvorstellungen wachrufen sollen.

In Bild und Text beliebt ist die Beifügung monarchischer Symbole (KRONE, SCHLOSS, GOLDENE FARBE), damit soll der Geltungstrieb angesprochen werden; wer ein so gekennzeichnetes Bier trinkt, so eine Zigarette raucht usw., ahmt Könige nach, wird selbst über seinen Stand erhöht. Für den die Werbung Durchschauenden wird so eine Art Werbeikonographie nur Zeichencharakter haben, für den auf sie »Hereinfallenden« repräsentiert sie etwas, kann sie gleichsam symbolische Bedeutung annehmen. Das Rauchen einer bestimmten Zigarettenmarke steht sinnbildhaft für den »Duft der großen, weiten Welt«, und wer ein bestimmtes Benzin kauft, hat »den TIGER in den Tank gepackt«, d. h. (das Symbol für) Kraft und Geschwindigkeit. Nur um scheinbare Symbolik handelt es sich, wenn ein

Faktum einfach in Analogie zu einem Produkt gesetzt wird, z. B. die (Form der) Coca-Cola-Flasche zum weiblichen Körper; hier spricht man besser von einem Warenfetischismus: die Ware dient als Ersatz, sie soll die Vorstellung vermitteln, daß mit ihr die Erfüllung bestimmter (sexueller) Wünsche mitverkauft wird. [*]

V. Packard, The hidden persuaders, New York 1957 (dt. Die geh. Verführer, 1958); P. Martineau, Kaufmotive, 1959; E. Dichter, Hdb. d. Kaufmotive, 1964; M. MacLuhan, Die magischen Kanäle, 1968; A. Senger, Säkularisierung – Trivialisierung – Kommerzialisierung. Symbolik in W. u. Triviallit. (Symbolon NF 2) 1974; O. Koenig, Urmotiv Auge, 1975; Chr. Murken-Altrogge, W. – Mythos – Kunst am Beisp. Coca Cola, 1977; W. Nöth, Dynamik semiotischer Systeme. Vom altengl. Zauberspruch zum illustr. Werbetext, 1977.

**Westen** → Himmelsrichtungen

**Wettergott(heiten)** sind Epiphanien atmosphärischer Kräfte, die sich in Sturm und Regen, Donner und Blitz äußern. Ihr uranischer Charakter rückt sie in die Nähe der → Himmelsgottheiten, manchmal sind beide in ihren Funktionen und Attributen nicht klar voneinander zu trennen: der griechische Himmelsgott Zeus ist als Zeus Keraunos zugleich auch Gewittergott; für den alttestamentlichen Jahwe sind das Thronen im Himmel und die Offenbarung in STURM und GEWITTER charakteristisch; der keltische Herr des Himmels heißt Taranis, sein Name bedeutet DONNER.

Während in Mesopotamien der sumerische Ischkur eine recht unbedeutende Gestalt bleibt, spielte Adad bei den semitischen Akkadern eine bedeutende Rolle. Sein Wesen vereinigt segensreiche wie verderbenbringende Züge. Er verkörpert den wilden GEWITTERSTURM, bringt den befruchtenden Regen oder hält ihn zurück; er kann das Getreide durch Überschwemmungen vernichten (→ Babylonier und Assyrer). Bei den Westsemiten entspricht ihm Hadad, für den sich seit der Mitte des 2. Jt. v. Chr. Baal, »der Herr«, als Name durchsetzt. Er ist der »Wolkenfahrer«. Beim jahreszeitlichen Nachlassen der Niederschläge unterliegt nach ugaritischem Mythos Baal dem Gott des Todes und der Dürre, Mot. Er wird zum sterbenden und wiedererstehenden Vegetationsgott, ja durch Verdrängung des Dagan (Dagon bei den Philistern) zum Getreidegott. Schließlich gelingt es Baal sogar, den Bereich des alten Himmelsgottes El an sich zu ziehen; als sein Wohnort gilt der Sapan = Dschebel el-Aqra = Mons Kasios, der auch selbst personifiziert und vergöttlicht wurde.

In Kleinasien steht ein W. an der Spitze des churrischen und des hethitischen Pantheons der Großreichszeit (→ Hethiter). Die im Gewitter sich offenbarenden Mächte oder W. wurden zuerst theriomorph als STIER dargestellt. Daraus entwickelte sich der auf dem Rücken des Stieres stehende waffentragende (BLITZ) W., wie der von röm. Legionären verehrte Jupiter Dolichenus mit der Doppelaxt (→ Göttersymbole). In Kleinasien verdoppelte man die Stiere zum Wagengespann. Sie tragen die churrischen Namen Scheri, »Tag«, und Churri, »Nacht«, und werden als göttliche Fürsprecher angerufen. Die W. können als die großen Befruchter der (weiblich gedachten) Erde erscheinen und weisen auch von hier aus Bezüge zum Stier auf. Im Vedismus ist → Indra Regen- und

Fruchtbarkeitsgott, er ist »Stier der Erde«, seine Waffe ist der BLITZ (*vajra*), mit dem er das Ungeheuer Vrtra tötet.

Lunare Züge weist der ägyptische Fruchtbarkeitsgott Min auf, Herr des Regens und »Stier, der den Göttern und Göttinnen Samen schafft«; sein Symbol (Fetisch?) wurde schon als Blitzbündel oder Donnerkeil gedeutet. Andere W. haben PFEIL und BOGEN als Waffe, so der altarabische Gewittergott Quzah und der vedische Sturmgott Rudra. Der HAMMER des germanischen Thor (→ Donar), die AXT des litauischen Perkunas und die KEULE des altslawischen Perun entsprechen dem Blitz oder Donnerkeil. Wie Thor fährt auch der finnische Donnergott Ukko mit einem WAGEN über den Himmel. Elias dürfte auf Grund seiner Himmelfahrt im feurigen Wagen (2 *Kön* 2,11) zum Donnerheiligen geworden sein; auf dem Balkan wurden ihm bis ins 20. Jh. hinein Stieropfer dargebracht. Im germanischen Raum trat mit der Christianisierung Petrus die Nachfolge Donars an; der große Bär (Sternbild) heißt im Volksmund Petruswagen; wenn der Heilige Kegel schiebt, donnert es.

Der Donnergott der Ibibio (Nigeria) schickt den ADLER als seinen Boten. Der Adler ist Attribut des Donnergottes Zeus. In Sibirien und bei nordamerikanischen Indianern findet sich die Vorstellung, daß der Donner durch das Rauschen der Flügel des »Donnervogels« verursacht werde, nach Zeichnungen der Dakota kommt der Blitz aus seinem Schnabel hervor. [JB/Lr]

H. Schlobies, Der akkad. W. in Mesopotamien (Mitt. d. Altoriental. Ges. I,3) 1925; Fr. M. Schnitger, Der Gewittervogel in Asien (Mitt. d. Anthropolog. Ges. in Wien) 1941; M. Riemschneider, Der W., 1956; Th. Lohmann, Petrus u. d. W. (Zs. f. Rel.- u. Geistesgesch. 12) 1960; D. O. Edzard, W. (Mesopotamien)/E. v. Schuler, W. (Kleinasien)/M. Pope/W. Röllig, Baal-Hadad, Baal-Zyklus (WdM 1) 1965; H. Gese/M. Höfner/K. Rudolph, Die Rel. Altsyriens, Altarab. und der Mandäer, 1970; J. C. de Moor, The Seasonal Pattern of the Ugaritic Myth of Ba'lu, 1971; P. van Zijl, Baal. A Study of texts in Connexion with Baal in the Ugaritic Epics, 1972.

**Widder** (lat. *aries*), männliches → Schaf (Schafbock), Symbol der Zeugungskraft und physischer Stärke. In Ägypten wurde der Schöpfergott Chnum in Gestalt eines W.s verehrt, später meist anthropomorph und mit W.kopf dargestellt; nach Inschriften der Ramessidenzeit soll der Gott Ptah in Gestalt eines W.s der Königin beigewohnt haben; auch Amun war das Tier heilig, des Gottes Kopfschmuck ist ein W.gehörn mit Sonnenscheibe. Wie andere Hornträger hat der W. solare Bedeutung. Die Hethiter opferten dem Sonnengott ein weißes Lamm; mit der Sonnenverehrung und der Hoffnung auf Wiederkehr der warmen Jahreszeit dürfte auch das W.opfer an der gefällten Fichte während der Attismysterien zusammenhängen.

Als erstes Zeichen im Tierkreis ist der W. mit der → Auferstehungssymbolik verbunden; am Sockel etruskischer Grabdenkmäler angebrachte W.köpfe können bedeutungsmäßig hier angeschlossen werden. Beim Opfer des W.s anstelle eines Menschen (Isaak, 1 *Mos* 22; Phrixos im griechischen Mythos) wird durch den Tod des Tieres das Leben des Menschen erhalten. Schon Ambrosius *(De Abraham)* erblickte im W. ein Symbol Christi; auf Gewölbeschlußsteinen des MA findet sich öfters Christus victor als W. mit Siegesfahne. An romanischen Tympana können W.lämmer als »umgedeutete Tierkreiszeichen« im Sinne der Auferstehung verstanden werden (S. Braunfels). In negativer Bedeutung wurde der W. der Synagoge und der Luxuria zugeordnet. Zum W.horn → Posaune. [Lr]

G. Germain, Le culte de bélier en Afrique du Nord (Hespéres 35/1948); V. Paques, Le bélier cosmique (Journal de la Société des Africanistes 26/1956); F. Nikolasch, Zur Ikonographie des W.s von Gen 22 (Vigiliae Christianae 23/1969); S. Braunfels, W. (LChrI 4) 1972; J. Marringer, Der W. in Kunst u. Kult des vorgeschichtl. Menschen (Anthropos 75/1980).

**Wiedehopf.** In der Antike sollte der Vogel als Amulett vor nächtlichem Ausplaudern schützen. Plinius und Aelian heben hervor, daß er sein Nest beschmutzt; schon im AT wird er bei den unreinen Tieren eingestuft (3. *Mos* 11,19), vielleicht weil er mit Vorliebe Würmer und Insekten aus der Erde und aus dem Kot sucht. Wegen seines langen aufrichtbaren Federschopfes und wegen des übelriechenden Saftes, den er gegen Feinde verspritzt, wurde er im MA dämonisiert und in Gesellschaft der Hexen und des Teufels gedacht. Auf den Bildern alter Meister wendet sich der Vogel vom Heilsgeschehen ab, so z. B. bei der Auferstehung des Jörg Ratgeb (*Herrenberger Altar,* am linken Bildrand). In positiver Ausdeutung erscheint er bei arabischen Dichtern als Liebesbote, im Physiologus als Beispiel für die Tugend der kindlichen Liebe zu den Eltern und in den sog. Palmbaumtraktaten der geistlichen Literatur im MA als Bild für tugendhaftes Leben auf dem Weg zum Heil. [Lr]

G. Roth-Bojadzhiev, Studien zur Bedeutung der Vögel in der mittelalterl. Tafelmalerei, 1985.

**Wiedergeburt.** Mit W. können verschiedene Glaubensvorstellungen bezeichnet werden: der Vorfahre erscheint in einem späteren Nachkommen seines Geschlechts; Wiederverkörperung in einer → Seelenwanderung; ein neues Leben dank der Auferstehung; Eintritt in eine neue Lebenssphäre als W. in geistigem Sinne. Die einzelnen Anschauungen sind nicht immer klar abzugrenzen. Wenn nach dem ägyptischen → *Totenbuch* der Verstorbene sich in Phönix, Falke, Schwalbe usw. verwandelt, dann ist dies weniger eine Seelenwanderung als vielmehr Ausdruck des Wunsches nach Machterweiterung und nach (zeitweisem) Verlassen der Grabesenge, teilweise aber auch Hoffnung auf eine echte W., so wenn der Tote in eine LOTOSBLÜTE (Symbol des kosmischen Ursprungs und der Geburt des Sonnengottes) verwandelt werden möchte.

Zahlreich sind die mythischen Bilder für die W., z. B.: NAMENSWECHSEL (auch bei Eintritt in Ordensgemeinschaften), Verbrennen oder WECHSEL DER KLEIDER, Sichhäuten (entsprechend ist die SCHLANGE ein weit verbreitetes Symbol der W.), Geköpft- oder ZERSTÜCKELTWERDEN (da der Tod der W. vorangehen muß). An die Überlieferung von den sterbenden und wiederauferstehenden Göttern (→ Adonis, → Dumuzi, → Osiris) knüpft sich die Hoffnung auf W. Das Absterben und Aufblühen der Vegetation, Sonnenuntergang und -aufgang und die Mondphasen sind die »Vorbilder« aus der Natur. Wie der

MOND aus der Finsternis, so steigt in australischen Initiationen der »Tote« (Initiant) aus dem »Grab«, das wie die Initiationshütte den mütterlichen Schoß darstellt; der Tod des Neophyten bedeutet eine Rückkehr in den embryonalen Zustand. In Indien und im Buddhismus ist das AUFBRECHEN DER EISCHALE durch das Küken ein Symbol für die zweite, geistige Geburt; die Einweihung in die Kultgemeinschaft macht den Inder zum »Zweimalgeborenen« *(dvija)*. In vielen Bräuchen der → Initiation soll das DURCHKRIECHEN oder Durchziehen des Initianten durch Rad, Felsennische, gespaltenen Baum usw. eine W. andeuten oder (magisch) bewirken. Auch die BESCHNEIDUNG kann als Symbol der W. verstanden werden, so bei den Bantu-Kavirondo.

Nach christlicher Lehre ist W. die dem Menschen von Gott angebotene, durch Glaube und Taufe zugeordnete Lebenserneuerung (*Joh* 3,3–8). Die → TAUFE ist das »Bad der Wiedergeburt« (*Tit* 3,5), durch die der Christ zum »Kind« Gottes wird (*Röm* 8,14–23). Das im Mythos mit dem Ursprung verbundene → KIND war in der heidnischen wie in der christlichen Antike ein Symbol der W. Im Christentum ist W. gleichbedeutend mit Auferstehung (→ Auferstehungssymbolik). [Lr]

Th. Lehtisalo, Der Tod u. die W. des künftigen Schamanen (Journal de la Société Finno-Ougrienne 48) 1936–37; Eranos-Jb. VII/1939 (Vortr. ü. d. Symbolik der W. in der relig. Vorst.); M. Eliade, Das Mysterium der W., 1961; A. David-Neel, Unsterblichkeit u. W.lehren u. -bräuche in China, Tibet und Indien, 1962; P. Parmeshvara, Soul, Karma and Rebirth, Bombay 1973.

**Wiesel.** Antike Mythen berichten von der Verwandlung von Menschen in W.; so wurde Galinthios von der Göttin Hera bestraft, weil sie Alkmene bei der Geburt des Herakles behilflich war (Ovid, *Metamorphosen* 9,323). In Thessalien erblickte man in dem Tier eine Verwandlungsform von Hexen. Ein verbreiteter Aberglaube war, daß diese Marderart durch das Ohr empfängt und durch den Mund gebärt; die getrocknete Zunge des W.s im Schuh getragen, sollte alle Feinde zum Verstummen bringen. Im mitteleuropäischen Volksglauben ist es ambivalent; einerseits gilt die Begegnung mit ihm als unheilbringend, während seine Nähe bei Haus und Hof als gutes Omen gedeutet wird.

Das größere Hermelin (althochdeutsch *harmo* = Wiesel) wurde wegen seines im Winter weißen Felles besonders geschätzt; in der altaischen Schamanentracht sollten die Felle zur Vertreibung der Geister dienen. Purpurne Krönungsmäntel waren mit Hermelinfellen gefüttert, so noch 1969 bei der Investitur des Prinzen von Wales. Das Hermelin fand als Symbol des Majestätischen Eingang in die Heraldik, zunächst wurde die schwarze Schwanzspitze mit Spange oder Nadel auf dem weißen/silbernen Wappen befestigt, dann in stilisierter Form einfach aufgemalt (Beispiel: Bretagne); beim Wappen von Köln sind die 11 Hermelinschwänzchen Symbol der 11000 Jungfrauen. Im MA war das Hermelin und sein Fell ein Symbol der Reinheit; der Sage nach wollte das Tier lieber sterben als befleckt werden. In seiner Eigenschaft als Schlangenvertilger wurde es zum Sinnbild Christi, letzterer heißt bei Konrad von Würzburg (*Goldene Schmiede,* um 1270) der *himel-harm,* der den Teufel in der Hölle Schlund zu Tode beißt. [Lr]

O. Keller, Die antike Tierwelt, Bd. 1, 1909 (Nachdr. 1963); Th. Sh. Duncan, The weasel in religion, myth and superstition (Washington University Studies 12, Human. Ser. 1). S. Braunfels, W. (LChrI 4), 1972.

**Wildemann** / Wildefrau / Wilde Leute. Sagengestalt in allen deutschen Waldgebirgen und weit darüber hinaus, Symbol der Urkraft, Gesundheit, Fruchtbarkeit – »wild« nach der freien Lebensweise im Walde, der »Stätte ungestörten Glücks« (L. L. Möller), nicht nach dem Charakter! Dargestellt als nackter, behaarter Mann mit Laub- und Fichtenkranz um die Hüften und auf dem Haupt, in der Hand die Keule oder den ausgerissenen Fichtenstamm; Wildfrau ebenso, aber mit nackten Brüsten. Beide oft Wappenfigur und Wappenhalter. Sein Alter nennt eine alpenländische Sage: »Er sei so alt wie der Wald, habe ihn neunmal sterben und neunmal wachsen sehen!« Historisch bekannt durch den »Wildemann-Thaler« der Herzöge von Braunschweig, silber-geprägt in Oberharzer Hütten. Als Sinnbild der Stärke wurde 1586 das damals größte Geschütz, »Wilder Mann« genannt, als respektvoll gefürchtete Feldschlange für den Herzog von Braunschweig in Gittelde geschmiedet. Im Erzbergbau ist sein Name für ertragreiche Stollen häufig. Harzer Bergleute trugen ihn als Talisman aus Zinn oder stellten ihn daheim als Leuchter auf, den Fremde nicht anfassen durften.

WM ist im europäischen Brauchtum vornehmlich Frühlingssymbol, gütig helfend wie Rübezahl, → Christophorus oder als Fährmann zwischen Groß- und Kleinbasel; oder brauchtümlich strafend wie jene mit Laub bekränzten oder eingehüllten, mit hellen Glöckchen daherspringenden, aus dem Wald geholten Heckenmänner, um die Mädchen mit Haselruten zu Fasnacht oder am Maitag zu fitzeln; an barocken Höfen war das Wildeleutemaskenspiel gang und gäbe. Im berühmten Nürnberger Schembartbuch (14.–16. Jh.), im Königsschützenscheibenbuch der Brieger Schützengilde (1649–1914!), in Kölner Karnevals-Bilderbögen u. ä. dargestellt. – Das Handwerk kennt WM als breitbeinige, stützende Fachwerksfigur, als schützenden WM mit DREIGESICHT an der Hausecke (Brixen), als Wirtshausschild Namen und Anspruch prägend, auf Minnegaben geschnitzt, gemalt, gepunzt, gestickt, gewebt, auf Minneteppichen kostbar gewirkt und mit Spruchbändern versehen: »Hant kein sorg, wiplich bild, ich will uch geben zams und wiltz« oder »Ich will iemer wesen wild bis mich zemt ein fruvwen bild.« Unter den Heilkräutern erscheint sein Name bei Dill, Dost, Wilden Knoblauch, Bärenlauch ... – Jacob Grimm forderte schon 1835 (Myth. 454) die Erforschung der WM-Frage, die bis heute hauptsächlich von der Kunstgeschichte behandelt, volkskundlich jedoch noch nicht gelöst ist. [LM]

J. Grimm, DWB 14, II; A. Spamer, Sitte u. Brauch (Peßler Hdb. dt. Vkde. II) 1934; T. H. White, The book of beaths, London 1954; L. L. Möller, Die Wilden Leute des MA/Ausstellungskat. d. Mus. f. Kunst und Gew. Hamburg 1963; C. J. A. C. Peeters, Wildemannen in den Boch (Bulletin. den Haag 6/Jg. 15) 1962; C. O. Wanckel, Giants and Wild Men in the Middle Age/Beitr. z. Reginal Essay Price 1975 der British Archaeol. Association; T. Husband/G. Gilmore-House, The wild man. Medieval myth and symbolism, New York 1980.

**Wind.** Als geheimnisvolle Naturerscheinung wurden die W.e von den alten Völkern personifiziert; so gab es eigene W.- und Sturmgötter (Susanowo in Japan, Odin bei den Germanen). Der W. ist der → Atem der Erde. Von der ägypt. Göttin Hathor hieß es, daß »der Wind des Lebens« zwischen ihren Lippen hervorkomme, die gefährlichen Wüstenstürme aber wurden mit Seth verbunden. Der alttestamentl. Gott schwebt »auf den Flügeln des Sturmes« (*Ps* 18, 11); Wind und Sturm sind die Wege des Herrn (*Nah* 1,3); der Sturm kann auch zu einem Bild des göttl. Strafgerichts werden (*Jer* 23,19). Im NT erscheint der W. mit dem Gottesgeist verbunden (*Apg* 2,2), → Hl. Geist. Die christl. Kunst übernahm von der Antike die Personifikation der 4 W.e, auf frühchristl. Sarkophagen in Gestalt geflügelter Jünglinge, die oft ein Horn oder eine Muschel blasen, im MA durch 4 blasende Köpfe dargestellt. Sturm und W. gehören zu → Shakespeares Grundmotiven, bei Theodor Körner ein Bild des Freiheitsdranges (»Das Volk steht auf, der Sturm bricht los«), in der kommunist. → Ideologie der Revolution. [Lr]

Ph. Rech, Inbild des Kosmos (II, 9–49); J. Nougarol, Les quatres vents (Rev. d'assyriologie et d'arch. orient. 1966); R. Hampe, Kult der W.e in Athen u. Kreta, 1967; T. Raff, Die Ikonographie der mittelalterl. W.personifikationen (Aachener Kunstblätter 48/1979); K. Neuser, Anemoi. Studien zur Darstellung der W.e u. W.gottheiten in der Antike, Roma 1982.

**Winkelmaß,** im alten China Symbol der Erde und zusammen mit dem → Zirkel Hinweis auf die dem Kosmos zugrundeliegende Ordnung. Auf dem sogen. Altar der Freimaurer gehört das W. zusammen mit Zirkel und Bibel zu den drei »Großen Lichtern« und ist Symbol der Geradheit und Gesetzmäßigkeit. Als Handwerkszeug ist das W. Attribut des hl. Thomas, des Patrons der Zimmerleute und Baumeister. [*]

**Wirth** Roeper-Bosch, Herman, 6. 5. 1885 Utrecht/Niederlande – 16. 2. 1981 Kusel/Pfalz. Studium der niederländ. Philologie, Germanistik, Geschichte und Musikwissenschaft. 1915–16 Titularprof. für niederländ. Philologie in Berlin, 1917–18 in Brüssel. 1924–31 Aufbau eines Freilichtmuseums für Urreligion in Doberan/Mecklenburg, ab 1933 museale Hallenschau »Ahnenerbe« in Berlin, ab 1938 in Marburg a. d. Lahn. Seine Hauptforschungsgebiete waren die von ihm neu erschlossenen Wissenschaften Symbolkunde, Paläographik und Urreligionsgeschichte bis zur Eiszeit in der ganzen Welt. Außerordentlich reiche Sprachkenntnisse ermöglichten ihm sehr weitreichende Vergleichsforschung zu betreiben. W. war einer der umfassendsten Kenner der Symbolik, wenn auch von der offiziellen Wissenschaft heftig umstritten. Seine Externsteinforschungen haben ihn sogar bei Himmler und Rosenberg mißliebig gemacht. Bei Detmold baute er ein Externsteinmuseum auf, dessen Umsiedlung nach Schloß Lichtenberg im Landkreis Kusel (1978–81) aber wegen kulturpolitischer Intrigen mißlungen ist. Seit 1985 sind seine große Abgußsammlung von Felsbildern und große Teile seiner Bibliothek im Felsbild-Museum zu Spital am Pyhrn (Oberösterreich). [LM]

H. Wirth, Aufgang der Menschheit. Untersuchungen zur Gesch. d. Religion, Symbolik u.

Schrift der atlantisch-nord. Rasse, 1928; Die hl. Urschrift der Menschheit. Symbolgeschichtl. Untersuchungen diesseits und jenseits des Nordatlantik, 1931–36; Die Ura-Linda-Chronik, 1934; Der neue Externsteinführer, 1969.

**Wodan (Odin).** Die Sagen vom wütenden Heer (auch *Wuotunges hēr, Wodes jaget, wilde Jagd, Odens jagt* usw.) zeigen den Volksglauben an altsächsisch Wōdan, althochdt. Wuotan, altsächsisch Wōden, altnordisch Odinn bis in unsere Tage lebendig und nach wie vor mit dem Pferd verbunden. Adam von Bremen († 1075) sagt mit Recht »Wodan id est furor«: W. heißt »Herr der Wut«, d. h. der Raserei des Sturmes, des Rossejagens, der Ekstase, des Zaubers. W. ist der jüngste und deshalb bei der Bekehrung zum Christentum noch lebendigste Gott der → Germanen und hat als Gestalt des Volksglaubens auch Funktionen germanischer Fruchtbarkeitsgötter an sich gezogen. Zur Zeit der Teutoburger Schlacht 9 n. Chr. ist er noch nicht nachweisbar.

W. ist alter Sturm- und Totendämon und ursprünglich PFERDgestaltig, dann Reiter (der einzige reitende Gott). Sein achtfüßiges Roß heißt in der Edda Sleipnir »der rasch Gleitende«. Nicht zufällig wird er im 2. Merseburger Zauberspruch als Heilzauberer eines Reitpferdes gezeigt. Sein Aufstieg vom Totendämon zum Hochgott erfolgt mit der sozialen Umschichtung, die das Reitertum seit den ersten Jahrhunderten n. Chr. bewirkt. Der Totendämon wird zum Reitergott der Gefolgschaft, der Kampf und Krieg Lebensinhalt ist und die schließlich in Walhall ein Kriegerparadies haben, in dem sie gerüstet und blutig, wie sie fielen, auf Wiedererweckung zum Endkampf warten. Als Gefolgschaftsgott (Wodan/Odin-Religion) steigt er im Norden zum obersten Gott auf und tritt an die Stelle des verblaßten Himmelsgottes Teiwaz/Týr, dessen Gattin Frigg nun als die seine erscheint. In Konkurrenz zum aufsteigenden Christentum opfert auch er seinen Sohn (Balder) für eine neue glücklichere Welt. Die Menschenopfer für W. erfolgten durch Erhängen (Windgott) und Speerdurchbohrung. Tiersymbole sind Adler, Rabe, WOLF (Aasfresser des Schlachtfeldes), das achtfüßige ROSS, das auch Tote ins Jenseits trägt, Dingsymbol der SPEER. Berserker (Bärenhäuter) und Wolfshäuter (Werwölfe) gehören eher zu Riten der → Initiation als zu W. [Ro]

J. Grimm, Dt. Mythol., 1835; K. Helm, W., Ausbreitung u. Wandlung seines Kultes, 1946; K. Helm, Altgerman. Rel.gesch. Bd. 2,2, 1953; J. de Vries, Altgerman. Rel.gesch. Bd. 2, 1957; H. Rosenfeld, Kultur u. Rel. d. Germ. bis 375 n. Chr. (Abriß der Gesch. antiker Randkulturen) 1961; H. Rosenfeld, Phol ende Wuodan, Baldermythe oder Fohlenzauber? (Beitr. z. Gesch. d. dt. Spr. u. Lit. 15) 1973.

**Wohlgeruch.** Während die dämonischen, infernalischen Mächte oft an ihrem üblen Geruch zu erkennen sind (der Teufel verschwindet unter Schwefeldämpfen und Gestank), gehört zum Wesen des Göttlichen, daß es einen angenehmen, lieblichen Geruch hat. Die alten Ägypter umschrieben den göttlichen W. mit »Düfte von Punt«; Parfum und Salbe spielten über ihre kosmetische Bedeutung hinaus eine kultische Rolle. Wenn ägyptische Grabmalereien zeigen, wie der Tote ein Ölgefäß an die Nase hält, dann soll dies andeuten, daß er mit dem W. des Öls den Lebenskraft vermittelnden Duft der Götter einatmet. Vor allem aber sollte der → Weihrauch Ewigkeitskräfte verleihen bzw. den Kontakt mit den Himmlischen ermöglichen. In buddhistischen Tempeln steht der sich ausbreitende Duft der Weihrauchkörner symbolisch für die alldurchdringende Dharmawelt der absoluten Wirklichkeit. Das Paradies des Mahayana-Buddhismus (Sukhavati) ist von den erlesensten Wohlgerüchen erfüllt; ähnlich berichten christliche Paradiesesschilderungen von köstlichem Blütenduft. Nach dem islamischen Mystiker Dschelaleddin Rumi spricht jede Rose, die in der äußeren Welt duftet, »vom Geheimnis des Ganzen«. Im NT wird unterschieden zwischen dem Geruch des Todes und dem des Lebens; die Christus nachwandeln, die strömen »den Duft seiner Erkenntnis« aus, ja, sie sind »Christi Wohlgeruch vor Gott« (2 *Kor* 2,14–16). In der mittelalterlichen Symbolik wird Christus zur Blüte, die den göttlichen Duft (das *pneuma* der Auferstehung) in die Welt hinaushaucht. Heiligkeit und W. sind in der Hagiographie eng miteinander verbunden. [Lr]

E. A. Stückelberg, Der Geruch der Heiligkeit (Schweizer. Arch. f. Volkskunde 22/1919); E. Lohmeyer, Vom göttl. W. (Sitzungsber. d. Heidelberger Ak. d. Wiss. 1919); Ph. Rech, Blüte und Duft (Inbild des Kosmos, Bd. 1), 1966.

**Wolf,** sein griechischer Name *lykos* wurde im Zusammenhang mit dem Leuchten seiner Augen in der Dunkelheit gedeutet. Macrobius *(Saturnalien)* berichtet, daß die Alten die Sonne im Bilde eines W.es erblickten. Für die Griechen war er das hl. Tier des Lichtgottes Apollon, der das Epitheton Lykeios erhielt. Bei der Slawen war der sog. Wolfshirte (auf einem W. reitend oder in Wolfgestalt) eine Art höherer Waldgeist und Beschützer des Viehs; bei Russen und Kroaten wurde seine Funktion vom hl. Georg übernommen. In positiver Bedeutung auch die Wölfin, die Romulus und Remus säugte und zum Wahrzeichen Roms wurde. Als Begleiter des römischen Kriegsgottes Mars und des germanischen → Wodan rückt der W. in die Nähe des Dämonischen.
Dem Reich der Finsternis zugehörig erscheint er in Persien als Tier Ahrimans und bei den Germanen als Verschlinger von Sonne und Mond (beim Weltuntergang). Im Märchen *(Rotkäppchen, Der W. und die 7 Geißlein)* Verkörperung des Bösen, Dunkelweltsdämon, in tiefenpsychologischer Deutung ein Aspekt des verschlingenden Unbewußten. Der W. ist ein Tier des Todes. Auf etruskischen Grabsteinen trägt der Unterweltsherrscher eine Wolfskappe, bei den Althispaniern einen Wolfskopf (*WdM* 2,818). Bei den Algonkin-Indianern ist ein mythischer W. Häuptling im Lande der Toten. Im Christentum ist die Deutung als Repräsentant des Bösen dominierend (Teufelstier, auch der Avaritia zugesellt). Schon in der Bergpredigt (*Mt* 7,15) wird vor den W.en in Schafspelzen (= falsche Propheten) gewarnt. [Lr]

E. A. Henson, The wolf ritual of the Northwest Coast, Oregon 1952; M. Lurker, Hund u. Wolf in ihrer Beziehung zum Tode (Antaios 10/1969); S. Braunfels, W. (LChrI 4) 1972; C. Mainoldi, L'image du loup et du chien dans la Grèce ancienne d'Homère à Platon, Paris 1984.

**Wolfram von Eschenbach,** 1170–1220, Verfasser höfischer

Versepen. Bes. der *Parzival* ist erfüllt von sinnbildlichen Verweisungsbezügen. Symbolhafte Zeichen wie die BLUTSTROPFEN, die dem mystisch verklärten Parzival das Bild der Geliebten spiegeln, wie die trauernde Sigune, die, verglichen der TurtelTAUBE auf dem Ast, in der Gebärde der Pietà der bildenden Kunst vorempfunden ist, setzen Akzente in einer Dichtung, die nach J. Schwietering als romanhafte Analogie zur Heilsgeschichte *ante legem, sub lege, sub gratia* zu sehen ist. → Typologische Bezüge, auch zwischen Parzival und seinem Vater feststellbar, bezeichnen die Stationen Parzivals zwischen der Ritterlehre des Gurnemanz und der Christenlehre Trevrizents.

Von der Forschung am meisten diskutiert und immer noch rätselhaft geblieben ist das im *Parzival* zentrale Gralsmotiv in der Vereinigung christl., oriental. und märchenhafter Züge. Der GRAL gilt als Medium des Wortes Gottes, als Christussymbol und erscheint, da er gleichermaßen himmlische Speise und irdische Genüsse spendet, als das den Würdigen sichtbare Zeichen der im Ordensrittertum erstrebten Harmonie von Gott und Mensch (→ Gralsdichtung). Die Krankheit des Anfortas ist so Signum seines Vergehens gegen den im Gral verdinglichten gottgewollten *ordo*. Das ELSTERNgleichnis im Prolog des Werkes weist über den zwiefarbenen Halbbruder Parzivals hinaus auf den innerlich gezweiten Parzival, dessen Lichtschönheit die Sünde verdunkelte, auf das Verhältnis von Sünde und Gnade, schließlich auf die heilsgeschichtliche Differenz von christlichem Glauben und heidnischem Unglauben.

Zwischen den Extremen des Christen- und Heidentums bewegt sich W. in der ZAHLENsymbolisch strukturierten Märtyrerlegende *Willehalm*, sie aufhebend im Gedanken der Gotteskindschaft. Duftwunder, Lichtgloriole und Engelerscheinung sind die der Legendendichtung entlehnten Zeichen beim Tode des jungen Christen Vivianz; sein Gegenbild, der Heide Rennewart, erscheint im Bild der aufblühenden ROSE, als von Rost und Pfütze unbeschadet erhaltenes Gold und Edelgestein. Das Fragment *Titurel* erhält mit dem Motiv des BRACKENSEILS die Wendung ins Allegorisch-Symbolische, indem das dinghafte Zeichen die Suche nach der wahren Lehre der Minne, die Suche nach der rechten Lebensführung in Gang setzt. [Ha]

J. Schwietering, Sigune auf der Linde (ZfdA 57), 1920; J. Schwietering, Die dt. Dichtung des MA, [2]1957; H. Kratz, W.s Parzival, 1973; J. Bumke, Die W.-Forsch. seit 1945, 1970; J. Bumke, W. v. E., [4]1976; M. Wehrli, W.s »Titurel« (Rhein.-Westfäl. Akad. d. Wiss., 194) 1974; W.-Studien, hg. von W. Schröder, 1970, 1974, 1975; I. Hahn, Parzivals Schönheit (Verbum et Signum II) 1975; H.-J. Spitz, W.s Bogengleichnis: ein typolog. Signal (Verbum et Signum II), 1975; U. Pörksen – B. Schirok, Der Bauplan von W.s »Willehalm« (Philolog. Stud. u. Quellen 83) 1976.

**Wolken** sind dem Himmel zugehörig; sie verhüllen die Wohnstätte der Gottheit. Der syrische Sturm- und Wettergott Baal hatte den Beinamen »Wolkenreiter«. In der akkad. Fluterzählung erscheint der Wettergott Adad in einer schwarzen (= unheilverkündenden) Wolke. Fluch und Segen können die W. bringen; in der Orphik wurden sie unter Opfer und Gebet angerufen, die Mutter Erde zu befruchten. Im AT sind sie ein sichtbares Zeichen von Gottes Gegenwart (2 *Mos* 16,10, 1 *Kön* 8,10f.); im NT gehören sie zur Bildsprache der eschatologischen Theophanien (*Mk* 13,26), beim Letzten Gericht sitzt der Menschensohn auf einer lichten Wolke (*Offb* 14,14). Aus Scheu vor der Verbildlichung wurde der Schöpfer in der frühmittelalterl. und romanischen Kunst durch eine die W. durchdringende Hand symbolisiert. – Nach einem chines. Märchen ist das Totenreich das »Land der Glückswolken«. W. sind ein beliebtes poetisches Bild (→ Goethe); Schiller: »Aus der Wolke quillt Segen« *(Lied von der Glokke)*. [Lr]

**Wollust** → Luxuria

**Wort.** Für den archaischen Menschen war das W. mehr als nur Verständigungsmittel, es galt als Träger göttl. Potenzen. Das indische *brahman* (ursprünglich bedeutete es »hl. Wort«) bezeichnet die göttl. Wesensfülle; der die hl. Worte sprechende Priester ist der Brahmane. Die Ägypter glaubten, daß dem W. eine Schöpferkraft innewohne; der Urgott Ptah ruft die Dinge durch sein W. in das Sein. Auch im Glauben anderer Völker bedient sich der → Schöpfer des W.es, um die Welt hervorzubringen. In der griech. Philosophie (→ Heraklit, Stoa) kann der Logos (Wort, Vernunft) zur über den Göttern thronenden Gesetzmäßigkeit des Alls werden. Nach dem Prolog des Johannes-Evangeliums ist Christus der inkarnierte Logos, das fleischgewordene W. Gottes. Besonders für die evangel. Theologie ist die Schrift (Bibel) das lebendige W. Gottes. Das W. als → Name der Gottheit ist zauberkräftig. Das W. Jahwe ist »wie ein Hammer, der Felsen zerschmettert« (*Jer* 23,29). Im Namen des dreifaltigen Gottes wird der Teufel verjagt. Das hl. W. findet sich auch als rituelle, machthaltige Formel (z. B. Amen, Halleluja, Kyrie). Das W. kann vereinen (Segen, → Segnung) und scheiden (Fluch), die Geister herbeirufen (Beschwörung) und sie vertreiben (Exorzismus). Durch die Segenswünsche zu Neujahr, am Geburtstag und bei der Hochzeit hoffte man einst, das Glück herbeirufen zu können. Zaubersprüche u. -formeln sollen eine magische Wirkung ausüben; das auf Gemmen oft mit jüd. Machtsymbolen verbundene »Abraxas« diente in Spätantike (Gnosis) und MA als göttl. Geheimname u. als magisch wirkendes Wort. In der Freimaurerei symbolisiert die Suche nach dem verlorenen Meisterwort das Streben nach Wahrheit und Licht; das »wiedergefundene Wort« steht in einem Zusammenhang mit dem unaussprechlichen Namen Gottes und kann die Idee des unendlichen Seins vermitteln. [Lr]

G. Mensching, Das hl. W., eine religionsphänomenolog. Untersuchung, 1937; G. Kittel, logos (Theol. Wb. z. NT 4/1942); I. Hamp, Beschwörungen, Segen, Gebet, 1961; L. Scheffczyk, Von der Heilsmacht des W.es, 1966; H. Biedermann, Das verlorene Meisterwort, 1986.

**Würfel** (Kubus), partizipiert an der Symbolbedeutung des → Quadrates; unter den fünf platonischen Körpern repräsentiert er die Erde. In der altägyptischen Kunst galt das Formgefüge des W. mit seinen senkrecht aufeinanderstehenden Achsen als Symbol der Dauer; Bildwerke wurden bewußt dem würfligen Symbolraum eingeordnet, um an seinem Charakter unvergänglicher Dauer teilzuhaben; der W.hocker nimmt einem Mutterleib gleich das Bild des Toten in sich auf. Der ideale Stein hat die Gestalt des Kubus; vielleicht hängt der Name der phrygischen Muttergöttin Kybele, deren Symbol ja ein schwarzer Stein war, mit dem Wort für W. *(kybos)* zusammen. Der W. ist Sinnbild des Festen, Dauerhaften; er ist Grundstein des Irdischen (die quadratische Grundfläche ist selbst Symbol der nach den vier Himmelsrichtungen ausgerichteten Erde), aber auch der apokalyptischen Himmelsstadt, deren Länge, Breite und Höhe gleich sind (*Offb* 21,16). Wenn der Kirchenlehrer Eusebius von Caesarea die Welt als mehrstöckiges Gebäude bezeichnet, dann könnte dem die Vorstellung des Kubus zugrundeliegen. Der Name des islamischen Zentralheiligtums Kaaba bedeutet »Würfel«; manchmal wird es auch »Haus Gottes« *(Bait Allah)* genannt. [Lr]

**Würfelspiel** gehört zu den ältesten Glücksspielen, wobei das Glück mit den Göttern bzw. dem Schicksal verbunden wurde. Würfel fand man schon in altägyptischen Gräbern. Das divinatorischen Zwekken dienende W. lag letztlich in den Händen überirdischer Wesen. In Altgriechenland hatte es kosmische Bedeutung, die Würfel hatten den Namen *astragaloi*; der Maler Zeuxis schuf ein Bild, auf dem Niobe und Leto beim W. dargestellt sind. In der christlichen Kunst gibt es das Motiv, bei dem der Teufel mit dem Menschen um dessen Seele spielt. In der Bhagavadgita (X,42) bezeichnet sich Krishna selbst als W., wahrscheinlich in der Bedeutung, daß er das Schicksal bzw. das Glück lenkt. Im Sanskrit heißen die Würfel *pasha* (»Schlinge, Fessel«), wodurch die bindende Macht des in ihnen sich kundgebenden Schicksals angedeutet wird. Das Würfeln kann mit dem Brettspiel verbunden sein (so bei den alten Germanen); das Spielbrett entspricht einem kosmologischen System. Die beiden Würfel als Attribut bei Tibets schrecklicher Göttin Lhamo dürften auf mit ihr verbundene Divinationsriten hindeuten. [Lr]

H. Lüders, Das W. im alten Indien (Abh. d. Ges. d. Wiss. Göttingen, Phil.-Hist. Kl. NF IX/1907); T. A. Rona, Tally stick and divinationdice in the iconography of Lha-mo (Acta Orientalia Hungarica VI/1956); G. Rohlfs, Antikes Knöchelspiel im einstigen Großgriechenland, 1963.

**Wurzel,** gibt festen Halt und vermittelt der Pflanze die Nährkraft der Mutter Erde. Nach dem Glauben der polynesischen Mangaia-Insulaner ruht die ganze Welt auf einem wurzelartigen Gebilde, deren unterster Teil regelrecht »Wurzel alles Seins« genannt wird. Im *Rigveda* erscheint der Weltbaum umgekehrt *(arbor inversa)*, die W. ist im Himmel verankert; der Islam kennt einen »Baum des Glücks«, dessen W. nach oben weist, während die Zweige auf die Erde herabreichen. Dante vergleicht in der *Divina Commedia* die Gesamtheit der himmlischen Sphären mit der Krone eines Baumes, dessen W.n nach oben gerichten sind – ein Bild dafür, daß der eigentlich tragende Grund des Seins nicht irdischer, sondern himmlischer Art ist. »Verwurzelt sein«, »Wurzel schlagen«, das bedeutet mit den

Quellgründen des Lebens in Verbindung stehen. Die Macht Gottes erkennen, »ist Wurzel der Unsterblichkeit« (*Weish* 15,3). Im Hinblick auf den Messias heißt es bei Jesaias (11,1), daß aus der W. von Isai (Jesse) ein Sprößling wachsen werde; in Anlehnung daran wird der Stammbaum Christi oft einfach »Wurzel Jesse« genannt. [Lr]

Ph. Rech, W. (Inbild des Kosmos I, 420–442) 1966; A. Thomas, W. Jesse (LChrI 4) 1972; O. Böcher, Zur jüngeren Ikonographie der W. Jesse (Mainzer Zs. 67–68/1972—73).

**Wüste.** Für die alten Ägypter war die lebensfeindliche W. Herrschaftsbereich des Gottes → Seth und galt als Eingang in die Welt der Toten. Bei den Babyloniern war »Steppe« einer der Namen für die Unterwelt. Im AT ist der Zug durch die W. (2 *Mos* 15–19) ein Symbol der Prüfung und Reinigung. Die vegetationslose Wildnis ist eine Stätte der Gottesferne, wo Gespenster und böse Tiere leben, wo der Sündenbock hingetrieben wird (3 *Mos* 16,10). Zum »Janus-Gesicht der W.« (Kirchhoff) gehören Tod und Leben, durch die Hilflosigkeit bedingte Unfreiheit wie auch die Freiheit von Bindungen an andere Menschen. In den prophetischen Bildern der Heilszeit wird das trockene Land prächtig blühen, und das dürstende Land wird zum bewässernden Quell (*Jes* 35). Die W. ist ein Ort der Versuchung (Jesus wurde vom Geist in die W. geführt), aber auch der Geborgenheit, der Weltabgeschiedenheit (Johannes der Täufer, Paulus der Eremit). Im Traum kann die W. zu einem Bild seelischer Vereinsamung werden oder im Zusammenhang mit Grenzerfahrungen (Krankheit, Tod) stehen. [Lr]

R. T. Anderson, The role of the desert in Israelite thought (Journal of Bible and Religion 27/1959); E. Gross, W. als Symbol (Katechetische Blätter 91/1966); H. Kirchhoff (Hg.), Ursymbole, 1982; V. Kast, Traumbild W., 1986.

**Yama.** Als Herr des im Süden gelegenen Totenreiches gilt Y. (zusammen mit Yamī) im → Hinduismus als einer der Urväter der Menschen, der, eng verwandt mit dem awestischen Urmensch Yima (und Schwester Yimeh), als erster Sterbliche das Totenreich betrat. Im → Vedismus war er »Sammler der Menschen« und Wegbereiter ins Reich des Lichtes. Im Epos des Hinduismus wurde er als »König der Ahnen« *(pitri-rāja)* verehrt und erst in der Folgezeit wurde er als »König des Gesetzes« *(dharma-rāja)* jener unerbittliche Totenrichter, der Sünden mit grausamen Folterungen bestraft. Er wird oft mit der gnadenlosen Zeit *(kāla)* identifiziert und als »Herr der Krankheiten« ist die personifizierte Krankheit *(roga)* sein Wagenlenker. Zur Seite steht ihm Citragupta, der als Schreiber über die Sünden der Menschen Buch führt. Sein Reittier ist der schwarze BÜFFEL, begleitet von zwei schrecklichen HUNDEN, und seine Symbole sind KNÜPPEL und SCHLINGE. Der Lage seines Totenreiches entsprechend gilt er auch als Hüter der südlichen Weltgegend. [Ku]

U. Schneider, Yama und Yamī (Indo-Ir. J. Bd. 10) 1967/68; B. Sahai, Iconogr. of Minor Hindu and Buddhist Deities, 1975.

**Yantra,** im → Hinduismus ganz allgemein Gerät oder Hilfsmittel des Kultes, im besonderen ein »Instrument zur Zügelung der psychischen Kräfte durch ihre Konzentrierung auf ein Modell oder Muster« . . ., das »von der visionären Einbildungskraft des Gläubigen reproduziert wird« (H. Zimmer). Y.s dienen der Meditation und spiegeln nicht nur Reflexe göttlicher Wesenheit wider, sondern stellen in Verbindung mit der → Yoga-Praxis Stadien der Bewußtheit dar, die schließlich in der Realisierung des universalen Selbstes *(brahman-ātman)* gipfeln. Eines der bekanntesten Y.s ist das Shri-Yantra, eine linear-geometrische Zeichnung (neun sich durchdringende Dreiecke, eingeschlossen von stilisierten Lotosblütenblättern und konzentrischen Kreisen, umrahmt von einem Viereck), die sowohl das Weltall (quadratisches Heiligtum) als auch die Herzmitte des Meditierenden symbolisiert. Die mit der Spitze nach unten weisenden DREIECKE sinnbilden → Shakti, das weibliche Prinzip, die nach oben weisenden → Shiva, das männliche Prinzip; der Mittelpunkt zwischen allen Dreiecken bedeutet das undifferenzierte Brahma. [*]

H. Zimmer, Mythen u. Symbole in ind. Kunst u. Kultur, 1951; M. Eliade, Kosmogonische Mythen u. magische Heilungen (Paideuma 6) 1956; P. H. Pott, Yoga and Yantra. Their interrelation and their significance for Indian archaeology. The Hague 1966; D.-I. Lauf, Das Bild als Symbol im Tantrismus, 1973.

**Yeats,** William Butler, 13. 6. 1865 Dublin – 28. 1. 1939 Roquebrune/Cap Martin (Südfrankreich). Angeregt und beeinflußt von (u. a.) Blake, Morris, Nietzsche, Plotin, vom Buddhismus und den Upanishaden befaßte sich Y. mit Okkultismus und Philosophie. Für ihn ist die Wirklichkeit als solche nicht im Hier und Jetzt, sondern im Jenseits; sie ist das reine Sein, das vom Geschehen der Welt umspielt und verhüllt wird. Die Dichtung greift in dieses Geschehen hinein, macht es transparent, zum Symbol, das über sich hinaus auf das Unsagbare verweist. Da der Dichter als einer, der spricht, des Sagbaren bedarf, kann er sich nicht von der Welt lösen; er unterscheidet sich vom Heiligen und Weisen, die beide unmittelbar ins Zentrum streben; er begibt sich in den Kreislauf des Werdens und Vergehens, den er bejaht und doch als vordergründig durchschaut. Die Dichtung ist zugleich welthaltig und weltflüchtig. Sie ist eine spezifische Form der Erkenntnis; sie weiß, was die normale Wissenschaft nicht weiß und steht darum der Magie nahe.

Als Lyriker erreichte Y. die volle Meisterschaft erst im Alter, z. B. mit dem berühmten *The Second Coming*, das, auf die von der Bibel verheißene Wiederkehr Christi anspielend, die Zukunft in der überraschenden Vision eines sphinxartigen Ungeheuers deutet; mit *Lapis Lazuli*, das die drohende Katastrophe des Krieges im Zusammenhang einer zyklischen Geschichtskonzeption sieht; mit *Cuchulain Comforted*, wo der Übergang vom Leben zum Tod in ein mythisches Zwischenreich verlegt wird. Als Dramatiker fand er die ihm gemäße Form in den Four *Plays for Dancers* (1921), die angeregt vom japanischen → Nō-Spiel, radikal mit den Konventionen des Illusionstheaters brechen und durch eine Kombination von rhythmischer Sprache, Musik und Tanz in den Zustand der momentanen Entrückung führen. Seine esoterische Philosophie systematisierte Y. in dem Prosatraktat *A Vision* (1925 u. 1937) sowie in einer Reihe von Essays; überhaupt ging bei ihm die Dichtung stets mit der kritischen Reflexion über die Dichtung zusammen. [JK]

R. Ellmann, Y., 1948; ders., The Identity of Y., 1954; F. A. C. Wilson, W. B. Y. and Tradition, 1958; J. Kleinstück, W. B. Y., 1963; Th. Klimek, Symbol und Wirklichkeit bei W. B. Y., 1967; A. N. Jeffares, A Commentary on the Collected Poems of W. B. Y., 1968; E. Malins, A Preface to Y., 1974.

**Yin** und **Yang,** Begriffe der chinesischen Philosphie für die in der → Polarität sich äußernden kosmologischen Grundprinzipien, denen alle Dinge und Ereignisse koordiniert werden; das reicht von den beiden Geschlechtern über die Jahreszeiten bis zu Eigenschaften und Zahlen: das Weibliche, Herbst/Winter, Nachgiebigkeit und gerade Zahlen entsprechen dem Yin; das Männliche, Frühling/Sommer, Stärke und ungerade Zahlen dem Yang. Beide Grundkräfte zusammen bilden eine sich ergänzende Einheit, symbolisiert durch das *T'ai-ki* genannte Zeichen: ein Kreis, der durch eine geschlängelte Linie in eine schwarze (Yin) und eine weiße (Yang) Hälfte zerfällt, von denen jede einen Punkt in der Farbe des anderen Feldes enthält, zum Zeichen, daß jeder Pol im anderen keimhaft vorhanden ist. Aus der Vereinigung von Yin und Yang gehen die fünf Elemente (*wuhsing:* Wasser, Feuer, Holz, Metall, Erde) hervor, die den Ablauf der Naturerscheinungen bedingen und die Grundlage für das Entstehen der Zehntausend Dinge *(wanwu)* sind. Yin-Symbole sind u. a. der Mond, das Wasser, der Tiger und unter den Metallen das Blei; Yang-Symbole sind die Sonne, das Feuer, der Drache und das Quecksilber. → I Ging. [Lr]

M. Granet, La pensée chinoise, Paris 1934; H. Köster, Symbolik des chines. Universismus, 1958; H. Simbriger, Betrachtungen über Yang und Yin (Antaios 7/1966); S. Colegrave, Y. u. Y. Die Kräfte des Weiblichen u. des Männlichen, 1984; P. Thiele, Y. u. Y. (in: Androgynie, Katalog Berliner Kunstverein), 1986.

**Yoga.** Allgemein bedeutet Y. in den indischen Religionen jede geistige Disziplin zur Erlangung einer Bewußtseinsverwandlung, bzw. zur Befreiung aus der zeitlichen Existenz *(samsāra)*. In der spezifischen Bedeutung unterscheidet man vor allem zwischen dem »klassischen« Y. Patañjalis, theistischen Formen des Y., Hathay. und tantrischem Y. Obwohl Y. letztlich ein Übersteigen aller Bildhaftigkeit anstrebt, werden in der Beschreibung der Stufen, Methoden und Erfahrungen Bilder und Gleichnisse verwendet, die aus dem jeweiligen Erfahrungshintergrund aufsteigen. Die zugrundeliegende Symbolik, die schon in der Etymologie zum Ausdruck kommt (*yuj-* heißt »anjochen, zügeln, verbinden«), ist die der Vereinigung (der Seele mit dem Göttlichen), der inneren Harmonisierung, bzw. der Zügelung (der Sinne usw.).

In den *Upanishaden* finden wir schon Belege für die Symbolik des Y. So heißt es z. B. in der *Katha* (III,3–4): »Kenne das Selbst als den Herrn des Wagens, den Körper als den WAGEN, den Verstand als den Lenker und das Denken als die ZÜGEL. Die Sinne sind die PFERDE, die Sinnesgegenstände die Wege ...« Es geht also darum, die unsteten Sinne zu zügeln, den Geist zu disziplinieren und so die Reinheit und das höchste Ziel zu erlangen (ib. II,8). Der gesammelte

Geist wird auch mit einer FLAMME verglichen, die an einem windstillen Ort brennt. Außerdem soll der Weise mit Hilfe der heiligen Silbe OM den Strom des *samsāra* überqueren. Der Yogi oder die erlöste Seele wird in den *Upanishaden* oft als WILDGANS (*hamsa)* bezeichnet, Symbol seiner Freiheit und Unbeflecktheit (wie das Wasser am Gefieder nicht haftet, so haften die äußeren Sinneseindrücke nicht an seinem Geist), aber auch ein altes Sonnensymbol (der Sonnenvogel). Hamsa und Paramahamsa werden daher auch zu Titeln von Asketen. Da es im Y. um eine Überwindung bzw. Vorwegnahme des Todes geht, findet sich auch eine Todes- bzw. Initiationssymbolik.

Der klassische Y. Patañjalis (ca. 2. Jh. v. – 2. Jh. n. Chr.) faßt verschiedene Y.formen in einem System von acht Stufen (»Gliedern«) zusammen. Auf die äußere und innere Disziplin *(yama* und *niyama)* folgt das richtige Sitzen *(āsana)*, die Atemkontrolle (*pranayama:* der WIND bzw. LEBENSATEM ist ein altes Symbol für die innere Energie) und das Zurückziehen der Sinne von den Gegenständen *(pratyāhāra)*. Die letzten drei Stufen sind Konzentration *(dhāranā)*, Meditation *(dhyāna)* und Versenkung *(samādhi)*, sie führen zur völligen »Bloßheit«, »Abgeschiedenheit« *(kaivalyam)* des Geistes. Der Weg des Y. ist ein »Schwimmen gegen den Strom«, eine Rückkehr zu dem ursprünglichen Zustand. Bedeutsam ist auch die Symbolik der SPIEGELUNG: der gereinigte menschliche Geist *(sattvam, buddhi)* soll den transzendenten Geist *(purusha)* widerspiegeln – was wiederum nur möglich ist, wenn er die »Färbung« durch die Sinne nicht an sich haften läßt, sondern wie ein KRISTALL nur durchläßt. Als eigentliche Konzentration auf gewisse Symbole (wie z. B. Herzenslotos, Nabelzentrum, oder auch Sonne und Mond) kann man das sechste Y.glied, die *dhāranā*, bezeichnen.

Im Hathay. (ca. ab dem 12. Jh.) sowie im tantrischen Y. (→ Tantrismus) wird der menschliche Körper zum zentralen Symbol und zum Ort der geistigen Verwirklichung. Y. wird zu einem »System mystischer Physiologie« (Eliade). »Die ›Subtilphysiologie‹ hat sich wahrscheinlich von asketischen, ekstatischen und kontemplativen Erlebnissen aus gebildet, die sich in derselben Symbolsprache ausdrücken wie die traditionelle Kosmologie und das traditionelle Ritual.« (Eliade, *Yoga*, S. 243) Der LEIB wird als ein Mikrokosmos betrachtet, wobei z. B. die WIRBELSÄULE der Weltenberg Meru ist, die beiden »Nervenkanäle« *(nādī) idā* und *pingala* entsprechen MOND und SONNE, usw. Nach der Methode der Verlegung aller äußeren Orte in den Körper werden auch die hl. Stätten und Flüsse, die sonst Ziel der äußeren Pilgerschaft sind, in Teilen des Körpers situiert (z. B. die hl. Stadt Benares liegt an der Nasenwurzel, im sog. *ājñā cakra*). Die wesentlichen Bestandteile dieser yogischen Physiologie sind die *cakras* (»Räder«, d. h. Körperzentren oder Plexus) und *nādīs* (»Nervenkanäle«), die alle ihre eigene Symbolik besitzen. Jedes der *cakras* wird in Form eines LOTOS mit verschiedener Anzahl und Farbe von Blütenblättern vorgestellt, mit bestimmten Buchstaben des Sanskrit-Alphabetes, einsilbigen *mantras (bījamantra)*, entsprechenden Göttern und Göttinnen mit ihren Emblemen. Es gibt 6 bzw. 7 *cakras: mūlādhāra* ist das unterste an der Basis der Wirbelsäule, das oberste ist *sahasrāra* oder *brahmarandhra* (das »Loch« Brahmans als Ort des Austrittes der Seele am Scheitel), bestehend aus einem tausendblättrigen Lotos, mit einem Vollmond in der Mitte als Symbol der Fülle. Die psychische Kraft der Kundalinī (→ Shakti) wird als eine eingerollte Schlange, die an der Basis der Wirbelsäule ruht, vorgestellt, sie soll durch yogische Übungen erweckt werden, um durch die 6 *cakras* bis zum Scheitelpunkt aufzusteigen. Die *āsanas* oder Körperstellungen sind nicht zuletzt auch symbolische Haltungen, was in den Namen zum Ausdruck kommt (»Lotossitz«, »Heldensitz« usw.). Viele *āsanas* sind Nachahmungen von Tierstellungen (Schlange, Löwe, usw.).

Der tantrische Y. besitzt sowohl im → Buddhismus wie im → Hinduismus eine reiche Symbolik, die besonders bei den Meditationen der Visualisierung (→ Yantra, → Mandala), bei den symbolischen Handstellungen *(mudrā)* usw. in Übereinstimmung mit der tantrischen Ikonographie hervortritt. Zentrale Bedeutung kommt wieder der symbolischen Vereinigung des weiblichen und männlichen Prinzips zu (*prajñā* und *upāya* im Buddhismus, → Shakti und → Shiva im Hinduismus), als Überwindung der Gegensätze auf einer höheren Ebene. [BB]

H. Zimmer, Kunstform u. Yoga im ind. Kultbild, 1926; J. Woodroffe (A. Avalon), The Serpent Power, $^{3}$1931; H. U. Rieker, Das klass. Y.-Lehrb. Indiens (Hathayoga-Pradīpikā), 1957; J. W. Hauer, Der Y., ein ind. Weg zum Selbst, 1958; M. Eliade, Y. Unsterblichk. u. Freih., 1960; D. Schlingloff, Ein buddhist. Y.lehrbuch, 1964; J. Varenne, Upanishads du Y., 1971.

**Yoni** (Sanskrit, »Schoß«), das weibliche Geschlechtsorgan als Urgrund alles Werdens; im Hinduismus Symbol der gebärenden Naturkraft und des weiblichen Seinsprinzips (→ Shakti). Im Inneren der Shiva-Tempel in Verbindung mit dem → Linga dargestellt, wobei die Y. den einer Schale ähnlichen Sockel bildet, aus dessen Mitte das säulenförmige L. sich erhebt. Das L. kann mit dem Licht- oder Blitzstrahl gleichgesetzt werden, der den Schoß *(yoni)* der Erde befruchtet. Das graphische Zeichen für die Y. ist ein auf der Spitze stehendes, nach unten weisendes Dreieck. [Lr]

**Zahlen** sind der ideale Maßstab für Raum und Zeit und wurden schon in alter Zeit als Mittel zur Erkenntnis der Welt angesehen; in ihnen glaubte man das Spiegelbild kosmischer und menschlicher Ordnungen. Gott hat alles »nach Maß, Zahl und Gewicht geordnet« (*Weish* 11,21). Die Drei (und ihre Vielfachen 9 und 27) ist »Ausdruck des Zeitgefühls der lunaren Kultur« (nach Leo Frobenius); die Vier, Acht und Zwölf entsprechen den Himmelsrichtungen und dem Lauf der Sonne um die Welt. Nicht immer eindeutig zu bestimmen ist, warum bestimmte Z. zu numinosen wurden. So kann die Drei von den Mondphasen oder von der Familiendreiheit (Vater, Mutter, Kind) ihre Bedeutung erhalten haben, die Sieben von der Zahlenaddition 3 + 4 mit ihren verschiedenen Spekulationen

(Mond- und Sonnenkräfte; göttliche 3 + kosmische 4) oder von den 7 Planeten.

Die in der kosmischen Ordnung/ Harmonie sich wiederspiegelnden Z. gelten als gut, gottgewollt, sakral; die darüber hinausgehende Zahl bringt Unglück: in Altmexiko regierte der Todesgott in der 5. Nachtstunde; nach Hesiod soll man sich vor allen fünften Tagen des Monats hüten; im Volksglauben ist der 5. Wochentag (Freitag) unheilbringend. Bekannt ist die der Dreizehn beigelegte Unglücksbedeutung. Zu beachten ist allerdings, daß die Z. nicht nur in den einzelnen Kulturen/Religionen von verschiedener Signifikanz sein können (so ist z. B. in China 5 eine Glückszahl, da sie neben den 4 Himmelsrichtungen die hl. Mitte umfaßt), sondern auch innerhalb eines Traditionsgefüges ambivalent: die babylonische Unglückszahl 13, dem Unterweltsgott Nergal zugeordnet, kann ebenso den Beginn neuer Aktivität, den Wiederaufstieg der Sonne andeuten; die katholische Kirche kennt 7 Todsünden, aber auch 7 Sakramente.

Sumerer und Babylonier erkannten in bestimmten Z. die Eigenart einzelner Götter: Marduk wurde die 10 zuerkannt, Ischtar die 15, dem Himmelsgott An(u) die 60. Auch in Altindien wurden Götter und Z. zusammengestellt; die Z. selbst galten als »brahmageartet«, d. h. göttlich. In Altägypten und im → Buddhismus sind die göttlichen Wesen bestimmten Z.gruppen koordiniert. Zur Zusammenfassung in Triaden → Dreifaltigkeit. Die Eins ist Symbol des Ursprungs, des Ungeschaffenen, des Göttlichen; mit der Zwei kommt die Teilung, die Polarität. Die ungeraden Z. werden oft ganz bewußt mit dem Geistigen/Göttlichen in Verbindung gebracht, die geraden Z. mit dem Materiellen/ Geschöpflichen. Im chinesischen *I Ging* entsprechen die ungeraden Z. dem Yang, die geraden dem Yin. In der Antike wie auch bei afrikanischen Naturvölkern findet sich das männliche Geschlecht den ungeraden, das weibliche den geraden Z. gleichgesetzt.

Die babylonische Z.symbolik blieb – in Verbindung mit der Astrologie – nicht ohne Einfluß auf andere alte Kulturen: Indien, Persien, Griechenland (→ Pythagoreer, → Platon). Die jüdische Kabbalah und gewisse islamische Strömungen (z. B. → Bektaschiya) weisen eine ausgesprochene Z.mystik auf. Auch in der *Bibel* haben die Z. neben ihrem quantitativen Wert oft eine qualitative Bedeutung, so ist z. B. die 40 mit dem Gedanken einer Wiedergutmachung, mit Gebet und Sühne verbunden: Sintflutregen (1 *Mos* 7,12), Moses auf dem Sinai (2 *Mos* 24,18), Fastenzeit Jesu in der Wüste (*Lk* 4,1 f.); die Zahl 70 weist auf Ganzheit und Vollkommenheit: 70 Völker (1 *Mos* 10), der Hohe Rat (Synhedrion) bestand aus 70 Männern und dem Hohepriester in Anlehnung an die 70 Ältesten Israels (2 *Mos* 24,1), 70 Jünger Jesu (*Lk* 10,1) bis siebzigmal siebenmal werden die Sünden vergeben (*Mt* 18,21 f.). Aus dem in der Antike üblichen Gebrauch der Buchstaben als Zahlenzeichen ergab sich die Möglichkeit, ganze Worte in Z. umzusetzen (Gematrie), vgl. die Zahl 666 in der → Apokalypse. Die biblische Z.symbolik wurde durch → Augustinus ausgebaut und fand Eingang in Liturgie, bildender Kunst, Dichtung (→ Dante, → Otfried) und Musik (→ mittelalterliche, → Bach).

Nach C. G. Jung haben die Z. archetypischen Charakter, Marie-Louise v. Franz betont das »irrationale So-Sein der individuellen natürlichen Zahl«; von hier aus wird auch den Z. im Traum eine tiefere Bedeutung zugeschrieben.

→ Acht, Drei, Dreizehn, Fünf, Neun, Sechs, Sieben, Vier, Vierzehn, Zehn, Zwei, Zwölf. [Lr]

P. Friesenhahn, Hellenist. Wortzahlensymbolik im NT, 1935; F. Hopper, Medieval number symbolism, New York 1938; L. Paneth, Z.symbolik im Unbewußten, 1952; U. Grossmann, Stud. z. Z.symbolik des FrühMA (ZKTh 76/1954); G. Beaujouan, Le symbolisme des nombres à l'époque romane (Cahiers de Civilisation médiévale 4/1961); W. M. W. Roth, Numerical sayings in the Old Testament, Leiden 1965; M. Riemschneider, Von 0 bis 1001. Das Geheimnis d. numinosen Zahl, 1966; B. E. Siebs, Weltbild, symbol. Zahl u. Verfassung, Reprint 1969; Chr. Butler, Number symbolism, London 1970; E. Hellgardt, Zum Problem symbolbestimmter u. formalästhet. Z.komposition in mittelalterl. Literatur, 1973; F. C. Endres/A. Schimmel, Das Mysterium der Zahl, 1984; O. Betz, Das Geheimnis der Z., 1989.

**Zähne,** Symbol der Lebenskraft, im Aberglauben von ähnlicher Bedeutung wie die Haare. Als Bild der Aggressivität, der Bedrohung haben indische Gottheiten in ihrem furchterregenden Aspekt häufig lange Fang-Z.; der »schreckliche« Bhairava hat herausragende Eckzähne. Zum Bild der Großen Mutter als Verschlingerin gehören übergroße Z. (so bei Gorgo, Kali; auch der Hexe). Bei den Singhalesen auf Ceylon genießt unter allen Reliquien ein Zahn Buddhas die größte Verehrung; bei besonderen Gelegenheiten sollen »sechsfarbige Buddhastrahlen« von ihm ausgehen. Nach Überlieferung eines indischen Primitivvolkes entstand die erste Kürbispflanze aus dem ausgesäten Zahn eines Gottes (*WdM* V, 724). Bei den Bantunegern werden Z. als machthaltige Ingredienzien den Fetischen eingefügt. Das Ausschlagen der Schneide-Z. spielt bei der → Initiation (2. Abschn.) eine Rolle; in Hinterindien findet sich das Schwärzen der Z. als Pubertätsritus. – Die Korrelation von Genitalsphäre und oralem Bereich führt zur Vorstellung von der *vagina dentata,* der mit Z.n besetzten Vagina, die dem Mann zur tödlichen Gefahr wird und die im Mythos als Bild für den Eingang (Schoß) in das Innere der Erdmutter verstanden werden kann. Psychoanalytische Interpretation untersucht in der neueren Literatur (z. B. bei Günter Grass) und vor allem im Traum die Signifikanz der Z.: in schadhaftem Zustand können sie sexuelle Störungen, künstlerische Sterilität und berufliches Versagen andeuten; der Verlust der Z. kann auf Potenzverlust und auf Kastrationsangst hindeuten. [Lr]

A. Hrdlicka, Ritual ablation of front teeth in Liberia and America (Smithsonian Miscellanious 99,3/1940); J. M. Schneck, Totes loss of teeth in dreams (American Journal of Psychiatry 112/1956); E. Samson, Holy tooth, Bristol 1958; H. Straube, Die Zahndeformation ... der afrikan. Naturvölker in ethnolog. Sicht (Ästhet. Medizin 12/1963); C. O. Enderstein, Zahnsymbolik u. ihre Bedeutung in Günter Grass' Werken (Monatshefte 66/1974); J. M. Schneck, Dreams of loss of teeth symbolizing aging and disintegration (The Journal of the American Academy of Psychoanalysis 7/1979).

**Zauber** → Abwehrzauber, → Jagdzauber, → Magie

**Zauberflöte** → Mozart

**Zeder.** Im altägyptischen Zwei-Brüder-Märchen ruht das Herz

Batas in der Blüte einer Z.; gleichzeitig mit dem Fällen des Baumes stirbt der Held. Unter einer Z. soll der altmesopotamische Gott Tammuz geboren worden sein. Eines der größten Abenteuer Gilgameschs war die Besiegung des dämonischen Chuwawa, der den Z.wald bewachte. Wegen ihrer Höhe galt die Z. als Symbol des Erhabenen; im AT heißt es von dem Gerechten, daß er wachsen werde wie die Z. im Libanon (*Ps* 92,13). Nach Kyrill von Alexandrien war das wegen seiner Dauerhaftigkeit geschätzte Z.holz ein Vorbild des unverweslichen Fleisches Christi. In alten Liedern wurde Maria mit einer Z. verglichen, die dazu auserwählt war, das Allerheiligste (Christus) zu tragen. Andererseits kann der stattliche Baum auch zu einem Sinnbild der weltlichen Pracht (*Ez* 31,3) und des von Gott zu bestrafenden Hochmuts (*Ps* 29,5) werden. – Der nach dem 1. Weltkrieg entstandene Staat Libanon führt in Flagge und Wappen die Z. als Emblem. [Lr]

H. F. D. Sparks, The Symbolical Interpretation of Lebanon in the Fathers (Journal of Theological Studies 10/1959); T. Marszewski, The »Cedar-Land« Motif in the Sumerian Poem about Gilgamesh (Folia Orientalia 11/1969); K. Popitz, Z. (LChrI 4), 1972.

**Zehn,** Zahl aller Finger (zweimal fünf), damit eine sog. »runde Zahl«, d. h. sie bildet ein abgeschlossenes Ganzes; dem babylonischen Marduk wie auch dem hethitischen Wettergott zugeordnet. Den → Pythagoreern war die Z. als Summe der ersten vier Zahlen »die allumfassende, allbegrenzende Mutter«. Die Dekade enthält alle Zahlen (1–10) in sich und ist damit Symbol des in sich geschlossenen Kreises und in der *Bibel* Abschluß geschichtlicher Ereignisse: 10 Generationen von Adam bis Noah, 10 ägyptische Plagen, 10 mal 10 mal 10 dauert Jesu Herrschaft über die Erde (»Tausendjähriges Reich«, *Offb* 20,4–6). In den 10 Geboten (Dekalog) faßt Gott all seine Forderungen zusammen; der zehnte Teil *(hē dekatē)* an Früchten und Tieren ist ihm heilig (3 *Mos* 27,30ff.). Im NT kommt Z. als Rundzahl vor: 10 Talente, 2 mal 5 Jungfrauen, der apokalyptische Drache mit 10 Hörnern. Die jüdische Kabbalah zählt 10 Sephirot als Austrahlungen der Unendlichkeit Gottes. Der Buddhismus kennt 10 Gebote, 5 für Laien, 5 für Mönche. [Lr]

**Zeichen,** ganz allgemein etwas mit den Sinnen Wahrnehmbares, das für ein anderes steht. Zeichen haben Mittlerfunktion, sie dienen der → Kommunikation. Die durch das Z. bewußt gemachte Vorstellung ist die Bedeutung; die Lehre von der Bedeutung heißt → Semantik.

Trotz zahlreicher Bemühungen um Definition und übersichtliche Einteilung der Z. (u.a. von → Peirce) ist der Z.begriff, gerade auch in seiner Unterscheidung vom → Symbol, noch immer nicht einheitlich festgelegt. Zeichen und Symbol finden sich synonym gebraucht, oder der eine Begriff ist Oberbegriff des anderen, oder die beiden bilden ein Gegensatzpaar. Aus dieser Begriffsdiffusion resultiert die Forderung einer klaren Abgrenzung. In Anlehnung an die Mehrzahl der Symbolforscher kann man festhalten, daß alle Symbole Zeichen sind, aber nicht alle Zeichen Symbole. Symbole sind Zeichen, die mit ihrer Bedeu-

tung zu einer inneren Einheit verschmolzen sind (Schischkoff, *Philosoph. Wb.* 1978 – KTA 13).
Die nichtsymbolischen Z. können willkürlich vertauscht werden, sie beruhen großenteils auf Konvention (z.B. mathemat. chem., geograph., Z.). Das Symbol dagegen partizipiert an der Wirklichkeit dessen, für das es Symbol ist; die Farbe Rot steht in einem Bedeutungszusammenhang mit Blut und dieses mit Leben und könnte in dieser Symbolfunktion nicht willkürlich durch eine andere Farbe ausgetauscht werden. Nach → Tillich haben die Symbole am Symbolisierten teil, die Z. aber nicht. Während das Z. rational faßbar ist, wurzelt das Symbol im Irrationalen; mit dem Z. wird der Intellekt des Menschen angesprochen, mit dem Symbol mehr das emotionale Sein. So ist es zu verstehen, daß die Naturwissenschaften, die Mathematik und die Informationsverarbeitung sich des signifikativen, nichtsymbolischen Z.s bedienen (auch wenn sie dieses in ihrer Terminologie als Symbol bezeichnen), während das *signum repraesentativum*, das eigentliche Symbol, dem weltanschaulich-religiösen und dem künstlerischen Bereich angehört.
Das *signum significativum* kann die Bedeutung eines Symbols annehmen wie auch umgekehrt. So können z.B. Zahlen rein quantitativ aufgefaßt werden oder aber qualitativ als hl. Zahl, Unglückszahl usw. Die in der Fabrik zunächst als signifikatives Z. hergestellte Fahne wird emotional »aufgeladen« und schließlich zu einem nationalen Symbol. Das Kreuzzeichen kann sowohl numinoses Symbol als auch rationales Z. sein. Die Übergänge zwischen Z. und Symbol sind fließend, wie schon aus der Begriffsreihe Anzeichen, Vorzeichen, → Wahrzeichen, Sinnzeichen ersichtlich ist, noch deutlicher bei den vom lateinischen *signum* gebildeten Begriffen: Signal, Signet, → Signatur, Insignium. Während das Signal als Warn- oder Hinweiszeichen (z.B. Flaggensprache der Marine, Verkehrsschilder) vom Symbol weit entfernt ist, kann man den Insignien als Würde- und Machtzeichen bereits Symbolbedeutung zuerkennen. [Lr]

H. Schmalenbach, Phénomenologie du signe (Signe et symbole. Hg. von J. Delanglade u.a.), Neuchâtel 1946; P. C. Oudenaarden, Z. u. Struktur in der Naturwiss. (Stud. Gen. 6) 1953; W. Stählin, Das Problem von Bild, Z., Symbol u. Allegorie (Symbolon. Vom gleichnishaften Denken) 1958; P. Croy, Die Z. u. ihre Sprache, 1972; D. Greenley, Peirce's concept of sign. Den Haag 1973; G. Schiwy, Strukturalismus u. Z.systeme, 1973; U. Eco, Z. Eine Einführung, 1977; R. Barthes, Das semiologische Abenteuer, 1988.

**Zeit.** Symbolik der Z. findet sich in allen Hochkulturen. Die Ägypter kannten einen Gott der endlosen Z. vgl. → Ewigkeit, den knieenden Gott Hah oder Heh, dessen Bild auch das Zeichen für eine Million darstellt. Im alten Persien finden wir den Z.gott Zervan, in Indien die zerstörende Göttin Kali als Göttin der Z., in Griechenland → Chronos-Kronos. Den Gott des rechten Augenblicks und des richtigen Zeitpunkts, den Kairos, verehrten die Griechen unter dem Bild eines chönen JÜNGLINGS, um zu zeigen, daß alles Rechtzeitige blühend und schön ist bzw. daß Rechtzeitigkeit und Schönheit zusammengehören. Es gibt von Kairos nur ein in einer Kopie erhaltenes Relief von Lysipp in Trogir, Jugoslawien.
In der hellenistischen Astrologie wurden die Planeten und andere

göttlich-dämonische Wesen als Zeitgottheiten verehrt. Jeder Zeitabschnitt, Weltalter, Jahr, Monat, Woche, Tag, Stunde stand unter der Herrschaft einer Zeitgottheit. Diese Zuordnungen wirkten sich bis in das MA und die Neuzeit aus im Aberglauben (Tagewählerei) und in vielen Zauberbüchern, wo auch die Engel unter die Zeitherrscher eingereiht wurden. Die → Planetengottheiten sind in der Spätantike häufig dargestellt auf Wochengöttersteinen, Mosaiken, Geräten und Amuletten. Meist tragen sie die gewohnten Attribute: Sol mit Strahlenkranz, Luna mit Mondsichel, Mars mit Speer, Helm und Schild usw. Im MA tritt, wohl in Anknüpfung an den antiken → Janus *bifrons*, eine Symbolisierung der Z. durch eine Gestalt mit Drei Gesichtern auf, die Vergangenheit, Gegenwart und Zukunft bedeuten sollen. Auch das in Indien auftretende Zeitrad (kalacakra) ist im MA bekannt, das von einer Frau, der Mutter Natur oder der → Fortuna, gedreht wird und so auch das Glücks- bzw. Lebensrad bedeutet.

Die Kunst der Neuzeit symbolisierte die Z. entweder durch die Instrumente der Zeitmessung, Stundenglas und Uhr, oder durch einen geflügelten Greis, der auf einem von zwei Hirschen gezogenen Wagen steht (Illustrationen zu Petrarcas Triumph der Z.) mit verschiedenen Varianten. Eine allegorische Darstellung der Z. dient seit der Renaissance zur Illustration der Sentenz *veritas filia temporis:* die Wahrheit ist eine Tochter der Z.. Der Gott der Z. in der Gestalt eines geflügelten bärtigen Greises (→ Chronos) erhebt eine weibliche Gestalt in die Luft oder hält sie am Arm. Die in der symbolgeschichtlichen Literatur häufig vollzogene Gleichsetzung des Kreissymbols mit dem antikheidnischen Geschichtsdenken und des Pfeilsymbols mit dem eschatologischen Zeit- und Geschichtsdenken des Christentums ist nicht durchgängig historisch belegbar. Es gibt auch ein heidnisches teleologisches Geschichtsdenken und ein christliches Kreisdenken (Ausgang aller Dinge von Gott und Rückkehr zu ihm). → Uhr [Schn]

F. Piper, Mythol. d. christl. Kunst von der ältesten Zeit bis ins 16. Jh. 2. Abt., 1851, Neudr. 1972, (311–409);F. Saxl, Veritas filia temporis (Philosophy and history. The ErnstCassirer Fs.. Ed. R. Klibansky u. H. J. Paton) 1936; Mensch und Z.. (Eranos- Jb. XX/1952); S. G. F. Brandon, History, time and deity, 1965; E. R. Leach, Zwei Aufs. über die symbol. Darst. der Z. (Kulturanthropol. Hg. v. W. E. Mühlmann und E. W. Müller) 1966; Il simbolismo del tempo, 1973; (Archivio di Filsosofia, ed. E. Castelli); M. Kerkhoff, Zum antiken Begr. des Kairos (Zs. f. philos. Fg.) 1974; Z. u. Z.losigkeit (Eranos-Jb. 47/1978); M.-L. v. Franz, Z. Strömen u. Stille, 1981.

**Zeitalter** → Weltalter

**Zelt,** bei nordamerikanischen Indianern in mikrokosmischer Bedeutung, bei asiatischen Nomadenvölkern ein Bild des die Erde überspannenden Himmels; Altaier und Burjären erblicken im Z.pflock den Weltbaum. Es ist Gott, »der die Himmel spannt wie sein Zelt« (*Ps* 104,2); der im Himmelszelt Thronende läßt sich auf der Erde eine Wohnstätte aus Z.decken anfertigen (2 *Mos,* 26,1–14), es ist das Zentralheiligtum der Israeliten während ihrer Wüstenwanderung. Das hl. Z., bei Luther Stiftshütte genannt, ist Schatten und Sinnbild der himmlischen Wohnung (*Hebr* 8,5). In Weiterführung der Vorstellung von der Stiftshütte, die von Gottes Gegenwart *(Schechina)* erfüllt ist, wird das hl. Zelt zu einem Bild für den inkarnierten Logos, für Christus (so bei dem Kirchenvater Gregor von Nyssa). Das einfache Z. kann – im Gegensatz zum festgebauten → Haus – zum Hinweis auf die menschliche Hinfälligkeit und Vergänglichkeit werden; der Abbruch des Z.es ist eine Umschreibung des Todes (vgl. 2 *Petrus* 1,13 f.). [Lr]

R. Eisler, Weltenmantel u. Himmelszelt, 1910; E. Edel, Das Symbol der Stiftshütte u. die Kirche Jesu, 1902 ([6]1971); G. R. Brinke, Die Symbolik der Stiftshütte, 1956; M. Görg, Das Z. der Begegnung, 1967; G. Schmolze, Das biblische Symbol der Stiftshütte (Symbolon, N. F. 7/1985).

**Zen, Zen-Buddhismus.** Im Gegensatz zum komplizierten, philosophisch-mystisch begründeten, in reichem Ritualismus wurzelnden Symbolsystem des traditionellen, bes. des Vajrayâna-Buddhismus lehnt das Zen, das nach einer spontan dem Wesenskern der Persönlichkeit entspringenden, direkten Einsicht *(satori)* in die »Nicht-Zweiheit« von »Buddhawesen« und eigenem Selbst strebt, fast alle Arten von fest definierten Symbolen ab: Mantras (mystische Wortformeln), Mudrâs (symbol. Handgesten) und gegenständliche oder abstrakt-geometr. Symbole. Diese gelten als eine die Unmittelbarkeit der Einsicht hindernde Vermittlung, stehen »für« etwas anderes, während das Z. diese Schranke zwischen Zeichen und Sinn gerade überwinden will, um direkt und in voller Freiheit zur »Sache selbst« durchzustoßen und sich dabei nicht durch die Verbindlichkeit allgemeingültiger Symbole mit festgelegter, evtl. esoterischer Bedeutung binden zu lassen. So relativiert das Z. auch den Rang der Kultbilder und tendiert zum Anikonismus, ohne ihn zu dogmatisieren. Stattdessen begreift das Z. das »Buddhawesen« mit Vorliebe in gewöhnlichen Dingen aus Natur und alltäglicher Erfahrung, deren freie Wahl sich oft aus zufälligen, doch bedeutsamen Situationen ergibt. Daher läßt sich kein Katalog von Z.-Symbolen aufstellen. Eine zu präzise Interpretation sinnhaltiger Gegenstände oder Zeichen wäre dem Z. nicht gemäß, das die Deutung stets offenhalten will, Zeichen und Sinn in dialektischem Verhältnis sieht. Felsen im Garten »bedeuten« nichts, sie sind »sie selbst« und lassen das Buddhawesen aller Dinge dem einsichtigen Blick unmittelbar aufscheinen. Diese Haltung zu jeglicher Sinnaussage gipfelt im Schweigen, der allessagenden Nicht-Äußerung über die »gestaltlose Gestalt« der Wahrheit, die sich nicht in Worten, Bildern oder Symbolen verbindlich formulieren läßt.

Viele scheinbare Symbole in Z.sprüchen, Z.bildern usw. (Tiere, Pflanzen, Geräte u.a.) entstammen berühmten, in der Z.überlieferung tradierten Geschichten oder den Handlungen und Aussprüchen der Meister, durch die ein Schüler auf den Erleuchtungsweg gebracht wurde; sie beziehen sich auf bestimmte *zen-ki* (Z.vorgänge), sind einmalig-historisch und an Personen und Situationen des Z.lebens gebunden. Erscheint ein solches Motiv in Text oder Bild, so ist es meist Zitat eines *locus classicus* der Z.überlieferung. In ihren oft paradoxen Aktionen und Aussprüchen wählen die Meister nächstliegende, aus der Situation gegriffene Dinge; ein solches hat den Charakter eines blicköffnenden Hinweises oder Anstoßes für die eigene Einsicht des Schülers und kann ein Exemplum oder Simile sein – »Symbol« läßt es sich nur in sehr weitem Sinne nennen. Viele dieser Vorgänge und Aussprüche bekamen die Funktion von *kôan* (Meditationsaufgaben). Wenn etwa im 1. *kôan* des *Wu-men-kuan (Paß ohne Tor;* 1228) auf die Frage: »Hat auch ein kleiner Hund das Buddhawesen?« erwidert wird: »Wu« (»Nicht« im Sinnne der Transzendierung von Ja und Nein), so ist der Hund nicht Symbol, sondern zufälliges Beispiel. Solche Formen der »Überlieferung des Geistes durch den Geist« werden als Weitergabe des »Geist-Siegels« vom Meister zum Schüler bezeichnet, aber dieses Siegel ist unwahrnehmbar, also ebenfalls kein »Symbol«.

Dies alles schließt nicht aus, daß bisweilen ein Tier, eine Pflanze o.ä. doch Symbolbedeutung hat: die PFLAUMENBLÜTE, die auf das Aufbrechen der Erleuchtung hinweist (freilich beruht dies wiederum auf einer Textstelle); der AFFE, der in Verblendung nach dem Spiegelbild des Mondes greift statt nach dem wirklichen und wahren Mond. Das deutlichste Natursymbol ist der VOLLMOND für die »vollkommen-runde« Erleuchtung, ein altes Symbol aus der buddhistischen Tradition; gleiches gilt vom (kreisrunden) SPIEGEL, der das höchste Wissen in seiner »runden« Universalität und zugleich seiner absoluten Leerheit andeutet. So ist denn der KREIS das häufigste echte Symbol im Zen. Zeitweilig (9. Jh.) entwarf man in China Systeme von Kreisfiguren als Hilfsmittel geistiger Schulung, aber es ist für das Z. gerade bezeichnend, daß man solche Symbolschematik bald aufgab; auch kennt man keine Kreissysteme nach Art des Mandala. Manche Porträts von Z.meistern sind von einem Kreis(nicht Nimbus) umschlossen, um das wahre Wesen (Buddhanatur und innerstes Selbst) der erleuchteten Person anzudeuten. Überwiegend aber erscheint der »volle« und zugleich »leere« Kreis als eine mit der Spontaneität eines geschriebenen Zeichens in elementarer Einfachheit kraftvoll hingesetzte »Tuschespur« eines zum *satori* Gelangten.

Chin.-jap. SCHRIFTZEICHEN, die in nicht-bildlicher Form zentrale Z.begriffe (Nicht, Wahre Leerheit u.a.), berühmte Sprüche aus der Z.überlieferung oder eigene Z.worte wiedergeben, evozieren durch enorme Pinselkraft und persönliche Direktheit der Formprägung deren Sinngehalt und können weckende Zeichen sein. weil sie zugleich Symptome (»Spuren«) des Erleuchtungsvorgangs sind, nicht aber feststehende anschauliche Symbole für einen definierbaren unanschaulichen Sinn. [DS]]

D. T. Suzuki, Essays in Z.-B., 1st. 2nd, 3rd Series, 1949ff.; H. Dumoulin, Zen – Gesch. u. Gestalt, 1959; D. Seckel, Jenseits des Bildes – Anikonische Symbolik in der buddh. Kunst (Abh. Heidelberger Akad. d. Wiss.), 1976; (dort weitere Lit.).

**Zentrumssymbolik.** Vom eigenen Wohnort, vom eigenen Land aus, sieht der Mensch die Welt nach allen Seiten ausgebreitet; er »erlebt« sich selbst, seinen Wohnort, seine Heimat im Mittelpunkt. Für die Juden war Jerusalem in die Mitte aller Völker gestellt (*Ez 5,5*); China bezeichnete sich als das

»Reich der Mitte« (*Dschung-guo*); nach altpersischer Vorstellung ist der Iran Herz und Zentrum der ganzen Welt; die Babylonier dachten ihre Hauptstadt (*bab-ilani* = Götterpforte) in der Mitte des Alls und zugleich als »Band zwischen Himmel und Erde (*Dur-an-ki*).

Zeitlicher Anfang und räumliche Mitte fallen im Symboldenken zusammen. Wer im PARADIES lebt, befindet sich in der Schöpfungsmitte der Welt. An dem Ort, von dem die 4 Himmelsrichtungen ausgehen, ist der Nabel des Seins; dem christlichen MA war die Beziehung zwischen den 4 Paradiesesflüssen und den Weltgegenden selbstverständlich. Nach einer alten Überlieferung lag das Paradies auf einem Berg, der damit als WELTBERG zu denken ist. Im indischen Weltbild liegt der Meru im kosmischen Mittelpunkt; auf ihm wohnen die Götter, und um ihn drehen sich alle Gestirne. Wenn dem Islam die Kaaba als höchstgelegener Ort der Erde gilt, so ist auch hierbei die Idee des Weltberges.

Weltsäule und Weltbaum haben wie der Weltberg die Funktion einer alle Seinsebenen verbindenden *axis mundi*. Nach Julius Schwabe ist der WELTBAUM der alten Völker die Sonnwendachse, seine Äste der das ganze All umspannenden Krone enden in den 12 Teilungspunkten des Jahreskreises. Nach einem Mythos der altaischen Völker wächst aus dem Nabel der Erde eine riesenhohe TANNE, deren Wipfel bis zum Hause des Gottes Bai-Ülgan reicht; man vgl. auch die Vorstellungen im → Schamanismus. Die altsächsische Irminsul stelllte die WELTSÄULE dar, die den Himmel stützt. Vorstellungen einer Weltsäule auch bei Finnen, Kanariern, in Gestalt eines PFAHLES bei den austral. Achilpa. Die *axis mundi* kann anthropomorph sein: der ägyptische Luftgott Schu, der Himmel und Erde trennt; der hurritisch-hethitische Upelluri trägt Himmel, Erde und Meer; in der griechischen Mythologie Atlas.

Weitere Zentrumssymbole sind NABEL, Höhle und Grab. Der Omphalos (griech. »Nabel«) im Apollontempel zu Delphi war ein Marmorkegel, der als Mitte der Welt galt. Jeder ALTAR ist ein Symbol des Weltgipfels und der hl. Mitte, die Altarweihe wie auch die Errichtung des TEMPELS eine Nachahmung der Weltschöpfung. Der Felsen des Tempels zu Jerusalem verschloß den »Mund des *tehôm*« und damit die Mächte des uranfänglichen Chaos. Die altitalische Opfergrube (*mundus*) war eine Nahtstelle zwischen Himmel, Erde und Unterwelt. Der Eingang in die kosmische HÖHLE ist eine Rückkehr in den Ursprung, in den Mutterschoß der Welt (*uterus mundi*) und ermöglicht die Wiedergeburt. In der heiligen Mitte fallen Anfang und Ende zusammen. In der Osiris-Symbolik wird der kosmogonische URHÜGEL schließlich zum GRAB des Gottes. In christl. Weltschau wurde in der Kreuzigungsstätte Golgotha das kosmische Zentrum erkannt, in dem Adam erschaffen und beerdigt wurde. [Lr]

J. Schwabe, Archetyp u. Tierkreis, 1951; M. Eliade, Images et symboles, Paris 1952 (dt. Ausgabe 1958); H. G. Quaritch Wales, The mountains of God, London 1953; M. Eliade, Die Religionen u. das Heilige, 1954; W. Müller, Die hl. Stadt, Roma quadrata, himml. Jerusalem u. die Mythe vom Weltnabel, 1961; Th. Lohmann, Die Mitte der Welt im Glauben der Völker (Tagung f. Allgem. Rel.gesch. 1963. Wiss. Zs. d. Univ. Jena); S. Terrien, The omphalos myth and Hebrew religion (Vetus Testamentum XX) 1970; E. A. S. Butterworth, The tree at the navel of the earth, Berlin 1970.

**Zepter** (griech. *skeptron*), in den Händen gehaltenes stabähnliches Symbol der Macht und Würde, z. B. bei den alten Ägyptern die sog. Geißel *(nechech)* und der Krummstab *(heka)*. Die Grundbedeutung des Z.s kontaminiert mit der des → Stabes, der Keule (kriegerisches Machtsymbol), dem Zweig des Lebensbaumes und in einer älteren Bedeutungsschicht mit der *axis mundi*, sei es als Pfahl oder Weltbaum. Der Herrscher über die Welt thront in ihrer Mitte, ist letztlich selbst die Achse des Seins, verbindet in seiner Person Himmel und Erde. So können die mit der Flügelsonne oder einem Adler versehenen Z. assyrischer und hethitischer Könige wie auch die mit einem Knoten (= Weltkugel) gestalteten Z. antiker und byzantinischer Herrscher gedeutet werden. Vorbild der Z. im indisch-buddhistischen Raum ist der *vajra*, der alte Donnerkeil des Indra, im → Buddhismus als Diamant, Diamantkeil oder Diamant-Z. bezeichnet; eine Form Buddhas kennzeichnet diesen als Donnerkeilträger *(Vajradhara)*. [Lr]

**Zervan.** Auf indo-iranischer Grundlage entwickelte sich zunächst bei den medischen Magiern der Z.ismus. Seine komplizierte Mythologie und Spekulationen über die Weltdauer sind vor allem in christlichen polemischen Quellen aus der Zeit der Sasaniden faßbar, in deren Reich seine Ideen weitverbreitet gewesen zu sein scheinen. Der höchste Gott war Z., die »Zeit«. Er vereinigte in seinem Wesen die Gegensätze Gut und Böse, Licht und Finsternis. Um eines Sohnes willen opferte er tausend Jahre lang, dann kamen zwei Kinder zur Welt, der lichte Ormizd (= Ahuramazda) wegen seiner Opfer und der dunkle Ahriman (= Ahra Mainyu) wegen seiner Zweifel (→ Parsismus). Ihnen überläßt er die Herrschaft über die Welt. Durch Inzest mit Mutter, Schwester und Tochter erzeugt Ormizd Sonne, Mond und Sterne – eine Aitiologie für die bei den Magiern praktizierte Verwandtenehe. [JB]

R. C. Zaehner, Zurvan, 1955; G. Widengren, Iran. Geisteswelt, 1961; ders., Die Relig. Irans, 1965.

**Zeus,** höchster Gott der Griechen, Vater der Götter und Menschen; sein Name wird von der indogermanischen Wurzel *dei* = leuchten abgeleitet und ist mit den Namen anderer indogermanischer Himmelsgötter verwandt. In die Zeit der → kretisch-myken. Kultur zurück reicht der Mythos vom göttlichen Kinde, das von der Ziege Amaltheia oder der Biene Melissa ernährt und von den in Waffen tanzenden Kureten vor Kronos verborgen wird. Das → KIND trägt die Kräfte des Ursprungs in die Zukunft und ist Symbol der Entfaltung und einer neuen Epoche. Mit Z., der seinen eigenen Vater in den Tartaros stürzt, beginnt die Herrschaft der olympischen Götter. Daß der Olymp, aber auch andere BERGE (Ida in Kleinasien und auf Kreta), als Sitz des Z. gilt, ist aus der Konkretisierung der Vorstellung vom Thronen der Gottheit in der Höhe zu erklären. Die Z.geburt in einer Höhle wurde verschiedentlich als Hervorgehen der SONNE aus der Dunkelheit ge-

deutet (H. Usener); in jüngerer Zeit wurde → Helios dem Zeus gleichgesetzt.
Z. ist nicht nur Gott des Himmels, sondern auch der Himmelserscheinungen, also Wettergott. Keraunos (»Blitz«) ist einer seiner Beinamen, BLITZ und Sichel sind seine Waffen. Die SICHEL kann auf eine ältere Funktion als Vegetationsgott (Inschrift aus dem Tempel des diktäischen Z.) hinweisen, aber auch Symbol des Tötens sein, so in der Hand von Kronos, dem Vater des Z. Als Regenspender hat Z. auch eine Beziehung zur Fruchtbarkeit.
Bei seinen Verbindungen mit sterblichen Frauen erscheint der göttliche Liebhaber in verschiedenen Verwandlungsformen: GOLDREGEN (bei Danae), STIER (bei Europa), SCHWAN (bei Leda). In seinem chthonischen Aspekt naht Z. als gnädiger Gott der Tiefe (*Meilichios* = der Milde) in SCHLANGENgestalt; als Katachthonios verkörpert er die dunkle, der Unterwelt zugewandte Hälfte der Gottheit. Das eigentliche Symboltier, der ADLER, weist aber wieder in die Höhe. In älterer Zeit glaubte man im Rauschen der EICHE des Gottes Stimme zu hören (Orakel zu Dodona). [Lr]

H. Usener, Götternamen. Vers. e. Lehre von der relig. Begriffsbildung, 1896; A. B. Cook, Z. A Study in ancient religion, I–III, Cambridge 1914–1940; M. P. Nilsson, Vater Z. (AfR 35) 1936; H. v. Hülsen, Z., Vater der Götter u. Menschen, 1967; K. Kerényi, Z. u. Hera. Urbild des Vaters, des Gatten u. der Frau, Leiden 1972; H. Schwabl/E. Simon, Z. (PWRE, Suppl. XV) 1978.

**Ziege.** Während der → Bock das männlich-zeugende Prinzip repräsentiert, vertritt die Z. den Bereich des Weiblich-Ernährenden. Bei altmesopotamischen Darstellungen äsen Z.n am Lebensbaum. Der Götterknabe Zeus wurde von der Nymphe Amaltheia mit Ziegenmilch ernährt; nach älterer Version war Amaltheia selbst die Z., deren Hörner Ambrosia und Nektar spendeten. Der dankbare Zeus versetzte die Z. als Stern (lat. *capella* = kleine Z.) an den Himmel; das ihr abgebrochene Horn machte er zum segenspendenden Füllhorn. Nach nordischer Überlieferung (*Grimnirlied* 25) steht auf der Halle Odins die Z. Heidrun, aus deren Euter der Met in die Becher der Einherjar (auf dem Schlachtfeld Gefallene) fließt. Im Märchen kann die Z. (Geißlein) Symbol der unschuldigen Kreatur sein. [Lr]

A. Roes, The Goat and the Horse in the Cult of Hither Asia (Studia Vollgraff, 99–138), Amsterdam 1948; H. Schmökel, Z.n am Lebensbaum (Arch. f. Orientforschung 18/1958).

**Zirkel.** Im chinesischen Denken entspricht der Z. dem (kreisrunden) Himmel, das Winkelmaß der (quadratischen) Erde; es sind die Symbole für die kosmische Ordnung – oft dargestellt in den Händen der mythischen Urkaiser Fu-shi und Nü-kua. In der christlichen Ikonographie erhält Gottvater (→ Schöpfer) als *architectus mundi* einen Z. in Anlehnung an die antik-mittelalterliche Vorstellung von der Welt als → Kreis und in Anknüpfung an die biblische Stelle, nach der er »die Wölbung abmaß über Wassertiefen« (*Spr* 8,27). Der Z. ist Attribut der Geometrie, der Prudentia und der Melancholie (z. B. im Stich von Albrecht Dürer). Besondere Bedeutung hat der Z. als → freimaurerisches Symbol. [Lr]

**Zitrone.** Im Mittelmeerraum war im Altertum nur die Zedrat-Zitrone bekannt; darunter ist auch der im AT erwähnte Etrog zu verstehen, der gewöhnlich als »Liebesapfel« oder »Paradiesapfel« interpretiert wird und der heute noch in der synagogalen Liturgie beim Laubhüttenfest eine Rolle spielt; die Citrusfrucht Etrog ist im Judentum zum Symbol des menschlichen Herzens geworden. Die eigentliche Z. (*citrus medica* und *citrus limon*) gelangte erst im HochMA nach Mitteleuropa; frühestens ins 15. Jh. zurück dürfte ihre Bedeutung als Lebenssymbol im Brauchtum einen Niederschlag gefunden zu haben: bei Taufe, Hochzeit, Kommunion/Konfirmation und vor allem bei der Beerdigung (als Grabbeigabe); noch im 19. Jh. gab es Gegenden, in denen Pfarrer und Leichenträger beim Begräbnis eine Z. in der Hand hielten – vielleicht auch zum Schutz gegen lebensfeindliche, vom Toten ausgehende Kräfte. In der spanischen Volksdichtung haben Z. und Orange erotische Bedeutung (nach Devoto). [Lr]

E. Grohne, Über den volkstümlichen Gebrauch der Z. bei Beerdigungen (Niederdt. Zs. f. Volkskunde 11/1933); M. Zander, Grabbeigaben (Atlas der dt. Volkskunde. N.F. Erläuterungen Bd. I, 1959–1964); A. Schwammberger, Vom Brauchtum mit der Z., 1965; D. Devoto, Symbole et réalité (Revue d'histoire littéraire comparée XLIX/1975).

**Zoroastrismus** → Parsismus

**Zunftzeichen.** Handwerke, Innungen, Zünfte, Gilden bedürfen besonderer »Requisiten«, um ihr Brauchtum in ansehnlicher Weise zu pflegen. Am meisten fallen die schmiedeisernen Ausleger auf, die in Altstädten die ehemaligen Zunfthäuser und Herbergen zur Heimat kennzeichnen: Die Schilder alter Gasthöfe bewahren letzte Reste davon. Es sind mehr Wahrzeichen wie Bretzel, Fisch, Schuh, Messer . . .; dennoch bewahren diese kunstvollen Schmiedearbeiten noch Symbolkenntnis, da sie die einzelnen Werkzeuge z.B. in Form eines Sechssternes, einer durchkreuzten Raute verschränkt anordnen oder im schmückenden Beiwerk Drehwirbel, Spirale, Sonne und in bildhafter Darstellung außer Ochs, Pferd und Lamm auch Bär, Hase und Schlange neben manch Mythischem verwenden. Das Wissen um Symbolgut führt besonders die Hand bei der Herstellung des Zunftgerätes für den Gebrauch bei Versammlungen, beim Willkommenstrunk neuer Meister und zuwandernder Gesellen: Zunfthumpen in Silber, geschliffenem und bemaltem Glas, Bierkrüge, nicht zuletzt bei den Sargschildern und Fahnen. Die Zunftlade als mehrfach verschließbares Behältnis (für wichtige Urkunden, Zunftstab und Zunftbücher) ist ihrer Bestimmung gemäß symbolisch reich geschmückt und beschränkt sich nicht auf verliehene Wappen, sondern bewahrt in Schnitzwerk, Intarsia, Beschlag samt Schloß und Doppelschlüssel alte Symbolformen. Da Zunftgerät fast nur von Kunsthistorikern beschrieben wurde, fehlt hier noch die Aufarbeitung unter dem Gesichtswinkel der Symbolforschung. [LM]

L. Schmidt, Z. Zeugnisse alter Handwerkskunst, 1982; D. Nadolski, Zunftzinn, 1986.

**Zunge.** Nach der Vorstellung der alten Ägypter haben Gedanke und Wort des Urgottes Ptah (bzw. des Atum) die Welt erschaffen; danach sind Herz und Z. die Schöpfungsorgane. In biblischen Texten kann die Z. (d. h. hier die Sprache) Zeugnis über den inneren Menschen ablegen. Bei den Jüngern Jesu zeigt sich die innere Begnadung durch den Hl. Geist dadurch, daß ihnen feuerähnliche Zungen erschienen und sie in fremden Sprachen reden konnten (*Apg* 2,3f.); die Flammenzungen zu Pfingsten sind der christlichen Ikonographie ein vertrautes Motiv. Die Z. kann Symbol der Beredsamkeit wie auch der Geschwätzigkeit sein. »Die Z. ist der Degen der Frauen, sie lassen ihn nie rosten« (chines. Sprichwort). Bei dem Hl. Johannes von Nepomuk weist sie auf dessen Verschwiegenheit (als Beichtvater) und Märtyrerturm. In oralerotischer Bedeutung wird die Z. in Analogie zum männlichen Glied gesetzt. [Lr]

F. P. Dhorme, L'emploie métaphorique des noms de partis du corps en hébreu et en accadien (Revue Biblique 30/1912); H. Kees, Herz u. Z. als Schöpferorgane in der ägypt. Götterlehre (Stud Gen 19/1966).

**Zwei.** Es ist die erste Zahl, welche die Spaltung der in der Eins repräsentierten Einheit bezeichnet. Die Z.heit ist Ausdruck der Unvollkommenheit, da jedes ihrer beiden Teile vom anderen abhängig ist; die polare Z.heit gehört zur Grundstruktur des geschöpflichen Seins (→ Polarität), besonders klar ausgedrückt in den chinesischen Begriffen → Yin und Yang. Während die Eins die Zahl des Göttlichen, Unerschaffenen, Ewigen ist, weist die Z. auf alles geschlechtlich Geborene, das dem Gesetz von Leben und Tod unterliegt. In einem vom → Dualismus geprägten Weltbild stehen sich die beiden Prinzipien unversöhnlich gegenüber. Sprachlich aufschlußreich sind die von zwei abzuleitenden Wortbildungen Zweifel (entsprechend lat. *dubium* von *duo* = zwei) und Zwist (= Entzweiung). Nach Gregor d. Gr. ist die Z. die Zahl der Häretiker, die *duplex cor* sind, d.h. »zwei Herzen« haben. Vorsicht ist angebracht gegenüber den Menschen, die zwei Gesichter haben oder mit zwei Zungen (»doppelzüngig«) reden. Zahlreiche Mythen und Märchen sind durch die Z.zahl gekennzeichnet: zwei → Brüder, → Zwillinge. [Lr]

**Zweig.** Die Vorstellung vom segenbringenden Z. reicht weit zurück: altmesopotamisches → Göttersymbol; Z. vom Ölbaum kündet das Zurückgehen der Flut an (1 *Mos* 8,11). In altgermanischer Zeit und z. T. noch bis in das 20. Jh. im Volkglauben finden sich die Vorstellungen von Fruchtbarkeit, Gesundheit, → Friede und Glück auf Z. und grünes Reis übertragen, von W. Mannhardt deshalb »Lebensrute« genannt (→ Martin). Der aus der Wurzel Jesse hervorkommende Z. (*Jes* 11,1f.) wird zum messianischen Symbol. Palmzweige sind Zeichen des Sieges: → Victoria; auch am Palmsonntag und als Attribut der Märtyrer. Als *pars pro toto* assoziiert der Z. an der Symbolik des Baumes. In romanischer Zeit war das Zepter der Madonna ein »lebendiger« Z. *(Gozelin-Evangeliar)*, ähnlich wurde der Herrscherstab der Könige als zeichenhafte Kurzform des Lebensbaumes aufgefaßt. Dürre Z. gelten als schlechtes Zeichen, als Symbol für Unheil und Tod (mehrfach im Werk des Hieronymus Bosch). [Lr]

**Zwerge** spielen im alten Volksglauben Europas, aber auch in anderen Kulturen und Mythologien eine beträchtliche Rolle und scheinen keineswegs immer Gestalten der Kindermärchenwelt gewesen zu sein. Teilweise wirken sie wie in ihrer Bedeutung geminderte Haus- und Ahnengeister, teilweise wie Elementarwesen (spez. Gnomen, Hüter der Erde und des Mineralreiches). Ihre KLEINHEIT als Hauptkennzeichen kann symbolisch andeuten, daß die Z. nur schwer sichtbar und greifbar sind. Im Gegensatz dazu wird ihre Macht und auch Körperkraft oft als übermenschlich geschildert (z.B. sollen die Corrigans der bretonischen Sagen die Dolmengräber erbaut haben). Oft verleiht ihnen eine TARNKAPPE Unsichtbarkeit und Kraft zugleich, ein Hinweis auf ihr »verstohlenes Wirken im Untergrund«, das übernatürlichen Wesen aus älteren Glaubensschichten zusteht. Hierfür sprechen auch die den Z. zugeschriebenen Fähigkeiten wie die Kenntnis des Verborgenen (etwa der Zukunft), vergrabener Schätze, unentdeckter Erze usw., ebenso der Sagen-Zug, daß die Z. durch Zeichen der neueren Zivilisation und des Christentums, etwa durch den Klang der Kirchenglocken, zum Auswandern gezwungen werden. Traditionell verankertes Wissen um alte, kleinwüchsige Volksstämme kann ebenso beim Entstehen der Z.-Vorstellung mitgewirkt haben (→ Riesen) wie eine bestimmte Art von halluzinatorischen Erlebnissen. Im Gegensatz zu den Riesen werden die Z. immer als klug, listig und scharfsinnig beschrieben. [Bi]

Müller-Bergström, Z. (HdA 9) 1941; L. Röhrich, Sage, ²1971.

**Zwillinge.** Seit jeher hat Zwillingsgeburt die Menschen erregt und zu symbolischer Deutung veranlaßt. Noch der Volksglaube im 19. Jh. hielt daran fest, daß Notfeuer zur Abwehr von Unheil und Krankheit von Z.brüdern auf urzeitliche Art erzeugt werden müsse, weil man ihnen besondere Kräfte beimaß. Zweigeschlechtliche Z. wurden bei vielen Völkern der Erde in den Bereich der Fruchtbarkeitssymbolik gezogen oder sogar zu Fruchtbarkeitsgöttern transformiert. Der in Tacitus' *Germania* c.2 berichtete Mythos von Twisto, dem zweigeschlechtlichen Urwesen, zeigt zwar Rückfall in die indogermanisch-patriarchalische Nichtachtung der Frau, wenn er von Mannus dem Urmenschen redet. Vielmehr muß Twisto ein zweigeschlechtliches Z.paar als Urelternpaar gezeugt haben. Das spiegelt sich im nordischen Mythos von dem Geschwister- und Ehepaar Freyr und Freyja wieder, ausgesprochenen Fruchtbarkeitsgöttern. Auch der Nerthuskult des Festlandes (Tacitus' *Germania* c.40) scheint solch ein Z.paar mit identischem Namen → Nerthus vorauszusetzen.

Im urindogermanischen Bereich mit seiner patriarchalischen Lebensordnung spielten nur männliche Z. eine Rolle. Hier sind die göttlichen Z., der älteren Stufe göttlicher Epiphanie entsprechend, tiergestaltig gedacht, (altind. Acvins »PFERDE«, griech. *leukō pōlō Diós* »weiße Fohlen des Zeus«, german. Alkes »Elche«, lett. »Gottes Rößchen«), anderwärts HIRSCHE. Sie sind Söhne des → Himmelsgottes und zugleich das Gespann der Sonne, die sie im Auftrag des Himmelsgottes täglich über das Himmelsgewölbe

ziehen. Mit zunehmender Vermenschlichung der Gottesvorstellung werden sie zu Wagenlenkern des Wagens der Sonnentochter, bei den Griechen zu Reitern. Ihre ursprüngliche Tiergestaltigkeit lebt nach in Kultnamen und im Opfer WEISSER ROSSE für Zeus. Auch bei den Germanen wurden heilige weiße Rosse zur Erforschung der Zukunft gehalten. Ihr Kultname Alkes »Elche« bei den Naharvalen hält Tacitus' *Germania* c.43 nicht ab, sie mit den römischen → Dioskuren gleichzusetzen. Der späten Antike galten die Dioskuren als Helfer in Kriegsnot und Todesgefahr. Dazu stimmt, daß man für besondere Unternehmungen Z.brüder oder kultisch dazu Geweihte an der Spitze der Heerscharen stellte. Das Doppelkönigtum der Spartaner bezeugt es und Hengist und Horsa, die sagenhaften Anführer der Angeln bei der Landnahme Englands, deren Namen noch an alte Pferdegestalt erinnern.
Bei den Griechen nahm die Dioskurenverehrung eine Sonderentwicklung, als sie in quasi-naturwissenschaftlicher Erkenntnis zweieiige Z. grundsätzlich auf verschiedene Väter zurückführten (diese Möglichkeit wird heute auch von Gerichten anerkannt). Kastor wurde deshalb zum Sohn des Königs Tyndareos, Polydeukes allein Zeussohn, forderte aber, wie Kastor zu sterben. Da gab ihnen Zeus, daß sie zusammen abwechselnd im Hades und im Olymp weilen durften. Dadurch kamen sie in den Bereich wechselnder Lichtgötter; auch die Rückentführung ihrer Schwester Helena erinnert an die ursprüngliche Fahrt mit der Sonne oder Sonnentochter. Ihre Verehrung als heldenhafte Helfer und Sōtērēs (Retter) entspricht ihrer Herkunft aus dem Himmelsgottglauben. Erst die Überwältigung der Spätantike durch orientalische Astralmythologie hat diese Zwillingsgottheit widersinnigerweise mit den einzeln erscheinenden MORGEN- und ABENDSTERN identifiziert und damit die → Brüder, die immer zusammen erschienen und zusammenwirkten, völlig auseinandergerissen und ihre erfahrbare tröstliche Nähe in eine unendliche Weite gewandelt. [Ro]

S. Eitrem, Die göttl. Z. bei d. Griechen (Skrifter af Videnskabsselskabet i Christiania, Hist.-fil.Kl. 1902 no 2) 1902; H. Usener, Z.bildung (Kl. Schriften 4) 1913; J. R. Harris, The piety of the heavenly twins (Woodbrooke Essays 14) 1928; P. Nilsson, Gesch. d. griech. Religion Bd 1, 1941; H. Rosenfeld, German. Z.gottkult u. idg. Himmelsgottgl. Elch, Hirsch u. Pferd in der uran. Mythol. (Märchen, Mythos, Dichtung, Fs. Fr. v. d. Leyen) 1963; D. Ward, The divine twins, an indo-european myth in germanic tradition (Folklore Studies 19) 1968; R. Kuntzmann, Le symbolisme des jumeaux au Proche-Orient ancien, Paris 1983.

**Zwölf,** Grundzahl des Duodezimal- und des Sexagesimalsystems. Der Z.teilung des jährlichen Sonnenlaufes entsprechen die Sternbilder des → Tierkreises. 12 mal 30 Tage ergibt 360 als Rundzahl für das Jahr, auch Gradeinteilung des Kreises. Das Gilgameschepos besteht aus 12 Tafeln, der Marduktempel Esagila in Babylon hatte 12 Tore. Die ägyptische Unterwelt *(Duat)* ist in 12 Regionen eingeteilt; 12 Stunden dauert die Nachtfahrt der Sonne, bis sie erneut am Himmel erscheint. Vielleicht sind auch die 12 Arbeiten des → Herakles solar zu deuten. Die Gnosis kennt 12 Äonen (Weltalter). In Korrespondenz zu den Tierkreiszeichen hatte man in China eine 12-tönige Tonleiter (5

halbe und 7 ganze Töne) und sprach von 12 Eingeweiden des Menschen. Eine Z.heit von Göttern kannten die Griechen (Altar auf dem Markt zu Athen) und unter der Bezeichung *Di consentes* (d. h. die zusammengehörenden Götter) die Römer. Das Z.tafelgesetz *(lex duodecim tabulorum)* bildete die Grundlage des römischen Rechts.
Bei den Israeliten war die Z. Zeichen der Auserwählung und der Vollkommenheit: 12 Söhne Jakobs als Stammväter der 12 Stämme, 12 Edelsteine auf dem Brustschild *(choschän)* des Hohenpriesters (2 *Mos* 28,17ff.), 12 kleine Propheten. Mit 12 Jahren kam Jesus in den Tempel (*Lk* 2,42), 12 → Apostel. In der Apokalypse erinnert die Zahl öfters an die ursprüngliche zodiakale Bedeutung: 12 Sterne trägt das Haupt des Sonnenweibes (*Offb* 12,1), 12 Tore der himmlischen Stadt (*Offb* 21,12), der Baum des Lebens bringt 12-mal (jeden Monat) im Jahr Früchte (*Offb* 22,2). In der Kunst kommt die Z. besonders bei den → Aposteln und den → Monatsbildern zur Darstellung. [Lr]

L. Troje, Die 13 u. die 12 im Traktat Pelliot, 1925; O. Weinreich, Ausgewählte Schriften, hrsg. v. G. Wille (über Z.götter u. Z.zahl), Amsterdam 1973; weitere Literatur → Zahlen.

**Zypresse,** als immergrüne Pflanze Symbol eines langen Lebens und der Unsterblichkeit. Wegen ihrer flammenähnlichen Form den Anhängern Zarathustras heilig, nach Ezechiel (31,8) im Gottesgarten wachsend, in der christlichen Kunst in ur- und endzeitlichen Paradiesdarstellungen. In Artemidors *Traumbuch* Symbol der Langmut und des weisen Zögerns, in der barocken Emblematik Sinnbild für Gerechtigkeit und Selbstbeherrschung. Einmal abgehauen, wächst die Z. nicht mehr nach und wurde in der Antike zum Baum des Todes und der Trauer; neben dem Unterweltsfluß Lethe steht eine weiße Z. Im Islam und im Christentum beliebter Friedhofsbaum. Als trauernder, auf den Tod weisender Baum auch in der neueren Malerei (Böcklin »Toteninsel«; wiederholt bei → van Gogh). [Lr]

# WORTERKLÄRUNGEN

Wörter mit einem Pfeil (→) haben im lexikalischen Teil einen eigenen Artikel

**Abbreviatur:** Abkürzung, Verkürzung
**Abyssus:** Abgrund
**Adaptation:** Anpassung
**adäquat:** übereinstimmend, entsprechend
**Affektenlehre:** musikalische Lehre, nach der die Musik Gemütsbewegungen auszudrücken hat
**Agens:** wirkende Ursache oder Kraft
**Agon:** Wettstreit, Wettkampf
**Aion, Äon:** Weltalter
**Akrostichon:** die Anfangsbuchstaben oder -wörter von Versen (Strophen) bilden im Zusammenhang gelesen einen Namen oder Spruch
→ **Allegorese**
→ **Allegorie**
**Allusion:** Anspielung
**alma mater:** gütige Mutter
→ **alter Ego**
**ambigua:** zweideutig, doppelsinnig
→ **Ambivalenz**
**Amplifikation:** Anreicherung von Trauminhalten im Gespräch zwischen Patient und Psychotherapeut
**Anagramm:** Umstellung der Buchstaben eines Wortes, um Pseudonyme oder Wortspiele zu bilden
→ **Analogie**
**Anamnesis:** Wiedererinnerung
**Ananke:** Personifikation des Schicksals (griech. Göttin)
**Anastasis:** Auferstehung
**androgyn:** männlich-weiblich, doppelgeschlechtlich
→ **Androgynität**
**änigmatisch:** rätselhaft
**anikonisch:** unbildlich, nicht bildhaft
→ **Anima, Animus**
→ **Animalismus**
**Annus:** Personifikation des Jahres
**anthropogonisch:** die Entstehung des Menschen betreffend
→ **Anthroposophie**
**Antinomie:** Gegensätzlichkeit, unaufgelöste Spannung
**antithetisch:** entgegengesetzt
**Apokryphen:** den anerkannten biblischen Büchern nach Anlage und Inhalt ähnliche (aber nicht gleichwertige) Bücher
**apologetisch:** den Glauben verteidigend
**Apotheose:** Erhebung eines Menschen zur Würde eines Gottes, Vergöttlichung
**apotropäisch:** die Dämonen, das Böse abwehrend
**approximativ:** annähernd
**Aquarius:** Sternbild des Wassermanns
**aqua vitae:** Lebenswasser
**aqua viva:** lebend(ig)es Wasser
**Äquinoktien:** die Tagundnachtgleichen am Frühlings- und am Herbstanfang
**Ara pacis:** Altar des Friedens (dem Kaiser Augustus errichtet)
**Arbitrarität:** Willkürlichkeit
**arbor vitae:** Lebensbaum
**Aretalogie:** Aufzählung der Wundertaten (aretai) eines Gottes
**areté:** Tauglichkeit, Tüchtigkeit, bei Homer Tapferkeit
**Arkandisziplin:** geheimgehaltene Glaubensvorstellungen und Kulthandlungen; Geheimlehre

**ars amandi:** die Kunst zu lieben
**artes liberales:** die (sieben) freien Künste
**Assoziation:** das Miteinanderverknüpfen zweier oder mehrerer Erlebnisinhalte; das Auftauchen eines Vorstellungsbildes bringt ein anderes zum Bewußtsein
**Astrosophie:** Sternweisheit, Wissen aus den Sternen
**ätiologisch:** die Ursache erklärend
**Audition:** Hören mit dem »inneren« Ohr, außernatürliches Wahrnehmen von Gottes »Stimme«
**Aulos:** altgriechisches Musikinstrument (Doppeloboe)
**autistisch:** selbstbezogen, auf das eigene Ich gerichtet
**autokephal:** eigenständig, mit eigenem Oberhaupt
**axis mundi:** Weltachse
→ **Avaritia**

**Baptisterium:** Taufkirche
→ **Bestiarium**
**bifrons:** doppelstirnig
**binär:** zweiteilig, aus zwei Einheiten bestehend
**bisexuell:** doppelgeschlechtlich
**Breviloquenz:** knappe, prägnante Ausdrucksweise
**Bukolik:** Hirten-, Schäferidylle

**calceamentum pacis:** Schuhwerk des Friedens
**Caniden:** Familie der Hunde (auch Wolf und Schakal)
**Canticum canticorum:** Hohes Lied (in der Bibel)
**caro:** Fleisch
**castitas:** Keuschheit
**charismatisch:** gottgesandt, gottbegnadet
→ **Chassidismus**
**Chiliasmus:** Lehre vom kommenden Reich
**Christologie:** die Lehre von der Person Jesu Christi
**chthonisch:** irdisch, unterirdisch
**Chthonismus:** Religion mit Betonung chthonischer Gottheiten
**cingulum veritatis:** Gürtel der Wahrheit
**civitas Dei:** Gottesstaat, Reich des Guten
**civitas diaboli:** Reich des Teufels
**Clipeus:** altrömischer Rundschild; in der Kunst medaillonartige Scheibe
**conceptio per aurem:** Empfängnis durch das Ohr
**Concetto:** geistreiche Redewendung, gekünstelter bildhafter Ausdruck, Wortspiel
**Constantia:** Personifikation der Beharrlichkeit, Stetigkeit
**contemptio mundi:** Geringschätzung, Verachtung der Welt
**corona triumphalis:** Siegeskranz, zum Triumph gehörender Kranz
**Creator:** Schöpfer
**Cubiculum:** Grabkammer in christlichen Katakomben
**cunnus:** äußeres weibliches Genitale

**Deesis:** Darstellung des thronenden Christus zwischen Maria und Johannes
**deflorieren:** entjungfern
**Demiurg:** seit Platon Bezeichnung des Weltschöpfers
**Derivat:** Abkömmling, Ableitung
**descensus ad inferos:** Abstieg zur Unterwelt
**desidia:** Müßiggang, Faulheit
**Destruktion:** Zerstörung
**Devotion:** unterwürfige Verehrung, hingabefreudige Frömmigkeit
**Devotionalien:** Gegenstände der Volksfrömmigkeit, Andachts-

gegenstände (wie Heiligenbilder, Rosenkränze)
**Diairese, Diärese:** Begriffsverhältnis, bei dem einem Begriff zwei andere untergeordnet werden
**Diastase:** Trennung, Gegensatz
**Diastole:** Ausdehnung
**Diätetik:** Lehre von der therapeutisch zweckmäßigen Ernährung
**Diatribe:** popularphilosophische satirische Predigt
**Dichotomie:** Zweiteilung, z. B. der Mensch besteht aus Leib und Seele
**Dike:** rechte Ordnung, Gerechtigkeit
**diskursiv:** durchlaufend, sachlich aufeinanderfolgend
**dispersiert:** zerstreut
**Dithyrambos:** Kultlied zu Ehren eines (antiken) Gottes, Loblied
**Divination:** Ahnung, Weissagung
**dominus et deus:** Herr und Gott
**domus sapientiae:** Haus der Weisheit
**Doxologie:** Lobpreisung, liturgische Verkündung der Herrlichkeit Gottes
→ **Dualismus**

**Ecce Agnus Dei:** seht das Lamm Gottes
**ecclesia spiritualis:** vom Geist erfüllte Kirche
**Effizienz:** Wirksamkeit
**eidos:** Bild, Grundgehalt
→ **Ekklesia (Ecclesia)**
**ekklesiologisch:** entsprechend der theologischen Lehre von der Kirche
**ekliptisch:** auf die Eklipse (das Ausbleiben, Verschwinden, z. B. von Konsonanten) bezogen
**Eleousa, Eleusa:** die Mitleidende, sich liebevoll dem Kind zuwendende Madonna
**elliptisch:** durch mangelnde Klarheit oder durch Weglassen vieldeutig
**Elysium, Elysion:** glückselige Gefilde, Stätte ohne Tod
**Emanation:** Herausfließen, Hervorgehen einer Vielheit aus einem einheitlichen Urgrund
→ **Emblem**
**Emotion:** Gemütsbewegung, Gefühlserregung
**Empyreum:** bei antiken Naturphilosophen der Feuerhimmel, christlich: Aufenthaltsort der Seligen
**Endokosmos:** innerer Kosmos
**enigmatisch, änigmatisch:** rätselhaft
→ **Enzyklopädie**
**Entelechie:** innewohnendes Formprinzip; aktives Prinzip, welches das Mögliche erst zum Wirklichen macht
**Epigramm:** Aufschrift auf Grabdenkmälern und Standbildern; Sinngedicht
**epigrammatisch:** kurz zusammengefaßt, treffend gesagt
**Epigraphik:** Inschriftenkunde
**Epiphanie:** Erscheinung, das unmittelbare Erscheinen der Gottheit; christlich: Fest der Erscheinung des Herrn am 6. 1. (ursprünglich sein Geburtsfest)
**episkopal:** bischöflich
**Epistemologie:** Lehre vom Wissen, Erkenntnislehre
**Epitaph:** Grabschrift, Gedächtnismal für einen Verstorbenen an einer Wand
**Epithalamiendichtung:** Hochzeitslieder
**Epitheton:** Beiwort, Beiname
**Eschatologie:** Lehre von den letzten Dingen, Lehre vom Weltende und dem Zustand danach
**esoterisch:** nur den Eingeweihten zugänglich oder bekannt

**essentiell:** wesentlich, zum Wesen eines Dinges gehörend
**Etymologie:** Lehre von der Herkunft und Bedeutung der Wörter
→ **Eucharistie**
**euphemistisch:** eine anstößige Sache oder furchterweckende Vorstellung umschreibend
**Exegese:** Auslegung, z. B. der Bibel
**Exorzismus:** Beschwörung von Dämonen und Geistern
**exoterisch:** allgemein bekannt (Gegensatz zu esoterisch)
**Ex(s)ultet:** Lobpreis der Osterkerze
**ex voto:** auf Grund eines Gelübdes
**Evasion:** Entweichen, Flucht
**Evidenz:** Wesenseinsicht, Gewißheit
**Evozierung, Evokation:** Herausrufen, Hervorrufen, Herbeiholen
**exogam, Exogamie:** institutionell bevorzugte oder gebotene Heirat außerhalb der eigenen Geburtsgruppe bzw. Heiratsklasse

**fabliaux:** lustige Erzählungen oft pikanter Abenteuer mit derbrealistischer Satire
**Falbel:** dicht gefältelter Besatz aus Stoff oder Spitze
**femina alba:** weißes Weib
**Ferialtage:** in der kathol. Liturgie die Werktage ohne besondere kirchliche Bedeutung
→ **Fetisch**
**fides, Fides:** Glaube, Personifikation des Glaubens
**figurativ:** gestalthaft
**fiktiv:** erdichtet
**Fiktion:** Erdichtung, erdichtete Annahme
**flammeum:** Brautschleier
**flatus:** Blasen, Atmen, Hauch
**fons signatus:** versiegelter Brunnen
**fons vitae:** Lebensbrunnen
**Fortitudo:** Personifikation der Stärke, Tapferkeit

**galea salutis:** Helm des Heils
**Gematrie:** Lehre von dem (angeblichen) Zahlenwert der Buchstaben
**gematrisch:** entsprechend der Gematrie
→ **Genesis**
**genetisch:** die Entstehung (Genese) betreffend
**genitrix:** Erzeugerin
**gentes:** Geschlechter, Gemeinden, Menschengruppen
**genuin:** angeboren, ursprünglich
**Gesta Romanorum:** »Taten der Römer«, mittellateinische Sammlung von Kurzerzählungen
**gladius spiritus:** Schwert des Geistes
**gnomisch:** allgemeine Erfahrungen in kurzen Sinnsprüchen wiedergebend
→ **Gnosis**
**Graduale:** Chorgesang in der Messe
**gula:** Völlerei
**Gynaikokratie:** Frauenherrschaft, auch Ausdruck für Matriarchat

**Häresie:** Abweichung von der kirchlichen Lehre, Ketzerei
**häretisch:** vom (wahren) Glauben abgefallen
**Hebdomas:** Siebenzahl, Siebenheit
**Heimarmene:** das unbedingt zwingende Schicksal
**henochianisch:** nach Henoch dem siebten der zehn Urväter (1 Mos 5, 18 ff)
**Hermaphrodit:** Zwitter
→ **Hermeneutik**

**hermeneutisch:** auslegend, erklärend
**Hermetik:** Geheimlehre, Geheimwissenschaft
**hermetisch:** geheimnisvoll
**hesperische Gärten:** von den Hesperiden (Nymphen) gehütete, den Göttern gehörende Gärten
**heterodox:** andersgläubig, Gegenteil zu orthodox
**heteronom:** fremdgesetzlich, von außerhalb der Fachwissenschaft kommend
→ **Hetoimasia**
**heuristisch:** auf das Finden, Entdecken bezogen
**Hexagramm:** sechsteiliges Zeichen bzw. sechs zueinander gehörende Linien
**Hierophanie:** Erscheinung des Heiligen
**Hierophant:** Enthüller heiliger Dinge, Priester
→ **hieros gamos:** heilige Hochzeit
**Hodegetria:** Wegführerin, Madonna in Halbfigur mit dem Kind auf dem linken Arm
**homo bulla:** der Mensch (ist) eine Wasserblase
**hortus conclusus:** geschlossener Garten
**humilitas:** Niedrigkeit, Demut
**Hybris:** Übermut, Stolz, Selbstüberhebung des Menschen gegenüber den Göttern
**hyle:** Materie, Stoff
**Hypertrophie:** übermäßige Vergrößerung
→ **Hypostase**

**Ideogramm:** Begriffszeichen
**Idiosynkrasie:** über das normale Maß hinausgehende Abneigung gegen bestimmte Dinge
→ **Idol**
**Idolatrie:** Anbetung von Götzenbildern, Abgötterei
**ignota:** unbekannt, fremd
**Ikonizität:** Bildhaftigkeit
→ **Ikonographie**
→ **Ikonologie**
**Illusionismus:** das künstlerische Bestreben, die Wirklichkeit nachzuahmen (durch Mittel der Illusion)
**illusionistisch:** künstlerische Darstellung, die Scheinwirkungen beabsichtigt
→ **imago Dei**
**imago mundi:** Bild der Welt
**implizit:** inbegriffen
**Imprese:** Abzeichen mit symbolischer, meist verschleierter Bedeutung
**inaugurieren:** feierlich weihen, in das Amt einführen
→ **Individuation**
**Inferno, infernum:** Hölle
**Inkarnation:** Verkörperung, irdische Gestaltwerdung göttlicher Wesen
**inkommensurabel:** unvergleichbar
**Ikonzinnität:** Unangemessenheit
**Inkorporation:** Einverleibung
**Inkubus:** Dämon des Albdrükkens, im späten MA Buhlteufel einer Hexe
**Insignien:** Würdezeichen, Kennzeichen der Macht
**integumentum:** Decke, Hülle
**Integration:** Eingliederung in eine Ganzheit, Bildung einer Ganzheit, Zusammenhang
**Interaktion:** Wechselbeziehung zwischen Individuen innerhalb der Gesellschaft
→ **Interaktionismus**
**interdependent:** wechselseitig abhängig
**internalisiert:** ins Innere geholt, ins Innenleben aufgenommen
**intrauterin, intra/uterin:** innerhalb des Uterus (Gebärmutter)
**Introspektion:** die auf das eigene

Erleben gerichtete Beobachtung

**introvertiert:** nach innen gewendet, in sich zurückgezogen

**Intuition:** geistiges Schauen, ohne verstandesmäßige Überlegung gewonnene Einsicht

→ **Invidia**

**Inzens(ation), Inzensierung:** Beweihräucherung

**Inzest:** extreme Form der Inzucht

**Ira:** Personifikation des Zorns

**Irrelevanz:** Unerheblichkeit, Bedeutungslosigkeit

**Itinerar(ium):** Reisebuch, Straßenkarte

**iugum:** Joch

**kairos:** der günstige Augenblick

**Kalligraphie:** Schönschrift, ornamentale Zierschrift

**kanonisch:** der Regel, dem maßgeblichen Verzeichnis entsprechend

**kanòn tẽs pisteos:** Kanon des Glaubens, der Glaubensformulierungen

**kataphatisch:** gleiche Wörter oder Sätze wiederholend

**kathartisch:** reinigend

**Kausalnexus:** Verknüpfung von Ursache und Wirkung

**Kline:** im Altertum couchartiges Ruhebett

**kohärent:** zusammenhängend

**Koinzidenz:** das Zusammenfallen von Gegensätzen

**kompensieren:** ausgleichen

**kompilieren:** etwas aus mehreren Werken zusammentragen

**Kompilator:** Verfertiger einer Kompilation (aus Ausschnitten anderer Werke zusammengestellte Schrift)

**Komplement:** Ergänzung, Ergänzungsstück

**konisch:** kegelförmig

**Konkordanz:** Übereinstimmung

**Konkupiszenz:** Begierde

**konsekratorisch:** einer Weihe(handlung) zugehörig

**Konstellation:** gegenseitige Stellung zueinander

**kontaminieren:** verschmelzen, in der Bedeutung zusammenfallen

**Kontext:** Zusammenhang (bei einem Text)

**Kontiguität:** Berührung

**Kontinuum:** Zusammenhang; Zusammenhängendes, in dem es keine Leerstellen gibt

**Kontrafaktur:** einem Lied nachgebildetes neues Lied

**Konversion:** kirchlich: Übertritt zum Katholizismus; psychologisch: Verwandlung seelischer Inhalte in körperliche Symptome

**Konzeption:** Abfassung, Auffassung, Gesamtbegriff

**konzeptionell:** empfangend, befruchtend

**Kopulation:** Verbindung, Begattung

→ **Kosmogonie**

**Kosmogramm:** einfache, schematische Darstellung der Welt

**Kosmokrator:** Weltherrscher

**Kryptographie:** Geheimschrift

**Kryptogramm:** Text mit verborgenem, verschlüsseltem Sinn

**Kyrios:** Herr; in der Septuaginta Übersetzung des alttestamentlichen Gottesnamens; im NT Würdename Jesu; später Bezeichnung für den auferstandenen Christus

**Laetare:** dritter Sonntag vor Ostern

**laizistisch:** diesseitsbezogen

**latent:** verborgen, nicht wahrnehmbar

→ **Liturgie**

**locus amoenus:** schöner, lieblicher Ort

**locus classicus:** klassische Stelle, besonders charakteristischer Ort
**lorica iustitiae:** Panzer der Gerechtigkeit
**lunar:** auf den Mond bezogen
**luxuria:** Zügellosigkeit, Unkeuschheit

**Maiestas Domini:** Herrlichkeit des Herrn; Darstellung der Macht und Herrlichkeit des erhöhten Christus
**Mantik:** Kunst der Weissagung
**mater credentium:** Mutter der Gläubigen
→ **materia prima**
**Matrix:** Mutterboden, Mutterleib
→ **Megalithik**
→ **Messias**
**Metallurgie:** Metallbearbeitung
**Metamorphose:** Gestaltwandel
**metonymisch:** den Namen (die Benennung) vertauschend
→ **Metapher**
**Metaphorik:** Bildlichkeit
**metaphorisch:** bildlich, im übertragenen Sinn
**Migration:** Wanderung
**Mimesis:** Nachahmung; antike Auffassung vom Verhältnis der Kunst zur Wirklichkeit
**mimetisch:** nachahmend
**misericordia:** Barmherzigkeit
**Missale:** Meßbuch, Altarbuch für die Meßfeier
**mors:** Tod, Sterben
**mortificatio:** Abtötung
**mundus:** Welt, Erde
**mystagogisch:** in die Mysterien einführend
→ **Mysterium**

**narrativ:** erzählend
**narzißtisch:** in sich selbst verliebt, auf sich selbst bezogen
**natalis solis invicti:** Geburtstag der unbesiegbaren Sonne
**nautisch:** die Schiffahrt betreffend
**Nekyomantie:** Totenorakel
**Nicaenum:** das zu Nicäa (Nikaia) beschlossene Glaubensbekenntnis
**Nikopoia:** die Siegbringende; Madonna mit dem Kind frontal vor der Brust sitzend
**Nisan:** Name des Monats, der mit dem ersten Neumond nach der Frühjahrs-Tagundnachtgleiche beginnt
**nomen:** Name
**normativ:** von Normen bzw. einem Maßstab für wertende Beurteilung abhängig
**Numen:** göttliche Willensbezeugung, das Göttliche, das übermenschlich Machtvolle
**numinos:** übermenschlich, vom Göttlichen ausgehend

**Oikumene, Ökumene:** bewohnte Erde, Lebensraum des Menschen
**Omen:** gutes oder schlimmes Vorzeichen
**Onanie:** geschlechtliche Selbstbefriedigung
**ontologisch:** nach der (philosophischen) Lehre vom Sein; auf das Sein bezogen
**operatio:** Arbeit, Wirken
**Oration:** in sich abgeschlossenes liturgisches Gebet
**ordo:** Ordnung, Beschaffenheit
**Ordensprofeß:** Ablegung der Klostergelübde
**Orenda:** übernatürliche, unpersönlich gedachte Kraft
**Osteologie:** Knochenlehre
**ostium:** Eingang, Tür

**Päan:** Chorlied, feierlicher Gesang
**pagan:** aus älteren Kulten stammende religiöse Vorstellung, heidnisch

**Paläolithikum:** Altsteinzeit
**Palla:** quadratisches Linnenstück zur Bedeckung des Meßkelches
**Panazee:** Heilmittel für jede Krankheit, Wundermedizin
**Pandämonium:** Versammlung aller bösen Geister, Gesamtheit der Dämonen
**Pantheon:** Gesamtheit der in einer Religion verehrten Götter, auch Name für das ihnen geweihte Heiligtum
**Pantokrator:** Allherrscher
→ **Parabel**
**parabolisch:** gleichnishaft
**paradigmatisch:** beispielhaft, vorbildlich
**Paramente:** in der christlichen Liturgie verwendete Gewänder, Textilien
**Paraphrase:** Umschreibung als Erklärung
**pars pro toto:** der Teil für das Ganze
**pastor bonus:** guter Hirt
**Patene:** Gefäß zur Aufnahme des Abendmahlbrotes; Hostienteller
**páthos:** Leid, Gemütsbewegung, Leidenschaft
**Patientia:** Personifikation der Geduld
→ **Patristik**
**pax aeterna:** ewiger Friede
**peccatum:** Sünde
**Phylakterien:** Gebetsriemen
**pejorativ:** verschlechternd, eine Sache schlecht machend
**Pendant:** Gegenstück
**Pentateuch:** fünfteiliges Buch; die 5 Bücher von Moses
**Pentekoste:** Pfingsten
**perchtenhaft:** ähnlich den Perchten, weiblichen Geistern in Sage und Brauch der Mitwinterzeit
→ **Personalisation**
**phos:** Licht
→ **Physiologus**
**Pietà:** Vesperbild; Darstellung der trauernden Mutter Maria mit dem Leichnam Jesu auf dem Schoß
**Plurivalenz:** Vielwertigkeit, Vieldeutigkeit
**pneumatisch:** geistig
**Polysemie:** Mehrdeutigkeit sprachlicher Zeichen und Begriffe
**porta caeli:** Himmelstor
**postmortal:** nach dem Tode
**Prädominanz:** Vorherrschaft
**praepositus paradisi:** Vorsteher des Paradieses
**Präfation:** Dankgebet, vor allem während der Messe, mit dem Sanctus endend
**Präfiguration:** Vorgestaltung, Vorverkörperung
**pränatal:** vor der Geburt
**Prätention:** Anspruch, Anmaßung
**Präteritum:** Vergangenheit (Grammatik)
**primordial:** im Urbeginn, ursprünglich
**princeps aetherius:** himmlischer Fürst
**Prodigien:** außergewöhnliche Naturereignisse, wunderbare Erscheinungen
**proleptisch:** vorwegnehemend
**Proskynese:** Verehrung durch Kuß, Niederwerfen und Berühren des Bodens mit der Stirn
**Protagonist:** jemand, der maßgeblich für eine Sache eintritt; Hauptakteur
**Prudentia:** Personifikation der Klugheit
**Psalterium:** eine meist trapezförmige Kastenzither
**Psychomachie:** Kampf zwischen Tugenden und Lastern
**psychosomatisch:** seelisch-körperlich
**pulsus:** Stoßen, Schlagen, Rhythmus

**purgatorium, Purgatorio:** Reinigungsort, Fegefeuer
**puteus:** künstlicher Brunnen, Zisterne
**putrefactio:** Übergang in Fäulnis

**Quadragesima:** im liturgischen Jahr die Fastenzeit
**Quaternio:** Vierheit, Viergliederung
→ **quinta essentia**

**Radiokarbonmethode:** Verfahren zur Altersbestimmung geologischer und historisch organischer Fundgegenstände
**radix vitiorum:** Wurzel der Lasterhaftigkeit
→ **Rebis**
**Rebus:** Bilderrätsel
**redditio symboli:** das Wieder-zum-Vorschein-Kommen der Symbole
**regens temporum:** Herrscher der Zeiten
**regio pubica:** Schamgegend
**Regula Benedicti:** Ordensregeln des Benedikt von Nursia
**rekurrieren:** zurückkommen, zurücklaufen
**Relevanz:** Bedeutsamkeit
**Renegat:** Abtrünniger
**repristinieren:** wiederherstellen
**Rezeption:** Aufnahme, Übernahme
→ **rites de passage**
**Ritual:** die Riten eines Kultes bilden das Ritual
→ **Ritus**
**Rotation:** Drehung, Drehbewegung

**salus infirmorum:** das Heil der Schwachen
**Schechina(h):** die in der Welt weilende Gottesherrlichkeit
→ **Schizophrenie**
**scutum fidei:** Schild des Glaubens
→ **Semantik**
**semen virile:** männlicher Samen
→ Semiotik
**sensus allegoricus:** der Sinn, das Empfindungsvermögen für das Allegorische
**sensus duplex:** doppelter Sinn
**sensualistisch:** von den Sinnesempfindungen bestimmt
**Septuaginta:** griechische Übersetzung des AT
→ **Signatur**
**signatura rerum:** die Gestalt als Wesensausdruck der Dinge
**Signet:** Zeichen, besonders von Druckern, Verlegern
**significans, Signifikant:** das Bezeichnende
**significatum, Signifikat: das Bezeichnete**
**signifikativ:** bezeichnend, andeutend
**Simile:** Gleichnis, Beispiel
**similitudo:** Ähnlichkeit, Gleichnis
**simulacrum:** Bild, Abbild, Götzenbild
**solar:** zur Sonne gehörig, auf die Sonne bezogen
**sol invictus:** unbesiegbare Sonne
**sol salutis:** Sonne des Heils
**sophia:** Weisheit
**soteria:** Erlösung, Heil
**Soteriologie:** Lehre vom Heil, insbesondere vom Heilswerk Jesu Christi
**Sothis:** der Stern Sirius
**Spes:** Personifikation der Hoffnung
**sphaira:** Kreis, auch Himmelskugel
**Spiritualisierung:** Vergeistigung
**sponsus:** Verlobter, Bräutigam
**Staurothek:** Behälter für eine Reliquie des hl. Kreuzes
**Stereotypie:** feststehende Redewendung, gleichmäßige Wiederholung, erstarrte Form

**stella matutina:** Morgenstern
**sub gratia:** unter der Gnade (Huld)
**Sublimation:** Erhöhung (in einen anderen Aggregatzustand), Veredelung
**sublimieren:** veredeln, verfeinern; (sexuelle) Triebimpulse in geistig-kulturelle Tätigkeit umwandeln
**Substitut:** Ersatz, Stellvertreter
**Substrat:** Unterlage, tragende Grundlage
**Sudarium:** Schweißtuch mit dem Antlitz Christi
**sukzessiv:** nacheinander, aufeinanderfolgend
**superbia:** Übermut, Hochmut, Stolz
**Superposition:** Überlagerung
**Suprematie:** Oberhoheit, Obergewalt
**survivals:** Überbleibsel
**symbiotisch:** von Symbiose, d. i. Zusammenleben verschiedenartiger Organismen
→ **Sympathie**
**Synästhesie:** gleichzeitiges Anklingen eines Sinneserlebnisses in einem anderen Sinnesgebiet, z. B. Hören von Tönen beim Sehen von Farben
**Synchronizität:** Gleichzeitigkeit; bei C. G. Jung Begriff, der akausale, durch einen gemeinsamen Sinn verbundene gleichzeitige Vorgänge in Natur und Psyche bezeichnet
**Snykretismus:** Vereinigung von Gedanken verschiedener Herkunft, so bei Religionsmischung
**synonym:** sinnverwandt (z. B. wenn verschiedene Wörter den gleichen Sinn haben)
**Synoptiker:** die 3 Evangelisten Matthäus, Markus und Lukas, deren Evangelien oft in Parallelspalten gedruckt (»zusammengeschaut«) werden
**Systole:** Zusammenziehung (des Herzmuskels)
**Syzigie:** Gegensatzpaar(ung)

**Taurus:** Sternbild des Stiers
**Tellurismus:** auf die Erde bezogen, auch als Geisteshaltung
**Telos:** Ende, Ziel
**Tenzone:** Streitgedicht in Dialogform
→ **Terminologie**
**terrestrisch-** irdisch, zum Festland gehörig
**tertium comparationis:** das Gemeinsame (das Dritte), unter dem zwei Dinge miteinander verglichen werden
**Terzine:** Strophenform aus ursprünglich je 3 elfsilbigen Versen
**Tetrade:** Vierzahl
**Tetralogie:** Folge von 4 Dramen
**Themis:** Gesetz, Recht
**Theodizee:** Rechtfertigung Gottes
**theriomorph:** tiergestaltig
**Thesmophorien:** altgriechisches, von Frauen gefeiertes Fest der Demeter
**Theurgie:** zauberische Beschwörung von Gottheiten
**Topos** (Plural: **Topoi**): Ort, in der Literaturwissenschaft werden Denk- und Ausdrucksschemata als Topoi bezeichnet
**Tota-pulchra-Darstellung:** Mariendarstellung nach dem Hohenlied 4,7: »Alles an dir ist schön«
**tradieren:** an die Nachkommen weitergeben, überliefern
**Translozierung:** Lageveränderung, Ortswechsel
**Translucidität:** Durchsichtigkeit
**Transmutation:** Umwandlung
**transponieren:** übertragen
**Transsubstantiation:** in der Eu-

charistie sich vollziehende Wesensverwandlung von Brot und Wein in Leib und Blut des verklärten Christus
**Transzendenz:** Jenseitigkeit; das diese (irdische) Welt Überschreitende
**Trauma:** Wunde, Verletzung
**Trecento:** (italien. »dreihundert«) Kurzform für die italien. Kunstepoche von 1300–1400
**Triangulation:** Verwendung des Dreiecks als Maß- und Verhältniseinheit
**tribal:** an den (Volks)Stamm gebunden
**trichotomisch:** entsprechend der Lehre von der Dreiteilung (Leib, Seele, Geist)
→ **Trickster**
**triformis:** dreigestaltig
**Trigramm:** dreiteiliges Zeichen bzw. drei Linien
**Trilogie:** Folge von 3 Werken
**Trinität:** Dreifaltigkeit, Dreieinigkeit
**Triptychon:** dreiteiliges Tafelbild, Flügelaltar aus 3 Teilen
**Tropik:** Lehre von den Tropen (siehe Tropus)
**Tropus:** bildlicher, metaphorischer Ausdruck
**turris eburnea:** elfenbeinerner Turm
**Tympanon:** Bogenfeld über dem Türsturz eines Portals
**Tympanum:** mittelalterliches Musikinstrument (Trommel, Pauke, verschiedentlich auch für Psalterium gebraucht)
**typhonisch:** böse, gefährlich, wie das mythische Ungeheuer Typhon
→ **Typologie**
→ **Typos, Typus**

**ubiquitär:** allgegenwärtig
**unicornis:** Einhorn
**unio mystica:** Einung von Mensch und absolutem Sein
**umbilicus terrae:** Nabel (Mittelpunkt) der Erde
**Uranismus:** Religionsform mit Betonung himmlischer Gottheiten
**uterines Leben:** Leben in der Gebärmutter
**Uterus:** Gebärmutter
**utilitaristisch:** von der Nützlichkeit ausgehend

**vanitas:** Eitelkeit, Nichtigkeit, Vergänglichkeit
**verbalisierbar:** in Worte übertragbar, sprachlich ausdrückbar
**Verismus:** übersteigerte Form der realistischen Darstellungsweise
**veritas:** Wahrheit
**via dolorosa:** schmerzensreicher Weg; Kreuzweg
**via regia:** Königsweg; königlicher, bester Weg
**virgo caelestis:** Himmelsjungfrau
**Virilität:** Manneskraft, Männlichkeit
**vir rubeus:** roter Mann
**Virtutes:** Tugenden
**visibilia:** sichtbare Dinge
**Visualisierung:** Sichtbarmachung; die Umsetzung von Informationen in visuell Wahrnehmbares
**Vita:** Leben, Lebensgeschichte
**vox:** Laut, Ton, Stimme
**Vulgata:** lateinische Bibelübersetzung (von Hieronymus)
**Vulva:** weibliche Scham

**Xoana:** ungestaltete Götterbilder

→ **Yantra**

**Zikkurat:** altmesopotamischer künstlicher Stufenberg für einen Hochtempel
**Zodiak(us):** Tierkreis